THE MEDIAEVAL ACADEMY OF AMERICA
PUBLICATION NO. 2

A CONCORDANCE TO THE HISTORIA ECCLESIASTICA OF BEDE

A CONCORDANCE

TO THE

HISTORIA ECCLESIASTICA

OF

BEDE

BY

PUTNAM FENNELL JONES

ASSISTANT PROFESSOR OF ENGLISH
IN THE UNIVERSITY OF PITTSBURGH

PUBLISHED FOR
THE CONCORDANCE SOCIETY
BY
THE MEDIAEVAL ACADEMY OF AMERICA
CAMBRIDGE · MASSACHUSETTS
1929

PRINTED IN THE UNITED STATES OF AMERICA

COMPOSED, PRINTED AND BOUND BY
The Collegiate Press
GEORGE BANTA PUBLISHING COMPANY
MENASHA, WISCONSIN

TO

MY FATHER AND MOTHER

PREFACE

This Concordance is intended as a precise tool for the use of various groups of mediaeval scholars. It will be of service primarily, no doubt, to students of Mediaeval Latin, and after them, perhaps, to investigators of early English history. Yet I hope that it may promote the efforts of still a third group, those whose main interest is in the Old English language and literature.

The success of recent investigation in Mediaeval Latin inevitably will make itself felt in Old English studies, and hence we may expect the next considerable advance in our knowledge of Old English literature to come through a systematic examination of the Latin writings of the period. Perhaps our attempt will be to re-create the intellectual life of the age, and thus to understand the circumstances out of which grew the vernacular literature; perhaps we shall study the Latin language and literature for themselves: but for either purpose Bede's *Historia Ecclesiastica Gentis Anglorum* will stand as our most important single document. This, briefly, is my reason, as a teacher of English, for wishing to make more readily available the riches of the *Historia Ecclesiastica*.

The Concordance should serve, not only as an *index verborum*, but also, because of its form, as a complete *index rerum*. The entries are arranged so that each word will be found as a sub-heading under its simple form—*tuli* and *latus*, for example, under *fero*. The advantages of this plan seemed to me worth the extra labor.

My aim has been to include every instance of every significant word in the *Historia*. Only a few of the commonest connectives, adverbs, and pronouns are omitted; such omissions are noted at the proper places in the Concordance. Some other words, too obvious to need illustration, and yet sufficiently important to be included, are given either with a few quotations supplemented by a full record of occurrences, or with numerical references alone. I have entered all the variant readings reported by Plummer, except those in 5.24 which are interpolations of a late date. In listing proper names, however, I have used only the spellings found in the text; scribal orthography is nowhere more capricious than in the transcription of Old English proper names, and it would require a small volume to record the variations.

The brief notes that accompany the proper names are not, of course, definitive. They are included mainly for the sake of identification, with such dates as may be useful.

That the Concordance is now complete is in no small measure due to my friend and teacher, Professor Lane Cooper, of Cornell University; from the day, four years ago, when he first suggested the work to me, until the present moment, I have enjoyed his constant encouragement and counsel—the fruit of much labor in similar enterprises. I am indebted also to the late Dr. Charles Plummer, of Corpus Christi College, Oxford, for a prompt and helpful reply to my questions on the chapter-headings of the *Historia Ecclesiastica;* to Professor M. L. W. Laistner, of Cornell University, for aid in deciding upon omissions and the like; and to the late Professor Albert S. Cook, of Yale University, for good advice of various kinds.

In seeking the means to publish the volume I have been most fortunate. My first debt, and one pleasant to acknowledge, is to The Concordance Society, whose funds made possible the printing; without their generous subvention the appearance of the Concordance would probably have been delayed for years. I am especially grateful to Professor Charles G. Osgood, of Princeton University, who has shown me every kindness, not only in matters pertaining to The Concordance Society's grant, but as well in helping me to solve troublesome problems in the make-up of the book. Extremely gratifying, moreover, is the publication of the work by The Mediaeval Academy of America in their special series; a book could not be better sponsored. And I wish to thank Mr. John Marshall and Professor Francis P. Magoun, Jr., both of Harvard University, and Mr. John Nicholas Brown, of Providence, Rhode Island, for their good offices in the course of the printing. I only hope that this publication, the last project of The Concordance Society and the second of the kind for The Mediaeval Academy of America, may be found worthy of both the old and the new.

My last and perhaps greatest obligation is to my wife. Besides lightening my task at many other points, she has cheerfully given countless hours to checking the proofs. The thanks I here express are but a fraction of what I owe her.

Directions for using the Concordance will be found on the next page.

PUTNAM FENNELL JONES

PITTSBURGH, PENNSYLVANIA
JULY 15, 1929

EXPLANATIONS

The text is that in the first volume of Charles Plummer's *Venerabilis Baedae Opera Historica* (Oxford, 1896). My numerical references denote the Book and the Chapter of the *Historia Ecclesiastica*, and, in round brackets, the page and the line in which the word occurs. When the word is in the Preface or the Continuation, the abbreviation 'Praef.' or 'Cont.' replaces the numerals that would indicate Book and Chapter. In numbering the lines of the page (Plummer uses no line-numbers), I have counted every line of text that contains a complete word, the chapter-headings being included in this reckoning. On Plummer's page 16, for example, line 1 begins with *Vt*, line 2 with *Christianum*, line 3 with *Anno*, and so on. It is to be noted that I have adhered to this system even on pages 232 and 236, where the chapter-headings are inserted by Plummer, and hence are not included in the Concordance. I have observed Plummer's numbering of the Chapters of Book 4. From the Continuation I have excerpted and numbered only the few lines on page 361 that probably were written by Bede; these Plummer prints without square brackets.

Variant readings are indicated in the references by the abbreviation 'uar.' In the quotations the variant reading will be found in square brackets after the reading of the text.

The order of the sub-heads under the main head-words is strictly alphabetical. When different grammatical forms are spelled alike, the several forms have separate sub-heads.

A

A. Addidit episcopus nomina litterarum: 'Dicito A'; dixit ille A. 5.2 (284.7, 8)
A (*prep.*), *omitted.*
AARON (*fl.* 305?), *citizen of Caerleon-on-Usk; martyred in the Diocletian persecution.*
Aaron. Passi sunt ea tempestate Aaron et Iulius Legionum urbis ciues, 1.7 (21.33)
AARON, *brother of Moses.*
Aaron. "dixerit Dominus ad Mosen et Aaron: 5.21 (334.16)
AB, *omitted.*
ABBA. abba. Albinus abba reuerentissimus, Praef. (6.6)
egitque abba Iohannes, ut iussionem acceperat pontificis, 4.18 (241.20)
Cuius religiosis uotis ac precibus fauens reuerentissimus abba Ceolfrid misit architectos, 5.21 (333.12)
in quo adfuit Iohannes abba Romanus. 5.24 (355.8)
ABBAS. abbas. Primus autem eiusdem monasterii abbas Petrus presbyter fuit, 1.33 (70.25)
Bancornaburg, cui tempore illo Dinoot abbas praefuisse narratur, 2.2 (82.23)
narrauit mihi presbyter et abbas quidam uir ueracissimus de monasterio Peartaneu, 2.16 (117.20)
uenit de Hibernia presbyter et abbas habitu et uita monachi insignis, 3.4 (133.7)
Quo tempore eidem monasterio Segeni abbas et presbyter praefuit. 3.5 (135.20)
quorum prior episcopus in Lindissi prouincia, secundus erat abbas in monasterio, 3.11 (149.8)
tertius Trumheri, . . . qui erat abbas in monasterio, quod dicitur Ingetlingum. 3.24 (179.27)
qui erat abbas in monasterio, quod dicitur Mailros; 3.26 (190.7)
Erat autem presbyter uocabulo Ceadda, . . . et abbas monasterii illius, quod uocatur Laestingaeu. 3.28 (195.2)
Erat autem in monasterio Niridano, . . . abbas Hadrianus, uir natione Afir, 4.1 (202.7)
Hygbald, qui erat abbas in prouincia Lindissi, 4.3 (211.25)
Sexuulfum, qui erat constructor et abbas monasterii, quod dicitur Medeshamstedi, 4.6 (218.8)
Quod cum audisset abbas quidam et presbyter uocabulo Cyniberct, 4.16 (237.25)
decreta firmabat . . . Iohannes archicantator ecclesiae sancti apostoli Petri, et abbas monasterii beati Martini, 4.18 (241.1)
Ceolfrido, qui post ipsum eiusdem monasterii abbas fuit, 4.18 (241.9)
monasterium Mailros, quod in ripa Tuidi fluminis positum tunc abbas Eata, . . . regebat, 4.27 (269.2)
transtulit eum reuerentissimus abbas ipsius Eata ad insulam Lindisfarnensium, 4.27 (270.17)
et episcopus cum clero, et abbas solebat manere cum monachis; 4.27 (270.23)
Thruidred, qui nunc ipsius monasterii abbas est. 4.32 (280.10)
Bercthun, diaconus quondam eius, nunc autem abbas monasterii, 5.2 (283.4)
Aliud quoque non multum huic dissimile miraculum de praefato antistite narrauit idem abbas, 5.4 (286.29)
Hoc autem miraculum memoratus abbas non se praesente factum, . . . perhibet esse relatum. 5.5 (289.1)
Successit autem Theodoro in episcopatum Berctuald, qui erat abbas in monasterio, 5.8 (295.19)
locum secretae mansionis, quam praeuiderat abbas, intrauit; 5.12 (304.23)
monasterio tempore illo religiosae ac modestae uitae abbas et presbyter Ediluald praeerat, 5.12 (310.6)
Siquidem Adamnan, presbyter et abbas monachorum, qui erant in insula Hii, 5.15 (315.16)
Denique Aldhelm, cum adhuc esset presbyter et abbas monasterii, . . . scripsit, 5.18 (320.29)
consecratusque est eis primus antistes Eadberct, qui erat abbas monasterii . . . Vilfridi 5.18 (321.20)
Berctuald archiepiscopus, et Aedilred quondam rex, tunc autem abbas, libentissime fauerunt; 5.19 (329.25)
Hadrianus abbas, cooperator in uerbo Dei Theodori beatae memoriae episcopi, defunctus est, 5.20 (331.1)
Vt Ceolfrid abbas regi Pictorum architectos ecclesiae, . . . miserit. 5.21 (332.13)
'Domino excellentissimo et gloriosissimo regi Naitano, Ceolfrid abbas in Domino salutem. 5.21 (333.15)
ex quibus est Adamnan, abbas et sacerdos Columbiensium egregius, 5.21 (344.7)
abbate. Theodoro archiepiscopo et Hadriano abbate, Praef. (6.8)
et de primo eius abbate Petro. 1.33 (70.9)
Theodorus archiepiscopus ordinatus, et cum Hadriano abbate sit Brittaniam missus. 4.1 (201.3)
ad exemplum uenerabilium patrum sub regula et abbate canonico in magna continentia . . . uiuant. 4.4 (214.7)
qui nuper uenerat a Roma . . . duce reuerentissimo abbate Biscopo cognomine Benedicto, 4.18 (241.3)
cum esset idem Boisil praepositus monasterii Mailrosensis sub abbate Eata, 5.9 (297.2)
Susceperunt autem Hiienses monachi docente Ecgbercto ritus uiuendi catholicos sub abbate Duunchado, 5.22 (347.18)
utrumque per ministerium reuerentissimi episcopi Iohannis, iubente Ceolfrido abbate, suscepi. 5.24 (357.18)
abbatem. quem et abbatem uobis constituimus, 1.23 (43.14)
et Columbanum abbatem in Gallis uenientem nihil discrepare a Brettonibus . . . didicimus. 2.4 (88.3)
Habere autem solet ipsa insula rectorem semper abbatem presbyterum, 3.4 (134.12)
Accepit et praefatum Iohannem abbatem Brittaniam perducendum; 4.18 (241.17)
Habebat enim germanum fratrem, . . . presbyterum et abbatem monasterii in ciuitate, 4.22 (250.17)
misit legatarios ad . . . Ceolfridum, abbatem monasterii beatorum apostolorum Petri et Pauli, 5.21 (332.26)
abbati. Exemplar epistulae, quam Mellito abbati Brittaniam pergenti misit. 1.30 (64.25)
'Dilectissimo filio Mellito abbati 1.30 (64.30)
hoc negotium reuerentissimo abbati Iohanni Brittaniam destinato iniunxit. 4.18 (242.13)
Vt religioso abbati Hadriano Albinus, Vilfrido in episcopatum Acca successerit. 5.20 (330.29)
datus sum educandus reuerentissimo abbati Benedicto, ac deinde Ceolfrido; 5.24 (357.8)
abbatibus. Dominis carissimis fratribus episcopis uel abbatibus per uniuersam Scottiam 2.4 (87.25)
Sarano ceterisque doctoribus seu abbatibus Scottis, 2.19 (123.4)
abbatis. memorati abbatis Albini industria, . . . cognouimus. Praef. (6.30)
partim reuerentissimi abbatis Esi relatione conperimus. Praef. (7.18)
et seruatur adhuc in monasterio reuerentissimi abbatis et presbyteri Thryduulfi, 2.14 (115.21)
Adda autem erat frater Vttan presbyteri inlustris, et abbatis monasterii, 3.21 (170.21)
Venerat eo tempore Agilberctus . . . amicus Alchfridi regis et Vilfridi abbatis, 3.25 (183.9)
Porro fratribus, . . . praepositus est abbatis iure uir reuerentissimus ac mansuetissimus Eata, 3.26 (190.6)
'Vt ipsi monachi non migrent de loco ad locum, . . . nisi per dimissionem proprii abbatis; 4.5 (216.11)
atque in praefato religiosissimi abbatis Benedicti monasterio transscribendam commodauit. 4.18 (242.6)
Nam et ipsum locum tunc idem reuerentissimus pater abbatis iure regebat. 4.27 (270.22)
cui tunc uir religiosus Suidberct abbatis iure praefuit. 4.32 (279.24)
qui etiam postea fratribus eiusdem ecclesiae Lindisfarnensis, . . . abbatis iure praefuit. 5.1 (281.14)
nunc monasterio, quod est iuxta ostium Tini fluminis, abbatis iure praeest. 5.6 (289.10)
quod habebat in prouincia Vndalum sub regimine Cudualdi abbatis; 5.19 (330.3)
Erat enim discipulus beatae memoriae magistrorum Theodori archiepiscopi, et abbatis Hadriani; 5.23 (348.24)

abbatum. quem Christi gratia purgans Protinus albatum [abbatum] uexit in arce poli. uar. 5.7 (293.20)
Historiam abbatum monasterii huius, . . . Benedicti, Ceolfridi, et Huaetbercti in libellis duobus. 5.24 (359.12)
ABBATISSA. abbatissa. prae merito uirtutum eiusdem monasterii Brigensis est abbatissa constituta. 3.8 (142.26)
Cum enim esset abbatissa, coepit facere in monasterio suo ecclesiam 3.8 (144.9)
uenit ad salutandam eam abbatissa quaedam uenerabilis, 3.11 (149.5)
Tunc dedit ei abbatissa portiunculam de puluere illo, 3.11 (150.21)
monasterium, quod nuncupatur Heruteu, . . . cui tunc Hild abbatissa praefuit. 3.24 (179.3)
cui tunc Hild abbatissa Deo deuota femina praefuit, 3.25 (183.17)
Hild abbatissa cum suis in parte Scottorum, 3.25 (183.22)
Post annum uero ipsa facta est abbatissa in regione, quae uocatur Elge; 4.19 (244.2)
ipsa autem abbatissa intus cum paucis ossa elatura et dilutura intrasset, 4.19 (245.26)
Hild, abbatissa monasterii, quod dicitur Strenaeshalc, . . . transiuit 4.23 (252.17)
Post haec facta est abbatissa in monasterio, 4.23 (253.18)
Non solum ergo praefata Christi ancella et abbatissa Hild, . . . uitae exemplo praesentibus extitit; 4.23 (255.24)
Vnde mox abbatissa amplexata gratiam Dei in uiro, saecularem illum habitum relinquere, . . . docuit, 4.24 (260.25)
Dixit autem abbatissa: 'Et quare non citius hoc conpertum mihi reuelare uoluisti?' 4.25 (265.23)
Vetadun, cui tunc Heriburg abbatissa praefuit. 5.3 (285.9)
indicauit nobis abbatissa, quia quaedam de numero uirginum, . . . langore teneretur; 5.3 (285.11)
Rogauit ergo episcopum abbatissa, ut intrare ad eam, ac benedicere illam dignaretur, 5.3 (285.20)
Quo anno Hild abbatissa in Streanæshalæ obiit. 5.24 (355.9)
abbatissa. in monasterio, quod . . . constructum est ab abbatissa nobilissima uocabulo Fara, 3.8 (142.14)
abbatissae. statuerunt . . . ossa uero abbatissae illo de loco eleuata, in aliam ecclesiam, . . . transferre. 3.8 (144.18)
repente uenit in mentem abbatissae puluis ille praefatus; 3.11 (150.5)
Haec ubi corpus abbatissae uenerabilis in ecclesiam delatum, . . . cognouit, 4.9 (223.2)
Successit autem Aedilburgi in officio abbatissae deuota Deo famula, nomine Hildilid, 4.10 (224.6)
intrauit monasterium Aebbæ abbatissae, 4.19 (243.29)
Rapta est . . . post annos VII, ex quo abbatissae gradum susceperat; 4.19 (244.22)
Cui successit in ministerium abbatissae soror eius Sexburg, 4.19 (244.26)
De uita et obitu Hildae abbatissae. 4.23 (252.14)
cum in utroque Hildae abbatissae monasterio lectioni et obseruationi scripturarum operam dedisset, 4.23 (254.31)
uir . . . uocabulo Tatfrid, de eiusdem abbatissae monasterio electus est antistes; 4.23 (255.21)
cucurrit ad uirginem, quae tunc monasterio abbatissae uice praefuit, 4.23 (257.21)
In huius monasterio abbatissae fuit frater quidam diuina gratia specialiter insignis, 4.24 (258.27)
Verum post obitum ipsius abbatissae redierunt ad pristinas sordes, immo sceleratiora fecerunt. 4.25 (265.31)
abbatissae. et pulsans ad ostium nuntiauit abbatissae. 3.11 (149.26)
placuit eidem abbatissae leuari ossa eius. 4.19 (244.29)
abbatissam. repente audiuimus abbatissam intus uoce clara proclamare: 4.19 (245.27)
nuntiauit matrem illarum omnium Hild abbatissam iam migrasse de saeculo, 4.23 (257.24)
atque ad abbatissam perductus, iussus est, . . . indicare somnium, 4.24 (260.15)
nam et abbatissam eam pro se facere disposuerat, 5.3 (286.1)
ABDICO. abdicare. sed non se posse absque suorum consensu ac licentia priscis abdicare moribus. 2.2 (82.17)
nec subito ualentibus apostolis omnem legis obseruantiam, quae a Deo instituta est, abdicare 3.25 (185.7)
abdicata. et abdicata minus perfecta institutione, 3.25 (189.5)
abdicato. abdicato conubio non legitimo, suscepit fidem Christi, 2.6 (93.8)
ABDO. abdidere. siluis sese abdidere, 1.2 (14.22)
abditi. emergentes de latibulis, quibus abditi fuerant, 1.16 (33.9)
Latebant abditi sinistrae persuasionis auctores, 1.17 (35.12)
abditis. qui se tempore discriminis siluis ac desertis abditisue speluncis occulerant, 1.8 (22.9)
abdito. sed tamen indicio fit, quod ea, quae apostoli Petri sunt, in abdito cordis amplectimini, 5.21 (344.26)
ABDVCO. abducta. quae tyrannorum temeritate abducta 1.12 (25.21)
ABEO. abiens. Abiens autem domum Colman adsumsit secum partem ossuum reuerentissimi patris Aidani; 3.26 (190.15)
ac Romam abiens, ibi uitam finiuit, 4.12 (228.5)
abierant. qui post annum, ex quo abierunt [abierant], reuersi sunt; uar. 2.6 (93.14)
abiere. nam mox, ut abiere, qui uinxerant, eadem eius sunt uincula soluta. 4.22 (250.14)
abierunt. qui post annum, ex quo abierunt, reuersi sunt; 2.6 (93.14)
abiit. At ille suscepto negotio abiit, 4.24 (260.23)
Quibus dictis, et descripta illi mensura paenitendi, abiit sacerdos, 4.25 (263.34)
Statimque surgens, abiit ad uillulae oratorium, 5.12 (304.15)
abire. Et expulerunt eum, ac de suo regno cum suis abire iusserunt. 2.5 (91.28)
dein modicum requietus, leuauit se, et coepit abire, 4.22 (250.3)
abisse. ut Romanum militem abisse conspexerant, 1.12 (26.29)
abisset. Qui cum abisset, obuiauit ei antistes, 3.22 (174.2)
abit. Ydros et ater abit sacrae pro uestis honore, 4.20 (248.23)
Morbi diffugiunt, ydros et ater abit. 4.20 (248.24)
abiturum. quod aiunt Colmanum abiturum petisse et inpetrasse a rege Osuiu, 3.26 (190.8)
ABFERO, *see* **AVFERO.**
ABICIO. abicere. execrandam diabolicae uersutiae supplantationem, . . . a cordibus uestris abicere, 2.10 (103.6)
abiecerant. Vt Orientales Saxones fidem, quam dudum abiecerant, . . . receperint. 3.22 (171.17)
Orientales Saxones fidem, quam olim, . . . abiecerant, instantia regis Osuiu receperunt. 3.22 (171.20)
abiecere. a cordibus uestris abicere [abiecere], uar. 2.10 (103.6)
abiecerunt. Vt Orientales Saxones fidem, quam dudum abiecerant [abiecerunt], . . . receperint. uar. 3.22 (171.17)
abiecta. abiecta superstitione uanitatis, 2.13 (113.9)
Sicque abiecta prisca superstitione, exsufflata idolatria, 4.13 (231.21)
abiecto. abiecto leui iugo Christi, 1.14 (30.8)
ABIGO. abigendos. ad abigendos ex obsessis corporibus daemones gratiae salutaris haberet effectum. 3.11 (149.1)
abigere. episcopus coepit orando periculum infirmus abigere, 2.7 (94.26)
ABLACTO. ablactatur. quoadusque, qui gignitur, ablactatur. 1.27 (55.7)
ABLATIO. ablatione. propter quod frequenti ablatione pulueris sacri fossa sit ibidem facta non minima. 5.18 (320.22)
ABLVO. abluat. ut culpas cogitationis lacrimis abluat; 1.27 (59.32)
abluebat. et conpunctus memoria peccatorum suorum faciem lacrimis abluebat, 3.27 (193.5)
episcopus, . . . primos prouinciae duces ac milites sacrosancto fonte abluebat; 4.13 (230.22)
abluere. atque instructam in fluuio Gleni, . . . lauacro remissionis abluere. 2.14 (115.7)
abluerent. doctores daret, qui gentem suam ad fidem Christi conuerterent, ac fonte salutari abluerent. 3.22 (172.24)
ablueretur. cum rex ipse cathecizatus, fonte baptismi cum sua gente ablueretur, 3.7 (139.23)
ut ad limina beatorum apostolorum fonte baptismatis ablueretur, 5.7 (292.17)
ablui. Quibus ille respondebat: 'Si uultis ablui fonte illo salutari, 2.5 (91.15)
abluit. omnes fide Christi institutos, unda baptismatis abluit; 4.13 (232.24)
a peccatorum suorum sordibus fonte Saluatoris abluit; 5.19 (326.15)
abluti. multique cotidie, . . . fidei sunt fonte abluti. 3.21 (170.26)
ablutos. et ipse instructos eos . . . ac fonte Saluatoris ablutos, de ingressu regni aeterni certos reddidit. 4.16 (238.4)
ablutus. etsi fonte baptismatis non est ablutus, 1.7 (21.18)

'Si uultis ablui fonte illo salutari, quo pater uester ablutus est, 2.5 (91.16)
et mox fonte lauacri salutaris ablutus, etiam postmodum ad ordinem presbyterii promotus est, 3.23 (177.2)
quia salutari fonte in remissionem peccatorum essem ablutus; 5.6 (291.13)
ABNEGO. abnegauit. Neque abnegauit se etiam eandem subiturum esse religionem; 2.9 (98.7)
ABNVO. abnuerant. fratres monasterii illius, qui pridie abnuerant, diligenter ipsi petere coeperunt, 3.11 (148.24)
ABOLEO. aboleri. ut nomen et memoria apostatarum de catalogo regum Christianorum prorsus aboleri deberet, 3.9 (145.5)
abolita. quia non solum per istos CC annos abolita est, 2.19 (123.30)
ABOMINOR. abominandam. nullam magis abominandam detestandamque merito cunctis fidelibus crediderim ea, 5.21 (342.31)
abominandis. quod eatenus abominandis idolis seruiens, 2.11 (105.8)
abominaris. quod aptius multo sit, eius, quem corde toto abominaris, . . . habitum uultus a tuo uultu . . . separare; 5.21 (344.29)
abominatis. quatinus abominatis idolis eorumque cultu, 2.10 (102.2)
ABRAHAM, *the first of the Hebrew patriarchs.*
Abrahae. quercus Abrahae duorum hominum altitudinis truncus ecclesia circumdata est. 5.17 (319.25)
ABRENVNTIO. abrenuntiare. hoc, quod in baptismo abrenuntiare nos Satanae et omnibus operibus eius promisimus, 3.19 (165.23)
Qui cum crescente fidei feruore saeculo abrenuntiare disponeret, 4.3 (208.4)
abrenuntiata. et, abrenuntiata idolatria, fidem se Christi suscipere confessus est. 2.13 (113.2)
multique cotidie, . . . abrenuntiata sorde idolatriae, fidei sunt fonte abluti. 3.21 (170.25)
abrenuntiatis. promisit se, abrenuntiatis idolis, Christo seruiturum, 2.9 (99.25)
abrenuntiauit. Naiton . . . admonitus ecclesiasticarum frequenti meditatione scripturarum, abrenuntiauit errori, 5.21 (332.17)
ABRVPTVS, a, um. abruptum. in quo nihil repente arduum, nihil praeceps, nihil abruptum, 1.7 (20.31)
ABSCEDO. abscessissem. Namque ego, cum ad tempus abscessissem a te, ad hoc feci, 5.12 (309.7)
ABSCESSIO. abscessionis. qui etiam post tres abscessionis Vilfridi annos, horum numero duos addidit antistites, 4.12 (229.22)
ABSCESSVS. abscessum. Non multis autem annis post abscessum eius a Brittania transactis, pulsus est et Vini. 3.7 (141.5)
ABSCIDO. abscidendum. Quidam abscidendum esse docebant, alii hoc fieri metu maioris periculi uetabant. 4.32 (279.28)
abscidere. duris mentibus simul omnia abscidere impossibile esse. 1.30 (65.26)
abscissae. sed et astulae de illo abscissae, atque ad infirmos adlatae citam illis solent adferre medellam. 4.6 (218.24)
ABSCONDO. abscondere. Qui si . . . bene faciendo a Dei oculis abscondere curasset, 5.13 (313.20)
ABSOLVTIO. absolutione. ut et regio absolutione, et illi emendatione fruerentur. 1.21 (41.6)
et pro absolutione animae eius sepius missas facere curauit. 4.22 (250.23)
absolutionis. Iuuit autem causam absolutionis eius lectio synodi beatae memoriae papae Agathonis, 5.19 (327.23)
ABSOLVO. absolutam. quae . . . animam carnis uinculis absolutam ad aeterna patriae caelestis gaudia ducebat. 3.8 (143.27)
absoluti. a diabolicae captiuitatis nexibus, sanctae et indiuiduae Trinitatis cooperante potentia, absoluti, 2.10 (102.8)
absolutos. qui uos in praesenti saeculo ex omni errore absolutos ad agnitionem sui nominis est dignatus perducere, 2.17 (119.17)
et ipse instructos eos . . . ac fonte Saluatoris ablutos [absolutos], de ingressu regni aeterni certos reddidit. uar. 4.16 (238.4)
absolutum. sed ad integrum culpis accusationum absolutum patriam cum honore reuerti. 5.19 (328.19)
absolutus. sic infirmitate simul et morte absolutus, ad aeterna in caelis gaudia subleueris. 4.14 (234.12)
Nec multo post saeculi curis absolutus ad monasterium Mailros, . . . peruenit; 5.12 (304.20)
et ab hac potestate de certis incertisque rebus absolutus, 5.19 (327.2)
et ab hac potestate de certis incertisque rebus absolutus,' 5.19 (327.32)
absoluar. ut sic absoluar reatu superuacuae leuitatis; 4.19 (246.11)
absoluat. siqui sit, qui his te meroribus absoluat, 2.12 (109.2)
absoluendus. Ioseph . . . cum seruitio absoluendus adtonsus esse legitur, 5.21 (342.13)
absolui. ut apud misericordiam pii Conditoris inpetraret, se a tantis tamque diutinis cruciatibus absolui. 4.9 (223.7)
et internis peccatorum uinculis, quibus grauabatur, ocius desiderabat absolui: 4.25 (263.23)
absoluit. absoluit eum, et post Theodorum ire permisit. 4.1 (204.3)
etiam libertate donando humanae iugo seruitutis absoluit. 4.13 (232.27)
ABSORBEO. absorbendi. aut fluctibus obsorbendi [absorbendi] deciderent. uar. 4.13 (231.17)
absortus. Romanus . . . a Iusto archiepiscopo legatarius missus absortus fuerat fluctibus. 2.20 (126.14)
ABSQVE. sed non se posse absque suorum consensu ac licentia priscis abdicare moribus. 2.2 (82.16)
ut absque purgatione sacrosancta quis oblationi sacrosanctae communicaret, 2.5 (91.23)
ut regina sospes et absque dolore graui sobolem procrearet. 2.9 (99.24)
absque ullo cunctamine suscipere illa festinemus.' 2.13 (112.1)
Sicque prouincia Occidentalium Saxonum tempore non pauco absque praesule fuit. 3.7 (141.11)
absque ulla dubietate peccatis. 3.25 (188.11)
Nil pecuniarum absque pecoribus habebant. 3.26 (190.24)
neque alicubi ueniens absque commendaticiis litteris sui praesulis suscipiatur. 4.5 (216.15)
nullique eorum liceat ullum officium sacerdotale, absque permissu episcopi, . . . agere.' 4.5 (216.20)
Qui dixit: 'Multum est, ut tota septimana absque alimento corporis perdures; 4.25 (263.29)
coepitque me interrogare, . . . an me esse baptizatum absque scrupulo nossem. 5.6 (291.10)
Cui go absque ulla me hoc dubietate scire respondi, 5.6 (291.11)
uniuresorum iudicio absque crimine accusatus fuisse, et episcopatu esse dignus inuentus est. 5.19 (326.22)
in hac abseque ulla dubietate, quia primi mensis est, . . . celebrare debere noscendum est. 5.21 (339.11)
Prouincia Australium Saxonum . . . absque episcopo manens ministerium sibi episcopale . . . quaerit. 5.23 (350.22)
ABSTERGEO. abstergerent. et confessa dignis, ut imperabat, poenitentiae fructibus abstergerent. 4.27 (270.4)
ABSTINENTIA. abstinentiae. Vnde inter alia uiuendi documenta saluberrimum abstinentiae uel continentiae clericis exemplum reliquit; 3.5 (135.22)
Erat abstinentiae castigatione insignis, 4.28 (273.26)
ABSTINEO. abstineant. ut se abstineant, et graue hoc esse peccatum cognoscant. 1.27 (51.19)
abstineat. ab idolorum etiam cultu seu fanorum auguriorumque inlecebris se diligenter abstineat, 2.11 (105.3)
"Facite," inquit, "si uultis, ita tamen, ut Herebald ab illo se certamine funditus abstineat." 5.6 (289.28)
abstinendo. si integram septimanam iubeas abstinendo transigere.' 4.25 (263.28)
abstinendum. a sacri loci ingressu abstinendum est; 1.27 (57.31)
abstinere. nam secunda, . . . a se omni modo debet abstinere. 1.27 (51.3)
pro femina autem diebus LXVI debeat abstinere. 1.27 (54.23)
et ab ingressu ecclesiae paululum reuerenter abstinere. 1.27 (57.29)
prius eundem populum abstinere a mulieribus praecipit. 1.27 (59.7)
ab immolatione sacri mysterii abstinere, 1.27 (60.18)
ABSTRAHO. abstractus. et dum primo de monasterio abstractus, 2.1 (75.1)
abstrahere. nec quicquam de eorum rebus uiolenter abstrahere.' 4.5 (216.8)
in quibus cunctis homines ab amore scelerum abstrahere, . . . curabat. 4.24 (261.10)
abstraxit. primo uim sui furoris a lesione locorum, quae contra erant, abstraxit, 2.7 (94.30)
ABSVM. abest. Hagustaldensis ecclesiae, quae non longe abest, 3.2 (129.31)

Aidan in insula Farne, quae duobus ferme milibus passuum ab urbe procul abest, morabatur. 3.16 (159.11)
quae appellatur Farne, et ab eadem ecclesia nouem ferme milibus passuum in Oceano procul abest, 4.27 (268.26)
abeunte. Abeunte igitur amico, remansit Aeduini solus foris, 2.12 (108.16)
[quae tamen illo abeunte propter aceruam hostium obpressionem proprium episcopum habere nequiuerit.] uar. 4.13 (230.2)
Abeunte autem Romam Caedualla, successit in regnum Ini de stirpe regia; 5.7 (294.4)
abeunti. Praeceperat enim Theodoro abeunti domnus apostolicus, ut in diocesi sua prouideret, 4.1 (204.7)
abeuntibus. Abeuntibus autem praefatis legatariis, 1.30 (64.26)
fratribus, qui in Lindisfarnensi ecclesia, Scottis abeuntibus, remanere maluerunt, 3.26 (190.5)
ubi abeuntibus eis, excepta ecclesia, paucissimae domus repertae sunt, 3.26 (190.21)
Abeuntibus autem nobis inde, continuo fugatum dolorem membrorum fuga quoque tumoris horrendi secuta est; 5.3 (286.22)
absens. et per uirtutem eiusdem spiritus hanc exortam, quamuis corporaliter absens, sopiuerit. 3.15 (158.22)
ciuitatem . . . in qua erat Putta episcopus, quamuis eo tempore absens, communi clade absumsit. 4.12 (228.12)
absit. Sed absit, ut ecclesia cum augmento recipiat, 1.27 (50.17)
Si enim, quod absit, uerba eius postponitis, 1.32 (69.1)
At Vilfridus: 'Absit,' inquit, 'ut Iohannem stultitiae reprehendamus, 3.25 (185.2)
Sed absit, ut hoc de patribus uestris dicam, 3.25 (187.31)
ABSVMO. absumebantur. praesules cum populis . . . ferro pariter et flammis absumebantur; 1.15 (32.27)
absumens. aedificia puplica uel priuata, in proximo est, ut ignis absumens in cinerem conuertat.' 4.25 (264.22)
absumere. eamque, . . . flammis absumere conatus est; 3.16 (159.3)
absumerentur. quorum recisurae uel igni absumerentur 3.22 (171.28)
absumeretur. uicus . . . una cum ecclesia memorata flammis absumeretur. 3.17 (160.23)
absumi. Vt apposta ecclesiae, . . . flammis absumi nequiuerit; 3.17 (159.24)
sola illa destina, . . . ab ignibus circum cuncta uorantibus absumi non potuit. 3.17 (160.25)
absumsisse. totum inflati corporis absumsisse ac sedasse tumorem. 1.1 (13.5)
absumsit. ciuitatem quoque Hrofi, . . . communi clade absumsit. 4.12 (228.12)
absumtum. monasterium uirginum, . . . per culpam incuriae flammis absumtum est. 4.25 (262.25)
ABVNCVLI, *see* **AVVNCVLVS.**
ABVNDANTER (HAB-). abundanter. Et quia litteris sacris simul et saecularibus, . . . abundanter ambo erant instructi, 4.2 (204.24)
habundanter. Vnde et omnia, quae necesse habebat, habundanter ipsi cum sociis suis, . . . donabat. 5.19 (324.7)
ABVNDANTIVS (HAB-). habundantius. uel in bonis se operibus habundantius exerceret. 3.27 (193.9)
ABVNDO. abundabant. Namque mare et flumina eorum piscibus abundabant; 4.13 (231.28)
abundantes. Sunt et cocleae satis superque abundantes, 1.1 (10.12)
abundare. ipsos uobis circulos paschae catholicos abundare probastis. 5.21 (341.33)
abundat. et quidem praecipue issicio abundat, 1.1 (10.5)
ABYSSVS. abysso. Interea ascenderunt quidam spirituum obscurorum de abysso illa flammiuoma, 5.12 (306.23)
AC (*conj.*), *omitted.*
ÁC, *see* **AVGVSTINAES ÁC.**
ACCA (*d.* 740), *Bishop of Hexham; friend of Wilfrid and Bede.*
Acca. Denique reuerentissimus antistes Acca solet referre, 3.13 (152.10)
quod mihi reuerentissimus antistes Acca sepius referre, . . . solebat, 4.14 (233.3)
ac modicum suspirans interrogauit, ubi esset Acca presbyter; 5.19 (328.31)
Vt religioso abbati Hadriano Albinus, Vilfrido in episcopatum Acca successerit. 5.20 (330.29)
Suscepit uero pro Vilfrido episcopatum Hagustaldensis ecclesiae Acca presbyter eius, 5.20 (331.14)
Acca cantator erat peritissimus, 5.20 (332.1)
Ediluald in Lindisfaronensi, Acca in Hagustaldensi, Pecthelm in ea, quae Candida Casa uocatur, 5.23 (351.1)
Acca episcopus de sua sede fugatus. Cont. (361.2)
Accan. et ad Accan presbyterum ita loqui exorsus est: 5.19 (329.5)
ACCEDO. accedat. siquis uir ad menstruatam mulierem accedat. 1.27 (55.18)
ex qua re accedat menti dormientis; 1.27 (60.3)
accedens. accendens [accedens] suspicionem, uar. 1.6 (17.17
Accedensque ad pontificem Romanae et apostolicae sedis, 2.1 (80.23)
At ille accedens salutauit eum, et interrogauit, 2.12 (108.24)
et accedens ad sepulchrum Osualdi, ibi reside, 3.12 (151.4))
festinusque accedens ante pedes episcopi conruit, 3.14 (156.30)
Accedens ergo ad sacerdotem, . . . confessus est reatum suum, 4.25 (263.13)
accedente. Qui uidelicet locus accedente ac recedente reumate, bis cotidie . . . circumluitur undis, 3.3 (132.3)
accedere. uel etiam ad mysterium communionis sacrae accedere? 1.27 (54.1)
Ad eius uero concubitum uir suus accedere non debet, 1.27 (55.6)
et si in menstrua consuetudine ad sacramentum . . . accedere non praesumant, 1.27 (56.24)
inlusionem, quae per somnium solet accedere, 1.27 (59.22)
accederemus. Coepi autem mirari, quare ad murum accederemus, 5.12 (307.12)
accederet. atque ad eum audiendum saepissime, cum illas in partes deuenisset, accederet. 5.12 (310.4)
accedit. ut omni stipendio, quod accedit, quattuor debeant fieri portiones; 1.27 (48.24)
uidelicet quae naturaliter accedit. 1.27 (56.17)
ex qua re accedat [accedit] menti dormientis; uar. 1.27 (60.3)
accedite. Accedite ergo ad agnitionem eius, qui uos creauit, 2.10 (103.18)
accedunt. quae fidelium oblationibus accedunt altario; 1.27 (48.16)
accessisse. ut accessisse maximus crederetur exercitus. 1.20 (38.13)
accessit. Igitur sanctus Albanus, . . . accessit ad torrentem, 1.7 (20.14)
atque ad hospitium, quo proposuerat, accessit; 3.9 (146.13)
accessit ad episcopum Aidanum, 3.15 (158.1)
ACCELERO (ADC-). accelerauit. accelerauit uenire Romam, 5.11 (301.21)
adcelerantur. adcelerantur strages cunctis crudeliores prioribus. 1.12 (28.6)
adcelerauit. omnium lues scelerum comitari adcelerauit; 1.14 (29.31)
ubi paululum reficiebatur, adcelerauit ocius ad legendum cum suis, 3.5 (136.16)
ACCENDO. accendendum. Portabant autem facem ignis contra Aquilonem, quasi ad accendendum adclinem; 5.23 (349.12)
accendendus. tuae fraternitatis zelo accendendus est. 1.27 (53.5)
accendens. accendens suspicionem, quia ipsos quoque hostes . . . permitteret; 1.6 (17.17)
misit . . . Æduino litteras exhortatorias, paterna illum caritate accendens, 2.17 (118.30)
accenderant. mutati ab urbe uenti in eos, qui accenderant, 3.16 (159.19)
accenderet. in plurimorum corde fidelium spiritalis gratiam lucis accenderet. 2.2 (82.12)
et legentes quoque uel audientes exemplum facti ad studium religionis accenderet. 5.7 (293.5)
accendi. uenit ex more, cupiens salutaribus eius exhortationibus ad superna desideria magis magisque accendi. 4.29 (274.19)
accendit. uel ad solertiorem ueritatis inquisitionem accendit, 3.25 (181.23)
accendite. 'Accendite ergo lucernam illam, quamdiu uultis; 4.8 (221.19)
accenditur. ipse sollertius ad exsequenda ea, . . . accenditur. Praef. (5.17)

accensa. petens, ut lucernam, quae inibi accensa erat, extinguerent. 4.8 (221.10)
accensi. multi, . . . ad salutaria ieiuniorum remedia subeunda sunt mirabiliter accensi; 4.14 (236.3)
accensi sunt in fide ac deuotione pietatis ad orandum, 4.22 (252.4)
Cuius carminibus multorum saepe animi ad . . . appetitum sunt uitae caelestis accensi. 4.24 (259.4)
accenso. accenso quidem foco in medio, et calido effecto caenaculo, 2.13 (112.9)
accenso grandi igne in medio, 3.10 (147.14)
accensus. accensus manibus paganorum ignis, 1.15 (32.15)
aduersum uero illos, qui aliter facere uolebant, zelo magni feruoris accensus; 4.24 (261.14)
ACCEPTABILIS, e. **acceptabilium.** Suscipimus sanctas et uniuersales quinque synodos beatorum et Deo acceptabilium patrum; 4.17 (240.2)
ACCERRIMVM, *see* **ACERRIMVS,** a, um.
ACCERSO. accersiit. Cantatorem quoque egregium, uocabulo Maban, . . . ad se suosque instituendos accersiit, 5.20 (331.31)
accersisse. ut accessisse [accersisse] maximus crederetur exercitus. uar. 1.20 (38.13)
accersiti. quorum tempore Angli a Brettonibus accersiti Brittaniam adierunt. 5.24 (352.28)
accersitis. cum arcessitis [accersitis] ancellis Christi, uar. 4.23 (256.28)
ACCESSIO. accessionis. Qui cum die quadam sollicitus horam accessionis exspectaret, 3.12 (151.1)
ACCESSVS. accessum. et paupertate pariter ac rusticitate sua doctorum arcebant accessum. 4.27 (270.8)
ACCIDO. accidat. ex qua re accedat [accidat] menti dormientis; uar. 1.27 (60.3)
accidere. quae per somnium solet accedere [accidere]. uar. 1.27 (59.22)
accideret. Audito etenim fragore procellarum ac feruentis oceani exierat uidere, quid nobis accideret; 5.1 (282.10)
acciderit. uel, quod maius est, peccati consensu acciderit. 1.27 (61.3)
accidit. uidelicet quae naturaliter accedit [accidit]. uar. 1.27 (56.17)
Vnde accidit illi, quod solent dicere quidam, quia, . . . necesse habet in ianuam inferni non sponte damnatus introduci. 5.14 (314.9)
ACCINGO. accinctus. sed accinctus armis militiae spiritalis, 1.7 (19.14)
Accinctus ergo gladio accepit lanceam in manu, 2.13 (113.13)
ACCIO. accito. Vnde accito ad se praefato urbis Lundoniae, in qua tunc ipse manebat, episcopo, 4.11 (226.11)
accitum. Hunc ad se accitum papa iussit episcopatu accepto Brittaniam uenire. 4.1 (202.11)
qui uidelicet Aedilred accitum ad se Coinredum, . . . amicum episcopo fieri petiit, 5.19 (329.26)
ACCIPIO. acceperant. iuxta quod iussa sancti patris Gregorii acceperant, 1.27 (48.5)
inmortalitatem, quam acceperant, recto Dei iudicio perdiderunt. 1.27 (54.10)
ut in fide ueritatis, quam acceperant, persistere semper ac proficere curarent. 2.17 (118.30)
relicto errore idolatriae, fidem ueritatis acceperant, 3.4 (133.14)
c pauperibus dederunt, centum his, a quibus retia acceperant, 4.13 (232.1)
acceperat. quam ea condicione a parentibus acceperat, 1.25 (45.23)
Ac sic Aeduini iuxta oraculum, quod acceperat, . . . in regni gloriam successit. 2.12 (110.22)
ut in fide ueritatis, quam acceperant [acceperat], persistere . . . curarent [curaret]. uar. 2.17 (118.30)
pallium quoque, quod a Romano papa acceperat, 2.20 (126.20)
quia de alia prouincia ortus fuerat, et super eos regnum acceperat, 3.11 (148.15)
iuuante se episcopo Felice, quem de Cantia acceperat, 3.18 (162.22)
locum monasterii, quem a praefato rege Sigbercto acceperat, 3.19 (164.10)
Finan pro illo gradum episcopatus a Scottis ordinatus ac missus acceperat. 3.25 (181.5)
genti suae . . . pietate largiendi de his, quae a diuitibus acceperat, multum profuit. 3.27 (194.5)
egitque abba Iohannes, ut iussionem acceperat pontificis, 4.18 (241.21)
Ipse autem excepto cantandi uel legendi munere, et aliud in mandatis ab apostolico papa acceperat, 4.18 (241.33)
uir Domini Trumuini, qui in eos episcopatum acceperat, recessit cum suis, 4.26 (267.19)
et multis post haec annis uiuens, in eadem, quam acceperat, salute permansit. 5.5 (288.31)
accepere. reliquias beatorum apostolorum ac martyrum Christi ab eo se sperans accipere [accepere], uar. 5.11 (301.26)
acceperint. Vt Australes Saxones episcopos acceperint Eadberctum et Eallan, 5.18 (320.1)
acceperis. Et quicquid de faciendis signis acceperis, 1.31 (67.15)
acceperit. reliquias ibidem et ipsius acceperit, 1.18 (36.4)
atque in urbe regis sedem episcopatus acceperit. 1.26 (46.30)
simul et necessariis eius responsa petens acceperit. 1.27 (48.2)
omnes Brittaniae fines, . . . sub dicione acciperet [acceperit]. uar. 2.9 (97.14)
Vt idem ab Honorio papa exhortatorias litteras acceperit, 2.17 (118.22)
Vt Honorius, . . . ab eodem papa Honorio pallium et litteras acceperit. 2.18 (120.7)
Vt idem rex postulans de gente Scottorum antistitem acceperit Aidanum, 3.3 (131.3)
quia uestimentum eius morientis acceperit, ad memoriam reduxit. 3.19 (166.27)
nisi fidem Christi ac baptisma cum gente, cui praeerat, acciperet [acceperit]. uar. 3.21 (170.3)
Vt deposito Vynfrido, Sæxuulf episcopatum eius acceperit, 4.6 (218.1)
Vt . . . episcopatum Hrofensis ecclesiae pro Putta Cuichelm, et pro ipso Gefmund acceperit; 4.12 (227.21)
et segetem de labore manuum ultra tempus serendi acceperit. 4.28 (271.4)
acceperunt. Acceperunt autem, . . . de gente Francorum interpretes; 1.25 (45.11)
acceperunt subreguli regnum gentis, et diuisum inter se tenuerunt annis circiter x; 4.12 (227.26)
a quibus retia acceperant [acceperunt], uar. 4.13 (232.1)
accepi. 'Pascha,' inquit, 'hoc, quod agere soleo, a maioribus meis accepi, qui me huc episcopum miserunt, 3.25 (184.4)
accepimus. iuxta opinionem, quam ab antiquis accepimus, 2.1 (81.4)
quae cuncta ex lege obseruanda accepimus, 5.21 (340.31)
accepisses. Si enim huius uiri in peccatis suis mortui pecuniam non accepisses, 3.19 (167.2)
accepisset. Cumque nihil certi responsi, tametsi saepius inquirens, a sororibus accepisset, 4.7 (219.26)
Hunc ergo locum cum accepisset episcopus Vilfrid, 4.13 (232.14)
cum accepisset capillos sancti capitis, adposuit palpebrae languenti, 4.32 (280.18)
accepisti. uel accepisti, haec non tibi, sed illis deputes donata, 1.31 (67.15)
eam, quam accepisti diuinitus gratiam, 1.32 (68.4)
accepit. Brettones solum, a quibus nomen accepit, 1.1 (11.19)
martyr fortissimus ibidem accepit coronam uitae, 1.7 (21.10)
pallium Arelatensis episcopus accepit, 1.27 (52.33)
ubi in regia ciuitate sedem episcopalem, ut praediximus, accepit, 1.33 (70.11)
Vbi uero et haec prouincia uerbum ueritatis praedicante Mellito accepit, 2.3 (85.18)
litteras a pontifice sedis apostolicae Bonifatio accepit, 2.10 (100.19)
Accinctus ergo gladio accepit lanceam in manu, 2.13 (113.13)
Igitur accepit rex Aeduini cum cunctis gentis suae . . . fidem 2.14 (113.27)
Verum Eorpuald non multo, postquam fidem accepit, tempore occisus est. 2.15 (116.17)
donec accepit regnum frater eiusdem Eorpualdi Sigberct, 2.15 (116.20)
accepitque sedem episcopatus in ciuitate Domnoc; 2.15 (116.35)
accepit primus eorum, quem diximus, Eanfrid regnum Berniciorum. 3.1 (127.17)
quod certo utique praesagio futurorum antiquitus nomen accepit; 3.2 (129.22)
accepit namque pontificem Aedanum 3.3 (131.15)
quo tempore gubernaculum Romani imperii post Iustinianum Iustinus minor accepit, 3.4 (133.6)
unde et praefatam insulam ab eis in possessionem monasterii faciendi accepit. 3.4 (133.28)
Qui ubi tempus accepit, 3.5 (137.26)

Denique omnes nationes et prouincias Brittaniae, . . . in dicione accepit. 3.6 (138.7)
ipsum prius secunda generatione Deo dedicatum sibi accepit in filium. 3.7 (139.28)
Repudiata enim sorore Pendan regis Merciorum, quam duxerat, aliam accepit uxorem; 3.7 (140.12)
quos primo episcopatus sui tempore de natione Anglorum erudiendos in Christo accepit. 3.26 (190.12)
accepit ipsa cum omnibus certissimum supernae prouisionis responsum. 4.7 (219.26)
et per eius benedictionem habitum religionis, quem diu desiderabat, accepit. 4.11 (226.2)
Et hunc primum eadem prouincia proprium accepit praesulem, 4.12 (229.14)
At ipse partem, quam accepit, commendauit cuidam de clericis suis, 4.16 (237.13)
nemo gradum ministerii . . . ante Danihelem, qui nunc Occidentalium Saxonum est episcopus, accepit. 4.16 (238.13)
petiitque et accepit ab eo, . . . epistulam priuilegii 4.18 (241.12)
Accepit et praefatum Iohannem abbatem Brittaniam perducendum; 4.18 (241.17)
denique ibidem adiutores itineris et iniuncti operis accepit. 4.18 (242.27)
Accepit autem rex Ecgfrid coniugem nomine Aedilthrydam, 4.19 (243.3)
Sed illo post modicum temporis, ex quo eam accepit, defuncto, data est regi praefato; 4.19 (243.9)
unde et a copia anguillarum, quae in eisdem paludibus capiuntur, nomen accepit; 4.19 (246.32)
petiitque et accepit ab eo pretium suae redemtionis, 4.22 (251.27)
deinde ab Aidano episcopo patriam reuocata accepit locum unius familiae 4.23 (253.14)
sed diuinitus adiutus gratis canendi donum accepit. 4.24 (259.9)
anno, quo finem uitae accepit rex Ecgfrid, 4.27 (268.21)
in monasterio, quod iuxta amnem Dacore constructum ab eo cognomen accepit, 4.32 (279.23)
Accepit autem in eodem monasterio locum mansionis secretiorem, 5.12 (310.9)

accepta. et sic accepta ab eo licentia, 1.25 (44.25)
accepta in coniugem Aedilbergae filia Aedilbercti regis, 2.9 (97.23)
rogauit eum, accepta ibi sede episcopali, suae gentis manere pontificem; 3.7 (140.24)
atque accepta tonsura pro aeterno magis regno militare curaret. 3.18 (162.28)
Qua accepta Theodorus profectus est ad Agilberctum Parisiorum episcopum, 4.1 (203.16)
et accepta ab eo possessione ecclesiae cuiusdam et agelli non grandis, 4.12 (228.15)
monebat omnes et in salute accepta corporis Domino obtemperanter seruiendum, 4.23 (256.22)
Qua accepta in manu, interrogauit, si omnes placidum erga se animum, . . . haberent. 4.24 (261.33)
Tantumque mox accepta eius benedictione conualui, 5.6 (291.26)
acceptaque tonsura, locum secretae mansionis, quam praeuiderat abbas, intrauit; 5.12 (304.22)
plures . . . satagunt magis, accepta tonsura, monasterialibus adscribere uotis, 5.23 (351.20)

accepta. ut accepta nuper loca ad faciendum monasterium uel ecclesiam, prius . . . Domino consecrent. 3.23 (175.32)

acceptae. Defunctus uero est rex Aedilberct . . . post xx et unum annos acceptae fidei, 2.5 (90.5)

acceptam. Sic enim fit, ut post acceptam temporalis regni potentiam . . . apostolorum princeps caelestis . . . pandat introitum. 5.21 (345.16)

accepti. defuncto Felice Orientalium Anglorum episcopo post x et VII annos accepti episcopatus, 3.20 (169.4)
Theodorus archiepiscopus deposuit eum de episcopatu post annos accepti episcopatus non multos; 4.6 (218.6)
antistes eximius Vilfrid post XL et V annos accepti episcopatus diem clausit extremum 5.19 (322.18)
Ex quo tempore accepti presbyteratus usque ad annum aetatis meae LVIIII, . . . curaui: 5.24 (357.19)

acceptis. Et acceptis IIII presbyteris, . . . multo cum gaudio reuersus est. 3.21 (170.15)

accepto. missus est Aedan, accepto gradu episcopatus. 3.5 (135.19)
et accepto episcopatu Parisiacae ciuitatis, ibidem senex ac plenus dierum obiit. 3.7 (141.3)
Qui accepto gradu episcopatus rediit ad prouinciam, 3.22 (173.2)
quatinus accepto ipse gradu archiepiscopatus, 3.29 (196.14)
Hunc ad se accitum papa iussit episcopatu accepto Brittaniam uenire. 4.1 (202.12)
Qui uidelicet Suidberct accepto episcopatu, . . . ad gentem Boructuarorum secessit, 5.11 (302.16)

accepto. Quo accepto responso, confestim is, . . . inposuit dexteram suam capiti eius dicens: 2.12 (109.22)
timentium, ne forte accepto Christianitatis uocabulo, in uacuum currerent 3.25 (182.22)
uiatico dominici corporis ac sanguinis accepto, . . . ad aeterna in caelis gaudia subleueris. 4.14 (234.12)
accepto uelamine sanctimonialis habitus a praefato antistite Vilfrido. 4.19 (243.31)
Quo accepto responso, statim ipse coepit cantare 4.24 (259.30)

acceptum. Studens autem uir Domini acceptum monasterii locum primo . . . sorde purgare, 3.23 (175.21)
acceptumque sacerdotii gradum condignis ornans actibus, 3.27 (193.27)

acceptum. cuius regii duo pueri statim post acceptum baptisma sint interemti. 4.16 (236.26)
acceptum presbyteratus officium condignis gradu ipse consecrabat actibus. 5.1 (281.7)

accepturi. bellum ab hostibus forent accepturi; 2.2 (83.29)

accepturum. uel me accepturum esse confidam, 3.13 (153.14)

accepturus. cuiuc erat filiam accepturus in coniugem, 3.7 (139.27)

accipere. et stipendia sua exterius accipere; 1.27 (49.5)
Si debeant duo germani fratres singulas sorores accipere, 1.27 (50.21)
quia a nobis prohiberi non debet accipere, 1.27 (58.27)
etiam sacrae communionis mysterium ualet accipere, 1.27 (59.19)
uel corpus Domini quislibet accipere ualeat; 1.27 (59.23)
si pacem cum fratribus accipere nollent, 2.2 (83.28)
postulauit eum possessionem terrae aliquam a se ad construendum monasterium accipere, 3.23 (175.1)
'Si paganus,' inquit, 'nescit accipere nostra donaria, offeramus ei, qui nouit, 3.24 (177.26)
simul et reliquias beatorum apostolorum ac martyrum Christi ab eo se sperans accipere, 5.11 (301.26)
alia perplura, quae tanti operis negotium quaerebat, uel ibi discere uel inde accipere cupiebat. 5.11 (302.2)
quod tale munusculum de terra Anglorum mereretur accipere. 5.21 (345.29)
hanc accipere debere tonsuram, quam plenam esse rationis audimus, omnes, . . . clericos decerno.' 5.21 (346.2)

acciperent. et ecclesias fabricandi uel restaurandi licentiam acciperent. 1.26 (47.17)
panes propositionis acciperent, 1.27 (59.15)
quos omnino non acciperent, 1.27 (59.16)
neque de cibis illius acciperent. 3.22 (173.31)

acciperet. omnes Brittaniae fines, . . . sub dicione acciperet. 2.9 (97.14)
nisi fidem Christi ac baptisma cum gente, cui praeerat, acciperet. 3.21 (170.3)
etiamsi uirginem non acciperet; 3.21 (170.7)
cum Osuiu rex Christianus regnum eius acciperet, ut in sequentibus dicemus, 3.21 (171.1)
ut nemo territoria . . . ad construenda monasteria, nisi a potestatibus saeculi coactus, acciperet. 3.26 (191.23)
quae cum ille et munera gratanter acciperet, 4.30 (277.5)
in quo manens cotidianam ab eis stipem acciperet. 5.2 (283.29)
ut in sua familia manendi locum acciperet, 5.2 (284.30)
ut in hac uita centuplum acciperet, et in saeculo uenturo uitam aeternam. 5.19 (322.12)
cum praesentibus accusatoribus acciperet locum se defendendi, 5.19 (327.16)

accipiam. ut indutias uiuendi uel accipiam, 3.13 (153.13)

accipiat. et usquedum praemia piae deuotionis accipiat, existere non desistit; 5.20 (332.5)

accipiebant. Siquid enim pecuniae a diuitibus accipiebant, mox pauperibus dabant. 3.26 (190.25)

accipiendis. pro accipiendis alimentorum subsidiis aeternum subituri seruitium, 1.15 (32.31)

accipiendo. quae uictui necessaria uidebantur, ab eis, quos docebant, accipiendo, 1.26 (47.4)

accipiens. et accipiens inligatum panno condidit in capsella, et rediit. 3.11 (149.17)
Cuius corpus idem Ercunualdus patricius accipiens, 3.19 (168.15)

Vt . . . Cedd locum monasterii . . . accipiens orationibus et ieiuniis Domino consecrauerit; 3.23 (174.22)
accipiente. accipiente Vilfrido episcopatum totius Nordanhymbrorum prouinciae. 5.19 (326.6)
accipies. Verumtamen scito, quia, quae postulasti, accipies.' 3.27 (193.23)
accipies et ipse post mortem locum mansionis 5.12 (309.5)
accipiet. sub eodem intellectu accipiet, 1.27 (59.29)
et multum ex illo, ut reor, profectus spiritalis accipiet. 3.19 (165.13)
accipisses. Si enim huius uiri in peccatis suis mortui pecuniam non accepisses [accipisses], uar. 3.19 (167.2)
accipite. Responderunt: "Verum dicitis: accipite et in cumulum damnationis uestrae ducite." 5.13 (312.23)
accipitur. Quod tamen sciendum est, quia in mysterio accipitur. 1.27 (54.24)
accipiunt. mulieres, quae corpus Domini omnipotentis accipiunt, 1.27 (59.11)
multi sunt, qui ampliora a te beneficia quam ego, et maiores accipiunt dignitates, 2.13 (111.27)
ACCLINIS (ADC-), e. **adclinem.** Portabant autem facem ignis contra Aquilonem, quasi ad accendendum adclinem; 5.23 (349.12)
adclinis. Vnde factum est, ut adclinis destinae, . . . spiritum uitae exhalaret ultimum. 3.17 (160.5)
ACCLINO (ADC-). adclinari. postulauit se illo adferri, et in modum orantium ad illud adclinari. 4.9 (223.4)
ACCOLA. accolae. aliquantulum loci accolae paucis diebus timere, . . . coeperunt. 4.25 (265.29)
ACCOMMODO (ADC-). accommodans. simpliciter fidem historiae, quam legebam, accommodans, Praef. (8.1)
accommodarent. dignus, cui fidem narranti audientes accommodarent. 4.3 (207.32)
accommodas. aurem sedulus accommodas, Praef. (5.9)
adcommodans. quibus uidelicet artificium humanum adcommodans eis inanimatam membrorum similitudinem contulisti; 2.10 (102.23)
ACCOMMODVS, a, um. **accommoda.** alia multa, . . . ecclesiasticis disciplinis accommoda, eodem magistro tradente percepit; 5.19 (324.27)
accommodos. fluuios balnearum calidarum omni aetati et sexui . . . accommodos. 1.1 (10.18)
accommodus. Erat autem locus . . . spirituum malignorum frequentia humanae habitationi minus accommodus; 4.28 (271.17)
ACCVMBO (ADC-). adcumbens. Vt apposta ecclesiae, cui idem adcumbens obierat, . . . flammis absumi nequiuerit; 3.17 (159.23)
ACCVRRO (ADC-). adcurrebant. adcurrebant, et flexa ceruice uel manu signari, uel ore illius se benedici gaudebant; 3.26 (191.9)
adcurrentes. et adcurrentes circumdederunt me, 5.12 (306.24)
ACCVSATIO. accusationes. Sequuntur aduersus ipsum accusationes malignorum, defensiones spirituum bonorum, 3.19 (166.11)
accusationibus. qui crebris accusationibus inprobi iter illi caeleste intercludere contendebant; 3.19 (165.3)
accusationum. sed ad integrum culpis accusationum absolutum patriam cum honore reuerti. 5.19 (328.18)
accussationum. sed ad integrum culpis accusationum [accussationum] absolutum patriam cum honore reuerti. uar. 5.19 (328.18)
ACCVSATOR. accusatores. omnium iudicio probatum est accusatores eius . . . contra eum machinasse calumnias; 5.19 (327.18)
accusatoribus. cum praesentibus accusatoribus acciperet locum se defendendi, 5.19 (327.15)
accussatores. probatum est accusatores [accussatores] eius . . . falsas contra eum machinasse calumnias; uar. 5.19 (327.18)
ACCVSO. accusatus. uniuersorum iudicio absque crimine accusatus fuisse, et episcopatu esse dignus inuentus est. 5.19 (326.22)
Sed post v annos denuo accusatus, ab eodem ipso rege et plurimis episcopis praesulatu pulsus est; 5.19 (327.13)
qui nuper Romam accusatus a suis, atque ab apostolica sede iudicandus aduenerit: 5.19 (328.7)
'qui iamdudum,' inquiunt, 'aeque accusatus huc adueniens, 5.19 (328.9)
accussatus. qui nuper Romam accusatus [accussatus] a suis, . . . aduenerit: uar. 5.19 (328.7)
'qui iamdudum,' inquiunt, 'aeque accusatus [accussatus] huc adueniens, uar. 5.19 (328.9)
ACER, cris, cre. **acri.** Percussa etenim febribus acri coepit ardore fatigari, 4.23 (256.16)
Haec inter tactus infirmitate, decidit in lectum, atque acri coepit dolore torqueri. 5.13 (311.16)
acris. Et quia acris erat ingenii, didicit citissime psalmos, et aliquot codices; 5.19 (323.4)
ACERBIOR, ius. **acerbiorem.** acerbiorem castigando et apertum ueritatis aduersarium reddidit. 3.25 (181.25)
aceruiorem. acerbiorem [aceruiorem] castigando et apertum ueritatis aduersarium reddidit. uar. 3.25 (181.25)
ACERBISSIMVS, a, um. **acerbissima.** unde et fames acerbissima plebem inuadens impia nece prostrauit. 4.13 (231.13)
acerbissimo. cuiuc coniux XL ferme diebus erat acerbissimo langore detenta, 5.4 (287.3)
aceruissima. unde et fames acerbissima [aceruissima] plebem inuadens impia nece prostrauit. uar. 4.13 (231.13)
aceruissimo. cuiuc coniunx XL ferme diebus erat acerbissimo [aceruissimo] langore detenta, uar. 5.4 (287.3)
ACERBVS, a, um. **acerba.** homines acerba pestis corripuit, 1.14 (30.9)
acerba. ubi acerba primum pugna fatigatus, 1.2 (13.28)
et cum familiares domus illius de acerba puellae infirmitate ipso praesente quererentur, 3.9 (146.16)
pestilentiae lues, . . . acerba clade diutius longe lateque desaeuiens, 3.27 (192.3)
acerbas. cum acerbas atque intolerabiles pateretur inruptiones saepe dicti regis Merciorum, 3.24 (177.13)
acerbo. Deo dilectus antistes Eadberct morbo correptus est acerbo, 4.30 (277.19)
acerua. homines acerba [acerua] pestis corripuit, uar. 1.14 (30.9)
acerua. ubi acerba [acerua] primum pugna fatigatus, uar. 1.2 (13.28)
et cum familiares domus illius de acerba [acerua] puellae infirmitate . . . quererentur, uar. 3.9 (146.16)
atque acerba [acerua] clade diutius longe lateque desaeuiens, uar. 3.27 (192.3)
aceruam. [quae tamen illo abeunte propter aceruam hostium obpressionem proprium episcopum habere nequiuerit.] uar. 4.13 (230.2)
aceruas. cum acerbas [aceruas] atque intolerabiles pateretur inruptiones uar. 3.24 (177.13)
aceruo. Eadberct morbo correptus est acerbo [aceruo], uar. 4.30 (277.19)
ACERRIMVS, a, um. **accerrimum.** quia tempus hiemis fuerit acerrimum [accerrimum] uar. 3.19 (167.19)
acerrima. unum de pueris eius, qui acerrima egritudine premebatur, 5.5 (288.5)
acerrimis. Qui cum tormentis afficeretur acerrimis, 1.7 (19.35)
acerrimum. adiciens, quia tempus hiemis fuerit acerrimum et glacie constrictum, 3.19 (167.19)
acerrimus. Erat in his acerrimus ueri paschae defensor nomine Ronan, 3.25 (181.18)
ACERV-, *see* **ACERB-.**
ACERVATIM. nonnulli . . . aceruatim iugulabantur; 1.15 (32.29)
ACHA (*fl.* 617?), *sister of King Edwin of Northumbria, and mother of Oswald; wife of Ethelfrid.*
Acha. Erat autem nepos Aeduini regis ex sorore Acha, 3.6 (139.3)
ACIES. aciem. qui ab aquilone ad aciem uenerant, 1.15 (31.4)
Horum ergo plurimi ad memoratam aciem, . . . cum aliis orandi causa conuenerant, 2.2 (84.15)
acies. Statuitur ad haec in edito arcis acies segnis, 1.12 (28.1)
ACQVIESCO (ADQ-). adquiesceret. Cui cum ille libenter adquiesceret, 3.23 (176.5)
ACQVIRO (ADQ-). adquirenda. magisque prosperantur in omnibus, quae agenda uel adquirenda disponunt. 2.13 (111.29)
adquirens. Adquirens fidei agmina gente noua. 2.1 (79.20)
adquirere. si forte aliquos ibidem praedicando Christo adquirere possent. 5.10 (299.19)
adquisisset. Qui cum pauco sub tempore non paucam Domino plebem adquisisset, 3.21 (171.7)
adquisitis. adquisitis undecumque reliquiis beatorum apostolorum et martyrum Christi, 5.20 (331.19)
ACQVISITIO (ADQ-). adquisitio. ut fide et opere, in timore Dei et caritate, uestra adquisitio . . . amplius extendatur; 2.18 (121.7)

ACRIOR, ius. **acrior.** acrior gentem peccatricem ultio diri sceleris secuta est. 1.14 (30.15)
acrioris. Cumque materies belli acrioris et inimicitiae longioris . . . uideretur exorta, 4.21 (249.9)
ACTIO. actione. Gregorius, uir doctrina et actione praecipuus, 1.23 (42.16)
communi autem consilio, et concordi actione 1.29 (64.9)
Celebrent ergo missas per cuncta monasterii oratoria huius, siue pro gratiarum actione exauditae suae deprecationis, 4.14 (235.3)
ut ibi quoque fratribus custodiam disciplinae regularis . . . propria actione praemonstraret. 4.27 (270.20)
Siquidem electis sociis . . . actione simul et eruditione praeclaris, 5.9 (296.28)
actionibus. quin ei, qui tanta sibi beneficia donaret, dignis ipse gratiarum actionibus responderet. 2.12 (109.12)
actionis. Cuius synodicae actionis huiusmodi textus est: 4.5 (214.28)
homines . . . ad dilectionem uero et solertiam bonae actionis excitare curabat. 4.24 (261.11)
Cudberct . . . plures et auctoritate magistri, et exemplo suae actionis regularem instituebat ad uitam. 4.27 (269.12)
faber iste tenebrosae mentis et actionis, inminente morte, uidit aperta tartara, 5.14 (314.35)
Delectabatur enim antistes prudentia uerborum iuuenis, . . . alacritate actionis, 5.19 (324.5)
ACTVALIS, e. **actuali.** etiam sine actuali peccato existentes, portare noscuntur, secundum prophetam dicentem: 2.19 (124.9)
ACTVARIVS, a, um. **actuariis.** et nauibus honerariis atque actuariis . . . praeparatis, 1.2 (13.27)
ACTVS. actibus. et uenturo Iudici in bonis actibus inueniamur esse praeparati. 1.32 (69.23)
concussamque saeculi actibus mentem . . . roboraret alloquium. 2.1 (75.11)
nisi ut in bonis actibus persistentes, . . . eum colere, . . . festinemus? 2.17 (119.10)
et quae laude sunt digna in eius actibus laudans, 3.17 (161.16)
superuenit de Hibernia . . . Furseus, uerbo et actibus clarus, 3.19 (163.25)
coepit sedulus cogitare de actibus suis, 3.27 (193.3)
acceptumque sacerdotii gradum condignis ornans actibus, 3.27 (193.28)
eisdemque actibus ac moribus iuxta exemplum eius ac fratris sui Ceddi suos instituere curauit auditores. 3.28 (195.23)
Erat enim religiosis actibus, crebris precibus, piis elimosynarum fructibus plurimum intentus; 4.11 (225.18)
acceptum presbyteratus officium condignis gradu ipse consecrabat actibus. 5.1 (281.8)
Haemgils, presbyteratus etiam, quem bonis actibus adaequabat, 5.12 (309.23)
qui nunc episcopalem Lindisfarnensis ecclesiae cathedram condignis gradu actibus seruat. 5.12 (310.8)
actu. quae licita ac legitima, et tamen in eorum actu aliquatenus fedamur; 1.27 (58.8)
Implebatque actu, quicquid sermone docebat, 2.1 (79.17)
Erat autem praefatus rex Reduald natu nobilis, quamlibet actu ignobilis, 2.15 (116.14)
actus. et post tam pulchram quietis suae speciem terreni actus puluere fedatur. 2.1 (74.21)
actus. quanta fraudis solertia daemones et actus eius, et uerba superflua, . . . replicauerint; 3.19 (165.7)
si actus tuos curiosius discutere, et mores sermonesque tuos in rectitudine . . . seruare studeris, 5.12 (309.3)
ACTVS APOSTOLORVM, *Acts of the Apostles.*
Actibus Apostolorum. quae in Actibus Apostolorum per prophetam Agabum praedicta esse memoratur. 1.3 (15.19)
Actus apostolorum. In Actus apostolorum libros II. 5.24 (358.25)
ACVTISSIMVS, a, um. **acutissimis.** sub aqua uadum acutissimis sudibus praestruxerat; 1.2 (14.15)
AD, *omitted.*
ADAEQVO. adaequabat. Haemgils, presbyteratus etiam, quem bonis actibus adaequabat, gradu praeminens, 5.12 (309.23)
ADAM, *the first man.*
Adae. Nam ceteri homines cum peccato originali nascentes testimonium praeuaricationis Adae, 2.19 (124.8)
Adam. Adam uero uelut spiritus consensit; 1.27 (61.7)
trium patriarcharum candidis, Adam obscurioris et uilioris operis, 5.17 (319.20)
ADAMNAN (625?–704), *Abbot of Iona: wrote biography of Columba.*
Adamnan. Siquidem Adamnan, presbyter et abbas monachorum, qui erant in insula Hii, 5.15 (315.15)
Porrexit autem librum hunc Adamnan Aldfrido regi, 5.15 (317.2)
ex quibus est Adamnan, abbas et sacerdos Columbiensium egregius, 5.21 (344.7)
Adamnano. 'Haec tunc Adamnano dixi, 5.21 (345.3)
Adamnano. Vt plurimae Scottorum ecclesiae, instante Adamnano, catholicum pascha susceperint; 5.15 (315.10)
Adamnanum. ac post multa ad memoratum Christi famulum Adamnanum perueniens, 5.15 (316.25)
ADAMNANVS (*fl.* 681), *a Scottish monk of Coldingham.*
Adamnanus. Erat namque in eodem monasterio uir de genere Scottorum, Adamnanus uocabulo, 4.25 (263.2)
ADBARVAE, *probably Barrow, Lincolnshire.*
Adbaruae. Vulfheri donauit terram . . . in loco, qui dicitur Adbaruae, id est Ad Nemus, 4.3 (207.5)
Depositus uero Vynfrid rediit ad monasterium suum, quod dicitur Adbaruae, 4.6 (218.11)
ADC-, *see* **ACC-.**
AD CANDIDAM CASAM, *Whitern.*
Ad Candidam Casam. Qui locus, . . . uulgo uocatur Ad Candidam Casam, eo quod ibi ecclesiam de lapide, . . . fecerit. 3.4 (133.22)
AD CAPRAE CAPVT, *Gateshead, on the Tyne.*
Ad Caprae Caput. Adda autem erat frater Vttan . . . abbatis monasterii, quod uocatur Ad Caprae Caput, cuius supra meminimus. 3.21 (170.21)
ADDA (*fl.* 653), *a Northumbrian priest who, with three others, went with Peada to convert the Middle Angles.*
Adda. Erant autem presbyteri, Cedd, et Adda, et Betti, et Diuma, 3.21 (170.18)
Adda autem erat frater Vttan presbyteri inlustris, 3.21 (170.20)
ADDI (*fl.* 705?), *a Northumbrian thegn whose servant was miraculously healed by John of Beverley.*
Addi. Alio item tempore uocatus ad dedicandam ecclesiam comitis uocabulo Addi, 5.5 (288.3)
ADDICO. addictos. inter plurimos gentis Anglorum, . . . seruitio addictos, uel de terra Pictorum fuga lapsos, 4.26 (267.16)
ADDO. addebant. et hoc addebant, 1.22 (42.4)
addentes. nihil addentes uel subtrahentes; 4.17 (240.18)
addes. Addes etiam, quomodo ea, quae furtu de ecclesiis abstulerint, 1.27 (50.16)
addiderunt. tertiam in Brittania Brettonibus et Pictis gentem addiderunt. 1.1 (13.11)
addiderunt longitudini sarcofagi quasi duorum mensuram digitorum. 4.11 (227.2)
addidit. Addidit autem uotis, quae diximus, ut semper in XL ^{ma} non plus quam semel in die reficeret, 3.27 (194.6)
horum numero duos addidit antistites, 4.12 (229.23)
Addidit episcopus nomina litterarum: 'Dicito A'; 5.2 (284.7)
addidit et syllabas ac uerba dicenda illi proponere. 5.2 (284.10)
Addidit autem uir etiam lacrimas precibus, 5.5 (288.9)
addit. haec quoque sancta synodus suis litteris addit: 4.17 (239.32)
addita. in sedem pontificatus addita ipsum primum habet antistitem. 5.23 (351.4)
addita. ea condicione addita, ut pro ipso etiam, . . . consistentes ibi monachi Domino preces offerrent. 4.4 (213.27)
additum. additum est per institutionem apostolicam ex euangelio, 5.21 (334.7)
addunt. Addunt et alia, quae ipsa nocte in monasterio eodem diuinitus fuerint ostensa miracula; 3.8 (143.28)
ADDVCO. adducatur. Adducatur aliquis eger, 2.2 (81.32)
adducebatur. ea hora, qua ad eum Albanus adducebatur, 1.7 (19.2)
adducendam. cum mitteretur Cantiam ob adducendam inde coniugem regi Osuio, 3.15 (157.26)
adducendum. misit illo continuo Raedfridum praefectum suum ad adducendum eum; 4.1 (203.26)
adducere. ita ut ne ad os quidem adducere ipsum brachium ullatenus dolore arcente ualeret. 3.2 (130.16)

statimque iussit ire ministram, et capsellam, in qua erat, adducere. 3.11 (150.7)
adduci. Hunc ergo adduci praecipit episcopus, 5.2 (283.27)
adducta. quae auctore Deo nuper adhuc ad fidem perducta [adducta] est, uar. 1.27 (48.30)
Eanfledam, quae occiso patre illuc fuerat adducta; 3.15 (157.28)
et quae famularum manibus adducta fuerat, 4.10 (225.8)
adducta. et adducta ad se eorum corpora condidit cum multa gloria. 5.10 (301.12)
adducto. cum Aedilred rex Merciorum, adducto maligno exercitu, Cantiam uastaret 4.12 (228.8)
adducturos. et post dies VII se redituros, ac me secum adducturos esse promiserunt.' 4.3 (209.35)
adductus. inuentus est, . . . et ad dominum ipsorum, comitem uidelicet Aedilredi regis, adductus. 4.22 (250.6)
adducuntur. sacerdotibus adducuntur ad mediterranea deferendi, 1.21 (41.5)
adduxerant. et cum his, qui se adduxerant, sana pedibus incedendo reuersa est. 3.9 (146.24)
adduxerat. Paulinus adsumta secum regina Aedilberge, quam pridem adduxerat, 2.20 (125.29)
Vt Colman . . . duo monasteria in Scottia, unum Scottis, alterum Anglis, quos secum adduxerat, fecerit. 4.4 (213.2)
et monachos inibi, quos de utraque natione collectos adduxerat, collocauit. 4.4 (213.16)
regulari uita instituit, maxime ex his, quos secum adduxerat, fratribus; 4.13 (232.16)
et cum maxima parte copiarum, quas secum adduxerat, extinctus anno aetatis suae XL., 4.26 (267.2)
adduxerunt. Scripta, quae perlatores ad sanctae memoriae Seuerinum papam adduxerunt, 2.19 (123.11)
ADEO. adeundi. neque alia . . . clericis uicos adeundi, quam praedicandi, baptizandi, infirmos uisitandi, . . . causa fuit; 3.26 (191.18)
adibat. ut gentem, quam adibat, ad agnitionem ueritatis aduocans, 2.9 (98.22)
adiens. Vt eandem secundus Romanorum Claudius adiens, 1.3 (15.1)
Claudius secundus Romanorum Brittanias adiens, plurimam insulae partem in deditionem recepit, et Orcadas quoque insulas Romano adiecit imperio. 5.24 (352.10)
adierant. manere illos in ea, quam adierant, insula, . . . iussit. 1.25 (45.18)
adierat. (nam et Romam prius propter doctrinam ecclesiasticam adierat, 3.25 (182.31)
Damascum quoque, Constantinopolim, Alexandriam, multas maris insulas adierat; 5.15 (316.22)
adierit. Vt Brittaniam primus Romanorum Gaius Iulius adierit. 1.2 (13.18)
sed et successor eius Ini eadem beatorum apostolorum limina deuotus adierit. 5.7 (292.11)
adierunt. quorum tempore Angli a Brettonibus accersiti Brittaniam adierunt. 5.24 (352.28)
adiit. ex quo Gaius Iulius Caesar eandem insulam adiit. 1.11 (25.9)
post annos circiter XXX et duos, ex quo ipse Brittaniam praedicaturus adiit. 3.4 (134.2)
qui et ipse aeuo sequente Hiberniam gratia legendi adiit, 3.27 (192.22)
et multa diu loca peruagatus, Romam adiit, Brittaniam rediit; 4.13 (230.4)
adire. Hanc adire si uultis, 1.1 (12.8)
quam neque ante Iulium Caesarem, neque post eum quisquam adire ausus fuerat, 1.3 (15.11)
redire domum potius, quam barbaram, . . . gentem, . . . adire cogitabant, 1.23 (42.27)
ne . . . tam incertam peregrinationem adire deberent. 1.23 (43.1)
multi de Brittania monachicae conuersationis gratia Francorum uel Galliarum monasteria adire solebant; 3.8 (142.19)
etiam Romam adire curauit, 4.23 (255.3)
Cuius consilium nullus adire potest! 5.7 (293.22)
adisset. eo quod iam bis partes Galliarum diuersis ex causis adisset, 4.1 (202.31)
et inde cum rediens Brittaniam adisset, diuertit ad prouinciam Huicciorum, 4.23 (255.5)
adit. En Deus altus adit uenerandae uirginis aluum, 4.20 (247.17)
Liberet ut homines, en Deus altus adit. 4.20 (247.18)
aditurus. quod aditurus insulam protestatus est fratribus, dicens: 4.28 (271.11)
ADEO. 1.13 (29.4); 2.20 (125.9); 3.9 (145.21); 3.27 (193.10); 3.30 (200.2); 4.3 (208.5); 4.11 (227.14); 4.19 (243.15); 4.21 (249.13); 4.24 (261.17); 5.1 (282.14); 5.3 (285.17); 5.15 (316.28); 5.19 (328.22).
ADF-, *see* **AFF-.**
ADG-, *see* **AGG-.**
ADGEFRIN, *Yeverin, Northumberland.*
Adgefrin. in uillam regiam, quae uocatur Adgefrin, 2.14 (115.1)
ADHEREO. adhere. ibi reside, et quietus manens adhere tumbae. 3.12 (151.5)
adherentem. adherentem lateri suo capsulam cum sanctorum reliquiis 1.18 (36.13)
ADHIBEO. adhibere. praecepit medico etiam sanandae scabredini capitis eius curam adhibere. 5.2 (284.23)
adhiberi. et cum debilitati suae nihil remedii pateretur adhiberi, 1.19 (37.31)
ADHORTATIO. adhortationum. diuinae fidei calor eius intellegentiam tuarum adhortationum frequentatione succendat, 2.11 (106.2)
ADHORTOR. adhortandos. Vnde praesenti stilo gloriosos uos adhortandos cum omni affectu intimae caritatis curauimus; 2.10 (102.1)
adhortantes. adhortantes, quatinus diuinae inspirationis inbuta subsidiis, inportune et oportune agendum non differas, 2.11 (105.14)
ADHVC. 1.1 (10.33); 1.7 (18.12); 1.22 (41.25); 1.26 (47.11); 1.27 (48.30); 1.27 (49.27); 1.27 (51.18); 1.27 (52.8) 1.27 (55.2); 2.1 (75.26); 2.1 (80.6); 2.4 (86.27); 2.4 (88.11); 2.5 (90.26); 2.5 (91.14); 2.7 (94.2); 2.12 (108.11); 2.12 (109.29); 2.13 (111.12); 2.14 (114.27); 2.14 (115.21); 2.15 (116.22); 2.19 (122.21); 3.3 (131.22); 3.12 (151.13); 3.13 (152.16); 3.19 (163.23); 3.19 (167.14); 3.19 (168.23); 3.22 (173.11); 3.25 (182.5); 3.25 (185.5); 3.26 (190.1); 3.27 (193.6); 3.28 (194.25); 4.3 (211.11); 4.3 (211.30); 4.3 (212.28); 4.5 (217.29); 4.8 (220.26); 4.8 (221.17); 4.9 (223.11); 4.12 (228.4); 4.13 (230.11); 4.24 (261.24); 4.24 (261.31); 4.27 (268.19); 4.30 (276.19); 4.30 (277.6); uar. 5.3 (285.14); 5.3 (286.21); 5.6 (289.19); 5.7 (292.25); 5.9 (296.19); 5.10 (299.2); 5.11 (302.32); 5.11 (303.19); 5.12 (306.21); 5.12 (309.24); 5.14 (314.21); 5.17 (319.3); 5.18 (320.15); 5.18 (320.29); 5.19 (326.1); 5.21 (340.32); 5.22 (347.13).
ADIACEO. adiacentibus. utpote nil propriae possessionis, excepta ecclesia sua et adiacentibus agellis habens. 3.17 (160.2)
neque aliquis de hoc monasterio siue adiacentibus ei possessiunculis hac clade ultra moriturus est; 4.14 (234.17)
adiacere. cum euigilaret, sensit nescio quid frigidi suo lateri adiacere, 3.2 (130.30)
ADICIO. adicere. partim uero ea, . . . sollerter adicere curaui. Praef. (8.3)
adiciens. adiciens, quia tempus hiemis fuerit acerrimum et glacie constrictum, 3.19 (167.19)
Qui adiciens 'Verum,' inquit, 'dicis, 4.25 (265.3)
adicientur. 'Quaerite primum regnum Dei et iustitiam eius, et haec omnia adicientur uobis.' 3.29 (198.31)
adiecerit. Orcadas etiam insulas Romano adiecerit imperio; 1.3 (15.2)
adieciens. adiciens [adieciens], quia tempus hiemis fuerit uar. 3.19 (167.19)
adiecit. Orcadas etiam insulas . . . Romano adiecit imperio, 1.3 (15.14)
possessiones in usum eorum, qui erant cum episcopis, adiecit. 2.3 (85.30)
quid erga eum agere rex promisisset, edocuit, et insuper adiecit: 2.12 (108.4)
huic tali pro mercede beneficii daturum esse responderet, adiecit ille: 2.12 (109.5)
Adiecit autem Coifi, quia uellet ipsum Paulinum diligentius audire de Deo, 2.13 (112.23)
adiecit regina, quia de puluere pauimenti, in quo aqua lauacri illius effusa est, multi iam sanati essent infirmi. 3.11 (149.14)
frater inde adueniens adiecit, 3.12 (151.13)
Claudius . . . Orcadas quoque insulas Romano adiecit imperio. 5.24 (352.12)
adiectum. et huic adiectum alium de schematibus siue tropis libellum, 5.24 (359.27)
ADIMPLEO. adimplenda. et adimplenda misericordia nobis quid erit loquendum? 1.27 (49.13)

adimplere. et ea, quae nunc promittis, adimplere ne differas.' 2.12 (109.26)
adimplet. Neque haec euangelica et apostolica traditio legem soluit, sed potius adimplet, 3.25 (186.5)
ADIPISCOR. adepta. et Osuiu, pro adepta uictoria, possessiones et territoria Deo ad construenda monasteria dederit. 3.24 (177.11)
adepti. nullam neque ledendi neque iuuandi facultatem adepti sunt? 2.10 (102.28)
adeptus. Seuerus, . . . XVII ab Augusto imperium adeptus 1.5 (16.16)
Marcianus cum Valentiniano XLVI ab Augusto regnum adeptus, 1.15 (30.29)
adipiscenda. Ecgberct, quem in Hibernia insula peregrinam ducere uitam pro adipiscenda in caelis patria retulimus, 5.9 (296.9)
adipisci. hoc sibi gloriae singularis desiderans adipisci, 5.7 (292.16)
ADIVNGO. adiuncta. quae praemissae adiuncta cohorti inuincibilem fecit exercitum. 1.15 (31.8)
tertia in euangelio per effectum dominicae passionis et resurrectionis adiuncta est. 5.21 (334.4)
adiuncta. adiuncta secum Brittanorum manu, 1.12 (27.22)
adiuncto. adiuncto sibi Seuero, totius sanctitatis uiro, 1.21 (40.4)
adiunctum. protinus adiunctum est: 5.21 (335.20)
adiungit. adnuntians subiungit [adiungit]: uar. 1.27 (57.10)
adiunxit. et eis mox plura in eundem modum uerba Deo digni carminis adiunxit. 4.24 (260.13)
ADIVRO. adiurant. genuflectunt omnes, adiurant per Dominum, lacrimas fundunt, obsecrant; 4.28 (272.24)
ADIVTOR. adiutor. Auctor ante omnes atque adiutor opusculi huius Praef. (6.5)
et pupillum, cui non esset adiutor. 2.1 (77.25)
adiutorem. cum episcopo, quem ei adiutorem fidei dederant, 1.25 (45.24)
Clementem sibi adiutorem euangelizandi, simul et successorem consecrasse perhibetur. 2.4 (87.2)
adiutores. denique ibidem adiutores itineris et iniuncti operis accepit. 4.18 (242.26)
ADIVTORIVM. adiutorio. Interea Augustinus adiutorio usus Aedilbercti regis conuocauit . . . episcopos 2.2 (81.10)
ADIVTRIX. adiutrix. et adiutrix disciplinae regularis eidem matri existere, minores docendo uel castigando curabat. 4.9 (222.3)
ADIVTVS. adiutus. sed diuinitus adiutus gratis canendi donum accepit. 4.24 (259.8)
ADIVVO. adiuuando. pro adiuuando in opere Dei Augustino, 1.28 (62.3)
adiuuans. suis exhortationibus ac precibus adiuuans. 2.1 (81.3)
adiuuant. Multos autem . . . celebratio missarum, ut etiam ante diem iudicii liberentur, adiuuant. 5.12 (308.20)
adiuuante. ut et eos, qui secum uenerant, ne a fide deficerent, Domino adiuuante contineret, 2.9 (98.27)
Haec . . . Domino adiuuante digessi Baeda famulus Christi, 5.24 (357.3)
adiuuare. quem necesse est, ut sacerdotali studio sanctitas uestra adiuuare, 1.24 (44.10)
adiuuarent. qui se in uerbo fidei et ministerio baptizandi adiuuarent, 3.22 (173.6)
adiuuate. atque adnisum illius uirtute, quam uobis diuinitas tribuit, adiuuate, 1.32 (69.6)
adiuuit. sed etiam eum, ut in regnum perueniret, adiuuit. 2.12 (110.13)
ADL-, *see* **ALL-.**
AD LAPIDEM, *Stoneham, on the Itchen.*
Ad Lapidem. cum delati in locum, qui uocatur Ad Lapidem, occulendos se a facie regis uictoris credidissent, 4.16 (237.23)
ADMINICVLVM. adminiculo. Augustinus, . . . recuperauit in ea, regio fultus adminiculo, ecclesiam, 1.33 (70.12)
ADMINISTRATIO. administratione. ut promiserat, cum administratione uictus temporalis 1.25 (46.20)
ADMINISTRO. administrando. Nam cum prae maiore senectute minus episcopatui administrando sufficeret, 5.6 (292.5)
administrando. Quo adhuc superstite, sed grauissima infirmitate ab administrando episcopatu prohibito, 4.5 (217.30)
administrante. Vilfrido administrante episcopatum Eboracensis ecclesiae, 4.3 (206.20)
administrantibus. Quibus episcopatum administrantibus statutum est synodali decreto, 5.18 (321.14)
administrare. iuxta exempla patrum antiquorum, in magna uitae perfectione administrare curauit; 4.3 (207.3)
administraret. Qui cum annis multis et in praefata prouincia episcopatum administraret, 3.23 (176.10)
ADMIRABILIS, e. **admirabile.** quantumue sit admirabile, quod renata praemium consequi meruisti. 2.11 (105.33)
ADMIROR. admirandi. ut omnem mox fetorem tenebrosi fornacis, . . . effugaret admirandi huius suauitas odoris. 5.12 (307.18)
ADMISCEO. admisceri. uiris suis non debent admisceri; 1.27 (55.15)
admixti. huic nefando coniugio dicuntur admixti, 1.27 (51.19)
ADMONEO (AMM-). admonendi. ad fidem uenientes admonendi sunt, 1.27 (51.19)
Omnes autem, qui ad fidem ueniunt, admonendi sunt, 1.27 (51.31)
admoneo. 'Sed et tuam nunc prudentiam, rex, admoneo, 5.21 (345.12)
admonere. pro Pelagiana heresi, . . . in eadem illos epistula admonere curauit; 2.19 (122.28)
admoneremus. Haec ideo nostrae historiae inserenda credidimus, ut admoneremus lectorem operum 4.25 (266.5)
admonet. Tum subito Germanus signifer uniuersos admonet, 1.20 (39.5)
admoniti. Cumque diligenter ac saepe ab illo essent admoniti nequaquam ita fieri posse, 2.5 (91.22)
His similia et ceteri maiores natu ac regis consiliarii diuinitus admoniti prosequebantur. 2.13 (112.22)
admonitus. diuino nimirum admonitus instinctu, 1.7 (20.20)
Qui diuino admonitus instinctu 1.23 (42.18)
qua uidelicet ex causa admonitus 2.1 (79.27)
meruit uisione perfrui, in qua admonitus est coepto uerbi ministerio sedulus insistere, 3.19 (164.4)
Duobus autem annis in episcopatu peractis repetiit insulam ac monasterium suum, diuino admonitus oraculo, 4.29 (274.4)
At ille salubri instinctu admonitus, cum accepisset capillos sancti capitis, adposuit palpebrae languenti, 4.32 (280.17)
coepitque me interrogare, diuino, ut mox patuit, admonitus instinctu, 5.6 (291.9)
Verum ille, frequenter licet admonitus, spernebat uerba salutis, 5.13 (311.13)
sed et a pluribus, qui erant eruditiores, esset solerter admonitus, 5.15 (315.21)
Naiton . . . admonitus ecclesiasticarum frequenti meditatione scripturarum, abrenuntiauit errori, 5.21 (332.16)
admonuit. Qui cum uenissent, primo admonuit eos, 4.3 (209.7)
ammonebat. Ammonebat ergo illum sedulo, ut confiteretur, 5.13 (311.9)
ammonebatur. atque ad castigatiorem uitam conuerti ammonebatur. 5.14 (314.1)
ammonens. ammonens, quia nulla ratione conueniat tanto regi amicum suum . . . auro uendere, 2.12 (110.7)
ammoneret. Nec exinde distulit, quin continuo regem ammoneret explere uotum, 2.12 (107.13)
de seruanda eas inuicem, immo cum omnibus pace euangelica ammoneret; 4.23 (256.30)
ammonet. quaeque uos ammonet, libenter audite, 1.32 (68.32)
ammonuit. ammonuitque coniugem, ut uel tunc diuino se seruitio pariter manciparent, 4.11 (225.27)
ADMONITIO. admonitio. Sed non defuit puniendis admonitio diuinae pietatis, 4.25 (262.29)
admonitione. quicquid a uobis fuerit in eius admonitione conpletum. 1.23 (43.17)
coepitque eis fraterna admonitione suadere, 2.2 (81.15)
crebra huius admonitione doceatur se quoque carnem suam . . . crucifigere debere; 5.21 (343.11)
admonitionem. iamdudum ad admonitionem apostolicae sedis antistitis, pascha canonico ritu obseruare didicerunt. 3.3 (131.27)
admonitioni. Propter quod,' inquit, 'oportet nos admonitioni eius caelesti, . . . respondere; 4.3 (211.8)
admonitionibus. atque eius admonitionibus humiliter ac libenter in omnibus auscultans, 3.3 (132.6)
plebem, et orationibus protegebat adsiduis, et admonitionibus saluberrimis ad caelestia uocabat. 4.28 (273.16)
ADMOVEO. admota. admotaque manu requirere quid esset, 3.2 (130.30)
admotum. Vt idem admotum ab hostibus urbi regiae ignem orando amouerit. 3.16 (158.27)

admotus. est autem nigrogemmeus, et ardens igni admotus, 1.1 (10.24)
AD MVRVM, *either Walton or Walbottle, near Newcastle, Northumberland.*
Ad Murum. Baptizatus est . . . in uico regis inlustri, qui uocatur Ad Murum. 3.21 (170.14)
baptizatus est cum eis a Finano episcopo in uilla regia, . . . quae cognominatur Ad Murum. 3.22 (172.16)
ADN-, *see* **ANN-.**
AD NEMVS, *Barrow, Lincolnshire; see* **AD BARVAE.**
Ad Nemus. Adbaruae, id est Ad Nemus, in prouincia Lindissi, 4.3 (207.6)
ADOLESCO. adultam. et ipsa lucem . . . ad caelum usque altam [adultam] uidisset, uar. 3.11 (149.13)
ADOPTIO. adoptionis. in cuius signum adoptionis duas illi prouincias donauit, 4.13 (230.17)
ADOPTIVVS. adoptiui. offerebat, ut, . . . eumque ipse loco adoptiui semper haberet. 5.19 (324.11)
ADORNO. adornarunt. quod . . . Anna ac nobiles quique augustioribus aedificiis ac donariis adornarunt. 3.19 (164.17)
adornent. quibus aut se ipsas ad uicem sponsarum in periculum sui status adornent, 4.25 (265.20)
ADORO. adorabunt. 'Reges uidebunt, et consurgent principes, et adorabunt.' 3.29 (197.13)
adoranda. Romam uenire ad uidenda atque adoranda beatorum apostolorum ac martyrum Christi limina cogitauit. 5.9 (296.23)
adorans. et Deum uerum cognoscens ac adorans, 1.30 (65.14)
adorare. coeperunt fana, quae derelicta erant, restaurare, et adorare simulacra, 3.30 (199.19;
adoro. Deum uerum ac uiuum, . . . adoro semper, et colo.' 1.7 (19.23)
ADP-, *see* **APP-.**
ADQ-, *see* **ACQ-.**
ADR-, *see* **ARR-.**
ADSC-, *see* **ASC-.**
ADSE-, ADSI-, ADSO-, *see* **ASSE-, ASSI-, ASSO-.**
ADST-, *see* **AST-.**
ADSV-, *see* **ASSV-.**
ADSVM. aderant. Aderant etiam quadragesimae uenerabiles dies, 1.20 (38.15)
una cum omnibus, qui aderant, eius comitibus. 1.25 (46.6)
gratias egit Deo cum omnibus, qui aderant, fratribus. 5.19 (329.2)
aderat. aderat populus expectator, futurus et iudex, 1.17 (35.21)
aderat ferox hostium multitudo, 1.20 (39.3)
Vilfrido episcopo, qui tunc forte de gente sua superueniens aderat, 4.16 (237.9)
adesse. niueis uestibus uidit sibi adesse personam, 1.19 (38.1)
hostibus, qui se insperatos adesse confiderent, 1.20 (39.7)
Cumque . . . mortem sibi omnes inminere, et iamiamque adesse uiderent, 3.15 (158.16)
contigit et ipsum adulescentem, cui oculus languebat, in eadem tunc ecclesia adesse. 4.32 (280.14)
adessent. rogauit, ne plures eo moriente quam ipse episcopus et duo sui ministri adessent. 4.11 (226.14)
adest. adest diuinitas, 1.17 (34.26)
Sponsus adest Christus; quid petis, alma, uirum? 4.20 (248.12)
adesto. 'Vade cito ad ecclesiam, et hos VII fratres huc uenire facito; tu quoque simul adesto.' 4.3 (209.6)
adfuerant. qui sibi in tota utraque uisione ductores adfuerunt [adfuerant], uar. 3.19 (166.6)
adfuerint. uenire consueuit, et omnes, qui in ecclesia adfuerint, terrae prosternere. 5.17 (319.12)
adfuerunt. qui sibi in tota utraque uisione ductores adfuerunt, 3.19 (166.6)
Adfuerunt et fratres ac consacerdotes nostri, 4.5 (215.10)
adfuisse. contigit . . . sanctissimum ac uictoriosissimum regem Nordanhymbrorum Osualdum adfuisse, 3.7 (139.25)
Vbi cum uenientes uiderent multos adfuisse, 3.11 (149.30)
adfuit. adfuit superno dispensante iudicio tempus, 4.3 (207.16)
Vilfrid, Nordanhymbrorum gentis episcopus, per proprios legatarios adfuit. 4.5 (215.9)
medicus Cynifrid, qui et morienti illi, et eleuatae de tumulo adfuit; 4.19 (245.14)
in quo adfuit Iohannes abba Romanus. 5.24 (355.8)
adsunt. Nam si adsunt alii, 1.27 (60.15)
ADT-, *see* **ATT-.**
ADTVIFYRDI, *probably Alnmouth, Northumberland.*
Adtuifyrdi. congregata synodo . . . in loco, qui dicitur Adtuifyrdi, quod significat 'ad duplex uadum,' 4.28 (272.15)
ADVLESCENS. adulescens. et ipse adulescens in Hibernia monachicam in orationibus et continentia, . . . uitam sedulus agebat. 4.3 (211.18)
Erat in eo quidam adulescens, cui tumor deformis palpebram oculi fedauerat; 4.32 (279.25)
Erat autem in uilla non longe posita quidam adulescens mutus, 5.2 (283.20)
animaduertit paulatim adulescens animi sagacis, minime perfectam esse uirtutis uiam, 5.19 (323.11)
Vbi cum aliquandiu demoratus adulescens animi uiuacis diligenter his, . . . discendis operam daret, 5.19 (323.28)
superuenit illo alius adulescens, nomine Biscop, 5.19 (323.30)
adulescente. leuato in regem Vulfhere filio eiusdem Pendan adulescente, 3.24 (180.21)
Ecgbercti, . . . qui dudum cum eodem Ceadda adulescente, . . . uitam sedulus agebat. 4.3 (211.18)
adulescentem. adulescentem beatus Germanus sedere conpulit, 1.21 (40.27)
contigit et ipsum adulescentem, cui oculus languebat, in eadem tunc ecclesia adesse. 4.32 (280.13)
adulescenti. residuum dedit adulescenti, ut suo in loco reponeret. 4.32 (280.16)
adulescentis. quae delectata bono adulescentis proposito, misit eum Cantiam ad regem Erconberctum, 5.19 (323.22)
aduliscentem. contigit et ipsum adulescentem [aduliscentem], . . . in eadem tunc ecclesia adesse. uar. 4.32 (280.13)
ADVLESCENTIA. adulescentia. Siquidem in adulescentia sua sceleris aliquid commiserat, 4.25 (263.10)
sed ab ineunte adulescentia monachicum et nomen adsumsit, et habitum. 4.27 (268.29)
Qui si e contrario errores pueritiae corrigere in adulescentia, . . . curasset, 5.13 (313.19)
adulescentiae. quem in ipso flore adulescentiae debilitas dolenda damnauerat. 1.21 (40.15)
Nam cum primaeuo adulescentiae tempore in clero illius degerem, 5.6 (289.17)
ADVLESCENTIOR, ius. **adulescentior.** 'Adulescentior,' inquit, 'sum aetate, et uegetus corpore; 4.25 (263.23)
ADVLTERIVM. adulterio. Non enim de adulterio uel fornicatione, . . . natus fuerat, 1.27 (57.33)
ADVLVALD, *see* **EADBALD.**
ADVNCVS, a, um. **adunco.** quod esset uir longae staturae, . . . naso adunco pertenui, 2.16 (117.28)
ADVNO. adunaret. (non enim dederat illi spatium, quo totum suum congregaret atque adunaret exercitum), 2.12 (110.18)
adunati. atque in inmensam adunati sunt flammam. 3.19 (165.31)
ADVRO. adurit. Scriptor, quem dudum liuor adurit edax. 1.10 (24.11)
ADVEHO. aduecta. ubi insulam aduecta, 1.12 (26.9)
aduecti. qui de tractu Armoricano, . . . Brittaniam aduecti, 1.1 (11.20)
mox aduecti nauibus inrumpunt terminos, 1.12 (26.30)
aduehitur. Brittaniam tribus longis nauibus aduehitur, 1.15 (30.31)
aduexerat. Lectis autem epistulis, quas ab apostolico papa aduexerat, 5.19 (329.23)
aduexit. aduexit illo plurimam congeriem trabium, tignorum, parietum, 3.16 (159.4)
ADVENA. aduenarum. grandescere populus coepit aduenarum, 1.15 (32.6)
ADVENIO. aduenerant. Susceperunt ergo, qui aduenerant, . . . locum habitationis 1.15 (31.10)
Aduenerant autem de tribus Germaniae populis fortioribus, 1.15 (31.14)
confirmantibus eis, qui de Cantia uel de Galliis aduenerant, 3.25 (181.16)
omnes pene qui cum eo aduenerant socii, pestilentia superueniente deleti sunt. 4.1 (202.2)
stantibus his, qui secum aduenerant, comitibus, 4.11 (226.23)
Postquam uero per annos aliquot in Fresia, qui aduenerant, docuerunt, 5.11 (302.30)

aduenerat. quamdiu nullus aduenerat, qui eis instituti perfectioris decreta, . . . ostenderet; 3.25 (188.3)
aduenerit. an iam aduenerit matutinum, 1.1 (11.1)
'Cum hoc ergo tibi signum aduenerit, 2.12 (109.24)
porro Victberct aduenerit quidem, 5.9 (296.4)
qui nuper Romam accusatus a suis, atque ab apostolica sede iudicandus aduenerit: 5.19 (328.8)
et nos, ubi dominica dies aduenerit, celebrare debere noscendum est. 5.21 (339.13)
aduenerunt. Susceperunt ergo, qui aduenerant [aduenerunt], uar. 1.15 (31.10)
adueniat. 'Procurate,' inquit, 'ut ipse prior cum suis ad locum synodi adueniat, 2.2 (83.5)
adueniens. adueniens unus passerum domum citissime peruolauerit; 2.13 (112.11)
frater inde adueniens adiecit, 3.12 (151.13)
ad ipsum monasterium tempore mortalitatis adueniens, 3.23 (176.12)
Aidan, . . . cum monachis illuc et ipse monachus adueniens monachicam in eo conuersationem instituit; 4.27 (270.27)
adueniens quidam clamauit me foras, 5.3 (286.8)
'Ille autem, qui adueniens eos fugauit, erat ipse, qui me ante ducebat; 5.12 (307.4)
'qui iamdudum,' inquiunt, 'aeque accusatus huc adueniens, 5.19 (328.9)
deinde ad Vilfridum episcopum spe melioris propositi adueniens, 5.20 (332.9)
adueniens. legio, quae inopinata tempore autumni adueniens, 1.12 (27.6)
quia multitudo pauperum undecumque adueniens maxima per plateas sederet, 3.6 (138.18)
aduenienite. me adueniente ad fores regni caelorum, 3.25 (189.2)
Sed, adueniente illuc episcopo, maximum regendi auxilium, . . . inuenit. 4.26 (267.33)
ut adueniente primo mense, adueniente in eo uespera diei xiiii^{ae}, expectetur etiam dies dominica, 5.21 (337.9)
adueniente. ut adueniente primo mense, adueniente in eo uespera diei xiiii^{ae}, expectetur etiam dies dominica, 5.21 (337.10)
sed adueniente tandem uespera diei xiiii^{ae}, 5.21 (334.25)
adueniente. dicens, quod adueniente diluculo perennem esset exitura ad lucem. 4.8 (221.23)
aduenientes. Scotti, quos diximus, aduenientes sibi locum patriae fecerunt. 1.1 (13.17)
aduenientes omni anno pridie quam postea idem rex Osuald occisus est, 3.2 (129.31)
aduenientibus. quae usque ad hanc diem sufficientem cunctis illo aduenientibus gratiae suae caelestis copiam ministrat. 4.28 (271.29)
uersibus heroicis xxx et iiii palam ac lucide cunctis illo aduenientibus pandit; 5.8 (295.7)
aduenientibus. aduenientibus nuper mercatoribus, 2.1 (79.29)
Vnde postulabant, ut secundo synodus pluribus aduenientibus fieret. 2.2 (82.18)
et cunctis conuenientibus [aduenientibus] ad ecclesiam fratribus, uar. 4.14 (235.7)
aduenire. iussit Augustinum cum sociis ad suum ibidem aduenire colloquium. 1.25 (45.29)
in quo ipse rex et frequentius ad deprecandum . . . aduenire, et defunctus sepeliri deberet. 3.23 (175.3)
adueniret. quo dum adueniret, inuenit puellam . . . paralysis morbo grauatam; 3.9 (146.14)
siqui tunc ad eos catholicus calculator adueniret, 3.25 (188.6)
ubicumque clericus aliqui aut monachus adueniret, 3.26 (191.7)
Cumque tempore quodam, incipiente quadragesima, ibidem mansurus adueniret, 5.2 (283.15)
si forte alicunde quid auxilii, quo saluarer, adueniret, 5.12 (306.31)
aduenis. ideoque pro eis, quasi pro suae gentis aduenis, supplex orabat ad Dominum; 4.14 (235.6)
aduenisse. et ipsum Gregorium inter alios aduenisse, 2.1 (79.32)
aduenissent. Qui cum illo aduenissent, erant autem numero xii, 5.10 (299.5)
aduenit. Porro Germanus post haec ad Rauennam . . . aduenit, 1.21 (41.12)
cum praefata uirgine ad regem Aeduinum quasi comes copulae carnalis aduenit. 2.9 (98.21)
aduenjunt. per quod solent hi, qui causa deuotionis illo adueniunt, manum suam inmittere, 4.3 (212.18)
aduentura. attamen scitote, quia non est mea; nam mea lux, incipiente aurora, mihi aduentura est.' 4.8 (221.21)
aduentura. 'is, qui tibi tanta taliaque dona ueraciter aduentura praedixerit, 2.12 (109.14)
ADVENTVS. aduentu. ab aduentu uero Anglorum in Brittaniam annus circiter clxxx^{mus}. 2.14 (113.30)
Canebat . . . de Spiritus Sancti aduentu, 4.24 (261.5)
aduentum. qui promissum maturantes aduentum, 1.20 (38.12)
Brocmail ad primum hostium aduentum cum suis terga uertens, 2.2 (84.27)
ante aduentum eius in prouinciam nulla illis in locis pluuia ceciderat, 4.13 (231.11)
siquidem ad aduentum eius spiritus recessere maligni. 4.28 (271.19)
aduentus. quorum tamen aduentus exploratione cognoscitur. 1.20 (38.27)
e regione, qua hostium sperabatur aduentus, 1.20 (39.1)
'Gratus mihi est multum aduentus tuus, et bene uenisti.' 4.9 (223.19)
aduentus. xl^{mo} circiter et iiii^{o} anno aduentus eorum in Brittaniam. 1.16 (33.20)
Ante paucos sane aduentus eorum annos 1.17 (33.24)
aduentus uero Anglorum in Brittanniam anno circiter cl, 1.23 (42.19)
Quorum causam aduentus cum intellexisset rex Ædilfrid, ait: 2.2 (84.18)
Primis sane temporibus aduentus eorum in Fresiam, 5.11 (301.19)
Hic est . . . status Brittaniae, anno aduentus Anglorum in Brittaniam circiter ducentesimo octogesimo quinto, 5.23 (351.25)
qui fuit annus plus minus cl aduentus Anglorum in Brittaniam. 5.24 (353.16)
ADVERSARIVS. aduersarii. Quod cum aduersarii, inuiti licet, concederent, 2.2 (82.3)
aduersariis. beatissimi sacerdotes praebuerunt aduersariis copiam disputandi, 1.17 (35.26)
quam illi aduersariis offerri praeceperunt; 1.18 (36.8)
aduersariorum. filius autem Osualdi regis Oidiluald, qui eis auxilio esse debuerat, in parte erat aduersariorum, 3.24 (178.8)
aduersarios. gens Anglorum, primo quidem aduersarios longius eiecerit; 1.15 (30.24)
ut hi pro patriae pace et salute contra aduersarios militarent, 1.15 (31.12)
qui inclinatos animo aduersarios intuentes, 1.18 (36.11)
aduersarium. acerbiorem castigando et apertum ueritatis aduersarium reddidit. 3.25 (181.25)
ADVERSOR. aduersantium. cuius regni et principia et processus tot ac tantis redundauere rerum aduersantium motibus, 5.23 (349.25)
aduersatur. ut saepe malum, quod aduersatur, portando et dissimulando conpescat. 1.27 (51.29)
ADVERSVM. cum perfidorum principum mandata aduersum Christianos saeuirent, 1.7 (18.13)
bellum aduersum Brettones iunctis uiribus susceperunt, 1.20 (38.8)
'Ergo si aduersum nos ad Deum suum clamant, 2.2 (84.19)
et portae inferi non praeualebunt aduersus [aduersum] eam, uar. 3.25 (188.19)
aduersum uero illos, qui aliter facere uolebant, zelo magni feruoris accensus; 4.24 (261.13)
ADVERSVS. Neque . . . quisquam regum Scottorum in Brittania aduersus gentem Anglorum . . . uenire audebat. 1.34 (72.4)
si uitam sibi et uictoriam donaret pugnanti aduersus regem, a quo homicida ille, . . . missus est; 2.9 (99.27)
rex collecto exercitu uenit aduersus gentem Occidentalium Saxonum, 2.9 (100.2)
rebellauit aduersus eum Caedualla rex Brettonum, 2.20 (124.17)
contigit gentem Merciorum duce rege Penda aduersus Orientales Anglos in bellum procedere, 3.18 (163.1)
Sequuntur aduersus ipsum accusationes malignorum, defensiones spirituum bonorum, 3.19 (166.10)
rebellarunt aduersus regem Osuiu duces gentis Merciorum, 3.24 (180.19)
Vt quaestio sit mota de tempore paschae aduersus eos, qui de Scottia uenerant. 3.25 (181.1)

et portae inferi non praeualebunt aduersus eam, et tibi dabo claues regni caelorum"?' 3.25 (188.19)
suspicabatur eum habere aliquam legationem imperatoris ad Brittaniae reges aduersus regnum, 4.1 (204.1)
Aldhelm, . . . scripsit, iubente synodo suae gentis, librum egregium aduersus errorem Brettonum, 5.18 (320.31)
cum synodum congregaret Romae CXXV episcoporum, aduersus eos, 5.19 (326.25)
et portae inferni non praeualebunt aduersus eam; 5.21 (342.30)
ADVERSVS, a, um. **aduersa.** quos uenturos etiam uaticinatio aduersa praedixerat. 1.17 (34.31)
aduersa. deinde aduersa tempestate correptus, 1.2 (13.29)
aduersa. et paratum ad patiendum aduersa quaeque, 1.26 (47.5)
replicauit ex ordine cuncta, quae sibi aduersa, quaeue in aduersis solacia prouenissent; 4.22 (251.31)
proque huius perceptione et aduersa se mundi et prospera contemnere designent. 5.21 (343.23)
aduersis. profecto et ipsi, quamuis arma non ferant, contra nos pugnant, qui aduersis nos inprecationibus persequuntur.' 2.2 (84.21)
aduersis. qui te et a temporalibus aduersis eripiens, temporalis regni honore sublimauit; 2.12 (111.3)
multi, qui haec audire potuerunt, et ad exorandam in aduersis diuinam clementiam, . . . sunt mirabiliter accensi; 4.14 (236.1)
replicauit ex ordine cuncta, quae sibi aduersa, quaeue in aduersis solacia prouenissent; 4.22 (251.31)
monebat omnes . . . in aduersis rerum siue infirmitatibus membrorum fideliter Domino esse gratias semper agendas. 4.23 (256.23)
ADVERTO. aduersa. maximis Europae partibus, multo interuallo aduersa. 1.1 (9.5)
aduertere. omnes, qui nouere, facillime potuerunt aduertere. 4.25 (262.28)
ADVOCO. aduocans. ut gentem, quam adibat, ad agnitionem ueritatis aduocans, 2.9 (98.23)
Tunc secreto aduocans eum comes, interrogauit eum intentius, unde esset, 4.22 (251.6)
aduocatis. multisque ad Dominum pio eius labore populis aduocatis, 3.7 (140.1)
aduocauerant. ut ipsis quoque, qui eos aduocauerant, indigenis essent terrori. 1.15 (32.7)
ADVOLO. aduoluitur. pedibus eius aduoluitur, 1.7 (20.21)
Cum subito Elafius pedibus aduoluitur sacerdotum, 1.21 (40.23)
AEANFLED, *see* **EANFLED.**
AEBBA, Saint (*d.* 679?), *Abbess of Coldingham; daughter of King Ethelfrid of Northumbria.*
Aebbæ. intrauit monasterium Aebbæ abbatissae, 4.19 (243.29)
Aebbæ. matri congregationis, uocabulo Aebbæ, curauit indicare. 4.25 (264.24)
AEBBERCVRNIG, *Abercorn, on the Forth.*
Aebbercurnig. Incipit autem duorum ferme milium spatio a monasterio Aebbercurnig 1.12 (26.24)
Trumuini, . . . recessit cum suis, qui erant in monasterio Aebbercurnig, 4.26 (267.20)
AECCI (*fl.* 673), *Bishop of Dunwich.*
Aecci. duo sunt pro illo, Aecci et Baduuini, electi et consecrati episcopi; 4.5 (217.31)
AEDAN (*d.* 605×607), *King of the Scots (Irish) in Britain.*
Aedan. Vnde motus eius profectibus Aedan rex Scottorum, 1.34 (71.21)
AEDAN, *see* **AIDAN.**
AEDDI (*fl.* 669), *Eddius, a monk of Ripon who wrote a biography of Wilfrid.*
Aeddi. cantandi magister Nordanhymbrorum ecclesiis Aeddi cognomento Stephanus fuit, 4.2 (205.15)
AEDES. aedem. rubuisse martyrum aedem, 1.18 (37.2)
aedibus. multi de fratribus eiusdem monasterii, qui aliis erant in aedibus, . . . psallentium audisse referebant, 3.8 (143.21)
AEDGILS (*fl.* 702), *a monk of Coldingham, later of Wearmouth and Jarrow.*
Aedgils. Quae mihi cuncta sic esse facta reuerentissimus meus conpresbyter Aedgils referebat, 4.25 (266.1)
AEDIFICATIO. aedificatione. De aedificatione templi, allegoricae expositionis, sicut et cetera, libros II. 5.24 (358.1)
aedificationem. quae et ad memoriam aedificationemque sequentium ab his, qui nouere, descripta habentur. 4.7 (219.12)
AEDIFICIVM. aedificia. Hierosolymorum moenia, immo aedificia cuncta consumsit. 1.15 (32.18)
Ruebant aedificia puplica simul et priuata, 1.15 (32.24)
idolorum cultus insequere, fanorum aedificia euerte, 1.32 (68.8)
Qui cum monasterio propinquarent, et aedificia illius sublimiter erecta aspicerent, 4.25 (264.17)
'Cuncta,' inquit, 'haec, quae cernis, aedificia puplica uel priuata, in proximo est, 4.25 (264.21)
aedificiis. quod . . . Anna ac nobiles quique augustioribus aedificiis ac donariis adornarunt. 3.19 (164.16)
aedificio. cum . . . ipsa eius foramina ingrediens, quibus aedificio erat adfixa, perederet, 3.17 (160.33)
aedificium. intermissum est hoc aedificium annis VII, 3.8 (144.15)
aedificium. quae per mortem carnis uiuos ecclesiae lapides de terrenis sedibus ad aedificium caeleste transferret. 4.3 (207.21)
ecclesiae suae, . . . aedificium multifario decore ac mirificis ampliauit operibus. 5.20 (331.17)
AEDIFICO. aedifica. et boni operis exempla monstrando aedifica; 1.32 (68.10)
aedificabo. "Tu es Petrus, et super hanc petram aedificabo ecclesiam meam, 3.25 (188.18)
"Tu es Petrus, et super hanc petram aedificabo ecclesiam meam, 5.21 (342.29)
aedificare. Praeparatis ergo fundamentis in gyro prioris oratorii per quadrum coepit aedificare basilicam. 2.14 (114.13)
ecclesiam Christi in regno suo multum diligenter aedificare ac dilatare curauit. 3.3 (132.8)
aedificari. Nondum enim oratoria uel baptisteria in ipso exordio nascentis ibi ecclesiae poterant aedificari. 2.14 (115.15)
aedificata. Vnde tertio aedificata ibi ecclesia, 3.17 (161.1)
in quo aedificata ecclesia, reuerentissimus pontifex longe lateque uerbum fidei praedicans, 5.11 (303.10)
AEDILBALD (*d.* 757), *King of Mercia.*
Aedilbaldo. hae omnes prouinciae . . . Merciorum regi Aedilbaldo subiectae sunt. 5.23 (350.26)
Aedilbaldo. Aedilbaldo rege Merciorum XV. agente annum inperii. 5.24 (356.18)
AEDILBERCT (552?–616), *Ethelbert, King of Kent; welcomed the Augustinian mission to England.*
Aedilberct. Erat eo tempore rex Aedilberct in Cantia potentissimus, 1.25 (44.30)
in quo, eius hortatu, Aedilberct ecclesiam . . . construxit, 1.33 (70.18)
fecit rex Aedilberct in ciuitate Lundonia ecclesiam sancti Pauli apostoli, 2.3 (85.18)
in qua rex Aedilberct ecclesiam beati Andreae apostoli fecit, 2.3 (85.26)
Aedilberct rex Cantuariorum post regnum temporale, . . . caelestis regni gaudia subiit; 2.5 (89.6)
tertius, ut diximus, Aedilberct rex Cantuariorum; 2.5 (89.16)
Defunctus uero est rex Aedilberct die XXIIII mensis Februarii 2.5 (90.4)
Erat autem idem Aedilberct filius Irminrici, 2.5 (90.18)
quod rex Aedilberct a fundamentis in eadem Hrofi ciuitate construxit. 3.14 (154.19)
Anno DCXVI, Aedilberct rex Cantuariorum defunctus est. 5.24 (353.25)
Aedilbercti. Interea Augustinus adiutorio usus Aedilbercti regis conuocauit . . . episcopos . . . Brettonum 2.2 (81.10)
Saberct nepos Aedilbercti ex sorore Ricula 2.3 (85.13)
Saberct . . . regnabat, quamuis sub potestate positus eiusdem Aedilbercti, 2.3 (85.14)
At uero post mortem Aedilbercti, . . . magno tenellis ibi adhuc ecclesiae crementis detrimento fuit. 2.5 (90.24)
accepta in coniugem Aedilbergae filia Aedilbercti regis, 2.9 (97.24)
Aedilbercto. Vt Ædilbercto regi litteras et dona miserit. 1.32 (67.17)
Misit . . . Gregorius eodem tempore etiam regi Aedilbercto epistulam, 1.32 (67.19)
Domino gloriosissimo atque praecellentissimo filio Aedilbercto regi 1.32 (67.25)
cum epistulis, quas idem pontifex . . . similiter et Aedilbercto regi atque genti Anglorum direxit. 2.4 (88.25)

Aedilbercto. Vt defunctis Aedilbercto et Sabercto regibus successores eorum idolatriam resuscitarint, 2.5 (89.1)
qui etiam uiuente Aedilbercto eidem suae genti ducatum praebebat, 2.5 (89.18)
Aedilberctum. et mittens ad Aedilberctum 1.25 (45.13)
Aedilberctum regem ac gentem illius ab idolorum cultu ad Christi fidem perduxit, 2.3 (86.19)
Aedilbericti. Theodbald frater Aedilfridi [Aedilbericti] uar. 1.34 (71.27)
AEDILBERCT II (*d.* 760?), *King of Kent.*
Aedilberctum. et regni, . . . filios tres, Aedilberctum, Eadberctum, et Alricum, reliquit heredes. 5.23 (348.19)
AEDILBERG (*fl.* 635), *Queen of Northumbria; wife of Edwin; daughter of Ethelbert.*
Aedilberga. Baptizati sunt . . . et alii liberi eius de Aedilberga regina progeniti, 2.14 (114.25)
Aedilbergae. Exemplar epistulae . . . Bonifatii . . . directae Aedilbergae reginae Aeduini regis. 2.11 (104.11)
Dominae gloriosae filiae Aedilbergae reginae, Bonifatius episcopus 2.11 (104.13)
Aedilbergae. accepta in coniugem Aedilbergae filia Aedilbercti regis, 2.9 (97.23)
Aedilbergam. Ad coniugem quoque illius Aedilbergam huiusmodi litteras idem pontifex misit: 2.11 (104.8)
Aedilberge. Paulinus adsumta secum regina Aedilberge, quam pridem adduxerat, 2.20 (125.28)
AEDILBERG (*fl.* 654?), *Abbess of Faremoutier-en-Brie; daughter of King Anna of East Anglia.*
Aedilberg. inter quas erat . . . filia naturalis eiusdem regis Aedilberg; 3.8 (142.24)
Sed et matertera eius, de qua diximus, Aedilberg, . . . perpetuae uirginitatis gloriam . . . seruauit; 3.8 (144.5)
Aedilbergae. et de filia eius Ercongota et propinqua Aedilbergae, sacratis Deo uirginibus. 3.8 (142.2)
AEDILBVRGA, Saint (*d.* 676?), *Abbess of Barking.*
Aedilburga. Cum autem et ipsa mater pia Deo deuotae congregationis Aedilburga esset rapienda de mundo, 4.9 (221.30)
Aedilburgae. duo praeclara monasteria, unum sibi, alterum sorori suae Aedilburgae construxerat, 4.6 (218.28)
Aedilburge. 'Cum carissima,' inquit, 'mea matre Aedilburge.' 4.9 (223.32)
Aedilburgi. Successit autem Aedilburgi in officio abbatissae deuota Deo famula, nomine Hildilid, 4.10 (224.6)
AEDILFRID (*d.* 617), *King of Northumbria.*
Aedilfrid. Vt Aedilfrid rex Nordanhymbrorum Scottorum gentes proelio conterens 1.34 (71.7)
Nordanhymbrorum praefuit rex fortissimus et gloriae cupidissimus Aedilfrid, 1.34 (71.10)
bellum Aedilfrid anno . . . DCIII, . . . perfecit; 1.34 (71.28)
rex Anglorum fortissimus Aedilfrid . . . maximam gentis perfidae stragem dedit. 2.2 (84.1)
Quorum causam aduentus cum intellexisset rex Ædilfrid, ait: 2.2 (84.19)
At postquam Aedilfrid in hac eum prouincia apparuisse, 2.12 (107.24)
ubi numquam te uel Reduald, uel Aedilfrid inuenire ualeant.' 2.12 (108.7)
Aedilfridi. In qua etiam pugna Theodbald frater Aedilfridi . . . peremtus est. 1.34 (71.27)
Porro regnum Berniciorum, . . . suscepit filius Aedilfridi, . . . nomine Eanfrid. 3.1 (127.10)
filii praefati regis Aedilfridi, . . . apud Scottos siue Pictos exulabant, 3.1 (127.12)
Aedilfrido. Cum persequente illum Aedilfrido, qui ante eum regnauit, 2.12 (107.18)
Aedilfridum. exercitum ad debellandum Aedilfridum colligit copiosum, 2.12 (110.15)
AEDILHERI (*d.* 655), *King of East Anglia; brother of Anna.*
Aedilheri. in quibus Aedilheri, frater Anna regis Orientalium Anglorum, . . . interemtus est. 3.24 (178.14)
AEDILHILD (*fl.* 731), *an abbess who came to visit Queen Osthryth of Mercia at Bardney.*
Aedilhild. uenit . . . abbatissa quaedam uenerabilis, quae usque hodie superest, uocabulo Aedilhild, 3.11 (149.6)
AEDILHVN (*d.* 627×633), *son of Edwin and Ethelberg; died in infancy.*
Aedilhun. alii liberi eius de Aedilberga regina progeniti, Aedilhun et Aedilthryd filia, 2.14 (114.25)
AEDILRED (*d.* 716), *King of Mercia; later Abbot of Bardney.*
Aedilred. cum Aedilred rex Merciorum, adducto maligno exercitu, Cantiam uastaret 4.12 (228.8)
eo quod Aedilred prouinciam recepisset, 4.12 (229.27)
Nam et sororem eius, quae dicebatur Osthryd, rex Aedilred habebat uxorem. 4.21 (249.8)
Berctuald archiepiscopus, et Aedilred quondam rex, tunc autem abbas, libentissime fauerunt; 5.19 (329.24)
qui uidelicet Aedilred accitum ad se Coinredum, . . . amicum episcopo fieri petiit, 5.19 (329.26)
Anno DCLXXVI, Aedilred uastauit Cantiam. 5.24 (355.1)
Anno DCCIIII, Aedilred, postquam XXXI annos Merciorum genti praefuit, . . . Coenredo regnum dedit. 5.24 (355.20)
Aedilredi. inuentus est, . . . et ad dominum ipsorum, comitem uidelicet Aedilredi regis, adductus. 4.22 (250.6)
succedente in regnum Ceolredo filio Aedilredi, 5.19 (322.4)
Aedilredo. scriptumque a praefato papa regibus Anglorum Aedilredo et Aldfrido, 5.19 (327.20)
Vulfheri rex Merciorum, . . . defunctus, Aedilredo fratri reliquit imperium. 5.24 (354.26)
Aedilredo. quod eadem regina cum uiro suo Aedilredo multum diligebat, 3.11 (148.8)
et Aedilredo rege Mercinensium, anno sexto regni eius; 4.17 (239.8)
ac iubente Aedilredo rege per Vilfridum beatae memoriae antistitem, . . . ordinatus est; 4.23 (255.13)
Aedilredum. Vt Theodorus episcopus inter Ecgfridum et Aedilredum reges pacem fecerit. 4.21 (249.1)
conserto graui proelio inter ipsum et Aedilredum regem Merciorum 4.21 (249.4)
Fuit autem temporibus Coenredi, qui post Aedilredum regnauit, uir . . . positus; 5.13 (311.6)
AEDILTHRYD (*d.* 627×633), *daughter of Edwin and Ethelberg; died in infancy.*
Aedilthryd. alii liberi eius de Aedilberga regina progeniti, Aedilhun et Aedilthryd filia, 2.14 (114.25)
AEDILTHRYD (*d.* 680?), *daughter of Anna of East Anglia; married Tondberct, a prince of the South Gyrwas; later the wife of Egfrid of Northumbria; became a nun in Coldingham, and shortly afterwards Abbess of Ely.*
Aedilthryda. Aedilthryda nitet nostra quoque egregia. 4.20 (248.6)
Aedilthrydae. Hlotheri, qui erat filius sororis Aedilthrydae reginae, de qua supra dictum est, 4.22 (251.25)
Aedilthrydam. Accepit autem rex Ecgfrid coniugem nomine Aedilthrydam, 4.19 (243.3)
Aedilthryde. Venerat enim cum regina Aedilthryde de prouincia Orientalium Anglorum, 4.3 (208.1)
Edilthryd. Vt Edilthryd regina uirgo perpetua permanserit, 4.19 (243.1)
AEDILVALCH (*d.* 685), *King of Sussex.*
Aedilualch. Erat autem rex gentis ipsius Aedilualch, 4.13 (230.14)
Quo tempore rex Aedilualch donauit reuerentissimo antistiti Vilfrido terram 4.13 (232.6)
Aedilualch. Caedualla, . . . cum exularet a patria sua, interfecit regem Aedilualch, 4.15 (236.11)
AEDILVALD, *King of East Anglia, 655.*
Aediluald. suscepitque eum ascendentem de fonte sancto Aediluald rex . . . Orientalium Anglorum, 3.22 (174.18)
AEDILVINI (*fl.* 679), *Bishop of Lindsey.*
Aediluini. Aedilhild, soror uirorum sanctorum Aediluini et Alduini, 3.11 (149.7)
Ediluini. quorum prior frater fuit Ediluini, uiri aeque Deo dilecti, 3.27 (192.21)
Et hunc primum . . . accepit praesulem, II Ediluini, III Eadgarum, 4.12 (229.14)
AEDITO, *see* **EDITVS,** a, um.
AEDVINI (585?–633), *King of Northumbria; converted to Christianity and baptized by Paulinus, 627.*
Aeduine. Vt occiso Aeduine Paulinus Cantiam rediens Hrofensis ecclesiae praesulatum susceperit. 2.20 (124.12)
Aeduini. quintus Aeduini rex Nordanhymbrorum gentis, 2.5 (89.19)
Vt Aeduini per uisionem quondam sibi exuli ostensam sit ad credendum prouocatus. 2.12 (106.28)
Abeunte igitur amico, remansit Aeduini solus foris, 2.12 (108.16)
At Aeduini constantior interrogando factus, non dubitauit promittere, 2.12 (109.9)
Nec distulit Ædiuini, quin continuo polliceretur in omnibus se secuturum doctrinam illius, 2.12 (109.19)
Ac sic Aeduini iuxta oraculum, quod acceperat, . . . in regni gloriam successit. 2.12 (110.21)
Vt idem Aeduini cum sua gente fidelis sit factus; 2.14 (113.25)

Igitur accepit rex Aeduini cum cunctis gentis suae . . . fidem 2.14 (113.27)
pagani, a quibus Aeduini rex occisus est, 2.14 (115.17)
Tantum autem deuotionis Æduini erga cultum ueritatis habiut, 2.15 (115.24)
At uero Aeduini cum x et vii annis genti Anglorum . . . praeesset, 2.20 (124.14)
occisus est Æduini die iiii Iduum Octobrium, 2.20 (124.22)
Siquidem tempore toto, quo regnauit Æduini, 3.1 (127.12)
a quo et prodecessor eius Aeduini peremtus fuerat, 3.9 (145.9)
In quo monasterio . . . mater eius Aeanfled, et pater matris eius Aeduini, . . . sepulti sunt. 3.24 (179.11)
Aeduini. De imperio regis Aeduini, 2.9 (97.4)
Exemplar epistulae . . . Bonifatii . . . directae Aedilbergae reginae Aeduini regis. 2.11 (104.12)
Haec quidem memoratus papa Bonifatius de salute regis Aeduini ac gentis ipsius litteris agebat. 2.12 (106.31)
in quibus erant Osfrid et Eadfrid filii regis Aeduini, 2.14 (114.21)
et de qualitate regni Aeduini. 2.16 (117.5)
quaquauersum imperium regis Æduini peruenerat, 2.16 (118.4)
Adlatum est autem caput Aeduini regis Eburacum, 2.20 (125.20)
Venit autem illuc duce Basso milite regis Æduini fortissimo, 2.20 (125.32)
habens secum Eanfledam filiam, et Vuscfrean filium Æduini, 2.20 (126.1)
Attulit quoque secum uasa pretiosa Aeduini regis perplura, 2.20 (126.8)
Vt primi successores Æduini regis et fidem suae gentis prodiderint, 3.1 (127.1)
Erat autem nepos Aeduini regis ex sorore Acha, 3.6 (139.2)
Habuit autem Osuiu . . . consortem regiae dignitatis uocabulo Osuini, de stirpe regis Aeduini, 3.14 (154.26)
coniugem regi Osuio, filiam uidelicet Æduini regis Eanfledam, 3.15 (157.27)
Eanfled, filia Aeduini regis, baptizata cum xii in sabbato pentecostes. 5.24 (353.29)
Aeduino. Itaque promittitur uirgo, atque Æduino mittitur, 2.9 (98.11)
Exemplar epistulae . . . Bonifatii directae uiro glorioso Æduino regi Anglorum. 2.10 (100.23)
Viro glorioso Aeduino regi Anglorum, Bonifatius 2.10 (100.24)
misit et regi Æduino litteras exhortatorias, 2.17 (118.29)
Æduino regi Anglorum Honorius episcopus seruus seruorum Dei salutem. 2.17 (119.1)
Aeduino. gens Nordanhymbrorum, . . . cum rege suo Aeduino uerbum fidei . . . suscepit. 2.9 (97.8)
Quae cum Aeduino uerba nuntii referrent, 2.9 (98.2)
baptizatum se fuisse die media a Paulino episcopo, praesente rege Æduino, 2.16 (117.23)
At interfecto in pugna Æduino, 3.1 (127.3)
Aeduinum. cum praefata uirgine ad regem Aeduinum quasi comes copulae carnalis aduenit. 2.9 (98.20)
sperans se regem Aeduinum regno simul et uita priuaturum; 2.9 (99.1)
et siue occidere se Aeduinum, seu legatariis tradere promisit. 2.12 (107.31)
in quibus decernit hoc ipsum, quod in epistula ad Aeduinum regem missa decreuerat; 2.18 (120.15)
Eduine. Anno dcxxxiii, Eduine rege peremto, Paulinus Cantiam rediit. 5.24 (354.1)
Eduini. Anno dcxxvii, Eduini rex baptizatus cum sua gente in pascha. 5.24 (353.31)
Eduini. Nam et nobilis natu erat, hoc est filia nepotis Eduini regis, uocabulo Hererici; 4.23 (252.25)

AEGER, AEGRE, AEGRITVDO, AEGROTVS, *see* **EGR-.**

AEGYPTII, *the Egyptians.*
Aegyptiis. in qua percussis Aegyptiis Israel est a longa seruitute redemtus. 5.21 (334.28)
Aegyptiorum. ut hanc eadem ipsa die more Aegyptiorum xv^am^ lunam ad uesperam esse fateretur. 3.25 (187.19)
Aequinoctium autem iuxta sententiam . . . maxime Aegyptiorum, . . . xii Kalendarum Aprilium die prouenire consueuit, 5.21 (339.4)
qui mandatis memoriae ueteribus illis Aegyptiorum argumentis, facillime possint . . . protendere circulos, 5.21 (341.25)

AEGYPTIVS, a, um, *Egyptian.*
Aegyptia. in qua populus Dei ab Aegyptia seruitute redemtus est, 5.21 (338.18)
Aegyptiae. ut indicemus nos non cum antiquis excussum Aegyptiae seruitutis iugum uenerari, 5.21 (341.1)

AEGYPTVS, *Egypt.*
Aegypti. "In eadem enim ipsa die educam exercitum uestrum de terra Aegypti." 5.21 (335.4)
"In eadem enim ipsa die educam exercitum uestrum de terra Aegypti;" 5.21 (335.20)
iam seruari in ecclesia coepit, maxime Romae et Aegypti, 5.21 (341.10)
Aegypto. Sic Israelitico populo in Aegypto Dominus se quidem innotuit; 1.30 (65.29)
Canebat . . . de egressu Israel ex Aegypto, et ingressu in terram repromissionis, 4.24 (261.1)
ubi liberandus de Aegypto populus Israel primum pascha facere iubetur, 5.21 (334.14)
in quo exercitum eorum esset educturus de Aegypto. 5.21 (335.6)
sed xv^a^ sunt educti ex Aegypto, 5.21 (335.9)
in quarum prima eductus est populus Domini ex Aegypto, 5.21 (335.13)
Ipsa est enim eadem nox, in qua de Aegypto per sanguinem agni Israelitica plebs erepta est; 5.21 (336.22)
Aegyptum. hoc Africam, Asiam, Aegyptum, Greciam, . . . uno ac non diuerso temporis ordine geri conperimus; 3.25 (184.25)

AELBFLED, AELFFLED (654–713), *Abbess of Whitby; daughter of Oswy and Eanfled.*
Aelbfled. Praeerat quidem tunc eidem monasterio regia uirgo Aelbfled, una cum matre Eanflede, 4.26 (267.31)
Aelffledam. Osuiu, . . . dedit filiam suam Aelffledam, . . . perpetua ei uirginitate consecrandam; 3.24 (178.23)

AELFRIC, *uncle of Edwin of Northumbria and father of Osric.*
Aelfrici. suscepit pro illo regnum Deirorum, . . . filius patrui eius Aelfrici, uocabulo Osric, 3.1 (127.6)

AELFVINI (*d.* 679), *sub-king of Deira; brother of Egfrid of Northumbria.*
Aelfuini. occisus est Aelfuini frater regis Ecgfridi, 4.21 (249.5)
In praefato autem proelio, quo occisus est rex Aelfuini, memorabile quiddam factum esse constat, 4.22 (249.21)
Anno dclxxviiii, Ælfuini occisus. 5.24 (355.5)

AELLI (*d.* 514), *King of Sussex: first Bretwalda.*
Aelli. Nam primus imperium huiusmodi Aelli rex Australium Saxonum; 2.5 (89.14)

AELLI (*d.* 588), *King of Deira.*
Aelli. Responsum est, quod Aelli diceretur. 2.1 (80.20)

AEMVLATIO. aemulationem. quod aemulationem Dei habebant, sed non secundum scientiam; 5.22 (346.31)

AEMVLATOR. aemulatores. et omnes hi aemulatores sunt legis." 3.25 (185.16)

AEMVLOR. aemulari. exemplum fidei ac pietatis illius coepit aemulari, 1.7 (18.18)
de uita priorum patrum sermonem facerent, atque hanc aemulari gauderent, 4.3 (211.27)
Sed prouincialium nullus eorum uel uitam aemulari, uel praedicationem curabat audire. 4.13 (231.6)
aemulata. cuius aemulata exemplum, et ipsa proposito peregrinandi annum totum in praefata prouincia retenta est; 4.23 (253.11)

AEMVLVS, a, um. **aemulus.** qui diuinae bonitatis operibus inuidus aemulusque consistit, 2.10 (103.6)

ÆNHERI, *King of the Hwiccas.*
Ænheri. Erat autem filia Eanfridi fratris Ænheri, qui ambo cum suo populo Christiani fuere. 4.13 (230.26)

AEODBALDVS, *see* **EADBALD.**

AEQVALIS, e. **aequali.** Quia uero dies septimanae non aequali cum luna tramite procurrit, 5.21 (337.6)
aequalibus. aequalibus pene terminis regnum nonnullo tempore cohercens, 2.5 (89.28)
aequalis. Erat namque illo in loco lapis terrae aequalis obtectus cespite tenui, 5.6 (290.14)
aequalis. hoc est unum Deum in tribus subsistentiis, uel personis consubstantialibus, aequalis gloriae et honoris. 4.17 (239.28)
peracto autem bello, rursum aequalis potentiae omnes fiunt satrapae. 5.10 (300.3)

AEQVALITER. qui ingruente belli articulo mittunt aequaliter sortes, ... 5.10 (299.32)
AEQVANIMITER. cetera, quae agitis, . . . aequanimiter cuncta tolerabimus.' 2.2 (83.22)
AEQVE. adtritu calefactus adplicita detinet, aeque ut sucinum. 1.1 (10.26)
Habuerat . . . rex secum fratrem germanum eiusdem episcopi, . . . uirum aeque Deo deuotum, . . 3.23 (175.8)
xiiii^am lunam primi mensis, aeque sicut Iohannes, orientem ad uesperam semper exspectaret; . . . 3.25 (185.28)
frater fuit Ediluini, uiri aeque Deo dilecti, ... 3.27 (192.21)
qui Latinam Grecamque linguam aeque ut propriam, in qua nati sunt, norunt. 4.2 (205.3)
et aeque, ut ipsa iusserat, . . . ligneo in locello sepulta. 4.19 (244.23)
ubi aeque anno uno monachicam cum perpaucis sociis uitam agebat. 4.23 (253.15)
aeque ad tuae uoluntatis examen mox emendare curaui.' 4.29 (275.3)
Vt clericum suum cadendo contritum, aeque orando ac benedicendo a morte reuocauerit. 5.6 (289.4)
'qui iamdudum,' inquiunt, 'aeque accusatus huc adueniens, ... 5.19 (328.8)
AEQVINOCTIALIS, e. **aequinoctialem.** Itaque post aequinoctialem solis exortum, ... 5.21 (340.28)
aequinoctialium. hoc est sex solummodo aequinoctialium horarum; 1.1 (11.7)
AEQVINOCTIVM. aequinoctii. ut non ante aequinoctium, sed uel ipso aequinoctii die, . . . plenilunium habere debeat. 5.21 (339.25)
At si uno saltim die plenilunium tempus aequinoctii praecesserit, ... 5.21 (339.27)
aequinoctio. Quae uero post aequinoctium, uel in ipso aequinoctio suum plenilunium habet, ... 5.21 (339.11)
de aequinoctio iuxta Anatolium una. 5.24 (359.2)
aequinoctium. Aequinoctium autem iuxta sententiam omnium Orientalium . . . xii Kalendarum Aprilium die prouenire consueuit, ... 5.21 (339.2)
aequinoctium. Tantum hoc dicam, quod per aequinoctium uernale semper inerrabiliter possit inueniri, . 5.21 (338.34)
Quaecumque ergo luna ante aequinoctium plena est, ... 5.21 (339.7)
Quae uero post aequinoctium, uel in ipso aequinoctio suum plenilunium habet, ... 5.21 (339.10)
Sicut ergo prius sol a medio procedens orientis, aequinoctium uernale suo praefixit exortu; . . . 5.21 (339.20)
ut non ante aequinoctium, sed uel ipso aequinoctii die, . . . plenilunium habere debeat. 5.21 (339.24)
Post aequinoctium ueris plenilunium mensis praecipimur obseruare paschalis; 5.21 (340.10)
'Qui ergo plenitudinem lunae paschalis ante aequinoctium prouenire posse contenderit, ... 5.21 (340.21)
AEQVIPARO. aequiparare. sed nullus eum aequiparare potuit. 4.24 (259.6)
AEQVITAS. aequitate. qui caelum et terram et humanum genus creasset, regeret, et iudicaturus esset orbem in aequitate; 3.22 (172.5)
AEQVITATVS, *see* **EQVITATVS.**
AEQVO. aequandum. ordinauit Ithamar, . . . de gente Cantuariorum, sed uita et eruditione antecessoribus suis aequandum. 3.14 (154.23)
aequatus. quatinus aequatus gratia suo intercessori, sicut uno eodemque tempore cum eo de corpore egredi, ... 4.29 (275.18)
AEQVOR. aequora. Et cum orationem conpleret, simul tumida aequora placauit; 5.1 (282.14)
aequore. quamuis magno aequore interiacente peruenit. 1.1 (11.34)
aequoris. in modum aequoris natura conplanat, ... 1.7 (20.32)
AEQVOREVS, a, um. **aequorei.** Aut hunc fruge sua aequorei pauere Britanni, ... 1.10 (24.14)
AEQVVS, a, um. **aequa.** quas in duobus codicibus aequa sorte distinxit. 2.1 (76.21)
quibus aequa partione diuisis, xxxiii primos in saeculari habitu nobilissime conuersata conpleuit, . . 4.23 (252.21)
AER. aera. uel etiam corusci ac tonitrua terras et aera terrerent, ... 4.3 (210.25)
Mouet enim aera Dominus, ... 4.3 (210.32)
aere. et elatum clamorem repercusso aere montium 1.20 (39.9)
uentis aereque subtilius esse futurum; 2.1 (75.31)
Vidit et quattuor ignes in aere non multo ab inuicem spatio distantes. 3.19 (165.19)
quoties aere commoto manum quasi ad feriendum minitans exerit, ... 4.3 (211.9)
audiuit subito in aere notum campanae sonum, ... 4.23 (257.9)
aeri. uentis aereque [aerique] subtilius esse futurum; . . . . uar. 2.1 (75.31)
aeris. odore aeris illius adtacti fuerint, intereunt; 1.1 (12.32)
uidelicet immutationes aeris, terroresque de caelo, ... 1.32 (69.15)
sollicitus orationibus ac psalmis, donec serenitas aeris rediret, fixa mente uacaret. 4.3 (210.27)
aerum. Hibernia . . . et salubritate ac serenitate aerum multum Brittaniae praestat, ... 1.1 (12.26)
fames et aerum pestifer odor plura hominum milia iumentorumque deleuit. 1.13 (29.10)
AEREVS, a, um. **aerea.** Haec circa aerea rota iacet, usque ad ceruicem alta, ... 5.17 (319.4)
aerea. pendente magna desuper aerea rota cum lampadibus. 5.16 (317.30)
aereos. erectis stipitibus, aereos caucos suspendi iuberet, ... 2.16 (118.11)
AERIVS, a, um. **aeriarum.** quia tempestates potestatum aeriarum . . . repellere consuerat, . . . 2.7 (94.33)
AERVMNA, *see* **ERVMNA.**
AES. aeris. Quae etiam uenis metallorum, aeris, ferri, et plumbi, et argenti, fecunda, ... 1.1 (10.22)
AESICA (*d.* 664?), *a boy who died of the plague in the monastery of Barking.*
Aesica. Erat in eodem monasterio puer trium circiter non amplius annorum, Aesica nomine, ... 4.8 (220.25)
AESTAS. aestate. lucidas aestate noctes habet; 1.1 (10.31)
unde etiam plurimae longitudinis habet dies aestate, ... 1.1 (11.3)
plurimae item breuitatis noctes aestate, et dies habet in bruma, ... 1.1 (11.6)
nemo propter hiemem aut faena secet aestate, ... 1.1 (12.28)
Et primo quidem proxima aestate Osricum, . . . cum toto exercitu deleuit. 3.1 (128.2)
aestatis. quasi in mediae aestatis caumate sudauerit. 3.19 (167.22)
eo quod Scotti tempore aestatis, . . . dispersi uagarentur, ... 4.4 (213.17)
sed ne herbae quidem ex eo germinare usque ad aestatis tempora contigit. 4.28 (272.2)
AESTIMATIO. aestimationem. nongentarum lx familiarum mensuram iuxta aestimationem Anglorum, 2.9 (97.19)
Neque enim magna est, sed quasi familiarum quinque, iuxta aestimationem Anglorum; 3.4 (133.30)
Est autem mensura eiusdem insulae, iuxta aestimationem Anglorum, mille ducentarum familiarum; . 4.16 (237.10)
aestimationes. quasi familiarum quinque, iuxta aestimationem [aestimationes] Anglorum; . . . uar. 3.4 (133.30)
aestimationis. iuxta consuetudinem aestimationis Anglorum, familiarum dc^rum, ... 1.25 (45.5)
AESTIMO. aestimabat. et tamen molesta, qua turbatum se aliquem reatum incurrisse aestimabat. . . 1.27 (58.20)
Quod aspiciens uulgus, aestimabat eum insanire. 2.13 (113.15)
aestimabatur. etiam Romam adire curauit, quod eo tempore magnae uirtutis aestimabatur; 4.23 (255.4)
aestimans. aestimans se in hac obseruantia sancti ac laude digni patris Anatolii scripta secutam. . . 3.3 (131.23)
aestimant. non muro, ut quidam aestimant, sed uallo 1.5 (16.23)
aestimare. dignum se congregationi fratrum aestimare non debet, ... 1.27 (57.23)
quantum hominibus aestimare fas est, ... 5.6 (289.11)
aestimarent. ne paucitatem suam . . . sapientiorem antiquis siue modernis, . . . Christi ecclesiis aestimarent; 2.19 (122.17)
aestimaret. cum se aestimaret esse moriturum, ... 3.27 (192.32)
aestimes. 'Ne me aestimes tuae mestitiae et insomniorum, et forinsecae et solitariae sessionis causam nescire; 2.12 (108.29)
'Neque uero me haec ita prosecutum aestimes, ... 5.21 (344.3)
AESTVO. aestuare. Esurire namque, sitire, aestuare, . . . ex infirmitate naturae est. 1.27 (55.32)
AESTVS. aestibus. multis coepit cogitationum aestibus affici, ... 2.12 (108.18)
aestum. Et quid est aliud . . . contra aestum auras, ... 1.27 (56.1)

aestus. in quo uidelicet pelago bini aestus oceani, . . . sibimet inuicem cotidie conpugnantes occurrunt 4.16 (238.17)

AETAS. aetas. quantas nulla retro aetas meminit, 1.14 (29.29)
cum successisset aetas tempestatis illius nescia, 1.22 (41.28)
cuius magis ad suscipiendum episcopatum et eruditio conueniret, et aetas. 4.1 (202.15)
Quae res quem sit habitura finem, posterior aetas uidebit. 5.23 (351.23)

aetate. fanum rex eiusdem prouinciae Alduulf, qui nostra aetate fuit, usque ad suum tempus perdurasse, . . . testabatur. 2.15 (116.11)
earumque uel maxime, quae uel aetate prouectae, uel probitate erant morum insigniores. 3.8 (143.8)
Theodorus, . . . uir . . . aetate uenerandus, id est annos habens aetatis LX et VI. 4.1 (202.26)
Nec diffidendum est nostra etiam aetate fieri potuisse, 4.19 (243.19)
'Adulescentior,' inquit, 'sum aetate, et uegetus corpore; 4.25 (263.24)
Qui quidem a prima aetate pueritiae studio religiosae uitae semper ardebat, 4.27 (268.28)
Ipse autem Vilbrord, cognomento Clemens, adhuc superest, longa iam uenerabilis aetate, 5.11 (303.20)
animaduertendum est, quod in prima aetate bona aliqua fecit, 5.13 (313.17)
Berctuald archiepiscopus longa consumtus aetate defunctus est 5.23 (349.29)

aetatem. Aelffledam, quae uixdum unius anni aetatem inpleuerat, 3.24 (178.23)
qui propter infantilem adhuc aetatem in uirginum Deo dedicatarum solebat cella nutriri, 4.8 (220.26)
Cuius personam, uitam, aetatem, et obitum, epitaphium quoque monumenti ipsius . . . pandit; 5.8 (295.5)
et in Hibernia insula solitarius ultimam uitae aetatem pane cibario et frigida aqua sustentat. 5.12 (309.25)
atque aetatem moribus transiens, ita se modeste et circumspecte in omnibus gereret, 5.19 (322.26)
omnem in eius obsequio usque ad obitum illius expleuit aetatem; 5.20 (332.10)

aetati. omni aetati et sexui . . . accommodos. 1.1 (10.17)
ut ne sexui quidem muliebri, uel innocuae paruulorum parceret aetati, 2.20 (125.11)

aetatibus. quarum de sex aetatibus saeculi una est; 5.24 (358.31)

aetatis. utriusque sexus, condicionis diuersae et aetatis, 1.7 (20.8)
occisus est, . . . anno aetatis suae XXXVIII., 3.9 (145.11)
Theodorus, . . . uir . . . aetate uenerandus, id est annos habens aetatis LX et VI. 4.1 (202.27)
qua et mortuus est anno aetatis suae LVIII°. 4.5 (214.14)
usque ad tempora prouectioris aetatis constitutus, nil carminum aliquando didicerat. 4.24 (259.13)
et cum maxima parte copiarum, quas secum adduxerat, extinctus anno aetatis suae XL., 4.26 (267.3)
Venit autem cum illo et filius Sigheri . . . iuuenis amantissimae aetatis et uenustatis, 5.19 (322.8)
ubi XIIII^{um} aetatis contigit annum, monasticam saeculari uitam praetulit. 5.19 (322.29)
non solum in definitione et computo lunaris aetatis, sed et in mensis primi . . . inuentione falluntur. 5.21 (338.31)
Ex quo tempore accepti presbyteratus usque ad annum aetatis meae LVIIII, . . . curaui: 5.24 (357.20)

AETERNITAS. aeternitate. quippe quae sui magnitudine ita inuisibili atque inuestigabili aeternitate consistit, 2.10 (100.28)

aeternitatis. ac totis desideriis ad aeternitatis gratiam uenire concupiscat.' 2.1 (78.22)
atque seruato termino praeceptionis, aeternitatis subsistentia praemuniret. 2.10 (101.16)
coniugem uestram, . . . aeternitatis praemio per sacri baptismatis regenerationem inluminatam agnouimus. 2.10 (101.33)

AETERNVM. aeternum. paenitentiam, . . . in aeternum sine fructu poenis subditus facit. 5.13 (313.2)
cum quo in aeternum beatus uiuere cupis, 5.21 (344.17)

AETERNVS, a, um. **aeterna.** cuius sedes aeterna non in uili et caduco metallo, sed in caelis esset credenda; 3.22 (172.5)

aeterna. et uestri laboris fructum in aeterna me patria uidere concedat; 1.23 (43.18)
salute aeterna, Domino supplicabant. 1.25 (46.4)
eo de aeterna certius praesumtione respirabat. 2.1 (77.12)
atque ab aeterna damnatione nos eripi, 2.1 (78.33)
haec uobis pro aeterna caritate exhortationis uerba praemittentes, 2.18 (121.16)
pro aeterna patria duceret uitam, 3.13 (152.17)
supplicandumque pro pace gentis eius aeterna, . . . locus facultasque suppeteret. 3.24 (178.28)
orationes assiduae pro utriusque regis, . . . salute aeterna fierent. 3.24 (180.5)
Munuscula . . . beato principi apostolorum directa pro aeterna eius memoria suscepimus, 3.29 (198.8)
post dies XII et ipsa educta ex carne temporales adflictiones aeterna mercede mutauit. 4.9 (223.9)
qui in Hibernia multo tempore pro aeterna patria exulauerant, 5.10 (299.17)
ipsa, in qua per resurrectionem Christi liberatus est a morte aeterna populus omnis Dei. 5.21 (336.24)

aeterna. qui sibi obtemperantibus aeterna in caelis gaudia, . . . promitteret. 1.25 (45.15)
Aedilberct rex . . . aeterna caelestis regni gaudia subiit; 2.5 (89.8)
quae . . . animam carnis uinculis absolutam ad aeterna patriae caelestis gaudia ducebat. 3.8 (143.27)
quia omnes, qui uoluntatem eius, a quo creati sunt, discerent et facerent, aeterna ab illo praemia essent percepturi. 3.22 (172.9)
ducentibus, ut credi fas est, angelis comitibus aeterna gaudia petiuit. 4.3 (210.7)
ad aeternae [aeterna] gaudia salutis intrauit. uar. 4.9 (224.3)
ad aeterna in caelis gaudia subleueris. 4.14 (234.13)
sperans, quia mox baptizatus, carne solutus ad aeterna gaudia iam mundus transiret; 5.7 (292.20)
non solum omni spe coronae priuati, sed aeterna insuper sunt poena damnati. 5.21 (344.2)

aeternae. laborem magnum maior aeternae retributionis gloria sequitur. 1.23 (43.13)
aeternae libertatis fecit esse participem; 2.1 (78.6)
aeternae uitae possitis esse participes. 2.10 (102.8)
claret illa, quae nobis uitae, salutis, et beatitudinis aeternae dona ualet tribuere. 2.13 (112.31)
soluta carnis simul et infirmitatis uinculis ad aeternae gaudia salutis intrauit. 4.9 (224.3)
nuntiauit matrem . . . ducibus angelis, ad aeternae limina lucis . . . ascendisse. 4.23 (257.26)
'in quorum uicinia,' inquit, 'heu misero mihi locum despicio aeternae perditionis esse praeparatum.' 5.14 (314.19)
ut coronam uitae aeternae, quam repromisit Deus diligentibus se, se semper expectare, . . . designent. 5.21 (343.21)

aeternam. sed de priuata ad communem, de temporali ad aeternam laetitiam reuocantur, 1.31 (66.29)
atque ad aeternam regni caelestis sedem translatus. 2.1 (73.5)
credebantque et baptizabantur quotquot erant praeordinati ad uitam aeternam, 2.14 (114.20)
uosque uox ista ad aeternam festiuitatem euocet: 2.18 (121.11)
et ut regia uiri sancti persona memoriam haberet aeternam, 3.11 (148.29)
ut et ipse sic mortem euaderet aeternam, 3.23 (177.7)
Sperabam, quia pariter ad uitam aeternam intraremus. 3.27 (193.22)
et sic terminans temporalem uitam, intrauit aeternam. 4.8 (221.3)
in eodem monasterio soror ipsius Heresuid, . . . ipso tempore coronam expectabat aeternam; 4.23 (253.11)
ut uir unitatis ac pacis studiosissimus ante ad uitam raperetur aeternam, 5.15 (316.14)
ut in hac uita centuplum acciperet, et in saeculo uenturo uitam aeternam. 5.19 (322.13)

aeternas. aeternas inferni poenas pro mercede recipiet.' 1.7 (19.29)

aeterni. ne pro carnali dilectione tormenta aeterni cruciatus incurrant. 1.27 (51.22)
Gratia te Regis aeterni longiori tempore regnantem ad nostram omnium pacem custodiat incolumem, 5.21 (345.19)

aeterni. ineffabilia aeterni regni praemia reseruari; 1.29 (63.19)
aeterni secum regni in caelis faciet esse participem.' 2.12 (111.6)
Igitur rex Sigberct aeterni regni iam ciuis effectus, temporalis sui regni sedem repetiit, 3.22 (172.20)
et ipse instructos eos uerbo ueritatis, . . . de ingressu regni aeterni certos reddidit. 4.16 (238.5)

aeterno. magis pro aeterno regno semper laborare ac deprecari solebat. 3.12 (151.19)

atque accepta tonsura pro aeterno magis regno militare curaret. 3.18 (162.28)
aeternorum. opus est . . . cum cessant a laboribus rerum temporalium, tunc pro appetitu aeternorum bonorum liberius laborare; 4.25 (265.6)
aeternum. Deum potius intellegendum maiestate inconprehensibilem, . . . omnipotentem, aeternum, 3.22 (172.3)
aeternum. pro accipiendis alimentorum subsidiis aeternum subituri seruitium, 1.15 (32.32)
aeternus. Quomodo ille, cum sit aeternus Deus, omnium miraculorum auctor extitit, 4.24 (260.3)
AETHEREVS, a, um. **aetherei.** Regis ut aetherei matrem iam credo sequaris, 4.20 (248.13)
Tu quoque sis mater regis ut aetherei. 4.20 (248.14)
AETHERIVS, ETHERIVS (*d.* 602), *Archbishop of Lyons.*
Aetherii. Epistulam uero, . . . ad Vergilium Aetherii successorem dederat; 1.28 (62.8)
Aetherio. et ab archiepiscopo eiusdem ciuitatis Aetherio, . . . ordinatus est; 1.27 (48.4)
Etherio. fratri Etherio coepiscopo Gregorius seruus seruorum Dei. 1.24 (44.1)
Etherium. ad Etherium Arelatensem archiepiscopum, 1.24 (43.29)
AETIVS (*d.* 454), *Roman general under Valentinian III.*
Aetii. Valentinianus ab Aetii patricii, quem occiderat, satellitibus interimitur, 1.21 (41.16)
Aetio. 'Aetio ter consuli gemitus Brittanorum;' 1.13 (28.26)
Aetio. Brettones ab Aetio consule auxilium flagitantes 1.13 (28.15)
Aetius. Aetius uir inlustris, . . . tertium cum Simmacho gessit consulatum. 1.13 (28.22)
AETLA (*fl.* 679), *Bishop of Dorchester.*
Aetla. quorum haec sunt nomina, Bosa, Aetla, Oftfor, Iohannes, et Vilfrid. 4.23 (254.24)
AEVVM. aeuo. qui et ipse aeuo sequente Hiberniam gratia legendi adiit, 3.27 (192.22)
quod aeuo praecedente aliquoties factum fideles historiae narrant; 4.19 (243.20)
aeuum. in quo quicumque semel inciderit, numquam inde liberabitur in aeuum. 5.12 (308.23)
AFER, *African.*
Afer. Seuerus, genere Afer Tripolitanus ab oppido Lepti, 1.5 (16.15)
Afir. Hadrianus, uir natione Afir, sacris litteris diligenter inbutus, 4.1 (202.8)
AFFABILIS, e. **affabilis.** Erat . . . orationum deuotioni solertissime intentus, affabilis omnibus, 4.28 (273.21)
AFFATVS. affatu. Erat autem rex Osuini et aspectu uenustus, . . . et affatu iucundus, et moribus ciuilis, 3.14 (155.30)
affatus. quoties per fraternos affatus unianimam dilectionem quadam contemplatione alternis aspectibus repraesentat. 2.18 (120.28)
AFFECTVOSE. ita illum dilectio uestra, sicut decet, affectuose dulciterque suscipiat, 1.28 (62.16)
AFFECTVS (ADF-). **affectu.** Vnde praesenti stilo gloriosos uos adhortandos cum omni affectu intimae caritatis curauimus; 2.10 (102.2)
Quod quidem tam pro uestrae caritatis affectu, . . . sumus inuitati concedere, 2.17 (119.33)
Erat autem rex Osuini . . . et affatu [affectu] iucundus, uar. 3.14 (155.30)
Paterno itaque affectu salutantes uestram excellentiam, 3.29 (198.33)
Quam affectu tulerat nullus ab altithroni. 4.20 (248.34)
nam et ipsa indumenta quasi patris adhuc corpori circumdata miro deosculabatur affectu, 4.30 (277.7)
eo quod me speciali diligeret affectu; 5.6 (290.29)
propter quod et a senioribus et coaetaneis suis iusto colebatur affectu. 5.19 (323.9)
affectum. sed per affectum boni operis frumenta dominica uitiorum suorum paleis expolia, 1.27 (53.16)
prae oculis affectum doctrinae ipsius, quem pro uestris animabus libenter exercuit, habetote; 2.17 (119.21)
solebat hoc creber ob magnum castigandi corporis affectum ingredi, 5.12 (310.13)
affectus. Quantus sit affectus uenientibus sponte fratribus inpendendus, 1.28 (62.12)
affectus. quos copulatio carnalis affectus unum quodam modo corpus exhibuisse monstratur, 2.11 (105.26)
AFFERO (ADF-). **adferam.** "ueni, ut responsum Domini Saluatoris Ecgbercto adferam, 5.9 (297.10)
adferas. precorque, si aliquid reliquiarum illius penes te habes, adferas mihi, 3.13 (153.21)
adferendum. et propter uictum militibus adferendum in expeditionem se cum sui similibus uenisse testatus est. 4.22 (250.10)
adferens. Et cum illa adferens, quae iussa est, intraret atrium domus, 3.11 (150.8)
adferent. suis per haec infirmis multum commodi adferrent [adferent]. uar. 3.9 (145.20)
adferre. astulae de illo abscissae, atque ad infirmos adlatae citam illis solent adferre medellam. 4.6 (218.25)
adferrent. suis per haec infirmis multum commodi adferrent. 3.9 (145.20)
adferret. rogauit, ut aliquam sibi partem de illo ligno uenerabili rediens adferret, 3.2 (130.20)
adferri. postulauit se illo adferri, et in modum orantium ad illud adclinari. 4.9 (223.4)
Sed et ferramenta sibi ruralia cum frumento adferri rogauit, 4.28 (271.30)
Vnde uisitantibus se ex more fratribus hordeum iussit adferri, 4.28 (272.4)
adfertis. 'Pulchra sunt quidem uerba et promissa, quae adfertis; 1.25 (46.8)
adlatae. ut ipsa nocte reliquiae adlatae foris permanerent, 3.11 (148.17)
astulae de illo abscissae, atque ad infirmos adlatae citam illis solent adferre medellam. 4.6 (218.25)
adlati. nam saepe illo de Brittania adlati serpentes, 1.1 (12.31)
interrogauit, ut aiunt, de qua regione uel terra essent adlati. 2.1 (80.3)
Quod habet nomen ipsa prouincia, de qua isti sunt adlati?' 2.1 (80.16)
adlatum. Adlatum est autem caput Aeduini regis Eburacum, 2.20 (125.20)
atque in eo, quod adlatum erat, sarcofago posuerunt, 4.19 (246.22)
Quod dum sibi adlatum ultra omne tempus serendi, . . . eodem in agro sereret, 4.28 (272.6)
adlaturum. aliquid commodi adlaturum putabant, 1.12 (27.17)
adlatus. adlatus est quidam de genere Anglorum, 2.2 (82.4)
adtulerat. adpendens linteolum cum puluere, quem adtulerat, in una posta parietis. 3.10 (147.13)
adtulerunt. Adtulerunt autem ei et partem indumentorum, quae corpus sanctum ambierant, 4.30 (277.3)
adtulit. reuersusque nobis . . . adtulit. Praef. (6.24)
Nam et synodum beati papae Martini, . . . secum ueniens adtulit; 4.18 (242.5)
afferte. 'Et tamen,' ait, 'afferte mihi eucharistiam.' 4.24 (261.32)
allata. quod oblata [allata] sibi perpetuae salutis consilia spreuerant. uar. 2.2 (85.1)
attulit. Vnde si haec noua doctrina certius aliquid attulit, merito esse sequenda uidetur.' 2.13 (112.20)
Attulit quoque secum uasa pretiosa Aeduini regis perplura, 2.20 (126.7)
Attulit autem eidem et summam pecuniae non paruam pauperibus erogandam, 4.11 (226.2)
AFFICIO. (ADF-). **adfectus.** ne ad mortem ueniens tanto adfectus dolore aliquid indignum suae personae uel ore proferret, 4.11 (226.9)
adficiens. Brettones fames sua praefata magis magisque adficiens, 1.14 (29.16)
affectus. Quo affectus incommodo, concepit utillimum mente consilium, 4.31 (278.18)
afficeretur. Qui cum tormentis afficeretur acerrimis, 1.7 (19.34)
affici. multis coepit cogitationum aestibus affici, 2.12 (108.18)
afficiens. flagellis artioribus afficiens sciscitabatur apostolica districtione, 2.6 (92.21)
AFFIGO (ADF-). **adfixa.** cum . . . ipsa eius foramina ingrediens, quibus aedificio erat adfixa, perederet, 3.17 (160.33)
adfixo. quae quondam ipsam adfixo Domini corpore crucem pertulit, 5.16 (317.28)
AFFIRMO (ADF-). **adfirmandi.** dicito gae,' quod est lingua Anglorum uerbum adfirmandi et consentiendi, id est, etiam. 5.2 (284.5)
AFFLICTIO (ADF-). **adflictione.** Ini, . . . simili prouinciam illam adflictione plurimo annorum tempore mancipauit. 4.15 (236.19)
adflictiones. qui pro paruulis Christi, . . . adflictiones, ipsam postremo mortem, . . . pertuli?' 2.6 (92.27)
post dies XII et ipsa educta ex carne temporales adflictiones aeterna mercede mutauit. 4.9 (223.9)

afflictione. afflictione corporis propaganda; 1.19 (37.9)
AFFLIGO (ADF-). adflicti. correpti sunt ambo morbo eiusdem mortalitatis, et grauissime adflicti; 3.27 (192.29)
adflictum. Qui cum adflictum et pene conlapsum reipuplicae statum uideret, 1.9 (23.7)
adflictus. grauissimis regni sui damnis saepissime ab hostibus adflictus, 3.7 (141.14)
adfligunt. et tamen ipsos, quos doloribus adfligunt, 1.27 (50.12)
affligat. et innocentem falsa opinio non affligat. 1.28 (62.26)
ne forte nos . . . temporalibus damnis iuste saeuiens affligat, 4.25 (266.11)
affligi. Maximianus Herculius in occidente uastari ecclesias, affligi, 1.6 (17.27)
AFFLVENTIA. affluentia. qui prouinciae Derorum septem annis in maxima omnium rerum affluentia, . . . praefuit. 3.14 (155.2)
AFFLVENTIVS. Et primum quidem annonas sibi eos affluentius ministrare cogunt, 1.15 (32.10)
AFFLVO. affluere. tantis frugum copiis insula, . . . affluere coepit; 1.14 (29.29)
AFFOR. affatus. leuauit eum, et quasi familiari uoce affatus: 2.12 (110.32)
AFIR, *see* **AFER.**
AFRICA, *Africa.*
Africam. hoc Africam, Asiam, Aegyptum, Greciam, . . . non diuerso temporis ordine geri conperimus; 3.25 (184.24)
AGABVS, *Christian prophet and martyr of the first century.*
Agabum. quae in Actibus Apostolorum per prophetam Agabum praedicta esse memoratur. 1.3 (15.20)
AGATHA, Saint (*d.* 251), *virgin-martyr of Sicily.*
Agathe. Ignibus usta feris, uirgo non cessit Agathe, 4.20 (247.25)
AGATHO, *Pope, 678–682.*
Agatho. Vnde uolens Agatho papa, . . . in Brittania qualis esset status ecclesiae, . . . ediscere, 4.18 (242.10)
Quo in tempore indem papa Agatho, cum synodum congregaret . . . uocari iussit et Vilfridum, 5.19 (326.24)
Agathone. atque honorifice a beatae memoriae papa Agathone susceptus est; 4.18 (241.11)
praesente Agathone papa et pluribus episcopis, . . . absque crimine accusatus fuisse, . . . inuentus est. 5.19 (326.21)
a beatae memoriae papa Agathone probatus est contra fas a suo episcopatu repulsus; 5.19 (328.11)
Agathonis. qui nuper uenerat a Roma per iussionem papae Agathonis, 4.18 (241.3)
Iuuit autem causam absolutionis eius lectio synodi beatae memoriae papae Agathonis, 5.19 (327.24)
qui eum temporibus Agathonis papae ibi uiderant 5.19 (328.5)
AGATHO (*fl.* 664), *a priest who accompanied Agilbert to the Synod of Whitby.*
Agathone. Veneruntque . . . episcopi, Colman cum clericis suis de Scottia, Agilberctus cum Agathone 3.25 (183.21)
Agathonem. Habebat autem secum ipse presbyterum nomine Agathonem. 3.25 (183.13)
AGELLVS. agelli. et accepta ab eo possessione ecclesiae cuiusdam et agelli non grandis, 4.12 (228.16)
agellis. utpote nil propriae possessionis, excepta ecclesia sua et adiacentibus agellis habens. 3.17 (160.2)
AGER. agri. quin potius fructum in ea multiplicem credentium populorum pius agri spiritalis cultor inuenit. 2.15 (116.31)
agris. facultates cum agris et hominibus donauit, 4.13 (232.22)
agro. Quod dum sibi adlatum . . . ultra omnem spem fructificandi eodem in agro sereret, 4.28 (272.8)
agros. proximas quasque ciuitates agrosque depopulans, 1.15 (32.21)
reliquit uxorem, agros, cognatos, et patriam propter Christum, 5.19 (322.10)
AGGER. aggere. Cum autem ipse . . . mansionem angustam circumuallante aggere et domus in ea necessarias, . . . construxisset, 4.28 (271.21)
aggeris. (tanta autem erat altitudo aggeris, quo mansio eius erat uallata, 4.28 (272.11)
AGGERO (ADG-). adgesto. donec adgesto a militibus puluere terrae figeretur; 3.2 (129.4)
AGGRAVO (ADG-). adgrauata. Tertia autem die prioribus adgrauata doloribus, 4.19 (245.20)
AGGREDIOR (ADG-). adgredi. ut hoc opus adgredi auderem, Praef. (7.3)
memoratum opus adgredi coepissent, 1.23 (42.24)
adgressuri. obsecrans eum pro se suisque, qui tantum iter erant adgressuri, Domino supplicare. 3.15 (158.3)
AGGREGO (ADG-). adgregarat. quos contra eum Edric filius Ecgbercti adgregarat, 4.26 (268.12)
adgregatis. sine adgregatis tribus uel quattuor episcopis 1.27 (52.17)
AGILBERCT (*d.* 680), *Bishop of Wessex and later of Paris; a Gaul by birth.*
Agilbercto. et de successoribus eius Agilbercto et Leutherio. 3.7 (139.7)
ordinatus est in eodem monasterio ab Agilbercto episcopo Geuissorum, 5.19 (325.23)
eodem Agilbercto tunc episcopatum agente Parisiacae ciuitatis; 5.19 (325.31)
Agilberctum. Misit ergo legatarios in Galliam ad Agilberctum, 3.7 (141.19)
iussit rex et Agilberctum proferre in medium morem suae obseruationis, 3.25 (184.11)
Qua accepta Theodorus profectus est ad Agilberctum Parisiorum episcopum, 4.1 (203.17)
Agilberctus. uenit in prouinciam de Hibernia pontifex quidam nomine Agilberctus, 3.7 (140.20)
unde offensus grauiter Agilberctus, quod haec ipso inconsulto ageret rex, 3.7 (141.2)
Venerat eo tempore Agilberctus Occidentalium Saxonum episcopus, 3.25 (183.7)
Veneruntque . . . episcopi, Colman cum clericis suis de Scottia, Agilberctus cum Agathone 3.25 (183.20)
Respondit Agilberctus: 'Loquatur, obsecro, . . . Vilfrid 3.25 (184.13)
Finitoque conflictu, ac soluta contione, Agilberctus domum rediit. 3.26 (189.10)
Siquidem primus Birinus, secundus Agilberctus, tertius exstitit Vini. 4.12 (227.23)
Agilberectum. At ille misit eum ordinandum ad Agilberectum, 3.28 (194.21)
AGMEN. agmen. hostile agmen terrore prosternitur, 1.20 (39.10)
agmina. Adquirens fidei agmina gente noua. 2.1 (79.20)
accipies et ipse post mortem locum mansionis inter haec, quae cernis, agmina laetabunda 5.12 (309.6)
agmine. Cuius corpus honorifico agmine, . . . suam defertur ad urbem. 1.21 (41.14)
uidit animam Ceddi fratris ipsius cum agmine angelorum descendere de caelo, 4.3 (211.32)
agminibus. mox ad sempiterna animarum gaudia adsumtus in caelum, et electorum est sociatus agminibus. 4.14 (234.31)
agminis. Quo in loco nouum conponit exercitum ipse dux agminis. 1.20 (39.3)
agminum. angelicorum agminum et aspectus intueri, et laudes beatas meruit audire. 3.19 (164.29)
Sequuntur . . . copiosior caelestium agminum uisio; 3.19 (166.12)
Erantque in hoc campo . . . sedesque plurimae agminum laetantium. 5.12 (307.23)
AGNES, Saint (*d.* 304), *a Roman virgin-martyr, beheaded in the Diocletian persecution.*
Agnes. Laeta ridet gladios ferro robustior Agnes, 4.20 (248.1)
AGNITIO. agnitione. Sancti Spiritus feruore in sui quoque agnitione mirabiliter est dignata succendere. 2.10 (101.26)
quod pars corporis uestri ab agnitione summae et indiuiduae Trinitatis remansit extranea. 2.11 (105.11)
multumque gauisus de agnitione ueri Dei cultus, 2.13 (113.18)
Gaudebant ergo fratres de agnitione certa et catholica temporis paschalis; 5.22 (348.5)
agnitionem. gentem Anglorum ad agnitionem ueritatis perducebant. 2.1 (78.26)
ut gentem, quam adibat, ad agnitionem ueritatis aduocans, 2.9 (98.22)
Accedite ergo ad agnitionem eius, qui uos creauit, 2.10 (103.18)
quatinus sui nominis agnitionem diuerso modo gentibus innotescens, 2.11 (104.18)
qui uos in praesenti saeculo ex omni errore absolutos ad agnitionem sui nominis est dignatus perducere, 2.17 (119.17)
per cuius relationem ad nostram quoque agnitionem peruenere, quae de his pauca perstrinximus. 5.12 (309.29)
AGNOSCO. agnita. fides agnita Christi in regnum reuocauerit; 3.7 (141.15)
agnita. Cedd, . . . ad suam sedem rediit, utpote agnita obseruatione catholici paschae 3.26 (189.18)
agnitum. uel suae gentis auctoritate ne agnitum sequeretur deuictus, 3.17 (161.33)
quem uos aut ignoratis, aut agnitum et a tota Christi ecclesia custoditum pro nihilo contemnitis. 3.25 (187.16)
agnoscant. et graue hoc esse peccatum cognoscant [agnoscant]. uar. 1.27 (51.20)
sed omnes agnoscant tempus et ordinem consecrationis suae.' 4.5 (216.27)

agnoscas. ut merito talem simoniacis et non Christianis habitum conuenire cognoscas [agnoscas]; uar. 5.21 (343.31)
agnoscentes. inlustrationemque diuinae propitiationis in uobis diffusam opulentius agnoscentes, 2.11 (106.19)
agnoscere. et ibi aliquo modo culpas suas agnoscere, 1.27 (56.12)
agnoscerem. ut, quid de te fieri deberet, agnoscerem." 5.12 (309.8)
agnoscerent. ut omnes agnoscerent etiam torrentem martyri obsequium detulisse; 1.7 (21.3)
et deprauati uiam correctionis agnoscerent. 1.17 (35.9)
Creatorem suum suscepto Christianae fidei agnoscerent sacramento. 2.11 (104.20)
agnosceret. inposuit dexteram capiti eius et, an hoc signum agnosceret, requisiuit. 2.12 (110.30)
agnoscimus. sicut in scriptura sacra ex uerbis Domini omnipotentis agnoscimus, 1.32 (69.10)
agnouimus. diligenter a fratribus monasterii, . . . agnouimus. Praef. (7.15)
coniugem uestram, . . . aeternitatis praemio per sacri baptismatis regenerationem inluminatam agnouimus. 2.10 (101.34)
AGNVS. agni. Nullus ab altithroni comitatu segregat agni, 4.20 (248.33)
praepararent . . . panem et uinum in mysterium carnis et sanguinis agni inmaculati, 5.21 (336.18)
Ipsa est enim eadem nox, in qua de Aegypto per sanguinem agni Israelitica plebs erepta est; 5.21 (336.23)
agni. Sicut enim agni a feris, . . . discerpuntur 1.12 (28.7)
agnum. x[a] die mensis huius tollat unusquisque agnum per familias et domus suas." 5.21 (334.19)
tolleret unusquisque agnum per familias et domus suas, 5.21 (336.15)
agnus. in caeli faciem prodeunte, agnus immolari iubeatur; 5.21 (334.27)
Constat autem, quia non xiiii[a] die, in cuius uespera agnus est immolatus, 5.21 (335.7)
AGO. acta. caedibus martyrum incessabiliter acta est. 1.6 (18.3)
maxime quod unus ex ducibus, a quibus acta est, paganus, alter, quia barbarus erat pagano saeuior. 2.20 (125.5)
quae quondam ipso . . . in eodem concilio inter episcopos residente, ut praediximus, acta est. 5.19 (327.26)
acta. in ecclesia sint acta, Praef. (7.25)
acta. dum male acta deorsum insequitur, 1.27 (58.16)
actis. quae persecutio omnibus fere ante actis diuturnior atque inmanior fuit; 1.6 (17.29)
Tota sacrata polo celsis ubi floruit actis, 4.20 (248.17)
actum. Actum in mense et indictione supra scripta. 4.5 (217.13)
pro sua sanitate Domino gratias denuo referens, quid erga se actum esset, fratribus indicauit; 4.31 (279.10)
actura. actura gratias intrat ecclesiam, 1.27 (54.24)
acturi. acturi Deo per ipsum gratias, 1.18 (36.23)
sciscitabatur, qui essent hi, quidue acturi illo conuenissent. 2.2 (84.8)
acturum. seseque tempore sequente paenitentiam acturum esse promittebat. 5.13 (311.15)
acturus. Cumque bellum acturus uideret sacerdotes eorum, 2.2 (84.5)
actus. Et rursum Hadrianus ad suscipiendum episcopatum actus est; 4.1 (202.20)
agamus. solliciti, ne umquam percuti mereamur, agamus.' 4.3 (211.14)
agatur. cum praedicto Arelatense episcopo agatur, 1.27 (53.20)
agebant. inimicis, qui per multos annos praedas in terra agebant, 1.14 (29.22)
pauperem uitam . . . suspecta semper mente agebant. 1.15 (33.3)
agebas. Hic labor, hoc studium, haec tibi cura, hoc pastor agebas, 2.1 (79.21)
agebat. Haec quidem memoratus papa Bonifatius de salute regis Aeduini ac gentis ipsius litteris agebat. 2.12 (106.31)
et quaeque poterat, pro sedando miseri furore agebat. 3.11 (150.3)
sed die dominica semper agebat, a luna xiiii[a] usque ad xx[am]; 3.17 (162.8)
Ceadda . . . qui tunc in monasterio suo, quod est in Læstingae, quietam uitam agebat, 4.3 (206.20)
monachicam in orationibus et continentia, et meditatione diuinarum scripturarum uitam sedulus agebat. 4.3 (211.21)
ubi aeque anno uno monachicam cum perpaucis sociis uitam agebat. 4.23 (253.17)
iam causa diuini amoris delectatus praemiis indefessus agebat. 4.25 (264.12)
Residebat, uescebatur, bibebat, laetabatur, quasi unus e conuiuis agebat; 5.5 (288.30)
agebatur. Tum ait Aedan, nam et ipse concilio intererat, ad eum, de quo agebatur, sacerdotem: 3.5 (137.14)
quatenus . . . cursum canendi annuum, sicut ad sanctum Petrum Romae agebatur, edoceret; 4.18 (241.20)
agenda. quaeque sunt pro Christi zelo agenda disponant unanimiter; 1.29 (64.10)
agenda. usum tibi pallii in ea ad sola missarum sollemnia agenda concedimus, 1.29 (63.24)
magisque prosperantur in omnibus, quae agenda uel adquirenda disponunt. 2.13 (111.29)
cuncta, quae agenda didicerat, sollicitus agere curabat. 3.19 (164.22)
et ea, quae in scripturis agenda didicerat, operibus solerter exsequentem, 3.28 (194.29)
Et, quod maxime doctores iuuare solet, ea, quae agenda docebat, ipse prius agendo praemonstrabat. 4.28 (273.18)
Qui quoniam et doctor suauissimus, et eorum, quae agenda docebat, erat executor deuotissimus, 5.22 (346.27)
agendae. in quo per omne sabbatum a presbytero loci illius agendae eorum sollemniter celebrantur. 2.3 (86.13)
agendam. multos ad agendam et non differendam scelerum suorum paenitudinem prouocauit. 5.14 (315.6)
agendas. monebat omnes . . . in aduersis rerum . . . fideliter Domino esse gratias semper agendas. 4.23 (256.25)
agendi. siue gratias agendi Domino semper ubicumque sedens, 3.12 (151.23)
agendo. Sed quantum haec agendo profecerit, 2.4 (88.11)
ea, quae agenda docebat, ipse prius agendo praemonstrabat. 4.28 (273.18)
bona aliqua fecit, quae tamen uniuersa praue agendo iuuenis obnubilauit. 5.13 (313.18)
agendum. Initum namque est consilium, quid agendum, . . . esset 1.14 (30.16)
ex caritate agendum est, et non ex furore; 1.27 (50.7)
Quicquid uero ex auctoritate agendum est, 1.27 (53.20)
uenit Cantiam, tractaturus cum Laurentio et Iusto coepiscopis, quid in his esset agendum. 2.5 (91.31)
quid agendum sibi esset, quae religio sequenda, 2.12 (110.26)
tractatum magnum in concilio, quid esset agendum, habere coeperunt; 3.5 (137.10)
quid erga salutem eorum, . . . esset agendum, salubri sermone docuit. 3.19 (167.4)
habito inter se consilio, quid de statu ecclesiae Anglorum esset agendum, 3.29 (196.7)
agendum. curauit conferre, quid de his agendum arbitrarentur. 2.9 (100.12)
quatinus diuinae inspirationis inbuta subsidiis, inportune et oportune agendum non differas, 2.11 (105.16)
quicquid mihi inposueris agendum, . . . totum facile feram, 4.25 (263.25)
agens. Qui multa agens solertia, . . . erat enim religiosus et bonus uir, 3.30 (199.28)
ibidem in pace uitam finiuit, nil omnino de restaurando episcopatu suo agens; 4.12 (228.18)
ille gratias agens pietati, quam erga eum, cum esset peregrinus, habere dignaretur, 5.19 (324.12)
ita ut . . . genua flecteret in terram, Deo gratias agens, 5.21 (345.28)
agente. hic agente impio uictore, 1.15 (32.19)
qui ad exorandum Deum pro milite bellum agente conuenerant, 2.2 (84.6)
Haedde episcopatum agente, translatus inde in Ventam ciuitatem, 3.7 (140.3)
si forte legente eo uel aliud quid agente, repente flatus uenti maior adsurgeret, 4.3 (210.19)
Etenim illo perueniens, pontificatum agente Sergio, baptizatus est 5.7 (292.23)
eodem Agilbercto tunc episcopatum agente Parisiacae ciuitatis; 5.19 (325.31)
Aedilbaldo rege Merciorum xv. agente annum inperii. 5.24 (356.19)
agente. Quod ita per omnia, ut praedixerat, diuino agente iudicio patratum est. 2.2 (83.32)
agentes. augentes [agentes] externas domesticis motibus clades, uar. 1.12 (28.11)
Neque haec tamen agentes quicquam ab illo auxilii impetrare quiuerunt, 1.13 (28.30)
neque hoc agentes aliquid proficiebant. 3.15 (158.13)
gratias agentes rettulerunt ad monasterium. 4.19 (245.6)
agentes. contigit die quadam nos iter agentes cum illo deuenisse in uiam planam et amplam, 5.6 (289.21)

agentibus. Conualuit igitur episcopus, cunctis gaudentibus, ac Deo gratias agentibus, 5.19 (329.21)
agere. dare consilium, quid agere ualeatis. 1.1 (12.5)
et contritiones de Brettonum gente agere non cessarunt. 1.14 (29.27)
et qualiter episcopus agere in ecclesia debeat? 1.27 (48.18)
Qualiter debemus cum Galliarum atque Brittaniarum episcopis agere? 1.27 (52.29)
cum eodem Arelatense episcopo debet agere, 1.27 (53.3)
ut praue agere metuat, 2.1 (78.21)
e contra episcopus gratias coepit agere Domino Christo, 2.9 (99.22)
Vt coniugem ipsius, per epistulam, salutis illius sedulam agere curam monuerit. 2.11 (104.6)
et euocatum foras, quid erga eum agere rex promisisset, edocuit, 2.12 (108.3)
cuncta, quae agenda didicerat, sollicitus agere curabat. 3.19 (164.23)
'Pascha,' inquit, 'hoc, quod agere soleo, a maioribus meis accepi, 3.25 (184.3)
nullique eorum liceat ullum officium sacerdotale, absque permissu episcopi, in cuius parrochia esse cognoscitur, agere.' 4.5 (216.21)
uisum est fratribus triduanum ieiunium agere, 4.14 (233.15)
in quo toto tempore numquam ipsa uel conditori suo gratias agere, . . . praetermittebat. 4.23 (256.19)
In hoc etenim semper quadragesimae tempus agere, . . . solebat; 4.30 (276.28)
diligenter ea, quae monasticae castitatis ac pietatis erant, et discere curabat et agere. 5.19 (323.4)
respondit propositum se . . . patria relicta, Romam iter agere coepisse. 5.19 (324.15)
celebrationem, ut diximus, praecipuae sollemnitatis sub figura coronae perpetis agere perdocuit. 5.22 (347.3)
donec illum in pascha diem suos auditores, . . . suscipere ac secum agere uideret. 5.22 (348.10)
agerem. Quod dum agerem, audiui illum post tergum mihi cum gemitu dicentem: 5.6 (290.7)
utpote incertus, quid agerem, quo uerterem gressum, qui me finis maneret; 5.12 (306.7)
agerent. coepit abire, sicubi amicos, qui sui curam agerent, posset inuenire. 4.22 (250.3)
Quod cum residuo noctis tempore diligenter agerent, 4.23 (257.30)
ageret. plus in perniciem quam in profectum reipuplicae ageret, 1.6 (17.15)
Cumque idem rex, praesente Paulino episcopo, gratias ageret diis suis 2.9 (99.21)
et apud diuinam pietatem uerbo deprecationis ageret; 2.12 (107.10)
quid ageret, quoue pedem uerteret, nescius. 2.12 (10[illegible].18)
a mane usque ad uesperam nil aliud ageret, 2.14 (115.4)
unde offensus grauiter Agilberctus, quod haec ipso inconsulto ageret rex, 3.7 (141.2)
contigit, ut quidam equo sedens iter iuxta locum ageret illum; 3.9 (145.31)
Qui cum die quadam tale aliquid foris ageret, 4.3 (208.17)
hortabatur, ut uel tunc, antequam moreretur, paenitentiam ageret commissorum. 5.13 (311.19)
ageretur. Quod dum tribus diebus et totidem noctibus ageretur, 4.9 (223.16)
Cum ergo secunda memorati ieiunii ac supplicationum dies ageretur, 4.14 (233.24)
dixit quidam saecularium scriptorum, quia felicissimo mundus statu ageretur, 5.21 (333.23)
agi. hoc in Gallia, quas discendi uel orandi studio pertransiuimus, ab omnibus agi conspeximus; 3.25 (184.24)
agimus. gratiasque ei agimus, 3.29 (198.9)
agitis. cetera, quae agitis, quamuis moribus nostris contraria, aequanimiter cuncta tolerabimus.' 2.2 (83.21)
agitur. Et cum paulo districtius agitur, 1.27 (50.7)
quia saepe sine culpa agitur, quod uenit ex culpa; 1.27 (56.13)
non tam, quod exterius agitur, 1.27 (56.29)
quod agitur, non est tamen adprobabile, 1.27 (58.11)
Veraciter enim tertia agitur ebdomada, 5.21 (336.2)
ago. Qui ait: 'Gratias quidem ago beneuolentiae tuae; 2.12 (108.8)
aucturi. acturi [aucturi] Deo per ipsum gratias, uar. 1.18 (36.23)
egerat. et apud Dalfinum archiepiscopum Galliarum Lugdoni multum temporis egerat, 3.25 (182.32)
(nam multos annos in Hibernia peregrinus anchoreticam in magna perfectione uitam egerat), 5.9 (298.18)
egerunt. sed etiam ipse grex Domini eiusque pastores egerunt; 1.14 (30.6)
egisse. Columbam . . . diuinis paginis contraria sapuisse uel egisse credendum est? 3.25 (187.6)
egit. egitque abba Iohannes, ut iussionem acceperat pontificis, 4.18 (241.20)
At ille suscipiens eum, curam uulneribus egit; 4.22 (250.12)
flexis genibus gratias egit Deo cum omnibus, qui aderant, fratribus. 5.19 (329.2)
Quindecies ternos postquam egit episcopus annos, 5.19 (330.26)
AGON. agone. animas ad supernae ciuitatis gaudia perfecto agone miserunt. 1.7 (22.4)
agones. et post multiplices militiae caelestis agones ad praemia remunerationis supernae tota mente suspirans. 5.11 (303.22)
AGRICOLA (*fl.* 429?), *son of Severianus, a Pelagian bishop; brought Pelagianism into Britain.*
Agricolam. heresis Pelagiana per Agricolam inlata, 1.17 (33.25)
AIDAN, AEDAN, Saint (*d.* 651), *first Bishop of Lindisfarne.*
Aedan. Monachus ipse episcopus Aedan, utpote de insula, quae uocatur Hii, destinatus, 3.3 (132.26)
ad prouinciam Anglorum instituendam in Christo, missus est Aedan, 3.5 (135.19)
Tum ait Aedan, nam et ipse concilio intererat, ad eum, . . . sacerdotem: 3.5 (137.13)
Aedanum. accepit namque pontificem Aedanum 3.3 (131.15)
Aidan. Sed et ipse antistes Aidan . . . a Domino praemia recepit. 3.14 (157.15)
Vt episcopus Aidan nautis et tempestatem futuram praedixerit, 3.15 (157.19)
Quo tempore reuerentissimus antistes Aidan in insula Farne, . . . morabatur. 3.16 (159.10)
siquidem Aidan x et vii annis, Finan decem, Colman tribus episcopatum tenuere. 3.26 (189.22)
episcopus Aidan, et quique nouerant eam religiosi, . . . sedulo eam uisitare, . . . solebant. 4.23 (253.30)
Quia nimirum Aidan, qui primus eius loci episcopus fuit, . . . monachicam in eo conuersationem instituit; 4.27 (270.25)
Anno dcli, Osuini rex occisus, et Aidan episcopus defunctus est. 5.24 (354.8)
Aidani. De uita Aidani episcopi. 3.5 (135.16)
eo quod esset idem Eata unus de xii pueris Aidani, 3.26 (190.10)
Colman adsumsit secum partem ossuum reuerentissimi patris Aidani; 3.26 (190.17)
Erat enim de discipulis Aidani, 3.28 (195.22)
Aidano. Donauerat equum optimum antistiti Aidano, 3.14 (156.8)
Aidano. Interea Aidano episcopo de hac uita sublato, 3.25 (181.3)
Haec autem dissonantia paschalis obseruantiae uiuente Aidano patienter ab omnibus tolerabatur, 3.25 (182.7)
deinde ab Aidano episcopo patriam reuocata accepit locum 4.23 (253.13)
fertur . . . propositum uestemque sanctimonialis habitus, consecrante Aidano episcopo, suscepisse. 4.23 (253.23)
Aidanum. Vt idem rex postulans de gente Scottorum antistitem acceperit Aidanum, 3.3 (131.3)
accessit ad episcopum Aidanum, 3.15 (158.1)
ex quo ad praedicationem gentis Anglorum Aidanum miserant antistitem. 5.22 (347.20)
AIO. aiebant. Qui rursus aiebant: 'Et unde uel hoc dinoscere ualemus?' 2.2 (83.3)
ad ultimum furore commoti aiebant: 2.5 (91.25)
aiebat. Quem uidelicet ordinem nostrae salutis propheta contemplatus aiebat: 5.21 (340.19)
aio. At ego aperiens oculos aio: "Etiam; tu es antistes meus amatus." 5.6 (291.3)
Aio: "Etiam; tu es enim Boisil." 5.9 (297.8)
ait. de quo presbyter Fortunatus in Laude uirginum, . . . ait: 1.7 (18.10)
Ait iudex: 'Nomen tuum quaero, 1.7 (19.19)

Quod pulchre uersibus heroicis Prosper rethor insinuat, cum ait: 1.10 (24.9)
At ille adludens ad nomen ait: 2.1 (80.21)
'Dominus,' inquit, 'ait: "Tollite iugum meum super uos, ... 2.2 (82.30)
Quorum causam aduentus cum intellexisset rex Ædilfrid, ait: 2.2 (84.19)
Sed sicut apostolus ait, ... 2.9 (98.29)
Qui ait: 'Gratias quidem ago beneuolentiae tuae; 2.12 (108.7)
Qui respondens ait: 2.12 (108.29)
Tum ait Aedan, nam et ipse concilio intererat, ad eum, . . . sacerdotem: 3.5 (137.13)
pontifex, . . . adprehendit dexteram eius, et ait: 3.6 (138.23)
Qui ait: 'Mox ut uirgo . . . adpropinquauit 3.11 (150.17)
Hinc quod eidem Paulo Iacobus ait: 3.25 (185.15)
His contra Colmanus: 'Numquid,' ait, 'Anatolius . . . legi uel euangelio contraria sapuit, . . . 3.25 (186.34)
num praeferri potuit beatissimo apostolorum principi, cui Dominus ait: 3.25 (188.17)
Qui ait: 'Vere, rex.' 3.25 (188.23)
At ille ait: 'Nihil.' 3.25 (188.25)
expergefactus sodalis respexit eum, et ait: 3.27 (193.20)
Rursum ille, qui cum eo loquebatur, 'Attamen,' ait, 'mihi cantare habes.' 4.24 (259.28)
'Et tamen,' ait, 'afferte mihi eucharistiam.' 4.24 (261.32)
Qui ait: 'Nuper occupatus noctu uigiliis et psalmis, uidi . . . quendam 4.25 (264.27)
et ait: 'Postulat Quoenburg' (hoc enim erat nomen uirginis), 'ut ocius regrediaris ad eam.' 5.3 (286.9)
Et ait: "Vallis illa, quam aspexisti flammis feruentibus et frigoribus horrenda rigidis, ipse est locus, . 5.12 (308.10)
posset eorum numero sociari, de quibus ait psalmus: 5.13 (313.21)
usquedum ait: "In eadem enim ipsa die educam exercitum uestrum de terra Aegypti." 5.21 (335.3)
ea, quam in capite suo gestabat ille, cui se confitenti Dominus ait: 5.21 (342.28)
una de eo, quod ait Isaias: 'Et claudentur ibi in carcerem, ... 5.24 (358.32)
aiunt. interrogauit, ut aiunt, de qua regione uel terra essent adlati. 2.1 (80.3)
quod aiunt Colmanum abiturum petisse et inpetrasse a rege Osuiu, ... 3.26 (190.8)
ALACER, cris, cre. **alacer.** Percipiensque alacer rediuiuae praemia uitae, Barbaricam rabiem, ... 5.7 (293.15)
alacri. 'Optime omnibus placet, quaeque definierunt . . . nos quoque omnes alacri animo libentissime seruare.' 4.5 (215.27)
ALACRITAS. alacritate. tota floridae iuuentutis alacritate spoliata, ... 1.12 (25.20)
adsumta alacritate festinant; 1.20 (38.26)
quarum lux corda intuentium cum quadam alacritate et conpunctione pauefacere dicitur. 5.17 (319.9)
Delectabatur enim antistes prudentia uerborum iuuenis, . . . alacritate actionis, ... 5.19 (324.5)
ALACRITER. sed mentis gressibus sanis alacriter terrena quaeque transiliens, ... 2.7 (94.9)
ALBABETI, *see* **ALFABETVM.**
ALBANVS, Saint (*d.* 304), *first British martyr.*
Albani. Passio sancti Albani et sociorum eius, ... 1.7 (18.5)
intercessio beati martyris Albani parauerunt, ... 1.20 (39.25)
Albanum. Albanum egregium fecunda Britania profert. 1.7 (18.11)
confessorem Christi, . . . penes Albanum latere. 1.7 (18.23)
Cumque uidisset Albanum, ... 1.7 (19.3)
ac deinde ad sanctum Albanum perueniens, ... 1.18 (36.4)
sacerdotes beatum Albanum martyrem, . . . petierunt, ... 1.18 (36.23)
Albanus. Siquidem in ea passus est sanctus Albanus, ... 1.7 (18.7)
Qui uidelicet Albanus, paganus adhuc, ... 1.7 (18.12)
mox se sanctus Albanus pro hospite ac magistro suo, . . . militibus exhibuit, ... 1.7 (18.26)
ea hora, qua ad eum Albanus adducebatur, ... 1.7 (19.1)
At sanctus Albanus, . . . nequaquam minas principis metuit; 1.7 (19.11)
Albanus respondit: 'Quid ad te pertinet, ... 1.7 (19.16)
'Albanus,' inquit, 'a parentibus uocor, ... 1.7 (19.21)
Albanus respondit: 1.7 (19.25)
Igitur sanctus Albanus, . . . accessit ad torrentem, ... 1.7 (20.13)
In huius ergo uertice sanctus Albanus dari sibi a Deo aquam rogauit, ... 1.7 (21.1)
Passus est autem beatus Albanus 1.7 (21.24)
ALBATVS, a, um. **albati.** quorum primi albati adhuc rapti sunt de hac uita, ... 2.14 (114.26)
albatos. Dicebatque ad illos, qui mihi adsederant, uiros albatos et praeclaros: 5.13 (312.20)
albatum. ut ipse pater Fonte renascentis, quem Christi gratia purgans Protinus albatum uexit in arce poli. 5.7 (293.20)
albatorum. uidisse se albatorum cateruam hominum idem monasterium intrare; 3.8 (143.13)
Erantque in hoc campo innumera hominum albatorum conuenticula, ... 5.12 (307.22)
ALBINVS (*d.* 732), *Abbot of St. Augustine's Abbey; supplied Bede with materials for the Historia Ecclesiastica.*
Albini. cum consilio praefati Albini reuerentissimi patris . . . . Praef. (6.23)
memorati abbatis Albini industria, . . . cognouimus. . . . . Praef. (6.31)
Denique hortatu praecipue ipsius Albini, . . . prouocatus sum. . . . . Praef. (7.2)
Albinus. Albinus abba reuerentissimus, uir per omnia doctissimus, ... Praef. (6.6)
Vt religioso abbati Hadriano Albinus, Vilfrido in episcopatum Acca successerit. 5.20 (330.29)
quod Albinus discipulus eius, . . . in tantum studiis scripturarum institutus est, ... 5.20 (331.7)
ALBION, *ancient name of Britain.*
Albion. Brittania . . . cui quondam Albion nomen fuit, ... 1.1 (9.2)
ALBVS, a, um. **albae.** sermone Scottico Inisboufinde, id est insula uitulae albae, nuncupatur. . . . 4.4 (213.13)
albis. in albis adhuc positus, langore correptus, . . . solutus a carne, . . . est 5.7 (292.25)
albo. mox inuenerunt iuxta muros ciuitatis locellum de marmore albo pulcherrime factum, . . . 4.19 (245.3)
Color autem eiusdem monumenti et sepulchri albo et rubicundo permixtus uidetur. 5.16 (318.22)
ALBVS HEVVALD, *see* **HEVVALD ALBVS.**
ALCHFLED (*fl.* 658), *daughter of Oswy of Northumbria; married Peada, Penda's son.*
Alchfledam. postulans filiam eius Alchfledam sibi coniugem dari. 3.21 (170.1)
ALCHFRID (fl. 664), *sub-king of Deira; son of Oswy and Eanfled.*
Alchfrid. porro Alchfrid magistrum habens eruditionis Christianae Vilfridum 3.25 (182.28)
Interea rex Alchfrid misit Vilfridum presbyterum ad regem Galliarum, ... 3.28 (194.18)
Alchfridi. Peruenit et ad ipsas principum aures, Osuiu uidelicet regis, et filii eius Alchfridi. . . . 3.25 (182.25)
Venerat eo tempore Agilberctus . . . amicus Alchfridi regis et Vilfridi abbatis, ... 3.25 (183.9)
qui etiam Vilfridum rogatu Alchfridi in praefato suo monasterio presbyterum fecit. 3.25 (183.11)
At ille Brittaniam ueniens, coniunctus est amicitiis Alchfridi regis, ... 5.19 (325.10)
Alchfrido. inpugnatus uidelicet . . . a filio quoque suo Alchfrido, ... 3.14 (154.11)
persuasus maxime ad percipiendam fidem a filio regis Osuiu, nomine Alchfrido, ... 3.21 (170.8)
quibus Osuiu rex cum Alchfrido filio, . . . occurrit. 3.24 (178.3)
ALCLVITH, *Dumbarton.*
Alcluith. ciuitas Brettonum munitissima . . . quae uocatur Alcluith; 1.1 (13.15)
Alcluith. occidentalis supra se, . . . habet urbem Alcluith, ... 1.12 (26.1)
et tendens contra occidentem terminatur iuxta urbem Alcluith. 1.12 (26.28)
ALDBERCT (*fl.* 731), *Bishop of Dunwich.*
Aldberct. prouinciae Orientalium Anglorum Aldberct et Hadulac episcopi; 5.23 (350.13)

ALDFRID (*d.* 705), *King of Northumbria; remarkable for his learning.*
Aldfrid. Successit autem Ecgfrido in regnum Aldfrid, uir in scripturis doctissimus, 4.26 (268.2)
Anno . . . DCCV Aldfrid, rex Nordanhymbrorum, defunctus est, 5.18 (320.4)
Sed Aldfrid Nordanhymbrorum rex eum suscipere contemsit, 5.19 (329.28)
Anno DCCV, Aldfrid rex Nordanhymbrorum defunctus est. 5.24 (356.3)
Aldfridi. Gesta uero sunt haec temporibus Aldfridi regis, 5.1 (282.27)
Anno autem regni Aldfridi tertio, Caedualla, rex Occidentalium Saxonum, . . . uenit Romam; 5.7 (292.12)
secundo anno Aldfridi, qui post Ecgfridum regnauit, sedem suam et episcopatum . . . recepit. 5.19 (327.11)
Aldfrido. Narrabat autem uisiones suas etiam regi Aldfrido, uiro undecumque doctissimo; 5.12 (309.31)
Porrexit autem librum hunc Adamnan Aldfrido regi, 5.15 (317.2)
scriptumque a praefato papa regibus Anglorum Aedilredo et Aldfrido, 5.19 (327.20)
Aldfridum. cum legationis gratia missus a sua gente, uenisset ad Aldfridum, regem Anglorum, 5.15 (315.18)
qui cum legatus suae gentis ad Aldfridum regem missus, 5.21 (344.9)
ALDGILS (*fl.* 678), *King of Frisia; friendly to Wilfrid.*
Aldgilso. pulsus est Fresiam, et honorifice susceptus a barbaris ac rege illorum Aldgilso, 5.19 (326.13)
ALDHELM (640?–709), *Bishop of Sherborne; educated by Theodore and Hadrian; one of the most learned men of his time.*
Aldhelm. Denique Aldhelm, cum adhuc esset presbyter et abbas monasterii, . . . scripsit, 5.18 (320.29)
Aldhelmi. et de scriptis eiusdem Aldhelmi. 5.18 (320.3)
Aldhelmo. Vna data Daniheli, . . . altera Aldhelmo, cui annis IIII strenuissime praefuit; 5.18 (320.26)
Aldhelmo. qui cum successore eius Aldhelmo multo tempore adhuc diaconus siue monachus fuit, 5.18 (320.14)
Aldhelmum. Vt Australes Saxones episcopos acceperint Eadberctum et Eallan, Occidentales Danihelem et Aldhelmum; 5.18 (320.2)
ALDVINI (*fl.* 700), *Abbot of Partney.*
Alduini. Aedilhild, soror uirorum sanctorum Aediluini et Alduini, 3.11 (149.7)
ALDVINI (*d.* 737), *Bishop of Lichfield.*
Alduini. prouinciae Merciorum Alduini episcopus; 5.23 (350.15)
Alduino. Consecratus est . . . a . . . Alduino Lyccitfeldensi, et Alduulfo Hrofensi antistitibus, 5.23 (350.6)
ALDVVLF (*d.* 713), *King of East Anglia.*
Alduulf. fanum rex eiusdem prouinciae Alduulf, qui nostra aetate fuit, usque ad suum tempus perdurasse, . . . testabatur. 2.15 (116.11)
Alduulfi. Heresuid, mater Alduulfi regis Orientalium Anglorum, . . . coronam expectabat aeternam; 4.23 (253.9)
Alduulfo. et Alduulfo rege Estranglorum, anno XVII° regni eius; 4.17 (239.9)
ALDVVLF (*d.* 739), *Bishop of Rochester.*
Alduulf. Post quem episcopatus officium Alduulf, Berctualdo archiepiscopo consecrante, suscepit. 5.23 (349.2)
Itaque in praesenti ecclesiis Cantuariorum Tatuini et Alduulf episcopi praesunt. 5.23 (350.11)
Alduulfo. Consecratus est . . . a . . . Alduino Lyccitfeldensi, et Alduulfo Hrofensi antistitibus, 5.23 (350.7)
ALEXANDRIA, *Alexandria.*
Alexandriae. per Marcum euangelistam et interpretem ipsius Alexandriae confirmata est, 5.21 (337.9)
ut quod eatenus per Alexandriae pontificem singulis annis per omnes ecclesias mandari consuerat, 5.21 (341.13)
Cuius computum paschalis Theophilus Alexandriae praesul . . . conposuit. 5.21 (341.17)
Alexandriam. Damascum quoque, Constantinopolim, Alexandriam, multas maris insulas adierat; 5.15 (316.22)
ALFABETVM. albabeti. Librum de orthographia, alfabeti [albabeti] ordine distinctum. uar. 5.24 (359.26)
alfabeti. Librum de orthographia, alfabeti ordine distinctum. 5.24 (359.26)
ALGEO. algere. algere, lassescere ex infirmitate naturae est. 1.27 (55.33)
ALGIDVS, a, um. **algida.** numquam ipsa uestimenta uda atque algida deponere curabat, 5.12 (310.19)
ALIBI. ut ipsa iusserat, non alibi quam in medio eorum, . . . ligneo in locello sepulta. 4.19 (244.24)
ALICVBI. cum nil alicubi praesidii nisi in fuga esse uideretur, 2.20 (125.27)
oblitus hoc alicubi deponere, permisit suo in sinu permanere. 3.2 (130.27)
neque alicubi ueniens absque commendaticiis litteris sui praesulis suscipiatur. 4.5 (216.14)
omnes, qui alicubi de uestris hac egritudine laborant, 4.14 (234.18)
cum in eo nullam ianuam, uel fenestram, uel ascensum alicubi conspicerem. 5.12 (307.13)
ALICVNDE. si forte alicunde quid auxilii, quo saluarer, adueniret, 5.12 (306.31)
ALIENO. alienare. cupiens se ab omnibus saeculi huius et ipsius quoque monasterii negotiis alienare, 3.19 (167.32)
ALIENVS, a, um. **aliena.** cuncta huius mundi uelut aliena spernendo, 1.26 (47.2)
et quanto in subiectis suis etiam aliena peccata deterserit, 1.32 (68.26)
alienam. 'Per alienam messem transiens falcem mittere non debet, 1.27 (53.13)
alienus. si a uestrae fidei splendore, . . . ille remanserit alienus? 2.11 (105.23)
ALIMENTVM. alimenta. Et quid est aliud contra famem alimenta, 1.27 (55.34)
alimentis. Cum uero ultra modum appetitus gulae in sumendis alimentis rapitur, 1.27 (60.9)
et ita soluto ieiunio corpus quoque suis reficiant alimentis.' 4.14 (235.10)
alimento. 'Multum est, ut tota septimana absque alimento corporis perdures; 4.25 (263.29)
alimentorum. nisi profusior sibi alimentorum copia daretur, 1.15 (32.12)
pro accipiendis alimentorum subsidiis aeternum subituri seruitium, 1.15 (32.31)
ALIMONIA. alimoniam. Rogaui et ego una cum illo, promittens etiam me elimosynas in alimoniam inopum dare, 5.4 (287.14)
ALIQVANDIV. et dum aliquandiu uno in loco infirmitatis teneretur, 1.19 (37.10)
cum aliquandiu genti Anglorum praedicans nihil proficeret, 3.5 (137.3)
et apud eos aliquandiu demorabatur; 3.25 (183.10)
4.7 (220.10); 4.10 (224.26); 4.23 (255.2); 4.30 (277.2); 4.31 (278.11); 4.32 (280.19); 5.11 (302.26); 5.12 (303.29); 5.15 (315.18); 5.19 (323.27).
ALIQVANDO. aliquando enim ex crapula, . . . contingit. 1.27 (60.3)
aliquando ex naturae superfluitate uel infirmitate, . . . contingit. 1.27 (60.4)
aliquando ex cogitatione contingit. 1.27 (60.5)
ubi uix aliquando inpetrauit, intrauit monasterium Aebbæ abbatissae, 4.19 (243.28)
quia liquido [qui aliquando] conperi, uar. 4.22 (252.12)
nil carminum aliquando didicerat. 4.24 (259.14)
ut de monasterio egressus, saepe ebdomade integra, aliquando duabus uel tribus, . . . domum non rediret; 4.27 (270.10)
ascendente aqua fluminis usque ad lumbos, aliquando et usque ad collum; 5.12 (310.17)
quas et ipse aliquando contriuerat, 5.12 (310.22)
sicque diem paschae ordine peruerso, et aliquando in secunda ebdomada totam conpleant, 5.21 (338.6)
dones etiam benignus aliquando ad te fontem omnis sapientiae peruenire, 5.24 (360.5)
ALIQVANTISPER. ubi fatigatus infirmitate aliquantisper moratus est, 4.1 (203.30)
ALIQVANTO. Neque aliquanto segnius minas effectibus prosequuntur. 1.15 (32.14)
Neque aliquanto tardius, quod petiit, inpetrauit; 3.3 (131.14)
uidebatur illa per biduum aliquanto leuius habere; 4.19 (245.18)
ALIQVANTVLVM. aliquantulum. iamque aliquantulum itineris confecissent, 1.23 (42.24)
Qui cum aliquantulum horae quasi adtonitus maneret, 4.3 (208.32)
ALIQVANTVLVM. idolatriae, quam, uiuente eo, aliquantulum intermisisse uidebantur, 2.5 (91.6)
aliquantulum loci accolae paucis diebus timere, . . . coeperunt. 4.25 (265.28)
ALIQVANTVLVS, a, um. **aliquantulam.** ecclesia in Brittaniis aliquantulam, . . . pacem habuerit. 1.8 (22.5)
ALIQVANTVS, a, um. **aliquanti.** ex quibus aliquanti iam dormierunt in Domino. 5.11 (303.17)

aliquanto. Transacto autem tempore aliquanto, . . . 3.11 (149.18)
At interiecto tempore aliquanto, . . . 3.17 (160.12)
Rursumque peracto tempore aliquanto, . . . 3.17 (160.29)
Quae consuetudo per omnia aliquanto post haec tempore in ecclesiis Nordanhymbrorum seruata est. . 3.26 (191.23)
Dumque aliquanto tempore apud comitem teneretur, . . . 4.22 (251.2)
qui regno Merciorum nobilissime tempore aliquanto praefuerat, . . . 5.19 (321.28)
aliquantum. ut, . . . post aliquantum utriusque partis conflictum, . . . in praesulatum sit suae receptus ecclesiae. . . . 5.19 (329.31)
aliquantum. Et post aliquantum horae spatium resedit qui uexabatur, . . . 3.11 (150.14)
ALIQVATENVS. siquis eorum mitior et ueritati aliquatenus propior uideretur, . . . 1.14 (30.2)
culpa aliquatenus toleranda est, . . . 1.27 (51.34)
quae licita ac legitima, et tamen in eorum actu aliquatenus fedamur; . . . 1.27 (58.8)
ALIQVI, aliqua, aliquod. **alicuius.** 4.10 (224.26); 5.21 (337.30).
aliqua. 4.24 (261.26).
aliqua. 1.27 (54.8); 1.27 (56.16).
aliqua. 1.30 (65.17).
aliqua. 1.30 (65.24); 2.16 (117.14).
aliqua. 3.13 (153.9); 5.13 (313.17); 5.21 (342.23).
aliquam. 1.25 (45.29); 3.2 (130.19); 3.23 (174.30); 4.1 (203.33).
aliquem. 1.27 (58.19); 1.27 (60.11); 5.2 (283.16); 5.9 (298.21).
aliqui. 3.26 (191.6).
aliquo. 1.27 (56.12); 1.27 (61.21).
aliquo. 4.25 (266.8); 5.1 (282.2).
aliquod. 2.12 (110.25); 4.13 (231.15); 4.26 (268.14); 5.2 (284.3).
aliquos. 2.1 (80.25); 3.5 (136.2); 3.22 (172.22).
ALIQVIS, aliquid. **aliqua.** 4.7 (219.14); 4.30 (277.26); 5.2 (283.6); 5.12 (303.31); 5.15 (317.5); 5.19 (329.4).
aliqui. 4.27 (269.18).
aliquibus. 5.9 (296.11).
aliquid. 1.8 (22.19); 1.12 (27.16); 1.27 (49.1); 1.27 (49.25); 1.27 (49.34); 1.27 (51.31); 2.5 (90.14); 2.12 (107.27); 2.12 (109.2); 2.12 (110.3); 2.13 (111.29); 2.13 (112.20); 2.20 (125.16); 3.2 (130.23); 3.6 (138.19); 3.8 (143.5); 3.9 (146.10); 3.11 (150.4); 3.11 (150.24); 3.13 (153.21); 3.14 (156.32); 3.15 (158.13); 3.25 (188.24); 4.3 (208.17); 4.3 (209.24); 4.11 (226.10); 4.11 (227.9); 4.24 (259.24); 4.25 (263.10); 4.27 (271.1); 5.2 (284.15); 5.9 (296.5); 5.9 (296.25); 5.10 (299.29); 5.12 (309.12); 5.13 (311.29); 5.13 (312.8); 5.14 (313.29).
aliquis. 2.2 (82.1); 2.7 (94.17); 2.12 (109.16); 3.9 (145.6); 3.10 (147.5); uar. 3.26 (191.6); 4.14 (234.16); 5.14 (314.26).
aliquis. 4.8 (221.12); 4.9 (222.21).
aliquo. 2.20 (125.19); 4.3 (212.1); 4.5 (217.8).
aliquo. 4.5 (216.7).
aliquo. uar. 5.23 (350.21).
aliquos. 2.9 (98.27); 4.14 (235.16); 5.10 (299.18); 5.21 (337.18).
ALIQVOT. Cumque praefatus clericus aliquot diebus apud eum hospitaretur, . . . 1.7 (18.21)
quae ille suscepta XXIIII annis et aliquot mensibus nobilissime tenuit. . . . 3.8 (142.6)
ita ut aliquot laesi, omnes territi, inpugnare ultra urbem cessarent, . . . 3.16 (159.20)
Contigit autem post aliquot annos, . . . 3.17 (160.19)
Et relictis in ecclesia sua fratribus aliquot, primo uenit ad insulam Hii, . . . 4.4 (213.8)
Cum ergo aliquot annos huic monasterio regularis uitae institutioni multum intenta praeesset, . . . 4.23 (254.1)
regnum illud aliquod [aliquot] temporis spatium reges dubii uel externi disperdiderunt; . . . uar. 4.26 (268.14)
atque oportunos aliquot dies uentos expectarent, . . . 5.9 (298.7)
promittens se mittere eos ad satrapam, qui super se erat, ut petebant, aliquot diebus secum retinuit. . 5.10 (300.6)
Postquam uero per annos aliquot in Fresia, qui aduenerant, docuerunt, . . . 5.11 (302.29)
Ipso autem ante aliquot annos ex hac luce subtracto, episcopatus usque hodie cessauit. . . . 5.18 (321.22)
didicit citissime psalmos, et aliquot codices; . . . 5.19 (323.5)
In quo uidelicet monasterio cum aliquot annos Deo seruiret, . . . 5.19 (323.10)
cum menses aliquot ibi studiis occupatus felicibus exegisset, . . . 5.19 (324.28)
Cum ergo causa exigente synodus eadem . . . iubente apostolico papa, diebus aliquot legeretur, . . . 5.19 (327.28)
Prouincia Australium Saxonum iam aliquot annis absque episcopo manens ministerium . . . quaerit. . . 5.23 (350.21)
ALIQVOTIES. quod aliquoties pascha manifestissime ante plenilunium, id est in XIII[a] luna, facitis. . . . 3.25 (187.23)
quod aeuo praecedente aliquoties factum fideles historiae narrant; . . . 4.19 (243.20)
Contigit autem tactu indumentorum eorundem . . . infirmitates alias aliquoties esse curatas. . . . 4.19 (246.15)
aliquoties equo sedens, sed saepius pedes incedens, circumpositas ueniebat ad uillas, . . . 4.27 (269.24)
In quo etiam loco signa sanitatum aliquoties facta meritis amborum testimonium ferunt, . . . 4.30 (277.25)
ALITER. aliter quam se ueritas habet, . . . Praef. (8.4)
ordinare episcopum non aliter nisi sine episcopis potes. . . . 1.27 (52.9)
Quod tamen aliter populus spiritalis intellegens . . . 1.27 (59.28)
'Et siquid aliter sapitis, et hoc quoque uobis Deus reuelabit.' . . . 3.4 (135.13)
quod non aliter, quam uiuebat cum suis, ipse docebat. . . . 3.5 (135.24)
Sed heu, pro dolor! longe aliter erat; . . . 3.14 (155.19)
Neque aliter, quod petebat, inpetrare potuit, . . . 3.21 (170.1)
Vnde ab omnibus, etiam his, qui de pascha aliter sentiebant, merito diligebatur; . . . 3.25 (182.12)
aduersum uero illos, qui aliter facere uolebant, zelo magni feruoris accensus; . . . 4.24 (261.13)
ALIVS, alia, aliud. **alia.** 1.27 (48.26); 2.14 (115.8); 3.10 (147.3); 3.14 (156.10); 3.26 (191.17); 4.8 (220.22); 5.21 (339.18).
alia. 3.4 (135.4); 3.11 (148.14); 3.25 (185.22); 3.25 (185.34); 4.22 (250.33); 4.24 (260.8).
alia. 3.8 (143.28); 4.10 (224.17).
alia. 1.3 (15.29); 1.22 (42.2); 1.27 (57.25); 2.1 (78.28); 2.1 (79.32); 2.2 (81.21); 3.5 (135.21); 3.8 (143.30); 3.8 (144.14); 3.11 (149.11); 3.13 (152.19); 3.19 (164.31); 3.27 (192.28); 4.5 (215.19); 4.5 (217.9); 4.12 (228.25); 4.22 (251.17); 4.22 (251.34); 4.24 (261.8); 4.27 (269.21); 4.29 (274.20); 4.32 (280.25); 5.11 (302.1); 5.12 (309.16); 5.18 (321.1); 5.18 (321.8); 5.19 (324.26); 5.20 (331.7); 5.20 (331.26); 5.21 (344.12).
aliae. 1.2 (14.25); 1.11 (24.23).
aliam. 1.1 (12.6); 1.12 (27.14); 1.27 (61.25); 3.7 (140.11); 3.8 (144.18); 4.24 (260.9); 5.10 (298.31).
alias. 3.14 (156.20); 4.19 (246.15); 4.28 (271.14).
alii. 1.7 (22.1); 1.15 (32.30); 1.15 (32.33); 1.15 (33.1); 1.27 (50.4); 1.27 (52.14); 1.27 (60.15); 2.1 (77.16); 2.14 (114.24); 2.14 (114.28); 3.24 (179.11); 3.27 (192.14); 4.19 (245.12); 4.24 (259.4); 4.32 (279.29); 5.9 (296.18); 5.19 (325.32); 5.19 (326.9); 5.19 (328.5).
aliis. 2.1 (73.16); 5.2 (284.16).
aliis. 1.24 (44.8); 1.28 (62.19); 2.2 (84.15); 2.9 (97.5); 2.9 (99.32); 3.19 (168.29); 3.22 (173.1); 3.23 (177.8); 4.14 (236.5); 4.27 (270.6); 4.28 (272.22); 5.1 (281.15); 5.6 (289.14); 5.13 (313.5); 5.19 (327.2).
aliis. 1.27 (55.9); 1.27 (55.13).
aliis. 3.8 (143.21); 3.8 (144.22); 3.17 (160.1); 3.25 (182.20); 3.25 (183.14); 4.18 (242.10); 4.23 (258.20); 4.24 (261.2).
aliis. 4.5 (217.9); 5.15 (315.22).
alio. 4.3 (212.1); 4.7 (220.17); 4.28 (271.27).
alio. 2.9 (97.24); 4.6 (218.21); 4.23 (257.2); 5.5 (288.2).
aliorum. Praef. (6.19); Praef. (7.21); 1.18 (36.5); 1.27 (52.5); 1.28 (62.21); 1.28 (62.24).
aliorum. 4.11 (226.11).

alios. 1.7 (20.17); 1.14 (29.18); 1.23 (42.21); 1.26 (47.18); 1.28 (62.17); 2.1 (79.32); 2.1 (81.1); 3.13 (152.24); 4.22 (249.25); 5.11 (303.14); 5.12 (304.25); 5.21 (341.21).
aliud. 1.27 (55.34); 5.16 (318.20).
aliud. 1.30 (65.33); 2.1 (78.10); 2.13 (112.13); 2.14 (115.4); 2.17 (119.10); 2.19 (122.19); 3.16 (158.28); 3.17 (162.2); 3.22 (173.19); 3.27 (194.8); 4.3 (210.18); 4.11 (227.5); 4.18 (241.33); 5.1 (281.22); 5.3 (285.2); 5.4 (286.28).
alium. 2.1 (76.14); 2.9 (99.16); 3.7 (140.29); 3.28 (195.7); 4.1 (202.13); 4.1 (202.21); 4.22 (250.21); 5.6 (291.27); 5.24 (359.27).
alius. 1.27 (60.14); 2.13 (112.3); 3.5 (137.3); 3.10 (146.26); 3.24 (178.4); 4.14 (235.18); 4.14 (235.19); 4.23 (255.17); uar. 5.13 (311.1); 5.13 (312.26); 5.14 (313.26); 5.19 (323.30).
ALLECTVS (*d.* 296), *usurper of the Roman authority in Britain.*
Allecti. tandem fraude Allecti socii sui interfectus est. 1.6 (17.22)
Allectus. Allectus postea ereptam Carausio insulam per triennium tenuit; 1.6 (17.22)
ALLEGO (ADL-). adlegabat. cuius necessitatem ipsa debilitas etiam sine precibus adlegabat; . . . 1.21 (40.24)
ALLEGORICVS, a, um. **allegoricae.** De aedificatione templi, allegoricae expositionis, sicut et cetera, libros II. 5.24 (358.1)
In librum beati patris Tobiae explanationis allegoricae de Christo et ecclesia librum I. 5.24 (358.11)
alligoricae. De aedificatione templi, allegoricae [alligoricae] expositionis, sicut et cetera, libros II. . . . uar. 5.24 (358.1)
ALLELVIA. alleluia. iam dudum in diuinis laudibus Hebreum coepit alleluia resonare. 2.1 (78.11)
alleluia. quoniam peccauimus. Alleluia.' 1.25 (46.28)
'Alleluia, laudem Dei Creatoris illis in partibus oportet cantari.' 2.1 (80.21)
alleluiam. alleluiam tertio repetitam sacerdotes exclamabant. 1.20 (39.7)
ALLIDO (ADL-). adlidebantur. ignaui propugnatores miserrime de muris tracti solo adlidebantur. . . . 1.12 (28.4)
ALLIGO. alligare. et dissolutam mihi emicranii iuncturam conponere atque alligare iussit. 5.6 (291.25)
alligari. sed nec ab illo, nec cum illuc duceretur, ullatinus potuit alligari. 4.22 (251.17)
alligauit. ac residens, sua uulnera, prout potuit, ipse alligauit; 4.22 (250.2)
ALLIGORICAE, *see* **ALLEGORICVS,** a, um.
ALLOCVTIO. allocutione. cumque allocutione eius refecti, et benedictione petita domum rediremus, . 5.1 (281.17)
ALLOQVIVM. alloquium. mentem . . . cotidie per studiosae lectionis roboraret alloquium. 2.1 (75.12)
ALLOQVOR (ADL-). adlocuta. Quod dum fieret, quasi uiuentem adlocuta, rogauit, ... 4.9 (223.5)
alloquens. proprio eam nomine quasi praesentem alloquens, 'Eadgyd, Eadgyd, Eadgyd'; 4.8 (221.1)
et quasi familiari me uoce alloquens, 'Bene facis,' inquit, ... 4.25 (264.31)
ALLVDO (ADL-). adludens. At ille adludens ad nomen ait: 2.1 (80.21)
ALMVS, a, um. **alma.** Virginis alma caro est tumulata bis octo Nouembres, ... 4.20 (248.19)
Nec putet in tumulo uirginis alma caro. 4.20 (248.20)
Alma nouae scandens felix consortia uitae, ... 5.8 (295.16)
alma. Alma Deus Trinitas, quae saecula cuncta gubernas, ... 4.20 (247.9)
Adnue iam coeptis, alma Deus Trinitas. 4.20 (247.10)
Quid petis, alma, uirum, sponso iam dedita summo? 4.20 (248.11)
Sponsus adest Christus; quid petis, alma, uirum? 4.20 (248.12)
almus. Cuius fonte meras sumeret almus aquas, ... 5.7 (293.12)
ALNE, *the Alne in Northumberland.*
Alne. congregata synodo . . . iuxta fluuium Alne, in loco, qui dicitur Adtuifyrdi, ... 4.28 (272.15)
ALO. alendis. et alendis apta pecoribus ac iumentis; 1.1 (9.17)
ALRIC (*fl.* 725), *son of Witred of Kent.*
Alricum. et regni, . . . filios tres, Aedilberctum, Eadberctum, et Alricum, reliquit heredes. 5.23 (348.20)
ALTARE. altare. Euasit autem ignem altare, quia lapideum erat; 2.14 (115.20)
nulla ecclesia, nullum altare in tota Berniciorum gente erectum est, ... 3.2 (130.5)
cuius pars minor quadratum altare ante ostium nihilominus eiusdem monumenti stat; 5.16 (318.19)
maior uero in orientali eiusdem ecclesiae loco quadrangulum aliud altare sub linteaminibus exstat. . 5.16 (318.21)
altare. Habet haec in medio pene sui altare in honore beati papae Gregorii dedicatum, ... 2.3 (86.11)
in eodem fano et altare haberet ad sacrificium Christi, ... 2.15 (116.8)
et corpus ipsum de porticu ablatum prope altare esset recondendum, ... 3.19 (168.19)
in qua super altare pro defunctis honoratis sacrificium solet offerri, ... 5.16 (317.32)
altare ad orientem habens angusto culmine protectum, ... 5.17 (318.33)
positus est in ecclesia beati apostoli Petri iuxta altare ad Austrum, ... 5.19 (330.6)
altaria. altaria construantur, reliquiae ponantur. 1.30 (65.9)
altaria. passim sacerdotes inter altaria trucidabantur, ... 1.15 (32.25)
suggero, rex, ut templa et altaria, quae sine fructu utilitatis sacrauimus, . . . contradamus.' . . . 2.13 (112.33)
quae tria altaria in tribus locis parietis medii continet, ... 5.16 (318.3)
ut . . . in uenerationem illorum poneret altaria, ... 5.20 (331.21)
altaris. ad ministerium altaris ordinatus, ... 2.1 (75.1)
in quibus et crucem magnam auream, et calicem aureum consecratum ad ministerium altaris, . . 2.20 (126.10)
atque ad dexteram altaris iuxta uenerationem tanto pontifice dignam condita sunt. 3.17 (160.14)
constructa domuncula cultiore receptui corporis eiusdem, ad orientem altaris, ... 3.19 (168.22)
ecclesia est . . . facta, et in illa corpus ipsius ad dexteram altaris reconditum. 3.23 (176.17)
qui ecclesiasticum gradum, hoc est altaris officium, apte subirent, ... 4.23 (254.20)
habentes secum uascula sacra et tabulam altaris uice dedicatam), ... 5.10 (300.11)
Adtondebantur omnes in coronam ministri altaris ac monachi; 5.21 (346.10)
altarium. et uestimenta altarium, ornamenta quoque ecclesiarum, ... 1.29 (63.9)
ALTARIVM. altario. quae fidelium oblationibus accedunt altario; 1.27 (48.17)
ALTER, tera, terum. **alter.** 1.12 (25.29); 2.14 (114.26); 2.17 (119.32); 2.20 (124.27); 2.20 (125.5); 4.19 (243.6); 4.32 (279.18); 5.6 (290.15); 5.10 (299.23); 5.13 (311.1).
altera. 1.27 (49.19, 20) 5.18 (320.26); 5.23 (349.7, 9).
altera. 5.21 (335.11).
alteram. 5.12 (304.18).
alteri. 1.27 (53.16); 4.5 (216.26); 5.9 (297.22).
alteri. 4.5 (217.5).
alterius. 4.5 (216.3).
alterius. 2.1 (79.12); 4.24 (262.5); 5.10 (300.8); 5.19 (324.14).
altero. 3.22 (172.26); 5.21 (342.16).
altero. 5.21 (338.11).
alterum. 2.18 (120.18); 2.18 (121.23); 3.19 (168.3).
alterum. 3.19 (165.25); 5.12 (305.2).
alterum. 4.4 (213.2); 4.6 (218.27).
ALTERNVS, a, um. **alternis.** quoties per fraternos affatus unianimam dilectionem quadam contemplatione alternis aspectibus repraesentat. 2.18 (120.29)
ALTERVTER, alterutra, alterutrum. **alterutrum.** pacatis alterutrum regibus ac populis, ... 4.21 (249.13)
Qui dum sese alterutrum caelestis uitae poculis debriarent, ... 4.29 (274.19)
coeperunt alterutrum requirere, quis esset ille Vilfridus episcopus. 5.19 (328.3)
ALTISSIMVS, a, um. **altissimi.** id est ualli latissimi et altissimi, ... 1.12 (26.22)
altissimus. "intonuit de caelo Dominus, et Altissimus dedit uocem suam; 4.3 (210.30)
ALTITHRONVS, a, um. **altithroni.** Nullus ab altithroni comitatu segregat agni, ... 4.20 (248.33)

Quam affectu tulerat nullus ab altithroni. 4.20 (248.34)
ALTITVDO. altitudine. et his urbem in magna altitudine circumdedit a parte, quae terrae est contigua, 3.16 (159.6)
Mons Oliuarum altitudine monti Sion par est, 5.17 (318.26)
altitudini. cuius neque longitudini hinc uel inde, neque altitudini ullus esse terminus uideretur. 5.12 (307.10)
altitudinis. quercus Abrahae duorum hominum altitudinis truncus ecclesia circumdata est. 5.17 (319.25)
altitudo. Sed priusquam altitudo parietis esset consummata, 2.14 (114.14)
(tanta autem erat altitudo aggeris, quo mansio eius erat uallata, 4.28 (272.11)
ALTIVS. placuitque . . . ut lapis, . . . amoueretur, et altius ipso in loco reponeretur; 3.8 (143.34)
sepulchrum Domini . . . longitudinis VII pedum, trium mensura palmarum pauimento altius eminet; 5.16 (318.15)
ALTVS, a, um. **alta.** sic uidentibus cunctis ad caeli se alta subduxit; 4.7 (220.11)
At cum idem globi ignium sine intermissione modo alta peterent, 5.12 (305.33)
Haec circa aerea rota iacet, usque ad ceruicem alta, 5.17 (319.5)
altam. ut paulatim ablata exinde terra fossam ad mensuram staturae uirilis altam reddiderit. 3.9 (145.22)
diceret, quod et ipsa lucem nocte illa supra reliquias eius ad caelum usque altam uidisset, 3.11 (149.13)
alto. quare . . . ceteris quiescentibus, et alto sopore pressis, solus ipse mestus in lapide peruigil sederet. 2.12 (108.26)
alto. uocem ab Euroaustro, id est ab alto brumalis exortus, primo se audisse dicebat, 4.3 (208.23)
altum. murum . . . VIII pedes latum, et XII altum, 1.12 (27.23)
altum. et hoc facto, elata in altum uoce cuncto exercitui proclamauerit: 3.2 (129.5)
contigit uolantibus in altum scintillis culmen domus, 3.10 (147.15)
Cum ergo in altum esset elatus, 3.19 (165.16)
non eleuata in altum uoce, sed profusis ex imo pectore lacrimis, Domino sua uota commendabat. 4.28 (273.29)
altus. e terra uelut murus exstruitur altus supra terram, 1.5 (16.27)
En Deus altus adit uenerandae uirginis aluum, 4.20 (247.17)
Liberet ut homines, en Deus altus adit. 4.20 (247.18)
radius lucis permaximus, atque ad caelum usque altus, omni nocte supra locum fulgebat illum, 5.10 (300.33)
ALVEVS. alueo. illico siccato alueo, 1.7 (20.16)
alueum. qui tunc prae inundantia pluuiarum late alueum suum immo omnes ripas suas transierat, 3.24 (178.18)
ALVVS. aluum. En Deus altus adit uenerandae uirginis aluum, 4.20 (247.17)
AMABILIS, e. **amabilis.** et ipse amabilis omnibus praefuit. 3.14 (155.2)
'Namque hospes,' inquit, 'ille amabilis, . . . ad me quoque hodie uenire, 4.3 (209.14)
occisus est Aelfuini frater regis Ecgfridi, . . . utrique prouinciae multum amabilis. 4.21 (249.7)
'Vilfridus Deo amabilis episcopus Eboracae ciuitatis, apostolicam sedem de sua causa appellans, 5.19 (326.32; 327.30)
cum uenisset . . . Deo amabilis, et cum omni honorificentia nominandus pater ac sacerdos, Ecgberct, 5.22 (346.23)
AMANTISSIMVS, a, um. **amantissimae.** Venit autem cum illo et filius Sigheri . . . iuuenis amantissimae aetatis et uenustatis, 5.19 (322.7)
amantissimum. uidimus in ipsa insula Farne egressum de latibulis suis amantissimum Deo patrem Oidiluualdum 5.1 (282.7)
amantissimus. apparuit magister quondam meus, et nutritor amantissimus Boisil, 5.9 (297.7)
AMARITVDO. amaritudo. Qua ex re non modica nobis amaritudo congesta est, 2.11 (105.10)
AMATOR. amator. Tantumque rex ille caelestis regni amator factus est, 3.18 (162.24)
AMBIGO. ambigo. Hoc non ambigo fraternitatem tuam esse requisitam, 1.27 (54.3)
quia nimirum haec Deo placuisse non ambigo. 3.17 (161.31)
AMBIO. ambierant. Adtulerunt autem ei et partem indumentorum, quae corpus sanctum ambierant, 4.30 (277.4)
AMBITIO. ambitionem. VIII: 'Vt nullus episcoporum se praeferat alteri per ambitionem; 4.5 (216.27)
AMBO, ambae, ambo. **ambo.** qui ambo ei exuli nati sunt de Quoenburga 2.14 (114.22)
ibique ambo in infantia defuncti, 2.20 (126.5)
Donauerunt autem ambo reges eidem episcopo ciuitatem, 3.7 (139.29)
Veneruntque illo reges ambo, pater scilicet et filius; 3.25 (183.19)
quia unum ambo sapimus cum ceteris, qui hic adsident, ecclesiasticae traditionis cultoribus; 3.25 (184.15)
correpti sunt ambo morbo eiusdem mortalitatis, et grauissime adflicti; 3.27 (192.28)
Et quia litteris sacris simul et saecularibus, . . . abundanter ambo erant instructi, 4.2 (204.25)
ambo de monachorum collegio in episcopatus gradum adsciti. 4.12 (229.9)
Erat autem filia Eanfridi fratris Ænheri, qui ambo cum suo populo Christiani fuere. 4.13 (230.27)
Cumque oblato poculo biberemus ambo, 5.3 (286.15)
Erant autem unius ambo, sicut deuotionis, sic etiam uocabuli; 5.10 (299.20)
ambo et in rebus ecclesiasticis, et in scientia scripturarum sufficienter instructi. 5.18 (320.27)
ambos. Respondebant Scotti, quia non ambos eos caperet insula, 1.1 (12.3)
amborum. In quo etiam loco signa sanitatum aliquoties facta meritis amborum testimonium ferunt, 4.30 (277.25)
AMBVLO. ambulabat. in similitudinem illius diu claudi, qui curatus ab apostolis Petro et Iohanne, exiliens stetit, et ambulabat; 5.2 (284.18)
ambulabunt. pedes habent, et non ambulabunt; 2.10 (102.18)
ambulando. moris erat . . . opus euangelii magis ambulando per loca, quam equitando perficere, 4.3 (206.25)
ambulans. et intrauit cum illis in templum, ambulans, et exiliens, et laudans Dominum; 5.2 (284.19)
ambulare. qui, nisi a te moti fuerint, ambulare non poterunt, 2.10 (102.25)
in quo ille, quamuis ambulare solitus, uel amnium fluenta transire, . . . posset. 3.14 (156.9)
ambularemus. cumque ambularemus, deuenimus ad uallem multae latitudinis ac profunditatis, 5.12 (304.30)
AMBROSIVS AVRELIANVS (*fl.* 450), *a Roman who aided the Britons to resist the Jutes led by Hengist and Horsa.*
Ambrosio Aureliano. duce Ambrosio, Romano homine, 1.16 (33.4)
Vtebantur eo tempore duce Ambrosio Aureliano, uiro modesto, 1.16 (33.12)
AMFLEAT, *Ambleteuse, near Boulogne.*
Amfleat. in sinu maris, qui uocatur Amfleat, 1.33 (70.27)
AMICA. amica. Gaudet amica cohors de uirgine matre tonantis; 4.20 (247.21)
Virginitate micans gaudet amica cohors. 4.20 (247.22)
AMICALIS, e. **amicali.** Haec . . . cum rex Osuiu regi Sigbercto amicali et quasi fraterno consilio saepe inculcaret, 3.22 (172.11)
AMICISSIMVS, a, um. **amicissimam.** Ecgfrid . . . uastauit misere gentem innoxiam, et nationi Anglorum semper amicissimam, 4.26 (266.17)
amicissimum. celandus in domum comitis Hunualdi, quem etiam ispum sibi amicissimum autumabat. 3.14 (155.18)
amicissimus. Quod cum uideret Lilla minister regi amicissimus, 2.9 (99.11)
AMICITIA. amicitia. uel amicitia uel ferro sibimet inter eos sedes, . . . uindicarunt; 1.1 (12.21)
amicitiae. Erat enim presbyter . . . iamdudum uiro Dei spiritalis amicitiae foedere copulatus 4.29 (274.12)
amicitiam. aut externorum sibi uirorum amicitiam conparent. 4.25 (265.21)
peruenit ad amicitiam uiri sanctissimi ac doctissimi, Bonifatii 5.19 (324.22)
amicitiis. At ille Brittaniam ueniens, coniunctus est amicitiis Alchfridi regis, 5.19 (325.9)
AMICTVS. amictu. et inuolutum nouo amictu corpus, nouaque in theca reconditum, supra pauimentum sanctuarii posuerunt. 4.30 (277.16)
AMICVS. amici. Et quidem, ut dixi, prohibuerunt amici, ne hoc bellum iniret; 4.26 (267.5)
amicis. eosque, ubicumque poterat, amicis per monasteria commendans, 4.26 (267.22)
amicis. Verum adhuc cum amicis principibus et consiliariis suis sese de hoc conlaturum esse dicebat, 2.13 (111.12)
corpusque eius ab amicis propter amorem sancti Martini, . . . Turonis delatum . . . est. 4.18 (242.20)

cum temere exercitum . . . duxisset, multum prohibentibus amicis, et maxime beatae memoriae Cudbercto, 4.26 (266.28)
partem de capillis, quam more reliquiarum rogantibus amicis dare, . . . possent. 4.32 (280.7)
amico. Qui cum . . . aperuisset thecam reliquiarum, ut portionem earum roganti amico praestaret, 4.32 (280.13)
Cumque presbyter portionem, quantam uoluit, amico dedisset, 4.32 (280.15)
amico. Abeunte igitur amico, remansit Aeduini solus foris, 2.12 (108.16)
amicorum. tandem iuuante amicorum consensu credidit, 3.22 (172.12)
amicos. coepit abire, sicubi amicos, qui sui curam agerent, posset inuenire. 4.22 (250.3)
et siue per amicos angelos in fine nobis ostendenda, siue per hostes. 5.13 (313.13)
amicum. ammonens, quia nulla ratione conueniat tanto regi amicum suum optimum . . . auro uendere, 2.12 (110.8)
Aedilred accitum ad se Coinredum, quem pro se regem fecerat, amicum episcopo fieri petiit, 5.19 (329.27)
amicus. Quod ubi fidissimus quidam amicus illius animaduertit, 2.12 (108.1)
uenit ad eum praefatus amicus illius, 2.12 (109.33)
misit in Galliam nutriendos regi Daegberecto, qui erat amicus illius, 2.20 (126.4)
qui erat cognatus et amicus eius, habens sororem ipsius coniugem, 3.21 (170.9)
Erat enim rex eiusdem gentis Sigberct, . . . amicus eiusdem Osuiu regis, 3.22 (171.23)
Venerat eo tempore Agilberctus . . . amicus Alchfridi regis et Vilfridi abbatis, 3.25 (183.9)
AMITA. amita. intrauit monasterium Aebbæ abbatissae, quae erat amita regis Ecgfridi, 4.19 (243.30)
AMITTO. amiserat. deprecans, ut uisum caeco, quem amiserat, restitueret, 2.2 (82.9)
amisi. Perpendo itaque, quid tolero, perpendo, quid amisi; 2.1 (74.25)
amisit. Brittaniam pene amisit; 1.3 (15.30)
amissi. quem dudum amissi episcopatus intemperans cupido exagitabat; 1.10 (24.2)
amittere. quod de terrenis rebus uidetur amittere, 1.27 (50.19)
amitterent. quatinus cor mutantes, aliud de sacrificio amitterent, aliud retinerent; 1.30 (65.33)
amitteret. quasi ad hoc solummodo lucem amitteret temporalem, 4.10 (225.10)
AMIXTIO. amixtio. licita amixtio coniugis sine uoluntate carnis fieri non potest, 1.27 (57.30)
amixtionem. post amixtionem propriae coniugis, et lauacri purificationem quaerere, 1.27 (57.27)
In quibus tamen uerbis non amixtionem coniugum iniquitatem nominat, 1.27 (58.6)
Tunc autem uir, qui post amixtionem coniugis lotus aqua fuerit, 1.27 (59.17)
amixtionis. sed ipsam uidelicet uoluntatem amixtionis. 1.27 (58.7)
AMMONEO, *see* **ADMONEO.**
AMNIS. amne. id est unius ferme miliarii et dimidii spatio interfluente Tino amne separata, 5.2 (283.10)
amnem. Peruenit autem ad regem primo die paschae iuxta amnem Deruuentionem, 2.9 (99.6)
Ostenditur autem locus ille . . . non longe ab Eburaco ad orientem, ultra amnem Doruuentionem, 2.13 (113.22)
Est autem factum in monasterio, quod iuxta amnem Dacore constructum ab eo cognomen accepit, 4.32 (279.22)
quod est ad ostium Viuri amnis, et iuxta amnem Tinam, 5.21 (332.28)
et eis populis, qui ultra amnem Sabrinam ad occidentem habitant, Valchstod episcopus; 5.23 (350.16)
amni. Nam cum peremta eorum corpora amni, ut diximus, a paganis essent iniecta, 5.10 (300.28)
amnis. eumque . . . occidit in finibus gentis Merciorum ad orientalem plagam amnis, qui uocatur Idlæ; 2.12 (110.19)
quorum prior locus est in ripa Pentæ amnis, secundus in ripa Tamensis. 3.22 (173.9)
quod est ad ostium Viuri amnis, et iuxta amnem Tinam, 5.21 (332.27)
amnium. in quo ille, quamuis ambulare solitus, uel amnium fluenta transire, . . . posset. 3.14 (156.9)
AMO. amabam. qui me ad caelestia, quae semper amabam, ac desiderabam, praemia uocare uenerunt, 4.3 (209.33)
amabat. Aidan non plus quam XII° post occisionem regis, quem amabat, die, id est pridie Kalendas Septembres, . . . praemia recepit. 3.14 (157.16)
uxor tantum, quae amplius amabat, quamuis multum tremens et pauida, remansit. 5.12 (304.8)
amanda. Non enim pro locis res, sed pro bonis rebus loca amanda sunt. 1.27 (49.29)
amanda. atque ad caelestia semper amanda, petenda, et quaerenda peruolans. 2.7 (94.10)
amare. Nil enim huius mundi quaerere, nil amare curabat. 3.5 (135.26)
quique nouerant eam religiosi, . . . sedulo eam uisitare, obnixe amare, diligenter erudire solebant. 4.23 (253.32)
qui catholicas ecclesiae regulas sequi semper, et amare didicerat. 5.19 (325.11)
amaret. mortem . . . ut ingressum uitae, et laboris sui praemium amaret. 2.1 (74.12)
amaretur. ut merito a maioribus quasi unus ex ipsis amaretur, ueneraretur, amplecteretur, 5.19 (322.28)
amatus. aio: "Etiam; tu es antistes meus amatus." 5.6 (291.3)
amo. Haec in praefato antistite multum conplector et amo, 3.17 (161.30)
AMOENITAS. amoenitatem. In cuius amoenitatem loci cum nos intraturos sperarem, 5.12 (308.4)
AMOENVS, a, um. **amoenum.** Erat . . . monasterium siluarum et maris uicinitate amoenum, 3.19 (164.13)
AMOR. amor. et odium ueritatis, amorque mendacii, 1.14 (30.1)
Cum uero non amor ortandi subolis, 1.27 (58.28)
quod sibi fraternus amor multis utile futurum inponebat. 2.1 (75.19)
Sobrietatis amor multus in orbe uiget. 4.20 (248.4)
Porro Cudbercto tanta erat dicendi peritia, tantus amor persuadendi, quae coeperat, tale uultus angelici lumen, 4.27 (269.32)
amore. percipiendo ex religiosae uitae consuetudine eiusdem mysterii amore rapiuntur, 1.27 (56.26)
immo totius gentis subpositae uobis intellegentiam in amore sui facilius inflammaret. 2.11 (104.27)
et ita in amore Redemtoris sui inmutilata deuotione persistens inuigilet, 2.11 (105.4)
immo fidem suam, quae omnibus ornamentis pretiosior est, amore pecuniae perdere.' 2.12 (110.10)
quia reliquit successores magna continentia ac diuino amore regularique institutione insignes; 3.4 (134.19)
uel iam credentes amplius in fide atque amore Christi confirmauit. 3.19 (164.2)
multumque renitentem, studio et amore pii laboris, ipse eum manu sua leuauit in equum; 4.3 (206.27)
'oportet nos admonitioni eius caelesti, debito cum timore et amore respondere; 4.3 (211.9)
Qui in tantum eo tempore tenebatur amore Romanae et apostolicae institutionis, 4.5 (214.15)
erat femina . . . ad saeculi huius dignitatem nobilis, et in amore futuri saeculi nobilior; 4.9 (222.32)
tandem superni regni amore conpunctus reliquit, 4.12 (228.3)
pro insita ei sapientia et amore diuini famulatus, sedulo eam uisitare, . . . solebant. 4.23 (253.31)
quae illam inmenso amore diligebat, 4.23 (258.12)
in quibus cunctis homines ab amore scelerum abstrahere, . . . curabat. 4.24 (261.9)
ad cuius sacratissimum corpus a finibus terrae pio ductus amore uenerat, 5.7 (292.31)
Quaeque patrum uirtus, et quae congesserat ipse Caedual armipotens, liquit amore Dei; 5.7 (293.10)
episcopalem uitam siue doctrinam magis insito sibi uirtutum amore quam lectionibus institutus exercebat. 5.18 (320.11)
adtonsus est ab eo, et in tanto habitus amore, ut heredem sibi illum facere cogitasset. 5.19 (324.31)
Hanc Domino qui aulam ductus pietatis amore Fecit, 5.19 (330.10)
amorem. quas relegentes cognouimus eius piissimam deuotionem, feruentissimumque amorem, 3.29 (196.24)
'Rogo,' inquam, 'dilectissimi fratres, propter timorem et amorem Redemtoris nostri, 4.5 (215.16)
Quo beneficio multum antistes cor omnium in suum conuertit amorem, 4.13 (232.3)
corpusque eius ab amicis propter amorem sancti Martini, . . . Turonis delatum . . . est. 4.18 (242.20)
uulgus . . . a uita stultae consuetudinis ad caelestium gaudiorum conuertere curabat amorem. 4.27 (269.17)
renouato ad amorem caelestium spiritu mentis nostrae, 5.21 (339.34)
amori. alterum cupiditatis, cum mundi diuitias amori caelestium praeponimus; 3.19 (165.25)
amoris. neque hos quisquam, . . . contingere prae magnitudine uel timoris eius auderet, uel amoris uellet. 2.16 (118.14)
iam causa diuini amoris delectatus praemiis indefessus agebat. 4.25 (264.11)

AMOVEO. amotis. Cuius episcopatus tempore deuictis atque amotis subregulis, Caedualla suscepit imperium, . . . 4.12 (228.1)
amoto. quatinus amoto torpore perniciosissimi cultus, . . . 2.11 (106.1)
amouerent. mox doloris siue caliginis incommodum ab oculis amouerent. . . . 4.19 (246.19)
amoueretur. placuitque . . . ut lapis, . . . amoueretur, et altius ipso in loco reponeretur; . . . 3.8 (143.34)
amouerit. Vt idem admotum ab hostibus urbi regiae ignem orando amouerit. . . . 3.16 (158.27)
AMPLECTOR. amplectendam. nullam magis sequendam nobis amplectendamque iure dixerim ea, . . . 5.21 (342.26)
amplecteretur. quasi conciues sibi regni caelestis, amplecteretur. . . . 1.26 (47.28)
ut merito a maioribus quasi unus ex ipsis amaretur, ueneraretur, amplecteretur, . . . 5.19 (322.28)
amplecti. ut uel tunc diuino se seruitio pariter manciparent, cum amplius pariter mundum amplecti, . 4.11 (225.29)
amplectimini. sed tamen indicio fit, quod ea, quae apostoli Petri sunt, in abdito cordis amplectimini, . 5.21 (344.26)
amplectitur. et caelestis palmae gaudia miles religiosus amplectitur. . . . 1.20 (39.19)
amplector. satisque studium tuae sinceritatis amplector, . . . Praef. (5.7)
amplectuntur. hi, qui idolatriarum perniciosissimam superstitionem colentes amplectuntur, . . . 2.10 (102.12)
amplexata. Vnde mox abbatissa amplexata gratiam Dei in uiro, saecularem illum habitum relinquere, . . . docuit, . . . 4.24 (260.25)
AMPLIO. ampliauit. ecclesiae suae, . . . aedificium multifario decore ac mirificis ampliauit operibus. . . 5.20 (331.18)
AMPLIOR, ius. **amplior.** quarum prior, . . . et situ amplior, et frugum prouentu atque ubertate felicior, . 2.9 (97.17)
ampliora. multi sunt, qui ampliora a te beneficia quam ego, et maiores accipiunt dignitates, . . . 2.13 (111.27)
AMPLISSIMVS, a, um. **amplissimam.** amplissimam ibi ac nobilissimam bibliothecam fecit, . . . 5.20 (331.24)
AMPLITVDO. amplitudinis. Est enim locus undique mari circumdatus praeter ab occidente, unde habet ingressum amplitudinis quasi iactus fundae; . . . 4.13 (232.11)
AMPLIVS. ut . . . uestra adquisitio . . . conualescendo amplius extendatur; . . . 2.18 (121.9)
uel iam credentes amplius in fide atque amore Christi confirmauit. . . . 3.19 (164.1)
nam quo minus sufficiebat meditationi scripturarum, eo amplius operi manuum studium inpendebat. . 4.3 (208.12)
Erat in eodem monasterio puer trium circiter non amplius annorum, . . . 4.8 (220.25)
amplius ab illa uideri non potuit. . . . 4.9 (222.20)
obsecro, ne amplius quam haec solummodo proxima nox intersit.' . . . 4.9 (223.29)
ut uel tunc diuino se seruitio pariter manciparent, cum amplius pariter mundum amplecti, . . . 4.11 (225.28)
quae xxx et amplius annos dedicata Domino uirginitate, in monachica conuersatione seruiebat. . . . 4.23 (257.6)
suis amplius ex uirtutum exemplis prodesse curabat. . . . 5.9 (298.25)
uxor tantum, quae amplius amabat, quamuis multum tremens et pauida, remansit. . . . 5.12 (304.8)
eo amplius eius, qui super omnia est, Iudicis mandatis auscultare contendant, . . . 5.21 (333.30)
ut non amplius tota sacra sollemnitas, quam VII tantummodo noctes cum totidem diebus conprehendat; . 5.21 (335.31)
AMPLVS, a, um. **amplam.** contigit die quadam nos iter agentes cum illo deuenisse in uiam planam et amplam, . . . 5.6 (289.21)
AMPVLLA. ampula. adsumta ampulla [ampula] misit de oleo in pontum, . . . uar. 3.15 (158.17)
ampulla. adsumta ampulla misit de oleo in pontum, . . . 3.15 (158.17)
AN. 1.1 (10.33); 1.27 (52.5); 1.27 (53.31); 1.27 (61.2); 2.1 (80.6); 2.2 (82.26); 2.6 (92.24); 2.12 (108.28); 2.12 (110.29); 3.3 (131.25); 3.25 (185.22); 4.3 (212.1); 4.19 (243.13); 4.22 (250.28); 5.6 (291.10); 5.9 (297.8).
ANACHORETICVS (ANCH-), a, um. **anachoretica.** Vt Oidiluald successor Cudbercti in anachoretica uita, . . . tempestatem orando sedauerit. . . . 5.1 (281.1)
anachoreticam. qui apud eos anachoreticam ducere uitam solebat, . . . 2.2 (82.25)
anchoretica. ipse ab omnibus mundi rebus liber in anchoretica conuersatione uitam finire disposuit. . . 3.19 (168.2)
Vt idem in uita anchoretica et fontem de arente terra orando produxerit, . . . 4.28 (271.3)
anchoreticam. (nam multos annos in Hibernia peregrinus anchoreticam in magna perfectione uitam egerat), . . . 5.9 (298.18)
anchorita. in anchoretica [anchorita] conuersatione uitam finire disposuit. . . . uar. 3.19 (168.2)
anchoriticae. Cudberct . . . ad anchoriticae quoque contemplationis, quae diximus, silentia secreta peruenit. . . . 4.28 (271.6)
ANASTASIS, *church built upon the site of the Resurrection.*
Anastasis. Huius quoque ad occasum ecclesiae, Anastasis, hoc est resurrectionis dominicae rotunda ecclesia, . . . 5.16 (318.1)
ANASTASIVS, Saint (*d.* 610), *Patriarch of Antioch: martyred by the Jews.*
Anastasii. librum uitae et passionis sancti Anastasii, male de Greco translatum, . . . ad sensum correxi; . 5.24 (359.7)
ANATHEMA. anathemate. sed et cotidie a nobis perpetuo anathemate sepulta damnatur; . . . 2.19 (123.31)
anathemati. suggero, rex, ut templa et altaria, quae sine fructu utilitatis sacrauimus, ocius anathemati et igni contradamus.' . . . 2.13 (112.34)
ANATHEMATIZO. anathematizamus. et anathematizamus corde et ore, quos anathematizarunt, . . . 4.17 (240.18)
anathematizando. sacramenta regni caelestis, quibus initiatus erat, anathematizando prodidit, . . . 3.1 (127.20)
anathematizarunt. anathematizamus corde et ore, quos anathematizarunt, et quos susceperunt, suscipimus; 4.17 (240.19)
anathematizato. atque anathematizato omni idolatriae cultu, . . . 2.6 (93.8)
anathematizauit. si beati Petri consortium quaeris, cur eius, quem ille anathematizauit, tonsurae imaginem imitaris? . . . 5.21 (344.16)
ANATOLIVS (*fl.* 284), *Bishop of Laodicea.*
Anatolii. aestimans se in hac obseruantia sancti ac laude digni patris Anatolii scripta secutam. . . . 3.3 (131.24)
Anatolium. 'Constat,' inquit, 'Anatolium uirum sanctissimum, doctissimum, ac laude esse dignissimum; . 3.25 (187.11)
de aequinoctio iuxta Anatolium una. . . . 5.24 (359.2)
Anatolius. 'Numquid,' ait, 'Anatolius uir sanctus, . . . legi uel euangelio contraria sapuit, . . . 3.25 (186.34)
ANCELLA. ancella. Non solum ergo praefata Christi ancella et abbatissa Hild, . . . uitae exemplo praesentibus extitit; . . . 4.23 (255.24)
ancellarum. eam monasterii partem, qua ancellarum Dei caterua a uirorum erat secreta contubernio, . 4.7 (219.20)
ancellis. Item quaedam ex eisdem ancellis Dei, cum praefato tacta morbo, . . . coepit subito . . . clamare 4.8 (221.7)
cum arcessitis ancellis Christi, quae erant in eodem monasterio, . . . 4.23 (256.28)
Erat enim haec ipsa hora cum aliis nonnullis Christi ancellis in extremis monasterii locis seorsum posita, . 4.23 (258.21)
ANCHORA. anchorae. quasi anchorae fune restringeretur, . . . 2.1 (75.9)
anchoris. naues in anchoris stantes . . . 1.2 (14.6)
temtabant nautae anchoris in mare missis nauem retinere, . . . 3.15 (158.12)
ANCHORETICVS (ANCHORI-), a, um, *see* **ANACHORETICVS,** a, um.
ANCHORITA. anchoritae. Vt idem iam episcopus obitum suum proxime futurum Heribercto anchoritae praedixerit. . . . 4.29 (274.2)
ANCILLA. ancillas. inter quos, seruos et ancillas ducentos quinquaginta; . . . 4.13 (232.24)
ANCIRIANVS, a, um, *of Ancyra in Galatia.*
Anciriana. id est camisia cum ornatura in auro una, et lena Anciriana una; . . . 2.10 (104.3)
ANDHVN (*fl.* 685), *an alderman of the South Saxons · drove Caedwalla out of Sussex.*
Andhuno. sed mox expulsus est a ducibus regis, Bercthuno et Andhuno, . . . 4.15 (236.14)
ANDILEGVM, *see* **IN ANDILEGVM.**
ANDREAS, *St. Andrew the Apostle.*
Andreae. in qua rex Aedilberct ecclesiam beati Andreae apostoli fecit, . . . 2.3 (85.26)
sepultusque est in secretario beati apostoli Andreae, . . . 3.14 (154.19)
ecclesiae suae, quae in beati Andreae apostoli honorem consecrata est, . . . 5.20 (331.16)
quam intro ecclesiam sancti Andreae sibi ipse in locum sepulchri fecerat. . . . 5.23 (349.1)

ANDREAS (*fl.* 667), *a monk whom Hadrian recommended to be made Archbishop of Canterbury.*
Andream. Cumque monachum quendam de uicino uirginum monasterio, nomine Andream, pontifici offerret, 4.1 (202.16)
ANDROGIVS (*fl.* 54 B.C.), *commander of the Trinovantes who surrendered to Julius Caesar.*
Androgio. Trinouantum firmissima ciuitas cum Androgio duce, . . . Caesari sese dedit. 1.2 (14.24)
ANGELICVS, a, um. **angelica.** angelica meruit uisione perfrui, 3.19 (164.3)
angelicam. 'Bene,' inquit; 'nam et angelicam habent faciem, 2.1 (80.14)
angelici. Porro Cudbercto tanta erat dicendi peritia, tantus amor persuadendi, quae coeperat, tale uultus angelici lumen, 4.27 (269.33)
angelicis. Ciuibus angelicis iunctus in arce poli. 5.8 (295.17)
angelicis. et cum angelicis spiritibus ipsi quoque ad caelos redirent, 3.19 (166.17)
angelico. spiritus eorum . . . coniuncti sunt, atque angelico ministerio pariter ad regnum caeleste translati. 4.29 (275.14)
angelicorum. angelicorum agminum et aspectus intueri, et laudes beatas meruit audire. 3.19 (164.28)
ANGELVS. angeli. remanserunt cum beato Furseo tres angeli, 3.19 (166.19)
Quod uero prius candidum codicem protulerunt angeli, 5.13 (313.15)
angelis. nec tamen, protegentibus eum angelis, quicquam proficiebant. 3.19 (165.5)
quae ab angelis sanctis, quae a uiris iustis sibi inter angelos apparentibus laeta uel tristia cognouerit), 3.19 (165.9)
iussus est ab angelis, qui eum ducebant, respicere, in mundum. 3.19 (165.16)
Tunc uidit unum de tribus angelis, 3.19 (166.5)
ducentibus, ut credi fas est, angelis comitibus aeterna gaudia petiuit. 4.3 (210.6)
uidit animam . . . comitantibus ac ducentibus angelis, ad caelum ferri. 4.23 (257.16)
nuntiauit matrem . . . ducibus angelis, ad aeternae limina lucis . . . ascendisse. 4.23 (257.25)
quae animam eius cum angelis ad caelum ire conspexerit, 4.23 (258.14)
angelo. Cumque adpropinquassent, pertimescens ille dicit angelo: 3.19 (165.32)
angelorum. et tales angelorum in caelis decet esse coheredes. 2.1 (80.15)
multi . . . iam manifeste se concentus angelorum psallentium audisse referebant, 3.8 (143.22)
Re uera autem angelorum fuere spiritus, 4.3 (209.32)
uidit animam Ceddi fratris ipsius cum agmine angelorum descendere de caelo, 4.3 (211.32)
angelos. quae a uiris iustis sibi inter angelos apparentibus laeta uel tristia cognouerit), 3.19 (165.10)
Et interrogans angelos, qui essent hi ignes, 3.19 (165.21)
et siue per amicos angelos in fine nobis ostendenda, siue per hostes. 5.13 (313.13)
angelus. diuisit quidem angelus, sicut prius, ignem flammae. 3.19 (166.21)
Quem angelus sanctus statim adprehendens in ignem reiecit. 3.19 (166.28)
Contradicens angelus: 'Non,' inquit, 3.19 (166.32)
Et conuersus ad eum angelus: 'Quod incendisti,' inquit, 'hoc arsit in te. 3.19 (166.34)
ANGLI, *the Angles, one of the three Germanic tribes who settled in Britain.*
Angli. Responsum est, quod Angli uocarentur. 2.1 (80.13)
illud genus uexilli, quod Romani tufam, Angli appellant thuuf, ante eum ferri solebat. 2.16 (118.20)
Neque umquam prorsus, ex quo Brittaniam petierunt Angli, feliciora fuere tempora; 4.2 (205.5)
et his, quae Angli praeparauerant, communiter uti desiderarent; 4.4 (213.20)
Nam et Picti terram possessionis suae, quam tenuerunt Angli; 4.26 (267.12)
a quibus Angli uel Saxones, qui nunc Brittaniam incolunt, genus et originem duxisse noscuntur; 5.9 (296.13)
quorum tempore Angli a Brettonibus accersiti Brittaniam adierunt. 5.24 (352.28)
Anglis. Vt Colman . . . duo monasteria in Scottia, unum Scottis, alterum Anglis, quos secum adduxerat, fecerit. 4.4 (213.2)
Brettones, qui nolebant Anglis eam, quam habebant, fidei Christianae notitiam pandere, 5.22 (347.10)
Anglis. id est Saxonibus, Anglis, Iutis. 1.15 (31.15)
Porro de Anglis, . . . Anglorum populi sunt orti. 1.15 (31.22)
si ab Anglis susciperentur, 1.23 (42.30)
Denique non solum nouae, quae de Anglis erat collecta, ecclesiae curam gerebat, 2.4 (87.9)
quorum ultimus natione Scottus, ceteri fuere de Anglis. 3.21 (170.20)
Quod uidelicet monasterium usque hodie ab Anglis tenetur incolis. 4.4 (214.1)
Anglorum. Historiam gentis Anglorum ecclesiasticam, Praef. (5.3)
gens Anglorum fidem Christi percepit, Praef. (6.25)
a gente Anglorum nunc corrupte Reptacæstir uocata, 1.1 (9.11)
quinque gentium linguis, . . . Anglorum uidelicet, Brettonum, Scottorum, Pictorum et Latinorum, 1.1 (11.14)
quae nunc a gente Anglorum Verlamacæstir . . . appellatur, 1.7 (21.26)
lingua autem Anglorum Penneltun appellatur; 1.12 (26.26)
gens Anglorum, . . . aduersarios longius eiecerit; 1.15 (30.24)
Tunc Anglorum siue Saxonum gens, . . . longis nauibus aduehitur, 1.15 (30.29)
ceterique Anglorum populi sunt orti. 1.15 (31.28)
Vt Brettones primam de gente Anglorum uictoriam . . . sumserint. 1.16 (33.4)
numquam genti Saxonum siue Anglorum, 1.22 (42.4)
Augustinum cum monachis ad praedicandum genti Anglorum mittens, 1.23 (42.11)
aduentus uero Anglorum in Brittanniam anno circiter CL, 1.23 (42.19)
praedicare uerbum Dei genti Anglorum. 1.23 (42.22)
quo meridiani et septentrionales Anglorum populi dirimuntur, 1.25 (45.2)
iuxta consuetudinem aestimationis Anglorum, familiarum DC[rum], 1.25 (45.6)
relictis eis, quae tanto tempore cum omni Anglorum gente seruaui. 1.25 (46.10)
Augustinus . . . archiepiscopus genti Anglorum ordinatus est; 1.27 (48.6)
gentem Anglorum fidem Christi suscepisse, 1.27 (48.9)
seorsum fieri non debet a clericis suis in ecclesia Anglorum, 1.27 (48.29)
et in Anglorum ecclesia, . . . infundas. 1.27 (49.26)
apud Anglorum mentes in consuetudinem depone. 1.27 (49.32)
Quia uero sunt multi in Anglorum gente, 1.27 (51.17)
Et quidem in Anglorum ecclesia, 1.27 (52.7)
Quae omnia rudi Anglorum genti oportet haberi conperta. 1.27 (54.2)
Et quia noua Anglorum ecclesia ad omnipotentis Dei gratiam eodem Domino largiente, 1.29 (63.22)
quid diu mecum de causa Anglorum cogitans tractaui; 1.30 (65.6)
Gaudeas uidelicet, quia Anglorum animae . . . ad interiorem gratiam pertrahuntur; 1.31 (66.18)
Aedilbercto regi Anglorum Gregorius episcopus. 1.32 (67.25)
Quod in Anglorum gente factum cognouimus, 1.32 (67.28)
ab Anglorum finibus expulerit. 1.34 (71.8)
qui plus omnibus Anglorum primatibus gentem uastauit Brettonum; 1.34 (71.11)
aut tributarias genti Anglorum, aut habitabiles fecit. 1.34 (71.17)
Neque . . . aduersus gentem Anglorum usque ad hanc diem . . . uenire audebat. 1.34 (72.4)
nostram, id est Anglorum, gentem de potestate Satanae . . . conuertit, 2.1 (73.7)
sancti Augustini primi Anglorum gentis episcopi 2.1 (76.33)
gentem Anglorum ad agnitionem ueritatis perducebant. 2.1 (78.26)
rogauit, ut genti Anglorum in Brittaniam aliquos uerbi ministros, . . . mitteret; 2.1 (80.25)
conuocauit . . . in loco, qui usque hodie lingua Anglorum Augustinaes Ác, . . . appellatur; 2.2 (81.13)
adlatus est quidam de genere Anglorum, 2.2 (82.4)

monasterio, quod uocatur lingua Anglorum Bancornaburg,	2.2 (82.22)
ut genti Anglorum una nobiscum uerbum Domini praedicetis;	2.2 (83.20)
si nationi Anglorum noluissent uiam uitae praedicare,	2.2 (83.30)
rex Anglorum fortissimus Aedilfrid . . . maximam gentis perfidae stragem dedit.	2.2 (83.34)
ciuitatem Legionum, quae a gente Anglorum Legacaestir, . . . appellatur,	2.2 (84.2)
Aedilbercti, qui omnibus, . . . usque ad terminum Humbrae fluminis Anglorum gentibus imperabat.	2.3 (85.16)
quam gens Anglorum a primario quondam illius, . . . Hrofæscæstræ cognominat.	2.3 (85.22)
de necessariis ecclesiae Anglorum cum apostolico papa Bonifatio tractaturus.	2.4 (88.14)
ac Brittaniam rediens secum Anglorum ecclesiis mandanda atque obseruanda deferret,	2.4 (88.22)
cum epistulis, quas idem pontifex . . . et Aedilbercto regi atque genti Anglorum direxit.	2.4 (88.26)
ex quo Augustinus cum sociis ad praedicandum genti Anglorum missus est,	2.5 (89.6)
tertius . . . in regibus gentis Anglorum cunctis australibus eorum prouinciis, . . . imperauit;	2.5 (89.10)
cunctis, qui Brittaniam incolunt, Anglorum pariter et Brettonum populis praefuit,	2.5 (89.22)
nec non et Meuanias Brettonum insulas, . . . Anglorum subiecit imperio;	2.5 (89.25)
quae conscripta Anglorum sermone hactenus habentur,	2.5 (90.12)
cum magna ecclesiam Anglorum cura ac labore gubernarent,	2.7 (94.4)
hoc est ea natio Anglorum, quae ad Aquilonalem Humbre fluminis plagam habitabat,	2.9 (97.7)
quod nemo Anglorum ante eum,	2.9 (97.12)
Quin et Meuanias insulas, . . . imperio subiugauit Anglorum;	2.9 (97.16)
nongentarum LX familiarum mensuram iuxta aestimationem Anglorum, . . . tenet.	2.9 (97.19)
Exemplar epistulae . . . Bonifatii directae uiro glorioso Æduino regi Anglorum.	2.10 (100.23)
Viro glorioso Aeduino regi Anglorum, Bonifatius	2.10 (100.24)
illi quondam exulanti apud Redualdum regem Anglorum	2.12 (107.2)
omnes, qui ante te reges in gente Anglorum fuerant, potestate transcendas?'	2.12 (109.9)
ab aduentu uero Anglorum in Brittaniam annus circiter CLXXX^{mus}.	2.14 (114.1)
misit eum ad praedicandum uerbum uitae praefatae nationi Anglorum.	2.15 (116.29)
iuxta ciuitatem, quae lingua Anglorum Tiouulfingacæstir uocatur;	2.16 (117.25)
Æduino regi Anglorum Honorius episcopus seruus seruorum Dei salutem.	2.17 (119.1)
Aeduini cum X et VII annis genti Anglorum simul et Brettonum gloriosissime praeesset,	2.20 (124.14)
ac totum genus Anglorum Brittaniae finibus erasurum se esse deliberans.	2.20 (125.14)
fidem religionemque Anglorum pro nihil habere,	2.20 (125.18)
Infaustus ille annus, . . . permanet, tam propter apostasiam regum Anglorum,	3.1 (128.12)
in loco, qui lingua Anglorum Denisesburna, id est riuus Denisi, uocatur.	3.1 (128.21)
Vocatur locus ille lingua Anglorum Hefenfelth,	3.2 (129.20)
cuius doctrina ac ministerio gens, quam regebat, Anglorum, dominicae fidei et dona disceret,	3.3 (131.12)
euangelizante antistite, qui Anglorum linguam perfecte non nouerat,	3.3 (132.10)
Exin coepere plures per dies de Scottorum regione uenire Brittaniam atque illis Anglorum prouinciis,	3.3 (132.15)
inbuebantur praeceptoribus Scottis paruuli Anglorum una cum maioribus studiis	3.3 (132.22)
cuius sedem episcopatus, . . . iam nunc Anglorum gens obtinet.	3.4 (133.20)
Neque enim magna est, sed quasi familiarum quinque, iuxta aestimationem Anglorum;	3.4 (133.30)
tunc ueniente ad eos . . . Ecgbercto, de natione Anglorum,	3.4 (134.31)
ad prouinciam Anglorum instituendam in Christo, missus est Aedan,	3.5 (135.18)
cum aliquandiu genti Anglorum praedicans nihil proficeret,	3.5 (137.4)
Huius igitur antistitis doctrina rex Osuald cum ea, cui praeerat, gente Anglorum institutus,	3.6 (137.31)
quae in IIII linguas, id est Brettonum, Pictorum, Scottorum, et Anglorum, diuisae sunt,	3.6 (138.6)
in intimis ultra Anglorum partibus, . . . sanctae fidei semina esse sparsurum.	3.7 (139.13)
Hic primus regum Anglorum in toto regno suo idola relinqui ac destrui, . . . praecepit.	3.8 (142.7)
Nam eo tempore necdum multis in regione Anglorum monasteriis constructis,	3.8 (142.16)
et apostasia demens regum Anglorum detestabilem fecerat.	3.9 (145.2)
occisus est, . . . in loco, qui lingua Anglorum nuncupatur Maserfelth,	3.9 (145.10)
quod lingua Anglorum Cnobheresburg, id est urbs Cnobheri, uocatur;	3.19 (164.14)
et paucis cum fratribus per Brettones in prouinciam Anglorum deuenit,	3.19 (167.29)
succedente . . . Trumheri, . . . natione quidem Anglorum,	3.21 (171.14)
tertius Trumheri, de natione quidem Anglorum, sed edoctus et ordinatus a Scottis,	3.24 (179.26)
qui etiam gentem Pictorum maxima ex parte regno Anglorum subiecit.	3.24 (180.9)
et ille melius ac manifestius ipsa lingua Anglorum, . . . potest explanare, quae sentimus.'	3.25 (184.17)
episcopatus autem Scottorum, quem gesserunt in prouincia Anglorum,	3.26 (189.21)
quos primo episcopatus sui tempore de natione Anglorum erudiendos in Christo accepit.	3.26 (190.11)
Vt Ecgberct, uir sanctus de natione Anglorum, monachicam in Hibernia uitam duxerit.	3.27 (191.26)
Erant ibidem eo tempore multi nobilium simul et mediocrium de gente Anglorum,	3.27 (192.10)
Erant inter hos duo iuuenes magnae indolis de nobilibus Anglorum,	3.27 (192.20)
et ipse perplura catholicae obseruationis moderamina ecclesiis Anglorum sua doctrina contulit.	3.28 (195.27)
His temporibus reges Anglorum nobilissimi, . . . hunc antistitem ordinandum Romam miserunt;	3.29 (196.4)
habito inter se consilio, quid de statu ecclesiae Anglorum esset agendum,	3.29 (196.7)
adsumserunt cum electione et consensu sanctae ecclesiae gentis Anglorum, uirum bonum et aptum episcopatu,	3.29 (196.10)
catholicos per omnem Brittaniam ecclesiis Anglorum ordinare posset antistites.	3.29 (196.15)
Vighard presbyter, uir in ecclesiasticis disciplinis doctissimus, de genere Anglorum,	4.1 (201.16)
petentibus hunc ecclesiae Anglorum archiepiscopum ordinari;	4.1 (201.17)
quaesiuit sedulus, quem ecclesiis Anglorum archiepiscopum mitteret.	4.1 (202.5)
Vt Theodoro cuncta peragrante, Anglorum ecclesiae cum catholica ueritate, . . . coeperint . . . inbui;	4.2 (204.10)
Moxque peragrata insula tota, quaquauersum Anglorum gentes morabantur,	4.2 (204.17)
Isque primus erat in archiepiscopis, cui omnis Anglorum ecclesia manus dare consentiret.	4.2 (204.22)
sonos cantandi in ecclesia, . . . ab hoc tempore per omnes Anglorum ecclesias discere coeperunt;	4.2 (205.13)
inter episcopos, qui de Anglorum gente essent,	4.2 (205.18)
Vilfrido, qui . . . catholicum uiuendi morem ecclesiis Anglorum tradere didicit.	4.2 (205.19)
tulit . . . et de gente Anglorum uiros circiter XXX,	4.4 (213.6)
unde erat ad praedicandum uerbum Anglorum genti destinatus.	4.4 (213.10)
qui de prouincia Anglorum ibidem collecti,	4.4 (214.5)
prouinciam Pictorum, quae tunc temporis Anglorum erat imperio subiecta.	4.12 (229.26)
Est autem mensura eiusdem insulae, iuxta aestimationem Anglorum, mille ducentarum familiarum;	4.16 (237.10)
et ecclesias Anglorum, quibus praeerat, ab huiusmodi labe inmunes perdurare desiderans,	4.17 (238.28)
ut, cuius esset fidei Anglorum ecclesia, diligenter edisceret,	4.18 (241.34)
nihilominus exemplum catholicae fidei Anglorum Romam perlatum est,	4.18 (242.28)
uenerunt ad ciuitatulam quandam desolatam, . . . quae lingua Anglorum Grantacaestir uocatur;	4.19 (245.2)
secessit ad ciuitatem Calcariam, quae a gente Anglorum Kælcacaestir appellatur,	4.23 (253.25)
hoc ipse . . . uerbis poeticis maxima suauitate et conpunctione conpositis, in sua, id est Anglorum, lingua proferret.	4.24 (259.1)
Et quidem et alii post illum in gente Anglorum religiosa poemata facere temtabant;	4.24 (259.5)
Ecgfrid . . . uastauit misere gentem innoxiam, et nationi Anglorum semper amicissimam,	4.26 (266.17)
Ex quo tempore spes coepit et uirtus regni Anglorum 'fluere ac retro sublapsa referri,'	4.26 (267.10)
ubi inter plurimos gentis Anglorum, uel interemtos gladio, uel seruitio addictos, . . . Trumuini, . . . recessit	4.26 (267.16)

in monasterio Aebbercurnig, posito quidem in regione Anglorum, . . . 4.26 (267.20)
posito quidem in regione Anglorum, sed in uicinia freti, quod Anglorum terras Pictorumque disterminat; 4.26 (267.21)
Erat quippe moris eo tempore populis Anglorum, . . . 4.27 (269.28)
in ecclesia Anglorum, quae nuper auctore Deo ad fidem perducta est, hanc debet conuersationem instituere, . . . 4.27 (270.33)
dicito gae,' quod est lingua Anglorum uerbum adfirmandi et consentiendi, id est, etiam. . . . 5.2 (284.4)
quod his temporibus plures de gente Anglorum, . . . uiri ac feminae certatim facere consuerunt. . . . 5.7 (294.12)
tantum profectus spiritalis tempore praesulatus illius Anglorum ecclesiae, . . . ceperunt. . . . 5.8 (295.3)
Horum secuti exempla duo quidam presbyteri de natione Anglorum, . . . uenerunt ad prouinciam . 5.10 (299.16)
cum legationis gratia missus a sua gente, uenisset ad Aldfridum, regem Anglorum, . . . 5.15 (315.18)
ea, quae uiderat et audierat in ecclesiis Anglorum, . . . 5.15 (315.25)
superuenit illo alius adulescens, nomine Biscop, . . . de nobilibus Anglorum, . . . 5.19 (323.31)
et Vilfrid ad suae potius, hoc est Anglorum, gentis episcopatum reseruatus. . . . 5.19 (324.34)
Sed hunc ubi peregrinum atque oriundum de natione Anglorum cognouere carnifices, . . . 5.19 (325.6)
insulis[que] quae ab Anglorum, et Brettonum, nec non Scottorum et Pictorum gentibus incoluntur, . 5.19 (327.4)
scriptumque a praefato papa regibus Anglorum Aedilredo et Aldfrido, . . . 5.19 (327.20)
ut Grecam quidem linguam non parua ex parte, Latinam uero non minus quam Anglorum, . . . nouerit. . 5.20 (331.11)
quaesiuit auxilium de gente Anglorum, . . . 5.21 (332.22)
quod tale munusculum de terra Anglorum mereretur accipere. . . . 5.21 (345.28)
quam nouerat scientiam diuinae cognitionis libenter ac sine inuidia populis Anglorum communicare curauit; . . . 5.22 (347.7)
ipsa quoque postmodum per gentem Anglorum in eis, . . . ad perfectam uiuendi normam perueniret. . 5.22 (347.8)
credentibus iam populis Anglorum, et in regula fidei catholicae per omnia instructis, . . . 5.22 (347.12)
ex quo ad praedicationem gentis Anglorum Aidanum miserant antistitem. . . . 5.22 (347.20)
Qui sit in praesenti status gentis Anglorum uel Brittaniae totius. . . . 5.23 (348.13)
Pictorum quoque natio tempore hoc et foedus pacis cum gente habet Anglorum, . . . 5.23 (351.6)
Scotti, . . . nil contra gentem Anglorum insidiarum moliuntur . . . 5.23 (351.9)
Brettones, quamuis et maxima ex parte domestico sibi odio gentem Anglorum, . . . 5.23 (351.11)
quippe qui quamuis ex parte sui sint iuris, nonnulla tamen ex parte Anglorum sunt seruitio mancipati. 5.23 (351.16)
Hic est . . . status Brittaniae, anno aduentus Anglorum in Brittaniam circiter ducentesimo octogesimo quinto, . . . 5.23 (351.25)
qui uerbum Dei genti Anglorum euangelizarent. . . . 5.24 (353.14)
qui fuit annus plus minus CL aduentus Anglorum in Brittaniam. . . . 5.24 (353.16)
Haec de historia ecclesiastica Brittaniarum, et maxime gentis Anglorum, . . . digessi Baeda . . . 5.24 (357.1)

Anglos. Ad Christum Anglos conuertit pietate magistra, . . . 2.1 (79.19)
Scotti omnes, qui inter Anglos morabantur, aut his manus darent, aut suam redirent ad patriam. . . 3.28 (195.29)
Anglos ibidem locauit, relictis in praefata insula Scottis. . . . 4.4 (213.30)

ANGLI MEDITERRANEI, MIDDILANGLI, *the Midland Angles, occupying the equivalent of modern Leicestershire.*

Angli Mediterranei. Mediterranei Angli, . . . sunt orti. . . . 1.15 (31.26)
His temporibus Middilangli, id est Mediterranei Angli, . . . fidem . . . perceperunt. . . . 3.21 (169.24)

Anglorum Mediterraneorum. Vt prouincia Mediterraneorum Anglorum sub rege Peada christiana sit facta. . . . 3.21 (169.21)
factus est Diuma . . . episcopus Mediterraneorum Anglorum simul et Merciorum, . . . 3.21 (171.3)
At ille mittens ad prouinciam Mediterraneorum Anglorum clamauit ad se uirum Dei Cedd, . . . 3.22 (172.25)
in prouincia Merciorum, simul et Lindisfarorum ac Mediterraneorum Anglorum, factus est episcopus Diuma, . . . 3.24 (179.21)
prouinciis Merciorum et Mediterraneorum Anglorum et Lindisfarorum episcopatus officio praeesset; . 4.3 (212.26)
Sexuulfum, qui etiam Merciorum et Mediterraneorum Anglorum simul episcopus fuit; . . . 4.12 (229.18)
per Vilfridum beatae memoriae antistitem, qui tunc temporis Mediterraneorum Anglorum episcopatum gerebat, ordinatus est; . . . 4.23 (255.15)

Anglos Mediterraneos. defunctus est apud Mediterraneos Anglos in regione, quae uocatur Infeppingum. . 3.21 (171.8)
Diuma, . . . qui apud Mediterraneos Anglos defunctus ac sepultus est; . . . 3.24 (179.23)

ANGLI ORIENTALES, *the East Anglians.*

Angli Orientales. Orientales Angli, . . . sunt orti. . . . 1.15 (31.25)

Anglorum Orientalium. nec non et Orientalium Anglorum atque Nordanhymbrorum, . . . Praef. (6.34)
Porro in prouincia Orientalium Anglorum, . . . Praef. (7.16)
quartus Reduald rex Orientalium Anglorum, . . . obtinuit; . . . 2.5 (89.17)
Vt prouincia Orientalium Anglorum fidem Christi susceperit. . . . 2.15 (115.23)
ut etiam regi Orientalium Anglorum, . . . persuaderet, . . . 2.15 (115.25)
a quo reges Orientalium Anglorum Vuffingas appellant. . . . 2.15 (116.15)
secessit ad regem Orientalium Anglorum, . . . 3.7 (140.13)
inter quas erat Saethryd, filia uxoris Annae regis Orientalium Anglorum, . . . 3.8 (142.23)
His temporibus regno Orientalium Anglorum, . . . Sigberct frater eius praefuit, . . . 3.18 (162.14)
Qui cum ad prouinciam Orientalium peruenisset Anglorum, . . . 3.19 (163.28)
quod ipsum Furseum uiderit in prouincia Orientalium Anglorum, . . . 3.19 (167.18)
et qui tempore illo Orientalium Anglorum, qui Hrofensis ecclesiae fuerint antistites. . . . 3.20 (169.2)
defuncto Felice Orientalium Anglorum episcopo post X et VII annos accepti episcopatus, . . . 3.20 (169.3)
qui baptizatus est ab ipso Cedde in prouincia Orientalium Anglorum, . . . 3.22 (174.16)
suscepitque eum . . . Aediluald rex ipsius gentis Orientalium Anglorum, . . . 3.22 (174.19)
in quibus Aedilheri, frater Anna regis Orientalium Anglorum, . . . interemtus est. . . . 3.24 (178.15)
Honorio Cantuariorum, et Felice Orientalium Anglorum, uenerationi habitus est. . . . 3.25 (182.15)
Venerat enim cum regina Aedilthryde de prouincia Orientalium Anglorum, . . . 4.3 (208.2)
et consacerdos ac frater noster, reuerentissimus Bisi, Orientalium Anglorum episcopus; . . . 4.5 (215.7)
Bisi autem episcopus Orientalium Anglorum, . . . ipse erat successor Bonifatii, . . . 4.5 (217.24)
Accepit autem rex Ecgfrid . . . Aedilthrydam, filiam Anna regis Orientalium Anglorum, . . . 4.19 (243.4)
Est autem Elge in prouincia Orientalium Anglorum regio familiarum circiter sexcentarum, . . . 4.19 (246.28)
quoniam de prouincia eorundem Orientalium Anglorum ipsa, ut praefati sumus, carnis originem duxerat. 4.19 (246.34)
secessit ad prouinciam Orientalium Anglorum, . . . 4.23 (253.2)
Heresuid, mater Alduulfi regis Orientalium Anglorum, . . . coronam expectabat aeternam; . . . 4.23 (253.9)
prouinciae Orientalium Anglorum Aldberct et Hadulac episcopi; . . . 5.23 (350.13)

Anglos Orientales. contigit gentem Merciorum duce rege Penda aduersus Orientales Anglos in bellum procedere, . . . 3.18 (163.2)
Vt Furseus apud Orientales Anglos monasterium fecerit; . . . 3.19 (163.20)

ANGO. angebant. et de ore ac naribus ignem putidum efflantes angebant; . . . 5.12 (306.26)

ANGOR. angoribus. Cumque diu tacitis mentis angoribus, et caeco carperetur igni, . . . 2.12 (108.20)

ANGVICVLVS. anguiculum. Tollere humo miserum propulit anguiculum? . . . 1.10 (24.13)

ANGVILLA. anguilla. et quidem praecipue issicio abundat, et anguilla. . . . 1.1 (10.5)

anguillarum. unde et a copia anguillarum, quae in eisdem paludibus capiuntur, nomen accepit; . . . 4.19 (246.31)

anguillas. sed piscandi peritia genti nulla nisi ad anguillas tantum inerat. . . . 4.13 (231.29)

ANGVILLARIS, e. **anguillaribus.** Collectis ergo undecumque retibus anguillaribus, homines antistitis miserunt in mare, . . . 4.13 (231.30)

ANGVLVS, *the region from which the Angles migrated to Britain; modern Schleswig.*
Angulus. de illa patria, quae Angulus dicitur, 1.15 (31.23)
ANGVLVS. angulo. ipsamque aquam, in qua lauerant ossa, in angulo sacrarii fuderunt. 3.11 (148.32)
ecclesiae Christi eorum est paucitas uno de angulo extremae insulae praeferenda? 3.25 (188.14)
cum suis paucissimis et in extremo mundi angulo positis uiuere praesumeret, 5.15 (315.23)
in cuius orientali angulo quasi quoddam naturale semiantrum est, 5.16 (317.15)
ANGVSTIA. angustiam. Cui cum propter angustiam loci, in quo monasterium constructum est, 4.10 (224.11)
introductus est, simulantibus fugam hostibus, in angustias [angustiam] inaccessorum montium, uar. 4.26 (267.1)
angustias. introductus est, simulantibus fugam hostibus, in angustias inaccessorum montium, 4.26 (267.1)
ANGVSTIOR, ius. **angustiores.** destructumque regni statum, quamuis intra fines angustiores, nobiliter recuperauit. 4.26 (268.5)
ANGVSTVS, a, um. **angustam.** Cum autem ipse . . . mansionem angustam circumuallante aggere et domus in ea necessarias, . . . construxisset, 4.28 (271.20)
angusto. Bethleem ciuitas Dauid in dorso sita est angusto ex omni parte uallibus circumdato, 5.16 (317.12)
altare ad orientem habens angusto culmine protectum, 5.17 (318.33)
ANHELO. anhelabat. sed tamen continuis febribus anhelabat. 2.1 (77.9)
ANIMA. anima. nec tamen anima eidem delectationi consentiat. 1.27 (61.19)
mirumque in modum, quid anima in occulto passa sit, caro palam praemonstrabat. 3.19 (167.8)
cuius anima per bona, quae fecisset, opera, quasi per funes aureos leuanda esset ad caelos; 4.9 (222.22)
dixit, quod anima eius, et sine ullo dolore, et cum magno lucis splendore esset egressura 4.11 (226.24)
nullius anima hominis pro interfecto regis fratre, . . . daretur. 4.21 (249.14)
ibi anima mea per intercessiones eius solueretur a poenis.' 4.22 (251.1)
peribit anima illa de Israel, 5.21 (335.1)
anima. signum incendii, quod in anima pertulit, . . . portauit; 3.19 (167.7)
soluta ab ergastulo corporis anima sancta, 4.3 (210.6)
et adsumta secum anima eius, ad caelestia regna redire.' 4.3 (211.33)
et in ecclesiam conuocatas orationibus ac psalmis pro anima matris operam dare monuit. 4.23 (257.29)
easque ad orandum pro anima eius, . . . excitauerit. 4.23 (258.17)
animabus. scientes hoc uestris animabus per omnia profuturum, 1.23 (43.16)
'Deus miserere animabus, dixit Osuald cadens in terram.' 3.12 (151.30)
animabus. ut de animabus nostris debeamus esse solliciti, 1.32 (69.22)
prae oculis affectum doctrinae ipsius, quem pro uestris animabus libenter exercuit, habetote; 2.17 (119.22)
orauit pro animabus exercitus sui. 3.12 (151.29)
Vtrumque autem erat animabus hominum plenum, 5.12 (305.4)
animae. a morte animae, . . . reuocari poterant. 1.14 (30.13)
quae de uestri uestrorumque omnium animae salute optabilia desideranter exspectat, 2.11 (106.17)
uigilias pro salute animae eius facere, 3.2 (129.32)
nec dubito me post mortem corporis statim ad perpetuam animae mortem rapiendum, 3.13 (153.5)
animae redemtione cotidie Domino preces offerri deberent. 3.14 (155.27)
subiectos suos meditatur . . . ad fidem catholicam atque apostolicam pro suae animae redemtione conuerti. 3.29 (197.2)
seu raptos e mundo a perpetua animae damnatione seruaret. 4.14 (233.19)
per quam se ad uitam animae perpetuam non dubitabant esse transituros. 4.16 (238.7)
et pro absolutione animae eius sepius missas facere curauit. 4.22 (250.23)
quia sacrificium salutare ad redemtionem ualeret et animae et corporis sempiternam. 4.22 (252.9)
et neminem ex omnibus praeter te erga sanitatem animae suae occupatum repperi; 4.25 (265.10)
ad excitationem uiuentium de morte animae, quidam aliquandiu mortuus ad uitam resurrexit corporis, 5.12 (303.28)
animae. Gaudeas uidelicet, quia Anglorum animae . . . ad interiorem gratiam pertrahuntur; 1.31 (66.18)
ipse est locus, in quo examinandae et castigandae sunt animae illorum, 5.12 (308.12)
in quo recipiuntur animae eorum, qui in bonis quidem operibus de corpore exeunt; 5.12 (308.26)
animam. quae sanctam illam animam carnis uinculis absolutam 3.8 (143.26)
'Non,' inquit, 'propter auaritiam, sed propter saluandam eius animam suscepit'; 3.19 (166.33)
uidit animam Ceddi fratris ipsius cum agmine angelorum descendere de caelo, 4.3 (211.31)
Reddidit atque animam tota sacrata polo. 4.20 (248.18)
placuit pio prouisori salutis nostrae sanctam eius animam longa etiam infirmitate carnis examinari, 4.23 (256.14)
uidit animam praefatae Dei famulae in ipsa luce, . . . ad caelum ferri. 4.23 (257.14)
quae animam eius cum angelis ad caelum ire conspexerit, 4.23 (258.14)
animarum. Augustinum . . . illic nos pro utilitate animarum auxiliante Domino direxisse; 1.24 (44.9)
hic autem totus erga animarum lucra uacabat. 2.1 (77.18)
sed cum commodis animarum ante tribunal summi et uenturi Iudicis repraesentes. 2.8 (97.1)
reliquit monasterii et animarum curam fratri suo Fullano, 3.19 (167.33)
mox ad sempiterna animarum gaudia adsumtus in caelum, et electorum est sociatus agminibus. 4.14 (234.30)
ut, . . . tunc isti introitum eius in perpetuam animarum uitam cognoscerent. 4.23 (258.7)
animas. animas ad supernae ciuitatis gaudia perfecto agone miserunt. 1.7 (22.3)
hi animas curare, hi cupientes corpora. 1.19 (37.27)
Atque animas monitis texit ab hoste sacris. 2.1 (79.16)
infirmos uisitandi, et, ut breuiter dicam, animas curandi causa fuit; 3.26 (191.19)
ut nulli esset dubium, quin ipsa lux, quae animas famularum Christi esset ductura . . . monstraret. 4.7 (220.12)
quae quinque animas hominum merentes heiulantesque, . . . trahebat in tenebras; 5.12 (306.13)
ANIMADVERTO. animaduertendum. animaduertendum est, quod in prima aetate bona aliqua fecit, 5.13 (313.16)
animaduertentes. animaduertentes uicini, qui uidebant, sanctum fuisse uirum, 1.33 (71.2)
animaduerteret. Quod ubi fidissimus quidam amicus illius animaduertit [animaduerteret], uar. 2.12 (108.1)
animaduerterunt. animaduerterunt, qui eum diligentius considerabant, . . . quia non erat de paupere uulgo, 4.22 (251.3)
animaduertit. Quod ubi fidissimus quidam amicus illius animaduertit, 2.12 (108.1)
animaduertit paulatim adulescens animi sagacis, minime perfectam esse uirtutis uiam, 5.19 (323.11)
animaduerto. Vnde animaduerto illum citius ex hac uita rapiendum; 3.14 (157.10)
ANIMAL. animal. ipse cuncta, . . . rememorando secum, et quasi mundum animal ruminando, in carmen dulcissimum conuertebat, 4.24 (260.31)
animalia. essent animalia, quae offerre consueuerant, 1.30 (65.34)
animalia. nec diabolo iam animalia immolent, 1.30 (65.22)
et ad laudem Dei in esu suo animalia occidant, 1.30 (65.23)
ut eis in suo sacrificio animalia immolare praeciperet; 1.30 (65.32)
ANIMO. animatus. His beati Petri flagellis simul ex exhortationibus animatus. 2.6 (93.1)
ANIMOSITAS. animositati. ebrietati, animositati, litigio, . . . sua colla, . . . subdentes. 1.14 (30.6)
ANIMVS. animi. et tranquillitatem in nobis animi perturbamus; 1.27 (58.10)
enumeratis animi sui uirtutibus priscis, 2.1 (74.17)
Cum ergo uideret Paulinus difficulter posse sublimitatem animi regalis ad humilitatem . . . inclinari, 2.12 (107.6)
missus fuerit primo alius austerioris animi uir, 3.5 (137.3)
recepi enim sensum animi mei.' 3.11 (150.16)
ut ob regiam eius et animi, et uultus, et meritorum dignitatem ab omnibus diligeretur, 3.14 (156.1)
quod esset homo ferocis animi, 3.25 (181.24)
dictum est, quia talis animi uirum, episcopum magis quam regem ordinari deceret. 4.11 (225.23)

timere coepit homo animi regalis, 4.11 (226.8)
Erat enim puer multum simplicis ac mansueti animi, 4.14 (234.5)
animaduertit paulatim adulescens animi sagacis, minime perfectam esse uirtutis uiam, 5.19 (323.11)
Vbi cum aliquandiu demoratus adulescens animi uiuacis diligenter his, . . . discendis operam daret, 5.19 (323.28)
ut ipsum in concilio, . . . quasi uirum incorruptae fidei, et animi probi residere praeciperet.' 5.19 (328.14)
optandum est, et totis animi uiribus supplicandum, 5.21 (333.28)
animi. Cuius carminibus multorum saepe animi ad contemtum saeculi, et appetitum sunt uitae caelestis accensi. 4.24 (259.3)
animis. post quam diem ita ex animis omnium suasio iniqua deleta est, 1.18 (36.18)
atque animis omnium fidei puritate conpositis, 1.18 (36.22)
animo. patet animo reatus suus; 1.27 (60.27)
animo. qui inclinatos animo aduersarios intuentes, 1.18 (36.11)
Et cum caro delectare sine animo nequeat, 1.27 (61.20)
animo illius labentia cuncta subteressent, 2.1 (74.7)
Sed ipse potius toto animo intendens, ut 2.9 (98.21)
quod petimus, ut eo benignitatis animo gloria uestra suscipiat, 2.10 (104.4)
quod petimus, ut eo benignitatis animo gloria uestra suscipiat, 2.11 (106.26)
haec . . . gratuito animo adtribuere ulla sine dilatione praeuidemus; 2.17 (119.28)
adeo tamen erat animo ac moribus barbarus, 2.20 (125.10)
coepitque sagaci animo conicere, 3.10 (147.3)
Inest autem animo, si mihi pietas superna aliqua uiuendi spatia donauerit, 3.13 (153.9)
Erat autem uir iste de nobilissimo genere Scottorum, sed longe animo quam carne nobilior. 3.19 (164.19)
quid haec essent, solerti animo scrutaretur, 4.3 (209.1)
diligenter ea, . . . eo quo pontificem decebat, animo, coepit obseruanda docere. 4.5 (214.27)
'Optime omnibus placet, quaeque definierunt . . . nos quoque omnes alacri animo libentissime seruare.' 4.5 (215.27)
Cumque . . . gaudente animo, una cum eis, qui ibidem ante inerant, loquerentur 4.24 (261.26)
unanimo [uno animo] omnium consensu ad episcopatum . . . eligeretur. uar. 4.28 (272.17)
inmisit in animo fratrum, ut tollerent ossa illius, 4.30 (276.11)
Fecit igitur, ut animo disposuerat, 4.31 (278.26)
et ipse lasciuo superatus animo non me potui cohibere, 5.6 (290.5)
Ecgberct, . . . proposuit animo pluribus prodesse; 5.9 (296.9)
proposuitque animo uenire Romam, 5.19 (323.13)
meditationi rerum ecclesiasticarum, ut animo proposuerat, cotidiana mancipatus instantia, 5.19 (324.21)
animos. coeperunt et illi paulatim uires animosque resumere, 1.16 (33.8)
sperantes minus animos militum trepidare, 3.18 (163.7)
tertium dissensionis, cum animos proximorum etiam in superuacuis rebus offendere non formidamus; 3.19 (165.26)
animum. ueritate animum habendo. 1.26 (47.7)
et tamen de ipsa concessione metu animum concutit. 1.27 (58.32)
quia hanc animum nescientem pertulisse magis dolendum est, quam fecisse. 1.27 (60.7)
Vos itaque, . . . nullo modo uestrum animum perturbetis; 1.32 (69.20)
quanta sacri eloquii eruditione eius animum ad uerae conuersionis . . . credulitatem . . . perduxerit. 2.8 (96.10)
quieti membra simul et animum conpone, 2.12 (110.2)
animum irae et auaritiae uictorem, superbiae simul et uanae gloriae contemtorem; 3.17 (161.18)
At ille dum sollicitus in ea, quae audiebat, animum intenderet, 4.3 (208.28)
interrogauit, si omnes placidum erga se animum, et sine querela controuersiae ac rancoris haberent. 4.24 (261.34)
sed non adhuc animum perfecte a iuuenilibus cohibens inlecebris, 5.6 (289.19)
animus. inlicitae concupiscentiae animus in cogitatione per delectationem coniungitur; 1.27 (57.20)
quod in eo animus perturbatur. 1.27 (58.12)
hanc animum nescientem [animus nescius, nesciens] uar. 1.27 (60.7)
habet exinde animus aliquem reatum, 1.27 (60.11)
ut eorum animus, . . . turpibus imaginationibus non fedetur. 1.27 (60.21)
ut . . . inter delectationem et consensum iudex sui animus praesideat. 1.27 (61.10)
ipse tamen animus carnis uoluptatibus reluctans, 1.27 (61.20)
ne . . . infirmus animus in sui praesumtione se eleuet, 1.31 (66.20)
si non obstinatus coniugis animus diuortium negaret, 4.11 (225.21)
ANNA (*d.* 654), *King of East Anglia.*
Anna. secessit ad regem Orientalium Anglorum, cui nomen erat Anna; 3.7 (140.14)
Successor autem regni eorum factus est Anna filius Eni 3.18 (163.14)
quod deinde rex prouinciae illius Anna ac nobiles quique augustioribus aedificiis ac donariis adornarunt. 3.19 (164.16)
Anna. suscepitque eum . . . Aediluald rex . . . Orientalium Anglorum, frater Anna regis eorundem. 3.22 (174.19)
in quibus Aedilheri, frater Anna regis Orientalium Anglorum, . . . interemtus est. 3.24 (178.14)
Accepit autem rex Ecgfrid . . . Aedilthrydam, filiam Anna regis Orientalium Anglorum, 4.19 (243.4)
Annae. inter quas erat Saethryd, filia uxoris Annae regis Orientalium Anglorum, 3.8 (142.22)
ANNALIS. annale. ac statim egressus requisiuit in annale suo, 4.14 (235.24)
ANNISVS (ADN-). adnisum. atque adnisum illius uirtute, . . . adiuuate, 1.32 (69.5)
ANNIVERSARIVS, a, um. **anniuersarias.** anniuersarias praedas trans maria nullo obsistente cogere solebant. 1.12 (27.8)
ANNONA. annonas. Et primum quidem annonas sibi eos affluentius ministrare cogunt, 1.15 (32.10)
ANNOTATIO (ADN-). adnotatione. numquam in adnotatione festi paschalis errabit. 5.21 (334.11)
ANNOTO (ADN-). adnotare. diligenter adnotare curaui, Praef. (8.17)
ex opusculis uenerabilium patrum breuiter adnotare, . . . curaui: 5.24 (357.22)
uel sub quo iudice mundum uicerint, diligenter adnotare studui. 5.24 (359.20)
adnotari. neque aliquis regno eorum annus adnotari. 3.9 (145.6)
adnotata. codicibus, in quibus defunctorum est adnotata depositio, 4.14 (234.32)
adnotauit. Sic item xx^{am} die dominico paschae adnotauit, 3.25 (187.21)
ANNVATIM. coepit annuatim eiusdem regis ac militis Christi natalicius dies missarum celebratione uenerari. 4.14 (236.5)
hanc dominicam uocari, et in ea nos annuatim paschalia eiusdem resurrectionis uoluit festa celebrare; 5.21 (340.6)
ANNVMERO (ADN-). adnumerato. VIIII annos, adnumerato etiam illo, quem et feralis impietas regis Brettonum, . . . detestabilem fecerat. 3.9 (144.30)
adnumeretur. Quis enim non uideat, . . . octo potius esse dies, si et ipsa XIIII^{a} adnumeretur? 5.21 (335.27)
ANNVNTIATIO (ADN-). adnuntiatione. ita ut in Christi euangelium plurimorum adnuntiatione in omnibus gentibus, . . . dilatetur. 2.8 (96.28)
Frigiditatem cordis ipsius Sancti Spiritus adnuntiatione succende; 2.11 (105.35)
ANNVNTIO (ADN-). adnuntiandam. ad adnuntiandam uobis plenitudinem fidei Christianae sacerdotalem curauimus sollicitudinem prorogare, 2.10 (101.3)
adnuntiandum. ad adnuntiandam [adnuntiandum] uobis plenitudinem fidei Christianae uar. 2.10 (101.3)
adnuntians. Atque mox eiusdem causam coinquinationis adnuntians subiungit: 1.27 (57.9)
multis annis in Scottia uerbum Dei omnibus adnuntians, 3.19 (167.25)
adnuntiant. Suscipite uerba praedicatorum, et euangelium Dei, quod uobis adnuntiant; 2.10 (103.24)
adnuntiata. et in omni mundo adnuntiata uestri operis multipliciter referat fructum. 2.17 (119.5)
ANNVO (ADN-). adnue. Adnue iam coeptis, alma Deus Trinitas. 4.20 (247.10)
adnuens. qui precibus eius adnuens, multis annis eidem genti sacerdotali iure praefuit. 3.7 (140.26)

adnuente. Et adnuente Paulino, fecit, ut dixerat. 2.13 (111.15)
Paulinus . . . uerbum Dei, adnuente ac fauente ipso, in ea prouincia praedicabat; 2.14 (114.18)
adnuentibus. fauentibus cunctis et adnuentibus fidei, baptizatus est cum eis 3.22 (172.14)
adnuit. Quod dum sibi placuisse Eadbercto antistiti suo referrent, adnuit consilio eorum, ... 4.30 (276.17)
libenter eius uotis ac desideriis caelestibus adnuit, ... 5.19 (322.32)
ANNVS. anni. quae uixdum unius anni aetatem inpleuerat, ... 3.24 (178.23)
quae totius anni circulus in celebratione dierum festorum poscebat, ... 4.18 (241.23)
contigit eum ante expletum anni circulum migrasse de saeculo. 5.15 (316.11)
5.21 (334.5); 5.21 (334.17); 5.21 (336.1); 5.21 (336.12); 5.21 (339.2); 5.21 (339.9); 5.21 (339.28); 5.21 (339.32).
annis. Seuerus, . . . XVII ab Augusto imperium adeptus X et VII annis tenuit. 1.5 (16.16)
Diocletianus . . . imperator ab exercitu electus annis XX fuit, ... 1.6 (17.10)
Gratianus . . . post mortem Valentis sex annis imperium tenuit, ... 1.9 (23.4)
1.13 (28.19); 1.15 (30.29); 1.23 (42.15); 1.34 (72.1); 2.5 (89.8); 2.7 (95.3); 2.14 (114.17); 2.15 (116.19); 2.16 (117.14); 2.20 (124.14); 2.20 (124.20); 3.7 (140.26); 3.7 (141.5); 3.7 (141.30); 3.8 (142.6); 3.8 (144.15); 3.14 (155.1); 3.17 (159.26); 3.19 (167.24); 3.23 (176.9); 3.24 (180.6); 3.24 (180.18); 3.24 (180.26); 3.26 (189.22); 4.3 (207.16); 4.9 (222.1); 4.9 (222.33); 4.10 (224.7); 4.12 (227.27); 4.12 (228.3); 4.13 (231.11); 4.19 (243.11); 4.19 (244.28); 4.20 (248.15); 4.23 (256.12); 4.26 (268.8); 4.26 (268.9); 4.28 (272.10); 4.29 (274.3); 4.29 (274.15); 4.29 (276.1); 4.30 (276.11); 5.1 (281.6); 5.1 (282.24); 5.1 (282.29); 5.5 (288.30); 5.6 (291.30); 5.7 (292.13); 5.7 (294.5); 5.8 (294.24); 5.9 (298.19); 5.18 (320.7); 5.18 (320.26); 5.19 (326.4); 5.19 (329.33); 5.21 (339.23); 5.21 (341.14); 5.23 (349.21); 5.23 (350.22); 5.24 (352.18); 5.24 (352.27); 5.24 (353.8).
anno. Hoc autem bellum quarto imperii sui anno conpleuit, ... 1.3 (15.17)
cuius anno imperii VIII Palladius ad Scottos . . . mittitur 1.13 (28.19)
Anno autem regni eius XXIII, ... 1.13 (28.22)
quamuis anno ante hunc proximo Blaedla . . . sit interemtus 1.13 (29.2)
Anno autem sequente uenit in prouinciam quidam sicarius uocabulo Eumer, ... 2.9 (98.33)
1.2 (13.21); 1.2 (13.22); 1.3 (15.4); 1.3 (15.18); 1.4 (16.3); 1.5 (16.14); 1.6 (17.8); 1.9 (23.3); 1.10 (23.24); 1.11 (24.18); 1.11 (25.5); 1.13 (28.17); 1.15 (30.27); 1.16 (33.20); 1.21 (41.17); 1.23 (42.13, 15, 18, 20); 1.23 (43.24, 25); 1.24 (44.21, 22); 1.28 (62.29, 30); 1.29 (64.22, 23); 1.30 (66.6, 7); 1.32 (70.5, 6); 1.34 (71.29); 1.34 (72.1, 2); 2.1 (73.2); 2.1 (79.3); 2.3 (85.4); 2.4 (88.18); 2.5 (89.4); 2.7 (94.7); 2.7 (95.6); 2.9 (98.19); 2.14 (113.29); 2.18 (122.4, 5, 6, 7, 8); 2.20 (124.23); 3.1 (128.5); 3.2 (129.31); 3.4 (133.4, 25); 3.8 (142.3); uar. 3.9 (144.30); 3.9 (145.11); 3.14 (154.13, 14); 3.14 (155.23); 3.17 (160.8); 3.20 (169.10); 3.24 (179.13); 3.25 (182.3); 3.26 (189.19); 3.27 (191.28, 30); 3.27 (193.30); 4.1 (201.4); 4.1 (203.8); 4.2 (204.14); 4.5 (214.11, 14, 22); 4.5 (216.22, 25); 4.5 (217.20, 21); 4.8 (221.23); 4.12 (228.7, 27); 4.12 (229.1); 4.17 (239.7, 9, 10, 11); 4.17 (240.16); 4.21 (249.3); 4.23 (252.15); 4.23 (253.16); 4.23 (256.26); 4.23 (257.3); 4.26 (266.14, 26); 4.26 (267.3, 5); 4.26 (268.6, 13); 4.27 (268.21); 4.29 (275.28); 5.6 (292.3); 5.7 (292.12, 24); 5.7 (294.2, 3); 5.8 (294.17); 5.8 (295.25, 27); 5.11 (303.1); 5.18 (320.4, 5); 5.19 (321.27); 5.19 (322.17); 5.19 (327.11); 5.20 (330.31); 5.22 (346.20); 5.22 (347.24); 5.23 (348.14, 20); 5.23 (349.4, 17, 28); 5.23 (350.1); 5.23 (351.25, 27); 5.24 (352.5, 9, 13, 17, 20, 22, 24, 26); 5.24 (353.3, 6, 9, 12, 15, 18, 21, 22, 24, 25, 27, 29, 31); 5.24 (354.1, 3, 4, 5, 8, 10, 12, 14, 18, 19, 21, 25); 5.24 (355.1, 2, 5, 6, 9, 10, 11, 13, 15, 16, 18, 20); 5.24 (356.3, 5, 7, 9, 13, 14, 16, 17); 5.24 (357.15); Cont. (361.1, 4, 6, 10).
annorum. filiam X annorum caecam curandam sacerdotibus offerens, ... 1.18 (36.7)
atque uitam uestram et hic per multorum annorum curricula extendat, ... 1.32 (69.33)
quae computatio LXXXIIII annorum circulo continetur. 2.2 (81.20)
2.12 (107.19); 2.12 (108.14); 2.20 (124.24); 3.4 (134.1); 3.9 (145.7); 3.14 (154.8); 3.24 (179.7); 3.25 (187.15); 3.27 (193.31); 4.8 (220.25); 4.15 (236.19); 4.21 (249.6); 4.23 (252.21); 4.26 (267.27); 5.8 (294.20); 5.8 (294.21); 5.18 (320.7); 5.19 (325.30); 5.21 (341.17); 5.21 (341.19); 5.21 (346.9); 5.24 (357.7).
annos. quibus sibi per VII annos fortissime uindicatis ac retentis, ... 1.6 (17.21)
Brittaniamque post X annos recepit. 1.6 (17.25)
nam per X annos incendiis ecclesiarum, ... 1.6 (18.1)
Arcadius . . . regnum suscipiens, tenuit annos XIII. 1.10 (23.26)
Ante paucos sane aduentus eorum annos 1.17 (33.24)
1.11 (25.7); 1.12 (25.25); 1.14 (29.22); 1.23 (42.17); 2.1 (73.4); 2.5 (90.5); 2.15 (117.2); 2.19 (123.30); 3.2 (130.12); 3.4 (134.1); 3.4 (134.29); 3.7 (140.3); 3.9 (144.30); 3.14 (154.8); 3.14 (154.17); 3.17 (160.19); 3.19 (168.21); 3.20 (169.4); 3.20 (169.6); 3.20 (169.17); 4.1 (201.11); 4.1 (202.27); 4.2 (204.15); 4.5 (217.23); 4.5 (217.28); 4.6 (218.6); 4.9 (222.7); 4.9 (223.11); 4.11 (225.25); 4.12 (229.22); 4.13 (232.18); 4.19 (244.22); 4.19 (245.23); 4.20 (247.3); 4.23 (254.1); 4.23 (256.17); 4.23 (257.6); 4.26 (267.15); 4.27 (268.27); 4.27 (270.16); 4.28 (271.8); 4.30 (276.5); 4.32 (280.5); 5.7 (294.1); 5.9 (298.17); 5.11 (302.29); 5.17 (319.10); 5.18 (321.23); 5.19 (322.18); 5.19 (323.10); 5.19 (324.30); 5.19 (327.13); 5.19 (328.17); 5.19 (330.26); 5.20 (331.31); 5.21 (341.28); 5.22 (347.19); 5.22 (347.21); 5.23 (348.18); 5.23 (349.30); 5.24 (352.14); 5.24 (354.26); 5.24 (355.20); 5.24 (356.6).
annum. usque ad annum obsessionis Badonici montis, ... 1.16 (33.18)
qui post annum, ex quo abierunt, reuersi sunt; 2.6 (93.14)
hoc est usque ad annum dominicae incarnationis DCCXV per annos CL. 3.4 (134.28)
3.5 (136.19); 3.12 (152.1); 3.19 (168.5); 3.20 (169.12); 4.19 (244.1); 4.23 (253.12); 5.11 (303.21); 5.19 (322.29); 5.24 (356.19); 5.24 (357.20).
annus. qui est annus ab incarnatione Domini XLVI; 1.3 (15.17)
Infaustus ille annus, et omnibus bonis exosus usque hodie permanet, ... 3.1 (128.10)
idem annus sequentis regis, . . . regno adsignaretur; 3.1 (128.16)
2.5 (89.5); 2.14 (113.29); 2.14 (114.1); 3.9 (145.6); 3.26 (189.20); 3.26 (189.22); 4.5 (214.12); 4.12 (228.28); 4.13 (231.20); 5.20 (331.3); 5.23 (348.15); 5.24 (353.16).
ANNVVS, a, um. **annuum.** quatenus . . . cursum canendi annuum, sicut ad sanctum Petrum Romae agebatur, edoceret; 4.18 (241.19)
ANTE (*adv.*). 1.5 (16.27); 1.6 (17.29); 1.11 (24.20); 1.17 (33.24); 2.2 (84.31); 2.12 (110.6); 3.2 (130.12); 3.4 (133.13); 3.17 (160.28); 3.19 (166.30); 3.25 (183.2); 4.13 (230.14); 4.14 (235.15); 4.18 (241.9); 4.18 (242.3); 4.20 (247.3); 4.23 (253.20); 4.23 (255.18); 4.24 (261.27); 4.28 (271.8); 4.32 (279.19); 5.2 (284.28); 5.12 (304.13); 5.12 (307.5); uar. 5.12 (307.33); 5.13 (312.1); 5.15 (316.13); 5.18 (321.22).
ANTE (*prep.*). Praef. (6.5); 1.2 (13.21); 1.3 (15.10); 1.7 (21.2); 1.13 (29.2); 1.19 (37.26); 1.27 (51.25); 1.27 (54.8); 1.27 (57.17); 1.32 (68.27); 2.1 (79.5); 2.8 (97.1); 2.9 (97.13); 2.9 (99.12); 2.12 (107.18); 2.12 (108.17); 2.12 (109.8); 2.16 (118.15); 2.16 (118.21); 2.20 (124.26); 3.1 (127.13); 3.5 (137.24); 3.14 (154.12); 3.14 (156.31); 3.14 (157.9); 3.21 (170.33); 3.22 (174.3); 3.25 (187.23); 3.27 (194.13); 4.2 (206.1); 4.3 (209.31); 4.6 (218.17); 4.11 (226.22); 4.12 (229.16); 4.13 (231.11); 4.16 (238.12); 4.17 (240.21); 4.19 (243.7); 4.23 (255.18); 4.28 (273.19); 4.30 (276.9); 4.30 (276.28); 5.1 (281.4); 5.2 (283.21); 5.12 (305.22); 5.12 (305.27); 5.12 (307.9); 5.12 (307.30); 5.12 (308.20); 5.14 (314.33); 5.15 (316.11); 5.16 (318.19); 5.19 (322.4); 5.21 (339.7); 5.21 (339.24); 5.21 (340.2); 5.21 (340.21); 5.23 (349.23); 5.24 (352.5); 5.24 (360.6).
ANTEA. 1.7 (21.15); 1.9 (23.5); 1.25 (45.20); 1.32 (69.14); 2.15 (116.8); 3.4 (135.3); 3.17 (161.1); 3.18 (162.26); 3.19 (167.10); 4.9 (223.26); uar. 4.24 (261.27); 4.31 (279.14); 5.2 (284.16); 5.8 (295.4); 5.12 (307.33); 5.21 (345.29); 5.21 (345.33); 5.22 (348.9).
ANTECEDO. antecedere. semper antecedere signifer consuesset; 2.16 (118.18)
ANTECESSOR. antecessoribus. ordinauit Ithamar, . . . de gente Cantuariorum, sed uita et eruditione antecessoribus suis aequandum. 3.14 (154.23)
ANTEQVAM. antequam cognosceremus, credentes, quod iuxta morem uniuersalis ecclesiae ingrederentur, 2.4 (87.31)
cum [antequam] cathecizaretur, atque ad percipiendum baptisma inbueretur, ... uar. 2.14 (114.4)
hortabatur, ut uel tunc, antequam moreretur, paenitentiam ageret commissorum. 5.13 (311.18)

ANTESTITI, *see* **ANTISTES.**

ANTICIPO. anticipant. Namque sine ratione necessitatis alicuius anticipant illi tempus in lege praescriptum, 5.21 (337.30)
anticipare. qui praefixos in lege terminos, nulla cogente necessitate, uel anticipare uel transcendere praesumunt. 5.21 (337.28)

ANTIQVI. antiquis. iuxta opinionem, quam ab antiquis accepimus, 2.1 (81.4)
templum Romae, quod Pantheon uocabatur ab antiquis, 2.4 (88.29)
ut indicemus nos non cum antiquis excussum Aegyptiae seruitutis iugum uenerari, 5.21 (340.34)
antiquorum. prout uel ex litteris antiquorum, uel ex traditione maiorum, . . . scire potui, 5.24 (357.1)
antiquos. quae apud antiquos una uel prima sabbati siue sabbatorum uocatur, 5.21 (336.6)
et antiquos pascha celebrare solitos, . . . noscendum est. 5.21 (339.12)

ANTIQVIOR, ius. **antiquioribus.** Romanorum tamen semper ab antiquioribus usus fuit, 1.27 (57.26)

ANTIQVI SAXONES, *see* **SAXONES ANTIQVI.**

ANTIQVITVS. qui antiquitus gentem Brettonum a Pictis secernebat, 1.1 (13.12)
Erat . . . ecclesia in honorem sancti Martini antiquitus facta, 1.26 (47.11)
nam in has duas prouincias gens Nordanhymbrorum antiquitus diuisa erat, 3.1 (127.9)
quod certo utique praesagio futurorum antiquitus nomen accepit; 3.2 (129.22)
gens Occidentalium Saxonum, qui antiquitus Geuissae uocabantur, 3.7 (139.8)
interrogaui . . . si consentirent ea, quae a patribus canonice sunt antiquitus decreta, custodire. 4.5 (215.23)

ANTIQVVS, a, um. **antiqua.** ne praetermitti possit hoc, quod antiqua patrum institutio inuenit. 1.27 (53.21)
antiqui. de dentibus antiqui hostis eripiens 2.1 (78.6)
sed redemtionem totius mundi, quae in antiqui Dei populi liberatione praefigurata, 5.21 (341.2)
antiquis. ne paucitatem suam in extremis terrae finibus constitutam, sapientiorem antiquis . . . ecclesiis aestimarent; 2.19 (122.16)
antiquis. ab antiquis praedecessorum meorum temporibus 1.27 (52.31)
Siquidem a temporibus ibidem antiquis, et epicsopus cum clero, et abbas solebat manere cum monachis; 4.27 (270.23)
antiquo. magnas antiquo hosti praedas docendo et baptizando eripuit; 2.20 (126.24)
antiquo. neque aliquid ex eo tempore nocturni timoris aut uexationis ab antiquo hoste pertulit. 3.11 (150.25)
uno semper eodemque tempore cum antiquo Dei populo, . . . pascha celebrare possemus. 5.21 (337.3)
antiquo. ecclesiam, quam inibi antiquo Romanorum fidelium opere factam fuisse didicerat, 1.33 (70.12)
quod antiquo gentium illarum uerbo Viltaburg, . . . uocatur; 5.11 (303.8)
antiquorum. ut antiquorum principum nomen suis uir ille laudibus uinceret, 1.32 (68.19)
ita ut in morem antiquorum Samaritanorum et Christo seruire uideretur et diis, 2.15 (116.6)
iuxta exempla patrum antiquorum, in magna uitae perfectione administrare curauit; 4.3 (207.2)
antiquorum. His temporibus miraculum memorabile et antiquorum simile in Brittania factum est. 5.12 (303.26)
antiquos. ut et antiquos gentis suae reges laudibus ac meritis transeat, 1.32 (68.24)

ANTISTES. antestiti. In qua etiam ciuitate ipsi doctori atque antistiti [antestiti] suo Paulini sedem episcopatus donauit. uar. 2.14 (114.6)
antistes. quintus ab Augustino Doruuernensis ecclesiae consecratus est antistes. 2.18 (120.13)
cum Doruuernensis uel Eburacensis antistes de hac uita transierit, 2.18 (120.17)
petens, ut sibi mitteretur antistes, 3.3 (131 11)
Denique reuerentissimus antistes Acca solet referre, 3.13 (152.10)
recordans uerbum, quod dixerat illi antistes, 3.14 (156.29)
Sed et ipse antistes Aidan . . . a Domino praemia recepit. 3.14 (157.15)
Quae cuncta, ut praedixerat antistes, ex ordine conpleta sunt; 3.15 (158.10)
Quo tempore reuerentissimus antistes Aidan in insula Farne, . . . morabatur. 3.16 (159.10)
uicus quoque ille, in quo antistes obiit, una cum ecclesia memorata flammis absumeretur. 3.17 (160.22)
quem ordinaturus uenit illuc Ithamar, antistes ecclesiae Hrofensis. 3.20 (169.16)
Qui cum abisset, obuiauit ei antistes. 3.22 (174.2)
Fauens ergo uotis regis antistes elegit sibi locum monasterii construendi 3.23 (175.12)
et ab illo est uir praefatus consecratus antistes, 3.28 (195.11)
Quis sane pro Vighardo repertus ac dedicatus sit antistes, libro sequente oportunius dicetur. 3.29 (199.6)
et ut Putta pro Damiano Hrofensis ecclesiae sit factus antistes. 4.2 (204.12)
Introiuit ille concitus, cui dixit antistes: 4.3 (209.4)
Quartus Occidentalium Saxonum antistes Leutherius fuit. 4.12 (227.22)
pulsus est idem antistes a sede sui episcopatus, 4.12 (229.3)
horum numero duos addidit antistites [antistes], uar. 4.12 (229.23)
Nam et antistes cum uenisset in prouinciam, 4.13 (231.25)
Quo beneficio multum antistes cor omnium in suum conuertit amorem, 4.13 (232.2)
quod mihi reuerentissimus antistes Acca sepius referre, . . . solebat, 4.14 (233.3)
sicut et praefatus antistes Vilfrid, et multi alii, qui nouere, testantur; 4.19 (245.11)
Theodorus Deo dilectus antistes, diuino functus auxilio, . . . extinguit incendium; 4.21 (249.11)
De primo supra diximus, quod Eboraci fuerit consecratus antistes; 4.23 (254.26)
Quo tempore antistes prouinciae illius, uocabulo Bosel, tanta erat corporis infirmitate depressus, 4.23 (255.9)
uir . . . uocabulo Tatfrid, de eiusdem abbatissae monasterio electus est antistes; 4.23 (255.21)
Qui dum sese alterutrum caelestis uitae poculis debriarent, dixit inter alia antistes: 4.29 (274.20)
Incubuit precibus antistes, statimque edoctus in spiritu inpetrasse se, quod petebat a Domino: 4.29 (275.4)
episcopatum ecclesiae illius anno uno seruabat uenerabilis antistes Vilfrid, 4.29 (275.28)
donec eligeretur, qui pro Cudbercto antistes ordinari deberet. 4.29 (275.29)
multis cum lacrimis et magna conpunctione antistes lingua etiam tremente conpleuit, 4.30 (277.15)
Deo dilectus antistes Eadberct morbo correptus est acerbo, 4.30 (277.18)
aio: "Etiam; tu es antistes meus amatus." 5.6 (291.3)
Petrumque uocari Sergius antistes iussit, 5.7 (293.18)
inter multos, quos ordinauit antistites [antistes], uar. 5.8 (295.31)
elegerunt . . . Suidberctum, qui eis ordinaretur antistes, 5.11 (302.8)
ipse antistes cum quibusdam Pippinum petiit, 5.11 (302.22)
alios quoque illis in regionibus ipse constituit antistites [antistes] ex eorum numero fratrum, uar. 5.11 (303.15)
Huius regni principio antistes Occidentalium Saxonum Haeddi caelestem migrauit ad uitam. 5.18 (320.8)
Denique reuerentissimus antistes Pecthelm, . . . referre est solitus, 5.18 (320.13)
consecratusque est eis primus antistes Eadberct, 5.18 (321.19)
antistes eximius Vilfrid post XL et V annos accepti episcopatus diem clausit extremum 5.19 (322.18)
Delectabatur enim antistes prudentia uerborum iuuenis, 5.19 (324.4)
Quibus auditis antistes misit eum Romam 5.19 (324.16)
Sed ne hoc fieri posset, antistes crudeli morte praereptus est, 5.19 (324.33)
Paulinus a Iusto archiepiscopo ordinatur genti Nordanhymbrorum antistes. 5.24 (353.28)
Paulinus, quondam Eboraci, sed tunc Hrofensis antistes ciuitatis, migrauit ad Dominum. 5.24 (354.6)
et pro eo Bosa, Eata, et Eadhaeth consecrati antistites [antistes]. uar. 5.24 (355.4)
antistes. 'Quid uoluisti, domine antistes, equum regium, . . . pauperi dare? 3.14 (156.17)
antistis. ad consulta reuerentissimi antistitis [antistis] uar. 1.28 (62.6)
dira antistitis [antistis] praesagia . . . impleta sunt. uar. 3.14 (157.13)
Ceadda, frater reuerentissimi antistitis [antistis] Ceddi, uar. 3.28 (195.1)
Erat autem Vynfrid de clero eius, cui ipse successerat, antistitis [antistis], uar. 4.3 (212.30)
Quo beneficio multum antistes [antistis] cor omnium in suum conuertit amorem, uar. 4.13 (232.2)

antistite. de sanctissimo patre et antistite Cudbercto, . . . Praef. (7.29)
ut euangelizante antistite, qui Anglorum linguam perfecte non nouerat, ipse rex . . . interpres uerbi existeret . . . 3.3 (132.10)
apud . . . Fresonum gentis archiepiscopum Vilbrordum cum suo antistite Vilfrido moraretur, . . . 3.13 (152.13)
Haec in praefato antistite multum conplector et amo, . . . 3.17 (161.29)
Orientales Saxones fidem, quam olim, expulso Mellito antistite, abiecerant, . . . receperunt. . . . 3.22 (171.20)
esse scilicet episcopum, quem petierant a Romano antistite in regno Francorum, . . . 4.1 (203.25)
siue de his, qui cum antistite illo uenerant, . . . 4.14 (233.12)
sed reuocato domum Vilfrido primo suo antistite, . . . 4.15 (236.22)
accepto uelamine sanctimonialis habitus a praefato antistite Vilfrido. . . . 4.19 (244.1)
tandem rex ipse praefatus, una cum sanctissimo antistite Trumuine, . . . insulam nauigauit. . . . 4.28 (272.21)
Quod dum sibi placuisse Eadbercto antistiti [antistite] suo referrent, . . . uar. 4.30 (276.16)
Narrauit idem Berecthun et aliud de praefato antistite miraculum: . . . 5.3 (285.2)
Aliud quoque non multum huic dissimile miraculum de praefato antistite narrauit idem abbas, . . . 5.4 (286.29)
Hanc historiam, sicut a uenerabili antistite Pecthelmo didici, . . . 5.13 (313.23)
Prouincia Australium Saxonum . . . ministerium sibi episcopale ab Occidentalium Saxonum antistite quaerit. . . . 5.23 (350.23)
Orientales Saxones fidem Christi percipiunt sub rege Sabercto antistite Mellito. . . . 5.24 (353.23)
antistitem. Concursus omnium ad antistitem conuolauit, . . . 1.19 (37.15)
ut etiam nolentibus ac contradicentibus paganis antistitem suae posset ecclesiae reddere. . . . 2.6 (93.20)
Vt idem rex postulans de gente Scottorum antistitem acceperit Aidanum, . . . 3.3 (131.3)
cum de prouincia Scottorum rex Osuald postulasset antistitem, . . . 3.5 (137.1)
rogauerunt Theodorum, . . . ipsum sibi antistitem consecrari; . . . 3.7 (141.29)
Paucitas enim sacerdotum cogebat unum antistitem duobus populis praefici. . . . 3.21 (171.5)
et hunc antistitem ordinandum Romam miserunt; . . . 3.29 (196.13)
'Hominem . . . in omnibus ornatum antistitem, . . . minime ualuimus nunc repperire . . . 3.29 (198.1)
uenit ad antistitem Lundoniae ciuitatis, uocabulo Valdheri, . . . 4.11 (225.31)
diuertit ad Sexuulfum Merciorum antistitem, . . . 4.12 (228.15)
Gebmundum pro eo substituit antistitem. . . . 4.12 (228.26)
orta inter ipsum regem Ecgfridum et reuerentissimum antistitem Vilfridum dissensione, . . . 4.12 (229.2)
Habebat enim ante Eadhaedum antistitem Sexuulfum, . . . 4.12 (229.16)
per Vilfridum beatae memoriae antistitem, qui tunc temporis Mediterraneorum Anglorum episcopatum gerebat, ordinatus est; . . . 4.23 (255.14)
antistitem quoque eum futurum esse praedixerat. . . . 4.28 (272.32)
etiam Tobiam uirum doctissimum Hrofensi ecclesiae fecerit antistitem. . . . 5.8 (294.16)
ex quo ad praedicationem gentis Anglorum Aidanum miserant antistitem. . . . 5.22 (347.21)
in sedem pontificatus addita ipsum primum habet antistitem. . . . 5.23 (351.4)
antistites. deinde antistites uenerandi torrentes eloquii . . . profuderunt; . . . 1.17 (35.28)
et qui tempore illo Orientalium Anglorum, qui Hrofensis ecclesiae fuerint antistites. . . . 3.20 (169.2)
pulsus est episcopatu, et alii pro illo consecrati antistites, quorum supra meminimus; . . . 5.19 (326.9)
et pro eo Bosa, Eata, et Eadhaeth consecrati antistites. . . . 5.24 (355.4)
antistites. catholicos per omnem Brittaniam ecclesiis Anglorum ordinare posset antistites. . . . 3.29 (196.16)
horum numero duos addidit antistites, . . . 4.12 (229.23)
qui inter multos, quos ordinauit antistites, . . . Tobiam . . . consecrauit, . . . 5.8 (295.31)
alios quoque illis in regionibus ipse constituit antistites ex eorum numero fratrum, . . . 5.11 (303.15)
antistiti. In qua etiam ciuitate ipsi doctori atque antistiti suo Paulino sedem episcopatus donauit. . . . 2.14 (114.6)
Donauerat equum optimum antistiti Aidano, . . . 3.14 (156.8)
Et quia moris erat eidem reuerentissimo antistiti opus euangelii . . . ambulando . . . perficere, . . . 4.3 (206.24)
Aedilualch donauit reuerentissimo antistiti Vilfrido terram . . . 4.13 (232.7)
Quod dum sibi placuisse Eadbercto antistiti suo referrent, . . . 4.30 (276.16)
nimio mox timore perculsi, festinarunt referre antistiti, quae inuenerant. . . . 4.30 (276.25)
antistiti. interuenit mentio reuerentissimi antistitis [antistiti] Ceadda, . . . uar. 4.3 (211.28)
Ceadda, frater ruerentissimi antistitis [antistiti] Ceddi, . . . uar. 3.28 (195.1)
antistitibus. ut a Gallicanis antistitibus auxilium belli spiritalis inquirant. . . . 1.17 (34.1)
Consecratus est . . . a . . . Alduino Lyccitfeldensi, et Alduulfo Hrofensi antistitibus, . . . 5.23 (350.7)
antistitis. uel litteris reuerentissimi antistitis Cynibercti . . . didicimus. . . . Praef. (7.21)
ad consulta reuerentissimi antistitis Augustini. . . . 1.28 (62.6)
ac per hoc curam illius praefatus Paulinus inuitatione Honorii antistitis . . . suscepit . . . 2.20 (126.16)
iamdudum ad admonitionem apostolicae sedis antistitis, pascha canonico ritu obseruare didicerunt. . . . 3.3 (131.28)
Huius igitur antistitis doctrina rex Osuald cum ea, cui praeerat, gente Anglorum institutus, . . . 3.6 (137.30)
Nec multo post dira antistitis praesagia tristi regis funere, . . . impleta sunt. . . . 3.14 (157.13)
tandem presbyter reminiscens uerba antistitis, . . . misit de oleo in pontum, . . . 3.15 (158.17)
Erat autem presbyter uocabulo Ceadda, frater reuerentissimi antistitis Ceddi, . . . abbas . . . 3.28 (195.1)
plurimis de ecclesia eiusdem reuerentissimi antistitis de carne subtractis, . . . 4.3 (207.23)
Conuenit autem reuelationi . . . de obitu huius antistitis etiam sermo reuerentissimi patris Ecgbercti, . . . 4.3 (211.16)
interuenit mentio reuerentissimi antistitis Ceadda, . . . 4.3 (211.28)
Erat autem Vynfrid de clero eius, cui ipse successerat, antistitis, . . . 4.3 (212.30)
Collectis ergo undecumque retibus anguillaribus, homines antistitis miserunt in mare, . . . 4.13 (231.30)
iuuante benedictione ac precibus antistitis, nata est . . . uenusta species capillorum, . . . 5.2 (284.25)
cum quo et alii XI episcopi ad dedicationem antistitis conuenientes, . . . 5.19 (325.33)
uitam sancti patris monachi simul et antistitis Cudbercti, . . . descripsi. . . . 5.24 (359.9)
antistitum. sanctorum antistitum auxilium petierunt; . . . 1.20 (38.11)
ANTONINVS VERVS, MARCVS (121–180), *Marcus Aurelius, Roman Emperor.*
Antoninus Verus, Marcus. Marcus Antoninus Verus . . . regnum cumAurelio Commodo fratre suscepit; 1.4 (16.4)
ANTONIVS, *surname of Bassianus, or Caracalla: see* **BASSIANVS.**
Antonio. Bassianus, Antonio cognomine adsumpto, . . . 1.5 (17.6)
ANXIETAS. anxietatem. quae omnem ei anxietatem memoratae sollicitudinis auferret, . . . 4.11 (226.18)
anxietatibus. et sopitis ac relictis curarum anxietatibus, quieti membra simul et animum conpone, . . . 2.12 (110.2)
APERIO. aperiens. aperiens corda gentium ad suscipiendum praedicationis uestrae singulare mysterium. . . 2.8 (95.25)
At ego aperiens oculos aio: "Etiam; tu es antistes meus amatus." . . . 5.6 (291.2)
aperiens. At illa aperiens ianuam monasterii, exiuit ipsa . . . 3.11 (149.27)
aperientes. Et aperientes sepulchrum eius, . . . 3.8 (144.19)
Fecerunt autem ita, et aperientes sepulchrum, inuenerunt corpus totum, . . . 4.30 (276.18)
aperirent. adeo ut relictis siue destructis fanis arisque, quas fecerant, aperirent ecclesias, . . . 3.30 (200.3)
aperires. ut aperires oculos caecorum, et educeres de conclusione uinctum, . . . 3.29 (197.19)
aperit. cuius proximum litus transmeantibus aperit ciuitas, . . . 1.1 (9.10)
aperta. cumque me in luce aperta duceret, . . . 5.12 (307.8)
legitimos utique terminos paschae aperta transgressione uiolant, . . . 5.21 (338.25)
aperta. ut cunctis, . . . fratribus ac sororibus, quasi opobalsami cellaria esse uiderentur aperta. . . . 3.8 (144.4)
uidit aperta tartara, uidit damnationem diaboli, et sequacium eius; . . . 5.14 (314.35)
apertis. apertisque, ut sibi uidebatur, oculis, aspexit, . . . lucem omnia repleuisse; . . . 4.23 (257.11)
apertisque oculis uidit circa se choros psallentium simul et flentium fratrum; . . . 5.19 (328.29)

aperto. Cumque corpus sacrae uirginis ac sponsae Christi aperto sepulchro esset prolatum in lucem, 4.19 (245.9)
ut mirum in modum pro aperto et hiante uulnere, . . . tenuissima tunc cicatricis uestigia parerent. 4.19 (245.34)
apertos. quia uideret inferos apertos, et Satanan demersum in profundis tartari, 5.14 (314.15)
Beatus protomartyr Stephanus passurus mortem pro ueritate, uidit caelos apertos, 5.14 (314.31)
apertum. acerbiorem castigando et apertum ueritatis aduersarium reddidit. 3.25 (181.25)
aperuisset. Qui cum die quadam ingressus ecclesiam, aperuisset thecam reliquiarum, 4.32 (280.11)
aperuit. aperuit episcopus fenestram oratorii, 4.3 (209.1)
subito uisione spiritali recreata, os et oculos aperuit; 4.9 (223.17)
APERTE. in quibus aperte, . . . ostendit, 1.30 (64.28)
Nunc autem aperte profiteor, quia in hac praedicatione ueritas claret illa, 2.13 (112.29)
quod aperte eos inter alia resonare audiret: 3.19 (164.31)
APERTISSIME. sicut in libro Numerorum apertissime scribitur: 5.21 (335.10)
APEX. apicem. porro anno Focatis, qui tum Romani regni apicem tenebat, primo. 1.34 (72.2)
qui se tot ac tantis calamitatibus ereptum, ad regni apicem proueheret. 2.12 (109.21)
qui post illum regni apicem tenebat, ut in sequentibus dicemus. 3.11 (148.5)
apicibus. Susceptis namque apicibus filii nostri Adulualdi regis, 2.8 (96.9)
apicum. et arithimeticae ecclesiasticae disciplinam inter sacrorum apicum uolumina suis auditoribus contraderent. 4.2 (204.29)
APOCALYPSIS, *Revelation.*
Apocalypsin. In Apocalypsin sancti Iohannis libros III. 5.24 (358.27)
APOCRISIARIVS. apocrisiarius. Constantinopolim apocrisiarius ab apostolica sede directus est, 2.1 (75.2)
Quod uidelicet opus in regia quidem urbe apocrisiarius inchoauit, 2.1 (75.24)
APOSTASIA. apostasia. quem et feralis impietas regis Brettonum, et apostasia demens regum Anglorum detestabilem fecerat. 3.9 (145.1)
apostasiam. Infaustus ille annus, . . . permanet, tam propter apostasiam regum Anglorum, 3.1 (128.11)
Sigheri . . . relictis Christianae fidei sacramentis, ad apostasiam conuersus est. 3.30 (199.15)
APOSTATA. apostatarum. ut nomen et memoria apostatarum de catalogo regum Christianorum prorsus aboleri deberet, 3.9 (145.4)
APOSTOLATVS. apostolatus. nam signaculum apostolatus eius nos sumus in Domino. 2.1 (73.17)
APOSTOLICVS, a, um. **apostolica.** Dum nos sedes apostolica more suo, . . . ad praedicandum gentibus paganis dirigeret, 2.4 (87.28)
Neque haec euangelica et apostolica traditio legem soluit, 3.25 (186.4)
intellexerat enim ueraciter Osuiu, . . . quia Romana esset catholica et apostolica ecclesia, 3.29 (196.9)
de cuius pio studio cognoscentes, tantum cuncta sedes apostolica una nobiscum laetatur, 3.29 (198.22)
ita hanc apostolica traditio festis paschalibus inseruit, 5.21 (336.8)
decreuit apostolica traditio, . . . ut . . . expectetur etiam dies dominica, 5.21 (337.7)
apostolica. atque honoris pallium ab hac sancta et apostolica, . . . sede percipiat. 1.29 (63.28)
Constantinopolim apocrisiarius ab apostolica sede directus est, 2.1 (75.2)
flagellis artioribus afficiens sciscitabatur apostolica districtione, 2.6 (92.21)
ego quidem Theodorus, quamuis indignus, ab apostolica sede destinatus Doruuernensis ecclesiae episcopus, 4.5 (215.5)
accepit ab eo, . . . epistulam priuilegii ex auctoritate apostolica firmatam; 4.18 (241.13)
qui nuper Romam accusatus a suis, atque ab apostolica sede iudicandus aduenerit: 5.19 (328.7)
tuo desiderio, iuxta quod ab apostolica sede didicimus, patefacere satagimus. 5.21 (333.18)
apostolicae. Gregorius, . . . pontificatum Romanae et apostolicae sedis sortitus 1.23 (42.17)
Mos autem sedis apostolicae est ordinatis episcopis praecepta tradere, 1.27 (48.23)
postquam sedem Romanae et apostolicae ecclesiae XIII annos, . . . rexit, 2.1 (73.4)
Denique Felix eiusdem apostolicae sedis quondam episcopus, . . . eius fuit atauus. 2.1 (73.21)
Accedensque ad pontificem Romanae et apostolicae sedis, 2.1 (80.23)
ut ministerium baptizandi, . . . iuxta morem sanctae Romanae et apostolicae ecclesiae conpleatis; 2.2 (83.19)
susceperunt scripta exhortatoria a pontifice Romanae et apostolicae sedis Bonifatio, 2.7 (94.5)
quod sedis apostolicae humanitate percepit, 2.8 (96.30)
litteras a pontifice sedis apostolicae Bonifatio accepit, 2.10 (100.19)
praesulatum sedis apostolicae Honorius Bonifatii successor habebat, 2.17 (118.24)
Praedicatoris igitur uestri domini mei apostolicae memoriae Gregorii frequenter lectione occupati, 2.17 (119.20)
Hilarus archipresbyter et seruans locum sanctae sedis apostolicae, 2.19 (123.5)
item Iohannes primicerius et seruans locum sanctae sedis apostolicae, 2.19 (123.7)
et Iohannes seruus Dei, consiliarius eiusdem apostolicae sedis. 2.19 (123.8)
iamdudum ad admonitionem apostolicae sedis antistitis, pascha canonico ritu obseruare didicerunt. 3.3 (131.28)
si audita decreta sedis apostolicae, immo uniuersalis ecclesiae, . . . sequi contemnitis, 3.25 (188.9)
Qui in tantum eo tempore tenebatur amore Romanae et apostolicae institutionis, 4.5 (214.16)
De Iohanne cantatore sedis apostolicae, 4.18 (240.27)
ritus canonicos iuxta Romanae et apostolicae ecclesiae consuetudinem recipere, 5.19 (325.19)
Bonifatius consiliarius apostolici [apostolicae] papae, uar. 5.19 (328.4)
quos iamdudum ad exemplum . . . apostolicae ecclesiae suam religionem instituisse cognouit. 5.21 (332.24)
se quoque ipsum . . . morem sanctae Romanae et apostolicae ecclesiae semper imitaturum, 5.21 (333.8)
quae unitati catholicae et apostolicae ecclesiae concinnant, 5.21 (345.13)
apostolicae. cuius sedi apostolicae tempore illo Vitalianus praeerat, 4.1 (201.20)
cuius sedi apostolicae tunc Sergius papa praeerat, 5.11 (301.22)
apostolicam. coeperunt apostolicam primitiuae ecclesiae uitam imitari; 1.26 (46.32)
et non eis iuxta apostolicam disciplinam primo lac doctrinae mollioris porrexisti, 3.5 (137.16)
et quia dextera Domini protegente, ad ueram et apostolicam fidem sit conuersus, 3.29 (196.26)
subiectos suos meditatur die ac nocte ad fidem catholicam atque apostolicam . . . conuerti. 3.29 (197.1)
uti nouum Christi populum coaceruet, catholicam ibi et apostolicam constituens fidem. 3.29 (198.29)
qui ad sedem apostolicam ritus ecclesiastici siue monasteriales seruarentur, 5.19 (323.14)
'Vilfridus . . . apostolicam sedem de sua causa appellans, 5.19 (326.33)
'Vilfridus . . . apostolicam sedem de sua causa appellans, 5.19 (327.31)
additum est per institutionem apostolicam ex euangelio, 5.21 (334.7)
apostolice. Bonifatius consiliarius apostolici [apostolice] papae, uar. 5.19 (328.4)
apostolici. Exemplar epistulae beatissimi et apostolici papae urbis Romanae ecclesiae Bonifatii . . . Æduino 2.10 (100.21)
Exemplar epistulae beatissimi et apostolici Bonifatii papae . . . directae Aedilbergae reginae 2.11 (104.10)
quem remissa mox scripta papae apostolici ibidem obisse narrauerint. 3.29 (196.2)
Bonifatii uidelicet archidiaconi, qui etiam consiliarius erat apostolici papae; 5.19 (324.24)
Bonifatius consiliarius apostolici papae, et alii perplures, . . . dicebant ipsum esse episcopum, 5.19 (328.4)
apostolici. atque omnium iudicio electi sunt apostolici sacerdotes 1.17 (34.5)
Brittaniarum insulam apostolici sacerdotes . . . uirtutibus impleuerunt; 1.17 (35.4)
apostolicis. torrentes eloquii sui cum apostolicis et euangelicis imbribus profuderunt; 1.17 (35.29)
Itaque apostolicis ducibus Christus militabat in castris. 1.20 (38.14)
apostolicis. quae in propheticis, euangelicis, et apostolicis litteris discere poterant, 3.4 (134.24)
nil ex omnibus, quae in euangelicis uel apostolicis siue propheticis litteris facienda cognouerat, 3.17 (161.27)
apostolico. si tamen apostolico papae, hoc ut fieret, placeret. 2.1 (80.28)
missis pariter apostolico papae donariis, 4.1 (201.18)
postquam itineris sui causam praefato papae apostolico patefecit, 4.1 (201.21)

Romamque iturus, et coram apostolico papa causam dicturus, ... 5.19 (326.10)
apostolico. de necessariis ecclesiae Anglorum cum apostolico papa Bonifatio tractaturus. 2.4 (88.14)
Ipse autem excepto cantandi uel legendi munere, et aliud in mandatis ab apostolico papa acceperat, . 4.18 (241.33)
atque ab apostolico papa omnibusque, qui audiere uel legere, gratantissime susceptum. 4.18 (242.29)
uixit . . . pontificante apostolico uiro domno Sergio papa anno secundo. 5.7 (294.3)
considentibus episcopis pluribus cum apostolico papa Iohanne, ... 5.19 (327.17)
Cum ergo causa exigente synodus eadem . . . iubente apostolico papa, diebus aliquot legeretur, . . 5.19 (327.28)
Lectis autem epistulis, quas ab apostolico papa aduexerat, ... 5.19 (329.23)
catholicoque illos atque apostolico more celebrationem, . . . agere perdocuit. 5.22 (347.2)
apostolico. id est inito opere apostolico, uerbum Dei aliquibus . . . committere; 5.9 (296.10)
apostolicum. ita ut apostolicum illum de eo liceat nobis proferre sermonem: 2.1 (73.15)
de quibus apostolicum illum licet proferre sermonem, ... 5.22 (346.30)
apostolicus. At apostolicus papa habito de his consilio, ... 4.1 (202.4)
Praeceperat enim Theodoro abeunti domnus apostolicus, ut in diocesi sua prouideret, ... 4.1 (204.7)
APOSTOLORVM, *see* **ACTVS APOSTOLORVM.**
APOSTOLVS. apostoli. cum a uobis ex beati Petri apostoli fuerint benedictione suscepta. 1.32 (69.30)
et monasterium beati Petri apostoli fecerit; 1.33 (70.9)
Sepultus uero est corpore in ecclesia beati Petri apostoli, ... 2.1 (79.5)
fecit rex Aedilberct in ciuitate Lundonia ecclesiam sancti Pauli apostoli, ... 2.3 (85.19)
in qua rex Aedilberct ecclesiam beati Andreae apostoli fecit, ... 2.3 (85.26)
atque in ecclesia et monasterio sancti apostoli Petri . . . sepultus est 2.7 (93.29)
iuxta uocem apostoli, uni uero sponso uirginem castam exhiberet Christo. 2.9 (98.23)
Baptizatus est autem Eburaci . . . in ecclesia Petri apostoli, ... 2.14 (114.3)
et inlatum postea in ecclesiam beati apostoli Petri, ... 2.20 (125.22)
iuxta promissum apostoli dicentis: 3.4 (135.13)
sepultusque est in secretario beati apostoli Andreae, ... 3.14 (154.19)
et multi alii nobiles in ecclesia sancti apostoli Petri sepulti sunt. 3.24 (179.12)
quam . . . archiepiscopus Theodorus in honore beati apostoli Petri dedicauit. 3.25 (181.10)
laborem nostrum, in quo tanti apostoli, qui super pectus Domini recumbere dignus fuit, exempla sectamur; 3.25 (184.34)
habuerat enim tonsuram more orientalium sancti apostoli Pauli. 4.1 (203.7)
Qui statim ut ad illum uenit, dedit ei monasterium beati Petri apostoli, ... 4.1 (204.5)
decreta firmabat uir uenerabilis Iohannes archicantator ecclesiae sancti apostoli Petri, ... 4.18 (241.1)
ut, iuxta exemplum apostoli, uirtus eius in infirmitate perficeretur. 4.23 (256.15)
in ecclesia beati Petri apostoli iuxta honorem et uita et gradu eius condignum conditus est. 4.26 (267.29)
in ecclesia beati apostoli Petri sepultus est. 5.1 (282.26)
et iuxta honorem tanto pontifici congruum in ecclesia beati apostoli Petri sepultum. 5.19 (322.23)
positus est in ecclesia beati apostoli Petri iuxta altare ad Austrum, ... 5.19 (330.6)
ecclesiae suae, quae in beati Andreae apostoli honorem consecrata est, ... 5.20 (331.16)
sed tamen indicio fit, quod ea, quae apostoli Petri sunt, in abdito cordis amplectimini, ... 5.21 (344.25)
Sepultus uero est in porticu sancti Pauli apostoli, ... 5.23 (348.29)
apostoli. Romae, ubi beati apostoli Petrus et Paulus uixere, docuere, passi sunt, ... 3.25 (184.21)
in omnibus, quae tradiderunt sancti apostoli Petrus et Paulus, ... 3.29 (197.28)
Salutantes ergo illum uerbis piissimis apostoli dicebant: 4.14 (234.7)
sicut praedicauerunt hi, quos memorauimus supra, sancti apostoli, et prophetae, et doctores. . . . 4.17 (240.24)
qui longius ab eis locis, in quibus patriarchae uel apostoli erant, secreti, . . . norunt. 5.15 (316.33)
Et quidem scimus, quia neque apostoli omnes uno eodemque sunt modo adtonsi, ... 5.21 (342.4)
apostolis. nec subito ualentibus apostolis omnem legis obseruantiam, quae a Deo instituta est, abdicare . 3.25 (185.5)
probauit uera fuisse uerba, quae ab apostolis Christi audierat. 4.14 (235.32)
in similitudinem illius diu claudi, qui curatus ab apostolis Petro et Iohanne, exiliens stetit, ... 5.2 (284.18)
gaudium summae festiuitatis, . . . cum Domino et apostolis, ceterisque caeli ciuibus conpleuit, . . . 5.22 (347.31)
apostolo. Vt correptus ab apostolo Petro Laurentius Aeodbaldum regem ad Christum conuerterit, . . . 2.6 (92.11)
ut audiuit, quia suae causa salutis episcopus ab apostolo Christi tanta esset tormenta . . . perpessus, . 2.6 (93.6)
apostolorum. Erat illis apostolorum instar et gloria et auctoritas 1.17 (35.9)
et beatorum apostolorum siue aliorum martyrum posuerit. 1.18 (36.5)
omnium apostolorum diuersorumque martyrum secum reliquias habens, ... 1.18 (36.25)
sanctorum etiam apostolorum ac martyrum reliquias, ... 1.29 (63.11)
ecclesiam beatorum apostolorum Petri et Pauli . . . construxit, ... 1.33 (70.19)
ut in ecclesiis sanctorum apostolorum . . . missae celebrarentur. 2.1 (78.29)
et positum corpus eius foras iuxta ecclesiam beatorum apostolorum Petri et Pauli, ... 2.3 (86.3)
hoc est beatissimi apostolorum principis Petri, ... 2.4 (87.1)
intro ecclesiam beatorum apostolorum Petri et Pauli sepultus, ... 2.5 (90.7)
iussit ipsa sibi nocte in ecclesia beatorum apostolorum Petri et Pauli, . . . stratum parari; 2.6 (92.15)
apparuit ei beatissimus apostolorum princeps, ... 2.6 (92.20)
in monasterio beatissimi apostolorum principis ecclesiam sanctae Dei genetricis fecit, ... 2.6 (93.23)
sepultusque est . . . in . . . monasterio et ecclesia beatissimi apostolorum principis, ... 2.7 (95.6)
Praeterea benedictionem protectoris uestri beati Petri apostolorum principis uobis direximus, . . . 2.10 (104.2)
et beato Petro apostolorum principi uberes merito gratias exsoluamus. 2.11 (106.21)
Praeterea benedictionem protectoris uestri beati Petri apostolorum principis uobis direximus, . . . 2.11 (106.24)
uice beati Petri apostolorum principis, auctoritatem tribuimus, ... 2.18 (121.21)
atque in ecclesia beatorum apostolorum Petri et Pauli positus est. 3.7 (140.5)
coepit facere in monasterio suo ecclesiam in honorem omnium apostolorum, ... 3.8 (144.10)
atque in honorem beatissimi apostolorum principis dedicata, ... 3.17 (160.13)
num praeferri potuit beatissimo apostolorum principi, ... 3.25 (188.17)
non equitando, sed apostolorum more pedibus incedendo peragrare. 3.28 (195.21)
oportet uestram celsitudinem, . . . piam regulam sequi perenniter principis apostolorum, ... 3.29 (197.26)
Munuscula a uestra celsitudine beato principi apostolorum directa . . . suscepimus, ... 3.29 (198.8)
de hac subtractus est luce, situsque ad limina apostolorum, ... 3.29 (198.12)
beneficia sanctorum, hoc est reliquias beatorum apostolorum Petri et Pauli, ... 3.29 (198.15)
coniugi uestrae, . . . direximus . . . crucem clauem auream habentem de sacratissimis uinculis beatorum Petri et Pauli apostolorum; 3.29 (198.21)
sed postmodum constructa ibidem ecclesia beatissimi apostolorum principis Petri, ... 4.3 (212.7)
cui diuina dispositione subito beatissimi apostolorum principes dignati sunt apparere. 4.14 (234.3)
Cum . . . Benedictus construxisset monasterium Brittaniae in honorem beatissimi apostolorum principis, 4.18 (241.6)
Canebat . . . de Spiritus Sancti aduentu, et apostolorum doctrina. 4.24 (261.5)
Qui susceptum episcopatus gradum ad imitationem beatorum apostolorum uirtutum ornabat operibus. 4.28 (273.14)
sed et successor eius Ini eadem beatorum apostolorum limina deuotus adierit. 5.7 (292.10)
ut ad limina beatorum apostolorum fonte baptismatis ablueretur, ... 5.7 (292.17)
ut beatissimo apostolorum principi, . . . etiam nominis ipsius consortio iungeretur; 5.7 (292.29)
ad limina beatorum apostolorum Gregorio pontificatum tenente profectus est, ... 5.7 (294.8)
Romam uenire ad uidenda atque adoranda beatorum apostolorum ac martyrum Christi limina cogitauit. 5.9 (296.23)
simul et reliquias beatorum apostolorum ac martyrum Christi ab eo se sperans accipere, ... 5.11 (301.25)

uenit Romam, ibique adtonsus, . . . ac monachus factus, ad limina apostolorum, 5.19 (322.1)
ad uisionem beatorum apostolorum in caelis diu desideratam peruenit. 5.19 (322.16)
indicauit ei desiderium sibi inesse beatorum apostolorum limina uisitandi; 5.19 (323.21)
adquisitis undecumque reliquiis beatorum apostolorum et martyrum Christi, 5.20 (331.20)
misit legatarios ad . . . Ceolfridum, abbatem monasterii beatorum apostolorum Petri et Pauli, 5.21 (332.26)
promittens hanc in honorem beati apostolorum principis dedicandam; 5.21 (333.6)
qui dudum quidem, hoc est ipsis apostolorum temporibus, iam seruari in ecclesia coepit, 5.21 (341.9)
beatissimi autem apostolorum principis, quantum mea paruitas sufficit, uestigia sequi desidero." 5.21 (344.22)
ut . . . beatissimus apostolorum princeps caelestis quoque regni tibi tuisque . . . pandat introitum. 5.21 (345.17)
et quasi nouo se discipulatui beatissimi apostolorum principis Petri subditam, . . . gaudebat. 5.21 (346.11)
digessi Baeda . . . presbyter monasterii beatorum apostolorum Petri et Pauli, 5.24 (357.4)

apostolum. quem recte nostrum appellare possumus et debemus apostolum. 2.1 (73.11)
Cuius ut uirtus, iuxta apostolum, in infirmitate perficeretur, 4.9 (222.5)
In apostolum quaecumque in opusculis sancti Augustini exposita inueni, cuncta per ordinem transscribere curaui. 5.24 (358.22)

apostolus. Vnde Paulus quoque apostolus dicit: 1.27 (57.7)
Nam cum Paulus apostolus diceret: 1.27 (58.33)
quia etsi aliis non est apostolus, sed tamen nobis est; 2.1 (73.16)
sed et fornicatione pollutus est tali, qualem nec inter gentes auditam apostolus testatur, 2.5 (90.29)
sed sicut apostolus ait, 2.9 (98.29)

APPAREO. apparebant. apparebantque mense Ianuario, et duabus ferme septimanis permanebant. 5.23 (349.12)

apparebat. in qua apparebat, cruore seruato, 1.18 (37.1)

apparent. Et cum progrederemur . . . ecce subito apparent ante nos crebri flammarum tetrarum globi, 5.12 (305.27)

apparentibus. quae a uiris iustis sibi inter angelos apparentibus laeta uel tristia cognouerit), 3.19 (165.10)

apparere. cui diuina dispositione subito beatissimi apostolorum principes dignati sunt apparere. 4.14 (234.4)

appareret. Sed ut Dei potentia manifestior appareret, 1.19 (37.19)
sed ne memoria quidem, praeter in paucis et ualde paucis ulla appareret. 1.22 (42.1)

apparet. Ita haec uita hominum ad modicum apparet; 2.13 (112.18)
in qua etiam rupis apparet illa, 5.16 (317.27)

apparuerit. Coepitque narrare, quia apparuerit sibi quidam uir Dei, qui eodem anno fuerat defunctus, 4.8 (221.22)
quanta saepe flagrantia mirandi apparuerit odoris, 4.10 (224.17)
nullumque eius uspiam uestigium apparuerit. 4.23 (256.2)
obitus illius in uisione apparuerit, 4.23 (258.13)
Qualis uisio cuidam uiro Dei apparuerit, 4.25 (262.21)
quia et ea nocte sibi post expletos matutinos Boisil per uisum apparuerit, 5.9 (297.28)

apparuerunt. Sed et linteamina omnia, quibus inuolutum erat corpus, integra apparuerunt, 4.19 (246.2)
apparuerunt cometae duae circa solem, 5.23 (349.4)
et apparuerunt stellae pene hora dimidia ab hora diei tertia. 5.24 (353.4)
Anno DCCXXVIIII, cometae apparuerunt, 5.24 (356.14)

apparuisse. At postquam Aedilfrid in hac eum prouincia apparuisse, 2.12 (107.24)

apparuissent. quales essent habitu uel specie uiri, qui sibi apparuissent. 4.14 (235.13)

apparuisset. ut intellegeret non hominem esse, qui sibi apparuisset, sed spiritum. 2.12 (109.28)
ac si nil umquam in eo deformitatis ac tumoris apparuisset. 4.32 (280.29)
uenit . . . ad eum unus de fratribus, . . . referens ei uisionem, quae sibi eadem nocte apparuisset: 5.9 (297.4)

apparuit. supra sepulchrum eius lux caelestis apparuit, 1.33 (71.1)
apparuit ei beatissimus apostolorum princeps, 2.6 (92.19)
ita postmodum et ceteris uirtutibus ornatus apparuit. 3.5 (137.28)
apparuit uisio miranda cuidam de sororibus, 4.9 (221.30)
apparuit mense Augusto stella, quae dicitur cometa; 4.12 (228.28)
locus quoque capitis seorsum fabrefactus ad mensuram capitis illius aptissime figuratus apparuit. 4.19 (246.27)
apparuit magister quondam meus, et nutritor amantissimus Boisil, 5.9 (297.6)
Sed et unus ex eis in uisione nocturna apparuit cuidam de sociis suis, 5.10 (301.2)
apparuit retro uia, qua ueneram, quasi fulgor stellae micantis inter ten ebras, 5.12 (306.32)
lux illa . . . in conparatione eius, quae nunc apparuit, lucis, tenuissima prorsus uidebatur, 5.12 (308.2)
'Visio mihi modo tremenda apparuit, 5.19 (329.7)
Anno DCLXXVIII, cometa apparuit; 5.24 (355.2)

APPELLO. appellabatur. nam uterque eorum appellabatur Heuuald; 5.10 (299.21)

appellans. adstitit ei quidam per somnium, eumque salutans, ac suo appellans nomine: 4.24 (259.23)
apostolicam sedem de sua causa appellans, 5.19 (327.1)
'Vilfridus . . . apostolicam sedem de sua causa appellans, 5.19 (327.31)

appellant. a quo reges Orientalium Anglorum Vuffingas appellant. 2.15 (116.16)
illud genus uexilli, quod Romani tufam, Angli appellant thuuf, ante eum ferri solebat. 2.16 (118.20)

appellare. quem recte nostrum appellare possumus et debemus apostolum. 2.1 (73.10)
patri nostro Saba,' sic namque eum appellare consuerant, 2.5 (91.13)
'Mirum quare stultum appellare uelitis laborem nostrum, 3.25 (184.33)

appellat. 'Primum ergo diem azymorum appellat eum, in quo exercitum eorum esset educturus de Aegypto. 5.21 (335.5)

appellatur. Verolamium, quae nunc a gente Anglorum Verlamacæstir siue Vaeclingacæstir appellatur, 1.7 (21.27)
lingua autem Anglorum Penneltun appellatur; 1.12 (26.26)
Rex prouinciae illius quomodo appellatur?' 2.1 (80.20)
qui usque hodie lingua Anglorum Augustinaes Ác, . . . appellatur; 2.2 (81.15)
ciuitatem Legionum, quae a gente Anglorum Legacaestir, a Brettonibus autem rectius Carlegion appellatur, 2.2 (84.3)
in ciuitate Venta, quae a gente Saxonum Vintancæstir appellatur, 3.7 (141.1)
adiuuarent, maxime in ciuitate, quae lingua Saxonum Ythancaestir appellatur, 3.22 (173.7)
cum essent in monasterio, quod lingua Scottorum Rathmelsigi appellatur, 3.27 (192.26)
ut Kalendis Augustis in loco, qui appellatur Clofeshoch, semel in anno congregemur.' 4.5 (216.24)
secessit ad ciuitatem Calcariam, quae a gente Anglorum Kælcacaestir appellatur, 4.23 (253.26)
monasterio, quod ipsa eodem anno construxerat, et appellatur Hacanos, 4.23 (257.3)
Cudberctum, qui in insula permodica, quae appellatur Farne, . . . uitam . . . duxerat. 4.27 (268.24)
diuertendum est ad ecclesiam Constantinianam, quae Martyrium appellatur. 5.16 (317.24)

APPENDO (ADP-). adpendens. adpendens linteolum cum puluere, quem adtulerat, in una posta parietis. 3.10 (147.12)

APPETITVS. appetitu. opus est . . . cum cessant a laboribus rerum temporalium, tunc pro appetitu aeternorum bonorum liberius laborare; 4.25 (265.6)

appetitum. Cuius carminibus multorum saepe animi ad contemtum saeculi, et appetitum sunt uitae caelestis accensi. 4.24 (259.3)

appetitus. Cum uero ultra modum appetitus gulae in sumendis alimentis rapitur, 1.27 (60.9)

APPETO. appetit. etiam cum interiora appetit, 2.1 (74.23)

APPLICO (ADP-). adplicauit. eamque in conspectu omnium puellae oculis adplicauit, 1.18 (36.16)

adplicita. adtritu calefactus adplicita detinet, 1.1 (10.25)

adplicuit. In hac ergo adplicuit seruus Domini Augustinus, 1.25 (45.10)

APPONO (ADP-). adponentes. qui cum suum caput eidem loculo adponentes orassent, 4.19 (246.18)

adposita. quae extrinsecus ecclesiae pro munimine erat adposita, 3.17 (160.7)

et haec eadem destina in munimentum est parietis, . . . forinsecus adposita. 3.17 (160.28)
adpositas. Qui mox dapes sibimet adpositas deferri pauperibus, 3.6 (138.20)
adpositi. Non solum autem subpositi eidem feretro, uel adpositi curantur egroti, 4.6 (218.23)
adpositis. curabant medici hunc adpositis pigmentorum fomentis emollire, nec ualebant. 4.32 (279.27)
adpositus. ab oriente habens introitum, cui lapis ille magnus adpositus est; 5.16 (318.9)
adposuerunt. uexillum eius super tumbam auro et purpura conpositum adposuerunt, 3.11 (148.30)
destinam illam non, ut antea, deforis in fulcimentum domus adposuerunt, 3.17 (161.2)
cuius corpus in sepulchro benedicti patris Cudbercti ponentes, adposuerunt desuper arcam, 4.30 (277.23)
adposuit. cum accepisset capillos sancti capitis, adposuit palpebrae languenti, 4.32 (280.18)
APPOSITIO (ADP-). adpositione. aliquandiu tumorem illum infestum horum adpositione conprimere ac mollire curabat. 4.32 (280.20)
APPOSTA. apposta. Vt apposta ecclesiae, cui idem adcumbens obierat, . . . flammis absumi nequiuerit; 3.17 (159.23)
APPREHENDO (ADP-). adprehendens. Quem angelus sanctus statim adprehendens in ignem reiecit. 3.19 (166.28)
et adprehendens eum de mento, signum sanctae crucis linguae eius inpressit, 5.2 (284.1)
adprehenderit. Nam etsi saltim unum ex eis, hoc est ipsum septimum adprehenderit, 5.21 (337.19)
adprehendi. 'Ego Dominus . . . adprehendi manum tuam, et seruaui, et dedi te in foedus populi, 3.29 (197.18)
adprehendit. pontifex, . . . adprehendit dexteram eius, et ait: 3.6 (138.23)
Quod ubi lectum est, stupor adprehendit audientes; 5.19 (328.2)
APPROBABILIS (ADP-), e. **adprobabile.** quod agitur, non est tamen adprobabile, 1.27 (58.11)
APPROBO (ADP-). adprobo. Quod autem pascha non suo tempore obseruabat, . . . non adprobo nec laudo. 3.17 (161.34)
In quo tamen hoc adprobo, quia in celebratione sui paschae non aliud corde tenebat, 3.17 (162.1)
APPROPINQVO (ADP-). adpropinquabit. 'Mox ut uirgo . . . adpropinquauit [adpropinquabit] atrio domus uar. 3.11 (150.19)
adpropinquante. Adpropinquante autem eodem mundi termino, 1.32 (69.13)
adpropinquantem. uidit subito intempesta nocte silentio adpropinquantem sibi hominem . . . incogniti; 2.12 (108.22)
adpropinquantes. Fertur autem, quia adpropinquantes ciuitati, 1.25 (46.22)
adpropinquantibus. si uobis adpropinquantibus adsurrexerit, 2.2 (83.6)
Quibus termino adpropinquantibus, tanta hodie calculatorum exuberat copia, 5.21 (341.22)
adpropinquare. quam adpropinquare intuebantur in insidiis constituti. 1.20 (39.4)
ille, ubi adpropinquare sibi citharam cernebat, surgebat a media caena, 4.24 (259.16)
adpropinquassent. Cumque adpropinquassent, pertimescens ille dicit angelo: 3.19 (165.31)
adpropinquat. 'Domine, ecce ignis mihi adpropinquat.' 3.19 (165.33)
adpropinquauit. 'Mox ut uirgo haec . . . adpropinquauit atrio domus huius, 3.11 (150.19)
qui paulatim crescens, et ad me ocius festinans, ubi adpropinquauit, 5.12 (307.1)
APPROPIO (ADP-). adpropiabat. Nec distulit ille, mox ut adpropiabat ad fanum, profanare illud, 2.13 (113.16)
adpropiare. ac deinde paulatim eam sibi adpropiare, donec ad tectum usque oratorii, . . . perueniret; 4.3 (208.24)
adpropiarent. Cumque praefato igni maximo adpropiarent, 3.19 (166.21)
adpropiaret. quia dies sibi mortis, uel uitae magis illius, quae sola uita dicenda est, iam adpropiaret introitus; 4.29 (274.6)
APRILIS, e, *of April.*
Aprilium. Baptizatus est autem Eburaci die sancto paschae pridie Iduum Aprilium 2.14 (114.3)
Ordinatus est autem die VII^mo Kalendarum Aprilium, 3.20 (169.17)
Qui ordinatus est . . . anno dominicae incarnationis DCLXVIII, sub die VII. Kalendarum Aprilium, dominica. 4.1 (203.9)
et uno eodemque die, hoc est XIII° Kalendarum Aprilium, egredientes e corpore . . . uisione coniuncti sunt, 4.29 (275.12)
Aequinoctium . . . XII Kalendarum Aprilium die prouenire consueuit, 5.21 (339.5)
APTE. et daret ei locum, in quo cum suis apte degere potuisset. 4.1 (204.9)
qui ecclesiasticum gradum, hoc est altaris officium, apte subirent, 4.23 (254.20)
APTISSIME. inuenerunt . . . locellum de marmore albo pulcherrime factum, operculo quoque similis lapidis aptissime tectum. 4.19 (245.5)
locus quoque capitis seorsum fabrefactus ad mensuram capitis illius aptissime figuratus apparuit. 4.19 (246.27)
APTIVS. Quis enim ea, . . . nunc ad exemplum omnium aptius quam ipse per sapientiam mihi a Deo uero donatam destruam?' 2.13 (113.7)
quod aptius multo sit, eius, quem corde toto abominaris, . . . habitum uultus a tuo uultu . . . separare; 5.21 (344.28)
APTO. aptandus. quo sensu unicuique fidelium sit aptandus, 2.1 (75.22)
aptari. in personam Saulis dicebat, aptari: 1.34 (71.19)
aptatur. atque in expeditione campestri instar ciuitatis aptatur. 1.20 (38.22)
APTVS, a, um. **apta.** et alendis apta pecoribus ac iumentis; 1.1 (10.1)
Profecto enim dum huiusmodi apta reppertaque persona fuerit, 3.29 (198.3)
apta. quia carmina religioni et pietati apta facere solebat; 4.24 (258.29)
aptam. contigit die quadam nos . . . deuenisse in uiam planam et amplam, aptamque cursui equorum; 5.6 (289.22)
aptum. adsumserunt . . . uirum bonum et aptum episcopatu, 3.29 (196.11)
inuenit locum in Hibernia insula aptum monasterio construendo, 4.4 (213.23)
aptum. quia tamen aptum scribendi se tempus ingessit, 1.24 (44.5)
Mirum uero in modum ita aptum corpori uirginis sarcofagum inuentum est, 4.19 (246.24)
APVD. Praef. (8.12); Praef. (8.17); 1.1 (12.17); 1.5 (17.3); 1.7 (18.21); 1.9 (23.9); 1.11 (24.24); 1.11 (25.1); 1.11 (25.4); 1.12 (27.4); 1.24 (44.3); 1.27 (49.32); 1.27 (54.6); 1.32 (69.26); 2.2 (82.25); 2.9 (99.23); 2.12 (107.1); 2.12 (107.9); 2.12 (107.24); 2.19 (122.27); 2.19 (123.20); 2.19 (123.26); 2.19 (123.32); 2.20 (125.16); 3.1 (127.14); 3.4 (134.27); 3.7 (140.14); 3.7 (140.15); 3.11 (148.25); 3.12 (151.18); 3.13 (152.11); 3.19 (163.20); 3.21 (171.7); 3.23 (174.24); 3.24 (178.5); 3.24 (179.22); 3.25 (182.31); 3.25 (183.10); 3.26 (189.26); 3.28 (194.16); 4.9 (223.6); 4.22 (250.29); 4.22 (251.2); 5.6 (289.13); 5.9 (298.22); 5.12 (304.11); 5.14 (313.26); 5.19 (324.30); 5.19 (328.12); 5.21 (336.6); 5.21 (344.31).
APVT. qui apud [aput] eos anachoreticam ducere uitam solebat, uar. 2.2 (82.25)
AQVA. aqua. Aqua enim, . . . feruidam qualitatem recipit, 1.1 (10.18)
aqua benedicta fiat, 1.30 (65.9)
quia de puluere pauimenti, in quo aqua lauacri illius effusa est, multi iam sanati essent infirmi. 3.11 (149.14)
contigit, ut multo plures aqua fugientes, quam bellantes perderet ensis. 3.24 (178.20)
aqua. sub aqua uadum acutissimis sudibus praestruxerat; 1.2 (14.15)
priusquam lauetur aqua, si ecclesiam possit intrare? 1.27 (53.34)
nisi lotus aqua, intrare ecclesiam non debet; 1.27 (57.15)
ut mixtus uir mulieri, et lauari aqua debeat, 1.27 (57.17)
uir, qui post amixtionem coniugis lotus aqua fuerit, 1.27 (59.18)
et nisi lotum aqua ei usque ad uesperum intrare ecclesiam non concedit. 1.27 (59.27)
sed lauandus est aqua, 1.27 (59.32)
postulata aqua, ipsa lauit faciem, crines conposuit, 3.9 (146.22)
astulis . . . in aquam [aqua] missis, uar. 3.17 (161.7)
unum ouum gallinaceum cum paruo lacte aqua mixto percipiebat. 3.23 (175.30)
tandem didicit se aqua baptismatis non esse regeneratum, 3.23 (177.1)
Quod dum facerent, ad fidem et preces famuli Dei, alio die aqua plena inuenta est, 4.28 (271.27)
Vt coniugem comitis infirmam aqua benedicta curauerit. 5.4 (286.27)
Miserat autem episcopus mulieri, quae infirma iacebat, de aqua benedicta, 5.4 (287.19)
et, ubicumque maximum ei dolorem inesse didicisset, de ipsa eam aqua lauaret. 5.4 (287.23)

in Hibernia insula solitarius ultimam uitae aetatem pane cibario et frigida aqua sustentat. 5.12 (309.26)
ascendente aqua fluminis usque ad lumbos, ... 5.12 (310.16)
aquae. et adsumto in nomine sanctae Trinitatis leui aquae spargine 1.17 (34.24)
aquae. et ipsam rasuram aquae inmissam ac potui datam, ... 1.1 (13.3)
Erat autem locus et aquae prorsus et frugis et arboris inops, ... 4.28 (271.15)
aquam. sanctus Albanus dari sibi a Deo aquam rogauit, ... 1.7 (21.2)
ut in arduo montis cacumine martyr aquam, . . . peteret, ... 1.7 (21.6)
per aquam et Spiritum Sanctum renati ei, cui credideritis, ... 2.10 (103.29)
quas cum in aquas [aquam] miserint, ... uar. 3.2 (129.17)
ut puluerem ipsum, . . . multi auferentes et in aquam mittentes suis per haec infirmis multum commodi adferrent. 3.9 (145.19)
ipsamque aquam, in qua lauerant ossa, in angulo sacrarii fuderunt. 3.11 (148.31)
'Tum benedixi aquam, ... 3.13 (153.30)
astulis . . . in aquam missis, plures sibi suisque langorum remedia conquisiere. 3.17 (161.7)
hominesque prouinciae illius solitos ablatum inde puluerem propter languentes in aquam mittere, . . 5.18 (320.19)
aquarum. ubi aquarum munitio deerat, ... 1.12 (26.20)
quibus cum nullo aquarum iniectu posset aliquis obsistere, ... 2.7 (94.17)
aquas. quas cum in aquas miserint, ... 3.2 (129.17)
quam cum in aquas miserint, atque has infirmantibus iumentis siue hominibus gustandas dederint, . 4.3 (212.20)
Cuius fonte meras sumeret almus aquas, ... 5.7 (293.12)
aquis. ipsa enim regio Elge undique est aquis ac paludibus circumdata, ... 4.19 (244.33)
Est autem Elge . . . in similitudinem insulae uel paludibus, ut diximus, circumdata uel aquis; . . . 4.19 (246.31)
AQVILA, *co-laborer with St. Paul at Corinth.*
Aquila. Hinc est enim, . . . quod cum Aquila et Priscilla caput Chorinti totondit; 3.25 (185.12)
AQVILEIA, *Aquileia, 22 miles from Trieste.*
Aquileiae. clauso uidelicet intra muros Aquileiae, ... 1.9 (23.20)
AQVILO. aquilone. duabus gentibus . . . Scottorum a circio, Pictorum ab aquilone, ... 1.12 (25.24)
qui ab aquilone ad aciem uenerant, ... 1.15 (31.4)
ille, qui ceteram Transhumbranae gentis partem ab Aquilone, id est Berniciorum prouinciam, regebat, 3.14 (155.4)
aquilonem. sed sicut contra Aquilonem ea breuior, ... 1.1 (11.31)
Est autem locus iuxta murum illum ad aquilonem, ... 3.2 (129.26)
Erat autem Columba primus doctor fidei Christianae transmontanis Pictis ad aquilonem, ... 5.9 (297.15)
ubi sepulchra patriarcharum quadrato muro circumdantur, capitibus uersis ad Aquilonem; . . . 5.17 (319.18)
Portabant autem facem ignis contra Aquilonem, quasi ad accendendum adclinem; 5.23 (349.11)
AQVILONALIS, e. **aquilonale.** in monasterio, quod iuxta ostium aquilonale fluminis Genladae positum, Racuulfe nuncupatur; 5.8 (295.20)
aquilonalem. omnem aquilonalem extremamque insulae partem . . . capessunt. 1.12 (27.33)
hoc est ea natio Anglorum, quae ad Aquilonalem Humbre fluminis plagam habitabat, ... 2.9 (97.7)
aquilonalem. Portabant autem facem ignis contra Aquilonem [aquilonalem], ... uar. 5.23 (349.11)
aquilonali. quae tria altaria . . . continet, hoc est australi, aquilonali, et occidentali. 5.16 (318.4)
aquilonali. et in porticu illius aquilonali decenter sepultum est; 2.3 (86.6)
In huius ergo monumenti Aquilonali parte sepulchrum Domini in eadem petra excisum, . . . eminet; . 5.16 (318.13)
in cuius aquilonali parte quercus Abrahae duorum hominum altitudinis truncus ecclesia circumdata est. 5.17 (319.25)
et pro omni aquilonali parte Brittaniae et Hiberniae, . . . catholicam fidem confessus est, ... 5.19 (327.3)
aquilonalium. creberrimas gentium aquilonalium inruptiones; 1.14 (30.18)
aquinali. In huius ergo monumenti Aquilonali [aquinali] parte . . . . uar. 5.16 (318.13)
in cuius aquilonali [aquinali] parte . . . . uar. 5.17 (319.25)
AQVILONARES MERCII, *see* **MERCII AQVILONARES.**
AQVINALI, *see* **AQVILONALIS,** e.
ARA. aras. et ut pontifex eius suas aras profanauerit. 2.13 (111.9)
quis aras et fana idolorum cum septis, . . . primus profanare deberet; 2.13 (113.4)
polluit ac destruxit eas, quas ipse sacrauerat, aras. 2.13 (113.24)
aris. aris adsistere, ac daemonibus hostias offerre. 1.7 (19.2)
adeo ut relictis siue destructis fanis arisque, quas fecerant, aperirent ecclesias, ... 3.30 (200.3)
ARATRVM. aratra. debet ad monasteria Columbae uenire, quia aratra eorum non recte incedunt; . . 5.9 (297.32)
ARBITER. arbiter. populus arbiter uix manus continet, ... 1.17 (36.1)
Qui cuius meriti fuerit, etiam miraculorum signis internus arbiter edocuit, ... 3.15 (157.22)
Cui claues caeli Christus dedit arbiter orbis; 5.19 (330.12)
ARBITROR. arbitrabar. quippe qui neque me umquam hoc esse dignum arbitrabar; 4.2 (205.27)
arbitramini. 'Scio, quod me haec insana mente loqui arbitramini; 4.8 (221.13)
arbitrans. arbitrans oportunum, ... 1.18 (36.27)
arbitrarentur. curauit conferre, quid de his agendum arbitrarentur. 2.9 (100.12)
arbitrentur. quid de his agendum arbitrarentur [arbitrentur]. . . . . uar. 2.9 (100.12)
arbitror. cui iam et responsum reddidisse me arbitror. 1.27 (54.5)
ab immolatione sacri mysterii abstinere, ut arbitror, humiliter debet; 1.27 (60.18)
Sane nullatenus praetereundum arbitror miraculum sanitatis, ... 4.10 (224.20)
quod nequaquam silentio praetereundum arbitror, ... 4.22 (249.23)
ARBOR. arboribus. Opima frugibus atque arboribus insula, ... 1.1 (9.17)
arboris. Erat autem locus et aquae prorsus et frugis et arboris inops, ... 4.28 (271.15)
exceptis uitibus et oliuis, rarae ferax arboris, frumenti quoque et hordei fertilis. 5.17 (318.27)
arborum. de ramis arborum faciant, ... 1.30 (65.20)
ARCA. arca. et sic reponite in arca, quam parastis. 4.30 (277.9)
arcam. cuius corpus in sepulchro benedicti patris Cudbercti ponentes, adposuerunt desuper arcam, . . . 4.30 (277.23)
ARCADIVS (*d.* 408), *Byzantine Emperor; son of Theodosius.*
Arcadio. Arcadio regnante, ... 1.10 (23.22)
Arcadius. Arcadius filius Theodosii . . . regnum suscipiens, ... 1.10 (23.24)
ARCANVM. arcana. dignusque per omnia, cui Dominus specialiter sua reuelaret arcana, ... 4.3 (207.31)
quasi missam a Deo conditore plagam per . . . daemonicae artis arcana cohibere ualerent. 4.27 (269.22)
neque ultra cessauit . . . arcana suae cogitationis ac uoluntatis, . . . aliis ostendere; 5.2 (284.15)
ARCEO. arcebant. et paupertate pariter ac rusticitate sua doctorum arcebant accessum. 4.27 (270.7)
arcendis. qui arcendis hostibus posset esse praesidio; 1.12 (26.13)
arcendos. quo Romani quondam ob arcendos barbarorum impetus totam a mari ad mare praecinxere Brittaniam, ... 3.2 (129.27)
arcente. ita ut ne ad os quidem adducere ipsum brachium ullatenus dolore arcente ualeret. 3.2 (130.16)
arceretur. dummodo hostis inminens longius arceretur, ... 1.12 (26.7)
ARCESSO. arcesiti. Angli a Brettonibus accersiti [arcesiti] Brittaniam adierunt. . . . . uar. 5.24 (352.28)
arcessitis. cum arcessitis ancellis Christi, quae erant in eodem monasterio, ... 4.23 (256.28)
arcessitus. dum quis eorum de hoc saeculo ad auctorem suum fuerit arcessitus, ... 2.17 (119.31)
ARCHANGELVS. archangeli. habens clymeterium sancti Michahelis archangeli, ... 5.2 (283.11)
archangelum. Adstitit enim mihi quidam candido praeclarus habitu, dicens se Michahelem esse archangelum: 5.19 (329.10)

ARCHICANTATOR. archicantator. pariterque catholicae fidei decreta firmabat uir uenerabilis Iohannes archicantator 4.18 (240.30)
ARCHIDIACONVS. archidiaconi. peruenit ad amicitiam uiri sanctissimi . . . Bonifatii uidelicet archidiaconi, 5.19 (324.23)
archidiaconii. peruenit ad amicitiam . . . Bonifatii uidelicet archidiaconi [archidiaconii], uar. 5.19 (324.23)
archidiaconis. peruenit ad amicitiam . . . Bonifatii uidelicet archidiaconi [archidiaconis], uar. 5.19 (324.23)
ARCHIEPISCOPATVS. archiepiscopatus. quatinus accepto ipse gradu archiepiscopatus, 3.29 (196.14)
Vt Theodoro defuncto archiepiscopatus gradum Berctuald susceperit; 5.8 (294.14)
Quo tempore ibi gradum archiepiscopatus Honorius, . . . seruabat. 5.19 (323.25)
ARCHIEPISCOPVS. archipiscopi. Laurentius archiepiscopi gradu potitus 2.4 (87.4)
Iacob diaconus quondam, ut supra docuimus, uenerabilis archiepiscopi Paulini, 3.25 (181.27)
Erat enim discipulus beatae memoriae magistrorum Theodori archiepiscopi, et abbatis Hadriani; 5.23 (348.23)
archiepiscopi. monasterium beati Petri apostoli, ubi archiepiscopi Cantiae sepeliri, . . . solent. 4.1 (204.5)
archiepiscopis. Isque primus erat in archiepiscopis, cui omnis Anglorum ecclesia manus dare consentiret. 4.2 (204.22)
archiepiscopo. una cum epistulis, quas idem pontifex Deo dilecto archiepiscopo Laurentio . . . direxit. 2.4 (88.24)
et tradidissent Iohanni archiepiscopo ciuitatis illius scripta commendaticia Vitaliani pontificis, 4.1 (203.13)
archiepiscopo. a beatae memoriae Theodoro archiepiscopo Praef. (6.8)
et ab archiepiscopo eiusdem ciuitatis Aetherio, . . . ordinatus est; 1.27 (48.4)
neque illum pro archiepiscopo habituros esse respondebant; 2.2 (83.23)
Ordinatus est autem Paulinus episcopus a Iusto archiepiscopo, 2.9 (98.18)
ne sit necesse . . . per tam prolixa terrarum et maris spatia pro ordinando archiepiscopo semper fatigari. 2.18 (120.21)
atque ab Honorio archiepiscopo et rege Eadbaldo multum honorifice susceptus est. 2.20 (125.30)
eo quod Romanus praesul illius ad Honorium papam a Iusto archiepiscopo legatarius missus 2.20 (126.14)
Ordinati sunt autem Eadhaed, Bosa, et Eata Eboraci ab archiepiscopo Theodoro; 4.12 (229.21)
De synodo facta in campo Hæthfelda, praesidente archiepiscopo Theodoro. 4.17 (238.24)
praesidente Theodoro, gratia Dei archiepiscopo Brittaniae insulae et ciuitatis Doruuernis; 4.17 (239.12)
Et nos omnes subscribimus, qui cum Theodoro archiepiscopo fidem catholicam exposuimus. 4.17 (240.25)
Post quem episcopatus officium Alduulf, Berctualdo archiepiscopo consecrante, suscepit. 5.23 (349.3)
Paulinus a Iusto archiepiscopo ordinatur genti Nordhanhymbrorum antistes. 5.24 (353.27)
et synodus facta est ad Herutforda, . . . praesidente archiepiscopo Theodoro, 5.24 (354.23)
synodus facta in campo Haethfeltha . . . praesidente archiepiscopo Theodoro; 5.24 (355.7)
archiepiscoporum. in qua etiam sequentium archiepiscoporum omnium sunt corpora tumulata 2.3 (86.7)
archiepiscopum. ad Etherium Arelatensem archiepiscopum, 1.24 (43.29)
cum uenisset ad Honorium archiepiscopum, 2.15 (116.27)
rogauerunt Theodorum, tunc archiepiscopum Doruuernensis ecclesiae, . . . antistitem consecrari; 3.7 (141.28)
apud . . . Fresonum gentis archiepiscopum Vilbrordum cum suo antistite Vilfrido moraretur, 3.13 (152.12)
et apud Dalfinum archiepiscopum Galliarum Lugdoni multum temporis egerat, 3.25 (182.31)
inuenerunt archiepiscopum Deusdedit iam migrasse de saeculo, 3.28 (195.6)
Vt Vighard presbyter ordinandus in archiepiscopum Romam de Brittania sit missus; 3.29 (196.1)
petentibus hunc ecclesiae Anglorum archiepiscopum ordinari; 4.1 (201.17)
quaesiuit sedulus, quem ecclesiis Anglorum archiepiscopum mitteret. 4.1 (202.5)
uenit Cantiam ad archiepiscopum beatae recordationis Theodorum; 4.23 (255.1)
Memini enim beatae memoriae Theodorum archiepiscopum dicere, 5.3 (285.27)
archiepiscopus. Augustinus . . . archiepiscopus genti Anglorum ordinatus est; 1.27 (48.5)
Augustinus Brittaniarum archiepiscopus ordinauit duos episcopos, 2.3 (85.5)
'Hic requiescit domnus Augustinus Doruuernensis archiepiscopus primus, 2.3 (86.16)
quam consecrauit archiepiscopus Mellitus. 2.6 (93.25)
beatus archiepiscopus Laurentius regnum caeleste conscendit, 2.7 (93.27)
Haec inter Iustus archiepiscopus ad caelestia regna subleuatus 2.18 (120.8)
In cuius locum Honorius archiepiscopus ordinauit Ithamar, 3.14 (154.21)
electus est archiepiscopus cathedrae Doruuernensis sextus Deusdedit 3.20 (169.13)
quam . . . reuerentissimus archiepiscopus Theodorus in honore beati apostoli Petri dedicauit. 3.25 (181.9)
Theodorus archiepiscopus ordinatus, et cum Hadriano abbate sit Brittaniam missus. 4.1 (201.2)
presbyteros et diaconos, usquedum archiepiscopus ad sedem suam perueniret, ordinabat. 4.2 (206.3)
et de synodo facta ad locum Herutforda, cui praesidebat archiepiscopus Theodorus. 4.5 (214.10)
Theodorus archiepiscopus deposuit eum de episcopatu 4.6 (218.5)
pro eo, quod archiepiscopus Theodorus iam defunctus erat, 4.23 (255.16)
congregata synodo . . . cui beatae memoriae Theodorus archiepiscopus praesidebat, 4.28 (272.17)
Theodorus beatae memoriae archiepiscopus, senex et plenus dierum, . . . defunctus est; 5.8 (294.19)
postulans, ut eidem Fresonum genti archiepiscopus ordinaretur. 5.11 (302.33)
Berctuald archiepiscopus, et Aedilred quondam rex, tunc autem abbas, libentissime fauerunt; 5.19 (329.24)
Berctuald archiepiscopus longa consumtus aetate defunctus est 5.23 (349.29)
pro quo anno eodem factus est archiepiscopus, uocabulo Tatuini, 5.23 (350.2)
Anno DCXC, Theodorus archiepiscopus obiit. 5.24 (355.15)
Anno DCCXXXI, Berctuald archiepiscopus obiit. 5.24 (356.16)
Anno eodem Tatuini consecratus archiepiscopus nonus Doruuernensis ecclesiae, 5.24 (356.17)
ARCHIPRESBYTER. archipresbyter. Hilarus archipresbyter et seruans locum sanctae sedis apostolicae, 2.19 (123.5)
ARCHITECTVS. architectos. Vt Ceolfrid abbas regi Pictorum architectos ecclesiae, . . . miserit. 5.21 (332.13)
Sed et architectos sibi mitti petiit, 5.21 (333.3)
Cuius religiosis uotis ac precibus fauens reuerentissimus abba Ceolfrid misit architectos, 5.21 (333.12)
ARCVVLFVS (*fl.* 703?), *a bishop of Gaul, possibly of Périgeux.*
Arcuulfus. cuius auctor erat docendo ac dictando Galliarum episcopus Arcuulfus, 5.15 (316.19)
ARDENTIOR, ius. **ardentior.** dolor tamen omnis et de brachio, ubi ardentior inerat, . . . funditus ablatus est, 5.3 (286.19)
ARDEO. ardebat. Et quia uir Dei igne diuinae caritatis fortiter ardebat, 2.7 (94.32)
Qui quidem a prima aetate pueritiae studio religiosae uitae semper ardebat, 4.27 (268.29)
ardebit. 'Quod non incendisti,' inquit, 'non ardebit in te; 3.19 (165.34)
quia uniuscuiusque cupiditas in hoc igni ardebit. 3.19 (166.3)
ita solutus corpore ardebit per debitam poenam.' 3.19 (166.4)
ardens. est autem nigrogemmeus, et ardens igni admotus, 1.1 (10.24)
ardens. et fit non solum calida, sed et ardens. 1.1 (10.21)
cui ardens inerat deuotio mentis ad martyrium ocius peruenire, 1.7 (20.13)
ardent. ubi die noctuque XII lampades ardent, 5.16 (318.16)
ardente. Vt apposta ecclesiae, . . . ardente cetera domu, flammis absumi nequiuerit; 3.17 (159.23)
ardenti. fugerunt foras nil ardenti domui et iamiamque periturae prodesse ualentes. 3.10 (147.18)
ardentibus. quando ipse caelis ac terris ardentibus uenturus est in nubibus, 4.3 (211.5)
ardentis. Vt Mellitus episcopus flammas ardentis suae ciuitatis orando restinxerit. 2.7 (93.26)
ardentis. Trahentes autem eos maligni spiritus descenderunt in medium baratri illius ardentis; 5.12 (306.19)
ardere. qui in igne positus nescit ardere. 1.27 (58.28)
arderet. nec poena eius in te arderet.' 3.19 (167.3)
ardet. Sicut enim quis ardet in corpore per inlicitam uoluptatem, 3.19 (166.3)

arsit. 'Quod incendisti,' inquit, 'hoc arsit in te. . . . 3.19 (167.1)
ARDOR. ardor. odor [ardor] plura hominum milia iumentorumque deleuit. . . . uar. 1.13 (29.11)
dum mihi nunc pro auro et margaritis, de collo rubor tumoris ardorque promineat.' . . . 4.19 (246.13)
ardore. cuius rubor pulcherrimus nullo umquam solis ardore, . . . 1.1 (10.13)
Ita Christianitatis uestrae integritas circa sui conditoris cultum fidei est ardore succensa, . . . 2.17 (119.4)
Percussa etenim febribus acri coepit ardore fatigari, . . . 4.23 (256.17)
ac per dies crescente, multumque ingrauescente ardore langoris, . . . migrauit ad Dominum; . . . 4.30 (277.20)
ardoribus. quae cum febrium fuisset ardoribus fatigata, ad tactum manus dominicae surrexit, . . . 5.4 (287.29)
ARDVVS, a, um. **arduis.** antistes elegit sibi locum monasterii construendi in montibus arduis ac remotis, . 3.23 (175.13)
praedicare in uiculis, qui in arduis asperisque montibus procul positi aliis horrori erant ad uisendum, . 4.27 (270.5)
arduis. pauperem uitam in montibus, siluis, uel rupibus arduis . . . agebant. . . . 1.15 (33.2)
arduis. eis quae arduis atque horrentibus montium iugis ab australibus eorum sunt regionibus sequestratae. 3.4 (133.10)
arduo. ut in arduo montis cacumine martyr aquam, . . . peteret, . . . 1.7 (21.5)
arduum. in quo nihil repente arduum, . . . 1.7 (20.30)
ARELAS, ARHELAS, *Arles.*
Arelas. Interea uir Domini Augustinus uenit Arelas, . . . 1.27 (48.3)
Arelatem. apud Arelatem ciuitatem eum clausit, cepit, occidit; . . . 1.11 (25.1)
Arhelas. Qui cum pariter per mare ad Massiliam, ac deinde per terram Arhelas peruenissent, . . . 4.1 (203.12)
ARELATENSIS, e, *of Arles.*
Arelatense. cum eodem Arelatense episcopo debet agere, . . . 1.27 (53.2)
cum praedicto Arelatense episcopo agatur, . . . 1.27 (53.20)
Arelatensem. ad Etherium Arelatensem archiepiscopum, . . . 1.24 (43.29)
Arelatensi. Vt Arelatensi episcopo epistulam pro eorum susceptione miserit. . . . 1.24 (43.27)
Vt papa Gregorius epistulam Arelatensi episcopo, . . . miserit. . . . 1.28 (62.3)
quam se Arelatensi episcopo fecisse commemorat, . . . 1.28 (62.7)
Arelatensis. pallium Arelatensis episcopus accepit, . . . 1.27 (52.32)
ARENIS, *see* **HARENA.**
AREO. arente. Vt idem in uita anchoretica et fontem de arente terra orando produxerit, . . . 4.28 (271.3)
ARESCO. arescentibus. Erat enim arescentibus neruis contracto poplite, . . . 1.21 (40.16)
ARGENTEVS, a, um. **argenteam.** ueniebant crucem pro uexillo ferentes argenteam, . . . 1.25 (46.1)
argenteam modo pergrandem sustinens crucem, . . . 5.16 (317.29)
argenteis. missis pariter apostolico papae donariis, et aureis atque argenteis uasis non paucis. . . . 4.1 (201.19)
argenteo. loculo inclusae argenteo in ecclesia sancti Petri seruantur, . . . 3.6 (138.29)
argenteum. id est speculum argenteum, et pectinem eboreum inauratum; . . . 2.11 (106.25)
argenteus. posituşque esset in mensa coram eo discus argenteus regalibus epulis refertus, . . . 3.6 (138.13)
ARGENTVM. argenti. Quae etiam uenis metallorum, aeris, ferri, et plumbi, et argenti, fecunda, . . . 1.1 (10.22)
Misit secundo, misit tertio, et copiosiora argenti dona offerens, . . . 2.12 (107.28)
argento. construendis ornandisque auro uel argento ecclesiis operam dabant, . . . 2.1 (77.17)
ARGVMENTVM. argumentis. qui mandatis memoriae ueteribus illis Aegyptiorum argumentis, facillime possint . . . protendere circulos, . . . 5.21 (341.25)
ARGVO. arguere. nullus arguere nos poterit, . . . 5.21 (337.22)
argueret. In quibus et Ceadda episcopum cum argueret non fuisse rite consecratum, . . . 4.2 (205.23)
ARHELAS, *see* **ARELAS.**
ARIDITAS. ariditas. Ariditas sucum, nerui officia receperunt, . . . 1.21 (40.30)
ARITHIMETICA. arithimeticae. et arithimeticae ecclesiasticae disciplinam . . . contraderent. . . . 4.2 (204.28)
ARMA. arma. et hortamur, ne, quorum arma conbusta sunt, apud uos eorum cineres suscitentur. . . . 2.19 (123.32)
arma. ipsos potius monent arma corripere, . . . 1.12 (27.12)
in socios arma uerterit. . . . 1.15 (30.25)
in socios arma uertere incipiunt. . . . 1.15 (32.9)
pars maior exercitus arma capere et bellum parare temtaret, . . . 1.20 (38.29)
Passim fugiunt, arma proiciunt, . . . 1.20 (39.14)
profecto et ipsi, quamuis arma non ferant, contra nos pugnant, . . . 2.2 (84.21)
Itaque in hos primum arma uerti iubet, . . . 2.2 (84.23)
rogauit sibi regem arma dare et equum emissarium, . . . 2.13 (113.10)
Non enim licuerat pontificem sacrorum uel arma ferre, uel praeter in equa equitare. . . . 2.13 (113.12)
At insulani et, quantum ualuere, armis arma repellebant, . . . 4.26 (266.20)
armis. sed accinctus armis militiae spiritalis, . . . 1.7 (19.14)
Nam cum armis et hostibus circumseptus iamiamque uideret se esse perimendum, . . . 3.12 (151.27)
quia neque armis neque obsidione capere poterat, . . . 3.16 (159.2)
At insulani et, quantum ualuere, armis arma repellebant, . . . 4.26 (266.20)
plures . . . depositis armis, satagunt magis, accepta tonsura, monasterialibus adscribere uotis, . . . 5.23 (351.20)
armorum. praebent instituendorum exemplaria armorum. . . . 1.12 (27.26)
et conterrito armorum praesidio, . . . 1.20 (38.23)
ARMATVS, a, um. **armata.** Quibus mox legio destinatur armata, . . . 1.12 (26.8)
armato. omni armato milite, . . . spoliata, . . . 1.12 (25.18)
armatorum. armatorum ferens manum fortiorem, . . . 1.15 (31.7)
ARMENIA, *Armenia.*
Armenia. cum in Armenia, . . . longissima dies siue nox XV, breuissima VIIII conpleat horas. . . . 1.1 (11.8)
ARMIPOTENS. armipotens. Quaeque patrum uirtus, et quae congresserat ipse Caedual armipotens, liquit amore Dei; . . . 5.7 (293.10)
ARMORICANVS, a, um, *of Armorica (modern Brittany).*
Armoricanae. pro pace Armoricanae gentis supplicaturus . . . 1.21 (41.11)
Armoricano. qui de tractu Armoricano, . . . Brittaniam aduecti, . . . 1.1 (11.20)
ARRESVRGO (ADR-). adresurgeret. si . . . repente flatus uenti maior adsurgeret [adresurgeret], . . . uar. 4.3 (210.19)
ARRIANVS, a, um, *Arian.*
Arriana. cuius temporibus Arriana heresis exorta, . . . 1.8 (22.27)
Arrianae. usque ad tempora Arrianae uesaniae, . . . 1.8 (22.6)
Mansitque haec . . . pax usque ad tempora Arrianae uesaniae, . . . 1.8 (22.15)
ARRIDEO (ADR-). adridebat. ubi oportunitas adridebat temporis, . . . 5.2 (283.12)
adridente. Qua adridente pace ac serenitate temporum, . . . 5.23 (351.18)
ARRIPIO. arreptus. subito a diabolo arreptus, clamare, . . . coepit . . . 3.11 (149.23)
Vbi quadam infirmitate corporis arreptus, . . . 3.19 (164.3)
non multo postquam oceanum transiit, arreptus infirmitate ac defunctus est; . . . 4.18 (242.19)
arripientes. arripientes inmundi spiritus unum de eis, quos in ignibus torrebant, iactauerunt in eum, . . . 3.19 (166.23)
arripuerit. ipse fide feruens hanc arripuerit, . . . 3.2 (129.2)
ARRIVS (*d.* 336), *Arius, a presbyter of Constantinople; founder of Arianism.*
Arrium. qui in Nicaea congregati fuerunt CCCX et VIII contra Arrium impiissimum et eiusdem dogmata; . 4.17 (240.3)
ARS. arte. erat enim fabrili arte singularis. . . . 5.14 (314.4)
Item librum de metrica arte, . . . 5.24 (359.27)
artem. Namque ipse non ab hominibus, neque per hominem institutus, canendi artem didicit, . . . 4.24 (259.8)
artis. siquid malificae artis habuissent, . . . 1.25 (45.31)
ita ut etiam metricae artis, astronomiae, et arithimeticae ecclesiasticae disciplinam . . . contraderent. . 4.2 (204.27)

quasi missam a Deo conditore plagam per . . . fylacteria uel alia quaelibet daemonicae artis arcana cohibere ualerent. 4.27 (269.22)
artium. At ille respondit nil se talium artium nosse; 4.22 (250.30)
ARTICVLVS. articulo. Turbatis itaque rebus Nordanhymbrorum huius articulo cladis, 2.20 (125.26)
Vt in Hibernia sit quidam per reliquias eius a mortis articulo reuocatus. 3.13 (152.5)
quin intercessionibus, ut dixi, sui patris, . . . sit ab articulo mortis retentus, 3.23 (177.6)
qui ingruente belli articulo mittunt aequaliter sortes, 5.10 (299.32)
qui . . . in ipso tandem mortis articulo ad paenitentiam confugiunt, 5.12 (308.14)
ne inprouiso mortis articulo praeuenti, inpaenitentes perirent. 5.13 (313.7)
Iob, exemplar patientiae, dum ingruente tribulationum articulo caput totondit, 5.21 (342.10)
articulum. "quia iamiamque crescente corporis molestia ad articulum subeundae mortis conpellor; 3.13 (153.3)
ARTIFEX. artificem. utpote nullum tanti operis artificem habentes, 1.12 (26.17)
artifici. hostes ad incursandos fines artifici neglegentia permitteret; 1.6 (17.18)
ARTIFICIVM. artificium. quibus uidelicet artificium humanum adcommodans eis inanimatam membrorum similitudinem contulisti; 2.10 (102.22)
ARTIOR, ius. **artiorem.** raro praeter maiora sollemnia, uel artiorem necessitatem, plus quam semel per diem manducauerit; 4.19 (244.13)
artiori. sed tantummodo credentes artiori dilectione, 1.26 (47.27)
artioribus. flagellis artioribus afficiens sciscitabatur apostolica districtione, 2.6 (92.21)
artioribus se necesse habent pro Domino continentiae frenis astringere, 5.21 (343.14)
artioris. Quae quidem illi districtio uitae artioris, primo ex necessitate emendandae suae prauitatis obuenerat, 4.25 (263.7)
ARTVS. artus et inbecilles artus baculo sustentans intrauit ecclesiam; 4.31 (278.27)
artuum. inuenerunt corpus . . . integrum et flexibilibus artuum conpagibus multo dormienti quam mortuo similius; 4.30 (276.20)
ARVLA. arulam. et altare haberet ad sacrificium Christi, et arulam ad uictimas daemoniorum. 2.15 (116.9)
ARVALD (*fl.* 686), *King of the Isle of Wight.*
Arualdi. duo regii pueri fratres uidelicet Arualdi regis insulae, speciali sunt Dei gratia coronati. 4.16 (237.19)
ARVVM. aruis. rediit uiridantibus aruis annus laetus et frugifer. 4.13 (231.20)
ARX. arce ut ipse pater Fonte renascentis, quem Christi gratia purgans Protinus albatum uexit in arce poli. 5.7 (293.20)
Ciuibus angelicis iunctus in arce poli. 5.8 (295.17)
arcem. et omnium Pictorum monasteriis non paruo tempore arcem tenebat, 3.3 (132.29)
Hii, ubi plurimorum caput et arcem Scotti habuere coenobiorum; 3.21 (171.12)
arcis. Statuitur ad haec in edito arcis acies segnis, 1.12 (28.1)
ASCENDO. ascendebant. cerno omnia, quae ascendebant, fastigia flammarum plena esse spiritibus hominum, 5.12 (305.34)
ascendens. quem ascendens ad idola destruenda ueniret. 2.13 (113.11)
et ascendens emissarium regis, pergebat ad idola. 2.13 (113.14)
ut in crastinum ascendens equum cum ipso iter in alium locum facerem; 5.6 (291.27)
sic ascendens in caelos, misso desuper Spiritu, 5.21 (340.16)
ascendente. ascendente aqua fluminis usque ad lumbos, 5.12 (310.16)
ascendentem. suscepitque eum ascendentem de fonte sancto Aedilualdrex 3.22 (174.18)
ascendentes. apparent . . . flammarum tetrarum globi, ascendentes quasi de puteo magno, 5.12 (305.28)
ascendentium. qui instar fauillarum cum fumo ascendentium, nunc ad sublimiora proicerentur, 5.12 (306.2)
ascendere. is, qui summum locum ascendere nititur, 1.30 (65.28)
cum . . . audiret unum de fratribus ad locum eiusdem sanctae crucis ascendere disposuisse, 3.2 (130.18)
audiuit denuo, . . . ascendere de tecto eiusdem oratorii idem laetitiae canticum, 4.3 (208.29)
ascenderitis. ubi nauem ascenderitis, tempestas uobis, et uentus contrarius superueniet; 3.15 (158.5)
ascenderunt. Interea ascenderunt quidam spirituum obscurorum de abysso illa flammiuoma, 5.12 (306.22)
ascendisse. nuntiauit matrem . . . ad aeternae limina lucis et supernorum consortio ciuium ascendisse. 4.23 (257.27)
ascendit. montem cum turbis reuerentissimus Dei confessor ascendit; 1.7 (20.27)
usque dum et ipse suo tempore ad caelestia regna cum gloriosi fructu laboris ascendit. 2.20 (126.19)
et posito ibi signo, non multo post ascendit equum, 3.9 (146.12)
unus de sociis eius, uocabulo Victberct, . . . ascendit nauem, 5.9 (298.19)
ubi Dominus ad caelos ascendit, 5.17 (318.30)
in cuius medio ultima Domini uestigia, caelo desuper patente, ubi ascendit, uisuntur. 5.17 (319.2)
ascensa. qui ascensa naui, ipsa enim regio Elge undique est aquis ac paludibus circumdata, 4.19 (244.32)
ASCENSIO. ascensione. Canebat . . . de incarnatione dominica, passione, resurrectione, et ascensione in caelum, 4.24 (261.4)
ascensionem. id est, redemtionem generis humani per passionem, resurrectionem, ascensionem . . . Iesu Christi. 3.17 (162.4)
ascensionis. Quae item de loco ascensionis dominicae et sepulchris patriarcharum. 5.17 (318.23)
De loco quoque ascensionis dominicae praefatus auctor hoc modo refert:— 5.17 (318.24)
In die ascensionis dominicae per annos singulos, missa peracta, ualidi flaminis procella desursum uenire consueuit, 5.17 (319.10)
ASCENSVS. ascensum. cum in eo nullam ianuam, uel fenestram, uel ascensum alicubi conspicerem. 5.12 (307.13)
ASCIA. asciam. et securim atque asciam in manu ferens, ueniret ad monasterium 4.3 (208.7)
ASCISCO (ADSC-). adsciti. ambo de monachorum collegio in episcopatus gradum adsciti. 4.12 (229.10)
ASCLIPIODOTVS (*fl.* 296), *commander of the Praetorian Guards.*
Asclipiodotus. quem Asclipiodotus praefectus praetorio obpressit, 1.6 (17.24)
ASCRIBO (ADSC-). adscribendam. non hanc primo mensi anni incipientis, sed ultimo potius praeteriti lunam esse adscribendam; 5.21 (339.29)
adscribere. plures . . . satagunt magis, accepta tonsura, monasterialibus adscribere uotis, 5.23 (351.21)
adscripta. nomina omnium in caelo tenentur adscripta. 1.31 (67.3)
ASIA, *Asia.*
Asia. in quam obseruantiam imitandam omnes beati Iohannis successores in Asia . . . conuersa est. 3.25 (186.9)
Asiam. hoc Africam, Asiam, Aegyptum, Greciam, . . . uno ac non diuerso temporis ordine geri conperimus; 3.25 (184.25)
ASPECTO. aspectans. aspectansque in caelum, sic ad eam, quam intuebatur, uisionem coepit loqui: 4.9 (223.17)
aspectante. et se aspectante cum luce inmensa, ducibus angelis, ad aeternae limina lucis . . . ascendisse. 4.23 (257.25)
ASPECTVS. aspectibus. quoties per fraternos affatus unianimam dilectionem quadam contemplatione alternis aspectibus repraesentat. 2.18 (120.29)
aspectu. quod esset uir . . . uenerabilis simul et terribilis aspectu. 2.16 (117.29)
Erat autem rex Osuini et aspectu uenustus, 3.14 (155.29)
'Lucidus,' inquiens, 'aspectu et clarus erat indumento, qui me ducebat. 5.12 (304.28)
quis, rogo, fidelium non statim cum ipsa magia primo detestetur et merito exsufflet aspectu? 5.21 (343.27)
aspectus. Brittania insula, cuius incolae talis essent aspectus. 2.1 (80.5)
aspectus. angelicorum agminum et aspectus intueri, et laudes beatas meruit audire. 3.19 (164.29)
ASPER, era, erum. **aspera.** sed aspera illos inuectione corrigebat. 3.5 (136.23)
asperis. praedicare in uiculis, qui in arduis asperisque montibus procul positi aliis horrori erant ad uisendum, 4.27 (270.5)
ASPERGO. aspergatur. in eisdem fanis aspergatur, 1.30 (65.9)
asperserint. eisque languentes homines aut pecudes potauerint, siue asperserint, 3.2 (129.18)

aspersit. sed et insularum ecclesiis aspersit. 1.8 (22.31)
ASPERITAS. asperitatem. 'quod tantam frigoris asperitatem ulla ratione tolerare praeuales.' 5.12 (310.26)
ASPERSIO. aspersionem. atque huius gustum siue aspersionem multis sanitatem egrotis et hominibus et pecoribus conferre; 5.18 (320.20)
ASPICIO. aspexerit. utque alia de corpore egressura, iam particulam futurae lucis aspexerit. 4.8 (220.23)
aspexisset. quatinus ubicumque aliquos uel diuites uel pauperes inc dens aspexisset, 3.5 (136.3)
aspexisti. Et ait: "Vallis illa, quam aspexisti flammis feruentibus et frigoris horrenda rigidis, ipse est locus, 5.12 (308.10)
aspexit. Non autem mirum, si diem mortis uel potius diem Domini laetus aspexit, 4.3 (210.9)
quia Dominus exaudiuit preces uestras, et deuotionem ac ieiunia propitius aspexit; 4.14 (234.16)
aspexit, detecto domus culmine, fusam desuper lucem omnia repleuisse; 4.23 (257.12)
templumque uer endum Aspexit Petri mystica dona gerens. 5.7 (293.26)
aspice. Aspice, nupta Deo, quae sit tibi gloria terris; 4.20 (248.27)
Quae maneat caelis, aspice, nupta Deo. 4.20 (248.28)
aspicere. quam saepe lucidioribus diebus de longe aspicere solemus. 1.1 (12.7)
ut caelum tantum ex ea, cuius introitum sitiebat, aspicere posset), 4.28 (272.13)
Cumque hac infelici uicissitudine longe lateque, prout aspicere poteram, sine ulla quietis intercapedine . . . multitudo torqueretur, 5.12 (305.12)
aspicerem. Quas cum intraremus, in tantum paulisper condensatae sunt, ut nihil praeter ipsas aspicerem, 5.12 (305.24)
aspicerent. Qui cum monasterio propinquarent, et aedificia illius sublimiter erecta aspicerent, 4.25 (264.17)
aspiceret. Quos cum aspiceret, interrogauit, 2.1 (80.2)
aspiciemus. non ultra nos in hoc saeculo carnis obtutibus inuicem aspiciemus. 4.29 (274.24)
aspiciens. Quod aspiciens uulgus, aestimabat eum insanire. 2.13 (113.15)
aspicio. aspicio ante nos multo maiorem luminis gratiam quam prius; 5.12 (307.30)
ASSEDEO (ADS-). adsederant. omnes, qui corpori flentes adsederant, timore inmenso perculsos in fugam conuertit; 5.12 (304.7)
Dicebatque ad illos, qui mihi adsederant, uiros albatos et praeclaros: 5.13 (312.20)
adsedit. et ipse Mellitus inter eos adsedit 2.4 (88.18)
ASSENSVS (ADS-). adsensum. non his possum adsensum tribuere, 1.25 (46.9)
neque increpationibus Augustini ac sociorum eius adsensum praebere uoluissent, 2.2 (81.24)
praebuit palam adsensum euangelizanti beato Paulino rex, 2.13 (113.1)
Et cum ne adhuc quidem talia loquenti quisquam responderet, uel adsensum praeberet, iterum dixit: 4.8 (221.18)
assensum. Cuius suasioni uerbisque prudentibus alius optimatum regis tribuens assensum, continuo subdidit: 2.13 (112.4)
Cumque rex perfidus nullatenus precibus illius assensum praeberet, 3.24 (177.21)
Attamen tandem eorum precibus uictus assensum dedit, 4.29 (275.25)
ASSENTATIO (ADS-). adsentatione. Procedunt . . . circumdati adsentatione multorum; 1.17 (35.17)
ASSENTIO (ADS-). adsentire. 'Si non uis adsentire nobis in tam facili causa, quam petimus, 2.5 (91.25)
ASSERO. asserere. et a fidelissimis eiusdem monasterii fratribus sibi relatum asserere solebat, 4.14 (233.4)
ASSERTIO (ADS-). adsertione. sed fideli innumerorum testium, . . . adsertione cognoui, Praef. (7.27)
In cuius adsertione fidei . . . Gregorius . . . laborare contendit, 2.1 (76.8)
adsertiones. et adsertiones molestissimas lectionum testimonia sequebantur. 1.17 (35.30)
ASSIDO (ADS-). adsidebat. Quo uiso pontifex, qui adsidebat, . . . adprehendit dexteram eius, 3.6 (138.22)
adsident. quia unum ambo sapimus cum ceteris, qui hic adsident, ecclesiasticae traditionis cultoribus; 3.25 (184.15)
adsidentes. fauerunt adsidentes quique siue adstantes maiores una cum mediocribus, 3.25 (189.4)
adsiderem. Et dum adsiderem illi, dixit: 'Vis petamus bibere?' 5.3 (286.12)
adsidetis. Vnde palam profiteor uobisque, qui adsidetis, praesentibus protestor, 5.21 (345.34)
ASSIDVVS (ADS-), a, um. adsiduis. adsiduis non desistimus precibus postulare. 2.11 (106.9)
sollicita intentione et adsiduis orationibus seruare omnimodo festinetis; 2.17 (119.15)
plebem, et orationibus protegebat adsiduis, et admonitionibus saluberrimis ad caelestia uocabat. 4.28 (273.16)
assiduae. in quo uidelicet monasterio orationes assiduae pro utriusque regis, . . . fierent. 3.24 (180.3)
assiduis. orationibus uidelicet assiduis, uigiliis ac ieiuniis seruiendo, 1.26 (46.33)
ASSIGNO (ADS-). adsignaretur. idem annus sequentis regis, id est Osualdi, uiri Deo dilecti, regno adsignaretur; 3.1 (128.17)
adsignauit. eandem filiam suam Christo consecrandam Paulino episcopo adsignauit; 2.9 (99.30)
adsignent. illam in pascha diem adsignent primam, 5.21 (338.28)
ASSISTO (ADS-). adsistant. qui in ordinatione episcopi testes adsistant? 1.27 (52.11)
adsistebat. ad simulacra daemonum, quibus adsistebat, eum iussit pertrahi; 1.7 (19.6)
adsistere. aris adsistere, ac daemonibus hostias offerre. 1.7 (19.2)
ASSOCIO (ADS-). adsociauit. susceptumque in monasterium cum omnibus suis fratrum cohorti adsociauit, 4.24 (260.28)
ASSVMO (ADS-). adsumentes. Qua ex re de longanimitate clementiae caelestis certam adsumentes fiduciam, 2.8 (96.13)
adsumere. per quod solent hi, . . . manum suam inmittere, ac partem pulueris inde adsumere; 4.3 (212.19)
adsumerent. ut aureum illud nomisma, quod eo de Cantia uenerat, secum adsumerent. 3.8 (143.18)
adsumi. quales ad ecclesiae regimen adsumi, 2.1 (76.16)
adsumpto. Bassianus, Antonio cognomine adsumpto, 1.5 (17.6)
adsumptus. inuenerunt, quia de illo loco adsumptus erat puluis, 3.10 (147.23)
adsumserunt. adsumserunt cum electione et consensu sanctae ecclesiae gentis Anglorum, uirum bonum 3.29 (196.9)
adsumsi. partim ex eis, quae de illo prius . . . scripta repperi, adsumsi, Praef. (7.33)
adsumsit. Abiens autem domum Colman adsumsit secum partem ossuum reuerentissimi patris Aidani; 3.26 (190.16)
quo cum uenisset, adsumsit Theodorum cum Ebrini licentia, 4.1 (203.27)
sed ab ineunte adulescentia monachicum et nomen adsumsit, et habitum. 4.27 (268.30)
adsumta. adsumta alacritate festinant; 1.20 (38.26)
Paulinus adsumta secum regina Aedilberge, . . . rediit Cantiam nauigio. 2.20 (125.28)
adsumta ampulla misit de oleo in pontum, 3.15 (158.17)
et adsumta secum anima eius, ad caelestia regna redire.' 4.3 (211.32)
adsumtis. adsumtis his, qui se sequi uoluerunt, 3.26 (189.12)
adsumtis in societatem ordinationis duobus de Brettonum gente episcopis, 3.28 (195.11)
adsumto. et adsumto in nomine sanctae Trinitatis leui aquae spargine 1.17 (34.23)
Intrauit ergo me secum adsumto ad uirginem, 5.3 (286.3)
adsumtus. mox ad sempiterna animarum gaudia adsumtus in caelum, et electorum est sociatus agminibus. 4.14 (234.30)
assumens. coniunxitque se regi, sponte ministerium praedicandi assumens. 3.7 (140.23)
ASSVRGO (ADS-). adsurgere. sin autem uos spreuerit, nec coram uobis adsurgere uoluerit, 2.2 (83.8)
'si modo nobis adsurgere noluit, 2.2 (83.25)
adsurgeret. si . . . repente flatus uenti maior adsurgeret, 4.3 (210.19)
adsurrexerit. si uobis adpropinquantibus adsurrexerit, 2.2 (83.6)
ASTERIVS, *Archbishop of Milan, 630–640.*
Asterium. Vnde et iussu eiusdem ponti cis per Asterium . . . in episcopus consecratus est gradum. 3.7 (139.15)
ASTO (ADS-). adstabant. adstabant partes dispari condicione dissimiles; 1.17 (35.22)
ut cunctis, qui adstabant, fratribus ac sororibus, quasi opobalsami cellaria esse uiderentur aperta. 3.8 (144.2)
adstans. et adstans dixit orationem super illam, ac benedicens egressus est. 5.3 (286.6)
adstante. Nam subito adstante episcopo, et filio regis 4.11 (227.10)

adstantem. uidi adstantem mihi subito quendam incogniti uultus; 4.25 (264.28)
adstantes. fauerunt adsidentes quique siue adstantes maiores una cum mediocribus, 3.25 (189.5)
adstitit. adstitit ei quidam per somnium, eumque salutans, 4.24 (259.22)
Adstitit enim mihi quidam candido praeclarus habitu, 5.19 (329.9)
ASTRINGO (ADS-). adstrictus. quia episcopatu propriae ciuitatis ac parrochiae teneretur adstrictus, 3.7 (141.23)
adstrinxerunt. per ignorantiam ante lauacrum baptismatis adstrinxerunt. 1.27 (51.25)
astringere. artioribus se necesse habent pro Domino continentiae frenis astringere, 5.21 (343.15)
ASTRONOMIA. astronomiae. ita ut etiam metricae artis, astronomiae, et arithimeticae ecclesiasticae disciplinam . . . contraderent. 4.2 (204.27)
ASTRVM. astra. Spiritus astra petit, 2.1 (79.11)
Plus super astra manens, percipit inde decus. 4.20 (248.10)
astris. Percipit inde decus reginae, et sceptra sub astris, 4.20 (248.9)
ASTRVO (ADS-). adstruere. regique adstruere, quod ipse precibus suis apud illum obtinuerit, 2.9 (99.22)
astruens. euidenter astruens, quia dominicum paschae diem a xv^a^ luna usque ad xxi^am^, . . . oportet inquiri. 2.19 (122.24)
astruxit. Cuius promissi et prophetiae ueritatem sequens rerum astruxit euentus; 4.29 (275.10)
ASTVLA. astulae. sed et astulae de illo abscissae, atque ad infirmos adlatae citam illis solent adferre medellam. 4.6 (218.24)
astulam. et astulam roboris praefati inmittens obtuli egro potandum. 3.13 (153.30)
astulas. multi de ipso ligno sacrosanctae crucis astulas excidere solent, 3.2 (129.16)
astulis. astulis ex ipsa destina excisis, . . . plures sibi suisque langorum remedia conquisiere. 3.17 (161.7)
ASTVTVS, a, um. **astuto.** et cum simulatam legationem ore astuto uolueret, 2.9 (99.8)
AT. Praef. (7.19); 1.7 (19.11); 1.7 (19.21); 1.7 (20.1); 1.8 (22.7); 1.12 (26.14); 1.12 (28.2); 1.16 (33.6); 1.19 (37.17); 1.22 (41.27); 1.25 (45.32); 1.26 (46.31); 1.26 (47.18); 1.33 (70.10); 2.1 (74.18); 2.1 (80.7); 2.1 (80.13); 2.1 (80.18); 2.1 (80.21); 2.2 (82.29); 2.2 (83.22); 2.5 (90.24); 2.5 (91.19); 2.12 (107.23); 2.12 (108.24); 2.12 (108.27); 2.12 (109.9); 2.20 (124.14); 2.20 (125.8); 3.1 (127.3); 3.2 (130.28); 3.4 (134.30); 3.5 (137.8); 3.7 (141.20); 3.9 (146.2); 3.9 (146.20); 3.11 (149.16); 3.11 (149.26); 3.11 (150.16); 3.13 (153.23); 3.17 (160.11); 3.19 (165.17); 3.19 (165.33); 3.21 (170.3); 3.22 (172.24); 3.22 (174.2); 3.23 (176.1); 3.25 (185.2); 3.25 (185.23); 3.25 (187.11); 3.25 (188.23); 3.25 (188.25); 3.25 (188.29); 3.27 (193.26); 3.28 (194.20); 4.1 (202.4); 4.2 (205.29); 4.2 (206.4); 4.3 (208.27); 4.3 (209.25); 4.3 (210.23); 4.4 (213.19); 4.8 (221.3); uar. 4.14 (235.23); 4.16 (237.12); 4.22 (250.11); 4.22 (250.30); 4.22 (251.22); 4.23 (257.32); 4.24 (259.24); 4.24 (260.23); 4.24 (260.29); 4.24 (262.9); 4.25 (263.21); 4.25 (264.2); 4.25 (264.20); 4.25 (264.24); 4.25 (264.33); 4.26 (266.19); 4.32 (280.17); 5.3 (285.30); 5.3 (286.13); 5.4 (287.10); 5.6 (289.24); 5.6 (290.3); 5.6 (290.28); 5.6 (291.2); 5.6 (291.14); 5.9 (297.9); 5.9 (297.26); 5.9 (297.30); 5.9 (298.15); 5.12 (305.20); 5.12 (305.32); 5.13 (311.3); 5.13 (311.19); 5.13 (311.30); 5.14 (314.34); 5.19 (323.17); 5.19 (324.11); 5.19 (325.9); 5.21 (339.26); 5.21 (342.11); 5.21 (344.24); 5.23 (350.28).
ATAVVS. atauus. Felix . . . eius fuit atauus. 2.1 (73.23)
ATER, tra, trum. **ater.** Ydros et ater abit sacrae pro uestis honore, 4.20 (248.23)
Morbi diffugiunt, ydros et ater abit. 4.20 (248.24)
atrum. Quod uero prius candidum codicem protulerunt angeli, deinde atrum daemones; 5.13 (313.15)
ATQVE, *omitted.*
ATRIVM. atrio. 'Mox ut uirgo haec . . . adpropinquauit atrio domus huius, 3.11 (150.19)
atrium. intraret atrium domus, 3.11 (150.8)
ATROCITAS. atrocitate. quin uniuersos atrocitate ferina morti per tormenta contraderet, 2.20 (125.12)
ATTAMEN. Attamen recente adhuc memoria calamitatis et cladis inflictae seruabant utcumque reges, 1.22 (41.25)
Attamen in Campodono, . . . fecit basilicam, 2.14 (115.15)
attamen scitote, quia non est mea; 4.8 (221.20)
'Attamen,' ait, 'mihi cantare habes.' 4.24 (259.27)
Attamen tandem eorum precibus uictus assensum dedit, 4.29 (275.24)
ATTENDO (ADT-). adtenderet. et ut ei doctrinae cooperator existens diligenter adtenderet, 4.1 (203.1)
adtendite. 'Audite insulae, et adtendite populi de longe.' 3.29 (197.8)
adtenditur. sollicita intentione adtenditur, 1.27 (56.30)
ATTENTIVS. quod, dum attentius consideraret, tanti fulgore luminis refulgere uidebatur, 4.23 (256.5)
ATTERO. attriuit. initio, iuuante se gratia catholicae ueritatis, attriuit. 2.1 (75.29)
ac prouinciam illam saeua caede ac depopulatione attriuit; 4.15 (236.13)
ATTESTATIO (ADT-). adtestatione. certissima fidelium uirorum adtestatione Praef. (8.2)
ATTESTOR (ADT-). adtestari. sicut ipse postea flendo solebat adtestari, 2.1 (74.7)
ATTILA (*d.* 453), *King of the Huns.*
Attila. Attila tamen ipse adeo intolerabilis reipuplicae remansit hostis, 1.13 (29.4)
Attila. bellis cum Blaedla et Attila regibus Hunorum erat occupatus; 1.13 (29.1)
Attilae. Blaedla Attilae fratris sui sit interemtus insidiis, 1.13 (29.3)
ATTINGO (ADT-). adtacta. At uirgo illa, . . . eadem adtacta infirmitate, . . . ad regnum caeleste secuta est. 4.8 (221.4)
adtacti. odore aeris illius adtacti fuerint, intereunt; 1.1 (12.32)
adtactus. credens suum oculum capillis uiri Dei, quibus adtactus erat, ocius esse sanandum. 4.32 (280.23)
attigimus. Haec et de corporis eius incorruptione breuiter attigimus, 3.19 (168.27)
attigit. Germaniae simul et Hiberniae partes attigit. 3.13 (152.10)
attingeret. Quae cum praefatum quoque monasterium, . . . nutu diuinae dispensationis attingeret; 4.14 (233.11)
attingimus. Haec et de corporis eius incorruptione breuiter attigimus [attingimus], uar. 3.19 (168.27)
attinguimus. Haec et de corporis eius incorruptione breuiter attigimus [attinguimus], uar. 3.19 (168.27)
ATTOLLO (ADT-). adtollens. multisque eos, qui fidem suscipere uellent, beneficiis adtollens; 5.10 (299.12)
adtollere. quae manu extensa iacentem uideretur adtollere, 1.19 (38.2)
ATTONDEO (ADT-). adtondebantur. Adtondebantur omnes in coronam ministri altaris ac monachi; 5.21 (346.9)
adtondemur. Neque uero ob id tantum in coronam adtondemur, 5.21 (343.2)
adtondimur. Neque uero ob id tantum in coronam adtondemur [adtondimur], uar. 5.21 (343.2)
adtonsi. ut omnes, qui cum eo incedebant, siue adtonsi, seu laici, meditari deberent, 3.5 (136.10)
Et quidem scimus, quia neque apostoli omnes uno eodemque sunt modo adtonsi, 5.21 (342.4)
adtonsus. Vnus quidem adtonsus erat, ut clericus, 4.14 (235.17)
e quibus uidelicet hominibus, ut dinoscere potui, quidam erat adtonsus ut clericus, 5.12 (306.16)
Nam uenit Romam, ibique adtonsus, pontificatum habente Constantino, 5.19 (321.30)
Et ipse ergo, . . . adtonsus, et in monachico uitam habitu conplens, 5.19 (322.14)
necdum quidem adtonsus, uerum eis, quae tonsura maiores sunt, . . . non mediocriter insignitus; 5.19 (323.6)
et III annos apud eum commoratus, adtonsus est ab eo, 5.19 (324.31)
Ioseph . . . cum seruitio absoluendus adtonsus esse legitur, 5.21 (342.13)
quia Petrus ita adtonsus est; 5.21 (343.2)
sed quia Petrus in memoriam dominicae passionis ita adtonsus est, 5.21 (343.4)
Ceoluulf rex captus, et adtonsus, et remissus in regnum; Cont. (361.1)
ATTONO (ADT-). adtonitus. Qui cum aliquantulum horae quasi adtonitus maneret, 4.3 (208.32)
ATTRECTO (ADT-). adtrectat. adtrectat poplitem debilitate curuatum, 1.21 (40.28)
ATTRIBVO (ADT-). adtribuere. haec . . . gratuito animo adtribuere ulla sine dilatione praeuidemus; 2.17 (119.28)
ATTRITVS (ADT-). adtritu. adtritu calefactus adplicita detinet, 1.1 (10.25)
AVCTOR. auctor. Auctor ante omnes atque adiutor opusculi huius Praef. (6.5)
inde Pelagius auctor, hinc Christus. 1.17 (35.25)
'quod tam lucidi uultus homines tenebrarum auctor possidet, 2.1 (80.10)

Aedilheri, frater Anna . . . qui post eum regnauit, auctor ipse belli, . . . interemtus est. 3.24 (178.15)
neque auctor ac dator euangelii Dominus in ea, sed in xiiii[a] uel uetus pascha manducauit ad uesperam, 3.25 (186.25)
Quomodo ille, cum sit aeternus Deus, omnium miraculorum auctor extitit, 4.24 (260.3)
cui in eo facultatem quiescendi Dominus totius beatitudinis auctor atque largitor praestare dignabitur.' 4.30 (277.12)
cuius auctor erat docendo ac dictando Galliarum episcopus Arcuulfus, 5.15 (316.18)
De loco quoque ascensionis dominicae praefatus auctor hoc modo refert:— 5.17 (318.25)
auctore. non uno quodlibet auctore, sed fideli innumerorum testium, Praef. (7.25)
acturi [auctore] Deo per ipsum gratias, uar. 1.18 (36.23)
quae inchoastis, Deo auctore peragite; 1.23 (43.12)
quae auctore Deo nuper adhuc ad fidem perducta est, 1.27 (48.30)
et cor et linguam et corpus Deo auctore conseruent. 1.27 (49.11)
Cum igitur auctore Deo ita fuerint episcopi . . . ordinati, 1.27 (52.16)
cui Deo auctore deseruio, 1.29 (63.29)
Deo Domino nostro Iesu Christo auctore subiectos; 1.29 (64.15)
bonis auctore Deo operibus praeditus, 1.32 (68.31)
in ecclesia Anglorum, quae nuper auctore Deo ad fidem perducta est, hanc debet conuersationem instituere, 4.27 (270.33)
auctorem. ipsumque auctorem humani generis confitentes, eum colere, . . . festinemus? 2.17 (119.11)
dum quis eorum de hoc saeculo ad auctorem suum fuerit arcessitus, 2.17 (119.31)
'Nunc laudare debemus auctorem regni caelestis, 4.24 (260.1)
auctores. Latebant abditi sinistrae persuasionis auctores, 1.17 (35.13)
omniumque sententia prauitatis auctores, . . . sacerdotibus adducuntur 1.21 (41.4)
auctores. inquirunt auctores, inuentosque condemnant. 1.21 (40.22)
auctori. acturi [auctori] Deo per ipsum gratias, uar. 1.18 (36.23)
auctoribus. quibus haec maxime auctoribus didicerim, Praef. (6.3)
eiusque auctoribus confutatis, 1.18 (36.21)
Pelagianam peruersitatem iterato paucis auctoribus dilatari; 1.21 (39.32)
Didicerat enim a doctoribus auctoribusque suae salutis 1.26 (47.28)
nec, licet auctoribus perditis, excitatum ad scelera uulgus potuit recorrigi, 2.5 (92.8)
auctoris. Recapitulatio chronica totius operis; et de persona auctoris. 5.24 (352.1)
AVCTORITAS. auctoritas. eis, quibus te regendis diuina praefecit auctoritas, Praef. (5.20)
et auctoritas per conscientiam, doctrina per litteras, uirtutes ex meritis. 1.17 (35.10)
auctoritate. quem nos priuare auctoritate percepta minime debemus. 1.27 (52.33)
Quicquid uero ex auctoritate agendum est, 1.27 (53.19)
peruersi auctoritate corrigantur. 1.27 (53.24)
sua quoque auctoritate subscribens confirmaret, 2.4 (88.21)
data sibi ordinandi episcopos auctoritate a pontifice Bonifatio, 2.8 (95.13)
in loco ipsius alter episcopum ex hac nostra auctoritate debeat subrogare. 2.17 (119.32)
Iohannes, . . . litteras eis magna auctoritate atque eruditione plenas direxit; 2.19 (122.23)
simul et ieiunium xl dierum obseruari principali auctoritate praecepit. 3.8 (142.9)
uel suae gentis auctoritate ne agnitum sequeretur deuictus, 3.17 (161.33)
et maiore auctoritate coeptum opus explens, 3.22 (173.3)
Iratus autem tetigit regem iacentem uirga, . . . et pontificali auctoritate protestatus: 3.22 (174.7)
unde initium haberet, uel qua hunc auctoritate sequeretur. 3.25 (184.12)
genti suae . . . exemplo uiuendi, et instantia docendi, et auctoritate corripiendi, . . . profuit. 3.27 (194.4)
qui quondam genti Nordanhymbrorum et regni temporalis auctoritate et Christianae pietatis, . . . praefuit, 4.14 (234.26)
accepit ab eo, . . . epistulam priuilegii ex auctoritate apostolica firmatam; 4.18 (241.13)
Cudberct . . . plures et auctoritate magistri, et exemplo suae actionis regularem instituebat ad uitam. 4.27 (269.11)
ut ibi quoque fratribus custodiam disciplinae regularis et auctoritate propositi intimaret 4.27 (270.19)
ipse quoque imperiali auctoritate iuuans, ne qui praedicantibus quicquam molestiae inferret; 5.10 (299.10)
Quod ut facilius et maiore auctoritate perficeret, 5.21 (332.21)
ad haec obseruanda secum eos quoque, qui sibi commissi sunt, exemplis simul et auctoritate instituant? 5.21 (333.33)
nulla prorsus humana licet auctoritate mutari; 5.21 (334.2)
Nec mora, quae dixerat, regia auctoritate perfecit. 5.21 (346.5)
auctoritatem. In Galliarum episcopis nullam tibi auctoritatem tribuimus; 1.27 (52.31)
extra auctoritatem propriam . . . iudicare non poteris; 1.27 (53.9)
uice beati Petri apostolorum principis, auctoritatem tribuimus, 2.18 (121.21)
ut per nostrae praeceptionis auctoritatem possitis Deo placitam ordinationem efficere; 2.18 (121.27)
auctoritatem sacerdote dignam, 3.17 (161.22)
auctoritatis. cuius auctoritatis ista est forma: 2.8 (95.15)
dicebant omnes . . . uirum tantae auctoritatis, qui per xl prope annos episcopatu fungebatur, nequaquam damnari debere, 5.19 (328.16)
Tonsuram quoque, si tantum sibi auctoritatis subesset, emendare meminisset. 5.21 (345.10)
AVCTVRI, *see* **AGO.**
AVDACIA. audaciam. ut superbiam eorum dissipet, et conturbet audaciam, 4.3 (211.4)
AVDEO. audeant. ne tale aliquid audeant perpetrare. 1.27 (51.31)
audebam. Nec tamen aliquid ductorem meum rogare audebam; 5.12 (309.13)
audebat. Neque . . . in proelium uenire audebat. 1.34 (72.5)
auderem. ut hoc opus adgredi auderem, Praef. (7.3)
auderet. neque hos quisquam, . . . contingere prae magnitudine uel timoris eius auderet, 2.16 (118.14)
neque umquam exinde eum auderet contingere. 3.12 (151.12)
ausus. quam neque ante Iulium Caesarem, neque post eum quisquam adire ausus fuerat, 1.3 (15.11)
nihil omnino in re militari ausus est. 1.3 (15.29)
inquirens, quis tanto uiro tales ausus esset plagas infligere; 2.6 (93.5)
AVDIO. audiebat. At ille dum sollicitus in ea, quae audiebat, animum intenderet, 4.3 (208.27)
audiebatur. nam et libentissime ab omnibus suscipiebatur, atque audiebatur, 4.2 (204.19)
audiendi. qui numquam ad ecclesiam nisi orationis tantum et audiendi uerbi Dei causa ueniebant. 3.26 (190.29)
ad ecclesiam . . . audiendi sermonis Dei gratia confluebant; 3.26 (191.13)
audiendis. audiendis scripturae sanctae uerbis Praef. (5.8)
audiendo. At ipse cuncta, quae audiendo discere poterat, rememorando secum, . . . in carmen dulcissimum conuertebat, 4.24 (260.30)
audiendum. uerum de omnibus pene eiusdem prouinciae monasteriis ad audiendum eum, . . . confluebant. 4.18 (241.29)
atque ad eum audiendum saepissime, cum illas in partes deuenisset, accederet. 5.12 (310.3)
audiendum. coepere plures cotidie ad audiendum uerbum confluere, 1.26 (47.22)
confluebant ad audiendum uerbum populi gaudentes, 3.3 (132.19)
in quo ipse rex et frequentius ad deprecandum Dominum uerbumque audiendum aduenire, . . . deberet. 3.23 (175.3)
quam ad . . . audiendumque cum fratribus uerbum uitae concurrere consuerat. 5.14 (314.7)
audiens. Qui, haec audiens, manere illos . . . iussit. 1.25 (45.17)
quod ille audiens, 2.1 (75.32)
Quis enim audiens haec suauia non laetetur? 3.29 (197.2)
At ille audiens humilitatem responsi eius, 4.2 (205 29)

His temporibus audiens Theodorus fidem ecclesiae Constantinopoli . . . esse turbatam, 4.17 (238.26)
Quod ille audiens, . . . matri congregationis, uocabulo Aebbæ, curauit indicare. 4.25 (264.22)
Qui haec audiens prouolutus est eius uestigiis, 4.29 (274.26)
Et ego audiens, nihilominus coeptis instìti uetitis. 5.6 (290.10)
Audiens autem uerba uisionis Ecgberct, 5.9 (297.20)
Qui haec audiens denuo praecepit fratri, ne haec cui patefaceret. 5.9 (298.2)
audiens. 'Auris audiens beatificauit me, 2.1 (77.23)
audient. aures habent, et non audiunt [audient]; uar. 2.10 (102.16)
audientes. dignus, cui fidem narranti audientes accommodarent. 4.3 (207.32)
Multique haec a praefato uiro audientes, accensi sunt . . . ad orandum, 4.22 (252.4)
Audientes haec fratres coeperunt diligenter exhortari, 5.14 (314.19)
audientes. omnes, . . . legentes siue audientes, suppliciter precor, Praef. (8.10)
et legentes quoque uel audientes exemplum facti ad studium religionis accenderet. 5.7 (293.4)
Quod ubi lectum est, stupor adprehendit audientes; 5.19 (328.2)
audentibus. exemplum uiuendi sese uidentibus atque audientibus exhibens, multo tempore mansit. 4.23 (255.8)
audientium. qua discretione singulas quasque audientium instruere personas, 2.1 (76.18)
Hanc historiam, . . . simpliciter ob salutem legentium siue audientium narrandam esse putaui. 5.13 (313.24)
audierant. proposuit . . . uerbum Dei aliquibus earum, quae nondum audierant, gentibus euangelizando committere; 5.9 (296.11)
audierat. rediit ipse solus, qui carmen caeleste audierat, et prosternens se in terram: 4.3 (209.23)
probauit uera fuisse uerba, quae ab apostolis Christi audierat. 4.14 (235.32)
ipse coepit cantare in laudem Dei conditoris uersus, quos numquam audierat, 4.24 (259.32)
ea, quae uiderat et audierat in ecclesiis Anglorum, 5.15 (315.25)
audiere. atque ab apostolico papa omnibusque, qui audiere uel legere, gratantissime susceptum. 4.18 (242.30)
Hanc mihi historiam etiam quidam eorum, qui ab ipso uiro, in quo facta est, audiere, narrarunt; 4.22 (252.11)
audierit. crebro eum audierit de mirandis, . . . narrare. 3.13 (152.14)
illasque uisiones ex ipsius ore audierit; 3.19 (167.19)
audierunt. protinus audierunt: 'Nolite gaudere super hoc, 1.31 (66.25)
qui praesentialiter uiderunt, et audierunt sermones eius, 4.17 (239.19)
audimus. hanc accipere debere tonsuram, quam plenam esse rationis audimus, omnes, . . . clericos decerno.' 5.21 (346.3)
audio. audio subitum post terga sonitum inmanissimi fletus ac miserrimi, 5.12 (306.8)
audire. sed si ueritatem religionis audire desideras, 1.7 (19.18)
insulae noui semper aliquid audire gaudenti, 1.8 (22.20)
quando eum omnipotens Deus poterit audire pro uobis, 1.32 (69.3)
quem uos neglegitis audire pro Deo? 1.32 (69.3)
quos in Italia clariores nosse uel audire poterat, 2.1 (76.24)
Adiecit autem Coifi, quia uellet ipsum Paulinum diligentius audire de Deo, 2.13 (112.24)
et laudes beatas meruit audire. 3.19 (164.30)
a quibus non pauca, quae uel ipsi, uel omnibus, qui audire uellent, multum salubria essent, audiuit. 3.19 (166.16)
Nec prohibuit Penda . . . in sua, . . . natione uerbum, siqui uellent audire, praedicaretur. 3.21 (170.28)
excommunicauit eum atque omnibus, qui se audire uellent, praecepit, ne domum eius intrarent, 3.22 (173.30)
Sed prouincialium nullus eorum uel uitam aemulari, uel praedicationem curabat audire. 4.13 (231.7)
multi, qui haec audire potuerunt, et ad exorandam in aduersis diuinam clementiam, . . . sunt mirabiliter accensi; 4.14 (236.1)
quoniam anno praecedente noluerat audire reuerentissimum patrem Ecgberctum, 4.26 (267.6)
libentius, quae audire et intellegere poterant, operando sequerentur. 4.27 (269.31)
qui, . . . monita ab eo perpetuae salutis audire solebat. 4.29 (274.16)
Et quamuis eos audire noluisset, 5.14 (314.1)
quam te audire ac silentio tegere uolo, donec sciam, quid de me fieri uelit Deus. 5.19 (329.8)
Verum si de his singulis enucleatius ac latius audire desideras, 5.21 (334.13)
'Quod si mysticam quoque uos in his rationem audire delectat, 5.21 (339.31)
audirent. Cum ergo episcopum defunctum ac sepultum in prouincia Nordanhymbrorum audirent fratres, 3.23 (176.26)
libenter ea, quae dicerentur, audirent; 4.27 (269.30)
audiret. Qui cum die quadam mane audiret unum de fratribus ad locum . . . sanctae crucis ascendere disposuisse, 3.2 (130.17)
quod aperte eos inter alia resonare audiret: 3.19 (164.31)
qui cum eum in pugna peremtum audiret, 4.22 (250.19)
ne nunc eos, qui ipsum ab interitu reuocare cupiebant, audiret. 4.26 (267.9)
Hic cum audiret eum ad ciuitatem Lugubaliam deuenisse, 4.29 (274.16)
quae cum ille et munera gratanter acciperet, et miracula libenter audiret, 4.30 (277.5)
audiretur. nec libenter a populo audiretur, 3.5 (137.5)
audisse. quia nihil de prosperitate uestri itineris audisse nos contigit. 1.30 (65.3)
multi . . . iam manifeste se concentus angelorum psallentium audisse referebant, 3.8 (143.23)
qui se hoc ab ipso Vtta presbytero, . . . audisse perhibebat. 3.15 (158.26)
qui se haec ab ipso audisse perhibebat, 3.27 (192.32)
uocem ab Euroaustro, id est ab alto brumalis exortus, primo se audisse dicebat, 4.3 (208.23)
Sed et in hac historia quaedam, quae nos nuper audisse contigit, superadicere commodum duximus. 4.30 (277.28)
audisset. Quod cum audisset abbas quidam et presbyter uocabulo Cyniberct, 4.16 (237.25)
Quod cum illa audisset, suscitauit cunctas sorores, 4.23 (257.27)
Cumque sacerdotem suum Hiberniam secessisse, ibique defunctum esse audisset, 4.25 (264.8)
Quod cum satrapa ille, quem uidere uolebant, audisset, 5.10 (300.21)
audisti. 'Si uocem carminis audisti, et caelestes superuenire coetus cognouisti, 4.3 (209.29)
ubi sonum cantilenae dulcis cum odore suauitatis ac splendore lucis audisti. 5.12 (309.1)
audita. At ille audita praedicatione ueritatis, . . . se Christianum fieri uelle confessus est, 3.21 (170.4)
mox audita ac diiudicata causa et controuersia utriusque partis, 5.19 (328.9)
audita. si audita decreta sedis apostolicae, . . . sequi contemnitis, 3.25 (188.9)
et omnium uota ad nuper audita caelestis regni gaudia penderent, 4.2 (205.8)
auditam. sed et fornicatione pollutus est tali, qualem nec inter gentes auditam apostolus testatur, 2.5 (90.29)
audite. quaeque uos ammonet, libenter audite, 1.32 (68.32)
obtemperanter illum audite; 2.2 (83.7)
'Audite insulae, et adtendite populi de longe.' 3.29 (197.8)
auditi. praedicabant uerbum, et libenter auditi sunt, 3.21 (170.24)
auditis. quia, si uos eum in eo, quod pro omnipotente Deo loquitur, auditis, isdem omnipotens Deus hunc pro uobis exorantem celerius exaudit. 1.32 (68.34)
auditis. exclamauit auditis eius sermonibus dicens: 2.13 (112.26)
auditis. His auditis, iudex nimio furore commotus, 1.7 (19.31)
Quibus auditis, rex suscipere quidem se fidem, quam docebat, et uelle et debere respondebat. 2.13 (111.10)
Quibus auditis antistes misit eum Romam, 5.19 (324.16)
Quibus auditis dicebant omnes una cum ipso pontifice, uirum . . . nequaquam damnari debere, 5.19 (328.15)
audito. Audito etenim fragore procellarum ac feruentis oceani exierat uidere, quid nobis accideret; 5.1 (282.8)
audito. Quo audito omnium, qui considebant, 3.5 (137.19)

Qui audito eius commisso dixit: 4.25 (263.16)
audituri. ut . . . cuncti ad eius imperium uerbum audituri confluerent; 4.27 (269.29)
auditus. et tam libenter tamque studiose ab illo auditus est, 5.12 (310.1)
libentissime est ab illo susceptus, libentius auditus; 5.15 (316.28)
libenter auditus ab uniuersis, inmutauit . . . inueteratam illam traditionem 5.22 (346.28)
audiunt. aures habent, et non audiunt; 2.10 (102.16)
audiui. 'Obsecro,' inquit, 'ut dicas, quod erat canticum illud laetantium, quod audiui, 4.3 (209.27)
Quod dum agerem, audiui illum post tergum mihi cum gemitu dicentem: 5.6 (290.8)
quod hic fortasse esset infernus, de cuius tormentis intolerabilibus narrari saepius audiui. 5.12 (305.16)
quod hoc fortasse esset regnum caelorum, de quo praedicari saepius audiui. 5.12 (307.26)
in qua etiam uocem cantantium dulcissimam audiui; 5.12 (307.32)
audiuimus. sed nos duo tantum, quae a maioribus audiuimus, referre satis duximus. 3.9 (145.28)
Audiuimus autem, et fama est creberrima, quia fuerit in gente uestra rex mirandae sanctitatis, 3.13 (153.16)
repente audiuimus abbatissam intus uoce clara proclamare: 4.19 (245.27)
quam plenam esse rationis audimus [audiuimus], uar. 5.21 (346.3)
audiuit. ut audiuit, quia suae causa salutis episcopus ab apostolo . . . esset tormenta . . . perpessus, 2.6 (93.5)
consilium . . . melius atque utilius, quam aliquis de tuis parentibus aut cognatis umquam audiuit, 2.12 (109.17)
audiuit hos esse ignes, qui mundum succendentes essent consumturi. 3.19 (165.21)
a quibus non pauca, quae uel ipsi, uel omnibus, qui audire uellent, multum salubria essent, audiuit. 3.19 (166.17)
audiuit repente, ut postea referebat, uocem suauissimam 4.3 (208.20)
audiuit denuo, transacto quasi dimidiae horae spatio, ascendere . . . idem laetitiae canticum, 4.3 (208.28)
audiuit subito in aere notum campanae sonum, 4.23 (257.8)
audiuit ab eo repetita interrogatione, quae et qualia essent, quae exutus corpore uideret; 5.12 (309.27)
AVDITOR. auditor. ad imitandum bonum auditor sollicitus instigatur; Praef. (5.13)
religiosus ac pius auditor siue lector Praef. (5.15)
auditores. eisdemque actibus ac moribus iuxta exemplum eius ac fratris sui Ceddi suos instituere curauit auditores. 3.28 (195.24)
suauiusque resonando doctores suos uicissim auditores sui faciebat. 4.24 (260.33)
neque aliquem tanti laboris fructum apud barbaros inuenit auditores. 5.9 (298.22)
donec illum in pascha diem suos auditores, quem semper antea uitabant, suscipere . . . uideret. 5.22 (348.9)
auditoribus. auditoribus siue lectoribus huius historiae Praef. (6.2)
'Videtur mihi, frater, quia durior iusto indoctis auditoribus fuisti, 3.5 (137.15)
et arithimeticae ecclesiasticae disciplinam inter sacrorum apicum uolumina suis auditoribus contraderent. 4.2 (204.29)
AVDITVS. auditu. Cumque ita sine cibo et potu, sine uoce et auditu, quatriduo perseueraret, 5.19 (328.27)
auditum. uerbis quoque horum exhortatoriis diligenter auditum praebebant. 3.26 (191.11)
AVDVBALD, *see* **EADBALD.**
AVFEGERVNT, *see* **AVFVGIO.**
AVFERO. ablata. Hild, . . . ad percipienda praemia uitae caelestis de terris ablata transiuit 4.23 (252.20)
ablata. quod oblata [ablata] sibi perpetuae salutis consilia spreuerant. uar. 2.2 (85.1)
ablata de medio regum perfidorum memoria, 3.1 (128.15)
ut paulatim ablata exinde terra fossam ad mensuram staturae uirilis altam reddiderit. 3.9 (145.21)
Eadberct ablata harundine, plumbi lamminis eam totam, . . . cooperire curauit. 3.25 (181.11)
et post noctem ablata superficie crassiore, ipse residuum cum modico, ut diximus, pane bibebat. 3.27 (194.10)
mox infirmitatis ablata molestia, cupitae sospitatis gaudia redibunt. 4.3 (212.22)
ablatae. maximam possessionum tuarum, quae tibi ablatae sunt, portionem recipies, 5.19 (329.19)
ablatis. Quod ille ubi conperiit, ecclesiam uidelicet suam rebus ablatis omnibus depopulatam, 4.12 (228.14)
ablato. in quibus ablato studio militiae terrestris, ad exercendam militiam caelestem, . . . locus . . . suppeteret. 3.24 (178.26)
ablatum. quem Christi gratia purgans Protinus albatum [ablatum] uexit in arce poli. uar. 5.7 (293.20)
hominesque prouinciae illius solitos ablatum inde puluerem propter languentes in aquam mittere, 5.18 (320.18)
ablatum. et corpus ipsum de porticu ablatum prope altare esset recondendum, 3.19 (168.19)
ablatus. Aidan . . . de saeculo ablatus, perpetua laborum suorum a Domino praemia recepit. 3.14 (157.17)
dolor tamen omnis . . . uelut ipso episcopo foras eum exportante, funditus ablatus est, 5.3 (286.20)
abstulerint. quae furtu de ecclesiis abstulerint, reddere debeant. 1.27 (50.17)
abstulerit. siquis aliquid de ecclesia furtu abstulerit? 1.27 (49.34)
abstulerunt. et inuestigantes, unde uel quis esset, abstulerunt corpus, 1.33 (71.4)
abstulit. massam pulueris secum portaturus abstulit, 1.18 (37.1)
licentiam quoque praedicandi non abstulit. 1.25 (46.21)
et inmortalitatem homini pro peccato suo abstulit, 1.27 (54.13)
Quo post annum deueniens cum exercitu successor regni eius Osuiu abstulit ea, 3.12 (152.2)
agni inmaculati, qui abstulit peccata mundi; 5.21 (336.19)
auferatur. ut auferatur furor tuus et ira tua a ciuitate ista, 1.25 (46.26)
ut a uestris mentibus huiusmodi uenenatum superstitionis facinus auferatur. 2.19 (123.28)
auferebam. et de dentibus illius auferebam praedam.' 2.1 (77.31)
auferentes. ut puluerem ipsum, . . . multi auferentes et in aquam mittentes suis per haec infirmis multum commodi adferrent. 3.9 (145.19)
auferret. qui aliquid rerum uel ecclesiae, uel episcopi, uel reliquorum ordinum furto auferret; 2.5 (90.15)
quae omnem ei anxietatem memoratae sollicitudinis auferret, 4.11 (226.18)
ut spinas ac tribulos peccatorum nostrorum portaret, id est exportaret et auferret a nobis, 5.21 (343.18)
auferunt. dispersi sunt et aufugerunt [auferunt] omnes, uar. 5.12 (307.2)
AVFVGIO. aufegerunt. dispersi sunt et aufugerunt [aufegerunt] omnes, uar. 5.12 (307.2)
aufugeret. et ubi sanescere coepit, noctu eum, ne aufugeret, uinciri praecepit. 4.22 (250.13)
aufugerit. noctu eum, ne aufugeret [aufugerit], uinciri praecepit. uar. 4.22 (250.13)
aufugerunt. dispersi sunt et aufugerunt omnes, qui me forcipibus rapere quaerebant spiritus infesti. 5.12 (307.2)
aufugit. sed cum paucis uictus aufugit. 1.34 (71.24)
quin in tantum timens aufugit, 3.12 (151.10)
AVGEO. augeat. quatinus eius oratio et regnum uestrum populumque augeat, 2.17 (119.23)
augentes. augentes externas domesticis motibus clades, 1.12 (28.11)
augerentur. 'Vt plures episcopi crescente numero fidelium augerentur'; 4.5 (216.30)
auxerit. quia talis mors . . . etiam meritum eius auxerit; 3.22 (174.11)
auxit. Auxit autem procellam huiusce perturbationis etiam mors Saberecti regis Orientalium Saxonum, 2.5 (91.2)
AVGESCO. augescente. cuius equus . . . augescente dolore nimio, in terram coepit ruere. 3.9 (145.33)
augescere. correpta eorum uesania magis augescere contradicendo, 1.10 (24.7)
augesceret. neque inminens oculo exitium humana manus curare ualeret, quin per dies augesceret, 4.32 (280.2)
AVGMENTO. augmentare. fundamenta ecclesiae, quae nobiliter iacta uidit, augmentare, . . . curauit. 2.4 (87.6)
AVGMENTVM. augmento. Sed absit, ut ecclesia cum augmento recipiat, 1.27 (50.18)
augmentum. et ad augmentum ecclesiae suae potiora per uos suscitet incrementa; 2.18 (121.5)
uitae caelestis institutio cotidianum sumeret augmentum, 3.22 (173.15)
AVGVRIVM. augurio. uetere usus augurio, 1.25 (45.30)
auguriorum. spretisque fanorum fatuitatibus, et auguriorum deceptabilibus blandimentis, 2.10 (102.4)
ab idolorum etiam cultu seu fanorum auguriorumque inlecebris se diligenter abstineat, 2.11 (105.3)

AVGVSTINAES ÁC, *Augustine's Oak, scene of the conference between Augustine and the British bishops; probably at Aust, opposite Chepstow, on the Severn.*
Augustinaes Ác. lingua Anglorum Augustinaes Ác, id est robur Augustini, 2.2 (81.13)
AVGVSTINI, *see* **ROBVR AVGVSTINI, AVGVSTINAES ÁC.**
AVGVSTINVS, Saint (354-430), *Bishop of Hippo.*
Augustini. In apostolum quaecumque in opusculis sancti Augustini exposita inueni, cuncta per ordinem transscribere curaui. 5.24 (358.22)
Augustinum. 'Contra Augustinum narratur serpere quidam 1.10 (24.10)
Augustinus. quibus sanctus Augustinus, . . . responderunt, 1.10 (24.3)
AVGVSTINVS, Saint (*d.* 604 *or* 605), *first Archbishop of Canterbury; leader of the mission sent out by Pope Gregory I to convert the English.*
Augustini. I. Interrogatio beati Augustini episcopi Cantuariorum ecclesiae: 1.27 (48.14)
II. Interrogatio Augustini: 1.27 (49.18)
III. Interrogatio Augustini: 1.27 (49.33)
IIII. Interrogatio Augustini: 1.27 (50.20)
V. Interrogatio Augustini: 1.27 (50.26)
VI. Interrogatio Augustini: 1.27 (52.3)
VII. Interrogatio Augustini: 1.27 (52.28)
VIII. Interrogatio Augustini: 1.27 (53.25)
VIIII. Interrogatio Augustini: 1.27 (59.21)
ad consulta reuerentissimi antistitis Augustini. 1.28 (62.6)
in qua et ipsius Augustini, et omnium episcoporum Doruuernensium, . . . poni corpora possent. 1.33 (70.21)
libello responsionum, quem ad interrogationes sancti Augustini . . . scripsit, 2.1 (76.32)
neque increpationibus Augustini ac sociorum eius adsensum praebere uoluissent, 2.2 (81.24)
consulentes, an ad praedicationem Augustini suas deserere traditiones deberent. 2.2 (82.27)
Sicque conpletum est praesagium sancti pontificis Augustini, 2.2 (84.30)
Scriptum uero est in tumba eiusdem Augustini epitaphium huiusmodi: 2.3 (86.15)
Augustino. Vt idem Augustino pallium et epistulam et plures uerbi ministros miserit. 1.29 (63.1)
Praeterea idem papa Gregorius Augustino episcopo, . . . misit 1.29 (63.2)
'Reuerentissimo et sanctissimo fratri Augustino coepiscopo 1.29 (63.16)
Quo in tempore misit etiam Augustino epistulam super miraculis, 1.31 (66.10)
Successit Augustino in episcopatum Laurentius, 2.4 (86.26)
misit papa Gregorius pallium Brittaniam Augustino iam facto episcopo, 5.24 (353.19)
Augustino. Remeanti autem Augustino praeposito uestro, 1.23 (43.14)
pro adiuuando in opere Dei Augustino, 1.28 (62.4)
Mellitus, . . . sedem Doruuernensis ecclesiae tertius ab Augustino suscepit. 2.7 (94.2)
quintus ab Augustino Doruuernensis ecclesiae consecratus est antistes. 2.18 (120.12)
Augustinum. Augustinum cum monachis ad praedicandum genti Anglorum mittens, 1.23 (42.10)
misit seruum Dei Augustinum . . . praedicare uerbum Dei 1.23 (42.20)
Nec mora, Augustinum, . . . domum remittunt, 1.23 (42.29)
ut Augustinum Brittaniam pergentem benigne susciperet, 1.24 (43.29)
insinuantes latorem praesentium Augustinum seruum Dei, 1.24 (44.7)
iussit Augustinum cum sociis ad suum ibidem aduenire colloquium. 1.25 (45.28)
si communem fratrem Augustinum episcopum ad uos uenire contigerit, 1.28 (62.15)
ad reuerentissimum uirum fratrem nostrum Augustinum episcopum perduxerit, 1.30 (65.5)
Vt Augustinum per litteras, . . . hortatus sit. 1.31 (66.9)
iuxta prodecessorem suum Augustinum sepultus est 2.7 (93.30)
Gregorius papa misit Brittaniam Augustinum cum monachis, 5.24 (353.13)
Augustinus. Vt . . . Augustinus primo in insula Tanato regi Cantuariorum praedicarit; 1.25 (44.24)
Augustinus cum famulis Christi, . . . rediit in opus uerbi, 1.25 (44.28)
In hac ergo adplicuit seruus Domini Augustinus, 1.25 (45.10)
Interea uir Domini Augustinus uenit Arelas, 1.27 (48.3)
Augustinus episcopus in monasterii regula edoctus, 1.32 (68.29)
Vt Augustinus ecclesiam Saluatoris instaurauerit, 1.33 (70.8)
At Augustinus, . . . recuperauit . . . ecclesiam, 1.33 (70.10)
Quam tamen ecclesiam non ipse Augustinus, . . . consecrauit. 1.33 (70.23)
quia sanctus Augustinus et socii eius non sola praedicatione uerborum, . . . perducebant. 2.1 (78.24)
Vt Augustinus Brettonum episcopos pro pace catholica, . . . monuerit; 2.2 (81.7)
Interea Augustinus adiutorio usus Aedilberchti regis conuocauit . . . episcopos . . . Brettonum 2.2 (81.10)
sanctus pater Augustinus hunc laboriosi ac longi certaminis finem fecit, 2.2 (81.27)
tandem Augustinus, . . . flectit genua sua ad Patrem Domini 2.2 (82.7)
ac uerus summae lucis praeco ab omnibus praedicatur Augustinus. 2.2 (82.13)
se ueram esse uiam iustitiae, quam praedicaret Augustinus; 2.2 (82.15)
Si ergo Augustinus ille mitis est et humilis corde, 2.2 (82.32)
Factumque est, ut uenientibus illis sederet Augustinus in sella. 2.2 (83.11)
Quibus uir Domini Augustinus fertur minitans praedixisse, 2.2 (83.27)
Augustinus Brittaniarum archiepiscopus ordinauit duos episcopos, 2.3 (85.4)
Iustum uero in ipsa Cantia Augustinus episcopum ordinauit 2.3 (85.21)
Defunctus est autem Deo dilectus pater Augustinus, 2.3 (86.1)
'Hic requiescit domnus Augustinus Doruuernensis archiepiscopus primus, 2.3 (86.16)
qui est annus XXI, ex quo Augustinus cum sociis ad praedicandum . . . missus est, 2.5 (89.5)
quomodo et prius beatus pater Augustinus in Cantia fecisse noscitur, 4.27 (270.29)
AVGVSTIOR, ius. **augustiorem.** curauit, . . . maiorem ipso in loco et augustiorem de lapide fabricare basilicam, 2.14 (114.9)
augustioribus. quod . . . Anna ac nobiles quique augustioribus aedificiis ac donariis adornarunt. 3.19 (164.16)
AVGVSTVS (63 B.C.–14 A.D.), *Augustus Caesar, first Roman Emperor.*
Augusto. Claudius imperator ab Augusto quartus, 1.3 (15.5)
Marcus Antoninus Verus XIIII ab Augusto 1.4 (16.4)
Seuerus, . . . XVII ab Augusto imperium adeptus 1.5 (16.16)
Diocletianus XXXIII ab Augusto imperator ab exercitu electus 1.6 (17.9)
Gratianus XL ab Augusto . . . sex annis imperium tenuit, 1.9 (23.4)
Arcadius . . . XLIII ab Augusto regnum suscipiens, 1.10 (23.25)
Honorio . . . loco ab Augusto X.LIIII, 1.11 (24.20)
XLV ab Augusto regnum suscipiens, 1.13 (28.18)
Marcianus cum Valentiniano XLVI ab Augusto regnum adeptus, 1.15 (30.28)
Mauricius ab Augusto LIIII imperium suscipiens 1.23 (42.14)
AVGVSTVS, *official title of the Roman emperors.*
Augustis. imperantibus dominis nostris Augustis, Heraclio anno XX°IIII°, . . . atque Constantino 2.18 (122.4)
Augusto. Maximus uir quidem strenuus et probus, atque Augusto dignus, 1.9 (23.11)
tenente imperium Honorio Augusto, 1.11 (24.19)
Mauricio Tiberio piissimo Augusto anno XIIII, 1.23 (43.24)
imperante domino nostro Mauricio Tiberio piissimo Augusto, anno XIIII, 1.24 (44.21)

Mauricio Tiberio piissimo Augusto anno XIX, . . . 1.28 (62.29)
Mauricio Tiberio piissimo Augusto anno XVIIII, . . . 1.29 (64.22)
Mauricio Tiberio piissimo Augusto anno XIX, . . . 1.30 (66.6)
Mauricio Tiberio piissimo Augusto anno XVIIII, . . . 1.32 (70.5)
qui uixit annos plus minus XXX, imperante domno Iustiniano piissimo Augusto, . . . 5.7 (294.2)
Augustu. Maximus uir quidem strenuus et probus, atque Augusto [Augustu] dignus, . . . uar. 1.9 (23.11)
Augustum. Ibi Gratianum Augustum subita incursione perterritum, . . . 1.9 (23.15)
fratremque eius Valentinianum Augustum Italia expulit. . . . 1.9 (23.17)
AVGVSTVS, a, um, *of the month of August.*
Augustarum. Data die X Kalendarum Augustarum, . . . 1.23 (43.23)
Data die X Kalendarum Augustarum, . . . 1.24 (44.20)
sub die XII Kalendarum Augustarum, . . . 2.9 (98.18)
Augusti. occisus est, . . . die quinto mensis Augusti. . . . 3.9 (145.12)
Augustis. ut Kalendis Augustis in loco, qui appellatur Clofeshoch, semel in anno congregemur.' . . . 4.5 (216.24)
Augusto. apparuit mense Augusto stella, quae dicitur cometa; . . . 4.12 (228.29)
AVLA. aulam. Hanc Domino qui aulam ductus pietatis amore Fecit, . . . 5.19 (330.10)
AVRA. aura. Si autem uiolentior aura insisteret, . . . 4.3 (210.22)
auras. Et quid est aliud . . . contra aestum auras, . . . 1.27 (56.1)
exemtum tenebris in auras me serenae lucis eduxit; . . . 5.12 (307.7)
AVRELIANVS, *see* **AMBROSIVS AVRELIANVS.**
AVRELIVS, *see* **COMMODVS, AVRELIVS.**
AVREVS, a, um. **aueam.** in quibus et crucem magnam auream, et calicem . . . consecratum ad ministerium altaris, . . . 2.20 (126.9)
coniugi uestrae, . . . direximus per praefatos gerulos crucem clauem auream habentem . . . 3.29 (198.20)
Summum uero culmen auro ornatum auream magnam gestat crucem. . . . 5.16 (318.12)
aureis. missis pariter apostolico papae donariis, et aureis atque argenteis uasis non paucis. . . . 4.1 (201.18)
aureos. cuius anima per bona, quae fecisset, opera, quasi per funes aureos leuanda esset ad caelos; . . . 4.9 (222.23)
aureum. in quibus et crucem magnam auream, et calicem aureum consecratum ad ministerium altaris, . 2.20 (126.9)
aureum. ut aureum illud nomisma, quod eo de Cantia uenerat, secum adsumerent. . . . 3.8 (143.17)
AVRIRE, *see* **HAVRIO.**
AVRIS. aurem. aurem sedulus accommodas, . . . Praef. (5.9)
aures. peruenit ad aures nefandi principis . . . 1.7 (18.22)
quae sola nuditate uerborum diu inaniter et aures occupauit, . . . 1.17 (35.27)
aures habent, et non audiunt; . . . 2.10 (102.16)
Peruenit et ad ipsas principum aures, Osuiu uidelicet regis, et filii eius Alchfridi. . . . 3.25 (182.24)
auribus. sonum tamen adhuc promiscuum in auribus haberem. . . . 5.12 (306.22)
auris. 'Auris audiens beatificauit me, . . . 2.1 (77.22)
AVRORA. aurora. Ipsa autem nocte, in cuius ultima parte, id est incipiente aurora, . . . 3.8 (143.19)
attamen scitote, quia non est mea; nam mea lux, incipiente aurora, mihi aduentura est.' . . . 4.8 (221.21)
AVRVM. auro. construendis ornandisque auro uel argento ecclesiis operam dabant, . . . 2.1 (77.16)
id est camisia cum ornatura in auro una, . . . 2.10 (104.3)
quia nulla ratione conueniat tanto regi amicum suum optimum in necessitate positum auro uendere, . 2.12 (110.9)
uexillum eius super tumbam auro et purpura conpositum adposuerunt, . . . 3.11 (148.30)
uidit, quasi funibus auro clarioribus in superna tolleretur, . . . 4.9 (222.18)
dum mihi nunc pro auro et margaritis, de collo rubor tumoris ardorque promineat.' . . . 4.19 (246.12)
Summum uero culmen auro ornatum auream magnam gestat crucem. . . . 5.16 (318.12)
Atque auro ac Tyrio deuotus uestiit ostro. . . . 5.19 (330.13)
Atque auro ac Tyrio deuotus uestiit ostro [auro]. . . . uar. 5.19 (330.13)
nec non et quattuor auro Scribi euangelii praecepit in ordine libros; . . . 5.19 (330.15)
Ac thecam e rutilo his condignam condidit auro; . . . 5.19 (330.17)
AVSCVLTO. auscultans. atque eius admonitionibus humiliter ac libenter in omnibus auscultans, . . . 3.3 (132.7)
auscultare. eo amplius eius, qui super omnia est, Iudicis mandatis auscultare contendant, . . . 5.21 (333.31)
AVSPICIVM. auspicium. in auspicium suscipiendae fidei et regni caelestis, . . . 2.9 (97.10)
AVSTER. austro. Et cum plurimam insulae partem, incipientes ab Austro, possedissent, . . . 1.1 (11.23)
ab austro in boream XII, . . . 1.3 (15.25)
austrum. quarum prior, quae ad austrum est, . . . nongentarum LX familiarum . . . spatium tenet. . . . 2.9 (97.17)
quae post Cantuarios ad austrum et ad occidentem usque ad Occidentales Saxones pertingit, . . . 4.13 (230.9)
positus est in ecclesia beati apostoli Petri iuxta altare ad Austrum, ut et supra docuimus; . . . 5.19 (330.6)
AVSTERIOR, ius. **austeriora.** Respondebat: 'Austeriora ego uidi.' . . . 5.12 (310.30)
austerioris. missus fuerit primo alius austerioris animi uir, . . . 3.5 (137.3)
AVSTERVS, a, um. **austeram.** cum dicerent: 'Mirum, quod tam austeram tenere continentiam uelis.' . 5.12 (310.29)
AVSTRALES GYRVII, *see* **GYRVII AVSTRALES.**
AVSTRALES MERCII, *see* **MERCII AVSTRALES.**
AVSTRALES SAXONES, *see* **SAXONES AVSTRALES.**
AVSTRALIS, e. **australes.** Namque ipsi australes Picti, . . . fidem ueritatis acceperant, . . . 3.4 (133.12)
australes. hae omnes prouinciae ceteraeque australes ad confinium usque Hymbrae . . . Aedilbaldo subiectae sunt. . . . 5.23 (350.24)
australes. australes sibi partes illius uindicarunt. . . . 1.1 (11.20)
australi. quae tria altaria . . . continet, hoc est australi, aquilonali, et occidentali. . . . 5.16 (318.4)
australibus. cunctis australibus eorum prouinciis, . . . imperauit; . . . 2.5 (89.10)
australibus. gentes Scottorum, quae in australibus Hiberniae insulae partibus morabantur, . . . 3.3 (131.26)
eis quae arduis . . . montium iugis ab australibus eorum sunt regionibus sequestratae. . . . 3.4 (133.10)
pestilentiae lues, depopulatis prius australibus Brittaniae plagis, . . . multitudinem strauit. . . . 3.27 (192.1)
australium. Merciorum genti necnon et ceteris australium prouinciarum populis praefuit; . . . 3.24 (180.7)
AVSTRINVS, a, um. **austrina.** nam austrina Brettones occupauerant. . . . 1.1 (12.12)
austrinos. Tuda, qui erat apud Scottos austrinos eruditus, . . . 3.26 (189.26)
AVSTV, *see* **HAVSTVS.**
AVT. 1.1 (12.28); 1.1 (12.28); 1.10 (24.14); 1.10 (24.15); 1.13 (28.29); 1.27 (53.26); 1.27 (53.27); 1.27 (53.29); 1.27 (53.31); 1.27 (53.32); 1.27 (53.33); 1.27 (60.13); 1.27 (60.13); 1.34 (71.16); 1.34 (71.17); 2.8 (95.21); 2.9 (100.4); 2.12 (109.16); 2.16 (118.17); 3.2 (129.18); 3.5 (136.10); 3.5 (136.11); 3.5 (136.15); 3.8 (143.15); 3.9 (146.1); 3.11 (150.24); 3.14 (156.33); 3.17 (161.10); 3.23 (176.29); 3.23 (176.29); 3.25 (182.23); 3.25 (185.34); 3.25 (187.16); 3.26 (190.31); 3.26 (191.6); 3.26 (191.17); 3.28 (195.29); 3.28 (195.30); 4.3 (210.24); 4.5 (217.6); 4.5 (217.9); 4.11 (227.5); 4.11 (227.6); 4.13 (231.14); 4.13 (231.17); 4.13 (231.17); 4.25 (265.12); 4.25 (265.12); 4.25 (265.19); 4.25 (265.20); 4.26 (266.18); 4.31 (278.17); 5.13 (311.29); 5.23 (351.10); 5.24 (357.13).
AVTEM, *omitted.*
AVTISSIDORENSIS, e, *of Auxerre.*
Autissidorensis. Germanus Autissidorensis et Lupus Trecasenae ciuitatis episcopi, . . . 1.17 (34.5)
AVTVM. Erat autum monasterium siluarum et maris uicinitate amoenum, . . . 3.19 (164.12)
AVTVMNVS. autumni. legio, quae inopinata tempore autumni adueniens, . . . 1.12 (27.6)
AVTVMO. autumabat. celandus in domum comitis Hunualdi, quem etiam ipsum sibi amicissimum autumabat. . . . 3.14 (155.18)
nil melius, quam quod illi docuissent, autumabat; . . . 3.25 (182.28)

autumans. autumans se uerberibus, . . . cordis eius emollire constantiam. . . . 1.7 (19.32)
autumant. qui a xvi^{a} die mensis saepedicti usque ad xxii^{am} pascha celebrandum magis autumant, . . 5.21 (338.10)
autumas. "Non," inquiens, "non hoc est regnum caelorum, quod autumas." . . . 5.12 (307.28)
autumatis. Vnde constat uos, Colmane, neque Iohannis, ut autumatis, exempla sectari, . . . 3.25 (186.14)
AVXILIARIVS. auxiliariis. siqui restiterit, nobis auxiliariis utimini.' . . . 1.1 (12.9)
auxiliarios. cum uideret se Osuini cum illo, qui plures habebat auxiliarios, non posse bello confligere, . 3.14 (155.9)
AVXILIOR. auxiliante. ut opus bonum, quod auxiliante Domino coepistis, impleatis. . . . 1.23 (43.9)
Augustinum . . . illic nos pro utilitate animarum auxiliante Domino direxisse; . . . 1.24 (44.9)
auxiliari. nec auxiliari subiectis possunt, . . . 1.7 (19.27)
quae uos uestrosque omnes in omnibus bonis operibus auxiliari dignetur, . . . 3.29 (199.2)
AVXILIVM. auxilia. Romanorum auxilia quaesierint, . . . 1.12 (25.15)
lacrimosis precibus auxilia flagitabant, . . . 1.12 (26.6)
auxilii. Neque haec tamen agentes quicquam ab illo auxilii impetrare quiuerunt, . . . 1.13 (28.31)
ne tamen obnixe petenti nil ferret auxilii, . . . 3.7 (141.23)
si forte alicunde quid auxilii, quo saluarer, adueniret, . . . 5.12 (306.31)
auxiliis. Aedilheri, . . . perditis militibus siue auxiliis interemtus est. . . . 3.24 (178.16)
auxilio. in opus eos uerbi, diuino confisos auxilio, proficisci suadet. . . . 1.23 (43.3)
filius autem Osualdi regis Oidiluald, qui eis auxilio esse debuerat, in parte erat aduersariorum, . . 3.24 (178.7)
auxilio. ut in tanta rerum necessitate suis cultoribus caelesti succurreret auxilio. . . . 3.2 (128.30)
Theodorus . . . diuino functus auxilio, salutifera exhortatione coeptum . . . extinguit incendium; . . 4.21 (249.12)
auxilium. ubi humanum cessabat auxilium, . . . 1.14 (29.20)
diuinitatis expectatur auxilium. . . . 1.20 (38.24)
auxilium. Pelagius Bretto contra auxilium gratiae supernae . . . 1.10 (23.27)
flebili uoce auxilium inplorantes, . . . 1.12 (27.2)
Brettones ab Aetio consule auxilium flagitantes non inpetrauerint. . . . 1.13 (28.15)
ut Saxonum gentem de transmarinis partibus in auxilium uocarent; . . . 1.14 (30.21)
et unanimo consensu auxilium caeleste precantes, . . . 1.16 (33.10)
ut a Gallicanis antistitibus auxilium belli spiritalis inquirant. . . . 1.17 (34.1)
Vt idem episcopi Brettonibus in pugna auxilium caeleste tulerint, . . . 1.20 (38.6)
sanctorum antistitum auxilium petierunt; . . . 1.20 (38.11)
confidens episcopus in diuinum, ubi humanum deerat, auxilium, . . . 2.7 (94.20)
auxilium praebente illi Penda uiro strenuissimo de regio genere Merciorum, . . . 2.20 (124.18)
nisi . . . per auxilium eorum, qui illi fideliter seruierunt, propitiari dignatus fuerit. . . . 3.13 (153.15)
respexit ille ad diuinae auxilium pietatis, . . . 3.24 (177.23)
duces regii xxx, qui ad auxilium uenerant, pene omnes interfecti; . . . 3.24 (178.13)
et inuocantes diuinae auxilium pietatis, caelitus se uindicari continuis diu inprecationibus postulabant. . 4.26 (266.20)
Sed, adueniente illuc episcopo, maximum regendi auxilium, . . . inuenit. . . . 4.26 (267.33)
pia intentione per eius auxilium Dominum sibi propitium fieri precabatur; . . . 4.31 (279.1)
quaesiuit auxilium de gente Anglorum, . . . 5.21 (332.22)
AVARITIA. auaritiae. qui in tantum erant ab omni auaritiae peste castigati, . . . 3.26 (191.20)
auaritiae. animum irae et auaritiae uictorem, superbiae simul et uanae gloriae contemtorem; . . . 3.17 (161.19)
auaritiam. 'Non,' inquit, 'propter auaritiam, sed propter saluandam eius animam suscepit'; . . . 3.19 (166.32)
AVELLO. auulsam. capsulam cum sanctorum reliquiis collo auulsam manibus conprehendit, . . . 1.18 (36.14)
AVERTO. auerso. non sit qui reserat, auerso illo, qui claues tenere probatur.' . . . 3.25 (189.3)
auerterent. qua correcti per ieiunia, fletus, et preces iram a se, instar Nineuitarum, iusti Iudicis auerterent. 4.25 (262.31)
quia, . . . auerterent illum a diis suis, et ad nouam Christianae fidei religionem transferrent, . . . 5.10 (300.13)
AVIDIVS. uirecta herbarum auidius carpere coepit. . . . 3.9 (146.9)
AVIS. auium. sed et auium ferax terra marique generis diuersi; . . . 1.1 (10.2)
AVITVS, a, um. **auito.** plurimos eorum, et pene omnes, qui ab Hiensium dominio erant liberi, ab errore auito correctos, . . . 5.15 (316.5)
AVVNCVLVS. abunculi. qui erat filius auunculi [abunculi] sui, . . . uar. 5.19 (323.23)
auunculi. misit eum Cantiam ad regem Erconberctum, qui erat filius auunculi sui, . . . 5.19 (323.23)
AZYMA, orum. **azima.** "vii," inquit, "diebus azyma [azima] comedetis." . . . uar. 5.21 (334.30)
azyma. "vii," inquit, "diebus azyma comedetis." . . . 5.21 (334.30)
xiiii^{a} die mensis comedetis azyma usque ad diem xxi^{am} eiusdem mensis ad uesperam. . . . 5.21 (335.22)
vii diebus azyma comedetis. . . . 5.21 (336.32)
vii dierum, quibus azyma celebrari iubetur. . . . 5.21 (337.14)
azymorum. 'Primum ergo diem azymorum appellat eum, in quo exercitum eorum esset educturus de Aegypto. 5.21 (335.5)
vii ergo dies azymorum, . . . ab initio, ut diximus, tertiae septimanae. . . . computari oportet. . . . 5.21 (335.12)
Ipsa prima dies azymorum, de qua multum distincte in Leuitico scriptum est: . . . 5.21 (336.29)
et xv^{a} die mensis huius sollemnitas azymorum Domini est. . . . 5.21 (336.32)
sed uel totam eam, id est omnes vii legalium azymorum dies, uel certe aliquos de illis teneat. . . . 5.21 (337.17)

B

B. 'Dicito B'; dixit ille et hoc. . . . 5.2 (284.8)
BACVLVM (BACVLVS?). baculo. et maximo cum labore baculo innitens domum peruenit. . . . 4.31 (278.15)
et inbecilles artus baculo sustentans intrauit ecclesiam; . . . 4.31 (278.27)
BADONICVS MONS, *Badon Hill, scene of a British victory over the Germanic invaders, probably in 493; the locality is uncertain.*
Badonici montis. usque ad annum obsessionis Badonici montis, . . . 1.16 (33.18)
BADVDEGN (*fl.* 687), *a lay brother of Lindisfarne, whose paralysis disappeared at Cuthbert's tomb.*
Badudegn. Erat in eodem monasterio frater quidam, nomine Badudegn, . . . 4.31 (278.3)
BADVVINI (*fl.* 673), *Bishop of Elmham.*
Baduuini. duo sunt pro illo, Aecci et Baduuini, electi et consecrati episcopi; . . . 4.5 (217.31)
BAEDA (673–735), *monk of Wearmouth and Jarrow; historian and scholar; author of many works, including the Historia Ecclesiastica Gentis Anglorum.*
Baeda. Baeda Famulus Christi et Presbyter . . . Praef. (5.2)
Haec . . . Domino adiuuante digessi Baeda famulus Christi, . . . 5.24 (357.3)
BAITHANVS (*fl.* 640), *Irish bishop; possibly Baeithin, Abbot of Bangor* (*d.* 665).
Baithano. Dilectissimis et sanctissimis Tomiano, Columbano, Cromano, Dinnao, et Baithano episcopis; . 2.19 (123.2)
BAIVLO. baiulandum. intendens cuius rei similitudine tam praecipuum indumentum humeris tuis baiulandum susceperis. . . . 2.8 (96.32)
BALDHILD (*d.* 680), *Queen of the Neustrian Franks; wife of Clovis II.*
Baldhild. Namque Baldhild regina missis militibus episcopum iussit interfici; . . . 5.19 (325.1)
BALENA. balenae. Capiuntur autem saepissime . . . balenae; . . . 1.1 (10.6)

BALNEAE, arum. **balnearum.** et ex eis fluuios balnearum calidarum 1.1 (10.17)
balneis. raroque in calidis balneis, . . . lauari uoluerit; 4.19 (244.8)
BANCOR, *Bangor-is-coed, Flintshire.*
Bancor. Erant autem plurimi eorum de monasterio Bancor, 2.2 (84.9)
BANCORNABVRG, *English name for* **BANCOR.**
Bancornaburg. monasterio, quod uocatur lingua Anglorum Bancornaburg, 2.2 (82.22)
BAPTISMA. baptisma. Mox autem ut baptisma consecutus est, 2.14 (114.8)
baptisma. ecclesia . . . quam ibidem ipse de ligno, . . . ad percipiendum baptisma inbueretur, . . . construxit. 2.14 (114.5)
nisi fidem Christi ac baptisma cum gente, cui praeerat, acciperet. 3.21 (170.3)
Verum ipso die, quo baptisma fidei gens suscepit illa, descendit pluuia serena, 4.13 (231.18)
cuius regii duo pueri statim post acceptum baptisma sint interemti. 4.16 (236.26)
baptismate. Madidus baptismate procedit exercitus, 1.20 (38.22)
baptismatis. etsi fonte baptismatis non est ablutus, 1.7 (21.18)
certatim populi ad gratiam baptismatis conuolarent. 1.20 (38.18)
per ignorantiam ante lauacrum baptismatis adstrinxerunt. 1.27 (51.25)
post quot dies hoc liceat sacri baptismatis sacramenta percipere? 1.27 (53.29)
qua ratione poterit a sacri baptismatis gratia prohibere? 1.27 (54.16)
aeternitatis praemio per sacri baptismatis regenerationem inluminatam agnouimus. 2.10 (101.34)
ibique ad doctrinam Scottorum cathecizati, et baptismatis sunt gratia recreati. 3.1 (127.15)
inter quos exulans ipse baptismatis sacramenta cum his, qui secum erant, militibus consecutus erat; 3.3 (131.9)
tandem didicit se aqua baptismatis non esse regeneratum, 3.23 (177.1)
omnes fide Christi institutos, unda baptismatis abluit; 4.13 (232.23)
ut ad limina beatorum apostolorum fonte baptismatis ablueretur, 5.7 (292.17)
Cui etiam tempore baptismatis papa memoratus Petri nomen inposuerat, 5.7 (292.28)
BAPTISMVS (BAPTISMVM?). baptismi. et credentibus gratiam baptismi, quicumque sacerdotali erant gradu praediti, ministrare. 3.3 (132.17)
cum rex ipse cathecizatus, fonte baptismi cum sua gente ablueretur, 3.7 (139.22)
qui dudum in Gallia, . . . lauacrum baptismi percepit, 3.18 (162.18)
baptismo. Vnum mendacii, cum hoc, quod in baptismo . . . promisimus, minime inplemus; 3.19 (165.23)
BAPTISTA, *see* **IOHANNES BAPTISTA.**
BAPTISTERIVM. baptisteria. Nondum enim oratoria uel baptisteria in ipso exordio nascentis ibi ecclesiae poterant aedificari. 2.14 (115.13)
BAPTIZO. baptizabant. uerum presbyteri . . . ceteram plebem, uel tunc uel tempore sequente baptizabant. 4.13 (230.24)
baptizabantur. Crediderunt nonnulli et baptizabantur, 1.26 (47.8)
credebantque et baptizabantur quotquot erant praeordinati ad uitam aeternam, 2.14 (114.19)
baptizabat. sed et in prouincia Deirorum, ubi saepius manere cum rege solebat, baptizabat in fluuio Sualua 2.14 (115.12)
baptizandam. qui ad docendam baptizandamque gentem illius et eruditione et uita uidebantur idonei, 3.21 (170.16)
baptizandi. ut ministerium baptizandi, . . . conpleatis; 2.2 (83.17)
XXXVI diebus ibidem cum eis cathecizandi et baptizandi officio deditus moraretur; 2.14 (115.2)
qui se in uerbo fidei et ministerio baptizandi adiuuarent, 3.22 (173.5)
neque alia . . . clericis uicos adeundi, quam praedicandi, baptizandi, infirmos uisitandi, . . . causa fuit; 3.26 (191.18)
nullatenus propter ingenii tarditatem potuit cathecizandi uel baptizandi ministerium discere, 5.6 (291.18)
baptizando. magnas antiquo hosti praedas docendo et baptizando eripuit; 2.20 (126.24)
quos omnes ut baptizando a seruitute daemonica saluauit, 4.13 (232.25)
baptizando. Vt Caedualla rex Occidentalium Saxonum baptizandus [baptizando] Romam uenerit; uar. 5.7 (292.9)
baptizandus. Vt Caedualla rex Occidentalium Saxonum baptizandus Romam uenerit; 5.7 (292.9)
baptizare. orare, missas facere, praedicare, et baptizare coeperunt; 1.26 (47.15)
Baptizare autem uel enixam mulierem, uel hoc quod genuerit, 1.27 (54.31)
baptizari. Si pregnans mulier debeat baptizari? 1.27 (53.26)
Mulier etenim pregnans cur non debeat baptizari, 1.27 (54.7)
baptizata. quae baptizata est die sancto pentecostes 2.9 (99.31)
Porro regina, nomine Eabae, in sua, id est Huicciorum prouincia fuerat baptizata. 4.13 (230.26)
Eanfled, filia Aeduini regis, baptizata cum XII in sabbato pentecostes. 5.24 (353.29)
baptizati. Baptizati sunt tempore sequente et alii liberi eius de Aedilberga regina progeniti, 2.14 (114.24)
baptizatum. retulisse sibi quendam seniorem, baptizatum se fuisse die media a Paulino episcopo, 2.16 (117.22)
coepitque me interrogare, diuino, . . . admonitus instinctu, an me esse baptizatum absque scrupulo nossem. 5.6 (291.10)
et nomen presbyteri, a quo me baptizatum noueram, dixi. 5.6 (291.14)
baptizatus. At ubi ipse . . . credens baptizatus est, 1.26 (47.21)
et baptizatus ecclesiae rebus, quantum ualuit, in omnibus consulere ac fauere curauit. 2.6 (93.9)
Baptizatus est autem Eburaci die sancto paschae pridie Iduum Aprilium 2.14 (114.2)
Baptizatus et Yffi filius Osfridi, 2.14 (114.28)
Baptizatus est ergo a Finano episcopo 3.21 (170.12)
baptizatus est cum eis a Finano episcopo in uilla regia, 3.22 (172.14)
qui baptizatus est ab ipso Cedde in prouincia Orientalium Anglorum, 3.22 (174.15)
Quia nimirum Osuiu a Scottis edoctus ac baptizatus, illorum etiam lingua optime inbutus, 3.25 (182.26)
Aedilualch, non multo ante baptizatus in prouincia Merciorum, 4.13 (230.14)
"Si ab hoc," inquit, "sacerdote baptizatus es, non es perfecte baptizatus; 5.6 (291.15)
simul etiam sperans, quia mox baptizatus, carne solutus ad aeterna gaudia iam mundus transiret; 5.7 (292.19)
pontificatum agente Sergio, baptizatus est die sancto sabbati paschalis 5.7 (292.23)
Anno DCXXVII, Eduini rex baptizatus cum sua gente in pascha. 5.24 (353.31)
baptizauerit. et ubi Paulinus baptizauerit. 2.14 (113.26)
BARATRVM. baratri. cum idem globi ignium . . . modo alta peterent, modo ima baratri repeterent, 5.12 (305.33)
Trahentes autem eos maligni spiritus descenderunt in medium baratri illius ardentis; 5.12 (306.18)
BARBA. barbam. alius barbam habebat prolixam; 4.14 (235.18)
BARBARICVS, a, um. **barbarica.** diuinae auxilium pietatis, quo ab impietate barbarica posset eripi; 3.24 (177.24)
barbaricam. Barbaricam rabiem, nomen et inde suum Conuersus conuertit ouans; 5.7 (293.16)
BARBARVS. barbari. barbari legionum impetum non ferentes, 1.2 (14.21)
'Repellunt barbari ad mare, 1.13 (28.28)
sed ut barbari et rustici, quando eadem prima sabbati, . . . ueniret, minime didicerant. 3.4 (135.8)
barbaris. Ibi saepe a barbaris incertis foederibus inlusus, 1.11 (24.28)
cuius experimenta permaxima in expugnandis barbaris iam ceperat, 3.3 (131.8)
Qui cum cogniti essent a barbaris, quod essent alterius religionis, 5.10 (300.7)
pulsus est Fresiam, et honorifice susceptus a barbaris ac rege illorum Aldgilso, 5.19 (326.13)
barbarorum. quia et inde barbarorum inruptio timebatur, 1.12 (27.28)
Brocmailum, qui eos intentos precibus a barbarorum gladiis protegeret. 2.2 (84.17)
quo Romani quondam ob arcendos barbarorum impetus totam a mari ad mare praecinxere Brittaniam, 3.2 (129.27)
barbaros. repellit mare ad barbaros; 1.13 (28.28)
barbaros suis a finibus pepulerint; 1.14 (29.12)
de ligno crucis, quod idem rex contra barbaros pugnaturus erexerat, 3.2 (128.23)

barbarus. maxime quod unus ex ducibus, a quibus acta est, paganus, alter, quia barbarus erat pagano saeuior. 2.20 (125.5)
adeo tamen erat animo ac moribus barbarus, 2.20 (125.10)
BARBARVS, a, um. **barbara.** dicebant, ut uulgo fertur, ad eum barbara inflati stultitia: 2.5 (91.11)
barbara. quae nil aliud nouerat quam barbarum [barbara] frendere, uar. 2.1 (78.10)
barbarae. eo quod essent homines indomabiles, et durae ac barbarae mentis. 3.5 (137.8)
rex, qui Saxonum tantum linguam nouerat, pertaesus barbarae loquellae, 3.7 (140.28)
barbaram. quam barbaram, feram, incredulamque gentem, . . . adire 1.23 (42.26)
barbaris. dum et fortissimos Christianosque habentes reges cunctis barbaris nationibus essent terrori, 4.2 (205.6)
barbaros. sanctorum pedibus seruit oceanus, eiusque barbaros motus, 2.1 (78.13)
quam inter rebelles fidei barbaros sine fructu residerent. 2.5 (92.1)
neque aliquem tanti laboris fructum apud barbaros inuenit auditores. 5.9 (298.22)
barbarum. quae nil aliud nouerat quam barbarum frendere, 2.1 (78.10)
BARVAE, *see* **AD BARVAE.**
BASILICA. basilica. cum fabricata esset ibi basilica maior, 3.17 (160.12)
basilicae. et haec singula singulis tecta lapidibus instar basilicae dolatis; 5.17 (319.19)
basilicam. curauit, . . . maiorem ipso in loco et augustiorem de lapide fabricare basilicam, 2.14 (114.10)
Praeparatis ergo fundamentis in gyro prioris oratorii per quadrum coepit aedificare basilicam. 2.14 (114.13)
Attamen in Campodono, . . . fecit basilicam, 2.14 (115.16)
basilicas. basilicas sanctorum martyrum fundant, 1.8 (22.10)
BASILIVS, Saint (329–379), *Bishop of Cæsarea and Metropolitan of Cappadocia.*
Basilius. Aqua enim, ut sanctus Basilius dicit, feruidam qualitatem recipit, 1.1 (10.19)
BASS (*fl.* 633), *one of Edwin's thegns; brought Paulinus, Ethelberg, and her children to Kent after Edwin's death at Hatfield.*
Basso. Venit autem illuc duce Basso milite regis Æduini fortissimo, 2.20 (125.32)
BASSIANVS (188–217), *Roman Emperor; son of Septimius Severus; known as Caracalla.*
Bassianum. Reliquit duos filios, Bassianum et Getam; 1.5 (17.4)
Bassianus. Bassianus, . . . regno potitus est. 1.5 (17.6)
BEARDANEV, *Bardney, Lincolnshire.*
Beardaneu. Est monasterium nobile in prouincia Lindissi, nomine Beardaneu, 3.11 (148.7)
BEATIFICO. beatificabat. 'Auris audiens beatificauit [beatificabat] me, uar. 2.1 (77.23)
beatificauit. 'Auris audiens beatificauit me, 2.1 (77.23)
BEATISSIMVS, a, um. **beatissimi.** ad obsequium beatissimi confessoris ac martyris uocabatur, 1.7 (20.9)
ignorans merita illius, sicut Iob beatissimi, 1.19 (37.9)
qui erat discipulus beatissimi patris Lupi 1.21 (40.5)
hoc est beatissimi apostolorum principis Petri, 2.4 (87.1)
in monasterio beatissimi apostolorum principi ecclesiam sanctae Dei genetricis fecit, 2.6 (93.23)
sepultusque est . . . in . . . monasterio et ecclesia beatissimi apostolorum principis, 2.7 (95.6)
Exemplar epistulae beatissimi et apostolici papae . . . Bonifatii directae . . . Æduino 2.10 (100.21)
Exemplar epistulae beatissimi et apostolici Bonifatii . . . directae Aedilbergae reginae 2.11 (104.10)
atque in honorem beatissimi apostolorum principis dedicata, 3.17 (160.13)
sed postmodum constructa ibidem ecclesia beatissimi apostolorum principis Petri, 4.3 (212.7)
synodum, quae facta est in urbe Roma in tempore Martini papae beatissimi, 4.17 (240.15)
Cum . . . Benedictus construxisset monasterium Brittaniae in honorem beatissimi apostolorum principis, 4.18 (241.6)
beatissimi autem apostolorum principis, quantum mea paruitas sufficit, uestigia sequi desidero." 5.21 (344.22)
et quasi nouo se discipulatui beatissimi apostolorum principis Petri subditam, . . . gaudebat. 5.21 (346.11)
beatissimi. beatissimi sacerdotes praebuerunt aduersariis copiam disputandi, 1.17 (35.25)
cui diuina dispositione subito beatissimi apostolorum principes dignati sunt apparere. 4.14 (234.3)
beatissimo. num praeferri potuit beatissimo apostolorum principi, 3.25 (188.16)
ut beatissimo apostolorum principi, . . . etiam nominis ipsius consortio iungeretur; 5.7 (292.29)
beatissimum. ad beatissimum uirum preces sacerdotum omnium deferuntur, 1.21 (40.1)
beatissimus. apparuit ei beatissimus apostolorum princeps, 2.6 (92.19)
ut post acceptam temporalis regni potentiam ipse beatissimus apostolorum princeps caelestis . . . pandat introitum. 5.21 (345.16)
BEATITVDO. beatitudinis. claret illa, quae nobis uitae, salutis, et beatitudinis aeternae dona ualet tribuere. 2.13 (112.31)
ita etiam una atque indissimili sede perpetuae beatitudinis meruisset recipi. 4.29 (275.21)
cui in eo facultatem quiescendi Dominus totius beatitudinis auctor atque largitor praestare dignabitur.' 4.30 (277.12)
BEATVS, a, um. **beata.** ad conplexum et nuptias sponsi caelestis uirgo beata intraret. 3.24 (179.9)
beata. egredientes e corpore spiritus eorum mox beata inuicem uisione coniuncti sunt, 4.29 (275.13)
beatae. a beatae memoriae Theodoro archiepiscopo et Hadriano abbate, Praef. (6.7)
in eodem monasterio ecclesia est in honorem beatae Dei genetricis de lapide facta, 3.23 (176.15)
ut ossa . . . tollerentur, et transferrentur omnia in ecclesiam beatae Dei genetricis, 4.10 (224.15)
atque honorifice a beatae memoriae papa Agathone susceptus est; 4.18 (241.10)
sicut mihimet sciscitanti, . . . beatae memoriae Vilfrid episcopus referebat, 4.19 (243.13)
cum quo etiam rege, ad praedicationem beatae memoriae Paulini . . . sacramenta Christi suscepit, 4.23 (252.27)
uenit Cantiam ad archiepiscopum beatae recordationis Theodorum; 4.23 (255.1)
ac iubente Aedilredo rege per Vilfridum beatae memoriae antistitem, . . . ordinatus est; 4.23 (255.14)
cum temere exercitum . . . duxisset, multum prohibentibus amicis, et maxime beatae memoriae Cudbercto, 4.26 (266.28)
congregata synodo . . . cui beatae memoriae Theodorus archiepiscopus praesidebat, 4.28 (272.16)
VII episcopis, in quibus beatae memoriae Theodorus primatum tenebat. 4.28 (273.4)
Memini enim beatae memoriae Theodorum archiepiscopum dicere, 5.3 (285.26)
Theodorus beatae memoriae archiepiscopus, senex et plenus dierum, . . . defunctus est; 5.8 (294.19)
Eadberct, qui erat abbas monasterii beatae memoriae Vilfridi episcopi, 5.18 (321.20)
Iuuit autem causam absolutionis eius lectio synodi beatae memoriae papae Agathonis, 5.19 (327.24)
a beatae memoriae papa Agathone probatus est contra fas a suo episcopatu repulsus; 5.19 (328.10)
donauit enim tibi Dominus uitam per . . . intercessionem beatae suae genetricis 5.19 (329.14)
Hadrianus abbas, cooperator in uerbo Dei Theodori beatae memoriae episcopi, defunctus est, 5.20 (331.1)
Hadrianus . . . defunctus est, et in monasterio suo in ecclesia beatae Dei genetricis sepultus; 5.20 (331.3)
in qua etiam sepultus spem nobis post mortem beatae quietis tribuit, 5.21 (338.21)
Erat enim discipulus beatae memoriae magistrorum Theodori archiepiscopi, et abbatis Hadriani; 5.23 (348.23)
beatam. amorem, quem habet propter beatam uitam; 3.29 (196.24)
beatas. et laudes beatas meruit audire. 3.19 (164.29)
beati. a discipulis beati papae Gregorii gesta fuere, Praef. (6.12)
nonnullas ibi beati Gregorii papae . . . epistulas, Praef. (6.18)
per discipulos beati papae Gregorii, Praef. (6.29)
qui beati martyris cruore dicaretur. 1.7 (20.34)
una cum beati martyris capite 1.7 (21.14)
de loco ipso, ubi beati martyris effusus erat sanguis, 1.18 (36.31)
intercessio beati martyris Albani parauerunt, 1.20 (39.25)
Roboratus ergo confirmatione beati patris Gregorii, 1.25 (44.27)

Fecit inter alia beatus papa Gregorius, 2.1 (78.28)
Hoc enim regnante rege beatus archiepiscopus Laurentius regnum caeleste conscendit, 2.7 (93.27)
ipsum est, quod beatus euangelista Iohannes, . . . ecclesiis celebrasse legitur.' 3.25 (184.7)
quomodo et prius beatus pater Augustinus in Cantia fecisse noscitur, 4.27 (270.28)
et quam beatus est, 4.30 (277.11)
sicut beatus papa Gregorius de quibusdam scribit, 5.13 (313.4)
Beatus protomartyr Stephanus passurus mortem pro ueritate, uidit caelos apertos, 5.14 (314.29)
cum quo in aeternum beatus uiuere cupis, 5.21 (344.17)

BEBBA, *a Northumbrian queen whose identity is uncertain; Bamborough said to be named after her.*
Bebba. urbe regia, quae a regina quondam uocabulo Bebba cognominatur, 3.6 (138.29)
Bebbae. quae ex Bebbae quondam reginae uocabulo cognominatur, 3.16 (159.1)

BEGV (*fl.* 680), *a nun of Hackness who learned of Hild's death in a vision.*
Begu. Erat in ipso monasterio quaedam sanctimonialis femina, nomine Begu, 4.23 (257.6)

BELGICA, *see* **GALLIA BELGICA.**

BELLICOSVS, a, um. **bellicosus.** In quo etiam bello ante illum unus filius eius Osfrid iuuenis bellicosus cecidit, 2.20 (124.26)

BELLICVS, a, um. **bellici.** utpote omnis bellici usus prorsus ignara; 1.12 (25.22)
bellicis. plures . . . satagunt magis, accepta tonsura, monasterialibus adscribere uotis, quam bellicis exercere studiis. 5.23 (351.22)

BELLO. bellandi. ratus est utilius tunc demissa intentione bellandi, seruare se ad tempora meliora. 3.14 (155.10)
bellando. cum Pictis, quos longius iam bellando pepulerant, 1.15 (32.9)
bellantes. contigit, ut multo plures aqua fugientes, quam bellantes perderet ensis. 3.24 (178.20)

BELLVM. bella. tempestates, bella, fames, pestilentiae, terrae motus per loca; 1.32 (69.16)
bella. Pelagius Bretto contra gratiam Dei superba bella susceperit. 1.10 (23.23)
scit enim ipse, quia iusta pro salute gentis nostrae bella suscepimus.' 3.2 (129.10)
Bella Maro resonet, nos pacis dona canamus; 4.20 (247.11)
Munera nos Christi, bella Maro resonet. 4.20 (247.12)
belli. ut a Gallicanis antistitibus auxilium belli spiritalis inquirant. 1.17 (34.2)
Aedilheri, frater Anna . . . qui post eum regnauit, auctor ipse belli, . . . interemtus est. 3.24 (178.16)
Cumque materies belli acrioris et inimicitiae longioris . . . uideretur exorta, 4.21 (249.9)
qui ingruente belli articulo mittunt aequaliter sortes, 5.10 (299.32)
hunc tempore belli ducem omnes sequuntur, huic obtemperant; 5.10 (300.1)
bellis. Hic natura saeuus, multis semper bellis lacessitus, 1.5 (16.17)
eo tempore bellis cum Blaedla et Attila regibus Hunorum erat occupatus; 1.13 (29.1)
Vt Brettones, . . . ciuilibus sese bellis contriuerint, 1.22 (41.19)
Brittaniae cessatum quidem est parumper ab externis, sed non a ciuilibus bellis. 1.22 (41.22)
bello. Horsa postea occisus in bello a Brettonibus, 1.15 (31.31)
bello inito uniuersos, quos in necem suam conspirasse didicerat, aut occidit, 2.9 (100.3)
In quo etiam bello ante illum unus filius eius Osfrid iuuenis bellicosus cecidit, 2.20 (124.26)
ideoque bello petitus, ac regno priuatus ab illo, 3.7 (140.12)
cum uideret se Osuini cum illo, qui plures habebat auxiliarios, non posse bello confligere, 3.14 (155.9)
dum se inferiores in bello hostibus conspicerent, 3.18 (163.3)
siquidem ipsi xxx legiones ducibus nobilissimis instructas in bello habuere, 3.24 (178.2)
quam nuperrime rex Ecgfrid, superato in bello et fugato Vulfhere, obtinuerat, 4.12 (229.12)
Hac etenim die idem rex ab infidelibus in bello corporaliter extinctus, 4.14 (234.29)
peracto autem bello, rursum aequalis potentiae omne fiunt satrapae. 5.10 (300.3)
Gaius Iulius Caesar primus Romanorum Brittanias bello pulsauit, 5.24 (352.7)
bellorum. repentinis bellorum tumultibus undique circumuentus 1.2 (14.31)
Victor ergo ciuilium bellorum, 1.5 (16.19)
Vidit autem et daemones per ignem uolantes incendia bellorum contra iusto struere. 3.19 (166.10)
bellum. dum contra Germanorum Gallorumque gentes, . . . bellum gereret, 1.2 (13.25)
bellum ubique et uictoriam undecumque quaesiuit. 1.3 (15.6)
Hoc autem bellum quarto imperii sui anno conpleuit, 1.3 (15.16)
Saxones Pictique bellum aduersum Brettones . . . susceperunt, 1.20 (38.8)
pars maior exercitus arma capere et bellum parare temtaret, 1.20 (38.29)
bellum Aedilfrid anno . . . DCIII, . . . perfecit; 1.34 (71.28)
bellum ab hostibus forent accepturi; 2.2 (83.29)
Cumque bellum acturus uideret sacerdotes eorum, 2.2 (84.5)
qui ad exorandum Deum pro milite bellum agente conuenerant, 2.2 (84.6)
et bellum insuper illi, si contemneretur, indicens. 2.12 (107.29)
contigit gentem Merciorum duce rege Penda aduersus Orientales Anglos in bellum procedere, 3.18 (163.2)
Hoc autem bellum rex Osuiu in regione Loidis . . . confecit. 3.24 (179.12)
Et quidem, ut dixi, prohibuerunt amici, ne hoc bellum iniret; 4.26 (267.5)

BENE. quam te bene nosse dubium non est, 1.27 (48.20)
Si igitur bene praesumsit, 1.27 (56.4)
et bene uiuendi formam percipiant, 1.29 (64.17)
si fana eadem bene constructa sunt, 1.30 (65.11)
'Bene,' inquit; 'nam et angelicam habent faciem, 2.1 (80.14)
'Bene,' inquit, 'Deiri; de ira eruti, 2.1 (80.18)
ea, quae in Galliis bene disposita uidit, 3.18 (162.19)
et bene instructus patriam rediit, 3.27 (192.23)
et bene sub eis diutius fuit; 4.1 (203.21)
'Gratus mihi est multum aduentus tuus, et bene uenisti.' 4.9 (223.20)
Aedilthrydam, filiam Anna . . . uiri bene religiosi, ac per omnia mente et opere egregii; 4.19 (243.5)
cuius uita non sibi solummodo, sed multis bene uiuere uolentibus exempla operum lucis praebuit. 4.23 (256.10)
At ille: 'Bene, ergo exspectemus horam illam.' 4.24 (262.9)
'Bene facis,' inquit, 'qui tempore isto nocturnae quietis non somno indulgere, 4.25 (264.31)
'Bene conualescas, et cito.' 5.5 (288.18)
Qui si . . . bene faciendo a Dei oculis abscondere curasset, 5.13 (313.19)

BENEDICO. benedicendo. Vt episcopus Iohannes mutum benedicendo curauerit. 5.2 (282.30)
Vt clericum suum cadendo contritum, aeque orando ac benedicendo a morte reuocauerit. 5.6 (289.4)
benedicendum. et iamiamque essent manus ad panem benedicendum missuri, 3.6 (138.15)
benedicens. quod benedicens filium patriarcha in personam Saulis dicebat, 1.34 (71.18)
Qui benedicens illos ac Domino commendans, 3.15 (158.3)
et adstans dixit orationem super illam, ac benedicens egressus est. 5.3 (286.6)
benedicere. Rogauit ergo episcopum abbatissa, ut intrare ad eam, ac benedicere illam dignaretur, 5.3 (285.21)
si ille ei manum inponere, atque eum benedicere uoluisset, 5.5 (288.13)
benedici. et flexa ceruice uel manu signari, uel ore illius se benedici gaudebant; 3.26 (191.10)
benedicta. aqua benedicta fiat, 1.30 (65.9)
Benedicta igitur gens, quae talem sapientissimum et Dei cultorem promeruit habere regem; 3.29 (196.28)
benedicta. Vt coniugem comitis infirmam aqua benedicta curauerit. 5.4 (286.27)
Miserat autem episcopus mulieri, quae infirma iacebat, de aqua benedicta, 5.4 (287.19)

benedictum. misit ei calicem uini benedictum ab episcopo; . . . 5.5 (288.22)
benedixi. 'Tum benedixi aquam, . . . 3.13 (153.30)
benedixit. dixitque orationem, ac benedixit eum, . . . 5.5 (288.17)
BENEDICTIO. benedictio. confestim benedictio et sermonis diuini doctrina profunditur. . . . 1.21 (40.19)
Benedictio perituri super me ueniebat, . . . 2.1 (77.25)
benedictione. cum a uobis ex beati Petri apostoli fuerint benedictione suscepta. . . . 1.32 (69.30)
atque illi percepta eius benedictione iam multum tristes exissent, . . . 4.3 (209.21)
cumque allocutione eius refecti, et benedictione petita domum rediremus, . . . 5.1 (281.18)
iuuante benedictione ac precibus antistitis, nata est . . . uenusta species capillorum, . . . 5.2 (284.24)
'ex quo episcopus oratione pro me et benedictione conpleta egressus est, . . . 5.3 (286.16)
quippe quem . . . ad uiam uitae sua oratione ac benedictione reduxit. . . . 5.6 (289.16)
Tantumque mox accepta eius benedictione conualui, . . . 5.6 (291.26)
ut cum eius licentia et benedictione desideratum euangelizandi gentibus opus iniret; . . . 5.11 (301.23)
benedictionem. Praeterea benedictionem protectoris uestri beati Petri apostolorum principis uobis direximus, . . . 2.10 (104.1)
Praeterea benedictionem protectoris uestri beati Petri apostolorum principis uobis direximus, . . . 2.11 (106.23)
et per eius benedictionem habitum religionis, quem diu desiderabat, accepit. . . . 4.11 (226.1)
quia crederet eam ad benedictionem uel tactum illius mox melius habituram. . . . 5.3 (285.22)
dum ille domum comitis pransurus, ac benedictionem daturus intraret. . . . 5.4 (287.15)
benedictionis. Quod et ita iuxta uotum benedictionis eius prouenit. . . . 3.6 (138.25)
inter . . . specialis benedictionis glorias etiam maxima fuisse fertur humilitas, . . . 3.14 (156.5)
cum uerbis benedictionis, rediit ad orandum; . . . 5.6 (291.6)
BENEDICTVS, a, um. **benedicti.** cuius corpus in sepulchro benedicti patris Cudbercti ponentes, adposuerunt desuper arcam, . . . 4.30 (277.22)
BENEDICTVS BISCOP (628?–690), *Abbot of St. Augustine's, Canterbury; founder of the monastery of Wearmouth and Jarrow; collector of books.*
Benedicti. atque in praefato religiosissimi abbatis Benedicti monasterio transscribendam commodauit. . 4.18 (242.6)
Historiam abbatum monasterii huius, . . . Benedicti, Ceolfridi, et Huaetbercti in libellis duobis. . . 5.24 (359.13)
Benedicto. datus sum educandus reuerentissimo abbati Benedicto, ac deinde Ceolfrido; . . . 5.24 (357.8)
Benedicto. qui nuper uenerat a Roma . . . duce reuerentissimo abbate Biscopo cognomine Benedicto, . 4.18 (241.4)
Benedictum. cui ipse post Benedictum, de quo supra diximus, gloriosissime praefuit; . . . 5.21 (332.29)
Benedictus. Cum enim idem Benedictus construxisset monasterium Brittaniae . . . 4.18 (241.5)
superuenit illo alius adulescens, nomine Biscop, cognomento Benedictus, . . . 5.19 (323.31)
Benedictus coeptum iter nauiter Romam usque conpleuit. . . . 5.19 (324.2)
BENEFICIVM. beneficia. subiectae uobis genti superna beneficia praestarentur. . . . 1.32 (68.3)
beneficia. nobis tamen eis necesse est honorum beneficia tribuere, . . . 1.29 (63.20)
a longanimitate caelestis clementiae inluminationis ipsius beneficia inpetrare non desinas; . . . 2.11 (105.25)
quin ei, qui tanta sibi beneficia donaret, dignis ipse gratiarum actionibus responderet. . . . 2.12 (109.11)
multi sunt, qui ampliora a te beneficia quam ego, et maiores accipiunt dignitates, . . . 2.13 (111.27)
et beneficia sanctorum, . . . eis fecimus dari, . . . 3.29 (198.14)
beneficii. huic tali pro mercede beneficii daturum esse responderet, . . . 2.12 (109.5)
beneficiis. sed et alia perplura de beneficiis et iudiciis diuinis, . . . ad . . . solertiam bonae actionis excitare curabat. . . . 4.24 (261.8)
multisque eos, qui fidem suscipere uellent, beneficiis adtollens; . . . 5.10 (299.12)
beneficio. Magno ergo largitatis dominicae beneficio mens nostra gaudio exultauit, . . . 2.11 (104.23)
Quo beneficio multum antistes cor omnium in suum conuertit amorem, . . . 4.13 (232.2)
beneficiorum. ut fructum fidei creditorumque tibi beneficiorum Redemtori tuo multiplicem resignares. . 2.11 (106.7)
BENEVOLENTIA. beneuolentiae. Qui ait: 'Gratias quidem ago beneuolentiae tuae; . . . 2.12 (108.8)
BENIAMIN, *Benjamin, the youngest son of Jacob.*
Beniamin. 'Beniamin lupus rapax, . . . 1.34 (71.19
BENIGNE. ut Augustinum Brittaniam pergentem benigne susciperet, . . . 1.24 (43.30)
Qui cum benigne susceptus post caenam in lecto membra posuisset, . . . 3.11 (149.21)
et ab eo benigne susceptus, et multo tempore habitus est. . . . 4.1 (203.18)
BENIGNITAS. benignitas. Redemptoris nostri benignitas humano generi, . . . propinauit remedia; . . 2.11 (104.15)
benignitate. pro benignitate suae pietatis fecunditatem ei subolis reseruauit. . . . 1.27 (54.14)
benignitatis. Pallium . . . fraternitati tuae, benignitatis studiis inuitati, direximus, . . . 2.8 (96.23)
quod petimus, ut eo benignitatis animo gloria uestra suscipiat, . . . 2.10 (104.4))
Quod equidem, suffragante praesidio benignitatis ipsius, ut explere ualeas, . . . 2.11 (106.9)
quod petimus, ut eo benignitatis animo gloria uestra suscipiat, . . . 2.11 (106.26)
BENIGNVS, a, um. **benigno.** quin potius benigno uos hospitio recipere, . . . 1.25 (46.14)
Nam et benigno ecclesiae illius hospitio, cum Brittaniam iret, exceptus est, . . . 4.18 (242.22)
benignus. pauperibus et peregrinis semper humilis, benignus, et largus fuit. . . . 3.6 (138.10)
dones etiam benignus aliquando ad te fontem omnis sapientiae peruenire, . . . 5.24 (360.5)
BEO. beauit. Nostra quoque egregia iam tempora uirgo beauit; . . . 4.20 (248.5)
BERCT (*fl.* 684), *a thegn of Egfrid of Northumbria; led an expedition against the Irish.*
Bercto. Ecgfrid . . . misso Hiberniam cum exercitu duce Bercto, uastauit misere gentem innoxiam, . . 4.26 (266.16)
BERCTA (*fl.* 596), *Queen of Kent; wife of Ethelbert; daughter of Charibert, King of Paris.*
Bercta. uxorem habebat Christianam . . . uocabulo Bercta; . . . 1.25 (45.22)
Berctæ. ubi et Berctæ regina condita est. . . . 2.5 (90.8)
BERCTFRID (*fl.* 711), *chief alderman of Osred of Northumbria.*
Berctfrid. Anno DCCXI, Berctfrid praefectus cum Pictis pugnauit. . . . 5.24 (356.7)
BERCTGILS, BONIFATIVS (*d.* 669 *or* 670), *Bishop of East Anglia.*
Berctgilsum. Berctgilsum, cognomine Bonifatium, de prouincia Cantuariorum, loco eius substituit. . 3.20 (169.7)
Bonifatii. Bisi . . . ipse erat successor Bonifatii, cuius supra meminimus, . . . 4.5 (217.26)
Bonifatio. Nam Bonifatio post X et VII episcopatus sui annos defuncto, . . . 4.5 (217.27)
BERCTHVN (*fl.* 685), *an alderman of the South Saxons, who helped to drive Caedwalla out of Sussex, but was later slain by him.*
Bercthuno. sed mox expulsus est a ducibus regis, Bercthuno et Andhuno, . . . 4.15 (236.14)
BERCTHVN (*fl.* 731), *Abbot of Beverley; formerly deacon of John, Bishop of Hexham.*
Bercthun. dicere solent, et maxime uir reuerentissimus ac ueracissimus Bercthun, . . . 5.2 (283.3)
Narrauit idem Bercthun et aliud de praefato antistite miraculum: . . . 5.3 (285.2)
BERCTRED (*d.* 698), *a Northumbrian alderman slain by the Picts.*
Berctred. Anno DCXCVIII, Berctred dux regius Nordanhymbrorum a Pictis interfectus. . . . 5.24 (355.18)
BERCTVALD (*d.* 731), *Archbishop of Canterbury after Theodore.*
Berctuald. Vt Theodoro defuncto archiepiscopatus gradum Berctuald susceperit; . . . 5.8 (294.14)
Successit autem Theodoro in episcopatum Berctuald, qui erat abbas in monasterio, . . . 5.8 (295.18)
Berctuald archiepiscopus, et Aedilred quondam rex, tunc autem abbas, libentissime fauerunt; . . 5.19 (329.24)
Berctuald archiepiscopus longa consumtus aetate defunctus est . . . 5.23 (349.28)
Anno DCCXXXI, Berctuald archiepiscopus obiit. . . . 5.24 (356.16)
Berctualdi. archiepiscoporum omnium sunt corpora tumulata praeter duorum tantummodo, id est Theodori et Berctualdi, . . . 2.3 (86.9)

Berctualdo. necdum Berctualdo successore eius, qui trans mare ordinandus ierat, ad sedem episcopatus sui reuerso. 5.11 (302.13)
Post quem episcopatus officium Alduulf, Berctualdo archiepiscopo consecrante, suscepit. 5.23 (349.2)
BERECINGVM, *see* **IN BERECINGVM.**
BERICINENSIS, e, *of Barking.*
Bericinensi. Vt in monasterio Bericinensi, . . . caelesti sit luce monstratum. 4.7 (219.9)
BERNICII, *Bernicians, inhabitants of Bernicia, the northern province of the two that composed Northumbria.*
Berniciorum. Haec quidem in prouincia Berniciorum; 2.14 (115.10)
Porro regnum Berniciorum, . . . suscepit filius Aedilfridi, 3.1 (127.8)
accepit primus eorum, quem diximus, Eanfrid regnum Berniciorum. 3.1 (127.18)
nulla ecclesia, nullum altare in tota Berniciorum gente erectum est, 3.2 (130.5)
Qui locus, ad prouinciam Berniciorum pertinens, uulgo uocatur Ad Candidam Casam, 3.4 (133.21)
Huius industria regis Derorum et Berniciorum prouinciae, . . . in unam sunt pacem, 3.6 (138.32)
ille, qui ceteram Transhumbranae gentis partem ab Aquilone, id est Berniciorum prouinciam, regebat, 3.14 (155.4)
E quibus uidelicet possessiunculis sex in prouincia Derorum, sex in Berniciorum dedit. 3.24 (178.30)
Bosa uidelicet, qui Derorum, et Eata, qui Berniciorum prouinciam gubernaret; 4.12 (229.6)
Factum est hoc nuper in prouincia Berniciorum; 5.14 (315.5)
BERNVINI (*fl.* 686), *nephew and clerk of Wilfrid.*
Bernuini. At ipse partem, quam accepit, commendauit cuidam de clericis suis, cui nomen Bernuini, 4.16 (237.14)
BESTIA. bestiae. ubi prius uel bestiae commorari, uel homines bestialiter uiuere consuerant. 3.23 (175.19)
BESTIALITER. ubi prius uel bestiae commorari, uel homines bestialiter uiuere consuerant. 3.23 (175.19)
BETHLEEM, *Bethlehem.*
Bethleem. Bethleem ciuitas Dauid in dorso sita est angusto ex omni parte uallibus circumdato, 5.16 (317.12)
BETTI (*fl.* 653), *one of the four priests who went with Peada to convert the Middle Angles.*
Betti. Erant autem presbyteri, Cedd, et Adda, et Betti, et Diuma, 3.21 (170.18)
BIBLIOTHECA. bibliothecam. amplissimam ibi ac nobilissimam bibliothecam fecit, 5.20 (331.25)
BIBO. bibebat. ipse residuum cum modico, ut diximus, pane bibebat. 3.27 (194.12)
Residebat, uescebatur, bibebat, laetabatur, quasi unus e conuiuis agebat; 5.5 (288.29)
bibere. Et dum adsiderem illi, dixit: 'Vis petamus bibere?' 5.3 (286.13)
Gauisus ille multum, quia bibere posset, misit ei calicem uini 5.5 (288.22)
salutauit episcopum et conuiuas, dicens, quia ipse quoque delectaretur manducare et bibere cum eis. 5.5 (288.27)
biberemus. Cumque oblato poculo biberemus ambo, 5.3 (286.15)
bibit. quem ut bibit, surrexit continuo, 5.5 (288.23)
BIBVLVS, LVCIVS (*d.* 48 B.C.), *colleague of Julius Caesar in the consulship.*
Bibulo, Lucio. functus gradu consulatus cum Lucio Bibulo, 1.2 (13.23)
BICEPS. bicipitem. qui habebat sicam bicipitem toxicatam; 2.9 (99.3)
BIDVANVM. sed biduanum uel triduanum sat est obseruare ieiunium. 4.25 (263.30)
BIDVVM. biduum. quod dum facerem, uidebatur illa per biduum aliquanto leuius habere; 4.19 (245.18)
BIENNIVM. biennio. Coepta sunt haec biennio ante mortem Pendan regis. 3.21 (170.33)
biennium. ante biennium Romanae inruptionis, 1.11 (24.20)
Quae post biennium conparata possessione x familiarum in loco, 3.24 (179.3)
BINI, ae, a. **bini.** in quo uidelicet pelago bini aestus oceani, . . . sibimet inuicem cotidie conpugnantes occurrunt 4.16 (238.17)
BIRINVS (*d.* 648×650), *Bishop of the West Saxons.*
Birino. Vt prouincia Occidentalium Saxonum uerbum Dei, praedicante Birino, susceperit; 3.7 (139.6)
fidem Christi suscepit, praedicante illis uerbum Birino episcopo, 3.7 (139.10)
Birinus. Siquidem primus Birinus, secundus Agilberctus, tertius exstitit Vini. 4.12 (227.23)
BIS. bis cotidie instar insulae maris circumluitur undis, 3.3 (132.4)
bis renudato littore contiguus terrae redditur; 3.3 (132.5)
ut bis in anno uno pascha celebraretur, 3.25 (182.2)
eo quod iam bis partes Galliarum diuersis ex causis adisset, 4.1 (202.30)
VII: 'Vt bis in anno synodus congregetur. 4.5 (216.22)
Sponsa dicata Deo bis sex regnauerat annis, 4.20 (248.15)
Virginis alma caro est tumulata bis octo Nouembres, 4.20 (248.19)
Haec bis quaternas portas, id est introitus, per tres e regione parietes habet, 5.16 (318.5)
BISCOP, *see* **BENEDICTVS BISCOP.**
BISI (*fl.* 673), *Bishop of the East Angles.*
Bisi. et consacerdos ac frater noster, reuerentissimus Bisi, Orientalium Anglorum episcopus; 4.5 (215.7)
Bisi autem episcopus Orientalium Anglorum, . . . ipse erat successor Bonifatii, 4.5 (217.24)
BISSEXTVS. bissexti. de ratione bissexti una; 5.24 (359.2)
BLAECCA (*fl.* 627), *prefect of Lincoln; first convert in the province of Lindsey.*
Blaecca. praefectumque Lindocolinae ciuitatis, cui nomen erat Blaecca, . . . conuertit 2.16 (117.9)
BLAEDLA (*d.* 444), *King of the Huns.*
Blaedla. quamuis anno ante hunc proximo Blaedla . . . sit interemtus 1.13 (29.3)
Blaedla. eo tempore bellis cum Blaedla et Attila regibus Hunorum erat occupatus; 1.13 (29.1)
BLANDIMENTVM. blandimentis. spretisque fanorum fatuitatibus, et auguriorum deceptabilibus blandimentis, 2.10 (102.4)
BLANDIOR. blandiendo. sed suadendo, blandiendo, . . . reforma; 1.27 (53.11)
exhortando, terrendo, blandiendo, corrigendo, 1.32 (68.9)
BLASPHEMIA. blasphemiae. ut contemtor diuum meritam blasphemiae suae poenam lueret, 1.7 (19.9)
Et primum quidem blasphemiae stultiloquium est dicere esse hominem sine peccato; 2.19 (124.3)
BLASPHEMO. blasphemando. dogma peruersum gratiam Christi blasphemando 1.17 (33.28)
BLITHTHRYD (*fl.* 714), *wife of Pippin, leader of the Franks.*
Bliththrydae. qui interpellante Bliththrydae coniuge sua, dedit ei locum mansionis 5.11 (302.23)
BOETIVS (475?–524?), *Boethius, the Roman philosopher, author of De Consolatione Philosophiae.*
Boetio. cuius hoc principium est: 'Aetio [Boetio] ter consuli gemitus Brittanorum;' uar. 1.13 (28.26)
Boetius. Aetius [Boetius] uir inlustris, qui et patricius fuit, tertium cum Simmacho gessit consulatum. uar. 1.13 (28.22)
BOISIL (*d.* 661?), *Prior of Melrose.*
Boisil. cui tempore illo propositus Boisil magnarum uirtutum et prophetici spiritus sacerdos fuit. 4.27 (269.6)
quod ipsum etiam Boisil suo tempore facere consueuerat. 4.27 (269.26)
eo maxime uictus sermone, quod famulus Domini Boisil, . . . praedixerat. 4.28 (272.31)
cum esset idem Boisil praepositus monasterii Mailrosensis 5.9 (297.1)
apparuit magister quondam meus, et nutritor amantissimus Boisil, 5.9 (297.7)
Aio: "Etiam; tu es enim Boisil." 5.9 (297.9)
quia et ea nocte sibi post expletos matutinos Boisil per uisum apparuerit, 5.9 (297.28)
Boisili. uenit . . . discipulus quondam in Brittania et minister Deo dilecti sacerdotis Boisili 5.9 (297.1)
BONIFATIVS (*fl.* 704), *Archdeacon and Counsellor to the Pope.*
Bonifatii. peruenit ad amicitiam uiri sanctissimi ac doctissimi, Bonifatii uidelicet archidiaconi, 5.19 (324.23)
Bonifatius. Bonifatius consiliarius apostolici papae, et alii perplures, . . . dicebant ipsum esse episcopum, 5.19 (328.4)
BONIFATIVS (IV), *Pope, 608–615.*
Bonifatio. de necessariis ecclesiae Anglorum cum apostolico papa Bonifatio tractaturus. 2.4 (88.15)
Bonifatius. Hic est Bonifatius, quartus a beato Gregorio Romanae urbis episcopo, 2.4 (88.26)

BONIFATIVS (V), *Pope, 619–625.*
Bonifatii. Exemplar epistulae . . . papae urbis Romanae ecclesiae Bonifatii directae . . . Æduino 2.10 (100.22)
Exemplar epistulae beatissimi et apostolici Bonifatii papae . . . directae Aedilbergae reginae 2.11 (104.10)
praesulatum sedis apostolicae Honorius Bonifatii successor habebat, ... 2.17 (118.25)
Bonifatio. susceperunt scripta exhortatoria a pontifice Romanae et apostolicae sedis Bonifatio, ... 2.7 (94.6)
data sibi ordinandi episcopos auctoritate a pontifice Bonifatio, ... 2.8 (95.13)
litteras a pontifice sedis apostolicae Bonifatio accepit, ... 2.10 (100.19)
Bonifatius. Vt Bonifatius papa Iusto successori eius pallium et epistulam miserit. 2.8 (95.9)
Dilectissimo fratri Iusto Bonifatius. 2.8 (95.16)
Vt papa Bonifatius eundem regem missis litteris sit hortatus ad fidem. 2.10 (100.17)
Viro glorioso Aeduino . . . Bonifatius episcopus seruus seruorum Dei. 2.10 (100.24)
Dominae gloriosae filiae Aedilbergae reginae, Bonifatius episcopus 2.11 (104.13)
Haec quidem memoratus papa Bonifatius de salute regis Aeduini ac gentis ipsius litteris agebat. . . . 2.12 (106.30)
BONIFATIVS, *see* **BERCTGILS.**
BONITAS. bonitatis. Magno enim praemio fastigiorum uestrorum delectabilem cursum bonitatis suae suffragiis inlustrauit, ... 2.8 (95.28)
Eius ergo bonitatis misericordia totius creaturae suae dilatandi 2.10 (101.23)
qui diuinae bonitatis operibus inuidus aemulusque consistit, ... 2.10 (103.5)
BONONIA, *Boulogne.*
Bononia. et in Bononia ciuitate iuxta honorem tanto uiro congruum in ecclesia posuerunt. 1.33 (71.4)
BONVM. bona. Siue enim historia de bonis bona referat, ... Praef. (5.12)
Quia melius fuerat bona non incipere, ... 1.23 (43.6)
per bona, quae uobis concessa sunt, ... 1.32 (68.2)
Qui inter cetera bona, . . . etiam decreta illi iudiciorum, . . . constituit; 2.5 (90.9)
nam sicut bona eius peccatoris suscepistis, ... 3.19 (166.30)
post multa uirtutum bona, ut ipse desiderabat, . . . migrauit ad regna caelestia. 3.27 (193.29)
cuius ministerio temporalia bona sumserunt. 4.13 (232.4)
quod in prima aetate bona aliqua fecit, ... 5.13 (313.17)
bonis. Infaustus ille annus, et omnibus bonis exosus usque hodie permanet, ... 3.1 (128.10)
bonis. Qui innumeris semper uiuit ubique bonis. 2.1 (79.14)
intellegentes eum, qui uerus est Deus, et interioribus se bonis et exterioribus caelesti gratia ditasse. . . 4.13 (231.24)
bono. ut et ipsum consolationis suae bono refoueat, ... 1.28 (62.17)
nisi de eo bono, quod commune cum omnibus habent, ... 1.31 (67.4)
bonorum. consummati operis uobis merces a retributore omnium bonorum Domino tribuatur, ... 2.8 (96.17)
hilari confessione largitori omnium bonorum Deo, ... 2.11 (106.20)
quae Redemtoris nostri misericordia suis famulis dignatur bonorum munera praerogare, ... 2.18 (120.26)
contigit ipsum regem instigante omnium bonorum inimico, propinquorum suorum manu interfici. . . . 3.22 (173.16)
opus est . . . pro appetitu aeternorum bonorum liberius laborare; 4.25 (265.6)
ad diem suae uocationis infatigabili caelestium bonorum desiderio corpus senile . . . domabat, ... 5.12 (310.32)
bonum. ad imitandum bonum auditor sollicitus instigatur; . . . . Praef. (5.13)
quia iustius multo est de incognitis bonum credere quam malum. 3.25 (187.33)
BONVS, a, um. **bona.** Qui etiam crescente bona consuetudine, ... 3.2 (130.1)
rex erat uir bonus, et bona ac sancta sobole felix, ut in sequentibus docebimus. 3.7 (140.16)
bona. ea, quae bona ac Deo digna esse cognouerit, ... Praef. (5.16)
bona quoque opera eorum imitationi monstrando, ... 1.27 (53.11)
cuius anima per bona, quae fecisset, opera, quasi per funes aureos leuanda esset ad caelos; 4.9 (222.23)
in quo omnia, quae umquam bona feceram, intuens scripta repperi, ... 5.13 (312.6)
bonae. homines . . . ad dilectionem uero et solertiam bonae actionis excitare curabat. 4.24 (261.10)
cum esset puer bonae indolis, ... 5.19 (322.25)
bonarum. Bonarum quippe mentium est, ... 1.27 (56.11)
bone. 'Euge, serue bone et fidelis; 2.18 (121.13)
Teque deprecor, bone Iesu, ut cui propitius donasti uerba tuae scientiae dulciter haurire, ... 5.24 (360.3)
boni. sicut boni patres carnalibus filiis solent, ... 1.27 (50.10)
boni. sed per affectum boni operis frumenta dominica uitiorum suorum paleis expolia, ... 1.27 (53.17)
et boni operis exempla monstrando aedifica; 1.32 (68.9)
bonis. Siue enim historia de bonis bona referat, ... Praef. (5.12)
ut bonis moribus uiuant, ... 1.27 (49.9)
et uenturo Iudici in bonis actibus inueniamur esse praeparati. 1.32 (69.23)
nisi ut in bonis actibus persistentes, . . . eum colere, . . . festinemus? 2.17 (119.10)
Haemgils, presbyteratus etiam, quem bonis actibus adaequabat, ... 5.12 (309.23)
bonis. Non enim pro locis res, sed pro bonis rebus loca amanda sunt. 1.27 (49.29)
bonis. bonis auctore Deo operibus praeditus, ... 1.32 (68.31)
uel in bonis se operibus habundantius exerceret. 3.27 (193.8)
quae uos uestrosque omnes in omnibus bonis operibus auxiliari dignetur, ... 3.29 (199.1)
et suum quoque exitum, . . . uigiliis, orationibus, bonis operibus praeuenire meminerint.' 4.3 (209.19)
quia et tibi et multis opus est peccata sua bonis operibus redimere, ... 4.25 (265.4)
in quo recipiuntur animae eorum, qui in bonis quidem operibus de corpore exeunt; 5.12 (308.26)
bono. quanto in bono opere superaret. 1.32 (68.21)
quae delectata bono adulescentis proposito, misit eum Cantiam ad regem Erconberctum, ... 5.19 (323.21)
bonorum. Sequuntur aduersus ipsum accusationes malignorum, defensiones spirituum bonorum, ... 3.19 (166.12)
bonorum. atque ad elimosynas operumque bonorum exsecutionem, et uerbis excitaret et factis. 3.5 (136.6)
id est fructus bonorum operum ibi nascerentur, ... 3.23 (175.18)
Cudberct . . . et scientiam ab eo scripturarum, et bonorum operum sumsit exempla. 4.27 (269.9)
bonos. omnipotens Deus bonos quosque ad populorum regimina perducit, ... 1.32 (67.26)
Quod autem codices diuersos per bonos siue malos spiritus sibi uidit offerri, ... 5.13 (313.9)
bonum. adsumserunt cum electione et consensu sanctae ecclesiae gentis Anglorum, uirum bonum et aptum episcopatu, ... 3.29 (196.11)
In cuius locum ordinauit Theodorus Vynfridum, uirum bonum ac modestum, ... 4.3 (212.25)
bonum. ut opus bonum, quod auxiliante Domino coepistis, impleatis. 1.23 (43.8)
bonus. Nam et ipse, apud quem exulabat, rex erat uir bonus, ... 3.7 (140.16)
Sigberct frater eius praefuit, homo bonus ac religiosus; 3.18 (162.16)
Tuda, . . . uir quidem bonus ac religiosus, ... 3.26 (189.30)
erat enim religiosus et bonus uir, ... 3.30 (199.30)
Erat enim uir bonus, et sapiens, et scientia scripturarum nobilissime instructus. 5.15 (315.27)
Bonus quippe erat uir, ac iustus, ... 5.18 (320.10)
BOREALIS, e. **borealem.** quae ad Borealem Humbrae fluminis plagam inhabitat, ... 2.5 (89.20)
qui haud longe ab illis ad borealem extremamque muri illius partem pausat. 5.17 (319.21)
boreales. nocturno sole . . . ad orientem boreales per plagas redeunte; 1.1 (11.2)
borealibus. prouinciis, quae Humbrae fluuio et contiguis ei terminis sequestrantur a borealibus, ... 2.5 (89.12)
BOREAS. boream. per milia passuum DCCC in Boream longa, ... 1.1 (9.6)
ab austro in boream XII, ... 1.3 (15.25)
id est illarum gentium, quae ad Boream Humbri fluminis inhabitant, ... 1.15 (31.27)

Mamre collis mille passibus a monumentis his ad Boream, 5.17 (319.23)
BORVCTVARI, *a Germanic tribe, the Bructeri in Westphalia.*
Boructuari. Sunt autem Fresones, Rugini, Danai, Hunni, Antiqui Saxones, Boructuari; 5.9 (296.17)
Boructuaris. Sed expugnatis non longo post tempore Boructuaris a gente Antiquorum Saxonum, 5.11 (302.20)
Boructuarorum. Suidberct . . . de Brittania regressus, non multo post ad gentem Boructuarorum secessit, 5.11 (302.17)
BOS. boues. Et quia boues solent in sacrificio daemonum multos occidere, 1.30 (65.15)
BOSA (*d.* 705), *Bishop of York; Acca's teacher.*
Bosa. Bosa uidelicet, quid Derorum, et Eata, qui Berniciorum prouinciam gubernaret; 4.12 (229.5)
Ordinati sunt autem Eadhaed, Bosa, et Eata Eboraci ab archiepiscopo Theodoro; 4.12 (229.20)
quorum haec sunt nomina, Bosa, Aetla, Oftfor, Iohannes, et Vilfrid. 4.23 (254.24)
et pro eo Bosa, Eata, et Eadhaeth consecrati antistites. 5.24 (355.4)
Bosa. in clero sanctissimi ac Deo dilecti Bosa Eboracensis episcopi nutritus atque eruditus est; 5.20 (332.7)
Bosa. idem Iohannes, defuncto Bosa uiro multae sanctitatis et humilitatis, episcopus pro eo Eboraci substitutus, 5.3 (285.6)
BOSANHAMM, *Bosham, Sussex.*
Bosanhamm. Dicul, habens monasteriolum permodicum in loco, qui uocatur Bosanhamm, 4.13 (231.3)
BOSEL (*fl.* 691), *Bishop of the Hwiccas.*
Bosel. antistes prouinciae illius, uocabulo Bosel, tanta erat corporis infirmitate depressus, 4.23 (255.9)
Boselum. ante praefatum uirum Dei Boselum, uir strenuissimus . . . Tatfrid, . . . electus est antistes; 4.23 (255.19)
BOTHELM (*fl.* 731), *a monk of Hexham, whose broken arm was cured by moss from Oswald's cross.*
Bothelm. Quidam . . . nomine Bothelm qui nunc usque superest, . . . brachium contriuit, 3.2 (130.12)
BRACHIVM. brachii. quidam a dolentis brachii sit langore curatus. 3.2 (128.24)
tametsi tumor adhuc brachii manere uidetur.' 5.3 (286.21)
brachiis. Porro caput et manus cum brachiis a corpore praecisas iussit rex, . . . suspendi. 3.12 (151.33)
et . . . in regia uero ciuitate manus cum brachiis condidit. 3.12 (152.4)
brachio. manus cum brachio a cetero essent corpore resectae, 3.6 (138.26)
quia flebotomata est nuper in brachio, 5.3 (285.14)
quae iacebat multo, ut dixi, dolore constricta, et brachio in tantum grossescente, 5.3 (286.4)
dolor tamen omnis et de brachio, ubi ardentior inerat, . . . funditus ablatus est, 5.3 (286.18)
brachium. quo mox increscente, magis grauatum est brachium illud uulneratum, 5.3 (285.16)
brachium. repente conruens, brachium contriuit, 3.2 (130.14)
ita ut ne ad os quidem adducere ipsum brachium ullatenus dolore arcente ualeret. 3.2 (130.16)
ita sanum brachium manumque repperit, ac si nihil umquam tanti langoris habuisset. 3.2 (131.1)
BREBITER, *see* **BREVITER.**
BREGVSVID (*fl.* 614), *mother of Hild; wife of Hereric.*
Bregusuid. Oportebat namque inpleri somnium, quod mater eius Bregusuid in infantia eius uidit. 4.23 (255.31)
BRETTO, *a Briton.*
Bretto. Pelagius Bretto contra gratiam Dei superba bella susceperit. 1.10 (23.22)
Cuius temporibus Pelagius Bretto . . . uenena suae perfidiae longe lateque dispersit, 1.10 (23.27)
BRETTONES, *the Britons.*
Brettones. nam austrina Brettones occupauerant. 1.1 (12.12)
Vt Brettones a Scottis uastati Pictisque, 1.12 (25.15)
Ob harum ergo infestationem gentium Brettones legatos Romam . . . mittentes, 1.12 (26.4)
Brettones ab Aetio consule auxilium flagitantes 1.13 (28.15)
Vt Brettones fame famosa coacti, 1.14 (29.12)
Hoc ergo duce uires capessunt Brettones, 1.16 (33.15)
Vt Brettones, . . . ciuilibus sese bellis contriuerint, 1.22 (41.19)
Tum Brettones confitentur quidem intellexisse se ueram esse uiam iustitiae, 2.2 (82.14)
multosque eorum, qui Occidentalibus Saxonibus subditi erant Brettones, 5.18 (321.3)
Sicut econtra Brettones, qui nolebant Anglis eam, quam habebant, fidei Christianae notitiam pandere, 5.22 (347.10)
Brettones, quamuis et maxima ex parte domestico sibi odio gentem Anglorum, 5.23 (351.10)
Brettones. In primis autem haec insula Brettones solum, . . . incolas habuit; 1.1 (11.18)
Brittania post Brettones et Pictos tertiam Scottorum nationem in Pictorum parte recepit; 1.1 (12.18)
Brettones fames sua praefata magis magisque adficiens, 1.14 (29.15)
Ut Brettones primam de gente Anglorum uictoriam . . . sumserint. 1.16 (33.4)
bellum aduersum Brettones iunctis uiribus susceperunt, 1.20 (38.8)
in magna reuerentia sanctitatis tam Brettones quam Scottos uenerati sumus; 2.4 (87.33)
sed cognoscentes Brettones, Scottos meliores putauimus. 2.4 (88.1)
et paucis cum fratribus per Brettones in prouinciam Anglorum deuenit, 3.19 (167.28)
Pictos dico et Brettones, . . . contra totum orbem stulto labore pugnant.' 3.25 (184.29)
Brettonibus. tertiam in Brittania Brettonibus et Pictis gentem addiderunt. 1.1 (13.10)
Tum Romani denuntiauere Brettonibus 1.12 (27.10)
Vt idem episcopi Brettonibus in pugna auxilium caeleste tulerint, 1.20 (38.6)
Brettonibus. Horsa postea occisus in bello a Brettonibus, 1.15 (31.31)
a Brettonibus autem rectius Carlegion appellatur, 2.2 (84.3)
nihil discrepare a Brettonibus in eorum conuersatione didicimus. 2.4 (88.4)
eo quod ibi ecclesiam de lapide, insolito Brettonibus more fecerit. 3.4 (133.23)
nonnulla etiam de Brettonibus in Brittania, rationabile et ecclesiasticum paschalis obseruantiae tempus . . . suscepit. 5.15 (315.13)
quorum tempore Angli a Brettonibus accersiti Brittaniam adierunt. 5.24 (352.28)
Brettonum. quinque gentium linguis, . . . Anglorum uidelicet, Brettonum, Scottorum, Pictorum et Latinorum, 1.1 (11.15)
qui antiquitus gentem Brettonum a Pictis secernebat, 1.1 (13.13)
ubi est ciuitas Brettonum munitissima 1.1 (13.14)
Exin Brittania in parte Brettonum, . . . praedae tantum patuit, 1.12 (25.18)
sed quia a parte Brettonum erant remotae, 1.12 (25.27)
Ad hunc pauperculae Brettonum reliquiae mittunt epistulam, 1.13 (28.24)
et contritiones de Brettonum gente agere non cessarunt. 1.14 (29.26)
simul et insulae fertilitas, ac segnitia Brettonum; 1.15 (31.6)
gentem uastauit Brettonum; 1.34 (71.12)
Vt Augustinus Brettonum episcopos pro pace catholica, . . . monuerit; 2.2 (81.7)
Augustinus . . . conuocauit . . . episcopos siue doctores proximae Brettonum prouinciae 2.2 (81.12)
qui cum oblatus Brettonum sacerdotibus 2.2 (82.5)
uenerunt, . . . VII Brettonum episcopi et pures uiri doctissimi, 2.2 (82.20)
quomodo et Brettonum in ipsa Brittania, uitam ac professionem minus ecclesiasticam in multis esse cognouit, 2.4 (87.14)
Misit idem Laurentius . . . etiam Brettonum sacerdotibus litteras 2.4 (88.9)
Anglorum pariter et Brettonum populis praefuit, 2.5 (89.23)
nec non et Meuanias Brettonum insulas, . . . Anglorum subiecit imperio; 2.5 (89.24)
omnes Brittaniae fines, qua uel ipsorum uel Brettonum prouinciae habitabant, 2.9 (97.14)
Aeduini cum X et VII annis genti Anglorum simul et Brettonum gloriosissime praeesset, 2.20 (124.15)
rebellauit aduersus eum Caedualla rex Brettonum, 2.20 (124.18)

Quippe cum usque hodie moris sit Brettonum, 2.20 (125.18)
utrumque rex Brettonum Ceadualla . . . peremit. 3.1 (127.23)
infandus Brettonum dux cum inmensis illis copiis, . . . interemtus est 3.1 (128.19)
praedicante eis uerbum Nynia episcopo . . . sanctissimo uiro de natione Brettonum, 3.4 (133.16)
quae in IIII linguas, id est Brettonum, Pictorum, Scottorum, et Anglorum, diuisae sunt, 3.6 (138.5)
quem et feralis impietas regis Brettonum, et apostasia demens regum Anglorum detestabilem fecerat. 3.9 (145.1)
Eodem tempore uenit alius quidam de natione Brettonum, ut ferunt, 3.10 (146.26)
adsumtis in societatem ordinationis duobus de Brettonum gente episcopis, 3.28 (195.12)
Quae cum uir eius Hereric exularet sub rege Brettonum Cerdice, ubi et ueneno periit, 4.23 (255.32)
Brettonum quoque pars nonnulla libertatem receperunt; 4.26 (267.13)
unde hactenus a uicina gente Brettonum corrupte Garmani nuncupantur. 5.9 (296.15)
Aldhelm, . . . scripsit, iubente synodo suae gentis, librum egregium aduersus errorem Brettonum, 5.18 (320.32)
insulis[que] quae ab Anglorum, et Brettonum, nec non Scottorum et Pictorum gentibus incoluntur, 5.19 (327.5)

Brittonum. Scottorum [Brittonum] gentes proelio conterens uar. 1.34 (71.7)

BRETTONICVS, a, um, *British.*
Brettonici. Infaustus ille annus, . . . permanet, . . . propter uesanam Brettonici regis tyrannidem. 3.1 (128.13)

BREVIO. breuiare. cogitabant . . . corpus, si possent, in genibus inflectendo breuiare, donec ipso loculo cape
retur. 4.11 (227.7)

BREVIOR, ius. **breuior.** sed sicut contra Aquilonem ea breuior, 1.1 (11.32)
breuioribus. Haec de opusculis excerpta . . . sed breuioribus strictisque conprehensa sermonibus, . . . historiis indere placuit. 5.17 (319.28)

BREVIS, e. **breue.** paenitentiam, quam ad breue tempus cum fructu ueniae facere supersedit, 5.13 (313.1)
breui. quae in breui tantam eius multitudinem strauit, 1.14 (30.10)
decursisque breui spatiis pelagi, 1.17 (34.29)
factum est, opitulante gratia diuina, ut multos in breui ab idolatria ad fidem conuerterent Christi. 5.10 (299.13)

BREVISSIMVS, a, um. **breuissima.** longissima dies siue nox xv, breuissima VIIII conpleat horas. 1.1 (11.10)
breuissimus. unde in Brittaniam proximus et breuissimus transitus est; 1.2 (13.26)

BREVITAS. breuitatis. plurimae item breuitatis noctes aestate, et dies habet in bruma, 1.1 (11.6)

BREVITER. brebiter. ut breuiter [brebiter] dicam, uar. 3.26 (191.19)
e quibus hic aliqua breuiter [brebiter] perstringenda esse putaui. uar. 5.12 (303.31)
breuiter. breuiter intimare curabo. Praef. (6.4)
ut breuiter dicam, 1.15 (32.15)
orationem breuiter fundunt, 1.18 (36.12)
Verum nos de transitu tantum illius, quo caelestia regna petiit, aliquid breuiter dicere sufficiat. 3.8 (143.5)
ut breuiter multa conprehendam, 3.17 (161.24)
Haec et de corporis eius incorruptione breuiter attigimus, 3.19 (168.26)
infirmos uisitandi, et, ut breuiter dicam, animas curandi causa fuit; 3.26 (191.19)
de secundo breuiter intimandum, quod in episcopatum Dorciccaestræ fuerit ordinatus; 4.23 (254.26)
Vt enim breuiter dicam, 5.8 (295.2)
e quibus hic aliqua breuiter perstringenda esse putaui. 5.12 (303.31)
Verum ea, . . . ob memoriam conseruandam breuiter recapitulari placuit. 5.24 (352.3)
ex opusculis uenerabilium patrum breuiter adnotare, . . . curaui: 5.24 (357.22)

BRIDIVS (*d.* 587?), *King of the Picts.*
Bridio. Venit autem Brittaniam Columba, regnante Pictis Bridio filio Meilochon, 3.4 (133.25)

BRIGE, *see* **IN BRIGE.**

BRIGENSIS, e, *of Faremoûtier-en-Brie.*
Brigensis. prae merito uirtutum eiusdem monasterii Brigensis est abbatissa constituta. 3.8 (142.26)

BRITANIA, *see* **BRITTANIA.**

BRITANNI, *see* **BRITTANI.**

BRITANNVS, *Britain.*
Britanni. Sospes enim ueniens supremo ex orbe Britanni, 5.7 (293.23)

BRITTANI, *the Britons.*
Britanni. Aut hunc fruge sua aequorei pauere Britanni, 1.10 (24.14)
Brittani. susceptamque fidem Brittani . . . quieta in pace seruabant. 1.4 (16.10)
Brittanis. Caesaris equitatus primo congressu a Brittanis uictus, 1.2 (14.10)
Exin Caesar a Brittanis reuersus in Galliam, 1.2 (14.30)
Susceperunt . . . donantibus Brittanis, locum habitationis 1.15 (31.10)
Brittanni. Verum Brittanni, . . . inueniunt salubre consilium, 1.17 (33.27)
Brittanorum. Vt Lucius Brittanorum rex, . . . Christianum se fieri petierit. 1.4 (16.1)
adiuncta secum Brittanorum manu, 1.12 (27.22)
'Aetio ter consuli gemitus Brittanorum;' 1.13 (28.26)
Brittanos. uictos Brittanos in fugam uertit. 1.2 (14.12)

BRITTANIA, *Britain.*
Britania. Albanum egregium fecunda Britania profert. 1.7 (18.11)
Brittania. Brittania Oceani insula, 1.1 (9.2)
Brittania . . . tertiam Scottorum nationem in Pictorum parte recepit; 1.1 (12.18)
Verum eadem Brittania Romanis . . . inaccessa atque incognita fuit; 1.2 (13.19)
Exin Brittania in parte Brettonum, . . . praedae tantum patuit, 1.12 (25.18)
atque in hanc insulam, quae Brittania nuncupatur, contigit introisse; 2.4 (87.31)
Brittania. nam saepe illo de Brittania adlati serpentes, 1.1 (12.31)
tertiam in Brittania Brettonibus et Pictis gentem addiderunt. 1.1 (13.10)
in ecclesiis Christi, quae erant in Brittania, 1.8 (22.14)
Constantius, . . . in Brittania morte obiit. 1.8 (22.23)
Constantinus in Brittania creatus imperator, 1.8 (22.26)
Maximus in Brittania imperator creatus, 1.9 (23.1)
in Brittania inuitus propemodum ab exercitu imperator creatus, 1.9 (23.13)
Gratianus et Constantinus in Brittania tyranni creati; 1.11 (24.16)
et mox prior in Brittania, secundus in Gallia sint interemti. 1.11 (24.17)
ex quo tempore Romani in Brittania regnare cessarunt, 1.11 (25.7)
qualiter episcopos in Brittania constituere debuisset; 1.29 (63.14)
Neque . . . quisquam regum Scottorum in Brittania aduersus gentem Anglorum . . . uenire audebat. 1.34 (72.)
Dictumque est, quia de Brittania insula, 2.1 (80.4)
quomodo et Brettonum in ipsa Brittania, uitam ac professionem minus ecclesiasticam in multis esse cognouit, 2.4 (87.15)
ob quod et Mellitus ac Iustus a Brittania discesserint. 2.5 (89.2)
Tanta autem eo tempore pax in Brittania, . . . fuisse perhibetur, 2.16 (118.3)
monasteria per discipulos eius et in Brittania et in Hibernia propagata sunt, 3.4 (134.7)
Non multis autem annis post abscessum eius a Brittania transactis, pulsus est et Vini 3.7 (141.5)
multi de Brittania monachicae conuersationis gratia Francorum . . . monasteria adire solebant; 3.8 (142.17)
qui, relicta Brittania, Parisiacae ciuitatis factus erat episcopus; 3.28 (194.21)
Non enim erat tunc ullus, excepto illo Vine, in tota Brittania canonice ordinatus episcopus. 3.28 (195.16)
Vt Vighard presbyter ordinandus in archiepiscopum Romam de Brittania sit missus; 3.29 (196.1)

Vilfrid quoque de Brittania Galliam ordinandus est missus; 4.2 (205.34)
Cum ergo ueniret ad eum . . . gratia uisitationis de Brittania uir sanctissimus 4.3 (211.24)
Vt Colman episcopus, relicta Brittania, duo monasteria in Scottia, . . . fecerit. 4.4 (213.1)
sicut in aliis prouinciis, ita etiam in Brittania qualis esset status ecclesiae, 4.18 (242.11)
Quamobrem collecta pro hoc in Brittania synodo, 4.18 (242.15)
et Scotti, qui erant in Brittania; 4.26 (267.13)
ad quos uenire praefatus Christi miles circumnauigata Brittania disposuit, 5.9 (296.20)
uenit . . . ad eum unus de fratribus, discipulus quondam in Brittania et minister Deo dilecti sacerdotis Boisili 5.9 (296.31)
Suidberct . . . de Brittania regressus, non multo post ad gentem Boructuarorum secessit, 5.11 (302.16)
His temporibus miraculum memorabile et antiquorum simile in Brittania factum est. 5.12 (303.27)
nonnulla etiam de Brettonibus in Brittania, rationabile et ecclesiasticum paschalis obseruantiae tempus . . . suscepit. 5.15 (315.13)
et congratulante in fide eius Brittania, laetentur insulae multae, 5.23 (351.28)
Anno CCCLXXXI, Maximus in Brittania creatus imperator, in Galliam transiit, 5.24 (352.20)
ex quo tempore Romani in Brittania regnare cessarunt. 5.24 (352.23)
Caeduald rex Occidentalium Saxonum Romam de Brittania pergit. 5.24 (355.14)

Brittaniae. De situ Brittaniae uel Hiberniae, 1.1 (9.1)
extra fines omnes Brittaniae Hiberniam peruenisse, 1.1 (11.26)
ad occidentem quidem Brittaniae sita; 1.1 (11.31)
a meridiano Brittaniae littore distans. 1.3 (15.27)
Vt Seuerus receptam Brittaniae partem uallo a cetera distinxerit. 1.5 (16.13)
ceterum ulteriores Brittaniae partes, . . . iure dominandi possidebant. 1.11 (25.13)
alter ab occidentali, Brittaniae terras longe lateque inrumpit, 1.12 (25.29)
in hunc quasi Brittaniae subuersorem omnium odia . . . contorquerentur. 1.14 (30.3)
sed etiam omnes Brittaniae sacerdotes habeat 1.29 (64.14)
'Ecce lingua Brittaniae, . . . coepit alleluia resonare. 2.1 (78.9)
sed et ueterum Brittaniae incolarum, . . . populis pastoralem inpendere sollicitudinem curabat. 2.4 (87.10)
gentes, quae septentrionales Brittaniae fines tenent, 2.5 (90.2)
omnes Brittaniae fines, . . . sub dicione acciperet. 2.9 (97.13)
qui per omnes Brittaniae prouincias tot annorum temporumque curriculis . . . uitabam insidias?' 2.12 (108.14)
ac totum genus Anglorum Brittaniae finibus erasurum se esse deliberans. 2.20 (125.14)
quae uidelicet insula ad ius quidem Brittaniae pertinet, 3.3 (132.31)
donatione Pictorum, qui illas Brittaniae plagas incolunt, 3.3 (132.33)
Denique omnes nationes et prouincias Brittaniae, . . . in dicione accepit. 3.6 (138.5)
Nec solum inclyti fama uiri Brittaniae fines lustrauit uniuersos, 3.13 (152.7)
pestilentiae lues, depopulatis prius australibus Brittaniae plagis, . . . multitudinem strauit. 3.27 (192.1)
quoniam suspicabatur eum habere aliquam legationem imperatoris ad Brittaniae reges 4.1 (203.33)
multas Brittaniae prouincias mortalitas saeua corripiebat. 4.14 (233.7)
praesidente Theodoro, gratia Dei archiepiscopo Brittaniae insulae et ciuitatis Doruuernis; 4.17 (239.12)
una cum eo sedentibus ceteris episcopis Brittaniae insulae uiris uenerabilibus, 4.17 (239.14)
ut omnes Brittaniae fines illius gratia splendoris inpleret. 4.23 (256.6)
ui tempestatis in occidentalia Brittaniae litora delatus est; 5.15 (316.24)
et pro omni aquilonali parte Brittaniae et Hiberniae, . . . catholicam fidem confessus est, 5.19 (327.4)
Pictorum, qui septentrionales Brittaniae plagas inhabitant, 5.21 (332.16)
Qui sit in praesenti status gentis Anglorum uel Brittaniae totius. 5.23 (348.13)
Hic est inpraesentiarum uniuersae status Brittaniae, 5.23 (351.24)
cui litteras rex Brittaniae Lucius mittens, ut Christianus efficeretur, petiit et inpetrauit. 5.24 (352.15)

Brittaniae. Hibernia . . . et salubritate ac serenitate aerum multum Brittaniae praestat, 1.1 (12.26)
Vectam insulam, Brittaniae proximam a meridie, 1.3 (15.23)
Brittaniae cessatum quidem est parumper ab externis, 1.22 (41.21)
Gregorio papae, quae sint Brittaniae gesta mandarit, 1.27 (48.1)
Scottorum, qui Hiberniam insulam Brittaniae proximam incolunt, 2.4 (87.11)

Brittaniae. Cum . . . Benedictus construxisset monasterium Brittaniae in honorem beatissimi apostolorum principis, 4.18 (241.5)

Brittaniam. qui de tractu Armoricano, . . . Brittaniam aduecti, 1.1 (11.20)
Est autem Hibernia insula omnium post Brittaniam maxima, 1.1 (11.30)
Itaque petentes Brittaniam Picti, 1.1 (12.10)
tertiam in Brittania [Brittaniam] Brettonibus et Pictis gentem addiderunt. ?uar. 1.1 (13.10)
Vt Brittaniam primus Romanorum Gaius Iulius adierit. 1.2 (13.18)
unde in Brittaniam proximus et breuissimus transitus est; 1.2 (13.25)
in Brittaniam transuehitur, 1.2 (13.28)
quibus iterum in Brittaniam primo uere transuectus, 1.2 (14.4)
Itaque expeditionem in Brittaniam mouit, 1.3 (15.7)
Orcadas etiam insulas ultra Brittaniam in oceano positas, 1.3 (15.13)
Ab eodem Claudio Vespasianus, . . . in Brittaniam missus, 1.3 (15.22)
Brittaniam pene amisit; 1.3 (15.30)
Brittaniamque post X annos recepit. 1.6 (17.24)
Brittaniam tum plurima confessionis Deo deuotae gloria sublimauit. 1.6 (18.3)
in Brittania [Brittaniam] inuitus propemodum ab exercitu imperator creatus, uar. 1.9 (23.13)
eas etiam, quae ultra Brittaniam sunt, insulas 1.11 (25.13)
non quod extra Brittaniam essent positae; 1.12 (25.26)
Vt inuitata Brittaniam gens Anglorum, . . . aduersarios longius eiecerit; 1.15 (30.24)
Brittaniam tribus longis nauibus aduehitur, 1.15 (30.30)
XL^{mo} circiter et IIII° anno aduentus eorum in Brittaniam. 1.16 (33.20)
Vt Germanus episcopus cum Lupo Brittaniam nauigans, 1.17 (33.22)
Germanus cum Seuero Brittaniam reuersus, 1.21 (39.28)
genti Saxonum siue Anglorum, secum Brittaniam incolenti, 1.22 (42.5)
ut Augustinum Brittaniam pergentem benigne susciperet, 1.24 (43.30)
Vt ueniens Brittaniam Augustinus 1.25 (44.24)
Augustinus cum famulis Christi, . . . rediit in opus uerbi, peruenitque Brittaniam. 1.25 (44.29)
antiquitus facta, dum adhuc Romani Brittaniam incolerent, 1.26 (47.12)
reuersusque Brittaniam 1.27 (48.6)
Exemplar epistulae, quam Mellito abbati Brittaniam pergenti misit. 1.30 (64.25)
Aedan rex Scottorum, qui Brittaniam inhabitant, 1.34 (71.22)
rogauit, ut genti Anglorum in Brittaniam aliquos uerbi ministros, . . . mitteret; 2.1 (80.25)
ac Brittaniam rediens secum Anglorum ecclesiis mandanda atque obseruanda deferret, 2.4 (88.21)
cunctis, qui Brittaniam incolunt, Anglorum pariter et Brettonum populis praefuit, 2.5 (89.22)
Meuanias Brettonum insulas, quae inter Hiberniam et Brittaniam sitae sunt, 2.5 (89.25)
Hengist, qui cum filio suo Oisc inuitatus a Vurtigerno Brittaniam primus intrauit, 2.5 (90.22)
Cum uero et Laurentius Mellitum Iustumque secuturus ac Brittaniam esset relicturus, 2.6 (92.14)
ab aduentu uero Anglorum in Brittaniam annus circiter CLXXX^{mus}. 2.14 (114.1)

quo Romani . . . totam a mari ad mare praecinxere Brittaniam, ut supra docuimus. 3.2 (129.28)
Exin coepere plures per dies de Scottorum regione uenire Brittaniam 3.3 (132.15)
uenit de Hibernia presbyter . . . nomine Columba Brittaniam, 3.4 (133.8)
Venit autem Brittaniam Columba, 3.4 (133.24)
post annos circiter XXX et duos, ex quo ipse Brittaniam praedicaturus adiit. 3.4 (134.2)
Fecerat autem, priusquam Brittaniam ueniret, monasterium 3.4 (134.3)
Birino episcopo, qui cum consilio papae Honorii uenerat Brittaniam, 3.7 (139.11)
Sed Brittaniam perueniens, ac primum Geuissorum gentem ingrediens, 3.7 (139.16)
'mortalitatis, quae Brittaniam Hiberniamque lata strage uastauit, 3.13 (152.22)
Est enim iuxta murum, quo olim Romani Brittaniam insulam praecinxere, 3.22 (172.17)
ut numquam in insulam, in qua natus est, id est Brittaniam, rediret; 3.27 (193.11)
Veniens quoque Brittaniam Vilfrid iam episcopus factus 3.28 (195.25)
catholicos per omnem Brittaniam ecclesiis Anglorum ordinare posset antistites. 3.29 (196.15)
et huiusmodi litterae regi Osuiu Brittaniam remissae: 3.29 (196.19)
Theodorus archiepiscopus ordinatus, et cum Hadriano abbate sit Brittaniam missus. 4.1 (201.3)
Hunc ad se accitum papa iussit episcopatu accepto Brittaniam uenire. 4.1 (202.12)
his tamen condicionibus interpositis, ut ipse eum perduceret Brittaniam, 4.1 (202.30)
Et ita una cum Hadriano VI. Kalendas Iunias Brittaniam missus est. 4.1 (203.10)
cum conualescere coepisset, nauigauit Brittaniam. 4.1 (203.31)
Neque umquam prorsus, ex quo Brittaniam petierunt Angli, feliciora fuere tempora; 4.2 (205.4)
Colmanus, . . . relinquens Brittaniam, tulit secum omnes, . . . Scottos; 4.4 (213.4)
Anno . . . DCLXXmo, qui est annus secundus ex quo Brittaniam uenit Theodorus, 4.5 (214.12)
et multa diu loca peruagatus, Romam adiit, Brittaniam rediit; 4.13 (230.4)
bini aestus oceani, qui circum Brittaniam ex infinito oceano septentrionali erumpunt, 4.16 (238.17)
De Iohanne cantatore sedis apostolicae, qui propter docendum Brittaniam uenerit. 4.18 (240.27)
Accepit et praefatum Iohannem abbatem Brittaniam perducendum; 4.18 (241.17)
hoc negotium reuerentissimo abbati Iohanni Brittaniam destinato iniunxit. 4.18 (242.14)
Nam et benigno ecclesiae illius hospitio, cum Brittaniam iret, exceptus est, 4.18 (242.23)
et inde cum rediens Brittaniam adisset, diuertit ad prouinciam Huicciorum, 4.23 (255.5)
a quibus Angli uel Saxones, qui nunc Brittaniam incolunt, genus et originem duxisse noscuntur; 5.9 (296.14)
quem Brittaniam destinatum ad petitionem eorum ordinauit reuerentissimus Vilfrid episcopus, 5.11 (302.8)
Eodem sane anno, quo hi Brittaniam reliquere, 5.19 (322.17)
At ille Brittaniam ueniens, coniunctus est amicitiis Alchfridi regis, 5.19 (325.9)
reuersus Brittaniam prouinciam Australium Saxonum ab idolatriae ritibus . . . conuertit. 5.19 (327.8)
Qui cum Brittaniam remeans in Galliarum partes deuenisset, 5.19 (328.20)
coeptoque itinere Brittaniam uenit. 5.19 (329.22)
ex quo autem Brittaniam uenit, XXXIX. 5.20 (331.5)
ut etiam in nostris per Brittaniam ecclesiis plures sint, 5.21 (341.24)
Scotti, qui Brittaniam incolunt, suis contenti finibus nil . . . insidiarum moliuntur 5.23 (351.8)
Hic est . . . status Brittaniae, anno aduentus Anglorum in Brittaniam circiter ducentesimo octogesimo quinto, 5.23 (351.25)
Caesar primus Romanorum Brittanias [Brittaniam] bello pulsauit, uar. 5.24 (352.6)
qui Brittaniam uallo a mari usque ad mare praecinxit. 5.24 (352.18)
quorum tempore Angli a Brettonibus accersiti Brittaniam adierunt. 5.24 (352.28)
Columba presbyter de Scottia uenit Brittaniam, 5.24 (353.10)
Gregorius papa misit Brittaniam Augustinum cum monachis, 5.24 (353.12)
Anno DXCVII, uenere Brittaniam praefati doctores, 5.24 (353.15)
qui fuit annus plus minus CL aduentus Anglorum in Brittaniam. 5.24 (353.17)
misit papa Gregorius pallium Brittaniam Augustino 5.24 (353.18)
Brittanniam. aduentus uero Anglorum in Brittanniam anno circiter CL, 1.23 (42.20)

BRITTANIAE, *Britain.*
Brittaniarum. misit ad eum Lucius Brittaniarum rex epistolam, 1.4 (16.7)
fidem Brittaniarum feda peste commaculauerat. 1.17 (33.26)
Brittaniarum insulam apostolici sacerdotes . . . uirtutibus impleuerunt; 1.17 (35.4)
Qualiter debemus cum Galliarum atque Brittaniarum episcopis agere? 1.27 (52.29)
Brittaniarum uero omnes episcopos tuae fraternitati committimus, 1.27 (53.22)
Augustinus Brittaniarum archiepiscopus ordinauit duos episcopos, 2.3 (85.5)
Hoc ergo ordine, postquam omnes Brittaniarum prouinciae fidem Christi susceperant, 4.16 (238.8)
Haec de historia ecclesiastica Brittaniarum, . . . digessi Baeda 5.24 (356.20)
Brittanias. in Brittanias defectu pene omnium sociorum trahitur. 1.5 (16.20)
purpuram sumsit, ac Brittanias occupauit; 1.6 (17.20)
apud Brittanias Gratianus municeps tyrannus creatur, 1.11 (24.24)
qui ad confirmandam fidem gratiae caelestis Brittanias uenirent. 1.17 (34.7)
quo a Gallico sinu Brittanias usque tenditur, 1.17 (34.10)
tranquillo nauigio Brittanias petit. 1.21 (40.9)
Gaius Iulius Caesar primus Romanorum Brittanias bello pulsauit, 5.24 (352.6)
Claudius secundus Romanorum Brittanias adiens, plurimam insulae partem in deditionem recepit, 5.24 (352.10)
Brittaniis. ecclesia in Brittaniis aliquantulam, . . . pacem habuerit. 1.8 (22.5)
Vt uiri uenerabiles Suidberct in Brittaniis, Vilbrord Romae sint in Fresiam ordinati episcopi. 5.11 (301.17)

BRITTANICVS, *title given by Claudius to his son Claudius Tiberius (d. 55).*
Brittanici. filioque suo Brittanici nomen inposuit. 1.3 (15.15)

BRITTONVM, *see* **BRETTONES.**

BRIVDVN, *Bredon, Worcestershire.*
Briudun. cum fuisset presbyter in monasterio, quod uocatur Briudun. 5.23 (350.4)

BROCMAIL (*fl.* 616), *a British leader entrusted with the protection of the monks of Bangor in the battle of Chester.*
Brocmail. Brocmail ad primum hostium aduentum cum suis terga uertens, 2.2 (84.27)
Brocmailum. habentes defensorem nomine Brocmailum, 2.2 (84.17)

BRVCOSVS, a, um. **brucosa.** Neque enim brucosa, sed herbosa et florida soli illius est qualitas; 5.17 (318.28)

BRVMA. bruma. plurimae longitudinis habet dies aestate, sicut et noctes contra in bruma, 1.1 (11.4)
plurimae item breuitatis . . . dies habet in bruma, 1.1 (11.7)

BRVMALIS, e. **brumalem.** qui mox conuersus ad dextrum iter, quasi contra ortum solis brumalem me ducere coepit. 5.12 (307.6)
brumali. quale cum te residente ad caenam cum ducibus ac ministris tuis tempore brumali, 2.13 (112.8)
brumalis. uocem ab Euroaustro, id est ab alto brumalis exortus, primo se audisse dicebat, 4.3 (208.23)

BRVNHILD (*d.* 613), *Queen of the Franks.*
Brunhild. Namque Baldhild [Brunhild] regina missis militibus episcopum iussit interfici; uar. 5.19 (325.1)

BVCELLA. bucellam. Si comedi bucellam meam solus, 2.1 (78.1)

BVRGHELM (*fl.* 681), *a priest who assisted Wilfrid in the conversion of the South Saxons.*
Burghelm. uerum presbyteri Eappa, et Padda, et Burghelm, et Oiddi ceteram plebem, . . . baptizabant. 4.13 (230.23)

BVRGVNDII, *the Burgundians.*
Burgundiorum. qui de Burgundiorum partibus, . . . cum uenisset ad Honorium archiepiscopum, 2.15 (116.26)

C

CABALLARIVS. caballarium. Etenim usque hodie feretrum eius caballarium, . . . sanare non desistit. 4.6 (218.20)
CABALLVS. caballus. coepit dicere ille de loco, ubi caballus suus esset curatus. 3.9 (146.18)
CACHINNO. cachinnans. animas hominum . . . ipsa multum exultans et cachinnans, medias illas trahebat in tenebras; 5.12 (306.14)
CACHINNVS. cachinnum. audio subitum post terga sonitum inmanissimi fletus ac miserrimi, simul et cachinnum crepitantem 5.12 (306.9)
CACVMEN. cacumine. ut in arduo montis cacumine martyr aquam, . . . peteret, 1.7 (21.5)
CADAVER. cadauera. qui cum die illo et nocte sequenti inter cadauera occisorum similis mortuo iaceret, 4.22 (249.26)
CADO. cadat. inde per inanem gloriam intus cadat. 1.31 (66.22)
cadendo. Vt clericum suum cadendo contritum, aeque orando ac benedicendo a morte reuocauerit. 5.6 (289.4)
cadens. 'Deus miserere animabus, dixit Osuald cadens in terram.' 3.12 (151.31)
ceciderat. tribus annis ante aduentum eius in prouinciam nulla illis in locis pluuia ceciderat, 4.13 (231.12)
cecidere. Nec uota ipsius in cassum cecidere; 2.15 (116.30)
cecidisse. tamen in uigiliis corporis meminit in ingluuiem cecidisse. 1.27 (60.25)
cecidit. In quo etiam bello ante illum unus filius eius Osfrid iuuenis bellicosus cecidit, 2.20 (124.27)
ceciditque ante pedes eius, ueniam reatus postulans. 3.22 (174.3)
CADVCVS, a, um. **caduco.** cuius sedes aeterna non in uili et caduco metallo, sed in caelis esset credenda; 3.22 (172.6)
CAECILIA, Saint (*d.* 230?), *Roman virgin-martyr.*
Caecilia. Caecilia infestos laeta ridet gladios. 4.20 (248.2)
Ceciliae. Ordinatus est autem in ecclesia sanctae martyris Ceciliae, die natalis eius, 5.11 (303.3)
CAECITAS. caecitate. Qui cum undiqueuersum hostibus et caecitate tenebrarum conclusus, huc illucque oculos circumferrem, 5.12 (306.29)
caecitatis. dum aliquandiu caecitatis huius nocte clausa maneret, 4.10 (224.27)
CAECVS, a, um. **caeca.** Vt ad cymiterium eiusdem monasterii orans caeca lucem receperit. 4.10 (224.5)
caecam. Vt idem filiam tribuni caecam inluminauerit, 1.18 (36.3)
filiam x annorum caecam curandam sacerdotibus offerens, 1.18 (36.7)
caeco. Oculus fui caeco, et pes claudo. 2.1 (77.28)
deprecans, ut uisum caeco, quem amiserat, restitueret, 2.2 (82.9)
caeco. Cumque diu tacitis mentis angoribus, et caeco carperetur igni, 2.12 (108.20)
caecorum. ut aperires oculos caecorum, et educeres de conclusione uinctum, 3.29 (197.20)
caecus. Nec mora, inluminatur caecus, 2.2 (82.12)
CAEDES. caede. prouincias Nordanhymbrorum, . . . quasi tyrannus saeuiens disperderet, ac tragica caede dilaceraret, 3.1 (128.7)
Osuini, qui ab Osuiu crudeli caede peremtus est. 3.14 (154.5)
ingrauescentibus causis dissensionum, miserrima hunc caede peremit. 3.14 (155.7)
ac prouinciam illam saeua caede ac depopulatione attriuit; 4.15 (236.12)
ac stragica caede omnes indigenas exterminare, . . . contendit, 4.16 (237.2)
Quo tempore grauissima Sarracenorum lues Gallias misera caede uastabat, 5.23 (349.15)
caedes. ac stragica caede [stragicas caedes] omnes indigenas exterminare, . . . contendit, uar. 4.16 (237.2)
caedi. honorem referre incipiens caedi sanctorum, 1.7 (21.22)
caedibus. caedibus martyrum incessabiliter acta est. 1.6 (18.2)
cede. lues Gallias misera caede [cede] uastabat, uar. 5.23 (349.15)
CAEDMON, Saint (*fl.* 670), *poet; an unlearned man who in a vision received the gift of putting scriptural passages into vernacular verse.*
Caedmon. 'Caedmon,' inquit, 'canta mihi aliquid.' 4.24 (259.24)
CAEDO. caedi. caedi sanctum Dei confessorem a tortoribus praecepit, 1.7 (19.31)
caedunt. caeduntque omnia, 1.12 (26.31)
caesi. Inito ergo certamine fugati sunt et caesi pagani, 3.24 (178.12)
caesus. omnis pene eius est caesus exercitus. 1.34 (71.26)
et cunctus eorum, insistentibus paganis, caesus siue dispersus exercitus. 3.18 (163.12)
cesus. omnis pene eius est caesus [cesus] exercitus. uar. 1.34 (71.26)
CAEDVALLA (*d.* 634), *King of the Britons.*
Caedualla. rebellauit aduersus eum Caedualla rex Brettonum, 2.20 (124.17)
at uero Caedualla, quamuis nomen et professionem haberet Christiani, 2.20 (125.8)
Ceadualla. utrumque rex Brettonum Ceadualla . . . peremit. 3.1 (127.23)
CAEDVALLA, CAEDVALD (659?–689), *King of Wessex; baptized at Rome by Pope Sergius I; died at Rome.*
Caedual. Quaeque patrum uirtus, et quae congesserat ipse Caedual armipotens, liquit amore Dei; 5.7 (293.10)
Hic depositus est Caedual, qui et Petrus, rex Saxonum, 5.7 (293.31)
Caeduald. Anno DCLXXXVIII, Caeduald rex Occidentalium Saxonum Romam de Brittania pergit. 5.24 (355.13)
Caedualla. Cuius episcopatus tempore deuictis atque amotis subregulis, Caedualla suscepit imperium, 4.12 (228.2)
Interea superueniens cum exercitu Caedualla, . . . interfecit regem Aedilualch, 4.15 (236.9)
Postquam ergo Caedualla regno potitus est Geuissorum, 4.16 (236.27)
Vt Caedualla rex Occidentalium Saxonum baptizandus Romam uenerit; 5.7 (292.9)
Caedualla, rex Occidentalium Saxonum, . . . uenit Romam; 5.7 (292.12)
Anno autem post hunc, quo Caedualla Romae defunctus est, 5.8 (294.17)
Caeduallа. quorum prior postea ab eodem Caedualla, cum esset rex Geuissorum, occisus est, 4.15 (236.16)
Abeunte autem Romam Caedualla, successit in regnum Ini de stirpe regia; 5.7 (294.4)
Caeduallan. Sed et Ini, qui post Caeduallan regnauit, simili prouinciam illam adflictione . . . mancipauit. 4.15 (236.18)
CAELESTINVS, CELESTINVS (*d.* 432), *Bishop of Rome.*
Caelestino. Palladius ad Scottos in Christum credentes a Caelestino papa primus mittitur episcopus. 5.24 (352.25)
Celestino. a pontifice Romanae ecclesiae Celestino 1.13 (28.21)
CAELESTIS, e. **caeleste.** Sed et oraculum caeleste, . . . non minimum ad suscipienda . . . doctrinae monita salutaris sensum iuuit illius. 2.12 (107.1)
significans nimirum, quod ibidem caeleste erigendum tropaeum, 3.2 (129.23)
caeleste. et unanimo consensu auxilium caeleste precantes, 1.16 (33.10)
Vt idem episcopi Brettonibus in pugna auxilium caeleste tulerint, 1.20 (38.6)
beatus archiepiscopus Laurentius regnum caeleste conscendit, 2.7 (93.28)
qui crebris accusationibus inprobi iter illi caeleste intercludere contendebant; 3.19 (165.4)
quae per mortem carnis uiuos ecclesiae lapides de terrenis sedibus ad aedificium caeleste transferret. 4.3 (207.21)
rediit ipse solus, qui carmen caeleste audierat, et prosternens se in terram: 4.3 (209.23)
et illum, qui se uocauit, ad regnum caeleste secuta est. 4.8 (221.6)
spiritus eorum . . . coniuncti sunt, atque angelico ministerio pariter ad regnum caeleste translati. 4.29 (275.14)
mox de corpore egressi ad regnum caeleste perueniunt; 5.12 (308.33)
caelestem. ad exercendam militiam caelestem, . . . locus facultasque suppeteret. 3.24 (178.27)
Visumque est omnibus caelestem ei a Domino concessam esse gratiam. 4.24 (260.19)
Huius regni principio antistes Occidentalium Saxonum Haeddi caelestem migrauit ad uitam. 5.18 (320.9)
caelestes. 'Si uocem carminis audisti, et caelestes superuenire coetus cognouisti, 4.3 (209.29)
caelesti. dum caelesti magistro dicerent: 1.31 (66.24)
sed et filias suas eisdem erudiendas, ac sponso caelesti copulandas mittebant; 3.8 (142.20)

caelesti. ubi intrantes genu flectere, ac misericordiae caelesti supplicare deberent. 3.17 (161.4)
'oportet nos admonitioni eius caelesti, debito cum timore et amore respondere; 4.3 (211.8)
caelesti. Eius ergo mirabile donum et in uobis certa spe, caelesti longanimitate conferri confidimus; 2.10 (101.31)
ubi corpora sanctimonialium feminarum poni deberent, caelesti sit luce monstratum. 4.7 (219.10)
intellegentes eum, qui uerus est Deus, et interioribus se bonis et exterioribus caelesti gratia ditasse. 4.13 (231.24)
caelesti. unde necesse est, ut de eodem dono caelesti et timendo gaudeas, et gaudendo pertimescas. 1.31 (66.16)
etiam miraculo caelesti coram eis facto, 2.2 (81.8)
Quod equidem in uestrae gloriae sensibus caelesti conlatum munere mystica regenerationis uestrae purgatio patenter innuit. 2.11 (104.21)
ut in tanta rerum necessitate suis cultoribus caelesti succurreret auxilio. 3.2 (128.30)
Sicque se caelesti muniens uiatico, uitae alterius ingressui parauit; 4.24 (262.5)
caelestia. caelestia usque hodie forent miracula celebranda. 3.2 (129.24)
cum plurimi fuerint in eis, quorum sanctitati caelestia signa, . . . praebuerunt; 3.25 (187.7)
ut etiam caelestia indicio fuere miracula. 4.6 (219.8)
Nec martyrio eorum caelestia defuere miracula. 5.10 (300.27)
caelestia. ad caelestia, cum Dominus uoluerit, regna pertingant. 1.29 (64.18)
ut nulla nisi caelestia cogitare soleret, 2.1 (74.9)
quamuis ipso iam multo ante tempore ad caelestia regna sublato, 2.2 (84.31)
atque ad caelestia semper amanda, petenda, et quaerenda peruolans. 2.7 (94.10)
Haec inter Iustus archiepiscopus ad caelestia regna subleuatus 2.18 (120.8)
usque dum et ipse suo tempore ad caelestia regna cum gloriosi fructu laboris ascendit. 2.20 (126.18)
Verum nos de transitu tantum illius, quo caelestia regna petiit, aliquid breuiter dicere sufficiat. 3.8 (143.4)
Translato ergo ad caelestia regna Osualdo, 3.14 (154.6)
industriam faciendi simul et docendi mandata caelestia, 3.17 (161.21)
cum esset ipse annorum xc, migrauit ad regna caelestia. 3.27 (193.31)
qui me ad caelestia, quae semper amabam, ac desiderabam, praemia uocare uenerunt, 4.3 (209.33)
et adsumta secum anima eius, ad caelestia regna redire.' 4.3 (211.33)
cuius edoctus monitis caelestia sperare didicerat. 4.11 (227.18)
et libentius eo praedicante caelestia sperare coeperunt, 4.13 (232.3)
nos enim te hodierna die ad caelestia sumus regna perducturi. 4.14 (234.9)
Hild, . . . post multa, quae fecit in terris, opera caelestia, . . . transiuit 4.23 (252.19)
plebem rusticam uerbo praedicationis simul et opere uirtutis ad caelestia uocaret. 4.27 (270.13)
plebem, et orationibus protegebat adsiduis, et admonitionibus saluberrimis ad caelestia uocabat. 4.28 (273.16)
Erat gratia conpunctionis semper ad caelestia suspensus. 4.28 (273.27)
et sic caelestia regna conscendens, sepultus est 5.6 (292.1)
Transiit, et gaudens caelestia regna petiuit. 5.19 (330.27)
caelestibus. monasterium, in quo liberius caelestibus studiis uacaret, construxit; 3.19 (164.25)
libenter eius uotis ac desideriis caelestibus adnuit, 5.19 (322.32)
caelestibus. Quia enim perceptis caelestibus uerbis, 2.1 (78.18)
'Obsecremus Deum, . . . ut ipse nobis insinuare caelestibus signis dignetur, 2.2 (81.30)
et ereptos de potestate nequitiae diabolicae prauitatis caelestibus praemiis muneraret. 2.10 (103.22)
et regulam ac praecepta caelestibus signis confirmata sequi perhibetis, 3.25 (187.26)
communicent omnes sacrificiis caelestibus, 4.14 (235.9)
caelestis. Hefenfelth, quod dici potest latine caelestis campus, 3.2 (129.21)
caelestis. supra sepulchrum eius lux caelestis apparuit, 1.33 (71.1)
significans nimirum, quod ibidem caeleste erigendum tropaeum, caelestis inchoanda uictoria, 3.2 (129.24)
Vt super reliquias eius lux caelestis tota nocte steterit, 3.11 (147.28)
caelestis. Vnde et ille caelestis exercitus praecipuus miles gemebat dicens: 1.27 (61.24)
ne fides et sacramenta caelestis regis consortio profanarentur regis, 2.9 (97.29)
ad conplexum et nuptias sponsi caelestis uirgo beata intraret. 3.24 (179.8)
caelestis. qui ad confirmandam fidem gratiae caelestis Brittanias uenirent. 1.17 (34.7)
et caelestis palmae gaudia miles religiosus amplectitur. 1.20 (39.18)
mirantes . . . dulcedinem doctrinae eorum caelestis. 1.26 (47.9)
cui gloriae caelestis suo labore et industria notitiam prouenisse gaudebat. 1.32 (67.21)
et post longa tempora in caelestis uos patriae congregatione recipiat. 1.32 (70.1)
non tamen . . . uitae caelestis intermisit. 2.1 (75.4)
uerum etiam ad caelestis exercitia uitae magis magisque succensus. 2.1 (75.14)
Qua ex re de longanimitate clementiae caelestis certam adsumentes fiduciam, 2.8 (96.13)
a longanimitate caelestis clementiae inluminationis ipsius beneficia inpetrare non desinas; 2.11 (105.24)
et caelestis patriae uobis praeparet mansionem. 2.17 (119.18)
quae . . . animam . . . ad aeterna patriae caelestis gaudia ducebat. 3.8 (143.28)
uitae caelestis institutio cotidianum sumeret augmentum, 3.22 (173.15)
quin ei exeunti de hac uita caelestis patriae patuerit ingressus. 4.9 (222.29)
In quo tunc monasterio nonnulla caelestis gratiae dona specialiter ostensa fuisse perhibentur; 4.14 (232.29)
mater uirgo, et exemplis uitae caelestis esse coepit et monitis. 4.19 (244.5)
Hild, . . . ad percipienda praemia uitae caelestis de terris ablata transiuit 4.23 (252.19)
Cuius carminibus multorum saepe animi ad . . . appetitum sunt uitae caelestis accensi. 4.24 (259.4)
quae usque ad hanc diem sufficientem cunctis illo aduenientibus gratiae suae caelestis copiam ministrat. 4.28 (271.29)
Qui dum sese alterutrum caelestis uitae poculis debriarent, 4.29 (274.19)
in quo solo didicerat generi humano patere uitae caelestis introitum; 5.7 (292.18)
et post multiplices militiae caelestis agones ad praemia remunerationis supernae tota mente suspirans. 5.11 (303.21)
quanto magis ciuibus patriae caelestis in hoc mundo peregrinantibus optandum est, 5.21 (333.27)
caelestis. ac regni caelestis dignus factus ingressu. 1.7 (21.19)
quasi conciues sibi regni caelestis, amplecteretur. 1.26 (47.27)
atque ad aeternam regni caelestis sedem translatus. 2.1 (73.6)
Aedilberct rex . . . aeterna caelestis regni gaudia subiit; 2.5 (89.8)
in auspicium suscipiendae fidei et regni caelestis, 2.9 (97.11)
sacramenta regni caelestis, quibus initiatus erat, anathematizando prodidit, 3.1 (127.20)
ipse rex suis ducibus ac ministris interpres uerbi existeret caelestis; 3.3 (132.12)
qui et fidem ac sacramenta regni caelestis suscipere rennuit, 3.7 (140.9)
quid uirtutis ac miraculi caelestis fuerit ostensum, 3.11 (147.31)
Sed miraculi caelestis ostensio, quam reuerenter eae suscipiendae . . . essent, patefecit. 3.11 (148.19)
Tantumque rex ille caelestis regni amator factus est, 3.18 (162.24)
At ille audita . . . promissione regni caelestis, . . . se Christianum fieri uelle confessus est, 3.21 (170.5)
et omnium uota ad nuper audita caelestis regni gaudia penderent, 4.2 (205.8)
quoties ibi claritas luminis caelestis, quanta saepe flagrantia mirandi apparuerit odoris, 4.10 (224.16)
Cumque annos xxx in regno miles regni caelestis exegisset, 4.11 (225.25)
'Nunc laudare debemus auctorem regni caelestis, 4.24 (260.1)
Item de . . . dulcedine regni caelestis multa carmina faciebat; 4.24 (261.7)
locus ille, qui tanta miraculi caelestis gratia sacratus est; 4.30 (277.10)
ad uisionem Christi, et gaudia regni caelestis intrabunt. 5.12 (308.30)

ut . . . beatissimus apostolorum princeps caelestis quoque regni tibi tuisque . . . pandat introitum. 5.21 (345.17)
caelestium. alterum cupiditatis, cum mundi diuitias amori caelestium praeponimus; 3.19 (165.25)
sicut etiam nunc caelestium signa uirtutum indicio sunt. 4.6 (218.18)
caelestium. tanta miraculorum caelestium nouitate perculsus, 1.7 (21.20)
sed etiam caelestium ostensione signorum gentem . . . perducebant. 2.1 (78.25)
cotidiana et exhortatione, et sacramentorum caelestium celebratione confirmaret. 2.9 (98.15)
copiosior caelestium agminum uisio; 3.19 (166.12)
quod oporteret eos, . . . nec discrepare in celebratione sacramentorum caelestium, 3.25 (183.30)
uulgus . . . a uita stultae consuetudinis ad caelestium gaudiorum conuertere curabat amorem. 4.27 (269.16)
Ordinatus est autem post haec Eadberct uir . . . praeceptorum caelestium obseruantia, . . . insignis; 4.29 (275.32)
Sicque usque ad diem suae uocationis infatigabili caelestium bonorum desiderio corpus . . . domabat, 5.12 (310.32)
renouato ad amorem caelestium spiritu mentis nostrae, 5.21 (339.34)

CAELIN, CEAVLIN (*d.* 593), *King of Wessex.*
Caelin. secundus Caelin rex Occidentalium Saxonum, qui lingua ipsorum Ceaulin uocabatur; 2.5 (89.14)
Ceaulin. Caelin rex Occidentalium Saxonum, qui lingua ipsorum Ceaulin uocabatur; 2.5 (89.15)

CAELIN (*fl.* 659), *chaplain to Ethelwald of Deira; brother of Ceadda* (*St. Chad*).
Caelin. Habuerat . . . rex secum fratrem germanum eiusdem episcopi, uocabulo Caelin, uirum aeque Deo deuotum, 3.23 (175.7)
IIII . . . germani fratres, Cedd, et Cynibill, et Caelin, et Ceadda, . . . sacerdotes Domini fuere praeclari, 3.23 (176.21)

CAELITVS. quod uel quale esset oraculum regi quondam caelitus ostensum. 2.12 (107.12)
uiderunt lucem caelitus emissam fuisse permaximam, 3.8 (143.25)
ecce subito lux emissa caelitus, ueluti linteum magnum, uenit super omnes, 4.7 (220.3)
Quae sint ostensa caelitus signa, 4.9 (221.27)
Sed mira res et non nisi caelitus facta, ne aliquid horum fieri deberet, prohibuit. 4.11 (227.8)
alia, . . . per intercessionem fraternam, et oblationem hostiae salutaris caelitus sibi fuisse donata intellexit. 4.22 (252.2)
inuocantes diuinae auxilium pietatis, caelitus se uindicari continuis diu inprecationibus postulabant. 4.26 (266.21)
quia modica illa, . . . intercapedo quietis, ad uiri Dei preces nostrae euasionis gratia caelitus donata est.' 5.1 (282.22)
Scimus namque caelitus sanctae ecclesiae donatum, 5.21 (333.19)

CAELVS. caeli. sed etiam ipsam caeli machinam contremescunt, 1.20 (39.12)
sed primus omnium caeli regna conscendit. 2.5 (89.12)
Petrus et Paulus, qui ut duo luminaria caeli inluminant mundum, 3.29 (197.29)
sic uidentibus cunctis ad caeli se alta subduxit; 4.7 (220.11)
Cui claues caeli Christus dedit arbiter orbis; 5.19 (330.12)
in caeli faciem prodeunte, agnus immolari iubeatur; 5.21 (334.27)
gaudium summae festiuitatis, . . . cum Domino et apostolis, ceterisque caeli ciuibus conpleuit, 5.22 (347.31)
caelis. qui sibi obtemperantibus aeterna in caelis gaudia, . . . promitteret. 1.25 (45.15)
migrauit ad ueram, quae in caelis est, uitam. 2.1 (79.4)
et tales angelorum in caelis decet esse coheredes. 2.1 (80.15)
aeterni secum regni in caelis faciet esse participem.' 2.12 (111.7)
cuius sedes aeterna non in uili et caduco metallo, sed in caelis esset credenda; 3.22 (172.6)
Christo uero regi pro sempiterno in caelis regno seruire gaudebant. 3.24 (180.25)
qui unum omnes in caelis regnum expectarent; 3.25 (183.30)
quod erat canticum illud laetantium, quod audiui, uenientium de caelis super oratorium 4.3 (209.27)
quando ipse caelis ac terris ardentibus uenturus est in nubibus, 4.3 (211.5)
quin ipsa lux, quae animas famularum Christi esset ductura uel susceptura in caelis, . . . monstraret. 4.7 (220.13)
uidit, quasi funibus auro clarioribus in superna tolleretur, donec caelis patentibus introducta, 4.9 (222.19)
quanta sanctos Christi lux in caelis, quae gratia uirtutis possideret, 4.10 (225.11)
ad aeterna in caelis gaudia subleueris. 4.14 (234.13)
ipsi essent ministri Domini . . . ad tuitionem nostri monasterii missi ab ipso de caelis.' 4.14 (235.22)
Quae maneat caelis, aspice, nupta Deo. 4.20 (248.28)
quo facilius perpetuam in caelis patriam posset mereri. 4.23 (253.7)
solutus a carne, et beatorum est regno sociatus in caelis. 5.7 (292.27)
quo familiarius a sanctis recipi mereretur in caelis; 5.7 (294.11)
Ecgberct, quem in Hibernia insula peregrinam ducere uitam pro adipiscenda in caelis patria retulimus, 5.9 (296.9)
ad uisionem beatorum apostolorum in caelis diu desideratam peruenit. 5.19 (322.16)
caelo. sed potius gaudete, quia nomina uestra scripta sunt in caelo.' 1.31 (66.27)
quia nomina uestra scripta sunt in caelo.' 1.31 (67.1)
nomina omnium in caelo tenentur adscripta. 1.31 (67.3)
ut illum retributorem inuenias in caelo, 1.32 (68.11)
uidelicet immutationes aeris, terroresque de caelo, 1.32 (69.15)
audiuit repente, . . . uocem suauissimam cantantium atque laetantium de caelo ad terras usque descendere; 4.3 (208.21)
'Non legistis, quia "intonuit de caelo Dominus, 4.3 (210.29)
Mouet enim aera Dominus, uentos excitat, iaculatur fulgora, de caelo intonat, 4.3 (211.1)
uidit animam Ceddi fratris ipsius cum agmine angelorum descendere de caelo, 4.3 (211.32)
Vnde merito loco huic et habitatoribus eius grauis de caelo uindicta flammis saeuientibus praeparata est'. 4.25 (265.22)
quod eo loci corpora eorum posset inuenire, ubi lucem de caelo terris radiasse conspiceret. 5.10 (301.6)
in cuius medio ultima Domini uestigia, caelo desuper patente, ubi ascendit, uisuntur. 5.17 (319.1)
caelorum. non solum incognita progenitoribus suis regna caelorum sperare didicit; 3.6 (138.1)
et tibi dabo claues regni caelorum"?' 3.25 (188.20)
et ei claues regni caelorum sint datae a Domino?' 3.25 (188.28)
me adueniente ad fores regni caelorum, 3.25 (189.2)
sed pauper spiritu magis propter regnum caelorum manere desiderans. 4.11 (226.5)
cogitare coepi, quod hoc fortasse esset regnum caelorum, 5.12 (307.26)
"Non," inquiens, "non hoc est regnum caelorum, quod autumas." 5.12 (307.28)
omnes in die iudicii ad regnum caelorum perueniunt. 5.12 (308.17)
non tamen sunt tantae perfectionis, ut in regnum caelorum statim mereantur introduci; 5.12 (308.28)
et tibi dabo claues regni caelorum"; 5.21 (342.31)
caelos. Aeodbaldo regnante migrauit ad caelos, 2.7 (95.4)
'Omnes dii gentium daemonia, Dominus autem caelos fecit.' 2.10 (102.14)
ascensionem in caelos mediatoris Dei et hominum hominis Iesu Christi. 3.17 (162.4)
et cum angelicis spiritibus ipsi quoque ad caelos redirent, 3.19 (166.18)
et ipsa, qua uenerat, uia ad caelos usque cum ineffabili dulcedine reuerti. 4.3 (208.31)
quod erat canticum . . . uenientium de caelis super oratorium hoc, et post tempus redeuntium ad caelos?' 4.3 (209.28)
cuius anima per bona, quae fecisset, opera, quasi per funes aureos leuanda esset ad caelos; 4.9 (222.24)
ut, . . . ad eius uidendam gratiam simul transeamus ad caelos. 4.29 (275.1)
Beatus protomartyr Stephanus passurus mortem pro ueritate, uidit caelos apertos, 5.14 (314.31)
ubi Dominus ad caelos ascendit, 5.17 (318.30)

sic ascendens in caelos, misso desuper Spiritu, 5.21 (340.16)
caelum. et dirigens ad caelum oculos, 1.7 (20.15)
caelum diemque nubium nocte subducunt; 1.17 (34.14)
quos pares meritis receperat caelum, 1.18 (36.29)
condidit et creauit, caelum uidelicet et terram, 2.10 (101.9)
sed et regna terrarum . . . ab eodem uno Deo, qui fecit caelum et terram, consecutus est. 3.6 (138.3)
Nam tota ea nocte columna lucis a carro illo ad caelum usque porrecta, . . . stabat. 3.11 (148.21)
diceret, quod et ipsa lucem nocte illa supra reliquias eius ad caelum usque altam uidisset, 3.11 (149.13)
fertur eleuatis ad caelum oculis manibusque cum lacrimis dixisse: 3.16 (159.17)
qui caelum et terram et humanum genus creasset, 3.22 (172.3)
aspectansque in caelum, sic ad eam, quam intuebatur, uisionem coepit loqui: 4.9 (223.18)
es . . . liberandus a morte, et ad uisionem Domini Christi, cui fideliter seruisti, perducendus in caelum; 4.14 (234.23)
mox ad sempiterna animarum gaudia adsumtus in caelum, et electorum est sociatus agminibus. 4.14 (234.30)
uidit animam praefatae Dei famulae in ipsa luce, . . . ad caelum ferri. 4.23 (257.16)
quae animam eius cum angelis ad caelum ire conspexerit, 4.23 (258.14)
qui primo filiis hominum caelum pro culmine tecti, . . . creauit.' 4.24 (260.4)
Canebat . . . de incarnatione dominica, passione, resurrectione, et ascensione in caelum, de Spiritus Sancti aduentu, 4.24 (261.4)
ut caelum tantum ex ea, cuius introitum sitiebat, aspicere posset), 4.28 (272.12)
radius lucis permaximus, atque ad caelum usque altus, omni nocte supra locum fulgebat illum, 5.10 (300.33)
CAENA. caena. ille, ubi adpropinquare sibi citharam cernebat, surgebat a media caena, 4.24 (259.17)
caenam. quale cum te residente ad caenam cum ducibus ac ministris tuis tempore brumali, 2.13 (112.8)
Qui cum benigne susceptus post caenam in lecto membra posuisset, 3.11 (149.22)
CAENACVLVM. caenaculo. accenso quidem foco in medio, et calido effecto caenaculo, 2.13 (112.9)
CAENO. caenantes. intrauitque in domum, in qua uicani caenantes epulabantur; 3.10 (147.10)
CÆPIT, *see* **CAPIO.**
CAERIMONIA. caerimoniarum. et praecedente congrua lectionum orationum, caerimoniarum paschalium sollemnitate, 5.21 (336.20)
CAESAR, *title given to Roman emperors.*
Caesare. sed et Heraclio felicissimo Caesare id est filio eius anno III, 2.18 (122.7)
Caesarem. Constantemque . . . quem ex monacho Caesarem fecerat, 1.11 (25.3)
CAESAR, GAIVS IVLIVS (100 B. C.–44 B. C.), *celebrated Roman general and statesman.*
Caesar. Caesar oppidum Cassobellauni inter duas paludes situm, . . . cepit. 1.2 (14.27)
Exin Caesar a Brittanis reuersus in Galliam, 1.2 (14.29)
Caesarem. quam neque ante Iulium Caesarem, neque post eum 1.3 (15.10)
Caesarem, Gaium Iulium. Brittania Romanis usque ad Gaium Iulium Caesarem inaccessa atque incognita fuit; 1.2 (13.20)
Caesar, Gaius Iulius. Vt Brittaniam primus Romanorum Gaius Iulius adierit. 1.2 (13.18)
ex quo Gaius Iulius Caesar eandem insulam adiit. 1.11 (25.8)
Gaius Iulius Caesar primus Romanorum Brittanias bello pulsauit, 5.24 (352.6)
Caesari. Trinouantum firmissima ciuitas . . . Caesari sese dedit. 1.2 (14.24)
Caesaris. Caesaris equitatus primo congressu a Brittanis uictus, 1.2 (14.9)
CAIPHAS, *Caiaphas, Jewish High Priest.*
Caiphan. quia uideret . . . Caiphanque cum ceteris, qui occiderunt Dominum, 5.14 (314.16)
CALAMITAS. calamitate. maiore sint calamitate depressi. 1.12 (25.17)
calamitates. et in processu epistulae ita suas calamitates explicant: 1.13 (28.27)
calamitatibus. qui se tot ac tantis calamitatibus ereptum, ad regni apicem proueheret. 2.12 (109.21)
calamitatis. recente adhuc memoria calamitatis et cladis 1.22 (41.25)
CALAMVS. calami. 'in cubilibus, . . . oriretur uiror calami et iunci,' 3.23 (175.17)
CALCARIA, *Tadcaster, Yorkshire.*
Calcariam. Sed illa post non multum tempus facti monasterii secessit ad ciuitatem Calcariam, 4.23 (253.25)
CALCEDON, *Chalcedon.*
Calcedone. et in Calcedone DC rum et XXX contra Eutychen, et Nestorium, et eorum dogmata; 4.17 (240.7)
CALCO. calcant. quasi maturam segetem obuia quaeque metunt, calcant, transeunt; 1.12 (27.1)
CALCVLATOR. calculator. siqui tunc ad eos catholicus calculator adueniret, 3.25 (188.5)
calculatorum. Quibus termino adpropinquantibus, tanta hodie calculatorum exuberat copia, 5.21 (341.23)
CALCVLO. calculandi. Aegyptiorum, qui prae ceteris doctoribus calculandi palmam tenent, 5.21 (339.4)
CALE, *Chelles, near Paris; see* **IN CALE.**
Cale. desiderans . . . in monasterio Cale peregrinam pro Domino uitam ducere, 4.23 (253.6)
CALEFACIO. calefaciendum. et repente inter calefaciendum recordans uerbum, quod dixerat illi antistes; 3.14 (156.28)
calefactus. adtritu calefactus adplicita detinet, 1.1 (10.25)
calefierent. donec ex suo corpore calefierent et siccarentur. 5.12 (310.20)
calefieri. Porro rex, . . . coepit consistens ad focum calefieri cum ministris; 3.14 (156.27)
CALIDVS, a, um. **calida.** et fit non solum calida, sed et ardens. 1.1 (10.21)
calidarum. et ex eis fluuios balnearum calidarum 1.1 (10.17)
calidis. raroque in calidis balneis, . . . lauari uoluerit; 4.19 (244.7)
calido. accenso quidem foco in medio, et calido effecto caenaculo, 2.13 (112.9)
calidos. habet et fontes calidos, 1.1 (10.16)
CALIGO. caligine. pascha nostrum, in quo immolatus est Christus, nebulosa caligine refutantes, 2.19 (123.17)
cuius uxor ingruente oculis caligine subita, tantum per dies eadem molestia crebrescente grauata est, 4.10 (224.24)
caliginis. mox doloris siue caliginis incommodum ab oculis amouerent. 4.19 (246.19)
caligo. ne diu tantae quaestionis caligo indiscussa remaneret, 2.19 (123.13)
CALIX. calicem. in quibus et crucem magnam auream, et calicem aureum consecratum ad ministerium altaris, 2.20 (126.9)
misit ei calicem uini benedictum ab episcopo; 5.5 (288.22)
CALLIS. calle. Dona, Iesu, ut grex pastoris calle sequatur. 5.19 (330.28)
callem. curauit suos, . . . ad eum, . . . ueritatis callem perducere, 5.15 (316.1)
CALOR. calor. diuinae fidei calor eius intellegentiam tuarum adhortationum frequentatione succendat, 2.11 (106.2)
CALVMNIA. calumnias. probatum est accusatores eius non nulla in parte falsas contra eum machinasse calumnias; 5.19 (327.19)
CAMERO. camerari. Interior namque domus propter dominici corporis meatum camerari et tegi non potuit; 5.17 (318.32)
cameratas. ecclesia rotunda grandis, ternas per circuitum cameratas habet porticus desuper tectas. 5.17 (318.31)
CAMINVS. caminus. totum hoc caminus diutinae tribulationis excoqueret. 4.9 (222.10)
CAMISIA. camisia. id est camisia cum ornatura in auro una, 2.10 (104.2)
camisiam. id est camisia [camisiam] cum ornatura in auro una, uar. 2.10 (104.2)
CAMPANA. campanae. audiuit subito in aere notum campanae sonum, 4.23 (257.9)
CAMPANIA, *see* **IVLIANVS DE CAMPANIA.**
CAMPANIA, *Campania in Italy.*
Campaniae. in monasterio Niridano, quod est non longe a Neapoli Campaniae, 4.1 (202.7)
CAMPANVS, a, um, *Campanian.*
Campano. Aut hic Campano gramine corda tumet.' 1.10 (24.15)

CAMPESTER, tris, tre. **campestrem.** Mamre collis . . . herbosus ualde et floridus, campestrem habens in uertice planitiem; 5.17 (319.24)
campestri. atque in expeditione campestri instar ciuitatis aptatur. 1.20 (38.21)
CAMPODONVM, *probably Slack, near Huddersfield.*
Campodono. Attamen in Campodono, ubi tunc etiam uilla regia erat, fecit basilicam, 2.14 (115.15)
CAMPVS. campi. neque ullus alter in tota illa campi planitie lapis inueniri poterat; 5.6 (290.16)
sicut etiam lux illa campi florentis eximia, . . . tenuissima prorsus uidebatur, 5.12 (308.1)
campo. et conserto graui proelio in campo, qui uocatur Haethfelth, 2.20 (124.21)
et uidit unius loci spatium cetero campo uiridius ac uenustius; 3.10 (147.2)
De synodo facta in campo Hæthfelda, praesidente archiepiscopo Theodoro. 4.17 (238.24)
Erantque in hoc campo innumera hominum albatorum conuenticula, 5.12 (307.22)
synodus facta in campo Haethfeltha 5.24 (355.6)
campus. Hefenfelth, quod dici potest latine caelestis campus, 3.2 (129.21)
quod a copia roborum Dearmach lingua Scottorum, hoc est campus roborum, cognominatur. 3.4 (134.5)
Et ecce ibi campus erat latissimus ac laetissimus, 5.12 (307.15)
CANDEO. candentem. quadam nocte candentem niueis uestibus uidit sibi adesse personam, 1.19 (37.31)
CANDIDA CASA, *Whitern; see* **AD CANDIDAM CASAM.**
Candida Casa. Acca in Hagustaldensi, Pecthelm in ea, quae Candida Casa uocatur, 5.23 (351.2)
CANDIDO. candidatorum. 'Cumque reuersi perueniremus ad mansiones illas laetas spirituum candidatorum, 5.12 (308.8)
CANDIDVS (*fl.* 595), *a priest sent by Pope Gregory I to take charge of the patrimony of St. Peter in Gaul.*
Candidum. Candidum praeterea presbyterum, . . . commendamus. 1.24 (44.15)
CANDIDVS, a, um. **candidi.** omnis quidem coloris . . . id est et rubicundi, et purpurei, et iacintini, et prasini, sed maxime candidi. 1.1 (10.11)
candidi. ac uidisse inter alia pueros uenales positos candidi corporis, 2.1 (80.1)
candidis. trium patriarcharum candidis, Adam obscurioris et uilioris operis, 5.17 (319.20)
candido. Adstitit enim mihi quidam candido praeclarus habitu, 5.19 (329.9)
candidum. Quod uero prius candidum codicem protulerunt angeli, 5.13 (313.14)
candidus. Candidus inter oues Christi sociabilis ibit; 5.7 (293.27)
CANITIES. canitiei. sicut mihi referebat quidam ueracissimus et uenerandae canitiei presbyter, 3.27 (192.31)
CANO. canamus. Bella Maro resonet, nos pacis dona canamus; 4.20 (247.11)
canebant. ut etiam canticum, quod canebant, tremefactae intermitterent. 4.7 (220.5)
canebat. Hic est sensus, non autem ordo ipse uerborum, quae dormiens ille canebat; 4.24 (260.7)
Canebat autem de creatione mundi, et origine humani generis, 4.24 (260.33)
canendi. quatenus in monasterio suo cursum canendi annuum, . . . edoceret; 4.18 (241.19)
et ordinem uidelicet, ritumque canendi ac legendi uiua uoce . . . edocendo, 4.18 (241.22)
Quod in monasterio eius fuerit frater, cui donum canendi sit diuinitus concessum. 4.24 (258.25)
Namque ipse non ab hominibus, neque per hominem institutus, canendi artem didicit, 4.24 (259.8)
sed diuinitus adiutus gratis canendi donum accepit. 4.24 (259.9)
Nam cum . . . in clero illius degerem, legendi quidem canendique studiis traditus, 5.6 (289.18)
canendis. et canendis psalmis inuigilent, 1.27 (49.10)
canentes. laetaniasque canentes pro sua simul et eorum, . . . salute 1.25 (46.2)
CANON. canones. 'Optime omnibus placet, quaeque definierunt sanctorum canones patrum, nos . . . seruare.' 4.5 (215.26)
canonis. Paschalis qui etiam sollemnia tempora cursus Catholici ad iustum correxit dogma canonis, 5.19 (330.19)
canonum. placuit conuenire nos iuxta morem canonum uenerabilium, 4.5 (215.1)
Quibus statim protuli eundem librum canonum, 4.5 (215.28)
Quisquis igitur contra hanc sententiam, iuxta decreta canonum, . . . uenire, . . . temtauerit, nouerit se . . . separatum. 4.5 (217.14)
CANONICE. Non enim erat tunc ullus, excepto illo Vine, in tota Brittania canonice ordinatus episcopus. 3.28 (195.16)
interrogaui . . . si consentirent ea, quae a patribus canonice sunt antiquitus decreta, custodire. 4.5 (215.23)
CANONICVS, a, um. **canonica.** una cum eis, qui canonica patrum statuta et diligerent, et nossent, magistris ecclesiae pluribus. 4.5 (214.23)
canonicam. suoque monasterio catholicam [canonicam] temporis paschalis obseruantiam instantissime praedicaret, uar. 5.15 (316.8)
canonici. quia praeter sollemnem canonici temporis psalmodiam, . . . cotidie psalterium . . . decantaret; 3.27 (193.12)
canonico. iamdudum ad admonitionem apostolicae sedis antistitis, pascha canonico ritu obseruare didicerunt. 3.3 (131.28)
ad exemplum uenerabilium patrum sub regula et abbate canonico in magna continentia . . . uiuant. 4.4 (214.7)
canonico. Qui cum celebrato in Hibernia canonico pascha, ad suam insulam reuertisset, 5.15 (316.7)
canonicos. aliquandiu in ea prouincia moratus uideret ritus ecclesiae canonicos; 5.15 (315.19)
ritus canonicos iuxta Romanae et apostolicae ecclesiae consuetudinem recipere, 5.19 (325.19)
canonicum. correcti sunt per eum, et ad uerum canonicumque paschae diem translati; 3.4 (135.2)
paschae diem, . . . secus morem canonicum a XIIII^{a} usque ad XX^{am} lunam celebrant. 3.28 (195.14)
ritum celebrandi paschae canonicum, per omnia comitante et cooperante Hadriano disseminabat. 4.2 (204.20)
monachi Scotticae nationis . . . ad ritum paschae ac tonsurae canonicum . . . perducti sunt. 5.22 (346.19)
canonicum. uel cononicum eius tempus ignorans, 3.17 (161.32)
Vt Hiienses monachi cum subiectis sibi monasteriis canonicum praedicante Ecgbercto celebrare pascha coeperint. 5.22 (346.14)
CANTATIO. cantationis. magister ecclesiasticae cantionis [cantationis] iuxta morem Romanorum uar. 2.20 (126.29)
CANTATOR. cantator. Acca cantator erat peritissimus, 5.20 (332.1)
cantatore. De Iohanne cantatore sedis apostolicae, 4.18 (240.27)
cantatorem. Cantatorem quoque egregium, uocabulo Maban, . . . ad se suosque instituendos accersiit, 5.20 (331.28)
cantatoris. ritumque canendi ac legendi uiua uoce praefati monasterii cantores [cantatoris] edocendo, uar. 4.18 (241.23)
CANTIA, *Kent.*
Cantia. Non enim eo tempore habebat episcopum Cantia, defuncto quidem Theodoro, 5.11 (302.12)
Cantia. Erat eo tempore rex Aedilberct in Cantia potentissimus, 1.25 (44.30)
Vt idem in Cantia primitiuae ecclesiae et doctrinam sit imitatus, et uitam, 1.26 (46.29)
prouinciae Orientalium Saxonum, qui Tamense fluuio dirimuntur a Cantia, 2.3 (85.8)
Iustum uero in ipsa Cantia Augustinus episcopum ordinauit 2.3 (85.21)
Et quidem pater eius Reduald iamdudum in Cantia sacramentis Christianae fidei inbutus est, 2.15 (116.2)
aureum illud nomisma, quod eo de Cantia uenerat, secum adsumerent. 3.8 (143.17)
iuuante se episcopo Felice, quem de Cantia acceperat, 3.18 (162.22)
confirmantibus eis, qui de Cantia uel de Galliis aduenerant, 3.25 (181.16)
Obseruabat et regina Eanfled cum suis, iuxta quod in Cantia fieri uiderat, 3.25 (181.30)
habens secum de Cantia presbyterum 3.25 (181.31)
sonos cantandi in ecclesia, quos eatenus in Cantia tantum nouerant, 4.2 (205.12)
cantandi magister . . . Stephanus fuit, inuitatus de Cantia a reuerentissimo uiro Vilfrido, 4.2 (205.16)
et quoniam ante Theodorum rediit, ipse etiam in Cantia presbyteros et diaconos, . . . ordinabat. 4.2 (206.2)
quomodo et prius beatus pater Augustinus in Cantia fecisse noscitur, 4.27 (270.29)
qui electus est quidem in episcopatum . . . regnantibus in Cantia Victredo et Suæbhardo; 5.8 (295.26)
qui a successoribus discipulorum beati papae Gregorii in Cantia fuerat cantandi sonos edoctus, 5.20 (331.30)

luna sanguineo rubore perfusa, quasi hora integra II. Kal. Febr. circa galli cantum, ... Cont. (361.12)
CAPESSO. capessunt. aquilonalem extremamque insulae partem pro indigenis ad murum usque capessunt. 1.12 (27.34)
Hoc ergo duce uires capessunt Brettones, ... 1.16 (33.15)
CAPILLVS. capillis. tulerunt partem de capillis, ... 4.32 (280.6)
credens suum oculum capillis uiri Dei, quibus adtactus erat, ocius esse sanandum. 4.32 (280.22)
factusque est iuuenis limpidus uultu et loquella promtus, capillis pulcherrime crispis, ... 5.2 (284.27)
capillo. quod esset uir longae staturae, . . . nigro capillo, ... 2.16 (117.27)
capillorum. capillorum quoque forma egregia. 2.1 (80.1)
ut nil umquam capillorum ei in superiore parte capitis nasci ualeret, ... 5.2 (283.25)
nata est cum sanitate cutis uenusta species capillorum, ... 5.2 (284.26)
ea tamen distinctione, ut pro diuersa capillorum specie unus Niger Heuuald, alter Albus Heuuald diceretur; 5.10 (299.22)
capillos. cum accepisset capillos sancti capitis, adposuit palpebrae languenti, ... 4.32 (280.18)
Iob, . . . probauit utique, quia tempore felicitatis capillos nutrire consuerat. 5.21 (342.11)
CAPIO. cæpit. cepit [cæpit] et insulam Vectam, ... uar. 4.16 (237.1)
capere. pars maior exercitus arma capere et bellum parare temtaret, ... 1.20 (38.29)
eo quod praedicta porticus plura capere nequiuit. 2.3 (86.10)
et sanitatum ibi gratiam capere sibi suisque coeperunt. 3.10 (147.27)
quia neque armis neque obsidione capere poterat, ... 3.16 (159.2)
disciplinam uitae regularis, in quantum rudes adhuc capere poterant, custodiri docuit. 3.22 (173.11)
caperet. Respondebant Scotti, quia non ambos eos caperet insula, ... 1.1 (12.4)
caperetur. cogitabant . . . corpus, si possent, in genibis inflectendo breuiare, donec ipso loculo caperetur. 4.11 (227.7)
capiebat. Sed nec sic quidem corpus capiebat. 4.11 (227.4)
capienda. ad capienda perfectiora, et ad facienda sublimiora Dei praecepta sufficerent.' 3.5 (137.18)
capis. Munera laeta capis, festiuis fulgida taedis, ... 4.20 (248.29)
Ecce uenit sponsus, munera laeta capis. 4.20 (248.30)
capiuntur. Capiuntur autem saepissime et uituli marini, ... 1.1 (10.5)
unde et a copia anguillarum, quae in eisdem paludibus capiuntur, nomen accepit; 4.19 (246.32)
capta. nam duo sub eo nobilissima oppida illic capta atque subuersa sunt. 1.3 (15.31)
captis. audio . . . cachinnum crepitantem quasi uulgi indocti captis hostibus insultantis. 5.12 (306.10)
capto. capto atque occiso ab eis Maximo tyranno. 1.9 (23.20)
captus. Quod dum faceret, inuentus est, et captus a uiris hostilis exercitus, ... 4.22 (250.5)
Ceoluulf rex captus, et adtonsus, et remissus in regnum; . . . . Cont. (361.1)
ceperat. cuius experimenta permaxima in expugnandis barbaris iam ceperat, ... 3.3 (131.8)
et quia nuper citeriorem Fresiam expulso inde Rathbedo rege ceperat, ... 5.10 (299.9)
cepere. mox cepere pisces diuersi generis CCC. 4.13 (231.32)
ceperunt. tantum profectus spiritalis tempore praesulatus illius Anglorum ecclesiae, quantum numquam antea potuere, ceperunt. 5.8 (295.4)
cepisset. quia, si cepisset insulam, quartam partem eius simul et praedae Domino daret. 4.16 (237.6)
cepit. Caesar oppidum Cassobellauni . . . tandem graui pugna cepit. 1.2 (14.29)
apud Arelatem ciuitatem eum clausit, cepit, occidit; 1.11 (25.2)
cepit et insulam Vectam, quae eatenus erat tota idolatriae dedita, ... 4.16 (237.1)
CAPITVLVM. capitula. et ex eodem libro X capitula, quae per loca notaueram, . . . illis coram ostendi, 4.5 (215.28)
Item, Capitula lectionum in Pentateucum Mosi, Iosue, Iudicum; 5.24 (358.13)
Item, Capitula lectionum in totum nouum testamentum, excepto euangelio. 5.24 (358.28)
capitulis. His itaque capitulis in commune tractatis ac definitis, ... 4.5 (217.7)
capitulo. quod huic capitulo contradicere uideatur. 1.27 (50.25)
capitulo. sicut in superiori capitulo iam diximus, ... 1.27 (59.26)
capitulorum. et synodus facta est ad Herutforda, . . . utillima, X capitulorum. 5.24 (354.24)
In Isaiam, Danihelem, XII prophetas, et partem Hieremiae, distinctiones capitulorum ex tractatu beati Hieronimi excerptas. 5.24 (358.7)
capitulum. Primum capitulum: 4.5 (215.32)
VIIII capitulum in commune tractatum est: 4.5 (216.29)
X capitulum pro coniugiis: 4.5 (216.32)
CAPRAE, *see* **AD CAPRAE CAPVT.**
CAPREA. caprearum. sed et ceruorum caprearumque uenatu insignis. 1.1 (13.8)
CAPSELLA. capsella. et accipiens inligatum panno concidit in capsella, et rediit. 3.11 (149.17)
'Mox ut uirgo haec cum capsella, quam portabat, adpropinquauit atrio 3.11 (150.18)
capsellam. statimque iussit ire ministram, et capsellam, in qua erat, adducere. 3.11 (150.7)
CAPSVLA. capsulam. adherentem lateri suo capsulam cum sanctorum reliquiis 1.18 (36.14)
CAPTIVITAS. captiuitatis. ut credentes, a diabolicae captiuitatis nexibus, . . . absoluti, ... 2.10 (102.7)
quod pretiosi sanguinis sui effusione a uinculis diabolicae captiuitatis eripuit, ... 2.11 (104.16)
CAPTIVVS, a, um. captiuam. repugnantem legi mentis meae et captiuum [captiuam] me ducentem . uar. 1.27 (61.26)
captiui. Vt uincula cuiusdam captiui, cum pro eo missae cantarentur, soluta sint. 4.22 (249.19)
captiuum. legem in membris meis repugnantem legi mentis meae et captiuum me ducentem . . . 1.27 (61.26)
captiuus. Si autem captiuus erat, minime pugnabat; 1.27 (61.28)
quapropter et captiuus erat, et pugnabat igitur legi mentis, ... 1.27 (61.29)
Si autem pugnabat, captiuus non erat. 1.27 (61.31)
Ecce itaque homo est, ut ita dixerim, captiuus et liber; 1.27 (62.1)
captiuus ex delectatione, quam portat inuitus. 1.27 (62.2)
CAPVT. capita. ipsi adhuc inueterati et claudicantes a semitis suis, et capita sine corona praetendunt, . 5.22 (347.14)
capite. capite eum plecti iussit. 1.7 (20.3)
una cum beati martyris capite 1.7 (21.14)
Pro qua re etiam Iohannes Baptista capite truncatus est, ... 1.27 (51.11)
et ipsam gentem Merciorum finitimarumque prouinciarum, desecto capite perfido, . . . conuertit. . 3.24 (179.18)
sensit dimidiam corporis sui partem a capite usque ad pedes paralysis langore depressam, . . . 4.31 (278.13)
sed et scabiem tantam ac furfures habebat in capite, ... 5.2 (283.24)
ut hunc capite ac manu, quam capiti ruens subposueram, tangerem, ... 5.6 (290.18)
percusserunt me, unus in capite et alius in pede: 5.13 (312.26)
ea, quam in capite suo gestabat ille, cui se confitenti Dominus ait: 5.21 (342.27)
formam quoque coronae, quam ipse in passione spineam portauit in capite, ... 5.21 (343.16)
oportet eos, . . . formam quoque coronae, . . . suo quemque in capite per tonsuram praeferre; . . 5.21 (343.18)
quid contrario tuae fidei habitu terminatam in capite coronae imaginem portas? 5.21 (344.14)
capiti. is, qui loquebatur cum eo, inposuit dexteram suam capiti eius dicens: 2.12 (109.23)
inposuit dexteram capiti eius et, an hoc signum agnosceret, requisiuit. 2.12 (110.29)
ut hunc capite ac manu, quam capiti ruens subposueram, tangerem, ... 5.6 (290.19)
'Qui inponens capiti meo manum, cum uerbis benedictionis, rediit ad orandum; 5.6 (291.6)
capitibus. ubi sepulchra patriarcharum quadrato muro circumdantur, capitibus uersis ad Aquilonem; . 5.17 (319.18)
capitis. sectantemque magistri et capitis sui sancti Gregorii regulam, ... 2.18 (121.4)
adeo ut a parte capitis etiam ceruical posset interponi; 4.11 (227.14)
et locus quoque capitis seorsum fabrefactus ad mensuram capitis illius aptissime figuratus apparuit. 4.19 (246.26)
cum accepisset capillos sancti capitis, adposuit palpebrae languenti, ... 4.32 (280.18)

ut nil umquam capillorum ei in superiore parte capitis nasci ualeret, ... 5.2 (283.25)
praecepit medico etiam sanandae scabredini capitis eius curam adhibere. 5.2 (284.23)
atque infracto pollice capitis quoque iunctura solueretur; 5.6 (290.20)
caput. utrumque enim caput protendit in mare. 1.25 (45.9)
Adlatum est autem caput Aeduini regis Eburacum, ... 2.20 (125.20)
de ligno, in quo caput eius occisi a paganis infixum est; 3.13 (153.24)
caput. Quis caput obscuris contectum utcumque cauernis 1.10 (24.12)
cuius equus subito lassescere, consistere, caput in terram declinare, . . . coepit 3.9 (145.32)
crines conposuit, caput linteo cooperuit, ... 3.9 (146.23)
et quasi in somnum laxatus deposuit caput, ... 3.11 (150.11)
Porro caput et manus cum brachiis a corpore praecisas iussit rex. . . . suspendi. 3.12 (151.33)
et caput quidem in cymiterio Lindisfarnensis ecclesiae, . . . condidit. 3.12 (152.2)
Hii, ubi plurimorum caput et arcem Scotti habuere coenobiorum; 3.21 (171.12)
Hinc est enim, . . . quod cum Aquila et Priscilla caput Chorinti totondit; 3.25 (185.12)
qui cum suum caput eidem loculo adponentes orassent, ... 4.19 (246.18)
Et signans se signo sanctae crucis reclinauit caput ad ceruical, ... 4.24 (262.10)
sentit, . . . quasi magnam latamque manum caput sibi in parte, qua dolebat, tetigisse, ... 4.31 (279.4)
et resederunt circa me, unus ad caput, et unus ad pedes; 5.13 (312.3)
Iob, . . . dum . . . caput totondit, probauit utique, quia tempore felicitatis capillos nutrire consuerat. 5.21 (342.10)
CAPVT, *see* **AD CAPRAE CAPVT.**
CARACALLA. caracalla. ipsius habitu, id est caracalla, qua uestiebatur, indutus, ... 1.7 (18.27)
CARAVSIVS, CORAVSIVS (*d.* 293), *Roman usurper of the imperial power in Britain and part of Gaul; assassinated by Allectus.*
Carausio. Allectus postea ereptam Carausio insulam per triennium tenuit; 1.6 (17.23)
Corausius. Corausius quidam, genere quidem infimus, ... 1.6 (17.11)
CARCER. carcere. quia tempore seruitutis intonsis in carcere crinibus manere solebat. 5.21 (342.15)
carcerem. uidit etiam suum infelix inter tales carcerem, ... 5.14 (315.2)
'Et claudentur ibi in carcerem, et post dies multos uisitabantur;' 5.24 (359.1)
carceres. qui pro paruulis Christi, . . . uincula, uerbera, carceres, adflictiones, . . . pertuli?' 2.6 (92.27)
carceris. ut . . . educeres de conclusione uinctum, de domo carceris sedentes in tenebris.' 3.29 (197.21)
CAREO. carere. et non solum se infirmitate longa carere, sed et perditas dudum uires recepisse sentiens, 5.4 (287.25)
careret. sed et linguae motu caruit [careret]. . . . . uar. 4.9 (223.15)
caruit. non solum membrorum ceterorum, sed et linguae motu caruit. 4.9 (223.15)
CARINA. carina. quietosque eos suorum desideriis felix carina restituit. 1.20 (39.26)
CARIOR, ius. **carior.** Numquid tibi carior est ille filius equae, quam ille filius Dei?' 3.14 (156.24)
CARISSIMVS, a, um. **carissima.** 'Cum carissima,' inquit, 'mea matre Aedilburge.' 4.9 (223.31)
carissime. Perpende autem, frater carissime, ... 1.27 (55.30)
Scio, frater carissime, quia . . . Deus per dilectionem tuam . . . miracula ostendit; 1.31 (66.14)
Restat itaque, frater carissime, ... 1.31 (67.7)
carissimi. Et nos equidem, fratres carissimi, haec uobis pro aeterna caritate exhortationis uerba praemittentes, ... 2.18 (121.15)
carissimis. Dominis carissimis fratribus episcopis uel abbatibus per uniuersam Scottiam 2.4 (87.25)
CARITAS. caritas. Haec ergo caritas in mente tenenda est, ... 1.27 (50.14)
qualiter fraterna caritas colenda sit, ... 1.28 (62.18)
cumque de glorioso coniuge uestro paterna caritas sollicite perquisisset, ... 2.11 (105.7)
quibus pura in Deum fides, et caritas in proximum sincera est; 5.21 (342.21)
caritate. ex caritate agendum est, et non ex furore; 1.27 (50.7)
misit . . . Æduino litteras exhortatorias, paterna illum caritate accendens, ... 2.17 (118.29)
paterna uos caritate, qua conuenit, exhortamur, ... 2.17 (119.13)
ut fide et opere, in timore Dei et caritate, uestra adquisitio . . . amplius extendatur; 2.18 (121.7)
haec uobis pro aeterna caritate exhortationis uerba praemittentes, ... 2.18 (121.16)
sicut una fide, spe, et caritate in Deum consentit, ... 5.21 (342.6)
caritatem. Licet apud sacerdotes habentes Deo placitam caritatem 1.24 (44.3)
Haec et alia quamplura, quae ad caritatem pertinebant, . . . prosecutus sum. 4.5 (215.20)
si per fidem, spem et caritatem pascha, . . . cum illo facere curamus. 5.21 (340.8)
caritati. Candidum . . . caritati uestrae in omnibus commendamus. 1.24 (44.17)
uel alia perplura ecclesiasticae castitati [caritati] et paci contraria gerunt, ... uar. 5.18 (321.1)
caritatis. quod plerumque solent caritatis causa inuitari, ... 1.28 (62.13)
qui eum gratia germanae caritatis ad regiam urbem secuti sunt, ... 2.1 (75.6)
atque ad simplicitatem fidei et caritatis, quae est in Christo, reuocari. 2.5 (92.9)
Et quia uir Dei igne diuinae caritatis fortiter ardebat, ... 2.7 (94.32)
Vnde praesenti stilo gloriosos uos adhortandos cum omni affectu intimae caritatis curauimus; . . . 2.10 (102.2)
Quod quidem tam pro uestrae caritatis affectu, . . . sumus inuitati concedere, ... 2.17 (119.33)
Verum quia gratia caritatis feruere non omiserunt, ... 3.4 (135.10)
studium uidelicet pacis et caritatis, ... 3.17 (161.18)
pietatis, et castimoniae, ceterarumque uirtutum, sed maxime pacis et caritatis custodiam docuit; . . 4.23 (254.9)
Erat quippe ante omnia diuinae caritatis igne feruidus, ... 4.28 (273.19)
CARLEGION, *British name of Ciuitas Legionum (Chester).*
Carlegion. ciuitatem Legionum, quae a gente Anglorum Legacaestir, a Brettonibus autem rectius Carlegion appellatur, ... 2.2 (84.3)
CARMEN. carmen. rediit ipse solus, qui carmen caeleste audierat, et prosternens se in terram: . . . 4.3 (209.23)
iussus est, . . . indicare somnium, et dicere carmen, ... 4.24 (260.17)
ipse cuncta, quae audiendo discere poterat, . . . in carmen dulcissimum conuertebat, ... 4.24 (260.31)
carmina. Carmina casta mihi, fedae non raptus Helenae; 4.20 (247.13)
Luxus erit lubricis, carmina casta mihi. 4.20 (247.14)
neque enim possunt carmina, quamuis optime conposita, ex alia in aliam linguam ad uerbum . . . transferri. 4.24 (260.8)
carmina. et ubicumque rogabatur, ad docenda ecclesiae carmina diuertens. 4.12 (228.21)
et imitari morem sacrae scripturae, cuius historiae carmina plurima indita, ... 4.20 (247.7)
Et noua dulcisono modularis carmina plectro, ... 4.20 (248.31)
quia carmina religioni et pietati apta facere solebat; 4.24 (258.28)
Item de . . . dulcedine regni caelestis multa carmina faciebat; 4.24 (261.7)
quatinus et, quae illi non nouerant, carmina ecclesiastica doceret; 5.20 (331.32)
carmine. et mane rediens, optimo carmine, quod iubebatur, conpositum reddidit. 4.24 (260.24)
carminibus. Cuius carminibus multorum saepe animi ad contemtum saeculi, et appetitum sunt uitae caelestis accensi. 4.24 (259.2)
carminis. 'Si uocem carminis audisti, et caelestes superuenire coetus cognouisti, ... 4.3 (209.29)
et eis mox plura in eundem modum uerba Deo digni carminis adiunxit. 4.24 (260.13)
praecipientes eum, si posset, hunc in modulationem carminis transferre. 4.24 (260.22)
carminum. nil carminum aliquando didicerat. 4.24 (259.13)
CARNALIS, e. **carnali.** ne pro carnali dilectione tormenta aeterni cruciatus incurrant. 1.27 (51.21)
in delectatione carnali aliquo modo ligatur inuitus, ... 1.27 (61.21)

carnalibus. sicut boni patres carnalibus filiis solent, . . . 1.27 (50.10)
carnalibus. exemplum trahere a rebus etiam carnalibus possumus. . . . 1.27 (52.20)
carnalis. quos copulatio carnalis affectus unum quodam modo corpus exhibuisse monstratur, . . . 2.11 (105.26)
quia quaedam de numero uirginum, quae erat filia ipsius carnalis, grauissimo langore teneretur; . . 5.3 (285.13)
carnalis. cum praefata uirgine ad regem Aeduinum quasi comes copulae carnalis aduenit. . . . 2.9 (98.21)
ut a corruptione concupiscentiae carnalis erat inmune; . . . 3.8 (144.21)
carnalium. Nec tamen hodie . . . necesse est, immo nec licitum . . . hostias Deo uictimarum offerre carnalium. . . . 3.25 (185.19)
CARNIFEX. carnifex. Quod cum inter alios etiam ipse carnifex, . . . uidisset, . . . 1.7 (20.17)
carnifice. Moxque illi instante carnifice mortem laeti subiere temporalem, . . . 4.16 (238.5)
carnifices. Sed hunc ubi peregrinum atque oriundum de natione Anglorum cognouere carnifices, . . . 5.19 (325.6)
carnifices. ac iacente ferro esset inter carnifices iusta cunctatio, . . . 1.7 (20.25)
CARO. carne. hostibus uel inuisibilibus, uel carne conspicuis, . . . 1.20 (39.23)
'Erunt duo in carne una,' . . . 1.27 (51.7)
omne, quod in hac mortali carne patimur ex infirmitate naturae, . . . 1.27 (55.31)
Scriptum namque est: 'Erunt duo in carne una.' . . . 2.11 (105.20)
Erat autem uir iste de nobilissimo genere Scottorum, sed longe animo quam carne nobilior. . . . 3.19 (164.19)
plurimis de ecclesia eiusdem reuerentissimi antistitis de carne subtractis, . . . 4.3 (207.23)
'Scio hominem in hac insula adhuc in carne manentem, . . . 4.3 (211.30)
post dies XII et ipsa educta ex carne temporales adflictiones aeterna mercede mutauit. . . . 4.9 (223.8)
simul etiam sperans, quia mox baptizatus, carne solutus ad aeterna gaudia iam mundus transiret; . 5.7 (292.20)
XII°. Kalendarum Maiarum die solutus a carne, et beatorum est regno sociatus in caelis. . . . 5.7 (292.27)
gratulabatur ille, quod eatenus in carne seruatus est, . . . 5.22 (348.8)
carnem. delectatio per carnem, consensus per spiritum; . . . 1.27 (61.5)
quia spiritus carnem et ossa non habet, . . . 2.1 (76.7)
doceatur se quoque carnem suam cum uitiis et concupiscentiis crucifigere debere; . . . 5.21 (343.11)
carnis. aut post quantum temporis huic uir suus possit in carnis copulatione coniungi? . . . 1.27 (53.30)
cum non sit . . . culpa aliqua fecunditas carnis? . . . 1.27 (54.9)
uoluptas etenim carnis, non dolor in culpa est. . . . 1.27 (54.26)
licita amixtio coniugis sine uoluntate carnis fieri non potest, . . . 1.27 (57.31)
Oportet itaque legitimam carnis copulam, . . . 1.27 (58.20)
et carnis commixtio creandorum liberorum sit gratia, . . . 1.27 (58.21)
custodire in se munditiam carnis debent, . . . 1.27 (59.12)
ipse tamen animus carnis uoluptatibus reluctans, . . . 1.27 (61.21)
ut etiam retentus corpore ipsa iam carnis claustra contemplatione transiret, . . . 2.1 (74.10)
Erat carnis origine nobilis, sed culmine mentis nobilior. . . . 2.7 (94.11)
quae sanctam illam animam carnis uinculis absolutam . . . 3.8 (143.27)
quae per mortem carnis uiuos ecclesiae lapides de terrenis sedibus ad aedificium caeleste transferret. 4.3 (207.20)
Deo dilecta mater congregationis ipsius, ergastulo carnis educta est; . . . 4.9 (222.26)
soluta carnis simul et infirmitatis uinculis ad aeternae gaudia salutis intrauit. . . . 4.9 (224.3)
quoniam de prouincia eorundem Orientalium Anglorum ipsa, . . . carnis originem duxerat. . . . 4.19 (246.35)
placuit pio prouisori salutis nostrae sanctam eius animam longa etiam infirmitate carnis examinari, 4.23 (256.14)
ne forte nos tempore aliquo carnis inlecebris seruientes, . . . repentina eius ira corripiat, . . . 4.25 (266.8)
non ultra nos in hoc saeculo carnis obtutibus inuicem aspiciemus. . . . 4.29 (274.23)
Cum carnis claustra spiritus egreditur. . . . 5.8 (295.15)
praepararent . . . panem et uinum in mysterium carnis et sanguinis agni inmaculati, . . . 5.21 (336.18)
caro. nouercae, quae una caro cum patre fuit, . . . 1.27 (51.7)
quia per coniunctionem priorem caro fratris fuerit facta. . . . 1.27 (51.10)
Eua uelut caro delectata est, . . . 1.27 (61.7)
cum uero delectare caro coeperit, . . . 1.27 (61.13)
caro in delectationem trahat; . . . 1.27 (61.18)
Et cum caro delectare sine animo nequeat, . . . 1.27 (61.20)
cui etiam caro post mortem incorrupta testimonium perhibuerit. . . . 3.19 (163.21)
mirumque in modum, quid anima in occulto passa sit, caro palam praemonstrabat. . . . 3.19 (167.9)
cor omnium et caro omnium exultauerunt in Deum uiuum; . . . 4.13 (231.22)
signum diuini miraculi, quo eiusdem feminae sepulta caro corrumpi non potuit, . . . 4.19 (243.24)
Virginis alma caro est tumulata bis octo Nouembres, . . . 4.20 (248.19)
Nec putet in tumulo uirginis alma caro. . . . 4.20 (248.20)
CARPO. carpere. uirecta herbarum auidius carpere coepit. . . . 3.9 (146.9)
carperet. Splendificumque iubar radianti carperet haustu, . . . 5.7 (293.13)
carperetur. Cumque diu tacitis mentis angoribus, et caeco carperetur igni, . . . 2.12 (108.20)
CARRVM. carro. inponentes eam carro, duxerunt ad locum, ibidemque deposuerunt. . . . 3.9 (146.19)
Nam tota ea nocte columna lucis a carro illo ad caelum usque porrecta, . . . stabat. . . . 3.11 (148.21)
carrum. Cumque uenisset carrum, in quo eadem ossa ducebantur, . . . 3.11 (148.10)
carrum. tentorio tantum maiore supra carrum, in quo inerant, extenso. . . . 3.11 (148.18)
CASA. casa. Erat autem in proximo casa, . . . 4.24 (261.19)
casas. oppida, rura, casas, uicos, castella propter euangelizandum, . . . peragrare. . . . 3.28 (195.20)
singulorum casas ac lectos inspexi, . . . 4.25 (265.9)
CASA, *see* **CANDIDA CASA.**
CASAM, *see* **AD CANDIDAM CASAM.**
CASSOBELLAVNVS (*fl.* 54 B.C.), *a British prince whom Julius Caesar defeated in his second campaign in Britain.*
Cassobellauni. Caesar oppidum Cassobellauni . . . cepit. . . . 1.2 (14.27)
Cassobellauno. Cassobellauno duce inmensa hostium multitudo consederat, . . . 1.2 (14.13)
CASSVM. cassum. Nec uota ipsius in cassum cecidere; . . . 2.15 (116.30)
CASTELLVM. castella. Erat et ciuitatibus quondam XX et VIII nobilissimis insignita, praeter castella innumera, . . . 1.1 (10.27)
oppida, rura, casas, uicos, castella propter euangelizandum, . . . peragrare. . . . 3.28 (195.20)
castelli. Adfuerunt et . . . Putta, episcopus castelli Cantuariorum, quod dicitur Hrofescæstir, Leutherius, 4.5 (215.11)
castellis. excisis inuasisque ciuitatibus atque castellis, . . . 1.13 (29.6)
castello. Donauit autem ei Pippin locum cathedrae episcopalis in castello suo inlustri, . . . 5.11 (303.8)
CASTIGATIO. castigatione. Erat abstinentiae castigatione insignis, . . . 4.28 (273.26)
castigationem. Aeanfled . . . ob castigationem necis eius iniustae, postulauit a rege Osuio, . . . 3.24 (179.30)
CASTIGATIOR, ius. **castigatior.** ad ministerium, quod sollicitus exhibere solebat, quasi flagello probante castigatior, rediit. . . . 4.31 (279.12)
castigatiorem. atque ad castigatiorem uitam conuerti ammonebatur. . . . 5.14 (313.32)
CASTIGO. castigandae. ipse est locus, in quo examinandae et castigandae sunt animae . . . 5.12 (308.12)
castigandi. ubi postmodum, castigandi huius facinoris gratia, monasterium constructum est; . . . 3.14 (155.24)
solebat hoc creber ob magnum castigandi corporis affectum ingredi, . . . 5.12 (310.13)
castigando. Nec supernae flagella districtionis perfido regi castigando et corrigendo defuere; . . . 2.5 (90.34)
acerbiorem castigando et apertum ueritatis aduersarium reddidit. . . . 3.25 (181.25)
et adiutrix disciplinae regularis eidem matri existere, minores docendo uel castigando curabat. . . 4.9 (222.5)

castigans. ut, siquid minus haberet meriti a beato Cudbercto, suppleret hoc castigans longae egritudinis dolor; 4.29 (275.18)
castigare. aliquantulum loci accolae paucis diebus timere, et se ipsos intermissis facinoribus castigare coeperunt. 4.25 (265.30)
castigaret. priusquam uel praeteritas neglegentias, . . . perfectius ex tempore castigaret, 3.27 (193.8)
castigari. si se tali molestia diutius castigari diuina prouidente gratia oporteret, 4.31 (278.24)
castigati. qui in tantum erant ab omni auaritiae peste castigati, 3.26 (191.21)
CASTIMONIA. castimoniae. qui . . . fidei et castimoniae iura susceperant. 2.5 (90.32)
et quidem multam ibi quoque iustitiae, pietatis, et castimoniae, . . . custodiam docuit; 4.23 (254.8)
CASTISSIMVS, a, um. **castissimus.** Acca cantator erat peritissimus, . . . et in catholicae fidei confessione castissimus, 5.20 (332.3)
CASTITAS. castitati. Ceadda maximam mox coepit ecclesiasticae ueritati et castitati curam inpendere; 3.28 (195.18)
uel alia perplura ecclesiasticae castitati et paci contraria gerunt, 5.18 (321.1)
castitatis. Institutio uel forma castitatis hostibus nuntiatur, 1.20 (38.24)
pietatis et castitatis opera diligenter obseruantes. 3.4 (134.25)
diligenter ea, quae monasticae castitatis ac pietatis erant, et discere curabat et agere. 5.19 (323.3)
At Ioseph et ipse castitatis, humilitatis, pietatis, ceterarumque uirtutum exsecutor . . . patet 5.21 (342.12)
CASTRVM. castra. uallum uero, quo ad repellendam uim hostium castra muniuntur, 1.5 (16.25)
castra. quos eadem necessitas in castra contraxerat; 1.20 (38.9)
Culmen, opes, subolem, pollentia regna, triumphos, Exuuias, proceres, moenia, castra, lares; 5.7 (293.8)
castris. Itaque apostolicis ducibus Christus militabat in castris. 1.20 (38.15)
castro. monasterium . . . constructum in castro quodam, quod lingua Anglorum Cnobheresburg, . . . uocatur; 3.19 (164.13)
CASTVS, a, um. **casta.** Carmina casta mihi, fedae non raptus Helenae; 4.20 (247.13)
Luxus erit lubricis, carmina casta mihi. 4.20 (247.14)
castam. uni uero sponso uirginem castam exhiberet Christo. 2.9 (98.24)
castis. ut ipso die uiderentur castis eius membris esse circumdata.' 4.19 (246.3)
casto. Huius honor genuit casto de germine plures, 4.20 (247.23)
castus. qualis esset status ecclesiae, quam ab hereticorum contagiis castus, ediscere, 4.18 (242.12)
CASV. et casu dux ipse uel pontifex fractus corpore, 1.17 (34.17)
casu contigit, ut ad ipsum monasterium tempore mortalitatis adueniens, . . . obiret. 3.23 (176.11)
casuque euenit, . . . ut hunc capite ac manu, . . . tangerem, 5.6 (290.16)
CASVALIS, e. **casualibus.** casualibus laqueis praeparatis, 1.19 (37.7)
CASVLA. casula. in uicina, qua manebat, casula exarsit incendium; 1.19 (37.12)
casulas. coepit circuire in monasterio casulas infirmarum Christi famularum, 3.8 (143.7)
CASVS. casu. At episcopus grauissime de casu et interitu meo dolebat, 5.6 (290.28)
CATALOGVS. catalogo. ut nomen et memoria apostatarum de catalogo regum Christianorum prorsus aboleri deberet, 3.9 (145.5)
CATARACTA, CATARACTO, *Catterick, on the Swale, Yorkshire.*
Cataractam. cuius nomine uicus, in quo maxime solebat habitare, iuxta Cataractam, usque hodie cognominatur. 2.20 (126.26)
in fluuio Sualua, qui uicum Cataractam praeterfluit. 2.14 (115.12)
Cataractone. et est a uico Cataractone X ferme milibus passuum contra solstitialem occasum secretus; 3.14 (155.14)
Cataractum. uicus, in quo maxime solebat habitare, iuxta Cataractam [Cataractum], uar. 2.20 (126.26)
CATERVA. caterua. eam monasterii partem, qua ancellarum Dei caterua a uirorum erat secreta contubernio, 4.7 (219.20)
caterua. congregata discipulorum caterua, scientiae salutaris cotidie flumina . . . emanabant; 4.2 (204.25)
cateruam. uidisse se albatorum cateruam hominum idem monasterium intrare; 3.8 (143.13)
cateruas. et qui cateruas pugnantium infidelis nequaquam metueret, 2.1 (78.16)
cateruis. confluentibus certatim in insulam gentium memoratarum cateruis, 1.15 (32.5)
CATHECIZO. cathecizandi. XXXVI diebus ibidem cum eis cathecizandi et baptizandi officio deditus moraretur; 2.14 (115.2)
nullatenus propter ingenii tarditatem potuit cathecizandi uel baptizandi ministerium discere, 5.6 (291.18)
cathecizare. Quibus dictis eadem hora me cathecizare ipse curauit; 5.6 (291.21)
cathecizaretur. ecclesia . . . quam ibidem ipse de ligno, cum cathecizaretur, atque ad percipiendum baptisma inbueretur, . . . construxit. 2.14 (114.4)
cathecizati. ibique ad doctrinam Scottorum cathecizati, et baptismatis sunt gratia recreati. 3.1 (127.15)
cathecizatus. cum rex ipse cathecizatus, fonte baptismi cum sua gente ablueretur, 3.7 (139.22)
CATHEDRA. cathedrae. electus est archiepiscopus cathedrae Doruuernensis sextus Deusdedit 3.20 (169.13)
Donauit autem ei Pippin locum cathedrae episcopalis in castello suo inlustri, 5.11 (303.7)
cathedram. ille in Hagustaldensi siue in Lindisfarnensi ecclesia cathedram habens episcopalem, 4.12 (229.8)
qui nunc episcopalem Lindisfarnensis ecclesiae cathedram condignis gradu actibus seruat. 5.12 (310.7)
CATHOLICVS, a, um. **catholica.** et in pectoribus omnium fides catholica inculcata firmatur. 1.21 (41.2)
Catholica etenim fides habet, 2.1 (76.1)
intellexerat enim ueraciter Osuiu, . . . quia Romana esset catholica et apostolica ecclesia, 3.29 (196.9)
inuenta est in omnibus fides inuiolata catholica; 4.18 (242.16)
neque nunc ecclesia catholica, . . . ita etiam una . . . tonsurae sibi forma congruit. 5.21 (342.5)
catholica. Vt Augustinus Brettonum episcopos pro pace catholica, . . . monuerit; 2.2 (81.7)
pace catholica secum habita 2.2 (81.16)
quibus eos in unitate catholica confirmare satagit. 2.4 (88.10)
ut, crescente per dies institutione catholica, Scotti omnes, . . . suam redirent ad patriam. 3.28 (195.28)
Anglorum ecclesiae cum catholica ueritate, litterarum quoque sanctarum coeperint studiis inbui; 4.2 (204.10)
sed ipse ordinationem eius denuo catholica ratione consummauit. 4.2 (205.31)
omniumque unianimem in fide catholica repperit consensum; 4.17 (239.1)
'Cuius obseruantiae catholica ratione patefacta, patet e contrario error inrationabilis eorum, 5.21 (337.26)
Gaudebant ergo fratres de agnitione certa et catholica temporis paschalis; 5.22 (348.5)
synodus facta in campo Haethfeltha de fide catholica, 5.24 (355.7)
catholicae. iuuante se gratia catholicae ueritatis, 2.1 (75.28)
obsecrans eos et contestans unitatem pacis et catholicae obseruationis cum ea, . . . tenere; 2.4 (87.22)
habens secum de Cantia presbyterum catholicae obseruationis, nomine Romanum. 3.25 (182.1)
et ipse perplura catholicae obseruationis moderamina ecclesiis Anglorum sua doctrina contulit. 3.28 (195.26)
et generaliter omnes sancti et uniuersales synodi, et omnis probabilium catholicae ecclesiae doctorum chorus. 4.17 (239.21)
Intererat huic synodo, pariterque catholicae fidei decreta firmabat uir uenerabilis 4.18 (240.29)
nihilominus exemplum catholicae fidei Anglorum Romam perlatum est, 4.18 (242.28)
Acca cantator erat peritissimus, . . . et in catholicae fidei confessione castissimus, 5.20 (332.2)
credentibus iam populis Anglorum, et in regula fidei catholicae per omnia instructis, 5.22 (347.13)
et catholicae pacis ac ueritatis cum uniuersali ecclesia particeps existere gaudet. 5.23 (351.6)
Brettones, quamuis . . . totius catholicae ecclesiae statum pascha minus recto, 5.23 (351.12)
catholicae. si fide et operibus unitati catholicae fauerint; 5.21 (344.5)
quae unitati catholicae et apostolicae ecclesiae concinnant, 5.21 (345.13)
catholicam. et catholicam temporis paschalis regulam obseruans; 3.26 (189.28)

subiectos suos meditatur die ac nocte ad fidem catholicam atque apostolicam . . . conuerti. 3.29 (197.1)
uti nouum Christi populum coaceruet, catholicam ibi et apostolicam constituens fidem. 3.29 (198.29)
Et nos omnes subscribimus, qui cum Theodoro archiepiscopo fidem catholicam exposuimus. 4.17 (240.26)
plurimos . . . ad unitatem reduxit catholicam, 5.15 (316.5)
suoque monasterio catholicam temporis paschalis obseruantiam instantissime praedicaret, 5.15 (316.8)
multosque . . . ad catholicam dominici paschae celebrationem huius lectione perduxit. 5.18 (321.4)
ueram et catholicam fidem confessus est, 5.19 (327.6)
'Catholicam sancti paschae obseruantiam, quam a nobis, rex Deo deuote, religioso studio quaesisti, 5.21 (333.16)
praepararent omnes ecclesiae per orbem, quae unam catholicam faciunt, panem et uinum 5.21 (336.17)
gentis eiusdem turbas ad catholicam temporis paschalis obseruantiam sua praedicatione correxit; 5.21 (345.6)
catholicarum. multis sententiarum catholicarum milibus responderunt, 1.10 (24.4)
catholicas. qui catholicas ecclesiae regulas sequi semper, et amare didicerat. 5.19 (325.10)
In Epistulas VII catholicas libros singulos. 5.24 (358.26)
catholici. Paschalis qui etiam sollemnia tempora cursus Catholici ad iustum correxit dogma canonis, 5.19 (330.19)
catholici. ita ut passim et fideles catholici firmarentur, 1.17 (35.8)
catholici. Cedd, . . . ad suam sedem rediit, utpote agnita obseruatione catholici paschae. 3.26 (189.18)
catholicis. maxime cum numquam patribus catholicis sicut de paschae uel fidei diuersitate conflictus, 5.21 (342.22)
catholico. catholicoque illos atque apostolico more celebrationem, . . . agere perdocuit. 5.22 (347.1)
catholico. simul et epistulam de catholico pascha uel de tonsura miserit. 5.21 (332.14)
catholicorum. quo et Colman episcopus unanima catholicorum intentione superatus ad suos reuersus est, 4.1 (201.6)
catholicos. catholicos per omnem Brittaniam ecclesiis Anglorum ordinare posset antistites. 3.29 (196.14)
ipsos uobis circulos paschae catholicos abundare probastis. 5.21 (341.33)
Susceperunt autem Hiienses monachi docente Ecgbercto ritus uiuendi catholicos sub abbate Duunchado, 5.22 (347.18)
catholicum. Vilfrido, qui . . . catholicum uiuendi morem ecclesiis Anglorum tradere didicit. 4.2 (205.18)
quia catholicum eum esse conperiit, 5.19 (325.11)
catholicum. Obseruabat autem Iacob diaconus . . . uerum et catholicum pascha cum omnibus, 3.25 (181.28)
id est qui pascha catholicum et tonsuram coronae . . . recipere nolebant, 3.26 (189.13)
Vt plurimae Scottorum ecclesiae, instante Adamnano, catholicum pascha susceperint; 5.15 (315.10)
quam pascha catholicum, ceterosque ritus canonicos . . . recipere, 5.19 (325.18)
et se suosque omnes ad catholicum dominicae resurrectionis tempus celebrandum perduxit. 5.21 (332.20)
Ecgberct Hienses monachos ad catholicum pascha et ecclesiasticam correxit tonsuram. 5.24 (356.11)
catholicus. siqui tunc ad eos catholicus calculator adueniret, 3.25 (188.5)
Cumque catholicus fide cum suis esset inuentus, 5.19 (326.30)
CAVCVS. caucos. aereos caucos suspendi iuberet, 2.16 (118.11)
CAVMA. caumate. quasi in mediae aestatis caumate sudauerit. 3.19 (167.23)
CAVSA. causa. quod nulla esset alia causa insolitae illo in loco uiriditatis, 3.10 (147.4)
animas curandi causa fuit; 3.26 (191.19)
et ubi causa eius uentilata est, 5.19 (326.20)
causa. Vt idem causa infirmitatis ibidem detentus, 1.19 (37.5)
quod uidelicet ex sola causa incontinentiae uidetur inuentum; 1.27 (55.11)
quippe quia et sine partus causa, 1.27 (55.15)
ut causa prolis sit, non uoluntatis; 1.27 (58.21)
quod plerumque solent caritatis causa inuitari, 1.28 (62.13)
dicite ei, quid diu mecum de causa Anglorum cogitans tractaui; 1.30 (65.6)
qua uidelicet ex causa admonitus 2.1 (79.27)
Horum ergo plurimi ad memoratam aciem, . . . cum aliis orandi causa conuenerant, 2.2 (84.16)
'Si non uis adsentire nobis in tam facili causa, quam petimus, 2.5 (91.26)
ut audiuit, quia suae causa salutis episcopus ab apostolo . . . esset tormenta . . . perpessus, 2.6 (93.6)
e quibus tria memoriae causa ponere satis sit. 3.15 (157.22)
Illo enim saepius secretae orationis et silentii causa secedere consuerat; 3.16 (159.13)
ut sibi . . . facultatem et licentiam ibidem orationis causa demorandi concederet. 3.23 (175.26)
ne opus religiosum negotiorum regalium causa intermitteretur, 3.23 (176.2)
qui numquam ad ecclesiam nisi orationis tantum et audiendi uerbi Dei causa ueniebant. 3.26 (190.29)
sed oboedientiae causa iussus subire hoc, quamuis indignus, consensi.' 4.2 (205.28)
ceteris eius sociis pro causa oportuna ad ecclesiam reuersis. 4.3 (207.27)
per quod solent hi, qui causa deuotionis illo adueniunt, manum suam inmittere, 4.3 (212.18)
nullus coniugem propriam, nisi, . . . fornicationis causa, relinquat. 4.5 (217.3)
cum esset laetitiae causa decretum, ut omnes per ordinem cantare deberent, 4.24 (259.15)
et ingruente causa subita secessit Hiberniam, 4.25 (263.35)
quod causa diuini timoris semel ob reatum conpunctus coeperat, 4.25 (264.10)
iam causa diuini amoris delectatus praemiis indefessus agebat. 4.25 (264.11)
'Vilfridus . . . apostolicam sedem de sua causa appellans, 5.19 (326.33)
Cum ergo causa exigente synodus eadem . . . diebus aliquot legeretur, 5.19 (327.27)
'Vilfridus . . . apostolicam sedem de sua causa appellans, 5.19 (327.31)
mox audita ac diiudicata causa et controuersia utriusque partis, 5.19 (328.10)
causae. eo quod haberent aliquid legationis et causae utilis, quod deberent ad illum perferre. 5.10 (299.29)
causae. Sed quia diuersae causae inpediunt, 4.5 (216.23)
causam. non aliam ob causam, quam si ipsi inertia soluerentur, 1.12 (27.14)
Quam ob causam collecta magna synodo 1.17 (34.2)
ut causam Dei, quam prius obtinuerat, tutaretur. 1.21 (40.2)
Cui etiam, . . . causam uobis iniunximus subtiliter indicare; 1.24 (44.12)
Atque mox eiusdem causam coinquinationis adnuntians subiungit: 1.27 (57.9)
et causam, quam nesciebam, diligentissime inuestigabam. 2.1 (77.29)
Quorum causam aduentus cum intellexisset rex Ædilfrid, ait: 2.2 (84.18)
'Ne me aestimes tuae mestitiae et insomniorum, et forinsecae et solitariae sessionis causam nescire; 2.12 (108.31)
quia nimirum ob causam pietatis, quia propter obseruantiam mandatorum Christi contigit. 3.22 (174.12)
postquam itineris sui causam praefato papae apostolico patefecit, 4.1 (201.21)
sed uiuentibus, qui haec cognouissent, causam salutis sua perditione relinqueret. 5.14 (315.4)
Romamque iturus, et coram apostolico papa causam dicturus, 5.19 (326.11)
Iuuit autem causam absolutionis eius lectio synodi beatae memoriae papae Agathonis, 5.19 (327.23)
causarum. cum incessabili causarum saecularium inpulsu fluctuaret, 2.1 (75.10)
causis. Cum omne, quod superest, in causis piis ac religiosis erogandum est, 1.27 (49.14)
de necessariis ecclesiae causis utillimum conposuit, 2.1 (77.2)
ingrauescentibus causis dissensionum, miserrima hunc caede peremit. 3.14 (155.6)
eo quod iam bis partes Galliarum diuersis ex causis adisset, 4.1 (202.31)
CAVEO. cauenda. pro Pelagiana heresi, . . . cauenda ac repellenda, in eadem illos epistula admonere curauit; 2.19 (122.27)
cauerat. Cauerat enim, ne in aliquam domum ad se introirent, 1.25 (45.29)
cauit. ac monitis cauit, quae regula patrum Sedulus instituit; 5.19 (330.23)
CAVERNA. cauernis. Quis caput obscuris contectum utcumque cauernis Tollere humo miserum propulit anguiculum? 1.10 (24.12)

CEADDA, Saint (*d.* 672), *St. Chad, Bishop of York and later of Lichfield; one of Aidan's disciples.*
Ceadda. IIII . . . germani fratres, Cedd, et Cynibill, et Caelin, et Ceadda, . . . sacerdotes Domini fuere praeclari, 3.23 (176.22)
Vt . . . Vilfrid in Gallia, Ceadda apud Occidentales Saxones, . . . sint ordinati episcopi. 3.28 (194.16)
Erat autem presbyter uocabulo Ceadda, 3.28 (194.31)
Consecratus ergo in episcopum Ceadda maximam mox coepit . . . curam inpendere; 3.28 (195.17)
Vt Ceadda, de quo supra dictum est, prouinciae Merciorum sit episcopus datus, 4.3 (206.12)
sed postulauit a rege Osuio, ut illis episcopus Ceadda daretur, 4.3 (206.18)
Susceptum itaque episcopatum gentis Merciorum simul et Lindisfarorum Ceadda, . . . administrare curauit; 4.3 (207.2)
Obiit autem Ceadda sexto die Nonarum Martiarum, 4.3 (212.4)
consecratus est in episcopatum Eboraci, iubente rege Osuio, Ceadda uir sanctus, 5.19 (326.3)
et Ceadda ac Vilfrid Nordanhymbrorum ordinantur episcopi. 5.24 (354.16)
Ceadda. per ministerium Ceddi et Ceadda religiosorum Christi sacerdotum, Praef. (7.9)
interuenit mentio reuerentissimi antistitis Ceadda, 4.3 (211.29)
Ceadda. Dedit autem episcopus regendum post se monasterium fratri suo Ceadda, 3.23 (176.19)
Ceadda. In quibus et Ceadda episcopum cum argueret non fuisse rite consecratum, 4.2 (205.23)
Ceadda. Ecgberct, . . . qui dudum cum eodem Ceadda adulescente, . . . uitam sedulus agebat. 4.3 (211.18)
Ceaddan. habuitque primum episcopum Trumheri, . . . secundum Iaruman, tertium Ceaddan, quartum Vynfridum. 3.24 (180.28)
CEADVALLA, *see* **CAEDVALLA.**
CEARL, *King of Mercia; father of Quoenburg, Edwin's first wife.*
Cearli. qui ambo ei exuli nati sunt de Quoenburga filia Cearli regis Merciorum. 2.14 (114.22)
CEAVLIN, *see* **CAELIN.**
CECILIA, *see* **CAECILIA.**
CEDD, Saint (*d.* 664), *Bishop of the East Saxons; brother of Ceadda; disciple of Aidan.*
Cedd. Erant autem presbyteri, Cedd, et Adda, et Betti, et Diuma, 3.21 (170.18)
Vt idem episcopus Cedd locum monasterii construendi ab Oidilualdo rege accipiens 3.23 (174.21)
IIII . . . germani fratres, Cedd, et Cynibill, et Caelin, et Ceadda, . . . sacerdotes Domini fuere praeclari, 3.23 (176.21)
in parte Scottorum, in qua erat etiam uenerabilis episcopus Cedd, 3.25 (183.24)
Cedd, relictis Scottorum uestigiis, ad suam sedem rediit, 3.26 (189.16)
Cedd. clamauit ad se uirum Dei Cedd, 3.22 (172.25)
contigit tempore quodam eundem Cedd redire domum, 3.22 (172.29)
Cedde. qui baptizatus est ab ipso Cedde in prouincia Orientalium Anglorum, 3.22 (174.15)
Ceddi. per ministerium Ceddi et Ceadda religiosorum Christi sacerdotum, Praef. (7.9)
Ceadda, frater reuerentissimi antistitis Ceddi, cuius saepius meminimus, 3.28 (195.1)
eisdemque actibus ac moribus iuxta exemplum eius ac fratris sui Ceddi suos instituere curauit auditores. 3.28 (195.24)
uidit animam Ceddi fratris ipsius cum agmine angelorum descendere de caelo, 4.3 (211.31)
Ceddo. Vt Orientales Saxones fidem, . . . praedicante Ceddo, receperint. 3.22 (171.18)
CEDO. cedebant. cedebant ministeria uicta nautarum; 1.17 (34.16)
cedere. quia illi postmodum data sibi optione magis loco cedere, . . . uolebant, 3.25 (183.5)
Verum quia illi postmodum optione data maluerunt loco cedere, 5.19 (325.18)
cessisse. uidit undam suis cessisse ac uiam dedisse uestigiis. 1.7 (20.16)
cessit. Qui uel minis fractus, uel corruptus muneribus, cessit deprecanti, 2.12 (107.31)
Ignibus usta feris, uirgo non cessit Agathe, 4.20 (247.25)
CELEBERRIMVS, a, um. **celeberrimo.** in loco celeberrimo, qui dicitur Degsastán, 1.34 (71.24)
celeberrimus. Dies primus erit celeberrimus, sanctusque." 5.21 (336.33)
CELEBRATIO. celebratio. Multos autem preces uiuentium, et elimosynae, et ieiunia, et maxime celebratio missarum, . . . adiuuant. 5.12 (308.19)
'quia haec erat uera paschae celebratio, 5.21 (345.30)
celebratione. in ipsa missarum celebratione tria uerba . . . superadiecit: 2.1 (78.31)
cotidiana et exhortatione, et sacramentorum caelestium celebratione confirmaret. 2.9 (98.16)
In quo tamen hoc adprobo, quia in celebratione sui paschae non aliud corde tenebat, 3.17 (162.1)
quod oporteret eos, . . . nec discrepare in celebratione sacramentorum caelestium, 3.25 (183.29)
Item lunam xxi^{am}, . . . a celebratione uestri paschae funditus eliminatis; 3.25 (186.30)
ut dixi, in celebratione summae festiuitatis neque Iohanni, neque Petro, . . . concordatis.' 3.25 (186.32)
coepit annuatim eiusdem regis . . . natalicius dies missarum celebratione uenerari. 4.14 (236.6)
et ea, quae totius anni circulus in celebratione dierum festorum poscebat, 4.18 (241.24)
Quarum celebratione factum est, quod dixi, ut nullus eum posset uincire, 4.22 (250.24)
talis in mysteriorum celebratione maximorum a sanctarum quidem scripturarum doctrina discordat; 5.21 (340.23)
celebrationem. Iohannes . . . xiiii^{a} die mensis primi ad uesperam incipiebat celebrationem festi paschalis, 3.25 (185.21)
multosque . . . ad catholicam dominici paschae celebrationem huius lectione perduxit. 5.18 (321.4)
catholicque illos atque apostolico more celebrationem, ut diximus, . . . agere perdocuit. 5.22 (347.2)
CELEBRIOR, ius. **celebrior.** "Dies autem," inquiens, "septimus erit celebrior et sanctior, 5.21 (337.21)
CELEBRITAS. celebritate. quia in celebratione [celebritate] sui paschae non aliud corde tenebat, uar. 3.17 (162.1)
CELEBRO. celebrabant. alia tamen, quam decebat, ebdomada celebrabant. 3.4 (135.5)
celebrabat. et omnis natio Pictorum illo adhuc tempore pascha dominicum celebrabat, 3.3 (131.23)
Petrus a xv^{a} luna usque ad xxi^{am} diem paschae dominicum celebrabat; 3.25 (186.21)
celebrabatur. quo pascha dominicum octauo Kalendarum Maiarum die celebrabatur, 5.22 (347.26)
celebrabitur. In quacumque enim harum inuenta fuerit, merito in ea pascha celebrabitur; 5.21 (337.13)
celebramus. quia nos quoque ita solum ueraciter eius sollemnia celebramus, 5.21 (340.8)
et sic demum uotiua paschae nostri festa celebramus, 5.21 (340.34)
celebranda. Pro qua etiam re singula uestrae dilectioni pallia pro eadem ordinatione celebranda direximus, 2.18 (121.26)
caelestia usque hodie forent miracula celebranda. 3.2 (129.25)
uel noui testamenti sacramenta in commemorationem suae passionis ecclesiae celebranda tradidit. 3.25 (186.29)
celebrandam. resurrectionem dominicam, quae prima sabbati facta est, prima sabbati semper esse celebrandam; 3.4 (135.8)
lunam xxi^{am}, quam lex maxime celebrandam commendauit, 3.25 (186.30)
celebrandi. uel missarum sollemnia celebrandi; 1.27 (60.12)
ritum celebrandi paschae canonicum, per omnia comitante et cooperante Hadriano disseminabat. 4.2 (204.20)
quibus paschae celebrandi tempus nobis praefinitum, nulla prorsus humana licet auctoritate mutari; 5.21 (334.1)
celebrandis. in sacrosanctis celebrandis mysteriis utendi licentiam imperauimus; 2.8 (96.24)
celebrando. ideoque paschae celebrando habilis non est. 5.21 (339.9)
celebrando. oportet . . . piam regulam sequi . . . in pascha celebrandum [celebrando], uar. 3.29 (197.27)
Et post nonnulla, quibus de celebrando per orbem totum uno uero pascha loquitur: 3.29 (197.31)
celebrandum. Et hoc esse uerum pascha, hoc solum fidelibus celebrandum, 3.25 (186.11)
qui a xiiii^{a} usque ad xx^{am} pascha celebrandum scripsit? 3.25 (187.2)
oportet . . . regulam sequi perenniter principis apostolorum, siue in pascha celebrandum, 3.29 (197.27)
et se suosque omnes ad catholicum dominicae resurrectionis tempus celebrandum perduxit. 5.21 (332.20)
qua tempus paschale primo mense anni et tertia eius ebdomada celebrandum esse diximus. 5.21 (336.2)
qui a xvi^{a} die mensis saepedicti usque ad xxii^{am} pascha celebrandum magis autumant, 5.21 (338.10)
celebrant. dies festos celebrant, 1.8 (22.12)

paschae diem, . . . secus morem canonicum a xiiii^{a} usque ad xx^{am} lunam celebrant. 3.28 (195.14)
quo uel pascha non suo tempore celebrant, 5.18 (321.1)
celebrantur. Certe enim dum coniugia in mundo celebrantur, 1.27 (52.21)
in quo per omne sabbatum a presbytero loci illius agendae eorum sollemniter celebrantur. 2.3 (86.14)
celebrarant. paschae diem, . . . secus morem canonicum a xiiii^{a} usque ad xx^{am} lunam celebrant [celebrarant]. uar. 3.28 (195.14)
celebrare. uel, si sacerdos sit, sacra mysteria celebrare? 1.27 (59.24)
ordinationes episcoporum, exigente oportunitate, Domini praeueniente misericordia, celebrare; 2.8 (96.27)
et xiiii^{a} luna cum Hebreis celebrare nitentes. 2.19 (123.18)
in ipsa uespera pascha dominicum celebrare incipiebat, 3.25 (185.31)
quanquam sacramentorum genere discreto, sicut una eademque fide, pascha celebrare possemus. 5.21 (337.5)
Cum enim a uespera diei xiii^{ae} uigilias sanctae noctis celebrare incipiunt, 5.21 (337.33)
Et cum xxi^{a} die mensis pascha dominicum celebrare refugiunt, 5.21 (338.3)
et antiquos pascha celebrare solitos, . . . noscendum est. 5.21 (339.13)
et nos, ubi dominica dies aduenerit, celebrare debere noscendum est. 5.21 (339.13)
sacramenta dominicae resurrectionis et ereptionis nostrae celebrare debemus, 5.21 (339.35)
et in ea nos annuatim paschalia eiusdem resurrectionis uoluit festa celebrare; 5.21 (340.7)
Vt Hiienses monachi cum subiectis sibi monasteriis canonicum praedicante Ecgbercto celebrare pascha coeperint. 5.22 (346.15)
immo id ipsum celebrare sine fine non desinit. 5.22 (347.32)
quo numquam prius in eis locis celebrari [celebrare] solebat. uar. 5.22 (348.4)
celebrarent. maxime quod paschae sollemnitatem non suo tempore celebrarent, 2.4 (87.17)
neue contra . . . decreta synodalium totius orbis pontificum aliud pascha celebrarent. 2.19 (122.19)
quod Scotti dominicum paschae diem contra uniuersalis ecclesiae morem celebrarent. 3.25 (181.18)
primam paschalis festi diem celebrarent. 5.21 (336.26)
celebrarentur. super corpora eorum missae celebrarentur. 2.1 (78.30)
celebraret. tum regina cum suis persistens adhuc in ieiunio diem palmarum celebraret. 3.25 (182.5)
celebraretur. ut bis in anno uno pascha celebraretur, 3.25 (182.3)
uerum etiam cum eo die pascha celebraretur, quo numquam prius in eis locis celebrari solebat. 5.22 (348.3)
celebrari. et frequentium operatio uirtutum celebrari non desinit. 1.7 (21.31)
Cuius uidelicet natalis ibi solet in magna gloria celebrari die Nonarum Iuliarum. 3.8 (144.25)
usque hodie sanitates infirmorum et hominum et pecorum celebrari non desinunt. 3.9 (145.17)
'Pascha, quod facimus,' inquit, 'uidimus Romae, . . . ab omnibus celebrari; 3.25 (184.22)
vii dierum, quibus azyma celebrari iubetur. 5.21 (337.14)
uerum etiam cum eo die pascha celebraretur, quo numquam prius in eis locis celebrari solebat. 5.22 (348.4)
celebrasse. quod omnes patres nostri, . . . eodem modo celebrasse noscuntur. 3.25 (184.5)
quod beatus euangelista Iohannes, . . . cum omnibus, quibus praeerat, ecclesiis celebrasse legitur.' 3.25 (184.9)
celebrasset. cum missarum sollemnia in memoriam eiusdem dominicae resurrectionis celebrasset, 5.22 (347.28)
celebrata. plurimaque psalmorum laude celebrata, uictimam pro eo mane sacrae oblationis offerre. 3.2 (129.33)
celebrata. illis maxime temporibus . . . quibus pro se missarum fuerant celebrata sollemnia. 4.22 (251.34)
celebratam. synodum . . . centum quinque episcoporum consensu non multo ante Romae celebratam, 4.18 (242.3)
celebratis. quod uos non facitis, qui nonnisi prima sabbati pascha celebratis. 3.25 (186.20)
celebratis. celebratis in ecclesia missarum sollemniis, 2.5 (91.9)
celebrato. Qui cum celebrato in Hibernia canonico pascha, ad suam insulam reuertisset, 5.15 (316.7)
celebratur. quo pascha dominicum octauo Kalendarum Maiarum die celebrabatur [celebratur], uar. 5.22 (347.26)
celebratus et dies passionis uel inuentionis eorum congrua illis in locis ueneratione celebratus. 5.10 (301.11)
celebremus. quod non recte dominicum paschae diem, . . . tertia primi mensis ebdomada celebremus.' 5.21 (337.25)
celebrent. et religiosis conuiuiis sollemnitatem celebrent; 1.30 (65.21)
Celebrent ergo missas per cuncta monasterii oratoria huius, 4.14 (235.2)
celebrentur. Sed primum expectare habes, donec missae celebrentur, 4.14 (234.10)
celebretis. ut pascha suo tempore celebretis; 2.2 (83.17)
CELERIVS. isdem omnipotens Deus hunc pro uobis exorantem celerius exaudit. 1.32 (69.1)
CELESTINVS, *see* **CAELESTINVS.**
CELLA. cella. qui propter infantilem adhuc aetatem in uirginum Deo dedicatarum solebat cella nutriri, 4.8 (220.27)
Qui uidelicet Columba nunc a nonnullis conposito a cella et Columba nomine Columcelli uocatur 5.9 (297.19)
cellae. Denique in uicinia cellae illius habitabat quidam monachus, 5.12 (309.21)
cellas. alii magis circueundo per cellas magistrorum, lectioni operam dare gaudebant; 3.27 (192.14)
CELLACH, *see* **CEOLLACH.**
CELLARIVM. cellaria. ut cunctis, . . . fratribus ac sororibus, quasi opobalsami cellaria esse uiderentur aperta. 3.8 (144.3)
CELO. celandus. celandus in domum comitis Hunualdi, 3.14 (155.17)
celare. sacrilegum celare quam militibus reddere maluisti, 1.7 (19.7)
ut nullus praesentium latebras ei sui cordis celare praesumeret; 4.27 (269.34)
celauit. obitum proxime suum, quem reuelatione didicerat, non celauit esse futurum. 3.8 (143.11)
CELSITVDO. celsitudine. Munuscula a uestra celsitudine beato principi apostolorum directa . . . suscepimus, 3.29 (198.7)
celsitudinem. quamobrem oportet uestram celsitudinem, . . . in omnibus piam regulam sequi 3.29 (197.25)
celsitudo. Festinet igitur, quaesumus, uestra celsitudo, ut optamus, totam suam insulam Deo Christo dicare. 3.29 (198.25)
CELSVS, a, um. **celsis.** Tota sacrata polo celsis ubi floruit actis, 4.20 (248.17)
CENTESIMVS OCTOGESIMVS, a, um. **CLXXX^{mus}.** ab aduentu uero Anglorum in Brittaniam annus circiter clxxx^{mus}. 2.14 (114.1)
CENTESIMVS QVINQVAGESIMVS, a, um. **CL.** qui fuit annus plus minus cl aduentus Anglorum in Brittaniam. 5.24 (353.16)
CENTESIMVS QVINQVAGESIMVS SEXTVS, a, um. **C^{mo}L^{mo}VI^{to}.** Anno ab incarnatione Domini c^{mo}l^{mo}vi^{to} 1.4 (16.3)
CENTESIMVS SEXAGESIMVS SEPTIMVS, a, um. **CLXVII.** Anno incarnationis dominicae clxvii, Eleuther Romae praesul factus 5.24 (352.13)
CENTESIMVS VNDENONAGESIMVS, a, um. **CLXXXVIIII.** Anno ab incarnatione Domini clxxxviiii 1.5 (16.14)
Anno ab incarnatione Domini clxxxviiii, Seuerus imperator factus 5.24 (352.17)
CENTVM. centum. c pauperibus dederunt, centum his, a quibus retia acceperant, 4.13 (231.33)
centum in suos usus habebant. 4.13 (232.1)
Cuius computum paschalis Theophilus . . . in centum annorum tempus Theodosio imperatori conposuit. 5.21 (341.17)
C. Quibus trifariam diuisis, c pauperibus dederunt, 4.13 (231.33)
CENTVM QVINQVAGINTA. CL. aduentus uero Anglorum in Brittaniam anno circiter cl, 1.23 (42.20)
hoc est usque ad annum dominicae incarnationis dccxv per annos cl. 3.4 (134.29)
et in Constantinopoli cl contra uesaniam Macedonii et Eudoxii et eorum dogmata; 4.17 (240.5)
CENTVM QVINQVE. centum quinque. synodum beati papae Martini, centum quinque episcoporum consensu non multo ante Romae celebratam, 4.18 (242.2)
CENTVM VIGINTI. CXX. Singulae uero possessiones x erant familiarum, id est simul omnes cxx. 3.24 (178.32)
CENTVM VIGINTI QVINQVE. CXXV. cum synodum congregaret Romae cxxv episcoporum, aduersus eos, 5.19 (326.25)

et cum aliis cxxv coepiscopis in synodo in iudicii sede constitutus, 5.19 (327.2)
CENTVPLVM. centuplum. ut in hac uita centuplum acciperet, et in saeculo uenturo uitam aeternam. 5.19 (322.12)
CEOLFRID, Saint (642–716), *Abbot of Wearmouth and Jarrow.*
Ceolfrid. Vt Ceolfrid abbas regi Pictorum architectos ecclesiae, . . . miserit. 5.21 (332.13)
Cuius religiosis uotis ac precibus fauens reuerentissimus abba Ceolfrid misit architectos, 5.21 (333.12)
'Domino excellentissimo et gloriosissimo regi Naitano, Ceolfrid abbas in Domino salutem. 5.21 (333.15)
Ceolfridi. Historiam abbatum monasterii huius, . . . Benedicti, Ceolfridi, et Huaetbercti in libellis duobus. 5.24 (359.13)
Ceolfrido. datus sum educandus reuerentissimo abbati Benedicto, ac deinde Ceolfrido; 5.24 (357.9)
Ceolfrido. uenit Roman cum cooperatore ac socio eiusdem operis Ceolfrido, 4.18 (241.8)
utrumque per ministerium reuerentissimi episcopi Iohannis, iubente Ceolfrido abbate, suscepi. 5.24 (357.17)
Ceolfridum. Siquidem misit legatarios ad uirum uenerabilem Ceolfridum, 5.21 (332.26)
CEOLLACH (*fl.* 658), *Bishop of the Middle Angles and Mercians after Diuma.*
Cellach. secundus Cellach, qui relicto episcopatus officio uiuens ad Scottiam rediit, 3.24 (179.24)
Ceollach. Suscepitque pro illo episcopatum Ceollach, 3.21 (171.9)
CEOLRED (*d.* 716), *King of Mercia; oppressor of the Church.*
Ceolred. et rex Merciorum Ceolred defunctus; 5.24 (356.10)
Ceolredo. succedente in regnum Ceolredo filio Aedilredi, 5.19 (322.3)
CEOLVVLF, Saint (*d.* 764), *King of Northumbria; received dedication of Bede's Historia Ecclesiastica; died a monk at Lindisfarne.*
Ceoluulf. prouinciae Nordanhymbrorum, cui rex Ceoluulf praeest, IIII nunc episcopi praesulatum tenent; 5.23 (350.29)
Anno DCCXXXI, Ceoluulf rex captus, Cont. (361.1)
Ceoluulfo. Gloriosissimo Regi Ceoluulfo Praef. (5.1)
Ceoluulfum. cum ipse regni, quod XI annis gubernabat, successorem fore Ceoluulfum decreuisset, 5.23 (349.22)
CERDIC (*d.* 616?), *King of the Britons.*
Cerdice. Quae cum uir eius Hereric exularet sub rege Brettonum Cerdice, ubi et ueneno periit, 4.23 (255.33)
CERNO. cernebat. ille, ubi adpropinquare sibi citharam cernebat, surgebat a media caena, 4.24 (259.17)
cernere. certissima uestigia cernere licet. 1.12 (26.23)
cerneret. et dum uentum oportunum cerneret, 3.16 (159.8)
cumque nos in labore ac desperatione positos cerneret, 5.1 (282.11)
Vt Petrum, sedemque Petri rex cerneret hospes, 5.7 (293.11)
cernis. 'Cuncta,' inquit, 'haec, quae cernis, aedificia puplica uel priuata, in proximo est, 4.25 (264.20)
accipies et ipse post mortem locum mansionis inter haec, quae cernis, agmina laetabunda 5.12 (309.6)
cerno. cerno omnia, quae ascendebant, fastigia flammarum plena esse spiritibus hominum, 5.12 (305.33)
sed inter haec nescio quo ordine repente me inter homines uiuere cerno.' 5.12 (309.15)
cernuntur. Trium quoque feminarum uiliores et minores memoriae cernuntur. 5.17 (319.22)
CEROTAESEI, *Chertsey, in Surrey, near the Thames.*
Cerotaesei. in loco, qui uocatur Cerotaesei, id est Ceroti insula; 4.6 (219.1)
CEROTI INSVLA, *Chertsey; see* **CEROTAESEI.**
Ceroti insula. in loco, qui uocatur Cerotaesei, id est Ceroti insula; 4.6 (219.1)
CERTAMEN. certamen. inuitum monasterio eruentes duxerunt in certamen, 3.18 (163.6)
certamina. uidit . . . et maxima malignorum spirituum certamina, 3.19 (165.2)
certamine. Inito ergo certamine cum hostibus, . . . uictoriam sumsere Saxones. 1.15 (31.3)
in quo certamine et filius Redualdi, uocabulo Rægenheri, occisus est. 2.12 (110.20)
Inito ergo certamine fugati sunt et caesi pagani, 3.24 (178.12)
"Facite," inquit, "si uultis, ita tamen, ut Herebald ab illo se certamine funditus abstineat." 5.6 (289.28)
certamini. et sic cum paucissimo exercitu se certamini dedit. 3.24 (177.31)
certaminis. discrimenque certaminis subire maluerunt, 1.17 (35.17)
sanctus pater Augustinus hunc laboriosi ac longi certaminis finem fecit, 2.2 (81.28)
omnes, quos inuenire potui, . . . quo genere certaminis, . . . uicerint, diligenter adnotare studui. 5.24 (359.19)
CERTATIM. confluentibus certatim in insulam gentium memoratarum cateruis, 1.15 (32.4)
certatim populi ad gratiam baptismatis conuolarent. 1.20 (38.17)
ad ecclesiam siue ad monasteria certatim, non reficiendi corporis, sed audiendi sermonis Dei gratia confluebant; 3.26 (191.13)
quod . . . nobiles, ignobiles, laici, clerici, uiri ac feminae certatim facere consuerunt. 5.7 (294.13)
CERTE. Certe enim dum coniugia in mundo celebrantur, 1.27 (52.21)
certe dispectui habita foras proicerentur, 3.22 (171.30)
sed uel totam eam, id est omnes VII legalium azymorum dies, uel certe aliquos de illis teneat. 5.21 (337.18)
uel certe una diei, altera noctis praecurrebat exortum, 5.23 (349.9)
CERTIOR, ius. **certiori.** sed certiori notitia medicus Cynifrid, 4.19 (245.12)
certius. Vnde si haec noua doctrina certius aliquid attulit, 2.13 (112.20)
CERTISSIME. scio enim certissime qui es, 2.12 (108.31)
'Scio certissime, quia merito in collo pondus langoris porto, 4.19 (246.7)
Scio autem certissime, quia non diu uacuus remanebit locus ille, 4.30 (277.9)
"Quid hic sedetis, scientes certissime, quia noster est iste?" 5.13 (312.21)
CERTISSIMVS, a, um. **certissima.** certissima fidelium uirorum adtestatione Praef. (8.1)
utque resurrectionis etiam nostrae, . . . spe nos certissima gaudere signemus. 5.21 (341.6)
certissima. certissima uestigia cernere licet. 1.12 (26.23)
certissimum. Vilfrid episcopus referebat, dicens se testem integritatis eius esse certissimum; 4.19 (243.15)
certissimum. accepit ipsa cum omnibus certissimum supernae prouisionis responsum. 4.7 (219.27)
CERTIVS. eo de aeterna certius praesumtione respirabat. 2.1 (77.12)
Cuius ut meritum, uel uita qualis fuerit, certius clarescat, 5.1 (281.9)
CERTO. certandi. et certandi cum hostibus studium subire, 1.12 (27.13)
Porro ipse diligentius obsecrans, ut et mihi certandi cum illis copia daretur, 5.6 (289.29)
certando. neque . . . refutare uerbis certando sufficerent, 1.17 (33.30)
certantes. Cumque diu multum cum uento pelagoque frustra certantes, tandem post terga respiceremus, 5.1 (282.1)
CERTVS, a, um. **certa.** Eius ergo mirabile donum et in uobis certa spe, caelesti longanimitate conferri confidimus; 2.10 (101.31)
Gaudebant ergo fratres de agnitione certa et catholica temporis paschalis; 5.22 (348.5)
certa. cum per certa quaedam metalla transcurrit, 1.1 (10.20)
Quem statuere patres, dubioque errore remoto, Certa suae genti ostendit moderamina ritus; 5.19 (330.21)
certam. Qua ex re de longanimitate clementiae caelestis certam adsumentes fiduciam, 2.8 (96.13)
certi. de cuius certi sumus studio, 1.24 (44.7)
Quod cum nuntii certi narrassent regi Ecgbercto, esse scilicet episcopum, 4.1 (203.23)
certi. et nil certi firmiter obtinenti 1.8 (22.20)
Cumque nihil certi responsi, tametsi saepius inquirens, a sororibus accepisset, 4.7 (219.25)
certis. et ab hac potestate de certis incertisque rebus absolutus, 5.19 (327.1)
et ab hac potestate de certis incertisque rebus absolutus,' 5.19 (327.32)
certo. Respondit ille: "Scias pro certo, 5.21 (344.19)
certo. quod certo utique praesagio futurorum antiquitus nomen accepit; 3.2 (129.21)
certos. et ipse instructos eos uerbo ueritatis, . . . de ingressu regni aeterni certos reddidit. 4.16 (238.5)
certum. Cum certum sit pro omnipotente Deo laborantibus . . . reseruari; 1.29 (63.18)

ego autem tibi uerissime, quod certum didici, profiteor, 2.13 (111.22)
Verum qualiscumque fuerit ipse, nos hoc de illo certum tenemus, 3.4 (134.18)
certus. eo quod certus sibi exitus, sed incerta eiusdem exitus esset hora futura, 3.19 (164.6)
Certus sum namque, quia tempus meae resolutionis instat, 4.29 (274.24)
tametsi certus est factus de uisione, 5.9 (298.3)
sed pessimam mihi scientiam certus prae oculis habeo.' 5.13 (311.32)
Sicque certus de illorum correctione reuerentissimus pater exsultauit, 5.22 (348.10)
CERVICAL. **ceruical.** adeo ut a parte capitis etiam ceruical posset interponi; 4.11 (227.14)
ceruical. Et signans se signo sanctae crucis reclinauit caput ad ceruical, 4.24 (262.11)
CERVI INSVLA, *Hartlepool; see* **HERVTEV.**
cerui insula. monasterium, quod nuncupatur Heruteu, id est insula cerui, 3.24 (179.2)
CERVIX. **ceruice.** adcurrebant, et flexa ceruice uel manu signari, uel ore illius se benedici gaudebant; 3.26 (191.9)
ceruicem. Haec circa aerea rota iacet, usque ad ceruicem alta, 5.17 (319.4)
sed ubi ad ceruicem considerando perueneris, 5.21 (343.28)
ceruicibus. qui piis ceruicibus impias intulit manus, 1.7 (21.12)
CERVVS. **ceruorum.** sed et ceruorum caprearumque uenatu insignis. 1.1 (13.7)
CESARI, *see* **CESSO.**
CESPES. **cespite.** Erat namque illo in loco lapis terrae aequalis obtectus cespite tenui, 5.6 (290.15)
cespites. ita ut in ante sit fossa, de qua leuati sunt cespites, 1.5 (16.28)
cespitibus. Murus etenim de lapidibus, uallum uero, . . . fit de cespitibus, 1.5 (16.26)
murum, . . . non tam lapidibus quam cespitibus construentes, 1.12 (26.16)
CESSO. **cesari.** cessari [cesari] mox a persecutione praecepit, uar. 1.7 (21.21)
cessabat. ubi humanum cessabat auxilium, 1.14 (29.19)
infirmis et pauperibus consulere, elimosynas dare, opem ferre non cessabat. 3.9 (145.25)
quiescente dolore cessabat ab insanis membrorum motibus, 3.9 (146.5)
et per sex continuos annos eadem molestia laborare non cessabat; 4.23 (256.18)
cessant. At contra non cessant uncinata hostium tela; 1.12 (28.3)
cum cessant a laboribus rerum temporalium, 4.25 (265.5)
cessante. quasi repugnatore cessante, 1.17 (34.19)
et cessante episcopatu per annum et sex menses, 3.20 (169.12)
Tunc cessante non pauco tempore episcopatu, 4.1 (201.12)
cessante. hac cessante persecutione, 1.8 (22.5)
Cessante autem uastatione hostili, 1.14 (29.28)
ut, cessante per omnia saeuitia tempestatis, secundi nos uenti ad terram . . . comitarentur. 5.1 (282.14)
cessare. a Christianae fidei posse deuotione cessare. 1.7 (21.24)
sed et Heraclio felicissimo Caesare [cessare] id est filio eius anno III, uar. 2.18 (122.7)
illum ab huius praesumtione ministerii, . . . omnimodis cessare praecepi." 5.6 (291.20)
nec tamen a praeparando itinere, quo ad gentes docendas iret, cessare uolebat. 5.9 (297.25)
cessarent. epistula quoque illos exhortatoria, ne a laborando cessarent, confortauerit. 1.23 (42.12)
ita ut aliquot laesi, omnes territi, inpugnare ultra urbem cessarent, 3.16 (159.21)
cessari. cessari mox a persecutione praecepit, 1.7 (21.21)
cessarunt. ex quo tempore Romani in Brittania regnare cessarunt, 1.11 (25.7)
et contritiones de Brettonum gente agere non cessarunt. 1.14 (29.27)
ex quo tempore Romani in Brittania regnare cessarunt. 5.24 (352.23)
cessatum. Brittaniae cessatum quidem est parumper ab externis, 1.22 (41.21)
cessauerat. in ciuitate Hrofi, ubi defuncto Damiano episcopatus iam diu cessauerat, 4.2 (206.5)
cessauit. cessauitque ignis. 3.19 (166.33)
tempestas rediit, et toto illo die multum furere non cessauit; 5.1 (282.20)
neque ultra cessauit tota die illa et nocte sequente, . . . loqui aliquid, 5.2 (284.13)
episcopatus usque hodie cessauit. 5.18 (321.24)
CESVS, *see* **CAEDO.**
CETERIBVS, *see* **CETERVS,** a, um.
CETERVM. ceterum ulteriores Brittaniae partes, . . . iure dominandi possidebant. 1.11 (25.12)
Ceterum tota prouincia Australium Saxonum diuini nominis et fidei erat ignara. 4.13 (230.27)
Ceterum tonsuram eam, . . . quis, rogo, fidelium non . . . detestetur 5.21 (343.24)
CETERVS, a, um. **cetera.** 4.23 (258.17).
cetera. 1.5 (16.13); 3.17 (159.23).
cetera. 2.7 (94.13).
cetera. 2.2 (83.21); 2.5 (90.9); 5.19 (326.31); 5.19 (327.32); 5.21 (335.2); 5.24 (358.2).
cetera. uar. 5.23 (350.24).
ceterae. 1.2 (14.8); 5.23 (350.24).
ceteram. 3.14 (155.3); 4.13 (230.23).
ceterarum. 4.3 (210.12); 4.23 (254.8); 4.25 (265.15); 5.21 (342.12).
ceteras. 2.2 (84.23); 3.14 (156.4); 4.23 (257.17).
ceteri. 1.10 (24.3); 1.15 (31.28); 2.13 (112.21); 2.19 (124.7); 3.21 (170.19).
ceteribus. Aegyptiorum, qui prae ceteris [ceteribus] doctoribus calculandi palmam tenent, uar. 5.21 (339.4)
ceteris. Praef. (6.1); 1.1 (11.16); 2.19 (123.4); 3.24 (180.7).
ceteris. 2.1 (79.6); 2.12 (108.25); 3.25 (184.15); 4.3 (207.27); 4.17 (239.13); 4.25 (264.6); 5.14 (314.16); 5.21 (339.4); 5.21 (345.18); 5.22 (347.31).
ceteris. 5.14 (314.5).
ceteris. 1.1 (11.8); 1.5 (16.22); 3.5 (137.27); 4.19 (244.11); 5.3 (286.25); 5.21 (338.5).
ceteris. 1.14 (30.7).
ceteris. 5.20 (331.23).
cetero. 3.10 (147.2); 3.10 (147.5).
cetero. 3.6 (138.26).
ceterorum. 4.9 (223.15).
ceteros. 1.12 (26.10); 4.7 (219.24); 5.19 (325.19); 5.19 (329.5).
CHALDAEI, *the Chaldeans.*
Chaldaeis. non illius inpar, qui quondam a Chaldaeis succensus, 1.15 (32.17)
CHARYBDIS, *Charybdis.*
Charybdi. in Charybdi uoraginem submergendi decidunt. 5.21 (338.12)
CHEBRON, *Hebron, the city of David.*
Chebron. Chebron quondam ciuitas et metropolis regni Dauid, nunc ruinis tantum, quid tunc feruit, ostendens. 5.17 (319.15)
Chebron. De situ etiam Chebron et monumentis patrum ita scribit:— 5.17 (319.13)
CHERRONESOS. **cherronesos.** qualis locus a Latinis paeninsula, a Grecis solet cherronesos uocari. 4.13 (232.13)
CHORINTVS, *Corinth.*
Chorinti. Hinc est enim, . . . quod cum Aquila et Priscilla caput Chorinti totondit; 3.25 (185.12)
CHORVS. **choros.** Cumque inter choros felicium incolarum medios me duceret, 5.12 (307.24)
uidit circa se choros psallentium simul et flentium fratrum; 5.19 (328.30)
chorus. et omnis probabilium catholicae ecclesiae doctorum chorus. 4.17 (239.22)
CHRISTIANISMVS. **Christianismum.** ut nullum tamen cogeret ad Christianismum; 1.26 (47.26)

CHRISTIANISSIMVS, a, um. **christianissimus.** sextus Osuald et ipse Nordanhymbrorum rex Christianissimus, hisdem finibus regnum tenuit; . . . 2.5 (89.27)
Sigberct, uir per omnia Christianissimus ac doctissimus, . . . 2.15 (116.21)
et regnum porro Osuald christianissimus rex utrumque restaurauerit. . . . 3.1 (127.2)
Regnauit autem Osuald christianissimus rex Nordanhymbrorum VIIII annos, . . . 3.9 (144.29)
CHRISTIANITAS. Christianitati. Vnde paternis officiis uestrae gloriosae Christianitati nostram commonitionem non distulimus conferendam; . . . 2.11 (105.13)
Christianitatis. Ita Christianitatis uestrae integritas circa sui conditoris cultum fidei est ardore succensa, 2.17 (119.3)
timentium, ne forte accepto Christianitatis uocabulo, in uacuum currerent . . . 3.25 (182.22)
CHRISTIANVS. Christiani. et Christiani erat nominis ignarus; . . . 2.20 (125.7)
at uero Caedualla, quamuis nomen et professionem haberet Christiani, . . . 2.20 (125.9)
Christiani. Sciebant enim, ut Christiani, resurrectionem dominicam, . . . prima sabbati semper esse celebrandam; . . . 3.4 (135.6)
qui ambo cum suo populo Christiani fuere. . . . 4.13 (230.27)
et Mercii sunt facti Christiani. . . . 5.24 (354.13)
Christianis. ut merito talem simoniacis et non Christianis habitum conuenire cognoscas; . . . 5.21 (343.31)
Christianorum. ut et ipse, . . . Christianorum numero copuletur; . . . 2.11 (105.17)
Christianos. et ut Christianos persecutus sit. . . . 1.6 (17.7)
interficique Christianos, . . . 1.6 (17.28)
cum perfidorum principum mandata aduersum Christianos saeuirent, . . . 1.7 (18.13)
Christianum. Vt Lucius Brittanorum rex, . . . Christianum se fieri petierit. . . . 1.4 (16.2)
Christianum iam me esse, . . . 1.7 (19.18)
ille audita . . . speque . . . futurae inmortalitatis, libenter se Christianum fieri uelle confessus est, 3.21 (170.6)
qui se ultro persecutoribus fidei Christianum esse prodiderat, . . . 1.7 (19.12)
Christianus. obsecrans, ut per eius mandatum Christianus efficeretur; . . . 1.4 (16.8)
Christianus integro ex corde factus est. . . . 1.7 (18.19)
si Christianus esse recte uoluerit, nulli alteri copuletur; . . . 4.5 (217.5)
cui litteras rex Brittaniae Lucius mittens, ut Christianus efficeretur, petiit et inpetrauit. . . . 5.24 (352.16)
CHRISTIANVS a, um. **Christiana.** ut cum Christiana fides in regno uestro excreuerit, . . . 1.32 (69.25)
Vt prouincia Mediterraneorum Anglorum sub rege Peada christiana sit facta. . . . 3.21 (169.21)
Christianae. uel a cultu Christianae religionis reuocari non posse persensit, . . . 1.7 (20.2)
a Christianae fidei posse deuotione cessare. . . . 1.7 (21.23)
fama ad eum Christianae religionis peruenerat, . . . 1.25 (45.20)
uniuersalis gentium confessio, suscepto Christianae sacramento fidei, protestetur. . . . 2.8 (96.20)
Paulinus primo filiam eius cum aliis fidei Christianae sacramentis inbuerit. . . . 2.9 (97.5)
non statim et inconsulte sacramenta fidei Christianae percipere uoluit; . . . 2.9 (100.6)
ad adnuntiandam uobis plenitudinem fidei Christianae sacerdotalem curauimus sollicitudinem prorogare, . . . 2.10 (101.4)
Creatorem suum suscepto Christianae fidei agnoscerent sacramento. . . . 2.11 (104.20)
quod etiam uestra gloria, Christianae fidei suscepto mirabili sacramento, . . . 2.11 (104.31)
Et quidem pater eius Reduald iamdudum in Cantia sacramentis Christianae fidei inbutus est, . . . 2.15 (116.2)
Nec inmerito, quia nullum, ut conperimus, fidei Christianae signum, . . . erectum est, . . . 3.2 (130.4)
desiderans totam, . . . gentem fidei Christianae gratia inbui, . . . 3.3 (131.6)
et ipsam gentem Merciorum . . . ad fidei Christianae gratiam conuertit. . . . 3.24 (179.18)
porro Alchfrid magistrum habens eruditionis Christianae Vilfridum . . . 3.25 (182.29)
Sigheri . . . relictis Christianae fidei sacramentis, ad apostasiam conuersus est. . . . 3.30 (199.14)
qui quondam genti Nordanhymbrorum et regni temporalis auctoritate et Christianae pietatis, . . . praefuit, . . . 4.14 (234.26)
postulauitque ab eo, ut, . . . prius eos liceret fidei Christianae sacramentis inbui. . . . 4.16 (238.2)
Erat autem Columba primus doctor fidei Christianae transmontanis Pictis ad aquilonem, . . . 5.9 (297.15)
quia, . . . auerterent illum a diis suis, et ad nouam Christianae fidei religionem transferrent, . . . 5.10 (300.14)
Brettones, qui nolebant Anglis eam, quam habebant, fidei Christianae notitiam pandere, . . . 5.22 (347.11)
Christianae. promisit se nil omnimodis contrarium Christianae fidei, quam uirgo colebat, esse facturum; 2.9 (98.3)
Sed nec religioni Christianae, quae apud eos exorta erat, aliquid inpendebat honoris. . . . 2.20 (125.16)
tonsuram . . . hortor, ut ecclesiasticam et Christianae fidei congruam habere curetis. . . . 5.21 (342.2)
Christianam. uxorem habebat Christianam de gente Francorum regia, . . . 1.25 (45.21)
regina, quam Christianam fuisse praediximus, . . . 1.26 (47.13)
Christianam fidem in populis tibi subditis extendere festina, . . . 1.32 (68.5)
responsum est non esse licitum Christianam uirginem pagano in coniugem dari, . . . 2.9 (97.27)
et ad dilatandam Christianam fidem incessabiliter non desistat operam commodare; . . . 2.11 (105.5)
Christiani. Rursus interrogauit, utrum idem insulani Christiani, an paganis adhuc erroribus essent inplicati. . . . 2.1 (80.6)
Christianis. Christianisque officiis uacare cognosce.' . . . 1.7 (19.19)
Christiano. ut fidem cultumque suae religionis . . . more Christiano seruaret. . . . 2.9 (98.7)
Christianorum. ut nomen et memoria apostatarum de catalogo regum Christianorum prorsus aboleri deberet, . . . 3.9 (145.5)
Christianorum. redeunte temporum Christianorum serenitate, . . . 1.7 (21.28)
Christianos. dum et fortissimos Christianosque habentes reges cunctis barbaris nationibus essent terrori, 4.2 (205.6)
Vt Vecta insula christianos incolas susceperit, . . . 4.16 (236.25)
Christianus. cum Osuiu rex Christianus regnum eius acciperet, . . . 3.21 (170.34)
CHRISTVS. Christi. Baeda Famulus Christi et Presbyter . . . Praef. (5.2)
gens Anglorum fidem Christi percepit, . . . Praef. (6.25)
Ceddi et Ceadda religiosorum Christi sacerdotum, . . . Praef. (7.9)
uel prouincia Merciorum ad fidem Christi, . . . peruenerit, . . . Praef. (7.10)
quae sint gesta erga fidem Christi, . . . Praef. (7.20)
ex quo tempore fidem Christi perceperunt, . . . Praef. (7.24)
confessorem Christi, . . . penes Albanum latere. . . . 1.7 (18.22)
progressi in puplicum fideles Christi, . . . 1.8 (22.8)
Mansitque haec in ecclesiis Christi, . . . pax . . . 1.8 (22.14)
abiecto leui iugo Christi, . . . 1.14 (30.8)
dogma peruersum gratiam Christi blasphemando . . . 1.17 (33.28)
Augustinus cum famulis Christi, . . . rediit in opus uerbi, . . . 1.25 (44.28)
unitati se sanctae Christi ecclesiae credendo sociare. . . . 1.26 (47.23)
seruitium Christi uoluntarium, non coacticium esse debere. . . . 1.26 (47.29)
gentem Anglorum fidem Christi suscepisse, . . . 1.27 (48.9)
et pro Christi confessione occisus est; . . . 1.27 (51.13)
pro Christi zelo agenda disponant unanimiter; . . . 1.29 (64.10)
gentem de potestate Satanae ad fidem Christi . . . conuertit, . . . 2.1 (73.8)
nostram gentem eatenus idolis mancipatam Christi fecit ecclesiam, . . . 2.1 (73.14)
qualiter ad Christi et ecclesiae sacramenta referendus, . . . 2.1 (75.21)
'Deiri; de ira eruti, et ad misericordiam Christi uocati. . . . 2.1 (80.19)
credibile est, quia iugum Christi et ipse portet, . . . 2.2 (82.33)

sclentes, quia famulus Christi est, 2.2 (83.7)
Aedilberctum regem ac gentem illius ab idolorum cultu ad Christi fidem perduxit, 2.3 (86.20)
fundata Romae ecclesia Christi, 2.4 (87.2)
et catholicae obseruationis cum ea, . . . ecclesia Christi tenere; 2.4 (87.23)
qui inpetrauit a Focate principe donari ecclesiae Christi templum Romae, 2.4 (88.28)
fecit ecclesiam sanctae Dei genetricis atque omnium martyrum Christi; 2.4 (88.32)
Siquidem non solum fidem Christi recipere noluerat, 2.5 (90.27)
uel cui pastorum oues Christi in medio luporum positas fugiens ipse dimitteret.' 2.6 (92.23)
qui pro paruulis Christi, . . . uincula, . . . pertuli?' 2.6 (92.26)
ab infidelibus et inimicis Christi ipse cum Christo coronandus pertuli?' 2.6 (92.29)
famulus Christi Laurentius mox mane facto uenit ad regem, 2.6 (93.1)
ut audiuit, quia suae causa salutis episcopus ab apostolo Christi tanta esset tormenta . . . perpessus, 2.6 (93.6)
abdicato conubio non legitimo, suscepit fidem Christi, 2.6 (93.9)
Quam deuote quamque etiam uigilanter pro Christi euangelio elaborauerit uestra fraternitas, 2.8 (95.17)
ita ut Christi euangelium plurimorum adnuntiatione in omnibus gentibus, . . . dilatetur. 2.8 (96.27)
ne eis fulgeret inluminatio euangelii gloriae Christi.' 2.9 (98.32)
ut perinde Christi euangelium, . . . uestris quoque sensibus inserentes, 2.10 (101.5)
Quale consilium idem cum primatibus suis de percipienda fide Christi habuerit; 2.13 (111.8)
et, abrenuntiata idolatria, fidem se Christi suscipere confessus est. 2.13 (113.2)
nil aliud ageret, quam . . . plebem Christi uerbo salutis instruere, 2.14 (115.5)
Vt prouincia Orientalium Anglorum fidem Christi susceperit. 2.15 (115.23)
fidem et sacramenta Christi cum sua prouincia suscipere. 2.15 (115.27)
et altare haberet ad sacrificium Christi, et arulam ad uictimas daemoniorum. 2.15 (116.9)
ubi gentem Nordanhymbrorum cum suo rege ad fidem confessionemque Christi, . . . conuersam esse didicit, 2.17 (118.27)
ne paucitatem suam . . . sapientiorem antiquis siue modernis, . . . Christi ecclesiis aestimarent; 2.19 (122.17)
e quibus sex etiam ipse, . . . Christi regno militauit, 2.20 (124.16)
et iuxta honorem uel regiis pueris uel innocentibus Christi congruum in ecclesia sepulti sunt. 2.20 (126.6)
superueniente cum paruo exercitu, sed fide Christi munito, 3.1 (128.19)
ecclesiam Christi in regno suo multum diligenter aedificare ac dilatare curauit. 3.3 (132.7)
eo quod illis praedicantibus fidem Christi perceperint. 3.3 (133.2)
Quando gens Pictorum fidem Christi perceperit. 3.4 (133.3)
gentemque illam uerbo et exemplo ad fidem Christi conuertit; 3.4 (133.27)
gens Occidentalium Saxonum, . . . regnante Cynigilso fidem Christi suscepit, 3.7 (139.10)
fides agnita Christi in regnum reuocauerit; 3.7 (141.15)
coepit circuire in monasterio casulas infirmarum Christi famularum, 3.8 (143.7)
Sepultum est autem corpus uenerabile uirginis et sponsae Christi in ecclesia beati . . . Stephani; 3.8 (143.32)
uel iam credentes amplius in fide atque amore Christi confirmauit. 3.19 (164.2)
nisi fidem Christi ac baptisma cum gente, cui praeerat, acciperet. 3.21 (170.2)
dispiciebat eos, quos fide Christi inbutos opera fidei non habere deprehendit, 3.21 (170.30)
doctores daret, qui gentem suam ad fidem Christi conuerterent, 3.22 (172.23)
collecto examine famulorum Christi, 3.22 (173.10)
quia propter obseruantiam mandatorum Christi contigit. 3.22 (174.13)
Vt prouincia Merciorum, occiso rege Penda, fidem Christi susceperit; 3.24 (177.10)
quacumque Christi ecclesia diffusa est, 3.25 (184.26)
quem uos aut ignoratis, aut agnitum et a tota Christi ecclesia custoditum pro nihilo contemnitis. 3.25 (187.16)
numquid uniuersali, . . . ecclesiae Christi eorum est paucitas uno de angulo extremae insulae praeferenda? 3.25 (188.13)
Et si sanctus erat, ac potens uirtutibus ille Columba uester, immo et noster, si Christi erat, 3.25 (188.16)
suscepit pro illo pontificatum Nordanhymbrorum famulus Christi Tuda, 3.26 (189.25)
oportet uestram celsitudinem, utpote membrum existens Christi, in omnibus piam regulam sequi 3.29 (197.25)
ac pro eius incolumitate iugiter Deum deprecamur cum Christi clero. 3.29 (198.10)
uti nouum Christi populum coaceruet, 3.29 (198.28)
ac nomen Christi, cui contradixerant, confiteri gauderent, 3.30 (200.4)
egressae de oratorio famulae Christi, ad sepulchra fratrum, qui eas ex hac luce praecesserant, 4.7 (220.1)
quin ipsa lux, quae animas famularum Christi esset ductura uel susceptura in caelis, . . . monstraret. 4.7 (220.13)
Cum uero praefata Christi famula Torctgyd tres adhuc annos . . . in hac uita teneretur, 4.9 (223.10)
ut ossa famulorum famularumque Christi, quae ibidem fuerant tumulata, tollerentur, 4.10 (224.13)
ut, quanta sanctos Christi lux in caelis, quae gratia uirtutis possideret, sua sanatione demonstraret. 4.10 (225.11)
omnes fide Christi institutos, unda baptismatis abluit; 4.13 (232.23)
Eodem ferme tempore, quo ipsa prouincia nomen Christi susceperat, 4.14 (233.7)
monasterium, cui tunc regendo religiosissimus Christi sacerdos, uocabulo Eappa, praefuit, 4.14 (233.10)
es . . . liberandus a morte, et ad uisionem Domini Christi, cui fideliter seruisti, perducendus 4.14 (234.22)
probauit uera fuisse uerba, quae ab apostolis Christi audierat. 4.14 (235.32)
coepit annuatim eiusdem regis ac militis Christi natalicius dies missarum celebratione uenerari. 4.14 (236.6)
postquam omnes Brittaniarum prouinciae fidem Christi susceperant, 4.16 (238.9)
tunc nouissima omnium, lotis prius suo suarumque ministrarum obsequio ceteris, . . . famulis Christi; 4.19 (244.12)
Cumque corpus sacrae uirginis ac sponsae Christi aperto sepulchro esset prolatum in lucem, 4.19 (245.8)
ubi monasterium habere desiderauit memorata Christi famula, 4.19 (246.33)
quem ante annos plurimos in laudem ac praeconium eiusdem reginae ac sponsae Christi, . . . composuimus; 4.20 (247.5)
eiusdem reginae ac sponsae Christi, et ideo ueraciter reginae, quia sponsae Christi, 4.20 (247.5)
Munera nos Christi, bella Maro resonet. 4.20 (247.12)
religiosissima Christi famula Hild, . . . transiuit 4.23 (252.16)
ad praedicationem . . . Paulini . . . fidem et sacramenta Christi suscepit, 4.23 (252.28)
monasterium factum erat non multo ante a religiosa Christi famula Heiu, 4.23 (253.20)
Praelata autem regimini monasterii illius famula Christi Hild, 4.23 (253.28)
Non solum ergo praefata Christi ancella et abbatissa Hild, . . . uitae exemplo praesentibus extitit; 4.23 (255.24)
cum arcessitis ancellis Christi, quae erant in eodem monasterio, 4.23 (256.28)
hoc ipsa, qua factum est, hora his, . . . famulis Christi manifeste narrauerit, 4.23 (258.16)
Erat enim haec ipsa hora cum aliis nonnullis Christi ancellis in extremis monasterii locis seorsum posita, 4.23 (258.21)
ipse narrauit, uidelicet Gudfrid, uenerabilis Christi famulus et presbyter, 5.1 (281.12)
quod famulus Christi Heribald in se ipso ab eo factum solet narrare miraculum, 5.6 (289.7)
ut ipse pater Fonte renascentis, quem Christi gratia purgans Protinus albatum uexit in arce poli. 5.7 (293.19)
Mira fides regis, clementia maxima Christi, 5.7 (293.21)
Candidus inter oues Christi sociabilis ibit; 5.7 (293.27)
Quem regnum Christi promeruisse uides. 5.7 (293.30)
cum omni honorificentia nominandus famulus Christi et sacerdos Ecgberct, . . . proposuit animo pluribus prodesse; 5.9 (296.7)
ad quos uenire praefatus Christi miles circumnauigata Brittania disposuit, 5.9 (296.20)
Romam uenire ad uidenda atque adoranda beatorum apostolorum ac martyrum Christi limina cogitauit. 5.9 (296.24)

ut multos in breui ab idolatria ad fidem conuerterent Christi. 5.10 (299.14)
Passi sunt autem praefati sacerdotes et famuli Christi v°. Nonarum Octobrium die. 5.10 (300.25)
simul et reliquias beatorum apostolorum ac martyrum Christi ab eo se sperans accipere, 5.11 (301.25)
qui tamen omnes in die iudicii ad uisionem Christi, et gaudia regni caelestis intrabunt. 5.12 (308.30)
ac post multa ad memoratum Christi famulum Adamnanum perueniens, 5.15 (316.25)
quod postmodum Vilbrord, reuerentissimus Christi pontifex, in magna deuotione conpleuit, 5.19 (326.16)
prouinciam Australium Saxonum ab idolatriae ritibus ad Christi fidem conuertit. 5.19 (327.9)
adquisitis undecumque reliquiis beatorum apostolorum et martyrum Christi, 5.20 (331.20)
ipsa, in qua per resurrectionem Christi liberatus est a morte aeterna populus omnis Dei. 5.21 (336.24)
qui sine praeueniente gratia Christi se saluari posse confidunt; 5.21 (340.25)
quae in antiqui Dei populi liberatione praefigurata, in Christi autem resurrectione conpleta est, 5.21 (341.3)
et sollemnia Christi sine ecclesiae Christi societate uenerantur. 5.22 (347.15)
Orientales Saxones fidem Christi percipiunt sub rege Sabercto antistite Mellito. 5.24 (353.22)
Haec . . . Domino adiuuante digessi Baeda famulus Christi, 5.24 (357.4)
Christo. uni uero sponso uirginem castam exhiberet Christo. 2.9 (98.24)
e contra episcopus gratias coepit agere Domino Christo, 2.9 (99.22)
promisit se, abrenuntiatis idolis, Christo seruiturum, 2.9 (99.26)
eandem filiam suam Christo consecrandam Paulino episcopo adsignauit; 2.9 (99.29)
ex quo se Christo seruiturum esse promiserat. 2.9 (100.8)
ut, . . . omnes pariter in fonte uitae Christo consecrarentur. 2.13 (111.15)
ita ut in morem antiquorum Samaritanorum et Christo seruire uideretur et diis, 2.15 (116.7)
sicque cum suo rege liberi, Christo uero regi pro sempiterno in caelis regno seruire gaudebant. 3.24 (180.24)
Quia et gens uestra Christo omnipotenti Deo credidit secundum diuinorum prophetarum uoces, 3.29 (197.4)
Festinet igitur, quaesumus, uestra celsitudo, ut optamus, totam suam insulam Deo Christo dicare. 3.29 (198.25)
clamauit tertio unam de consecratis Christo uirginibus, proprio eam nomine . . . alloquens, 4.8 (220.29)
regem postulans, ut . . . in monasterio, tantum uero regi Christo seruire permitteretur; 4.19 (243.28)
si forte aliquos ibidem praedicando Christo adquirere possent. 5.10 (299.19)
quam ipse uelut noua quadam relucente gratia ecclesiasticae societatis et pacis Christo consecrauerat; 5.22 (347.24)
Christo. uidelicet et pro Christo sanguinem fudit. 1.27 (51.16)
Felix . . . uir magnae gloriae in Christo et ecclesia, 2.1 (73.22)
quae per orbem sibi in Christo concordant, 2.2 (81.26)
atque ad simplicitatem fidei et caritatis, quae est in Christo, reuocari. 2.5 (92.10)
qui . . . adflictiones, . . . ab infidelibus et inimicis Christi ipse cum Christo coronandus pertuli?' 2.6 (92.29)
uirum utique industrium ac nobilem in Christo et in ecclesia, 2.16 (118.1)
Ecgbercto, . . . qui in Hibernia diutius exulauerat pro Christo, eratque et doctissimus in scripturis, 3.4 (134.32)
ad prouinciam Anglorum instituendam in Christo, missus est Aedan, 3.5 (135.18)
quibus Osuiu rex cum Alchfrido filio, . . . Christo duce confisus, occurrit. 3.24 (178.4)
quos primo episcopatus sui tempore de natione Anglorum erudiendos in Christo accepit. 3.26 (190.11)
sperans, sicut in sua gente regnat, ita et cum Christo de futuro conregnare. 3.29 (196.27)
de omnibus prophetatum gentibus, quod sint crediturae in Christo omnium conditore. 3.29 (197.24)
ut cum Christo in futuro regnetis saeculo. 3.29 (199.2)
uoto se obligans, quamuis necdum regeneratus, ut ferunt, in Christo, 4.16 (237.5)
contra eos maxime, qui unam in Christo operationem et uoluntatem praedicabant, 4.18 (242.4)
Gratia te Regis aeterni . . . ad nostram omnium pacem custodiat incolumem, dilectissime in Christo fili.' 5.21 (345.20)
In librum beati patris Tobiae explanationis allegoricae de Christo et ecclesia librum I. 5.24 (358.12)
Christum. cuius tempore Palladius ad Scottos in Christum credentes missus est, 1.13 (28.15)
Palladius ad Scottos in Christum credentes . . . primus mittitur episcopus. 1.13 (28.20)
qui periculi inmanitate constantior, Christum inuocat, 1.17 (34.23)
migrauit ad Christum. 1.21 (41.14)
cui non est dictum, ut Christum negaret, 1.27 (51.13)
Ad Christum Anglos conuertit pietate magistra, 2.1 (79.19)
aliquos uerbi ministros, per quos ad Christum conuerteretur, mitteret; 2.1 (80.26)
Vt . . . Laurentius Aeodbaldum regem ad Christum conuerterit, 2.6 (92.11)
Paulinus, transeunte ad Christum Iusto, Honorium pro eo consecrauit episcopum, 2.16 (117.17)
multos et exemplo uirtutis, et incitamento sermonis, uel incredulos ad Christum conuertit, 3.19 (163.31)
Vt Vilfrid episcopus prouinciam Australium Saxonum ad Christum conuerterit. 4.13 (230.1)
siquos forte ex illis ereptos Satanae ad Christum transferre ualeret; 5.9 (296.21)
Vt Vilbrord in Fresia praedicans multos ad Christum conuerterit; 5.10 (298.27)
reliquit uxorem, agros, cognatos, et patriam propter Christum, et propter euangelium, 5.19 (322.11)
praedicabat eis Christum, 5.19 (326.14)
Palladius ad Scottos in Christum credentes a Caelestino papa primus mittitur episcopus. 5.24 (352.24)
Christus. inde Pelagius auctor, hinc Christus. 1.17 (35.25)
Referri nequeunt, quae Christus operabatur in famulo, 1.19 (37.29)
Itaque apostolicis ducibus Christus militabat in castris. 1.20 (38.14)
pascha nostrum, in quo immolatus est Christus, nebulosa caligine refutantes, 2.19 (123.17)
utpote ubi nuper expulsa diaboli tyrannide Christus iam regnare coeperat; 4.14 (233.1)
Sponsus adest Christus; quid petis, alma, uirum? 4.20 (248.12)
Cui claues caeli Christus dedit arbiter orbis; 5.19 (330.12)
'Postquam uero pascha nostrum immolatus est Christus, 5.21 (336.5)
tertio tempore saeculi cum gratia uenit ipse, qui pascha nostrum immolaretur Christus; 5.21 (340.4)
CHRISTVS, *see also* **IESVS CHRISTVS, XRISTVS.**
CHRONICVS, a, um. **chronica.** Recapitulatio chronica totius operis; et de persona auctoris. 5.24 (352.1)
CIBARIVS, a, um. **cibario.** et in Hibernia insula solitarius ultimam uitae aetatem pane cibario et frigida aqua sustentat. 5.12 (309.25)
CIBVS. cibi. donec omnis regio totius cibi sustentaculo, . . uacaretur. 1.12 (28.12)
ita ut nil umquam cibi uel potus, excepta die dominica et quinta sabbati, perciperet, 4.25 (263.4)
cibis. neque de cibis illius acciperent. 3.22 (173.31)
cibo. simplici tantum et cotidiano fratrum cibo contenti, nil ultra quaerebant. 3.26 (191.2)
Cumque ita sine cibo et potu, sine uoce et auditu, quatriduo perseueraret, 5.19 (328.26)
cibum. non solum cibum nobiscum, sed nec in eodem hospitio, . . . sumere uoluit. 2.4 (88.6)
cibus. Si ergo ei cibus inmundus non est, 1.27 (57.11)
CICATRIX. cicatricis. ut . . . pro aperto et hiante uulnere, . . . tenuissima tunc cicatricis uestigia parerent. 4.19 (246.1)
CILICIA, *Cilicia, in Asia Minor.*
Ciliciae. Theodorus, natus Tarso Ciliciae, 4.1 (202.24)
CINGO. cincta. rotunda ecclesia, tribus cincta parietibus, XII columnis sustentatur, 5.16 (318.2)
cincto. in remotiore ab ecclesia loco refluis undique pelagi fluctibus cincto, solitarius manebat. 4.30 (276.27)
CINIS. cinerem. aedificia puplica uel priuata, in proximo est, ut ignis absumens in cinerem conuertat.' 4.25 (264.22)
cineres. ne, quorum arma conbusta sunt, apud uos eorum cineres suscitentur. 2.19 (123.33)
CIRCA. tabernacula sibi circa easdem ecclesias, . . . de ramis arborum faciant, 1.30 (65.19)
Ita Christianitatis uestrae integritas circa sui conditoris cultum fidei est ardore succensa, 2.17 (119.3)
coepit subito circa mediam noctem clamare his, quae sibi ministrabant, 4.8 (221.9)
Cuius ueritas uisionis cita circa exortum diei puellae morte probata est. 4.8 (221.25)

et circa galli cantum, percepto uiatico sacrosanctae communionis, cum arcessitis ancellis Christi, 4.23 (256.27)
Cumque somno excussa uideret ceteras pausantes circa se sorores, 4.23 (257.17)
defluentibus circa eum semifractarum crustis glacierum, 5.12 (310.21)
et resederunt circa me, unus ad caput, et unus ad pedes; 5.13 (312.3)
Haec circa aerea rota iacet, usque ad ceruicem alta, 5.17 (319.4)
uidit circa se choros psallentium simul et flentium fratrum; 5.19 (328.30)
apparuerunt cometae duae circa solem, 5.23 (349.5)
eclypsis facta est solis XVIIII, Kal. Sep. circa horam diei tertiam, Cont. (361.7)
luna sanguineo-rubore perfusa, quasi hora integra II. Kal. Febr. circa galli cantum, Cont. (361.11)

CIRCITER. et nauibus . . . circiter octoginta praeparatis, 1.2 (13.27)
quae habet ab oriente in occasum XXX circiter milia passuum, 1.3 (15.25)
XL^{mo} circiter et IIII° anno aduentus eorum in Brittaniam. 1.16 (33.20)
aduentus uero Anglorum in Brittanniam anno circiter CL, 1.23 (42.20)
qui est latitudinis circiter trium stadiorum, 1.25 (45.7)
Extinctos in ea pugna ferunt . . uiros circiter mille CC^{tos}, 2.2 (84.26)
ab aduentu uero Anglorum in Brittaniam annus circiter CLXXX^{mus}. 2.14 (114.1)
cum esset annorum LXXVII, post annos circiter XXX et duos, ex quo ipse Brittaniam . . . adiit. 3.4 (134.1)
Osuiu, iuuenis XXX circiter annorum, 3.14 (154.8)
uenerunt illo de suo monasterio homines circiter XXX, 3.23 (176.28)
facta erat eclipsis solis . . . hora circiter X^{a} diei; 3.27 (191.30)
tulit . . . et de gente Anglorum uiros circiter XXX, 4.4 (213.6)
Erat in eodem monasterio puer trium circiter non amplius annorum, 4.8 (220.24)
acceperunt subreguli regnum gentis, et diuisum inter se tenuerunt annis circiter X; 4.12 (227.27)
Est autem Elge in prouincia Orientalium Anglorum regio familiarum circiter sexcentarum, 4.19 (246.29)
occisus est Aelfuini frater regis Ecgfridi, iuuenis circiter X et VIII annorum, 4.21 (249.6)
quam et hactenus habent per annos circiter XLVI; 4.26 (267.15)
Erat enim, ut referre est solitus, tunc hora circiter secunda diei. 4.32 (280.25)
Erat autem hora diei circiter septima, 5.6 (290.23)
cui succedens in imperium filius suus Osred, puer octo circiter annorum, regnauit annis XI. 5.18 (320.7)
episcopum sibi rogauit ordinari, cum esset annorum circiter XXX, 5.19 (325.30)
Susceperunt autem Hiienses monachi . . . ritus uiuendi catholicos sub abbate Duunchado, post annos circiter LXXX, 5.22 (347.19)
Hic est . . . status Brittaniae, anno aduentus Anglorum in Brittaniam circiter ducentesimo octogesimo quinto, 5.23 (351.25)

CIRCIVS. circio. duabus gentibus . . . Scottorum a circio, Pictorum ab aquilone, 1.12 (25.24)

CIRCVEO. circueundo. alii magis circueundo per cellas magistrorum, lectioni operam dare gaudebant; 3.27 (192.14)
circuiens. et circuiens omnia prope uel longe, inuenit locum in Hibernia insula 4.4 (213.22)
circuire. coepit circuire in monasterio casulas infirmarum Christi famularum, 3.8 (143.6)

CIRCVITVS. circuitu. tantum in circuitu horridi crines stare uidebantur. 5.2 (283.26)
circuitum. ecclesia rotunda grandis, ternas per circuitum cameratas habet porticus desuper tectas. 5.17 (318.30)
circuitus. ut circuitus eius quadragies octies LXXV milia conpleat. 1.1 (9.8)

CIRCVLVS. circuli. mittebantur ad transcribendum, . . . per uniuersas Pictorum prouincias circuli paschae decennouenales, 5.21 (346.7)
circulis. successor eius Cyrillus seriem XC et V annorum in quinque decennouenalibus circulis conprehendit; 5.21 (341.20)
oblitteratis per omnia erroneis LXXX et IIII annorum circulis. 5.21 (346.9)
circulo. quae computatio LXXXIIII annorum circulo continetur. 2.2 (81.20)
'Hic autem, . . . computus paschae decennouenali circulo continetur; 5.21 (341.8)
circulos. in tempore quidem summae festiuitatis dubios circulos sequentes, 3.4 (134.21)
qui . . . possint in quotlibet spatia temporum paschales protendere circulos, 5.21 (341.27)
Ideo autem circulos eosdem temporum instantium uobis mittere supersedimus, 5.21 (341.31)
ipsos uobis circulos paschae catholicos abundare probastis. 5.21 (341.33)
circulum. circulum X et VIIII annorum posuit, 3.25 (187.15)
contigit eum ante expletum anni circulum migrasse de saeculo. 5.15 (316.11)
circulus. et ea, quae totius anni circulus in celebratione dierum festorum poscebat, 4.18 (241.23)

CIRCVM. sola illa destina, . . . ab ignibus circum cuncta uorantibus absumi non potuit. 3.17 (160.25)
bini aestus oceani, qui circum Brittaniam ex infinito oceano septentrionali erumpunt, 4.16 (238.17)

CIRCVMAGO. circumagente. circumagente flatu uentorum, 1.1 (11.25)

CIRCVMCIDO. circumcidi. Nec tamen hodie . . . necesse est, immo nec licitum fidelibus uel circumcidi, 3.25 (185.18)
circumcidit. Hinc est enim, quod Paulus Timotheum circumcidit, 3.25 (185.11)
circumcisis. cespitibus, quibus circumcisis, e terra uelut murus exstruitur 1.5 (16.26)

CIRCVMDO. circumdantur. ubi sepulchra patriarcharum quadrato muro circumdantur, capitibus uersis ad Aquilonem; 5.17 (319.18)
circumdata. ipsa enim regio Elge undique est aquis ac paludibus circumdata, 4.19 (244.33)
Est autem Elge . . . in similitudinem insulae uel paludibus, ut diximus, circumdata uel aquis; 4.19 (246.30)
Est mansio quaedam secretior, nemore raro et uallo circumdata, 5.2 (283.8)
quercus Abrahae duorum hominum altitudinis truncus ecclesia circumdata est. 5.17 (319.26)
circumdata. quis aras et fana idolorum cum septis, quibus erant circumdata, primus profanare deberet; 2.13 (113.5)
circumdata. ut ipso tie uiderentur castis eius membris esse circumdata.' 4.19 (246.4)
nam et ipsa indumenta quasi patris adhuc corpori circumdata miro deosculabatur affectu, 4.30 (277.6)
circumdatam. uallem circumdatam mediis montibus intuetur. 1.20 (39.1)
circumdatas. et super se non solum rupes circumdatas, . . . contremescunt, 1.20 (39.11)
circumdate. 'Noua,' inquit, 'indumenta corpori pro his, quae tulistis, circumdate, 4.30 (277.8)
circumdati. Procedunt . . . circumdati adsentatione multorum; 1.17 (35.16)
circumdato. Bethleem ciuitas Dauid in dorso sita est angusto ex omni parte uallibus circumdato, 5.16 (317.13)
circumdatum. Dicul, habens monasteriolum permodicum in loco, qui uocatur Bosanhamm, siluis et mari circumdatum, 4.13 (231.4)
circumdatus. Est enim locus undique mari circumdatus praeter ab occidente, 4.13 (232.10)
circumdederunt. et adcurrentes circumdederunt me, 5.12 (306.24)
circumdedit. et his urbem in magna altitudine circumdedit a parte, quae terrae est contigua, 3.16 (159.7)
quod ingressa, totum impleuit, atque in gyro circumdedit. 4.3 (208.27)

CIRCVMFERO. circumferrem. Qui cum undiqueuersum hostibus et caecitate tenebrarum conclusus, huc illucque oculos circumferrem, 5.12 (306.30)

CIRCVMFLEXVS. circumflexu. ad monasterium Mailros, quod Tuidi fluminis circumflexu maxima ex parte clauditur, peruenit; 5.12 (304.21)

CIRCVMFVNDO. circumfusae. et circumfusae plumbo 1.2 (14.19)

CIRCVMICIO. circumiecta. eligit expeditos, circumiecta percurrit, 1.20 (38.31)

CIRCVMLVO. circumluitur. bis cotidie instar insulae maris circumluitur undis, 3.3 (132.4)

CIRCVMNAVIGO. circumnauigata. ad quos uenire praefatus Christi miles circumnauigata Brittania disposuit, 5.9 (296.20)

CIRCVMPLECTO. circumplecti. ac uersum in tumorem adeo, ut uix duabus manibus circumplecti posset, 5.3 (285.18)

CIRCVMPLEXVS. circumplexu. quod Tuidi fluminis circumflexu [circumplexu] maxima ex parte clauditur, uar. 5.12 (304.21)

CIRCVMPONO. circumpositas. circumpositas ueniebat ad uillas, et uiam ueritatis praedicabat errantibus; 4.27 (269.25)
circumpositum. sed et uulgus circumpositum longe lateque . . . ad caelestium gaudiorum conuertere curabat amorem. 4.27 (269.15)
CIRCVMQVAQVE. atque inde ad praedicandum circumquaque exire consueuerat; 3.17 (159.30)
quae hactenus in eodem monasterio seruata, et a multis iam sunt circumquaque transscripta. 4.18 (241.26)
CIRCVMSAEPIO. circumseptus. Nam cum armis et hostibus circumseptus iamiamque uideret se esse perimendum, 3.12 (151.28)
CIRCVMSEDEO. circumsedentibus. Quibus dictis, interrogata a circumsedentibus, cum quo loqueretur: 4.9 (223.30)
CIRCVMSPECTE. ita se modeste et circumspecte in omnibus gereret, 5.19 (322.26)
CIRCVMSTO. circumstaret. omnis congregatio, hinc fratrum, inde sororum, psallens circumstaret; 4.19 (245.25)
CIRCVMVALLO. circumuallante. Cum autem ipse . . . mansionem angustam circumuallante aggere et domus in ea necessarias, . . . construxisset, 4.28 (271.21)
CIRCVMVENIO. circumuentum. dolis circumuentum interfecit, 1.9 (23.16)
circumuentus. repentinis bellorum tumultibus undique circumuentus et conflictatus est. 1.2 (14.32)
CIRCVMVOLO. circumuolantes. Tunc uidit . . . duos ab utroque latere circumuolantes ab ignium se periculo defendere. 3.19 (166.8)
CITERIOR, ius. **citeriorem.** et quia nuper citeriorem Fresiam expulso inde Rathbedo rege ceperat, 5.10 (299.8)
CITHARA. citharam. ille, ubi adpropinquare sibi citharam cernebat, surgebat a media caena, 4.24 (259.17)
CITISSIME. adueniens unus passerum domum citissime peruolauerit; 2.13 (112.12)
sin alias, ad uos citissime Deo uolente reuertar.' 4.28 (271.14)
didicit citissime psalmos, et aliquot codices; 5.19 (323.5)
CITIVS. Vnde animaduerto illum citius ex hac uita rapiendum; 3.14 (157.11)
quin aliquis de illa congregatione citius esset moriturus, 4.9 (222.22)
'Et quare non citius hoc conpertum mihi reuelare uoluisti?' 4.25 (265.24)
CITO. citato. quam ibidem ipse de ligno, . . . citato opere construxit. 2.14 (114.5)
facta citato opere cruce, ac fouea praeparata, 3.2 (129.1)
CITO. 'Vade cito ad ecclesiam, et hos VII fratres huc uenire facito; 4.3 (209.5)
'Bene conualescas, et cito.' 5.5 (288.19)
CITRA. ultra citraque desaeuiens; 1.19 (37.22)
CITVS, a, um. **cita.** Cuius ueritas uisionis cita circa exortum diei puellae morte probata est. 4.8 (221.25)
citam. astulae de illo abscissae, atque ad infirmos adlatae citam illis solent adferre medellam. 4.6 (218.25)
CIVILIS, e. **ciuilibus.** Erat autem rex Osuini . . . et moribus ciuilis [ciuilibus], uar. 3.14 (155.30)
ciuilibus. Vt Brettones, . . . ciuilibus sese bellis contriuerint, 1.22 (41.19)
Brittaniae cessatum quidem est parumper ab externis, sed non a ciuilibus bellis. 1.22 (41.22)
ciuilis. Erat autem rex Osuini . . . et affatu iucundus, et moribus ciuilis, 3.14 (155.30)
ciuilis. sine quibus conuersatio ciuilis esse nullatenus poterat. 3.26 (190.23)
ciuilium. Victor ergo ciuilium bellorum, 1.5 (16.19)
CIVILITAS. ciuilitatis. Constantius, . . . uir summae mansuetudinis et ciuilitatis, 1.8 (22.23)
CIVIS. ciues. Aaron et Iulius Legionum urbis ciues, 1.7 (22.1)
ita miseri ciues discerpuntur ab hostibus; 1.12 (28.7)
Et ex eo tempore nunc ciues, nunc hostes uincebant, 1.16 (33.17)
pugnabant contra inuicem, qui hostem euaserant, ciues. 1.22 (41.25)
non tamen ciues Romani, ut tam longe ab urbe secederet, potuere permittere; 2.1 (80.31)
ciuibus. Ciuibus angelicis iunctus in arce poli. 5.8 (295.17)
ciuibus. quanto magis ciuibus patriae caelestis in hoc mundo peregrinantibus optandum est, 5.21 (333.27)
gaudium summae festiuitatis, . . . cum Domino et apostolis, ceterisque caeli ciuibus conpleuit, 5.22 (347.31)
ciuis. Igitur rex Sigberct aeterni regni iam ciuis effectus, temporalis sui regni sedem repetiit, 3.22 (172.20)
ciuium. nuntiauit matrem . . . ad aeternae limina lucis et supernorum consortia ciuium ascendisse. 4.23 (257.27)
CIVITAS. ciuitas. cuius proximum litus transmeantibus aperit ciuitas, 1.1 (9.11)
ubi est ciuitas Brettonum munitissima 1.1 (13.14)
Trinouantum firmissima ciuitas . . . Caesari sese dedit. 1.2 (14.24)
si eadem ciuitas cum finitimis locis uerbum Dei receperit, 1.29 (63.31)
Orientalium Saxonum, . . . quorum metropolis Lundonia ciuitas est, 2.3 (85.9)
tempore quodam ciuitas Doruuernensis . . . coepit flammis consumi; 2.7 (94.14)
iamque ciuitatis [ciuitas] esset pars uastata non minima, uar. 2.7 (94.17)
Bethleem ciuitas Dauid in dorso sita est angusto ex omni parte uallibus circumdato, 5.16 (317.12)
Chebron quondam ciuitas et metropolis regni Dauid, nunc ruinis tantum, quid tunc fuerit, ostendens. 5.17 (319.15)
ciuitate. iudex sine obsequio in ciuitate substiterat. 1.7 (20.12)
Dedit ergo eis mansionem in ciuitate Doruuernensi, 1.25 (46.18)
ut auferatur furor tuus et ira tua a ciuitate ista, 1.25 (46.26)
ubi in regia ciuitate sedem episcopalem, ut praediximus, accepit, 1.33 (70.10)
Fecit . . . monasterium non longe ab ipsa ciuitate ad orientem, 1.33 (70.17)
et in Bononia ciuitate iuxta honorem tanto uiro congruum in ecclesia posuerunt. 1.33 (71.4)
fecit rex Aedilberct in ciuitate Lundonia ecclesiam sancti Pauli apostoli, 2.3 (85.18)
Iustum . . . Augustinus episcopum ordinauit in ciuitate Dorubreui, quam gens Anglorum . . . Hrofæscæstræ cognominat. 2.3 (85.22)
In qua etiam ciuitate ipsi doctori atque antistiti suo Paulino sedem episcopatus donauit. 2.14 (114.6)
accepitque sedem episcopatus in ciuitate Domnoc; 2.15 (117.1)
In qua uidelicet ciuitate et ecclesiam operis egregii de lapide fecit; 2.16 (117.11)
migrauit ad Dominum, sepultusque est in eadem ciuitate, 3.7 (140.2)
huic in ciuitate Venta, . . . sedem episcopatus tribuit; 3.7 (140.32)
qui consecratus in ipsa ciuitate, multis annis episcopatum Geuissorum . . . gessit. 3.7 (141.30)
et caput quidem in cymiterio Lindisfarnensis ecclesiae, in regia uero ciuitate manus cum brachiis condidit. 3.12 (152.4)
quod rex Aedilberct a fundamentis in eadem Hrofi ciuitate construxit. 3.14 (154.20)
adiuuarent, maxime in ciuitate, quae lingua Saxonum Ythancaestir appellatur, 3.22 (173.6)
At ipse ueniens mox in ciuitate Hrofi, ubi . . . episcopatus iam diu cessauerat, 4.2 (206.4)
Earconualdum constituit episcopum in ciuitate Lundonia; 4.6 (218.16)
et episcopatu functus Haeddi pro eo, consecratus a Theodoro in ciuitate Lundonia. 4.12 (227.29)
Pro quo Theodorus in ciuitate Hrofi Cuichelmum consecrauit episcopum. 4.12 (228.22)
hic in ciuitate Eburaci, ille in Hagustaldensi . . . ecclesia cathedram habens episcopalem, 4.12 (229.7)
ipsi episcopo Geuissorum, id est Occidentalium Saxonum, qui essent in Venta ciuitate, subiacerent. 4.15 (236.23)
Habebat . . . fratrem, . . . abbatem monasterii in ciuitate, quae hactenus ab eius nomine Tunnacaestir cognominatur; 4.22 (250.17)
Consecratus est autem in Doruuerni ciuitate a uiris uenerabilibus Danihele Ventano, et Ingualdo Lundoniensi, 5.23 (350.5)
ciuitatem. Passus est autem beatus Albanus . . . iuxta ciuitatem Verolamium, 1.7 (21.25)
apud Arelatem ciuitatem eum clausit, cepit, occidit; 1.11 (25.1)
Erat autem prope ipsam ciuitatem ad orientem ecclesia . . . facta, 1.26 (47.10)
Ad Eburacam uero ciuitatem te uolumus episcopum mittere, 1.29 (63.30)
et Iustus quidem ad ciuitatem Hrofi, cui praefuerat, rediit; 2.6 (93.15)
iuxta ciuitatem, quae lingua Anglorum Tiouulfingacæstir uocatur; 2.16 (117.24)

ne sit necesse ad Romanam usque ciuitatem . . . pro ordinando archiepiscopo semper fatigari. 2.18 (120.20)
Donauerunt autem ambo reges eidem episcopo ciuitatem, 3.7 (139.29)
translatus inde in Ventam ciuitatem, 3.7 (140.4)
ciuitatem quoque Hrofi, in qua erat Putta episcopus, . . . communi clade absumsit. 4.12 (228.10)
Sed illa post non multum tempus facti monasterii secessit ad ciuitatem Calcariam, 4.23 (253.25)
Hic cum audiret eum ad ciuitatem Lugubaliam deuenisse, 4.29 (274.17)
Sic delatus in Maeldum ciuitatem Galliae IIII diebus ac noctibus quasi mortuus iacebat, 5.19 (328.24)
ciuitates. quod ciuitates, farus, pontes, . . . testantur; 1.11 (25.11)
ciuitates. proximas quasque ciuitates agrosque depopulans, 1.15 (32.21)
equitantem inter ciuitates siue uillas aut prouincias suas cum ministris, 2.16 (118.17)
ciuitati. Fertur autem, quia adpropinquantes ciuitati, 1.25 (46.22)
ciuitatibus. Erat et ciuitatibus quondam XX et VIII nobilissimis insignita, 1.1 (10.26)
relictis ciuitatibus ac muro fugiunt, 1.12 (28.5)
excisis inuasisque ciuitatibus atque castellis, 1.13 (29.6)
multis quoque ciuitatibus conlapsis, 1.13 (29.10)
ciuitatis. animas ad supernae ciuitatis gaudia perfecto agone miserunt. 1.7 (22.4)
Germanus Autissidorensis et Lupus Trecasenae ciuitatis episcopi, 1.17 (34.6)
atque in expeditione campestri instar ciuitatis aptatur. 1.20 (38.21)
et ab archiepiscopo eiusdem ciuitatis Aetherio, . . . ordinatus est; 1.27 (48.4)
quatinus Lundoniensis ciuitatis episcopus . . . debeat consecrari, 1.29 (63.26)
Sit uero inter Lundoniae et Eburacae ciuitatis episcopos in posterum 1.29 (64.7)
Vt Mellitus episcopus flammas ardentis suae ciuitatis orando restinxerit. 2.7 (93.26)
iamque ciuitatis esset pars uastata non minima, 2.7 (94.17)
praefectumque Lindocolinae ciuitatis, cui nomen erat Blaecca, . . . conuertit 2.16 (117.9)
et accepto episcopatu Parisiacae ciuitatis, ibidem senex ac plenus dierum obiit. 3.7 (141.4)
emit pretio ab eo sedem Lundoniae ciuitatis, 3.7 (141.8)
quia episcopatu propriae ciuitatis ac parrochiae teneretur adstrictus. 3.7 (141.22)
Paulinus, quondam quidem Eburacensis, sed tunc Hrofensis episcopus ciuitatis, 3.14 (154.16)
qui, relicta Brittania, Parisiacae ciuitatis factus erat episcopus; 3.28 (194.22)
et tradidissent Iohanni archiepiscopo ciuitatis illius scripta commendaticia Vitaliani pontificis, 4.1 (203.13)
uenit ad antistitem Lundoniae ciuitatis, uocabulo Valdheri, 4.11 (225.31)
praesidente Theodoro, gratia Dei archiepiscopo Brittaniae insulae et ciuitatis Doruuernis; 4.17 (239.13)
et mox inuenerunt iuxta muros ciuitatis locellum 4.19 (245.3)
corpora condidit cum multa gloria in ecclesia Coloniae ciuitatis iuxta Rhenum. 5.10 (301.14)
quae eatenus ad ciuitatis Ventanae, cui tunc Danihel praeerat, parrochiam pertinebat, 5.18 (321.16)
Vilfrid a Dalfino ciuitatis episcopo ibi retentus est, 5.19 (324.1)
eodem Agilbercto tunc episcopatum agente Parisiacae ciuitatis; 5.19 (325.32)
'Vilfridus Deo amabilis episcopus Eboracae ciuitatis, apostolicam sedem de sua causa appellans, 5.19 (326.33)
'Vilfridus . . . episcopus Eboracae ciuitatis, apostolicam sedem de sua causa appellans, 5.19 (327.30)
Episcopatus Vectae insulae ad Danihelem pertinet episcopum Ventae ciuitatis. 5.23 (350.21)
Paulinus, quondam Eboraci, sed tunc Hrofensis antistes ciuitatis, migrauit ad Dominum. 5.24 (354.6)
ciuitatum. Manebant exterminia ciuitatum ab hoste derutarum ac desertarum; 1.22 (41.23)

CIVITAS LEGIONVM, *Chester.*
ciuitatem Legionum. Aedilfrid collecto grandi exercitu ad ciuitatem Legionum, 2.2 (84.2)

CIVITATVLA. ciuitatulam. uenerunt ad ciuitatulam quandam desolatam, 4.19 (244.34)

CLADES. clade. percussus est eiusdem clade pestis inter alios scolasticus quidam de genere Scottorum, 3.13 (152.24)
exercitus Penda duce Nordanhymbrorum regiones impia clade longe lateque deuastans 3.16 (158.31)
omnes ibidem superueniente praefatae pestilentiae clade defuncti sunt, 3.23 (176.32)
pestilentiae lues, . . . acerba clade diutius longe lateque desaeuiens, 3.27 (192.3)
Haec autem plaga Hiberniam quoque insulam pari clade premebat. 3.27 (192.8)
Quae uidelicet prouincia cum praefatae mortalitatis clade premeretur, 3.30 (199.13)
ciuitatem quoque Hrofi, . . . communi clade absumsit. 4.12 (228.12)
uerum et a clade infanda temporalis interitus eripuit. 4.13 (231.10)
neque aliquis de hoc monasterio siue adiacentibus ei possessiunculis hac clade ultra moriturus est; 4.14 (234.17)
lues Gallias misera caede [clade] uastabat, uar. 5.23 (349.15)
clades. Superuenit namque clades diuinitus missa, 4.3 (207.19)
clades. augentes externas domesticis motibus clades, 1.12 (28.11)
cladis. recente adhuc memoria calamitatis et cladis inflictae 1.22 (41.26)
Turbatis itaque rebus Nordanhymbrorum huius articulo cladis, 2.20 (125.27)
Cum tempestas saepe dictae cladis late cuncta depopulans, etiam partem monasterii . . . inuasisset, 4.7 (219.16)
quasi orienti simul et occidenti dirae cladis praesagae; 5.23 (349.8)

CLAMO. clama. Clama ergo ad te presbyterum Eappan, 4.14 (234.13)
clamabat. clamabat statim miserabili uoce: 5.13 (311.27)
clamant. 'Ergo si aduersum nos ad Deum suum clamant, 2.2 (84.20)
clamare. subito a diabolo arreptus, clamare, dentibus frendere, . . . coepit 3.11 (149.23)
coepit subito circa mediam noctem clamare his, quae sibi ministrabant, 4.8 (221.9)
clamaret. uenit qui clamaret eum ad regem. 3.23 (176.1)
clamauerit. Vt in eodem monasterio puerulus moriens uirginem, quae se erat secutura, clamauerit; 4.8 (220.22)
clamauerunt. Nec multo post clamauerunt me intus, 4.19 (245.29)
clamauit. clamauitque me, cum essem in uicinia positus, 3.13 (152.30)
clamauit ad se uirum Dei Cedd, 3.22 (172.25)
ubi ad extrema peruenit, clamauit tertio unam de consecratis Christo uirginibus, 4.8 (220.28)
adueniens quidam clamauit me foras, 5.3 (286.8)

CLAMOR. clamore. oratio uno ore et clamore profunditur; 1.17 (34.26)
iudicium tamen clamore testatur. 1.17 (36.1)
et praedicat, ut uoci suae uno clamore respondeant; 1.20 (39.6)
clamorem. et elatum clamorem repercusso aere montium 1.20 (39.9)

CLARE. ut cum longius subeuntibus eis, fletum hominum et risum daemoniorum clare discernere nequirem, 5.12 (306.20)

CLAREO. claret. Nunc autem aperte profiteor, quia in hac praedicatione ueritas claret illa, 2.13 (112.30)
claret, quod illam in exordio sui paschae diem statuunt, 5.21 (337.34)

CLARESCO. clarescat. Cuius ut meritum, uel uita qualis fuerit, certius clarescat, 5.1 (281.9)
clarescente. Quo clarescente miraculo, mox ibidem ecclesia restaurata, . . . est 3.17 (160.26)
Nec tamen hodie clarescente per mundum euangelio necesse est, . . . fidelibus uel circumcidi, 3.25 (185.17)
clarescentibus. caelestibus uerbis, clarescentibus quoque miraculis, 2.1 (78.19)
claruerat. nomen Romanae prouinciae, quod apud eos tam diu claruerat, 1.12 (27.4)
claruerit. cuius excellentia fidei et uirtutis, . . . uirtutum frequentium operatione claruerit; 3.13 (153.20)
claruisse. ubi merita illius multis saepe constat Deo operante claruisse uirtutibus. 3.19 (168.25)
claruit. quae cuius esset uirtutis, magis post mortem claruit. 3.8 (144.8)
quae deuotio mentis fuerit, etiam post mortem uirtutum miraculis claruit. 3.9 (145.14)

CLARIOR, ius. clarior. Vt autem sonitus idem clarior redditus ad me usque peruenit, 5.12 (306.11)
clariores. quos in Italia clariores nosse uel audire poterat, 2.1 (76.23)
clarioribus. uidit, quasi funibus auro clarioribus in superna tolleretur, 4.9 (222.18)

clarius. Ecce, excellentissime fili, quam luce clarius est, 3.29 (197.22)
uidit manifeste quasi corpus hominis, quod esset sole clarius, sindone inuolutum in sublime ferri, 4.9 (222.14)
CLARITAS. claritas. quae uirtutum earumdem sit claritas, ostenderet. 2.1 (76.28)
quoties ibi claritas luminis caelestis, quanta saepe flagrantia mirandi apparuerit odoris, 4.10 (224.16)
claritate. uestimenta omnia, . . prisca nouitate et claritudine [claritate] miranda parebant uar. 4.30 (276.23)
CLARITVDO. claritudine. uestimenta omnia, . . . non solum intemerata, uerum etiam prisca nouitate et claritudine miranda parebant. 4.30 (276.23)
CLARVS, a, um. **clara.** Orta patre eximio, regali et stemmate clara, 4.20 (248.7)
clara. repente audiuimus abbatissam intus uoce clara proclamare: 4.19 (245.28)
claro. Vidit enim, ut post ipse referebat, tres ad se uenisse uiros claro indutos habitu; 4.11 (226.21)
clarum. ut usque hodie intuentibus clarum est; 1.12 (27.25)
clarus. superueniet de Hibernia . . . Furseus, uerbo et actibus clarus, 3.19 (163.25)
'Lucidus,' inquiens, 'aspectu et clarus erat indumento, qui me ducebat. 5.12 (304.28)
CLASSIS. classis. mittitur confestim illo classis prolixior, 1.15 (31.7)
classis. plurimam classis partem, . . . disperdidit. 1.2 (14.1)
CLAVDICO. claudicantes. ipsi adhuc inueterati et claudicantes a semitis suis, et capita sine corona praetendunt, 5.22 (347.14)
CLAVDIVS (10 B.C.–54 A.D.), *Emperor of Rome.*
Claudio. Succedens autem Claudio in imperium Nero, 1.3 (15.28)
Claudio. Ab eodem Claudio Vespasianus, . . . in Brittaniam missus, 1.3 (15.21)
Claudius. Vt eandem secundus Romanorum Claudius adiens, 1.3 (15.1)
Claudius imperator ab Augusto quartus, 1.3 (15.4)
Claudius secundus Romanorum Brittanias adiens, plurimam insulae partem in deditionem recepit, 5.24 (352.9)
CLAVDO. claudentur. una de eo, quod ait Isaias: 'Et claudentur ibi in carcerem, 5.24 (358.32)
clauderet. lingua, . . . spiritum suum in manus eius commendando clauderet; 4.24 (262.19)
clauditur. ad monasterium Mailros, quod Tuidi fluminis circumflexu maxima ex parte clauditur, peruenit; 5.12 (304.21)
clauduntur. Pontificis summi hoc clauduntur membra sepulchro, 2.1 (79.13)
clausa. dum aliquandiu caecitatis huius nocte clausa maneret, 4.10 (224.27)
clausit. apud Arelatem ciuitatem eum clausit, cepit, occidit; 1.11 (25.2)
ac non multo post infirmitate correptus diem clausit ultimum. 3.19 (168.14)
ibique diem clausit ultimum. 5.11 (302.27)
Vilfrid . . . diem clausit extremum in prouincia, quae uocatur Inundalum; 5.19 (322.19)
clauso. clauso uidelicet intra muros Aquileiae, 1.9 (23.19)
iam clauso codice procideret in faciem, atque obnixius orationi incumberet. 4.3 (210.22)
CLAVDVS, a, um. **claudi.** in similitudinem illius diu claudi, qui curatus ab apostolis Petro et Iohanne, exiliens stetit, 5.2 (284.17)
claudo. prius claudo-ueni incessum, 1.21 (39.29)
Oculus fui caeco, et pes claudo. 2.1 (77.29)
CLAVSTRA. claustra. ut etiam retentus corpore ipsa iam carnis claustra contemplatione transiret, 2.1 (74.10)
ne mox mortuus ob merita scelerum ad inferni claustra raperetur, 3.13 (152.29)
Cum carnis claustra spiritus egreditur. 5.8 (295.15)
et paratis ad rapiendum me daemonibus in inferni claustra pertrahar.' 5.13 (312.30)
CLAVIS. clauem. coniugi uestrae, . . . direximus per praefatos gerulos crucem clauem auream habentem 3.29 (198.20)
claues. et ei claues regni caelorum sint datae a Domino?' 3.25 (188.28)
claues. et tibi dabo claues regni caelorum"?' 3.25 (188.19)
non sit qui reserat, auerso illo, qui claues tenere probatur.' 3.25 (189.3)
Cui claues caeli Christus dedit arbiter orbis; 5.19 (330.12)
et tibi dabo claues regni caelorum"; 5.21 (342.30)
CLEMENS (1st cent.), *Bishop of Rome.*
Clementem. Clementem sibi adiutorem euangelizandi, simul et successorem consecrasse perhibetur. 2.4 (87.2)
CLEMENS, *see* **VILBRORD.**
CLEMENTER. quae de semet ipsa proferetur secreta humanis mentibus inspiratione clementer infundit; 2.10 (101.2)
illud etiam clementer conlata suae pietatis munificentia tribuit, 2.18 (120.27)
CLEMENTIA. clementia. Quod specialiter iniuncto uobis ministerio, eius clementia demonstrauit, 2.8 (95.25)
Supernae igitur maiestatis clementia, . . . hominem . . . constituit, 2.10 (101.8)
Quae enim in . . . Audubaldi regis gentibusque . . . inlustratione, clementia Redemtoris fuerit operata, 2.10 (101.28)
quod diuina uobis misericordia [clementia uobis] per intercessionem . . . Osualdi, . . . conferre dignata est. uar. 4.14 (234.23)
sed gaudio gaude, quia, quod rogauimus, superna nobis clementia donauit.' 4.29 (275.7)
Mira fides regis, clementia maxima Christi, 5.7 (293.21)
clementia. Talemque te Domini inplorata clementia exhibendum stude, 2.8 (96.33)
clementiae. Qua ex re de longanimitate clementiae caelestis certam adsumentes fiduciam, 2.8 (96.13)
a longanimitate caelestis clementiae inluminationis ipsius beneficia inpetrare non desinas; 2.11 (105.25)
clementiam. apud supernam clementiam saepius interuenire Praef. (8.12)
qui conceptam misericordiam ad diuinam clementiam contulerunt; 1.21 (40.26)
omnibus, . . . clementiam pii Conditoris et fidelis eius famuli gloriam praedicabat.' 3.13 (154.1)
pariter et infirmos consolandi, ac pauperes recreandi uel defendendi clementiam. 3.17 (161.24)
salutantes uestram excellentiam, diuinam precamur iugiter clementiam, 3.29 (198.34)
uisum ,est fratribus triduanum ieiunium agere, et diuinam suppliciter obsecrare clementiam, 4.14 (233.16)
m ulti . . . ad exorandam in aduersis diuinam clementiam, . . . sunt mirabiliter accensi; 4.14 (236.2)
CLERICATVS. clericatus. qui uel monachi uotum, uel gradum clericatus habentes, 5.21 (343.13)
CLERICILIVS, a, um. **clericilia.** et sacerdotalia uel clericilia indumenta, 1.29 (63.10)
CLERICVS. clerici. Siqui uero sunt clerici extra sacros ordines constituti, 1.27 (49.3)
VI: 'Vt episcopi atque clerici peregrini contenti sint hospitalitatis munere oblato; 4.5 (216.18)
quod . . . nobiles, ignobiles, laici, clerici, uiri ac feminae certatim facere consuerunt. 5.7 (294.12)
clericis. Vnde inter alia uiuendi documenta saluberrimum abstinentiae uel continentiae clericis exemplum reliquit; 3.5 (135.22)
Nam neque alia ipsis sacerdotibus aut clericis uicos adeundi, . . . causa fuit; 3.26 (191.17)
clericis. De episcopis, qualiter cum suis clericis conuersentur, 1.27 (48.15)
seorsum fieri non debet a clericis suis in ecclesia Anglorum, 1.27 (48.29)
Veneruntque . . . episcopi, Colman cum clericis suis de Scottia, Agilberctus cum Agathone 3.25 (183.20)
At ipse partem, quam accepit, commendauit cuidam de clericis suis, cui nomen Bernuini, 4.16 (237.13)
'Sed quia tua fraternitas,' inquit, 'monasterii regulis erudita seorsum fieri non debet a clericis suis, 4.27 (270.32)
nec uoluit nocte illa iuxta morem cum clericis suis manere, 5.6 (290.30)
clerico. intrabat cum uno clerico aut duobus; 3.5 (136.15)
ut ueniente in uillam clerico uel presbytero, cuncti ad eius imperium uerbum audituri confluerent; 4.27 (269.28)
clericorum. V: 'Vt nullus clericorum relinquens proprium episcopum, passim quolibet discurrat, 4.5 (216.13)
clericos. simul et de tonsurae modo uel ratione, qua clericos insigniri deceret; 5.21 (333.1)
hanc accipere debere tonsuram, . . . omnes, qui in meo regno sunt, clericos decerno.' 5.21 (346.4)
clericum. clericum quendam persecutores fugientem hospitio recepit; 1.7 (18.14)
Vt clericum suum cadendo contritum, aeque orando ac benedicendo a morte reuocauerit. 5.6 (289.4)
clericus. Cumque praefatus clericus aliquot diebus apud eum hospitaretur, 1.7 (18.21)

ubicumque clericus aliqui aut monachus adueniret, 3.26 (191.6)
Vnus quidem adtonsus erat, ut clericus, 4.14 (235.18)
quidam erat adtonsus ut clericus, quidam laicus, quaedam femina. 5.12 (306.16)
quem ad locum quidem, quo decollandus erat, secutus est Vilfrid clericus illius, 5.19 (325.3)
CLERVS. clero. alia clero, tertia pauperibus, quarta ecclesiis reparandis. 1.27 (48.27)
cum epistulis, quas idem pontifex . . . Laurentio et clero uniuerso, . . . direxit. 2.4 (88.25)
clero. adsumserunt . . . presbyterum nomine Vighardum, de clero Deusdedit episcopi, 3.29 (196.12)
ac pro eius incolumitate iugiter Deum deprecamur cum Christi clero. 3.29 (198.10)
Erat autem Vynfrid de clero eius, cui ipse successerat, antistitis, 4.3 (212.30)
et episcopus cum clero, et abbas solebat manere cum monachis; 4.27 (270.23)
qui tunc quidem in clero illius conuersatus, nunc monasterio, . . . abbatis iure praeest. 5.6 (289.8)
Nam cum primaeuo adulescentiae tempore in clero illius degerem, 5.6 (289.18)
utpote qui a pueritia in clero sanctissimi ac Deo dilecti Bosa Eboracensis episcopi nutritus . . . est; 5.20 (332.6)
CLIMITERIVM, *see* **CLYMETERIVM.**
CLOFESHOCH, *Clovesho, an unidentified place, probably in Mercia, where a synod of the English Church was to be held each year.*
Clofeshoch. ut Kalendis Augustis in loco, qui appellatur Clofeshoch, semel in anno congregemur.' 4.5 (216.24)
CLVITH, *the Clyde.*
Cluith. Alcluith, quod lingua eorum significat petram Cluith; 1.12 (26.2)
CLYMETERIVM. climiterium. habens clymeterium [climiterium] sancti Michahelis archangeli, uar. 5.2 (283.10)
clymeterium. habens clymeterium sancti Michahelis archangeli, 5.2 (283.10)
clymiterium. habens clymeterium [clymiterium] sancti Michahelis archangeli, uar. 5.2 (283.10)
clymitorium. habens clymeterium [clymitorium] sancti Michahelis archangeli, uar. 5.2 (283.10)
CLYMITERIVM, CLYMITORIVM, *see* **CLYMETERIVM.**
CNOBHERESBVRG, *Burgh Castle, Norfolk.*
Cnobheresburg. quod lingua Anglorum Cnobheresburg, id est urbs Cnobheri, uocatur; 3.19 (164.14)
CNOBHERI, *the person from whom Cnobheresburg took its name.*
Cnobheri. quod lingua Anglorum Cnobheresburg, id est urbs Cnobheri, uocatur; 3.19 (164.15)
COACERVO. coaceruet. uti nouum Christi populum coaceruet, catholicam ibi et apostolicam constituens fidem. 3.29 (198.29)
COACTICIVS, a, um. **coacticium.** seruitium Christi uoluntarium, non coacticium esse debere. 1.26 (47.30)
COAETANEVS. coaetaneis. propter quod et a senioribus et coaetaneis suis iusto colebatur affectu. 5.19 (323.9)
COAETERNVS, a, um. **coaeterni.** dispositis ordinibus, quibus subsisterent, coaeterni Verbi sui consilio, . . . dispensans, 2.10 (101.11)
COCCINEVS, a, um. **coccinei.** quibus tinctura coccinei coloris conficitur, 1.1 (10.12)
COCLEA. cocleae. Sunt et cocleae satis superque abundantes, 1.1 (10.11)
CODEX. codice. iam clauso codice procideret in faciem, atque obnixius orationi incumberet. 4.3 (210.22)
codicem. Vt econtra alter ad mortem ueniens oblatum sibi a daemonibus codicem suorum uiderit peccatorum. 5.13 (311.1)
Receperunt codicem, neque aliquid mihi dicebant. 5.13 (312.8)
proferens codicem horrendae uisionis, et magnitudinis enormis, 5.13 (312.13)
Quod uero prius candidum codicem protulerunt angeli, 5.13 (313.14)
codices. nec non et codices plurimos. 1.29 (63.11)
Quod autem codices diuersos per bonos siue malos spiritus sibi uidit offerri, 5.13 (313.8)
didicit citissime psalmos, et aliquot codices; 5.19 (323.5)
codicibus. quas in duobus codicibus aequa sorte distinxit. 2.1 (76.21)
Quaerant in suis codicibus, 4.14 (234.31)
codicum. rasa folia codicum, qui de Hibernia fuerant, 1.1 (13.2)
COENOBIVM. coenobiorum. Hii, ubi plurimorum caput et arcem Scotti habuere coenobiorum; 3.21 (171.12)
coenubiorum. Hii, ubi plurimorum caput et arcem Scotti habuere coenobiorum [coenubiorum]; uar. 3.21 (171.12)
COENRED, COINRED, *King of Mercia, 704–709; became a monk at Rome, 709.*
Coenred. Anno DCCVIIII, Coenred rex Merciorum, postquam V annos regnauit, Romam pergit. 5.24 (356.5)
Coenredi. Fuit autem temporibus Coenredi, qui post Aedilredum regnauit, uir . . . positus; 5.13 (311.6)
Coenredo. Aedilred, . . . monachus factus Coenredo regnum dedit. 5.24 (356.1)
Coinred. Vt Coinred Merciorum et Offa Orientalium Saxonum rex in monachico habitu Romae uitam finierint; 5.19 (321.25)
Coinred, qui regno Merciorum nobilissime . . . praefuerat, nobilius multo regni sceptra reliquit. 5.19 (321.27)
Coinredum. qui ante ipsum Coinredum idem regnum tenebat. 5.19 (322.4)
qui uidelicet Aedilred accitum ad se Coinredum, . . . amicum episcopo fieri petiit, 5.19 (329.26)
COENRED (*d.* 718), *King of Northumbria after Osred; succeeded by Osric.*
Coenred. quo Osredo occiso Coenred gubernacula regni Nordanhymbrorum suscepit, 5.22 (346.21)
Coenredi. successorem fore Ceoluulfum decreuisset, fratrem illius, qui ante se regnauerat, Coenredi regis, 5.23 (349.23)
Coenredo. qui erat annus septimus Osrici regis Nordanhymbrorum, qui Coenredo successerat, 5.23 (348.16)
COENVBIORVM, *see* **COENOBIVM.**
COEPIO. coeperam. digressis ad ecclesiam sociis, ut dicere coeperam, 4.3 (208.18)
coeperant. dispersi sunt quolibet hi, qui uerbum receperant [coeperant]; uar. 5.11 (302.21)
coeperat. cuius experimenta permaxima in expugnandis barbaris iam ceperat [coeperat], uar. 3.3 (131.8)
utpote ubi nuper expulsa diaboli tyrannide Christus iam regnare coeperat; 4.14 (233.2)
quod causa diuini timoris semel ob reatum conpunctus coeperat, 4.25 (264.11)
Porro Cudbercto tanta erat dicendi peritia, tantus amor persuadendi, quae coeperat, tale uultus angelici lumen, 4.27 (269.33)
et quia nuper citeriorem Fresiam expulso inde Rathbedo rege ceperat [coeperat], uar. 5.10 (299.9)
coepere. coepere plures cotidie ad audiendum uerbum confluere, 1.26 (47.21)
Exin coepere plures per dies de Scottorum regione uenire Brittaniam 3.3 (132.14)
mox cepere [coepere] pisces diuersi generis CCC. uar. 4.13 (231.32)
coeperimus. quanto magis, si ei subdi coeperimus, iam nos pro nihilo contemnet.' 2.2 (83.26)
coeperint. Anglorum ecclesiae cum catholica ueritate, litterarum quoque sanctarum coeperint studiis inbui; 4.2 (204.11)
Vt Hiienses monachi . . . canonicum praedicante Ecgbercto celebrare pascha coeperint. 5.22 (346.15)
coeperit. cum uero delectare caro coeperit, 1.27 (61.13)
coeperunt. habitare per septentrionales insulae partes coeperunt, 1.1 (12.11)
tum primum inimicis, . . . strages dare coeperunt. 1.14 (29.22)
coeperunt et illi paulatim uires animosque resumere, 1.16 (33.7)
coeperunt apostolicam primitiuae ecclesiae uitam imitari; 1.26 (46.31)
orare, missas facere, praedicare, et baptizare coeperunt; 1.26 (47.15)
coeperunt illi mox idolatriae, . . . palam seruire, 2.5 (91.5)
tractatum magnum in concilio, quid esset agendum, habere coeperunt; 3.5 (137.10)
et sanitatum ibi gratiam capere sibi suisque coeperunt. 3.10 (147.27)
fratres monasterii illius, qui pridie abnuerant, diligenter ipsi petere coeperunt, 3.11 (148.25)
coeperunt fana, quae derelicta erant, restaurare, 3.30 (199.18)
sonos cantandi in ecclesia, . . . ab hoc tempore per omnes Anglorum ecclesias discere coeperunt; 4.2 (205.13)
eo praedicante caelestia sperare coeperunt, cuius ministerio temporalia bona sumserunt. 4.13 (232.4)

aliquantulum loci accolae paucis diebus timere, et se ipsos intermissis facinoribus castigare coeperunt. 4.25 (265.30)
coeperuntque iuuenes, qui cum ipso erant, maxime laici, postulare episcopum, 5.6 (289.22)
tantum profectus spiritalis tempore praesulatus illius Anglorum ecclesiae, quantum numquam antea potuere, ceperunt [coeperunt]. uar. 5.8 (295.4)
Audientes haec fratres coeperunt diligenter exhortari, 5.14 (314.20)
coepérunt alterutrum requirere, quis esset ille Vilfridus episcopus. 5.19 (328.2)
ea, quae quondam cognita longo usu uel neglegentia inueterare coeperunt, 5.20 (331.34)
coepi. ludentibus me miscui, et simul cursu equi contendere coepi. 5.6 (290.7)
cogitare coepi, quod hic fortasse esset infernus, 5.12 (305.14)
Coepi autem mirari, quare ad murum accederemus, 5.12 (307.11)
cogitare coepi, quod hoc fortasse esset regnum caelorum, 5.12 (307.25)
coepisse. respondit propositum se . . . patria relicta, Romam iter agere coepisse. 5.19 (324.15)
coepissent. memoratum opus adgredi coepissent, 1.23 (42.24)
sed cum huic corpus inponere coepissent, 4.11 (226.33)
cum parum consedissent, ac de supernis iudiciis trepidi aliqua confabulari coepissent, 5.19 (329.4)
coepisset. cum conualescere coepisset, nauigauit Brittaniam. 4.1 (203.30)
coepistis. ut opus bonum, quod auxiliante Domino coepistis, impleatis. 1.23 (43.9)
coepit. exemplum fidei ac pietatis illius coepit aemulari, 1.7 (18.18)
tantis frugum copiis insula, . . . affluere coepit; 1.14 (29.30)
grandescere populus coepit aduenarum, 1.15 (32.6)
Omnipotens itaque Deus in uobis gratiam suam, quam coepit, perficiat, 1.32 (69.32)
in quo tanta perfectionis gratia coepit conuersari, 2.1 (74.6)
in tutamentum coepit obseruantiae regularis habere; 2.1 (75.7)
iam dudum in diuinis laudibus Hebreum coepit alleluia resonare. 2.1 (78.11)
coepitque eis fraterna admonitione suadere, 2.2 (81.15)
ciuitas Doruuernensis . . . coepit flammis consumi; 2.7 (94.16)
episcopus coepit orando periculum infirmus abigere, 2.7 (94.25)
e contra episcopus gratias coepit agere Domino Christo, 2.9 (99.22)
multis coepit cogitationum aestibus affici, 2.12 (108.17)
Praeparatis ergo fundamentis in gyro prioris oratorii per quadrum coepit aedificare basilicam. 2.14 (114.13)
quorum participem, mox ubi regnare coepit, totam suam prouinciam facere curauit. 2.15 (116.24)
ecclesiam . . . quam ipse coepit, sed successor eius Osuald perfecit, 2.20 (125.22)
magister ecclesiasticae cantionis iuxta morem Romanorum siue Cantuariorum multis coepit existere; 2.20 (126.30)
ac grauissima fracturae ipsius coepit molestia fatigari; 3.2 (130.15)
desiderans totam, cui praeesse coepit, gentem fidei Christianae gratia inbui, 3.3 (131.6)
coepit circuire in monasterio casulas infirmarum Christi famularum, 3.8 (143.6)
Cum enim esset abbatissa, coepit facere in monasterio suo ecclesiam 3.8 (144.9)
cuius equus . . . in terram coepit ruere. 3.9 (145.33)
Desiluit eques, et stramine subtracto coepit expectare horam, 3.9 (145.34)
uirecta herbarum auidius carpere coepit. 3.9 (146.9)
coepit dicere ille de loco, ubi caballus suus esset curatus. 3.9 (146.17)
coepitque sagaci animo conicere, 3.10 (147.3)
subito a diabolo arreptus, . . . spumare, et diuersis motibus coepit membra torquere. 3.11 (149.24)
timere coepit et pauere, 3.13 (152.28)
Nec mora, melius habere coepit, 3.13 (153.32)
Porro rex, . . . coepit consistens ad focum calefieri cum ministris; 3.14 (156.27)
coepit e contra episcopus tristis usque ad lacrimarum profusionem effici. 3.14 (157.5)
coepit sedulus cogitare de actibus suis, 3.27 (193.3)
et ipse quoque lectulum conscendens, coepit in quietem membra laxare. 3.27 (193.18)
Ceadda maximam mox coepit ecclesiasticae ueritati et castitati curam inpendere; 3.28 (195.17)
diligenter ea, . . . eo quo pontificem decebat, animo, coepit obseruanda docere. 4.5 (214.27)
crebrius in conuentu sororum perquirere coepit, quo loci in monasterio corpora sua poni, 4.7 (219.22)
cum . . . ad extrema esset perducta, coepit subito circa mediam noctem clamare his, 4.8 (221.8)
Coepitque narrare, quia apparuerit sibi quidam uir Dei, qui eodem anno fuerat defunctus, 4.8 (221.21)
aspectansque in caelum, sic ad eam, quam intuebatur, uisionem coepit loqui: 4.9 (223.19)
timere coepit homo animi regalis, 4.11 (226.8)
sed et in plerisque locis aliis, coepit annuatim eiusdem regis . . . natalicius dies . . . uenerari. 4.14 (236.5)
mater uirgo, et exemplis uitae caelestis esse coepit et monitis. 4.19 (244.5)
dein modicum requietus, leuauit se, et coepit abire, 4.22 (250.3)
et ubi sanescere coepit, noctu eum, ne aufugeret, uinciri praecepit. 4.22 (250.12)
Interea comes, qui eum tenebat, mirari et interrogare coepit, 4.22 (250.27)
Percussa etenim febribus acri coepit ardore fatigari, 4.23 (256.16)
Quo accepto responso, statim ipse coepit cantare 4.24 (259.30)
Ex quo tempore spes coepit et uirtus regni Anglorum 'fluere ac retro sublapsa referri.' 4.26 (267.10)
coepit mihi dicere, quia 'ex quo episcopus oratione pro me et benedictione completa egressus est, 5.3 (286.15)
coepitque me interrogare, . . . an me esse baptizatum absque scrupulo nossem. 5.6 (291.9)
Tum reuersus ad dilectae locum peregrinationis, solito in silentio uacare Domino coepit; 5.9 (298.24)
qui mox conuersus ad dextrum iter, quasi contra ortum solis brumalem me ducere coepit. 5.12 (307.7)
Haec inter tactus infirmitate, decidit in lectum, atque acri coepit dolore torqueri. 5.13 (311.16)
coepit narrare, quia uideret inferos apertos, 5.14 (314.14)
ipse primus ibi opus euangelicum coepit. 5.19 (326.18)
qui dudum quidem, hoc est ipsis apostolorum temporibus, iam seruari in ecclesia coepit, 5.21 (341.10)
Ida regnare coepit, a quo regalis Nordanhymbrorum prosapia originem tenet, 5.24 (353.6)
coepta. quam ab his, quae coepta sunt, cogitatione retrorsum redire, 1.23 (43.7)
Coepta sunt haec biennio ante mortem Pendan regis. 3.21 (170.33)
coepta. petiit presbyterum suum Cynibillum, . . . pia coepta conplere. 3.23 (176.4)
coeptis. Adnue iam coeptis, alma Deus Trinitas. 4.20 (247.10)
Et ego audiens, nihilominus coeptis institi uetitis. 5.6 (290.10)
eumque coeptis insistere salutaribus iussit. 5.19 (322.32)
coepto. meruit uisione perfrui, in qua admonitus est coepto uerbi ministerio sedulus insistere, 3.19 (164.4)
coepto. coeptoque itinere Brittaniam uenit. 5.19 (329.22)
coeptum. et maiore auctoritate coeptum opus explens, 3.22 (173.3)
Theodorus . . . salutifera exhortatione coeptum tanti periculi funditus extinguit incendium; 4.21 (249.12)
coeptumque ministerium nobis omnibus propinandi usque ad prandium conpletum non omisit; 5.4 (287.26)
Benedictus coeptum iter nauiter Romam usque conpleuit. 5.19 (324.2)
COEPISCOPVS. coepiscopis. Vt Laurentius cum coepiscopis suis Scottos . . . monuerit, 2.4 (86.23)
scripsit cum coepiscopis suis exhortatoriam ad eos epistulam, 2.4 (87.20)
Misit idem Laurentius cum coepiscopis suis etiam Brettonum sacerdotibus litteras 2.4 (88.8)
uenit Cantiam, tractaturus cum Laurentio et Iusto coepiscopis, 2.5 (91.30)
et cum aliis cxxv coepiscopis in synodo in iudicii sede constitutus, 5.19 (327.2)
coepiscopo. fratri Etherio coepiscopo Gregorius seruus seruorum Dei. 1.24 (44.1)
'Reuerentissimo et sanctissimo fratri Vergilio coepiscopo 1.28 (62.10)

'Reuerentissimo et sanctissimo fratri Augustino coepiscopo 1.29 (63.16)
COERCEO. cohercens. aequalibus pene terminis regnum nonnullo tempore cohercens, 2.5 (89.29)
COETVS. coetu. collecto uenerabilium sacerdotum doctorumque plurimorum coetu, 4.17 (238.31)
coetum. Loquimini ad uniuersum coetum filiorum Israel et dicite eis: 5.21 (334.17)
coetus. 'Si uocem carminis audisti, et caelestes superuenire coetus cognouisti, 4.3 (209.30)
COGITATIO. cogitatio. Sed pensandum est, ipsa cogitatio utrum suggestione an delectatione, 1.27 (61.1)
cogitatione. quam ab his, quae coepta sunt, cogitatione retrorsum redire, 1.23 (43.7)
inlicitae concupiscentiae animus in cogitatione per delectationem coniungitur; 1.27 (57.20)
ueris imaginibus in cogitatione inquinatur; 1.27 (59.31)
aliquando ex cogitatione contingit. 1.27 (60.5)
Sin uero ex turpi cogitatione uigilantis oritur inlusio dormientis, 1.27 (60.26)
hoc, quod malignus spiritus seminat in cogitatione, 1.27 (61.18)
Nam quicumque in omni uerbo, et opere, et cogitatione perfecti sunt, 5.12 (308.31)
scelera, non solum quae opere uel uerbo, sed etiam quae tenuissima cogitatione peccaui, 5.13 (312.18)
cogitationem. postquam enim cogitationem suam, de qua tibi ante dixi, reginae in secreto reuelauit, 2.12 (110.5)
cogitationes. 'Ex corde exeunt cogitationes malae.' 1.27 (57.4)
cogitationes. quanta fraudis solertia daemones . . . ipsas etiam cogitationes quasi in libro descriptas replicauerint; 3.19 (165.8)
ut meminerimus facta et cogitationes nostras non in uentum diffluere, 5.13 (313.11)
cogitationi. Respondit cogitationi meae ductor, qui me praecedebat: 5.12 (305.16)
cogitationis. quod ex pollutae cogitationis radice generatur. 1.27 (57.6)
ut culpas cogitationis lacrimis abluat; 1.27 (59.32)
neque ultra cessauit . . . arcana suae cogitationis ac uoluntatis, . . . aliis ostendere; 5.2 (284.15)
Delectabatur enim antistes prudentia uerborum iuuenis, . . . et constantia ac maturitate cogitationis. 5.19 (324.6)
cogitationum. multis coepit cogitationum aestibus affici, 2.12 (108.18)
COGITATVS. cogitatui. Respondit ille cogitatui meo: 5.12 (307.27)
COGITO. cogitabant. redire domum potius, quam barbaram, . . . gentem, . . . adire cogitabant, 1.23 (42.27)
Vnde facta difficultate tumulandi, cogitabant aut aliud quaerere loculum, 4.11 (227.5)
cogitandum. De eorum quoque stipendio cogitandum atque prouidendum est, 1.27 (49.8)
cogitans. quid diu mecum de causa Anglorum cogitans tractaui; 1.30 (65.6)
sed multum sollicitus, ac mente sedula cogitans, 2.12 (109.31)
cogitans, quod futurum erat, quia ad medellam infirmantium idem puluis proficeret; 3.10 (147.7)
cogitanti. Nec dubium remansit cogitanti de uisione, 4.9 (222.21)
cogitare. ut nulla nisi caelestia cogitare soleret, 2.1 (74.9)
coepit sedulus cogitare de actibus suis, 3.27 (193.3)
cogitare coepi, quod hic fortasse esset infernus, 5.12 (305.14)
cogitare coepi, quod hoc fortasse esset regnum caelorum, 5.12 (307.25)
cogitaret. Sed cum alia, quaeque dies illa exigebat, cogitaret et faceret, 4.32 (280.26)
ut heredem sibi illum facere cogitasset [cogitaret]. uar. 5.19 (324.32)
cogitasset. adtonsus est ab eo, et in tanto habitus amore, ut heredem sibi illum facere cogitasset. 5.19 (324.32)
cogitatur. id, quod interius cogitatur, sollicita intentione adtenditur, 1.27 (56.30)
cogitauit. quia, quod cogitauit sciens, hoc pertulit nesciens. 1.27 (60.28)
Romam uenire ad uidenda atque adoranda beatorum apostolorum ac martyrum Christi limina cogitauit. 5.9 (296.24)
COGNATA. cognata. Cum cognata quoque miscere prohibitum est, 1.27 (51.9)
COGNATIO. cognatione. quod praefatus rex eius cognatione iunctus est regibus Cantuariorum, 2.9 (97.22)
quippe quos Deus omnipotens ex primi hominis, quem plasmauit, cognatione, . . . pullulare constituit. 2.10 (103.16)
cognationis. Et sacra lex prohibet cognationis turpitudinem reuelare. 1.27 (50.33)
COGNATVS. cognati. nobilitatem religionis non minore quam . . . cognati uirtute deuotionis exercuit. 2.1 (73.24)
quia omnes fratres et cognati mei in illa sunt pugna interemti; 4.22 (251.12)
cognatis. et nouercis et cognatis si liceat copulari coniugio? 1.27 (50.28)
cognatis. consilium . . . melius atque utilius, quam aliquis de tuis parentibus aut cognatis umquam audiuit, 2.12 (109.16)
cognato. ut ad ultimum, . . . cognato suo Ecgrice commendatis, . . . intraret monasterium, 3.18 (162.25)
cognatos. reliquit uxorem, agros, cognatos, et patriam propter Christum, 5.19 (322.11)
cognatus. qui erat cognatus et amicus eius, habens sororem ipsius coniugem, 3.21 (170.9)
eo quod esset cognatus suus, 3.24 (180.11)
COGNITIO. cognitione. uel ex traditione maiorum, uel ex mea ipse cognitione scire potui, 5.24 (357.2)
cognitionem. cuius nomen atque cognitionem dilatatueris in terra. 1.32 (68.11)
uestra gloria cognitionem unius Dei, . . . subiectis festinet infundere, 1.32 (68.22)
cognitionis. uirtus ei diuinae cognitionis infunditur, 2.1 (78.20)
quam nouerat scientiam diuinae cognitionis libenter ac sine inuidia populis Anglorum communicare curauit; 5.22 (347.6)
COGNOMEN. cognomen. in monasterio, quod iuxta amnem Dacore constructum ab eo cognomen accepit, 4.32 (279.23)
Eusebii, qui a beato martyre Pamphylo cognomen habet, 5.21 (341.12)
cognomine. Bassianus, Antonio cognomine adsumpto, 1.5 (17.6)
Berctgilsum, cognomine Bonifatium, de prouincia Cantuariorum, loco eius substituit. 3.20 (169.7)
qui nuper uenerat a Roma . . . duce reuerentissimo abbate Biscopo cognomine Benedicto, 4.18 (241.4)
COGNOMENTVM. cognomento. Maximianumque cognomento Herculium socium creauit imperii. 1.6 (17.10)
Irminrici, cuius pater Octa, cuius pater Oeric cognomento Oisc, 2.5 (90.19)
qui post Sigberctum cognomento Paruum regnauit, 3.22 (171.22)
cantandi magister Nordanhymbrorum ecclesiis Aeddi cognomento Stephanus fuit, 4.2 (205.15)
Ipse autem Vilbrord, cognomento Clemens, adhuc superest, 5.11 (303.18)
superuenit illo alius adulescens, nomine Biscop, cognomento Benedictus, 5.19 (323.30)
COGNOMINO. cognominant. monasterium uirginum, quod Coludi Vrbem cognominant, cuius et supra meminimus, . . . flammis absumtum est. 4.25 (262.24)
cognominare. Oisc, a quo reges Cantuariorum solent Oiscingas cognominare. 2.5 (90.20)
cognominari. a quo reges Cantuariorum solent Oiscingas cognominare [cognominari]. uar. 2.5 (90.20)
cognominat. in ciuitate Dorubreui, quam gens Anglorum . . . Hrofæscæstræ cognominat. 2.3 (85.24)
cognominatur. monasterii, quod ab ipsis conditum Læstingaeu cognominatur, Praef. (7.15)
quae nunc Antiquorum Saxonum cognominatur, 1.15 (31.21)
cuius nomine uicus, in quo maxime solebat habitare, iuxta Cataractam, usque hodie cognominatur. 2.20 (126.26)
quod a copia roborum Dearmach lingua Scottorum, hoc est campus roborum, cognominatur. 3.4 (134.6)
eadem prima sabbati, quae nunc dominica dies cognominatur, 3.4 (135.9)
urbe regia, quae a regina quondam uocabulo Bebba cognominatur, 3.6 (138.29)
quae ex Bebbae quondam reginae uocabulo cognominatur, 3.16 (159.1)
baptizatus est cum eis a Finano episcopo in uilla regia, . . . quae cognominatur Ad Murum. 3.22 (172.16)
adiuuarent, maxime in ciuitate, . . . quae Tilaburg cognominatur; 3.22 (173.8)
Habebat . . . fratrem, . . . in ciuitate, quae hactenus ab eius nomine Tunnacaestir cognominatur; 4.22 (250.18)
COGNOSCO. cognita. cognita Scotti Pictique reditus denegatione, 1.12 (27.31)
scientes quod, ea cognita, . . . quia res exigit, commodetis. 1.24 (44.13)
cognita. ea, quae quondam cognita longo usu uel neglegentia inueterare coeperunt, 5.20 (331.33)
cogniti. Qui cum cogniti essent a barbaris quod essent alterius religionis, 5.10 (300.7)

susceptumque in monasterium cum omnibus suis fratrum cohorti adsociauit, ... 4.24 (260.28)
COIFI (*fl.* 627), *the chief priest in Edwin's court before Paulinus converted Northumbria.*
Coifi. Cui primus pontificum ipsius Coifi continuo respondit: 2.13 (111.20)
Adiecit autem Coifi, quia uellet ipsum Paulinum diligentius audire de Deo, ... 2.13 (112.23)
COINQVINATIO. coinquinationis. Atque mox eiusdem causam coinquinationis adnuntians subiungit: 1.27 (57.9)
COINQVINATVS, a, um. **coinquinatis.** coinquinatis autem et infidelibus nihil est mundum.' 1.27 (57.8)
COINQVINO. coinquinant. sed quae exeunt de ore, illa sunt, quae coinquinant hominem.' 1.27 (57.2)
coinquinat. 'Non quod intrat in os, coinquinat hominem; 1.27 (57.1)
coinquinata. Coinquinata sunt enim et mens eorum et conscientia.' 1.27 (57.10)
COINRED, *see* **COENRED.**
COINVALCH (*d.* 672), *King of Wessex.*
Coinualch. successit in regnum filius eius Coinualch, ... 3.7 (140.8)
Cum uero restitutus esset in regnum Coinualch, ... 3.7 (140.18)
Cumque mortuus esset Coinualch, quo regnante idem Leutherius episcopus factus est, ... 4.12 (227.24)
COLLABOR (CONL-). conlapsis. multis quoque ciuitatibus conlapsis, ... 1.13 (29.10)
conlapsum. Qui cum adflictum et pene conlapsum reipuplicae statum uideret, ... 1.9 (23.7)
COLLATA, *see* **CONFERO.**
COLLEGA. collega. Dum ergo is ex persecutore factus esset collega ueritatis et fidei, ... 1.7 (20.24)
collegam. collegam commonet, hortatur uniuersos, ... 1.17 (34.25)
COLLEGIVM. collegio. Ab hac ergo insula, ab horum collegio monachorum, . . . missus est Aedan, . . 3.5 (135.17)
ambo de monachorum collegio in episcopatus gradum adsciti. 4.12 (229.9)
COLLIDO (CONL-). conlisae. naues . . . tempestate correptae uel conlisae 1.2 (14.7)
COLLIGO. collecta. Quam ob causam collecta magna synodo 1.17 (34.2)
Quamobrem collecta pro hoc in Brittania synodo, ... 4.18 (242.14)
collecta. Denique non solum nouae, quae de Anglis erat collecta, ecclesiae curam gerebat, ... 2.4 (87.9)
collecta. ut membra sanctorum ex diuersis regionibus collecta, ... 1.18 (36.28)
et haec quasi in fasciculum collecta 1.27 (49.32)
collecti. qui de prouincia Anglorum ibidem collecti, ... 4.4 (214.6)
collectis. priorum maxime scriptis hinc inde collectis . . . . Praef. (6.26)
Collectis ergo undecumque retibus anguillaribus, homines antistitis miserunt in mare, ... 4.13 (231.29)
collecto. Aedilfrid collecto grandi exercitu ad ciuitatem Legionum, ... 2.2 (84.1)
rex collecto exercitu uenit aduersus gentem Occidentalium Saxonum, ... 2.9 (100.2)
collecto uenerabilium sacerdotum doctorumque plurimorum coetu, ... 4.17 (238.29)
collecto. collecto examine famulorum Christi, ... 3.22 (173.9)
collectos. et monachos inibi, quos de utraque natione collectos adduxerat, collocauit. 4.4 (213.15)
collegimus. quae fama uulgante collegimus, ... Praef. (8.7)
collegit. ad exemplum uiuendi posteris collegit; 2.1 (76.25)
exercitum ad debellandum Aedilfridum colligit [collegit] copiosum, ... uar. 2.12 (110.15)
colligendae. tempore aestatis, quo fruges erant colligendae, ... 4.4 (213.18)
colligendi. 'Tempus mittendi lapides, et tempus colligendi.' 4.3 (207.19)
colligere. quae de multis ecclesiis colligere potuisti, infundas. 1.27 (49.28)
colligi. neque . . . uel pecunias colligi, uel domus praeuideri necesse fuit, ... 3.26 (190.27)
colligit. ad exemplum uiuendi posteris collegit [colligit]; . . . . uar. 2.1 (76.25)
exercitum ad debellandum Aedilfridum colligit copiosum, ... 2.12 (110.15)
Inque locis istis monachorum examina crebra Colligit, ... 5.19 (330.23)
colliguntur. Spolia colliguntur exposita, ... 1.20 (39.18)
COLLIGO (CONL-). conligatum. rusticum se potius et pauperem, atque uxoreo uinculo conligatum fuisse respondit; 4.22 (250.9)
COLLIS. collis. Mamre collis mille passibus a monumentis his ad Boream, ... 5.17 (319.23)
COLLOCO (CONL-). collocauit. et monachos inibi, quos de utraque natione collectos adduxerat, collocauit. 4.4 (213.16)
conlocant. turres per interualla ad prospectum maris conlocant, ... 1.12 (27.29)
conlocarunt. firmo de lapide conlocarunt; 1.12 (27.20)
COLLOQVIVM (CONL-). colloquium. iussit Augustinum cum sociis ad suum ibidem aduenire colloquium. 1.25 (45.29)
Augustinus . . . conuocauit ad suum colloquium episcopos siue doctores . . . Brettonum 2.2 (81.11)
conloquium. contigit . . . Cedd . . . peruenire ad ecclesiam Lindisfaronensem propter conloquium Finani episcopi. 3.22 (172.31)
COLLOQVOR (CONL-). conloquens. cum diacono suo Petro conloquens, ... 2.1 (74.17)
sed in intimis cordis multa secum conloquens, ... 2.9 (100.15)
dixi illi inter alia conloquens: 5.21 (344.12)
COLLVM. colla. facinoribus sua colla, . . . subdentes. 1.14 (30.8)
colli. cum praefato tumore ac dolore maxillae siue colli premeretur, ... 4.19 (246.5)
quod ideo me superna pietas dolore colli uoluit grauari, ... 4.19 (246.10)
collo. capsulam cum sanctorum reliquiis collo auulsam 1.18 (36.14)
quia merito in collo pondus langoris porto, ... 4.19 (246.7)
dum mihi nunc pro auro et margaritis, de collo rubor tumoris ardorque promineat.' 4.19 (246.12)
collum. atque ad suscipiendum episcopatus officium collum submittere conpellitur; 4.28 (272.29)
ascendente aqua fluminis usque ad lumbos, aliquando et usque ad collum; 5.12 (310.17)
COLMAN, Saint (*d.* 676), *Bishop of Lindisfarne; defender of the Celtic Easter and tonsure.*
Colman. Veneruntque . . . episcopi, Colman cum clericis suis de Scottia, Agilberctus sum Agathone . 3.25 (183.20)
Vt Colman uictus domum redierit; 3.26 (189.8)
Colman uidens spretam suam doctrinam, sectamque esse dispectam, ... 3.26 (189.11)
siquidem Aidan x et VII annis, Finan decem, Colman tribus episcopatum tenuere. 3.26 (189.23)
Abiens autem domum Colman adsumsit secum partem ossuum reuerentissimi patris Aidani; 3.26 (190.16)
quo et Colman episcopus unanima catholicorum intentione superatus ad suos reuersus est, ... 4.1 (201.5)
Vt Colman episcopus, relicta Brittania, duo monasteria in Scottia, . . . fecerit. 4.4 (213.1)
et Colman cum Scottis ad suos reuersus est; 5.24 (354.15)
Colmane. Vnde constat uos, Colmane, neque Iohannis, ut autumatis, exempla sectari, ... 3.25 (186.14)
'Verene, Colmane, haec illi Petro dicta sunt a Domino?' 3.25 (188.22)
Colmani. qui tempore Finani et Colmani . . . continentioris uitae gratia illo secesserant. 3.27 (192.10)
Colmano. Reuerso autem patriam Colmano, ... 3.26 (189.24)
Venerat autem de Scottia, tenente adhuc pontificatum Colmano, ... 3.26 (190.2)
Colmanum. iussit primo dicere episcopum suum Colmanum, ... 3.25 (184.1)
quod aiunt Colmanum abiturum petisse et inpetrasse a rege Osuiu, ... 3.26 (190.8)
Multum namque eundem episcopum Colmanum rex pro insita illi prudentia diligebat. 3.26 (190.12)
Colmanus. cum Colmanus in episcopatum succederet, ... 3.25 (182.18)
Tum Colmanus: 'Pascha,' inquit, 'hoc, . . . a maioribus meis accepi, ... 3.25 (184.2)
Cui haec dicenti respondit Colmanus: 3.25 (184.32)
His contra Colmanus: 'Numquid,' ait, 'Anatolius . . . legi uel euangelio contraria sapuit, ... 3.25 (186.34)
Interea Colmanus, qui de Scottia erat episcopus, relinquens Brittaniam, tulit secum omnes, . . . Scottos; 4.4 (213.3)
quaesiuit Colmanus huic dissensioni remedium, ... 4.4 (213.21)
COLO. colebamus. 'Iam olim intellexeram nihil esse, quod colebamus; 2.13 (112.27)
colebat. promisit se nil omnimodis contrarium Christianae fidei, quam uirgo colebat, esse facturum; . 2.9 (98.3)

colebatis. uobis patenter insinuet, quam nihil erat, quod eatenus colebatis; 2.10 (103.13)
colebatur. propter quod et a senioribus et coaetaneis suis iusto colebatur affectu. 5.19 (323.9)
colenda. et alios, qualiter fraterna caritas colenda sit, doceat. 1.28 (62.18)
colendi. subiectisque populis idola colendi liberam dare licentiam, 2.5 (91.8)
colentes. hi, qui idolatriarum perniciosissimam superstitionem colentes amplectuntur, 2.10 (102.11)
colentes. eos deos, . . . colentes sequimini, iudicio discreto repperire non possumus. 2.10 (103.1)
colere. ipsumque auctorem humani generis confitentes, eum colere, . . . festinemus? 2.17 (119.12)
ut indicemus nos . . . redemtionem totius mundi, . . . deuota fide ac dilectione colere, 5.21 (341.4)
colit. humanum genus, . . . salutifera confessione fide ueneratur et colit; 2.10 (101.20)
colo. Deum uerum ac uiuum, . . . adoro semper, et colo.' 1.7 (19.23)
colui. ea, quae per stultitiam colui, 2.13 (113.7)
colunt. eorum, quos colunt, exempla perditionis insinuant; 2.10 (102.12)
COLONIA, *Cologne.*
Coloniae. corpora condidit cum multa gloria in ecclesia Coloniae ciuitatis iuxta Rhenum. 5.10 (301.14)
COLOR. color. Color autem eiusdem monumenti et sepulchri albo et rubicundo permixtus uidetur. 5.16 (318.21)
coloris. margaritam omnis quidem coloris optimam inueniunt, id est et rubicundi, et purpurei, et iacintini, et prasini, sed maxime candidi. 1.1 (10.9)
quibus tinctura coccinei coloris conficitur, 1.1 (10.12)
COLVDANA VRBS, *Coldingham, Berwickshire.*
Coludanae urbis. priusquam monasterium Coludanae urbis esset incendio consumtum. 4.25 (262.22)
COLVDI VRBS, *Coldingham, Berwickshire.*
Coludi Vrbem. intrauit monasterium . . . positum in loco, quem Coludi urbem nominant, 4.19 (243.30)
monasterium uirginum, quod Coludi Vrbem cognominant, cuius et supra meminimus, . . . flammis absumtum est. 4.25 (262.23)
COLVMBA, Saint (521–597), *Abbot of Iona; biography written by Adamnan.*
Columba. uenit de Hibernia presbyter . . . nomine Columba Brittaniam, 3.4 (133.8)
Venit autem Brittaniam Columba, 3.4 (133.24)
Et si sanctus erat, ac potens uirtutibus ille Columba uester, 3.25 (188.15)
Erat autem Columba primus doctor fidei Christianae transmontanis Pictis ad aquilonem, 5.9 (297.14)
Qui uidelicet Columba nunc a nonnullis conposito a cella et Columba nomine Columcelli uocatur. 5.9 (297.18)
Anno DLXV, Columba presbyter de Scottia uenit Brittaniam, 5.24 (353.9)
Columba. De patre autem uestro Columba et sequacibus eius, . . . possem respondere; 3.25 (187.25)
Qui uidelicet Columba nunc a nonnullis conposito a cella et Columba nomine Columcelli uocatur. 5.9 (297.19)
Columbae. Dei enim uoluntatis est, ut ad Columbae monasteria magis docenda pergat." ' 5.9 (297.13)
dic illi, quia, uelit nolit, debet ad monasteria Columbae uenire, 5.9 (297.31)
Columbae. 'Habetis,' inquit, 'uos proferre aliquid tantae potestatis uestro Columbae datum?' 3.25 (188.24)
Columbam. Columbam et successores eius uiros Deo dilectos, . . . diuinis paginis contraria . . . egisse credendum est? 3.25 (187.3)
Columcelli. Qui uidelicet Columba nunc a nonnullis conposito a cella et Columba nomine Columcelli uocatur. 5.9 (297.19)
COLVMBANVS, Saint (543–615), *Abbot of Luxeuil; founded monasteries of Anegray, Luxeuil, and Bobbio.*
Columbanum. et Columbanum abbatem in Gallis uenientem nihil discrepare a Brettonibus . . . didicimus. 2.4 (88.3)
COLVMBANVS (*d.* 652×654), *Colman mac Ui Telduib, Abbot of Clonard, and a bishop.*
Columbano. Dilectissimis et sanctissimis Tomiano, Columbano, Cromano, Dinnao, et Baithano episcopis; 2.19 (123.1)
COLVMBIENSES, *followers of Columba.*
Columbiensium. ex quibus est Adamnan, abbas et sacerdos Columbiensium egregius, 5.21 (344.8)
COLVMCELLI, *see* **COLVMBA.**
COLVMNA. columna. Nam tota ea nocte columna lucis a carro illo ad caelum usque porrecta, . . . stabat. 3.11 (148.21)
columnam. matutinis horis oriebatur, excelsam radiantis flammae quasi columnam praeferens. 4.12 (228.31)
columnis. cincta parietibus, XII columnis sustentatur, 5.16 (318.2)
COMA. coma. donec illi coma cresceret, quo in coronam tondi posset; 4.1 (203.5)
COMEDO. comederit. Quicumque comederit fermentum, peribit anima illa de Israel, a die primo usque ad diem septimum," 5.21 (335.1)
comedet. mane comedet praedam et uespere diuidet spolia.' 1.34 (71.20)
comedetis. "VII," inquit, "diebus azyma comedetis." 5.21 (334.30)
XIIII[a] die mensis comedetis azyma usque ad diem XXI[am] eiusdem mensis ad uesperam. 5.21 (335.22)
VII diebus azyma comedetis. 5.21 (336.32)
comedi. Si comedi bucellam meam solus, 2.1 (77.33)
comedimus. unde etiam cum esurimus, sine culpa comedimus, 1.27 (56.14)
comedit. et non comedit pupillus ex ea. 2.1 (78.1)
comeditis. VII diebus azyma comedetis [comeditis]. uar. 5.21 (336.32)
COMES. comes. Constantius comes in Galliam cum exercitu profectus, 1.11 (24.30)
Constantemque . . . Gerontius comes suus apud Viennam interfecit. 1.11 (25.4)
si uita comes fuerit, 1.29 (64.2)
cum praefata uirgine ad regem Aeduinum quasi comes copulae carnalis aduenit. 2.9 (98.20)
iuxta quod mihi presbyter, qui comes itineris illi et cooperator uerbi extiterat, referebat, 3.30 (199.29)
Erat quippe in proximo comes quidam, 4.10 (224.23)
Interea comes, qui eum tenebat, mirari et interrogare coepit, 4.22 (250.26)
Tunc secreto aduocans eum comes, interrogauit eum intentius, unde esset, 4.22 (251.6)
Quod intuens comes, quare faceret, inquisiuit. 4.25 (264.19)
rogauit comes eum ad prandendum in domum suam ingredi. 5.4 (287.8)
comite. nam ab eodem comite proditum eum Osuiu . . . interfecit. 3.14 (155.19)
et rogatus a comite, intrauit epulaturus domum eius. 3.22 (174.1)
emitque partem eius non grandem, . . . a comite, ad cuius possessionem pertinebat; 4.4 (213.26)
Et constructo statim monasterio, iuuante etiam comite ac uicinis omnibus, 4.4 (213.30)
Contigit autem eo tempore uirum Dei illo ad dedicandam ecclesiam ab eodem comite uocari. 5.4 (287.7)
rogatus est ab eodem comite intrare ad unum de pueris eius, 5.5 (288.4)
comitem. inuentus est, . . . et ad dominum ipsorum, comitem uidelicet Aedilredi regis, adductus. 4.22 (250.6)
Dumque aliquanto tempore apud comitem teneretur, 4.22 (251.2)
comites. eamque et comites eius, ne paganorum possent societate pollui, . . . confirmaret. 2.9 (98.14)
comitibus. una cum omnibus, qui aderant, eius comitibus 1.25 (46.6)
Baptizatus est . . . cum omnibus, qui secum uenerant, comitibus ac militibus, 3.21 (170.13)
Habuerat enim unus ex his, . . . comitibus inlicitum coniugium; 3.22 (173.28)
ducentibus, ut credi fas est, angelis comitibus aeterna gaudia petiuit. 4.3 (210.7)
stantibus his, qui secum aduenerant, comitibus, 4.11 (226.23)
comitis. celandus in domum comitis Hunualdi, 3.14 (155.17)
Vt coniugem comitis infirmam aqua benedicta curauerit. 5.4 (286.27)
'Villa erat comitis cuiusdam, qui uocabatur Puch, 5.4 (286.30)
dum ille domum comitis pransurus, ac benedictionem daturus intraret. 5.4 (287.15)
Vt item puerum comitis orando a morte reuocauerit. 5.5 (288.1)
Alio item tempore uocatus ad dedicandam ecclesiam comitis uocabulo Addi, 5.5 (288.3)

COMESSATIO. comessationum. domunculae, . . . nunc in comessationum, potationum, fabulationum, et ceterarum sunt inlecebrarum cubilia conuersae, 4.25 (265.14)
COMETA. cometa. apparuit mense Augusto stella, quae dicitur cometa; 4.12 (228.29)
Anno DCLXXVIII, cometa apparuit; 5.24 (355.2)
cometae. apparuerunt cometae duae circa solem, 5.23 (349.5)
Anno DCCXXVIIII, cometae apparuerunt, 5.24 (356.14)
COMITATVS. comitatu. Nullus ab altithroni comitatu segregat agni, 4.20 (248.33)
ut uir tantae eruditionis ac religionis sibi specialiter indiuiduo comitatu sacerdos esset, 5.19 (325.26)
comitatui. Huius ergo comitatui rex sociauit Vilfridum, 5.19 (323.33)
COMITOR. comitante. ritum celebrandi paschae canonicum, per omnia comitante et cooperante Hadriano disseminabat. 4.2 (204.21)
eum die quadam de monasterio illo longius egressum, comitante secum uno de fratribus, peracto itinere redire. 4.25 (264.15)
comitantibus. uidit animam . . . comitantibus ac ducentibus angelis, ad caelum ferri. 4.23 (257.15)
comitantibus. comitantibus uirtutum operibus, suam defertur ad urbem. 1.21 (41.14)
comitarentur. ut, . . . secundi nos uenti ad terram usque per plana maris terga comitarentur. 5.1 (282.16)
comitari. omnium lues scelerum comitari adcelerauit; 1.14 (29.31)
COMMACVLO. commaculauerat. fidem Brittaniarum feda peste commaculauerat. 1.17 (33.26)
COMMEMORATIO. commemorationem. uel noui testamenti sacramenta in commemorationem suae passionis ecclesiae celebranda tradidit. 3.25 (186.28)
COMMEMORO. commemorandum. quaedam, quae nos nuper audisse contigit, superadicere commodum [commemorandum] duximus. uar. 4.30 (277.29)
commemorare. hoc tantum in praesenti commemorare satis sit, 4.28 (271.10)
commemorat. quam se Arelatensi episcopo fecisse commemorat, 1.28 (62.7)
commemoratis. 'Verum his de pascha succincte, ut petisti, strictimque commemoratis, 5.21 (342.1)
commemorauerit. Quae in eodem libro de loco dominicae natiuitatis, passionis, et resurrectionis commemorauerit. 5.16 (317.9)
commemorauimus. uallum, quod Seuerum trans insulam fecisse commemorauimus, 1.11 (25.10)
Ecgberct, ut supra commemorauimus, ipso die paschae migrauit ad Dominum; 5.23 (349.18)
commemoret. seu mala commemoret de prauis, Praef. (5.13)
COMMENDATICIVS, a, um. commendaticia. et tradidissent Iohanni archiepiscopo ciuitatis illius scripta commendaticia Vitaliani pontificis, 4.1 (203.13)
commendaticiis. neque alicubi ueniens absque commendaticiis litteris sui praesulis suscipiatur. 4.5 (216.15)
COMMENDATIO. commendatione. religiosi uiri nullius commendatione indigeant; 1.24 (44.4)
COMMENDO. commendabat. cuius doctrinam id maxime commendabat omnibus, 3.5 (135.23)
profusis ex imo pectore lacrimis, Domino sua uota commendabat. 4.28 (273.30)
commendamus. Candidum . . . caritati uestrae in omnibus commendamus. 1.24 (44.17)
commendando. lingua, . . . spiritum suum in manus eius commendando clauderet; 4.24 (262.18)
commendans. quamque digna laude commendans, 2.1 (78.8)
Qui benedicens illos ac Domino commendans, 3.15 (158.4)
atque ad utilitatem legentium memoriae commendans; 3.17 (161.17)
eosque, ubicumque poterat, amicis per monasteria commendans, 4.26 (267.23)
commendans. Quarum se omnium precibus humiliter commendans, 3.8 (143.10)
commendare. et hunc synodalibus litteris ad instructionem memoriamque sequentium commendare curauit, 4.17 (239.3)
commendat. quem tam excellenter scriptura commendat: 5.21 (337.20)
quam lex maiore prae ceteris festiuitate memorabilem saepenumero commendat; 5.21 (338.5)
quam lex primitus et praecipue commendat, 5.21 (338.17)
commendatis. relictis regni negotiis, et cognato suo Ecgrice commendatis, . . . intraret monasterium, 3.18 (162.26)
commendato. ipse relicto regno ac iuuenioribus commendato, ad limina beatorum apostolorum . . . profectus est, 5.7 (294.7)
commendauerat. pro paruulis Christi, quos mihi in indicium suae dilectionis commendauerat, 2.6 (92.26)
commendauit. lunam XXI^{am}, quam lex maxime celebrandam commendauit, 3.25 (186.30)
At ipse partem, quam accepit, commendauit cuidam de clericis suis, 4.16 (237.13)
commendent. dicite fratribus, ut et meum exitum Domino precibus commendent, 4.3 (209.18)
COMMILITO (CONM-). conmilitonibus. sed et de aliis conmilitonibus ipsius, quisque legerit, inueniet. 3.19 (168.29)
Qui libenter a suis fratribus et conmilitonibus suscepti, 3.23 (176.31)
COMMINVO (CONM-). conminuit. tanta hanc instantia, . . . conminuit, 2.1 (76.11)
COMMISSVM. commisso. Qui audito eius commisso dixit: 4.25 (263.17)
commissorum. hortabatur, ut uel tunc, antequam moreretur, paenitentiam ageret commissorum. 5.13 (311.19)
commissum. quod commissum, ubi ad cor suum rediit, grauissime exhorruit, 4.25 (263.11)
COMMISTIO. commistione. In carnis autem commistione uoluptas est; 1.27 (54.27)
COMMITTO. commiserat. neglegentias, quas in pueritia siue infantia commiserat, 3.27 (193.7)
Siquidem in adulescentia sua sceleris aliquid commiserat, 4.25 (263.10)
commisi. eos quoque, qui sibi commissi [commisi] sunt, uar. 5.21 (333.32)
commissa. quae alteri uidetur esse commissa; 1.27 (53.16)
commissam. Commissam namque sibi plebem, et orationibus protegebat adsiduis, 4.28 (273.14)
commissi. sed potius commissi uobis populi deuotionem plenius propagare. 2.18 (121.32)
commissi. ad haec obseruanda secum eos quoque, qui sibi commissi sunt, exemplis simul et auctoritate instituant? 5.21 (333.32)
commisso. occisus est, commisso graui proelio, 3.9 (145.7)
commissum. numquam ipsa . . . commissum sibi gregem et puplice et priuatim docere praetermittebat. 4.23 (256.20)
committere. proposuit . . . uerbum Dei aliquibus earum, quae nondum audierant, gentibus euangelizando committere; 5.9 (296.12)
committerent. uerbum fidei praedicando committerent. 1.22 (42.6)
committeret. offerebat, ut, si uellet, partem Galliarum non minimam illi regendam committeret, 5.19 (324.9)
committimus. Brittaniarum uero omnes episcopos tuae fraternitati committimus, 1.27 (53.23)
COMMIXTIO. commixtio. et carnis commixtio creandorum liberorum sit gratia, 1.27 (58.21)
commixtione. habent coniuges etiam de sua commixtione, quod defleant. 1.27 (58.30)
commixtionis. sed uoluntas dominatur in opere commixtionis, 1.27 (58.29)
COMMODO. commodare. ut ad dilatandam Christianam fidem incessabiliter non desistat operam commodare; 2.11 (105.6)
commodaret. ut pro ipso etiam, qui eis locum commodaret, consistentes ibi monachi Domino preces offerrent. 4.4 (213.28)
commodauit. atque in praefato religiosissimi abbatis Benedicti monasterio transscribendam commodauit. 4.18 (242.7)
commodetis. tota uos propter Deum deuotione ad solaciandum, . . . commodetis. 1.24 (44.15)
COMMODVS, a, um. commoda. Sed et alia, quae periclitanti ei commoda contigissent et prospera, 4.22 (252.1)
commodi. ac DC^{tas} naues utriusque commodi fieri imperauit; 1.2 (14.4)
commodi. aliquid commodi adlaturum putabant, 1.12 (27.16)
suis per haec infirmis multum commodi adferrent. 3.9 (145.20)
commodis. sed cum commodis animarum ante tribunal summi et uenturi Iudicis repraesentes. 2.8 (97.1)
commodum. quae etiam huic historiae nostrae commodum duximus indere. 1.27 (48.13)

Quarum etiam textum litterarum in nostra hac historia ponere commodum duximus. 2.18 (120.23)
quod et nos in hac historia ponere multis commodum duximus. 3.19 (165.15)
e quibus unum, . . . memoriae mandare commodum duximus. 4.14 (233.5)
in hac historia quaedam, quae nos nuper audisse contigit, superadicere commodum duximus. . . 4.30 (277.29)
e quibus aliqua memoriae tradere commodum duximus. 5.2 (283.6)
De cuius scriptis aliqua decerpere, ac nostrae huic historiae inserere commodum fore legentibus reor. 5.15 (317.6)
COMMODVS, AVRELIVS (161-192), *Emperor of Rome; son of Marcus Aurelius.*
Commodo, Aurelio. Marcus Antoninus Verus . . . regnum cum Aurelio Commodo fratre suscepit; . . 1.4 (16.5)
COMMONEO. commonet. collegam commonet, hortatur uniuersos, ... 1.17 (34.25)
COMMONITIO. commonitionem. Vnde paternis officiis uestrae gloriosae Christianitati nostram commonitionem non distulimus conferendam; 2.11 (105.14)
COMMOROR. commoraretur. contigit . . . ut in praefata mansione forte ipse cum uno tantum fratre, cui uocabulum erat Ouini, commoraretur, ... 4.3 (207.26)
commorari. ubi prius uel bestiae commorari, uel homines bestialiter uiuere consuerant. 3.23 (175.19)
commorata. Torctgyd, quae multis iam annis in eodem monasterio commorata, ... 4.9 (222.2)
commoratus. et III annos apud eum commoratus, adtonsus est ab eo, ... 5.19 (324.30)
COMMOVEO. commoti. ad ultimum furore commoti aiebant: 2.5 (91.25)
commoto. quoties aere commoto manum quasi ad feriendum minitans exerit, ... 4.3 (211.10)
commotus. His auditis, iudex nimio furore commotus, ... 1.7 (19.31)
COMMVNE. commune. collecta magna synodo quaerebatur in commune, ... 1.17 (34.3)
et Deum omnipotentem, uiuum, ac uerum in commune deprecemur, ... 3.2 (129.7)
'Rogo,' inquam, 'dilectissimi fratres, . . . ut in commune omnes pro nostra fide tractemus; 4.5 (215.16)
'Vt sanctum diem paschae in commune omnes seruemus dominica post XIIII^am^ lunam mensis primi.' 4.5 (216.1)
placuit omnibus in commune, ut Kalendis Augustis . . . semel in anno congregemur.' 4.5 (216.23)
VIIII capitulum in commune tractatum est: 4.5 (216.29)
His itaque capitulis in commune tractatis ac definitis, ... 4.5 (217.7)
COMMVNICO. communicare. nobis quoque communicare desiderastis, ... 1.25 (46.13)
neque in aliquo eis magis communicare quam paganis. 2.20 (125.19)
atque omnes communicare more solito praecepit; 4.14 (235.26)
quam nouerat scientiam diuinae cognitionis libenter ac sine inuidia populis Anglorum communicare curauit; 5.22 (347.7)
communicaret. ut absque purgatione sacrosancta quis oblationi sacrosanctae communicaret, . . . 2.5 (91.24)
communicent. communicent omnes sacrificiis caelestibus, ... 4.14 (235.8)
COMMVNIO. communione. Non . . . sacri corporis ac sanguinis Domini communione priuandi sunt, . 1.27 (51.23)
corporis et sanguinis Domini communione priuandi sunt; 1.27 (51.33)
communionis. aut sacrae communionis sacramenta percipere? 1.27 (53.32)
uel etiam ad mysterium communionis sacrae accedere? 1.27 (54.1)
Sanctae autem communionis mysterium . . . percipere non debet prohiberi. 1.27 (56.8)
etiam sacrae communionis mysterium ualet accipere, ... 1.27 (59.18)
percepto uiatico sacrosanctae communionis, ... 4.23 (256.28)
COMMVNIO (CONM-). conmunitum. crebris insuper turribus conmunitum, ... 1.5 (17.2)
COMMVNIS, e. commune. nisi de eo bono, quod commune cum omnibus habent, ... 1.31 (67.5)
Cum . . . mansionem angustam . . . id est oratorium et habitaculum commune, construxisset, . . 4.28 (271.23)
communem. Candidum praeterea presbyterum, communem filium, . . . commendamus. 1.24 (44.15)
si communem fratrem Augustinum episcopum ad uos uenire contigerit, ... 1.28 (62.14)
ut . . . communem euangelizandi gentibus pro Domino laborem susciperent. 2.2 (81.16)
communem. sed de priuata ad communem, de temporali ad aeternam laetitiam reuocantur, . . . 1.31 (66.29)
communes. monasterio . . . in earum, quae ad communes usus pertinent, rerum prouidentia praefuit. 4.10 (224.10)
communi. Communi autem uita uiuentibus iam de faciendis portionibus, . . . quid erit loquendum? . 1.27 (49.11)
ciuitatem quoque Hrofi, . . . communi clade absumsit. 4.12 (228.12)
communi. et hoc esse tutius communi consilio decernebant. 1.23 (42.28)
communi autem consilio, et concordi actione 1.29 (64.9)
Decretumque est communi consilio, quia satius esset, ... 2.5 (91.31)
communia. sed erant eis omnia communia. 1.27 (49.2)
omnibus essent omnia communia, cum nihil cuiusquam esse uideretur proprium. 4.23 (254.12)
in quibus nullus eorum ex his, quae possidebant, aliquid suum sese dicebat, sed erant eis omnia communia.' 4.27 (271.2)
communis. fit communis omnium dolor, ... 1.21 (40.25)
communis. quae meditatione scripturarum ceteris omnibus est facta communis. 1.1 (11.17)
COMMVNITER. et hanc ab omnibus communiter esse sequendam; 3.25 (183.32)
et his, quae Angli praeparauerant, communiter uti desiderarent; 4.4 (213.20)
COMMVNITIO. communitionem. Vnde paternis officiis uestrae gloriosae Christianitati nostram commonitionem [communitionem] non distulimus conferendam; . . . . uar. 2.11 (105.14)
COMMVTO (CONM-). commutari. ut a cultu daemonum in obsequio ueri Dei debeant commutari; . 1.30 (65.12)
commutatae. ecclesias, quae ex fanis commutatae sunt, ... 1.30 (65.20)
conmutasse. Conmutasse magis sceptrorum insignia credas, ... 5.7 (293.29)
COMPAGES (CONP-). conpage. quos eatenus materiae conpage uobis deos fabricastis, ... 2.10 (103.7)
conpagibus. inuenerunt corpus . . . integrum et flexibilibus artuum conpagibus multo dormienti quam mortuo similius; 4.30 (276.20)
COMPAGINO (CONP-). conpaginatae. prouinciae, . . . in unam sunt pacem, et uelut unum conpaginatae in populum. 3.6 (139.1)
COMPARATIO (CONP-). conparatione. in cuius conparatione sol meridianus uideri posset obscurus, . 4.7 (220.7)
lux illa . . . in conparatione eius, quae nunc apparuit, lucis, tenuissima prorsus uidebatur, . . . 5.12 (308.2)
conparationem. ad conparationem eius, quod nobis incertum est, temporis, ... 2.13 (112.6)
COMPARO (CONP-). conparandus. ita ut Sauli quondam regi Israeliticae gentis conparandus uideretur, 1.34 (71.13)
Berctuald, . . . uir et ipse scientia scripturarum inbutus, . . . tametsi praedecessori suo minime conparandus; 5.8 (295.24)
conparare. cui gratiam Spiritus Sancti conparare uolenti dicit idem Petrus: 5.21 (342.33)
conparata. Quae post biennium conparata possessione X familiarum in loco, ... 3.24 (179.3)
conparent. aut externorum sibi uirorum amicitiam conparent. 4.25 (265.21)
conparuerunt. et me relicto nusquam conparuerunt.' 3.11 (150.21)
COMPELLO (CONP-). conpellit. aut exhiberi mysterium . . . ipsa necessitas conpellit. 1.27 (60.15)
conpellitur. atque ad suscipiendum episcopatus officium collum submittere conpellitur; 4.28 (272.30)
conpellor. "quia iamiamque crescente corporis molestia ad articulum subeundae mortis conpellor; . . 3.13 (153.3)
conpulisset. nisi si maior forte necessitas conpulisset, ... 3.5 (136.1)
conpulit. adulescentem beatus Germanus sedere conpulit, ... 1.21 (40.28)
Sed dices: Illam infirmitas conpulit; 1.27 (55.28)
quia nimirum sanctum esse uirum conperiit, atque equo uehi, quo esset necesse, conpulit. 4.3 (206.30)
conpulsus. Augustinus, iusta necessitate conpulsus, flectit genua 2.2 (82.7)
COMPERIO (CONP-). conpererat. quos in obseruatione sancti paschae errasse conpererat, ... 2.19 (122.14)
quos olim sacerdotii gradu non ignobiliter potitos, fama iam uulgante, conpererat; 3.19 (166.15)
conperi. unde eam, quia liquido conperi, indubitanter historiae nostrae ecclesiasticae inserendam credidi. 4.22 (252.12)

'Vitam,' inquit, 'illius, . . . per omnia episcopo dignam esse conperi. . . . 5.6 (289.12)
conperiit. quia nimirum sanctum esse uirum conperiit, . . . 4.3 (206.29)
Quod ille ubi conperiit, ecclesiam uidelicet suam rebus ablatis omnibus depopulatam, . . . 4.12 (228.13)
Denique gloriosissimus dux Francorum Pippin, ubi haec conperiit, misit, . . . 5.10 (301.12)
mox ut conperiit Vilbrord datam sibi a principe licentiam ibidem praedicandi, . . . 5.11 (301.20)
quia catholicum eum esse conperiit, . . . 5.19 (325.12)
conperimus. partim reuerentissimi abbatis Esi relatione conperimus. . . . Praef. (7.18)
Nec inmerito, quia nullum, ut conperimus, fidei Christianae signum, . . . erectum est, . . . 3.2 (130.4)
hoc . . . uno ac non diuerso temporis ordine geri conperimus; . . . 3.25 (184.28)
conperisset. Sed cum nihil tale illum habere uel habuisse ueraciter conperisset, . . . 4.1 (204.3)
conperit. Qui ubi prosperatum ei opus euangelii conperit, . . . 3.22 (172.32)
Quod ubi rex Vulfheri conperit, . . . 3.30 (199.24)
conperta. Quae omnia rudi Anglorum genti oportet haberi conperta. . . . 1.27 (54.2)
conpertum. 'Et quare non citius hoc conpertum mihi reuelare uoluisti?' . . . 4.25 (265.24)
conpertus. ubi doctus in scripturis, sanctorumque locorum gnarus esse conpertus est, . . . 5.15 (316.27)
COMPESCO (CONP-). conpescat. ut saepe malum, quod aduersatur, portando et dissimulando conpescat. 1.27 (51.30)
et quae sunt Creatoris nostri iussioni contraria, ab episcoporum moribus conpescat. . . . 1.27 (53.9)
conpescuit. ac mox funditus quiescendo, flammis pariter sopitis atque exstinctis, conpescuit. . . . 2.7 (94.31)
COMPETO (CONP-). conpetente. Cumque post haec hora conpetente consideremus ad mensam, . . . 5.3 (286.7)
conpetentes. in transgressores dignas et conpetentes punitiones proposuit. . . . 3.8 (142.11)
conpetenti. ibique hora conpetenti membra dedisset sopori, . . . 4.24 (259.21)
conpetentibus. et per aliquod tempus, . . . horis conpetentibus solitarius sederet, . . . 2.12 (110.26)
COMPLANO (CONP-). conplanat. in modum aequoris natura conplanat, . . . 1.7 (20.32)
COMPLECTOR (CONP-). conplectimini. in abdito cordis amplectimini [conplectimini], . . . uar. 5.21 (344.26)
conplector. Haec in praefato antistite multum conplector et amo, . . . 3.17 (161.30)
COMPLEO (CONP-). conpleant. sicque diem paschae ordine peruerso, et aliquando in secunda ebdomada totam conpleant, . . . 5.21 (338.7)
conpleat. ut circuitus eius quadragies octies LXXV milia conpleat. . . . 1.1 (9.9)
longissima dies siue nox XV, breuissima VIIII conpleat horas. . . . 1.1 (11.10)
conpleatis. ut ministerium baptizandi, . . . iuxta morem sanctae Romanae et apostolicae ecclesiae conpleatis; . . . 2.2 (83.19)
conplens. Et ipse ergo, . . . adtonsus, et in monachico uitam habitu conplens, . . . 5.19 (322.15)
conplere. nec supplicantium sibi desideria uel uota conplere. . . . 1.7 (19.28)
petiit presbyterum suum Cynibillum, . . . pia coepta conplere. . . . 3.23 (176.4)
conpleret. Et cum orationem conpleret, simul tumida aequora placauit; . . . 5.1 (282.13)
conplesset. cum postulatum conplesset ministerium, . . . 5.5 (288.3)
conpleta. iter faciens iuxta ipsum locum, in quo praefata erat pugna conpleta; . . . 3.10 (147.1)
ordinatio decreta, . . . in ipsa sollemnitate paschali conpleta est . . . 4.28 (273.2)
quae in antiqui Dei populi liberatione praefigurata, in Christi autem resurrectione conpleta est, . . . 5.21 (341.3)
conpleta. ministerio persoluto, deuotione conpleta, . . . 1.7 (21.8)
Nam die dehinc tertio, conpleta hora nona, . . . emisit spiritum. . . . 4.11 (226.29)
'ex quo episcopus oratione pro me et benedictione conpleta egressus est, . . . 5.3 (286.16)
conpleta. Quae cuncta, ut praedixerat antistes, ex ordine conpleta sunt; . . . 3.15 (158.11)
conpletam. a XV^{a} die mensis primi usque ad XXI^{am} eiusdem mensis diem conpletam computari oportet. 5.21 (335.15)
id est post conpletam diem eiusdem mensis XIIII^{am}, . . . 5.21 (340.30)
conpletis. conpletis in pace diebus officii sui, . . . 2.3 (86.20)
quibus conpletis statuerunt ob nimietatem laboris, huius structuram ecclesiae . . . relinquere, . . . 3.8 (144.16)
conpletis annis episcopatus sui XVII erat in uilla regia . . . 3.17 (159.26)
Conpletis autem tribus annis post interfectionem Pendan regis, . . . 3.24 (180.17)
conpleto. donec conpleto unde LX annorum numero, . . . 3.24 (179.7)
conpleto. Quo conpleto annorum curriculo occisus est, . . . 3.9 (145.6)
conpletum. quicquid a uobis fuerit in eius admonitione conpletum. . . . 1.23 (43.17)
Sicque conpletum est praesagium sancti pontificis Augustini, . . . 2.2 (84.30)
qui se hoc ab ipso Vtta presbytero, in quo et per quem conpletum est, audisse perhibebat. . . . 3.15 (158.26)
Quod quidem ita, ut dictum ei erat, opere conpletum est. . . . 4.3 (210.1)
Quod ita utrumque, ut ex uisione didicit, conpletum est. . . . 4.11 (226.28)
quod utrumque, ut mente disposuerat, Domino iuuante conpletum est. . . . 5.7 (292.22)
Quod ita conpletum est. . . . 5.10 (301.7)
conpletum. coeptumque ministerium nobis omnibus propinandi usque ad prandium conpletum non omisit; . . . 5.4 (287.28)
cum ipse uiderim iudicium meum iam esse conpletum.' . . . 5.14 (314.24)
conpletur. quod a uespera XIIII^{ae} diei incipit, et in uespera XXI^{ae} conpletur. . . . 5.21 (336.4)
conpleuit. Hoc autem bellum quarto imperii sui anno conpleuit, . . . 1.3 (15.17)
Sebbi, . . . magna, ut in sequentibus dicemus, uitam fidelem felicitate conpleuit. . . . 3.30 (199.23)
XXXIII primos in saeculari habitu nobilissime conuersata conpleuit, . . . 4.23 (252.23)
multis cum lacrimis et magna conpunctione antistes lingua etiam tremente conpleuit, . . . 4.30 (277.15)
ibique uitam in Deo digna conuersatione conpleuit. . . . 5.6 (292.8)
Benedictus coeptum iter nauiter Romam usque conpleuit. . . . 5.19 (324.3)
quod postmodum Vilbrord, reuerentissimus Christi pontifex, in magna deuotione conpleuit, . . . 5.19 (326.17)
gaudium summae festiuitatis, . . . cum Domino et apostolis, ceterisque caeli ciuibus conpleuit, . . . 5.22 (347.32)
COMPLEX (CONP-). conplices. praeter hos tantum et obstinationis eorum conplices, . . . contra totum orbem stulto labore pugnant.' . . . 3.25 (184.29)
COMPLEXVS (CONP-). conplexum. ad conplexum et nuptias sponsi caelestis uirgo beata intraret. . . . 3.24 (179.8)
COMPLVRES (CONP-), a. conplures. urbes aliae conplures in foedus Romanorum uenerunt. . . . 1.2 (14.25)
COMPONO (CONP-). conpone. quieti membra simul et animum conpone, . . . 2.12 (110.3)
conponere. et dissolutam mihi emicranii iuncturam conponere atque alligare iussit. . . . 5.6 (291.25)
conponit. Quo in loco nouum conponit exercitum ipse dux agminis. . . . 1.20 (39.2)
conponitur. et ecclesia . . . frondibus contexta conponitur, . . . 1.20 (38.21)
conposita. Conposita itaque insula securitate multiplici, . . . 1.20 (39.22)
conposita. neque enim possunt carmina, quamuis optime conposita, ex alia in aliam linguam ad uerbum . . . transferri. . . . 4.24 (260.8)
conposita. et haec metro ac uersibus constat esse conposita. . . . 4.20 (247.8)
conpositis. atque animis omnium fidei puritate conpositis, . . . 1.18 (36.23)
conpositis. conpositis omnibus, . . . 1.21 (41.9)
hoc ipse . . . uerbis poeticis maxima suauitate et conpunctione conpositis, in sua, id est Anglorum, lingua proferret. . . . 4.24 (259.1)
conposito. Qui uidelicet Columba nunc a nonnullis conposito a cella et Columba nomine Columcelli uocatur. . . . 5.9 (297.19)
conpositum. uexillum eius super tumbam auro et purpura conpositum adposuerunt, . . . 3.11 (148.30)
et mane rediens, optimo carmine, quod iubebatur, conpositum reddidit. . . . 4.24 (260.24)
conpositus. Sed per industriam Eusebii, . . . distinctius in ordinem conpositus est; . . . 5.21 (341.12)
conposuerat. lingua, quae tot salutaria uerba in laudem Conditoris conposuerat, . . . 4.24 (262.16)

conposui. sicut in libro, quem de temporibus conposui, manifestissime probaui; 3.17 (161.13)
conposuimus. quem ante annos plurimos in laudem ac praeconium eiusdem reginae . . . elegiaco metro conposuimus; 4.20 (247.6)
conposuit. Alium quoque librum conposuit egregium, 2.1 (76.14)
Sed et omelias euangelii numero XL conposuit, 2.1 (76.20)
de necessariis ecclesiae causis utillimum conposuit, 2.1 (77.2)
postulata aqua, ipsa lauit faciem, crines conposuit, 3.9 (146.23)
membra in quietem omnia conposuit. 3.11 (150.11)
quam tamen . . . de robore secto totam conposuit, atque harundine texit; 3.25 (181.8)
quem in exemplum Sedulii geminato opere, et uersibus exametris, et prosa conposuit. 5.18 (321.7)
Cuius computum paschalis Theophilus . . . in centum annorum tempus Theodosio imperatori conposuit. 5.21 (341.18)
COMPOS, potis. **compos.** In quibus omnibus cum sui uoti compos esset effectus, ad praedicandum rediit. 5.11 (302.3)
COMPREHENDO (CONP-). conprehendam. ut breuiter multa conprehendam, 3.17 (161.25)
conprehendat. ut non amplius tota sacra sollemnitas, quam XII tantummodo noctes cum totidem diebus conprehendat; 5.21 (335.32)
conprehendere. forcipibus quoque igneis, quos tenebant in manibus, minitabantur me conprehendere, 5.12 (306.27)
conprehendi. Quae disputatio maior est, quam epistula hac uel ualeat conprehendi, uel debeat. 5.21 (338.33)
conprehendit. capsulam cum sanctorum reliquiis collo auulsam manibus conprehendit, 1.18 (36.15)
successor eius Cyrillus seriem XC et V annorum in quinque decennouenalibus circulis conprehendit; 5.21 (341.20)
conprehensa. Haec de opusculis excerpta . . . sed breuioribus strictisque conprehensa sermonibus, . . . historiis indere placuit. 5.17 (319.29)
conprehensi. nonnulli de miserandis reliquiis in montibus conprehensi, 1.15 (32.29)
conprendere. ut haec nulla ingenii sagacitas, quanta sit, conprendere disserereque sufficiat; 2.10 (100.29)
COMPRESBYTER (CONP-). conpresbyter. Quae mihi cuncta sic esse facta reuerentissimus meus conpresbyter Aedgils referebat, 4.25 (266.1)
COMPRIMO (CONP-). conpressa. Conpressa itaque peruersitate damnabili, 1.18 (36.21)
conprimere. et motus eius insanos conprimere conati nequaquam ualebant, 3.11 (149.31)
aliquandiu tumorem illum infestum horum adpositione conprimere ac mollire curabat. 4.32 (280.20)
COMPVGNO (CONP-). conpugnantes. bini aestus oceani, . . . sibimet inuicem cotidie conpugnantes occurrunt ultra ostium fluminis Homelea, 4.16 (238.19)
COMPVNCTIO (CONP-). conpunctione. hoc ipse . . . uerbis poeticis maxima suauitate et conpunctione conpositis, in sua, id est Anglorum, lingua proferret. 4.24 (259.1)
multis cum lacrimis et magna conpunctione antistes lingua etiam tremente conpleuit, 4.30 (277.14)
quarum lux corda intuentium cum quadam alacritate et conpunctione pauefacere dicitur. 5.17 (319.9)
conpunctionis. qui propter desiderium conpunctionis interrogabant, 3.19 (167.13)
erat gratia conpunctionis semper ad caelestia suspensus. 4.28 (273.26)
COMPVNGO (CONP-). conpunctus. et conpunctus memoria peccatorum suorum faciem lacrimis abluebat, 3.27 (193.3)
tandem superni regni amore conpunctus reliquit, 4.12 (228.4)
quod causa diuini timoris semel ob reatum conpunctus coeperat, 4.25 (264.11)
COMPVTATIO. computatio. quae computatio LXXXIIII annorum circulo continetur. 2.2 (81.20)
COMPVTO (CONP-). computandas. Sed ne putaremus easdem VII dies a XIIII^{a} usque ad XX^{am} esse compu andas, continuo subiecit: 5.21 (334.33)
computantibus. Vnde cunctis placuit regum tempora computantibus, 3.1 (128.14)
computari. a XV^{a} die mensis primi usque ad XXI^{ae} eiusdem mensis diem conpletam computari oportet. 5.21 (335.16)
computauerimus. Sin autem, . . . a uespera diei XIIII^{am} usque ad uesperam XXI^{ae} computauerimus, 5.21 (335.29)
conputauit. Ille sic in pascha dominico XIIII^{am} lunam conputauit, 3.25 (187.18)
COMPVTVS. computo. Qui utrique non solum in definitione et computo lunaris aetatis, . . . falluntur. 5.21 (338.30)
computos. neue contra paschales computos, . . . aliud pascha celebrarent. 2.19 (122.18)
computum. computum paschae rationabilem, et alia multa, ... ecclesiasticis disciplinis accommoda, . . . percepit; 5.19 (324.25)
possit inueniri, qui mensis iuxta computum lunae primus anni, qui esse debeat ultimus. 5.21 (339.1)
Cuius computum paschalis Theophilus Alexandriae praesul . . . conposuit. 5.21 (341.16)
computus. 'Hic autem, . . . computus paschae decennouenali circulo continetur; 5.21 (341.7)
CONAMEN. conamen. Nam quis non execretur superbum eorum conamen et impium, 2.19 (124.1)
conamine. si forte uel ipsam, de qua egressi eramus, insulam aliquo conamine repetere possemus, 5.1 (282.3)
CONATVS. conatibus. et summis conatibus duritiam cordis ipsius religiosa diuinorum praeceptorum insinuatione mollire 2.11 (105.30)
CONBVRO. conburere. inlato igne conburere urbem nisus est. 3.16 (159.9)
conbusta. et hortamur, ne, quorum arma conbusta sunt, apud uos eorum cineres suscitentur. 2.19 (123.32)
CONCAVVS, a, um. **concauum.** dum feruens equus quoddam itineris concauum ualentiore impetu transiliret, 5.6 (290.11)
CONCEDO. concedamus. ad sola missarum sollemnia agenda concedimus [concedamus], uar. 1.29 (63.24)
concedat. et uestri laboris fructum in aeterna me patria uidere concedat; 1.23 (43.19)
concedatur. cur non concedatur cunctis mulieribus, 1.27 (56.6)
concedemus. ad sola missarum sollemnia agenda concedimus [concedemus], uar. 1.29 (63.25)
concedente. Itaque episcopus, concedente, immo multum gaudente rege, primos prouinciae duces . . . abluebat; 4.13 (230.20)
quo concedente et possessionem terrae largiente, ipsum monasterium fecerat. 4.18 (241.15)
concedentes. concedentes etiam tibi ordinationes episcoporum, exigente oportunitate, . . . celebrare; 2.8 (96.25)
concedere. etsi pontifex concedere illi, quod petierat, uoluit, 2.1 (80.30)
quam pro tantarum prouinciarum spatiis, . . . sumus inuitati concedere, 2.17 (120.2)
potest diuina pietas per tanti meritum uiri et huius uitae spatia longiora concedere, 3.13 (153.26)
concederemus. ut haec uobis concederemus, 2.18 (121.28)
concederent. Quod cum aduersarii, inuiti licet, concederent, 2.2 (82.3)
concederet. ut sibi . . . facultatem et licentiam ibidem orationis causa demorandi concederet. 3.23 (175.26)
concederetur. quia eius dispositione omnium praelatio regnorum conceditur [concederetur], uar. 2.10 (101.22)
concedetur. quia eius dispositione omnium praelatio regnorum conceditur [concedetur]. uar. 2.10 (101.22)
concedimus. usum tibi pallii in ea ad sola missarum sollemnia agenda concedimus, 1.29 (63.24)
concedit. Hoc enim eis concedit sancta praedicatio, 1.27 (58.31)
et nisi lotum aqua ei usque ad uesperum intrare ecclesiam non concedit. 1.27 (59.28)
conceditur. quod uni personae infirmanti conceditur, 1.27 (56.7)
cur non concedatur [conceditur] cunctis mulieribus, uar. 1.27 (56.6)
quia eius dispositione omnium praelatio regnorum conceditur. 2.10 (101.22)
concessa. per bona, quae uobis concessa sunt, 1.32 (68.2)
concessae. et uictoriae concessae otiosus spectator efficitur. 1.20 (39.17)
concessam. Visumque est omnibus caelestem ei a Domino concessam esse gratiam. 4.24 (260.19)
concessit. eis, quibus te regendis diuina praefecit [concessit] auctoritas, uar. Praef. (5.20)
Concessit rex, 4.16 (238.3)
concessum. Quod in monasterio eius fuerit frater, cui donum canendi sit diuinitus concessum. 4.24 (258.26)
CONCENTVS. concentus. multi . . . iam manifeste se concentus angelorum psallentium audisse referebant, 3.8 (143.22)
CONCESSIO. concessione. et tamen de ipsa concessione metu animum concutit. 1.27 (58.32)
CONCIDO. concidit. cum quo simul Hesperium concidit regnum. 1.21 (41.18)

CONCILIVM. **concilio.** tractatum magnum in concilio, quid esset agendum, habere coeperunt; 3.5 (137.9)
Tum ait Aedan, nam et ipse concilio intererat, ad eum, . . . sacerdotem: 3.5 (137.13)
Cedd, . . . qui et interpres in eo concilio uigilantissimus utriusque partis extitit. 3.25 (183.25)
Et hoc esse uerum pascha, . . . Niceno concilio non statutum nouiter, sed confirmatum est, 3.25 (186.12)
et iterum in Constantinopoli quinto congregati sunt concilio in tempore Iustiniani minoris 4.17 (240.10)
quae quondam ipso praesente in urbe atque in eodem concilio . . . acta est. 5.19 (327.25)
ut ipsum in concilio, quod congregarat, episcoporum, . . . residere praeciperet.' 5.19 (328.13)
concilium. qui ad praefatum ituri concilium 2.2 (82.24)
cuius anno regni III°, Theodorus cogit concilium episcoporum, 4.5 (214.22)
CONCINNO. **concinnant.** quae unitati catholicae et apostolicae ecclesiae concinnant, 5.21 (345.13)
CONCIPIO. **conceperat.** Nec distulit, quin continuo, quod mente conceperat, expleret. 4.10 (225.1)
concepit. Quo affectus incommodo, concepit utillimum mente consilium, 4.31 (278.18)
concepta. diuturna meditatione concepta, 1.17 (35.15)
conceptam. qui conceptam misericordiam ad diuinam clementiam contulerunt; 1.21 (40.26)
conceptum. Qui enim in iniquitatibus conceptum se nouerat, 1.27 (58.3)
conceptus. 'Ecce enim in iniquitatibus conceptus sum, 1.27 (58.2)
Christus Iesus, qui sine peccato est conceptus et partus. 2.19 (124.6)
'Ecce enim in iniquitatibus conceptus sum, 2.19 (124.10)
concoepit. concepit [concoepit] utillimum mente concilium, uar. 4.31 (278.18)
CONCITO. **concitabant.** concitant [concitabant] procellas, uar. 1.17 (34.14)
concitant. concitant procellas, 1.17 (34.14)
concitatis. 'At cum saepius huc atque illuc, spectante me et episcopo, concitatis in cursum equis reuerterentur; 5.6 (290.4)
CONCITVS, a, um. **concitus.** Introiuit ille concitus, cui dixit antistes: 4.3 (209.4)
CONCIVIS. **conciues.** quasi conciues sibi regni caelestis, amplecteretur. 1.26 (47.27)
CONCLVDO. **conclusa.** clamorem repercusso aere montium conclusa multiplicant; 1.20 (39.10)
conclusit. At ille ita conclusit: 3.25 (188.29)
Dixit, et, sicut antea, parum silens, ita sermonem conclusit: 4.9 (223.27)
unde et pulchro uitam suam fine conclusit. 4.24 (261.15)
conclusus. Qui cum undiqueuersum hostibus et caecitate tenebrarum conclusus, huc illucque oculos circumferrem, 5.12 (306.30)
CONCLVSIO. **conclusione.** ut . . . educeres de conclusione uinctum, de domo carceris sedentes in tenebris.' 3.29 (197.20)
CONCOEPIT, *see* **CONCIPIO.**
CONCORDO. **concordabat.** quorum tamen intus conscientia in parili uirtutum sibi gratia concordabat. 5.21 (342.18)
concordant. quae per orbem sibi in Christo concordant, 2.2 (81.26)
concordare. Qui cum inuicem concordare non possent, 4.4 (213.16)
concordat. concordat autem eis, qui sine praeueniente gratia Christi se saluari posse confidunt; 5.21 (340.24)
concordatis. incelebratione . . . neque Iohanni, neque Petro, neque legi, neque euangelio concordatis.' 3.25 (186.33)
CONCORS, cordis. **concordi.** communi autem consilio, et concordi actione 1.29 (64.9)
concordia. Pulchraque rerum concordia procuratum est diuinitus, 4.23 (258.4)
CONCVBINA. **concubina.** filium ex concubina Helena creatum 1.8 (22.24)
CONCVBITVS. **concubitum.** Ad eius uero concubitum uir suus accedere non debet, 1.27 (55.6)
CONCVLCO. **conculcata.** et pedibus conculcata in terram uerterentur. 3.22 (172.1)
CONCVPISCENTIA. **concupiscentiae.** nisi prius ignis concupiscentiae a mente deferueat, 1.27 (57.21)
ut a corruptione concupiscentiae carnalis erat inmune; 3.8 (144.21)
concupiscentiae. inlicitae concupiscentiae animus in cogitatione per delectationem coniungitur; 1.27 (57.20)
concupiscentiis. doceatur se quoque carnem suam cum uitiis et concupiscentiis crucifigere debere; 5.21 (343.12)
concupiscentis. doceatur se quoque carnem suam cum uitiis et concupiscentiis [concupiscentis] crucifigere debere; uar. 5.21 (343.12)
CONCVPISCO. **concupiscat.** ac totis desideriis ad aeternitatis gratiam uenire concupiscat.' 2.1 (78.22)
CONCVRRO. **concurrat.** ad loca, quae consueuit, familiarius concurrat. 1.30 (65.15)
concurrebant. aliqui etiam tempore mortalitatis, . . . ad erratica idolatriae medicamina concurrebant; 4.27 (269.20)
concurrere. quam ad . . . audiendumque cum fratribus uerbum uitae concurrere consuerat. 5.14 (314.8)
concurrerent. et undique ad eius ministerium de cunctis prope prouinciis uiri etiam nobilissimi concurrerent. 3.14 (156.3)
CONCVRSVS. **concursum.** ut in omnibus deuotioni uestrae nostrum concursum, et iuxta desideria praeberemus. 2.17 (120.3)
concursus. Concursus omnium ad antistitem conuolauit, 1.19 (37.15)
CONCVTIO. **concussa.** cuncta ueritatis ac iustitiae moderamina concussa ac subuersa sunt, 1.22 (41.30)
concussam. concussamque saeculi actibus mentem . . . roboraret alloquium. 2.1 (75.11)
concusserit. si tamen dormientis mentem turpi imaginatione non concusserit. 1.27 (60.19)
concutit. et tamen de ipsa concessione metu animum concutit. 1.27 (58.32)
CONCYLIVS (-IVM?). **concyliorum.** exceptis uariorum generibus concyliorum; 1.1 (10.7)
CONDECET. **condeceat.** sic etiam morem habitus te imitari condeceat." 5.21 (345.2)
CONDEMNO. **condemnandos.** quasi eos, qui hanc tonsuram habent, condemnandos iudicem, 5.21 (344.4)
condemnant. inquirunt auctores, inuentosque condemnant. 1.21 (40.22)
condemnatis. condemnatis siue emendatis haereticis, 1.21 (39.30)
condemnatos. quasi eos, qui hanc tonsuram habent, condemnandos [condemnatos] iudicem, uar. 5.21 (344.4)
condemnatus. ut eum in episcopatum suum, eo quod iniuste fuerit condemnatus, facerent recipi. 5.19 (327.22)
CONDENSO. **condensatae.** Quas cum intraremus, in tantum paulisper condensatae sunt, ut nihil praeter ipsas aspicerem, 5.12 (305.24)
CONDESCENDO. **condescendere.** longa terrarum marisque interualla, . . . ad haec nos condescendere coegerunt, 2.18 (121.30)
CONDESCENSIO. **condescensione.** Cumque se pro condescensione multorum ad exteriora sparserit, 2.1 (74.22)
CONDICIO. **condicio.** eique, quod humana ualet condicio, mentis uestrae sinceram deuotionem exsoluitis. 2.17 (119.8)
condicione. ea solum condicione dare consenserunt, 1.1 (12.13)
ea condicione, ut hi pro patriae pace . . . militarent, 1.15 (31.11)
adstabant partes dispari condicione dissimiles; 1.17 (35.23)
quam ea condicione a parentibus acceperat, 1.25 (45.23)
ea condicione addita, ut pro ipso etiam, . . . consistentes ibi monachi Domino preces offerrent. 4.4 (213.27)
primum de locis sanctis pro condicione platearum diuertendum est ad ecclesiam Constantinianam, 5.16 (317.23)
condicionibus. his tamen condicionibus interpositis, ut ipse eum perduceret Brittaniam, 4.1 (202.29)
condicionis. utriusque sexus, condicionis diuersae et aetatis, 1.7 (20.7)
CONDICTVM. **condictum.** neque ultra ad eum iuxta suum condictum rediit. 4.25 (264.2)
semper ex eo tempore, iuxta condictum eius memoratum, continentiae modum obseruabat; 4.25 (264.9)
CONDIGNVS, a, um. **condigna.** ecclesia est mirandi operis atque eius martyrio condigna extructa. 1.7 (21.29)
Cuius filia Earcongotæ, ut condigna parenti suboles, magnarum fuit uirgo uirtutum, 3.8 (142.12)
condignam. condignam se in omnibus episcopo fratre, . . . praebuit; 4.6 (219.5)
Ac thecam e rutilo his condignam condidit auro; 5.19 (330.17)
condignas. Misit idem Laurentius . . . Brettonum sacerdotibus litteras suo gradui condignas, 2.4 (88.9)
condignis. qui nunc episcopalem Lindisfarnensis ecclesiae cathedram condignis gradu actibus seruat. 5.12 (310.7)
acceptumque sacerdotii gradum condignis ornans actibus, 3.27 (193.28)

acceptum presbyteratus officium condignis gradu ipse consecrabat actibus. 5.1 (281.7)
condignum. in ecclesia beati Petri apostoli iuxta honorem et uita et gradu eius condignum conditus est. 4.26 (267.30)
Inuenta namque eorum corpora iuxta honorem martyribus condignum recondita sunt, ... 5.10 (301.9)
CONDITIO. conditionis. anno milesimo CLXIIII suae conditionis, ... 1.11 (25.6)
CONDITOR. conditore. de omnibus prophetatum gentibus, quod sint crediturae in Christo omnium conditore. 3.29 (197.24)
quasi missam a Deo conditore plagam per incantationes . . . cohibere ualerent. 4.27 (269.21)
conditori. in quo toto tempore numquam ipsa uel conditori suo gratias agere, . . . praetermittebat. 4.23 (256.19)
conditoris. Ita Christianitatis uestrae integritas circa sui conditoris cultum fidei est ardore succensa, 2.17 (119.3)
omnibus, . . . clementiam pii Conditoris et fidelis eius famuli gloriam praedicabat.' 3.13 (154.1)
ut apud misericordiam pii Conditoris inpetraret, se a tantis tamque diutinis cruciatibus absolui. . 4.9 (223.6)
ipse coepit cantare in laudem Dei conditoris uersus, quos numquam audierat, ... 4.24 (259.31)
lingua, quae tot salutaria uerba in laudem Conditoris conposuerat, ... 4.24 (262.16)
ubi liberius continuis in orationibus famulatui sui conditoris uacaret. 5.12 (310.11)
CONDO. condere. tot eum ac tanta condere uolumina potuisse, ... 2.1 (77.4)
conderentur. ut apud se eaedem sanctae ac Deo dilectae reliquiae conderentur. 3.11 (148.26)
ut ossa . . . transferrentur omnia in ecclesiam beatae Dei genetricis, unoque conderentur in loco; 4.10 (224.15)
condi. partem uero in ecclesia, cui praeerat, reliquit, et in secretario eius condi praecepit. 3.26 (190.18)
cui etiam loculus iam tunc erat praeparatus, in quo defunctus condi deberet. 5.5 (288.9)
condidit. quae cuncta solo uerbo praeceptionis suae condidit et creauit, caelum uidelicet et terram, . 2.10 (101.9)
et accipiens inligatum panno condidit in capsella, et rediit. 3.11 (149.17)
et . . . in regia uero ciuitate manus cum brachiis condidit. 3.12 (152.4)
et adducta ad se eorum corpora condidit cum multa gloria 5.10 (301.13)
Ac thecam e rutilo his condignam condidit auro; 5.19 (330.17)
condita. ubi et Berctæ regina condita est. 2.5 (90.8)
et in ipso ecclesiae loco, ubi desiderabat, condita. 3.8 (144.14)
ac si eodem die fuisset defuncta, siue humo condita; 4.19 (245.11)
condita. anno ab Vrbe condita DCXCIII, ... 1.2 (13.21)
Anno autem ab Vrbe condita DCCXCVIII 1.3 (15.4)
condita. Ossa igitur illius translata et condita sunt in monasterio, ... 3.12 (151.32)
atque ad dexteram altaris iuxta uenerationem tanto pontifice dignam condita sunt. 3.17 (160.15)
condito. quo mox condito dant fortia segni populo monita, ... 1.12 (27.25)
conditum. quod ab ipsis conditum Læstingaeu cognominatur, monasterii, ... Praef. (7.14)
conditurus. pretiosa ibidem munera conditurus; 1.18 (36.27)
conditus. Conditus est autem in ecclesia beati doctoris gentium, ... 4.11 (227.16)
in ecclesia beati Petri apostoli iuxta honorem et uita et gradu eius condignum conditus est. . . . 4.26 (267.30)
CONFABVLOR. confabulari. cum parum consedissent, ac de supernis iudiciis trepidi aliqua confabulari coepissent, ... 5.19 (329.4)
CONFERO. collata. pro quorum tibi salute collata sunt. 1.31 (67.16)
conferebat. bona, quae genti suae consulendo conferebat, ... 2.5 (90.10)
conferendam. Vnde paternis officiis uestrae gloriosae Christianitati nostram commonitionem non distulimus conferendam; 2.11 (105.14)
conferentes. conferentes ad inuicem, ... 2.2 (83.24)
conferre. et cum suis primatibus, quos sapientiores nouerat, curauit conferre, ... 2.9 (100.11)
quod diuina uobis misericordia per intercessionem . . . Osualdi, . . . conferre dignata est. 4.14 (234.27)
non enim mihi aliquid utilitatis aut salutis potes ultra conferre.' 5.13 (311.30)
atque huius gustum siue aspersionem multis sanitatem egrotis et hominibus et pecoribus conferre; 5.18 (320.21)
conferrent. illi militantibus debita stipendia conferrent. 1.15 (31.13)
conferret. simul et necessarias in diuersis speciebus possessiones conferret. 1.26 (47.33)
conferri. Eius ergo mirabile donum et in uobis certa spe, caelesti longanimitate conferri confidimus; . 2.10 (101.31)
conlata. Et cum regius iuuenis solus adhuc ibidem sederet gauisus quidem de conlata sibi consolatione, 2.12 (109.30)
illud etiam clementer conlata suae pietatis munificentia tribuit, ... 2.18 (120.27)
Osuiu, . . . pro conlata sibi uictoria gratias Deo referens dedit filiam suam . . . consecrandam; . . 3.24 (178.22)
conlata. multa uenalia in forum fuissent conlata, ... 2.1 (79.30)
conlatum. Hocque etiam illa uobis repensatione conlatum est, ... 2.8 (96.1)
conlatum. Quod equidem in uestrae gloriae sensibus caelesti conlatum munere mystica regenerationis uestrae purgatio patenter innuit. 2.11 (104.21)
conlaturum. Verum adhuc cum amicis principibus et consiliariis suis sese de hoc conlaturum esse dicebat, 2.13 (111.13)
contulerunt. tantum pauentibus fiduciae contulerunt, ... 1.20 (38.13)
qui conceptam misericordiam ad diuinam clementiam contulerunt; 1.21 (40.26)
contulisti. quibus uidelicet artificium humanum adcommodans eis inanimatam membrorum similitudinem contulisti; 2.10 (102.24)
contulit. ac mundo spem resurrectionis contulit, ... 3.25 (185.26)
et ipse perplura catholicae obseruationis moderamina ecclesiis Anglorum sua doctrina contulit. . . 3.28 (195.27)
CONFERTISSIMVS, a, um. confertissimum. omnibusque rebus confertissimum. 1.2 (14.29)
CONFESSIO. confessio. uniuersalis gentium confessio, suscepto Christianae sacramento fidei, protestetur. 2.8 (96.20)
confessione. et pro Christi confessione occisus est; 1.27 (51.13)
humanum genus, . . . salutifera confessione fide ueneratur et colit; 2.10 (101.20)
quod scintillam orthodoxae religionis in uestri dignatus est confessione succendere; 2.11 (104.25)
hilari confessione largitori omnium bonorum Deo, ... 2.11 (106.20)
quo praeoccupando faciem Domini in confessione propitium eum inuenire merearis.' 4.25 (263.20)
Acca cantator erat peritissimus, . . . et in catholicae fidei confessione castissimus, ... 5.20 (332.2)
confessionem. ubi gentem Nordanhymbrorum cum suo rege ad fidem confessionemque Christi, . . . conuersam esse didicit, ... 2.17 (118.26)
Et post multa huiusmodi, quae ad rectae fidei confessionem pertinebant, ... 4.17 (239.30)
quia confessionem et paenitentiam uel in morte habuerunt, ... 5.12 (308.16)
confessionis. Brittaniam tum plurima confessionis Deo deuotae gloria sublimauit. 1.6 (18.4)
librum uitae et passionis [confessionis] sancti Anastasii, ... uar. 5.24 (359.6)
CONFESSOR. confessor. montem cum turbis reuerentissimus Dei confessor ascendit; 1.7 (20.27)
confessorem. confessorem Christi, . . . penes Albanum latere. 1.7 (18.22)
caedi sanctum Dei confessorem a tortoribus praecepit, ... 1.7 (19.32)
sanctum Dei confessorem ferire recusauit; 1.7 (21.16)
confessoris. ad obsequium beatissimi confessoris ac martyris uocabatur, ... 1.7 (20.9)
librum uitae et passionis sancti Felicis confessoris de metrico Paulini opere in prosam transtuli; . . 5.24 (359.5)
CONFESTIM. sed hoc confestim a praefatis hostibus interrupto, maiore sint calamitate depressi. . . 1.12 (25.16)
redeunt confestim ipsi, ... 1.12 (27.32)
mittitur confestim illo classis prolixior, ... 1.15 (31.7)
confestim benedictio et sermonis diuini doctrina profunditur. 1.21 (40.19)
confestim is, qui loquebatur cum eo, inposuit dexteram suam capiti eius dicens: 2.12 (109.22)
confestim ad hos diuertens, ... 3.5 (136.3)
Nam confestim langore corporis tactus est, ... 4.3 (210.2)
et rapta confestim de mundo, ... 4.19 (245.21)

Qui confestim respondit: 4.24(262.3)
confestim me melius habere sentirem. 5.6 (291.23)
At ille confestim ueniens ad reginam Eanfledam, 5.19(323.17)
CONFICIO. confecissent. iamque aliquantulum itineris confecissent, 1.23 (42.25)
confecit. Hoc autem bellum rex Osuiu . . . cum magna utriusque populi utilitate confecit. 3.24(179.15)
confecti. alii fame confecti procedentes 1.15 (32.30)
conficitur. quibus tinctura coccinei coloris conficitur, 1.1 (10.12)
conficiunt. sacra mundo corde atque ore conficiunt. 1.8 (22.13)
CONFIDENTER. immo confidenter profiteor plurimos ex eis sanctos Deo dignos extitisse, 5.21(344.5)
CONFIDENTIA. confidentiae. similes ergo efficiuntur his, qui spem suae confidentiae ponunt in eis.' 2.10(102.19)
CONFIDENTIOR, ius. **confidentiores.** et solito confidentiores facti, 1.12 (27.32)
CONFIDO. confidam. uel me accepturum esse confidam, 3.13(153.14)
confidens. confidens episcopus in diuinum, ubi humanum deerat, auxilium, 2.7 (94.19)
confidentes. quin potius confidentes in diuinum, 1.14 (29.19)
confiderent. hostibus, qui se insperatos adesse confiderent, 1.20 (39.7)
confidimus. Eius ergo mirabile donum et in uobis certa spe, caelesti longanimitate conferri confidimus; 2.10(101.31)
confidunt. qui sine praeueniente gratia Christi se saluari posse confidunt; 5.21(340.25)
confisos. in opus eos uerbi, diuino confisos auxilio, proficisci suadet. 1.23 (43.3)
confisus. quibus Osuiu rex cum Alchfrido filio, . . . Christo duce confisus, occurrit. 3.24(178.4)
CONFINIVM. confinio. id est robur Augustini, in confinio Huicciorum et Occidentalium Saxonum 2.2 (81.14)
confinium. qui ad confinium usque Humbrae fluminis maximi, . . . tetenderat. 1.25 (45.1)
hae omnes prouinciae ceteraeque australes ad confinium usque Hymbrae . . Aedilbaldo subiectae sunt. 5.23(350.25)
CONFIRMATIO. confirmatione. Roboratus ergo confirmatione beati patris Gregorii, 1.25 (44.27)
CONFIRMO. confirmandam. qui ad confirmandam fidem gratiae caelestis Brittanias uenirent. 1.17 (34.7)
confirmandum. rogauerunt Sigberctum ad confirmandum militem secum uenire in proelium. 3.18(163.4)
confirmantibus. confirmantibus eis, qui de Cantia uel de Galliis aduenerant, 3.25(181.15)
confirmare. quibus eos in unitate catholica confirmare satagit. 2.4 (88.10)
confirmaret. sua quoque auctoritate subscribens confirmaret, 2.4 (88.21)
cotidiana et exhortatione, et sacramentorum caelestium celebratione confirmaret. 2.9 (98.16)
placuit, ut, quaeque definita sunt, unusquisque nostrum manus propriae subscriptione confirmaret. 4.5 (217.11)
confirmata. per Marcum euangelistam et interpretem ipsius Alexandriae confirmata est, 5.21(337.9)
confirmata. et regulam ac praecepta caelestibus signis confirmata sequi perhibetis, 3.25(187.27)
si audita decreta sedis apostolicae, . . . et haec litteris sacris confirmata sequi contemnitis, 3.25(188.10)
confirmatam. hanc sententiam, . . . nostra etiam consensione ac subscriptione manus nostrae confirmatam 4.5 (217.16)
confirmatum. Et hoc esse uerum pascha, . . . Niceno concilio non statutum nouiter, sed confirmatum est, 3.25(186.12)
confirmatus. Qua uisione confirmatus, curauit locum monasterii, . . . uelocissime construere, 3.19(164.9)
confirmauit. uel iam credentes amplius in fide atque amore Christi confirmauit. 3.19(164.2)
confirmet. perpeti stabilitate confirmet, 2.18(121.5)
CONFITEOR. confessa. et confessa dignis, ut imperabat, poenitentiae fructibus abstergerent. 4.27(270.3)
confessus. et, abrenuntiata idolatria, fidem se Christi suscipere confessus est. 2.13(113.3)
libenter se Christianum fieri uelle confessus est, 3.21(170.6)
Accedens ergo ad sacerdotem, . . . confessus est reatum suum, 4.25(263.14)
ueram et catholicam fidem confessus est, et cum subscriptione sua corroborauit.' 5.19(327.6)
confiteantur. laetentur insulae multae, et confiteantur memoriae sanctitatis eius. 5.23(351.29)
confitemur. et confitemur secundum sanctos patres, proprie et ueraciter Patrem et Filium et Spiritum Sanctum trinitatem 4.17(239.24)
confitendo. omnes palam, quae gesserant, confitendo proferrent, 4.27(270.1)
confitentes. ipsumque auctorem humani generis confitentes, eum colere, . . . festinemus? 2.17(119.11)
confitenti. ea, quam in capite suo gestabat ille, cui se confitenti Dominus ait: 5.21(342.28)
confitentur. Tum Brettones confitentur quidem intellexisse se ueram esse uiam iustitiae, 2.2 (82.14)
confiteretur. Ammonebat ergo illum sedulo, ut confiteretur, 5.13(311.10)
confiteri. ac nomen Christi, cui contradixerant, confiteri gauderent, 3.30(200.4)
A quo interrogatus, qui esset, timuit se militem fuisse confiteri; 4.22(250.8)
qui differentes confiteri et emendare scelera, . . . ad paenitentiam confugiunt, 5.12(308.13)
At ille respondit, non se tunc uelle confiteri peccata sua, 5.13(311.20)
confitetur. summae ueritatis et uerae sublimitatis scientiam scrutatur, et confitetur, 1.1 (11.14)
CONFLICTO. conflictatus. repentinis bellorum tumultibus undique circumuentus et conflictatus est. 1.2 (14.32)
CONFLICTVS. conflictu. Finitoque conflictu, ac soluta contione, Agilberctus domum rediit. 3.26(189.10)
finitoque conflictu in oceanum refusi, unde uenerant, redeunt. 4.16(238.22)
conflictum. ad extremum, . . . praesumunt inire conflictum. 1.17 (35.15)
ut, . . . post aliquantum utriusque partis conflictum, . . . in praesulatum sit suae receptus ecclesiae. 5.19(329.32)
conflictus. maxime cum numquam patribus catholicis sicut de paschae uel fidei diuersitate conflictus, 5.21(342.23)
CONFLIGO. confligens. Qui cum Finano confligens, multos quidem correxit, 3.25(181.21)
confligere. cum uideret se Osuini cum illo, qui plures habebat auxiliarios, non posse bello confligere, 3.14(155.9)
CONFLVO. confluebant. confluebant ad audiendum uerbum populi gaudentes, 3.3 (132.19)
ad ecclesiam . . . audiendi sermonis Dei gratia confluebant; 3.26(191.14)
ad audiendum eum, qui cantandi erant periti, confluebant. 4.18(241.30)
confluentem. nil aliud ageret, quam confluentem eo de cunctis uiculis ac locis plebem . . . instruere, 2.14(115.4)
confluentibus. confluentibus certatim in insulam gentium memoratarum cateruis, 1.15 (32.4)
confluere. coepere plures cotidie ad audiendum uerbum confluere, 1.26 (47.22)
confluerent. ut . . . cuncti ad eius imperium uerbum audituri confluerent; 4.27(269.30)
confluxissent. multi ad emendum confluxissent, 2.1 (79.31)
CONFORTO. confortaret. uel si fideles, in ipsa eos fide confortaret, 3.5 (136.6)
confortatus. donec legitimus rex Victred, id est filius Ecgberci, confortatus in regno, 4.26(268.16)
confortauerit. epistula quoque illos exhortatoria, ne a laborando cessarent, confortauerit. 1.23 (42.12)
CONFRINGO. confringendos. confringendos diminuendosque summopere procurate. 2.10(103.8)
confringi. sed et discum confringi, atque eisdem minutatim diuidi praecepit. 3.6 (138.20)
CONFVGIO. confugiunt. qui . . . in ipso tandem mortis articulo ad paenitentiam confugiunt, 5.12(308.15)
CONFVNDO. confundi. confundi atque turbari a summorum contemplatione cogebatur. 1.27 (58.17)
confusi. Quod cum repente conuiuae terrore confusi conspicerent, 3.10(147.18)
CONFVTO. confutare. ut exhortatorias sibi litteras mitteret, quibus potentius confutare posset eos, 5.21(332.31)
confutatis. eiusque auctoribus confutatis, 1.18 (36.22)
confutatur. Conuincitur uanitas, perfidia confutatur; 1.17 (35.32)
CONGAVDEO. congaudens. cuius fidei et saluti congaudens, 2.1 (78.8)
Cuius sanitati congaudens episcopus praecepit medico etiam sanandae scabredini capitis eius curam adhibere. 5.2 (284.22)
congaudente. congaudente uniuerso populo, uitae caelestis institutio cotidianum sumeret augmentum, 3.22(173.14)
congaudentibus. cunctisque congaudentibus, ad ministerium, quod sollicitus exhibere solebat, . . . rediit. 4.31(279.11)
CONGERIES. congeriem. aduexit illo plurimam congeriem trabium, tignorum, parietum, 3.16(159.5)
CONGERO. congesserat. Quaeque patrum uirtus, et quae congesserat ipse Caedual armipotens, liquit amore Dei; 5.7 (293.9)
congesta. Qua ex re non modica nobis amaritudo congesta est, 2.11(105.11)

congesta. iam deinde congesta in ordinem serie lunae XIIII^ae^ facillime posset ab omnibus sciri. 5.21 (341.15)
CONGRATVLOR. congratulante. et congratulante in fide eius Brittania, laetentur insulae multae, 5.23 (351.28)
congratulatus. Quorum fidei et conuersioni ita congratulatus esse rex perhibetur, 1.26 (47.25)
CONGREDIOR. congressa. et congressa est cum hostibus, 1.12 (26.9)
CONGREGATIO. congregatio. omnis congregatio, hinc fratrum, inde sororum, psallens circumstaret; 4.19 (245 24)
easque ad orandum pro anima eius, etiam priusquam cetera congregatio eius obitum cognouisset excitauerit. 4.23 (258.18)
congregatione. et post longa tempora in caelestis uos patriae congregatione recipiat. 1.32 (70.1)
quin aliquis de illa congregatione citius esset moriturus, 4.9 (222.21)
congregationi. dignum se congregationi fratrum aestimare non debet, 1.27 (57.22)
Quod ita fuisse factum mox congregationi mane facto innotuit. 4.23 (258.19)
congregationis. Post discessum congregationis nostrae, 1.30 (65.1)
sed omnes agnoscant tempus et ordinem consecrationis [congregationis] suae.' uar. 4.5 (216.28)
sollicita mater congregationis, . . . crebrius in conuentu sororum perquirere coepit, 4.7 (219.19)
cum et ipsa mater congregationis illius e mundo transiret. 4.9 (221.27)
Cum autem et ipsa mater pia Deo deuotae congregationis Aedilburga esset rapienda de mundo, 4.9 (221.29)
Deo dilecta mater congregationis ipsius, ergastulo carnis educta est; 4.9 (222.26)
quod ad ipsum cymiterium Deo dicatae congregationis factum idem libellus refert. 4.10 (224.21)
donec regulariter institutae in societatem congregationis susciperentur. 4.23 (258.24)
matri congregationis, uocabulo Aebbæ, curauit indicare. 4.25 (264.23)
CONGREGO. congregans. historias passionis eorum, una cum ceteris ecclesiasticis uoluminibus, summa industria congregans, 5.20 (331.24)
congregarat. ut ipsum in concilio, quod congregarat, episcoporum, . . . residere praeciperet.' 5.19 (328.13)
congregaret. (non enim dederat illi spatium, quo totum suum congregaret atque adunaret exercitum), 2.12 (110.17)
cum synodum congregaret Romae CXXV episcoporum, 5.19 (326.25)
congregassent. Vbi cum omnia perambulantes multam Domino ecclesiam congregassent, 3.22 (172.28)
congregata. congregata discipulorum caterua, scientiae salutaris cotidie flumina . . . emanabant; 4.2 (204.25)
congregata synodo non parua sub praesentia regis Ecgfridi 4.28 (272.13)
congregati. mox congregati in unum uicani uerbum uitae ab illo expetere curabant. 3.26 (191.15)
qui in Nicaea congregati fuerunt CCCX et VIII contra Arrium impiissimum et eiusdem dogmata; 4.17 (240.3)
et iterum in Constantinopoli quinto congregati sunt concilio 4.17 (240.9)
congregatis. Quibus pariter congregatis, diligenter ea, quae unitati pacis ecclesiasticae congruerent, . . . coepit obseruanda docere. 4.5 (214.25)
congregato. Siquidem congregato contra inuicem exercitu, 3.14 (155.7)
congregauerat. Remisit ergo exercitum, quem congregauerat, 3.14 (155.12)
Colmanus, . . . tulit secum omnes, quos in Lindisfarnensium insula congregauerat Scottos; 4.4 (213.5)
congregemur. ut Kalendis Augustis in loco, qui appellatur Clofeshoch, semel in anno congregemur.' 4.5 (216.25)
congregetur. 'Vt bis in anno synodus congregetur. 4.5 (216.22)
CONGRESSVS. congressu. Caesaris equitatus primo congressu a Brittanis uictus, 1.2 (14.9)
CONGRVO. congruere. quae rursus pro ecclesiarum uestrarum priuilegiis congruere posse conspicimus, 2.18 (121.17)
Vnde constat uos, . . . neque legi, neque euangelio in obseruatione uestri paschae congruere. 3.25 (186.17)
congruerent. ea, quae unitati pacis ecclesiasticae congruerent, . . . coepit obseruanda docere. 4.5 (214.26)
congruit. neque . . . una atque indissimili totum per orbem tonsurae sibi forma congruit. 5.21 (342.7)
CONGRVVS, a, um. **congrua.** et dies passionis uel inuentionis eorum congrua illis in locis ueneratione celebratus. 5.10 (301.10)
et praecedente congrua lectionum orationum, caerimoniarum paschalium sollemnitate, 5.21 (336.19)
congrua. Nec mora, congrua quaesitui responsa recepit; 1.27 (48.12)
congruae. inuentum est sarcofagum illud congruae longitudinis ad mensuram corporis, 4.11 (227.13)
congruam. et iuxta honorem uel regiis pueris uel innocentibus Christi congruum [congruam] . . . sepulti sunt. uar. 2.20 (126.6)
Qui in insula Lindisfarnensi fecit ecclesiam episcopali sedi congruam; 3.25 (181.6)
tonsuram . . . hortor, ut ecclesiastiacam et Christianae fidei congruam habere curetis. 5.21 (342.3)
congruo. quod dum praeparata terra tempore congruo seminaret, 4.28 (271.31)
congruum. locum sedis eorum gradui congruum . . . donaret, 1.26 (47.31)
iuxta honorem tanto uiro congruum in ecclesia posuerunt. 1.33 (71.5)
et iuxta honorem uel regiis pueris uel innocentibus Christi congruum in ecclesia sepulti sunt. 2.20 (126.6)
atque in ecclesia iuxta honorem congruum posuerunt; 3.11 (148.28)
et iuxta honorem tanto pontifici congruum in ecclesia beati apostoli Petri sepultum. 5.19 (322.22)
CONICIO. conicere. coepitque sagaci animo conicere, 3.10 (147.3)
conicimus. plenius ex uicinitate locorum uestram gloriam conicimus cognouisse. 2.10 (101.30)
CONIVGATVS. coniugati. coniugati quique conuocantur, 1.27 (52.21)
coniugatorum. Praua autem in coniugatorum moribus consuetudo surrexit, 1.27 (55.8)
CONIVGIVM. coniugia. Certe enim dum coniugia in mundo celebrantur, 1.27 (52.21)
coniugii. qui in uia iam coniugii praecesserunt, 1.27 (52.22)
coniugiis. x capitulum pro coniugiis: 4.5 (216.32)
coniugiis. licita amixtio coniugis [coniugiis] sine uoluntate carnis fieri non potest, uar. 1.27 (57.30)
coniugio. huic nefando coniugio dicuntur admixti, 1.27 (51.18)
coniugio. Vsque ad quotam generationem fideles debeant cum propinquis sibi coniugio copulari? 1.27 (50.27)
et nouercis et cognatis si liceat copulari coniugio? 1.27 (50.28)
Sed experimento didicimus ex tali coniugio sobolem non posse succrescere. 1.27 (50.32)
legitimo coniugio natus fuerat, qui dicebat: 1.27 (58.1)
coniugium. Nec haec dicentes culpam deputamus esse coniugium; 1.27 (57.29)
Habuerat enim unus ex his, . . . comitibus inlicitum coniugium; 3.22 (173.28)
coniugium. non amixtionem coniugum [coniugium] iniquitatem nominat, uar. 1.27 (58.6)
CONIVNCTIO. coniunctionem. quia per coniunctionem priorem caro fratris fuerit facta. 1.27 (51.10)
coniunctionis. Quomodo ergo unitas uobis coniunctionis inesse dici poterit, 2.11 (105.21)
CONIVNGO. coniunctam. Quod si quisquam propriam expulerit coniugem legitimo sibi matrimonio coniunctam, 4.5 (217.4)
coniuncti. egredientes e corpore spiritus eorum mox beata inuicem uisione coniuncti sunt, 4.29 (275.13)
coniunctus. At ille Brittaniam ueniens, coniunctus est amicitiis Alchfridi regis, 5.19 (325.9)
coniungi. aut post quantum temporis huic uir suus possit in carnis copulatione coniungi? 1.27 (53.30)
coniungitur. inlicitae concupiscentiae animus in cogitatione per delectationem coniungitur; 1.27 (57.21)
qua per sacrum ministerium homo Deo coniungitur, 1.27 (52.25)
coniunxit. coniunxitque se regi, sponte ministerium praedicandi assumens. 3.7 (140.22)
CONIVX. coniuge. cumque de glorioso coniuge uestro paterna caritas sollicite perquisisset, 2.11 (105.7)
coniuge. quidam tribuniciae potestatis cum coniuge procedit in medium, 1.18 (36.6)
Vir autem cum propria coniuge dormiens, 1.27 (57.14)
qui interpellante Bliththrydae coniuge sua, dedit ei locum mansionis 5.11 (302.23)
coniugem. Siquis uero suam coniugem non cupidine uoluptatis raptus, . . . utitur, 1.27 (58.23)
accepta in coniugem Aedilbergae filia Aedilbercti regis, 2.9 (97.23)
responsum est non esse licitum Christianam uirginem pagano in coniugem dari, 2.9 (97.28)
cum profecto gloriosam coniugem uestram, . . . inluminatam agnouimus. 2.10 (101.32)

Consecratus ergo in episcopum Ceadda maximam mox coepit . . . curam inpendere; 3.28 (195.16)
Peruenit autem Theodorus ad ecclesiam suam secundo postquam consecratus est anno, 4.2 (204.14)
et episcopatu functus Haeddi pro eo, consecratus a Theodoro in ciuitate Lundonia. 4.12 (227.29)
De primo supra diximus, quod Eboraci fuerit consecratus antistes; 4.23 (254.26)
consecratusque est eis primus antistes Eadberct, 5.18 (321.18)
consecratus est in episcopatum Eboraci, iubente rege Osuio, Ceadda uir sanctus, 5.19 (326.2)
Consecratus est autem in Doruuerni ciuitate a uiris uenerabilibus Danihele Ventano, et Ingualdo Lundoniensi, 5.23 (350.4)
Anno eodem Tatuini consecratus archiepiscopus nonus Doruuernensis ecclesiae, 5.24 (356.17)
consecrauerat. aqua benedicta, quam in dedicationem ecclesiae consecrauerat, 5.4 (287.20)
quam ipse uelut noua quadam relucente gratia ecclesiasticae societatis et pacis Christo consecrauerat; 5.22 (347.24)
consecrauerit. Vt . . . Cedd locum monasterii . . . accipiens orationibus et ieiuniis Domino consecrauerit; 3.23 (174.22)
consecrauit. sed successor eius Laurentius consecrauit. 1.33 (70.24)
quam consecrauit archiepiscopus Mellitus. 2.6 (93.25)
Illi autem ecclesiae Romanum pro se consecrauit episcopum, 2.8 (95.12)
Paulinus, transeunte ad Christum Iusto, Honorium pro eo consecrauit episcopum, 2.16 (117.17)
et ipse, defuncto Ithamar, consecrauit pro eo Damianum, 3.20 (169.19)
Pro quo Theodorus in ciuitate Hrofi Cuichelmum consecrauit episcopum. 4.12 (228.23)
et totidem sequentes nobilius in monachica uita Domino consecrauit. 4.23 (252.24)
etiam Gebmundo Hrofensis ecclesiae praesule defuncto, Tobiam pro illo consecrauit, 5.8 (296.1)
consecrent. ut accepta nuper loca . . . prius orationibus ac ieiuniis Domino consecrent. 3.23 (175.34)

CONSENSIO. consensione. hanc sententiam, . . . nostra etiam consensione ac subscriptione manus nostrae confirmatam, 4.5 (217.15)

CONSENSVS. consensu. et unanimo consensu auxilium caeleste precantes, 1.16 (33.9)
uel, quod maius est, peccati consensu acciderit. 1.27 (61.2)
uidelicet suggestione, delectatione, consensu. 1.27 (61.4)
in delectatione fit nutrimentum, in consensu perfectio. 1.27 (61.16)
sed non se posse absque suorum consensu ac licentia priscis abdicare moribus. 2.2 (82.16)
unanimo omnium consensu firmatum est, ut nomen et memoria apostatarum de catalogo regum Christianorum prorsus aboleri deberet, 3.9 (145.3)
tandem iuuante amicorum consensu credidit, 3.22 (172.12)
adsumserunt cum electione et consensu sanctae ecclesiae gentis Anglorum, uirum bonum 3.29 (196.10)
synodum beati papae Martini, centum quinque episcoporum consensu non multo ante Romae celebratam, 4.18 (242.2)
contigit, ut . . . unanimo omnium consensu ad episcopatum ecclesiae Lindisfarnensis eligeretur. 4.28 (272.18)
misit Pippin fauente omnium consensu uirum uenerabilem Vilbrordum Romam, 5.11 (302.31)
cum consilio atque consensu patris sui Osuiu, episcopum sibi rogauit ordinari, 5.19 (325.29)
consensum. ut . . . inter delectationem et consensum iudex sui animus praesideat. 1.27 (61.9)
omniumque unianimem in fide catholica repperit consensum; 4.17 (239.1)
consensus. delectatio per carnem, consensus per spiritum; 1.27 (61.5)

CONSENTIO. consenserunt. ea solum condicione dare consenserunt, 1.1 (12.14)
consensi. sed oboedientiae causa iussus subire hoc, quamuis indignus, consensi.' 4.2 (205.28)
consensit. Adam uero uelut spiritus consensit; 1.27 (61.8)
consentiat. nec tamen anima eidem delectationi consentiat. 1.27 (61.19)
ut ei ex ratione contradicat, ne consentiat; 1.27 (61.22)
consentiendi. dicito gae,' quod est lingua Anglorum uerbum adfirmandi et consentiendi, id est, etiam. 5.2 (284.5)
consentientibus. mare conscendit, et consentientibus elementis, 1.21 (40.8)
consentire. ad interiora gaudia consentire facilius ualeant. 1.30 (65.25)
consentirent. interrogaui unumquemque eorum per ordinem, si consentirent ea, . . . custodire. 4.5 (215.23)
consentiret. Isque primus erat in archiepiscopis, cui omnis Anglorum ecclesia manus dare consentiret. 4.2 (204.23)
consentis. num ei obtemperare, et monita eius salutaria suscipere consentis?' 2.12 (109.18)
consentit. si autem etiam ex deliberatione consentit, 1.27 (61.14)
sicut una fide, spe, et caritate in Deum consentit, 5.21 (342.6)
consentiunt. 'Si utrique uestrum,' inquit, 'in hoc sine ulla controuersia consentiunt, 3.25 (188.27)

CONSEPTVM. conseptis. Hunc ergo adduci praecipit episcopus, et ei in conseptis eiusdem mansionis paruum tugurium fieri, 5.2 (283.28)

CONSEQVENTER. Et cum in omnibus consequenter responderet, 5.2 (284.11)
quibusque ibidem depositis, consequenter in eorum honorem , . . . singula quaeque loca dedicaret. 5.11 (301.29)

CONSEQVENTIA. consequentiam. omnia, quae ad solis et lunae, mensis et septimanae consequentiam spectant, . . . recurrunt. 5.21 (341.29)

CONSEQVOR. consecuta. Ad hoc enim misericordiam dominicae pietatis consecuta es, 2.11 (106.6)
consecutos. Constatque multos ex eo tempore gratiam sanitatis in eodem loco consecutos; 3.17 (161.6)
consecutus. et mox effectum piae postulationis consecutus est; 1.4 (16.9)
Mox autem ut baptisma consecutus est, 2.14 (114.8)
inter quos exulans ipse baptismatis sacramenta cum his, qui secum erant, militibus consecutus erat; 3.3 (131.10)
sed et regna terrarum . . . ab eodem uno Deo, qui fecit caelum et terram, consecutus est. 3.6 (138.4)
consequerentur. ut . . . sui consequerentur misericordiam Saluatoris. 2.8 (96.8)
consequeretur. quid ibi sanitatis Domino largiente consequeretur, ostendit. 4.3 (212.15)
consequi. quantumue sit admirabile, quod renata praemium consequi meruisti. 2.11 (105.34)
credere se dicens, quia per hoc, donante Domino, salutem posset consequi. 3.2 (130.21)

CONSERO. conserto. et conserto graui proelio in campo, qui uocatur Haethfelth, 2.20 (124.21)
conserto graui proelio inter ipsum et Aedilredum regem Merciorum 4.21 (249.3)

CONSERVO. conseruandam. unitatemque ecclesiae conseruandam, prosecutus sum. 4.5 (215.20)
Verum ea, . . . ob memoriam conseruandam breuiter recapitulari placuit. 5.24 (352.3)
conseruata. quae hactenus in ecclesia Cantiae conseruata monstrantur. 2.20 (126.11)
conseruauit. et ipsa Deo dilectam perpetuae uirginitatis gloriam in magna corporis continentia seruauit [conseruauit]; uar. 3.8 (144.7)
conseruent. et cor et linguam et corpus Deo auctore conseruent. 1.27 (49.11)
conseruet. hos quoque unitas fidei etiam post huius uitae transitum in perpetua societate conseruet. 2.11 (105.29)

CONSESSVS. consessu. centum quinque episcoporum consensu [consessu] non multo ante Romae celebratam, uar. 4.18 (242.2)
ita ut exsurgens de medio optimatum suorum consessu, genua flecteret in terram, 5.21 (345.27)

CONSIDERATIO. consideratione. de sua recta consideratione laudandae sunt; 1.27 (56.25)
et quanta consideratione propriam cotidie debeant fragilitatem pensare. 2.1 (76.18)
considerationem. quaedam per considerationem dissimulat, 1.27 (51.28)

CONSIDERO. considerabant. animaduerterunt, qui eum diligentius considerabant, . . . quia non erat de paupere uulgo, 4.22 (251.3)
considerando. sed ubi ad ceruicem considerando perueneris, 5.21 (343.29)
considerans. Ipse autem tacitus rem considerans, ueram esse timebat; 5.9 (297.23)
consideraret. quod, dum attentius consideraret, tanti fulgore luminis refulgere uidebatur, 4.23 (256.5)
consideremus. Cumque post haec hora competente consideremus ad mensam, 5.3 (286.7)
considerent. Atque ideo feminae cum semet ipsis considerent, 1.27 (56.22)

considero. considero turbam malignorum spirituum, . . . 5.12 (306.12)
CONSIDO. consederat. inmensa hostium multitudo consederat, . . . 1.2 (14.14)
consedissent. cum parum consedissent, ac de supernis iudiciis trepidi aliqua confabulari coepissent, 5.19 (329.3)
consedisset. cum die sancto paschae cum praefato episcopo consedisset ad prandium, . . . 3.6 (138.12)
considebant. Quo audito omnium, qui considebant, . . . 3.5 (137.19)
considentem. uocari iussit et Vilfridum, atque inter episcopos considentem dicere fidem suam, . . 5.19 (326.28)
considentibus. considentibus episcopis pluribus cum apostolico papa Iohanne, . . . 5.19 (327.16)
CONSILIARIVS. consiliarii. His similia et ceteri maiores natu ac regis consiliarii diuinitus admoniti prosequebantur. . . . 2.13 (112.22)
consiliariis. Verum adhuc cum amicis principibus et consiliariis suis sese de hoc conlaturum esse dicebat, 2.13 (111.12)
consiliarius. et Iohannes seruus Dei, consiliarius eiusdem apostolicae sedis. . . . 2.19 (123.8)
Bonifatii uidelicet archidiaconi, qui etiam consiliarius erat apostolici papae; . . . 5.19 (324.24)
Bonifatius consiliarius apostolici papae, et alii perplures, . . . dicebant ipsum esse episcopum, . . 5.19 (328.4)
CONSILIVM. consilia. quod oblata sibi perpetuae salutis consilia spreuerant. . . . 2.2 (85.2)
consiliis. ut admoneremus lectorem operum Domini, quam terribilis in consiliis super filios hominum; 4.25 (266.7)
consilio. Quod dum sibi placuisse Eadbercto antistiti suo referrent, adnuit consilio eorum, . . . 4.30 (276.17)
consilio. cum consilio praefati Albini reuerentissimi patris . . . Praef. (6.23)
Corausius quidam, genere quidem infimus, sed consilio et manu promptus, . . . 1.6 (17.12)
et hoc esse tutius communi consilio decernebant. . . . 1.23 (42.28)
communi autem consilio, et concordi actione . . . 1.29 (64.9)
decreta illi iudiciorum, . . . cum consilio sapientium constituit; . . . 2.5 (90.11)
Decretumque est communi consilio, quia satius esset, . . . 2.5 (91.31)
dispositis ordinibus, quibus subsisterent, coaeterni Verbi sui consilio, . . . dispensans, . . . 2.10 (101.11)
Habito enim cum sapientibus consilio, . . . 2.13 (111.16)
Birino episcopo, qui cum consilio papae Honorii uenerat Brittaniam, . . . 3.7 (139.11)
Haec . . . cum rex Osuiu regi Sigbercto amicali et quasi fraterno consilio saepe inculcaret, . . . 3.22 (172.11)
facto cum suis consilio, cum exhortatione, . . . baptizatus est . . . 3.22 (172.13)
habito inter se consilio, quid de statu ecclesiae Anglorum esset agendum, . . . 3.29 (196.6)
At apostolicus papa habito de his consilio, . . . 4.1 (202.4)
quia notus erat ei, eiusque consilio ac suffragiis praefato fuerat monasterio sociatus, . . . 5.19 (323.19)
cum consilio atque consensu patris sui Osuiu, episcopum sibi rogauit ordinari, . . . 5.19 (325.29)
consilium. Initum namque est consilium, . . . 1.14 (30.16)
consilium. 'sed possumus,' inquiunt, 'salubre uobis dare consilium, . . . 1.1 (12.5)
Verum Brittanni, . . . inueniunt salubre consilium, . . . 1.17 (34.1)
etiam consilium tibi tuae salutis ac uitae melius atque utilius, . . . ostendere potuerit, . . . 2.12 (109.15)
Quale consilium idem cum primatibus suis de percipienda fide Christi habuerit; . . . 2.13 (111.8)
sed etiam reges ac principes nonnumquam ab ea consilium quaererent, et inuenirent. . . . 4.23 (254.16)
'Nunc laudare debemus auctorem regni caelestis, potentiam Creatoris et consilium illius, . . . 4.24 (260.2)
petiitque, ut consilium sibi daret, quo posset fugere a uentura ira. . . . 4.25 (263.15)
Quo affectus incommodo, concepit utillimum mente consilium, . . . 4.31 (278.19)
Cuius consilium nullus adire potest! . . . 5.7 (293.22)
CONSISTO. consistens. Porro rex, . . . coepit consistens ad focum calefieri cum ministris; . . . 3.14 (156.27)
consistentes. ut pro ipso etiam, . . . consistentes ibi monachi Domino preces offerrent. . . . 4.4 (213.28)
consistere. eumque consistere firmis uestigiis imperabat. . . . 1.19 (38.2)
seorsum in tutiore loco consistere, . . . 2.2 (84.7)
cuius equus subito lassescere, consistere, caput in terram declinare, . . . coepit . . . 3.9 (145.31)
consisterem. Et cum diutius ibi pauidus consisterem, . . . 5.12 (306.6)
consistit. quippe quae sui magnitudine ita inuisibili atque inuestigabili aeternitate consistit, . . . 2.10 (100.28)
qui diuinae bonitatis operibus inuidus aemulusque consistit, . . . 2.10 (103.6)
CONSOLATIO. consolatione. Et cum regius iuuenis solus adhuc ibidem sederet, gauisus quidem de conlata sibi consolatione, . . . 2.12 (109.30)
consolationem. et tamen hanc consolationem habeas, quod in diebus tuis haec plaga non superueniet.' 4.25 (265.27)
consolationis. ut et ipsum consolationis suae bono refoueat, . . . 1.28 (62.17)
Erat . . . affabilis omnibus, qui ad se consolationis gratia ueniebant; . . . 4.28 (273.21)
CONSOLATORIVS, a, um. **consolatoriam.** uir Dei, dum membra sopori dedisset, uidit uisionem consolatoriam, . . . 4.11 (226.17)
CONSOLOR. consolandi. pariter et infirmos consolandi, ac pauperes recreandi uel defendendi clementiam. 3.17 (161.23)
consolantium. et egrediens dixit solito consolantium sermone: . . . 5.5 (288.18)
consolatum. tertium cum Simmacho gessit consulatum [consolatum]. . . . uar. 1.13 (28.24)
consolatus. et cor uiduae consolatus sum. . . . 2.1 (77.26)
Quam ille consolatus: 'Noli,' inquit, 'timere, . . . 5.12 (304.10)
CONSONANTER. nos . . . iuxta diuinitus inspiratam doctrinam eorum professi credimus consonanter, . . 4.17 (239.24)
CONSONVS, a, um. **consona.** hanc laetaniam consona uoce modularentur: . . . 1.25 (46.24)
CONSORS, sortis. **consors.** is, qui superest, consors eiusdem gradus habeat potestatem alterum ordinandi . . . sacerdotem; . . . 2.18 (120.18)
consortem. Habuit autem Osuiu primis regni sui temporibus consortem regiae dignitatis, . . . 3.14 (154.25)
consortibus. de quo una cum consortibus eiusdem sui gradus recte ac ueraciter dici potest, . . . 5.8 (294.26)
CONSORTIVM. consortia. nuntiauit matrem . . . ad aeternae limina lucis et supernorum consortia ciuium ascendisse. . . . 4.23 (257.26)
Alma nouae scandens felix consortia uitae, . . . 5.8 (295.16)
consortii. ut perinde intemerato societatis foedere iura teneas maritalis consortii. . . . 2.11 (105.19)
consortio. Horum ergo consortio non solum a terrenis est munitus incursibus, . . . 2.1 (75.13)
ne fides et sacramenta caelestis regis consortio profanarentur regis, . . . 2.9 (97.29)
ac pulcherrimo prorsus et Deo digno consortio, . . . ipsum . . . accepit in filium. . . . 3.7 (139.26)
cuius consortio cum XII annis uteretur, . . . 4.19 (243.10)
ut beatissimo apostolorum principi, . . . etiam nominis ipsius consortio iungeretur; . . . 5.7 (292.31)
delectatus nimirum suauitate ac decore loci illius, quem intuebar, simul et consortio eorum, quos in illo uidebam. . . . 5.12 (309.11)
consortium. Huius consortium cum primo ipse missis procis a fratre eius Aeodbaldo, . . . peteret; . 2.9 (97.25)
et si beati Petri consortium quaeris, . . . 5.21 (344.15)
CONSPECTVS. conspectu. eamque in conspectu omnium puellae oculis adplicauit, . . . 1.18 (36.15)
et in conspectu omnium filio incolumitas, patri filius restituitur. . . . 1.21 (40.31)
CONSPICIO. conpeximus. hoc in Gallia, . . . ab omnibus agi conspeximus [conpeximus]; . . . uar. 3.25 (184.24)
conspectis. qui quidem quantum conspectis ecclesiarum nostrarum statutis profecisset, probauit, . . 5.21 (345.4)
conspexerant. ut Romanum militem abisse conspexerant, . . . 1.12 (26.30)
conspexerit. quae animam eius cum angelis ad caelum ire conspexerit, . . . 4.23 (258.14)
conspeximus. hoc in Gallia, quas discendi uel orandi studio pertransiuimus, ab omnibus agi conspeximus; 3.25 (184.24)
conspexit. ubi fontes lucidos iuxta puplicos uiarum transitus conspexit, . . . 2.16 (118.10)
conspicerem. cum in eo nullam ianuam, uel fenestram, uel ascensum alicubi conspicerem. . . . 5.12 (307.13)
conspicerent. Quod cum repente conuiuae terrore confusi conspicerent, . . . 3.10 (147.18)
dum se inferiores in bello hostibus conspicerent, . . . 3.18 (163.3)
Qui cum monasterio propinquarent, et aedificia illius sublimiter erecta aspicerent [conspicerent], . uar. 4.25 (264.17)

CONSTRVCTIO. **constructione.** dum profecto meliores uos, . . . eorum constructioni [constructione] nihilominus existatis; uar. 2.10 (103.14)
constructioni. dum profecto meliores uos, . . . eorum constructioni nihilominus existatis; 2.10 (103.14)
CONSTRVCTOR. **constructor.** Sexuulfum, qui erat constructor et abbas monasterii, quod dicitur Medeshamstedi, 4.6 (218.8)
CONSTRVO. **construantur.** altaria construantur, reliquiae ponantur. 1.30 (65.10)
constructa. nuper ibidem ecclesia constructa, sacratiorem et cunctis honorabiliorem omnibus locum fecere. 3.2 (130.2)
constructa domuncula cultiore receptui corporis eiusdem, 3.19 (168.21)
sed postmodum constructa ibidem ecclesia beatissimi apostolorum principis Petri, 4.3 (212.6)
constructa. si fana eadem bene constructa sunt, 1.30 (65.11)
constructi. ita constructi nihilque intellegentiae habentes, 2.10 (102.26)
constructis. Nam eo tempore necdum multis in regione Anglorum monasteriis constructis, 3.8 (142.17)
constructo. Et constructo statim monasterio, iuuante etiam comite ac uicinis omnibus, 4.4 (213.29)
ubi constructo monasterio uirginum Deo deuotarum perplurium 4.19 (244.3)
constructo monasterio, quod hactenus heredes possident eius, 5.11 (302.25)
constructum. in monasterio, quod in regione Francorum constructum est 3.8 (142.14)
ubi postmodum, castigandi huius facinoris gratia, monasterium constructum est; 3.14 (155.25)
monasterium . . . constructum in castro quodam, quod lingua Anglorum Cnobheresburg, . . . uocatur; 3.19 (164.13)
propter angustiam loci, in quo monasterium constructum est, 4.10 (224.12)
in monasterio, quod iuxta amnem Dacore constructum ab eo cognomen accepit, 4.32 (279.22)
construebant. quem uidelicet murum . . . construebant, 1.12 (27.22)
construebantur. Construebantur ergo ecclesiae per loca, 3.3 (132.18)
construenda. et Osuiu, . . . possessiones et territoria Deo ad construenda monasteria dederit. 3.24 (177.12)
simul et XII possessiones praediorum ad construenda monasteria donaret; 3.24 (177.30)
ut nemo territoria ac possessiones ad construenda monasteria, . . . acciperet. 3.26 (191.21)
construendi. idem episcopus Cedd locum monasterii construendi ab Oidiluualdo rege accipiens 3.23 (174.21)
antistes elegit sibi locum monasterii construendi 3.23 (175.13)
ut donaret ibi locum monasterio construendo [construendi] uar. 3.24 (180.1)
construendis. alii . . . pontifices construendis ornandisque auro . . . operam dabant, 2.1 (77.16)
construendo. postulauit a rege Osuio, ut donaret ibi locum monasterio construendo 3.24 (180.1)
inuenit locum in Hibernia insula aptum monasterio construendo, 4.4 (213.24)
construendum. postulauit eum possessionem terrae aliquam a se ad construendum monasterium accipere, 3.23 (175.1)
cui etiam rex Vulfheri donauit terram L familiarum ad construendum monasterium 4.3 (207.4)
ad constituendum [construendum] ibi monasterium, uar. 4.4 (213.25)
contigit eam suscipere etiam construendum siue ordinandum monasterium in loco, 4.23 (254.3)
quem uidelicet locum dederat pridem ad construendum inibi monasterium 5.19 (325.16)
construentes. murum, . . . non tam lapidibus quam cespitibus construentes, 1.12 (26.16)
construere. curauit locum monasterii, . . . uelocissime construere, 3.19 (164.11)
construit. construxit [construit] monasterium, uar. 4.4 (213.14)
construunt. basilicas sanctorum martyrum fundant, construunt, perficiunt, 1.8 (22.11)
construuntur. hi, qui ex corruptibili materia inferiorum etiam subpositorumque tibi manibus construuntur; 2.10 (102.22)
construxerat. duo praeclara monasteria, unum sibi, alterum sorori suae Aedilburgae construxerat, 4.6 (218.28)
Dominus omnipotens obitum ipsius in . . . monasterio, quod ipsa eodem anno construxerat, . . . manifesta uisione reuelare dignatus est. 4.23 (257.3)
construxisset. Cum enim idem Benedictus construxisset monasterium Brittaniae 4.18 (241.5)
Cum . . . mansionem angustam . . . id est oratorium et habitaculum commune, construxisset, 4.28 (271.23)
construxit. ecclesiam beatorum apostolorum Petri et Pauli a fundamentis construxit, 1.33 (70.20)
quam ibidem ipse de ligno, . . . citato opere construxit. 2.14 (114.5)
quod rex Aedilberct a fundamentis in eadem Hrofi ciuitate construxit. 3.14 (154.20)
monasterium, in quo liberius caelestibus studiis uacaret, construxit; 3.19 (164.25)
ibique praedicans uerbum, ut diximus, monasterium nobile construxit. 3.19 (167.30)
monasterium construxit in loco Latineaco nominato, 3.19 (168.12)
in loco, qui dicitur Streanæshalch, ibi monasterium construxit; 3.24 (179.5)
In hanc ergo perueniens, construxit monasterium, 4.4 (213.14)
plures per illas regiones ecclesias, sed et monasteria nonnulla construxit. 5.11 (303.14)
Hanc Constantinus imperator, . . . magnifico et regio cultu construxit. 5.16 (317.26)
CONSVBSTANTIALIS, e. **consubstantialem.** confitemur . . . trinitatem in unitate consubstantialem et unitatem in trinitate, 4.17 (239.26)
consubstantialibus. hoc est unum Deum in tribus subsistentiis, uel personis consubstantialibus, 4.17 (239.28)
CONSVESCO. **consueram.** non tamen ea mihi, qua ante consueram, conuersatione, . . . uiuendum est.' 5.12 (304.13)
consuerant. patri nostro Saba,' sic namque eum appellare consuerant, 2.5 (91.13)
ubi prius uel bestiae commorari, uel homines bestialiter uiuere consuerant. 3.23 (175.20)
Hild, quam omnes, qui nouerant, ob insigne pietatis et gratiae matrem uocare consuerant, 4.23 (255.26)
consuerat. in qua regina, . . . orare consuerat. 1.26 (47.13)
sed deflendo potius defectum, . . . referre consuerat. 2.1 (74.15)
a sua suorumque lesione crebris orationibus uel exhortationibus repellere consuerat, 2.7 (95.1)
Illo enim saepius secretae orationis et silentii causa secedere consuerat; 3.16 (159.13)
sicut et antea facere consuerat, 3.19 (167.10)
quam ad . . . audiendumque cum fratribus uerbum uitae concurrere consuerat. 5.14 (314.8)
quod eatenus per Alexandriae pontificem singulis annis per omnes ecclesias mandari consuerat, 5.21 (341.14)
Iob, . . . probauit utique, quia tempore felicitatis capillos nutrire consuerat. 5.21 (342.11)
consuerunt. quod . . . nobiles, ignobiles, laici, clerici, uiri ac feminae certatim facere consuerunt. 5.7 (294.13)
consuesset. quae religio sequenda, sedulus secum ipse scrutari consuesset, 2.12 (110.28)
semper antecedere signifer consuesset; 2.16 (118.18)
consueuerant. essent animalia, quae offerre consueuerant, 1.30 (65.34)
consueuerat. atque inde ad praedicandum circumquaque exire consueuerat; 3.17 (159.30)
et sonitum manu faciens, ut saepius consueuerat, siqui foris esset, ad se intrare praecepit. 4.3 (209.3)
abbas fuit, quod et ante sepius facere consueuerat, 4.18 (241.10)
quod ipsum etiam Boisil suo tempore facere consueuerat. 4.27 (269.27)
atque orationibus ac lectioni quietus operam dare consueuerat. 5.2 (283.14)
nam saepius ante illum percipiendae elimosynae gratia uenire consueuerat, 5.2 (283.22)
consueuit. ad loca, quae consueuit, familiarius concurrat. 1.30 (65.15)
missa peracta, ualidi flaminis procella desursum uenire consueuit, 5.17 (319.11)
Aequinoctium . . . XII Kalendarum Aprilium die prouenire consueuit, 5.21 (339.6)
signum sanctae crucis eius in fronte portare consueuit 5.21 (343.9)
CONSVETE. Ipsum namque est, quod nunc grande de modico effectum, Muigéo consuete uocatur, 4.4 (214.3)
CONSVETVDO. **consuetudine.** si menstrua consuetudine tenetur, 1.27 (53.31)
quae filios suos ex praua consuetudine aliis ad nutriendum tradunt, 1.27 (55.13)
et si in menstrua consuetudine ad sacramentum . . . accedere non praesumant, 1.27 (56.23)
percipiendo ex religiosae uitae consuetudine eiusdem mysterii amore rapiuntur, 1.27 (56.26)

Qui etiam crescente bona consuetudine, 3.2 (130.1)
quia etsi Simonis tonsuram ex consuetudine patria habeam, 5.21 (344.20)
consuetudinem. iuxta consuetudinem aestimationis Anglorum, familiarum DC^{rum}, 1.25 (45.5)
Nouit fraternitas tua Romanae ecclesiae consuetudinem, 1.27 (49.23)
apud Anglorum mentes in consuetudinem depone. 1.27 (49.32)
dum consuetudinem menstruam patitur, 1.27 (55.18)
In quo uidelicet loco consuetudinem multo iam tempore fecerant fratres Hagustaldensis ecclesiae, 3.2 (129.29)
religiosi quique uiri ac feminae consuetudinem fecerunt per totum annum, 3.5 (136.19)
Vulgatum est autem, et in consuetudinem prouerbii uersum, quod etiam inter uerba orationis uitam finierit. 3.12 (151.26)
Dicebat enim hanc esse consuetudinem eorum, 3.23 (175.31)
quam suam mutare consuetudinem uolebant, 3.25 (183.5)
Iohannes secundum legis consuetudinem XIIII^{a} die mensis primi . . . incipiebat celebrationem 3.25 (185.20)
ut secundum consuetudinem ac praecepta legis XIIII^{am} lunam primi mensis, . . . exspectaret; 3.25 (185.27)
sed procedente tempore necessitatem in consuetudinem uerterat. 4.25 (263.9)
ritus canonicos iuxta Romanae et apostolicae ecclesiae consuetudinem recipere, 5.19 (325.20)
consuetudines. Cum una sit fides, sunt ecclesiarum diuersae consuetudines, 1.27 (49.19)
consuetudini. 'in multis quidem nostrae consuetudini, immo uniuersalis ecclesiae contraria geritis; 2.2 (83.14)
ita ut ea, . . . suae suorumque consuetudini libentissime praeferret. 5.15 (315.26)
consuetudinis. uulgus . . . a uita stultae consuetudinis ad caelestium gaudiorum conuertere curabat amorem. 4.27 (269.15)
consuetudo. et altera consuetudo missarum in sancta Romana ecclesia, . . . tenetur? 1.27 (49.19)
Praua autem in coniugatorum moribus consuetudo surrexit, 1.27 (55.8)
has uero, de quibus loquimur, consuetudo constringit. 1.27 (55.29)
Menstrua enim consuetudo mulieribus non aliqua culpa est, 1.27 (56.16)
Quae consuetudo per omnia aliquanto post haec tempore in ecclesiis Nordanhymbrorum seruata est. 3.26 (191.23)

CONSVETVS, a, um. **consuetis.** admonitus est . . . uigiliisque consuetis et orationibus indefessus incumbere; 3.19 (164.5)
consueto. et consueto equorum more, quasi post lassitudinem in diuersum latus uicissim sese uoluere, 3.9 (146.6)
consuetum. opera tamen fidei, . . . iuxta morem omnibus sanctis consuetum, diligenter exsequi curauit. 3.25 (182.11)

CONSVL. consul. Hisque Dei consul factus laetare triumphis; 2.1 (79.23)
consule. Brettones ab Aetio consule auxilium flagitantes 1.13 (28.15)
consuli. 'Aetio ter consuli gemitus Brittanorum;' 1.13 (28.26)

CONSVLATVS. consulatum. Aetius . . . tertium cum Simmacho gessit consulatum. 1.13 (28.24)
post consulatum eiusdem domini nostri anno XIII, 1.23 (43.25)
post consulatum eiusdem domini nostri anno XIII, 1.24 (44.22)
post consulatum eiusdem domini anno XVIII, 1.28 (62.30)
post consulatum eiusdem domini anno XVIII, 1.29 (64.23)
post consulatum eiusdem domini anno XVIII, 1.30 (66.7)
post consulatum eiusdem domini anno XVIII, 1.32 (70.6)
post consulatum eiusdem anno XX°III°, 2.18 (122.4)
consulatus. functus gradu consulatus cum Lucio Bibulo, 1.2 (13.22)
et consulatus eius anno III°; 2.18 (122.6)
imperante domno Iustiniano piissimo Augusto, anno eius consulatus IIII, pontificante . . . Sergio 5.7 (294.2)

CONSVLO. consulendo. bona, quae genti suae consulendo conferebat, 2.5 (90.9)
et ipsa recte uiuendo, et subiectis regulariter ac pie consulendo praebuit; 4.6 (219.7)
consulentes. consulentes, an ad praedicationem Augustini suas deserere traditiones deberent. 2.2 (82.26)
consulere. et baptizatus ecclesiae rebus, quantum ualuit, in omnibus consulere ac fauere curauit. 2.6 (93.10)
infirmis et pauperibus consulere, elimosynas dare, opem ferre non cessabat. 3.9 (145.25)
consuluit. Tantum rex idem utilitati suae gentis consuluit, 2.16 (118.9)

CONSVLTVM. consulta. quaestionibus eius consulta flagitans. 1.27 (48.11)
ad consulta reuerentissimi antistitis Augustini. 1.28 (62.5)

CONSVMMATIO. consummationem. 'Ecce ego uobiscum sum omnibus diebus usque ad consummationem mundi.' 2.8 (95.24)

CONSVMMO. consummari. in qua hoc lex consummari et perfici debere decreuit, 5.21 (338.27)
consummata. Sed priusquam altitudo parietis esset consummata, 2.14 (114.14)
consummati. consummati operis uobis merces a retributore omnium bonorum Domino tribuatur, 2.8 (96.16)
consummatus. et sancto martyrio consummatus, 1.27 (51.12)
Berctuald archiepiscopus longa consumtus [consummatus] aetate defunctus est uar. 5.23 (349.29)
consummauit. sed ipse ordinationem eius denuo catholica ratione consummauit. 4.2 (205.31)

CONSVMO. consumi. ciuitas Doruuernensis . . . coepit flammis consumi; 2.7 (94.16)
euenit per culpam incuriae uicum eundem et ipsam pariter ecclesiam ignibus consumi. 3.17 (160.30)
consumitur. quicquid custodire temtauerat turba, consumitur; 1.19 (37.20)
consumpta. Consumpta ergo domu flammis, 3.10 (147.19)
consumsit. Hierosolymorum moenia, immo aedificia cuncta consumsit. 1.15 (32.19)
et mittens occidit uicanos illos omnes, uicumque incendio consumsit. 5.10 (300.24)
consumtis. consumtis domibus, 1.19 (37.12)
consumto. ossa illius, quae more mortuorum consumto iam et in puluerem redacto corpore reliquo sicca inuenienda putabant; 4.30 (276.12)
consumtum. priusquam monasterium Coludanae urbis esset incendio consumtum. 4.25 (262.22)
consumturi. audiuit hos esse ignes, qui mundum succendentes essent consumturi. 3.19 (165.22)
consumtus. Berctuald archiepiscopus longa consumtus aetate defunctus est 5.23 (349.29)

CONSVRGO. consurgent. 'Reges uidebunt, et consurgent principes, et adorabunt.' 3.29 (197.13)

CONTACTVS. contactu. signum diuini miraculi, . . . indicio est, quia uirili contactu incorrupta durauerit. 4.19 (243.25)

CONTAGIVM. contagiis. qualis esset status ecclesiae, quam ab hereticorum contagiis castus, ediscere, 4.18 (242.12)

CONTEGO. contectum. Quis caput obscuris contectum utcumque cauernis 1.10 (24.12)

CONTEMNO. contemnant. ut mulieres filios, quos gignunt, nutrire contemnant, 1.27 (55.9)
contemnendos. dicens contemnendos esse eos et miseros, qui Deo suo, . . . oboedire contemnerent. 3.21 (170.31)
contemnendum. Quod ne cui contemnendum et reprobandum esse uideatur, 3.25 (184.6)
contemnere. proque huius perceptione et aduersa se mundi et prospera contemnere designent. 5.21 (343.24)
contemnerent. dicens contemnendos esse eos et miseros, qui Deo suo, . . . oboedire contemnerent. 3.21 (170.32)
contemneretur. et bellum insuper illi, si contemneretur, indicens. 2.12 (107.29)
contemnet. iam nos pro nihilo contemnet.' 2.2 (83.26)
contemni. Quae ne facile a quopiam posset contemni, 3.8 (142.10)
contemnitis. sin autem lauacrum uitae contemnitis, 2.5 (91.18)
aut agnitum et a tota Christi ecclesia custoditum pro nihilo contemnitis. 3.25 (187.17)
si audita decreta sedis apostolicae, . . . confirmata sequi contemnitis, 3.25 (188.10)
contempto. et conterrito [contempto] armorum praesidio, uar. 1.20 (38.23)
contemsit. Contemsit autem rex praeceptum, 3.22 (173.32)
Sed Aldfrid Nordanhymbrorum rex eum suscipere contemsit, 5.19 (329.29)
contemta. uirgines . . . contemta reuerentia suae professionis, . . . texendis subtilioribus indumentis operam dant, 4.25 (265.16)

CONTEMPLATIO. **contemplatione.** confundi atque turbari a summorum contemplatione cogebatur. 1.27 (58.17)
ut etiam retentus corpore ipsa iam carnis claustra contemplatione transiret, 2.1 (74.10)
quoties per fraternos affatus unianimam dilectionem quadam contemplatione alternis aspectibus repraesentat. 2.18 (120.29)
contemplationis. non ualet nisi tranquilla mens in contemplationis se lucem suspendere, 1.27 (58.14)
Cudberct . . . ad anchoriticae quoque contemplationis, quae diximus, silentia secreta peruenit. 4.28 (271.6)
CONTEMPLO. **contemplabatur.** quo trahente leuaretur sursum haec, quam contemplabatur species corporis gloriosi, 4.9 (222.17)
contemplatus. Quem uidelicet ordinem nostrae salutis propheta contemplatus aiebat: 5.21 (340.19)
CONTEMTOR. **contemtor.** ut contemtor diuum meritam blasphemiae suae poenam lueret, 1.7 (19.8)
contemtorem. animum irae et auaritiae uictorem, superbiae simul et uanae gloriae contemtorem; 3.17 (161.20)
CONTEMTVS. **contemtu.** cum esset et ipse contemtu mundi ac doctrinae scientia insignis, 5.9 (298.16)
contemtum. Cuius carminibus multorum saepe animi ad contemtum saeculi, et appetitum sunt uitae caelestis accensi. 4.24 (259.3)
CONTENDO. **contendant.** eo amplius eius, qui super omnia est, Iudicis mandatis auscultare contendant, 5.21 (333.31)
contendas. ut ea, . . . in omnibus seruare contendas. 5.21 (345.15)
contendebant. qui crebris accusationibus inprobi iter illi caeleste intercludere contendebant; 3.19 (165.4)
contendere. ludentibus me miscui, et simul cursu equi contendere coepi. 5.6 (290.7)
contenderit. 'Qui ergo plenitudinem lunae paschalis ante aequinoctium prouenire posse contenderit, 5.21 (340.22)
contendit. contra nascentem heresim nouam laborare contendit, 2.1 (76.10)
ac suae prouinciae homines pro his substituere contendit, 4.16 (237.4)
CONTENTIO. **contentio.** Finitoque conflictu, ac soluta contione [contentio], uar. 3.26 (189.10)
contentione. Finitoque conflictu, ac soluta contione [contentione], uar. 3.26 (189.10)
contentioni. contentioni, inuidiae, . . . sua colla, . . . subdentes. 1.14 (30.6)
contentionis. ut nullum deinceps ab aliquo nostrum oriatur contentionis scandalum, 4.5 (217.8)
CONTENTVS, a, um. **contenti.** simplici tantum et cotidiano fratrum cibo contenti, nil ultra quaerebant. 3.26 (191.2)
'Vt episcopi atque clerici peregrini contenti sint hospitalitatis munere oblato; 4.5 (216.18)
Scotti, . . . suis contenti finibus nil contra gentem Anglorum insidiarum moliuntur 5.23 (351.8)
contentum. ordinauit uirum . . . uitae simplicitate contentum, 4.2 (206.7)
contentus. sed contentus sit gubernatione creditae sibi plebis.' 4.5 (216.4)
CONTERO. **conterebam.** Conterebam molas iniqui, 2.1 (77.30)
conterens. Vt Aedilfrid rex Nordanhymbrorum Scottorum gentes proelio conterens 1.34 (71.7)
conterere. sed manu spicas conterere et manducare.' 1.27 (53.14)
contriuerat. quas et ipse aliquando contriuerat, 5.12 (310.22)
contriuerint. Vt Brettones, . . . ciuilibus sese bellis contriuerint, 1.22 (41.20)
contriuit. Germani pedem lapsus occasione contriuit, 1.19 (37.8)
repente conruens, brachium contriuit, 3.2 (130.14)
CONTERREO. **conterrito.** et conterrito armorum praesidio, 1.20 (38.23)
CONTESTOR. **contestans.** obsecrans eos et contestans unitatem pacis et catholicae obseruationis cum ea, . . . tenere; 2.4 (87.21)
At ille se excusans, et uenire non posse contestans, 3.7 (141.21)
CONTEXO. **contexta.** et ecclesia . . . frondibus contexta conponitur, 1.20 (38.20)
hoc est de figuris modisque locutionum, quibus scriptura sancta contexta est.' 5.24 (360.1)
contextum. quod erat uirgis contextum, ac foeno tectum, 3.10 (147.16)
CONTICESCO. **conticuere.** 'Conticuere omnes, intentique ora tenebant,' 3.11 (150.12)
conticuit. conticuit ille subito, et quasi in somnum laxatus deposuit caput, 3.11 (150.10)
CONTIGVVS, a, um. **contigua.** et his urbem in magna altitudine circumdedit a parte, quae terrae est contigua, 3.16 (159.7)
contigui. et ipsi orientali mari contigui, 2.3 (85.9)
contiguis. prouinciis, quae Humbrae fluuio et contiguis ei terminis sequestrantur a borealibus, 2.5 (89.11)
contiguis. uel etiam in contiguis eidem regionibus Praef. (6.11)
contiguus. bis renudato littore contiguus terrae redditur; 3.3 (132.5)
CONTINENS, entis. **continenti.** quam a continenti terra secernit fluuius Vantsumu, 1.25 (45.6)
CONTINENTIA. **continentia.** quia reliquit successores magna continentia ac diuino amore regularique institutione insignes; 3.4 (134.19)
et ipsa Deo dilectam perpetuae uirginitatis gloriam in magna corporis continentia seruauit; 3.8 (144.7)
annum totum cum eo in continentia et orationibus, in cotidianis manuum uixit laboribus. 3.19 (168.6)
et ipse adulescens in Hibernia monachicam in orationibus et continentia, . . . uitam sedulus agebat. 4.3 (211.19)
ad exemplum uenerabilium patrum . . . in magna continentia et sinceritate proprio labore manuum uiuant. 4.4 (214.7)
Adamnanus . . . ducens uitam in continentia et orationibus multum Deo deuotam, 4.25 (263.3)
Cudberctum, qui . . . uitam solitariam per annos plures in magna corporis et mentis continentia duxerat. 4.27 (268.27)
continentiae. Vnde inter alia uiuendi documenta saluberrimum abstinentiae uel continentiae clericis exemplum reliquit; 3.5 (135.22)
studium uidelicet pacis et caritatis, continentiae et humilitatis; 3.17 (161.18)
Quantae autem parsimoniae, cuius continentiae fuerit ipse cum prodecessoribus suis, 3.26 (190.19)
Duxit autem uitam in magna . . . continentiae, simplicitatis, et iustitiae perfectione. 3.27 (194.1)
Cuius modum continentiae etiam XL diebus . . . obseruare curabat. 3.27 (194.12)
inter plura continentiae, humilitatis, doctrinae, orationum, uoluntariae paupertatis, . . . merita, 4.3 (210.11)
semper ex eo tempore, iuxta condictum eius memoratum, continentiae modum obseruabat; 4.25 (264.9)
XL ante dominicum natale dies in magna continentiae, orationis, et lacrimarum deuotione transigere solebat; 4.30 (276.29)
artioribus se necesse habent pro Domino continentiae frenis astringere, 5.21 (343.14)
continentiae. humilitati, continentiae, lectioni operam dare; 3.28 (195.19)
totum se lacrimis paenitentiae, uigiliis sanctis, et continentiae mancipauit; 4.25 (264.4)
continentiae. quia reliquit successores magna continentia [magnae continentiae] . . . insignes; uar. 3.4 (134.19)
continentiam. 'Mirum, quod tam austeram tenere continentiam uelis.' 5.12 (310.30)
CONTINENTIOR, ius. **continentioris.** uel diuinae lectionis, uel continentioris uitae gratia illo secesserant. 3.27 (192.12)
CONTINENTISSIMVS, a, um. **continentissimam.** aliquandiu continentissimam gessit uitam, 5.11 (302.27)
continentissimus. Cum ergo ueniret ad eum . . . uir sanctissimus et continentissimus, uocabulo Hygbald, 4.3 (211.24)
CONTINEO. **continere.** cum ergo se continere non possunt, sortiri uxores debent, 1.27 (49.4)
dum se continere nolunt, 1.27 (55.11)
'Qui se continere non potest, habeat uxorem suam,' 1.27 (58.33)
'quia noluisti te continere a domu perditi et damnati illius, tu in ipsa domu mori habes.' 3.22 (174.8)
contineret. ut et eos, qui secum uenerant, ne a fide deficerent, Domino adiuuante contineret, 2.9 (98.27)
continet. populus arbiter uix manus continet, 1.17 (36.1)
egregium examen continet monachorum, 4.4 (214.5)
quae tria altaria in tribus locis parietis medii continet, 5.16 (318.4)
continetur. quae computatio LXXXIIII annorum circulo continetur. 2.2 (81.21)
'Hic autem, . . . computus paschae decennouenali circulo continetur; 5.21 (341.8)
CONTINGO. **contigerit.** si communem fratrem Augustinum episcopum ad uos uenire contigerit, 1.28 (62.15)
contigisse. Vnde nonnumquam contigisse fertur illis temporibus, 3.25 (182.2)

Quod tamen a malitia inhabitantium in eo, et praecipue illorum, qui maiores esse uidebantur, contigisse, 4.25 (262.27)
contigissent. Sed et alia, quae periclitanti ei commoda contigissent et prospera, 4.22 (252.1)
contigisset. At illi sedulo sciscitabantur, quomodo hoc contigisset. 3.11 (150.17)
contigit. contigit gentem Pictorum de Scythia, . . . Hiberniam peruenisse, 1.1 (11.23)
Contigit autem iudicem ea hora, . . . aris adsistere, 1.7 (19.1)
Et saepe contingit [contigit], uar. 1.27 (61.17)
quia nihil de prosperitate uestri itineris audisse nos contigit. 1.30 (65.3)
atque in hanc insulam, quae Brittania nuncupatur, contigit introisse; 2.4 (87.31)
Vbi pulcherrimo saepe spectaculo contigit, 3.3 (132.9)
contigit, ut hactenus incorruptae perdurent. 3.6 (138.27)
contigit tunc temporis sanctissimum ac uictoriosissimum regem Nordanhymbrorum Osualdum adfuisse, 3.7 (139.23)
Vnde contigit, ut puluerem ipsum, . . . multi auferentes . . . multum commodi adferrent. 3.9 (145.18)
contigit, ut quidam equo sedens iter iuxta locum ageret illum; 3.9 (145.30)
contigit uolantibus in altum scintillis culmen domus, 3.10 (147.15)
unde contigit, ut ob regiam eius et animi, . . . dignitatem ab omnibus diligeretur, 3.14 (155.32)
Contigit autem post aliquot annos, 3.17 (160.18)
Quod dum multo tempore faceret, contigit gentem Merciorum . . . in bellum procedere, 3.18 (162.29)
contigit tempore quodam eundem Cedd redire domum, 3.22 (172.29)
contigit ipsum regem instigante omnium bonorum inimico, propinquorum suorum manu interfici. 3.22 (173.16)
quia propter obseruantiam mandatorum Christi contigit. 3.22 (174.13)
casu contigit, ut ad ipsum monasterium tempore mortalitatis adueniens, . . . obiret. 3.23 (176.11)
contigit, ut multo plures aqua fugientes, quam bellantes perderet ensis. 3.24 (178.19)
contigit die quadam, ut in praefata mansione forte ipse . . . commoraretur, 4.3 (207.24)
quod re uera ita contigit. 4.9 (222.24)
contigit forte ipsum puerum hora ferme secunda diei in loco, in quo eger iacebat, solum inueniri; 4.14 (234.1)
Contigit autem tactu indumentorum eorundem et daemonia ab obsessis effugata corporibus, . . . esse 4.19 (246.13)
contigit eam suscipere etiam construendum siue ordinandum monasterium in loco, 4.23 (254.2)
contigit, eum die quadam de monasterio illo longius egressum, . . . peracto itinere redire. 4.25 (264.14)
sed ne herbae quidem ex eo germinare usque ad aestatis tempora contigit. 4.28 (272.3)
contigit, ut . . . ad episcopatum ecclesiae Lindisfarnensis eligeretur. 4.28 (272.13)
Sed et in hac historia quaedam, quae nos nuper audisse contigit, superadicere commodum duximus. 4.30 (277.28)
contigit eum subito diuinae pietatis gratia per sanctissimi patris Cudbercti reliquias sanari. 4.32 (280.2)
contigit et ipsum adulescentem, cui oculus languebat, in eadem tunc ecclesia adesse. 4.32 (280.13)
Contigit autem eo tempore uirum Dei illo ad dedicandam ecclesiam ab eodem comite uocari. 5.4 (287.5)
contigit die quadam nos iter agentes cum illo deuenisse in uiam planam et amplam, 5.6 (289.20)
contigit, ut haec contra impetum fluuii decurrentis, . . . transferrentur. 5.10 (300.29)
contigit eum ante expletum anni circulum migrasse de saeculo. 5.15 (316.11)
ubi XIIII^um^ aetatis contigit annum, monasticam saeculari uitam praetulit. 5.19 (322.29)
contingat. Si igitur contingat, 1.27 (53.1)
contingens. repente contingens oculum ita sanum cum palpebra inuenit, 4.32 (280.27)
contingentes. et contingentes humerum maxillamque eius incenderunt; 3.19 (166.25)
contingere. neque hos quisquam, . . . contingere prae magnitudine uel timoris eius auderet, 2.16 (118.13)
neque umquam exinde eum auderet contingere. 3.12 (151.12)
nec tamen me ullatenus contingere, tametsi terrere praesumebant. 5.12 (306.28)
cuius culmen intrinsecus stans homo manu contingere potest, 5.16 (318.8)
contingeret. Quod si forte eos ibi refici contingeret, 3.26 (191.1)
quo ceteros exterminio raptari e mundo contingeret. 4.7 (219.25)
ubicumque ea peruenisse contingeret, 5.10 (300.34)
contingit. aliquando ex cogitatione contingit. 1.27 (60.5)
Et saepe contingit, ut hoc, . . . caro in delectationem trahat; 1.27 (61.17)
CONTINVE. continue. de ipsis montibus, speluncus, ac saltibus continue rebellabant; 1.14 (29.20)
CONTINVO. continuauit. suum continuauit incendium, 1.15 (32.22)
CONTINVO. qui continuo, ut inuasit imperium, in Gallias transiit. 1.11 (24.27)
et hanc continuo omnium lues scelerum comitari adcelerauit; 1.14 (29.30)
si tamen non continuo trucidarentur; 1.15 (32.32)
misit continuo Romam Laurentium presbyterum et Petrum monachum, 1.27 (48.7)
quin continuo regem ammoneret explere uotum, 2.12 (107.13)
quin continuo polliceretur in omnibus se secuturum doctrinam illius, 2.12 (109.19)
Cui primus pontificum ipsius Coifi continuo respondit: 2.13 (111.20)
continuo subdidit: 2.13 (112.4)
misit illo continuo Raedfridum praefectum suum ad adducendum eum; 4.1 (203.26)
continuo misericordiam Domini inuocaret, 4.3 (210.20)
Nec distulit, quin continuo, quod mente conceperat, expleret. 4.10 (224.30)
ut nullus eum posset uincire, quin continuo solueretur. 4.22 (250.26)
continuo fugatum dolorem membrorum fuga quoque tumoris horrendi secuta est; 5.3 (286.22)
quem ut bibit, surrexit continuo, 5.5 (288.23)
continuo subiecit: "In die primo non erit fermentum in domibus uestris. 5.21 (334.33)
CONTINVVS, a, um. **continua.** a parte, quae terrae est contigua [continua], uar. 3.16 (159.7)
continuae. Vnde orationi continuae insistens 2.11 (105.24)
continuam. subiectionemque continuam, . . . promittebant. 1.12 (26.6)
continuis. Paulinus autem ex eo tempore sex annis continuis, . . . uerbum Dei, . . . praedicabat; 2.14 (114.17)
duobus annis continuis genti illi ac regi eius Rathbedo uerbum salutis praedicabat, 5.9 (298.20)
continuis. quem dum orationibus continuis ac uigiliis die noctuque studere conspiceret, 1.7 (18.15)
lentis quidem, sed tamen continuis febribus anhelabat. 2.1 (77.8)
caelitus se uindicari continuis diu inprecationibus postulabant. 4.26 (266.21)
ubi liberius continuis in orationibus famulatui sui conditoris uacaret. 5.12 (310.10)
continuis. et continuis piae operationis exemplis prouehere curauit. 2.4 (87.7)
continuos. et per sex continuos annos eadem molestia laborare non cessabat; 4.23 (256.17)
CONTIO. contione. Finitoque conflictu, ac soluta contione, Agilberctus domum rediit. 3.26 (189.10)
CONTORQVEO. contorquerentur. omnium odia telaque sine respectu contorquerentur. 1.14 (30.4)
CONTRA (*adv.*). 1.1 (11.4); 1.12 (28.2); 2.7 (94.29); 2.9 (99.21); 3.14 (157.5); 3.25 (186.34); uar. 3.25 (187.5); 5.13 (311.3); 5.14 (314.34).
CONTRA (*prep.*). 1.1 (11.31); 1.1 (11.33); 1.1 (12.6); 1.1 (13.1); 1.2 (13.23); 1.9 (23.12); 1.10 (23.22); 1.10 (23.27); 1.10 (24.10); 1.12 (26.27); 1.14 (30.22); 1.15 (31.12); 1.15 (31.19); 1.22 (41.24); 1.27 (55.34) (*ter*); 1.27 (56.1) (*bis*); 1.27 (56.2); 1.27 (58.12); 1.27 (58.18); 1.32 (69.15); 1.34 (71.22); 2.1 (76.9); 2.2 (84.21); 2.5 (92.6); 2.7 (94.28); 2.19 (122.18); 2.19 (123.15); 2.20 (125.1); 3.2 (128.23); 3.2 (130.7); 3.10 (146.25); 3.14 (155.7); 3.14 (155.15); 3.19 (166.10); 3.24 (178.8); 3.25 (181.17); 3.25 (182.8); 3.25 (184.31); 4.5 (217.14); 4.16 (238.14); 4.17 (240.3); 4.17 (240.5); 4.17 (240.6); 4.17 (240.8); 4.17 (240.10); 4.17 (240.12); 4.18 (242.3); 4.26 (268.11); 5.10 (300.29); 5.12 (304.30); 5.12 (307.6); 5.15 (315.21); 5.19 (327.19); 5.19 (328.11); 5.23 (349.11); 5.23 (351.9).
CONTRADICO. contradicat. ut ei ex ratione contradicat, ne consentiat; 1.27 (61.22)
contradicendo. correpta eorum uesania magis augescere contradicendo, 1.10 (24.7)
contradicens. Contradicens angelus: 'Non,' inquit, 3.19 (166.32)

contradicente. Illo nolente ac contradicente, inuitum monasterio eruentes duxerunt in certamen, 3.18 (163.5)
contradicentibus. ut etiam nolentibus ac contradicentibus paganis antistitem suae posset ecclesiae reddere. 2.6 (93.19)
contradicere. quod huic capitulo contradicere uideatur. 1.27 (50.25)
si donum gratiae contradicere posse uideatur. 1.27 (54.19)
eumque notantes superbiae, cunctis, quae dicebat, contradicere laborabant. 2.2 (83.13)
quia hic est ostiarius ille, cui ego contradicere nolo; 3.25 (188.31)
contradicitis. Petri, cuius traditioni scientes contradicitis, 3.25 (186.15)
contradixerant. ac nomen Christi, cui contradixerant, confiteri gauderent, 3.30 (200.4)
CONTRADO. contradamus. Vnde suggero, rex, ut templa et altaria, . . . ocius anathemati et igni contradamus.' 2.13 (112.34)
contradendas. beneficia sanctorum, . . . eis fecimus dari, uestrae excellentiae profecto omnes contradendas. 3.29 (198.18)
contradens. Venit ergo ad insulam Lindisfarnensem, ibique monachorum famulatui se contradens, 5.19 (323.2)
contraderent. et arithimeticae ecclesiasticae disciplinam inter sacrorum apicum uolumina suis auditoribus contraderent. 4.2 (205.1)
contraderet. quin uniuersos atrocitate ferina morti per tormenta contraderet, 2.20 (125.12)
contraditum. quia uideret . . . Caiphanque cum ceteris, . . . iuxta eum flammis ultricibus contraditum: 5.14 (314.17)
contraditus. ac per eius est largitionem etiam minoribus ad legendum contraditus. 5.15 (317.3)
CONTRAHO. contracto. Erat enim arescentibus neruis contracto poplite, 1.21 (40.16)
contraxerat. quos eadem necessitas in castra contraxerat; 1.20 (38.10)
CONTRARIVM. contraria. Sed et alia plurima unitati ecclesiasticae contraria faciebant. 2.2 (81.22)
'in multis quidem nostrae consuetudini, immo uniuersalis ecclesiae contraria geritis; 2.2 (83.15)
cetera, quae agitis, quamuis moribus nostris contraria, aequanimiter cuncta tolerabimus.' 2.2 (83.21)
'Numquid,' ait, 'Anatolius . . . legi uel euangelio contraria sapuit, 3.25 (187.1)
Columbam . . . diuinis paginis contraria sapuisse uel egisse credendum est? 3.25 (187.5)
uel alia perplura ecclesiasticae castitati et paci contraria gerunt, 5.18 (321.2)
contrario. uenti e contrario ad itineris ministeria reuertuntur, 1.17 (34.28)
Qui si e contrario errores pueritiae corrigere in adulescentia, . . . curasset, 5.13 (313.18)
'Cuius obseruantiae catholica ratione patefacta, patet e contrario error inrationabilis eorum, 5.21 (337.27)
CONTRARIVS, a, um. **contraria.** et quae sunt Creatoris nostri iussioni contraria, 1.27 (53.8)
contrario. quid contrario tuae fidei habitu terminatam in capite coronae imaginem portas? 5.21 (344.14)
contrarium. orthodoxae fidei omnimodis esse contrarium. 2.1 (76.1)
promisit se nil omnimodis contrarium Christianae fidei, . . . esse facturum; 2.9 (98.3)
ne quid ille contrarium ueritati fidei, Grecorum more, in ecclesiam, cui praeesset, introduceret. 4.1 (203.2)
contrarius. ubi nauem ascenderitis, tempestas uobis, et uentus contrarius superueniet; 3.15 (158.6)
CONTREMISCO (-TREMES-). contremescit. miraculum populus contremescit; 1.18 (36.18)
contremescunt. sed etiam ipsam caeli machinam contremescunt, 1.20 (39.12)
CONTRISTO. contristati. pro quo ualde sumus contristati, cum hic esset defunctus. 3.29 (198.12)
CONTRITIO. contritione. et ibi usque ad diem mortis in tanta mentis et corporis contritione durauit, 5.12 (304.24)
contritiones. praedas tamen nonnumquam exinde et contritiones de Brettonum 1.14 (29.26)
CONTRITVS, a, um. **contritum.** Vt clericum suum cadendo contritum, aeque orando ac benedicendo a morte reuocauerit. 5.6 (289.4)
CONTROVERSIA. controuersia. grauior de obseruatione paschae, necnon et de aliis ecclesiasticae uitae disciplinis controuersia nata est. 3.25 (182.20)
ita etiam de tonsurae differentia legatur aliqua fuisse controuersia; 5.21 (342.24)
controuersia. 'Si utrique uestrum,' inquit, 'in hoc sine ulla controuersia consentiunt, 3.25 (188.26)
mox audita ac diiudicata causa et controuersia utriusque partis, 5.19 (328.10)
controuersiae. interrogauit, si omnes placidum erga se animum, et sine querela controuersiae ac rancoris haberent. 4.24 (261.35)
CONTVBERNIVM. contubernio. eam monasterii partem, qua ancellarum Dei caterua a uirorum erat secreta contubernio, 4.7 (219.21)
CONTVRBO. conturbareris. 'Timui propter reuerentiam tuam, ne forte nimium conturbareris; 4.25 (265.26)
conturbauerant. Tales namque eo tempore fidem Constantinopolitanae ecclesiae multum conturbauerunt [conturbauerant]; uar. 4.18 (242.8)
conturbauerunt. Tales namque eo tempore fidem Constantinopolitanae ecclesiae multum conturbauerunt; 4.18 (242.8)
conturbauit. misit sagittas suas, et dissipauit eos, fulgora multiplicauit, et conturbauit eos?" 4.3 (210.31)
conturbet. ut superbiam eorum dissipet, et conturbet audaciam, 4.3 (211.4)
CONVBIVM. conubio. abdicato conubio non legitimo, suscepit fidem Christi, 2.6 (93.8)
si reginae posset persuadere eius uti conubio, 4.19 (243.17)
conubium. 'Vt nulli liceat nisi legitimum habere conubium. 4.5 (217.1)
CONVALESCO. conualescas. 'Bene conualescas, et cito.' 5.5 (288.18)
conualescendo. ut . . . uestra adquisitio . . . conualescendo amplius extendatur; 2.18 (121.9)
conualescens. et conualescens ab infirmitate, multo deinceps tempore uixit; 3.13 (153.32)
conualescere. cum conualescere coepisset, nauigauit Brittaniam. 4.1 (203.30)
conualui. Tantumque mox accepta eius benedictione conualui, 5.6 (291.26)
conualuit. tempestas excitata conualuit, 1.17 (34.20)
at uero Ecgberect decussa molestia egritudinis conualuit, 3.27 (193.26)
Vt ergo conualuit, uendidit eum Lundoniam Freso cuidam; 4.22 (251.15)
Conualuit igitur episcopus, cunctis gaudentibus, 5.19 (329.20)
CONVEHO. conuecti. alii fame confecti [conuecti] uar. 1.15 (32.30)
CONVELLO. conuulsa. Vomebam autem sanguinem, eo quod et interanea essent ruendo conuulsa. 5.6 (290.28)
CONVENIO. conuenerant. qui ad exorandum Deum pro milite bellum agente conuenerant, 2.2 (84.6)
Horum ergo plurimi ad memoratam aciem, . . . cum aliis orandi causa conuenerant, 2.2 (84.16)
conuenerat. multitudo etiam cum coniugibus ac liberis excita conuenerat, 1.17 (35.21)
conueniant. Cur non ergo et in hac spiritali ordinatione, . . . tales conueniant, 1.27 (52.25)
conueniat. ammonens, quia nulla ratione conueniat tanto regi amicum suum . . . auro uendere, 2.12 (110.8)
conueniebat. equum regium, quem te conueniebat proprium habere, 3.14 (156.18)
conueniens. Ibi conueniens ex diuersis partibus 1.17 (34.30)
conuenientes. Cumque in unum conuenientes iuxta ordinem quique suum resedissemus: 4.5 (215.14)
cum quo et alii XI episcopi ad dedicationem antistitis conuenientes, 5.19 (325.33)
conuenientibus. conuenientibus plurimis episcopis in uico regio, qui uocatur In Conpendio. 3.28 (194.23)
et cunctis conuenientibus ad ecclesiam fratribus, 4.14 (235.7)
conuenientibus ad consecrationem eius VII episcopis, 4.28 (273.3)
conuenimus. Conuenimus autem die XX°IIII° mensis Septembris, 4.5 (215.2)
conuenire. primo conuenire, psallere, orare, . . . coeperunt; 1.26 (47.14)
ut episcopi non facile ualeant conuenire, 1.27 (52.4)
pastores quoque alii, . . . facile debeant conuenire. 1.27 (52.15)
placuit conuenire nos iuxta morem canonum uenerabilium, 4.5 (214.31)
ut merito talem simoniacis et non Christianis habitum conuenire cognoscas; 5.21 (343.31)
conueniret. cuius magis ad suscipiendum episcoptaum et eruditio conueniret, et aetas. 4.1 (202.15)
conuenissent. sciscitabatur, qui essent hi, quidue acturi illo conuenissent. 2.2 (84.8)
conuenit. De quo nos conuenit, . . . facere sermonem, 2.1 (73.6)

paterna uos caritate, qua conuenit, exhortamur, 2.17 (119.13)
Conuenit autem reuelationi et relationi praefati fratris . . . sermo reuerentissimi patris Ecgbercti, 4.3 (211.15)
ualidi flaminis procella desursum uenire consueuit [conuenit], uar. 5.17 (319.11)
conueniunt. Conueniunt et de ipsa insula Lindisfarnensi in hoc ipsum multi de fratribus, 4.28 (272.23)
CONVENTICVLVM. conuenticula. Erantque in hoc campo innumera hominum albatorum conuenticula, 5.12 (307.23)
CONVENTVS. conuentu. atque in conuentu seniorum rettulerit, quia nil prodesse docendo genti, . . . potuisset, 3.5 (137.5)
sollicita mater congregationis, . . . crebrius in conuentu sororum perquirere coepit, 4.7 (219.22)
CONVERSATIO. conuersatio. sine quibus conuersatio ciuilis esse nullatenus poterat. 3.26 (190.23)
cuius uidelicet uiri, . . . uita et conuersatio fertur fuisse sanctissima, 4.6 (218.17)
cuius uisiones ac uerba, non autem et conuersatio, plurimis, sed non sibimet ipsi, profuit. 5.13 (311.4)
conuersatione. nihil discrepare a Brettonibus in eorum conuersatione didicimus. 2.4 (88.4)
quae per uos . . . in conuersatione coniugis uestri summissaeque uobis gentis dignatus fuerit operari, 2.11 (106.14)
ipse ab omnibus mundi rebus liber in anchoretica conuersatione uitam finire disposuit. 3.19 (168.2)
ibique in optima uitam conuersatione finiuit. 4.6 (218.11)
Vt rex eiusdem prouinciae Sebbi in monachicha uitam conuersatione finierit. 4.11 (225.13)
quae xxx et amplius annos dedicata Domino uirginitate, in monachica conuersatione seruiebat. 4.23 (257.7)
ibique uitam in Deo digna conuersatione conpleuit. 5.6 (292.8)
non tamen ea mihi, qua ante consueram, conuersatione, . . . uiuendum est.' 5.12 (304.13)
multisque et uerbo et conuersatione saluti fuit. 5.12 (310.33)
conuersationem. hanc debet conuersationem instituere, 1.27 (48.31)
ubi nuper uenientes ad conuersationem feminae solebant probari, 4.23 (258.22)
Aidan, . . . cum monachis illuc et ipse monachus adueniens monachicam in eo conuersationem instituit; 4.27 (270.27)
in ecclesia Anglorum, . . . hanc debet conuersationem instituere, 4.27 (270.34)
conuersationi. Quorum fidei et conuersioni [conuersationi] uar. 1.26 (47.24)
Et quidam quidem mox se monasticae conuersationi fideliter mancipauerunt, 3.27 (192.13)
conuersationis. quam de propriae quondam quiete conuersationis habuerat; 2.1 (74.32)
multi de Brittania monachicae conuersationis gratia Francorum . . . monasteria adire solebant; 3.8 (142.18)
qui utrique monachicae conuersationis erant studiis inbuti. 4.4 (213.7)
respondit propositum se magis alterius conuersationis habere, 5.19 (324.14)
CONVERSIO. conuersione. pro cuius conuersione etiam faciendorum signorum dona percepisti. 1.31 (67.10)
zelum rectitudinis tuae in eorum conuersione multiplica, 1.32 (68.7)
quanto se in mente nostra gaudia de gentis uestrae perfecta conuersione multiplicant. 1.32 (69.28)
quod scintillam orthodoxae religionis in uestri dignatus est confessione [conuersione] succendere; uar. 2.11 (104.25)
quae per uos . . . in conuersatione [conuersione] coniugis uestri . . . fuerit operari, uar. 2.11 (106.14)
conuersionem. qui ad nos gloriosi filii nostri Audubaldi regis laudabilem conuersionem nuntiantes peruenerunt, 2.11 (104.30)
ubi nuper uenientes ad conuersationem [conuersionem] feminae solebant probari, uar. 4.23 (258.22)
conuersioni. Quorum fidei et conuersioni ita congratulatus esse rex perhibetur, 1.26 (47.24)
conuersionis. immo potiorem tunc sumsisse profectum de labore conuersionis multorum, 2.1 (74.31)
eius animum ad uerae conuersionis et indubitatae fidei credulitatem fraternitas uestra perduxerit. 2.8 (96.11)
sed in ea permaneant oboedientia, quam tempore suae conuersionis promiserunt.' 4.5 (216.12)
CONVERSOR. conuersari. qualiter in domo Dei conuersari debuisset. 1.27 (48.22)
in quo tanta perfectionis gratia coepit conuersari, 2.1 (74.6)
conuersata. xxxiii primos in saeculari habitu nobilissime conuersata conpleuit, 4.23 (252.23)
conuersatus. in terreno conuersatus palatio propositum 2.1 (75.3)
in nostro monasterio plurimo tempore conuersatus, ibidemque defunctus est. 4.25 (266.4)
sed quoniam ipse plus Lindisfarnensi ecclesiae, in qua conuersatus fuerat, dilexit praefici, 4.28 (273.9)
qui tunc quidem in clero illius conuersatus, nunc monasterio, . . . abbatis iure praeest. 5.6 (289.8)
conuersentur. De episcopis, qualiter cum suis clericis conuersentur, 1.27 (48.15)
CONVERTO. conuersa. innumera hominum eodem die ad Dominum turba conuersa est. 1.18 (37.4)
et omnis per orbem ecclesia conuersa est. 3.25 (186.10)
conuersae. ita ut Christi euangelium . . . in omnibus gentibus, quae necdum conuersae sunt, dilatetur. 2.8 (96.29)
domunculae, . . . nunc in comessationum, . . . et ceterarum sunt inlecebrarum cubilia conuersae, 4.25 (265.16)
conuersam. ubi gentem Nordanhymbrorum . . . conuersam esse didicit, 2.17 (118.27)
conuersi. Quod illi uidentes mox in iram conuersi sunt, 2.2 (83.12)
ad ipsum ora et oculi conuersi, 3.5 (137.20)
conuersis. et conuersis iamdudum ad meliora instituta omnibus, egregium examen continet monachorum, 4.4 (214.3)
conuersis. et conuersis iam dudum ad fidem ueritatis esset praelatus ecclesiis, 2.1 (73.12)
conuerso. rege ad fidem conuerso, 1.26 (47.16)
vii° ergo suae infirmitatis anno, conuerso ad interanea dolore, ad diem peruenit ultimum, 4.23 (256.26)
conuersus. cum sua gente, ex quo ad Dominum conuersus est, diuinis se studuit mancipare praeceptis. 2.6 (93.22)
totoque ad Deum corde et opere conuersus, 3.13 (153.34)
Et conuersus ad eum angelus: 'Quod incendisti,' inquit, 'hoc arsit in te. 3.19 (166.34)
et quia dextera Domini protegente, ad ueram et apostolicam fidem sit conuersus, 3.29 (196.26)
Sigheri . . . relictis Christianae fidei sacramentis, ad apostasiam conuersus est. 3.30 (199.15)
nomen et inde suum Conuersus conuertit ouans; 5.7 (293.17)
qui mox conuersus ad dextrum iter, quasi contra ortum solis brumalem me ducere coepit. 5.12 (307.5)
conuertat. aedificia puplica uel priuata, in proximo est, ut ignis absumens in cinerem conuertat.' 4.25 (264.22)
conuerte. quasi mandendo conuerte. 1.27 (53.19)
conuertebat. ipse cuncta, quae audiendo discere poterat, . . . in carmen dulcissimum conuertebat, 4.24 (260.32)
conuertendas. 'Parum,' inquit, 'est, ut mihi sis seruus ad suscitandas tribus Iacob, et feces Israel conuertendas. 3.29 (197.11)
conuerterat. quod cum fratribus, quos ad unitatis gratiam conuerterat, inchoauit, 5.22 (347.30)
conuertere. uulgus . . . a uita stultae consuetudinis ad caelestium gaudiorum conuertere curabat amorem. 4.27 (269.16)
conuerterent. doctores daret, qui gentem suam ad fidem Christi conuerterent, ac fonte salutari abluerent. 3.22 (172.23)
ut multos in breui ab idolatria ad fidem conuerterent Christi. 5.10 (299.14)
conuerteret. et aliquos, . . . de paganis ad fidei gratiam praedicando conuerteret. 2.9 (98.28)
conuerteretur. aliquos uerbi ministros, per quos ad Christum conuerteretur, mitteret; 2.1 (80.26)
conuerterit. Vt . . . Laurentius Aeodbaldum regem ad Christum conuerterit, 2.6 (92.12)
Vt Vilfrid episcopus prouinciam Australium Saxonum ad Christum conuerterit. 4.13 (230.2)
Vt Vilbrord in Fresia praedicans multos ad Christum conuerterit; 5.10 (298.27)
conuerti. subiectos suos meditatur . . . ad fidem catholicam atque apostolicam pro suae animae redemtione conuerti. 3.29 (197.2)
atque ad castigatiorem uitam conuerti ammonebatur. 5.14 (314.1)
conuertit. seque cum subiectis populis tota ad eum mente conuertit. 1.32 (68.19)
gentem . . . ad fidem Christi sua industria conuertit, 2.1 (73.8)
Nobilitatem . . . ad nanciscendam supernae gloriam dignitatis diuina gratia largiente conuertit. 2.1 (74.4)
Ad Christum Anglos conuertit pietate magistra, 2.1 (79.19)
praefectumque Lindocolinae ciuitatis, . . . primum cum domu sua conuertit ad Dominum. 2.16 (117.10)
gentemque illam uerbo et exemplo ad fidem Christi conuertit; 3.4 (133.27)
uel incredulos ad Christum conuertit, 3.19 (164.1)

et ipsam gentem Merciorum . . . ad fidei Christianae gratiam conuertit. 3.24 (179.19)
Quo beneficio multum antistes cor omnium in suum conuertit amorem, 4.13 (232.3)
nomen et inde suum Conuersus conuertit ouans: 5.7 (293.17)
Vt Vilbrord in Fresia praedicans multos ad Christum conuerterit [conuertit]; uar. 5.10 (298.27)
omnes, qui corpori flentes adsederant, timore inmenso perculsos in fugam conuertit; 5.12 (304.7)
prouinciam Australium Saxonum ab idolatriae ritibus ad Christi fidem conuertit. 5.19 (327.9)
conuertitur. Praedicatio deinde ad plebem de praeuaricationis emendatione conuertitur, 1.21 (41.3)
CONVINCO. conuincitur. Conuincitur uanitas, perfidia confutatur; 1.17 (35.31)
CONVIVA. conuiuae. Quod cum repente conuiuae terrore confusi conspicerent, 3.10 (147.17)
conuiuas. salutauit episcopum et conuiuas, dicens, quia ipse quoque delectaretur manducare 5.5 (288.26)
conuiuis. et religiosis conuiuiis [conuiuis] sollemnitatem celebrent; uar. 1.30 (65.21)
Residebat, uescebatur, bibebat, laetabatur, quasi unus e conuiuis agebat; 5.5 (288.30)
CONVIVIVM. conuiui. et relicta domu conuiuii [conuiui] egressus esset ad stabula iumentorum, uar. 4.24 (259.20)
conuiuii. et relicta domu conuiuii egressus esset ad stabula iumentorum, 4.24 (259.20)
conuiuiis. et religiosis conuiuiis sollemnitatem celebrent; 1.30 (65.21)
conuiuio. Vnde nonnumquam in conuiuio, cum esset laetitiae causa decretum, 4.24 (259.15)
nam et ideo de conuiuio egressus huc secessi, 4.24 (259.26)
conuiuium. Et si forte euenisset, . . . ut ad regis conuiuium uocaretur, 3.5 (136.14)
resedit et ipse cum eis ad conuiuium, 3.10 (147.12)
CONVOCO. conuocantur. coniugati quique conuocantur, 1.27 (52.22)
conuocari. sonum, quo ad orationes excitari uel conuocari solebant, 4.23 (257.10)
conuocatas. et in ecclesiam conuocatas orationibus ac psalmis pro anima matris operam dare monuit. 4.23 (257.28)
conuocauit. Interea Augustinus adiutorio usus Aedilbercti regis conuocauit . . . episcopos . . . Brettonum 2.2 (81.11)
CONVOLO. conuolarent. certatim populi ad gratiam baptismatis conuolarent. 1.20 (38.18)
conuolauit. Concursus omnium ad antistitem conuolauit, 1.19 (37.15)
COOPERATOR. cooperator. presbyter, qui comes itineris illi et cooperator uerbi extiterat, 3.30 (199.29)
et ut ei doctrinae cooperator existens diligenter adtenderet, 4.1 (203.1)
Hadrianus abbas, cooperator in uerbo Dei Theodori beatae memoriae episcopi, defunctus est, 5.20 (331.1)
cooperatore. utens cooperatore Iuliano de Campania, 1.10 (24.1)
uenit Romam cum cooperatore ac socio eiusdem operis Ceolfrido, 4.18 (241.8)
cooperatores. misit . . . plures cooperatores ac uerbi ministros; 1.29 (63.5)
COOPERIO. cooperire. plumbi lamminis eam totam, hoc est et tectum, et ipsos quoque parietes eius, cooperire curauit. 3.25 (181.13)
coopertus. Est autem locus idem sepulchri tumba lignea in modum domunculi facta coopertus, ita ut 4.3 (212.17)
pene totus orbis solis quasi nigerrimo et horrendo scuto uideretur esse coopertus. Cont. (361.9)
cooperuit. crines conposuit, caput linteo cooperuit, 3.9 (146.23)
COOPEROR. cooperante. se ipsum paratum esse in hoc opus Domino cooperante perficiendum, 2.1 (80.27)
ritum celebrandi paschae canonicum, per omnia comitante et cooperante Hadriano disseminabat. 4.2 (204.21)
cooperante. a diabolicae captiuitatis nexibus, sanctae et indiuiduae Trinitatis cooperante potentia, absoluti, 2.10 (102.7)
Saluatoris nostri Domini Iesu Christi cooperante potentia, 2.11 (105.17)
COPIA. copia. nec mora, frugum copia, . . . secutum sit. 1.14 (29.13)
nisi profusior alimentorum copia daretur, 1.15 (32.12)
Porro ipse diligentius obsecrans, ut et mihi certandi cum illis copia daretur, 5.6 (289.30)
tanta hodie calculatorum exuberat copia, 5.21 (341.23)
copia. quod a copia roborum Dearmach lingua Scottorum, hoc est campus roborum, cognominatur. 3.4 (134.4)
unde et a copia anguillarum, quae in eisdem paludibus capiuntur, nomen accepit; 4.19 (246.31)
copiam. beatissimi sacerdotes praebuerunt aduersariis copiam disputandi, 1.17 (35.26)
ne per illorum copiam periculum elationis incurreret, 1.31 (66.12)
quousque Ebrinus maior domus regiae copiam pergendi, quoquo uellent, tribuit eis. 4.1 (203.15)
quae usque ad hanc diem sufficientem cunctis illo aduenientibus gratiae suae caelestis copiam ministrat. 4.28 (271.29)
copiarum. et cum maxima parte copiarum, quas secum adduxerat, extinctus 4.26 (267.2)
copias. ceteras nefandae militiae copias non sine magno exercitus sui damno deleuit. 2.2 (84.23)
copiis. militaribus copiis uniuersis, . . . spoliata, 1.12 (25.19)
tantis frugum copiis insula, . . . affluere coepit; 1.14 (29.29)
infandus Brettonum dux cum inmensis illis copiis, . . . interemtus est 3.1 (128.20)
COPIOSIOR, ius. copiosior. Sequuntur . . . copiosior caelestium agminum uisio; 3.19 (166.12)
copiosiora. Misit secundo, misit tertio, et copiosiora argenti dona offerens, 2.12 (107.28)
COPIOSVS, a, um. copiosa. descendit pluuia serena, sed copiosa, 4.13 (231.19)
mox copiosa seges exorta desideratam proprii laboris uiro Dei refectionem praebebat. 4.28 (272.8)
copiosa. qui in eodem loco usque hodie copiosa fluenti sui dona profundat. 5.10 (301.16)
copiosis. ac fontibus praeclara copiosis, 1.1 (10.4)
copiosum. exercitum ad debellandum Aedilfridum colligit copiosum, 2.12 (110.15)
COPVLA. copulae. in subsequentis quoque copulae gaudio misceantur. 1.27 (52.23)
cum praefata uirgine ad regem Aeduinum quasi comes copulae carnalis aduenit. 2.9 (98.21)
copulam. Oportet itaque legitimam carnis copulam, 1.27 (58.20)
COPVLATIO. copulatio. quos copulatio carnalis affectus unum quodam modo corpus exhibuisse monstratur, 2.11 (105.26)
copulatione. aut post quantum temporis huic uir suus possit in carnis copulatione coniungi? 1.27 (53.30)
COPVLO. copulandas. sed et filias suas eisdem erudiendas, ac sponso caelesti copulandas mittebant; 3.8 (142.20)
copulari. Vsque ad quotam generationem fideles debeant cum propinquis sibi coniugio copulari? et nouercis et cognatis si liceat copulari coniugio? 1.27 (50.28)
copulatus. Erat enim presbyter . . . iamdudum uiro Dei spiritalis amicitiae foedere copulatus; 4.29 (274.13)
copuletur. ut et ipse, . . . Christianorum numero copuletur; 2.11 (105.18)
si Christianus esse recte uoluerit, nulli alteri copuletur; 4.5 (217.5)
COR. cor. quia mutatum est cor regis, 2.12 (110.3)
cor omnium et caro omnium exultauerunt in Deum uiuum; 4.13 (231.22)
cor. et cor et linguam et corpus Deo auctore conseruent. 1.27 (49.10)
quatinus cor mutantes, aliud de sacrificio amitterent, aliud retinerent; 1.30 (65.33)
et cor uiduae consolatus sum. 2.1 (77.26)
Quo beneficio multum antistes cor omnium in suum conuertit amorem, 4.13 (232.2)
quod commissum, ubi ad cor suum rediit, grauissime exhorruit, 4.25 (263.11)
corda. infidelium corda naturali ac superstitioso morbo purgata, 2.8 (96.7)
corda. Aut hic Campano gramine corda tumet.' 1.10 (24.15)
aperiens corda gentium ad suscipiendum praedicationis uestrae singulare mysterium. 2.8 (95.26)
totius creaturae suae dilatandi subdi etiam in extremitate terrae positarum gentium corda frigida, 2.10 (101.25)
Vnde merito mouit haec quaestio sensus et corda multorum, 3.25 (182.22)
sic doctrina eorum corda hominum cotidie inlustrat credentium.' 3.29 (197.30)
ut corda eorum in memoriam futuri iudicii reuocet, 4.3 (211.2)
Multus in orbe uiget per sobria corda triumphus, 4.20 (248.3)
quarum lux corda intuentium cum quadam alacritate et conpunctione pauefacere dicitur. 5.17 (319.9)
corde. Christianus integro ex corde factus est. 1.7 (18.20)

sacra mundo corde atque ore conficiunt. 1.8 (22.13)
ubi trementi corde stupida die noctuque marcebat. 1.12 (28.2)
'Ex corde exeunt cogitationes malae.' 1.27 (57.4)
de corde errorem deponat, 1.30 (65.13)
intimo ex corde longa trahens suspiria: 2.1 (80.8)
in plurimorum corde fidelium spiritalis gratiam lucis accenderet. 2.2 (82.11)
et discite a me, quia mitis sum et humilis corde." 2.2 (82.31)
Si ergo Augustinus ille mitis est et humilis corde, 2.2 (82.32)
si firmo corde credideris, 3.13 (153.25)
totoque ad Deum corde et opere conuersus, 3.13 (153.33)
quia in celebratione sui paschae non aliud corde tenebat, uenerabatur, et praedicabat, 3.17 (162.2)
quod euangelica praecepta deuoto corde seruaret. 3.22 (173.25)
atque intimo ex corde Deum precabatur, ne adhuc mori deberet, 3.27 (193.5)
et anathematizamus corde et ore, quos anathematizarunt, 4.17 (240.19)
fratres, . . . elegerunt ex suo numero uirum modestum moribus, et mansuetum corde, Suidberctum, 5.11 (302.7)
curauit suos, . . . ad eum, quem cognouerat, quemque ipse toto ex corde susceperat, ueritatis callem perducere, 5.15 (315.31)
quod aptius multo sit, eius, quem corde toto abominaris, . . . habitum uultus a tuo uultu . . . separare; 5.21 (344.28)
cordibus. execrandam diabolicae uersutiae supplantationem, . . . a cordibus uestris abicere, 2.10 (103.6)
scientiae salutaris cotidie flumina inrigandis eorum cordibus emanabant; 4.2 (204.27)
cordis. autumans se uerberibus, . . . cordis eius emollire constantiam. 1.7 (19.33)
ut surgentem cordis gloriam memoria reatus premat. 1.31 (67.14)
sed in intimis cordis multa secum conloquens, 2.9 (100.14)
quia tamen eius humanitas ad insinuationem sui reseratis cordis ianuis, 2.10 (101.1)
duritiam cordis ipsius religiosa diuinorum praeceptorum insinuatione mollire 2.11 (105.30)
Frigiditatem cordis ipsius Sancti Spiritus adnuntiatione succende; 2.11 (105.35)
tota cura cordis excolendi, non uentris. 3.26 (191.4)
et discussis penetralibus cordis nostri, 4.3 (211.12)
solutus est in lacrimas uir Dei, et tristitiam cordis uultu indice prodebat. 4.25 (264.18)
ut nullus praesentium latebras ei sui cordis celare praesumeret; 4.27 (269.34)
sed tamen indicio fit, quod ea, quae apostoli Petri sunt, in abdito cordis amplectimini, 5.21 (344.26)

CORAM. etiam miraculo caelesti coram eis facto, 2.2 (81.8)
sin autem uos spreuerit, nec coram uobis adsurgere uoluerit, 2.2 (83.8)
positusque esset in mensa coram eo discus argenteus regalibus epulis refertus, 3.6 (138.13)
quantum eius pia opera coram Deo flagrant et uernant. 3.29 (198.23)
et ex eodem libro x capitula, . . . illis coram ostendi, 4.5 (215.30)
Romamque iturus, et coram apostolico papa causam dicturus, 5.19 (326.10)
Cum ergo causa exigente synodus eadem coram nobilibus et frequentia populi, . . . legeretur, 5.19 (327.27)
Acca presbyter eius, uir et ipse strenuissimus, et coram Deo et hominibus magnificus; 5.20 (331.15)

CORAVSIVS, *see* **CARAVSIVS.**

CORNV. cornu. et cornu eius exaltaretur in gloria; 2.1 (77.21)

CORONA. corona. ipsi adhuc inueterati et claudicantes a semitis suis, et capita sine corona praetendunt, 5.22 (347.14)
coronae. id est qui pascha catholicum et tonsuram coronae . . . recipere nolebant, 3.26 (189.14)
formam quoque coronae, quam ipse in passione spineam portauit in capite, 5.21 (343.15)
Quae in frontis quidem superficie coronae uidetur speciem praeferre; 5.21 (343.28)
qui in praesenti quidem uita a deceptis hominibus putabantur digni perpetuae gloria coronae; 5.21 (343.33)
non solum omni spe coronae priuati, sed aeterna insuper sunt poena damnati. 5.21 (344.1)
quid contrario tuae fidei habitu terminatam in capite coronae imaginem portas? 5.21 (344.14)
celebrationem, ut diximus, praecipuae sollemnitatis sub figura coronae perpetis agere perdocuit. 5.22 (347.3)
coronam. martyr fortissimus ibidem accepit coronam uitae, 1.7 (21.10)
a quo etiam tonsurae ecclesiasticae coronam susceperat), 3.25 (182.33)
habens iuxta morem prouinciae illius coronam tonsurae ecclesiasticae, 3.26 (189.28)
donec illi coma cresceret, quo in coronam tondi posset; 4.1 (203.5)
in eodem monasterio soror ipsius Heresuid, . . . ipso tempore coronam expectabat aeternam; 4.23 (253.10)
Neque uero ob id tantum in coronam adtondemur, 5.21 (343.2)
ut coronam uitae aeternae, quam repromisit Deus diligentibus se, se semper expectare, . . . designent. 5.21 (343.21)
decurtatam eam, quam te uidere putabas, inuenies coronam; 5.21 (343.30)
"Obsecro, sancte frater, qui ad coronam te uitae, quae terminum nesciat, tendere credis, 5.21 (344.12)
Adtondebantur omnes in coronam ministri altaris ac monachi; 5.21 (346.10)

CORONATI QVATTVOR, *the Four Crowned Martyrs.*
Coronatorum. Erat autem eo loci, . . . martyrium beatorum IIII Coronatorum. 2.7 (94.24)

CORONO. coronandus. qui . . . adflictiones, . . . ab infidelibus et inimicis Christi ipse cum Christo coronandus pertuli?' 2.6 (92.29)
coronati. duo regii pueri fratres uidelicet Arualdi regis insulae, speciali sunt Dei gratia coronati. 4.16 (237.20)
coronatus. ut eius rogatu monasterio supra memorato inditus, ac monachica sit tonsura coronatus, 5.12 (310.3)

CORPORALIS, e. **corporalem.** et per inluminationem unius hominis corporalem, . . . gratiam lucis accenderet. 2.2 (82.10)

CORPORALITER. et per uirtutem eiusdem spiritus hanc exortam, quamuis corporaliter absens, sopiuerit. 3.15 (158.22)
Hac etenim die idem rex ab infidelibus in bello corporaliter extinctus, 4.14 (234.29)
quia et digredientes ab inuicem non se ultra corporaliter uiderunt, 4.29 (275.11)

CORPOREVS, a, um. **corporea.** XIIII diebus praeueniente corporea infirmitate pressus est, 4.24 (261.17)
corporeae. Verum pondus corporeae infirmitatis, ne episcopus fieri posset, obstitit. 4.1 (202.18)

CORPVS. corpora. simul et regum Cantiae poni corpora possent. 1.33 (70.22)
in qua etiam sequentium archiepiscoporum omnium sunt corpora tumulata 2.3 (86.7)
Theodori et Berctualdi, quorum corpora in ipsa ecclesia posita sunt, 2.3 (86.9)
ubi corpora sanctimonialium feminarum poni deberent, caelesti sit luce monstratum. 4.7 (219.9)
in qua omnium episcoporum Doruuernensium sunt corpora deposita; 5.8 (294.26)
quia 'corpora ipsorum in pace sepulta sunt, 5.8 (294.28)
Nam cum peremta eorum corpora amni, ut diximus, a paganis essent iniecta, 5.10 (300.28)
Inuenta namque eorum corpora iuxta honorem martyribus condignum recondita sunt, 5.10 (301.8)
corpora. hi animas curare, hi cupientes corpora. 1.19 (37.28)
gaudentes uel nuda corpora eripuisse discrimini; 1.20 (39.14)
ut in ecclesiis . . . Petri et Pauli super corpora eorum missae celebrarentur. 2.1 (78.30)
crebrius in conuentu sororum perquirere coepit, quo loci in monasterio corpora sua poni, 4.7 (219.23)
iuxta praefatorum corpora episcoporum in ecclesia beati apostoli Petri sepultus est. 5.1 (282.25)
indicans, quod eo loci corpora eorum posset inuenire, 5.10 (301.5)
et adducta ad se eorum corpora condidit cum multa gloria 5.10 (301.13)
corpore. et casu dux ipse uel pontifex fractus corpore, 1.17 (34.18)
et in ecclesiae corpore monendo et persuadendo, 1.27 (53.18)
etsi dormienti corpore, 1.27 (60.24)
ut etiam retentus corpore ipsa iam carnis claustra contemplatione transiret, 2.1 (74.9)
Sepultus uero est corpore in ecclesia beati Petri apostoli, 2.1 (79.4)

Suscipe, terra, tuo corpus de corpore sumtum, 2.1 (79.9)
ubi ipse etiam corpore una cum pluribus sanctis requiescit, 3.4 (133.19)
monasterium insulanum, in quo ipse requiescit corpore, 3.4 (134.10)
manus cum brachio a cetero essent corpore resectae, 3.6 (138.26)
Porro caput et manus cum brachiis a corpore praecisas iussit rex, . . . suspendi. 3.12 (151.34)
Hunc cum dies mortis egredi e corpore cogeret, 3.17 (159.25)
ubi correptus infirmitate, . . . raptus est e corpore; 3.19 (164.27)
et a uespera usque ad galli cantum corpore exutus, 3.19 (164.28)
Qui reductus in corpore, et die tertia rursum eductus, 3.19 (164.33)
Sicut enim quis ardet in corpore per inlicitam uoluptatem, 3.19 (166.3)
ita solutus corpore ardebit per debitam poenam.' 3.19 (166.4)
Qui postmodum in corpore restitutus, 3.19 (167.5)
utque alia de corpore egressura, iam particulam futurae lucis aspexerit. 4.8 (220.22)
quod anima eius, . . . cum magno lucis splendore esset egressura de corpore; 4.11 (226.26)
'Adulescentior,' inquit, 'sum aetate, et uegetus corpore; 4.25 (263.24)
egredientes e corpore spiritus eorum mox beata inuicem uisione coniuncti sunt, 4.29 (275.12)
sicut uno eodemque tempore cum eo de corpore egredi, 4.29 (275.20)
ossa illius, quae . . . in puluerem redacto corpore reliquo sicca inuenienda putabant; 4.30 (276.13)
dolor tamen omnis et de brachio, ubi ardentior inerat, et de toto meo corpore, . . . ablatus est, 5.3 (286.19)
Corpore nam tumulum, mente superna tenet. 5.7 (293.28)
Hic sacer in tumba pausat cum c rpore praesul, 5.8 (295.9)
qui . . . in ipso tandem mortis articulo ad paenitentiam confugiunt, et sic de corpore exeunt; 5.12 (308.15)
in quo recipiuntur animae eorum, qui in bonis quidem operibus de corpore exeunt; 5.12 (308.27)
mox de corpore egressi ad regnum caeleste perueniunt; 5.12 (308.32)
audiuit ab eo repetita interrogatione, quae et qualia essent, quae exutus corpore uideret; 5.12 (309.28)
donec ex suo corpore calefierent et siccarentur 5.12 (310.20)
ut uel tunc positus adhuc in corpore, paenitentiam faceret. 5.14 (314.21)
quae quondam ipsam adfixo Domini corpore crucem pertulit, 5.16 (317.28)
Vilfridus hic magnus requiescit corpore praesul, 5.19 (330.9)

corpori. Cuius corpori tumulando praeparauerant sarcofagum lapideum; 4.11 (226.32)
ita aptum corpori uirginis sarcofagum inuentum est, 4.19 (246.24)
nam et ipsa indumenta quasi patris adhuc corpori circumdata miro deosculabatur affectu, 4.30 (277.6)
'Noua,' inquit, 'indumenta corpori pro his, quae tulistis, circumdate, 4.30 (277.8)
omnes, qui corpori flentes adsederant, timore inmenso perculsos in fugam conuertit; 5.12 (304.6)

corporibus. etiam corporibus earum locum, in quo requietura, . . . monstraret. 4.7 (220.14)

corporibus. qui imperio sacerdotum dum ab obsessis corporibus detruduntur, 1.17 (34.33)
ad abigendos ex obsessis corporibus daemones gratiae salutaris haberet effectum. 3.11 (149.1)
Contigit autem tactu indumentorum eorundem et daemonia ab obsessis effugata corporibus, . . . esse 4.19 (246.15)
sacrificium solet offerri, positis interim in platea corporibus. 5.16 (317.33)

corporis. pro meis infirmitatibus et mentis et corporis Praef. (8.12)
totum inflati corporis absumsisse ac sedasse tumorem. 1.1 (13.5)
afflictione corporis propaganda; 1.19 (37.10)
Non tamen pro hac re sacri corporis ac sanguinis Domini communione priuandi sunt, 1.27 (51.23)
corporis et sanguinis Domini communione priuandi sunt; 1.27 (51.32)
ad sacramentum dominici corporis et sanguinis accedere 1.27 (56.24)
seu de sumendo dominici corporis sanguinisque mysterio, 1.27 (58.26)
tanta prouisione est munditia corporis requisita, 1.27 (59.9)
etiam in somno corporis positus, 1.27 (60.21)
tamen in uigiliis corporis meminit in ingluuiem cecidisse. 1.27 (60.25)
iuxta exemplum dominici corporis, 2.1 (76.5)
quod nec tanto corporis potuit dolore restingui. 2.1 (77.15)
ac uidisse inter alia pueros uenales positos candidi corporis, 2.1 (80.1)
Erat autem Mellitus corporis quidem infirmitate, id est podagra, grauatus, 2.7 (94.8)
coniugem uestram, quae uestri corporis pars esse dinoscitur, 2.10 (101.33)
quibus uos ipsi imaginem corporis tradidistis, 2.10 (102.29)
quod pars corporis uestri ab agnitione summae et indiuiduae Trinitatis remansit extranea. 2.11 (105.11)
et ipsa Deo dilectam perpetuae uirginitatis gloriam in magna corporis continentia seruauit; 3.8 (144.7)
et ubi euigilauit, sanatam se ab illa corporis dissolutione sentiens, 3.9 (146.21)
"quia iamiamque crescente corporis molestia ad articulum subeundae mortis conpellor; 3.13 (153.3)
nec dubito me post mortem corporis statim ad perpetuam animae mortem rapiendum, 3.13 (153.4)
Vbi quadam infirmitate corporis arreptus, 3.19 (164.3)
constructa domuncula cultiore receptui corporis eiusdem, 3.19 (168.22)
Haec et de corporis eius incorruptione breuiter attigimus, 3.19 (168.26)
casu contigit, ut . . . tactus ibidem infirmitate corporis obiret. 3.23 (176.13)
ad ecclesiam siue ad monasteria certatim, non reficiendi corporis, sed audiendi sermonis Dei gratia confluebant; 3.26 (191.13)
si non ualetudo corporis obsisteret, 3.27 (193.13)
Nam confestim langore corporis tactus est, 4.3 (210.2)
postquam obitum suum dominici corporis et sanguinis perceptione muniuit, 4.3 (210.4)
soluta ab ergastulo corporis anima sancta, 4.3 (210.5)
tacta est repente grauissimo corporis morbo, 4.9 (222.7)
quo trahente leuaretur sursum haec, quam contemplabatur species corporis gloriosi, 4.9 (222.18)
quae ita multis iam annis omni corporis fuerat officio destituta, 4.9 (222.33)
correptus est corporis infirmitate permaxima, 4.11 (225.26)
inuentum est sarcofagum illud congruae longitudinis ad mensuram corporis, 4.11 (227.14)
ac uiatico dominici corporis ac sanguinis accepto, . . . ad aeterna in caelis gaudia subleueris. 4.14 (234.11)
quia sacrificium salutare ad redemtionem ualeret et animae et corporis sempiternam. 4.22 (252.9)
antistes prouinciae illius, uocabulo Bosel, tanta erat corporis infirmitate depressus, 4.23 (255.10)
monebat omnes et in salute accepta corporis Domino obtemperanter seruiendum, 4.23 (256.22)
'Multum est, ut tota septimana absque alimento corporis perdures; 4.25 (263.29)
Cudberctum, qui . . . uitam solitariam per annos plures in magna corporis et mentis continentia duxerat. 4.27 (268.27)
sensit dimidiam corporis sui partem a capite usque ad pedes paralysis langore depressam, 4.31 (278.13)
sentit, . . . manum . . . corporis sui partem, paulatim fugiente dolore, . . . pertransisse. 4.31 (279.6)
quidam aliquandiu mortuus ad uitam resurrexit corporis, 5.12 (303.29)
qui infirmitate corporis tactus, et hac crescente per dies, ad extrema perductus, 5.12 (304.3)
et ibi usque ad diem mortis in tanta mentis et corporis contritione durauit, 5.12 (304.24)
solebat hoc creber ob magnum castigandi corporis affectum ingredi, 5.12 (310.13)
qui uidelicet modo cum magno tormento inrepunt in interiora corporis mei, 5.13 (312.28)
Interior namque domus propter dominici corporis meatum camerari et tegi non potuit; 5.17 (318.32)
ipsius passionis signum cum illo in uertice, summa uidelicet corporis nostri parte gestamus. 5.21 (343.6)

corpus. Cuius corpus honorifico agmine, . . . suam defertur ad urbem. 1.21 (41.14)

et cor et linguam et corpus Deo auctore conseruent. 1.27 (49.11)
mulieres, quae corpus Domini omnipotentis accipiunt, 1.27 (59.11)
uel corpus Domini quislibet accipere ualeat; 1.27 (59.22)
et inuestigantes, unde uel quis esset, abstulerunt corpus, 1.33 (71.4)
dogmatizabat corpus nostrum in illa resurrectionis gloria inpalpabile, 2.1 (75.30)
quod corpus nostrum illa inmortalitatis gloria sublimatum subtile quidem sit 2.1 (76.2)
Suscipe, terra, tuo corpus de corpore sumtum, 2.1 (79.9)
et positum corpus eius foras iuxta ecclesiam beatorum apostolorum Petri et Pauli, 2.3 (86.2)
mox interposuit corpus suum ante ictum pungentis; 2.9 (99.12)
ut per corpus militis occisi etiam regem uulneraret. 2.9 (99.14)
quos copulatio carnalis affectus unum quodam modo corpus exhibuisse monstratur, 2.11 (105.27)
Sepultum est autem corpus uenerabile uirginis . . . in ecclesia beati protomartyris Stephani; 3.8 (143.31)
coepit facere in monasterio suo ecclesiam . . . in qua suum corpus sepelliri cupiebat. 3.8 (144.10)
ita intemeratum corpus inuenere, 3.8 (144.20)
ubi corpus eius in terram conruit, 3.9 (145.18)
Cuius corpus mox inde translatum ad insulam Lindisfarnensium, . . . est. 3.17 (160.9)
tres angeli, de quibus diximus, qui eum ad corpus referrent. 3.19 (166.20)
Cuius corpus idem Ercunualdus patricius accipiens, 3.19 (168.14)
et corpus ipsum de porticu ablatum prope altare esset recondendum, 3.19 (168.18)
ecclesia est . . . facta, et in illa corpus ipsius ad dexteram altaris reconditum. 3.23 (176.16)
cupientes ad corpus sui patris, aut uiuere, si sic Deo placeret, 3.23 (176.29)
sui patris, ad cuius corpus dilectionis ipsius gratia uenerat, 3.23 (177.6)
uidit manifeste quasi corpus hominis, quod esset sole clarius, sindone inuolutum in sublime ferri, 4.9 (222.13)
Haec ubi corpus abbatissae uenerabilis in ecclesiam delatum, . . . cognouit, 4.9 (223.2)
sed cum huic corpus inponere coepissent, 4.11 (226.33)
Sed nec sic quidem corpus capiebat. 4.11 (227.4)
cogitabant . . . ipsum corpus, si possent, in genibus inflectendo breuiare, 4.11 (227.6)
a parte uero pedum mensura IIII digitorum in sarcofago corpus excederet. 4.11 (227.16)
et ita soluto ieiunio corpus quoque suis reficiant alimentis.' 4.14 (235.9)
corpusque eius ab amicis propter amorem sancti Martini, . . . Turonis delatum . . . est. 4.18 (242.20)
cuius nec corpus in monumento corrumpi potuerit. 4.19 (243.1)
Cumque corpus sacrae uirginis ac sponsae Christi aperto sepulchro esset prolatum in lucem, 4.19 (245.8)
uidique eleuatum de tumulo, et positum in lectulo corpus sacrae Deo uirginis 4.19 (245.31)
Sed et linteamina omnia, quibus inuolutum erat corpus, integra apparuerunt, 4.19 (246.2)
Lauerunt igitur uirgines corpus, 4.19 (246.20)
uenit quaerere, si forte corpus eius inuenire posset, 4.22 (250.20)
Vt corpus illius post XI annos sepulturae sit corruptionis inmune reppertum; 4.30 (276.5)
inuenerunt corpus totum, quasi adhuc uiueret, 4.30 (276.19)
Adtulerunt autem ei et partem indumentorum, quae corpus sanctum ambierant, 4.30 (277.4)
inuolutum nouo amictu corpus, nouaque in theca reconditum, supra pauimentum sanctuarii posuerunt. 4.30 (277.16)
cuius corpus in sepulchro benedicti patris Cudbercti ponentes, adposuerunt desuper arcam, 4.30 (277.22)
prosternens se ad corpus uiri Dei, pia intentione . . . Dominum sibi propitium fieri precabatur; 4.31 (278.28)
indumenta, quibus Deo dicatum corpus Cudbercti, uel uiuum antea, uel postea defunctum uestierant, 4.31 (279.13)
Nam quando fratres sui corpus ipsius post multos sepulturae annos incorruptum reppererunt, 4.32 (280.4)
ad cuius sacratissimum corpus a finibus terrae pio ductus amore uenerat, 5.7 (292.30)
quia nunc ad corpus reuerti, et rursum inter homines uiuere debes, 5.12 (309.2)
Haec mihi cum dixisset, multum detestatus sum reuerti ad corpus, 5.12 (309.10)
ad diem suae uocationis infatigabili caelestium bonorum desiderio corpus senile . . . domabat, 5.12 (310.32)
et corpus eius in ultimis est monasterii locis humatum, 5.14 (314.25)
corpusque eius loculo inditum, perlatum est in monasterium ipsius, 5.19 (322.20)
CORRECTIO. correctione. Sicque certus de illorum correctione reuerentissimus pater exsultauit, 5.22 (348.11)
correctionis. et deprauati uiam correctionis agnoscerent. 1.17 (35.9)
et ipsa modum correctionis dictat, 1.27 (50.14)
sed etiam plurimis longe manentibus, . . . occasionem salutis et correctionis ministrauit. 4.23 (255.29)
CORRECTIOR, ius. **correctiorem.** cum omnibus, quos ad correctiorem uiam erudire poterat. 3.25 (181.29)
CORREGNO (CONR-). conregnare. sperans, sicut in sua gente regnat, ita et cum Christo de futuro conregnare. 3.29 (196.27)
CORRIGO. correcta. eiusque tutandam patrocinio gens correcta gaudebat. 5.21 (346.12)
correcti. correcti sunt per eum, et ad uerum canonicumque paschae diem translati; 3.4 (135.1)
Vt Orientales Saxones . . . per instantiam Iarumanni episcopi mox sint ab errore correcti. 3.30 (199.8)
qua correcti per ieiunia, fletus, et preces iram a se, instar Nineuitarum, iusti Iudicis auerterent. 4.25 (262.29)
laetabantur de patrocinio pergentis ad Dominum patris, per quem fuerant correcti; 5.22 (348.7)
correctos. plurimos eorum, et pene omnes, qui ab Hiensium dominio erant liberi, ab errore auito correctos, 5.15 (316.5)
correxi. librum . . . male de Greco translatum, et peius a quodam inperito emendatum, prout potui, ad sensum correxi; 5.24 (359.9)
correxit. Qui cum Finano confligens, multos quidem correxit, 3.25 (181.22)
Paschalis qui etiam sollemnia tempora cursus Catholici ad iustum correxit dogma canonis, 5.19 (330.19)
gentis eiusdem turbas ad catholicam temporis paschalis obseruantiam sua praedicatione correxit; 5.21 (345.7)
Ecgberct Hienses monachos ad catholicum pascha et ecclesiasticam correxit tonsuram. 5.24 (356.12)
corrigantur. quidam autem lenius corrigantur. 1.27 (50.6)
qualiter, siqua sunt in episcopis uitia, corrigantur. 1.27 (53.4)
peruersi auctoritate corrigantur. 1.27 (53.24)
corrigebat. sed aspera illos inuectione corrigebat. 3.5 (136.24)
et ea, quae minus perfecta repperit, his quoque iuuantibus corrigebat. 4.2 (205.22)
corrigendo. exhortando, terrendo, blandiendo, corrigendo, 1.32 (68.9)
Nec supernae flagella districtionis perfido regi castigando et corrigendo defuere; 2.5 (90.34)
Iohannes, . . . pro eodem errore corrigendo litteras eis . . . direxit; 2.19 (122.22)
corrigendum. misit ad corrigendum errorem, . . . Iaruman episcopum, 3.30 (199.25)
Ad utrorumque ergo corrigendum errorem, . . . circumpositas ueniebat ad uillas, 4.27 (269.23)
corrigere. nec eorum tamen dementiam corrigere ualebant; 1.10 (24.5)
Inest autem animo, . . . uitiosos mores corrigere, 3.13 (153.10)
quod cum episcopus prohibere et corrigere non posset, 3.22 (173.29)
Qui si e contrario errores pueritiae corrigere in adulescentia, . . . curasset, 5.13 (313.19)
corrigi. qualiter ualeat corrigi. 1.27 (50.2)
corrigit. In hoc enim tempore sancta ecclesia quaedam per feruorem corrigit, 1.27 (51.27)
corrigitur. quia ipsi hoc praestatur, qui corrigitur, 1.27 (50.8)
CORRIPIO. correpta. correpta eorum uesania magis augescere contradicendo, . . . uoluit 1.10 (24.6)
ciuitas Doruuernensis per culpam incuriae igni correpta crebrescentibus coepit flammis consumi; 2.7 (94.15)
correptae. naues . . . tempestate correptae uel conlisae 1.2 (14.6)
correpti. correpti sunt ambo morbo eiusdem mortalitatis, et grauissime adflicti; 3.27 (192.28)
qua correcti [correpti] per ieiunia, fletus, et preces iram a se, instar Nineuitarum, iusti Iudicis auerterent. uar. 4.25 (262.29)

correptus. deinde aduersa tempestate correptus, 1.2 (13.29)
qui antea superno nutu correptus, 1.7 (21.16)
Vt correptus ab apostolo Petro Laurentius Aeodbaldum regem ad Christum conuerterit, 2.6 (92.11)
ubi correptus infirmitate, . . . raptus est e corpore; 3.19 (164.26)
ac non multo post infirmitate correptus diem clausit ultimum. 3.19 (168.14)
correptus est corporis infirmitate permaxima, 4.11 (225.26)
Deo dilectus antistes Eadberct morbo correptus est acerbo, 4.30 (277.18)
langore correptus, XII°. Kalendarum Maiarum die solutus a carne, . . . est 5.7 (292.26)
corripere. ipsos potius monent arma corripere, 1.12 (27.12)
corripiat. ne forte nos . . . repentina eius ira corripiat, 4.25 (266.10)
corripiebat. multas Brittaniae prouincias mortalitas saeua corripiebat. 4.14 (233.8)
corripiebatur. Corripiebatur quidem sedulo a fratribus ac maioribus loci, 5.14 (313.31)
corripiendi. genti suae . . . exemplo uiuendi, et instantia docendi, et auctoritate corripiendi, . . . profuit. 3.27 (194.4)
corripiens. pestilentiae lues, . . . Nordanhymbrorum quoque prouinciam corripiens, 3.27 (192.2)
corripuit. homines acerba pestis corripuit, 1.14 (30.9)
CORROBORO. corroborauit. ueram et catholicam fidem confessus est, et cum subscriptione sua corroborauit.' 5.19 (327.7)
CORRODO (CONR-). conroderet. ut totam pene Europam, . . . conroderet. 1.13 (29.6)
CORRVMPO. corrumpi. cuius nec corpus in monumento corrumpi potuerit. 4.19 (243.2)
signum diuini miraculi, quo eiusdem feminae sepulta caro corrumpi non potuit, 4.19 (243.24)
corrupto. corrupto orbe toto, 1.8 (22.15)
corruptus. Qui uel minis fractus, uel corruptus muneribus, cessit deprecanti, 2.12 (107.30)
CORRVO (CONR-). conruens. repente conruens, brachium contriuit, 3.2 (130.14)
conruerunt. sed et plurimi eiusdem urbis muri cum LVII turribus conruerunt; 1.13 (29.9)
conruit. ubi corpus eius in terram conruit, 3.9 (145.19)
festinusque accedens ante pedes episcopi conruit, 3.14 (156.31)
corruens. ita ut corruens in terram, et aliquandiu pronus iacens, uix tandem resurgeret. 4.31 (278.11)
corruerunt. omnes pariter cum sua militia corruerunt; 2.5 (92.7)
corruit. repente conruens [corruit], brachium contriuit, uar. 3.2 (130.14)
CORRVPTE. nunc corrupte Reptacæstir uocata, 1.1 (9.12)
unde hactenus a uicina gente Brettonum corrupte Garmani nuncupantur. 5.9 (296.16)
CORRVPTIBILIS, e. **corruptibili.** hi, qui ex corruptibili materia inferiorum etiam subpositorumque tibi manibus construuntur; 2.10 (102.21)
CORRVPTIO. corruptio. Ipsa enim eorum dissolutio corruptioque, . . . uobis patenter insinuet, 2.10 (103.9)
corruptione. ut a corruptione concupiscentiae carnalis erat inmune; 3.8 (144.21)
corruptionis. adhuc sine macula corruptionis inuentum, ibidem digno cum honore translatum est; 3.19 (168.23)
Vt corpus illius post XI annos sepulturae sit corruptionis inmune reppertum; 4.30 (276.5)
CORRVPTVS, a, um. **corruptae.** subito corruptae mentis homines acerba pestis corripuit, 1.14 (30.9)
CORVSCVM. corusci. uel etiam corusci ac tonitrua terras et aera terrerent, 4.3 (210.24)
COTIDIANVS, a, um. **cotidiana.** cotidiana et exhortatione, et sacramentorum caelestium celebratione confirmaret. 2.9 (98.15)
meditationi rerum ecclesiasticarum, ut animo proposuerat, cotidiana mancipatus instantia, 5.19 (324.21)
cotidiana. corpus senile inter cotidiana ieiunia domabat, 5.12 (310.33)
cotidianam. in quo manens cotidianam ab eis stipem acciperet. 5.2 (283.29)
inter . . . cotidianam cantandi in ecclesia curam, semper aut discere, aut docere, aut scribere dulce habui. 5.24 (357.12)
cotidianis. annum totum cum eo in continentia et orationibus, in cotidianis manuum uixit laboribus. 3.19 (168.6)
cotidianis. ut cotidianis praedicationibus instituti, 1.20 (38.17)
Nam et se ipsum fideliter credidit multum iuuari eorum orationibus cotidianis, 3.23 (175.5)
cotidiano. simplici tantum et cotidiano fratrum cibo contenti, nil ultra quaerebant. 3.26 (191.1)
cotidianum. uictum eis cotidianum sine pretio, . . . et magisterium gratuitum praebere curabant. 3.27 (192.17)
cotidianum. Hoc erat cotidianum opus illius et omnium, 3.5 (136.12)
cotidianum. uitae caelestis institutio cotidianum sumeret augmentum, 3.22 (173.15)
COTIDIE. sermo cotidie non solum in ecclesiis, . . . praedicabatur; 1.17 (35.6)
coepere plures cotidie ad audiendum uerbum confluere, 1.26 (47.22)
cotidie per studiosae lectionis roboraret alloquium. 2.1 (75.12)
et quanta consideratione propriam cotidie debeant fragilitatem pensare. 2.1 (76.19)
sed et cotidie a nobis perpetuo anathemate sepulta damnatur: 2.19 (123.31)
bis cotidie instar insulae maris circumluitur undis, 3.3 (132.4)
animae redemtione cotidie Domino preces offerri deberent. 3.14 (155.27)
multique cotidie, et nobilium, et infirmorum, . . . fidei sunt fonte abluti. 3.21 (170.25)
cotidie psalterium totum in memoriam diuinae laudis decantaret; 3.27 (193.13)
sic doctrina eorum corda hominum cotidie inlustrat credentium.' 3.29 (197.30)
scientiae salutaris cotidie flumina inrigandis eorum cordibus emanabant; 4.2 (204.26)
et passim cotidie raperentur ad Dominum; 4.7 (219.18)
bini aestus oceani, . . . sibimet inuicem cotidie conpugnantes occurrunt ultra ostium fluminis Homelea, 4.16 (238.19)
et cotidie sacrificium Deo uictimae salutaris offerebant, 5.10 (300.9)
Quae cum cotidie a credentibus terra tollatur, 5.17 (319.2)
CRAPVLA. crapula. aliquando enim ex crapula, . . . contingit. 1.27 (60.4)
inlusio pro crapula facta 1.27 (60.16)
CRASSIOR, ius. **crassiore.** et post noctem ablata superficie crassiore, ipse residuum cum modico, ut diximus, pane bibebat. 3.27 (194.11)
CRASTINVM. crastinum. ut in crastinum ascendens equum cum ipso iter in alium locum facerem; 5.6 (291.26)
CREATIO. creatione. Canebat autem de creatione mundi, et origine humani generis, 4.24 (260.34)
CREATOR. Creatorem. humanum genus, quippe ut creatorem omnium atque factorem suum, . . . ueneratur et colit; 2.10 (101.19)
Creatorem suum suscepto Christianae fidei agnoscerent sacramento. 2.11 (104.19)
dum regem et Creatorem uestrum orthodoxa praedicatione edocti Deum uenerando creditis, 2.17 (119.7)
Creatori. Et si quando te Creatori nostro seu per linguam, . . . reminisceris deliquisse, 1.31 (67.11)
Creatoris. et quae sunt Creatoris nostri iussioni contraria, 1.27 (53.7)
'Alleluia, laudem Dei Creatoris illis in partibus oportet cantari.' 2.1 (80.22)
'Nunc laudare debemus auctorem regni caelestis, potentiam Creatoris et consilium illius, 4.24 (260.1)
CREATVRA. creaturae. Eius ergo bonitatis misericordia totius creaturae suae dilatandi 2.10 (101.23)
creaturam. ubi Dominus per creaturam subditam hominibus loquebatur, 1.27 (59.8)
creaturarum. 'Canta,' inquit, 'principium creaturarum.' 4.24 (259.30)
CREBER, bra, brum. **creber.** solebat hoc creber ob magnum castigandi corporis affectum ingredi, 5.12 (310.12)
crebra. et crebra uoce sanctae exhortationis, . . . prouehere curauit. 2.4 (87.7)
nam crebra mentis uesania, et spiritus inmundi inuasione premebatur. 2.5 (90.34)
crebra huius admonitione doceatur se quoque carnem suam . . . crucifigere debere; 5.21 (343.10)
crebra. Vt in loco, in quo occisus est rex Osuald, crebra sanitatum miracula facta; 3.9 (144.26)
In quo utroque loco, ad indicium uirtutis illius, solent crebra sanitatum miracula operari. 4.3 (212.9)
crebra. Inque locis istis monachorum examina crebra Colligit, 5.19 (330.22)

creditae. sed contentus sit gubernatione creditae sibi plebis.' 4.5 (216.4)
creditis. dum regem et Creatorem uestrum orthodoxa praedicatione edocti Deum uenerando creditis, 2.17 (119.8)
creditorum. dum creditorum uobis talentorum fidelissimae negotiationis officiis uberem fructum inpendens ei, . . . praeparauit. 2.8 (95.29)
ut fructum fidei creditorumque tibi beneficiorum Redemtori tuo multiplicem resignares. 2.11 (106.7)
creditum. creditum est tamen, quod hi, . . . ocius Domino uindice poenas sui reatus luerent. 4.26 (266.23)
crediturae. de omnibus prophetatum gentibus, quod sint crediturae in Christo omnium conditore. 3.29 (197.23)
credo. Sed hoc, . . . credo, quia mea apud te uolueris responsione firmari. 1.27 (54.6)
quos utique credo, . . . sic eius monita fuisse secuturos, 3.25 (188.5)
et credo, quod ideo me superna pietas dolore colli uoluit grauari, 4.19 (246.9)
Regis ut aetherei matrem iam credo sequaris, 4.20 (248.13)
"Credo," inquam, "uere, quod ita sit; 5.21 (344.24)
CREDVLITAS. credulitate. Recognoscunt populum in ea, qua reliquerat, credulitate durantem; 1.21 (40.21)
credulitatem. eius animum ad uerae conuersionis et indubitatae fidei credulitatem fraternitas uestra perduxerit. 2.8 (96.11)
CREMENTVM. crementis. magno tenellis ibi adhuc ecclesiae crementis detrimento fuit. 2.5 (90.26)
cremento. quando et lumen lunae, et reuma oceani in cremento est. 5.3 (285.29)
CREO. creandi. dei creandi materiam lignum uel lapidem esse non posse, 3.22 (171.27)
creandorum. et carnis commixtio creandorum liberorum sit gratia, 1.27 (58.22)
sed solummodo creandorum liberorum gratia utitur, 1.27 (58.24)
creasset. qui caelum et terram et humanum genus creasset, 3.22 (172.4)
creati. Gratianus et Constantinus in Brittania tyranni creati; 1.11 (24.17)
quia omnes, qui uoluntatem eius, a quo creati sunt, discerent et facerent, 3.22 (172.8)
creatum. filium ex concubina Helena creatum 1.8 (22.24)
creatur. Gratianus municeps tyrannus creatur, et occiditur. 1.11 (24.25)
creatus. quod Constantinus in Brittania creatus imperator, 1.8 (22.26)
Maximus in Brittania imperator creatus, 1.9 (23.1)
in Brittania inuitus propemodum ab exercitu imperator creatus, 1.9 (23.14)
Maximus in Brittania creatus imperator, in Galliam transiit, 5.24 (352.20)
creauit. Maximianumque cognomento Herculium socium creauit imperii. 1.6 (17.11)
Deum uerum ac uiuum, qui uniuersa creauit, 1.7 (19.22)
quae cuncta solo uerbo praeceptionis suae condidit et creauit, caelum uidelicet et terram, 2.10 (101.9)
Accedite ergo ad agnitionem eius, qui uos creauit, 2.10 (103.18)
dehinc terram custos humani generis omnipotens creauit.' 4.24 (260.6)
CREPITO. crepitantem. audio subitum post terga sonitum inmanissimi fletus ac miserrimi, simul et cachinnum crepitantem 5.12 (306.9)
CREPVSCVLVM. crepusculo. Haec ergo quadam nocte incipiente crepusculo, egressa de cubiculo, 4.9 (222.12)
crepusculum. utrum crepusculum adhuc permaneat uespertinum, 1.1 (10.33)
CRESCO. crescebat. Crescebat morbus paulatim, 4.31 (278.15)
crescens. qui cum per dies crescens oculo interitum minaretur, 4.32 (279.26)
qui paulatim crescens, et ad me ocius festinans, ubi adpropinquauit, 5.12 (306.33)
crescente. et crescente numero fidelium, 2.20 (126.28)
Qui cum crescente fidei feruore saeculo abrenuntiare disponeret, 4.3 (208.3)
'Vt plures episcopi crescente numero fidelium augerentur'; 4.5 (216.30)
ac per dies crescente, multumque ingrauescente ardore langoris, . . . migrauit ad Dominum; 4.30 (277.19)
crescente. Qui etiam crescente bona consuetudine, 3.2 (130.1)
"quia iamiamque crescente corporis molestia ad articulum subeundae mortis conpellor; 3.13 (153.2)
Vnde factum est, ut, crescente per dies institutione catholica, Scotti . . . redirent ad patriam. 3.28 (195.28)
qui infirmitate corporis tactus, et hac crescente per dies, ad extrema perductus, 5.12 (304.4)
et ea crescente adeo pressus, ut neque equo uehi posset, 5.19 (328.22)
crescentes. Crescentes uero paulatim ignes usque ad inuicem sese extenderunt, 3.19 (165.29)
crescentibus. Cudberct crescentibus meritis religiosae intentionis, ad anchoriticae quoque contemplationis, . . . silentia secreta peruenit. 4.28 (271.5)
crescere. cum quibus et luxuria crescere, 1.14 (29.30)
cresceret. donec illi coma cresceret, quo in coronam tondi posset; 4.1 (203.5)
creuerat. Cui uidelicet regi, . . . potestas etiam terreni creuerat imperii; 2.9 (97.12)
creuit. Quia ab infantia mea creuit mecum miseratio, 2.1 (78.2)
CRIMEN. crimine. uniuersorum iudicio absque crimine accusatus fuisse, et episcopatu esse dignus inuentus est. 5.19 (326.22)
CRINIS. crines. postulata aqua, ipsa lauit faciem, crines conposuit, 3.9 (146.23)
tantum in circuitu horridi crines stare uidebantur. 5.2 (283.26)
crinibus. quia tempore seruitutis intonsis in carcere crinibus manere solebat. 5.21 (342.15)
CRISPVS, a, um. crispis. factusque est iuuenis limpidus uultu et loquella promtus, capillis pulcherrime crispis, 5.2 (284.27)
CROMANVS (*d.* 658 *or* 659), *Cronan Bec, Bishop of Nendrum or Inishmahee, in Strangford Lough.*
Cromano. Dilectissimis et sanctissimis Tomiano, Columbano, Cromano, Dinnao, et Baithano episcopis; 2.19 (123.2)
Cromano, Ernianoque, Laistrano, Scellano, et Segeno presbyteris; 2.19 (123.2)
CRORE, *see* **CRVOR.**
CRVCIATVS. cruciatibus. qui diuersis cruciatibus torti, 1.7 (22.2)
ut apud misericordiam pii Conditoris inpetraret, se a tantis tamque diutinis cruciatibus absolui. 4.9 (223.7)
cruciatu. interemerunt; . . . Heuualdum . . . Nigellum autem longo suppliciorum cruciatu, et horrenda membrorum omnum discerptione; 5.10 (300.19)
cruciatus. ne pro carnali dilectione tormenta aeterni cruciatus incurrant. 1.27 (51.22)
CRVCIFIGO. crucifigere. doceatur se quoque carnem suam cum uitiis et concupiscentiis crucifigere debere; 5.21 (343.12)
CRVCIO. cruciabatur. crebris uiscerum doloribus cruciabatur, 2.1 (77.6)
CRVDELIOR, ius. **crudeliores.** adcelerantur strages cunctis crudeliores prioribus. 1.12 (28.6)
CRVDELIS, e. **crudeli.** Osuini, qui ab Osuiu crudeli caede peremtus est. 3.14 (154.5)
Sed ne hoc fieri posset, antistes crudeli morte praereptus est, 5.19 (324.33)
crudili. Osuini, qui ab Osuiu crudeli [crudili] caede peremtus est. uar. 3.14 (154.5)
CRVDELITAS. crudelitas. omnium lues scelerum comitari adcelerauit; crudelitas praecipue, 1.14 (29.31)
CRVDELITER. qui crudeliter interemtos sepulturae traderet. 1.15 (32.27)
CRVDILI, *see* **CRVDELIS,** e.
CRVOR. crore. cruore [crore] seruato, uar. 1.18 (37.1)
cruore. qui beati martyris cruore dicaretur. 1.7 (20.34)
in qua apparebat, cruore seruato, 1.18 (37.1)
CRVS. cruris. cui per siccitatem cruris usus uestigii negabatur. 1.21 (40.17)
CRVSTA. crustis. Cumque tempore hiemali defluentibus circa eum semifractarum crustis glacierum, 5.12 (310.22)
CRVX. cruce. more suo cum cruce sancta . . . hanc laetaniam . . . modularentur: 1.25 (46.23)
facta citato opere cruce, ac fouea praeparata, 3.2 (129.1)
crucem. ueniebant crucem pro uexillo ferentes argenteam, 1.25 (45.33)
in quibus et crucem magnam auream, et calicem . . . consecratum ad ministerium altaris, 2.20 (126.8)
unum e pluribus, quae ad hunc crucem patrata sunt, uirtutis miraculum 3.2 (130.9)

coniugi uestrae, . . . direximus per praefatos gerulos crucem clauem auream habentem 3.29 (198.20)
quae quondam ipsam adfixo Domini corpore crucem pertulit, ... 5.16 (317.28)
argenteam modo pergrandem sustinens crucem, ... 5.16 (317.29)
Summum uero culmen auro ornatum auream magnam gestat crucem. 5.16 (318.13)
crucis. qui pro paruulus Christi, . . . ipsam postremo mortem, mortem autem crucis, . . . pertuli?' . 2.6 (92.28)
suscepto signo sanctae crucis, ... 2.10 (103.3)
difficulter posse sublimitatem animi regalis ad . . . suscipiendum mysterium uiuificae crucis inclinari, 2.12 (107.7)
Vt de ligno crucis, . . . quidam a dolentis brachii sit langore curatus. 3.2 (128.23)
Osuald signum sanctae crucis erexit, ... 3.2 (128.28)
multi de ipso ligno sacrosanctae crucis astulas excidere solent, ... 3.2 (129.16)
priusquam hoc sacrae crucis uexillum nouus militiae ductor, . . . statueret. 3.2 (130.6)
cum . . . audiret unum de fratribus ad locum eiusdem sanctae crucis ascendere disposuisse, ... 3.2 (130.18)
Et signans se signo sanctae crucis reclinauit caput ad ceruical, ... 4.24 (262.10)
et adprehendens eum de mento, signum sanctae crucis linguae eius inpressit, ... 5.2 (284.1)
Infra ipsum uero locum dominicae crucis, excisa in petra crypta est, ... 5.16 (317.31)
Quin etiam sublime crucis, radiante metallo, Hic posuit tropaeum, ... 5.19 (330.14)
signum sanctae crucis eius in fronte portare consueuit 5.21 (343.8)
crux. Hanc Constantinus imperator, eo quod ibi crux Domini ab Helena matre reperta sit, . . . construxit. 5.16 (317.25)
CRYPTA. crypta. Infra ipsum uero locum dominicae crucis, excisa in petra crypta est, ... 5.16 (317.31)
CVBICVLVM. cubiculo. egressus est tempore matutino de cubiculo, in quo infirmi quiescebant, . . . 3.27 (193.1)
Haec ergo . . . egressa de cubiculo, quo manebat, ... 4.9 (222.12)
ita ut tribus septimanis non posset de cubiculo, in quo iacebat, foras efferri. 5.4 (287.4)
cubiculum. intrauit cubiculum, quo dormire disponebat, ... 2.12 (108.2)
In hac enim habens ecclesiam et cubiculum, ... 3.17 (159.28)
cubilo. egressus est tempore matutino de cubiculo [cubilo], ... uar. 3.27 (193.1)
egressa de cubiculo [cubilo], quo manebat, ... uar. 4.9 (222.12)
CVBILE. cubilia. domunculae, . . . nunc in comessationum, . . . et ceterarum sunt inlecebrarum cubilia conuersae, ... 4.25 (265.15)
cubilibus. 'in cubilibus, in quibus prius dracones habitabant, orietur uiror calami et iunci,' . . . 3.23 (175.16)
CVBILO, *see* **CVBICVLVM.**
CVBITVM. cubito. ut nihil prorsus in cubito flexionis haberet; 5.3 (286.5)
CVBITVS. cubitum. Et dum iret cubitum, ... 3.2 (130.27)
CVDBERCT, Saint (*d.* 687), *Bishop of Lindisfarne.*
Cudberct. Vt uir Domini Cudberct sit episcopus factus; 4.27 (268.19)
Huius discipulatui Cudberct humiliter subditus, et scientiam ab eo scripturarum, . . . sumsit . . 4.27 (269.8)
Qui postquam migrauit ad Dominum, Cudberct eidem monasterio factus propositus, ... 4.27 (269.10)
Cudberct crescentibus meritis religiosae intentionis, ad anchoriticae quoque contemplationis, . . . silentia secreta peruenit. 4.28 (271.5)
placuit, ut . . . Cudberct ecclesiae Lindisfarnensis gubernacula susciperet. 4.28 (273.11)
quanta in gloria uir Domini Cudberct post mortem uiueret, ... 4.30 (276.8)
in quo etiam uenerabilis praedecessor eius Cudberct, priusquam insulam Farne peteret, . . . militabat. 4.30 (277.1)
Cudbercti. cuius corpus in sepulchro benedicti patris Cudbercti ponentes, adposuerunt desuper arcam, 4.30 (277.22)
ut ad ecclesiam, . . . perueniens, intraret ad tumbam reuerentissimi patris Cudbercti, ... 4.31 (278.21)
indumenta, quibus Deo dicatum corpus Cudbercti, uel uiuum antea, uel postea defunctum uestierant, 4.31 (279.13)
contigit eum subito diuinae pietatis gratia per sanctissimi patris Cudbercti reliquias sanari. . . 4.32 (280.3)
Vt Oidiluald successor Cudbercti in anachoretica uita, . . . tempestatem orando sedauerit. . . . 5.1 (281.1)
uitam sancti patris monachi simul et antistitis Cudbercti, . . . descripsi. 5.24 (359.10)
Cudbercto. de sanctissimo patre et antistite Cudbercto, ... Praef. (7.29)
cum temere exercitum . . . duxisset, multum prohibentibus amicis, et maxime beatae memoriae Cudbercto, ... 4.26 (266.29)
Porro Cudbercto tanta erat dicendi peritia, ... 4.27 (269.32)
ut, siquid minus haberet meriti a beato Cudbercto, suppleret hoc castigans longae egritudinis dolor; 4.29 (275.17)
donec eligeretur, qui pro Cudbercto antistes ordinari deberet. 4.29 (275.29)
Successit autem uiro Domini Cudbercto in exercenda uita solitaria, . . . Oidiluald, ... 5.1 (281.3)
Cudberctum. episcopum, . . . fecerat ordinari Lindisfarnensium ecclesiae uirum sanctum et uenerabilem Cudberctum, ... 4.27 (268.23)
CVDVALD (*fl.* 709), *Abbot of Oundle.*
Cudualdi. quod habebat in prouincia Vndalum sub regimine Cudualdi abbatis; 5.19 (330.3)
CVICHELM (*d.* 636), *King of Wessex.*
Cuichelmo. Eumer, missus a rege Occidentalium Saxonum nomine Cuichelmo, ... 2.9 (99.1)
CVICHELM (*fl.* 676), *Bishop of Rochester.*
Cuichelm. Vt . . . episcopatum Hrofensis ecclesiae pro Putta Cuichelm, et pro ipso Gefmund acceperit; 4.12 (227.20)
Cuichelmum. Pro quo Theodorus in ciuitate Hrofi Cuichelmum consecrauit episcopum. 4.12 (228.23)
CVLMEN. culmen. Summum uero culmen auro ornatum auream magnam gestat crucem. 5.16 (318.12)
culmen. contigit uolantibus in altum scintillis culmen domus, ... 3.10 (147.15)
Culmen, opes, subolem, pollentia regna, triumphos, Exuuias, proceres, moenia, castra, lares; . . . 5.7 (293.7)
cuius culmen intrinsecus stans homo manu contingere potest, ... 5.16 (318.8)
culmine. Erat carnis origine nobilis, sed culmine mentis nobilior. 2.7 (94.12)
Quo regni culmine sublimatus, ... 3.6 (138.8)
Kasta feras superat mentis pro culmine Tecla, ... 4.20 (247.27)
aspexit, detecto domus culmine, fusam desuper lucem omnia repleuisse; 4.23 (257.12)
qui primo filiis hominum caelum pro culmine tecti, . . . creauit.' 4.24 (260.4)
altare ad orientem habens angusto culmine protectum, ... 5.17 (318.33)
culminis. atque ad profectum debiti culminis, . . . prouehere curauit. 2.4 (87.6)
Nam extrinsecus usque ad culminis summitatem totum marmore tectum est. 5.16 (318.11)
CVLPA. culpa. culpa aliquatenus toleranda est, ... 1.27 (51.34)
cum non sit . . . culpa aliqua fecunditas carnis? 1.27 (54.8)
in quo omnis culpa funditus extinguitur, ... 1.27 (54.18)
culpas suas agnoscere, ubi culpa non est; 1.27 (56.12)
Menstrua enim consuetudo mulieribus non aliqua culpa est, ... 1.27 (56.16)
Talis erat culpa regis, pro qua occideretur, ... 3.22 (173.23)
iuxta praedictum uiri Dei, uera est eius culpa punita. 3.22 (173.26)
culpa. omnipotens Deus humanum genus pro culpa sua funditus extinguere noluit, ... 1.27 (54.12)
uoluptas etenim carnis, non dolor in culpa est. 1.27 (54.26)
quia saepe sine culpa agitur, quod uenit ex culpa; 1.27 (56.13)
unde etiam cum esurimus, sine culpa comedimus, ... 1.27 (56.14)
quibus ex culpa primi hominis factum est, ... 1.27 (56.15)
ex culpa uenit uitium, ... 1.27 (56.19)
quia uoluntas ipsa esse sine culpa nullatenus potest. 1.27 (57.32)
Quanta autem reatitudinis culpa teneantur obstricti hi, ... 2.10 (102.10)
culpae. Et homo, . . . reatum culpae portet inuitus. 1.27 (56.21)
culpam. intellegunt culpam esse paucorum, ... 1.21 (40.21)

ipsam ei poenam suam in culpam deputamus. 1.27 (54.31)
quia ei naturae superfluitas in culpam non ualet reputari; 1.27 (55.20)
est digno Dei iudicio post culpam ordinatum. 1.27 (55.32)
homo, qui culpam sponte perpetrauit, 1.27 (56.21)
Nec haec dicentes culpam deputamus esse coniugium; 1.27 (57.29)
culpam esse demonstrauit. 1.27 (59.4)
quia et primam culpam serpens suggessit, 1.27 (61.6)
ciuitas Doruuernensis per culpam incuriae igni correpta crebrescentibus coepit flammis consumi; 2.7 (94.15)
euenit per culpam incuriae uicum eundem et ipsam pariter ecclesiam ignibus consumi. 3.17 (160.29)
Sed credendum est, quia talis mors uiri religiosi non solum talem culpam diluerit, 3.22 (174.11)
monasterium uirginum, . . . per culpam incuriae flammis absumtum est. 4.25 (262.25)
euenit, uel potius diuina prouisione ad puniendam inoboedientiae meae culpam, 5.6 (290.18)
culpas. et ibi aliquo modo culpas suas agnoscere, 1.27 (56.12)
sicut saepe irascendo culpas insequimur, 1.27 (58.9)
ut culpas cogitationis lacrimis abluat; 1.27 (59.32)
siquas fortasse fraternitati uestrae sacerdotum uel aliorum culpas intulerit, 1.28 (62.21)
culpis. quos et pro culpis uerberibus feriunt, 1.27 (50.11)
sed ad integrum culpis accusationum absolutum patriam cum honore reuerti. 5.19 (328.18)
CVLPABILIS, e. **culpabilem.** ut ad aliorum emendationem et uindicta culpabilem feriat, 1.28 (62.25)
CVLTER. cultra. habentes in manibus uomeres [cultra], uar. 5.13 (312.25)
CVLTIOR, ius. **cultiore.** constructa domuncula cultiore receptui corporis eiusdem, 3.19 (168.22)
CVLTOR. cultor. quin potius fructum in ea multiplicem credentium populorum pius agri spiritalis cultor inuenit. 2.15 (116.32)
erat enim multum misericors, et cultor pauperum, 3.14 (156.15)
quia non solum ipse Dei cultor extitit, 3.29 (196.30)
cultorem. Benedicta igitur gens, quae talem sapientissimum et Dei cultorem promeruit habere regem; 3.29 (196.29)
cultoribus. ut in tanta rerum necessitate suis cultoribus caelesti succurreret auxilio. 3.2 (128.30)
quia unum ambo sapimus cum ceteris, . . . ecclesiasticae traditionis cultoribus; 3.25 (184.16)
CVLTVRA. culturae. Nullus enim tuorum studiosius quam ego culturae deorum nostrorum se subdidit; 2.13 (111.25)
culturam. sicque paulatim omnis eorum prouincia ueterem cogeretur noua mutare culturam. 5.10 (300.16)
CVLTVS. culto. eis sacrificiorum usus, . . . in culto proprio reseruauit, 1.30 (65.31)
CVLTVS. cultibus. reges, . . . daemonicis cultibus inpune seruiebant. 2.5 (92.5)
et eo adhuc tempore paganis cultibus seruiebat; 4.13 (230.12)
cultibus. Romanam rempuplicam a peruersis idolorum cultibus reuocans 1.32 (68.16)
cultu. si a cultu nostrae religionis discedere temtas.' 1.7 (19.10)
uel a cultu Christianae religionis reuocari non posse persensit, 1.7 (20.2)
necesse est, ut a cultu daemonum in obsequio ueri Dei debeant commutari; 1.30 (65.11)
Aedilberctum regem ac gentem illius ab idolorum cultu ad Christi fidem perduxit, 2.3 (86.20)
atque anathematizato omni idolatriae cultu, 2.6 (93.8)
quatinus abominatis idolis eorumque cultu, 2.10 (102.3)
ab idolorum etiam cultu seu fanorum auguriorumque inlecebris se diligenter abstineat, 2.11 (105.2)
quanto studiosius in eo cultu ueritatem quaerebam, tanto minus inueniebam. 2.13 (112.28)
Hanc Constantinus imperator, . . . magnifico et regio cultu construxit. 5.16 (317.26)
cultum. quae ad cultum erant ac ministerium ecclesiae necessaria, 1.29 (63.7)
quin potius permissurum, ut fidem cultumque suae religionis . . . more Christiano seruaret. 2.9 (98.5)
Tantum autem deuotionis Æduini erga cultum ueritatis habuit, 2.15 (115.24)
Ita Christianitatis uestrae integritas circa sui conditoris cultum fidei est ardore succensa, 2.17 (119.4)
cultus. qualis sibi . . . nouus diuinitatis, qui praedicabatur, cultus uideretur. 2.13 (111.19)
cultus. qui ueri Dei cultus esset prorsus ignarus. 2.9 (98.1)
quatinus amoto torpore perniciosissimi cultus, 2.11 (106.1)
multumque gauisus de agnitione ueri Dei cultus, 2.13 (113.19)
cultus. idolorum cultus insequere, fanorum aedificia euerte, 1.32 (68.7)
CVM *(prep. and conj.), omitted.*
CVMVLVS. cumulum. "Verum dicitis: accipite et in cumulum damnationis uestrae ducite." 5.13 (312.23)
CVNCTAMEN. cunctamine. absque ullo cunctamine suscipere illa festinemus.' 2.13 (112.1)
CVNCTATIO. cunctatio. ac iacente ferro esset inter carnifices iusta cunctatio, 1.7 (20.26)
CVNCTVS, a, um. **cuncta.** tantum cuncta sedes apostolica una nobiscum laetatur, 3.29 (198.22)
cuncta. ita cuncta ueritatis ac iustitiae moderamina concussa ac subuersa sunt, 1.22 (41.30)
animo illius labentia cuncta subteressent, 2.1 (74.7)
Quae cuncta, . . . ex ordine conpleta sunt; 3.15 (158.10)
cuncta. protestantur, . . . se cuncta insulae loca rupto foedere uastaturos. 1.15 (32.13)
immo aedificia cuncta consumsit. 1.15 (32.19)
1.26 (47.2); 1.28 (62.22); 2.2 (83.22); 2.10 (101.8); 3.5 (135.26,28); 3.17 (160.21,25); 3.17 (161.28); 3.19 (164.22); 3.19 (168.28); 3.29 (198.28); 4.2 (204.10); 4.3 (212.10); 4.7 (219.16); 4.14 (235.2); 4.20 (247.9); 4.22 (251.30); 4.24 (260.11,30); 4.25 (264.20); 4.25 (265.35); 4.28 (272.31); 5.12 (307.20); 5.13 (313.12); 5.15 (316.30); 5.21. (340.31); 5.24 (358.23).
cunctas. Quod cum illa audisset, suscitauit cunctas sorores, 4.23 (257.28)
per resurrectionis suae triumphum cunctas mortis tenebras superauit; 5.21 (340.15)
cuncti. cuncti ad eius imperium uerbum audituri confluerent; 4.27 (269.29)
cunctis. ibidem sibi habitationem statuit et cunctis sucessoribus suis. 1.33 (70.16)
mortem quoque, quae pene cunctis poena est, 2.1 (74.11)
2.5 (89.22); 3.1 (128.14); 3.8 (144.2); 3.19 (167.7); 4.19 (244.20); 4.28 (271.28); 5.8 (295.7).
cunctis. Denique cunctis pene egressis, 1.7 (20.11)
accepit rex Aeduini cum cunctis gentis suae nobilibus ac plebe perplurima fidem 2.14 (113.27)
2.14 (115.3); 2.14 (115.4); 3.6 (138.30); 3.11 (148.20); 3.22 (172.14); 3.23 (175.26); 4.3 (212.14); 4.7 (220.11); 4.14 (235.7); 4.31 (278.5); 4.31 (279.10); 5.19 (329.21,32); 5.21 (342.32).
cunctis. cur non concedatur cunctis mulieribus, quae naturae suae uitio infirmantur? 1.27 (56.7)
cunctis australibus eorum prouinciis, . . . imperauit; 2.5 (89.10)
4.2 (205.6); 4.11 (225.20).
cunctis. adcelerantur strages cunctis crudeliores prioribus. 1.12 (28.6)
ad eius ministerium de cunctis prope prouinciis uiri etiam nobilissimi concurrerent. 3.14 (156.3)
in quibus cunctis Vulfheri, . . . sceptrum regni tenebat. 4.3 (212.28)
cunctis. cunctis, quae dicebat, contradicere laborabant. 2.2 (83.13)
ut eum cunctis praeponeret, 2.10 (101.15)
cunctis. sacratiorem et cunctis honorabiliorem omnibus locum fecere. 3.2 (130.2)
cuius monasterium in cunctis pene septentrionalium Scottorum, et omnium Pictorum monasteriis . . . arcem tenebat, 3.3 (132.28)
4.24 (261.9); 5.19 (324.17).
cuncto. elata in altum uoce cuncto exercitui proclamauerit: 3.2 (129.5)
cunctorum. unanima cunctorum uoluntate superatur, 4.28 (272.28)
cunctos. et uerbo cunctos docebat, et opere. 3.26 (190.3)
cunctui. elata in altum uoce cuncto [cunctui] exercitui proclamauerit: uar. 3.2 (129.5)

cunctum. cunctumque ex eo tempus uitae in eiusdem monasterii habitatione peragens, 5.24(357.9)
cunctus. occisusque est una cum rege Ecgrice, et cunctus eorum, insistentibus paganis, caesus siue dispersus exercitus. 3.18(163.12)
CVPIDISSIMVS, a, um. cupidissimus. Nordanhymbrorum praefuit rex fortissimus et gloriae cupidissimus Aedilfrid, 1.34 (71.10)
CVPIDITAS. cupiditas. quia uniuscuiusque cupiditas in hoc igni ardebit. 3.19(166.2)
cupiditatis. alterum cupiditatis, cum mundi diuitias amori caelestium praeponimus; 3.19(165.25)
CVPIDO. cupidine. Siquis uero suam coniugem non cupidine uoluptatis raptus, . . . utitur, 1.27 (58.23)
cupido. quem dudum amissi episcopatus intemperans cupido exagitabat; 1.10 (24.2)
CVPIO. cuperent. et quicumque lectionibus sacris cuperent erudiri, haberent in promtu magistros, qui docerent. 4.2 (205.9)
cupiebant. ne nunc eos, qui ipsum ab interitu reuocare cupiebant, audiret. 4.26(267.9)
cupiebat. coepit facere in monasterio suo ecclesiam . . . in qua suum corpus sepelliri cupiebat. 3.8 (144.11)
alia perplura, quae tanti operis negotium quaerebat, uel ibi discere uel inde accipere cupiebat. 5.11(302.2)
cupiens. cupiens utilem reipuplicae ostentare principem, 1.3 (15.5)
mox ea, quae in Galliis bene disposita uidit, imitari cupiens, 3.18(162.20)
cupiens pro Domino, ubicumque sibi oportunum inueniret, peregrinam ducere uitam. 3.19(163.26)
Quibus rite gestis, cupiens se ab omnibus saeculi . . . negotiis alienare, 3.19(167.31)
uenit ex more, cupiens salutaribus eius exhortationibus ad superna desideria magis magisque accendi. 4.29(274.17)
cupiens in uicinia sanctorum locorum ad tempus peregrinari in terris, 5.7 (294.9)
superuenit illo alius adulescens, . . . cupiens et ipse Romam uenire; 5.19(323.31)
cupientes. hi animas curare, hi cupientes corpora. 1.19 (37.27)
cupientes ad corpus sui patris, aut uiuere, si sic Deo placeret, 3.23(176.28)
quam in perfidiae sordibus inter idola uiuere cupientes. 3.30(200.7)
cupio. huius cupio in omnibus oboedire statutis; 3.25(189.1)
cupis. cum quo in aeternum beatus uiuere cupis, 5.21(344.18)
sicut facta uel monita cupis sequi, 5.21(345.1)
cupitae. mox infirmitatis ablata molestia, cupitae sospitatis gaudia redibunt. 4.3 (212.22)
cupito. ac cupito itinere domum remittet.' 3.15(158.9)
cupitum. tamen et diuina sibi et humana prorsus resistente uirtute, in neutro cupitum possunt obtinere propositum; 5.23(351.14)
CVR. 1.27(52.24); 1.27(54.7); 1.27(55.26); 1.27(56.6); 1.27(57.12); uar. 3.29(198.13); 4.24(261.24); 5.21(344.15).
CVRA. cura. Hic labor, hoc studium, haec tibi cura, hoc pastor agebas, 2.1 (79.21)
ministrum ipsius, cui suscipiendorum inopum erat cura delegata, 3.6 (138.16)
tota cura cordis excolendi, non uentris. 3.26(191.4)
cura. cum magna ecclesiam Anglorum cura ac labore gubernarent, 2.7 (94.4)
cum essem annorum septem, cura propinquorum datus sum educandus reuerentissimo abbati Benedicto, 5.24(357.7)
curae. 'At nunc ex occasione curae pastoralis saecularium hominum negotia patitur, 2.1 (74.19)
nihil eum monachicae perfectionis perdidisse occasione curae pastoralis, 2.1 (74.29)
curam. curam uigilanter impendis. Praef. (5.11)
ob generalis curam salutis Praef. (5.20)
quem sibi per curam pastoralem incurrisse uidebatur, 2.1 (74.15)
tam sedulam erga salutem nostrae gentis curam gesserit. 2.1 (79.28)
Denique non solum nouae, . . . ecclesiae curam gerebat, 2.4 (87.10)
Vt coniugem ipsius, per epistulam, salutis illius sedulam agere curam monuerit. 2.11(104.7)
ac per hoc curam illius praefatus Paulinus . . . suscepit ac tenuit, 2.20(126.15)
sed erga curam perpetuae suae saluationis nihil omnino studii et industriae gerens. 3.13(152.26)
Ab ipso tempore pueritiae suae curam non modicam lectionibus sacris . . . exhibebat 3.19(164.20)
reliquit monasterii et animarum curam fratri suo Fullano, 3.19(167.33)
Qui cum annis multis . . . huius quoque monasterii statutis propositis curam gereret, 3.23(176.11)
Ceadda maximam mox coepit ecclesiasticae ueritati et castitati curam inpendere; 3.28(195.18)
aduersus regnum, cuius tunc ipse maximam curam gerebat. 4.1 (204.1)
coepit abire, sicubi amicos, qui sui curam agerent, posset inuenire. 4.22(250.3)
At ille suscipiens eum, curam uulneribus egit; 4.22(250.12)
'Grande uulnus grandioris curam medellae desiderat; 4.25(263.17)
qui tamen et ipsi ad curam episcopi familiariter pertinerent. 4.27(270.24)
praecepit medico etiam sanandae scabredini capitis eius curam adhibere. 5.2 (284.23)
dehinc ad monasterii sui, quod est in Læstingæi, curam secessit, 5.19(326.6)
inter . . . cotidianam cantandi in ecclesia curam, semper aut discere, aut docere, aut scribere dulce habui. 5.24(357.13)
curarum. et sopitis ac relictis curarum anxietatibus, quieti membra simul et animum conpone, 2.12(110.2)
curas. Quae multum diu regem postulans, ut saeculi curas relinquere, . . . permitteretur; 4.19(243.26)
curis. Nec multo post saeculi curis absolutus ad monasterium Mailros, . . . peruenit; 5.12(304.19)
CVRATIO. curatio. ad hanc diem curatio infirmorum, . . . celebrari non desinit. 1.7 (21.30)
curationem. et curationem paruulae a sacerdotibus deprecantur; 1.18 (36.10)
curationis. nil curationis uel sanationis horum ministerio perciperet, 2.2 (82.6)
CVRBATVM, *see* **CVRVO.**
CVRIOSIVS. si actus tuos curiosius discutere, et mores sermonesque tuos in rectitudine . . . seruare studueris, 5.12(309.3)
CVRO. curabant. mox congregati in unum uicani uerbum uitae ab illo expetere curabant. 3.26(191.16)
et magisterium gratuitum praebere curabant. 3.27(192.18)
Sed et ipsum per loca, in quibus doceret, multi inuitare curabant. 4.18(241.31)
curabant medici hunc adpositis pigmentorum fomentis emollire, nec ualebant. 4.32(279.27)
curabat. sedulus hoc dispergere ac dare pauperibus curabat, 2.1 (77.20)
populis pastoralem inpendere sollicitudinem curabat. 2.4 (87.13)
Nil enim huius mundi quaerere, nil amare curabat. 3.5 (135.26)
sed cuncta pro suis uiribus operibus explere curabat. 3.17(161.29)
cuncta, quae agenda didicerat, sollicitus agere curabat. 3.19(164.23)
Curabat autem semper, . . . omnibus opus uirtutum et exemplis ostendere, 3.19(167.9)
Iohannes enim . . . nil de prima sabbati curabat; 3.25(186.19)
Cuius modum continentiae etiam XL diebus ante natale Domini, . . . semper obseruare curabat. 3.27(194.15)
et adiutrix disciplinae regularis eidem matri existere, minores docendo uel castigando curabat. 4.9 (222.5)
Sed prouincialium nullus eorum uel uitam aemulari, uel praedicationem curabat audire. 4.13(231.7)
mox hoc regulari uita per omnia, prout a doctis uiris discere poterat, ordinare curabat; 4.23(253.29)
homines . . . ad dilectionem uero et solertiam bonae actionis excitare curabat. 4.24(261.11)
uulgus . . . a uita stultae consuetudinis ad caelestium gaudiorum conuertere curabat amorem. 4.27(269.16)
aliquandiu tumorem illum infestum horum adpositione conprimere ac mollire curabat. 4.32(280.20)
suis amplius ex uirtutum exemplis prodesse curabat. 5.9 (298.26)
numquam ipsa uestimenta uda atque algida deponere curabat, 5.12(310.19)
diligenter ea, quae monasticae castitatis ac pietatis erant, et discere curabat et agere. 5.19(323.4)
curabatur. uenit ad regem, qui tunc eisdem in partibus occultus curabatur a uulneribus, 4.16(237.29)
curabo. breuiter intimare curabo. Praef. (6.4)

curamus. quae uictui sunt uestro necessaria, ministrare curamus; 1.25 (46.16)
si . . . pascha, id est transitum, de hoc mundo ad Patrem, cum illo facere curamus. 5.21(340.10)
curandam. filiam x annorum caecam curandam sacerdotibus offerens, 1.18 (36.7)
curandi. animas curandi causa fuit; 3.26(191.19)
indumenta, . . . etiam ipsa a gratia curandi non uacarunt, 4.31(279.15)
curandus. constat, quia non est de Deo, neque nobis eius sermo curandus.' 2.2 (83.3)
curans. nil curans, utrum haec sabbato, an alia qualibet feria proueniret. 3.25(185.22)
curantibus. fratribus alia magis curantibus, intermissum est hoc aedificium annis vii, 3.8 (144.15)
freneticus quidam, . . . deuenit ibi uespere, nescientibus siue non curantibus loci custodibus, 4.3 (212.12)
curantur. Non solum autem subpositi eidem feretro, uel adpositi curantur egroti, 4.6 (218.23)
curare. hi animas curare, hi cupientes corpora. 1.19 (37.27)
neque inminens oculo exitium humana manus curare ualeret, 4.32(280.1)
curarent. ut in fide ueritatis, quam acceperant, persistere semper ac proficere curarent. 2.17(118.31)
curaret. ut in fide ueritatis, . . . persistere semper ac proficere curarent [curaret]. uar. 2.17(118.31)
atque accepta tonsura pro aeterno magis regno militare curaret. 3.18(162.29)
curasset. Qui si . . . bene faciendo a Dei oculis abscondere curasset, 5.13(313.20)
curata. ac deinde puella sit paralitica curata. 3.9 (144.28)
curatas. Contigit autem tactu indumentorum eorundem . . . infirmitates alias aliquoties esse curatas. 4.19(246.15)
curati. et ut per eas sint daemoniaci curati. 3.11(147.29)
curatum. monstrauerunt mihi etiam uulnus incisurae, quod feceram, curatum; 4.19(245.34)
curatus. et ipse per uisionem a suo sit langore curatus. 1.19 (37.6)
et per cuius preces fuerit curatus, 2.2 (82.1)
Quo tempore curatus a uulnere sibi pridem inflicto, 2.9 (100.1)
quidam a dolentis brachii sit langore curatus. 3.2 (128.25)
intellexit aliquid mirae sanctitatis huic loco, quo equus est curatus, inesse; 3.9 (146.11)
coepit dicere ille de loco, ubi caballus suus esset curatus. 3.9 (146.18)
Vt ad tumbam eius sit puerulus a febre curatus. 3.12(150.26)
Vt quidam ad tumbam eius sit a paralysi sanatus [curatus]. uar. 4.31(278.1)
At alter ad reliquias eius nuper fuerit ab oculi langore curatus. 4.32(279.18)
in similitudinem illius diu claudi, qui curatus ab apostolis Petro et Iohanne, exiliens stetit, 5.2 (284.17)
nec multo post plene curatus uitali etiam unda perfusus sum.' 5.6 (291.28)
curauerit. Vt episcopus Iohannes mutum benedicendo curauerit. 5.2 (282.30)
Vt coniugem comitis infirmam aqua benedicta curauerit. 5.4 (286.27)
cuncta mox iste litteris mandare curauerit. 5.15(316.30)
curaui. partim uero ea, . . . sollerter adicere curaui. Praef. (8.3)
diligenter adnotare curaui, Praef. (8.17)
me potius iuuare uellent, qui illis inpensius seruire curaui. 2.13(111.31)
quicquid ignorantia uel fragilitate deliqui, aeque ad tuae uoluntatis examen mox emendare curaui.' 4.29(275.4)
siue etiam ad formam sensus et interpretationis eorum superadicere curaui: 5.24(357.24)
In apostolum quaecumque in opusculis sancti Augustini exposita inueni, cuncta per ordinem transscribere curaui. 5.24(358.24)
curauimus. fraternitati uestrae nostra mittere scripta curauimus; 1.24 (44.6)
ad adnuntiandam uobis plenitudinem fidei Christianae sacerdotalem curauimus sollicitudinem prorogare, 2.10(101.4)
Vnde praesenti stilo gloriosos uos adhortandos cum omni affectu intimae caritatis curauimus; 2.10(102.2)
e quibus et nos aliqua historiae nostrae ecclesiasticae inserere curauimus. 4.7 (219.15)
curauit. statim subiungere curauit: 1.27 (59.1)
pontificali functus officio domum suam monasterium facere curauit; 2.1 (74.34)
et continuis piae operationis exemplis prouehere curauit. 2.4 (87.8)
et baptizatus ecclesiae rebus, quantum ualuit, in omnibus consulere ac fauere curauit. 2.6 (93.11)
et cum suis primatibus, quos sapientiores nouerat, curauit conferre, 2.9 (100.11)
curauit, docente eodem Paulino, . . . fabricare basilicam, 2.14 (114.8)
quorum participem, mox ubi regnare coepit, totam suam prouinciam facere curauit. 2.15(116.24)
pro Pelagiana heresi, . . . in eadem illos epistula admonere curauit; 2.19(122.28)
ecclesiam Christi in regno suo multum diligenter aedificare ac dilatare curauit. 3.3 (132.8)
Qua uisione confirmatus, curauit locum monasterii, . . . uelocissime construere, 3.19(164.9)
plumbi lamminis eam totam, hoc est et tectum, et ipsos quoque parietes eius, cooperire curauit. 3.25(181.13)
opera tamen fidei, . . . iuxta morem omnibus sanctis consuetum, diligenter exsequi curauit. 3.25(182.11)
eisdemque actibus ac moribus iuxta exemplum eius ac fratris sui Ceddi suos instituere curauit auditores. 3.28(195.24)
iuxta exempla patrum antiquorum, in magna uitae perfectione administrare curauit; 4.3 (207.3)
quem semper, usquedum ueniret, sollicitus expectare curauit. 4.3 (210.10)
et hunc synodalibus litteris ad instructionem memoriamque sequentium commendare curauit, 4.17 (239.3)
et pro absolutione animae eius sepius missas facere curauit. 4.22(250.24)
etiam Romam adire curauit, 4.23(255.3)
matri congregationis, uocabulo Aebbæ, curauit indicare. 4.25(264.24)
Quibus dictis eadem hora me cathecizare ipse curauit; 5.6 (291.22)
Qui cum domum redisset, curauit suos, qui erant in Hii, 5.15(315.29)
quam nouerat scientiam diuinae cognitionis libenter ac sine inuidia populis Anglorum communicare curauit; 5.22(347.7)
cureris. 'Vis,' inquit, 'mi nate, doceam te, quomodo cureris ab huius molestia langoris? 3.12(151.3)
curetis. tonsuram . . . hortor, ut ecclesiasticam et Christianae fidei congruam habere curetis. 5.21(342.3)
CVRRICVLVM. curricula. atque uitam uestram et hic per multorum annorum curricula extendat, 1.32 (69.33)
curriculis. qui per omnes Brittaniae prouincias tot annorum temporumque curriculis uagabundus hostium uitabam insidias?' 2.12(108.15)
curriculo. Quo conpleto annorum curriculo occisus est, 3.9 (145.7)
CVRRO. cucurrissent. ne forte accepto Christianitatis uocabulo, in uacuum currerent aut cucurrissent. 3.25(182.23)
cucurrit. cucurrit minister, et pulsans ad ostium nuntiauit abbatissae. 3.11(149.25)
Statimque exsurgens, nimio timore perterrita, cucurrit ad uirginem, 4.23(257.20)
currerent. ne forte accepto Christianitatis uocabulo, in uacuum currerent aut cucurrissent. 3.25(182.23)
currit. At multitudo omnis desperatione perterrita obuiam currit incendio. 1.19 (37.18)
CVRSVS. cursu. ut cursu maiore equos suos inuicem probare liceret. 5.6 (289.24)
ludentibus me miscui, et simul cursu equi contendere coepi. 5.6 (290.7)
cursui. contigit die quadam nos . . . deuenisse in uiam planam et amplam, aptamque cursui equorum; 5.6 (289.22)
cursum. Magno enim praemio fastigiorum uestrorum delectabilem cursum bonitatis suae suffragiis inlustrauit, 2.8 (95.28)
quatenus in monasterio suo cursum canendi annuum, . . . edoceret; 4.18(241.18)
'At cum saepius huc atque illuc, spectante me et episcopo, concitatis in cursum equis reuerterentur; 5.6 (290.4)
cursus. Et ipse quoque Honorius, postquam metas sui cursus inpleuit, 3.20(169.10)
Paschalis qui etiam sollemnia tempora cursus Catholici ad iustum correxit dogma canonis, 5.19(330.18)
CVRVO. curbatum. adtrectat poplitem debilitate curuatum [curbatum], uar. 1.21 (40.28)
curuatum. adtrectat poplitem debilitate curuatum, 1.21 (40.28)
CVSTODIA. custodia. iumentorum, quorum ei custodia nocte illa erat delegata, 4.24(259.21)
custodia. uel pro eius custodia omnipotenti Deo preces pariter fundant? 1.27 (52.27)

custodiam. pietatis, et castimoniae, ceterarumque uirtutum, sed maxime pacis et caritatis custodiam docuit; 4.23 (254.9)
ut ibi quoque fratribus custodiam disciplinae regularis et auctoritate propositi intimaret 4.27 (270.19)
CVSTODIO. custodi. eam, quam accepisti diuinitus gratiam, sollicita mente custodi, 1.32 (68.5)
custodiat. Deus uos incolumes custodiat, dilectissimi filii. 1.23 (43.21)
Deus te incolumem custodiat, reuerentissime frater. 1.24 (44.18)
Deus te incolumem custodiat, 1.28 (62.26)
Deus te incolumem custodiat, reuerentissime frater. 1.29 (64.20)
Deus te incolumem custodiat, dilectissime fili. 1.30 (66.4)
Incolumem excellentiam uestram gratia superna custodiat, 1.32 (70.2)
Deus te incolumem custodiat, dilectissime frater. 2.8 (97.3)
Incolumem excellentiam uestram gratia superna custodiat. 2.17 (120.5)
Deus te incolumem custodiat, dilectissime frater. 2.18 (122.2)
Incolumem excellentiam uestram gratia superna custodiat.' 3.29 (199.4)
Diuina nos gratia in unitate sanctae suae ecclesiae uiuentes custodiat incolumes. 4.5 (217.19)
Gratia te Regis aeterni . . . ad nostram omnium pacem custodiat incolumem, 5.21 (345.20)
custodiendae. quotiens ipsi rerum domini discendae, docendae, custodiendae ueritati operam inpendunt. 5.21 (333.21)
custodiens. Iohannes enim ad legis Mosaicae decreta tempus paschale custodiens, 3.25 (186.18)
custodierit. Quam uidelicet regulam triformem quisquis rite custodierit, 5.21 (334.11)
custodietis. "Et custodietis diem istum in generationes uestras ritu perpetuo. 5.21 (335.20)
custodire. quicquid custodire temtauerat turba, consumitur; 1.19 (37.20)
atque alia custodire uideantur, 1.27 (57.25)
custodire in se munditiam carnis debent, 1.27 (59.12)
disciplinam uitae regularis, . . . custodiri [custodire] docuit. uar. 3.22 (173.11)
interrogaui . . . si consentirent ea, quae a patribus canonice sunt antiquitus decreta, custodire. 4.5 (215.24)
custodiri. cuius uos fidem in regno uestro recipi facitis et custodiri. 1.32 (69.8)
disciplinam uitae regularis, . . . custodiri docuit. 3.22 (173.11)
custoditum. aut agnitum et a tota Christi ecclesia custoditum pro nihilo contemnitis. 3.25 (187.17)
CVSTOS. custodibus. freneticus quidam, . . . deuenit ibi uespere, nescientibus siue non curantibus loci custodibus, 4.3 (212.12)
custos. dehinc terram custos humani generis omnipotens creauit.' 4.24 (260.5)
CVTIS. cutis. nata est cum sanitate cutis uenusta species capillorum, 5.2 (284.25)
CYMITERIVM. cymiterio. et caput quidem in cymiterio Lindisfarnensis ecclesiae, . . . condidit. 3.12 (152.3)
atque in cymiterio fratrum sepultum est. 3.17 (160.11)
cymiterium. et cymiterium fieri uellent, cum eas eodem, quo ceteros exterminio raptari e mundo contingeret. 4.7 (219.23)
Vt ad cymiterium eiusdem monasterii orans caeca lucem receperit. 4.10 (224.5)
quod ad ipsum cymiterium Deo dicatae congregationis factum idem libellus refert. 4.10 (224.21)
introducta est ad cymiterium; 4.10 (225.4)
CYNIBERCT (*d.* 732), *Bishop of Lindsey; aided Bede with the history of Lindsey.*
Cyniberct. prouinciae Lindisfarorum Cyniberct episcopus praeest. 5.23 (350.19)
Cynibercti. uel litteris reuerentissimi antistitis Cynibercti . . . didicimus. Praef. (7.21)
Cyniberctum. hunc primum . . . accepit praesulem, II Ediluini, III Eadgarum, IIII Cyniberctum, 4.12 (229.15)
CYNIBERCT (*fl.* 686), *Abbot of Hreutford.*
Cyniberct. Quod cum audisset abbas quidam et presbyter uocabulo Cyniberct, 4.16 (237.26)
CYNIBILL (*fl.* 659), *priest and brother of Cedd.*
Cynibill. IIII . . . germani fratres, Cedd, et Cynibill, et Caelin, et Ceadda, . . . sacerdotes Domini fuere praeclari, 3.23 (176.21)
Cynibillum. petiit presbyterum suum Cynibillum, . . . pia coepta conplere. 3.23 (176.3)
CYNIBVRGA (*fl.* 655), *daughter of Penda, and wife of Alchfrid.*
Cyniburgam. habens sororem ipsius coniugem, uocabulo Cyniburgam, 3.21 (170.10)
CYNIFRID (*fl.* 695), *a physician who attended Ethelthryth in her last illness.*
Cynifrid. sed certiori notitia medicus Cynifrid, qui et morienti illi, et eleuatae de tumulo adfuit; 4.19 (245.13)
CYNIGILS (*d.* 642 *or* 643), *King of Wessex; converted by Birinus.*
Cynigilso. gens Occidentalium Saxonum, . . . regnante Cynigilso fidem Christi suscepit, 3.7 (139.9)
CYNIMVND (*fl.* 731?), *a priest in the monastery of Wearmouth and Jarrow; told Bede of Utta's miraculous escape from shipwreck.*
Cynimund. Cuius ordinem miraculi . . . presbyter, Cynimund uocabulo, narrauit, 3.15 (158.24)
CYNVISE (*fl.* 655), *Queen of Mercia; wife of Penda.*
Cynuise. Ecgfrid eo tempore in prouincia Merciorum apud reginam Cynuise obses tenebatur; 3.24 (178.6)
CYRILLVS, Saint (*d.* 444), *Archbishop of Alexandria; zealous opponent of Nestorianism.*
Cyrillum. congregati sunt concilio . . . contra Theodorum, et Theodoreti et Iba epistulas, et eorum dogmata contra Cyrillum. 4.17 (240.12)
Cyrillus. successor eius Cyrillus seriem XC et V annorum in quinque decennouenalibus circulis conprehendit; 5.21 (341.18)

D

DAAL. daal. nam lingua eorum daal partem significat. 1.1 (12.24)
dal. nam lingua eorum daal [dal] partem significat. uar. 1.1 (12.24)
DACORE, *the Dacre, a small stream in Cumberland.*
Dacore. in monasterio, quod iuxta amnem Dacore constructum ab eo cognomen accepit, 4.32 (279.22)
DAEGBERECTVS (602?-638), *Dagobert I, King of the Franks.*
Daegberecto. misit in Galliam nutriendos regi Daegberecto, qui erat amicus illius, 2.20 (126.4)
DAEMON. daemones. (id est, quanta fraudis solertia daemones et actus eius, . . . replicauerint; 3.19 (165.7)
Quod uero prius candidum codicem protulerunt angeli, deinde atrum daemones; 5.13 (313.15)
daemones. ad abigendos ex obsessis corporibus daemones gratiae salutaris haberet effectum. 3.11 (149.1)
Vidit autem et daemones per ignem uolantes incendia bellorum contra iustos struere. 3.19 (166.9)
daemonibus. aris adsistere, ac daemonibus hostias offerre. 1.7 (19.2)
'Sacrificia haec, quae a uobis redduntur daemonibus, 1.7 (19.26)
daemonibus. (quomodo simulacra, quae a daemonibus inuenta sunt, repudiare omnes, . . . necesse est), 3.25 (185.7)
Vt econtra alter ad mortem ueniens oblatum sibi a daemonibus codicem suorum uiderit peccatorum. 5.13 (311.1)
et paratis ad rapiendum me daemonibus in inferni claustra pertrahar.' 5.13 (312.29)
daemonum. ad simulacra daemonum, quibus adsistebat, eum iussit pertrahi: 1.7 (19.6)
Tum subito occurrit pergentibus inimica uis daemonum, 1.17 (34.12)
necesse est, ut a cultu daemonum in obsequio ueri Dei debeant commutari; 1.30 (65.11)
Et quia boues solent in sacrificio daemonum multos occidere, 1.30 (65.16)
ut, exclusa multitudine daemonum, multitudo ibi sanctorum memoriam haberet. 2.4 (88.33)
DAEMONIACVS. daemoniaci. et ut per eas sint daemoniaci curati. 3.11 (147.29)

DAEMONICVS, a, um. **daemonica.** At illi non daemonica, sed diuina uirtute praediti, ... 1.25 (45.32)
quos omnes ut baptizando a seruitute daemonica saluauit, ... 4.13 (232.25)
sed miserabiliter, ut post patuit, daemonica fraude seductus. 5.13 (311.24)
daemonicae. quasi missam a Deo conditore plagam per . . . fylacteria uel alia quaelibet daemonicae artis arcana cohibere ualerent. 4.27 (269.22)
daemonicis. reges, . . . daemonicis cultibus inpune seruiebant. 2.5 (92.5)
DAEMONIOSVS. daemoniosus. in cuius interioribus daemoniosus torquebatur, ... 3.11 (150.9)
DAEMONIVM. daemonia. 'Domine, in nomine tuo etiam daemonia nobis subiecta sunt,' 1.31 (66.25)
'Omnes dii gentium daemonia, Dominus autem caelos fecit.' 2.10 (102.14)
daemonia. et daemonia eiecerint, et uirtutes multas fecerint, ... 3.25 (187.29)
Contigit autem tactu indumentorum eorundem et daemonia ab obsessis effugata corporibus, . . . esse 4.19 (246.14)
daemoniorum. fugatis daemoniorum sensibus, ... 2.10 (103.27)
et altare haberet ad sacrificium Christi, et arulam ad uictimas daemoniorum. 2.15 (116.9)
ut cum longius subeuntibus eis, fletum hominum et risum daemoniorum clare discernere nequirem, 5.12 (306.20)
DAGANVS, *probably Dagan (d. 639), Bishop of Inbher Daeile, County Wicklow.*
Daganum. Scottos uero per Daganum episcopum in hanc, . . . insulam, . . . uenientem nihil discrepare a Brettonibus . . . didicimus. 2.4 (88.2)
Daganus. Nam Daganus episcopus ad nos ueniens, ... 2.4 (88.5)
DAL, *see* **DAAL.**
DALFINVS (*fl.* 653), *Count of the City of Lyons; confused by Bede with his brother Annemundus, Archbishop of Lyons.*
Dalfino. Vilfrid a Dalfino ciuitatis episcopo ibi retentus est, ... 5.19 (324.1)
Dalfinum. et apud Dalfinum archiepiscopum Galliarum Lugdoni multum temporis egerat, ... 3.25 (182.31)
rediit ad Dalfinum in Galliam, ... 5.19 (324.29)
DALREVDINI, *name given to the Scots (Irish) who, led by Reuda, migrated to Britain.*
Dalreudini. a quo uidelicet duce usque hodie Dalreudini uocantur, ... 1.1 (12.23)
DAMASCVS, *Damascus.*
Damascum. Damascum quoque, Constantinopolim, Alexandriam, multas maris insulas adierat; . . 5.15 (316.21)
DAMIAN (*d.* 664?), *Bishop of Rochester.*
Damiano. et ut Putta pro Damiano Hrofensis ecclesiae sit factus antistes. 4.2 (204.12)
in ciuitate Hrofi, ubi defuncto Damiano episcopatus iam diu cessauerat, ... 4.2 (206.5)
Damianum. et ipse, defuncto Ithamar, consecrauit pro eo Damianum, ... 3.20 (169.19)
DAMNABILIS, e. **damnabili.** Conpressa itaque peruersitate damnabili, ... 1.18 (36.21)
DAMNATIO. damnatione. atque ab aeterna damnatione nos eripi, ... 2.1 (78.33)
seu raptos e mundo a perpetua animae damnatione seruaret. 4.14 (233.19)
damnationem. uidit damnationem diaboli et sequacium eius; 5.14 (315.1)
damnationis. non solum eam ab erumna perpetuae damnationis, . . . eripuit. 4.13 (231.9)
"Verum dicitis: accipite et in cumulum damnationis uestrae ducite." 5.13 (312.23)
DAMNO. damnant. inuentosque condemnant [damnant]. . . . . uar. 1.21 (40.22)
damnari. dicebant omnes . . . uirum tantae auctoritatis, . . . nequaquam damnari debere, ... 5.19 (328.18)
damnata. et in Nicena synodo detecta atque damnata, ... 1.8 (22.29)
Nam qualiter ipsa quoque execranda heresis damnata est, latere uos non debet; 2.19 (123.29)
damnati. 'quia noluisti te continere a domu perditi et damnati illius, tu in ipsa domu mori habes.' . 3.22 (174.8)
damnati. non solum omni spe coronae priuati, sed aeterna insuper sunt poena damnati. 5.21 (344.2)
damnato. et multum merens ac damnato similis coepit narrare, ... 5.14 (314.14)
damnatur. sed et cotidie a nobis perpetuo anathemate sepulta damnatur; 2.19 (123.31)
damnatus. necesse habet in ianuam inferni non sponte damnatus introduci. 5.14 (314.12)
damnauerat. quem in ipso flore adulescentiae debilitas dolenda damnauerat. 1.21 (40.15)
damnauisse. ne uiderentur se ipsi silentio damnauisse. 1.17 (35.20)
damnauit. Eanfridum . . . simili sorte damnauit. 3.1 (128.9)
DAMNVM. damnis. unde necesse est, ut quidam damnis, . . . corrigantur. 1.27 (50.5)
grauissimis regni sui damnis saepissime ab hostibus adflictus, ... 3.7 (141.13)
ne forte nos . . . temporalibus damnis iuste saeuiens affligat, ... 4.25 (266.10)
damno. ceteras nefandae militiae copias non sine magno exercitus sui damno deleuit. 2.2 (84.24)
DANAI, *one of the Germanic tribes, probably the Danes.*
Danai. Sunt autem Fresones, Rugini, Danai, Hunni, Antiqui Saxones, Boructuari; 5.9 (296.17)
DANIHEL, *the prophet Daniel.*
Danihelem. In Isaiam, Danihelem, XII prophetas, et partem Hieremiae, distinctiones capitulorum ex tractatu beati Hieronimi excerptas. 5.24 (358.6)
DANIHEL (*d.* 745), *Bishop of Winchester; supplied Bede with materials for the history of the West and South Saxons.*
Danihel. Danihel reuerentissimus Occidentalium Saxonum episcopus, ... Praef. (7.3)
quae eatenus ad ciuitatis Ventanae, cui tunc Danihel praeerat, parrochiam pertinebat, ... 5.18 (321.16)
prouinciae Occidentalium Saxonum Danihel et Fortheri episcopi; 5.23 (350.14)
Danihele. Consecratus est autem . . . a uiris uenerabilibus Danihele Ventano, et Ingualdo Lundoniensi, 5.23 (350.5)
Danihelem. nemo gradum ministerii ac sedis episcopalis ante Danihelem, . . . accepit. 4.16 (238.12)
Vt Australes Saxones episcopos acceperint Eadberctum et Eallan, Occidentales Danihelem et Aldhelmum; 5.18 (320.2)
Episcopatus Vectae insulae ad Danihelem pertinet episcopum Ventae ciuitatis. 5.23 (350.20)
Daniheli. Vna data Daniheli, quam usque hodie regit; 5.18 (320.25)
DAPS. dapes. Qui mox dapes sibimet adpositas deferri pauperibus, ... 3.6 (138.19)
dapibus. Esuriem dapibus superauit, frigora ueste, ... 2.1 (79.15)
DATOR. dator. neque auctor ac dator euangelii Dominus in ea, sed in XIIII[a] uel uetus pascha manducauit ad uesperam, ... 3.25 (186.26)
DAVID, *David, King of Israel.*
Dauid. nisi prius mundos eos Dauid a mulieribus fateretur. 1.27 (59.16)
Dauid. Bethleem ciuitas Dauid in dorso sita est angusto ex omni parte uallibus circumdato, . . . 5.16 (317.12)
Chebron quondam ciuitas et metropolis regni Dauid, nunc ruinis tantum, quid tunc fuerit, ostendens. 5.17 (319.15)
Dauid. Hinc etiam ad Dauid de pueris suis per sacerdotem dicitur, ... 1.27 (59.14)
DE, *omitted.*
DEADEMATE, *see* **DIADEMA.**
DEARMACH, *Durrow, King's County.*
Dearmach. quod a copia roborum Dearmach lingua Scottorum, hoc est campus roborum, cognominatur. 3.4 (134.5)
DEBACCHOR. debacchando. multo tempore totas eorum prouincias debacchando peruagatus, . . . 2.20 (125.13)
DEBELLO. debellandum. exercitum ad debellandum Aedilfridum colligit copiosum, ... 2.12 (110.14)
DEBEO. debeamus. ut de animabus nostris debeamus esse solliciti, ... 1.32 (69.22)
atque in ea temporis paschalis initium tenere debeamus. 5.21 (334.10)
debeant. quantae debeant fieri portiones 1.27 (48.17)
quattuor debeant fieri portiones; 1.27 (48.25)
quae furtu de ecclesiis abstulerint, reddere debeant. 1.27 (50.17)
Si debeant duo germani fratres singulas sorores accipere, ... 1.27 (50.20)
Vsque ad quotam generationem fideles debeant cum propinquis sibi coniugio copulari? 1.27 (50.27)
pastores quoque alii, . . . facile debeant conuenire. 1.27 (52.15)

quia fana idolorum destrui in eadem gente minime debeant; 1.30 (65.8)
ut a cultu daemonum in obsequio ueri Dei debeant commutari; 1.30 (65.12)
et quanta consideratione propriam cotidie debeant fragilitatem pensare. 2.1 (76.19)
cuius iuri . . . ipsi etiam episcopi ordine inusitato debeant esse subiecti, 3.4 (134.13)
debeas. donec post modicum tempus rediens ad te, quid facere debeas, . . . ostendam.' 4.25 (263.32)
debeat. et qualiter episcopus agere in ecclesia debeat? 1.27 (48.18)
Obsecro, quid pati debeat, 1.27 (49.33)
tertia uel quarta generatio fidelium licenter sibi iungi debeat; 1.27 (51.2)
an debeat sine aliorum episcoporum praesentia episcopus ordinari? 1.27 (52.5)
Si pregnans mulier debeat baptizari? 1.27 (53.26)
Mulier etenim pregnans cur non debeat baptizari, 1.27 (54.7)
post quot dies debeat ecclesiam intrare, 1.27 (54.20)
pro femina autem diebus LXVI debeat abstinere. 1.27 (54.23)
ut mixtus uir mulieri, et lauari aqua debeat, 1.27 (57.17)
quae subtiliter pensari debet [debeat], uar. 1.27 (60.2)
semper in posterum a synodo propria debeat consecrari, 1.29 (63.27)
qualiter omnia debeat dispensare. 1.30 (66.3)
in loco ipsius alter episcopum ex hac nostra auctoritate debeat subrogare. 2.17 (119.32)
is, qui superstes fuerit, alterum in loco defuncti debeat episcopum ordinare. 2.18 (121.24)
ut nemo, qui eam nouerit, dubitare debeat, quin ei exeunti de hac uita caelestis patriae patuerit ingressus. 4.9 (222.28)
Quae disputatio maior est, quam epistula hac uel ualeat conprehendi, uel debeat. 5.21 (338.33)
possit inueniri, qui mensis iuxta computum lunae primus anni, qui esse debeat ultimus. 5.21 (339.2)
ut non ante aequinoctium, sed uel ipso aequinoctii die, . . . uel eo transcenso plenilunium habere debeat. 5.21 (339.26)
ut, quid de his scribi debeat, quemue habitura sint finem singula, necdum sciri ualeat. 5.23 (349.25)
debeatis. ita de poenis eius participes esse debetis [debeatis].' uar. 3.19 (166.31)
debebantur. quaecumque illi debebantur supplicia, 1.7 (19.10)
debemus. Sic enim nos fidelibus tenere disciplinam debemus, 1.27 (50.10)
Qualiter debemus cum Galliarum atque Brittaniarum episcopis agere? 1.27 (52.28)
quem nos priuare auctoritate percepta minime debemus. 1.27 (53.1)
Meminisse etenim debemus, 1.31 (66.22)
quem recte nostrum appellare possumus et debemus apostolum. 2.1 (73.11)
'Nunc laudare debemus auctorem regni caelestis, 4.24 (260.1)
sacramenta dominicae resurrectionis et ereptionis nostrae celebrare debemus, 5.21 (340.1)
debent. qui se continere non possunt, sortiri uxores debent, 1.27 (49.4)
uiris suis non debent admisceri; 1.27 (55.15)
custodire in se munditiam carnis debent, 1.27 (59.12)
debeo. 'Quid,' inquit, 'debeo cantare?' 4.24 (259.29)
debere. seruitium Christi uoluntarium, non coacticium esse debere. 1.26 (47.30)
rex suscipere quidem se fidem, quam docebat, et uelle et debere respondebat. 2.13 (111.11)
ipsum ad erudiendos incredulos et indoctos mitti debere decernunt, 3.5 (137.23)
dixit non eum episcopatum dimittere debere; 4.2 (205.30)
Rennuit episcopus dicens se ad monasterium, quod proxime erat, debere reuerti. 5.4 (287.10)
dicebant omnes . . . uirum tantae auctoritatis, . . . nequaquam damnari debere, 5.19 (328.18)
Quibus item uerbis tota tertia septimana eiusdem primi mensis decernitur sollemnis esse debere. 5.21 (334.32)
in qua hoc lex consummari et perfici debere decreuit, 5.21 (338.27)
et nos, ubi dominica dies aduenerit, celebrare debere noscendum est. 5.21 (339.14)
doceatur se quoque carnem suam cum uitiis et concupiscentiis crucifigere debere; 5.21 (343.12)
hanc accipere debere tonsuram, quam plenam esse rationis audimus, omnes, . . . clericos decerno.' 5.21 (346.2)
deberent. qui illic ad succurrendum fidei mitti deberent; 1.17 (34.4)
ne . . . tam incertam peregrinationem adire deberent. 1.23 (43.1)
consulentes, an ad praedicationem Augustini suas deserere traditiones deberent. 2.2 (82.27)
ut omnes, qui cum eo incedebant, siue adtonsi, seu laici, meditari deberent, 3.5 (136.10)
animae redemtione cotidie Domino preces offerri deberent. 3.14 (155.28)
ubi intrantes genu flectere, ac misericordiae caelesti supplicare deberent. 3.17 (161.5)
ubi corpora sanctimonialium feminarum poni deberent, caelesti sit luce monstratum. 4.7 (219.10)
cum esset laetitiae causa decretum, ut omnes per ordinem cantare deberent, 4.24 (259.16)
hora, qua fratres ad dicendas Domino laudes nocturnas excitari deberent. 4.24 (262.8)
eo quod haberent aliquid legationis et causae utilis, quod deberent ad illum perferre. 5.10 (299.29)
deberet. In quibus primitus posuit, qualiter id emendare deberet, 2.5 (90.14)
quis aras et fana idolorum cum septis, . . . primus profanare deberet; 2.13 (113.5)
ac fouea praeparata, in qua statui deberet, 3.2 (129.2)
quam ultra progrediens eos, quibus praedicare deberet, inquirere. 3.7 (139.20)
ut nomen et memoria apostatarum de catalogo regum Christianorum prorsus aboleri deberet, 3.9 (145.5)
in quo ipse rex et frequentius ad deprecandum . . . aduenire, et defunctus sepeliri deberet. 3.23 (175.4)
dispositum est, ut . . . synodus fieri, et haec quaestio terminari deberet. 3.25 (183.18)
Colman . . . Scottiam regressus est, tractaturus cum suis, quid de his facere deberet. 3.26 (189.16)
atque intimo ex corde Deum precabatur, ne adhuc mori deberet, 3.27 (193.6)
Sed mira res et non nisi caelitus facta, ne aliquid horum fieri deberet, prohibuit. 4.11 (227.9)
donec eligeretur, qui pro Cudbercto antistes ordinari deberet. 4.29 (275.30)
cui etiam loculus iam tunc erat praeparatus, in quo defunctus condi deberet. 5.5 (288.9)
positumque loculum iuxta eum, in quo sepeliendus poni deberet; 5.5 (288.16)
ut, quid de te fieri deberet, agnoscerem." 5.12 (309.8)
ut pascha . . . a XV^{a} die usque ad XXI^{am}, fieri deberet; 5.21 (334.7)
debes. quia nunc ad corpus reuerti, et rursum inter homines uiuere debes, 5.12 (309.2)
debet. hanc debet conuersationem instituere, 1.27 (48.31)
seorsum fieri non debet a clericis suis in ecclesia Anglorum, 1.27 (48.29)
nam secunda, . . . a se omni modo debet abstinere. 1.27 (51.3)
ordinatio . . . fieri non debet. 1.27 (52.18)
cum eodem Arelatense episcopo debet agere, 1.27 (53.3)
falcem mittere non debet, 1.27 (53.14)
Ad eius uero concubitum uir suus accedere non debet, 1.27 (55.6)
prohiberi ecclesiam intrare non debet, 1.27 (55.19)
communionis mysterium in eisdem diebus percipere non debet prohiberi. 1.27 (56.9)
nisi lotus aqua, intrare ecclesiam non debet; 1.27 (57.15)
sed neque lotus intrare statim debet. 1.27 (57.16)
dignum se congregationi fratrum aestimare non debet, 1.27 (57.23)
quia a nobis prohiberi non debet accipere, 1.27 (58.27)
quae subtiliter pensari debet, 1.27 (60.2)
a perceptione sacri mysterii prohibere non debet; 1.27 (60.17)
ab immolatione sacri mysterii abstinere, ut arbitror, humiliter debet; 1.27 (60.18)
debet eis etiam hac de re aliqua sollemnitas immutari; 1.30 (65.16)
Veritatis etenim discipulis esse gaudium non debet, 1.31 (67.4)

Nam qualiter ipsa quoque execranda heresis damnata est, latere uos non debet; 2.19 (123.29)
'Sed quia tua fraternitas,' inquit, 'monasterii regulis erudita seorsum fieri non debet a clericis suis, 4.27 (270.32)
in ecclesia Anglorum, . . . hanc debet conuersationem instituere, 4.27 (270.34)
dic illi, quia, uelit nolit, debet ad monasteria Columbae uenire, 5.9 (297.31)
debetis. ita et de poenis eius participes esse debetis.' 3.19 (166.31)
debitam. ita solutus corpore ardebit per debitam poenam.' 3.19 (166.5)
debiti. atque ad profectum debiti culminis, . . . prouehere curauit. 2.4 (87.6)
debito. 'oportet nos admonitioni eius caelesti, debito cum timore et amore respondere; 4.3 (211.8)
debuerat. Brocmail . . . eos, quos defendere debuerat, inermes ac nudos ferientibus gladiis reliquit. 2.2 (84.28)
filius autem Osualdi regis Oidiluald, qui eis auxilio esse debuerat, in parte erat aduersariorum, 3.24 (178.7)
debuissent. consulentes, an ad praedicationem Augustini suas deserere traditiones deberent [debuissent]. uar. 2.2 (82.27)
debuisset. qualiter in domo Dei conuersari debuisset. 1.27 (48.23)
qualiter episcopos in Brittania constituere debuisset; 1.29 (63.14)
DEBILITAS. debilitas. quem in ipso flore adulescentiae debilitas dolenda damnauerat. 1.21 (40.15)
cuius necessitatem ipsa debilitas etiam sine precibus adlegabat; 1.21 (40.24)
debilitate. adtrectat poplitem debilitate curuatum, 1.21 (40.28)
debilitati. et cum debilitati suae nihil remedii pateretur adhiberi, 1.19 (37.30)
DEBITVM. debita. illi militantibus debita stipendia conferrent. 1.15 (31.13)
sed debita solummodo multa pecuniae regi ultori daretur. 4.21 (249.15)
DEBRIO. debriarent. Qui dum sese alterutrum caelestis uitae poculis debriarent, 4.29 (274.20)
DECANTO. decantarent. solitas Domino laudes decantarent, 4.7 (220.2)
decantaret. cotidie psalterium totum in memoriam diuinae laudis decantaret; 3.27 (193.14)
DECEDO. decedente. Sed illo post non multum temporis prae inopia rerum ab episcopatu decedente, 4.12 (228.25)
decedentibus. At illis decedentibus, 1.22 (41.28)
decessit. Osric rex Nordanhymbrorum uita decessit, 5.23 (349.21)
DECEM. decem. siquidem Aidan x et vii annis, Finan decem, Colman tribus episcopatum tenuere. 3.26 (189.23)
X. Brittaniamque post x annos recepit. 1.6 (17.25)
nam per x annos incendiis ecclesiarum, 1.6 (18.1)
filiam x annorum caecam curandam sacerdotibus offerens, 1.18 (36.7)
Gregorius, . . . rexit annos xiii, menses vi, et dies x. 1.23 (42.18)
xiii annos, menses vi, et dies x gloriosissime rexit, 2.1 (73.5)
et est a uico Cataractone x ferme milibus passuum contra solstitialem occasum secretus; 3.14 (155.14)
Cumque x dies xl^{mae} restarent, 3.23 (175.34)
Singulae uero possessiones x erant familiarum, id est simul omnes cxx. 3.24 (178.31)
Quae post biennium conparata possessione x familiarum in loco, qui dicitur Streanæshalch, 3.24 (179.4)
et ex eodem libro x capitula, quae per loca notaueram, . . . illis coram ostendi, 4.5 (215.28)
acceperunt subreguli regnum gentis, et diuisum inter se tenuerunt annis circiter x; 4.12 (227.27)
mox donauit terram x familiarum in loco, qui dicitur Stanford, 5.19 (325.12)
et synodus facta est ad Herutforda, . . . utillima, x capitulorum. 5.24 (354.24)
DECEMBER, bris, *of December.*
Decembrium. Hoc autem bellum rex Osuiu . . . xvii^{a} die Kalendarum Decembrium cum magna utriusque populi utilitate confecit. 3.24 (179.14)
Hild, . . . transiuit die xv. Kalendarum Decembrium, cum esset annorum lxvi; 4.23 (252.20)
DECENNOVENALIS, e. **decennouenales.** mittebantur ad transcribendum, . . . per uniuersas Pictorum prouincias circuli paschae decennouenales, 5.21 (346.8)
decennouenali. 'Hic autem, . . . computus paschae decennouenali circulo continetur; 5.21 (341.8)
decennouenalibus. successor eius Cyrillus seriem xc et v annorum in quinque decennouenalibus circulis conprehendit; 5.21 (341.19)
DECENTER. et in porticu illius aquilonali decenter sepultum est; 2.3 (86.6)
DECENTISSIMVS, a, um. **decentissima.** qui oportune laetus, gratia decentissima, 1.7 (20.28)
DECEPTABILIS (-TIBILIS), e. **deceptabilibus.** spretisque fanorum fatuitatibus, et auguriorum deceptabilibus blandimentis, 2.10 (102.4)
deceptibilibus. et auguriorum deceptabilibus [deceptibilibus] blandimentis, uar. 2.10 (102.4)
deceptibilis. expulsaque a uobis sollicitatione uenenosi et deceptibilis hostis, 2.10 (103.28)
DECEPTIO. deceptione. Qua ergo mentis deceptione eos deos, . . . colentes sequimini, 2.10 (102.28)
DECERNO. decernebant. et hoc esse tutius communi consilio decernebant. 1.23 (42.28)
decerneret. ut nil omnimodis de tempore paschae legalis praeoccupandum, nihil minuendum esse decerneret. 5.21 (336.11)
decernit. in quibus decernit hoc ipsum, quod in epistula ad Aeduinum regem missa decreuerat; 2.18 (120.14)
decernitur. Quibus item uerbis tota tertia septimana eiusdem primi mensis decernitur sollemnis esse debere. 5.21 (334.31)
decerno. hanc accipere debere tonsuram, . . . omnes, qui in meo regno sunt, clericos decerno.' 5.21 (346.4)
decernunt. ipsum ad erudiendos incredulos et indoctos mitti debere decernunt, 3.5 (137.23)
decreta. Nec tamen statim ordinatio decreta, sed peracta hieme, . . . completa est 4.28 (273.1)
decreta. ut quaeque erant regulariter decreta, 2.4 (88.20)
ut quaeque decreta ac definita sunt a sanctis ac probabilibus patribus, . . . seruentur.' 4.5 (215.17)
interrogaui . . . si consentirent ea, quae a patribus canonice sunt antiquitus decreta, custodire. 4.5 (215.24)
decretum. Decretumque est communi consilio, quia satius esset, 2.5 (91.31)
cum esset laetitiae causa decretum, ut omnes per ordinem cantare deberent, 4.24 (259.15)
decreuerat. in quibus decernit hoc ipsum, quod in epistula ad Aeduinum regem missa decreuerat; 2.18 (120.16)
qui totam eius gentem a paruo usque ad magnum delere atque exterminare decreuerat, 3.24 (177.23)
decreuisset. Quae cum, relicto habitu saeculari, illi soli seruire decreuisset, 4.23 (253.2)
cum ipse regni, quod xi annis gubernabat, successorem fore Ceoluulfum decreuisset, 5.23 (349.22)
decreuit. decreuit apostolica traditio, . . . ut . . . expectetur etiam dies dominica, 5.21 (337.6)
in qua hoc lex consummari et perfici debere decreuit, 5.21 (338.28)
DECERPO. decerpere. De cuius scriptis aliqua decerpere, ac nostrae huic historiae inserere commodum fore legentibus reor. 5.15 (317.5)
DECESSOR. decessorum. ut . . . uestra adquisitio decessorumque uestrorum, . . . conualescendo amplius extendatur; 2.18 (121.8)
DECESSVS. decessus. Nam propinquante hora sui decessus, xiiii diebus praeueniente corporea infirmitate pressus est, 4.24 (261.16)
DECET. decebant. sed ea tantummodo, quae ad religionem pertinent, religiosam eius linguam decebant. 4.24 (259.12)
decebat. alia tamen, quam decebat, ebdomada celebrabant. 3.4 (135.5)
et ut sanctos decebat, de uita priorum patrum sermonem facerent, 4.3 (211.26)
diligenter ea, . . . eo quo pontificem decebat, animo, coepit obseruanda docere. 4.5 (214.27)
decet. ita illum dilectio uestra, sicut decet, affectuose dulciterque suscipiat, 1.28 (62.16)
nos credere decet nihil eum monachicae perfectionis perdidisse 2.1 (74.28)
et tales angelorum in caelis decet esse coheredes. 2.1 (80.15)
quod maxime sanctos decet, 3.19 (164.22)
deceret. dictum est, quia talis animi uirum, episcopum magis quam regem ordinari deceret. 4.11 (225.24)
simul et de tonsurae modo uel ratione, qua clericos insigniri deceret; 5.21 (333.2)

DECIDO. decidentes. apparent . . . flammarum tetrarum globi, ascendentes quasi de puteo magno, rursumque decidentes in eundem. 5.12 (305.29)
deciderent. pariter omnes aut ruina perituri, aut fluctibus obsorbendi deciderent. 4.13 (231.18)
deciderunt. namque oculi eius in terram una cum beati martyris capite deciderunt. 1.7 (21.14)
decidi. lapsus decidi, et mox uelut emoriens sensum penitus motumque omnem perdidi. 5.6 (290.12)
decidit. Haec inter tactus infirmitate, decidit in lectum, atque acri coepit dolore torqueri. 5.13 (311.16)
decidunt. in Charybdi uoraginem submergendi decidunt. 5.21 (338.13)
DECIMVS, a, um. **decima.** Consecratus est . . . die decima Iunii mensis, dominica; 5.23 (350.7)
decimam. ita ut iuxta legem omnibus annis decimam non solum quadrupedum, uerum etiam frugum . . . partem pauperibus daret. 4.29 (276.1)
decimo. decimo post Neronem loco praeceperunt; 1.6 (17.28)
X. die .x. Kalendarum Iuliarum 1.7 (21.25)
Cuius anno regni x Gregorius, . . . apostolicae sedis sortitus 1.23 (42.15)
Data die x Kalendarum Augustarum, 1.23 (43.23)
Data die x Kalendarum Augustarum, 1.24 (44.20)
Data die x Kalendarum Iuliarum, 1.28 (62.28)
Data die x. Kalendarum Iuliarum, 1.29 (64.21)
Data die x. Kalendarum Iuliarum, 1.32 (70.4)
X. x capitulum pro coniugiis: 4.5 (216.32)
X^{a}. facta erat eclipsis solis . . . hora circiter x^{a} diei; 3.27 (191.30)
x^{a} die mensis huius tollat unusquisque agnum per familias et domus suas." 5.21 (334.18)
X^{o}. anno x^{o} regni eius, sub die xv Kalendas Octobres, indictione VIII^{a}; 4.17 (239.7)
DECIPIO. deceptis. qui in praesenti quidem uita a deceptis hominibus putabantur digni perpetuae gloria coronae; 5.21 (343.32)
deciperent. eum superando deciperent 1.25 (45.32)
DECLARO. declarans. et praedicans eis, ac modesta exhortatione declarans legitimum paschae tempus, 5.15 (316.3)
declarant. quantum haec agendo profecerit, adhuc praesentia tempora declarant. 2.4 (88.12)
declarat. Quibus uerbis beatus Gregorius hoc quoque declarat, 2.1 (78.23)
declaratur. Quo epistulae principio manifeste declaratur, 2.19 (123.19)
declarauit. nec non et Vectae insulae litteris mandata declarauit. Praef. (7.8)
DECLINO. declinare. cuius equus subito lassescere, consistere, caput in terram declinare, . . . coepit 3.9 (145.32)
declinata. ut hanc declinata eadem die esse XXI^{am} crederet. 3.25 (187.21)
declinet. ut numquam pascha nostrum a septimana mensis primi tertia in utramuis partem declinet; 5.21 (337.16)
DECOLLO. decollandus. quem ad locum quidem, quo decollandus erat, secutus est Vilfrid clericus illius, 5.19 (325.3)
decollatus. Decollatus itaque martyr fortissimus 1.7 (21.9)
Decollatus est ibi etiam tum miles ille, 1.7 (21.15)
DECOLO. decolatus. Decollatus [decolatus] itaque martyr fortissimus uar. 1.7 (21.9)
Decollatus [decolatus] est ibi etiam tum miles ille, uar. 1.7 (21.15)
DECOQVO. decocta. in tantum ea, quam praediximus, infirmitate decocta est, 4.9 (223.13)
decoquitur. Sed Heriberct diutina prius infirmitate decoquitur; 4.29 (275.15)
DECOR. decore. sum reuerti ad corpus, delectatus nimirum suauitate ac decore loci illius, quem intuebar, 5.12 (309.11)
ecclesiae suae, . . . aedificium multifario decore ac mirificis ampliauit operibus. 5.20 (331.17)
decoris. neque aliquos hominum tanti decoris ac uenustatis esse posse credebam. 4.14 (235.16)
neque enim possunt carmina, . . . ex alia in aliam linguam ad uerbum sine detrimento sui decoris ac dignitatis transferri. 4.24 (260.10)
DECRETVM. decreta. etiam decreta illi iudiciorum, iuxta exempla Romanorum, . . . constituit; 2.5 (90.10)
neue contra . . . decreta synodalium totius orbis pontificum aliud pascha celebrarent. 2.19 (122.18)
nemo synodalia paschalis obseruantiae decreta porrexerat; 3.4 (134.23)
Iohannes enim ad legis Mosaicae decreta tempus paschale custodiens, 3.25 (186.18)
sed quid uobis cum illo, cum nec eius decreta seruetis? 3.25 (187.13)
quamdiu nullus aduenerat, qui eis instituti perfectioris decreta, . . . ostenderet; 3.25 (188.4)
si audita decreta sedis apostolicae, . . . sequi contemnitis, 3.25 (188.9)
Quisquis igitur contra hanc sententiam, iuxta decreta canonum, . . . uenire, . . . temtauerit, nouerit se . . . separatum. 4.5 (217.14)
pariterque catholicae fidei decreta firmabat uir uenerabilis Iohannes archicantator 4.18 (240.30)
decretiis. uel in obseruantia paschali, uel in aliis quibusque decretis [decretiis] uar. 5.15 (315.22)
decretis. ne contra uniuersalem ecclesiae morem uel in obseruantia paschali, uel in aliis quibusque decretis . . . uiuere praesumeret, 5.15 (315.22)
decreto. Quibus episcopatum administrantibus statutum est synodali decreto, 5.18 (321.15)
cuius nullam omnino mentionem in decreto legis inueniunt. 5.21 (338.1)
DECVRRO. decurrentis. contigit, ut haec contra impetum fluuii decurrentis, . . . transferrentur. 5.10 (300.30)
decursis. decursisque breui spatiis pelagi, 1.17 (34.29)
DECVRTO. decurtatam. decurtatam eam, quam te uidere putabas, inuenies coronam; 5.21 (343.29)
DECVS. decus. Percipit inde decus reginae, et sceptra sub astris, 4.20 (248.9)
Plus super astra manens, percipit inde decus. 4.20 (248.10)
DECVTIO. decussa. at uero Ecgberect decussa molestia egritudinis conualuit, 3.27 (193.26)
DEDA (*fl.* 731?), *Abbot of Partney.*
Deda. narrauit mihi presbyter et abbas . . . de monasterio Peartaneu, uocabulo Deda, 2.16 (117.21)
DEDICATIO. dedicationem. aqua benedicta, quam in dedicationem ecclesiae consecrauerat, 5.4 (287.19)
cum quo et alii XI episcopi ad dedicationem antistitis conuenientes, 5.19 (325.32)
dedicationis. die ddeicationis, uel natalicii sanctorum martyrum, 1.30 (65.18)
DEDICO. dedicanda. Intrauit autem praefata regis Osuiu filia Deo dedicanda monasterium, 3.24 (179.1)
dedicandam. Contigit autem eo tempore uirum Dei illo ad dedicandam ecclesiam ab eodem comite uocari. 5.4 (287.6)
Alio item tempore uocatus ad dedicandam ecclesiam comitis uocabulo Addi, 5.5 (288.2)
promittens hanc in honorem beati apostolorum principis dedicandam; 5.21 (333.6)
dedicaret. quibusque ibidem depositis, consequenter in eorum honorem, . . . singula quaeque loca dedicaret. 5.11 (301.30)
dedicaretur. donec ipsa ecclesia dedicaretur. 3.19 (168.17)
dedicata. iuxta ecclesiam beatorum apostolorum Petri et Pauli, . . . quia necdum fuerat perfecta nec dedicata. 2.3 (86.4)
Mox uero ut dedicata est, intro inlatum, 2.3 (86.5)
statuerunt . . . ossa uero abbatissae . . . in aliam ecclesiam, quae esset perfecta ac dedicata, transferre. 3.8 (144.19)
atque in honorem beatissimi apostolorum principis dedicata, 3.17 (160.13)
quae XXX et amplius annos dedicata Domino uirginitate, in monachica conuersatione seruiebat. 4.23 (257.6)
Cumque dedicata esset ecclesia, 5.4 (287.7)
dedicata. nuper ibidem ecclesia constructa [atque dedicata], uar. 3.2 (130.2)
dedicatam. habentes secum uascula sacra et tabulam altaris uice dedicatam), 5.10 (300.11)
dedicatarum. qui propter infantilem adhuc aetatem in uirginum Deo dedicatarum solebat cella nutriri, 4.8 (220.26)
dedicatis. ubi factis dedicatisque ecclesiis, 3.7 (139.31)
dedicatum. ipsum prius secunda generatione Deo dedicatum sibi accepit in filium. 3.7 (139.28)
dedicatum. Habet haec in medio pene sui altare in honore beati papae Gregorii dedicatum, 2.3 (86.12)
dedicatus. Quis sane pro Vighardo reppertus ac dedicatus sit antistes, libro sequente oportunius dicetur. 3.29 (199.5)
dedicauit. quam . . . archiepiscopus Theodorus in honore beati apostoli Petri dedicauit. 3.25 (181.10)

DEDITIO. deditionem. plurimam insulae partem in deditionem recepit. 1.3 (15.12)
uniuersos, quos in necem suam conspirasse didicerat, aut occidit, aut in deditionem recepit. 2.9 (100.4)
Claudius . . . plurimam insulae partem in deditionem recepit, 5.24 (352.11)
DEDO. dedita. cepit et insulam Vectam, quae eatenus erat tota idolatriae dedita, 4.16 (237.2)
Quid petis, alma, uirum, sponso iam dedita summo? 4.20 (248.11)
deditus. xxxvi diebus ibidem cum eis cathecizandi et baptizandi officio deditus moraretur; 2.14 (115.2)
Siquidem Penda cum omni Merciorum gente idolis deditus, 2.20 (125.7)
DEDVCO. deducta. ergastulo carnis educta [deducta] est; uar. 4.9 (222.26)
deductis. quos Deus . . . deductis per saecula innumerabilibus propaginibus, pullulare constituit. 2.10 (103.16)
deductum. quem lateribus longe lateque deductum 1.7 (20.32)
DEFECTVS. defectu. in Brittanias defectu pene omnium sociorum trahitur. 1.5 (16.20)
defectum. sed deflendo potius defectum, 2.1 (74.14)
DEFENDO. defendat. ut nos ab hoste superbo ac feroce sua miseratione defendat; 3.2 (129.9)
defendatur. ut crebro uexilli huius munimine a malignorum spirituum defendatur incursibus; 5.21 (343.10)
defendendi. pariter et infirmos consolandi, ac pauperes recreandi uel defendendi clementiam. 3.17 (161.24)
cum praesentibus accusatoribus acciperet locum se defendendi, 5.19 (327.16)
defenderat. quod uero iacens et infirmus defenderat, 1.19 (37.21)
defendere. Brocmail . . . eos, quos defendere debuerat, inermes ac nudos ferientibus gladiis reliquit. 2.2 (84.28)
Tunc uidit . . . duos ab utroque latere circumuolantes ab ignium se periculo defendere. 3.19 (166.8)
defenderent. ut, . . . ibi praesidio ualli fines suos ab hostium inruptione defenderent. 1.12 (26.21)
defenderet. non habens scutum ad manum, quo regem a nece defenderet, 2.9 (99.12)
defendi. coeperunt . . . adorare simulacra, quasi per haec possent a mortalitate defendi. 3.30 (199.20)
DEFENSIO. defensionem. ob eorum defensionem tam laboriosis expeditionibus posse fatigari; 1.12 (27.11)
defensiones. Sequuntur aduersus ipsum accusationes malignorum, defensiones spirituum bonorum, 3.19 (166.11)
DEFENSOR. defensor. Erat in his acerrimus ueri paschae defensor nomine Ronan, 3.25 (181.18)
defensorem. habentes defensorem nomine Brocmailum, 2.2 (84.16)
DEFERO. deferendi. sacerdotibus adducuntur ad mediterranea deferendi, 1.21 (41.5)
deferens. quem ad monasterium suum deferens, honorifice sepeliuit, 4.22 (250.22)
deferre. iussit uni ex satellitibus suis mihi ad legendum deferre. 5.13 (312.16)
deferret. ac Brittaniam rediens secum Anglorum ecclesiis mandanda atque obseruanda deferret, 2.4 (88.23)
deferri. Qui mox dapes sibimet adpositas deferri pauperibus, 3.6 (138.20)
et infirmanti puero de eodem sacrificio dominicae oblationis particulam deferri mandauit. 4.14 (235.28)
defertur. Cuius corpus honorifico agmine, . . . suam defertur ad urbem. 1.21 (41.15)
deferuntur. ad beatissimum uirum preces sacerdotum omnium deferuntur, 1.21 (40.2)
delata. si ad monasterium delata uirginum sanctimonialium, ad reliquias sanctorum peteret, 4.10 (224.28)
delati. cum delati in locum, qui uocatur Ad Lapidem, occulendos se a facie regis uictoris credidissent, 4.16 (237.23)
delatum. corpusque eius . . . Turonis delatum atque honorifice sepultum est. 4.18 (242.21)
delatum. Haec ubi corpus abbatissae uenerabilis in ecclesiam delatum, . . . cognouit, 4.9 (223.2)
delatus. ui tempestatis in occidentalia Brittaniae litora delatus est; 5.15 (316.24)
Sic delatus in Maeldum ciuitatem Galliae IIII diebus ac noctibus quasi mortuus iacebat, 5.19 (328.24)
detulisse. ut omnes agnoscerent etiam torrentem martyri obsequium detulisse; 1.7 (21.4)
DEFERVEO. deferueat. nisi prius ignis concupiscentiae a mente deferueat, 1.27 (57.22)
DEFICIO. deficerent. laborauit multum, ut et eos, qui secum uenerant, ne a fide deficerent, Domino adiuuante contineret, 2.9 (98.26)
deficiente. ita ut, deficiente penitus omni membrorum officio, iamiamque moriturus esse uideretur; 5.5 (288.6)
DEFINIO. definierunt. placet, quaeque definierunt sanctorum canones patrum, nos . . . seruare.' 4.5 (215.26)
definita. ut, quaeque decreta ac definita sunt a sanctis ac probabilibus patribus, . . . seruentur.' 4.5 (215.18)
placuit, ut, quaeque definita sunt, unusquisque nostrum manus propriae subscriptione confirmaret. 4.5 (217.10)
definitis. His itaque capitulis in commune tractatis ac definitis, 4.5 (217.7)
definitum. 'Si omnimodis ita definitum est, neque hanc sententiam licet inmutari, 4.9 (223.27)
DEFINITIO. definitio. unde uera esse probatur nostra definitio, 5.21 (335.33)
definitione. Qui utrique non solum in definitione et computo lunaris aetatis, . . . falluntur. 5.21 (338.30)
definitionis. Quam sententiam definitionis nostrae Titillo notario scribendam dictaui. 4.5 (217.12)
diuinitio. unde uera esse probatur nostra definitio [diuinitio], uar. 5.21 (335.33)
DEFLECTO. deflectens. At ille oculos in inferiora deflectens, 3.19 (165.18)
DEFLEO. defleant. habent coniuges etiam de sua commixtione, quod defleant. 1.27 (58.31)
deflendo. sed deflendo potius defectum, 2.1 (74.14)
DEFLVO. defluentibus. Cumque tempore hiemali defluentibus circa eum semifractarum crustis glacierum, 5.12 (310.21)
defluere. ut meminerimus facta et cogitationes nostras non in uentum diffluere [defluere], uar. 5.13 (313.11)
DEFORIS. destinam illam non, ut antea, deforis in fulcimentum domus adposuerunt, 3.17 (161.2)
DEFORMIS, e. deformis. Erat in eo quidam adulescens, cui tumor deformis palpebram oculi fedauerat; 4.32 (279.25)
qui ante fuerat deformis, pauper, et mutus. 5.2 (284.28)
deformium. sine ulla quietis intercapedine innumerabilis spirituum deformium multitudo torqueretur, 5.12 (305.13)
DEFORMITAS. deformitatis. ac si nil umquam in eo deformitatis ac tumoris apparuisset. 4.32 (280.28)
DEFVNCTV, *see* **DEFVNGOR.**
DEFVNGOR. defuncta. ac si eodem die fuisset defuncta, 4.19 (245.10)
uenerunt primo diluculo fratres, qui eius obitum nuntiarent, a loco, ubi defuncta est. 4.23 (257.32)
defuncti. is, qui superstes fuerit, alterum in loco defuncti debeat episcopum ordinare. 2.18 (121.24)
defuncti. ibique ambo in infantia defuncti, 2.20 (126.5)
omnes ibidem superueniente praefatae pestilentiae clade defuncti sunt, 3.23 (176.32)
defunctis. Vt defunctis Aedilbercto et Sabercto regibus successores eorum idolatriam resuscitarint, 2.5 (89.1)
in qua super altare pro defunctis honoratis sacrificium solet offerri, 5.16 (317.32)
defuncto. ne, se defuncto, status ecclesiae . . . uacillare inciperet. 2.4 (86.28)
Defuncto autem et rege, successit in regnum filius eius Coinualch, 3.7 (140.7)
Vt, defuncto Paulino, Ithamar pro eo Hrofensis ecclesiae praesulatum susceperit; 3.14 (154.3)
Vt, defuncto Honorio, pontificatu sit functus Deusdedit; 3.20 (169.1)
defuncto Felice Orientalium Anglorum episcopo post x et VII annos accepti episcopatus, 3.20 (169.3)
et ipse, defuncto Ithamar, consecrauit pro eo Damianum, 3.20 (169.18)
Defuncto autem Finano, qui post illum fuit, 3.25 (182.17)
Vt defuncto Tuda, Vilfrid in Gallia, Ceadda . . . sint ordinati episcopi. 3.28 (194.16)
Vt defuncto Deusdedit, Vighard ad suscipiendum episcopatum Romam sit missus; 4.1 (201.1)
sed illo ibidem defuncto, Theodorus archiepiscopus ordinatus, et cum Hadriano abbate sit Brittaniam missus. 4.1 (201.2)
Eo autem tempore, quo defuncto Deusdedit Doruuernensi ecclesiae episcopus quaerebatur, 4.2 (205.32)
in ciuitate Hrofi, ubi defuncto Damiano episcopatus iam diu cessauerat, 4.2 (206.5)
Nam Bonifatio post x et VII episcopatus sui annos defuncto, 4.5 (217.28)
Sed illo post modicum temporis, ex quo eam accepit, defuncto, data est regi praefato; 4.19 (243.9)
quo defuncto, regnum illud aliquod temporis spatium reges dubii uel externi disperdiderunt; 4.26 (268.14)
Cuius regni principio defuncto Eata episcopo, 5.2 (282.31)
idem Iohannes, defuncto Bosa uiro multae sanctitatis et humilitatis, episcopus pro eo Eboraci substitutus, 5.3 (285.5)
Vt Theodoro defuncto archiepiscopatus gradum Berctuald susceperit; 5.8 (294.14)
etiam Gebmundo Hrofensis ecclesiae praesule defuncto, Tobiam pro illo consecrauit, 5.8 (295.32)

Non enim eo tempore habebat episcopum Cantia, defuncto quidem Theodoro, 5.11 (302.12)
Quo defuncto, episcopatus prouinciae illius in duas parrochias diuisus est. 5.18 (320.24)
Quo defuncto, pontificatum pro eo suscepit Fortheri, 5.18 (321.11)
quo defuncto, Eolla suscepit officium pontificatus. 5.18 (321.21)
defunctorum. codicibus, in quibus defunctorum est adnotata depositio, 4.14 (234.32)
defunctu. Vt, defuncto [defunctu] Honorio, pontificatu sit functus Deusdedit; uar. 3.20 (169.1)
defunctum. Cum ergo episcopum defunctum ac sepultum in prouincia Nordanhymbrorum audirent fratres, 3.23 (176.25)
Cumque sacerdotem suum Hiberniam secessisse, ibique defunctum esse audisset, 4.25 (264.8)
indumenta, quibus Deo dicatum corpus Cudbercti, uel uiuum antea, uel postea defunctum uestierant, 4.31 (279.14)
defunctus. beatus papa Gregorius, . . . defunctus est, 2.1 (73.5)
Defunctus est autem Deo dilectus pater Augustinus, 2.3 (86.1)
defunctus est VII Kalendas Iunias, eodem rege regnante.' 2.3 (86.21)
Defunctus uero est rex Aedilberct die XXIIII mensis Februarii 2.5 (90.4)
defunctus est apud Mediterraneos Anglos in regione, quae uocatur Infeppingum. 3.21 (171.7)
in quo ipse rex et frequentius ad deprecandum . . . aduenire, et defunctus sepeliri deberet. 3.23 (175.3)
Diuma, . . . qui apud Mediterraneos Anglos defunctus ac sepultus est; 3.24 (179.23)
Ipse Edilhun proxima nocte defunctus est; 3.27 (193.25)
pro quo ualde sumus contristati, cum hic esset defunctus. 3.29 (198.13)
sed et Erconberct rex Cantuariorum eodem mense ac die defunctus, 4.1 (201.10)
Lyccidfelth, in quo et defunctus ac sepultus est; 4.3 (207.9))
Qui defunctus die XV Kalendarum Martiarum Ecgfridum filium regni heredem reliquit; 4.5 (214.20)
Coepitque narrare, quia apparuerit sibi quidam uir Dei, qui eodem anno fuerat defunctus, 4.8 (221.23)
ipsisque regnantibus defunctus est ille, et episcopatu functus Haeddi pro eo, 4.12 (227.28)
Quibus ita gestis, non multo post eadem ipsa die puer defunctus est, 4.14 (235.31)
non multo postquam oceanum transiit, arreptus infirmitate ac defunctus est; 4.18 (242.19)
Qui etsi in itinere defunctus est, 4.18 (242.27)
pro eo, quod archiepiscopus Theodorus iam defunctus erat, 4.23 (255.16)
in nostro monasterio plurimo tempore conuersatus, ibidemque defunctus est. 4.25 (266.5)
ubi etiam defunctus, in ecclesia beati Petri apostoli . . . conditus est. 4.26 (267.28)
Vulneratus namque est in pugna Australium Saxonum, . . . et inter medendum defunctus. 4.26 (268.12)
Mansit autem idem uir in insula Farne XII annis, ibidemque defunctus; 5. (282.24)
cui etiam loculus iam tunc erat praeparatus, in quo defunctus condi deberet. 5.1 (288.9)
Anno autem post hunc, quo Caedualla Romae defunctus est, 5.5 (294.1)
Theodorus . . . senex et plenus dierum, id est annorum LXXXVIII, defunctus est; 5.88 (294.28)
qui . . . primo tempore noctis defunctus est; 5.12 (304.51)
et non multo post defunctus, paenitentiam, . . . in aeternum sine fructu poenis subditus facit. 5.13 (313.1)
Aldfrid, rex Nordanhymbrorum, defunctus est, anno regni sui XX° necdum inpleto; 5.18 (320.5)
quod in loco, quo defunctus est, ob meritum sanctitatis eius multa sanitatum sint patrata miracula, 5.18 (320.16)
Defunctus est autem in monasterio suo, 5.19 (330.2)
Hadrianus abbas, cooperator in uerbo Dei Theodori beatae memoriae episcopi, defunctus est, 5.20 (331.2)
Victred filius Ecgberecti, rex Cantuariorum, defunctus est 5.23 (348.17)
Anno post quem proximo Tobias Hrofensis ecclesiae praesul defunctus est, 5.23 (348.21)
Berctuald archiepiscopus longa consumtus aetate defunctus est 5.23 (349.29)
Anno DCXVI, Aedilberct rex Cantuariorum defunctus est. 5.24 (353.25)
Anno DCLI, Osuini rex occisus, et Aidan episcopus defunctus est. 5.24 (354.9)
Earconberct rex Cantuariorum defunctus, et Colman cum Scottis ad suos reuersus est; 5.24 (354.15)
Vulfheri rex Merciorum, . . . defunctus, Aedilredo fratri reliquit imperium. 5.24 (354.26)
Anno DCCV, Aldfrid rex Nordanhymbrorum defunctus est. 5.24 (356.3)
et rex Merciorum Ceolred defunctus; 5.24 (356.10)
defuntus. primo tempore noctis defunctus [defuntus] est; uar. 5.12 (304.5)
DEGO. degebat. Aedgils referebat, qui tunc in illo monasterio degebat. 4.25 (266.2)
degens. Cum ergo uenerabilis Domini famulus multos in Mailronensi monasterio degens annos 4.27 (270.16)
degere. et daret ei locum, in quo cum suis apte degere potuisset. 4.1 (204.9)
degerem. Nam cum primaeuo adulescentiae tempore in clero illius degerem, 5.6 (289.18)
DEGSA LAPIS, *see* **DEGSASTAN.**
Degsa lapis. Degsastán, id est Degsa lapis, 1.34 (71.25)
DEGSASTAN, *probably Dawston, in Liddesdale.*
Degsastán. in loco celeberrimo, qui dicitur Degsastán, id est Degsa lapis, 1.34 (71.25)
Degsastanæ. Anno DCIII, pugnatum ad Degsastanæ. 5.24 (353.21)
DEGVSTO. degustans. quem antea degustans quasi maximum rebar, 5.12 (307.34)
DEHINC. Sequente dehinc tempore fuit in eodem monasterio puerulus quidam, 3.12 (150.27)
Nam die dehinc tertio, conpleta hora nona, . . . emisit spiritum. 4.11 (226.29)
dehinc terram custos humani generis omnipotens creauit.' 4.24 (260.5)
Dehinc ab occasu Golgothana uidetur ecclesia, 5.16 (317.26)
et tribus annis ecclesiam sublimiter regens, dehinc ad monasterii sui, . . . curam secessit, 5.19 (326.5)
dehinc nigredine subsequente ad lucem propriam reuersa. Cont. (361.12)
DEICIO. deiecto. cuius tecto uel longa incuria, uel hostili manu deiecto, 2.16 (117.13)
DEIN. Dein cum anno integro prouincias Nordanhymbrorum, . . . quasi tyrannus saeuiens disperderet, 3.1 (128.5)
Dein turbatam incursione gentilium prouinciam uidens, 3.19 (168.8)
dein modicum requietus, leuauit se, et coepit abire, 4.22 (250.2)
DEINCEPS. Picti . . . tunc primum et deinceps quieuerunt, 1.14 (29.25)
et si deinceps uoluntati eius, quam per me tibi praedicat, obsecundare uolueris, 2.12 (111.4)
et conualescens ab infirmitate, multo deinceps tempore uixit; 3.13 (153.33)
'quia numquam,' inquit, 'deinceps aliquid loquar de hoc 3.14 (156.32)
qui deinceps regnum prouinciae tenuerunt; 4.15 (236.14)
ut nullum deinceps ab aliquo nostrum oriatur contentionis scandalum, 4.5 (217.8)
DEINDE. 1.2 (13.29); 1.17 (35.28); 1.18 (36.3); 1.18 (36.12); 1.21 (39.29); 1.21 (41.2); 3.9 (144.27); 3.19 (164.15); 3.24 (179.6); 4.1 (203.11); 4.3 (208.24); 4.3 (209.12); 4.4 (213.10); uar. 4.22 (250.2); 4.23 (253.13); 5.13 (313.15); 5.19 (326.8); 5.20 (332.8); 5.21 (339.21); 5.21 (340.12); 5.21 (341.15); 5.24 (357.8).
DEIRI, DERI, *the inhabitants of Deira, the southern province of Northumbria.*
Deiri. Responsum est, quod Deiri uocarentur idem prouinciales. 2.1 (80.17)
'Bene,' inquit, 'Deiri; de ira eruti, 2.1 (80.18)
Deirorum. sed et in prouincia Deirorum, . . . baptizabat in fluuio Sualua, 2.14 (115.11)
suscepit pro illo regnum Deirorum, . . . filius patrui eius Aelfrici, uocabulo Osric, 3.1 (127.4)
Derorum. Huius industria regis Derorum et Bernicicrum prouinciae, . . . in unam sunt pacem, 3.6 (138.32)
qui prouinciae Derorum septem annis in maxima omnium rerum affluentia, . . . praefuit. 3.14 (155.1)
Oidiluald, . . . qui in Derorum partibus regnum habebat, 3.23 (174.28)
E quibus uidelicet possessiunculis sex in prouincia Derorum, sex in Berniciorum dedit. 3.24 (178.30)
Bosa uidelicet, qui Derorum, et Eata, qui Berniciorum prouinciam gubernaret; 4.12 (229.5)
DELECTABILIS, e. delectabilem. Magno enim praemio fastigiorum uestrorum delectabilem cursum bonitatis suae suffragiis inlustrauit, 2.8 (95.28)
DELECTATIO. delectatio. delectatio per carnem, consensus per spiritum; 1.27 (61.5)
si nulla peccati delectatio sequatur, 1.27 (61.11)

delectatione. ne pro carnali dilectione [delectatione] . . . cruciatus incurrant. uar. 1.27 (51.21)
Sed pensandum est, ipsa cogitatio utrum suggestione an delectatione, 1.27 (61.2)
uidelicet suggestione, delectatione, consensu. 1.27 (61.4)
in delectatione fit nutrimentum, 1.27 (61.16)
in delectatione carnali aliquo modo ligatur inuitus, 1.27 (61.21)
et tamen delectatione ligatus sit, 1.27 (61.23)
captiuus ex delectatione, quam portat inuitus. 1.27 (62.2)
delectationem. inlicitae concupiscentiae animus in cogitatione per delectationem coniungitur; 1.27 (57.20)
ut inter suggestionem atque delectationem, . . . iudex sui animus praesideat. 1.27 (61.9)
caro in delectationem trahat; 1.27 (61.18)
delectationi. nec tamen anima eidem delectationi consentiat. 1.27 (61.19)
DELECTO. delectabatur. Delectabatur enim antistes prudentia uerborum iuuenis, 5.19 (324.3)
delectare. cum uero delectare caro coeperit, 1.27 (61.13)
Et cum caro delectare sine animo nequeat, 1.27 (61.20)
delectaretur. salutauit episcopum et conuiuas, dicens, quia ipse quoque delectaretur manducare et bibere cum eis. 5.5 (288.26)
delectat. Plura uoluminis illius, siqui scire delectat, . . . epitomate requirat. 5.17 (319.31)
'Quod si mysticam quoque uos in his rationem audire delectat, 5.21 (339.32)
delectata. Eua uelut caro delectata est, 1.27 (61.7)
multum delectata sit hoc genere infirmitatis, 4.19 (246.6)
quae delectata bono adulescentis proposito, misit eum Cantiam ad regem Erconberctum, 5.19 (323.21)
delectati. qui . . . spe gaudiorum perennium delectati, profectum pietatis ex eius uerbis haurire uolebant. 5.12 (309.20)
delectatus. delectatus uita mundissima sanctorum, 1.26 (47.18)
Cuius uerbis delectatus rex, 2.9 (99.25)
pontifex, qui adsidebat, delectatus tali facto pietatis, adprehendit dexteram eius, 3.6 (138.22)
iam causa diuini amoris delectatus praemiis indefessus agebat. 4.25 (264.12)
sum reuerti ad corpus, delectatus nimirum suauitate ac decore loci illius, quem intuebar, 5.12 (309.10)
DELECTOR. delector. At ego: 'Volo,' inquam, 'et multum delector, si potes.' 5.3 (286.14)
DELEGO. delegata. ministrum ipsius, cui suscipiendorum inopum erat cura delegata, 3.6 (138.16)
iumentorum, quorum ei custodia nocte illa erat delegata, 4.24 (259.21)
DELEO. delere. qui totam eius gentem a paruo usque ad magnum delere atque exterminare decreuerat, 3.24 (177.22)
delerentur. ne usque ad internicionem usquequaque delerentur. 1.16 (33.11)
deleretur. ne penitus misera patria deleretur, 1.12 (27.3)
deleta. ex animis omnium suasio iniqua deleta est, 1.18 (36.19)
deleti. omnes pene qui cum eo aduenerant socii, pestilentia superueniente deleti sunt. 4.1 (202.3)
deleuit. odor plura hominum milia iumentorumque deleuit. 1.13 (29.11)
ceteras nefandae militiae copias non sine magno exercitus sui damno deleuit. 2.2 (84.24)
Osricum, . . . erumpens subito cum suis omnibus inparatum cum toto exercitu deleuit. 3.1 (128.4)
DELIBERATIO. deliberatione. si autem etiam ex deliberatione consentit, 1.27 (61.14)
DELIBERO. deliberans. ac totum genus Anglorum Brittaniae finibus erasurum se esse deliberans. 2.20 (125.15)
DELICTVM. delictis. et in delictis peperit me mater mea.' 1.27 (58.2)
delicto. a delicto se natum gemebat; 1.27 (58.4)
DELIGO. deligata. cui suscipiendorum inopum erat cura delegata [deligata], uar. 3.6 (138.16)
DELINQVO. delinquentium. Contra uitia quippe delinquentium iratus fuerat, 1.27 (58.12)
delinquissent. Numquam diuitibus honoris siue timoris gratia, siqua delinquissent, reticebat; 3.5 (136.23)
delinquunt. qui hac in re ex inopia delinquunt; 1.27 (50.4)
deliqui. quicquid ignorantia uel fragilitate deliqui, aeque ad tuae uoluntatis examen mox emendare curaui.' 4.29 (275.3)
deliquisse. siue per operam reminisceris deliquisse, 1.31 (67.13)
deliquissent. Nam cum primi parentes nostri in paradiso deliquissent, 1.27 (54.10)
Numquam diuitibus honoris siue timoris gratia, siqua delinquissent [deliquissent], reticebat; uar. 3.5 (136.23)
DELPHIN. delphines. Capiuntur autem saepissime . . . delphines, 1.1 (10.6)
DELVCVLVM, *see* **DILVCVLVM.**
DEMANDO. dematura. duritiam cordis ipsius religiosa diuinorum praeceptorum insinuatione mollire summopere dematura; 2.11 (105.31)
DEMENS. demens. et apostasia demens regum Anglorum detestabilem fecerat. 3.9 (145.2)
DEMENTIA. dementiam. nec eorum tamen dementiam corrigere ualebant; 1.10 (24.5)
DEMERGO. demersum. quia uideret inferos apertos, et Satanan demersum in profundis tartari, 5.14 (314.15)
demersus. qui legatus Galliam missus demersus est in sinu maris, 1.33 (70.26)
DEMISSIO. demissionem. 'Vt ipsi monachi non migrent de loco ad locum, . . . nisi per dimissionem [demissionem] proprii abbatis; uar. 4.5 (216.10)
DEMITTO. demissa. ratus est utilius tunc demissa intentione bellandi, seruare se ad tempora meliora. 3.14 (155.10)
demittere. cuius equus . . . spumas ex ore demittere, . . . coepit 3.9 (145.32)
dixit non eum episcopatum dimittere [demittere] debere; uar. 4.2 (205.30)
demitteret. uel cui pastorum oues Christi in medio luporum positas fugiens ipse dimitteret [demitteret].' uar. 1.6 (92.24)
DEMONSTRO. demonstrans. quasi mortuus iacebat, halitu tantum pertenui, quia uiueret, demonstrans. 5.19 (328.26)
demonstrantibus. hisdem demonstrantibus, Caesar oppidum Cassobellauni . . . cepit. 1.2 (14.26)
demonstrare. Volens autem latius demonstrare diuina dispensatio, 4.30 (276.7)
demonstraret. ut, qualis meriti uir fuerit, demonstraret, 1.33 (70.29)
ut, . . . quae gratia uirtutis possideret, sua sanatione demonstraret. 4.10 (225.12)
demonstrari. a quo sibi sperabat iter salutis posse demonstrari, 4.25 (263.14)
demonstrauit. culpam esse demonstrauit. 1.27 (59.4)
Primam . . . et ultimam Ezechielis prophetae partem, . . . per omelias . . . demonstrauit. 2.1 (76.31)
Quod specialiter iniuncto uobis ministerio, eius clementia demonstrauit, 2.8 (95.25)
DEMOROR. demorabatur. Venerat eo tempore Agilberctus . . . ad prouinciam Nordanhymbrorum, et apud eos aliquandiu demorabatur; 3.25 (183.10)
demorandi. ut sibi . . . facultatem et licentiam ibidem orationis causa demorandi concederet. 3.23 (175.26)
demorante. Quo adhuc in transmarinis partibus propter ordinationem demorante, 3.28 (194.26)
Quo adhuc in transmarinis partibus demorante, consecratus est in episcopatum Eboraci, 5.19 (326.2)
demorari. non poteris iam in nostra prouincia demorari.' 2.5 (91.27)
demoratus. sed tunc legendarum gratia scripturarum in Hibernia non paruo tempore demoratus, 3.7 (140.22)
demoratus in montanis, plebem rusticam uerbo praedicationis simul et opere uirtutis ad caelestia uocaret. 4.27 (270.12)
Vbi cum aliquandiu demoratus adulescens animi uiuacis diligenter his, . . . discendis operam daret, 5.19 (323.28)
DEMVM. quinta demum inlucescente die, quasi de graui experrectus somno, exsurgens resedit; 5.19 (328.28)
et sic demum uotiua paschae nostri festa celebramus, 5.21 (340.33)
DENEGATIO. denegatione. cognita Scotti Pictique reditus denegatione, 1.12 (27.32)
DENIQVE. Praef. (7.2); 1.1 (13.1); 1.6 (18.3); 1.7 (20.11); 1.12 (25.22); 2.1 (73.21); 2.1 (74.16); 2.4 (87.8); 2.6 (93.23); 2.7 (94.13); 3.2 (128.30); 3.5 (136.29); 3.6 (138.4); 3.6 (138.10); 3.6 (138.28); 3.11 (149.3); 3.12 (151.21); 3.13 (152.10); 3.16 (159.13); 3.24 (177.31); 3.29 (197.33); 4.3 (208.13); 4.3 (212.10); 4.13 (231.14); 4.18 (242.26); 4.23 (254.22); 4.28 (273.27); 5.10 (301.11); 5.12 (309.21); 5.18 (320.12); 5.18 (320.28); 5.21 (342.7).
DENISESBVRNA, *the Rowley Water, Northumberland.*

desiderauit. ubi monasterium habere desiderauit memorata Christi famula, 4.19 (246.33)
desidero. beatissimi autem apostolorum principis, quantum mea paruitas sufficit, uestigia sequi desidero." 5.21 (344.24)
DESIDIOSVS, a, um. desidiosis. non omnibus passim desidiosis ac uitae suae incuriosis referre uolebat, 5.12 (309.17)
DESIGNO. designatur. ecclesiam suam, quae saepe lunae uocabulo designatur, internae gratiae luce repleuit. 5.21 (340.17)
designent. proque huius perceptione et aduersa se mundi et prospera contemnere designent. 5.21 (343.24)
DESILIO. desiliens. desiliens ille praecepit equum, . . . pauperi dari; 3.14 (156.13)
desiliuit. mox tremefactus desiluit [desiliuit] equo, uar. 3.22 (174.3)
Nam et episcopus pariter desiluit [desiliuit]; uar. 3.22 (174.5)
desiluit. Desiluit eques, et stramine subtracto coepit expectare horam, 3.9 (145.34)
At rex intuens eum, mox tremefactus desiluit equo, 3.22 (174.3)
Nam et episcopus pariter desiluit; 3.22 (174.5)
DESINO. desinas. a longanimitate caelestis clementiae inluminationis ipsius beneficia inpetrare non desinas; 2.11 (105.26)
desineret. dummodo ille . . . prouincias regni eius usque ad internicionem uastare desineret. 3.24 (177.20)
desinit. et frequentium operatio uirtutum celebrari non desinit. 1.7 (21.32)
immo id ipsum celebrare sine fine non desinit. 5.22 (347.33)
desinunt. usque hodie sanitates infirmorum et hominum et pecorum celebrari non desinunt. 3.9 (145.17)
DESISTO. desistat. et ad dilatandam Christianam fidem incessabiliter non desistat operam commodare; 2.11 (105.6)
desistimus. adsiduis non desistimus precibus postulare. 2.11 (106.10)
haec uobis . . . non desistimus inpertire. 2.18 (121.18)
desistis. et populo adhuc dare in ecclesia non desistis?' 2.5 (91.14)
desistit. feretrum . . . multos febricitantes, uel alio quolibet incommodo fessos, sanare non desistit. 4.6 (218.22)
et usquedum praemia piae deuotionis accipiat, existere non desistit; 5.20 (332.5)
desisto. semper eorum uitam, mores, et disciplinam sequi non desisto.' 3.25 (187.10)
DESOLATIO. desolationem. discedentibus inde ob desolationem plurimis incolarum, in nostro monasterio . . . defunctus est. 4.25 (266.3)
DESOLO. desolatam. uenerunt ad ciuitatulam quandam desolatam, non procul inde sitam, 4.19 (245.1)
DESPERATIO. desperatione. At multitudo omnis desperatione perterrita obuiam currit incendio. 1.19 (37.18)
cumque nos in labore ac desperatione positos cerneret, 5.1 (282.10)
disperatione. cumque nos in labore ac desperatione [disperatione] positos cerneret, uar. 5.1 (282.10)
DESPERO. desperans. Sic loquebatur miser desperans, 5.13 (312.31)
Respondebat ille desperans: 'Non est mihi modo tempus uitam mutandi, 5.14 (314.22)
desperata. quo miserabilius ipse desperata salute periret, 5.14 (315.3)
DESPICIO. despicio. 'in quorum uicinia,' inquit, 'heu misero mihi locum despicio aeternae perditionis esse praeparatum.' 5.14 (314.19)
despiciunt. despiciunt lactare, quos gignunt. 1.27 (55.12)
DESTINA. destina. Sed mirum in modum sola illa destina, . . . absumi non potuit. 3.17 (160.24)
et haec eadem destina in munimentum est parietis, . . . forinsecus adposita. 3.17 (160.27)
destina. astulis ex ipsa destina excisis, . . . plures sibi suisque langorum remedia conquisiere. 3.17 (161.7)
destinae. Vnde factum est, ut adclinis destinae, . . . spiritum uitae exhalaret ultimum. 3.17 (160.6)
destinam. Sed ne tunc quidem eandem tangere flamma destinam ualebat; 3.17 (160.31)
destinam illam non, ut antea, deforis in fulcimentum domus adposuerunt, 3.17 (161.1)
DESTINO. destinati. respondisse, quod ob hoc illo fuerint destinati, 3.8 (143.16)
destinato. hoc negotium reuerentissimo abbati Iohanni Brittaniam destinato iniunxit. 4.18 (242.14)
destinatum. festinauit ei, ubi ad locum destinatum morti uenerat, occurrere, 1.7 (20.19)
quem Brittaniam destinatum ad petitionem eorum ordinauit reuerentissimus Vilfrid episcopus, 5.11 (302.9)
destinatum. quo a nobis noscitur destinatum. 2.10 (104.5)
quo a nobis noscitur destinatum. 2.11 (106.27)
destinatur. Quibus mox legio destinatur armata, 1.12 (26.8)
destinatus. Monachus ipse episcopus Aedan, utpote de insula, quae uocatur Hii, destinatus, 3.3 (132.27)
Finan, et ipse illo ab Hii Scottorum insula ac monasterio destinatus, 3.17 (160.17)
unde erat ad praedicandum uerbum Anglorum genti destinatus. 4.4 (213.10)
ego quidem Theodorus, . . . ab apostolica sede destinatus Doruuernensis ecclesiae episcopus, 4.5 (215.5)
destinauit. quin multo digniores genti memoratae praecones ueritatis, per quos crederet, destinauit. 1.22 (42.9)
Vectae quoque insulae uerbi ministros destinauit; 5.19 (327.10)
distinatus. unde erat ad praedicandum uerbum Anglorum genti destinatus [distinatus]. uar. 4.4 (213.10)
distinatum. ubi ad locum destinatum [distinatum] morti uenerat, uar. 1.7 (20.19)
DESTITVO. destituta. intellexitque, quod etiam tunc destituta pontifice prouincia recte pariter diuino fuerit destituta praesidio. 3.7 (141.17)
quod etiam tunc destituta pontifice prouincia recte pariter diuino fuerit destituta praesidio. 3.7 (141.18)
quae ita multis iam annis omni corporis fuerat officio destituta, 4.9 (222.33)
destitutus. ne, . . . status ecclesiae tam rudis uel ad horam pastore destitutus uacillare inciperet. 2.4 (86.29)
gaudens nimirum uti officio pedum, quo tanto erat tempore destitutus. 5.2 (284.21)
DESTRVO. destruam. Quis enim ea, . . . nunc ad exemplum omnium aptius quam ipse per sapientiam mihi a Deo uero donatam destruam?' 2.13 (113.9)
destruantur. idola destruantur; 1.30 (65.8)
destructas. renouant ecclesias ad solum usque destructas, 1.8 (22.10)
destructis. adeo ut relictis siue destructis fanis arisque, quas fecerant, aperirent ecclesias, 3.30 (200.3)
ut dum in gente, cui praedicaret, destructis idolis ecclesias institueret, 5.11 (301.26)
destructum. destructumque regni statum, quamuis intra fines angustiores, nobiliter recuperauit. 4.26 (268.4)
destruenda. quem ascendens ad idola destruenda ueniret. 2.13 (113.11)
destruere. iussit sociis destruere ac succendere fanum cum omnibus septis suis. 2.13 (113.19)
destrui. quia fana idolorum destrui in eadem gente minime debeant; 1.30 (65.7)
ut dum gens ipsa eadem fana sua non uidet destrui, 1.30 (65.13)
Vt rex Cantuariorum Earconberct idola destrui praeceperit; 3.8 (142.1)
Hic primus regum Anglorum in toto regno suo idola relinqui ac destrui, . . . praecepit. 3.8 (142.8)
destruxit. ubi pontifex ipse, inspirante Deo uero, polluit ac destruxit eas, quas ipse sacrauerat, aras. 2.13 (113.24)
DESVM. deerat. ubi aquarum munitio deerat, 1.12 (26.20)
confidens episcopus in diuinum, ubi humanum deerat, auxilium, 2.7 (94.20)
deest. (pro eo, quod sacerdos alius in loco deest) 1.27 (60.14)
defuere. Nec supernae flagella districtionis perfido regi castigando et corrigendo defuere; 2.5 (90.34)
Nec martyrio eorum caelestia defuere miracula. 5.10 (300.27)
defuit. Sed non defuit puniendis admonitio diuinae pietatis, 4.25 (262.28)
DESVPER. immo indulta desuper operi uestro perfectio indicauit. 2.8 (95.19)
Cumque post tot annos eleuanda essent ossa de sepulchro, et extento desuper papilione, 4.19 (245.24)
aspexit, detecto domus culmine, fusam desuper lucem omnia repleuisse; 4.23 (257.13)
cuius corpus in sepulchro benedicti patris Cudbercti ponentes, adposuerunt desuper arcam, 4.30 (277.23)
pendente magna desuper aerea rota cum lampadibus. 5.16 (317.30)
ecclesia rotunda grandis, ternas per circuitum cameratas habet porticus desuper tectas. 5.17 (318.31)
in cuius medio ultima Domini uestigia, caelo desuper patente, ubi ascendit, uisuntur. 5.17 (319.1)
ab occasu habens introitum, pendente desuper in trocleis magna lampade, 5.17 (319.5)

sic ascendens in caelos, misso desuper Spiritu, 5.21 (340.16)
DESVRSVM. missa peracta, ualidi flaminis procella desursum uenire consueuit, 5.17 (319.11)
DETEGO. detecta. Arriana heresis exorta, et in Nicena synodo detecta atque damnata, 1.8 (22.28)
Quem non multo post, detecta et eliminata, ut et supra docuimus, Scottorum secta, Galliam mittens, 5.19 (325.27)
detecto. aspexit, detecto domus culmine, fusam desuper lucem omnia repleuisse; 4.23 (257.12)
DETERGEO. deterserit. quanto in subiectis suis etiam aliena peccata deterserit, 1.32 (68.26)
DETERREO. deterreant. Nec labor uos ergo itineris, nec maledicorum hominum linguae deterreant; 1.23 (43.10)
deterriti. sed hi conscientia puniente deterriti, 1.18 (36.9)
DETESTABILIS, e. detestabilem. et apostasia demens regum Anglorum detestabilem fecerat. 3.9 (145.2)
detestabilis. interpositis detestabilis erroris tenebris, 2.11 (105.22)
DETESTOR. detestanda. eum Osuiu cum praefato ipsius milite per praefectum suum Ediluinum detestanda omnibus morte interfecit. 3.14 (155.21)
detestandam. nullam magis abominandam detestandamque merito cunctis fidelibus crediderim ea, 5.21 (342.31)
detestans. immo hoc multum detestans, sicut in libro, . . . probaui; 3.17 (161.12)
detestatus. Haec mihi cum dixisset, multum detestatus sum reuerti ad corpus, 5.12 (309.9)
detestetur. quis, rogo, fidelium non statim cum ipsa magia primo detestetur et merito exsufflet aspectu? 5.21 (343.26)
detestor. simoniacam tamen perfidiam tota mente detestor ac respuo; 5.21 (344.22)
DETINEO. detenta. cuius coniux XL ferme diebus erat acerbissimo langore detenta, 5.4 (287.3)
detentus. Vt idem causa infirmitatis ibidem detentus, 1.19 (37.5)
detinentur. cum in suetis menstruis detinentur, 1.27 (55.16)
detinet. adtritu calefactus adplicita detinet, 1.1 (10.26)
DETRAHO. detrahentes. nihil addentes uel subtrahentes [detrahentes]; uar. 4.17 (240.18)
DETRIMENTVM. detrimenta. Vnde inter alia Romani regni detrimenta innumera, 1.3 (15.30)
detrimento. detrimento magis reipuplicae fuit; 1.11 (24.29)
magno tenellis ibi adhuc ecclesiae crementis detrimento fuit. 2.5 (90.26)
detrimento. neque enim possunt carmina, . . . ex alia in aliam linguam ad uerbum sine detrimento sui decoris . . . transferri. 4.24 (260.9)
DETRVDO. detruduntur. dum ab obsessis corporibus detruduntur, 1.17 (35.1)
DEVS. Dei. caedi sanctum Dei confessorem a tortoribus praecepit, 1.7 (19.32)
montem cum turbis reuerentissimus Dei confessor ascendit; 1.7 (20.27)
sanctum Dei confessorem ferire recusauit; 1.7 (21.16)
Pelagius Bretto contra gratiam Dei superba bella susceperit. 1.10 (23.22)
iustas de sceleribus populi Dei ultiones expetiit, 1.15 (32.16)
Sed ut Dei potentia manifestior appareret, 1.19 (37.19)
deinde et populo Dei, . . . gressum recuperarit fidei. 1.21 (39.29)
ut causam Dei, quam prius obtinuerat, tutaretur. 1.21 (40.2)
misit seruum Dei Augustinum . . . praedicare uerbum Dei 1.23 (42.20)
praedicare uerbum Dei genti Anglorum. 1.23 (42.22)
Gregorius seruus seruorum Dei seruis Domini nostri. 1.23 (43.5)
Gregorius seruus seruorum Dei. 1.24 (44.2)
insinuantes latorem praesentium Augustinum seruum Dei, 1.24 (44.7)
Augustinum . . . cum aliis seruis Dei, 1.24 (44.8)
qualiter in domo Dei conuersari debuisset. 1.27 (48.22)
Tremendum Dei iudicium timeant, 1.27 (51.21)
qua per sacrum ministerium homo Deo [Dei] coniungitur, uar. 1.27 (52.25)
cum non sit ante omnipotentis Dei oculos culpa 1.27 (54.8)
inmortalitatem, . . . recto Dei iudicio perdiderunt. 1.27 (54.10)
Quod ergo naturae humanae ex omnipotentis Dei dono seruatum est, 1.27 (54.16)
est digno Dei iudicio post culpam ordinatum. 1.27 (55.31)
qui uerba Dei perciperent, 1.27 (59.10)
pro adiuuando in opere Dei Augustino, 1.28 (62.4)
Gregorius seruus seruorum Dei. 1.28 (62.11)
Gregorius seruus seruorum Dei. 1.29 (63.17)
ad omnipotentis Dei gratiam eodem Domino largiente, 1.29 (63.22)
si eadem ciuitas cum finitimis locis uerbum Dei receperit, 1.29 (63.32)
Gregorius seruus seruorum Dei. 1.30 (64.31)
ut a cultu daemonum in obsequio ueri Dei debeant commutari; 1.30 (65.12)
et ad laudem Dei in esu suo animalia occidant, 1.30 (65.22)
cognitionem unius Dei, Patris, et Filii, et Spiritus Sancti, 1.32 (68.22)
de peccatis propriis ante omnipotentis Dei terribile examen securior fiat. 1.32 (68.27)
et eam in nomine sancti Saluatoris Dei et Domini nostri . . . sacrauit, 1.33 (70.14)
Hisque Dei consul factus laetare triumphis; 2.1 (79.23)
'Alleluia, laudem Dei Creatoris illis in partibus oportet cantari.' 2.1 (80.22)
Qui respondebat: 'Si homo Dei est, sequimini illum.' 2.2 (82.28)
Laurentius, Mellitus, et Iustus episcopi, serui seruorum Dei. 2.4 (87.27)
fecit ecclesiam sanctae Dei genetricis atque omnium martyrum Christi; 2.4 (88.31)
ecclesiam sanctae Dei genetricis fecit, 2.6 (93.24)
Et quia uir Dei igne diuinae caritatis fortiter ardebat, 2.7 (94.32)
qui ueri Dei cultus esset prorsus ignarus. 2.9 (98.1)
Viro glorioso Aeduino . . . Bonifatius episcopus seruus seruorum Dei. 2.10 (100.25)
Suscipite uerba praedicatorum, et euangelium Dei, quod uobis adnuntiant; 2.10 (103.23)
Dominae gloriosae filiae Aedilbergae reginae, Bonifatius episcopus seruus seruorum Dei. 2.11 (104.14)
Cum ergo praedicante uerbum Dei Paulino rex credere differret, 2.12 (110.24)
ingrediens ad eum quadam die uir Dei, 2.12 (110.29)
multumque gauisus de agnitione ueri Dei cultus, 2.13 (113.18)
Paulinus . . . uerbum Dei, adnuente ac fauente ipso, in ea prouincia praedicabat; 2.14 (114.18)
Æduino regi Anglorum Honorius episcopus seruus seruorum Dei salutem. 2.17 (119.2)
ut fide et opere, in timore Dei et caritate, uestra adquisitio . . . amplius extendatur; 2.18 (121.7)
Iohannes diaconus et in Dei nomine electus; 2.19 (123.6)
et Iohannes seruus Dei, consiliarius eiusdem apostolicae sedis. 2.19 (123.8)
dicentium posse sine peccato hominem existere ex propria uoluntate, et non ex gratia Dei? 2.19 (124.3)
nisi unus mediator Dei et hominum homo Christus Iesus, qui sine peccato est conceptus et partus. 2.19 (124.5)
Aedanum . . . habentemque zelum Dei, quamuis non plene secundum scientiam. 3.3 (131.17)
uenit . . . Columba Brittaniam, praedicaturus uerbum Dei prouinciis septentrionalium Pictorum, 3.4 (133.9)
donec paulatim enutriti uerbo Dei, 3.5 (137.17)
et ad facienda sublimiora Dei praecepta sufficerent.' 3.5 (137.18)
Vt prouincia Occidentalium Saxonum uerbum Dei, praedicante Birino, susceperit; 3.7 (139.6)
Numquid tibi carior est ille filius equae, quam ille filius Dei?' 3.14 (156.24)
quid uel quantum de pecunia nostra filiis Dei tribuas.' 3.14 (156.34)
Sicque factum est, ut uir Dei et per prophetiae spiritum tempestatem praedixerit futuram, 3.15 (158.19)
ascensionem in caelos mediatoris Dei et hominum hominis Iesu Christi. 3.17 (162.5)
Sed uir Dei ubi ad patefactam usque inter flammas ianuam peruenit, 3.19 (166.22)

multis annis in Scottia uerbum Dei omnibus adnuntians, 3.19 (167.25)
clamauit ad se uirum Dei Cedd, 3.22 (172.25)
iuxta praedictum uiri Dei, uera est eius culpa punita. 3.22 (173.26)
in eodem monasterio ecclesia est in honorem beatae Dei genetricis de lapide facta, 3.23 (176.16)
ut donaret ibi locum monasterio construendo praefato Dei famulo Trumheræ, 3.24 (180.1)
Vnde et illos Dei famulos ac Deo dilectos esse non nego, 3.25 (187.34)
quomodo ea, quae nouerant ac didicerant, Dei mandata probantur fuisse secuti. 3.25 (188.7)
qui numquam ad ecclesiam nisi orationis tantum et audiendi uerbi Dei causa ueniebant. 3.26 (190.29)
gaudenter ab omnibus tamquam Dei famulus exciperetur. 3.26 (191.7)
ad ecclesiam . . . audiendi sermonis Dei gratia confluebant; 3.26 (191.14)
Domino excellenti filio Osuio regi Saxonum Vitalianus episcopus, seruus seruorum Dei. 3.29 (196.21)
et quia dextera Domini [Dei] protegente, uar. 3.29 (196.25)
Benedicta igitur gens, quae talem sapientissimum et Dei cultorem promeruit habere regem; 3.29 (196.28)
quia non solum ipse Dei cultor extitit, 3.29 (196.30)
Scriptum est enim: 'Quaerite primum regnum Dei et iustitiam eius, 3.29 (198.30)
In nomine Domini Dei et Saluatoris nostri Iesu Christi, 4.5 (214.29)
eam monasterii partem, qua ancellarum Dei caterua a uirorum erat secreta contubernio, 4.7 (219.20)
Item quaedam ex eisdem ancellis Dei, cum praefato tacta morbo, . . . coepit subito . . . clamare 4.8 (221.7)
Coepitque narrare, quia apparuerit sibi quidam uir Dei, qui eodem anno fuerat defunctus, 4.8 (221.22)
ut ossa . . . tollerentur, et transferrentur omnia in ecclesiam beatae Dei genetricis, 4.10 (224.15)
non multo post idem uir Dei, . . . uidit uisionem consolatoriam, 4.11 (226.16)
duo regii pueri fratres uidelicet Arualdi regis insulae, speciali sunt Dei gratia coronati. 4.16 (237.20)
praesidente Theodoro, gratia Dei archiepiscopo Brittaniae insulae et ciuitatis Doruuernis; 4.17 (239.12)
Porta Maria Dei, femina uirgo parit. 4.20 (247.20)
ante praefatum uirum Dei Boselum, uir strenuissimus . . . Tatfrid, . . . electus est antistes; 4.23 (255.19)
uidit animam praefatae Dei famulae in ipsa luce, . . . ad caelum ferri. 4.23 (257.14)
in ipso quoque monasterio, ubi praefata Dei famula obiit, 4.23 (258.11)
statim ipse coepit cantare in laudem Dei conditoris uersus, 4.24 (259.31)
abbatissa amplexata gratiam Dei in uiro, saecularem illum habitum relinquere, . . . docuit, 4.24 (260.25)
'Placidam ego mentem, filioli, erga omnes Dei famulos gero.' 4.24 (262.4)
Qualis uisio cuidam uiro Dei apparuerit, 4.25 (262.21)
solutus est in lacrimas uir Dei, et tristitiam cordis uultu indice prodebat. 4.25 (264.18)
ne forte nos . . . minusque Dei iudicium formidantes, repentina eius ira corripiat, 4.25 (266.9)
Et quamuis maledici regnum Dei possidere non possint, 4.26 (266.22)
ipse in saepedicto famulorum famularumque Dei monasterio, . . . locum mansionis elegit; 4.26 (267.24)
sed ad uotum uiri Dei habitabilis per omnia factus est, 4.28 (271.18)
Quod dum facerent, ad fidem et preces famuli Dei, alio die aqua plena inuenta est, 4.28 (271.27)
mox copiosa seges exorta desideratam proprii laboris uiro Dei refectionem praebebat. 4.28 (272.9)
Erat enim presbyter . . . iamdudum uiro Dei spiritalis amicitiae foedere copulatus; 4.29 (274.12)
prosternens se ad corpus uiri Dei, pia intentione . . . Dominum sibi propitium fieri precabatur; 4.31 (278.28)
credens suum oculum capillis uiri Dei, quibus adtactus erat, ocius esse sanandum. 4.32 (280.22)
quia modica illa, quae prouenerat, intercapedo quietis, ad uiri Dei preces . . . donata est.' 5.1 (282.21)
Mansit autem idem uir Dei in insula Farne XII annis, 5.1 (282.23)
in qua uir Dei saepius, . . . atque orationibus ac lectioni quietus operam dare consueuerat. 5.2 (283.11)
Contigit autem eo tempore uirum Dei illo ad dedicandam ecclesiam ab eodem comite uocari. 5.4 (287.6)
Quaeque patrum uirtus, et quae congesserat ipse Caedual armipotens, liquit amore Dei; 5.7 (293.10)
proposuit . . . uerbum Dei aliquibus earum, quae nondum audierant, gentibus euangelizando committere; 5.9 (296.11)
Dei enim uoluntatis est, ut ad Columbae monasteria magis docenda pergat." ' 5.9 (297.13)
Qui si . . . bene faciendo a Dei oculis abscondere curasset, 5.13 (313.20)
uidit gloriam Dei et Iesum stantem a dextris Dei; 5.14 (314.31)
uidit gloriam Dei et Iesum stantem a dextris Dei; 5.14 (314.32)
Ibi ergo hiemem cum noua Dei plebe feliciter exigens, sic Romam ueniendi iter repetiit; 5.19 (326.19)
Hadrianus abbas, cooperator in uerbo Dei Theodori beatae memoriae episcopi, defunctus est, 5.20 (331.1)
Hadrianus . . . defunctus est, et in monasterio suo in ecclesia beatae Dei genetricis sepultus; 5.20 (331.3)
quae ad ornatum domus Dei pertinent, 5.20 (331.27)
in quarum prima eductus est populus Domini [Dei] ex Aegypto, uar. 5.21 (335.13)
ipsa, in qua per resurrectionem Christi liberatus est a morte aeterna populus omnis Dei. 5.21 (336.25)
uno semper eodemque tempore cum antiquo Dei populo, . . . pascha celebrare possemus. 5.21 (337.3)
ita ut xv^{ae}, in qua populus Dei ab Aegyptia seruitute redemtus est, . . . uix uesperam tangant. 5.21 (338.18)
quae in antiqui Dei populi liberatione praefigurata, in Christi autem resurrectione conpleta est, 5.21 (341.2)
Ecce uterque uir Dei diuersum ab altero uultus habitum foris praemonstrabat, 5.21 (342.16)
quoniam donum Dei existimasti per pecuniam possideri; 5.21 (342.35)
quod aemulationem Dei habebant, sed non secundum scientiam; 5.22 (346.31)
qui uerbum Dei genti Anglorum euangelizarent. 5.24 (353.13)

Deo. Brittaniam tum plurima confessionis Deo deuotae gloria sublimauit. 1.6 (18.4)
acturi Deo per ipsum gratias, 1.18 (36.24)
Licet apud sacerdotes habentes Deo placitam caritatem 1.24 (44.3)
quod plus omnipotenti Deo possit placere, 1.27 (49.26)
qua per sacrum ministerium homo Deo coniungitur, 1.27 (52.25)
uel pro eius custodia omnipotenti Deo preces pariter fundant? 1.27 (52.27)
uero tamen Deo haec et non idolis immolantes, 1.30 (65.35)
omnipotenti Deo Domino nostro Iesu Christo secum subdidit, 1.32 (68.17)
huius fides et operatio Deo deuota atque omnibus sequenda credatur.' 2.2 (82.2)
Defunctus est autem Deo dilectus pater Augustinus, 2.3 (86.1)
una cum epistulis, quas idem pontifex Deo dilecto archiepiscopo Laurentio . . . direxit. 2.4 (88.24)
et iuxta quod dispositum fuerat, ordinatur episcopus uir Deo dilectus Paulinus, 2.9 (98.13)
piis et Deo placitis iugiter operibus enitescat, 2.11 (105.1)
hilari confessione largitori omnium bonorum Deo, 2.11 (106.20)
Quod enim Deo nostro aliud offerre ualebimus, 2.17 (119.10)
et uos omnipotenti Deo inreprehensibiles repraesentet. 2.17 (119.24)
ut per nostrae praeceptionis auctoritatem possitis Deo placitam ordinationem efficere; 2.18 (121.27)
idem annus sequentis regis, id est Osualdi, uiri Deo dilecti, regno adsignaretur; 3.1 (128.16)
ipsum prius secunda generatione Deo dedicatum sibi accepit in filium. 3.7 (139.28)
et de filia eius Ercongota et propinqua Aedilbergae, sacratis Deo uirginibus. 3.8 (142.2)
Huius autem uirginis Deo dicatae multa quidem . . . solent opera uirtutum . . . narrari. 3.8 (143.1)
et ipsa Deo dilectam perpetuae uirginitatis gloriam in magna corporis continentia seruauit; 3.8 (144.6)
ut apud se eaedem sanctae ac Deo dilectae reliquiae conderentur. 3.11 (148.25)
quia nimirum haec Deo placuisse non ambigo. 3.17 (161.30)
dicens contemnendos esse eos et miseros, qui Deo suo, in quem crederent, obcedire contemnerent. 3.21 (170.32)
Habuerat . . . rex secum fratrem germanum eiusdem episcopi, . . . uirum aeque Deo deuotum, 3.23 (175.8)
cupientes ad corpus sui patris, aut uiuere, si sic Deo placeret, 3.23 (176.29)

et Osuiu, . . . possessiones et territoria Deo ad construenda monasteria dederit. 3.24 (177.11)
offeramus ei, qui nouit, Domino Deo nostro.' 3.24 (177.27)
Osuiu, . . . pro conlata sibi uictoria gratias Deo referens dedit filiam suam . . . consecrandam; 3.24 (178.22)
Intrauit autem praefata regis Osuiu filia Deo dedicanda monasterium, 3.24 (179.1)
cui tunc Hild abbatissa Deo deuota femina praefuit, 3.25 (183.17)
quod oporteret eos, qui uni Deo seruirent, unam uiuendi regulam tenere, 3.25 (183.28)
quod omnes patres nostri, uiri Deo dilecti, eodem modo celebrasse noscuntur. 3.25 (184.5)
Nec tamen hodie . . . necesse est, immo nec licitum . . . hostias Deo uictimarum offerre carnalium. 3.25 (185.19)
Columbam et successores eius uiros Deo dilectos, . . . diuinis paginis contraria . . . egisse credendum est? 3.25 (187.4)
Vnde et illos Dei famulos ac Deo dilectos esse non nego, 3.25 (187.34)
Tota enim fuit tunc sollicitudo doctoribus illis Deo seruiendi, 3.26 (191.3)
quorum prior frater fuit Ediluini, uiri aeque Deo dilecti, 3 27 (192.21)
Quia et gens uestra Christo omnipotenti Deo credidit secundum diuinorum prophetarum uoces, 3.29 (197.5)
Festinet igitur, quaesumus, uestra celsitudo, ut optamus, totam suam insulam Deo Christo dicare. 3.29 (198.25)
III: 'Vt, quaeque monasteria Deo consecrata sunt, nulli episcoporum liceat ea in aliquo inquietare, 4.5 (216.6)
in quo ipsa Deo deuotarum mater ac nutrix posset existere feminarum. 4.6 (219.3)
qui propter infantilem adhuc aetatem in uirginum Deo dedicatarum solebat cella nutriri, 4.8 (220.26)
Cum autem et ipsa mater pia Deo deuotae congregationis Aedilburga esset rapienda de mundo, 4.9 (221.29)
et ipsa semper in omni humilitate ac sinceritate Deo seruire satagebat, 4.9 (222.3)
Nam non multis interpositis diebus, Deo dilecta mater . . . ergastulo carnis educta est; 4.9 (222.25)
Successit autem Aedilburgi in officio abbatissae deuota Deo famula, nomine Hildilid, 4.10 (224.7)
quod ad ipsum cymiterium Deo dicatae congregationis factum idem libellus refert. 4.10 (224.21)
praeerat regno Orientalium Saxonum, . . . uir multum Dec deuotus, nomine Sebbi, 4.11 (225.16)
sed in illa solum ecclesia Deo seruiens, 4.12 (228.20)
quod diuina uobis misericordia per intercessionem religiosi ac Deo dilecti regis Osualdi, . . . conferre dignata est. 4.14 (234.24)
Suscipimus sanctas et uniuersales quinque synodos beatorum et Deo acceptabilium patrum; 4.17 (240.2)
ubi constructo monasterio uirginum Deo deuotarum perplurium 4.19 (244.3)
uidique eleuatum de tumulo, et positum in lectulo corpus sacrae Deo uirginis 4.19 (245.31)
Sponsa dicata Deo bis sex regnauerat annis, 4.20 (248.15)
Inque monasterio est sponsa dicata Deo. 4.20 (248.16)
Aspice, nupta Deo, quae sit tibi gloria terris: 4.20 (248.27)
Quae maneat caelis, aspice, nupta Deo. 4.20 (248.28)
Theodorus Deo dilectus antistes, . . . coeptum tanti periculi funditus extinguit incendium; 4.21 (249.11)
accensi sunt . . . ad elimosynas faciendas, uel ad offerendas Deo uictimas sacrae oblationis, 4.22 (252.6)
cuidam uirginum Deo deuotarum, . . . obitus illius in uisione apparuerit, 4.23 (258.12)
hora, qua fratres ad dicendas Domino [Deo] laudes nocturnas excitari deberent. uar. 4.24 (262.7)
Adamnanus . . . ducens uitam in continentia et orationibus multum Deo deuotam, 4.25 (263.3)
uirgines quoque Deo dicatae, . . . texendis subtilioribus indumentis operam dant, 4.25 (265.16)
simul et suae uitae solacium deuota Deo doctrix inuenit. 4.26 (268.1)
Cum ergo multis ibidem annis Deo solitarius seruiret, 4.28 (272.10)
Denique cum sacrificium Deo uictimae salutaris offerret, 4.28 (273.28)
Nec mora, Deo dilectus antistes Eadberct morbo correptus est acerbo, 4.30 (277.18)
indumenta, quibus Deo dicatum corpus Cudbercti, . . . uestierant, etiam ipsa a gratia curandi non uacarunt, 4.31 (279.13)
uidimus in ipsa insula Farne egressum de latibulis suis amantissimum Deo patrem Oidiluualdum 5.1 (282.7)
uenit . . . ad eum unus de fratribus, discipulus quondam in Brittania et minister Deo dilecti sacerdotis Boisili 5.9 (296.31)
et cotidie sacrificium Deo uictimae salutaris offerebant, 5.10 (300.9)
In quo uidelicet monasterio cum aliquot annos Deo seruiret, 5.19 (323.10)
'Vilfridus Deo amabilis episcopus Eboracae ciuitatis, apostolicam sedem de sua causa appellans, 5.19 (326.32)
'Vilfridus Deo amabilis episcopus Eboracae ciuitatis, apostolicam sedem de sua causa appellans, 5.19 (327.30)
flexis genibus gratias egit Deo cum omnibus, qui aderant, fratribus. 5.19 (329.2)
Conualuit igitur episcopus, cunctis gaudentibus, ac Deo gratias agentibus, 5.19 (329.21)
in clero sanctissimi ac Deo dilecti Bosa Eboracensis episcopi nutritus atque eruditus est; 5.20 (332.6)
'Catholicam sancti paschae obseruantiam, quam a nobis, rex Deo deuote, religioso studio quaesisti, 5.21 (333.17)
quod aptius multo sit, eius, . . . habitum uultus a tuo uultu Deo iam dicato separare; 5.21 (344.30)
ita ut . . . genua flecteret in terram, Deo gratias agens, 5.21 (345.27)
cum uenisset ad eos de Hibernia Deo amabilis, . . . Ecgberct, 5.22 (346.23)

Deo. ea, quae bona ac Deo digna esse cognouerit, Praef. (5.17)
sanctus Albanus dari sibi a Deo aquam rogauit, 1.7 (21.1)
uictoriam ipsi Deo fauente suscipiunt. 1.16 (33.16)
quae inchoastis, Deo auctore peragite; 1.23 (43.11)
et regnum sine fine cum Deo uiuo et uero futurum . . . promitteret. 1.25 (45.16)
quae auctore Deo nuper adhuc ad fidem perducta est, 1.27 (48.30)
et cor et linguam et corpus Deo auctore conseruent. 1.27 (49.11)
Cum igitur auctore Deo ita fuerint episcopi . . . ordinati, 1.27 (52.16)
quia illud ab omnipotente Deo pollutum esse in opere ostenditur, 1.27 (57.5)
Cum certum sit pro omnipotente Deo laborantibus . . . reseruari; 1.29 (63.18)
cui Deo auctore deseruio, 1.29 (63.29)
Deo Domino nostro Iesu Christo auctore subiectos; 1.29 (64.15)
bonis auctore Deo operibus praeditus, 1.32 (68.31)
in eo, quod pro omnipotente Deo loquitur, 1.32 (68.34)
quem uos neglegitis audire pro Deo? 1.32 (69.4)
Reddere quod ualeas uiuificante Deo. 2.1 (79.10)
constat, quia non est de Deo, 2.2 (83.2)
ministerium baptizandi, quo Deo renascimur, 2.2 (83.18)
et a Deo operatione miraculorum suffultus, 2.3 (86.18)
si tamen examinata a prudentibus sanctior ac Deo dignior posset inueniri. 2.9 (98.9)
quia uellet ipsum Paulinum diligentius audire de Deo, quem praedicabat, uerbum facientem. 2.13 (112.24)
Quis enim ea, . . . nunc ad exemplum omnium aptius quam ipse per sapientiam mihi a Deo uero donatam destruam?' 2.13 (113.8)
ubi pontifex ipse, inspirante Deo uero, polluit ac destruxit eas, quas ipse sacrauerat, aras. 2.13 (113.23)
sed et regna terrarum . . . ab eodem uno Deo, qui fecit caelum et terram, consecutus est. 3.6 (138.3)
ac pulcherrimo prorsus et Deo digno consortio, . . . ipsum . . . accepit in filium. 3.7 (139.26)
ubi merita illius multis saepe constat Deo operante claruisse uirtutibus. 3.19 (168.25)
nec subito ualentibus apostolis omnem legis obseruantiam, quae a Deo instituta est, abdicare 3.25 (185.6)
quantum eius pia opera coram Deo flagrant et uernant. 3.29 (198.24)
et eis mox plura in eundem modum uerba Deo digni carminis adiunxit. 4.24 (260.13)
quasi missam a Deo conditore plagam per incantationes . . . cohibere ualerent. 4.27 (269.20)
in ecclesia Anglorum, quae nuper auctore Deo ad fidem perducta est, 4.27 (270.33)
sin alias, ad uos citissime Deo uolente reuertar.' 4.28 (271.14)

ibique uitam in Deo digna conuersatione conpleuit. 5.6 (292.7)
Acca presbyter eius, uir et ipse strenuissimus, et coram Deo et hominibus magnificus; 5.20 (331.15)
immo confidenter profiteor plurimos ex eis sanctos ac Deo dignos extitisse, 5.21 (344.6)
Deum. et Deum uerum ac uiuum, . . . adoro semper, 1.7 (19.22)
tota uos propter Deum deuotione ad solaciandum, 1.24 (44.14)
quae Deum offendunt, et ad iracundiam prouocant, 1.28 (62.23)
et Deum uerum cognoscens ac adorans, 1.30 (65.14)
'Obsecremus Deum, . . . ut ipse nobis insinuare caelestibus signis dignetur, 2.2 (81.29)
qui ad exorandum Deum pro milite bellum agente conuenerant, 2.2 (84.6)
'Ergo si aduersum nos ad Deum suum clamant, 2.2 (84.20)
post multas preces ac lacrimas ad Dominum [Deum] pro statu ecclesiae fusas uar. 2.6 (92.18)
Deum Patrem, et Filium, et Spiritum Sanctum, . . . humanum genus, . . . ueneratur et colit; 2.10 (101.16)
credatis in Deum Patrem omnipotentem, eiusque Filium Iesum Christum, et Spiritum Sanctum, 2.10 (102.5)
credentes, . . . in Deum Patrem omnipotentem, 2.10 (103.25)
dum regem et Creatorem uestrum orthodoxa praedicatione edocti Deum uenerando creditis, 2.17 (119.8)
ac flexis genibus Deum deprecatus est, 3.2 (128.29)
et Deum omnipotentem, uiuum, ac uerum in commune deprecemur, 3.2 (129.7)
Cuius quanta fides in Deum, . . . uirtutum miraculis claruit. 3.9 (145.13)
totoque ad Deum corde et opere conuersus, 3.13 (153.33)
Deum potius intellegendum maiestate inconprehensibilem, 3.22 (172.1)
qui simplicitate rustica, sed intentione pia Deum dilexerunt. 3.25 (188.1)
atque intimo ex corde Deum precabatur, ne adhuc mori deberet, 3.27 (193.5)
ac pro eius incolumitate iugiter Deum deprecamur cum Christi clero. 3.29 (198.10)
cor omnium et caro omnium exultauerunt in Deum uiuum; 4.13 (231.23)
hoc est unum Deum in tribus subsistentiis, 4.17 (239.27)
glorificantes Deum Patrem sine initio, 4.17 (240.20)
sciens, quia, qui dixit: 'Diliges Dominum Deum tuum,' dixit et: 'Diliges proximum.' 4.28 (273.25)
sicut una fide, spe, et caritate in Deum consentit, 5.21 (342.6)
quibus pura in Deum fides, et caritas in proximum sincera est; 5.21 (342.20)
quem apud Deum habere patronum quaeris, 5.21 (344.31)
Deus. coronam uitae, quam repromisit Deus diligentibus se. 1.7 (21.11)
Omnipotens Deus sua uos gratia protegat, 1.23 (43.17)
Deus uos incolumes custodiat, dilectissimi filii. 1.23 (43.21)
Deus te incolumem custodiat, reuerentissime frater. 1.24 (44.18)
omnipotens Deus humanum genus pro culpa sua funditus extinguere noluit, 1.27 (54.11)
Deus te incolumem custodiat, 1.28 (62.26)
Deus te incolumem custodiat, reuerentissime frater. 1.29 (64.19)
Cum ergo Deus omnipotens uos ad . . . Augustinum episcopum perduxerit, 1.30 (65.3)
Deus te incolumem custodiat, dilectissime fili. 1.30 (66.3)
omnipotens Deus per dilectionem tuam . . . miracula ostendit; 1.31 (66.14)
omnipotens Deus bonos quosque ad populorum regimina perducit, 1.32 (67.26)
omnipotens Deus hunc pro uobis exorantem celerius exaudit. 1.32 (68.34)
quando eum omnipotens Deus poterit audire pro uobis, 1.32 (69.2)
Omnipotens itaque Deus in uobis gratiam suam, quam coepit, perficiat, 1.32 (69.31)
sed omnipotens Deus ut, qualis meriti uir fuerit, demonstraret, 1.33 (70.28)
Nec enim omnipotens Deus aut sui nominis sacramentum, . . . deseruit, 2.8 (95.20)
Deus te incolumem custodiat, dilectissime frater. 2.8 (97.3)
'Deus saeculi huius excaecauit mentes infidelium, 2.9 (98.30)
quippe quos Deus omnipotens ex primi hominis, quem plasmauit, cognatione, . . . pullulare constituit. 2.10 (103.15)
Deus te incolumem custodiat, dilectissime frater. 2.18 (122.1)
'Et siquid aliter sapitis, et hoc quoque uobis Deus reuelabit.' 3.4 (135.14)
'Deus miserere animabus, dixit Osuald cadens in terram.' 3.12 (151.30)
'Videbitur Deus deorum in Sion.' 3.19 (164.32)
intellegentes eum, qui uerus est Deus, et interioribus se bonis et exterioribus caelesti gratia ditasse. 4.13 (231.23)
Alma Deus Trinitas, quae saecula cuncta gubernas, 4.20 (247.9)
Adnue iam coeptis, alma Deus Trinitas. 4.20 (247.10)
En Deus altus adit uenerandae uirginis aluum, 4.20 (247.17)
Liberet ut homines, en Deus altus adit. 4.20 (247.18)
Quomodo ille, cum sit aeternus Deus, omnium miraculorum auctor extitit, 4.24 (260.3)
O quam grandi distantia diuisit Deus inter lucem et tenebras! 5.14 (314.29)
donec sciam, quid de me fieri uelit Deus. 5.19 (329.9)
"fecit Deus duo magna luminaria; 5.21 (339.16)
ut coronam uitae aeternae, quam repromisit Deus diligentibus se, se semper expectare, . . . designent. 5.21 (343.22)
DEVS. dei. dei creandi materiam lignum uel lapidem esse non posse, 3.22 (171.27)
deorum. Pantheon uocabatur . . . quasi simulacrum esset omnium deorum; 2.4 (88.30)
Nullus enim tuorum studiosius quam ego culturae deorum nostrorum se subdidit; 2.13 (111.25)
'Videbitur Deus deorum in Sion.' 3.19 (164.33)
deos. Qua ergo mentis deceptione eos deos, . . . colentes sequimini, 2.10 (102.29)
quos eatenus materiae conpage uobis deos fabricastis, 2.10 (103.8)
solebat eum hortari ad intellegendum deos esse non posse, 3.22 (171.26)
dii. 'Omnes dii gentium daemonia, Dominus autem caelos fecit.' 2.10 (102.14)
Si autem dii aliquid ualerent, me potius iuuare uellent, 2.13 (111.29)
diis. diis magnis sacrificare ne differas.' 1.7 (19.24)
Cumque idem rex, . . . gratias ageret diis suis pro nata sibi filia, 2.9 (99.21)
ita ut in morem antiquorum Samaritanorum et Christo seruire uideretur et diis, 2.15 (116.7)
diis. quia, . . . auerterent illum a diis suis, et ad nouam Christianae fidei religionem transferrent, 5.10 (300.13)
diuum. ut contemtor diuum meritam blasphemiae suae poenam lueret, 1.7 (19.8)
DEVSDEDIT (*d.* 618), *Pope, 615 618.*
Deusdedit. quem successorem fuisse Deusdedit supra meminimus; 2.8 (95.14)
Deusdedit. Bonifatio, qui post Deusdedit ecclesiae praefuit, 2.7 (94.6)
DEVSDEDIT (*d.* 664), *first native archbishop of Canterbury.*
Deusdedit. Vt, defuncto Honorio, pontificatu sit functus Deusdedit; 3.20 (169.1)
electus est archiepiscopus cathedrae Doruuernensis sextus Deusdedit 3.20 (169.14)
Deusdedit VI[us] ecclesiae Doruuernensis episcopus obiit pridie Iduum Iuliarum; 4.1 (201.7)
Deusdedit. adsumserunt . . . presbyterum nomine Vighardum, de clero Deusdedit episcopi, 3.29 (196.12)
Deusdedit. inuenerunt archiepiscopum Deusdedit iam migrasse de saeculo, 3.28 (195.7)
Deusdedit. Vt defuncto Deusdedit, Vighard ad suscipiendum episcopatum Romam sit missus; 4.1 (201.1)
Eo autem tempore, quo defuncto Deusdedit Doruuernensi ecclesiae episcopus quaerebatur, 4.2 (205.32)
DEVASTO. deuastans. exercitus Penda duce Nordanhymbrorum regiones impia clade longe lateque deuastans 3.16 (158.32)
DEVENIO. deueniens. Quo post annum deueniens cum exercitu successor regni eius Osuiu abstulit ea, 3.12 (152.1)
nec Victberct illas deueniens in partes quicquam proficiebat, 5.10 (299.1)

deuenimus. cumque ambularemus, deuenimus ad uallem multae latitudinis ac profunditatis, 5.12 (304.31)
deueniret. et siquis sacerdotum in uicum forte deueniret, 3.26 (191.15)
deuenisse. Hic cum audiret eum ad ciuitatem Lugubaliam deuenisse, 4.29 (274.17)
contigit die quadam nos iter agentes cum illo deuenisse in uiam planam et amplam, 5.6 (289.21)
deuenissent. Hoc erat cotidianum opus . . . ubicumque locorum deuenissent. 3.5 (136.13)
deuenisset. atque ad eum audiendum saepissime, cum illas in partes deuenisset, accederet. 5.12 (310.4)
Qui cum Brittaniam remeans in Galliarum partes deuenisset, 5.19 (328.21)
deuenit. repente uolutando deuenit in illud loci, ubi rex memorabilis occubuit. 3.9 (146.4)
et paucis cum fratribus per Brettones in prouinciam Anglorum deuenit, 3.19 (167.29)
freneticus quidam, . . . deuenit ibi uespere, nescientibus siue non curantibus loci custodibus, 4.3 (212.11)
DEVERTO. deuertens. ut Romam reuertens [deuertens], illo itinere ueniret, uar. 4.18 (242.24)
deuerterunt. Vnde deuerterunt ad prouinciam Occidentalium Saxonum, ubi erat Vini episcopus; 3.28 (195.8)
DEVINCO. deuictis. Cuius episcopatus tempore deuictis atque amotis subregulis, Caedualla suscepit imperium, 4.12 (228.1)
deuictus. uel suae gentis auctoritate ne agnitum sequeretur deuictus, 3.17 (161.34)
sed ad ultimum multorum unanima intentione deuictus: "Facite," inquit, "si uultis, 5.6 (289.27)
DEVITO. deuitando. deuitando quod noxium est ac peruersum, Praef. (5.15)
DEVORO. deuorauit. plures . . . flumen, quod transierant, deuorauit. 1.20 (39.16)
DEVOTE. quaeque uos ammonet, . . . deuote peragite, 1.32 (68.32)
Quam deuote quamque etiam uigilanter pro Christi euangelio elaborauerit uestra fraternitas, 2.8 (95.17)
DEVOTIO. deuotio. cui ardens inerat deuotio mentis ad martyrium ocius peruenire, 1.7 (20.13)
quae deuotio mentis fuerit, etiam post mortem uirtutum miraculis claruit. 3.9 (145.13)
deuotione. ministerio persoluto, deuotione conpleta, 1.7 (21.8)
a Christianae fidei posse deuotione cessare. 1.7 (21.24)
Qui cum promta deuotione preces . . . suscepissent, 1.17 (34.8)
tota uos propter Deum deuotione ad solaciandum, 1.24 (44.14)
et ita in amore Redemtoris sui inmutilata deuotione persistens inuigilet, 2.11 (105.4)
crucis uexillum . . . dictante fidei deuotione, contra hostem inmanissimum pugnaturus statueret. 3.2 (130.7)
magna deuotione uerbum fidei praedicare et credentibus gratiam baptismi, . . . ministrare. 3.3 (132.16)
Sebbi, magna fidem perceptam cum suis omnibus deuotione seruauit, 3.30 (199.22)
sinceraque deuotione sacramenta fidei, quae susceperat, seruans. 4.14 (234.5)
qui . . . regni temporalis auctoritate et Christianae pietatis, . . . deuotione sublimiter praefuit, 4.14 (234.27)
accensi sunt in fide ac deuotione pietatis ad orandum, 4.22 (252.4)
quomodo simplici ac pura mente tranquillaque deuotione Domino seruierat, 4.24 (262.13)
dies in magna continentiae, orationis, et lacrimarum deuotione transigere solebat; 4.30 (276.29)
Qui pari ductus deuotione mentis, reliquit uxorem, 5.19 (322.10)
quod postmodum Vilbrord, reuerentissimus Christi pontifex, in magna deuotione conpleuit, 5.19 (326.17)
deuotionem. eique, quod humana ualet condicio, mentis uestrae sinceram deuotionem exsoluitis. 2.17 (119.9)
sed potius commissi uobis populi deuotionem plenius propagare. 2.18 (122.1)
quas relegentes cognouimus eius piissimam deuotionem, feruentissimumque amorem, 3.29 (196.23)
quia Dominus exaudiuit preces uestras, et deuotionem ac ieiunia propitius aspexit; 4.14 (234.15)
deuotioni. ut in omnibus deuotioni uestrae nostrum concursum, et iuxta uestra desideria praeberemus. 2.17 (120.3)
deuotioni sedulae monachorum locus facultasque suppeteret. 3.24 (178.28)
Erat quippe . . . patientiae uirtute modestus, orationum deuotioni solertissime intentus, 4.28 (273.20)
deuotionis. et cognati uirtute deuotionis exercuit. 2.1 (74.1)
Tantum autem deuotionis Æduini erga cultum ueritatis habuit, 2.15 (115.24)
Denique cum episcopo in praefata mansione pro suae reuerentia deuotionis inter fratres habitus, 4.3 (208.14)
per quod solent hi, qui causa deuotionis illo adueniunt, manum suam inmittere, 4.3 (212.18)
in quo et memoria deuotionis ipsius fixa per saecula maneret, 5.7 (293.3)
Erant autem unius ambo, sicut deuotionis, sic etiam uocabuli; 5.10 (299.20)
et usquedum praemia piae deuotionis accipiat, existere non desistit; 5.20 (332.5)
DEVOTISSIMVS, a, um. deuotissimus. Qui quoniam et doctor suauissimus, et eorum, quae agenda docebat, erat exsecutor deuotissimus, 5.22 (346.27)
DEVOTVS, a, um. deuota. huius fides et operatio Deo deuota atque omnibus sequenda credatur.' 2.2 (82.2)
cui tunc Hild abbatissa Deo deuota femina praefuit, 3.25 (183.17)
Successit autem Aedilburgi in officio abbatissae deuota Deo famula, nomine Hildilid, 4.10 (224.7)
Femina uirgo parit mundi deuota parentem, 4.20 (247.19)
simul et suae uitae solacium deuota Deo doctrix inuenit. 4.26 (268.1)
deuota. ut indicemus nos . . . uenerari, . . . redemtionem totius mundi, . . . deuota fide ac dilectione colere, 5.21 (341.4)
deuotae. Brittaniam tum plurima confessionis Deo deuotae gloria sublimauit. 1.6 (18.4)
Cum autem et ipsa mater pia Deo deuotae congregationis Aedilburga esset rapienda de mundo, 4.9 (221.29)
deuotam. Adamnanus . . . ducens uitam in continentia et orationibus multum Deo deuotam, 4.25 (263.3)
deuotarum. in quo ipsa Deo deuotarum mater ac nutrix posset existere feminarum. 4.6 (219.3)
ubi constructo monasterio uirginum Deo deuotarum perplurium 4.19 (244.3)
cuidam uirginum Deo deuotarum, . . . obitus illius in uisione apparuerit, 4.23 (258.12)
deuote. 'Catholicam . . . paschae obseruantiam, quam a nobis, rex Deo deuote, religioso studio quaesisti, 5.21 (333.17)
deuoto. quod euangelica praecepta deuoto corde seruaret. 3.22 (173.24)
deuotum. Habuerat . . . rex secum fratrem germanum eiusdem episcopi, . . . uirum aeque Deo deuotum, 3.23 (175.8)
deuotus. praeerat regno Orientalium Saxonum, . . . uir multum Deo deuotus, nomine Sebbi, 4.11 (225.16)
sed et successor eius Ini eadem beatorum apostolorum limina deuotus adierit. 5.7 (292.10)
Atque auro ac Tyrio deuotus uestiit ostro. 5.19 (330.13)
DEVVLGO. deuulgata. Qua diuulgata [deuulgata] uisione, aliquantulum loci accolae paucis diebus timere, . . . coeperunt. uar. 4.25 (265.28)
DEXTER, tra, trum. dextris. uidit gloriam Dei et Iesum stantem a dextris Dei; 5.14 (314.32)
dextro. XII lampades ardent, IIII intra sepulchrum, VIII supra in margine dextro. 5.16 (318.17)
dextrum. qui mox conuersus ad dextrum iter, quasi contra ortum solis brumalem me ducere coepit. 5.12 (307.5)
DEXTERA. dextera. per tota infirmitatis spatia medicabilis dextera percurrit, 1.21 (40.29)
dextera. et quia dextera Domini protegente, ad ueram et apostolicam fidem sit conuersus, 3.29 (196.25)
dexteram. occidentalis supra se, hoc est ad dexteram sui, 1.12 (25.32)
is, qui loquebatur cum eo, inposuit dexteram suam capiti eius dicens: 2.12 (109.23)
inposuit dexteram capiti eius et, an hoc signum agnosceret, requisiuit. 2.12 (110.29)
pontifex, . . . adprehendit dexteram eius, et ait: 3.6 (138.23)
atque ad dexteram altaris iuxta uenerationem tanto pontifice dignam condita sunt. 3.17 (160.14)
ecclesia est . . . facta, et in illa corpus ipsius ad dexteram altaris reconditum. 3.23 (176.17)
DIABOLICVS, a, um. diabolicae. ut credentes, a diabolicae captiuitatis nexibus, . . . absoluti, 2.10 (102.6)
execrandam diabolicae uersutiae supplantationem, . . . a cordibus uestris abicere, 2.10 (103.4)
et ereptos de potestate nequitiae diabolicae prauitatis caelestibus praemiis muneraret. 2.10 (103.21)
quod pretiosi sanguinis sui effusione a uinculis diabolicae captiuitatis eripuit, 2.11 (104.16)
DIABOLVS. diaboli. utpote ubi nuper expulsa diaboli tyrannide Christus iam regnare coeperat; 4.14 (233.1)
uidit damnationem diaboli et sequacium eius; 5.14 (315.1)
diabolo. nec diabolo iam animalia immolent, 1.30 (65.22)

sacrificiorum usus, quae diabolo solebat exhibere, 1.30 (65.31)
diabolo. subito a diabolo arreptus, clamare, . . . coepit 3.11 (149.22)
diabolum. Suggestio quippe fit per diabolum, 1.27 (61.5)
DIACONATVS. diaconatum. Nono decimo autem uitae meae anno diaconatum, tricesimo gradum presbyteratus, . . . suscepi. 5.24 (357.15)
diaconatus. et diaconatus officio sub eo non pauco tempore fungebatur. 4.3 (212.30)
DIACONVS. diaconi. rogatu Petri diaconi sui, 2.1 (76.22)
diacono. cum diacono suo Petro conloquens, 2.1 (74.17)
diaconos. presbyteros et diaconos ordinauit, 3.22 (173.4)
et quoniam ante Theodorum rediit, ipse etiam in Cantia presbyteros et diaconos, . . . ordinabat. 4.2 (206.2)
diaconum. Habuit autem secum in ministerio et Iacobum diaconum, 2.16 (117.30)
Reliquerat autem in ecclesia sua Eburaci Iacobum diaconum, 2.20 (126.22)
Honorius loco eius ordinauit Thomam diaconum eius 3.20 (169.5)
diaconus. Iohannes diaconus et in Dei nomine electus; 2.19 (123.6)
Obseruabat autem Iacob diaconus . . . uerum et catholicum pascha 3.25 (181.26)
Bercthun, diaconus quondam eius, nunc autem abbas monasterii, 5.2 (283.3)
qui cum successore eius Aldhelmo multo tempore adhuc diaconus siue monachus fuit, 5.18 (320.15)
DIADEMA. deademate. sicut uestimento et diademate [deademate], uar. 2.1 (77.28)
diademate. et uestiui me, sicut uestimento et diademate, iudicio meo. 2.1 (77.28)
DIALOGI GREGORII, *the Dialogues of Gregory the Great.*
Dialogorum. Libros etiam Dialogorum IIII fecit, 2.1 (76.22)
DICATVS, a, um. **dicata.** Sponsa dicata Deo bis sex regnauerat annis, 4.20 (248.15)
Inque monasterio est sponsa dicata Deo. 4.20 (248.16)
quae XXX et amplius annos dedicata [dicata] Domino uirginitate, in monachica conuersatione seruiebat. uar. 4.23 (257.6)
dicatae. Huius autem uirginis Deo dicatae multa quidem . . . solent opera uirtutum . . . narrari. 3.8 (143.1)
quod ad ipsum cymiterium Deo dicatae congregationis factum idem libellus refert. 4.10 (224.21)
dicatae. uirgines quoque Deo dicatae, . . . texendis subtilioribus indumentis operam dant, 4.25 (265.16)
dicato. quod aptius multo sit, eius, . . . habitum uultus a tuo uultu Deo iam dicato separare; 5.21 (344.30)
dicatum. indumenta, quibus Deo dicatum corpus Cudbercti, . . . uestierant, etiam ipsa a gratia curandi non uacarunt, 4.31 (279.13)
DICIO. dicione. omnes Brittaniae fines, . . . sub dicione acciperet. 2.9 (97.14)
Denique omnes nationes et prouincias Brittaniae, . . . in dicione accepit. 3.6 (138.7)
dicioni. Vectam insulam, . . . Romanorum dicioni subiugauit; 1.3 (15.23)
qui tuae subiaceant dicioni, 1.29 (63.26)
ut Lundoniensis episcopi nullo modo dicioni subiaceat. 1.29 (64.6)
DICO. dicanda. Intrauit autem praefata regis Osuiu filia Deo dedicanda [dicanda] monasterium, uar. 3.24 (179.1)
dicandam. Vouit ergo, quia, . . . filiam suam Domino sacra uirginitate dicandam offerret, 3.24 (177.28)
dicare. Festinet igitur, quaesumus, uestra celsitudo, ut optamus, totam suam insulam Deo Christo dicare. 3.29 (198.26)
dicaretur. qui beati martyris cruore dicaretur. 1.7 (20.34)
DICO. dic. Dic ergo illi, quia non ualet iter, quod proposuit, inplere; 5.9 (297.11)
At nunc uade et dic illi, quia, uelit nolit, debet ad monasteria Columbae uenire, 5.9 (297.30)
dicam. ut breuiter dicam, 1.15 (32.15)
ut earum non dicam uestigium, sed ne memoria quidem, . . . appareret. 1.22 (41.31)
uirtutis et modestiae, et, ut ita dicam, specialis benedictionis glorias . . . fuisse fertur humilitas, 3.14 (156.5)
Sed absit, ut hoc de patribus uestris dicam, 3.25 (187.32)
infirmos uisitandi, et, ut breuiter dicam, animas curandi causa fuit; 3.26 (191.19)
quippe quem ab ipso, ut ita dicam, mortis limite reuocans, 5.6 (289.15)
Vt enim breuiter dicam, 5.8 (295.2)
Tantum hoc dicam, quod per aequinoctium uernale semper inerrabiliter possit inueniri, 5.21 (338.34)
dicamus. De medio nunc dicamus, quia, . . . uenit Cantiam 4.23 (254.31)
dicant. Sunt etiam, qui dicant, quia per prophetiae spiritum, et pestilentiam, . . . praedixerit, 4.19 (244.17)
dicas. 'Obsecro,' inquit, 'ut dicas, quod erat canticum illud laetantium, 4.3 (209.26)
praecipio tibi in nomine Domini, ne hoc cuiquam ante meum obitum dicas. 4.3 (209.31)
dicebant. dicebant, ut uulgo fertur, ad eum barbara inflati stultitia: 2.5 (91.10)
Salutantes ergo illum uerbis piissimis apostoli dicebant: 4.14 (234.7)
dicebantque, quod unus eorum Petrus, alius uocaretur Paulus; 4.14 (235.19)
Receperunt codicem, neque aliquid mihi dicebant. 5.13 (312.8)
dicebant ipsum esse episcopum, qui nuper Romam . . . iudicandus aduenerit: 5.19 (328.6)
Quibus auditis dicebant omnes una cum ipso pontifice, uirum . . . nequaquam damnari debere, 5.19 (328.15)
dicebat. nullus eorum ex his, quae possidebant, aliquid suum esse dicebat, 1.27 (49.1)
legitimo coniugio natus fuerat, qui dicebat: 1.27 (58.1)
Contra uitia quippe delinquentium iratus fuerat, qui dicebat: 1.27 (58.13)
quod benedicens filium patriarcha in personam Saulis dicebat, 1.34 (71.19)
Haec quidem sanctus uir ex magnae humilitatis intentione dicebat; 2.1 (74.28)
eumque notantes superbiae, cunctis, quae dicebat, contradicere laborabant. 2.2 (83.13)
Verum adhuc cum amicis principibus et consiliariis suis sese de hoc conlaturum esse dicebat, 2.13 (111.13)
dicebat presbyter exorcismos, 3.11 (150.1)
dicebat episcopo, cum forte ingressuri essent ad prandium: 3.14 (156.16)
Dicebatque hostis malignus: 3.19 (166.29)
Dicebat enim hanc esse consuetudinem eorum, 3.23 (175.30)
uocem ab Euroaustro, id est ab alto brumalis exortus, primo se audisse dicebat, 4.3 (208.24)
in quibus nullus eorum ex his, quae possidebant, aliquid suum esse dicebat, sed erant eis omnia communia.' 4.27 (271.1)
Dicebatque ad illos, qui mihi adsederant, uiros albatos et praeclaros: 5.13 (312.19)
dicebatur. a primario quondam illius, qui dicebatur Hrof, Hrofæscæstræ cognominat. 2.3 (85.23)
Nam et sororem eius, quae dicebatur Osthryd, rex Aedilred habebat uxorem. 4.21 (249.8)
Successit autem Ecgfrido in regnum Aldfrid, . . . qui frater eius et filius Osuiu regis esse dicebatur; 4.26 (268.4)
dicemus. ut in sequentibus suo loco dicemus. 2.16 (117.18)
regni apicem tenebat, ut in sequentibus dicemus. 3.11 (148.5)
cum Osuiu rex Christianus regnum eius acciperet, ut in sequentibus dicemus, 3.21 (171.1)
Quod temporibus Vulfheri regis, de quo in sequentibus dicemus, factum est. 3.21 (171.16)
Ceadda, qui postea episcopus factus est, ut in sequentibus dicemus. 3.23 (176.20)
Sebbi, . . . magna, ut in sequentibus dicemus, uitam fidelem felicitate conpleuit. 3.30 (199.23)
dicenda. quia dies sibi mortis, uel uitae magis illius, quae sola uita dicenda est, iam adpropiaret introitus; 4.29 (274.6)
dicenda. addidit et syllabas ac uerba dicenda illi proponere. 5.2 (284.10)
'Quare tam neglegenter ac tepide dixisti Ecgbercto, quae tibi dicenda praecepi? 5.9 (297.30)
dicendas. hora, qua fratres ad dicendas Domino laudes nocturnas excitari deberent. 4.24 (262.7)
dicendi. Porro Cudbercto tanta erat dicendi peritia, 4.27 (269.32)
dicendis. id est, aut legendis scripturis, aut psalmis discendis [dicendis] operam dare. uar. 3.5 (136.11)
dicendum. De quo plenius in sequentibus suo loco dicendum est. 3.4 (135.15)
de quibus in sequentibus suo tempore dicendum est; 3.18 (163.17)

ac Romam abiens, ibi uitam finiuit, ut in sequentibus latius dicendum est. 4.12 (228.6)
de ultimis infra dicendum est, quod eorum primus Hagustaldensis, . . . ecclesiae sit ordinatus episcopus. 4.23 (254.28)
Pecthelm, de quo in sequentibus suo loco dicendum est, 5.18 (320.14)
dicendum. cum sedens in tenui ueste uir ita inter dicendum, . . . quasi in mediae aestatis caumate sudauerit. 3.19 (167.21)
dicens. respondit ille dicens: 1.25 (46.7)
Vnde et ille caelestis exercitus praecipuus miles gemebat dicens: 1.27 (61.25)
is, qui loquebatur cum eo, inposuit dexteram suam capiti eius dicens: 2.12 (109.23)
exclamauit auditis eius sermonibus dicens: 2.13 (112.26)
credere se dicens, quia per hoc, donante Domino, salutem posset consequi. 3.2 (130.20)
dicens, quod ipse eum dignum esse episcopatu iudicaret. 3.7 (141.25)
dicens contemnendos esse eos et miseros, qui Deo suo, . . . oboedire contemnerent. 3.21 (170.31)
dicens, quod adueniente diluculo perennem esset exitura ad lucem. 4.8 (221.23)
Vilfrid episcopus referebat, dicens se testem integritatis eius esse certissimum; 4.19 (243.14)
quod aditurus insulam protestatus est fratribus, dicens: 4.28 (271.11)
Aliud quoque non multum huic dissimile miraculum . . . narrauit idem abbas, dicens: 5.4 (286.29)
Rennuit episcopus dicens se ad monasterium, quod proxime erat, debere reuerti. 5.4 (287.9)
salutauit episcopum et conuiuas, dicens, quia ipse quoque delectaretur manducare 5.5 (288.26)
At ille primo negauit, otiosum dicens esse, quod desiderabant; 5.6 (289.25)
dicens, quia et ea nocte sibi post expletos matutinos Boisil per uisum apparuerit, 5.9 (297.27)
quia et ea nocte sibi post expletos matutinos Boisil per uisum apparuerit, dicens: 5.9 (297.28)
Tum ipse quasi propheticum illud dicens, quia 'propter me est tempestas haec,' 5.9 (298.12)
Talia dicens, sine uiatico salutis obiit, 5.14 (314.25)
Adstitit enim mihi quidam candido praeclarus habitu, dicens se Michahelem esse archangelum: 5.19 (329.10)
dicente. et uestris, ut proficerent, meritis eorum est saluatio propinata, dicente Domino: 2.8 (96.4)
sed incerta eiusdem exitus esset hora futura, dicente Domino: 3.19 (164.8)
Quo haec et his similia dicente, 3.25 (184.10)
Haec dicente rege, fauerunt adsidentes quique siue adstantes maiores una cum mediocribus, 3.25 (189.4)
Cumque singula litterarum nomina dicente episcopo responderet, 5.2 (284.9)
dicentem. etiam sine actuali peccato existentes, portare noscuntur, secundum prophetam dicentem: 2.19 (124.10)
audiui illum post tergum mihi cum gemitu dicentem: 5.6 (290.8)
dicentes. Nec haec dicentes culpam deputamus esse coniugium; 1.27 (57.29)
dicenti. Cui haec dicenti respondit Colmanus: 3.25 (184.32)
dicentibus. quia multis in iudicio dicentibus Domino, quod in nomine eius prophetauerint, . . . responsurus sit Dominus, 3.25 (187.28)
dicentis. iuxta promissum apostoli dicentis: 3.4 (135.13)
dicentium. dicentium posse sine peccato hominem existere ex propria uoluntate, 2.19 (124.1)
dicere. quod ipse dicere et sentire potuisti, 1.27 (54.5)
Haec igitur dilectionem tuam praedicto fratri necesse est dicere, 1.30 (66.2)
ita ut illud beati Iob ueraciter dicere posset: 2.1 (77.22)
Et primum quidem blasphemiae stultiloquium est dicere esse hominem sine peccato; 2.19 (124.4)
Verum nos de transitu tantum illius, quo caelestia regna petiit, aliquid breuiter dicere sufficiat. 3.8 (143.5)
coepit dicere ille de loco, ubi caballus suus esset curatus. 3.9 (146.17)
iussit primo dicere episcopum suum 3.25 (183.33)
digressis ad ecclesiam sociis, ut dicere coeperam, 4.3 (208.18)
multum delectata sit hoc genere infirmitatis, ac solita dicere: 4.19 (246.7)
iussus est, . . . indicare somnium, et dicere carmen, 4.24 (260.17)
de quo plura uirtutum miracula, qui eum familiariter nouerunt, dicere solent, 5.2 (283.2)
praecepit eum sententias longiores dicere, et fecit; 5.2 (284.12)
Memini enim beatae memoriae Theodorum archiepiscopum dicere, 5.3 (285.27)
coepit mihi dicere, quia 'ex quo episcopus oratione pro me et benedictione conpleta egressus est, 5.3 (286.15)
cuius etiam nomen, si hoc aliquid prodesset, dicere possem; 5.14 (313.29)
Vnde accidit illi, quod solent dicere quidam, quia, . . . necesse habet in ianuam inferni non sponte damnatus introduci. 5.14 (314.9)
uocari iussit et Vilfridum, atque inter episcopos considentem dicere fidem suam, 5.19 (326.28)
dicerent. dum caelesti magistro dicerent: 1.31 (66.24)
Et cum dicerent, 'Pax et securitas,' extemplo praefatae ultionis sunt poena multati. 4.25 (265.32)
Cumque . . . dicerent, qui uidebant: 5.12 (310.24)
cum dicerent: 'Mirum, quod tam austeram tenere continentiam uelis.' 5.12 (310.29)
dicerentur. libenter ea, quae dicerentur, audirent; 4.27 (269.30)
diceres. 'Dedi te in foedus populi, ut . . . diceres his, qui uincti sunt: "Exite," 3.29 (197.15)
diceret. Nam cum Paulus apostolus diceret: 1.27 (58.33)
Augustinus . . . finem fecit, ut diceret: 2.2 (81.28)
diligenter, quid diceret, discutiebant, 3.5 (137.21)
diceret, quod et ipsa lucem nocte illa supra reliquias eius ad caelum usque altam uidisset, 3.11 (149.12)
Tum Vilfrid, iubente rege, ut diceret, ita exorsus est: 3.25 (184.19)
Quod utrum de se an de alio aliquo diceret, nobis manet incertum, 4.3 (212.1)
diceretur. Responsum est, quod Aelli diceretur. 2.1 (80.21)
ut pro diuersa capillorum specie unus Niger Heuuald, alter Albus Heuuald diceretur; 5.10 (299.23)
dices. Sed dices: Illam infirmitas conpulit; 1.27 (55.28)
dicetur. Quis sane pro Vighardo reppertus ac dedicatus sit antistes, libro sequente oportunius dicetur. 3.29 (199.6)
dici. Quomodo ergo unitas uobis coniunctionis inesse dici poterit, 2.11 (105.21)
Hefenfelth, quod dici potest latine caelestis campus, 3.2 (129.21)
de quo una cum consortibus eiusdem sui gradus recte ac ueraciter dici potest, 5.8 (294.27)
dicimus. Transmarinas autem dicimus has gentes, 1.12 (25.25)
dicis. Sed dices [dicis]: Illam infirmitas conpulit; uar. 1.27 (55.28)
Qui adiciens 'Verum,' inquit, 'dicis, 4.25 (265.3)
dicit. ut sanctus Basilius dicit, 1.1 (10.19)
in euangelio tamen Dominus dicit: 1.27 (57.1)
Vnde Paulus quoque apostolus dicit: 1.27 (57.7)
Hunc quidem testamentum ueteris legis, . . . pollutum dicit, 1.27 (59.27)
de quo a mortuis suscitato dicit ipse discipulis: 2.1 (76.6)
ipse dicit in Expositione beati Iob: 2.1 (78.9)
Cumque adpropinquassent, pertimescens ille dicit angelo: 3.19 (165.32)
sicut alia idicit editio, 5.21 (339.18)
cui gratam Spiritus Sancti conparare uolenti dicit idem Petrus: 5.21 (342.33)
dicite. dicite ei, quid diu mecum de causa Anglorum cogitans tractaui; 1.30 (65.5)
dicite fratribus, ut et meum exitum Domino precibus commendent, 4.3 (209.17)
Loquimini ad uniuersum coetum filiorum Israel et dicite eis: 5.21 (334.18)
dicitis. Responderunt: "Verum dicitis: accipite et in cumulum damnationis uestrae ducite." 5.13 (312.22)
dicito. Sed dicito mihi, quid mercedis dare uelis ei, 2.12 (108.33)
et dicito illi, quia Dominus exaudiuit preces uestras, 4.14 (234.14)

'Dicito,' inquiens, 'aliquod uerbum, dicito gae,' 5.2 (284.3)
dicito gae,' quod est lingua Anglorum uerbum adfirmandi et consentiendi, id est, etiam. 5.2 (284.4)
Addidit episcopus nomina litterarum: 'Dicito A'; 5.2 (284.7)
'Dicito B'; dixit ille et hoc. 5.2 (284.8)
dicitur. quae dicitur Rutubi portus, 1.1 (9.11)
de illa patria, quae Angulus dicitur, 1.15 (31.23)
Vnde et ipsi primae matri omnium dicitur: 1.27 (54.28)
Hinc etiam ad Dauid de pueris suis per sacerdotem dicitur, 1.27 (59.14)
quibus dicitur: 'In hoc gaudete, 1.31 (66.30)
in loco celeberrimo, qui dicitur Degsastán, id est Degsa lapis, 1.34 (71.24)
unde de eis per psalmistam dicitur: 2.10 (102.13)
sicut usque hodie in prouerbio dicitur, 2.16 (118.5)
in monasterio, quod . . . constructum est . . . in loco, qui dicitur in Brige. 3.8 (142.15)
Quod factum est . . . in loco, qui dicitur Ingetlingum; 3.14 (155.24)
eadem una sabbati, quae nunc dominica dies dicitur, 3.17 (162.12)
qui baptizatus est . . . in uico regio, qui dicitur Rendlæsham, 3.22 (174.17)
Quae post biennium conparata possessione x familiarum in loco, qui dicitur Streanæshalch, 3.24 (179.4)
tertius Trumheri, . . . qui erat abbas in monasterio, quod dicitur Ingetlingum. 3.24 (179.28)
unde ei etiam donauerat monasterium XL familiarum in loco, qui dicitur Inhrypum. 3.25 (183.1)
dispositum est, ut in monasterio, quod dicitur Strenæshalc, . . . synodus fieri, 3.25 (183.16)
qui erat abbas in monasterio, quod dicitur Mailros; 3.26 (190.7)
et in monasterio, quod uocatur [dicitur] Pægnalaech, honorifice sepultus. uar. 3.27 (192.6)
Vulfheri donauit terram . . . in loco, qui dicitur Adbaruae, id est Ad Nemus, 4.3 (207.5)
Conuenimus autem . . . in loco, qui dicitur Herutford; 4.5 (215.4)
Adfuerunt . . . Putta, episcopus castelli Cantuariorum, quod dicitur Hrofescæstir, Leutherius, 4.5 (215.11)
qui erat constructor et abbas monasterii, quod dicitur Medeshamstedi, in regione Gyruiorum. 4.6 (218.9)
Depositus uero Vynfrid rediit ad monasterium suum, quod dicitur Adbaruae, 4.6 (218.11)
apparuit mense Augusto stella, quae dicitur cometa; 4.12 (228.29)
Selæseu quod dicitur Latine insula uituli marini. 4.13 (232.9)
Hild, abbatissa monasterii, quod dicitur Strenaeshalc, ut supra rettulimus, . . . transiuit 4.23 (252.17)
congregata synodo . . . in loco, qui dicitur Adtuifyrdi, quod significat 'ad duplex uadum,' 4.28 (272.15)
Oidiluald, qui multis annis in monasterio, quod dicitur Inhrypum, . . . condignis gradu ipse consecrabat actibus. 5.1 (281.6)
sepultus est in porticu sancti Petri in monasterio suo, quod dicitur In silua Derorum, 5.6 (292.2)
cuius exterior pars natiuitatis dominicae fuisse dicitur locus; 5.16 (317.16)
quarum lux corda intuentium cum quadam alacritate et conpunctione pauefacere dicitur. 5.17 (319.10)
qui erat abbas monasterii beatae memoriae Vilfridi episcopi, quod dicitur Selæseu; 5.18 (321.21)
corpusque eius loculo inditum, perlatum est in monasterium ipsius, quod dicitur Inhrypum, 5.19 (322.21)
mox donauit terram x familiarum in loco, qui dicitur Stanford, 5.19 (325.13)
et quae proprie pascha siue phase dicitur; 5.21 (335.8)
dico. 'Hoc autem dico secundum indulgentiam, non secundum imperium.' 1.27 (59.2)
'Dico tibi,' inquit, 'quia noluisti te continere a domu perditi . . . tu in ipsa domu mori habes.' 3.22 (174.7)
Pictos dico et Brettones, . . . contra totum orbem stulto labore pugnant.' 3.25 (184.29)
'Et ego uobis dico, quia hic est ostiarius ille, cui ego contradicere nolo; 3.25 (188.30)
nam uere dico uobis, quia domum hanc tanta luce inpletam esse perspicio, 4.8 (221.15)
nil omnino, non dico spicarum, sed ne herbae quidem ex eo germinare usque ad aestatis tempora contigit. 4.28 (272.1)
Quapropter dico tibi, quia modo quidem ab infirmitate hac sanaberis; 5.19 (329.15)
dicta. tempestas saepe dictae [dicta] cladis late cuncta depopulans, uar. 4.7 (219.16)
dicta. ac dicta super me oratione, uocauit me nomine meo, 5.6 (290.33)
dicta. Haec quidem de inmortali eius sint dicta ingenio, 2.1 (77.14)
'Verene, Colmane, haec illi Petro dicta sunt a Domino?' 3.25 (188.22)
quod haec principaliter Petro dicta, 3.25 (188.27)
dictae. Cum tempestas saepe dictae cladis late cuncta depopulans, etiam partem monasterii . . . inuasisset, 4.7 (219.16)
dicti. cum acerbas atque intolerabiles pateretur inruptiones saepe dicti regis Merciorum, 3.24 (177.14)
dictis. Et his dictis, ut ferunt, repente disparuit, 2.12 (109.26)
Quibus dictis intrabant ad prandendum. 3.14 (156.25)
Quibus dictis, interrogata a circumsedentibus, cum quo loqueretur: 4.9 (223.30)
Quibus dictis, et descripta illi mensura paenitendi, abiit sacerdos, 4.25 (263.33)
Quibus dictis eadem hora me cathecizare ipse curauit; 5.6 (291.21)
dicto. sepultusque est cum patribus suis in saepe dicto monasterio 2.7 (95.5)
Quo dicto statim mutati ab urbe uenti in eos, qui accenderant, 3.16 (159.18)
Et hoc dicto parumper reticuit, 4.9 (223.20)
Quo dicto statim disparuerunt; 5.13 (312.24)
dictu. quod mirum dictu est, pauperibus et peregrinis semper humilis, benignus, et largus fuit. 3.6 (138.9)
dictum. cui non est dictum, ut Christum regaret, 1.27 (51.13)
Dictumque est, quia de Brittania insula, 2.1 (80.4)
Dictum est, quod essent pagani. 2.1 (80.7)
Aedilbercti, qui omnibus, ut supra dictum est, usque ad terminum Humbrae fluminis Anglorum gentibus imperabat. 2.3 (85.15)
quatinus credentes, sicut saepius dictum est, in Deum 2.10 (103.25)
Fecit rex, ut dictum est; 2.12 (110.11)
Sed de his satis dictum. 3.26 (191.25)
paschae diem, ut saepius dictum est, secus morem canonicum . . . celebrant. 3.28 (195.13)
Vt Ceadda, de quo supra dictum est, prouinciae Merciorum sit episcopus datus, 4.3 (206.12)
Quod quidem ita, ut dictum ei erat, opere conpletum est. 4.3 (210.1)
Vnde multis uisum et saepe dictum est, 4.11 (225.23)
Hlotheri, qui erat filius sororis Aedilthrydae reginae, de qua supra dictum est, 4.22 (251.25)
ubi cum dictum esset: 5.21 (335.18)
ut dictum est, 5.23 (348.24)
dicturi. habuit filiam Earcongotam, de qua sumus dicturi. 3.8 (142.29)
dicturus. Romamque iturus, et coram apostolico papa causam dicturus, 5.19 (326.11)
dictus. primo mense anni, qui etiam mensis nouorum dictus est, pascha facere iubemur; 5.21 (339.33)
dicunt. Dicunt, quia die quadam . . . multi ad emendum confluxissent, 2.1 (79.28)
Vnde dicunt in prouerbio: 3.12 (151.30)
Australium Merciorum, qui sunt, ut dicunt, familiarum quinque milium, 3.24 (180.12)
Peada . . . peremtus est, proditione, ut dicunt, coniugis suae in ipso tempore festi paschalis. 3.24 (180.16)
dicuntur. huic nefando coniugio dicuntur admixti, 1.27 (51.18)
dixerat. sed quia isdem Dominus noster Iesus Christus dixerat: 1.27 (51.15)
Fecerunt, ut dixerat. 2.2 (83.10)
Et adnuente Paulino, fecit, ut dixerat. 2.13 (111.16)
recordans uerbum, quod dixerat illi antistes, 3.14 (156.29)

quia non erat de paupere uulgo, ut dixerat, sed de nobilibus. 4.22 (251.5)
qui miratus, cur hoc rogaret, . . . fecit tamen, quod dixerat. 4.24 (261.25)
Nec mora, quae dixerat, regia auctoritate perfecit. 5.21 (346.4)
dixerim. Ecce itaque homo est, ut ita dixerim, captiuus et liber; 1.27 (62.1)
nullam magis sequendam nobis amplectendamque iure dixerim ea, 5.21 (342.27)
dixerit. "dixerit Dominus ad Mosen et Aaron: 5.21 (334.15)
dixerunt. Dixerunt: 'Et unde hoc possumus probare?' 2.2 (82.29)
Ad quod omnes consacerdotes nostri respondentes dixerunt: 4.5 (215.25)
At illae respondentes dixerunt se prius eadem cognouisse; 4.23 (257.33)
dixi. postquam enim cogitationem suam, de qua tibi ante dixi, reginae in secreto reuelauit, 2.12 (110.6)
legat ipsum, de quo dixi, libellum uitae eius, 3.19 (165.11)
quin intercessionibus, ut dixi, sui patris, . . . sit ab articulo mortis retentus, 3.23 (177.5)
Osuiu . . . perparuum, ut dixi, habens exercitum, 3.24 (178.3)
ut dixi, in celebratione summae festiuitatis neque Iohanni, neque Petro, . . . concordatis.' 3.25 (186.32)
Quarum celebratione factum est, quod dixi, ut nullus eum posset uincire, 4.22 (250.25)
Et quidem, ut dixi, prohibuerunt amici, ne hoc bellum iniret; 4.26 (267.4)
quae iacebat multo, ut dixi, dolore constricta, 5.3 (286.4)
et ego, ut dixi, simillimus mortuo fierem. 5.6 (290.21)
et nomen presbyteri, a quo me baptizatum noueram, dixi. 5.6 (291.14)
Fecitque opus, ut dixi, multis utile, 5.15 (316.31)
et scripturarum, ut dixi, tam liberalium quam ecclesiasticarum erat eruditione mirandus. 5.18 (321.9)
dixi illi inter alia conloquens: 5.21 (344.11)
'Haec tunc Adamnano dixi, 5.21 (345.3)
diximus. Nothelmo, ut diximus, perferente, Praef. (6.31)
peruenientes nauigio Picti, ut diximus, 1.1 (12.1)
ab hac egressi, ut diximus, 1.1 (13.10)
Scotti, quos diximus, aduenientes sibi locum patriae fecerunt. 1.1 (13.17)
ut diximus, non solum orbis totius, sed et insularum ecclesiis aspersit. 1.8 (22.30)
inter duo freta uel sinus, de quibus diximus, maris, 1.12 (26.19)
sicut in superiori capitulo iam diximus, 1.27 (59.26)
Siquidem post haec ipse, de quo diximus, 2.2 (83.34)
tertius, ut diximus, Aedilberct rex Cantuariorum; 2.5 (89.16)
in ecclesia beatorum apostolorum Petri et Pauli, de qua frequenter iam diximus, 2.6 (92.16)
et per aliquod tempus, ut diximus, horis conpetentibus solitarius sederet, 2.12 (110.25)
e quibus sex etiam ipse, ut diximus, Christi regno militauit, 2.20 (124.16)
accepit primus eorum, quem diximus, Eanfrid regnum Berniciorum. 3.1 (127.18)
ea . . . uel in usus pauperum, ut diximus, dispergebat, 3.5 (136.28)
Sed et matertera eius, de qua diximus, Aedilberg, . . . perpetuae uirginitatis gloriam . . . seruauit; 3.8 (144.5)
Ossa igitur illius translata et condita sunt in monasterio, quo diximus. 3.12 (151.33)
antistitis praesagia tristi regis funere, de quo supra diximus, impleta sunt. 3.14 (157.14)
tres angeli, de quibus diximus, qui eum ad corpus referrent. 3.19 (166.19)
ibique praedicans uerbum, ut diximus, monasterium nobile construxit. 3.19 (167.30)
IIII siquidem hi, quos diximus, germani fratres, . . . omnes sacerdotes Domini fuere praeclari, 3.23 (176.21)
factus est episcopus Diuma, ut supra diximus, 3.24 (179.22)
habuitque primum episcopum Trumheri, de quo supra diximus, 3.24 (180.28)
Addidit autem uotis, quae diximus, ut semper in XL^{ma} non plus quam semel in die reficeret, 3.27 (194.6)
ipse residuum cum modico, ut diximus, pane bibebat. 3.27 (194.11)
At ille misit eum ordinandum ad Agilberectum, de quo supra diximus, 3.28 (194.21)
prouinciae Orientalium Saxonum post Suidhelmum, de quo supra diximus, praefuere reges Sigheri et Sebbi, 3.30 (199.10)
ut in praecedente libro paucis diximus, 4.1 (201.14)
Theodorus profectus est ad Agilberctum Parisiorum episcopum, de quo superius diximus, 4.1 (203.18)
Et quia litteris sacris simul et saecularibus, ut diximus, abundanter ambo erant instructi, 4.2 (204.24)
excepto Iacobo, de quo supra diximus, 4.2 (205.14)
Ecgbercti, de quo supra diximus, 4.3 (211.17)
quia, sicut et supra diximus, magis in ecclesiasticis quam in mundanis rebus erat industrius; 4.12 (228.18)
inuenient illum hac, ut diximus, die raptum esse de saeculo. 4.14 (235.1)
Quamobrem collecta pro hoc in Brittania synodo, quam diximus, 4.18 (242.15)
Est autem Elge . . . in similitudinem insulae uel paludibus, ut diximus, circumdata uel aquis; 4.19 (246.30)
De primo supra diximus, quod Eboraci fuerit consecratus antistes; 4.23 (254.25)
episcopum, ut diximus, fecerat ordinari Lindisfarnensium ecclesiae . . . Cudberctum, 4.27 (268.22)
Cudberct . . . ad anchoriticae quoque contemplationis, quae diximus, silentia secreta peruenit. 4.28 (271.7)
Nam cum peremta eorum corpora amni, ut diximus, a paganis essent iniecta, 5.10 (300.28)
cui ipse post Benedictum, de quo supra diximus, gloriosissime praefuit; 5.21 (332.29)
ab initio, ut diximus, tertiae septimanae, . . . computari oportet. 5.21 (335.14)
qua tempus paschale primo mense anni et tertia eius ebdomada celebrandum esse diximus. 5.21 (336.2)
iam seruari in ecclesia coepit, maxime Romae et Aegypti, ut supra iam diximus. 5.21 (341.11)
catholicoque illos atque apostolico more celebrationem, ut diximus, . . . agere perdocuit. 5.22 (347.2)
dixisse. fertur eleuatis ad caelum oculis manibusque cum lacrimis dixisse: 3.16 (159.17)
qui narrare solet dixisse sibi quendam multum ueracem ac religiosum hominem, 3.19 (167.16)
dixisset. Haec mihi cum dixisset, multum detestatus sum reuerti ad corpus, 5.12 (309.9)
dixisti. 'Quare tam neglegenter ac tepide dixisti Ecgbercto, quae tibi dicenda praecepi? 5.9 (297.29)
dixit. Tum iudex repletus iracundia dixit: 1.7 (19.24)
Quod igitur indulgere dixit, 1.27 (59.4)
'Deus miserere animabus, dixit Osuald cadens in terram.' 3.12 (151.30)
Haec perorante Vilfrido, dixit rex: 3.25 (188.21)
ostendere posse se dixit alium, 4.1 (202.13)
dixit non eum episcopatum dimittere debere; 4.2 (205.29)
Introiuit ille concitus, cui dixit antistes: 4.3 (209.4)
interuenit mentio reuerentissimi antistitis Ceadda, dixitque Ecgberct: 4.3 (211.29)
dum tamen hoc, quod tantus uir dixit, quia uerum sit, esse non possit incertum. 4.3 (212.3)
Et cum ne adhuc quidem talia loquenti quisquam responderet, uel adsensum praeberet, iterum dixit: 4.8 (221.19)
Rursumque modicum silens, tertio dixit: 4.9 (223.24)
Dixit, et, sicut antea, parum silens, ita sermonem conclusit: 4.9 (223.26)
dixit, quod anima eius, et sine ullo dolore, et cum magno lucis splendore esset egressura 4.11 (226.24)
Qui audito eius commisso dixit: 4.25 (263.17)
Qui dixit: 'Multum est, ut tota septimana absque alimento corporis perdures; 4.25 (263.28)
cuius praesentia cum essem exterritus, dixit mihi, ne timerem; 4.25 (264.30)
Dixit autem abbatissa: 'Et quare non citius hoc conpertum mihi reuelare uoluisti?' 4.25 (265.23)
sciens, quia, qui dixit: 'Diliges Dominum Deum tuum,' dixit et: 'Diliges proximum.' 4.28 (273.24)
sciens, quia, qui dixit: 'Diliges Dominum Deum tuum,' dixit et: 'Diliges proximum.' 4.28 (273.25)
Qui dum sese alterutrum caelestis uitae poculis debriarent, dixit inter alia antistes: 4.29 (274.20)

Dixit illi statim, soluto uinculo linguae, quod iussus erat. 5.2 (284.5)
Addidit episcopus nomina litterarum: 'Dicito A'; dixit illi A. 5.2 (284.8)
et ut cognouit, quia in luna quarta, dixit: 5.3 (285.24)
et adstans dixit orationem super illam, ac benedicens egressus est. 5.3 (286.6)
Et dum adsiderem illi, dixit: 'Vis petamus bibere?' 5.3 (286.13)
dixitque orationem, ac benedixit eum, 5.5 (288.17)
et egrediens dixit solito consolantium sermone: 5.5 (288.18)
'Cumque reuersi perueniremus ad mansiones illas laetas spirituum candidatorum, dixit mihi: 5.12 (308.8)
Nam et uere omnino dixit quidam saecularium scriptorum, 5.21 (333.22)

DICTO. dictando. cuius auctor erat docendo ac dictando Galliarum episcopus Arcuulfus, 5.15 (316.18)
dictante. crucis uexillum . . . dictante fidei deuotione, contra hostem inmanissimum pugnaturus statueret. 3.2 (130.7)
dictat. et ipsa modum correctionis dictat, 1.27 (50.15)
dictaui. Quam sententiam definitionis nostrae Titillo notario scribendam dictaui. 4.5 (217.12)

DICTVM. dictis. noscendis priorum gestis siue dictis, Praef. (5.10)
instituta quoque disciplinae regularis, quae . . . in patrum precedentium factis siue dictis inuenissent, 4.3 (209.11)

DICVL (*fl.* 633), *Irish priest, follower of Fursa.*
Dicullo. reliquit monasterii et animarum curam fratri suo Fullano, et presbyteris Gobbano et Dicullo, 3.19 (168.1)

DICVL (*fl.* 681), *Irish monk, founder and abbot of Bosham.*
Dicul. Erat autem ibi monachus quidam de natione Scottorum, uocabulo Dicul, habens monasteriolum 4.13 (231.2)

DIERVM, *see* **VERBA DIERVM.**

DIES. die. quem dum orationibus continuis ac uigiliis die noctuque studere conspiceret, 1.7 (18.16)
die .x. Kalendarum Iuliarum 1.7 (21.25)
ubi trementi corde stupida die noctuque marcebat. 1.12 (28.2)
innumera hominum eodem die ad Dominum turba conuersa est. 1.18 (37.3)
ut, die reddito, itineris laborem subiret intrepidus. 1.19 (38.4)
Data die x Kalendarum Augustarum, 1.23 (43.23)
Data die x Kalendarum Augustarum, 1.24 (44.20)
Data die x Kalendarum Iuliarum, 1.28 (62.28)
Data die x. Kalendarum Iuliarum, 1.29 (64.21)
die dedicationis, uel natalicii sanctorum martyrum, 1.30 (65.17)
Data die xv. Kalendarum Iuliarum, 1.30 (66.5)
Data die x. Kalendarum Iuliarum, 1.32 (70.4)
Sepultus uero est corpore . . . die quarto Iduum Martiarum, 2.1 (79.5)
Dicunt, quia die quadam . . . multi ad emendum confluxissent, 2.1 (79.29)
2.4 (88.19); 2.5 (90.4); 2.7 (93.30); 2.7 (95.7); 2.9 (98.18); 2.9 (99.5); 2.9 (99.31); 2.12 (110.28); 2.14 (114.2); 2.16 (117.22); 2.18 (120.9); 2.18 (122.3); 2.20 (124.22); 3.2 (130.17); 3.4 (135.4); 3.6 (138.11); 3.8 (143.6); 3.8 (144.25); 3.9 (145.11); 3.12 (150.29); 3.12 (151.11); 3.14 (154.17); 3.14 (155.22); 3.14 (157.16); 3.17 (162.7); 3.19 (164.33); 3.20 (169.16); 3.24 (179.14); 3.25 (185.20); 3.25 (187.19); 3.25 (187.20); 3.25 (187.21); 3.27 (191.29); 3.27 (194.7); 3.29 (197.1); 3.29 (197.6); 4.1 (201.9); 4.1 (203.8); 4.2 (204.14); 4.3 (207.24); 4.3 (208.17); 4.3 (210.4); 4.3 (212.4); 4.5 (214.20); 4.5 (215.2); 4.8 (221.5); 4.9 (224.2); 4.11 (226.19); 4.11 (226.29); 4.13 (231.18); 4.14 (234.9); 4.14 (234.21); 4.14 (234.28); 4.14 (235.1); 4.14 (235.24); 4.14 (235.30); 4.17 (239.7); 4.19 (245.10); 4.19 (245.20); 4.19 (246.3); 4.22 (249.26); 4.23 (252.20); 4.25 (263.4); 4.25 (263.25); 4.25 (264.14); 4.26 (267.3); 4.28 (271.27); 4.29 (275.11); 4.30 (276.17); 4.31 (278.8); 4.31 (278.17); 4.32 (280.11); 5.1 (282.19); 5.2 (284.13); 5.4 (287.12); 5.6 (289.20); 5.7 (292.23); 5.7 (292.26); 5.7 (293.32); 5.8 (295.25); 5.8 (295.28); 5.9 (296.30); 5.10 (300.26); 5.11 (303.3); 5.12 (308.17); 5.12 (308.29); 5.14 (314.6); 5.16 (318.16); 5.17 (319.6); 5.17 (319.10); 5.19 (328.28); 5.21 (334.6); 5.21 (334.18); 5.21 (334.24); 5.21 (334.34); 5.21 (335.2); 5.21 (335.3); 5.21 (335.7); 5.21 (335.11) (*bis*); 5.21 (335.14); 5.21 (335.19); 5.21 (335.22); 5.21 (336.25); 5.21 (336.30); 5.21 (336.31); 5.21 (338.2); 5.21 (338.8); 5.21 (338.9); 5.21 (338.24); 5.21 (339.5); 5.21 (339.25); 5.21 (339.27); 5.21 (340.5); 5.21 (341.5); 5.22 (347.26); 5.22 (347.28); 5.22 (348.3); 5.23 (348.17); 5.23 (349.18); 5.23 (349.20); 5.23 (349.30); 5.23 (350.7); 5.24 (359.19).

diebus. quam saepe lucidioribus diebus de longe aspicere solemus. 1.1 (12.7)
Cumque praefatus clericus aliquot diebus apud eum hospitaretur, 1.7 (18.21)
Excubabat diebus ac noctibus ante tugurium pauperis uulgus 1.19 (37.26)
ut pro masculo diebus xxxiii, . . . debeat abstinere. 1.27 (54.22)
communionis mysterium in eisdem diebus percipere non debet prohiberi. 1.27 (56.8)
quae tamen non omnia nostris diebus uentura sunt, 1.32 (69.18)
conpletis in pace diebus officii sui, 2.3 (86.21)
'Ecce ego uobiscum sum omnibus diebus usque ad consummationem mundi.' 2.8 (95.23)
xxxvi diebus ibidem cum eis cathecizandi et baptizandi officio deditus moraretur; 2.14 (115.1)
quibus diebus cunctis a mane usque ad uesperam nil aliud ageret, quam . . . instruere, 2.14 (115.3)
Quibus diebus cunctis, excepta dominica, ieiunium . . . protelans, 3.23 (175.26)
Sed et diebus dominicis ad ecclesiam . . . confluebant; 3.26 (191.12)
Cuius modum continentiae etiam xl diebus ante natale Domini, . . . obseruare curabat. 3.27 (194.12)
4.9 (222.25); 4.9 (223.16); 4.24 (261.16); 4.25 (264.6); 4.25 (265.27); 4.25 (265.29); 5.2 (283.18); 5.4 (287.3); uar. 5.9 (298.7); 5.10 (300.6); 5.19 (327.28); 5.19 (328.24); 5.21 (334.30); 5.21 (335.24); 5.21 (335.32); 5.21 (336.32); 5.24 (359.18).

diei. facta erat eclipsis solis die tertio mensis Maii, hora circiter x^{a} diei; 3.27 (191.30)
Cuius ueritas uisionis cita circa exortum diei puellae morte probata est. 4.8 (221.25)
contigit forte ipsum puerum hora ferme secunda diei in loco, in quo eger iacebat, solum inueniri; 4.14 (234.1)
ex tempore matutinae synaxeos, usque ad ortum diei, in ecclesia precibus intenta persteterit. 4.19 (244.16)
Erat enim, ut referre est solitus, tunc hora circiter secunda diei. 4.32 (280.25)
inminente hora ipsius diei sexta, 4.32 (280.27)
Erat autem hora diei circiter septima, 5.6 (290.23)
ut omni splendore diei siue solis meridiani radiis uideretur esse praeclarior. 5.12 (307.20)
quod ita in obseruatione paschali mentio fit diei xiiii^{ae}, 5.21 (334.24)
sed adueniente tandem uespera diei xiiii^{ae}, 5.21 (334.25)
5.21 (335.28); 5.21 (336.3); 5.21 (337.10); 5.21 (337.33); 5.21 (338.14); 5.21 (338.26); 5.21 (339.19); 5.21 (340.33); 5.23 (349.9); 5.24 (353.5); Cont. (361.7).
diei. luminare maius, ut praeesset diei; 5.21 (339.17)

diem. ad hanc diem curatio infirmorum, . . . celebrari non desinit. 1.7 (21.30)
caelum diemque nubium nocte subducunt; 1.17 (34.14)
post quam diem ita ex animis omnium suasio iniqua deleta est, 1.18 (36.18)
et ecclesia ad diem resurrectionis dominicae . . . conponitur, 1.20 (38.20)
Neque . . . aduersus gentem Anglorum usque ad hanc diem . . . uenire audebat. 1.34 (72.5)
Non enim paschae diem dominicum suo tempore, . . . obseruabant; 2.2 (81.18)
a xiiii^{a} luna usque ad xx^{am} dominicae resurrectionis diem obseruandum esse putarent; 2.4 (87.19)
quia dominicum paschae diem a xv^{a} luna usque ad xxi^{am}, . . . oportet inquiri. 2.19 (122.24)
Namque diem paschae dominicum more suae gentis, . . . obseruare solebat. 3.3 (131.18)
correcti sunt per eum, et ad uerum canonicumque paschae diem translati; 3.4 (135.2)
placuitque post diem tertium, ut lapis, quo monumentum tegebatur, amoueretur, 3.8 (143.33)
quia a tempore matutinae laudis saepius ad diem usque in orationibus persteterit, 3.12 (151.22)
'Vigilate itaque, quia nescitis diem neque horam.' 3.19 (164.8)

ac non multo post infirmitate correptus diem clausit ultimum. 3.19 (168.14)
3.25 (181.17); 3.25 (182.5); 3.25 (186.21); 3.25 (186.23); 3.27 (193.15); 3.28 (195.13); 4.3 (209.12); 4.3 (210.8); 4.3 (210.8); 4.5 (215.32); 4.7 (220.14); 4.11 (226.7); 4.11 (226.27); 4.19 (244.13); 4.23 (256.26); 4.28 (271.28); 5.8 (295.14); 5.11 (302.27); 5.12 (304.15); 5.12 (304.23); 5.12 (308.20); 5.12 (310.31); 5.19 (322.2); 5.19 (322.19); 5.19 (330.1); 5.21 (334.8); 5.21 (334.20); 5.21 (335.2); 5.21 (335.5); 5.21 (335.15); 5.21 (335.21); 5.21 (335.23); 5.21 (336.6); 5.21 (336.26); 5.21 (337.1); 5.21 (337.11); 5.21 (337.23); 5.21 (337.31); 5.21 (337.34); 5.21 (338.4); 5.21 (338.6); 5.21 (338.16); 5.21 (338.24); 5.21 (338.28); 5.21 (340.12); 5.21 (340.30); 5.22 (348.9); 5.22 (348.12).

dierum. et ipse senex ac plenus dierum, iuxta scripturas, patrum uiam secutus est. 2.20 (126.31)
ibidem senex ac plenus dierum obiit. 3.7 (141.4)
ieiunium xl dierum obseruari principali auctoritate praecepit. 3.8 (142.8)
et ea, quae totius anni circulus in celebratione dierum festorum poscebat, 4.18 (241.24)
Theodorus . . . senex et plenus dierum, id est annorum lxxxviii, defunctus est; 5.8 (294.20)
quia nimirum haec ad numerum pertinet illarum vii dierum, quibus azyma celebrari iubetur. 5.21 (337.14)

dies. unde etiam plurimae longitudinis habet dies aestate, 1.1 (11.3)
plurimae item breuitatis noctes aestate, et dies habet in bruma, 1.1 (11.6)
longissima dies siue nox xv, . . . conpleat horas. 1.1 (11.9)
cum fortasse aut festus dies exigit, 1.27 (60.13)
eadem prima sabbati, quae nunc dominica dies cognominatur, 3.4 (135.9)
Hunc cum dies mortis egredi e corpore cogeret, 3.17 (159.25)
eadem una sabbati, quae nunc dominica dies dicitur, 3.17 (162.11)
si dominica dies, quae tunc prima sabbati uocabatur, erat mane uentura, 3.25 (185.29)
ut dominica paschae dies nonnisi a xv^{a} luna usque ad xxi^{am} seruaretur. 3.25 (186.3)
4.14 (233.24); 4.14 (236.6); 4.29 (274.5); 4.32 (280.26); 5.10 (301.9); 5.21 (335.16); 5.21 (335.30); 5.21 (336.13); 5.21 (336.14); 5.21 (336.27); 5.21 (336.29); 5.21 (336.33); 5.21 (337.2); 5.21 (337.5); 5.21 (337.11); 5.21 (337.20); 5.21 (339.13).

dies. Aderant etiam quadragesimae uenerabiles dies, 1.20 (38.16)
Cumque x dies xl^{mae} restarent, 3.23 (175.34)

dies. intra paucissimos dies plurimam insulae partem in deditionem recepit. 1.3 (15.12)
dies festos celebrant, 1.8 (22.12)
Gregorius, . . . rexit annos xiii, menses vi, et dies x. 1.23 (42.18)
Post dies ergo uenit ad insulam rex, 1.25 (45.27)
post quot dies hoc liceat sacri baptismatis sacramenta percipere? 1.27 (53.28)
post quot dies debeat ecclesiam intrare, 1.27 (54.20)
sed post nostros dies omnia subsequentur. 1.32 (69.18)
Gregorius, postquam sedem Romanae . . . xiii annos, menses vi, et dies x gloriosissime rexit, 2.1 (73.4)
'Diesque nostros in tua pace disponas, 2.1 (78.32)
Exin coepere plures per dies de Scottorum regione uenire Brittaniam 3.3 (132.14)
multi per dies locum frequentare illum, . . . coeperunt. 3.10 (147.26)
qui x et viiii annos, menses duos, dies xxi episcopatum tenuit; 3.14 (154.18)
Quod dum post dies xxvii esset factum, 3.19 (168.18)
rexit ecclesiam annos viiii, menses iiii et duos dies; 3.20 (169.18)
3.28 (195.28); 4.2 (204.16); 4.3 (209.34); 4.3 (210.3); 4.9 (223.8); 4.10 (224.24); 4.30 (276.29); 4.30 (277.19); 4.32 (279.26); 4.32 (280.2); 5.9 (297.26); 5.9 (298.7); 5.11 (303.6); 5.12 (304.4); 5.21 (334.32); 5.21 (335.12); 5.21 (335.26); 5.21 (337.18); 5.23 (350.1); 5.24 (359.1).

DIFFAMO. diffamatis. Quibus patefactis ac diffamatis longe lateque miraculis, 3.10 (147.25)
diffamatum. longe lateque diffamatum, multos ad agendam et non differendam scelerum suorum paenitudinem prouocauit. 5.14 (315.6)

DIFFERENTIA. differentia. ita etiam de tonsurae differentia legatur aliqua fuisse controuersia; 5.21 (342.23)

DIFFERO. differas. diis magnis sacrificare ne differas.' 1.7 (19.25)
quatinus diuinae inspirationis inbuta subsidiis, inportune et oportune agendum non differas, 2.11 (105.16)
et ea, quae nunc promittis, adimplere ne differas.' 2.12 (109.26)
Memento, ut tertium, quod promisisti, facere ne differas, 2.12 (111.1)
differendam. multos ad agendam et non differendam scelerum suorum paenitudinem prouocauit. 5.14 (315.7)
differentes. qui differentes confiteri et emendare scelera, . . . ad paenitentiam confugiunt, 5.12 (308.13)
differre. qui eius interitum cognoscentes differre tempus paenitentiae, dum uacat, timerent, 5.13 (313.6)
differret. Cum ergo praedicante uerbum Dei Paulino rex credere differret, 2.12 (110.25)
dilatus. ui tempestatis in occidentalia Brittaniae litora delatus [dilatus] est; uar. 5.15 (316.24)
distulerit. ad suscipiendam uocem praedicatorum suam distulerit obedientiam exhibere. 2.11 (105.9)
distulimus. Vnde paternis officiis uestrae gloriosae Christianitati nostram commonitionem non distulimus conferendam; 2.11 (105.14)
distulit. Nec distulit, quin etiam ipsis doctoribus suis locum sedis . . . donaret, 1.26 (47.30)
Nec exinde distulit, quin continuo regem ammoneret explere uotum, 2.12 (107.13)
Nec distulit Æduini, quin continuo polliceretur in omnibus se secuturum doctrinam illius, 2.12 (109.18)
Nec distulit ille, mox ut adpropiabat ad fanum, profanare illud, 2.13 (113.16)
Nec distulit, quin continuo, quod mente conceperat, expleret. 4.10 (224.30)

DIFFICVLTAS. difficultate. ceterae cum magna difficultate reparatae sunt; 1.2 (14.8)
Vnde facta difficultate tumulandi, cogitabant aut aliud quaerere loculum, 4.11 (227.5)

DIFFICVLTER. Cum ergo uideret Paulinus difficulter posse sublimitatem animi regalis ad humilitatem . . . inclinari, 2.12 (107.5)
Cumque hoc tarde ac difficulter inpetraremus, 5.4 (287.17)

DIFFIDO. diffidendum. Nec diffidendum est nostra etiam aetate fieri potuisse, 4.19 (243.19)

DIFFLVO. diffluere. ut meminerimus facta et cogitationes nostras non in uentum diffluere, 5.13 (313.11)

DIFFVGIO. diffugiunt. Morbi diffugiunt, ydros et ater abit. 4.20 (248.24)

DIFFVNDO. diffusa. catholicae obseruationis . . . quae toto orbe diffusa est, 2.4 (87.23)
quacumque Christi ecclesia diffusa est, 3.25 (184.26)
diffusam. inlustrationemque diuinae propitiationis in uobis diffusam opulentius agnoscentes, 2.11 (106.19)

DIFINIO. difinitum. 'Si omnimodis ita definitum [difinitum] est, uar. 4.9 (223.27)

DIFINITIO. difinitio. unde uera esse probatur nostra definitio [difinitio], uar. 5.21 (335.33)
difinitione. non solum in definitione [difinitione] et computo lunaris aetatis, . . . falluntur. uar. 5.21 (338.30)

DIGERO. digessi. Haec . . . Domino adiuuante digessi Baeda famulus Christi, 5.24 (357.3)
digesta. ea, quae temporum distinctione latius digesta sunt, 5.24 (352.2)

DIGITVS. digitorum. addiderunt longitudini sarcofagi quasi duorum mensuram digitorum. 4.11 (227.3)
a parte uero pedum mensura iiii digitorum in sarcofago corpus excederet. 4.11 (227.15)

DIGNIOR, ius. **dignior.** si tamen examinata a prudentibus sanctior ac Deo dignior posset inueniri. 2.9 (98.9)
digniores. multo digniores genti memoratae praecones ueritatis, 1.22 (42.8)

DIGNISSIMVS, a, um. **dignissimum.** 'Constat', inquit, 'Anatolium uirum sanctissimum, doctissimum, ac laude esse dignissimum; 3.25 (187.12)
dignissimus. Qui cum esset iuuenis optimus, ac regis nomine ac persona dignissimus, 3.21 (169.26)

DIGNITAS. dignitatem. ut ob regiam eius et animi, et uultus, et meritorum dignitatem ab omnibus diligeretur, 3.14 (156.1)
quaedam erat femina sanctimonialis, et ad saeculi huius dignitatem nobilis, 4.9 (222.31)
dignitates. multi sunt, qui ampliora a te beneficia quam ego, et maiores accipiunt dignitates, 2.13 (111.28)

dignitatis. ad nanciscendam supernae gloriam dignitatis diuina gratia largiente conuertit. 2.1 (74.3)
Habuit autem Osuiu primis regni sui temporibus consortem regiae dignitatis, 3.14 (154.25)
neque enim possunt carmina, . . . ex alia in aliam linguam ad uerbum sine detrimento sui decoris ac dignitatis transferri. 4.24 (260.10)
DIGNO. dignabitur. cui in eo facultatem quiescendi Dominus totius beatitudinis auctor atque largitor praestare dignabitur.' 4.30 (277.13)
dignaretur. ut misericordiam sibi dignaretur inpendere, 4.14 (233.17)
Rogauit ergo episcopum abbatissa, ut intrare ad eam, ac benedicere illam dignaretur, 5.3 (285.21)
dummodo ille dignaretur eo die domum suam ingrediens ieiunium soluere. 5.4 (287.12)
ille gratias agens pietati, quam erga eum, cum esset peregrinus, habere dignaretur, 5.19 (324.13)
dignata. Sancti Spiritus feruore in sui quoque agnitione mirabiliter est dignata succendere. 2.10 (101.26)
oraculum caeleste, quod illi . . . pietas diuina reuelare dignata est, 2.12 (107.3)
quod uos diuina misericordia ad suam gratiam uocare dignata est, 2.17 (119.15)
quod diuina uobis misericordia per intercessionem . . . Osualdi, . . . conferre dignata est. 4.14 (234.28)
dignati. cui diuina dispositione subito beatissimi apostolorum principes dignati sunt apparere. 4.14 (234.4)
dignatur. quae Redemtoris nostri misericordia suis famulis dignatur bonorum munera praerogare, 2.18 (120.26)
dignatus. quod scintillam orthodoxae religionis in uestri dignatus est confessione succendere; 2.11 (104.25)
quae per uos . . . in conuersatione coniugis uestri summissaeque uobis gentis dignatus fuerit operari, 2.11 (106.15)
qui uos . . . ad agnitionem sui nominis est dignatus perducere, 2.17 (119.18)
nisi . . . per auxilium eorum, qui illi fideliter seruierunt, propitiari dignatus fuerit. 3.13 (153.16)
meque de saeculo euocare dignatus est. 4.3 (209.15)
Dominus omnipotens obitum ipsius . . . manifesta uisione reuelare dignatus est. 4.23 (257.4)
dignetur. 'Obsecremus Deum, . . . ut ipse nobis insinuare caelestibus signis dignetur, 2.2 (81.31)
quae uos uestrosque omnes in omnibus bonis operibus auxiliari dignetur, 3.29 (199.2)
DIGNOSCO, *see* **DINOSCO.**
DIGNVS, a, um. **digna.** non enim digna est haec gens talem habere rectorem.' 3.14 (157.11)
digna. quamque digna laude commendans, 2.1 (78.8)
ibique uitam in Deo digna conuersatione conpleuit. 5.6 (292.7)
digna. quae memoria digna uidebantur, Praef. (6.14)
quae memoratu digna atque incolis grata credideram, Praef. (8.16)
et quae laude sunt digna in eius actibus laudans, 3.17 (161.15)
digna. ea, quae bona ac Deo digna esse cognouerit, Praef. (5.17)
et multa memoratu digna, quae uiderat, narrauit; 5.12 (303.30)
quaeque ille se in locis sanctis memoratu digna uidisse testabatur, 5.15 (316.29)
dignae. in nouo recondita loculo in eodem quidem loco, sed supra pauimentum dignae uenerationis gratia locarent. 4.30 (276.15)
dignam. atque ad dexteram altaris iuxta uenerationem tanto pontifice dignam condita sunt. 3.17 (160.15)
auctoritatem sacerdote dignam, 3.17 (161.22)
dedit eum illi, qui dignam loco et doctrinam haberet, et uitam. 3.25 (183.6)
'Vitam,' inquit, 'illius, . . . per omnia episcopo dignam esse conperi. 5.6 (289.12)
dignas. misit post eos beatus pater Gregorius litteras memoratu dignas, 1.30 (64.27)
in transgressores dignas et conpetentes punitiones proposuit. 3.8 (142.10)
et ipsi non multo post in eadem prouincia dignas suae perfidiae poenas luebant. 5.23 (349.16)
digni. aestimans se in hac obseruantia sancti ac laude digni patris Anatolii scripta secutam. 3.3 (131.24)
digni. qui in praesenti quidem uita a deceptis hominibus putabantur digni perpetuae gloria coronae; 5.21 (343.33)
digni. et eis mox plura in eundem modum uerba Deo digni carminis adiunxit. 4.24 (260.13)
dignis. et confessa dignis, ut imperabat, poenitentiae fructibus abstergerent. 4.27 (270.3)
dignis. quin ei, qui tanta sibi beneficia donaret, dignis ipse gratiarum actionibus responderet. 2.12 (109.12)
digno. ac digno a cunctis honore uenerantur. 3.6 (138.30)
adhuc sine macula corruptionis inuentum, ibidem digno cum honore translatum est; 3.19 (168.24)
digno. est digno Dei iudicio post culpam ordinatum. 1.27 (55.31)
ac pulcherrimo prorsus et Deo digno consortio, . . . ipsum . . . accepit in filium. 3.7 (139.26)
dignos. immo confidenter profiteor plurimos ex eis sanctos ac Deo dignos extitisse, 5.21 (344.6)
dignum. dignum uidelicet eum, . . . iam olim reddens, 1.7 (20.32)
dignum se congregationi fratrum aestimare non debet, 1.27 (57.22)
et ipsum esse dignum episcopatu, . . . decernunt, 3.5 (137.21)
dicens, quod ipse eum dignum esse episcopatu iudicaret. 3.7 (141.26)
potest diuina pietas . . . ingressu te uitae perennis dignum reddere." 3.13 (153.27)
quippe qui neque me umquam hoc esse dignum arbitrabar; 4.2 (205.27)
dignum. dignumque fuit, ut tantus praecessor talem haberet . . . heredem 3.6 (139.3)
dignus. ac regni caelestis dignus factus ingressu. 1.7 (21.19)
Maximus uir quidem strenuus et probus, atque Augusto dignus, 1.9 (23.12)
apostoli, qui super pectus Domini recumbere dignus fuit, 3.25 (184.34)
hic ab omnibus, qui nouere, dignus episcopatu iudicatus est. 4.1 (202.17)
dignusque per omnia, cui Dominus specialiter sua reuelaret arcana, 4.3 (207.30)
dignus, cui fidem narranti audientes accommodarent. 4.3 (207.31)
et nunc dignus quidem es morte, 4.22 (251.11)
uniuersorum iudicio absque crimine accusatus fuisse, et episcopatu esse dignus inuentus est. 5.19 (326.23)
DIGREDIOR. digredientes. quia et digredientes ab inuicem non se ultra corporaliter uiderunt, 4.29 (275.10)
digressi. postquam enim ab inuicem digressi fuerimus, 4.29 (274.23)
digressis. digressis ad ecclesiam sociis, ut dicere coeperam, 4.3 (208.17)
DII, DIIS, *see* **DEVS.**
DIIVDICO. diiudicare. Namque prudentiam tuam facillime diiudicare reor, 5.21 (344.28)
diiudicata. mox audita ac diiudicata causa et controuersia utriusque partis, 5.19 (328.9)
DILACERO. dilaceraret. prouincias Nordanhymbrorum, . . . quasi tyrannus saeuiens disperderet, ac tragica caede dilaceraret, 3.1 (128.7)
DILATIO. dilatione. sine ulla dilatione offerenda; 1.27 (55.2)
haec . . . gratuito animo adtribuere ulla sine dilatione praeuidemus; 2.17 (119.28)
DILATO. dilatandam. ut ad dilatandam Christianam fidem incessabiliter non desistat operam commodare; 2.11 (105.5)
dilatandi. totius creaturae suae dilatandi subdi etiam in extremitate terrae positarum gentium corda frigida, 2.10 (101.24)
dilatare. ecclesiam Christi in regno suo multum diligenter aedificare ac dilatare curauit. 3.3 (132.8)
dilataret. atque ad episcopium furens se flamma dilataret, 2.7 (94.19)
dilatari. Pelagianam peruersitatem iterato paucis auctoribus dilatari; 1.21 (40.1)
dilataueris. cuius nomen atque cognitionem dilataueris in terra. 1.32 (68.11)
dilateret. atque ad episcopium furens se flamma dilataret [dilateret], uar. 2.7 (94.19)
dilatetur. ita ut Christi euangelium . . . in omnibus gentibus, quae necdum conuersae sunt, dilatetur. 2.8 (96.29)
DILECTIO. dilectio. ita illum dilectio uestra, sicut decet, affectuose dulciterque suscipiat, 1.28 (62.16)
dilectione. sed tantummodo credentes artiori dilectione, 1.26 (47.27)
ne pro carnali dilectione tormenta aeterni cruciatus incurrant. 1.27 (51.21)
ut indicemus nos . . . redemtionem totius mundi, . . . deuota fide ac dilectione colere, 5.21 (341.4)
dilectionem. in cogitatione per delectationem [dilectionem] coniungitur; uar. 1.27 (57.20)

Haec igitur dilectionem tuam praedicto fratri necesse est dicere, 1.30 (66.1)
omnipotens Deus per dilectionem tuam . . . miracula ostendit; 1.31 (66.14)
quoties per fraternos affatus unianimam dilectionem quadam contemplatione alternis aspectibus repraesentat. 2.18 (120.28)
ut uestram dilectionem in praedicatione euangelii elaborantem et fructificantem, 2.18 (121.2)
homines . . . ad dilectionem uero et solertiam bonae actionis excitare curabat. 4.24 (261.10)
dilectioni. Pro qua etiam re singula uestrae dilectioni pallia pro eadem ordinatione celebranda direximus, 2.18 (121.25)
dilectionis. pro paruulis Christi, quos mihi in indicium suae dilectionis commendauerat, 2.6 (92.26)
His ergo praemissis, paternae uobis dilectionis exhibentes officia, hortamur, 2.11 (106.11)
sui patris, ad cuius corpus dilectionis ipsius gratia uenerat, 3.23 (177.6)
opera tamen fidei, pietatis, et dilectionis, . . . diligenter exsequi curauit. 3.25 (182.10)
ut uirtutem dilectionis et pacis ad inuicem et ad omnes fideles seruarent; 4.3 (209.7)

DILECTISSIMVS, a, um. **dilectissime.** Deus te incolumem custodiat, dilectissime fili. 1.30 (66.4)
Deus te incolumem custodiat, dilectissime frater. 2.8 (97.3)
Deus te incolumem custodiat, dilectissime frater. 2.18 (122.2)
Gratia te Regis aeterni . . . ad nostram omnium pacem custodiat incolumem, dilectissime in Christo fili.' 5.21 (345.20)
dilectissimi. summo studio, dilectissimi filii, oportet, 1.23 (43.8)
Deus uos incolumes custodiat, dilectissimi filii. 1.23 (43.22)
'Rogo,' inquam, 'dilectissimi fratres, . . . ut in commune omnes pro nostra fide tractemus; 4.5 (215.15)
dilectissimis. Dilectissimis et sanctissimis Tomiano, Columbano, Cromano, Dinnao, et Baithano episcopis; 2.19 (123.1)
dilectissimo. 'Dilectissimo filio Mellito abbati 1.30 (64.30)
Dilectissimo fratri Iusto Bonifatius. 2.8 (95.16)
Dilectissimo fratri Honorio Honorius. 2.18 (120.24)

DILECTVS, a, um. **dilecta.** et ipsa Deo dilectam [dilecta] perpetuae uirginitatis gloriam . . . seruauit; uar. 3.8 (144.6)
Nam non multis interpositis diebus, Deo dilecta mater . . . ergastulo carnis educta est; 4.9 (222.25)
dilectae. Tum reuersus ad dilectae locum peregrinationis, solito in silentio uacare Domino coepit; 5.9 (298.23)
dilectae. ut apud se eaedem sanctae ac Deo dilectae reliquiae conderentur. 3.11 (148.25)
dilectam. et ipsa Deo dilectam perpetuae uirginitatis gloriam in magna corporis continentia seruauit; 3.8 (144.6)
dilecte. "Scias pro certo, frater mi dilecte, quia etsi Simonis tonsuram ex consuetudine patria habeam, 5.21 (344.20)
dilecti. idem annus sequentis regis, id est Osualdi, uiri Deo dilecti, regno adsignaretur; 3.1 (128.16)
quorum prior frater fuit Ediluini, uiri aeque Deo dilecti, 3.27 (192.21)
quod diuina uobis misericordia per intercessionem religiosi ac Deo dilecti regis Osualdi, . . . conferre dignata est. 4.14 (234.24)
uenit . . . discipulus quondam in Brittania et minister Deo dilecti sacerdotis Boisili 5.9 (297.1)
in clero sanctissimi ac Deo dilecti Bosa Eboracensis episcopi nutritus atque eruditus est; 5.20 (332.6)
dilecti. quod omnes patres nostri, uiri Deo dilecti, eodem modo celebrasse noscuntur. 3.25 (184.5)
dilecto. una cum epistulis, quas idem pontifex Deo dilecto archiepiscopo Laurentio . . . direxit. 2.4 (88.24)
dilectos. Columbam et successores eius uiros Deo dilectos, . . . diuinis paginis contraria . . . egisse credendum est? 3.25 (187.4)
Vnde et illos Dei famulos ac Deo dilectos esse non nego, 3.25 (187.34)
dilectus. Defunctus est autem Deo dilectus pater Augustinus, 2.3 (86.1)
et iuxta quod dispositum fuerat, ordinatur episcopus uir Deo dilectus Paulinus, 2.9 (98.13)
euangelista Iohannes, discipulus specialiter Domino dilectus, 3.25 (184.8)
Theodorus Deo dilectus antistes, . . . coeptum tanti periculi funditus extinguit incendium; 4.21 (249.11)
Nec mora, Deo dilectus antistes Eadberct morbo correptus est acerbo, 4.30 (277.18)

DILIGENTER. diligenter omnia, . . . cognouerat; Praef. (6.9)
diligenter a fratribus monasterii, . . . agnouimus. Praef. (7.13)
diligenter adnotare curaui, Praef. (8.16)
Cumque diligenter ac saepe ab illo essent admoniti nequaquam ita fieri posse, 2.5 (91.22)
ab idolorum etiam cultu seu fanorum auguriorumque inlecebris se diligenter abstineat, 2.11 (105.3)
pietais et castitatis opera diligenter obseruantes. 3.4 (134.25)
diligenter, quid diceret, discutiebant, 3.5 (137.20)
ecclesiam Christi in regno suo multum diligenter aedificare ac dilatare curauit. 3.3 (132.8)
fratres monasterii illius, qui pridie abnuerant, diligenter ipsi petere coeperunt, 3.11 (148.24)
opera tamen fidei, . . . iuxta morem omnibus sanctis consuetum, diligenter exsequi curauit. 3.25 (182.11)
et diligenter ea, quae ad fidem ac ueritatem pertinent, et uerbo cunctos docebat, et opere. 3.26 (190.2)
uerbis quoque horum exhortatoriis diligenter auditum praebebant. 3.26 (191.11)
Hadrianus, uir natione Afir, sacris litteris diligenter inbutus, 4.1 (202.8)
et ut ei doctrinae cooperator existens diligenter adtenderet, 4.1 (203.1)
Quibus pariter congregatis, diligenter ea, quae unitati pacis ecclesiasticae congruerent, . . . coepit obseruanda docere. 4.5 (214.25)
ut, cuius esset fidei Anglorum ecclesia, diligenter edisceret, 4.18 (241.34)
quique nouerant eam religiosi, . . . sedulo eam uisitare, obnixe amare, diligenter erudire solebant. 4.23 (253.32)
Quod cum residuo noctis tempore diligenter agerent, 4.23 (257.30)
Addidit autem uir etiam lacrimas precibus, diligenter obsecrans, ut intraret oraturus pro illo, 5.5 (288.10)
Audientes haec fratres coeperunt diligenter exhortari, 5.14 (314.20)
diligenter ea, quae monasticae castitatis ac pietatis erant, et discere curabat et agere. 5.19 (323.3)
Vbi cum aliquandiu . . . adulescens animi uiuacis diligenter his, quae inspiciebat, discendis operam daret, 5.19 (323.28)
Haec epistula cum . . . esset lecta, ac diligenter ab his, qui intellegere poterant, 5.21 (345.23)
uel sub quo iudice mundum uicerint, diligenter adnotare studui. 5.24 (359.20)

DILIGENTIA. diligentia. quasi subito sublatum eum quaesierit cum omni diligentia, 4.23 (256.2)

DILIGENTISSIME. et causam, quam nesciebam, diligentissime inuestigabam. 2.1 (77.30)

DILIGENTIVS. Vnde statim iussit milites eum diligentius inquirere. 1.7 (18.24)
Verum primo diligentius ex tempore, et ab ipso uenerabili uiro Paulino rationem fidei ediscere, 2.9 (100.9)
Adiecit autem Coifi, quia uellet ipsum Paulinum diligentius audire de Deo, 2.13 (112.24)
et, ut haec diligentius ab omnibus susciperentur, rogaui. 4.5 (215.30)
Cumque diligentius intueretur, quo trahente leuaretur sursum haec, 4.9 (222.16)
animaduerterunt, qui eum diligentius considerabant, . . . quia non erat de paupere uulgo, 4.22 (251.3)
et diligentius ab eo rem, uel unde hoc ipse nosset, inquirebat. 4.25 (264.26)
Porro ipse diligentius obsecrans, ut et mihi certandi cum illis copia daretur, 5.6 (289.29)
ut diligentius explorata scripturae ueritas docet, 5.21 (335.27)

DILIGO. dilexerunt. qui simplicitate rustica, sed intentione pia Deum dilexerunt. 3.25 (188.1)
dilexit. sed quoniam ipse plus Lindisfarnensi ecclesiae, in qua conuersatus fuerat, dilexit praefici, 4.28 (273.9)
diligebat. quod eadem regina cum uiro suo Aedilredo multum diligebat, uenerabatur, excolebat, 3.11 (148.8)
Multum namque eundem episcopum Colmanum rex pro insita illi prudentia diligebat. 3.26 (190.13)
quae illam inmenso amore diligebat, 4.23 (258.13)
At illa instantius obsecrans pro filia, quam oppido diligebat, 5.3 (285.31)
Ad quem ingressus rex, diligebat enim eum multum, 5.13 (311.17)
diligebatur. Vnde ab omnibus, etiam his, qui de pascha aliter sentiebant, merito diligebatur; 3.25 (182.13)
diligendum. per cuius notitiam maxime ad diligendum noscendumque episcopum peruenit. 3.23 (175.10)
diligentes. diligentes hanc uitam, et futuram non quaerentes, . . . coeperunt fana, . . . restaurare, 3.30 (199.16)

diligentibus. coronam uitae, quam repromisit Deus diligentibus se. 1.7 (21.11)
ut coronam uitae aeternae, quam repromisit Deus diligentibus se, se semper expectare, . . . designent. 5.21 (343.22)
diligere. quia sciebat illam nullum uirorum plus illo diligere. 4.19 (243.18)
de statu huius mundi merito diligere potuit homo huius mundi; 5.21 (333.26)
et non potius eius, . . . etiam nunc habitum te, quantum potes, diligere monstras?" 5.21 (344.19)
diligerent. una cum eis, qui canonica patrum statuta et diligerent, et nossent, magistris 4.5 (214.24)
diligeret. eo quod me speciali diligeret affectu; 5.6 (290.29)
diligeretur. ut ob regiam eius et animi, et uultus, et meritorum dignitatem ab omnibus diligeretur, 3.14 (156.2)
diliges. sciens, quia, qui dixit: 'Diliges Dominum Deum tuum,' dixit et: 'Diliges proximum.' 4.28 (273.24)
sciens, quia, qui dixit: 'Diliges Dominum Deum tuum,' dixit et: 'Diliges proximum.' 4.28 (273.25)
diligit. liber ex iustitia, quam diligit, 1.27 (62.1)
DILIGO. diligata. cui suscipiendorum inopum erat cura delegata [diligata], uar. 3.6 (138.16)
DILVCVLVM. deluculo. sed diluculo [deluculo] reuiuiscens, uar. 5.12 (304.5)
diluculo. et sic incipiente diluculo in hostem progressi, 3.2 (129.11)
dicens, quod adueniente diluculo perennem esset exitura ad lucem. 4.8 (221.24)
uenerunt primo diluculo fratres, qui eius obitum nuntiarent, a loco, ubi defuncta est. 4.23 (257.31)
sed diluculo reuiuiscens, ac repente residens, 5.12 (304.5)
DILVO. diluerit. Sed credendum est, quia talis mors uiri religiosi non solum talem culpam diluerit, 3.22 (174.11)
dilutura. ipsa autem abbatissa intus cum paucis ossa elatura et dilutura intrasset, 4.19 (245.27)
DIMERGO. dimersum. quia uideret inferos apertos, et Satanan demersum [dimersum] in profundis tartari, uar. 5.14 (314.15)
DIMICO. dimicans. in loco, ubi pro patria dimicans a paganis interfectus est, 3.9 (145.15)
DIMIDIVS, a, um. **dimidia.** et apparuerunt stellae pene hora dimidia ab hora diei tertia. 5.24 (353.4)
dimidiae. audiuit denuo, transacto quasi dimidiae horae spatio, ascendere . . . idem laetitiae canticum, 4.3 (208.29)
dimidiam. Resurgens autem sensit dimidiam corporis sui partem a capite usque ad pedes paralysis langore depressam, 4.31 (278.13)
dimidii. id est unius ferme miliarii et dimidii spatio interfluente Tino amne separata, 5.2 (283.9)
dimidio. Qui cum in illa prouincia duobus annis ac dimidio ecclesiam gloriosissime rexisset, 4.3 (207.16)
Ac post eum idem Edric anno uno ac dimidio regnauit; 4.26 (268.13)
DIMINVO. diminuendos. confringendos diminuendosque summopere procurate. 2.10 (103.8)
DIMISSIO. dimissionem. 'Vt ipsi monachi non migrent de loco ad locum, . . . nisi per dimissionem proprii abbatis; 4.5 (216.10)
DIMITTO. dimisit. Regressus in Galliam, legiones in hiberna dimisit, 1.2 (14.3)
dimissa. ratus est utilius tunc demissa [dimissa] intentione bellandi, seruare se ad tempora meliora. . uar. 3.14 (155.10)
dimissis. dimissis ordinate omnibus nauigauit Galliam, 3.19 (168.10)
dimittere. dixit non eum episcopatum dimittere debere; 4.2 (205.30)
dimitteret. uel cui pastorum oues Christi in medio luporum positas fugiens ipse dimitteret.' 2.6 (92.24)
et factas ab eis iniurias mox obsecrantibus placida mente dimitteret. 3.22 (173.23)
dismisis. dimissis [dismisis] ordinate omnibus nauigauit Galliam, uar. 3.19 (168.10)
DINNAVS, *probably Dima, Bishop of Connor (d. 658).*
Dinnao. Dilectissimis et sanctissimis Tomiano, Columbano, Cromano, Dinnao, et Baithano episcopis; 2.19 (123.2)
DINOOT (*fl.* 603), *Abbot of Bangor.*
Dinoot. Bancornaburg, cui tempore illo Dinoot abbas praefuisse narratur, 2.2 (82.23)
DINOSCO. dignoscere. unde mox egressi dignoscere quid esset, 3.8 (143.25)
dinoscere. Qui rursus aiebant: 'Et unde uel hoc dinoscere ualemus?' 2.2 (83.4)
e quibus uidelicet hominibus, ut dinoscere potui, quidam erat adtonsus ut clericus, 5.12 (306.16)
dinoscitur. coniugem uestram, quae uestri corporis pars esse dinoscitur, 2.10 (101.33)
quo a nobis noscitur [dinoscitur] destinatum. uar. 2.10 (104.5)
DIOCESIS. diocesi. Praeceperat enim Theodoro abeunti domnus apostolicus, ut in diocesi sua prouideret, 4.1 (204.8)
DIOCLETIANVS (245–313), *Emperor of Rome, 284–305.*
Diocletiani. fidem Brittani usque in tempora Diocletiani principis . . . in pace seruabant. 1.4 (16.11)
De imperio Diocletiani, et ut Christianos persecutus sit. 1.6 (17.7)
Diocletiano. Constantius, qui uiuente Diocletiano Galliam Hispaniamque regebat, 1.8 (22.21)
Diocletianus. Diocletianus XXXIII ab Augusto imperator ab exercitu electus 1.6 (17.8)
Interea Diocletianus in oriente, . . . uastari ecclesias, affligi, 1.6 (17.26)
DIONYSIVS EXIGVVS (*fl.* early 6th cent.), *monk of the Western Church, who introduced the method of computing time from the birth of Christ.*
Dionysius Exiguus. post quem Dionysius Exiguus totidem alios ex ordine pari schemate subnexuit, 5.21 (341.20)
DIRIGO. directa. Munuscula a uestra celsitudine beato principi apostolorum directa . . . suscepimus, 3.29 (198.8)
directae. non solum epistulae a uobis directae tenor, . . . indicauit. 2.8 (95.19)
Exemplar epistulae . . . Bontifatii directae uiro glorioso Æduino regi Anglorum. 2.10 (100.22)
Exemplar epistulae . . . Bonifatii papae urbis Romae directae Aedilbergae reginae 2.11 (104.11)
directus. Constantinopolim apocrisiarius ab apostolica sede directus est, 2.1 (75.2)
qui olim huc a beato Gregorio Romanae urbis pontifice directus, 2.3 (86.18)
qui est annus XL^{mus} primus, ex quo a Vitaliano papa directus est cum Theodoro; 5.20 (331.4)
direximus. Pallium . . . fraternitati tuae, benignitatis studiis inuitati, direximus, 2.8 (96.23)
Praeterea benedictionem protectoris uestri beati Petri apostolorum principis uobis direximus, 2.10 (104.2)
Praeterea benedictionem protectoris uestri beati Petri apostolorum principis uobis direximus, 2.11 (106.24)
et duo pallia utrorumque metropolitanorum, id est Honorio et Paulino, direximus, 2.17 (119.30)
Pro qua etiam re singula uestrae dilectioni pallia pro eadem ordinatione celebranda direximus, 2.18 (121.26)
coniugi uestrae, . . . direximus per praefatos gerulos crucem 3.29 (198.19)
direxisse. Augustinum . . . illic nos pro utilitate animarum auxiliante Domino direxisse; 1.24 (44.9)
litteras, in quibus significat se ei pallium direxisse, 1.29 (63.13)
direxit. praedicatores, quos huc direxit, 2.1 (78.6)
cum epistulis, quas idem pontifex . . . et Aedilbercto regi atque genti Anglorum direxit. 2.4 (88.26)
Iohannes, . . . litteras eis magna auctoritate atque eruditione plenas direxit; 2.19 (122.23)
dirigemus. eum instructum ad uestram dirigemus patriam, 3.29 (198.4)
dirigens. et dirigens ad caelum oculos, 1.7 (20.15)
dirigeret. in his occiduis partibus ad praedicandum gentibus paganis dirigeret, 2.4 (87.30)
DIRIMO. dirimebantur. qui Hreno tantum flumine dirimebantur, 1.2 (13.24)
dirimuntur. quo meridiani et septentrionales Anglorum populi dirimuntur, 1.25 (45.3)
prouinciae Orientalium Saxonum, qui Tamense fluuio dirimuntur a Cantia. 2.3 (85.8)
DIRISSIMVS, a, um. **dirissima.** eosque interim a dirissima depressione liberatos, 1.12 (26.11)
DIRVS, a, um. **dira.** Nec multo post dira antistitis praesagia tristi regis funere, . . . impleta sunt. 3.14 (157.13)
dirae. quasi orienti simul et occidenti dirae cladis praesagae; 5.23 (349.8)
diri. acrior gentem peccatricem ultio diri sceleris secuta est. 1.14 (30.15)
DISCEDO. discedebat. et expleta in ecclesia oratione discedebat. 3.26 (190.32)
discedentibus. discedentibus inde ob desolationem plurimis incolarum, in nostro monasterio . . . defunctus est. 4.25 (266.2)
discedere. si a cultu nostrae religionis discedere temtas.' 1.7 (19.11)
discedo. 'Si me,' inquit, 'nosti episcopatum non rite suscepisse, libenter ab officio discedo; 4.2 (205.26)
discessere. Discessere itaque primo Mellitus et Iustus, 2.5 (92.1)

discessere omnes, qui me premebant, spiritus maligni, . . . 3.11 (150.19)
discesserint. ob quod et Mellitus ac Iustus a Brittania discesserint. . . . 2.5 (89.3)
discesserunt. ob quod et Mellitus ac Iustus a Brittania discesserint [discesserunt]. . . . uar. 2.5 (89.3)
discessit. ab ipsa quoque insula patria discessit; . . . 3.19 (167.27)
DISCERNO. discernentibus. sicut uiuentibus atque discernentibus cum magna discretione prouidenda est; 1.27 (54.35)
discernere. ut cum longius subeuntibus eis, fletum hominum et risum daemoniorum clare discernere nequirem, . . . 5.12 (306.21)
discreta. non magno ab ea freto discreta, sed donatione Pictorum, . . . 3.3 (132.32)
discreti. Australium Merciorum, . . . discreti fluuio Treanta, ab Aquilonaribus Merciis, . . . 3.24 (180.13)
discreto. Qua ergo mentis deceptione eos deos, . . . colentes sequimini, iudicio discreto repperire non possumus. . . . 2.10 (103.1)
quanquam sacramentorum genere discreto, sicut una eademque fide, pascha celebrare possemus. 5.21 (337.4)
DISCERPO. discerpuntur. ita miseri ciues discerpuntur ab hostibus; . . . 1.12 (28.8)
DISCERPTIO. discerptione. et inaudita membrorum discerptione lacerati, . . . 1.7 (22.3)
interemerunt; . . . Heuualdum . . . Nigellum autem longo suppliciorum cruciatu, et horrenda membrorum omnium discerptione; . . . 5.10 (300.19)
DISCESSVS. discessum. Post discessum congregationis nostrae, . . . 1.30 (65.1)
DISCINDO. discisis. discissisque [discisisque] uiculis, quos in uicinia urbis inuenit, . . . uar. 3.16 (159.3)
discissis. discissisque uiculis, quos in uicinia urbis inuenit, . . . 3.16 (159.3)
DISCINGO. discinxit. discinxit se gladio suo, et dedit illum ministro, . . . 3.14 (156.29)
DISCIPLINA. disciplinae. Qui si forte in disciplinae uigore tepidus existat, . . . 1.27 (53.4)
inbuebantur . . . paruuli Anglorum . . . studiis et obseruatione disciplinae regularis. . . . 3.3 (132.24)
a quibus normam disciplinae regularis didicerat, . . . 3.23 (175.31)
instituta quoque disciplinae regularis, . . . indefessa instantia sequerentur. . . . 4.3 (209.9)
et adiutrix disciplinae regularis eidem matri existere, minores docendo uel castigando curabat. . . . 4.9 (222.3)
eidem monasterio strenuissime, et in obseruantia disciplinae regularis, . . . praefuit. . . . 4.10 (224.9)
ut ibi quoque fratribus custodiam disciplinae regularis et auctoritate propositi intimaret . . . 4.27 (270.19)
inter obseruantiam disciplinae regularis, . . . semper aut discere, aut docere, aut scribere dulce habui. 5.24 (357.11)
disciplinam. Sic enim nos fidelibus tenere disciplinam debemus, . . . 1.27 (50.9)
et non eis iuxta apostolicam disciplinam primo lac doctrinae mollioris porrexisti, . . . 3.5 (137.16)
disciplinam uitae regularis, . . . custodiri docuit. . . . 3.22 (173.10)
semper eorum uitam, mores, et disciplinam sequi non desisto.' . . . 3.25 (187.10)
et arithimeticae ecclesiasticae disciplinam . . . contraderent. . . . 4.2 (204.28)
disciplinis. curam non modicam lectionibus sacris simul et monasticis exhibebat disciplinis, . . . 3.19 (164.21)
Heresuid, . . . regularibus subdita disciplinis, ipso tempore coronam expectabat aeternam; . . . 4.23 (253.10)
Erat enim uir multum religiosus, et regularibus disciplinis humiliter subditus; . . . 4.24 (261.12)
alia multa, . . . ecclesiasticis disciplinis accommoda, eodem magistro tradente percepit; . . . 5.19 (324.27)
disciplinis. curauit locum monasterii, . . . uelocissime construere, ac regularibus instituere disciplinis. 3.19 (164.11)
grauior de obseruatione paschae, necnon et de aliis ecclesiasticae uitae disciplinis controuersia nata est. 3.25 (182.20)
Vighard presbyter, uir in ecclesiasticis disciplinis doctissimus, de genere Anglorum, . . . 4.1 (201.15)
Hadrianus, . . . monasterialibus simul et ecclesiasticis disciplinis institutus, . . . 4.1 (202.9)
ordinauit uirum magis ecclesiasticis disciplinis institutum, . . . 4.2 (206.6)
quod utrumque regularibus disciplinis optime instituerat; . . . 4.6 (218.29)
Nam eisdem, quibus prius monasterium, etiam hoc disciplinis uitae regularis instituit; . . . 4.23 (254.6)
Berctuald, . . . ecclesiasticis simul ac monasterialibus disciplinis summe instructus, . . . 5.8 (295.22)
dedit hoc illi, quem melioribus inbutum disciplinis ac moribus uidit. . . . 5.19 (325.21)
disciplinis. Qui si forte in disciplinae [disciplinis] uigore tepidus existat, . . . uar. 1.27 (53.4)
DISCIPVLA. discipula. in quo memorata regis filia primo discipula uitae regularis, . . . extitit, . . . 3.24 (179.6)
DISCIPVLATVS. discipulatui. Huius discipulatui Cudberct humiliter subditus, et scientiam ab eo scripturarum, . . . sumsit . . . 4.27 (269.7)
et quasi nouo se discipulatui beatissimi apostolorum principis Petri subditam, . . . gaudebat. . . . 5.21 (346.11)
DISCIPVLVS. discipuli. quia discipuli cum gaudio a praedicatione redeuntes, . . . 1.31 (66.23)
discipulis. Veritatis etenim discipulis esse gaudium non debet, . . . 1.31 (67.4)
de quo a mortuis suscitato dicit ipse discipulis: . . . 2.1 (76.6)
sicut Dominus noster Iesus Christus incarnatus tradidit discipulis suis, . . . 4.17 (239.18)
Princeps pontificum, felix summusque sacerdos Limpida discipulis dogmata disseruit. . . . 5.8 (295.12)
in qua resurrectionis suae gloriam Dominus multifario piae reuelationis gaudio discipulis patefecit. 5.21 (336.28)
discipulis. a discipulis beati papae Gregorii gesta fuere, . . . Praef. (6.11)
Gregorii, a cuius ipse discipulis uerbum uitae susceperat. . . . 2.20 (125.24)
de cuius uita et uerbis nonnulla a discipulis eius feruntur scripta haberi. . . . 3.4 (134.16)
Erat enim de discipulis Aidani, . . . 3.28 (195.22)
Indicio est, quod . . . supersunt de eorum discipulis, qui Latinam Grecamque linguam aeque ut propriam, . . . norunt. . . . 4.2 (205.2)
quem a discipulis beati papae Gregorii didicerat, . . . 4.2 (206.10)
feretrum eius caballarium, . . . seruatum a discipulis eius, . . . sanare non desistit. . . . 4.6 (218.21)
gradum archiepiscopatus Honorius, unus ex discipulis beati papae Gregorii, . . . seruabat. . . . 5.19 (323.25)
discipulorum. congregata discipulorum caterua, scientiae salutaris cotidie flumina . . . emanabant; 4.2 (204.25)
donauit enim tibi Dominus uitam per orationes ac lacrimas discipulorum ac fratrum tuorum, . . . 5.19 (329.13)
qui a successoribus discipulorum beati papae Gregorii in Cantia fuerat cantandi sonos edoctus, . . . 5.20 (331.29)
discipulos. per discipulos beati papae Gregorii, . . . Praef. (6.29)
monasteria per discipulos eius et in Brittania et in Hibernia propagata sunt, . . . 3.4 (134.7)
redemtos postmodum suos discipulos fecit, . . . 3.5 (136.31)
discipulus. qui erat discipulus beatissimi patris Lupi . . . 1.21 (40.5)
euangelista Iohannes, discipulus specialiter Domino dilectus, . . . 3.25 (184.8)
'Loquatur, obsecro, uice mea discipulus meus Vilfrid presbyter, . . . 3.25 (184.14)
uenit . . . ad eum unus de fratribus, discipulus quondam in Brittania et minister Deo dilecti sacerdotis Boisili . . . 5.9 (296.31)
quod Albinus discipulus eius, . . . in tantum studiis scripturarum institutus est, . . . 5.20 (331.7)
Erat enim discipulus beatae memoriae magistrorum Theodori archiepiscopi, et abbatis Hadriani; . . . 5.23 (348.22)
DISCO. didicerant. quando eadem prima sabbati, . . . ueniret, minime didicerant. . . . 3.4 (135.10)
quomodo ea, quae nouerant ac didicerant, Dei mandata probantur fuisse secuti. . . . 3.25 (188.7)
didicerat. Didicerat enim a doctoribus auctoribusque suae salutis . . . 1.26 (47.28)
ecclesiam, quam inibi antiquo Romanorum fidelium opere factam fuisse didicerat, . . . 1.33 (70.13)
uniuersos, quos in necem suam conspirasse didicerat, aut occidit, . . . 2.9 (100.4)
Pelagiana heresi, quam apud eos reuiuescere didicerat, . . . 2.19 (122.27)
quia nimirum tam longo exilii sui tempore linguam Scottorum iam plene didicerat. . . . 3.3 (132.13)
obitum proxime suum, quem reuelatione didicerat, non celauit esse futurum. . . . 3.8 (143.11)
cuncta, quae agenda didicerat, sollicitus agere curabat. . . . 3.19 (164.22)
a quibus normam disciplinae regularis didicerat, . . . 3.23 (175.32)
Didicerat enim per uisionem et quid ille petisset, et quia petita inpetrasset. . . . 3.27 (193.23)
et ea, quae in scripturis agenda didicerat, operibus solerter exsequentem, . . . 3.28 (194.29)
quem a discipulis beati papae Gregorii didicerat, . . . 4.2 (206.10)

cuius edoctus monitis caelestia sperare didicerat. 4.11 (227.18)
nil carminum aliquando didicerat. 4.24 (259.14)
in quo solo didicerat generi humano patere uitae caelestis introitum; 5.7 (292.18)
qui catholicas ecclesiae regulas sequi semper, et amare didicerat. 5.19 (325.11)
didicerim. quibus haec maxime auctoribus didicerim, Praef. (6.4)
didicerint. qui longius ab eis locis, . . . secreti, ea tantum de his, quae lectione didicerint, norunt. 5.15 (317.1)
didicerunt. iamdudum ad admonitionem apostolicae sedis antistitis, pascha canonico ritu obseruare didicerunt. 3.3 (131.29)
didici. ego autem tibi uerissime, quod certum didici, profiteor, 2.13 (111.22)
Hanc historiam, sicut a uenerabili antistite Pecthelmo didici, 5.13 (313.24)
didicimus. priorum maxime scriptis hinc inde collectis ea, quae promeremus, didicimus. Praef. (6.27)
uel aliorum fidelium uirorum uiua uoce didicimus. Praef. (7.22)
Sed experimento didicimus ex tali coniugio sobolem non posse succrescere. 1.27 (50.32)
nihil discrepare a Brettonibus in eorum conuersatione didicimus. 2.4 (88.5)
Didicimus namque referentibus his, 2.11 (104.29)
Qui, . . . quantum ab eis, qui illum nouere, didicimus, 3.17 (161.26)
tuo desiderio, iuxta quod ab apostolica sede didicimus, patefacere satagimus. 5.21 (333.19)
didicissent. instituta quoque disciplinae regularis, quae uel ab ipso didicissent, et in ipso uidissent, 4.3 (209.9)
cum exponerent per ordinem, quomodo haec uel quando didicissent, 4.23 (258.2)
didicisset. et, ubicumque maximum ei dolorem inesse didicisset, de ipsa eam aqua lauaret. 5.4 (287.22)
didicisti. testamenti ueteris praeceptione didicisti, 1.27 (54.21)
didicit. tandem, ut uerisimile uidetur, didicit in spiritu, 2.12 (107.11)
ubi gentem Nordanhymbrorum . . . conuersam esse didicit, 2.17 (118.28)
non solum incognita progenitoribus suis regna caelorum sperare didicit; 3.6 (138.2)
tandem didicit se aqua baptismatis non esse regeneratum, 3.23 (177.1)
Vilfrido, qui . . . catholicum uiuendi morem ecclesiis Anglorum tradere didicit. 4.2 (205.19)
Quod ita utrumque, ut ex uisione didicit, conpletum est. 4.11 (226.28)
Namque ipse non ab hominibus, neque per hominem institutus, canendi artem didicit, 4.24 (259.8)
Et quia acris erat ingenii, didicit citissime psalmos, et aliquot codices; 5.19 (323.5)
cuius magisterio IIII euangeliorum libros ex ordine didicit, 5.19 (324.25)
Romam ueniens multa illic, quae in patria nequiuerat, ecclesiae sanctae institutis utilia didicit. 5.20 (332.12)
ita Grecam quoque cum Latina didicit linguam, 5.23 (348.26)
discendae. quotiens ipsi rerum domini discendae, docendae, custodiendae ueritati operam inpendunt. 5.21 (333.21)
discendi. hoc in Gallia, quas discendi uel orandi studio pertransiuimus, 3.25 (184.23)
discendis. id est, aut legendis scripturis, aut psalmis discendis operam dare. 3.5 (136.11)
discendis. Vbi cum . . . diligenter his, quae inspiciebat, discendis operam daret, 5.19 (323.29)
discendum. mittebantur ad transcribendum, discendum, obseruandum, . . . circuli paschae decennouenales, 5.21 (346.6)
discere. quae in propheticis, euangelicis, et apostolicis litteris discere poterant, 3.4 (134.24)
sonos cantandi in ecclesia, . . . ab hoc tempore per omnes Anglorum ecclesias discere coeperunt; 4.2 (205.13)
mox hoc regulari uita per omnia, prout a doctis uiris discere poterat, ordinare curabat; 4.23 (253.29)
At ipse cuncta, quae audiendo discere poterat, rememorando secum, . . . in carmen dulcissimum conuertebat, 4.24 (260.30)
nullatenus propter ingenii tarditatem potuit cathecizandi uel baptizandi ministerium discere, 5.6 (291.18)
alia perplura, quae tanti operis negotium quaerebat, uel ibi discere uel inde accipere cupiebat. 5.11 (302.2)
diligenter ea, quae monasticae castitatis ac pietatis erant, et discere curabat et agere. 5.19 (323.4)
inter . . . cotidianam cantandi in ecclesia curam, semper aut discere, aut docere, aut scribere dulce habui. 5.24 (357.13)
discerent. quia omnes, qui uoluntatem eius, a quo creati sunt, discerent et facerent, 3.22 (172.8)
disceret. cuius doctrina ac ministerio gens, quam regebat, Anglorum, dominicae fidei et dona disceret, 3.3 (131.13)
quicquid ex diuinis litteris per interpretes disceret, 4.24 (258.30)
discite. et discite a me, quia mitis sum et humilis corde." 2.2 (82.31)
DISCOOPERIO. discooperto. Sed et discooperto uultus indumento, monstrauerunt mihi etiam uulnus incisurae, 4.19 (245.32)
DISCORDIA. discordiam. quam . . . grauiorem cum eis, qui eum ad ueritatem sequi nolebant, cogeretur habere discordiam. 5.15 (316.16)
DISCORDO. discordabant. prouinciae, quae eatenus ab inuicem discordabant, 3.6 (138.33)
discordat. talis in mysteriorum celebratione maximorum a sanctarum quidem scripturarum doctrina discordat; 5.21 (340.24)
DISCREPO. discrepando. et ea, quae senserint, non sibimet discrepando perficiant. 1.29 (64.11)
discrepare. nihil discrepare a Brettonibus in eorum conuersatione didicimus. 2.4 (88.4)
quod oporteret eos, . . . nec discrepare in celebratione sacramentorum caelestium, 3.25 (183.29)
DISCRETIO. discretio. Sed est in eadem inlusione ualde necessaria discretio, 1.27 (60.2)
et necessaria est magna discretio, 1.27 (61.8)
discretione. cum magna discretione prouidenda est; 1.27 (55.1)
qua discretione singulas quasque audientium instruere personas, 2.1 (76.17)
discretionis. qui gratia discretionis, quae uirtutum mater est, ante omnia probabatur inbutus; 3.5 (137.23)
sicut prius moderamine discretionis, ita postmodum et ceteris uirtutibus ornatus apparuit. 3.5 (137.26)
DISCRIMEN. discrimen. 'Verum, etsi profiteri nobis liberum est, quia tonsurae discrimen non noceat, 5.21 (342.20)
discrimen. discrimenque certaminis subire maluerunt, 1.17 (35.17)
discrimine. Secundo proelio cum magno suorum discrimine 1.2 (14.11)
discrimini. ac discrimini dare praesumsisset, 1.7 (19.5)
gaudentes uel nuda corpora eripuisse discrimini; 1.20 (39.15)
discriminis. qui se tempore discriminis siluis ac desertis abditisue speluncis occulerant, 1.8 (22.8)
euentumque discriminis tuto in loco exspectabat. 3.24 (178.11)
DISCVRRO. discurrat. 'Vt nullus clericorum relinquens proprium episcopum, passim quolibet discurrat, 4.5 (216.14)
discurrere. Discurrere per cuncta et urbana et rustica loca, non equorum dorso, 3.5 (135.28)
discurreret. Denique nuper freneticus quidam, dum per cuncta errando discurreret, 4.3 (212.11)
DISCVS. discum. sed et discum confringi, atque eisdem minutatim diuidi praecepit. 3.6 (138.20)
discus. positusque esset in mensa coram eo discus argenteus regalibus epulis refertus, 3.6 (138.13)
DISCVTIO. discussis. et discussis penetralibus cordis nostri, 4.3 (211.12)
discusso. ueterno infirmitatis discusso, induit se ipse uestimentis suis: 5.5 (288.24)
discutere. si actus tuos curiosius discutere, et mores sermonesque tuos in rectitudine . . . seruare studeris, 5.12 (309.3)
discuteret. ut librum beati Iob . . . mystica interpretatione discuteret; 2.1 (75.17)
discutiebant. diligenter, quid diceret, discutiebant, 3.5 (137.21)
DISIVNGO. disiungantur. ut ipsi sibi episcopi longo interuallo minime disiungantur, 1.27 (52.13)
disiunguntur. ut ipsi sibi episcopi longo interuallo minime disiungantur [disiunguntur], uar. 1.27 (52.13)
DISMISIS, *see* **DIMITTO.**
DISPAR. dispari. adstabant partes dispari condicione dissimiles; 1.17 (35.22)
DISPAREO. disparuerunt. Quo dicto statim disparuerunt; 5.13 (312.24)
disparuit. Et his dictis, ut ferunt, repente disparuit, 2.12 (109.27)
ductor meus disparuit, ac me solum in medio tenebrarum et horridae uisionis reliquit. 5.12 (305.30)
DISPECTVS. dispectui. certe dispectui habita foras proicerentur, 3.22 (171.30)

DISPENSATIO. dispensatio. Volens autem latius demonstrare diuina dispensatio, ... 4.30 (276.7)
Mira autem diuinae dispensatio prouisionis erat, ... 5.22 (347.33)
dispensatione. illa, ut credibile est, dispensatione dominicae pietatis, ... 4.29 (275.16)
ob id superna dispensatione factum est, ... 5.13 (313.10)
Quod mira diuinae constat factum dispensatione pietatis, ... 5.22 (347.4)
dispensationis. Quae cum praefatum quoque monasterium, . . . nutu diuinae dispensationis attingeret; 4.14 (233.11)
DISPENSO. dispensabat. ea . . . ad redemtionem eorum, qui iniuste fuerant uenditi, dispensabat. . . 3.5 (136.29)
dispensans. et Sancti Spiritus unitate dispensans, ... 2.10 (101.12)
dispensante. adfuit superno dispensante iudicio tempus, ... 4.3 (207.17)
dispensare. qualiter omnia debeat dispensare. 1.30 (66.3)
DISPERATIONE, *see* **DESPERATIONE.**
DISPERDO. disperderet. prouincias Nordanhymbrorum, . . . quasi tyrannus saeuiens disperderet, . . 3.1 (128.7)
disperdiderunt. regnum illud aliquod temporis spatium reges dubii uel externi disperdiderunt; . . . 4.26 (268.15)
disperdidit. equitum uero pene omnem disperdidit. 1.2 (14.2)
DISPERGO. dispergebat. ea . . . uel in usus pauperum, ut diximus, dispergebat, ... 3.5 (136.28)
dispergere. sedulus hoc dispergere ac dare pauperibus curabat, ... 2.1 (77.19)
disperguntur. relictis ciuitatibus ac muro fugiunt, disperguntur. 1.12 (28.5)
dispersi. omnes socii ipsorum uel mortalitate de saeculo rapti, uel per alia essent loca dispersi, . . . 3.27 (192.28)
eo quod Scotti . . . relicto monasterio per nota sibi loca dispersi uagarentur, ... 4.4 (213.19)
dispersi sunt quolibet hi, qui uerbum receperant; 5.11 (302.21)
dispersi sunt et aufugerunt omnes, qui me forcipibus rapere quaerebant spiritus infesti. 5.12 (307.1)
dispersis. exterminatis dispersisque insulae indigenis, ... 1.16 (33.6)
dispersit. uenena suae perfidiae longe lateque dispersit, ... 1.10 (23.28)
dispersus. eiusque totus uel interemtus uel dispersus est exercitus. 2.20 (124.25)
et cunctus eorum, insistentibus paganis, caesus siue dispersus exercitus. 3.18 (163.13)
DISPICIO. dispectam. Colman uidens spretam suam doctrinam, sectamque esse dispectam, ... 3.26 (189.12)
dispiciebat. Quin potius odio habebat, et dispiciebat eos, ... 3.21 (170.29)
DISPLICEO. displicens. tantum pro interna suimet neglegentia displicens. 5.13 (311.9)
DISPONO. disponant. pro Christi zelo agenda disponant unanimiter; 1.29 (64.10)
disponantur. ut sapienter et mature disponantur, ... 1.27 (52.19)
disponas. 'Diesque nostros in tua pace disponas, ... 2.1 (78.33)
disponebat. intrauit cubiculum, quo dormire disponebat, ... 2.12 (108.2)
sed nauigio cum uirgine redire disponebat, ... 3.15 (158.1)
disponente. immo disponente iusto Iudice, ... 1.15 (32.20)
disponente. Diuina utique gratia disponente, ut uir unitatis ac pacis studiosissimus ante ad uitam raperetur aeternam, ... 5.15 (316.12)
disponentes. ibi rerum finem exspectare disponentes. 2.5 (92.3)
disponeret. Qui cum crescente fidei feruore saeculo abrenuntiare disponeret, ... 4.3 (208.4)
ut, . . . etiam Romam uenire, ibique ad loca sancta uitam finire disponeret, ... 4.5 (214.18)
disponimus. pallium tribuere Domino fauente disponimus, ... 1.29 (64.3)
disponit. sed fidem potius pollicitam seruare disponit; 2.12 (110.4)
disponunt. magisque prosperantur in omnibus, quae agenda uel adquirenda disponunt. 2.13 (111.29)
disposita. ea, quae in Galliis bene disposita uidit, ... 3.18 (162.19)
dispositis. dispositis ordinibus, quibus subsisterent, coaeterni Verbi sui consilio, . . . dispensans, . 2.10 (101.10)
dispositum. et iuxta quod dispositum fuerat, ordinatur episcopus uir Deo dilectus Paulinus, . . . 2.9 (98.12)
dispositum est, ut in monasterio, quod dicitur Strenæshalc, . . . synodus fieri, ... 3.25 (183.15)
dispositum. quod Domini nutu dispositum esse constat, ... 1.14 (30.21)
nihilominus temtauit iter dispositum cum fratribus memoratis incipere. 5.9 (298.4)
disposuerat. Augustinum, quem eis episcopum ordinandum, . . . disposuerat, ... 1.23 (42.30)
Fecit igitur, ut animo disposuerat, ... 4.31 (278.26)
nam et abbatissam eam pro se facere disposuerat, ... 5.3 (286.1)
quod utrumque, ut mente disposuerat, Domino iuuante conpletum est. 5.7 (292.21)
eumque id, quod mente disposuerat, perficere suadebant. 5.19 (323.17)
disposuisse. cum . . . audiret unum de fratribus ad locum eiusdem sanctae crucis ascendere disposuisse, 3.2 (130.19)
disposuit. in anchoretica conuersatione uitam finire disposuit. 3.19 (168.2)
ad quos uenire praefatus Christi miles circumnauigata Brittania disposuit, ... 5.9 (296.20)
DISPOSITIO. dispositione. quia eius dispositione omnium praelatio regnorum conceditur. 2.10 (101.22)
cui diuina dispositione subito beatissimi apostolorum principes dignati sunt apparere. 4.14 (234.3)
dispositioni. quem tamen tuae fraternitatis uolumus dispositioni subiacere; 1.29 (64.4)
DISPVTATIO. disputatio. Quae disputatio maior est, quam epistula hac uel ualeat conprehendi, uel debeat. 5.21 (338.32)
disputatione. longa disputatione habita, ... 2.2 (81.22)
DISPVTO. disputandi. beatissimi sacerdotes praebuerunt aduersariis copiam disputandi, ... 1.17 (35.26)
DISSEMINO. disseminabat. ritum celebrandi paschae canonicum, per omnia comitante et cooperante Hadriano disseminabat. 4.2 (204.21)
DISSENSIO. dissensione. orta inter ipsum regem Ecgfridum et reuerentissimum antistitem Vilfridum dissensione, ... 4.12 (229.2)
dissensioni. quaesiuit Colmanus huic dissensioni remedium, ... 4.4 (213.21)
dissensionis. tertium dissensionis, cum animos proximorum etiam in superuacuis rebus offendere non formidamus; 3.19 (165.26)
dissensionum. ingrauescentibus causis dissensionum, miserrima hunc caede peremit. 3.14 (155.6)
DISSERO. disserere. ut haec nulla ingenii sagacitas, quanta sit, conprendere dissererequesufficiat; . . 2.10 (100.29)
disseruit. Princeps pontificum, felix summusque sacerdos Limpida discipulis dogmata disseruit. . . 5.8 (295.12)
DISSIMILIS, e. **dissimile.** Aliud quoque non multum huic dissimile miraculum de praefato antistite narrauit idem abbas, ... 5.4 (286.28)
dissimiles. adstabant partes dispari condicione dissimiles; 1.17 (35.23)
dissimili. non tamen ea mihi, qua ante consueram, conuersatione, sed multum dissimili ex hoc tempore uiuendum est.' 5.12 (304.13)
DISSIMVLO. dissimulando. ut saepe malum, quod aduersatur, portando et dissimulando conpescat. . 1.27 (51.30)
dissimulat. quaedam per considerationem dissimulat, ... 1.27 (51.28)
atque ita portat et dissimulat, ... 1.27 (51.29)
DISSIPO. dissipatas. 'Dedi te in foedus populi, ut suscitares terram, et possideres hereditates dissipatas, 3.29 (197.15)
dissipauit. misit sagittas suas, et dissipauit eos, ... 4.3 (210.31)
dissipet. ut superbiam eorum dissipet, et conturbet audaciam, ... 4.3 (211.3)
DISSOLVTIO. dissolutio. Ipsa enim eorum dissolutio corruptioque, . . . uobis patenter insinuet, . . 2.10 (103.9)
dissolutione. sanatam se ab illa corporis dissolutione sentiens, ... 3.9 (146.22)
DISSOLVO. dissolutae. uel arenis inlisae ac dissolutae sunt; 1.2 (14.7)
dissolutam. Vocauit autem medicum, et dissolutam mihi emicranii iuncturam conponere atque alligare iussit. 5.6 (291.24)
DISSONANTIA. dissonantia. Haec autem dissonantia paschalis obseruantiae uiuente Aidano patienter ab omnibus tolerabatur, ... 3.25 (182.6)
DISTANTIA. distantia. O quam grandi distantia diuisit Deus inter lucem et tenebras! 5.14 (314.28)

DISTERMINO. disterminat. in uicinia freti, quod Anglorum terras Pictorumque disterminat; 4.26 (267.22)
DISTINATVS, *see* **DESTINO.**
DISTINCTE. Ipsa prima dies azymorum, de qua multum distincte in Leuitico scriptum est: 5.21 (336.29)
DISTINCTIO. distinctio. Sit uero inter . . . episcopos in posterum honoris ista distinctio, 1.29 (64.7)
distinctione. ea tamen distinctione, ut pro diuersa capillorum specie unus Niger Heuuald, alter Albus Heuuald diceretur; 5.10 (299.21)
ea, quae temporum distinctione latius digesta sunt, 5.24 (352.2)
distinctiones. In Isaiam, Danihelem, XII prophetas, et partem Hieremiae, distinctiones capitulorum ex tractatu beati Hieronimi excerptas. 5.24 (358.7)
distinctionis. Cuius regulam distinctionis uos ignorasse probat, 3.25 (187.22)
DISTINCTIVS. Sed per industriam Eusebii, . . . distinctius in ordinem conpositus est; 5.21 (341.12)
DISTINGVO. distincta. per distincta loca iuxta suum cuique modum 1.1 (10.17)
distinctis. distinctis porticibus in hoc ipsum intra muros eiusdem ecclesiae, 5.20 (331.21)
distinctum. Librum de orthographia, alfabeti ordine distinctum. 5.24 (359.26)
distinguendam. non muro, . . . sed uallo distinguendam putauit. 1.5 (16.23)
distinxerit. Vt Seuerus receptam Brittaniae partem uallo a cetera distinxerit. 1.5 (16.13)
distinxit. quas in duobus codicibus aequa sorte distinxit. 2.1 (76.21)
DISTO. distabat. In tantum autem uita illius a nostri temporis segnitia distabat, 3.5 (136.9)
distans. a meridiano Brittaniae littore distans. 1.3 (15.27)
distant. Distant autem inter se monasteria haec XIII ferme milibus passuum. 4.23 (258.7)
distantes. Vidit et quattuor ignes in aere non multo ab inuicem spatio distantes. 3.19 (165.20)
distat. Distat autem a Doruuerni milibus passuum ferme XXIIII ad occidentem, 2.3 (85.24)
DISTRIBVO. distribuit. tertiam sibi ipse retentans, statim pauperibus distribuit. 5.12 (304.19)
DISTRICTIO. districtio. Quae quidem illi districtio uitae artioris, primo ex necessitate emendandae suae prauitatis obuenerat, 4.25 (263.7)
districtione. qua discretione [districtione] singulas quasque audientium instruere personas, uar. 2.1 (76.17)
flagellis artioribus afficiens sciscitabatur apostolica districtione, 2.6 (92.22)
ibique cum paucis suorum in monachica districtione uitam non sibi solummodo, sed et multis utilem, . . . duxit; 4.26 (267.26)
districtionis. Nec supernae flagella districtionis perfido regi castigando et corrigendo defuere; 2.5 (90.33)
DISTRICTIVS. quidam uero uerberibus, et quidam districtius, . . . corrigantur. 1.27 (50.6)
Et cum paulo districtius agitur, 1.27 (50.7)
ne forte nos . . . ad perpetuam perditionem districtius examinans tollat. 4.25 (266.11)
DISTRICTVS, a, um. **districto.** et se pro illo puniendum a districto Iudice timebat. 4.25 (263.13)
districtos. districtos ac sollicitos exhibete, 1.28 (62.24)
DITO. ditasse. intellegentes eum, qui uerus est Deus, et interioribus se bonis et exterioribus caelesti gratia ditasse. 4.13 (231.25)
ditauit. diuersis donis ditauit, 1.33 (70.20)
DIV. nomen Romanae prouinciae, quod apud eos tam diu claruerat, 1.12 (27.4)
quae sola nuditate uerborum diu inaniter et aures occupauit, 1.17 (35.27)
dicite ei, quid diu mecum de causa Anglorum cogitans tractaui; 1.30 (65.5)
perfecit opus diu desideratum; 2.1 (81.1)
saepe diu solus residens ore quidem tacito, 2.9 (100.13)
Cumque diu tacitis mentis angoribus, et caeco carperetur igni, 2.12 (108.20)
Quibus reseratis, ne diu tantae quaestionis caligo indiscussa remaneret, 2.19 (123.13)
At ipsum diu graui dolore uexatum, cum diuersas in partes se torqueret, 3.9 (146.2)
in ciuitate Hrofi, ubi defuncto Damiano episcopatus iam diu cessauerat, 4.2 (206.5)
et per eius benedictionem habitum religionis, quem diu desiderabat, accepit. 4.11 (226.2)
et multa diu loca peruagatus, Romam adiit, Brittaniam rediit; 4.13 (230.4)
Quae multum diu regem postulans, ut saeculi curas relinquere, . . . permitteretur; 4.19 (243.26)
caelitus se uindicari continuis diu inprecationibus postulabant. 4.26 (266.21)
Scio autem certissime, quia non diu uacuus remanebit locus ille, 4.30 (277.9)
Cumque diu multum cum uento pelagoque frustra certantes, tandem post terga respiceremus, 5.1 (281.23)
in similitudinem illius diu claudi, qui curatus ab apostolis Petro et Iohanne, exiliens stetit, 5.2 (284.17)
monasterii, quod in Hii insula multis diu Scottorum Pictorumque populis uenerabile mansit. 5.9 (297.17)
ad uisionem beatorum apostolorum in caelis diu desideratam peruenit. 5.19 (322.16)
DIVMA (*d.* 658), *Bishop of Lindsey, Mercia, and Mid-Anglia.*
Erant autem presbyteri, Cedd, et Adda, et Betti, et Diuma, 3.21 (170.19)
factus est Diuma unus ex praefatis IIII sacerdotibus episcopus Mediterraneorum Anglorum 3.21 (171.2)
Primus autem in prouincia Merciorum, . . . factus est episcopus Diuma, 3.24 (179.22)
DIVRNVS, a, um. **diurnam.** ac famam suae malitiae posteris diuturnam [diurnam] relinquens, uar. 1.14 (29.16)
diurni. omnem diurni luminis uiderentur superare fulgorem. 4.7 (220.20)
DIVTINVS, a, um. **diutina.** Sed Heriberct diutina prius infirmitate decoquitur; 4.29 (275.15)
diutinae. totum hoc caminus diutinae tribulationis excoqueret. 4.9 (222.11)
diutinis. ut apud misericordiam pii Conditoris inpetraret, se a tantis tamque diutinis cruciatibus absolui. 4.9 (223.7)
DIVTIVS. Ecgbercto, . . . qui in Hibernia diutius exulauerat pro Christo, eratque et doctissimus in scripturis, 3.4 (134.32)
Cumque diutius epulis atque ebrietati uacarent, 3.10 (147.13)
pestilentiae lues, . . . acerba clade diutius longe lateque desaeuiens, 3.27 (192.3)
et bene sub eis diutius fuit; 4.1 (203.21)
et, cum ibidem diutius flexis genibus oraret, nihilo tardius meruit exaudiri. 4.10 (225.5)
si se tali molestia diutius castigari diuina prouidente gratia oporteret, 4.31 (278.24)
Et cum diutius ibi pauidus consisterem, 5.12 (306.6)
DIVTVRNIOR, ius. **diuturnior.** quae persecutio omnibus fere ante actis diuturnior atque inmanior fuit; 1.6 (17.29)
DIVTVRNVS, a, um. **diuturna.** diuturna meditatione concepta, 1.17 (35.14)
qui de monasterii probatione diuturna ad hereticam peruenerat uitam. 3.19 (168.4)
diuturnam. famam suae malitiae posteris diuturnam relinquens, 1.14 (29.16)
DIVERSITAS. diuersitate. maxime cum numquam patribus catholicis sicut de paschae uel fidei diuersitate conflictus, 5.21 (342.22)
DIVERSVS, a, um. **diuersa.** ea tamen distinctione, ut pro diuersa capillorum specie unus Niger Heuuald, alter Albus Heuuald diceretur; 5.10 (299.22)
diuersa. Quamuis de hac re diuersae hominum nationes diuersa sentiant, 1.27 (57.25)
per diuersa occultus loca uel regna . . . profugus uagaretur, 2.12 (107.18)
diuersae. utriusque sexus, condicionis diuersae et aetatis, 1.7 (20.7)
diuersae. Cum una sit fides, sunt ecclesiarum diuersae consuetudines, 1.27 (49.19)
Quamuis de hac re diuersae hominum nationes diuersa sentiant, 1.27 (57.24)
Sed quia diuersae causae inpediunt, 4.5 (216.23)
diuersas. n Nordanhymbrorum prouincia, . . . per diuersas regiones Praef. (7.24)
cum diuersas in partes se torqueret, 3.9 (146.3)
quacumque Christi ecclesia diffusa est, per diuersas nationes et linguas, 3.25 (184.26)
diuersi. sed et auium ferax terra marique generis diuersi; 1.1 (10.3)
mox cepere pisces diuersi generis CCC. 4.13 (231.32)

diuersis. qui diuersis cruciatibus torti, 1.7 (22.2)
subito a diabolo arreptus, . . . spumare, et diuersis motibus coepit membra torquere. 3.11 (149.24)
diuersis. Ibi conueniens ex diuersis partibus 1.17 (34.30)
ut membra sanctorum ex diuersis regionibus collecta, 1.18 (36.28)
simul et necessarias in diuersis speciebus possessiones conferret. 1.26 (47.33)
simul et dona in diuersis speciebus perplura; 1.32 (67.20)
eo quod iam bis partes Galliarum diuersis ex causis adisset, 4.1 (202.31)
diuersis. aliique utriusque sexus diuersis in locis perplures, 1.7 (22.1)
ac diuersis donis ditauit, 1.33 (70.20)
diuerso. quatinus sui nominis agnitionem diuerso modo gentibus innotescens, 2.11 (104.19)
hoc . . . uno ac non diuerso temporis ordine geri conperimus; 3.25 (184.27)
diuerso. Librum hymnorum diuerso metro siue rhythmo. 5.24 (359.22)
diuersorum. omnium apostolorum diuersorumque martyrum secum reliquias habens, 1.18 (36.25)
diuersorum. exceptis dumtaxat prolixioribus diuersorum promontoriorum tractibus, 1.1 (9.7)
diuersos. Quod autem codices diuersos per bonos siue malos spiritus sibi uidit offerri, 5.13 (313.9)
Item librum epistularum ad diuersos: 5.24 (358.30)
diuersum. Ecce uterque uir Dei diuersum ab altero uultus habitum foris praemonstrabat, 5.21 (342.16)
diuersum. et consueto equorum more, quasi post lassitudinem in diuersum latus uicissim sese uoluere, 3.9 (146.7)

DIVERTO. diuertendum. primum de locis sanctis pro condicione platearum diuertendum est ad ecclesiam Constantinianam, 5.16 (317.23)
diuertens. confestim ad hos diuertens, 3.5 (136.3)
et ubicumque rogabatur, ad docenda ecclesiae carmina diuertens. 4.12 (228.22)
siquidem diuertens ad prouinciam Australium Saxonum, 4.13 (230.8)
diuertentes. diuertentes ad Pippinum ducem Francorum, gratanter ab illo suscepti sunt; 5.10 (299.6)
diuerteret. rogatusque multum a fratribus, ut . . . illo itinere ueniret, atque ad eam diuerteret ecclesiam; 4.18 (242.25)
diuerterunt. Vnde deuerterunt [diuerterunt] ad prouinciam Occidentalium Saxonum, uar. 3.28 (195.8)
diuerti. saepius ibidem diuerti ac manere, . . . consueuerat; 3.17 (159.29)
diuertit. diuertitque ipse cum uno tantum milite sibi fidissimo, 3.14 (155.15)
diuertit ad Sexuulfum Merciorum antistitem, 4.12 (228.14)
et inde cum rediens Brittaniam adisset, diuertit ad prouinciam Huicciorum, 4.23 (255.5)
diuertunt. tametsi altero latere a recto ueritatis tramite diuertunt, 5.21 (338.11)

DIVES. diues. ita ut in exemplum primitiuae ecclesiae nullus ibi diues, nullus esset egens, 4.23 (254.11)
diues. Diues lactis ac mellis insula, 1.1 (13.6)

DIVES. diuites. quatinus ubicumque aliquos uel diuites uel pauperes incedens aspexisset, 3.5 (136.2)
diuitibus. Numquam diuitibus honoris siue timoris gratia, siqua delinquissent, reticebat; 3.5 (136.22)
diuitibus. Cuncta, quae sibi a regibus uel diuitibus saeculi donabantur, 3.5 (135.26)
quae sibi a diuitibus donaria pecuniarum largiebantur, 3.5 (136.26)
Siquid enim pecuniae a diuitibus accipiebant, mox pauperibus dabant. 3.26 (190.25)
genti suae . . . pietate largiendi de his, quae a diuitibus acceperat, multum profuit. 3.27 (194.5)

DIVIDO. diuidebatur. quod muro et harena, ubi feriendus erat, meatu rapidissimo diuidebatur; 1.7 (20.6)
quod diuidebatur singulis, prout cuique opus erat. 1.27 (49.6)
diuidens. diuidensque in duas parrochias prouinciam, 3.7 (140.31)
diuidere. Tunc uidit unum de tribus angelis, . . . praecedentem ignes flammae diuidere, 3.19 (166.7)
diuidet. mane comedet praedam et uespere diuidet spolia' 1.34 (71.20)
diuidi. sed et discum confringi, atque eisdem minutatim diuidi praecepit. 3.6 (138.21)
diuisa. nam in has duas prouincias gens Nordanhymbrorum antiquitus diuisa erat, 3.1 (127.9)
diuisae. quae in IIII linguas, id est Brettonum, Pictorum, Scottorum, et Anglorum, diuisae sunt, 3.6 (138.6)
diuisis. Quibus trifariam diuisis, C pauperibus dederunt, 4.13 (231.33)
quibus aequa partione diuisis, XXXIII primos in saeculari habitu nobilissime conuersata conpleuit, 4.23 (252.22)
diuisit. diuisit quidem angelus, sicut prius, ignem flammae. 3.19 (166.21)
mox omnem, quam possederat, substantiam in tres diuisit portiones, 5.12 (304.17)
O quam grandi distantia diuisit Deus inter lucem et tenebras! 5.14 (314.29)
diuisum. cum in VII portiones esset cum praepositis sibi rectoribus monasterium diuisum, 2.2 (84.12)
diuisum. acceperunt subreguli regnum gentis, et diuisum inter se tenuerunt annis circiter X; 4.12 (227.26)
diuisus. Quo defuncto, episcopatus prouinciae illius in duas parrochias diuisus est. 5.18 (320.25)

DIVINITAS. diuinitas. adest diuinitas, fugantur inimici, 1.17 (34.27)
uirtute, quam uobis diuinitas tribuit, 1.32 (69.5)
diuinitatis. quae sine dubio diuinitatis instinctu . . . uocabatur, 1.7 (20.8)
diuinitatis expectatur auxilium. 1.20 (38.23)
eiusdem diuinitatis terrore refrenatur, 2.1 (78.20)
Licet summae diuinitatis potentia humanae locutionis officiis explanari non ualeat, 2.10 (100.26)
qualis sibi . . . nouus diuinitatis, qui praedicabatur, cultus uideretur. 2.13 (111.18)

DIVINITIO, *see* **DEFINITIO.**

DIVINITVS. eam, quam accepisti diuinitus gratiam, 1.32 (68.4)
His similia et ceteri maiores natu ac regis consiliarii diuinitus admoniti prosequebantur. 2.13 (112.22)
Addunt et alia, quae ipsa nocte in monasterio eodem diuinitus fuerint ostensa miracula; 3.8 (143.29)
quam diuinitus iuuari cognouerant. 3.16 (159.22)
Superuenit namque clades diuinitus missa, 4.3 (207.19)
nos pie atque orthodoxe, iuxta diuinitus inspiratam doctrinam eorum professi credimus 4.17 (239.23)
Pulchraque rerum concordia procuratum est diuinitus, 4.23 (258.5)
Quod in monasterio eius fuerit frater, cui donum canendi sit diuinitus concessum. 4.24 (258.26)
sed diuinitus adiutus gratis canendi donum accepit. 4.24 (259.8)
e quibus duae in lege Mosi diuinitus statutae, 5.21 (334.3)

DIVINVS, a, um. **diuina.** eis, quibus te regendis diuina praefecit auctoritas, Praef. (5.20)
iuxta numerum librorum, quibus lex diuina scripta est, 1.1 (11.12)
hinc diuina fides, inde humana praesumtio; 1.17 (35.23)
Sed non tamen diuina pietas plebem suam, . . . deseruit, 1.22 (42.6)
oraculum caeleste, quod illi . . . pietas diuina reuelare dignata est, 2.12 (107.2)
quod uos diuina misericordia ad suam gratiam uocare dignata est, 2.17 (119.14)
ut quando unum ex uobis diuina ad se iusserit gratia euocari, 2.18 (121.22)
potest diuina pietas per tanti meritum uiri et huius uitae spatia longiora concedere, 3.13 (153.25)
Diuina nos gratia in unitate sanctae suae ecclesiae uiuentes custodiat incolumes. 4.5 (217.18)
quod diuina uobis misericordia per intercessionem religiosi ac Deo dilecti regis Osualdi, . . . conferre dignata est. 4.14 (234.23)
'Si mihi diuina gratia in loco illo donauerit, 4.28 (271.12)
Volens autem latius demonstrare diuina dispensatio, 4.30 (276.7)
diuina. subito diuina gratia respectus, 1.7 (18.16)
et postmodum Pelagianorum tempestatem diuina uirtute sedauerit. 1.17 (33.23)
At illi non daemonica, sed diuina uirtute praediti, 1.25 (45.33)
ad nanciscendam supernae gloriam dignitatis diuina gratia largiente conuertit. 2.1 (74.3)
hos pro diuina formidine sacerdotum ora simplicibus uerbis ligant, 2.1 (78.15)
Theodorus, . . . uir et saeculari et diuina litteratura, et Grece instructus et Latine, 4.1 (202.25)

et diuina se iuuante gratia, mox cepere pisces diuersi generis ccc. 4.13 (231.31)
cui diuina dispositione subito beatissimi apostolorum principes dignati sunt apparere. 4.14 (234.2)
In huius monasterio abbatissae fuit frater quidam diuina gratia specialiter insignis, 4.24 (258.28)
si se tali molestia diutius castigari diuina prouidente gratia oporteret, 4.31 (278.24)
euenit, uel potius diuina prouisione ad puniendam inoboedientiae meae culpam, 5.6 (290.17)
factum est, opitulante gratia diuina, ut multos in breui ab idolatria ad fidem conuerterent Christi. 5.10 (299.13)
Diuina utique gratia disponente, ut uir unitatis ac pacis studiosissimus ante ad uitam raperetur aeternam, 5.15 (316.12)
tamen et diuina sibi et humana prorsus resistente uirtute, in neutro cupitum possunt obtinere propositum; 5.23 (351.13)
diuina. ut ipse et uiua uoce, et per diuina oracula omnem inimici zizaniam . . . eradicet. 3.29 (198.5)
diuinae. excepto dumtaxat hoc, quod diuinae erat religionis ignarus. 1.34 (71.14)
uirtus ei diuinae cognitionis infunditur, 2.1 (78.20)
Et quia uir Dei igne diuinae caritatis fortiter ardebat, 2.7 (94.32)
qui diuinae bonitatis operibus inuidus aemulusque consistit, 2.10 (103.5)
quatinus diuinae inspirationis inbuta subsidiis, inportune te oportune agendum non differas, 2.11 (105.15)
diuinae fidei calor eius intellegentiam tuarum adhortationum frequentatione succendat, 2.11 (106.2)
inlustrationemque diuinae propitiationis in uobis diffusam opulentius agnoscentes, 2.11 (106.19)
quia tempore non pauco inter studia diuinae lectionis, uitiorum potius inplicamentis, 3.13 (153.7)
ad imperium diuinae uoluntatis totam ex integro mentem uitamque transferre. 3.13 (153.11)
respexit ille ad diuinae auxilium pietatis, 3.24 (177.23)
uel diuinae lectionis, uel continentioris uitae gratia illo secesserant. 3.27 (192.11)
cotidie psalterium totum in memoriam diuinae laudis decantaret; 3.27 (193.14)
Quae cum praefatum quoque monasterium, . . . nutu diuinae dispensationis attingeret; 4.14 (233.11)
Sed non defuit puniendis admonitio diuinae pietatis, 4.25 (262.29)
et inuocantes diuinae auxilium pietatis, caelitus se uindicari continuis diu inprecationibus postulabant. 4.26 (266.20)
Erat quippe ante omnia diuinae caritatis igne feruidus, 4.28 (273.19)
contigit eum subito diuinae pietatis gratia per sanctissimi patris Cudbercti reliquias sanari. 4.32 (280.2)
Quod mira diuinae constat factum dispensatione pietatis, 5.22 (347.4)
quam nouerat scientiam diuinae cognitionis libenter ac sine inuidia populis Anglorum communicare curauit; 5.22 (347.6)
Mira autem diuinae dispensatio prouisionis erat, 5.22 (347.33)
diuinam. qui conceptam misericordiam ad diuinam clementiam contulerunt; 1.21 (40.26)
et apud diuinam pietatem uerbo deprecationis ageret; 2.12 (107.9)
salutantes uestram excellentiam, diuinam precamur iugiter clementiam, 3.29 (198.34)
uisum est fratribus triduanum ieiunium agere, et diuinam suppliciter obsecrare clementiam, 4.14 (233.15)
multi, . . . ad exorandam in aduersis diuinam clementiam, . . . sunt mirabiliter accensi; 4.14 (236.1)
diuinarum. et meditatione diuinarum scripturarum uitam sedulus agebat. 4.3 (211.20)
Tantum lectioni diuinarum scripturarum suos uacare subditos, . . . faciebat, 4.23 (254.17)
Ordinatus est autem post haec Eadberct uir scientia scripturarum diuinarum . . . insignis; 4.29 (275.32)
diuini. confestim benedictio et sermonis diuini doctrina profunditur. 1.21 (40.19)
cum Aedilred . . . ecclesias ac monasteria sine respectu pietatis uel diuini timoris fedaret, 4.12 (228.10)
pro insita ei sapientia et amore diuini famulatus, sedulo eam uisitare, . . . solebant. 4.23 (253.31)
quod causa diuini timoris semel ob reatum conpunctus coeperat, 4.25 (264.10)
iam causa diuini amoris delectatus praemiis indefessus agebat. 4.25 (264.11)
diuini. Ceterum tota prouincia Australium Saxonum diuini nominis et fidei erat ignara. 4.13 (230.28)
signum diuini miraculi, quo eiusdem feminae sepulta caro corrumpi non potuit, indicio est, 4.19 (243.23)
diuinis. Columbam . . . diuinis paginis contraria sapuisse uel egisse credendum est? 3.25 (187.5)
diuinis. et uictam se diuinis uirtutibus gratulatur. 1.19 (37.25)
iam dudum in diuinis laudibus Hebreum coepit alleluia resonare. 2.1 (78.11)
quicquid ex diuinis litteris per interpretes disceret, 4.24 (258.30)
diuinis. diuinis se studuit mancipare praeceptis. 2.6 (93.22)
uitiorum potius inplicamentis, quam diuinis solebam seruire mandatis. 3.13 (153.8)
diuinis. sed et alia perplura de beneficiis et iudiciis diuinis, . . . ad . . . solertiam bonae actionis excitare curabat. 4.24 (261.9)
diuino. diuino nimirum admonitus instinctu, 1.7 (20.19)
miscebatur sermo proprius cum diuino, 1.17 (35.30)
Qui diuino admonitus instinctu 1.23 (42.18)
quia reliquit successores magna continentia ac diuino amore regularique institutione insignes; 3.4 (134.19)
ut ipse . . . omnem inimici zizaniam ex omni uestra insula cum diuino nutu eradicet. 3.29 (198.6)
coepitque me interrogare, diuino, ut mox patuit, admonitus instinctu, 5.6 (291.9)
diuino. ammonuitque coniugem, ut uel tunc diuino se seruitio pariter manciparent, 4.11 (225.28)
diuino. in opus eos uerbi, diuino confisos auxilio, proficisci suadet. 1.23 (43.3)
Quod ita per omnia, ut praedixerat, diuino agente iudicio patratum est. 2.2 (83.32)
quod etiam tunc destituta pontifice prouincia recte pariter diuino fuerit destituta praesidio. 3.7 (141.17)
Theodorus Deo dilectus antistes, diuino functus auxilio, . . . extinguit incendium; 4.21 (249.11)
Duobus autem annis in episcopatu peractis repetiit insulam ac monasterium suum, diuino admonitus oraculo, 4.29 (274.4)
diuinorum. Quia et gens uestra Christo omnipotenti Deo credidit secundum diuinorum prophetarum uoces, 3.29 (197.5)
diuinorum. duritiam cordis ipsius religiosa diuinorum praeceptorum insinuatione mollire 2.11 (105.30)
diuinum. quin potius confidentes in diuinum, ubi humanum cessabat auxilium, 1.14 (29.19)
confidens episcopus in diuinum, ubi humanum deerat, auxilium, 2.7 (94.20)
diuinus. diuinusque per eos sermo cotidie . . . praedicabatur; 1.17 (35.6)
DIVITIA. diuitias. alterum cupiditatis, cum mundi diuitias amori caelestium praeponimus; 3.19 (165.25)
diuitiis. uitam priuatam et monachicam cunctis regni diuitiis et honoribus praeferens, 4.11 (225.20)
diuitiis. Procedunt conspicui diuitiis, ueste fulgentes, 1.17 (35.16)
DIVORTIVM. diuortii. quaerentesque occasionem diuortii, 1.15 (32.11)
diuortium. si non obstinatus coniugis animus diuortium negaret, 4.11 (225.22)
DIVVLGO. diuulgarentur. ut nullum deinceps ab aliquo nostrum oriatur contentionis scandalum, aut alia pro aliis diuulgarentur, 4.5 (217.9)
diuulgata. Qua diuulgata uisione, aliquantulum loci accolae paucis diebus timere, . . . coeperunt. 4.25 (265.28)
DIVVM. diuo. et residens sub diuo, 1.25 (45.28)
DO. dabant. manus hostibus dabant. 1.15 (32.31)
quando non minimas eisdem hostibus strages dabant, 1.16 (33.19)
construendis ornandisque auro uel argento ecclesiis operam dabant, 2.1 (77.17)
Siquid enim pecuniae a diuitibus accipiebant, mox pauperibus dabant. 3.26 (190.26)
dabas. panem nitidum, quem et patri nostro Saba,' . . . 'dabas, 2.5 (91.14)
dabo. et portae inferi non praeualebunt aduersus eam, et tibi dabo claues regni caelorum"?' 3.25 (188.19)
et tibi dabo claues regni caelorum"; 5.21 (342.30)
dans. partem, quam accepit, commendauit cuidam de clericis suis, . . . dans illi presbyterum nomine Hiddila, 4.16 (237.15)

dant. quo mox condito dant fortia segni populo monita, 1.12 (27.25)
uirgines . . . texendis subtilioribus indumentis operam dant, 4.25 (265.18)
dare. 'sed possumus,' inquiunt, 'salubre uobis dare consilum, 1.1 (12.5)
ea solum condicione dare consenserunt, 1.1 (12.14)
ac discrimini dare praesumsisset, 1.7 (19.5)
multos eorum coegit uictas infestis praedonibus dare manus, 1.14 (29.18)
tum primum inimicis, . . . strages dare coeperunt. 1.14 (29.22)
sedulus hoc dispergere ac dare pauperibus curabat, 2.1 (77.20)
subiectisque populis idola colendi liberam dare licentiam. 2.5 (91.8)
Cumque uiderent pontificem, . . . eucharistiam populo dare, 2.5 (91.10)
et populo adhuc dare in ecclesia non desistis?' 2.5 (91.14)
Sed dicito mihi, quid mercedis dare uelis ei, 2.12 (109.1)
rogauit sibi regem arma dare et equum emissarium, 2.13 (113.10)
id est, aut legendis scripturis, aut psalmis discendis operam dare. 3.5 (136.11)
Nullam potentibus saeculi pecuniam, . . . umquam dare solebat, 3.5 (136.26)
infirmis et pauperibus consulere, elimosynas dare, opem ferre non cessabat. 3.9 (145.25)
'Quid uoluisti, domine antistes, equum regium, . . . pauperi dare? 3.14 (156.19)
alii magis circueundo per cellas magistrorum, lectioni operam dare gaudebant; 3.27 (192.15)
humilitati, continentiae, lectioni operam dare; 3.28 (195.19)
beneficia sanctorum, . . . eis fecimus dari [dare], uar. 3.29 (198.17)
Isque primus erat in archiepiscopis, cui omnis Anglorum ecclesia manus dare consentiret. 4.2 (204.23)
cum mortuo Iarumanno sibi quoque suisque a Theodoro episcopum dari [dare] peteret, uar. 4.3 (206.16)
et in ecclesiam conuocatas orationibus ac psalmis pro anima matris operam dare monuit. 4.23 (257.29)
partem de capillis, quam more reliquiarum rogantibus amicis dare, . . . possent. 4.32 (280.7)
atque orationibus ac lectioni quietus operam dare consueuerat. 5.2 (283.14)
Rogaui et ego una cum illo, promittens etiam me elimosynas in alimoniam inopum dare, 5.4 (287.15)
darent. Scotti omnes, qui inter Anglos morabantur, aut his manus darent, aut suam redirent ad patriam. 3.28 (195.30)
dares. quamuis illum eis equum non dares, quem tibi specialiter possidendum elegi?' 3.14 (156.21)
daret. postulans ab Osuiu rege, ut aliquos sibi doctores daret, 3.22 (172.22)
et scripturis legendis operam daret, 3.23 (176.35)
et daret ei locum, in quo cum suis apte degere potuisset. 4.1 (204.8)
et episcopus solus in oratorio loci lectioni uel orationi operam daret, 4.3 (208.19)
quia, si cepisset insulam, quartam partem eius simul et praedae Domino daret. 4.16 (237.7)
petiitque, ut consilium sibi daret, quo posset fugere a uentura ira. 4.25 (263.16)
ita ut . . . decimam . . . uestimentorum partem pauperibus daret. 4.29 (276.4)
praecipiens, ut gustandam illi daret, 5.4 (287.21)
Vbi cum . . . diligenter his, quae inspiciebat, discendis operam daret, 5.19 (323.29)
offerebat, ut, . . . filiam fratris sui uirginem illi coniugem daret, 5.19 (324.11)
daretur. nisi profusior alimentorum copia daretur, 1.15 (32.12)
sed postulauit a rege Osuio, ut illis episcopus Ceadda daretur, 4.3 (206.18)
Haec ubi corpus abbatissae uenerabilis in ecclesiam delatum, donec sepulturae daretur, cognouit, 4.9 (223.3)
sed debita solummodo multa pecuniae regi ultori daretur. 4.21 (249.16)
ut palam daretur intellegi, quia modica illa, quae prouenerat, intercapedo quietis, ad uiri Dei preces . . . donata est.' 5.1 (282.20)
Porro ipse diligentius obsecrans, ut et mihi certandi cum illis copia daretur, 5.6 (289.30)
dari. sanctus Albanus dari sibi a Deo aquam rogauit, 1.7 (21.1)
responsum est non esse licitum Christianam uirginem pagano in coniugem dari, 2.9 (97.28)
At illa petiit sibi portionem pulueris salutiferi dari; 3.11 (149.17)
ille praecepit equum, . . . pauperi dari; 3.14 (156.14)
postulans filiam eius Alchfledam sibi coniugem dari. 3.21 (170.1)
et beneficia sanctorum, . . . eis fecimus dari, 3.29 (198.17)
cum mortuo Iarumanno sibi quoque suisque a Theodoro episcopum dari peteret, 4.3 (206.16)
data. Data die x Kalendarum Augustarum, 1.23 (43.23)
Data die x Kalendarum Augustarum, 1.24 (44.20)
Data die x Kalendarum Iuliarum, 1.28 (62.28)
Data die x. Kalendarum Iuliarum, 1.29 (64.21)
Data die xv. Kalendarum Iuliarum, 1.30 (66.5)
Data die x. Kalendarum Iuliarum, 1.32 (70.4)
Data die iii Iduum Iunii, 2.18 (122.3)
unde data est episcopo possessio terrae ccc^{arum} familiarum. 4.16 (237.11)
Sed illo post modicum temporis, ex quo eam accepit, defuncto, data est regi praefato; 4.19 (243.10)
Vna data Daniheli, quam usque hodie regit; 5.18 (320.25)
data. data sibi ordinandi episcopos auctoritate a pontifice Bonifatio, 2.8 (95.12)
et sic data oratione a presbytero, noctem illam quietissimam duxit; 3.11 (150.22)
quia illi postmodum data sibi optione magis loco cedere, . . . uolebant, 3.25 (183.4)
Verum quia illi postmodum optione data maluerunt loco cedere, 5.19 (325.18)
datae. et ei claues regni caelorum sint datae a Domino?' 3.25 (188.28)
datae. 'Quod superest, date [datae] elemosinam, uar. 1.27 (49.16)
datam. et ipsam rasuram aquae inmissam ac potui datam, 1.1 (13.4)
At ubi datam sibi mansionem intrauerant, 1.26 (46.31)
mox ut conperiit Vilbrord datam sibi a principe licentiam ibidem praedicandi, 5.11 (301.20)
date. 'Quod superest, date elemosinam, 1.27 (49.16)
dati. et ei claues regni caelorum sint datae [dati] a Domino?' uar. 3.25 (188.28)
datis. Trinouantum firmissima ciuitas . . . datis XL obsidibus, Caesari sese dedit. 1.2 (14.24)
dato. dato illi socio altero quodam presbytero, 3.22 (172.26)
Quibus auditis antistes misit eum Romam, dato duce itineris, 5.19 (324.16)
dato. multos, quos pretio dato redemerat, 3.5 (136.30)
At ille dato iure iurando, ut rediret, uel pecuniam illi pro se mitteret, 4.22 (251.22)
datum. datumque illi exemplar eius Romam perferendum. 4.18 (242.16)
datum est illi ex poena peccati illius, ne nunc eos, . . . audiret. 4.26 (267.8)
datum. 'Habetis,' inquit, 'uos proferre aliquid tantae potestatis uestro Columbae datum?' 3.25 (188.25)
daturum. huic tali pro mercede beneficii daturum esse responderet, adiecit ille: 2.12 (109.5)
uouit etiam se elimosynas pauperibus daturum, 5.4 (287.11)
daturus. dum ille domum comitis pransurus, ac benedictionem daturus intraret. 5.4 (287.16)
datus. Vt Ceadda, de quo supra dictum est, prouinciae Merciorum sit episcopus datus, 4.3 (206.13)
et Earconuald Orientalibus Saxonibus sit episcopus datus. 4.6 (218.2)
datus sum educandus reuerentissimo abbati Benedicto, ac deinde Ceolfrido; 5.24 (357.7)
dederant. cum episcopo, quem ei adiutorem fidei dederant, 1.25 (45.25)
dederat. Epistulam uero, . . . ad Vergilium Aetherii successorem dederat; 1.28 (62.8)
(non enim dederat illi spatium, quo totum suum congregaret atque adunaret exercitum), 2.12 (110.17)
Quem uidelicet locum paulo ante eis, . . . in possessionem monasterii dederat. 3.25 (183.3)
quem uidelicet locum dederat pridem ad construendum inibi monasterium 5.19 (325.15)

dederint. quam cum in aquas miserint, atque has infirmantibus iumentis siue hominibus gustandas dederint, 4.3 (212.21)
dederit. et oleum sanctum, quo hanc sedarent, dederit. 3.15 (157.20)
et Osuiu, . . . possessiones et territoria Deo ad construenda monasteria dederit. 3.24 (177.12)
dederunt. cum . . . has infirmantibus iumentis siue hominibus gustandas dederint [dederunt], uar. 4.3 (212.21)
c pauperibus dederunt, centum his, a quibus retia acceperant, 4.13 (231.33)
dedi. Dedi te in lucem gentium, 3.29 (197.11)
Et post pusillum: 'Dedi te in foedus populi, 3.29 (197.14)
'Ego Dominus . . . adprehendi manum tuam, et seruaui, et dedi te in foedus populi, 3.29 (197.18)
omnem meditandis scripturis operam dedi; 5.24 (357.11)
dedirint. cum . . . has infirmantibus iumentis siue hominibus gustandas dederint [dedirint], uar. 4.3 (212.21)
dedisse. uidit undam suis cessisse ac uiam dedisse uestigiis. 1.7 (20.16)
iuxta quod Ecgfridum regem uoluisse ac licentiam dedisse nouerat, 4.18 (241.15)
dedisset. uir Dei, dum membra sopori dedisset, uidit uisionem consolatoriam, 4.11 (226.17)
cum in utroque Hildae abbatissae monasterio lectioni et obseruationi scripturarum operam dedisset, 4.23 (254.33)
ibique hora conpetenti membra dedisset sopori, 4.24 (259.22)
Cumque presbyter portionem, quantam uoluit, amico dedisset, 4.32 (280.16)
dedit. Trinouantum firmissima ciuitas . . . Caesari sese dedit. 1.2 (14.25)
magnas hostium strages dedit, 1.12 (27.7)
Dedit ergo eis mansionem in ciuitate Doruuernensi, 1.25 (46.18)
maximam gentis perfidae stragem dedit. 2.2 (84.4)
Quo utroque scelere occasionem dedit ad priorem uomitum reuertendi his, 2.5 (90.30)
Tunc dedit ei abbatissa portiunculam de puluere illo, 3.11 (150.21)
discinxit se gladio suo, et dedit illum ministro, 3.14 (156.30)
dedit etiam oleum sanctificatum: 3.15 (158.4)
Dedit autem episcopus regendum post se monasterium fratri suo Ceadda, 3.23 (176.18)
et sic cum paucissimo exercitu se certamini dedit. 3.24 (177.31)
Osuiu, . . . pro conlata sibi uictoria gratias Deo referens dedit filiam suam . . . consecrandam; 3.24 (178.22)
E quibus uidelicet possessiunculis sex in prouincia Derorum, sex in Berniciorum dedit. 3.24 (178.30)
dedit eum illi, qui dignam loco et doctrinam haberet, et uitam. 3.25 (183.6)
Qui statim ut ad illum uenit, dedit ei monasterium beati Petri apostoli, 4.1 (204.4)
"intonuit de caelo Dominus, et Altissimus dedit uocem suam; 4.3 (210.30)
Attamen tandem eorum precibus uictus assensum dedit, 4.29 (275.25)
residuum dedit adulescenti, ut suo in loco reponeret. 4.32 (280.16)
dedit ei locum mansionis in insula quadam Hreni, 5.11 (302.23)
protulitque unus libellum perpulchrum, sed uehementer modicum, ac mihi ad legendum dedit; 5.13 (312.5)
dedit hoc illi, quem melioribus inbutum disciplinis ac moribus uidit. 5.19 (325.20)
Cui claues caeli Christus dedit arbiter orbis; 5.19 (330.12)
Dedit namque operam, quod et hodie facit, 5.20 (331.18)
Aedilred, . . . monachus factus Coenredo regnum dedit. 5.24 (356.2)
do. sed tu memento, ut hoc oleum, quod tibi do, mittas in mare; 3.15 (158.7)

DOCEO. doceam. 'Vis,' inquit, 'mi nate, doceam te, quomodo cureris ab huius molestia langoris? 3.12 (151.2)
doceant. a uespera diei xv^{ae} pascha incipiendum doceant; 5.21 (338.15)
ut se etiam inrisiones et obprobria pro illo libenter ac promte omnia sufferre ipso etiam frontispicio doceant; 5.21 (343.21)
doceantur. ut indocti doceantur, infirmi persuasione roborentur, 1.27 (53.23)
doceat. et alios, qualiter fraterna caritas colenda sit, doceat. 1.28 (62.18)
doceatur. crebra huius admonitione doceatur se quoque carnem suam . . . crucifigere debere; 5.21 (343.11)
docebant. quae uictui necessaria uidebantur, ab eis, quos docebant, accipiendo, 1.26 (47.3)
secundum ea, quae docebant, ipsi per omnia uiuendo, 1.26 (47.4)
Quidam abscidendum esse docebant, alii hoc fieri metu maioris periculi uetabant. 4.32 (279.29)
docebat. Implebatque actu, quicquid sermone docebat, 2.1 (79.17)
rex suscipere quidem se fidem, quam docebat, et uelle et debere respondebat. 2.13 (111.11)
quod non aliter, quam uiuebat cum suis, ipse docebat. 3.5 (135.25)
ea, quae ad fidem ac ueritatem pertinent, et uerbo cunctos docebat, et opere. 3.26 (190.3)
Non solum autem idem Iohannes ipsius monasterii fratres docebat, 4.18 (241.28)
Et, quod maxime doctores iuuare solet, ea, quae agenda docebat, ipse prius agendo praemonstrabat. 4.28 (273.18)
Qui quoniam et doctor suauissimus, et eorum, quae agenda docebat, erat exsecutor deuotissimus, 5.22 (346.27)
docebimus. rex erat uir bonus, et bona ac sancta sobole felix, ut in sequentibus docebimus. 3.7 (140.17)
docenda. et ubicumque rogabatur, ad docenda ecclesiae carmina diuertens. 4.12 (228.21)
Dei enim uoluntatis est, ut ad Columbae monasteria magis docenda pergat." ' 5.9 (297.14)
docendae. quotiens ipsi rerum domini discendae, docendae, custodiendae ueritati operam inpendunt. 5.21 (333.21)
docendam. qui ad docendam baptizandamque gentem illius et eruditione et uita uidebantur idonei, 3.21 (170.15)
docendas. nec tamen a praeparando itinere, quo ad gentes docendas iret, cessare uolebat. 5.9 (297.24)
docendi. industriam faciendi simul et docendi mandata caelestia, 3.17 (161.20)
genti suae . . . exemplo uiuendi, et instantia docendi, et auctoritate corripiendi, . . . profuit. 3.27 (194.4)
Porro Cudbercto tanta erat dicendi [docendi] peritia, uar. 4.27 (269.32)
docendo. magnas antiquo hosti praedas docendo et baptizando eripuit; 2.20 (126.24)
atque . . . rettulerit, quia nil prodesse docendo genti, ad quam missus erat, potuisset, 3.5 (137.6)
et aliis quoque fratribus ministerium uitae ac salutis docendo exhiberet. 3.23 (177.9)
et adiutrix disciplinae regularis eidem matri existere, minores docendo uel castigando curabat. 4.9 (222.4)
cuius auctor erat docendo ac dictando Galliarum episcopus Arcuulfus, 5.15 (316.18)
docendos. Columba presbyter de Scottia uenit Brittaniam, ad docendos Pictos, 5.24 (353.10)
docendum. De Iohanne cantatore sedis apostolicae, qui propter docendum Brittaniam uenerit. 4.18 (240.27)
Cumque morbo ingrauescente, denuo ad eum uisitandum ac docendum rex intraret, 5.13 (311.27)
docente. Domino magistro omnium docente: 1.27 (49.16)
curauit, docente eodem Paulino, . . . fabricare basilicam, 2.14 (114.8)
Susceperunt autem Hiienses monachi docente Ecgbercto ritus uiuendi catholicos 5.22 (347.17)
docere. diligenter ea, . . . eo quo pontificem decebat, animo, coepit obseruanda docere. 4.5 (214.27)
numquam ipsa . . . commissum sibi gregem et puplice et priuatim docere praetermittebat. 4.23 (256.20)
inter . . . cotidianam cantandi in ecclesia curam, semper aut discere, aut docere, aut scribere dulce habui. 5.24 (357.13)
docerent. et quicumque lectionibus sacris cuperent erudiri, haberent in promtu magistros, qui docerent. 4.2 (205.10)
doceret. Sed et ipsum per loca, in quibus doceret, multi inuitare curabant. 4.18 (241.31)
quatinus et, quae illi non nouerant, carmina ecclesiastica doceret; 5.20 (331.33)
doceri. iussitque illum seriem sacrae historiae doceri. 4.24 (260.29)
docet. confirmatum est, ut ecclesiastica docet historia. 3.25 (186.13)
nullus coniugem propriam, nisi, ut sanctum euangelium docet, fornicationis causa, relinquat. 4.5 (217.2)
praeerat regno Orientalium Saxonum, ut idem etiam libellus docet, . . . Sebbi, 4.11 (225.16)
ut diligentius explorata scripturae ueritas docet, 5.21 (335.28)
doctis. mox hoc regulari uita per omnia, prout a doctis uiris discere poterat, ordinare curabat; 4.23 (253.29)

doctus. scolasticus quidam de genere Scottorum, doctus quidem uir studio litterarum, 3.13 (152.25)
ubi doctus in scripturis, sanctorumque locorum gnarus esse conpertus est, 5.15 (316.26)
docuere. Romae, ubi beati apostoli Petrus et Paulus uixere, docuere, passi sunt, 3.25 (184.21)
docuerit. utque in monachica adhuc uita positus uixerit uel docuerit. 4.27 (268.20)
docuerunt. Postquam uero per annos aliquot in Fresia, qui aduenerant, docuerunt, 5.11 (302.30)
docuimus. ut et supra docuimus, 2.1 (76.34)
ut supra docuimus, 2.4 (87.18)
Quin et Meuanias insulas, sicut et supra docuimus, imperio subiugauit Anglorum; 2.9 (97.16)
iuxta quod supra docuimus; 2.19 (122.14)
quam ipse coepit, sed successor eius Osuald perfecit, ut supra docuimus, 2.20 (125.23)
quo Romani . . . totam a mari ad mare praecinxere Brittaniam, ut supra docuimus. 3.2 (129.28)
ut supra docuimus, 3.9 (145.3)
Iacob diaconus quondam, ut supra docuimus, uenerabilis archiepiscopi Paulini, 3.25 (181.27)
Cedd, iamdudum ordinatus a Scottis, ut supra docuimus, 3.25 (183.25)
Quem non multo post, detecta et eliminata, ut et supra docuimus, Scottorum secta, Galliam mittens, 5.19 (325.28)
positus est in ecclesia beati apostoli Petri iuxta altare ad Austrum, ut et supra docuimus; 5.19 (330.7)
docuissent. nil melius, quam quod illi docuissent, autumabat; 3.25 (182.28)
docuit. quid erga salutem eorum, . . . esset agendum, salubri sermone docuit. 3.19 (167.5)
disciplinam uitae regularis, . . . custodiri docuit. 3.22 (173.12)
docuit eos piscando uictum quaerere. 4.13 (231.26)
pietatis, et castimoniae, ceterarumque uirtutum, sed maxime pacis et caritatis custodiam docuit; 4.23 (254.10)
saecularem illum habitum relinquere, et monachicum suscipere propositum docuit, 4.24 (260.27)
DOCIBILIS, e. **docibilem.** 'Hominem denique,' inquit, 'docibilem et in omnibus ornatum antistitem, . . . minime ualuimus nunc repperire 3.29 (197.33)
DOCTIOR, ius. **doctioribus.** iussus est, multis doctioribus uiris praesentibus, indicare somnium, 4.24 (260.16)
Haec epistula cum praesente rege Naitono multisque uiris doctioribus esset lecta, 5.21 (345.23)
DOCTISSIMVS, a, um. **doctissimi.** uenerunt, . . . VII Brettonum episcopi et plures uiri doctissimi, 2.2 (82.20)
peruenit ad amicitiam uiri sanctissimi ac doctissimi, Bonifatii uidelicet archidiaconi, 5.19 (324.23)
doctissimo. Narrabat autem uisiones suas etiam regi Aldfrido, uiro undecumque doctissimo; 5.12 (309.32)
doctissimum. porro Alchfrid magistrum habens eruditionis Christianae Vilfridum uirum doctissimum 3.25 (182.29)
'Constat,' inquit, 'Anatolium uirum sanctissimum, doctissimum, ac laude esse dignissimum; 3.25 (187.12)
etiam Tobiam uirum doctissimum Hrofensi ecclesiae fecerit antistitem. 5.8 (294.15)
doctissimus. uir per omnia doctissimus, Praef. (6.6)
Sigberct, uir per omnia Christianissimus ac doctissimus, 2.15 (116.21)
Ecgbercto, . . . qui in Hibernia diutius exulauerat pro Christo, eratque et doctissimus in scripturis, 3.4 (134.33)
Vighard presbyter, uir in ecclesiasticis disciplinis doctissimus, de genere Anglorum, 4.1 (201.16)
uir strenuissimus ac doctissimus atque excellentis ingenii uocabulo Tatfrid, . . . electus est antistes; 4.23 (255.20)
Successit autem Ecgfrido in regnum Aldfrid, uir in scripturis doctissimus, 4.26 (268.3)
Scripsit et alia nonnulla, utpote uir undecumque doctissimus; 5.18 (321.8)
Acca cantator erat peritissimus, quomodo etiam in litteris sanctis doctissimus, 5.20 (332.2)
Tobias . . . defunctus est, uir, ut supra meminimus, doctissimus. 5.23 (348.22)
DOCTOR. doctor. ultra Anglorum partibus, quo nullus doctor praecessisset, 3.7 (139.13)
Erat autem Columba primus doctor fidei Christianae transmontanis Pictis ad aquilonem, 5.9 (297.15)
ut uir tantae eruditionis ac religionis sibi . . . sacerdos esset, ac doctor. 5.19 (325.27)
Ioseph et ipse castitatis, humilitatis, pietatis, ceterarumque uirtutum exsecutor ac doctor eximius, . . . patet 5.21 (342.13)
Qui quoniam et doctor suauissimus, et eorum, quae agenda docebat, erat exsecutor deuotissimus, 5.22 (346.26)
doctores. Quibus ita gestis, et ipsi sacerdotes doctoresque eorum domum rediere laetantes. 3.30 (200.8)
sicut praedicauerunt hi, quos memorauimus supra, sancti apostoli, et prophetae, et doctores. 4.17 (240.24)
uenere Brittaniam praefati doctores, 5.24 (353.15)
doctores. Augustinus . . . conuocauit ad suum colloquium episcopos siue doctores . . . Brettonum 2.2 (81.11)
postulans ab Osuiu rege, ut aliquos sibi doctores daret, 3.22 (172.22)
suauiusque resonando doctores suos uicissim auditores sui faciebat. 4.24 (260.32)
Et, quod maxime doctores iuuare solet, ea, quae agenda docebat, ipse prius agendo praemonstrabat. 4.28 (273.17)
doctori. In qua etiam ciuitate ipsi doctori atque antistiti suo Paulino sedem episcopatus donauit. 2.14 (114.6)
doctoribus. Nec distulit, quin etiam ipsis doctoribus suis locum sedis . . . donaret, 1.26 (47.31)
Sarano ceterisque doctoribus seu abbatibus Scottis, 2.19 (123.4)
Tota enim fuit tunc sollicitudo doctoribus illis Deo seruiendi, 3.26 (191.3)
doctoribus. Didicerat enim a doctoribus auctoribusque suae salutis 1.26 (47.28)
nam rediens domum ab uxore sua et quibusdam peruersis doctoribus seductus est, 2.15 (116.4)
qualisque illis doctoribus fuerit habitus ecclesiae. 3.26 (189.9)
iussus est, multis doctioribus uiris [doctoribus] praesentibus, indicare somnium, uar. 4.24 (260.16)
Aegyptiorum, qui prae ceteris doctoribus calculandi palmam tenent, 5.21 (339.4)
doctoris. iuxta exemplum primi doctoris illius, qui non episcopus, sed presbyter extitit et monachus; 3.4 (134.14)
Conditus est autem in ecclesia beati doctoris gentium, 4.11 (227.17)
doctorum. collecto uenerabilium sacerdotum doctorumque plurimorum coetu, 4.17 (238.30)
et omnis probabilium catholicae ecclesiae doctorum chorus. 4.17 (239.22)
et paupertate pariter ac rusticitate sua doctorum arcebant accessum. 4.27 (270.7)
DOCTRINA. doctrina. et auctoritas per conscientiam, doctrina per litteras, uirtutes ex meritis. 1.17 (35.10)
confestim benedictio et sermonis diuini doctrina profunditur. 1.21 (40.19)
qualis sibi doctrina haec eatenus inaudita, . . . uideretur. 2.13 (111.17)
Vnde si haec noua doctrina certius aliquid attulit, 2.13 (112.20)
sic doctrina eorum corda hominum cotidie inlustrat credentium.' 3.29 (197.29)
doctrina. Gregorius, uir doctrina et actione praecipuus, pontificatum Romanae . . . sedis sortitus 1.23 (42.16)
cuius doctrina ac ministerio gens, quam regebat, Anglorum, dominicae fidei et dona disceret, 3.3 (131.12)
Huius igitur antistitis doctrina rex Osuald cum ea, cui praeerat, gente Anglorum institutus, 3.6 (137.30)
et ipse perplura catholicae obseruationis moderamina ecclesiis Anglorum sua doctrina contulit. 3.28 (195.27)
Canebat . . . de Spiritus Sancti aduentu, et apostolorum doctrina. 4.24 (261.5)
et ea, . . . huius doctrina priscum renouarentur in statum. 5.20 (331.34)
talis in mysteriorum celebratione maximorum a sanctarum quidem scripturarum doctrina discordat; 5.21 (340.24)
doctrinae. mirantes . . . dulcedinem doctrinae eorum caelestis. 1.26 (47.9)
non minimum ad suscipienda uel intellegenda doctrinae monita salutaris sensum iuuit illius. 2.12 (107.4)
prae oculis affectum doctrinae ipsius, quem pro uestris animabus libenter exercuit, habetote; 2.17 (119.21)
et non eis iuxta apostolicam disciplinam primo lac doctrinae mollioris porrexisti, 3.5 (137.16)
et ut ei doctrinae cooperator existens diligenter adtenderet, 4.1 (203.1)
inter plura continentiae, humilitatis, doctrinae, orationum, uoluntariae paupertatis, . . . merita, 4.3 (210.11)
Exponebantque illi quendam sacrae historiae siue doctrinae sermonem, 4.24 (260.21)
Quos tamen ille pio libenter mancipatus labori, tanta doctrinae solertis excolebat industria, 4.27 (270.9)
cum esset et ipse contemtu mundi ac doctrinae scientia insignis, 5.9 (298.16)
Cuius doctrinae simul et Theodori inter alia testimonium perhibet, 5.20 (331.6)
doctrinam. ut sacerdotum doctrinam sitientibus desideriis sectarentur. 1.18 (36.19)
Vt idem in Cantia primitiuae ecclesiae et doctrinam sit imitatus, et uitam, 1.26 (46.29)

uolens scilicet tuitionem eis, quos et quorum doctrinam susceperat, praestare. 2.5 (90.16)
Nec distulit Æduini, quin continuo polliceretur in omnibus se secuturum doctrinam illius, 2.12 (109.20)
ibique ad doctrinam Scottorum cathecizati, et baptismatis sunt gratia recreati. 3.1 (127.15)
cuius doctrinam id maxime commendabat omnibus, 3.5 (135.23)
(nam et Romam prius propter doctrinam ecclesiasticam adierat, 3.25 (182.30)
huius doctrinam omnibus Scottorum traditionibus iure praeferendam sciebat; 3.25 (182.34)
dedit eum illi, qui dignam loco et doctrinam haberet, et uitam. 3.25 (183.6)
Colman uidens spretam suam doctrinam, sectamque esse dispectam, 3.26 (189.11)
nos pie atque orthodoxe, iuxta diuinitus inspiratam doctrinam eorum professi credimus 4.17 (239.23)
episcopalem uitam siue doctrinam magis insito sibi uirtutum amore quam lectionibus institutus exercebat. 5.18 (320.11)
DOCTRIX. doctrix. simul et suae uitae solacium deuota Deo doctrix inuenit. 4.26 (268.1)
DOCVMENTVM. documenta. Vnde inter alia uiuendi documenta saluberrimum abstinentiae uel continentiae clericis exemplum reliquit; 3.5 (135.21)
DOGMA. dogma. cum neque suscipere dogma peruersum . . . uellent, 1.17 (33.28)
probauit hoc dogma . . . fidei . . . esse contrarium. 2.1 (75.33)
Paschalis qui etiam sollemnia tempora cursus Catholici ad iustum correxit dogma canonis, 5.19 (330.19)
dogmata. qui in Nicaea congregati fuerunt cccx et viii contra Arrium impiissimum et eiusdem dogmata; 4.17 (240.4)
et in Constantinopoli cl contra uesaniam Macedonii et Eudoxii et eorum dogmata; 4.17 (240.6)
et in Efeso primo ducentorum contra nequissimum Nestorium et eiusdem dogmata; 4.17 (240.7)
et in Calcedone dc^{rum} et xxx contra Eutychen, et Nestorium, et eorum dogmata; 4.17 (240.9)
congregati sunt concilio . . . contra Theodorum, et Theodoreti et Iba epistulas, et eorum dogmata contra Cyrillum. 4.17 (240.11)
Princeps pontificum, felix summusque sacerdos Limpida discipulis dogmata disseruit. 5.8 (295.12)
DOGMATIZO. dogmatizabant. qui unam in Domino Saluatore uoluntatem atque operationem dogmatizabant, 5.19 (326.27)
dogmatizabat. dogmatizabat corpus nostrum in illa resurrectionis gloria inpalpabile, 2.1 (75.30)
dogmatizare. qui . . . perfectam se habere posse iustitiam dogmatizare praesumunt. 5.21 (340.28)
DOLEO. dolebat. in ira suum oculum turbatum dolebat; 1.27 (58.16)
sentit, . . . quasi magnam latamque manum caput sibi in parte, qua dolebat, tetigisse, 4.31 (279.4)
At episcopus grauissime de casu et interitu meo dolebat, 5.6 (290.29)
dolenda. quem in ipso flore adulescentiae debilitas dolenda damnauerat. 1.21 (40.15)
dolendo. mox dolendo subiunxit: 2.1 (74.18)
dolendum. quia hanc animum nescientem pertulisse magis dolendum est, quam fecisse. 1.27 (60.8)
dolentes. alii transmarinas regiones dolentes petebant; 1.15 (32.33)
sed de non recepto, quem miserant, praedicatore dolentes. 3.5 (137.12)
dolentibus. loculum, in quo primo sepulta est, nonnullis oculos dolentibus saluti fuisse perhibent; 4.19 (246.17)
dolentis. quidam a dolentis brachii sit langore curatus. 3.2 (128.24)
DOLO. dolantes. Dolantes ergo lapidem in quantum ualebant, 4.11 (227.2)
dolatis. et haec singula singulis tecta lapidibus instar basilicae dolatis; 5.17 (319.19)
DOLOR. dolor. fit communis omnium dolor, 1.21 (40.25)
uoluptas etenim carnis, non dolor in culpa est. 1.27 (54.26)
At ille, quem nimius reae conscientiae tenebat dolor, 4.25 (263.22)
ut, siquid minus haberet meriti a beato Cudbercto, suppleret hoc castigans longae egritudinis dolor; 4.29 (275.18)
dolor tamen omnis et de brachio, ubi ardentior inerat, . . . funditus ablatus est, 5.3 (286.18)
dolor. 'Heu, pro dolor!' inquit, 2.1 (80.9)
Sed heu, pro dolor! longe aliter erat; 3.14 (155.19)
dolore. quod nec tanto corporis potuit dolore restingui. 2.1 (77.15)
ut regina sospes et absque dolore graui sobolem procrearet. 2.9 (99.24)
ita ut ne ad os quidem adducere ipsum brachium ullatenus dolore arcente ualeret. 3.2 (130.16)
cuius equus . . . augescente dolore nimio, in terram coepit ruere. 3.9 (145.33)
At ipsum diu graui dolore uexatum, cum diuersas in partes se torqueret, 3.9 (146.2)
quiescente dolore cessabat ab insanis membrorum motibus, 3.9 (146.5)
ne ad mortem ueniens tanto adfectus dolore aliquid indignum suae personae uel ore proferret, 4.11 (226.9)
dixit, quod anima eius, et sine ullo dolore, et cum magno lucis splendore esset egressura 4.11 (226.25)
cum praefato tumore ac dolore maxillae siue colli premeretur, 4.19 (246.5)
quod ideo me superna pietas dolore colli uoluit grauari, 4.19 (246.10)
vii^{o} ergo suae infirmitatis anno, conuerso ad interanea dolore, ad diem peruenit ultimum, 4.23 (256.26)
sentit, . . . manum . . . corporis sui partem, paulatim fugiente dolore, ac sanitate subsequente, ad pedes usque pertransisse. 4.31 (279.7)
quae iacebat multo, ut dixi, dolore constricta, 5.3 (286.4)
Haec inter tactus infirmitate, decidit in lectum, atque acri coepit dolore torqueri. 5.13 (311.17)
dolorem. dolorem omnem ac mortem perpetua salute ac uita mutauit. 4.19 (245.21)
patienter dolorem ac placida mente sustineret inlatum. 4.31 (278.25)
Abeuntibus autem nobis inde, continuo fugatum dolorem membrorum fuga quoque tumoris horrendi secuta est; 5.3 (286.23)
et, ubicumque maximum ei dolorem inesse didicisset, de ipsa eam aqua lauaret. 5.4 (287.22)
doloribus. erepta morti ac doloribus uirgo, laudes Domino Saluatori . . . referebat.' 5.3 (286.24)
doloribus. fugatis doloribus, recepit pristinam sanitatem, 1.19 (38.3)
et tamen ipsos, quos doloribus adfligunt, 1.27 (50.12)
'In doloribus paries.' 1.27 (54.29)
crebris uiscerum doloribus cruciabatur, 2.1 (77.6)
Tertia autem die prioribus adgrauata doloribus, et rapta confestim de mundo, 4.19 (245.21)
doloris. subito quasi leuiter obdormiens, sine ullo sensu doloris emisit spiritum. 4.11 (226.30)
mox doloris siue caliginis incommodum ab oculis amouerent. 4.19 (246.19)
et cum esset in studio, tacta est infirmitate repentini doloris, 5.3 (285.15)
ipsaque iacens in lecto prae nimietate doloris iam moritura uideretur. 5.3 (285.19)
DOLVS. dolis. dolis circumuentum interfecit, 1.9 (23.16)
DOMESTICI. domestici. lingua patria, quam rex et domestici eius non nouerant, 3.14 (157.7)
DOMESTICVS, a, um. **domesticis.** augentes externas domesticis motibus clades, 1.12 (28.11)
domestico. Brettones, quamuis et maxima ex parte domestico sibi odio gentem Anglorum, 5.23 (351.11)
DOMINA. dominae. Cum . . . Torctgyd tres adhuc annos post obitum dominae in hac uita teneretur, 4.9 (223.11)
dominae. Dominae gloriosae filiae Aedilbergae reginae, Bonifatius 2.11 (104.13)
DOMINICVS, a, um. **dominica.** eadem prima sabbati, quae nunc dominica dies cognominatur, 3.4 (135.9)
eadem una sabbati, quae nunc dominica dies dicitur, 3.17 (162.11)
et hac exorta, si dominica dies, quae tunc prima sabbati uocabatur, erat mane uentura, 3.25 (185.29)
Sin autem dominica non proximo mane post lunam xiiii^{am}, . . . esset uentura, 3.25 (185.33)
sicque fiebat, ut dominica paschae dies nonnisi a xv^{a} luna usque ad xxi^{am} seruaretur. 3.25 (186.2)
ut semper in diem xv^{am} primi mensis, id est in lunam xv^{am} dominica dies incurreret, 5.21 (337.2)
ut adueniente primo mense, adueniente in eo uespera diei xiiii^{ae}, expectetur etiam dies dominica, 5.21 (337.11)
et nos, ubi dominica dies aduenerit, celebrare debere noscendum est. 5.21 (339.13)
dominica. Anno ab incarnatione dominica dcxvi, 2.5 (89.4)

non semper in luna XIIII^{a} cum Iudaeis, ut quidam rebantur, sed in die quidem dominica, . . . celebrabant. 3.4 (135.4)
Cuius anno secundo, hoc est ab incarnatione dominica anno DCXLIIII, 3.14 (154.13)
sed die dominica semper agebat, a luna XIIII^{a} usque ad XX^{am}; 3.17 (162.7)
Quibus diebus cunctis, excepta dominica, ieiunium ad uesperam usque . . . protelans, 3.23 (175.27)
Qui ordinatus est . . . anno dominicae incarnationis DCLXVIII, sub die VII. Kalendarum Aprilium, dominica. 4.1 (203.9)
Peruenit autem Theodorus ad ecclesiam suam . . . sub die VI. Kalendarum Iuniarum, dominica, 4.2 (204.15)
'Vt sanctum diem paschae in commune omnes seruemus dominica post XIIII^{am} lunam mensis primi.' 4.5 (216.1)
Canebat . . . de aliis plurimis sacrae scripturae historiis, de incarnatione dominica, 4.24 (261.3)
ita ut nil umquam cibi uel potus, excepta die dominica et quinta sabbati, perciperet, 4.25 (263.4)
ita ut quinta solum sabbati et dominica, sicut praedixi, reficeret, 4.25 (264.5)
Quo uidelicet anno, qui est ab incarnatione dominica DCLXXXV., 4.26 (268.6)
sequente dominica iussit ad se intrare pauperem, 5.2 (283.31)
sepultus est . . . anno ab incarnatione dominica DCC^{o}XXI°. 5.6 (292.3)
ordinatus autem anno sequente tertio die Kalendarum Iuliarum dominica 5.8 (295.28)
et sedit in sede sua pridie Kalendarum Septembrium dominica; 5.8 (295.30)
Mane autem inlucescente die dominica, primam paschalis festi diem celebrarent. 5.21 (336.25)
utque resurrectionis etiam nostrae, quam eadem die dominica futuram credimus, spe nos certissima gaudere signemus. 5.21 (341.5)
Consecratus est . . . die decima Iunii mensis, dominica; 5.23 (350.8)

dominica. sed per affectum boni operis frumenta dominica uitiorum suorum paleis expolia, 1.27 (53.17)

dominicae. ante uero incarnationis dominicae tempus anno LX^{mo}, 1.2 (13.22)
Anno incarnationis dominicae CCLXXXVI 1.6 (17.8)
Anno dominicae incarnationis CCCCXXIII, 1.13 (28.17)
et ecclesia ad diem resurrectionis dominicae . . . conponitur, 1.20 (38.20)
His temporibus, id est anno dominicae incarnationis DCV, 2.1 (73.2)
exemplo dominicae resurrectionis, probauit hoc dogma . . . fidei . . . esse contrarium. 2.1 (75.33)
Anno dominicae incarnationis DCIIII^{mo}, 2.3 (85.4)
a XIIII^{a} luna usque ad XX^{am} dominicae resurrectionis diem obseruandum esse putarent; 2.4 (87.18)
anno incarnationis dominicae DCXVIIII. 2.7 (94.7)
Magno ergo largitatis dominicae beneficio mens nostra gaudio exultauit, 2.11 (104.23)
Ad hoc enim misericordiam dominicae pietatis consecuta es, 2.11 (106.6)
accepit rex Aeduini . . . fidem et lauacrum . . . anno regni sui XI, qui est annus dominicae incarnationis DCXXVII, 2.14 (113.29)
id est anno dominicae incarnationis DCXXXIIII. 2.18 (122.8)
occisus est Æduini . . . anno dominicae incarnationis DCXXXIII, 2.20 (124.23)
cuius doctrina ac ministerio gens, quam regebat, Anglorum, dominicae fidei et dona disceret, 3.3 (131.13)
Siquidem anno incarnationis dominicae D^{o}LX°V^{o}, 3.4 (133.4)
hoc est usque ad annum dominicae incarnationis DCCXV 3.4 (134.28)
Anno dominicae incarnationis DCXL, 3.8 (142.3)
propter fidem uidelicet dominicae resurrectionis, 3.17 (162.9)
Facta est autem haec quaestio anno dominicae incarnationis DCLXIIII^{o}, 3.26 (189.19)
Eodem autem anno dominicae incarnationis DCLXIIII^{o}, facta erat eclipsis solis 3.27 (191.28)
nuper, id est anno dominicae incarnationis DCCXXVIIII^{o}, . . . migrauit ad regna caelestia. 3.27 (193.30)
Qui ordinatus est a Vitaliano papa anno dominicae incarnationis DCLXVIII, 4.1 (203.8)
Anno dominicae incarnationis DCLXX^{mo}, . . . Osuiu rex . . . pressus est infirmitate, 4.5 (214.11)
Anno autem dominicae incarnationis DCLXXVI, cum Aedilred rex Merciorum, . . . Cantiam uastaret 4.12 (228.7)
Anno dominicae incarnationis DCLXXVIII, . . . apparuit . . . cometa; 4.12 (228.27)
et infirmanti puero de eodem sacrificio dominicae oblationis particulam deferri mandauit. 4.14 (235.28)
Anno post hunc sequente, hoc est anno dominicae incarnationis DCLXXX, 4.23 (252.15)
Anno dominicae incarnationis DCLXXXIIII. Ecgfrid . . . uastauit misere gentem innoxiam, 4.26 (266.14)
illa, ut credibile est, dispensatione dominicae pietatis, 4.29 (275.16)
quae cum febrium fuisset ardoribus fatigata, ad tactum manus dominicae surrexit, 5.4 (287.30)
Anno autem post hunc, . . . proximo, id est DCXC incarnationis dominicae, 5.8 (294.19)
qui electus est quidem in episcopatum anno dominicae incarnationis DCXC secundo, 5.8 (295.25)
Quae in eodem libro de loco dominicae natiuitatis, passionis, et resurrectionis commemorauerit. 5.16 (317.8)
Scripsit ergo de loco dominicae natiuitatis in hunc modum: 5.16 (317.10)
cuius exterior pars natiuitatis dominicae fuisse dicitur locus; 5.16 (317.16)
Infra ipsum uero locum dominicae crucis, excisa in petra crypta est, 5.16 (317.31)
Huius quoque ad occasum ecclesiae, Anastasis, hoc est resurrectionis dominicae rotunda ecclesia, 5.16 (318.1)
Quae item de loco ascensionis dominicae et sepulchris patriarcharum. 5.17 (318.23)
De loco quoque ascensionis dominicae praefatus auctor hoc modo refert: 5.17 (318.24)
In die ascensionis dominicae per annos singulos, missa peracta, ualidi flaminis procella desursum uenire consueuit, 5.17 (319.10)
Anno dominicae incarnationis DCCV Aldfrid, rex Nordanhymbrorum, defunctus est, 5.18 (320.4)
et se suosque omnes ad catholicum dominicae resurrectionis tempus celebrandum perduxit. 5.21 (332.20)
tertia in euangelio per effectum dominicae passionis et resurrectionis adiuncta est. 5.21 (334.4)
sacramenta dominicae resurrectionis et ereptionis nostrae celebrare debemus, 5.21 (339.35)
expectamus adhuc monente euangelio in ipsa ebdomada tertia tempus diei dominicae, 5.21 (340.33)
sed quia Petrus in memoriam dominicae passionis ita adtonsus est, 5.21 (343.3)
annoque dominicae incarnationis DCCXXVIIII, 5.22 (347.24)
cum missarum sollemnia in memoriam eiusdem dominicae resurrectionis celebrasset, 5.22 (347.27)
Anno dominicae incarnationis DCCXXV, 5.23 (348.14)
Anno dominicae incarnationis DCCXXVIIII apparuerunt cometae duae 5.23 (349.4)
Anno dominicae incarnationis DCCXXXI, 5.23 (349.28)
Hic est . . . status Brittaniae, . . . dominicae autem incarnationis anno DCCXXXI; 5.23 (351.26)
Anno incarnationis dominicae CLXVII, Eleuther Romae praesul factus 5.24 (352.13)

dominicam. Sciebant enim, . . . resurrectionem dominicam, . . . prima sabbati semper esse celebrandam; 3.4 (135.6)
ut in ipsa tertia septimana diem dominicam expectare, . . . debeamus. 5.21 (334.9)
diemque nobis dominicam, . . . gaudio suae resurrectionis fecit esse sollemnem; 5.21 (336.6)
hanc dominicam uocari, et in ea nos annuatim paschalia eiusdem resurrectionis uoluit festa celebrare; 5.21 (340.5)
Anno igitur ante incarnationem dominicam sexagesimo Gaius Iulius Caesar . . . Brittanias bello pulsauit, 5.24 (352.5)

dominici. ad sacramentum dominici corporis et sanguinis accedere 1.27 (56.23)
seu de sumendo dominici corporis sanguinisque mysterio, 1.27 (58.25)
iuxta exemplum dominici corporis, 2.1 (76.5)
Eadem autem nocte sacrosancta dominici paschae pepererat regina filiam regi, 2.9 (99.18)
ut ipsa uos dominici eloquii promissa in futuro respiciant, 2.18 (121.10)
postquam obitum suum dominici corporis et sanguinis perceptione muniuit, 4.3 (210.4)
ac uiatico dominici corporis ac sanguinis accepto, . . . ad aeterna in caelis gaudia subleueris. 4.14 (234.11)
Interior namque domus propter dominici corporis meatum camerari et tegi non potuit; 5.17 (318.32)
multosque . . . ad catholicam dominici paschae celebrationem huius lectione perduxit. 5.18 (321.4)

dominicis. Sed et diebus dominicis ad ecclesiam siue ad monasteria certatim, . . . confluebant; 3.26 (191.12)
dominico. Sic item xx^{am} die dominico paschae adnotauit, 3.25 (187.20)
dominico. Ille sic in pascha dominico xiiii^{am} lunam conputauit, 3.25 (187.18)
dominicum. Non enim paschae diem dominicum suo tempore, . . . obseruabant; 2.2 (81.18)
euidenter astruens, quia dominicum paschae diem a xv^{a} luna usque ad xxi^{am}, . . . oportet inquiri. 2.19 (122.24)
Namque diem paschae dominicum more suae gentis, . . . obseruare solebat. 3.3 (131.18)
quod Scotti dominicum paschae diem contra uniuersalis ecclesiae morem celebrarent. 3.25 (181.16)
Petrus a xv^{a} luna usque ad xxi^{am} diem paschae dominicum celebrabat; 3.25 (186.21)
qui a xiiii^{a} usque ad xx^{am} lunam diem dominicum paschae obseruatis; 3.25 (186.23)
qui dominicum paschae diem, . . . a xiiii^{a} usque ad xx^{am} lunam celebrant. 3.28 (195.12)
quod non recte dominicum paschae diem, . . . tertia primi mensis ebdomada celebremus.' 5.21 (337.23)
qui dominicum paschae diem a xiiii^{a} mensis primi usque ad xx^{am} putant lunam esse seruandum. 5.21 (337.31)
cum in xxii^{a} die mensis paschae diem statuunt dominicum, 5.21 (338.24)
dominicum. quo pascha dominicum octauo Kalendarum Maiarum die celebrabatur, 5.22 (347.25)
dominicum. et omnis natio Pictorum illo adhuc tempore pascha dominicum celebrabat, 3.3 (131.23)
et cum rex pascha dominicum solutis ieiuniis faceret, 3.25 (182.4)
in ipsa uespera pascha dominicum celebrare incipiebat, 3.25 (185.31)
in hoc xl ante dominicum natale dies . . . transigere solebat; 4.30 (276.28)
Et cum xxi^{a} die mensis pascha dominicum celebrare refugiunt, 5.21 (338.2)
DOMINIVM. dominio. plurimos eorum, et pene omnes, qui ab Hiensium dominio erant liberi, ab errore auito correctos, 5.15 (316.4)
DOMINOR. dominandi. ceterum ulteriores Brittaniae partes, . . . iure dominandi possidebant. 1.11 (25.14)
dominatur. sed uoluntas dominatur in opere commixtionis, 1.27 (58.29)
DOMINVS. Domine. 'Deprecamur te, Domine, in omni misericordia tua, 1.25 (46.25)
'Domine, in nomine tuo etiam daemonia nobis subiecta sunt,' 1.31 (66.24)
'Vide, Domine, quanta mala facit Penda.' 3.16 (159.18)
Domini. annus ab incarnatione Domini xlvi; 1.3 (15.17)
Anno ab incarnatione Domini c^{mo}l^{mo}vi^{to} 1.4 (16.3)
Anno ab incarnatione Domini clxxxviiii 1.5 (16.14)
Anno ab incarnatione Domini ccclxxvii, 1.9 (23.3)
Anno ab incarnatione Domini cccxciiii 1.10 (23.24)
Anno ab incarnatione Domini ccccvii, 1.11 (24.18)
sed etiam ipse grex Domini eiusque pastores egerunt; 1.14 (30.5)
quod Domini nutu dispositum esse constat, 1.14 (30.21)
Anno ab incarnatione Domini ccccxlviiii 1.15 (30.27)
anno ab incarnatione Domini dlxxxii 1.23 (42.13)
Gregorius seruus seruorum Dei seruis Domini nostri. 1.23 (43.5)
In hac ergo adplicuit seruus Domini Augustinus, 1.25 (45.10)
et imaginem Domini Saluatoris in tabula depictam, 1.25 (46.1)
cum . . . imagine magni regis Domini nostri Iesu Christi 1 25 (46.23)
Interea uir Domini Augustinus uenit Arelas, 1.27 (48.3)
Non . . . sacri corporis ac sanguinis Domini communione priuandi sunt, 1.27 (51.23)
corporis et sanguinis Domini communione priuandi sunt; 1.27 (51.33)
post tergum Domini humiliter ueniens uestimenti eius fimbriam tetigit, 1.27 (55.23)
laudabiliter potuit Domini uestimentum tangere, 1.27 (55.26)
cur, . . . ei non liceat Domini ecclesiam intrare? 1.27 (55.27)
quae uestimentum Domini in langore posita tetigit, 1.27 (56.5)
mulieres, quae corpus Domini omnipotentis accipiunt, 1.27 (59.11)
uel corpus Domini quislibet accipere ualeat; 1.27 (59.22)
sicut in scriptura sacra ex uerbis Domini omnipotentis agnoscimus, 1.32 (69.10)
et eam in nomine sancti Saluatoris Dei et Domini nostri . . . sacrauit, 1.33 (70.14)
bellum Aedilfrid anno ab incarnatione Domini dciii, . . . perfecit; 1.34 (71.29)
Augustinus, . . . flectit genua sua ad Patrem Domini nostri Iesu Christi, 2.2 (82.8)
ut genti Anglorum una nobiscum uerbum Domini praedicetis; 2.2 (83.20)
Quibus uir Domini Augustinus fertur minitans praedixisse, 2.2 (83.27)
anno ab incarnatione Domini dcxxiiii, 2.7 (95.7)
ordinationes episcoporum, exigente oportunitate, Domini praeueniente misericordia, celebrare; 2.8 (96.26)
Talemque te Domini inplorata clementia exhibendum stude, 2.8 (96.33)
anno ab incarnatione Domini dcxxv; 2.9 (98.19)
Saluatoris nostri Domini Iesu Christi cooperante potentia, 2.11 (105.17)
intra in gaudium Domini tui.' 2.18 (121.15)
Honorius, . . . ex hac luce migrauit anno ab incarnatione Domini dcliii, 3.20 (169.11)
Solebat autem idem uir Domini, . . . prouinciam exhortandi gratia reuisere: 3.23 (174.24)
Studens autem uir Domini acceptum monasterii locum . . . sorde purgare, 3.23 (175.21)
iiii . . . germani fratres, . . . omnes sacerdotes Domini fuere praeclari, 3.23 (176.23)
laborem nostrum, in quo tanti apostoli, qui super pectus Domini recumbere dignus fuit, exempla sectamur; 3.25 (184.34)
Qua plaga praefatus Domini sacerdos Tuda raptus est de mundo, 3.27 (192.5)
Cuius modum continentiae etiam xl diebus ante natale Domini, . . . obseruare curabat. 3.27 (194.13)
et quia dextera Domini protegente, ad ueram et apostolicam fidem sit conuersus, 3.29 (196.25)
praecipio tibi in nomine Domini, ne hoc cuiquam ante meum obitum dicas. 4.3 (209.31)
Non autem mirum, si diem mortis uel potius diem Domini laetus aspexit, 4.3 (210.8)
in tantum erat timori Domini subditus, 4.3 (210.13)
continuo misericordiam Domini inuocaret, 4.3 (210.20)
In nomine Domini Dei et Saluatoris nostri Iesu Christi, 4.5 (214.29)
Facta est autem haec synodus anno ab incarnatione Domini dclxx tertio, 4.5 (217.21)
es . . . liberandus a morte, et ad uisionem Domini Christi, cui fideliter seruisti, perducendus 4.14 (234.22)
et ipsi essent ministri Domini et Saluatoris nostri Iesu Christi, 4.14 (235.20)
In nomine Domini nostri Iesu Christi Saluatoris, 4.17 (239.5)
"Sit gloria nomini Domini." 4.19 (245.28)
immo, ut uerbis Domini loquar, de morte transiuit ad uitam. 4.22 (256.32)
quo praeoccupando faciem Domini in confessione propitium eum inuenire merearis.' 4.25 263.20)
quicquid mihi inposueris agendum, dummodo saluus fiam in die Domini, totum facile feram, 4.25 (263.26)
ut admoneremus lectorem operum Domini, quam terribilis in consiliis super filios hominum; 4.25 (266.6)
etiam reuerentissimus uir Domini Trumuini, qui in eos episcopatum acceperat, recessit cum suis, 4.26 (267.18)
Vt uir Domini Cudberct sit episcopus factus; 4.27 (268.19)
Cum ergo uenerabilis Domini famulus multos in Mailronensi monasterio degens annos 4.27 (270.15)
eo maxime uictus sermone, quod famulus Domini Boisil, . . . praedixerat. 4.28 (272.31)
quanta in gloria uir Domini Cudberct post mortem uiueret, 4.30 (276.8)
Successit autem uiro Domini Cudbercto in exercenda uita solitaria, . . . Oidiluald, 5.1 (281.3)
flectebat genua sua ad patrem Domini nostri Iesu Christi pro nostra uita et salute precaturus. 5.1 (282.12)
laudes Domino Saluatori [Domini Saluatoris] . . . referebat.' uar. 5.3 (286.25)

baptizatus est die sancto sabbati paschalis anno ab incarnatione Domini DCLXXXVIIII; 5.7 (292.24)
"ueni, ut responsum Domini Saluatoris Ecgbercto adferam, 5.9 (297.10)
Vt autem uidit uir Domini Ecgberct, 5.10 (298.29)
Quod ita, ut petierat, inpletum est, anno ab incarnatione Domini DCXCVI. 5.11 (303.2)
Haec et alia, quae uiderat, idem uir Domini, non omnibus . . . referre uolebat, 5.12 (309.16)
interior Praesepe Domini nominatur. 5.16 (317.17)
eo quod ibi crux Domini ab Helena matre reperta sit, 5.16 (317.25)
quae quondam ipsam adfixo Domini corpore crucem pertulit, 5.16 (317.28)
Huius in medio monumentum Domini rotundum petra excisum est, 5.16 (318.7)
sepulchrum Domini in eadem petra excisum, . . . eminet; 5.16 (318.14)
in cuius medio ultima Domini uestigia, caelo desuper patente, ubi ascendit, uisuntur. 5.17 (319.1)
in quarum prima eductus est populus Domini ex Aegypto, 5.21 (335.13)
"Mense primo, XIIII^{a} die mensis ad uesperam phase Domini est, 5.21 (336.31)
et XV^{a} die mensis huius sollemnitas azymorum Domini est. 5.21 (336.32)
anno ab incarnatione Domini DCCXVI, 5.22 (346.20)
Mansit autem uir Domini Ecgberct annos XIII in praefata insula, 5.22 (347.21)
ut uideret diem Domini; 5.22 (348.12)
Qua anno sanctus uir Domini Ecgberct, . . . migrauit ad Dominum; 5.23 (349.17)
Anno ab incarnatione Domini XLVI, Claudius secundus Romanorum Brittanias adiens, 5.24 (352.9)
Anno ab incarnatione Domini CLXXXVIIII, Seuerus imperator factus 5.24 (352.17)
uir Domini Ecgberct Hienses monachos ad catholicum pascha et ecclesiasticam correxit tonsuram. 5.24 (356.11)

Domino. salute aeterna, Domino supplicabant. 1.25 (46.4)
omnipotenti Deo Domino nostro Iesu Christo secum subdidit, 1.32 (68.17)
Vt Domino offerres plurima lucra gregis. 2.1 (79.22)
ut omnes patriam redeuntes, libera ibi mente Domino deseruirent, 2.5 (91.33)
e contra episcopus gratias coepit agere Domino Christo, 2.9 (99.22)
Earcongotæ, . . . seruiens Domino in monasterio, 3.8 (142.13)
siue gratias agendi Domino semper ubicumque sedens, 3.12 (151.23)
animae redemtione cotidie Domino preces offerri deberent. 3.14 (155.27)
obsecrans eum pro se suisque, . . . Domino supplicare. 3.15 (158.3)
Qui benedicens illos ac Domino commendans, 3.15 (158.4)
Qui cum pauco sub tempore non paucam Domino plebem adquisisset, 3.21 (171.6)
Vbi cum omnia perambulantes multam Domino ecclesiam congregassent, 3.22 (172.28)
Vt . . . Cedd locum monasterii . . . accipiens orationibus et ieiuniis Domino consecrauerit; 3.23 (174.22)
qui illo in loco Domino seruirent. 3.23 (175.6)
ut accepta nuper loca . . . prius orationibus ac ieiuniis Domino consecrent. 3.23 (175.34)
offeramus ei, qui nouit, Domino Deo nostro.' 3.24 (177.26)
Vouit ergo, quia, . . . filiam suam Domino sacra uirginitate dicandam offerret, 3.24 (177.28)
Tum rex Osuiu, iuxta quod Domino uouerat, . . . dedit filiam suam . . . consecrandam; 3.24 (178.21)
euangelista Iohannes, discipulus specialiter Domino dilectus, 3.25 (184.8)
quia multis in iudicio dicentibus Domino, quod in nomine eius prophetauerint, . . . responsurus sit Dominus, 3.25 (187.28)
dicite fratribus, ut et meum exitum Domino precibus commendent, 4.3 (209.17)
ut pro ipso etiam, . . . consistentes ibi monachi Domino preces offerrent. 4.4 (213.29)
solitas Domino laudes decantarent, 4.7 (220.2)
habens . . . in eo fratres V siue VI, in humili et paupere uita Domino famulantes. 4.13 (231.5)
quia, si cepisset insulam, quartam partem eius simul et praedae Domino daret. 4.16 (237.7)
Nobilior Domino est, orta patre eximio. 4.20 (248.8)
et totidem sequentes nobilius in monachica uita Domino consecrauit. 4.23 (252.24)
monebat omnes et in salute accepta corporis Domino obtemperanter seruiendum, 4.23 (256.22)
monebat omnes . . . in . . . infirmitatibus membrorum fideliter Domino esse gratias semper agendas. 4.23 (256.24)
quae XXX et amplius annos dedicata Domino uirginitate, in monachica conuersatione seruiebat. 4.23 (257.6)
hora, qua fratres ad dicendas Domino laudes nocturnas excitari deberent. 4.24 (262.7)
quomodo simplici ac pura mente tranquillaque deuotione Domino seruierat, 4.24 (262.13)
profusis ex imo pectore lacrimis, Domino sua uota commendabat. 4.28 (273.30)
in quo etiam uenerabilis praedecessor eius Cudberct, . . . aliquandiu secretus Domino militabat. 4.30 (277.2)
ac pro sua sanitate Domino gratias denuo referens, quid erga se actum esset, fratribus indicauit; 4.31 (279.9)
erepta morti ac doloribus uirgo, laudes Domino Saluatori . . . referebat.' 5.3 (286.25)
Tum reuersus ad dilectae locum peregrinationis, solito in silentio uacare Domino coepit; 5.9 (298.24)
Hanc Domino qui aulam ductus pietatis amore Fecit, 5.19 (330.10)
offerrent haec Domino in spem futurae suae redemtionis. 5.21 (336.21)

Domino. qui eodem tempore pro Domino sanguinem fuderunt. 1.7 (18.6)
patienter haec pro Domino, immo gaudenter ferebat. 1.7 (19.35)
ut opus bonum, quod auxiliante Domino coepistis, impleatis. 1.23 (43.9)
Augustinum . . . illic nos pro utilitate animarum auxiliante Domino direxisse; 1.24 (44.9)
Domino magistro omnium docente: 1.27 (49.15)
ad omnipotentis Dei gratiam eodem Domino largiente, 1.29 (63.23)
pallium tribuere Domino fauente disponimus, 1.29 (64.2)
Deo Domino nostro Iesu Christo auctore subiectos; 1.29 (64.15)
quae operante Domino exterius facis, 1.31 (67.8)
in eo, quod pro omnipotente Deo [domino] loquitur, uar. 1.32 (68.34)
nam signaculum apostolatus eius nos sumus in Domino. 2.1 (73.18)
se ipsum paratum esse in hoc opus Domino cooperante perficiendum, 2.1 (80.27)
ut . . . communem euangelizandi gentibus pro Domino laborem susciperent. 2.2 (81.17)
et uestris, ut proficerent, meritis eorum est saluatio propinata, dicente Domino: 2.8 (96.5)
consummati operis uobis merces a retributore omnium bonorum Domino tribuatur, 2.8 (96.17)
ut et eos, qui secum uenerant, ne a fide deficerent, Domino adiuuante contineret, 2.9 (98.26)
uos, qui spiritum uiuentem a Domino percepistis, 2.10 (103.14)
'hostium manus, quos timuisti, Domino donante euasisti; 2.12 (110.33)
credere se dicens, quia per hoc, donante Domino, salutem posset consequi. 3.2 (130.21)
regna terrarum . . . ab eodem uno Deo [domino], . . . consecutus est. uar. 3.6 (138.3)
Nec mirandum preces regis illius iam cum Domino regnantis multum ualere apud eum, 3.12 (151.17)
Aidan . . . de saeculo ablatus, perpetua laborum suorum a Domino praemia recepit. 3.14 (157.18)
cupiens pro Domino, ubicumque sibi oportunum inueniret, peregrinam ducere uitam. 3.19 (163.26)
sed incerta eiusdem exitus esset hora futura, dicente Domino: 3.19 (164.8)
'Verene, Colmane, haec illi Petro dicta sunt a Domino?' 3.25 (188.22)
et ei claues regni caelorum sint datae a Domino?' 3.25 (188.28)
Sed illo postmodum patriam reuerso, ipse peregrinus pro Domino usque ad finem uitae permansit. 4.3 (211.22)
quid ibi sanitatis Domino largiente consequeretur, ostendit. 4.3 (212.14)
regnante in perpetuum ac gubernante suam ecclesiam eodem Domino Iesu Christo, 4.5 (214.31)
ut hanc Vilfrido episcopo, . . . utendam pro Domino offerret. 4.16 (237.9)
sed Domino donante proditi iam tunc et uicti sunt. 4.18 (242.9)

donante uno eodemque Domino, qui se nobiscum usque in finem saeculi manere pollicetur. 4.19 (243.21)
Vnde intellegentes a Domino suum iter esse prosperatum, 4.19 (245.5)
desiderans . . . in monasterio Cale peregrinam pro Domino uitam ducere, 4.23 (253.6)
Visumque est omnibus caelestem ei a Domino concessam esse gratiam. 4.24 (260.19)
quod hi, . . . ocius Domino uindice poenas sui reatus luerent. 4.26 (266.25)
Incubuit precibus antistes, statimque edoctus in spiritu inpetrasse se, quod petebat a Domino: 4.29 (275.5)
ut ibi quoque sepeliretur, ubi non paruo tempore pro domino militaret. 4.29 (275.24)
quod utrumque, ut mente disposuerat, Domino iuuante conpletum est. 5.7 (292.22)
ex quibus aliquanti iam dormierunt in Domino. 5.11 (303.18)
ecclesiasticum paschalis obseruantiae tempus Domino donante suscepit. 5.15 (315.15)
qui unam in Domino Saluatore uoluntatem atque operationem dogmatizabant, 5.19 (326.26)
'Domino excellentissimo et gloriosissimo regi Naitano, Ceolfrid abbas in Domino salutem. 5.21 (333.15)
artioribus se necesse habent pro Domino continentiae frenis astringere, 5.21 (343.14)
monachi . . . ad ritum paschae ac tonsurae canonicum Domino procurante perducti sunt. 5.22 (346.19)
gaudium summae festiuitatis, . . . cum Domino et apostolis, ceterisque caeli ciuibus conpleuit, 5.22 (347.31)
Haec . . . Domino adiuuante digessi Baeda famulus Christi, 5.24 (357.3)

Dominum. martyrum, qui de toto orbe ad Dominum uenirent, 1.7 (18.9)
innumera hominum eodem die ad Dominum turba conuersa est. 1.18 (37.3)
monachos timentes Dominum 1.23 (42.22)
qui ad exorandum Deum [dominum] pro milite bellum agente conuenerant, uar. 2.2 (84.6)
post multas preces ac lacrimas ad Dominum pro statu ecclesiae fusas 2.6 (92.17)
cum sua gente, ex quo ad Dominum conuersus est, diuinis se studuit mancipare praeceptis. 2.6 (93.21)
praefectumque Lindocolinae ciuitatis, . . . primum cum domu sua conuertit ad Dominum. 2.16 (117.10)
ac flexis genibus Deum [dominum] deprecatus est, uar. 3.2 (128.29)
et Deum [dominum] omnipotentem, . . . deprecemur, uar. 3.2 (129.7)
multisque ad Dominum pio eius labore populis aduocatis, 3.7 (140.1)
migrauit ad Dominum, sepultusque est in eadem ciuitate, 3.7 (140.2)
Paulinus, . . . transiuit ad Dominum sexto Iduum Octobrium die; 3.14 (154.16)
in quo ipse rex et frequentius ad deprecandum Dominum uerbumque audiendum aduenire, . . . deberet. 3.23 (175.2)
habet protectorem, humani generis redemtorem Dominum nostrum Iesum Christum, 3.29 (198.27)
ueniret hora ipsius, ut transiret ex hoc mundo ad Dominum, 4.3 (207.24)
et passim cotidie raperentur ad Dominum; 4.7 (219.18)
ideoque pro eis, quasi pro suae gentis aduenis, supplex orabat ad Dominum; 4.14 (235.7)
Et glorificamus Dominum nostrum Iesum, 4.17 (240.17)
Rapta est autem ad Dominum in medio suorum, 4.19 (244.21)
'Noui,' inquit, 'multum mihi esse necesse . . . pro meis erratibus sedulo Dominum deprecari.' 4.25 (265.2)
Qui postquam migrauit ad Dominum, Cudberct eidem monasterio factus propositus, 4.27 (269.10)
genuflectunt omnes, adiurant per Dominum, lacrimas fundunt, obsecrant; 4.28 (272.25)
sciens, quia, qui dixit: 'Diliges Dominum Deum tuum,' dixit et: 'Diliges proximum.' 4.28 (273.24)
'Obsecro,' inquit, 'per Dominum, ne me deseras, 4.29 (274.28)
non multo post, id est pridie Nonas Maias, etiam ipse migrauit ad Dominum; 4.30 (277.21)
pia intentione per eius auxilium Dominum sibi propitium fieri precabatur; 4.31 (279.1)
et intrauit cum illis in templum, ambulans, et exiliens, et laudans Dominum; 5.2 (284.20)
Caedualla, . . . cum genti suae duobus annis strenuissime praeesset, relicto imperio propter Dominum . . . uenit Romam; 5.7 (292.14)
Vt Vilbrord in Fresia praedicans multos ad Christum [dominum] conuerterit; uar. 5.10 (298.27)
quia uideret . . . Caiphanque cum ceteris, qui occiderunt Dominum, 5.14 (314.16)
eodem die et ipse migrauit ad Dominum, 5.22 (347.29)
laetabantur de patrocinio pergentis ad Dominum patris, per quem fuerant correcti; 5.22 (348.6)
Ecgberct, ut supra commemorauimus, ipso die paschae migrauit ad Dominum; 5.23 (349.18)
Paulinus, quondam Eboraci, sed tunc Hrofensis antistes ciuitatis, migrauit ad Dominum. 5.24 (354.7)

Dominus. sed quia isdem Dominus noster Iesus Christus dixerat: 1.27 (51.14)
in euangelio tamen Dominus dicit: 1.27 (57.1)
quod in Sina monte Dominus ad populum locuturus 1.27 (59.6)
ubi Dominus per creaturam subditam hominibus loquebatur, 1.27 (59.8)
ad caelestia, cum Dominus uoluerit, regna pertingant. 1.29 (64.19)
Sic Israelitico populo in Aegypto Dominus se quidem innotuit; 1.30 (65.29)
'Dominus,' inquit, 'ait: "Tollite iugum meum super uos, 2.2 (82.30)
'Omnes dii gentium daemonia, Dominus autem caelos fecit.' 2.10 (102.14)
si forte mihi Dominus per eius meritum misereri uoluerit." 3.13 (153.22)
memor, quia Dominus prima sabbati resurrexit a mortuis, 3.25 (185.24)
neque auctor ac dator euangelii Dominus in ea, sed in XIIII[a] uel uetus pascha manducauit ad uesperam, 3.25 (186.26)
responsurus sit Dominus, quia numquam eos nouerit. 3.25 (187.31)
num praeferri potuit beatissimo apostolorum principi, cui Dominus ait: 3.25 (188.17)
'Ego Dominus uocaui te in iustitia, 3.29 (197.17)
dignusque per omnia, cui Dominus specialiter sua reuelaret arcana, 4.3 (207.30)
'Non legistis, quia "intonuit de caelo Dominus, 4.3 (210.29)
Mouet enim aera Dominus, 4.3 (210.32)
et dicito illi, quia Dominus exaudiuit preces uestras, 4.14 (234.14)
sicut Dominus noster Iesus Christus incarnatus tradidit discipulis suis, 4.17 (239.17)
Qua uidelicet nocte Dominus omnipotens obitum ipsius . . . manifesta uisione reuelare dignatus est. 4.23 (257.1)
et quam beatus est, cui in eo facultatem quiescendi Dominus . . . praestare dignabitur.' 4.30 (277.12)
"Possum," inquam, "per orationes uestras, si uoluerit Dominus." 5.6 (291.5)
supra locum, ubi Dominus natus specialius traditur, sanctae Mariae grandem gestat ecclesiam. 5.16 (317.18)
ubi Dominus ad caelos ascendit, 5.17 (318.30)
donauit enim tibi Dominus uitam per orationes ac lacrimas discipulorum ac fratrum tuorum, 5.19 (329.12)
"dixerit Dominus ad Mosen et Aaron: 5.21 (334.15)
in qua resurrectionis suae gloriam Dominus multifario piae reuelationis gaudio discipulis patefecit. 5.21 (336.27)
in qua Dominus suo mundum sanguine a peccatorum tenebris liberauit, 5.21 (338.19)
sol iustitiae, in cuius pennis est sanitas, id est Dominus Iesus, 5.21 (340.14)
ea, quam in capite suo gestabat ille, cui se confitenti Dominus ait: 5.21 (342.28)
cum gente, cui te Rex regum et Dominus dominorum praefecit, 5.21 (345.14)

DOMINVS. domine. Incolumem excellentiam uestram gratia superna custodiat, domine fili. 1.32 (70.3)
'Quid uoluisti, domine antistes, equum regium, . . . pauperi dare? 3.14 (156.17)
'Domine, ecce ignis mihi adpropinquat.' 3.19 (165.32)
"Obsecro, sancte [domine] frater, uar. 5.21 (344.12)

domini. post consulatum eiusdem domini nostri anno XIII, 1.23 (43.25)
imperante domino [domini] nostro Mauricio Tiberio uar. 1.24 (44.21)
post consulatum eiusdem domini nostri anno XIII, 1.24 (44.22)
post consulatum eiusdem domini anno XVIII, 1.28 (62.30)
post consulatum eiusdem domini anno XVIII, 1.29 (64.23)
post consulatum eiusdem domini anno XVIII, 1.30 (66.7)

post consulatum eiusdem domini anno xviii, 1.32 (70.6)
intrauitque quasi nuntium domini sui referens; 2.9 (99.7)
Praedicatoris igitur uestri domini mei apostolicae memoriae Gregorii frequenter lectione occupati, 2.17 (119.20)
uestra adquisitio decessorumque uestrorum, quae per domini Gregorii exordia pullulat, 2.18 (121.8)
domini. quotiens ipsi rerum domini discendae, docendae, custodiendae ueritati operam inpendunt. 5.21 (333.20)
dominis. ereptam praedonibus praedam nulla ex parte restituendo dominis, 1.6 (17.16)
Dominis carissimis fratribus episcopis uel abbatibus per uniuersam Scottiam 2.4 (87.25)
dominis. imperantibus dominis nostris Augustis, Heraclio anno $\text{xx}^{o}\text{IIII}^{o}$, 2.18 (122.3)
et susceptus a dominis domus, resedit 3.10 (147.11)
imperantibus dominis piissimis nostris Ecgfrido rege Hymbronensium, . . . et Aedilredo 4.17 (239.6)
domino. Domino gloriosissimo atque praecellentissimo filio Aedilbercto regi 1.32 (67.24)
Domino excellentissimo atque praecellentissimo filio Æduino regi Anglorum Honorius 2.17 (118.33)
Domino excellenti filio Osuio regi Saxonum Vitalianus episcopus, seruus seruorum Dei. 3.29 (196.20)
petiitque et accepit ab eo pretium suae redemtionis, ac suo domino pro se, ut promiserat, misit. 4.22 (251.28)
'Domino excellentissimo et gloriosissimo regi Naitano, Ceolfrid abbas in Domino salutem. 5.21 (333.14)
domino. imperante domino nostro Mauricio Tiberio 1.23 (43.23)
imperante domino nostro Mauricio Tiberio 1.24 (44.21)
imperante domino nostro Mauricio Tiberio 1.28 (62.28)
imperante domino nostro Mauricio Tiberio 1.29 (64.21)
imperante domino nostro Mauricio Tiberio 1.30 (66.5)
imperante domino nostro Mauricio Tiberio 1.32 (70.4)
dominorum. cum gente, cui te Rex regum et Dominus dominorum praefecit, 5.21 (345.14)
dominum. inuentus est, . . . et ad dominum ipsorum, comitem uidelicet Aedilredi regis, adductus. 4.22 (250.5)
misit puer ad dominum suum, rogans sibi poculum uini mittere, 5.5 (288.20)
domno. qui uixit annos plus minus xxx, imperante domno Iustiniano piissimo Augusto, 5.7 (294.1)
uixit . . . pontificante apostolico uiro domno Sergio papa anno secundo. 5.7 (294.3)
domnus. 'Hic requiescit domnus Augustinus Doruuernensis archiepiscopus primus, 2.3 (86.16)
Praeceperat enim Theodoro abeunti domnus apostolicus, ut in diocesi sua prouideret, 4.1 (204.7)

DOMNOC, *Dunwich, Suffolk.*
Domnoc. accepitque sedem episcopatus in ciuitate Domnoc; 2.15 (117.1)

DOMNVS, *see* **DOMINVS.**

DOMO. domabat. corpus senile inter cotidiana ieiunia domabat, 5.12 (310.33)

DOMVNCVLA. domuncula. constructa domuncula cultiore receptui corporis eiusdem, 3.19 (168.21)
domunculae. Nam et domunculae, . . . nunc in comessationum, potationum, . . . et ceterarum sunt inlecebrarum cubilia conuersae, 4.25 (265.13)
domunculi. Est autem locus idem sepulchri tumba lignea in modum domunculi facta coopertus, 4.3 (212.16)

DOMVS. domi. Quod ubi domi nuntiatum est, 1.15 (31.5)
subtraxit se illi profectioni, et remanere domi passus est. 5.9 (298.14)
multisque domique forisque Iactatus nimium per tempora longa periclis, 5.19 (330.24)
domibus. quod consumtis domibus, quae illic palustri harundine tegebantur, 1.19 (37.12)
"In die primo non erit fermentum in domibus uestris. 5.21 (334.34)
vii diebus fermentatum non inuenietur in domibus uestris." 5.21 (335.24)
domo. ut auferatur furor tuus et ira tua a ciuitate ista, et de domo sancta tua, 1.25 (46.27)
qualiter in domo Dei conuersari debuisset. 1.27 (48.22)
ut . . . educeres de conclusione uinctum, de domo carceris sedentes in tenebris.' 3.29 (197.20)
uidit manifeste quasi corpus hominis, . . . sindone inuolutum in sublime ferri, elatum uidelicet de domo, 4.9 (222.15)
domorum. et incendia domorum orando restinxerit, 1.19 (37.5)
domu. qui habitare facit unanimes in domu Patris sui, 2.2 (81.30)
praefectumque Lindocolinae ciuitatis, . . . primum cum domu sua conuertit ad Dominum. 2.16 (117.10)
Consumpta ergo domu flammis, 3.10 (147.20)
Vt apposta ecclesiae, . . . ardente cetera domu, flammis absumi nequiuerit; 3.17 (159.23)
'quia noluisti te continere a domu perditi et damnati illius, tu in ipsa domu mori habes.' 3.22 (174.8)
tu in ipsa domu mori habes.' 3.22 (174.9)
et relicta domu conuiuii egressus esset ad stabula iumentorum, 4.24 (259.19)
Erat ergo pater familias . . . religiosam cum domu sua gerens uitam; 5.12 (304.2)
domui. fugerunt foras nil ardenti domui et iamiamque periturae prodesse ualentes. 3.10 (147.18)
domum. nusquam ultra domum rediit, 1.12 (25.21)
sicque domum cum triumpho magno reuersa est. 1.12 (26.14)
At ubi hostilis exercitus . . . domum reuersus est, 1.16 (33.7)
sicque domum reuersi sint. 1.20 (38.7)
redire domum potius, quam barbaram, . . . gentem, . . . adire cogitabant, 1.23 (42.25)
Nec mora, Augustinum, . . . domum remittunt, 1.23 (42.31)
Cauerat enim, ne in aliquam domum ad se introirent, 1.25 (45.30)
pontificali functus officio domum suam monasterium facere curauit; 2.1 (74.33)
Nam mox redeuntibus domum nuntiis, exercitum . . . colligit 2.12 (110.14)
adueniens unus passerum domum citissime peruolauerit; 2.13 (112.12)
nam rediens domum ab uxore sua et quibusdam peruersis doctoribus seductus est, 2.15 (116.3)
intrauitque in domum, in qua uicani caenantes epulabantur; 3.10 (147.10)
ac singulos domum redire praecepit a loco, qui uocatur Vilfaræsdun, id est mons Vilfari, 3.14 (155.12)
celandus in domum comitis Hunualdi, 3.14 (155.17)
ac cupito itinere domum remittet.' 3.15 (158.9)
contigit tempore quodam eundem Cedd redire domum, 3.22 (172.30)
omnibus, . . . praecepit, ne domum eius intrarent, neque de cibis illius acciperent. 3.22 (173.31)
et rogatus a comite, intrauit epulaturus domum eius. 3.22 (174.1)
dummodo ille domum rediret, 3.24 (177.18)
Vt Colman uictus domum redierit; 3.26 (189.8)
Finitoque conflictu, ac soluta contione, Agilberctus domum rediit. 3.26 (189.11)
Abiens autem domum Colman adsumsit secum partem ossuum reuerentissimi patris Aidani; 3.26 (190.15)
Cumque finitis lacrimis, precibus, et uotis domum rediret, 3.27 (193.16)
Quibus ita gestis, et ipsi sacerdotes doctoresque eorum domum rediere laetantes. 3.30 (200.8)
nam uere dico uobis, quia domum hanc tanta luce inpletam esse perspicio, 4.8 (221.15)
ipsa libero pedum incessu domum laeta reuersa est; 4.10 (225.9)
sed reuocato domum Vilfrido primo suo antistite, 4.15 (236.21)
et egressus ad suam domum repedabat. 4.24 (259.18)
ut . . . nonnumquam etiam mense pleno domum non rediret; 4.27 (270.11)
rediens domum, repentina medio itinere molestia tactus est, 4.31 (278.10)
et maximo cum labore baculo innitens domum peruenit. 4.31 (278.15)
cumque allocutione eius refecti, et benedictione petita domum rediremus, 5.1 (281.18)
offerente etiam ei episcopo, ut in sua familia manendi locum acciperet, magis domum reuersus est. 5.2 (284.31)
rogauit comes eum ad prandendum in domum suam ingredi. 5.4 (287.8)
dummodo ille dignaretur eo die domum suam ingrediens ieiunium soluere. 5.4 (287.12)
dum ille domum comitis pransurus, ac benedictionem daturus intraret. 5.4 (287.15)

ferorque domum a sociis, ac tacitus tota nocte perduro. 5.6 (290.25)
'Paulo ante,' inquit, 'intrauerunt domum hanc duo pulcherrimi iuuenes, 5.13 (312.2)
domumque hanc et exterius obsedit, et intus maxima ex parte residens impleuit. 5.13 (312.10)
Qui cum domum redisset, curauit suos, qui erant in Hii, 5.15 (315.29)
domus. Interior namque domus propter dominici corporis meatum camerari et tegi non potuit; 5.17 (318.32)
domus. et cum familiares domus illius de acerba puellae infirmitate ipso praesente quererentur, 3.9 (146.16)
et susceptus a dominis domus, resedit 3.10 (147.11)
contigit uolantibus in altum scintillis culmen domus, 3.10 (147.15)
intraret atrium domus, 3.11 (150.9)
'Mox ut uirgo haec . . . adpropinquauit atrio domus huius, 3.11 (150.19)
destinam illam non, ut antea, deforis in fulcimentum domus adposuerunt, 3.17 (161.2)
quousque Ebrinus maior domus regiae copiam pergendi, quoquo uellent, tribuit eis. 4.1 (203.15)
eratque primus ministrorum; et princeps domus eius. 4.3 (208.3)
aspexit, detecto domus culmine, fusam desuper lucem omnia repleuisse; 4.23 (257.12)
quae ad ornatum domus Dei pertinent, 5.20 (331.27)
domus. ubi abeuntibus eis, excepta ecclesia, paucissimae domus repertae sunt, 3.26 (190.22)
domus. Reuertuntur ergo inpudentes grassatores Hiberni domus, 1.14 (29.23)
neque . . . uel pecunias colligi, uel domus praeuideri necesse fuit, 3.26 (190.27)
Cum . . . mansionem angustam circumuallante aggere et domus in ea necessarias, . . . construxisset, 4.28 (271.21)
x[a] die mensis huius tollat unusquisque agnum per familias et domus suas." 5.21 (334.19)
tolleret unusquisque agnum per familias et domus suas, 5.21 (336.15)
DONARIVM. donaria. quae sibi a diuitibus donaria pecuniarum largiebantur, 3.5 (136.27)
promisit se ei . . . ornamenta regia uel donaria in pretium pacis largiturum, 3.24 (177.17)
'Si paganus,' inquit, 'nescit accipere nostra donaria, offeramus ei, qui nouit, 3.24 (177.26)
donariis. quod . . . Anna ac nobiles quique augustioribus aedificiis ac donariis adornarunt. 3.19 (164.16)
missis pariter apostolico papae donariis, et aureis atque argenteis uasis non paucis. 4.1 (201.18)
DONATIO. donatione. non magno ab ea freto discreta, sed donatione Pictorum, 3.3 (132.32)
Vilfridumque episcopum ducem sibi itineris fieri, promissa non parua pecuniarum donatione, rogaret. 4.5 (214.19)
DONATOR. donatori. et donatori omnium de satietate sua gratias referant; 1.30 (65.23)
DONEC. 1.12 (28.11); 1.25 (45.19); 1.26 (47.15); 1.33 (71.1); 2.15 (116.20); 3.2 (129.4); 3.5 (137.17); 3.12 (151.6); 3.19 (168.17); 3.24 (179.7); 4.1 (203.4); 4.3 (208.24); 4.3 (210.26); 4.9 (222.19); 4.9 (223.3); 4.11 (227.7); 4.14 (234.10); 4.23 (258.23); 4.25 (263.31); 4.26 (268.15); 4.28 (272.25); 4.29 (275.29); 5.12 (310.19); 5.19 (329.8); 5.22 (348.8).
DONO. dona. Dona, Iesu, ut grex pastoris calle sequatur. 5.19 (330.28)
donabantur. donabantur munere regio possessiones et territoria ad instituenda monasteria, 3.3 (132.20)
Cuncta, quae sibi a regibus uel diuitibus saeculi donabantur, 3.5 (135.27)
donabat. omnia, quae necesse habebat, habundanter ipsi cum sociis suis, quamdiu secum erant, donabat; 5.19 (324.8)
donando. etiam libertate donando humanae iugo seruitutis absoluit. 4.13 (232.26)
donante. 'hostium manus, quos timuisti, Domino donante euasisti; 2.12 (110.33)
credere se dicens, quia per hoc, donante Domino, salutem posset consequi. 3.2 (130.21)
sed Domino donante proditi iam tunc et uicti sunt. 4.18 (242.9)
donante uno eodemque Domino, qui se nobiscum usque in finem saeculi manere pollicetur. 4.19 (243.21)
ecclesiasticum paschalis obseruantiae tempus Domino donante suscepit. 5.15 (315.15)
donantibus. Susceperunt . . . donantibus Brittanis, locum habitationis 1.15 (31.10)
donaret. locum sedis eorum gradui congruum in Doruuerni metropoli sua donaret, 1.26 (47.32)
si uitam sibi et uictoriam donaret pugnanti aduersus regem, 2.9 (99.27)
quin ei, qui tanta sibi beneficia donaret, dignis ipse gratiarum actionibus responderet. 2.12 (109.11)
simul et XII possessiones praediorum ad construenda monasteria donaret; 3.24 (177.30)
ut donaret ibi locum monasterio construendo 3.24 (179.31)
donari. petierunt in ea sibi quoque sedes et habitationem donari. 1.1 (12.3)
qui inpetrauit a Focate principe donari ecclesiae Christi templum Romae, 2.4 (88.28)
donasti. Teque deprecor, bone Iesu, ut cui propitius donasti uerba tuae scientiae dulciter haurire, 5.24 (360.3)
donata. quia modica illa, . . . intercapedo quietis, ad uiri Dei preces nostrae euasionis gratia caelitus donata est.' 5.1 (282.22)
donata. uel accepisti, haec non tibi, sed illis deputes donata, 1.31 (67.16)
alia, . . . per intercessionem fraternam, et oblationem hostiae salutaris caelitus sibi fuisse donata intellexit. 4.22 (252.3)
donatam. Quis enim ea, . . . nunc ad exemplum omnium aptius quam ipse per sapientiam mihi a Deo uero donatam destruam?' 2.13 (113.8)
donatis. donatis insuper XII possessiunculis terrarum, 3.24 (178.24)
donatum. Scimus namque caelitus sanctae ecclesiae donatum, 5.21 (333.20)
donaturum. adeo ut Ecgfridus promiserit se ei terras ac pecunias multas esse donaturum, 4.19 (243.16)
donatus. Scriptor quoque ipse multis ab ea muneribus donatus patriam remissus est. 5.15 (317.4)
donauerat. Donauerat equum optimum antistiti Aidano, 3.14 (156.8)
unde ei etiam donauerat monasterium XL familiarum 3.25 (182.35)
(fidebam namque equo, quem mihi ipse optimum donauerat), 5.6 (290.1)
donauerit. eidemque in insula Lindisfarnensi sedem episcopatus donauerit. 3.3 (131.4)
si mihi pietas superna aliqua uiuendi spatia donauerit, 3.13 (153.10)
'Si mihi diuina gratia in loco illo donauerit, ut de opere manuum mearum uiuere queam, 4.28 (271.12)
donauerunt. Donauerunt autem ambo reges eidem episcopo ciuitatem, 3.7 (139.28)
donauit. In qua etiam ciuitate . . . Paulino sedem episcopatus donauit. 2.14 (114.7)
Quo tempore donauit praefato Peada filio regis Pendan, 3.24 (180.10)
cui etiam rex Vulfheri donauit terram L familiarum ad construendum monasterium 4.3 (207.4)
in cuius signum adoptionis duas illi prouincias donauit, 4.13 (230.17)
Aedilualch donauit reuerentissimo antistiti Vilfrido terram 4.13 (232.6)
facultates cum agris et hominibus donauit, 4.13 (232.22)
donauit ei facultatem sese redimendi, si posset. 4.22 (251.20)
sed gaudio gaude, quia, quod rogauimus, superna nobis clementia donauit.' 4.29 (275.8)
Donauit autem ei Pippin locum cathedrae episcopalis in castello suo inlustri, 5.11 (303.7)
mox donauit terram X familiarum in loco, qui dicitur Stanford, 5.19 (325.12)
donauit enim tibi Dominus uitam per orationes ac lacrimas discipulorum ac fratrum tuorum, 5.19 (329.12)
dones. dones etiam benignus aliquando ad te fontem omnis sapientiae peruenire, 5.24 (360.4)
DONVM. dona. nonnulla caelestis gratiae dona specialiter ostensa fuisse perhibentur; 4.14 (232.30)
dona. pro cuius conuersione etiam faciendorum signorum dona percepisti. 1.31 (67.11)
Vt Ædilbercto regi litteras et dona miserit. 1.32 (67.17)
simul et dona in diuersis speciebus perplura; 1.32 (67.19)
ut per eos omnibus, . . . dona suae pietatis inpendat. 1.32 (67.28)
qui etiam episcopis utriusque huius ecclesiae dona multa, . . . obtulit; 2.3 (85.27)
Misit secundo, misit tertio, et copiosiora argenti dona offerens, 2.12 (107.28)
'is, qui tibi tanta taliaque dona ueraciter aduentura praedixerit, 2.12 (109.14)
claret illa, quae nobis uitae, salutis, et beatitudinis aeternae dona ualet tribuere. 2.13 (112.31)
illam prouinciam, . . . ad fidem et opera iustitiae, ac perpetuae felicitatis dona perduxit, 2.15 (116.35)

cuius doctrina ac ministerio gens, quam regebat, Anglorum, dominicae fidei et dona disceret, 3.3 (131.13)
Numquid non habuimus equos uiliores . . . quae ad pauperum dona sufficerent, 3.14 (156.20)
Bella Maro resonet, nos pacis dona canamus; 4.20 (247.11)
Dona superna loquar, miserae non proelia Troiae; 4.20 (247.15)
Terra quibus gaudet, dona superna loquar. 4.20 (247.16)
templumque uerendum Aspexit Petri mystica dona gerens. 5.7 (293.26)
qui in eodem loco usque hodie copiosa fluenti sui dona profundat. 5.10 (301.16)
doni. Veniensque mane ad uilicum, qui sibi praeerat, quid doni percepisset, indicauit, 4.24 (260.15)
donis. diuersis donis ditauit, 1.33 (70.20)
dono. Quod ergo naturae humanae ex omnipotentis Dei dono seruatum est, 1.27 (54.16)
unde necesse est, ut de eodem dono caelesti et timendo gaudeas, et gaudendo pertimescas. 1.31 (66.16)
donum. si donum gratiae contradicere posse uideatur. 1.27 (54.19)
Quod in monasterio eius fuerit frater, cui donum canendi sit diuinitus concessum. 4.24 (258.25)
donum. Eius ergo mirabile donum et in uobis certa spe, caelesti longanimitate conferri confidimus; 2.10 (101.30)
sed diuinitus adiutus gratis canendi donum accepit. 4.24 (259.9)
quoniam donum Dei existimasti per pecuniam possideri; 5.21 (342.35)

DORCIC, *Dorchester, Oxfordshire.*
Dorcic. Donauerunt . . . episcopo ciuitatem, quae uocatur Dorcic, 3.7 (139.30)

DORCICCAESTRÆ, *Dorchester, Oxfordshire.*
Dorciccaestræ. de secundo breuiter intimandum, quod in episcopatum Dorciccaestræ fuerit ordinatus; 4.23 (254.27)

DORMIO. dormiens. Vir autem cum propria coniuge dormiens, 1.27 (57.14)
Hic est sensus, non autem ordo ipse uerborum, quae dormiens ille canebat; 4.24 (260.7)
Exsurgens autem a somno, cuncta, quae dormiens cantauerat, memoriter retinuit, 4.24 (260.11)
dormientem. Cumque . . . domum rediret, inuenit sodalem dormientem; 3.27 (193.17)
dormienti. inuenerunt corpus . . . integrum et flexibilibus artuum conpagibus multo dormienti quam mortuo similius; 4.30 (276.20)
dormienti. etsi dormienti corpore, nihil meminit uidisse, 1.27 (60.24)
dormientis. ex qua re accedat menti dormientis; 1.27 (60.3)
si tamen dormientis mentem turpi imaginatione non concusserit. 1.27 (60.19)
Sin uero ex turpi cogitatione uigilantis oritur inlusio dormientis, 1.27 (60.26)
dormientis. uidique eleuatum de tumulo, . . . corpus sacrae Deo uirginis quasi dormientis simile. 4.19 (245.31)
dormierunt. ex quibus aliquanti iam dormierunt in Domino. 5.11 (303.18)
dormire. intrauit cubiculum, quo dormire disponebat, 2.12 (108.2)

DORMITORIVM. dormitorio. Haec tunc in dormitorio sororum pausans, audiuit subito in aere notum campanae sonum, 4.23 (257.8)

DORSVM. dorso. Discurrere per cuncta et urbana et rustica loca, non equorum dorso, sed pedum incessu uectus, 3.5 (135.29)
Bethleem ciuitas Dauid in dorso sita est angusto ex omni parte uallibus circumdato, 5.16 (317.12)

DORVBREVIS CIVITAS, *Rochester; see* **HROFÆSCÆSTRÆ.**
Dorubreui ciuitate. Iustum . . . Augustinus episcopum ordinauit in ciuitate Dorubreui, quam gens Anglorum . . . Hrofæscæstræ cognominat. 2.3 (85.22)

DORVVENTIO AMNIS, *the Derwent in Yorkshire; see* **DERVVENTIO.**
Doruuentionem amnem. Ostenditur autem locus ille . . . non longe ab Eburaco ad orientem, ultra amnem Doruuentionem, 2.13 (113.22)

DORVVERNENSIS, e, *of Canterbury; see* **DORVVERNIS.**
Dorouernensis. Honorius, qui Iusto in episcopatum Dorouernensis ecclesiae successit, 2.18 (120.6)
Doruuernensi. Doruuernensi ecclesiae episcopus quaerebatur, ordinabatur, mittebatur, 4.2 (205.32)
Doruuernensi. Dedit ergo eis mansionem in ciuitate Doruuernensi, 1.25 (46.19)
Doruuernensis. 'Hic requiescit domnus Augustinus Doruuernensis archiepiscopus primus, 2.3 (86.16)
cum Doruuernensis uel Eburacensis antistes de hac uita transierit, 2.18 (120.16)
Doruuernensis. tempore quodam ciuitas Doruuernensis . . . coepit flammis consumi; 2.7 (94.15)
Doruuernensis. huius ecclesiae dona multa, sicut et Doruuernensis, obtulit; 2.3 (85.28)
Mellitus, . . . sedem Doruuernensis ecclesiae tertius ab Augustino suscepit. 2.7 (94.1)
quintus ab Augustino Doruuernensis ecclesiae consecratus est antistes. 2.18 (120.12)
rogauerunt Theodorum, tunc archiepiscopum Doruuernensis ecclesiae, . . . antistitem consecrari; 3.7 (141.28)
electus est archiepiscopus cathedrae Doruuernensis sextus Deusdedit 3.20 (169.13)
Deusdedit VI^us^ ecclesiae Doruuernensis episcopus obiit pridie Iduum Iuliarum; 4.1 (201.7)
ego quidem Theodorus, . . . ab apostolica sede destinatus Doruuernensis ecclesiae episcopus, 4.5 (215.5)
Anno eodem Tatuini consecratus archiepiscopus nonus Doruuernensis ecclesiae, 5.24 (356.18)
Doruuernensium. in qua et ipsius Augustini, et omnium episcoporum Doruuernensium, . . . poni corpora possent. 1.33 (70.21)
in qua omnium episcoporum Doruuernensium sunt corpora deposita; 5.8 (294.25)

DORVVERNIS, e, *of Canterbury; see* **DORVVERNENSIS.**
Doruuerni. locum sedis eorum gradui congruum in Doruuerni metropoli sua donaret, 1.26 (47.32)
Distat autem a Doruuerni milibus passuum ferme XXIIII ad occidentem, 2.3 (85.24)
Consecratus est autem in Doruuerni ciuitate a uiris uenerabilibus Danihele Ventano, et Ingualdo Lundoniensi, 5.23 (350.4)
Doruuernis. praesidente Theodoro, gratia Dei archiepiscopo Brittaniae insulae et ciuitatis Doruuernis; 4.17 (239.13)

DRACO. dracones. 'in cubilibus, in quibus prius dracones habitabant, orietur uiror calami et iunci,' 3.23 (175.17)

DRYCTHELM (*fl.* 696), *a Northumbrian householder whose vision of the other world led him to enter the monastery of Melrose.*
Drycthelme. 'Mirum, frater Drycthelme,' . . . 'quod tantam frigoris asperitatem ulla ratione tolerare praeuales.' 5.12 (310.24)

DVBIETAS. dubietate. et regnum sine fine . . . futurum sine ulla dubietate promitteret. 1.25 (45.17)
absque ulla dubietate peccatis. 3.25 (188.11)
Cui ego absque ulla me hoc dubietate scire respondi, 5.6 (291.11)
in hac absque ulla dubietate, quia primi mensis est, . . . celebrare debere noscendum est. 5.21 (339.12)

DVBITATIO. dubitatione. absque ulla dubietate [dubitatione] peccatis. uar. 3.25 (188.11)

DVBITO. dubitabant. per quam se ad uitam animae perpetuam non dubitabant esse transituros. 4.16 (238.7)
dubitandi. occasionem dubitandi subtraham, Praef. (6.3)
dubitandum. de quo dubitandum non crediderim, quin intercessionibus, . . . sui patris, . . . sit ab articulo mortis retentus, 3.23 (177.4)
dubitans. quos ipse sanctos esse non dubitans, 3.25 (187.9)
dubitare. ut nemo, qui eam nouerit, dubitare debeat, quin ei exeunti de hac uita caelestis patriae patuerit ingressus. 4.9 (222.28)
dubitauit. At Aeduini constantior interrogando factus, non dubitauit promittere, 2.12 (109.10)
dubito. nec dubito me post mortem corporis statim ad perpetuam animae mortem rapiendum, 3.13 (153.4)

DVBIVM. dubio. quae sine dubio diuinitatis instinctu . . . uocabatur, 1.7 (20.8)
ad haec procul dubio minor redit. 2.1 (74.23)
Quem statuere patres, dubioque errore remoto, Certa suae genti ostendit moderamina ritus; 5.19 (330.20)
dubium. Nec dubium remansit cogitanti de uisione, 4.9 (222.20)
dubium. ut ubi res ueniret in dubium, 1.1 (12.15)

sicut mihimet sciscitanti, cum hoc, an ita esset, quibusdam uenisset in dubium, 4.19 (243.13)
DVBIVS, a, um. **dubii.** quo defuncto, regnum illud aliquod temporis spatium reges dubii uel externi disperdiderunt; 4.26 (268.15)
dubios. in tempore quidem summae festiuitatis dubios circulos sequentes, 3.4 (134.21)
dubium. quam te bene nosse dubium non est, 1.27 (48.20)
omnia abscidere impossibile esse non dubium est, 1.30 (65.27)
ut nulli esset dubium, quin ipsa lux, quae animas famularum Christi esset ductura . . . monstraret. 4.7 (220.12)
dubius. Cuius ordinem miraculi non quilibet dubius relator, . . . narrauit, 3.15 (158.23)
DVCATVS. ducatum. qui etiam uiuente Aedilbercto eidem suae genti ducatum praebebat, 2.5 (89.19)
DVCENTESIMVS OCTOGESIMVS QVINTVS, a, um. **ducentesimo octogesimo quinto.** Hic est . . . status Brittaniae, anno aduentus Anglorum in Brittaniam circiter ducentesimo octogesimo quinto, 5.23 (351.25)
DVCENTESIMVS OCTOGESIMVS SEXTVS, a, um. **CCLXXXVI.** Anno incarnationis dominicae CCLXXXVI 1.6 (17.8)
DVCENTI, ae, a. **ducentorum.** et in Efeso primo ducentorum contra nequissimum Nestorium et eiusdem dogmata; 4.17 (240.6)
CC. quia non solum per istos CC annos abolita est, 2.19 (123.30)
CC. latitudinis habet milia CC, 1.1 (9.6)
DVCENTI QVINQVAGINTA. ducentas quinquaginta. inter quos, seruos et ancillas ducentos [ducentas] quinquaginta; uar. 4.13 (232.24)
ducentos quinquaginta. inter quos, seruos et ancillas ducentos quinquaginta; 4.13 (232.24)
DVCO. ducebant. iussus est ab angelis, qui eum ducebant, respicere, in mundum. 3.19 (165.17)
ducebantur. Cumque uenisset carrum, in quo eadem ossa ducebantur, 3.11 (148.10)
ducebat. Theodbald . . . cum omni illo, quem ipse ducebat, exercitu peremtus est. 1.34 (71.27)
quae . . . animam . . . ad aeterna patriae caelestis gaudia ducebat. 3.8 (143.28)
uerum solus in oratione persistens noctem ducebat peruigilem, 5.6 (290.31)
'Lucidus,' inquiens, 'aspectu et clarus erat indumento, qui me ducebat. 5.12 (304.29)
ut nihil praeter ipsas aspicerem, excepta dumtaxat specie et ueste eius, qui me ducebat. 5.12 (305.25)
'Ille autem, qui adueniens eos fugauit, erat ipse, qui me ante ducebat; 5.12 (307.5)
ducens. genus a proauis non solum nobile, sed et religiosum ducens. 2.1 (73.21)
qui esset ritus et unde originem ducens ille, quem ipse sequeretur. 3.25 (184.1)
Adamnanus . . . ducens uitam in continentia et orationibus multum Deo deuotam, 4.25 (263.2)
hoc ipsum quoque orationis loco ducens, si infirmis fratribus opem suae exhortationis tribueret; 4.28 (273.23)
qui, . . . uitam ducens solitariam, annis singulis eum uisitare, . . . solebat. 4.29 (274.14)
ducentem. me ducentem in lege peccati, quae est in membris meis.' 1.27 (61.27)
ducentibus. ducentibus, ut credi fas est, angelis comitibus aeterna gaudia petiuit. 4.3 (210.6)
uidit animam . . . comitantibus ac ducentibus angelis, ad caelum ferri. 4.23 (257.15)
ducere. qui apud eos anachoreticam ducere uitam solebat, 2.2 (82.26)
cupiens pro Domino, . . . peregrinam ducere uitam. 3.19 (163.27)
desiderans, . . . in monasterio Cale peregrinam pro Domino uitam ducere, 4.23 (253.6)
Ecgberct, quem in Hibernia insula peregrinam ducere uitam pro adipiscenda in caelis patria retulimus, 5.9 (296.8)
qui mox conuersus ad dextrum iter, quasi contra ortum solis brumalem me ducere coepit. 5.12 (307.6)
duceret. pro aeterna patria duceret uitam, 3.13 (152.17)
cumque me in luce aperta duceret, 5.12 (307.8)
Cumque inter choros felicium incolarum medios me duceret, 5.12 (307.25)
duceretur. Cumque ad mortem duceretur, 1.7 (20.4)
sed nec ab illo, nec cum illuc duceretur, ullatinus potuit alligari. 4.22 (251.16)
ducimus. cum infirmiores spoliare et eis fraudem facere pro nihilo ducimus. 3.19 (165.29)
ducit. Christianae pietatis, quae ad regnum perenne ducit, 4.14 (234.27)
ducite. "Verum dicitis: accipite et in cumulum damnationis uestrae ducite." 5.13 (312.23)
ductura. quin ipsa lux, quae animas famularum Christi esset ductura uel susceptura in caelis, . . . monstraret. 4.7 (220.13)
ductus. ad cuius sacratissimum corpus a finibus terrae pio ductus amore uenerat, 5.7 (292.31)
Hanc Domino qui aulam ductus pietatis amore Fecit, 5.19 (330.10)
Qui pari ductus deuotione mentis, reliquit uxorem, 5.19 (322.10)
duxerat. filius Aedilfridi, qui de illa prouincia generis et regni originem duxerat, 3.1 (127.11)
Repudiata enim sorore Pendan regis Merciorum, quam duxerat, aliam accepit uxorem; 3.7 (140.11)
quoniam de prouincia eorundem Orientalium Anglorum ipsa, . . . carnis originem duxerat. 4.19 (246.35)
secessit Hiberniam, unde originem duxerat, 4.25 (264.1)
Cudberctum, qui . . . uitam solitariam per annos plures in magna corporis et mentis continentia duxerat. 4.27 (268.28)
duxerit. Vt Ecgberct, uir sanctus de natione Anglorum, monachicam in Hibernia uitam duxerit. 3.27 (191.27)
duxerunt. inponentes eam carro, duxerunt ad locum, ibidemque deposuerunt. 3.9 (146.19)
inuitum monasterio eruentes duxerunt in certamen, 3.18 (163.6)
duximus. quae etiam huic historiae nostrae commodum duximus indere. 1.27 (48.13)
Haec . . . historiae nostrae ecclesiasticae inserere oportunum duximus. 2.1 (81.6)
Quarum etiam textum litterarum in nostra hac historia ponere commodum duximus. 2.18 (120.23)
sed nos duo tantum, quae a maioribus audiuimus, referre satis duximus. 3.9 (145.28)
quod et nos in hac historia ponere multis commodum duximus. 3.19 (165.15)
e quibus unum, . . . memoriae mandare commodum duximus. 4.14 (233.5)
in hac historia quaedam, quae nos nuper audisse contigit, superadicere commodum duximus. 4.30 (277.29)
e quibus aliqua memoriae tradere commodum duximus. 5.2 (283.6)
duxisse. a quibus Angli uel Saxones, qui nunc Brittaniam incolunt, genus et originem duxisse noscuntur; 5.9 (296.14)
duxisset. cum temere exercitum ad uastandam Pictorum prouinciam duxisset, 4.26 (266.27)
duxit. Seuerus magnam fossam . . . a mari ad mare duxit. 1.5 (17.3)
de cuius stirpe multarum prouinciarum regium genus originem duxit. 1.15 (32.3)
noctem illam quietissimam duxit; 3.11 (150.23)
Duxit autem uitam in magna humilitatis, 3.27 (193.32)
in monachica districtione uitam . . . plurimo annorum tempore duxit; 4.26 (267.28)
usque ad diem obitus sui, uitam duxit in pace. 5.19 (330.1)
DVCTOR. ductor. priusquam hoc sacrae crucis uexillum nouus militiae ductor, . . . statueret. 3.2 (130.7)
eisdemque contra patriam et patruum suum pugnaturis ductor exstiterat, 3.24 (178.9)
Respondit cogitationi meae ductor, qui me praecedebat: 5.12 (305.17)
Quo cum perductus essem, repente ductor meus disparuit, 5.12 (305.30)
cum nos intraturos sperarem, repente ductor substitit; 5.12 (308.5)
ductorem. Nec tamen aliquid ductorem meum rogare audebam; 5.12 (309.13)
ductores. qui sibi in tota utraque uisione ductores adfuerunt, 3.19 (166.6)
DVDVM. 1.10 (24.1); 1.10 (24.11); 2.1 (73.12); 2.1 (78.11); 3.18 (162.16); 3.22 (171.17); 4.3 (211.17); 5.4 (287.25); 5.17 (319.32); 5.21 (341.8).
DVLCEDO. dulcedine. et ipsa, qua uenerat, uia ad caelos usque cum ineffabili dulcedine reuerti. 4.3 (208.31)
Item de . . . dulcedine regni caelestis multa carmina faciebat; 4.24 (261.7)
dulcedinem. mirantes . . . dulcedinem doctrinae eorum caelestis. 1.26 (47.9)
dulcidine. ad caelos usque cum ineffabili dulcedine [dulcidine] reuerti. uar. 4.3 (208.31)

DVLCIS, e. **dulce.** semper aut disce e, aut docere, aut scribere dulce habui. 5.24 (357.14)
dulcibus. donec ipsum quoque lacrimis plenum dulcibus extrahunt latebris, 4.28 (272.26)
dulcis. ubi sonum cantilenae dulcis cum odore suauitatis ac splendore lucis audisti. 5.12 (308.34)
DVLCISONVS, a, um. **dulcisono.** Spona hymno exultas et noua dulcisono. 4.20 (248.32)
dulcisono. Et noua dulcisono modularis carmina plectro, 4.20 (248.31)
DVLCISSIMVS, a, um. **dulcissimam.** in qua etiam uocem cantantium dulcissimam audiui; 5.12 (307.32)
dulcissimum. ipse cuncta, quae audiendo discere poterat, . . . in carmen dulcissimum conuertebat, 4.24 (260.32)
DVLCITER. ita illum dilectio uestra, sicut decet, affectuose dulciterque suscipiat, 1.28 (62.16)
cui propitius donasti uerba tuae scientiae dulciter haurire, 5.24 (360.4)
DVM. 1.2 (13.23); 1.2 (14.5); 1.7 (18.15); 1.7 (20.24); 1.17 (34.33); 1.17 (35.33); 1.19 (37.7); 1.19 (37.10); 1.26 (47.11); 1.27 (51.17); 1.27 (52.21); 1.27 (55.2); 1.27 (55.11); 1.27 (55.18); 1.27 (56.25); 1.27 (58.16); 1.30 (65.12); 1.30 (65.24); 1.31 (66.23); 2.1 (74.25); 2.1 (74.34); 2.1 (77.9); 2.1 (80.29); 2.4 (87.28); 2.8 (95.22); 2.8 (95.29); 2.10 (103.13); 2.17 (119.6); 2.17 (119.30); 2.20 (126.17); 3.1 (128.2); 3.2 (130.13); 3.2 (130.27); 3.8 (144.1); 3.9 (145.24); 3.9 (146.14); 3.14 (157.2); 3.14 (157.3); 3.14 (157.6); 3.16 (159.8); 3.18 (162.17); 3.18 (162.29); 3.18 (163.2); 3.18 (163.9); 3.19 (163.23); 3.19 (168.18); 3.29 (198.3); 4.2 (205.5); 4.3 (208.27); 4.3 (212.2); 4.3 (212.10); 4.9 (223.5); 4.9 (223.16); 4.10 (224.26); 4.11 (225.30); 4.11 (226.15); 4.11 (226.16); 4.19 (245.17); 4.19 (246.11); 4.22 (250.4); 4.22 (251.2); 4.22 (251.9); 4.23 (256.5); 4.23 (257.14); 4.24 (259.19); 4.25 (264.13); 4.28 (271.26); 4.28 (271.31); 4.28 (272.6); 4.28 (272.27); 4.29 (274.19); 4.29 (275.27); 4.30 (276.16); 5.3 (286.11); 5.3 (286.12); 5.4 (287.15); 5.6 (290.7); 5.6 (290.11); 5.11 (301.26); 5.13 (313.7); 5.21 (342.9).
DVMMODO. dummodo hostis inminens longius arceretur, 1.12 (26.6)
dummodo ille domum rediret, 3.24 (177.18)
quicquid mihi inposueris agendum, dummodo saluus fiam in die Domini, totum facile feram, 4.25 (263.25)
dummodo ille dignaretur eo die domum suam ingrediens ieiunium soluere. 5.4 (287.12)
DVMTAXAT. latitudinis habet milia CC, exceptis dumtaxat prolixioribus diuersorum promontoriorum tractibus, 1.1 (9.7)
excepto dumtaxat hoc, quod diuinae erat religionis ignarus. 1.34 (71.13)
ut nihil praeter ipsas aspicerem, excepta dumtaxat specie et ueste eius, qui me ducebat. 5.12 (305.25)
in quantum dumtaxat tam longe a Romanorum loquella et natione segregati hunc ediscere potuissent. 5.21 (333.9)
DVNTAXAT. ita duntaxat, ut, . . . ipse quoque XII episcopos ordinet, 1.29 (63.31)
DVO, ae, o. **duabus.** subito duabus gentibus transmarinis . . . multos stupet 1.12 (25.23)
cum quibus de duabus ultimis oceani insulis, . . . pugnant.' 3.25 (184.30)
ut de monasterio egressus, saepe ebdomade integra, aliquando duabus uel tribus, . . . domum non rediret; 4.27 (270.10)
ac uersum in tumorem adeo, ut uix duabus manibus circumplecti posset, 5.3 (285.18)
apparebantque mense Ianuario, et duabus ferme septimanis permanebant. 5.23 (349.13)
duae. e quibus duae in lege Mosi diuinitus statutae, 5.21 (334.2)
apparuerunt cometae duae circa solem, 5.23 (349.5)
duarum. uel duarum sororum filius et filia misceantur. 1.27 (50.31)
duas. oppidum Cassobellauni inter duas paludes situm, 1.2 (14.27)
nam in has duas prouincias gens Nordanhymbrorum antiquitus diuisa erat, 3.1 (127.8)
diuidensque in duas parrochias prouinciam, 3.7 (140.31)
in cuius signum adoptionis duas illi prouincias donauit, 4.13 (230.17)
Quo defuncto, episcopatus prouinciae illius in duas parrochias diuisus est. 5.18 (320.24)
duo. Duces fuisse perhibentur . . . duo fratres Hengist et Horsa; 1.15 (31.30)
Si debeant duo germani fratres singulas sorores accipere, 1.27 (50.20)
Erant autem duo germani fratres, qui hoc facinus patrarunt; 3.22 (173.18)
et duo ex eis etiam summi sacerdotii gradu functi sunt. 3.23 (176.23)
Erant inter hos duo iuuenes magnae indolis de nobilibus Anglorum, 3.27 (192.19)
duo sunt pro illo, Aecci et Baduuini, electi et consecrati episcopi; 4.5 (217.31)
rogauit, ne plures eo moriente quam ipse episcopus et duo sui ministri adessent. 4.11 (226.14)
et duo in locum eius substituti episcopi, 4.12 (229.3)
cuius regii duo pueri statim post acceptum baptisma sint interemti. 4.16 (236.25)
duo regii pueri fratres uidelicet Arualdi regis insulae, speciali sunt Dei gratia coronati. 4.16 (237.19)
Horum secuti exempla duo quidam presbyteri de natione Anglorum, . . . uenerunt ad prouinciam 5.10 (299.15)
'Paulo ante,' inquit, 'intrauerunt domum hanc duo pulcherrimi iuuenes, 5.13 (312.2)
surgentesque duo nequissimi spiritus, habentes in manibus uomeres, percusserunt me, 5.13 (312.24)
duo. Sed quia scriptum est: 'Erunt duo in carne una,' 1.27 (51.6)
Scriptum namque est: 'Erunt duo in carne una.' 2.11 (105.20)
duo. nam duo sub eo nobilissima oppida illic capta atque subuersa sunt. 1.3 (15.31)
inter haec oriuntur duo genera funerum, 1.13 (28.29)
Petrus et Paulus, qui ut duo luminaria caeli inluminant mundum, 3.29 (197.28)
duo. hortata est instruere inter duo maria trans insulam murum, 1.12 (26.12)
Fecerunt autem eum inter duo freta uel sinus, 1.12 (26.18)
et duo pallia utrorumque metropolitanorum, . . . direximus, 2.17 (119.29)
sed nos duo tantum, quae a maioribus audiuimus, referre satis duximus. 3.9 (145.27)
Vt Colman episcopus, relicta Brittania, duo monasteria in Scottia, . . . fecerit. 4.4 (213.1)
duo praeclara monasteria, unum sibi, alterum sorori suae Aedilburgae construxerat, 4.6 (218.26)
"fecit Deus duo magna luminaria; 5.21 (339.16)
duobus. Paucitas enim sacerdotum cogebat unum antistitem duobus populis praefici. 3.21 (171.5)
duobus. duobus sinibus maris interiacentibus, 1.12 (25.27)
quas in duobus codicibus aequa sorte distinxit. 2.1 (76.21)
intrabat cum uno clerico aut duobus; 3.5 (136.15)
uocatis ad se in ministerium ordinationis aliis duobus episcopis. 3.22 (173.1)
adsumtis in societatem ordinationis duobus de Brettonum gente episcopis, 3.28 (195.12)
Qui cum in illa prouincia duobus annis ac dimidio ecclesiam gloriosissime rexisset, 4.3 (207.15)
et, cum duobus annis hoc tenuisset, tandem superni regni amore conpunctus reliquit, 4.12 (228.2)
Duobus autem annis in episcopatu peractis repetiit insulam ac monasterium suum, 4.29 (274.3)
'Veni,' inquit, 'cum duobus fratribus aliis ad insulam Farne, 5.1 (281.15)
cum genti suae duobus annis strenuissime praeesset, 5.7 (292.13)
Fresiam perueniens, duobus annis continuis genti illi . . . uerbum salutis praedicabat, 5.9 (298.19)
Historiam abbatum monasterii huius, . . . Benedicti, Ceolfridi, et Huaetbercti in libellis duobus. 5.24 (359.14)
duobus. et duobus tantum in locis est transmeabilis; 1.25 (45.8)
Aidan in insula Farne, quae duobus ferme milibus passuum ab urbe procul abest, morabatur. 3.16 (159.10)
duorum. seu duorum fratrum germanorum, . . . filius et filia misceantur. 1.27 (50.30)
omnium sunt corpora tumulata praeter duorum tantummodo, id est Theodori et Berctualdi, 2.3 (86.8)
addiderunt longitudini sarcofagi quasi duorum mensuram digitorum. 4.11 (227.3)
quercus Abrahae duorum hominum altitudinis truncus ecclesia circumdata est. 5.17 (319.25)
duorum. Incipit autem duorum ferme milium spatio a monasterio Aebbercurnig 1.12 (26.24)
non longe a monasterio nostro, id est duum [duorum] ferme milium spatio separata; **uar.** 5.4 (287.1)
duos. Reliquit duos filios, Bassianum et Getam; 1.5 (17.4)
Augustinus . . . ordinauit duos episcopos, Mellitum uidelicet et Iustum; 2.3 (85.5)
qui X et VIIII annos, menses duos, dies XXI episcopatum tenuit; 3.14 (154.17)

Tunc uidit . . . duos ab utroque latere circumuolantes ab ignium se periculo defendere. 3.19 (166.7)
et rexit ecclesiam annos viiii, menses iiii et duos dies; 3.20 (169.18)
Erant inter hos duo [duos] iuuenes magnae indolis uar. 3.27 (192.19)
ex quo usque hodie prouincia illa duos habere solet episcopos. 4.5 (217.33)
horum numero duos addidit antistites, 4.12 (229.22)
duum. 'Villa erat comitis cuiusdam, . . . non longe a monasterio nostro, id est duum ferme milium spatio separata; 5.4 (287.1)
II. 'In principium Genesis, . . . libros iiii [ii]. uar. 5.24 (357.26)
De aedificatione templi, allegoricae expositionis, sicut et cetera, libros ii. 5.24 (358.2)
In librum beati patris Tobiae . . . librum i [libros ii]. uar. 5.24 (358.12)
Omeliarum euangelii libros ii. 5.24 (358.21)
In Actus apostolorum libros ii. 5.24 (358.25)
DVODECIM. XII. ab austro in boream xii, 1.3 (15.25)
viii pedes latum, et xii altum 1.12 (27.23)
ita ut per loca singula xii episcopos ordines, 1.29 (63.25)
ut, . . . ipse quoque xii episcopos ordinet, 1.29 (63.32)
quae baptizata est . . . cum xi [xii] aliis de familia eius. uar. 2.9 (99.32)
tandem Eanfridum inconsulte ad se cum xii lectis militibus postulandae pacis gratia uenientem, . . . damnauit. 3.1 (128.8)
Est enim iuxta murum, . . . xii milibus passuum a mari orientali secreta. 3.22 (172.18)
simul et xii possessiones praediorum ad construenda monasteria donaret; 3.24 (177.29)
donatis insuper xii possessiunculis terrarum, 3.24 (178.25)
eo quod esset idem Eata unus de xii pueris Aidani, 3.26 (190.10)
post dies xii et ipsa educta ex carne temporales adflictiones aeterna mercede mutauit. 4.9 (223.8)
cuius consortio cum xii annis uteretur, 4.19 (243.11)
cum post Ecgberctum fratrem suum, qui viiii annis regnauerat, ipse xii annis regnasset, 4.26 (268.9)
Mansit autem idem uir in insula Farne xii annis, 5.1 (282.23)
Qui cum illo aduenissent, erant autem numero xii, 5.10 (299.6)
cincta parietibus, xii columnis sustentatur, 5.16 (318.2)
ubi die noctuque xii lampades ardent, 5.16 (318.16)
Cantatorem quoque egregium, . . . ad se suosque instituendos accersiit, ac per annos xii tenuit; 5.20 (331.31)
Ida regnare coepit, a quo regalis Nordanhymbrorum prosapia originem tenet, et xii annis in regno permansit. 5.24 (353.7)
Eanfled, filia Aeduini regis, baptizata cum xii in sabbato pentecostes. 5.24 (353.30)
In Isaiam, Danihelem, xii prophetas, et partem Hieremiae, distinctiones capitulorum ex tractatu beati Hieronimi excerptas. 5.24 (358.6)
DVODECIMVS, a, um. **XII.** sub die xii Kalendarum Augustarum, 2.9 (98.18)
Hic depositus est Caedual, qui et Petrus, rex Saxonum, sub die xii Kalendarum Maiarum, indictione ii; 5.7 (293.32)
Aequinoctium . . . xii Kalendarum Aprilium die prouenire consueuit, 5.21 (339.5)
eclypsis solis facta xii. Kalendas Iulias, 5.24 (353.3)
XII°. Aidan non plus quam xii° post occisionem regis, . . . die, . . . a Domino praemia recepit. 3.14 (157.15)
langore correptus, xii°. Kalendarum Maiarum die solutus a carne, . . . est 5.7 (292.26)
DVODENONAGINTA. LXXXVIII. Theodorus . . . senex et plenus dierum, id est annorum lxxxviii, defunctus est; 5.8 (294.20)
DVODEQVADRAGESIMVS, a, um. **XXXVIII.** occisus est, . . . anno aetatis suae xxxviii., 3.9 (145.11)
DVODEQVINQVAGINTA. XL et VIII. occisus est Æduini . . . cum esset annorum xl et viii; 2.20 (124.24)
DVODESEXAGESIMVS, a, um. **LVIII°.** qua et mortuus est anno aetatis suae lviii°. 4.5 (214.14)
DVODETRIGINTA. XX et VIII. Erat et ciuitatibus quondam xx et viii nobilissimis insignita, 1.1 (10.27)
XXVIII. et per annos xxviii laboriosissime tenuit, 3.14 (154.8)
DVODEVICESIMVS, a, um. **XVIII.** post consulatum eiusdem domini anno xviii, 1.28 (62.30)
post consulatum eiusdem domini anno xviii, 1.29 (64.23)
post consulatum eiusdem domini anno xviii, 1.30 (66.7)
post consulatum eiusdem domini anno xviii, 1.32 (70.6)
Anno dccxxxiii, eclypsis facta est solis xviiii [xviii], Kal. Sep. circa horam diei tertiam, uar. Cont. (361.6)
DVODEVIGINTI. XVIII. qui post fratrem suum Ecgfridum genti Nordanhymbrorum x et viiii [xviii] annis praefuit. uar. 5.1 (282.28)
X et VIII. id est horarum x et viii; 1.1 (11.5)
occisus est Aelfuini frater regis Ecgfridi, iuuenis circiter x et viii annorum, 4.21 (249.6)
DVPLEX. duplex. congregata synodo . . . in loco, qui dicitur Adtuifyrdi, quod significat 'ad duplex uadum,' 4.28 (272.16)
duplicem. Vno ad orientem stadio speluncam duplicem in ualle habet, 5.17 (319.17)
DVRIOR, ius. **durior.** 'Videtur mihi, frater, quia durior iusto indoctis auditoribus fuisti, 3.5 (137.15)
DVRISSIMVS, a, um. **durissima.** erat autem tellus durissima et saxosa, 4.28 (271.25)
DVRITIA. duritiam. et summis conatibus duritiam cordis ipsius religiosa diuinorum praeceptorum insinuatione mollire 2.11 (105.30)
DVRIVS. quo malis praesentibus durius deprimebatur, 2.1 (77.11)
DVRO. durantem. Recognoscunt populum in ea, qua reliquerat, credulitate durantem; 1.21 (40.21)
durarunt. Cuius foedera pacis multo exinde tempore inter eosdem reges eorumque regna durarunt. 4.21 (249.18)
durauerit. signum diuini miraculi, . . . indicio est, quia uirili contactu incorrupta durauerit. 4.19 (243.25)
durauit. et ibi usque ad diem mortis in tanta mentis et corporis contritione durauit, 5.12 (304.24)
DVRVS, a, um. **durae.** eo quod essent homines indomabiles, et durae ac barbarae mentis. 3.5 (137.8)
duris. duris mentibus simul omnia abscidere impossibile esse 1.30 (65.26)
DVVNCHAD (*fl.* 716), *Abbot of Iona.*
Duunchado. Susceperunt autem Hiienses monachi . . . ritus uiuendi catholicos sub abbate Duunchado, post annos circiter lxxx, 5.22 (347.18)
DVX. duce. qui duce Reuda de Hibernia progressi, 1.1 (12.20)
a quo uidelicet duce usque hodie Dalreudini uocantur, 1.1 (12.22)
Cassobellauno duce inmensa hostium multitudo consederat, 1.2 (14.13)
Trinouantum firmissima ciuitas cum Androgio duce, . . . Caesari sese dedit. 1.2 (14.24)
duce Ambrosio, Romano homine, 1.16 (33.4)
Vtebantur eo tempore duce Ambrosio Aureliano, 1.16 (33.11)
Hoc ergo duce uires capessunt Brettones, 1.16 (33.15)
Venit autem illuc duce Basso milite regis Æduini fortissimo, 2.20 (125.31)
exercitus Penda duce Nordanhymbrorum regiones impia clade longe lateque deuastans 3.16 (158.30)
contigit gentem Merciorum duce rege Penda aduersus Orientales Anglos in bellum procedere, 3.18 (163.1)
sperantes . . . minus praesente duce quondam strenuissimo et eximio posse fugam meditari. 3.18 (163.7)
qui et ipse postea ab eodem pagano Merciorum duce, . . . occisus est. 3.18 (163.18)
quibus Osuiu rex cum Alchfrido filio, . . . Christo duce confisus, occurrit. 3.24 (178.4)
qui nuper uenerat a Roma . . . duce reuerentissimo abbate Biscopo cognomine Benedicto, 4.18 (241.3)
Ecgfrid . . . misso Hiberniam cum exercitu duce Bercto, uastauit misere gentem innoxiam, 4.26 (266.16)
Quibus auditis antistes misit eum Romam, dato duce itineris, 5.19 (324.17)
ducem. Germanus ducem se proelii profitetur, 1.20 (38.30)
Vilfridumque episcopum ducem sibi itineris fieri, . . . rogaret. 4.5 (214.18)

diuertentes ad Pippinum ducem Francorum, gratanter ab illo suscepti sunt; 5.10 (299.6)
hunc tempore belli ducem omnes sequuntur, huic obtemperant; 5.10 (300.2)
duces. Duces fuisse perhibentur eorum primi duo fratres Hengist et Horsa; 1.15 (31.29)
duces regii xxx, qui ad auxilium uenerant, pene omnes interfecti; 3.24 (178.12)
rebellarunt aduersus regem Osuiu duces gentis Merciorum, 3.24 (180.19)
duces. episcopus, . . . primos prouinciae duces ac milites sacrosancto fonte abluebat; 4.13 (230.21)
ducibus. ipse rex suis ducibus ac ministris interpres uerbi existeret caelestis; 3.3 (132.11)
ducibus. Itaque apostolicis ducibus Christus militabat in castris. 1.20 (38.14)
quale cum te residente ad caenam cum ducibus ac ministris tuis tempore brumali, 2.13 (112.8)
maxime quod unus ex ducibus, a quibus acta est, paganus, alter, quia barbarus erat pagano saeuior. 2.20 (125.5)
siquidem ipsi xxx legiones ducibus nobilissimis instructas in bello habuere, 3.24 (178.1)
sed mox expulsus est a ducibus regis, Bercthuno et Andhuno, 4.15 (236.13)
nuntiauit matrem . . . ducibus angelis, ad aeternae limina lucis . . . ascendisse. 4.23 (257.25)
dux. et casu dux ipse uel pontifex fractus corpore, 1.17 (34.17)
Quo in loco nouum conponit exercitum ipse dux agminis. 1.20 (39.3)
infandus Brettonum dux cum inmensis illis copiis, . . . interemtus est 3.1 (128.19)
Denique gloriosissimus dux Francorum Pippin, ubi haec conperiit, 5.10 (301.11)
Anno DCXCVIII, Berctred dux regius Nordanhymbrorum a Pictis interfectus. 5.24 (355.18)

E

E, *omitted.*
EABAE (*fl.* 681), *Queen of the South Saxons.*
Eabae. Porro regina, nomine Eabae, in sua, id est Huicciorum prouincia fuerat baptizata. 4.13 (230.25)
EADBALD (*d.* 640), *King of Kent; son of Ethelbert.*
Aduualdi. Susceptis namque apicibus filii nostri Aduualdi regis, 2.8 (96.9)
Aeodbaldo. Aeodbaldo regnante migrauit ad caelos, 2.7 (95.4)
Huius consortium cum primo ipse missis procis a fratre eius Aeodbaldo, . . . peteret; 2.9 (97.26)
Aeodbaldum. Vt . . . Laurentius Aeodbaldum regem ad Christum conuerterit, 2.6 (92.11)
Audubaldi. Quae enim in gloriosi filii nostri Audubaldi regis . . . clementia Redemtoris fuerit operata, 2.10 (101.27)
qui ad nos gloriosi filii nostri Audubaldi regis laudabilem conuersionem nuntiantes peruenerunt, 2.11 (104.30)
Eadbald. cum filius eius Eadbald regni gubernacula suscepisset, 2.5 (90.25)
Eadbald rex Cantuariorum transiens ex hac uita, 3.8 (142.3)
Anno DCXL, Eadbald rex Cantuariorum obiit. 5.24 (354.3)
Eadbaldi. quos postea mater metu Eadbaldi et Osualdi regum misit in Galliam 2.20 (126.3)
curam illius praefatus Paulinus inuitatione Honorii antistitis et Eadbaldi regis suscepit 2.20 (126.17)
Eadbaldo. atque ab Honorio archiepiscopo et rege Eadbaldo multum honorifice susceptus est. 2.20 (125.30)
EADBERCT (*d.* 698), *Bishop of Lindisfarne.*
Eadberct. episcopus loci ipsius Eadberct ablata harundine, plumbi lamminis eam totam, . . . cooperire curauit. 3.25 (181.11)
Ordinatus est autem post haec Eadberct uir scientia scripturarum diuinarum . . . insignis; 4.29 (275.31)
Deo dilectus antistes Eadberct morbo correptus est acerbo, 4.30 (277.18)
Eadbercto. Quod dum sibi placuisse Eadbercto antistiti suo referrent, 4.30 (276.16)
EADBERCT, *one of three Mercian chiefs who in 658 rebelled against Oswy and placed Wulfhere on the Mercian throne.*
Eadberct. rebellarunt aduersus regem Osuiu duces gentis Merciorum, Immin, et Eafa, et Eadberct, 3.24 (180.20)
EADBERCT (*fl.* 700), *Abbot of Selsey, and later first Bishop of the South Saxons.*
Eadberct. consecratusque est eis primus antistes Eadberct, qui erat abbas monasterii . . . Vilfridi 5.18 (321.19)
Eadberctum. Vt Australes Saxones episcopos acceperint Eadberctum et Eallan, 5.18 (320.1)
EADBERCT (*fl.* 725), *King of Kent, son of Wictred.*
Eadberctum. et regni, . . . filios tres, Aedilberctum, Eadberctum, et Alricum, reliquit heredes. 5.23 (348.19)
EADFRID (*fl.* 627), *one of the two sons of King Edwin of Northumbria by his first wife, Quenburga of Mercia.*
Eadfrid. in quibus erant Osfrid et Eadfrid filii regis Aeduini, 2.14 (114.21)
alter Eadfrid necessitate cogente ad Pendam regem transfugit, 2.20 (124.27)
EADGAR (*fl.* 706), *Bishop of Lindsey.*
Eadgarum. hunc primum . . . accepit praesulem, II Ediluini, III Eadgarum, IIII Cyniberctum, 4.12 (229.15)
EADGYD (*d.* 664), *a nun of Barking.*
Eadgyd. proprio eam nomine quasi praesentem alloquens, 'Eadgyd, Eadgyd, Eadgyd'; 4.8 (221.1)
proprio eam nomine quasi praesentem alloquens, 'Eadgyd, Eadgyd, Eadgyd'; 4.8 (221.2)
EADHAED, *Bishop of Lindsey, 678, and later of Ripon.*
Eadhaed. Cum quibus et Eadhaed in prouinciam Lindisfarorum, . . . ordinatur episcopus. 4.12 (229.10)
Ordinati sunt autem Eadhaed, Bosa, et Eata Eboraci ab archiepiscopo Theodoro; 4.12 (229.20)
Eadhaedum. Eadhaedum de Lindissi reuersum, . . . Hrypensi ecclesiae praefecit. 4.12 (229.26)
Misitque cum eo rex presbyterum suum uocabulo Eadhaedum, qui . . . Hrypensis ecclesiae praesul factus est. 3.28 (195.4)
Habebat enim ante Eadhaedum antistitem Sexuulfum, 4.12 (229.16)
Eadhaeth. et pro eo Bosa, Eata, et Eadhaeth consecrati antistites. 5.24 (355.4)
EAFA, *one of three Mercian chiefs who in 658 rebelled against Oswy and placed Wulfhere on the Mercian throne.*
Eafa. rebellarunt aduersus regem Osuiu duces gentis Merciorum, Immin, et Eafa, et Eadberct, 3.24 (180.20)
EALLA, *see* **EOLLA.**
EANFLED (*b.* 626), *Queen of Northumbria; daughter of Edwin, and first Northumbrian to be baptized, 626; married to Oswy of Northumbria in 643; abbess of Whitby, c. 685.*
Æanfled. pepererat regina filiam regi, cui nomen Æanfled. 2.9 (99.19)
Aeanfled. In quo monasterio . . . mater eius Aeanfled, et pater matris eius Aeduini, . . . sepulti sunt. 3.24 (179.10)
Nam regina Aeanfled propinqua illius, . . . postulauit a rege Osuio, 3.24 (179.30)
Eanfled. Obseruabat et regina Eanfled cum suis, iuxta quod in Cantia fieri uiderat, 3.25 (181.30)
Anno DCXXVI, Eanfled, filia Aeduini regis, baptizata cum XII in sabbato pentecostes. 5.24 (353.29)
Eanfledam. habens secum Eanfledam filiam, et Vuscfrean filium Æduini, 2.20 (126.1)
coniugem regi Osuio, filiam uidelicet Æduini regis Eanfledam, 3.15 (157.27)
At ille confestim ueniens ad reginam Eanfledam, 5.19 (323.18)
Eanflede. Praeerat . . . monasterio regia uirgo Aelbfled, una cum matre Eanflede, quarum supra fecimus mentionem. 4.26 (267.32)
EANFRID (*fl.* 633), *King of Bernicia; son of Ethelfrid of Northumbria.*
Eanfrid. Porro regnum Berniciorum, . . . suscepit filius Aedilfridi, . . . nomine Eanfrid. 3.1 (127.11)
accepit primus eorum, quem diximus, Eanfrid regnum Berniciorum. 3.1 (127.18)
Eanfridi. post occisionem fratris Eanfridi, 3.1 (128.17)
Eanfridum. tandem Eanfridum inconsulte ad se cum XII lectis militibus postulandae pacis gratia uenientem, . . . damnauit. 3.1 (128.7)

EANFRID (*fl.* 681), *King of the Hwiccas.*
Eanfridi. Erat autem filia Eanfridi fratris Ænheri, 4.13 (230.26)
EAPPA (*fl.* 681), *one of Wilfrid's priests, afterwards Abbot of Selsey.*
Eappa. uerum presbyteri Eappa, et Padda, et Burghelm, et Oiddi ceteram plebem, . . . baptizabant. 4.13 (230.22)
monasterium, cui tunc regendo religiosissimus Christi sacerdos, uocabulo Eappa, praefuit, 4.14 (233.10)
Eappan. Clama ergo ad te presbyterum Eappan, 4.14 (234.14)
EARCONBERCT (*d.* 664), *King of Kent; son of Eadbald.*
Earconberct. Vt rex Cantuariorum Earconberct idola destrui praeceperit; 3.8 (142.1)
quam habuerat in coniugem Earconberct rex Cantuariorum. 4.19 (244.27)
Earconberct rex Cantuariorum defunctus, et Colman cum Scottis ad suos reuersus est; 5.24 (354.14)
Earconbercti. Cuius regis filia maior Sexburg, uxor Earconbercti regis Cantuariorum, habuit filiam Earcongotam, 3.8 (142.27)
Earconbercto. Eadbald . . . Earconbercto filio regni gubernacula reliquit; 3.8 (142.4)
Erconberct. sed et Erconberct rex Cantuariorum eodem mense ac die defunctus, 4.1 (201.9)
Erconberctum. misit eum Cantiam ad regem Erconberctum, qui erat filius auunculi sui, 5.19 (323.23)
EARCONGOTA (*d.* 665?), *daughter of King Earconberct of Kent; spent her life as a nun in Faremoûtier-en-Brie.*
Earcongotæ. Cuius filia Earcongotæ, ut condigna parenti suboles, magnarum fuit uirgo uirtutum, 3.8 (142.11)
Earcongotam. Cuius regis filia maior Sexburg, uxor Earconbercti regis Cantuariorum, habuit filiam Earcongotam, 3.8 (142.28)
Ercongota. et de filia eius Ercongota et propinqua Aedilbergae, sacratis Deo uirginibus. 3.8 (142.2)
EARCONVALD, Saint (*d.* 692 × 694), *Bishop of London, 675.*
Earconuald. et Earconuald Orientalibus Saxonibus sit episcopus datus. 4.6 (218.1)
Earconualdum. Orientalibus Saxonibus, . . . Earconualdum constituit episcopum in ciuitate Lundonia; 4.6 (218.15)
Erconualdo. Valdheri, qui Erconualdo successerat; 4.11 (226.1)
EARPVALD (*d.* 627 × 628), *King of East Anglia; son of Reduald.*
Earpualdo. ut etiam regi Orientalium Anglorum, Earpualdo filio Redualdi, persuaderet, 2.15 (115.26)
Eorpuald. Verum Eorpuald non multo, postquam fidem accepit, tempore occisus est 2.15 (116.17)
Eorpualdi. donec accepit regnum frater eiusdem Eorpualdi Sigberct, 2.15 (116.20)
Erpualdum. regno . . . post Erpualdum Redualdi successorem, Sigberct frater eius praefuit, 3.18 (162.15)
EATA (*d.* 686), *Abbot of Melrose, Bishop of Hexham (678), and Bishop of Lindisfarne (681).*
Eata. Porro fratribus, . . . praepositus est abbatis iure uir reuerentissimus ac mansuetissimus Eata, 3.26 (190.7)
eo quod esset idem Eata unus de xii pueris Aidani, 3.26 (190.9)
Ipse est Eata, qui non multo post eidem ecclesiae Lindisfarnensi episcopus factus est. 3.26 (190.14)
Bosa uidelicet, qui Derorum, et Eata, qui Berniciorum prouinciam gubernaret; 4.12 (229.6)
Ordinati sunt autem Eadhaed, Bosa, et Eata Eboraci ab archiepiscopo Theodoro; 4.12 (229.20)
Mailros, quod . . . abbas Eata, uir omnium mansuetissimus ac simplicissimus, regebat, 4.27 (269.2)
transtulit eum reuerentissimus abbas ipsius Eata ad insulam Lindisfarnensium, 4.27 (270.18)
et pro eo Bosa, Eata, et Eadhaeth consecrati antistites. 5.24 (355.4)
Eata. remanente Eata ad Lindisfarnensem, 4.12 (229.24)
placuit, ut Eata reuerso ad sedem ecclesiae Hagustaldensis, . . . Cudberct ecclesiae Lindisfarnensis gubernacula susciperet. 4.28 (273.9)
Cuius regni principio defuncto Eata episcopo, 5.2 (282.31)
cum esset idem Boisil praepositus monasterii Mailrosensis sub abbate Eata, 5.9 (297.2)
EATENVS. nostram gentem eatenus idolis mancipatam Christi fecit ecclesiam, 2.1 (73.14)
quos eatenus materiae conpage uobis deos fabricastis, 2.10 (103.7)
uobis patenter insinuet, quam nihil erat, quod eatenus colebatis; 2.10 (103.13)
quod eatenus abominandis idolis seruiens, 2.11 (105.8)
qualis sibi doctrina haec eatenus inaudita, . . . uideretur. 2.13 (111.18)
prouinciae, quae eatenus ab inuicem discordabant, 3.6 (138.33)
sonos cantandi in ecclesia, quos eatenus in Cantia tantum nouerant, 4.2 (205.11)
cepit et insulam Vectam, quae eatenus erat tota idolatriae dedita, 4.16 (237.1)
quae eatenus ad ciuitatis Ventanae, cui tunc Danihel praeerat, parrochiam pertinebat, 5.18 (321.16)
Naiton . . . admonitus ecclesiasticarum frequenti meditatione scripturarum, abrenuntiauit errori, quo eatenus in obseruatione paschae . . . tenebatur, 5.21 (332.18)
ut quod eatenus per Alexandriae pontificem singulis annis per omnes ecclesias mandari consuerat, 5.21 (341.13)
gratulabatur ille, quod eatenus in carne seruatus est, 5.22 (348.8)
EBDOMADA, *see* **HEBDOMADA.**
EBDOMAS, *see* **HEBDOMAS.**
EBORAC-, *see* **EBVRAC-.**
EBOREVS, a, um. **eboreum.** id est speculum argenteum, et pectinem eboreum inauratum: 2.11 (106.25)
EBRIETAS. ebrietati. ebrietati, animositati, litigio, . . . sua colla, . . . subdentes. 1.14 (30.6)
Cumque diutius epulis atque ebrietati uacarent, 3.10 (147.14)
Seruiebat autem multum ebrietati, et ceteris uitae remissioris inlecebris; 5.14 (314.5)
EBRINVS (*fl.* 668), *Ebroin, Mayor of the Palace to Clothaire III.*
Ebrini. quo cum uenisset, adsumsit Theodorum cum Ebrini licentia, 4.1 (203.28)
Ebrinus. retenti sunt ab eo, quousque Ebrinus maior domus regiae copiam pergendi, quoquo uellent, tribuit eis. 4.1 (203.15)
Hadrianum autem Ebrinus retinuit, 4.1 (203.32)
EBVLLIO. ebulliens. fetor inconparabilis cum eisdem uaporibus ebulliens omnia illa tenebrarum loca replebat. 5.12 (306.5)
ebullierit. Fertur autem, quia in loco, quo occisi sunt, fons ebullierit, 5.10 (301.15)
ebulliuit. tantae flagrantia suauitatis ab imis ebulliuit, 3.8 (144.2)
EBVRACA CIVITAS, *York.*
Eboracae. 'Vilfridus Deo amabilis episcopus Eboracae ciuitatis, apostolicam sedem de sua causa appellans, 5.19 (326.33)
'Vilfridus . . . episcopus Eboracae ciuitatis, apostolicam sedem de sua causa appellans, 5.19 (327.30)
Eburacae. Sit uero inter Lundoniae et Eburacae ciuitatis episcopos in posterum 1.29 (64.7)
qui per Eburacae episcopum fuerint ordinati, 1.29 (64.13)
Eburacam. Ad Eburacam uero ciuitatem te uolumus episcopum mittere, 1.29 (63.29)
EBVRACENSIS, *e, of York.*
Eboracensis. in clero sanctissimi ac Deo dilecti Bosa Eboracensis episcopi nutritus atque eruditus est; 5.20 (332.7)
Eboracensis. Vilfrido administrante episcopatum Eboracensis ecclesiae, 4.3 (206.21)
quod eorum primus Hagustaldensis, secundus Eboracensis ecclesiae sit ordinatus episcopus. 4.23 (254.29)
ordinato in episcopatum Eboracensis ecclesiae Vilfrido presbytero suo, 5.6 (292.6)
Eburacensi. iiii nunc episcopi praesulatum tenent; Vilfrid in Eburacensi ecclesia, 5.23 (350.30)
Eburacensis. cum Doruuernensis uel Eburacensis antistes de hac uita transierit, 2.18 (120.17)
Eburacensis. Paulinus, quondam quidem Eburacensis, sed tunc Hrofensis episcopus ciuitatis, 3.14 (154.15)
qui Eburacensis ecclesiae ordinaretur episcopus. 3.28 (194.30)
EBVRACVM, EBORACVM, *York.*
Eboraci. et idem Iohannes, defuncto Bosa . . . episcopus pro eo Eboraci substitutus, 5.3 (285.7)
consecratus est in episcopatum Eboraci, iubente rege Osuio, Ceadda uir sanctus, 5.19 (326.2)
Anno dcxliiii, Paulinus, quondam Eboraci, . . . antistes ciuitatis, migrauit ad Dominum. 5.24 (354.5)

Ecgberct pro Vilfrido Eboraci episcopus factus. Cont. (361.4)
Eboraci. Ordinati sunt autem Eadhaed, Bosa, et Eata Eboraci ab archiepiscopo Theodoro; 4.12 (229.20)
De primo supra diximus, quod Eboraci fuerit consecratus antistes; 4.23 (254.26)
ordinatio decreta, . . . conpleta est Eboraci sub praesentia praefati regis Ecgfridi, 4.28 (273.2)
Eboracum. Ibique apud Eboracum oppidum morbo obiit. 1.5 (17.3)
Eburaci. hic in ciuitate Eburaci, ille in Hagustaldensi . . . ecclesia cathedram habens episcopalem, 4.12 (229.7)
Eburaci. Baptizatus est autem Eburaci die sancto paschae pridie Iduum Aprilium 2.14 (114.2)
rapti sunt de hac uita, et Eburaci in ecclesia sepulti. 2.14 (114.27)
Reliquerat autem in ecclesia sua Eburaci Iacobum diaconum, 2.20 (126.21)
Eburaco. Ostenditur autem locus ille quondam idolorum non longe ab Eburaco ad orientem, 2.13 (113.21)
Eburacum. Adlatum est autem caput Aeduini regis Eburacum, 2.20 (125.21)

EBVRNEVS, a, um. **eburneum.** id est speculum argenteum, et pectinem eboreum [eburneum] inauratum; uar. 2.11 (106.25)

ECCE. 1.27 (49.16); 1.27 (58.1); 1.27 (61.31); 2.1 (78.9); 2.1 (78.12); 2.8 (95.23); 2.12 (110.32); 2.12 (110.33); 2.19 (124.10); 3.19 (165.32); 3.29 (197.21); 4.7 (220.2); 4.20 (248.30); 5.1 (281.18); 5.12 (305.27); 5.12 (307.15); 5.21 (342.15).

ECCLESIA. ecclesia. ecclesia est mirandi operis atque eius martyrio condigna extructa. 1.7 (21.28)
ecclesia in Brittaniis aliquantulam, . . . pacem habuerit. 1.8 (22.5)
et ecclesia ad diem resurrectionis dominicae . . . conponitur, 1.20 (38.20)
Erat autem prope ipsam ciuitatem ad orientem ecclesia . . . facta, 1.26 (47.10)
Sed absit, ut ecclesia cum augmento recipiat, 1.27 (50.17)
In hoc enim tempore sancta ecclesia quaedam per feruorem corrigit, 1.27 (51.26)
Et quia noua Anglorum ecclesia ad omnipotentis Dei gratiam eodem Domino largiente, 1.29 (63.22)
Quo in tempore Hrofensis ecclesia pastorem minime habebat, 2.20 (126.12)
nulla ecclesia, nullum altare in tota Berniciorum gente erectum est, 3.2 (130.5)
cum fabricata esset ibi basilica [ecclesia] maior, uar. 3.17 (160.12)
Quo clarescente miraculo, mox ibidem ecclesia restaurata, . . . est 3.17 (160.26)
donec ipsa ecclesia dedicaretur. 3.19 (168.17)
in eodem monasterio ecclesia est in honorem beatae Dei genetricis de lapide facta, 3.23 (176.15)
quacumque Christi ecclesia diffusa est, 3.25 (184.26)
et omnis per orbem ecclesia conuersa est. 3.25 (186.10)
intellexerat enim ueraciter Osuiu, . . . quia Romana esset catholica et apostolica ecclesia, 3.29 (196.9)
Isque primus erat in archiepiscopis, cui omnis Anglorum ecclesia manus dare consentiret. 4.2 (204.23)
ut, cuius esset fidei Anglorum ecclesia, diligenter edisceret, 4.18 (241.34)
Cumque dedicata esset ecclesia, 5.4 (287.7)
Dehinc ab occasu Golgothana uidetur ecclesia, 5.16 (317.27)
Huius quoque ad occasum ecclesiae, Anastasis, hoc est resurrectionis dominicae rotunda ecclesia, 5.16 (318.1)
ecclesia rotunda grandis, ternas per circuitum cameratas habet porticus desuper tectas. 5.17 (318.30)
neque nunc ecclesia catholica, . . . ita etiam una . . . tonsurae sibi forma congruit. 5.21 (342.5)
Sicut enim omnis ecclesia, . . . signum sanctae crucis eius in fronte portare consueuit 5.21 (343.7)
quia per mortem sui uiuificatoris ecclesia facta est, 5.21 (343.8)
ecclesia. qui in ecclesia Cantuariorum . . . institutus, Praef. (6.7)
quae in ecclesia Cantuariorum . . . gesta sint, Praef. (6.28)
in ecclesia sint acta, Praef. (7.25)
et qualiter episcopus agere in ecclesia debeat? 1.27 (48.18)
seorsum fieri non debet a clericis suis in ecclesia Anglorum, 1.27 (48.29)
et altera consuetudo missarum in sancta Romana ecclesia, . . . tenetur? 1.27 (49.20)
seu in qualibet ecclesia aliquid inuenisti, 1.27 (49.25)
et in Anglorum ecclesia, . . . infundas. 1.27 (49.26)
siquis aliquid de ecclesia furtu abstulerit? 1.27 (49.34)
Et quidem in Anglorum ecclesia, 1.27 (52.7)
iuxta honorem tanto uiro congruum in ecclesia posuerunt. 1.33 (71.5)
Felix . . . uir magnae gloriae in Christo et ecclesia, 2.1 (73.23)
Sepultus uero est corpore in ecclesia beati Petri apostoli, 2.1 (79.4)
Theodori et Berctualdi, quorum corpora in ipsa ecclesia posita sunt, 2.3 (86.9)
fundata Romae ecclesia Christi, 2.4 (87.2)
et catholicae obseruationis cum ea, . . . ecclesia Christi tenere; 2.4 (87.23)
celebratis in ecclesia missarum sollemniis, 2.5 (91.9)
et populo adhuc dare in ecclesia non desistis?' 2.5 (91.14)
iussit ipsa sibi nocte in ecclesia beatorum apostolorum Petri et Pauli, . . . stratum parari; 2.6 (92.15)
atque in ecclesia et monasterio sancti apostoli Petri . . . sepultus est 2.7 (93.28)
sepultusque est . . . in . . . monasterio et ecclesia beatissimi apostolorum principis, 2.7 (95.6)
Baptizatus est autem Eburaci . . . in ecclesia Petri apostoli, 2.14 (114.3)
rapti sunt de hac uita, et Eburaci in ecclesia sepulti. 2.14 (114.27)
In qua ecclesia Paulinus, transeunte ad Christum Iusto, Honorium pro eo consecrauit episcopum, 2.16 (117.16)
uirum utique industrium ac nobilem in Christo et in ecclesia, 2.16 (118.1)
Quo tempore maxima est facta strages in ecclesia 2.20 (125.3)
in ecclesia sepulti sunt. 2.20 (126.7)
quae hactenus in ecclesia Cantiae conseruata monstrantur. 2.20 (126.10)
In qua ecclesia moriens pallium quoque, quod a Romano papa acceperat, reliquit. 2.20 (126.19)
Reliquerat autem in ecclesia sua Eburaci Iacobum diaconum, 2.20 (126.21)
qui multo exhinc tempore in ecclesia manens, 2.20 (126.23)
quoniam cantandi in ecclesia erat peritissimus, 2.20 (126.27)
nuper ibidem ecclesia constructa, sacratiorem et cunctis honorabiliorem omnibus locum fecere. 3.2 (130.2)
sancti Martini episcopi nomine et ecclesia insignem, 3.4 (133.18)
loculo inclusae argenteo in ecclesia sancti Petri seruantur, 3.6 (138.29)
atque in ecclesia beatorum apostolorum Petri et Pauli positus est. 3.7 (140.5)
Sepultum est autem corpus uenerabile uirginis . . . in ecclesia beati protomartyris Stephani; 3.8 (143.32)
atque in ecclesia iuxta honorem congruum posuerunt; 3.11 (148.27)
utpote nil propriae possessionis, excepta ecclesia sua et adiacentibus agellis habens. 3.17 (160.2)
uicus . . . una cum ecclesia memorata flammis absumeretur. 3.17 (160.22)
Vnde tertio aedificata ibi ecclesia, 3.17 (161.1)
quam . . . ueraciter futuram cum sancta ecclesia credebat. 3.17 (162.12)
multisque in ecclesia utilis fuit; 3.23 (177.4)
et multi alii nobiles in ecclesia sancti apostoli Petri sepulti sunt. 3.24 (179.11)
cum scita legis Mosaicae iuxta litteram seruaret, iudaizante adhuc in multis ecclesia, 3.25 (185.5)
aut agnitum et a tota Christi ecclesia custoditum pro nihilo contemnitis. 3.25 (187.16)
fratribus, qui in Lindisfarnensi ecclesia, Scottis abeuntibus, remanere maluerunt, 3.26 (190.4)
partem uero in ecclesia, cui praeerat, reliquit, 3.26 (190.17)
ubi abeuntibus eis, excepta ecclesia, paucissimae domus repertae sunt, 3.26 (190.21)
et expleta in ecclesia oratione discedebat. 3.26 (190.32)
Sed et sonos cantandi in ecclesia, . . . ab hoc tempore per omnes Anglorum ecclesias discere coeperunt; 4.2 (205.11)

Putta; maxime autem modulandi in ecclesia more Romanorum, . . . peritum. 4.2 (206.9)
Fecerat uero sibi mansionem non longe ab ecclesia remotiorem; 4.3 (207.12)
plurimis de ecclesia eiusdem reuerentissimi antistitis de carne subtractis, 4.3 (207.22)
sed postmodum constructa ibidem ecclesia beatissimi apostolorum principis Petri, 4.3 (212.6)
Et relictis in ecclesia sua fratribus aliquot, primo uenit ad insulam Hii, 4.4 (213.8)
Conditus est autem in ecclesia beati doctoris gentium, 4.11 (227.17)
sed in illa solum ecclesia Deo seruiens, 4.12 (228.20)
ille in Hagustaldensi siue in Lindisfarnensi ecclesia cathedram habens episcopalem, 4.12 (229.8)
ex tempore matutinae synaxeos, usque ad ortum diei, in ecclesia precibus intenta persteterit. 4.19 (244.16)
ubi etiam defunctus, in ecclesia beati Petri apostoli . . . conditus est. 4.26 (267.28)
quae appellatur Farne, et ab eadem ecclesia nouem ferme milibus passuum in Oceano procul abest, 4.27 (268.25)
in ecclesia Anglorum, quae nuper auctore Deo ad fidem perducta est, hanc debet conuersationem instituere, 4.27 (270.32)
ut ad insulam Lindisfarnensium relatus, in ecclesia deponeretur. 4.29 (275.26)
Qui tum forte in remotiore ab ecclesia loco refluis undique pelagi fluctibus cincto, solitarius manebat. 4.30 (276.26)
contigit et ipsum adulescentem, cui oculus languebat, in eadem tunc ecclesia adesse. 4.32 (280.14)
iuxta praefatorum corpora episcoporum in ecclesia beati apostoli Petri sepultus est. 5.1 (282.26)
Est mansio quaedam secretior, . . . non longe ab Hagustaldensi ecclesia, 5.2 (283.8)
qui in eius quoque ecclesia sepultus est; 5.7 (293.1)
sepultusque est in ecclesia sancti Petri, 5.8 (294.24)
corpora condidit cum multa gloria in ecclesia Coloniae ciuitatis iuxta Rhenum. 5.10 (301.13)
Ordinatus est autem in ecclesia sanctae martyris Ceciliae, 5.11 (303.3)
in quo aedificata ecclesia, reuerentissimus pontifex longe lateque uerbum fidei praedicans, 5.11 (303.11)
quam ad psallendum atque orandum in ecclesia, . . . concurrere consuerat. 5.14 (314.7)
uenire consueuit, et omnes, qui in ecclesia adfuerint, terrae prosternere. 5.17 (319.12)
quercus Abrahae duorum hominum altitudinis truncus ecclesia circumdata est. 5.17 (319.26)
et iuxta honorem tanto pontifici congruum in ecclesia beati apostoli Petri sepultum. 5.19 (322.23)
positus est in ecclesia beati apostoli Petri iuxta altare ad Austrum, 5.19 (330.6)
Hadrianus . . . defunctus est, et in monasterio suo in ecclesia beatae Dei genetricis sepultus; 5.20 (331.3)
qui dudum quidem, hoc est ipsis apostolorum temporibus, iam seruari in ecclesia coepit, 5.21 (341.10)
inter omnes tamen, quas uel in ecclesia, uel in uniuerso hominum genere repperimus tonsuras, 5.21 (342.24)
IIII nunc episcopi praesulatum tenent; Vilfrid in Eburacensi ecclesia, 5.23 (350.30)
et catholicae pacis ac ueritatis cum uniuersali ecclesia particeps existere gaudet. 5.23 (351.7)
inter . . . cotidianam cantandi in ecclesia curam, semper aut discere, aut docere, aut scribere dulce habui. 5.24 (357.12)
In librum beati patris Tobiae explanationis allegoricae de Christo et ecclesia librum I. 5.24 (358.12)
ecclesia. Huius quoque ad occasum ecclesiae [ecclesia], uar. 5.16 (317.33)
ecclesiae. per religiosum Lundoniensis ecclesiae presbyterum Nothelmum, Praef. (6.15)
perscrutato eiusdem sanctae ecclesiae Romanae scrinio, Praef. (6.20)
a fratribus ecclesiae Lindisfarnensis scripta repperi, Praef. (7.32)
cum Eleuther uir sanctus pontificatui Romanae ecclesiae praeesset, 1.4 (16.6)
a pontifice Romanae ecclesiae Celestino 1.13 (28.21)
et iussa sanctae ecclesiae suscepissent, 1.17 (34.9)
quem ad gubernationem patrimonioli ecclesiae nostrae transmisimus, 1.24 (44.16)
Vt idem in Cantia primitiuae ecclesiae et doctrinam sit imitatus, et uitam, 1.26 (46.29)
coeperunt apostolicam primitiuae ecclesiae uitam imitari; 1.26 (46.32)
unitati se sanctae Christi ecclesiae credendo sociare. 1.26 (47.23)
beati Augustini episcopi Cantuariorum ecclesiae: 1.27 (48.15)
quae initio nascentis ecclesiae fuit patribus nostris; 1.27 (48.31)
Nouit fraternitas tua Romanae ecclesiae consuetudinem, 1.27 (49.23)
et in ecclesiae corpore monendo et persuadendo, 1.27 (53.18)
quae ad cultum erant ac ministerium ecclesiae necessaria, 1.29 (63.8)
qualiter ad Christi et ecclesiae sacramenta referendus, 2.1 (75.21)
quales ad ecclesiae regimen adsumi, 2.1 (76.16)
de necessariis ecclesiae causis utillimum conposuit, 2.1 (77.2)
cum ceteris sanctae ecclesiae pastoribus resurrecturus in gloria, 2.1 (79.7)
'in multis quidem nostrae consuetudini, immo uniuersalis ecclesiae contraria geritis; 2.2 (83.15)
ut ministerium baptizandi, . . . iuxta morem sanctae Romanae et apostolicae ecclesiae conpleatis; 2.2 (83.19)
qui etiam episcopis utriusque huius ecclesiae dona multa, . . . obtulit; 2.3 (85.27)
Scottos unitatem sanctae ecclesiae maxime in pascha obseruando sequi monuerit, 2.4 (86.23)
ne, se defuncto, status ecclesiae . . . uacillare inciperet. 2.4 (86.28)
In quo et exemplum sequebatur primi pastoris ecclesiae, 2.4 (86.30)
strenuissime fundamenta ecclesiae, quae nobiliter iacta uidit, augmentare, 2.4 (87.5)
Denique non solum nouae, . . . ecclesiae curam gerebat, 2.4 (87.9)
antequam cognosceremus, credentes, quod iuxta morem uniuersalis ecclesiae ingrederentur, 2.4 (87.32)
de necessariis ecclesiae Anglorum cum apostolico papa Bonifatio tractaturus. 2.4 (88.14)
qui aliquid rerum uel ecclesiae, uel episcopi, . . . furto auferret; 2.5 (90.14)
magno tenellis ibi adhuc ecclesiae crementis detrimento fuit. 2.5 (90.26)
post multas preces ac lacrimas ad Dominum pro statu ecclesiae fusas 2.6 (92.18)
et baptizatus ecclesiae rebus, quantum ualuit, in omnibus consulere ac fauere curauit. 2.6 (93.9)
Mellitus, . . . sedem Doruuernensis ecclesiae tertius ab Augustino suscepit. 2.7 (94.1)
Iustus, qui erat Hrofensis ecclesiae episcopus. 2.8 (95.11)
Illi autem ecclesiae Romanum pro se consecrauit episcopum, 2.8 (95.11)
Exemplar epistulae . . . papae urbis Romanae ecclesiae Bonifatii directae . . . Æduino 2.10 (100.22)
Nondum enim oratoria uel baptisteria in ipso exordio nascentis ibi ecclesiae poterant aedificari. 2.14 (115.14)
Honorius, qui Iusto in episcopatum Dorouernensis ecclesiae successit, 2.18 (120.6)
quintus ab Augustino Doruuernensis ecclesiae consecratus est antistes. 2.18 (120.12)
et ad augmentum ecclesiae suae potiora per uos suscitet incrementa; 2.18 (121.6)
Vt occiso Aeduine Paulinus Cantiam rediens Hrofensis ecclesiae praesulatum susceperit. 2.20 (124.12)
consuetudinem multo iam tempore fecerant fratres Hagustaldensis ecclesiae, 3.2 (129.30)
Quidam de fratribus eiusdem Hagustaldensis ecclesiae, . . . brachium contriuit, 3.2 (130.11)
rogauerunt Theodorum, tunc archiepiscopum Doruuernensis ecclesiae, . . . antistitem consecrari; 3.7 (141.28)
et in ipso ecclesiae loco, ubi desiderabat, condita. 3.8 (144.13)
statuerunt ob nimietatem laboris, huius structuram ecclesiae funditus relinquere, 3.8 (144.17)
et caput quidem in cymiterio Lindisfarnensis ecclesiae, in regia uero ciuitate manus cum brachiis condidit. 3.12 (152.3)
Vt, defuncto Paulino, Ithamar pro eo Hrofensis ecclesiae praesulatum susceperit; 3.14 (154.3)
Cuius ordinem miraculi . . . fidelissimus mihi nostrae ecclesiae presbyter, . . . narrauit, 3.15 (158.24)
Vt apposta ecclesiae, cui idem adcumbens obierat, . . . flammis absumi nequiuerit; 3.17 (159.23)
Tetenderunt ergo ei egrotanti tentorium ad occidentalem ecclesiae partem, 3.17 (160.4)
ita ut ipsum tentorium parieti hereret ecclesiae. 3.17 (160.5)
quae extrinsecus ecclesiae pro munimine erat adposita, 3.17 (160.6)
seruauit in porticu quodam ecclesiae, 3.19 (168.16)

et qui tempore illo Orientalium Anglorum, qui Hrofensis ecclesiae fuerint antistites. 3.20 (169.2)
quem ordinaturus uenit illuc Ithamar, antistes ecclesiae Hrofensis. 3.20 (169.16)
quod Scotti dominicum paschae diem contra uniuersalis ecclesiae morem celebrarent. 3.25 (181.17)
si audita decreta sedis apostolicae, immo uniuersalis ecclesiae, . . . sequi contemnitis, 3.25 (188.10)
qualisque illis doctoribus fuerit habitus ecclesiae. 3.26 (189.9)
qui Eburacensis ecclesiae ordinaretur episcopus. 3.28 (194.30)
Eadhaedum, qui postea regnante Ecgfrido, Hrypensis ecclesiae praesul factus est. 3.28 (195.5)
habito inter se consilio, quid de statu ecclesiae Anglorum esset agendum, 3.29 (196.6)
adsumserunt cum electione et consensu sanctae ecclesiae gentis Anglorum, uirum bonum 3.29 (196.10)
Deusdedit VIus ecclesiae Doruuernensis episcopus obiit pridie Iduum Iuliarum; 4.1 (201.7)
petentibus hunc ecclesiae Anglorum archiepiscopum ordinari; 4.1 (201.17)
et ut Putta pro Damiano Hrofensis ecclesiae sit factus antistes. 4.2 (204.12)
Vilfrido administrante episcopatum Eboracensis ecclesiae, 4.3 (206.21)
quae per mortem carnis uiuos ecclesiae lapides de terrenis sedibus ad aedificium caeleste transferret. 4.3 (207.20)
Theodorus cogit concilium episcoporum, una cum eis, . . . magistris ecclesiae pluribus. 4.5 (214.24)
placuit conuenire nos . . . tractaturos de necessariis ecclesiae negotiis. 4.5 (215.2)
ego quidem Theodorus, . . . ab apostolica sede destinatus Doruuernensis ecclesiae episcopus, 4.5 (215.6)
unitatemque ecclesiae conseruandam, prosecutus sum. 4.5 (215.20)
Diuina nos gratia in unitate sanctae suae ecclesiae uiuentes custodiat incolumes. 4.5 (217.19)
Vt . . . episcopatum Hrofensis ecclesiae pro Putta Cuichelm, . . . acceperit; 4.12 (227.20)
et accepta ab eo possessione ecclesiae cuiusdam et agelli non grandis, 4.12 (228.16)
et ubicumque rogabatur, ad docenda ecclesiae carmina diuertens. 4.12 (228.21)
audiens Theodorus fidem ecclesiae Constantinopoli . . . esse turbatam, 4.17 (238.26)
et omnis probabilium catholicae ecclesiae doctorum chorus. 4.17 (239.22)
decreta firmabat uir uenerabilis Iohannes archicantator ecclesiae sancti apostoli Petri, 4.18 (241.1)
Tales namque eo tempore fidem Constantinopolitanae ecclesiae multum conturbauerunt; 4.18 (242.8)
sicut in aliis prouinciis, ita etiam in Brittania qualis esset status ecclesiae, 4.18 (242.12)
Nam et benigno ecclesiae illius hospitio, cum Brittaniam iret, exceptus est, 4.18 (242.23)
ita ut in exemplum primitiuae ecclesiae nullus ibi diues, nullus esset egens, 4.23 (254.10)
secundus Eboracensis ecclesiae sit ordinatus episcopus. 4.23 (254.30)
episcopum, ut diximus, fecerat ordinari Lindisfarnensium ecclesiae . . . Cudberctum, 4.27 (268.23)
qui postea episcopus Hagustaldensis siue Lindisfarnensis ecclesiae factus est, ut supra memorauimus; 4.27 (269.5)
hanc debet conuersationem instituere, quae initio nascentis ecclesiae fuit patribus nostris; 4.27 (270.35)
contigit, ut . . . unanimo omnium consensu ad episcopatum ecclesiae Lindisfarnensis eligeretur. 4.28 (272.18)
Electus est autem primo in episcopatum Hagustaldensis ecclesiae pro Tunbercto, 4.28 (273.6)
Eata reuerso ad sedem ecclesiae Hagustaldensis, 4.28 (273.10)
placuit, ut . . . Cudberct ecclesiae Lindisfarnensis gubernacula susciperet. 4.28 (273.11)
Quod dum factum esset, episcopatum ecclesiae illius anno uno seruabat uenerabilis antistes Vilfrid, 4.29 (275.28)
qui etiam postea fratribus eiusdem ecclesiae Lindisfarnensis, . . . abbatis iure praefuit. 5.1 (281.13)
Iohannes uir sanctus Hagustaldensis ecclesiae praesulatum suscepit; 5.2 (282.32)
cum . . . Vilfrid post longum exilium in episcopatum esset Hagustaldensis ecclesiae receptus, 5.3 (285.5)
aqua benedicta, quam in dedicationem ecclesiae consecrauerat, 5.4 (287.19)
ordinato in episcopatum Eboracensis ecclesiae Vilfrido presbytero suo, 5.6 (292.6)
tantum profectus spiritalis tempore praesulatus illius Anglorum ecclesiae, . . . ceperunt. 5.8 (295.3)
etiam Gebmundo Hrofensis ecclesiae praesule defuncto, Tobiam pro illo consecrauit, 5.8 (295.32)
quia nec ipse ad praedicandum gentibus uenire permittebatur, retentus ob aliam sanctae ecclesiae utilitatem, 5.10 (298.31)
qui nunc episcopalem Lindisfarnensis ecclesiae cathedram condignis gradu actibus seruat. 5.12 (310.7)
qui non uult ecclesiae ianuam sponte humiliatus ingredi, 5.14 (314.10)
aliquandiu in ea prouincia moratus uideret ritus ecclesiae canonicos; 5.15 (315.19)
ne contra uniuersalem ecclesiae morem uel in obseruantia paschali, uel in aliis quibusque decretis . . . uiuere praesumeret, 5.15 (315.21)
Huius quoque ad occasum ecclesiae, . . . XII columnis sustentatur, 5.16 (317.33)
maior uero in orientali eiusdem ecclesiae loco quadrangulum aliud altare sub linteaminibus exstat. 5.16 (318.20)
In occidentali eiusdem ecclesiae parte fenestrae octo, 5.17 (319.7)
qui catholicas ecclesiae regulas sequi semper, et amare didicerat. 5.19 (325.10)
ritus canonicos iuxta Romanae et apostolicae ecclesiae consuetudinem recipere, 5.19 (325.20)
ut, . . . tandem cunctis fauentibus in praesulatum sit suae receptus ecclesiae. 5.19 (329.33)
Suscepit uero pro Vilfrido episcopatum Hagustaldensis ecclesiae Acca presbyter eius, 5.20 (331.14)
qui et ipsius ecclesiae suae, . . . aedificium multifario decore ac mirificis ampliauit operibus. 5.20 (331.16)
distinctis porticibus in hoc ipsum intra muros eiusdem ecclesiae, 5.20 (331.22)
Romam ueniens multa illic, quae in patria nequiuerat, ecclesiae sanctae institutis utilia didicit. 5.20 (332.12)
quos iamdudum ad exemplum . . . apostolicae ecclesiae suam religionem instituisse cognouit. 5.21 (332.24)
se quoque ipsum . . . morem sanctae Romanae et apostolicae ecclesiae semper imitaturum, 5.21 (333.8)
quae unitati catholicae et apostolicae ecclesiae concinnant, 5.21 (345.13)
et sollemnia Christi sine ecclesiae Christi societate uenerantur. 5.22 (347.15)
Anno post quem proximo Tobias Hrofensis ecclesiae praesul defunctus est, 5.23 (348.21)
Brettones, quamuis . . . totius catholicae ecclesiae statum pascha minus recto, 5.23 (351.12)
Anno eodem Tatuini consecratus archiepiscopus nonus Doruuernensis ecclesiae, 5.24 (356.18)

ecclesiae. permissu eius, qui nunc ipsi ecclesiae praeest Gregorii pontificis, Praef. (6.21)
iustum non est, ut ingressu ecclesiae priuetur. 1.27 (55.22)
et ab ingressu ecclesiae paululum reuerenter abstinere. 1.27 (57.28)
iste profecto siue de ingressu ecclesiae, . . . suo est iudicio relinquendus; 1.27 (58.25)
et apostolicae ecclesiae XIII annos, menses VI, et dies X gloriosissime rexit, 2.1 (73.4)
qui inpetrauit a Focate principe donari ecclesiae Christi templum Romae, 2.4 (88.28)
ut etiam nolentibus ac contradicentibus paganis antistitem suae posset ecclesiae reddere. 2.6 (93.20)
Bonifatio, qui post Deusdedit ecclesiae praefuit, 2.7 (94.6)
uel noui testamenti sacramenta in commemorationem suae passionis ecclesiae celebranda tradidit. 3.25 (186.29)
numquid uniuersali, . . . ecclesiae Christi eorum est paucitas uno de angulo extremae insulae praeferenda? 3.25 (188.13)
Ipse est Eata, qui non multo post eidem ecclesiae Lindisfarnensi episcopus factus est. 3.26 (190.14)
Doruuernensi ecclesiae episcopus quaerebatur, ordinabatur, mittebatur, 4.2 (205.33)
Eadhaedum de Lindissi reuersum, . . . Hrypensi ecclesiae praefecit. 4.12 (229.28)
sed quoniam ipse plus Lindisfarnensi ecclesiae, in qua conuersatus fuerat, dilexit praefici, 4.28 (273.8)
etiam Tobiam uirum doctissimum Hrofensi ecclesiae fecerit antistitem. 5.8 (294.16)
Vt Ceolfrid abbas regi Pictorum architectos ecclesiae, . . . miserit. 5.21 (332.13)
Scimus namque caelitus sanctae ecclesiae donatum, 5.21 (333.20)

ecclesiae. Construebantur ergo ecclesiae per loca, 3.3 (132.19)
Anglorum ecclesiae cum catholica ueritate, litterarum quoque sanctarum coeperint studiis inbui; 4.2 (204.10)
Vt plurimae Scottorum ecclesiae, instante Adamnano, catholicum pascha susceperint; 5.15 (315.10)
id est praepararent omnes ecclesiae per orbem, . . . panem et uinum 5.21 (336.16)

ecclesiam. aut postquam genuerit, post quantum tempus possit ecclesiam intrare? 1.27 (53.27)

an ecclesiam intrare ei liceat, 1.27 (53.31)
priusquam lauetur aqua, si ecclesiam possit intrare? 1.27 (53.34)
post quot dies debeat ecclesiam intrare, 1.27 (54.21)
actura gratias intrat ecclesiam, 1.27 (54.25)
Si itaque enixam mulierem prohibemus ecclesiam intrare, 1.27 (54.30)
prohiberi ecclesiam intrare non debet, 1.27 (55.19)
cur, . . . ei non liceat Domini ecclesiam intrare? 1.27 (55.27)
nisi lotus aqua, intrare ecclesiam non debet; 1.27 (57.15)
et ante solis occasum ecclesiam non intrare; 1.27 (57.18)
cum ei iuxta praefinitam sententiam etiam ecclesiam licuerit intrare. 1.27 (59.20)
et nisi lotum aqua ei usque ad uesperum intrare ecclesiam non concedit. 1.27 (59.28)
Vt Augustinus ecclesiam Saluatoris instaurauerit, 1.33 (70.8)
Augustinus, . . . recuperauit in ea, regio fultus adminiculo, ecclesiam, 1.33 (70.12)
in quo, eius hortatu, Aedilberct ecclesiam . . . construxit, 1.33 (70.18)
Quam tamen ecclesiam non ipse Augustinus, . . . consecrauit. 1.33 (70.23)
nostram gentem eatenus idolis mancipatam Christi fecit ecclesiam, 2.1 (73.14)
Rexit autem ecclesiam temporibus imperatorum Mauricii et Focatis. 2.1 (79.1)
fecit rex Aedilberct in ciuitate Lundonia ecclesiam sancti Pauli apostoli, 2.3 (85.19)
in qua rex Aedilberct ecclesiam beati Andreae apostoli fecit, 2.3 (85.26)
et positum corpus eius foras iuxta ecclesiam beatorum apostolorum Petri et Pauli, 2.3 (86.2)
fecit ecclesiam sanctae Dei genetricis atque omnium martyrum Christi; 2.4 (88.31)
intro ecclesiam beatorum apostolorum Petri et Pauli sepultus, 2.5 (90.6)
in monasterio beatissimi apostolorum principis ecclesiam sanctae Dei genetricis fecit, 2.6 (93.24)
Iustus autem adhuc superstes Hrofensem regebat ecclesiam. 2.7 (94.3)
Et hic ergo postquam annis quinque rexit ecclesiam, 2.7 (95.3)
In qua uidelicet ciuitate et ecclesiam operis egregii de lapide fecit; 2.16 (117.11)
et inlatum postea in ecclesiam beati apostoli Petri, 2.20 (125.21)
ecclesiam Christi in regno suo multum diligenter aedificare ac dilatare curauit. 3.3 (132.7)
eo quod ibi ecclesiam de lapide, insolito Brettonibus more fecerit. 3.4 (133.22)
coepit facere in monasterio suo ecclesiam in honorem omnium apostolorum, 3.8 (144.9)
statuerunt . . . ossa uero abbatissae illo de loco eleuata, in aliam ecclesiam, . . . transferre. 3.8 (144.18)
aliis uestibus indutum transtulerunt illud in ecclesiam beati Stephani 3.8 (144.23)
cum ossa eius inuenta, atque ad ecclesiam, in qua nunc seruantur, translata sunt. 3.11 (148.1)
Surge, ingredere ecclesiam, 3.12 (151.4)
In hac enim habens ecclesiam et cubiculum, 3.17 (159.28)
euenit per culpam incuriae uicum eundem et ipsam pariter ecclesiam ignibus consumi. 3.17 (160.30)
sed intro ipsam ecclesiam in memoriam miraculi posuerunt, 3.17 (161.3)
et rexit ecclesiam annos VIIII, menses IIII et duos dies; 3.20 (169.17)
Vbi cum omnia perambulantes multam Domino ecclesiam congregassent, 3.22 (172.28)
contigit . . . Cedd . . . peruenire ad ecclesiam Lindisfaronensem 3.22 (172.30)
ut accepta nuper loca ad faciendum monasterium uel ecclesiam, prius orationibus . . . consecrent. 3.23 (175.33)
Qui in insula Lindisfarnensi fecit ecclesiam episcopali sedi congruam; 3.25 (181.6)
"Tu es Petrus, et super hanc petram aedificabo ecclesiam meam, 3.25 (188.18)
Tuda, . . . uir quidem bonus ac religiosus, sed permodico tempore ecclesiam regens. 3.26 (189.30)
qui numquam ad ecclesiam nisi orationis tantum et audiendi uerbi Dei causa ueniebant. 3.26 (190.28)
Sed et diebus dominicis ad ecclesiam siue ad monasteria certatim, . . . confluebant; 3.26 (191.12)
multo ecclesiam tempore nobilissime rexit. 3.27 (192.24)
ne quid ille contrarium ueritati fidei, Grecorum more, in ecclesiam, cui praeesset, introduceret. 4.1 (203.3)
Peruenit autem Theodorus ad ecclesiam suam secundo postquam consecratus est anno, 4.2 (204.13)
Qui cum in illa prouincia duobus annis ac dimidio ecclesiam gloriosissime rexisset, 4.3 (207.16)
ceteris eius sociis pro causa oportuna ad ecclesiam reuersis. 4.3 (207.27)
digressis ad ecclesiam sociis, ut dicere coeperam, 4.3 (208.18)
'Vade cito ad ecclesiam, et hos VII fratres huc uenire facito; 4.3 (209.5)
Propter quod reuertentes ad ecclesiam dicite fratribus, 4.3 (209.16)
tunc ueniens ad ecclesiam sollicitus orationibus ac psalmis, . . . fixa mente uacaret. 4.3 (210.26)
et sepultus est primo quidem iuxta ecclesiam sanctae Mariae; 4.3 (212.5)
regnante in perpetuum ac gubernante suam ecclesiam eodem Domino Iesu Christo, 4.5 (214.31)
Haec ubi corpus abbatissae uenerabilis in ecclesiam delatum, . . . cognouit, 4.9 (223.2)
ut ossa . . . tollerentur, et transferrentur omnia in ecclesiam beatae Dei genetricis, 4.10 (224.15)
tandem superni regni amore conpunctus reliquit, eodem adhuc praesule ecclesiam gubernante; 4.12 (228.4)
Quod ille ubi conperiit, ecclesiam uidelicet suam rebus ablatis omnibus depopulatam, 4.12 (228.13)
duos addidit antistites, Tunberctum ad ecclesiam Hagustaldensem, . . . et Trumuini 4.12 (229.23)
et cunctis conuenientibus ad ecclesiam fratribus, 4.14 (235.8)
rogatusque multum a fratribus, ut . . . illo itinere ueniret, atque ad eam diuerteret ecclesiam; 4.18 (242.26)
placuit eidem abbatissae leuari ossa eius, et in locello nouo posita in ecclesiam transferri; 4.19 (244.30)
Lauerunt igitur uirgines corpus, et nouis indutum uestibus intulerunt in ecclesiam, 4.19 (246.21)
et in ecclesiam conuocatas orationibus ac psalmis pro anima matris operam dare monuit. 4.23 (257.28)
ut ad ecclesiam, quoquo modo posset, perueniens, intraret ad tumbam . . . Cudbercti, 4.31 (278.19)
et inbecilles artus baculo sustentans intrauit ecclesiam; 4.31 (278.27)
Qui cum die quadam ingressus ecclesiam, aperuisset thecam reliquiarum, 4.32 (280.11)
Contigit autem eo tempore uirum Dei illo ad dedicandam ecclesiam ab eodem comite uocari. 5.4 (287.6)
Alio item tempore uocatus ad dedicandam ecclesiam comitis uocabulo Addi, 5.5 (288.2)
supra locum, ubi Dominus natus specialius traditur, sanctae Mariae grandem gestat ecclesiam. 5.16 (317.19)
diuertendum est ad ecclesiam Constantinianam, 5.16 (317.24)
et tribus annis ecclesiam sublimiter regens, dehinc ad monasterii sui, . . . curam secessit, 5.19 (326.4)
qui iuxta morem Romanorum ecclesiam de lapide in gente ipsius facerent, 5.21 (333.4)
ecclesiam suam, quae saepe lunae uocabulo designatur, internae gratiae luce repleuit. 5.21 (340.17)
"Tu es Petrus, et super hanc petram aedificabo ecclesiam meam, 5.21 (342.29)
quam intro ecclesiam sancti Andreae sibi ipse in locum sepulchri fecerat. 5.23 (348.29)
Eleuther Romae praesul factus XV annos ecclesiam gloriosissime rexit, 5.24 (352.14)

ecclesiarum. incendiis ecclesiarum, proscriptionibus innocentum, caedibus martyrum 1.6 (18.1)
Cum una sit fides, sunt ecclesiarum diuersae consuetudines, 1.27 (49.19)
et uestimenta altarium, ornamenta quoque ecclesiarum, 1.29 (63.9)
quae rursus pro ecclesiarum uestrarum priuilegiis congruere posse conspicimus, 2.18 (121.17)
ut nulla possit ecclesiarum uestrarum iactura per cuiuslibet occasionis obtentum quoquo modo prouenire; 2.18 (121.30)
qui quidem quantum conspectis ecclesiarum nostrarum statutis profecisset, probauit, 5.21 (345.4)

ecclesias. Maximianus Herculius in occidente uastari ecclesias, affligi, 1.6 (17.27)
renouant ecclesias ad solum usque destructas, 1.8 (22.10)
et ecclesias fabricandi uel restaurandi licentiam acciperent. 1.26 (47.17)
tabernacula sibi circa easdem ecclesias, 1.30 (65.20)
eosque ad suas ecclesias libere instituendas redire praecepit; 2.6 (93.13)

fecit per loca ecclesias, 3.22 (173.4)
adeo ut relictis siue destructis fanis arisque, quas fecerant, aperirent ecclesias, 3.30 (200.4)
sonos cantandi in ecclesia, . . . ab hoc tempore per omnes Anglorum ecclesias discere coeperunt; 4.2 (205.13)
cum Aedilred rex Merciorum, . . . Cantiam uastaret et ecclesias ac monasteria . . . fedaret, 4.12 (228.9)
et ecclesias Anglorum, quibus praeerat, ab huiusmodi labe inmunes perdurare desiderans, 4.17 (238.28)
dum in gente, cui praedicaret, destructis idolis ecclesias institueret, 5.11 (301.27)
plures per illas regiones ecclesias, sed et monasteria nonnulla construxit. 5.11 (303.13)
ut quod eatenus per Alexandriae pontificem singulis annis per omnes ecclesias mandari consuerat, 5.21 (341.14)
ecclesiis. sed et insularum ecclesiis aspersit. 1.8 (22.31)
alia clero, tertia pauperibus, quarta ecclesiis reparandis. 1.27 (48.27)
et conuersis iam dudum ad fidem ueritatis esset praelatus ecclesiis, 2.1 (73.13)
construendis ornandisque auro uel argento ecclesiis operam dabant, 2.1 (77.17)
sed suas potius traditiones uniuersis, . . . ecclesiis praeferrent, 2.2 (81.27)
ac Brittaniam rediens secum Anglorum ecclesiis mandanda atque obseruanda deferret, 2.4 (88.22)
et ipse perplura catholicae obseruationis moderamina ecclesiis Anglorum sua doctrina contulit. 3.28 (195.26)
catholicos per omnem Brittaniam ecclesiis Anglorum ordinare posset antistites. 3.29 (196.15)
quaesiuit sedulus, quem ecclesiis Anglorum archiepiscopum mitteret. 4.1 (202.5)
Vilfrido, qui . . . catholicum uiuendi morem ecclesiis Anglorum tradere didicit. 4.2 (205.19)
ita ut ne ecclesiis quidem aut monasteriis manus parceret hostilis. 4.26 (266.18)
Itaque in praesenti ecclesiis Cantuariorum Tatuini et Alduulf episcopi praesunt. 5.23 (350.10)
ecclesiis. Mansitque haec in ecclesiis Christi, . . . pax 1.8 (22.14)
sermo cotidie non solum in ecclesiis, . . . praedicabatur; 1.17 (35.6)
quae de multis ecclesiis colligere potuisti, infundas. 1.27 (49.28)
Ex singulis ergo quibusque ecclesiis, . . . elige; 1.27 (49.30)
quae furtu de ecclesiis abstulerint, 1.27 (50.17)
ut in ecclesiis sanctorum apostolorum . . . missae celebrarentur. 2.1 (78.28)
ne paucitatem suam . . . sapientiorem antiquis siue modernis, . . Christi ecclesiis aestimarent; 2.19 (122.17)
ubi factis dedicatisque ecclesiis, 3.7 (139.31)
quod beatus euangelista Iohannes, . . . cum omnibus, quibus praeerat, ecclesiis celebrasse legitur.' 3.25 (184.9)
Quae consuetudo per omnia aliquanto post haec tempore in ecclesiis Nordanhymbrorum seruata est. 3.26 (191.24)
cantandi magister Nordanhymbrorum ecclesiis Aeddi cognomento Stephanus fuit, 4.2 (205.15)
ea, quae uiderat et audierat in ecclesiis Anglorum, 5.15 (315.25)
ut etiam in nostris per Brittaniam ecclesiis plures sint, 5.21 (341.24)
ECCLESIASTES. Ecclesiasten. In Parabolas, Ecclesiasten, et Cantica canticorum; 5.24 (358.17)
Ecclesiastes. de quo loquitur Ecclesiastes, quia: 'Tempus mittendi lapides, et tempus colligendi.' 4.3 (207.18)
ECCLESIASTICVS, a, um. **ecclesiastica.** confirmatum est, ut ecclesiastica docet historia. 3.25 (186.13)
ecclesiastica. de histo ria ecclesiastica prouinciae ipsius, Praef. (7.5)
et sub ecclesiastica regula sunt tenendi, 1.27 (49.8)
latiorem in nostra historia ecclesiastica facere sermonem, 2.1 (73.9)
'Anatolius uir sanctus, et in praefata historia ecclesiastica multum laudatus, 3.25 (186.35)
Haec de historia ecclesiastica Brittaniarum, . . . digessi Baeda 5.24 (356.20)
ecclesiastica. quae fuerint gesta ecclesiastica, Praef. (7.17)
ecclesiastica. quatinus et, quae illi non nouerant, carmina ecclesiastica doceret; 5.20 (331.32)
ecclesiasticae. magister ecclesiasticae cantionis iuxta morem Romanorum siue Cantuariorum multis coepit existere; 2.20 (126.29)
Ronan, . . . in Galliae uel Italiae partibus regulam ecclesiasticae ueritatis edoctus. 3.25 (181.20)
grauior de obseruatione paschae, necnon et de aliis ecclesiasticae uitae disciplinis controuersia nata est. 3.25 (182.20)
a quo etiam tonsurae ecclesiasticae coronam susceperat), 3.25 (182.33)
quia unum ambo sapimus cum ceteris, . . . ecclesiasticae traditionis cultoribus; 3.25 (184.16)
habens iuxta morem prouinciae illius coronam tonsurae ecclesiasticae, 3.26 (189.28)
et arithimeticae ecclesiasticae disciplinam . . . contraderent. 4.2 (204.28)
ea, quae unitati pacis ecclesiasticae congruerent, . . . coepit obseruanda docere. 4.5 (214.26)
in ecclesiasticae quoque institutionis regulis solertissimus exstiterat; 5.20 (332.3)
ecclesiasticae. quam ipse uelut noua quadam relucente gratia ecclesiasticae societatis et pacis Christo consecrauerat; 5.22 (347.23)
Haec . . . historiae nostrae ecclesiasticae inserere oportunum duximus. 2.1 (81.5)
Sed et alia plurima unitati ecclesiasticae contraria faciebant. 2.2 (81.21)
Ceadda maximam mox coepit ecclesiasticae ueritati et castitati curam inpendere; 3.28 (195.18)
e quibus et nos aliqua historiae nostrae ecclesiasticae inserere curauimus. 4.7 (219.14)
unde eam, . . . indubitanter historiae nostrae ecclesiasticae inserendam credidi. 4.22 (252.13)
uel alia perplura ecclesiasticae castitati et paci contraria gerunt, 5.18 (321.1)
ecclesiasticae. Hadrianus, uir . . . monasterialibus simul et ecclesiasticis [ecclesiasticae] disciplinis institutus, uar. 4.1 (202.9)
ecclesiasticam. Historiam gentis Anglorum ecclesiasticam, Praef. (5.3)
uitam ac professionem minus ecclesiasticam in multis esse cognouit, 2.4 (87.15)
(nam et Romam prius propter doctrinam ecclesiasticam adierat, 3.25 (182.30)
habens iuxta morem prouinciae illius coronam tonsurae ecclesiasticae [ecclesiasticam], uar. 3.26 (189.28)
tonsuram . . . hortor, ut ecclesiasticam et Christianae fidei congruam habere curetis. 5.21 (342.2)
Ecgberct Hienses monachos ad catholicum pascha et ecclesiasticam correxit tonsuram. 5.24 (356.12)
Historiam ecclesiasticam nostrae insulae ac gentis in libris v. 5.24 (359.15)
ecclesiasticarum. et scripturarum, ut dixi, tam liberalium quam ecclesiasticarum erat eruditione mirandus. 5.18 (321.10)
meditationi rerum ecclesiasticarum, ut animo proposuerat, cotidiana mancipatus instantia, 5.19 (324.21)
Naiton . . . admonitus ecclesiasticarum frequenti meditatione scripturarum, abrenuntiauit errori, 5.21 (332.16)
cum eruditione litterarum uel ecclesiasticarum uel generalium, ita Grecam . . . didicit linguam, 5.23 (348.25)
ecclesiastici. qui ad sedem apostolicam ritus ecclesiastici siue monasteriales seruarentur, 5.19 (323.14)
ecclesiasticis. alia multa, quae in patria nequiuerat, ecclesiasticis disciplinis accommoda, . . . percepit; 5.19 (324.27)
ecclesiasticis. Mota ergo ibi quaestione de pascha, uel tonsura, uel aliis rebus ecclesiasticis, 3.25 (183.15)
Vighard presbyter, uir in ecclesiasticis disciplinis doctissimus, de genere Anglorum, 4.1 (201.15)
Hadrianus, . . . monasterialibus simul et ecclesiasticis disciplinis institutus, 4.1 (202.9)
ordinauit uirum magis ecclesiasticis disciplinis institutum, 4.2 (206.6)
quia, sicut et supra diximus, magis in ecclesiasticis quam in mundanis rebus erat industrius; 4.12 (228.19)
Berctuald, . . . ecclesiasticis simul ac monasterialibus disciplinis summe instructus, 5.8 (295.22)
ambo et in rebus ecclesiasticis, et in scientia scripturarum sufficienter instructi. 5.18 (320.27)
gradum archiepiscopatus Honorius, . . . uir in rebus ecclesiasticis sublimiter institutus seruabat. 5.19 (323.26)
ecclesiasticis. historias passionis eorum, una cum ceteris ecclesiasticis uoluminibus, summa industria congregans, 5.20 (331.23)
ecclesiasticum. Iacobum diaconum, uirum utique ecclesiasticum et sanctum, 2.20 (126.22)
ut facillime uiderentur ibidem, qui ecclesiasticum gradum, . . . apte subirent, plurimi posse repperiri. 4.23 (254.19)
ecclesiasticum. rationabile et ecclesiasticum paschalis obseruantiae tempus Domino donante suscepit. 5.15 (315.14)
ecclesticae. in Galliae uel Italiae partibus regulam ecclesiasticae [ecclesticae] ueritatis edoctus. uar. 3.25 (181.20)
ecclesticum. Iacobum diaconum, uirum utique ecclesiasticum [ecclesticum] et sanctum, uar. 2.20 (126.22)
qui ecclesiasticum [ecclesticum] gradum, . . . apte subirent, uar. 4.23 (254.19)

ECGBERCT (*d.* 673), *King of Kent; son and successor of Earconberct.*
Ecgberct. Osuiu prouinciae Nordanhymbrorum, et Ecgberct Cantuariorum, habito inter se consilio, 3.29 (196.5)
quo anno rex Cantuariorum Ecgberct mense Iulio obierat, 4.5 (217.22)
Anno DCLXXIII, Ecgberct rex Cantuariorum obiit; 5.24 (354.21)
Ecgbercti. De morte Osuiu et Ecgbercti regum, 4.5 (214.9)
quos contra eum Edric filius Ecgbercti adgregarat, 4.26 (268.12)
donec legitimus rex Victred, id est filius Ecgbercti, confortatus in regno, 4.26 (268.16)
Ecgbercto. Ecgbercto filio sedem regni reliquit, 4.1 (201.10)
Quod cum nuntii certi narrassent regi Ecgbercto, esse scilicet episcopum, quem petierant 4.1 (203.24)
Ecgberctum. cum post Ecgberctum fratrem suum, qui VIIII annis regnauerat, ipse XII annis regnasset, 4.26 (268.8)
Ecgberecti. Victred filius Ecgberecti, rex Cantuariorum, defunctus est 5.23 (348.16)
ECGBERCT, Saint (639–729), *an English noble who became priest and monk; studied in Ireland, and later introduced the Roman Easter and tonsure into Iona.*
Ecgberct. Vt Ecgberct, uir sanctus de natione Anglorum, monachicam in Hibernia uitam duxerit. 3.27 (191.26)
Erant inter hos duo iuuenes magnae indolis de nobilibus Anglorum, Edilhun et Ecgberct, 3.27 (192.20)
e quibus Ecgberct, . . . egressus est tempore matutino de cubiculo, 3.27 (192.30)
interuenit mentio reuerentissimi antistitis Ceadda, dixitque Ecgberct: 4.3 (211.29)
Vt Ecgberct uir sanctus ad praedicandum in Germaniam uenire uoluerit, nec ualuerit; 5.9 (296.3)
sacerdos Ecgberct, . . . proposuit animo pluribus prodesse; 5.9 (296.7)
Audiens autem uerba uisionis Ecgberct, praecepit fratri, qui retulerat, ne cuiquam haec alteri referret, 5.9 (297.20)
Vt autem uidit uir Domini Ecgberct, 5.10 (298.29)
cum uenisset . . . cum omni honorificentia nominandus pater ac sacerdos, Ecgberct, 5.22 (346.24)
Mansit autem uir Domini Ecgberct annos XIII in praefata insula, 5.22 (347.21)
Ecgberct, ut supra commemorauimus, ipso die paschae migrauit ad Dominum; 5.23 (349.17)
uir Domini Ecgberct Hienses monachos ad catholicum pascha et ecclesiasticam correxit tonsuram. 5.24 (356.11)
sanctus Ecgberct transiit, 5.24 (356.15)
Ecgbercte. 'O frater Ecgbercte, o quid fecisti? 3.27 (193.20)
Ecgbercti. Conuenit autem reuelationi . . . de obitu huius antistitis etiam sermo reuerentissimi patris Ecgbercti, 4.3 (211.17)
saluata sunt tamen omnia, quae erant Ecgbercti et sociorum eius. 5.9 (298.11)
Ecgbercto. "ueni, ut responsum Domini Saluatoris Ecgbercto adferam, 5.9 (297.10)
'Quare tam neglegenter ac tepide dixisti Ecgbercto, quae tibi dicenda praecepi? 5.9 (297.29)
Ecgbercto. At tunc ueniente ad eos reuerentissimo et sanctissimo patre et sacerdote Ecgbercto, 3.4 (134.31)
Vt Hiienses monachi cum subiectis sibi monasteriis canonicum praedicante Ecgbercto celebrare pascha coeperint. 5.22 (346.15)
Susceperunt autem Hiienses monachi docente Ecgbercto ritus uiuendi catholicos 5.22 (347.17)
Ecgberctum. quoniam anno praecedente noluerat audire reuerentissimum patrem Ecgberctum, 4.26 (267.7)
Ecgberect. at uero Ecgberect decussa molestia egritudinis conualuit, 3.27 (193.26)
ECGBERCT (*d.* 766), *Archbishop of York, 732–66.*
Ecgberct. Anno DCCXXXII, Ecgberct pro Vilfrido Eboraci episcopus factus. Cont. (361.4)
ECGFRID (*d.* 685), *King of Northumbria; son of Oswy.*
Ecgfrid. Nam alius filius eius Ecgfrid eo tempore in prouincia Merciorum . . . obses tenebatur; 3.24 (178.5)
quam nuperrime rex Ecgfrid, superato in bello et fugato Vulfhere, obtinuerat, 4.12 (229.11)
Accepit autem rex Ecgfrid coniugem nomine Aedilthrydam, 4.19 (243.3)
Ecgfrid rex Nordanhymbrorum, . . . uastauit misere gentem innoxiam, 4.26 (266.14)
anno, quo finem uitae accepit rex Ecgfrid, 4.27 (268.21)
Anno DCLXXXV, Ecgfrid rex Nordanhymbrorum occisus est. 5.24 (355.10)
Ecgfridi. DCLXXVIII, qui est annus imperii regis Ecgfridi VIII., 4.12 (228.28)
usque ad mortem Ecgfridi regis, . . . officium episcopatus et uerbo exercebat et opere. 4.13 (232.19)
intrauit monasterium Aebbæ abbatissae, quae erat amita regis Ecgfridi, 4.19 (243.30)
Anno regni Ecgfridi nono, . . . occisus est Aelfuini frater regis Ecgfridi, 4.21 (249.3)
occisus est Aelfuini frater regis Ecgfridi, 4.21 (249.6)
De morte Ecgfridi et Hlotheri regum. 4.26 (266.13)
congregata synodo non parua sub praesentia regis Ecgfridi 4.28 (272.14)
ordinatio decreta, . . . conpleta est Eboraci sub praesentia praefati regis Ecgfridi, 4.28 (273.3)
Ecgfrido. Successit autem Ecgfrido in regnum Aldfrid, uir in scripturis doctissimus, 4.26 (268.2)
Ecgfrido. Eadhaedum, qui postea regnante Ecgfrido, Hrypensis ecclesiae praesul factus est. 3.28 (195.4)
imperantibus dominis piissimis nostris Ecgfrido rege Hymbronensium, . . . et Aedilredo 4.17 (239.6)
Qui deinde regnante Ecgfrido, pulsus est episcopatu, 5.19 (326.8)
et synodus facta est ad Herutforda, praesente Ecgfrido rege, 5.24 (354.22)
Vilfrid episcopus a sede sua pulsus est ab Ecgfrido rege; 5.24 (355.3)
Ecgfridum. Qui defunctus die XV Kalendarum Martiarum Ecgfridum filium regni heredem reliquit; 4.5 (214.21)
Quo etiam anno orta inter ipsum regem Ecgfridum et reuerentissimum antistitem Vilfridum dissensione, 4.12 (229.1)
iuxta quod Ecgfridum regem uoluisse ac licentiam dedisse nouerat, 4.18 (241.14)
Vt Theodorus episcopus inter Ecgfridum et Aedilredum reges pacem fecerit. 4.21 (249.1)
Aldfridi regis, qui post fratrem suum Ecgfridum genti Nordanhymbrorum X et VIIII annis praefuit. 5.1 (282.28)
secundo anno Aldfridi, qui post Ecgfridum regnauit, sedem suam et episcopatum . . . recepit. 5.19 (327.11)
Ecgfridus. adeo ut Ecgfridus promiserit se ei terras ac pecunias multas esse donaturum, 4.19 (243.15)
ECGRIC (*fl.* 631), *King of East Anglia; kinsman and successor of Sigebert.*
Ecgrice. ut ad ultimum, relictis regni negotiis, et cognato suo Ecgrice commendatis, . . . intraret monasterium, 3.18 (162.26)
Ecgrice. occisusque est una cum rege Ecgrice, 3.18 (163.11)
ECLIPSIS. eclipsis. facta erat eclipsis solis die tertio mensis Maii, 3.27 (191.29)
eclypsis. Anno DXXXVIII, eclypsis solis facta est 5.24 (353.1)
Anno DXL, eclypsis solis facta 5.24 (353.3)
Anno DCLXIIII, eclypsis facta; 5.24 (354.14)
Anno DCCXXXIII, eclypsis facta est solis Cont. (361.6)
eclypsis. Anno memorato praefatae eclypsis et mox sequentis pestilentiae, 4.1 (201.4)
ECONTRA. Vt econtra alter ad mortem ueniens oblatum sibi a daemonibus codicem suorum uiderit peccatorum. 5.13 (311.1)
et econtra eius, . . . sic etiam morem habitus te imitari condeceat." 5.21 (344.31)
Sicut econtra Brettones, qui nolebant Anglis eam, quam habebant, fidei Christianae notitiam pandere, 5.22 (347.10)
EDAX. edax. Scriptor, quem dudum liuor adurit edax. 1.10 (24.11)
EDILHVN (*d.* 664), *a youth of the English nobility who went to Ireland to study; friend of Ecgberct.*
Edilhun. Erant inter hos duo iuuenes magnae indolis de nobilibus Anglorum, Edilhun et Ecgberct, 3.27 (192.20)
Ipse Edilhun proxima nocte defunctus est; 3.27 (193.25)
EDILTHRYD, *see* **AEDILTHRYD.**
EDILVALD (*d.* 740), *Abbot of Melrose and Bishop of Lindisfarne.*
Ediluald. monasterio tempore illo religiosae ac modestae uitae abbas et presbyter Ediluald praeerat, 5.12 (310.6)
IIII nunc episcopi praesulatum tenent; Vilfrid in Eburacensi ecclesia, Ediluald in Lindisfaronensi, 5.23 (350.30)
EDILVINI, *see* **AEDILVINI.**

EDILVINI (*fl.* 651), *Oswy's prefect, who, at his master's instigation, murdered Oswin of Deira.*
Ediluinum. eum Osuiu cum praefato ipsius milite per praefectum suum Ediluinum detestanda omnibus morte interfecit. 3.14 (155.21)
EDISCO. ediscere. et ab ipso uenerabili uiro Paulino rationem fidei ediscere, 2.9 (100.10)
uolens Agatho . . . qualis esset status ecclesiae, quam ab hereticorum contagiis castus, ediscere, 4.18 (242.12)
in quantum dumtaxat tam longe a Romanorum loquella et natione segregati hunc ediscere potuissent. 5.21 (333.10)
edisceret. ut, cuius esset fidei Anglorum ecclesia, diligenter edisceret, 4.18 (241.34)
EDITIO. editio. sicut alia dicit editio, 5.21 (339.18)
EDITVM. aedito. Statuitur ad haec in edito [aedito] arcis acies segnis, uar. 1.12 (28.1)
edito. Statuitur ad haec in edito arcis acies segnis 1.12 (28.1)
editu. Statuitur ad haec in edito [editu] arcis acies segnis, uar. 1.12 (28.1)
EDO. edideram. Historiam . . . quam nuper edideram, Praef. (5.4)
EDOCEO. edocendo. ritumque canendi ac legendi uiua uoce praefati monasterii cantores edocendo, 4.18 (241.23)
edocent. sicut Exodi sequentia patenter edocent; 5.21 (335.18)
edoceret. quatenus . . . cursum canendi annuum, sicut ad sanctum Petrum Romae agebatur, edoceret; 4.18 (241.20)
edocet. sicut libellus de uita eius conscriptus sufficienter edocet, 3.19 (164.27)
edocti. dum regem et Creatorem uestrum orthodoxa praedicatione edocti Deum uenerando creditis, 2.17 (119.7)
edoctus. ac salutaribus eius exhortationibus paulatim edoctus, 1.7 (18.19)
Augustinus episcopus in monasterii regula edoctus, 1.32 (68.30)
Nynia . . . qui erat Romae regulariter fidem et mysteria ueritatis edoctus; 3.4 (133.17)
tertius Trumheri, de natione quidem Anglorum, sed edoctus et ordinatus a Scottis, 3.24 (179.27)
Ronan, . . . in Galliae uel Italiae partibus regulam ecclesiasticae ueritatis edoctus. 3.25 (181.21)
Quia nimirum Osuiu a Scottis edoctus ac baptizatus, 3.25 (182.26)
cuius edoctus monitis caelestia sperare didicerat. 4.11 (227.17)
Incubuit precibus antistes, statimque edoctus in spiritu inpetrasse se, quod petebat a Domino: 4.29 (275.5)
se numerum annorum fuisse habiturum ipse iamdudum somni reuelatione edoctus, 5.8 (294.22)
qui a successoribus discipulorum beati papae Gregorii in Cantia fuerat cantandi sonos edoctus, 5.20 (331.30)
edocuit. quibus sit uirtutibus insudandum, edocuit, 2.1 (76.26)
quid erga eum agere rex promisisset, edocuit, 2.12 (108.4)
Qui cuius meriti fuerit, etiam miraculorum signis internus arbiter edocuit, 3.15 (157.22)
EDOMO. edomare. quos terreni principes edomare ferro nequiuerant, 2.1 (78.14)
EDRIC (*d.* 686), *King of Kent; son of Ecgberct and successor of Hlothere.*
Edric. quos contra eum Edric filius Ecgbercti adgregarat, 4.26 (268.11)
Ac post eum idem Edric anno uno ac dimidio regnauit; 4.26 (268.13)
EDVCO. educam. 'Si ergo uis, hac ipsa hora educam te de hac prouincia, 2.12 (108.5)
Tunc ipse intrabo, et educam te inde.' 3.12 (151.8)
usquedum ait: "In eadem enim ipsa die educam exercitum uestrum de terra Aegypti." 5.21 (335.3)
"In eadem enim ipsa die educam exercitum uestrum de terra Aegypti;" 5.21 (335.19)
educeres. ut . . . educeres de conclusione uinctum, de domo carceris sedentes in tenebris.' 3.29 (197.20)
educta. Deo dilecta mater congregationis ipsius, ergastulo carnis educta est; 4.9 (222.26)
post dies XII et ipsa educta ex carne temporales adflictiones aeterna mercede mutauit. 4.9 (223.8)
educti. sed xv[a] sunt educti ex Aegypto, 5.21 (335.9)
educturus. in quo exercitum eorum esset educturus de Aegypto. 5.21 (335.6)
eductus. Qui reductus in corpore, et die tertia rursum eductus, 3.19 (165.1)
in quarum prima eductus est populus Domini ex Aegypto, 5.21 (335.13)
eduxit. exemtum tenebris in auras me serenae lucis eduxit; 5.12 (307.8)
EDVCO. educandus. datus sum educandus reuerentissimo abbati Benedicto, ac deinde Ceolfrido; 5.24 (357.8)
educatus. et religiosis moribus iuxta ritus Lindisfarnensium, ubi educatus erat, instituit. 3.23 (176.8)
intellexerat . . . Osuiu, quamuis educatus a Scottis, quia Romana esset catholica et apostolica ecclesia, 3.29 (196.8)
frater . . . qui . . . erat in monasterio ac magisterio illius educatus, 4.3 (210.17)
ecclesiae Lindisfarnensis, in qua educatus est, 5.1 (281.14)
EDVINI, *see* **AEDVINI.**
EFESVS, *Ephesus.*
Efeso. et in Efeso primo ducentorum contra nequissimum Nestorium et eiusdem dogmata; 4.17 (240.6)
EFFECTVS. effectibus. Neque aliquanto segnius minas effectibus prosequuntur. 1.15 (32.14)
effectum. et mox effectum piae postulationis consecutus est; 1.4 (16.9)
subtile quidem sit per effectum spiritalis potentiae, 2.1 (76.3)
ad abigendos ex obsessis corporibus daemones gratiae salutaris haberet effectum. 3.11 (149.2)
tertia in euangelio per effectum dominicae passionis et resurrectionis adiuncta est. 5.21 (334.3)
EFFERO. efferri. iussit se obuiam saeuientibus et huc illucque uolantibus ignium globis efferri. 2.7 (94.22)
ita ut tribus septimanis non posset de cubiculo, in quo iacebat, foras efferri. 5.4 (287.5)
elata. et hoc facto, elata in altum uoce cuncto exercitui proclamauerit: 3.2 (129.5)
elatum. et elatum clamorem repercusso aere montium 1.20 (39.9)
elatum. uidit manifeste quasi corpus hominis, . . . elatum uidelicet de domo, 4.9 (222.15)
elatura. ipsa autem abbatissa intus cum paucis ossa elatura et dilutura intrasset, 4.19 (245.26)
elatus. ut elatus manibus periculum, . . . euaderet; 1.19 (37.15)
Cum ergo in altum esset elatus, 3.19 (165.16)
EFFICIO. effecto. accenso quidem foco in medio, et calido effecto caenaculo, 2.13 (112.9)
effectum. Ipsum namque est, quod nunc grande de modico effectum, Muigéo consuete uocatur, 4.4 (214.3)
effectus. et Honorius pro illo est in praesulatum electus [effectus]; uar. 2.18 (120.10)
Igitur rex Sigberct aeterni regni iam ciuis effectus, temporalis sui regni sedem repetiit, 3.22 (172.20)
Crescebat morbus paulatim, et nocte superueniente grauior effectus est, 4.31 (278.16)
In quibus omnibus cum sui uoti compos esset effectus, ad praedicandum rediit. 5.11 (302.3)
efficere. ut per nostrae praeceptionis auctoritatem possitis Deo placitam ordinationem efficere; 2.18 (121.28)
efficeretur. obsecrans, ut per eius mandatum Christianus efficeretur; 1.4 (16.9)
cui litteras rex Brittaniae Lucius mittens, ut Christianus efficeretur, petiit et inpetrauit. 5.24 (352.16)
effici. coepit e contra episcopus tristis usque ad lacrimarum profusionem effici. 3.14 (157.6)
efficitur. quibus efficitur, ut circuitus eius quadragies octies LXXV milia conpleat. 1.1 (9.8)
et uictoriae concessae otiosus spectator efficitur. 1.20 (39.17)
efficiuntur. similes ergo efficiuntur his, qui spem suae confidentiae ponunt in eis.' 2.10 (102.18)
EFFIGIES. effigiem. qui etiam effigiem eiusdem Paulini referre esset solitus, 2.16 (117.25)
EFFLO. efflantes. et de ore ac naribus ignem putidum efflantes angebant; 5.12 (306.25)
EFFLVO. efflueret. 'Iusseruntque me,' inquit, 'incidere tumorem illum, ut efflueret noxius umor, qui inerat; 4.19 (245.17)
EFFVGO. effugaret. ut omnem mox fetorem tenebrosi fornacis, qui me peruaserat, effugaret admirandi huius suauitas odoris. 5.12 (307.18)
effugata. Contigit autem tactu indumentorum eorundem et daemonia ab obsessis effugata corporibus, . . . esse 4.19 (246.14)
EFFVLGEO. effulgeret. Cum ergo uenerabilis Domini famulus . . . magnis uirtutum signis effulgeret, 4.27 (270.17)
EFFVNDO. effundebatur. sed et odoris flagrantia miri tanta de loco effundebatur, 5.12 (307.33)
effusa. quia de puluere pauimenti, in quo aqua lauacri illius effusa est, multi iam sanati essent infirmi. 3.11 (149.15)
effusus. ubi beati martyris effusus erat sanguis, 1.18 (36.31)

ubi regis Osualdi sanguis fuerat effusus. 3.10 (147.25)
EFFVSIO. **effusione.** quod pretiosi sanguinis sui effusione a uinculis diabolicae captiuitatis eripuit, . . . 2.11 (104.16)
EGENS. **egens.** ita ut in exemplum primitiuae ecclesiae nullus ibi diues, nullus esset egens, ... 4.23 (254.11)
EGER, gra, grum. **eger.** Adducatur aliquis eger, ... 2.2 (82.1)
contigit forte ipsum puerum hora ferme secunda diei in loco, in quo eger iacebat, solum inueniri; . 4.14 (234.2)
egra. et inter egra tremens suspiria, flebili uoce talia mecum querebatur: 3.13 (153.1)
egro. et astulam roboris praefati inmittens obtuli egro potandum. 3.13 (153.31)
EGO. **ego.** 1.25 (46.11); 1.27 (51.15); 2.8 (95.23); 2.13 (111.22); 2.13 (111.25); 2.13 (111.27); 2.13 (113.6); 2.18 (121.12); 3.13 (153.23); 3.25 (184.17); 3.25 (188.30); 3.29 (197.17); 4.5 (215.4); 4.22 (251.10); 4.24 (262.4); 4.25 (264.33); 5.3 (285.29); 5.3 (286.13); 5.4 (287.13); 5.6 (290.10); 5.6 (290.20); 5.6 (291.2); 5.6 (291.4); 5.6 (291.11); 5.12 (308.9); 5.12 (309.7); 5.12 (310.28); 5.12 (310.30); 5.21 (344.24).
me. Praef. (7.28); Praef. (8.2); 1.7 (19.19); 1.23 (43.19); 1.27 (54.4); 1.27 (58.2); 1.27 (61.27); 2.1 (76.7); 2.1 (77.23); 2.1 (77.26); 2.1 (77.27); 2.12 (108.12); 2.12 (108.29); 2.12 (111.4); 2.13 (111.30); 2.18 (121.11); 2.19 (124.11); 3.11 (150.20); 3.13 (152.30); 3.13 (153.4); 3.13 (153.14); 3.25 (184.4); 4.2 (205.25); 4.2 (205.26); 4.3 (209.14); 4.3 (209.15); 4.3 (209.32); 4.3 (209.35); 4.3 (210.16); 4.8 (221.13); 4.19 (245.16); 4.19 (245.29); 4.19 (246.8); 4.19 (246.10); 4.22 (250.32); 4.25 (264.30); 4.29 (274.21); 4.29 (274.28); 5.3 (286.3); 5.3 (286.8); 5.4 (287.14); 5.6 (290.5); 5.6 (290.6); 5.6 (290.29); 5.6 (290.33); 5.6 (290.34) (*bis*); 5.6 (291.2); 5.6 (291.7); 5.6 (291.9); 5.6 (291.10); 5.6 (291.11); 5.6 (291.14); 5.6 (291.21); 5.6 (291.23); 5.9 (297.8); 5.9 (298.12); 5.12 (304.28); 5.12 (305.17); 5.12 (305.20); 5.12 (305.25); 5.12 (305.30); 5.12 (306.7); 5.12 (306.11); 5.12 (306.24); 5.12 (306.27); 5.12 (306.28); 5.12 (307.1); 5.12 (307.2); 5.12 (307.5); 5.12 (307.6); 5.12 (307.7); 5.12 (307.8); 5.12 (307.18); 5.12 (307.24); 5.12 (308.6); 5.12 (309.14); 5.13 (312.3); 5.13 (312.26); 5.13 (312.29); 5.21 (344.3).
me. 1.30 (65.6); 2.1 (78.2); 2.1 (78.3); 2.2 (82.31); 3.11 (150.20); 3.12 (151.14); 3.13 (153.1); 3.25 (189.1); 4.22 (250.32); 4.29 (274.22); 5.3 (286.16); 5.4 (287.20); 5.6 (289.14); 5.6 (290.3); 5.19 (329.8).
mei. 4.22 (251.14).
mi. 3.12 (151.2); 4.29 (275.6); 5.21 (344.20).
mihi. Praef. (6.13); Praef. (7.1); Praef. (7.5); Praef. (8.14); 1.7 (19.20); 1.25 (46.11); 1.27 (49.24); 2.1 (77.24); 2.2 (83.16); 2.6 (92.26); 2.12 (108.10); 2.12 (108.33); 2.13 (112.5); 2.13 (113.8); 2.16 (117.19); 3.5 (137.14); 3.12 (151.13); 3.13 (153.9); 3.13 (153.14); 3.13 (153.21); 3.13 (153.22); 3.15 (158.23); 3.19 (165.33); 3.27 (192.30); 3.29 (197.10); 3.30 (199.28); 4.3 (210.15); 4.8 (221.16); 4.8 (221.21); 4.9 (223.19); 4.14 (233.2); 4.19 (245.33); 4.19 (246.11); 4.20 (247.13); 4.20 (247.14); 4.22 (252.10); 4.24 (259.24); 4.24 (259.28); 4.24 (261.32); 4.25 (263.24); 4.25 (264.28); 4.25 (264.30); 4.25 (265.1); 4.25 (265.24); 4.25 (265.35); 4.28 (271.12); 4.32 (279.20); 5.1 (281.10); 5.3 (286.15); 5.6 (289.29); 5.6 (290.1); 5.6 (290.8); 5.6 (290.9); 5.6 (291.24); 5.9 (297.6); 5.12 (304.12); 5.12 (304.30); 5.12 (307.34); 5.12 (308.8); 5.12 (309.9); 5.13 (311.29); 5.13 (311.32); 5.13 (312.5); 5.13 (312.8); 5.13 (312.15); 5.13 (312.20); 5.14 (314.18); 5.14 (314.22); 5.19 (329.7); 5.19 (329.9); 5.21 (345.32).
mihimet. 4.19 (243.12).
nobis. Praef. (6.22); Praef. (8.5); 1.25 (46.13); 1.29 (63.19); 1.31 (66.25); 2.1 (73.15); 2.1 (73.17); 2.2 (81.30); 2.2 (83.2); 2.2 (83.25); 2.5 (91.12); 2.5 (91.25); 2.11 (105.10); uar. 2.11 (106.18); 2.13 (111.21); 2.13 (111.31); 2.13 (112.6); 2.13 (112.31); 2.17 (119.26); 4.3 (212.1); 4.5 (215.29); 4.29 (275.7); 5.1 (282.5); 5.1 (282.10); 5.3 (285.11); 5.4 (287.26); 5.4 (287.27); 5.12 (305.1); 5.13 (313.13); 5.21 (334.1); 5.21 (336.6); 5.21 (338.21); 5.21 (342.19); 5.21 (342.26).
nobis. 1.1 (12.9); 1.27 (49.13); 1.27 (58.10); 1.27 (58.27); 2.2 (83.20); 2.4 (88.6); 2.10 (104.5); 2.11 (106.27); 2.17 (119.25); 2.19 (123.31); 3.29 (198.23); 4.5 (215.19); 4.19 (243.22); 4.24 (261.31); 5.1 (281.19); 5.1 (282.5); 5.3 (286.22); 5.21 (333.16); 5.21 (343.18).
nos. 1.27 (50.9); 1.27 (52.33); 2.1 (73.17); 2.18 (121.15); 3.4 (134.18); 3.8 (143.30); 3.9 (145.27); 3.17 (162.3); 3.19 (165.14); 3.19 (165.23); 3.25 (185.32); 4.7 (219.14); 4.14 (234.8); 4.17 (239.22); 4.17 (240.24); 4.20 (247.11); 4.20 (247.12); 5.21 (340.7); 5.21 (343.4).
nos. 1.24 (44.8); 1.30 (65.3); 2.1 (73.6); 2.1 (74.28); 2.1 (78.33); 2.1 (79.26); 2.2 (83.26); 2.2 (84.19); 2.2 (84.21) (*bis*); 2.4 (87.28); 2.4 (88.5); 2.5 (91.20); 2.11 (104.29); 2.11 (106.12); 2.17 (120.1); 2.18 (121.29); 2.18 (121.30); 3.2 (129.8); 3.8 (143.3); 4.3 (211.8); 4.5 (215.1); 4.5 (215.26); 4.5 (217.18); 4.25 (266.8); 4.29 (274.23); 4.30 (277.28); 5.1 (282.3); 5.1 (282.10); 5.1 (282.15); 5.6 (289.20); 5.12 (305.22); 5.12 (305.27); 5.12 (307.9); 5.12 (307.30); 5.12 (308.4); 5.21 (337.22); 5.21 (339.13); 5.21 (340.6); 5.21 (340.34); 5.21 (341.6).
nostri. 5.1 (282.18).
nostrum. 4.5 (217.8); 4.5 (217.10).
EGRE. Quod dum egre inpetraret ab ea, uenit ad antistitem Lundoniae ciuitatis, ... 4.11 (225.30)
EGREDIOR. **egredi.** adcelerauit ocius ad legendum cum suis, siue ad orandum egredi. 3.5 (136.17)
Hunc cum dies mortis egredi e corpore cogeret, ... 3.17 (159.25)
sicut uno eodemque tempore cum eo de corpore egredi, ... 4.29 (275.20)
iussit pontifex ceteros ad horam egredi, ... 5.19 (329.5)
egrediens. et egrediens dixit solito consolantium sermone: 5.5 (288.17)
inde egrediens ad terram, numquam ipsa uestimenta uda atque algida deponere curabat, ... 5.12 (310.18)
egredientes. egredientes e corpore spiritus eorum mox beata inuicem uisione coniuncti sunt, ... 4.29 (275.12)
egreditur. Cum carnis claustra spiritus egreditur. 5.8 (295.15)
egressa. et de utero matris meae egressa est mecum.' 2.1 (78.3)
Haec ergo . . . egressa de cubiculo, quo manebat, ... 4.9 (222.12)
egressae. egressae de oratorio famulae Christi, ad sepulchra fratrum, ... 4.7 (219.29)
egressi. ab hac egressi, ut diximus, tertiam . . . gentem addiderunt. 1.1 (13.9)
Nam egressi contra gentem Geuissorum in proelium, ... 2.5 (92.6)
unde mox egressi dignoscere quid esset, ... 3.8 (143.25)
si forte uel ipsam, de qua egressi eramus, insulam aliquo conamine repetere possemus, ... 5.1 (282.2)
mox de corpore egressi ad regnum caeleste perueniunt; 5.12 (308.32)
egressis. Denique cunctis pene egressis, ... 1.7 (20.12)
egressum. contigit, eum die quadam de monasterio illo longius egressum, . . . peracto itinere redire. . 4.25 (264.15)
uidimus in ipsa insula Farne egressum de latibulis suis amantissimum Deo patrem Oidilualdum . . 5.1 (282.6)
egressura. quod anima eius, . . . cum magno lucis splendore esset egressura de corpore; 4.11 (226.26)
egressura. utque alia de corpore egressura, iam particulam futurae lucis aspexerit. 4.8 (220.22)
egressus. inuentum est ita inlesum, ac si eadem hora de hac luce fuisset egressus. 3.19 (168.21)
egressus est tempore matutino de cubiculo, ... 3.27 (193.1)
mane sanato sensu egressus, ... 4.3 (212.13)
a quo etiam egressus de fonte, loco filii susceptus est; 4.13 (230.16)
ac statim egressus requisiuit in annale suo, ... 4.14 (235.23)
et egressus ad suam domum repedabat. 4.24 (259.18)
et relicta domu conuiuii egressus esset ad stabula iumentorum, ... 4.24 (259.20)
nam et ideo de conuiuio egressus huc secessi, ... 4.24 (259.26)
crebro ipse de monasterio egressus, . . . circumpositas ueniebat ad uillas, ... 4.27 (269.24)
ut de monasterio egressus, saepe ebdomade integra, . . . domum non rediret; 4.27 (270.10)
et adstans dixit orationem super illam, ac benedicens egressus est. 5.3 (286.7)
'ex quo episcopus oratione pro me et benedictione conpleta egressus est, ... 5.3 (286.17)
et egressus inde intrauit, ac salutauit episcopum et conuiuas, ... 5.5 (288.25)
EGREGIVS, a, um. **egregi.** uiri bene religiosi, ac per omnia mente et opere egregii [egregi]; . . . . uar. 4.19 (243.6)
egregia. Nostra quoque egregia iam tempora uirgo beauit; 4.20 (248.5)
Aedilthryda nitet nostra quoque egregia. 4.20 (248.6)
egregia. capillorum quoque forma egregia. 2.1 (80.2)

egregii. Aedilthrydam, filiam Anna . . . uiri bene religiosi, ac per omnia mente et opere egregii; 4.19 (243.6)
egregii. In qua uidelicet ciuitate et ecclesiam operis egregii de lapide fecit; 2.16 (117.11)
egregiis. Furseus, uerbo et actibus clarus, sed et egregiis insignis uirtutibus, 3.19 (163.25)
egregium. Albanum egregium fecunda Britania profert. 1.7 (18.11)
Alium quoque librum conposuit egregium, 2.1 (76.14)
Aldhelm, . . . scripsit, iubente synodo suae gentis, librum egregium aduersus errorem Brettonum, 5.18 (320.31)
Cantatorem quoque egregium, uocabulo Maban, . . . ad se suosque instituendos accersiit, 5.20 (331.28)
egregium. egregium examen continet monachorum, 4.4 (214.4)
egregius. ex quibus est Adamnan, abbas et sacerdos Columbiensium egregius, 5.21 (344.8)
EGRESSVS. egressu. Canebat . . . de egressu Israel ex Aegypto, et ingressu in terram repromissionis, 4.24 (261.1)
EGRITVDO. egritudine. Qui cum ingrauescente praefata egritudine, diem sibi mortis inminere sensisset, 4.11 (226.7)
omnes, qui alicubi de uestris hac egritudine laborant, 4.14 (234.19)
unum de pueris eius, qui acerrima egritudine premebatur, 5.5 (288.5)
egritudines. nisi medicamentum quidem contra egritudines explorare? 1.27 (56.2)
egritudinis. at uero Ecgberect decussa molestia egritudinis conualuit, 3.27 (193.26)
ut, siquid minus haberet meriti a beato Cudbercto, suppleret hoc castigans longae egritudinis dolor; 4.29 (275.18)
egritudo. Feminae itaque et menstruus sui sanguinis fluxus egritudo est. 1.27 (56.4)
EGROTO. egrotanti. Tetenderunt ergo ei egrotanti tentorium ad occidentalem ecclesiae partem, 3.17 (160.3)
EGROTVS, a, um. **egroti.** Non solum autem subpositi eidem feretro, uel adpositi curantur egroti, 4.6 (218.24)
egrotis. atque huius gustum siue aspersionem multis sanitatem egrotis et hominibus et pecoribus conferre; 5.18 (320.21)
EICIO. eicerint. quod . . . daemonia eiecerint [eicerint], uar. 3.25 (187.30)
eiecerint. et daemonia eiecerint, et uirtutes multas fecerint, 3.25 (187.30)
eiecerit. gens Anglorum, primo quidem aduersarios longius eiecerit; 1.15 (30.25)
eiecerunt. quod . . . daemonia eiecerint [eiecerunt], uar. 3.25 (187.30)
eiecti. unde a mansionibus ac possessiunculis suis eiecti, 1.12 (28.9)
eiectis. et eiectis principibus regis non proprii, fines suos fortiter simul et libertatem receperunt; 3.24 (180.22)
EIECTIO. eiectionem. 'In principium Genesis, usque ad natiuitatem Isaac et eiectionem Ismahelis, libros IIII. 5.24 (357.26)
ELABOR. elabitur. mox de hieme in hiemem regrediens, tuis oculis elabitur. 2.13 (112.17)
elapso. Non multo post haec elapso tempore, . . . Theodorus archiepiscopus deposuit eum 4.6 (218.3)
ELABORO. elaborantem. ut uestram dilectionem in praedicatione euangelii elaborantem et fructificantem, 2.18 (121.3)
elaborauerit. Quam deuote quamque etiam uigilanter pro Christi euangelio elaborauerit uestra fraternitas, 2.8 (95.18)
ELAFIVS (*fl.* 447), *a British chief, whose son's lameness was cured by Germanus.*
Elafium. Hunc Elafium prouincia tota subsequitur; 1.21 (40.17)
Elafius. Elafius quidam, regionis illius primus, 1.21 (40.12)
Cum subito Elafius pedibus aduoluitur sacerdotum, 1.21 (40.23)
ELATIO. elationis. ne per illorum copiam periculum elationis incurreret, 1.31 (66.12)
ELECTIO. electione. adsumserunt cum electione et consensu sanctae ecclesiae gentis Anglorum, uirum bonum 3.29 (196.9)
ELEGIACVS, a, um. **elegiaco.** quem ante annos plurimos in laudem ac praeconium eiusdem reginae . . . elegiaco metro conposuimus; 4.20 (247.6)
Librum epigrammatum heroico metro, siue elegiaco. 5.24 (359.23)
eliaco. Librum epigrammatum heroico metro, siue elegiaco [eliaco]. uar. 5.24 (359.23)
ELEMENTVM. elementis. excitant seniorem elementis furentibus obponendum; 1.17 (34.22)
elementis. mare conscendit, et consentientibus elementis, 1.21 (40.8)
ELEMOSINA, *see* **ELIMOSYNA.**
ELEVTHER (*fl.* 170), *Bishop of Rome.*
Eleuther. cum Eleuther uir sanctus pontificatui Romanae ecclesiae praeesset, 1.4 (16.6)
Eleuther Romae praesul factus XV annos ecclesiam gloriosissime rexit, 5.24 (352.13)
Eleutherum. missis ad Eleutherum papam litteris, 1.4 (16.1)
ELEVO. eleuanda. Cumque post tot annos eleuanda essent ossa de sepulchro, 4.19 (245.23)
eleuata. non eleuata in altum uoce, sed profusis ex imo pectore lacrimis, Domino sua uota commendabat. 4.28 (273.28)
eleuata. statuerunt . . . ossa uero abbatissae illo de loco eleuata, in aliam ecclesiam, . . . transferre. 3.8 (144.18)
eleuatae. medicus Cynifrid, qui et morienti illi, et eleuatae de tumulo adfuit; 4.19 (245.13)
eleuatis. fertur eleuatis ad caelum oculis manibusque cum lacrimis dixisse: 3.16 (159.16)
eleuatum. et elatum [eleuatum] clamorem repercusso aere montium uar. 1.20 (39.9)
eleuatum. uidique eleuatum de tumulo, et positum in lectulo corpus 4.19 (245.30)
eleuatur. gradibus uel passibus, non autem saltibus eleuatur. 1.30 (65.29)
eleuatura. ipsa autem abbatissa intus cum paucis ossa elatura [eleuatura] et dilutura intrasset, uar. 4.19 (245.26)
eleuatus. Cum ergo in altum esset elatus [eleuatus], uar. 3.19 (165.16)
splendor emissae lucis, . . . non multo post illo eleuatus de loco, in meridianum monasterii, . . . secessit, 4.7 (220.8)
"Eleuatus est sol, et luna stetit in ordine suo." 5.21 (340.19)
eleuet. ne . . . infirmus animus in sui praesumtione se eleuet, 1.31 (66.21)
ELGE, *Ely.*
Elge. Post annum uero ipsa facta est abbatissa in regione, quae uocatur Elge; 4.19 (244.3)
ipsa enim regio Elge undique est aquis ac paludibus circumdata, 4.19 (244.33)
Est autem Elge in prouincia Orientalium Anglorum regio familiarum circiter sexcentarum, 4.19 (246.28)
ELIGO. electi. atque omnium iudicio electi sunt apostolici sacerdotes 1.17 (34.5)
Non enim omnes electi miracula faciunt, 1.31 (67.2)
duo sunt pro illo, Aecci et Baduuini, electi et consecrati episcopi; 4.5 (217.31)
electis. Siquidem electis sociis strenuissimis et ad praedicandum uerbum idoneis, 5.9 (296.26)
ut . . . apostolorum princeps caelestis quoque regni tibi tuisque cum ceteris electis libens pandat introitum. 5.21 (345.18)
electorum. et in electorum tuorum iubeas grege numerari.' 2.1 (78.34)
mox ad sempiterna animarum gaudia adsumtus in caelum, et electorum est sociatus agminibus. 4.14 (234.30)
electus. Diocletianus XXXIII ab Augusto imperator ab exercitu electus 1.6 (17.9)
et Honorius pro illo est in praesulatum electus; 2.18 (120.10)
cum adhuc esset electus in pontificatum, 2.19 (122.21)
Iohannes diaconus et in Dei nomine electus; 2.19 (123.6)
electus est archiepiscopus cathedrae Doruuernensis sextus Deusdedit 3.20 (169.13)
praefatus uir in episcopatum pro eo electus, ac . . . ordinatus est; 4.23 (255.13)
uir . . . uocabulo Tatfrid, de eiusdem abbatissae monasterio electus est antistes; 4.23 (255.21)
Electus est autem primo in episcopatum Hagustaldensis ecclesiae pro Tunbercto, 4.28 (273.5)
qui electus est quidem in episcopatum anno dominicae incarnationis DCXC secundo, 5.8 (295.24)
elegerunt. fratres, qui erant in Fresia uerbi ministerio mancipati, elegerunt ex suo numero uirum 5.11 (302.6)
elegi. quamuis illum eis equum non dares, quem tibi specialiter possidendum elegi?' 3.14 (156.22)
elegit. Fauens ergo uotis regis antistes elegit sibi locum monasterii construendi 3.23 (175.12)
ipse in saepedicto . . . monasterio, quod uocatur Streanæshalch, locum mansionis elegit; 4.26 (267.25)
eligas. quod plus omnipotenti Deo possit placere, sollicite eligas, 1.27 (49.26)
elige. quae pia, quae religiosa, quae recta sunt, elige; 1.27 (49.31)
eligens. nequaquam in eo laudans aut eligens hoc, 3.17 (161.10)
eligerent. magis de feminea regum prosapia . . . regem sibi eligerent; 1.1 (12.16)

eligeretur. contigit, ut . . . unanimo omnium consensu ad episcopatum ecclesiae Lindisfarnensis eligeretur. 4.28 (272.18)
donec eligeretur, qui pro Cudbercto antistes ordinari deberet. 4.29 (275.29)
eligi. in gentem, quam eligi uoluit, magna miracula ostendit; 1.31 (66.15)
eligit. eligit expeditos, circumiecta percurrit, 1.20 (38.30)
antistes elegit [eligit] sibi locum monasterii construendi uar. 3.23 (175.12)
eligitur. Constantinus . . . propter solam spem nominis sine merito uirtutis eligitur; 1.11 (24.27)
ELIMINO. eliminata. in quo ipse, eliminata omni spurcitia, fecit ecclesiam 2.4 (88.30)
Quem non multo post, detecta et eliminata, ut et supra docuimus, Scottorum secta, Galliam mittens, 5.19 (325.27)
eliminatis. Item lunam xxi^{am}, . . . a celebratione uestri paschae funditus eliminatis; 3.25 (186.31)
ELIMOSYNA. elemosinam. 'Quod superest, date elemosinam, 1.27 (49.16)
elimosynae. multitudo pauperum undecumque adueniens . . . postulans aliquid elimosynae a rege. 3.6 (138.19)
nam saepius ante illum percipiendae elimosynae gratia uenire consueuerat, 5.2 (283.22)
elimosynae. Multos autem preces uiuentium, et elimosynae, et ieiunia, et maxime celebratio missarum, . . . adiuuant. 5.12 (308.18)
elimosynam. Cui cum . . . pauper quidam occurreret elimosynam petens, 3.14 (156.12)
quem secum habere illis diebus ad faciendam elimosynam possent; 5.2 (283.18)
elimosynarum. Erat enim religiosis actibus, crebris precibus, piis elimosynarum fructibus plurimum intentus; 4.11 (225.18)
Ordinatus est autem post haec Eadberct uir . . . maxime elimosynarum operatione insignis; 4.29 (275.33)
elimosynas. atque ad elimosynas operumque bonorum exsecutionem, et uerbis excitaret et factis. 3.5 (136.6)
infirmis et pauperibus consulere, elimosynas dare, opem ferre non cessabat. 3.9 (145.25)
accensi sunt . . . ad orandum, uel ad elimosynas faciendas, 4.22 (252.5)
uouit etiam se elimosynas pauperibus daturum, 5.4 (287.11)
Rogaui et ego una cum illo, promittens etiam me elimosynas in alimoniam inopum dare, 5.4 (287.14)
elimosynis. in precibus, ieiuniis, et elimosynis usque ad diem permansit ultimum; 5.19 (322.2)
ELMETE SILVA, *Elmet Woods, near Leeds.*
Elmete. in monasterio . . . Thryduulfi, quod est in silua Elmete. 2.14 (115.22)
ELOQVIVM. eloquii. deinde antistites uenerandi torrentes eloquii . . . profuderunt; 1.17 (35.28)
repperimus, quanta sacri eloquii eruditione eius animum . . . perduxerit. 2.8 (96.10)
ut ipsa uos dominici eloquii promissa in futuro respiciant, 2.18 (121.10)
eloquiis. nequaquam enim in sacris eloquiis inuenitur, 1.27 (50.24)
EMANO. emanabant. scientiae salutaris cotidie flumina inrigandis eorum cordibus emanabant; 4.2 (204.27)
EMENDATIO. emendatione. Praedicatio deinde ad plebem de praeuaricationis emendatione conuertitur, 1.21 (41.3)
ut et regio absolutione, et illi emendatione fruerentur. 1.21 (41.6)
emendationem. ut ad aliorum emendationem et uindicta culpabilem feriat, 1.28 (62.25)
EMENDO. emendanda. ut hi, . . . prius ab aliis, quae sunt emendanda, cognoscant; 1.28 (62.20)
emendandae. Quae quidem illi districtio uitae artioris, primo ex necessitate emendandae suae prauitatis obuenerat, 4.25 (263.8)
emendandi. priusquam subito mortis superuentu tempus omne paenitendi et emendandi perderet. 5.13 (311.12)
emendare. In quibus primitus posuit, qualiter id emendare deberet, 2.5 (90.14)
nequaquam tamen Finanum emendare potuit; 3.25 (181.23)
quicquid ignorantia uel fragilitate deliqui, aeque ad tuae uoluntatis examen mox emendare curaui.' 4.29 (275.4)
qui differentes confiteri et emendare scelera, . . . ad paenitentiam confugiunt, 5.12 (308.13)
Tonsuram quoque, si tantum sibi auctoritatis subesset, emendare meminisset. 5.21 (345.11)
emendaret. Ammonebat ergo illum sedulo, ut confiteretur, et emendaret, ac relinqueret scelera sua, 5.13 (311.10)
emendari. quam fauendo ueritati uoluit emundari [emendari]. uar. 1.10 (24.8)
emendatis. condemnatis siue emendatis haereticis, 1.21 (39.30)
emendatum. librum . . . male de Greco translatum, et peius a quodam inperito emendatum, prout potui, ad sensum correxi; 5.24 (359.8)
EMERGO. emergentes. emergentes de latibulis, quibus abditi fuerant, 1.16 (33.8)
emersisset. nisi contra sacramenti fidem per tyrannidem emersisset, 1.9 (23.13)
EMETIOR. emensa. emensa sollemnitate paschali, 1.20 (38.28)
EMICO. emicuit. inter globos flammantis incendii incolume tabernaculum, . . . emicuit. 1.19 (37.24)
EMICRANIVM. emicranii. et dissolutam mihi emicranii iuncturam conponere atque alligare iussit. 5.6 (291.24)
EMINEO. emineret. ut rebus omnibus, quae uoluuntur, emineret, 2.1 (74.8)
eminet. sepulchrum Domini . . . longitudinis VII pedum, trium mensura palmarum pauimento altius eminet; 5.16 (318.15)
EMISSARIVS. emissarium. rogauit sibi regem arma dare et equum emissarium, 2.13 (113.10)
et ascendens emissarium regis, pergebat ad idola. 2.13 (113.14)
EMITTO. emisit. subito quasi leuiter obdormiens, sine ullo sensu doloris emisit spiritum. 4.11 (226.30)
emissa. ecce subito lux emissa caelitus, ueluti linteum magnum, uenit super omnes, 4.7 (220.3)
emissae. Ipse autem splendor emissae lucis, . . . in meridianum monasterii, . . . secessit, 4.7 (220.6)
emissam. uiderunt lucem caelitus emissam fuisse permaximam, 3.8 (143.26)
EMME, *Bishop of Sens, 658–75.*
Emme. Hadrianus perrexit primum ad Emme Senonum, et postea ad Faronem Meldorum episcopos, 4.1 (203.20)
EMO. emendum. multi ad emendum confluxissent, 2.1 (79.31)
emerat. cumque uidisset, qui emerat, uinculis eum non potuisse cohiberi, 4.22 (251.19)
emit. emit pretio ab eo sedem Lundoniae ciuitatis, 3.7 (141.8)
emitque partem eius non grandem, ad constituendum ibi monasterium, 4.4 (213.25)
EMOLLIO. emollire. autumans se uerberibus, . . . cordis eius emollire constantiam. 1.7 (19.34)
curabant medici hunc adpositis pigmentorum fomentis emollire, nec ualebant. 4.32 (279.28)
EMORIOR. emoriens. lapsus decidi, et mox uelut emoriens sensum penitus motumque omnem perdidi. 5.6 (290.13)
EMPORIVM. emporium. metropolis Lundonia ciuitas est, . . . et ipsa multorum emporium populorum terra marique uenientium; 2.3 (85.11)
EMPORVS. emporum. et ipsa multorum emporium [emporum] populorum terra marique uenientium; uar. 2.3 (85.11)
EMTOR. emtorium. et ipsa multorum emporium [emtorium] populorum terra marique uenientium; uar. 2.3 (85.11)
EMVNDO. emundari. quam fauendo ueritati uoluit emundari. 1.10 (24.8)
EN. En Deus altus adit uenerandae uirginis aluum, 4.20 (247.17)
Liberet ut homines, en Deus altus adit. 4.20 (247.18)
ENARRO. enarrare. Nec ab re est unum e pluribus, . . . uirtutis miraculum enarrare. 3.2 (130.10)
ENI, *father of Anna, King of East Anglia.*
Eni. Successor autem regni eorum factus est Anna filius Eni 3.18 (163.15)
ENIM. Praef. (5.12); 1.1 (10.19); 1.7 (21.5); 1.12 (26.2); 1.12 (28.7); 1.15 (32.19); 1.17 (34.32); 1.21 (40.15); 1.25 (45.9); 1.25 (45.29); 1.26 (47.28); 1.27 (49.29); 1.27 (50.2); 1.27 (50.9); 1.27 (50.24); 1.27 (51.5); 1.27 (51.26); 1.27 (52.21); 1.27 (53.15); 1.27 (56.16); 1.27 (56.28); 1.27 (57.10); 1.27 (57.33); 1.27 (58.1); 1.27 (58.3); 1.27 (58.14); 1.27 (58.31); 1.27 (59.3); 1.27 (60.3); 1.27 (60.27); 1.27 (61.3); 1.27 (61.10); 1.31 (66.27); 1.31 (67.1); 1.32 (68.12); 1.32 (69.1); 1.34 (71.14); 2.1 (78.18); 2.1 (80.24); 2.2 (81.18); 2.6 (93.18); 2.7 (93.27); 2.8 (95.20); 2.8 (95.27); 2.10 (101.27); 2.10 (102.20); 2.10 (103.9); 2.11 (106.6); 2.12 (108.2); 2.12 (108.13); 2.12 (108.31); 2.12 (110.5); 2.12 (110.17); 2.13 (111.16); 2.13 (111.25); 2.13 (113.6); 2.13 (113.12); 2.14 (115.13); 2.17 (119.6); 2.17 (119.9); 2.19 (124.10); 3.2 (129.9); 3.4 (133.29); 3.4 (135.6); 3.5 (135.25); 3.7 (140.10); 3.8 (144.8); 3.11 (150.16); 3.14 (156.14); 3.14 (156.27); 3.14 (157.9); 3.14 (157.11); 3.16 (159.12); 3.17 (159.28); 3.19 (166.3); 3.19 (167.1); 3.21 (171.4); 3.22 (171.21); 3.22 (172.16); 3.22 (173.27); 3.22 (174.5); 3.23 (175.9); 3.23 (175.30); uar. 3.25 (181.18);

3.25 (185.10); 3.25 (186.17); 3.25 (187.14); 3.25 (188.11); 3.26 (190.25); 3.26 (191.2); 3.27 (193.23); 3.28 (195.15); 3.28 (195.22); 3.29 (196.7); 3.29 (197.2); 3.29 (198.3); 3.29 (198.26); 3.29 (198.30); 3.29 (198.32); 3.30 (199.30); 4.1 (203.6); 4.1 (203.21); 4.1 (204.7); 4.3 (207.32); 4.3 (208.9); uar. 4.3 (210.7); 4.3 (210.32); 4.7 (219.28); uar. 4.9 (222.11); 4.11 (225.17); 4.11 (226.20); 4.12 (229.16); 4.13 (232.10); 4.14 (234.4); 4.14 (234.8); 4.18 (241.5); 4.19 (244.32); 4.22 (250.16); 4.22 (252.8); 4.23 (258.20); uar. 4.24 (259.22); 4.24 (260.7); 4.24 (261.11); 4.24 (261.30); 4.29 (274.11); 4.29 (274.22); 4.29 (275.1); 4.32 (280.24); 5.2 (283.18); 5.3 (285.26); 5.3 (286.9); 5.7 (293.23); 5.8 (295.2); 5.9 (297.9); 5.9 (297.13); 5.10 (299.30); 5.11 (302.11); uar. 5.12 (304.1); 5.12 (305.7); 5.12 (305.18); 5.12 (310.25); 5.13 (311.18); 5.13 (311.29); 5.14 (314.3); 5.14 (314.12); 5.15 (315.27); 5.17 (318.28); 5.19 (322.31); uar. 5.19 (323.1); 5.19 (324.3); uar. 5.19 (327.26); 5.19 (329.9); 5.19 (329.12); 5.21 (334.5); 5.21 (335.3); 5.21 (335.19); 5.21 (335.25); 5.21 (336.2); 5.21 (336.22); 5.21 (336.26); 5.21 (337.12); 5.21 (337.33); 5.21 (343.7); 5.21 (345.15); 5.23 (348.22).

ENITESCO. enitescat. piis et Deo placitis iugiter operibus enitescat, . . . 2.11 (105.2)
ENITOR. enixa. Cum uero enixa fuerit mulier, . . . 1.27 (54.20)
enixam. Si itaque enixam mulierem prohibemus ecclesiam intrare, . . . 1.27 (54.29)
Baptizare autem uel enixam mulierem, uel hoc quod genuerit, . . . 1.27 (54.31)
ENORMIS, e. **enormem.** illi perparuum, isti enormem; . . . 5.13 (313.16)
normis. proferens codicem horrendae uisionis, et magnitudinis enormis, et ponderis pene inportabilis, 5.13 (312.14)
ENSIS. ense. proiectoque ense, quem strictum tenuerat, . . . 1.7 (20.20)
ensis. contigit, ut multo plures aqua fugientes, quam bellantes perderet ensis. . . . 3.24 (178.20)
ENVCLEATIVS. Verum si de his singulis enucleatius ac latius audire desideras, . . . 5.21 (334.12)
ENVMERO. enumeratis. enumeratis animi sui uirtutibus priscis, . . . 2.1 (74.17)
ENVTRIO. enutriti. donec paulatim enutriti uerbo Dei, . . . 3.5 (137.17)
EO. ibit. Candidus inter oues Christi sociabilis ibit; . . . 5.7 (293.27)
ibunt. 'Ibunt sancti de uirtute in uirtutem'; . . . 3.19 (164.31)
ierat. necdum Berctualdo successore eius, qui trans mare ordinandus ierat, ad sedem episcopatus sui reuerso. . . . 5.11 (302.14)
ire. statimque iussit ire ministram, et capsellam, in qua erat, adducere. . . . 3.11 (150.6)
absoluit eum, et post Theodorum ire permisit. . . . 4.1 (204.4)
quae animam eius cum angelis ad caelum ire conspexerit, . . . 4.23 (258.14)
iret. Et dum iret cubitum, . . . 3.2 (130.27)
Nam et benigno ecclesiae hospitio, cum Brittaniam iret, exceptus est, . . . 4.18 (242.23)
nec tamen a praeparando itinere, quo ad gentes docendas iret, cessare uolebat. . . . 5.9 (297.25)
ituri. qui ad praefatum ituri concilium . . . 2.2 (82.24)
iturus. Romamque iturus, et coram apostolico papa causam dicturus, . . . 5.19 (326.10)
EOLLA (*fl.* 705), *Bishop of the South Saxons.*
Eallan. Vt Australes Saxones episcopos acceperint Eadberctum et Eallan, . . . 5.18 (320.1)
Eolla. quo defuncto, Eolla suscepit officium pontificatus. . . . 5.18 (321.21)
EPIFANIA. epifaniae. praeter inminentibus sollemniis maioribus, uerbi gratia paschae, pentecostes, epifaniae, . . . 4.19 (244.9)
EPIGRAMMA. epigrammatum. Librum epigrammatum heroico metro, siue elegiaco. . . . 5.24 (359.23)
EPISCOPALIS, e. **episcopale.** Prouincia Australium Saxonum . . . ministerium sibi episcopale ab Occidentalium Saxonum antistite quaerit. . . . 5.23 (350.22)
episcopalem. ubi in regia ciuitate sedem episcopalem, ut praediximus, accepit, . . . 1.33 (70.10)
Donauerunt . . . episcopo ciuitatem, . . . ad faciendum inibi sedem episcopalem; . . . 3.7 (139.30)
Habuit autem sedem episcopalem in loco, qui uocatur Lyccidfelth, . . . 4.3 (207.8)
ille in Hagustaldensi siue in Lindisfarnensi ecclesia cathedram habens episcopalem, . . . 4.12 (229.9)
qui nunc episcopalem Lindisfarnensis ecclesiae cathedram condignis gradu actibus seruat. . . . 5.12 (310.6)
episcopalem uitam siue doctrinam magis insito sibi uirtutum amore quam lectionibus institutus exercebat. . . . 5.18 (320.10)
ut prouincia Australium Saxonum, quae eatenus ad ciuitatis Ventanae, . . . parrochiam pertinebat, et ipsa sedem episcopalem, ac proprium haberet episcopum; . . . 5.18 (321.17)
episcopales. Donauit autem ei Pippin locum cathedrae episcopalis [episcopales] in castello suo . . uar. 5.11 (303.7)
episcopali. Qui in insula Lindisfarnensi fecit ecclesiam episcopali sedi congruam; . . . 3.25 (181.6)
episcopali. rogauit eum, accepta ibi sede episcopali, suae gentis manere pontificem; . . . 3.7 (140.25)
episcopalis. in qua locum sedis episcopalis, et ipse, et successores eius haberent. . . . 2.3 (85.20)
rex locum sedis episcopalis in insula Lindisfarnensi, . . . tribuit. . . . 3.3 (132.1)
nemo gradum ministerii ac sedis episcopalis ante Danihelem, . . . accepit. . . . 4.16 (238.11)
Donauit autem ei Pippin locum cathedrae episcopalis in castello suo inlustri, . . . 5.11 (303.7)
EPISCOPATVS. episcopatu. et ipsum esse dignum episcopatu, . . . decernunt, . . . 3.5 (137.21)
et accepto episcopatu Parisiacae ciuitatis, ibidem senex ac plenus dierum obiit. . . . 3.7 (141.3)
pulsus est et Vini ab eodem rege de episcopatu; . . . 3.7 (141.6)
quia episcopatu propriae ciuitatis ac parrochiae teneretur adstrictus, . . . 3.7 (141.21)
dicens, quod ipse eum dignum esse episcopatu iudicaret. . . . 3.7 (141.26)
ac tempore non pauco in episcopatu permansit. . . . 3.17 (160.18)
et cessante episcopatu per annum et sex menses, . . . 3.20 (169.12)
relicto episcopatu, reuersus est ad insulam Hii, . . . 3.21 (171.10)
Omnes hi . . . gentis Merciorum episcopatu sunt functi. . . . 3.24 (180.31)
et Tuda pro illo episcopatu sit functus; . . . 3.26 (189.8)
adsumserunt . . . uirum bonum et aptum episcopatu, . . . 3.29 (196.11)
Tunc cessante non pauco tempore episcopatu, . . . 4.1 (201.12)
Hunc ad se accitum papa iussit episcopatu accepto Brittaniam uenire. . . . 4.1 (202.11)
hic ab omnibus, qui nouere, dignus episcopatu iudicatus est. . . . 4.1 (202.18)
Quo adhuc superstite, sed grauissima infirmitate ab administrando episcopatu prohibito, . . . 4.5 (217.30)
Theodorus archiepiscopus deposuit eum de episcopatu post annos accepti episcopatus non multos; 4.6 (218.6)
cuius uidelicet uiri, et in episcopatu, et ante episcopatum, uita et conuersatio fertur fuisse sanctissima, 4.6 (218.16)
ipsisque regnantibus defunctus est ille, et episcopatu functus Haeddi pro eo, . . . 4.12 (227.28)
ibidem in pace uitam finiuit, nil omnino de restaurando episcopatu suo agens; . . . 4.12 (228.17)
Sed illo post non multum temporis prae inopia rerum ab episcopatu decedente, . . . 4.12 (228.24)
Pulsus est autem ab episcopatu suo Vilfrid, . . . 4.13 (230.3)
pro Tunbercto, qui ab episcopatu fuerat depositus; . . . 4.28 (273.7)
Duobus autem annis in episcopatu peractis repetiit insulam ac monasterium suum, . . . 4.29 (274.3)
Mansit autem in episcopatu annis XXXIII, . . . 5.6 (291.30)
Mansit autem in episcopatu annis XXII, . . . 5.8 (294.23)
Qui uidelicet Suidberct accepto episcopatu, . . . ad gentem Boructuarorum secessit, . . . 5.11 (302.16)
utpote tricesimum et sextum in episcopatu habens annum, . . . 5.11 (303.20)
Qui deinde regnante Ecgfrido, pulsus est episcopatu, . . . 5.19 (326.8)
uniuersorum iudicio absque crimine accusatus fuisse, et episcopatu esse dignus inuentus est. . . . 5.19 (326.22)
a beatae memoriae papa Agathone probatus est contra fas a suo episcopatu repulsus; . . . 5.19 (328.12)
qui per XL prope annos episcopatu fungebatur, . . . 5.19 (328.17)
episcopatui. adsumserunt . . . uirum bonum et aptum episcopatu [episcopatui], . . . uar. 3.29 (196.11)
Nam cum prae maiore senectute minus episcopatui administrando sufficeret, . . . 5.6 (292.4)
episcopatum. Successit Augustino in episcopatum Laurentius, . . . 2.4 (86.26)

Honorius, qui Iusto in episcopatum Dorouernensis ecclesiae successit, 2.18 (120.6)
Haedde episcopatum agente, translatus inde in Ventam ciuitatem, 3.7 (140.3)
summissa illum satisfactione deprecans ad episcopatum suae gentis redire. 3.7 (141.20)
qui consecratus in ipsa ciuitate, multis annis episcopatum Geuissorum . . . gessit. 3.7 (141.30)
qui x et VIIII annos, menses duos, dies XXI episcopatum tenuit; 3.14 (154.18)
Successit uero ei in episcopatum Finan, 3.17 (160.16)
Suscepitque pro illo episcopatum Ceollach, 3.21 (171.9)
succedente illi in episcopatum Trumheri, 3.21 (171.13)
Qui cum annis multis et in praefata prouincia episcopatum administraret, 3.23 (176.9)
cum Colmanus in episcopatum succederet, 3.25 (182.18)
siquidem Aidan x et VII annis, Finan decem, Colman tribus episcopatum tenuere. 3.26 (189.23)
Consecratus ergo in episcopum [episcopatum] Ceadda uar. 3.28 (195.17)
priusquam consecrari in episcopatum posset, morte praereptus est, 3.29 (196.18)
Vt defuncto Deusdedit, Vighard ad suscipiendum episcopatum Romam sit missus; 4.1 (201.1)
cuius magis ad suscipiendum episcopatum et eruditio conueniret, et aetas. 4.1 (202.14)
Et rursum Hadrianus ad suscipiendum episcopatum actus est; 4.1 (202.20)
'Si me,' inquit, 'nosti episcopatum non rite suscepisse, 4.2 (205.25)
dixit non eum episcopatum dimittere debere; 4.2 (205.30)
Vilfrido administrante episcopatum Eboracensis ecclesiae, 4.3 (206.20)
Susceptum itaque episcopatum gentis Merciorum simul et Lindisfarorum Ceadda, 4.3 (207.1)
Vt deposito Vynfrido, Sæxuulf episcopatum eius acceperit, 4.6 (218.1)
cuius uidelicet uiri, et in episcopatu, et ante episcopatum, uita et conuersatio fertur fuisse sanctissima, 4.6 (218.17)
Vt episcopatum Occidentalium Saxonum pro Leutherio Haeddi, . . . acceperit; 4.12 (227.19)
de secundo breuiter intimandum, quod in episcopatum Dorciccaestræ fuerit ordinatus; 4.23 (254.27)
praefatus uir in episcopatum pro eo electus, ac . . . ordinatus est; 4.23 (255.12)
per Vilfridum . . . qui tunc temporis Mediterraneorum Anglorum episcopatum gerebat, ordinatus est; 4.23 (255.15)
uir Domini Trumuini, qui in eos episcopatum acceperat, recessit cum suis, 4.26 (267.18)
contigit, ut . . . unanimo omnium consensu ad episcopatum ecclesiae Lindisfarnensis eligeretur. 4.28 (272.18)
Electus est autem primo in episcopatum Hagustaldensis ecclesiae pro Tunbercto, 4.28 (273.6)
Quod dum factum esset, episcopatum ecclesiae illius anno uno seruabat uenerabilis antistes Vilfrid, 4.29 (275.27)
cum . . . Vilfrid post longum exilium in episcopatum esset Hagustaldensis ecclesiae receptus, 5.3 (285.4)
ordinato in episcopatum Eboracensis ecclesiae Vilfrido presbytero suo, 5.6 (292.5)
Successit autem Theodoro in episcopatum Berctuald, 5.8 (295.18)
qui electus est quidem in episcopatum anno dominicae incarnationis DCXC secundo, 5.8 (295.24)
Quibus episcopatum administrantibus statutum est synodali decreto, 5.18 (321.14)
et Vilfrid ad suae potius, hoc est Anglorum, gentis episcopatum reseruatus. 5.19 (324.34)
eodem Agilbercto tunc episcopatum agente Parisiacae ciuitatis; 5.19 (325.31)
consecratus est in episcopatum Eboraci, iubente rege Osuio, Ceadda uir sanctus, 5.19 (326.2)
accipiente Vilfrido episcopatum totius Nordanhymbrorum prouinciae. 5.19 (326.6)
secundo anno Aldfridi, qui post Ecgfridum regnauit, sedem suam et episcopatum . . . recepit. 5.19 (327.12)
ut eum in episcopatum suum, eo quod iniuste fuerit condemnatus, facerent recipi. 5.19 (327.21)
Vt religioso abbati Hadriano Albinus, Vilfrido in episcopatum Acca successerit. 5.20 (330.29)
Suscepit uero pro Vilfrido episcopatum Hagustaldensis ecclesiae Acca presbyter eius, 5.20 (331.13)
episcopatus. in ciuitate Hrofi, ubi defuncto Damiano episcopatus iam diu cessauerat, 4.2 (206.5)
Quo defuncto, episcopatus prouinciae illius in duas parrochias diuisus est. 5.18 (320.24)
episcopatus usque hodie cessauit. 5.18 (321.23)
Episcopatus Vectae insulae ad Danihelem pertinet episcopum Ventae ciuitatis. 5.23 (350.19)
episcopatus. quem dudum amissi episcopatus intemperans cupido exagitabat; 1.10 (24.2)
atque in urbe regis sedem episcopatus acceperit. 1.26 (46.30)
In qua etiam ciuitate . . . Paulino sedem episcopatus donauit. 2.14 (114.7)
accepitque sedem episcopatus in ciuitate Domnoc; 2.15 (117.1)
eidemque in insula Lindisfarnensi sedem episcopatus donauerit. 3.3 (131.4)
cuius sedem episcopatus, . . . iam nunc Anglorum gens obtinet. 3.4 (133.17)
missus est Aedan, accepto gradu episcopatus. 3.5 (135.19)
per Asterium Genuensem episcopum in episcopatus consecratus est gradum. 3.7 (139.16)
huic in ciuitate Venta, . . . sedem episcopatus tribuit; 3.7 (141.1)
Nam tempore episcopatus eius, hostilis Merciorum exercitus . . . peruenit ad urbem 3.16 (158.29)
conpletis annis episcopatus sui XVII erat in uilla regia 3.17 (159.26)
Obiit autem septimo decimo episcopatus sui anno, 3.17 (160.8)
defuncto Felice Orientalium Anglorum episcopo post x et VII annos accepti episcopatus, 3.20 (169.4)
et hoc post quinque annos sui episcopatus de hac uita subtracto, 3.20 (169.7)
Qui accepto gradu episcopatus rediit ad prouinciam, 3.22 (173.2)
cum apud Orientales Saxones episcopatus officio fungeretur, 3.23 (174.25)
secundus Cellach, qui relicto episcopatus officio uiuens ad Scottiam rediit, 3.24 (179.24)
Finan pro illo gradum episcopatus a Scottis ordinatus ac missus acceperat. 3.25 (181.4)
qui fuit annus Osuiu regis XXII^us, episcopatus autem Scottorum, . . . annus XXX^us; 3.26 (189.20)
quos primo episcopatus sui tempore de natione Anglorum erudiendos in Christo accepit. 3.26 (190.10)
prouinciis Merciorum et Mediterraneorum Anglorum et Lindisfarorum episcopatus officio praeesset; 4.3 (212.27)
Nam Bontifatio post x et VII episcopatus sui annos defuncto, 4.5 (217.28)
Theodorus archiepiscopus deposuit eum de episcopatu post annos accepti episcopatus non multos; 4.6 (218.6)
Cuius episcopatus tempore deuictis atque amotis subregulis, Caedualla suscepit imperium, 4.12 (228.1)
pulsus est idem antistes a sede sui episcopatus, 4.12 (229.3)
ambo de monachorum collegio in episcopatus gradum adsciti. 4.12 (229.9)
officium episcopatus et uerbo exercebat et opere. 4.13 (232.20)
ut officium episcopatus per se inplere non posset; 4.23 (255.11)
atque ad suscipiendum episcopatus officium collum submittere conpellitur; 4.28 (272.29)
Qui susceptum episcopatus gradum ad imitationem beatorum apostolorum uirtutum ornabat operibus. 4.28 (273.13)
nec multo post successor episcopatus eius de mundo transierit. 4.30 (276.6)
uita solitaria, quam in insula Farne ante episcopatus sui tempora gerebat, 5.1 (281.4)
necdum Berctualdo successore eius, qui trans mare ordinandus ierat, ad sedem episcopatus sui reuerso. 5.11 (302.14)
ac mox remissus ad sedem episcopatus sui, id est post dies XIIII, ex quo in urbem uenerat. 5.11 (303.5)
antistes eximius Vilfrid post XL et V annos accepti episcopatus diem clausit extremum 5.19 (322.19)
Post quem episcopatus officium Alduulf, Berctualdo archiepiscopo consecrante, suscepit. 5.23 (349.2)
EPISCOPIVM. episcopium. atque ad episcopium furens se flamma dilataret, 2.7 (94.19)
EPISCOPVS. episcopi. Seueriani episcopi Pelagiani filium, 1.17 (33.25)
qui erat discipulus beatissimi patris Lupi Trecasenorum episcopi, 1.21 (40.6)
beati Augustini episcopi Cantuariorum ecclesiae: 1.27 (48.14)
qui in ordinatione episcopi testes adsistant? 1.27 (52.10)
ut in ordinatione episcopi pastores quoque alii, 1.27 (52.14)
qui uel in prouectu ordinati episcopi gaudeant, 1.27 (52.26)
ut Lundoniensis episcopi nullo modo dicioni subiaceat 1.29 (64.5)
libello responsionum, quem ad interrogationes . . . Augustini . . . episcopi scripsit, 2.1 (76.33)

qui aliquid rerum uel ecclesiae, uel episcopi, . . . furto auferret; 2.5 (90.15)
sancti Martini episcopi nomine et ecclesia insignem, 3.4 (133.18)
De uita Aidani episcopi. 3.5 (135.16)
festinusque accedens ante pedes episcopi conruit, 3.14 (156.31)
contigit . . . Cedd . . . peruenire ad ecclesiam Lindisfaronensem propter conloquium Finani episcopi. 3.22 (172.31)
Habuerat autem idem rex secum fratrem germanum eiusdem episcopi, 3.23 (175.7)
adsumserunt . . . presbyterum nomine Vighardum, de clero Deusdedit episcopi, 3.29 (196.12)
Vt Orientales Saxones . . . per instantiam Iarumanni episcopi mox sint ab errore correcti. 3.30 (199.8)
nullique eorum liceat ullum officium sacerdotale, absque permissu episcopi, . . . agere.' 4.5 (216.20)
ad praedicationem . . . Paulini primi Nordanhymbrorum episcopi, fidem et sacramenta Christi suscepit, 4.23 (252.28)
qui tamen et ipsi ad curam episcopi familiariter pertinerent. 4.27 (270.25)
qui erat abbas monasterii beatae memoriae Vilfridi episcopi, quod dicitur Selæseu; 5.18 (321.20)
et de uita uel obitu Vilfridi episcopi. 5.19 (321.26)
Hadrianus abbas, cooperator in uerbo Dei Theodori beatae memoriae episcopi, defunctus est, 5.20 (331.2)
in clero sanctissimi ac Deo dilecti Bosa Eboracensis episcopi nutritus atque eruditus est; 5.20 (332.7)
utrumque per ministerium reuerentissimi episcopi Iohannis, iubente Ceolfrido abbate, suscepi. 5.24 (357.17)

episcopi. Germanus Autissidorensis et Lupus Trecasenae ciuitatis episcopi, 1.17 (34.6)
Vt idem episcopi Brettonibus in pugna auxilium caeleste tulerint, 1.20 (38.6)
ut episcopi non facile ualeant conuenire, 1.27 (52.4)
Nam quando de Galliis episcopi ueniunt, 1.27 (52.10)
ut ipsi sibi episcopi longo interuallo minime disiungantur, 1.27 (52.12)
fuerint episcopi in propinquis sibi locis ordinati, 1.27 (52.16)
uenerunt, . . . VII Brettonum episcopi et plures uiri doctissimi, 2.2 (82.20)
Laurentius, Mellitus, et Iustus episcopi, serui seruorum Dei. 2.4 (87.27)
cuius iuri et omnis prouincia, et ipsi etiam episcopi ordine inusitato debeant esse subiecti, 3.4 (134.13)
Veneruntque . . . episcopi, Colman cum clericis suis de Scottia, Agilberctus cum Agathone 3.25 (183.20)
Vilfrid . . . Ceadda . . . in prouinciam Nordanhymbrorum sint ordinati episcopi. 3.28 (194.17)
VI: 'Vt episcopi atque clerici peregrini contenti sint hospitalitatis munere oblato; 4.5 (216.18)
'Vt plures episcopi crescente numero fidelium augerentur'; 4.5 (216.30)
duo sunt pro illo, Aecci et Baduuini, electi et consecrati episcopi; 4.5 (217.32)
et qui tunc Nordanhymbrorum fuerint episcopi. 4.12 (227.21)
et duo in locum eius substituti episcopi, 4.12 (229.4)
Vt uiri uenerabiles Suidberct in Brittaniis, Vilbrord Romae sint in Fresiam ordinati episcopi. 5.11 (301.18)
cum quo et alii XI episcopi ad dedicationem antistitis conuenientes, 5.19 (325.32)
Itaque in praesenti ecclesiis Cantuariorum Tatuini et Alduulf episcopi praesunt. 5.23 (350.11)
prouinciae Orientalium Anglorum Aldberct et Hadulac episcopi; 5.23 (350.13)
prouinciae Occidentalium Saxonum Danihel et Fortheri episcopi; 5.23 (350.15)
prouinciae Nordanhymbrorum, . . . IIII nunc episcopi praesulatum tenent; 5.23 (350.29)
et Ceadda ac Vilfrid Nordanhymbrorum ordinantur episcopi. 5.24 (354.17)

episcopis. Mos autem sedis apostolicae est ordinatis episcopis praecepta tradere, 1.27 (48.24)
post obitum uero tuum ita episcopis, quos ordinauerit, praesit, 1.29 (64.4)
qui etiam episcopis utriusque huius ecclesiae dona multa, . . . obtulit; 2.3 (85.27)
Dominis carissimis fratribus episcopis uel abbatibus per uniuersam Scottiam 2.4 (87.25)
Dilectissimis et sanctissimis Tomiano, Columbano, Cromano, Dinnao, et Baithano episcopis; 2.19 (123.2)

episcopis. De episcopis, qualiter cum suis clericis conuersentur, 1.27 (48.15)
ordinare episcopum non aliter nisi sine episcopis potes. 1.27 (52.9)
sine adgregatis tribus uel quattuor episcopis 1.27 (52.18)
Qualiter debemus cum Galliarum atque Brittaniarum episcopis agere? 1.27 (52.29)
In Galliarum episcopis nullam tibi auctoritatem tribuimus; 1.27 (52.30)
qualiter, siqua sunt in episcopis uitia, corrigantur. 1.27 (53.3)
quem cum episcopis Italiae . . . conposuit, 2.1 (77.1)
possessiones in usum eorum, qui erant cum episcopis, adiecit. 2.3 (85.29)
Vt Laurentius cum coepiscopis [episcopis] suis Scottos . . . monuerit, uar. 2.4 (86.23)
uocatis ad se in ministerium ordinationis aliis duobus episcopis. 3.22 (173.1)
nec solum a mediocribus, uerum ab ipsis quoque episcopis, . . . uenerationi habitus est. 3.25 (182.14)
conuenientibus plurimis episcopis in uico regio, qui uocatur In Conpendio. 3.28 (194.24)
adsumtis in societatem ordinationis duobus de Brettonum gente episcopis, 3.28 (195.12)
una cum eo sedentibus ceteris episcopis Brittaniae insulae uiris uenerabilibus, 4.17 (239.14)
conuenientibus ad consecrationem eius VII episcopis, 4.28 (273.4)
praesente Agathone papa et pluribus episcopis, . . . absque crimine accusatus fuisse, . . . inuentus est. 5.19 (326.21)
et cum aliis CXXV coepiscopis [episcopis] in synodo in iudicii sede constitutus, uar. 5.19 (327.2))
Sed post V annos denuo accusatus, ab eodem ipso rege et plurimis episcopis praesulatu pulsus est; 5.19 (327.14)
considentibus episcopis pluribus cum apostolico papa Iohanne, 5.19 (327.16)

episcopo. Vt Arelatensi episcopo epistulam pro eorum susceptione miserit. 1.24 (43.27)
una uidelicet episcopo et familiae propter hospitalitatem atque susceptionem, 1.27 (48.25)
Vt papa Gregorius epistulam Arelatensi episcopo, . . . miserit. 1.28 (62.3)
quam se Arelatensi episcopo fecisse commemorat, 1.28 (62.7)
Praeterea idem papa Gregorius Augustino episcopo, . . . misit 1.29 (63.2)
eandem filiam suam Christo consecrandam Paulino episcopo adsignauit; 2.9 (99.30)
Donauerunt autem ambo reges eidem episcopo ciuitatem, 3.7 (139.29)
dicebat episcopo, cum forte ingressuri essent ad prandium: 3.14 (156.16)
ipsi episcopo Geuissorum, id est Occidentalium Saxonum, qui essent in Venta ciuitate, subiacerent. 4.15 (236.22)
Quod ita soluit, ut hanc Vilfrido episcopo, . . . utendam pro Domino offerret. 4.16 (237.8)
unde data est episcopo possessio terrae CCC arum familiarum. 4.16 (237.12)
Erat autem in uilla non longe posita quidam adulescens mutus, episcopo notus, 5.2 (283.21)
obtulit poculum episcopo ac nobis; 5.4 (287.26)
Aedilred accitum ad se Coinredum, quem pro se regem fecerat, amicum episcopo fieri petiit, 5.19 (329.27)
misit papa Gregorius pallium Brittaniam Augustino iam facto episcopo, 5.24 (353.19)

episcopo. ut ritum fidei ac religionis suae cum episcopo, . . . seruare licentiam haberet. 1.25 (45.24)
cum eodem Arelatense episcopo debet agere, 1.27 (53.2)
cum praedicto Arelatense episcopo agatur, 1.27 (53.20)
Bonifatius, quartus a beato Gregorio Romanae urbis episcopo, 2.4 (88.27)
Cumque idem rex, praesente Paulino episcopo, gratias ageret diis suis 2.9 (99.20)
baptizatum se fuisse die media a Paulino episcopo, 2.16 (117.23)
Venienti igitur ad se episcopo, 3.3 (132.1)
praedicante eis uerbum Nynia episcopo reuerentissimo et sanctissimo uiro 3.4 (133.15)
cum die sancto paschae cum praefato episcopo consedisset ad prandium, 3.6 (138.12)
fidem Christi suscepit, praedicante illis uerbum Birino episcopo, 3.7 (139.10)
Dumque rex, iubente ac postulante episcopo, laetitiam reciperet, 3.14 (157.4)
iuuante se episcopo Felice, quem de Cantia acceperat, 3.18 (162.21)
defuncto Felice Orientalium Anglorum episcopo post X et VII annos accepti episcopatus, 3.20 (169.3)
Baptizatus est ergo a Finano episcopo 3.21 (170.12)

factus est Diuma . . . episcopus . . . Merciorum, ordinatus a Finano episcopo. 3.21 (171.4)
succedente . . . Trumheri, . . . natione quidem Anglorum, sed a Scottis ordinato episcopo. 3.21 (171.15)
baptizatus est cum eis a Finano episcopo in uilla regia, 3.22 (172.15)
Interea Aidano episcopo de hac uita sublato, 3.25 (181.3)
Denique cum episcopo in praefata mansione pro suae reuerentia deuotionis inter fratres habitus, 4.3 (208.13)
offensus a Vynfrido Merciorum episcopo per meritum cuiusdam inoboedientiae, 4.6 (218.4)
condignam se in omnibus episcopo fratre, . . . praebuit; 4.6 (219.6)
Vnde accito ad se praefato urbis Lundoniae, in qua tunc ipse manebat, episcopo, 4.11 (226.13)
Nam subito adstante episcopo, et filio regis 4.11 (227.10)
deinde ab Aidano episcopo patriam reuocata accepit locum 4.23 (253.13)
fertur . . . propositum uestemque sanctimonialis habitus, consecrante Aidano episcopo, suscepisse. 4.23 (253.23)
Sed, adueniente illuc episcopo, maximum regendi auxilium, . . . inuenit. 4.26 (267.33)
Cuius regni principio defuncto Eata episcopo, 5.2 (282.13)
Cumque singula litterarum nomina dicente episcopo responderet, 5.2 (284.9)
offerente etiam ei episcopo, ut in sua familia manendi locum acciperet, 5.2 (284.29)
dolor tamen omnis . . . uelut ipso episcopo foras eum exportante, funditus ablatus est, 5.3 (286.20)
misit ei calicem uini benedictum ab episcopo; 5.5 (288.23)
'Vitam,' inquit, 'illius, . . . per omnia episcopo dignam esse conperi. 5.6 (289.12)
'At cum saepius huc atque illuc, spectante me et episcopo, concitatis in cursum equis reuerterentur; 5.6 (290.4)
ordinatus autem anno sequente . . . a Goduine metropolitano episcopo Galliarum; 5.8 (295.29)
Vilfrid a Dalnno ciuitatis episcopo ibi retentus est, 5.19 (324.2)
ordinatus est in eodem monasterio ab Agilbercto episcopo Geuissorum, 5.19 (325.24)
Prouincia Australium Saxonum . . . absque episcopo manens ministerium sibi episcopale . . . quaerit. 5.23 (350.22)

episcoporum. an debeat sine aliorum episcoporum praesentia episcopus ordinari? 1.27 (52.5)
per omnia episcoporum ordinatio . . . fieri non debet. 1.27 (52.17)
et quae sunt Creatoris nostri iussioni contraria, ab episcoporum moribus conpescat. 1.27 (53.8)
in qua et ipsius Augustini, et omnium episcoporum Doruuernensium, . . . poni corpora possent. 1.33 (70.21)
Et cum idem papa reuerentissimus cogeret synodum episcoporum Italiae, 2.4 (88.16)
concedentes etiam tibi ordinationes episcoporum, exigente oportunitate, . . . celebrare; 2.8 (96.26)
qui tempore Finani et Colmani episcoporum, . . . continentioris uitae gratia illo secesserant. 3.27 (192.11)
ubi usque hodie sequentium quoque prouinciae illius episcoporum sedes est. 4.3 (207.11)
cuius anno regni III°, Theodorus cogit concilium episcoporum, 4.5 (214.23)
Secundum: 'Vt nullus episcoporum parrochiam alterius inuadat, 4.5 (216.3)
'Vt, quaeque monasteria Deo consecrata sunt, nulli episcoporum liceat ea in aliquo inquietare, 4.5 (216.7)
VIII: 'Vt nullus episcoporum se praeferat alteri per ambitionem; 4.5 (216.26)
synodum beati papae Martini, centum quinque episcoporum consensu non multo ante Romae celebratam, 4.18 (242.2)
iuxta praefatorum corpora episcoporum in ecclesia beati apostoli Petri sepultus est. 5.1 (282.25)
in qua omnium episcoporum Doruuernensium sunt corpora deposita; 5.8 (294.25)
cum synodum congregaret Romae CXXV episcoporum, aduersus eos, 5.19 (326.25)
ut ipsum in concilio, quod congregarat, episcoporum, . . . residere praeciperet.' 5.19 (328.13)

episcopos. Sed fraternitatem tuam ita uolumus episcopos ordinare, 1.27 (52.12)
episcopos Galliarum iudicare non poteris; 1.27 (53.10)
Brittaniarum uero omnes episcopos tuae fraternitati committimus, 1.27 (53.22)
insinuat, qualiter episcopos in Brittania constituere debuisset; 1.29 (63.13)
ita ut per loca singula XII episcopos ordines, 1.29 (63.25)
ipse quoque XII episcopos ordinet, 1.29 (64.1)
Sit uero inter Lundoniae et Eburacae ciuitatis episcopos in posterum 1.29 (64.7)
Tua uero fraternitas non solum eos episcopos, . . . habeat 1.29 (64.12)
Vt Augustinus Brettonum episcopos pro pace catholica, . . . monuerit; 2.2 (81.7)
Augustinus . . . conuocauit ad suum colloquium episcopos siue doctores . . . Brettonum 2.2 (81.11)
Vt idem Mellitum ac Iustum episcopos fecerit; 2.3 (85.3)
Augustinus . . . ordinauit duos episcopos, Mellitum uidelicet et Iustum; 2.3 (85.5)
data sibi ordinandi episcopos auctoritate a pontifice Bonifatio, 2.8 (95.13)
Hadrianus perrexit primum ad Emme Senonum, et postea ad Faronem Meldorum episcopos, 4.1 (203.21)
Vilfrido, qui primus inter episcopos, . . . catholicum uiuendi morem . . . tradere didicit. 4.2 (205.17)
Itaque Theodorus perlustrans uniuersa, ordinabat locis oportunis episcopos, 4.2 (205.21)
ex quo usque hodie prouincia illa duos habere solet episcopos. 4.5 (217.33)
Denique v ex eodem monasterio postea episcopos uidimus, 4.23 (254.22)
Vt Australes Saxones episcopos acceperint Eadberctum et Eallan, 5.18 (320.1)
uocari iussit et Vilfridum, atque inter episcopos considentem dicere fidem suam, 5.19 (326.28)
quae quondam ipso . . . in eodem concilio inter episcopos residente, ut praediximus, acta est. 5.19 (327.25)

episcopum. Augustinum, quem eis episcopum ordinandum, . . . disposuerat, 1.23 (42.29)
ac se episcopum factum esse referrent; 1.27 (48.9)
ordinare episcopum non aliter nisi sine episcopis potes. 1.27 (52.8)
si communem fratrem Augustinum episcopum ad uos uenire contigerit, 1.28 (62.15)
Ad Eburacam uero ciuitatem te uolumus episcopum mittere, 1.29 (63.30)
qui per Eburacae episcopum fuerint ordinati, 1.29 (64.14)
ad reuerentissimum uirum fratrem nostrum Augustinum episcopum perduxerit, 1.30 (65.5)
Iustum uero in ipsa Cantia Augustinus episcopum ordinauit 2.3 (85.21)
Scottos uero per Daganum episcopum in hanc, . . . insulam, . . . uenientem nihil discrepare a Brettonibus . . . didicimus. 2.4 (88.2)
Mellitum uero Lundonienses episcopum recipere noluerunt, 2.6 (93.16)
atque ad episcopium [episcopum] furens se flamma dilataret, uar. 2.7 (94.19)
Illi autem ecclesiae Romanum pro se consecrauit episcopum, 2.8 (95.12)
Paulinus, transeunte ad Christum Iusto, Honorium pro eo consecrauit episcopum, 2.16 (117.17)
in loco ipsius alter episcopum ex hac nostra auctoritate debeat subrogare. 2.17 (119.32)
is, qui superstes fuerit, alterum in loco defuncti debeat episcopum ordinare. 2.18 (121.24)
per Asterium Genuensem episcopum in episcopatus consecratus est gradum. 3.7 (139.15)
rex, . . . subintroduxit in prouinciam alium suae linguae episcopum, 3.7 (140.29)
accessit ad episcopum Aidanum, 3.15 (158.1)
fecit eum episcopum in gentem Orientalium Saxonum, 3.22 (172.33)
per cuius notitiam maxime ad diligendum noscendumque episcopum peruenit. 3.23 (175.11)
Cum ergo episcopum defunctum ac sepultum in prouincia Nordanhymbrorum audirent fratres, 3.23 (176.24)
habuitque primum episcopum Trumheri, 3.24 (180.27)
iussit primo dicere episcopum suum 3.25 (183.33)
'Pascha,' inquit, 'hoc, quod agere soleo, a maioribus meis accepi, qui me huc episcopum miserunt, 3.25 (184.4)
Multum namque eundem episcopum Colmanum rex pro insita illi prudentia diligebat. 3.26 (190.12)
qui eum sibi suisque consecrari faceret episcopum. 3.28 (194.20)
Consecratus ergo in episcopum Ceadda maximam mox coepit . . . curam inpendere; 3.28 (195.17)
misit ad corrigendum errorem reuocandamque ad fidem ueritatis prouinciam Iaruman episcopum, 3.30 (199.27)

Qua accepta Theodorus profectus est ad Agilberctum Parisiorum episcopum, 4.1 (203.17)
Quod cum nuntii certi narrassent regi Ecgberceto, esse scilicet episcopum, quem petierant 4.1 (203.24)
In quibus et Ceadda episcopum cum argueret non fuisse rite consecratum, 4.2 (205.23)
cum mortuo Iarumanno sibi quoque suisque a Theodoro episcopum dari peteret, 4.3 (206.16)
non eis nouum uoluit ordinare episcopum; 4.3 (206.17)
Vilfridumque episcopum ducem sibi itineris fieri, . . . rogaret. 4.5 (214.18)
'Vt nullus clericorum relinquens proprium episcopum, passim quolibet discurrat, 4.5 (216.13)
et in loco eius ordinauit episcopum Sexuulfum, 4.6 (218.7)
Orientalibus Saxonibus, . . . Earconualdum constituit episcopum in ciuitate Lundonia; 4.6 (218.15)
dictum est, quia talis animi uirum, episcopum magis quam regem ordinari deceret. 4.11 (225.24)
Pro quo Theodorus in ciuitate Hrofi Cuichelmum consecrauit episcopum. 4.12 (228.23)
[propter aceruam hostium obpressionem proprium episcopum habere nequiuerit.] uar. 4.13 (230.2)
ut toto illo tempore episcopum proprium habere nequiret; 4.15 (236.20)
episcopum, ut diximus, fecerat ordinari Lindisfarnensium ecclesiae . . . Cudberctum, 4.27 (268.22)
Rogauit ergo episcopum abbatissa, ut intrare ad eam, ac benedicere illam dignaretur, 5.3 (285.20)
salutauit episcopum et conuiuas, dicens, quia ipse quoque delectaretur manducare 5.5 (288.25)
coeperuntque iuuenes, . . . maxime laici, postulare episcopum, ut . . . equos suos inuicem probare liceret. 5.6 (289.23)
Non enim eo tempore habebat episcopum Cantia, 5.11 (302.12)
ut prouincia Australium Saxonum, . . . proprium haberet episcopum; 5.18 (321.18)
Namque Baldhild regina missis militibus episcopum iussit interfici; 5.19 (325.2)
cum consilio atque consensu patris sui Osuiu, episcopum sibi rogauit ordinari, 5.19 (325.29)
dicebant ipsum esse episcopum, qui nuper Romam . . . iudicandus aduenerit: 5.19 (328.6)
deinde ad Vilfridum episcopum spe melioris propositi adueniens, 5.20 (332.8)
Episcopatus Vectae insulae ad Danihelem pertinet episcopum Ventae ciuitatis. 5.23 (350.20)

episcopus. Danihel reuerentissimus Occidentalium Saxonum episcopus, Praef. (7.4)
Palladius ad Scottos . . . primus mittitur episcopus. 1.13 (28.22)
Vt Germanus episcopus cum Lupo Brittaniam nauigans, 1.17 (33.22)
et tunc Treuiris ordinatus episcopus, 1.21 (40.6)
Vt idem episcopus factus Gregorio papae, . . . mandarit, 1.27 (48.1)
et qualiter episcopus agere in ecclesia debeat? 1.27 (48.17)
an debeat sine aliorum episcoporum praesentia episcopus ordinari? 1.27 (52.5)
in qua adhuc solus tu episcopus inueniris, 1.27 (52.8)
pallium Arelatensis episcopus accepit, 1.27 (52.32)
quatinus Lundoniensis ciuitatis episcopus . . . debeat consecrari, 1.29 (63.27)
Aedilbercto regi Anglorum Gregorius episcopus. 1.32 (67.25)
Augustinus episcopus in monasterii regula edoctus, 1.32 (68.29)
Felix eiusdem apostolicae sedis quondam episcopus, 2.1 (73.22)
Siquidem Eutycius eiusdem urbis episcopus dogmatizabat 2.1 (75.30)
Nam Daganus episcopus ad nos ueniens, 2.4 (88.5)
His temporibus uenit Mellitus Lundoniae episcopus Romam, 2.4 (88.13)
ut audiuit, quia suae causa salutis episcopus ab apostolo Christi tanta esset tormenta . . . perpessus, 2.6 (93.6)
Vt Mellitus episcopus flammas ardentis suae ciuitatis orando restinxerit. 2.7 (93.26)
Mellitus, qui erat Lundoniae episcopus, sedem Doruuernensis ecclesiae . . . suscepit. 2.7 (94.1)
confidens episcopus in diuinum, ubi humanum deerat, auxilium, 2.7 (94.20)
episcopus coepit orando periculum infirmus abigere, 2.7 (94.25)
Iustus, qui erat Hrofensis ecclesiae episcopus. 2.8 (95.11)
et iuxta quod dispositum fuerat, ordinatur episcopus uir Deo dilectus Paulinus, 2.9 (98.12)
Ordinatus est autem Paulinus episcopus a Iusto archiepiscopo, 2.9 (98.17)
e contra episcopus gratias coepit agere Domino Christo, 2.9 (99.21)
Viro glorioso Aeduino . . . Bonifatius episcopus seruus seruorum Dei. 2.10 (100.25)
Dominae gloriosae filiae Aedilbergae reginae, Bonifatius episcopus seruus seruorum Dei. 2.11 (104.14)
Cuius studiis gloriosissime fauit Felix episcopus, 2.15 (116.25)
Æduino regi Anglorum Honorius episcopus seruus seruorum Dei salutem. 2.17 (119.1)
Monachus ipse episcopus Aedan, utpote de insula, quae uocatur Hii, destinatus, 3.3 (132.26)
qui non episcopus, sed presbyter extitit et monachus; 3.4 (134.15)
eiusque episcopus usque ad uitae suae terminum mansit. 3.7 (141.9)
nepotem suum, qui ei, si uellet, ordinaretur episcopus; 3.7 (141.25)
quorum prior episcopus in Lindissi prouincia, secundus erat abbas 3.11 (149.7)
Paulinus, quondam quidem Eburacensis, sed tunc Hrofensis episcopus ciuitatis, 3.14 (154.16)
Cui statim episcopus: 'Quid loqueris,' inquit, 'rex? 3.14 (156.22)
Et episcopus quidem residebat in suo loco. 3.14 (156.25)
Quod uidens episcopus, multum pertimuit, 3.14 (156.34)
coepit e contra episcopus tristis usque ad lacrimarum profusionem effici. 3.14 (157.5)
Vt episcopus Aidan nautis et tempestatem futuram praedixerit, 3.15 (157.19)
factus est Diuma . . . episcopus Mediterraneorum Anglorum simul et Merciorum, 3.21 (171.2)
quod cum episcopus prohibere et corrigere non posset, 3.22 (173.28)
Nam et episcopus pariter desiluit; 3.22 (174.4)
Vt idem episcopus Cedd locum monasterii construendi ab Oidiluualdo rege accipiens 3.23 (174.21)
Dedit autem episcopus regendum post se monasterium fratri suo Ceadda, 3.23 (176.18)
Ceadda, qui postea episcopus factus est, 3.23 (176.19)
Primus autem in prouincia Merciorum, . . . factus est episcopus Diuma, 3.24 (179.22)
episcopus loci ipsius Eadberct ablata harundine, plumbi lamminis eam totam, . . . cooperire curauit. 3.25 (181.10)
Venerat eo tempore Agilberctus Occidentalium Saxonum episcopus, 3.25 (183.8)
in parte Scottorum, in qua erat etiam uenerabilis episcopus Cedd, 3.25 (183.24)
Tuda, qui erat apud Scottos austrinos eruditus, atque ordinatus episcopus, 3.26 (189.27)
Ipse est Eata, qui non multo post eidem ecclesiae Lindisfarnensi episcopus factus est. 3.26 (190.15)
atque episcopus in prouincia Lindissi factus, 3.27 (192.23)
qui, relicta Brittania, Parisiacae ciuitatis factus erat episcopus; 3.28 (194.22)
qui Eburacensis ecclesiae ordinaretur episcopus. 3.28 (194.31)
Vnde deuerterunt ad prouinciam Occidentalium Saxonum, ubi erat Vini episcopus; 3.28 (195.10)
Non enim erat tunc ullus, excepto illo Vine, in tota Brittania canonice ordinatus episcopus. 3.28 (195.16)
Veniens quoque Brittaniam Vilfrid iam episcopus factus 3.28 (195.25)
Domino excellenti filio Osuio regi Saxonum Vitalianus episcopus, seruus seruorum Dei. 3.29 (196.21)
quo et Colman episcopus unanima catholicorum intentione superatus ad suos reuersus est, 4.1 (201.5)
Deusdedit vi^us ecclesiae Doruuernensis episcopus obiit pridie Iduum Iuliarum; 4.1 (201.8)
Verum pondus corporeae infirmitatis, ne episcopus fieri posset, obstitit. 4.1 (202.19)
qui petens indutias, si forte alium, qui episcopus ordinaretur, ex tempore posset inuenire. 4.1 (202.21)
Hunc offerens Hadrianus pontifici, ut episcopus ordinaretur, obtinuit; 4.1 (202.28)
Doruuernensi ecclesiae episcopus quaerebatur, ordinabatur, mittebatur, 4.2 (205.33)
Vt Ceadda, de quo supra dictum est, prouinciae Merciorum sit episcopus datus, 4.3 (206.12)
sed postulauit a rege Osuio, ut illis episcopus Ceadda daretur, 4.3 (206.18)

Vt Bonifatius papa Iusto successori eius pallium et epistulam miserit. 2.8 (95.9)
Vt coniugem ipsius, per epistulam, salutis illius sedulam agere curam monuerit. 2.11 (104.6)
accepit ab eo, . . . epistulam priuilegii ex auctoritate apostolica firmatam; 4.18 (241.13)
simul et epistulam de catholico pascha uel de tonsura miserit. 5.21 (332.13)
epistularum. Item librum epistularum ad diuersos: 5.24 (358.30)
epistulas. beati Gregorii papae simul et aliorum pontificum epistulas, Praef. (6.19)
Cui etiam epistulas fecimus, 1.27 (53.6)
congregati sunt concilio . . . contra Theodorum, et Theodoreti et Iba epistulas, et eorum dogmata contra Cyrillum. 4.17 (240.11)
epistulis. Brettones legatos Romam cum epistulis mittentes, 1.12 (26.5)
una cum epistulis, quas idem pontifex . . . Laurentio . . . et Aedilbercto . . . direxit. 2.4 (88.23)
Lectis autem epistulis, quas ab apostolico papa aduexerat, 5.19 (329.23)
EPISTVLAE CATHOLICAE. Epistulas catholicas. In Epistulas VII catholicas libros singulos. 5.24 (358.26)
EPITAPHIVM. epitaphium. scriptumque in tumba ipsius epitaphium huiusmodi: 2.1 (79.8)
Scriptum uero est in tumba eiusdem Augustini epitaphium huiusmodi: 2.3 (86.15)
et iubente pontifice epitaphium in eius monumento scriptum, 5.7 (293.2)
Cuius personam, uitam, aetatem, et obitum, epitaphium quoque monumenti ipsius . . . pandit; 5.8 (295.5)
et hoc de illo supra epitaphium scriptum: 5.19 (330.7)
EPITOMA. epitomate. Plura uoluminis illius, . . . epitomate requirat. 5.17 (319.33)
EPVLAE. epulas. dum modo ille residens ad epulas tristitiam deponeret. 3.14 (157.3)
Iusserunt eum sedere secum ad epulas, 5.5 (288.28)
epulis. Cumque diutius epulis atque ebrietati uacarent, 3.10 (147.13)
epulis. positusque esset in mensa coram eo discus argenteus regalibus epulis refertus, 3.6 (138.14)
EPVLOR. epulabantur. intrauitque in domum, in qua uicani caenantes epulabantur; 3.10 (147.10)
epulaturus. et rogatus a comite, intrauit epulaturus domum eius. 3.22 (174.1)
EQVA. equa. Non enim licuerat pontificem sacrorum uel arma ferre, uel praeter in equa equitare. 2.13 (113.13)
equae. Numquid tibi carior est ille filius equae, quam ille filius Dei?' 3.14 (156.24)
EQVES. eques. Desiluit eques, et stramine subtracto coepit expectare horam, 3.9 (145.34)
equitum. equitum uero pene omnem disperdidit. 1.2 (14.1)
EQVIDEM. Quod equidem in uestrae gloriae sensibus caelesti conlatum 2.11 (104.21)
Quod equidem, suffragante praesidio benignitatis ipsius, ut explere ualeas, 2.11 (106.8)
Et nos equidem, fratres carissimi, haec uobis pro aeterna caritate exhortationis uerba praemittentes, 2.18 (121.15)
EQVITATVS. aequitatus. Caesaris equitatus [aequitatus] primo congressu a Brittanis uictus, uar. 1.2 (14.9)
equitatus. Caesaris equitatus primo congressu a Brittanis uictus, 1.2 (14.9)
EQVITO. equitando. non equitando, sed apostolorum more pedibus incedendo peragrare. 3.28 (195.21)
moris erat . . . opus euangelii magis ambulando per loca, quam equitando perficere, 4.3 (206.25)
"O quam magnum uae facis mihi sic equitando!" 5.6 (290.9)
equitantem. sed et tempore pacis equitantem inter ciuitates . . . semper antecedere signifer consuesset; 2.16 (118.16)
equitare. Non enim licuerat pontificem sacrorum uel arma ferre, uel praeter in equa equitare. 2.13 (113.13)
iussit eum Theodorus, ubicumque longius iter instaret, equitare, 4.3 (206.27)
EQVVS. equi. ludentibus me miscui, et simul cursu equi contendere coepi. 5.6 (290.7)
equis. 'At cum saepius huc atque illuc, spectante me et episcopo, concitatis in cursum equis reuerterentur; 5.6 (290.4)
equo. (fidebam namque equo, quem mihi ipse optimum donauerat), 5.6 (289.30)
equo. contigit, ut quidam equo sedens iter iuxta locum ageret illum; 3.9 (145.30)
At rex intuens eum, mox tremefactus desiluit equo, 3.22 (174.3)
sederat enim et ipse in equo. 3.22 (174.5)
quia nimirum sanctum esse uirum conperiit, atque equo uehi, quo esset necesse, conpulit. 4.3 (206.29)
aliquoties equo sedens, sed saepius pedes incedens, circumpositas ueniebat ad uillas, 4.27 (269.24)
ut neque equo uehi posset, sed manibus ministrorum portaretur in grabato. 5.19 (328.22)
equorum. Discurrere per cuncta et urbana et rustica loca, non equorum dorso, sed pedum incessu uectus, 3.5 (135.29)
et consueto equorum more, quasi post lassitudinem in diuersum latus uicissim sese uoluere, 3.9 (146.6)
contigit die quadam nos . . . deuenisse in uiam planam et amplam, aptamque cursui equorum; 5.6 (289.22)
equos. Numquid non habuimus equos uiliores plurimos, 3.14 (156.19)
ut cursu maiore equos suos inuicem probare liceret. 5.6 (289.24)
equum. rogauit sibi regem arma dare et equum emissarium, 2.13 (113.10)
et posito ibi signo, non multo post ascendit equum, 3.9 (146.13)
Donauerat equum optimum antistiti Aidano, 3.14 (156.8)
desiliens ille praecepit equum, . . . pauperi dari; 3.14 (156.13)
'Quid uoluisti, domine antistes, equum regium, . . . pauperi dare? 3.14 (156.18)
quamuis illum eis equum non dares, quem tibi specialiter possidendum elegi?' 3.14 (156.21)
ipse eum manu sua leuauit in equum; 4.3 (206.28)
ut in crastinum ascendens equum cum ipso iter in alium locum facerem; 5.6 (291.27)
equus. cuius equus subito lassescere, . . . coepit 3.9 (145.31)
intellexit aliquid mirae sanctitatis huic loco, quo equus est curatus, inesse; 3.9 (146.11)
Nec mora, dum feruens equus quoddam itineris concauum ualentiore impetu transiliret, lapsus decidi, 5.6 (290.11)
ERADICO. eradicet. ut ipse . . . omnem inimici zizaniam ex omni uestra insula cum diuino nutu eradicet. 3.29 (198.7)
ERADO. erasurum. ac totum genus Anglorum Brittaniae finibus erasurum se esse deliberans. 2.20 (125.15)
ERCONBERCT, *see* **EARCONBERCT.**
ERCONGOTA, *see* **EARCONGOTA.**
ERCONVALD, *see* **EARCONVALD.**
ERCVNVALDVS, *Mayor of the Palace, 640–57, to Clovis II of Neustria; friend of St. Fursa.*
Ercunualdo. a rege Francorum Hloduio uel patricio Ercunualdo honorifice susceptus, 3.19 (168.11)
Ercunualdus. Cuius corpus idem Ercunualdus patricius accipiens, 3.19 (168.15)
EREPTIO. ereptione. accensi sunt . . . ad offerendas Deo uictimas sacrae oblationis, pro ereptione suorum, qui de saeculo migrauerant; 4.22 (252.6)
ereptionis. sacramenta dominicae resurrectionis et ereptionis nostrae celebrare debemus, 5.21 (339.35)
ERGA. Praef. (7.19); 1.30 (64.28); 2.1 (77.18); 2.1 (79.27); 2.12 (108.3); 2.15 (115.24); 3.13 (152.26); 3.19 (167.3); 4.24 (261.34); 4.24 (262.3); 4.24 (262.4); 4.25 (265.10); 4.31 (279.10); 5.19 (324.12).
ERGASTVLVM. ergastulo. soluta ab ergastulo corporis anima sancta, 4.3 (210.5)
Deo dilecta mater congregationis ipsius, ergastulo carnis educta est; 4.9 (222.26)
ERGO. 1.1 (12.1); 1.5 (16.19); 1.7 (20.24); 1.7 (21.1); 1.12 (26.4); 1.14 (29.23); 1.15 (31.3); 1.15 (31.9); 1.15 (32.4); 1.16 (33.15); 1.23 (43.9); 1.25 (44.27); 1.25 (45.10); 1.25 (45.27); 1.25 (46.18); 1.26 (47.14); 1.27 (49.30); 1.27 (50.14); 1.27 (52.24); 1.27 (54.15); 1.27 (55.25); 1.27 (57.11); 1.27 (58.18); 1.30 (65.3); 2.1 (75.13); 2.1 (80.12); 2.2 (82.32); 2.2 (84.14); 2.2 (84.19); 2.7 (94.24); 2.7 (95.3); 2.8 (96.6); 2.8 (96.29); 2.10 (101.16); 2.10 (101.23); 2.10 (101.30); 2.10 (102.18); 2.10 (102.28); 2.10 (103.18); uar. 2.10 (103.23); 2.11 (104.23); 2.11 (105.20); 2.11 (105.29); 2.11 (106.11); 2.12 (107.5); 2.12 (108.4); 2.12 (109.24); 2.12 (110.24); 2.13 (113.13); 2.14 (114.12); 3.3 (131.5); 3.3 (132.19); 3.5 (135.17); 3.7 (141.18); 3.8 (143.6); 3.10 (147.20); 3.11 (149.10); 3.14 (154.6); 3.14 (155.11); 3.17 (160.3); 3.19 (165.16); 3.19 (167.24); 3.19 (168.5); 3.21 (170.12); 3.21 (170.23); 3.23 (175.11); 3.23 (176.24); 3.24 (177.27); 3.24 (178.12); 3.25 (183.14); 3.27 (192.25); 3.28 (195.17); 4.3 (211.23); 4.4 (213.14); 4.8 (221.19); 4.9 (222.11); 4.11 (227.2); 4.13 (231.29); 4.13 (232.14); 4.14 (233.23); 4.14 (234.7); 4.14 (234.13); uar. 4.14 (234.31); 4.14 (235.2); 4.14 (235.22); 4.16 (236.27); 4.16 (238.8); 4.22 (251.15); 4.23 (254.1); 4.23 (255.24); 4.23 (256.25); 4.24 (261.21); 4.24 (262.9); 4.25 (263.13); 4.27 (269.23); 4.27 (270.15); 4.28 (272.10); 5.2 (283.27);

5.3 (285.20); 5.3 (286.2); 5.5 (288.14); 5.7 (293.6); 5.9 (297.12); 5.10 (300.4); 5.12 (304.1); 5.12 (307.14); 5.13 (311.10); 5.16 (317.10); 5.16 (318.13); 5.19 (322.13); 5.19 (323.1); 5.19 (323.33); 5.19 (326.18); 5.19 (327.26); 5.21 (333.34); 5.21 (335.5); 5.21 (335.12); 5.21 (337.1); 5.21 (339.7); 5.21 (339.20); 5.21 (340.21); 5.22 (348.4).

ERIGO. erecta. Qui cum monasterio propinquarent, et aedificia illius sublimiter erecta aspicerent, . . . 4.25 (264.17)
erectam. ac foueae inposuerit, atque utraque manu erectam tenuerit, . . . 3.2 (129.3)
erectis. erectis stipitibus, aereos caucos suspendi iuberet, . . . 2.16 (118.11)
erectum. nulla ecclesia, nullum altare in tota Berniciorum gente erectum est, . . . 3.2 (130.6)
erexerat. de ligno crucis, quod idem rex contra barbaros pugnaturus erexerat, . . . 3.2 (128.23)
erexerit. quoties aere commoto manum quasi ad feriendum minitans exerit [erexerit], . . . uar. 4.3 (211.10)
erexit. Osuald signum sanctae crucis erexit, . . . 3.2 (128.28)
erigendum. significans nimirum, quod ibidem caeleste erigendum tropaeum, . . . 3.2 (129.23)

ERIPIO. erepta. erepta morti ac doloribus uirgo, laudes Domino Saluatori . . . referebat.' . . . 5.3 (286.24)
Ipsa est enim eadem nox, in qua de Aegypto per sanguinem agni Israelitica plebs erepta est; . . . 5.21 (336.23)
ereptam. ereptam praedonibus praedam nulla ex parte restituendo dominis, . . . 1.6 (17.15)
Allectus postea ereptam Carausio insulam per triennium tenuit; . . . 1.6 (17.23)
ereptos. et ereptos de potestate nequitiae diabolicae prauitatis caelestibus praemiis muneraret. . . . 2.10 (103.27)
siquos forte ex illis ereptos Satanae ad Christum transferre ualeret; . . . 5.9 (296.21)
ereptum. qui se tot ac tantis calamitatibus ereptum, ad regni apicem proueheret. . . . 2.12 (109.21)
eriperet. ut uos ab originali peccato eriperet, . . . 2.10 (103.21)
eripi. atque ab aeterna damnatione nos eripi, . . . 2.1 (78.33)
diuinae auxilium pietatis, quo ab impietate barbarica posset eripi; . . . 3.24 (177.24)
eripiens. de dentibus antiqui hostis eripiens . . . 2.1 (78.6)
qui te et a temporalibus aduersis eripiens, temporalis regni honore sublimauit; . . . 2.12 (111.3)
eripuisse. gaudentes uel nuda corpora eripuisse discrimini; . . . 1.20 (39.14)
eripuit. quod pretiosi sanguinis sui effusione a uinculis diabolicae captiuitatis eripuit, . . . 2.11 (104.17)
magnas antiquo hosti praedas docendo et baptizando eripuit; . . . 2.20 (126.24)
uerum et a clade infanda temporalis interitus eripuit. . . . 4.13 (231.10)

ERNIANVS (*fl.* 640), *Irish priest.*
Erniano. Cromano, Ernianoque, Laistrano, Scellano, et Segeno presbyteris; . . . 2.19 (123.3)

EROGO. erogandam. Attulit autem eidem et summam pecuniae non paruam pauperibus erogandam, . . . 4.11 (226.4)
erogandum. Cum omne, quod superest, in causis piis ac religiosis erogandum est, . . . 1.27 (49.15)
erogare. Cuncta, . . . mox pauperibus, qui occurrerent, erogare gaudebat. . . . 3.5 (135.28)

ERPVALD, *see* **EARPVALD.**

ERRATICVS, a, um. **erratica.** aliqui etiam tempore mortalitatis, . . . ad erratica idolatriae medicamina concurrebant; . . . 4.27 (269.19)

ERRATVS. erratibus. 'Noui,' inquit, 'multum mihi esse necesse . . . pro meis erratibus sedulo Dominum deprecari.' . . . 4.25 (265.2)

ERRO. errabit. numquam in adnotatione festi paschalis errabit. . . . 5.21 (334.12)
errando. Denique nuper freneticus quidam, dum per cuncta errando discurreret, . . . 4.3 (212.11)
errantibus. circumpositas ueniebat ad uillas, et uiam ueritatis praedicabat errantibus; . . . 4.27 (269.26)
errare. ita ut ad singulas uerborum obiectiones errare se, . . . 1.17 (35.33)
errasse. quos in obseruatione sancti paschae errasse conpererat, . . . 2.19 (122.13)

ERRONEVS, a, um. **erroneis.** oblitteratis per omnia erroneis LXXX et IIII annorum circulis. . . . 5.21 (346.8)

ERROR. error. 'Cuius obseruantiae catholica ratione patefacta, patet e contrario error inrationabilis eorum, . . . 5.21 (337.27)
errore. et exinde tribus annis prouincia in errore uersata est, . . . 2.15 (116.19)
qui uos in praesenti saeculo ex omni errore absolutos ad agnitionem sui nominis est dignatus perducere, 2.17 (119.17)
Iohannes, . . . pro eodem errore corrigendo litteras eis . . . direxit; . . . 2.19 (122.22)
relicto errore idolatriae, fidem ueritatis acceperant, . . . 3.4 (133.13)
Vt Orientales Saxones . . . per instantiam Iarumanni episcopi mox sint ab errore correcti. . . . 3.30 (199.8)
reuerentissimus pontifex longe lateque uerbum fidei praedicans, multosque ab errore reuocans, . . . 5.11 (303.12)
plurimos eorum, et pene omnes, qui ab Hiensium dominio erant liberi, ab errore auito correctos, . . . 5.15 (316.5)
Quem statuere patres, dubioque errore remoto, Certa suae genti ostendit moderamina ritus; . . . 5.19 (330.20)
non minore utique errore, tametsi altero latere a recto ueritatis tramite diuertunt, . . . 5.21 (338.10)
errorem. de corde errorem deponat, . . . 1.30 (65.13)
misit ad corrigendum errorem, . . . Iaruman episcopum, . . . 3.30 (199.26)
Ad utrorumque ergo corrigendum errorem, . . . circumpositas ueniebat ad uillas, . . . 4.27 (269.23)
Aldhelm, . . . scripsit, iubente synodo suae gentis, librum egregium aduersus errorem Brettonum, . . . 5.18 (320.32)
errores. Qui si e contrario errores pueritiae corrigere in adulescentia, . . . curasset, . . . 5.13 (313.19)
errori. Naiton . . . admonitus ecclesiasticarum frequenti meditatione scripturarum, abrenuntiauit errori, 5.21 (332.18)
erroribus. an paganis adhuc erroribus essent inplicati. . . . 2.1 (80.6)
erroris. ueneno sui infecit erroris; . . . 1.8 (22.17)
interpositis detestabilis erroris tenebris, . . . 2.11 (105.22)
'Idemque poenam erroris sui in semet ipsos recipientes, . . . 5.21 (338.23)

ERVDIO. erudiebant. sicut mihi frater quidam de his, qui me in scripturis erudiebant, . . . 4.3 (210.16)
erudiebat. qui me in scripturis erudiebant [erudiebat], . . . uar. 4.3 (210.16)
erudiendas. sed et filias suas eisdem erudiendas, ac sponso caelesti copulandas mittebant; . . . 3.8 (142.19)
erudiendo. redemtos . . . discipulos fecit, atque ad sacerdotalem usque gradum erudiendo atque instituendo prouexit. . . . 3.5 (136.32)
erudiendos. ipsum ad erudiendos incredulos et indoctos mitti debere decernunt, . . . 3.5 (137.22)
quos primo episcopatus sui tempore de natione Anglorum erudiendos in Christo accepit. . . . 3.26 (190.11)
erudire. in quibus eum erudire studuit, . . . 1.27 (48.22)
cum omnibus, quos ad correctiorem uiam erudire poterat. . . . 3.25 (181.29)
quique nouerant eam religiosi, . . . sedulo eam uisitare, obnixe amare, diligenter erudire solebant. . . . 4.23 (253.32)
erudirentur. instituit scolam, in qua pueri litteris erudirentur; . . . 3.18 (162.21)
erudiri. et quicumque lectionibus sacris cuperent erudiri, haberent in promtu magistros, qui docerent. 4.2 (205.9)
erudita. quia tua fraternitas monasterii regulis erudita, . . . 1.27 (48.28)
'Sed quia tua fraternitas,' inquit, 'monasterii regulis erudita seorsum fieri non debet a clericis suis, 4.27 (270.32)
eruditus. Tuda, qui erat apud Scottos austrinos eruditus, . . . 3.26 (189.26)
Fortheri, . . . uir et ipse in scripturis sanctis multum eruditus. . . . 5.18 (321.13)
in clero sanctissimi ac Deo dilecti Bosa Eboracensis episcopi nutritus atque eruditus est; . . . 5.20 (332.7)

ERVDITIO. eruditio. cuius magis ad suscipiendum episcopatum et eruditio conueniret, et aetas. . . . 4.1 (202.14)
eruditione. quanta sacri eloquii eruditione eius animum ad uerae conuersionis . . . credulitatem . . . perduxerit. . . . 2.8 (96.10)
Iohannes, . . . litteras eis magna auctoritate atque eruditione plenas direxit; . . . 2.19 (122.23)
ordinauit Ithamar, . . . de gente Cantuariorum, sed uita et eruditione antecessoribus suis aequandum. 3.14 (154.23)
qui ad docendam baptizandamque gentem illius et eruditione et uita uidebantur idonei, . . . 3.21 (170.16)
Tobiam . . . consecrauit, uirum Latina, Greca, et Saxonica lingua atque eruditione multipliciter instructum. . . . 5.8 (296.2)
Siquidem electis sociis . . . actione simul et eruditione praeclaris, . . . 5.9 (296.28)
et scripturarum, ut dixi, tam liberalium quam ecclesiasticarum erat eruditione mirandus. . . . 5.18 (321.10)
cum eruditione litterarum uel ecclesiasticarum uel generalium, ita Grecam . . . didicit linguam, . . . 5.23 (348.25)

eruditionem. Cuius eruditionem atque industriam uidens rex, 3.7 (140.23)
eruditionis. porro Alchfrid magistrum habens eruditionis Christianae Vilfridum 3.25 (182.29)
ut uir tantae eruditionis ac religionis sibi specialiter indiuiduo comitatu sacerdos esset, 5.19 (325.25)
ERVDITIOR, ius. **eruditiores.** sed et a pluribus, qui erant eruditiores, esset solerter admonitus, 5.15 (315.20)
ERVDITISSIMVS, a, um. **eruditissimis.** uiris uenerabilibus atque eruditissimis, Praef. (6.9)
ERVMNA. erumna. non solum eam ab erumna perpetuae damnationis, . . . eripuit. 4.13 (231.9)
erumnam. in quam tamen ob erumnam externae subiectionis nemo gradum ministerii . . . accepit. 4.16 (238.10)
erumnis. si temporis illius erumnis exemtus ad regni fastigia perueniret. 2.12 (107.15)
ERVMPO. erumpens. Osricum, . . . erumpens subito cum suis omnibus inparatum cum toto exercitu deleuit. 3.1 (128.3)
erumpit. qui ab occidente in terras longo spatio erumpit, 1.1 (13.14)
erumpunt. bini aestus oceani, qui circum Brittaniam ex infinito oceano septentrionali erumpunt, 4.16 (238.18)
de quo Deruuentionis fluuii primordia erumpunt, 4.29 (274.14)
ERVO. eruentes. inuitum monasterio eruentes duxerunt in certamen, 3.18 (163.6)
erui. Qui cum multis legatariis ac litteris ad se praemissis nequaquam suo monasterio posset erui, 4.28 (272.20)
eruti. 'Deiri; de ira eruti, et ad misericordiam Christi uocati. 2.1 (80.18)
ERVPTIO. eruptionibus. unde crebris eruptionibus Romanos grauiter ac saepe lacerabant. 1.2 (14.22)
ESCA. esca. Nullam potentibus saeculi pecuniam, excepta solum esca, . . . umquam dare solebat, 3.5 (136.25)
ESI, *an abbot who aided Bede with information about ecclesiastical matters in East Anglia; nothing further is known of him.*
Esi. partim reuerentissimi abbatis Esi relatione conperimus. Praef. (7.18)
ESOCE, *see* **ISSICIO.**
ESTRANGLI, *East Anglians; see* **ANGLI ORIENTALES.**
Estranglorum. et Alduulfo rege Estranglorum, anno XVII° regni eius; 4.17 (239.10)
ESVRIO. esuriamus. quibus ex culpa primi hominis factum est, ut esuriamus. 1.27 (56.15)
esuriem. Esuriem dapibus superauit, frigora ueste, 2.1 (79.15)
esurimus. unde etiam cum esurimus, sine culpa comedimus, 1.27 (56.14)
esurire. Esurire namque, sitire, aestuare, . . . ex infirmitate naturae est. 1.27 (55.32)
ESVS. esu. et ad laudem Dei in esu suo animalia occidant, 1.30 (65.23)
ET, *omitted.*
ETENIM. 1.5 (16.24); 1.27 (54.7); 1.27 (54.26); 1.27 (58.7); uar. 1.27 (59.13); uar. 1.27 (61.3); 1.31 (66.22); 1.31 (67.3); 1.32 (68.15); 2.1 (76.2); 3.3 (131.21); 4.6 (218.19); 4.7 (219.11); 4.14 (234.28); 4.23 (256.16); 4.30 (276.27); 5.1 (282.8); 5.7 (292.22).
ETIAM, *omitted.*
ETIAMSI. libenter se Christianum fieri uelle confessus est, etiamsi uirginem non acciperet; 3.21 (170.7)
etiamsi lingua sileret, uita loqueretur. 5.12 (304.26)
possint . . . protendere circulos, etiamsi ad quingentos usque et XXX duos uoluerint annos; 5.21 (341.27)
ETSI. 1.7 (21.17); 1.23 (43.19); 1.27 (60.24); 1.30 (65.34); 2.1 (73.16); 2.1 (80.29); 3.11 (148.13); 3.19 (165.34); 3.25 (182.8); 3.25 (188.11); 4.18 (242.27); 5.3 (286.17); 5.21 (337.18); 5.21 (340.26); 5.21 (342.19); 5.21 (344.20).
EVCHARISTIA. eucharistia. Respondebant: 'Quid opus est eucharistia? 4.24 (261.30)
eucharistia. Cumque uiderent pontificem, . . . eucharistiam [eucharistia] populo dare, uar. 2.5 (91.10)
eucharistiam. Cumque uiderent pontificem, . . . eucharistiam populo dare, 2.5 (91.10)
interrogauit, si eucharistiam intus haberent. 4.24 (261.29)
'Et tamen,' ait, 'afferte mihi eucharistiam.' 4.24 (261.33)
EVDOXIVS, *eighth Bishop of Constantinople, 360–70, and an extreme Arian.*
Eudoxii. et in Constantinopoli CL contra uesaniam Macedonii et Eudoxii et eorum dogmata; 4.17 (240.5)
EVFEMIA, Saint, *killed by wild beasts at Chalcedon, 307, in the Diocletian persecution.*
Eufemia. Eufemia sacras kasta feras superat. 4.20 (247.28)
EVGE. 'Euge, serue bone et fidelis; 2.18 (121.13)
EVLALIA, Saint, *a Roman virgin-martyr, burned to death in the Diocletian persecution, 308.*
Eulalia. Eulalia et perfert, ignibus usta feris. 4.20 (247.26)
EVMER (*fl.* 625), *ambassador sent by Cuichelm of Wessex to murder Edwin of Northumbria; he failed in his mission.*
Eumer. uenit in prouinciam quidam sicarius uocabulo Eumer, 2.9 (98.34)
EVROAVSTER, *south-east.*
Euroaustro. quam uidelicet uocem ab Euroaustro, . . . primo se audisse dicebat, 4.3 (208.22)
EVROPA, *Europe.*
Europae. maximis Europae partibus, multo interuallo aduersa. 1.1 (9.4)
Europam. ut totam pene Europam, . . . conroderet. 1.13 (29.5)
EVRVS, *east.*
Eurum. Haec bis quaternas portas, . . . habet, e quibus IIII ad Vulturnum, et IIII ad Eurum spectant. 5.16 (318.6)
EVSEBIVS PAMPHYLI (264–349), *Bishop of Cæsarea, and ecclesiastical historian.*
Eusebii. Sed per industriam Eusebii, . . . distinctius in ordinem conpositus est; 5.21 (341.11)
EVTROPIVS (*d.* 370?), *Roman historian.*
Eutropius. Scribit autem Eutropius, quod Constantinus in Brittania creatus imperator, 1.8 (22.25)
EVTYCHES (5th cent.), *originator of Monophysitism; condemned by the synod of Constantinople, 448, and by the council of Chalcedon, 451.*
Eutychen. et in Calcedone DC^{rum} et XXX contra Eutychen, et Nestorium, et eorum dogmata; 4.17 (240.8)
Eutychetis. audiens Theodorus fidem ecclesiae Constantinopoli per heresim Eutychetis multum esse turbatam, 4.17 (238.27)
EVTYCIVS (*d.* 582), *Patriarch of Constantinople, whose theory of the impalpability of the body at resurrection Gregory the Great successfully opposed.*
Eutycius. Siquidem Eutycius eiusdem urbis episcopus dogmatizabat 2.1 (75.29)
EVA, *Eve.*
Eua. Eua uelut caro delectata est, 1.27 (61.7)
Euam. Zelus in hoste furit, quondam qui uicerat Euam; 4.20 (248.25)
EVACVO. euacuatos. quos statim euacuatos tenebris lumen ueritatis impleuit. 1.18 (36.16)
EVADO. euadentes. Cumque euadentes ad terram, nauiculam quoque nostram ab undis exportaremus, 5.1 (282.16)
euadentes. gemebant perire sibi populos euadentes; 1.17 (35.14)
euadere. eosque, qui euadere poterant, omnes trans maria fugauit, 1.12 (27.7)
euaderet. ut elatus manibus periculum, quod inminebat, euaderet; 1.19 (37.16)
ut et ipse sic mortem euaderet aeternam, 3.23 (177.7)
euaserant. pugnabant contra inuicem, qui hostem euaserant, ciues. 1.22 (41.24)
euaserunt. qui hostem euaserant [euaserunt], uar. 1.22 (41.24)
euasisti. 'hostium manus, quos timuisti, Domino donante euasisti; 2.12 (110.33)
euasit. Euasit autem ignem altare, quia lapideum erat; 2.14 (115.20)
EVAGINO. euaginata. exsurrexit repente, et, euaginata sub ueste sica, impetum fecit in regem. 2.9 (99.9)
EVANGELICVS, a, um. **euangelica.** Neque haec euangelica et apostolica traditio legem soluit, 3.25 (186.4)
euangelica. de seruanda eas inuicem, immo cum omnibus pace euangelica ammoneret; 4.23 (256.30)
euangelica. quod euangelica praecepta deuoto corde seruaret. 3.22 (173.24)
euangelicis. torrentes eloquii sui cum apostolicis et euangelicis imbribus profuderunt; 1.17 (35.29)
euangelicis. quae in propheticis, euangelicis, et apostolicis litteris discere poterant, 3.4 (134.24)

nil ex omnibus, quae in euangelicis uel apostolicis siue propheticis litteris facienda cognouerat, 3.17 (161.26)
euangelicum. ipse primus ibi opus euangelicum coepit. 5.19 (326.18)
EVANGELISTA. euangelista. ipsum est, quod beatus euangelista Iohannes, . . . ecclesiis celebrasse legitur.' 3.25 (184.7)
euangelistam. quae per beatum Petrum Romae praedicata, per Marcum euangelistam . . . confirmata est, 5.21 (337.8)
EVANGELIVM. euangelii. uel quorum tempore regum gratiam euangelii perceperint, Praef. (6.35)
Sed et omelias euangelii numero xl conposuit, 2.1 (76.20)
dum ipse praedicatoribus euangelii fideliter repromisit: 2.8 (95.22)
ne eis fulgeret inluminatio euangelii gloriae Christi.' 2.9 (98.31)
ut uestram dilectionem in praedicatione euangelii elaborantem et fructificantem, 2.18 (121.3)
Qui ubi prosperatum ei opus euangelii conperit, 3.22 (172.32)
neque auctor ac dator euangelii Dominus in ea, sed in xiiii^{a} uel uetus pascha manducauit ad uesperam, 3.25 (186.26)
moris erat . . . opus euangelii magis ambulando per loca, quam equitando perficere, 4.3 (206.24)
nec non et quattuor auro Scribi euangelii praecepit in ordine libros; 5.19 (330.16)
Omeliarum euangelii libros ii. 5.24 (358.21)
euangeliis. praepositis sacrosanctis euangeliis, in loco, qui Saxonico uocabulo Haethfelth nominatur, 4.17 (239.15)
euangelio. Vnde constat uos, Colmane, . . . neque legi, neque euangelio in obseruatione uestri paschae congruere. 3.25 (186.16)
in celebratione . . . neque Iohanni, neque Petro, neque legi, neque euangelio concordatis.' 3.25 (186.33)
'Numquid,' ait, 'Anatolius . . . legi uel euangelio contraria sapuit, 3.25 (187.1)
euangelio. in euangelio tamen Dominus dicit: 1.27 (56.32)
Quam deuote quamque etiam uigilanter pro Christi euangelio elaborauerit uestra fraternitas, 2.8 (95.18)
Nec tamen hodie clarescente per mundum euangelio necesse est, . . . fidelibus uel circumcidi, 3.25 (185.17)
tertia in euangelio per effectum dominicae passionis et resurrectionis adiuncta est. 5.21 (334.3)
additum est per institutionem apostolicam ex euangelio, 5.21 (334.8)
dominicum paschae diem, quem de euangelio suscepimus, 5.21 (337.23)
expectamus adhuc monente euangelio in ipsa ebdomada tertia tempus diei dominicae, 5.21 (340.32)
Item, Capitula lectionum in totum nouum testamentum, excepto euangelio. 5.24 (358.29)
euangeliorum. cuius magisterio iiii euangeliorum libros ex ordine didicit, 5.19 (324.25)
euangelium. ita ut Christi euangelium plurimorum adnuntiatione in omnibus gentibus, . . . dilatetur. 2.8 (96.27)
nullus coniugem propriam, nisi, ut sanctum euangelium docet, fornicationis causa, relinquat. 4.5 (217.2)
euangelium. ut perinde Christi euangelium, . . . uestris quoque sensibus inserentes, 2.10 (101.5)
Suscipite uerba praedicatorum, et euangelium Dei, quod uobis adnuntiant; 2.10 (103.23)
reliquit uxorem, agros, cognatos, et patriam propter Christum, et propter euangelium, 5.19 (322.12)
In euangelium Marci libros iiii. 5.24 (358.19)
In euangelium Lucae libros vi. 5.24 (358.20)
EVANGELIZO. euangelizandi. ut . . . communem euangelizandi gentibus pro Domino laborem susciperent. 2.2 (81.17)
Clementem sibi adiutorem euangelizandi, simul et successorem consecrasse perhibetur. 2.4 (87.3)
et solitum sibi opus euangelizandi exsequens, 3.19 (163.30)
non tamen ab euangelizandi potuit ministerio cohiberi; 4.13 (230.7)
ut cum eius licentia et benedictione desideratum euangelizandi gentibus opus iniret; 5.11 (301.23)
euangelizando. proposuit . . . uerbum Dei aliquibus earum, quae nondum audierant, gentibus euangelizando committere; 5.9 (296.12)
euangelizandum. et ut ueniens ad euangelizandum ei Paulinus primo filiam eius . . . fidei . . . inbueril. 2.9 (97.4)
oppida, rura, casas, uicos, castella propter euangelizandum, . . . peragrare. 3.28 (195.20)
euangelizans. Euangelizans autem genti episcopus Vilfrid, 4.13 (231.8)
euangelizante. ad fidem confessionemque Christi, Paulino euangelizante, conuersam esse 2.17 (118.27)
ut euangelizante antistite, qui Anglorum linguam perfecte non nouerat, ipse rex . . . interpres uerbi existeret 3.3 (132.9)
Itaque euangelizante illo in praefata prouincia, 3.7 (139.21)
euangelizanti. praebuit palam adsensum euangelizanti beato Paulino rex, 2.13 (113.1)
euangelizarent. qui uerbum Dei genti Anglorum euangelizarent. 5.24 (353.14)
EVASIO. euasionis. quia modica illa, . . . intercapedo quietis, ad uiri Dei preces nostrae euasionis gratia caelitus donata est.' 5.1 (282.22)
EVENIO. euenerit. Et quidem cum ex naturae superfluitate uel infirmitate euenerit, 1.27 (60.6)
euenire. siqua ex his euenire in terra uestra cognoscitis, 1.32 (69.19)
euenisset. Et si forte euenisset, quod tamen raro euenit, ut ad regis conuiuium uocaretur, 3.5 (136.14)
euenit. Et quoniam saepius euenit, 1.28 (62.19)
Et si forte euenisset, quod tamen raro euenit, ut ad regis conuiuium uocaretur, 3.5 (136.14)
euenit per culpam incuriae uicum eundem et ipsam pariter ecclesiam ignibus consumi. 3.17 (160.29)
casuque euenit, . . . ut hunc capite ac manu, . . . tangerem, 5.6 (290.16)
EVENTVS. euentum. euentumque discriminis tuto in loco exspectabat. 3.24 (178.11)
euentus. Cuius promissi et prophetiae ueritatem sequens rerum astruxit euentus; 4.29 (275.10)
EVERTO. euerte. idolorum cultus insequere, fanorum aedificia euerte, 1.32 (68.8)
EVIDENTER. euidenter astruens, quia dominicum paschae diem a xv^{a} luna usque ad xxi^{am}, . . . oportet inquiri. 2.19 (122.23)
EVIDENTIVS. sicut euidentius rerum exitus probauit. 1.14 (30.23)
EVIGILO. euigilans. Quo facto, mox euigilans sanissimus surrexit, 4.31 (279.8)
euigilaret. cum euigilaret, sensit nescio quid frigidi suo lateri adiacere, 3.2 (130.29)
euigilauit. et ubi euigilauit, sanatam se ab illa corporis dissolutione sentiens, 3.9 (146.21)
EVITO. euitandas. ad euitandas uel repellendas . . . gentium aquilonalium inruptiones; 1.14 (30.17)
EVOCO. euocans. et euocans presbyterum, rogauit secum uenire ad patientem. 3.11 (149.29)
euocare. meque de saeculo euocare dignatus est. 4.3 (209.15)
euocari. ut quando unum ex uobis diuina ad se iusserit gratia euocari, 2.18 (121.23)
euocatum. et euocatum foras, quid erga eum agere rex promisisset, edocuit, 2.12 (108.3)
euocatus. quo ad orationes excitari uel conuocari solebant, cum quis eorum de saeculo fuisset euocatus; 4.23 (257.11)
euocet. uosque uox ista ad aeternam festiuitatem euocet: 2.18 (121.11)
EX, *omitted.*
EXAGITO. exagitabat. quem dudum amissi episcopatus intemperans cupido exagitabat; 1.10 (24.2)
EXALTO. exaltaretur. et cornu eius exaltaretur in gloria; 2.1 (77.21)
exaltari. Qui cum uentis ferentibus globos ignis ac fumum supra muros urbis exaltari conspiceret, 3.16 (159.16)
EXAMEN. examen. de peccatis propriis ante omnipotentis Dei terribile examen securior fiat. 1.32 (68.27)
egregium examen continet monachorum, 4.4 (214.5)
quicquid ignorantia uel fragilitate deliqui, aeque ad tuae uoluntatis examen mox emendare curaui.' 4.29 (275.3)
ut meminerimus facta et cogitationes nostras . . . ad examen summi Iudicis cuncta seruari; 5.13 (313.12)
examina. Inque locis istis monachorum examina crebra Colligit, 5.19 (330.22)
examine. collecto examine famulorum Christi, 3.22 (173.10)
EXAMETER, *see* **HEXAMETER.**
EXAMINATIO. examinatione. si ea, . . . meliora esse et fortiora, habita examinatione perspexeris, 2.13 (112.1)
EXAMINO. examinandae. ipse est locus, in quo examinandae et castigandae sunt animae 5.12 (308.12)
examinans. ne forte nos . . . ad perpetuam perditionem districtius examinans tollat. 4.25 (266.11)

examinari. placuit pio prouisori salutis nostrae sanctam eius animam longa etiam infirmitate carnis examinari, 4.23 (256.14)
examinat. tamen iuxta merita operum singulos examinat; 3.19 (166.2)
examinata. si tamen examinata a prudentibus sanctior ac Deo dignior posset inueniri. 2.9 (98.8)
EXARDESCO. exarsit. in uicina, qua manebat, casula exarsit incendium; 1.19 (37.12)
EXAVDIO. exaudiri. et, cum ibidem diutius flexis genibus oraret, nihilo tardius meruit exaudiri. 4.10 (225.6)
exaudit. isdem omnipotens Deus hunc pro uobis exorantem celerius exaudit. 1.32 (69.1)
exaudita. Nec multo tardius exaudita est; 4.9 (223.8)
exauditae. Celebrent ergo missas . . . pro gratiarum actione exauditae suae deprecationis, 4.14 (235.3)
exaudiuit. et dicito illi, quia Dominus exaudiuit preces uestras, 4.14 (234.15)
EXCAECO. excaecauit. 'Deus saeculi huius excaecauit mentes infidelium, 2.9 (98.30)
EXCEDO. excederet. a parte uero pedum mensura IIII digitorum in sarcofago corpus excederet. 4.11 (227.16)
EXCELLENTER. quem tam excellenter scriptura commendat: 5.21 (337.20)
EXCELLENTIA. excellentia. cuius excellentia fidei et uirtutis, . . . uirtutum frequentium operatione claruerit; 3.13 (153.19)
excellentiae. Tantum uero in regno excellentiae habuit, 2.16 (118.15)
Desiderabiles litteras excellentiae uestrae suscepimus; 3.29 (196.22)
excellentiae. beneficia sanctorum, . . . eis fecimus dari, uestrae excellentiae profecto omnes contradendas. 3.29 (198.18)
excellentiam. Incolumem excellentiam uestram gratia superna custodiat, 1.32 (70.2)
Incolumem excellentiam uestram gratia superna custodiat. 2.17 (120.5)
salutantes uestram excellentiam, diuinam precamur iugiter clementiam, 3.29 (198.34)
Incolumem excellentiam uestram gratia superna custodiat.' 3.29 (199.3)
EXCELLENTISSIMVS, a, um. **excellentissime.** Et ideo, excellentissime fili, paterna uos caritate, qua conuenit, exhortamur, 2.17 (119.13)
Ecce, excellentissime fili, quam luce clarius est, 3.29 (197.21)
excellentissimo. Domino excellentissimo atque praecellentissimo filio Æduino regi Anglorum Honorius 2.17 (118.33)
'Domino excellentissimo et gloriosissimo regi Naitano, Ceolfrid abbas in Domino salutem. 5.21 (333.14)
EXCELLO. excellenti. Domino excellenti filio Osuio regi Saxonum Vitalianus episcopus, seruus seruorum Dei. 3.29 (196.20)
excellentis. uir strenuissimus ac doctissimus atque excellentis ingenii uocabulo Tatfrid, . . . electus est antistes; 4.23 (255.20)
excelsa. "Profecti igitur de Ramesse xv[a] die mensis primi, altera die phase, filii Israel in manu excelsa." 5.21 (335.12)
excelsam. matutinis horis oriebatur, excelsam radiantis flammae quasi columnam praeferens. 4.12 (228.30)
EXCERPO. excerpsimus. siqui scire delectat, uel in ipso illo uolumine, uel in eo, quod de illo dudum strictim excerpsimus, 5.17 (319.32)
quae alia sint signa ostensa, in ipso libro, de quo haec excerpsimus, quisque legerit, inueniet. 4.10 (224.18)
excerpta. Haec de opusculis excerpta praefati scriptoris ad sensum quidem uerborum illius, . . . historiis indere placuit. 5.17 (319.27)
excerptas. In Isaiam, Danihelem, XII prophetas, et partem Hieremiae, distinctiones capitulorum ex tractatu beati Hieronimi excerptas. 5.24 (358.8)
EXCIDO. excidere. multi de ipso ligno sacrosanctae crucis astulas excidere solent, 3.2 (129.16)
excisa. Infra ipsum uero locum dominicae crucis, excisa in petra crypta est, 5.16 (317.31)
excisum. Huius in medio monumentum Domini rotundum petra excisum est, 5.16 (318.7)
sepulchrum Domini in eadem petra excisum, . . . eminet; 5.16 (318.14)
excisis. excisis inuasisque ciuitatibus atque castellis, 1.13 (29.5)
astulis ex ipsa destina excisis, . . . plures sibi suisque langorum remedia conquisiere. 3.17 (161.7)
EXCIO. excita. multitudo etiam cum coniugibus ac liberis excita conuenerat, 1.17 (35.21)
EXCIPIO. excepit. multitudo excepit sacerdotes, 1.17 (34.31)
excepta. consuetudinem fecerunt per totum annum, excepta remissione quinquagesimae paschalis, 3.5 (136.20)
Nullam potentibus saeculi pecuniam, excepta solum esca, . . . umquam dare solebat, 3.5 (136.25)
utpote nil propriae possessionis, excepta ecclesia sua et adiacentibus agellis habens. 3.17 (160.2)
Quibus diebus cunctis, excepta dominica, ieiunium ad uesperam usque . . . protelans, 3.23 (175.27)
ubi abeuntibus eis, excepta ecclesia, paucissimae domus repertae sunt, 3.26 (190.21)
ita ut nil umquam cibi uel potus, excepta die dominica et quinta sabbati, perciperet, 4.25 (263.4)
ut nihil praeter ipsas aspicerem, excepta dumtaxat specie et ueste eius, qui me ducebat. 5.12 (305.25)
excepto. Excepto libello responsionum, 2.1 (76.31)
omnes ibidem . . . defuncti sunt, excepto uno puerulo, 3.23 (176.32)
Non enim erat tunc ullus, excepto illo Vine, in tota Brittania canonice ordinatus episcopus. 3.28 (195.15)
primusque, excepto Iacobo, . . . cantandi magister Nordanhymbrorum ecclesiis . . . Stephanus fuit, 4.2 (205.14)
excepto. regio totius cibi sustentaculo, excepto uenandi solacio, uacaretur. 1.12 (28.12)
excepto dumtaxat hoc, quod diuinae erat religionis ignarus. 1.34 (71.13)
Ipse autem excepto cantandi uel legendi munere, et aliud in mandatis ab apostolico papa acceperat, 4.18 (241.32)
excepto, quod etiam ipse in his non parua ex parte esset inbutus. 5.21 (333.2)
Item, Capitula lectionum in totum nouum testamentum, excepto euangelio. 5.24 (358.29)
exceptis. exceptis dumtaxat prolixioribus diuersorum promontoriorum tractibus, 1.1 (9.6)
exceptis. exceptis uitibus et oliuis, rarae ferax arboris, frumenti quoque et hordei fertilis. 5.17 (318.27)
exceptis. exceptis his, quae per me ipsum nosse poteram. Praef. (7.27)
exceptis uariorum generibus concyliorum; 1.1 (10.6)
exceptus. Nam et benigno ecclesiae illius hospitio, cum Brittaniam iret, exceptus est, 4.18 (242.23)
excipere. in monasterium praefatum, noluerunt ea, qui erant in monasterio, libenter excipere; 3.11 (148.13)
exciperetur. gaudenter ab omnibus tamquam Dei famulus exciperetur. 3.26 (191.8)
excipiens. qui libenter eum excipiens, promisit se, quae petebatur, esse facturum. 2.12 (107.22)
EXCITATIO. excitationem. Namque ad excitationem uiuentium de morte animae, quidam aliquandiu mortuus ad uitam resurrexit corporis, 5.12 (303.28)
EXCITO. excitant. excitant seniorem elementis furentibus obponendum; 1.17 (34.21)
excitare. homines . . . ad dilectionem uero et solertiam bonae actionis excitare curabat. 4.24 (261.11)
excitaret. atque ad elimosynas operumque bonorum exsecutionem, et uerbis excitaret et factis. 3.5 (136.7)
excitari. sonum, quo ad orationes excitari uel conuocari solebant, 4.23 (257.10)
hora, qua fratres ad dicendas Domino laudes nocturnas excitari deberent. 4.24 (262.8)
excitat. Mouet enim aera Dominus, uentos excitat, 4.3 (210.32)
excitata. quae excitata in tumultum propter non redhibitos transfugas uidebatur; 1.3 (15.8)
tempestas excitata conualuit, 1.17 (34.20)
excitatum. et quasi de somno graui excitatum interrogauit, si nossem, quis esset, qui loqueretur ad me. 5.6 (291.1)
excitatum. nec, licet auctoribus perditis, excitatum ad scelera uulgus potuit recorrigi, 2.5 (92.8)
excitauerit. easque ad orandum pro anima eius, etiam priusquam cetera congregatio eius obitum cognouisset, excitauerit. 4.23 (258.18)
EXCLAMO. exclamabant. alleluiam tertio repetitam sacerdotes exclamabant. 1.20 (39.8)
exclamauit. exclamauit auditis eius sermonibus dicens: 2.13 (112.25)
EXCLVDO. exclusa. ut, exclusa multitudine daemonum, multitudo ibi sanctorum memoriam haberet. 2.4 (88.32)
EXCOLO. excolebat. quod eadem regina cum uiro suo Aedilredo multum diligebat, uenerabatur, excolebat, 3.11 (148.8)
tanta doctrinae solertis excolebat industria, 4.27 (270.9)
excolendi. tota cura cordis excolendi, non uentris. 3.26 (191.4)

EXCOMMVNICATIO. **excommunicatione.** et is, qui susceptus est, excommunicationi [excommunicatione] subiacebit.' . . . uar. 4.5 (216.17)
excommunicationi. et susceptor, et is, qui susceptus est, excommunicationi subiacebit.' . . . 4.5 (216.17)
EXCOMMVNICO. **excommonicauit.** excommunicauit [excommonicauit] eum . . . uar. 3.22 (173.29)
excommunicauit. excommunicauit eum atque omnibus, qui se audire uellent, praecepit, ne domum eius intrarent, . . . 3.22 (173.29)
EXCOQVO. **excoqueret.** ut, . . . totum hoc caminus diutinae tribulationis excoqueret. . . . 4.9 (222.11)
EXCRESCO. **excrescat.** nostra quoque apud uos locutio latior excrescat, . . . 1.32 (69.26)
excreuerit. ut cum Christiana fides in regno uestro excreuerit, . . . 1.32 (69.25)
EXCVBO. **excubabat.** Excubabat diebus ac noctibus ante tugurium pauperis uulgus . . . 1.19 (37.26)
EXCVRRO. **excurso.** sed tamen paruissimo spatio serenitatis ad momentum excurso, . . . 2.13 (112.16)
EXCVSO. **excusans.** At ille se excusans, et uenire non posse contestans, . . . 3.7 (141.21)
EXCVTIO. **excussa.** Cumque somno excussa uideret ceteras pausantes circa se sorores, . . . 4.23 (257.16)
excussum. ut indicemus nos non cum antiquis excussum Aegyptiae seruitutis iugum uenerari, . . . 5.21 (341.1)
EXECROR. **execranda.** Nam qualiter ipsa quoque execranda heresis damnata est, latere uos non debet; 2.19 (123.29)
execrandam. execrandam diabolicae uersutiae supplantationem, . . . a cordibus uestris abicere, . . . 2.10 (103.4)
execretur. Nam quis non execretur superbum eorum conamen et impium, . . . 2.19 (123.33)
EXEMPLAR. **exemplar.** Exemplar epistulae, quam Mellito abbati Brittaniam pergenti misit. . . . 1.30 (64.25)
Exemplar autem praefatae epistulae hoc est: . . . 1.32 (67.23)
Exemplar epistulae beatissimi et apostolici papae . . . Bonifatii directae . . . Æduino . . . 2.10 (100.21)
Exemplar epistulae beatissimi et apostolici Bonifatii . . . directae Aedilbergae reginae . . . 2.11 (104.10)
datumque illi exemplar eius Romam perferendum. . . . 4.18 (242.17)
Iob, exemplar patientiae, dum ingruente tribulationum articulo caput totondit, probauit . . . 5.21 (342.9)
exemplaria. praebent instituendorum exemplaria armorum. . . . 1.12 (27.26)
EXEMPLVM. **exempla.** eorum, quos colunt, exempla perditionis insinuant; . . . 2.10 (102.12)
exempla. et boni operis exempla monstrando aedifica; . . . 1.32 (68.10)
decreta illi iudiciorum, iuxta exempla Romanorum, . . . constituit; . . . 2.5 (90.10)
in quo tanti apostoli, . . . exempla sectamur; . . . 3.25 (185.1)
Vnde constat uos, Colmane, neque Iohannis, ut autumatis, exempla sectari, . . . 3.25 (186.14)
iuxta exempla patrum antiquorum, in magna uitae perfectione administrare curauit; . . . 4.3 (207.2)
cuius uita non sibi solummodo, sed multis bene uiuere uolentibus exempla operum lucis praebuit. 4.23 (256.10)
Cudberct . . . et scientiam ab eo scripturarum, et bonorum operum sumsit exempla. . . . 4.27 (269.9)
Nec solum ipsi monasterio regularis uitae monita, simul et exempla praebebat, . . . 4.27 (269.14)
Horum secuti exempla duo quidam presbyteri de natione Anglorum, . . . uenerunt ad prouinciam . 5.10 (299.15)
exempli. 'An mei,' inquit, 'oblitus es exempli, . . . 2.6 (92.25)
exemplis. et continuis piae operationis exemplis prouehere curauit. . . . 2.4 (87.8)
Cuius exemplis informati tempore illo religiosi . . . consuetudinem fecerunt per totum annum, . . . 3.5 (136.18)
Curabat . . . omnibus opus uirtutum et exemplis ostendere, . . . 3.19 (167.11)
mater uirgo, et exemplis uitae caelestis esse coepit et monitis. . . . 4.19 (244.4)
suis amplius ex uirtutum exemplis prodesse curabat. . . . 5.9 (298.25)
ad haec obseruanda secum eos quoque, qui sibi commissi sunt, exemplis simul et auctoritate instituant? 5.21 (333.32)
exemplo. ut eorum semper exemplo, sicut ipse scribit, ad orationis placidum litus, . . . 2.1 (75.8)
exemplo dominicae resurrectionis, probauit hoc dogma . . . fidei . . . esse contrarium. . . . 2.1 (75.33)
gentemque illam uerbo et exemplo ad fidem Christi conuertit; . . . 3.4 (133.26)
ut uno probare sat erit exemplo. . . . 3.14 (156.7)
multos et exemplo uirtutis, et incitamento sermonis, uel incredulos ad Christum conuertit, . . . 3.19 (163.30)
genti suae . . . exemplo uiuendi, et instantia docendi, . . . multum profuit. . . . 3.27 (194.3)
Hild, . . . in suo monasterio uitae exemplo praesentibus extitit; . . . 4.23 (255.27)
Nam suo praedocta exemplo, monebat omnes . . . 4.23 (256.21)
Cudberct . . . plures et auctoritate magistri, et exemplo suae actionis regularem instituebat ad uitam. 4.27 (269.12)
exemplum. Esset ut exemplum, mystica uerba loquens. . . . 2.1 (79.18)
nihilominus exemplum catholicae fidei Anglorum Romam perlatum est, . . . 4.18 (242.28)
et legentes quoque uel audientes exemplum facti ad studium religionis accenderet. . . . 5.7 (293.5)
exemplum. Quod exemplum secutae, urbes aliae conplures in foedus Romanorum uenerunt. . . . 1.2 (14.25)
exemplum fidei ac pietatis illius coepit aemulari, . . . 1.7 (18.17)
exemplum trahere a rebus etiam carnalibus possumus. . . . 1.27 (52.20)
iuxta exemplum dominici corporis, . . . 2.1 (76.5)
ad exemplum uiuendi posteris collegit; . . . 2.1 (76.24)
In quo et exemplum sequebatur primi pastoris ecclesiae, . . . 2.4 (86.29)
Quis enim ea, . . . nunc ad exemplum omnium aptius quam ipse per sapientiam mihi a Deo uero donatam destruam?' . . . 2.13 (113.7)
iuxta exemplum primi doctoris illius, qui non episcopus, sed presbyter extitit et monachus; . . . 3.4 (134.14)
Vnde inter alia uiuendi documenta saluberrimum abstinentiae uel continentiae clericis exemplum reliquit; . . . 3.5 (135.22)
eisdemque actibus ac moribus iuxta exemplum eius ac fratris sui Ceddi suos instituere curauit auditores. 3.28 (195.23)
ad exemplum uenerabilium patrum sub regula et abbate canonico in magna continentia . . . uiuant. 4.4 (214.6)
cuius aemulata exemplum, et ipsa proposito peregrinandi annum totum in praefata prouincia retenta est; 4.23 (253.11)
ita ut in exemplum primitiuae ecclesiae nullus ibi diues, nullus esset egens, . . . 4.23 (254.10)
exemplum uiuendi sese uidentibus atque audientibus exhibens, multo tempore mansit. . . . 4.23 (255.7)
ut, iuxta exemplum apostoli, uirtus eius in infirmitate perficeretur. . . . 4.23 (256.15)
quem in exemplum Sedulii geminato opere, et uersibus exametris, et prosa conposuit. . . . 5.18 (321.6)
quos iamdudum ad exemplum sanctae Romanae . . . ecclesiae suam religionem instituisse cognouit. 5.21 (332.23)
EXENIA. **exenia.** Parua autem exenia transmisi, . . . 1.32 (69.29)
EXEO. **exeas.** Vide, ne exeas inde, nec de loco mouearis, . . . 3.12 (151.6)
exeunt. sed quae exeunt de ore, illa sunt, quae coinquinant hominem.' . . . 1.27 (57.2)
'Ex corde exeunt cogitationes malae.' . . . 1.27 (57.4)
qui . . . in ipso tandem mortis articulo ad paenitentiam confugiunt, et sic de corpore exeunt; . . . 5.12 (308.15)
in quo recipiuntur animae eorum, qui in bonis quidem operibus de corpore exeunt; . . . 5.12 (308.27)
exeuntem .eumque de lauacro exeuntem suscepisse, . . . 3.7 (139.25)
exeunti. quin ei exeunti de hac uita caelestis patriae patuerit ingressus. . . . 4.9 (222.28)
exierat. Audito etenim fragore procellarum ac feruentis oceani exierat uidere, quid nobis accideret; 5.1 (282.9)
exierit. qui cum per unum ostium ingrediens, mox per aliud exierit. . . . 2.13 (112.13)
exire. atque inde ad praedicandum circumquaque exire consueuerat; . . . 3.17 (159.30)
exiret. Nam exsurgens ab oratione, priusquam exiret de loco, petitae lucis gratiam recepit; . . . 4.10 (225.7)
exisse. et uere 'per omnem terram exisse sonum eorum, . . . 2.8 (96.18)
inuentum est, eadem hora transitum eius illis ostensum esse per uisionem, qua illam referebant exisse de mundo. . . . 4.23 (258.4)
exissent. atque illi percepta eius benedictione iam multum tristes exissent, . . . 4.3 (209.22)
exite. 'Dedi te in foedus populi, ut . . . diceres his, qui uincti sunt: "Exite," . . . 3.29 (197.16)
exitura. dicens, quod adueniente diluculo perennem esset exitura ad lucem. . . . 4.8 (221.24)
exiturus. nocte qua de saeculo erat exiturus, . . . 4.24 (261.22)
exiuit. exiuit ipsa cum una sanctimonialium feminarum ad locum uirorum, . . . 3.11 (149.27)

EXERCEO. **exercebat.** officium episcopatus et uerbo exercebat et opere. 4.13 (232.20)
episcopalem uitam siue doctrinam magis insito sibi uirtutum amore quam lectionibus institutus exercebat. 5.18 (320.12)
exercenda. Successit autem uiro Domini Cudbercto in exercenda uita solitaria, . . . Oidiluald, 5.1 (281.3)
exercendam. ad exercendam militiam caelestem, . . . locus facultasque suppeteret. 3.24 (178.26)
exercere. tantum operibus iustitiae se exercere faciebat, 4.23 (254.18)
plures . . . satagunt magis, accepta tonsura, monasterialibus adscribere uotis, quam bellicis exercere studiis. 5.23 (351.22)
exerceret. uel in bonis se operibus habundantius exerceret. 3.27 (193.9)
exercuit. et cognati uirtute deuotionis exercuit. 2.1 (74.1)
prae oculis affectum doctrinae ipsius, quem pro uestris animabus libenter exercuit, habetote; 2.17 (119.22)
EXERCITIVM. **exercitia.** uerum etiam ad caelestis exercitia uitae magis magisque succensus. 2.1 (75.14)
EXERCITVS. **exercitu.** dum ipse in hostem cum exercitu pergit, 1.2 (14.5)
Diocletianus xxxiii ab Augusto imperator ab exercitu electus 1.6 (17.9)
cum magno exercitu Galliam redierit. 1.9 (23.2)
in Brittania inuitus propemodum ab exercitu imperator creatus, 1.9 (23.13)
Constantius comes in Galliam cum exercitu profectus, 1.11 (25.1)
qui uictoriam quasi de inermi exercitu praesumentes, 1.20 (38.26)
uenit contra eum cum inmenso ac forti exercitu; 1.34 (71.23)
Theodbald . . . cum omni illo, quem ipse ducebat, exercitu peremtus est. 1.34 (71.28)
Aedilfrid collecto grandi exercitu ad ciuitatem Legionum, 2.2 (84.1)
rex collecto exercitu uenit aduersus gentem Occidentalium Saxonum, 2.9 (100.2)
eumque sibi occurrentem cum exercitu multum inpari . . . occidit· 2.12 (110.16)
Osricum, . . . erumpens subito cum suis omnibus inparatum cum toto exercitu deleuit. 3.1 (128.4)
superueniente cum paruo exercitu, sed fide Christi munito, 3.1 (128.18)
nisi quia ibidem sanctior cetero exercitu uir aliquis fuisset interfectus. 3.10 (147.5)
Quo post annum deueniens cum exercitu successor regni eius Osuiu abstulit ea, 3.12 (152.1)
Siquidem congregato contra inuicem exercitu, 3.14 (155.8)
Penda Merciorum rex cum hostili exercitu haec in loca perueniens, 3.17 (160.20)
dum opimo esset uallatus exercitu, 3.18 (163.10)
et sic cum paucissimo exercitu se certamini dedit. 3.24 (177.31)
cum Aedilred rex Merciorum, adducto maligno exercitu, Cantiam uastaret 4.12 (228.8)
Interea superueniens cum exercitu Caedualla, . . . interfecit regem Aediluualch, 4.15 (236.9)
Ecgfrid . . misso Heberniam cum exercitu duce Bercto, uastauit misere gentem innoxiam, 4.26 (266.16)
exercitui. qui uictoriam quasi de inermi exercitu [exercitui] praesumentes, uar. 1.20 (38.26)
elata in altum uoce cuncto exercitui proclamauerit: 3.2 (129.6)
exercitum. quae praemissae adiuncta cohorti inuincibilem fecit exercitum. 1.15 (31.9)
Quo in loco nouum conponit exercitum ipse dux agminis. 1.20 (39.2)
exercitum ad debellandum Aedilfridum colligit copiosum, 2.12 (110.14)
(non enim dederat illi spatium, quo totum suum congregaret atque adunaret exercitum), 2.12 (110.18)
Remisit ergo exercitum, quem congregauerat, 3.14 (155.11)
Denique fertur, quia tricies maiorem pagani habuerint exercitum; 3.24 (177.32)
Osuiu . . . perparuum, ut dixi, habens exercitum, 3.24 (178.3)
cum temere exercitum ad uastandam Pictorum prouinciam duxisset, 4.26 (266.26)
"In eadem enim ipsa die educam exercitum uestrum de terra Aegypti." 5.21 (335.3)
in quo exercitum eorum esset educturus de Aegypto. 5.21 (335.6)
"In eadem enim ipsa die educam exercitum uestrum de terra Aegypti;" 5.21 (335.19)
exercitus. At ubi hostilis exercitus . . . domum reuersus est, 1.16 (33.6)
ut accessisse maximus crederetur exercitus. 1.20 (38.14)
Madidus baptismate procedit exercitus, 1.20 (38.22)
Vltionem suam innocens exercitus intuetur, 1.20 (39.16)
omnis pene eius est caesus exercitus. 1.34 (71.26)
eiusque totus uel interemtus uel dispersus est exercitus. 2.20 (124.25)
hostilis Merciorum exercitus Penda duce . . . peruenit ad urbem usque regiam, 3.16 (158.30)
et cunctus eorum, insistentibus paganis, caesus siue dispersus exercitus. 3.18 (163.13)
Tum subito superuenit exercitus malignorum et horridorum uultu spirituum, 5.13 (312.9)
exercitus. Nam maxima exercitus multitudo undam lauacri salutaris expetiit, 1.20 (38.19)
recens de lauacro pars maior exercitus arma capere . . . temtaret, 1.20 (38.29)
Vnde et ille caelestis exercitus praecipuus miles gemebat dicens: 1.27 (61.24)
ceteras nefandae militiae copias non sine magno exercitus sui damno deleuit. 2.2 (84.24)
orauit pro animabus exercitus sui. 3.12 (151.29)
inuentus est, et captus a uiris hostilis exercitus, 4.22 (250.5)
EXERO. **exerit.** quoties aere commoto manum quasi ad feriendum minitans exerit, 4.3 (211.10)
EXHALO. **exhalaret.** ut adclinis destinae, . . . spiritum uitae exhalaret ultimum. 3.17 (160.7)
EXHIBEO. **exhibebat.** curam non modicam lectionibus sacris simul et monasticis exhibebat disciplinis, 3.19 (164.21)
exhibebere. ad ministerium, quod sollicitus exhibere [exhibebere] solebat, uar. 4.31 (279.11)
exhibenda. uel exhibenda hospitalitate, 1.27 (49.13)
exhibendum. Talemque te Domini inplorata clementia exhibendum stude, 2.8 (96.33)
exhibens. in occursu sanctorum . . . properaret, exhibens secum filium, 1.21 (40.14)
exemplum uiuendi sese uidentibus atque audientibus exhibens, multo tempore mansit. 4.23 (255.8)
exhibentes. His ergo praemissis, paternae uobis dilectionis exhibentes officia, hortamur, 2.11 (106.11)
exhibere. sacrificiorum usus, quae diabolo solebat exhibere, 1.30 (65.31)
ad suscipiendam uocem praedicatorum suam distulerit obedientiam exhibere. 2.11 (105.10)
ad ministerium, quod sollicitus exhibere solebat, quasi flagello probante castigatior, rediit. 4.31 (279.11)
exhiberet. uni uero sponso uirginem castam exhiberet Christo. 2.9 (98.24)
et aliis quoque fratribus ministerium uitae ac salutis docendo exhiberet. 3.23 (177.9)
exhiberi. aut exhiberi mysterium . . . ipsa necessitas conpellit. 1.27 (60.13)
exhibete. districtos ac sollicitos exhibete, 1.28 (62.24)
exhibito. quod in oraculo sibi exhibito se facturum promiserat, 2.12 (107.14)
exhibuisse. quos copulatio carnalis affectus unum quodam modo corpus exhibuisse monstratur, 2.11 (105.27)
exhibuit. mox se sanctus Albanus . . . militibus exhibuit, 1.7 (18.28)
EXHINC. qui multo exhinc tempore in ecclesia manens, 2.20 (126.23)
Quod utinam exhinc etiam nostrarum lectione litterarum fiat! 5.14 (315.8)
EXHORRESCO. **exhorruit.** quod commissum, ubi ad cor suum rediit, grauissime exhorruit, 4.25 (263.12)
EXHORTATIO. **exhortatione.** cotidiana et exhortatione, et sacramentorum caelestium celebratione confirmaret. 2.9 (98.15)
facto cum suis consilio, cum exhortatione, . . . baptizatus est 3.22 (172.13)
Theodorus . . . diuino functus auxilio, salutifera exhortatione coeptum . . . extinguit incendium; 4.21 (249.12)
et praedicans eis, ac modesta exhortatione declarans legitimum paschae tempus, 5.15 (316.2)
multum de eius exhortatione gauisus esse perhibetur; 5.21 (345.25)
exhortationibus. ac salutaribus eius exhortationibus paulatim edoctus, 1.7 (18.18)
suis exhortationibus ac precibus adiuuans. 2.1 (81.3)

His beati Petri flagellis simul ex exhortationibus animatus . . . Laurentius . . . uenit ad regem, 2.6 (92.30)
a sua suorumque lesione crebris orationibus uel exhortationibus repellere consuerat, 2.7 (94.34)
uenit ex more, cupiens salutaribus eius exhortationibus ad superna desideria magis magisque accendi. 4.29 (274.18)
inmutauit piis ac sedulis exhortationibus inueteratam illam traditionem parentum eorum, 5.22 (346.29)
exhortationis. et crebra uoce sanctae exhortationis, . . . prouehere curauit. 2.4 (87.7)
et uerbo exhortationis apud homines, . . . ageret; 2.12 (107.9)
haec uobis pro aeterna caritate exhortationis uerba praemittentes, 2.18 (121.16)
inter uerba exhortationis laeta mortem uidit, 4.23 (256.31)
si infirmis fratribus opem suae exhortationis tribueret; 4.28 (273.23)
EXHORTATORIVS, a, um. **exhortatoria.** epistula quoque illos exhortatoria, ne a laborando cessarent, 1.23 (42.11)
exhortatoria. susceperunt scripta exhortatoria a . . . Bonifatio, 2.7 (94.5)
exhortatoriam. scripsit cum coepiscopis suis exhortatoriam ad eos epistulam, 2.4 (87.20)
exhortatorias. Quibus ille exhortatorias mittens litteras, 1.23 (43.2)
Quo tempore exhortatorias ad fidem litteras a pontifice sedis apostolicae Bonifatio accepit, 2.10 (100.18)
Vt idem ab Honorio papa exhortatorias litteras acceperit, 2.17 (118.22)
misit et regi Æduino litteras exhortatorias, 2.17 (118.29)
postulans, ut exhortatorias sibi litteras mitteret, 5.21 (332.30)
exhortatoriis. uerbis quoque horum exhortatoriis diligenter auditum praebebant. 3.26 (191.11)
EXHORTOR. **exhortamur.** paterna uos caritate, qua conuenit, exhortamur, 2.17 (119.14)
exhortandi. Solebat . . . saepius etiam suam, . . . prouinciam exhortandi gratia reuisere: 3.23 (174.27)
exhortando. exhortando, terrendo, blandiendo, corrigendo, 1.32 (68.9)
exhortans. sollerter exhortans, ne paucitatem suam . . . sapientiorem . . . aestimarent; 2.19 (122.15)
exhortari. Audientes haec fratres coeperunt diligenter exhortari, 5.14 (314.20)
EXIGO. **exacto.** Non multo post interfectionem eius exacto tempore, contigit, 3.9 (145.29)
exegisset. Rex ipse, cum oportunitas exegisset, cum v tantum aut vi ministris ueniebat, 3.26 (190.30)
Cumque annos xxx in regno miles regni caelestis exegisset, 4.11 (225.25)
cum menses aliquot ibi studiis occupatus felicibus exegisset, 5.19 (324.29)
exigebat. Sed cum alia, quaeque dies illa exigebat, cogitaret et faceret, 4.32 (280.26)
exigens. Ibi ergo hiemem cum noua Dei plebe feliciter exigens, sic Romam ueniendi iter repetiit; 5.19 (326.19)
exigente. ordinationes episcoporum, exigente oportunitate, Domini praeueniente misericordia, celebrare; 2.8 (96.26)
Cum ergo causa exigente synodus eadem . . . diebus aliquot legeretur, 5.19 (327.27)
exigisset. cum oportunitas exegisset [exigisset], uar. 3.26 (190.30)
cum menses aliquot ibi studiis occupatus felicibus exegisset [exigisset], uar. 5.19 (324.29)
exigit. quia res exigit, 1.24 (44.14)
cum fortasse aut festus dies exigit, 1.27 (60.13)
EXIGVVS, *see* DIONYSIVS EXIGVVS.
EXILIO. **exiliens.** in similitudinem illius diu claudi, qui curatus ab apostolis Petro et Iohanne, exiliens stetit, 5.2 (284.18)
et intrauit cum illis in templum, ambulans, et exiliens, et laudans Dominum; 5.2 (284.20)
EXILIVM. **exilii.** quia nimirum tam longo exilii sui tempore linguam Scottorum iam plene didicerat. 3.3 (132.12)
exilium. cum . . . Vilfrid post longum exilium in episcopatum esset Hagustaldensis ecclesiae receptus, 5.3 (285.4)
EXIMIVS, a, um. **eximia.** sicut etiam lux illa campi florentis eximia, . . . tenuissima prorsus uidebatur, 5.12 (308.2)
eximiae. Osuini, . . . uirum eximiae pietatis et religionis; 3.14 (154.27)
eximio. sperantes . . . minus praesente duce quondam strenuissimo et eximio posse fugam meditari. 3.18 (163.8)
Orta patre eximio, regali et stemmate clara, 4.20 (248.7)
Nobilior Domino est, orta patre eximio. 4.20 (248.8)
eximio. et eximio sacrauit nomine Petri, 5.19 (330.11)
eximium. Scripsit et de uirginitate librum eximium, 5.18 (321.6)
eximius. eratque . . . longaeua uitae perfectione eximius, 3.4 (135.1)
in quibus eximius Vilbrord presbyteri gradu et merito praefulgebat. 5.10 (299.4)
antistes eximius Vilfrid post xl et v annos accepti episcopatus diem clausit extremum 5.19 (322.18)
Ioseph et ipse . . . uirtutum exsecutor ac doctor eximius, 5.21 (342.13)
EXIMO. **exemtum.** Nec mora, exemtum tenebris in auras me serenae lucis eduxit; 5.12 (307.7)
exemtus. si temporis illius erumnis exemtus ad regni fastigia perueniret. 2.12 (107.15)
EXIN. Exin Caesar a Brittanis reuersus in Galliam, . . . conflictatus est. 1.2 (14.29)
Exin Brittania in parte Brettonum, . . . praedae tantum patuit, 1.12 (25.18)
Exin coepere plures per dies de Scottorum regione uenire Brittaniam 3.3 (132.13)
Exin Cudberct . . . ad anchoriticae quoque contemplationis, . . . silentia secreta peruenit. 4.28 (271.5)
EXINDE. Exinde autem usque ad tempora praesentia, Praef. (6.27)
praedas tamen nonnumquam exinde et contritiones de Brettonum gente agere non cessarunt. 1.14 (29.26)
habet exinde animus aliquem reatum, 1.27 (60.10)
ut nullus exinde sit inuentus, qui eius resuscitator existeret. 2.1 (76.12)
Nec exinde distulit, quin continuo regem ammoneret explere uotum, 2.12 (107.13)
et exinde tribus annis prouincia in errore uersata est, 2.15 (116.19)
Ex quo utroque monasterio plurima exinde monasteria . . . propagata sunt, 3.4 (134.7)
ut paulatim ablata exinde terra fossam ad mensuram staturae uirilis altam reddiderit. 3.9 (145.21)
neque umquam exinde eum auderet contingere. 3.12 (151.11)
sed et tertium exinde diem, quo esset moriturus, insinuauit. 4.11 (226.26)
Cuius foedera pacis multo exinde tempore inter eosdem reges eorumque regna durarunt. 4.21 (249.17)
desiderans exinde, siquo modo posset, . . . Galliam peruenire, 4.23 (253.4)
EXISTIMO. **existimasti.** quoniam donum Dei existimasti per pecuniam possideri; 5.21 (342.35)
EXISTO. **existat.** Qui si forte in disciplinae uigore tepidus existat, 1.27 (53.5)
existatis. dum profecto meliores uos, . . . eorum constructioni nihilominus existatis; 2.10 (103.15)
existens. oportet uestram celsitudinem, utpote membrum existens Christi, in omnibus piam regulam sequi 3.29 (197.25)
et ut ei doctrinae cooperator existens diligenter adtenderet, 4.1 (203.1)
existens. Quaecumque ergo luna ante aequinoctium plena est, xiiii^a^ uidelicet uel xv^a^ existens, 5.21 (339.8)
existentes. etiam sine actuali peccato existentes, portare noscuntur, secundum prophetam dicentem: 2.19 (124.9)
existere. ut promtiores ad suffragandum possitis existere, 1.24 (44.12)
dicentium posse sine peccato hominem existere ex propria uoluntate, 2.19 (124.2)
magister ecclesiasticae cantionis iuxta morem Romanorum siue Cantuariorum multis coepit existere; 2.20 (126.31)
in quo ipsa Deo deuotarum mater ac nutrix posset existere feminarum. 4.6 (219.4)
et adiutrix disciplinae regularis eidem matri existere, minores docendo uel castigando curabat. 4.9 (222.4)
et usquedum praemia piae deuotionis accipiat, existere non desistit; 5.20 (332.5)
et catholicae pacis ac ueritatis cum uniuersali ecclesia particeps existere gaudet. 5.23 (351.7)
existeret. ut nullus exinde sit inuentus, qui eius resuscitator existeret. 2.1 (76.13)
ipse rex suis ducibus ac ministris interpres uerbi existeret caelestis; 3.3 (132.12)
ut, quanta esset uiri sublimitas, legentibus notius existeret. 3.19 (168.28)
Vouit ergo, quia, si uictor existeret, filiam suam Domino sacra uirginitate dicandam offerret, 3.24 (177.27)
EXITIABILIS, e. **exitiabile.** nihilominus exitiabile perfidiae suae uirus, 1.8 (22.29)
EXITIVM. **exitium.** neque inminens oculo exitium humana manus curare ualeret, 4.32 (280.1)

EXITVS. exitum. quem res exitum haberet, solliciti exspectantes. 3.11 (150.13)
dicite fratribus, ut et meum exitum Domino precibus commendent, 4.3 (209.17)
et suum quoque exitum, cuius hora incerta est, . . . praeuenire meminerint.' 4.3 (209.18)
cum illi exitum eius de hac uita uiderent, 4.23 (258.5)
exitus. sicut euidentius rerum exitus probauit. 1.14 (30.23)
eo quod certus sibi exitus, sed incerta eiusdem exitus esset hora futura, 3.19 (164.7)
exitus. sed incerta eiusdem exitus esset hora futura, dicente Domino: 3.19 (164.7)
EXODVS, *Exodus.*
Exodi. sicut Exodi sequentia patenter edocent; 5.21 (335.18)
Exodo. scriptum est in Exodo, ubi liberandus de Aegypto populus Israel primum pascha facere iubetur, 5.21 (334.13)
EXOPTATISSIMVS, a, um. **exoptatissimus.** Offa, iuuenis . . . suae genti ad tenenda seruandaque regni sceptra exoptatissimus. 5.19 (322.9)
EXORCISMVS. exorcismos. dicebat presbyter exorcismos, 3.11 (150.1)
EXORDIOR. exorsus. Tum Vilfrid, iubente rege, ut diceret, ita exorsus est: 3.25 (184.19)
et ad Accan presbyterum ita loqui exorsus est: 5.19 (329.6)
EXORDIVM. exordia. uestra adquisitio decessorumque uestrorum, quae per domini Gregorii exordia pullulat, 2.18 (121.8)
exordio. Nondum enim oratoria uel baptisteria in ipso exordio nascentis ibi ecclesiae poterant aedificari. 2.14 (115.14)
claret, quod illam in exordio sui paschae diem statuunt, 5.21 (337.34)
exordio. quae per domini Gregorii exordia [exordio] pullulat, uar. 2.18 (121.8)
exordium. quarum uidelicet litterarum istud exordium est: 4.17 (239.4)
EXORIOR. exorta. cuius temporibus Arriana heresis exorta, 1.8 (22.28)
cum ipso, quo exorta est, initio, 2.1 (75.28)
Sed nec religioni Christianae, quae apud eos exorta erat, aliquid inpendebat honoris. 2.20 (125.16)
Cumque materies belli acrioris . . . inter reges populosque feroces uideretur exorta, 4.21 (249.11)
exorta. et hac exorta, si dominica dies, quae tunc prima sabbati uocabatur, erat mane uentura, 3.25 (185.29)
mox copiosa seges exorta desideratam proprii laboris uiro Dei refectionem praebebat. 4.28 (272.8)
exortam. et nuperrime temporibus illis hanc apud eos heresim exortam, 2.19 (123.20)
et per uirtutem eiusdem spiritus hanc exortam, . . . sopiuerit. 3.15 (158.21)
exorto. sermone de Osualdo exorto, diceret, 3.11 (149.12)
exortus. ante pedes eius fons perennis exortus est, 1.7 (21.3)
EXORO. exoramus. eumque uotis supplicibus exoramus, 2.18 (121.2)
exorandam. multi, qui haec audire potuerunt, et ad exorandam in aduersis diuinam clementiam, . . . sunt mirabiliter accensi; 4.14 (236.1)
exorandum. qui ad exorandum Deum pro milite bellum agente conuenerant, 2.2 (84.5)
exorantem. isdem omnipotens Deus hunc pro uobis exorantem celerius exaudit. 1.32 (69.1)
EXORTATIO. exortatione. ac modesta exhortatione [exortatione] declarans legitimum paschae tempus. uar. 5.15 (316.2)
EXORTVS. exortu. Sicut ergo prius sol a medio procedens orientis, aequinoctium uernale suo praefixit exortu; 5.21 (339.21)
exortum. Cuius ueritas uisionis cita circa exortum diei puellae morte probata est. 4.8 (221.25)
Itaque post aequinoctialem solis exortum, 5.21 (340.29)
uel certe una diei, altera noctis praecurrebat exortum, 5.23 (349.9)
exortus. uocem ab Euroaustro, id est ab alto brumalis exortus, primo se audisse dicebat, 4.3 (208.23)
EXOSVS, a, um. **exosus.** Infaustus ille annus, et omnibus bonis exosus usque hodie permanet, 3.1 (128.10)
EXPAVESCO. expauescens. expauescens flamma transiliuit, 1.19 (37.21)
expauit. quem uidens, ut ignotum et inopinatum, non parum expauit. 2.12 (108.24)
EXPECTATOR. expectator. aderat populus expectator, futurus et index, 1.17 (35.22)
EXPECTO, *see* **EXSPECTO.**
EXPEDITIO. expeditione. atque in expeditione campestri instar ciuitatis aptatur. 1.20 (38.21)
expeditionem. Itaque expeditionem in Brittaniam mouit, 1.3 (15.7)
propter uictum militibus adferendum in expeditionem se cum sui similibus uenisse testatus est. 4.22 (250.10)
expeditionibus. ob eorum defensionem tam laboriosis expeditionibus posse fatigari; 1.12 (27.11)
EXPEDITVS, a, um. **expeditos.** eligit expeditos, circumiecta percurrit, 1.20 (38.30)
EXPELLO. expulerant. reges, qui praeconem a se ueritatis expulerant, 2.5 (92.5)
expulerit. ab Anglorum finibus expulerit. 1.34 (71.8)
Quod si quisquam propriam expulerit coniugem legitimo sibi matrimonio coniunctam, 4.5 (217.4)
expulerunt. Et expulerunt eum, ac de suo regno cum suis abire iusserunt. 2.5 (91.27)
expulit. fratremque eius Valentinianum Augustum Italia expulit. 1.9 (23.17)
ceteros sociorum finibus expulit; 1.12 (26.10)
Quod si quisquam propriam expulerit [expulit] coniugem uar. 4.5 (217.4)
expulsa. expulsaque a uobis sollicitatione uenenosi et deceptibilis hostis, 2.10 (103.27)
utpote ubi nuper expulsa diaboli tyrannide Christus iam regnare coeperat; 4.14 (233.1)
expulsi. prauitatis auctores, qui erant expulsi insula, 1.21 (41.4)
expulsis. Cum autem ipse sibi ibidem expulsis hostibus mansionem angustam . . . construxisset, 4.28 (271.20)
expulso. Orientales Saxones fidem, quam olim, expulso Mellito antistite, abiecerant, . . . receperunt. 3.22 (171.20)
et quia nuper citeriorem Fresiam expulso inde Rathbedo rege ceperat, 5.10 (299.8)
expulsus. Qui expulsus inde uenit Cantiam, 2.5 (91.29)
unde et expulsus de Lindissi, in illarum prouinciarum regimine permansit. 4.12 (229.18)
sed mox expulsus est a ducibus regis, Bercthuno et Andhuno, 4.15 (236.13)
EXPERGEFACIO. expergefactus. Et cum paululum quiesceret, expergefactus sodalis respexit eum, et ait: 3.27 (193.19)
EXPERGISCOR. experrectus. quasi de graui experrectus somno, exsurgens resedit; 5.19 (328.28)
EXPERIMENTVM. experimenta. cuius experimenta permaxima in expugnandis barbaris iam ceperat, 3.3 (131.7)
experimento. Sed experimento didicimus ex tali coniugio sobolem non posse succrescere. 1.27 (50.32)
EXPERIOR. experta. et praesentis solum serenitatis statum experta, 1.22 (41.29)
expertus. et in me ipso maxime expertus sum; 5.6 (289.14)
EXPERS. expers. nec uinearum expers, piscium uolucrumque, 1.1 (13.7)
EXPETO. expetere. mox congregati in unum uicani uerbum uitae ab illo expetere curabant. 3.26 (191.16)
expetiit. iustas de sceleribus populi Dei ultiones expetiit, 1.15 (32.17)
Nam maxima exercitus multitudo undam lauacri salutaris expetiit, 1.20 (38.19)
EXPLANATIO. explanationis. In librum beati patris Tobiae explanationis allegoricae de Christo et ecclesia librum I. 5.24 (358.11)
EXPLANO. explanare. ille melius . . . lingua Anglorum, quam ego per interpretem, potest explanare, quae sentimus.' 3.25 (184.18)
explanari. Licet summae diuinitatis potentia humanae locutionis officiis explanari non ualeat, 2.10 (100.27)
EXPLEO. explens. et maiore auctoritate coeptum opus explens, 3.22 (173.3)
explere. Quod equidem, suffragante praesidio benignitatis ipsius, ut explere ualeas, 2.11 (106.9)
quin continuo regem ammoneret explere uotum, 2.12 (107.13)
sed cuncta pro suis uiribus operibus explere curabat 3.17 (161.29)
expleret. Nec distulit, quin continuo, quod mente conceperat, expleret. 4.10 (225.1)
explessem. Cumque explessem praelocutionem, interrogaui unumquemque eorum per ordinem, si consentirent 4.5 (215.21)
expleta. et expleta in ecclesia oratione discedebat. 3.26 (190.31)

expletis. 'Cum expletis,' inquiens, 'hymnis matutinalibus in lectulo membra posuissem, 5.9 (297.4)
expletis. Cum enim nocte quadam, expletis matutinae laudis psalmodiis, 4.7 (219.28)
quibus expletis, omnia, quae ad solis et lunae, mensis et septimanae consequentiam spectant, . . . recurrunt. 5.21 (341.28)
expleto. expleto studio ieiuniorum et orationis, fecit ibi monasterium, 3.23 (176.5)
expletos. dicens, quia et ea nocte sibi post expletos matutinos Boisil per uisum apparuerit, 5.9 (297.27)
expletum. Quod nimirum somnium ueraciter in filia eius, de qua loquimur, expletum est; 4.23 (256.9)
expletum. ut profecto sacrae scripturae testimonium per te expletum indubitanter perclareat: 2.11 (106.4)
contigit eum ante expletum anni circulum migrasse de saeculo. 5.15 (316.11)
expleuit. Romae autem iam pontifex factus expleuit. 2.1 (75.25)
omnem in eius obsequio usque ad obitum illius expleuit aetatem; 5.20 (332.10)
EXPLICO. explicant. et in processu epistulae ita suas calamitates explicant: 1.13 (28.27)
EXPLORATIO. exploratione. quorum tamen aduentus exploratione cognoscitur. 1.20 (38.27)
EXPLORO. explorare. nisi medicamentum quidem contra egritudines explorare? 1.27 (56.3)
explorata. ut diligentius explorata scripturae ueritas docet, 5.21 (335.27)
EXPOLIO. expolia. sed per affectum boni operis frumenta dominica uitiorum suorum paleis expolia, 1.27 (53.18)
EXPONO. exponebant. Exponebantque illi quendam sacrae historiae siue doctrinae sermonem, 4.24 (260.20)
exponens. Atque paulo post subiecit exponens: 1.27 (57.3)
exponere. Ordinem autem uisionum suarum illis solummodo, . . . exponere uolebat. 3.19 (167.14)
exponerent. cum exponerent per ordinem, quomodo haec uel quando didicissent, 4.23 (258.1)
exposita. Exposita autem ratione paschalis obseruantiae, 2.19 (123.23)
exposita. Spolia colliguntur exposita, 1.20 (39.18)
exposita. In apostolum quaecumque in opusculis sancti Augustini exposita inueni, cuncta per ordinem transscribere curaui. 5.24 (358.23)
exposuimus. pariter tractantes, fidem rectam et orthodoxam exposuimus; 4.17 (239.17)
Et nos omnes subscribimus, qui cum Theodoro archiepiscopo fidem catholicam exposuimus. 4.17 (240.26)
EXPORTO. exportante. dolor tamen omnis . . . uelut ipso episcopo foras eum exportante, funditus ablatus est, 5.3 (286.20)
exportaremus. Cumque euadentes ad terram, nauiculam quoque nostram ab undis exportaremus, 5.1 (282.17)
exportaret. ut spinas ac tribulos peccatorum nostrorum portaret, id est exportaret et auferret a nobis, 5.21 (343.17)
EXPOSITIO. Expositione. ipse dicit in Expositione beati Iob: 2.1 (78.9)
expositionis. per XXX et V libros expositionis miranda ratione perdocuit. 2.1 (75.23)
De aedificatione templi, allegoricae expositionis, sicut et cetera, libros II. 5.24 (358.1)
expositionum. ut, sicut in libris expositionum suarum, . . . edocuit, 2.1 (76.25)
EXPROBRO. exprobrarent. ne exprobrarent sibi sodales, quod timore mortis faceret ea, 5.13 (311.21)
EXPVGNO. expugnandis. cuius experimenta permaxima in expugnandis barbaris iam ceperat, 3.3 (131.8)
expugnantis. expugnatis [expugnantis] non longo post tempore Boructuaris a gente Antiquorum Saxonum, uar. 5.11 (302.19)
expugnatis. Sed expugnatis non longo post tempore Boructuaris a gente Antiquorum Saxonum, 5.11 (302.19)
expugnatura. re autem uera hanc expugnatura, 1.15 (31.2)
EXPVRGO. expurgatis. discussis penetralibus cordis nostri, atque expurgatis uitiorum ruderibus, 4.3 (211.13)
EXSECVTIO. exsecutionem. atque ad elimosynas operumque bonorum exsecutionem, et uerbis excitaret et factis. 3.5 (136.7)
EXSECVTOR. exsecutor. Ioseph et ipse castitatis, humilitatis, pietatis, ceterarumque uirtutum exsecutor ac doctor eximius, . . . patet 5.21 (342.12)
Qui quoniam et doctor suauissimus, et eorum, quae agenda docebat, erat exsecutor deuotissimus, 5.22 (346.27)
EXSEQVOR. exsequenda. ipse sollertius ad exsequenda ea, . . . accenditur. Praef. (5.16)
exsequens. et solitum sibi opus euangelizandi exsequens, 3.19 (163.30)
exsequentem. et ea, quae in scripturis agenda didicerat, operibus solerter exsequentem, 3.28 (194.30)
exsequentes. atque officium suum fide ac moribus exsequentes, 1.29 (64.18)
exsequeretur. Quod dum multo tempore sedulus exsequeretur, 4.25 (264.13)
exsequi. opera tamen fidei, . . . iuxta morem omnibus sanctis consuetum, diligenter exsequi curauit. 3.25 (182.11)
EXSOLVO. exsoluamus. et beato Petro apostolorum principi uberes merito gratias exsoluamus. 2.11 (106.22)
exsoluimus. Pro quibus maiestati eius gratias indesinenter exsoluimus, 2.18 (121.1)
exsoluitis. eique, quod humana ualet condicio, mentis uestrae sinceram deuotionem exsoluitis. 2.17 (119.9)
EXSPECTO (EXP-). expectabat. in eodem monasterio soror ipsius Heresuid, . . . ipso tempore coronam expectabat aeternam; 4.23 (253.10)
expectamus. expectamus adhuc monente euangelio in ipsa ebdomada tertia tempus diei dominicae, 5.21 (340.32)
expectans. reticuit, quasi responsum eius, quem uidebat et cui loquebatur, expectans. 4.9 (223.22)
expectare. Desiluit eques, et stramine subtracto coepit expectare horam, 3.9 (145.34)
quem semper, usquedum ueniret, sollicitus expectare curauit. 4.3 (210.10)
Sed primum expectare habes, donec missae celebrentur, 4.14 (234.10)
ut in ipsa tertia septimana diem dominicam expectare, . . . debeamus. 5.21 (334.9)
ut coronam uitae aeternae, . . . se semper expectare, . . . designent. 5.21 (343.22)
expectarent. qui unum omnes in caelies regnum expectarent; 3.25 (183.31)
atque oportunos aliquot dies uentos expectarent, 5.9 (298.7)
expectaretur. Quin potius statuit, ut expectaretur iuxta praeceptum legis idem primus anni mensis, 5.21 (336.11)
ut . . . expectaretur XIIII^{a} dies illius, expectaretur uespera eiusdem. 5.21 (336.12)
ut . . . expectaretur XIIII^{a} dies illius, expectaretur uespera eiusdem. 5.21 (336.13)
expectatis. redemtionem gentis illius exspectastis [expectatis], uar. 2.8 (96.3)
expectatur. aderat populus expectator [expectatur], uar. 1.17 (35.22)
diuinitatis expectatur auxilium. 1.20 (38.24)
expectatura. locum, in quo requietura, et diem resurrectionis essent expectatura, monstraret. 4.7 (220.15)
expectetur. ut adueniente primo mense, adueniente in eo uespera diei XIIII^{ae}, expectetur etiam dies dominica, 5.21 (337.10)
exspectabat. euentumque discriminis tuto in loco exspectabat. 3.24 (178.11)
Sin autem dominica . . . XVI^{a} aut XVII^{a} aut alia qualibet luna usque ad XXI^{am} esset uentura, exspectabat eam, 3.25 (185.35)
exspectantes. quem res exitum haberet, solliciti exspectantes. 3.11 (150.13)
exspectare. et oculos uiduae exspectare feci. 2.1 (77.33)
ibi rerum finem exspectare disponentes. 2.5 (92.3)
exspectaret. Qui cum die quadam sollicitus horam accessionis exspectaret, 3.12 (151.1)
XIIII^{am} lunam primi mensis, . . . orientem ad uesperam semper exspectaret; 3.25 (185.29)
exspectastis. redemtionem gentis illius exspectastis, 2.8 (96.3)
exspectat. quae de uestri uestrorumque omnium animae salute optabilia desideranter exspectat, 2.11 (106.18)
exspectauit. Qui subdiaconus ordinatus IIII exspectauit menses, 4.1 (203.4)
exspectemus. At ille: 'Bene, ergo exspectemus horam illam.' 4.24 (262.9)
EXSTINGVO (EXT-). exstinctis. 'Quod si etiam regem te futurum exstinctis hostibus in ueritate promittat, 2.12 (109.6)
exstinctis. flammis pariter sopitis atque exstinctis, 2.7 (94.31)
exstinctos. Exstinctos in ea pugna ferunt de his, . . . uiros circiter mille CC^{tos} 2.2 (84.24)
extinctus. Hac etenim die idem rex ab infidelibus in bello corporaliter extinctus, 4.14 (234.29)
et cum maxima parte copiarum, quas secum adduxerat, extinctus anno aetatis suae XL., 4.26 (267.2)

extinguere. omnipotens Deus humanum genus pro culpa sua funditus extinguere noluit, 1.27 (54.12)
extinguerent. petens, ut lucernam, quae inibi accensa erat, extinguerent. 4.8 (221.11)
extinguit. Theodorus . . . salutifera exhortatione coeptum tanti periculi funditus extinguit incendium; 4.21 (249.13)
extinguitur. in quo omnis culpa funditus extinguitur, 1.27 (54.18)
EXSTO (EXT-). exstat. maior uero in orientali eiusdem ecclesiae loco quadrangulum aliud altare sub linteaminibus exstat. 5.16 (318.21)
exstiterat. eisdemque contra patriam et patruum suum pugnaturis ductor exstiterat, 3.24 (178.9)
in ecclesiasticae quoque institutionis regulis solertissimus exstiterat; 5.20 (332.4)
exstiterit. si uictor existeret [exstiterit], uar. 3.24 (177.27)
exstitit. Siquidem primus Birinus, secundus Agilberctus, tertius exstitit Vini. 4.12 (227.24)
extiterat. presbyter, qui comes itineris illi et cooperator uerbi extiterat, 3.30 (199.29)
extiterit. qualis etiam ipsorum patrum uita uel obitus extiterit, Praef. (7.13)
quaeue successio sacerdotalis extiterit, Praef. (7.20)
extitisse. qui etiam praescius sui obitus extitisse ex his, quae narrauimus, uidetur. 4.24 (262.19)
immo confidenter profiteor plurimos ex eis sanctos ac Deo dignos extitisse, 5.21 (344.7)
extitit. Auctor ante omnes . . . Albinus abba . . . extitit; Praef. (6.7)
qui non episcopus, sed presbyter extitit et monachus; 3.4 (134.15)
in quo memorata regis filia primo discipula uitae regularis, deinde etiam magistra extitit, 3.24 (179.7)
Cedd, . . . qui et interpres in eo concilio uigilantissimus utriusque partis extitit. 3.25 (183.26)
quia non solum ipse Dei cultor extitit, 3.29 (196.30)
Cuius radius lucis tantus extitit, 4.7 (220.16)
Hild, . . . in suo monasterio uitae exemplo praesentibus extitit; 4.23 (255.27)
Quomodo ille, cum sit aeternus Deus, omnium miraculorum auctor extitit, 4.24 (260.4)
EXSTRVO (EXT-). exstruitur. e terra uelut murus exstruitur altus supra terram, 1.5 (16.27)
extructa. ecclesia est mirandi operis atque eius martyrio condigna extructa. 1.7 (21.29)
EXSVFFLO. exsufflante. factumque est, ut, exsufflante illo in faciem meam, confestim me melius habere sentirem. 5.6 (291.22)
exsufflata. Sicque abiecta prisca superstitione, exsufflata idolatria, 4.13 (231.21)
exsufflauerat. fidem, quam olim exsufflauerat, recuperauerit, Praef. (7.12)
exsufflet. quis, rogo, fidelium non statim cum ipsa magia primo detestetur et merito exsufflet aspectu? 5.21 (343.27)
EXSVLTO. exsultauit. Sicque certus de illorum correctione reuerentissimus pater exsultauit, 5.22 (348.11)
exsultet. in cuius regno perpetuo exsultet terra, 5.23 (351.28)
EXSVRGO. exsurgens. statimque exsurgens quasi sanum per omnia, 3.9 (146.8)
Quod uidens episcopus, multum pertimuit, ac statim exsurgens leuauit eum, 3.14 (157.1)
Exsurgens autem a somno, cuncta, quae dormiens cantauerat, memoriter retinuit, 4.24 (260.10)
quasi de graui experrectus somno, exsurgens resedit; 5.19 (328.29)
ita ut exsurgens de medio optimatum suorum consessu, genua flecteret in terram, 5.21 (345.26)
exsurgens. Nam exsurgens ab oratione, priusquam exiret de loco, petitae lucis gratiam recepit; 4.10 (225.6)
Statimque exsurgens, nimio timore perterrita, cucurrit ad uirginem, 4.23 (257.19)
exsurgere. ita ut die redeunte uix ipse per se exsurgere aut incedere ualeret. 4.31 (278.17)
exsurrexit. exsurrexit repente, et, euaginata sub ueste sica, impetum fecit in regem. 2.9 (99.8)
EXTEMPLO. extemplo se repperire sub ueste sua monile pretiosissimum; 4.23 (256.4)
Et cum dicerent, 'Pax et securitas,' extemplo praefatae ultionis sunt poena multati. 4.25 (265.33)
EXTENDO. extendat. atque uitam uestram et hic per multorum annorum curricula extendat, 1.32 (69.33)
extendatur. ut . . . uestra adquisitio . . . conualescendo amplius extendatur; 2.18 (121.9)
extendere. Christianam fidem in populis tibi subditis extendere festina, 1.32 (68.6)
extenderunt. Crescentes uero paulatim ignes usque ad inuicem sese extenderunt, 3.19 (165.30)
extensa. quae manu extensa iacentem uideretur adtollere, 1.19 (38.1)
extenso. Cumque . . . eleuanda essent ossa de sepulchro, et extento [extenso] desuper papilione, uar. 4.19 (245.24)
extenso. tentorio tantum maiore supra carrum, in quo inerant, extenso. 3.11 (148.18)
extento. Cumque post tot annos eleuanda essent ossa de sepulchro, et extento desuper papilione, 4.19 (245.24)
EXTER, tera, terum. **exterarum.** exterarum gentium inprobitate obrutum uilesceret. 1.12 (27.4)
exteris. quiescentibus ad tempus exteris, . . . bellis 1.22 (41.19)
EXTERIOR, ius. **exterior.** cuius exterior pars natiuitatis dominicae fuisse dicitur locus; 5.16 (317.16)
exteriora. in testamento ueteri exteriora opera obseruantur, 1.27 (56.28)
exteriora. animae per exteriora miracula ad interiorem gratiam pertrahuntur; 1.31 (66.18)
Cumque se pro condescensione multorum ad exteriora sparserit, 2.1 (74.22)
exteriori. sed quantum pro industria exteriori regi placens, 5.13 (311.8)
exterioribus. intellegentes eum, qui uerus est Deus, et interioribus se bonis et exterioribus caelesti gratia ditasse. 4.13 (231.24)
exteriorum. tolerabatur tamen ab eis longanimiter ob necessitatem operum ipsius exteriorum; 5.14 (314.3)
EXTERIVS. et stipendia sua exterius accipere; 1.27 (49.5)
non tam, quod exterius agitur, 1.27 (56.29)
ut dum eis aliqua exterius gaudia reseruantur, 1.30 (65.24)
quae operante Domino exterius facis, 1.31 (67.8)
domumque hanc et exterius obsedit, et intus maxima ex parte residens impleuit. 5.13 (312.10)
EXTERMINIVM. exterminia. Manebant exterminia ciuitatum ab hoste derutarum ac desertarum; 1.22 (41.22)
exterminio. quo ceteros exterminio raptari e mundo contingeret. 4.7 (219.24)
exterminium. luxuria, pestilentia, et exterminium gentis secutum sit. 1.14 (29.13)
EXTERMINO. exterminare. qui totam eius gentem a paruo usque ad magnum delere atque exterminare decreuerat, 3.24 (177.22)
ac stragica caede omnes indigenas exterminare, . . . contendit, 4.16 (237.3)
exterminatis. exterminatis dispersisque insulae indigenis, 1.16 (33.6)
exterminatis uel subiugatis indigenis, 1.34 (71.15)
EXTERNVS, a, um. **externae.** in quam tamen ob erumnam externae subiectionis nemo gradum ministerii . . . accepit. 4.16 (238.10)
externas. augentes externas domesticis motibus clades, 1.12 (28.11)
externi. regnum illud aliquod temporis spatium reges dubii uel externi disperdiderunt; 4.26 (268.15)
externis. et quoniam externis prodesse ad fidem non poterat, 5.9 (298.24)
externis. Brittaniae cessatum quidem est parumper ab externis, 1.22 (41.22)
externorum. aut externorum sibi uirorum amicitiam conparent. 4.25 (265.20)
EXTERREO. exterritus. cuius praesentia cum essem exterritus, dixit mihi, ne timerem; 4.25 (264.29)
EXTIMESCO. extimuit. extimuit multum; atque . . . suscepit fidem Christi, 2.6 (93.7)
EXTRA. 1.1 (11.26); 1.8 (22.16); 1.12 (25.26); 1.27 (49.3); 1.27 (50.15); 1.27 (53.9); 5.21 (335.16).
EXTRAHO. extrahunt. donec ipsum quoque lacrimis plenum dulcibus extrahunt latebris. 4.28 (272.26)
EXTRANEVS, a, um. **extranea.** quod pars corporis uestri ab agnitione summae et indiuiduae Trinitatis remansit extranea. 2.11 (105.12)
extranea. religione simul et industria gentem suam ab extranea inuasione liberaret. 4.26 (268.18)
EXTREMITAS. extremitate. totius creaturae suae dilatandi subdi etiam in extremitate terrae positarum gentium corda frigida, 2.10 (101.24)
extrimitate. in extremitate [extrimitate] terrae positarum gentium uar. 2.10 (101.24)
EXTREMVM. extrema. ubi ad extrema peruenit, clamauit tertio unam de consecratis Christo uirginibus, 4.8 (220.28)

cum . . . ad extrema esset perducta, coepit subito circa mediam noctem clamare his, 4.8 (221.8)
qui infirmitate corporis tactus, et hac crescente per dies, ad extrema perductus, 5.12 (304.4)
Percussus enim langore, atque ad extrema perductus, uocauit fratres, 5.14 (314.13)
humili sine turribus muro per extrema plani uerticis instructo; 5.16 (317.14)
extremum. ad extremum, . . . praesumunt inire conflictum. 1.17 (35.14)
ut sis salus mea usque ad extremum terrae.' 3.29 (197.12)
Quod cum frequenti uoce repeteret, nec tamen ei aliquis obtemperaret, ad extremum intulit: 4.8 (221.12)
extrimum. ut sis salus mea usque ad extremum [extrimum] terrae.' uar. 3.29 (197.12)
EXTREMVS, a, um. **extrema.** Picti in extrema parte insulae . . . quieuerunt, 1.14 (29.24)
extremae. ecclesiae Christi eorum est paucitas uno de angulo extremae insulae praeferenda? 3.25 (188.14)
extremam. omnem aquilonalem extremamque insulae partem . . . capessunt. 1.12 (27.33)
qui haud longe ab illis ad borealem extremamque muri illius partem pausat. 5.17 (319.21)
extremis. ne paucitatem suam in extremis terrae finibus constitutam, sapientiorem . . . aestimarent; 2.19 (122.15)
extremis. Erat enim haec ipsa hora . . . in extremis monasterii locis seorsum posita, 4.23 (258.21)
extremo. cum suis paucissimis et in extremo mundi angulo positis uiuere praesumeret, 5.15 (315.23)
extremum. Vilfrid . . . diem clausit extremum in prouincia, quae uocatur Inundalum; 5.19 (322.19)
extrimae. ecclesiae Christi eorum est paucitas uno de angulo extremae [extrimae] insulae praeferenda? uar. 3.25 (188.14)
extrimis. ne paucitatem suam in extremis [extrimis] terrae finibus constitutam, sapientiorem . . . aestimarent; uar. 2.19 (122.15)
extrimo. cum suis paucissimis et in extremo [extrimo] mundi angulo positis uiuere praesumeret, uar. 5.15 (315.23)
EXTRINSECVS. quae extrinsecus ecclesiae pro munimine erat adposita, 3.17 (160.6)
Nam extrinsecus usque ad culminis summitatem totum marmore tectum est. 5.16 (318.11)
EXVBERO. exuberat. tanta hodie calculatorum exuberat copia, 5.21 (341.23)
EXVL. exulem. nec solum exulem nuntiis hostilibus non tradidit, 2.12 (110.12)
exules. ubi suos homines, qui exules uagabantur, recipere posset, 4.13 (232.8)
exuli. Vt Aeduini per uisionem quondam sibi exuli ostensam sit ad credendum prouocatus. 2.12 (106.28)
qui ambo ei exuli nati sunt de Quoenburga 2.14 (114.22)
EXVLO. exulabant. filii . . . Aedilfridi, . . . cum magna nobilium iuuentute apud Scottos siue Pictos exulabant, 3.1 (127.14)
exulabat. Nam et ipse, apud quem exulabat, rex erat uir bonus, 3.7 (140.16)
Vnde et genti suae et illis, in quibus exulabat, . . . multum profuit. 3.27 (194.2)
Vilfrid episcopus, qui tum forte patria pulsus in Merciorum regionibus exulabat. 5.11 (302.11)
exulans. inter quos exulans ipse baptismatis sacramenta cum his, qui secum erant, militibus consecutus erat; 3.3 (131.9)
apud quem triennio exulans fidem cognouit ac suscepit ueritatis. 3.7 (140.14)
exulanti. illi quondam exulanti apud Redualdum regem Anglorum 2.12 (107.1)
exularet. qui, uiuente adhuc fratre, cum exularet in Gallia, fidei sacramentis inbutus est, 2.15 (116.22)
dum inimicitias Redualdi fugiens exularet, 3.18 (162.17)
Caedualla, . . . cum exularet a patria sua, interfecit regem Aedilualch, 4.15 (236.11)
Quae cum uir eius Hereric exularet sub rege Brettonum Cerdice, 4.23 (255.32)
exulauerant. qui in Hibernia multo tempore pro aeterna patria exulauerant, 5.10 (299.17)
exulauerat. Ecgbercto, . . . qui in Hibernia diutius exulauerat pro Christo, eratque et doctissimus in scripturis, 3.4 (134.32)
EXVLTO. exultabat. Exultat [Exultabat] turba miraculo, uar. 1.19 (37.24)
exultans. animas hominum . . . ipsa multum exultans et cachinnans, medias illas trahebat in tenebras; 5.12 (306.14)
exultant. Exultant parentes, 1.18 (36.17)
exultas. Sponsa hymno exultas et noua dulcisono. 4.20 (248.32)
exultat. Exultat turba miraculo, 1.19 (37.24)
exultauerunt. cor omnium et caro omnium exultauerunt in Deum uiuum; 4.13 (231.22)
exultauit. Magno ergo largitatis dominicae beneficio mens nostra gaudio exultauit, 2.11 (104.24)
exultet. Quis non exultet et gaudeat in his piis operibus? 3.29 (197.3)
EXVO. exuerant. tam propter apostasiam regum Anglorum, qua se fidei sacramentis exuerant, 3.1 (128.12)
exuerunt. qua se fidei sacramentis exuerant [exuerunt], uar. 3.1 (128.12)
exuit. sed adeo se mundi rebus exuit, 4.3 (208.5)
exutus. et a uespera usque ad galli cantum corpore exutus, 3.19 (164.28)
audiuit ab eo repetita interrogatione, quae et qualia essent, quae exutus corpore uideret; 5.12 (309.28)
EXVVIAE. exuuias. Culmen, opes, subolem, pollentia regna, triumphos, Exuuias, proceres, moenia, castra, lares; 5.7 (293.8)
EZECHIEL, *Ezekiel.*
Ezechielis. Primam quoque et ultimam Ezechielis prophetae partem, . . . demonstrauit. 2.1 (76.29)
EZRA, *Ezra.*
Ezram. In Ezram et Neemiam libros III. 5.24 (358.9)
In Isaiam prophetam, Ezram quoque et Neemiam. 5.24 (358.18)

F

FABER. faber. At contra, faber iste tenebrosae mentis et actionis, inminente morte, uidit aperta tartara, 5.14 (314.34)
FABREFACIO. fabrefactus. et locus quoque capitis seorsum fabrefactus ad mensuram capitis illius aptissime figuratus apparuit. 4.19 (246.26)
FABRICO. fabricandi. et ecclesias fabricandi uel restaurandi licentiam acciperent. 1.26 (47.17)
fabricare. curauit, . . . maiorem ipso in loco et augustiorem de lapide fabricare basilicam, 2.14 (114.10)
fabricastis. quos eatenus materiae conpage uobis deos fabricastis, 2.10 (103.8)
fabricata. cum fabricata esset ibi basilica maior, 3.17 (160.12)
fabricet. aut stabula fabricet iumentis; 1.1 (12.29)
FABRILIS, e. **fabrili.** erat enim fabrili arte singularis. 5.14 (314.4)
FABVLA. fabulae. an forte litteras solutorias, de qualibus fabulae ferunt, apud se haberet, 4.22 (250.28)
FABVLATIO. fabulationum. domunculae. . . . nunc in comessationum, potationum, fabulationum, et ceterarum sunt inlecebrarum cubilia conuersae, 4.25 (265.15)
FACIES. facie. quod esset uir longae staturae, . . . facie macilenta, 2.16 (117.28)
cum delati in locum, qui uocatur Ad Lapidem, occulendos se a facie regis uictoris credidissent, 4.16 (237.24)
si quae eius esse nostis, etiam in facie tenetis. 5.21 (344.27)
faciei. ille, qui et obscuritate tenebrosae faciei, et primatu sedis maior esse uidebatur eorum, 5.13 (312.12)
faciem. 'Bene,' inquit; 'nam et angelicam habent faciem, 2.1 (80.14)
postulata aqua, ipsa lauit faciem, crines conposuit, 3.9 (146.22)

et conpunctus memoria peccatorum suorum faciem lacrimis abluebat, 3.27 (193.4)
iam clauso codice procideret in faciem, atque obnixius orationi incumberet. 4.3 (210.22)
quo praeoccupando faciem Domini in confessione propitium eum inuenire merearis.' 4.25 (263.20)
factumque est, ut, exsufflante illo in faciem meam, confestim me melius habere sentirem. 5.6 (291.23)
in caeli faciem prodeunte, agnus immolari iubeatur; 5.21 (334.27)
cuiusque horrendam faciem uidere refugis, 5.21 (344.29)
Portabant autem facem [faciem] ignis contra Aquilonem, uar. 5.23 (349.11)
dones etiam benignus aliquando ad te fontem omnis sapientiae peruenire, et parere semper ante faciem tuam. 5.24 (360.6)

FACILE. ut episcopi non facile ualeant conuenire, 1.27 (52.4)
pastores quoque alii, . . . facile debeant conuenire. 1.27 (52.15)
Quae ne facile a quopiam posset contemni, 3.8 (142.9)
Cum . . . tumultus inruentium turbarum non facile ferret, 3.19 (167.26)
quicquid mihi inposueris agendum, dummodo saluus fiam in die Domini, totum facile feram, 4.25 (263.26)

FACILIS, e. **facili.** 'Si non uis adsentire nobis in tam facili causa, quam petimus, 2.5 (91.26)

FACILIVS. ad interiora gaudia consentire facilius ualeant. 1.30 (65.25)
immo totius gentis subpositae uobis intellegentiam in amore sui facilius inflammaret. 2.11 (104.27)
quo facilius perpetuam in caelis patriam posset mereri. 4.23 (253.7)
Quod ut facilius et maiore auctoritate perficeret, 5.21 (332.21)

FACILLIME. Quod an uerum sit, peritus quisque facillime cognoscit. 3.3 (131.25)
ut facillime uiderentur ibidem, qui ecclesiasticum gradum, . . . apte subirent, plurimi posse repperiri. 4.23 (254.18)
omnes, qui nouere, facillime potuerunt aduertere. 4.25 (262.28)
iam deinde congesta in ordinem serie lunae XIIII^{ae} facillime posset ab omnibus sciri. 5.21 (341.15)
qui mandatis memoriae ueteribus illis Aegyptiorum argumentis, facillime possint . . . protendere circulos, 5.21 (341.26)
Namque prudentiam tuam facillime diiudicare reor, 5.21 (344.27)

FACINVS. facinoribus. facinoribus sua colla, . . . subdentes. 1.14 (30.7)
facinoribus. aliquantulum loci accolae paucis diebus timere, et se ipsos intermissis facinoribus castigare coeperunt. 4.25 (265.30)
facinoris. ubi postmodum, castigandi huius facinoris gratia, monasterium constructum est; 3.14 (155.25)
facinus. Cum nouerca autem miscere graue est facinus, 1.27 (51.4)
ut a uestris mentibus huiusmodi uenenatum superstitionis facinus auferatur. 2.19 (123.28)
Erant autem duo germani fratres, qui hoc facinus patrarunt; 3.22 (173.18)

FACIO. facere. habitabilem uobis facere ualetis; 1.1 (12.9)
orare, missas facere, praedicare, et baptizare coeperunt; 1.26 (47.15)
latiorem in nostra historia ecclesiastica facere sermonem, 2.1 (73.9)
pontificali functus officio domum suam monasterium facere curauit; 2.1 (74.34)
non tamen hoc facere possum, quod suggeris, 2.12 (108.8)
nec tibi aliquid mali facere, 2.12 (110.4)
Memento, ut tertium, quod promisisti, facere ne differas, 2.12 (111.1)
quorum participem, mox ubi regnare coepit, totam suam prouinciam facere curauit. 2.15 (116.24)
uigilias pro salute animae eius facere, 3.2 (129.33)
Cum enim esset abbatissa, coepit facere in monasterio suo ecclesiam 3.8 (144.9)
quod ipsum et in aliis uillis regiis facere solebat, 3.17 (160.1)
cum infirmiores spoliare et eis fraudem facere pro nihilo ducimus. 3.19 (165.29)
sicut et antea facere consuerat, 3.19 (167.10)
etsi pascha contra morem eorum, qui ipsum miserant, facere non potuit, 3.25 (182.9)
quomodo et nos omnes hodie facere solemus. 3.25 (185.32)
Colman . . . Scottiam regressus est, tractaturus cum suis, quid de his facere deberet. 3.26 (189.16)
abbas fuit, quod et ante sepius facere consueuerat, 4.18 (241.10)
iussitque quosdam e fratribus quaerere lapidem, de quo locellum in hoc facere possent; 4.19 (244.32)
et pro absolutione animae eius sepius missas facere curauit. 4.22 (250.24)
quia carmina religioni et pietati apta facere solebat; 4.24 (258.29)
Et quidem et alii post illum in gente Anglorum religiosa poemata facere temtabant; 4.24 (259.5)
Vnde nil umquam friuoli et superuacui poematis facere potuit, 4.24 (259.10)
aduersum uero illos, qui aliter facere uolebant, zelo magni feruoris accensus; 4.24 (261.13)
donec post modicum tempus rediens ad te, quid facere debeas, . . . ostendam.' 4.25 (263.32)
quod ipsum etiam Boisil suo tempore facere consueuerat. 4.27 (269.27)
iussit fratres in eiusdem habitaculi pauimento foueam facere; 4.28 (271.24)
iussitque, ut die depositionis eius hoc facere meminissent.' 4.30 (276.18)
sic enim semper facere solebat. 5.2 (283.19)
Et quid ego possum puellae, si moritura est, facere?' 5.3 (285.30)
nam et abbatissam eam pro se facere disposuerat, 5.3 (286.1)
quod . . . nobiles, ignobiles, laici, clerici, uiri ac feminae certatim facere consuerunt. 5.7 (294.13)
ne exprobrarent sibi sodales, quod timore mortis faceret ea, quae sospes facere noluerat; 5.13 (311.23)
paenitentiam, quam ad breue tempus cum fructu ueniae facere supersedit, 5.13 (313.2)
neque aliquis pro eo uel missas facere, uel psalmos cantare, uel saltim orare praesumebat. 5.14 (314.27)
quarum lux corda intuentium cum quadam alacritate et conpunctione pauefacere [pauere facere] dicitur. uar. 5.17 (319.9)
obsecrans sedulo, ut, cum patriam reuerteretur, per se iter facere meminisset. 5.19 (324.19)
adtonsus est ab eo, et in tanto habitus amore, ut heredem sibi illum facere cogitasset. 5.19 (324.32)
ubi liberandus de Aegypto populus Israel primum pascha facere iubetur, 5.21 (334.15)
primo mense anni, qui etiam mensis nouorum dictus est, pascha facere iubemur; 5.21 (339.33)
tertia eiusdem mensis septimana facere praecipimur; 5.21 (340.1)
si . . . pascha, id est transitum, de hoc mundo ad Patrem, cum illo facere curamus. 5.21 (340.10)
facerem. quod dum facerem, uidebatur illa per biduum aliquanto leuius habere; 4.19 (245.18)
Quod dum facerem, repperi illam ingrediens uultu hilariorem, 5.3 (286.11)
ut in crastinum ascendens equum cum ipso iter in alium locum facerem; 5.6 (291.27)
facerent. quia omnes, qui uoluntatem eius, a quo creati sunt, discerent et facerent, aeterna ab illo praemia essent percepturi. 3.22 (172.9)
qui cum interrogarentur, quare hoc facerent, 3.22 (173.19)
uidelicet ne scandalum facerent eis, qui inter gentes erant Iudaeis. 3.25 (185.9)
de uita priorum patrum sermonem facerent, atque hanc aemulari gauderent, 4.3 (211.27)
Quod dum facerent, ad fidem et preces famuli Dei, alio die aqua plena inuenta est, 4.28 (271.26)
ut eum in episcopatum suum, eo quod iniuste fuerit condemnatus, facerent recipi. 5.19 (327.22)
qui iuxta morem Romanorum ecclesiam de lapide in gente ipsius facerent, 5.21 (333.5)
faceret. cum beatorum martyrum, . . . mentionem faceret, 1.7 (18.10)
et eis necessaria ministrari, donec uideret, quid eis faceret, iussit. 1.25 (45.19)
Quod cum iubente rege faceret, 2.13 (112.25)
Quod dum multo tempore faceret, contigit gentem Merciorum . . . in bellum procedere, 3.18 (162.29)
et cum rex pascha dominicum solutis ieiuniis faceret, 3.25 (182.4)
qui eum sibi suisque consecrari faceret episcopum. 3.28 (194.20)

Cumque interrogaretur a suis, quare hoc faceret, respondebat: 4.3 (210.28)
Quod dum faceret, inuentus est, et captus a uiris hostilis exercitus, 4.22 (250.4)
Quod dum ille faceret, ministrum se regis fuisse manifestans, respondit: 4.22 (251.9)
Quod dum tempore quodam faceret, 4.24 (259.19)
Quod intuens comes, quare faceret, inquisiuit. 4.25 (264.19)
Sed cum alia, quaeque dies illa exigebat, cogitaret et faceret, 4.32 (280.26)
ne exprobrarent sibi sodales, quod timore mortis faceret ea, quae sospes facere noluerat; 5.13 (311.22)
ut uel tunc positus adhuc in corpore, paenitentiam faceret. 5.14 (314.22)
faciam. ut pactum, quod cum tanto rege inii, ipse primus irritum faciam, 2.12 (108.10)
faciant. de ramis arborum faciant, 1.30 (65.21)
faciat. ita ut mens extra rationis regulam omnino nihil faciat. 1.27 (50.16)
ut regni sui uos ipse faciat esse participes, 1.32 (69.6)
et Redualdo suadeat, ut nec ipse tibi aliquid mali faciat, 2.12 (109.3)
Nullus incestum faciat, 4.5 (217.1)
xv^{a} luna, quae initium tertiae septimanae faciat, 5.21 (334.27)
ut uidelicet primo sol longiorem nocte faciat diem, 5.21 (340.12)
faciatis. cuius uos fidem in regno uestro recipi facitis [faciatis] et custodiri. uar. 1.32 (69.7)
faciebant. Sed et alia plurima unitati ecclesiasticae contraria faciebant. 2.2 (81.22)
faciebat. Referri nequeunt, . . . qui uirtutes faciebat infirmus; 1.19 (37.30)
ecclesiae, quam in uilla sua, cui nomen est Perrona, faciebat, 3.19 (168.17)
tantum operibus iustitiae se exercere faciebat, 4.23 (254.18)
suauiusque resonando doctores suos uicissim auditores sui faciebat. 4.24 (260.33)
Item de . . . dulcedine regni caelestis multa carmina faciebat; 4.24 (261.8)
facienda. ad capienda perfectiora, et ad facienda sublimiora Dei praecepta sufficerent.' 3.5 (137.18)
ex omnibus, quae in euangelicis uel apostolicis siue propheticis litteris facienda cognouerat, 3.17 (161.27)
faciendam. quem secum habere illis diebus ad faciendam elimosynam possent; 5.2 (283.18)
faciendas. accensi sunt . . . ad orandum, uel ad elimosynas faciendas, 4.22 (252.5)
faciendi. unde et praefatam insulam ab eis in possessionem monasterii faciendi accepit. 3.4 (133.28)
industriam faciendi simul et docendi mandata caelestia, 3.17 (161.20)
faciendis. Communi autem uita uiuentibus iam de faciendis portionibus, . . . quid erit loquendum? 1.27 (49.12)
faciendis. Et quicquid de faciendis signis acceperis, 1.31 (67.15)
faciendo. Qui si . . . bene faciendo a Dei oculis abscondere curasset, 5.13 (313.20)
faciendorum. pro cuius conuersione etiam faciendorum signorum dona percepisti. 1.31 (67.10)
faciendum. quid sibi esset faciendum, quae religio seruanda tractabat. 2.9 (100.15)
faciendum. Donauerunt . . . episcopo ciuitatem, . . . ad faciendum inibi sedem episcopalem; 3.7 (139.30)
faciendum. ut accepta nuper loca ad faciendum monasterium uel ecclesiam, prius . . . Domino consecrent. 3.23 (175.32)
ita pascha faciendum intellexit, 3.25 (185.26)
faciens. iter faciens iuxta ipsum locum, 3.10 (146.27)
et sonitum manu faciens, ut saepius consueuerat, siqui foris esset, ad se intrare praecepit. 4.3 (209.2)
facientem. quia uellet ipsum Paulinum diligentius audire de Deo, . . . uerbum facientem. 2.13 (112.25)
faciet. aeterni secum regni in caelis faciet esse participem.' 2.12 (111.7)
facimus. 'Pascha, quod facimus,' inquit, 'uidimus Romae, . . . celebrari; 3.25 (184.20)
facis. quae operante Domino exterius facis, 1.31 (67.8)
'Bene facis,' inquit, 'qui tempore isto nocturnae quietis non somno indulgere, 4.25 (264.31)
"O quam magnum uae facis mihi sic equitando!" 5.6 (290.9)
facit. qui habitare facit unanimes in domu Patris sui, 2.2 (81.29)
aeterni secum regni in caelis faciet [facit] esse participem.' uar. 2.12 (111.7)
'Vide, Domine, quanta mala facit Penda.' 3.16 (159.18)
et scio, quia ille me interfectum putans pro me missas crebas facit; 4.22 (250.33)
paenitentiam, . . . in aeternum sine fructu poenis subditus facit 5.13 (313.3)
Dedit namque operam, quod et hodie facit, 5.20 (331.19)
diemque nobis dominicam, . . . gaudio suae resurrectionis fecit [facit] esse sollemnem; uar. 5.21 (336.8)
facite. sed ad ultimum multorum unanima intentione deuictus: "Facite," inquit, "si uultis, 5.6 (289.27)
facitis. cuius uos fidem in regno uestro recipi facitis et custodiri. 1.32 (69.7)
quod uos non facitis, qui nonnisi prima sabbati pascha celebratis. 3.25 (186.19)
quod uos non facitis, qui a xiiii^{a} usque ad xx^{am} lunam diem dominicum paschae obseruatis; 3.25 (186.22)
quod aliquoties pascha manifestissime ante plenilunium, id est in xiii^{a} luna, facitis. 3.25 (187.24)
facito. 'Vade cito ad ecclesiam, et hos vii fratres huc uenire facito; tu quoque simul adesto.' 4.3 (209.6)
Hoc facito, donec post modicum tempus rediens ad te, quid facere debeas, . . . ostendam.' 4.25 (263.31)
faciunt. Non enim omnes electi miracula faciunt, 1.31 (67.2)
sed hoc tamen paucissimi faciunt. 4.25 (265.7)
praepararent omnes ecclesiae per orbem, quae unam catholicam faciunt, panem et uinum 5.21 (336.17)
facta. quae meditatione scripturarum ceteris omnibus est facta communis. 1.1 (11.16)
fames grauissima per Syriam facta est, 1.3 (15.19)
inruptionis, quae per Halaricum regem Gothorum facta est, 1.11 (24.21)
Erat . . . ecclesia in honorem sancti Martini antiquitus facta, 1.26 (47.11)
quia per coniunctionem priorem caro fratris fuerit facta. 1.27 (51.11)
qualis per iudicium facta sit, 1.27 (56.20)
inlusio pro crapula facta 1.27 (60.16)
et alia pro illa est facta in loco, qui uocatur Maelmin. 2.14 (115.8)
Quo tempore maxima est facta strages in ecclesia 2.20 (125.3)
resurrectionem dominicam, quae prima sabbati facta est, prima sabbati semper esse celebrandam; 3.4 (135.7)
Vt prouincia Mediterraneorum Anglorum sub rege Peada christiana sit facta. 3.21 (169.22)
in eodem monasterio ecclesia est in honorem beatae Dei genetricis de lapide facta, 3.23 (176.16)
His temporibus quaestio facta est frequens et magna de obseruatione paschae, 3.25 (181.14)
Facta est autem haec quaestio anno dominicae incarnationis dclxiiii°, 3.26 (189.18)
facta erat eclipsis solis die tertio mensis Maii, 3.27 (191.29)
Est autem locus idem sepulchri tumba lignea in modum domunculi facta coopertus, 4.3 (212.17)
Facta est autem haec synodus anno ab incarnatione Domini dclxx tertio, 4.5 (217.20)
Sed mira res et non nisi caelitus facta, ne aliquid horum fieri deberet, prohibuit. 4.11 (227.8)
Et synodum, quae facta est in urbe Roma . . . suscipimus. 4.17 (240.14)
Post annum uero ipsa facta est abbatissa in regione, quae uocatur Elge; 4.19 (244.2)
Hanc mihi historiam etiam quidam eorum, qui ab ipso uiro, in quo facta est, audiere, narrarunt; 4.22 (252.11)
Post haec facta est abbatissa in monasterio, 4.23 (253.18)
facta est nocte quadam tam saeua tempestas, 5.9 (298.7)
propter quod frequenti ablatione pulueris sacri fossa sit ibidem facta non minima. 5.18 (320.23)
quia per mortem sui uiuificatoris ecclesia facta est, 5.21 (343.8)
eclypsis solis facta est xiiii. Kalendas Martias, 5.24 (353.1)
eclypsis solis facta xii. Kalendas Iulias, 5.24 (353.3)
Anno dclxiiii, eclypsis facta; 5.24 (354.14)
et synodus facta est ad Herutforda, 5.24 (354.22)
Anno dclxxx, synodus facta in campo Haethfeltha 5.24 (355.6)

eclypsis facta est solis xviiii, Kal. Sep. circa horam diei tertiam, ... Cont. (361.6)
facta. facta oratione, iussit reuelli sepulchrum, ... 1.18 (36.26)
facta citato opere cruce, ac fouea praeparata, ... 3.2 (129.1)
et de synodo facta ad locum Herutforda, ... 4.5 (214.9)
Vnde facta difficultate tumulandi, cogitabant aut aliud quaerere loculum, ... 4.11 (227.5)
De synodo facta in campo Hæthfelda, praesidente archiepiscopo Theodoro. 4.17 (238.24)
ut, . . . mox synodo facta iuxta fluuium Nidd, . . . in praesulatum sit suae receptus ecclesiae. . . . 5.19 (329.31)
facta. Vt in loco, in quo occisus est rex Osuald, crebra sanitatum miracula facta; 3.9 (144.27)
Et multa quidem in loco illo uel de puluere loci illius facta uirtutum miracula narrantur; 3.9 (145.27)
In quo etiam loco signa sanitatum aliquoties facta meritis amborum testimonium ferunt, ... 4.30 (277.25)
facta. Qui inter alia inenarrabilium scelerum facta, . . . hoc addebant, ... 1.22 (42.2)
miraculis, quae per eum facta esse cognouerat, ... 1.31 (66.11)
'Nunc laudare debemus . . . potentiam Creatoris et consilium illius, facta Patris gloriae. 4.24 (260.2)
Quae mihi cuncta sic esse facta reuerentissimus meus conpresbyter Aedgils referebat, ... 4.25 (265.35)
ut meminerimus facta et cogitationes nostras non in uentum diffluere, ... 5.13 (313.11)
sicut facta uel monita cupis sequi, ... 5.21 (345.1)
facta. domunculae, quae ad orandum uel legendum factae [facta] erant, ... **uar.** 4.25 (265.14)
factae. et stratae ibidem factae usque hodie testantur; 1.11 (25.12)
quae ibidem ob metum hostium factae fuerant, ... 1.12 (27.19)
domunculae, quae ad orandum uel legendum factae erant, ... 4.25 (265.14)
actam. ecclesiam, quam inibi antiquo Romanorum fidelium opere factam fuisse didicerat, ... 1.33 (70.13)
propter fidem uidelicet dominicae resurrectionis, quam una sabbati factam, ... 3.17 (162.10)
factas. et factas ab eis iniurias mox obsecrantibus placida mente dimitteret. 3.22 (173.22)
facti. et solito confidentiores facti, ... 1.12 (27.33)
deos esse non posse, qui hominum manibus facti essent; 3.22 (171.26)
et Mercii sunt facti Christiani. 5.24 (354.12)
facti. Cuius operis ibidem facti, ... 1.12 (26.22)
Sed illa post non multum tempus facti monasterii secessit ad ciuitatem Calcariam, ... 4.23 (253.24)
et legentes quoque uel audientes exemplum facti ad studium religionis accenderet. 5.7 (293.5)
factis. ubi factis dedicatisque ecclesiis, ... 3.7 (139.31)
factis. atque ad elimosynas operumque bonorum exsecutionem, et uerbis excitaret et factis. 3.5 (136.7)
instituta quoque disciplinae regularis, quae . . . in patrum precedentium factis siue dictis inuenissent, 4.3 (209.11)
facto. misit papa Gregorius pallium Brittaniam Augustino iam facto episcopo, ... 5.24 (353.19)
facto. etiam miraculo caelesti coram eis facto, ... 2.2 (81.8)
famulus Christi Laurentius mox mane facto uenit ad regem, ... 2.6 (93.2)
et hoc facto, elata in altum uoce cuncto exercitui proclamauerit: 3.2 (129.5)
pontifex, qui adsidebat, delectatus tali facto pietatis, adprehendit dexteram eius, ... 3.6 (138.22)
Vnde mane facto fratres monasterii illius, . . . diligenter ipsi petere coeperunt, ... 3.11 (148.23)
facto cum suis consilio, cum exhortatione, . . . baptizatus est 3.22 (172.13)
Quod ipsum etiam facto monstrauit; 4.3 (208.11)
Quod ita fuisse factum mox congregationi mane facto innotuit. 4.23 (258.19)
Quo facto, mox euigilans sanissimus surrexit, ... 4.31 (279.8)
Quo facto, reliquias, ut iussus erat, sua in theca recondidit, ... 4.32 (280.21)
factum. ac se episcopum factum esse referrent; 1.27 (48.10)
mox inuenerunt iuxta muros ciuitatis locellum de marmore albo pulcherrime factum, ... 4.19 (245.4)
factum. Factumque est, ut in illis locis multo ex eo tempore fides intemerata perduraret. 1.21 (41.7)
quibus ex culpa primi hominis factum est, ut esuriamus. 1.27 (56.15)
Vnde factum est, ut 1.32 (68.19)
Factumque est, ut uenientibus illis sederet Augustinus in sella. 2.2 (83.10)
Factum est autem hoc per industriam reginae Merciorum Osthrydae, ... 3.11 (148.2)
Vnde factum est, ut ipsa nocte reliquiae adlatae foris permanerent, ... 3.11 (148.16)
Ex quo tempore factum est, ut ipsa terra, . . . haberet effectum. 3.11 (148.32)
ille, in quo tunc puero factum erat hoc miraculum sanitatis. 3.12 (151.15)
Quod factum est die xiii[a] Kalendarum Septembrium, anno regni eius nono, ... 3.14 (155.22)
Sicque factum est, ut uir Dei et per prophetiae spiritum tempestatem praedixerit futuram, ... 3.15 (158.19)
Vnde factum est, ut adclinis destinae, . . . spiritum uitae exhalaret ultimum. 3.17 (160.5)
Quod dum post dies xxvii esset factum, ... 3.19 (168.18)
Quod temporibus Vulfheri regis, de quo in sequentibus dicemus, factum est. 3.21 (171.16)
Vnde factum est, ut, crescente per dies institutione catholica, Scotti . . . redirent ad patriam. . . . 3.28 (195.27)
Quare factum est, ut toto illo tempore episcopum proprium habere nequiret; 4.15 (236.20)
Quarum celebratione factum est, quod dixi, ut nullus eum posset uincire, ... 4.22 (250.25)
quod uidelicet monasterium factum erat non multo ante a religiosa Christi famula Heiu, ... 4.23 (253.19)
atque hoc ipsa, qua factum est, hora his, quae secum erant, famulis Christi manifeste narrauerit, 4.23 (258.15)
Sicque factum est, ut, . . . ita etiam tranquilla morte mundum relinquens ad eius uisionem ueniret, . . 4.24 (262.12)
Quod dum factum esset, episcopatum ecclesiae illius anno uno seruabat uenerabilis antistes Vilfrid, 4.29 (275.27)
Nec silentio praetereundum, quod ante triennium per reliquias eius factum, ... 4.32 (279.20)
nuper mihi per ipsum, in quo factum est, fratrem innotuit. 4.32 (279.21)
Est autem factum in monasterio, quod iuxta amnem Dacore constructum ab eo cognomen accepit, . 4.32 (279.21)
Quod ut factum est, surrexit statim mulier sana, ... 5.4 (287.23)
factumque est, ut, exsufflante illo in faciem meam, confestim me melius habere sentirem. 5.6 (291.22)
factum est, opitulante gratia diuina, ut multos in breui ab idolatria ad fidem conuerterent Christi. 5.10 (299.12)
His temporibus miraculum memorabile et antiquorum simile in Brittania factum est. 5.12 (303.27)
factumque est, ut . . . fletum hominum et risum daemoniorum clare discernere nequirem, ... 5.12 (306.19)
ob id superna dispensatione factum est, ... 5.13 (313.10)
Factum est hoc nuper in prouincia Berniciorum; 5.14 (315.5)
unde factum est, ut, . . . in praesulatum sit suae receptus ecclesiae. 5.19 (329.30)
sicut in principio factum est, ... 5.21 (339.25)
factum. Quod in Anglorum gente factum cognouimus, ... 1.32 (68.1)
quod ad ipsum cymiterium Deo dicatae congregationis factum idem libellus refert. 4.10 (224.22)
quod aeuo praecedente aliquoties factum fideles historiae narrant; 4.19 (243.20)
In praefato autem proelio, . . . memorabile quiddam factum esse constat, ... 4.22 (249.22)
Quod ita fuisse factum mox congregationi mane facto innotuit. 4.23 (258.19)
Hoc autem miraculum memoratus abbas non se praesente factum, . . . perhibet esse 5.5 (289.2)
quod famulus Christi Heribald in se ipso ab eo factum solet narrare miraculum, ... 5.6 (289.7)
Quod mira diuinae constat factum dispensatione pietatis, ... 5.22 (347.4)
facturos. At illi nil horum se facturos, . . . esse respondebant; 2.2 (83.23)
facturum. promisit se nil omnimodis contrarium Christianae fidei, quam uirgo colebat, esse facturum; 2.9 (98.4)
quod in oraculo sibi exhibito se facturum promiserat, ... 2.12 (107.14)
qui libenter eum excipiens, promisit se, quae petebatur, esse facturum. 2.12 (107.23)
Quod dum episcopus libentissime se facturum promitteret, ... 4.11 (226.15)
promittens se nil ei mali facturum pro eo, si simpliciter sibi, quis fuisset, proderet. 4.22 (251.7)

factus. Christianus integro ex corde factus est. 1.7 (18.20)
Dum ergo is ex persecutore factus esset collega ueritatis et fidei, 1.7 (20.24)
ac regni caelestis dignus factus ingressu. 1.7 (21.19)
Vt idem episcopus factus Gregorio papae, . . . mandarit, 1.27 (48.1)
Romae autem iam pontifex factus expleuit. 2.1 (75.25)
Hisque Dei consul factus laetare triumphis; 2.1 (79.23)
nondum enim erat ipse pontifex factus, 2.1 (80.24)
At Aeduini constantior interrogando factus, non dubitauit promittere, 2.12 (109.10)
Vt idem Aeduini cum sua gente fidelis sit factus; 2.14 (113.25)
Tantumque rex ille caelestis regni amator factus est, 3.18 (162.24)
Successor autem regni eorum factus est Anna 3.18 (163.14)
factus est Diuma unus ex praefatis IIII sacerdotibus episcopus Mediterraneorum Anglorum 3.21 (171.1)
Ceadda, qui postea episcopus factus est, 3.23 (176.19)
Primus autem in prouincia Merciorum, . . . factus est episcopus Diuma, 3.24 (179.21)
Ipse est Eata, qui non multo post eidem ecclesiae Lindisfarnensi episcopus factus est. 3.26 (190.15)
atque episcopus in prouincia Lindissi factus, 3.27 (192.24)
qui, relicta Brittania, Parisiacae ciuitatis factus erat episcopus; 3.28 (194.22)
Eadhaedum, qui postea regnante Ecgfrido, Hrypensis ecclesiae praesul factus est. 3.28 (195.5)
Veniens quoque Brittaniam Vilfrid iam episcopus factus 3.28 (195.25)
et ut Putta pro Damiano Hrofensis ecclesiae sit factus antistes. 4.2 (204.12)
episcopus ipse pro eo, Theodoro ordinante, factus est. 4.5 (217.29)
Hic sane priusquam episcopus factus esset, 4.6 (218.26)
Cumque mortuus esset Coinualch, quo regnante idem Leutherius episcopus factus est, 4.12 (227.25)
Vt uir Domini Cudberct sit episcopus factus; 4.27 (268.19)
qui postea episcopus Hagustaldensis siue Lindisfarnensis ecclesiae factus est, ut supra memorauimus; 4.27 (269.5)
Cudberct eidem monasterio factus propositus, plures . . . regularem instituebat ad uitam. 4.27 (269.11)
sed ad uotum uiri Dei habitabilis per omnia factus est, 4.28 (271.18)
factusque est iuuenis limpidus uultu et loquella promtus, 5.2 (284.26)
tametsi certus est factus de uisione, 5.9 (298.3)
qui de milite factus fuerat monachus; 5.10 (301.4)
uenit Romam, ibique adtonsus, pontificatum habente Constantino, ac monachus factus, 5.19 (322.1)
pro quo anno eodem factus est archiepiscopus, uocabulo Tatuini, 5.23 (350.1)
Eleuther Romae praesul factus XV annos ecclesiam gloriosissime rexit, 5.24 (352.14)
Seuerus imperator factus XVII annis regnauit, 5.24 (352.18)
Aedilred, . . . monachus factus Coenredo regnum dedit. 5.24 (356.1)
Ecgberct pro Vilfrido Eboraci episcopus factus. Cont. (361.5)
feceram. monstrauerunt mihi etiam uulnus incisurae, quod feceram, curatum; 4.19 (245.33)
in quo omnia, quae umquam bona feceram, intuens scripta repperi, 5.13 (312.6)
fecerant. consuetudinem multo iam tempore fecerant fratres Hagustaldensis ecclesiae, 3.2 (129.30)
adeo ut relictis siue destructis fanis arisque, quas fecerant, aperirent ecclesias, 3.30 (200.3)
differentes confiteri et emendare scelera, quae fecerunt [fecerant], uar. 5.12 (308.14)
fecerat. Constantemque . . . quem ex monacho Caesarem fecerat, 1.11 (25.3)
ubi et Seuerus quondam uallum fecerat, 1.12 (27.19)
in cuius medio ipsum, quod prius fecerat, oratorium includeretur. 2.14 (114.11)
Fecerat autem, priusquam Brittaniam ueniret, monasterium 3.4 (134.3)
et apostasia demens regum Anglorum detestabilem fecerat. 3.9 (145.2)
intraret monasterium, quod sibi fecerat, 3.18 (162.27)
Fecerat uero sibi mansionem non longe ab ecclesia remotiorem; 4.3 (207.11)
accepit ab eo, in munimentum libertatis monasterii, quod fecerat, epistulam priuilegii 4.18 (241.13)
quo concedente et possessionem terrae largiente, ipsum monasterium fecerat. 4.18 (241.16)
episcopum, ut diximus, fecerat ordinari Lindisfarnensium ecclesiae . . . Cudberctum, 4.27 (268.22)
Aedilred accitum ad se Coinredum, quem pro se regem fecerat, amicum episcopo fieri petiit, 5.19 (329.27)
quam intro ecclesiam sancti Andreae sibi ipse in locum sepulchri fecerat. 5.23 (349.1)
fecere. pro qua reges posteriores fecere sibi uillam in regione, quae uocatur Loidis. 2.14 (115.19)
nuper ibidem ecclesia constructa, sacratiorem et cunctis honorabiliorem omnibus locum fecere. 3.2 (130.3)
fecerint. qui secundo uenientes murum trans insulam fecerint; 1.12 (25.16)
et daemonia eiecerint, et uirtutes multas fecerint, 3.25 (187.30)
fecerit. et monasterium beati Petri apostoli fecerit; 1.33 (70.9)
Vt idem Mellitum ac Iustum episcopos fecerit; et de obitu ipsius. 2.3 (85.3)
cum ille mihi nil mali fecerit, nil adhuc inimicitiarum intulerit. 2.12 (108.11)
eo quod ibi ecclesiam de lapide, insolito Brettonibus more fecerit. 3.4 (133.23)
Vt Furseus apud Orientales Anglos monasterium fecerit; 3.19 (163.20)
Vt Colman . . . duo monasteria in Scottia, unum Scottis, alterum Anglis, quos secum adduxerat, fecerit. 4.4 (213.2)
Vt Theodorus episcopus inter Ecgfridum et Aedilredum reges pacem fecerit. 4.21 (249.2)
etiam Tobiam uirum doctissimum Hrofensi ecclesiae fecerit antistitem. 5.8 (294.16)
fecerunt. Scotti, quos diximus, aduenientes sibi locum patriae fecerunt. 1.1 (13.17)
Fecerunt autem eum inter duo freta uel sinus, 1.12 (26.17)
in his, qui per ignorantiam fecerunt, 1.27 (51.34)
Fecerunt, ut dixerat. 2.2 (83.10)
Fecerunt omnes, ut iusserat, 3.2 (129.10)
religiosi quique uiri ac feminae consuetudinem fecerunt per totum annum, 3.5 (136.19)
qui eodem modo pascha fecerunt, 3.25 (187.5)
et uirtutum quae fecerunt miracula testimonium praebuerunt; 3.25 (187.8)
et uirtutes multas fecerint [fecerunt], uar. 3.25 (187.30)
Verum post obitum ipsius abbatissae redierunt ad pristinas sordes, immo sceleratiora fecerunt. 4.25 (265.32)
Fecerunt autem ita, et aperientes sepulchrum, inuenerunt corpus totum, 4.30 (276.18)
fecerunt fratres, ut iusserat; 4.30 (277.15)
qui differentes confiteri et emendare scelera, quae fecerunt, . . . ad paenitentiam confugiunt, 5.12 (308.14)
feci. et oculos uiduae exspectare feci. 2.1 (77.33)
Namque ego, cum ad tempus abscessissem a te, ad hoc feci, 5.12 (309.8)
fecimus. Cui etiam epistulas fecimus, 1.27 (53.6)
diem paschae dominicum more suae gentis, cuius saepius mentionem fecimus, . . . obseruare solebat. 3.3 (131.19)
et beneficia sanctorum, . . . eis fecimus dari, 3.29 (198.17)
Anna regis Orientalium Anglorum, cuius saepius mentionem fecimus, 4.19 (243.5)
Praeerat . . . monasterio regia uirgo Aelbfled, una cum matre Eanflede, quarum supra fecimus mentionem. 4.26 (267.32)
Ecgberct, cuius superius memoriam saepius fecimus, 5.22 (346.25)
fecisse. uallum, quod Seuerum trans insulam fecisse commemorauimus, 1.11 (25.10)
quia hanc animum nescientem pertulisse magis dolendum est, quam fecisse. 1.27 (60.8)
quam se Arelatensi episcopo fecisse commemorat, 1.28 (62.7)
quomodo et prius beatus pater Augustinus in Cantia fecisse noscitur, 4.27 (270.29)

fecisset. cuius anima per bona, quae fecisset, opera, quasi per funes aureos leuanda esset ad caelos; 4.9 (222.23)
fecisti. 'O frater Ecgbercte, o quid fecisti? 3.27 (193.21)
fecistis. 'Multum insipienter et indocte fecistis in luna IIII^{a} flebotomando. 5.3 (285.25)
fecit. quae praemissae adiuncta cohorti inuincibilem fecit exercitum. 1.15 (31.9)
Fecit autem et monasterium non longe ab ipsa ciuitate 1.33 (70.16)
aut tributarias genti Anglorum, aut habitabiles fecit. 1.34 (71.17)
nostram gentem eatenus idolis mancipatam Christi fecit ecclesiam, 2.1 (73.14)
Libros etiam Dialogorum IIII fecit, 2.1 (76.22)
aeternae libertatis fecit esse participem; 2.1 (78.7)
Fecit inter alia beatus papa Gregorius, 2.1 (78.28)
sanctus pater Augustinus hunc laboriosi ac longi certaminis finem fecit, 2.2 (81.28)
fecit rex Aedilberct in ciuitate Lundonia ecclesiam sancti Pauli apostoli, 2.3 (85.18)
in qua rex Aedilberct ecclesiam beati Andreae apostoli fecit, 2.3 (85.26)
fecit ecclesiam sanctae Dei genetricis atque omnium martyrum Christi; 2.4 (88.31)
gentes, . . . maxima ex parte perdomuit, ac tributarias fecit. 2.5 (90.3)
ecclesiam sanctae Dei genetricis fecit, 2.6 (93.24)
euaginata sub ueste sica, impetum fecit in regem. 2.9 (99.10)
'Omnes dii gentium daemonia, Dominus autem caelos fecit.' 2.10 (102.15)
Fecit rex, ut dictum est; 2.12 (110.11)
et adnuente Paulino, fecit, ut dixerat. 2.13 (111.15)
Attamen in Campodono, . . . fecit basilicam, 2.14 (115.16)
In qua uidelicet ciuitate et ecclesiam operis egregii de lapide fecit; 2.16 (117.12)
Fecit ille, ut rogatus est, 3.2 (130.22)
redemtos postmodum suos discipulos fecit, 3.5 (136.31)
sed et regna terrarum . . . ab eodem uno Deo, qui fecit caelum et terram, consecutus est. 3.6 (138.3)
Fecit, ut ille suaserat; 3.12 (151.8)
fecit eum episcopum in gentem Orientalium Saxonum, 3.22 (172.32)
fecit per loca ecclesias, 3.22 (173.4)
expleto studio ieiuniorum et orationis, fecit ibi monasterium, 3.23 (176.6)
Qui in insula Lindisfarnensi fecit ecclesiam episcopali sedi congruam; 3.25 (181.5)
qui etiam Vilfridum rogatu Alchfridi in praefato suo monasterio presbyterum fecit. 3.25 (183.12)
cuius neque lex ullam fecit mentionem, 3.25 (186.25)
et fecit in ea annos XX et unum, menses III, dies XXVI. 4.2 (204.15)
Qui cum crescente fidei feruore saeculo abrenuntiare disponeret, non hoc segniter fecit; 4.3 (208.4)
Hild, . . . post multa, quae fecit in terris, opera caelestia, . . . transiuit 4.23 (252.18)
qui miratus, cur hoc rogaret, . . . fecit tamen, quod dixerat. 4.24 (261.25)
Fecit igitur, ut animo disposuerat, 4.31 (278.26)
praecepit eum sententias longiores dicere, et fecit; 5.2 (284.12)
Fecit, ut iusserat, 5.2 (284.24)
quod in prima aetate bona aliqua fecit, 5.13 (313.17)
Fecitque opus, ut dixi, multis utile, 5.15 (316.30)
Hanc Domino qui aulam ductus pietatis amore Fecit, 5.19 (330.11)
amplissimam ibi ac nobilissimam bibliothecam fecit, 5.20 (331.25)
diemque nobis dominicam, . . . gaudio suae resurrectionis fecit esse sollemnem; 5.21 (336.8)
"fecit Deus duo magna luminaria; 5.21 (339.16)
Columba . . . in insula Hii monasterium fecit. 5.24 (353.11)
fiam. quicquid mihi inposueris agendum, dummodo saluus fiam in die Domini, totum facile feram, 4.25 (263.25)
fiat. aqua benedicta fiat, 1.30 (65.9)
de peccatis propriis ante omnipotentis Dei terribile examen securior fiat. 1.32 (68.28)
Quod utinam exhinc etiam nostrarum lectione litterarum fiat! 5.14 (315.9)
fiebat. sicque fiebat, ut dominica paschae dies nonnisi a XV^{a} luna usque ad XXI^{am} seruaretur. 3.25 (186.2)
fierem. et ego, ut dixi, simillimus mortuo fierem. 5.6 (290.21)
fierent. orationes assiduae pro utriusque regis, . . . salute aeterna fierent. 3.24 (180.5)
fieret. si tamen apostolico papae, hoc ut fieret, placeret. 2.1 (80.28)
Vnde postulabant, ut secundo synodus pluribus aduenientibus fieret. 2.2 (82.18)
quod dum fieret, tantae flagrantia suauitatis ab imis ebulliuit, 3.8 (144.1)
Quod dum fieret, quasi uiuentem adlocuta, rogauit, 4.9 (223.5)
fieri. ac DC^{tas} naues utriusque commodi fieri imperauit; 1.2 (14.4)
Vt Lucius Brittanorum rex, . . . Christianum se fieri petierit. 1.4 (16.2)
neque enim fieri poterat, 1.7 (21.5)
quantae debeant fieri portiones 1.27 (48.17)
quattuor debeant fieri portiones; 1.27 (48.25)
seorsum fieri non debet a clericis suis in ecclesia Anglorum, 1.27 (48.29)
Hoc fieri modis omnibus licet; 1.27 (50.23)
ordinatio . . . fieri non debet. 1.27 (52.18)
licita amixtio coniugis sine uoluntate carnis fieri non potest, 1.27 (57.31)
Cumque diligenter ac saepe ab illo essent admoniti nequaquam ita fieri posse, 2.5 (91.23)
libenter se Christianum fieri uelle confessus est, 3.21 (170.6)
Obseruabat et regina Eanfled cum suis, iuxta quod in Cantia fieri uiderat, 3.25 (181.31)
dispositum est, ut . . . synodus fieri, et haec quaestio terminari deberet. 3.25 (183.18)
Verum pondus corporeae infirmitatis, ne episcopus fieri posset, obstitit. 4.1 (202.19)
Vilfridumque episcopum ducem sibi itineris fieri, . . . rogaret. 4.5 (214.19)
et cymiterium fieri uellent, cum eas eodem, quo ceteros exterminio raptari e mundo contingeret. 4.7 (219.23)
'Si nullatenus hodie fieri potest, obsecro, ne sit longum spatium in medio.' 4.9 (223.25)
Sed mira res et non nisi caelitus facta, ne aliquid horum fieri deberet, prohibuit. 4.11 (227.9)
parari prandium, missas fieri, . . . praecepit; 4.14 (235.26)
Nec diffidendum est nostra etiam aetate fieri potuisse, 4.19 (243.19)
A tertia autem hora, quando missae fieri solebant, sepissime uincula soluebantur. 4.22 (251.21)
'Sed quia tua fraternitas,' inquit, 'monasterii regulis erudita seorsum fieri non debet a clericis suis, 4.27 (270.32)
pia intentione per eius auxilium Dominum sibi propitium fieri precabatur; 4.31 (279.1)
Quidam abscidendum esse docebant, alii hoc fieri metu maioris periculi uetabant. 4.32 (279.29)
Hunc ergo adduci praecipit episcopus, et ei in conseptis eiusdem mansionis paruum tugurium fieri, 5.2 (283.29)
uel, si hoc fieri non posset, Romam uenire . . . cogitauit. 5.9 (296.22)
ut, quid de te fieri deberet, agnoscerem." 5.12 (309.8)
Sed ne hoc fieri posset, antistes crudeli morte praereptus est, 5.19 (324.32)
quam te audire ac silentio tegere uolo, donec sciam, quid de me fieri uelit Deus. 5.19 (329.9)
Aedilred accitum ad se Coinredum, quem pro se regem fecerat, amicum episcopo fieri petiit, 5.19 (329.27)
ut pascha . . . a XV^{a} die usque ad XXI^{am}, fieri deberet; 5.21 (334.7)
ut non tamen in ipsa die XIIII^{a} pascha fieri praecipiatur; 5.21 (334.25)
'Si ergo fieri posset, ut semper in diem XV^{um} primi mensis, . . . dominica dies incurreret, 5.21 (337.1)
Quod ita fieri oportere illa nimirum ratio cogit, 5.21 (339.14)
tonsuram quoque, de qua pariter uobis litteras fieri uoluisti, hortor, ut . . . congruam habere curetis. 5.21 (342.2)

fiet. nullumque seruile opus fiet in eo"; . . . 5.21 (337.22)
fit. et fit non solum calida, sed et ardens. . . . 1.1 (10.21)
Murus etenim de lapidibus, uallum uero, . . . fit de cespitibus, . . . 1.5 (16.25)
fit communis omnium dolor, . . . 1.21 (40.25)
Suggestio quippe fit per diabolum, . . . 1.27 (61.5)
in delectatione fit nutrimentum, . . . 1.27 (61.16)
dumque intueor illud, quod perdidi, fit hoc grauius, quod porto.' . . . 2.1 (74.25)
quod ita in obseruatione paschali mentio fit diei XIIII^{ae}, . . . 5.21 (334.24)
Itaque fit, ut numquam pascha nostrum a septimana mensis primi tertia in utramuis partem declinet; 5.21 (337.15)
sed tamen indicio fit, quod ea, quae apostoli Petri sunt, in abdito cordis amplectimini, . . . 5.21 (344.25)
Sic enim fit, ut post acceptam temporalis regni potentiam . . . apostolorum princeps caelestis . . . pandat introitum. . . . 5.21 (345.15)
fiunt. pertimescas uero, ne inter signa, quae fiunt, infirmus animus . . . se eleuet, . . . 1.31 (66.20)
peracto autem bello, rursum aequalis potentiae omnes fiunt satrapae. . . . 5.10 (300.3)
FACTOR. factorem. humanum genus, quippe ut creatorem omnium atque factorem suum, . . . ueneratur et colit; . . . 2.10 (101.19)
factoribus. nec sensibilitatem a suis factoribus potuit quolibet modo suscipere, . . . 2.10 (103.11)
FACVLTAS. facultas. deuotioni sedulae monachorum locus facultasque suppeteret. . . . 3.24 (178.28)
facultatem. nullam neque ledendi neque iuuandi facultatem adepti sunt? . . . 2.10 (102.28)
ut sibi . . . facultatem et licentiam ibidem orationis causa demorandi concederet. . . . 3.23 (175.25)
donauit ei facultatem sese redimendi, si posset. . . . 4.22 (251.20)
et quam beatus est, cui in eo facultatem quiescendi Dominus . . . praestare dignabitur.' . . . 4.30 (277.11)
facultates. facultates cum agris et hominibus donauit, . . . 4.13 (232.22)
FAENVM. faena. nemo propter hiemem aut faena secet aestate, . . . 1.1 (12.28)
foeno. quod erat uirgis contextum, ac foeno tectum, . . . 3.10 (147.16)
FAEX. feces. 'Parum,' inquit, 'est, ut mihi sis seruus ad suscitandas tribus Iacob, et feces Israel conuertendas. . . . 3.29 (197.11)
FALLO. falluntur. sed et in mensis primi nonnumquam inuentione falluntur. . . . 5.21 (338.32)
fefellit. Neque eum sua fides fefellit. . . . 4.32 (280.24)
FALSO. ut quidam falso opinantur, . . . 3.17 (162.6)
FALSVS, a, um. falsa. et innocentem falsa opinio non affligat. . . . 1.28 (62.26)
falsas. probatum est accusatores eius non nulla in parte falsas contra eum machinasse calumnias; . 5.19 (327.19)
FALX. falcem. falcem mittere non debet, . . . 1.27 (53.14)
Falcem enim iudicii mittere non potes in ea segete, . . . 1.27 (53.15)
FAMA. fama. fama ad eum Christianae religionis peruenerat, . . . 1.25 (45.20)
Nec solum inclyti fama uiri Brittaniae fines lustrauit uniuersos, . . . 3.13 (152.7)
Audiuimus autem, et fama est creberrima, quia fuerit in gente uestra rex mirandae sanctitatis, . . 3.13 (153.17)
fama. quae fama uulgante collegimus, . . . Praef. (8.7)
quos olim sacerdotii gradu non ignobiliter potitos, fama iam uulgante, conpererat; . . . 3.19 (166.14)
famam. famam suae malitiae posteris diuturnam relinquens, . . . 1.14 (29.16)
FAMES. fame. Vt Brettones fame famosa coacti, . . . 1.14 (29.12)
alii fame confecti procedentes . . . 1.15 (32.30)
famem. Et quid est aliud contra famem alimenta, . . . 1.27 (55.34)
fames. fames grauissima per Syriam facta est, . . . 1.3 (15.18)
hisdem temporibus fames Constantinopolim inuasit; . . . 1.13 (29.7)
fames et aerum pestifer odor plura hominum milia iumentorumque deleuit. . . . 1.13 (29.10)
Brettones fames sua praefata magis magisque adficiens, . . . 1.14 (29.15)
tempestates, bella, fames, pestilentiae, terrae motus per loca; . . . 1.32 (69.16)
unde et fames acerbissima plebem inuadens impia nece prostrauit. . . . 4.13 (231.12)
famis. inminens sibi famis periculum . . . 1.12 (28.9)
Nam et antistes cum uenisset in prouinciam, tantamque ibi famis poenam uideret, . . . 4.13 (231.26)
FAMILIA. familia. quae baptizata est . . . cum XI aliis de familia eius. . . . 2.9 (99.32)
offerente etiam ei episcopo, ut in sua familia manendi locum acciperet, . . . 5.2 (284.30)
familiae. 'Cuius,' inquit, 'familiae uel generis es?' . . . 1.7 (19.16)
accepit locum unius familiae ad septentrionalem plagam Viuri fluminis, . . . 4.23 (253.14)
familiae. una uidelicet episcopo et familiae propter hospitalitatem atque susceptionem, . . . 1.27 (48.26)
qui ipsi ac familiae ipsius uerbum et sacramenta fidei, . . . ministrare solebat, . . . 3.23 (175.8)
familiarum. id est magnitudinis . . . familiarum DC^{rum}, . . . 1.25 (45.6)
nongentarum LX familiarum mensuram iuxta aestimationem Anglorum, . . . tenet. . . . 2.9 (97.19)
Neque enim magna est, sed quasi familiarum quinque, . . . 3.4 (133.29)
Singulae uero possessiones X erant familiarum, id est simul omnes CXX. . . . 3.24 (178.31)
Quae post biennium conparata possessione X familiarum in loco, qui dicitur Streanæshalch, . . . 3.24 (179.4)
Australium Merciorum, qui sunt, ut dicunt, familiarum quinque milium, . . . 3.24 (180.12)
ab Aquilonaribus Merciis, quorum terra est familiarum VII milium. . . . 3.24 (180.14)
unde ei etiam donauerat monasterium XL familiarum in loco, qui dicitur Inhrypum. . . . 3.25 (183.1)
cui etiam rex Vulfheri donauit terram L familiarum ad construendum monasterium . . . 4.3 (207.4)
habens terram familiarum VII milium, . . . 4.13 (230.10)
Aediluulch donauit reuerentissimo antistiti Vilfrido terram LXXXVII familiarum, . . . 4.13 (232.7)
Est autem mensura eiusdem insulae, iuxta aestimationem Anglorum, mille ducentarum familiarum; 4.16 (237.11)
unde data est episcopo possessio terrae CCC^{arum} familiarum. . . . 4.16 (237.12)
Est autem Elge in prouincia Orientalium Anglorum regio familiarum circiter sexcentarum, . . . 4.19 (246.29)
mox donauit terram X familiarum in loco, qui dicitur Stanford, . . . 5.19 (325.13)
donauit . . . non multo post monasterium XXX familiarum in loco, qui uocatur Inhrypum; . . . 5.19 (325.14)
familias. inuenit puellam ibi neptem patris familias longo paralysis morbo grauatam; . . . 3.9 (146.15)
Erat ergo pater familias in regione Nordanhymbrorum, . . . 5.12 (304.1)
X^{a} die mensis huius tollat unusquisque agnum per familias et domus suas." . . . 5.21 (334.19)
tolleret unusquisque agnum per familias et domus suas, . . . 5.21 (336.15)
FAMILIARIS. familiares. et cum familiares domus illius de acerba puellae infirmitate ipso praesente quererentur, . . . 3.9 (146.16)
FAMILIARIS, e. familiares. ut tam notas ac familiares sibi eas quam natiuitatis suae loquellam haberet. 5.23 (348.27)
familiari. leuauit eum, et quasi familiari uoce affatus: . . . 2.12 (110.31)
et quasi familiari me uoce alloquens, 'Bene facis,' inquit, . . . 4.25 (264.30)
familiaribus. et familiaribus ad quosdam litteris. . . . 2.1 (77.3)
FAMILIARITER. et apud regem illius familiariter cum sociis habitare cognouit, . . . 2.12 (107.25)
qui tamen et ipsi ad curam episcopi familiariter pertinerent. . . . 4.27 (270.25)
de quo plura uirtutum miracula, qui eum familiariter nouerunt, dicere solent, . . . 5.2 (283.2)
FAMILIARIVS. ad loca, quae consueuit, familiarius concurrat. . . . 1.30 (65.15)
quo familiarius a sanctis recipi mereretur in caelis; . . . 5.7 (294.10)
FAMOSVS, a, um. famosa. Vt Brettones fame famosa coacti, . . . 1.14 (29.12)
famosum. quem uidelicet murum hactenus famosum atque conspicuum, . . . 1.12 (27.21)

FAMVLA. famula. Cum uero praefata Christi famula Torctgyd tres adhuc annos . . . in hac uita teneretur, 4.9 (223.10)
Successit autem Aedilburgi in officio abbatissae deuota Deo famula, nomine Hildilid, ... 4.10 (224.7)
ubi monasterium habere desiderauit memorata Christi famula, ... 4.19 (246.33)
religiosissima Christi famula Hild, . . . transiuit 4.23 (252.16)
Praelata autem regimini monasterii illius famula Christi Hild, ... 4.23 (253.27)
in ipso quoque monasterio, ubi praefata Dei famula obiit, ... 4.23 (258.11)
famula. monasterium factum erat non multo ante a religiosa Christi famula Heiu, ... 4.23 (253.20)
famulae. uidit animam praefatae Dei famulae in ipsa luce, . . . ad caelum ferri. 4.23 (257.15)
famulae. egressae de oratorio famulae Christi, ad sepulchra fratrum, . . . praecesserant, ... 4.7 (219.29)
famularum. coepit circuire in monasterio casulas infirmarum Christi famularum, ... 3.8 (143.7)
quin ipsa lux, quae animas famularum Christi esset ductura uel susceptura in caelis, . . . monstraret. 4.7 (220.12)
ut ossa famulorum famularumque Christi, quae ibidem fuerant tumulata, tollerentur, ... 4.10 (224.13)
et quae famularum manibus adducta fuerat, ... 4.10 (225.8)
ipse in saepedicto famulorum famularumque Dei monasterio, . . . locum mansionis elegit; 4.26 (267.24)
famulis. atque hoc ipsa, qua factum est, hora his, quae secum erant, famulis Christi manifeste narrauerit, 4.23 (258.16)
famulis. tunc nouissima omnium, lotis prius suo suarumque ministrarum obsequio ceteris, . . . famulis Christi; 4.19 (244.12)
FAMVLATVS. famulatui. ubi liberius continuis in orationibus famulatui sui conditoris uacaret. 5.12 (310.11)
Venit ergo ad insulam Lindisfarnensem, ibique monachorum famulatui se contradens, ... 5.19 (323.2)
famulatus. pro insita ei sapientia et amore diuini famulatus, sedulo eam uisitare, . . . solebant. . . . 4.23 (253.31)
FAMVLOR. famulantes. habens . . . in eo fratres v siue vi, in humili et paupere uita Domino famulantes. 4.13 (231.5)
FAMVLVS. famuli. omnibus, . . . clementiam pii Conditoris et fidelis eius famuli gloriam praedicabat.' . 3.13 (154.1)
Quod dum facerent, ad fidem et preces famuli Dei, alio die aqua plena inuenta est, ... 4.28 (271.27)
famuli. Passi sunt autem praefati sacerdotes et famuli Christi v°. Nonarum Octobrium die. . . . 5.10 (300.25)
famulis. quae Redemtoris nostri misericordia suis famulis dignatur bonorum munera praerogare, . . 2.18 (120.26)
famulis. Augustinus cum famulis Christi, . . . rediit in opus uerbi, ... 1.25 (44.28)
Baptizatus est . . . cum omnibus, qui secum uenerant, comitibus ac militibus, eorumque famulis uniuersis 3.21 (170.14)
famulo. ut donaret ibi locum monasterio construendo praefato Dei famulo Trumheræ, ... 3.24 (180.2)
famulo. Referri nequeunt, quae Christus operabatur in famulo, ... 1.19 (37.29)
famulorum. collecto examine famulorum Christi, ... 3.22 (173.10)
Cui cum . . . placuisset, ut ossa famulorum famularumque Christi, . . . tollerentur, ... 4.10 (224.13)
ipse in saepedicto famulorum famularumque Dei monasterio, . . . locum mansionis elegit; 4.26 (267.23)
famulos. Vnde et illos Dei famulos ac Deo dilectos esse non nego, ... 3.25 (187.34)
'Placidam ego mentem, filioli, erga omnes Dei famulos gero.' 4.24 (262.4)
famulum. ac post multa ad memoratum Christi famulum Adamnanum perueniens, ... 5.15 (316.25)
famulus. Beada Famulus Christi et Presbyter . . . . Praef. (5.2)
scientes, quia famulus Christi est, ... 2.2 (83.6)
famulus Christi Laurentius mox mane facto uenit ad regem, ... 2.6 (93.1)
suscepit pro illo pontificatum Nordanhymbrorum famulus Christi Tuda, ... 3.26 (189.25)
gaudenter ab omnibus tamquam Dei famulus exciperetur. 3.26 (191.8)
Cum ergo uenerabilis Domini famulus multos in Mailronensi monasterio degens annos 4.27 (270.15)
eo maxime uictus sermone, quod famulus Domini Boisil, . . . praedixerat. 4.28 (272.31)
ipse narrauit, uidelicet Gudfrid, uenerabilis Christi famulus et presbyter, ... 5.1 (281.12)
quod famulus Christi Heribald in se ipso ab eo factum solet narrare miraculum, ... 5.6 (289.6)
cum omni honorificentia nominandus famulus Christi et sacerdos Ecgberct, . . . proposuit animo pluribus prodesse; 5.9 (296.7)
Haec . . . Domino adiuuante digessi Baeda famulus Christi, ... 5.24 (357.3)
FANVM. fana. quia fana idolorum destrui in eadem gente minime debeant; 1.30 (65.7)
si fana eadem bene constructa sunt, ... 1.30 (65.10)
fana. ut dum gens ipsa eadem fana sua non uidet destrui, ... 1.30 (65.13)
quis aras et fana idolorum cum septis, . . . primus profanare deberet; 2.13 (113.4)
coeperunt fana, quae derelicta erant, restaurare, ... 3.30 (199.18)
fanis. in eisdem fanis aspergatur, ... 1.30 (65.9)
ecclesias, quae ex fanis commutatae sunt, ... 1.30 (65.20)
adeo ut relictis siue destructis fanis arisque, quas fecerant, aperirent ecclesias, ... 3.30 (200.3)
fano. in eodem fano et altare haberet ad sacrificium Christi, ... 2.15 (116.8)
fanorum. idolorum cultus insequere, fanorum aedificia euerte, ... 1.32 (68.7)
spretisque fanorum fatuitatibus, et auguriorum deceptabilibus blandimentis, ... 2.10 (102.3)
ab idolorum etiam cultu seu fanorum auguriorumque inlecebris se diligenter abstineat, ... 2.11 (105.3)
fanum. Nec distulit ille, mox ut adpropiabat ad fanum, profanare illud, ... 2.13 (113.17)
iussit sociis destruere ac succendere fanum cum omnibus septis suis. 2.13 (113.19)
Quod uidelicet fanum rex eiusdem prouinciae Alduulf, . . . usque ad suum tempus perdurasse, . . . testabatur. 2.15 (116.10)
FARA (*fl.* 617), *a Burgundian lady of noble birth who founded, and was abbess of, Faremoûtier-en-Brie.*
Fara. in monasterio, quod . . . constructum est ab abbatissa nobilissima uocabulo Fara, ... 3.8 (142.15)
FARI, *see* **SINVS FARI, STREANÆSHALCH.**
FARNE INSVLA, *an island off Bamborough in Northumbria.*
Farne insula. in insula permodica, quae appellatur Farne, et ab eadem ecclesia nouem ferme milibus passuum in Oceano procul abest, ... 4.27 (268.25)
Farne insula. Quo tempore reuerentissimus antistes Aidan in insula Farne, . . . morabatur. 3.16 (159.10)
Obiit autem pater reuerentissimus in insula Farne, ... 4.29 (275.22)
uita solitaria, quam in insula Farne ante episcopatus sui tempora gerebat, ... 5.1 (281.4)
uidimus in ipsa insula Farne egressum de latibulis suis . . . Oidiluualdum 5.1 (282.6)
Mansit autem idem uir Dei in insula Farne xii annis, ... 5.1 (282.23)
Farne insulam. Cudberct, priusquam insulam Farne peteret, ... 4.30 (277.1)
'Veni,' inquit, 'cum duobus fratribus aliis ad insulam Farne, ... 5.1 (281.16)
FARO, *Bishop of Meaux, 626–672.*
Faronem. Hadrianus perrexit primum ad Emme Senonum, et postea ad Faronem Meldorum episcopos, 4.1 (203.20)
FARVS. faros. quod ciuitates, farus [faros], pontes, . . . testantur; . . . . uar. 1.11 (25.11)
farus. quod ciuitates, farus, pontes, . . . testantur; 1.11 (25.11)
FAS. fas. ducentibus, ut credi fas est, angelis comitibus aeterna gaudia petiuit. 4.3 (210.6)
quantum hominibus aestimare fas est, ... 5.6 (289.11)
fas. a beatae memoriae papa Agathone probatus est contra fas a suo episcopatu repulsus; 5.19 (328.11)
FASCICVLVS. fasciculum. et haec quasi in fasciculum collecta 1.27 (49.31)
FASTIGIVM. fastigia. si temporis illius erumnis exemtus ad regni fastigia perueniret. 2.12 (107.16)
cerno omnia, quae ascendebant, fastigia flammarum plena esse spiritibus hominum, ... 5.12 (305.34)
fastigiorum. Magno enim praemio fastigiorum uestrorum delectabilem cursum bonitatis suae suffragiis inlustrauit, ... 2.8 (95.27)
fatigiorum. fastigiorum [fatigiorum] uestrorum delectabilem cursum . . . . uar. 2.8 (95.27)

FASTO. fastabat. gentem uastauit [fastabat] Brettonum; uar. 1.34 (71.11)
FATEOR. fatebantur. et pericula, quae intulerant, fatebantur, 1.17 (35.2)
fateretur. errare se, dum respondere nequiit, fateretur; 1.17 (35.33)
nisi prius mundos eos Dauid a mulieribus fateretur. 1.27 (59.17)
ut hanc eadem ipsa die more Aegyptiorum xv^{am} lunam ad uesperam esse fateretur. 3.25 (187.20)
FATIGATIO. fatigationum. fastigiorum uestrorum [fatigationum uestrarum] delectabilem cursum. uar. 2.8 (95.27)
FATIGO. fatigare. Percussa etenim febribus acri coepit ardore fatigari [fatigare], uar. 4.23 (256.17)
fatigari. ob eorum defensionem tam laboriosis expeditionibus posse fatigari; 1.12 (27.12)
ne sit necesse . . . per tam prolixa terrarum et maris spatia pro ordinando archiepiscopo semper fatigari. 2.18 (120.22)
ac grauissima fracturae ipsius coepit molestia fatigari; 3.2 (130.15)
Percussa etenim febribus acri coepit ardore fatigari, 4.23 (256.17)
fatigata. tacta est . . . morbo, et per annos VIIII pia Redemtoris nostri prouisione multum fatigata; 4.9 (222.8)
quae cum febrium fuisset ardoribus fatigata, ad tactum manus dominicae surrexit, 5.4 (287.29)
fatigatur. crebris uiscerum doloribus cruciabatur [fatigatur], uar. 2.1 (77.6)
fatigatus. ubi acerba primum pugna fatigatus, 1.2 (13.29)
ubi fatigatus infirmitate aliquantisper moratus est, 4.1 (203.29)
FATVITAS. fatuitatibus. spretisque fanorum fatuitatibus, et auguriorum deceptabilibus blandimentis, 2.10 (102.3)
FAVEO. fauendo. quam fauendo ueritati uoluit emundari. 1.10 (24.7)
fauens. Fauens ergo uotis regis antistes elegit sibi locum monasterii construendi 3.23 (175.11)
Cuius religiosis uotis ac precibus fauens reuerentissimus abba Ceolfrid misit architectos, 5.21 (333.11)
fauente. uictoriam ipsi Deo fauente suscipiunt. 1.16 (33.16)
pallium tribuere Domino fauente disponimus, 1.29 (64.3)
Paulinus . . . uerbum Dei, adnuente ac fauente ipso, in ea prouincia praedicabat; 2.14 (114.18)
misit Pippin fauente omnium consensu uirum uenerabilem Vilbrordum Romam, 5.11 (302.30)
fauentibus. fauentibus cunctis et adnuentibus fidei, baptizatus est cum eis 3.22 (172.13)
ut, . . . tandem cunctis fauentibus in praesulatum sit suae receptus ecclesiae. 5.19 (329.32)
fauere. et baptizatus ecclesiae rebus, quantum ualuit, in omnibus consulere ac fauere curauit. 2.6 (93.11)
fauerint. si fidei et operibus unitati catholicae fauerint; 5.21 (344.5)
fauerunt. Haec dicente rege, fauerunt adsidentes quique siue adstantes maiores una cum mediocribus, 3.25 (189.4)
Berctuald archiepiscopus, et Aedilred quondam rex, tunc autem abbas, libentissime fauerunt; 5.19 (329.25)
fauit. Cuius studiis gloriosissime fauit Felix episcopus, 2.15 (116.25)
FAVILLA. fauillarum. qui instar fauillarum cum fumo ascendentium, nunc ad sublimiora proicerentur, 5.12 (306.1)
FAVONIVS, *the west wind.*
Fauonio. ubi nauem conscendit, flante Fauonio pulsus est Fresiam, 5.19 (326.12)
FAVOR. fauore. qui . . . uel fauore uel timore regio, fidei et castimoniae iura susceperant. 2.5 (90.32)
FAX. facem. Portabant autem facem ignis contra Aquilonem, 5.23 (349.11)
FEBRICITO. febricitantes. multos febricitantes, uel alio quolibet incommodo fessos, sanare non desistit. 4.6 (218.21)
FEBRIS. febre. Vt ad tumbam eius sit puerulus a febre curatus. 3.12 (150.26)
febribus. sed tamen continuis febribus anhelabat. 2.1 (77.9)
Percussa etenim febribus acri coepit ardore fatigari, 4.23 (256.16)
febrium. fuit in eodem monasterio puerulus quidam, longo febrium incommodo grauiter uexatus. 3.12 (150.28)
nec de loco mouearis, donec hora recessionis febrium transierit. 3.12 (151.7)
quae cum febrium fuisset ardoribus fatigata, ad tactum manus dominicae surrexit, 5.4 (287.29)
FEBRVARIVS, a, um, *of February.*
Februariarum. sepultus est die quarto Nonarum Februariarum; 2.7 (93.31)
luna sanguineo rubore perfusa, quasi hora integra II. Kal. Febr. circa galli cantum, Cont. (361.11)
Februarias. Hlotheri Cantuariorum rex, . . . mortuus erat VIII. Idus Februarias. 4.26 (268.10)
Februarii. Defunctus uero est rex Aedilberct die XXIIII mensis Februarii 2.5 (90.5)
FECES, *see* FAEX.
FECVNDITAS. fecunditas. cum non sit . . . culpa aliqua fecunditas carnis? 1.27 (54.8)
fecunditatem. pro benignitate suae pietatis fecunditatem ei subolis reseruauit. 1.27 (54.14)
FECVNDVS, a, um. **fecunda.** Quae etiam uenis metallorum, aeris, ferri, et plumbi, et argenti, fecunda, 1.1 (10.23)
Albanum egregium fecunda Britania profert. 1.7 (18.11)
FEDO. fedamur. quae licita ac legitima, et tamen in eorum actu aliquatenus fedamur; 1.27 (58.9)
fedaret. cum Aedilred . . . ecclesias ac monasteria sine respectu pietatis uel diuini timoris fedaret, 4.12 (228.10)
fedatur. et post tam pulchram quietis suae speciem terreni actus puluere fedatur. 2.1 (74.21)
fedauerat. Erat in eo quidam adulescens, cui tumor deformis palpebram oculi fedauerat; 4.32 (279.25)
fedetur. animus, . . . turpibus imaginationibus non fedetur. 1.27 (60.22)
FEDVS, a, um. **feda.** fidem Brittaniarum feda peste commaculauerat. 1.17 (33.26)
fedae. Carmina casta mihi, fedae non raptus Helenae; 4.20 (247.13)
FELICIOR, ius. **felicior.** et situ amplior, et frugum prouentu atque ubertate felicior, 2.9 (97.18)
feliciora. Neque umquam prorsus, ex quo Brittaniam petierunt Angli, feliciora fuere tempora; 4.2 (205.5)
FELICISSIME. quia felicissimo [felicissime] mundus statu ageretur, uar. 5.21 (333.23)
FELICISSIMVS, a, um. **felicissimo.** sed et Heraclio felicissimo Caesare id est filio eius anno III, 2.18 (122.7)
dixit quidam saecularium scriptorum, quia felicissimo mundus statu ageretur, 5.21 (333.23)
FELICITAS. felicitate. 'Si uis perennis uitae felicitate perfrui, 1.7 (19.24)
Sebbi, . . . magna, ut in sequentibus dicemus, uitam fidelem felicitate conpleuit. 3.30 (199.23)
felicitatis. illam prouinciam, . . . ad fidem et opera iustitiae, ac perpetuae felicitatis dona perduxit, 2.15 (116.35)
Iob, . . . probauit utique, quia tempore felicitatis capillos nutrire consuerat, 5.21 (342.11)
FELICITER. Ibi ergo hiemem cum noua Dei plebe feliciter exigens, sic Romam ueniendi iter repeti t; 5.19 (326.19)
FELIX. felici. 'Si non uis adsentire nobis in tam facili [felici] causa, uar. 2.5 (91.26)
felicibus. cum menses aliquot ibi studiis occupatus felicibus exegisset, 5.19 (324.29)
felicium. Cumque inter choros felicium incolarum medios me duceret, 5.12 (307.24)
felix. rex erat uir bonus, et bona ac sancta sobole felix, ut in sequentibus docebimus. 3.7 (140.17)
ad quos felix industriae ac uirtutis eius rumor peruenit, 4.23 (255.28)
Princeps pontificum, felix summusque sacerdos Limpida discipulis dogmata disseruit. 5.8 (295.11)
Alma nouae scandens felix consortia uitae, 5.8 (295.16)
felix. quietosque eos suorum desideriis felix carina restituit. 1.20 (39.26)
FELIX (IV), *Bishop of Rome, 526 530.*
Felix. Denique Felix eiusdem apostolicae sedis quondam episcopus, . . . eius fuit atauus. 2.1 (73.21)
FELIX, Saint (*d.* 647?), *Bishop of East Anglia, and founder of a school, probably at Dunwich.*
Felice. iuuante se episcopo Felice, quem de Cantia acceperat, 3.18 (162.21)
defuncto Felice Orientalium Anglorum episcopo post X et VII annos accepti episcopatus, 3.20 (169.3)
Honorio Cantuariorum, et Felice Orientalium Anglorum, uenerationi habitus est. 3.25 (182.15)
Felix. Cuius studiis gloriosissime fauit Felix episcopus, 2.15 (116.25)
FELIX, Saint, *Bishop of Rome, 269-274.*
Felicis. librum uitae et passionis sancti Felicis confessoris de metrico Paulini opere in prosam transtuli; 5.24 (359.5)
FEMINA. femina. cui tunc Hild abbatissa Deo deuota femina praefuit, 3.25 (183.17)
In eodem quoque monasterio quaedam erat femina sanctimonialis, 4.9 (222.30)
Femina uirgo parit mundi deuota parentem, 4.20 (247.19)

Porta Maria Dei, femina uirgo parit. 4.20 (247.20)
Erat in ipso monasterio quaedam sanctimonialis femina, nomine Begu, 4.23 (257.5)
quidam erat adtonsus ut clericus, quidam laicus, quaedam femina. 5.12 (306.17)
femina. pro femina autem diebus LXVI debeat abstinere. 1.27 (54.22)
feminae. signum diuini miraculi, quo eiusdem feminae sepulta caro corrumpi non potuit, 4.19 (243.24)
feminae. Feminae itaque et menstruus sui sanguinis fluxus egritudo est. 1.27 (56.3)
feminae. Atque ideo feminae cum semet ipsis considerent, 1.27 (56.22)
tempore illo religiosi quique uiri ac feminae consuetudinem fecerunt per totum annum, 3.5 (136.19)
ubi nuper uenientes ad conuersationem feminae solebant probari, 4.23 (258.22)
sed omnes prorsus, et uiri et feminae, aut somno torpent inerti, aut ad peccata uigilant. 4.25 (265.11)
quod . . . nobiles, ignobiles, laici, clerici, uiri ac feminae certatim facere consuerunt. 5.7 (294.13)
feminarum. exiuit ipsa cum una sanctimonialium feminarum ad locum uirorum, 3.11 (149.28)
in quo ipsa Deo deuotarum mater ac nutrix posset existere feminarum. 4.6 (219.4)
ubi corpora sanctimonialium feminarum poni deberent, caelesti sit luce monstratum. 4.7 (219.9)
Heiu, quae prima feminarum fertur in prouincia Nordanhymbrorum propositum . . . suscepisse. 4.23 (253.21)
Trium quoque feminarum uiliores et minores memoriae cernuntur. 5.17 (319.22)
feminis. cultumque suae religionis cum . . . uiris siue feminis, sacerdotibus seu ministris, . . . seruaret. 2.9 (98.6)
FEMINEVS, a, um. **feminea.** magis de feminea regum prosapia . . . regem sibi eligerent; 1.1 (12.15)
FEMVR. femoris. quod singulae earum ad modum humani femoris grossae, 1.2 (14.18)
FENESTRA. fenestrae. In occidentali eiusdem ecclesiae parte fenestrae octo, 5.17 (319.7)
fenestram. aperuit episcopus fenestram oratorii, 4.3 (209.2)
cum in eo nullam ianuam, uel fenestram, uel ascensum alicubi conspicerem. 5.12 (307.13)
fenestrarum. quod ingressi per rimas ostiorum uel fenestrarum radii lucis, 4.7 (220.19)
FENEVS. fenei. aduexit illo plurimam congeriem trabium, tignorum, parietum, uirgeorum, et tecti fenei, 3.16 (159.6)
FERA. ferarum. in quibus latronum magis latibula, ac lustra ferarum, . . . fuisse uidebantur 3.23 (175.14)
feras. Kasta feras superat mentis pro culmine Tecla, 4.20 (247.27)
Eufemia sacras kasta feras superat. 4.20 (247.28)
feris. Sicut enim agni a feris, . . . discerpuntur 1.12 (28.7)
FERALIS, e. **feralis.** quem et feralis impietas regis Brettonum, et apostasia demens regum Anglorum detestabilem fecerat. 3.9 (145.1)
FERAX. ferax. exceptis uitibus et oliuis, rarae ferax arboris, frumenti quoque et hordei fertilis. 5.17 (318.27)
ferax. sed et auium ferax terra marique generis diuersi; 1.1 (10.2)
FERE. quae persecutio omnibus fere ante actis diuturnior atque inmanior fuit; 1.6 (17.29)
quingentis fere passibus ab harena situs est, 1.7 (20.28)
ut haec contra impetum fluuii decurrentis, per XL fere milia passuum, . . . transferrentur. 5.10 (300.30)
FERETRVM. feretro. Non solum autem subpositi eidem feretro, uel adpositi curantur egroti, 4.6 (218.23)
feretrum. Etenim usque hodie feretrum eius caballarium, . . . sanare non desistit. 4.6 (218.19)
FERIA. feria. Vnde et hanc non, . . . XIIII^{a} luna in qualibet feria cum Iudaeis, sed die dominica semper agebat, 3.17 (162.7)
nil curans, utrum haec sabbato, an alia qualibet feria proueniret. 3.25 (185.23)
FERINVS, a, um. **ferina.** quin uniuersos atrocitate ferina morti per tormenta contraderet, 2.20 (125.12)
FERIO. feriat. ita ut morte lex sacra feriat, 1.27 (55.17)
ut ad aliorum emendationem et uindicta culpabilem feriat, 1.28 (62.25)
feriendum. quoties aere commoto manum quasi ad feriendum minitans exerit, 4.3 (211.10)
feriendus. muro et harena, ubi feriendus erat, 1.7 (20.5)
ferientibus. eos, quos defendere debuerat, inermes ac nudos ferientibus gladiis reliquit. 2.2 (84.29)
ferire. sanctum Dei confessorem ferire recusauit; 1.7 (21.16)
feriunt. quos et pro culpis uerberibus feriunt, 1.27 (50.11)
FERME. 1.11 (25.7); 1.12 (26.24); 1.25 (45.11); 2.3 (85.25); 3.8 (144.12); 3.14 (155.14); 3.16 (159.11); 4.14 (233.6) 4.14 (234.1); 4.23 (258.8); 4.27 (268.25); 5.2 (283.9); 5.4 (287.1); 5.4 (287.2); 5.23 (349.13).
FERMENTATVM. fermentatum. VII diebus fermentatum non inuenietur in domibus uestris." 5.21 (335.24)
FERMENTVM. fermentum. "In die primo non erit fermentum in domibus uestris. 5.21 (334.34)
VII diebus fermentatum [fermentum] non inuenietur in domibus uestris." uar. 5.21 (335.24)
fermentum. Quicumque comederit fermentum, peribit anima illa de Israel, a die primo usque ad diem septimum," 5.21 (335.1)
FERO. feram. quicquid mihi inposueris agendum, dummodo saluus fiam in die Domini, totum facile feram, 4.25 (263.26)
ferant. profecto et ipsi, quamuis arma non ferant, contra nos pugnant, 2.2 (84.21)
ferebat. patienter haec pro Domino, immo gaudenter ferebat. 1.7 (20.1)
rumorem sanctitatis illius in ea quoque insula longe lateque iam percrebruisse ferebat; 3.13 (152.19)
ferebatur. ferebatur nauigium oratione, non uiribus; 1.17 (34.16)
ad eum habitaculum, . . . flabris stimulantibus ferebatur. 1.19 (37.14)
ferens. et securim atque asciam in manu ferens, ueniret ad monasterium 4.3 (208.7)
ferens. armatorum ferens manum fortiorem, 1.15 (31.7)
ferentes. barbari legionum impetum non ferentes, 1.2 (14.21)
ueniebant crucem pro uexillo ferentes argenteam, 1.25 (46.1)
ferentibus. occisis in eadem parentibus regium nomen et insigne ferentibus. 1.16 (33.14)
Qui cum uentis ferentibus globos ignis ac fumum supra muros urbis exaltari conspiceret, 3.16 (159.15)
feror. ferorque domum a sociis, ac tacitus tota nocte perduro. 5.6 (290.25)
ferre. ac nuntium ferre optimum, 1.25 (45.14)
Non enim licuerat pontificem sacrorum uel arma ferre, uel praeter in equa equitare. 2.13 (113.12)
infirmis et pauperibus consulere, elimosynas dare, opem ferre non cessabat. 3.9 (145.25)
'Nequaquam hoc laeta ferre queo.' 4.9 (223.23)
ferret. ne tamen obnixe petenti nil ferret auxilii, 3.7 (141.23)
Cum . . . tumultus inruentium turbarum non facile ferret, 3.19 (167.26)
ferri. illud genus uexilli, quod Romani tufam, Angli appellant thuuf, ante eum ferri solebat. 2.16 (118.21)
uidit manifeste quasi corpus hominis, . . . sindone inuolutum in sublime ferri, elatum uidelicet de domo, 4.9 (222.14)
uidit animam praefatae Dei famulae in ipsa luce, . . . ad caelum ferri. 4.23 (257.16)
fertur. qui de tractu Armoricano, ut fertur, Brittaniam aduecti, 1.1 (11.20)
Fertur autem, quia adpropinquantes ciuitati, 1.25 (46.22)
Quibus uir Domini Augustinus fertur minitans praedixisse, 2.2 (83.27)
Bancor, in quo tantus fertur fuisse numerus monachorum, 2.2 (84.10)
dicebant, ut uulgo fertur, ad eum barbara inflati stultitia: 2.5 (91.11)
Tantus autem fertur tunc fuisse feruor fidei . . . genti Nordanhymbrorum, 2.14 (114.29)
Denique fertur, quia . . . ipse fide feruens hanc arripuerit, 3.2 (129.1)
Denique fertur, quia tempore quodam, . . . intrasse subito ministrum ipsius, 3.6 (138.10)
inter . . . specialis benedictionis glorias etiam maxima fuisse fertur humilitas, 3.14 (156.6)
fertur eleuatis ad caelum oculis manibusque cum lacrimis dixisse: 3.16 (159.16)
Denique fertur, quia tricies maiorem pagani habuerint exercitum; 3.24 (177.31)
Vnde nonnumquam contigisse fertur illis temporibus, 3.25 (182.2)
cuius uidelicet uiri, . . . uita et conuersatio fertur fuisse sanctissima, 4.6 (218.17)

Heiu, quae prima feminarum fertur in prouincia Nordanhymbrorum propositum . . . suscepisse. 4.23 (253.21)
Fertur autem, quia in loco, quo occisi sunt, fons ebullierit, 5.10 (301.14)
ferunt. Augustinus, et socii eius, uiri, ut ferunt, ferme XL. 1.25 (45.11)
Exstinctos in ea pugna ferunt de his, . . . uiros circiter mille cc^tos, 2.2 (84.25)
Et his dictis, ut ferunt, repente disparuit, 2.12 (109.26)
Ferunt autem, quia, . . . missus fuerit primo alius austerioris animi uir, 3.5 (136.33)
Eodem tempore uenit alius quidam de natione Brettonum, ut ferunt, 3.10 (146.27)
Denique ferunt, quia a tempore matutinae laudis saepius ad diem usque in orationibus persteterit, 3.12 (151.21)
Aliud eiusdem patris memorabile miraculum ferunt multi, qui nosse potuerunt. 3.16 (158.28)
Denique ferunt, quia saepe XL simul aut L homines inedia macerati procederent ad praecipitium 4.13 (231.14)
uoto se obligans, quamuis necdum regeneratus, ut ferunt, in Christo, 4.16 (237.5)
De qua ferunt, quia, ex quo monasterium petiit, numquam lineis, . . . uti uoluerit; 4.19 (244.5)
Ferunt autem, quia, . . . multum delectata sit hoc genere infirmitatis, 4.19 (246.4)
an forte litteras solutorias, de qualibus fabulae ferunt, apud se haberet, 4.22 (250.29)
Ferunt autem, quod eadem nocte, in ipso quoque monasterio, . . . obitus illius in uisione apparuerit, 4.23 (258.10)
In quo etiam loco signa sanitatum aliquoties facta meritis amborum testimonium ferunt, 4.30 (277.26)
neque ultra cessauit tota die illa et nocte sequente, quantum uigilare potuit, ut ferunt, . . . loqui 5.2 (284.14)
Ceterum tonsuram eam, quam magum ferunt habuisse Simonem, 5.21 (343.25)
feruntur. de cuius uita et uerbis nonnulla a discipulis eius feruntur scripta haberi. 3.4 (134.16)
tulerat. Quam affectu tulerat nullus ab altithroni. 4.20 (248.34)
tulerint. Vt idem episcopi Brettonibus in pugna auxilium caeleste tulerint, 1.20 (38.6)
tulerunt. tulerunt partem de capillis, 4.32 (280.5)
tulistis. 'Noua,' inquit, 'indumenta corpori pro his, quae tulistis, circumdate, 4.30 (277.8)
tulit. Tulit itaque de puluere terrae illius secum inligans in linteo, 3.10 (147.6)
Colmanus, . . . relinquens Brittaniam, tulit secum omnes, . . . Scottos; 4.4 (213.4)

FEROX. feroce. ut nos ab hoste superbo ac feroce sua miseratione defendat; 3.2 (129.8)
feroces. Cumque materies belli acrioris . . . inter reges populosque feroces uideretur exorta, 4.21 (249.10)
ferocis. quod esset homo ferocis animi, 3.25 (181.24)
ferox. aderat ferox hostium multitudo, 1.20 (39.3)

FERRAMENTVM. ferramenta. Sed et ferramenta sibi ruralia cum frumento adferri rogauit, 4.28 (271.30)
ferramentorum. quod intrinsecus ferramentorum uestigia usque in praesens ostendit. 5.16 (318.10)

FERRVM. ferri. Quae etiam uenis metallorum, aeris, ferri, et plumbi, et argenti, fecunda, 1.1 (10.22)
ut si ferri uulnus minus ad mortem regis sufficeret, peste iuuaretur ueneni. 2.9 (99.3)
ferro. uel amicitia uel ferro sibimet inter eos sedes, . . . uindicarunt; 1.1 (12.21)
ac iacente ferro esset inter carnifices iusta cunctatio, 1.7 (20.25)
praesules cum populis . . . ferro pariter et flammis absumebantur; 1.15 (32.26)
quos terreni principes edomare ferro nequiuerant, 2.1 (78.14)
cum cuncta, quae poterat, ferro flammaque perderet, 3.17 (160.21)
Laeta ridet gladios ferro robustior Agnes, 4.20 (248.1)
ferrum. sed tanta ui hostis ferrum infixit, 2.9 (99.13)

FERTILIS, e. fertilis. exceptis uitibus et oliuis, rarae ferax arboris, frumenti quoque et hordei fertilis. 5.17 (318.28)

FERTILITAS. fertilitas. simul et insulae fertilitas, ac segnitia Brettonum; 1.15 (31.6)

FERVS, a, um. fera. et tanta ingruit tamque fera tempestatis hiems, 5.1 (281.20)
feram. quam barbaram, feram, incredulamque gentem, . . . adire 1.23 (42.26)
feras. tam feras tamque creberrimas gentium aquilonalium inruptiones; 1.14 (30.18)
feris. Ignibus usta feris, uirgo non cessit Agathe, 4.20 (247.25)
Eulalia et perfert, ignibus usta feris. 4.20 (247.26)

FERVENS. feruens. ipse fide feruens hanc arripuerit, 3.2 (129.2)
Nec mora, dum feruens equus quoddam itineris concauum ualentiore impetu transiliret, lapsus decidi, 5.6 (290.11)
feruenti. alterum furenti [feruenti] grandine ac frigore niuium omnia perflante atque uerrente non minus intolerabile praeferebat uar. 5.12 (305.2)
feruentibus. unum latus flammis feruentibus nimium terribile, 5.12 (305.1)
"Vallis illa, quam aspexisti flammis feruentibus et frigoribus horrenda rigidis, 5.12 (308.11)
feruentis. Audito etenim fragore procellarum ac feruentis oceani exierat uidere, quid nobis accideret; 5.1 (282.9)

FERVENTISSIMVS, a, um. feruentissimum. quas relegentes cognouimus eius piissimam deuotionem, feruentissimumque amorem, 3.29 (196.24)

FERVEO. feruere. Verum quia gratia caritatis feruere non omiserunt, 3.4 (135.11)
feruet. fides feruet in populo, 1.20 (38.23)

FERVIDVS, a, um. feruidam. Aqua enim, . . . feruidam. qualitatem recipit, 1.1 (10.19)
feruidus. Erat quippe ante omnia diuinae caritatis igne feruidus, patientiae uirtute modestus, 4.28 (273.19)

FERVOR. feruor. Tantus autem fertur tunc fuisse feruor fidei . . . genti Nordanhymbrorum, 2.14 (114.30)
feruore. sed omni instantia, omnique feruore, . . . Deo auctore peragite; 1.23 (43.11)
Tota igitur mente cum eo uos in feruore fidei stringite, 1.32 (69.4)
Sancti Spiritus feruore in sui quoque agnitione mirabiliter est dignata succendere. 2.10 (101.25)
et statim, ut praedictum erat, suo quieuit a feruore. 3.15 (158.19)
Qui cum crescente fidei feruore saeculo abrenuntiare disponeret, 4.3 (208.3)
feruorem. In hoc enim tempore sancta ecclesia quaedam per feruorem corrigit, 1.27 (51.27)
feruoris. aduersum uero illos, qui aliter facere uolebant, zelo magni feruoris accensus; 4.24 (261.14)
Cum enim uim feruoris inmensi tolerare non possent, 5.12 (305.7)

FESSVS, a, um. fessos. multos febricitantes, uel alio quolibet incommodo fessos, sanare non desistit. 4.6 (218.22)

FESTINO. festina. Christianam fidem in populis tibi subditis extendere festina, 1.32 (68.6)
festinabant. ad ea, quae meliora cognouerant, sese transferre festinabant. 3.25 (189.7)
festinans. qui paulatim crescens, et ad me ocius festinans, ubi adpropinquauit, 5.12 (307.1)
festinant. adsumta alacritate festinant; 1.20 (38.26)
festinarunt. nimio mox timore perculsi, festinarunt referre antistiti, quae inuenerant. 4.30 (276.24)
festinauit. festinauit ei, ubi ad locum destinatum morti uenerat, occurrere. 1.7 (20.18)
festinemus. absque ullo cunctamine suscipere illa festinemus.' 2.13 (112.2)
eique uota nostra reddere festinemus? 2.17 (119.12)
festinet. et sua ei solacia praebere festinet. 1.24 (44.11)
regibus ac populis sibimet subiectis festinet infundere, 1.32 (68.24)
Festinet igitur, quaesumus, uestra celsitudo, ut optamus, totam suam insulam Deo Christo dicare. 3.29 (198.24)
festinetis. sollicita intentione et adsiduis orationibus seruare omnimodo festinetis; 2.17 (119.16)

FESTINVS, a, um. festina. salubremque tactum sanitas festina subsequitur. 1.21 (40.30)
festinus. Quorum petitioni festinus obtemperat. 1.21 (40.3)
festinusque accedens ante pedes episcopi conruit, 3.14 (156.30)

FESTIVITAS. festiuitate. quam lex maiore prae ceteris festiuitate memorabilem saepenumero commendat; 5.21 (338.5)
festiuitatem. uosque uox ista ad aeternam festiuitatem euocet: 2.18 (121.11)
festiuitatis. in tempore quidem summae festiuitatis dubios circulos sequentes, 3.4 (134.21)
in celebratione summae festiuitatis neque Iohanni, neque Petro, neque legi, . . . concordatis.' 3.25 (186.32)
ac gaudium summae festiuitatis, . . . cum Domino et apostolis, . . . conpleuit, 5.22 (347.29)

FESTIVVS, a, um. **festiuis.** Munera laeta capis, festiuis fulgida taedis, 4.20 (248.29)
FESTVM. festa. et in ea nos annuatim paschalia eiusdem resurrectionis uoluit festa celebrare; 5.21 (340.7)
et sic demum uotiua paschae nostri festa celebramus, 5.21 (340.34)
festi. Peada . . . peremtus est, proditione, ut dicunt, coniugis suae in ipso tempore festi paschalis. 3.24 (180.17)
Iohannes . . . XIIII[a] die mensis primi ad uesperam incipiebat celebrationem festi paschalis, 3.25 (185.22)
numquam in adnotatione festi paschalis errabit. 5.21 (334.12)
quod ita dies XIIII[a] uesperam suam in festi paschalis initium prorogat, 5.21 (335.30)
primam paschalis festi diem celebrarent. 5.21 (336.26)
festis. ita hanc apostolica traditio festis paschalibus inseruit, 5.21 (336.9)
et ideo festis paschalibus inhabilem memorata ratio probat. 5.21 (339.29)
festorum. ea, quae totius anni circulus in celebratione dierum festorum poscebat, 4.18 (241.24)
festos. dies festos celebrant, 1.8 (22.12)
festus. cum fortasse aut festus dies exigit, 1.27 (60.13)
FETOR. fetor. fetor inconparabilis cum eisdem uaporibus ebulliens omnia illa tenebrarum loca replebat. 5.12 (306.4)
fetorem. ut omnem mox fetorem tenebrosi fornacis, . . . effugaret admirandi huius suauitas odoris. 5.12 (307.17)
FIALA. fiala. quod uidelicet lac pridie nouum in fiala ponere solebat, 3.27 (194.10)
FICTIS. fictis. qui antiquitus gentem Brettonum a Pictis [fictis] secernebat, uar. 1.1 (13.13)
FIDELIS. fideles. progressi in puplicum fideles Christi, 1.8 (22.8)
ita ut passim et fideles catholici firmarentur, 1.17 (35.8)
Vsque ad quotam generationem fideles debeant cum propinquis sibi coniugio copulari? 1.27 (50.27)
uel si fideles, in ipsa eos fide confortaret, 3.5 (136.5)
fideles. ut uirtutem dilectionis et pacis ad inuicem et ad omnes fideles seruarent; 4.3 (209.8)
fidelibus. Nec tamen hodie . . . necesse est, immo nec licitum fidelibus uel circumcidi, 3.25 (185.18)
Et hoc esse uerum pascha, hoc solum fidelibus celebrandum, 3.25 (186.11)
nullam magis abominandam detestandamque merito cunctis fidelibus crediderim ea, 5.21 (342.32)
fidelibus. Sic enim nos fidelibus tenere disciplinam debemus, 1.27 (50.9)
quam reuerenter eae suscipiendae a cunctis fidelibus essent, patefecit. 3.11 (148.20)
fidelis. iam nunc fidelis humilium linguas timet. 2.1 (78.17)
Vt idem Aeduini cum sua gentis fidelis sit factus; 2.14 (113.25)
fidelium. quae fidelium oblationibus accedunt altario; 1.27 (48.16)
tertia uel quarta generatio fidelium licenter sibi iungi debeat; 1.27 (51.1)
ecclesiam, quam inibi antiquo Romanorum fidelium opere factam fuisse didicerat, 1.33 (70.13)
quo sensu unicuique fidelium sit aptandus, 2.1 (75.22)
in plurimorum corde fidelium spiritalis gratiam lucis accenderet. 2.2 (82.11)
et crescente numero fidelium, 2.20 (126.29)
'Vt plures episcopi crescente numero fidelium augerentur'; 4.5 (216.30)
quis, rogo, fidelium non statim cum ipsa magia primo detestetur et merito exsufflet aspectu? 5.21 (343.25)
quae nuper, multiplicatis fidelium plebibus, in sedem pontificatus addita ipsum primum habet antistitem. 5.23 (351.3)
FIDELIS, e. **fidelem.** 'Saluabitur uir infidelis per mulierem fidelem.' 2.11 (106.5)
Sebbi, . . magna, ut in sequentibus dicemus, uitam fidelem felicitate conpleuit. 3.30 (199.23)
fideles. quod aeuo praecedente aliquoties factum fideles historiae narrant; 4.19 (243.20)
fideli. non uno quolibet auctore, sed fideli innumerorum testium, . . . adsertione cognoui, Praef. (7.26)
fidelis. quia super pauca fuisti fidelis, super multa te constituam; 2.18 (121.14)
fidelis. omnibus, . . . clementiam pii Conditoris et fidelis eius famuli gloriam praedicabat.' 3.13 (154.1)
fidelis. 'Euge, serue bone et fidelis; 2.18 (121.13)
fidelium. uel aliorum fidelium uirorum uiua uoce didicimus. Praef. (7.22)
certissima fidelium uirorum adtestatione Praef. (8.1)
FIDELISSIMVS, a, um. **fidelissimae.** dum creditorum uobis talentorum fidelissimae negotiationis officiis uberem fructum inpendens ei, . . . praeparauit. 2.8 (95.29)
fidelissimis. et a fidelissimis eiusdem monasterii fratribus sibi relatum asserere solebat, 4.14 (233.3)
fidelissimus. Cuius ordinem miraculi . . . fidelissimus mihi nostrae ecclesiae presbyter, . . . narrauit, 3.15 (158.23)
FIDELITER. dum ipse praedicatoribus euangelii fideliter repromisit: 2.8 (95.22)
miracula in eodem loco solent ad utilitatem eorum, qui fideliter quaerunt, ostendi. 2.16 (117.15)
nisi . . . per auxilium eorum, qui illi fideliter seruierunt, propitiari dignatus fuerit. 3.13 (153.15)
Nam et se ipsum fideliter credidit multum iuuari eorum orationibus cotidianis, 3.23 (175.4)
Et quidam quidem mox se monasticae conuersationi fideliter mancipauerunt, 3.27 (192.13)
es . . . liberandus a morte, et ad uisionem Domini Christi, cui fideliter seruisti, perducendus 4.14 (234.22)
monebat omnes . . . in . . . infirmitatibus membrorum fideliter Domino esse gratias semper agendas. 4.23 (256.24)
FIDES. fide. triumphant uictoria fide obtenta, non uiribus. 1.20 (39.20)
atque officium suum fide ac moribus exsequentes, 1.29 (64.18)
laborauit multum, ut et eos, qui secum uenerant, ne a fide deficerent, Domino adiuuante contineret, 2.9 (98.26)
humanum genus, . . . salutifera confessione fide ueneratur et colit; 2.10 (101.20)
Quale consilium idem cum primatibus suis de percipienda fide Christi habuerit; 2.13 (111.8)
De huius fide prouinciae narrauit mihi presbyter . . . uocabulo Deda, 2.16 (117.19)
ut in fide ueritatis, quam acceperant, persistere semper ac proficere curarent. 2.17 (118.30)
ut fide et opere, in timore Dei et caritate, uestra adquisitio . . . amplius extendatur; 2.18 (121.7)
superueniente cum paruo exercitu, sed fide Christi munito, 3.1 (128.18)
ipse fide feruens hanc arripuerit, 3.2 (129.2)
uel si fideles, in ipsa eos fide confortaret, 3.5 (136.5)
uel iam credentes amplius in fide atque amore Christi confirmauit. 3.19 (164.1)
dispiciebat eos, quos fide Christi inbutos opera fidei non habere deprehendit, 3.21 (170.30)
magis cum fide resurrectionis in illo mori, 3.30 (200.5)
'Rogo,' inquam, 'dilectissimi fratres, . . . ut in commune omnes pro nostra fide tractemus; 4.5 (215.17)
omnes fide Christi institutos, unda baptismatis abluit; 4.13 (232.23)
omniumque unianimem in fide catholica repperit consensum; 4.17 (239.1)
accensi sunt in fide ac deuotione pietatis ad orandum, 4.22 (252.4)
Cumque catholicus fide cum suis esset inuentus, 5.19 (326.30)
quanquam sacramentorum genere discreto, sicut una eademque fide, pascha celebrare possemus. 5.21 (337.5)
ut indicemus nos . . . uenerari, . . . redemtionem totius mundi, . . . deuota fide ac dilectione colere, 5.21 (341.4)
sicut una fide, spe, et caritate in Deum consentit, 5.21 (342.5)
si fide et operibus unitati catholicae fauerint; 5.21 (344.5)
et congratulante in fide eius Brittania, laetentur insulae multae, 5.23 (351.28)
synodus facta in campo Haethfeltha de fide catholica, 5.24 (355.7)
fidei. exemplum fidei ac pietatis illius coepit aemulari, 1.7 (18.17)
qui se ultro persecutoribus fidei Christianum esse prodiderat, 1.7 (19.12)
Dum ergo is ex persecutore factus esset collega ueritatis et fidei, 1.7 (20.25)
atque animis omnium fidei puritate conpositis, 1.18 (36.22)
quibus increpatis moueri se fidei praesumtione non passus est. 1.19 (37.17)
gressum recuperarit fidei. 1.21 (39.30)

uerbum fidei praedicando committerent. 1.22 (42.5)
ut ritum fidei ac religionis suae . . . seruare licentiam haberet. 1.25 (45.23)
cum episcopo, quem ei adiutorem fidei dederant, 1.25 (45.24)
nec prohibemus, quin omnes, quos potestis, fidei uestrae religionis praedicando societis.' 1.25 (46.17)
Tota igitur mente cum eo uos in feruore fidei stringite, 1.32 (69.4)
In cuius adsertione fidei . . . Gregorius . . . laborare contendit, 2.1 (76.8)
Defunctus uero est rex Aedilberct . . . post xx et unum annos acceptae fidei, 2.5 (90.6)
qui . . . fidei et castimoniae iura susceperant. 2.5 (90.32)
atque ad simplicitatem fidei et caritatis, quae est in Christo, reuocari. 2.5 (92.9)
eius animum ad uerae conuersionis et indubitatae fidei credulitatem fraternitas uestra perduxerit. 2.8 (96.11)
uniuersalis gentium confessio, suscepto Christianae sacramento fidei, protestetur. 2.8 (96.20)
Paulinus primo filiam eius cum aliis fidei Christianae sacramentis inbuerit. 2.9 (97.5)
uerbum fidei praedicante Paulino, cuius supra meminimus, suscepit. 2.9 (97.9)
in auspicium suscipiendae fidei et regni caelestis, 2.9 (97.11)
Huic autem genti occasio fuit percipiendae fidei, 2.9 (97.21)
et aliquos, . . . de paganis ad fidei gratiam praedicando conuerteret. 2.9 (98.28)
non statim et inconsulte sacramenta fidei Christianae percipere uoluit; 2.9 (100.6)
et ab ipso uenerabili uiro Paulino rationem fidei ediscere, 2.9 (100.10)
ad adnuntiandam uobi plenitudinem fidei Christianae sacerdotalem curauimus sollicitudinem prorogare, 2.10 (101.4)
Creatorem suum suscepto Christianae fidei agnoscerent sacramento. 2.11 (104.20)
Christianae fidei suscepto mirabili sacramento, 2.11 (105.1)
si a uestrae fidei splendore, . . . ille remanserit alienus? 2.11 (105.21)
hos quoque unitas fidei etiam post huius uitae transitum in perpetua societate conseruet. 2.11 (105.28)
diuinae fidei calor eius intellegentiam tuarum adhortationum frequentatione succendat, 2.11 (106.2)
ut fructum fidei creditorumque tibi beneficiorum Redemtori tuo multiplicem resignares. 2.11 (106.7)
Tantus autem fertur tunc fuisse feruor fidei . . . genti Nordanhymbrorum, 2.14 (114.30)
Et quidem pater eius Reduald iamdudum in Cantia sacramentis Christianae fidei inbutus est, 2.15 (116.3)
atque a sinceritate fidei deprauatus habuit posteriora peiora prioribus; 2.15 (116.5)
cum exularet in Gallia, fidei sacramentis inbutus est, 2.15 (116.22)
Ita Christianitatis uestrae integritas circa sui conditoris cultum fidei est ardore succensa, 2.17 (119.4)
haec pro fidei uestrae sinceritate, . . . adtribuere . . . praeuidemus; 2.17 (119.26)
Osric, qui ad praedicationem Paulini fidei erat sacramentis inbutus. 3.1 (127.7)
tam propter apostasiam regum Anglorum, qua se fidei sacramentis exuerant, 3.1 (128.12)
iuxta meritum suae fidei uictoria potiti sunt. 3.2 (129.12)
uirtutes sanitatum noscuntur esse patratae, ad indicium uidelicet ac memoriam fidei regis. 3.2 (129.15)
Nec inmerito, quia nullum, ut conperimus, fidei Christianae signum, . . . erectum est, 3.2 (130.4)
crucis uexillum . . . dictante fidei deuotione, contra hostem inmanissimum pugnaturus statueret. 3.2 (130.7)
desiderans totam, . . . gentem fidei Christianae gratia inbui, 3.3 (131.6)
cuius doctrina ac ministerio gens, quam regebat, Anglorum, dominicae fidei et dona disceret, 3.3 (131.13)
magna deuotione uerbum fidei praedicare et credentibus gratiam baptismi, . . . ministrare. 3.3 (132.16)
uel ad fidei suscipiendae sacramentum, si infideles essent, inuitaret; 3.5 (136.4)
postulasset antistitem, qui sibi suaeque genti uerbum fidei ministraret, 3.5 (137.2)
promittens . . . sanctae fidei semina esse sparsurum. 3.7 (139.14)
cuius excellentia fidei et uirtutis, . . . uirtutum frequentium operatione claruerit; 3.13 (153.19)
multique cotidie, . . . fidei sunt fonte abluti. 3.21 (170.26)
dispiciebat eos, quos fide Christi inbutos opera fidei non habere deprehendit, 3.21 (170.30)
qui se in uerbo fidei et ministerio baptizandi adiuuarent, 3.22 (173.5)
qui ipsi ac familiae ipsius uerbum et sacramenta fidei, erat enim presbyter, ministrare solebat, 3.23 (175.9)
et ipsam gentem Merciorum . . . desecto capite perfido, ad fidei Christianae gratiam conuertit. 3.24 (179.18)
opera tamen fidei, pietatis, et dilectionis, . . . diligenter exsequi curauit. 3.25 (182.10)
Sigheri . . . relictis Christianae fidei sacramentis, ad apostasiam conuersus est. 3.30 (199.14)
Qui cum crescente fidei feruore saeculo abrenuntiare disponeret, 4.3 (208.3)
huic uerbum fidei et lauacrum salutis ministrabat. 4.13 (230.12)
Ceterum tota prouincia Australium Saxonum diuini nominis et fidei erat ignara. 4.13 (230.29)
Verum ipso die, quo baptisma fidei gens suscepit illa, descendit pluuia serena, 4.13 (231.18)
sinceraque deuotione sacramenta fidei, quae susceperat, seruans. 4.14 (234.6)
postulauitque ab eo, ut, . . . prius eos liceret fidei Christianae sacramentis inbui. 4.16 (238.2)
cuius essent fidei singuli, sedulus inquirebat, 4.17 (238.31)
Et post multa huiusmodi, quae ad rectae fidei confessionem pertinebant, 4.17 (239.30)
pariterque catholicae fidei decreta firmabat uir uenerabilis Iohannes archicantator 4.18 (240.29)
ut, cuius esset fidei Anglorum ecclesia, diligenter edisceret, 4.18 (241.34)
nihilominus exemplum catholicae fidei Anglorum Romam perlatum est, 4.18 (242.28)
ibique uerbum fidei praedicans, . . . multo tempore mansit. 4.23 (255.6)
neglectis fidei sacramentis, quibus erant inbuti, ad erratica idolatriae medicamina concurrebant; 4.27 (269.19)
Erat autem Columba primus doctor fidei Christianae transmontanis Pictis ad aquilonem, 5.9 (297.15)
quia, . . . auerterent illum a diis suis, et ad nouam Christianae fidei religionem transferrent, 5.10 (300.14)
reuerentissimus pontifex longe lateque uerbum fidei praedicans, 5.11 (303.12)
ut ipsum in concilio, . . . quasi uirum incorruptae fidei, et animi probi residere praeciperet.' 5.19 (328.14)
Acca cantator erat peritissimus, . . . et in catholicae fidei confessione castissimus, 5.20 (332.2)
maxime cum numquam patribus catholicis sicut de paschae uel fidei diuersitate conflictus, 5.21 (342.22)
Brettones, qui nolebant Anglis eam, quam habebant, fidei Christianae notitiam pandere, 5.22 (347.11)
credentibus iam populis Anglorum, et in regula fidei catholicae per omnia instructis, 5.22 (347.12)
Anno DCLIII, Middilangli sub principe Peada fidei mysteriis sunt inbuti. 5.24 (354.11)

fidei. a Christianae fidei posse deuotione cessare. 1.7 (21.23)
qui illic ad succurrendum fidei mitti deberent; 1.17 (34.4)
Quorum fidei et conuersioni ita congratulatus esse rex perhibetur, 1.26 (47.24)
orthodoxae fidei omnimodis esse contrarium. 2.1 (76.1)
cuius fidei et saluti congaudens, 2.1 (78.7)
Adquirens fidei agmina gente noua. 2.1 (79.20)
quam inter rebelles fidei barbaros sine fructu residerent. 2.5 (91.33)
promisit se nil omnimodis contrarium Christianae fidei, quam uirgo colebat, esse facturum; 2.9 (98.3)
fauentibus cunctis et adnuentibus fidei, baptizatus est cum eis 3.22 (172.14)
ne quid ille contrarium ueritati fidei, Grecorum more, in ecclesiam, cui praeesset, introduceret. 4.1 (203.2)
tonsuram . . . hortor, ut ecclesiasticam et Christianae fidei congruam habere curetis. 5.21 (342.3)
quid contrario tuae fidei habitu terminatam in capite coronae imaginem portas? 5.21 (344.14)

fidei. ut ad dilatandam Christianam fidem [fidei] incessabiliter non desistat operam commodare; uar. 2.11 (105.5)

fidem. gens Anglorum fidem Christi percepit, Praef. (6.25)
uel prouincia Merciorum ad fidem Christi, . . . peruenerit, Praef. (7.10)
uel prouincia Orientalium Saxonum fidem, . . . recuperauerit, Praef. (7.12)

quae sint gesta erga fidem Christi, Praef. (7.20)
ex quo tempore fidem Christi perceperunt, Praef. (7.23)
simpliciter fidem historiae, quam legebam, accommodans, Praef. (7.33)
susceptamque fidem Brittani . . . quieta in pace seruabant. 1.4 (16.10)
nisi contra sacramenti fidem per tyrannidem emersisset, 1.9 (23.12)
fidem Brittaniarum feda peste commaculauerat. 1.17 (33.26)
qui ad confirmandam fidem gratiae caelestis Brittanias uenirent. 1.17 (34.7)
rege ad fidem conuerso, 1.26 (47.16)
gentem Anglorum fidem Christi suscepisse, 1.27 (48.9)
quae auctore Deo nuper adhuc ad fidem perducta est, 1.27 (48.30)
quae adhuc ad fidem noua est, 1.27 (49.27)
ad fidem uenientes admonendi sunt, 1.27 (51.19)
Omnes autem, qui ad fidem ueniunt, 1.27 (51.30)
Christianam fidem in populis tibi subditis extendere festina, 1.32 (68.5)
cuius uos fidem in regno uestro recipi facitis et custodiri. 1.32 (69.7)
gentem de potestate Satanae ad fidem Christi . . . conuertit, 2.1 (73.8)
et conuersis iam dudum ad fidem ueritatis esset praelatus ecclesiis, 2.1 (73.13)
Aedilberctum regem ac gentem illius ab idolorum cultu ad Christi fidem perduxit, 2.3 (86.20)
Siquidem non solum fidem Christi recipere noluerat, 2.5 (90.27)
abdicato conubio non legitimo, suscepit fidem Christi, 2.6 (93.9)
quin potius permissurum, ut fidem cultumque suae religionis . . . more Christiano seruaret. 2.9 (98.4)
Vt papa Bonifatius eundem regem missis litteris sit hortatus ad fidem. 2.10 (100.17)
Quo tempore exhortatorias ad fidem litteras a pontifice sedis apostolicae Bonifatio accepit, 2.10 (100.18)
ut ad dilatandam Christianam fidem incessabiliter non desistat operam commodare; 2.11 (105.5)
sed fidem potius pollicitam seruare disponit; 2.12 (110.4)
immo fidem suam, quae omnibus ornamentis pretiosior est, amore pecuniae perdere.' 2.12 (110.9)
suscipiendo fidem eius, et praecepta seruando, qui te . . . temporalis regni honore sublimauit; 2.12 (111.2)
rex suscipere quidem se fidem, quam docebat, et uelle et debere respondebat. 2.13 (111.10)
et, abrenuntiata idolatria, fidem se Christi suscipere confessus est. 2.13 (113.2)
accepit rex Aeduini cum cunctis gentis suae nobilibus ac plebe perplurima fidem et lauacrum 2.14 (113.28)
Vt prouincia Orientalium Anglorum fidem Christi susceperit. 2.15 (115.23)
fidem et sacramenta Christi cum sua prouincia suscipere. 2.15 (115.27)
Verum Eorpuald non multo, postquam fidem accepit, tempore occisus est 2.15 (116 17)
illam prouinciam, . . . ad fidem et opera iustitiae, ac perpetuae felicitatis dona perduxit, 2.15 (116.34)
ubi gentem Nordanhymbrorum cum suo rege ad fidem confessionemque Christi, . . . conuersam esse didicit, 2.17 (118.26)
repperimus quosdam prouinciae uestrae contra orthodoxam fidem, nouam ex ueteri heresim renouare conantes, 2.19 (123.15)
Eadfrid . . . regnante Osualdo, contra fidem iuris iurandi peremtus est. 2.20 (125.1)
fidem religionemque Anglorum pro nihil habere, 2.20 (125.18)
Vt primi successores Æduini regis et fidem suae gentis prodiderint, 3.1 (127.1)
eo quod illis praedicantibus fidem Christi perceperint. 3.3 (133.2)
Quando gens Pictorum fidem Christi perceperit. 3.4 (133.3)
relicto errore idolatriae, fidem ueritatis acceperant, 3.4 (133.14)
Nynia . . . qui erat Romae regulariter fidem et mysteria ueritatis edoctus; 3.4 (133.17)
gentemque illam uerbo et exemplo ad fidem Christi conuertit; 3.4 (133.26)
gens Occidentalium Saxonum, . . . regnante Cynigilso fidem Christi suscepit, 3.7 (139.9)
qui et fidem ac sacramenta regni caelestis suscipere rennuit, 3.7 (140.8)
apud quem triennio exulans fidem cognouit ac suscepit ueritatis. 3.7 (140.14)
Nec moratus ille integram se in hoc habere fidem respondebat. 3.13 (153.28)
propter fidem uidelicet dominicae resurrectionis, 3.17 (162.9)
Middilangli, . . . sub principe Peada filio Pendan regis fidem et sacramenta ueritatis perceperunt. 3.21 (169.24)
nisi fidem Christi ac baptisma cum gente, cui praeerat, acciperet. 3.21 (170.2)
persuasus maxime ad percipiendam fidem a filio regis Osuiu, 3.21 (170.8)
Vt Orientales Saxones fidem, quam dudum abiecerant, . . . receperint. 3.22 (171.17)
Eo tempore etiam Orientales Saxones fidem, . . . receperunt. 3.22 (171.19)
doctores daret, qui gentem suam ad fidem Christi conuerterent, 3.22 (172.23)
Vt prouincia Merciorum, occiso rege Penda, fidem Christi susceperit; 3.24 (177.10)
(quomodo simulacra, . . . repudiare omnes, qui ad fidem ueniunt, necesse est), 3.25 (185.8)
et diligenter ea, quae ad fidem ac ueritatem pertinent, et uerbo cunctos docebat, et opere. 3.26 (190.2)
et quia dextera Domini protegente, ad ueram et apostolicam fidem sit conuersus, 3.29 (196.26)
subiectos suos meditatur die ac nocte ad fidem catholicam . . . conuerti. 3.29 (197.1)
uti nouum Christi populum coaceruet, catholicam ibi et apostolicam constituens fidem. 3.29 (198.29)
coheres regni eiusdem, Sebbi, magna fidem perceptam cum suis omnibus deuotione seruauit, 3.30 (199.21)
Quod ubi rex Vulfheri conperit, fidem uidelicet prouinciae ex parte profanatam, 3.30 (199.24)
misit ad corrigendum errorem, reuocandamque ad fidem ueritatis prouinciam Iaruman episcopum, 3.30 (199.26)
dignus, cui fidem narranti audientes accommodarent. 4.3 (207.31)
ubi fidem suae sanationis integram se habere professa est, 4.10 (225.3)
siue de illis, qui de eadem prouincia Saxonum nuper ad fidem fuerant uocati, 4.14 (233.13)
Erat tunc temporis in eodem monasterio puerulus . . . nuper uocatus ad fidem, 4.14 (233.21)
postquam omnes Brittaniarum prouinciae fidem Christi susceperant, 4.16 (238.9)
audiens Theodorus fidem ecclesiae Constantinopoli . . . esse turbatam, 4.17 (238.26)
pariter tractantes, fidem rectam et orthodoxam exposuimus; 4.17 (239.16)
Et nos omnes subscribimus, qui cum Theodoro archiepiscopo fidem catholicam exposuimus. 4.17 (240.26)
Tales namque eo tempore fidem Constantinopolitanae ecclesiae multum conturbauerunt; 4.18 (242.8)
nec te tamen occidam, ne fidem mei promissi praeuaricer.' 4.22 (251.13)
ad praedicationem . . . Paulini primi Nordanhymbrorum episcopi, fidem et sacramenta Christi suscepit, 4.23 (252.28)
Nam et multi fidem, quam habebant, iniquis profanabant operibus; 4.27 (269.17)
in ecclesia Anglorum, quae nuper auctore Deo ad fidem perducta est, 4.27 (270.33)
Quod dum facerent, ad fidem et preces famuli Dei, alio die aqua plena inuenta est, 4.28 (271.26)
et quoniam externis prodesse ad fidem non poterat, 5.9 (298.24)
multisque eos, qui fidem suscipere uellent, beneficiis adtollens; 5.10 (299.11)
ut multos in breui ab idolatria ad fidem conuerterent Christi. 5.10 (299.14)
iussitet Vilfridum, . . . dicere fidem suam, simul et prouinciae siue insulae, de qua uenerat. 5.19 (326.28)
ueram et catholicam fidem confessus est, 5.19 (327.6)
prouinciam Australium Saxonum ab idolatriae ritibus ad Christi fidem conuertit. 5.19 (327.9)
si per fidem, spem et caritatem pascha, . . . cum illo facere curamus. 5.21 (340.8)
Anno DCIIII, Orientales Saxones fidem Christi percipiunt sub rege Saberecto antistite Mellito. 5.24 (353.22)

fides. hinc diuina fides, inde humana praesumtio; 1.17 (35.23)
fides feruet in populo, 1.20 (38.22)

et in pectoribus omnium fides catholica inculcata firmatur. 1.21 (41.1)
ut . . . fides intemerata perduraret. 1.21 (41.8)
Cum una sit fides, sunt ecclesiarum diuersae consuetudines, 1.27 (49.18)
ut cum Christiana fides in regno uestro excreuerit, 1.32 (69.25)
Catholica etenim fides habet, 2.1 (76.2)
huius fides et operatio Deo deuota atque omnibus sequenda credatur.' 2.2 (82.2)
ne fides et sacramenta caelestis regis consortio profanarentur regis, 2.9 (97.28)
fides agnita Christi in regnum reuocauerit; 3.7 (141.15)
Cuius quanta fides in Deum, . . . uirtutum miraculis claruit 3.9 (145.13)
inuenta est in omnibus fides inuiolata catholica; 4.18 (242.16)
Neque eum sua fides fefellit. 4.32 (280.24)
Mira fides regis, clementia maxima Christi, 5.7 (293.21)
quibus pura in Deum fides, et caritas in proximum sincera est; 5.21 (342.20)
FIDISSIMVS, a, um. **fidissimi.** 'Obsecro,' inquit, 'per Dominum, ne me deseras, sed tui memor sis fidissimi sodalis, 4.29 (274.28)
fidissimo. diuertitque ipse cum uno tantum milite sibi fidissimo, nomine Tondheri, 3.14 (155.16)
fidissimus. Quod ubi fidissimus quidam amicus illius animaduertit, 2.12 (108.1)
FIDO. fidebam. (fidebam namque equo, quem mihi ipse optimum donauerat), 5.6 (289.30)
FIDVCIA. fiduciae. tantum pauentibus fiduciae contulerunt, 1.20 (38.13)
fiduciam. Qua ex re de longanimitate clementiae caelestis certam adsumentes fiduciam, 2.8 (96.13)
FIGO. figeretur. donec adgesto a militibus puluere terrae figeretur; 3.2 (129.5)
fixa. in quo et memoria deuotionis ipsius fixa per saecula maneret, 5.7 (293.3)
fixa. sollicitus orationibus ac psalmis, donec serenitas aeris rediret, fixa mente uacaret. 4.3 (210.27)
fixus. quamdiu sustinere posse uidebatur, psalmis uel precibus insistere, fixusque manere, 5.12 (310.16)
FIGVRA. figura. celebrationem, ut diximus, praecipuae sollemnitatis sub figura coronae perpetis agere perdocuit. 5.22 (347.3)
figuris. et huic adiectum alium de schematibus siue tropis libellum, hoc est de figuris modisque locutionum, 5.24 (359.28)
FIGVRO. figuratus. locus quoque capitis seorsum fabrefactus ad mensuram capitis illius aptissime figuratus apparuit. 4.19 (246.27)
FILIA. filia. uel duarum sororum filius et filia misceantur. 1.27 (50.31)
alii liberi eius de Aedilberga regina progeniti, Aedilhun et Aedilthryd filia, 2.14 (114.26)
Cuius filia Earcongotæ, ut condigna parenti suboles, magnarum fuit uirgo uirtutum, 3.8 (142.11)
inter quas erat Saethryd, filia uxoris Annae regis Orientalium Anglorum, 3.8 (142.22)
inter quas erat . . . filia naturalis eiusdem regis Aedilberg; 3.8 (142.23)
Cuius regis filia maior Sexburg, . . . habuit filiam Earcongotam, 3.8 (142.27)
Osthrydae, quae erat filia fratris eius, id est Osuiu, 3.11 (148.4)
Intrauit autem praefata regis Osuiu filia Deo dedicanda monasterium, 3.24 (179.1)
in quo memorata regis filia primo discipula uitae regularis, . . . extitit, 3.24 (179.6)
Erat autem filia Eanfridi fratris Ænheri, 4.13 (230.26)
Nam et nobilis natu erat, hoc est filia nepotis Eduini regis, 4.23 (252.25)
quia quaedam de numero uirginum, quae erat filia ipsius carnalis, grauissimo langore teneretur; 5.3 (285.13)
Anno DCXXVI, Eanfled, filia Aeduini regis, baptizata cum XII in sabbato pentecostes. 5.24 (353.29)
filia. accepta in coniugem Aedilbergae filia Aedilberci regis, 2.9 (97.23)
Cumque idem rex, . . . gratias ageret diis suis pro nata sibi filia, 2.9 (99.21)
qui ambo ei exuli nati sunt de Quoenburga filia Cearli regis Merciorum. 2.14 (114.22)
et de filia eius Ercongota et propinqua Aedilbergae, sacratis Deo uirginibus. 3.8 (142.1)
Quod nimirum somnium ueraciter in filia eius, de qua loquimur, expletum est; 4.23 (256.8)
At illa instantius obsecrans pro filia, quam oppido diligebat, 5.3 (285.31)
filia. Insiste ergo, gloriosa filia, 2.11 (105.29)
filiae. Dominae gloriosae filiae Aedilbergae reginae, Bonifatius 2.11 (104.13)
Nam et coniugi uestrae, nostrae spiritali filiae, direximus per praefatos gerulos crucem 3.29 (198.19)
filiam. Vt idem filiam tribuni caecam inluminauerit, 1.18 (36.3)
filiam x annorum caecam curandam sacerdotibus offerens, 1.18 (36.7)
Paulinus primo filiam eius cum aliis fidei Christianae sacramentis inbuerit. 2.9 (97.5)
Eadem autem nocte sacrosancta dominici paschae pepererat regina filiam regi, 2.9 (99.19)
eandem filiam suam Christo consecrandam Paulino episcopo adsignauit; 2.9 (99.29)
habens secum Eanfledam filiam, et Vuscfrean filium Æduini, 2.20 (126.1)
cuius erat filiam accepturus in coniugem, 3.7 (139.27)
Cuius regis filia maior Sexburg, uxor Earconberchti regis Cantuariorum, habuit filiam Earcongotam, 3.8 (142.28)
coniugem regi Osuio, filiam uidelicet Æduini regis Eanfledam, 3.15 (157.27)
uenitque ad regem Nordanhymbrorum Osuiu, postulans filiam eius Alchfledam 3.21 (169.28)
habens sororem ipsius coniugem, uocabulo Cyniburgam, filiam Pendan regis. 3.21 (170.10)
Vouit ergo, quia, . . . filiam suam Domino sacra uirginitate dicandam offerret, 3.24 (177.28)
Osuiu, . . . dedit filiam suam Aelffledam, . . . perpetua ei uirginitate consecandam; 3.24 (178.22)
Accepit autem rex Ecgfrid . . . Aedilthrydam, filiam Anna regis Orientalium Anglorum, 4.19 (243.4)
ac filiam fratris sui uirginem illi coniugem daret, 5.19 (324.10)
filias. sed et filias suas eisdem erudiendas, ac sponso caelesti copulandas mittebant; 3.8 (142.19)
FILIOLVS. filioli. 'Placidam ego mentem, filioli, erga omnes Dei famulos gero.' 4.24 (262.4)
FILIVS. Filii. [Patris scilicet et Filii et Spiritus Sancti,] uar. Praef. (5.1)
cognitionem unius Dei, Patris, et Filii, et Spiritus Sancti, 1.32 (68.23)
Filio. glorificantes . . . Spiritum Sanctum procedentem ex Patre et Filio inenarrabiliter, 4.17 (240.22)
Filium. Deum Patrem, et Filium, et Spiritum Sanctum, . . . humanum genus, . . . ueneratur et colit; 2.10 (101.17)
credatis in Deum Patrem omnipotentem, eiusque Filium Iesum Christum, et Spiritum Sanctum, 2.10 (102.5)
qui pro uestra redemtione Filium suum unigenitum misit, 2.10 (103.20)
credentes, . . . in Deum Patrem omnipotentem, et in Iesum Christum eius Filium, 2.10 (103.26)
confitemur secundum sanctos patres, proprie et ueraciter Patrem et Filium et Spiritum Sanctum trinitatem 4.17 (239.25)
glorificantes Deum Patrem sine initio, et Filium eius unigenitum ex Patre generatum 4.17 (240.21)
FILIVS. fili. Deus te incolumem custodiat, dilectissime fili. 1.30 (66.4)
Et ideo, gloriose fili, eam, . . . sollicita mente custodi, 1.32 (68.4)
Haec nunc, gloriose fili, paucis locutus sum, 1.32 (69.24)
Incolumem excellentiam uestram gratia superna custodiat, domine fili. 1.32 (70.3)
Et ideo, excellentissime fili, paterna uos caritate, qua conuenit, exhortamur, 2.17 (119.13)
Ecce, excellentissime fili, quam luce clarius est, 3.29 (197.21)
'Noli timere, fili, mortem, pro qua sollicitus es; 4.14 (234.8)
Gratia te Regis aeterni . . . ad nostram omnium pacem custodiat incolumem, dilectissime in Christo fili.' 5.21 (345.21)
filii. Susceptis namque apicibus filii nostri Adulualdi regis, 2.8 (96.9)
Quae enim in gloriosi filii nostri Audubaldi regis . . . clementia Redemtoris fuerit operata, 2.10 (101.27)
qui ad nos gloriosi filii nostri Audubaldi regis laudabilem conuersionem nuntiantes peruenerunt, 2.11 (104.30)
habens secum . . . et Yffi filium Osfridi filii eius, 2.20 (126.2)

Peruenit et ad ipsas principum aures, Osuiu uidelicet regis, et filii eius Alchfridi. 3.25 (182.25)
imitatus industriam filii rex Osuiu misit Cantiam uirum sanctum, 3.28 (194.26)
a quo etiam egressus de fonte, loco filii susceptus est; 4.13 (230.16)
filii. Erant autem filii Victgilsi, 1.15 (31.33)
in quibus erant Osfrid et Eadfrid filii regis Aeduini, 2.14 (114.21)
filii praefati regis Aedilfridi, . . . apud Scottos siue Pictos exulabant, 3.1 (127.12)
"Profecti igitur de Ramesse xv^a die mensis primi, altera die phase, filii Israel in manu excelsa." 5.21 (335.11)
filii. summo studio, dilectissimi filii, oportet, 1.23 (43.8)
Deus uos incolumes custodiat, dilectissimi filii. 1.23 (43.22)
filiis. sicut boni patres carnalibus filiis solent, 1.27 (50.10)
quid uel quantum de pecunia nostra filiis Dei tribuas.' 3.14 (156.34)
qui primo filiis hominum caelum pro culmine tecti, . . . creauit.' 4.24 (260.4)
e quibus unam coniugi, alteram filiis tradidit, 5.12 (304.18)
filio. filioque suo Brittanici nomen inposuit. 1.3 (15.15)
et in conspectu omnium filio incolumitas, patri filius restituitur. 1.21 (40.32)
'Dilectissimo filio Mellito abbati 1.30 (64.30)
Domino gloriosissimo atque praecellentissimo filio Aedilbercto regi 1.32 (67.24)
ut etiam regi Orientalium Anglorum, Earpualdo filio Redualdi, persuaderet, 2.15 (115.26)
Domino excellentissimo atque praecellentissimo filio Æduino regi Anglorum Honorius 2.17 (118.33)
Eadbald . . . Earconbercto filio regni gubernacula reliquit; 3.8 (142.4)
Quo tempore donauit praefato Peada filio regis Pendan, 3.24 (180.10)
Domino excellenti filio Osuio regi Saxonum Vitalianus episcopus, seruus seruorum Dei. 3.29 (196.20)
Ecgbercto filio sedem regni reliquit, 4.1 (201.10)
filio. Honorio Augusto, filio Theodosii minoris, 1.11 (24.19)
Hengist, qui cum filio suo Oisc inuitatus a Vurtigerno Brittaniam primus intrauit, 2.5 (90.21)
atque Constantino filio ipsius anno uicesimo tertio, 2.18 (122.5)
sed et Heraclio felicissimo Caesare id est filio eius anno III, 2.18 (122.7)
Venit autem Brittaniam Columba, regnante Pictis Bridio filio Meilochon, 3.4 (133.25)
inpugnatus uidelicet . . . a filio quoque suo Alchfrido, 3.14 (154.10)
inpugnatus . . . a fratuo, id est fratris sui, qui ante eum regnauit, filio Oidilualdo. 3.14 (154.12)
Middilangli, . . . sub principe Peada filio Pendan regis fidem et sacramenta ueritatis perceperunt. 3.21 (169.24)
persuasus maxime ad percipiendam fidem a filio regis Osuiu, 3.21 (170.8)
quibus Osuiu rex cum Alchfrido filio, . . . occurrit. 3.24 (178.3)
leuato in regem Vulfhere filio eiusdem Pendan adulescente, 3.24 (180.21)
Nam subito adstante episcopo, et filio regis eiusdem ac monachi Sighardo, 4.11 (227.10)
succedente in regnum Ceolredo filio Aedilredi, 5.19 (322.4)
ut, regnante Osredo filio eius, . . . in praesulatum sit suae receptus ecclesiae. 5.19 (329.30)
filiorum. petitionem, quam filiorum nostrorum regum uobis per praesentem nostram praeceptionem, 2.18 (121.19)
Loquimini ad uniuersum coetum filiorum Israel et dicite eis: 5.21 (334.18)
immolabitque eum uniuersa multitudo filiorum Israel ad uesperam." 5.21 (334.22)
de mansionibus filiorum Israel una; 5.24 (358.31)
filios. Reliquit duos filios, Bassianum et Getam; 1.5 (17.4)
ut mulieres filios, quos gignunt, nutrire contemnant, 1.27 (55.9)
quae filios suos ex praua consuetudine aliis ad nutriendum tradunt, 1.27 (55.13)
tres suos filios, qui pagani perdurauerant, regni temporalis heredes reliquit, 2.5 (91.4)
ut admoneremus lectorem operum Domini, quam terribilis in consiliis super filios hominum; 4.25 (266.7)
et regni, quod per XXXIIII semis annos tenebat, filios tres, . . . reliquit heredes. 5.23 (348.19)
filium. Hic Constantinum filium ex concubina Helena creatum imperatorem Galliarum reliquit. 1.8 (22.24)
Constantemque filium eius, . . . Gerontius comes suus apud Viennam interfecit. 1.11 (25.2)
Seueriani episcopi Pelagiani filium, 1.17 (33.26)
exhibens secum filium, 1.21 (40.14)
offerens filium, 1.21 (40.23)
Candidum praeterea presbyterum, communem filium, . . . commendamus. 1.24 (44.16)
quod benedicens filium patriarcha in personam Saulis dicebat, 1.34 (71.18)
habens secum Eanfledam filiam, et Vuscfrean filium Æduini, 2.20 (126.1)
habens secum . . . et Yffi filium Osfridi filii eius, 2.20 (126.2)
ipsum prius secunda generatione Deo dedicatum sibi accepit in filium. 3.7 (139.28)
Osuini, de stirpe regis Aeduini, hoc est filium Osrici, de quo supra rettulimus, 3.14 (154.26)
Qui defunctus die xv Kalendarum Martiarum Ecgfridum filium regni heredem reliquit; 4.5 (214.21)
filius. Arcadius filius Theodosii . . . regnum suscipiens, 1.10 (23.25)
patri filius restituitur. 1.21 (40.32)
uel duarum sororum filius et filia misceantur. 1.27 (50.31)
Neque enim patris turpitudinem filius reuelare potest. 1.27 (51.6)
'Omnis filius, qui recipitur, flagellatur'; 2.1 (77.10)
Erat autem idem Aedilberct filius Irminrici, 2.5 (90.18)
cum filius eius Eadbald regni gubernacula suscepisset, 2.5 (90.24)
in quo certamine et filius Redualdi, uocabulo Rægenheri, occisus est. 2.12 (110.20)
alii liberi eius de Aedilberga regina progeniti, Aedilhun et Aedilthryd filia, et alter filius Vuscfrea, 2.14 (114.26)
Baptizatus et Yffi filius Osfridi, 2.14 (114.28)
Erat autem praefatus rex Reduald natu nobilis, . . . filius Tytili, 2.15 (116.14)
In quo etiam bello ante illum unus filius eius Osfrid iuuenis bellicosus cecidit, 2.20 (124.26)
suscepit pro illo regnum Deirorum, . . . filius patrui eius Aelfrici, uocabulo Osric, 3.1 (127.5)
Porro regnum Berniciorum, . . . suscepit filius Aedilfridi, . . . nomine Eanfrid. 3.1 (127.9)
successit in regnum filius eius Coinualch, 3.7 (140.7)
Numquid tibi carior est ille filius equae, quam ille filius Dei?' 3.14 (156.24)
Successor autem regni eorum factus est Anna filius Eni 3.18 (163.15)
Successit autem Sigbercto in regnum Suidhelm, filius Sexbaldi, 3.22 (174.15)
quem cum Oidiluald, filius Osualdi regis, . . . uirum sanctum et sapientem, . . . uideret, 3.23 (174.27)
Nam alius filius eius Ecgfrid eo tempore in prouincia Merciorum . . . obses tenebatur; 3.24 (178.4)
filius autem Osualdi regis Oidiluald, . . . in parte erat aduersariorum, 3.24 (178.6)
Veneruntque illo reges ambo, pater scilicet et filius; 3.25 (183.19)
cui nomen Bernuini, et erat filius sororis eius, 4.16 (237.14)
uenit Cantiam ad regem Hlotheri, qui erat filius sororis Aedilthrydae reginae, 4.22 (251.24)
Successit autem Ecgfrido in regnum Aldfrid, . . . qui frater eius et filius Osuiu regis esse dicebatur; 4.26 (268.3)
quos contra eum Edric filius Ecgbercti adgregarat, 4.26 (268.11)
donec legitimus rex Victred, id est filius Ecgbercti, confortatus in regno, 4.26 (268.16)
cui succedens in imperium filius suus Osred, 5.18 (320.6)
Venit autem cum illo et filius Sigheri regis Orientalium Saxonum, 5.19 (322.5)
misit eum Cantiam ad regem Erconberctum, qui erat filius auunculi sui, 5.19 (323.23)
Victred filius Ecgberecti, rex Cantuariorum, defunctus est 5.23 (348.16)

FIMBRIA. **fimbriam.** post tergum Domini humiliter ueniens uestimenti eius fimbriam tetigit, 1.27 (55.24)
FINAN, Saint (*d.* 661), *Bishop of Lindisfarne, 652.*
Finan. Successit uero ei in episcopatum Finan, 3.17 (160.16)
Finan pro illo gradum episcopatus a Scottis ordinatus ac missus acceperat. 3.25 (181.3)
siquidem Aidan X et VII annis, Finan decem, Colman tribus episcopatum tenuere. 3.26 (189.23)
Finani. contigit . . . Cedd . . . peruenire ad ecclesiam Lindisfaronensem propter conloquium Finani episcopi. 3.22 (172.31)
qui tempore Finani et Colmani . . . continentioris uitae gratia illo secesserant. 3.27 (192.10)
Finano. Baptizatus est ergo a Finano episcopo 3.21 (170.12)
factus est Diuma . . . episcopus . . . Merciorum, ordinatus a Finano episcopo. 3.21 (171.4)
baptizatus est cum eis a Finano epsicopo in uilla regia, 3.22 (172.15)
Qui cum Finano confligens, multos quidem correxit, 3.25 (181.21)
Defuncto autem Finano, qui post illum fuit, 3.25 (182.17)
Finanum. nequaquam tamen Finanum emendare potuit; 3.25 (181.23)
FINDO. **fissus.** Lapis, qui ad ostium monumenti positus erat, nunc fissus est; 5.16 (318.18)
FINIO. **finierint.** Vt Coinred Merciorum et Offa Orientalium Saxonum rex in monachico habitu Romae uitam finierint; 5.19 (321.26)
finierit. Vulgatum est autem, . . . quod etiam inter uerba orationis uitam finierit. 3.12 (151.27)
Vt rex eiusdem prouinciae Sebbi in monachicha uitam conuersatione finierit. 4.11 (225.14)
finire. in anchoretica conuersatione uitam finire disposuit. 3.19 (168.2)
ut, . . . etiam Romam uenire, ibique ad loca sancta uitam finire disponeret, 4.5 (214.18)
finissent. Qui cum uerba finissent, 3.19 (166.17)
finitis. Cumque finitis lacrimis, precibus, et uotis domum rediret, 3.27 (193.16)
finito. Finitoque conflictu, ac soluta contione, Agilberctus domum rediit. 3.26 (189.10)
finitoque conflictu in oceanum refusi, unde uenerant, redeunt. 4.16 (238.22)
finiuit. ibidem in pace uitam finiuit. 2.15 (117.3)
ibique in optima uitam conuersatione finiuit. 4.6 (218.12)
ac Romam abiens, ibi uitam finiuit, 4.12 (228.5)
ibidem in pace uitam finiuit, 4.12 (228.17)
modicumque obdormiens ita cum silentio uitam finiuit. 4.24 (262.12)
FINIS. **fine.** et regnum sine fine . . . promitteret. 1.25 (45.16)
quod nullo umquam poterit fine terminari. 1.32 (69.13)
quia idcirco haec signa de fine saeculi praemittuntur, 1.32 (69.21)
Nam mercedem operum iam sine fine tenes. 2.1 (79.24)
unde et pulchro uitam suam fine conclusit. 4.24 (261.15)
et siue per amicos angelos in fine nobis ostendenda, siue per hostes. 5.13 (313.13)
immo ad ipsum celebrare sine fine non desinit. 5.22 (347.32)
finem. et in quo finem laetitiae non habent. 1.31 (67.5)
sanctus pater Augustinus hunc laboriosi ac longi certaminis finem fecit, 2.2 (81.28)
ibi rerum finem exspectare disponentes. 2.5 (92.3)
'Qui perseuerauerit usque in finem, hic saluus erit.' 2.8 (96.5)
sex annis continuis, id est ad finem usque imperii regis illius, 2.14 (114.17)
Sed illo postmodum patriam reuerso, ipse peregrinus pro Domino usque ad finem uitae permansit. 4.3 (211.22)
qui se nobiscum usque in finem saeculi manere pollicetur. 4.19 (243.22)
anno, quo finem uitae accepit rex Ecgfrid, 4.27 (268.21)
ut, quid de his scribi debeat, quemue habitura sint finem singula, necdum sciri ualeat. 5.23 (349.26)
Quae res quem sit habitura finem, posterior aetas uidebit. 5.23 (351.23)
fines. extra fines omnes Brittaniae Hiberniam peruenisse, 1.1 (11.26)
ita in meridiem se trans illius fines plurimum protendens, 1.1 (11.32)
quia ipsos quoque hostes ad incursandos fines . . . permitteret; 1.6 (17.18)
ut, . . . ibi praesidio ualli fines suos ab hostium inruptione defenderent. 1.12 (26.20)
usque Humbrae fluminis maximi, . . . fines imperii tetenderat. 1.25 (45.3)
gentes, quae septentrionales Brittaniae fines tenent, 2.5 (90.2)
'per omnem terram exisse sonum eorum, et in fines orbis terrae uerba ipsorum,' 2.8 (96.19)
omnes Brittaniae fines, . . . sub dicione acciperet. 2.9 (97.13)
Nec solum inclyti fama uiri Brittaniae fines lustrauit uniuersos, 3.13 (152.7)
et eiectis principibus regis non proprii, fines suos fortiter simul et libertatem receperunt; 3.24 (180.23)
ut omnes Brittaniae fines illius gratia splendoris inpleret. 4.23 (256.7)
destructumque regni statum, quamuis intra fines angustiores, nobiliter recuperauit. 4.26 (268.5)
finibus. ceteros sociorum finibus expulit; 1.12 (26.10)
barbaros suis e finibus pepulerint; 1.14 (29.12)
ab Anglorum finibus expulerit. 1.34 (71.8)
sextus Osuald et ipse Nordanhymbrorum rex Christianissimus hisdem finibus regnum tenuit; 2.5 (89.27)
eumque . . . occidit in finibus gentis Merciorum ad orientalem plagam amnis, qui uocatur Idlæ; 2.12 (110.18)
ne paucitatem suam in extremis terrae finibus constitutam, sapientiorem . . . aestimarent; 2.19 (122.16)
ac totum genus Anglorum Brittaniae finibus erasurum se esse deliberans. 2.20 (125.15)
ad cuius sacratissimum corpus a finibus terrae pio ductus amore uenerat, 5.7 (292.30)
Scotti, . . . suis contenti finibus nil contra gentem Anglorum insidiarum moliuntur 5.23 (351.9)
finis. utpote incertus, quid agerem, quo uerterem gressum, qui me finis maneret; 5.12 (306.7)
FINITIMVS, a, um. **finitimarum.** Nam et suam gentem . . . liberauit, et ipsam gentem Merciorum finitimarumque prouinciarum, . . . conuertit. 3.24 (179.17)
finitimis. si eadem ciuitas cum finitimis locis uerbum Dei receperit, 1.29 (63.32)
FIO, FIERI, *see* **FACIO.**
FIRMISSIMVS, a, um. **firmissima.** Trinouantum firmissima ciuitas . . . Caesari sese dedit. 1.2 (14.23)
firmissimis. quae et ipsa muris turribus, portis, ac seris erant instructa firmissimis. 1.1 (10.29)
firmissimum. Seuerus magnam fossam firmissimumque uallum, . . . a mari ad mare duxit. 1.5 (17.2)
FIRMITER. et nil certi firmiter obtinenti 1.8 (22.20)
FIRMO. **firmabat.** pariterque catholicae fidei decreta firmabat uir uenerabilis Iohannes archicantator 4.18 (240.30)
firmarentur. ita ut passim et fideles catholici firmarentur, 1.17 (35.8)
firmari. quia mea apud te uolueris responsione firmari. 1.27 (54.6)
firmatam. accepit ab eo, . . . epistulam priuilegii ex auctoritate apostolica firmatam; 4.18 (241.14)
firmatum. unanimo omnium consensu firmatum est, ut nomen et memoria apostatarum de catalogo regum Christianorum prorsus aboleri deberet, 3.9 (145.4)
firmatur. et in pectoribus omnium fides catholica inculcata firmatur. 1.21 (41.2)
firmauerant. quae uera esse miraculorum quoque multorum ostensione firmauerant, 1.26 (47.21)
FIRMVS, a, um. **firma.** quod firma fortium manus multum laborando nequiuerat. 2.7 (94.26)
firmis. eumque consistere firmis uestigiis imperabat. 1.19 (38.2)
firmo. firmo de lapide conlocarunt; 1.12 (27.20)
firmo. si firmo corde credideris, 3.13 (153.25)
FLABRA. **flabris.** ad eum habitaculum, . . . flabris stimulantibus ferebatur. 1.19 (37.14)

FLAGELLO. flagellatur. 'Omnis filius, qui recipitur, flagellatur'; 2.1 (77.11)
FLAGELLVM. flagella. Nec supernae flagella districtionis perfido regi castigando et corrigendo defuere; 2.5 (90.33)
flagello. ad ministerium, quod sollicitus exhibere solebat, quasi flagello probante castigatior, rediit. 4.31 (279.12)
flagellis. flagellis artioribus afficiens sciscitabatur apostolica districtione, 2.6 (92.21)
His beati Petri flagellis simul ex exhortationibus animatus . . . Laurentius . . . uenit ad regem, 2.6 (92.30)
flagillo. ad ministerium, . . . quasi flagello [flagillo] probante castigatior, rediit. uar. 4.31 (279.12)
FLAGITIVM. flagitiis. simul et maioribus flagitiis submerserint. 1.22 (41.20)
flagitiorum. Studens autem uir Domini acceptum monasterii locum . . . a pristina flagitiorum sorde purgare, 3.23 (175.22)
FLAGITO. flagitabant. lacrimosis precibus auxilia flagitabant, 1.12 (26.6)
flagitans. quaestionibus eius consulta flagitans. 1.27 (48.11)
flagitantes. Brettones ab Aetio consule auxilium flagitantes non inpetrauerint. 1.13 (28.15)
FLAGRANTIA. flagrantia. quod dum fieret, tantae flagrantia suauitatis ab imis ebulliuit, 3.8 (144.1)
quanta saepe flagrantia mirandi apparuerit odoris, 4.10 (224.17)
sed et odoris flagrantia miri tanta de loco effundebatur, 5.12 (307.32)
flagrantia. Et ecce ibi campus erat . . . tantaque flagrantia uernantium flosculorum plenus, 5.12 (307.16)
FLAGRO. flagrant. quantum eius pia opera coram Deo flagrant et uernant. 3.29 (198.24)
FLAMEN. flaminis. missa peracta, ualidi flaminis procella desursum uenire consueuit, 5.17 (319.11)
FLAMMA. flamma. expauescens flamma transiliuit, 1.19 (37.22)
atque ad episcopium furens se flamma dilataret, 2.7 (94.19)
Sed ne tunc quidem eandem tangere flamma destinam ualebat; 3.17 (160.31)
flamma. cum cuncta, quae poterat, ferro flammaque perderet, 3.17 (160.21)
flammae. Tunc uidit unum de tribus angelis, . . . praecedentem ignes flammae diuidere, 3.19 (166.7)
diuisit quidem angelus, sicut prius, ignem flammae. 3.19 (166.22)
matutinis horis oriebatur, excelsam radiantis flammae quasi columnam praeferens. 4.12 (228.31)
flammam. atque in inmensam adunati sunt flammam. 3.19 (165.31)
flammarum. loci, ubi flammarum impetus maxime incumbebat, 2.7 (94.23)
flammarum incendia retorserunt, 3.16 (159.20)
resiliebant rursus urendae in medium flammarum inextinguibilium. 5.12 (305.10)
Et cum progrederemur . . . ecce subito apparent ante nos crebri flammarum tetrarum globi, 5.12 (305.27)
cerno omnia, quae ascendebant, fastigia flammarum plena esse spiritibus hominum, 5.12 (305.34)
flammas. Vt Mellitus episcopus flammas ardentis suae ciuitatis orando restinxerit. 2.7 (93.26)
Sed uir Dei ubi ad patefactam usque inter flammas ianuam peruenit, 3.19 (166.23)
flammis. merito uentis flammisque mundialibus praeualere, 2.7 (95.1)
quia uideret . . . Caiphanque cum ceteris, . . . iuxta eum flammis ultricibus contraditum: 5.14 (314.17)
flammis. praesules cum populis . . . ferro pariter et flammis absumebantur; 1.15 (32.27)
ciuitas Doruuernensis . . . coepit flammis consumi; 2.7 (94.16)
flammis pariter sopitis atque exstinctis, 2.7 (94.30)
contigit uolantibus in altum scintillis culmen domus, . . . subitaneis flammis impleri. 3.10 (147.17)
Consumpta ergo domu flammis, 3.10 (147.20)
eamque, . . . flammis absumere conatus est; 3.16 (159.3)
Vt apposta ecclesiae, . . . flammis absumi nequiuerit; 3.17 (159.24)
uicus . . . una cum ecclesia memorata flammis absumeretur. 3.17 (160.23)
monasterium uirginum, . . . per culpam incuriae flammis absumtum est. 4.25 (262.25)
Vnde merito loco huic et habitatoribus eius grauis de caelo uindicta flammis saeuientibus praeparata est.' 4.25 (265.22)
unum latus flammis feruentibus nimium terribile, 5.12 (305.1)
"Vallis illa, quam aspexisti flammis feruentibus et frigoribus horrenda rigidis, 5.12 (308.10)
FLAMMIVOMVS, a, um. **flammifomus.** puteus ille flammiuomus [flammifomus] ac putidus, . . . ipsum est os gehennae, uar. 5.12 (308.21)
flammiuoma. Interea ascenderunt quidam spirituum obscurorum de abysso illa flammiuoma, 5.12 (306.23)
flammiuomus. Porro puteus ille flammiuomus ac putidus, quem uidisti, ipsum est os gehennae, 5.12 (308.21)
FLAMMO. flammantibus. atque oculis flammantibus, et de ore ac naribus ignem putidum efflantes angebant; 5.12 (306.24)
flammantis. et inter globos flammantis incendii incolume tabernaculum, 1.19 (37.23)
FLATVS. flatibus. secundis flatibus nauis tuta uolabat. 1.17 (34.11)
flatu. circumagente flatu uentorum, 1.1 (11.25)
flatus. si . . . repente flatus uenti maior adsurgeret, 4.3 (210.19)
FLEBILIS, e. **flebili.** flebili uoce auxilium inplorantes, 1.12 (27.2)
quae historicus eorum Gildus flebili sermone describit, 1.22 (42.3)
et inter egra tremens suspiria, flebili uoce talia mecum querebatur: 3.13 (153.1)
FLEBOTOMIA. flebotomia. quia periculosa sit satis illius temporis flebotomia, quando et lumen lunae, et reuma oceani in cremento est. 5.3 (285.28)
FLEBOTOMO. flebotamata. quando flebotomata [flebotamata] esset puella, uar. 5.3 (285.23)
flebotomando. 'Multum insipienter et indocte fecistis in luna IIII[a] flebotomando. 5.3 (285.26)
flebotomata. quia flebotomata est nuper in brachio, 5.3 (285.14)
Interrogans autem ille, quando flebotomata esset puella, 5.3 (285.23)
FLECTO. flectamus. 'Flectamus omnes genua, 3.2 (129.6)
flectebat. flectebat genua sua ad patrem Domini nostri Iesu Christi pro nostra uita et salute precaturus. 5.1 (282.11)
flectere. ubi intrantes genu flectere, ac misericordiae caelesti supplicare deberent. 3.17 (161.4)
flecteret. ita ut . . . genua flecteret in terram, Deo gratias agens, 5.21 (345.27)
flectit. Augustinus, . . . flectit genua sua ad Patrem Domini nostri Iesu Christi, 2.2 (82.7)
flexa. adcurrebant, et flexa ceruice uel manu signari, uel ore illius se benedici gaudebant; 3.26 (191.9)
flexis. ac flexis genibus Deum deprecatus est, 3.2 (128.28)
et, cum ibidem diutius flexis genibus oraret, nihilo tardius meruit exaudiri. 4.10 (225.5)
ibique genibus flexis supplex supernam pietatem rogaret, 4.31 (278.21)
uidens eum melius habentem, ac loqui iam ualentem, flexis genibus gratias egit Deo 5.19 (329.1)
flexo. et flexa [flexo] ceruice uel manu signari, uar. 3.26 (191.9)
FLEO. flendo. sicut ipse postea flendo solebat adtestari, 2.1 (74.6)
flentes. omnes, qui corpori flentes adsederant, timore inmenso perculsos in fugam conuertit; 5.12 (304.6)
flentium. uidit circa se choros psallentium simul et flentium fratrum; 5.19 (328.30)
FLETVS. fletu. fletuque ac lacrimis multum perfusa, . . . nuntiauit matrem . . . migrasse de saeculo, 4.23 (257.22)
fletum. factumque est, ut cum longius subeuntibus eis, fletum hominum . . . discernere nequirem, 5.12 (306.20)
fletus. audio subitum post terga sonitum inmanissimi fletus ac miserrimi, 5.12 (306.9)
fletus. qua correcti per ieiunia, fletus, et preces iram a se, instar Nineuitarum, iusti Iudicis auerterent. 4.25 (262.30)
FLEXIBILIS, e. **flexibilibus.** inuenerunt corpus . . . integrum et flexibilibus artuum conpagibus multo dormienti quam mortuo similius; 4.30 (276.20)
flexilibus. inuenerunt corpus . . . integrum et flexibilibus [flexilibus] artuum conpagibus uar. 4.30 (276.20)
FLEXIO. flexionis. ut nihil prorsus in cubito flexionis haberet; 5.3 (286.5)
FLO. flans. uentus, qui a meridie flans urbi incendia sparserat, 2.7 (94.28)

flante. ubi nauem conscendit, flante Fauonio pulsus est Fresiam, ... 5.19 (326.11)
FLOREO. florentis. sicut etiam lux illa campi florentis eximia, . . . tenuissima prorsus uidebatur, . . 5.12 (308.1)
floruit. Tota sacrata polo celsis ubi floruit actis, ... 4.20 (248.17)
FLORIDVS, a, um. **florida.** Neque enim brucosa, sed herbosa et florida soli illius est qualitas; . . . 5.17 (318.29)
floridae. tota floridae iuuentutis alacritate spoliata, ... 1.12 (25.19)
floridus. Mamre collis . . . herbosus ualde et floridus, campestrem habens in uertice planitiem; . . 5.17 (319.24)
FLORIFER, era, erum. **florifer.** Locus uero iste florifer, . . . ipse est, in quo recipiuntur animae . . . 5.12 (308.24)
FLOS. flore. quem in ipso flore adulescentiae debilitas dolenda damnauerat. 1.21 (40.14)
flores. Virgineos flores huius honor genuit. 4.20 (247.24)
floribus. uariis herbarum floribus depictus, ... 1.7 (20.29)
FLOSCVLVS. flosculorum. Et ecce ibi campus erat . . . tantaque flagrantia uernantium flosculorum plenus, ... 5.12 (307.17)
FLVCTVO. fluctuaret. cum incessabili causarum saecularium inpulsu fluctuaret, ... 2.1 (75.10)
FLVCTVS. fluctibus. pariter omnes aut ruina perituri, aut fluctibus obsorbendi deciderent. 4.13 (231.17)
fluctibus. et iam nauigium superfusis fluctibus mergebatur. 1.17 (34.20)
Romanus . . . legatarius missus absortus fuerat fluctibus Italici maris; 2.20 (126.15)
Cumque uerrentibus undique et inplere incipientibus nauem fluctibus, . . . uiderent, ... 3.15 (158.15)
in remotiore ab ecclesia loco refluis undique pelagi fluctibus cincto, solitarius manebat. 4.30 (276.26)
fluctus. fluctus saeuientes obprimit, ... 1.17 (34.24)
FLVMEN. flumen. plures etiam timore praecipites flumen, . . . deuorauit. 1.20 (39.15)
flumen. Inde ad flumen Tamensim profectus. 1.2 (14.12)
peruenit ad flumen, quod muro et harena, . . . diuidebatur; 1.7 (20.4)
congregata synodo . . . iuxta fluuium [flumen] Alne, ... uar. 4.28 (272.15)
flumina. scientiae salutaris cotidie flumina inrigandis eorum cordibus emanabant; 4.2 (204.26)
Namque mare et flumina eorum piscibus abundabant; 4.13 (231.27)
flumine. qui Hreno tantum flumine dirimebantur, ... 1.2 (13.24)
fluminis. ripamque fluminis . . . acutissimis sudibus praestruxerat; 1.2 (14.14)
inmobiliter erant in profundum fluminis infixae. 1.2 (14.20)
et ita fluminis ipsius occupabat pontem, ... 1.7 (20.10)
id est illarum gentium, quae ad Boream Humbri fluminis inhabitant, ... 1.15 (31.28)
qui ad confinium usque Humbrae fluminis maximi, . . . tetenderat. 1.25 (45.1)
Lundonia ciuitas . . . super ripam praefati fluminis posita, ... 2.3 (85.10)
Aedilbercti, qui omnibus, . . . usque ad terminum Humbrae fluminis Anglorum gentibus imperabat. 2.3 (85.16)
quae ad Borealem Humbrae fluminis plagam inhabitat, ... 2.5 (89.21)
natio Anglorum, quae ad Aquilonalem Humbre fluminis plagam habitabat, ... 2.9 (97.8)
Lindissi, quae est prima ad meridianam Humbre fluminis ripam, ... 2.16 (117.8)
bini aestus oceani, . . . sibimet inuicem cotidie conpugnantes occurrunt ultra ostium fluminis Homelea, 4.16 (238.20)
Cum enim idem Benedictus construxisset monasterium . . . iuxta ostium fluminis Viuri, ... 4.18 (241.7)
accepit locum unius familiae ad septentrionalem plagam Viuri fluminis, ... 4.23 (253.15)
monasterium Mailros, quod in ripa Tuidi fluminis positum tunc abbas Eata, . . . regebat, . . . 4.27 (269.2)
nunc monasterio, quod est iuxta ostium Tini fluminis, abbatis iure praeest. 5.6 (289.9)
in monasterio, quod iuxta ostium aquilonale fluminis Genladae positum, Racuulfe nuncupatur; . . 5.8 (295.20)
ad monasterium Mailros, quod Tuidi fluminis circumflexu maxima ex parte clauditur, peruenit; . 5.12 (304.20)
Et quia locus ipse super ripam fluminis erat situs, ... 5.12 (310.12)
ascendente aqua fluminis usque ad lumbos, ... 5.12 (310.16)
prouinciae ceteraeque australes ad confinium usque Humbrae fluminis cum suis quaeque regibus . . . Aedilbaldo subiectae sunt. 5.23 (350.25)
FLVO. fluenta. in quo ille, . . . uel amnium fluenta transire, . . . posset. 3.14 (156.9)
fluenti. qui in eodem loco usque hodie copiosa fluenti sui dona profundat. 5.10 (301.16)
fluere. Ex quo tempore spes coepit et uirtus regni Anglorum 'fluere ac retro sublapsa referri.' . . . 4.26 (267.11)
fluit. Ex quo uiuificus fulgor ubique fluit. 5.7 (293.14)
FLVVIVS. fluuii. de quo Deruuentionis fluuii primordia erumpunt, ... 4.29 (274.14)
contigit, ut haec contra impetum fluuii decurrentis, . . . transferrentur. 5.10 (300.30)
fluuiis. fluuiis quoque multum piscosis ac fontibus praeclara copiosis, ... 1.1 (10.3)
fluuio. aquam, quam in fluuio non reliquerat, ... 1.7 (21.6)
prouinciae Orientalium Saxonum, qui Tamense fluuio dirimuntur a Cantia, ... 2.3 (85.8)
prouinciis, quae Humbrae fluuio et contiguis ei terminis sequestrantur a borealibus, ... 2.5 (89.11)
atque instructam in fluuio Gleni, qui proximus erat, lauacro remissionis abluere. 2.14 (115.6)
sed et in prouincia Deirorum, ubi saepius manere cum rege solebat, baptizabat in fluuio Sualua, . 2.14 (115.12)
et multam populi turbam in fluuio Treenta, ... 2.16 (117.24)
Australium Merciorum, . . . discreti fluuio Treanta, ab Aquilonaribus Merciis, ... 3.24 (180.13)
quo haberet locum standi siue inmergendi in fluuio, ... 5.12 (310.23)
fluuios. et ex eis fluuios balnearum calidarum 1.1 (10.16)
fluuium. est enim iuxta fluuium nominis illius. 1.12 (26.2)
Et quia prope fluuium Vinuaed pugnatum est, ... 3.24 (178.17)
sibi quidem in regione Sudergeona, iuxta fluuium Tamensem, in loco, qui uocatur Cerotaesei, . . 4.6 (218.30)
conserto graui proelio inter ipsum et Aedilredum regem Merciorum iuxta fluuium Treanta, . . . 4.21 (249.5)
congregata synodo . . . iuxta fluuium Alne, in loco, qui dicitur Adtuifyrdi, ... 4.28 (272.15)
ut, . . . mox synodo facta iuxta fluuium Nidd, . . . in praesulatum sit suae receptus ecclesiae. . . 5.19 (329.31)
fluuius. Qui uidelicet fluuius, . . . reuersus est ad naturam. 1.7 (21.7)
quam a continenti terra secernit fluuius Vantsumu, ... 1.25 (45.7)
FLVXVS. fluxu. Si ergo in fluxu sanguinis posita 1.27 (55.25)
fluxum. mulier, quae fluxum patiebatur sanguinis, ... 1.27 (55.23)
fluxus. Feminae itaque et menstruus sui sanguinis fluxus egritudo est. 1.27 (56.4)
FOCAS, *Phocas, Emperor of the East, 602–610.*
Focate. qui inpetrauit a Focate principe donari ecclesiae Christi templum Romae, ... 2.4 (88.28)
Focatis. porro anno Focatis, qui tum Romani regni apicem tenebat, primo. 1.34 (72.2)
Rexit autem ecclesiam temporibus imperatorum Mauricii et Focatis. 2.1 (79.2)
Secundo autem eiusdem Focatis anno transiens ex hac uita, ... 2.1 (79.2)
et ipse Mellitus inter eos adsedit annos VIII imperii Focatis principis, ... 2.4 (88.18)
FOCVS. foco. accenso quidem foco in medio, et calido effecto caenaculo, ... 2.13 (112.9)
focum. Porro rex, . . . coepit consistens ad focum calefieri cum ministris; 3.14 (156.27)
FOEDVS. foedera. Cuius foedera pacis multo exinde tempore inter eosdem reges eorumque regna durarunt. 4.21 (249.16)
foedere. iuncto cum his foedere, ... 1.15 (30.25)
Tum subito inito ad tempus foedere cum Pictis, ... 1.15 (32.8)
se cuncta insulae loca rupto foedere uastaturos. 1.15 (32.13)
ut perinde intemerato societatis foedere iura teneas maritalis consortii. 2.11 (105.19)
Erat enim presbyter . . . iamdudum uiro Dei spiritalis amicitiae foedere copulatus; 4.29 (274.12)
foederibus. Ibi saepe a barbaris incertis foederibus inlusus, ... 1.11 (24.29)
foedus. urbes aliae conplures in foedus Romanorum uenerunt. 1.2 (14.26)

Et post pusillum: 'Dedi te in foedus populi, . . . 3.29 (197.14)
'Ego Dominus . . . adprehendi manum tuam, et seruaui, et dedi te in foedus populi, . . . 3.29 (197.19)
Pictorum quoque natio tempore hoc et foedus pacis cum gente habet Anglorum, . . . 5.23 (351.5)
FOENVM, *see* **FAENVM.**
FOLIVM. folia. rasa folia codicum, qui de Hibernia fuerant, . . . 1.1 (13.2)
FOMENTVM. fomentis. curabant medici hunc adpositis pigmentorum fomentis emollire, nec ualebant. 4.32 (279.28)
FONS. fons. ante pedes eius fons perennis exortus est, . . . 1.7 (21.3)
Fertur autem, quia in loco, quo occisi sunt, fons ebullierit, . . . 5.10 (301.15)
fonte. etsi fonte baptismatis non est ablutus, . . . 1.7 (21.17)
Quibus ille respondebat: 'Si uultis ablui fonte illo salutari, . . . 2.5 (91.15)
ut, . . . omnes pariter in fonte uitae Christo consecrarentur. . . . 2.13 (111.14)
cum rex ipse cathecizatus, fonte baptismi cum sua gente ablueretur, . . . 3.7 (139.22)
multique cotidie, . . . fidei sunt fonte abluti. . . . 3.21 (170 26)
doctores daret, qui gentem suam ad fidem Christi conuerterent, ac fonte salutari abluerent. . . . 3.22 (172.23)
suscepitque eum ascendentem de fonte sancto Aediluald rex . . . 3.22 (174.18)
et mox fonte lauacri salutaris ablutus, etiam postmodum ad ordinem presbyterii promotus est, . . . 3.23 (177.2)
a quo etiam egressus de fonte, loco filii susceptus est; . . . 4.13 (230.16)
episcopus, . . . primos prouinciae duces ac milites sacrosancto fonte abluebat; . . . 4.13 (230.21)
et ipse instructos eos, . . . ac fonte Saluatoris ablutos, de ingressu regni aeterni certos reddidit. . . . 4.16 (238.4)
quia salutari fonte in remissionem peccatorum essem ablutus; . . . 5.6 (291.12)
ut ad limina beatorum apostolorum fonte baptismatis ablueretur, . . . 5.7 (292.17)
Cuius fonte meras sumeret almus aquas, . . . 5.7 (293.12)
ut ipse pater Fonte renascentis, quem Christi gratia purgans Protinus albatum uexit in arce poli. . 5.7 (293.19)
a peccatorum suorum sordibus fonte Saluatoris abluit; . . . 5.19 (326.15)
fontem. At illi: 'Nolumus,' inquiunt, 'fontem illum intrare, . . . 2.5 (91.20)
Vt idem in uita anchoretica et fontem de arente terra orando produxerit, . . . 4.28 (271.3)
dones etiam benignus aliquando ad te fontem omnis sapientiae peruenire, . . . 5.24 (360.5)
fontes. Habet fontes salinarum, . . . 1.1 (10.15)
habet et fontes calidos, . . . 1.1 (10.16)
ut plerisque in locis, ubi fontes lucidos . . . conspexit, . . . aereos caucos suspendi iuberet, . . . 2.16 (118.9)
fontibus. ac fontibus praeclara copiosis, . . . 1.1 (10.4)
FONTANA. fontanae. cui nulla omnino spes uenae fontanae uideretur inesse. . . . 4.28 (271.25)
FORAMEN. foramen. Est autem locus . . . in modum domunculi facta coopertus, habente foramen in pariete, . . . 4.3 (212.17)
foramina. et cum magno utique miraculo ipsa eius foramina ingrediens, . . . perederet, . . . 3.17 (160.32)
FORAS. et unde foras in honorem tollitur, . . . 1.31 (66.21)
et positum corpus eius foras iuxta ecclesiam beatorum apostolorum Petri et Pauli, . . . 2.3 (86.2)
et euocatum foras, quid erga eum agere rex promisisset, edocuit, . . . 2.12 (108.3)
fugerunt foras nil ardenti domui et iamiamque periturae prodesse ualentes. . . . 3.10 (147.18)
certe dispectui habita foras proicerentur, et pedibus conculcata in terram uerterentur. . . . 3.22 (171.30)
adueniens quidam clamauit me foras, . . . 5.3 (286.9)
dolor tamen omnis . . . uelut ipso episcopo foras eum exportante, funditus ablatus est, . . . 5.3 (286.20)
ita ut tribus septimanis non posset de cubiculo, in quo iacebat, foras efferri. . . . 5.4 (287.5)
FORCEPS. forcipibus. forcipibus quoque igneis, quos tenebant in manibus, minitabantur me conprehendere, . . . 5.12 (306.26)
dispersi sunt et aufugerunt omnes, qui me forcipibus rapere quaerebant spiritus infesti. . . . 5.12 (307.2)
FORDHERI (*d.* 626), *a Northumbrian thegn, killed by Eumer in his attack upon King Edwin.*
Fordheri. alium de militibus, cui nomen erat Fordheri, sica nefanda peremit. . . . 2.9 (99.17)
FORE, *see* **SVM.**
FORINSECVS. et haec eadem destina in munimentum est parietis, . . . forinsecus adposita. . . . 3.17 (160.28)
FORINSECVS, a, um. **forinsecae.** 'Ne me aestimes tuae mestitiae et insomniorum, et forinsecae et solitariae sessionis causam nescire; . . . 2.12 (108.30)
FORIS. Abeunte igitur amico, remansit Aeduini solus foris, . . . 2.12 (108.16)
quid ad eum pertineret, utrum ipse intus an foris noctem transigeret. . . . 2.12 (108.28)
furentibus autem foris per omnia turbinibus hiemalium pluuiarum uel niuium, . . . 2.13 (112.10)
ut ipsa nocte reliquiae adlatae foris permanerent, . . . 3.11 (148.17)
Qui primo quidem foris sepultus est; . . . 3.23 (176.14)
ipse foris, quae opus esse uidebantur, operabatur. . . . 4.3 (208.16)
Qui cum die quadam tale aliquid foris ageret, . . . 4.3 (208.17)
et sonitum manu faciens, ut saepius consueuerat, siqui foris esset, ad se intrare praecepit. . . . 4.3 (209.3)
multisque domique forisque Iactatus nimium per tempora longa pericli, . . . 5.19 (330.24)
Ecce uterque uir Dei diuersum ab altero uultus habitum foris praemonstrabat, . . . 5.21 (342.16)
FORIS. fores. quod ciuitates, farus [fores], pontes, . . . testantur; . . . uar. 1.11 (25.11)
fores. me adueniente ad fores regni caelorum, . . . 3.25 (189.2)
FORMA. forma. Institutio uel forma castitatis hostibus nuntiatur, . . . 1.20 (38.24)
Quarum uidelicet litterarum ista est forma: . . . 1.23 (43.4)
cuius haec forma est: . . . 1.28 (62.9)
cuius auctoritatis ista est forma: . . . 2.8 (95.15)
exhortatorias ad fidem litteras . . . accepit, quarum ista est forma: . . . 2.10 (100.20)
forma. capillorum quoque forma egregia. . . . 2.1 (80.2)
neque . . . una atque indissimili totum per orbem tonsurae sibi forma congruit. . . . 5.21 (342.7)
formam. et bene uiuendi formam percipiant, . . . 1.29 (64.17)
formam quoque coronae, quam ipse in passione spineam portauit in capite, . . . 5.21 (343.15)
siue etiam ad formam sensus et interpretationis eorum superadicere curaui: . . . 5.24 (357.23)
FORMIDO. formidamus. cum animos proximorum etiam in superuacuis rebus offendere non formidamus; 3.19 (165.27)
formidantes. ne forte nos . . . minusque Dei iudicium formidantes, repentina eius ira corripiat, . . . 4.25 (266.9)
formidas. scio . . . quae uentura tibi in proximo mala formidas. . . . 2.12 (108.33)
FORMIDO. formidine. hos pro diuina formidine sacerdotum ora simplicibus uerbis ligant, . . . 2.1 (78.15)
FORMO. formarentur. uel in uasa quaelibet humani usus formarentur, . . . 3.22 (171.29)
FORMOSVS, a, um. **formosum.** murum hactenus famosum [formosum] atque conspicuum, . . . uar. 1.12 (27.21)
FORNAX. fornacis. ut omnem mox fetorem tenebrosi fornacis, . . . effugaret admirandi huius suauitas odoris. . . . 5.12 (307.18)
FORNICATIO. fornicatione. sed et fornicatione pollutus est tali, qualem nec inter gentes auditam apostolus testatur, . . . 2.5 (90.28)
Non enim de adulterio uel fornicatione, . . . natus fuerat, . . . 1.27 (57.33)
fornicationis. nullus coniugem propriam, nisi, . . . fornicationis causa, relinquat. . . . 4.5 (217.3)
FORTASSE. cum fortasse aut festus dies exigit, . . . 1.27 (60.13)
siquas fortasse fraternitati uestrae sacerdotum uel aliorum culpas intulerit, . . . 1.28 (62.20)
cogitare coepi, quod hic fortasse esset infernus, . . . 5.12 (305.14)
cogitare coepi, quod hoc fortasse esset regnum caelorum, . . . 5.12 (307.25)

FORTE. 1.16 (33.12); 1.27 (53.4); 2.9 (98.27); 3.2 (130.13); 3.5 (136.1); 3.5 (136.13); 3.13 (153.14); 3.13 (153.22); 3.14 (156.16); 3.25 (182.22); 3.25 (189.1); 3.26 (190.32); 3.26 (191.15); 4.1 (202.21); 4.3 (207.25); 4.3 (210.18); 4.14 (234.1); 4.16 (237.8); 4.22 (250.20); 4.22 (250.28); 4.25 (265.26); 4.25 (266.8); 4.28 (272.4); 4.30 (276.25); 5.1 (282.1); 5.9 (296.21); 5.9 (297.22); 5.10 (299.18); 5.11 (302.10); 5.12 (306.31); 5.21 (336.14).

FORTHERI (*fl.* 739), *Bishop of Sherborne after Aldhelm.*
Fortheri. Quo defuncto, pontificatum pro eo suscepit Fortheri, qui usque hodie superest; 5.18 (321.12)
prouinciae Occidentalium Saxonum Danihel et Fortheri episcopi; 5.23 (350.14)

FORTIOR, ius. **fortior.** At si procella fortior aut nimbus perurgeret, 4.3 (210.24)
fortiora. si ea, quae nunc nobis noua praedicantur, meliora esse et fortiora, . . . perspexeris, 2.13 (111.32)
fortiorem. armatorum ferens manum fortiorem, 1.15 (31.8)
fortiores. eis possent esse fortiores. 1.12 (27.15)
fortioribus. Aduenerant autem de tribus Germaniae populis fortioribus, 1.15 (31.14)

FORTIS, e. **forti.** uenit contra eum cum inmenso ac forti exercitu; 1.34 (71.23)
fortia. quo mox condito dant fortia segni populo monita, 1.12 (27.25)
fortium. quod firma fortium manus multum laborando nequiuerat. 2.7 (94.26)

FORTISSIME. fortissime quidem rempuplicam, sed laboriosissime rexit. 1.5 (16 17)
quibus sibi per VII annos fortissime uindicatis ac retentis, 1.6 (17.21)

FORTISSIMVS, a, um. **fortissimis.** supra quam sudes de lignis fortissimis praefiguntur. 1.5 (17.1)
fortissimo. Venit autem illuc duce Basso milite regis Æduini fortissimo, 2.20 (125.32)
fortissimos. dum et fortissimos Christianosque habentes reges cunctis barbaris nationibus essent terrori, 4.2 (205.5)
fortissimus. Decollatus itaque martyr fortissimus 1.7 (21.10)
Nordanhymbrorum praefuit rex fortissimus et gloriae cupidissimus Aedilfrid, 1.34 (71.10)
rex Anglorum fortissimus Aedilfrid . . . maximam gentis perfidae stragem dedit. 2.2 (84.1)

FORTITER. ita in his fortiter insequenda, 1.27 (52.1)
Et quia uir Dei igne diuinae caritatis fortiter ardebat, 2.7 (94.32)
fines suos fortiter simul et libertatem receperunt; 3.24 (180.23)
fortiter quidem, ut sibi uidebatur, locutus, 5.13 (311.23)

FORTVNATVS, VENANTIVS (*b.* 530), *Bishop of Poitiers, and Latin poet.*
Fortunatus. de quo presbyter Fortunatus in Laude uirginum, . . . ait: 1.7 (18.8)

FORVM. forum. multa uenalia in forum fuissent conlata, 2.1 (79.30)

FOSSA. fossa. ita ut in ante sit fossa, de qua leuati sunt cespites, 1.5 (16.27)
propter quod frequenti ablatione pulueris sacri fossa sit ibidem facta non minima. 5.18 (320.22)
fossam. Seuerus magnam fossam . . . a mari ad mare duxit. 1.5 (17.1)
ut paulatim ablata exinde terra fossam ad mensuram staturae uirilis altam reddiderit. 3.9 (145.22)

FOVEA. fouea. facta citato opere cruce, ac fouea praeparata, 3.2 (129.1)
foueae. ac foueae inposuerit, atque utraque manu erectam tenuerit, 3.2 (129.3)
foueam. iussit fratres in eiusdem habitaculi pauimento foueam facere; 4.28 (271.24)

FRACTVRA. fracturae. ac grauissima fracturae ipsius coepit molestia fatigari; 3.2 (130.14)

FRAGILITAS. fragilitate. quicquid ignorantia uel fragilitate deliqui, aeque ad tuae uoluntatis examen mox emendare curaui.' 4.29 (275.3)
fragilitatem. et quanta consideratione propriam cotidie debeant fragilitatem pensare. 2.1 (76.19)
fragillitate. quicquid ignorantia uel fragilitate [fragillitate] deliqui, uar. 4.29 (275.3)

FRAGOR. fragore. Audito etenim fragore procellarum ac feruentis oceani exierat uidere, quid nobis accideret; 5.1 (282.8)

FRANCI, *the Franks.*
Franci. litora, quae tunc Franci et Saxones infestabant, 1.6 (17.14)
Francis. protritis Francis, transito Hreno, 1.11 (24.23)
Francorum. Acceperunt autem, . . . de gente Francorum interpretes; 1.25 (45.12)
uxorem habebat Christianam de gente Francorum regia, 1.25 (45.22)
in monasterio, quod in regione Francorum constructum est 3.8 (142.14)
multi de Brittania monachicae conuersationis gratia Francorum uel Galliarum monasteria adire solebant; 3.8 (142.18)
a rege Francorum Hloduio uel patricio Ercunualdo honorifice susceptus, 3.19 (168.11)
esse scilicet episcopum, quem petierant a Romano antistite in regno Francorum, 4.1 (203.25)
diuertentes ad Pippinum ducem Francorum, gratanter ab illo suscepti sunt; 5.10 (299.7)
Denique gloriosissimus dux Francorum Pippin, ubi haec conperiit, 5.10 (301.11)

FRANGO. fracta. Fracta est autem Roma a Gothis 1.11 (25.5)
Anno CCCCVIIII, Roma a Gothis fracta, 5.24 (352.22)
fracta. horis momentisque omnibus fracta stomachi uirtute lassescebat, 2.1 (77.7)
fractus. et casu dux ipse uel pontifex fractus corpore, 1.17 (34.18)
Qui uel minis fractus, uel corruptus muneribus, cessit deprecanti, 2.12 (107.30)

FRATER. frater. ut siue frater et soror, . . . misceantur. 1.27 (50.30)
Reuerentissimus frater noster Augustinus episcopus 1.32 (68.29)
In qua etiam pugna Theodbald frater Aedilfridi . . . peremtus est. 1.34 (71.27)
septimus Osuiu frater eius, . . . Pictorum quoque atque Scottorum gentes, . . . perdomuit, 2.5 (89.28)
donec accepit regnum frater eiusdem Eorpualdi Sigberct, 2.15 (116.20)
frater inde adueniens adiecit, 3.12 (151.13)
suscepit regni terrestris sedem pro eo frater eius Osuiu, 3.14 (154.7)
regno Orientalium Anglorum, . . . Sigberct frater eius praefuit, 3.18 (162.15)
Superest adhuc frater quidam senior monasterii nostri, 3.19 (167.14)
Adda autem erat frater Vttan presbyteri inlustris, 3.21 (170.20)
suscepitque eum . . . Aediluald rex . . . Orientalium Anglorum, frater Anna regis eorundem. 3.22 (174.19)
Cynibillum, qui etiam frater germanus erat ipsius, 3.23 (176.4)
in quibus Aedilheri, frater Anna regis Orientalium Anglorum, . . . interemtus est. 3.24 (178.14)
quorum prior frater fuit Ediluini, uiri aeque Deo dilecti, 3.27 (192.21)
Erat autem presbyter uocabulo Ceadda, frater reuerentissimi antistitis Ceddi, . . . abbas 3.28 (195.1)
sicut mihi frater quidam de his, qui me in scripturis erudiebant, 4.3 (210.15)
et consacerdos ac frater noster, reuerentissimus Bisi, Orientalium Anglorum episcopus; 4.5 (215.6)
quibus etiam frater et consacerdos noster Vilfrid, . . . per proprios legatarios adfuit. 4.5 (215.8)
occisus est Aelfuini frater regis Ecgfridi, 4.21 (249.5)
Quod in monasterio eius fuerit frater, cui donum canendi sit diuinitus concessum. 4.24 (258.25)
In huius monasterio abbatissae fuit frater quidam diuina gratia specialiter insignis, 4.24 (258.27)
Successit autem Ecgfrido in regnum Aldfrid, . . . qui frater eius et filius Osuiu regis esse dicebatur; 4.26 (268.3)
Erat in eodem monasterio frater quidam, nomine Badudegn, 4.31 (278.2)
Cumque tempore non pauco frater praefatus tali incommodo laboraret, 4.32 (279.30)
At post dies paucos rursum uenit ad eum praefatus frater, 5.9 (297.27)
frater. Deus te incolumem custodiat, reuerentissime frater. 1.24 (44.19)
Perpende autem, frater carissime, 1.27 (55.30)
Deus te incolumem custodiat, reuerentissime frater. 1.28 (62.27)
Deus te incolumem custodiat, reuerentissime frater. 1.29 (64.20)
Scio, frater carissime, quia . . . Deus per dilectionem tuam . . . miracula ostendit; 1.31 (66.14)

Restat itaque, frater carissime, 1.31 (67.7)
Deus te incolumem custodiat, dilectissime frater. 2.8 (97.3)
Deus te incolumem custodiat, dilectissime frater. 2.18 (122.2)
'Videtur mihi, frater, quia durior iusto indoctis auditoribus fuisti, 3.5 (137.14)
"Vides, frater, quot milia sunt in Iudaeis, qui crediderunt; 3.25 (185.15)
'O frater Ecgbercte, o quid fecisti? 3.27 (193.20)
'Memento, frater Heriberct, ut modo, quicquid opus habes, me interroges mecumque loquaris; 4.29 (274.21)
'Surge,' inquit, 'frater mi, et noli plorare, 4.29 (275.6)
'Mirum, frater Drycthelme,' . . . 'quod tantam frigoris asperitatem ulla ratione tolerare praeuales.' 5.12 (310.24)
"Obsecro, sancte frater, qui ad coronam te uitae, quae terminum nesciat, tendere credis, 5.21 (344.12)
"Scias pro certo, frater mi dilecte, quia etsi Simonis tonsuram ex consuetudine patria habeam, 5.21 (344.20)
fratre. Marcus Antoninus Verus . . . regnum cum Aurelio Commodo fratre suscepit; 1.4 (16.5)
antea cum patruo Valente et cum Valentiniano fratre regnaret. 1.9 (23.6)
Arcadius . . . cum fratre Honorio, xliii ab Augusto regnum suscipiens, 1.10 (23.25)
Huius consortium cum primo ipse missis procis a fratre eius Aeodbaldo, . . . peteret; 2.9 (97.25)
qui, uiuente adhuc fratre, cum exularet in Gallia, fidei sacramentis inbutus est, 2.15 (116.22)
contigit die quadam, ut in praefata mansione forte ipse cum uno tantum fratre, . . . commoraretur, 4.3 (207.26)
Ecgberct mense Iulio obierat, succedente in regnum fratre Hlothere, 4.5 (217.23)
condignam se in omnibus episcopo fratre, . . . praebuit; 4.6 (219.6)
Sighardo, qui post illum cum fratre Suefredo regnauit, 4.11 (227.11)
nullius anima hominis pro interfecto regis fratre, 4.21 (249.15)
fratrem. fratremque eius Valentinianum Augustum Italia expulit. 1.9 (23.16)
si communem fratrem Augustinum episcopum ad uos uenire contigerit, 1.28 (62.14)
ad reuerentissimum uirum fratrem nostrum Augustinum episcopum perduxerit, 1.30 (65.4)
inpugnatus uidelicet et ab ea, quae fratrem eius occiderat, 3.14 (154.9)
Habuit alterum fratrem uocabulo Vltanum, 3.19 (168.3)
Habuerat autem idem rex secum fratrem germanum eiusdem episcopi, 3.23 (175.7)
cum . . . intolerabiles pateretur inruptiones saepe dicti regis Merciorum, qui fratrem eius occiderat, 3.24 (177.15)
Habebat enim germanum fratrem, cui nomen erat Tunna, 4.22 (250.16)
'Sed habeo fratrem,' inquit, 'presbyterum in mea prouincia, 4.22 (250.31)
Qui post haec patriam reuersus, atque ad suum fratrem perueniens, replicauit ex ordine cuncta, 4.22 (251.30)
cum post Ecgberctum fratrem suum, qui viiii annis regnauerat, ipse xii annis regnasset, 4.26 (268.8)
nuper mihi per ipsum, in quo factum est, fratrem innotuit. 4.32 (279.21)
Aldfridi regis, qui post fratrem suum Ecgfridum genti Nordanhymbrorum x et viiii annis praefuit. 5.1 (282.27)
Noui autem ipse fratrem, quem utinam non nossem, 5.14 (313.28)
successorem fore Ceoluulfum decreuisset, fratrem illius, qui ante se regnauerat, Coenredi regis, 5.23 (349.22)
fratres. duo fratres Hengist et Horsa; 1.15 (31.30)
Si debeant duo germani fratres singulas sorores accipere, 1.27 (50.21)
consuetudinem multo iam tempore fecerant fratres Hagustaldensis ecclesiae, 3.2 (129.30)
Vnde mane facto fratres monasterii illius, . . . diligenter ipsi petere coeperunt, 3.11 (148.23)
Erant autem duo germani fratres, qui hoc facinus patrarunt; 3.22 (173.18)
iiii . . . germani fratres, Cedd, et Cynibill, et Caelin, et Ceadda, . . . sacerdotes Domini fuere praeclari, 3.23 (176.21)
Cum ergo episcopum defunctum ac sepultum in prouincia Nordanhymbrorum audirent fratres, 3.23 (176.26)
Adfuerunt et fratres ac consacerdotes nostri, 4.5 (215.10)
duo regii pueri fratres uidelicet Arualdi regis insulae, speciali sunt Dei gratia coronati. 4.16 (237.19)
quia omnes fratres et cognati mei in illa sunt pugna interemti; 4.22 (251.12)
uenerunt primo diluculo fratres, qui eius obitum nuntiarent, a loco, ubi defuncta est. 4.23 (257.31)
interrogauit, quam prope esset hora, qua fratres ad dicendas Domino laudes nocturnas excitari deberent. 4.24 (262.7)
Quod ubi uidere fratres, nimio mox timore perculsi, festinarunt referre antistiti, 4.30 (276.24)
fecerunt fratres, ut iusserat; 4.30 (277.15)
Nam quando fratres sui corpus ipsius post multos sepulturae annos incorruptum reppererunt, 4.32 (280.4)
Quo tempore fratres, . . . elegerunt ex suo numero uirum modestum moribus, 5.11 (302.5)
Audientes haec fratres coeperunt diligenter exhortari, 5.14 (314.20)
Gaudebant ergo fratres de agnitione certa et catholica temporis paschalis; 5.22 (348.4)
ratres. Denique cum episcopo in praefata mansione pro suae reuerentia deuotionis inter fratres habitus, 4.3 (208.15)
'Vade cito ad ecclesiam, et hos vii fratres huc uenire facito; 4.3 (209.5)
qui fratres nostros uisitare solebat, 4.3 (209.14)
habens monasteriolum permodicum . . . et in eo fratres v siue vi, 4.13 (231.4)
Non solum autem idem Iohannes ipsius monasterii fratres docebat, 4.18 (241.27)
iussit fratres in eiusdem habitaculi pauimento foueam facere; 4.28 (271.23)
Obiit autem pater reuerentissimus in insula Farne, multum deprecatus fratres, 4.29 (275.23)
Percussus enim langore, atque ad extrema perductus, uocauit fratres, 5.14 (314.13)
fratres. Et nos equidem, fratres carissimi, haec uobis pro aeterna caritate exhortationis uerba praemittentes, 2.18 (121.15)
'Rogo,' inquam, 'dilectissimi fratres, propter timorem et amorem Redemtoris nostri, 4.5 (215.15)
fratri. Reuerentissimo et sanctissimo fratri Etherio 1.24 (44.1)
'Reuerentissimo et sanctissimo fratri Vergilio coepiscopo 1.28 (62.10)
'Reuerentissimo et sanctissimo fratri Augustino coepiscopo 1.29 (63.16)
Haec igitur dilectionem tuam praedicto fratri necesse est dicere, 1.30 (66.2)
Dilectissimo fratri Iusto Bonifatius. 2.8 (95.16)
Dilectissimo fratri Honorio Honorius. 2.18 (120.24)
reliquit monasterii et animarum curam fratri suo Fullano, et presbyteris Gobbano et Dicullo, 3.19 (167.33)
Dedit autem episcopus regendum post se monasterium fratri suo Ceadda, 3.23 (176.19)
Audiens autem uerba uisionis Ecgberct, praecepit fratri, qui retulerat, ne cuiquam haec alteri referret, 5.9 (297.21)
Qui haec audiens denuo praecepit fratri, ne haec cui patefaceret. 5.9 (298.2)
Vulfheri rex Merciorum, . . . defunctus, Aedilredo fratri reliquit imperium. 5.24 (354.27)
fratribus. Quantus sit affectus uenientibus sponte fratribus inpendendus, 1.28 (62.12)
Dominis carissimis fratribus episcopis uel abbatibus per uniuersam Scottiam 2.4 (87.25)
ut cunctis, qui adstabant, fratribus ac sororibus, quasi opobalsami cellaria esse uiderentur aperta. 3.8 (144.3)
et aliis quoque fratribus ministerium uitae ac salutis docendo exhiberet. 3.23 (177.8)
Porro fratribus, qui in Lindisfarnensi ecclesia, . . . remanere maluerunt, praepositus est 3.26 (190.4)
dicite fratribus, ut et meum exitum Domino precibus commendent, 4.3 (209.17)
ut ibi quoque fratribus custodiam disciplinae regularis et auctoritate propositi intimaret 4.27 (270.18)
quod aditurus insulam protestatus est fratribus, dicens: 4.28 (271.11)
si infirmis fratribus opem suae exhortationis tribueret; 4.28 (273.23)
pro sua sanitate Domino gratias denuo referens, quid erga se actum esset, fratribus indicauit; 4.31 (279.10)
qui etiam postea fratribus eiusdem ecclesiae Lindisfarnensis, . . . abbatis iure praefuit. 5.1 (281.13)
Quod cum fratribus referret, laudauerunt eius propositum, 5.19 (323.15)
ratribus. a fratribus monasterii, quod ab ipsis conditum Læstingaeu cognominatur, Praef. (7.14)
a fratribus ecclesiae Lindisfarnensis scripta repperi, Praef. (7.32)

si pacem cum fratribus accipere nollent, 2.2 (83.28)
Quidam de fratribus eiusdem Hagustaldensis ecclesiae, . . . brachium contriuit, 3.2 (130.11)
cum . . . audiret unum de fratribus ad locum eiusdem sanctae crucis ascendere disposuisse, 3.2 (130.18)
sedentibus iam ad mensam fratribus, obtulit ei aliquid de ueteri musco, 3.2 (130.23)
multi de fratribus eiusdem monasterii, qui aliis erant in aedibus, . . . psallentium audisse referebant, 3.8 (143.21)
fratribus alia magis curantibus, intermissum est hoc aedificium annis VII, 3.8 (144.14)
ingressus ad eum quidam de fratribus: 3.12 (151.2)
et paucis cum fratribus per Brettones in prouinciam Anglorum deuenit, 3.19 (167.28)
Qui libenter a suis fratribus et conmilitonibus suscepti, 3.23 (176.30)
in qua secretius cum paucis, id est VII siue VIII, fratribus, . . . orare ac legere solebat. 4.3 (207.13)
Et relictis in ecclesia sua fratribus aliquot, primo uenit ad insulam Hii, 4.4 (213.8)
ut quidam de fratribus senior, . . . referret 4.7 (220.16)
regulari uita instituit, maxime ex his, quos secum adduxerat, fratribus; 4.13 (232.16)
et a fidelissimis eiusdem monasterii fratribus sibi relatum asserere solebat, 4.14 (233.4)
uisum est fratribus triduanum ieiunium agere, 4.14 (233.15)
et cunctis conuenientibus ad ecclesiam fratribus, 4.14 (235.8)
uocatisque fratribus, parari prandium, missas fieri, . . . praecepit; 4.14 (235.25)
rogatusque multum a fratribus, ut Romam reuertens, illo itinere ueniret, 4.18 (242.24)
iussitque quosdam e fratribus quaerere lapidem, 4.19 (244.31)
eum die quadam de monasterio illo longius egressum, comitante secum uno de fratribus, peracto initere redire. 4.25 (264.15)
Vnde uisitantibus se ex more fratribus hordeum iussit adferri, 4.28 (272.3)
Conueniunt et de ipsa insula Lindisfarnensi in hoc ipsum multi de fratribus, 4.28 (272.24)
testimonium habens ab uniuersis fratribus, cunctisque superuenientibus hospitibus, 4.31 (278.5)
Vt Oidiluald . . . laborantibus in mari fratribus, tempestatem orando sedauerit. 5.1 (281.2)
quod mihi unus e fratribus, propter quos et in quibus patratum est, ipse narrauit, 5.1 (281.10)
'Veni,' inquit, 'cum duobus fratribus aliis ad insulam Farne, 5.1 (281.15)
Miserat autem episcopus mulieri, . . . de aqua benedicta, . . . per unum de his, qui mecum uenerant, fratribus; 5.4 (287.21)
uenit die quadam mane primo ad eum unus de fratribus, 5.9 (296.30)
nihilominus temtauit iter dispositum cum fratribus memoratis incipere. 5.9 (298.4)
Corripiebatur quidem sedulo a fratribus ac maioribus loci, 5.14 (313.32)
quam ad . . . audiendumque cum fratribus uerbum uitae concurrere consuerat. 5.14 (314.8)
gratias egit Deo cum omnibus, qui aderant, fratribus. 5.19 (329.2)
quod cum fratribus, quos ad unitatis gratiam conuerterat, inchoauit, 5.22 (347.30)

fratris. Blaedla Attilae fratris sui sit interemtus insidiis, 1.13 (29.3)
quia per coniunctionem priorem caro fratris fuerit facta. 1.27 (51.10)
post occisionem fratris Eanfridi, 3.1 (128.17)
Osthrydae, quae erat filia fratris eius, id est Osuiu, 3.11 (148.4)
inpugnatus uidelicet . . . a fratruo, id est fratris sui, . . . filio Oidilualdo. 3.14 (154.11)
eisdemque actibus ac moribus iuxta exemplum eius ac fratris sui Ceddi suos instituere curauit auditores. 3.28 (195.23)
Conuenit autem reuelationi et relationi praefati fratris . . . sermo reuerentissimi patris Ecgbereti, 4.3 (211.15)
uidit animam Ceddi fratris ipsius cum agmine angelorum descendere de caelo, 4.3 (211.31)
Erat autem filia Eanfridi fratris Ænheri, 4.13 (230.26)
ac filiam fratris sui uirginem illi coniugem daret, 5.19 (324.10)

fratrum. seu duorum fratrum germanorum, . . . filius et filia misceantur. 1.27 (50.31)
dignum se congregationi fratrum aestimare non debet, 1.27 (57.22)
quosdam fratrum ex monasterio suo, . . . coepit obseruantiae regularis habere; 2.1 (75.5)
atque in cymiterio fratrum sepultum est. 3.17 (160.11)
simplici tantum et cotidiano fratrum cibo contenti, nil ultra quaerebant. 3.26 (191.1)
egressae de oratorio famulae Christi, ad sepulchra fratrum, qui eas ex hac luce praecesserant, 4.7 (220.1)
omnis congregatio, hinc fratrum, inde sororum, psallens circumstaret; 4.19 (245.25)
susceptumque in monasterium cum omnibus suis fratrum cohorti adsociauit, 4.24 (260.28)
Cum . . . mansionem angustam . . . iuuante fratrum manu, id est oratorium et habitaculum commune, construxisset, 4.28 (271.22)
inmisit in animo fratrum, ut tollerent ossa illius, 4.30 (276.11)
alios quoque illis in regionibus ipse constituit antistites ex eorum numero fratrum, 5.11 (303.16)
uidit circa se choros psallentium simul et flentium fratrum; 5.19 (328.30)
donauit enim tibi Dominus uitam per orationes ac lacrimas discipulorum ac fratrum tuorum, 5.19 (329.13)
et ministerio fratrum perlatus in primum suum monasterium, 5.19 (330.4)

FRATERNITAS. fraternitas. quia tua fraternitas monasterii regulis erudita, 1.27 (48.28)
Nouit fraternitas tua Romanae ecclesiae consuetudinem, 1.27 (49.22)
Hoc tua fraternitas ex persona furis pensare potest, 1.27 (50.1)
ut fraternitas tua ad Galliarum prouinciam transeat, 1.27 (53.1)
Tua uero fraternitas non solum eos episcopos, . . . habeat 1.29 (64.12)
Quam deuote quamque etiam uigilanter pro Christi euangelio elaborauerit uestra fraternitas, 2.8 (95.18)
eius animum ad uerae conuersionis et indubitatae fidei credulitatem fraternitas uestra perduxerit. 2.8 (96.11)
Studeat ergo tua fraternitas hoc, 2.8 (96.29)
'Sed quia tua fraternitas,' inquit, 'monasterii regulis erudita seorsum fieri non debet a clericis suis, 4.27 (270.31)

fraternitatem. Sed fraternitatem tuam ita uolumus episcopos ordinare, 1.27 (52.11)
Hoc non ambigo fraternitatem tuam esse requisitam, 1.27 (54.3)

fraternitati. fraternitati uestrae nostra mittere scripta curauimus; 1.24 (44.5)
Brittaniarum uero omnes episcopos tuae fraternitati committimus, 1.27 (53.22)
siquas fortasse fraternitati uestrae sacerdotum uel aliorum culpas intulerit, 1.28 (62.20)
Pallium praeterea per latorem praesentium fraternitati tuae, . . . direximus, 2.8 (96.22)

fraternitatis. tuae fraternitatis zelo accendendus est. 1.27 (53.5)
quem tamen tuae fraternitatis uolumus dispositioni subiacere; 1.29 (64.3)

FRATERNVS, a, um. fraterna. qualiter fraterna caritas colenda sit, 1.28 (62.18)

fraterna. coepitque eis fraterna admonitione suadere, 2.2 (81.15)

fraternam. alia, . . . per intercessionem fraternam, et oblationem hostiae salutaris caelitus sibi fuisse donata intellexit. 4.22 (252.2)

fraterno. Haec . . . cum rex Osuiu regi Sigbercto amicali et quasi fraterno consilio saepe inculcaret, 3.22 (172.11)

fraternos. quoties per fraternos affatus unianimam dilectionem quadam contemplatione alternis aspectibus repraesentat. 2.18 (120.28)

fraternus. quod sibi fraternus amor multis utile futurum inponebat. 2.1 (75.18)

FRATRVVS. fratruo. inpugnatus uidelicet . . . a fratruo, id est fratris sui, . . . filio Oidilualdo. 3.14 (154.11)

FRAVS. fraude. tandem fraude Allecti socii sui interfectus est. 1.6 (17.22)
sed miserabiliter, ut post patuit, daemonica fraude seductus. 5.13 (311.25)

fraudem. cum infirmiores spoliare et eis fraudem facere pro nihilo ducimus. 3.19 (165.28)

fraudis. (id est, quanta fraudis solertia daemones et actus eius, . . . replicauerint; 3.19 (165.7)

fraudium. Scotti, . . . nil contra gentem Anglorum insidiarum moliuntur aut fraudium. 5.23 (351.10)
FRENDO. frendere. quae nil aliud nouerat quam barbarum frendere, 2.1 (78.10)
subito a diabolo arreptus, clamare, dentibus frendere, . . . coepit 3.11 (149.23)
FRENETICVS. freneticus. Denique nuper freneticus quidam, dum per cuncta errando discurreret, 4.3 (212.10)
FRENVM. frenis. artioribus se necesse habent pro Domino continentiae frenis astringere, 5.21 (343.15)
FREQVENS. frequens. quaestio facta est frequens et magna de obseruatione paschae, 3.25 (181.14)
frequenti. Quod cum frequenti uoce repeteret, 4.8 (221.11)
propter quod frequenti ablatione pulueris sacri fossa sit ibidem facta non minima. 5.18 (320.22)
Naiton . . . admonitus ecclesiasticarum frequenti meditatione scripturarum, abrenuntiauit errori, 5.21 (332.17)
frequentium. et frequentium operatio uirtutum celebrari non desinit. 1.7 (21.31)
cuius excellentia fidei . . . etiam post mortem, uirtutum frequentium operatione claruerit; 3.13 (153.20)
FREQVENTATIO. frequentatione. diuinae fidei calor eius intellegentiam tuarum adhortationum frequentatione succendat, 2.11 (106.3)
FREQVENTER. in ecclesia beatorum apostolorum Petri et Pauli, de qua frequenter iam diximus, 2.6 (92.16)
Praedicatoris igitur uestri domini mei apostolicae memoriae Gregorii frequenter lectione occupati, 2.17 (119.20)
cum frequenter ad eum in prouinciam Nordanhymbrorum ueniret, 3.22 (171.24)
Verum ille, frequenter licet admonitus, spernebat uerba salutis, 5.13 (311.13)
FREQVENTIA. frequentia. Erat autem locus . . . spirituum malignorum frequentia humanae habitationi minus accommodus; 4.28 (271.16)
Cum ergo causa exigente synodus eadem coram nobilibus et frequentia populi, . . . legeretur, 5.19 (327.27)
FREQVENTIVS. in quo ipse rex et frequentius ad deprecandum Dominum uerbumque audiendum aduenire, . . . deberet. 3.23 (175.2)
FREQVENTO. frequentare. multi per dies locum frequentare illum, . . . coeperunt. 3.10 (147.26)
FRESIA, *Frisia, Frisland.*
Fresia. Vt Vilbrord in Fresia praedicans multos ad Christum conuerterit; 5.10 (298.27)
fratres, qui erant in Fresia uerbi ministerio mancipati, 5.11 (302.5)
Postquam uero per annos aliquot in Fresia, qui aduenerant, docuerunt, 5.11 (302.29)
Fresiam. Fresiam perueniens, duobus annis continuis genti illi . . . uerbum salutis praedicabat, 5.9 (298.19)
et quia nuper citeriorem Fresiam expulso inde Rathbedo rege ceperat, 5.10 (299.8)
Vt uiri uenerabiles Suidberct in Brittaniis, Vilbrord Romae sint in Fresiam ordinati episcopi. 5.11 (301.18)
Primis sane temporibus aduentus eorum in Fresiam, 5.11 (301.19)
ubi nauem conscendit, flante Fauonio pulsus est Fresiam, 5.19 (326.12)
FRESONES, *Frisians, natives of Frisland.*
Fresones. Sunt autem Fresones, Rugini, Danai, Hunni, Antiqui Saxones, Boructuari; 5.9 (296.16)
Fresonum. apud sanctissimum Fresonum gentis archiepiscopum Vilbrordum cum suo antistite Vilfrido moraretur, 3.13 (152.12)
misit Pippin . . . Vilbrordum Romam, . . . postulans, ut eidem Fresonum genti archiepiscopus ordinaretur. 5.11 (302.33)
FRESVS, *a Frisian.*
Freso. uendidit eum Lundoniam Freso cuidam; 4.22 (251.15)
FRETVM. freta. Fecerunt autem eum inter duo freta uel sinus, . . . maris, 1.12 (26.18)
Per uarias gentes, per freta, perque uias, Vrbem Romuleam uidit, 5.7 (293.24)
freti. posito quidem in regione Anglorum, sed in uicinia freti, quod Anglorum terras Pictorumque disterminat; 4.26 (267.21)
freto. non magno ab ea freto discreta, sed donatione Pictorum, 3.3 (132.32)
FRIGIDIOR, ius. **frigidiora.** 'Frigidiora ego uidi.' 5.12 (310.28)
FRIGIDITAS. frigiditatem. Frigiditatem cordis ipsius Sancti Spiritus adnuntiatione succende; 2.11 (105.34)
FRIGIDVS, a, um. **frigida.** in Hibernia insula solitarius ultimam uitae aetatem pane cibario et frigida aqua sustentat. 5.12 (309.25)
frigida. totius creaturae suae dilatandi subdi etiam in extremitate terrae positarum gentium corda frigida, 2.10 (101.25)
frigidi. cum euigilaret, sensit nescio quid frigidi suo lateri adiacere, 3.2 (130.29)
FRIGVS. frigora. Esuriem dapibus superauit, frigora ueste, 2.1 (79.15)
frigore. alterum furenti grandine ac frigore niuium omnia perflante atque uerrente non minus intolerabile praeferebat. 5.12 (305.2)
frigoribus. "Vallis illa, quam aspexisti flammis feruentibus et frigoribus horrenda rigidis, 5.12 (308.11)
frigoris. prosiliebant miserae in medium rigoris [frigoris] infesti; uar. 5.12 (305.8)
'quod tantam frigoris asperitatem ulla ratione tolerare praeuales.' 5.12 (310.25)
frigus. Et quid est aliud . . . contra frigus uestem, 1.27 (56.1)
FRIGYD (*fl.* 680), *Prioress of Hackness.*
Frigyd. cucurrit ad uirginem, quae tunc monasterio abbatissae uice praefuit, cui nomen erat Frigyd, 4.23 (257.22)
FRIVOLVS, a, um. **friuoli.** Vnde nil umquam friuoli et superuacui poematis facere potuit, 4.24 (259.9)
FRONS. frondibus. et ecclesia . . . frondibus contexta conponitur, 1.20 (38.20)
FRONS. fronte. signum sanctae crucis eius in fronte portare consueuit 5.21 (343.8)
frontis. Quae in frontis quidem superficie coronae uidetur speciem praeferre; 5.21 (343.27)
FRONTISPICIVM. frontispicii. tantaque gratia frontispicii mentem ab interna gratia uacuam gestat!' 2.1 (80.10)
frontispicio. ut se etiam inrisiones et obprobria pro illo libenter ac promte omnia sufferre ipso etiam frontispicio doceant; 5.21 (343.21)
FRVCTIFICO. fructificandi. Quod dum sibi adlatum . . . ultra omnem spem fructificandi eodem in agro sereret, 4.28 (272.7)
fructificantem. ut uestram dilectionem in praedicatione euangelii elaborantem et fructificantem, 2.18 (121.3)
fructificaret. sed ipse praedicationem ut fructificaret, 2.1 (81.2)
FRVCTVS. fructibus. Erat enim religiosis actibus, crebris precibus, piis elimosynarum fructibus plurimum intentus; 4.11 (225.19)
fructibus. et confessa dignis, ut imperabat, poenitentiae fructibus abstergerent. 4.27 (270.4)
fructu. quam inter rebelles fidei barbaros sine fructu residerent. 2.5 (92.1)
suggero, rex, ut templa et altaria, quae sine fructu utilitatis sacrauimus, . . . contradamus.' 2.13 (112.33)
usque dum et ipse suo tempore ad caelestia regna cum gloriosi fructu laboris ascendit. 2.20 (126.18)
paenitentiam, quam ad breue tempus cum fructu ueniae facere supersedit, 5.13 (313.2)
paenitentiam, . . . in aeternum sine fructu poenis subditus facit. 5.13 (313.2)
fructum. apud omnes fructum piae intercessionis inueniam. Praef. (8.17)
et uestri laboris fructum in aeterna me patria uidere concedat; 1.23 (43.18)
Nec enim omnipotens Deus . . . uestri fructum laboris deseruit, 2.8 (95.21)
dum creditorum uobis talentorum fidelissimae negotiationis officiis uberem fructum inpendens ei, . . . praeparauit. 2.8 (95.30)
ut fructum fidei creditorumque tibi beneficiorum Redemtori tuo multiplicem resignares. 2.11 (106.7)
quin potius fructum in ea multiplicem credentium populorum pius agri spiritalis cultor inuenit. 2.15 (116.30)
et in omni mundo adnuntiata uestri operis multipliciter referat fructum. 2.17 (119.6)
neque aliquem tanti laboris fructum apud barbaros inuenit auditores. 5.9 (298.21)
fructus. id est fructus bonorum operum ibi nascerentur, 3.23 (175.18)

FRVGIFER, era, erum. **frugifer.** rediit uiridantibus aruis annus laetus et frugifer. 4.13 (231.21)
FRVMENTVM. frumenta. sed per affectum boni operis frumenta dominica uitiorum suorum paleis expolia, 1.27 (53.17)
frumenti. exceptis uitibus et oliuis, rarae ferax arboris, frumenti quoque et hordei fertilis. 5.17 (318.28)
frumento. Sed et ferramenta sibi ruralia cum frumento adferri rogauit, ... 4.28 (271.30)
FRVOR. fruerentur. ut et regio absolutione, et illi emendatione fruerentur. 1.21 (41.6)
FRVSTRA. pater eius Redauld iamdudum in Cantia sacramentis Christianae fidei inbutus est, sed frustra; 2.15 (116.3)
Cumque diu multum cum uento pelagoque frustra certantes, tandem post terga respiceremus, . . 5.1 (281.23)
FRVX. fruge. Aut hunc fruge sua aequorei pauere Britanni, ... 1.10 (24.14)
fruges. tempore aestatis, quo fruges erant colligendae, ... 4.4 (213.18)
frugibus. Opima frugibus atque arboribus insula, ... 1.1 (9.17)
frugis. Erat autem locus et aquae prorsus et frugis et arboris inops, ... 4.28 (271.15)
ut illius frugis ibi potius seges oriretur. 4.28 (272.5)
frugum. nec mora, frugum copia, . . . secutum sit. 1.14 (29.13)
tantis frugum copiis insula , . . . affluere coepit; 1.14 (29.28)
quarum prior, . . . et situ amplior, et frugum prouentu atque ubertate felicior, ... 2.9 (97.17)
ut . . . decimam non solum quadrupedum, uerum etiam frugum omnium, atque pomorum, nec non et uestimentorum partem pauperibus daret. 4.29 (276.2)
FVGA. fuga. continuo fugatum dolorem membrorum fuga quoque tumoris horrendi secuta est; . . . 5.3 (286.23)
fuga. et solum L fuga esse lapsos. 2.2 (84.26)
cum nil alicubi praesidii nisi in fuga esse uideretur, ... 2.20 (125.27)
fuga lapsi sunt de insula, et in proximam Iutorum prouinciam translati; 4.16 (237.21)
inter plurimos gentis Anglorum, . . . seruitio addictos, uel de terra Pictorum fuga lapsos, ... 4.26 (267.17)
fugam. uictos Brittanos in fugam uertit. 1.2 (14.12)
sperantes . . . minus praesente duce quondam strenuissimo et eximio posse fugam meditari. . . . 3.18 (163.8)
introductus est, simulantibus fugam hostibus, in angustias inaccessorum montium, ... 4.26 (266.30)
omnes, qui corpori flentes adsederant, timore inmenso perculsos in fugam conuertit; 5.12 (304.7)
VGIO. fugere. petiitque, ut consilium sibi daret, quo posset fugere a uentura ira. 4.25 (263.16)
fugerunt. fugerunt foras nil ardenti domui et iamiamque periturae prodesse ualentes. 3.10 (147.18)
fugiam. Quo enim nunc fugiam, ... 2.12 (108.13)
fugiens. uel cui pastorum oues Christi in medio luporum positas fugiens ipse dimitteret.' 2.6 (92.24)
dum inimicitias Redualdi fugiens exularet, ... 3.18 (162.17)
fugiente. sentit, . . . manum . . . corporis sui partem, paulatim fugiente dolore, ac sanitate subsequente, ad pedes usque pertransisse. 4.31 (279.6)
fugientem. clericum quendam persecutores fugientem hospitio recepit; 1.7 (18.14)
fugientes. et ueluti naufragia Scyllae fugientes, in Charybdi uoraginem submergendi decidunt. . . 5.21 (338.12)
fugientes. contigit, ut multo plures aqua fugientes, quam bellantes perderet ensis. 3.24 (178.20)
fugiunt. relictis ciuitatibus ac muro fugiunt, disperguntur. 1.12 (28.5)
Passim fugiunt, arma proiciunt, ... 1.20 (39.13)
VGO. fugantur. fugantur inimici, ... 1.17 (34.27)
fugat. incensus serpentes fugat, ... 1.1 (10.25)
fugati. Inito ergo certamine fugati sunt et caesi pagani, ... 3.24 (178.12)
fugatis. fugatis doloribus, recepit pristinam sanitatem, ... 1.19 (38.3)
fugatis daemoniorum sensibus, ... 2.10 (103.27)
fugato. quam nuperrime rex Ecgfrid, superato in bello et fugato Vulfhere, obtinuerat, ... 4.12 (229.12)
fugatum. Abeuntibus autem nobis inde, continuo fugatum dolorem membrorum fuga quoque tumoris horrendi secuta est; 5.3 (286.22)
fugatus. Acca episcopus de sua sede fugatus. . . . . Cont. (361.3)
fugauit. eosque, qui euadere poterant, omnes trans maria fugauit, ... 1.12 (27.8)
'Ille autem, qui adueniens eos fugauit, erat ipse, qui me ante ducebat; 5.12 (307.4)
VLCIMENTVM. fulcimentum. destinam illam non, ut antea, deforis in fulcimentum domus adposuerunt, 3.17 (161.2)
VLCIO. fultus. Augustinus, . . . recuperauit in ea, regio fultus adminiculo, ecclesiam, ... 1.33 (70.12)
VLGEO. fulgebat. radius lucis permaximus, atque ad caelum usque altus, omni nocte supra locum fulgebat illum, ... 5.10 (300.33)
fulgent. totidemque e regione lampades in funibus pendentes usque Hierosolymam per uitrum fulgent; 5.17 (319.8)
fulgentes. Procedunt conspicui diuitiis, ueste fulgentes, ... 1.17 (35.16)
fulgere. in quo pulcherrimam hanc iuuentutem iucundari ac fulgere conspicis, ... 5.12 (308.25)
fulgeret. ne eis fulgeret inluminatio euangelii gloriae Christi.' 2.9 (98.31)
VLGIDVS, a, um. **fulgida.** Munera laeta capis, festiuis fulgida taedis, ... 4.20 (248.29)
VLGOR. fulgor. Ex quo uiuificus fulgor ubique fluit. 5.7 (293.14)
apparuit retro uia, qua ueneram, quasi fulgor stellae micantis inter tenebras, ... 5.12 (306.32)
fulgore. quod, dum attentius consideraret, tanti fulgore luminis refulgere uidebatur, ... 4.23 (256.5)
fulgorem. omnem diurni luminis uiderentur superare fulgorem. 4.7 (220.20)
VLGVR (FVLGOR, *neut.*). **fulgora.** misit sagittas suas, et dissipauit eos, fulgora multiplicauit, et conturbauit eos?" 4.3 (210.31)
Mouet enim aera Dominus, uentos excitat, iaculatur fulgora, de caelo intonat, ... 4.3 (211.1)
VLLANVS (*fl.* 623), *brother of St. Fursa.*
Fullano. reliquit monasterii et animarum curam fratri suo Fullano, et presbyteris Gobbano et Dicullo, 3.19 (167.33)
VMVS. fumo. qui instar fauillarum cum fumo ascendentium, nunc ad sublimiora proicerentur, . . 5.12 (306.1)
fumum. Qui cum uentis ferentibus globos ignis ac fumum supra muros urbis exaltari conspiceret, . . 3.16 (159.15)
VNDA. fundae. unde habet ingressum amplitudinis quasi iactus fundae; 4.13 (232.12)
VNDAMENTVM. fundamenta. strenuissime fundamenta ecclesiae, quae nobiliter iacta uidit, augmentare, 2.4 (87.5)
Studens autem uir Domini . . . sic in eo monasterii fundamenta iacere, ... 3.23 (175.23)
fundamentis. ecclesiam beatorum apostolorum Petri et Pauli a fundamentis construxit, ... 1.33 (70.19)
Praeparatis ergo fundamentis in gyro prioris oratorii per quadrum coepit aedificare basilicam. . . 2.14 (114.12)
quod rex Aedilberct a fundamentis in eadem Hrofi ciuitate construxit. 3.14 (154.20)
VNDATOR. fundator. Erat autem Columba primus doctor fidei Christianae transmontanis Pictis ad aquilonem, primusque fundator monasterii, ... 5.9 (297.16)
VNDITVS. omnipotens Deus humanum genus pro culpa sua funditus extinguere noluit, ... 1.27 (54.12)
in quo omnis culpa funditus extinguitur, ... 1.27 (54.18)
ac mox funditus quiescendo, . . . conpescuit. 2.7 (94.30)
statuerunt ob nimietatem laboris, huius structuram ecclesiae funditus relinquere, ... 3.8 (144.17)
Item lunam XXI^{am}, . . . a celebratione uestri paschae funditus eliminatis; 3.25 (186.31)
Theodorus . . . salutifera exhortatione coeptum tanti periculi funditus extinguit incendium; . . . 4.21 (249.13)
dolor tamen omnis . . . uelut ipso episcopo foras eum exportante, funditus ablatus est, ... 5.3 (286.20)
"Facite," inquit, "si uultis, ita tamen, ut Herebald ab illo se certamine funditus abstineat." . . . 5.6 (289.28)
VNDO. fuderunt. qui eodem tempore pro Domino sanguinem fuderunt. 1.7 (18.6)
ipsamque aquam, in qua lauerant ossa, in angulo sacrarii fuderunt. 3.11 (148.32)
fudit. uidelicet et pro Christo sanguinem fudit. 1.27 (51.16)
fundant. uel pro eius custodia omnipotenti Deo preces pariter fundant? 1.27 (52.27)
fundunt. orationem breuiter fundunt, ... 1.18 (36.12)
genuflectunt omnes, adiurant per Dominum, lacrimas fundunt, obsecrant; 4.28 (272.25)

fusam. aspexit, detecto domus culmine, fusam desuper lucem omnia repleuisse; 4.23 (257.12)
fusas. post multas preces ac lacrimas ad Dominum pro statu ecclesiae fusas 2.6 (92.18)
fusis. Triumphant pontifices hostibus fusis sine sanguine; 1.20 (39.20)
fusis. Qui haec audiens prouolutus est eius uestigiis, et fusis cum gemitu lacrimis: 4.29 (274.27)
FVNDO. fundant. basilicas sanctorum martyrum fundant, 1.8 (22.11)
fundata. fundata Romae ecclesia Christi, 2.4 (87.1)
fundauit. fundauit ibi monasterium, ac regulari uita instituit, 4.13 (232.14)
FVNGOR. functi. et duo ex eis etiam summi sacerdotii gradu functi sunt. 3.23 (176.24)
Omnes hi . . . gentis Merciorum episcopatu sunt functi. 3.24 (180.31)
functus. functus gradu consulatus cum Lucio Bibulo, 1.2 (13.22)
maxime quia et pontificali functus officio . . . facere curauit; 2.1 (74.33)
mox ut ipse pontificatus officio functus est, 2.1 (80.32)
Vt, defuncto Honorio, pontificatu sit functus Deusdedit; 3.20 (169.1)
et Tuda pro illo episcopatu sit functus; 3.26 (189.8)
et episcopatu functus Haeddi pro eo, consecratus a Theodoro in ciuitate Lundonia. 4.12 (227.28)
Theodorus Deo dilectus antistes, diuino functus auxilio, . . . extinguit incendium; 4.21 (249.11)
fungebatur. et diaconatus officio sub eo non pauco tempore fungebatur. 4.3 (212.31)
qui per XL prope annos episcopatu fungebatur, 5.19 (328.17)
fungeretur. cum apud Orientales Saxones episcopatus officio fungeretur, 3.23 (174.25)
FVNIS. fune. quasi anchorae fune restringeretur, 2.1 (75.9)
funes. cuius anima per bona, quae fecisset, opera, quasi per funes aureos leuanda esset ad caelos; 4.9 (222.23)
funibus. uidit, quasi funibus auro clarioribus in superna tolleretur, 4.9 (222.18)
totidemque e regione lampades in funibus pendentes usque Hierosolymam per uitrum fulgent; 5.17 (319.8)
FVNVS. funere. Nec multo post dira antistitis praesagia tristi regis funere, . . . impleta sunt. 3.14 (157.13)
funerum. inter haec oriuntur duo genera funerum, 1.13 (28.29)
FVR. furis. Hoc tua fraternitas ex persona furis pensare potest, 1.27 (50.2)
FVRFVR. furfures. sed et scabiem tantam ac furfures habebat in capite, 5.2 (283.24)
FVRIO. furit. Zelus in hoste furit, quondam qui uicerat Euam; 4.20 (248.25)
Virgo triumphat ouans, zelus in hoste furit. 4.20 (248.26)
FVRO. furens. atque ad episcopium furens se flamma dilataret, 2.7 (94.19)
furenti. Cumque nil salutis furenti superesse uideretur, 3.11 (150.4)
furenti. alterum furenti grandine ac frigore niuium omnia perflante atque uerrente non minus intolerabile praeferebat. 5.12 (305 2)
furentibus. excitant seniorem elementis furentibus obponendum; 1.17 (34.22)
furentibus. furentibus autem foris per omnia turbinibus hiemalium pluuiarum uel niuium, 2.13 (112.10)
furentibus. et quidem inprimis furentibus undis pelagi, temtabant nautae anchoris . . . nauem retinere, 3.15 (158.11)
furere. tempestas rediit, et toto illo die multum furere non cessauit; 5.1 (282.19)
FVROR. furor. ut auferatur furor tuus et ira tua a ciuitate ista, 1.25 (46.26)
furore. His auditis, iudex nimio furore commotus, 1.7 (19.31)
ex caritate agendum est, et non ex furore; 1.27 (50.8)
ad ultimum furore commoti aiebant: 2.5 (91.25)
et quaeque poterat, pro sedando miseri furore agebat. 3.11 (150.2)
furores. uen[illegible]furores uela non sustinent; 1.17 (34.15)
furoris. primo uim sui furoris a lesione locorum, quae contra erant, abstraxit, 2.7 (94.29)
FVRSEVS, Saint (*d.* 650), *Irish missionary of noble birth; founded monastery of Burghcastle in East Anglia, and then went to Neustria, where he remained.*
Furseo. remanserunt cum beato Furseo tres angeli, 3.19 (166.19)
Furseum. quod ipsum Furseum uiderit in prouincia Orientalium Anglorum, 3.19 (167.17)
Furseus. Vt Furseus apud Orientales Anglos monasterium fecerit; 3.19 (163.20)
superuenit de Hibernia uir sanctus nomine Furseus, 3.19 (163.24)
FVRTO. qui aliquid rerum uel ecclesiae, uel episcopi, uel reliquorum ordinum furto auferret; 2.5 (90.15)
FVRTVS. furtu. siquis aliquid de ecclesia furtu abstulerit? 1.27 (49.34)
Addes etiam, quomodo ea, quae furtu de ecclesiis abstulerint, 1.27 (50.16)
furtum. qui habentes subsidia furtum perpetrant, 1.27 (50.3)
FVTVRVS, a, um, *see* **SVM.**
FYLACTERIA. fylacteria. quasi missam a Deo conditore plagam per incantationes uel fylacteria . . . cohibere ualerent. 4.27 (269.21)

G

GAE. gae. dicito gae,' quod est lingua Anglorum uerbum adfirmandi et consentiendi, id est, etiam. 5.2 (284.4)
gæ. dicito gae [gæ],' quod est lingua Anglorum uerbum adfirmandi et consentiendi, id est, etiam. uar. 5.2 (284.4)
géa. dicito gae [géa],' quod est lingua Anglorum uerbum adfirmandi et consentiendi, id est, etiam. uar. 5.2 (284.4)
GAGATES, *see* **LAPIS GAGATES.**
GAIVS, *see* **CAESAR, GAIVS IVLIVS.**
GALLI, *the Gauls, inhabitants of Gaul.*
Gallis. de Galliis [Gallis] episcopi ueniunt, uar. 1.27 (52.10)
et Columbanum abbatem in Gallis uenientem nihil discrepare a Brettonibus . . . didicimus. 2.4 (88.3)
Gallorum. dum contra Germanorum Gallorumque gentes, . . . bellum gereret, 1.2 (13.23)
GALLIA, *Gaul.*
Gallia. et mox prior in Brittania, secundus in Gallia sint interemti. 1.11 (24.17)
cum exularet in Gallia, fidei sacramentis inbutus est, 2.15 (116.22)
subintroduxit . . . episcopum, uocabulo Vini, et ipsum in Gallia ordinatum; 3.7 (140.30)
qui dudum in Gallia, dum inimicitias Redualdi fugiens exularet, lauacrum baptismi percepit, 3.18 (162.17)
hoc in Italia, hoc in Gallia, . . . ab omnibus agi conspeximus; 3.25 (184.23)
Vt . . . Vilfrid in Gallia, Ceadda apud Occidentales Saxones, . . . sint ordinati episcopi. 3.28 (194.16)
Galliae. Discessere . . . Mellitus et Iustus, atque ad partes Galliae secessere, 2.5 (92.2)
Ronan, natione quidem Scottus, sed in Galliae uel Italiae partibus . . . edoctus. 3.25 (181.20)
Sic delatus in Maeldum ciuitatem Galliae IIII diebus ac noctibus quasi mortuus iacebat, 5.19 (328.24)
Galliae. Galliae, . . . multo interuallo aduersa. 1.1 (9.4)
Galliam. Regressus in Galliam, legiones in hiberna dimisit, 1.2 (14.2)
Exin Caesar a Brittanis reuersus in Galliam, 1.2 (14.30)
Constantius, qui uiuente Diocletiano Galliam Hispaniamque regebat, 1.8 (22.22)
cum magno exercitu Galliam redierit. 1.9 (23.2)
Maximus . . . in Galliam transiit. 1.9 (23.14)

Constantius comes in Galliam cum exercitu profectus, 1.11 (25.1)
qui legatus Galliam missus demersus est in sinu maris, 1.33 (70.26)
Misit etiam Galliam, et reuocauit Mellitum ac Iustum, 2.6 (93.12)
misit in Galliam nutriendos regi Daegberecto, 2.20 (126.3)
unde offensus grauiter Agilberctus, . . . rediit Galliam, 3.7 (141.3)
Misit ergo legatarios in Galliam ad Agilberctum, 3.7 (141.18)
dimissis ordinate omnibus nauigauit Galliam, 3.19 (168.10)
Vilfrid quoque de Brittania Galliam ordinandus est missus; 4.2 (205.34)
desiderans . . . Galliam peruenire, atque in monasterio Cale peregrinam pro Domino uitam ducere, 4.23 (253.5)
rediit ad Dalfinum in Galliam, 5.19 (324.30)
Quem non multo post, . . . Galliam mittens, 5.19 (325.28)
Maximus in Brittania creatus imperator, in Galliam transiit, 5.24 (352.21)

ALLIA BELGICA, *Belgic Gaul.*
Galliam Belgicam. Habet a meridie Galliam Belgicam, 1.1 (9.9)

ALLIAE, *the provinces of Gaul.*
Galliarum. Hic Constantinum filium . . . imperatorem Galliarum reliquit. 1.8 (22.25)
atque altera in Galliarum tenetur? 1.27 (49.20)
siue in Romana, siue in Galliarum, seu in qualibet ecclesia aliquid inuenisti, 1.27 (49.24)
Qualiter debemus cum Galliarum atque Brittaniarum episcopis agere? 1.27 (52.29)
In Galliarum episcopis nullam tibi auctoritatem tribuimus; 1.27 (52.30)
ut fraternitas tua ad Galliarum prouinciam transeat, 1.27 (53.1)
episcopos Galliarum iudicare non poteris; 1.27 (53.10)
multi de Brittania monachicae conuersationis gratia Francorum uel Galliarum monasteria adire solebant; 3.8 (142.18)
et apud Dalfinum archiepiscopum Galliarum Lugdoni multum temporis egerat, 3.25 (182.32)
Interea Rex Alchfrid misit Vilfridum presbyterum ad regem Galliarum, 3.28 (194.19)
eo quod iam bis partes Galliarum diuersis ex causis adisset, 4.1 (202.30)
ordinatus autem anno sequente . . . a Goduine metropolitano episcopo Galliarum; 5.8 (295.29)
cuius auctor erat docendo ac dictando Galliarum episcopus Arcuulfus, 5.15 (316.19)
offerebat, ut si uellet, partem Galliarum non minimam illi regendam committeret, 5.19 (324.9)
Qui cum Brittaniam remeans in Galliarum partes deuenisset, 5.19 (328.20)
Gallias. totas per Gallias saeuirent, 1.11 (24.24)
qui continuo, ut inuasit imperium, in Gallias transiit. 1.11 (24.28)
Quo tempore grauissima Sarracenorum lues Gallias misera caede uastabat, 5.23 (349.15)
Galliis. Nam quando de Galliis episcopi ueniunt, 1.27 (52.10)
ut cum tuae sanctitatis praesentia in Galliis, 1.27 (53.7)
et Columbanum abbatem in Gallis [Galliis] uenientem uar. 2.4 (88.3)
ea, quae in Galliis bene disposita uidit, 3.18 (162.19)
confirmantibus eis, qui de Cantia uel de Galliis aduenerant, 3.25 (181.16)

ALLICANVS, a, um, *Gallican.*
Gallicanis. ut a Gallicanis antistitibus auxilium belli spiritalis inquirant. 1.17 (34.1)

ALLICVS, a, um, *of or pertaining to the Gauls.*
Gallica. quod antiquo gentium illarum uerbo Viltaburg, id est Oppidum Viltorum, lingua autem Gallica Traiectum uocatur; 5.11 (303.10)
Gallico. quo a Gallico sinu Brittanias usque tenditur, 1.17 (34.10)

ALLINACEVS, a, um. **gallinaceum.** unum ouum gallinaceum cum paruo lacte aqua mixto percipiebat. 3.23 (175.29)
gallinacium. ouum gallinaceum [gallinacium] . . . percipiebat. uar. 3.23 (175.29)

ALLVS. galli. et a uespera usque ad galli cantum corpore exutus, 3.19 (164.28)
et circa galli cantum, percepto uiatico sacrosanctae communionis, cum arcessitis ancellis Christi, 4.23 (256.27)
luna sanguineo rubore perfusa, quasi hora integra II. Kal. Febr. circa galli cantum, Cont. (361.11)

ALLVS, *a Gaul.*
Gallus. uenit in prouinciam de Hibernia pontifex quidam nomine Agilberctus, natione quidem Gallus, 3.7 (140.20)

ARMANI, *corruption of* **GERMANI.**
Garmani. unde hactenus a uicina gente Brettonum corrupte Garmani nuncupantur. 5.9 (296.16)

AVDENTER. patienter haec pro Domino, immo gaudenter ferebat. 1.7 (20.1)
gaudenter ab omnibus tamquam Dei famulus exciperetur. 3.26 (191.7)

AVDEO. gaude. sed gaudio gaude, quia, quod rogauimus, superna nobis clementia donauit.' 4.29 (275.7)
gaudeant. qui uel in prouectu ordinati episcopi gaudeant, 1.27 (52.26)
gaudeas. et timendo gaudeas, et gaudendo pertimescas. 1.31 (66.17)
Gaudeas uidelicet, quia Anglorum animae . . . ad interiorem gratiam pertrahuntur; 1.31 (66.17)
gaudeat. Quis non exultet et gaudeat in his piis operibus? 3.29 (197.3)
gaudebant. qui de miraculis gaudebant; 1.31 (66.28)
Christo uero regi pro sempiterno in caelis regno seruire gaudebant. 3.24 (180.25)
et flexa ceruice uel manu signari, uel ore illius se benedici gaudebant; 3.26 (191.10)
alii magis circueundo per cellas magistrorum, lectioni operam dare gaudebant; 3.27 (192.15)
Gaudebant ergo fratres de agnitione certa et catholica temporis paschalis; 5.22 (348.4)
gaudebat. cui gloriae caelestis suo labore et industria notitiam prouenisse gaudebat. 1.32 (67.23)
Cuncta, . . . mox pauperibus, qui occurrerent, erogare gaudebat. 3.5 (135.28)
eiusque tutandam patrocinio gens correcta gaudebat. 5.21 (346.13)
gaudendo. et timendo gaudeas, et gaudendo pertimescas. 1.31 (66.17)
gaudens. gaudens nimirum uti officio pedum, quo tanto erat tempore destitutus. 5.2 (284.20)
Transiit, et gaudens caelestia regna petiuit. 5.19 (330.27)
gaudente. in praefata prouincia, gaudente rege, . . . uitae caelestis institutio cotidianum sumeret augmentum, 3.22 (173.14)
Itaque episcopus, concedente, immo multum gaudente rege, primos prouinciae duces . . . abluebat; 4.13 (230.20)
Cumque ibidem positi uicissim aliqua gaudente animo, una cum eis, . . . loquerentur ac iocarentur, 4.24 (261.26)
gaudentes. gaudentes uel nuda corpora eripuisse discrimini; 1.20 (39.14)
idolatris magis pontificibus seruire gaudentes. 2.6 (93.18)
confluebant ad audiendum uerbum populi gaudentes, 3.3 (132.20)
Iusserunt eum sedere secum ad epulas, multum gaudentes de sospitate illius. 5.5 (288.28)
gaudenti. insulae noui semper aliquid audire gaudenti, 1.8 (22.20)
gaudentibus. mane sanato sensu egressus, mirantibus et gaudentibus cunctis, 4.3 (212.14)
Conualuit igitur episcopus, cunctis gaudentibus, 5.19 (329.21)
gaudeo. monasterii huius, in quo supernae pietati deseruire gaudeo, 5.24 (359.13)
gaudere. gaudere super mortuum non est permissus; 1.7 (21.12)
'Nolite gaudere super hoc, 1.31 (66.26)
utque resurrectionis etiam nostrae, . . . spe nos certissima gaudere signemus. 5.21 (341.6)
gauderent. ac nomen Christi, cui contradixerant, confiteri gauderent, 3.30 (200.5)
de uita priorum patrum sermonem facerent, atque hanc aemulari gauderent, 4.3 (211.27)
gaudet. Terra quibus gaudet, dona superna loquar. 4.20 (247.16)
Gaudet amica cohors de uirgine matre tonantis; 4.20 (247.21)

Virginitate micans gaudet amica cohors. 4.20 (247.22)
et catholicae pacis ac ueritatis cum uniuersali ecclesia particeps existere gaudet. 5.23 (351.8)
gaudete. sed potius gaudete, quia nomina uestra scripta sunt in caelo.' 1.31 (66.26)
quibus dicitur: 'In hoc gaudete, 1.31 (66.30)
gauisus. Et cum regius iuuenis solus adhuc ibidem sederet, gauisus quidem de conlata sibi consolatione, 2.12 (109.30)
multumque gauisus de agnitione ueri Dei cultus, 2.13 (113.18)
Gauisus ille multum, quia bibere posset, misit ei calicem uini 5.5 (288.21)
multum de eius exhortatione gauisus esse perhibetur; 5.21 (345.25)
uidit et gauisus est. 5.22 (348.12)
GAVDIVM. gaudia. ut dum eis aliqua exterius gaudia reseruantur, 1.30 (65.24)
quanto se in mente nostra gaudia de gentis uestrae perfecta conuersione multiplicant. 1.32 (69.27)
mox infirmitatis ablata molestia, cupitae sospitatis gaudia redibunt. 4.3 (212.22)
gaudia. animas ad supernae ciuitatis gaudia perfecto agone miserunt. 1.7 (22.4)
et caelestis palmae gaudia miles religiosus amplectitur. 1.20 (39.18)
qui sibi obtemperantibus aeterna in caelis gaudia, . . . promitteret. 1.25 (45.15)
ad interiora gaudia consentire facilius ualeant. 1.30 (65.25)
Aedilberct rex . . . aeterna caelestis regni gaudia subiit; 2.5 (89.9)
quae . . . animam . . . ad aeterna patriae caelestis gaudia ducebat. 3.8 (143.28)
uidit non solum maiora beatorum gaudia, 3.19 (165.2)
et omnium uota ad nuper audita caelestis regni gaudia penderent, 4.2 (205.8)
ducentibus, ut credi fas est, angelis comitibus aeterna gaudia petiuit. 4.3 (210.7)
soluta carnis simul et infirmitatis uinculis ad aeternae gaudia salutis intrauit. 4.9 (224.4)
ad aeterna in caelis gaudia subleueris. 4.14 (234.13)
mox ad sempiterna animarum gaudia adsumtus in caelum, et electorum est sociatus agminibus. 4.14 (234.30)
sperans, quia mox baptizatus, carne solutus ad aeterna gaudia iam mundus transiret; 5.7 (292.20)
ad uisionem Christi, et gaudia regni caelestis intrabunt. 5.12 (308.30)
gaudio. simul in gaudio retributionis inueniar, 1.23 (43.20)
in subsequentis quoque copulae gaudio misceantur. 1.27 (52.23)
quia discipuli cum gaudio a praedicatione redeuntes, 1.31 (66.23)
Magno ergo largitatis dominicae beneficio mens nostra gaudio exultauit, 2.11 (104.24)
multo cum gaudio reuersus est. 3.21 (170.17)
sed gaudio gaude, quia, quod rogauimus, superna nobis clementia donauit.' 4.29 (275.6)
'Vbi cum uenissemus,' inquit, 'et magno uniuersorum gaudio suscepti essemus, 5.3 (285.11)
diemque nobis dominicam, . . . gaudio suae resurrectionis fecit esse sollemnem; 5.21 (336.7)
in qua resurrectionis suae gloriam Dominus multifario piae reuelationis gaudio discipulis patefecit. 5.21 (336.28)
honorifice ab eis et multo cum gaudio susceptus est. 5.22 (346.25)
gaudiorum. uulgus . . . a uita stultae consuetudinis ad caelestium gaudiorum conuertere curabat amorem. 4.27 (269.16)
qui . . . spe gaudiorum perennium delectati, profectum pietatis ex eius uerbis haurire uolebant. 5.12 (309.19)
gaudium. Veritatis etenim discipulis esse gaudium non debet, 1.31 (67.4)
gaudium. intra in gaudium Domini tui.' 2.18 (121.14)
ac gaudium summae festiuitatis, . . . cum Domino et apostolis, . . . conpleuit, 5.22 (347.29)

GEBMVND, GEFMVND (*d.* 697?), *Bishop of Rochester.*
Gebmundo. etiam Gebmundo Hrofensis ecclesiae praesule defuncto, Tobiam pro illo consecrauit, 5.8 (295.31)
Gebmundum. Gebmundum pro eo substituit antistitem. 4.12 (228.25)
Gefmund. Vt . . . episcopatum Hrofensis ecclesiae pro Putta Cuichelm, et pro ipso Gefmund acceperit; 4.12 (227.20)

GEHENNA. gehennae. ne gehennae ignibus tradatur. 1.27 (50.8)
Porro puteus ille flammiuomus ac putidus, quem uidisti, ipsum est os gehennae, 5.12 (308.22)

GEHENNALIS, e. **gehennalis.** Item de terrore futuri iudicii, et horrore poenae gehennalis, . . . carmina faciebat; 4.24 (261.6)

GEMINO. geminato. quem in exemplum Sedulii geminato opere, et uersibus exametris, et prosa conposuit. 5.18 (321.6)

GEMITVS. gemitu. Qui haec audiens prouolutus est eius uestigiis, et fusis cum gemitu lacrimis: 4.29 (274.27)
audiui illum post tergum mihi cum gemitu dicentem: 5.6 (290.8)
gemitus. nam in prolis prolatione gemitus. 1.27 (54.28)
gemitus. 'Aetio ter consuli gemitus Brittanorum;' 1.13 (28.26)

GEMO. gemebant. gemebant perire sibi populos euadentes; 1.17 (35.13)
gemebat. a delicto se natum gemebat; 1.27 (58.4)
Vnde et ille caelestis exercitus praecipuus miles gemebat dicens: 1.27 (61.25)
gemit. multos stupet gemitque per annos. 1.12 (25.25)

GENERALIS, e. **generalis.** ob generalis curam salutis latius propalari desideras. Praef. (5.20)
generalium. cum eruditione litterarum uel ecclesiasticarum uel generalium, ita Grecam . . . didicit linguam, 5.23 (348.26)

GENERALITER. et per eos generaliter uniuersa, 1.29 (63.7)
et generaliter omnes sancti et uniuersales synodi, et omnis probabilium catholicae ecclesiae doctorum chorus. 4.17 (239.20)

GENERATIO. generatio. tertia uel quarta generatio fidelium licenter sibi iungi debeat; 1.27 (51.1)
generatione. ipsum prius secunda generatione Deo dedicatum sibi accepit in filium. 3.7 (139.28)
generationem. Vsque ad quotam generationem fideles debeant cum propinquis sibi coniugio copulari? 1.27 (50.26)
generationes. et nomen eorum uiuet in generationes et generationes.' 5.8 (295.1)
"Et custodietis diem istum in generationes uestras ritu perpetuo. 5.21 (335.21)
generationibus. ei, quod signare possetis multiplicatis generationibus, 2.8 (95.31)

GENERO. generatae. quae sunt ab illis longa progenie generatae? 1.27 (50.22)
generatum. glorificantes Deum Patrem sine initio, et Filium eius unigenitum ex Patre generatum ante saecula, 4.17 (240.21)
generatur. quod ex pollutae cogitationis radice generatur. 1.27 (57.6)

GENESIS. genesis. Canebat autem de creatione mundi, et origine humani generis, et tota genesis historia, 4.24 (261.1)

GENESIS, *Genesis.*
Genesi. quia in Genesi scriptum est, 5.21 (339.15)
Genesis. 'In principium Genesis, usque ad natiuitatem Isaac et eiectionem Ismahelis, libros IIII. 5.24 (357.25)

GENETRIX. genetricis. fecit ecclesiam sanctae Dei genetricis atque omnium martyrum Christi; 2.4 (88.31)
ecclesiam sanctae Dei genetricis fecit, 2.6 (93.24)
in eodem monasterio ecclesia est in honorem beatae Dei genetricis de lapide facta, 3.23 (176.16)
ut ossa . . . tollerentur, et transferrentur omnia in ecclesiam beatae Dei genetricis, 4.10 (224.15)
donauit enim tibi Dominus uitam per . . . intercessionem beatae suae genetricis 5.19 (329.14)
Hadrianus . . . defunctus est, et in monasterio suo in ecclesia beatae Dei genetricis sepultus; 5.20 (331.3)

GENITOR. genitor. Successor . . . factus est Anna filius Eni de regio genere, uir optimus, atque optimae genitor sobolis, 3.18 (163.16)

GENLADAE FLUMEN, *the Yenlade, or Inlade, Kent.*
Genladae fluminis. in monasterio, quod iuxta ostium aquilonale fluminis Genladae positum, Racuulfe nuncupatur; 5.8 (295.20)

GENS. gens. gens Anglorum fidem Christi percepit, Praef. (6.25)
gens Anglorum, . . . aduersarios longius eiecerit; 1.15 (30.24)

Tunc Anglorum siue Saxonum gens, . . . longis nauibus aduehitur, 1.15 (30.30)
Victuarii, hoc est ea gens, quae Vectam tenet insulam, 1.15 (31.16)
ut dum gens ipsa eadem fana sua non uidet destrui, 1.30 (65.12)
quam gens Anglorum a primario quondam illius, . . . Hrofæscæstræ cognominat. 2.3 (85.22)
Quo tempore etiam gens Nordanhymbrorum, . . . uerbum fidei . . . suscepit. 2.9 (97.6)
nam in has duas prouincias gens Nordanhymbrorum antiquitus diuisa erat, 3.1 (127.8)
cuius doctrina ac ministerio gens, quam regebat, Anglorum, dominicae fidei et dona disceret, 3.3 (131.12)
Quando gens Pictorum fidem Christi perceperit. 3.4 (133.3)
cuius sedem episcopatus, . . . iam nunc Anglorum gens obtinet. 3.4 (133.20)
Eo tempore gens Occidentalium Saxonum, . . . regnante Cynigilso fidem Christi suscepit, 3.7 (139.8)
non enim digna est haec gens talem habere rectorem.' 3.14 (157.12)
Benedicta igitur gens, quae talem sapientissimum et Dei cultorem promeruit habere regem; 3.29 (196.28)
Quia et gens uestra Christo omnipotenti Deo credidit secundum diuinorum prophetarum uoces, 3.29 (197.4)
Verum ipso die, quo baptisma fidei gens suscepit illa, descendit pluuia serena, 4.13 (231.18)
eiusque tutandam patrocinio gens correcta gaudebat. 5.21 (346.12)
ut quoniam gens illa, quam nouerat scientiam diuinae cognitionis . . . populis Anglorum communicare curauit; 5.22 (347.5)

gente. a gente Anglorum nunc corrupte Reptacæstir uocata, 1.1 (9.11)
atque inuenta ibi gente Scottorum, 1.1 (11.28)
quae nunc a gente Anglorum Verlamacæstir . . . appellatur, 1.7 (21.26)
et contritiones de Brettonum gente agere non cessarunt. 1.14 (29.27)
Vt Brettones primam de gente Anglorum uictoriam . . . sumserint. 1.16 (33.4)
Acceperunt autem, . . . de gente Francorum interpretes; 1.25 (45.12)
uxorem habebat Christianam de gente Francorum regia, 1.25 (45.22)
relictis eis, quae tanto tempore cum omni Anglorum gente seruaui. 1.25 (46.10)
Quia uero sunt multi in Anglorum gente, 1.27 (51.17)
quia fana idolorum destrui in eadem gente minime debeant; 1.30 (65.7)
et quanta sit in eadem gente gratia, 1.31 (67.10)
Quod in Anglorum gente factum cognouimus, 1.32 (68.1)
Adquirens fidei agmina gente noua. 2.1 (79.20)
ciuitatem Legionum, quae a gente Anglorum Legacaestir, . . . appellatur, 2.2 (84.2)
in qua uidelicet gente tunc temporis Saberct . . . regnabat, 2.3 (85.12)
Verumtamen ipse cum sua gente, . . . diuinis se studuit mancipare praeceptis. 2.6 (93.21)
quae baptizata est . . . prima de gente Nordanhymbrorum, 2.9 (99.31)
omnes, qui ante te reges in gente Anglorum fuerant, potestate transcendas?' 2.12 (109.8)
Vt idem Aeduini cum sua gente fidelis sit factus; 2.14 (113.25)
Quo tempore maxima est facta strages in ecclesia uel gente Nordanhymbrorum, 2.20 (125.4)
Siquidem Penda cum omni Merciorum gente idolis deditus, 2.20 (125.7)
nulla ecclesia, nullum altare in tota Berniciorum gente erectum est, 3.2 (130.5)
Vt idem rex postulans de gente Scottorum antistitem acceperit Aidanum, 3.3 (131.3)
Huius igitur antistitis doctrina rex Osuald cum ea, cui praeerat, gente Anglorum institutus, 3.6 (137.31)
cum rex ipse cathecizatus, fonte baptismi cum sua gente ablueretur, 3.7 (139.22)
in ciuitate Venta, quae a gente Saxonum Vintancæstir appellatur, 3.7 (140.32)
occisus est, . . . ab eadem pagana gente paganoque rege Merciorum, 3.9 (145.8)
quia fuerit in gente uestra rex mirandae sanctitatis, 3.13 (153.17)
inpugnatus uidelicet et ab ea, . . . pagana gente Merciorum, 3.14 (154.10)
ordinauit Ithamar, oriundum quidem de gente Cantuariorum, 3.14 (154.22)
electus est archiepiscopus . . . Deusdedit de gente Occidentalium Saxonum; 3.20 (169.14)
nisi fidem Christi ac baptisma cum gente, cui praeerat, acciperet. 3.21 (170.3)
Erant ibidem eo tempore multi nobilium simul et mediocrium de gente Anglorum, 3.27 (192.10)
adsumtis in societatem ordinationis duobus de Brettonum gente episcopis, 3.28 (195.12)
sperans, sicut in sua gente regnat, ita et cum Christo de futuro conregnare. 3.29 (196.27)
inter episcopos, qui de Anglorum gente essent, 4.2 (205.18)
tulit . . . et de gente Anglorum uiros circiter xxx, 4.4 (213.6)
illi . . . donauit, . . . Meanuarorum prouinciam in gente Occidentalium Saxonum. 4.13 (230.19)
Vilfrido episcopo, qui tunc forte de gente sua superueniens aderat, 4.16 (237.8)
secessit ad ciuitatem Calcariam, quae a gente Anglorum Kælcacaestir appellatur, 4.23 (253.25)
Et quidem et alii post illum in gente Anglorum religiosa poemata facere temtabant; 4.24 (259.5)
quod his temporibus plures de gente Anglorum, . . . uiri ac feminae certatim facere consuerunt. 5.7 (294.12)
unde hactenus a uicina gente Brettonum corrupte Garmani nuncupantur. 5.9 (296.15)
ut dum in gente, cui praedicaret, destructis idolis ecclesias institueret, 5.11 (301.26)
Sed expugnatis non longo post tempore Boructuaris a gente Antiquorum Saxonum, 5.11 (302.20)
cum legationis gratia missus a sua gente, uenisset ad Aldfridum, regem Anglorum, 5.15 (315.17)
abrenuntiauit errori, quo eatenus in obseruatione paschae cum sua gente tenebatur, 5.21 (332.19)
quaesiuit auxilium de gente Anglorum, 5.21 (332.22)
qui iuxta morem Romanorum ecclesiam de lapide in gente ipsius facerent, 5.21 (333.5)
ut ea, . . . una cum gente, cui te Rex regum et Dominus dominorum praefecit, in omnibus seruare contendas. 5.21 (345.14)
quia hoc obseruare tempus paschae cum uniuersa mea gente perpetuo uolo; 5.21 (346.1)
Pictorum quoque natio tempore hoc et foedus pacis cum gente habet Anglorum, 5.23 (351.6)
plures in gente Nordanhymbrorum, tam nobiles, quam priuati, . . .satagunt magis, . . . monasterialibus adscribere uotis, 5.23 (351.19)
Anno DCXXVII, Eduini rex baptizatus cum sua gente in pascha. 5.24 (353.32)

gentem. contigit gentem Pictorum de Scythia, . . . Hiberniam peruenisse, 1.1 (11.23)
tertiam in Brittania Brettonibus et Pictis gentem addiderunt. 1.1 (13.11)
qui antiquitus gentem Brettonum a Pictis secernebat, 1.1 (13.13)
acrior gentem peccatricem ultio diri sceleris secuta est. 1.14 (30.5)
ut Saxonum gentem de transmarinis partibus in auxilium uocarent; 1.14 (30.20)
quam barbaram, feram, incredulamque gentem, . . . adire 1.23 (42.27)
gentem Anglorum fidem Christi suscepisse, 1.27 (48.9)
in gentem, quam eligi uoluit, magna miracula ostendit; 1.31 (66.15)
gentem uastauit Brettonum; 1.34 (71.11)
Neque . . . aduersus gentem Anglorum usque ad hanc diem . . . uenire audebat. 1.34 (72.4)
nostram, id est Anglorum, gentem de potestate Satanae . . . conuertit, 2.1 (73.7)
nostram gentem eatenus idolis mancipatam Christi fecit ecclesiam, 2.1 (73.13)
quod nostram gentem per praedicatores, . . . aeternae libertatis fecit esse participem; 2.1 (78.5)
gentem Anglorum ad agnitionem ueritatis perducebant. 2.1 (78.26)
Aedilberctum regem ac gentem illius ab idolorum cultu ad Christi fidem perduxit, 2.3 (86.19)
Nam egressi contra gentem Geuissorum in proelium, 2.5 (92.6)
ut gentem, quam adibat, ad agnitionem ueritatis aduocans, 2.9 (98.22)
rex collecto exercitu uenit aduersus gentem Occidentalium Saxonum, 2.9 (100.2)

ubi gentem Nordanhymbrorum cum suo rege ad fidem confessionemque Christi, . . . conuersam esse didicit, 2.17 (118.25)
et non totam eorum gentem, sed quosdam in eis hac fuisse inplicitos. 2.19 (123.21)
desiderans totam, . . . gentem fidei Christianae gratia inbui, 3.3 (131.6)
gentemque illam uerbo et exemplo ad fidem Christi conuertit; 3.4 (133.26)
ac primum Geuissorum gentem ingrediens, 3.7 (139.17)
contigit gentem Merciorum duce rege Penda aduersus Orientales Anglos in bellum procedere, 3.18 (163.1)
qui ad docendam baptizandamque gentem illius et eruditione et uita uidebantur idonei, 3.21 (170.16)
doctores daret, qui gentem suam ad fidem Christi conuerterent, 3.22 (172.22)
fecit eum episcopum in gentem Orientalium Saxonum, 3.22 (172.33)
qui totam eius gentem a paruo usque ad magnum delere atque exterminare decreuerat, 3.24 (177.22)
Nam et suam gentem ab hostili paganorum depopulatione liberauit, 3.24 (179.16)
Nam et suam gentem . . . liberauit, et ipsam gentem Merciorum finitimarumque prouinciarum, . . . conuertit. 3.24 (179.17)
qui etiam gentem Pictorum maxima ex parte regno Anglorum subiecit. 3.24 (180.8)
Ecgfrid . . . misso Hiberniam cum exercitu duce Bercto, uastauit misere gentem innoxiam, 4.26 (266.16)
religione simul et industria gentem suam ab extranea inuasione liberaret. 4.26 (268.17)
Suidberct . . . de Brittania regressus, non multo post ad gentem Boructuarorum secessit, 5.11 (302.17)
ipsa quoque postmodum per gentem Anglorum in eis, . . . ad perfectam uiuendi normam perueniret. 5.22 (347.8)
Scotti, . . . suis contenti finibus nil contra gentem Anglorum insidiarum moliuntur 5.23 (351.9)
Brettones, quamuis et maxima ex parte domestico sibi odio gentem Anglorum, 5.23 (351.11)

gentes. gentes Halanorum, Sueuorum, Vandalorum, 1.11 (24.22)
gentes Scottorum, quae in australibus Hiberniae insulae partibus morabantur, . . . pascha canonico ritu obseruare didicerunt. 3.3 (131.26)
'In die illa radix Iesse, qui stat in signum populorum, ipsum gentes deprecabuntur, 3.29 (197.7)
Moxque peragrata insula tota, quaquauersum Anglorum gentes morabantur, 4.2 (204.17)

gentes. dum contra Germanorum Gallorumque gentes, . . . bellum gereret, 1.2 (13.24)
Transmarinas autem dicimus has gentes, 1.12 (25.26)
Vt Aedilfrid rex Nordanhymbrorum Scottorum gentes proelio conterens 1.34 (71.7)
Pictorum quoque atque Scottorum gentes, . . . maxima ex parte perdomuit, 2.5 (90.1)
sed et fornicatione pollutus est tali, qualem nec inter gentes auditam apostolus testatur, 2.5 (90.28)
uidelicet ne scandalum facerent eis, qui inter gentes erant Iudaeis. 3.25 (185.10)
Per uarias gentes, per freta, perque uias, Vrbem Romuleam uidit, 5.7 (293.24)
nec tamen a praeparando itinere, quo ad gentes docendas iret, cessare uolebat. 5.9 (297.24)

genti. numquam genti Saxonum siue Anglorum, 1.22 (42.4)
multo digniores genti memoratae praecones ueritatis, 1.22 (42.8)
Augustinum cum monachis ad praedicandum genti Anglorum mittens, 1.23 (42.11)
praedicare uerbum Dei genti Anglorum. 1.23 (42.22)
Augustinus . . . archiepiscopus genti Anglorum ordinatus est; 1.27 (48.6)
Quae omnia rudi Anglorum genti oportet haberi conperta. 1.27 (54.2)
subiectae uobis genti superna beneficia praestarentur. 1.32 (68.3)
aut tributarias genti Anglorum, aut habitabiles fecit. 1.34 (71.16)
rogauit, ut genti Anglorum in Brittaniam aliquos uerbi ministros, . . . mitteret; 2.1 (80.25)
ut genti Anglorum una nobiscum uerbum Domini praedicetis; 2.2 (83.19)
cum epistulis, quas idem pontifex . . . et Aedilbercto regi atque genti Anglorum direxit. 2.4 (88.26)
ex quo Augustinus cum sociis ad praedicandum genti Anglorum missus est, 2.5 (89.6)
qui etiam uiuente Aedilbercto eidem suae genti ducatum praebebat, 2.5 (89.18)
bona, quae genti suae consulendo conferebat, 2.5 (90.9)
Huic autem genti occasio fuit percipiendae fidei, 2.9 (97.21)
Tantus autem fertur tunc fuisse . . . desiderium lauacri salutaris genti Nordanhymbrorum, 2.14 (114.31)
Vt primo idem Honorius et post Iohannes litteras genti Scottorum . . . miserit. 2.19 (122.10)
Misit idem papa Honorius litteras etiam genti Scottorum, 2.19 (122.12)
At uero Aeduini cum x et VII annis genti Anglorum . . . praeesset, 2.20 (124.14)
postulasset antistitem, qui sibi suaeque genti uerbum fidei ministraret, 3.5 (137.2)
cum aliquandiu genti Anglorum praedicans nihil proficeret, 3.5 (137.3)
atque . . . rettulerit, quia nil prodesse docendo genti, ad quam missus erat, potuisset, 3.5 (137.6)
desiderantes quidem genti, quam petebantur, saluti esse, 3.5 (137.11)
rogauit eum, . . . suae gentis [genti] manere pontificem; uar. 3.7 (140.25)
qui precibus eius adnuens, multis annis eidem genti sacerdotali iure praefuit. 3.7 (140.26)
misit praedicare uerbum genti Orientalium Saxonum. 3.22 (172.27)
Merciorum genti necnon et ceteris australium prouinciarum populis praefuit; 3.24 (180.7)
Praefuit autem rex idem genti Merciorum annis x et VII, 3.24 (180.26)
Vnde et genti suae et illis, in quibus exulabat, . . . multum profuit. 3.27 (194.2)
unde erat ad praedicandum uerbum Anglorum genti destinatus. 4.4 (213.10)
et duo in locum eius substituti episcopi, qui Nordanhymbrorum genti praeessent; 4.12 (229.5)
Euangelizans autem genti episcopus Vilfrid, 4.13 (231.8)
sed piscandi peritia genti nulla nisi ad anguillas tantum inerat. 4.13 (231.28)
qui quondam genti Nordanhymbrorum et regni temporalis . . . praefuit, 4.14 (234.25)
qui quondam ipsorum genti praeerat, 4.14 (235.5)
Aldfridi regis, qui post fratrem suum Ecgfridum genti Nordanhymbrorum x et VIIII annis praefuit. 5.1 (282.28)
cum genti suae duobus annis strenuissime praeesset, 5.7 (292.13)
duobus annis continuis genti illi ac regi eius Rathbedo uerbum salutis praedicabat, 5.9 (298.20)
Non enim habent regem idem Antiqui Saxones, sed satrapas plurimos suae genti praepositos, 5.10 (299.31)
misit Pippin . . . Vilbrordum Romam, . . . postulans, ut eidem Fresonum genti archiepiscopus ordinaretur. 5.11 (302.33)
Offa, iuuenis . . . suae genti ad tenenda seruandaque regni sceptra exoptatissimus. 5.19 (322.8)
Certa suae genti ostendit moderamina ritus; 5.19 (330.21)
qui uerbum Dei genti Anglorum euangelizarent. 5.24 (353.13)
Paulinus a Iusto archiepiscopo ordinatur genti Nordanhymbrorum antistes. 5.24 (353.28)
Aedilred, postquam XXXI annos Merciorum genti praefuit, . . . Coenredo regnum dedit. 5.24 (356.1)

gentibus. gentibus primae Germaniae uerbum praedicabat, 1.21 (40.7)
ut . . . communem euangelizandi gentibus pro Domino laborem susciperent. 2.2 (81.17)
ut genti [gentibus] Anglorum una nobiscum uerbum Domini praedicetis; uar. 2.2 (83.19)
Aedilbercti, qui omnibus, . . . usque ad terminum Humbrae fluminis Anglorum gentibus imperabat. 2.3 (85.16)
in his occiduis partibus ad praedicandum gentibus paganis dirigeret, 2.4 (87.30)
quod Saluator noster omnibus praecepit gentibus praedicari. 2.10 (101.6)
Quae enim in . . . Audubaldi regis gentibusque ei subpositis inlustratione, clementia Redemtoris fuerit operata, 2.10 (101.27)
quatinus sui nominis agnitionem diuerso modo gentibus innotescens, 2.11 (104.19)
proposuit . . . uerbum Dei aliquibus earum, quae nondum audierant, gentibus euangelizando committere; 5.9 (296.11)
quia nec ipse ad praedicandum gentibus uenire permittebatur, 5.10 (298.30)

ut cum eius licentia et benedictione desideratum euangelizandi gentibus opus iniret; 5.11 (301.24)
gentibus. receptam partem insulae a ceteris indomitis gentibus, . . . uallo distinguendam putauit. . . 1.5 (16.22)
subito duabus gentibus transmarinis . . . multos stupet 1.12 (25.23)
cuius uos honorem quaeritis et seruatis in gentibus. 1.32 (68.14)
ita ut Christi euangelium plurimorum adnuntiatione in omnibus gentibus, . . . dilatetur. 2.8 (96.28)
Ecce, excellentissime fili, quam luce clarius est, . . . de omnibus prophetatum gentibus, ... 3.29 (197.23)
insulis [que] quae ab Anglorum, et Brettonum, nec non Scottorum et Pictorum gentibus incoluntur, 5.19 (327.5)
gentis. Historiam gentis Anglorum ecclesiasticam, ... Praef. (5.3)
et maxime nostrae gentis uirorum inlustrium, ... Praef. (5.11)
interposito mari a Gessoriaco Morynorum gentis litore proximo, ... 1.1 (9.13)
et exterminium gentis secutum sit. 1.14 (29.13)
qui solus forte Romanae gentis praefatae tempestati superfuerat, ... 1.16 (33.13)
pro pace Armoricanae gentis supplicaturus 1.21 (41.11)
quam studiose erga saluationem nostrae gentis inuigilauerit, ... 1.30 (64.29)
ut et antiquos gentis suae reges laudibus ac meritis transeat, ... 1.32 (68.24)
quanto se in mente nostra gaudia de gentis uestrae perfecta conuersione multiplicant. . . . 1.32 (69.27)
ita ut Sauli quondam regi Israeliticae gentis conparandus uideretur, ... 1.34 (71.13)
sancti Augustini primi Anglorum gentis episcopi 2.1 (76.33)
tam sedulam erga salutem nostrae gentis curam gesserit. 2.1 (79.28)
interrogauit, quod esset uocabulum gentis illius. 2.1 (80.12)
maximam gentis perfidae stragem dedit. 2.2 (84.4)
qui tertius quidem in regibus gentis Anglorum cunctis australibus eorum prouinciis, . . . imperauit; 2.5 (89.9)
quintus Aeduini rex Nordanhymbrorum gentis, ... 2.5 (89.20)
redemtionem gentis illius exspectastis, ... 2.8 (96.3)
immo totius gentis subpositae uobis intellegentiam in amore sui facilius inflammaret. 2.11 (104.27)
quae per uos . . . in conuersatione coniugis uestri summissaeque uobis gentis dignatus fuerit operari, 2.11 (106.14)
Haec quidem memoratus papa Bonifatius de salute regis Aeduini ac gentis ipsius litteris agebat. . 2.12 (106.31)
ac pro salute illius simul et gentis, cui praeerat, et uerbo exhortationis apud homines, . . . ageret; 2.12 (107.8)
eumque . . . occidit in finibus gentis Merciorum ad orientalem plagam amnis, qui uocatur Idlæ; . . 2.12 (110.18)
accepit rex Aeduini cum cunctis gentis suae nobilibus ac plebe perplurima fidem et lauacrum . . 2.14 (113.27)
Tantum rex idem utilitati suae gentis consuluit, ... 2.16 (118.8)
qui et ipse ex eo tempore gentis eiusdem regno annis XX et II^bus uaria sorte praefuit; 2.20 (124.20)
Vt primi successores Æduini regis et fidem suae gentis prodiderint, ... 3.1 (127.1)
scit enim ipse, quia iusta pro salute gentis nostrae bella suscepimus.' 3.2 (129.10)
diem paschae dominicum more suae gentis, cuius saepius mentionem fecimus, . . . obseruare solebat. 3.3 (131.19)
rogauit eum, accepta ibi sede episcopali, suae gentis manere pontificem; 3.7 (140.25)
Quo etiam tempore rex praefatus ipsius gentis, . . . tandem ad memoriam reduxit, ... 3.7 (141.12)
summissa illum satisfactione deprecans ad episcopatum suae gentis redire. 3.7 (141.20)
apud sanctissimum Fresonum gentis archiepiscopum Vilbrordum cum suo antistite Vilfrido moraretur, 3.13 (152.12)
ille, qui ceteram Transhumbranae gentis partem ab Aquilone, . . . regebat, ... 3.14 (155.4)
uel suae gentis auctoritate ne agnitum sequeretur deuictus, ... 3.17 (161.33)
praelatus est a patre regno gentis illius; 3.21 (169.27)
Erat enim rex eiusdem gentis Sigberct, ... 3.22 (171.22)
suscepitque eum . . . Aediluald rex ipsius gentis Orientalium Anglorum, ... 3.22 (174.19)
supplicandumque pro pace gentis eius aeterna, . . . locus facultasque suppeteret. 3.24 (178.27)
rebellarunt aduersus regem Osuiu duces gentis Merciorum, ... 3.24 (180.19)
hi . . . succedentes sub rege Vulfhere, gentis Merciorum episcopatu sunt functi. 3.24 (180.30)
adsumserunt cum electione et consensu sanctae ecclesiae gentis Anglorum, uirum bonum 3.29 (196.10)
Susceptum itaque episcopatum gentis Merciorum simul et Lindisfarorum Ceadda, ... 4.3 (207.1)
Vilfrid, Nordanhymbrorum gentis episcopus, per proprios legatarios adfuit. 4.5 (215.9)
acceperunt subreguli regnum gentis, et diuisum inter se tenuerunt annis circiter X; 4.12 (227.26)
Erat autem rex gentis ipsius Aedilualch, ... 4.13 (230.13)
ideoque pro eis, quasi pro suae gentis aduenis, supplex orabat ad Dominum; 4.14 (235.6)
ubi inter plurimos gentis Anglorum, uel interemtos gladio, uel seruitio addictos, . . . Trumuini, . . . recessit 4.26 (267.15)
qui cum XXXVII annis imperium tenuisset gentis illius, ... 5.7 (294.6)
Aldhelm, . . . scripsit, iubente synodo suae gentis, librum egregium aduersus errorem Brettonum, 5.18 (320.31)
et Vilfrid ad suae potius, hoc est Anglorum, gentis episcopatum reseruatus. 5.19 (324.34)
qui cum legatus suae gentis ad Aldfridum regem missus, ... 5.21 (344.8)
cum reuersus ad Scottiam, multas postea gentis eiusdem turbas . . . correxit; 5.21 (345.5)
ex quo ad praedicationem gentis Anglorum Aidanum miserant antistitem. 5.22 (347.20)
Qui sit in praesenti status gentis Anglorum uel Brittaniae totius. 5.23 (348.13)
Haec de historia ecclesiastica Brittaniarum, et maxime gentis Anglorum, . . . digessi Baeda . . . 5.24 (357.1)
Historiam ecclesiasticam nostrae insulae ac gentis in libris V. 5.24 (359.15)
gentium. Haec in praesenti, . . . quinque gentium linguis, ... 1.1 (11.12)
Ob harum ergo infestationem gentium Brettones legatos Romam . . . mittente , ... 1.12 (26.4)
exterarum gentium inprobitate obrutum uilesceret. 1.12 (27.5)
creberrimas gentium aquilonalium inruptiones; 1.14 (30.18)
id est illarum gentium, quae ad Boream Humbri fluminis inhabitant, ... 1.15 (31.27)
confluentibus certatim in insulam gentium memoratarum cateruis, ... 1.15 (32.5)
aperiens corda gentium ad suscipiendum praedicationis uestrae singulare mysterium. 2.8 (95.26)
non solum suppositarum ei gentium plenissimam salutem . . . credimus subsequendam; 2.8 (96.14)
uniuersalis gentium confessio, suscepto Christianae sacramento fidei, protestetur. 2.8 (96.20)
totius creaturae suae dilatandi subdi etiam in extremitate terrae positarum gentium corda frigida, 2.10 (101.25)
'Omnes dii gentium daemonia, Dominus autem caelos fecit.' 2.10 (102.14)
Dein turbatam incursione gentilium [gentium] prouinciam uidens, ... uar. 3.19 (168.8)
Dedi te in lucem gentium, ... 3.29 (197.11)
'Ego Dominus . . . dedi te in foedus populi, in lucem gentium, ... 3.29 (197.19)
Conditus est autem in ecclesia beati doctoris gentium, ... 4.11 (227.17)
quod antiquo gentium illarum uerbo Viltaburg, . . . uocatur; 5.11 (303.8)
GENTILES. gentilium. Dein turbatam incursione gentilium prouinciam uidens, ... 3.19 (168.8)
GENTILIS, e. gentili. Verum Eorpuald . . . occisus est a uiro gentili nomine Ricberto; 2.15 (116.18)
GENTILITAS. gentilitatis. relicto gentilitatis ritu, ... 1.26 (47.23)
GENV. genibus. ac flexis genibus Deum deprecatus est, ... 3.2 (128.28)
et, cum ibidem diutius flexis genibus oraret, nihilo tardius meruit exaudiri. 4.10 (225.5)
cogitabant . . . ipsum corpus, si possent, in genibus inflectendo breuiare, ... 4.11 (227.7)
ibique genibus flexis supplex supernam pietatem rogaret, ... 4.31 (278.21)
uidens eum melius habentem, ac loqui iam ualentem, flexis genibus gratias egit Deo 5.19 (329.1)
genu. ubi intrantes genu flectere, ac misericordiae caelesti supplicare deberent. 3.17 (161.4)
genua. Augustinus, . . . flectit genua sua ad Patrem Domini nostri Iesu Christi, ... 2.2 (82.8)
'Flectamus omnes genua, ... 3.2 (129.6)

supinas super genua sua manus habere solitus sit. 3.12 (151.24)
flectebat genua sua ad patrem Domini nostri Iesu Christi pro nostra uita et salute precaturus. 5.1 (282.11)
ita ut . . . genua flecteret in terram, Deo gratias agens, 5.21 (345.27)

GENVENSIS, e, *of or pertaining to Genoa.*
Genuensem. per Asterium Genuensem episcopum in episcopatus consecratus est gradum. 3.7 (139.15)

GENVFLECTO. genuflectunt. genuflectunt omnes, adiurant per Dominum, lacrimas fundunt, obsecrant; 4.28 (272.24)

GENVS. genera. inter haec oriuntur duo genera funerum, 1.13 (28.29)
genera. Verum cum alia atque alia uinculorum ei genera hostes inponerent, 4.22 (251.18)
genere. Seuerus, genere Afer Tripolitanus ab oppido Lepti, 1.5 (16.15)
Carausius quidam, genere quidem infimus, 1.6 (17.12)
adlatus est quidam de genere Anglorum, 2.2 (82.4)
auxilium praebente illi Penda uiro strenuissimo de regio genere Merciorum, 2.20 (124.19)
percussus est eiusdem clade pestis inter alios scolasticus quidam de genere Scottorum, 3.13 (152.25)
Successor . . . factus est Anna filius Eni de regio genere, uir optimus, 3.18 (163.15)
Erat autem uir iste de nobilissimo genere Scottorum, 3.19 (164.18)
consecrauit pro eo Damianum, qui de genere Australium Saxonum erat oriundus. 3.20 (169.19)
Primus . . . Diuma, . . . secundus Cellach, . . . uterque de genere Scottorum; 3.24 (179.25)
Vighard presbyter, uir in ecclesiasticis disciplinis doctissimus, de genere Anglorum, 4.1 (201.16)
Caedualla, iuuenis strenuissimus de regio genere Geuissorum, 4.15 (236.10)
multum delectata sit hoc genere infirmitatis, 4.19 (246.6)
Erat namque in eodem monasterio uir de genere Scottorum, 4.25 (263.1)
quanquam sacramentorum genere discreto, sicut una eademque fide, pascha celebrare possemus. 5.21 (337.4)
inter omnes tamen, quas uel in ecclesia, uel in uniuerso hominum genere repperimus tonsuras, 5.21 (342.25)
omnes, quos inuenire potui, . . . quo genere certaminis, . . . uicerint, diligenter adnotare studui. 5.24 (359.19)
generi. Redemptoris nostri benignitas humano generi, . . . propinauit remedia; 2.11 (104.15)
et eam generi humano propitiari rogaret. 4.3 (210.21)
in quo solo didicerat generi humano patere uitae caelestis introitum; 5.7 (292.18)
generibus. exceptis uariorum generibus concyliorum; 1.1 (10.7)
generis. sed et auium ferax terra marique generis diuersi; 1.1 (10.3)
'Cuius,' inquit, 'familiae uel generis es?' 1.7 (19.16)
ipsumque auctorem humani generis confitentes, eum colere, . . . festinemus? 2.17 (119.11)
de qua prouincia ille generis prosapiam et primordia regni habuerat, 3.1 (127.4)
filius Aedilfridi, qui de illa prouincia generis et regni originem duxerat, 3.1 (127.10)
id est, redemtionem generis humani per passionem, resurrectionem, ascensionem . . . Iesu Christi. 3.17 (162.3)
habet protectorem, humani generis redemtorem Dominum nostrum Iesum Christum, 3.29 (198.26)
mox cepere pisces diuersi generis CCC. 4.13 (231.32)
dehinc terram custos humani generis omnipotens creauit.' 4.24 (260.5)
Canebat autem de creatione mundi, et origine humani generis, 4.24 (260.34)
genus. de cuius stirpe multarum prouinciarum regium genus originem duxit. 1.15 (32.3)
humanum genus, quippe ut creatorem omnium atque factorem suum, . . . ueneratur et colit; 2.10 (101.18)
suscepto signo sanctae crucis, per quod humanum genus redemtum est, 2.10 (103.4)
genus. omnipotens Deus humanum genus pro culpa sua funditus extinguere noluit, 1.27 (54.12)
genus a proauis non solum nobile, sed et religiosum ducens. 2.1 (73.20)
illud genus uexilli, quod Romani tufam, Angli appellant thuuf, ante eum ferri solebat. 2.16 (118.19)
ac totum genus Anglorum Brittaniae finibus erasurum se esse deliderans. 2.20 (125.14)
qui caelum et terram et humanum genus creasset, 3.22 (172.4)
a quibus Angli uel Saxones, qui nunc Brittaniam incolunt, genus et originem duxisse noscuntur; 5.9 (296.14)

GERMANI, *Germans; see* **GARMANI.**
Germanorum. dum contra Germanorum Gallorumque gentes, . . . bellum gereret, 1.2 (13.23)

GERMANIA, *Germany.*
Germania. quarum in Germania plurimas nouerat esse nationes, 5.9 (296.12)
Germaniae. Aduenerant autem de tribus Germaniae populis fortioribus, 1.15 (31.14)
Germaniae simul et Hiberniae partes attigit. 3.13 (152.9)
Germaniae. Germaniae, . . . multo interuallo aduersa. 1.1 (9.3)
Germaniam. Vt Ecgberct uir sanctus ad praedicandum in Germaniam uenire uoluerit, nec ualuerit; 5.9 (296.3)

GERMANIA PRIMA, *Upper Germany.*
Germaniae primae. gentibus primae Germaniae uerbum praedicabat, 1.21 (40.7)

GERMANVS, Saint (378?–448?), *Bishop of Auxerre; went to England (446?) to stamp out the Pelagian heresy.*
Germani. Germani pedem lapsus occasione contriuit, 1.19 (37.8)
Germanum. Germanum uenire inuitis uaticinationibus nuntiabant: 1.21 (40.11)
Germanus. electi sunt apostolici sacerdotes Germanus Autissidorensis et Lupus Trecasenae 1.17 (34.5)
Vt Germanus episcopus cum Lupo Brittaniam nauigans, 1.17 (33.22)
ac deinde Germanus plenus Spiritu Sancto inuocat Trinitatem; 1.18 (36.12)
ubi Germanus . . . reliquias habens, 1.18 (36.24)
Germanus ducem se proelii profitetur, 1.20 (38.30)
Tum subito Germanus signifer uniuersos admonet, 1.20 (39.5)
Germanus cum Seuero Brittaniam reuersus, 1.21 (39.28)
adulescentem beatus Germanus sedere conpulit, 1.21 (40.27)
Porro Germanus post haec ad Rauennam . . . aduenit, 1.21 (41.10)

GERMANVS, a, um. **germanae.** qui eum gratia germanae caritatis ad regiam urbem secuti sunt, 2.1 (75.5)
germani. Si debeant duo germani fratres singulas sorores accipere, 1.27 (50.20)
Erant autem duo germani fratres, qui hoc facinus patrarunt; 3.22 (173.18)
IIII siquidem hi, quos diximus, germani fratres, . . . omnes sacerdotes Domini fuere praeclari, 3.23 (176.21)
germanorum. seu duorum fratrum germanorum, . . . filius et filia misceantur. 1.27 (50.31)
germanum. Habuerat autem idem rex secum fratrem germanum eiusdem episcopi, 3.23 (175.7)
Habebat enim germanum fratrem, cui nomen erat Tunna, 4.22 (250.16)
germanus. Cynibillum, qui etiam frater germanus erat ipsius, 3.23 (176.4)

GERMEN. germine. Huius honor genuit casto de germine plures, 4.20 (247.23)

GERMINO. germinans. uineas etiam quibusdam in locis germinans; 1.1 (10.2)
germinare. sed ne herbae quidem ex eo germinare usque ad aestatis tempora contigit. 4.28 (272.2)

GERO. gerebat. Galliam Hispaniamque regebat [gerebat], uar. 1.8 (22.22)
Denique non solum nouae, . . . ecclesiae curam gerebat, 2.4 (87.10)
aduersus regnum, cuius tunc ipse maximam curam gerebat. 4.1 (204.2)
per Vilfridum . . . qui tunc temporis Mediterraneorum Anglorum episcopatum gerebat, ordinatus est; 4.23 (255.15)
uita solitaria, quam in insula Farne ante episcopatus sui tempora gerebat, 5.1 (281.5)
gerens. sed erga curam perpetuae suae saluationis nihil omnino studii et industriae gerens. 3.13 (152.27)
templumque uerendum Aspexit Petri mystica dona gerens. 5.7 (293.26)
Erat ergo pater familias in regione . . . religiosam cum domu sua gerens uitam; 5.12 (304.3)
gereret. dum contra Germanorum Gallorumque gentes, . . . bellum gereret, 1.2 (13.25)
cum primum in toto orbe gereret pontificatum, 2.1 (73.12)

Qui cum annis multis . . . huius quoque monasterii statutis propositis curam gereret, 3.23 (176.11)
ne . . . aliquid indignum suae personae uel ore proferret, uel aliorum motu gereret membrorum. 4.11 (226.11)
ita se modeste et circumspecte in omnibus gereret, 5.19 (322.27)
geri. hoc . . . uno ac non diuerso temporis ordine geri conperimus; 3.25 (184.28)
geritis. 'in multis quidem nostrae consuetudini, immo uniuersalis ecclesiae contraria geritis; 2.2 (83.15)
gero. 'Placidam ego mentem, filioli, erga omnes Dei famulos gero.' 4.24 (262.5)
gerunt. uel alia perplura ecclesiasticae castitati et paci contraria gerunt, 5.18 (321.2)
gesserant. omnes palam, quae gesserant, confitendo proferrent, 4.27 (270.1)
gesserit. tam sedulam erga salutem nostrae gentis curam gesserit. 2.1 (79.28)
gesserunt. episcopatus autem Scottorum, quem gesserunt in prouincia Anglorum, 3.26 (189.21)
gessit. Aetius . . . tertium cum Simmacho gessit consulatum. 1.13 (28.24)
multis annis episcopatum Geuissorum ex synodica sanctione solus sedulo moderamine gessit. 3.7 (141.32)
aliquandiu continentissimam gessit uitam, 5.11 (302.27)
gesta. a discipulis beati papae Gregorii gesta fuere, Praef. (6.12)
uel sub quibus regibus gesta sint, Praef. (6.30)
quae fuerint gesta ecclesiastica, Praef. (7.16)
quae sint gesta erga fidem Christi, Praef. (7.19)
Gregorio papae, quae sint Brittaniae gesta mandarit, 1.27 (48.1)
audierit de mirandis, quae . . . in illa prouincia gesta fuerint, narrare. 3.13 (152.15)
simpliciter ea, quae de illo siue per illum sunt gesta, describens, 3.17 (161.15)
Gesta uero sunt haec temporibus Aldfridi regi , 5.1 (282.26)
De cuius statu uitae, ut ad priora repedantes, paucis, quae sunt gesta, memoremus, 5.19 (322.25)
gestis. noscendis priorum gestis siue dictis, Praef. (5.10)
placuit hoc inter cetera eiusdem synodi gestis inseri, 5.19 (326.31)
gestis. Vbi magnis grauibusque proeliis saepe gestis 1.5 (16.21)
Quibus ita gestis, 1.18 (37.3)
Quibus rite gestis, cupiens se ab omnibus saeculi . . . negotiis alienare, 3.19 (167.31)
Quibus ita gestis, et ipsi sacerdotes doctoresque eorum domum rediere laetantes. 3.30 (200.7)
Quibus ita gestis, non multo post eadem ipsa die puer defunctus est, 4.14 (235.30)
gestorum. uel in libello gestorum ipsius conscripsi, Praef. (7.30)
gestum. Quod ita esse gestum, qui referebat mihi, frater inde adueniens adiecit, 3.12 (151.12)

GERONTIVS (*fl.* 407), *a general in the army of Constantine, the British Tyrant.*
Gerontius. Constantemque . . . Gerontius comes suus apud Viennam interfecit. 1.11 (25.3)

GERVLVS. gerulis. Verumtamen gerulis harum nostrarum litterarum uestris missis, et beneficia sanctorum, . . . eis fecimus dari, 3.29 (198.13)
gerulos. coniugi uestrae, . . . direximus per praefatos gerulos crucem 3.29 (198.20)

GESSORIACVM, *Boulogne.*
Gessoriaco. interposito mari a Gessoriaco Morynorum gentis litore proximo, 1.1 (9.13)

GESTO. gestabat. ea, quam in capite suo gestabat ille, cui se confitenti Dominus ait: 5.21 (342.27)
gestamus. ipsius passionis signum cum illo in uertice, summa uidelicet corporis nostri parte gestamus. 5.21 (343.6)
gestarentur. ut non solum in pugna ante illum uexilla gestarentur, 2.16 (118.16)
gestat. tantaque gratia frontispicii mentem ab interna gratia uacuam gestat!' 2.1 (80.11)
supra locum, ubi Dominus natus specialius traditur, sanctae Mariae grandem gestat ecclesiam. 5.16 (317.19)
Summum uero culmen auro ornatum auream magnam ge tat crucem. 5.16 (318.13)

GETA (*fl.* 210), *son of Emperor Seuerus.*
Geta. quorum Geta hostis puplicus iudicatus interiit, 1.5 (17.5)
Getam. Reliquit duos filios, Bassianum et Getam; 1.5 (17.5)

GEVISSAE, GEVISSI, *the ancient name of the West Saxons; see* **SAXONES OCCIDENTALES.**
Geuissae. gens Occidentalium Saxonum, qui antiquitus Geuissae uocabantur, 3.7 (139.9)
Geuissorum. Nam egressi contra gentem Geuissorum in proelium, 2.5 (92.6)
ac primum Geuissorum gentem ingrediens, 3.7 (139.17)
multis annis episcopatum Geuissorum ex synodica sanctione solus sedulo moderamine gessit. 3.7 (141.31)
Caedualla, iuuenis strenuissimus de regio genere Geuissorum, 4.15 (236.10)
quorum prior postea ab eodem Caedualla, cum esset rex Geuissorum, occisus est, et prouincia grauiore seruitio subacta. 4.15 (236.16)
ipsi episcopo Geuissorum, id est Occidentalium Saxonum, qui essent in Venta ciuitate, subiacerent. 4.15 (236.22)
Postquam ergo Caedualla regno potitus est Geuissorum, 4.16 (236.27)
Sita est autem haec insula contra medium Australium Saxonum et Geuissorum, 4.16 (238.15)
quod per terras Iutorum, quae ad regionem Geuissorum pertinent, praefatum pelagus intrat; 4.16 (238.21)
ordinatus est in eodem monasterio ab Agilbercto episcopo Geuissorum, cuius supra meminimus, 5.19 (325.24)

GIGNO. genitus 'Quid ad te pertinet, qua sim stirpe genitus?' 1.7 (19.17)
genuerit. aut postquam genuerit, post quantum tempus possit ecclesiam intrare? 1.27 (53.26)
ne morte praeoccupetur, quod genuerit, 1.27 (53.28)
Nam si hora eadem, qua genuerit, 1.27 (54.24)
Baptizare autem uel enixam mulierem, uel hoc quod genuerit, 1.27 (54.32)
genuit. Huius honor genuit casto de germine plures, 4.20 (247.23)
Virgineos flores huius honor genuit. 4.20 (247.24)
gignit. gignit et lapidem gagatem plurimum optimumque; 1.1 (10.23)
hora eadem, qua gignit, 1.27 (54.33)
quoadusque, qui gignitur [gignit], ablactatur. uar. 1.27 (55.7)
gignitur. uel ipsam hora eadem, qua gignit, uel hoc, quod gignitur, 1.27 (54.33)
quoadusque, qui gignitur, ablactatur. 1.27 (55.7)
gignunt. ut mulieres filios, quos gignunt, nutrire contemnant, 1.27 (55.9)
despiciunt lactare, quos gignunt. 1.27 (55.12)

GILDVS (516?–570?), *Gildas, British historian to whom Bede is much indebted in the early part of the Historia Ecclesiastica.*
Gildus. quae historicus eorum Gildus flebili sermone describit, 1.22 (42.3)

GIVDI VRBS, *probably Inchkeith, on the Forth.*
Giudi urbem. Orientalis habet in medio sui urbem Giudi, 1.12 (25.32)

GLACIES. glacie. dum incautius forte noctu in glacie incederet, 3.2 (130.13)
adiciens, quia tempus hiemis fuerit acerrimum et glacie constrictum, 3.19 (167.20)
glacierum. Cumque tempore hiemali defluentibus circa eum semifractarum crustis glacierum, 5.12 (310.22)

GLADIVS. gladii. interemerunt; Album quidem Heuualdum ueloci occisione gladii, 5.10 (300.18)
gladiis. eos, quos defendere debuerat, inermes ac nudos ferientibus gladiis reliquit. 2.2 (84.29)
gladiis. Brocmailum, qui eos intentos precibus a barbarorum gladiis protegeret. 2.2 (84.18)
Qui cum mox undique gladiis inpeteretur, 2.9 (99.15)
gladio. Accinctus ergo gladio accepit lanceam in manu, 2.13 (113.13)
discinxit se gladio suo, et dedit illum ministro, 3.14 (156.30)
inter plurimos gentis Anglorum, uel interemtos gladio, uel seruitio addictos, . . . Trumuini, . . . recessit 4.26 (267.16)
gladios. Laeta ridet gladios ferro robustior Anges, 4.20 (248.1)

Caecilia infestos laeta ridet gladios. 4.20 (248.2)
GLENI FLVVIVS, *the Beaumont Water, Northumberland.*
Gleni fluuio. atque instructam in fluuio Gleni, qui proximus erat, lauacro remissionis abluere. 2.14 (115.6)
GLOBVS. globi. Et cum progrederemur . . . ecce subito apparent ante nos crebri flammarum tetrarum globi, 5.12 (305.28)
At cum idem globi ignium sine intermissione modo alta peterent, 5.12 (305.32)
globis. iussit se obuiam saeuientibus et huc illucque uolantibus ignium globis efferri. 2.7 (94.22)
globos. et inter globos flammantis incendii incolume tabernaculum, 1.19 (37.23)
Qui cum uentis ferentibus globos ignis ac fumum supra muros urbis exaltari conspiceret, 3.16 (159.15)
glouos. Qui cum uentis ferentibus globos [glouos] ignis . . . conspiceret, uar. 3.16 (159.15)
GLORIA. gloria. Brittaniam tum plurima confessionis Deo deuotae gloria sublimauit. 1.6 (18.4)
Erat illis apostolorum instar et gloria et auctoritas 1.17 (35.10)
laborem magnum maior aeternae retributionis gloria sequitur. 1.23 (43.13)
cui uestra gloria idcirco est praeposita, 1.32 (68.1)
uestra gloria cognitionem unius Dei, . . . subiectis festinet infundere, 1.32 (68.22)
quod petimus, ut eo benignitatis animo gloria uestra suscipiat, 2.10 (104.4)
quod etiam uestra gloria, Christianae fidei suscepto mirabili sacramento, 2.11 (104.31)
quod petimus, ut eo benignitatis animo gloria uestra suscipiat, 2.11 (106.26)
"Sit gloria nomini Domini." 4.19 (245.28)
Aspice, nupta Deo, quae sit tibi gloria terris; 4.20 (248.27)
gloria. dogmatizabat corpus nostrum in illa resurrectionis gloria inpalpabile, 2.1 (75.31)
quod corpus nostrum illa inmortalitatis gloria sublimatum subtile quidem sit 2.1 (76.3)
et cornu eius exaltaretur in gloria; 2.1 (77.21)
cum ceteris sanctae ecclesiae pastoribus resurrecturus in gloria, 2.1 (79.7)
Cuius uidelicet natalis ibi solet in magna gloria celebrari die Nonarum Iuliarum. 3.8 (144.24)
quanta in gloria uir Domini Cudberct post mortem uiueret, 4.30 (276.8)
corpora condidit cum multa gloria in ecclesia Coloniae ciuitatis iuxta Rhenum. 5.10 (301.13)
qui in praesenti quidem uita a deceptis hominibus putabantur digni perpetuae gloria coronae; 5.21 (343.33)
gloriae. cui gloriae caelestis suo labore et industria notitiam prouenisse gaudebat. 1.32 (67.21)
uestrae quoque gloriae nomen etiam posteris gloriosius reddet, 1.32 (68.12)
Nordanhymbrorum praefuit rex fortissimus et gloriae cupidissimus Aedilfrid, 1.34 (71.10)
Felix . . . uir magnae gloriae in Christo et ecclesia, 2.1 (73.22)
ne eis fulgeret inluminatio euangelii gloriae Christi.' 2.9 (98.31)
in splendore gloriae sempiternae cohabitare, eius opitulante munificentia ualeatis. 2.10 (103.30)
Quod equidem in uestrae gloriae sensibus caelesti conlatum 2.11 (104.21)
animum irae et auaritiae uictorem, superbiae simul et uanae gloriae contemtorem; 3.17 (161.19)
hoc est unum Deum in tribus subsistentiis, uel personis consubstantialibus, aequalis gloriae et honoris. 4.17 (239.29)
'Nunc laudare debemus . . . potentiam Creatoris et consilium illius, facta Patris gloriae. 4.24 (260.2)
hoc sibi gloriae singularis desiderans adipisci, 5.7 (292.16)
gloriam. inde per inanem gloriam intus cadat. 1.31 (66.22)
ut surgentem cordis gloriam memoria reatus premat. 1.31 (67.14)
Praeterea scire uestram gloriam uolumus, 1.32 (69.9)
Nobilitatem . . . totam ad nanciscendam supernae gloriam dignitatis . . . conuertit. 2.1 (74.3)
plenius ex uicinitate locorum uestram gloriam conicimus cognouisse. 2.10 (101.29)
uerum etiam eidem peremto in regni gloriam successit. 2.12 (110.23)
et ipsa Deo dilectam perpetuae uirginitatis gloriam in magna corporis continentia seruauit; 3.8 (144.6)
omnibus, . . . clementiam pii Conditoris et fidelis eius famuli gloriam praedicabat.' 3.13 (154.1)
uidit gloriam Dei et Iesum stantem a dextris Dei; 5.14 (314.31)
in qua resurrectionis suae gloriam Dominus multifario piae reuelationis gaudio discipulis patefecit. 5.21 (336.27)
glorias. inter . . . specialis benedictionis glorias etiam maxima fuisse fertur humilitas, 3.14 (156.5)
GLORIFICO. glorificamus. Et glorificamus Dominum nostrum Iesum, 4.17 (240.16)
glorificantes. glorificantes Deum Patrem sine initio, 4.17 (240.20)
glorificare. temporalibus quoque honoribus regem glorificare satagens, 1.32 (67.21)
glorificauerunt. Et glorificamus Dominum nostrum Iesum, sicut isti glorificauerunt; 4.17 (240.17)
GLORIOR. gloriaretur. ne de uirtutibus suis gloriaretur, 1.31 (66.9)
GLORIOSIOR, ius. **gloriosius.** uestrae quoque gloriae nomen etiam posteris gloriosius reddet, 1.32 (68.13)
GLORIOSISSIME. sedem Romanae et apostolicae ecclesiae . . . gloriosissime rexit, 2.1 (73.5)
post regnum temporale, quod L et VI annis gloriosissime tenuerat, 2.5 (89.8)
Cuius studiis gloriosissime fauit Felix episcopus, 2.15 (116.25)
Aeduini cum X et VII annis genti Anglorum simul et Brettonum gloriosissime p aeesset, 2.20 (124.15)
Qui cum in illa prouincia duobus annis ac dimidio ecclesiam gloriosissime rexisset, 4.3 (207.16)
cui ipse post Benedictum, de quo supra diximus, gloriosissime praefuit; 5.21 (332.29)
Eleuther Romae praesul factus XV annos ecclesiam gloriosissime rexit, 5.24 (352.14)
GLORIOSISSIMVS, a, um. **gloriosissimo.** Gloriosissimo Regi Ceoluulfo Praef. (5.1)
Domino gloriosissimo atque praecellentissimo filio Aedilbercto regi 1.32 (67.24)
'Domino excellentissimo et gloriosissimo regi Naitano, Ceolfrid abbas in Domino salutem. 5.21 (333.14)
gloriosissimus. Denique gloriosissimus dux Francorum Pippin, ubi haec conperiit, 5.10 (301.11)
GLORIOSVS, a, um. **gloriosa.** perpetua tamen mansit uirginitatis integritate gloriosa; 4.19 (243.12)
gloriosa. Insiste ergo, gloriosa filia, 2.11 (105.29)
gloriosae. Dominae gloriosae filiae Aedilbergae reginae, Bonifatius 2.11 (104.13)
Vnde paternis officiis uestrae gloriosae Christianitati nostram commonitionem non distulimus conferendam; 2.11 (105.13)
gloriosam. cum profecto gloriosam coniugem uestram, . . . inluminatam agnouimus. 2.10 (101.32)
gloriose. Et ideo, gloriose fili, eam, . . . sollicita mente custodi, 1.32 (68.4)
Haec nunc, gloriose fili, paucis locutu sum, 1.32 (69.24)
gloriosi. Quae enim in gloriosi filii nostri Audubaldi regis . . . clementia Redemtoris fuerit operata, 2.10 (101.27)
ex qua re non solum gloriosi coniugis uestri, . . . intellegentiam in amore sui facilius inflammaret. 2.11 (104.26)
qui ad nos gloriosi filii nostri Audubaldi regis laudabilem conuersionem nuntiantes peruenerunt, 2.11 (104.29)
usque dum et ipse suo tempore ad caelestia regna cum gloriosi fructu laboris ascendit. 2.20 (126.18)
gloriosi. quo trahente leuaretur sursum haec, quam contemplabatur species corporis gloriosi, 4.9 (222.18)
glorioso. Exemplar epistulae . . . Bonifatii directae uiro glorioso Æduino regi Anglorum. 2.10 (100.23)
Viro glorioso Aeduino regi Anglorum, Bonifatius 2.10 (100.24)
glorioso. cumque de glorioso coniuge uestro paterna caritas sollicite perquisisset, 2.11 (105.7)
gloriosos. Vnde praesenti stilo gloriosos uos adhortandos cum omni affectu intimae caritatis curauimus; 2.10 (102.1)
GLOVOS, *see* **GLOBVS.**
GNARVS, a, um. **gnarus.** ubi doctus in scripturis, sanctorumque locorum gnarus esse conpertus est, 5.15 (316.27)
GOBBAN (*fl.* 623), *a priest of Fursa's.*
Gobbano. reliquit monasterii et animarum curam fratri suo Fullano, et presbyteris Gobbano et Dicullo, 3.19 (168.1)
GODMVNDDINGAHAM, *Goodmanham, Yorkshire.*

Godmunddingaham. locus . . . non longe ab Eburaco ad orientem, ultra amnem Doruuentionem, et uocatur hodie Godmunddingaham, 2.13 (113.22)
GODVINE, *Archbishop of Lyons, 693?–713?.*
Goduine. ordinatus autem anno sequente . . . a Goduine metropolitano episcopo Galliarum; 5.8 (295.28)
GOLGOTHANA ECCLESIA, *a church in Jerusalem built on the site of the Crucifixion.*
Golgothana. Dehinc ab occasu Golgothana uidetur ecclesia, 5.16 (317.27)
GORDIANVS (*fl.* 540), *a Roman, father of Gregory the Great.*
Gordiano. Erat autem natione Romanus, a patre Gordiano, 2.1 (73.19)
GOTHI, *the Goths.*
Gothis. Fracta est autem Roma a Gothis 1.11 (25.5)
Anno CCCCVIIII, Roma a Gothis fracta, 5.24 (352.22)
Gothorum. inruptionis, quae per Halaricum regem Gothorum facta est, 1.11 (24.21)
GRABATVS. grabato. ut neque equo uehi posset, sed manibus ministrorum portaretur in grabato. 5.19 (328.23)
grauato. sed manibus ministrorum portaretur in grabato [grauato]. uar. 5.19 (328.23)
GRADVS. gradibus. gradibus uel passibus, non autem saltibus eleuatur. 1.30 (65.28)
gradu. functus gradu consulatus cum Lucio Bibulo, 1.2 (13.22)
Laurentius archiepiscopi gradu potitus 2.4 (87.4)
et credentibus gratiam baptismi, quicumque sacerdotali erant gradu praediti, ministrare. 3.3 (132.18)
missus est Aedan, accepto gradu episcopatus. 3.5 (135.19)
quos olim sacerdotii gradu non ignobiliter potitos, fama iam uulgante, conpererat; 3.19 (166.14)
Qui accepto gradu episcopatus rediit ad prouinciam, 3.22 (173.2)
et duo ex eis etiam summi sacerdotii gradu functi sunt. 3.23 (176.24)
quatinus accepto ipse gradu archiepiscopatus, 3.29 (196.14)
in ecclesia beati Petri apostoli iuxta honorem et uita et gradu eius condignum conditus est. 4.26 (267.29)
acceptum presbyteratus officium condignis gradu ipse consecrabat actibus. 5.1 (281.7)
in quibus eximius Vilbrord presbyteri gradu et merito praefulgebat. 5.10 (299.4)
Haemgils, presbyteratus etiam, quem bonis actibus adaequabat, gradu praeminens, 5.12 (309.23)
qui nunc episcopalem Lindisfarnensis ecclesiae cathedram condignis gradu actibus seruat. 5.12 (310.8)
gradui. locum sedis eorum gradui congruum . . . donaret, 1.26 (47.31)
Misit idem Laurentius . . . Brettonum sacerdotibus litteras suo gradui condignas, 2.4 (88.9)
Qui indignum se tanto gradui respondens, 4.1 (202.13)
gradum. redemtos . . . discipulos fecit, atque ad sacerdotalem usque gradum erudiendo atque instituendo prouexit. 3.5 (136.32)
per Asterium Genuensem episcopum in episcopatus consecratus est gradum. 3.7 (139.16)
Finan pro illo gradum episcopatus a Scottis ordinatus ac missus acceperat. 3.25 (181.4)
acceptumque sacerdotii gradum condignis ornans actibus, 3.27 (193.28)
ambo de monachorum collegio in episcopatus gradum adsciti. 4.12 (229.10)
nemo gradum ministerii ac sedis episcopalis ante Danihelem, . . . accepit. 4.16 (238.11)
Rapta est . . . post annos VII, ex quo abbatissae gradum susceperat; 4.19 (244.23)
qui ecclesiasticum gradum, hoc est altaris officium, apte subirent, 4.23 (254.19)
Qui susceptum episcopatus gradum ad imitationem beatorum apostolorum uirtutum ornabat operibus. 4.28 (273.13)
Vt Theodoro defuncto archiepiscopatus gradum Berctuald susceperit; 5.8 (294.14)
Quo tempore ibi gradum archiepiscopatus Honorius, . . . seruabat. 5.19 (323.25)
qui uel monachi uotum, uel gradum clericatus habentes, 5.21 (343.13)
Nono decimo autem uitae meae anno diaconatum, tricesimo gradum presbyteratus, . . . suscepi. 5.24 (357.16)
gradus. is, qui superest, consors eiusdem gradus habeat potestatem alterum ordinandi . . . sacerdotem; 2.18 (120.18)
de quo una cum consortibus eiusdem sui gradus recte ac ueraciter dici potest, 5.8 (294.27)
GRAMEN. gramine. Aut hic Campano gramine corda tumet.' 1.10 (24.15)
GRANDESCO. grandescere. grandescere populus coepit aduenarum, 1.15 (32.5)
GRANDIOR, ius. **grandioris.** 'Grande uulnus grandioris curam medellae desiderat; 4.25 (263.17)
GRANDIS, e. **grande.** Ipsum namque est, quod nunc grande de modico effectum, Muigéo consuete uocatur, 4.4 (214.2)
'Grande uulnus grandioris curam medellae desiderat; 4.25 (263.17)
grandem. emitque partem eius non grandem, ad constituendum ibi monasterium, 4.4 (213.25)
supra locum, ubi Dominus natus specialius traditur, sanctae Mariae grandem gestat ecclesiam. 5.16 (317.19)
grandi. Aedilfrid collecto grandi exercitu ad ciuitatem Legionum, 2.2 (84.1)
accenso grandi igne in medio, 3.10 (147.14)
grandi. O quam grandi distantia diuisit Deus inter lucem et tenebras! 5.14 (314.28)
grandis. nam etsi terribilis iste ac grandis esse rogus uidetur, 3.19 (166.1)
grandis. et accepta ab eo possessione ecclesiae cuiusdam et agelli non grandis, 4.12 (228.16)
grandis. ecclesia rotunda grandis, ternas per circuitum cameratas habet porticus desuper tectas. 5.17 (318.30)
GRANDO. grandine. alterum furenti grandine ac frigore niuium omnia perflante atque uerrente non minus intolerabile praeferebat. 5.12 (305.2)
GRANTACAESTIR, *Grantchester, near Cambridge.*
Grantacaestir. uenerunt ad ciuitatulam quandam desolatam, . . . quae lingua Anglorum Grantacaestir uocatur; 4.19 (245.2)
GRASSATOR. grassatores. Reuertuntur ergo inpudentes grassatores Hiberni domus, 1.14 (29.23)
GRASSOR. grassantis. talibus protinus totam uim ueneni grassantis, 1.1 (13.5)
GRATANTER. quae cum ille et munera gratanter acciperet, 4.30 (277.5)
diuertentes ad Pippinum ducem Francorum, gratanter ab illo suscepti sunt; 5.10 (299.7)
GRATANTISSIME. atque ab apostolico papa omnibusque, qui audiere uel legere, gratantissime susceptum. 4.18 (242.30)
GRATIA (*adv.*). et carnis commixtio creandorum liberorum sit gratia, 1.27 (58.22)
sed solummodo creandorum liberorum gratia utitur, 1.27 (58.24)
qui eum gratia germanae caritatis ad regiam urbem secuti sunt, 2.1 (75.5)
Eanfridum inconsulte ad se cum . . . militibus postulandae pacis gratia uenientem, . . . damnauit. 3.1 (128.9)
Numquam diuitibus honoris siue timoris gratia, siqua delinquissent, reticebat; 3.5 (136.22)
sed tunc legendarum gratia scripturarum in Hibernia non paruo tempore demoratus, 3.7 (140.21)
multi de Brittania monachicae conuersationis gratia Francorum uel Galliarum monasteria adire solebant; 3.8 (142.18)
ubi postmodum, castigandi huius facinoris gratia, monasterium constructum est; 3.14 (155.25)
Solebat . . . saepius etiam suam, . . . prouinciam exhortandi gratia reuisere: 3.23 (174.27)
sui patris, ad cuius corpus dilectionis ipsius gratia uenerat, 3.23 (177.6)
ad ecclesiam . . . audiendi sermonis Dei gratia confluebant; 3.26 (191.14)
uel continentioris uitae gratia illo secesserant. 3.27 (192.12)
qui et ipse aeuo sequente Hiberniam gratia legendi adiit, 3.27 (192.22)
Cum ergo ueniret ad eum . . . gratia uisitationis de Brittania uir sanctissimus 4.3 (211.23)
praeter inminentibus sollemniis maioribus, uerbi gratia paschae, pentecostes, epifaniae, 4.19 (244.9)
Erat . . . affabilis omnibus, qui ad se consolationis gratia ueniebant; 4.28 (273.22)
in nouo recondita loculo in eodem quidem loco, sed supra pauimentum dignae uenerationis gratia locarent. 4.30 (276.15)

quod uir esset multae pietatis ac religionis, iniunctoque sibi officio supernae tantum mercedis gratia subditus. 4.31 (278.8)
mox eadem, quae nostri gratia modicum siluerat, tempestas rediit, 5.1 (282.18)
quia modica illa, . . . intercapedo quietis, ad uiri Dei preces nostrae euasionis gratia caelitus donata est' 5.1 (282.22)
nam saepius ante illum percipiendae elimosynae gratia uenire consueuerat, 5.2 (283.22)
cum legationis gratia missus a sua gente, uenisset ad Aldfridum, 5.15 (315.17)
qui locorum gratia sanctorum uenerat Hierosolymam, 5.15 (316.19)

GRATIA. gratia. quia sancti mysterii gratia, . . . cum magna discretione prouidenda est; 1.27 (54.35)
et quanta sit in eadem gente gratia, 1.31 (67.10)
Incolumem excellentiam uestram gratia superna custodiat, 1.32 (70.2)
tantaque gratia frontispicii mentem ab interna gratia uacuam gestat!' 2.1 (80.10)
Incolumem excellentiam uestram gratia superna custodiat. 2.17 (120.5)
ut quando unum ex uobis diuina ad se iusserit gratia euocari, 2.18 (121.23)
Incolumem excellentiam uestram gratia superna custodiat.' 3.29 (199.3)
Diuina nos gratia in unitate sanctae suae ecclesiae uiuentes custodiat incolumes. 4.5 (217.18)
quanta sanctos Christi lux in caelis, quae gratia uirtutis possideret, 4.10 (225.11)
quod diuina uobis misericordia [gratia] per intercessionem . . . Osualdi, . . . conferre dignata est. uar. 4.14 (234.23)
ut omnes Brittaniae fines illius gratia splendoris inpleret. 4.23 (256.7)
'Si mihi diuina gratia in loco illo donauerit, 4.28 (271.12)
ut ipse pater Fonte renascentis, quem Christi gratia purgans Protinus albatum uexit in arce poli. 5.7 (293.19)
Gratia te Regis aeterni longiori tempore regnantem ad nostram omnium pacem custodiat incolumem, 5.21 (345.18)

gratia. subito diuina gratia respectus, 1.7 (18.17)
qui oportune laetus, gratia decentissima, 1.7 (20.27)
Omnipotens Deus sua uos gratia protegat, 1.23 (43.18)
qua ratione poterit a sacri baptismatis gratia prohibere? 1.27 (54.17)
ad nanciscendam supernae gloriam dignitatis diuina gratia largiente conuertit. 2.1 (74.3)
in quo tanta perfectionis gratia coepit conuersari, 2.1 (74.5)
iuuante se gratia catholicae ueritatis, 2.1 (75.28)
tantaque gratia frontispicii mentem ab interna gratia uacuam gestat!' 2.1 (80.11)
dicentium posse sine peccato hominem existere ex propria uoluntate, et non ex gratia Dei? 2.19 (124.3)
ibique ad doctrinam Scottorum cathecizati, et baptismatis sunt gratia recreati. 3.1 (127.16)
desiderans totam, . . . gentem fidei Christianae gratia inbui, 3.3 (131.7)
Verum quia gratia caritatis feruere non omiserunt, 3.4 (135.10)
qui gratia discretionis, quae uirtutum mater est, ante omnia probabatur inbutus; 3.5 (137.23)
intellegentes eum, qui uerus est Deus, et interioribus se bonis et exterioribus caelesti gratia ditasse. 4.13 (231.24)
et diuina se iuuante gratia, mox cepere pisces diuersi generis ccc. 4.13 (231.31)
duo regii pueri fratres uidelicet Arualdi regis insulae, speciali sunt Dei gratia coronati. 4.16 (237.20)
praesidente Theodoro, gratia Dei archiepiscopo Brittaniae insulae et ciuitatis Doruuernis; 4.17 (239.12)
In huius monasterio abbatissae fuit frater quidam diuina gratia specialiter insignis, 4.24 (258.28)
erat gratia conpunctionis semper ad caelestia suspensus. 4.28 (273.26)
quatinus aequatus gratia suo intercessori, sicut uno eodemque tempore cum eo de corpore egredi, 4.29 (275.19)
locus ille, qui tanta miraculi caelestis gratia sacratus est; 4.30 (277.11)
si se tali molestia diutius castigari diuina prouidente gratia oporteret, 4.31 (278.25)
indumenta, . . . etiam ipsa a gratia curandi non uacarunt, 4.31 (279.15)
contigit eum subito diuinae pietatis gratia per sanctissimi patris Cudbercti reliquias sanari. 4.32 (280.3)
factum est, opitulante gratia diuina, ut multos in breui ab idolatria ad fidem conuerterent Christi. 5.10 (299.13)
Diuina utique gratia disponente, ut uir unitatis ac pacis studiosissimus ante ad uitam raperetur aeternam, 5.15 (316.12)
Delectabatur enim antistes prudentia uerborum iuuenis, gratia uenusti uultus, 5.19 (324.4)
tertio tempore saeculi cum gratia uenit ipse, 5.21 (340.3)
concordat autem eis, qui sine praeueniente gratia Christi se saluari posse confidunt; 5.21 (340.25)
quorum tamen intus conscientia in parili uirtutum sibi gratia concordabat. 5.21 (342.18)
quam ipse uelut noua quadam relucente gratia ecclesiasticae societatis et pacis Christo consecrauerat; 5.22 (347.23)

gratiae. Pelagius Bretto contra auxilium gratiae supernae 1.10 (23.27)
qui ad confirmandam fidem gratiae caelestis Brittanias uenirent. 1.17 (34.7)
ad abigendos ex obsessis corporibus daemones gratiae salutaris haberet effectum. 3.11 (149.1)
In quo tunc monasterio nonnulla caelestis gratiae dona specialiter ostensa fuisse perhibentur; 4.14 (232.29)
Hild, quam omnes, qui nouerant, ob insigne pietatis et gratiae matrem uocare consuerant, 4.23 (255.26)
quae usque ad hanc diem sufficientem cunctis illo aduenientibus gratiae suae caelestis copiam ministrat. 4.28 (271.29)
ecclesiam suam, quae saepe lunae uocabulo designatur, internae gratiae luce repleuit. 5.21 (340.18)

gratiae. si donum gratiae contradicere posse uideatur. 1.27 (54.19)

gratiam. uel quorum tempore regum gratiam euangelii perceperint, Praef. (6.35)
Pelagius Bretto contra gratiam Dei superba bella susceperit. 1.10 (23.22)
dogma peruersum gratiam Christi blasphemando 1.17 (33.28)
certatim populi ad gratiam baptismatis conuolarent. 1.20 (38.18)
ad omnipotentis Dei gratiam eodem Domino largiente, 1.29 (63.22)
animae per exteriora miracula ad interiorem gratiam pertrahuntur; 1.31 (66.19)
eam, quam accepisti diuinitus gratiam, 1.32 (68.4)
Omnipotens itaque Deus in uobis gratiam suam, quam coepit, perficiat, 1.32 (69.31)
ac totis desideriis ad aeternitatis gratiam uenire concupiscat.' 2.1 (78.22)
in plurimorum corde fidelium spiritalis gratiam lucis accenderet. 2.2 (82.11)
et aliquos, . . . de paganis ad fidei gratiam praedicando conuerteret. 2.9 (98.28)
quod uos diuina misericordia ad suam gratiam uocare dignata est, 2.17 (119.15)
et credentibus gratiam baptismi, quicumque sacerdotali erant gradu praediti, ministrare. 3.3 (132.17)
et sanitatum ibi gratiam capere sibi suisque coeperunt. 3.10 (147.27)
Constatque multos ex eo tempore gratiam sanitatis in eodem loco consecutos; 3.17 (161.6)
et ipsam gentem Merciorum . . . ad fidei Christianae gratiam conuertit. 3.24 (179.19)
Nam exsurgens ab oratione, priusquam exiret de loco, petitae lucis gratiam recepit; 4.10 (225.7)
Visumque est omnibus caelestem ei a Domino concessam esse gratiam. 4.24 (260.20)
Vnde mox abbatissa amplexata gratiam Dei in uiro, saecularem illum habitum relinquere, . . . docuit, 4.24 (260.25)
ut, . . . ad eius uidendam gratiam simul transeamus ad caelos. 4.29 (274.30)
aspicio ante nos multo maiorem luminis gratiam quam prius; 5.12 (307.31)
ea, quam habebat ille, cui gratiam Spiritus Sancti conparare uolenti dicit idem Petrus: 5.21 (342.33)
quod cum fratribus, quos ad unitatis gratiam conuerterat, inchoauit, 5.22 (347.30)

gratiarum. quin ei, qui tanta sibi beneficia donaret, dignis ipse gratiarum actionibus responderet. 2.12 (109.12)
Celebrent ergo missas per cuncta monasterii oratoria huius, siue pro gratiarum actione exauditae suae deprecationis, 4.14 (235.3)

gratias. acturi Deo per ipsum gratias, 1.18 (36.24)
actura gratias intrat ecclesiam, 1.27 (54.25)
et donatori omnium de satietate sua gratias referant; 1.30 (65.24)

Cumque idem rex, praesente Paulino episcopo, gratias ageret diis suis 2.9 (99.20)
e contra episcopus gratias coepit agere Domino Christo, 2.9 (99.22)
et beato Petro apostolorum principi uberes merito gratias exsoluamus. 2.11 (106.21)
Qui ait: 'Gratias quidem ago beneuolentiae tuae; 2.12 (108.7)
Pro quibus maiestati eius gratias indesinenter exsoluimus, 2.18 (121.1)
siue gratias agendi Domino semper ubicumque sedens, 3.12 (151.23)
Osuiu, . . . pro conlata sibi uictoria gratias Deo referens dedit filiam suam . . . consecrandam; 3.24 (178.22)
gratiasque ei agimus, 3.29 (198.9)
gratias agentes rettulerunt ad monasterium. 4.19 (245.6)
in quo toto tempore numquam ipsa uel conditori suo gratias agere, . . . praetermittebat. 4.23 (256.19)
monebat omnes . . . in aduersis rerum . . . fideliter Domino esse gratias semper agendas 4.23 (256.25)
ac pro sua sanitate Domino gratias denuo referens, quid erga se actum esset, fratribus indicauit; 4.31 (279.9)
ille gratias agens pietati, quam erga eum, cum esset peregrinus, habere dignaretur, 5.19 (324.12)
flexis genibus gratias egit Deo cum omnibus, qui aderant, fratribus. 5.19 (329.2)
Conualuit igitur episcopus, cunctis gaudentibus, ac Deo gratias agentibus, 5.19 (329.21)
ita ut . . . genua flecteret in terram, Deo gratias agens, 5.21 (345.27)
gratis. sed diuinitus adiutus gratis canendi donum accepit. 4.24 (259.8)

GRATIANVS (359–383), *Roman emperor.*
Gratiano. regnante Gratiano, 1.9 (23.1)
Gratianum. Ibi Gratianum Augustum subita incursione perterritum, 1.9 (23.14)
Maximus in Brittania creatus imperator, in Galliam transiit, et Gratianum interfecit. 5.24 (352.21)
Gratianus. Gratianus XL ab Augusto . . . sex annis imperium tenuit, 1.9 (23.3)

GRATIANVS (*d.* 407), *Tyrant in Britain.*
Gratianus. Gratianus et Constantinus in Brittania tyranni creati; 1.11 (24.16)
apud Brittanias Gratianus municeps tyrannus creatur, 1.11 (24.24)

GRATVITVS, a, um. **gratuito.** haec . . . gratuito animo adtribuere ulla sine dilatione praeuidemus; 2.17 (119.28)
gratuitu. gratuito [gratuitu] animo adtribuere . . . praeuidemus; uar. 2.17 (119.28)
gratuitum. et magisterium gratuitum praebere curabant. 3.27 (192.18)

GRATVLOR. **gratulabatur.** gratulabatur ille quod eatenus in carne seruatus est, 5.22 (348.7)
gratulatur. et uictam se diuinis uirtutibus gratulatur. 1.19 (37.25)

GRATVS, a, um. **grata.** quae memoratu digna atque incolis grata credideram, Praef. (8.16)
gratus. 'Gratus mihi est multum aduentus tuus, et bene uenisti.' 4.9 (223.19)

GRAVATO, *see* **GRABATVS.**

GRAVIOR, ius. **grauior.** Crescebat morbus paulatim, et nocte superueniente grauior effectus est, 4.31 (278.16)
grauior. grauior de obseruatione paschae, . . . controuersia nata est. 3.25 (182.19)
si non infirmitas grauior probibuisset, 4.19 (244.14)
grauiore. prior postea ab eodem Caedualla, . . . occisus est, et prouincia grauiore seruitio subacta. 4.15 (236.17)
grauiorem. quam . . . grauiorem cum eis, qui eum ad ueritatem sequi nolebant, cogeretur habere discordiam. 5.15 (316.15)
grauius. quod grauius est, 1.10 (24.6)
fit hoc grauius, quod porto.' 2.1 (74.26)
grauor. grauior [grauor] de obseruatione paschae, . . . controuersia nata est. uar. 3.25 (182.19)

GRAVIS, e. **graue.** Cum nouerca autem miscere graue est facinus, 1.27 (51.3)
graue. ut se abstineant, et graue hoc esse peccatum cognoscant. 1.27 (51.20)
graui. ut regina sospes et absque dolore graui sobolem procrearet. 2.9 (99.24)
At ipsum diu graui dolore uexatum, cum diuersas in partes se torqueret, 3.9 (146.2)
et quasi de somno graui excitatum interrogauit, si nossem, quis esset, qui loqueretur ad me. 5.6 (291.1)
quasi de graui experrectus somno, exsurgens resedit; 5.19 (328.28)
graui. Caesar oppidum Cassobellauni . . . tandem graui pugna cepit. 1.2 (14.29)
graui. et conserto graui proelio in campo, qui uocatur Haethfelth, 2.20 (124.21)
occisus est, commisso graui proelio, 3.9 (145.7)
conserto graui proelio inter ipsum et Aedilredum regem Merciorum 4.21 (249.3)
grauibus. Vbi magnis grauibusque proeliis saepe gestis 1.5 (16.21)
grauis. Vnde merito loco huic et habitatoribus eius grauis de caelo uindicta flammis saeuientibus praeparata est.' 4.25 (265.22)

GRAVISSIME. qui solebat nocturnis saepius horis repente ab inmundo spiritu grauissime uexari. 3.11 (149.21)
correpti sunt ambo morbo eiusdem mortalitatis, et grauissime adflicti; 3.27 (192.29)
quod commissum, ubi ad cor suum rediit, grauissime exhorruit, 4.25 (263.12)
At episcopus grauissime de casu et interitu meo dolebat, 5.6 (290.28)

GRAVISSIMVS, a, um. **grauissima.** fames grauissima per Syriam facta est, 1.3 (15.18)
ac grauissima fracturae ipsius coepit molestia fatigari; 3.2 (130.14)
Quo tempore grauissima Sarracenorum lues Gallias misera caede uastabat, 5.23 (349.14)
grauissima. Quo adhuc superstite, sed grauissima infirmitate ab administrando episcopatu prohibito, 4.5 (217.30)
grauissima. ciuilium bellorum, quae ei grauissima occurrerant, 1.5 (16.19)
grauissimis. utpote qui grauissimis eo tempore bellis . . . erat occupatus; 1.13 (28.31)
grauissimis regni sui damnis saepissime ab hostibus adflictus, 3.7 (141.12)
grauissimo. tacta est repente grauissimo corporis morbo, 4.9 (222.6)
quia quaedam de numero uirginum, . . . grauissimo langore teneretur; 5.3 (285.13)

GRAVITAS. **grauitatis.** Vtta, multae grauitatis ac ueritatis uir, 3.15 (157.24)

GRAVITER. unde crebris eruptionibus Romanos grauiter ac saepe lacerabant. 1.2 (14.22)
unde offensus grauiter Agilberctus, quod haec ipso inconsulto ageret rex, 3.7 (141.2)
resedit qui uexabatur, et grauiter suspirans: 3.11 (150.15)
fuit in eodem monasterio puerulus quidam, longo febrium incommodo grauiter uexatus. 3.12 (150.28)

GRAVO. **grauabatur.** et internis peccatorum uinculis, quibus grauabatur, ocius desiderabat absolui: 4.25 (263.23)
grauantur. atque idcirco umorum receptacula grauantur, 1.27 (60.10)
grauari. qui se grauari per nequitiam prauae uoluntatis uidet. 1.27 (57.23)
quod ideo me superna pietas dolore colli uoluit grauari, 4.19 (246.10)
grauata. cuius uxor ingruente oculis caligine subita, tantum per dies eadem molestia crebrescente grauata est, 4.10 (224.25)
grauatam. inuenit puellam ibi neptem patris familias longo paralysis morbo grauatam; 3.9 (146.15)
grauatum. iussit suis quaerere pauperem aliquem maiore infirmitate uel inopia grauatum, 5.2 (283.17)
grauatum. quo mox increscente, magis grauatum est brachium illud uulneratum, 5.3 (285.16)
grauatur. nullo peccati pondere grauatur; 1.27 (54.25)
grauatus. Erat autem Mellitus corporis quidem infirmitate, id est podagra, grauatus, 2.7 (94.9)
grauentur. ne ipsa inaestimabilis mysterii magnitudine grauentur? 1.27 (59.13)

GRAVOR, *see* **GRAVIOR,** ius.

GRECE (*adv.*), *in Greek.*
Grece. Theodorus, . . . et Grece instructus et Latine, 4.1 (202.25)

GRECI, *the Greeks.*
Grecis. qualis locus a Latinis paeninsula, a Grecis solet cherronesos uocari. 4.13 (232.13)

Grecorum. ne quid ille contrarium ueritati fidei, Grecorum more, in ecclesiam, cui praeesset, introduceret. 4.1 (203.2)
GRECIA, *Greece.*
Greciam. hoc Africam, Asiam, Aegyptum, Greciam, et omnem orbem, . . . geri conperimus; 3.25 (184.25)
GRECVM, *the Greek language.*
Greco. librum uitae et passionis sancti Anastasii, male de Greco translatum, . . . ad sensum correxi; 5.24 (359.7)
GRECVS, a, um, *Greek.*
Greca. Tobiam . . . consecrauit, uirum Latina, Greca, et Saxonica lingua atque eruditione multipliciter instructum. 5.8 (296.1)
Grecae. Hadrianus, . . . Grecae pariter et Latinae linguae peritissimus. 4.1 (202.10)
Grecam. supersunt de eorum discipulis, qui Latinam Grecamque linguam aeque ut propriam, . . . norunt. 4.2 (205.2)
ut Grecam quidem linguam non parua ex parte, . . . nouerit. 5.20 (331.10)
ita Grecam quoque cum Latina didicit linguam, 5.23 (348.26)
GREGORIVS I, Saint (540?–604), *Gregory the Great; Pope, 590-604; sent mission to England, 596.*
Gregorii. a discipulis beati papae Gregorii gesta fuere, Praef. (6.12)
nonnullas ibi beati Gregorii papae . . . epistulas, Praef. (6.18)
per discipulos beati papae Gregorii, Praef. (6.29)
Roboratus ergo confirmatione beati patris Gregorii, 1.25 (44.27)
iuxta quod iussa sancti patris Gregorii acceperant, 1.27 (48.5)
Hucusque responsiones beati papae Gregorii 1.28 (62.5)
De obitu beati papae Gregorii. 2.1 (73.1)
Habet haec in medio pene sui altare in honore beati papae Gregorii dedicatum, 2.3 (86.12)
Praedicatoris igitur uestri domini mei apostolicae memoriae Gregorii frequenter lectione occupati, 2.17 (119.20)
sectantemque magistri et capitis sui sancti Gregorii regulam, 2.18 (121.4)
uestra adquisitio decessorumque uestrorum, quae per domini Gregorii exordia pullulat, 2.18 (121.8)
positum est in porticu sancti papae Gregorii, 2.20 (125.24)
beneficia sanctorum, hoc est reliquias . . . Laurentii, Iohannis, et Pauli, et Gregorii, 3.29 (198.17)
quem a discipulis beati papae Gregorii didicerat, 4.2 (206.10)
gradum archiepiscopatus Honorius, unus ex discipulis beati papae Gregorii, . . . seruabat 5.19 (323.26)
qui a successoribus discipulorum beati papae Gregorii in Cantia fuerat cantandi sonos edoctus, 5.20 (331.29)
Gregorio. Gregorio papae, quae sint Brittaniae gesta mandarit, 1.27 (48.1)
qui beato pontifici Gregorio . . . referrent; 1.27 (48.8)
Gregorio. qui a beato Gregorio humili supplicatu obtineret, 1.23 (42.31)
praecipiente beato papa Gregorio, 1.25 (45.12)
opinio, quae de beato Gregorio traditione maiorum ad nos usque perlata est; 2.1 (79.26)
qui olim huc a beato Gregorio Romanae urbis pontifice directus, 2.3 (86.17)
Bonifatius, quartus a beato Gregorio Romanae urbis episcopo, 2.4 (88.27)
Augustinus in Cantia fecisse noscitur, scribente ei . . . papa Gregorio, quod et supra po uimus. 4.27 (270.30)
Gregorium. et ipsum Gregorium inter alios aduenisse, 2.1 (79 31)
Gregorius. Vt sanctus papa Gregorius Augustinum . . . mittens, 1 23 (42.10)
Gregorius, uir doctrina et actione praecipuus, pontificatum . . . sortitus 1.23 (42.15)
Gregorius seruus seruorum Dei seruis Domini nostri. 1.23 (43.5)
fratri Etherio coepiscopo Gregorius seruus seruorum Dei. 1.24 (44.2)
Respondit Gregorius papa urbis Romae: 1.27 (48.19)
Respondit Gregorius papa: 1.27 (49.22)
Respondit Gregorius: 1.27 (50.1)
Respondit Gregorius: 1.27 (50.23)
Respondit Gregorius: 1.27 (50.29)
Respondit Gregorius: 1.27 (52.7)
Respondit Gregorius: 1.27 (52.30)
Respondit Gregorius: 1.27 (54.3)
Respondit Gregorius: 1.27 (59.25)
Vt papa Gregorius epistulam Arelatensi episcopo, . . . miserit. 1.28 (62.3)
Gregorius seruus seruorum Dei. 1.28 (62.11)
Praeterea idem papa Gregorius Augustino episcopo, . . . misit 1.29 (63.2)
Gregorius seruus seruorum Dei. 1.29 (63.17)
misit post eos beatus pater Gregorius litteras memoratu dignas, 1.30 (64.27)
Gregorius seruus seruorum Dei. 1.30 (64.30)
Misit idem beatus papa Gregorius . . . Aedilbercto epistulam, 1.32 (67.18)
Aedilbercto regi Anglorum Gregorius episcopus. 1.32 (67.25)
beatus papa Gregorius, . . . defunctus est, 2.1 (73.3)
uenerabilis pater Gregorius . . . contra nascentem heresim nouam laborare contendit, 2.1 (76.9)
Quibus uerbis beatus Gregorius hoc quoque declarat, 2.1 (78.23)
Fecit inter alia beatus papa Gregorius, 2.1 (78.28)
sicut beatus papa Gregorius de quibusdam scribit, 5.13 (313.4)
Anno DXCVI, Gregorius papa misit Brittaniam Augustinum cum monachis, 5.24 (353.12)
misit papa Gregorius pallium Brittaniam Augustino 5.24 (353.18)
Anno DCV, Gregorius obiit. 5.24 (353.24)
GREGORIVS II, Saint (*d.* 731), *Pope, 715–731.*
Gregorii. permissu eius, qui nunc ipsi ecclesiae praeest Gregorii pontificis, Praef. (6.21)
Gregorio. ad limina beatorum apostolorum Gregorio pontificatum tenente profectus est, 5.7 (294.8)
GRESSVS. gressibus. sed mentis gressibus sanis alacriter terrena quaeque transiliens, 2.7 (94.9)
gressum. gressum recuperarit fidei. 1.21 (39.30)
utpote incertus, quid agerem, quo uerterem gressum, qui me finis maneret; 5.12 (306.7)
nec mora, gressum retorquens ipsa me, qua uenimus, uia reduxit. 5.12 (308.5)
GREX. grege. et in electorum tuorum iubeas grege numerari.' 2.1 (78.34)
gregem. quare gregem, quem sibi ipse crediderat, relinqueret, 2.6 (92.22)
numquam ipsa . . . commissum sibi gregem et puplice et priuatim docere praetermittebat. 4.23 (256.20)
gregis. Vt Domino offerres plurima lucra gregis. 2.1 (79.22)
grex. sed etiam ipse grex Domini eiusque pastores egerunt; 1.14 (30.5)
Dona, Iesu, ut grex pastoris calle sequatur. 5.19 (330.28)
GROSSESCO. grossescente. quae iacebat multo, ut dixi, dolore constricta, et brachio in tantum grossescente, 5.3 (286.4)
GROSSVS, a, um. **grossae.** quod singulae earum ad modum humani femoris grossae, 1.2 (14.18)
GVBERNACVLVM. gubernacula. cum filius eius Eadbald regni gubernacula suscepisset, 2.5 (90.25)
Eadbald . . . Earconbercto filio regni gubernacula reliquit; 3.8 (142.5)
qui temporalis regni quondam gubernacula tenens, 3.12 (151.18)
placuit, ut . . . Cudberct ecclesiae Lindisfarnensis gubernacula susciperet. 4.28 (273.12)
quo Osredo occiso Coenred gubernacula regni Nordanhymbrorum suscepit, 5.22 (346.21)
gubernaculum. quo tempore gubernaculum Romani imperii post Iustinianum Iustinus minor accepit, 3.4 (133.5)
GVBERNATIO. gubernatione. sed contentus sit gubernatione creditae sibi plebis.' 4.5 (216.4)

gubernationem. quem ad gubernationem patrimonioli ecclesiae nostrae transmisimus, ... 1.24 (44.16)
GVBERNO. gubernabat. cum ipse regni, quod XI annis gubernabat, successorem fore Ceoluulfum decreuisset, ... 5.23 (349.21)
gubernante. regnante in perpetuum ac gubernante suam ecclesiam eodem Domino Iesu Christo, . . 4.5 (214.30)
tandem superni regni amore conpunctus reliquit, eodem adhuc praesule ecclesiam gubernante; . . 4.12 (228.5)
gubernarent. cum magna ecclesiam Anglorum cura ac labore gubernarent, ... 2.7 (94.4)
gubernaret. Bosa uidelicet, qui Derorum, et Eata, qui Berniciorum prouinciam gubernaret; . . . 4.12 (229.6)
gubernas. Alma Deus Trinitas, quae saecula cuncta gubernas, ... 4.20 (247.9)
GVDFRID (*fl.* 700), *Abbot of Lindisfarne.*
Gudfrid. quod mihi unus e fratribus, . . . ipse narrauit, uidelicet Gudfrid, ... 5.1 (281.11)
GVLA. gulae. Cum uero ultra modum appetitus gulae in sumendis alimentis rapitur, ... 1.27 (60.9)
GVSTO. gustandam. praecipiens, ut gustandam illi daret, ... 5.4 (287.21)
gustandas. quam cum in aquas miserint, atque has infirmantibus iumentis siue hominibus gustandas dederint, ... 4.3 (212.21)
gustaret. non aliud quam panem ac lac tenuissimum, et hoc cum mensura gustaret; 3.27 (194.9)
GVSTVS. gustum. atque huius gustum siue aspersionem multis sanitatem egrotis et hominibus et pecoribus conferre; 5.18 (320.20)
GYRVS. gyro. Praeparatis ergo fundamentis in gyro prioris oratorii per quadrum coepit aedificare basilicam. 2.14 (114.12)
quod ingressa, totum impleuit, atque in gyro circumdedit. 4.3 (208.26)
GYRVII, *the Gyrwas, inhabitants of the country extending from South Lincolnshire to South Cambridgeshire.*
Gyruiorum. Honorius loco eius ordinauit Thomam diaconum eius de prouincia Gyruiorum; . . . 3.20 (169.6)
qui erat constructor et abbas monasterii, quod dicitur Medeshamstedi, in regione Gyruiorum, . . 4.6 (218.9)
GYRVII AVSTRALES, *the Southern Gyrwas; see* **GYRVII.**
Gyruiorum Australium. quam et alter ante illum uir habuerat uxorem, princeps uidelicet Australium Gyruiorum 4.19 (243.8)

H

HABACVM, *see* **CANTICVM HABACVM.**
HABEO. habeam. quia etsi Simonis tonsuram ex consuetudine patria habeam, ... 5.21 (344.21)
habeant. quantum lucis intus habeant, ... 2.1 (76.31)
habeas. et tamen hanc consolationem habeas, quod in diebus tuis haec plaga non superueniet.' . . . 4.25 (265.27)
habeat. 'Qui se continere non potest, habeat uxorem suam,' 1.27 (59.1)
sed etiam omnes Brittaniae sacerdotes habeat 1.29 (64.15)
is, qui superest, consors eiusdem gradus habeat potestatem alterum ordinandi . . . sacerdotem; . . 2.18 (120.18)
habeatur. ut ipse prior habeatur, ... 1.29 (64.8)
habebant. quo naues eorum habebantur [habebant], ... uar. 1.12 (27.28)
Nil pecuniarum absque pecoribus habebant. 3.26 (190.24)
centum in suos usus habebant. 4.13 (232.1)
Nam et multi fidem, quam habebant, iniquis profanabant operibus; 4.27 (269.17)
quod aemulationem Dei habebant, sed non secundum scientiam; 5.22 (346.31)
Brettones, qui nolebant Anglis eam, quam habebant, fidei Christianae notitiam pandere, ... 5.22 (347.11)
habebantur. quo naues eorum habebantur, ... 1.12 (27.28)
habebat. uxorem habebat Christianam de gente Francorum regia, ... 1.25 (45.21)
qui habebat sicam bicipitem toxicatam; 2.9 (99.2)
praesulatum sedis apostolicae Honorius Bonifatii successor habebat, ... 2.17 (118.25)
Quo in tempore Hrofensis ecclesia pastorem minime habebat, ... 2.20 (126.13)
Peartaneu, a quo non longe et illa monasterium habebat. 3.11 (149.10)
cum uideret se Osuini cum illo, qui plures habebat auxiliarios, non posse bello confligere, ... 3.14 (155.9)
Quin potius odio habebat, et dispiciebat eos, ... 3.21 (170.29)
Oidiluald, . . . qui in Derorum partibus regnum habebat, ... 3.23 (174.28)
Habebat autem secum ipse presbyterum nomine Agathonem. 3.25 (183.12)
ut relictis omnibus, quae habebat, simplici tantum habitu indutus, . . . ueniret ad monasterium . . 4.3 (208.6)
Habebat enim ante Eadhaedum antistitem Sexuulfum, ... 4.12 (229.16)
alius barbam habebat prolixam; 4.14 (235.18)
Nam et sororem eius, quae dicebatur Osthryd, rex Aedilred habebat uxorem. 4.21 (249.8)
Habebat enim germanum fratrem, cui nomen erat Tunna, ... 4.22 (250.16)
Harum particulam reliquiarum eo tempore habebat penes se quidam de presbyteris 4.32 (280.8)
sed et scabiem tantam ac furfures habebat in capite, ... 5.2 (283.24)
Namque diem nonamdecimam September habebat, ... 5.8 (295.14)
Non enim eo tempore habebat episcopum Cantia, ... 5.11 (302.12)
Romam, cuius adhuc pontificatum Sergius habebat, ... 5.11 (302.32)
Vnde et omnia, quae necesse habebat, habundanter ipsi cum sociis suis, . . . donabat; 5.19 (324.6)
quod habebat in prouincia Vndalum sub regimine Cudualdi abbatis; 5.19 (330.2)
ea, quam habebat ille, cui gratiam Spiritus Sancti conparare uolenti dicit idem Petrus: 5.21 (342.32)
habendo. ueritate animum habendo. 1.26 (47.7)
habens. martyrum secum reliquias habens, ... 1.18 (36.26)
non habens scutum ad manum, quo regem a nece defenderet, ... 2.9 (99.11)
habens secum Eanfledam filiam, et Vuscfrean filium Æduini, ... 2.20 (125.32)
In hac enim habens ecclesiam et cubiculum, ... 3.17 (159.28)
utpote nil propriae possessionis, excepta ecclesia sua et adiacentibus agellis habens. 3.17 (160.3)
qui erat cognatus et amicus eius, habens sororem ipsius coniugem, ... 3.21 (170.9)
Osuiu . . . perparuum, ut dixi, habens exercitum, ... 3.24 (178.3)
porro Alchfrid magistrum habens eruditionis Christianae Vilfridum 3.25 (182.29)
habens iuxta morem prouinciae illius coronam tonsurae ecclesiasticae, ... 3.26 (189.27)
Theodorus, . . . uir . . . aetate uenerandus, id est annos habens aetatis LX et VI. 4.1 (202.27)
ille in Hagustaldensi siue in Lindisfarnensi ecclesia cathedram habens episcopalem, ... 4.12 (229.8)
Dicul, habens monasteriolum permodicum in loco, qui uocatur Bosanhamm, ... 4.13 (231.2)
Cyniberct, habens non longe ab inde monasterium 4.16 (237.26)
testimonium habens ab uniuersis fratribus, ... 4.31 (278.5)
utpote tricesimum et sextum in episcopatu habens annum, ... 5.11 (303.21)
Mamre collis . . . herbosus ualde et floridus, campestrem habens in uertice planitiem; 5.17 (319.24)
habens. habens secum de Cantia presbyterum 3.25 (181.31)

habens terram familiarum vii milium, 4.13 (230.10)
habens clymeterium sancti Michahelis archangeli, 5.2 (283.10)
inter parietes singulos latum habens spatium uiae, 5.16 (318.3)
altare ad orientem habens angusto culmine protectum, 5.17 (318.33)
ab occasu habens introitum, pendente desuper in trocleis magna lampade, 5.17 (319.5)
habens. ab oriente habens introitum, cui lapis ille magnus adpositus est; 5.16 (318.9)
introitum habens a latere meridiano, 5.16 (318.15)
habent. sedes, quas hactenus habent, uindicarunt; 1.1 (12.22)
habent coniuges etiam de sua commixtione, quod defleant. 1.27 (58.30)
nisi de eo bono, quod commune cum omnibus habent, 1.31 (67.5)
et in quo finem laetitiae non habent. 1.31 (67.6)
'Bene,' inquit; 'nam et angelicam habent faciem, 2.1 (80.14)
'Oculos habent, et non uident; 2.10 (102.15)
aures habent, et non audiunt; nares habent, 2.10 (102.16)
manus habent, et non palpabunt; 2.10 (102.17)
pedes habent, et non ambulabunt; 2.10 (102.18)
australes Picti, qui intra eosdem montes habent sedes, 3.4 (133.12)
quam et hactenus habent per annos circiter XLVI; 4.26 (267.14)
Non enim habent regem idem Antiqui Saxones, 5.10 (299.30)
artioribus se necesse habent pro Domino continentiae frenis astringere, 5.21 (343.14)
quasi eos, qui hanc tonsuram habent, condemnandos iudicem, 5.21 (344.4)
habente. Nam uenit Romam, ibique adtonsus, pontificatum habente Constantino, 5.19 (321.30)
habente. Est autem locus . . . in modum domunculi facta coopertus, habente foramen in pariete, 4.3 (212.17)
habentem. Aedanum . . . habentemque zelum Dei quamuis non plene secundum scientiam. 3.3 (131.17)
uidens eum melius habentem, ac loqui iam ualentem, flexis genibus gratias egit Deo 5.19 (329.1)
habentem. coniugi uestrae, . . . direximus . . . crucem clauem auream habentem de sacratissimis uinculis beatorum Petri et Pauli 3.29 (198.20)
habentes. uxores Picti non habente 1.1 (12.13)
utpote nullum tanti operis artificem habentes, 1.12 (26.17)
qui habentes subsidia furtum perpetrant, 1.27 (50.3)
habentes defensorem nomine Brocmailum, 2.2 (84.16)
ita constructi nihilque intellegentiae habentes, 2.10 (102.26)
dum et fortissimos Christianosque habentes reges cunctis barbaris nationibus essent terrori, 4.2 (205.6)
habentes secum uascula sacra et tabulam altaris uice dedicatam), 5.10 (300.10)
surgentesque duo nequissimi spiritus, habentes in manibus uomeres, percusserunt me, 5.13 (312.25)
qui uel monachi uotum, uel gradum clericatus habentes, 5.21 (343.14)
habentes. Licet apud sacerdotes habentes Deo placitam caritatem 1.24 (44.3)
habentur. quae conscripta Anglorum sermone hactenus habentur, et obseruantur ab ea. 2.5 (90.12)
quae . . . ab his, qui nouere, descripta habentur a multis; 4.7 (219.13)
habeo. At ego respondi: "Habeo quidem de ligno, 3.13 (153.23)
'Sed habeo fratrem,' inquit, 'presbyterum in mea prouincia, 4.22 (250.31)
sed pessimam mihi scientiam certus prae oculis habeo.' 5.13 (311.32)
habere. quos doloribus adfligunt, habere heredes quaerunt; 1.27 (50.12)
Nobilitatem uero illam, quam ad saeculum uidebatur habere, 2.1 (74.2)
in tutamentum coepit obseruantiae regularis habere; 2.1 (75.7)
carnem et ossa non habet, sicut me uidetis habere.' 2.1 (76.8)
quia nec opus illo nos habere nouimus, 2.5 (91.20)
Quomodo enim iuuandi quemlibet possunt habere uirtutem hi, 2.10 (102.20)
fidem religionemque Anglorum pro nihil habere, 2.20 (125.19)
Habere autem solet ipsa insula rectorem semper abbatem presbyterum, 3.4 (134.11)
tractatum magnum in concilio, quid esset agendum, habere coeperunt; 3.5 (137.10)
supinas super genua sua manus habere solitus sit. 3.12 (151.25)
Nec moratus ille integram se in hoc habere fidem respondebat. 3.13 (153.28)
Nec mora, melius habere coepit, 3.13 (153.32)
Sed nec cum eo ille, . . . habere pacem potuit; 3.14 (155.5)
equum regium, quem te conueniebat proprium habere, 3.14 (156.18)
non enim digna est haec gens talem habere rectorem.' 3.14 (157.12)
nonnisi uirgam tantum habere in manu uoluit: 3.18 (163.10)
relictis omnibus, quae habere uidebatur, ab ipsa quoque insula patria discessit; 3.19 (167.27)
dispiciebat eos, quos fide Christi inbutos opera fidei non habere deprehendit, 3.21 (170.30)
Benedicta igitur gens, quae talem sapientissimum et Dei cultorem promeruit habere regem; 3.29 (196.29)
quoniam suspicabatur eum habere aliquam legationem imperatoris ad Brittaniae reges 4.1 (203.32)
Sed cum nihil tale illum habere uel habuisse ueraciter conperisset, 4.1 (204.2)
'Vt nulli liceat nisi legitimum habere conubium. 4.5 (217.1)
ex quo usque hodie prouincia illa duos habere solet episcopos. 4.5 (217.33)
ubi fidem suae sanationis integram se habere professa est, 4.10 (225.3)
[propter aceruam hostium obpressionem proprium habere episcopum habere nequiuerit.] uar. 4.13 (230.2)
ut toto illo tempore episcopum proprium habere nequiret; 4.15 (236.21)
quod dum facerem, uidebatur illa per biduum aliquanto leuius habere; 4.19 (245.19)
ubi monasterium habere desiderauit memorata Christi famula, 4.19 (246.33)
Respondebant omnes placidissimam se mentem ad illum, et ab omni ira remotam habere, 4.24 (262.2)
eumque uicissim rogabant placidam erga ipsos mentem habere. 4.24 (262.3)
quem secum habere illis diebus ad faciendam elimosynam possent; 5.2 (283.17)
statim melius habere incipio; 5.3 (286.17)
factumque est, ut exsufflante illo in faciem meam, confestim me melius habere sentirem. 5.6 (291.23)
quam . . . grauiorem cum eis, qui eum ad ueritatem sequi nolebant, cogeretur habere discordiam. 5.15 (316.16)
ille gratias agens pietati, quam erga eum, cum esset peregrinus, habere dignaretur, 5.19 (324.13)
respondit propositum se magis alterius conuersationis habere, 5.19 (324.14)
ut non ante aequinoctium, sed uel ipso aequinoctii die, . . . uel eo transcenso plenilunium habere debeat. 5.21 (339.26)
qui . . . perfectam se habere posse iustitiam dogmatizare praesumunt. 5.21 (340.27)
tonsuram . . . hortor, ut ecclesiasticam et Christianae fidei congruam habere curetis. 5.21 (342.3)
quem apud Deum habere patronum quaeris, 5.21 (344.31)
haberem. sonum tamen adhuc promiscuum in auribus haberem. 5.12 (306.22)
haberent. in qua locum sedis episcopalis, et ipse, et successores eius haberent. 2.3 (85.20)
et quicumque lectionibus sacris cuperent erudiri, haberent in promtu magistros, qui docerent. 4.2 (205.9)
interrogauit, ei eucharistiam intus haberent. 4.24 (261.29)
interrogauit, si omnes placidum erga se animum, et sine querela controuersiae ac rancoris haberent. 4.24 (261.35)
eo quod haberent aliquid legationis et causae utilis, quod deberent ad illum perferre. 5.10 (299.28)
haberet. ut ritum fidei . . . inuiolatum seruare licentiam haberet. 1.25 (45.26)
nulla harum portio minus quam ccctos homines haberet, 2.2 (84.13)
ut, . . . multitudo ibi sanctorum memoriam haberet. 2.4 (88.34)

ita ut uxorem patris haberet. 2.5 (90.29)
in eodem fano et altare haberet ad sacrificium Christi, 2.15 (116.8)
at uero Caedualla, quamuis nomen et professionem haberet Christiani, 2.20 (125.9)
Qui cum sedens ad mensam non haberet ad manum, ubi oblatum sibi munus reponeret, 3.2 (130.25)
ut tantus praecessor talem haberet de sua consanguinitate et religionis heredem et regni. 3.6 (139.4)
et ut regia uiri sancti persona memoriam haberet aeternam, 3.11 (148.29)
ad abigendos ex obsessis corporibus daemones gratiae salutaris haberet effectum. 3.11 (149.2)
quem res exitum haberet, solliciti exspectantes. 3.11 (150.13)
dedit eum illi, qui dignam loco et doctrinam haberet, et uitam. 3.25 (183.6)
unde initium haberet, uel qua hunc auctoritate sequeretur. 3.25 (184.12)
et ob id maiorem huius itineris peragendi notitiam haberet, 4.1 (202.32)
an forte litteras solutorias, de qualibus fabulae ferunt, apud se haberet, 4.22 (250.29)
ut, siquid minus haberet meriti a beato Cudbercto, suppleret hoc castigans longae egritudinis dolor; 4.29 (275.17)
ut nihil prorsus in cubito flexionis haberet; 5.3 (286.5)
quia, si ille ei manum inponere, atque eum benedicere uoluisset, statim melius haberet. 5.5 (288.14)
ut . . . haberet in promtu reliquias sanctorum, quas ibi introduceret; 5.11 (301.27)
quo haberet locum standi siue inmergendi in fluuio, 5.12 (310.23)
ut prouincia Australium Saxonum, . . . proprium haberet episcopum; 5.18 (321.18)
offerebat, ut, . . . eumque ipse loco adoptiui semper haberet. 5.19 (324.11)
ut tam notas ac familiares sibi eas quam natiuitatis suae loquellam haberet. 5.23 (348.28)
haberetur. pro suae reuerentia deuotionis inter fratres habitus [haberetur], uar. 4.3 (208.15)
haberi. Quae omnia rudi Anglorum genti oportet haberi conperta. 1.27 (54.2)
de cuius uita et uerbis nonnulla a discipulis eius feruntur scripta haberi. 3.4 (134.17)
habes. quaecumque illi debebantur supplicia, tu soluere habes, 1.7 (19.10)
precorque, si aliquid reliquiarum illius penes te habes, adferas mihi, 3.13 (153.21)
tu in ipsa domu mori habes.' 3.22 (174.9)
Sed primum expectare habes, donec missae celebrentur, 4.14 (234.10)
'Attamen,' ait, 'mihi cantare habes.' 4.24 (259.28)
neque enim mori adhuc habes, qui tam hilariter nobiscum uelut sospes loqueris.' 4.24 (261.31)
'Memento, frater Heriberct, ut modo, quicquid opus habes, me interroges mecumque loquaris; 4.29 (274.21)
habet. aliter quam se ueritas habet, Praef. (8.5)
latitudinis habet milia cc, 1.1 (9.6)
Habet a meridie Galliam Belgicam, 1.1 (9.9)
A tergo autem, . . . Orcadas insulas habet. 1.1 (9.16)
Habet fontes salinarum, 1.1 (10.15)
habet et fontes calidos, 1.1 (10.16)
lucidas aestate noctes habet; 1.1 (10.31)
unde etiam plurimae longitudinis habet dies aestate, 1.1 (11.3)
plurimae item breuitatis . . . dies habet in bruma, 1.1 (11.6)
quae habet ab oriente in occasum xxx circiter milia passuum, 1.3 (15.24)
Orientalis habet in medio sui urbem Giudi, 1.12 (25.31)
occidentalis supra se, . . . habet urbem Alcluith, 1.12 (26.1)
hactenus in orientalibus Cantiae partibus monumentum habet 1.15 (31.32)
habet exinde animus aliquem reatum, 1.27 (60.10)
Catholica etenim fides habet, 2.1 (76.2)
quia spiritus carnem et ossa non habet, 2.1 (76.7)
Quod habet nomen ipsa prouincia, de qua isti sunt adlati?' 2.1 (80.16)
Habet haec in medio pene sui altare in honore beati papae Gregorii dedicatum, 2.3 (86.11)
quia nihil omnino uirtutis habet, nihil utilitatis religio illa, 2.13 (111.23)
amorem, quem habet propter beatam uitam; 3.29 (196.24)
Profecto enim habet protectorem, 3.29 (198.26)
hunc primum . . . accepit praesulem, ii Ediluini, iii Eadgarum, iiii Cyniberctum, quem in praesenti habet. 4.12 (229.16)
Est enim locus undique mari circumdatus praeter ab occidente, unde habet ingressum amplitudinis quasi iactus fundae; 4.13 (232.11)
neque lapides maiores habet, 4.19 (244.34)
necesse habet in ianuam inferni non sponte damnatus introduci. 5.14 (314.11)
Haec bis quaternas portas, id est introitus, per tres e regione parietes habet, 5.16 (318.6)
ecclesia rotunda grandis, ternas per circuitum cameratas habet porticus desuper tectas. 5.17 (318.31)
Vno ad orientem stadio speluncam duplicem in ualle habet, 5.17 (319.17)
Quae uero post aequinoctium, uel in ipso aequinoctio suum plenilunium habet, 5.21 (339.11)
Eusebii, qui a beato martyre Pamphylo cognomen habet, 5.21 (341.12)
in sedem pontificatus addita ipsum primum habet antistitem. 5.23 (351.4)
Pictorum quoque natio tempore hoc et foedus pacis cum gente habet Anglorum, 5.23 (351.6)
habetis. 'Habetis,' inquit, 'uos proferre aliquid tantae potestatis uestro Columbae datum?' 3.25 (188.23)
habetote. prae oculis affectum doctrinae ipsius, quem pro uestris animabus libenter exercuit, habetote; 2.17 (119.22)
habetur. Ostenditur autem usque hodie, et in magna ueneratione habetur locus ille, 3.2 (128.27)
in eo, . . . sarcofago posuerunt, ubi usque hodie in magna ueneratione habetur. 4.19 (246.23)
habetus. pro suae reuerentia deuotionis inter fratres habitus [habetus], uar. 4.3 (208.15)
habita. pace catholica secum habita 2.2 (81.16)
longa disputatione habita, 2.2 (81.23)
meliora esse et fortiora, habita examinatione perspexeris, 2.13 (111.32)
certe dispectui habita foras proicerentur, 3.22 (171.30)
habiti. suspecti sunt habiti, 5.10 (300.12)
habito. Habito enim cum sapientibus consilio, 2.13 (111.16)
habito inter se consilio, quid de statu ecclesiae Anglorum esset agendum, 3.29 (196.6)
At apostolicus papa habito de his consilio, 4.1 (202.4)
habitura. Quae res quem sit habitura finem, posterior aetas uidebit. 5.23 (351.22)
habitura. ut, quid de his scribi debeat, quemue habitura sint finem singula, necdum sciri ualeat. 5.23 (349.26)
habituram. quia crederet eam ad benedictionem uel tactum illius mox melius habituram. 5.3 (285.22)
habituros. neque illum pro archiepiscopo habituros esse respondebant; 2.2 (83.23)
habiturum. quem se numerum annorum fuisse habiturum ipse iamdudum somni reuelatione edoctus, suis praedicere solebat. 5.8 (294.22)
habitus. Honorio Cantuariorum, et Felice Orientalium Anglorum, uenerationi habitus est. 3.25 (182.16)
et ab eo benigne susceptus, et multo tempore habitus est. 4.1 (203.19)
Denique cum episcopo in praefata mansione pro suae reuerentia deuotionis inter fratres habitus, 4.3 (208.15)
Sed et cuius meriti apud internum testem habitus sit, 5.6 (289.13)
adtonsus est ab eo, et in tanto habitus amore, ut heredem sibi illum facere cogitasset. 5.19 (324.31)
et tanti apud eum habitus est, 5.19 (328.12)
habuerat. quam de propriae quondam quiete conuersationis habuerat; 2.1 (74.32)
Quicquid pecuniae habuerat, sedulus hoc dispergere . . . curabat, 2.1 (77.19)

de qua prouincia ille generis prosapiam et primordia regni habuerat, ... 3.1 (127.5)
Habuerat enim unus ex his, qui eum occiderunt, comitibus inlicitum coniugium; 3.22 (173.27)
Habuerat autem idem rex secum fratrem germanum eiusdem episcopi, ... 3.23 (175.6)
habuerat enim tonsuram more orientalium sancti apostoli Pauli. 4.1 (203.6)
quam et alter ante illum uir habuerat uxorem, ... 4.19 (243.7)
quam habuerat in coniugem Earconberct rex Cantuariorum. 4.19 (244.27)
desiderans . . . derelicta patria et omnibus, quaecumque habuerat, Galliam peruenire, ... 4.23 (253.5)
ipsa quoque postmodum per gentem Anglorum in eis, quae minus habuerat, ad perfectam uiuendi normam perueniret. 5.22 (347.9)
habuere. Hii, ubi plurimorum caput et arcem Scotti habuere coenobiorum; 3.21 (171.12)
siquidem ipsi XXX legiones ducibus nobilissimis instructas in bello habuere, ... 3.24 (178.2)
habuerint. Denique fertur, quia tricies maiorem pagani habuerint exercitum; 3.24 (177.32)
habuerit. ecclesia in Brittaniis aliquantulam, . . . pacem habuerit. 1.8 (22.6)
Quale consilium idem cum primatibus suis de percipienda fide Christi habuerit; 2.13 (111.9)
qui referre erat solitus, quod illa infirmata habuerit tumorem maximum sub maxilla; 4.19 (245.15)
habuerunt. quia confessionem et paenitentiam uel in morte habuerunt, ... 5.12 (308.17)
habui. semper aut discere, aut docere, aut scribere dulce habui. 5.24 (357.14)
habuimus. Numquid non habuimus equos uiliores plurimos, ... 3.14 (156.19)
habuisse. Sed cum nihil tale illum habere uel habuisse ueraciter conperisset, ... 4.1 (204.2)
Ceterum tonsuram eam, quam magum ferunt habuisse Simonem, ... 5.21 (343.25)
habuissent. siquid malificae artis habuissent, ... 1.25 (45.31)
ac si nihil umquam tanti langoris habuisset [habuissent]. . . . . uar. 3.2 (131.2)
habuisset. ita sanum brachium manumque repperit, ac si nihil umquam tanti langoris habuisset. . . 3.2 (131.2)
habuit. In primis autem haec insula Brettones solum, . . . incolas habuit; 1.1 (11.19)
quae numquam uiuentem spiritum habuit, ... 2.10 (103.10)
Tantum autem deuotionis Æduini erga cultum ueritatis habuit, ... 2.15 (115.25)
habuit posteriora peiora prioribus; 2.15 (116.5)
Habuit autem secum in ministerio et Iacobum diaconum, ... 2.16 (117.29)
Tantum uero in regno excellentiae habuit, ... 2.16 (118.15)
Cuius regis filia maior Sexburg, uxor Earconbercti regis Cantuariorum, habuit filiam Earcongotam, 3.8 (142.28)
Habuit autem Osuiu primis regni sui temporibus consortem regiae dignitatis, ... 3.14 (154.24)
Habuit alterum fratrem uocabulo Vltanum, ... 3.19 (168.3)
habuitque primum episcopum Trumheri, ... 3.24 (180.27)
Habuit autem sedem episcopalem in loco, qui uocatur Lyccidfelth, ... 4.3 (207.8)
HABILIS, e. habilis. ideoque paschae celebrando habilis non est. 5.21 (339.10)
HABITABILIS, e. habitabilem. habitabilem uobis facere ualetis; 1.1 (12.8)
habitabiles. aut tributarias genti Anglorum, aut habitabiles fecit. 1.34 (71.17)
habitabilis. sed ad uotum uiri Dei habitabilis per omnia factus est, ... 4.28 (271.18)
HABITACVLVM. habitacula. in quibus latronum magis latibula, . . . quam habitacula fuisse uidebantur hominum; 3.23 (175.15)
habitaculi. iussit fratres in eiusdem habitaculi pauimento foueam facere; 4.28 (271.23)
habitaculum. ad eum habitaculum, in quo idem iacebat, . . . ferebatur. 1.19 (37.13)
Cum . . . mansionem angustam . . . id est oratorium et habitaculum commune, construxisset, . . . 4.28 (271.22)
HABITATIO. habitatione. cunctumque ex eo tempus uitae in eiusdem monasterii habitatione peragens, 5.24 (357.10)
habitationem. petierunt in ea sibi quoque sedes et habitationem donari. 1.1 (12.2)
ibidem sibi habitationem statuit et cunctis successoribus suis. 1.33 (70.15)
habitationi. Erat autem locus . . . spirituum malignorum frequentia humanae habitationi minus accommodus; 4.28 (271.17)
habitationis. Susceperunt . . . locum habitationis inter eos, ... 1.15 (31.10)
HABITATOR. habitator. tabernaculum, quod habitator inclusus seruabat, ... 1.19 (37.24)
habitatoribus. Vnde merito loco huic et habitatoribus eius grauis de caelo uindicta flammis saeuientibus praeparata est.' 4.25 (265.22)
HABITO. habitabant. Habitabant autem intra uallum, ... 1.11 (25.9)
omnes Brittaniae fines, qua uel ipsorum uel Brettonum prouinciae habitabant, ... 2.9 (97.14)
'in cubilibus, in quibus prius dracones habitabant, oriretur uiror calami et iunci,' 3.23 (175.17)
habitabat. natio Anglorum, quae ad Aquilonalem Humbre fluminis plagam habitabat, ... 2.9 (97.8)
Denique in uicinia cellae illius habitabat quidam monachus, ... 5.12 (309.21)
habitant. qua uel ipsorum uel Brettonum prouinciae habitabant [habitant], ... uar. 2.9 (97.14)
et eis populis, qui ultra amnem Sabrinam ad occidentem habitant, Valchstod episcopus; 5.23 (350.17)
habitare. habitare per septentrionales insulae partes coeperunt, ... 1.1 (12.10)
qui habitare facit unanimes in domu Patris sui, ... 2.2 (81.29)
et apud regem illius familiariter cum sociis habitare cognouit, ... 2.12 (107.25)
cuius nomine uicus, in quo maxime solebat habitare, . . . usque hodie cognominatur. 2.20 (126.25)
HABITVS. habitu. ipsius habitu, id est caracalla, qua uestiebatur, indutus, ... 1.7 (18.27)
Nam mutato repente habitu saeculari monasterium petiit, ... 2.1 (74.4)
uenit de Hibernia presbyter et abbas habitu et uita monachi insignis, ... 3.4 (133.7)
simplici tantum habitu indutus, et securim atque asciam in manu ferens, ueniret ad monasterium 4.3 (208.6)
Vidit enim, ut post ipse referebat, tres ad se uenisse uiros claro indutos habitu; 4.11 (226.21)
interrogauit eum sollicitus, quales essent habitu uel specie uiri, ... 4.14 (235.13)
animaduerterunt, . . . ex uultu et habitu et sermonibus eius, quia non erat de paupere uulgo, . . . 4.22 (251.4)
XXXIII primos in saeculari habitu nobilissime conuersata conpleuit, ... 4.23 (252.22)
Quae cum, relicto habitu saeculari, illi soli seruire decreuisset, ... 4.23 (253.1)
Siquidem in habitu saeculari usque ad tempora prouectioris aetatis constitutus, nil carminum aliquando didicerat. 4.24 (259.12)
Fuit autem temporibus Coenredi, . . . uir in laico habitu atque officio militari positus; 5.13 (311.7)
Vt Coinred Merciorum et Offa Orientalium Saxonum rex in monachico habitu Romae uitam finierint; 5.19 (321.26)
Et ipse ergo, . . . adtonsus, et in monachico uitam habitu conplens, ... 5.19 (322.15)
Adstitit enim mihi quidam candido praeclarus habitu, ... 5.19 (329.10)
quid contrario tuae fidei habitu terminatam in capite coronae imaginem portas? 5.21 (344.14)
habitum. et per eius benedictionem habitum religionis, quem diu desiderabat, accepit. 4.11 (226.2)
saecularem illum habitum relinquere, et monachicum suscipere propositum docuit, ... 4.24 (260.26)
sed ab ineunte adulescentia monachicum et nomen adsumsit, et habitum. 4.27 (268.30)
Ecce uterque uir Dei diuersum ab altero uultus habitum foris praemonstrabat, ... 5.21 (342.16)
ut merito talem simoniacis et non Christianis habitum conuenire cognoscas; 5.21 (343.31)
et non potius eius, . . . etiam nunc habitum te, quantum potes, diligere monstras?" 5.21 (344.18)
quod aptius multo sit, eius, . . . habitum uultus a tuo uultu Deo iam dicato separare; 5.21 (344.30)
habitus. qualisque illis doctoribus fuerit habitus ecclesiae. 3.26 (189.9)
Vnde et in magna erat ueneratione tempore illo religionis habitus; 3.26 (191.6)
habitus. uidit subito . . . adpropinquantem sibi hominem uultus habitusque incogniti; 2.12 (108.22)
Respondit: 'Praeclari omnino habitus, . . . erant 4.14 (235.14)
accepto uelamine sanctimonialis habitus a praefato antistite Vilfrido. 4.19 (244.1)

quae prima feminarum fertur . . . propositum uestemque sanctimonialis habitus, . . . suscepisse. 4.23 (253.23)
sic etiam morem habitus te imitari condeceat." 5.21 (345.1)
HABVNDANTER, *see* **ABVNDANTER.**
HABVNDANTIVS, *see* **ABVNDANTIVS.**
HACANOS, *Hackness, near Whitby.*
Hacanos. monasterio, quod ipsa eodem anno construxerat, et appellatur Hacanos, 4.23 (257.3)
HACTENVS. sedes, quas hactenus habent, uindicarunt; 1.1 (12.22)
quem uidelicet murum hactenus famosum atque conspicuum, 1.12 (27.21)
hactenus in orientalibus Cantiae partibus monumentum habet 1.15 (31.31)
quae conscripta Anglorum sermone hactenus habentur, et obseruantur ab ea. 2.5 (90.12)
parietes hactenus stare uidentur, 2.16 (117.13)
quae hactenus in ecclesia Cantiae conseruata monstrantur. 2.20 (126.10)
contigit, ut hactenus incorruptae perdurent. 3.6 (138.27)
quae hactenus in eodem monasterio seruata, et a multis iam sunt circumquaque transscripta. 4.18 (241.25)
Habebat . . . fratrem, . . . abbatem monasterii in ciuitate, quae hactenus ab eius nomine Tunnacaestir cognominatur; 4.22 (250.18)
quam et hactenus habent per annos circiter XLVI; 4.26 (267.14)
unde hactenus a uicina gente Brettonum corrupte Garmani nuncupantur. 5.9 (296.15)
constructo monasterio, quod hactenus heredes possident eius, 5.11 (302.26)
HADRIANVS (*d.* 709), *first Abbot of St. Augustine's, Canterbury; accompanied Theodore to England, and aided him in his educational activities.*
Hadriani. Erat enim discipulus beatae memoriae magistrorum Theodori archiepiscopi, et abbatis Hadriani; 5.23 (348.24)
Hadriano. Erat ipso tempore Romae monachus Hadriano notus, nomine Theodorus, 4.1 (202.23)
Vt religioso abbati Hadriano Albinus, Vilfrido in episcopatum Acca successerit. 5.20 (330.29)
Hadriano. a . . . Theodoro archiepiscopo et Hadriano abbate, uiris uenerabilibus atque eruditissimis, institutus, Praef. (6.8)
Theodorus archiepiscopus ordinatus, et cum Hadriano abbate sit Brittaniam missus. 4.1 (201.3)
Et ita una cum Hadriano VI. Kalendas Iunias Brittaniam missus est. 4.1 (203.10)
ritum celebrandi paschae canonicum, per omnia comitante et cooperante Hadriano disseminabat. 4.2 (204.21)
Hadrianum. Hadrianum autem Ebrinus retinuit, 4.1 (203.31)
Hadrianus. Erat autem in monasterio Niridano, . . . abbas Hadrianus, uir natione Afir, 4.1 (202.7)
Et rursum Hadrianus ad suscipiendum episcopatum actus est; 4.1 (202.20)
Hunc offerens Hadrianus pontifici, ut episcopus ordinaretur, obtinuit; 4.1 (202.28)
Hadrianus perrexit primum ad Emme Senonum, 4.1 (203.19)
reuerentissimus pater Hadrianus abbas, . . . defunctus est, 5.20 (330.32)
HADVLAC, *Bishop of Elmham in 731.*
Hadulac. prouinciae Orientalium Anglorum Aldberct et Hadulac episcopi; 5.23 (350.13)
HAEDDE (*d.* 705), *Bishop of Winchester.*
Haedde. Haedde episcopatum agente, translatus inde in Ventam ciuitatem, 3.7 (140.3)
Haeddi. Vt episcopatum Occidentalium Saxonum pro Leutherio Haeddi, . . . acceperit; 4.12 (227.19)
et episcopatu functus Haeddi pro eo, consecratus a Theodoro in ciuitate Lundonia. 4.12 (227.28)
Huius regni principio antistes Occidentalium Saxonum Haeddi caelestem migrauit ad uitam. 5.18 (320.9)
HAEMGILS (*fl.* 731), *a monk, from whom Bede had the story of Drycthelm's vision of the other world.*
Haemgils. in uicinia cellae illius habitabat quidam monachus, nomine Haemgils, 5.12 (309.22)
HAEREOS, *see* **HERESIS.**
HAERETICVS, *see* **HERETICVS.**
HAETHFELTH, *Hatfield Chase, near Doncaster.*
Haethfelth. et conserto graui proelio in campo, qui uocatur Haethfelth, 2.20 (124.22)
HAETHFELTH, *Hatfield, Hertfordshire.*
Hæthfelda. De synodo facta in campo Hæthfelda, praesidente archiepiscopo Theodoro. 4.17 (238.24)
Haethfelth. praepositis sacrosanctis euangeliis, in loco, qui Saxonico uocabulo Haethfelth nominatur, 4.17 (239.16)
Haethfeltha. synodus facta in campo Haethfeltha 5.24 (355.6)
HAGVSTALDENSIS, e, *of Hexham.*
Hagustaldensem. duos addidit antistites, Tunberctum ad ecclesiam Hagustaldensem, . . . et Trumuini 4.12 (229.23)
Hagustaldensi. hic in ciuitate Eburaci, ille in Hagustaldensi . . . ecclesia cathedram habens episcopalem, 4.12 (229.7)
Est mansio quaedam secretior, . . . non longe ab Hagustaldensi ecclesia, 5.2 (283.8)
Ediluald in Lindisfaronensi, Acca in Hagustaldensi, Pecthelm in ea, quae Candida Casa uocatur, 5.23 (351.1)
Hagustaldensis. consuetudinem multo iam tempore fecerant fratres Hagustaldensis ecclesiae, 3.2 (129.30)
Quidam de fratribus eiusdem Hagustaldensis ecclesiae, . . . brachium contriuit, 3.2 (130.11)
quod eorum primus Hagustaldensis, secundus Eboracensis ecclesiae sit ordinatus episcopus. 4.23 (254.29)
qui postea episcopus Hagustaldensis siue Lindisfarnensis ecclesiae factus est, 4.27 (269.4)
Electus est autem primo in episcopatum Hagustaldensis ecclesiae pro Tunbercto, 4.28 (273.6)
Eata reuerso ad sedem ecclesiae Hagustaldensis, 4.28 (273.10)
Iohannes uir sanctus Hagustaldensis ecclesiae praesulatum suscepit; 5.2 (282.32)
cum . . . Vilfrid post longum exilium in episcopatum esset Hagustaldensis ecclesiae receptus, 5.3 (285.4)
Suscepit uero pro Vilfrido episcopatum Hagustaldensis ecclesiae Acca presbyter eius, 5.20 (331.13)
HALANI, *the Alani.*
Halanorum. gentes Halanorum, Sueuorum, Vandalorum, 1.11 (24.22)
HALARICVS (376?–410), *Alaric, King of the West Goths.*
Halaricum. inruptionis, quae per Halaricum regem Gothorum facta est, 1.11 (24.21)
HALITVS. halitu. halitu tantum pertenui, quia uiueret, demonstrans. 5.19 (328.25)
HARENA. arenis. uel arenis inlisae ac dissolutae sunt; 1.2 (14.7)
harena. flumen, quod muro et harena, . . . diuidebatur; 1.7 (20.5)
quingentis fere passibus ab harena situs est, 1.7 (20.28)
herena. quingentis fere passibus ab harena [herena] situs est, uar. 1.7 (20.28)
HARVNDO. harundine. domibus, quae illic palustri harundine tegebantur, 1.19 (37.13)
quam tamen . . . de robore secto totam conposuit, atque harundine texit; 3.25 (181.8)
Eadberct ablata harundine, plumbi lamminis eam totam, . . . cooperire curauit. 3.25 (181.11)
harundinis. habens non longe ab inde monasterium in loco, qui uocatur Hreutford, id est uadum harundinis, 4.16 (237.28)
HAVD. qui haud longe ab illis ad borealem extremamque muri illius partem pausat. 5.17 (319.21)
HAVRIO. aurire. profectum pietatis ex eius uerbis haurire [aurire] uolebant. uar. 5.12 (309.20)
haurire. qui . . . spe gaudiorum perennium delectati, profectum pietatis ex eius uerbish aurire uolebant. 5.12 (309.20)
cui propitius donasti uerba tuae scientiae dulciter haurire, 5.24 (360.4)
HAVSTVS. austu. Splendificumque iubar radianti carperet haustu [austu], uar. 5.7 (293.13)
haustu. Splendificumque iubar radianti carperet haustu, 5.7 (293.13)
HEBDOMADA. ebdomada. Veraciter enim tertia agitur ebdomada, 5.21 (336.3)
ebdomada. alia tamen, quam decebat, ebdomada celebrabant. 3.4 (135.5)
qua tempus paschale primo mense anni et tertia eius ebdomada celebrandum esse diximus. 5.21 (336.1)
quod non recte dominicum paschae diem, . . . tertia primi mensis ebdomada celebremus.' 5.21 (337.25)

sicque diem paschae ordine peruerso, et aliquando in secunda ebdomada totam compleant, ... 5.21 (338.7)
expectamus adhuc monente euangelio in ipsa ebdomada tertia tempus diei dominicae, ... 5.21 (340.32)
ebdomadae. et numquam in ebdomadae tertiae die septima ponant; 5.21 (338.7)
HEBDOMAS. ebdomade. ut de monasterio egressus, saepe ebdomade integra, . . . domum non rediret; 4.27 (270.10)
HEBREI, *the Hebrews.*
Hebreis. et XIIII^a luna cum Hebreis celebrare nitentes. 2.19 (123.18)
HEBREVS, a, um, *Hebrew.*
Hebreum. iam dudum in diuinis laudibus Hebreum coepit alleluia resonare. 2.1 (78.11)
HEFENFELTH, *St. Oswald's, Northumberland.*
Hefenfelth. Vocatur locus ille lingua Anglorum Hefenfelth, ... 3.2 (129.20)
HEIV (*fl.* 650), *first woman in Northumbria to take the veil; founder of Hartlepool monastery.*
Heiu. monasterium factum erat non multo ante a religiosa Christi famula Heiu, ... 4.23 (253.20)
HEIVLOR. heiulantes. quae quinque animas hominum merentes heiulantesque, . . . trahebat in tenebras; 5.12 (306.13)
HELENA, Saint (*d.* 328?), *mother of Constantine the Great.*
Helena. filium ex concubina Helena creatum 1.8 (22.24)
eo quod ibi crux Domini ab Helena matre reperta sit, ... 5.16 (317.25)
HELENA, *Helen of Troy.*
Helenae. Carmina casta mihi, fedae non raptus Helenae; 4.20 (247.13)
HENGIST (*d.* 488), *leader of the Jutes, who with his brother Horsa founded Kent.*
Hengist. Duces fuisse perhibentur . . . Hengist et Horsa; 1.15 (31.30)
Cuius pater Hengist, qui cum filio suo Oisc . . . Brittaniam primus intrauit, ... 2.5 (90.21)
HERACLIVS (575? 641), *Emperor of the East.*
Heraclio. imperantibus dominis nostris Augustis, Heraclio anno XX^oIIII^o, ... 2.18 (122.4)
HERACLIVS, *Heracleonas, the younger son of Heraclius; succeeded his half-brother Constantine as Emperor in 641.*
Heraclio. sed et Heraclio felicissimo Caesare id est filio eius anno III, ... 2.18 (122.7)
HERBA. herbae. nil omnino, non dico spicarum, sed ne herbae quidem ex eo germinare usque ad aestatis tempora contigit. 4.28 (272.2)
herbarum. uariis herbarum floribus depictus, ... 1.7 (20.29)
uirecta herbarum auidius carpere coepit. 3.9 (146.9)
HERBOSVS, a, um. **herbosa.** Neque enim brucosa, sed herbosa et florida soli illius est qualitas; . . 5.17 (318.28)
herbosus. Mamre collis . . . herbosus ualde et floridus, campestrem habens in uertice planitiem; . . 5.17 (319.23)
HERCVLIVS, *cognomen of Maximianus.*
Herculium. Maximianumque cognomento Herculium socium creauit imperii. 1.6 (17.10)
HEREBALD, *see* **HERIBALD.**
HEREBERCT, *see* **HERIBERCT.**
HEREDITAS. hereditates. 'Dedi te in foedus populi, ut suscitares terram, et possideres hereditates dissipatas, ... 3.29 (197.15)
HEREMITICVS, a, um. **heremiticam.** qui de monasterii probatione diuturna ad heremiticam peruenerat uitam. 3.19 (168.4)
HERENA, *see* **HARENA.**
HEREO. herent. inmobiliter erant [herent] in profundum fluminis infixae. . . . . uar. 1.2 (14.19)
héreret. ita ut ipsum tentorium parieti hereret ecclesiae. 3.17 (160.5)
in tantum ea, quam praediximus, infirmitate decocta est, ut uix ossibus hereret; 4.9 (223.13)
HERERIC (*fl.* 614), *nephew of King Edwin of Northumbria, and father of Hilda.*
Hereric. Quae cum uir eius Hereric exularet sub rege Brettonum Cerdice, ... 4.23 (255.32)
Hererici. Nam et nobilis natu erat, hoc est filia nepotis Eduine regis, uocabulo Hererici; 4.23 (252.26)
HERES. heredem. ut tantus praecessor talem haberet desua consanguinitate et religionis heredem et regni. 3.6 (139.4)
Qui defunctus die XV Kalendarum Martiarum Ecgfridum filium regni heredem reliquit; 4.5 (214.21)
adtonsus est ab eo, et in tanto habitus amore, ut heredem sibi illum facere cogitasset. . . . 5.19 (324.31)
heredes. constructo monasterio, quod hactenus heredes possident eius, ... 5.11 (302.26)
heredes. quos doloribus adfligunt, habere heredes quaerunt; 1.27 (50.12)
tres suos filios, qui pagani perdurauerant, regni temporalis heredes reliquit, ... 2.5 (91.5)
et regni, . . . filios tres, Aedilberctum, Eadberctum, et Alricum, reliquit heredes. 5.23 (348.20)
HERESIS. haereos. omnis se lues hereseos [haereos] cuiusque, ... uar. 1.8 (22.19)
heresei. litteras genti Scottorum pro pascha simul et pro Pelagiana heresi [heresei] miserit. . . uar. 2.19 (122.11)
hereseos. omnis se lues hereseos cuiusque, . . . infudit. 1.8 (22.19)
quod uirus Pelagianae hereseos apud eos denuo reuiuescit; 2.19 (123.26)
heresi. Vt . . . Honorius et post Iohannes litteras genti Scottorum pro pascha simul et pro Pelagiana heresi miserit. 2.19 (122.11)
Necnon pro Pelagiana heresi, . . . admonere curauit; 2.19 (122.26)
heresim. nascentem ibi nouam heresim de statu nostrae resurrectionis, ... 2.1 (75.27)
contra nascentem heresim nouam laborare contendit, ... 2.1 (76.9)
nouam ex ueteri heresim renouare conantes, ... 2.19 (123.15)
et nuperrime temporibus illis hanc apud eos heresim exortam, ... 2.19 (123.20)
audiens Theodorus fidem ecclesiae Constantinopoli per heresim Eutychetis multum esse turbatam, . 4.17 (238.27)
heresis. cuius temporibus Arriana heresis exorta, ... 1.8 (22.28)
heresis Pelagiana per Agricolam inlata, ... 1.17 (33.24)
Nam qualiter ipsa quoque execranda heresis damnata est, latere uos non debet; 2.19 (123.29)
HERESVID (*fl.* 647), *sister of Hild, and mother of Alduulf, King of East Anglia.*
Heresuid. Nam et in eodem monasterio soror ipsius Heresuid, . . . coronam expectabat aeternam; . 4.23 (253.8)
HERETICVS. haereticis. condemnatis siue emendatis haereticis, ... 1.21 (39.30)
hereticorum. qualis esset status ecclesiae, quam ab hereticorum contagiis castus, ediscere, ... 4.18 (242.12)
HERIBALD (*d.* 745?), *Abbot of Tynemouth.*
Herebald. "Facite," inquit, "si uultis, ita tamen, ut Herebald ab illo se certamine funditus abstineat." 5.6 (289.28)
Heribald. quod famulus Christi Heribald in se ipso ab eo factum solet narrare miraculum, ... 5.6 (289.7)
HERIBERCT (*d.* 687), *anchorite of Derwentwater, to whom Cuthbert foretold his death.*
Hereberct. Erat enim presbyter uitae uenerabilis nomine Hereberct, ... 4.29 (274.11)
Heriberct. 'Memento, frater Heriberct, ut modo, quicquid opus habes, me interroges mecumque loquaris; 4.29 (274.21)
Sed Heriberct diutina prius infirmitate decoquitur; 4.29 (275.15)
Heriberto. Vt idem iam episcopus obitum suum proxime futurum Heriberto anchoritae praedixerit. 4.29 (274.1)
HERIBVRG (*fl.* 705), *Abbess of Watton.*
Heriburg. Vetadun ,cui tunc Heriburg abbatissa praefuit. 5.3 (285.9)
HEROICVS, a, um. **heroicis.** Quod pulchre uersibus heroicis Prosper rethor insinuat, ... 1.10 (24.8)
Verum quia de uita illius . . . et uersibus heroicis, et simplici oratione conscripsimus, ... 4.28 (271.9)
Cuius personam, . . . epitaphium quoque monumenti ipsius uersibus heroicis XXX et IIII . . . pandit; . 5.8 (295.6)
heroico. uitam . . . Cudbercti, et prius heroico metro et postmodum plano sermone, descripsi. . . . 5.24 (359.10)
Librum epigrammatum heroico metro, siue elegiaco. 5.24 (359.23)
HERVTEV, *Hartlepool, Durham.*
Heruteu. Intrauit . . . Osuiu filia Deo dedicanda monasterium, quod nuncupatur Heruteu, ... 3.24 (179.2)
Post haec facta est abbatissa in monasterio, quod uocatur Heruteu; 4.23 (253.19)

HERVTFORD, *Hertford.*
Herutford. Conuenimus autem . . . in loco, qui dicitur Herutford; . . . 4.5 (215.4)
Herutforda. et de synodo facta ad locum Herutforda, . . . 4.5 (214.9)
et synodus facta est ad Herutforda, . . . 5.24 (354.22)
HESPERIVS, a, um, *western.*
Hesperium. cum quo simul Hesperium concidit regnum. . . . 1.21 (41.18)
HEV. 'Heu, pro dolor!' inquit, . . . 2.1 (80.8)
Sed heu, pro dolor! longe aliter erat; . . . 3.14 (155.18)
'heu misero mihi locum despicio aeternae perditionis esse praeparatum.' . . . 5.14 (314.18)
HEVVALD, HEVVALDI, HEVVALD ALBVS, HEVVALD NIGER, NIGELLVS (*d.* 691 × 714), *the Hewald brothers, White Hewald and Black Hewald, English priests who were martyred by the Old Saxons.*
Heuuald. nam uterque eorum appellabatur Heuuald; . . . 5.10 (299.21)
Heuuald Albus. ut pro diuersa capillorum specie unus Niger Heuuald, alter Albus Heuuald diceretur; 5.10 (299.23)
Heuualdi. et ut socii eius Heuualdi sint martyrium passi. . . . 5.10 (298.28)
Heuuald Niger. ut pro diuersa capillorum specie unus Niger Heuuald, alter Albus Heuuald diceretur; 5.10 (299.23)
sed Niger Heuuald magis sacrarum litterarum erat scientia institutus. . . . 5.10 (299.24)
Heuualdum Album. interemerunt; Album quidem Heuualdum ueloci occisione gladii, . . . 5.10 (300.17)
Heuualdum Nigellum. interemerunt; Album quidem Heuualdum ueloci occisione gladii, Nigellum autem longo suppliciorum cruciatu, . . . 5.10 (300.18)
HEXAMETER. exametris. quem in exemplum Sedulii geminato opere, et uersibus exametris, et prosa conposuit. . . . 5.18 (321.7)
HIBERNA. hiberna. Regressus in Galliam, legiones in hiberna dimisit, . . . 1.2 (14.3)
postquam legiones in hiberna misit, . . . 1.2 (14.31)
HIBERNI, *the Scots; see* **SCOTTI.**
Hiberni. Reuertuntur ergo inpudentes grassatores Hiberni domus, . . . 1.14 (29.23)
HIBERNIA, *Ireland.*
Hibernia. Est autem Hibernia insula omnium post Brittaniam maxima, . . . 1.1 (11.29)
Hibernia autem . . . multum Brittaniae praestat, . . . 1.1 (12.25)
Hibernia. qui duce Reuda de Hibernia progressi, . . . 1.1 (12.20)
rasa folia codicum, qui de Hibernia fuerant, . . . 1.1 (13.3)
uenit de Hibernia presbyter et abbas . . . Columba . . . 3.4 (133.6)
Fecerat autem, . . . monasterium nobile in Hibernia, . . . 3.4 (134.4)
monasteria per discipulos eius et in Brittania et in Hibernia propagata sunt, . . . 3.4 (134.8)
Ecgbercto, . . . qui in Hibernia diutius exulauerat pro Christo, eratque et doctissimus in scripturis, 3.4 (134.32)
uenit in prouinciam de Hibernia pontifex quidam nomine Agilberctus, . . . 3.7 (140.19)
sed tunc legendarum gratia scripturarum in Hibernia non paruo tempore demoratus, . . . 3.7 (140.21)
Vt in Hibernia sit quidam per reliquias eius a mortis articulo reuocatus. . . . 3.13 (152.5)
Sed et in Hibernia cum presbyter adhuc peregrinam pro aeterna patria duceret uitam, . . . 3.13 (152.16
superuenit de Hibernia uir sanctus nomine Furseus, . . . 3.19 (163.24
Vt Ecgberct, uir sanctus de natione Anglorum, monachicam in Hibernia uitam duxerit. . . . 3.27 (191.26)
et ipse adulescens in Hibernia monachicam in orationibus et continentia, . . . uitam sedulus agebat. 4.3 (211.19)
quae ad occidentalem plagam ab Hibernia procul secreta, . . . 4.4 (213.12)
inuenit locum in Hibernia insula aptum monasterio construendo, . . . 4.4 (213.23)
Ecgberct, quem in Hibernia insula peregrinam ducere uitam pro adipiscenda in caelis patria retulimus, 5.9 (296.8)
(nam multos annos in Hibernia peregrinus anchoreticam in magna perfectione uitam egerat), . . . 5.9 (298.17)
qui in Hibernia multo tempore pro aeterna patria exulauerant, . . . 5.10 (299.16)
qui adhuc superest, et in Hibernia insula solitarius ultimam uitae aetatem . . . sustentat. . . . 5.12 (309.24)
pars Scottorum in Hibernia, . . . ecclesiasticum paschalis obseruantiae tempus . . . suscepit. . . . 5.15 (315.12)
Qui cum celebrato in Hibernia canonico pascha, ad suam insulam reuertisset, . . . 5.15 (316.7)
cum uenisset ad eos de Hibernia Deo amabilis, . . . Ecgberct, . . . 5.22 (346.22)
Hibernia. Regressus in Galliam, legiones in hiberna [hibernia] dimisit, . . . uar. 1.2 (14.3)
postquam legiones in hiberna [hibernia] misit, . . . uar. 1.2 (14.31)
Hiberniae. De situ Brittaniae uel Hiberniae, . . . 1.1 (9.1)
gentes Scottorum, quae in australibus Hiberniae insulae partibus morabantur, . . . 3.3 (131.26)
Germaniae simul et Hiberniae partes attigit. . . . 3.13 (152.9)
et pro omni aquilonali parte Brittaniae et Hiberniae, . . . catholicam fidem confessus est, . . . 5.19 (327.4)
Hiberniam. extra fines omnes Brittaniae Hiberniam peruenisse, . . . 1.1 (11.26)
nec non et Scottorum, qui Hiberniam insulam Brittaniae proximam incolunt, . . . 2.4 (87.11)
Meuanias Brettonum insulas, quae inter Hiberniam et Brittaniam sitae sunt, . . . 2.5 (89.25)
'mortalitatis, quae Brittaniam Hiberniamque lata strage uastauit, . . . 3.13 (152.23)
Haec autem plaga Hiberniam quoque insulam pari clade premebat. . . . 3.27 (192.7)
qui et ipse aeuo sequente Hiberniam gratia legendi adiit, . . . 3.27 (192.22)
et ingruente causa subita secessit Hiberniam, . . . 4.25 (263.35)
Cumque sacerdotem suum Hiberniam secessisse, ibique defunctum esse audisset, . . . 4.25 (264.7)
Ecgfrid . . . misso Hiberniam cum exercitu duce Bercto, uastauit misere gentem innoxiam, . . . 4.26 (266.15)
sed quia nec ipse aliquid profecisset, rursum in Hiberniam, unde uenerat, redierit. . . . 5.9 (296.5)
Nauigauit Hiberniam, . . . 5.15 (316.2)
Hiberniam. postquam legiones in hiberna [hiberniam] misit, . . . uar. 1.2 (14.31)
HIBERNO. hibernare. Regressus in Galliam, legiones in hiberna [hibernare] dimisit, . . . uar. 1.2 (14.3)
HIC, haec, hoc, *omitted.*
HIDDILA (*fl.* 686), *a priest associated with Wilfrid in the conversion of the Isle of Wight.*
Hiddila. partem, quam accepit, commendauit cuidam de clericis suis, . . . dans illi presbyterum nomine Hiddila, . . . 4.16 (237.15)
HIEMALIS, e. **hiemali.** Cumque tempore hiemali defluentibus circa eum semifractarum crustis glacierum, 5.12 (310.21)
hiemalium. furentibus autem foris per omnia turbinibus hiemalium pluuiarum uel niuium, . . . 2.13 (112.11)
HIEMS. hieme. mox de hieme in hiemem regrediens, tuis oculis elabitur. . . . 2.13 (112.16)
at uero hieme succedente redirent, . . . 4.4 (213.19)
Nec tamen statim ordinatio decreta, sed peracta hieme, quae inminebat, . . . conpleta est . . . 4.28 (273.1)
hiemem. nemo propter hiemem aut faena secet aestate, . . . 1.1 (12.28)
mox de hieme in hiemem regrediens, tuis oculis elabitur. . . . 2.13 (112.16)
Ibi ergo hiemem cum noua Dei plebe feliciter exigens, sic Romam ueniendi iter repetiit; . . . 5.19 (326.18)
hiemis. Ipso quidem tempore, quo intus est, hiemis tempestate non tangitur, . . . 2.13 (112.14)
quia tempus hiemis fuerit acerrimum et glacie constrictum, . . . 3.19 (167.19)
hiems. coegerat enim eos inminens hiems, ut, ubicumque potuissent, quieti manerent. . . . 4.1 (203.22)
et tanta ingruit tamque fera tempestatis hiems, . . . 5.1 (281.21)
HIENSES, *the monks of Iona.*
Hienses. Ecgberct Hienses monachos ad catholicum pascha et ecclesiasticam correxit tonsuram. . . . 5.24 (356.11)
Hiensium. plurimos eorum, et pene omnes, qui ab Hiensium dominio erant liberi, ab errore auito correctos, 5.15 (316.4)
Hiienses. Vt Hiienses monachi cum subiectis sibi monasteriis canonicum praedicante Ecgbercto celebrare pascha coeperint. . . . 5.22 (346.14)
Susceperunt autem Hiienses monachi docente Ecgbercto ritus uiuendi catholicos . . . 5.22 (347.17)

Item de historiis sanctorum: 5.24 (359.4)
HISTORICVS. historicis. historicus [historicis] eorum Gildus uar. 1.22 (42.3)
historicus. quae historicus eorum Gildus flebili sermone describit, 1.22 (42.3)
sed quasi uerax historicus, simpliciter ea, quae de illo siue per illum sunt gesta, describens, 3.17 (161.14)
HLODVIVS, *Clovis II, King of Neustria, 638 656.*
Hloduio. a rege Francorum Hloduio uel patricio Ercunualdo honorifice susceptus, 3.19 (168.11)
HLOTHARIVS, *see* **HLOTHERE.**
HLOTHERE, HLOTHERI, HLOTHARIVS (*d.* 685). *King of Kent after Egbert.*
Hlothario. et Hlothario rege Cantuariorum, regni eius anno VII°; 4.17 (239.10)
Hlothere. Ecgberct mense Iulio obierat, succedente in regnum fratre Hlothere, 4.5 (217.23)
Hlotheri. uenit Cantiam ad regem Hlotheri, qui erat filius sororis Aedilthrydae reginae, 4.22 (251.24)
De morte Ecgfridi et Hlotheri regum. 4.26 (266.13)
Hlotheri Cantuariorum rex, ... mortuus erat VIII. Idus Februarias. 4.26 (268.7)
Anno eodem Hlotheri rex Cantuariorum obiit. 5.24 (355.11)
HODIE. 1.1 (12.16); 1.1 (12.23); 1.1 (13.15); 1.2 (14.17); 1.11 (25.12); 1.12 (26.23); 1.12 (27.24); 1.15 (31.17); 1.15 (31.24); 2.2 (81.13); 2.13 (113.22); 2.16 (118.5); 2.20 (125.17); 2.20 (126.26); 3.1 (128.11); 3.2 (128.26); 3.2 (129.15); 3.2 (129.25); 3.4 (133.31); 3.8 (143.3); 3.9 (145.16); 3.11 (149.5); 3.16 (159.13); 3.25 (185.17); 3.25 (185.32); 4.2 (205.1); 4.3 (207.7); 4.3 (207.10); 4.3 (209.15); 4.4 (214.1); 4.5 (217.32); 4.6 (218.19); 4.9 (223.25); 4.13 (232.17); 4.19 (246.22); 5.10 (301.16); 5.18 (320.26); 5.18 (321.12); 5.18 (321.23); 5.20 (331.19); 5.21 (341.23).
HODIERNVS, a, um. **hodierna.** nos enim te hodierna die ad caelestia sumus regna perducturi. 4.14 (234.9)
praeter te solum qui hodierna es die liberandus a morte, 4.14 (234.21)
HOMELEA FLVMEN, *the Hamble, Hants.*
Homelea fluminis. bini aestus oceani, ... sibimet inuicem cotidie conpugnantes occurrunt ultra ostium fluminis Homelea, 4.16 (238.20)
HOMICIDA. homicida. regem, a quo homicida ille, qui eum uulnerauerat, missus est; 2.9 (99.27)
HOMO. homine. duce Ambrosio, Romano homine, 1.16 (33.5)
hominem. 'Non quod intrat in os, coinquinat hominem; 1.27 (57.1)
sed quae exeunt de ore, illa sunt, quae coinquinant hominem.' 1.27 (57.3)
hominem ad imaginem et similitudinem suam ex limo terrae plasmatum constituit, 2.10 (101.12)
uidit subito ... adpropinquantem sibi hominem uultus habitusque incogniti; 2.12 (108.22)
ut intellegeret non hominem esse, qui sibi apparuisset, sed spiritum. 2.12 (109.27)
dicentium posse sine peccato hominem existere ex propria uoluntate, 2.19 (124.2)
Et primum quidem blasphemiae stultiloquium est dicere esse hominem sine peccato; 2.19 (124.4)
cognouitque hominem, 3.19 (166.26)
qui narrare solet dixisse sibi quendam multum ueracem ac religiosum hominem, 3.19 (167.17)
'Hominem denique,' inquit, 'docibilem et in omnibus ornatum antistitem, ... minime ualuimus nunc repperire 3.29 (197.33)
'Scio hominem in hac insula adhuc in carne manentem, 4.3 (211.29)
Namque ipse non ab hominibus, neque per hominem institutus, canendi artem didicit, 4.24 (259.7)
homines. Nam ceteri homines cum peccato originali nascentes 2.19 (124.7)
eisque languentes homines aut pecudes potauerint, 3.2 (129.17)
eo quod essent homines indomabiles, et durae ac barbarae mentis. 3.5 (137.7)
ubi prius uel bestiae commorari, uel homines bestialiter uiuere consuerant. 3.23 (175.19)
uenerunt illo de suo monasterio homines circiter XXX, 3.23 (176.28)
quia saepe XL simul aut L homines inedia macerati procederent ad praecipitium 4.13 (231.14)
Collectis ergo undecumque retibus anguillaribus, homines antistitis miserunt in mare, 4.13 (231.30)
homines. homines acerba pestis corripuit, 1.14 (30.9)
'quod tam lucidi uultus homines tenebrarum auctor possidet, 2.1 (80.9)
nulla harum portio minus quam CCC^{tos} homines haberet, 2.2 (84.13)
et uerbo exhortationis apud homines, ... ageret; 2.12 (107.9)
ubi suos homines, qui exules uagabantur, recipere posset, 4.13 (232.8)
ac suae prouinciae homines pro his substituere contendit, 4.16 (237.3)
Liberet ut homines, en Deus altus adit. 4.20 (247.18)
in quibus cunctis homines ab amore scelerum abstrahere, ... curabat. 4.24 (261.9)
et apud homines sum iterum uiuere permissus; 5.12 (304.11)
quia nunc ad corpus reuerti, et rursum inter homines uiuere debes, 5.12 (309.2)
sed inter haec nescio quo ordine repente me inter homines uiuere cerno.' 5.12 (309.14)
hominesque prouinciae illius solitos ablatum inde puluerem propter languentes in aquam mittere, 5.18 (320.18)
homini. et inmortalitatem homini pro peccato suo abstulit, 1.27 (54.13)
hominibus. ubi Dominus per creaturam subditam hominibus loquebatur, 1.27 (59.8)
quam cum in aquas miserint, atque has infirmantibus iumentis siue hominibus gustandas dederint, 4.3 (212.21)
quantum hominibus aestimare fas est, 5.6 (289.11)
atque huius gustum siue aspersionem multis sanitatem egrotis et hominibus et pecoribus conferre; 5.18 (320.21)
hominibus. facultates cum agris et hominibus donauit, 4.13 (232.22)
Namque ipse non ab hominibus, neque per hominem institutus, canendi artem didicit, 4.24 (259.7)
e quibus uidelicet hominibus, ut dinoscere potui, quidam erat adtonsus ut clericus, 5.12 (306.15)
Acca presbyter eius, uir et ipse strenuissimus, et coram Deo et hominibus magnificus; 5.20 (331.15)
qui in praesenti quidem uita a deceptis hominibus putabantur digni perpetuae gloria coronae; 5.21 (343.32)
hominis. quibus ex culpa primi hominis factum est, 1.27 (56.15)
et per inluminationem unius hominis corporalem, ... gratiam lucis accenderet. 2.2 (82.10)
quippe quos Deus omnipotens ex primi hominis, quem plasmauit, cognatione, ... pullulare constituit. 2.10 (103.16)
ascensionem in caelos mediatoris Dei et hominum hominis Iesu Christi. 3.17 (162.5)
uidit manifeste quasi corpus hominis, quod esset sole clarius, sindone inuolutum in sublime ferri, 4.9 (222.13)
nullius anima hominis pro interfecto regis fratre, 4.21 (249.14)
hominum. uiditque ibi non paruam hominum multitudinem utriusque sexus, 1.7 (20.6)
fames et aerum pestifer odor plura hominum milia iumentorumque deleuit. 1.13 (29.11)
innumera hominum eodem die ad Dominum turba conuersa est. 1.18 (37.3)
Nec labor uos ergo itineris, nec maledicorum hominum linguae deterreant; 1.23 (43.10)
Quamuis de hac re diuersae hominum nationes diuersa sentiant, 1.27 (57.24)
saecularium hominum negotia patitur, 2.1 (74.19)
'Talis,' inquiens, 'mihi uidetur, rex, uita hominum praesens in terris, 2.13 (112.5)
Ita haec uita hominum ad modicum apparet; 2.13 (112.17)
nisi unus mediator Dei et hominum homo Christus Iesus, qui sine peccato est conceptus et partus. 2.19 (124.5)
uidisse se albatorum cateruam hominum idem monasterium intrare; 3.8 (143.13)
usque hodie sanitates infirmorum et hominum et pecorum celebrari non desinunt. 3.9 (145.17)
ascensionem in caelos mediatoris Dei et hominum hominis Iesu Christi. 3.17 (162.5)
deos esse non posse, qui hominum manibus facti essent; 3.22 (171.26)
in quibus latronum magis latibula, ... quam habitacula fuisse uidebantur hominum; 3.23 (175.15)
pestilentiae lues, ... magnam hominum multitudinem strauit. 3.27 (192.4)
sic doctrina eorum corda hominum cotidie inlustrat credentium.' 3.29 (197.30)

sufficiensque esset in possessione hominum propriorum; 4.1 (202.33)
adstante episcopo, . . . et turba hominum non modica, 4.11 (227.12)
neque aliquos hominum tanti decoris ac uenustatis esse posse credebam. 4.14 (235.16)
qui primo filiis hominum caelum pro culmine tecti, . . . creauit.' 4.24 (260.4)
dehinc terram custos humani [hominum] generis omnipotens creauit.' uar. 4.24 (260.5)
ut admoneremus lectorem operum Domini, quam terribilis in consiliis super filios hominum; 4.25 (266.7)
Vtrumque autem erat animabus hominum plenum, 5.12 (305.5)
cerno omnia, quae ascendebant, fastigia flammarum plena esse spiritibus hominum, 5.12 (306.1)
quae quinque animas hominum merentes heiulantesque, . . . trahebat in tenebras; 5.12 (306.13)
ut cum longius subeuntibus eis, fletum hominum et risum daemoniorum clare discernere nequirem, 5.12 (306.20)
Erantque in hoc campo innumera hominum albatorum conuenticula, 5.12 (307.22)
quercus Abrahae duorum hominum altitudinis truncus ecclesia circumdata est. 5.17 (319.25)
inter omnes tamen, quas uel in ecclesia, uel in uniuerso hominum genere repperimus tonsuras, 5.21 (342.25)

homo. qua per sacrum ministerium homo Deo coniungitur, 1.27 (52.25)
Et homo, . . . reatum culpae portet inuitus. 1.27 (56.21)
Ecce itaque homo est, 1.27 (61.31)
Qui respondebat: 'Si homo Dei est, sequimini illum.' 2.2 (82.28)
nisi unus mediator Dei et hominum homo Christus Iesus, qui sine peccato est conceptus et partus. 2.19 (124.6)
Sigberct frater eius praefuit, homo bonus ac religiosus; 3.18 (162.16)
quod esset homo ferocis animi, 3.25 (181.24)
timere coepit homo animi regalis, 4.11 (226.8)
Respondebat ille simpliciter, erat namque homo simplicis ingenii, . . . 'Frigidiora ego uidi.' 5.12 (310.27)
cuius culmen intrinsecus stans homo manu contingere potest, 5.16 (318.8)
de statu huius mundi merito diligere potuit homo huius mundi; 5.21 (333.26)

HONERARIVS, a, um, *see* **ONERARIVS,** a, um.

HONOR. honor. Huius honor genuit casto de germine plures, 4.20 (247.23)
Virgineos flores huius honor genuit. 4.20 (247.24)

honore. et metropolitani honore perfruatur; 1.29 (64.1)
Habet haec in medio pene sui altare in honore beati papae Gregorii dedicatum, 2.3 (86.11)
qui te et a temporalibus aduersis eripiens, temporalis regni honore sublimauit; 2.12 (111.3)
ac digno a cunctis honore uenerantur. 3.6 (138.30)
adhuc sine macula corruptionis inuentum, ibidem digno cum honore translatum est; 3.19 (168.24)
quam . . . reuerentissimus archiepiscopus Theodorus in honore beati apostoli Petri dedicauit. 3.25 (181.10)
et consecratus est magno cum honore ab ipso, 3.28 (194.23)
Ydros et ater abit sacrae pro uestis honore, 4.20 (248.23)
sed ad integrum culpis accusationum absolutum patriam cum honore reuerti. 5.19 (328.19)

honorem. honorem referre incipiens caedi sanctorum, 1.7 (21.22)
ecclesia in honorem sancti Martini antiquitus facta, 1.26 (47.11)
et unde foras in honorem tollitur, 1.31 (66.21)
cuius uos honorem quaeritis et seruatis in gentibus. 1.32 (68.13)
et in Bononia ciuitate iuxta honorem tanto uiro congruum in ecclesia posuerunt. 1.33 (71.5)
et iuxta honorem uel regiis pueris uel innocentibus Christi congruum in ecclesia sepulti sunt. 2.20 (126.5)
coepit facere in monasterio suo ecclesiam in honorem omnium apostolorum, 3.8 (144.10)
atque in ecclesia iuxta honorem congruum posuerunt; 3.11 (148.28)
atque in honorem beatissimi apostolorum principis dedicata, 3.17 (160.13)
in eodem monasterio ecclesia est in honorem beatae Dei genetricis de lapide facta, 3.23 (176.15)
Cum . . . Benedictus construxisset monasterium Brittaniae in honorem beatissimi apostolorum principis, 4.18 (241.6)
in ecclesia beati Petri apostoli iuxta honorem et uita et gradu eius condignum conditus est. 4.26 (267.29)
Inuenta namque eorum corpora iuxta honorem martyribus condignum recondita sunt, 5.10 (301.8)
quibusque ibidem depositis, consequenter in eorum honorem, . . . singula quaeque loca dedicaret. 5.11 (301.29)
et iuxta honorem tanto pontifici congruum in ecclesia beati apostoli Petri sepultum. 5.19 (322.22)
ecclesiae suae, quae in beati Andreae apostoli honorem consecrata est, 5.20 (331.17)
promittens hanc in honorem beati apostolorum principis dedicandam; 5.21 (333.6)

honoribus. uitam priuatam et monachicam cunctis regni diuitiis et honoribus praeferens, 4.11 (225.20)

honoribus. temporalibus quoque honoribus regem glorificare satagens, 1.32 (67.21)

honoris. praesules cum populis sine ullo respectu honoris, . . . absumebantur; 1.15 (32.26)
atque honoris pallium ab hac sancta et apostolica, . . . sede percipiat. 1.29 (63.28)
Sit uero inter . . . episcopos in posterum honoris ista distinctio, 1.29 (64.7)
Sed nec religioni Christianae, . . . aliquid inpendebat honoris. 2.20 (125.17)
Numquam diuitibus honoris siue timoris gratia, siqua delinquissent, reticebat; 3.5 (136.22)
hoc est unum Deum in tribus subsistentiis, uel personis consubstantialibus, aequalis gloriae et honoris. 4.17 (239.29)

honorum. nobis tamen eis necesse est honorum beneficia tribuere, 1.29 (63.20)

HONORABILIOR, ius. **honorabiliorem.** nuper ibidem ecclesia constructa, sacratiorem et cunctis honorabiliorem omnibus locum fecere. 3.2 (130.2)

HONORABILIS, e. **honorabilis.** Vtta, . . . ob id omnibus, etiam ipsis principibus saeculi honorabilis, 3.15 (157.25)
merito omnibus honorabilis, officium episcopatus et uerbo exercebat et opere. 4.13 (232.19)

HONORIFICE. Quibus depositis honorifice atque sociatis, 1.18 (36.30)
atque ab Honorio archiepiscopo et rege Eadbaldo multum honorifice susceptus est. 2.20 (125.31)
Quo honorifice a populo et a rege suscepto, 3.7 (141.27)
susceptus est honorifice a rege praefato, 3.19 (163.29)
a rege Francorum Hloduio uel patricio Ercunualdo honorifice susceptus, 3.19 (168.12)
et in monasterio, quod uocatur Pægnalaech, honorifice sepultus. 3.27 (192.7)
atque honorifice a beatae memoriae papa Agathone susceptus est; 4.18 (241.10)
corpusque eius . . . Turonis delatum atque honorifice sepultum est. 4.18 (242.22)
quem ad monasterium suum deferens, honorifice sepeliuit, 4.22 (250.23)
misit eum Cantiam ad regem Erconberctum, . . . postulans, ut eum honorifice Romam transmitteret. 5.19 (323.24)
multum honorifice ministerium impleuerunt. 5.19 (325.33)
pulsus est Fresiam, et honorifice susceptus a barbaris ac rege illorum Aldgilso, 5.19 (326.12)
honorifice ab eis et multo cum gaudio susceptus est. 5.22 (346.25)

HONORIFICENTIA. honorificentia. Eo tempore uenerabilis et cum omni honorificentia nominandus . . . Ecgberct, . . . proposuit animo pluribus prodesse; 5.9 (296.6)
cum uenisset . . . Deo amabilis, et cum omni honorificentia nominandus pater ac sacerdos, Ecgberct, 5.22 (346.23)

HONORIFICVS, a, um. **honorifico.** Cuius corpus honorifico agmine, . . . suam defertur ad urbem. 1.21 (41.14)

HONORIVS (384-423), *Emperor of the West.*

Honorio. Arcadius . . . cum fratre Honorio, XLIII ab Augusto regnum suscipiens, 1.10 (23.25)
regnante Honorio, 1.11 (24.16)
tenente imperium Honorio Augusto, 1.11 (24.19)
iubente Honorio, Constantius comes in Galliam cum exercitu profectus, 1.11 (24.30)

Honorium. Theodosius iunior post Honorium XLV ab Augusto regnum suscipiens, 1.13 (28.18)

HONORIVS I (*d.* 638), *Pope, 625 638.*
Honorii. Iohannes, qui successori eiusdem Honorii Seuerino successit, 2.19 (122.20)
Birino episcopo, qui cum consilio papae Honorii uenerat Brittaniam, 3.7 (139.11)
Honorio. Vt idem ab Honorio papa exhortatorias litteras acceperit, 2.17 (118.22)
Vt Honorius, . . . ab eodem papa Honorio pallium et litteras acceperit. 2.18 (120.7)
Honorium. eo quod Romanus praesul illius ad Honorium papam a Iusto archiepiscopo legatarius missus 2.20 (126.13)
Honorius. praesulatum sedis apostolicae Honorius Bonifatii successor habebat, 2.17 (118.24)
Æduino regi Anglorum Honorius episcopus seruus seruorum Dei salutem. 2.17 (119.1)
Cui etiam praefatus papa Honorius misit pallium et litteras, 2.18 (120.14)
Dilectissimo fratri Honorio Honorius. 2.18 (120.24)
Vt primo idem Honorius et post Iohannes litteras genti Scottorum . . . miserit. 2.19 (122.10)
Misit idem papa Honorius litteras etiam genti Scottorum, 2.19 (122.12)
HONORIVS, Saint (*d.* 653), *fifth Archbishop of Canterbury.*
Honorii. ac per hoc curam illius praefatus Paulinus inuitatione Honorii antistitis . . . suscepit 2.20 (126.16)
Honorio. et duo pallia utrorumque metropolitanorum, id est Honorio et Paulino, direximus, 2.17 (119.30)
Dilectissimo fratri Honorio Honorius. 2.18 (120.24)
Honorio. atque ab Honorio archiepiscopo et rege Eadbaldo multum honorifice susceptus est. 2.20 (125.30)
Vt, defuncto Honorio, pontificatu sit functus Deusdedit; 3.20 (169.1)
Honorio Cantuariorum, et Felice Orientalium Anglorum, uenerationi habitus est. 3.25 (182.14)
Honorium. cum uenisset ad Honorium archiepiscopum, 2.15 (116.27)
Paulinus, transeunte ad Christum Iusto, Honorium pro eo consecrauit episcopum, 2.16 (117.17)
Honorius. Vt Honorius, . . . ab eodem papa Honorio pallium et litteras acceperit. 2.18 (120.6)
et Honorius pro illo est in praesulatum electus; 2.18 (120.9)
In cuius locum Honorius archiepiscopus ordinauit Ithamar, 3.14 (154.21)
Honorius loco eius ordinauit Thomam diaconum eius 3.20 (169.4)
Et ipse quoque Honorius, postquam metas sui cursus inpleuit, 3.20 (169.9)
gradum archiepiscopatus Honorius, unus ex discipulis beati papae Gregorii, . . . seruabat. 5.19 (323.25)
HONORO. honoranda. in quo desiderabat honoranda patrui sui ossa recondere. 3.11 (148.9)
honoratis. in qua super altare pro defunctis honoratis sacrificium solet offerri, 5.16 (317.32)
HORA. hora. erat enim prima hora noctis, 2.12 (108.3)
nec de loco mouearis, donec hora recessionis febrium transierit. 3.12 (151.6)
sed incerta eiusdem exitus esset hora futura, dicente Domino: 3.19 (164.7)
ueniret hora ipsius, ut transiret ex hoc mundo ad Dominum, 4.3 (207.23)
et suum quoque exitum, cuius hora incerta est, . . . praeuenire meminerint.' 4.3 (209.18)
interrogauit, quam prope esset hora, qua fratres ad dicendas Domino laudes nocturnas excitari deberent. 4.24 (262.7)
Erat enim, ut referre est solitus, tunc hora circiter secunda diei. 4.32 (280.25)
Erat autem hora diei circiter septima, 5.6 (290.23)
hora. Contigit autem iudicem ea hora, . . . aris adsistere, 1.7 (19.1)
Nam si hora eadem, qua genuerit, 1.27 (54.24)
hora eadem, qua gignit, 1.27 (54.33)
de mortis hora suspecti, 1.32 (69.22)
'Si ergo uis, hac ipsa hora educam te de hac prouincia, 2.12 (108.5)
quare illa hora, ceteris quiescentibus, . . . solus ipse mestus in lapide peruigil sederet. 2.12 (108.25)
inuentum est ita inlesum, ac si eadem hora de hac luce fuisset egressus. 3.19 (168.20)
facta erat eclipsis solis . . . hora circiter x^a diei; 3.27 (191.30)
qua hora etiam eam monasterii partem, . . . eadem plaga tangeret, 4.7 (219.19)
qui ipsa hora in oratorio eorum cum alio iuniore positus fuerat, 4.7 (220.17)
Nam die dehinc tertio, conpleta hora nona, . . . emisit spiritum. 4.11 (226.29)
contigit forte ipsum puerum hora ferme secunda diei in loco, in quo eger iacebat, solum inueniri; 4.14 (234.1)
A tertia autem hora, quando missae fieri solebant, sepissime uincula soluebantur. 4.22 (251.21)
inuentum est, eadem hora transitum eius illis ostensum esse per uisionem, 4.23 (258.2)
atque hoc ipsa, qua factum est, hora his, quae secum erant, famulis Christi manifeste narrauerit, 4.23 (258.15)
Erat enim haec ipsa hora cum aliis nonnullis Christi ancellis in extremis monasterii locis seorsum posita, 4.23 (258.20)
ibique hora conpetenti membra dedisset sopori, 4.24 (259.21)
Nam propinquante hora sui decessus, XIII diebus praeueniente corporea infirmitate pressus est, 4.24 (261.16)
inminente hora ipsius diei sexta, repente contingens oculum ita sanum cum palpebra inuenit, 4.32 (280.26)
Cumque post haec hora conpetente consideremus ad mensam, 5.3 (286.7)
Quibus dictis eadem hora me cathecizare ipse curauit; 5.6 (291.21)
eclypsis solis facta est XIIII. Kalendas Martias, ab hora prima usque ad tertiam. 5.24 (353.2)
et apparuerunt stellae pene hora dimidia ab hora diei tertia. 5.24 (353.4)
et apparuerunt stellae pene hora dimidia ab hora diei tertia. 5.24 (353.5)
luna sanguineo rubore perfusa, quasi hora integra II. Kal. Febr. circa galli cantum, Cont. (361.11)
horae. Et post aliquantum horae spatium resedit qui uexabatur, 3.11 (150.14)
audiuit denuo, transacto quasi dimidiae horae spatio, ascendere . . . idem laetitiae canticum, 4.3 (208.29)
Qui cum aliquantulum horae quasi adtonitus maneret, 4.3 (208.32)
horam. Post quam horam ita, . . . recepit pristinam sanitatem, 1.19 (38.3)
ne, . . . status ecclesiae tam rudis uel ad horam pastore destitutus uacillare inciperet. 2.4 (86.28)
consuetudinem fecerunt . . . IIII^a et VI^a sabbati ieiunium ad nonam usque horam protelare. 3.5 (136.21)
coepit expectare horam, qua aut melioratum reciperet iumentum, aut relinqueret mortuum. 3.9 (146.1)
Qui cum die quadam sollicitus horam accessionis exspectaret, 3.12 (150.29)
'Vigilate itaque, quia nescitis diem neque horam.' 3.19 (164.9)
At ille: 'Bene, ergo exspectemus horam illam.' 4.24 (262.9)
iussit pontifex ceteros ad horam egredi, 5.19 (329.5)
eclypsis facta est solis XVIIII, Kal. Sep. circa horam diei tertiam, Cont. (361.7)
horarum. plurimae longitudinis habet dies aestate, . . . id est horarum X et VIII; 1.1 (11.5)
hoc est sex solummodo aequinoctialium horarum; 1.1 (11.7)
horas. longissima dies siue nox XV, breuissima VIIII conpleat horas. 1.1 (11.10)
horis. horis momentisque omnibus fracta stomachi uirtute lassescebat, 2.1 (77.7)
et per aliquod tempus, ut diximus, horis conpetentibus solitarius sederet, 2.12 (110.26)
qui solebat nocturnis saepius horis repente ab inmundo spiritu grauissime uexari. 3.11 (149.20)
et tribus mensibus permanens, matutinis horis oriebatur, 4.12 (228.30)
HORDEVM. hordei. exceptis uitibus et oliuis, rarae ferax arboris, frumenti quoque et hordei fertilis. 5.17 (318.28)
hordeum. Vnde uisitantibus se ex more fratribus hordeum iussit adferri, 4.28 (272.4)
HOROLOGICVS, a, um. **horologica.** ut etiam ipsi horologica inspectione probamus. 5.21 (339.6)
HORREO. horrenda. "Vallis illa, quam aspexisti flammis feruentibus et frigoris horrenda rigidis, 5.12 (308.11)
horrenda. interemerunt; . . . Heuualdum . . . Nigellum autem longo suppliciorum cruciatu, et horrenda membrorum omnium discerptione; 5.10 (300.19)
horrenda. ut multa illum, quae alios laterent, uel horrenda uel desideranda uidisse, . . . uita loqueretur. 5.12 (304.25)
horrendae. proferens codicem horrendae uisionis, et magnitudinis enormis, 5.13 (312.13)
horrendam. cuiusque horrendam faciem uidere refugis, 5.21 (344.29)

horrendi. fuga quoque tumoris horrendi secuta est; 5.3 (286.23)
horrendo. 'At cum me hoc spectaculo tam horrendo perterritum paulatim in ulteriora produceret, 5.12 (305.20)
ita ut pene totus orbis solis quasi nigerrimo et horrendo scuto uideretur esse coopertus. Cont. (361.8)
horrentibus. eis quae arduis atque horrentibus montium iugis ab australibus eorum sunt regionibus sequestratae. 3.4 (133.10)
HORRIDVS, a. um. **horridae.** ac me solum in medio tenebrarum et horridae uisionis reliquit. 5.12 (305.31)
proferens codicem horrendae [horridae] uisionis, uar. 5.13 (312.13)
horridi. tantum in circuitu horridi crines stare uidebantur. 5.2 (283.26)
horridorum. Tum subito superuenit exercitus malignorum et horridorum uultu spirituum, 5.13 (312.9)
HORROR. horrore. Item de terrore futuri iudicii, et horrore poenae gehennalis, . . . carmina faciebat; 4.24 (261.6)
horrori. in uiculis, qui in arduis asperisque montibus procul positi aliis horrori erant ad uisendum, 4.27 (270.6)
HORSA (*d.* 455), *leader of the Jutes, who with his brother Hengist founded Kent.*
Horsa. Duces fuisse perhibentur . . . Hengist et Horsa; 1.15 (31.30)
Horsa postea occisus in bello a Brettonibus, 1.15 (31.31)
HORTAMENTVM. hortamentis. neque precibus, neque hortamentis, neque increpationibus Augustini . . . adsensum praebere uoluissent, 2.2 (81.23)
HORTATVS. hortatu. Denique hortatu praecipue ipsius Albini, Praef. (7.2)
in quo, eius hortatu, Aedilberct ecclesiam . . construxit, 1.33 (70.18)
HORTOR. hortabatur. hortabatur, ut uel tunc, antequam moreretur, paenitentiam ageret commissorum. 5.13 (311.18)
hortamur. hortamur, ut nos reperta portitoris occasione de his 2.11 (106.12)
quod omnino hortamur, ut a uestris mentibus huiusmodi uenenatum superstitionis facinus auferatur. 2.19 (123.26)
et hortamur, ne, quorum arma conbusta sunt, apud uos eorum cineres suscitentur. 2.19 (123.32)
hortari. solebat eum hortari ad intellegendum deos esse non posse. 3.22 (171.25)
hortata. hortata est instruere inter duo maria trans insulam murum, 1.12 (26.11)
hortati. Nam hortati sunt eum, 2.1 (75.16)
hortatur. collegam commonet, hortatur uniuersos, 1.17 (34.25)
his uerbis hortatur: 1.31 (66.13)
hortatus. ne de uirtutibus suis gloriaretur, hortatus sit. 1.31 (66.9)
Vt papa Bonifatius eundem regem missis litteris sit hortatus ad fidem. 2.10 (100.17)
hortor. tonsuram quoque, de qua pariter uobis litteras fieri uoluisti, hortor, ut . . . congruam habere curetis. 5.21 (342.2)
HOSPES. hospes. cum esset in suo monasterio, uenit illic quidam hospes, 3.11 (149.19)
'Namque hospes,' inquit, 'ille amabilis, . . . ad me quoque hodie uendire, 4.3 (209.13)
Vt Petrum, sedemque Petri rex cerneret hospes, 5.7 (293.11)
hospite. mox se sanctus Albanus pro hospite ac magistro suo, . . . militibus exhibuit, 1.7 (18.26)
quod se ille ultro hospite, . . . militibus offerre. 1.7 (19.4)
hospitibus. testimonium habens ab uniuersis fratribus, cunctisque superuenientibus hospitibus, 4.31 (278.6)
hospitum. Erat in eodem monasterio frater quidam, . . . tempore non pauco hospitum ministerio deseruiens, 4.31 (278.3)
HOSPITALIS. hospitale. Hic cum quadam die lenas siue saga, quibus in hospitale utebatur, in mari lauasset, 4.31 (278.9)
HOSPITALITAS. hospitalitate. uel exhibenda hospitalitate, 1.27 (49.13)
hospitalitatem. una uidelicet episcopo et familiae propter hospitalitatem atque susceptionem, 1.27 (48.26)
hospitalitatis. 'Vt episcopi atque clerici peregrini contenti sint hospitalitatis munere oblato; 4.5 (216.19)
HOSPITIVM. hospitio. clericum quendam persecutores fugientem hospitio recepit; 1.7 (18.15)
reserato hospitio sancti uiri, 1.19 (37.21)
quin potius benigno uos hospitio recipere, 1.25 (46 15)
non solum cibum nobiscum, sed nec in eodem hospitio, . . . sumere uoluit. 2.4 (88.6)
solum esca, siquos hospitio suscepisset, . . . dare solebat, 3.5 (136.25)
Nam et benigno ecclesiae illius hospitio, cum Brittaniam iret, exceptus est, 4.18 (242.23)
hospitium. sepulchri quoque unius teneret hospitium. 1.18 (36.30)
hospitium. atque ad hospitium, quo proposuerat, accessit; 3.9 (146.13)
Qui uenientes in prouinciam intrauerunt hospitium cuiusdam uilici, 5.10 (299.26)
HOSPITOR. hospitaretur. Cumque praefatus clericus aliquot diebus apud eum hospitaretur, 1.7 (18.21)
HOSTIA. hostiae. alia, . . . per intercessionem fraternam, et oblationem hostiae salutaris caelitus sibi fuisse donata intellexit. 4.22 (252.2)
hostias. aris adsistere, ac daemonibus hostias offerre. 1.7 (19.2)
Hinc est enim, . . . quod hostias in templo immolauit, 3.25 (185.11)
Nec tamen hodie . . . necesse est, immo nec licitum . . . hostias Deo uictimarum offerre carnalium. 3.25 (185.19)
HOSTILIS, e. **hostile.** hostile agmen terrore prosternitur, 1.20 (39.10)
hostili. Penda Merciorum rex cum hostili exercitu haec in loca perueniens, 3.17 (160.20)
hostili. Cessante autem uastatione hostili, 1.14 (829.2)
cuius tecto uel longa incuria, uel hostili manu deiecto, 2.16 (117.12)
Nam et suam gentem ab hostili paganorum depopulatione liberauit, 3.24 (179.16)
hostilibus. nec solum exulem nuntiis hostilibus non tradidit, 2.12 (110.12)
hostilis. At ubi hostilis exercitus . . . domum reuersus est, 1.16 (33.6)
Nam tempore episcopatus eius, hostilis Merciorum exercitus . . . peruenit ad urbem 3.16 (158.30)
hostilis. inuentus est, et captus a uiris hostilis exercitus, 4.22 (250.5)
hostilis. ita ut ne ecclesiis quidem aut monasteriis manus parceret hostilis. 4.26 (266.19)
HOSTIS. hoste. Manebant exterminia ciuitatum ab hoste derutarum ac desertarum; 1.22 (41.23)
Atque animas monitis texit ab hoste sacris. 2.1 (79.16)
ut nos ab hoste superbo ac feroce sua miseratione defendat; 3.2 (129.8)
neque aliquid ex eo tempore nocturni timoris aut uexationis ab antiquo hoste pertulit. 3.11 (150.25)
Zelus in hoste furit, quondam qui uicerat Euam; 4.20 (248.25)
Virgo triumphat ouans, zelus in hoste furit. 4.20 (248.26)
hostem. dum ipse in hostem cum exercitu pergit, 1.2 (14.5)
pugnabant contra inuicem, qui hostem euaserant, ciues. 1.22 (41.24)
et sic incipiente diluculo in hostem progressi, 3.2 (129.11)
crucis uexillum . . . contra hostem inmanissimum pugnaturus statueret. 3.2 (130.8)
hostes. Et ex eo tempore nunc ciues, nunc hostes uincebant, 1.16 (33.17)
Verum cum alia atque alia uinculorum ei genera hostes inponerent, 4.22 (251.18)
hostes. quia ipsos quoque hostes ad incursandos fines . . . permitteret; 1.6 (17.18)
et siue per amicos angelos in fine nobis ostendenda, siue per hostes. 5.13 (313.14)
hosti. magnas antiquo hosti praedas docendo et baptizando eripuit; 2.20 (126.24)
hostibus. qui arcendis hostibus posset esse praesidio; 1.12 (26.13)
manus hostibus dabant, 1.15 (32.31)
quando non minimas eisdem hostibus strages dabant, 1.16 (33.19)
Institutio uel forma castitatis hostibus nuntiatur, 1.20 (38.25)
Triumphant pontifices hostibus fusis sine sanguine; 1.20 (39.19)
nec tuis te hostibus perimendum tradat.' 2.12 (109.3)

audio . . . cachinnum crepitantem quasi uulgi indocti captis hostibus insultantis. 5.12 (306.10)
Qui cum undiqueuersum hostibus et caecitate teuebrarum conclusus, huc illucque oculos circumferrem, 5.12 (306.29)
hostibus. sed hoc confestim a praefatis hostibus interrupto, 1.12 (25.17)
et congressa est cum hostibus, 1.12 (26.9)
et certandi cum hostibus studium subire, 1.12 (27.13)
ita miseri ciues discerpuntur ab hostibus; 1.12 (28.8)
Inito ergo certamine cum hostibus, . . . uictoriam sumsere Saxones. 1.15 (31.3)
securisque hostibus, 1.20 (39.7)
superatisque hostibus uel inuisibilibus, 1.20 (39.23)
bellum ab hostibus forent accepturi; 2.2 (83.29)
'Quod si etiam regem te futurum exstinctis hostibus in ueritate promittat, 2.12 (109.6)
grauissimis regni sui damnis saepissime ab hostibus adflictus, 3.7 (141.13)
Nam cum armis et hostibus circumseptus iamiamque uideret se esse perimendum, 3.12 (151.28)
Vt idem admotum ab hostibus urbi regiae ignem orando amouerit. 3.16 (158.27)
dum se inferiores in bello hostibus conspicerent, 3.18 (163.3)
Siquidem inminentibus insulae hostibus, fuga lapsi sunt de insula, 4.16 (237.21)
introductus est, simulantibus fugam hostibus, in angustias inaccessorum montium, 4.26 (266.30)
Cum autem ipse sibi ibidem expulsis hostibus mansionem angustam . . . construxisset, 4.28 (271.20)
hostis. quorum Geta hostis puplicus iudicatus interiit, 1.5 (17.5)
dummodo hostis inminens longius arceretur, 1.12 (26.7)
Insequitur hostis, 1.12 (28.6)
Attila . . . reipuplicae remansit hostis, 1.13 (29.5)
sed tanta ui hostis ferrum infixit, 2.9 (99.13)
Dicebatque hostis malignus: 3.19 (166.29)
hostis. de dentibus antiqui hostis eripiens 2.1 (78.6)
expulsaque a uobis sollicitatione uenenosi et deceptibilis hostis, 2.10 (103.28)
cur [hostis] eius, quem ille anathematizauit, tonsurae imaginem imitaris? uar. 5.21 (344.16)
hostium. inmensa hostium multitudo consederat, 1.2 (14.14)
uallum uero, quo ad repellendam uim hostium castra muniuntur, 1.5 (16.25)
ut, . . . ibi praesidio ualli fines suos ab hostium inruptione defenderent. 1.12 (26.21)
magnas hostium strages dedit, 1.12 (27.7)
quae ibidem ob metum hostium factae fuerant, 1.12 (27.18)
At contra non cessant uncinata hostium tela; 1.12 (28.3)
et e regione, qua hostium sperabatur aduentus, 1.20 (38.31)
aderat ferox hostium multitudo, 1.20 (39.3)
Brocmail ad primum hostium aduentum cum suis terga uertens, 2.2 (84.27)
qui . . . tot annorum temporumque curriculis uagabundus hostium uitabam insidias?' 2.12 (108.15)
'Ecce,' inquit, 'hostium manus, quos timuisti, Domino donante euasisti; 2.12 (110.32)
[quae tamen illo abeunte propter aceruam hostium obpressionem proprium episcopum habere nequiuerit.] uar. 4.13 (230.2)

HRENVS, *the Rhine; see* **RHENVS.**
Hreni. dedit ei locum mansionis in insula quadam Hreni, quae lingua eorum uocatur In litore; 5.11 (302.24)
Hreno. qui Hreno tantum flumine dirimebantur, 1.2 (13.24)
protritis Francis, transito Hreno, 1.11 (24.23)

HREVTFORD, *Redbridge, Hants.*
Hreutford. habens non longe ab inde monasterium in loco, qui uocatur Hreutford, id est uadum harundinis, 4.16 (237.28)

HROF, *he from whom Rochester takes its name.*
Hrof. a primario quondam illius, qui dicebatur Hrof, Hrofæscæstræ cognominat. 2.3 (85.23)

HROFÆSCÆSTRÆ, *see* **HROFESCÆSTIR.**

HROFENSIS, e, *of Rochester.*
Hrofensem. Iustus autem adhuc superstes Hrofensem regebat ecclesiam. 2.7 (94.3)
Hrofensi. Consecratus est . . . a . . . Alduino Lyccitfeldensi, et Alduulfo Hrofensi antistitibus, 5.23 (350.7)
Hrofensi. etiam Tobiam uirum doctissimum Hrofensi ecclesiae fecerit antistitem. 5.8 (294.15)
Hrofensis. Quo in tempore Hrofensis ecclesia pastorem minime habebat, 2.20 (126.12)
Hrofensis. Iustus, qui erat Hrofensis ecclesiae episcopus. 2.8 (95.11)
Vt occiso Aeduine Paulinus Cantiam rediens Hrofensis ecclesiae praesulatum susceperit. 2.20 (124.12)
Vt, defuncto Paulino, Ithamar pro eo Hrofensis ecclesiae praesulatum susceperit; 3.14 (154.3)
Paulinus, quondam quidem Eburacensis, sed tunc Hrofensis episcopus ciuitatis, 3.14 (154.15)
et qui tempore illo Orientalium Anglorum, qui Hrofensis ecclesiae fuerint antistites. 3.20 (169.2)
quem ordinaturus uenit illuc Ithamar, antistes ecclesiae Hrofensis. 3.20 (169.16)
et ut Putta pro Damiano Hrofensis ecclesiae sit factus antistes. 4.2 (204.12)
Vt . . . episcopatum Hrofensis ecclesiae pro Putta Cuichelm, . . . acceperit; 4.12 (227.20)
etiam Gebmundo Hrofensis ecclesiae praesule defuncto, Tobiam pro illo consecrauit, 5.8 (295.32)
Anno post quem proximo Tobias Hrofensis ecclesiae praesul defunctus est, 5.23 (348.21)
Paulinus, quondam Eboraci, sed tunc Hrofensis antistes ciuitatis, migrauit ad Dominum. 5.24 (354.6)

HROFESCÆSTIR, HROFÆSCÆSTRÆ, *Rochester.*
Hrofæscæstræ. in ciuitate Dorubreui, quam gens Anglorum . . . Hrofæscæstræ cognominat. 2.3 (85.23)
Hrofescæstir. Adfuerunt . . . Putta, episcopus castelli Cantuariorum, quod dicitur Hrofescæstir, Leutherius, 4.5 (215.11)

HROFI CIVITAS, *Rochester.*
Hrofi ciuitate. quod rex Aedilberct a fundamentis in eadem Hrofi ciuitate construxit. 3.14 (154.20)
At ipse ueniens mox in ciuitate Hrofi, ubi . . . episcopatus iam diu cessauerat, 4.2 (206.4)
Pro quo Theodorus in ciuitate Hrofi Cuichelmum consecrauit episcopum. 4.12 (228.22)
Hrofi ciuitatem. et Iustus quidem ad ciuitatem Hrofi, cui praefuerat, rediit; 2.6 (93.15)
ciuitatem quoque Hrofi, in qua erat Putta episcopus, . . . communi clade absumsit. 4.12 (228.11)

HRYPENSIS, e, *of Ripon.*
Hrypensi. Eadhaedum de Lindissi reuersum, . . . Hrypensi ecclesiae praefecit. 4.12 (229.28)
Hrypensis. Eadhaedum, qui postea regnante Ecgfrido, Hrypensis ecclesiae praesul factus est. 3.28 (195.5)

HRYPVM, *see* **IN HRYPVM.**

HVAETBERCT, *Abbot of Wearmouth and Jarrow, succeeding Ceolfrid in 716.*
Huaetbercti. Historiam abbatum monasterii huius, . . . Benedicti, Ceolfridi, et Huaetbercti in libellis duobus. 5.24 (359.13)

HVC. 1.25 (46.11); 2.1 (78.5); 2.3 (86.17); 2.7 (94.21); 3.25 (184.4); 4.3 (209.5); 4.24 (259.26); 5.6 (290.3); 5.12 (305.5); 5.12 (306.30); 5.13 (311.28); 5.19 (328.9).

HVCVSQVE. Hucusque responsiones beati papae Gregorii 1.28 (62.5)
nihil utilitatis religio illa, quam hucusque tenuimus. 2.13 (111.24)

HVICCII, *the Hwiccas, inhabitants of what is now Gloucestershire and Worcestershire.*
Huicciorum. id est robur Augustini, in confinio Huicciorum et Occidentalium Saxonum 2.2 (81.14)

Porro regina, nomine Eabae, in sua, id est Huicciorum prouincia fuerat baptizata. 4.13 (230.25)

et inde cum rediens Brittaniam adisset, diuertit ad prouinciam Huicciorum, ... 4.23 (255.5)

prouinciae Huicciorum Vilfrid episcopus; 5.23 (350.18)

HVIVSCEMODI. ut uel ab huiuscemodi langore, si hoc sibi utile esset, liberaretur; 4.31 (278.22)

HVIVSMODI. 1.14 (30.7); 2.1 (79.8); 2.3 (86.15); 2.5 (89.13); 2.11 (104.8); 2.12 (107.17); 2.19 (123.27); 3.4 (134.26); 3.8 (143.12); 3.22 (172.10); 3.29 (196.19); 3.29 (198.3); 4.3 (209.20); 4.5 (214.28); 4.17 (238.29); 4.17 (239.30); 4.30 (277.13); 5.20 (331.26).

HVMANITAS. humanitas. quia tamen eius humanitas ad insinuationem sui reseratis cordis ianuis, . . 2.10 (100.30)

humanitate. quod sedis apostolicae humanitate percepit, ... 2.8 (96.30)

HVMANVS, a, um. **humana.** hinc diuina fides, inde humana praesumtio; 1.17 (35.23)

humana natura cognoscat. 1.27 (56.20)

eique, quod humana ualet condicio, mentis uestrae sinceram deuotionem exsoluitis. 2.17 (119.8)

neque inminens oculo exitium humana manus curare ualeret, ... 4.32 (280.1)

humana. quibus paschae celebrandi tempus nobis praefinitum, nulla prorsus humana licet auctoritate mutari; 5.21 (334.2)

tamen et diuina sibi et humana prorsus resistente uirtute, in neutro cupitum possunt obtinere propositum; 5.23 (351.14)

humanae. Licet summae diuinitatis potentia humanae locutionis officiis explanari non ualeat, ... 2.10 (100.26)

etiam libertate donando humanae iugo seruitutis absoluit. 4.13 (232.26)

humanae. Quod ergo naturae humanae ex omnipotentis Dei dono seruatum est, ... 1.27 (54.15)

Erat autem locus . . . spirituum malignorum frequentia humanae habitationi minus accommodus; . 4.28 (271.16)

humani. uel in uasa quaelibet humani usus formarentur, ... 3.22 (171.29)

humani. quod singulae earum ad modum humani femoris grossae, ... 1.2 (14.18)

ipsumque auctorem humani generis confitentes, eum colere, . . . festinemus? 2.17 (119.11)

id est, redemtionem generis humani per passionem, resurrectionem, ascensionem . . . Iesu Christi. . 3.17 (162.3)

habet protectorem, humani generis redemtorem Dominum nostrum Iesum Christum, ... 3.29 (198.26)

dehinc terram custos humani generis omnipotens creauit.' 4.24 (260.5)

Canebat autem de creatione mundi, et origine humani generis, ... 4.24 (260.34)

humanis. Deum potius intellegendum maiestate inconprehensibilem, humanis oculis inuisibilem, . . 3.22 (172.2)

humanis. quae de semet ipsa proferetur secreta humanis mentibus inspiratione clementer infundit; 2.10 (101.2)

humano. Redemptoris nostri benignitas humano generi, . . . propinauit remedia; 2.11 (104.15)

et eam generi humano propitiari rogaret. 4.3 (210.21)

in quo solo didicerat generi humano patere uitae caelestis introitum; 5.7 (292.18)

humanum. ubi humanum cessabat auxilium, ... 1.14 (29.19)

humanum genus, quippe ut creatorem omnium atque factorem suum, . . . ueneratur et colit; . . . 2.10 (101.18)

suscepto signo sanctae crucis, per quod humanum genus redemtum est, ... 2.10 (103.4)

humanum. omnipotens Deus humanum genus pro culpa sua funditus extinguere noluit, ... 1.27 (54.12)

confidens episcopus in diuinum, ubi humanum deerat, auxilium, ... 2.7 (94.20)

quibus uidelicet artificium humanum adcommodans eis inanimatam membrorum similitudinem contulisti; 2.10 (102.23)

qui caelum et terram et humanum genus creasset, ... 3.22 (172.4)

HVMBER, *the Humber.*

Humbre. natio Anglorum, quae ad Aquilonalem Humbre fluminis plagam habitabat, ... 2.9 (97.7)

Lindissi, quae est prima ad meridianam Humbre fluminis ripam, ... 2.16 (117.7)

Humbri. id est illarum gentium, quae ad Boream Humbri fluminis inhabitant, ... 1.15 (31.28)

HVMBRA, HYMBRA, *the Humber.*

Humbrae. qui ad confinium usque Humbrae fluminis maximi, . . . tetenderat. 1.25 (45.1)

Aedilbercti, qui omnibus, ut supra dictum est, usque ad terminum Humbrae fluminis Anglorum gentibus imperabat. 2.3 (85.15)

prouinciis, quae Humbrae fluuio et contiguis ei terminis sequestrantur a borealibus, ... 2.5 (89.11)

quae ad Borealem Humbrae fluminis plagam inhabitat, ... 2.5 (89.21)

quae ad Aquilonalem Humbre [Humbrae] fluminis plagam habitabat, ... uar. 2.9 (97.7)

Hymbrae. prouinciae ceteraeque australes ad confinium usque Hymbrae fluminis cum suis quaeque regibus . . . Aedilbaldo subiectae sunt. 5.23 (350.25)

HVMERVS. humeris. intendens cuius rei similitudine tam praecipuum indumentum humeris tuis baiulandum susceperis. 2.8 (96.32)

humero. signum incendii, . . . uisibile cunctis in humero maxillaque portauit; 3.19 (167.7)

humerum. et contingentes humerum maxillamque eius incenderunt; 3.19 (166.25)

HVMILIO. humiliatus. qui non uult ecclesiae ianuam sponte humiliatus ingredi, ... 5.14 (314.10)

HVMILIS, e. **humilem.** numquam enim ante haec uidi humilem regem. 3.14 (157.10)

humili. qui a beato Gregorio humili supplicatu obtineret, ... 1.23 (42.31)

humili sine turribus muro per extrema plani uerticis instructo; 5.16 (317.14)

humili. habens . . . in eo fratres v siue vi, in humili et paupere uita Domino famulantes. 4.13 (231.4)

humilis. et discite a me, quia mitis sum et humilis corde." 2.2 (82.31)

Si ergo Augustinus ille mitis est et humilis corde, ... 2.2 (82.32)

pauperibus et peregrinis semper humilis, benignus, et largus fuit. 3.6 (138.10)

humilium. iam nunc fidelis humilium linguas timet. 2.1 (78.17)

HVMILITAS. humilitas. inter . . . specialis benedictionis glorias etiam maxima fuisse fertur humilitas, 3.14 (156.6)

humilitate. et de humilitate mirabili regis Osuini, ... 3.14 (154.4)

et ipsa semper in omni humilitate ac sinceritate Deo seruire satagebat, ... 4.9 (222.2)

humilitatem. difficulter posse sublimitatem animi regalis ad humilitatem uiae salutaris, . . . inclinari, 2.12 (107.6)

At ille audiens humilitatem responsi eius, ... 4.2 (205.29)

miramque in moribus ac uerbis prudentiam, humilitatem, religionem ostenderet, ... 5.21 (344.11)

humilitati. humilitati, continentiae, lectioni operam dare; 3.28 (195.19)

humilitatis. Haec quidem sanctus uir ex magnae humilitatis intentione dicebat; 2.1 (74.27)

studium uidelicet pacis et caritatis, continentiae et humilitatis; 3.17 (161.18)

Duxit autem uitam in magna humilitatis, mansuetudinis, ... 3.27 (193.32)

inter plura continentiae, humilitatis, doctrinae, orationum, uoluntariae paupertatis, . . . merita, . . 4.3 (210.11)

defuncto Bosa uiro multae sanctitatis et humilitatis, ... 5.3 (285.6)

uerum eis, quae tonsura maiores sunt, uirtutibus, humilitatis et oboedientiae non mediocriter insignitus; 5.19 (323.7)

At Ioseph et ipse castitatis, humilitatis, pietatis, ceterarumque uirtutum exsecutor . . . patet . . 5.21 (342.12)

HVMILITER. in omnibus humiliter oboedite; 1.23 (43.15)

post tergum Domini humiliter ueniens uestimenti eius fimbriam tetigit, ... 1.27 (55.23)

ab immolatione sacri mysterii abstinere, ut arbitror, humiliter debet; 1.27 (60.18)

atque eius admonitionibus humiliter ac libenter in omnibus auscultans, ... 3.3 (132.6)

Quarum se omnium precibus humiliter commendans, ... 3.8 (143.10)

Erat enim uir multum religiosus, et regularibus disciplinis humiliter subditus; 4.24 (261.12)

Huius discipulatui Cudberct humiliter subditus, et scientiam ab eo scripturarum, . . . sumsit . . 4.27 (269.8)

HVMILLIMVS, a, um. **humillima.** respondens ipse uoce humillima: 4.2 (205.24)

HVMO. **humatum.** et corpus eius in ultimis est monasterii locis humatum, ... 5.14 (314.26)
HVMVS. **humo.** Tollere humo miserum propulit anguiculum? 1.10 (24.13)
ac si eodem die fuisset defuncta, siue humo condita; 4.19 (245.11)
HVNNI, *the Huns.*
Hunni. Sunt autem Fresones, Rugini, Danai, Hunni, Antiqui Saxones, Boructuari; 5.9 (296.17)
Hunorum. bellis cum Blaedla et Attila regibus Hunorum erat occupatus; 1.13 (29.2)
HVNVALD (*fl.* 651), *a noble of Deira who betrayed his master Oswin to Oswy of Bernicia.*
Hunualdi. celandus in domum comitis Hunualdi, quem etiam ipsum sibi amicissimum autumabat. 3.14 (155.17)
HYBERNIA. **hybernia.** Regressus in Galliam, legiones in hiberna [hybernia] dimisit, ... uar. 1.2 (14.3)
HYDROS (YDROS). **ydros.** Ydros et ater abit sacrae pro uestis honore, ... 4.20 (248.23)
Morbi diffugiunt, ydros et ater abit. 4.20 (248.24)
HYGBALD (*fl.* 729?), *Abbot of Bardney.*
Hygbald. Cum ergo ueniret ad eum . . . uir sanctissimus et continentissimus, uocabulo Hygbald, . . 4.3 (211.25)
HYMBRA, *see* **HVMBRA.**
HYMBRONENSES, *the Northumbrians.*
Hymbronensium. imperantibus dominis piissimis nostris Ecgfrido rege Hymbronensium, . . . et Aedilredo 4.17 (239.6)
HYMNVS. **hymnis.** 'Cum expletis,' inquiens, 'hymnis matutinalibus in lectulo membra posuissem, . . 5.9 (297.4)
hymno. Sponsa hymno exultas et noua dulcisono. 4.20 (248.32)
hymnorum. Librum hymnorum diuerso metro siue rhythmo. 5.24 (359.22)
hymnum. Videtur oportunum huic historiae etiam hymnum uirginitatis inserere, ... 4.20 (247.2)
hymnus. Hymnus de illa. 4.20 (247.1)

I (*uocal.*)

IBAS, *Bishop of Edessa, 435-457.*
Iba. in Constantinopoli quinto congregati sunt concilio . . . contra Theodorum, et Theodoreti et Iba epistulas, ... 4.17 (240.11)
IBI. Praef. (6.18); 1.1 (11.27); 1.1 (12.27); 1.1 (12.29); 1.2 (14.10); 1.3 (15.11); 1.5 (17.3); 1.7 (20.6); 1.7 (21.15); 1.9 (23.14); 1.11 (24.28); 1.12 (26.20); 1.17 (34.30); 1.21 (41.12); 1.27 (56.12); 1.27 (60.22); 1.33 (71.3); 2.1 (75.27); 2.4 (88.33); 2.5 (90.26); 2.5 (91.32); 2.5 (92.3); 2.7 (94.24); 2.14 (115.14); 2.16 (118.10); 2.20 (126.5); 3.1 (127.14); 3.4 (133.22); 3.7 (139.19); 3.7 (140.24); 3.8 (143.15); 3.8 (144.24); 3.9 (144.27); 3.9 (146.12); 3.9 (146.14); 3.10 (147 27); 3.12 (151.5); 3.17 (160.12); 3.17 (161.1); 3.19 (167.29); 3.19 (168.10); 3.23 (175.18); 3.23 (176.6); 3.23 (176.30); 3.24 (179.5); 3.24 (180.1); 3.25 (183.14); 3.26 (190.32); 3.29 (198.29); uar. 4.1 (203.29); 4.3 (212.11); 4.3 (212.12); 4.3 (212.14); 4.4 (213.26); 4.4 (213.28); 4.5 (214.17); 4.6 (218.11); 4.7 (220.10); 4.8 (220.27); 4.10 (224.16); 4.12 (228.5); 4.13 (231.1); 4.13 (231.26); 4.13 (232.15); 4.19 (244.11); 4.22 (249.25); 4.22 (250.33); 4.23 (253.26); 4.23 (254.8); 4.23 (254.11); 4.23 (255.6); 4.24 (259.21); 4.25 (264.7); 4.26 (267.25); 4.27 (270.18); 4.28 (271.13); 4.28 (272.5); 4.29 (275.23); 4.31 (278.21); 5.3 (286.25); 5.6 (292.7); 5.11 (301.28); 5.11 (302.2); 5.11 (302.27); 5.12 (304.23); 5.12 (305.9); 5.12 (306.6); 5.12 (307.15); 5.14 (314.33); 5.16 (317.25); uar 5.16 (318.16); 5.19 (321.30); 5.19 (323.2); 5.19 (323.25); 5.19 (324.2); 5.19 (324.28); 5.19 (326.18); 5.19 (326.18); 5.19 (328.6); 5.20 (331.25); 5.24 (352.7); 5.24 (359.1).
IBIDEM. 1.2 (14.16); 1.7 (21.10); 1.11 (25.12); 1.12 (26.22); 1.12 (27.18); 1.18 (36.4); 1.18 (36.27); 1.19 (37.5); 1.25 (45.28); 1.33 (70.15); 2.12 (109.29); 2.14 (114.4); 2.14 (115.1); 2.15 (117.3); 3.2 (129.23); 3.2 (130.1); 3.7 (139.18); 3.7 (141.4); 3.9 (146.19); 3.10 (147.4); 3.17 (159.29); 3.17 (160.26); 3.19 (168.23); 3.23 (175.25); 3.23 (176.13); 3.23 (176.31); 3.27 (192.9); 3.29 (196.2); 4.1 (201.2); 4.3 (212.6); 4.4 (213.31); 4.4 (214.6); 4.10 (224.13); 4.10 (225.5); 4.12 (228.16); 4.13 (232.22); 4.18 (242.26); 4.23 (254.19); 4.24 (261.25); 4.24 (261.27); 4.25 (266.4); 4.27 (270.22); 4.28 (271.20); 4.28 (272.10); 5.1 (282.24); 5.2 (283.15); 5.6 (290.22); 5.10 (299.18); 5.11 (301.21); 5.11 (301.28); 5.12 (310.14); 5.18 (320.22).
ICTVS. **ictum.** mox interposuit corpus suum ante ictum pungentis; 2.9 (99.13)
IDA (*d.* 559), *first king of Bernicia.*
Ida. Anno DXLVII, Ida regnare coepit, ... 5.24 (353.6)
IDCIRCO. atque idcirco umorum receptacula grauantur, ... 1.27 (60.10)
cui uestra gloria idcirco est praeposita, ... 1.32 (68.1)
quia idcirco haec signa de fine saeculi praemittuntur, ... 1.32 (69.21)
Laurentius, quem ipse idcirco adhuc uiuens ordinauerat, ... 2.4 (86.27)
idcirco et nos, qui per eandem passionem saluari desideramus, ipsius passionis signum . . . gestamus. 5.21 (343.4)
IDEM, eadem, idem, *omitted.*
IDEO. Atque ideo feminae cum semet ipsis considerent, ... 1.27 (56.22)
Et ideo, si . . . Augustinum episcopum ad uos uenire contigerit, ... 1.28 (62.14)
Et ideo, gloriose fili, eam, . . . sollicita mente custodi, ... 1.32 (68.4)
Et ideo, excellentissime fili, paterna uos caritate, qua conuenit, exhortamur, ... 2.17 (119.12)
ideoque bello petitus, ac regno priuatus ab illo, ... 3.7 (140.12)
ideoque pro eis, quasi pro suae gentis aduenis, supplex orabat ad Dominum; 4.14 (235.6)
et credo, quod ideo me superna pietas dolore colli uoluit grauari, ... 4.19 (246.10)
eiusdem reginae ac sponsae Christi, et ideo ueraciter reginae, quia sponsae Christi, ... 4.20 (247.5)
nam et ideo de conuiuio egressus huc secessi, ... 4.24 (259.25)
et ideo ieiuniis, psalmis, et orationibus, quantum uales, insiste, ... 4.25 (263.18)
Haec ideo nostrae historiae inserenda credidimus, ... 4.25 (266.5)
atque ideo, patria relicta, Romam iter agere coepisse. 5.19 (324.14)
ideoque paschae celebrando habilis non est. 5.21 (339.9)
et ideo festis paschalibus inhabilem memorata ratio probat. 5.21 (339.29)
Ideo autem circulos eosdem temporum instantium uobis mittere supersedimus, ... 5.21 (341.30)
IDLÆ, *the Idle, a tributary of the Trent.*
Idlæ. eumque . . . occidit in finibus gentis Merciorum ad orientalem plagam amnis, qui uocatur Idlæ; 2.12 (110.19)
IDOLATRIA. **idolatria.** et, abrenuntiata idolatria, fidem se Christi suscipere confessus est. 2.13 (113.2)
Sicque abiecta prisca superstitione, exsufflata idolatria, ... 4.13 (231.22)
factum est, opitulante gratia diuina, ut multos in breui ab idolatria ad fidem conuerterent Christi. 5.10 (299.14)
idolatriae. relictis idolatriae tenebris, ... 1.7 (18.19)
atque anathematizato omni idolatriae cultu, ... 2.6 (93.8)
ac se priscis idolatriae sordibus polluendum perdendumque restituit. 3.1 (127.21)
relicto errore idolatriae, fidem ueritatis acceperant, ... 3.4 (133.14)
multique cotidie, . . . abrenuntiata sorde idolatriae, fidei sunt fonte abluti. 3.21 (170.26)
aliqui etiam tempore mortalitatis, . . . ad erratica idolatriae medicamina concurrebant; 4.27 (269.20)
prouinciam Australium Saxonum ab idolatriae ritibus ad Christi fidem conuertit. 5.19 (327.9)
dolatriae. coeperunt illi mox idolatriae, . . . palam seruire, ... 2.5 (91.6)
cepit et insulam Vectam, quae eatenus erat tota idolatriae dedita, ... 4.16 (237.2)

idolatriam. Vt defunctis Aedilbercto et Sabercto regibus successores eorum idolatriam resuscitarint, 2.5 (89.1)
Vt Orientales Saxones tempore mortalitatis ad idolatriam reuersi, 3.30 (199.7)
idolatriarum. hi, qui idolatriarum perniciosissimam superstitionem colentes amplectuntur, 2.10 (102.11)
idolatriis. idolatris [idolatriis] magis pontificibus seruire gaudentes. uar. 2.6 (93.17)
IDOLATRVS, a, um. **idolatris.** idolatris magis pontificibus seruire gaudentes. 2.6 (93.17)
IDOLVM. idola. idola destruantur; 1.30 (65.8)
idola. subiectisque populis idola colendi liberam dare licentiam. 2.5 (91.8)
quem ascendens ad idola destruenda ueniret. 2.13 (113.11)
et ascendens emissarium regis, pergebat ad idola. 2.13 (113.15)
Vt rex Cantuariorum Earconberct idola destrui praeceperit; 3.8 (142.1)
Hic primus regum Anglorum in toto regno suo idola relinqui ac destrui, . . . praecepit. 3.8 (142.7)
quam in perfidiae sordibus inter idola uiuere cupientes. 3.30 (200.6)
idolis. uero tamen Deo haec et non idolis immolantes, 1.30 (65.35)
nostram gentem eatenus idolis mancipatam Christi fecit ecclesiam, 2.1 (73.14)
quamuis nec idolis ultra seruiuit, 2.9 (100.7)
quod eatenus abominandis idolis seruiens, 2.11 (105.8)
Siquidem Penda cum omni Merciorum gente idolis deditus, 2.20 (125.7)
idolis. promisit se, abrenuntiatis idolis, Christo seruiturum, 2.9 (99.26)
quatinus abominatis idolis eorumque cultu, 2.10 (102.3)
dum in gente, cui praedicaret, destructis idolis ecclesias institueret, 5.11 (301.27)
idolorum. quia fana idolorum destrui in eadem gente minime debeant; 1.30 (65.7)
idolorum cultus insequere, fanorum aedificia euerte, 1.32 (68.7)
Romanam rempuplicam a peruersis idolorum cultibus reuocans 1.32 (68.16)
Aedilberctum regem ac gentem illius ab idolorum cultu ad Christi fidem perduxit, 2.3 (86.20)
ab idolorum etiam cultu seu fanorum auguriorumque inlecebris se diligenter abstineat, 2.11 (105.2)
quis aras et fana idolorum cum septis, . . . primus profanare deberet; 2.13 (113.4)
Ostenditur autem locus ille quondam idolorum non longe ab Eburaco ad orientem, 2.13 (113.21)
relictis idolorum superstitionibus, fidem . . . suscipere. 2.15 (115.26)
idulorum. fana idolorum [idulorum] destrui uar. 1.30 (65.7)
IDONEVS, a, um. **idonei.** qui ad docendam baptizandamque gentem illius et eruditione et uita uidebantur idonei, 3.21 (170.17)
idoneis. Siquidem electis sociis strenuissimis et ad praedicandum uerbum idoneis, 5.9 (296.27)
IDVS, *the Ides.*
Idus. Data die III Iduum Iunii [Idus Iunias], uar. 2.18 (122.3)
Hlotheri Cantuariorum rex, . . . mortuus erat VIII. Idus Februarias. 4.26 (268.10)
hoc est VII^{a} Iduum Maiarum [idus Mãi] die, uar. 5.23 (349.20)
Iduum. die quarto Iduum Martiarum, 2.1 (79.6)
Baptizatus est autem Eburaci die sancto paschae pridie Iduum Aprilium 2.14 (114.3)
Haec inter Iustus archiepiscopus ad caelestia regna subleuatus quarto Iduum Nouembrium die, 2.18 (120.9)
Data die III Iduum Iunii, 2.18 (122.3)
occisus est Æduini die IIII Iduum Octobrium, 2.20 (124.22)
Paulinus, . . . transiuit ad Dominum sexto Iduum Octobrium die; 3.14 (154.16)
Deusdedit VI^{us} ecclesiae Doruuernensis episcopus obiit pridie Iduum Iuliarum; 4.1 (201.8)
VII^{a} Iduum Maiarum die, Osric rex Nordanhymbrorum uita decessit, 5.23 (349.19)
Berctuald archiepiscopus longa consumtus aetatê defunctus est die Iduum Ianuariarum; 5.23 (349.30)
IGITVR. 1.7 (20.13); 1.27 (52.16); 1.27 (53.1); 1.27 (56.4); 1.27 (59.4); 1.27 (61.15); 1.27 (61.29); 1.30 (66.1); 1.32 (69.4); 2.10 (101.8); 2.12 (108.16); 2.14 (113.27); 2.17 (119.19); 3.3 (132.1); 3.6 (137.30); 3.11 (148.26); 3.12 (151.32); 3.22 (172.20); 3.29 (196.28); 3.29 (198.24); 4.5 (217.14); 4.19 (246.20); 4.31 (278.26); 5.19 (329.20); 5.21 (335.10); 5.24 (352.5).
IGNARVS, a, um. **ignara.** utpote omnis bellici usus prorsus ignara; 1.12 (25.22)
Ceterum tota prouincia Australium Saxonum diuini nominis et fidei erat ignara. 4.13 (230.29)
ignarus. excepto dumtaxat hoc, quod diuinae erat religionis ignarus. 1.34 (71.14)
qui ueri Dei cultus esset prorsus ignarus. 2.9 (98.1)
et Christiani erat nominis ignarus; 2.20 (125.8)
IGNAVVS, a, um. **ignaui.** ignaui propugnatores miserrime de muris tracti solo adlidebantur. 1.12 (28.3)
IGNEVS, a, um. **igneis.** forcipibus quoque igneis, quos tenebant in manibus, minitabantur me conprehendere, 5.12 (306.26)
IGNIS. igne. qui in igne positus nescit ardere. 1.27 (58.28)
Et quia uir Dei igne diuinae caritatis fortiter ardebat, 2.7 (94.32)
accenso grandi igne in medio, 3.10 (147.14)
inlato igne conburere urbem nisus est. 3.16 (159.8)
Erat quippe ante omnia diuinae caritatis igne feruidus, 4.28 (273.19)
ignem. Euasit autem ignem altare, quia lapideum erat; 2.14 (115.20)
Vt puluis loci illius contra ignem ualuerit. 3.10 (146.25)
Vt idem admotum ab hostibus urbi regiae ignem orando amouerit. 3.16 (158.27)
Vidit autem et daemones per ignem uolantes incendia bellorum contra iustos struere. 3.19 (166.9)
diuisit quidem angelus, sicut prius, ignem flammae. 3.19 (166.22)
Quem angelus sanctus statim adprehendens in ignem reiecit. 3.19 (166.28)
et de ore ac naribus ignem putidum efflantes angebant; 5.12 (306.25)
ignes. Et interrogans angelos, qui essent hi ignes, 3.19 (165.21)
Crescentes uero paulatim ignes usque ad inuicem sese extenderunt, 3.19 (165.29)
ignes. Vidit et quattuor ignes in aere non multo ab inuicem spatio distantes. 3.19 (165.19)
audiuit hos esse ignes, qui mundum succendentes essent consumturi. 3.19 (165.21)
Tunc uidit unum de tribus angelis, . . . praecedentem ignes flammae diuidere, 3.19 (166.7)
igni. est autem nigrogemmeus, et ardens igni admotus, 1.1 (10.24)
Vnde suggero, rex, ut templa et altaria, . . . ocius anathemati et igni contradamus.' 2.13 (112.34)
Cumque praefato igni maximo adpropiarent, 3.19 (166.20)
igni. ciuitas Doruuernensis per culpam incuriae igni correpta crebrescentibus coepit flammis consumi; 2.7 (94.15)
Cumque diu tacitis mentis angoribus, et caeco carperetur igni, 2.12 (108.21)
quia uniuscuiusque cupiditas in hoc igni ardebit. 3.19 (166.3)
quorum recisurae uel igni absumerentur, 3.22 (171.28)
ignibus. ne gehennae ignibus tradatur. 1.27 (50.9)
ignibus. posta solummodo, . . . tuta ab ignibus et intacta remansit. 3.10 (147.21)
sola illa destina, . . . ab ignibus circum cuncta uorantibus absumi non potuit. 3.17 (160.25)
euenit per culpam incuriae uicum eundem et ipsam pariter ecclesiam ignibus consumi. 3.17 (160.30)
arripientes inmundi spiritus unum de eis, quos in ignibus torrebant, iactauerunt in eum, 3.19 (166.24)
Ignibus usta feris, uirgo non cessit Agathe, 4.20 (247.25)
Eulalia et perfert, ignibus usta feris. 4.20 (247.26)
ignis. accensus manibus paganorum ignis, 1.15 (32.16)
nisi prius ignis concupiscentiae a mente deferueat, 1.27 (57.21)
et nisi prius ignis temtationis reciderit, 1.27 (59.33)

'Domine, ecce ignis mihi adpropinquat.' 3.19 (165.33)
cessauitque ignis. 3.19 (166.34)
aedificia puplica uel priuata, in proximo est, ut ignis absumens in cinerem conuertat.' 4.25 (264.21)
ignis. Qui cum uentis ferentibus globos ignis ac fumum supra muros urbis exaltari conspiceret, 3.16 (159.15)
Portabant autem facem ignis contra Aquilonem, 5.23 (349.11)
ignium. iussit se obuiam saeuientibus et huc illucque uolantibus ignium globis efferri. 2.7 (94.22)
Tunc uidit . . . duos ab utroque latere circumuolantes ab ignium se periculo defendere. 3.19 (166.8)
At cum idem globi ignium sine intermissione modo alta peterent, 5.12 (305.32)
nunc retractis ignium uaporibus relaberentur in profunda. 5.12 (306.3)
IGNOBILIOR, ius. **ignobilior.** si moriturus sum, ille me magis quam ignobilior quisque morti tradat. 2.12 (108.12)
IGNOBILIS, e. **ignobiles.** quod . . . nobiles, ignobiles, laici, clerici, uiri ac feminae certatim facere consuerunt. 5.7 (294.12)
ignobili. et ab incolis loci ignobili traditus sepulturae; 1.33 (70.28)
ignobilibus. Erat autem rex Osuini . . . et manu omnibus, id est nobilibus simul atque ignobilibus, largus; 3.14 (155.31)
ignobilis. Erat autem praefatus rex Reduald natu nobilis, quamlibet actu ignobilis, 2.15 (116.14)
IGNOBILITER. quos olim sacerdotii gradu non ignobiliter potitos, fama iam uulgante, conpererat; 3.19 (166.14)
positum in monasterio nobili, sed ipsum ignobiliter uiuentem. 5.14 (313.31)
IGNORANTIA. ignorantia. quicquid ignorantia uel fragilitate deliqui, aeque ad tuae uoluntatis examen mox emendare curaui.' 4.29 (275.2)
ignorantiam. per ignorantiam ante lauacrum baptismatis adstrinxerunt. 1.27 (51.25)
in his, qui per ignorantiam fecerunt, 1.27 (51.34)
quicquid in ea uitii sordidantis inter uirtutes per ignorantiam uel incuriam resedisset, 4.9 (222.9)
IGNORO. ignoramus. quid autem sequatur, quidue praecesserit, prorsus ignoramus. 2.13 (112.19)
ignorans. ignorans merita illius, 1.19 (37.9)
uel canonicum eius tempus ignorans, 3.17 (161.33)
ignorasse. Cuius regulam distinctionis uos ignorasse probat, 3.25 (187.22)
ignoratis. quem uos aut ignoratis, aut agnitum et a tota Christi ecclesia custoditum pro nihilo contemnitis. 3.25 (187.16)
IGNOSCO. ignotum. quem uidens, ut ignotum et inopinatum, non parum expauit. 2.12 (108.23)
ILAICVS, a, um. **ilaico.** Librum epigrammatum heroico metro, siue elegiaco [ilaico]. uar. 5.24 (359.23)
ILARITAS. ilaritate. quarum lux corda intuentium cum quadam alacritate [ilaritate] et conpunctione pauefacere dicitur. uar. 5.17 (319.9)
ILLE, a, ud, *omitted.*
ILLECEBRA (INL-). inlecebrarum. domunculae, . . . nunc in comessationum, . . . et ceterarum sunt inlecebrarum cubilia conuersae, 4.25 (265.15)
inlecebris. ne forte nos tempore aliquo carnis inlecebris seruientes, . . . repentina eius ira corripiat, 4.25 (266.8)
Seruiebat autem multum ebrietati, et ceteris uitae remissioris inlecebris; 5.14 (314.5)
inlecebris. ab idolorum etiam cultu seu fanorum auguriorumque inlecebris se diligenter abstineat, 2.11 (105.3)
sed non adhuc animum perfecte a iuuenilibus cohibens inlecebris, 5.6 (289.20)
ILLESVS (INL-), a, um. **inlesum.** inuentum est ita inlesum, ac si eadem hora de hac luce fuisset egressus. 3.19 (168.20)
ILLIC. 1.3 (15.31); 1.17 (34.3); 1.17 (35.20); 1.19 (37.13); 1.24 (44.8); 1.27 (59.7); 1.30 (65.19); 1.30 (66.2); 3.11 (149.19); 5.20 (332.11).
ILLICITVS (INL-), a, um. **inlicitae.** inlicitae concupiscentiae animus in cogitatione per delectationem coniungitur; 1.27 (57.20)
inlicitam. Sicut enim quis ardet in corpore per inlicitam uoluptatem, 3.19 (166.3)
inlicitis. et ab omnibus inlicitis et cor et linguam . . . conseruent. 1.27 (49.10)
inlicitum. Habuerat enim unus ex his, . . . comitibus inlicitum coniugium; 3.22 (173.28)
ILLICO. illico siccato alueo, 1.7 (20.15)
ILLIDO (INL-). inlisae. uel arenis inlisae ac dissolutae sunt; 1.2 (14.7)
ILLIGO (INL-). inligans. Tulit itaque de puluere terrae illius secum inligans in linteo, 3.10 (147.6)
inligatam. et accipiens inligatum [inligatam] panno condidit in capsella, uar. 3.11 (149.17)
inligatum. et accipiens inligatum panno condidit in capsella, et rediit. 3.11 (149.17)
ILLVC. 2.7 (94.21); 2.20 (125.31); uar. 3.8 (143.16); 3.15 (157.28); 3.20 (169.15); 4.22 (251.16); 4.26 (267.33); 4.27 (270.26); 5.6 (290.3); 5.12 (306.30).
ILLVCESCO (INL-). inlucescente. quinta demum inlucescente die, quasi de graui experrectus somno, exsurgens resedit; 5.19 (328.28)
Mane autem inlucescente die dominica, primam paschalis festi diem celebrarent. 5.21 (336.25)
ILLVDO (INL-). inludetur. quia quasi per somnium inluditur [inludetur], uar. 1.27 (59.30)
inluditur. quia quasi per somnium inluditur, 1.27 (59.30)
inlusus. Ibi saepe a barbaris incertis foederibus inlusus, 1.11 (24.29)
ILLVMINATIO (INL-). inluminatio. ne eis fulgeret inluminatio euangelii gloriae Christi.' 2.9 (98.31)
inluminationem. et per inluminationem unius hominis corporalem, . . . gratiam lucis accenderet. 2.2 (82.10)
inluminationis. a longanimitate caelestis clementiae inluminationis ipsius beneficia inpetrare non desinas; 2.11 (105.25)
ILLVMINO (INL-). inluminant. Petrus et Paulus, qui ut duo luminaria caeli inluminant mundum, 3.29 (197.29)
inluminatam. coniugem uestram, . . . aeternitatis praemio per sacri baptismatis regenerationem inluminatam agnouimus. 2.10 (101.34)
inluminatur. Nec mora, inluminatur caecus, 2.2 (82.12)
inluminauerit. Vt idem filiam tribuni caecam inluminauerit, 1.18 (36.3)
ILLVSIO (INL-). inlusio. omnimodo haec inlusio non est timenda; 1.27 (60.7)
inlusio pro crapula facta 1.27 (60.16)
quibus ita plerumque inlusio nascitur, 1.27 (60.20)
Sin uero ex turpi cogitatione uigilantis oritur inlusio dormientis, 1.27 (60.26)
inlusione. Sed est in eadem inlusione ualde necessaria discretio, 1.27 (60.1)
inlusionem. Si post inlusionem, quae per somnium solet accedere, 1.27 (59.21)
ILLVSORIVS (INL-), a, um. **inlusoria.** ne forte inlusoria esset uisio. 5.9 (297.22)
ILLVSTRATIO (INL-). inlustratione. Quae enim in . . . Audubaldi regis gentibusque . . . inlustratione, clementia Redemtoris fuerit operata, 2.10 (101.28)
inlustrationem. inlustrationemque diuinae propitiationis in uobis diffusam opulentius agnoscentes, 2.11 (106.18)
ILLVSTRIS (INL-), e. **inlustri.** Tilmon, uiro inlustri, et ad saeculum quoque nobili, qui de milite factus fuerat monachus; 5.10 (301.3)
inlustri. Baptizatus est . . . in uico regis inlustri, qui uocatur Ad Murum. 3.21 (170.14)
inlustri. Donauit autem ei Pippin locum cathedrae episcopalis in castello suo inlustri, 5.11 (303.8)
inlustris. Aetius uir inlustris, . . . tertium cum Simmacho gessit consulatum. 1.13 (28.23)
inlustris. Adda autem erat frater Vttan presbyteri inlustris, 3.21 (170.21)
inlustrium. et maxime nostrae gentis uirorum inlustrium, Praef. (5.11)
ILLVSTRO (INL-). inlustrat. sic doctrina eorum corda hominum cotidie inlustrat credentium.' 3.29 (197.30)
inlustrauit. Magno enim praemio fastigiorum uestrorum delectabilem cursum bonitatis suae suffragiis inlustrauit, 2.8 (95.29)
IMAGINATIO. imaginatione. si tamen dormientis mentem turpi imaginatione non concusserit. 1.27 (60.19)
imaginationibus. animus, . . . turpibus imaginationibus non fedetur. 1.27 (60.22)
IMAGO. imagine. cum . . . imagine magni regis Domini nostri Iesu Christi 1.25 (46.23)
imaginem. et imaginem Domini Saluatoris in tabula depictam, 1.25 (46.1)

hominem ad imaginem et similitudinem suam ex limo terrae plasmatum constituit, 2.10 (101.13)
quibus uos ipsi imaginem corporis tradidistis, 2.10 (102.29)
quid contrario tuae fidei habitu terminatam in capite coronae imaginem portas? 5.21 (344.15)
si beati Petri consortium quaeris, cur eius, quem ille anathematizauit, tonsurae imaginem imitaris? 5.21 (344.16)
imaginibus. ueris imaginibus in cogitatione inquinatur; 1.27 (59.31)
IMBECILLIS (INB-), e. **inbeciles.** et inbecilles [inbeciles] artus baculo sustentans intrauit ecclesiam; uar. 4.31 (278.27)
inbecilles. et inbecilles artus baculo sustentans intrauit ecclesiam; 4.31 (278.27)
IMBER. imbribus. torrentes eloquii sui cum apostolicis et euangelicis imbribus profuderunt; 1.17 (35.29)
IMBVO (INB-), inbuebantur. inbuebantur praeceptoribus Scottis paruuli Anglorum . . . studiis et obseruatione disciplinae regularis. 3.3 (132.22)
inbueretur. ecclesia . . . quam ibidem ipse de ligno, . . . ad percipiendum baptisma inbueretur, . . . construxit. 2.14 (114.5)
inbuerit. Paulinus primo filiam eius cum aliis fidei Christianae sacramentis inbuerit. 2.9 (97.5)
inbui. desiderans totam, . . . gentem fidei Christianae gratia inbui, 3.3 (131.7)
Anglorum ecclesiae cum catholica ueritate, litterarum quoque sanctarum coeperint studiis inbui; 4.2 (204.11)
postulauitque ab eo, ut, . . . prius eos liceret fidei Christianae sacramentis inbui. 4.16 (238.3)
inbuta. quatinus diuinae inspirationis inbuta subsidiis, inportune et oportune agendum non differas, 2.11 (105.15)
inbuti. qui utrique monachicae conuersationis erant studiis inbuti. 4.4 (213.7)
neglectis fidei sacramentis, quibus erant inbuti, ad erratica idolatriae medicamina concurrebant; 4.27 (269.19)
Anno DCLIII, Middilangli sub principe Peada fidei mysteriis sunt inbuti. 5.24 (354.11)
inbutos. dispiciebat eos, quos fide Christi inbutos opera fidei non habere deprehendit, 3.21 (170.30)
inbutum. dedit hoc illi, quem melioribus inbutum disciplinis ac moribus uidit. 5.19 (325.21)
inbutus. pater eius Reduald iamdudum in Cantia sacramentis Christianae fidei inbutus est, sed frustra; 2.15 (116.3)
cum exularet in Gallia, fidei sacramentis inbutus est, 2.15 (116.23)
Osric, qui ad praedicationem Paulini fidei erat sacramentis inbutus. 3.1 (127.7)
qui gratia discretionis, quae uirtutum mater est, ante omnia probabatur inbutus; 3.5 (137.24)
Quia nimirum Osuiu a Scottis edoctus ac baptizatus, illorum etiam lingua optime inbutus, 3.25 (182.27)
Hadrianus, uir natione Afir, sacris litteris diligenter inbutus, 4.1 (202.8)
Berctuald, . . . uir et ipse scientia scripturarum inbutus, 5.8 (295.21)
quorum uterque pietate religionis inbutus, . . . erat 5.10 (299.24)
excepto, quod etiam ipse in his non parua ex parte esset inbutus. 5.21 (333.3)
IMFIMA, *see* **INFIMVS,** a, um.
IMITATIO. imitatione. ad imitationem [imitatione] beatorum apostolorum uirtutum ornabat operibus. uar. 4.28 (273.13)
imitationem. Qui susceptum episcopatus gradum ad imitationem beatorum apostolorum uirtutum ornabat operibus. 4.28 (273.13)
imitationi. bona quoque opera eorum imitationi monstrando, 1.27 (53.11)
IMITOR. imitandam. in quam obseruantiam imitandam omnes beati Iohannis successores . . . et omnis . . . ecclesia conuersa est. 3.25 (186.8)
imitandum. ad imitandum bonum auditor sollicitus instigatur; Praef. (5.12)
imitari. coeperunt apostolicam primitiuae ecclesiae uitam imitari; 1.26 (46.32)
mox ea, quae in Galliis bene disposita uidit, imitari cupiens, 3.18 (162.20)
quorum sanctitatem uos imitari, et regulam ac praecepta caelestibus signis confirmata sequi perhibetis, 3.25 (187.26)
et imitari morem sacrae scripturae, cuius historiae carmina plurima indita, 4.20 (247.6)
sic etiam morem habitus te imitari condeceat." 5.21 (345.2)
imitaris. si beati Petri consortium quaeris, cur eius, quem ille anathematizauit, tonsurae imaginem imitaris? 5.21 (344.16)
imitata. imitata socrum beati Petri, quae . . . ad tactum manus dominicae surrexit, 5.4 (287.28)
imitaturum. se quoque ipsum . . . morem sanctae Romanae et apostolicae ecclesiae semper imitaturum, 5.21 (333.8)
imitatus. Vt idem in Cantia primitiuae ecclesiae et doctrinam sit imitatus, et uitam, 1.26 (46.29)
imitatus industriam filii rex Osuiu misit Cantiam uirum sanctum, 3.28 (194.26)
IMMA (*fl.* 679), *a young thegn of King Aelfwine.*
Imma. Occisus est ibi inter alios de militia eius iuuenis, uocabulo Imma; 4.22 (249.25)
IMMACVLATVS (INM-), a, um. **inmaculati.** praepararent . . . panem et uinum in mysterium carnis et sanguinis agni inmaculati, 5.21 (336.18)
IMMANIOR (INM-), ius. **inmanior.** quae persecutio omnibus fere ante actis diuturnior atque inmanior fuit; 1.6 (17.29)
IMMANISSIMVS (INM-), a, um. **inmanissimi.** audio subitum post terga sonitum inmanissimi fletus ac miserrimi, 5.12 (306.8)
inmanissimum. crucis uexillum . . . contra hostem inmanissimum pugnaturus statueret. 3.2 (130.8)
IMMANITAS (INM-). inmanitate. qui periculi inmanitate constantior, Christum inuocat, 1.17 (34.23)
IMMATVRVS (INM-), a, um. **inmatura.** sed, priusquam ordinari posset, morte inmatura praereptus est. 4.23 (255.22)
IMMEMOR (INM-). inmemor. Sed ipse professionis suae non inmemor, . . . nonnisi uirgam tantum habere in manu uoluit: 3.18 (163.9)
IMMENSVS (INM-), a, um. **inmensa.** inmensa hostium multitudo consederat, 1.2 (14.14)
Illic plane inmensa multitudo . . . conuenerat, 1.17 (35.20)
inmensa. et se aspectante cum luce inmensa, ducibus angelis, ad aeternae limina lucis . . . ascendisse. 4.23 (257.25)
inmensam. atque in inmensam adunati sunt flammam. 3.19 (165.30)
inmensi. Cum enim uim feruoris inmensi tolerare non possent, 5.12 (305.7)
inmensis. infandus Brettonum dux cum inmensis illis copiis, . . . interemtus est 3.1 (128.19)
inmenso. uenit contra eum cum inmenso ac forti exercitu; 1.34 (71.23)
quae illam inmenso amore diligebat, 4.23 (258.12)
omnes, qui corpori flentes adsederant, timore inmenso perculsos in fugam conuertit; 5.12 (304.7)
inmensum. atque in inmensam [inmensum] adunati sunt flammam. uar. 3.19 (165.30)
IMMERGO (INM-). inmergendi. quo haberet locum standi siue inmergendi in fluuio, 5.12 (310.23)
inmergi. solebat . . . saepius in eo supermeantibus undis inmergi; 5.12 (310.14)
IMMERITO (INM-). Nec inmerito, quia nullum, ut conperimus, fidei Christianae signum, . . . erectum est, 3.2 (130.3)
IMMIN (*fl.* 658), *one of three Mercian chiefs who rebelled against King Oswy of Northumbria, and set up Wulfhere as King of Mercia.*
Immin. rebellarunt aduersus regem Osuiu duces gentis Merciorum, Immin, et Eafa, et Eadberct, 3.24 (180.20)
IMMINEO (INM-). inminebat. ut elatus manibus periculum, quod inminebat, euaderet; 1.19 (37.16)
Nec tamen statim ordinatio decreta, sed peracta hieme, quae inminebat, . . . conpleta est 4.28 (273.1)
inminens. dummodo hostis inminens longius arceretur, 1.12 (26.7)
inminens. coegerat enim eos inminens hiems, ut, ubicumque potuissent, quieti manerent. 4.1 (203.22)
inminens. inminens sibi famis periculum 1.12 (28.9)
neque inminens oculo exitium humana manus curare ualeret, 4.32 (279.31)
inminent. multa inminent, quae antae non fuerunt; 1.32 (69.14)
inminente. Inminente ergo die suae uocationis, 3.8 (143.6)
inminente. inminente hora ipsius diei sexta, repente contingens oculum ita sanum cum palpebra inuenit, 4.32 (280.26)
faber iste tenebrosae mentis et actionis, inminente morte, uidit aperta tartara, 5.14 (314.35)
inminentibus. Siquidem inminentibus insulae hostibus, fuga lapsi sunt de insula, 4.16 (237.21)
inminentibus. raroque in calidis balneis, praeter inminentibus sollemniis maioribus, . . . lauari uoluerit; 4.19 (244.8)

inminere. Cumque . . . mortem sibi omnes inminere, et iamiamque adesse uiderent, 3.15 (158.15)
et monasteriis quoque periculum inminere praeuidens, 3.19 (168.9)
cum . . . diem sibi mortis inminere sensisset, 4.11 (226.8)
ut utroque tempore mala mortalibus inminere signarent. 5.23 (349.10)
inminet. quibus mors inminet, 1.27 (55.2)
IMMITIS (INM-), e. **inmitis.** sin autem inmitis ac superbus est, 2.2 (83.1)
IMMITTO (INM-). inmisit. inmisit in animo fratrum, ut tollerent ossa illius, 4.30 (276.11)
inmissam. et ipsam rasuram aquae inmissam ac potui datam, 1.1 (13.4)
inmittens. et astulam roboris praefati inmittens obtuli egro potandum. 3.13 (153.31)
inmittere. per quod solent hi, qui causa deuotionis illo adueniunt, manum suam inmittere, 4.3 (212.19)
IMMO. 1.7 (19.28); 1.7 (19.35); 1.7 (20.29); 1.15 (32.18); 1.15 (32.20); 2.1 (74.30); 2.2 (83.15); 2.8 (95.19); 2.8 (96.14); 2.11 (104.26); 2.12 (110.9); 3.17 (161.11); 3.24 (178.19); 3.25 (185.18); 3.25 (188.9); 3.25 (188.15); 4.13 (230.20); 4.23 (256.30); 4.23 (256.32); 4.25 (265.32); 5.21 (344.5); 5.22 (347.32).
IMMOBILITER (INM-). inmobiliter erant in profundum fluminis infixae. 1.2 (14.19)
IMMOLATIO. immolatione. ab immolatione sacri mysterii abstinere, 1.27 (60.17)
immolationem. quia tertia post immolationem suae passionis die resurgens a mortuis, 5.21 (340.4)
IMMOLO. immolabit. immolabitque eum uniuersa multitudo filiorum Israel ad uesperam." 5.21 (334.21)
immolantes. uero tamen Deo haec et non idolis immolantes, 1.30 (65.35)
immolare. ut eis in suo sacrificio animalia immolare praeciperet; 1.30 (65.32)
immolaret. tolleret unusquisque agnum per familias et domus suas, et immolaret eum ad uesperam, 5.21 (336.15)
immolaretur. tertio tempore saeculi cum gratia uenit ipse, qui pascha nostrum immolaretur Christus; 5.21 (340.3)
immolari. in caeli faciem prodeunte, agnus immolari iubeatur; 5.21 (334.27)
immolatus. pascha nostrum, in quo immolatus est Christus, nebulosa caligine refutantes, 2.19 (123.16)
Constat autem, quia non XIIII[a] die, in cuius uespera agnus est immolatus, 5.21 (335.8)
'Postquam uero pascha nostrum immolatus est Christus, 5.21 (336.5)
immolauit. Hinc est enim, . . . quod hostias in templo immolauit, 3.25 (185.12)
immolabitque [immolauitque] eum uniuersa multitudo filiorum Israel ad uesperam." uar. 5.21 (334.21)
immolent. nec diabolo iam animalia immolent, 1.30 (65.22)
IMMORTALIS (INM-), e. **inmortali.** Haec quidem de inmortali eius sint dicta ingenio, 2.1 (77.14)
IMMORTALITAS (INM-). inmortalitatem. inmortalitatem, quam acceperant, recto Dei iudicio perdiderunt. 1.27 (54.10)
et inmortalitatem homini pro peccato suo abstulit, 1.27 (54.13)
inmortalitatis. quod corpus nostrum illa inmortalitatis gloria sublimatum subtile quidem sit 2.1 (76.2)
ille audita . . . speque . . . futurae inmortalitatis, libenter se Christianum fieri uelle confessus est, 3.21 (170.5)
IMMVNDITIA (INM-). inmunditia. qui temtatus inmunditia, 1.27 (59.30)
inmunditiam. cur, . . . ei in inmunditiam reputetur? 1.27 (57.13)
IMMVNDVS (INM-), a, um. **inmunda.** cui mens inmunda non fuerit; 1.27 (57.12)
inmunda. Nam cum multa lex uelut inmunda manducare prohibeat, 1.27 (56.32)
inmundi. nam crebra mentis uesania, et spiritus inmundi inuasione premebatur. 2.5 (91.1)
inmundi. arripientes inmundi spiritus unum de eis, quos in ignibus torrebant, iactauerunt in eum, 3.19 (166.23)
inmundo. qui solebat nocturnis saepius horis repente ab inmundo spiritu grauissime uexari. 3.11 (149.20)
inmundus. Si ergo ei cibus inmundus non est, 1.27 (57.11)
IMMVNIS (INM-), e. **inmune.** ut a corruptione concupiscentiae carnalis erat inmune; 3.8 (144.21)
Vt corpus illius post XI annos sepulturae sit corruptionis inmune reppertum; 4.30 (276.5)
inmunes. et ecclesias Anglorum, quibus praeerat, ab huiusmodi labe inmunes perdurare desiderans, 4.17 (238.29)
IMMVTATIO. immutationes. uidelicet immutationes aeris, terroresque de caelo, 1.32 (69.15)
IMMVTILATVS (INM-), a, um. **inmutilata.** et ita in amore Redemtoris sui inmutilata deuotione persistens inuigilet, 2.11 (105.4)
IMMVTO (INM-). immutari. debet eis etiam hac de re aliqua sollemnitas immutari; 1.30 (65.17)
inmutari. 'Si omnimodis ita definitum est, neque hanc sententiam licet inmutari, 4.9 (223.28)
inmutauit. inmutauit piis ac sedulis exhortationibus inueteratam illam traditionem parentum eorum, 5.22 (346.28)
IMPAENITENS (INP-). inpaenitentes. ne inprouiso mortis articulo praeuenti, inpaenitentes perirent. 5.13 (313.8)
IMPALPABILIS (INP-), e. **inpalpabile.** dogmatizabat corpus nostrum in illa resurrectionis gloria inpalpabile, 2.1 (75.31)
IMPAR (INP-). inpar. non illius inpar, qui quondam a Chaldaeis succensus, 1.15 (32.17)
inpares. et cum trepidi partes suas pene inpares iudicarent, 1.20 (38.10)
inpari. eumque sibi occurrentem cum exercitu multum inpari . . . occidit 2.12 (110.16)
IMPARATVS (INP-), a, um. **inparatum.** Osricum, . . . erumpens subito cum suis omnibus inparatum cum toto exercitu deleuit. 3.1 (128.4)
IMPEDIO (INP-). inpediunt. Sed quia diuersae causae inpediunt, 4.5 (216.23)
IMPENDO (INP-). impendis. curam uigilanter impendis. Praef. (5.11)
inpendat. ut per eos omnibus, . . . dona suae pietatis inpendat. 1.32 (67.28)
inpendebat. Sed nec religioni Christianae, . . . aliquid inpendebat honoris. 2.20 (125.16)
nam quo minus sufficiebat meditationi scripturarum, eo amplius operi manuum studium inpendebat. 4.3 (208.13)
inpendendus. Quantus sit affectus uenientibus sponte fratribus inpendendus, 1.28 (62.12)
inpendens. dum creditorum uobis talentorum fidelissimae negotiationis officiis uberem fructum inpendens ei, . . . praeparauit. 2.8 (95.30)
inpendere. populis pastoralem inpendere sollicitudinem curabat. 2.4 (87.12)
Ceadda maximam mox coepit ecclesiasticae ueritati et castitati curam inpendere; 3.28 (195.18)
ut misericordiam sibi dignaretur inpendere, 4.14 (233.17)
inpendunt. quotiens ipsi rerum domini discendae, docendae, custodiendae ueritati operam inpendunt. 5.21 (333.21)
IMPENSIVS (INP-). me potius iuuare uellent, qui illis inpensius seruire curaui. 2.13 (111.30)
IMPERATOR. imperator. Claudius imperator ab Augusto quartus, 1.3 (15.5)
Diocletianus XXXIII ab Augusto imperator ab exercitu electus 1.6 (17.9)
quod Constantinus in Brittania creatus imperator, 1.8 (22.26)
Maximus in Brittania imperator creatus, 1.9 (23.1)
in Brittania inuitus propemodum ab exercitu imperator creatus, 1.9 (23.14)
Constantinus quondam piissimus imperator 1.32 (68.15)
Hanc Constantinus imperator, eo quod ibi crux Domini ab Helena matre reperta sit, . . . construxit. 5.16 (317.25)
Seuerus imperator factus XVII annis regnauit, 5.24 (352.18)
Maximus in Brittania creatus imperator, in Galliam transiit, 5.24 (352.21)
imperatore. iuuante etiam piissimo imperatore Tiberio Constantino, 2.1 (76.11)
imperatorem. Hic Constantinum filium . . . imperatorem Galliarum reliquit. 1.8 (22.24)
imperatori. Cuius computum paschalis Theophilus . . . in centum annorum tempus Theodosio imperatori conposuit. 5.21 (341.18)
imperatoris. quoniam suspicabatur eum habere aliquam legationem imperatoris ad Brittaniae reges 4.1 (203.33)
imperatorum. Rexit autem ecclesiam temporibus imperatorum Mauricii et Focatis. 2.1 (79.1)
IMPERIALIS, e. **imperiali.** ipse quoque imperiali auctoritate iuuans, ne qui praedicantibus quicquam molestiae inferret; 5.10 (299.10)
IMPERITVS (INP-), a, um. **inperito.** librum . . . male de Greco translatum, et peius a quodam inperito emendatum, prout potui, ad sensum correxi; 5.24 (359.8)

IMPERIVM (INP-). imperii. Hoc autem bellum quarto imperii sui anno conpleuit, 1.3 (15.16)
Maximianumque cognomento Herculium socium creauit imperii. 1.6 (17.11)
cuius anno imperii viii Palladius ad Scottos . . . mittitur 1.13 (28.19)
anno imperii Marciani vi°, 1.21 (41.17)
usque Humbrae fluminis maximi, . . . fines imperii tetenderat. 1.25 (45.3)
Doruuernensi, quae imperii sui totius erat metropolis, 1.25 (46.19)
et ipse Mellitus inter eos adsedit anno viii imperii Focatis principis, 2.4 (88.18)
Cui uidelicet regi, . . . potestas etiam terreni creuerat imperii; 2.9 (97.12)
cui etiam summitates imperii rerumque potestates submissae sunt, 2.10 (101.21)
sex annis continuis, id est ad finem usque imperii regis illius, 2.14 (114.17)
quo tempore gubernaculum Romani imperii post Iustinianum Iustinus minor accepit, 3.4 (133.5)
dclxxviii, qui est annus imperii regis Ecgfridi viii., 4.12 (228.28)
Anno autem imperii Osredi iiii°, Coinred, . . . nobilius multo regni sceptra reliquit. 5.19 (321.27)
imperio. Orcadas etiam insulas Romano adiecerit imperio; 1.3 (15.2)
Orcadas etiam insulas . . . Romano adiecit imperio, 1.3 (15.14)
Orientisque et Thraciae simul praefecit imperio. 1.9 (23.10)
mox etiam imperio restitutus est; 1.9 (23.19)
nec non et Meuanias Brettonum insulas, . . . Anglorum subiecit imperio; 2.5 (89.26)
Quin et Meuanias insulas, . . . imperio subiugauit Anglorum; 2.9 (97.16)
prouinciam Pictorum, quae tunc temporis Anglorum erat imperio subiecta. 4.12 (229.26)
Claudius . . . Orcadas quoque insulas Romano adiecit imperio. 5.24 (352.12)
imperio. De imperio Diocletiani, et ut Christianos persecutus sit. 1.6 (17.7)
qui imperio sacerdotum dum ab obsessis corporibus detruduntur, 1.17 (34.33)
uictosque se eorum meritis et imperio non negabant. 1.17 (35.3)
qui sub imperio sui parentis, . . . fidei et castimoniae iura susceperant. 2.5 (90.31)
De imperio regis Aeduini, 2.9 (97.4)
Caedualla, . . . cum genti suae duobus annis strenuissime praeesset, relicto imperio propter Dominum . . . uenit Romam; 5.7 (292.14)
imperium. quaquauersum imperium regis Æduini peruenerat, 2.16 (118.4)
imperium. Succedens autem Claudio in imperium Nero, 1.3 (15.28)
Seuerus, . . . xvii ab Augusto imperium adeptus 1.5 (16.16)
Gratianus . . . post mortem Valentis sex annis imperium tenuit, 1.9 (23.5)
tenente imperium Honorio Augusto, 1.11 (24.19)
qui continuo, ut inuasit imperium, in Gallias transiit. 1.11 (24.28)
Mauricius ab Augusto liiii imperium suscipiens 1.23 (42.14)
'Hoc autem dico secundum indulgentiam, non secundum imperium.' 1.27 (59.3)
Nam primus imperium huiusmodi Aelli rex Australium Saxonum; 2.5 (89.13)
ad imperium diuinae uoluntatis totam ex integro mentem uitamque transferre. 3.13 (153.11)
quousque rex Osuiu imperium protendere poterat. 4.3 (206.23)
Cuius episcopatus tempore deuictis atque amotis subregulis, Caedualla suscepit imperium, 4.12 (228.2)
ut ueniente in uillam clerico uel presbytero, cuncti ad eius imperium uerbum audituri confluerent; 4.27 (269.29)
Nosti enim, quia ad tui oris imperium semper uiuere studui, 4.29 (275.1)
qui cum xxxvii annis imperium tenuisset gentis illius, 5.7 (294.6)
cui succedens in imperium filius suus Osred, 5.18 (320.6)
Marcianus cum Valentiniano imperium suscipiens, vii annis tenuit, 5.24 (352.27)
Vulfheri rex Merciorum, . . . defunctus, Aedilredo fratri reliquit imperium. 5.24 (354.27)
inperii. Aedilbaldo rege Merciorum xv. agente annum inperii. 5.24 (356.19)
IMPERO. imperabat. eumque consistere firmis uestigiis imperabat. 1.19 (38.3)
Aedilbercti, qui omnibus, . . . usque ad terminum Humbrae fluminis Anglorum gentibus imperabat. 2.3 (85.16)
et confessa dignis, ut imperabat, poenitentiae fructibus abstergerent. 4.27 (270.3)
imperante. imperante domino nostro Mauricio Tiberio 1.23 (43.23)
imperante domino nostro Mauricio Tiberio 1.24 (44.20)
imperante domino nostro Mauricio Tiberio 1.28 (62.28)
imperante domino nostro Mauricio Tiberio 1.29 (64.21)
imperante domino nostro Mauricio Tiberio 1.30 (66.5)
imperante domino nostro Mauricio Tiberio 1.32 (70.4)
synodum, quae facta est in urbe Roma in tempore Martini . . . indictione viii^a, imperante Constantino 4.17 (240.14)
qui uixit annos plus minus xxx, imperante domno Iustiniano piissimo Augusto, 5.7 (294.1)
imperantibus. imperantibus dominis nostris Augustis, Heraclio anno xx°iiii°, 2.18 (122.3)
imperantibus dominis piissimis nostris Ecgfrido rege Hymbronensium, . . . et Aedilredo 4.17 (239.5)
imperauimus. in sacrosanctis celebrandis mysteriis utendi licentiam imperauimus; 2.8 (96.25)
imperauit. ac dc^tas naues utriusque commodi fieri imperauit; 1.2 (14.4)
Vespasianus, qui post Neronem imperauit, 1.3 (15.22)
qui tertius . . . cunctis australibus eorum prouinciis, . . . imperauit; 2.5 (89.12)
IMPERTIO (INP-). inpertiet. Iesum Christum, qui ei cuncta prospera inpertiet, 3.29 (198.28)
inpertire. haec uobis . . . non desistimus inpertire. 2.18 (121.18)
IMPETO (INP-). inpeteretur. Qui cum mox undique gladiis inpeteretur, 2.9 (99.15)
IMPETRO (INP-). impetrare. Neque haec tamen agentes quicquam ab illo auxilii impetrare quiuerunt, 1.13 (28.31)
inpetrabit. Nimirum enim quaerit et inpetrabit, et ei omnes suae insulae, ut optamus, subdentur. 3.29 (198.32)
inpetrare. nec inpetrare potuisse. 1.1 (11.29)
a longanimitate caelestis clementiae inluminationis ipsius beneficia inpetrare non desinas; 2.11 (105.25)
Neque aliter, quod petebat, inpetrare potuit, 3.21 (170.2)
Porro ipse diligentius obsecrans, ut et mihi certandi cum illis copia daretur, . . . nequaquam inpetrare potui. 5.6 (290.1)
inpetraremus. Cumque hoc tarde ac difficulter inpetraremus, 5.4 (287.17)
inpetraret. ut apud misericordiam pii Conditoris inpetraret, se a tantis tamque diutinis cruciatibus absolui. 4.9 (223.6)
Quod dum egre inpetraret ab ea, uenit ad antistitem Lundoniae ciuitatis, 4.11 (225.30)
inpetrasse. quod aiunt Colmanum abiturum petisse et inpetrasse a rege Osuiu, 3.26 (190.9)
Incubuit precibus antistes, statimque edoctus in spiritu inpetrasse se, quod petebat a Domino: 4.29 (275.5)
inpetrasset. Didicerat enim per uisionem et quid ille petisset, et quia petita inpetrasset. 3.27 (193.24)
inpetrauerint. Brettones ab Aetio consule auxilium flagitantes non inpetrauerint. 1.13 (28.16)
inpetrauit. qui inpetrauit a Focate principe donari ecclesiae Christi templum Romae, 2.4 (88.27)
Neque aliquanto tardius, quod petiit, inpetrauit; 3.3 (131.14)
Nimirum enim quaerit et inpetrabit [inpetrauit], uar. 3.29 (198.32)
ubi uix aliquando inpetrauit, intrauit monasterium Aebbæ abbatissae, 4.19 (243.28)
Aedilred accitum ad se Coinredum, . . . amicum episcopo fieri petiit, et inpetrauit. 5.19 (329.28)
cui litteras rex Brittaniae Lucius mittens, ut Christianus efficeretur, petiit et inpetrauit. 5.24 (352.16)
IMPETVS. impetu. dum feruens equus quoddam itineris concauum ualentiore impetu transiliret, 5.6 (290.12)

quae uicissim huc inde uidebantur quasi tempestatis impetu iactari. 5.12 (305.6)
impetum. barbari legionum impetum non ferentes, 1.2 (14.21)
euaginata sub ueste sica, impetum fecit in regem. 2.9 (99.9)
contigit, ut haec contra impetum fluuii decurrentis, . . . transferrentur. 5.10 (300.30)
impetus. loci, ubi flammarum impetus maxime incumbebat, 2.7 (94.23)
quo Romani quondam ob arcendos barbarorum impetus totam a mari ad mare praecinxere Brittaniam, 3.2 (129.27)
IMPIETAS. impietas. quem et feralis impietas regis Brettonum, et apostasia demens regum Anglorum detestabilem fecerat. 3.9 (145.1)
impietate. diuinae auxilium pietatis, quo ab impietate barbarica posset eripi; 3.24 (177.24)
impietatis. quartum impietatis, cum infirmiores spoliare et eis fraudem facere pro nihilo ducimus. 3.19 (165.28)
hi, qui merito impietatis suae maledicebantur, 4.26 (266.24)
IMPIISSIMVS, a, um. **impiissimum.** qui in Nicaea congregati fuerunt cccx et VIII contra Arrium impiissimum et eiusdem dogmata; 4.17 (240.4)
IMPIVS, a, um. **impia.** rex ipse impia nece occisus, opus idem successori suo Osualdo perficiendum reliquit. 2.14 (114.14)
utrumque rex Brettonum Ceadualla impia manu, sed iusta ultione peremit. 3.1 (128.1)
exercitus Penda duce Nordanhymbrorum regiones impia clade longe lateque deuastans 3.16 (158.31)
unde et fames acerbissima plebem inuadens impia nece prostrauit. 4.13 (231.13)
impias. qui piis ceruicibus impias intulit manus, 1.7 (21.12)
impio. hic agente impio uictore, 1.15 (32.19)
impium. Nam quis non execretur superbum eorum conamen et impium, 2.19 (124.1)
IMPLEO (INP-). impleatis. ut opus bonum, quod auxiliante Domino coepistis, impleatis. 1.23 (43.9)
implebat. Implebatque actu, quicquid sermone docebat, 2.1 (79.17)
implere. alii, qui implere ministerium ualeant, 1.27 (60.15)
impleri. contigit uolantibus in altum scintillis culmen domus, . . . subitaneis flammis impleri. 3.10 (147.17)
impleta. Cumque una quadragesimae esset impleta septimana, 5.2 (283.30)
impleta. antistitis praesagia tristi regis funere, de quo supra diximus, impleta sunt. 3.14 (157.14)
impletur. Tribus enim modis impletur omne peccatum, 1.27 (61.3)
impleuerunt. raptim opinione, praedicatione, uirtutibus impleuerunt; 1.17 (35.5)
multum honorifice ministerium impleuerunt. 5.19 (326.1)
impleuit. quos statim euacuatos tenebris lumen ueritatis impleuit. 1.18 (36.17)
quod ingressa, totum impleuit, atque in gyro circumdedit. 4.3 (208.26)
domumque hanc et exterius obsedit, et intus maxima ex parte residens impleuit. 5.13 (312.11)
inplemus. cum hoc, quod in baptismo . . . promisimus, minime inplemus; 3.19 (165.24)
inplendae. in pignus promissionis inplendae, 2.9 (99.29)
inplentur. Inplentur populi stupore miraculi, 1.21 (40.32)
inplere. Cumque uerrentibus undique et inplere incipientibus nauem fluctibus, . . . uiderent, 3.15 (158.14)
ut officium episcopatus per se inplere non posset; 4.23 (255.11)
illum ab huius praesumtione ministerii, quod regulariter inplere nequibat, omnimodis cessare praecepi.' 5.6 (291.20)
Dic ergo illi, quia non ualet iter, quod proposuit, inplere; 5.9 (297.12)
inpleret. ut omnes Brittaniae fines illius gratia splendoris inpleret. 4.23 (256.7)
inpleri. Oportebat namque inpleri somnium, quod mater eius Bregusuid in infantia eius uidit. 4.23 (255.30)
inpletam. nam uere dico uobis, quia domum hanc tanta luce inpletam esse perspicio, 4.8 (221.15)
inpleto. Aldfrid, rex Nordanhymbrorum, defunctus est, anno regni sui xx° necdum inpleto; 5.18 (320.6)
inpletum. Quod ita, ut petierat, inpletum est, anno ab incarnatione Domini DCXCVI. 5.11 (303.1)
inpleuerat. Aelffledam, quae uixdum unius anni aetatem inpleuerat, 3.24 (178.24)
inpleuit. Honorius, postquam metas sui cursus inpleuit, ex hac luce migrauit 3.20 (169.10)
quod opus sibi iniunctum non segniter inpleuit. 4.23 (254.5)
IMPLICAMENTVM (INP-). inplicamentis. uitiorum potius inplicamentis, quam diuinis solebam seruire mandatis. 3.13 (153.8)
IMPLICO (INP-). inplicati. an paganis adhuc erroribus essent inplicati. 2.1 (80.7)
inplicitos. et non totam eorum gentem, sed quosdam in eis hac fuisse inplicitos. 2.19 (123.22)
IMPLORO (INP-). inplorantes. flebili uoce auxilium inplorantes, 1.12 (27.2)
inplorata. Talemque te Domini inplorata clementia exhibendum stude, 2.8 (96.33)
inploremus. nec adhuc tamen percutit, mox inploremus eius misericordiam, 4.3 (211.11)
IMPONO (INP-). inponebat. quod sibi fraternus amor multis utile futurum inponebat. 2.1 (75.19)
inponens. 'Qui inponens capiti meo manum, cum uerbis benedictionis, rediit ad orandum; 5.6 (291.6)
inponentes. inponentes eam carro, duxerunt ad locum, ibidemque deposuerunt. 3.9 (146.18)
inponere. sed cum huic corpus inponere coepissent, 4.11 (226.33)
crederet uero, quia, si ille ei manum inponere, . . . uoluisset, statim melius haberet. 5.5 (288.13)
inponerent. Verum cum alia atque alia uinculorum ei genera hostes inponerent, 4.22 (251.18)
inposito. Ordinatus est . . . inposito sibi a papa memorato nomine Clementis; 5.11 (303.4)
inposuerat. Cui etiam tempore baptismatis papa memoratus Petri nomen inposuerat, 5.7 (292.29)
inposueris. quicquid mihi inposueris agendum, . . . totum facile feram, 4.25 (263.25)
inposuerit. ac foueae inposuerit, atque utraque manu erectam tenuerit, 3.2 (129.3)
inposuissent. Cumque iam naui inposuissent, quae tanti itineris necessitas poscebat, 5.9 (298.5)
inposuit. filioque suo Brittanici nomen inposuit. 1.3 (15.16)
is, qui loquebatur cum eo, inposuit dexteram suam capiti eius dicens: 2.12 (109.23)
inposuit dexteram capiti eius et, an hoc signum agnosceret, requisiuit. 2.12 (110.29)
IMPORTABILIS (INP-), e. **inportabilis.** proferens codicem horrendae uisionis, et magnitudinis enormis, et ponderis pene inportabilis, 5.13 (312.15)
IMPORTVNE (INP-). quatinus diuinae inspirationis inbuta subsidiis, inportune et oportune agendum non differas, 2.11 (105.15)
IMPOSSIBILIS, e. **impossibile.** omnia abscidere impossibile esse non dubium est, 1.30 (65.26)
IMPRAESENTIARVM (INP-). Hic est inpraesentiarum uniuersae status Brittaniae, 5.23 (351.24)
IMPRECATIO (INP-). inprecationibus. profecto et ipsi, quamuis arma non ferant, contra nos pugnant, qui aduersis nos inprecationibus persequuntur.' 2.2 (84.22)
caelitus se uindicari continuis diu inprecationibus postulabant. 4.26 (266.21)
IMPRIMIS (INP-). et quidem inprimis furentibus undis pelagi, temtabant nautae anchoris . . . nauem retinere, 3.15 (158.11)
IMPRIMO (INP-). inpressis. eandemque adhuc speciem ueluti inpressis signata uestigiis seruat. 5.17 (319.3)
inpressit. et adprehendens eum de mento, signum sanctae crucis linguae eius inpressit, 5.2 (284.2)
IMPROBITAS (INP-). inprobitate. exterarum gentium inprobitate obrutum uilesceret. 1.12 (27.5)
IMPROBVS (INP-), a, um. **improbos.** ut ueniret contra improbos malum, 1.14 (30.22)
inprobi. qui crebris accusationibus inprobi iter illi caeleste intercludere contendebant; 3.19 (165.3)
inprobis. Brettones, quamuis . . . moribusque inprobis inpugnent; 5.23 (351.13)
IMPROVISVS (INP-), a, um. **inprouiso.** ne inprouiso mortis articulo praeuenti, inpaenitentes perirent. 5.13 (313.7)
IMPVDENS (INP-). inpudentes. Reuertuntur ergo inpudentes grassatores Hiberni domus, 1.14 (29.23)
IMPVGNO (INP-). inpugnare. ita ut aliquot laesi, omnes territi, inpugnare ultra urbem cessarent, 3.16 (159.21)
inpugnaret. ne Scottiam nil se ledentem inpugnaret, 4.26 (267.7)
inpugnatus. inpugnatus uidelicet et ab ea, quae fratrem eius occiderat, 3.14 (154.9)
inpugnent. Brettones, quamuis . . . moribusque inprobis inpugnent; 5.23 (351.13)

IMPVLSVS (INP-). inpulsu. cum incessabili causarum saecularium inpulsu fluctuaret, 2.1 (75.10)
IMPVNE (INP-). reges, . . . daemonicis cultibus inpune seruiebant. 2.5 (92.5)
IMPVTO. imputet. non hoc nobis imputet, Praef. (8.6)
IMVM. ima. cum idem globi ignium . . . modo alta peterent, modo ima baratri repeterent, 5.12 (305.33)
imis. tantae flagrantia suauitatis ab imis ebulliuit, 3.8 (144.2)
imo. uidit quasi uallem tenebrosam subtus se in imo positam. 3.19 (165.19)
non eleuata in altum uoce, sed profusis ex imo pectore lacrimis, Domino sua uota commendabat. 4.28 (273.29)
IN, *omitted.*
INACCESSVS, a, um. **inaccessa.** Brittania Romanis . . . inaccessa atque incognita fuit; 1.2 (13.20)
inaccessorum. introductus est, simulantibus fugam hostibus, in angustias inaccessorum montium, 4.26 (267.1)
INAESTIMABILIS, e. **inaestimabilis.** ne ipsa inaestimabilis mysterii magnitudine grauentur? 1.27 (59.12)
IN ANDILEGVM, *Andeley-sur-Seine, a Frankish monastery frequented by the English.*
in Andilegum. maxime in Brige, et in Cale, et in Andilegum monasterio; 3.8 (142.21)
INANIMATVS, a, um. **inanimatam.** quibus uidelicet artificium humanum adcommodans eis inanimatam membrorum similitudinem contulisti; 2.10 (102.23)
INANIS, e. **inanem.** inde per inanem gloriam intus cadat. 1.31 (66.22)
INANITER. quae sola nuditate uerborum diu inaniter et aures occupauit, 1.17 (35.27)
INAVDITVS, a, um. **inaudita.** et inaudita membrorum discerptione lacerati, 1.7 (22.2)
qualis sibi doctrina haec eatenus inaudita, . . . uideretur. 2.13 (111.18)
INAVRATVS, a, um. **inauratum.** id est speculum argenteum, et pectinem eboreum inauratum; 2.11 (106.25)
IN BERECINGVM, *Barking, Essex.*
In Berecingum. in loco, qui nuncupatur In Berecingum, 4.6 (219.3)
IN BRIGE, *Faremoûtier-en-Brie, a Frankish monastery frequented by the English.*
in Brige. in monasterio, quod . . . constructum est . . . in loco, qui dicitur in Brige. 3.8 (142.15)
maxime in Brige, et in Cale, et in Andilegum monasterio; 3.8 (142.21)
INB-, *see* **IMB-.**
IN CALE, *Chelles, near Paris, a Frankish monastery frequented by the English.*
in Cale. maxime in Brige, et in Cale, et in Andilegum monasterio; 3.8 (142.21)
INCANTATIO. incantationes. quasi missam a Deo conditore plagam per incantationes uel fylacteria . . . cohibere ualerent. 4.27 (269.21)
INCARNARI. incarnatus. sicut Dominus noster Iesus Christus incarnatus tradidit discipulis suis, 4.17 (239.18)
INCARNATIO. incarnatione. annus ab incarnatione Domini XLVI; 1.3 (15.17)
Anno ab incarnatione Domini C^mo^L^mo^VI^to^ 1.4 (16.3)
Anno ab incarnatione Domini CLXXXVIIII 1.5 (16.14)
Anno ab incarnatione Domini CCCLXXVII, 1.9 (23.3)
Anno ab incarnatione Domini CCCXCIIII 1.10 (23.24)
Anno ab incarnatione Domini CCCCVII, 1.11 (24.18)
Anno ab incarnatione Domini CCCCXLVIIII 1.15 (30.27)
anno ab incarnatione Domini DLXXXII 1.23 (42.13)
bellum Aedilfrid anno ab incarnatione Domini DCIII, . . . perfecit; 1.34 (71.29)
Anno ab incarnatione dominica DCXVI, 2.5 (89.4)
anno ab incarnatione Domini DCXXIIII, 2.7 (95.6)
anno ab incarnatione Domini DCXXV; 2.9 (98.19)
Cuius anno secundo, hoc est ab incarnatione dominica anno DCXLIIII, 3.14 (154.13)
Honorius, . . . ex hac luce migrauit anno ab incarnatione Domini DCLIII, 3.20 (169.11)
Facta est autem haec synodus anno ab incarnatione Domini DCLXX tertio, 4.5 (217.20)
Canebat . . . de aliis plurimis sacrae scripturae historiis, de incarnatione dominica, 4.24 (261.3)
Quo uidelicet anno, qui est ab incarnatione dominica DCLXXXV., 4.26 (268.6)
sepultus est . . . anno ab incarnatione dominica DCC° XXI°. 5.6 (292.3)
baptizatus est die sancto sabbati paschalis anno ab incarnatione Domini DCLXXXVIIII; 5.7 (292.24)
Quod ita, ut petierat, inpletum est, anno ab incarnatione Domini DCXCVI. 5.11 (303.1)
anno ab incarnatione Domini DCCXVI, 5.22 (346.20)
Anno ab incarnatione Domini XLVI, Claudius secundus Romanorum Brittanias adiens, 5.24 (352.9)
Anno ab incarnatione Domini CLXXXVIIII, Seuerus imperator factus 5.24 (352.17)
incarnationem. Anno igitur ante incarnationem dominicam sexagesimo Gaius Iulius Caesar . . . Brittanias bello pulsauit, 5.24 (352.5)
incarnationis. ante uero incarnationis dominicae tempus anno LX^mo^, 1.2 (13.21)
Anno incarnationis dominicae CCLXXXVI 1.6 (17.8)
Anno dominicae incarnationis CCCCXXIII, 1.13 (28.17)
His temporibus, id est anno dominicae incarnationis DCV, 2.1 (73.2)
Anno dominicae incarnationis DCIIII^mo^, 2.3 (85.4)
anno incarnationis dominicae DCXVIIII. 2.7 (94.7)
anno regni sui XI, qui est annus dominicae incarnationis DCXXVII, 2.14 (113.30)
id est anno dominicae incarnationis DCXXXIIII. 2.18 (122.8)
occisus est Æduini . . . anno dominicae incarnationis DCXXXIII, 2.20 (124.23)
Siquidem anno incarnationis dominicae D°LX°V°, 3.4 (133.4)
hoc est usque ad annum dominicae incarnationis DCCXV 3.4 (134.28)
Anno dominicae incarnationis DCXL, 3.8 (142.3)
Facta est autem haec quaestio anno dominicae incarnationis DCLXIIII°, 3.26 (189.19)
Eodem autem anno dominicae incarnationis DCLXIIII°, facta erat eclipsis solis 3.27 (191.28)
nuper, id est anno dominicae incarnationis DCCXXVIIII°, . . . migrauit ad regna caelestia. 3.27 (193.30)
Qui ordinatus est a Vitaliano papa anno dominicae incarnationis DCLXVIII, 4.1 (203.8)
Anno dominicae incarnationis DCLXX^mo^, . . . Osuiu rex . . . pressus est infirmitate, 4.5 (214.11)
Anno autem dominicae incarnationis DCLXXVI, cum Aedilred rex Merciorum, . . . Cantiam uastaret 4.12 (228.7)
Anno dominicae incarnationis DCLXXVIII, . . . apparuit . . . cometa; 4.12 (228.27)
Anno post hunc sequente, hoc est anno dominicae incarnationis DCLXXX, 4.23 (252.16)
Anno dominicae incarnationis DCLXXXIIII. Ecgfrid . . . uastauit misere gentem innoxiam, 4.26 (266.14)
Anno autem post hunc, . . . proximo, id est DCXC incarnationis dominicae, 5.8 (294.18)
qui electus est quidem in episcopatum anno dominicae incarnationis DCXC secundo, 5.8 (295.25)
Anno dominicae incarnationis DCCV Aldfrid, rex Nordanhymbrorum, defunctus est, 5.18 (320.4)
annoque dominicae incarnationis DCCXXVIIII, 5.22 (347.24)
Anno dominicae incarnationis DCCXXV, 5.23 (348.14)
Anno dominicae incarnationis DCCXXVIIII apparuerunt cometae duae 5.23 (349.4)
Anno dominicae incarnationis DCCXXXI, 5.23 (349.28)
Hic est . . . status Brittaniae, . . . dominicae autem incarnationis anno DCCXXXI; 5.23 (351.26)
Anno incarnationis dominicae CLXVII, Eleuther Romae praesul factus 5.24 (352.13)
IN CASSVM, *see* **CASSVM.**
INCAVTIVS. ante paucos annos, dum incautius forte noctu in glacie incederet, 3.2 (130.13)
INCEDO. incedebamus. Incedebamus autem tacentes, ut uidebatur mihi, contra ortum solis solstitialem; 5.12 (304.29)
incedebant. ut omnes, qui cum eo incedebant, siue adtonsi, seu laici, meditari deberent, 3.5 (136.9)
incedendo. et cum his, qui se adduxerant, sana pedibus incedendo reuersa est. 3.9 (146.24)

non equitando, sed apostolorum more pedibus incedendo peragrare. 3.28 (195.21)
incedens. quatinus ubicumque aliquos uel diuites uel pauperes incedens aspexisset, 3.5 (136.3)
aliquoties equo sedens, sed saepius pedes incedens, circumpositas ueniebat ad uillas, 4.27 (269.25)
incedente. nec non et incedente illo ubilibet per plateas, . . . tufam, . . . ante eum ferri solebat. 2.16 (118.19)
incedere. ita ut die redeunte uix ipse per se exsurgere aut incedere ualeret. 4.31 (278.17)
incederet. dum incautius forte noctu in glacie incederet, 3.2 (130.13)
incedunt. debet ad monasteria Columbae uenire, quia aratra eorum non recte incedunt; 5.9 (297.32)
INCENDIVM. incendia. et incendia domorum orando restinxerit, 1.19 (37.5)
uentus, qui a meridie flans urbi incendia sparserat, 2.7 (94.28)
uenti in eos, . . . flammarum incendia retorserunt, 3.16 (159.20)
Vidit autem et daemones per ignem uolantes incendia bellorum contra iustos struere. 3.19 (166.9)
incendii. inter globos flammantis incendii incolume tabernaculum, 1.19 (37.23)
signum incendii, quod in anima pertulit, . . . portauit; 3.19 (167.6)
incendiis. nam per x annos incendiis ecclesiarum, 1.6 (18.1)
incendio. At multitudo omnis desperatione perterrita obuiam currit incendio. 1.19 (37.18)
incendio. priusquam monasterium Coludanae urbis esset incendio consumtum. 4.25 (262.22)
et mittens occidit uicanos illos omnes, uicumque incendio consumsit. 5.10 (300.24)
incendium. in uicina, qua manebat, casula exarsit incendium; 1.19 (37.12)
incendium. suum continuauit incendium, 1.15 (32.23)
Theodorus . . . salutifera exhortatione coeptum tanti periculi funditus extinguit incendium; 4.21 (249.13)
INCENDO. incenderunt. et contingentes humerum maxillamque eius incenderunt; 3.19 (166.26)
incendisti. 'Quod non incendisti,' inquit, 'non ardebit in te; 3.19 (165.33)
Et conuersus ad eum angelus: 'Quod incendisti,' inquit, 'hoc arsit in te. 3.19 (166.34)
incensus. incensus serpentes fugat. 1.1 (10.25)
INCERTVS, a, um. **incerta.** eo quod certus sibi exitus, sed incerta eiusdem exitus esset hora futura, 3.19 (164.7)
et suum quoque exitum, cuius hora incerta est, . . . praeuenire meminerint.' 4.3 (209.19)
incerta. sed quia noua sunt et incerta, 1.25 (46.8)
incertam. ne . . . tam incertam peregrinationem adire deberent. 1.23 (43.1)
incertis. et ab hac potestate de certis incertisque rebus absolutus, 5.19 (327.1)
et ab hac potestate de certis incertisque rebus absolutus,' 5.19 (327.32)
incertis. Ibi saepe a barbaris incertis foederibus inlusus, 1.11 (24.28)
incertum. ad conparationem eius, quod nobis incertum est, temporis, 2.13 (112.7)
Quod utrum de se an de alio aliquo diceret, nobis manet incertum, 4.3 (212.2)
dum tamen hoc, quod tantus uir dixit, quia uerum sit, esse non possit incertum. 4.3 (212.3)
incertus. utpote incertus, quid agerem, quo uerterem gressum, qui me finis maneret; 5.12 (306.6)
INCESSABILIS, e. **incessabili.** cum incessabili causarum saecularium inpulsu fluctuaret, 2.1 (75.10)
INCESSABILITER. caedibus martyrum incessabiliter acta est. 1.6 (18.2)
ut ad dilatandam Christianam fidem incessabiliter non desistat operam commodare; 2.11 (105.6)
INCESSVS. incessu. Discurrere . . . non equorum dorso, sed pedum incessu uectus, . . . solebat; 3.5 (136.1)
ipsa libero pedum incessu domum laeta reuersa est; 4.10 (225.9)
incessum. prius claudo iuueni incessum, 1.21 (39.29)
INCESTVM. incestum. Nullus incestum faciat, 4.5 (217.1)
INCHOATIO. inchoationem. "luminare maius in inchoationem diei, et luminare minus in inchoationem noctis." 5.21 (339.18)
"luminare maius in inchoationem diei, et luminare minus in inchoationem noctis." 5.21 (339.19)
incohoationem. "luminare maius in inchoationem [incohoationem] diei, uar. 5.21 (339.18)
INCHOO. inchoabat. et praecedente sabbato, uespere, sacrosancta paschae sollemnia inchoabat; 3.25 (186.2)
inchoanda. significans nimirum, quod ibidem caeleste erigendum tropaeum, caelestis inchoanda uictoria, 3.2 (129.24)
inchoastis. quae inchoastis, Deo auctore peragite; 1.23 (43.11)
inchoauit. Quod uidelicet opus in regia quidem urbe apocrisiarius inchoauit, 2.1 (75.25)
quod cum fratribus, quos ad unitatis gratiam conuerterat, inchoauit, 5.22 (347.30)
INCIDO. incideret. cum haec dies in sabbatum forte inciderit [incideret], uar. 5.21 (336.14)
inciderit. in quo quicumque semel inciderit, numquam inde liberabitur in aeuum. 5.12 (308.22)
Et cum haec dies in sabbatum forte inciderit, 5.21 (336.14)
INCIDO. incidere. 'Iusseruntque me,' inquit, 'incidere tumorem illum, 4.19 (245.16)
INCIPIO. incipere. Quia melius fuerat bona non incipere, 1.23 (43.6)
nihilominus temtauit iter dispositum cum fratribus memoratis incipere. 5.9 (298.5)
uidi subito ante nos obscurari incipere loca, 5.12 (305.22)
inciperet. ne, . . . status ecclesiae tam rudis uel ad horam pastore destitutus uacillare inciperet. 2.4 (86.29)
incipiatis. ita ut XIII^{a} luna ad uesperam saepius pascha incipiatis, 3.25 (186.24)
incipiebat. Iohannes . . . XIIII^{a} die mensis primi ad uesperam incipiebat celebrationem festi paschalis, 3.25 (185.21)
in ipsa uespera pascha dominicum celebrare incipiebat, 3.25 (185.31)
incipiendum. a uespera diei XV^{ae} pascha incipiendum doceant; 5.21 (338.15)
incipiens. honorem referre incipiens caedi sanctorum, 1.7 (21.22)
incipiente. Ipsa autem nocte, in cuius ultima parte, id est incipiente aurora, 3.8 (143.19)
attamen scitote, quia non est mea; nam mea lux, incipiente aurora, mihi aduentura est.' 4.8 (221.21)
Cumque tempore quodam, incipiente quadragesima, ibidem mansurus adueniret, 5.2 (283.15)
incipiente. et sic incipiente diluculo in hostem progressi, 3.2 (129.11)
Haec ergo quadam nocte incipiente crepusculo, egressa de cubiculo, 4.9 (222.12)
incipientes. Et cum plurimam insulae partem, incipientes ab Austro, possedissent, 1.1 (11.22)
incipientibus. Cumque uerrentibus undique et inplere incipientibus nauem fluctibus, . . . uiderent, 3.15 (158.14)
incipientis. non hanc primo mensi anni incipientis, sed ultimo potius praeteriti lunam esse adscribendam; 5.21 (339.28)
incipio. statim melius habere incipio; 5.3 (286.17)
incipit. [Incipit Praefatio.] uar. Praef. (5.1)
Incipit autem duorum ferme milium spatio a monasterio Aebbercurnig 1.12 (26.23)
tunc peccatum incipit nasci; 1.27 (61.13)
quod a uespera XIIII^{ae} diei incipit, et in uespera XXI^{ae} conpletur. 5.21 (336.3)
incipiunt. in socios arma uertere incipiunt. 1.15 (32.9)
Cum enim a uespera diei XIII^{ae} uigilias sanctae noctis celebrare incipiunt, 5.21 (337.34)
utpote qui ab illius diei uespera pascha incipiunt, 5.21 (338.27)
INCISVRA. incisurae. monstrauerunt mihi etiam uulnus incisurae, quod feceram, curatum; 4.19 (245.33)
INCITAMENTVM. incitamento. multos et exemplo uirtutis, et incitamento sermonis, uel incredulos ad Christum conuertit, 3.19 (163.31)
INCLINO. inclinari. difficulter posse sublimitatem animi regalis ad . . . suscipiendum mysterium uiuificae crucis inclinari, 2.12 (107.7)
inclinatos. qui inclinatos animo aduersarios intuentes, 1.18 (36.11)
INCLVDO. includeretur. in cuius medio ipsum, quod prius fecerat, oratorium includeretur. 2.14 (114.11)
inclusae. loculo inclusae argenteo in ecclesia sancti Petri seruantur, 3.6 (138.29)
inclusam. quibus inclusam saepe margaritam 1.1 (10.8)

incluso. incluso meatu, ante pedes eius fons perennis exortus est, . . . 1.7 (21.2)
inclusus. tabernaculum, quod habitator inclusus seruabat, . . . 1.19 (37.24)
posta solummodo, in qua puluis ille inclusus pendebat, . . intacta remansit. . . . 3.10 (147.21)
INCLYTVS, a, um. **inclyti.** Nec solum inclyti fama uiri Brittaniae fines lustrauit uniuersos, . . . 3.13 (152.7)
INCOGNITVS, a um. **incognita.** Brittania Romanis . . . inaccessa atque incognita fuit; . . . 1.2 (13.20)
incognita. non solum incognita progenitoribus suis regna caelorum sperare didicit; . . . 3.6 (138.1)
incogniti. uidit subito . . . adpropinquantem sibi hominem uultus habitusque incogniti; . . . 2.12 (108.23)
uidi adstantem mihi subito quendam incogniti uultus; . . . 4.25 (264.28)
incognitis. quia iustius multo est de incognitis bonum credere quam malum. . . . 3.25 (187.33)
INCOHOATIO, *see* **INCHOATIO.**
INCOLA. incolae. Brittania insula, cuius incolae talis essent aspectus. . . . 2.1 (80.4)
incolarum. sed et ueterum Brittaniae incolarum, . . . populis pastoralem inpendere sollicitudinem curabat. . . . 2.4 (87.10)
discedentibus inde ob desolationem plurimis incolarum, in nostro monasterio plurimo tempore conuersatus, . . . est. . . . 4.25 (266.3)
Cumque inter choros felicium incolarum medios me duceret, . . . 5.12 (307.24)
incolas. In primis autem haec insula Brettones solum, . . . incolas habuit; . . . 1.1 (11.19)
Vt Vecta insula christianos incolas susceperit, . . . 4.16 (236.25)
incolis. quae memoratu digna atque incolis grata credideram, . . . Praef. (8.16)
incolis. et priscis earum incolis. . . . 1.1 (9.1)
et ab incolis loci ignobili traditus sepulturae; . . . 1.33 (70.27)
multa quidem ab incolis loci illius solent opera uirtutum . . . narrari. . . . 3.8 (143.2)
Quod uidelicet monasterium usque hodie ab Anglis tenetur incolis. . . . 4.4 (214.2)
INCOLO. incolebant. illi quoque, qui insulam Hii incolebant, monachi . . . 5.22 (346.16)
incolenti. genti Saxonum siue Anglorum, secum Brittaniam incolenti, . . . 1.22 (42.5)
incolerent. antiquitus facta, dum adhuc Romani Brittaniam incolerent, . . . 1.26 (47.12)
incolunt. Scottorum, qui Hiberniam insulam Brittaniae proximam incolunt, . . . 2.4 (87.12)
cunctis, qui Brittaniam incolunt, Anglorum pariter et Brettonum populis praefuit, . . . 2.5 (89.22)
donatione Pictorum, qui illas Brittaniae plagas incolunt, . . . 3.3 (132.33)
a quibus Angli uel Saxones, qui nunc Brittaniam incolunt, genus et originem duxisse noscuntur; . 5.9 (296.14)
Scotti, qui Brittaniam incolunt, suis contenti finibus nil . . . insidiarum moliuntur . . . 5.23 (351.8)
incoluntur. insulis [que] quae ab Anglorum, et Brettonum, nec non Scottorum et Pictorum gentibus incoluntur, . . . 5.19 (327.6)
INCOLVMIS, e. **incolume.** inter globos flammantis incendii incolume tabernaculum, . . . 1.19 (37.23)
incolumem. Deus te incolumem custodiat, reuerentissime frater. . . . 1.24 (44.18)
Deus te incolumem custodiat, . . . 1.28 (62.26)
Deus te incolumem custodiat, reuerentissime frater. . . . 1.29 (64.19)
Deus te incolumem custodiat, dilectissime fili. . . . 1.30 (66.4)
Incolumem excellentiam uestram gratia superna custodiat, . . . 1.32 (70.2)
Deus te incolumem custodiat, dilectissime frater. . . . 2.8 (97.3)
Incolumem excellentiam uestram gratia superna custodiat. . . . 2.17 (120.5)
Deus te incolumem custodiat, dilectissime frater. . . . 2.18 (122.1)
Incolumem excellentiam uestram gratia superna custodiat.' . . . 3.29 (199.3)
Gratia te Regis aeterni . . . ad nostram omnium pacem custodiat incolumem, . . . 5.21 (345.20)
incolumes. Deus uos incolumes custodiat, dilectissimi filii. . . . 1.23 (43.21)
Diuina nos gratia in unitate sanctae suae ecclesiae uiuentes custodiat incolumes. . . . 4.5 (217.19)
incolumis. et in conspectu omnium filio incolumitas [incolumis], . . . uar. 1.21 (40.32)
INCOLVMITAS. incolumitas. et in conspectu omnium filio incolumitas, patri filius restituitur. . . . 1.21 (40.32)
incolumitate. ac pro eius incolumitate iugiter Deum deprecamur cum Christi clero. . . . 3.29 (198.9)
INCOMMODVM. incommodo. fuit in eodem monasterio puerulus quidam, longo febrium incommodo grauiter uexatus. . . . 3.12 (150.28)
multos febricitantes, uel alio quolibet incommodo fessos, sanare non desistit. . . . 4.6 (218.22)
Quo affectus incommodo, concepit utillimum mente consilium, . . . 4.31 (278.18)
Cumque tempore non pauco frater praefatus tali incommodo laboraret, . . . 4.32 (279.31)
incommodum. mox doloris siue caliginis incommodum ab oculis amouerent. . . . 4.19 (246.19)
IN COMMVNE, *see* **COMMVNE.**
INCONPARABILIS, e. **inconparabilis.** fetor inconparabilis cum eisdem uaporibus ebulliens omnia illa tenebrarum loca replebat. . . . 5.12 (306.4)
IN CONPENDIO, *Compiègne.*
In Conpendio. conuenientibus plurimis episcopis in uico regio, qui uocatur In Conpendio. . . . 3.28 (194.24)
INCONPREHENSIBILIS, e. **inconprehensibilem.** Deum potius intellegendum maiestate inconprehensibilem, . . . 3.22 (172.2)
INCONSVLTE. non statim et inconsulte sacramenta fidei Christianae percipere uoluit; . . . 2.9 (100.6)
tandem Eanfridum inconsulte ad se cum XII lectis militibus postulandae pacis gratia uenientem, . . . damnauit. . . . 3.1 (128.8)
INCONSVLTVS, a, um. **inconsulto.** unde offensus grauiter Agilberctus, quod haec ipso inconsulto ageret rex, . . . 3.7 (141.2)
INCONTINENTIA. incontinentiae. quod uidelicet ex sola causa incontinentiae uidetur inuentum; . . 1.27 (55.11)
INCORRVPTE. ut, quaeque decreta ac definita sunt . . . incorrupte ab omnibus nobis seruentur.' . . 4.5 (215.18)
INCORRVPTIO. incorruptione. Haec et de corporis eius incorruptione breuiter attigimus, . . . 3.19 (168.26)
INCORRVPTVS, a, um. **incorrupta.** cui etiam caro post mortem incorrupta testimonium perhibuerit. . 3.19 (163.21)
signum diuini miraculi, . . . indicio est, quia uirili contactu incorrupta durauerit. . . . 4.19 (243.25)
incorrupta. arcam, in qua incorrupta eiusdem patris membra locauerant. . . . 4.30 (277.23)
incorruptae. ut ipsum in concilio, . . . quasi uirum incorruptae fidei, et animi probi residere praeciperet.' 5.19 (328.14)
incorruptae. contigit, ut hactenus incorruptae perdurent. . . . 3.6 (138.27)
incorruptum. ita incorruptum inuentum est, ac si eodem die fuisset defuncta, . . . 4.19 (245.9)
incorruptum. Nam quando fratres sui corpus ipsius post multos sepulturae annos incorruptum reppererunt, . . . 4.32 (280.5)
INCREBRESCO. increbruit. Qui uidelicet mos adeo increbruit, . . . 3.9 (145.21)
INCREDVLVS, a, um. **incredulam.** quam barbaram, feram, incredulamque gentem, . . . adire . . . 1.23 (42.26)
incredulos. ipsum ad erudiendos incredulos et indoctos mitti debere decernunt, . . . 3.5 (137.22)
multos et exemplo uirtutis, et incitamento sermonis, uel incredulos ad Christum conuertit, . . . 3.19 (163.31)
INCREMENTVM. incrementa. et ad augmentum ecclesiae suae potiora per uos suscitet incrementa; . 2.18 (121.6)
INCREPATIO. increpationibus. neque precibus, neque hortamentis, neque increpationibus Augustini . . . adsensum praebere uoluissent, . . . 2.2 (81.24)
INCREPO. increpatis. quibus increpatis moueri se fidei praesumtione non passus est. . . . 1.19 (37.17)
INCRESCO. increscente. quo mox increscente, magis grauatum est brachium illud uulneratum, . . . 5.3 (285.16)
INCVLCO. inculcaret. Haec . . . cum rex Osuiu regi Sigbercto amicali et quasi fraterno consilio saepe inculcaret, . . . 3.22 (172.11)
inculcata. et in pectoribus omnium fides catholica inculcata firmatur. . . . 1.21 (41.2)

INCVMBO. incubuit. Incubuit precibus antistes, statimque edoctus in spiritu inpetrasse se, quod petebat a Domino: 4.29 (275.4)
incumbebat. loci, ubi flammarum impetus maxime incumbebat, ... 2.7 (94.23)
incumbens. sola illa destina, cui incumbens obiit, . . . absumi non potuit. 3.17 (160.24)
incumbente. incumbente uespera, in monasterium praefatum, noluerunt ea, . . . libenter excipere; . . 3.11 (148.11)
uespere incumbente, nocte qua de saeculo erat exiturus, ... 4.24 (261.21)
incumbere. admonitus est . . . uigiliisque consuetis et orationibus indefessus incumbere; 3.19 (164.6)
incumberet. iam clauso codice procideret in faciem, atque obnixius orationi incumberet. 4.3 (210.23)
INCVNENINGVM, *Tininghame, East Lothian; or Chester-le-Street.*
Incuneningum. Erat ergo pater familias in regione Nordanhymbrorum, quae uocatur Incuneningum, . 5.12 (304.2)
INCVRIA. incuria. cuius tecto uel longa incuria, uel hostili manu deiecto, ... 2.16 (117.12)
incuriae. ciuitas Doruuernensis per culpam incuriae igni correpta crebrescentibus coepit flammis consumi; 2.7 (94.15)
euenit per culpam incuriae uicum eundem et ipsam pariter ecclesiam ignibus consumi. 3.17 (160.29)
monasterium uirginum, . . . per culpam incuriae flammis absumtum est. 4.25 (262.25)
incuriam. quicquid in ea uitii sordidantis inter uirtutes per ignorantiam uel incuriam resedisset, . . 4.9 (222.10)
INCVRIOSVS, a, um. **incuriosis.** non omnibus passim desidiosis ac uitae suae incuriosis referre uolebat, 5.12 (309.17)
INCVRRO. incurrant. ne pro carnali dilectione tormenta aeterni cruciatus incurrant. 1.27 (51.22)
incurrere. quam in populo, quem subuerterant, pudorem taciturnitatis incurrere, ... 1.17 (35.19)
incurreret. ne per illorum copiam periculum elationis incurreret, ... 1.31 (66.13)
ut semper in diem xv^{um} primi mensis, id est in lunam xv^{am} dominica dies incurreret, ... 5.21 (337.2)
incurrisse. et tamen molesta, qua turbatum se aliquem reatum incurrisse aestimabat. 1.27 (58.19)
quem sibi per curam pastoralem incurrisse uidebatur, ... 2.1 (74.15)
INCVRSIO. incursione. Ibi Gratianum Augustum subita incursione perterritum, ... 1.9 (23.15)
Dein turbatam incursione gentilium prouinciam uidens, ... 3.19 (168.8)
INCVRSO. incursandos. quia ipsos quoque hostes ad incursandos fines . . . permitteret; 1.6 (17.18)
INCVRSVS. incursibus. Horum ergo consortio non solum a terrenis est munitus incursibus, ... 2.1 (75.14)
ut crebro uexilli huius munimine a malignorum spirituum defendatur incursibus; 5.21 (343.10)
INCVRVVS, a, um. **incuruus.** quod esset uir longae staturae, paululum incuruus, ... 2.16 (117.27)
INCVTIO. incutientes. apparuerunt cometae duae circa solem, multum intuentibus terrorem incutientes. 5.23 (349.6)
INDE. Praef. (6.26); 1.2 (14.12); 1.12 (27.28); uar. 1.12 (28.8); 1.17 (35.23); 1.17 (35.24); 1.31 (66.21); 2.5 (91.29); 3.7 (140.4); 3.12 (151.6); 3.12 (151.8); 3.12 (151.13); 3.15 (157.26); 3.17 (159.29); 3.17 (160.9); 4.3 (212.19); 4.16 (237.27); 4.19 (245.1); 4.19 (245.25); 4.20 (248.9); 4.20 (248.10); 4.23 (255.4); 5.25 (266.3); 5.3 (286.22); 5.5 (288.25); 5.7 (293.16); 5.10 (299.8); 5.11 (302.2); 5.12 (305.5); 5.12 (307.10); 5.12 (308.23); 5.12 (310.18); 5.18 (320.19).
INDEFESSVS, a, um. **indefessa.** instituta quoque disciplinae regularis, . . . indefessa instantia sequerentur. 4.3 (209.11)
indefessus. admonitus est . . . uigiliisque consuetis et orationibus indefessus incumbere; 3.19 (164.6)
iam causa diuini amoris delectatus praemiis indefessus agebat. 4.25 (264.12)
INDEGENIS, *see* **INDIGENA.**
INDERAVVDA, *Beverley, Yorkshire.*
Inderauuda. Bercthun, . . . abbas monasterii, quod uocatur Inderauuda, id est In silua Derorum; . . 5.2 (283.5)
INDESINENTER. Pro quibus maiestati eius gratias indesinenter exsoluimus, ... 2.18 (121.1)
INDEX. indice. solutus est in lacrimas uir Dei, et tristitiam cordis uultu indice prodebat. 4.25 (264.18)
INDICIVM. indiciis. cuius ante mortem uita sublimis crebris etiam miraculorum patebat indiciis, . 4.30 (276.10)
indicio. Indicio est, quod . . . supersunt de eorum discipulis, qui Latinam Grecamque linguam aeque ut propriam, . . . norunt. 4.2 (205.1)
sicut etiam nunc caelestium signa uirtutum indicio sunt. 4.6 (218.19)
ut etiam caelestia indicio fuere miracula. 4.6 (219.8)
signum diuini miraculi, . . . indicio est, quia uirili contactu incorrupta durauerit. 4.19 (243.24)
sed tamen indicio fit, quod ea, quae apostoli Petri sunt, in abdito cordis amplectimini, . . . 5.21 (344.25)
indicium. pro paruulis Christi, quos mihi in indicium suae dilectionis commendauerat, . . . 2.6 (92.26)
uirtutes sanitatum noscuntur esse patratae, ad indicium uidelicet ac memoriam fidei regis. . . . 3.2 (129.14)
In quo utroque loco, ad indicium uirtutis illius, solent crebra sanitatum miracula operari. . . 4.3 (212.8)
INDICO. indicans. indicans, quod eo loci corpora eorum posset inuenire, ... 5.10 (301.5)
indicare. Cui etiam, . . . causam uobis iniunximus subtiliter indicare; 1.24 (44.13)
iussus est, multis doctioribus uiris praesentibus, indicare somnium, ... 4.24 (260.17)
matri congregationis, uocabulo Aebbæ, curauit indicare. 4.25 (264.24)
indicasse. intrasse subito ministrum ipsius, . . . et indicasse regi, ... 3.6 (138.17)
indicasset. eique indicasset desiderium suum, ... 2.15 (116.27)
indicatum. Vbi ubertim indicatum est, ... 1.27 (57.4)
indicauit. immo indulta desuper operi uestro perfectio indicauit. 2.8 (95.20)
Veniensque mane ad uilicum, qui sibi praeerat, quid doni percepisset, indicauit, ... 4.24 (260.15)
pro sua sanitate Domino gratias denuo referens, quid erga se actum esset, fratribus indicauit; . 4.31 (279.10)
indicauit nobis abbatissa, quia quaedam de numero uirginum, . . . langore teneretur; 5.3 (285.11)
indicauit ei desiderium sibi inesse beatorum apostolorum limina uisitandi; 5.19 (323.20)
indicemus. ut indicemus nos non cum antiquis excussum Aegyptiae seruitutis iugum uenerari, . . 5.21 (340.34)
INDICO. indicens. et bellum insuper illi, si contemneretur, indicens. 2.12 (107.30)
INDICTIO. indictione. post consulatum eiusdem domini nostri anno XIII, indictione XIIII. . . . 1.23 (43.26)
anno XIII, indictione XIIII. 1.24 (44.23)
anno XVIII, indictione IIII.' 1.28 (62.30)
anno XVIII, indictione IIII. 1.29 (64.23)
anno XVIII, indictione IIII. 1.30 (66.7)
anno XVIII, indictione IIII. 1.32 (70.6)
indictione XIII^{a}, tertio die Kalendarum Martiarum; 2.4 (88.19)
id est filio eius anno III, indictione VII, ... 2.18 (122.8)
Conuenimus autem die XX°IIII° mensis Septembris, indictione prima, ... 4.5 (215.3)
Actum in mense et indictione supra scripta. 4.5 (217.13)
anno X^{o} regni eius, sub die XV Kalendas Octobres, indictione VIII^{a}; 4.17 (239.8)
synodum, quae facta est in urbe Roma in tempore Martini . . . indictione VIII^{a}, imperante Constantino 4.17 (240.15)
Hic depositus est Caedual, . . . sub die XII Kalendarum Maiarum, indictione II; 5.7 (293.32)
INDIGENA. indegenis. indigenis [indegenis] essent terrori. . . . . uar. 1.15 (32.7)
exterminatis dispersisque insulae indigenis [indegenis], ... uar. 1.16 (33.7)
indigenas. ac stragica caede omnes indigenas exterminare, . . . contendit, . . . 4.16 (237.2)
indigenis. aquilonalem extremamque insulae partem pro indigenis ad murum usque capessunt. . . . 1.12 (27.34)
ut ipsis quoque, qui eos aduocauerant, indigenis essent terrori. 1.15 (32.7)
exterminatis dispersisque insulae indigenis, ... 1.16 (33.7)
exterminatis uel subiugatis indigenis, ... 1.34 (71.16)
INDIGEO. indigeant. religiosi uiri nullius commendatione indigeant; 1.24 (44.4)
INDIGNOR. indignata. Rursumque, quasi leuiter indignata, subiunxit: 4.9 (223.22)
INDIGNVS, a, um. **indigno.** nisi forte misero mihi et indigno uenia, . . . propitiari dignatus fuerit. . . 3.13 (153.15)
indignum. Qui indignum se tanto gradui respondens, ... 4.1 (202.12)

indignum. ne ad mortem ueniens tanto adfectus dolore aliquid indignum suae personae uel ore proferret, 4.11 (226.10)
indigus. sed oboedientiae causa iussus subire hoc, quamuis indignus, consensi.' 4.2 (205.28)
ego quidem Theodorus, quamuis indignus, ab apostolica sede destinatus Doruuernensis ecclesiae episcopus, 4.5 (215.5)
INDISCVSSVS, a, um. **indiscussa.** ne diu tantae quaestionis caligo indiscussa remaneret, 2.19 (123.13)
INDISSIMILIS, e. **indissimili.** ita etiam una atque indissimili sede perpetuae beatitudinis meruisset recipi. 4.29 (275.20)
neque . . . una atque indissimili totum per orbem tonsurae sibi forma congruit. 5.21 (342.6)
INDIVIDVVS, a, um. **indiuidua.** Deum Patrem, et Filium, et Spiritum Sanctum, quod est indiuidua Trinitas, 2.10 (101.17)
indiuiduae. sanctae et indiuiduae Trinitatis cooperante potentia, 2.10 (102.7)
quod pars corporis uestri ab agnitione summae et indiuiduae Trinitatis remansit extranea. 2.11 (105.12)
indiuiduo. ut uir tantae eruditionis ac religionis sibi specialiter indiuiduo comitatu sacerdos esset, 5.19 (325.26)
INDO. **indere.** quae etiam huic historiae nostrae commodum duximus indere. 1.27 (48.13)
Haec de opusculis excerpta . . . nostris ad utilitatem legentium historiis indere placuit. 5.17 (319.30)
indita. et imitari morem sacrae scripturae, cuius historiae carmina plurima indita, 4.20 (247.7)
inditae. 'Tres sunt ergo regulae sacris inditae litteris, 5.21 (333.34)
inditum. corpusque eius loculo inditum, perlatum est in monasterium ipsius, 5.19 (322.20)
inditus. ut eius rogatu monasterio supra memorato inditus, ac monachica sit tonsura coronatus, 5.12 (310.2)
INDOCTE. 'Multum insipienter et indocte fecistis in luna IIIª flebotomando. 5.3 (285.25)
INDOCTOR. **indoctoribus.** 'Videtur mihi, frater; quia durior iusto indoctis [indoctoribus] auditoribus fuisti, uar. 3.5 (137.15)
INDOCTVS, a, um. **indocti.** ut indocti doceantur, infirmi persuasione roborentur, 1.27 (53.23)
indocti. audio . . . cachinnum crepitantem quasi uulgi indocti captis hostibus insultantis. 5.12 (306.10)
indoctis. 'Videtur mihi, frater, quia durior iusto indoctis auditoribus fuisti, 3.5 (137.15)
indoctos. ipsum ad erudiendos incredulos et indoctos mitti debere decernunt, 3.5 (137.22)
INDOLES. **indolis.** Erant inter hos duo iuuenes magnae indolis de nobilibus Anglorum, 3.27 (192.19)
cum esset puer bonae indolis, 5.19 (322.25)
INDOMABILIS, e. **indomabiles.** eo quod essent homines indomabiles, et durae ac barbarae mentis. 3.5 (137.8)
indomabilis. eo quod essent homines indomabiles [indomabilis], uar. 3.5 (137.8)
INDOMITVS, a, um. **indomitis.** receptam partem insulae a ceteris indomitis gentibus, . . . uallo distinguendam putauit. 1.5 (16.22)
INDVBITANTER. ut profecto sacrae scripturae testimonium per te expletum indubitanter perclareat: 2.11 (106.4)
unde eam, quia liquido conperi, indubitanter historiae nostrae ecclesiasticae inserendam credidi. 4.22 (252.12)
INDVBITO. **indubitatae.** eius animum ad uerae conuersionis et indubitatae fidei credulitatem fraternitas uestra perduxerit. 2.8 (96.11)
INDVCO. **induci.** casa, in qua infirmiores et qui prope morituri esse uidebantur, induci solebant. 4.24 (261.20)
INDVLGENTIA. **indulgentiam.** 'Hoc autem dico secundum indulgentiam, non secundum imperium.' 1.27 (59.2)
INDVLGEO. **indulgere.** Quod igitur indulgere dixit, 1.27 (59.4)
'Bene facis,' inquit, 'qui tempore isto nocturnae quietis non somno indulgere, 4.25 (264.32)
indulgetur. Non enim indulgetur, quod licet, quia iustum est. 1.27 (59.3)
indulsit. eique tantam praemii praerogatiuam indulsit, 2.10 (101.14)
indulta. immo indulta desuper operi uestro perfectio indicauit. 2.8 (95.19)
indulti. ut indulti muneris praemia non cum reatitudine, . . . repraesentes. 2.8 (96.34)
INDVMENTVM. **indumenta.** indumenta, quibus Deo dicatum corpus Cudbercti, . . . uestierant, etiam ipsa a gratia curandi non uacarunt, 4.31 (279.13)
indumenta. et sacerdotalia uel clericilia indumenta, 1.29 (63.10)
nam et ipsa indumenta quasi patris adhuc corpori circumdata miro deosculabatur affectu, 4.30 (277.6)
'Noua,' inquit, 'indumenta corpori pro his, quae tulistis, circumdate, 4.30 (277.7)
indumentis. uirgines . . . texendis subtilioribus indumentis operam dant, 4.25 (265.18)
indumento. Sed et discooperto uultus indumento, monstrauerunt mihi etiam uulnus incisurae, 4.19 (245.32)
'Lucidus,' inquiens, 'aspectu et clarus erat indumento, qui me ducebat. 5.12 (304.28)
indumentorum. Contigit autem tactu indumentorum eorundem et daemonia ab obsessis effugata corporibus, . . . esse 4.19 (246.13)
Adtulerunt autem ei et partem indumentorum, quae corpus sanctum ambierant, 4.30 (277.3)
indumentum. intendens cuius rei similitudine tam praecipuum indumentum humeris tuis baiulandum susceperis. 2.8 (96.32)
INDVO. **induit.** Theodosium . . . apud Syrmium purpura induit, 1.9 (23.9)
ueterno infirmitatis discusso, induit se ipse uestimentis suis; 5.5 (288.24)
indutos. Vidit enim, ut post ipse referebat, tres ad se uenisse uiros claro indutos habitu; 4.11 (226.21)
indutum. sed et uestimenta omnia, quibus indutum erat, non solum intemerata, uerum etiam prisca nouitate . . . parebant. 4.30 (276.22)
indutum. aliis uestibus indutum transtulerunt illud in ecclesiam beati Stephani 3.8 (144.22)
Lauerunt igitur uirgines corpus, et nouis indutum uestibus intulerunt in ecclesiam, 4.19 (246.20)
indutus. ipsius habitu, id est caracalla, qua uestiebatur, indutus, 1.7 (18.28)
Iustitia indutus sum, 2.1 (77.27)
simplici tantum habitu indutus, et securim atque asciam in manu ferens, ueniret ad monasterium 4.3 (208.6)
INDVSTRIA. **industria.** memorati abbatis Albini industria, . . . cognouimus. Praef. (6.31)
cui gloriae caelestis suo labore et industria notitiam prouenisse gaudebat. 1.32 (67.22)
gentem . . . ad fidem Christi sua industria conuertit, 2.1 (73.8)
Huius industria regis Derorum et Berniciorum prouinciae, . . . in unam sunt pacem, 3.6 (138.32)
religione simul et industria gentem suam ab extranea inuasione liberaret. 4.26 (268.17)
tanta doctrinae solertis excolebat industria, 4.27 (270.9)
sed quantum pro industria exteriori regi placens, 5.13 (311.8)
historias passionis eorum, una cum ceteris ecclesiasticis uoluminibus, summa industria congregans, 5.20 (331.24)
industriae. sed erga curam perpetuae suae saluationis nihil omnino studii et industriae gerens. 3.13 (152.27)
ad quos felix industriae ac uirtutis eius rumor peruenit, 4.23 (255.28)
industriam. Cuius eruditionem atque industriam uidens rex, 3.7 (140.24)
Factum est autem hoc per industriam reginae Merciorum Osthrydae, 3.11 (148.3)
industriam faciendi simul et docendi mandata caelestia, 3.17 (161.20)
imitatus industriam filii rex Osuiu misit Cantiam uirum sanctum, 3.28 (194.26)
Sed per industriam Eusebii, . . . distinctius in ordinem conpositus est; 5.21 (341.11)
INDVSTRIVS, a, um. **industrios.** temtauit adhuc in opus uerbi mittere uiros sanctos et industrios, 5.10 (299.3)
industrium. Habuit autem secum . . . Iacobum diaconum, uirum utique industrium ac nobilem 2.16 (117.30)
industrius. magis in ecclesiasticis quam in mundanis rebus erat industrius; 4.12 (228.19)
INDVTIAE. **indutias.** ut indutias uiuendi uel accipiam, 3.13 (153.13)
qui petens indutias, si forte alium, qui episcopus ordinaretur, ex tempore posset inuenire. 4.1 (202.21)
INEDIA. **inedia.** quia saepe XL simul aut L homines inedia macerati procederent ad praecipitium 4.13 (231.15)
INEFFABILIS, e. **ineffabili.** et ipsa, qua uenerat, uia ad caelos usque cum ineffabili dulcedine reuerti. 4.3 (208.31)
ineffabilia. ineffabilia aeterni regni praemia reseruari: 1.29 (63.18)
INENARRABILIS, e. **inenarrabilium.** Qui inter alia inenarrabilium scelerum facta, . . . hoc addebant, 1.22 (42.2)
INENARRABILITER. glorificantes . . . Spiritum Sanctum procedentem ex Patre et Filio inenarrabiliter, 4.17 (240.22)

INEO. **ineunte.** sed ab ineunte adulescentia monachicum et nomen adsumsit, et habitum. 4.27 (268.29)
inii. ut pactum, quod cum tanto rege inii, ipse primus irritum faciam, 2.12 (108.9)
inire. ad extremum, . . . praesumunt inire conflictum. 1.17 (35.15)
iniret. Et quidem, ut dixi, prohibuerunt amici, ne hoc bellum iniret; 4.26 (267.5)
ut cum eius licentia et benedictione desideratum euangelizandi gentibus opus iniret; 5.11 (301.24)
inito. Inito ergo certamine cum hostibus, . . . uictoriam sumsere Saxones. 1.15 (31.3)
Tum subito inito ad tempus foedere cum Pictis, 1.15 (32.8)
bello inito uniuersos, quos in necem suam conspirasse didicerat, aut occidit, 2.9 (100.3)
Inito ergo certamine fugati sunt et caesi pagani, 3.24 (178.11)
id est inito opere apostolico, uerbum Dei aliquibus . . . committere; 5.9 (296.10)
initum. Initum namque est consilium, 1.14 (30.16)
INERMIS, e. **inermes.** Brocmail . . . eos, quos defendere debuerat, inermes ac nudos ferientibus gladiis reliquit. 2.2 (84.29)
inermi. qui uictoriam quasi de inermi exercitu praesumentes, 1.20 (38.25)
INERRABILITER. quod per aequinoctium uernale semper inerrabiliter possit inueniri, 5.21 (338.34)
INERS. **inerti.** perculsi timore inerti, 1.23 (42.25)
sed omnes prorsus, et uiri et feminae, aut somno torpent inerti, aut ad peccata uigilant. 4.25 (265.12)
INERTIA. **inertia.** non aliam ob causam, quam si ipsi inertia soluerentur, 1.12 (27.14)
INEXTINGVIBILIS, e. **inextinguibilium.** resiliebant rursus urendae in medium flammarum inextinguibilium. 5.12 (305.11)
INFANDVS, a, um. **infanda.** uerum et a clade infanda temporalis interitus eripuit. 4.13 (231.10)
infandus. infandus Brettonum dux cum inmensis illis copiis, . . . interemtus est 3.1 (128.19)
INFANTIA. **infantia.** Quia ab infantia mea creuit mecum miseratio, 2.1 (78.2)
ibique ambo in infantia defuncti, 2.20 (126.5)
neglegentias, quas in pueritia siue infantia commiserat, 3.27 (193.7)
Oportebat namque inpleri somnium, quod mater eius Bregusuid in infantia eius uidit. 4.23 (255.31)
INFANTILIS, e. **infantilem.** qui propter infantilem adhuc aetatem in uirginum Deo dedicatarum solebat cella nutriri, 4.8 (220.25)
INFATIGABILIS, e. **infatigabili.** Sicque usque ad diem suae uocationis infatigabili caelestium bonorum desiderio corpus . . . domabat, 5.12 (310.31)
INFAVSTVS, a, um. **infaustus.** Infaustus ille annus, et omnibus bonis exosus usque hodie permanet, 3.1 (128.10)
INFELICITAS. **infelicitate.** illam prouinciam, . . . a longa iniquitate atque infelicitate liberatam, 2.15 (116.34)
INFELIX. **infelici.** Cumque hac infelici uicissitudine longe lateque, . . . multitudo torqueretur, 5.12 (305.11)
infelix. uidit etiam suum infelix inter tales carcerem, 5.14 (315.2)
INFENTVM, *see* **INVENIO.**
INFEPPINGVM, *not identified; possibly Repton, Derbyshire.*
Infeppingum. defunctus est apud Mediterraneos Anglos in regione, quae uocatur Infeppingum. 3.21 (171.8)
INFERIOR, ius. **inferiora.** At ille oculos in inferiora deflectens, 3.19 (165.18)
inferiores. dum se inferiores in bello hostibus conspicerent, 3.18 (163.2)
inferiorum. hi, qui ex corruptibili materia inferiorum etiam subpositorumque tibi manibus construuntur; 2.10 (102.21)
INFERNALIS, e. **infernalibus.** ac infernalibus subdendum esse tormentis; 3.13 (153.5)
INFERNVS. **inferni.** aeternas inferni poenas pro mercede recipiet.' 1.7 (19.29)
ne mox mortuus ob merita scelerum ad inferni claustra raperetur, 3.13 (152.29)
et paratis ad rapiendum me daemonibus in inferni claustra pertrahar.' 5.13 (312.30)
necesse habet in ianuam inferni non sponte damnatus introduci. 5.14 (314.11)
et portae inferni non praeualebunt aduersus eam; 5.21 (342.29)
infernus. quod hic fortasse esset infernus, de cuius tormentis intolerabilibus narrari saepius audiui. 5.12 (305.15)
non enim hic infernus est ille, quem putas." 5.12 (305.18)
INFERO. **inferret.** ne qui praedicantibus quicquam molestiae inferret; 5.10 (299.11)
inlata. heresis Pelagiana per Agricolam inlata, 1.17 (33.25)
inlato. inlato igne conburere urbem nisus est. 3.16 (159.8)
inlatum. patienter dolorem ac placida mente sustineret inlatum. 4.31 (278.26)
inlatum. Mox uero ut dedicata est, intro inlatum, 2.3 (86.5)
et inlatum postea in ecclesiam beati apostoli Petri, 2.20 (125.21)
intulerant. et pericula, quae intulerant, fatebantur, 1.17 (35.2)
intulerit. siquas fortasse fraternitati uestrae sacerdotum uel aliorum culpas intulerit, 1.28 (62.21)
cum ille mihi nil mali fecerit, nil adhuc inimicitiarum intulerit. 2.12 (108.11)
intulerunt. Lota igitur ossa intulerunt in thecam, 3.11 (148.26)
Lauerunt igitur uirgines corpus, et nouis indutum uestibus intulerunt in ecclesiam, 4.19 (246.21)
intulit. qui piis ceruicibus impias intulit manus, 1.7 (21.12)
Quod cum frequenti uoce repeteret, nec tamen ei aliquis obtemperaret, ad extremum intulit: 4.8 (221.13)
INFERVS. **inferi.** et portae inferi non praeualebunt aduersus eam, et tibi dabo claues regni caelorum"?' 3.25 (188.19)
inferos. Vt item alius moriturus deputatum sibi apud inferos locum poenarum uiderit. 5.14 (313.26)
quia uideret inferos apertos, et Satanan demersum in profundis tartari, 5.14 (314.15)
INFESTATIO. **infestationem.** Ob harum ergo infestationem gentium Brettones legatos Romam . . . mittentes, 1.12 (26.4)
INFESTO. **infestabant.** litora, quae tunc Franci et Saxones infestabant, 1.6 (17.14)
INFESTVS, a, um. **infesti.** non tantum regis sibi infesti insidias uitauit, 2.12 (110.22)
prosiliebant miserae in medium rigoris infesti; 5.12 (305.8)
infesti. aufugerunt omnes, qui me forcipibus rapere quaerebant spiritus infesti. 5.12 (307.3)
infestis. multos eorum coegit uictas infestis praedonibus dare manus, 1.14 (29.17)
infestos. Caecilia infestos laeta ridet gladios. 4.20 (248.2)
infestum. aliquandiu tumorem illum infestum horum adpositione conprimere ac mollire curabat. 4.32 (280.19)
INFICIO. **infecit.** ueneno sui infecit erroris; 1.8 (22.17)
INFIDELIS, e. **infideles.** uel ad fidei suscipiendae sacramentum, si infideles essent, inuitaret; 3.5 (136.4)
infidelibus. coinquinatis autem et infidelibus nihil est mundum.' 1.27 (57.8)
infidelibus. ab infidelibus et inimicis Christi ipse cum Christo coronandus pertuli?' 2.6 (92.28)
Hac etenim die idem rex ab infidelibus in bello corporaliter extinctus, 4.14 (234.28)
infidelis. et qui cateruas pugnantium infidelis nequaquam metueret, 2.1 (78.17)
'Saluabitur uir infidelis per mulierem fidelem.' 2.11 (106.5)
infidelium. infidelium corda naturali ac superstitioso morbo purgata, 2.8 (96.7)
'Deus saeculi huius excaecauit mentes infidelium, 2.9 (98.31)
INFIDELITAS. **infidelitate.** dum adhuc in infidelitate essent, 1.27 (51.18)
INFIGO. **infixae.** inmobiliter erant in profundum fluminis infixae. 1.2 (14.20)
infixit. sed tanta ui hostis ferrum infixit, 2.9 (99.13)
infixum. de ligno, in quo caput eius occisi a paganis infixum est; 3.13 (153.24)
INFIMVS, a, um. **imfima.** Constantinus ex infima [imfima] militia . . . eligitur; uar. 1.11 (24.26)
infima. Huius loco Constantinus ex infima militia . . . eligitur; 1.11 (24.26)
infimorum. multique cotidie, et nobilium, et infirmorum [infimorum], . . . fidei sunt fonte abluti. uar. 3.21 (170.25)
infimus. Corausius quidam, genere quidem infimus, 1.6 (17.12)

INFINITVS, a, um. **infinitae.** deuenimus ad uallem multae latitudinis ac profunditatis, infinitae autem longitudinis; 5.12 (304.32)
infinito. A tergo autem, unde Oceano infinito patet, ... 1.1 (9.15)
infinito. bini aestus oceani, qui circum Brittaniam ex infinito oceano septentrionali erumpunt, . . . 4.16 (238.18)
INFIRMIOR, ius. **infirmiores.** casa, in qua infirmiores et qui prope morituri esse uidebantur, induci solebant. 4.24 (261.19)
infirmiores. quartum impietatis, cum infirmiores spoliare et eis fraudem facere pro nihilo ducimus. 3.19 (165.28)
INFIRMITAS. infirmitas. atque ab ea statim sua infirmitas recessit. 1.27 (55.25)
Sed dices: Illam infirmitas conpulit; 1.27 (55.28)
sedentemque ad tumbam sancti infirmitas tangere nequaquam praesumsit; 3.12 (151.9)
si non infirmitas grauior prohibuisset, ... 4.19 (244.14)
infirmitate. omne, quod in hac mortali carne patimur ex infirmitate naturae, ... 1.27 (55.31)
algere, lassescere ex infirmitate naturae est. 1.27 (55.33)
aliquando ex naturae superfluitate uel infirmitate, . . . contingit. 1.27 (60.4)
Et quidem cum ex naturae superfluitate uel infirmitate euenerit, ... 1.27 (60.6)
Erat autem Mellitus corporis quidem infirmitate, id est podagra, grauatus, ... 2.7 (94.8)
et cum familiares domus illius de acerba puellae infirmitate ipso praesente quererentur, ... 3.9 (146.16)
et conualescens ab infirmitate, multo deinceps tempore uixit; 3.13 (153.32)
Vbi quadam infirmitate corporis arreptus, ... 3.19 (164.3)
ubi correptus infirmitate, . . . raptus est e corpore; 3.19 (164.26)
ac non multo post infirmitate correptus diem clausit ultimum. 3.19 (168.13)
casu contigit, ut . . . tactus ibidem infirmitate corporis obiret. 3.23 (176.13)
ubi fatigatus infirmitate aliquantisper moratus est, ... 4.1 (203.29)
Osuiu rex Nordanhymbrorum pressus est infirmitate, ... 4.5 (214.13)
ut, si ab infirmitate saluaretur, etiam Romam uenire, . . . disponeret, ... 4.5 (214.16)
Quo adhuc superstite, sed grauissima infirmitate ab administrando episcopatu prohibito, ... 4.5 (217.30)
At uirgo illa, . . . eadem adtacta infirmitate, . . . ad regnum caeleste secuta est. 4.8 (221.4)
Cuius ut uirtus, iuxta apostolum, in infirmitate perficeretur, ... 4.9 (222.6)
in tantum ea, quam praediximus, infirmitate decocta est, ... 4.9 (223.12)
correptus est corporis infirmitate permaxima, ... 4.11 (225.26)
qui eadem tactus infirmitate, non pauco tempore recubans in lectulo iacebat. 4.14 (233.22)
sic infirmitate simul et morte absolutus, ad aeterna in caelis gaudia subleueris. 4.14 (234.12)
non multo postquam oceanum transiit, arreptus infirmitate ac defunctus est; 4.18 (242.19)
antistes prouinciae illius, uocabulo Bosel, tanta erat corporis infirmitate depressus, ... 4.23 (255.10)
placuit pio prouisori salutis nostrae sanctam eius animam longa etiam infirmitate carnis examinari, 4.23 (256.14)
ut, iuxta exemplum apostoli, uirtus eius in infirmitate perficeretur. 4.23 (256.15)
XIIII diebus praeueniente corporea infirmitate pressus est, ... 4.24 (261.17)
Sed Heriberct diutina prius infirmitate decoquitur; 4.29 (275.15)
iussit suis quaerere pauperem aliquem maiore infirmitate uel inopia grauatum, ... 5.2 (283.16)
et cum esset in studio, tacta est infirmitate repentini doloris, ... 5.3 (285.15)
et non solum se infirmitate longa carere, sed et perditas dudum uires recepisse sentiens, ... 5.4 (287.24)
qui infirmitate corporis tactus, et hac crescente per dies, ad extrema perductus, ... 5.12 (304.3)
Haec inter tactus infirmitate, decidit in lectum, atque acri coepit dolore torqueri. 5.13 (311.16)
respondit, non se tunc uelle confiteri peccata sua, sed cum ab infirmitate resurgeret; 5.13 (311.21)
tactus est infirmitate repentina, ... 5.19 (328.21)
Quapropter dico tibi, quia modo quidem ab infirmitate hac sanaberis; 5.19 (329.16)
infirmitates. Contigit autem tactu indumentorum eorundem . . . infirmitates alias aliquoties esse curatas. 4.19 (246.15)
infirmitatibus. ut pro meis infirmitatibus et mentis et corporis . . . . . Praef. (8.11)
monebat omnes . . . in aduersis rerum siue infirmitatibus membrorum fideliter Domino esse gratias semper agendas. 4.23 (256.24)
infirmitatis. Vt idem causa infirmitatis ibidem detentus, ... 1.19 (37.5)
uno in loco infirmitatis necessitate teneretur, ... 1.19 (37.11)
per tota infirmitatis spatia medicabilis dextera percurrit, ... 1.21 (40.29)
Verum pondus corporeae infirmitatis, ne episcopus fieri posset, obstitit. 4.1 (202.19)
mox infirmitatis ablata molestia, cupitae sospitatis gaudia redibunt. 4.3 (212.22)
soluta carnis simul et infirmitatis uinculis ad aeternae gaudia salutis intrauit. 4.9 (224.3)
multum delectata sit hoc genere infirmitatis, ... 4.19 (246.6)
VII° ergo suae infirmitatis anno, . . . ad diem peruenit ultimum, ... 4.23 (256.25)
ueterno infirmitatis discusso, induit se ipse uestimentis suis; 5.5 (288.24)
INFIRMO. infirmanti. quod uni personae infirmanti conceditur, ... 1.27 (56.6)
et infirmanti puero de eodem sacrificio dominicae oblationis particulam deferri mandauit. . . . 4.14 (235.27)
infirmantibus. quam cum in aquas miserint, atque has infirmantibus iumentis siue hominibus gustandas dederint, ... 4.3 (212.20)
infirmantium. cogitans, quod futurum erat, quia ad medellam infirmantium idem puluis proficeret; . 3.10 (147.8)
infirmantur. quae naturae suae uitio infirmantur? 1.27 (56.7)
infirmata. qui referre erat solitus, quod illa infirmata habuerit tumorem maximum sub maxilla; . . . 4.19 (245.15)
INFIRMVS, a, um. **infirma.** Miserat autem episcopus mulieri, quae infirma iacebat, de aqua benedicta, 5.4 (287.18)
infirmam. Vt coniugem comitis infirmam aqua benedicta curauerit. 5.4 (286.27)
infirmarum. coepit circuire in monasterio casulas infirmarum Christi famularum, ... 3.8 (143.7)
infirmi. ut indocti doceantur, infirmi persuasione roborentur, ... 1.27 (53.23)
quia de puluere pauimenti, in quo aqua lauacri illius effusa est, multi iam sanati essent infirmi. . . 3.11 (149.15)
egressus est tempore matutino de cubiculo, in quo infirmi quiescebant, ... 3.27 (193.2)
infirmis. suis per haec infirmis multum commodi adferrent. 3.9 (145.20)
qui semper, dum uiueret, infirmis et pauperibus consulere, . . . non cessabat. 3.9 (145.24)
si infirmis fratribus opem suae exhortationis tribueret; 4.28 (273.23)
infirmorum. ad hanc diem curatio infirmorum, . . . celebrari non desinit. 1.7 (21.30)
usque hodie sanitates infirmorum et hominum et pecorum celebrari non desinunt. 3.9 (145.16)
multique cotidie, et nobilium, et infirmorum, . . . fidei sunt fonte abluti. 3.21 (170.25)
infirmos. Nec mirandum in loco mortis illius infirmos sanari, ... 3.9 (145.23)
pariter et infirmos consolandi, ac pauperes recreandi uel defendendi clementiam. 3.17 (161.23)
uicos adeundi, . . . infirmos uisitandi, et, ut breuiter dicam, animas curandi causa fuit; . . . 3.26 (191.18)
sed et astulae de illo abscissae, atque ad infirmos adlatae citam illis solent adferre medellam. . . 4.6 (218.24)
infirmus. quod uero iacens et infirmus defenderat, ... 1.19 (37.21)
Referri nequeunt, . . . qui uirtutes faciebat infirmus; 1.19 (37.30)
ne . . . infirmus animus in sui praesumtione se eleuet, ... 1.31 (66.20)
episcopus coepit orando periculum infirmus abigere, ... 2.7 (94.26)
eius caballarium, quo infirmus uehi solebat, ... 4.6 (218.20)
INFLAMMO. inflammaret. immo totius gentis subpositae uobis intellegentiam in amore sui facilius inflammaret. 2.11 (104.28)
INFLECTO. inflectendo. cogitabant . . . ipsum corpus, si possent, in genibus inflectendo breuiare, . . . 4.11 (227.7)
INFLIGO. inflicta. a uulneribus, quae ei inflicta fuerant proelianti in insula Vecta; 4.16 (237.30)

inflictae. recente adhuc memoria calamitatis et cladis inflictae . . . 1.22 (41.26)
inflicto. Quo tempore curatus a uulnere sibi pridem inflicto, . . . 2.9 (100.1)
infligere. inquirens, quis tanto uiro tales ausus esset plagas infligere; . . . 2.6 (93.5)
INFLO. inflati. totum inflati corporis absumsisse ac sedasse tumorem. . . . 1.1 (13.5)
inflati. dicebant, ut uulgo fertur, ad eum barbara inflati stultitia: . . . 2.5 (91.11)
INFORMO. informati. Cuius exemplis informati tempore illo religiosi . . . consuetudinem fecerunt per totum annum, . . . 3.5 (136.18)
INFRA. de ultimis infra dicendum est, . . . 4.23 (254.28)
Infra ipsum uero locum dominicae crucis, excisa in petra crypta est, . . . 5.16 (317.30)
INFRINGO. infracto. atque infracto pollice capitis quoque iunctura solueretur; . . . 5.6 (290.19)
infringere. Quisquis igitur contra hanc sententiam, . . . quoquo modo uenire, eamque infringere temtauerit, . . . 4.5 (217.16)
INFVLA. infulas. ut terreni regni infulas sortitus est, . . . 3.1 (127.19)
Verum dum adhuc Sigberct regni infulas teneret, . . . 3.19 (163.23)
INFVNDO. infudit. omnis se lues hereseos cuiusque, . . . infudit. . . . 1.8 (22.20)
infundas. quae de multis ecclesiis colligere potuisti, infundas. . . . 1.27 (49.28)
infundens. infundens sensibus eius, quantum sit praeclarum, quod credendo suscepisti, mysterium, . 2.11 (105.32)
infundere. regibus ac populis sibimet subiectis festinet infundere, . . . 1.32 (68.24)
infundit. quae de semet ipsa proferetur secreta humanis mentibus inspiratione clementer infundit; . 2.10 (101.3)
infunditur. uirtus ei diuinae cognitionis infunditur, . . . 2.1 (78.20)
INGEMISCO. ingemiscat. sed ligatum se uehementer ingemiscat. . . . 1.27 (61.24)
INGENIVM. ingenii. ut haec nulla ingenii sagacitas, quanta sit, conprendere disserereque sufficiat; . . 2.10 (100.29)
Quo ille uiso, ut uir sagacis ingenii, intellexit aliquid mirae sanctitatis huic loco, . . . inesse; . . . 3.9 (146.10)
uir . . . excellentis ingenii uocabulo Tatfrid, de eiusdem abbatissae monasterio electus est antistes; 4.23 (255.20)
nullatenus propter ingenii tarditatem potuit cathecizandi uel baptizandi ministerium discere, . . 5.6 (291.17)
erat namque homo simplicis ingenii, ac moderatae naturae: . . . 5.12 (310.27)
Et quia acris erat ingenii, didicit citissime psalmos, et aliquot codices; . . . 5.19 (323.5)
ingenio. Haec quidem de inmortali eius sint dicta ingenio, . . . 2.1 (77.14)
INGERO. ingessit. quia tamen aptum scribendi se tempus ingessit, . . . 1.24 (44.5)
INGETLINGVM, *Gilling, Yorkshire.*
Ingetlingum. Quod factum est . . . in loco, qui dicitur Ingetlingum; . . . 3.14 (155.24)
tertius Trumheri, . . . qui erat abbas in monasterio, quod dicitur Ingetlingum. . . . 3.24 (179.28)
INGLVVIES. ingluuiem. tamen in uigiliis corporis meminit in ingluuiem cecidisse. . . . 1.27 (60.25)
INGRAVESCO. ingrauescente. hoc per dies ingrauescente, septimo, ut promissum ei fuerat, die, . . . aeterna gaudia petiuit. . . . 4.3 (210.3)
ac per dies crescente, multumque ingrauescente ardore langoris, . . . migrauit ad Dominum; . . . 4.30 (277.20)
Cumque morbo ingrauescente, denuo ad eum uisitandum ac docendum rex intraret, . . . 5.13 (311.26)
ingrauescente. Qui cum ingrauescente praefata egritudine, diem sibi mortis inminere sensisset, . . . 4.11 (226.7)
ingrauescentibus. ingrauescentibus causis dissensionum, miserrima hunc caede peremit. . . . 3.14 (155.6)
INGREDIOR. ingredere. Surge, ingredere ecclesiam, . . . 3.12 (151.3)
ingrederentur. antequam cognosceremus, credentes, quod iuxta morem uniuersalis ecclesiae ingrederentur, 2.4 (87.33)
ingredi. infirmitate pressus est, adeo tamen moderate, ut et loqui toto eo tempore posset, et ingredi. 4.24 (261.19)
rogauit comes eum ad prandendum in domum suam ingredi. . . . 5.4 (287.8)
solebat hoc creber ob magnum castigandi corporis affectum ingredi, . . . 5.12 (310.13)
qui non uult ecclesiae ianuam sponte humiliatus ingredi, . . . 5.14 (314.10)
ingrediens. ingrediens ad eum quadam die uir Dei, . . . 2.12 (110.28)
qui cum per unum ostium ingrediens, mox per aliud exierit. . . . 2.13 (112.13)
ac primum Geuissorum gentem ingrediens, . . . 3.7 (139.17)
Quod dum facerem, repperi illam ingrediens uultu hilariorem, . . . 5.3 (286.11)
dummodo ille dignaretur eo die domum suam ingrediens ieiunium soluere. . . . 5.4 (287.12)
Hic saepius ad eundem uirum ingrediens, audiuit . . . 5.12 (309.26)
ingrediens. cum . . . ipsa eius foramina ingrediens, quibus aedificio erat adfixa, perederet, . . . 3.17 (160.33)
ingredientis. audisse referebant, . . . sonitum quasi plurimae multitudinis monasterium ingredientis; 3.8 (143.24)
ingredire. Surge, ingredere [ingredire] ecclesiam, . . . uar. 3.12 (151.3)
ingressa. quod ingressa, totum impleuit, atque in gyro circumdedit. . . . 4.3 (208.26)
ingressam. longis nauibus non multis Oceanum ingressam, . . . 1.1 (11.25)
ingressi. quod ingressi per rimas ostiorum uel fenestrarum radii lucis, . . . 4.7 (220.18)
ingressis. 'Ingressis a septentrionali parte urbem Hierosolymam, . . . 5.16 (317.22)
ingresso. iussit ad se intrare pauperem, ingresso linguam proferre ex ore, ac sibi ostendere iussit; . . 5.2 (283.31)
ingressuri. dicebat episcopo, cum forte ingressuri essent ad prandium: . . . 3.14 (156.16)
ingressus. ingressus ad eum quidam de fratribus: . . . 3.12 (151.1)
Qui cum die quadam ingressus ecclesiam, aperuisset thecam reliquiarum, . . . 4.32 (280.11)
Et mane primo ingressus ad me, ac dicta super me oratione, uocauit me nomine meo, . . . 5.6 (290.33)
Ad quem ingressus rex, diligebat enim eum multum, . . . 5.13 (311.17)
INGRESSVS. ingressu. ac regni caelestis dignus factus ingressu. . . . 1.7 (21.20)
iustum non est, ut ingressu ecclesiae priuetur. . . . 1.27 (55.21)
et ab ingressu ecclesiae paululum reuerenter abstinere. . . . 1.27 (57.28)
a sacri loci ingressu abstinendum est; . . . 1.27 (57.31)
iste profecto siue de ingressu ecclesiae, . . . suo est iudicio relinquendus; . . . 1.27 (58.25)
potest diuina pietas . . . ingressu te uitae perennis dignum reddere." . . . 3.13 (153.27)
et ipse instructos eos uerbo ueritatis, . . . de ingressu regni aeterni certos reddidit. . . . 4.16 (238.4)
Canebat . . . de egressu Israel ex Aegypto, et ingressu in terram repromissionis, . . . 4.24 (261.2)
ingressui. Sicque se caelesti muniens uiatico, uitae alterius ingressui parauit; . . . 4.24 (262.6)
ingressum. mortem . . . ut ingressum uitae, et laboris sui praemium amaret. . . . 2.1 (74.12)
quibus sit uiis ad ingressum regni illius properandum. . . . 2.2 (81.32)
et ingressu [ingressum] te uitae perennis dignum reddere." . . . uar. 3.13 (153.27)
Est enim locus undique mari circumdatus praeter ab occidente, unde habet ingressum amplitudinis quasi iactus fundae; . . . 4.13 (232.11)
ingressus. quin ei exeunti de hac uita caelestis patriae patuerit ingressus. . . . 4.9 (222.29)
INGRVO. ingruente. qui ingruente belli articulo mittunt aequaliter sortes, . . . 5.10 (299.32)
Iob, exemplar patientiae, dum ingruente tribulationum articulo caput totondit, . . . 5.21 (342.9)
ingruente. comes quidam, cuius uxor ingruente oculis caligine subita, tantum . . . grauata est, . . . 4.10 (224.23)
et ingruente causa subita secessit Hiberniam, . . . 4.25 (263.35)
ingruit. et tanta ingruit tamque fera tempestatis hiems, . . . 5.1 (281.20)
INGVALD (*d.* 745), *Bishop of London.*
Inguald. Porro prouinciae Orientalium Saxonum Inguald episcopus; . . . 5.23 (350.12)
Ingualdo. Consecratus est . . . a uiris uenerabilibus Danihele Ventano, et Ingualdo Lundoniensi, . . 5.23 (350.6)
INGYRVVM, *Jarrow, Durham.*
Ingyruum. quod est ad ostium Viuri amnis, et iuxta amnem Tinam, in loco, qui uocatur Ingyruum, . 5.21 (332.28)
presbyter monasterii beatorum apostolorum Petri et Pauli, quod est ad Viuraemuda, et Ingyruum. . 5.24 (357.5)
INHABILIS, e. **inhabilem.** et ideo festis paschalibus inhabilem memorata ratio probat. . . . 5.21 (339.30)

Quod ita fuisse factum mox congregationi mane facto innotuit. 4.23 (258.19)
nuper mihi per ipsum, in quo factum est, fratrem innotuit. 4.32 (279.21)
INNOXIVS, a, um. **innoxia.** In qua tamen eius morte innoxia, iuxta praedictum uiri Dei, uera est eius culpa punita. 3.22 (173.25)
innoxiam. Ecgfrid . . . misso Hiberniam cum exercitu duce Bercto, uastauit misere gentem innoxiam, . 4.26 (266.16)
INNVMERABILIS, e. **innumerabilibus.** quos Deus . . . deductis per saecula innumerabilibus propaginibus, pullulare constituit. 2.10 (103.17)
innumerabilis. Cumque . . . sine ulla quietis intercapedine innumerabilis spirituum deformium multitudo torqueretur, ... 5.12 (305.13)
INNVMERVS, a, um. **innumera.** innumera hominum eodem die ad Dominum turba conuersa est. . . 1.18 (37.3)
innumera. Erantque in hoc campo innumera hominum albatorum conuenticula, ... 5.12 (307.22)
innumera. Erat et ciuitatibus quondam xx et viii nobilissimis insignita, praeter castella innumera, . 1.1 (10.28)
Vnde inter alia Romani regni detrimenta innumera, ... 1.3 (15.30)
inter innumera sanitatum miracula, quidam a dolentis brachii sit langore curatus. 3.2 (128.24)
promisit se ei innumera et maiora, quam credi potest, ornamenta regia 3.24 (177.16)
innumerae. In cuius loco orationis innumerae uirtutes sanitatum noscuntur esse patratae, ... 3.2 (129.13)
innumeris. Qui innumeris semper uiuit ubique bonis. 2.1 (79.14)
innumerorum. non uno quolibet auctore, sed fideli innumerorum testium, ... Praef. (7.26)
INNVO. innuit. mystica regenerationis uestrae purgatio patenter innuit. 2.11 (104.23)
INOBOEDIENTIA. inoboedientiae. offensus a Vynfrido Merciorum episcopo per meritum cuiusdam inoboedientiae, ... 4.6 (218.5)
euenit, uel potius diuina prouisione ad puniendam inoboedientiae meae culpam, ... 5.6 (290.17)
INOPES. inopum. ministrum ipsius, cui suscipiendorum inopum erat cura delegata, ... 3.6 (138.16)
Rogaui et ego una cum illo, promittens etiam me elimosynas in alimoniam inopum dare, ... 5.4 (287.14)
INOPIA. inopia. qui hac in re ex inopia delinquunt; 1.27 (50.4)
Sed illo post non multum temporis prae inopia rerum ab episcopatu decedente, ... 4.12 (228.24)
iussit suis quaerere pauperem aliquem maiore infirmitate uel inopia grauatum, ... 5.2 (283.17)
INOPINATVS, a, um. **inopinata.** legio, quae inopinata tempore autumni aduenlens, ... 1.12 (27.6)
inopinatum. quem uidens, ut ignotum et inopinatum, non parum expauit. 2.12 (108.23)
INOPS. inops. Erat autem locus et aquae prorsus et frugis et arboris inops, ... 4.28 (271.15)
INP-, *see* **IMP-.**
INQVAM. inquam. 'Rogo,' inquam, 'dilectissimi fratres, . . . ut in commune omnes pro nostra fide tractemus; 4.5 (215.15)
At ego: 'Volo,' inquam, 'et multum delector, si potes.' 5.3 (286.13)
"Possum," inquam, "per orationes uestras, si uoluerit Dominus." 5.6 (291.4)
"Credo," inquam, "uere, quod ita sit; 5.21 (344.24)
inquiens. 'Quia rebellem,' inquiens, 'ac sacrilegum celare 1.7 (19.7)
'Talis,' inquiens, 'mihi uidetur, rex, uita hominum praesens in terris, ... 2.13 (112.5)
'Scio,' inquiens, 'quia, ubi nauem ascenderitis, tempestas uobis, . . . superueniet; 3.15 (158.5)
'Dicito,' inquiens, 'aliquod uerbum, dicito gae,' 5.2 (284.3)
'Cum expletis,' inquiens, 'hymnis matutinalibus in lectulo membra posuissem, ... 5.9 (297.4)
'Lucidus,' inquiens, 'aspectu et clarus erat indumento, qui me ducebat. 5.12 (304.28)
"Non hoc," inquiens, "suspiceris; non enim hic infernus est ille, quem putas." 5.12 (305.17)
"Non," inquiens, "non hoc est regnum caelorum, quod autumas." 5.12 (307.27)
"Dies autem," inquiens, "septimus erit celebrior et sanctior, ... 5.21 (337.20)
inquit. 'Cuius,' inquit, 'familiae uel generis es?' 1.7 (19.15)
'Albanus,' inquit, 'a parentibus uocor, ... 1.7 (19.21)
'Si negaui,' inquit, 'quod uolebant, pauperibus, ... 2.1 (77.32)
'Heu, pro dolor!' inquit, ... 2.1 (80.9)
'Bene,' inquit; 'nam et angelicam habent faciem, ... 2.1 (80.14)
'Bene,' inquit, 'Deiri; de ira eruti, ... 2.1 (80.18)
'Dominus,' inquit, 'ait: "Tollite iugum meum super uos, ... 2.2 (82.30)
'Procurate,' inquit, 'ut ipse prior cum suis ad locum synodi adueniat, ... 2.2 (83.4)
'An mei,' inquit, 'oblitus es exempli, ... 2.6 (92.25)
'Si autem,' inquit, 'is, . . . ostendere potuerit, ... 2.12 (109.13)
'Surge,' inquit, 'intra, ... 2.12 (110.1)
'Ecce,' inquit, 'hostium manus, quos timuisti, Domino donante euasisti; 2.12 (110.32)
'Modo,' inquit, 'sanum sapio, ... 3.11 (150.15)
'Vis,' inquit, 'mi nate, doceam te, quomodo cureris ab huius molestia langoris? 3.12 (151.2)
'Tempore,' inquit, 'mortalitatis, . . . percussus est eiusdem clade pestis inter alios scolasticus . . 3.13 (152.22)
"Vides," inquit, "quia iamiamque crescente corporis molestia ad articulum subeundae mortis conpellor; 3.13 (153.2)
'Quid loqueris,' inquit, 'rex? 3.14 (156.23)
'quia numquam,' inquit, 'deinceps aliquid loquar de hoc 3.14 (156.32)
'Scio,' inquit, 'quia non multo tempore uicturus est rex; 3.14 (157.8)
'Quod non incendisti,' inquit, 'non ardebit in te; 3.19 (165.34)
'Non,' inquit, 'propter auaritiam, sed propter saluandam eius animam suscepit'; 3.19 (166.32)
'Quod incendisti,' inquit, 'hoc arsit in te. 3.19 (167.1)
'Dico tibi,' inquit, 'quia noluisti te continere a domu perditi . . . tu in ipsa domu mori habes.' . . 3.22 (174.7)
'Si paganus,' inquit, 'nescit accipere nostra donaria, offeramus . . . Domino 3.24 (177.25)
Tum Colmanus: 'Pascha,' inquit, 'hoc, . . . a maioribus meis accepi, ... 3.25 (184.3)
'Pascha, quod facimus,' inquit, 'uidimus Romae, . . celebrari; 3.25 (184.20)
At Vilfridus: 'Absit,' inquit, 'ut Iohannem stultitiae reprehendamus, ... 3.25 (185.3)
At Vilfridus: 'Constat,' inquit, 'Anatolium uirum sanctissimum, ... 3.25 (187.11)
'Habetis,' inquit, 'uos proferre aliquid tantae potestatis uestro Columbae datum?' 3.25 (188.23)
Rursum rex: 'Si utrique uestrum,' inquit, 'in hoc sine ulla controuersia consentiunt, ... 3.25 (188.26)
'Parum,' inquit, 'est, ut mihi sis seruus ad suscitandas tribus Iacob, et feces Israel conuertendas. . 3.29 (197.9)
'Hominem denique,' inquit, 'docibilem et in omnibus ornatum antistitem, . . . minime ualuimus nunc repperire 3.29 (197.33)
'Si me,' inquit, 'nosti episcopatum non rite suscepisse, ... 4.2 (205.25)
'Namque hospes,' inquit, 'ille amabilis, . . . ad me quoque hodie uenire, ... 4.3 (209.13)
'Obsecro,' inquit, 'pater; licet aliquid interrogare?' 4.3 (209.24)
'Interroga,' inquit, 'quod uis.' 4.3 (209.25)
'Obsecro,' inquit, 'ut dicas, quod erat canticum illud laetantium, ... 4.3 (209.26)
Propter quod,' inquit, 'oportet nos admonitioni eius caelesti, . . . respondere; 4.3 (211.8)
'Cum carissima,' inquit, 'mae matre Aedilburge.' 4.9 (223.31)
'Iusseruntque me,' inquit, 'incidere tumorem illum, ... 4.19 (245.16)
'Sed habeo fratrem,' inquit, 'presbyterum in mea prouincia, ... 4.22 (250.31)
'Caedmon,' inquit, 'canta mihi aliquid.' 4.24 (259.24)
'Nescio,' inquit, 'cantare; 4.24 (259.25)
'Quid,' inquit, 'debeo cantare?' 4.24 (259.28)

'Canta,' inquit, 'principium creaturarum.' 4.24 (259.29)
'Adulescentior,' inquit, 'sum aetate, et uegetus corpore; 4.25 (263.24)
'Cuncta,' inquit, 'haec, quae cernis, aedificia puplica uel priuata, in proximo est, 4.25 (264.20)
'Bene facis,' inquit, 'qui tempore isto nocturnae quietis non somno indulgere, 4.25 (264.31)
'Noui,' inquit, 'multum mihi esse necesse uigiliis salutaribus insistere, 4.25 (265.1)
Qui adiciens 'Verum,' inquit, 'dicis, 4.25 (265.3)
'Sed quia tua fraternitas,' inquit, 'monasterii regulis erudita seorsum fieri non debet a clericis suis, 4.27 (270.31)
'Obsecro,' inquit, 'per Dominum, ne me deseras, 4.29 (274.27)
'Surge,' inquit, 'frater mi, et noli plorare, 4.29 (275.6)
'Noua,' inquit, 'indumenta corpori pro his, quae tulistis, circumdate, 4.30 (277.7)
'Veni,' inquit, 'cum duobus fratribus aliis ad insulam Farne, 5.1 (281.15)
'Vbi cum uenissemus,' inquit, 'et magno uniuersorum gaudio suscepti essemus, 5.3 (285.10)
'Vitam,' inquit, 'illius, . . . per omnia episcopo dignam esse conperi. 5.6 (289.10)
sed ad ultimum multorum unanima intentione deuictus: "Facite," inquit, "si uultis, 5.6 (289.27)
"Potes," inquit, "uiuere?" 5.6 (291.4)
"Si ab hoc," inquit, "sacerdote baptizatus es, non es perfecte baptizatus; 5.6 (291.15)
'Cum expletis,' inquiens [inquit], 'hymnis matutinalibus in lectulo membra posuissem, uar. 5.9 (297.4)
"Ad hoc," inquit, "ueni, ut responsum Domini Saluatoris Ecgbercto adferam, 5.9 (297.9)
Quam ille consolatus: 'Noli,' inquit, 'timere, 5.12 (304.10)
'Noli,' inquit, 'ita loqui, uide ut sanum sapias.' 5.13 (311.30)
'Non,' inquit, 'insanio, sed pessimam mihi scientiam certus prae oculis habeo.' 5.13 (311.31)
'Et quid,' inquit, 'hoc est?' 5.13 (312.1)
'in quorum uicinia,' inquit, 'heu misero mihi locum despicio aeternae perditionis esse praeparatum.' 5.14 (314.18)
"et ob hoc," inquit, "missus sum, ut te a morte reuocem; 5.19 (329.11)
"vii," inquit, "diebus azyma comedetis." 5.21 (334.29)
"Dies autem," inquiens [inquit], "septimus erit celebrior et sanctior, uar. 5.21 (337.20)
'Et quidem et antea noui,' inquit, 'quia haec erat uera paschae celebratio, 5.21 (345.29)
inquiunt. 'sed possumus,' inquiunt, 'salubre uobis dare consilium, 1.1 (12.4)
At illi: 'Nolumus,' inquiunt, 'fontem illum intrare, 2.5 (91.19)
'qui iamdudum,' inquiunt, 'aeque accusatus huc adueniens, 5.19 (328.8)
INQVIETO. inquietare. 'Vt, quaeque monasteria Deo consecrata sunt, nulli episcoporum liceat ea in aliquo inquietare, 4.5 (216.7)
INQVINATIO. inquinatio. uidet enim, a qua radice inquinatio illa processerit, 1.27 (60.27)
INQVINO. inquinatur. ueris imaginibus in cogitatione inquinatur; 1.27 (59.31)
INQVIRO. inquirant. ut a Gallicanis antistitibus auxilium belli spiritalis inquirant. 1.17 (34.2)
inquirebat. cuius essent fidei singuli, sedulus inquirebat, 4.17 (238.31)
et diligentius ab eo rem, uel unde hoc ipse nosset, inquirebat. 4.25 (264.26)
inquirendum. inquirendum potius, quae esset uerior traditio, 3.25 (183.31)
inquirens. Qui multum miratus et inquirens, 2.6 (93.4)
inquirens. Cumque nihil certi responsi, tametsi saepius inquirens, a sororibus accepisset, 4.7 (219.26)
inquirere. Vnde statim iussit milites eum diligentius inquirere. 1.7 (18.25)
quam ultra progrediens eos, quibus praedicare deberet, inquirere. 3.7 (139.20)
inquiri. quia dominicum paschae diem a xv^{a} luna usque ad xxi^{am}, . . . oportet inquiri. 2.19 (122.26)
inquirunt. inquirunt auctores, inuentosque condemnant. 1.21 (40.22)
inquisiuit. Quod intuens comes, quare faceret, inquisiuit. 4.25 (264.19)
INQVISITIO. inquisitionem. uel ad solertiorem ueritatis inquisitionem accendit, 3.25 (181.22)
INR-, *see* **IRR-.**
INSANIO. insanio. 'Non,' inquit, 'insanio, sed pessimam mihi scientiam certus prae oculis habeo.' 5.13 (311.31)
insanire. Quod aspiciens uulgus, aestimabat eum insanire. 2.13 (113.16)
INSANVS, a, um. **insana.** 'Scio, quod me haec insana mente loqui arbitramini; 4.8 (221.13)
insanis. quiescente dolore cessabat ab insanis membrorum motibus, 3.9 (146.6)
insanos. et motus eius insanos conprimere conati nequaquam ualebant, 3.11 (149.31)
INSCIVS, a, um. **inscia.** occurrit inscia multitudo, 1.21 (40.18)
INSENSIBILITAS. insensibilitate. nihilque intellegentiae habentes, ipsaque insensibilitate obruti, 2.10 (102.27)
INSEPARABILIS, e. **inseparabilem.** credentes, . . . in . . . Spiritum Sanctum, et inseparabilem Trinitatem; 2.10 (103.26)
INSEQVOR. insequebantur. ueteranis eum odiis etiam mortuum insequebantur. 3.11 (148.15)
insequenda. ita in his fortiter insequenda, 1.27 (52.1)
insequere. idolorum cultus insequere, fanorum aedificia euerte, 1.32 (68.7)
insequi. et quae possident, ipsis seruant, quos irati insequi uidentur. 1.27 (50.13)
uenit ipse, qui [insequi] pascha nostrum immolaretur Christus; uar. 5.21 (340.3)
insequimur. sicut saepe irascendo culpas insequimur, 1.27 (58.9)
insequitur. Insequitur hostis, 1.12 (28.5)
dum male acta deorsum insequitur, 1.27 (58.16)
INSERO. inserenda. Haec ideo nostrae historiae inserenda credidimus, 4.25 (266.5)
inserendam. unde eam, . . . indubitanter historiae nostrae ecclesiasticae inserendam credidi. 4.22 (252.13)
inserendas. nostrae historiae inserendas Praef. (6.22)
inserendum. e quibus unum, . . . miraculum praesenti nostrae historiae inserendum credidimus. 3.13 (152.20)
inserentes. totum ipsum libellum his inserentes historiis; 2.1 (76.34)
ut perinde Christi euangelium, . . . uestris quoque sensibus inserentes, 2.10 (101.7)
inserere. Haec . . . historiae nostrae ecclesiasticae inserere oportunum duximus. 2.1 (81.5)
e quibus et nos aliqua historiae nostrae ecclesiasticae inserere curauimus. 4.7 (219.15)
Videtur oportunum huic historiae etiam hymnum uirginitatis inserere, 4.20 (247.3)
De cuius scriptis aliqua decerpere, ac nostrae huic historiae inserere commodum fore legentibus reor. 5.15 (317.6)
inseri. placuit hoc inter cetera eiusdem synodi gestis inseri, scriptumque est hoc modo: 5.19 (326.31)
inseruit. ita hanc apostolica traditio festis paschalibus inseruit, 5.21 (336.9)
INSIDIAE. insidiarum. Scotti, . . . nil contra gentem Anglorum insidiarum moliuntur 5.23 (351.9)
insidias. qui . . . tot annorum temporumque curriculis uagabundus hostium uitabam insidias?' 2.12 (108.15)
non tantum regis sibi infesti insidias uitauit, 2.12 (110.22)
insidiis. Blaedla Attilae fratris sui sit interemtus insidiis, 1.13 (29.4)
quam adpropinquare intuebantur in insidiis constituti. 1.20 (39.4)
ut uitam suam a tanti persecutoris insidiis tutando seruaret; 2.12 (107.21)
INSIDIATOR. insidiator. insidiator inimicus, . . . Germani pedem lapsus occasione contriuit, 1.19 (37.7)
INSIGNE. insigne. occisis in eadem parentibus regium nomen et insigne ferentibus. 1.16 (33.14)
insignia. Conmutasse magis sceptrorum insignia credas, 5.7 (293.29)
INSIGNIO. insigniri. simul et de tonsurae modo uel ratione, qua clericos insigniri deceret; 5.21 (333.2)
insignita. Erat et ciuitatibus quondam xx et viii nobilissimis insignita, 1.1 (10.27)
insignitus. uirtutibus, humilitatis et oboedientiae, non mediocriter insignitus; 5.19 (323.8)
INSIGNIOR, ius. **insigniores.** earumque uel maxime, quae uel aetate prouectae, uel probitate erant morum insigniores. 3.8 (143.9)

INSIGNIS, e. **insigne.** monumentum habet suo nomine insigne. 1.15 (31.33)
insigne. Hild, quam omnes, qui nouerant, ob insigne pietatis et gratiae matrem uocare consuerant, 4.23 (255.25)
insignem. sancti Martini episcopi nomine et ecclesia insignem, 3.4 (133.19)
insignes. quia reliquit successores magna continentia ac diuino amore regularique institutione insignes; 3.4 (134.20)
insignis. uenit de Hibernia presbyter et abbas habitu et uita monachi insignis, nomine Columba 3.4 (133.7)
Furseus, uerbo et actibus clarus, sed et egregiis insignis uirtutibus, 3.19 (163.25)
In huius monasterio abbatissae fuit frater quidam diuina gratia specialiter insignis, 4.24 (258.28)
Erat abstinentiae castigatione insignis, 4.28 (273.26)
Ordinatus est autem post haec Eadberct uir . . . maxime elimosynarum operatione insignis; 4.29 (276.1)
cum esset et ipse contemtu mundi ac doctrinae scientia insignis, 5.9 (298.17)
uir religione et prudentia insignis, sacris quoque litteris nobiliter instructus. 5.23 (350.8)
insignis. sed et ceruorum caprearumque uenatu insignis. 1.1 (13.8)
IN SILVA DERORVM, *Beverley, Yorkshire; see* **INDERAVVDA.**
In silua Derorum. Bercthun, . . . abbas monasterii, quod uocatur Inderauuda, id est In silua Derorum; 5.2 (283.5)
sepultus est . . . in monasterio suo, quod dicitur In silua Derorum, 5.6 (292.2)
INSINVATIO. insinuatione. quia tamen eius humanitas ad insinuationem [insinuatione] sui reseratis cordis ianuis, uar. 2.10 (100.30)
duritiam cordis ipsius religiosa diuinorum praeceptorum insinuatione mollire summopere dematura; 2.11 (105.31)
insinuationem. quia tamen eius humanitas ad insinuationem sui reseratis cordis ianuis, 2.10 (100.30)
INSINVO. insinua. 'Nomen tuum quaero, quod sine mora mihi insinua.' 1.7 (19.21)
insinuant. eorum, quos colunt, exempla perditionis insinuant; 2.10 (102.13)
insinuantes. insinuantes latorem praesentium Augustinum seruum Dei, 1.24 (44.6)
insinuare. 'Obsecremus Deum, . . . ut ipse nobis insinuare caelestibus signis dignetur, 2.2 (81.30)
insinuat. Quod pulchre uersibus heroicis Prosper rethor insinuat, 1.10 (24.9)
insinuat, qualiter episcopos in Brittania constituere debuisset; 1.29 (63.13)
insinuata. quae nobis multimoda relatione per praesentium portitores laudabiliter insinuata est, 2.17 (119.27)
insinuauit. sed et tertium exinde diem, quo esset moriturus, insinuauit. 4.11 (226.27)
insinuet. uobis patenter insinuet, quam nihil erat, quod eatenus colebatis; 2.10 (103.12)
INSIPIENTER. 'Multum insipienter et indocte fecistis in luna IIII^a flebotomando. 5.3 (285.25)
INSISTO. insiste. Insiste ergo, gloriosa filia, 2.11 (105.29)
et ideo ieiuniis, psalmis, et orationibus, quantum uales, insiste, 4.25 (263.19)
insistens. Vnde orationi continuae insistens 2.11 (105.24)
insistentibus. et cunctus eorum, insistentibus paganis, caesus siue dispersus exercitus. 3.18 (163.12)
insistere. admonitus est coepto uerbi ministerio sedulus insistere, 3.19 (164.5)
et quamdiu paenitentiae insistere tibi plenius ostendam.' 4.25 (263.33)
sed uigiliis et orationibus insistere maluisti.' 4.25 (264.33)
'Noui,' inquit, 'multum mihi esse necesse uigiliis salutaribus insistere, 4.25 (265.2)
quamdiu sustinere posse uidebatur, psalmis uel precibus insistere, fixusque manere, 5.12 (310.16)
eumque coeptis insistere salutaribus iussit. 5.19 (322.32)
insisteret. uel si alia quaelibet necessitas insisteret, uiam peragere posset. 3.14 (156.10)
Si autem uiolentior aura insisteret, 4.3 (210.22)
INSITVS, a, um. **insita.** pro insita sibi specie uenustatis, 1.7 (20.33)
Multum namque eundem episcopum Colmanum rex pro insita illi prudentia diligebat. 3.26 (190.13)
quique nouerant eam religiosi, pro insita ei sapientia et amore diuini famulatus, sedulo eam uisitare, . . . solebant. 4.23 (253.31)
insito. episcopalem uitam siue doctrinam magis insito sibi uirtutum amore quam lectionibus institutus exercebat. 5.18 (320.11)
INSOLITVS, a, um. **insolitae.** quod nulla esset alia causa insolitae illo in loco uiriditatis, 3.10 (147.4)
insolito. eo quod ibi ecclesiam de lapide, insolito Brettonibus more fecerit. 3.4 (133.23)
INSOMNIA. insomniorum. 'Ne me aestimes tuae mestitiae et insomniorum, et forinsecae et solitariae sessionis causam nescire; 2.12 (108.30)
INSPECTIO. inspectione. ut etiam ipsi horologica inspectione probamus. 5.21 (339.6)
INSPECTO. inspectantibus. et uidetur inspectantibus, 1.2 (14.17)
INSPERATVS, a, um. **insperatos.** hostibus, qui se insperatos adesse confiderent, 1.20 (39.7)
INSPICIO. inspexi. singulorum casas ac lectos inspexi, 4.25 (265.9)
inspicere. uidimus in ipsa insula Farne egressum de latibulis suis . . . Oidilualdum iter nostrum inspicere. 5.1 (282.8)
inspiciebat. Vbi cum aliquandiu . . . adulescens animi uiuacis diligenter his, quae inspiciebat, discendis operam daret, 5.19 (323.29)
INSPIRATIO. inspiratione. quae de semet ipsa proferetur secreta humanis mentibus inspiratione clementer infundit; 2.10 (101.2)
inspirationis. quatinus diuinae inspirationis inbuta subsidiis, inportune et oportune agendum non differas, 2.11 (105.15)
INSPIRO. inspirante. ubi pontifex ipse, inspirante Deo uero, polluit ac destruxit eas, quas ipse sacrauerat, aras. 2.13 (113.23)
inspiratam. nos pie atque orthodoxe, iuxta diuinitus inspiratam doctrinam eorum professi credimus 4.17 (239.23)
INSTANTIA. instantia. sed omni instantia, omnique feruore, . . . Deo auctore peragite; 1.23 (43.11)
tanta hanc instantia, . . . conminuit, 2.1 (76.10)
Orientales Saxones fidem, quam olim, . . . abiecerant, instantia regis Osuiu receperunt. 3.22 (171.20)
genti suae . . . exemplo uiuendi, et instantia docendi, . . . multum profuit. 3.27 (194.4)
instituta quoque disciplinae regularis, . . . indefessa instantia sequerentur. 4.3 (209.11)
meditationi rerum ecclesiasticarum, ut animo proposuerat, cotidiana mancipatus instantia, 5.19 (324.22)
instantiam. Vt Orientales Saxones . . . per instantiam Iarumanni episcopi mox sint ab errore correcti. 3.30 (199.8)
INSTANTISSIME. suoque monasterio catholicam temporis paschalis obseruantiam instantissime praedicaret, 5.15 (316.9)
INSTANTIVS. At illa instantius obsecrans pro filia, quam oppido diligebat, 5.3 (285.30)
INSTAR. instar. Erat illis apostolorum instar et gloria et auctoritas 1.17 (35.9)
atque in expeditione campestri instar ciuitatis aptatur. 1.20 (38.21)
bis cotidie instar insulae maris circumluitur undis, 3.3 (132.4)
qua correcti per ieiunia, fletus, et preces iram a se, instar Nineuitarum, iusti Iudicis auerterent. 4.25 (262.30)
qui instar fauillarum cum fumo ascendentium, nunc ad sublimiora proicerentur, 5.12 (306.1)
et haec singula singulis tecta lapidibus instar basilicae dolatis; 5.17 (319.19)
INSTAVRO. instaurauerit. Vt Augustinus ecclesiam Saluatoris instaurauerit, 1.33 (70.8)
INSTIGO. instigante. contigit ipsum regem instigante omnium bonorum inimico, propinquorum suorum manu interfici. 3.22 (173.16)
instigatur. ad imitandum bonum auditor sollicitus instigatur; Praef. (5.13)
INSTINCTVS. instinctu. quae sine dubio diuinitatis instinctu . . . uocabatur, 1.7 (20.8)
diuino nimirum admonitus instinctu, 1.7 (20.20)
Qui diuino admonitus instinctu 1.23 (42.18)
At ille salubri instinctu admonitus, cum accepisset capillos sancti capitis, adposuit palpebrae languenti, 4.32 (280.17)
coepitque me interrogare, diuino, . . . admonitus instinctu, an me esse baptizatum absque scrupulo nossem. 5.6 (291.10)
INSTITVO. instituant. ad haec obseruanda secum eos quoque, qui sibi commissi sunt, exemplis simul et auctoritate instituant? 5.21 (333.33)

instituebat. Cudberct . . . plures et auctoritate magistri, et exemplo suae actionis regularem instituebat ad uitam. 4.27 (269.13)
instituenda. donabantur munere regio possessiones et territoria ad instituenda monasteria, 3.3 (132.21)
instituendam. ad prouinciam Anglorum instituendam in Christo, missus est Aedan, 3.5 (135.18)
instituendas. eosque ad suas ecclesias libere instituendas redire praecepit; 2.6 (93.13)
instituendo. redemtos . . . discipulos fecit, atque ad sacerdotalem usque gradum erudiendo atque instituendo prouexit. 3.5 (136.32)
instituendorum. praebent instituendorum exemplaria armorum. 1.12 (27.26)
instituendos. Cantatorem quoque egregium, uocabulo Maban, . . . ad se suosque instituendos accersiit, 5.20 (331.31)
instituens. et multa eorum milia uerbo ueritatis instituens, a peccatorum suorum sordibus fonte Saluatoris abluit; 5.19 (326.14)
instituerat. quod utrumque regularibus disciplinis optime instituerat; 4.6 (218.29)
instituere. hanc debet conuersationem instituere, 1.27 (48.31)
curauit locum monasterii, . . . uelocissime construere, ac regularibus instituere disciplinis. 3.19 (164.11)
eisdemque actibus ac moribus iuxta exemplum eius ac fratris sui Ceddi suos instituere curauit auditores. 3.28 (195.24)
in ecclesia Anglorum, . . . hanc debet conuersationem instituere, 4.27 (270.34)
institueret. dum in gente, cui praedicaret, destructis idolis ecclesias institueret, 5.11 (301.27)
instituisse. quos iamdudum ad exemplum . . . apostolicae ecclesiae suam religionem instituisse cognouit. 5.21 (332.24)
instituit. instituit scolam, in qua pueri litteris erudirentur; 3.18 (162.20)
et religiosis moribus iuxta ritus Lindisfarnensium, ubi educatus erat, instituit. 3.23 (176.8)
fundauit ibi monasterium, ac regulari uita instituit, 4.13 (232.15)
secessit ad ciuitatem Calcariam, . . . ibique sibi mansionem instituit. 4.23 (253.26)
Nam eisdem, quibus prius monasterium, etiam hoc disciplinis uitae regularis instituit; 4.23 (254.7)
Aidan, . . . cum monachis illuc et ipse monachus adueniens monachicam in eo conuersationem instituit; 4.27 (270.28)
ac monitis cauit, quae regula patrum Sedulus instituit; 5.19 (330.24)
instituta. nec subito ualentibus apostolis omnem legis obseruantiam, quae a Deo instituta est, abdicare 3.25 (185.6)
instituta. in quo usque hodie instituta ab ipso regularis uitae uestigia permanent. 4.3 (207.7)
institutae. donec regulariter institutae in societatem congregationis susciperentur. 4.23 (258.23)
instituti. ut cotidianis praedicationibus instituti, 1.20 (38.17)
instituto. succedente . . . Trumheri, uiro religioso et monachica uita instituto, 3.21 (171.14)
institutos. omnes fide Christi institutos, unda baptismatis abluit; 4.13 (232.23)
institutum. ordinauit uirum magis ecclesiasticis disciplinis institutum, 4.2 (206.6)
institutus. a beatae memoriae Theodoro archiepiscopo et Hadriano abbate, . . . institutus, Praef. (6.9)
Huius igitur antistitis doctrina rex Osuald cum ea, cui praeerat, gente Anglorum institutus, 3.6 (137.31)
Hadrianus, . . . monasterialibus simul et ecclesiasticis disciplinis institutus, 4.1 (202.10)
Namque ipse non ab hominibus, neque per hominem institutus, canendi artem didicit, 4.24 (259.7)
sed Niger Heuuald magis sacrarum litterarum erat scientia institutus. 5.10 (299.25)
episcopalem uitam siue doctrinam magis insito sibi uirtutum amore quam lectionibus institutus exercebat. 5.18 (320.12)
gradum archiepiscopatus Honorius, . . . uir in rebus ecclesiasticis sublimiter institutus seruabat. 5.19 (323.27)
quod Albinus discipulus eius, . . . in tantum studiis scripturarum institutus est, 5.20 (331.9)
INSTITVTIO. institutio. Institutio uel forma castitatis hostibus nuntiatur, 1.20 (38.24)
ne praetermitti possit hoc, quod antiqua patrum institutio inuenit. 1.27 (53.21)
uitae caelestis institutio cotidianum sumeret augmentum, 3.22 (173.15)
institutione. quae adhuc ad fidem noua est, institutione praecipua, 1.27 (49.27)
quia reliquit successores magna continentia ac diuino amore regularique institutione insignes; 3.4 (134.20)
et abdicata minus perfecta institutione, 3.25 (189.6)
Vnde factum est, ut, crescente per dies institutione catholica, Scotti . . . redirent ad patriam. 3.28 (195.28)
institutionem. additum est per institutionem apostolicam ex euangelio, 5.21 (334.7)
institutioni. Cum ergo aliquot annos huic monasterio regularis uitae institutioni multum intenta praeesset, 4.23 (254.2)
institutionis. Qui in tantum eo tempore tenebatur amore Romanae et apostolicae institutionis, 4.5 (214.16)
in ecclesiasticae quoque institutionis regulis solertissimus exstiterat; 5.20 (332.3)
multa illic, . . . ecclesiae sanctae institutis [institutionis] utilia didicit. uar. 5.20 (332.12)
INSTITVTVM. instituta. instituta quoque disciplinae regularis, . . . indefessa instantia sequerentur. 4.3 (209.8)
et conuersis iamdudum ad meliora instituta omnibus, egregium examen continet monachorum, 4.4 (214.4)
instituti. quamdiu nullus aduenerat, qui eis instituti perfectioris decreta, . . . ostenderet; 3.25 (188.3)
institutis. Romam ueniens multa illic, quae in patria nequiuerat, ecclesiae sanctae institutis utilia didicit. 5.20 (332.12)
INSTO. instabat. ut sibi totum XL^mae^ tempus, quod instabat, facultatem . . . ibidem orationis causa demorandi concederet. 3.23 (175.25)
instans. At ille obnixius precibus instans, uouit etiam se elimosynas pauperibus daturum, 5.4 (287.11)
instante. Moxque illi instante carnifice mortem laeti subiere temporalem, 4.16 (238.5)
Vt plurimae Scottorum ecclesiae, instante Adamnano, catholicum pascha susceperint; 5.15 (315.10)
instantium. Ideo autem circulos eosdem temporum instantium uobis mittere supersedimus, 5.21 (341.31)
instare. Deinde subiunxit diem sui obitus iam proxime instare. 4.3 (209.13)
instaret. iussit eum Theodorus, ubicumque longius iter instaret, equitare, 4.3 (206.26)
cum tempus iam resolutionis eius instaret, non solum membrorum ceterorum, sed et linguae motu caruit. 4.9 (223.14)
instat. Certus sum namque, quia tempus meae resolutionis instat, 4.29 (274.25)
institi. Et ego audiens, nihilominus coeptis institi uetitis. 5.6 (290.10)
INSTRVCTIO. instructionem. ea, . . . ad instructionem posteritatis litteris mandare studuimus. Praef. (8.7)
et hunc synodalibus litteris ad instructionem memoriamque sequentium commendare curauit, 4.17 (239.2)
INSTRVO. instructa. quae et ipsa muris turribus, portis, ac seris erant instructa firmissimis. 1.1 (10.29)
instructam. atque instructam in fluuio Gleni, qui proximus erat, lauacro remissionis abluere. 2.14 (115.6)
instructas. siquidem ipsi XXX legiones ducibus nobilissimis instructas in bello habuere, 3.24 (178.2)
instructi. Et quia litteris sacris simul et saecularibus, . . . abundanter ambo erant instructi, 4.2 (204.25)
ambo et in rebus ecclesiasticis, et in scientia scripturarum sufficienter instructi. 5.18 (320.28)
instructis. credentibus iam populis Anglorum, et in regula fidei catholicae per omnia instructis, 5.22 (347.13)
instructo. humili sine turribus muro per extrema plani uerticis instructo; 5.16 (317.14)
instructos. et ipse instructos eos uerbo ueritatis, . . . de ingressu regni aeterni certos reddidit. 4.16 (238.3)
instructum. uirum sanctum, modestum moribus, scripturarum lectione sufficienter instructum, 3.28 (194.28)
eum instructum ad uestram dirigemus patriam, 3.29 (198.4)
Tobiam . . . consecrauit, uirum Latina, Greca, et Saxonica lingua atque eruditione multipliciter instructum. 5.8 (296.2)
instructus. et bene instructus patriam rediit, 3.27 (192.23)
Theodorus, . . . et Grece instructus et Latine, 4.1 (202.25)
Berctuald, . . . ecclesiasticis simul ac monasterialibus disciplinis summe instructus, 5.8 (295.23)
Erat enim uir bonus, et saepiens, et scientia scripturarum nobilissime instructus. 5.15 (315.28)
uir religione et prudentia insignis, sacris quoque litteris nobiliter instructus. 5.23 (350.9)

instruenda. donabantur munere regio possessiones et territoria ad instituenda [instruenda] monasteria, uar. 3.3 (132.21)
instruere. hortata est instruere inter duo maria trans insulam murum, 1.12 (26.12)
qua discretione singulas quasque audientium instruere personas, 2.1 (76.18)
nil aliud ageret, quam . . . plebem Christi uerbo salutis instruere, 2.14 (115.5)
instrui. de ratione tantum temporis paschalis instrui quaerentes, 5.21 (341.32)
INSVDO. insudandum. quibus sit uirtutibus insudandum, edocuit, 2.1 (76.26)
insudare. ut in spiritalis operis studio ex remuneratione ualeant multiplicius insudare. 1.29 (63.21)
INSVFFLO. insufflauit. qui in uobis uitae insufflauit spiritum, 2.10 (103.19)
INSVLA. insula. Brittania Oceani insula, 1.1 (9.2)
Opima frugibus atque arboribus insula, 1.1 (9.17)
In primis autem haec insula Brettones solum, . . . incolas habuit; 1.1 (11.18)
Est autem Hibernia insula omnium post Brittaniam maxima, 1.1 (11.30)
Respondebant Scotti, quia non ambos eos caperet insula, 1.1 (12.4)
Diues lactis ac mellis insula, 1.1 (13.6)
tantis frugum copiis insula, . . . affluere coepit; 1.14 (29.29)
Est autem ad orientalem Cantiae plagam Tanatos insula non modica, 1.25 (45.4)
quae uidelicet insula ad ius quidem Brittaniae pertinet, 3.3 (132.31)
Habere autem solet ipsa insula rectorem semper abbatem presbyterum, 3.4 (134.11)
monasterium, quod nuncupatur Heruteu, id est insula cerui, 3.24 (179.2)
sermone Scottico Inisboufinde, id est insula uitulae albae, nuncupatur. 4.4 (213.13)
in loco, qui uocatur Cerotaesei, id est Ceroti insula; 4.6 (219.1)
Selæseu quod dicitur Latine insula uituli marini. 4.13 (232.9)
Vt Vecta insula christianos incolas susceperit, 4.16 (236.25)
suscepit et insula Vecta, 4.16 (238.10)
Sita est autem haec insula contra medium Australium Saxonum et Geuissorum, 4.16 (238.14)
insula. quae de eadem insula sunt, contra uenenum ualent. 1.1 (12.33)
Conposita itaque insula securitate multiplici, 1.20 (39.22)
nuntiatur ex eadem insula Pelagianam peruersitatem . . . dilatari; 1.21 (39.32)
prauitatis auctores, qui erant expulsi insula, 1.21 (41.5)
Vt . . . Augustinus primo in insula Tanato regi Cantuariorum praedicarit; 1.25 (44.24)
manere illos in ea, quam adierant, insula, . . . iussit. 1.25 (45.18)
Dictumque est, quia de Brittania insula, 2.1 (80.4)
eidemque in insula Lindisfarnensi sedem episcopatus donauerit. 3.3 (131.4)
rex locum sedis episcopalis in insula Lindisfarnensi, . . . tribuit. 3.3 (132.2)
Monachus ipse episcopus Aedan, utpote de insula, quae uocatur Hii, destinatus, 3.3 (132.27)
Ab hac ergo insula, ab horum collegio monachorum, . . . missus est Aedan, 3.5 (135.17)
rumorem sanctitatis illius in ea quoque insula longe lateque iam percrebruisse ferebat; 3.13 (152.18)
Quo tempore reuerentissimus antistes Aidan in insula Farne, . . . morabatur. 3.16 (159.10)
denique usque hodie locum sedis illius solitariae in eadem insula solent ostendere. 3.16 (159.14)
Finan, et ipse illo ab Hii Scottorum insula ac monasterio destinatus, 3.17 (160.17)
ab ipsa quoque insula patria discessit; 3.19 (167.27)
Qui in insula Lindisfarnensi fecit ecclesiam episcopali sedi congruam; 3.25 (181.5)
relicta insula patria, uel diuinae lectionis, uel continentioris uitae gratia illo secesserant. 3.27 (192.11)
ut ipse . . . omnem inimici zizaniam ex omni uestra insula cum diuino nutu eradicet. 3.29 (198.6)
Moxque peragrata insula tota, quaquauersum Anglorum gentes morabantur, 4.2 (204.17)
'Scio hominem in hac insula adhuc in carne manentem, 4.3 (211.30)
Colmanus, . . . tulit secum omnes, quos in Lindisfarnensium insula congregauerat Scottos; 4.4 (213.5)
inuenit locum in Hibernia insula aptum monasterio construendo, 4.4 (213.23)
Anglos ibidem locauit, relictis in praefata insula Scottis. 4.4 (213.31)
qui de eadem insula credendo saluati sunt, 4.16 (237.18)
fuga lapsi sunt de insula, et in proximam Iutorum prouinciam translati; 4.16 (237.22)
a uulneribus, quae ei inflicta fuerant proelianti in insula Vecta; 4.16 (237.30)
Cudberctum, qui in insula permodica, quae appellatur Farne, . . . uitam . . . duxerat. 4.27 (268.24)
Conueniunt et de ipsa insula Lindisfarnensi in hoc ipsum multi de fratribus, 4.28 (272.23)
qui, in insula stagni illius pergrandis, . . . uitam ducens solitariam, annis singulis eum uisitare, . . . solebat. 4.29 (274.13)
Obiit autem pater reuerentissimus in insula Farne, 4.29 (275.22)
uita solitaria, quam in insula Farne ante episcopatus sui tempora gerebat, 5.1 (281.4)
uidimus in ipsa insula Farne egressum de latibulis suis . . . Oidilualdum 5.1 (282.6)
Mansit autem idem uir Dei in insula Farne XII annis, 5.1 (282.23)
sed in insula Lindisfarnensi iuxta praefatorum corpora episcoporum . . . sepultus est. 5.1 (282.24)
Ecgberct, quem in Hibernia insula peregrinam ducere uitam pro adipiscenda in caelis patria retulimus, 5.9 (296.8)
monasterii, quod in Hii insula multis diu Scottorum Pictorumque populis uenerabile mansit. 5.9 (297.17)
dedit ei locum mansionis in insula quadam Hreni, 5.11 (802.24)
qui adhuc superest, et in Hibernia insula solitarius ultimam uitae aetatem . . . sustentat. 5.12 (309.24)
Siquidem Adamnan, presbyter et abbas monachorum, qui erant in insula Hii, 5.15 (315.16)
eos, qui in Hii insula morabantur, monachos, 5.21 (345.8)
Mansit autem uir Domini Ecgberct annos XIII in praefata insula, 5.22 (347.22)
Columba . . . in insula Hii monasterium fecit. 5.24 (353.10)
insulae. Et cum plurimam insulae partem, . . . possedissent, 1.1 (11.22)
habitare per septentrionales insulae partes coeperunt, 1.1 (12.11)
intra paucissimos dies plurimam insulae partem in deditionem recepit. 1.3 (15.12)
receptam partem insulae a ceteris indomitis gentibus, . . . uallo distinguendam putauit. 1.5 (16.22)
omnem aquilonalem extremamque insulae partem . . . capessunt. 1.12 (27.33)
Picti in extrema parte insulae tunc primum . . . quieuerunt, 1.14 (29.25)
et in orientali parte insulae, . . . locum manendi, . . . suscipit. 1.15 (31.1)
simul et insulae fertilitas, ac segnitia Brettonum; 1.15 (31.6)
se cuncta insulae loca rupto foedere uastaturos. 1.15 (32.13)
totamque prope insulae pereuntis superficiem obtexit. 1.15 (32.23)
exterminatis dispersisque insulae indigenis, 1.16 (33.7)
gentes Scottorum, quae in australibus Hiberniae insulae partibus morabantur, 3.3 (131.27)
bis cotidie instar insulae maris circumluitur undis, 3.3 (132.4)
ecclesiae Christi eorum est paucitas uno de angulo extremae insulae praeferenda? 3.25 (188.14)
Est autem mensura eiusdem insulae, iuxta aestimationem Anglorum, mille ducentarum familiarum; 4.16 (237.10)
duo regii pueri fratres uidelicet Arualdi regis insulae, speciali sunt Dei gratia coronati. 4.16 (237.20)
praesidente Theodoro, gratia Dei archiepiscopo Brittaniae insulae et ciuitatis Doruuernis; 4.17 (239.12)
una cum eo sedentibus ceteris episcopis Brittaniae insulae uiris uenerabilibus, 4.17 (239.14)
Est autem Elge in prouincia Orientalium Anglorum . . . in similitudinem insulae uel paludibus, ut diximus, circumdata uel aquis; 4.19 (246.30)

iussit et Vilfridum, . . . dicere fidem suam, simul et prouinciae siue insulae, de qua uenerat. 5.19 (326.29)
Episcopatus Vectae insulae ad Danihelem pertinet episcopum Ventae ciuitatis. 5.23 (350.20)
Claudius . . . plurimam insulae partem in deditionem recepit, 5.24 (352.10)
Historiam ecclesiasticam nostrae insulae ac gentis in libris v. 5.24 (359.15)
insulae. nec non et Vectae insulae litteris mandata declarauit. Praef. (7.7)
insulae noui semper aliquid audire gaudenti, 1.8 (22.19)
Siquidem inminentibus insulae hostibus, fuga lapsi sunt de insula, 4.16 (237.21)
Vectae quoque insulae uerbi ministros destinauit; 5.19 (327.10)
insulae. 'Audite insulae, et adtendite populi de longe.' 3.29 (197.8)
insulae. Nimirum enim quaerit et inpetrabit, et ei omnes suae insulae, ut optamus, subdentur. 3.29 (198.32)
laetentur insulae multae, et confiteantur memoriae sanctitatis eius. 5.23 (351.29)
insulam. Nouimis insulam . . . contra ortum solis, 1.1 (12.5)
Vectam quoque insulam Romanis subdiderit. 1.3 (15.3)
transuectus in insulam est, 1.3 (15.9)
etiam Vectam insulam, . . . Romanorum dicioni subiugauit; 1.3 (15.22)
insulam per triennium tenuit; 1.6 (17.23)
insulam extra orbem tam longe remotam, 1.8 (22.16)
ex quo Gaius Iulius Caesar eandem insulam adiit. 1.11 (25.8)
uallum, quod Seuerum trans insulam fecisse commemorauimus, 1.11 (25.10)
qui secundo uenientes murum trans insulam fecerint; 1.12 (25.16)
ubi insulam aduecta, 1.12 (26.8)
hortata est instruere inter duo maria trans insulam murum, 1.12 (26.12)
Victuarii, hoc est ea gens, quae Vectam tenet insulam, 1.15 (31.17)
posita contra ipsam insulam Vectam. 1.15 (31.19)
confluentibus certatim in insulam gentium memoratarum cateruis, 1.15 (32.4))
Brittaniarum insulam apostolici sacerdotes . . . uirtutibus impleuerunt; 1.17 (35.4)
sinistri spiritus peruolantes totam insulam 1.21 (40.10)
Post dies ergo uenit ad insulam rex, 1.25 (45.27)
atque in hanc insulam, quae Brittania nuncupatur, contigit introisse; 2.4 (87.30)
nec non et Scottorum, qui Hiberniam insulam Brittaniae proximam incolunt, 2.4 (87.11)
in hanc, quam superius memorauimus, insulam, . . . uenientem 2.4 (88.3)
etiam si mulier una cum recens nato paruulo uellet totam perambulare insulam 2.16 (118.7)
unde et praefatam insulam ab eis in possessionem monasterii faciendi accepit. 3.4 (133.27)
Cuius corpus mox inde translatum ad insulam Lindisfarnensium, . . . est. 3.17 (160.10)
reuersus est ad insulam Hii, ubi plurimorum caput et arcem Scotti habuere coenobiorum; 3.21 (171.11)
Est enim iuxta murum, quo olim Romani Brittaniam insulam praecinxere, 3.22 (172.17)
Haec autem plaga Hiberniam quoque insulam pari clade premebat. 3.27 (192.8)
ut numquam in insulam, in qua natus est, id est Brittaniam, rediret; 3.27 (193.10)
Festinet igitur, quaesumus, uestra celsitudo, ut optamus, totam suam insulam Deo Christo dicare. 3.29 (198.25)
primo uenit ad insulam Hii, 4.4 (213.9)
Deinde secessit ad insulam quandam paruam, 4.4 (213.10)
duas illi prouincias donauit, Vectam uidelicet insulam, et Meanuarorum prouinciam 4.13 (230.18)
cepit et insulam Vectam, quae eatenus erat tota idolatriae dedita, 4.16 (237.1)
quia, si cepisset insulam, quartam partem eius simul et praedae Domino daret. 4.16 (237.6)
transtulit eum reuerentissimus abbas ipsius Eata ad insulam Lindisfarnensium, 4.27 (270.18)
quod adituru insulam protestatus est fratribus, dicens: 4.28 (271.11)
tandem rex ipse praefatus, una cum . . . religiosis ac potentibus uiris insulam nauigauit. 4.28 (272.22)
Duobus autem annis in episcopatu peractis repetiit insulam ac monasterium suum, 4.29 (274.4)
ut ad insulam Lindisfarnensium relatus, in ecclesia deponeretur. 4.29 (275.26)
Cudberct, priusquam insulam Farne peteret, 4.30 (277.1)
'Veni,' inquit, 'cum duobus fratribus aliis ad insulam Farne, 5.1 (281.16)
si forte uel ipsam, de qua egressi eramus, insulam aliquo conamine repetere possemus, 5.1 (282.2)
Qui cum celebrato in Hibernia canonico pascha, ad suam insulam reuertisset, 5.15 (316.8)
Venit ergo ad insulam Lindisfarnensem, 5.19 (323.1)
illi quoque, qui insulam Hii incolebant, monachi 5.22 (346.16)
insularum. sed et insularum ecclesiis aspersit. 1.8 (22.30)
insulas. A tergo autem, unde Oceano infinito patet, Orcadas insulas habet. 1.1 (9.15)
Orcadas etiam insulas Romano adiecerit imperio; 1.3 (15.2)
Orcadas etiam insulas ultra Brittaniam in oceano positas, 1.3 (15.13)
eas etiam, quae ultra Brittaniam sunt, insulas 1.11 (25.14)
nec non et Meuanias Brettonum insulas, . . . Anglorum subiecit imperio; 2.5 (89.24)
Quin et Meuanias insulas, sicut et supra docuimus, imperio subiugauit Anglorum; 2.9 (97.15)
Damascum quoque, Constantinopolim, Alexandriam, multas maris insulas adierat; 5.15 (316.22)
Claudius . . . Orcadas quoque insulas Romano adiecit imperio. 5.24 (352.12)
insulis. cum quibus de duabus ultimis oceani insulis, . . . pugnant.' 3.25 (184.30)
insulis [que] quae ab Anglorum, et Brettonum, nec non Scottorum et Pictorum gentibus incoluntur, 5.19 (327.4)

INSVLA CERVI, *see* **CERVI INSVLA.**

INSVLANVS. insulani. At insulani murum, . . . cespitibus construentes, 1.12 (26.14)
Rursus interrogauit, utrum idem insulani Christiani, an paganis adhuc erroribus essent inplicati. 2.1 (80.6)
At insulani et, quantum ualuere, armis arma repellebant, 4.26 (266.19)

INSVLANVS, a, um. **insulanum.** in quibus omnibus idem monasterium insulanum, . . . principatum teneret. 3.4 (134.9)

INSVLA VITVLAE ALBAE, *see* **VITVLAE ALBAE INSVLA.**

INSVLA VITVLI MARINI, *see* **VITVLI MARINI INSVLA.**

INSVLTO. insultantis. audio . . . cachinnum crepitantem quasi uulgi indocti captis hostibus insultantis. 5.12 (306.10)

INSVM. inerant. tentorio tantum maiore supra carrum, in quo inerant, extenso. 3.11 (148.18)
Cumque . . . gaudente animo, una cum eis, qui ibidem ante inerant, loquerentur 4.24 (261.27)
inerat. cui ardens inerat deuotio mentis ad martyrium ocius peruenire, 1.7 (20.13)
sed piscandi peritia genti nulla nisi ad anguillas tantum inerat. 4.13 (231.29)
'Iusseruntque me,' inquit, 'incidere tumorem illum, ut efflueret noxius umor, qui inerat; 4.19 (245.17)
dolor tamen omnis et de brachio, ubi ardentior inerat, et de toto meo corpore, . . . ablatus est, 5.3 (286.19)
inesse. Quomodo ergo unitas uobis coniunctionis inesse dici poterit, 2.11 (105.21)
intellexit aliquid mirae sanctitatis huic loco, quo equus est curatus, inesse; 3.9 (146.12)
cui nulla omnino spes uenae fontanae uideretur inesse. 4.28 (271.26)
et, ubicumque maximum ei dolorem inesse didicisset, de ipsa eam aqua lauaret. 5.4 (287.22)
indicauit ei desiderium sibi inesse beatorum apostolorum limina uisitandi; 5.19 (323.20)
inest. Inest autem animo, si mihi pietas superna aliqua uiuendi spatia donauerit, 3.13 (153.9)

INSVPER. obtentu insuper siluarum munitum, 1.2 (14.28)
crebris insuper turribus conmunitum, 1.5 (17.2)
et bellum insuper illi, si contemneretur, indicens. 2.12 (107.29)

quid erga eum agere rex promisisset, edocuit, et insuper adiecit: 2.12 (108.4)
donatis insuper XII possessiunculis terrarum, 3.24 (178.25)
insuper et, qua die esset hanc uitam terminaturus, ostenderet. 4.11 (226.18)
insuper offerebat, ut, si uellet, partem Galliarum . . . illi regendam committeret, 5.19 (324.8)
non solum omni spe coronae priuati, sed aeterna insuper sunt poena damnati. 5.21 (344.2)
INTACTVS, a, um. **intacta.** posta solummodo, . . . tuta ab ignibus et intacta remansit. 3.10 (147.21)
INTEGER, tegra, tegrum. **integra.** ut de monasterio egressus, saepe ebdomade integra, aliquando duabus uel tribus, . . . domum non rediret; 4.27 (270.10)
luna sanguineo rubore perfusa, quasi hora integra II. Kal. Febr. circa galli cantum, Cont. (361.11)
integra. Sed et linteamina omnia, quibus inuolutum erat corpus, integra apparuerunt, 4.19 (246.2)
integram. fidem Brittani . . . inuiolatam integramque quieta in pace seruabant. 1.4 (16.11)
Nec moratus ille integram se in hoc habere fidem respondebat. 3.13 (153.28)
ubi fidem suae sanationis integram se habere professa est, 4.10 (225.3)
etiam si totam noctem stando in precibus peragere, si integram septimanam iubeas abstinendo transigere.' 4.25 (263.27)
integras. saepe autem noctes integras peruigil in oratione transigeret. 4.25 (263.5)
integro. Dein cum anno integro prouincias Nordanhymbrorum, . . . quasi tyrannus saeuiens disperderet, 3.1 (128.5)
integro. Christianus integro ex corde factus est. 1.7 (18.20)
integro. ad imperium diuinae uoluntatis totam ex integro mentem uitamque transferre. 3.13 (153.11)
integrum. inuenerunt corpus . . . integrum et flexibilibus artuum conpagibus multo dormienti quam mortuo similius; 4.30 (276.20)
integrum. sed ad integrum culpis accusationum absolutum patriam cum honore reuerti. 5.19 (328.18)
INTEGRITAS. integritas. Ita Christianitatis uestrae integritas circa sui conditoris cultum fidei est ardore succensa, 2.17 (119.3)
integritate. perpetua tamen mansit uirginitatis integritate gloriosa; 4.19 (243.12)
integritatis. Vilfrid episcopus referebat, dicens se testem integritatis eius esse certissimum; 4.19 (243.15)
INTELLECTVS. intellectu. sub eodem intellectu accipiet, 1.27 (59.29)
INTELLEGENTIA. intellegentiae. ita constructi nihilque intellegentiae habentes, 2.10 (102.26)
intellegentiam. immo totius gentis subpositae uobis intellegentiam in amore sui facilius inflammaret. 2.11 (104.27)
diuinae fidei calor eius intellegentiam tuarum adhortationum frequentatione succendat, 2.11 (106.2)
INTELLEGO. intellegas. ac subtiliter intellegas et temet ipsum quis sis, 1.31 (67.9)
intellegenda. oraculum caeleste, . . . non minimum ad suscipienda uel intellegenda doctrinae monita salutaris sensum iuuit illius. 2.12 (107.3)
intellegendum. solebat eum hortari ad intellegendum deos esse non posse, 3.22 (171.25)
Deum potius intellegendum maiestate inconprehensibilem, 3.22 (172.1)
meritoque intellegendum, quia omnes, qui uoluntatem eius, . . . discerent . . . praemia essent percepturi. 3.22 (172.7)
intellegendus. quomodo iuxta litteram intellegendus, 2.1 (75.20)
intellegens. Quod tamen aliter populus spiritalis intellegens 1.27 (59.29)
intellegentes. intellegentes eum, qui uerus est Deus, et interioribus se bonis exterioribus caelesti gratia ditasse. 4.13 (231.23)
Vnde intellegentes a Domino suum iter esse prosperatum, 4.19 (245.5)
intellegere. libentius, quae audire et intellegere poterant, operando sequerentur. 4.27 (269.31)
Quod si de philosophia huius mundi uere intellegere, 5.21 (333.25)
Haec epistula cum . . . esset lecta, ac diligenter ab his, qui intellegere poterant, 5.21 (345.24)
intellegerentur. uerbis obscurioribus, quae tamen postmodum manifeste intellegerentur, 4.29 (274.8)
intellegeret. ut intellegeret non hominem esse, qui sibi apparuisset, sed spiritum. 2.12 (109.27)
intellegi. quod tamen intellegi spiritaliter potest. 1.27 (57.18)
ut unum uirtutis eius, unde cetera intellegi possint, testimonium referam, 2.7 (94.13)
ut palam daretur intellegi, quia modica illa, quae prouenerat, intercapedo quietis, ad uiri Dei preces . . . donata est.' 5.1 (282.20)
intellegit. ita pascha faciendum intellexit [intellegit], uar. 3.25 (185.26)
intellegunt. intellegunt culpam esse paucorum, 1.21 (40.21)
intellexeram. 'Iam olim intellexeram nihil esse, quod colebamus; 2.13 (112.26)
intellexerant. qui patenter intellexerant, quia, . . . opera tamen fidei, . . . diligenter exsequi curauit. 3.25 (182.8)
intellexerat. intellexerat enim ueraciter Osuiu, . . . quia Romana esset catholica et apostolica ecclesia, 3.29 (196.7)
intellexere. Ex quo intellexere, quod ipsa ei tempus suae transmigrationis proximum nuntiare uenisset. 4.9 (223.32)
intellexerunt. intellexerunt enim, quia sacrificium salutare ad redemtionem ualeret et animae et corporis sempiternam. 4.22 (252.7)
intellexisse. Tum Brettones confitentur quidem intellexisse se ueram esse uiam iustitiae, 2.2 (82.14)
ut parum mihi omnimodis uidear de his antea intellexisse. 5.21 (345.33)
intellexisset. Quorum causam aduentus cum intellexisset rex Ædilfrid, ait: 2.2 (84.19)
intellexit. intellexitque, quod etiam tunc destituta pontifice prouincia recte pariter diuino fuerit destituta praesidio. 3.7 (141.16)
Quo ille uiso, ut uir sagacis ingenii, intellexit aliquid mirae sanctitatis huic loco, . . . inesse; 3.9 (146.10)
ita pascha faciendum intellexit, 3.25 (185.26)
alia, . . . per intercessionem fraternam, et oblationem hostiae salutaris caelitus sibi fuisse donata intellexit. 4.22 (252.3)
intellexit uel in somnio, uel in uisione mentis ostensum sibi esse, quod uiderat. 4.23 (257.17)
INTEMERATVS, a, um. **intemerata.** ut . . . fides intemerata perduraret. 1.21 (41.8)
intemerata. intemerata mentis sinceritate seruare, 2.8 (96.30)
intemerata. sed et uestimenta omnia, quibus indutum erat, non solum intemerata, uerum etiam prisca nouitate . . . parebant. 4.30 (276.22)
intemerata. atque haec, usquedum ad eius uisionem peruenire meruit, intemerata seruauit. 4.23 (252.30)
intemerato. ut perinde intemerato societatis foedere iura teneas maritalis consortii. 2.11 (105.18)
intemeratum. ita intemeratum corpus inuenere, 3.8 (144.20)
INTEMPERANS. intemperans. quem dudum amissi episcopatus intemperans cupido exagitabat; 1.10 (24.2)
INTEMPESTVS, a, um. **intempesta.** uidit subito intempesta nocte silentio adpropinquantem sibi hominem . . . incogniti; 2.12 (108.21)
INTENDO. intendens. Sed ipse potius toto animo intendens, ut 2.9 (98.22)
intendens. intendens cuius rei similitudine tam praecipuum indumentum humeris tuis baiulandum susceperis. 2.8 (96.31)
intenderet. At ille dum sollicitus in ea, quae audiebat, animum intenderet, 4.3 (208.28)
cui uidelicet luci dum sollicita intenderet, 4.23 (257.14)
INTENTIO. intentione. sollicita intentione adtenditur, 1.27 (56.30)
Haec quidem sanctus uir ex magnae humilitatis intentione dicebat; 2.1 (74.28)
reuocauit eum illa ab intentione, 2.12 (110.7)
sollicita intentione et adsiduis orationibus seruare omnimodo festinetis; 2.17 (119.15)
ratus est utilius tunc demissa intentione bellandi, seruare se ad tempora meliora. 3.14 (155.10)
qui simplicitate rustica, sed intentione pia Deum dilexerunt. 3.25 (188.1)

quo et Colman episcopus unanima catholicorum intentione superatus ad suos reuersus est, 4.1 (201.6)
et pura intentione supernae retributionis mundum derelinquens, 4.3 (207.29)
prosternens se ad corpus uiri Dei, pia intentione . . . Dominum sibi propitium fieri precabatur; 4.31 (278.28)
sed ad ultimum multorum unanima intentione deuictus: "Facite," inquit, "si uultis, 5.6 (289.26)
intentionis. Cudberct crescentibus meritis religiosae intentionis, 4.28 (271.5)
INTENTIVS. Tunc secreto aduocans eum comes, interrogauit eum intentius, unde esset, 4.22 (251.6)
INTENTVS, a, um. intenta. ex tempore matutinae synaxeos, usque ad ortum diei, in ecclesia precibus intenta persteterit. 4.19 (244.16)
Cum ergo aliquot annos huic monasterio regularis uitae institutioni multum intenta praeesset, 4.23 (254.2)
intenti. 'Conticuere omnes, intentique ora tenebant,' 3.11 (150.12)
intentos. Brocmailum, qui eos intentos precibus a barbarorum gladiis protegeret. 2.2 (84.17)
intentus. Erat enim religiosis actibus, crebris precibus, piis elimosynarum fructibus plurimum intentus; 4.11 (225.19)
Erat . . . orationum deuotioni solertissime intentus, affabilis omnibus, 4.28 (273.21)
INTER (*prep*). Praef. (7.28); 1.1 (9.3); 1.1 (12.21); 1.2 (14.7); 1.2 (14.27); 1.3 (15.29); 1.7 (20.17); 1.7 (20.25); 1.12 (26.12); 1.12 (26.18); 1.12 (27.18); 1.13 (28.28); 1.15 (31.11); 1.15 (31.24); 1.15 (32.25); 1.19 (37.23); 1.22 (42.2); 1.26 (47.18); 1.27 (61.8); 1.27 (61.9); 1.29 (64.6); 1.31 (66.20); 1.31 (67.7); 2.1 (75.11); 2.1 (77.9); 2.1 (78.28); 2.1 (79.31); 2.1 (79.32); 2.4 (88.18); 2.5 (89.25); 2.5 (90.9); 2.5 (90.28); 2.5 (91.33); 2.16 (118.17); 2.17 (120.1); 2.18 (120.8); 2.18 (120.25); 2.18 (121.29); 3.2 (128.24); 3.3 (131.9); 3.5 (135.21); 3.8 (142.21); 3.11 (147.30); 3.11 (149.11); 3.12 (151.26); 3.13 (152.19); 3.13 (152.24); 3.13 (152.30); 3.13 (153.7); 3.14 (156.4); 3.14 (156.28); 3.19 (164.31); 3.19 (165.10); 3.19 (166.23); 3.19 (167.21); 3.25 (185.10); 3.27 (192.19); 3.28 (195.29); 3.29 (196.6); 3.30 (200.6); 4.2 (204.29); 4.2 (205.17); 4.3 (208.14); 4.3 (210.11); 4.9 (222.9); 4.12 (227.27); 4.12 (229.1); 4.13 (232.24); 4.21 (249.1); 4.21 (249.4); 4.21 (249.10); 4.21 (249.17); 4.22 (249.25); 4.22 (249.26); 4.23 (256.31); 4.23 (258.8); 4.26 (267.15); 4.26 (268.12); 4.29 (274.20); 4.31 (279.2); 5.7 (293.27); 5.8 (294.15); 5.8 (295.30); 5.9 (298.10); 5.12 (306.33); 5.12 (307.24); 5.12 (309.2); 5.12 (309.5); 5.12 (309.13); 5.12 (309.14); 5.12 (310.32); 5.13 (311.15); 5.14 (314.29); 5.14 (315.2); 5.16 (318.2); 5.19 (326.28); 5.19 (326.31); 5.19 (327.25); 5.20 (331.6); 5.21 (342.24); 5.21 (344.11); 5.24 (357.11).
INTERANEVM. interanea. VIIº ergo suae infirmitatis anno, conuerso ad interanea dolore, ad diem peruenit ultimum, 4.23 (256.26)
Vomebam autem sanguinem, eo quod et interanea essent ruendo conuulsa. 5.6 (290.27)
INTERCAPEDO. intercapedine. Cumque . . . sine ulla quietis intercapedine innumerabilis spirituum deformium multitudo torqueretur, 5.12 (305.13)
intercapedo. quia modica illa, quae prouenerat, intercapedo quietis, ad uiri Dei preces . . donata est.' 5.1 (282.21)
INTERCESSIO. intercessio. intercessio beati martyris Albani parauerunt, 1.20 (39.25)
intercessionem. quod diuina uobis misericordia per intercessionem religiosi ac Deo dilecti regis Osualdi, . . . conferre dignata est. 4.14 (234.23)
alia, . . . per intercessionem fraternam, et oblationem hostiae salutaris caelitus sibi fuisse donata intellexit. 4.22 (252.1)
donauit enim tibi Dominus uitam per . . . intercessionem beatae suae genetricis 5.19 (329.14)
intercessiones. ibi anima mea per intercessiones eius solueretur a poenis.' 4.22 (251.1)
intercessionibus. de quo dubitandum non crediderim, quin intercessionibus, . . . sui patris, . . . sit ab articulo mortis retentus, 3.23 (177.5)
intercessionis. apud omnes fructum piae intercessionis inueniam. Praef. (8.17)
INTERCESSOR. intercessori. quatinus aequatus gratia suo intercessori, sicut uno eodemque tempore cum eo de corpore egredi, 4.29 (275.19)
INTERCLVDO. intercludere. qui crebris accusationibus inprobi iter illi caeleste intercludere contendebant; 3.19 (165.4)
INTEREA. 1.2 (14.23); 1.6 (17.26); 1.14 (29.15); 1.14 (30.8); 1.17 (35.4); 1.20 (38.8); 1.21 (40.10); 1.22 (41.21); 1.27 (48.3); 2.2 (81.10); 3.20 (169.3); 3.25 (181.3); 3.28 (194.18); 4.4 (213.3); 4.15 (236.9); 4.22 (250.26); 5.12 (306.22).
INTEREO. intereunt. odore aeris illius adtacti fuerint, intereunt; 1.1 (12.32)
interiit. quorum Geta hostis puplicus iudicatus interiit, 1.5 (17.5)
INTERFECTIO. interfectionem. Non multo post interfectionem eius exacto tempore, contigit, 3.9 (145.29)
Conpletis autem tribus annis post interfectionem Pendan regis, 3.24 (180.18)
INTERFICIO. interfeci. si necesse esset pueros interfici [interfeci], uar. 4.16 (238.2)
interfecit. dolis circumuentum interfecit, 1.9 (23.16)
Constantemque . . . Gerontius comes suus apud Viennam interfecit. 1.11 (25.4)
eum Osuiu . . . per praefectum suum Ediluinum detestanda omnibus morte interfecit. 3.14 (155.22)
Caedualla, . . . cum exularet a patria sua, interfecit regem Aedilualch, 4.15 (236.11)
Maximus in Brittania creatus imperator, in Galliam transiit, et Gratianum interfecit. 5.24 (352.21)
interfecti. duces regii xxx, qui ad auxilium uenerant, pene omnes interfecti; 3.24 (178.13)
interfecto. At interfecto in pugna Æduino, 3.1 (127.3)
Nam cum interfecto illo in pugna, manus cum brachio a cetero essent corpore resectae, contigit, 3.6 (138.25)
nullius anima hominis pro interfecto regis fratre, 4.21 (249.15)
interfectum. et scio, quia ille me interfectum putans pro me missas crebas facit; 4.22 (250.32)
interfectus. tandem fraude Allecti socii sui interfectus est. 1.6 (17.22)
in loco, ubi pro patria dimicans a paganis interfectus est, 3.9 (145.16)
nisi quia ibidem sanctior cetero exercitu uir aliquis fuisset interfectus. 3.10 (147.5)
Berctred dux regius Nordanhymbrorum a Pictis interfectus. 5.24 (355.19)
Anno DCCXVI, Osred rex Nordanhymbrorum interfectus, 5.24 (356.10)
interfici. interficique Christianos, 1.6 (17.27)
contigit ipsum regem . . . propinquorum suorum manu interfici. 3.22 (173.17)
si necesse esset pueros interfici, 4.16 (238.2)
Namque Baldhild regina missis militibus episcopum iussit interfici; 5.19 (325.2)
INTERFLVO. interfluente. id est unius ferme miliarii et dimidii spatio interfluente Tino amne separata, 5.2 (283.9)
INTERIM. eosque interim a dirissima depressione liberatos, 1.12 (26.11)
sacrificium solet offerri, positis interim in platea corporibus. 5.16 (317.32)
INTERIMO. interemerunt. Itaque rapuerunt eos subito, et interemerunt; 5.10 (300.17)
interemta. Osthryd regina a suis, id est Merciorum, primatibus interemta. 5.24 (355.17)
interemti. et mox prior in Brittania, secundus in Gallia sint interemti. 1.11 (24.17)
cuius regii duo pueri statim post acceptum baptisma sint interemti. 4.16 (236.26)
quia omnes fratres et cognati mei in illa sunt pugna interemti; 4.22 (251.13)
interemtos. qui crudeliter interemtos sepulturae traderet. 1.15 (32.27)
inter plurimos gentis Anglorum, uel interemtos gladio, uel seruitio addictos, . . . Trumuini, . . . recessit 4.26 (267.16)
quos interemtos in Rheno proiecerunt. 5.10 (300.20)
interemtus. Blaedla Attilae fratris sui sit interemtus insidiis, 1.13 (29.3)
eiusque totus uel interemtus uel dispersus est exercitus. 2.20 (124.25)
Brettonum dux . . . interemtus est in loco, qui lingua Anglorum Denisesburna, . . . uocatur. 3.1 (128.20)
Aedilheri, . . . perditis militibus siue auxiliis interemtus est. 3.24 (178.16)
interimitur. Valentinianus ab Aetii patricii, quem occiderat, satellitibus interimitur, 1.21 (41.17)

INTERIOR, ius. **interior.** Interior namque domus propter dominici corporis meatum camerari et tegi non potuit; 5.17 (318.31)
interior. interior Praesepe Domini nominatur. 5.16 (317.16)
interiora. ad interiora gaudia consentire facilius ualeant. 1.30 (65.25)
etiam cum interiora appetit, 2.1 (74.23)
interiorem. animae per exteriora miracula ad interiorem gratiam pertrahuntur; 1.31 (66.19)
interioribus. intellegentes eum, qui uerus est Deus, et interioribus se bonis et exterioribus caelesti gratia ditasse. 4.13 (231.24)
INTERIORA. interiora. qui uidelicet modo cum magno tormento inrepunt in interiora corporis mei, 5.13 (312.28)
interioribus. in cuius interioribus daemoniosus torquebatur, 3.11 (150.9)
INTERITVS. interitu. ne nunc eos, qui ipsum ab interitu reuocare cupiebant, audiret. 4.26 (267.9)
At episcopus grauissime de casu et interitu meo dolebat, 5.6 (290.28)
interitus. ut etiam temporalis interitus ultione sentirent perfidi, 2.2 (84.32)
uerum et a clade infanda temporalis interitus eripuit. 4.13 (231.10)
interitum. qui cum per dies crescens oculo interitum minaretur, 4.32 (279.26)
qui eius interitum cognoscentes differe tempus paenitentiae, dum uacat, timerent, 5.13 (313.6)
INTERIVS. id, quod interius cogitatur, sollicita intentione adtenditur, 1.27 (56.30)
semper te interius subtiliter iudices 1.31 (67.8)
Haec spelunca tota interius pretioso marmore tecta supra locum, . . . sanctae Mariae grandem gestat ecclesiam. 5.16 (317.17)
INTERIACEO. interiacente. quamuis magno aequore interiacente peruenit. 1.1 (11.34)
interiacentibus. duobus sinibus maris interiacentibus, 1.12 (25.28)
interiacet. Si longinquitas itineris magna interiacet, 1.27 (52.4)
INTERIACIO. interiecto. Cui cum paruo interiecto tempore pauper quidam occurreret elimosynam petens, 3.14 (156.11)
At interiecto tempore aliquanto, . . . illo ossa eius translata, . . . sunt. 3.17 (160.11)
INTERMISSIO. intermissione. At cum idem globi ignium sine intermissione modo alta peterent, 5.12 (305.32)
INTERMITTO. intermisisse. idolatriae, quam, uiuente eo, aliquantulum intermisisse uidebantur, 2.5 (91.7)
intermisit. non tamen . . . uitae caelestis intermisit. 2.1 (75.4)
intermissis. aliquantulum loci accolae paucis diebus timere, et se ipsos intermissis facinoribus castigare coeperunt. 4.25 (265.30)
intermissum. intermissum est hoc aedificium annis VII, 3.8 (144.15)
intermitterent. ut etiam canticum, quod canebant, tremefactae intermitterent. 4.7 (220.5)
intermitteretur. ne opus religiosum negotiorum regalium causa intermitteretur, 3.23 (176.2)
INTERNICIO. internicionem. ne usque ad internicionem usquequaque delerentur. 1.16 (33.10)
dummodo ille . . . prouincias regni eius usque ad internicionem uastare desineret. 3.24 (177.19)
INTERNVS, a, um. **interna.** tantaque gratia frontispicii mentem ab interna gratia uacuam gestat!' 2.1 (80.11)
et de interna uita eius. 3.17 (159.24)
tantum pro interna suimet neglegentia displicens. 5.13 (311.9)
internae. ecclesiam suam, quae saepe lunae uocabulo designatur, internae gratiae luce repleuit. 5.21 (340.18)
internis. et internis peccatorum uinculis, quibus grauabatur, ocius desiderabat absolui: 4.25 (263.22)
internum. Sed et cuius meriti apud internum testem habitus sit, 5.6 (289.13)
internus. Qui cuius meriti fuerit, etiam miraculorum signis internus arbiter edocuit, 3.15 (157.22)
INTERPELLO. interpellante. qui interpellante Bliththrydae coniuge sua, dedit ei locum mansionis 5.11 (302.23)
INTERPONO. interponi. adeo ut a parte capitis etiam ceruical posset interponi; 4.11 (227.15)
interpositis. Nam non multis interpositis diebus, Deo dilecta mater . . . ergastulo carnis educta est; 4.9 (222.25)
interpositis. interpositis detestabilis erroris tenebris, 2.11 (105.22)
his tamen condicionibus interpositis, ut ipse eum perduceret Brittaniam, 4.1 (202.29)
interposito. interposito mari a Gessoriaco Morynorum gentis litore proximo, 1.1 (9.12)
Nec multo interposito tempore 1.21 (39.31)
interposito pelago latitudinis trium milium, 4.16 (238.15)
interposuit. mox interposuit corpus suum ante ictum pungentis; 2.9 (99.12)
INTERPRES. interpres. ipse rex suis ducibus ac ministris interpres uerbi existeret caelestis; 3.3 (132.11)
Cedd, . . . qui et interpres in eo concilio uigilantissimus utriusque partis extitit. 3.25 (183.25)
interpretem. ille melius . . . lingua Anglorum, quam ego per interpretem, potest explanare, quae sentimus.' 3.25 (184.18)
per Marcum euangelistam et interpretem ipsius Alexandriae confirmata est, 5.21 (337.8)
interpretes. Acceperunt autem, . . . de gente Francorum interpretes; 1.25 (45.13)
quicquid ex diuinis litteris per interpretes disceret, 4.24 (258.30)
INTERPRETATIO. interpretatione. ut librum beati Iob . . . mystica interpretatione discuteret; 2.1 (75.17)
interpretationis. siue etiam ad formam sensus et interpretationis eorum superadicere curaui: 5.24 (357.23)
INTERPRETOR. interpretata. Haec epistula cum . . . esset lecta, . . . in linguam eius propriam interpretata, 5.21 (345.25)
interpretatur. Strenæshalc, quod interpretatur sinus Fari, 3.25 (183.16)
INTERROGATIO. interrogatio. I. Interrogatio beati Augustini 1.27 (48.14)
II. Interrogatio Augustini: 1.27 (49.18)
III. Interrogatio Augustini: 1.27 (49.33)
IIII. Interrogatio Augustini: 1.27 (50.20)
V. Interrogatio Augustini: 1.27 (50.26)
VI. Interrogatio Augustini: 1.27 (52.3)
VII. Interrogatio Augustini: 1.27 (52.28)
VIII. Interrogatio Augustini: 1.27 (53.25)
VIIII. Interrogatio Augustini: 1.27 (59.21)
interrogatione. audiuit ab eo repetita interrogatione, quae et qualia essent, quae exutus corpore uideret; 5.12 (309.27)
interrogationes. libello responsionum, quem ad interrogationes sancti Augustini . . . scripsit, 2.1 (76.32)
INTERROGO. interroga. 'Interroga,' inquit, 'quod uis.' 4.3 (209.25)
interrogabant. qui propter desiderium conpunctionis interrogabant, 3.19 (167.13)
interrogando. At Aeduini constantior interrogando factus, non dubitauit promittere, 2.12 (109.10)
interrogans. Et interrogans angelos, qui essent hi ignes, 3.19 (165.20)
Interrogans autem ille, quando flebotomata esset puella, 5.3 (285.23)
interrogantibus. stantibus . . . comitibus, et interrogantibus de statu eius, quem languentem uisitare uenerant, 4.11 (226.23)
interrogare. 'Obsecro,' inquit, 'pater; licet aliquid interrogare?' 4.3 (209.24)
Interea comes, qui eum tenebat, mirari et interrogare coepit, 4.22 (250.27)
coepitque me interrogare, . . . an me esse baptizatum absque scrupulo nossem. 5.6 (291.9)
interrogarentur. qui cum interrogarentur, quare hoc facerent, 3.22 (173.19)
interrogaretur. Cumque interrogaretur a suis, quare hoc faceret, respondebat: 4.3 (210.28)
interrogasset. Quem dum presbyter suus lingua patria, . . . quare lacrimaretur, interrogasset: 3.14 (157.8)
interrogata. Quibus dictis, interrogata a circumsedentibus, cum quo loqueretur: 4.9 (223.30)
interrogatos. hosque a se interrogatos, quid quaererent, aut quid ibi uellent, 3.8 (143.14)
interrogatus. A quo interrogatus, qui esset, timuit se militem fuisse confiteri; 4.22 (250.7)

interrogaui. Cumque explessem praelocutionem, interrogaui unumquemque eorum per ordinem, si consentirent 4.5 (215.22)
interrogauit. Quos cum aspiceret, interrogauit, ... 2.1 (80.2)
Rursus interrogauit, utrum idem insulani Christiani, an paganis adhuc erroribus essent inplicati. 2.1 (80.5)
interrogauit, quod esset uocabulum gentis illius. 2.1 (80.12)
At ille accedens salutauit eum, et interrogauit, ... 2.12 (108.25)
interrogauit eum sollicitus, quales essent habitu uel specie uiri, ... 4.14 (235.12)
Tunc secreto aduocans eum comes, interrogauit eum intentius, unde esset, ... 4.22 (251.6)
interrogauit, si eucharistiam intus haberent. 4.24 (261.28)
Qua accepta in manu, interrogauit, si omnes placidum erga se animum, . . . haberent. 4.24 (261.33)
interrogauit, quam prope esset hora, qua fratres ad dicendas Domino laudes nocturnas excitari deberent. 4.24 (262.6)
interrogauit, si nossem, quis esset, qui loqueretur ad me. 5.6 (291.1)
interrogauitque me, an eum cognoscere possem. 5.9 (297.7)
ac modicum suspirans interrogauit, ubi esset Acca presbyter; 5.19 (328.31)
interroges. 'Memento, frater Heriberct, ut modo, quicquid opus habes, me interroges mecumque loquaris; 4.29 (274.21)
INTERRVMPO. interrupta. positis nobis in medio mari, interrupta est serenitas, qua uehebamur, . . 5.1 (281.19)
interrupto. sed hoc confestim a praefatis hostibus interrupto, ... 1.12 (25.17)
INTERSVM. intererat. Tum ait Aedan, nam et ipse concilio intererat, ad eum, de quo agebatur, sacerdotem: 3.5 (137.13)
Intererat huic synodo, pariterque catholicae fidei decreta firmabat uir uenerabilis 4.18 (240.29)
intersit. obsecro, ne amplius quam haec solummodo proxima nox intersit.' 4.9 (223.29)
INTERVALLVM. interualla. longa terrarum marisque interualla, . . . ad haec nos condescendere coegerunt, 2.18 (121.29)
interualla. turres per interualla ad prospectum maris conlocant, ... 1.12 (27.29)
interuallo. maximis Europae partibus, multo interuallo aduersa. 1.1 (9.5)
ut ipsi sibi episcopi longo interuallo minime disiungantur, ... 1.27 (52.12)
INTERVENIO. interueniente. interueniente paululum mora, ... 1.27 (55.4)
interuenire. apud supernam clementiam saepius interuenire . . . . Praef. (8.12)
interuenit. interuenit mentio reuerentissimi antistitis Ceadda, ... 4.3 (211.28)
INTIMA. intimis. sed in intimis cordis multa secum conloquens, ... 2.9 (100.14)
INTIMO. intimandum. de secundo breuiter intimandum, quod in episcopatum Dorciccaestræ fuerit ordinatus; 4.23 (254.27)
intimare. breuiter intimare curabo. . . . . Praef. (6.4)
intimaret. ut ibi quoque fratribus custodiam disciplinae regularis et auctoritate propositi intimaret 4.27 (270.20)
intimauerit. numerum quoque eorum, qui . . . hac essent de mundo rapiendi, palam cunctis praesentibus intimauerit. 4.19 (244.21)
INTIMVS, a, um. intimae. Vnde praesenti stilo gloriosos uos adhortandos cum omni affectu intimae caritatis curauimus; 2.10 (102.2)
intimis. promittens quidem se illo praesente in intimis ultra Anglorum partibus, . . . sanctae fidei semina esse sparsurum. 3.7 (139.12)
intimo. intimo ex corde longa trahens suspiria: 2.1 (80.8)
atque intimo ex corde Deum precabatur, ne adhuc mori deberet, ... 3.27 (193.5)
sed profusis ex imo [intimo] pectore lacrimis, Domino sua uota commendabat. . . . . uar. 4.28 (273.29)
INTOLERABILIS, e. intolerabile. alterum furenti grandine ac frigore niuium omnia perflante atque uerrente non minus intolerabile praeferebat. 5.12 (305.4)
intolerabiles. cum acerbas atque intolerabiles pateretur inruptiones saepe dicti regis Merciorum, . . 3.24 (177.14)
intolerabilibus. quod hic fortasse esset infernus, de cuius tormentis intolerabilibus narrari saepius audiui. 5.12 (305.15)
intolerabilis. Attila tamen ipse adeo intolerabilis reipuplicae remansit hostis, ... 1.13 (29.4)
INTONDEO. intonsis. quia tempore seruitutis intonsis in carcere crinibus manere solebat. 5.21 (342.14)
INTONO. intonat. Mouet enim aera Dominus, uentos excitat, iaculatur fulgora, de caelo intonat, . . 4.3 (211.1)
intonuit. 'Non legistis, quia "intonuit de caelo Dominus, ... 4.3 (210.29)
INTRA. 1.3 (15.12); 1.7 (20.10); 1.9 (23.20); 1.11 (25.9); 3.4 (133.12); 4.26 (268.5); 5.16 (318.17); 5.20 (331.22).
INTREPIDVS, a, um. intrepidus. itineris laborem subiret intrepidus. 1.19 (38.5)
INTRINSECVS. cuius culmen intrinsecus stans homo manu contingere potest, ... 5.16 (318.8)
quod intrinsecus ferramentorum uestigia usque in praesens ostendit. 5.16 (318.10)
INTRO. Mox uero ut dedicata est, intro inlatum, ... 2.3 (86.5)
intro ecclesiam beatorum apostolorum Petri et Pauli sepultus, ... 2.5 (90.6)
sed intro ipsam ecclesiam in memoriam miraculi posuerunt, ... 3.17 (161.2)
quam intro ecclesiam sancti Andreae sibi ipse in locum sepulchri fecerat. 5.23 (348.29)
INTRO. intra. 'Surge,' inquit, 'intra, ... 2.12 (110.1)
intra in gaudium Domini tui.' 2.18 (121.14)
intrabant. Quibus dictis intrabant ad prandendum. 3.14 (156.25)
intrabat. intrabat cum uno clerico aut duobus; 3.5 (136.15)
intrabo. Tunc ipse intrabo, et educam te inde.' 3.12 (151.7)
intrabunt. ad uisionem Christi, et gaudia regni caelestis intrabunt. 5.12 (308.30)
intrant. intrant oceanum 1.17 (34.9)
intrantes. ubi intrantes genu flectere, ac misericordiae caelesti supplicare deberent. 3.17 (161.4)
intrare. aut postquam genuerit, post quantum tempus possit ecclesiam intrare? 1.27 (53.27)
an ecclesiam intrare ei liceat, ... 1.27 (53.32)
priusquam lauetur aqua, si ecclesiam possit intrare? 1.27 (53.34)
post quot dies debeat ecclesiam intrare, ... 1.27 (54.21)
Si itaque enixam mulierem prohibemus ecclesiam intrare, ... 1.27 (54.30)
prohiberi ecclesiam intrare non debet, ... 1.27 (55.19)
cur, . . . ei non liceat Domini ecclesiam intrare? 1.27 (55.28)
nisi lotus aqua, intrare ecclesiam non debet; 1.27 (57.15)
sed neque lotus intrare statim debet. 1.27 (57.15)
et ante solis occasum ecclesiam non intrare; 1.27 (57.18)
cum ei iuxta praefinitam sententiam etiam ecclesiam licuerit intrare. 1.27 (59.20)
et nisi lotum aqua ei usque ad uesperum intrare ecclesiam non concedit. 1.27 (59.27)
At illi: 'Nolumus,' inquiunt, 'fontem illum intrare, ... 2.5 (91.20)
uidisse se albatorum cateruam hominum idem monasterium intrare; 3.8 (143.14)
Non enim ad otium, ut quidam, sed ad laborem se monasterium intrare signabat. 4.3 (208.10)
et sonitum manu faciens, ut saepius consueuerat, siqui foris esset, ad se intrare praecepit. 4.3 (209.3)
iussit ad se intrare pauperem, ingresso linguam proferre ex ore, ac sibi ostendere iussit; 5.2 (283.31)
Rogauit ergo episcopum abbatissa, ut intrare ad eam, ac benedicere illam dignaretur, ... 5.3 (285.20)
rogatus est ab eodem comite intrare ad unum de pueris eius, ... 5.5 (288.4)
intraremus. Sperabam, quia pariter ad uitam aeternam intraremus. 3.27 (193.22)
Quas cum intraremus, in tantum paulisper condensatae sunt, ut nihil praeter ipsas aspicerem, . . 5.12 (305.23)
intrarent. omnibus, . . . praecepit, ne domum eius intrarent, neque de cibis illius acciperent. 3.22 (173.31)
intraret. Et cum illa adferens, quae iussa est, intraret atrium domus, ... 3.11 (150.8)
ut ad ultimum, . . . intraret monasterium, ... 3.18 (162.27)
ad conplexum et nuptias sponsi caelestis uirgo beata intraret. 3.24 (179.9)

ut ad ecclesiam, . . . perueniens, intraret ad tumbam reuerentissimi patris Cudbercti, 4.31 (278.20)
Rogauit ergo episcopum abbatissa, ut intrare [intraret] ad eam, ac benedicere illam dignaretur, uar. 5.3 (285.20)
tandem obtinuit, ut ad languentem intraret. 5.3 (286.2)
dum ille domum comitis pransurus, ac benedictionem daturus intraret. 5.4 (287.16)
diligenter obsecrans, ut intraret oraturus pro illo, 5.5 (288.10)
Cumque morbo ingrauescente, denuo ad eum uisitandum ac docendum rex intraret, 5.13 (311.27)
intrasse. eiusque septentrionales oras intrasse, 1.1 (11.27)
intrasse subito ministrum ipsius, 3.6 (138.15)
intrasset. ipsa autem abbatissa intus cum paucis ossa elatura et dilutura intrasset, 4.19 (245.27)
intrat. actura gratias intrat ecclesiam, 1.27 (54.25)
'Non quod intrat in os, coinquinat hominem; 1.27 (57.1)
quod per terras Iutorum, quae ad regionem Geuissorum pertinent, praefatum pelagus intrat; 4.16 (238.22)
intraturos. In cuius amoenitatem loci cum nos intraturos sperarem, 5.12 (308.4)
intrauerant. At ubi datam sibi mansionem intrauerant, 1.26 (46.31)
intrauerit. Cantiam praedicaturus intrauerit. 1.25 (44.26)
intrauerunt. mox ut intrauerunt monasterium, matri congregationis, uocabulo Aebbæ, curauit indicare. 4.25 (264.23)
Qui uenientes in prouinciam intrauerunt hospitium cuiusdam uilici, 5.10 (299.26)
'Paulo ante,' inquit, 'intrauerunt domum hanc duo pulcherrimi iuuenes, 5.13 (312.1)
intrauimus. intrauimus ad reficiendum. 5.4 (287.17)
intrauit. Hengist, qui cum filio suo Oisc . . . Brittaniam primus intrauit, ut supra retulimus. 2.5 (90.22)
intrauitque quasi nuntium domini sui referens; 2.9 (99.7)
intrauit cubiculum, quo dormire disponebat, 2.12 (108.1)
intrauitque in domum, in qua uicani caenantes epulabantur; 3.10 (147.9)
intraret [intrauit] atrium domus, uar. 3.11 (150.8)
ut ad ultimum, . . . intraret [intrauit] monasterium, uar. 3.18 (162.27)
et rogatus a comite, intrauit epulaturus domum eius. 3.22 (174.1)
Intrauit autem praefata regis Osuiu filia Deo dedicanda monasterium, 3.24 (178.32)
et sic terminans temporalem uitam, intrauit aeternam. 4.8 (221.3)
soluta carnis simul et infirmitatis uinculis ad aeternae gaudia salutis intrauit. 4.9 (224.4)
intrauit monasterium Aebbæ abbatissae, 4.19 (243.29)
Intrauit autem primo monasterium Mailros, 4.27 (269.1)
et inbecilles artus baculo sustentans intrauit ecclesiam; 4.31 (278.27)
et intrauit cum illis in templum, ambulans, et exiliens, et laudans Dominum; 5.2 (284.19)
Intrauit ergo me secum adsumto ad uirginem, 5.3 (286.2)
Intrauit ergo illo episcopus, et uidit eum 5.5 (288.14)
et egressus inde intrauit, ac salutauit episcopum et conuiuas, 5.5 (288.25)
locum secretae mansionis, quam praeuiderat abbas, intrauit; 5.12 (304.23)
qui statim uocatus intrauit, 5.19 (328.32)
INTRODVCO. introducam. hac ipsa hora educam te de hac prouincia, et ea in loca introducam, 2.12 (108.6)
introduceret. ne quid ille contrarium ueritati fidei, Grecorum more, in ecclesiam, cui praeesset, introduceret. 4.1 (203.3)
ut . . . haberet in promtu reliquias sanctorum, quas ibi introduceret; 5.11 (301.28)
introduci. non tamen sunt tantae perfectionis, ut in regnum caelorum statim mereantur introduci; 5.12 (308.29)
necesse habet in ianuam inferni non sponte damnatus introduci. 5.14 (314.12)
introducta. uidit, quasi funibus auro clarioribus in superna tolleretur, donec caelis patentibus introducta, 4.9 (222.19)
introducta est ad cymiterium; 4.10 (225.4)
introductus. introductus est, simulantibus fugam hostibus, in angustias inaccessorum montium, 4.26 (266.30)
INTROEO. introirent. Cauerat enim, ne in aliquam domum ad se introirent, 1.25 (45.30)
introisse. atque in hanc insulam, quae Brittania nuncupatur, contigit introisse; 2.4 (87.31)
introiuit. Introiuit ille concitus, cui dixit antistes: 4.3 (209.4)
INTROITVS. introitum. ut, . . . tunc isti introitum eius in perpetuam animarum uitam cognoscerent. 4.23 (258.6)
ut caelum tantum ex ea, cuius introitum sitiebat, aspicere posset), 4.28 (272.12)
in quo solo didicerat generi humano patere uitae caelestis introitum; 5.7 (292.19)
ab oriente habens introitum, cui lapis ille magnus adpositus est; 5.16 (318.9)
introitum habens a latere meridiano, 5.16 (318.15)
ab occasu habens introitum, pendente desuper in trocleis magna lampade, 5.17 (319.5)
ut . . . apostolorum princeps caelestis quoque regni tibi tuisque cum ceteris electis libens pandat introitum. 5.21 (345.18)
introitus. quia dies sibi mortis, uel uitae magis illius, quae sola uita dicenda est, iam adpropiaret introitus; 4.29 (274.6)
introitus. Haec bis quaternas portas, id est introitus, per tres e regione parietes habet, 5.16 (318.5)
INTVEOR. intuebantur. quam adpropinquare intuebantur in insidiis constituti. 1.20 (39.4)
intuebar. sum reuerti ad corpus, delectatus nimirum suauitate ac decore loci illius, quem intuebar, 5.12 (309.11)
intuebatur. aspectansque in caelum, sic ad eam, quam intuebatur, uisionem coepit loqui. 4.9 (223.18)
intuens. At rex intuens eum, mox tremefactus desiluit equo, 3.22 (174.2)
Quod intuens comes, quare faceret, inquisiuit. 4.25 (264.19)
in quo omnia, quae umquam bona feceram, intuens scripta repperi, 5.13 (312.6)
intuentes. qui inclinatos animo aduersarios intuentes, 1.18 (36.11)
intuentibus. in quaestionem ueniat intuentibus, 1.1 (10.32)
ut usque hodie intuentibus clarum est; 1.12 (27.24)
et hoc etiam paganis, qui eos occiderant, intuentibus. 5.10 (301.1)
apparuerunt cometae duae circa solem, multum intuentibus terrorem incutientes. 5.23 (349.5)
intuentium. quarum lux corda intuentium cum quadam alacritate et conpunctione pauefacere dicitur. 5.17 (319.9)
intueor. dumque intueor illud, quod perdidi, fit hoc grauius, quod porto.' 2.1 (74.25)
intueretur. Cumque diligentius intueretur, quo trahente leuaretur sursum haec, 4.9 (222.16)
intueri. angelicorum agminum et aspectus intueri, et laudes beatas meruit audire. 3.19 (164.29)
intuetur. uallem circumdatam mediis montibus intuetur. 1.20 (39.2)
Vltionem suam innocens exercitus intuetur, 1.20 (39.17)
INTVS. inde per inanem gloriam intus cadat. 1.31 (66.22)
quantum lucis intus habeant, 2.1 (76.31)
quid ad eum pertineret, utrum ipse intus an foris noctem transigeret. 2.12 (108.28)
Ipso quidem tempore, quo intus est, hiemis tempestate non tangitur, 2.13 (112.14)
cum illi intus lectioni uacabant, ipse foris, quae opus esse uidebantur, operabatur. 4.3 (208.15)
ipsa autem abbatissa intus cum paucis ossa elatura et dilutura intrasset, 4.19 (245.26)
repente audiuimus abbatissam intus uoce clara proclamare: 4.19 (245.27)
Nec multo post clamauerunt me intus, 4.19 (245.29)
interrogauit, si eucharistiam intus haberent. 4.24 (261.29)
domumque hanc et exterius obsedit, et intus maxima ex parte residens impleuit. 5.13 (312.11)
quorum tamen intus conscientia in parili uirtutum sibi gratia concordabat. 5.21 (342.17)
INVNDALVM, *Oundle, Northamptonshire.*
Inundalum. Vilfrid . . . diem clausit extremum in prouincia, quae uocatur Inundalum; 5.19 (322.20)

Vndalum. quod habebat in prouincia Vndalum sub regimine Cudualdi abbatis; 5.19 (330.3)
INVNDANTIA. inundantia. qui tunc prae inundantia pluuiarum late alueum suum immo omnes ripas suas transierat, 3.24 (178.18)
INVSITATVS, a, um. **inusitato.** cuius iuri . . . ipsi etiam episcopi ordine inusitato debeant esse subiecti, 3.4 (134.13)
INVADO. inuadat. Secundum: 'Vt nullus episcoporum parrochiam alterius inuadat, 4.5 (216.4)
inuadens. unde et fames acerbissima plebem inuadens impia nece prostrauit 4.13 (231.13)
inuasis. excisis inuasisque ciuitatibus atque castellis, 1.13 (29.5)
inuasisset. Cum tempestas saepe dictae cladis . . . partem monasterii huius illam, qua uiri tenebantur, inuasisset, 4.7 (219.17)
inuasit. qui continuo, ut inuasit imperium, in Gallias transiit. 1.11 (24.27)
hisdem temporibus fames Constantinopolim inuasit; 1.13 (29.7)
INVASIO. inuasione. nam crebra mentis uesania, et spiritus inmundi inuasione premebatur. 2.5 (91.1)
religione simul et industria gentem suam ab extranea inuasione liberaret. 4.26 (268.18)
INVECTIO. inuectione. sed aspera illos inuectione corrigebat. 3.5 (136.23)
INVENIO. infentum. causa incontinentiae uidetur inuentum [infentum]; uar. 1.27 (55.11)
inuenerant. nimio mox timore perculsi, festinarunt referre antistiti, quae inuenerant. 4.30 (276.25)
inuenere. ita intemeratum corpus inuenere, 3.8 (144.20)
inuenerunt. et perquirentes subtilius, inuenerunt, quia de illo loco adsumptus erat puluis, 3.10 (147.23)
inuenerunt archiepiscopum Deusdedit iam migrasse de saeculo, 3.28 (195.6)
inuenerunt hoc mensura palmi longius esse sarcofago. 4.11 (227.1)
et mox inuenerunt iuxta muros ciuitatis locellum 4.19 (245.2)
inuenerunt corpus totum, quasi adhuc uiueret, 4.30 (276.19)
festinarunt referre antistiti, quae inuenerant [inuenerunt]. uar. 4.30 (276.25)
inueni. Quem cum legissem, inueni omnia scelera, 5.13 (312.16)
In apostolum quaecumque in opusculis sancti Augustini exposita inueni, cuncta per ordinem transscribere curaui. 5.24 (358.23)
inueniam. apud omnes fructum piae intercessionis inueniam. Praef. (8.18)
inueniamur. et uenturo iudici in bonis actibus inueniamur esse praeparati. 1.32 (69.23)
inueniar. simul in gaudio retributionis inueniar, 1.23 (43.20)
inuenias. ut illum retributorem inuenias in caelo, 1.32 (68.10)
inueniebam. quanto studiosius in eo cultu ueritatem quaerebam, tanto minus inueniebam. 2.13 (112.29)
inuenienda. ossa illius, quae . . . in puluerem redacto corpore reliquo sicca inuenienda putabant; 4.30 (276.13)
inuenient. inuenient illum hac, ut diximus, die raptum esse de saeculo. 4.14 (235.1)
inuenies. decurtatam eam, quam te uidere putabas, inuenies coronam; 5.21 (343.30)
inueniet. sed et de aliis commilitonibus ipsius, quisque legerit, inueniet. 3.19 (168.30)
quae alia sint signa ostensa, in ipso libro, de quo haec excerpsimus, quisque legerit, inueniet. 4.10 (224.19)
sicut in uolumine uitae et uirtutum eius quisque legerit, inueniet. 4.31 (279.17)
inuenietur. VII diebus fermentatum non inuenietur in domibus uestris." 5.21 (335.24)
inuenimus. inuenimus nos undiqueuersum pari tempestate praeclusos, 5.1 (282.3)
inuenio. Quem cum legissem, inueni [inuenio] omnia scelera, uar. 5.13 (312.16)
inuenire. ubi numquam te uel Redualdo, uel Aedilfrid inuenire ualeant.' 2.12 (108.7)
qui petens indutias, si forte alium, qui episcopus ordinaretur, ex tempore posset inuenire. 4.1 (202.22)
coepit abire, sicubi amicos, qui sui curam agerent, posset inuenire. 4.22 (250.4)
uenit quaerere, si forte corpus eius inuenire posset, 4.22 (250.20)
quo praeoccupando faciem Domini in confessione propitium eum inuenire merearis.' 4.25 (263.20)
quod eo loci corpora eorum posset inuenire, ubi lucem de caelo terris radiasse conspiceret. 5.10 (301.6)
et cum neque ibi quippiam requiei inuenire ualerent, 5.12 (305.9)
omnes, quos inuenire potui, . . . quo genere certaminis, . . . uicerint, diligenter adnotare studui. 5.24 (359.18)
inuenirent. sed etiam reges ac principes nonnumquam ab ea consilium quaererent, et inuenirent, 4.23 (254.16)
inueniret. cum omnes ibidem paganissimos inueniret, 3.7 (139.18)
cupiens pro Domino, ubicumque sibi oportunum inueniret, peregrinam ducere uitam. 3.19 (163.27)
inueniretur. Etiam si in itinere pergens inueniretur, 3.26 (191.9)
inueniri. inueniri non ualeat, qui redimatur. 1.27 (55.4)
si tamen examinata a prudentibus sanctior ac Deo dignior posset inueniri. 2.9 (98.10)
contigit forte ipsum puerum hora ferme secunda diei in loco, in quo eger iacebat, solum inueniri; 4.14 (234.2)
neque ullus alter in tota illa campi planitie lapis inueniri poterat; 5.6 (290.16)
possit inueniri, qui mensis iuxta computum lunae primus anni, qui esse debeat ultimus. 5.21 (339.1)
inueniris. in qua adhuc solus tu episcopus inueniris, 1.27 (52.8)
inuenissent. instituta quoque disciplinae regularis, quae . . . in patrum precedentium factis siue dictis inuenissent, 4.3 (209.11)
inuenisti. seu in qualibet ecclesia aliquid inuenisti, 1.27 (49.25)
inuenit. beati Gregorii papae simul et aliorum pontificum epistulas, . . . inuenit, Praef. (6.22)
ne praetermitti possit hoc, quod antiqua patrum institutio inuenit. 1.27 (53.22)
quin potius fructum in ea multiplicem credentium populorum pius agri spiritalis cultor inuenit. 2.15 (116.32)
quo dum adueniret, inuenit puellam . . . paralysis morbo grauatam; 3.9 (146.14)
discissisque uiculis, quos in uicinia urbis inuenit, 3.16 (159.4)
Cumque . . . domum rediret, inuenit sodalem dormientem; 3.27 (193.17)
et circuiens omnia prope uel longe, inuenit locum in Hibernia insula 4.4 (213.23)
et inuenit eadem ipsa die Osualdum regem fuisse peremtum; 4.14 (235.24)
simul et suae uitae solacium deuota Deo doctrix inuenit. 4.26 (268.1)
repente contingens oculum ita sanum cum palpebra inuenit, 4.32 (280.28)
et post pusillum me reuisens, inuenit sedentem, et iam loqui ualentem; 5.6 (291.8)
neque aliquem tanti laboris fructum apud barbaros inuenit auditores. 5.9 (298.22)
inuenitur. nequaquam enim in sacris eloquiis inuenitur, 1.27 (50.24)
IIII . . . germani fratres, . . . quod raro inuenitur, omnes sacerdotes Domini fuere praeclari, 3.23 (176.22)
inueniunt. margaritam omnis quidem coloris optimam inueniunt, 1.1 (10.9)
Brittanni, . . . inueniunt salubre consilium, 1.17 (33.30)
cuius nullam omnino mentionem in decreto legis inueniunt. 5.21 (338.2)
inuenta. inuenta est in omnibus fides inuiolata catholica; 4.18 (242.15)
Quod dum facerent, ad fidem et preces famuli Dei, alio die aqua plena inuenta est, 4.28 (271.27)
In quacumque enim harum inuenta fuerit, merito in ea pascha celebrabitur; 5.21 (337.12)
inuenta. atque inuenta ibi gente Scottorum, 1.1 (11.27)
inuenta. cum ossa eius inuenta, atque ad ecclesiam, in qua nunc seruantur, translata sunt. 3.11 (148.1)
(quomodo simulacra, quae a daemonibus inuenta sunt, repudiare omnes, . . . necesse est), 3.25 (185.8)
Inuenta namque eorum corpora iuxta honorem martyribus condignum recondita sunt, 5.10 (301.7)
inuentos. inquirunt auctores, inuentosque condemnant. 1.21 (40.22)
inuentum. inuentumque alium illi per omnia simillimum, putauit ipsum esse; 4.22 (250.21)
inuentum. quod uidelicet ex sola causa incontinentiae uidetur inuentum; 1.27 (55.11)
inuentum est ita inlesum, ac si eadem hora de hac luce fuisset egressus. 3.19 (168.19)

adhuc sine macula corruptionis inuentum, ibidem digno cum honore translatum est; 3.19 (168.23)
inuentum est sarcofagum illud congruae longitudinis ad mensuram corporis, ... 4.11 (227.12)
ita incorruptum inuentum est, ac si eodem die fuisset defuncta, ... 4.19 (245.10)
ita aptum corpori uirginis sarcofagum inuentum est, ac si ei specialiter praeparatum fuisset; . . . 4.19 (246.24)
inuentum est, eadem hora transitum eius illis ostensum esse per uisionem, ... 4.23 (258.2)
inuentus. ut nullus exinde sit inuentus, qui eius resuscitator existeret. 2.1 (76.12)
Quod dum faceret, inuentus est, et captus a uiris hostilis exercitus, ... 4.22 (250.4)
uniuersorum iudicio absque crimine accusatus fuisse, et episcopatu esse dignus inuentus est. . . . 5.19 (326.23)
Cumque catholicus fide cum suis esset inuentus, ... 5.19 (326.30)
INVENTIO. inuentione. sed et in mensis primi nonnumquam inuentione falluntur. 5.21 (338.32)
inuentionis. et dies passionis uel inuentionis eorum congrua illis in locis ueneratione celebratus. . . . 5.10 (301.10)
INVESTIGABILIS, e. **inuestigabili.** quippe quae sui magnitudine ita inuisibili atque inuestigabili aeternitate consistit, ... 2.10 (100.28)
INVESTIGATIO. inuestigatione. una cum eo residentes subtili cuncta inuestigatione perquirite, ... 1.28 (62.22)
INVESTIGO. inuestigabam. et causam, quam nesciebam, diligentissime inuestigabam. 2.1 (77.30)
inuestigantes. et inuestigantes, unde uel quis esset, abstulerunt corpus, ... 1.33 (71.3)
INVETERASCO (-ESCO). inueterascat. 'Numquam inueterescat [inueterascat] haec manus.' . . . uar. 3.6 (138.23)
inueterescat. 'Numquam inueterescat haec manus.' 3.6 (138.23)
INVETERO. inueterare. ea, quae quondam cognita longo usu uel neglegentia inueterare coeperunt, . . 5.20 (331.34)
inueteratam. inmutauit piis ac sedulis exhortationibus inueteratam illam traditionem parentum eorum, 5.22 (346.29)
inueterati. ipsi adhuc inueterati et claudicantes a semitis suis, et capita sine corona praetendunt, . . 5.22 (347.13)
INVICEM. quamuis ad se inuicem pertingere non possint. 1.12 (25.30)
pugnabant contra inuicem, qui hostem euaserant, ciues. 1.22 (41.24)
conferentes ad inuicem, ... 2.2 (83.24)
prouinciae, quae eatenus ab inuicem discordabant, ... 3.6 (138.33)
Siquidem congregato contra inuicem exercitu, ... 3.14 (155.7)
Vidit et quattuor ignes in aere non multo ab inuicem spatio distantes. 3.19 (165.20)
Crescentes uero paulatim ignes usque ad inuicem sese extenderunt, ... 3.19 (165.30)
ut uirtutem dilectionis et pacis ad inuicem et ad omnes fideles seruarent; 4.3 (209.8)
Qui cum inuicem concordare non possent, ... 4.4 (213.16)
bini aestus oceani, . . . sibimet inuicem cotidie conpugnantes occurrunt ultra ostium fluminis Homelea, 4.16 (238.19)
de seruanda eas inuicem, immo cum omnibus pace euangelica ammoneret; 4.23 (256.30)
postquam enim ab inuicem digressi fuerimus, ... 4.29 (274.22)
non ultra nos in hoc saeculo carnis obtutibus inuicem aspiciemus. 4.29 (274.24)
quia et digredientes ab inuicem non se ultra corporaliter uiderunt, ... 4.29 (275.10)
egredientes e corpore spiritus eorum mox beata inuicem uisione coniuncti sunt, ... 4.29 (275.13)
ut cursu maiore equos suos inuicem probare liceret. 5.6 (289.24)
moxque ut ad se inuicem perueniunt, moriar, ... 5.13 (312.28)
INVIDEO. inuiderent. uiros ad recuperandam tendere populorum salutem inuiderent; 1.17 (34.14)
INVIDIA. inuidia. quam nouerat scientiam diuinae cognitionis libenter ac sine inuidia populis Anglorum communicare curauit; 5.22 (347.6)
inuidiae. contentioni, inuidiae, . . . sua colla, . . . subdentes. 1.14 (30.7)
INVIDVS, a, um. **inuidus.** qui diuinae bonitatis operibus inuidus aemulusque consistit, ... 2.10 (103.6)
INVIGILO. inuigilauerit. quam studiose erga saluationem nostrae gentis inuigilauerit, ... 1.30 (64.29)
inuigilent. et canendis psalmis inuigilent, ... 1.27 (49.10)
inuigilet. et ita in amore Redemtoris sui inmutilata deuotione persistens inuigilet, ... 2.11 (105.5)
INVINCIBILIS, e. **inuincibilem.** quae praemissae adiuncta cohorti inuincibilem fecit exercitum. . . . 1.15 (31.9)
INVIOLATVS, a, um. **inuiolata.** inuenta est in omnibus fides inuiolata catholica; 4.18 (242.16)
Xriste, tui est operis, quia uestis et ipsa sepulchro Inuiolata nitet: 4.20 (248.22)
inuiolatam. fidem Brittani . . . inuiolatam integramque quieta in pace seruabant. 1.4 (16.11)
inuiolatum. ut ritum fidei . . . inuiolatum seruare licentiam haberet. 1.25 (45.25)
INVISIBILIS, e. **inuisibilem.** Deum potius intellegundum maiestate inconprehensibilem, humanis oculis inuisibilem, ... 3.22 (172.3)
inuisibili. quippe quae sui magnitudine ita inuisibili atque inuestigabili aeternitate consistit, ... 2.10 (100.28)
inuisibilibus. superatisque hostibus uel inuisibilibus, ... 1.20 (39.23)
INVITATIO. inuitatione. ac per hoc curam illius praefatus Paulinus inuitatione Honorii antistitis . . . suscepit 2.20 (126.16)
INVITO. inuitante. sedem suam et episcopatum ipso rege inuitante recepit. 5.19 (327.12)
inuitare. Sed et ipsum per loca, in quibus doceret, multi inuitare curabant. 4.18 (241.31)
inuitaret. uel ad fidei suscipiendae sacramentum, si infideles essent, inuitaret; 3.5 (136.5)
inuitari. quod plerumque solent caritatis causa inuitari, ... 1.28 (62.14)
inuitata. Vt inuitata Brittaniam gens Anglorum, . . . aduersarios longius eiecerit; 1.15 (30.24)
Saxonum gens, inuitata a rege praefato, ... 1.15 (30.30)
inuitati. Pallium . . . fraternitati tuae, benignitatis studiis inuitati, direximus, ... 2.8 (96.23)
quam pro tantarum prouinciarum spatiis, . . . sumus inuitati concedere, ... 2.17 (120.2)
inuitatus. Hengist, qui cum filio suo Oisc inuitatus a Vurtigerno Brittaniam primus intrauit, . . . 2.5 (90.21)
cantandi magister . . . Stephanus fuit, inuitatus de Cantia a reuerentissimo uiro Vilfrido, . . . 4.2 (205.16)
Quod si semel susceptus noluerit inuitatus redire, ... 4.5 (216.16)
INVITVS, a, um. **inuita.** et per hoc, quod inuita patitur, ... 1.27 (55.21)
inuiti. Quod cum aduersarii, inuiti licet, concederent, ... 2.2 (82.3)
inuitis. Germanum uenire inuitis uaticinationibus nuntiabant; 1.21 (40.11)
inuitum. inuitum monasterio eruentes duxerunt in certamen, ... 3.18 (163.5)
inuitus. in Brittania inuitus propemodum ab exercitu imperator creatus, ... 1.9 (23.13)
Et homo, . . . reatum culpae portet inuitus. 1.27 (56.22)
in delectatione carnali aliquo modo ligatur inuitus, ... 1.27 (61.22)
captiuus ex delectatione, quam portat inuitus. 1.27 (62.2)
INVOCO. inuocantes. et inuocantes diuinae auxilium pietatis, caelitus se uindicari continuis diu inprecationibus postulabant. 4.26 (266.20)
inuocaret. continuo misericordiam Domini inuocaret, ... 4.3 (210.20)
inuocat. qui periculi inmanitate constantior, Christum inuocat, ... 1.17 (34.23)
ac deinde Germanus . . . inuocat Trinitatem; 1.18 (36.13)
INVOLVO. inuolutum. ut librum beati Iob magnis inuolutum obscuritatibus mystica interpretatione discuteret; 2.1 (75.17)
inuolutum. Sed et linteamina omnia, quibus inuolutum erat corpus, integra apparuerunt, ... 4.19 (246.2)
inuolutum. uidit manifeste quasi corpus hominis, . . . sindone inuolutum in sublime ferri, ... 4.9 (222.14)
et inuolutum nouo amictu corpus, nouaque in theca reconditum, supra pauimentum sanctuarii posuerunt. 4.30 (277.16)
IPSE, a, um, *omitted.*
IRA. ira. ut auferatur furor tuus et ira tua a ciuitate ista, ... 1.25 (46.26)
Et laudabilis ergo est ira contra uitium, ... 1.27 (58.18)

ne forte nos . . . repentina eius ira corripiat, 4.25 (266.10)
ira. mox ira succensus nimia, 1.7 (19.3)
'Turbatus est prae ira oculus meus.' 1.27 (58.13)
in ira suum oculum turbatum dolebat; 1.27 (58.15)
'Deiri; de ira eruti, et ad misericordiam Christi uocati. 2.1 (80.18)
Respondebant omnes placidissimam se mentem ad illum, et ab omni ira remotam habere, 4.24 (262.2)
petiitque, ut consilium sibi daret, quo posset fugere a uentura ira. 4.25 (263.16)
irae. animum irae et auaritiae uictorem, superbiae simul et uanae gloriae contemtorem; 3.17 (161.18)
iram. Quod illi uidentes mox in iram conuersi sunt, 2.2 (83.12)
qua correcti per ieiunia, fletus, et preces iram a se, instar Nineuitarum, iusti Iudicis auerterent. 4.25 (262.30)
IRACVNDIA. iracundia. Tum iudex repletus iracundia dixit: 1.7 (19.23)
iracundiam. quae Deum offendunt, et ad iracundiam prouocant, 1.28 (62.23)
IRASCOR. irascendo. sicut saepe irascendo culpas insequimur, 1.27 (58.9)
irati. et quae possident, ipsis seruant, quos irati insequi uidentur. 1.27 (50.13)
iratos. nil aliud respondere potuerunt, nisi ob hoc se iratos fuisse et inimicos regi, 3.22 (173.20)
iratus. Contra uitia quippe delinquentium iratus fuerat, 1.27 (58.13)
Iratus autem tetigit regem iacentem uirga, 3.22 (174.5)
iratus est ualde, quod ad se uenire uolentes peregrini non permitterentur; 5.10 (300.22)
IRMINRIC, *father of Ethelbert, King of Kent.*
Irminrici. Erat autem idem Aedilberct filius Irminrici, 2.5 (90.18)
IRRATIONABILIS (INR-), e. **inrationabilis.** 'Cuius obseruantiae catholica ratione patefacta, patet e contrario error inrationabilis eorum, 5.21 (337.27)
IRREPO (INR-). inrepunt. qui uidelicet modo cum magno tormento inrepunt in interiora corporis mei, 5.13 (312.27)
IRREPREHENSIBILIS (INR-), e. **inreprehensibiles.** et uos omnipotenti Deo inreprehensibiles repraesentet. 2.17 (119.24)
IRRIGO (INR-). inrigandis. scientiae salutaris cotidie flumina inrigandis eorum cordibus emanabant; 4.2 (204.26)
IRRISIO (INR-). inrisiones. ut se etiam inrisiones et obprobria pro illo libenter ac promte omnia sufferre ipso etiam frontispicio doceant; 5.21 (343.19)
IRRITVS, a, um. **irritum.** ut pactum, quod cum tanto rege inii, ipse primus irritum faciam, 2.12 (108.10)
IRRVMPO (INR-). inrumpit. Brittaniae terras longe lateque inrumpit, 1.12 (25.30)
inrumpunt. mox aduecti nauibus inrumpunt terminos, 1.12 (26.30)
IRRVO (INR-). inruentium. Cum . . . tumultus inruentium turbarum non facile ferret, 3.19 (167.26)
IRRVPTIO (INR-). inruptio. quia et inde barbarorum inruptio timebatur, 1.12 (27.28)
inruptione. ut, . . . ibi praesidio ualli fines suos ab hostium inruptione defenderent. 1.12 (26.21)
inruptiones. creberrimas gentium aquilonalium inruptiones; 1.14 (30.19)
cum acerbas atque intolerabiles pateretur inruptiones saepe dicti regis Merciorum, 3.24 (177.14)
inruptionis. ante biennium Romanae inruptionis, 1.11 (24.21)
IS, ea, id *omitted.*
ISAAC, *son of Abraham and Sarah.*
Isaac. 'In principium Genesis, usque ad natiuitatem Isaac et eiectionem Ismahelis, libros IIII. 5.24 (357.25)
ISAIAS, *Isaiah, the prophet.*
Isaia. sicut scriptum est in Isaia: 3.29 (197.6)
Isaiae. ut, iuxta prophetiam Isaiae, 'in cubilibus, . . . orietur uiror calami et iunci,' 3.23 (175.16)
Isaiam. In Isaiam, Danihelem, XII prophetas, et partem Hieremiae, distinctiones capitulorum ex tractatu beati Hieronimi excerptas. 5.24 (358.6)
In Isaiam prophetam, Ezram quoque et Neemiam. 5.24 (358.18)
Isaias. una de eo, quod ait Isaias: 'Et claudentur ibi in carcerem, 5.24 (358.32)
ISMAHEL, *Ishmael, son of Abraham and Hagar.*
Ismahelis. 'In principium Genesis, usque ad natiuitatem Isaac et eiectionem Ismahelis, libros IIII. 5.24 (357.26)
ISRAEL. Israel. 'Parum,' inquit, 'est, ut mihi sis seruus ad suscitandas tribus Iacob, et feces Israel conuertendas. 3.29 (197.11)
Canebat . . . de egressu Israel ex Aegypto, et ingressu in terram repromissionis, 4.24 (261.1)
ubi liberandus de Aegypto populus Israel primum pascha facere iubetur, 5.21 (334.14)
Loquimini ad uniuersum coetum filiorum Israel et dicite eis: 5.21 (334.18)
immolabitque eum uniuersa multitudo filiorum Israel ad uesperam." 5.21 (334.22)
in qua percussis Aegyptiis Israel est a longa seruitute redemtus. 5.21 (334.29)
peribit anima illa de Israel, 5.21 (335.1)
"Profecti igitur de Ramesse XV[a] die mensis primi, altera die phase, filii Israel in manu excelsa." 5.21 (335.11)
de mansionibus filiorum Israel una; 5.24 (358.32)
ISRAELITICVS, a, um, *of Israel.*
Israelitica. Ipsa est enim eadem nox, in qua de Aegypto per sanguinem agni Israelitica plebs erepta est; 5.21 (336.23)
Israeliticae. ita ut Sauli quondam regi Israeliticae gentis conparandus uideretur, 1.34 (71.12)
Israelitico. Sic Israelitico populo in Aegypto Dominus se quidem innotuit; 1.30 (65.29)
ISSICIO. esoce. et quidem praecipue issicio [esoce] abundat, uar. 1.1 (10.4)
issicio. et quidem praecipue issicio abundat, 1.1 (10.4)
ISTE, a, ud. **ista.** 1.23 (43.4); 1.29 (64.7); 2.8 (95.15); 2.10 (100.19); 2.18 (121.11).
ista. 1.25 (46.27).
ista. 5.12 (308.9).
ista. 5.13 (313.5).
iste. 1.24 (43.31); 1.27 (58.24); 1.29 (63.15); 2.17 (118.32); 3.19 (164.18); 3.19 (165.34); 4.24 (259.32); 5.12 (308.24); 5.13 (312.22); 5.14 (314.34); 5.15 (316.30); 5.21 (334.16).
isti. 2.1 (80.16); 4.17 (240.17); 4.23 (258.6); 5.13 (313.16).
istis. 5.19 (330.22).
isto. 4.25 (264.31).
istos. 2.19 (123.30).
istud. 4.17 (239.4).
istum. 5.21 (335.21).
ITA. 1.1 (10.31); 1.1 (11.32); 1.1 (12.27); 1.5 (16.27); 1.7 (20.10); 1.12 (28.7); 1.13 (28.27); 1.14 (30.1); 1.15 (32.6); 1.17 (35.7); 1.17 (35.32); 1.18 (36.18); 1.18 (37.3); 1.19 (38.3); 1.22 (41.29); 1.26 (47.24); 1.27 (50.15); 1.27 (51.28); 1.27 (52.1); 1.27 (52.11); 1.27 (52.16); 1.27 (55.1); 1.27 (55.17); 1.27 (56.18); 1.27 (56.29); 1.27 (60.20); 1.27 (62.1); 1.28 (62.15); 1.28 (62.23); 1.29 (63.25); 1.29 (63.31); 1.29 (64.4); 1.30 (64.29); 1.34 (71.12); 2.1 (73.14); 2.1 (76.26); 2.1 (77.22); 2.2 (83.31); 2.5 (90.29); 2.5 (91.23); 2.8 (96.27); 2.9 (97.12); 2.10 (100.28); 2.10 (102.26); 2.11 (105.4); 2.12 (109.7); 2.13 (112.17); 2.15 (116.6); 2.17 (119.3); 2.19 (123.23); 3.2 (130.15); 3.2 (131.1); 3.5 (137.27); 3.6 (138.24); 3.8 (144.20); 3.8 (144.22); 3.12 (151.12); 3.14 (156.5); 3.14 (156.13); 3.16 (159.20); 3.17 (160.4); 3.19 (166.4); 3.19 (166.31); 3.19 (167.21); 3.19 (168.20); 3.25 (184.19); 3.25 (185.26); 3.25 (186.23); 3.25 (188.29); 3.26 (191.6); 3.29 (196.27); 3.30 (200.7); 4.1 (203.9); 4.2 (204.27); 4.3 (210.1); 4.5 (217.6); 4.8 (221.14); 4.9 (222.24); 4.9 (222.32); 4.9 (223.26); 4.9 (223.27); 4.9 (224.2); 4.11 (226.27); 4.14 (235.9); 4.14 (235.30); 4.16 (237.7); 4.18 (242.11); 4.19 (243.13); 4.19 (245.9); 4.19 (245.19); 4.19 (245.34); 4.19 (246.3); 4.19 (246.24); 4.23 (254.10); 4.23 (258.19); 4.24 (258.29); 4.24 (262.11); 4.24 (262.14); 4.25 (263.3); 4.25 (264.4); 4.26 (266.18); 4.29 (275.20); 4.29 (276.1); 4.30 (276.18); 4.31 (278.11); 4.31 (278.17); 4.32 (280.27); 5.4 (287.3); 5.5 (288.6); 5.6 (289.15);

5.6 (289.27); 5.10 (301.7); 5.11 (303.1); 5.13 (311.30); 5.15 (315.24); 5.17 (319.13); 5.19 (322.26); 5.19 (328.26); 5.19 (329.5); 5.21 (334.23); 5.21 (335.30); 5.21 (336.8); 5.21 (338.17); 5.**21** (339.14); 5.21 (339.23); 5.21 (340.7); 5.21 (342.6); 5.21 (342.23); 5.21 (343.2); 5.21 (343.3); 5.21 (343.12); 5.21 (344.3); 5.21 (344.24); 5.21 (345.26); 5.23 (348.26); Cont. (361.7).

ITALIA, *Italy.*
Italia. in . . . Italia, . . . longissima dies siue nox XV, breuissima VIIII conpleat horas. 1.1 (11.8)
fratremque eius Valentinianum Augustum Italia expulit. 1.9 (23.17)
quos in Italia clariores nosse uel audire poterat, 2.1 (76.23)
hoc in Italia, hoc in Gallia, . . . ab omnibus agi conspeximus; 3.25 (184.22)
Italiae. quem cum episcopis Italiae . . . conposuit, 2.1 (77.2)
Et cum idem papa reuerentissimus cogeret synodum episcoporum Italiae, 2.4 (88.16)
Ronan, . . . in Galliae uel Italiae partibus regulam ecclesiasticae ueritatis edoctus. 3.25 (181.20)
Italiam. atque in Italiam transire meditantem, 1.9 (23.15)
ITALIVCM MARE, *the Italian Sea.*
Italici maris. Romanus . . . legatarius missus absortus fuerat fluctibus Italici maris; 2.20 (126.15)
ITAQVE. Praef. (6.24); 1.1 (12.10); 1.3 (15.7); 1.5 (17.1); 1.7 (21.10); 1.15 (32.28); 1.17 (35.11); 1.18 (36.21); 1.20 (38.14); 1.20 (39.22); 1.21 (41.9); uar. 1.23 (42.24); 1.27 (54.11); 1.27 (54.29); 1.27 (55.12); 1.27 (56.3); 1.27 (58.20); 1.27 (61.31); 1.31 (67.7); 1.32 (68.22); 1.32 (69.19); 1.32 (69.31); 2.1 (74.24); 2.2 (84.22); 2.5 (92.1); 2.9 (98.11); 2.20 (125.26); 3.7 (139.21); 3.10 (147.6); 3.19 (164.8); 3.25 (185.19); 3.29 (198.10); 3.29 (198.33); 4.2 (205.20); 4.3 (206.30); 4.5 (217.7); 4.13 (230.19); 4.17 (239.22); 5.10 (300.16); 5.21 (337.15); 5.21 (340.28); 5.23 (350.10).
ITEM. 1.1 (11.6); 2.19 (123.6); 3.25 (186.29); 3.25 (187.20); 4.8 (221.7); 4.24 (261.6); 5.5 (288.1); 5.5 (288.2); 5.14 (313.26); 5.16 (317.20); 5.17 (318.23); 5.21 (334.30); 5.21 (341.18); 5.24 (358.3); 5.24 (358.13); 5.24 (358.28); 5.24 (358.30); 5.24 (359.4); 5.24 (359.25); 5.24 (359.27).
ITER. **iteneris.** dum feruens equus quoddam itineris [iteneris] concauum ualentiore impetu transiliret, . uar. 5.6 (290.11)
iter. contigit, ut quidam equo sedens iter iuxta locum ageret illum; 3.9 (145.30)
iter faciens iuxta ipsum locum, 3.10 (146.27)
obsecrans eum pro se suisque, qui tantum iter erant adgressuri, Domino supplicare. 3.15 (158.2)
qui crebris accusationibus inprobi iter illi caeleste intercludere contendebant; 3.19 (165.3)
iussit eum Theodorus, ubicumque longius iter instaret, equitare, 4.3 (206.26)
Vnde intellegentes a Domino suum iter esse prosperatum, 4.19 (245.6)
a quo sibi sperabat iter salutis posse demonstrari, 4.25 (263.14)
uidimus in ipsa insula Farne egressum de latibulis suis . . . Oidilualdum iter nostrum inspicere. 5.1 (282.8)
contigit die quadam nos iter agentes cum illo deuenisse in uiam planam et amplam, 5.6 (289.20)
ut in crastinum ascendens equum cum ipso iter in alium locum facerem; 5.6 (291.27)
Dic ergo illi, quia non ualet iter, quod proposuit, inplere; 5.9 (297.12)
nihilominus temtauit iter dispositum cum fratribus memoratis incipere. 5.9 (298.4)
qui mox conuersus ad dextrum iter, quasi contra ortum solis brumalem me ducere coepit. 5.12 (307.6)
Benedictus coeptum iter nauiter Romam usque conpleuit. 5.19 (324.2)
respondit propositum se . . . patria relicta, Romam iter agere coepisse. 5.19 (324.15)
obsecrans sedulo, ut, cum patriam reuerteretur, per se iter facere meminisset. 5.19 (324.19)
sic Romam ueniendi iter repetiit; 5.19 (326.20)
itinere. et pergens itinere suo peruenit ad uicum quendam uespere, 3.10 (147.8)
qui terrestri quidem itinere illo uenire, . . . disponebat, 3.15 (157.29)
ac cupito itinere domum remittet.' 3.15 (158.9)
Etiam si in itinere pergens inueniretur, 3.26 (191.8)
rogatusque multum a fratribus, ut Romam reuertens, illo itinere ueniret, 4.18 (242.25)
Qui etsi in itinere defunctus est, 4.18 (242.27)
contigit, eum die quadam de monasterio illo longius egressum, . . . peracto itinere redire. 4.25 (264.16)
rediens domum, repentina medio itinere molestia tactus est, 4.31 (278.10)
nec tamen a praeparando itinere, quo ad gentes docendas iret, cessare uolebat. 5.9 (297.24)
coeptoque itinere Brittaniam uenit. 5.19 (329.22)
itineris. usque ad medium itineris, . . . nauis tuta uolabat. 1.17 (34.10)
uenti e contrario ad itineris ministeria reuertuntur, 1.17 (34.28)
ut, die reddito, itineris laborem subiret intrepidus. 1.19 (38.4)
iamque aliquantulum itineris confecissent, 1.23 (42.25)
Nec labor uos ergo itineris, nec maledicorum hominum linguae deterreant; 1.23 (43.10)
Si longinquitas itineris magna interiacet, 1.27 (52.3)
quia nihil de prosperitate uestri itineris audisse nos contigit. 1.30 (65.3)
antistitem, . . . minime ualuimus nunc repperire pro longinquitate itineris. 3.29 (198.3)
iuxta quod mihi presbyter, qui comes itineris illi et cooperator uerbi extiterat, referebat, 3.30 (199.29)
postquam itineris sui causam praefato papae apostolico patefecit, 4.1 (201.21)
et ob id maiorem huius itineris peragendi notitiam haberet, 4.1 (202.32)
Vilfridumque episcopum ducem sibi itineris fieri, . . . rogaret. 4.5 (214.19)
denique ibidem adiutores itineris et iniuncti operis accepit. 4.18 (242.26)
dum feruens equus quoddam itineris concauum ualentiore impetu transiliret, 5.6 (290.11)
Cumque iam naui inposuissent, quae tanti itineris necessitas poscebat, 5.9 (298.6)
antistes misit eum Romam, dato duce itineris, 5.19 (324.17)
antistes misit eum Romam, . . . cunctis simul, quae necessitas poscebat itineris, largiter subministratis; 5.19 (324.18)
ITERATO. nuntiatur . . . Pelagianam peruersitatem iterato paucis auctoribus dilatari; 1.21 (39.32)
ITERVM. quibus iterum in Brittaniam primo uere transuectus, 1.2 (14.4)
Et iterum: 'Oculos habent, et non uident; 2.10 (102.15)
2.18 (121.13); 3.19 (164.32); 3.29 (197.8); 4.8 (221.19); 4.17 (240.9); 5.12 (304.12).
ITHAMAR (*d.* 655?), *Bishop of Rochester; the first native bishop.*
Ithamar. Vt, defuncto Paulino, Ithamar pro eo Hrofensis ecclesiae praesulatum susceperit; 3.14 (154.3)
quem ordinaturus uenit illuc Ithamar, antistes ecclesiae Hrofensis. 3.20 (169.15)
Ithamar. In cuius locum Honorius archiepiscopus ordinauit Ithamar, 3.14 (154.21)
Ithamar. et ipse, defuncto Ithamar, consecrauit pro eo Damianum, 3.20 (169.19)

I (*cons.*)

IACEO. **iacebat.** ad eum habitaculum, in quo idem iacebat, . . . ferebatur. 1.19 (37.14)
non pauco tempore recubans in lectulo iacebat. 4.14 (233.23)
contigit forte ipsum puerum hora ferme secunda diei in loco, in quo eger iacebat, solum inueniri; 4.14 (234.2)
quae iacebat multo, ut dixi, dolore constricta, 5.3 (286.3)

ita ut tribus septimanis non posset de cubiculo, in quo iacebat, foras efferri. 5.4 (287.5)
Miserat autem episcopus mulieri, quae infirma iacebat, de aqua benedicta, 5.4 (287.18)
Sic delatus in Maeldum ciuitatem Galliae IIII diebus ac noctibus quasi mortuus iacebat, 5.19 (328.25)
iacens. quod uero iacens et infirmus defenderat, 1.19 (37.20)
ita ut corruens in terram, et aliquandiu pronus iacens, uix tandem resurgeret. 4.31 (278.12)
iacens. ipsaque iacens in lecto prae nimietate doloris iam moritura uideretur. 5.3 (285.18)
iacente. ac iacente ferro esset inter carnifices iusta cunctatio, 1.7 (20.25)
iacentem. quae manu extensa iacentem uideretur adtollere, 1.19 (38.2)
Iratus autem tetigit regem iacentem uirga, 3.22 (174.6)
iacentem. quae perditis nonnulla ex parte his, . . . rebus, ipsam in latus iacentem inter undas relinqueret; 5.9 (298.9)
iacere. Studens autem uir Domini . . . sic in eo monasterii fundamenta iacere, 3.23 (175.24)
iacerem. Et quia moueri non poteram, tetenderunt ibidem papilionem, in quo iacerem. 5.6 (290.23)
iaceret. qui cum die illo et nocte sequenti inter cadauera occisorum similis mortuo iaceret, 4.22 (249.27)
iacet. Et quia prope sub ipso septentrionali uertice mundi iacet, 1.1 (10.31)
Haec circa aerea rota iacet, usque ad ceruicem alta, 5.17 (319.4)

IACINTINVS, a, um. **iacintini.** omnis quidem coloris . . . id est et rubicundi, et purpurei, et iacintini, 1.1 (10.10)

IACIO. iacta. strenuissime fundamenta ecclesiae, quae nobiliter iacta uidit, augmentare, 2.4 (87.5)
iecerint. quod . . . daemonia eiecerint [iecerint], uar. 3.25 (187.30)
iecti. a mansionibus ac possessiunculis suis eiecti [iecti], uar. 1.12 (28.9)
iectis. et eiectis [iectis] principibus regis non proprii, uar. 3.24 (180.22)

IACOB, *Jacob, son of Isaac and Rebekah.*
Iacob. 'Parum,' inquit, 'est, ut mihi sis seruus ad suscitandas tribus Iacob, 3.29 (197.10)

IACOBVS, *St. James the Just.*
Iacobus. Hinc quod eidem Paulo Iacobus ait: 3.25 (185.14)

IACOBVS, IACOB (*fl.* 664), *James, deacon of Paulinus; one of the most skilful teachers of singing in the early English Church.*
Iacob. Obseruabat autem Iacob diaconus . . . uerum et catholicum pascha 3.25 (181.26)
Iacobo. primusque, excepto Iacobo, . . . cantandi magister Nordanhymbrorum ecclesiis . . . Stephanus fuit, 4.2 (205.14)
Iacobum. Habuit autem secum in ministerio et Iacobum diaconum, 2.16 (117.30)
Reliquerat autem in ecclesia sua Eburaci Iacobum diaconum, 2.20 (126.21)
Iacobus. Iacobus et Romanus in horum parte erant; 3.25 (183.21)

IACTO. iactabat. illis copiis, quibus nihil resistere posse iactabat, 3.1 (128.20)
iactando. non profectum iactando uirtutum, 2.1 (74.13)
iactari. quae uicissim huc inde uidebantur quasi tempestatis impetu iactari. 5.12 (305.6)
iactatus. multisque domique forisque Iactatus nimium per tempora longa periclis, 5.19 (330.25)
iactauerunt. arripientes inmundi spiritus unum de eis, quos in ignibus torrebant, iactauerunt in eum, 3.19 (166.24)

ACTVRA. iactura. ut nulla possit ecclesiarum uestrarum iactura per cuiuslibet occasionis obtentum quoquo modo prouenire; 2.18 (121.31)

IACTVS. iactus. unde habet ingressum amplitudinis quasi iactus fundae; 4.13 (232.12)

IACVLOR. iaculatur. Mouet enim aera Dominus, uentos excitat, iaculatur fulgora, de caelo intonat, 4.3 (211.1)

IAM. 1.1 (10.33); 1.7 (19.18); 1.7 (20.33); 1.15 (32.8); 1.17 (34.20); 1.20 (39.3); 1.23 (42.24); 1.27 (49.12); 1.27 (50.34); 1.27 (52.22); 1.27 (54.4); 1.27 (59.26); 1.30 (65.22); 1.30 (65.35); 1.32 (69.11); 2.1 (73.12); 2.1 (74.10); 2.1 (75.25); 2.1 (78.10); 2.1 (78.12); 2.1 (78.17); 2.1 (79.24); 2.2 (83.26); 2.2 (84.31); 2.5 (91.26); 2.6 (92.16); 2.7 (94.17); 2.13 (112.26); 3.2 (129.29); 3.2 (130.23); 3.3 (131.8); 3.3 (132.13); 3.4 (133.20); uar. 3.6 (138.14); 3.8 (143.22); 3.11 (149.15); 3.12 (151.15); 3.12 (151.17); 3.13 (152.18); 3.19 (164.1); 3.19 (166.14); 3.22 (172.20); 3.28 (195.7); 3.28 (195.25); 4.1 (202.30); 4.2 (206.5); 4.3 (209.12); 4.3 (209.22); 4.3 (210.22); 4.8 (220.22); 4.8 (221.14); 4.9 (222.1); 4.9 (222.33); 4.9 (223.14); 4.11 (225.21); 4.14 (233.1); 4.18 (241.26); 4.18 (242.9); 4.20 (247.10); 4.20 (248.5); 4.20 (248.11); 4.20 (248.13); 4.23 (255.16); 4.23 (257.24); 4.24 (261.28); 4.25 (264.11); 4.29 (274.1); 4.29 (274.6); 4.30 (276.12); 5.3 (285.19); 5.5 (288.8); 5.5 (288.15); 5.6 (291.8); 5.7 (292.20); 5.9 (298.5); 5.11 (303.17); 5.11 (303.19); 5.12 (304.10); 5.12 (307.34); 5.14 (314.24); 5.19 (322.31); 5.19 (329.1); 5.21 (341.9); 5.21 (341.10); 5.21 (341.14); 5.21 (344.30); 5.22 (347.12); 5.23 (350.21); 5.24 (353.19).

IAMDVDVM. 1.9 (23.5); 2.15 (116.2); 3.3 (131.27); 3.3 (132.33); 3.25 (183.24); 4.4 (214.4); 4.29 (274.12); 5.8 (294.22); 5.19 (328.8); 5.21 (332.23).

IAMIAMQVE. et iamiamque essent manus ad panem benedicendum missuri, 3.6 (138.14)
fugerunt foras nil ardenti domui et iamiamque perituræ prodesse ualentes. 3.10 (147.19)
iamiamque uideret se esse perimendum, 3.12 (151.28)
"Vides," inquit, "quia iamiamque crescente corporis molestia ad articulum subeundae mortis conpellor; 3.13 (153.2)
Cumque . . . mortem sibi omnes inminere, et iamiamque adesse uiderent, 3.15 (158.16)
ita ut, deficiente penitus omni membrorum officio, iamiamque moriturus esse uideretur; 5.5 (288.7)

IANVA. ianuam. At illa aperiens ianuam monasterii, exiuit ipsa 3.11 (149.27)
Sed uir Dei ubi ad patefactam usque inter flammas ianuam peruenit, 3.19 (166.23)
cum in eo nullam ianuam, uel fenestram, uel ascensum alicubi conspicerem. 5.12 (307.12)
qui non uult ecclesiae ianuam sponte humiliatus ingredi, 5.14 (314.10)
necesse habet in ianuam inferni non sponte damnatus introduci. 5.14 (314.11)
ianuis. quia tamen eius humanitas ad insinuationem sui reseratis cordis ianuis, 2.10 (101.1)

IANVARIVS, a, um, *of January.*
Ianuariarum. Berctuald archiepiscopus longa consumtus aetate defunctus est die Iduum Ianuariarum; 5.23 (349.30)
Ianuario. apparebantque mense Ianuario, et duabus ferme septimanis permanebant. 5.23 (349.13)

IARVMAN (*d.* 667?), *Bishop of Mercia.*
Iaruman. habuitque primum episcopum Trumheri, . . . secundum Iaruman, tertium Ceaddan, quartum Vynfridum. 3.24 (180.28)
misit ad corrigendum errorem, reuocandamque ad fidem ueritatis prouinciam Iaruman episcopum, 3.30 (199.27)
Iarumanni. Vt Orientales Saxones . . . per instantiam Iarumanni episcopi mox sint ab errore correcti. 3.30 (199.8)
Iarumanno. cum mortuo Iarumanno sibi quoque suisque a Theodoro episcopum dari peteret, 4.3 (206.15)

IECTIO. iectionem. 'In principium Genesis, usque ad natiuitatem Isaac et eiectionem [iectionem] Ismahelis, libros IIII. uar. 5.24 (357.26)

IEIVNIVM. ieiunia. Multos autem preces uiuentium, et elimosynae, et ieiunia, et maxime celebratio missarum, . . . adiuuant. 5.12 (308.19)
ieiunia. quia Dominus exaudiuit preces uestras, et deuotionem ac ieiunia propitius aspexit; 4.14 (234.15)
qua correcti per ieiunia, fletus, et preces iram a se, instar Nineuitarum, iusti Iudicis auerterent. 4.25 (262.30)
corpus senile inter cotidiana ieiunia domabat, 5.12 (310.33)
ieiunii. Cum ergo secunda memorati ieiunii ac supplicationum dies ageretur, 4.14 (233.24)
ieiuniis. orationibus uidelicet assiduis, uigiliis ac ieiuniis seruiendo, 1.26 (46.33)
et ideo ieiuniis, psalmis, et orationibus, quantum uales, insiste, 4.25 (263.18)
ieiuniis. Vt . . . Cedd locum monasterii . . . accipiens orationibus et ieiuniis Domino consecrauerit; 3.23 (174.22)
Studens autem uir Domini . . . locum primo precibus ac ieiuniis a pristina flagitiorum sorde purgare, 3.23 (175.22)
ut accepta nuper loca . . . prius orationibus ac ieiuniis Domino consecrent. 3.23 (175.34)
et cum rex pascha dominicum solutis ieiuniis faceret, 3.25 (182.4)

idem Iohannes, defuncto Bosa uiro multae sanctitatis et humilitatis, episcopus pro eo Eboraci substitutus, 5.3 (285.5)
Iohannis. utrumque per ministerium reuerentissimi episcopi Iohannis, iubente Ceolfrido abbate, suscepi. 5.24 (357.17)
IOSEPH, *Joseph, son of Jacob and Rachel.*
Ioseph. At Ioseph et ipse castitatis, humilitatis, pietatis, ceterarumque uirtutum exsecutor . . . patet 5.21 (342.11)
IOSVA, *Joshua.*
Iosue. Item, Capitula lectionum in Pentateucum Mosi, Iosue, Iudicum; 5.24 (358.14)
IVBAR. iubar. Splendificumque iubar radianti carperet haustu, 5.7 (293.13)
IVBEO. iubeas. et in electorum tuorum iubeas grege numerari.' 2.1 (78.34)
si integram septimanam iubeas abstinendo transigere.' 4.25 (263.28)
iubeatur. in caeli faciem prodeunte, agnus immolari iubeatur; 5.21 (334.27)
iubebatur. martyre, quem percutere iubebatur, 1.7 (20.23)
et mane rediens, optimo carmine, quod iubebatur, conpositum reddidit. 4.24 (260.24)
iubemur. primo mense anni, qui etiam mensis nouorum dictus est, pascha facere iubemur; 5.21 (339.33)
iubente. iubente Honorio, Constantius comes in Galliam cum exercitu profectus, 1.11 (24.30)
iubente eodem rege, 1.15 (31.1)
Quod cum iubente rege faceret, 2.13 (112.25)
Dumque rex, iubente ac postulante episcopo, laetitiam reciperet, 3.14 (157.4)
Tum Vilfrid, iubente rege, ut diceret, ita exorsus est: 3.25 (184.19)
ac iubente Aedilredo rege per Vilfridum beatae memoriae antistitem, . . . ordinatus est; 4.23 (255.13)
quod utrumque, ut mente disposuerat, Domino iuuante [iubente] conpletum est. uar. 5.7 (292.22)
et iubente pontifice epitaphium in eius monumento scriptum, 5.7 (293.2)
consecratus est in episcopatum Eboraci, iubente rege Osuio, Ceadda uir sanctus, 5.19 (326.3)
Cum ergo causa exigente synodus eadem . . . iubente apostolico papa, diebus aliquot legeretur, 5.19 (327.28)
utrumque per ministerium reuerentissimi episcopi Iohannis, iubente Ceolfrido abbate, suscepi. 5.24 (357.17)
iubente. Aldhelm, . . . scripsit, iubente synodo suae gentis, librum egregium aduersus errorem Brettonum, 5.18 (320.31)
iuberet. aereos caucos suspendi iuberet, 2.16 (118.12)
iubet. Itaque in hos primum arma uerti iubet, 2.2 (84.23)
iubetur. ubi liberandus de Aegypto populus Israel primum pascha facere iubetur, 5.21 (334.15)
VII dierum, quibus azyma celebrari iubetur. 5.21 (337.15)
iusit. iussitque [iusitque] quosdam e fratribus quaerere lapidem, uar. 4.19 (244.30)
iussa. Et cum illa adferens, quae iussa est, intraret atrium domus, 3.11 (150.8)
iusserat. Fecerunt omnes, ut iusserat, 3.2 (129.11)
ut ipsa iusserat, non alibi quam in medio eorum, . . . ligneo in locello sepulta. 4.19 (244.23)
fecerunt fratres, ut iusserat; 4.30 (277.16)
Fecit, ut iusserat, 5.2 (284.24)
iusserit. ut quando unum ex uobis diuina ad se iusserit gratia euocari, 2.18 (121.23)
iusserunt. Et expulerunt eum, ac de suo regno cum suis abire iusserunt. 2.5 (91.28)
'Iusseruntque me,' inquit, 'incidere tumorem illum, 4.19 (245.16)
Iusserunt eum sedere secum ad epulas, 5.5 (288.27)
iussi. murum, quem iussi fuerant, 1.12 (26.15)
proditi sunt, atque occidi iussi. 4.16 (237.25)
iussit. Vnde statim iussit milites eum diligentius inquirere. 1.7 (18.25)
ad simulacra daemonum, . . . eum iussit pertrahi: 1.7 (19.6)
capite eum plecti iussit. 1.7 (20.3)
iussit reuelli sepulchrum, 1.18 (36.26)
et eis necessaria ministrari, donec uideret, quid eis faceret, iussit. 1.25 (45.19)
iussit Augustinum cum sociis ad suum ibidem aduenire colloquium. 1.25 (45.28)
iussit ipsa sibi nocte in ecclesia beatorum apostolorum Petri et Pauli, . . . stratum parari; 2.6 (92.14)
iussit se obuiam saeuientibus et huc illucque uolantibus ignium globis efferri. 2.7 (94.21)
iussit sociis destruere ac succendere fanum cum omnibus septis suis. 2.13 (113.19)
statimque iussit ire ministram, et capsellam, in qua erat, adducere. 3.11 (150.6)
Porro caput et manus cum brachiis a corpore praecisas iussit rex, . . . suspendi. 3.12 (151.34)
et eius, qui occidere iussit, 3.14 (155.27)
orationes assiduae pro utriusque regis, id est et occisi, et eius, qui occidere iussit, . . . fierent. 3.24 (180.5)
iussit primo dicere episcopum suum 3.25 (183.33)
iussit rex et Agilberctum proferre in medium morem suae obseruationis, 3.25 (184.10)
Hunc ad se accitum papa iussit episcopatu accepto Brittaniam uenire. 4.1 (202.11)
iussit eum Theodorus, ubicumque longius iter instaret, equitare, 4.3 (206.26)
iussitque quosdam e fratribus quaerere lapidem, 4.19 (244.30)
iussitque illum seriem sacrae historiae doceri. 4.24 (260.29)
iussit fratres in eiusdem habitaculi pauimento foueam facere; 4.28 (271.23)
Vnde uisitantibus se ex more fratribus hordeum iussit adferri, 4.28 (272.4)
iussitque, ut die depositionis eius hoc facere meminissent.' 4.30 (276.17)
iussit suis quaerere pauperem aliquem maiore infirmitate uel inopia grauatum, 5.2 (283.16)
sequente dominica iussit ad se intrare pauperem, 5.2 (283.31)
linguam proferre ex ore, ac sibi ostendere iussit; 5.2 (283.32)
et dissolutam mihi emicranii iuncturam conponere atque alligare iussit. 5.6 (291.25)
Petrumque uocari Sergius antistes iussit, 5.7 (293.18)
iussit uni ex satellitibus suis mihi ad legendum deferre. 5.13 (312.15)
eumque coeptis insistere salutaribus iussit. 5.19 (323.1)
utque illum secum Romam perduceret, iussit. 5.19 (323.34)
Namque Baldhild regina missis militibus episcopum iussit interfici; 5.19 (325.2)
Agatho, . . . uocari iussit et Vilfridum, 5.19 (326.27)
iussit pontifex ceteros ad horam egredi, 5.19 (329.4)
iussus. quam ob rem a Maximiano iussus occidi 1.6 (17.19)
iussus est ab angelis, qui eum ducebant, respicere, in mundum. 3.19 (165.16)
sed oboedientiae causa iussus subire hoc, quamuis indignus, consensi.' 4.2 (205.28)
atque ad abbatissam perductus, iussus est, . . . indicare somnium, 4.24 (260.16)
Quo facto, reliquias, ut iussus erat, sua in theca recondidit, 4.32 (280.21)
Dixit ille statim, soluto uinculo linguae, quod iussus erat. 5.2 (284.6)
IVCVNDO. iucundare. in quo pulcherrimam hanc iuuentutem iucundari [iucundare] ac fulgere conspicis, uar. 5.12 (308.25)
iucundari. in quo pulcherrimam hanc iuuentutem iucundari ac fulgere conspicis, 5.12 (308.25)
IVCVNDVS, a, um. **iucundus.** Erat autem rex Osuini et aspectu uenustus, . . . et affatu iucundus, et moribus ciuilis, 3.14 (155.30)
IVDAEI, *the Jews.*
Iudaeis. uidelicet ne scandalum facerent eis, qui inter gentes erant Iudaeis. 3.25 (185.10)

Iudaeis. non semper in luna XIIII[a] cum Iudaeis, . . . celebrabant. 3.4 (135.3)
Vnde et hanc non, . . . XIIII[a] luna in qualibet feria cum Iudaeis, sed die dominica semper agebat, 3.17 (162.7)
"Vides, frater, quot milia sunt in Iudaeis, qui crediderunt; 3.25 (185.15)
Iudaeorum. ad nihil uidelicet utile, nisi ad scandalum uitandum Iudaeorum. 3.25 (185.14)
IVDAIZO. iudaizante. cum scita legis Mosaicae iuxta litteram seruaret, iudaizante adhuc in multis ecclesia, 3.25 (185.4)
IVDEX, *the Supreme Judge.*
Iudice. immo disponente iusto Iudice, 1.15 (32.20)
et se pro illo puniendum a districto Iudice timebat. 4.25 (263.13)
Iudici. et uenturo Iudici in bonis actibus inueniamur esse praeparati. 1.32 (69.23)
Iudicis. sed cum commodis animarum ante tribunal summi et uenturi Iudicis repraesentes. 2.8 (97.1)
qua correcti per ieiunia, fletus, et preces iram a se, instar Nineuitarum, iusti Iudicis auerterent. 4.25 (262.31)
ut meminerimus facta et cogitationes nostras . . . ad examen summi Iudicis cuncta seruari; 5.13 (313.12)
eo amplius eius, qui super omnia est, Iudicis mandatis auscultare contendant, 5.21 (333.30)
IVDEX. iudex. Tum iudex: 'Cuius,' inquit, 'familiae uel generis es?' 1.7 (19.15)
Ait iudex: 'Nomen tuum quaero, 1.7 (19.20)
Tum iudex repletus iracundia dixit: 1.7 (19.23)
His auditis, iudex nimio furore commotus, 1.7 (19.31)
At ubi iudex illum tormentis superari, . . . persensit, 1.7 (20.1)
iudex sine obsequio in ciuitate substiterat. 1.7 (20.12)
Tum iudex, . . . cessari mox a persecutione praecepit, 1.7 (21.20)
aderat populus expectator, futurus et iudex, 1.17 (35.22)
ut . . . inter delectationem et consensum iudex sui animus praesideat. 1.27 (61.10)
iudice. uel sub quo iudice mundum uicerint, diligenter adnotare studui. 5.24 (359.20)
iudicem. atque ad iudicem uinctus perductus est. 1.7 (18.23)
Contigit autem iudicem ea hora, . . . aris adsistere, 1.7 (19.1)
quasi eos, qui hanc tonsuram habent, condemnandos iudicem, 5.21 (344.4)
iudices. semper te interius subtiliter iudices 1.31 (67.8)
iudici. ut corda eorum in memoriam futuri iudicii [iudici] reuocet, uar. 4.3 (211.3)
iudicis. ac de supernis iudiciis [iudicis] trepidi aliqua confabulari coepissent, uar. 5.19 (329.3)
IVDICES, *the Book of Judges.*
Iudicum. Item, Capitula lectionum in Pentateucum Mosi, Iosue, Iudicum; 5.24 (358.14)
IVDICIVM. iudicii. Falcem enim iudicii mittere non potes in ea segete, 1.27 (53.15)
ut corda eorum in memoriam futuri iudicii reuocet, 4.3 (211.3)
Item de terrore futuri iudicii, et horrore poenae gehennalis, . . . carmina faciebat; 4.24 (261.6)
omnes in die iudicii ad regnum caelorum perueniunt. 5.12 (308.17)
Multos autem . . . celebratio missarum, ut etiam ante diem iudicii liberentur, adiuuant. 5.12 (308.20)
qui tamen omnes in die iudicii ad uisionem Christi, et gaudia regni caelestis intrabunt. 5.12 (308.29)
et cum aliis CXXV coepiscopis in synodo in iudicii sede constitutus, 5.19 (327.3)
iudiciis. sed et alia perplura de beneficiis et iudiciis diuinis, . . . ad . . . solertiam bonae actionis excitare curabat. 4.24 (261.8)
cum parum consedissent, ac de supernis iudiciis trepidi aliqua confabulari coepissent, 5.19 (329.3)
iudicio. suo est iudicio relinquendus; 1.27 (58.26)
iudicio. atque omnium iudicio electi sunt apostolici sacerdotes 1.17 (34.5)
inmortalitatem, . . . recto Dei iudicio perdiderunt. 1.27 (54.11)
est digno Dei iudicio post culpam ordinatum. 1.27 (55.31)
non tamen uel suo iudicio libera, 1.27 (60.23)
et uestiui me, sicut uestimento et diademate, iudicio meo. 2.1 (77.28)
Quod ita per omnia, ut praedixerat, diuino agente iudicio patratum est. 2.2 (83.32)
eos deos, . . . colentes sequimini, iudicio discreto repperire non possumus. 2.10 (103.1)
quia multis in iudicio dicentibus Domino, quod in nomine eius prophetauerint, . . . responsurus sit Dominus, 3.25 (187.28)
adfuit superno dispensante iudicio tempus, 4.3 (207.17)
propter quod omnium iudicio praefatus uir in episcopatum pro eo electus, ac . . . ordinatus est; 4.23 (255.12)
ut uniuersorum iudicio, quid uel unde esset, quod referebat, probaretur. 4.24 (260.18)
uniuersorum iudicio absque crimine accusatus fuisse, et episcopatu esse dignus inuentus est. 5.19 (326.21)
omnium iudicio probatum est accusatores eius . . . contra eum machinasse calumnias; 5.19 (327.17)
iudiciorum. etiam decreta illi iudiciorum, iuxta exempla Romanorum, . . . constituit; 2.5 (90.10)
iudicium. iudicium tamen clamore testatur. 1.17 (36.1)
Tremendum Dei iudicium timeant, 1.27 (51.21)
qualis per iudicium facta sit, 1.27 (56.20)
ne forte nos . . . minusque Dei iudicium formidantes, repentina eius ira corripiat, 4.25 (266.9)
cum ipse uiderim iudicium meum iam esse completum.' 5.14 (314.24)
IVDICO. iudicaberis. quem ipse iudicaueris [iudicaberis] ordinare; uar. 1.29 (63.31)
iudicabiris. quem ipse iudicaueris [iudicabiris] ordinare; uar. 1.29 (63.31)
iudicabo. 'quia numquam,' inquit, 'deinceps aliquid loquar de hoc aut iudicabo, 3.14 (156.33)
iudicanda. sed si perceperit, non iudicanda. 1.27 (56.11)
iudicandos. uenturus est in nubibus, in potestate magna et maiestate, ad iudicandos uiuos et mortuos. 4.3 (211.7)
iudicandus. qui nuper Romam accusatus a suis, atque ab apostolica sede iudicandus aduenerit: 5.19 (328.7)
iudicare. episcopos Galliarum iudicare non poteris; 1.27 (53.10)
iudicarent. et cum trepidi partes suas pene inpares iudicarent, 1.20 (38.10)
iudicaret. dicens, quod ipse eum dignum esse episcopatu iudicaret. 3.7 (141.26)
iudicata. mox audita ac diiudicata [iudicata] causa uar. 5.19 (328.9)
iudicaturus. qui caelum et terram et humanum genus creasset, regeret, et iudicaturus esset orbem in aequitate; 3.22 (172.4)
iudicatus. quorum Geta hostis puplicus iudicatus interiit, 1.5 (17.5)
hic ab omnibus, qui nouere, dignus episcopatu iudicatus est. 4.1 (202.18)
iudicaueris. quem ipse iudicaueris ordinare; 1.29 (63.31)
IVGITER. qua iniuncto ministerio iugiter persistentes laudabili patientia redemtionem gentis illius expectastis, 2.8 (96.2)
piis et Deo placitis iugiter operibus enitescat, 2.11 (105.2)
ac pro eius incolumitate iugiter Deum deprecamur cum Christi clero. 3.29 (198.10)
salutantes uestram excellentiam, diuinam precamur iugiter clementiam, 3.29 (198.34)
IVGVLO. iugulabantur. nonnulli, . . . aceruatim iugulabantur; 1.15 (32.30)
iugulamur. duo genera funerum, aut iugulamur, aut mergimur.' 1.13 (28.29)
IVGVM. iugis. eis quae arduis . . . montium iugis ab australibus eorum sunt regionibus sequestratae. 3.4 (133.10)
iugo. abiecto leui iugo Christi, 1.14 (30.8)
etiam libertate donando humanae iugo seruitutis absoluit. 4.13 (232.27)
iugum. 'Dominus,' inquit, 'ait: "Tollite iugum meum super uos, 2.2 (82.30)
credibile est, quia iugum Christi et ipse portet, 2.2 (82.33)

iustitia. liber ex iustitia, quam diligit, 1.27 (62.1)
Iustitia indutus sum, 2.1 (77.27)
'Ego Dominus uocaui te in iustitia, 3.29 (197.18)
iustitiae. cuncta ueritatis ac iustitiae moderamina concussa ac subuersa sunt, 1.22 (41.30)
Ad cuius pietatis et iustitiae opus pertinet etiam hoc, 2.1 (78.4)
Tum Brettones confitentur quidem intellexisse se ueram esse uiam iustitiae, 2.2 (82.15)
illam prouinciam, . . . ad fidem et opera iustitiae, ac perpetuae felicitatis dona perduxit, 2.15 (116.34)
Duxit autem uitam in magna . . . continentiae, simplicitatis, et iustitiae perfectione. 3.27 (194.1)
et populum et regem praefatum ad uiam iustitiae reduxit; 3.30 (200.2)
et quidem multam ibi quoque iustitiae, pietatis, et castimoniae, . . . custodiam docuit; 4.23 (254.8)
tantum operibus iustitiae se exercere faciebat, 4.23 (254.18)
quia primo quidem sol iustitiae, . . . per resurrectionis suae triumphum cunctas mortis tenebras superauit; 5.21 (340.14)
iustitiam. Scriptum est enim: 'Quaerite primum regnum Dei et iustitiam eius, 3.29 (198.31)
qui . . . perfectam se habere posse iustitiam dogmatizare praesumunt. 5.21 (340.27)
IVSTVS, Saint (*d.* 627), *first Bishop of Rochester, and fourth Archbishop of Canterbury.*
Iusto. Vt Bonifatius papa Iusto successori eius pallium et epistulam miserit. 2.8 (95.9)
Dilectissimo fratri Iusto Bonifatius. 2.8 (95.16)
Honorius, qui Iusto in episcopatum Doruuernensis ecclesiae successit, 2.18 (120.6)
Iusto. uenit Cantiam, tractaturus cum Laurentio et Iusto coepiscopis, 2.5 (91.30)
Ordinatus est autem Paulinus episcopus a Iusto archiepiscopo, 2.9 (98.17)
Paulinus, transeunte ad Christum Iusto, Honorium pro eo consecrauit episcopum, 2.16 (117.17)
eo quod Romanus praesul illius ad Honorium papam a Iusto archiepiscopo legatarius missus 2.20 (126.14)
Anno DCXXV, Paulinus a Iusto archiepiscopo ordinatur genti Nordanhymbrorum antistes. 5.24 (353.27)
Iustum. Vt idem Mellitum ac Iustum episcopos fecerit; 2.3 (85.3)
Augustinus . . . ordinauit duos episcopos, Mellitum uidelicet et Iustum; 2.3 (85.6)
Iustum uero in ipsa Cantia Augustinus episcopum ordinauit 2.3 (85.20)
qui mox Mellitum et Iustum ad praedicandum reuocauerit. 2.6 (92.12)
Cum uero et Laurentius Mellitum Iustumque secuturus ac Brittaniam esset relicturus, 2.6 (92.13)
Misit etiam Galliam, et reuocauit Mellitum ac Iustum, 2.6 (93.12)
Iustus. primi et praecipui erant Mellitus, Iustus, Paulinus, Rufinianus; 1.29 (63.6)
Laurentius, Mellitus, et Iustus episcopi, serui seruorum Dei. 2.4 (87.26)
ob quod et Mellitus ac Iustus a Brittania discesserint. 2.5 (89.2)
Discessere itaque primo Mellitus et Iustus, 2.5 (92.2)
et Iustus quidem ad ciuitatem Hrofi, cui praefuerat, rediit; 2.6 (93.15)
Iustus autem adhuc superstes Hrofensem regebat ecclesiam. 2.7 (94.2)
Cui statim successit in pontificatum Iustus, 2.8 (95.10)
Haec inter Iustus archiepiscopus ad caelestia regna subleuatus 2.18 (120.8)
IVSTVS, a, um. **iusta.** ac iacente ferro esset inter carnifices iusta cunctatio, 1.7 (20.26)
iusta. Augustinus, iusta necessitate conpulsus, flectit genua 2.2 (82.7)
utrumque rex Brettonum Ceadualla impia manu, sed iusta ultione peremit 3.1 (128.1)
iusta. scit enim ipse, quia iusta pro salute gentis nostrae bella suscepimus.' 3.2 (129.9)
iustas. iustas de sceleribus populi Dei ultiones expetiit, 1.15 (32.16)
iusti. qua correcti per ieiunia, fletus, et preces iram a se, instar Nineuitarum, iusti Iudicis auerterent. 4.25 (262.31)
iustis. quae a uiris iustis sibi inter angelos apparentibus laeta uel tristia cognouerit), 3.19 (165.10)
iusto. immo disponente iusto Iudice, 1.15 (32.20)
'Videtur mihi, frater, quia durior iusto indoctis auditoribus fuisti, 3.5 (137.15)
propter quod et a senioribus et coaetaneis suis iusto colebatur affectu. 5.19 (323.9)
iustos. Vidit autem et daemones per ignem uolantes incendia bellorum contra iustos struere. 3.19 (166.10)
iustum. iustum non est, ut ingressu ecclesiae priuetur. 1.27 (55.21)
Non enim indulgetur, quod licet, quia iustum est. 1.27 (59.3)
iustum. Paschalis qui etiam sollemnia tempora cursus Catholici ad iustum correxit dogma canonis, 5.19 (330.19)
iustus. Bonus quippe erat uir ,ac iustus, 5.18 (320.10)
IVTAE, IVTI, *the Jutes, one of the three tribes who settled in Britian.*
Iutarum. De Iutarum origine sunt Cantuarii et Victuarii, 1.15 (31.15)
in prouincia Occidentalium Saxonum Iutarum natio nominatur 1.15 (31.18)
inter prouincias Iutarum et Saxonum perhibetur, 1.15 (31.25)
Iutis. id est Saxonibus, Angilis, Iutis. 1.15 (31.15)
Iutorum. fuga lapsi sunt de insula, et in proximam Iutorum prouinciam translati; 4.16 (237.22)
quod per terras Iutorum, quae ad regionem Geuissorum pertinent, praefatum pelagus intrat; 4.16 (238.20)
IVVENALIS, e. **iuuenalibus.** sed non adhuc animum perfecte a iuuenilibus [iuuenalibus] cohibens inlecebris, uar. 5.6 (289.19)
IVVENCVLA. iuuenculam. in quo iuuenculam me memini superuacua moniliorum pondera portare; 4.19 (246.8)
IVVENILIS, e. **iuuenilibus.** sed non adhuc animum perfecte a iuuenilibus cohibens inlecebris, 5.6 (289.19)
IVVENIOR, ius. **iuuenioribus.** et ipse relicto regno ac iuuenioribus commendato, ad limina beatorum apostolorum . . . profectus est, 5.7 (294.7)
IVVENIS. iuuenes. Erant inter hos duo iuuenes magnae indolis de nobilibus Anglorum, 3.27 (192.19)
coeperuntque iuuenes, qui cum ipso erant, maxime laici, postulare episcopum, 5.6 (289.22)
'intrauerunt domum hanc duo pulcherrimi iuuenes, 5.13 (312.2)
iuueni. prius claudo iuueni incessum, 1.21 (39.29)
iuuenibus. sed non adhuc animum perfecte a iuuenilibus [iuuenibus] cohibens inlecebris, uar. 5.6 (289.19)
iuuenis. Et cum regius iuuenis solus adhuc ibidem sederet, 2.12 (109.29)
In quo etiam bello ante illum unus filius eius Osfrid iuuenis bellicosus cecidit, 2.20 (124.26)
quod . . . superesset in eodem monasterio iam iuuenis ille, 3.12 (151.15)
Osuiu, iuuenis XXX circiter annorum, 3.14 (154.7)
Qui cum esset iuuenis optimus, ac regis nomine ac persona dignissimus, 3.21 (169.26)
Caedualla, iuuenis strenuissimus de regio genere Geuissorum, 4.15 (236.10)
occisus est Aelfuini frater regis Ecgfridi, iuuenis circiter X et VIII annorum, 4.21 (249.6)
Occisus est ibi inter alios de militia eius iuuenis, uocabulo Imma; 4.22 (249.25)
factusque est iuuenis limpidus uultu et loquella promtus, 5.2 (284.26)
Venit autem cum illo et filius Sigheri . . . uocabulo Offa, iuuenis amantissimae aetatis 5.19 (322.7)
iuuenis. bona aliqua fecit, quae tamen uniuersa praue agendo iuuenis obnubilauit. 5.13 (313.18)
Delectabatur enim antistes prudentia uerborum iuuenis, gratia uenusti uultus, 5.19 (324.4)
IVVENTVS. iuuentute. cum magna nobilium iuuentute apud Scottos siue Pictos exulabant, 3.1 (127.14)
iuuentutem. in quo pulcherrimam hanc iuuentutem iucundari ac fulgere conspicis, 5.12 (308.24)
iuuentutis. tota floridae iuuentutis alacritate spoliata, 1.12 (25.19)
quod omni pene iuuentutis suae tempore, 2.1 (77.5)
IVVO. iuuandi. Quomodo enim iuuandi quemlibet possunt habere uirtutem hi, 2.10 (102.20)
nullam neque ledendi neque iuuandi facultatem adepti sunt? 2.10 (102.28)
iuuans. ipse quoque imperiali auctoritate iuuans, ne qui praedicantibus quicquam molestiae inferret; 5.10 (299.10)
iuuante. iuuante etiam piissimo imperatore Tiberio Constantino, 2.1 (76.10)

iuuante se episcopo Felice, quem de Cantia acceperat, . . . 3.18 (162.21)
tandem iuuante amicorum consensu credidit, . . . 3.22 (172.12)
Et constructo statim monasterio, iuuante etiam comite ac uicinis omnibus, . . . 4.4 (213.30)
sed Domino donante [iuuante] proditi iam tunc et uicti sunt. . . . uar. 4.18 (242.9)
quod utrumque, ut mente disposuerat, Domino iuuante conpletum est. . . . 5.7 (292.22)
iuuante. iuuante se gratia catholicae ueritatis, . . . 2.1 (75.28)
et diuina se iuuante gratia, mox cepere pisces diuersi generis CCC. . . . 4.13 (231.31)
Cum . . . mansionem angustam . . . iuuante fratrum manu, id est oratorium et habitaculum commune, construxisset, . . . 4.28 (271.22)
iuuante benedictione ac precibus antistitis, nata est . . . uenusta species capillorum, . . . 5.2 (284.24)
iuuantibus. et ea, quae minus perfecta repperit, his quoque iuuantibus corrigebat. . . . 4.2 (205.22)
iuuare. Si autem dii aliquid ualerent, me potius iuuare uellent, . . . 2.13 (111.30)
Et, quod maxime doctores iuuare solet, ea, quae agenda docebat, ipse prius agendo praemonstrabat. 4.28 (273.17)
iuuaretur. ut si ferri uulnus minus ad mortem regis sufficeret, peste iuuaretur ueneni. . . . 2.9 (99.4)
iuuari. quam diuinitus iuuari cognouerant. . . . 3.16 (159.22)
Nam et se ipsum fideliter credidit multum iuuari eorum orationibus cotidianis, . . . 3.23 (175.5)
iuuit. oraculum caeleste, . . . non minimum ad suscipienda uel intellegenda doctrinae monita salutaris sensum iuuit illius. . . . 2.12 (107.4)
Iuuit autem causam absolutionis eius lectio synodi beatae memoriae papae Agathonis, . . . 5.19 (327.23)
IVXTA (*adv.*). praesentis mundi iam terminus iuxta est, . . . 1.32 (69.11)
IVXTA (*prep.*). 1.1 (10.18); 1.1 (11.11); 1.7 (21.25); 1.12 (26.2); 1.12 (26.28); 1.25 (45.5); 1.27 (48.4); 1.27 (59.19); 1.33 (71.5); 2.1 (75.20); 2.1 (76.5); 2.1 (81.4); 2.2 (83.18); 2.3 (86.2); 2.4 (87.32); 2.5 (90.10); 2.7 (93.29); 2.9 (97.19); 2.9 (98.12); 2.9 (98.23); 2.9 (99.5); 2.12 (110.21); 2.15 (116.33); 2.16 (117.24); 2.16 (118.9); 2.17 (120.3); 2.18 (121.19); 2.19 (122.14); 2.20 (126.5); 2.20 (126.26); 2.20 (126.29); 2.20 (126.31); 3.2 (129.12); 3.2 (129.26); 3.4 (133.29); 3.4 (134.14); 3.4 (135.12); 3.5 (137.15); 3.6 (138.24); 3.9 (145.30); 3.10 (146.27); 3.11 (148.28); 3.17 (160.14); 3.18 (162.23); 3.19 (166.1); 3.22 (172.17); 3.22 (173.26); 3.23 (175.15); 3.23 (175.27); 3.23 (176.7); 3.24 (178.21); 3.25 (181.30); 3.25 (182.10); 3.25 (185.4); 3.26 (189.27); 3.28 (195.23); 3.30 (199.28); 4.3 (207.2); 4.3 (212.5); 4.5 (215.1); 4.5 (215.14); 4.5 (217.14); 4.6 (218.30); 4.9 (222.5); 4.16 (237.10); 4.17 (239.23); 4.18 (241.7); 4.18 (241.14); 4.19 (244.24); 4.19 (245.3); 4.21 (249.4); 4.23 (256.15); 4.25 (264.1); 4.25 (264.8); 4.26 (267.29); 4.28 (272.14); 4.29 (276.1); 4.32 (279.22); 5.1 (282.25); 5.5 (288.16); 5.6 (289.9); 5.6 (290.30); 5.8 (295.19); 5.10 (301.8); 5.10 (301.14); 5.14 (314.17); 5.19 (322.22); 5.19 (325.19); 5.19 (329.31); 5.19 (330.6); 5.21 (332.27); 5.21 (333.4); 5.21 (333.18); 5.21 (336.11); 5.21 (339.1); 5.21 (339.3); 5.24 (359.2).

K

KÆLCACAESTIR, *Tadcaster, Yorkshire.*
Kælcacaestir. secessit ad ciuitatem Calcariam, quae a gente Anglorum Kælcacaestir appellatur, . . . 4.23 (253.25)
KALENDAE. Kalendarum. die .x. Kalendarum Iuliarum . . . 1.7 (21.25)
Data die x Kalendarum Augustarum, . . . 1.23 (43.23)
Data die x Kalendarum Augustarum, . . . 1.24 (44.20)
Data die x Kalendarum Iuliarum, . . . 1.28 (62.28)
Data die x. Kalendarum Iuliarum, . . . 1.29 (64.21)
Data die xv. Kalendarum Iuliarum, . . . 1.30 (66.5)
Data die x. Kalendarum Iuliarum, . . . 1.32 (70.4)
indictione XIII[a], tertio die Kalendarum Martiarum; . . . 2.4 (88.19)
die VIII Kalendarum Maiarum. . . . 2.7 (95.7)
sub die XII Kalendarum Augustarum, . . . 2.9 (98.18)
Quod factum est die XIII[a] Kalendarum Septembrium, anno regni eius nono, . . . 3.14 (155.22)
Obiit autem . . . pridie Kalendarum Septembrium. . . . 3.17 (160.9)
Honorius, . . . ex hac luce migrauit . . . pridie Kalendarum Octobrium; . . . 3.20 (169.11)
Ordinatus est autem die VII[mo] Kalendarum Aprilium, . . . 3.20 (169.17)
Hoc autem bellum rex Osuiu . . . tertio decimo regni sui anno, XVII[a] die Kalendarum Decembrium . . . confecit. . . . 3.24 (179.14)
Qui ordinatus est . . . anno dominicae incarnationis DCLXVIII, sub die VII. Kalendarum Aprilium, dominica. . . . 4.1 (203.9)
Peruenit autem Theodorus ad ecclesiam suam . . . sub die VI. Kalendarum Iuniarum, dominica, . . . 4.2 (204.15)
Qui defunctus die XV Kalendarum Martiarum Ecgfridum fiilium regni heredem reliquit; . . . 4.5 (214.20)
Hild, . . . transiuit die XV. Kalendarum Decembrium, . . . 4.23 (252.20)
extinctus anno aetatis suae XL., regni autem XV., die XIII. Kalendarum Iuniarum. . . . 4.26 (267.4)
et uno eodemque die, hoc est XIII[o] Kalendarum Aprilium, egredientes e corpore . . . uisione coniuncti sunt, . . . 4.29 (275.12)
langore correptus, XII[o]. Kalendarum Maiarum die solutus a carne, . . . est . . . 5.7 (292.26)
Hic depositus est Caedual, . . . sub die XII Kalendarum Maiarum, indictione II; . . . 5.7 (293.32)
ordinatus autem anno sequente tertio die Kalendarum Iuliarum dominica . . . 5.8 (295.28)
et sedit in sede sua pridie Kalendarum Septembrium dominica; . . . 5.8 (295.30)
Aequinoctium . . . XII Kalendarum Aprilium die prouenire consueuit, . . . 5.21 (339.5)
quo pascha dominicum octauo Kalendarum Maiarum die celebrabatur, . . . 5.22 (347.26)
Victred filius Ecgberecti, . . . defunctus est nono die Kalendarum Maiarum; . . . 5.23 (348.17)
luna sanguineo rubore perfusa, quasi hora integra II. Kal. Febr. circa galli cantum, . . . Cont. (361.11)
Kalendas. defunctus est VII Kalendas Iunias, eodem rege regnante.' . . . 2.3 (86.21)
Aidan non plus quam XII[o] post occisionem regis, quem amabat, die, id est pridie Kalendas Septembres, . . . praemia recepit. . . . 3.14 (157.17)
Et ita una cum Hadriano VI. Kalendas Iunias Brittaniam missus est. . . . 4.1 (203.10)
anno X[o] regni eius, sub die XV Kalendas Octobres, indictione VII[a]; . . . 4.17 (239.7)
eclypsis solis facta est XIIII. Kalendas Martias, . . . 5.24 (353.2)
eclypsis solis facta XII. Kalendas Iulias, . . . 5.24 (353.3)
eclypsis facta est solis XVIIII, Kal. Sep. circa horam diei tertiam, . . . Cont. (361.7)
Kalendis. placuit omnibus in commune, ut Kalendis Augustis . . . semel in anno congregemur.' . . . 4.5 (216.24)
KASTVS, a, um. kasta. Kasta feras superat mentis pro culmine Tecla, . . . 4.20 (247.27)
Eufemia sacras kasta feras superat. . . . 4.20 (247.28)

L

LABES. labe. et ecclesias Anglorum, quibus praeerat, ab huiusmodi labe inmunes perdurare desiderans, 4.17 (238.29)
LABIENVS (*d.* 55 B. C.), *a tribune with Julius Caesar's army; killed in the first encounter with the Britons.*
Labienus. ibique Labienus tribunus occisus est. 1.2 (14.10)
LABOR. labentia. animo illius labentia cuncta subteressent, 2.1 (74.7)
lapsi. fuga lapsi sunt de insula, et in proximam Iutorum prouinciam translati; 4.16 (237.21)
lapsus [lapsi] decidi, uar. 5.6 (290.12)
lapsos. et solum L fuga esse lapsos. 2.2 (84.27)
inter plurimos gentis Anglorum, . . . seruitio addictos, uel de terra Pictorum fuga lapsos, 4.26 (267.17)
lapsus. Germani pedem lapsus occasione contriuit, 1.19 (37.8)
lapsus decidi, et mox uelut emoriens sensum penitus motumque omnem perdidi. 5.6 (290.12)
LABOR. labor. Nec labor uos ergo itineris, nec maledicorum hominum linguae deterreant; 1.23 (43.9)
Hic labor, hoc studium, haec tibi cura, hoc pastor agebas, 2.1 (79.21)
labore. cui gloriae caelestis suo labore et industria notitiam prouenisse gaudebat. 1.32 (67.22)
immo potiorem tunc sumsisse profectum de labore conuersionis multorum, 2.1 (74.31)
qui omnes de labore manuum suarum uiuere solebant. 2.2 (84.13)
cum magna ecclesiam Anglorum cura ac labore gubernarent, 2.7 (94.4)
multisque ad Dominum pio eius labore populis aduocatis, 3.7 (140.1)
praeter hos . . . contra totum orbem stulto labore pugnant.' 3.25 (184.31)
quoties a labore et ministerio uerbi uacabat, 4.3 (207.14)
in magna continentia et sinceritate proprio labore manuum uiuant. 4.4 (214.8)
et segetem de labore manuum ultra tempus serendi acceperit. 4.28 (271.4)
et maximo cum labore baculo innitens domum peruenit. 4.31 (278.14)
cumque nos in labore ac desperatione positos cerneret, 5.1 (282.10)
laborem. itineris laborem subiret intrepidus. 1.19 (38.5)
scientes, quod laborem magnum . . . gloria sequitur. 1.23 (43.12)
ut . . . communem euangelizandi gentibus pro Domino laborem susciperent. 2.2 (81.17)
'Mirum quare stultum appellare uelitis laborem nostrum, 3.25 (184.33)
Non enim ad otium, ut quidam, sed ad laborem se monasterium intrare signabat. 4.3 (208.9)
labori. Quos tamen ille pio libenter mancipatus labori, tanta doctrinae solertis excolebat industria, 4.27 (270.8)
laboribus. in cotidianis manuum uixit laboribus. 3.19 (168.7)
cum cessant a laboribus rerum temporalium, 4.25 (265.5)
laboris. et uestri laboris fructum in aeterna me patria uidere concedat; 1.23 (43.18)
mortem . . . ut ingressum uitae, et laboris sui praemium amaret. 2.1 (74.12)
Nec enim omnipotens Deus . . . uestri fructum laboris deseruit, 2.8 (95.21)
usque dum et ipse suo tempore ad caelestia regna cum gloriosi fructu laboris ascendit. 2.20 (126.19)
statuerunt ob nimietatem laboris, huius structuram ecclesiae funditus relinquere, 3.8 (144.16)
multumque renitentem, studio et amore pii laboris, ipse eum manu sua leuauit in equum; 4.3 (206.28)
mox copiosa seges exorta desideratam proprii laboris uiro Dei refectionem praebebat. 4.28 (272.9)
neque aliquem tanti laboris fructum apud barbaros inuenit auditores. 5.9 (298.21)
laborum. Aidan . . . de saeculo ablatus, perpetua laborum suorum a Domino praemia recepit. 3.14 (157.18)
LABORIOSISSIME. fortissime quidem rempuplicam, sed laboriosissime rexit. 1.5 (16.18)
et per annos XXVIII laboriosissime tenuit, 3.14 (154.8)
LABORIOSVS, a, um. **laboriosam.** ne tam periculosam, tam laboriosam, . . . peregrinationem adire deberent. 1.23 (42.32)
laboriosi. sanctus pater Augustinus hunc laboriosi ac longi certaminis finem fecit, 2.2 (81.28)
laboriosis. ob eorum defensionem tam laboriosis expeditionibus posse fatigari; 1.12 (27.11)
LABORO. laborabant. eumque notantes superbiae, cunctis, quae dicebat, contradicere laborabant. 2.2 (83.13)
laborando. epistula quoque illos exhortatoria, ne a laborando cessarent, confortauerit. 1.23 (42.11)
quod firma fortium manus multum laborando nequiuerat. 2.7 (94.27)
laborans. Sed nec ipse, quamuis multum laborans, proficere aliquid ualebat. 3.11 (150.3)
laborant. omnes, qui alicubi de uestris hac egritudine laborant, 4.14 (234.19)
laborante. et te laborante perducta est, 1.29 (63.23)
quamuis multo tempore illo laborante in uerbo: 2.9 (98.29)
laborantem. ut uestram dilectionem in praedicatione euangelii elaborantem [laborantem] et fructificantem, uar. 2.18 (121.3)
laborantibus. Cum certum sit pro omnipotente Deo laborantibus . . . reseruari; 1.29 (63.18)
laborantibus. Vt Oidiluald . . . laborantibus in mari fratribus, tempestatem orando sedauerit. 5.1 (281.1)
laborare. quatinus etsi uobiscum laborare nequeo, 1.23 (43.19)
quia laborare scilicet uolo. 1.23 (43.21)
contra nascentem heresim nouam laborare contendit, 2.1 (76.10)
magis pro aeterno regno semper laborare ac deprecari solebat. 3.12 (151.20)
et per sex continuos annos eadem molestia laborare non cessabat; 4.23 (256.18)
opus est . . . pro appetitu aeternorum bonorum liberius laborare; 4.25 (265.7)
laboraret. Cumque tempore non pauco frater praefatus tali incommodo laboraret, 4.32 (279.31)
laboratis. 'Venite ad me omnes, qui laboratis et onerati estis, 2.18 (121.12)
laborauit. laborauit multum, ut et eos, qui secum uenerant, ne a fide deficerent, Domino adiuuante contineret, 2.9 (98.25)
LAC. lac. et non eis iuxta apostolicam disciplinam primo lac doctrinae mollioris porrexisti, 3.5 (137.16)
non aliud quam panem ac lac tenuissimum, et hoc cum mensura gustaret; 3.27 (194.8)
quod uidelicet lac pridie nouum in fiala ponere solebat, 3.27 (194.9)
lacte. unum ouum gallinaceum cum paruo lacte aqua mixto percipiebat; 3.23 (175.29)
lactis. Diues lactis ac mellis insula, 1.1 (13.6)
LACERO. lacerabant. unde crebris eruptionibus Romanos grauiter ac saepe lacerabant. 1.2 (14.23)
lacerati. et inaudita membrorum discerptione lacerati, 1.7 (22.3)
laceratus. et, retecto uestimento, quantis esset uerberibus laceratus, ostendit. 2.6 (93.3)
LACESSO. lacessitus. Hic natura saeuus, multis semper bellis lacessitus, 1.5 (16.17)
LACRIMA. lacrimarum. coepit e contra episcopus tristis usque ad lacrimarum profusionem effici. 3.14 (157.5)
dies in magna continentiae, orationis, et lacrimarum deuotione transigere solebat; 4.30 (276.29)
lacrimas. post multas preces ac lacrimas ad Dominum pro statu ecclesiae fusas 2.6 (92.17)
solutus est in lacrimas uir Dei, et tristitiam cordis uultu indice prodebat. 4.25 (264.18)
genuflectunt omnes, adiurant per Dominum, lacrimas fundunt, obsecrant; 4.28 (272.25)
Addidit autem uir etiam lacrimas precibus, 5.5 (288.10)
donauit enim tibi Dominus uitam per orationes ac lacrimas discipulorum ac fratrum tuorum, 5.19 (329.13)
lacrimis. ut culpas cogitationis lacrimis abluat; 1.27 (59.32)
fertur eleuatis ad caelum oculis manibusque cum lacrimis dixisse: 3.16 (159.17)
et conpunctus memoria peccatorum suorum faciem lacrimis abluebat, 3.27 (193.4)
Cumque finitis lacrimis, precibus, et uotis domum rediret, 3.27 (193.16)
flectuque ac lacrimis multum perfusa, . . . nuntiauit matrem . . . migrasse de saeculo, 4.23 (257.22)

totum se lacrimis paenitentiae, uigiliis sanctis, et continentiae mancipauit; 4.25 (264.3)
solutus est in lacrimas [lacrimis] uir Dei, uar. 4.25 (264.18)
donec ipsum quoque lacrimis plenum dulcibus extrahunt latebris, 4.28 (272.26)
profusis ex imo pectore lacrimis, Domino sua uota commendabat. 4.28 (273.29)
Qui haec audiens prouolutus est eius uestigiis, et fusis cum gemitu lacrimis: 4.29 (274.27)
multis cum lacrimis et magna conpunctione antistes lingua etiam tremente conpleuit, 4.30 (277.14)
lacrimis. Addidit autem uir etiam lacrimas [lacrimis] precibus, uar. 5.5 (288.10)

LACRIMOR. lacrimaretur. Quem dum presbyter suus lingua patria, . . . quare lacrimaretur, interrogasset: 3.14 (157.8)

LACRIMOSVS, a, um. **lacrimosis.** lacrimosis precibus auxilia flagitabant, 1.12 (26.5)

LACTO. lactare. despiciunt lactare, quos gignunt. 1.27 (55.12)

LAEDO. laesi. ita ut aliquot laesi, omnes territi, inpugnare ultra urbem cessarent, 3.16 (159.20)
ledendi. nullam neque ledendi neque iuuandi facultatem adepti sunt? 2.10 (102.27)
ledente. nullo se ledente ualeret. 2.16 (118.8)
ledentem. ne Scottiam nil se ledentem inpugnaret, 4.26 (267.7)
ledere. ipsam tamen ledere nullatenus sinebatur. 3.17 (160.34)

LÆSTINGAE, LÆSTINGÆI, LÆSTINGAEV, LAESTINGAEV, *Lastingham, Yorkshire.*
Lœstingae. Ceadda . . . qui tunc in monasterio suo, quod est in Læstingae, quietam uitam agebat, 4.3 (206.19)
Lœstingæi. dehinc ad monasterii sui, quod est in Læstingæi, curam secessit, 5.19 (326.5)
Læstingaeu. monasterii, quod ab ipsis conditum Læstingaeu cognominatur, Praef. (7.15)
Læstingaeu. fecit ibi monasterium, quod nunc Laestingaeu uocatur, 3.23 (176.7)
Erat autem presbyter uocabulo Ceadda, . . . et abbas monasterii illius, quod uocatur Laestingaeu. 3.28 (195.3)
ut . . . ueniret ad monasterium eiusdem reuerentissimi patris, quod uocatur Laestingaeu. 4.3 (208.8)

LAETABVNDVS, a, um. **laetabunda.** accipies et ipse post mortem locum mansionis inter haec, . . . agmina laetabunda spirituum beatorum. 5.12 (309.6)

LAETANIA. laetaniam. hanc laetaniam consona uoce modularentur: 1.25 (46.24)
laetanias. laetaniasque canentes pro sua simul et eorum, 1.25 (46.2)

LAETIOR, ius. **laetior.** ubi erat futurus ipse post mortem, ibi oculos mentis ante mortem, quo laetior occumberet, misit. 5.14 (314.33)

LAETISSIMVS, a, um. **laetissimi.** et uultus erant laetissimi ac pulcherrimi, 4.14 (235.15)
laetissimus. Et ecce ibi campus erat latissimus ac laetissimus, 5.12 (307.16)

LAETITIA. laetitia. In priuata enim et temporali laetitia mentem posuerant, 1.31 (66.28)
laetitiae. et in quo finem laetitiae non habent. 1.31 (67.5)
audiuit denuo, . . . ascendere de tecto eiusdem oratorii idem laetitiae canticum, 4.3 (208.30)
Vnde nonnumquam in conuiuio, cum esset laetitiae causa decretum, 4.24 (259.15)
laetitiam. sed de priuata ad communem, de temporali ad aeternam laetitiam reuocantur, 1.31 (66.30)
Dumque rex, iubente ac postulante episcopo, laetitiam reciperet, 3.14 (157.4)

LAETOR. laetabantur. laetabantur de patrocinio pergentis ad Dominum patris, 5.22 (348.5)
laetabatur. Residebat, uescebatur, bibebat, laetabatur, quasi unus e conuiuis agebat; 5.5 (288.29)
laetantes. Quibus ita gestis, et ipsi sacerdotes doctoresque eorum domum rediere laetantes. 3.30 (200.8)
laetantium. audiuit repente, . . . uocem suauissimam cantantium atque laetantium 4.3 (208.21)
'Obsecro,' inquit, 'ut dicas, quod erat canticum illud laetantium, quod audiui, 4.3 (209.26)
Erantque in hoc campo . . . sedesque plurimae agminum laetantium. 5.12 (307.23)
laetare. Hisque Dei consul factus laetare triumphis; 2.1 (79.23)
laetatur. de cuius pio studio cognoscentes, tantum cuncta sedes apostolica una nobiscum laetatur, 3.29 (198.23)
laetatus. Sicque de percepta laetatus sospitate, . . . domum reuersus est. 5.2 (284.29)
laetentur. laetentur insulae multae, et confiteantur memoriae sanctitatis eius. 5.23 (351.29)
laetetur. Quis enim audiens haec suauia non laetetur? 3.29 (197.3)

LAETVS, a, um. **laeta.** et statim quiescentibus uentis, serenitas maris uos laeta prosequetur, 3.15 (158.9)
'Nequaquam hoc laeta ferre queo.' 4.9 (223.23)
ipsa libero pedum incessu domum laeta reuersa est; 4.10 (225.9)
Laeta ridet gladios ferro robustior Agnes, 4.20 (248.1)
Caecilia infestos laeta ridet gladios. 4.20 (248.2)
Munera laeta capis, festiuis fulgida taedis, 4.20 (248.29)
Ecce uenit sponsus, munera laeta capis. 4.20 (248.30)
inter uerba exhortationis laeta mortem uidit, 4.23 (256.31)
laeta. quae a uiris iustis sibi inter angelos apparentibus laeta uel tristia cognouerit), 3.19 (165.10)
laetas. 'Cumque reuersi perueniremus ad mansiones illas laetas spirituum candidatorum, 5.12 (308.8)
laeti. Moxque illi instante carnifice mortem laeti subiere temporalem, 4.16 (238.6)
laeto. uenit ad eum praefatus amicus illius, laetoque uultu salutans eum: 2.12 (109.33)
laetus. qui oportune laetus, gratia decentissima, 1.7 (20.27)
Non autem mirum, si diem mortis uel potius diem Domini laetus aspexit, 4.3 (210.8)
rediit uiridantibus aruis annus laetus et frugifer. 4.13 (231.20)

AICVS, a, um. **laici.** ut omnes, qui cum eo incedebant, siue adtonsi, seu laici, meditari deberent, 3.5 (136.10)
coeperuntque iuuenes, . . . maxime laici, postulare episcopum, ut . . . equos suos inuicem probare liceret. 5.6 (289.23)
quod . . . nobiles, ignobiles, laici, clerici, uiri ac feminae certatim facere consuerunt. 5.7 (294.12)
laico. Fuit autem temporibus Coenredi, qui post Aedilredum regnauit, uir in laico habitu . . . positus; 5.13 (311.7)
laicus. quidam erat adtonsus ut clericus, quidam laicus, quaedam femina. 5.12 (306.17)

LAISTRANVS (*fl.* 640), *an Irish priest.*
Laistrano. Cromano, Ernianoque, Laistrano, Scellano, et Segeno presbyteris; 2.19 (123.3)

LAMMINA. lamminis. plumbi lamminis eam totam, hoc est et tectum, et ipsos quoque parietes eius, cooperire curauit. 3.25 (181.11)

LAMPAS. lampade. pendente desuper in trocleis magna lampade, totaque die et nocte lucente. 5.17 (319.6)
lampades. ubi die noctuque XII lampades ardent, 5.16 (318.16)
totidemque e regione lampades in funibus pendentes usque Hierosolymam per uitrum fulgent; 5.17 (319.7)
lampadibus. pendente magna desuper aerea rota cum lampadibus. 5.16 (317.30)

LANCEA. lancea. iniecta in eo lancea, quam tenebat; 2.13 (113.17)
lanceam. Accinctus ergo gladio accepit lanceam in manu, 2.13 (113.14)

LANEVS, a, um. **laneis.** quia, . . . numquam lineis, sed solum laneis uestimentis uti uoluerit; 4.19 (244.7)

LANGIOR, ius **langioris.** Cumque materies belli acrioris et inimicitiae longioris [langioris] . . . uideretur exorta, uar. 4.21 (249.10)

LANGOR. langore. et ipse per uisionem a suo sit langore curatus. 1.19 (37.6)
quae uestimentum Domini in langore posita tetigit, 1.27 (56.5)
quidam a dolentis brachii sit langore curatus. 3.2 (128.25)
Nam confestim langore corporis tactus est, 4.3 (210.2)
sed omnes, . . . resurrecturi a langore, pristina sunt sospitate recuperandi, 4.14 (234.19)
ita ut multi putarent, quia sanari posset a langore. 4.19 (245.20)
sensit dimidiam corporis sui partem a capite usque ad pedes paralysis langore depressam, 4.31 (278.14)
ut uel ab huiuscemodi langore, si hoc sibi utile esset, liberaretur; 4.31 (278.23)
eodemque tactu totam illam, quae langore pressa fuerat, corporis sui partem, . . . pertransisse. 4.31 (279.5)
At alter ad reliquias eius nuper fuerit ab oculi langore curatus. 4.32 (279.18)

quia quaedam de numero uirginum, . . . grauissimo langore teneretur; 5.3 (285.13)
cuius coniunx XL ferme diebus erat acerbissimo langore detenta, 5.4 (287.3)
in albis adhuc positus, langore correptus, . . . solutus a carne, . . . est 5.7 (292.25)
Percussus enim langore, atque ad extrema perductus, uocauit fratres, 5.14 (314.12)
langoris. ita sanum brachium manumque repperit, ac si nihil umquam tanti langoris habuisset. 3.2 (131.2)
'Vis,' inquit, 'mi nate, doceam te, quomodo cureris ab huius molestia langoris? 3.12 (151.3)
quia merito in collo pondus langoris porto, 4.19 (246.8)
multumque ingrauescente ardore langoris, . . . migrauit ad Dominum; 4.30 (277.20)
langorum. plures sibi suisque langorum remedia conquisiere. 3.17 (161.8)
LANGVEO. languebat. contigit et ipsum adulescentem, cui oculus languebat, in eadem tunc ecclesia adesse. 4.32 (280.14)
languentem. stantibus . . . comitibus, et interrogantibus de statu eius, quem languentem uisitare uenerant, 4.11 (226.24)
languentem. Vt puellam languentem orando sanauerit. 5.3 (285.1)
tandem obtinuit, ut ad languentem intraret. 5.3 (286.2)
languentes. eisque languentes homines aut pecudes potauerint, 3.2 (129.17)
languentes. hominesque prouinciae illius solitos ablatum inde puluerem propter languentes in aquam mittere, 5.18 (320.19)
languenti. cum accepisset capillos sancti capitis, adposuit palpebrae languenti, 4.32 (280.19)
LAPIDEM, *see* **AD LAPIDEM.**
LAPIDEVS, a, um. **lapideum.** Euasit autem ignem altare, quia lapideum erat; 2.14 (115.20)
lapideum. Cuius corpori tumulando praeparauerant sarcofagum lapideum; 4.11 (226.33)
LAPIS. lapide. firmo de lapide conlocarunt; 1.12 (27.20)
quare . . . solus ipse mestus in lapide peruigil sederet. 2.12 (108.26)
curauit, . . . maiorem ipso in loco et augustiorem de lapide fabricare basilicam, 2.14 (114.10)
In qua uidelicet ciuitate et ecclesiam operis egregii de lapide fecit; 2.16 (117.12)
eo quod ibi ecclesiam de lapide, insolito Brettonibus more fecerit. 3.4 (133.23)
in eodem monasterio ecclesia est in honorem beatae Dei genetricis de lapide facta, 3.23 (176.16)
quam tamen more Scottorum non de lapide, sed de robore secto totam conposuit, 3.25 (181.7)
qui iuxta morem Romanorum ecclesiam de lapide in gente ipsius facerent, 5.21 (333.5)
lapidem. dei creandi materiam lignum uel lapidem esse non posse, 3.22 (171.27)
Dolantes ergo lapidem in quantum ualebant, 4.11 (227.2)
iussitque quosdam e fratribus quaerere lapidem, de quo locellum in hoc facere possent; 4.19 (244.31)
lapides. 'Tempus mittendi lapides, et tempus colligendi.' 4.3 (207.18)
quae per mortem carnis uiuos ecclesiae lapides de terrenis sedibus ad aedificium caeleste transferret. 4.3 (207.20)
neque lapides maiores habet, 4.19 (244.34)
lapidibus. Murus etenim de lapidibus, uallum uero, . . . fit de cespitibus, 1.5 (16.24)
murum, . . . non tam lapidibus quam cespitibus construentes, 1.12 (26.15)
et haec singula singulis tecta lapidibus instar basilicae dolatis; 5.17 (319.19)
lapidis. inuenerunt . . . locellum de marmore albo pulcherrime factum, operculo quoque similis lapidis aptissime tectum. 4.19 (245.4)
lapis. sed tamquam lapis in uno loco posita, 2.10 (102.25)
placuitque . . . ut lapis, quo monumentum tegebatur, amoueretur, 3.8 (143.33)
Erat namque illo in loco lapis terrae aequalis obtectus cespite tenui, 5.6 (290.14)
neque ullus alter in tota illa campi planitie lapis inueniri poterat; 5.6 (290.16)
ab oriente habens introitum, cui lapis ille magnus adpositus est; 5.16 (318.9)
Lapis, qui ad ostium monumenti positus erat, nunc fissus est; 5.16 (318.17)
LAPIS, *see* **DEGSA LAPIS.**
LAPIS GAGATES. lapidem gagatem. gignit et lapidem gagatem plurimum optimumque; 1.1 (10.23)
LAQVEVS. laqueis. casualibus laqueis praeparatis, 1.19 (37.8)
LARES. lares. Culmen, opes, subolem, pollentia regna, triumphos, Exuuias, proceres, moenia, castra, lares; 5.7 (293.8)
LARGIOR. largiebantur. quae sibi a diuitibus donaria pecuniarum largiebantur, 3.5 (136.27)
largiendi. genti suae . . . pietate largiendi de his, quae a diuitibus acceperat, multum profuit. 3.27 (194.5)
largiente. ad omnipotentis Dei gratiam eodem Domino largiente, 1.29 (63.23)
ecce regnum, quod desiderasti, ipso largiente percepisti. 2.12 (110.34)
quid ibi sanitatis Domino largiente consequeretur, ostendit. 4.3 (212.15)
quo concedente et possessionem terrae largiente, ipsum monasterium fecerat. 4.18 (241.16)
largiente. Nobilitatem . . . ad nanciscendam supernae gloriam dignitatis diuina gratia largiente conuertit. 2.1 (74.3)
largiturum. promisit se ei . . . ornamenta regia uel donaria in pretium pacis largiturum, 3.24 (177.18)
LARGITAS. largitatis. Magno ergo largitatis dominicae beneficio mens nostra gaudio exultauit, 2.11 (104.23)
LARGITER. antistes misit eum Romam, . . . cunctis simul, quae necessitas poscebat itineris, largiter subministratis; 5.19 (324.18)
LARGITIO. largitionem. ac per eius est largitionem etiam minoribus ad legendum contraditus. 5.15 (317.2)
LARGITOR. largitor. cui in eo facultatem quiescendi Dominus totius beatitudinis auctor atque largitor praestare dignabitur.' 4.30 (277.13)
largitori. hilari confessione largitori omnium bonorum Deo, 2.11 (106.20)
largitoris. si forte uel natura soli illius, uel uoluntas esset superni largitoris, 4.28 (272.5)
LARGVS, a, um. **largus.** pauperibus et peregrinis semper humilis, benignus, et largus fuit. 3.6 (138.10)
Erat autem rex Osuini . . . et manu omnibus, id est nobilibus simul atque ignobilibus, largus; 3.14 (155.32)
LASCIVVS, a, um. **lasciuo.** et ipse lasciuo superatus animo non me potui cohibere, 5.6 (290.5)
LASSESCO. lassescebat. fracta stomachi uirtute lassescebat, 2.1 (77.8)
lassescere. algere, lassescere ex infirmitate naturae est. 1.27 (55.33)
cuius equus subito lassescere, . . . coepit 3.9 (145.31)
LASSITVDO. lassitudine. lassitudine ac sopore resolutus est. 1.17 (34.18)
lassitudinem. Et quid est aliud . . . contra lassitudinem requiem quaerere, 1.27 (56.1)
et consueto equorum more, quasi post lassitudinem in diuersum latus uicissim sese uoluere, 3.9 (146.7)
LATE. quem lateribus longe lateque deductum 1.7 (20.31)
uenena suae perfidiae longe lateque dispersit, 1.10 (23.28)
Brittaniae terras longe lateque inrumpit, 1.12 (25.30)
ut longe lateque resplendeat, 2.17 (119.4)
Quibus patefactis ac diffamatis longe lateque miraculis, 3.10 (147.25)
rumorem sanctitatis illius in ea quoque insula longe lateque iam percrebruisse ferebat; 3.13 (152.18)
exercitus Penda duce Nordanhymbrorum regiones impia clade longe lateque deuastans 3.16 (158.31)
qui tunc prae inundantia pluuiarum late alueum suum immo omnes ripas suas transierat, 3.24 (178.18)
pestilentiae lues, . . . acerba clade diutius longe lateque desaeuiens, 3.27 (192.3)
longe lateque omnia peruagatus, et populum et regem praefatum ad uiam iustitiae reduxit; 3.30 (200.1)
Cum tempestas saepe dictae cladis late cuncta depopulans, etiam partem monasterii . . . inuasisset, 4.7 (219.16)
uulgus circumpositum longe lateque a uita stultae consuetudinis . . . conuertere curabat 4.27 (269.15)
reuerentissimus pontifex longe lateque uerbum fidei praedicans, 5.11 (303.11)
Cumque hac infelici uicissitudine longe lateque, prout aspicere poteram, sine ulla quietis intercapedine . . . multitudo torqueretur, 5.12 (305.12)
longe lateque diffamatum, multos ad agendam et non differendam scelerum suorum paenitudinem prouocauit. 5.14 (315.6)

LATEBRA. latebras. ut nullus praesentium latebras ei sui cordis celare praesumeret; 4.27 (269.34)
latebris. donec ipsum quoque lacrimis plenum dulcibus extrahunt latebris, 4.28 (272.26)
LATEO. latebant. Latebant abditi sinistrae persuasionis auctores, 1.17 (35.12)
latere. confessorem Christi, . . . penes Albanum latere. 1.7 (18.24)
Nam qualiter ipsa quoque execranda heresis damnata est, latere uos non debet; 2.19 (123.29)
quia nimirum haec eadem illum latere nullo modo putabant; 4.27 (270.2)
laterent. ut multa illum, quae alios laterent, uel horrenda uel desideranda uidisse, . . . uita loqueretur. 5.12 (304.25)
LATIBVLVM. latibula. in quibus latronum magis latibula, ac lustra ferarum, . . . fuisse uidebantur 3.23 (175.14)
latibulis. emergentes de latibulis, quibus abditi fuerant, 1.16 (33.9)
uidimus in ipsa insula Farne egressum de latibulis suis amantissimum Deo patrem Oidilualdum 5.1 (282.7)
LATINE, *in Latin.*
Latine. Hefenfelth, quod dici potest latine caelestis campus 3.2 (129.21)
Theodorus . . . et Grece instructus et Latine, 4.1 (202.26)
Selæseu quod dicitur Latine insula uituli marini. 4.13 (232.9)
LATINEACVM, *Lagny, on the Marne, near Paris.*
Latineaco. monasterium construxit in loco Latineaco nominato, 3.19 (168.13)
LATINI, *the Latins.*
Latinis. qualis locus a Latinis paeninsula, a Grecis solet cherronesos uocari. 4.13 (232.12)
Latinorum. quinque gentium linguis, . . . Anglorum uidelicet, Brettonum, Scottorum, Pictorum et Latinorum, 1.1 (11.15)
LATINVS, a, um, *Latin.*
Latina. Tobiam . . . consecrauit, uirum Latina, Greca, et Saxonica lingua atque eruditione multipliciter instructum. 5.8 (296.1)
ita Grecam quoque cum Latina didicit linguam, 5.23 (348.26)
Latinae. Hadrianus, . . . Grecae pariter et Latinae linguae peritissimus. 4.1 (202.10)
Latinam. supersunt de eorum discipulis, qui Latinam Grecamque linguam aeque ut propriam, . . . norunt. 4.2 (205.2)
ut Grecam quidem linguam non parua ex parte, Latinam uero non minus quam Anglorum, . . . nouerit. 5.20 (331.10)
LATIOR, ius. **latior.** nostra quoque apud uos locutio latior excrescat, 1.32 (69.26)
latiorem. latiorem in nostra historia ecclesiastica facere sermonem, 2.1 (73.9)
LATISSIMVS, a, um. **latissimi.** id est ualli latissimi et altissimi, 1.12 (26.22)
latissimus. Et ecce ibi campus erat latissimus ac laetissimus, 5.12 (307.16)
LATITVDO. latitudine. Hibernia autem et latitudine sui status, . . . Brittaniae praestat, 1.1 (12.25)
Mons Oliuarum altitudine monti Sion par est, sed latitudine et longitudine praestat; 5.17 (318.26)
latitudinis. latitudinis habet milia cc, 1.1 (9.6)
qui est latitudinis circiter trium stadiorum, 1.25 (45.7)
interposito pelago latitudinis trium milium, 4.16 (238.15)
deuenimus ad uallem multae latitudinis ac profunditatis, infinitae autem longitudinis; 5.12 (304.31)
LATIVS. latius. historiam memoratam . . . latius propalari desideras. Praef. (5.21)
ac Romam abiens, ibi uitam finiuit, ut in sequentibus latius dicendum est. 4.12 (228.6)
Volens autem latius demonstrare diuina dispensatio, 4.30 (276.7)
Verum si de his singulis enucleatius ac latius audire desideras, 5.21 (334.13)
ea, quae temporum distinctione latius digesta sunt, 5.24 (352.2)
LATOR. latorem. insinuantes latorem praesentium Augustinum seruum Dei, 1.24 (44.6)
Pallium praeterea per latorem praesentium fraternitati tuae, . . . direximus, 2.8 (96.22)
latores. Scripta, quae perlatores [latores] ad sanctae memoriae Seuerinum papam adduxerunt, uar. 2.19 (123.10)
LATRO. latronum. in quibus latronum magis latibula, ac lustra ferarum, . . . fuisse uidebantur 3.23 (175.14)
LATROCINIVM. latrocinio. latrocinio ac rapacitate mutua temperabant, 1.12 (28.10)
LATVS. latere. Tunc uidit . . . duos ab utroque latere circumuolantes ab ignium se periculo defendere. 3.19 (166.8)
introitum habens a latere meridiano, 5.16 (318.16)
non minore utique errore, tametsi altero latere a recto ueritatis tramite diuertunt, 5.21 (338.11)
lateri. adherentem lateri suo capsulam cum sanctorum reliquiis 1.18 (36.14)
cum euigilaret, sensit nescio quid frigidi suo lateri adiacere, 3.2 (130.30)
lateribus. quem lateribus longe lateque deductum 1.7 (20.31)
latus. et consueto equorum more, quasi post lassitudinem in diuersum latus uicissim sese uoluere, 3.9 (146.7)
perditis nonnulla ex parte his, . . . rebus, ipsam in latus iacentem inter undas relinqueret; 5.9 (298.9)
unum latus flammis feruentibus nimium terribile, 5.12 (305.1)
LATVS, a, um. **lata.** 'mortalitatis, quae Brittaniam Hiberniamque lata strage uastauit, 3.13 (152.23)
latam. sentit, . . . quasi magnam latamque manum caput sibi in parte, qua dolebat, tetigisse, 4.31 (279.4)
latum. VIII pedes latum, et XII altum, 1.12 (27.23)
latum. inter parietes singulos latum habens spatium uiae, 5.16 (318.3)
LAVDABILIS, e. **laudabilem.** qui ad nos gloriosi filii nostri Audubaldi regis laudabilem conuersionem nuntiantes peruenerunt, 2.11 (104.30)
laudabili. iugiter persistentes laudabili patientia redemtionem gentis illius exspectastis, 2.8 (96.2)
laudabilis. Et laudabilis ergo est ira contra uitium, 1.27 (58.18)
LAVDABILITER. laudabiliter potuit Domini uestimentum tangere, 1.27 (55.26)
quae nobis multimoda relatione per praesentium portitores laudabiliter insinuata est, 2.17 (119.27)
LAVDO. laudanda. Si . . . percipere non praesumit, laudanda est; 1.27 (56.10)
laudandae. de sua recta consideratione laudandae sunt; 1.27 (56.25)
laudans. nequaquam in eo laudans aut eligens hoc, 3.17 (161.10)
et quae laude sunt digna in eius actibus laudans, 3.17 (161.16)
et intrauit cum illis in templum, ambulans, et exiliens, et laudans Dominum; 5.2 (284.20)
laudare. 'Nunc laudare debemus auctorem regni caelestis, 4.24 (259.32)
laudatus. 'Anatolius uir sanctus, et in praefata historia ecclesiastica multum laudatus, 3.25 (187.1)
laudauerunt. Quod cum fratribus referret, laudauerunt eius propositum, 5.19 (323.15)
laudo. Quod autem pascha non suo tempore obseruabat, . . . non adprobo nec laudo. 3.17 (161.34)
LAVRENTIVS, *a martyr; probably St. Laurence, a deacon, who suffered at Rome in 258.*
Laurentii. beneficia sanctorum, hoc est reliquias . . . sanctorum martyrum Laurentii, Iohannis, et Pauli, 3.29 (198.16)
LAVRENTIVS (*d.* 619), *second Archbishop of Canterbury.*
Laurentio. cum epistulis, quas idem pontifex . . . Laurentio et clero uniuerso, . . . direxit. 2.4 (88.24)
Laurentio. uenit Cantiam, tractaturus cum Laurentio et Iusto coepiscopis, 2.5 (91.30)
Laurentium. misit continuo Romam Laurentium presbyterum et Petrum monachum, 1.27 (48.7)
Laurentius. sed successor eius Laurentius consecrauit. 1.33 (70.24)
Vt Laurentius cum coepiscopis suis Scottos . . . monuerit, 2.4 (86.23)
Successit Augustino in episcopatum Laurentius, 2.4 (86.26)
Laurentius archiepiscopi gradu potitus 2.4 (87.4)
Laurentius, Mellitus, et Iustus episcopi, serui seruorum Dei. 2.4 (87.26)
Misit idem Laurentius cum coepiscopis suis etiam Brettonum sacerdotibus litteras 2.4 (88.8)
Vt . . . Laurentius Aeodbaldum regem ad Christum conuerterit, 2.6 (92.11)
Cum uero et Laurentius Mellitum Iustumque secuturus ac Brittaniam esset relicturus, 2.6 (92.13)
famulus Christi Laurentius mox mane facto uenit ad regem, 2.6 (93.1)
beatus archiepiscopus Laurentius regnum caeleste conscendit, 2.7 (93.27)

LECTVLVS. **lectulo.** non pauco tempore recubans in lectulo iacebat. 4.14 (233.23)
uidique eleuatum de tumulo, et positum in lectulo corpus sacrae Deo uirginis 4.19 (245.31)
Cum expletis,' inquiens, 'hymnis matutinalibus in lectulo membra posuissem, 5.9 (297.5)
lectulum. et ipse quoque lectulum conscendens, coepit in quietem membra laxare. 3.27 (193.18)
quorum unus residens ante lectulum eius, . . . dixit, 4.11 (226.22)
LECTVS. **lecto.** Qui cum benigne susceptus post caenam in lecto membra posuisset, 3.11 (149.22)
ipsaque iacens in lecto prae nimietate doloris iam moritura uideretur. 5.3 (285.19)
lectos. singulorum casas ac lectos inspexi, 4.25 (265.9)
lectum. Haec inter tactus infirmitate, decidit in lectum, atque acri coepit dolore torqueri. 5.13 (311.16)
LEDO, *see* **LAEDO.**
LEGACAESTIR, *Chester.*
Legacaestir. ciuitatem Legionum, quae a gente Anglorum Legacaestir, . . . appellatur, 2.2 (84.2)
LEGALIS, e. **legalis.** ut nil omnimodis de tempore paschae legalis praeoccupandum, nihil minuendum esse decerneret. 5.21 (336.10)
legalium. sed uel totam eam, id est omnes VII legalium azymorum dies, uel certe aliquos de illis teneat. 5.21 (337.17)
LEGATARIVS. **legatariis.** et siue occidere se Aeduinum, seu legatariis tradere promisit. 2.12 (107.32)
legatariis. misit cum praefatis legatariis suis 1.29 (63.4)
Abeuntibus autem praefatis legatariis, 1.30 (64.26)
Qui cum multis legatariis ac litteris ad se praemissis nequaquam suo monasterio posset erui, 4.28 (272.19)
legatarios. Misit ergo legatarios in Galliam ad Agilberctum, 3.7 (141.18)
Vilfrid, Nordanhymbrorum gentis episcopus, per proprios legatarios adfuit. 4.5 (215.9)
Siquidem misit legatarios ad uirum uenerabilem Ceolfridum, 5.21 (332.25)
legatarius. Romanus . . . a Iusto archiepiscopo legatarius missus absortus fuerat 2.20 (126.14)
LEGATIO. **legationem.** et cum simulatam legationem ore astuto uolueret, 2.9 (99.8)
quoniam suspicabatur eum habere aliquam legationem imperatoris ad Brittaniae reges 4.1 (203.33)
legationis. eo quod haberent aliquid legationis et causae utilis, quod deberent ad illum perferre. 5.10 (299.29)
cum legationis gratia missus a sua gente, uenisset ad Aldfridum, 5.15 (315.17)
LEGATVS. **legati.** unde rursum mittuntur Romam legati, 1.12 (27.2)
legatos. Ob harum ergo infestationem gentium Brettones legatos Romam . . . mittentes, 1.12 (26.4)
legatus. qui legatus Galliam missus demersus est in sinu maris, 1.33 (70.26)
qui cum legatus suae gentis ad Aldfridum regem missus, 5.21 (344.8)
LEGIO. **legio.** Quibus mox legio destinatur armata, 1.12 (26.8)
Rursum mittitur legio, 1.12 (27.6)
legiones. Regressus in Galliam, legiones in hiberna dimisit, 1.2 (14.3)
postquam legiones in hiberna misit, 1.2 (14.30)
siquidem ipsi XXX legiones ducibus nobilissimis instructas in bello habuere, 3.24 (178.1)
legionum. barbari legionum impetum non ferentes, 1.2 (14.21)
LEGIONVM, *see* **CIVITAS LEGIONVM.**
LEGIONVM VRBS, *Caerleon-on-Usk.*
Legionum urbis. Passi sunt ea tempestate Aaron et Iulius Legionum urbis ciues, 1.7 (21.33)
LEGITIMVS, a, um. **legitima.** quae licita ac legitima, et tamen in eorum actu aliquatenus fedamur; 1.27 (58.8)
legitimam. Oportet itaque legitimam carnis copulam, 1.27 (58.20)
legitimo. legitimo coniugio natus fuerat, qui dicebat: 1.27 (58.1)
abdicato conubio non legitimo, suscepit fidem Christi, 2.6 (93.9)
Quod si quisquam propriam expulerit coniugem legitimo sibi matrimonio coniunctam, 4.5 (217.4)
legitimos. legitimos utique terminos paschae aperta transgressione uiolant, 5.21 (338.25)
legitimum. 'Vt nulli liceat nisi legitimum habere conubium. 4.5 (216.32)
et praedicans eis, ac modesta exhortatione declarans legitimum paschae tempus, 5.15 (316.3)
plurimos . . . ad unitatem reduxit catholicam, ac legitimum paschae tempus obseruare perdocuit. 5.15 (316.6)
legitimus. donec legitimus rex Victred, id est filius Ecgbercti, confortatus in regno, 4.26 (268.16)
LEGO. **lecta.** Haec epistula cum . . . esset lecta, ac diligenter ab his, qui intellegere poterant, 5.21 (345.23)
lectis. Eanfridum inconsulte ad se cum XII lectis militibus postulandae pacis gratia uenientem, . . . damnauit. 3.1 (128.8)
lectis. Lectis autem epistulis, quas ab apostolico papa aduexerat, 5.19 (329.23)
lectum. Quod ubi lectum est, stupor adprehendit audientes; 5.19 (328.1)
lectus. qui oportune laetus [lectus], uar. 1.7 (20.27)
legat. legat ipsum, de quo dixi, libellum uitae eius, 3.19 (165.11)
legatur. ita etiam de tonsurae differentia legatur aliqua fuisse controuersia; 5.21 (342.23)
legebam. simpliciter fidem historiae, quam legebam, accommodans, Praef. (7.33)
legendarum. sed tunc legendarum gratia scripturarum in Hibernia non paruo tempore demoratus, 3.7 (140.21)
legendi. qui et ipse aeuo sequente Hiberniam gratia legendi adiit, 3.27 (192.22)
ritumque canendi ac legendi uiua uoce praefati monasterii cantores edocendo, 4.18 (241.22)
Ipse autem excepto cantandi uel legendi munere, et aliud in mandatis ab apostolico papa acceperat, 4.18 (241.38)
Nam cum . . . in clero illius degerem, legendi quidem canendique studiis traditus, 5.6 (289.12)
legendis. id est, aut legendis scripturis, aut psalmis discendis operam dare. 3.5 (136.10)
et scripturis legendis operam daret, 3.23 (176.35)
legendum. et prius ad legendum ac probandum transmisi, Praef. (5.5)
adcelerauit ocius ad legendum cum suis, siue ad orandum egredi. 3.5 (136.17)
uictum . . . libros quoque ad legendum, et magisterium gratuitum praebere curabant. 3.27 (192.17)
domunculae, quae ad orandum uel legendum factae erant, 4.25 (265.13)
protulitque unus libellum perpulchrum, sed uehementer modicum, ac mihi ad legendum dedit; 5.13 (312.5)
iussit uni ex satellitibus suis mihi ad legendum deferre. 5.13 (312.16)
ac per eius est largitionem etiam minoribus ad legendum contraditus. 5.15 (317.3)
legente. si forte legente eo uel aliud quid agente, repente flatus uenti maior adsurgeret, 4.3 (210.18)
legentes. omnes, . . . legentes siue audientes, suppliciter precor, Praef. (8.10)
et legentes quoque uel audientes exemplum facti ad studium religionis accenderet. 5.7 (293.4)
legentibus. ut, quanta esset uiri sublimitas, legentibus notius existeret. 3.19 (168.27)
Scripsit idem uir de locis sanctis librum legentibus multis utillimum; 5.15 (316.17)
De cuius scriptis aliqua decerpere, ac nostrae huic historiae inserere commodum fore legentibus reor. 5.15 (317.7)
legentium. atque ad utilitatem legentium memoriae commendans; 3.17 (161.16)
Hanc historiam, . . . simpliciter ob salutem legentium siue audientium narrandam esse putaui. 5.13 (313.24)
Haec . . . sed breuioribus strictisque conprehensa sermonibus, nostris ad utilitatem legentium historiis indere placuit. 5.17 (319.30)
legere. in qua secretius cum paucis, id est VII siue VIII, fratribus, . . . orare ac legere solebat. 4.3 (207.15)
atque ab apostolico papa omnibusque, qui audiere uel legere, gratantissime susceptum. 4.18 (242.30)
legeretur. Cum ergo causa exigente synodus eadem . . . iubente apostolico papa, diebus aliquot legeretur, 5.19 (327.29)
legerit. sed et de aliis conmilitonibus ipsius, quisque legerit, inueniet. 3.19 (168.30)
quae alia sint signa ostensa, in ipso libro, de quo haec excerpsimus, quisque legerit, inueniet. 4.10 (224.19)
sicut in uolumine uitae et uirtutum eius quisque legerit, inueniet. 4.31 (279.16)
legissem. Quem cum legissem, inueni omnia scelera, 5.13 (312.16)
legistis. 'Non legistis, quia "intonuit de caelo Dominus, 4.3 (210.29)

legitur. quod beatus euangelista Iohannes, . . . cum omnibus, quibus praeerat, ecclesiis celebrasse legitur.' 3.25 (184.9)
Ioseph . . . cum seruitio absoluendus adtonsus esse legitur, 5.21 (342.14)
LENA. lena. id est camisia cum ornatura in auro una, et lena Anciriana una; 2.10 (104.3)
lenas. Hic cum quadam die lenas siue saga, quibus in hospitale utebatur, in mari lauasset, 4.31 (278.8)
LENIVS. quidam autem lenius corrigantur. 1.27 (50.6)
LENTVS, a, um. **lentis.** lentis quidem, sed tamen continuis febribus anhelabat. 2.1 (77.8)
LEPTIS, *Leptis, Africa.*
Lepti. Seuerus, genere Afer Tripolitanus ab oppido Lepti, 1.5 (16.15)
LESIO. lesione. primo uim sui furoris a lesione locorum, quae contra erant, abstraxit, 2.7 (94.29)
a sua suorumque lesione crebris orationibus uel exhortationibus repellere consuerat, 2.7 (94.34)
LETVM. leti. leti nil iura nocebunt, 2.1 (79.11)
LEVTHERIVS, *Bishop of Wessex, 670.*
Leutherio. et de successoribus eius Agilbercto et Leutherio. 3.7 (139.7)
Vt episcopatum Occidentalium Saxonum pro Leutherio Haeddi, . . . acceperit; 4.12 (227.19)
Leutherium. misit pro se illo presbyterum Leutherium nepotem suum, 3.7 (141.24)
Leutherius. Adfuerunt et . . . Putta, . . . Leutherius, episcopus Occidentalium Saxonum, Vynfrid, 4.5 (215.12)
Quartus Occidentalium Saxonum antistes Leutherius fuit. 4.12 (227.22)
Cumque mortuus esset Coinualch, quo regnante idem Leutherius episcopus factus est, 4.12 (227.25)
LEVIS, e. **leui.** et adsumto in nomine sanctae Trinitatis leui aquae spargine 1.17 (34.24)
leui. abiecto leui iugo Christi, 1.14 (30.8)
leuis. ac leuis mihi somnus obrepsisset, 5.9 (297.5)
LEVITAS. leuitatis. ut sic absoluar reatu superuacuae leuitatis; 4.19 (246.11)
LEVITER. Rursumque, quasi leuiter indignata, subiunxit: 4.9 (223.22)
subito quasi leuiter obdormiens, sine ullo sensu doloris emisit spiritum. 4.11 (226.30)
LEVITICVS, *Leviticus.*
Leuitico. Ipsa prima dies azymorum, de qua multum distincte in Leuitico scriptum est: 5.21 (336.29)
LEVIVS. quidam autem lenius [leuius] corrigantur. uar. 1.27 (50.6)
qud dum facerem, uidebatur illa per biduum aliquanto leuius habere; 4.19 (245.18)
LEVO. leuabit. ipse eum manu sua leuauit [leuabit] in equum; uar. 4.3 (206.28)
leuanda. cuius anima per bona, quae fecisset, opera, quasi per funes aureos leuanda esset ad caelos; 4.9 (222.24)
leuaretur. quo trahente leuaretur sursum haec, quam contemplabatur species corporis gloriosi, 4.9 (222.17)
leuari. placuit eidem abbatissae leuari ossa eius, 4.19 (244.29)
leuati. ita ut in ante sit fossa, de qua leuati sunt cespites, 1.5 (16.28)
leuato. leuato in regem Vulfhere filio eiusdem Pendan adulescente, 3.24 (180.20)
leuauimus. Vbi autem longius uisum leuauimus, 5.1 (282.6)
leuauit. Qui cum tremens ad pedes eius procidere uellet, leuauit eum, 2.12 (110.31)
Quod uidens episcopus, multum pertimuit, ac statim exsurgens leuauit eum, 3.14 (157.1)
ipse eum manu sua leuauit in equum; 4.3 (206.28)
dein modicum requietus, leuauit se, et coepit abire, 4.22 (250.2)
LEVVS,a, um. **leuam.** quae ad leuam nobis sita, 5.12 (305.1)
LEX. lege. quia et in lege scriptum est: 1.27 (51.4)
quia scriptum est in lege: 1.27 (53.13)
me ducentem in lege peccati, quae est in membris meis. 1.27 (61.27)
e quibus duae in lege Mosi diuinitus statutae, 5.21 (334.2)
qui praefixos in lege terminos, nulla cogente necessitate, uel anticipare uel transcendere praesumunt. 5.21 (337.28)
Namque sine ratione necessitatis alicuius anticipant illi tempus in lege praescriptum, 5.21 (337.30)
cuius in lege mentio nulla usquam repperitur, 5.21 (338.29)
quia ante legem et sub lege promissus, tertio tempore seaculi cum gratia uenit ipse, 5.21 (340.2)
quae cuncta ex lege obseruanda accepimus, 5.21 (340.31)
legem. 'Video aliam legem in membris meis 1.27 (61.25)
Neque haec euangelica et apostolica traditio legem soluit, 3.25 (186.4)
ita ut iuxta legem omnibus annis decimam non solum quadrupedum, uerum etiam frugum . . . daret. 4.29 (276.1)
quia ante legem et sub lege promissus, tertio tempore saeculi cum gratia uenit ipse, 5.21 (340.2)
legi. legem in membris meis repugnantem legi mentis meae et captiuum 1.27 (61.26)
et pugnabat igitur legi mentis, 1.27 (61.29)
Vnde constat uos, Colmane, . . . neque legi, neque euangelio in obseruatione uestri paschae congruere. 3.25 (186.16)
in celebratione . . . neque Iohanni, neque Petro, neque legi, neque euangelio concordatis.' 3.25 (186.33)
'Numquid,' ait, 'Anatolius . . . legi uel euangelio contraria sapuit, 3.25 (187.1)
legis. Hunc quidem testamentum ueteris legis, . . . pollutum dicit, 1.27 (59.26)
cum scita legis Mosaicae iuxta litteram seruaret, 3.25 (185.4)
nec subito ualentibus apostolis omnem legis obseruantiam, quae a Deo instituta est, abdicare 3.25 (185.6)
et omnes hi aemulatores sunt legis." 3.25 (185.16)
Iohannes secundum legis consuetudinem XIIII[a] die mensis primi . . . incipiebat celebrationem 3.25 (185.20)
ut secundum consuetudinem ac praecepta legis XIIII[am] lunam primi mensis, . . . exspectaret; 3.25 (185.27)
Iohannes enim ad legis Mosaicae decreta tempus paschale custodiens, nil de prima sabbati curabat; 3.25 (186.17)
ut expectaretur iuxta praeceptum legis idem primus anni mensis, 5.21 (336.12)
cuius nullam omnino mentionem in decreto legis inueniunt. 5.21 (338.1)
lex. quod uera lex historiae est, Praef. (8.6)
iuxta numerum librorum, quibus lex diuina scripta est, 1.1 (11.12)
Quaedam terrena lex in Romana repuplica permittit, 1.27 (50.29)
Et sacra lex prohibet cognationis turpitudinem reuelare. 1.27 (50.33)
ita ut morte lex sacra feriat, 1.27 (55.17)
Nam cum multa lex uelut inmunda manducare prohibeat, 1.27 (56.31)
Lex autem ueteri populo praecepit, 1.27 (57.16)
cui lex, quae in membris est, repugnabat. 1.27 (61.30)
cuius neque lex ullam fecit mentionem, 3.25 (186.25)
lunam XXI[am], quam lex maxime celebrandam commendauit, 3.25 (186.30)
Praecepit enim lex, ut pascha primo mense anni . . . fieri deberet; 5.21 (334.5)
in ipsa, quam lex statuit, tertia primi mensis ebdomada celebremus.' 5.21 (337.24)
quam lex maiore prae ceteris festiuitate memorabilem saepenumero commendat; 5.21 (338.4)
quam lex primitus et praecipue commendat, 5.21 (338.16)
in qua hoc lex consummari et perfici debere decreuit, 5.21 (338.27)
LIBELLVS. libellis. Historiam abbatum monasterii huius, . . . Benedicti, Ceolfridi, et Huaetbercti in libellis duobus. 5.24 (359.14)
libello. uel in libello gestorum ipsius conscripsi, Praef. (7.30)
Excepto libello responsionum, 2.1 (76.31)
libello quoque synodico, 2.1 (77.1)
Quae cuncta in libello eius sufficientius, . . . quisque legerit, inueniet. 3.19 (168.28)
libellum. totum ipsum libellum his inserentes historiis; 2.1 (76.34)
legat ipsum, de quo dixi, libellum uitae eius, 3.19 (165.11)
protulitque unus libellum perpulchrum, sed uehementer modicum, 5.13 (312.4)
et huic adiectum alium de schematibus siue tropis libellum, hoc est de figuris modisque locutionum, 5.24 (359.28)

libellus. sicut libellus de uita eius conscriptus sufficienter edocet, 3.19 (164.26)
quod ad ipsum cymiterium Deo dicatae congregationis factum idem libellus refert. 4.10 (224.22)
praeerat regno Orientalium Saxonum, ut idem etiam libellus docet, . . . Sebbi, 4.11 (225.16)
LIBENS. libens. 'Si mihi diuina gratia in loco illo donauerit, ut de opere manuum mearum uiuere queam, libens ibi morabor; 4.28 (271.13)
ut . . . apostolorum princeps caelestis quoque regni tibi tuisque cum ceteris electis libens pandat introitum. 5.21 (345.18)
LIBENTER. libenter. quaeque uos ammonet, libenter audite, 1.32 (68.32)
qui libenter eum excipiens, promisit se, quae petebatur, esse facturum. 2.12 (107.22)
prae oculis affectum doctrinae ipsius, quem pro uestris animabus libenter exercuit, habetote; 2.17 (119.22)
atque eius admonitionibus humiliter ac libenter in omnibus auscultans, 3.3 (132.6)
nec libenter a populo audiretur, 3.5 (137.4)
in monasterium praefatum, noluerunt ea, qui erant in monasterio, libenter excipere; 3.11 (148.12)
ille audita . . . speque . . . futurae inmortalitatis, libenter se Christianum fieri uelle confessus est, 3.21 (170.6)
praedicabant uerbum, et libenter auditi sunt, 3.21 (170.24)
Cui cum ille libenter adquiesceret, 3.23 (176.5)
Qui libenter a suis fratribus et conmilitonibus suscepti, 3.23 (176.30)
'Si me,' inquit, 'nosti episcopatum non rite suscepisse, libenter ab officio discedo; 4.2 (205.26)
libenter ea, quae dicerentur, audirent; 4.27 (269.30)
Quos tamen ille pio libenter mancipatus labori, tanta doctrinae solertis excolebat industria, 4.27 (270.8)
quae cum ille et munera gratanter acciperet, et miracula libenter audiret, 4.30 (277.5)
et tam libenter tamque studiose ab illo auditus est, 5.12 (309.32)
libenter eius uotis ac desideriis caelestibus adnuit, 5.19 (322.31)
ut se etiam inrisiones et obprobria pro illo libenter ac promte omnia sufferre ipso etiam frontispicio doceant; 5.21 (343.20)
libenter auditus ab uniuersis, inmutauit . . . inueteratam illam traditionem 5.22 (346.28)
quam nouerat scientiam diuinae cognitionis libenter ac sine inuidia populis Anglorum communicare curauit; 5.22 (347.6)
LIBENTISSIME. libentissime tibi desideranti, . . . transmisi, Praef. (5.4)
quos omnes Scotti libentissime suscipientes, 3.27 (192.16)
nam et libentissime ab omnibus suscipiebatur, atque audiebatur, 4.2 (204.18)
'Optime omnibus placet, quaeque definierunt . . . nos quoque omnes alacri animo libentissime seruare.' 4.5 (215.27)
Quod dum episcopus libentissime se facturum promitteret, 4.11 (226.15)
ita ut ea, . . . suae suorumque consuetudini libentissime praeferret. 5.15 (315.26)
libentissime est ab illo susceptus, libentius auditus; 5.15 (316.27)
Berctuald archiepiscopus, et Aedilred quondam rex, tunc autem abbas, libentissime fauerunt; 5.19 (329.25)
promtissime ac libentissime tuo desiderio, . . . patefacere satagimus. 5.21 (333.18)
LIBENTIVS. et libentius eo praedicante caelestia sperare coeperunt, 4.13 (232.3)
libentius, quae audire et intellegere poterant, operando sequerentur. 4.27 (269.30)
libentissime est ab illo susceptus, libentius auditus; 5.15 (316.28)
LIBERALIS, e. **liberalium.** et scripturarum, ut dixi, tam liberalium quam ecclesiasticarum erat eruditione mirandus. 5.18 (321.10)
LIBERATIO. liberatione. quae in antiqui Dei populi liberatione praefigurata, in Christi autem resurrectione conpleta est, 5.21 (341.2)
LIBERE. eosque ad suas ecclesias libere instituendas redire praecepit; 2.6 (93.13)
LIBERIVS. monasterium, in quo liberius caelestibus studiis uacaret, construxit; 3.19 (164.25)
opus est . . . pro appetitu aeternorum bonorum liberius laborare; 4.25 (265.6)
ubi liberius continuis in orationibus famulatui sui conditoris uacaret. 5.12 (310.10)
LIBER. liberi. Baptizati sunt . . . et alii liberi eius de Aedilberga regina progeniti, 2.14 (114.24)
liberis. multitudo etiam cum coniugibus ac liberis excita conuenerat, 1.17 (35.21)
liberorum. et carnis commixtio creandorum liberorum sit gratia, 1.27 (58.22)
sed solummodo creandorum liberorum gratia utitur, 1.27 (58.24)
liberos. plures . . . tam nobiles, quam priuati, se suosque liberos, depositis armis, satagunt magis, . . . monasterialibus adscribere uotis, 5.23 (351.20)
LIBER. libris. ut, sicut in libris expositionum suarum, . . . edocuit, 2.1 (76.25)
Historiam ecclesiasticam nostrae insulae ac gentis in libris v. 5.24 (359.16)
libro. sicut in libro, quem de temporibus conposui, manifestissime probaui; 3.17 (161.12)
quanta fraudis solertia daemones . . . ipsas etiam cogitationes quasi in libro descriptas replicauerint; 3.19 (165.8)
Quis sane pro Vighardo reppertus ac dedicatus sit antistes, libro sequente oportunius dicetur. 3.29 (199.6)
ut in praecedente libro paucis diximus, 4.1 (201.14)
et ex eodem libro x capitula, quae per loca notaueram, . . . illis coram ostendi, 4.5 (215.28)
quae alia sint signa ostensa, in ipso libro, de quo haec excerpsimus, quisque legerit, inueniet. 4.10 (224.18)
e quibus aliqua in libro uitae illius olim memoriae mandauimus. 4.30 (277.26)
Quae in eodem libro de loco dominicae natiuitatis, passionis, et resurrectionis commemorauerit. 5.16 (317.8)
sicut in libro Numerorum apertissime scribitur: 5.21 (335.9)
librorum. iuxta numerum librorum, quibus lex diuina scripta est, 1.1 (11.11)
libros. per xxx et v libros expositionis miranda ratione perdocuit. 2.1 (75.23)
Libros etiam Dialogorum IIII fecit, 2.1 (76.21)
uictum . . . libros quoque ad legendum, et magisterium gratuitum praebere curabant. 3.27 (192.17)
cuius magisterio IIII euangeliorum libros ex ordine didicit, 5.19 (324.25)
nec non et quattuor auro Scribi euangelii praecepit in ordine libros; 5.19 (330.16)
'In principium Genesis, usque ad natiuitatem Isaac et eiectionem Ismahelis, libros IIII. 5.24 (357.26)
De tabernaculo et uasis eius, ac uestibus sacerdotum, libros III. 5.24 (357.28)
In primam partem Samuelis, id est usque ad mortem Saulis, libros III. 5.24 (357.30)
De aedificatione templi, allegoricae expositionis, sicut et cetera, libros II. 5.24 (358.2)
In Prouerbia Salomonis libros III. 5.24 (358.4)
In Cantica canticorum libros VII. 5.24 (358.5)
In Ezram et Neemiam libros III. 5.24 (358.9)
In librum beati patris Tobiae . . . librum I [libros II]. uar. 5.24 (358.12)
In euangelium Marci libros IIII. 5.24 (358.19)
In euangelium Lucae libros VI. 5.24 (358.20)
Omeliarum euangelii libros II. 5.24 (358.21)
In Actus apostolorum libros II. 5.24 (358.25)
In Epistulas VII catholicas libros singulos. 5.24 (358.26)
In Apocalypsin sancti Iohannis libros III. 5.24 (358.27)
De natura rerum, et de temporibus libros singulos; 5.24 (359.24)
librum, ut librum beati Iob . . . discuteret; 2.1 (75.16)
Sed eundem librum, . . . ratione perdocuit. 2.1 (75.20)
Alium quoque librum conposuit egregium, 2.1 (76.14)
quisque legerit [librum], inueniet. uar. 3.19 (168.30)
Quibus statim protuli eundem librum canonum, 4.5 (215.28)
utque idem librum de locis sanctis scripserit. 5.15 (315.11)

LIGNEVS, a, um. **lignea.** Est autem locus idem sepulchri tumba lignea in modum domunculi facta co-opertus, 4.3 (212.16)
ligneo. non alibi quam in medio eorum, iuxta ordinem, quo transierat, ligneo in locello sepulta. 4.19 (244.25)
LIGNVM. ligni. obtulit ei aliquid de ueteri musco, quo superficies ligni erat obsita. 3.2 (130.24)
lignis. cespites, supra quam sudes de lignis fortissimis praefiguntur. 1.5 (16.28)
ligno. ecclesia . . . quam ibidem ipse de ligno, cum cathecizaretur, atque ad percipiendum baptisma inbueretur, . . . construxit. 2.14 (114.4)
Vt de ligno crucis, . . . quidam a dolentis brachii sit langore curatus. 3.2 (128.23)
multi de ipso ligno sacrosanctae crucis astulas excidere solent, 3.2 (129.16)
rogauit, ut aliquam sibi partem de illo ligno uenerabili rediens adferret, 3.2 (130.20)
At ego respondi: "Habeo quidem de ligno, 3.13 (153.23)
lignum. die creandi materiam lignum uel lapidem esse non posse, 3.22 (171.27)
LIGO. ligant. hos pro diuina formidine sacerdotum ora simplicibus uerbis ligant, 2.1 (78.16)
ligare. interrogare coepit, quare ligari [ligare] non posset, uar. 4.22 (250.27)
ligari. Cumque a nullo uel teneri uel ligari potuisset, 3.11 (149.25)
interrogare coepit, quare ligari non posset, 4.22 (250.27)
an forte litteras solutorias, . . . apud se haberet, propter quas ligari non posset. 4.22 (250.29)
ligatum. sed ligatum se uehementer ingemiscat. 1.27 (61.23)
ligatum. et accipiens inligatum panno [in panno ligatum] condidit in capsella, uar. 3.11 (149.17)
ligatur. in delectatione carnali aliquo modo ligatur inuitus, 1.27 (61.22)
ligatus. et tamen delectatione ligatus sit, 1.27 (61.23)
LILLA (*d.* 626), *one of King Edwin's thegns, who gave his life to save that of his master.*
Lilla. Quod cum uideret Lilla minister regi amicissimus, 2.9 (99.10)
LIMEN. limina. de hac subtractus est luce, situsque ad limina apostolorum, 3.29 (198.12)
nuntiauit matrem . . . ad aeternae limina lucis et supernorum consortia ciuium ascendisse. 4.23 (257.26)
sed et successor eius Ini eadem beatorum apostolorum limina deuotus adierit. 5.7 (292.10)
ut ad limina beatorum apostolorum fonte baptismatis ablueretur, 5.7 (292.16)
ipse relicto regno ac iuuenioribus commendato, ad limina beatorum apostolorum . . . profectus est, 5.7 (294.7)
Romam uenire ad uidenda atque adoranda beatorum apostolorum ac martyrum Christi limina cogitauit. 5.9 (296.24)
uenit Romam, ibique adtonsus, . . . ac monachus factus, ad limina apostolorum, 5.19 (322.1)
indicauit ei desiderium sibi inesse beatorum apostolorum limina uisitandi; 5.19 (323.21)
LIMES. limite. quippe quem ab ipso, ut ita dicam, mortis limite reuocans, 5.6 (289.15)
LIMPIDVS, a, um. **limpida.** Princeps pontificum, felix summusque sacerdos Limpida discipulis dogmata disseruit. 5.8 (295.12)
limpidus. factusque est iuuenis limpidus uultu et loquella promtus, 5.2 (284.26)
LIMVS. limo. hominem ad imaginem et similitudinem suam ex limo terrae plasmatum constituit, 2.10 (101.13)
LINDISFARI, *the people of Lindsey.*
Lindisfarorum. in prouincia Merciorum, simul et Lindisfarorum ac Mediterraneorum Anglorum, factus est episcopus Diuma, 3.24 (179.21)
Susceptum itaque episcopatum gentis Merciorum simul et Lindisfarorum Ceadda, 4.3 (207.1)
prouinciis Merciorum et Mediterraneorum Anglorum et Lindisfarorum episcopatus officio praeesset; 4.3 (212.27)
Cum quibus et Eadhaed in prouinciam Lindisfarorum, . . . ordinatur episcopus. 4.12 (229.11)
prouinciae Lindisfarorum Cyniberct episcopus praeest. 5.23 (350.18)
LINDISFARNENSES, *the monks of Lindisfarne.*
Lindisfarnensium. Cuius corpus mox inde translatum ad insulam Lindisfarnensium, . . . est. 3.17 (160.10)
et religiosis moribus iuxta ritus Lindisfarnensium, ubi educatus erat, instituit. 3.23 (176.8)
Colmanus, . . . tulit secum omnes, quos in Lindisfarnensium insula congregauerat Scottos; 4.4 (213.5)
episcopum, ut diximus, fecerat ordinari Lindisfarnensium ecclesiae . . . Cudberctum, 4.27 (268.22)
transtulit eum reuerentissimus abbas ipsius Eata ad insulam Lindisfarnensium, 4.27 (270.18)
ut ad insulam Lindisfarnensium relatus, in ecclesia deponeretur. 4.29 (275.26)
LINDISFARNENSIS, e, *of Lindisfarne.*
Lindisfarnensem. remanente Eata ad Lindisfarnensem, 4.12 (229.24)
Venit ergo ad insulam Lindisfarnensem, 5.19 (323.1)
Lindisfarnensi. Ipse est Eata, qui non multo post eidem ecclesiae Lindisfarnensi episcopus factus est. 3.26 (190.14)
sed quoniam ipse plus Lindisfarnensi ecclesiae, in qua conuersatus fuerat, dilexit praefici, 4.28 (273.8)
Lindisfarnensi. eidemque in insula Lindisfarnensi sedem episcopatus donauerit. 3.3 (131.4)
rex locum sedis episcopalis in insula Lindisfarnensi, . . . tribuit. 3.3 (132.2)
Qui in insula Lindisfarnensi fecit ecclesiam episcopali sedi congruam; 3.25 (181.5)
fratribus, qui in Lindisfarnensi ecclesia, Scottis abeuntibus, remanere maluerunt, 3.26 (190.4)
ille in Hagustaldensi siue in Lindisfarnensi ecclesia cathedram habens episcopalem, 4.12 (229.8)
Conueniunt et de ipsa insula Lindisfarnensi in hoc ipsum multi de fratribus, 4.28 (272.23)
sed in insula Lindisfarnensi iuxta praefatorum corpora episcoporum . . . sepultus est. 5.1 (282.24)
Lindisfarnensis. a fratribus ecclesiae Lindisfarnensis scripta repperi, Praef. (7.32)
et caput quidem in cymiterio Lindisfarnensis ecclesiae, . . . condidit. 3.12 (152.3)
qui postea episcopus Hagustaldensis siue Lindisfarnensis ecclesiae factus est, 4.27 (269.4)
contigit, ut . . . unanimo omnium consensu ad episcopatum ecclesiae Lindisfarnensis eligeretur. 4.28 (272.18)
placuit, ut . . . Cudberct ecclesiae Lindisfarnensis gubernacula susciperet. 4.28 (273.12)
qui etiam postea fratribus eiusdem ecclesiae Lindisfarnensis, . . . abbatis iure praefuit. 5.1 (281.13)
qui nunc episcopalem Lindisfarnensis ecclesiae cathedram condignis gradu actibus seruat. 5.12 (310.7)
Lindisfaronensem. contigit . . . Cedd . . . peruenire ad ecclesiam Lindisfaronensem 3.22 (172.30)
Lindisfaronensi. Ediluald in Lindisfaronensi, Acca in Hagustaldensi, Pecthelm in ea, quae Candida Casa uocatur, 5.23 (351.1)
LINDISSI, *Lindsey.*
Lindissæ. columna lucis a carro illo . . . omnibus pene eiusdem Lindissæ prouinciae locis conspicua stabat. 3.11 (148.22)
Lindissi. in prouincia Lindissi, quae sint gesta Praef. (7.19)
Vt Paulinus in prouincia Lindissi praedicauerit, 2.16 (117.4)
Praedicabat autem Paulinus uerbum etiam prouinciae Lindissi, 2.16 (117.7)
Est monasterium nobile in prouincia Lindissi, nomine Beardaneu, 3.11 (148.6)
quorum prior episcopus in Lindissi prouincia, secundus erat abbas 3.11 (149.8)
atque episcopus in prouincia Lindissi factus, 3.27 (192.24)
Adbaruae, id est Ad Nemus, in prouincia Lindissi, 4.3 (207.6)
Hygbald, qui erat abbas in prouincia Lindissi, 4.3 (211.26)
unde et expulsus de Lindissi, in illarum prouinciarum regimine permansit. 4.12 (229.19)
Eadhaedum de Lindissi reuersum, . . . Hrypensi ecclesiae praefecit. 4.12 (229.27)
LINDOCOLINVM, *Lincoln.*
Lindocolino. et occurrente sibi illo in Lindocolino, 2.18 (120.11)
LINDOCOLINVS, a, um, *of Lincoln.*
Lindocolinae. praefectumque Lindocolinae ciuitatis, cui nomen erat Blaecca, . . . conuertit 2.16 (117.9)
LINEA. linea. recta ab oriente in occasum linea, 1.12 (27.24)
lineae. ceterisque eiusdem lineae regionibus 1.1 (11.9)

LINEVS, a, um. **lineis.** quia, . . . numquam lineis, sed solum laneis uestimentis uti uoluerit; 4.19 (244.6)
LINGVA. lingua. 'Ecce lingua Brittaniae, . . . coepit alleluia resonare. 2.1 (78.9)
illaqua lingua, quae tot salutaria uerba in laudem Conditoris conposuerat, 4.24 (262.15)
Quem nunc Theodorum lingua Pelasga uocat. 5.8 (295.10)
ut multa illum, . . . uel horrenda uel desideranda uidisse, etiamsi lingua sileret, uita loqueretur. 5.12 (304.26)
lingua. nam lingua eorum daal partem significat. 1.1 (12.23)
Alcluith, quod lingua eorum significat petram Cluith; 1.12 (26.1)
lingua autem Anglorum Penneltun appellatur; 1.12 (26.26)
quatinus ex lingua et uita tuae sanctitatis et recte credendi, 1.29 (64.16)
conuocauit . . . in loco, qui usque hodie lingua Anglorum Augustinaes Ác, . . . appellatur; 2.2 (81.13)
monasterio, quod uocatur lingua Anglorum Bancornaburg, 2.2 (82.22)
Caelin rex Occidentalium Saxonum, qui lingua ipsorum Ceaulin uocabatur; 2.5 (89.15)
iuxta ciuitatem, quae lingua Anglorum Tiouulfingacæstir uocatur; 2.16 (117.24)
Brettonum dux . . . interemtus est in loco, qui lingua Anglorum Denisesburna, . . . uocatur. 3.1 (128.21)
Vocatur locus ille lingua Anglorum Hefenfelth, 3.2 (129.20)
quod a copia roborum Dearmach lingua Scottorum, . . . cognominatur. 3.4 (134.5)
occisus est, . . . in loco, qui lingua Anglorum nuncupatur Maserfelth, 3.9 (145.10)
Quem dum presbyter suus lingua patria, . . . quare lacrimaretur, interrogasset: 3.14 (157.6)
monasterium . . . constructum in castro quodam, quod lingua Anglorum Cnobheresburg, . . . uocatur; 3.19 (164.14)
adiuuarent, maxime in ciuitate, quae lingua Saxonum Ythancaestir appellatur, 3.22 (173.6)
Quia nimirum Osuiu a Scottis edoctus ac baptizatus, illorum etiam lingua optime inbutus, 3.25 (182.27)
et ille melius ac manifestius ipsa lingua Anglorum, . . . potest explanare, quae sentimus.' 3.25 (184.17)
Hi ergo cum essent in monasterio, quod lingua Scottorum Rathmelsigi appellatur, 3.27 (192.26)
qui lingua Scottorum Magéo nominatur; 4.4 (213.24)
uenerunt ad ciuitatulam quandam desolatam, . . . quae lingua Anglorum Grantacaestir uocatur; 4.19 (245.1)
hoc ipse . . . uerbis poeticis maxima suauitate et conpunctione conpositis, in sua, id est Anglorum, lingua proferret. 4.24 (259.2)
multis cum lacrimis et magna conpunctione antistes lingua etiam tremente conpleuit, 4.30 (277.15)
dicito gae,' quod est lingua Anglorum uerbum adfirmandi et consentiendi, id est, etiam. 5.2 (284.4)
Tobiam . . . consecrauit, uirum Latina, Greca, et Saxonica lingua atque eruditione multipliciter instructum. 5.8 (296.1)
dedit ei locum mansionis in insula quadam Hreni, quae lingua eorum uocatur In litore; 5.11 (302.24)
quod antiquo gentium illarum uerbo Viltaburg, id est Oppidum Viltorum, lingua autem Gallica Traiectum uocatur; 5.11 (303.10)
linguae. rex, . . . subintroduxit in prouinciam alium suae linguae episcopum, 3.7 (140.29)
Hadrianus, . . . Grecae pariter et Latinae linguae peritissimus. 4.1 (202.10)
non solum membrorum ceterorum, sed et linguae motu caruit. 4.9 (223.15)
Dixit ille statim, soluto uinculo linguae, quod iussus erat. 5.2 (284.6)
linguae. et adprehendens eum de mento, signum sanctae crucis linguae eius inpressit, 5.2 (284.2)
linguae. Nec labor uos ergo itineris, nec maledicorum hominum linguae deterreant; 1.23 (43.10)
linguam. gentem, cuius ne linguam quidem nossent, 1.23 (42.27)
et cor et linguam et corpus Deo auctore conseruent. 1.27 (49.11)
Et si quando te Creatori nostro seu per linguam, . . . reminisceris deliquisse, 1.31 (67.12)
euangelizante antistite, qui Anglorum linguam perfecte non nouerat, 3.3 (132.10)
quia nimirum tam longo exilii sui tempore linguam Scottorum iam plene didicerat. 3.3 (132.13)
rex, qui Saxonum tantum linguam nouerat, 3.7 (140.28)
supersunt de eorum discipulis, qui Latinam Grecamque linguam aeque ut propriam, . . . norunt. 4.2 (205.3)
sed ea tantummodo, quae ad religionem pertinent, religiosam eius linguam decebant. 4.24 (259.12)
neque enim possunt carmina, . . . ex alia in aliam linguam ad uerbum sine detrimento sui decoris . . . transferri. 4.24 (260.9)
iussit ad se intrare pauperem, ingresso linguam proferre ex ore, ac sibi ostendere iussit; 5.2 (283.32)
ut Grecam quidem linguam non parua ex parte, . . . nouerit. 5.20 (331.10)
Haec epistula cum . . . esset lecta, . . . in linguam eius propriam interpretata, 5.21 (345.24)
ita Grecam quoque cum Latina didicit linguam, 5.23 (348.27)
linguas. iam nunc fidelis humilium linguas timet. 2.1 (78.18)
quae in IIII linguas, id est Brettonum, Pictorum, Scottorum, et Anglorum, diuisae sunt, 3.6 (138.5)
quacumque Christi ecclesia diffusa est, per diuersas nationes et linguas, 3.25 (184.27)
linguis. Haec in praesenti, . . . quinque gentium linguis, 1.1 (11.12)
LINQVO. liquit. Quaeque patrum uirtus, et quae congesserat ipse Caedual armipotens, liquit amore Dei; 5.7 (293.10)
LINTEAMEN. linteamina. Sed et linteamina omnia, quibus inuolutum erat corpus, integra apparuerunt, 4.19 (246.1)
linteaminibus. maior uero in orientali eiusdem ecclesiae loco quadrangulum aliud altare sub linteaminibus exstat. 5.16 (318.21)
LINTEOLVM. linteolum. adpendens linteolum cum puluere, quem adtulerat, in una posta parietis. 3.10 (147.12)
LINTEVM. linteo. crines conposuit, caput linteo cooperuit, 3.9 (146.23)
Tulit itaque de puluere terrae illius secum inligans in linteo, 3.10 (147.7)
linteum. ecce subito lux emissa caelitus, ueluti linteum magnum, uenit super omnes, 4.7 (220.3)
LIQVIDO. unde eam, quia liquido conperi, indubitanter historiae nostrae ecclesiasticae inserendam credidi. 4.22 (252.12)
LITIGIVM. litigio. ebrietati, animositati, litigio, . . . sua colla, . . . subdentes. 1.14 (30.6)
LITORE, *see* **IN LITORE.**
LITTERA. litterae. et huiusmodi litterae regi Osuiu Brittaniam remissae: 3.29 (196.19)
litteram. quomodo iuxta litteram intellegendus, 2.1 (75.20)
cum scita legis Mosaicae iuxta litteram seruaret, 3.25 (185.4)
litterarum. monimentis litterarum, . . . cognouerat; Praef. (6.12)
Quarum uidelicet litterarum ista est forma: 1.23 (43.4)
quarum litterarum iste est textus: 1.29 (63.15)
Quarum uidelicet litterarum iste est ordo: 2.17 (118.32)
Quarum etiam textum litterarum in nostra hac historia ponere commodum duximus. 2.18 (120.22)
scolasticus quidam de genere Scottorum, doctus quidem uir studio litterarum, 3.13 (152.25)
Verumtamen gerulis harum nostrarum litterarum uestris missis, et beneficia sanctorum, . . . eis fecimus dari, 3.29 (198.14)
Anglorum ecclesiae cum catholica ueritate, litterarum quoque sanctarum coeperint studiis inbui; 4.2 (204.11)
quarum uidelicet litterarum istud exordium est: 4.17 (239.4)
Addidit episcopus nomina litterarum: 'Dicito A'; 5.2 (284.7)
Cumque singula litterarum nomina dicente episcopo responderet, 5.2 (284.9)
sed Niger Heuuald magis sacrarum litterarum erat scientia institutus. 4.10 (299.25)
Quod utinam exhinc etiam nostrarum lectione litterarum fiat! 5.14 (315.8)
cum eruditione litterarum uel ecclesiasticarum uel generalium, ita Grecam . . . didicit linguam, 5.23 (348.25)
litteras. et auctoritas per conscientiam, doctrina per litteras, uirtutes ex meritis. 1.17 (35.10)
Quibus ille exhortatorias mittens litteras, 1.23 (43.2)
Misit . . . pontifex ad Etherium . . . litteras, quarum iste est textus: 1.24 (43.30)
Misit etiam litteras, in quibus significat se ei pallium direxisse, 1.29 (63.12)
misit post eos beatus pater Gregorius litteras memoratu dignas, 1.30 (64.27)

Vt Augustinum per litteras, . . . hortatus sit. 1.31 (66.9)
Vt Ædilbercto regi litteras et dona miserit. 1.32 (67.17)
Misit idem Laurentius . . . etiam Brettonum sacerdotibus litteras 2.4 (88.9)
litteras a pontifice sedis apostolicae Bonifatio accepit, 2.10 (100.18)
Ad coniugem quoque illius Aedilbergam huiusmodi litteras idem pontifex misit: 2.11 (104.9)
Vt idem ab Honorio papa exhortatorias litteras acceperit, 2.17 (118.22)
misit et regi Æduino litteras exhortatorias, 2.17 (118.29)
Vt Honorius, . . . ab eodem papa Honorio pallium et litteras acceperit. 2.18 (120.7)
Cui etiam praefatus papa Honorius misit pallium et litteras, 2.18 (120.14)
Vt primo idem Honorius et post Iohannes litteras genti Scottorum . . . miserit. 2.19 (122.10)
Misit idem papa Honorius litteras etiam genti Scottorum, 2.19 (122.12)
Iohannes, . . . pro eodem errore corrigendo litteras eis . . . direxit; 2.19 (122.22)
Desiderabiles litteras excellentiae uestrae suscepimus; 3.29 (196.22)
an forte litteras solutorias, de qualibus fabulae ferunt, apud se haberet, 4.22 (250.28)
postulans, ut exhortatorias sibi litteras mitteret, 5.21 (332.30)
misit illi et litteras scriptas in hunc modum: 5.21 (333.13)
tonsuram quoque, de qua pariter uobis litteras fieri uoluisti, hortor, ut . . . congruam habere curetis. 5.21 (342.2)
cui litteras rex Brittaniae Lucius mittens, ut Christianus efficeretur, petiit et inpetrauit. 5.24 (352.15)
litteriis. scolam, in qua pueri litteris [litteriis] erudirentur; uar. 3.18 (162.21)
litteris. haec quoque sancta synodus suis litteris addit: 4.17 (239.32)
litteris. litteris mandata, . . . transmisit. Praef. (6.16)
nec non et Vectae insulae litteris mandata declarauit. Praef. (7.7)
uel litteris reuerentissimi antistitis Cyniberti . . . didicimus. Praef. (7.21)
ea, . . . ad instructionem posteritatis litteris mandare studuimus. Praef. (8.8)
missis ad Eleutherum papam litteris, 1.4 (16.1)
et familiaribus ad quosdam litteris. 2.1 (77.3)
Vt papa Bonifatius eundem regem missis litteris sit hortatus ad fidem. 2.10 (100.17)
Haec quidem memoratus papa Bonifatius de salute regis Aeduini ac gentis ipsius litteris agebat. 2.12 (106.31)
quae in propheticis, euangelicis, et apostolicis litteris discere poterant, 3.4 (134.24)
ex omnibus, quae in euangelicis uel apostolicis siue propheticis litteris facienda cognouerat, 3.17 (161.27)
instituit scolam, in qua pueri litteris erudirentur; 3.18 (162.21)
si audita decreta sedis apostolicae, . . . et haec litteris sacris confirmata sequi contemnitis, 3.25 (188.10)
Hadrianus, uir natione Afir, sacris litteris diligenter inbutus, 4.1 (202.8)
Et quia litteris sacris simul et saecularibus, ut diximus, abundanter ambo erant instructi, 4.2 (204.23)
neque alicubi ueniens absque commendaticiis litteris sui praesulis suscipiatur. 4.5 (216.15)
et hunc synodalibus litteris ad instructionem memoriamque sequentium commendare curauit, 4.17 (239.2)
ea, quae totius anni circulus in celebratione dierum festorum poscebat, etiam litteris mandando; 4.18 (241.24)
quicquid ex diuinis litteris per interpretes disceret, 4.24 (258.30)
Qui cum multis legatariis ac litteris ad se praemissis nequaquam suo monasterio posset erui, 4.28 (272.19)
inueni omnia scelera, . . . manifestissime in eo tetricis esse descripta litteris. 5.13 (312.19)
cuncta mox iste litteris mandare curauerit. 5.15 (316.30)
Acca cantator erat peritissimus, quomodo etiam in litteris sanctis doctissimus, 5.20 (332.2)
'Tres sunt ergo regulae sacris inditae litteris, 5.21 (333.34)
uir religione et prudentia insignis, sacris quoque litteris nobiliter instructus. 5.23 (350.9)
prout uel ex litteris antiquorum, uel ex traditione maiorum, . . . scire potui, 5.24 (357.1)
LITTERATVRA. litteratura. Theodorus, . . . uir et saeculari et diuina litteratura, et Grece instructus et Latine, 4.1 (202.25)
LITVS, LITTVS. litora. cum ad obseruanda Oceani litora, . . . positus, 1.6 (17.13)
ui tempestatis in occidentalia Brittaniae litora delatus est; 5.15 (316.24)
litore. interposito mari a Gessoriaco Morynorum gentis litore proximo, 1.1 (9.13)
Sed et in litore oceani ad meridiem, 1.12 (27.27)
littore. a meridiano Brittaniae littore distans. 1.3 (15.27)
bis renudato littore contiguus terrae redditur; 3.3 (132.5)
littoris. optati littoris quiete potiuntur. 1.17 (34.29)
litus. cuius proximum litus transmeantibus aperit ciuitas, 1.1 (9.10)
ut eorum semper exemplo, . . . ad orationis placidum litus, 2.1 (75.9)
quae . . . ipsam in latus [litus] iacentem inter undas relinqueret; uar. 5.9 (298.9)
LIVDHARD (*fl.* 596), *a Frankish bishop, chaplain to Queen Bertha of Kent.*
Liudhardo. cum episcopo, quem ei adiutorem fidei dederant, nomine Liudhardo, 1.25 (45.25)
LIVOR. liuor. Scriptor, quem dudum liuor adurit edax. 1.10 (24.11)
LOCELLVS. locello. non alibi quam in medio eorum, iuxta ordinem, quo transierat, ligneo in locello sepulta. 4.19 (244.25)
placuit eidem abbatissae leuari ossa eius, et in locello nouo posita in ecclesiam transferri; 4.19 (244.29)
locellum. iussitque quosdam e fratribus quaerere lapidem, de quo locellum in hoc facere possent; 4.19 (244.31)
mox inuenerunt iuxta muros ciuitatis locellum de marmore albo pulcherrime factum, 4.19 (245.3)
LOCO. locarent. in nouo recondita loculo in eodem quidem loco, sed supra pauimentum dignae uenerationis gratia locarent. 4.30 (276.15)
locata. Brittania . . . inter septentrionem et occidentem locata est, 1.1 (9.3)
locauerant. arcam, in qua incorrupta eiusdem patris membra locauerant. 4.30 (277.24)
locauit. Anglos ibidem locauit, relictis in praefata insula Scottis. 4.4 (213.31)
LOCVLVS. loculo. loculo inclusae argenteo in ecclesia sancti Petri seruantur, 3.6 (138.29)
cogitabant . . . corpus, si possent, in genibus inflectendo breuiare, donec ipso loculo caperetur. 4.11 (227.7)
qui cum suum caput eidem loculo adponentes orassent, 4.19 (246.18)
in nouo recondita loculo in eodem quidem loco, sed supra pauimentum dignae uenerationis gratia locarent. 4.30 (276.14)
corpusque eius loculo inditum, perlatum est in monasterium ipsius, 5.19 (322.20)
loculum. Vnde facta difficultate tumulandi, cogitabant aut aliud quaerere loculum, 4.11 (227.6)
Sed et loculum, in quo primo sepulta est, nonnullis oculos dolentibus saluti fuisse perhibent; 4.19 (246.16)
uidit eum . . . morti proximum, positumque loculum iuxta eum, 5.5 (288.16)
loculus. cui etiam loculus iam tunc erat praeparatus, 5.5 (288.8)
LOCVS. loca. Non enim pro locis res, sed pro bonis rebus loca amanda sunt. 1.27 (49.29)
loca. per distincta loca iuxta suum cuique modum 1.1 (10.18)
se cuncta insulae loca rupto foedere uastaturos. 1.15 (32.13)
ita ut per loca singula XII episcopos ordines, 1.29 (63.25)
ad loca, quae consueuit, familiarius concurrat. 1.30 (65.14)
tempestates, bella, fames, pestilentiae, terrae motus per loca; 1.32 (69.17)
per diuersa occultus loca uel regna . . . profugus uagaretur, 2.12 (107.19)
hac ipsa hora educam te de hac prouincia, et ea in loca introducam, 2.12 (108.6)
Construebantur ergo ecclesiae per loca, 3.3 (132.19)
Discurrere per cuncta et urbana et rustica loca, non equorum dorso, sed pedum incessu uectus, 3.5 (135.29)
Penda Merciorum rex cum hostili exercitu haec in loca perueniens, 3.17 (160.20)
fecit per loca ecclesias, 3.22 (173.4)

ut accepta nuper loca ad faciendum monasterium uel ecclesiam, prius . . . Domino consecrent. 3.23 (175.32)
omnes socii ipsorum uel mortalitate de saeculo rapti, uel per alia essent loca dispersi, 3.27 (192.28)
moris erat . . . opus euangelii magis ambulando per loca, quam equitando perficere, 4.3 (206.25)
eo quod Scotti . . . relicto monasterio per nota sibi loca dispersi uagarentur, 4.4 (213.19)
ut, . . . etiam Romam uenire, ibique ad loca sancta uitam finire disponeret, 4.5 (214.17)
et ex eodem libro x capitula, quae per loca notaueram, . . . illis coram ostendi, 4.5 (215.29)
ibique aliquandiu remoratus, et ea loca operiens, sic uidentibus cunctis ad caeli se alta subduxit; 4.7 (220.10)
Sed illo . . . ad alia loca secedente, Gebmundum pro eo substituit antistitem. 4.12 (228.25)
et multa diu loca peruagatus, Romam adiit, Brittaniam rediit; 4.13 (230.4)
Sed et ipsum per loca, in quibus doceret, multi inuitare curabant. 4.18 (241.30)
Solebat autem ea maxime loca peragrare, 4.27 (270.4)
ut haec contra impetum fluuii decurrentis, . . . ad ea usque loca, ubi illorum erant socii, transferrentur. 5.10 (300.31)
quibusque ibidem depositis, consequenter in eorum honorem, . . . singula quaeque loca dedicaret. 5.11 (301.30)
uidi subito ante nos obscurari incipere loca, 5.12 (305.22)
fetor inconparabilis cum eisdem uaporibus ebulliens omnia illa tenebrarum loca replebat. 5.12 (306.5)
Tanta autem lux cuncta ea loca perfuderat, 5.12 (307.20)
ubi ad loca sancta Romam peruenerunt, 5.19 (322.14)
loci. a sacri loci ingressu abstinendum est; 1.27 (57.31)
et ab incolis loci ignobili traditus sepulturae; 1.33 (70.28)
in quo per omne sabbatum a presbytero loci illius agendae eorum sollemniter celebrantur. 2.3 (86.13)
Erat autem eo loci, . . . martyrium beatorum IIII Coronatorum. 2.7 (94.22)
multa quidem ab incolis loci illius solent opera uirtutum . . . narrari. 3.8 (143.2)
Et multa quidem in loco illo uel de puluere loci illius facta uirtutum miracula narrantur; 3.9 (145.26)
deuenit in illud loci, ubi rex memorabilis occubuit. 3.9 (146.4)
Vt puluis loci illius contra ignem ualuerit. 3.10 (146.25)
et uidit unius loci spatium cetero campo uiridius ac uenustius; 3.10 (147.2)
episcopus loci ipsius Eadberct ablata harundine, plumbi lamminis eam totam, . . . cooperire curauit. 3.25 (181.11)
et episcopus solus in oratorio loci lectioni uel orationi operam daret, 4.3 (208.19)
freneticus quidam, . . . deuenit ibi uespere, nescientibus siue non curantibus loci custodibus, 4.3 (212.12)
crebrius in conuentu sororum perquirere coepit, quo loci in monasterio corpora sua poni, 4.7 (219.22)
Cui cum propter angustiam loci, in quo monasterium constructum est, 4.10 (224.11)
Et quoniam illi rex cum praefata loci possessione omnes, qui ibidem erant, . . . donauit, 4.13 (232.21)
Qua diuulgata uisione, aliquantulum loci accolae paucis diebus timere, . . . coeperunt. 4.25 (265.29)
Aidan, qui primus eius loci episcopus fuit, 4.27 (270.26)
indicans, quod eo loci corpora eorum posset inuenire, 5.10 (301.5)
In cuius amoenitatem loci cum nos intraturos sperarem, 5.12 (308.4)
sum reuerti ad corpus, delectatus nimirum suauitate ac decore loci illius, quem intuebar, 5.12 (309.11)
Corripiebatur quidem sedulo a fratribus ac maioribus loci, 5.14 (313.32)
locis. qui de singulis prouinciis siue locis sublimioribus, Praef. (8.15)
uineas etiam quibusdam in locis germinans; 1.1 (10.2)
aliique utriusque sexus diuersis in locis perplures, 1.7 (22.1)
Factumque est, ut in illis locis multo ex eo tempore fides intemerata perduraret. 1.21 (41.7)
et duobus tantum in locis est transmeabilis; 1.25 (45.8)
Non enim pro locis res, sed pro bonis rebus loca amanda sunt. 1.27 (49.29)
fuerint episcopi in propinquis sibi locis ordinati, 1.27 (52.17)
si eadem ciuitas cum finitimis locis uerbum Dei receperit, 1.29 (63.32)
nil aliud ageret, quam confluentem eo de cunctis uiculis ac locis plebem . . . instruere, 2.14 (115.5)
ut plerisque in locis, ubi fontes lucidos . . . conspexit, . . . aereos caucos suspendi iuberet, 2.16 (118.9)
columna lucis a carro illo . . . omnibus pene eiusdem Lindissæ prouinciae locis conspicua stabat. 3.11 (148.22)
Itaque Theodorus perlustrans uniuersa, ordinabat locis oportunis episcopos, 4.2 (205.21)
tribus annis ante aduentum eius in prouinciam nulla illis in locis pluuia ceciderat, 4.13 (231.12)
sed et in plerisque locis aliis, coepit annuatim eiusdem regis . . . natalicius dies . . . uenerari. 4.14 (236.5)
Erat enim haec ipsa hora . . . in extremis monasterii locis seorsum posita, 4.23 (258.21)
et dies passionis uel inuentionis eorum congrua illis in locis ueneratione celebratus. 5.10 (301.10)
et corpus eius in ultimis est monasterii locis humatum, 5.14 (314.26)
utque idem librum de locis sanctis scripserit. 5.15 (315.11)
Scripsit idem uir de locis sanctis librum legentibus multis utillimum; 5.15 (316.17)
quaeque ille se in locis sanctis memoratu digna uidisse testabatur, 5.15 (316.29)
qui longius ab eis locis, in quibus patriarchae uel apostoli erant, secreti, . . . norunt. 5.15 (316.32)
primum de locis sanctis pro condicione platearum diuertendum est ad ecclesiam Constantinianam, 5.16 (317.23)
quae tria altaria in tribus locis parietis medii continet, 5.16 (318.3)
Inque locis istis monachorum examina crebra Colligit, 5.19 (330.22)
uerum etiam cum eo die pascha celebraretur, quo numquam prius in eis locis celebrari solebat. 5.22 (348.4)
loco. intellexit aliquid mirae sanctitatis huic loco, . . . inesse; 3.9 (146.11)
Vnde merito loco huic et habitatoribus eius grauis de caelo uindicta flammis saeuientibus praeparata est.' 4.25 (265.21)
loco. decimo post Neronem loco praeceperunt; 1.6 (17.28)
In quo uidelicet loco . . . curatio infirmorum, . . . celebrari non desinit. 1.7 (21.30)
Honorio . . . loco ab Augusto X.LIIII, 1.11 (24.20)
Huius loco Constantinus ex infima militia . . . eligitur; 1.11 (24.25)
a monasterio Aebbercurnig ad occidentem in loco, 1.12 (26.25)
Primo in loco . . . praebuerunt aduersariis copiam disputandi, 1.17 (35.25)
de loco ipso, ubi beati martyris effusus erat sanguis, 1.18 (36.31)
uno in loco infirmitatis necessitate teneretur, 1.19 (37.10)
Quo in loco nouum conponit exercitum ipse dux agminis. 1.20 (39.2)
(pro eo, quod sacerdos alius in loco deest) 1.27 (60.14)
in loco celeberrimo, qui dicitur Degsastán, 1.34 (71.24)
conuocauit . . . in loco, qui usque hodie lingua Anglorum Augustinaes Ác, . . . appellatur; 2.2 (81.12)
seorsum in tutiore loco consistere, 2.2 (84.7)
Erat autem eo loci [loco], uar. 2.7 (94.22)
sed tamquam lapis in uno loco posita, 2.10 (102.25)
curauit, . . . maiorem ipso in loco et augustiorem de lapide fabricare basilicam, 2.14 (114.9)
et alia pro illa est facta in loco, qui uocatur Maelmin. 2.14 (115.8)
aliqua sanitatum miracula in eodem loco solent . . . ostendi. 2.16 (117.15)
ut in sequentibus suo loco dicemus. 2.16 (117.18)
in loco ipsius alter episcopum ex hac nostra auctoritate debeat subrogare. 2.17 (119.31)
consors eiusdem gradus habeat potestatem alterum ordinandi in loco eius, qui transierat, sacerdotem; 2.18 (120.19)
is, qui superstes fuerit, alterum in loco defuncti debeat episcopum ordinare. 2.18 (121.24)
Brettonum dux . . . interemtus est in loco, qui lingua Anglorum Denisesburna, . . . uocatur. 3.1 (128.21)
In cuius loco orationis innumerae uirtutes sanitatum noscuntur esse patratae, 3.2 (129.13)
In quo uidelicet loco consuetudinem multo iam tempore fecerant fratres Hagustaldensis ecclesiae, 3.2 (129.29)
De quo plenius in sequentibus suo loco dicendum est. 3.4 (135.15)

in monasterio, quod . . . constructum est . . . in loco, qui dicitur in Brige. 3.8 (142.15)
ut lapis, . . . amoueretur, et altius ipso in loco reponeretur; 3.8 (144.1)
et in ipso ecclesiae loco, ubi desiderabat, condita. 3.8 (144.13)
statuerunt . . . ossa uero abbatissae illo de loco eleuata, in aliam ecclesiam, . . . transferre. 3.8 (144.18)
Vt in loco, in quo occisus est rex Osuald, crebra sanitatum miracula facta; 3.9 (144.26)
occisus est, . . . in loco, qui lingua Anglorum nuncupatur Maserfelth, 3.9 (145.10)
in loco, ubi pro patria dimicans a paganis interfectus est, 3.9 (145.15)
Nec mirandum in loco mortis illius infirmos sanari, 3.9 (145.23)
Et multa quidem in loco illo uel de puluere loci illius facta uirtutum miracula narrantur; 3.9 (145.26)
coepit dicere ille de loco, ubi caballus suus esset curatus. 3.9 (146.17)
At illa posita in loco obdormiuit parumper; 3.9 (146.20)
quod nulla esset alia causa insolitae illo in loco uiriditatis, 3.10 (147.4)
inuenerunt, quia de illo loco adsumptus erat puluis, 3.10 (147.23)
nec de loco mouearis, donec hora recessionis febrium transierit. 3.12 (151.6)
ac singulos domum redire praecepit a loco, qui uocatur Vilfaræsdun, 3.14 (155.13)
Quod factum est . . . in loco, qui dicitur Ingetlingum; 3.14 (155.23)
Et episcopus quidem residebat in suo loco. 3.14 (156.26)
Constatque multos ex eo tempore gratiam sanitatis in eodem loco consecutos; 3.17 (161.6)
monasterium construxit in loco Latineaco nominato, 3.19 (168.12)
Honorius loco eius ordinauit Thomam diaconum eius 3.20 (169.5)
Berctgilsum, cognomine Bonifatium, de prouincia Cantuariorum, loco eius substituit. 3.20 (169.8)
qui illo in loco Domino seruirent. 3.23 (175.5)
euentumque discriminis tuto in loco exspectabat. 3.24 (178.11)
Quae post biennium conparata possessione x familiarum in loco, qui dicitur Streanæshalch, 3.24 (179.4)
unde ei etiam donauerat monasterium XL familiarum in loco, qui dicitur Inhrypum. 3.25 (183.1)
quia illi postmodum data sibi optione magis loco cedere, . . . uolebant, 3.25 (183.4)
dedit eum illi, qui dignam loco et doctrinam haberet, et uitam. 3.25 (183.6)
et residens solus in loco oportuno, coepit sedulus cogitare de actibus suis, 3.27 (193.2)
Vulfheri donauit terram . . . in loco, qui dicitur Adbaruae, id est Ad Nemus, 4.3 (207.5)
Habuit autem sedem episcopalem in loco, qui uocatur Lyccidfelth, 4.3 (207.8)
In quo utroque loco, ad indicium uirtutis illius, solent crebra sanitatum miracula operari. 4.3 (212.8)
Conuenimus autem . . . in loco, qui dicitur Herutford; 4.5 (215.3)
'Vt ipsi monachi non migrent de loco ad locum, 4.5 (216.9)
ut Kalendis Augustis in loco, qui appellatur Clofeshoch, semel in anno congregemur.' 4.5 (216.24)
et in loco eius ordinauit episcopum Sexuulfum, 4.6 (218.7)
sibi quidem in regione Sudergeona, iuxta fluuium Tamensem, in loco, qui uocatur Cerotaesei, 4.6 (218.30)
in loco, qui nuncupatur In Berecingum, 4.6 (219.2)
splendor emissae lucis, . . . non multo post illo eleuatus de loco, in meridianum monasterii, . . . secessit, 4.7 (220.8)
At uirgo illa, quam moriens uocabat, mox in loco, quo erat, . . . illum, . . . secuta est. 4.8 (221.4)
ut ossa . . . transferrentur omnia in ecclesiam beatae Dei genetricis, unoque conderentur in loco; 4.10 (224.16)
Nam exsurgens ab oratione, priusquam exiret de loco, petitae lucis gratiam recepit; 4.10 (225.7)
a quo etiam egressus de fonte, loco filii susceptus est; 4.13 (230.16)
Dicul, habens monasteriolum permodicum in loco, qui uocatur Bosanhamm, 4.13 (231.3)
contigit forte ipsum puerum hora ferme secunda diei in loco, in quo eger iacebat, solum inueniri; 4.14 (234.2)
habens non longe ab inde monasterium in loco, qui uocatur Hreutford, id est uadum harundinis, 4.16 (237.27)
praepositis sacrosanctis euangeliis, in loco, qui Saxonico uocabulo Haethfelth nominatur, 4.17 (239.15)
intrauit monasterium . . . positum in loco, quem Coludi urbem nominant, 4.19 (243.30)
contigit eam suscipere etiam construendum siue ordinandum monasterium in loco, qui uocatur Streaneshalch, 4.23 (254.4)
uenerunt primo diluculo fratres, qui eius obitum nuntiarent, a loco, ubi defuncta est. 4.23 (257.32)
'Si mihi diuina gratia in loco illo donauerit, 4.28 (271.12)
congregata synodo . . . iuxta fluuium Alne, in loco, qui dicitur Adtuifyrdi, 4.28 (272.15)
hoc ipsum quoque orationis loco ducens, si infirmis fratribus opem suae exhortationis tribueret; 4.28 (273.22)
in nouo recondita loculo in eodem quidem loco, sed supra pauimentum dignae uenerationis gratia locarent. 4.30 (276.14)
Qui tum forte in remotiore ab ecclesia loco refluis undique pelagi fluctibus cincto, solitarius manebat. 4.30 (276.26)
In quo etiam loco signa sanitatum aliquoties facta meritis amborum testimonium ferunt, 4.30 (277.24)
residuum dedit adulescenti, ut suo in loco reponeret. 4.32 (280.16)
uenerit ipse tempore quodam ad monasterium uirginum in loco, qui uocatur Vetadun, 5.3 (285.8)
Erat namque illo in loco lapis terrae aequalis obtectus cespite tenui, 5.6 (290.14)
Fertur autem, quia in loco, quo occisi sunt, fons ebullierit, 5.10 (301.15)
qui in eodem loco usque hodie copiosa fluenti sui dona profundat. 5.10 (301.16)
sed et odoris flagrantia miri tanta de loco effundebatur, 5.12 (307.33)
Quae in eodem libro de loco dominicae natiuitatis, passionis, et resurrectionis commemorauerit. 5.16 (317.8)
Scripsit ergo de loco dominicae natiuitatis in hunc modum:- 5.16 (317.10)
Scripsit item hoc modo de loco passionis ac resurrectionis illius:- 5.16 (317.20)
maior uero in orientali eiusdem ecclesiae loco quadrangulum aliud altare sub linteaminibus exstat. 5.16 (318.20)
Quae item de loco ascensionis dominicae et sepulchris patriarcharum. 5.17 (318.23)
De loco quoque ascensionis dominicae praefatus auctor hoc modo refert:- 5.17 (318.24)
Pecthelm, de quo in sequentibus suo loco dicendum est, 5.18 (320.14)
referre est solitus, quod in loco, quo defunctus est, . . . sanitatum sint patrata miracula, 5.18 (320.16)
offerebat, ut, . . . eumque ipse loco adoptiui semper haberet. 5.19 (324.11)
mox donauit terram x familiarum in loco, qui dicitur Stanford, 5.19 (325.13)
donauit . . . non multo post monasterium XXX familiarum in loco, qui uocatur Inhrypum; 5.19 (325.14)
Verum quia illi postmodum optione data maluerunt loco cedere, 5.19 (325.18)
quod est ad ostium Viuri amnis, et iuxta amnem Tinam, in loco, qui uocatur Ingyruum, 5.21 (332.28)

locorum. primo uim sui furoris a lesione locorum, quae contra erant, abstraxit, 2.7 (94.29)
plenius ex uicinitate locorum uestram gloriam conicimus cognouisse. 2.10 (101.29)
Hoc erat cotidianum opus . . . ubicumque locorum deuenissent. 3.5 (136.13)
cupiens in uicinia sanctorum locorum ad tempus peregrinari in terris, 5.7 (294.9)
qui locorum gratia sanctorum uenerat Hierosolymam, 5.15 (316.19)
ubi doctus in scripturis, sanctorumque locorum gnarus esse conpertus est, 5.15 (316.26)

locum. Scotti, quos diximus, aduenientes sibi locum patriae fecerunt. 1.1 (13.17)
festinauit ei, ubi ad locum destinatum morti uenerat, occurrere, 1.7 (20.19)
iubente eodem rege, locum manendi, . . . suscipit. 1.15 (31.1)
Susceperunt . . . locum habitationis inter eos, 1.15 (31.10)
locum sedis eorum gradui congruum . . . donaret, 1.26 (47.31)
is, qui summum locum ascendere nititur, 1.30 (65.27)
'Procurate,' inquit, 'ut ipse prior cum suis ad locum synodi adueniat, 2.2 (83.5)
in qua locum sedis episcopalis, et ipse, et successores eius haberent. 2.3 (85.19)
Hilarus archipresbyter et seruans locum sanctae sedis apostolicae, 2.19 (123.5)
item Iohannes primicerius et seruans locum sanctae sedis apostolicae, 2.19 (123.7)

hi, qui longe sunt positi, 1.28 (62.19)
Fecit autem et monasterium non longe ab ipsa ciuitate 1.33 (70.17)
non tamen ciues Romani, ut tam longe ab urbe secederet, potuere permittere; 2.1 (80.31)
Ostenditur autem locus ille quondam idolorum non longe ab Eburaco ad orientem, 2.13 (113.21)
ut longe lateque resplendeat, 2.17 (119.4)
Hagustaldensis ecclesiae, quae non longe abest, 3.2 (129.31)
utpote quibus longe ultra orbem positis nemo synodalia paschalis obseruantiae decreta porrexerat; 3.4 (134.22)
Quibus patefactis ac diffamatis longe lateque miraculis, 3.10 (147.25)
Peartaneu, a quo non longe et illa monasterium habebat. 3.11 (149.9)
sed etiam trans oceanum longe radios salutiferae lucis spargens, 3.13 (152.8)
rumorem sanctitatis illius in ea quoque insula longe lateque iam percrebruisse ferebat; 3.13 (152.18)
Sed heu, pro dolor! longe aliter erat; 3.14 (155.19)
exercitus Penda duce Nordanhymbrorum regiones impia clade longe lateque deuastans 3.16 (158.31)
erat in uilla regia non longe ab urbe, de qua praefati sumus. 3.17 (159.27)
Erat autem uir iste de nobilissimo genere Scottorum, sed longe animo quam carne nobilior. 3.19 (164.19)
pestilentiae lues, . . . acerba clade diutius longe lateque desaeuiens, 3.27 (192.3)
'Audite insulae, et adtendite populi de longe.' 3.29 (197.9)
longe lateque omnia peruagatus, et populum et regem praefatum ad uiam iustitiae reduxit; 3.30 (200.1)
Erat autem in monasterio Niridano, quod est non longe a Neapoli Campaniae, abbas Hadrianus, 4.1 (202.7)
Fecerat uero sibi mansionem non longe ab ecclesia remotiorem; 4.3 (207.12)
et circuiens omnia prope uel longe, inuenit locum in Hibernia insula 4.4 (213.22)
Cyniberct, habens non longe ab inde monasterium 4.16 (237.27)
sed etiam plurimis longe manentibus, . . . occasionem salutis et correctionis ministrauit. 4.23 (255.28)
Respondebat: 'Non longe est.' 4.24 (262.8)
sed et uulgus circumpositum longe lateque . . . ad caelestium gaudiorum conuertere curabat amorem. 4.27 (269.15)
Est mansio quaedam secretior, . . . non longe ab Hagustaldensi ecclesia, 5.2 (283.8)
Erat autem in uilla non longe posita quidam adulescens mutus, 5.2 (283.20)
'Villa erat comitis cuiusdam, . . . non longe a monasterio nostro, id est duum ferme milium spatio separata; 5.4 (287.1)
reuerentissimus pontifex longe lateque uerbum fidei praedicans, 5.11 (303.11)
Cumque hac infelici uicissitudine longe lateque, . . . multitudo torqueretur, 5.12 (305.12)
longe lateque diffamatum, multos ad agendam et non differendam scelerum suorum paenitudinem prouocauit. 5.14 (315.6)
qui haud longe ab illis ad borealem extremamque muri illius partem pausat. 5.17 (319.21)
in quantum dumtaxat tam longe a Romanorum loquella et natione segregati hunc ediscere potuissent. 5.21 (333.9)

LONGINQVITAS. **longinquitas.** Si longinquitas itineris magna interiacet, 1.27 (52.3)
longinquitate. antistitem, . . . minime ualuimus nunc repperire pro longinquitate itineris. 3.29 (198.2)

LONGIOR, ius. **longiora.** potest diuina pietas per tanti meritum uiri et huius uitae spatia longiora concedere, 3.13 (153.26)
longiorem. ut uidelicet primo sol longiorem nocte faciat diem, 5.21 (340.12)
longiores. praecepit eum sententias longiores dicere, 5.2 (284.12)
longiori. Gratia te Regis aeterni longiori tempore regnantem ad nostram omnium pacem custodiat incolumem, 5.21 (345.19)
longioris. Cumque materies belli acrioris et inimicitiae longioris . . . uideretur exorta, 4.21 (249.10)
longius. iussit eum Theodorus, ubicumque longius iter instaret, equitare, 4.3 (206.26)
inuenerunt hoc mensura palmi longius esse sarcofago. 4.11 (227.1)

LONGISSIMVS, a, um. **longissima.** longissima dies siue nox xv, . . . conpleat horas. 1.1 (11.9)

LONGITVDO. **longitudine.** Mons Oliuarum altitudine monti Sion par est, sed latitudine et longitudine praestat; 5.17 (318.27)
longitudini. addiderunt longitudini sarcofagi quasi duorum mensuram digitorum. 4.11 (227.3)
cuius neque longitudini hinc uel inde, neque altitudini ullus esse terminus uideretur. 5.12 (307.10)
longitudinis. unde etiam plurimae longitudinis habet dies aestate, 1.1 (11.3)
inuentum est sarcofagum illud congruae longitudinis ad mensuram corporis, 4.11 (227.13)
deuenimus ad uallem multae latitudinis ac profunditatis, infinitae autem longitudinis; 5.12 (304.32)
sepulchrum Domini . . . longitudinis vii pedum, trium mensura palmarum pauimento altius eminet; 5.16 (318.14)

LONGIVS. dummodo hostis inminens longius arceretur, 1.12 (26.7)
gens Anglorum, primo quidem aduersarios longius eiecerit; 1.15 (30.24)
cum Pictis, quos longius iam bellando pepulerant, 1.15 (32.8)
sed etiam plurimis longe [longius] manentibus, . . . occasionem salutis et correctionis ministrauit. uar. 4.23 (255.28)
Dominus omnipotens obitum ipsius in alio longius posito monasterio, . . . manifesta uisione reuelare dignatus est. 4.23 (257.2)
contigit, eum die quadam de monasterio illo longius egressum, . . . peracto itinere redire. 4.25 (264.14)
Vbi autem longius uisum leuauimus, 5.1 (282.5)
factumque est, ut cum longius subeuntibus eis, fletum hominum . . . discernere nequirem, 5.12 (306.19)
Fecitque opus, ut dixi, multis utile, et maxime illis, qui longius ab eis locis, . . . norunt. 5.15 (316.32)

LONGVIS. sed etiam plurimis longe [longuis] manentibus, . . . occasionem salutis et correctionis ministrauit. uar. 4.23 (255.28)

LONGVS, a, um. **longa.** per milia passuum dccc in Boream longa, 1.1 (9.6)
ab occidente in orientem mille passibus longa, 5.16 (317.13)
longa. quae sunt ab illis longa progenie generatae? 1.27 (50.21)
longa disputatione habita, 2.2 (81.22)
illam prouinciam, . . . a longa iniquitate atque infelicitate liberatam, 2.15 (116.33)
cuius tecto uel longa incuria, uel hostili manu deiecto, 2.16 (117.12)
placuit pio prouisori salutis nostrae sanctam eius animam longa etiam infirmitate carnis examinari, 4.23 (256.14)
et non solum se infirmitate longa carere, sed et perditas dudum uires recepisse sentiens, 5.4 (287.24)
Ipse autem Vilbrord, cognomento Clemens, adhuc superest, longa iam uenerabilis aetate, 5.11 (303.19)
in qua percussis Aegyptiis Israel est a longa seruitute redemtus. 5.21 (334.29)
Berctuald archiepiscopus longa consumtus aetate defunctus est 5.23 (349.29)
longa. longa terrarum marisque interualla, . . . ad haec nos condescendere coegerunt, 2.18 (121.28)
longa. et post longa tempora in caelestis uos patriae congregatione recipiat. 1.32 (70.1)
intimo ex corde longa trahens suspiria: 2.1 (80.8)
suspiria longa trahens, nuntiauit matrem illarum omnium Hild abbatissam iam migrasse de saeculo, 4.23 (257.23)
multisque domique forisque Iactatus nimium per tempora longa periclis, 5.19 (330.25)
longae. quod esset uir longae staturae, 2.16 (117.27)
eratque . . . et longaeua [longae] uitae perfectione eximius, uar. 3.4 (134.33)
ut, siquid minus haberet meriti a beato Cudbercto, suppleret hoc castigans longae egritudinis dolor; 4.29 (275.18)
longi. sanctus pater Augustinus hunc laboriosi ac longi certaminis finem fecit, 2.2 (81.28)
longis. longis nauibus non multis Oceanum ingressam, 1.1 (11.24)
Brittaniam tribus longis nauibus aduehitur, 1.15 (30.31)
longo. inuenit puellam ibi neptem patris familias longo paralysis morbo grauatam; 3.9 (146.15)
Album quidem Heuualdum ueloci occisione gladii, Nigellum autem longo suppliciorum cruciatu, 5.10 (300.18)
ea, quae quondam cognita longo usu uel neglegentia inueterare coeperunt, 5.20 (331.33)

longo. qui ab occidente in terras longo spatio erumpit, ... 1.1 (13.14)
ut ipsi sibi episcopi longo interuallo minime disiungantur, ... 1.27 (52.12)
quia nimirum tam longo exilii sui tempore linguam Scottorum iam plene didicerat. . . . 3.3 (132.12)
fuit in eodem monasterio puerulus quidam, longo febrium incommodo grauiter uexatus. 3.12 (150.28)
Cum ergo ueniret ad eum longo post tempore . . . uir sanctissimus 4.3 (211.23)
Sed expugnatis non longo post tempore Boructuaris a gente Antiquorum Saxonum, ... 5.11 (302.19)
Sed Aldfrid Nordanhymbrorum rex eum suscipere contemsit, nec longo tempore superfuit; 5.19 (329.29)
longum. 'Si nullatenus hodie fieri potest, obsecro, ne sit longum spatium in medio.' 4.9 (223.25)
longum. post non longum tempus reuersuri; 1.14 (29.24)
cum . . . Vilfrid post longum exilium in episcopatum esset Hagustaldensis ecclesiae receptus, . . . 5.3 (285.4)
LOQVELLA. loquella. factusque est iuuenis limpidus uultu et loquella promtus, ... 5.2 (284.27)
in quantum dumtaxat tam longe a Romanorum loquella et natione segregati hunc ediscere potuissent. 5.21 (333.9)
loquellae. memento huius temporis ac loquellae nostrae, ... 2.12 (109.25)
rex, qui Saxonum tantum linguam nouerat, pertaesus barbarae loquellae, ... 3.7 (140.28)
loquellam. ut tam notas ac familiares sibi eas quam natiuitatis suae loquellam haberet. 5.23 (348.28)
LOQVOR. locuturus. quod in Sina monte Dominus ad populum locuturus 1.27 (59.6)
locutus. Haec nunc, gloriose fili, paucis locutus sum, ... 1.32 (69.24)
Et plura locutus, quid erga salutem eorum, . . . esset agendum, salubri sermone docuit. 3.19 (167.3)
fortiter quidem, ut sibi uidebatur, locutus, ... 5.13 (311.24)
loquar. ut uerbis ipsius loquar, ... 2.1 (77.6)
'quia numquam,' inquit, 'deinceps aliquid loquar de hoc 3.14 (156.32)
Dona superna loquar, miserae non proelia Troiae; 4.20 (247.15)
Terra quibus gaudet, dona superna loquar. 4.20 (247.16)
immo, ut uerbis Domini loquar, de morte transiuit ad uitam. 4.23 (256.32)
loquaris. 'Memento, frater Heriberct, ut modo, quicquid opus habes, me interroges mecumque loquaris; 4.29 (274.22)
loquatur. Respondit Agilberctus: 'Loquatur, obsecro, . . . Vilfrid 3.25 (184.13)
loquebatur. ubi Dominus per creaturam subditam hominibus loquebatur, ... 1.27 (59.8)
is, qui loquebatur cum eo, inposuit dexteram suam capiti eius dicens: 2.12 (109.22)
quod eo adhuc tempore, quo mecum loquebatur, superesset . . . iuuenis ille, ... 3.12 (151.14)
reticuit, quasi responsum eius, quem uidebat et cui loquebatur, expectans. 4.9 (223.22)
Rursum ille, qui cum eo loquebatur, 'Attamen,' ait, 'mihi cantare habes.' 4.24 (259.27)
Sic loquebatur miser desperans, ... 5.13 (312.31)
loquendum. et adimplenda misericordia nobis quid erit loquendum? 1.27 (49.14)
loquens. Esset ut exemplum, mystica uerba loquens. 2.1 (79.18)
loquenti. Et cum ne adhuc quidem talia loquenti quisquam responderet, ... 4.8 (221.18)
loquerentur. Cumque ibidem positi . . . una cum eis, qui ibidem ante inerant, loquerentur ac iocarentur, 4.24 (261.27)
si peruenirent ad satrapam, et loquerentur cum illo, ... 5.10 (300.12)
oqueretur. quis esset ille, uel unde ueniret, qui haec sibi loqueretur, ... 2.12 (109.32)
Cum ergo ueniens illo loqueretur cum regina, ... 3.11 (149.10)
Cumque haec et huiusmodi plura loqueretur, ... 4.3 (209.21)
Quibus dictis, interrogata a circumsedentibus, cum quo loqueretur: 4.9 (223.31)
interrogauit, si nossem, quis esset, qui loqueretur ad me. 5.6 (291.2)
ut multa illum, . . . uel horrenda uel desideranda uidisse, etiamsi lingua sileret, uita loqueretur. . 5.12 (304.26)
oqueris. Cui statim episcopus: 'Quid loqueris,' inquit, 'rex? 3.14 (156.23)
neque enim mori adhuc habes, qui tam hilariter nobiscum uelut sospes loqueris.' 4.24 (261.32)
loqui. et tanto plus loqui libeat, ... 1.32 (69.26)
'Scio, quod me haec insana mente loqui arbitramini; 4.8 (221.13)
aspectansque in caelum, sic ad eam, quam intuebatur, uisionem coepit loqui: 4.9 (223.19)
infirmitate pressus est, adeo tamen moderate, ut et loqui toto eo tempore posset, et ingredi. . . . 4.24 (261.18)
'Veni, . . . ad insulam Farne, loqui desiderans cum reuerentissimo patre Oidiluualdo; 5.1 (281.16)
quam signatam reuocare in os, et loqui illum praecepit: 5.2 (284.3)
neque ultra cessauit . . . ut ferunt, qui praesentes fuere, loqui aliquid, ... 5.2 (284.15)
et post pusillum me reuisens, inuenit sedentem, et iam loqui ualentem; 5.6 (291.8)
'Noli,' inquit, 'ita loqui, uide ut sanum sapias.' 5.13 (311.30)
uidens eum melius habentem, ac loqui iam ualentem, flexis genibus gratias egit Deo 5.19 (329.1)
et ad Accan presbyterum ita loqui exorsus est: 5.19 (329.6)
loquimini. Loquimini ad uniuersum coetum filiorum Israel et dicite eis: 5.21 (334.17)
loquimur. has uero, de quibus loquimur, consuetudo constringit. 1.27 (55.29)
Quod nimirum somnium ueraciter in filia eius, de qua loquimur, expletum est; 4.23 (256.8)
loquitur. in eo, quod pro omnipotente Deo loquitur, ... 1.32 (68.34)
Et post nonnulla, quibus de celebrando per orbem totum uno uero pascha loquitur: 3.29 (197.32)
de quo loquitur Ecclesiastes, quia: Tempus mittendi lapides, et tempus colligendi.' 4.3 (207.17)
LVBRICVS, a, um. **lubricis.** Luxus erit lubricis, carmina casta mihi. 4.20 (247.14)
LVCAS, *St. Luke.*
Lacae. In euangelium Lucae libros VI. 5.24 (358.20)
LVCEO. lucente. pendente desuper in trocleis magna lampade, totaque die et nocte lucente. 5.17 (319.6)
LVCERNA. lucerna. ut uestra illa lucerna mihi omnimodis esse uideatur obscura.' 4.8 (221.16)
lucernam. petens, ut lucernam, quae inibi accensa erat, extinguerent. 4.8 (221.10)
'Accendite ergo lucernam illam, quamdiu uultis; 4.8 (221.19)
LVCIDE. uersibus heroicis XXX et IIII palam ac lucide cunctis illo aduenientibus pandit; 5.8 (295.7)
LVCIDIOR, ius. **lucidioribus.** quam saepe lucidioribus diebus de longe aspicere solemus. 1.1 (12.7)
LVCIDVS, a, um. **lucidas.** lucidas aestate noctes habet; 1.1 (10.31)
lucidi. 'quod tam lucidi uultus homines tenebrarum auctor possidet, ... 2.1 (80.9)
lucidos. ubi fontes lucidos iuxta puplicos uiarum transitus conspexit, ... 2.16 (118.9)
lucidus. 'Lucidus,' inquiens, 'aspectu et clarus erat indumento, qui me ducebat. 5.12 (304.27)
LVCIVS, *legendary Christian King of Britain in the second century.*
Lucius. Vt Lucius Brittanorum rex, . . . Christianum se fieri petierit. 1.4 (16.1)
misit ad eum Lucius Brittaniarum rex epistolam, ... 1.4 (16.7)
cui litteras rex Brittaniae Lucius mittens, ut Christianus efficeretur, petiit et inpetrauit. 5.24 (352.15)
LVCIVS, *see* **BIBVLVS, LVCIVS.**
LVCRVM. lucra. et lucra de uanis quaerere. 1.27 (50.19)
hic autem totus erga animarum lucra uacabat. 2.1 (77.18)
Vt Domino offerres plurima lucra gregis. 2.1 (79.22)
LVDO. ludentibus. ludentibus me miscui, et simul cursu equi contendere coepi. 5.6 (290.6)
LVES. lues. omnis se lues hereseos cuiusque, . . . infudit. 1.8 (22.19)
omnium lues scelerum comitari adcelerauit; 1.14 (29.31)
pestilentiae lues, depopulatis prius australibus Brittaniae plagis, . . . multitudinem strauit. . . . 3.27 (192.1)
Quo tempore grauissima Sarracenorum lues Gallias misera caede uastabat, ... 5.23 (349.14)
LVGDONVM, LVGDVNVM, *Lyons.*
Lugdoni. et apud Dalfinum archiepiscopum Galliarum Lugdoni multum temporis egerat, ... 3.25 (182.32)
Lugdunum. Qui cum Lugdunum peruenissent, ... 5.19 (324.1)

LVGVBALIA, *Carlisle.*
Lugubaliam. Hic cum audiret eum ad ciuitatem Lugubaliam deuenisse, 4.29 (274.17)
LVMBVS. lumbos. ascendente aqua fluminis usque ad lumbos, aliquando et usque ad collum; 5.12 (310.17)
LVMEN. lumen. quos statim euacuatos tenebris lumen ueritatis impleuit. 1.18 (36.16)
Porro Cudbercto tanta erat dicendi peritia, tantus amor persuadendi, quae coeperat, tale uultus angelici lumen, 4.27 (269.33)
quia periculosa sit satis illius temporis flebotomia, quando et lumen lunae, et reuma oceani in cremento est. 5.3 (285.28)
luminis. omnem diurni luminis uiderentur superare fulgorem. 4.7 (220.20)
quoties ibi claritas luminis caelestis, quanta saepe flagrantia mirandi apparuerit odoris, 4.10 (224.16)
quod, dum attentius consideraret, tanti fulgore luminis refulgere uidebatur, 4.23 (256.6)
aspicio ante nos multo maiorem luminis gratiam quam prius; 5.12 (307.31)
LVMINARE. luminare. luminare maius, ut praeesset diei; 5.21 (339.16)
et luminare minus, ut praeesset nocti"; 5.21 (339.17)
"luminare maius in inchoationem diei, et luminare minus in inchoationem noctis." 5.21 (339.18)
"luminare maius in inchoationem diei, et luminare minus in inchoationem noctis." 5.21 (339.19)
luminaria. Petrus et Paulus, qui ut duo luminaria caeli inluminant mundum, 3.29 (197.29)
luminaria. uasa sancta, et luminaria, aliaque huiusmodi, . . . studiosissime parauit. 5.20 (331.26)
"fecit Deus duo magna luminaria; 5.21 (339.16)
LVNA. luna. sed adueniente tandem uespera diei xiiii^{ae}, id est xv^{a} luna, 5.21 (334.26)
Quaecumque ergo luna ante aequinoctium plena est, 5.21 (339.7)
deinde luna, sole ad uesperam occidente, et ipsa plena a medio secuta est orientis; 5.21 (339.21)
deinde luna plenum suae lucis orbem mundo praesentet; 5.21 (340.12)
"Eleuatus est sol, et luna stetit in ordine suo." 5.21 (340.20)
Anno DCCXXXIIII, luna sanguineo rubore perfusa, Cont. (361.10)
luna. a xiiii^{a} luna usque ad xx^{am} dominicae resurrectionis diem obseruandum esse putarent; 2.4 (87.18)
quia dominicum paschae diem a xv^{a} luna usque ad xxi^{am}, . . . oportet inquiri. 2.19 (122.24)
et xiiii^{a} luna cum Hebreis celebrare nitentes. 2.19 (123.17)
diem paschae dominicum more suae gentis, . . . a xiiii^{a} luna usque ad xx^{am} obseruare solebat. 3.3 (131.20)
non semper in luna xiiii^{a} cum Iudaeis, . . . celebrabant. 3.4 (135.3)
Vnde et hanc non, . . . xiiii^{a} luna in qualibet feria cum Iudaeis, sed die dominica semper agebat, 3.17 (162.7)
sed die dominica semper agebat, a luna xiiii^{a} usque ad xx^{am}; 3.17 (162.8)
Sin autem dominica . . . xvi^{a} aut xvii^{a} aut alia qualibet luna usque ad xxi^{am} esset uentura, 3.25 (185.34)
fiebat, ut dominica paschae dies nonnisi a xv^{a} luna usque ad xxi^{am} seruaretur. 3.25 (186.3)
obseruandum pascha a xiiii^{a} luna primi mensis ad uesperam usque ad xxi^{am} . . . praeceptum est; 3.25 (186.6)
Petrus a xv^{a} luna usque ad xxi^{am} diem paschae dominicum celebrabat; 3.25 (186.21)
ita ut xiii^{a} luna ad uesperam saepius pascha incipiatis, 3.25 (186.24)
quod aliquoties pascha manifestissime ante plenilunium, id est in xiii^{a} luna, facitis. 3.25 (187.24)
et ut cognouit, quia in luna quarta, dixit: 5.3 (285.24)
'Multum insipienter et indocte fecistis in luna iiii^{a} flebotomando. 5.3 (285.25)
Quia uero dies septimanae non aequali cum luna tramite procurrit, 5.21 (337.6)
Nam cum a luna xvi^{a} primi mensis oriente, id est a uespera diei xv^{ae} pascha incipiendum doceant; 5.21 (338.13)
lunae. quia periculosa sit satis illius temporis flebotomia, quando et lumen lunae, et reuma oceani in cremento est. 5.3 (285.28)
et quod ipsa sit nox xv^{ae} lunae, 5.21 (334.28)
possit inueniri, qui mensis iuxta computum lunae primus anni, qui esse debeat ultimus. 5.21 (339.1)
ita omnibus annis idem primus lunae mensis eodem necesse est ordine seruari, 5.21 (339.23)
ecclesiam suam, quae saepe lunae uocabulo designatur, internae gratiae luce repleuit. 5.21 (340.17)
'Qui ergo plenitudinem lunae paschalis ante aequinoctium prouenire posse contenderit, 5.21 (340.21)
iam deinde congesta in ordinem serie lunae xiiii^{ae} facillime posset ab omnibus sciri. 5.21 (341.15)
quibus expletis, omnia, quae ad solis et lunae, mensis et septimanae consequentiam spectant, . . . recurrunt. 5.21 (341.29)
lunam. sed a xiiii usque ad xx lunam obseruabant; 2.2 (81.19)
xiiii^{am} lunam primi mensis, . . . exspectaret; 3.25 (185.27)
Sin autem dominica non proximo mane post lunam xiiii^{am}, . . . esset uentura, 3.25 (185.33)
obseruandum pascha a xiiii^{a} luna primi mensis ad uesperam usque ad xxi^{am} lunam . . . praeceptum est; 3.25 (186.7)
qui a xiiii^{a} usque ad xx^{am} lunam diem dominicum paschae obseruatis; 3.25 (186.23)
Item lunam xxi^{am}, . . . a celebratione uestri paschae funditus eliminatis; 3.25 (186.29)
Ille sic in pascha dominico xiiii^{am} lunam conputauit, 3.25 (187.18)
ut hanc eadem ipsa die more Aegyptiorum xv^{am} lunam ad uesperam esse fateretur. 3.25 (187.19)
paschae diem, . . . secus morem canonicum a xiiii^{a} usque ad xx^{am} lunam celebrant. 3.28 (195.14)
'Vt sanctum diem paschae . . . seruemus dominica post xiiii^{am} lunam mensis primi.' 4.5 (216.1)
ut semper in diem xv^{um} primi mensis, id est in lunam xv^{am} dominica dies incurreret, 5.21 (337.2)
qui dominicum paschae diem a xiiii^{a} mensis primi usque ad xx^{am} putant lunam esse seruandum. 5.21 (337.32)
non hanc primo mensi anni incipientis, sed ultimo potius praeteriti lunam esse adscribendam; 5.21 (339.29)
LVNARIS, e. **lunaris.** Qui utrique non solum in definitione et computo lunaris aetatis, . . . falluntur. 5.21 (338.31)
LVNDONIA, *London.*
Lundonia. Orientalium Saxonum, . . . quorum metropolis Lundonia ciuitas est, 2.3 (85.9)
Lundonia. fecit rex Aedilberct in ciuitate Lundonia ecclesiam sancti Pauli apostoli, 2.3 (85.18)
Earconualdum constituit episcopum in ciuitate Lundonia; 4.6 (218.16)
et episcopatu functus Haeddi pro eo, consecratus a Theodoro in ciuitate Lundonia. 4.12 (227.29)
Lundoniae. Sit uero inter Lundoniae et Eburacae ciuitatis episcopos in posterum 1.29 (64.6)
His temporibus uenit Mellitus Lundoniae episcopus Romam, 2.4 (88.13)
post quem Mellitus, qui erat Lundoniae episcopus, sedem Doruuernensis ecclesiae . . . suscepit. 2.7 (93.31)
emit pretio ab eo sedem Lundoniae ciuitatis, 3.7 (141.8)
uenit ad antistitem Lundoniae ciuitatis, uocabulo Valdheri, 4.11 (225.31)
Vnde accito ad se praefato urbis Lundoniae, in qua tunc ipse manebat, episcopo, 4.11 (226.12)
Lundoniam. Vt ergo conualuit, uendidit eum Lundoniam Freso cuidam; 4.22 (251.15)
LVNDONIENSES, *the people of London.*
Lundonienses. Mellitum uero Lundonienses episcopum recipere noluerunt, 2.6 (93.16)
LVNDONIENSIS, e, *of London.*
Lundoniensi. Consecratus est . . . a uiris uenerabilibus Danihele Ventano, et Inguialdo Lundoniensi, 5.23 (350.6)
Lundoniensis. ut Lundoniensis episcopi nullo modo dicioni subiaceat. 1.29 (64.5)
Lundoniensis. per religiosum Lundoniensis ecclesiae presbyterum Nothelmum, Praef. (6.15)
quatinus Lundoniensis ciuitatis episcopus . . . debeat consecrari, 1.29 (63.26)
LVO. luebant. et ipsi non multo post in eadem prouincia dignas suae perfidiae poenas luebant. 5.23 (349.16)
luerent. quod hi, . . . ocius Domino uindice poenas sui reatus luerent. 4.26 (266.25)
lueret. ut contemtor diuum meritam blasphemiae suae poenam lueret, 1.7 (19.9)
LVPVS. luporum. uel cui pastorum oues Christi in medio luporum positas fugiens ipse dimitteret.' 2.6 (92.24)
lupus. 'Beniamin lupus rapax, 1.34 (71.19)

LVPVS, *Bishop of Troyes, 427–479.*
Lupi. qui erat discipulus beatissimi patris Lupi . . . 1.21 (40.5)
Lupo. Vt Germanus episcopus cum Lupo Brittaniam nauigans, . . . 1.17 (33.22)
Lupus. electi sunt apostolici sacerdotes Germanus Autissidorensis et Lupus Trecasenae . . . 1.17 (34.6)
Tum beatus Lupus omnesque turbati excitant seniorem . . . 1.17 (34.21)
LVSTRO. lusstra. et lustrata [lusstra] omni terra repromissionis, . . . uar. 5.15 (316.20)
lustrata. et lustrata omni terra repromissionis, Damascum quoque, . . . adierat; . . . 5.15 (316.20)
lustrauit. Nec solum inclyti fama uiri Brittaniae fines lustrauit uniuersos, . . . 3.13 (152.7)
LVSTRVM. lustra. in quibus latronum magis latibula, ac lustra ferarum, . . . fuisse uidebantur . . . 3.23 (175.14)
LVX. luce. Pastoralis, in quo manifesta luce patefecit, . . . 2.1 (76.15)
adlatus est quidam de genere Anglorum, oculorum luce priuatus; . . . 2.2 (82.4)
eo de hac luce migrante, . . . 2.19 (123.11)
inuentum est ita inlesum, ac si eadem hora de hac luce fuisset egressus. . . . 3.19 (168.20)
Honorius, postquam metas sui cursus inpleuit, ex hac luce migrauit . . . 3.20 (169.10)
Ecce, excellentissime fili, quam luce clarius est, . . . 3.29 (197.22)
Itaque qui haec obtulit munera, de hac subtractus est luce, . . . 3.29 (198.11)
Vt . . . ubi corpora sanctimonialium feminarum poni deberent, caelesti sit luce monstratum. . . . 4.7 (219.10)
egressae . . . ad sepulchra fratrum, qui eas ex hac luce praecesserant, . . . 4.7 (220.1)
quo uocitata est die de hac luce subtracta, . . . 4.8 (221.5)
nam uere dico uobis, quia domum hanc tanta luce inpletam esse perspicio, . . . 4.8 (221.15)
aspexit, detecto domus culmine, fusam desuper lucem [luce] omnia repleuisse; . . . uar. 4.23 (257.13)
uidit animam praefatae Dei famulae in ipsa luce, . . . ad caelum ferri. . . . 4.23 (257.15)
et se aspectante cum luce inmensa, ducibus angelis, ad aeternae limina lucis . . . ascendisse. . . . 4.23 (257.25)
cumque me in luce aperta duceret, . . . 5.12 (307.8)
Ipso autem ante aliquot annos ex hac luce subtracto, episcopatus usque hodie cessauit. . . . 5.18 (321.23)
ecclesiam suam, quae saepe lunae uocabulo designatur, internae gratiae luce repleuit. . . . 5.21 (340.18)
lucem. non ualet nisi tranquilla mens in contemplationis se lucem suspendere, . . . 1.27 (58.15)
praesentis mundi tenebras transiens supernam migrauit ad lucem, . . . 3.8 (143.20)
uiderunt lucem caelitus emissam fuisse permaximam, . . . 3.8 (143.25)
diceret, quod et ipsa lucem nocte illa supra reliquias eius ad caelum usque altam uidisset, . . . 3.11 (149.12)
Dedi te in lucem gentium, . . . 3.29 (197.11)
'Ego Dominus . . . dedi te in foedus populi, in lucem gentium, . . . 3.29 (197.19)
dicens, quod adueniente diluculo perennem esset exitura ad lucem. . . . 4.8 (221.24)
Vt ad cymiterium eiusdem monasterii orans caeca lucem receperit. . . . 4.10 (224.5)
repente uenit in mentem, quia, . . . perditam posset recipere lucem. . . . 4.10 (224.30)
quasi ad hoc solummodo lucem amitteret temporalem, . . . 4.10 (225.10)
Cumque corpus sacrae uirginis ac sponsae Christi aperto sepulchro esset prolatum in lucem, . . . 4.19 (245.9)
aspexit, detecto domus culmine, fusam desuper lucem omnia repleuisse; . . . 4.23 (257.13)
quod eo loci corpora eorum posset inuenire, ubi lucem de caelo terris radiasse conspiceret. . . . 5.10 (301.6)
O quam grandi distantia diuisit Deus inter lucem et tenebras! . . . 5.14 (314.29)
dehinc nigredine subsequente ad lucem propriam reuersa. . . . Cont. (361.12)
luci. cui uidelicet luci dum sollicita intenderet, . . . 4.23 (257.13)
lucis. quantum lucis intus habeant, . . . 2.1 (76.30)
in plurimorum corde fidelium spiritalis gratiam lucis accenderet. . . . 2.2 (83.11)
ac uerus summae lucis praeco ab omnibus praedicatur Augustinus. . . . 2.2 (82.13)
Nam tota ea nocte columna lucis a carro illo ad caelum usque porrecta, . . . stabat. . . . 3.11 (148.21)
sed etiam trans oceanum longe radios salutiferae lucis spargens, . . . 3.13 (152.9)
Ipse autem splendor emissae lucis, . . . in meridianum monasterii, . . . secessit, . . . 4.7 (220.6)
Cuius radius lucis tantus extitit, . . . 4.7 (220.16)
quod ingressi per rimas ostiorum uel fenestrarum radii lucis, . . . 4.7 (220.19)
utque alia de corpore egressura, iam particulam futurae lucis aspexerit. . . . 4.8 (220.23)
ut ne minimam quidem lucis alicuius posset particulam uidere. . . . 4.10 (224.25)
Nam exsurgens ab oratione, priusquam exiret de loco, petitae lucis gratiam recepit; . . . 4.10 (225.7)
quod anima eius, . . . cum magno lucis splendore esset egressura de corpore; . . . 4.11 (226.25)
cuius uita non sibi solummodo, sed multis bene uiuere uolentibus exempla operum lucis praebuit. . . . 4.23 (256.10)
nuntiauit matrem . . . ad aeternae limina lucis et supernorum consortia ciuium ascendisse. . . . 4.23 (257.26)
Sed et radius lucis permaximus, atque ad caelum usque altus, . . . fulgebat . . . 5.10 (300.32)
exemtum tenebris in auras me serenae lucis eduxit; . . . 5.12 (307.8)
lux illa . . . in conparatione eius, quae nunc apparuit, lucis, tenuissima prorsus uidebatur, . . . 5.12 (308.2)
ubi sonum cantilenae dulcis cum odore suauitatis ac splendore lucis audisti. . . . 5.12 (309.1)
deinde luna plenum suae lucis orbem mundo praesentet; . . . 5.21 (340.13)
lux. supra sepulchrum eius lux caelestis apparuit, . . . 1.33 (71.1)
Vt super reliquias eius lux caelestis tota nocte steterit, . . . 3.11 (147.28)
ecce subito lux emissa caelitus, ueluti linteum magnum, uenit super omnes, . . . 4.7 (220.3)
ut nulli esset dubium, quin ipsa lux, quae animas famularum Christi esset ductura . . . monstraret. 4.7 (220.12)
attamen scitote, quia non est mea; nam mea lux, incipiente aurora, mihi aduentura est.' . . . 4.8 (221.21)
ut, quanta sanctos Christi lux in caelis, quae gratia uirtutis possideret, sua sanatione demonstraret. 4.10 (225.11)
Tanta autem lux cuncta ea loca perfuderat, . . . 5.12 (307.19)
sicut etiam lux illa campi florentis eximia, . . . tenuissima prorsus uidebatur, . . . 5.12 (308.1)
quarum lux corda intuentium cum quadam alacritate et conpunctione pauefacere dicitur. . . . 5.17 (319.9)
etsi uera lux tenebras mundi moriendo ac resurgendo numquam uicisset, . . . 5.21 (340.26)
LVXVRIA. luxuria. luxuria, pestilentia, et exterminium gentis secutum sit. . . . 1.14 (29.13)
cum quibus et luxuria crescere, . . . 1.14 (29.30)
LVXVS. luxus. Luxus erit lubricis, carmina casta mihi. . . . 4.20 (247.14)
LYBICVS, a, um, *southern.*
Lybicas. sole nimirum tunc Lybicas in partes secedente, . . . 1.1 (11.5)
LYCCIDFELTH, *Lichfield.*
Lyccidfelth. Habuit autem sedem episcopalem in loco, qui uocatur Lyccidfelth, . . . 4.3 (207.9)
LYCCITFELDENSIS, e, *of Lichfield.*
Lyccitfeldensi. Consecratus est . . . a . . . Alduino Lyccitfeldensi, et Alduulfo Hrofensi antistitibus, . 5.23 (350.6)

M

MABAN (*fl.* 709), *a teacher of chanting brought to Hexham by Acca.*
Maban. Cantatorem quoque egregium, uocabulo Maban, . . . ad se suosque instituendos accersiit, . 5.20 (331.28)

MACEDONIA, *Macedonia.*
Macedonia. cum in Armenia, Macedonia, . . . longissima dies siue nox xv, . . . conpleat horas. 1.1 (11.8)
MACEDONIVS (*d.* 360), *heretic Bishop of Constantinople.*
Macedonii. et in Constantinopli CL contra uesaniam Macedonii et Eudoxii et eorum dogmata; 4.17 (240.5)
MACERO. macerati. quia saepe XL simul aut L homines inedia macerati procederent ad praecipitium 4.13 (231.15)
MACHINA. machinam. sed etiam ipsam caeli machinam contremescunt, 1.20 (39.12)
MACHINOR. machinasse. probatum est accusatores eius non nulla in parte falsas contra eum machinasse calumnias; 5.19 (327.19)
MACILENTVS, a, um. **macilenta.** quod esset uir longae staturae, . . . facie macilenta, 2.16 (117.28)
MACVLA. macula. adhuc sine macula corruptionis inuentum, ibidem digno cum honore translatum est; 3.19 (168.23)
MADIDVS, a, um. **madidus.** Madidus baptismate procedit exercitus, 1.20 (38.22)
MAELDVM, *Meaux, in Gaul.*
Maeldum. Sic delatus in Maeldum ciuitatem Galliae IIII diebus ac noctibus quasi mortuus iacebat, 5.19 (328.24)
MAELMIN, *probably Millfield, near Wooler, in Northumbria; possibly Mindrum or Kirknewton, in the same region.*
Maelmin. et alia pro illa est facta in loco, qui uocatur Maelmin. 2.14 (115.9)
MAER-, MAES-, *see* **MER-, MES-.**
MAGÉO, MVIGÉO, *Mayo.*
Magéo. qui lingua Scottorum Magéo nominatur; 4.4 (213.24)
Muigéo. Ipsum namque est, quod nunc grande de modico effectum, Muigéo consuete uocatur, 4.4 (214.3)
MAGIA. magia. quis, rogo, fidelium non statim cum ipsa magia primo detestetur et merito exsufflet aspectu? 5.21 (343.26)
MAGIS. magis de feminea regum prosapia . . . regem sibi eligerent; 1.1 (12.15)
correpta eorum uesania magis augescere contradicendo, 1.10 (24.6)
detrimento magis reipuplicae fuit; 1.11 (24.29)
Brettones fames sua praefata magis magisque adficiens, 1.14 (29.15)
quanto magis mulieres, . . . custodire in se munditiam carnis debent, 1.27 (59.11)
quia hanc animum nescientem pertulisse magis dolendum est, quam fecisse. 1.27 (60.8)
ad caelestis exercitia uitae magis magisque succensus. 2.1 (75.15)
Quod eo magis mirum est 2.1 (77.4)
Cui uitae alterius mors magis ipsa uia est. 2.1 (79.12)
quanto magis, si ei subdi coeperimus, iam nos pro nihilo contemnet.' 2.2 (83.25)
idolatris magis pontificibus seruire gaudentes. 2.6 (93.17)
si moriturus sum, ille me magis quam ignobilior quisque morti tradat. 2.12 (108.12)
magisque prosperantur in omnibus, quae agenda uel adquirenda disponunt. 2.13 (111.28)
neque in aliquo eis magis communicare quam paganis. 2.20 (125.19)
quae cuius esset uirtutis, magis post mortem claruit. 3.8 (144.8)
fratribus alia magis curantibus, intermissum est hoc aedificium annis VII, 3.8 (144.14)
magis pro aeterno regno semper laborare ac deprecari solebat. 3.12 (151.19)
atque accepta tonsura pro aeterno magis regno militare curaret. 3.18 (162.28)
in quibus latronum magis latibula, ac lustra ferarum, . . . fuisse uidebantur 3.23 (175.14)
quia illi postmodum data sibi optione magis loco cedere, . . . uolebant, 3.25 (183.4)
alii magis circueundo per cellas magistrorum, lectioni operam dare gaudebant; 3.27 (192.14)
magis cum fide resurrectionis in illo mori, 3.30 (200.5)
cuius magis ad suscipiendum episcopatum et eruditio conueniret, et aetas. 4.1 (202.14)
ordinauit uirum magis ecclesiasticis disciplinis institutum, 4.2 (206.6)
moris erat . . . opus euangelii magis ambulando per loca, quam equitando perficere, 4.3 (206.25)
dictum est, quia talis animi uirum, episcopum magis quam regem ordinari deceret. 4.11 (225.24)
sed pauper spiritu magis propter regnum caelorum manere desiderans. 4.11 (226.5)
quia, sicut et supra diximus, magis in ecclesiasticis quam in mundanis rebus erat industrius; 4.12 (228.18)
quia dies sibi mortis, uel uitae magis illius, quae sola uita dicenda est, iam adpropiaret introitus; 4.29 (274.5)
uenit ex more, cupiens salutaribus eius exhortationibus ad superna desideria magis magisque accendi. 4.29 (274.18,19)
offerente etiam ei episcopo, ut in sua familia manendi locum acciperet, magis domum reuersus est. 5.2 (284.31)
quo mox increscente, magis grauatum est brachium illud uulneratum, 5.3 (285.16)
Conmutasse magis sceptrorum insignia credas, 5.7 (293.29)
Dei enim uoluntatis est, ut ad Columbae monasteria magis docenda pergat." 5.9 (297.14)
sed Niger Heuuald magis sacrarum litterarum erat scientia institutus. 5.10 (299.25)
magisque in officina sua die noctuque residere, . . . consuerat. 5.14 (314.5)
episcopalem uitam siue doctrinam magis insito sibi uirtutum amore quam lectionibus institutus exercebat. 5.18 (320.11)
respondit propositum se magis alterius conuersationis habere, 5.19 (324.14)
quanto magis ciuibus patriae caelestis in hoc mundo peregrinantibus optandum est, 5.21 (333.27)
qui a XVI[a] die mensis saepedicti usque ad XXII[am] pascha celebrandum magis autumant, 5.21 (338.10)
nullam magis sequendam nobis amplectendamque iure dixerim ea, 5.21 (342.26)
nullam magis abominandam detestandamque merito cunctis fidelibus crediderim ea, 5.21 (342.31)
plures . . . depositis armis, satagunt magis, accepta tonsura, monasterialibus adscribere uotis, 5.23 (351.20)
MAGISTER. magister. magister ecclesiasticae cantionis iuxta morem Romanorum siue Cantuariorum multis coepit existere; 2.20 (126.29)
cantandi magister Nordanhymbrorum ecclesiis Aeddi cognomento Stephanus fuit, 4.2 (205.15)
apparuit magister quondam meus, et nutritor amantissimus Boisil, 5.9 (297.6)
magistri. sectantemque magistri et capitis sui sancti Gregorii regulam, 2.18 (121.4)
Cudberct . . . plures et auctoritate magistri, et exemplo suae actionis regularem instituebat ad uitam. 4.27 (269.12)
magistris. Theodorus cogit concilium episcoporum, una cum eis, . . . magistris ecclesiae pluribus. 4.5 (214.24)
magistro. dum caelesti magistro dicerent: 1.31 (66.24)
magistro. mox se sanctus Albanus pro hospite ac magistro suo, . . . militibus exhibuit, 1.7 (18.27)
Domino magistro omnium docente: 1.27 (49.15)
alia multa, . . . ecclesiasticis disciplinis accommoda, eodem magistro tradente percepit; 5.19 (324.28)
magistrorum. alii magis circueundo per cellas magistrorum, lectioni operam dare gaudebant; 3.27 (192.15)
Erat enim discipulus beatae memoriae magistrorum Theodori archiepiscopi, et abbatis Hadriani; 5.23 (348.23)
magistros. eisque pedagogos ac magistros iuxta morem Cantuariorum praebente. 3.18 (162.22)
et quicumque lectionibus sacris cuperent erudiri, haberent in promtu magistros, qui docerent. 4.2 (205.10)
magistrum. porro Alchfrid magistrum habens eruditionis Christianae Vilfridum 3.25 (182.28)
MAGISTERIVM. magisterio. frater . . . qui . . . erat in monasterio ac magisterio illius educatus, 4.3 (210.17)
cuius magisterio IIII euangeliorum libros ex ordine didicit, 5.19 (324.24)
magisterium. uictum . . . libros quoque ad legendum, et magisterium gratuitum praebere curabant. 3.27 (192.18)
MAGISTRA. magistra. in quo memorata regis filia primo discipula uitae regularis, deinde etiam magistra extitit, 3.24 (179.7)
magistra. Ad Christum Anglos conuertit pietate magistra, 2.1 (79.19)
MAGNIFICVS, a, um. **magnifico.** Hanc Constantinus imperator, eo quod ibi crux Domini . . . reperta sit, magnifico et regio cultu construxit. 5.16 (317.26)
magnificus. Acca presbyter eius, uir et ipse strenuissimus, et coram Deo et hominibus magnificus; 5.20 (331.15)
MAGNITVDO. magnitudine. ne ipsa inaestimabilis mysterii magnitudine grauentur? 1.27 (59.13)
quippe quae sui magnitudine ita inuisibili atque inuestigabili aeternitate consistit, 2.10 (100.27)
neque hos quisquam, . . . contingere prae magnitudine uel timoris eius auderet, 2.16 (118.13)

magnitudinem. propter magnitudinem memorati timoris uel suauitatis, . . . sudauerit. 3.19 (167.21)
magnitudinis. id est magnitudinis . . . familiarum DC^{rum}, 1.25 (45.5)
proferens codicem horrendae uisionis, et magnitudinis enormis, et ponderis pene inportabilis, 5.13 (312.14)
MAGNVS, a, um. magna. Si longinquitas itineris magna interiacet, 1.27 (52.4)
et necessaria est magna discretio, 1.27 (61.8)
Neque enim magna est, sed quasi familiarum quinque, 3.4 (133.29)
quaestio facta est frequens et magna de obseruatione paschae, 3.25 (181.14)
magna. ceterae cum magna difficultate reparatae sunt. 1.2 (14.8)
Quam ob causam collecta magna synodo 1.17 (34.3)
cum magna discretione prouidenda est; 1.27 (55.1)
Si autem ex ueneratione magna percipere non praesumit, 1.27 (56.10)
subditorum mores ex magna uitae munditia, 1.32 (68.8)
in magna reuerentia sanctitatis tam Brettones quam Scottos uenerati sumus; 2.4 (87.33)
cum magna ecclesiam Anglorum cura ac labore gubernarent, 2.7 (94.3)
Iohannes, . . . litteras eis magna auctoritate atque eruditione plenas direxit; 2.19 (122.22)
cum magna nobilium iuuentute apud Scottos siue Pictos exulabant, 3.1 (127.13)
Ostenditur autem usque hodie, et in magna ueneratione habetur locus ille, 3.2 (128.26)
magna deuotione uerbum fidei praedicare et credentibus gratiam baptismi, . . . ministrare. 3.3 (132.16)
quia reliquit successores magna continentia ac diuino amore regularique institutione insignes; 3.4 (134.19)
et ipsa Deo dilectam perpetuae uirginitatis gloriam in magna corporis continentia seruauit; 3.8 (144.7)
Cuius uidelicet natalis ibi solet in magna gloria celebrari die Nonarum Iuliarum. 3.8 (144.24)
et his urbem in magna altitudine circumdedit a parte, quae terrae est contigua, 3.16 (159.6)
Hoc autem bellum rex Osuiu . . . XVII^{a} die Kalendarum Decembrium cum magna utriusque populi utilitate confecit. 3.24 (179.14)
Vnde et in magna erat ueneratione tempore illo religionis habitus; 3.26 (191.5)
Duxit autem uitam in magna humilitatis, 3.27 (193.32)
coheres regni eiusdem, Sebbi, magna fidem perceptam cum suis omnibus deuotione seruauit, 3.30 (199.21)
Sebbi, . . . magna, ut in sequentibus dicemus, uitam fidelem felicitate conpleuit. 3.30 (199.22)
iuxta exempla patrum antiquorum, in magna uitae perfectione administrare curauit; 4.3 (207.2)
uenturus est in nubibus, in potestate magna et maiestate, ad iudicandos uiuos et mortuos. 4.3 (211.6)
ad exemplum uenerabilium patrum . . . in magna continentia et sinceritate proprio labore manuum uiuant. 4.4 (214.7)
in eo, . . . sarcofago posuerunt, ubi usque hodie in magna ueneratione habetur. 4.19 (246.23)
Cudberctum, qui . . . uitam solitariam per annos plures in magna corporis et mentis continentia duxerat. 4.27 (268.27)
XL ante dominicum natale dies in magna continentiae, orationis, et lacrimarum deuotione transigere solebat; 4.30 (276.29)
multis cum lacrimis et magna conpunctione antistes lingua etiam tremente conpleuit, 4.30 (277.14)
(nam multos annos in Hibernia peregrinus anchoreticam in magna perfectione uitam egerat), 5.9 (298.18)
pendente magna desuper aerea rota cum lampadibus. 5.16 (317.30)
pendente desuper in trocleis magna lampade, totaque die et nocte lucente. 5.17 (319.6)
quod postmodum Vilbrord, reuerentissimus Christi pontifex, in magna deuotione conpleuit, 5.19 (326.17)
magna. in gentem, quam eligi uoluit, magna miracula ostendit; 1.31 (66.15)
"fecit Deus duo magna luminaria; 5.21 (339.16)
magnae. Felix . . . uir magnae gloriae in Christo et ecclesia, 2.1 (73.22)
Haec quidem sanctus uir ex magnae humilitatis intentione dicebat; 2.1 (74.27)
quia reliquit successores magna continentia [magnae continentiae] . . . insignes; uar. 3.4 (134.19)
Erant inter hos duo iuuenes magnae indolis de nobilibus Anglorum, 3.27 (192.19)
etiam Romam adire curauit, quod eo tempore magnae uirtutis aestimabatur; 4.23 (255.4)
magnam. Seuerus magnam fossam . . . a mari ad mare duxit. 1.5 (17.1)
magnam eorum multitudinem sternens, 1.12 (26.9)
in quibus et crucem magnam auream, et calicem . . . consecratum ad ministerium altaris, 2.20 (126.9)
pestilentiae lues, . . . magnam hominum multitudinem strauit. 3.27 (192.4)
sentit, . . . quasi magnam latamque manum caput sibi in parte, qua dolebat, tetigisse, 4.31 (279.3)
Summum uero culmen auro ornatum auream magnam gestat crucem. 5.16 (318.12)
magnarum. Cuius filia Earcongotæ, ut condigna parenti suboles, magnarum fuit uirgo uirtutum, 3.8 (142.12)
cui tempore illo propositus Boisil magnarum uirtutum et prophetici spiritus sacerdos fuit. 4.27 (269.6)
magnas. magnas hostium strages dedit, 1.12 (27.7)
magnas antiquo hosti praedas docendo et baptizando eripuit; 2.20 (126.23)
magni. cum . . . imagine magni regis Domini nostri Iesu Christi 1.25 (46.23)
Erat autem idem Ouini monachus magni meriti, 4.3 (207.28)
aduersum uero illos, qui aliter facere uolebant, zelo magni feruoris accensus; 4.24 (261.14)
magnis. diis magnis sacrificare ne differas.' 1.7 (19.25)
magnis. magnis inuolutum obscuritatibus mystica interpretatione discuteret; 2.1 (75.16)
magnis. Vbi magnis grauibusque proeliis saepe gestis 1.5 (16.21)
Cum ergo uenerabilis Domini famulus . . . magnis uirtutum signis effulgeret, 4.27 (270.16)
magno. cum magno exercitu Galliam redierit. 1.9 (23.2)
sicque domum cum triumpho magno reuersa est. 1.12 (26.14)
ceteras nefandae militiae copias non sine magno exercitus sui damno deleuit. 2.2 (84.24)
et consecratus est magno cum honore ab ipso, 3.28 (194.23)
quod anima eius, . . . cum magno lucis splendore esset egressura de corpore; 4.11 (226.25)
apparent . . . flammarum tetrarum globi, ascendentes quasi de puteo magno, 5.12 (305.28)
magno. detrimento magis [magno] reipuplicae fuit; uar. 1.11 (24.29)
magno tenellis ibi adhuc ecclesiae crementis detrimento fuit. 2.5 (90.25)
magno. quamuis magno aequore interiacente peruenit. 1.1 (11.34)
Secundo proelio cum magno suorum discrimine 1.2 (14.11)
Magno enim praemio fastigiorum uestrorum delectabilem cursum bonitatis suae suffragiis inlustrauit, 2.8 (95.27)
Magno ergo largitatis dominicae beneficio mens nostra gaudio exultauit, 2.11 (104.23)
non magno ab ea freto discreta, sed donatione Pictorum, 3.3 (132.32)
et cum magno utique miraculo ipsa eius foramina ingrediens, . . . perederet, 3.17 (160.32)
'Vbi cum uenissemus,' inquit, 'et magno uniuersorum gaudio suscepti essemus, 5.3 (285.10)
qui uidelicet modo cum magno tormento inrepunt in interiora corporis mei, 5.13 (312.27)
magnum. scientes, quod laborem magnum . . . gloria sequitur. 1.23 (43.12)
tractatum magnum in concilio, quid esset agendum, habere coeperunt; 3.5 (137.9)
qui totam eius gentem a paruo usque ad magnum delere atque exterminare decreuerat, 3.24 (177.22)
solebat hoc creber ob magnum castigandi corporis affectum ingredi, 5.12 (310.13)
magnum. ecce subito lux emissa caelitus, ueluti linteum magnum, uenit super omnes, 4.7 (220.3)
magnum. "O quam magnum uae facis mihi sic equitando!" 5.6 (290.9)
magnus. ab oriente habens introitum, cui lapis ille magnus adpositus est; 5.16 (318.9)
Vilfridus hic magnus requiescit corpore praesul, 5.19 (330.9)
MAGVS. magum. Ceterum tonsuram eam, quam magum ferunt habuisse Simonem, 5.21 (343.25)

MAIESTAS. maiestate. Deum potius intellegendum maiestate inconprehensibilem, 3.22 (172.2)
uenturus est in nubibus, in potestate magna et maiestate, ad iudicandos uiuos et mortuos. 4.3 (211.6)
maiestati. Pro quibus maiestati eius gratias indesinenter exsoluimus, 2.18 (121.1)
maiestatis. Supernae igitur maiestatis clementia, . . . hominem . . . constituit, 2.10 (101.8)
MAILDVFI VRBS, *Malmesbury.*
Maildufi urbem. Aldhelm, cum adhuc esset presbyter et abbas monasterii, quod 'Maildufi urbem' nuncupant, 5.18 (320.30)
MAILRONENSIS, e, *of Melrose.*
Mailronensi. Cum ergo uenerabilis Domini famulus multos in Mailronensi monasterio degens annos 4.27 (270.15)
MAILROS, *Melrose.*
Mailros. qui erat abbas in monasterio, quod dicitur Mailros; 3.26 (190.8)
Mailros. Intrauit . . . monasterium Mailros, quod in ripa Tuidi fluminis positum tunc abbas Eata, . . . regebat, 4.27 (269.1)
ad monasterium Mailros, quod Tuidi fluminis circumflexu maxima ex parte clauditur, peruenit; 5.12 (304.20)
MAILROSENSIS, e, *of Melrose.*
Mailrosensis. cum esset idem Boisil praepositus monasterii Mailrosensis sub abbate Eata, 5.9 (297.2)
MAIOR, ius. **maior.** si . . . repente flatus uenti maior adsurgeret, 4.3 (210.19)
ille, qui et obscuritate tenebrosae faciei, et primatu sedis maior esse uidebatur eorum, 5.13 (312.13)
maior. recens de lauacro pars maior exercitus arma capere . . . temtaret, 1.20 (38.29)
laborem magnum maior aeternae retributionis gloria sequitur. 1.23 (43.12)
nisi si maior forte necessitas conpulisset, 3.5 (136.1)
Cuius regis filia maior Sexburg, . . . habuit filiam Earcongotam, 3.8 (142.27)
cum fabricata esset ibi basilica maior, 3.17 (160.12)
Quae disputatio maior est, quam epistula hac uel ualeat conprehendi, uel debeat. 5.21 (338.32)
maior. maior uero in orientali eiusdem ecclesiae loco quadrangulum aliud altare sub linteaminibus exstat. 5.16 (318.20)
maiora. uidit non solum maiora beatorum gaudia, 3.19 (165.1)
promisit se ei innumera et maiora, quam credi potest, ornamenta regia 3.24 (177.16)
raro praeter maiora sollemnia, . . . plus quam semel per diem manducauerit; 4.19 (244.12)
maiore. ut cursu maiore equos suos inuicem probare liceret. 5.6 (289.24)
maiore. maiore sint calamitate depressi. 1.12 (25.17)
maiore potentia cunctis, qui Brittaniam incolunt, . . . praefuit, 2.5 (89.21)
et maiore auctoritate coeptum opus explens, 3.22 (173.3)
iussit suis quaerere pauperem aliquem maiore infirmitate uel inopia grauatum, 5.2 (283.16)
Nam cum prae maiore senectute minus episcopatui administrando sufficeret, 5.6 (292.4)
Quod ut facilius et maiore auctoritate perficeret, 5.21 (332.21)
quam lex maiore prae ceteris festiuitate memorabilem saepenumero commendat; 5.21 (338.4)
maiore. tentorio tantum maiore supra carrum, in quo inerant, extenso. 3.11 (148.17)
maiorem. Denique fertur, quia tricies maiorem pagani habuerint exercitum; 3.24 (177.32)
item de temporibus librum I maiorem. 5.24 (359.25)
maiorem. maiorem praedicandi per omnia, . . . licentiam acciperent. 1.26 (47.16)
curauit, . . . maiorem ipso in loco et augustiorem de lapide fabricare basilicam, 2.14 (114.9)
et ob id maiorem huius itineris peragendi notitiam haberet, 4.1 (202.31)
aspicio ante nos multo maiorem luminis gratiam quam prius; 5.12 (307.30)
maiores. neque lapides maiores habet, 4.19 (244.34)
maiores. necdum quidem adtousus, uerum eis, quae tonsura maiores sunt, uirtutibus, . . . insignitus; 5.19 (233.7)
maiores. multi sunt, qui amploira a te beneficia quam ego, et maiores accipiunt dignitates, 2.13 (111.27)
maiori. Nam cum prae maiore [marori] senectute minus episcopatui administrando sufficeret, uar. 5.6 (292.4)
maioribus. simul et maioribus flagitiis submerserint. 1.22 (41.20)
raroque in calidis balneis, praeter inminentibus sollemniis maioribus, . . . lauari uoluerit; 4.19 (244.8)
maioris. alii hoc fieri metu maioris periculi uetabant. 4.32 (279.29)
maius. uel, quod maius est, peccati consensu acciderit 1.27 (61.2)
luminare maius ut praeesset diei; 5.21 (339.16)
"luminare maius in inchoationem diei, et luminare minus in inchoationem noctis." 5.21 (339.18)
MAIOR DOMVS. maior domus. retenti sunt ab eo, quousque Ebrinus maior domus regiae copiam pergendi, quoquo uellent, tribuit eis. 4.1 (203.15)
MAIORES. maiores. His similia et ceteri maiores natu ac regis consiliarii diuinitus admoniti prosequebantur. 2.13 (112.21)
fauerunt adsidentes quique siue adstantes maiores una cum mediocribus, 3.25 (189.5)
Quod tamen a malitia inhabitantium in eo, et praecipue illorum, qui maiores esse uidebantur, contigisse, 4.25 (262.27)
maiores. Osuald, . . . misit ad maiores natu Scottorum, 3.3 (131.8)
maioribus. inbuebantur praeceptoribus Scottis paruuli Anglorum una cum maioribus studiis 3.3 (132.23)
sed nos duo tantum, quae a maioribus audiuimus, referre satis duximus. 3.9 (145.28)
'Pascha,' inquit, 'hoc, quod agere soleo, a maioribus meis accepi, 3.25 (184.3)
Corripiebatur quidem sedulo a fratribus ac maioribus loci, 5.14 (313.32)
ut merito a maioribus quasi unus ex ipsis amaretur, 5.19 (322.27)
maiorum. opinio, quae de beato Gregorio traditione maiorum ad nos usque perlata est; 2.1 (79.26)
sed et regna terrarum plus quam ulli maiorum suorum, . . . consecutus est. 3.6 (138.2)
uel ex traditione maiorum, uel ex mea ipse cognitione scire potui, 5.24 (357.2)
MAIVS, a, um, *of May,*
Maiarum. die VIII Kalendarum Maiarum. 2.7 (95.8)
XII°. Kalendarum Maiarum die solutus a carne, et beatorum est regno sociatus in caelis. 5.7 (292.26)
Hic depositus est Caedual, . . . sub die XII Kalendarum Maiarum, indictione II; 5.7 (293.32)
quo pascha dominicum octauo Kalendarum Maiarum die celebrabatur, 5.22 (347.26)
Victred filius Ecgberecti, . . . defunctus est nono die Kalendarum Maiarum; 5.23 (348.18)
VII^a Iduum Maiarum die, Osric rex Nordanhymbrorum uita decessit, 5.23 (349.20)
Maias. non multo post, id est pridie Nonas Maias, etiam ipse migrauit ad Dominum; 4.30 (277.21)
Maii. facta erat eclipsis solis die tertio mensis Maii, 3.27 (191.30)
MALE. dum male acta deorsum insequitur, 1.27 (58.16)
librum uitae et passionis sancti Anastasii, male de Greco translatum, . . . ad sensum correxi; 5.24 (359.7)
MALEDICO. maledicebantur. hi, qui merito impietatis suae maledicebantur, 4.26 (266.24)
MALEDICVS, a, um. **maledici.** Et quamuis maldeici regnum Dei possidere non possint, 4.26 (266.22)
maledicorum. Nec labor uos ergo itineris, nec maledicorum hominum linguae deterreant; 1.23 (43.10)
MALEFICVS, MALIFICVS, a, um. **malefici.** Et quamuis maledici [malefici] regnum Dei possidere non possint, uar. 4.26 (266.22)
malificae. siquia malificae artis habuissent, 1.25 (45.31)
MALIGNVS, a, um. **maligni.** et more maligni spiritus, 1.17 (35.13)
maligni. discessere omnes, qui me premebant, spiritus maligni, 3.11 (150.20)
siquidem ad aduentum eius spiritus recessere maligni. 4.28 (271.19)
Trahentes autem eos maligni spiritus descenderunt in medium baratri illius ardentis; 5.12 (306.18)
maligno. cum Aedilred rex Merciorum, adducto maligno exercitu, Cantiam uastaret 4.12 (228.8)

malignorum. uidit . . . et maxima malignorum spirituum certamina, 3.19.165.2)
Sequumtur aduersus ipsum accusationes malignorum, defensiones spirituum bonorum, 3.19 (166.11)
Erat autem locus . . . spirituum malignorum frequentia humanea habitationi minus accommodus; 4.28 (271.16)
considero turbam malignorum spirituum, 5.12 (306.12)
Tum subito superuenit exercitus malignorum et horridorum uultu spirituum, 5.13 (312.9)
ut crebro uexilli huius munimine a malignorum spirituum defendatur incursibus; 5.21 (343.10)
maglignus. Cum enim malignus spiritus peccatum suggerit in mente, 1.27 (61.10)
hoc, quod malignus spiritus seminat in cogitatione,. 1.27. (61.17
Dicebatque hostis malignus: 3.19 (266.29)
MALITIA. malitia. Quod tamen a malitia inhabitantium in eo, et praecipue illorum, qui maiores esse uidebantur, contigisse, 4.25 (262.26)
malitiae. famam suae malitiae posteris diuturnam relinquens, 1.14 (29.16)
MALEVS. malleos. habentes in manibus uomeres [malleos], uar. 5.13 (312.25)
MALO. maluerunt. discrimenque certaminis subire maluerunt, 1.17 (35.18)
fratibus, qui in Lindisfarnensi ecclesia, Scottis abeuntibus, remanere maluerunt, 3.26 (190.5)
Verum quia illi postmodum optione data maluerunt loco cedere, 5.19 (325.18)
maluisti. sacrilegum celare quam militibus reddere maluisti,. 1.7 (19.8)
sed uigiliis et orationibus insistere maluisti. 4.25 (264.33)
MALVM. mala. seu mala commemoret de prauis, Praef. (5.13)
scio . . . quae uentura tibi in proximo mala formidas. 2.12 (108.33)
'Vide, Domine, quanta mala facit Penda. 3.16 (159.18)
ut utroque tempore mala mortalibus inminere signarent. 5.23 (349.10)
mali. cum ille mihi nil mali fecerit, nil adhuc inimicitiarum intulerit. 2.12 (108.10)
et Redualdo suadeat, ut nec ipse tibi aliquid mali faciat, 3.12 (109.3)
nec tibi aliquid mali facere, 2.12 (110.4)
promittens se nil ei mali facturum pro eo, si simpliciter sibi, quis fuisset, proderet. 4.22 (251.7)
male de Greco [mali de metro] translatum, uar. 5.24 (359.7)
malis. quo malis praesentibus durius deprimebatur, 2.1 (77.11)
malorum. etiam a perpetuis malorum tormentis te liberans, 2.12 (11.6)
malum. ut ueniret contra improbos malum, 1.14 (30.22)
ut saepe malum, quod aduersatur, portando et dissimulando conpescat. 1.27 (51.29)
malum. quia iustius multo est de incognitis bonum credere quam malum. 3.25 (187.33)
MALVS, a, um. **malae.** 'Ex corde exeunt cogitationes malae.' 1.27 157.4)
malos. Quod autem codices diuersos per bonos siue malos spiritus sibi uidit offerri, 5.13 (313.9)
MAMRE COLLIS, *the Hill of Mamre.*
Mamre collis. Mamre collis mille passibus a monumentis his ad Boream, 6.17 (319.23)
MANCIPO. mancipare. diuinis se studuit mancipare praeceptis. 2.6 (93.22)
manciparent. ammonuitque coniugem, ut uel tunc diuino se seruitio pariter manciparent, 4.11 (225.28)
mancipatam. nostram gentem eatenus idolis mancipatam Christi fecit ecclesiam, 2.1 (73.14)
mancipati. fratres, qui erant in Fresia uerbi ministerio mancipati, elegerunt ex suo numero uirum 1.11 (302.6)
quippe qui quamuis ex parte sui sint iuris, nonnulla tamen ex parte Anglorum sunt seruitio mancipati. 5.23 (351.17)
mancipatus. Quos tamen ille pio libenter mancipatus labori, tanta doctrinae solertis excolebat industria, 4.27 (270.8)
meditationi rerum ecclesiasticarum, ut animo proposuerat, cotidiana mancipatus instantia, 5.19 (324.22)
mancipauerunt. Et quidam quidem mox se monasticae conuersationi fideliter mancipauerunt, 3.27 (192.14)
mancipauit. Ini, . . . simili prouinciam illam adflictione plurimo annorum tempore mancipauit. 4.15 (236.10)
totom se lacrimis paenitentiae, uigiliis sanctis, et continentiae mancipauit; 4.25 (264.4)
MANDATVM. mandata. cum perfidorum principum mandata aduersum Christianos saeuirent, 1.7 (18.13)
mandata. litteris mandata, . . . transmisit. Praef. (6.16)
nec non et Vectae insulae litteris mandata declarauit. Praef. (7.8)
industriam faciendi simul et docendi mandata caelestia, 3.17 (161.21)
quomodo ea, . . . Dei mandata probantur fuisse secuti. 3.25 (188.7)
mandatis. uitiorum potius inplicamentis, quam diuinis solebam seruire mandatis. 3.13 (153.8)
eo amplius eius, qui super omnia est, Iudicis mandatis auscultare contendant, 5.21 (333.31)
mandatis. Ipse autem excepto cantandi uel legendi munere, et aliud in mandatis ab apostolico papa acceperat, 4.18 (241.33)
mandatorum. quia propter obseruantiam mandatorum Christi contigit. 3.22 (174.13)
mandatum. obsecrans, ut per eius mandatum Christianus efficeretur; 1.4 (16.8)
MANDO. mandanda. ac Brittaniam rediens secum Anglorum ecclesiis mandanda atque obseruanda deferret, 2.4 (88.22)
mandando. ea, quae totius anni circulus in celebratione dierum festorum poscebat, etiam litteris mandando; 4.18 (241.25)
mandare. ea, . . . ad instructionem posteritatis litteris mandare studuimus. Praef. (8.8)
e quibus unum, . . . memoriae mandare commodum duximus. 4.14 (233.5)
cuncta mox iste litteris mandare curauerit. 5.15 (316.30)
mandari. quod eatenus per Alexandriae pontificem singulis annis per omnes ecclesias mandari consuerat, 5.21 (341.14)
mandarit. Gregorio papae, quae sint Brittaniae gesta mandarit, 1.27 (48.2)
mandatis. qui mandatis memoriae ueteribus illis Aegyptiorum argumentis, facillime possint . . . protendere circulos, 5.21 (341.25)
mandauimus. e quibus aliqua in libro uitae illius olim memoriae mandauimus. 4.30 (277.27)
mandauit. mandauit se uenisse de Roma, 1.25 (45.13)
et infirmanti puero de eodem sacrificio dominicae oblationis particulam deferri mandauit. 4.14 (235.29)
MANDO. mandendo. quasi mandendo conuerte. 1.27 (53.19)
MANDVCO. manducare. sed manu spicas conterere et manducare.' 1.27 (53.15)
Nam cum multa lex uelut inmunda manducare prohibeat, 1.27 (56.32)
salutauit episcopum et conuiuas, dicens, quia ipse quoque delectaretur manducare et bibere cum eis. 5.5 (288.26)
manducauerit. raro praeter maiora sollemnia, uel artiorem necessitatem, plus quam semel per diem manducauerit; 4.19 (244.14)
manducauit. sed in XIIII[a] uel uetus pascha manducauit ad uesperam, 3.25 (186.27)
MANE. mane comedet praedam et uespere diuidet spolia.' 1.34 (71.19)
famulus Christi Laurentius mox mane facto uenit ad regem, 2.6 (93.2)
a mane usque ad uesperam nil aliud ageret, 2.14 (115.3)
plurimaque psalmorum laude celebrata, uictimam pro eo mane sacrae oblationis offerre. 3.2 (129.34)
Qui cum die quadam mane audiret unum de fratribus ad locum . . . sanctae crucis ascendere disposuisse, 3.2 (130.17)
Vnde mane facto fratres monasterii illius, . . . diligenter ipsi petere coeperunt, 3.11 (148.23)
si dominica dies, quae tunc prima sabbati uocabatur, erat mane uentura, 3.25 (185.30)
Sin autem dominica non proximo mane post lunam XIIII[am], . . . esset uentura, 3.25 (185.33)
et ibi tota nocte requiescens, mane sanato sensu egressus, 4.3 (212.13)
referret mane, quod . . . omnem diurni luminis uiderentur superare fulgorem. 4.7 (220.18)
Quod ita fuisse factum mox congregationi mane facto innotuit. 4.23 (258.19)
Veniensque mane ad uilicum, qui sibi praeerat, quid doni percepisset, indicauit, 4.24 (260.14)

et mane rediens, optimo carmine, quod iubebatur, conpositum reddidit. 4.24 (260.23)
Et mane primo ingressus ad me, ac dicta super me oratione, uocauit me nomine meo, ... 5.6 (290.33)
uenit die quadam mane primo ad eum unus de fratribus, ... 5.9 (296.30)
Mane autem inlucescente die dominica, primam paschalis festi diem celebrarent. 5.21 (336.25)
Vna quippe solem praecedebat, mane orientem; 5.23 (349.7)
MANEO. maneat. Quae maneat caelis, aspice, nupta Deo. 4.20 (248.28)
manebant. Manebant exterminia ciuitatum ab hoste derutarum ac desertarum; 1.22 (41.22)
manebat. in uicina, qua manebat, casula exarsit incendium; 1.19 (37.11)
Haec ergo . . . egressa de cubiculo, quo manebat, ... 4.9 (222.13)
Vnde accito ad se praefato urbis Lundoniae, in qua tunc ipse manebat, episcopo, ... 4.11 (226.12)
in remotiore ab ecclesia loco refluis undique pelagi fluctibus cincto, solitarius manebat. 4.30 (276.27)
manendi. iubente eodem rege, locum manendi, . . . suscipit. 1.15 (31.1)
ut in sua familia manendi locum acciperet, ... 5.2 (284.30)
manens. qui multo exhinc tempore in ecclesia manens, ... 2.20 (126.23)
ibi reside, et quietus manens adhere tumbae. 3.12 (151.5)
in quo manens cotidianam ab eis stipem acciperet. 5.2 (283.29)
manens. Plus super astra manens, percipit inde decus. 4.20 (248.10)
Prouinica Australium Saxonum . . . absque episcopo manens ministerium sibi episcopale . . . quaerit. 5.23 (350.22)
manentem. 'Scio hominem in hac insula adhuc in carne manentem, ... 4.3 (211.30)
manentibus. sed etiam plurimis longe manentibus, . . . occasionem salutis et correctionis ministrauit. 4.23 (255.28)
manere. et ab eo tempore usque hodie manere desertus 1.15 (31.24)
Qui, haec audiens, manere illos . . . iussit. 1.25 (45.17)
in prouincia Deirorum, ubi saepius manere cum rege solebat, ... 2.14 (115.11)
rogauit eum, accepta ibi sede episcopali, suae gentis manere pontificem; 3.7 (140.25)
saepius ibidem diuerti ac manere, . . . consueuerat; 3.17 (159.29)
sed pauper spiritu magis propter regnum caelorum manere desiderans. 4.11 (226.6)
qui se nobiscum usque in finem saeculi manere pollicetur. 4.19 (243.22)
et episcopus cum clero, et abbas solebat manere cum monachis; 4.27 (270.24)
in qua uir Dei saepius, . . . et maxime in quadragesima, manere cum paucis, . . . consueuerat. . . 5.2 (283.13)
tametsi tumor adhuc brachii manere uidetur.' 5.3 (286.21)
nec uoluit nocte illa iuxta morem cum clericis suis manere, ... 5.6 (290.30)
quamdiu sustinere posse uidebatur, psalmis uel precibus insistere, fixusque manere, ... 5.12 (310.16)
quia tempore seruitutis intonsis in carcere crinibus manere solebat. 5.21 (342.15)
manerent. coegerat enim eos inminens hiems, ut, ubicumque potuissent, quieti manerent. 4.1 (203.23)
maneret. ut iustitia eius maneret in saeculum saeculi, ... 2.1 (77.20)
Qui cum aliquantulum horae quasi adtonitus maneret, ... 4.3 (208.32)
dum aliquandiu caecitatis huius nocte clausa maneret, ... 4.10 (224.27)
in quo et memoria deuotionis ipsius fixa per saecula maneret, ... 5.7 (293.4)
utpote incertus, quid agerem, quo uerterem gressum, qui me finis maneret; 5.12 (306.8)
manet. Quod utrum de se an de alio aliquo diceret, nobis manet incertum, ... 4.3 (212.2)
Quae cum cotidie a credentibus terra tollatur, nihilominus manet, ... 5.17 (319.3)
mansit. Mansitque haec in ecclesiis Christi, . . . pax 1.8 (22.13)
eiusque episcopus usque ad uitae suae terminum mansit. 3.7 (141.10)
perpetua tamen mansit uirginitatis integritate gloriosa; 4.19 (243.11)
exemplum uiuendi sese uidentibus atque audientibus exhibens, multo tempore mansit. 4.23 (255.8)
Mansit autem idem uir Dei in insula Farne XII annis, ... 5.1 (282.23)
Mansit autem in episcopatu annis XXXIII, ... 5.6 (291.30)
Mansit autem in episcopatu annis XXII, ... 5.8 (294.23)
monasterii, quod in Hii insula multis diu Scottorum Pictorumque populis uenerabile mansit. . . 5.9 (297.18)
Mansit autem uir Domini Ecgberct annos XIII in praefata insula, ... 5.22 (347.21)
mansurus. Cumque tempore quodam, incipiente quadragesima, ibidem mansurus adueniret, . . . 5.2 (283.15)
MANIFESTE. Quo epistulae principio manifeste declaratur, ... 2.19 (123.19)
multi . . . iam manifeste se concentus angelorum psallentium audisse referebant, ... 3.8 (143.22)
uidit manifeste quasi corpus hominis, quod esset sole clarius, sindone inuolutum in sublime ferri, . 4.9 (222.13)
hoc ipsa, qua factum est, hora his, . . . famulis Christi manifeste narrauerit, ... 4.23 (258.16)
uerbis obscurioribus, quae tamen postmodum manifeste intellegerentur, ... 4.29 (274.8)
quibusdam autem hoc idem etiam manifeste reuelabat. 4.29 (274.10)
MANIFESTIOR, ius. **manifestior.** Sed ut Dei potentia manifestior appareret, ... 1.19 (37.19)
MANIFESTISSIME. sicut in libro, quem de temporibus conposui, manifestissime probaui; 3.17 (161.13)
quod aliquoties pascha manifestissime ante plenilunium, id est in XIII^{a} luna, facitis. 3.25 (187.23)
manifestissime in eo tetricis esse descripta litteris. 5.13 (312.18)
Quibus uerbis manifestissime constat, ... 5.21 (334.22)
MANIFESTIVS. et ille melius ac manifestius ipsa lingua Anglorum, . . . potest explanare, quae sentimus.' 3.25 (184.17)
MANIFESTO. manifestans. Quod dum ille faceret, ministrum se regis fuisse manifestans, respondit: . 4.22 (251.9)
MANIFESTVS, a, um. **manifesta.** Pastoralis, in quo manifesta luce patefecit, ... 2.1 (76.15)
Dominus omnipotens obitum ipsius . . . manifesta uisione reuelare dignatus est. 4.23 (257.4)
manifesti. in occursu sanctorum sine ulla manifesti nuntii relatione properaret, ... 1.21 (40.13)
MANSIO. mansio. qui baptizatus est . . . in uico regio, qui dicitur Rendlæsham, id est mansio Rendili; 3.22 (174.17)
(tanta autem erat altitudo aggeris, quo mansio eius erat uallata, ... 4.28 (272.11)
Est mansio quaedam secretior, nemore raro et uallo circumdata, ... 5.2 (283.7)
mansione. contigit die quadam, ut in praefata mansione forte ipse . . . commoraretur, ... 4.3 (207.25)
Denique cum episcopo in praefata mansione pro suae reuerentia deuotionis inter fratres habitus, . 4.3 (208.14)
mansionem. Dedit ergo eis mansionem in ciuitate Doruuernensi, ... 1.25 (46.18)
At ubi datam sibi mansionem intrauerant, ... 1.26 (46.31)
et caelestis patriae uobis praeparet mansionem. 2.17 (119.19)
Fecerat uero sibi mansionem non longe ab ecclesia remotiorem; 4.3 (207.11)
secessit ad ciuitatem Calcariam, . . . ibique sibi mansionem instituit. 4.23 (253.26)
Cum autem ipse sibi ibidem expulsis hostibus mansionem angustam . . . construxisset, ... 4.28 (271.20)
mansiones. 'Cumque procedentes transissemus et has beatorum mansiones spirituum, ... 5.12 (307.30)
'Cumque reuersi perueniremus ad mansiones illas laetas spirituum candidatorum, dixit mihi: . . . 5.12 (308.7)
mansionibus. unde a mansionibus ac possessiunculis suis eiecti, ... 1.12 (28.8)
de mansionibus filiorum Israel una; 5.24 (358.31)
mansionis. ipse in saepedicto . . . monasterio, quod uocatur Streanæshalch, locum mansionis elegit; 4.26 (267.25)
Hunc ergo adduci praecipit episcopus, et ei in conseptis eiusdem mansionis paruum tugurium fieri, 5.2 (283.28)
dedit ei locum mansionis in insula quadam Hreni, ... 5.11 (302.24)
locum secretae mansionis, quam praeuiderat abbas, intrauit; 5.12 (304.22)
accipies et ipse post mortem locum mansionis inter haec, quae cernis, agmina laetabunda . . . 5.12 (309.5)
Accepit autem in eodem monasterio locum mansionis secretiorem, ... 5.12 (310.9)
MANSVETISSIMVS, a, um. **mansuetissimus.** Porro fratribus, . . . praepositus est abbatis iure uir reuerentissimus ac mansuetissimus Eata, ... 3.26 (190.6)
Mailros, quod . . . abbas Eata, uir omnium mansuetissimus ac simplicissimus, regebat, ... 4.27 (269.3)

MARCVS, *see* **ANTONINVS VERVS, MARCVS.**
MARE. mare. repellit mare ad barbaros; 1.13 (28.28)
Namque mare et flumina eorum piscibus abundabant; 4.13 (231.27)
mare. Seuerus magnam fossam . . . a mari ad mare duxit. 1.5 (17.3)
murum a mari ad mare recto tramite inter urbes, 1.12 (27.17)
'Repellunt barbari ad mare, 1.13 (28.28)
mare conscendit, et consentientibus elementis, 1.21 (40.7)
utrumque enim caput protendit in mare. 1.25 (45.9)
condidit et creauit, . . . mare et omnia, quae in eis sunt, 2.10 (101.10)
pertingens usque ad mare, 2.16 (117.8)
etiam si mulier una . . . uellet totam perambulare insulam a mari ad mare, 2.16 (118.7)
quo Romani quondam ob arcendos barbarorum impetus totam a mari ad mare praecinxere Brittaniam, 3.2 (129.28)
sed tu memento, ut hoc oleum, quod tibi do, mittas in mare; 3.15 (158.8)
temtabant nautae anchoris in mare missis nauem retinere, 3.15 (158.12)
Qui cum pariter per mare ad Massiliam, ac deinde per terram Arhelas peruenissent, 4.1 (203.11)
Collectis ergo undecumque retibus anguillaribus, homines antistitis miserunt in mare, 4.13 (231.31)
necdum Berctualdo successore eius, qui trans mare ordinandus ierat, ad sedem episcopatus sui reuerso. 5.11 (302.14)
qui Brittaniam uallo a mari usque ad mare praecinxit. 5.24 (352.19)
mare. quorum unus ab orientali mari [mare], . . . Brittaniae terras longe lateque inrumpit, uar 1.12 (25.29)
murum a mari [mare] ad mare recto tramite inter urbes, uar 1.12 (27.17)
habens monasteriolum . . . siluis et mari [mare] circumdatum, uar. 4.13 (231.3)
mari. et ipsi orientali mari contigui, 2.3 (85.9)
mari. interposito mari a Gessoriaco Morynorum gentis litore proximo, 1.1 (9.12)
sed et auium ferax terra marique generis diuersi; 1.1 (10.2)
in orientalibus suis partibus mari sex milium, 1.3 (15.26)
Seuerus magnam fossam . . . a mari ad mare duxit. 1.5 (17.3)
quorum unus ab orientali mari, . . . Brittaniae terras longe lateque inrumpit, 1.12 (25.29)
murum a mari ad mare recto tramite inter urbes, 1.12 (27.17)
ab orientali mari usque ad occidentale, 1.15 (32.21)
et ipsa multorum emporium populorum terra marique uenientium; 2.3 (85.11)
etiam si mulier una . . . uellet totam perambulare insulam a mari ad mare, 2.16 (118.7)
quo Romani quondam ob arcendos barbarorum impetus totam a mari ad mare praecinxere Brittaniam, 3.2 (129.27)
Est enim iuxta murum, . . . XII milibus passuum a mari orientali secreta. 3.22 (172.18)
Dicul, habens monasteriolum permodicum in loco, qui uocatur Bosanhamm, siluis et mari circumdatum, 4.13 (231.3)
Est enim locus undique mari circumdatus praeter ab occidente, 4.13 (232.10)
Hic cum quadam die lenas siue saga, quibus in hospitale utebatur, in mari lauasset, 4.31 (278.9)
Vt Oidiluald . . . laborantibus in mari fratribus, tempestatem orando sedauerit. 5.1 (281.2)
positis nobis in medio mari, interrupta est serenitas, qua uehebamur, 5.1 (281.19)
qui Brittaniam uallo a mari usque ad mare praecinxit. 5.24 (352.19)
maria. hortata est instruere inter duo maria trans insulam murum, 1.12 (26.12)
eosque, qui euadere poterant, omnes trans maria fugauit, 1.12 (27.8)
anniuersarias praedas trans maria nullo obsistente cogere solebant. 1.12 (27.9)
maris. Est autem sinus maris permaximus, 1.1 (13.12)
duobus sinibus maris interiacentibus, 1.12 (25.28)
inter duo freta uel sinus, de quibus diximus, maris, 1.12 (26.19)
turres per interualla ad prospectum maris conlocant, 1.12 (27.29)
et primo maris, . . . sedauerit. 1.17 (33.22)
qui legatus Galliam missus demersus est in sinu maris, 1.33 (70.27)
ne sit necesse . . . per tam prolixa terrarum et maris spatia pro ordinando archiepiscopo semper fatigari. 2.18 (120.21)
longa terrarum marisque interualla, . . . ad haec nos condescendere coegerunt, 2.18 (121.29)
Romanus . . . legatarius missus absortus fuerat fluctibus Italici maris; 2.20 (126.15)
bis cotidie instar insulae maris circumluitur undis, 3.3 (132.4)
et statim quiescentibus uentis, serenitas maris uos laeta prosequetur, 3.15 (158.8)
Erat . . . monasterium siluarum et maris uicinitate amoenum, 3.19 (164.12)
homines inedia macerati procederent ad praecipitium aliquod siue ripam maris, 4.13 (231.16)
ut, . . . secundi nos uenti ad terram usque per plana maris terga comitarentur. 5.1 (282.16)
Damascum quoque, Constantinopolim, Alexandriam, multas maris insulas adierat; 5.15 (316.22)
MARGARITA. margaretam. quibus inclusam saepe margaritam [margaretam] omnis quidem coloris uar. 1.1 (10.8)
margaretis. dum mihi nunc pro auro et margaritis [margaretis], de collo rubor tumoris ardorque promineat.' uar. 4.19 (246.12)
margaritam. quibus inclusam saepe margaritam omnis quidem coloris optimam inueniunt, 1.1 (10.8)
margaritis. dum mihi nunc pro auro et margaritis, de collo rubor tumoris ardorque promineat.' 4.19 (246.12)
MARGO. margine. XII lampades ardent, IIII intra sepulchrum, VIII supra in margine dextro. 5.16 (318.17)
MARIA, *the Virgin Mary.*
Maria. Porta Maria Dei, femina uirgo parit. 4.20 (247.20)
Mariae. et sepultus est primo quidem iuxta ecclesiam sanctae Mariae; 4.3 (212.6)
supra locum, ubi Dominus natus specialius traditur, sanctae Mariae grandem gestat ecclesiam. 5.16 (317.19)
donauit enim tibi Dominus uitam per . . . intercessionem beatae suae genetricis semperque uirginis Mariae. 5.19 (329.15)
MARINVS, a, um. **marini.** Selæseu quod dicitur Latine insula uituli marini. 4.13 (232.10)
MARITALIS, e. **maritalis.** ut perinde intemerato societatis foedere iura teneas maritalis consortii. 2.11 (105.19)
MARMOR. marmore. mox inuenerunt iuxta muros ciuitatis locellum de marmore albo pulcherrime factum, 4.19 (245.3)
Haec spelunca tota interius pretioso marmore tecta supra locum, . . . gestat ecclesiam. 5.16 (317.17)
Nam extrinsecus usque ad culminis summitatem totum marmore tectum est. 5.16 (318.11)
MARO, *the poet Virgil.*
Maro. Bella Maro resonet, nos pacis dona canamus; 4.20 (247.11)
Munera nos Christi, bella Maro resonet. 4.20 (247.12)
MARTINVS, Saint (*d.* 397 × 400), *Bishop of Tours.*
Martini. ecclesia in honorem sancti Martini antiquitus facta, 1.26 (47.11)
atque in porticu sancti Martini intro ecclesiam beatorum apostolorum Petri et Pauli sepultus, 2.5 (90.6)
sancti Martini episcopi nomine et ecclesia insignem, 3.4 (133.18)
decreta firmabat . . . Iohannes . . . abbas monasterii beati Martini, 4.18 (241.2)
corpusque eius ab amicis propter amorem sancti Martini, . . . Turonis delatum . . . est. 4.18 (242.21)
MARTINVS I (*d.* 655), *Pope, 649–653.*
Martini. synodum, quae facta est in urbe Roma in tempore Martini papae beatissimi, 4.17 (240.15)
Nam et synodum beati papae Martini, . . . secum ueniens adtulit; 4.18 (242.2)
MARTIVS, a, um, *of March.*
Martiarum. die quarto Iduum Martiarum, 2.1 (79.6)
indictione XIII[a], tertio die Kalendarum Martiarum; 2.4 (88.20)
Obiit autem Ceadda sexto die Nonarum Martiarum, 4.3 (212.4)

Qui defunctus die xv Kalendarum Martiarum Ecgfridum filium regni heredem reliquit; 4.5 (214.21)
Martias. eclypsis solis facta est xiiii. Kalendas Martias, ab hora prima usque ad tertiam. 5.24 (353.2)
MARTYR. martyr. ut in arduo montis cacumine martyr aquam, . . . peteret, 1.7 (21.5)
Decollatus itaque martyr fortissimus 1.7 (21.10)
martyre. ut cum martyre, uel pro martyre, . . . ipse potius mereretur percuti. 1.7 (20.22)
Eusebii, qui a beato martyre Pamphylo cognomen habet, 5.21 (341.11)
martyrem. sacerdotes beatum Albanum martyrem, . . . petierunt, 1.18 (36.23)
martyri. ut omnes agnoscerent etiam torrentem martyri obsequium detulisse; 1.7 (21.4)
martyribus. Inuenta namque eorum corpora iuxta honorem martyribus condignum recondita sunt, 5.10 (301.8)
martyris. Qui cum ad tugurium martyris peruenissent, 1.7 (18.25)
ad obsequium beatissimi confessoris ac martyris uocabatur, 1.7 (20.9)
qui beati martyris cruore dicaretur. 1.7 (20.34)
una cum beati martyris capite 1.7 (21.14)
de loco ipso, ubi beati martyris effusus erat sanguis, 1.18 (36.31)
intercessio beati martyris Albani parauerunt, 1.20 (39.25)
aliis uestibus indutum transtulerunt illud in ecclesiam beati Stephani martyris. 3.8 (144.23)
Ordinatus est autem in ecclesia sanctae martyris Ceciliae, die natalis eius, 5.11 (303.3)
martyrum. caedibus martyrum incessabiliter acta est. 1.6 (18.2)
cum beatorum martyrum, . . . mentionem faceret, 1.7 (18.9)
basilicas sanctorum martyrum fundant, 1.8 (22.11)
et beatorum apostolorum siue aliorum martyrum posuerit. 1.18 (36.5)
omnium apostolorum diuersorumque martyrum secum reliquias habens, 1.18 (36.25)
rubuisse martyrum aedem, 1.18 (37.2)
sanctorum etiam apostolorum ac martyrum reliquias, 1.29 (63.11)
die dedicationis, uel natalicii sanctorum martyrum, 1.30 (65.18)
fecit ecclesiam sanctae Dei genetricis atque omnium martyrum Christi; 2.4 (88.32)
beneficia sanctorum, hoc est reliquias . . . sanctorum martyrum Laurentii, Iohannis, et Pauli, 3.29 (198.16)
Romam uenire ad uidenda atque adoranda beatorum apostolorum ac martyrum Christi limina cogitauit. 5.9 (296.24)
simul et reliquias beatorum apostolorum ac martyrum Christi ab eo se sperans accipere, 5.11 (301.25)
adquisitis undecumque reliquiis beatorum apostolorum et martyrum Christi, 5.20 (331.20)
Martyrologium de nataliciis sanctorum martyrum diebus; 5.24 (359.17)
MARTYRIVM. martyrii. cui necdum fuerat locus martyrii deputatus, 1.7 (18.23)
martyrio. ecclesia est mirandi operis atque eius martyrio condigna extructa. 1.7 (21.29)
et sancto martyrio consummatus, 1.27 (51.12)
Nec martyrio eorum caelestia defuere miracula. 5.10 (300.27)
martyrium. Erat autem eo loci, . . . martyrium beatorum iiii Coronatorum. 2.7 (94.23)
martyrium. cui ardens inerat deuotio mentis ad martyrium ocius peruenire, 1.7 (20.14)
et ut socii eius Heuualdi sint martyrium passi. 5.10 (298.28)
MARTYRIVM, *Church of Constantine in Jerusalem.*
Martyrium. diuertendum est ad ecclesiam Constantinianam, quae Martyrium appellatur. 5.16 (317.24)
MARTYROLOGIVM. Martyrologium. Martyrologium de nataliciis sanctorum martyrum diebus; 5.24 (359.17)
MASCVLINVS, a, um. **masculina.** magis de feminea regum prosapia quam de masculina regem sibi eligerent; 1.1 (12.16)
MASCVLVS. masculo. ut pro masculo diebus xxxiii, . . . debeat abstinere. 1.27 (54.22)
MASERFELTH, *Oswestry, Shropshire.*
Maserfelth. occisus est, . . . in loco, qui lingua Anglorum nuncupatur Maserfelth, 3.9 (145.11)
MASSA. massam. massam pulueris secum portaturus abstulit, 1.18 (36.31)
MASSILIA, *Marseilles.*
Massiliam. Qui cum pariter per mare ad Massiliam, ac deinde per terram Arhelas peruenissent, 4.1 (203.11)
MATER. mater. et in delictis peperit me mater mea.' 1.27 (58.2)
et in peccatis peperit me mater mea.' 2.19 (124.11)
quos postea mater metu Eadbaldi et Osualdi regum misit in Galliam 2.20 (126.2)
qui gratia discretionis, quae uirtutum mater est, ante omnia probabatur inbutus; 3.5 (137.24)
In quo monasterio . . . mater eius Aeanfled, et pater matris eius Aeduini, . . . sepulti sunt. 3.24 (179.10)
in quo ipsa Deo deuotarum mater ac nutrix posset existere feminarum. 4.6 (219.4)
sollicita mater congregationis, . . . crebrius in conuentu sororum perquirere coepit, 4.7 (219.19)
cum et ipsa mater congregationis illius e mundo transiret. 4.9 (221.27)
Cum autem et ipsa mater pia Deo deuotae congregationis Aedilburga esset rapienda de mundo, 4.9 (221.29)
Deo dilecta mater congregationis ipsius, ergastulo carnis educta est; 4.9 (222.25)
mater uirgo, et exemplis uitae caelestis esse coepit et monitis. 4.19 (244.4)
Tu quoque sis mater regis ut aetherei. 4.20 (248.14)
Heresuid, mater Alduulfi regis Orientalium Anglorum, . . . coronam expectabat aeternam; 4.23 (253.9)
Oportebat namque inpleri somnium, quod mater eius Bregusuid in infantia eius uidit. 4.23 (255.31)
Quod ubi patri suo narrauit, iam enim mater obierat, 5.19 (322.31)
matre. a Valentiniano et Placidia matre ipsius summa reuerentia susceptus, 1.21 (41.13)
'Cum carissima,' inquit, 'mea matre Aedilburge.' 4.9 (223.31)
Gaudet amica cohors de uirgine matre tonantis; 4.20 (247.21)
Praeerat quidem tunc eidem monasterio regia uirgo Aelbfled, una cum matre Eanflede, 4.26 (267.31)
eo quod ibi crux Domini ab Helena matre reperta sit, 5.16 (317.26)
matrem. Regis ut aetherei matrem iam credo sequaris, 4.20 (248.13)
Hild, quam omnes, qui nouerant, ob insigne pietatis et gratiae matrem uocare consuerant, 4.23 (255.26)
nuntiauit matrem illarum omnium Hild abbatissam iam migrasse de saeculo, 4.23 (257.23)
matri. Vnde et ipsi primae matri omnium dicitur: 1.27 (54.28)
et adiutrix disciplinae regularis eidem matri existere, minores docendo uel castigando curabat. 4.9 (222.4)
matri congregationis, uocabulo Aebbæ, curauit indicare 4.25 (264.23)
matris. et de utero matris meae egressa est mecum.' 2.1 (78.3)
In quo monasterio . . . mater eius Aeanfled, et pater matris eius Aeduini, . . sepulti sunt. 3.24 (179.10)
et in ecclesiam conuocatas orationibus ac psalmis pro anima matris operam dare monuit. 4.23 (257.29)
MATERIA. materia. hi, qui ex corruptibili materia inferiorum etiam subpositorumque tibi manibus construuntur; 2.10 (102.21)
materiae. quos eatenus materiae conpage uobis deos fabricastis, 2.10 (103.7)
materiam. dei creandi materiam lignum uel lapidem esse non posse, 3.22 (171.27)
MATERIES. materies. Cumque materies belli acrioris et inimicitiae longioris . . . uideretur exorta, 4.21 (249.9)
MATERTERA. matertera. Sed et matertera eius, de qua diximus, Aedilberg, . . . perpetuae uirginitatis gloriam . . seruauit; 3.8 (144.5)
MATRIMONIVM. matrimonio. Quod si quisquam propriam expulerit coniugem legitimo sibi matrimonio coniunctam, 4.5 (217.4)
MATVNALIS, e, *see* **MATVTINALIS,** e.
MATVRE. ut sapienter et mature disponantur, 1.27 (52.19)
MATVRITAS. maturitate. Delectabatur enim antistes prudentia uerborum iuuenis, . . . et constantia ac maturitate cogitationis. 5.19 (324.5)
MATVRO. maturantes. qui promissum maturantes aduentum, 1.20 (38.12)

MATVRVS, a, um. **maturam.** et quasi maturam segetem obuia quaeque metunt, 1.12 (26.31)
MATVTINALIS, e. **matunalibus.** 'Cum expletis,' inquiens, 'hymnis matutinalibus [matunalibus] in lectulo membra posuissem, uar. 5.9 (297.5)
matutinalibus. 'Cum expletis,' inquiens, 'hymnis matutinalibus in lectulo membra posuissem, 5.9 (297.5)
MATVTINVS, a, um. **matutinae.** Denique ferunt, quia a tempore matutinae laudis saepius ad diem usque in orationibus persteterit, 3.12 (151.21)
Cum enim nocte quadam, expletis matutinae laudis psalmodiis, 4.7 (219.28)
ex tempore matutinae synaxeos, usque ad ortum diei, in ecclesia precibus intenta persteterit. 4.19 (244.15)
matutinis. et tribus mensibus permanens, matutinis horis oriebatur, 4.12 (228.30)
matutino. egressus est tempore matutino de cubiculo, in quo infirmi quiescebant, 3.27 (193.1)
matutinos. quia et ea nocte sibi post expletos matutinos Boisil per uisum apparuerit, 5.9 (297.28)
matutinum. an iam aduenerit matutinum, 1.1 (11.1)
MAVRICIVS TIBERIVS (*d.* 602), *Byzantine Emperor, 582–602.*
Mauricii. Rexit autem ecclesiam temporibus imperatorum Mauricii et Focatis. 2.1 (79.2)
Mauricio Tiberio. imperante domino nostro Mauricio Tiberio 1.23 (43.24)
imperante domino nostro Mauricio Tiberio 1.24 (44.21)
imperante domino nostro Mauricio Tiberio 1.28 (62.29)
imperante domino nostro Mauricio Tiberio 1.29 (64.22)
imperante domino nostro Mauricio Tiberio 1.30 (66.6)
imperante domino nostro Mauricio Tiberio 1.32 (70.5)
Mauricius. Mauricius ab Augusto LIIII imperium suscipiens 1.23 (42.14)
MAXILLA. maxilla. signum incendii, . . . uisibile cunctis in humero maxillaque portauit; 3.19 (167.7)
qui referre erat solitus, quod illa infirmata habuerit tumorem maximum sub maxilla; 4.19 (245.15)
maxillae. cum praefato tumore ac dolore maxillae siue colli premeretur, 4.19 (246.5)
maxillam et contingentes humerum maxillamque eius incenderunt; 3.19 (166.25)
MAXIME. et maxime nostrae gentis uirorum inlustrium, Praef (5.10)
quibus haec maxime auctoribus didicerim, Praef (6.3)
priorum maxime scriptis . . . didicimus. Praef (6.26)
et iacintini, et prasini, sed maxime candidi. 1.1 (10.11)
maxime quia et pontificali functus officio . . . facere curauit; 2.1 (74.32)
uenerunt, . . . uiri doctissimi, maxime de nobilissimo eorum monasterio, 2.2 (82.21)
Scottos unitatem sanctae ecclesiae maxime in pascha obseruando sequi monuerit, 2.4 (86.24)
maxime quod paschae sollemnitatem non suo tempore celebrarent, 2.4 (87.16)
loci, ubi flammarum impetus maxime incumbebat, 2.7 (94.23)
maxime quod unus ex ducibus, a quibus acta est, paganus, alter, quia barbarus erat pagano saeuior. 2.20 (125.4)
cuius nomine uicus, in quo maxime solebat habitare, . . . usque hodie cognominatur. 2.20 (126.25)
Nam monachi erant maxime, qui ad praedicandum uenerant. 3.3 (132.25)
cuius doctrinam id maxime commendabat omnibus, 3.5 (135.23)
maxime in Brige, et in Cale, et in Andilegum monasterio; 3.8 (142.20)
earumque uel maxime, quae uel aetate prouectae, uel probitate erant morum insigniores. 3.8 (143.8)
quod maxime sanctos decet, 3.19 (164.22)
persuasus maxime ad percipiendam fidem a filio regis Osuiu, 3.21 (170.7)
adiuuarent, maxime in ciuitate, quae lingua Saxonum Ythancaestir appellatur, 3.22 (173.6)
per cuius notitiam maxime ad diligendum noscendumque episcopum peruenit. 3.23 (175.10)
lunam XXI^{am}, quam lex maxime celebrandam commendauit, 3.25 (186.30)
Putta; maxime autem modulandi in ecclesia more Romanorum, . . . peritum. 4.2 (206.8)
et ex eodem libro X capitula, . . . quia maxime nobis necessaria sciebam, illis coram ostendi, 4.5 (215.29)
regulari uita instituit, maxime ex his, quos secum adduxerat, fratribus; 4.13 (232.15)
contra eos maxime, qui unam in Christo operationem et uoluntatem praedicabant, 4.18 (242.3)
cognouitque, referente eo, illis maxime temporibus sua fuisse uincula soluta, 4.22 (251.32)
pietatis, et castimoniae, ceterarumque uirtutum, sed maxime pacis et caritatis custodiam docuit; 4.23 (254.9)
cum temere exercitum . . . duxisset, multum prohibentibus amicis, et maxime beatae memoriae Cudbercto, 4.26 (266.28)
Solebat autem ea maxime loca peragrare, 4.27 (270.4)
eo maxime uictus sermone, quod famulus Domini Boisil, . . . praedixerat. 4.28 (272.30)
Et, quod maxime doctores iuuare solet, ea, quae agenda docebat, ipse prius agendo praemonstrabat. 4.28 (273.17)
Ordinatus est autem post haec Eadberct uir . . . maxime elimosynarum operatione insignis; 4.29 (275.33)
qui eum familiariter nouerunt, dicere solent, et maxime uir reuerentissimus ac ueracissimus Bercthun, 5.2 (283.2)
in qua uir Dei saepius, . . . et maxime in quadragesima, manere cum paucis, . . . consueuerat. 5.2 (283.12)
et in me ipso maxime expertus sum; 5.6 (289.14)
coeperuntque iuuenes, qui cum ipso erant, maxime laici, postulare episcopum, 5.6 (289.23)
Multos autem preces uiuentium, et elimosynae, et ieiunia, et maxime celebratio missarum, . . . adiuuant. 5.12 (308.19)
Fecitque opus, ut dixi, multis utile, et maxime illis, qui longius ab eis locis, . . . norunt. 5.15 (316.31)
Aequinoctium autem iuxta sententiam . . . maxime Aegyptiorum, . . . XII Kalendarum Aprilium die prouenire consueuit, 5.21 (339.3)
iam seruari in ecclesia coepit, maxime Romae et Aegypti, ut supra iam diximus. 5.21 (341.10)
maxime cum numquam patribus catholicis sicut de paschae uel fidei diuersitate conflictus, 5.21 (342.21)
Haec de historia ecclesiastica Brittaniarum, et maxime gentis Anglorum, . . . digessi Baeda 5.24 (356.20)
MAXIMIANVS HERCVLIVS (*d.* 310), *Roman Emperor, 286–305, 306–308.*
Maximiano. quam ob rem a Maximiano iussus occidi 1.6 (17.19)
Maximianum. Maximianumque cognomento Herculium socium creauit imperii. 1.6 (17.10)
Maximianus Herculius. Maximianus Herculius in occidente uastari ecclesias, affligi, 1.6 (17.26)
MAXIMVS (*d.* 388), *Roman Emperor, 383–388.*
Maximo. capto atque occiso ab eis Maximo tyranno. 1.9 (23.21)
Maximus. Maximus in Brittania imperator creatus, 1.9 (23.1)
Maximus uir quidem strenuus et probus, 1.9 (23.11)
Anno CCCLXXXI, Maximus in Brittania creatus imperator, in Galliam transiit, 5.24 (352.20)
MAXIMVS, a, um. **maxima.** Est autem Hibernia insula omnium post Brittaniam maxima, 1.1 (11.30)
Nam maxima exercitus multitudo undam lauacri salutaris expetiit, 1.20 (38.18)
Quo tempore maxima est facta strages in ecclesia 2.20 (125.3)
quia multitudo pauperum undecumque adueniens maxima per plateas sederet, 3.6 (138.18)
inter . . . specialis benedictionis glorias etiam maxima fuisse fertur humilitas, 3.14 (156.6)
Mira fides regis, clementia maxima Christi, 5.7 (293.21)
maxima. gentes, . . . maxima ex parte perdomuit, ac tributarias fecit. 2.5 (90.2)
qui prouinciae Derorum septem annis in maxima omnium rerum affluentia, . . . praefuit. 3.14 (155.1)
qui etiam gentem Pictorum maxima ex parte regno Anglorum subiecit. 3.24 (180.9)
hoc ipse post pusillum uerbis poeticis maxima suauitate et conpunctione conpositis, . . . proferret. 4.24 (258.31)
et cum maxima parte copiarum, quas secum adduxerat, extinctus 4.26 (267.1)
ad monasterium Mailros, quod Tuidi fluminis circumflexu maxima ex parte clauditur, peruenit; 5.12 (304.21)
domumque hanc et exterius obsedit, et intus maxima ex parte residens impleuit. 5.13 (312.11)
Brettones, quamuis et maxima ex parte domestico sibi odio gentem Anglorum, 5.23 (351.10)

maxima. uidit . . . et maxima malignorum spirituum certamina, 3.19 (165.2)
maximae. tria uerba maximae perfectionis plena superadiecit: 2.1 (78.31)
maximam. maximam gentis perfidae stragem dedit. 2.2 (84.4)
Ceadda maximam mox coepit ecclesiasticae ueritati et castitati curam inpendere; 3.28 (195.17)
aduersus regnum, cuius tunc ipse maximam curam gerebat. 4.1 (204.1)
patriam uero perueniens, maximam possessionum tuarum, quae tibi ablatae sunt, portionem recipies, 5.19 (329.18)
maximi. qui ad confinium usque Humbrae fluminis maximi, ... tetenderat. 1.25 (45.1)
maximis. maximis Europae partibus, multo interuallo aduersa. 1.1 (9.4)
maximo. Cumque praefato igni maximo adpropiarent, 3.19 (166.20)
maximo. et maximo cum labore baculo innitens domum peruenit. 4.31 (278.14)
maximorum. talis in mysteriorum celebratione maximorum a sanctarum quidem scripturarum doctrina discordat; 5.21 (340.23)
maximum. qui referre erat solitus, quod illa infirmata habuerit tumorem maximum sub maxilla; 4.19 (245.15)
et, ubicumque maximum ei dolorem inesse didicisset, de ipsa eam aqua lauaret. 5.4 (287.22)
quem antea degustans quasi maximum rebar, 5.12 (307.34)
maximum. Sed, adueniente illuc episcopo, maximum regendi auxilium, . . . inuenit. 4.26 (267.33)
maximus. ut accessisse maximus crederetur exercitus. 1.20 (38.13)
MEANVARI, *the Meanware, Jutes who inhabited the region extending from Southampton Water to the South Downs.*
Meanuarorum. duas illi prouincias donauit, Vectam uidelicet insulam, et Meanuarorum prouinciam 4.13 (230.18)
MEATVS. meatu. quod muro et harena, ubi feriendus erat, meatu rapidissimo diuidebatur; 1.7 (20.5)
incluso meatu, ante pedes eius fons perennis exortus est, 1.7 (21.2)
meatum. Interior namque domus propter dominici corporis meatum camerari et tegi non potuit; 5.17 (318.32)
MEDELLA. medellae. 'Grande uulnus grandioris curam medellae desiderat; 4.25 (263.18)
medellam. cogitans, quod futurum erat, quia ad medellam infirmantium idem puluis proficeret; 3.10 (147.7)
astulae de illo abscissae, atque ad infirmos adlatae citam illis solent adferre medellam. 4.6 (218.25)
MEDEOR. medendum. Vulneratus namque est in pugna Australium Saxonum, . . . et inter medendum defunctus. 4.26 (268.12)
MEDESHAMSTEDI, *Peterborough.*
Medeshamstedi. qui erat constructor et abbas monasterii, quod dicitur Medeshamstedi, in regione Gyruiorum. 4.6 (218.9)
MEDIATOR. mediator. nisi unus mediator Dei et hominum homo Christus Iesus, qui sine peccato est conceptus et partus. 2.19 (124.5)
mediatoris. ascensionem in caelos mediatoris Dei et hominum hominis Iesu Christi. 3.17 (162.5)
MEDICABILIS, e. **medicabilis.** per tota infirmitatis spatia medicabilis dextera percurrit, 1.21 (40.29)
MEDICAMEN. medicamina. aliqui etiam tempore mortalitatis, . . . ad erratica idolatriae medicamina concurrebant; 4.27 (269.20)
MEDICAMENTVM. medicamentum. nisi medicamentum quidem contra egritudines explorare? 1.27 (56.2)
MEDICVS. medici. curabant medici hunc adpositis pigmentorum fomentis emollire, nec ualebant. 4.32 (279.27)
medico. praecepit medico etiam sanandae scabredini capitis eius curam adhibere. 5.2 (284.22)
medicum. Vocauit autem medicum, et dissolutam mihi emicranii iuncturam conponere atque alligare iussit. 5.6 (2[illegible].24)
medicus. sed certiori notitia medicus Cynifrid, 4.19 (2[illegible]5.13)
MEDIOCRIS, e. **mediocres.** ut non solum mediocres quique in necessitatibus suis, . . . ab ea consilium quaererent, 4.23 (254.14)
mediocribus. nec solum a mediocribus, uerum ab ipsis quoque episcopis, . . . uenerationi habitus est. 3.25 (182.13)
fauerunt adsidentes quique siue adstantes maiores una cum mediocribus, 3.25 (189.5)
mediocrium. Erant ibidem eo tempore multi nobilium simul et mediocrium de gente Anglorum, 3.27 (192.9)
MEDIOCRITER. uirtutibus, humilitatis et oboedientiae, non mediocriter insignitus; 5.19 (323.8)
MEDITATIO. meditatione. quae meditatione scripturarum ceteris omnibus est facta communis. 1.1 (11.16)
diuturna meditatione concepta, 1.17 (35.15)
et meditatione diuinarum scripturarum uitam sedulus agebat. 4.3 (211.20)
Naiton . . . admonitus ecclesiasticarum frequenti meditatione scripturarum, abrenuntiauit errori, 5.21 (332.17)
meditationi. nam quo minus sufficiebat meditationi scripturarum, eo amplius operi manuum studium npendebat. 4.3 (208.12)
orationibus ac meditationi rerum ecclesiasticarum, . . . cotidiana mancipatus instantia, 5.19 (324.20)
MEDITERRANEA. mediterranea. sacerdotibus adducuntur ad mediterranea deferendi, 1.21 (41.5)
MEDITERRANEI ANGLI, *see* **ANGLI MEDITERRANEI, MIDDILANGLI.**
MEDITOR. meditandis. omnem meditandis scripturis operam dedi; 5.24 (357.10)
meditandum. ac plenius ex tempore meditandum Praef. (5.6)
meditantem. atque in Italiam transire meditantem, 1.9 (23.16)
meditari. ut omnes, qui cum eo incedebant, siue adtonsi, seu laici, meditari deberent, 3.5 (136.10)
sperantes . . . minus praesente duce quondam strenuissimo et eximio posse fugam meditari. 3.18 (163.8)
qui propter infantilem adhuc aetatem in uirginum Deo dedicatarum solebat cella nutriri, ibique meditari. 4.8 (220.27)
meditatur. sed etiam omnes subiectos suos meditatur . . . conuerti. 3.29 (196.30)
meditaturum. ac plenius ex tempore meditandum [meditaturum] uar. Praef. (5.6)
MEDIVM. medio. Orientalis habet in medio sui urbem Giudi, 1.12 (25.31)
Habet haec in medio pene sui altare in honore beati papae Gregorii dedicatum, 2.3 (86.11)
uel cui pastorum oues Christi in medio luporum positas fugiens ipse dimitteret.' 2.6 (92.24)
accenso quidem foco in medio, et calido effecto caenaculo, 2.13 (112.9)
in cuius medio ipsum, quod prius fecerat, oratorium includeretur. 2.14 (114.10)
ablata de medio regum perfidorum memoria, 3.1 (128.15)
accenso grandi igne in medio, 3.10 (147.14)
'Si nullatenus hodie fieri potest, obsecro, ne sit longum spatium in medio.' 4.9 (223.26)
Rapta est autem ad Dominum in medio suorum, 4.19 (244.22)
ut ipsa iusserat, non alibi quam in medio eorum, . . . ligneo in locello sepulta. 4.19 (244.24)
De medio nunc dicamus, quia, . . . uenit Cantiam 4.23 (254.30)
ductor meus disparuit, ac me solum in medio tenebrarum et horridae uisionis reliquit. 5.12 (305.31)
Huius in medio monumentum Domini rotundum petra excisum est, 5.16 (318.7)
in cuius medio ultima Domini uestigia, caelo desuper patente, ubi ascendit, uisuntur. 5.17 (319.1)
Sicut ergo prius sol a medio procedens orientis, aequinoctium uernale suo praefixit exortu; 5.21 (339.20)
deinde luna, sole ad uesperam occidente, et ipsa plena a medio secuta est orientis; 5.21 (339.22)
medium. usque ad medium itineris, . . . nauis tuta uolabat. 1.17 (34.10)
quidam tribuniciae potestatis cum coniuge procedit in medium, 1.18 (36.7)
Sed cum opus idem ad medium ferme esset perductum, 3.8 (144.11)
iussit rex et Agilberctum proferre in medium morem suae obseruationis, 3.25 (184.11)
Sita est autem haec insula contra medium Australium Saxonum et Geuissorum, 4.16 (238.14)
prosiliebant miserae in medium rigoris infesti; 5.12 (305.8)
resiliebant rursus urendae in medium flammarum inextinguibilium. 5.12 (305.10)
Trahentes autem eos maligni spiritus descenderunt in medium baratri illius ardentis; 5.12 (306.18)
MEDIVS, a, um. **media.** baptizatum se fuisse die media a Paulino episcopo, 2.16 (117.22)

ille, ubi adpropinquare sibi citharam cernebat, surgebat a media caena, 4.24 (259.17)
mediae. quasi in mediae aestatis caumate sudauerit. 3.19 (167.22)
et iam mediae noctis tempus esset transcensum, 4.24 (261.28)
mediam. coepit subito circa mediam noctem clamare his, quae sibi ministrabant, 4.8 (221.9)
medias. quae quinque animas hominum merentes heiulantesque, ... medias illas trahebat in tenebras; 5.12 (306.14)
medii. quae tria altaria in tribus locis parietis medii continet, 5.16 (318.4)
mediis. uallem circumdatam mediis montibus intuetur. 1.20 (39.1)
medio. ita ut exsurgens de medio optimatum suorum consessu, genua flecteret in terram, 5.21 (345.26)
medio. ita ut medio saepe tempore noctis 1.1 (10.31)
At medio noctis tempore, cum euigilaret, 3.2 (130.28)
rediens domum, repentina medio itinere molestia tactus est, 4.31 (278.10)
ecce subito, positis nobis in medio mari, interrupta est serenitas, 5.1 (281.19)
medios. Cumque inter choros felicium incolarum medios me duceret, 5.12 (307.24)
MEILOCHON (*first half of 6th century*), *father of Bridius, King of the Picts.*
Meilochon. Venit autem Brittaniam Columba, regnante Pictis Bridio filio Meilochon, 3.4 (133.25)
MEL. mellis. Diues lactis ac mellis insula, 1.1 (13.6)
MELDI, *the people of Meaux.*
Meldorum. Hadrianus perrexit primum ad Emme Senonum, et postea ad Faronem Meldorum episcopos, 4.1 (203.20)
MELIOR, ius. **meliora.** si ea, quae nunc nobis noua praedicantur, meliora esse et fortiora, ... perspexeris, 2.13 (111.32)
ratus est utilius tunc demissa intentione bellandi, seruare se ad tempora meliora. 3.14 (155.11)
ad ea, quae meliora cognouerant, sese transferre festinabant. 3.25 (189.6)
et conuersis iamdudum ad meliora instituta omnibus, egregium examen continet monachorum, 4.4 (214.4)
meliores. dum profecto meliores uos, ... eorum constructioni nihilominus existatis; 2.10 (103.13)
meliores. sed cognoscentes Brettones, Scottos meliores putauimus. 2.4 (88.1)
melioribus. dedit hoc illi, quem melioribus inbutum disciplinis ac moribus uidit. 5.19 (325.21)
melioris. deinde ad Vilfridum episcopum spe melioris propositi adueniens, 5.20 (332.8)
monachos, ... necdum ad uiam statuti melioris reducere ualebat. 5.21 (345.9)
melius. Quia melius fuerat bona non incipere, 1.23 (43.6)
melius. etiam consilium tibi tuae salutis ac uitae melius atque utilius, ... ostendere potuerit, 2.12 (109.15)
nil melius, quam quod illi docuissent, autumabat; 3.25 (182.27)
MELIORO. melioratum. coepit expectare horam, qua aut melioratum reciperet iumentum, aut relinqueret mortuum. 3.9 (146.1)
MELIVS. melius. Nec mora, melius habere coepit, 3.13 (153.31)
quia crederet eam ad benedictionem uel tactum illius mox melius habituram. 5.3 (285.22)
statim melius habere incipio; 5.3 (286.17)
quia, si ille ei manum inponere, atque eum benedicere uoluisset, statim melius haberet. 5.5 (288.14)
factumque est, ut, exsufflante illo in faciem meam, confestim me melius habere sentirem. 5.6 (291.23)
uidens eum melius habentem, ac loqui iam ualentem, flexis genibus gratias egit Deo 5.19 (329.1)
MELIVS. et ille melius ac manifestius ipsa lingua Anglorum, ... potest explanare, quae sentimus.' 3.25 (184.16)
MELLITVS (*d.* 624), *first Bishop of London, and third Archbishop of Canterbury.*
Mellito. Exemplar epistulae, quam Mellito abbati Brittaniam pergenti misit. 1.30 (64.25)
'Dilectissimo filio Mellito abbati 1.30 (64.30)
Mellito. Vbi uero et haec prouincia uerbum ueritatis praedicante Mellito accepit, 2.3 (85.17)
Orientales Saxones fidem, quam olim, expulso Mellito antistite, abiecerant, ... receperunt. 3.22 (171.20)
Orientales Saxones fidem Christi percipiunt sub rege Sabercto antistite Mellito. 5.24 (353.23)
Mellitum. Vt idem Mellitum ac Iustum episcopos fecerit; 2.3 (85.3)
Augustinus ... ordinauit duos episcopos, Mellitum uidelicet et Iustum; 2.3 (85.6)
qui mox Mellitum et Iustum ad praedicandum reuocauerit. 2.6 (92.12)
Cum uero et Laurentius Mellitum Iustumque secuturus ac Brittaniam esset relicturus, 2.6 (92.13)
Misit etiam Galliam, et reuocauit Mellitum ac Iustum, 2.6 (93.12)
Mellitum uero Lundonienses episcopum recipere noluerunt, 2.6 (93.16)
Mellitus. primi et praecipui erant Mellitus, Iustus, Paulinus, Rufinianus; 1.29 (63.6)
et ut Mellitus Romam uenerit. 2.4 (86.24)
Laurentius, Mellitus, et Iustus episcopi, serui seruorum Dei. 2.4 (87.26)
His temporibus uenit Mellitus Lundoniae episcopus Romam, 2.4 (88.13)
et ipse Mellitus inter eos adsedit 2.4 (88.18)
ob quod et Mellitus ac Iustus a Brittania discesserint. 2.5 (89.2)
Discessere itaque primo Mellitus et Iustus, 2.5 (92.2)
quam consecrauit archiepiscopus Mellitus. 2.6 (93.25)
Vt Mellitus episcopus flammas ardentis suae ciuitatis orando restinxerit. 2.7 (93.26)
post quem Mellitus, qui erat Lundoniae episcopus, sedem Doruuernensis ecclesiae ... suscepit. 2.7 (93.31)
Erat autem Mellitus corporis quidem infirmitate, id est podagra, grauatus, 2.7 (94.8)
MEMBRVM. membra. Pontificis summi hoc clauduntur membra sepulchro, 2.1 (79.13)
membra. ut membra sanctorum ex diuersis regionibus collecta, 1.18 (36.27)
ad quiescendum membra posuisset, atque obdormisset, 2.6 (92.18)
et sopitis ac relictis curarum anxietatibus, quieti membra simul et animum conpone, 2.12 (110.2)
Qui cum benigne susceptus post caenam in lecto membra posuisset, 3.11 (149.22)
subito a diabolo arreptus, ... spumare, et diuersis motibus coepit membra torquere. 3.11 (149.24)
membra in quietem omnia conposuit. 3.11 (150.11)
et ipse quoque lectulum conscendens, coepit in quietem membra laxare. 3.27 (193.18)
uir Dei, dum membra sopori dedisset, uidit uisionem consolatoriam, 4.11 (226.16)
ibique hora conpetenti membra dedisset sopori, 4.24 (259.22)
arcam, in qua incorrupta eiusdem patris membra locauerant. 4.30 (277.24)
'Cum expletis,' inquiens, 'hymnis matutinalibus in lectulo membra posuissem, 5.9 (297.5)
membris. ut ipso die uiderentur castis eius membris esse circumdata.' 4.19 (246.3)
membris. Video aliam legem in membris meis 1.27 (61.26)
me ducentem in lege peccati, quae est in membris meis.' 1.27 (61.27)
cui lex, quae in membris est, repugnabat. 1.27 (61.30)
membrorum. et inaudita membrorum discerptione lacerati, 1.7 (22.3)
quibus uidelicet artificium humanum adcommodans eis inanimatam membrorum similitudinem contulisti; 2.10 (102.23)
quiescente dolore cessabat ab insanis membrorum motibus, 3.9 (146.6)
ut ne unum quidem mouere ipsa membrum [membrorum] ualeret. uar. 4.9 (223.1)
cum tempus iam resolutionis eius instaret, non solum membrorum ceterorum, sed et linguae motu caruit. 4.9 (223.14)
ne ... aliquid indignum suae personae uel ore proferret, uel aliorum motu gereret membrorum. 4.11 (226.11)
monebat omnes ... in ... infirmitatibus membrorum fideliter Domino esse gratias semper agendas. 4.23 (256.24)
continuo fugatum dolorem membrorum fuga quoque tumoris horrendi secuta est; 5.3 (286.23)
ita ut, deficiente penitus omni membrorum officio, iamiamque moriturus esse uideretur; 5.5 (288.6)
interemerunt; ... Heuualdum ... Nigellum autem longo suppliciorum cruciatu, et horrenda membrorum omnium discerptione; 5.10 (300.19)

concussamque saeculi actibus mentem . . . roboraret alloquium. 2.1 (75.11)
tantaque gratia frontispicii mentem ab interna gratia uacuam gestat!' 2.1 (80.11)
repente uenit in mentem abbatissae puluis ille praefatus; 3.11 (150.5)
ad imperium diuinae uoluntatis totam ex integro mentem uitamque transferre. 3.13 (153.12)
reducto ad mentem tremendo illo tempore, quando ipse caelis ac terris ardentibus uenturus est in nubibus, 4.3 (211.4)
repente uenit in mentem, quia, . . . perditam posset recipere lucem. 4.10 (224.28)
Respondebant omnes placidissimam se mentem ad illum, et ab omni ira remotam habere, 4.24 (262.1)
eumque uicissim rogabant placidam erga ipsos mentem habere. 4.24 (262.3)
Qui confestim respondit: 'Placidam ego mentem, filioli, erga omnes Dei famulos gero.' 4.24 (262.4)
mentes. apud Anglorum mentes in consuetudinem depone. 1.27 (49.32)
prauorum mentes ad sanctitatis studia reforma; 1.27 (53.12)
'Deus saeculi huius excaecauit mentes infidelium, 2.9 (98.30)
menti. ex qua re accedat menti dormientis; 1.27 (60.3)
mentibus. quae de semet ipsa proferetur secreta humanis mentibus inspiratione clementer infundit; 2.10 (101.2)
mentibus. duris mentibus simul omnia abscidere impossibile esse 1.30 (65.26)
quod omnino hortamur, ut a uestris mentibus huiusmodi uenenatum superstitionis facinus auferatur. 2.19 (123.27)
mentis. pro meis infirmitatibus et mentis et corporis Praef. (8.11)
cui ardens inerat deuotio mentis ad martyrium ocius peruenire, 1.7 (20.14)
subito corruptae mentis homines acerba pestis corripuit, 1.14 (30.9)
legem in membris meis repugnantem legi mentis meae et captiuum 1.27 (61.26)
et pugnabat igitur legi mentis, 1.27 (61.29)
nam crebra mentis uesania, et spiritus inmundi inuasione premebatur. 2.5 (91.1)
sed mentis gressibus sanis alacriter terrena quaeque transiliens, 2.7 (94.9)
Erat carnis origine nobilis, sed culmine mentis nobilior. 2.7 (94.12)
intemerata mentis sinceritate seruare, 2.8 (96.[illegible])
Qua ergo mentis deceptione eos deos, . . . colentes sequimini, 2.10 (102.28)
Cumque diu tacitis mentis angoribus, et caeco carperetur igni, 2.12 (1[illegible]3.20)
eique, quod humana ualet condicio, mentis uestrae sinceram deuotionem exsoluitis. 2.17 (119.9)
eo quod essent homines indomabiles, et durae ac barbarae mentis. 3.5 (137.8)
quae deuotio mentis fuerit, etiam post mortem uirtutum miraculis claruit. 3.9 (145.13)
Kasta feras superat mentis pro culmine Tecla, 4.20 (247.27)
intellexit uel in somnio, uel in uisione mentis ostensum sibi esse, quod uiderat. 4.23 (257.18)
Cudberctum, qui . . . uitam solitariam per annos plures in magna corporis et mentis continentia duxerat. 4.27 (268.27)
et ibi usque ad diem mortis in tanta mentis et corporis contritione durauit, 5.12 (304.24)
ubi erat futurus ipse post mortem, ibi oculos mentis ante mortem, quo laetior occumberet, misit. 5.14 (314.33)
At contra, faber iste tenebrosae mentis et actionis, inminente morte, uidit aperta tartara, 5.14 (314.34)
Qui pari ductus deuotione mentis, reliquit uxorem, 5.19 (322.10)
renouato ad amorem caelestium spiritu mentis nostrae, 5.21 (339.34)
mentium. Bonarum quippe mentium est, 1.27 (56.11)
MENSA. mensa. positusque esset in mensa coram eo discus argenteus regalibus epulis refertus, 3.6 (138.13)
mensam. sedentibus iam ad mensam fratribus, obtulit ei aliquid de ueteri musco, 3.2 (130.23)
Qui cum sedens ad mensam non haberet ad manum, ubi oblatum sibi munus reponeret, 3.2 (130.25)
Cumque post haec hora conpetente consideremus ad mensam, 5.3 (286.8)
Cumque post haec sederent ad mensam, 5.5 (288.19)
MENSIS. mense. ac sexto, quam profectus erat, mense Romam rediit, 1.3 (15.15)
sed et Erconberct rex Cantuariorum eodem mense ac die defunctus, 4.1 (201.9)
Actum in mense et indictione supra scripta. 4.5 (217.13)
quo anno rex Cantuariorum Ecgberct mense Iulio obierat, 4.5 (217.22)
apparuit mense Augusto stella, quae dicitur cometa; 4.12 (228.29)
ut . . . saepe ebdomade integra, aliquando duabus uel tribus, nonnumquam etiam mense pleno domum non rediret; 4.27 (270.11)
ut pascha primo mense anni et tertia eiusdem mensis septimana, . . . fieri deberet; 5.21 (334.5)
Primo mense, xiiii^{a} die mensis comedetis azyma usque ad diem xxi^{am} eiudem mensis ad uesperam. 5.21 (335.22)
qua tempus paschale primo mense anni et tertia eius ebdomada celebrandum esse diximus. 5.21 (336.1)
"Mense primo, xiiii^{a} die mensis ad uesperam phase Domini est, 5.21 (336.30)
ut adueniente primo mense, adueniente in eo uespera diei xiiii^{ae}, expectetur etiam dies dominica, 5.21 (337.9)
primo mense anni, qui etiam mensis nouorum dictus est, pascha facere iubemur; 5.21 (339.32)
apparebantque mense Ianuario, et duabus ferme septimanis permanebant. 5.23 (349.13)
mensem. haec ad praecedentis anni nouissimum pertinet mensem, 5.21 (339.9)
menses. Gregorius, . . . rexit annos xiii, menses vi, et dies x. 1.23 (42.17)
et apostolicae ecclesiae xiii annos, menses vi, et dies x gloriosissime rexit, 2.1 (73.4)
qui x et viiii annos, menses duos, dies xxi episcopatum tenuit; 3.14 (154.17)
et cessante episcopatu per annum et sex menses, 3.20 (169.13)
et rexit ecclesiam annos viiii, menses iiii et duos dies; 3.20 (169.18)
Qui subdiaconus ordinatus iiii exspectauit menses, 4.1 (203.4)
et fecit in ea annos xx et unum, menses iii, dies xxvi. 4.2 (204.16)
quod ipse annos xi et menses vii tenuit. 4.5 (217.23)
cum menses aliquot ibi studiis occupatus felicibus exegisset, 5.19 (324.28)
qui sedit annos xxxvii, menses vi, dies xiiii; 5.23 (350.1)
mensi. non hanc primo mensi anni incipientis, sed ultimo potius praeteriti lunam esse adscribendam; 5.21 (339.28)
mensibus. quae ille suscepta xxiiii annis et aliquot mensibus nobilissime tenuit. 3.8 (142.6)
et tribus mensibus permanens, matutinis horis oriebatur, 4.12 (228.30)
Mensis iste uobis principium mensium primus erit in mensibus anni. 5.21 (334.17)
mensis. Mensis iste uobis principium mensium primus erit in mensibus anni. 5.21 (334.16)
ut expectaretur iuxta praeceptum legis idem primus anni mensis, 5.21 (336.12)
possit inueniri, qui mensis iuxta computum lunae primus anni, qui esse debeat ultimus. 5.21 (339.1)
ita omnibus annis idem primus lunae mensis eodem necesse est ordine seruari, 5.21 (339.23)
primo mense anni, qui etiam mensis nouorum dictus est, pascha facere iubemur; 5.21 (339.32)
mensis. Defunctus uero est rex Aedilberct die xxiiii mensis Februarii 2.5 (90.5)
occisus est, . . . die quinto mensis Augusti. 3.9 (145.12)
Iohannes . . . xiiii^{a} die mensis primi ad uesperam incipiebat celebrationem festi paschalis, 3.25 (185.21)
xiiii^{am} lunam primi mensis, aeque sicut Iohannes, orientem ad uesperam semper exspectaret; 3.25 (185.28)
obseruandum pascha a xiiii^{a} luna primi mensis ad uesperam usque ad xxi^{am} . . . praeceptum est; 3.25 (186.6)
obseruandum pascha a xiiii^{a} luna primi mensis . . . ad xxi^{am} lunam eiusdem mensis ad uesperam praeceptum est; 3.25 (186.7)
facta erat eclipsis solis die tertio mensis Maii, 3.27 (191.29)
Conuenimus autem die xx^{o}iiii^{o} mensis Septembris, 4.5 (215.3)
'Vt sanctum diem paschae . . . seruemus dominica post xiiii^{am} lunam mensis primi.' 4.5 (216.2)
qui electus est quidem in episcopatum . . . die primo mensis Iulii, 5.8 (295.26)

ut pascha primo mense anni et tertia eiusdem mensis septimana, id est a xv^{a} die usque ad xxi^{am}, fieri deberet; 5.21 (334.6)
x^{a} die mensis huius tollat unusquisque agnum per familias et domus suas." 5.21 (334.18)
"Et seruabitis eum usque ad xiiii^{am} diem mensis huius; 5.21 (334.21)
Quibus item uerbis tota tertia septimana eiusdem primi mensis decernitur sollemnis esse debere. 5.21 (334.31)
"Profecti igitur de Ramesse xv^{a} die mensis primi, altera die phase, filii Israel in manu excelsa." 5.21 (335.11)
a xv^{a} die mensis primi usque ad xxi^{am} eiusdem mensis diem conpletam computari oportet. 5.21 (335.14)
a xv^{a} die mensis primi usque ad xxi^{am} eiusdem mensis diem conpletam computari oportet. 5.21 (335.15)
Primo mense [mensis], xiiii^{a} die mensis comedetis azyma uar. 5.21 (335.22)
xiiii^{a} die mensis comedetis azyma usque ad diem xxi^{am} eiusdem mensis ad uesperam. 5.21 (335.22)
xiiii^{a} die mensis comedetis azyma usque ad diem xxi^{am} eiusdem mensis ad uesperam. 5.21 (335.23)
"Mense primo, xiiii^{a} die mensis ad uesperam phase Domini est, 5.21 (336.30)
et xv^{a} die mensis huius sollemnitas azymorum Domini est. 5.21 (336.31)
ut semper in diem xv^{um} primi mensis, id est in lunam xv^{am} dominica dies incurreret, 5.21 (337.2)
ut . . . expectetur etiam dies dominica, a xv^{a} usque ad xxi^{am} diem eiusdem mensis. 5.21 (337.12)
ut numquam pascha nostrum a septimana mensis primi tertia in utramuis partem declinet; 5.21 (337.16)
quod non recte dominicum paschae diem, . . . tertia primi mensis ebdomada celebremus.' 5.21 (337.24)
qui dominicum paschae diem a xiiii^{a} mensis primi usque ad xx^{am} putant lunam esse seruandum. 5.21 (337.31)
Et cum xxi^{a} die mensis pascha dominicum celebrare refugiunt, 5.21 (338.2)
qui a xvi^{a} die mensis saepedicti usque ad xxii^{am} pascha celebrandum magis autumant, 5.21 (338.9)
Nam cum a luna xvi^{a} primi mensis oriente, id est a uespera diei xv^{ae} pascha incipiendum doceant; 5.21 (338.14)
nimirum constat, quia xiiii^{am} diem mensis eiusdem, . . . a sua prorsus sollemnitate secludunt; 5.21 (338.16)
cum in xxii^{a} die mensis paschae diem statuunt dominicum, 5.21 (338.24)
non solum in definitione et computo lunaris aetatis, sed et in mensis primi . . . inuentione falluntur. 5.21 (338.31)
quia primi mensis est, 5.21 (339.12)
tertia eiusdem mensis septimana facere praecipimur; 5.21 (340.1)
Post aequinoctium ueris plenilunium mensis praecipimur obseruare paschalis; 5.21 (340.11)
post plenilunium primi mensis hunc ex ordine subsequens, 5.21 (340.29)
id est post conpletam diem eiusdem mensis xiiii^{am}, 5.21 (340.30)
omnia, quae ad solis et lunae, mensis et septimanae consequentiam spectant, . . . recurrunt. 5.21 (341.29)
Consecratus est . . . die decima Iunii mensis, dominica; 5.23 (350.8)
mensium. Mensis iste uobis principium mensium primus erit in mensibus anni. 5.21 (334.16)

MENSTRVO. menstruatam. siquis uir ad menstruatam mulierem accedat. 1.27 (55.17)

MENSTRVVS, a, um. **menstrua.** Menstrua enim consuetudo mulieribus non aliqua culpa est, 1.27 (56.15)
menstrua. si menstrua consuetudine tenetur, 1.27 (53.31)
et si in menstrua consuetudine ad sacramentum . . . accedere non praesumant, 1.27 (56.23)
menstruam. dum consuetudinem menstruam patitur, 1.27 (55.19)
quae menstruam sanguinis patitur, 1.27 (55.27)
menstruis. cum in suetis menstruis detinentur, 1.27 (55.16)
menstruus. Feminae itaque et menstruus sui sanguinis fluxus egritudo est. 1.27 (56.3)

MENSVRA. mensura. Est autem mensura eiusdem insulae, iuxta aestimationem Anglorum, mille ducentarum familiarum; 4.16 (237.10)
mensura. non aliud quam panem ac lac tenuissimum, et hoc cum mensura gustaret; 3.27 (194.9)
inuenerunt hoc mensura palmi longius esse sarcofago. 4.11 (227.1)
a parte uero pedum mensura iiii digitorum in sarcofago corpus excederet. 4.11 (227.15)
Quibus dictis, et descripta illi mensura paenitendi, abiit sacerdos, 4.25 (263.34)
sepulchrum Domini . . . longitudinis vii pedum, trium mensura palmarum pauimento altius eminet; 5.16 (318.15)
mensurae. inuenerunt hoc mensura [mensurae] palmi longius esse sarcofago. uar. 4.11 (227.1)
mensuram. nongentarum lx familiarum mensuram iuxta aestimationem Anglorum, . . . tenet. 2.9 (97.19)
ut paulatim ablata exinde terra fossam ad mensuram staturae uirilis altam reddiderit. 3.9 (145.22)
addiderunt longitudini sarcofagi quasi duorum mensuram digitorum. 4.11 (227.3)
inuentum est sarcofagum illud congruae longitudinis ad mensuram corporis, 4.11 (227.13)
et locus quoque capitis seorsum fabrefactus ad mensuram capitis illius aptissime figuratus apparuit. 4.19 (246.26)

MENTIO. mentio. interuenit mentio reuerentissimi antistitis Ceadda, 4.3 (211.28)
quod ita in obseruatione paschali mentio fit diei xiiii^{ae}, 5.21 (334.23)
cuius in lege mentio nulla usquam repperitur, 5.21 (338.29)
mentionem. cum beatorum martyrum, . . . mentionem faceret, 1.7 (18.10)
diem paschae dominicum more suae gentis, cuius saepius mentionem fecimus, . . . obseruare solebat. 3.3 (131.19)
cuius neque lex ullam fecit mentionem, 3.25 (186.25)
Anna regis Orientalium Anglorum, cuius saepius mentionem fecimus, 4.19 (243.5)
Praeerat . . . monasterio regia uirgo Aelbfled, una cum matre Eanflede, quarum supra fecimus mentionem. 4.26 (267.32)
cuius nullam omnino mentionem in decreto legis inueniunt. 5.21 (338.1)

MENTVM. mento. et adprehendens eum de mento, signum sanctae crucis linguae eius inpressit, 5.2 (284.1)

MERCATOR. mercatoribus. aduenientibus nuper mercatoribus, 2.1 (79.29)

MERCES. mercede. aeternas inferni poenas pro mercede recipiet.' 1.7 (19.30)
huic tali pro mercede beneficii daturum esse responderet, 2.12 (109.4)
post dies xii et ipsa educta ex carne temporales adflictiones aeterna mercede mutauit. 4.9 (223.9)
mercedem. Nam mercedem operum iam sine fine tenes. 2.1 (79.24)
mercedis. Sed dicito mihi, quid mercedis dare uelis ei, 2.12 (108.33)
quod uir esset multae pietatis ac religionis, iniunctoque sibi officio supernae tantum mercedis gratia subditus. 4.31 (278.8)
merces. consummati operis uobis merces a retributore omnium bonorum Domino tribuatur, 2.8 (96.17)
mercide. huic tali pro mercede [mercide] beneficii daturum esse responderet, uar. 2.12 (109.4)
et ipsa educta ex carne temporales adflictiones aeterna mercede [mercide] mutauit. uar. 4.9 (223.9)
mercidem. Nam mercedem [mercidem] operum iam sine fine tenes. uar. 2.1 (79.24)
mercidis. quid mercedis [mercidis] dare uelis ei, uar. 2.12 (108.33)

MERCII, *the Mercians; see* **MERCINENSES.**
Mercii. Porro de Anglis, . . . Mercii, . . . sunt orti. 1.15 (31.26)
et Mercii sunt facti Christiani. 5.24 (354.12)
Merciorum. uel prouincia Merciorum ad fidem Christi, . . . peruenerit, Praef. (7.10)
eumque . . . occidit in finibus gentis Merciorum ad orientalem plagam amnis, qui uocatur Idlæ; 2.12 (110.18)
qui ambo ei exuli nati sunt de Quoenburga filia Cearli regis Merciorum. 2.14 (114.23)
auxilium praebente illi Penda uiro strenuissimo de regio genere Merciorum, 2.20 (124.19)
Siquidem Penda cum omni Merciorum gente idolis deditus, 2.20 (125.7)
Repudiata enim sorore Pendan regis Merciorum, quam duxerat, aliam accepit uxorem; 3.7 (140.11)
qui secedens ad regem Merciorum uocabulo Vulfheri, 3.7 (141.7)
occisus est, . . . ab eadem pagana gente paganoque rege Merciorum, 3.9 (145.8)
Factum est autem hoc per industriam reginae Merciorum Osthrydae, 3.11 (148.3)
inpugnatus uidelicet et ab ea, . . . pagana gente Merciorum, 3.14 (154.10)
hostilis Merciorum exercitus Penda duce . . . peruenit ad urbem usque regiam, 3.16 (158.30)

MEVS, a, um. **me[illegible]**.27 (58.3); 2.19 (124.11); 3.29 (197.1[illegible]); 4.8 (221.20); 4.8 (221.21); 4.22 (251.1); 5.21 [illegible]4.23).
mea. 1.27 (54.6); 2.1 (78.2); 3.25 (184.14); 4.9 (223.31), 4.22 (250.31); 5.6 (290.32); 5.21 (346.1); 5.2[illegible]57.2).
meae. 1.27 (61.26); 2.1 (78.3); 4.29 (274.25); 5.6 (290.18); 5.24 (357.15); 5.24 (357.20).
meae. 5.12 (305.16); 5.24 (357.21).
meam. 2.1 (78.1); 3.25 (188.18); 5.6 (291.23); 5.21 (342.29).
mearum. 4.28 (271.13).
mei. 2.17 (119.20); 3.11 (150.16).
mei. 4.22 (251.12).
mei. 2.6 (92.25); 3.13 (153.13); 4.29 (274.26); 5.13 (312.28).
meis. 3.25 (184.3); 4.25 (265.2).
meis. Praef. (8.11).
meis. 1.27 (61.26); 1.27 (61.27).
meo. 5.12 (307.27).
meo. 5.6 (290.29).
meo. 5.6 (291.6).
meo. 2.1 (77.28); 5.3 (286.19); 5.6 (290.34); 5.21 (346.3).
meorum. 1.27 (52.32); 5.24 (357.21).
meum. 4.3 (209.17); 4.3 (209.31); 5.12 (309.13).
meum. 2.2 (82.30); 5.14 (314.24).
meus. 1.27 (58.14); 3.25 (184.14); 4.25 (266.1); 5.6 (291.3); 5.9 (297.7); 5.12 (305.30).

MEVANIAE INSVLAE, *Anglesey and Man, islands between Britain and Ireland.*
Meuanias insulas. nec non et Meuanias Brettonum insulas, . . . Anglorum subiecit imperio; . . . 2.5 (89.24)
Quin et Meuanias insulas, sicut et supra docuimus, imperio subiugauit Anglorum; . . . 2.9 (97.15)

MICHAHEL, *the Archangel Michael.*
Michahelem. Adstitit enim mihi quidam candido praeclarus habitu, dicens se Michahelem esse archangelum: . . . 5.19 (329.10)
Michahelis. habens clymeterium sancti Michahelis archangeli, . . . 5.2 (283.11)

MICO. micans. Virginitate micans gaudet amica cohors. . . . 4.20 (247.22)
micantis. apparuit retro uia, qua ueneram, quasi fulgor stellae micantis inter tenebras, . . . 5.12 (306.33)

MIDDILANGLI, *the Middle Angles, who occupied what is now Leicestershire; see* **ANGLI MEDITERRANEI.**
Middilangli. His temporibus Middilangli, id est Mediterranei Angli, . . . fidem . . . perceperunt. . . . 3.21 (169.23)
Anno DCLIII, Middilangli sub principe Peada fidei mysteriis sunt inbuti. . . . 5.24 (354.10)

MIGRO. migrante. eo de hac luce migrante, . . . 2.19 (123.11)
migrare. contigit eum ante expletum anni circulum migrasse [migrare] de saeculo. . . . uar. 5.15 (316.12)
migrasse. inue[illegible]unt archiepiscopum Deusdedit iam migrasse de saeculo, . . . 3.28 (195.7)
nuntiauit ma[illegible]em illarum omnium Hild abbatissam iam migrasse de saeculo, . . . 4.23 (257.24)
contigit eum ante expletum anni circulum migrasse de saeculo. . . . 5.15 (316.12)
migrauerant. accensi sunt . . . ad offerendas Deo uictimas sacrae oblationis, pro ereptione suorum, qui de saeculo migrauerant; . . . 4.22 (252.7)
migrauit. migrauit ad Christum. . . . 1.21 (41.13)
migrauit ad ueram, quae in caelis est, uitam. . . . 2.1 (79.3)
Aeodbaldo regnante migrauit ad caelos, . . . 2.7 (95.4)
migrauit ad Dominum, sepultusque est in eadem ciuitate, . . . 3.7 (140.1)
praesentis mundi tenebras transiens supernam migrauit ad lucem, . . . 3.8 (143.20)
Honorius, postquam metas sui cursus inpleuit, ex hac luce migrauit . . . 3.20 (169.10)
cum esset ipse annorum XC, migrauit ad regna caelestia. . . . 3.27 (193.31)
Qui postquam migrauit ad Dominum, Cudberct eidem monasterio factus propositus, . . . 4.27 (269.10)
non multo post, id est pridie Nonas Maias, etiam ipse migrauit ad Dominum; . . . 4.30 (277.21)
Huius regni principio antistes Occidentalium Saxonum Haeddi caelestem migrauit ad uitam. . . . 5.18 (320.9)
eodem die et ipse migrauit ad Dominum, . . . 5.22 (347.28)
Ecgberct, ut supra commemorauimus, ipso die paschae migrauit ad Dominum; . . . 5.23 (349.18)
Paulinus, quondam Eboraci, sed tunc Hrofensis antistes ciuitatis, migrauit ad Dominum. . . . 5.24 (354.6)
migrent. IIII: 'Vt ipsi monachi non migrent de loco ad locum, . . . 4.5 (216.9)

MILES. miles. Decollatus est ibi etiam tum miles ille, . . . 1.7 (21.15)
et caelestis palmae gaudia miles religiosus amplectitur. . . . 1.20 (39.19)
Vnde et ille caelestis exercitus praecipuus miles gemebat dicens: . . . 1.27 (61.25)
Cumque annos XXX in regno miles regni caelestis exegisset, . . . 4.11 (225.25)
ad quos uenire praefatus Christi miles circumnauigata Brittania disposuit, . . . 5.9 (296.20)
milite. omni armato milite, . . . spoliata, . . . 1.12 (25.19)
qui ad exorandum Deum pro milite bellum agente conuenerant, . . . 2.2 (84.6)
Venit autem illuc duce Basso milite regis Æduini fortissimo, . . . 2.20 (125.32)
diuertitque ipse cum uno tantum milite sibi fidissimo, . . . 3.14 (155.16)
nam ab eodem comite proditum eum Osuiu cum praefato ipsius milite per praefectum suum . . . interfecit. . . . 3.14 (155.20)
Tilmon, uiro inlustri, et ad saeculum quoque nobili, [illegible]i de milite factus fuerat monachus; . . . 5.10 (301.4)
militem. ut Romanum militem abisse conspexerant, . . . 1.12 (26.29)
rogauerunt Sigbe[illegible]tum ad confirmandum militem secum uenire in proelium. . . . 3.18 (163.4)
A quo interrogatus, q[illegible]i esset, timuit se militem fuisse confiteri; . . . 4.22 (250.7)
milites. Vnde statim iu[illegible]sit milites eum diligentius inquirere. . . . 1.7 (18.24)
episcopus, . . . primos prouinciae duces ac milites sacrosancto fonte abluebat; . . . 4.13 (230.21)
militibus. mox se sanctus Albanus . . . militibus exhibuit, . . . 1.7 (18.28)
quod se ille ultro pro hospite, quem susceperat, militibus offerre, . . . 1.7 (19.5)
sacrilegum celare quam militibus reddere maluisti, . . . 1.7 (19.8)
et propter uictum militibus adferendum in expeditionem se cum sui similibus uenisse testatus est. . . . 4.22 (250.10)
militibus. in ipso tumultu etiam alium de militibus, . . . sica nefanda peremit. . . . 2.9 (99.16)
Eanfridum inconsulte ad se cum XII lectis militibus postulandae pacis gratia uenientem, . . . damnauit. 3.1 (128.8)
donec adgesto a militibus puluere terrae figeretur; . . . 3.2 (129.4)
inter quos exulans ipse baptismatis sacramenta cum his, qui secum erant, militibus consecutus erat; 3.3 (131.10)
Baptizatus est . . . cum omnibus, qui secum uenerant, comitibus ac militibus, . . . 3.21 (170.13)
Aedilheri, . . . perditis militibus siue auxiliis interemtus est. . . . 3.24 (178.16)
Namque Baldhild regina missis militibus episcopum iussit interfici; . . . 5.19 (325.[illegible])
militis. ut per corpus militis occisi etiam regem uulneraret. . . . 2.9 (99.14)
coepit annuatim eiusdem regis ac militis Christi natalicius dies missarum celebratione uenerari. . . . 4.14 (236.5)
militum. et non paruum numerum militum, . . . disperdidit. . . . 1.2 (14.1)
sperantes minus animos militum trepidare, . . . 3.18 (163.7)

MILESIMVS CENTESIMVS SEXAGESIMVS QVARTVS, a, um. **milesimo CLXIIII.** anno milesimo CLXIIII suae conditionis, . . . 1.11 (25.5)

MILIARIVM. miliarii. id est unius ferme miliarii et dimidii spatio interfluente Tino amne separata, . . . 5.2 (283.9)

MILITARIS, e. **militare.** nihil omnino in re militari [militare] ausus est. . . . uar. 1.3 (15.29)
militari. nihil omnino in re militari ausus est. . . . 1.3 (15.29)
militari. Fuit autem temporibus Coenredi, . . . uir in laico habitu atque officio militari positus; . . . 5.13 (311.7)

militaribus. militaribus copiis uniuersis, . . . spoliata, 1.12 (25.19)
MILITIA. militia. Huius loco Constantinus ex infima militia . . . eligitur; 1.11 (24.26)
omnes pariter cum sua militia corruerunt; 2.5 (92.7)
Occisus est ibi inter alios de militia eius iuuenis, uocabulo Imma; 4.22 (249.25)
militiae. sed accinctus armis militiae spiritalis, 1.7 (19.14)
ceteras nefandae militiae copias non sine magno exercitus sui damno deleuit. 2.2 (84.23)
priusquam hoc sacrae crucis uexillum nouus militiae ductor, . . . statueret. 3.2 (130.7)
in quibus ablato studio militiae terrestris, ad exercendam militiam caelestem, . . . locus . . . suppeteret. 3.24 (178.26)
et post multiplices militiae caelestis agones ad praemia remunerationis supernae tota mente suspirans. 5.11 (303.21)
militiam. ad exercendam militiam caelestem, . . . locus facultasque suppeteret. 3.24 (178.26)
MILITO. militabat. Itaque apostolicis ducibus Christus militabat in castris. 1.20 (38.14)
in quo etiam uenerabilis praedecessor eius Cudberct, . . . aliquandiu secretus Domino militabat. 4.30 (277.2)
militantibus. illi militantibus debita stipendia conferrent. 1.15 (31.12)
militarat. ut ibi quoque sepeliretur, ubi non paruo tempore pro domino militaret [militarat]. uar. 4.29 (275.24)
militare. atque accepta tonsura pro aeterno magis regno militare curaret. 3.18 (162.28)
militarent. ut hi pro patriae pace et salute contra aduersarios militarent, 1.15 (31.12)
militaret. ut ibi quoque sepeliretur, ubi non paruo tempore pro domino militaret. 4.29 (275.24)
militauit. e quibus sex etiam ipse, . . . Christi regno militauit, 2.20 (124.17)
MILLE. milia. "Vides, frater, quot milia sunt in Iudaeis, qui crediderunt; 3.25 (185.15)
milia. per milia passuum DCCC in Boream longa, 1.1 (9.5)
latitudinis habet milia CC, 1.1 (9.6)
ut circuitus eius quadragies octies LXXV milia conpleat. 1.1 (9.9)
quae habet ab oriente in occasum XXX circiter milia passuum, 1.3 (15.25)
Fecerunt autem eum . . . per milia passuum plurima; 1.12 (26.19)
odor plura hominum milia iumentorumque deleuit. 1.13 (29.11)
Est enim iuxta murum, . . . XII milibus [milia] passuum a mari orientali secreta. uar. 3.22 (172.18)
ut haec contra impetum fluuii decurrentis, per XL fere milia passuum, . . . transferrentur. 5.10 (300.30)
et multa eorum milia uerbo ueritatis instituens, a peccatorum suorum sordibus fonte Saluatoris abluit; 5.19 (326.14)
milibus. multis sententiarum catholicarum milibus responderunt, 1.10 (24.4)
Distat autem a Doruuerni milibus passuum ferme XXIIII ad occidentem, 2.3 (85.24)
et est a uico Cataractone X ferme milibus passuum contra solstitialem occasum secretus; 3.14 (155.14)
Aidan in insula Farne, quae duobus ferme milibus passuum ab urbe procul abest, morabatur. 3.16 (159.11)
Est enim iuxta murum, . . . XII milibus passuum a mari orientali secreta. 3.22 (172.18)
Distant autem inter se monasteria haec XIII ferme milibus passuum. 4.23 (258.8)
quae appellatur Farne, et ab eadem ecclesia nouem ferme milibus passuum in Oceano procul abest, 4.27 (268.25)
milium. traiectu milium L, siue, . . . stadiorum CCCCL. 1.1 (9.14)
in orientalibus suis partibus mari sex milium, 1.3 (15.26)
Incipit autem duorum ferme milium spatio a monasterio Aebbercurnig 1.12 (26.24)
habens terram familiarum VII milium, 4.13 (230.11)
interposito pelago latitudinis trium milium, 4.16 (238.16)
'Villa erat . . . non longe a monasterio nostro, id est duum ferme milium spatio separata; 5.4 (287.2)
mille. ab occidente in orientem mille passibus longa, 5.16 (317.13)
Mamre collis mille passibus a monumentis his ad Boream, 5.17 (319.23)
MILLE DVCENTI, ae, a. **mille ducentarum.** Est autem mensura eiusdem insulae, iuxta aestimationem Anglorum, mille ducentarum familiarum; 4.16 (237.11)
mille CCtos. Extinctos in ea pugna ferunt . . . uiros circiter mille CCtos, 2.2 (84.26)
MINAE. minas. At sanctus Albanus, . . . nequaquam minas principis metuit; 1.7 (19.13)
Neque aliquanto segnius minas effectibus prosequuntur. 1.15 (32.14)
minis. Qui uel minis fractus, uel corruptus muneribus, cessit deprecanti, 2.12 (107.30)
MINIME. ut ipsi sibi episcopi longo interuallo minime disiungantur, 1.27 (52.13)
quem nos priuare auctoritate percepta minime debemus. 1.27 (52.33)
Si autem captiuus erat, minime pugnabat; 1.27 (61.28)
quia fana idolorum destrui in eadem gente minime debeant; 1.30 (65.7)
quo in tempore Hrofensis ecclesia pastorem minime habebat, 2.20 (126.12)
quando eadem prima sabbati, . . . ueniret, minime didicerant. 3.4 (135.10)
cum hoc, quod in baptismo . . . promisimus, minime inplemus; 3.19 (165.24)
antistitem, secundum uestrorum scriptorum tenorem, minime ualuimus nunc repperire 3.29 (198.2)
Berctuald, . . . uir et ipse scientia scripturarum inbutus, . . . tametsi praedecessori suo minime conparandus; 5.8 (295.23)
animaduertit paulatim adulescens animi sagacis, minime perfectam esse uirtutis uiam, 5.19 (323.11)
MINIMVS, a, um. **minima.** iamque ciuitatis esset pars uastata non minima, 2.7 (94.18)
(nam et de hoc quaestio non minima erat) 3.26 (189.14)
propter quod frequenti ablatione pulueris sacri fossa sit ibidem facta non minima. 5.18 (320.23)
minimam. ut ne minimam quidem lucis alicuius posset particulam uidere. 4.10 (224.25)
offerebat, ut, si uellet, partem Galliarum non minimam illi regendam committeret, 5.19 (324.9)
minimas. quando non minimas eiusdem hostibus strages dabant, 1.16 (33.19)
minimum. oraculum caeleste, . . . non minimum ad suscipienda uel intellegenda doctrinae monita salutaris sensum iuuit illius. 2.12 (107.3)
minimum. ut ne minimam [minimum] quidem lucis alicuius posset particulam uidere. uar. 4.10 (224.25)
MINISTER. minister. Quod cum uideret Lilla minister regi amicissimus, 2.9 (99.10)
cucurrit minister, et pulsans ad ostium nuntiauit abbatissae. 3.11 (149.25)
quia et ipse quondam eiusdem reginae minister fuerat; 4.22 (251.26)
uenit . . . ad eum unus de fratribus, discipulus quondam in Brittania et minister Deo dilecti sacerdotis Boisili 5.9 (296.31)
ministri. rogauit, ne plures eo moriente quam ipse episcopus et duo sui ministri adessent. 4.11 (226.14)
et ipsi essent ministri Domini et Saluatoris nostri Iesu Christi, 4.14 (235.20)
Adtondebantur omnes in coronam ministri altaris ac monachi; 5.21 (346.10)
ministris. ipse rex suis ducibus ac ministris interpres uerbi existeret caelestis; 3.3 (132.11)
ministris. cultumque suae religionis cum . . . uiris siue feminis, sacerdotibus seu ministris, . . . seruaret. 2.9 (98.6)
quale cum te residente ad caenam cum ducibus ac ministris tuis tempore brumali, 2.13 (112.8)
equitantem inter ciuitates siue uillas aut prouincias suas cum ministris, 2.16 (118.18)
Porro rex, . . . coepit consistens ad focum calefieri cum ministris; 3.14 (156.28)
Rex ipse, . . . cum V tantum aut VI ministris ueniebat, 3.26 (190.31)
ministro. discinxit se gladio suo, et dedit illum ministro, 3.14 (156.30)
ministrorum. eratque primus ministrorum, et princeps domus eius. 4.3 (208.2)
ut neque equo uehi posset, sed manibus ministrorum portaretur in grabato. 5.19 (328.23)
ministros. Vt idem Augustino pallium et epistulam et plures uerbi ministros miserit. 1.29 (63.1)
misit . . . plures cooperatores ac uerbi ministros; 1.29 (63.5)
rogauit, ut genti Anglorum in Brittaniam aliquos uerbi ministros, . . . mitteret; 2.1 (80.25)
Vectae quoque insulae uerbi ministros destinauit; 5.19 (327.10)
misit papa Gregorius pallium Brittaniam Augustino . . . et plures uerbi ministros, in quibus et Paulinum. 5.24 (353.19)

ministrum. intrasse subito ministrum ipsius, 3.6 (138.15)
Quod dum ille faceret, ministrum se regis fuisse manifestans, respondit: 4.22 (251.9)
Rogauit ergo ministrum suum uespere incumbente, ... ut in ea sibi locum quiescendi praepararet; 4.24 (261.21)
MINISTERIVM. ministeria. cedebant ministeria uicta nautarum; 1.17 (34.16)
ministeria. uenti e contrario ad itineris ministeria reuertuntur, 1.17 (34.28)
ministerii. nemo gradum ministerii ac sedis episcopalis ante Danihelem, ... accepit. 4.16 (238.11)
propter quod et ipse illum ab huius praesumtione ministerii, ... omnimodis cessare praecepi." 5.6 (291.19)
ministerio. admonitus est coepto uerbi ministerio sedulus insistere, 3.19 (164.5)
Erat in eodem monasterio frater ... tempore non pauco hospitum ministerio deseruiens, qui nunc usque superest, 4.31 (278.3)
fratres, qui erant in Fresia uerbi ministerio mancipati, 5.11 (302.6)
ministerio. ministerio persoluto, deuotione conpleta, 1.7 (21.8)
nil curationis uel sanationis horum ministerio perciperet, 2.2 (82.6)
Quod specialiter iniuncto uobis ministerio, eius clementia demonstrauit, 2.8 (95.25)
qua iniuncto ministerio iugiter persistentes laudabili patientia redemtionem gentis illius exspectastis, 2.8 (96.2)
salutem, immo quoque uicinarum, uestrae praedicationis ministerio credimus subsequendam; 2.8 (96.15)
Habuit autem secum in ministerio et Iacobum diaconum, 2.16 (117.29)
cuius doctrina ac ministerio gens, quam regebat, Anglorum, dominicae fidei et dona disceret, 3.3 (131.12)
qui se in uerbo fidei et ministerio baptizandi adiuuarent, 3.22 (173.5)
quoties a labore et ministerio uerbi uacabat, 4.3 (207.14)
non tamen ab euangelizandi potuit ministerio cohiberi; 4.13 (230.7)
eo praedicante caelestia sperare coeperunt, cuius ministerio temporalia bona sumserunt. 4.13 (232.4)
spiritus eorum ... coniuncti sunt, atque angelico ministerio pariter ad regnum caeleste translati. 4.29 (275.14)
et ministerio fratrum perlatus in primum suum monasterium, 5.19 (330.4)
ministeriis. Middilangli sub principe Peada fidei mysteriis [ministeriis] sunt inbuti. uar. 5.24 (354.11)
ministerium. per ministerium Ceddi et Ceadda Praef. (7.8)
qua per sacrum ministerium homo Deo coniungitur, 1.27 (52.25)
alii, qui implere ministerium ualeant, 1.27 (60.16)
quae ad cultum erant ac ministerium ecclesiae necessaria, 1.29 (63.8)
ad ministerium altaris ordinatus, 2.1 (75.1)
ut ministerium baptizandi, ... conpleatis; 2.2 (83.17)
in quibus et crucem magnam auream, et calicem aureum consecratum ad ministerium altaris, 2.20 (126.10)
coniunxitque se regi, sponte ministerium praedicandi assumens. 3.7 (140.22)
et undique ad eius ministerium de cunctis prope prouinciis uiri etiam nobilissimi concurrerent. 3.14 (156.2)
uocatis ad se in ministerium ordinationis aliis duobus episcopis. 3.22 (173.1)
et aliis quoque fratribus ministerium uitae ac salutis docendo exhiberet. 3.23 (177.8)
Cui successit in ministerium abbatissae soror eius Sexburg, 4.19 (244.26)
cunctisque congaudentibus, ad ministerium, quod sollicitus exhibere solebat, ... rediit. 4.31 (279.11)
coeptumque ministerium nobis omnibus propinandi usque ad prandium conpletum non omisit; 5.4 (287.26)
cum postulatum conplesset ministerium, 5.5 (288.4)
nullatenus propter ingenii tarditatem potuit cathecizandi uel baptizandi ministerium discere, 5.6 (291.18)
multum honorifice ministerium impleuerunt. 5.19 (325.33)
praepararent ... panem et uinum in mysterium [ministerium] carnis et sanguinis agni inmaculati, uar. 5.21 (336.18)
Prouincia Australium Saxonum ... ministerium sibi episcopale ab Occidentalium Saxonum antistite quaerit. 5.23 (350.22)
utrumque per ministerium reuerentissimi episcopi Iohannis, iubante Ceolfrido abbate, suscepi. 5.24 (357.16)
MINISTRA. ministram. statimque iussit ire ministram, et capsellam, in qua erat, adducere. 3.11 (150.7)
ministrarum. et tunc nouissima omnium, lotis prius suo suarumque ministrarum obsequio ceteris, 4.19 (244.11)
MINISTRO. ministrabant. coepit subito circa mediam noctem clamare his, quae sibi ministrabant, 4.8 (221.10)
ministrabat. huic uerbum fidei et lauacrum salutis ministrabat. 4.13 (230.13)
et sanitate simul ac uirtute recepta ministrabat eis.' 5.4 (287.31)
ministrare. Et primum quidem annonas sibi eos affluentius ministrare cogunt, 1.15 (32.10)
quae uictui sunt uestro necessaria, ministrare curamus; 1.25 (46.16)
et credentibus gratiam baptismi, quicumque sacerdotali erant gradu praediti, ministrare. 3.3 (132.18)
qui ipsi ac familiae ipsius uerbum et sacramenta fidei, ... ministrare solebat, 3.23 (175.9)
ministraret. postulasset antistitem, qui sibi suaeque genti uerbum fidei ministraret, 3.5 (137.2)
qui omnibus, qui saluari uellent, uerbum ac lauacrum uitae ministraret. 4.16 (237.16)
ministrari. et eis necessaria ministrari, donec uideret, quid eis faceret, iussit. 1.25 (45.19)
ministrat. quae usque ad hanc diem sufficientem cunctis illo aduenientibus gratiae suae caelestis copiam ministrat. 4.28 (271.29)
ministrauit. sed etiam plurimis longe manentibus, ... occasionem salutis et correctionis ministrauit. 4.23 (255.30)
MINITOR. minitabantur. forcipibus quoque igneis, quos tenebant in manibus, minitabantur me conprehendere, 5.12 (306.27)
minitans. Quibus uir Domini Augustinus fertur minitans praedixisse, 2.2 (83.27)
quoties aere commoto manum quasi ad feriendum minitans exerit, 4.3 (211.10)
MINOR. minaretur. qui cum per dies crescens oculo interitum minaretur, 4.32 (279.27)
MINOR, us. **minor.** ad haec procul dubio minor redit. 2.1 (74.24)
quo tempore gubernaculum Romani imperii post Iustinianum Iustinus minor accepit, 3.4 (133.6)
minor. cuius pars minor quadratum altare ante ostium nihilominus eiusdem monumenti stat; 5.16 (318.18)
minore. regnante Theodosio minore, 1.13 (28.14)
ipse nobilitatem religionis non minore quam parentes ... exercuit. 2.1 (73.24)
non minore utique errore, tametsi altero latere a recto ueritatis tramite diuertunt, 5.21 (338.10)
minores. et adiutrix disciplinae regularis eidem matri existere, minores docendo uel castigando curabat. 4.9 (222.4)
minores. Trium quoque feminarum uiliores et minores memoriae cernuntur. 5.17 (319.22)
minoribus. ac per eius est largitionem etiam minoribus ad legendum contraditus. 5.15 (317.3)
minoris. Honorio Augusto, filio Theodosii minoris, 1.11 (24.19)
et iterum in Constantinopoli quinto congregati sunt concilio in tempore Iustiniani minoris 4.17 (240.10)
minus. et luminare minus, ut praeesset nocti"; 5.21 (339.17)
"luminare maius in inchoationem diei, et luminare minus in inchoationem noctis." 5.21 (339.19)
MINVO. minuendum. ut nil omnimodis de tempore paschae legalis praeoccupandum, nihil minuendum esse decerneret. 5.21 (336.10)
MINVS. nulla harum portio minus quam ccc^{tos} homines haberet, 2.2 (84.12)
uitam ac professionem minus ecclesiasticam in multis esse cognouit, 2.4 (87.15)
ut si ferri uulnus minus ad mortem regis sufficeret, peste iuuaretur ueneni. 2.9 (99.3)
quanto st diosius in eo cultu ueritatem quaerebam, tanto minus inueniebam. 2.13 (112.29)
quod de obseruatione paschae minus perfecte sapiebat; 3.17 (161.11)
3.18 (163.6); 3.18 (163.7); 4.2 (205.21); 3.25 (189.6); 4.3 (208.11); 4.25 (266.9); 4.28 (271.17); 4.29 (275.17); 5.6 (292.4); 5.7 (294.1); 5.12 (305.3); 5.20 (331.11); 5.22 (347.8); 5.23 (351.12); 5.24 (353.16).
MINVTATIM. sed et discum confringi, atque eisdem minutatim diuidi praecepit. 3.6 (138.21)
MIRABILIS, e. **mirabile.** Eius ergo mirabile donum et in uobis certa spe, caelesti longanimitate conferri confidimus; 2.10 (101.30)

mirabili. et de humilitate mirabili regis Osuini, 3.14 (154.4)
mirabili. Christianae fidei suscepto mirabili sacramento, 2.11 (105.1)
MIRABILITER. Sancti Spiritus feruore in sui quoque agnitione mirabiliter est dignata succendere. 2.10 (101.26)
quae per uos superna potentia mirabiliter in conuersatione coniugis uestri . . . fuerit operari, 2.11 (106.13)
multi, . . . ad salutaria ieiuniorum remedia subeunda sunt mirabiliter accensi; 4.14 (236.3)
MIRACVLVM. **miracula.** caelestia usque hodie forent miracula celebranda. 3.2 (129.25)
Addunt et alia, quae ipsa nocte in monasterio eodem diuinitus fuerint ostensa miracula; 3.8 (143.30)
Vt in loco, in quo occisus est rex Osuald, crebra sanitatum miracula facta; 3.9 (144.26)
Et multa quidem in loco illo uel de puluere loci illius facta uirtutum miracula narrantur; 3.9 (145.27)
et uirtutum quae fecerunt miracula testimonium praebuerunt; 3.25 (187.8)
In quo utroque loco, ad indicium uirtutis illius, solent crebra sanitatum miracula operari. 4.3 (212.9)
ut etiam caelestia indicio fuere miracula. 4.6 (219.8)
Nec martyrio eorum caelestia defuere miracula. 5.10 (300.27)
quod in loco, quo defunctus est, . . . multa sanitatum sint patrata miracula, 5.18 (320.18)
miracula. in gentem, quam eligi uoluit, magna miracula ostendit; 1.31 (66.15)
animae per exteriora miracula ad interiorem gratiam pertrahuntur; 1.31 (66.18)
Non enim omnes electi miracula faciunt, 1.31 (67.2)
aliqua sanitatum miracula in eodem loco solent . . . ostendi. 2.16 (117.14)
inter innumera sanitatum miracula, quidam a dolentis brachii sit langore curatus. 3.2 (128.24)
quae cum ille et munera gratanter acciperet, et miracula libenter audiret, 4.30 (277.5)
de quo plura uirtutum miracula, qui eum familiariter nouerunt, dicere solent, 5.2 (283.1)
miraculi. Inplentur populi stupore miraculi, 1.21 (41.1)
quid uirtutis ac miraculi caelestis fuerit ostensum, 3.11 (147.31)
Sed miraculi caelestis ostensio, quam reuerenter eae suscipiendae . . . essent, patefecit. 3.11 (148.18)
Cuius ordinem miraculi non quilibet dubius relator, . . . narrauit, 3.15 (158.22)
sed intro ipsam ecclesiam in memoriam miraculi posuerunt, 3.17 (161.3)
signum diuini miraculi, quo eiusdem feminae sepulta caro corrumpi non potuit, indicio est, 4.19 (243.23)
locus ille, qui tanta miraculi caelestis gratia sacratus est; 4.30 (277.10)
partem de capillis, quam . . . ostendere in signum miraculi possent. 4.32 (280.7)
miraculis. Quo in tempore misit etiam Augustino epistulam super miraculis, 1.31 (66.11)
qui de miraculis gaudebant; 1.31 (66.28)
ita etiam descriptis sanctorum miraculis, . . . ostenderet. 2.1 (76.27)
caelestibus uerbis, clarescentibus quoque miraculis, 2.1 (78.19)
quae deuotio mentis fuerit, etiam post mortem uirtutum miraculis claruit. 3.9 (145.14)
Quibus patefactis ac diffamatis longe lateque miraculis, 3.10 (147.26)
miraculo. Exultat turba miraculo, 1.19 (37.25)
etiam miraculo caelesti coram eis facto, 2.2 (81.7)
Quo clarescente miraculo, mox ibidem ecclesia restaurata, . . . est 3.17 (160.26)
et cum magno utique miraculo ipsa eius foramina ingrediens, . . . perederet, 3.17 (160.32)
miraculorum. tanta miraculorum caelestium nouitate perculsus, 1.7 (21.20)
quae uera esse miraculorum quoque multorum ostensione firmauerant, 1.26 (47.20)
et a Deo operatione miraculorum suffultus, 2.3 (86.18)
solent opera uirtutum et signa miraculorum usque hodie narrari. 3.8 (143.3)
Qui cuius meriti fuerit, etiam miraculorum signis internus arbiter edocuit, 3.15 (157.21)
Quomodo ille, cum sit aeternus Deus, omnium miraculorum auctor extitit, 4.24 (260.3)
cuius ante mortem uita sublimis crebris etiam miraculorum patebat indiciis, 4.30 (276.10)
miraculum. ille, in quo tunc puero factum erat hoc miraculum sanitatis. 3.12 (151.16)
His temporibus miraculum memorabile et antiquorum simile in Brittania factum est. 5.12 (303.2)
miraculum. miraculum populus contremescit; 1.18 (36.17)
Nec ab re est unum e pluribus, . . . uirtutis miraculum enarrare. 3.2 (130.10)
e quibus unum, . . . miraculum praesenti nostrae historiae inserendum credidimus. 3.13 (152.20)
Aliud eiusdem patris memorabile miraculum ferunt multi, qui nosse potuerunt. 3.16 (158.28)
Sane nullatenus praetereundum arbitror miraculum sanitatis, 4.10 (224.20)
unum eius narro miraculum, 5.1 (281.9)
Narrauit idem Berethun et aliud de praefato antistite miraculum: 5.3 (285.3)
Aliud quoque non multum huic dissimile miraculum de praefato antistite narrauit idem abbas, 5.4 (286.28)
Hoc autem miraculum memoratus abbas non se praesente factum, . . . perhibet esse 5.5 (289.1)
quod famulus Christi Heribald in se ipso ab eo factum solet narrare miraculum, 5.6 (289.8)
MIRIFICVS, a, um. **mirificis.** ecclesiae suae, . . . aedificium multifario decore ac mirificis ampliauit operibus. 5.20 (331.18)
MIROR. **miranda.** apparuit uisio miranda cuidam de sororibus, 4.9 (221.31)
miranda. per xxx et v libros expositionis miranda ratione perdocuit. 2.1 (75.23)
De religione ac pietate miranda Osualdi regis. 3.6 (137.29)
miranda. uestimenta omnia, . . . prisca nouitate et claritudine miranda parebant. 4.30 (276.23)
mirandae. quia fuerit in gente uestra rex mirandae sanctitatis, 3.13 (153.18)
mirandi. quanta saepe flagrantia mirandi apparuerit odoris, 4.10 (224.17)
mirandi. ecclesia est mirandi operis atque eius martyrio condigna extructa. 1.7 (21.28)
mirandis. crebro eum audierit de mirandis, . . . narrare. 3.13 (152.14)
mirandum. Nec mirandum in loco mortis illius infirmos sanari, 3.9 (145.23)
Nec mirandum preces regis illius iam cum Domino regnantis multum ualere apud eum, 3.12 (151.16)
mirumque [mirandumque] in modum, quid anima in occulto passa sit, caro palam praemonstrabat. uar. 3.19 (167.8)
mirandus. et scripturarum, ut dixi, tam liberalium quam ecclesiasticarum erat eruditione mirandus. 5.18 (321.10)
mirantes. mirantes simplicitatem innocentis uitae, 1.26 (47.8)
mirantibus. mane sanato sensu egressus, mirantibus et gaudentibus cunctis, 4.3 (212.13)
mirari. Interea comes, qui eum tenebat, mirari et interrogare coepit, 4.22 (250.27)
Coepi autem mirari, quare ad murum accederemus, 5.12 (307.11)
mirati. Qua uisa uirtute mirati sunt ualde; 3.10 (147.22)
miratus. Qui multum miratus et inquirens, 2.6 (93.4)
qui miratus, cur hoc rogaret, . . . fecit tamen, quod dixerat. 4.24 (261.23)
MIRVS, a, um. **mira.** Sed mira res et non nisi caelitus facta, ne aliquid horum fieri deberet, prohibuit. 4.11 (227.8)
Mira fides regis, clementia maxima Christi, 5.7 (293.21)
Mira autem diuinae dispensatio prouisionis erat, 5.22 (347.33)
mira. Quod mira diuinae constat factum dispensatione pietatis, 5.22 (347.4)
mirae. intellexit aliquid mirae sanctitatis huic loco, . . . inesse; 3.9 (146.11)
miram. miramque in moribus ac uerbis prudentiam, humilitatem, religionem ostenderet, 5.21 (344.10)
miri. sed et odoris flagrantia miri tanta de loco effundebatur, 5.12 (307.33)
miro. nam et ipsa indumenta quasi patris adhuc corpori circumdata miro deosculabatur affectu, 4.30 (277.7)
mirum. Quod eo magis mirum est 2.1 (77.4)
quod mirum dictu est, pauperibus et peregrinis semper humilis, benignus, et largus fuit. 3.6 (138.9)
'Mirum quare stultum appellare uelitis laborem nostrum, 3.25 (184.32)
Non autem mirum, si diem mortis uel potius diem Domini laetus aspexit, 4.3 (210.8)

'Mirum, frater Dryethelme,' . . . 'quod tantam frigoris asperitatem ulla ratione tolerare praeuales.' 5.12 (310.24)
cum dicerent: 'Mirum, quod tam austeram tenere continentiam uelis.' 5.12 (310.29)
mirum. Sed mirum in modum sola illa destina, . . . absumi non potuit. 3.17 (160.23)
mirumque in modum, quid anima in occulto passa sit, caro palam praemonstrabat. 3.19 (167.8)
ut mirum in modum pro aperto et hiante uulnere, . . . tenuissima tunc cicatricis uestigia parerent. 4.19 (245.34)
Mirum uero in modum ita aptum corpori uirginis sarcofagum inuentum est, 4.19 (246.23)
MISCEO. misceantur. uel duarum sororum filius et filia misceantur. 1.27 (50.32)
in subsequentis quoque copulae gaudio misceantur. 1.27 (52.23)
miscebatur. miscebatur sermo proprius cum diuino, 1.17 (35.29)
miscere. Cum nouerca autem miscere graue est facinus, 1.27 (51.3)
Cum cognata quoque miscere prohibitum est, 1.27 (51.9)
misceri. uiris suis misceri prohibentur; 1.27 (55.16)
miscetur. Quia mulieri uir miscetur, 1.27 (57.19)
miscui. ludentibus me miscui, et simul cursu equi contendere coepi. 5.6 (290.6)
mixti. mulieribus mixti non essent: 1.27 (59.10)
mixto. unum ouum gallinaceum cum paruo lacte aqua mixto percipiebat. 3.23 (175.30)
mixtus. ut mixtus uir mulieri, et lauari aqua debeat, 1.27 (57.17)
MISER, era, erum. **miser.** Sic loquebatur miser desperans, 5.13 (312.31)
misera. ne penitus misera patria deleretur, 1.12 (27.3)
misera. Quo tempore grauissima Sarracenorum lues Gallias misera caede uastabat, 5.23 (349.15)
miserae. Dona superna loquar, miserae non proelia Troiae; 4.20 (247.15)
miserae. prosiliebant miserae in medium rigoris infesti; 5.12 (305.8)
miseri. et quaeque poterat, pro sedando miseri furore agebat. 3.11 (150.2)
miseri. ita miseri ciues discerpuntur ab hostibus; 1.12 (28.7)
misero. nisi forte misero mihi et indigno uenia, . . . propitiari dignatus fuerit. 3.13 (153.14)
'in quorum uicinia,' inquit, 'heu misero mihi locum despicio aeternae perditionis esse praeparatum.' 5.14 (314.18)
miserorum. erat enim multum misericors, . . . ac uelut pater miserorum. 3.14 (156.15)
miseros. dicens contemnendos esse eos et miseros, qui Deo suo, . . . oboedire contemnerent. 3.21 (170.31)
miserum. Tollere humo miserum propulit anguiculum? 1.10 (24.13)
MISERABILIS, e. **miserabili.** clamabat statim miserabili uoce: 5.13 (311.28)
MISERABILITER. sed miserabiliter, ut post patuit, daemonica fraude seductus. 5.13 (311.24)
MISERABILIVS. quo miserabilius ipse desperata salute periret, 5.14 (315.2)
MISERATIO. miseratio. Quia ab infantia mea creuit mecum miseratio, 2.1 (78.2)
miseratione. ut nos ab hoste superbo ac feroce sua miseratione defendat; 3.2 (129.9)
MISERE. et iunctis misere manibus, pariter omnes aut ruina perituri, aut fluctibus obsorbendi deciderent. 4.13 (231.16)
Ecgfrid . . . misso Hiberniam cum exercitu duce Bercto, uastauit misere gentem innoxiam, 4.26 (266.16)
MISEREO. miserere. 'Deus miserere animabus, dixit Osuald cadens in terram.' 3.12 (151.30)
misereri. si forte mihi Dominus per eius meritum misereri uoluerit." 3.13 (153.22)
MISERICORDIA. misericordia. quod uos diuina misericordia ad suam gratiam uocare dignata est, 2.17 (119.14)
Inter plurima, quae Redemtoris nostri misericordia suis famulis dignatur bonorum munera praerogare, 2.18 (120.25)
quod diuina uobis misericordia per intercessionem religiosi ac Deo dilecti regis Osualdi, . . . conferre dignata est. 4.14 (234.23)
misericordia. 'Deprecamur te, Domine, in omni misericordia tua, 1.25 (46.25)
et adimplenda misericordia nobis quid erit loquendum? 1.27 (49.13)
ordinationes episcoporum, exigente oportunitate, Domini praeueniente misericordia, celebrare; 2.8 (96.27)
Eius ergo bonitatis misericordia totius creaturae suae dilatandi 2.10 (101.23)
misericordiae. ubi intrantes genu flectere, ac misericordiae caelesti supplicare deberent. 3.17 (161.4)
misericordiam. qui conceptam misericordiam ad diuinam clementiam contulerunt; 1.21 (40.26)
'Deiri; de ira eruti, et ad misericordiam Christi uocati. 2.1 (80.19)
ut . . . sui consequerentur misericordiam Saluatoris. 2.8 (96.8)
Ad hoc enim misericordiam dominicae pietatis consecuta es, 2.11 (106.6)
continuo misericordiam Domini inuocaret, 4.3 (210.20)
nec adhuc tamen percutit, mox inploremus eius misericordiam, 4.3 (211.11)
rogauit, ut apud misericordiam pii Conditoris inpetraret, 4.9 (223.6)
ut misericordiam sibi dignaretur inpendere, 4.14 (233.16)
MISERICORS. misericors. erat enim multum misericors, et cultor pauperum, 3.14 (156.14)
MISEROR. miserandis. nonnulli de miserandis reliquiis in montibus conprehensi, 1.15 (32.29)
MISERRIME. ignaui propugnatores miserrime de muris tracti solo adlidebantur. 1.12 (28.4)
MISERRIMVS, a, um. **miserrima.** ingrauescentibus causis dissensionum, miserrima hunc caede peremit. 3.14 (155.6)
miserrimi. audio subitum post terga sonitum inmanissimi fletus ac miserrimi, simul et cachinnum crepitantem 5.12 (306.9)
MISSA. missa. missa peracta, ualidi flaminis procella desursum uenire consueuit, 5.17 (319.11)
missae. super corpora eorum missae celebrarentur. 2.1 (78.30)
Sed primum expectare habes, donec missae celebrentur, 4.14 (234.10)
Vt uincula cuiusdam captiui, cum pro eo missae cantarentur, soluta sint. 4.22 (249.19)
A tertia autem hora, quando missae fieri solebant, sepissime uincula soluebantur. 4.22 (251.21)
missarum. et altera consuetudo missarum in sancta Romana ecclesia, . . . tenetur? 1.27 (49.20)
uel missarum sollemnia celebrandi; 1.27 (60.12)
usum tibi pallii in ea ad sola missarum sollemnia agenda concedimus, 1.29 (63.24)
in ipsa missarum celebratione tria uerba . . . superadiecit: 2.1 (78.31)
celebratis in ecclesia missarum sollemniis, 2.5 (91.9)
coepit annuatim eiusdem regis ac militis Christi natalicius dies missarum celebratione uenerari. 4.14 (236.6)
illis maxime temporibus . . . quibus pro se missarum fuerant celebrata sollemnia. 4.22 (251.33)
Multos autem preces uiuentium, et elimosynae, et ieiunia, et maxime celebratio missarum, . . . adiuuant. 5.12 (308.19)
cum missarum sollemnia in memoriam eiusdem dominicae resurrectionis celebrasset, 5.22 (347.26)
missas. orare, missas facere, praedicare, et baptizare coeperunt; 1.26 (47.14)
Celebrent ergo missas per cuncta monasterii oratoria huius, 4.14 (235.2)
parari prandium, missas fieri, . . . praecepit; 4.14 (235.26)
et pro absolutione animae eius sepius missas facere curauit. 4.22 (250.24)
et scio, quia ille me interfectum putans pro me missas crebras facit; 4.22 (250.32)
neque aliquis pro eo uel missas facere, uel psalmos cantare, uel saltim orare praesumebat. 5.14 (314.27)
MITIOR, ius. **mitior.** siquis eorum mitior et ueritati aliquatenus propior uideretur, 1.14 (30.2)
MITIS, e. **mitis.** et discite a me, quia mitis sum et humilis corde." 2.2 (82.31)
Si ergo Augustinus ille mitis est et humilis corde, 2.2 (82.32)
MITTO. miserant. sed de non recepto, quem miserant, praedicatore dolentes. 3.5 (137.12)
etsi pascha contra morem eorum, qui ipsum miserant, facere non potuit, 3.25 (182.9)
ex quo ad praedicationem gentis Anglorum Aidanum miserant antistitem. 5.22 (347.20)
miserat. Miserat autem episcopus mulieri, quae infirma iacebat, de aqua benedicta, 5.4 (287.18)
miserint. quas cum in aquas miserint, 3.2 (129.17)
quam cum in aquas miserint, atque has infirmantibus iumentis siue hominibus gustandas dederint, 4.3 (212.20)
miserit. epistulam pro eorum susceptione miserit. 1.24 (43.27)

Vt papa Gregorius epistulam Arelatensi episcopo, . . . miserit. 1.28 (62.4)
Vt idem Augustino pallium et epistulam et plures uerbi ministros miserit. 1.29 (63.1)
Vt Ædilbercto regi litteras et dona miserit. 1.32 (67.17)
Vt Bonifatius papa Iusto successori eius pallium et epistulam miserit. 2.8 (95.9)
qui etiam Paulino pallium miserit. 2.17 (118.23)
Vt . . . Honorius et post Iohannes litteras genti Scottorum pro pascha simul et pro Pelagiana heresi miserit. 2.19 (122.11)
simul et epistulam de catholico pascha uel de tonsura miserit. 5.21 (332.14)

miserunt. animas ad supernae ciuitatis gaudia perfecto agone miserunt. 1.7 (22.4)
sicque illum ordinantes ad praedicandum miserunt. 3.5 (137.25)
'Pascha,' inquit, 'hoc, quod agere soleo, a maioribus meis accepi, qui me huc episcopum miserunt, 3.25 (184.4)
et hunc antistitem ordinandum Romam miserunt; 3.29 (196.13)
quam cum in aquas miserint [miserunt], uar. 4.3 (212.20)
Collectis ergo undecumque retibus anguillaribus, homines antistitis miserunt in mare, 4.13 (231.31)
ex quo ad praedicationem gentis Anglorum Aidanum miserant [miserunt] antistitem. uar. 5.22 (347.20)

misis. Huius consortium cum primo ipse missis [misis] procis a fratre eius Aeodbaldo, . . . peteret; uar. 2.9 (97.25)

misit. postquam legiones in hiberna misit, 1.2 (14.31)
misit ad eum Lucius Brittaniarum rex epistolam, 1.4 (16.7)
misit seruum Dei Augustinum . . . praedicare uerbum Dei 1.23 (42.20)
Misit etiam tunc isdem uenerandus pontifex 1.24 (43.28)
misit continuo Romam Laurentium presbyterum et Petrum monachum, 1.27 (48.7)
misit cum praefatis legatariis suis 1.29 (63.4)
Misit etiam litteras, in quibus significat se ei pallium direxisse, 1.29 (63.12)
Exemplar epistulae, quam Mellito abbati Brittaniam pergenti misit. 1.30 (64.25)
misit post eos beatus pater Gregorius litteras memoratu dignas, 1.30 (64.26)
Quo in tempore misit etiam Augustino epistulam super miraculis, 1.31 (66.10)
Misit idem beatus papa Gregorius . . . Aedilbercto epistulam, 1.32 (67.18)
Misit idem Laurentius cum coepiscopis suis etiam Brettonum sacerdotibus litteras 2.4 (88.8)
Misit etiam Galliam, et reuocauit Mellitum ac Iustum, 2.6 (93.12)
qui pro uestra redemtione Filium suum unigenitum misit, 2.10 (103.20)
Ad coniugem quoque illius Aedilbergam huiusmodi litteras idem pontifex misit: 2.11 (104.9)
misit nuntios, qui Redualdo pecuniam multam pro nece eius offerrent; 2.12 (107.26)
Misit secundo, misit tertio, et copiosiora argenti dona offerens, 2.12 (107.27)
Misit secundo, misit tertio, et copiosiora argenti dona offerens, 2.12 (107.28)
misit eum ad praedicandum uerbum uitae praefatae nationi Anglorum. 2.15 (116.28)
misit eidem Paulino pallium; misit et regi Æduino litteras exhortatorias, 2.17 (118.28)
Cui etiam praefatus papa Honorius misit pallium et litteras, 2.18 (120.14)
Misit idem papa Honorius litteras etiam genti Scottorum, 2.19 (122.12)
quos postea mater metu Eadbaldi et Osualdi regum misit in Galliam 2.20 (126.3)
misit hoc in sinum sibi. 3.2 (130.26)
Osuald, . . . misit ad maiores natu Scottorum, 3.3 (131.8)
Misit ergo legatarios in Galliam ad Agilberctum, 3.7 (141.18)
misit pro se illo presbyterum Leutherium nepotem suum, 3.7 (141.24)
adsumta ampulla misit de oleo in pontum, 3.15 (158.17)
misit praedicare uerbum genti Orientalium Saxonum. 3.22 (172.26)
Interea rex Alchfrid misit Vilfridum presbyterum ad regem Galliarum, 3.28 (194.18)
At ille misit eum ordinandum ad Agilberectum, 3.28 (194.20)
imitatus industriam filii rex Osuiu misit Cantiam uirum sanctum, 3.28 (194.27)
Misitque cum eo rex presbyterum suum uocabulo Eadhaedum, 3.28 (195.3)
misit ad corrigendum errorem, . . . Iaruman episcopum, 3.30 (199.25)
misit illo continuo Raedfridum praefectum suum ad adducendum eum; 4.1 (203.25)
misit sagittas suas, et dissipauit eos, 4.3 (210.30)
petiitque et accepit ab eo pretium suae redemtionis, ac suo domino pro se, ut promiserat, misit. 4.22 (251.28)
misit puer ad dominum suum, rogans sibi poculum uini mittere, 5.5 (288.20)
Gauisus ille multum, quia bibere posset, misit ei calicem uini 5.5 (288.22)
illo eos ad praedicandum misit; 5.10 (299.9)
Denique gloriosissimus dux Francorum Pippin, ubi haec conperiit, misit, 5.10 (301.12)
misit Pippin fauente omnium consensu uirum uenerabilem Vilbrordum Romam, 5.11 (302.30)
ubi erat futurus ipse post mortem, ibi oculos mentis ante mortem, quo laetior occumberet, misit. 5.14 (314.34)
quae delectata bono adulescentis proposito, misit eum Cantiam ad regem Erconberctum, 5.19 (323.22)
Quibus auditis antistes misit eum Romam, 5.19 (324.16)
Siquidem misit legatarios ad uirum uenerabilem Ceolfridum, 5.21 (332.25)
Cuius religiosis uotis ac precibus fauens reuerentissimus abba Ceolfrid misit architectos, 5.21 (333.12)
misit illi et litteras scriptas in hunc modum: 5.21 (333.13)
Gregorius papa misit Brittaniam Augustinum cum monachis, 5.24 (353.12)
Anno DCI, misit papa Gregorius pallium Brittaniam Augustino 5.24 (353.18)

missa. Superuenit namque clades diuinitus missa, 4.3 (207.20)

missa. in quibus decernit hoc ipsum, quod in epistula ad Aeduinum regem missa decreuerat; 2.18 (120.16)

missam. quasi missam a Deo conditore plagam per incantationes . . . cohibere ualerent. 4.27 (269.20)

misserant. sed de non recepto, quem miserant [misserant], praedicatore dolentes. uar. 3.5 (137.12)

missi. ipsi essent ministri Domini . . . ad tuitionem nostri monasterii missi ab ipso de caelis.' 4.14 (235.22)

missis. Verumtamen gerulis harum nostrarum litterarum uestris missis, et beneficia sanctorum, . . . eis fecimus dari, 3.29 (198.14)

missis. Huius consortium cum primo ipse missis procis a fratre eius Aeodbaldo, . . . peteret; 2.9 (97.25)
Namque Baldhild regina missis militibus episcopum iussit interfici; 5.19 (325.1)

missis. missis ad Eleutherum papam litteris, 1.4 (16.1)
Vt papa Bonifatius eundem regem missis litteris sit hortatus ad fidem. 2.10 (100.17)
temtabant nautae anchoris in mare missis nauem retinere, 3.15 (158.12)
astulis . . . in aquam missis, plures sibi suisque langorum remedia conquisiere. 3.17 (161.7)

missis. missis pariter apostolico papae donariis, 4.1 (201.17)

misso. Ecgfrid . . . misso Hiberniam cum exercitu duce Bercto, uastauit misere gentem innoxiam, 4.26 (266.15)
sic ascendens in caelos, misso desuper Spiritu, 5.21 (340.16)

missuri. et iamiamque essent manus ad panem benedicendum missuri, 3.6 (138.15)

missus. sed et Vespasianus ab eo missus 1.3 (15.2)
Ab eodem Claudio Vespasianus, . . . in Brittaniam missus, 1.3 (15.22)
cuius tempore Palladius ad Scottos in Christum credentes missus est, 1.13 (28.15)
qui legatus Galliam missus demersus est in sinu maris, 1.33 (70.26)
ex quo Augustinus cum sociis ad praedicandum genti Anglorum missus est, 2.5 (89.6)
Eumer, missus a rege Occidentalium Saxonum nomine Cuichelmo, 2.9 (98.34)
regem, a quo homicida ille, qui eum uulnerauerat, missus est; 2.9 (99.28)
Romanus . . . a Iusto archiepiscopo legatarius missus absortus fuerat 2.20 (126.14)

ad prouinciam Anglorum instituendam in Christo, missus est Aedan, ... 3.5 (135.19)
missus fuerit primo alius austerioris animi uir, ... 3.5 (137.2)
quia nil prodesse docendo genti, ad quam missus erat, potuisset, ... 3.5 (137.7)
Finan pro illo gradum episcopatus a Scottis ordinatus ac missus acceperat. 3.25 (181.5)
cum Colmanus in episcopatum succederet, et ipse missus a Scottia, ... 3.25 (182.18)
Vt Vighard presbyter ordinandus in archiepiscopum Romam de Brittania sit missus; 3.29 (196.2)
Vt defuncto Deusdedit, Vighard ad suscipiendum episcopatum Romam sit missus; 4.1 (201.2)
Theodorus archiepiscopus ordinatus, et cum Hadriano abbate sit Brittaniam missus. 4.1 (201.3)
missus est Romam ab ipso simul et a rege Nordanhymbrorum Osuio, ... 4.1 (201.12)
Et ita una cum Hadriano VI. Kalendas Iunias Brittaniam missus est. 4.1 (203.10)
Vilfrid quoque de Brittania Galliam ordinandus est missus; 4.2 (206.1)
cum legationis gratia missus a sua gente, uenisset ad Aldfridum, ... 5.15 (315.17)
"et ob hoc," inquit, "missus sum, ut te a morte reuocem; 5.19 (329.11)
qui cum legatus suae gentis ad Aldfridum regem missus, ... 5.21 (344.9)
misus. inlato igne conburere urbem nisus [misus] est. . . . . uar. 3.16 (159.9)
mittas. sed tu memento, ut hoc oleum, quod tibi do, mittas in mare; 3.15 (158.7)
mittebant. sed et filias suas eisdem erudiendas, ac sponso caelesti copulandas mittebant; 3.8 (142.20)
mittebantur. Statim namque iussu puplico mittebantur ad transcribendum, . . . circuli paschae decennouenales, ... 5.21 (346.6)
mittebatur. Doruuernensi ecclesiae episcopus quaerebatur, ordinabatur, mittebatur, ... 4.2 (205.34)
mittendi. 'Tempus mittendi lapides, et tempus colligendi.' 4.3 (207.18)
mittens. Augustinum cum monachis ad praedicandum genti Anglorum mittens, ... 1.23 (42.11)
Quibus ille exhortatorias mittens litteras, ... 1.23 (43.2)
et mittens ad Aedilberctum 1.25 (45.13)
alios quidem praedicatores mittens, ... 2.1 (81.2)
At ille mittens ad prouinciam Mediterraneorum Anglorum clamauit ad se uirum Dei Cedd, ... 3.22 (172.24)
et mittens occidit uicanos illos omnes, ... 5.10 (300.23)
Quem non multo post, . . . Galliam mittens, ... 5.19 (325.28)
cui litteras rex Brittaniae Lucius mittens, ut Christianus efficeretur, petiit et inpetrauit. 5.24 (352.15)
mittentes. Brettones legatos Romam cum epistulis mittentes, ... 1.12 (26.5)
ut puluerem ipsum, . . . multi auferentes et in aquam mittentes suis per haec infirmis multum commodi adferrent. 3.9 (145.19)
mittere. fraternitati uestrae nostra mittere scripta curauimus; 1.24 (44.6)
falcem mittere non debet, ... 1.27 (53.14)
Falcem enim iudicii mittere non potes in ea segete, ... 1.27 (53.15)
Ad Eburacam uero ciuitatem te uolumus episcopum mittere, ... 1.29 (63.30)
misit puer ad dominum suum, rogans sibi poculum uini mittere, quia sitiret. 5.5 (288.21)
temtauit adhuc in opus uerbi mittere uiros sanctos et industrios, ... 5.10 (299.3)
promittens se mittere eos ad satrapam, qui super se erat, ... 5.10 (300.5)
hominesque prouinciae illius solitos ablatum inde puluerem propter languentes in aquam mittere, . 5.18 (320.19)
Ideo autem circulos eosdem temporum instantium uobis mittere supersedimus, ... 5.21 (341.31)
mitteret. aliquos uerbi ministros, per quos ad Christum conuerteretur, mitteret; 2.1 (80.26)
quaesiuit sedulus, quem ecclesiis Anglorum archiepiscopum mitteret. 4.1 (202.6)
ut rediret, uel pecuniam illi pro se mitteret, ... 4.22 (251.23)
ut exhortatorias sibi litteras mitteret, quibus potentius confutare posset eos, ... 5.21 (332.31)
mitteretur. petens, ut sibi mitteretur antistes, ... 3.3 (131.11)
cum mitteretur Cantiam ob adducendam inde coniugem regi Osuio, ... 3.15 (157.25)
mitti. qui illic ad succurrendum fidei mitti deberent; 1.17 (34.4)
ipsum ad erudiendos incredulos et indoctos mitti debere decernunt, ... 3.5 (137.23)
sed et architectos sibi mitti petiit, ... 5.21 (333.4)
mittitur. Rursum mittitur legio, ... 1.12 (27.5)
Palladius ad Scottos . . . primus mittitur episcopus. 1.13 (28.21)
mittitur confestim illo classis prolixior, ... 1.15 (31.6)
Itaque promittitur uirgo, atque Æduino mittitur, ... 2.9 (98.11)
Palladius ad Scottos in Christum credentes a Caelestino papa primus mittitur episcopus. 5.24 (352.25)
mittunt. Brettonum reliquiae mittunt epistulam, ... 1.13 (28.25)
qui ingruente belli articulo mittunt aequaliter sortes, ... 5.10 (299.32)
mittuntur. unde rursum mittuntur Romam legati, ... 1.12 (27.1)
MODERAMEN. moderamina. cuncta ueritatis ac iustitiae moderamina concussa ac subuersa sunt, . . 1.22 (41.30)
moderamina. et ipse perplura catholicae obseruationis moderamina ecclesiis Anglorum sua doctrina contulit. 3.28 (195.26)
Certa suae genti ostendit moderamina ritus; 5.19 (330.21)
moderamine. sicut prius moderamine discretionis, ita postmodum et ceteris uirtutibus ornatus apparuit. 3.5 (137.26)
multis annis episcopatum Geuissorum ex synodica sanctione solus sedulo moderamine gessit. . . 3.7 (141.31)
moderaminis. accepit . . . Aedanum summae mansuetudinis, et pietatis, ac moderaminis uirum, . . 3.3 (131.16)
MODERATE. infirmitate pressus est, adeo tamen moderate, ut et loqui toto eo tempore posset, et ingredi. 4.24 (261.18)
MODERATVS, a, um. **moderatae.** erat namque homo simplicis ingenii, ac moderatae naturae: . . . 5.12 (310.28)
MODERNVS, a, um. **modernis.** ne paucitatem suam . . . sapientiorem antiquis siue modernis, quae per orbem erant, Christi ecclesiis aestimarent; 2.19 (122.16)
MODESTE. ita se modeste et circumspecte in omnibus gereret, ... 5.19 (322.26)
MODESTIA. modestiae. uirtutis et modestiae, et, ut ita dicam, specialis benedictionis glorias . . . fuisse fertur humilitas, ... 3.14 (156.4)
MODESTVS, a, um. **modesta.** et praedicans eis, ac modesta exhortatione declarans legitimum paschae tempus, ... 5.15 (316.2)
modestae. monasterio tempore illo religiosae ac modestae uitae abbas et presbyter Ediluald praeerat, 5.12 (310.5)
modesto. duce Ambrosio Aureliano, uiro modesto, ... 1.16 (33.12)
modestum. uirum sanctum, modestum moribus, scripturarum lectione sufficienter instructum, . . . 3.28 (194.27)
In cuius locum ordinauit Theodorus Vynfridum, uirum bonum ac modestum, ... 4.3 (212.25)
fratres, . . . elegerunt ex suo numero uirum modestum moribus, ... 5.11 (302.7)
modestus. Erat quippe . . . patientiae uirtute modestus, orationum deuotioni solertissime intentus, . 4.28 (273.20)
MODICVM. modicum. Ita haec uita hominum ad modicum apparet; 2.13 (112.18)
Rursumque modicum silens, tertio dixit: 4.9 (223.24)
Sed illo post modicum temporis, ex quo eam accepit, defuncto, data est regi praefato; 4.19 (243.9)
dein modicum requietus, leuauit se, et coepit abire, ... 4.22 (250.2)
modicumque obdormiens ita cum silentio uitam finiuit. 4.24 (262.11)
mox eadem, quae nostri gratia modicum siluerat, tempestas rediit, ... 5.1 (282.18)
ac modicum suspirans interrogauit, ubi esset Acca presbyter; 5.19 (328.31)
MODICVS, a, um. **modica.** Est autem ad orientalem Cantiae plagam Tanatos insula non modica, . . 1.25 (45.4)
Qua ex re non modica nobis amaritudo congesta est, ... 2.11 (105.10)
quia modica illa, quae prouenerat, intercapedo quietis, ad uiri Dei preces . . . donata est.' . . . 5.1 (282.20)
modica. adstante episcopo, . . . et turba hominum non modica, ... 4.11 (227.12)

modica. et haec erant nimium pauca et modica. 5.13 (312.7)
modicam. curam non modicam lectionibus sacris . . . exhibebat 3.19 (164.20)
modico. et post noctem ablata superficie crassiore, ipse residuum cum modico, ut diximus, pane bibebat. 3.27 (194.11)
modico. Ipsum namque est, quod nunc grande de modico effectum, Muigéo consuete uocatur, 4.4 (214.3)
modicum. protulitque unus libellum perpulchrum, sed uehementer modicum, 5.13 (312.5)
modicum. Hoc facito, donec post modicum tempus rediens ad te, quid facere debeas, . . . ostendam.' 4.25 (263.31)
MODO. 1.32 (69.20); 2.2 (83.25); 2.10 (103.11); 2.13 (111.21); uar. 3.5 (136.25); 3.11 (150.15); 3.14 (157.2); 4.25 (265.8); 4.29 (274.21); 5.12 (305.32); 5.12 (305.33); 5.13 (311.28); 5.13 (312.27); 5.14 (314.23); 5.16 (317.29); 5.19 (329.7); 5.19 (329.15); 5.21 (345.31).
MODVLATIO. modulationem. praecipientes eum, si posset, hunc in modulationem carminis transferre. 4.24 (260.22)
MODVLOR. modulandi. Putta; maxime autem modulandi in ecclesia more Romanorum, . . . peritum. 4.2 (206.9)
modularentur. hanc laetaniam consona uoce modularentur: 1.25 (46.24)
modularis. Et noua dulcisono modularis carmina plectro, 4.20 (248.31)
MODVS. modi. 'Vis,' inquit, 'mi nate, doceam te, quomodo cureris ab huius [modi] molestia langoris? uar. 3.12 (151.3)
modis. Hoc fieri modis omnibus licet; 1.27 (50.23)
Tribus enim modis impletur omne peccatum, 1.27 (61.3)
hoc est de figuris modisque locutionum, quibus scriptura sancta contexta est.' 5.24 (360.1)
modo. nam secunda, . . . a se omni modo debet abstinere. 1.27 (51.2)
qua natum est, nullo modo prohibetur; 1.27 (54.34)
et ibi aliquo modo culpas suas agnoscere, 1.27 (56.12)
in delectatione carnali aliquo modo ligatur inuitus, 1.27 (61.22)
ut Lundoniensis episcopi nullo modo dicioni subiaceat. 1.29 (64.6)
quatinus sui nominis agnitionem diuerso modo gentibus innotescens, 2.11 (104.19)
quos copulatio carnalis affectus unum quodam modo corpus exhibuisse monstratur, 2.11 (105.27)
ut nulla possit ecclesiarum uestrarum iactura per cuiuslibet occasionis obtentum quoquo modo prouenire; 2.18 (121.32)
quod omnes patres nostri, . . . eodem modo celebrasse noscuntur. 3.25 (184.5)
qui eodem modo pascha fecerunt, 3.25 (187.4)
Quisquis igitur contra hanc sententiam, . . . quoquo modo uenire, eamque infringere temtauerit, 4.5 (217.16)
desiderans exinde, siquo modo posset, . . . Galliam peruenire, 4.23 (253.4)
quia nimirum haec eadem illum latere nullo modo putabant; 4.27 (270.2)
ut ad ecclesiam, quoquo modo posset, perueniens, intraret ad tumbam . . . Cudbercti, 4.31 (278.20)
Scriptum est ergo hoc modo: 5.7 (293.6)
Narrabat autem hoc modo, quod uiderat: 5.12 (304.27)
Scripsit item hoc modo de loco passionis ac resurrectionis illius: 5.16 (317.20)
De loco quoque ascensionis dominicae praefatus auctor hoc modo refert: 5.17 (318.25)
placuit hoc inter cetera eiusdem synodi gestis inseri, scriptumque est hoc modo: 5.19 (326.32)
simul et de tonsurae modo uel ratione, qua clericos insigniri deceret; 5.21 (333.1)
Et quidem scimus, quia neque apostoli omnes uno eodemque sunt modo adtonsi, 5.21 (342.4)
modum. per distincta loca iuxta suum cuique modum 1.1 (10.18)
quod singulae earum ad modum humani femoris grossae, 1.2 (14.18)
in modum aequoris natura conplanat, 1.7 (20.32)
et ipsa modum correctionis dictat, 1.27 (50.14)
Cum uero ultra modum appetitus gulae in sumendis alimentis rapitur, 1.27 (60.9)
Sed mirum in modum sola illa destina, . . . absumi non potuit. 3.17 (160.24)
mirumque in modum, quid anima in occulto passa sit, caro palam praemonstrabat. 3.19 (167.8)
Cuius modum continentiae etiam XL diebus . . . obseruare curabat. 3.27 (194.12)
Est autem locus idem sepulchri tumba lignea in modum domunculi facta coopertus, 4.3 (212.16)
postulauit se illo adferri, et in modum orantium ad illud adclinari. 4.9 (223.4)
ut mirum in modum pro aperto et hiante uulnere, . . . tenuissima tunc cicatricis uestigia parerent. 4.19 (245.34)
Mirum uero in modum ita aptum corpori uirginis sarcofagum inuentum est, 4.19 (246.23)
et eis mox plura in eundem modum uerba Deo digni carminis adiunxit. 4.24 (260.12)
semper ex eo tempore, iuxta condictum eius memoratum, continentiae modum obseruabat; 4.25 (264.9)
Scripsit ergo de loco dominicae natiuitatis in hunc modum: 5.16 (317.11)
misit illi et litteras scriptas in hunc modum: 5.21 (333.13)
MOENIA. moenia. Hierosolymorum moenia, immo aedificia cuncta consumsit. 1.15 (32.18)
Culmen, opes, subolem, pollentia regna, triumphos, Exuuias, proceres, moenia, castra, lares; 5.7 (293.8)
MOLA. molas. Conterebam molas iniqui, 2.1 (77.31)
MOLESTIA. molestia. ac grauissima fracturae ipsius coepit molestia fatigari; 3.2 (130.15)
'Vis,' inquit, 'mi nate, doceam te, quomodo cureris ab huius molestia langoris? 3.12 (151.3)
"quia iamiamque crescente corporis molestia ad articulum subeundae mortis conpellor; 3.13 (153.3)
at uero Ecgberect decussa molestia egritudinis conualuit, 3.27 (193.26)
mox infirmitatis ablata molestia, cupitae sospitatis gaudia redibunt. 4.3 (212.22)
cuius uxor ingruente oculis caligine subita, tantum per dies eadem molestia crebrescente grauata est, 4.10 (224.24)
et per sex continuos annos eadem molestia laborare non cessabat; 4.23 (256.18)
rediens domum, repentina medio itinere molestia tactus est, 4.31 (278.10)
si se tali molestia diuina prouidente gratia castigari oporteret, 4.31 (278.24)
molestiae. ne qui praedicantibus quicquam molestiae inferret; 5.10 (299.11)
MOLESTISSIMVS, a, um. molestissimas. et adsertiones molestissimas lectionum testimonia sequebantur. 1.17 (35.30)
MOLESTVS, a, um. molesta. et tamen molesta, qua turbatum se aliquem reatum incurrisse aestimabat. 1.27 (58.19)
molesti. nolumus molesti esse uobis; 1.25 (46.14)
MOLIOR. moliuntur. reditum moliuntur pontifices. 1.20 (39.24)
Scotti, . . . nil contra gentem Anglorum insidiarum moliuntur aut fraudium. 5.23 (351.9)
MOLLIO. mollire. duritiam cordis ipsius religiosa diuinorum praeceptorum insinuatione mollire summopere dematura; 2.11 (105.31)
aliquandiu tumorem illum infestum horum adpositione conprimere ac mollire curabat. 4.32 (280.20)
MOLLIOR, ius. mollioris. et non eis iuxta apostolicam disciplinam primo lac doctrinae mollioris porrexisti, 3.5 (137.16)
MOMENTVM. momentis. horis momentisque omnibus fracta stomachi uirtute lassescebat, 2.1 (77.7)
momentum. sed tamen paruissimo spatio serenitatis ad momentum excurso, 2.13 (112.16)
MONACHICVS, a, um. monachica. succedente . . . Trumheri, uiro religioso et monachica uita instituto, 3.21 (171.13)
et totidem sequentes nobilius in monachica uita Domino consecrauit. 4.23 (252.24)
quae XXX et amplius annos dedicata Domino uirginitate, in monachica conuersatione seruiebat. 4.23 (257.7)
ibique cum paucis suorum in monachica districtione uitam non sibi solummodo, sed et multis utilem, . . . duxit; 4.26 (267.26)
utque in monachica adhuc uita positus uixerit uel docuerit. 4.27 (268.19)
ut eius rogatu monasterio supra memorato inditus, ac monachica sit tonsura coronatus, 5.12 (310.2)
monachicae. nos credere decet nihil eum monachicae perfectionis perdidisse 2.1 (74.29)
multi de Brittania monachicae conuersationis gratia Francorum . . . monasteria adire solebant; 3.8 (142.17)
qui utrique monachicae conuersationis erant studiis inbuti. 4.4 (213.7)
monachicam. Vt Ecgberct, uir sanctus de natione Anglorum, monachicam in Hibernia uitam duxerit. 3.27 (191.26)

et ipse adulescens in Hibernia monachicam in orationibus et continentia, . . . uitam sedulus agebat. 4.3 (211.19)
uitam priuatam et monachicam cunctis regni diuitiis et honoribus praeferens, 4.11 (225.19)
ubi aeque anno uno monachicam cum perpaucis sociis uitam agebat. 4.23 (253.16)
Aidan, . . . cum monachis illuc et ipse monachus adueniens monachicam in eo conuersationem instituit; 4.27 (270.27)
monachicha. Vt rex eiusdem prouinciae Sebbi in monachicha uitam conuersatione finierit. 4.11 (225.13)
monachico. Vt Coinred Merciorum et Offa Orientalium Saxonum rex in monachico habitu Romae uitam finierint; 5.19 (321.25)
Et ipse ergo, . . . adtonsus, et in monachico uitam habitu conplens, 5.19 (322.15)
monachicum. saecularem illum habitum relinquere, et monachicum suscipere propositum docuit, 4.24 (260.26)
sed ab ineunte adulescentia monachicum et nomen adsumsit, et habitum. 4.27 (268.30)

MONACHVS. monachi. Nam monachi erant maxime, qui ad praedicandum uenerant. 3.3 (132.25)
uenit de Hibernia presbyter et abbas habitu et uita monachi insignis, nomine Columba 3.4 (133.7)
ut pro ipso etiam, . . . consistentes ibi monachi Domino preces offerrent. 4.4 (213.28)
IIII: 'Vt ipsi monachi non migrent de loco ad locum, 4.5 (216.9)
Nam subito adstante episcopo, et filio regis eiusdem ac monachi Sighardo, 4.11 (227.10)
ita etiam oportet eos, qui uel monachi uotum, uel gradum clericatus habentes, 5.21 (343.13)
Adtondebantur omnes in coronam ministri altaris ac monachi; 5.21 (346.10)
Vt Hiienses monachi cum subiectis sibi monasteriis canonicum praedicante Ecgbercto celebrare pascha coeperint. 5.22 (346.14)
monachi Scotticae nationis . . . ad ritum paschae ac tonsurae canonicum Domino procurante perducti sunt. 5.22 (346.17)
Susceperunt autem Hiienses monachi docente Ecgbercto ritus uiuendi catholicos 5.22 (347.17)
uitam sancti patris monachi simul et antistitis Cudbercti, . . . descripsi. 5.24 (359.9)
monachis. iamdudum monachis Scottorum tradita, eo quod illis praedicantibus fidem Christi perceperint. 3.3 (132.33)
monachis. Augustinum cum monachis ad praedicandum genti Anglorum mittens, 1.23 (42.10)
et episcopus cum clero, et abbas solebat manere cum monachis; 4.27 (270.24)
Aidan, . . . cum monachis illuc et ipse monachus adueniens monachicam in eo conuersationem instituit; 4.27 (270.26)
Gregorius papa misit Brittaniam Augustinum cum monachis, 5.24 (353.13)
monacho. Constantemque . . . quem ex monacho Caesarem fecerat, 1.11 (25.3)
monachorum. Bancor, in quo tantus fertur fuisse numerus monachorum, 2.2 (84.10)
de uita monachorum et quiete ordinaturus, 2.4 (88.17)
Ab hac ergo insula, ab horum collegio monachorum, . . . missus est Aedan, 3.5 (135.17)
deuotioni sedulae monachorum locus facultasque suppeteret. 3.24 (178.28)
egregium examen continet monachorum, 4.4 (214.5)
ambo de monachorum collegio in episcopatus gradum adsciti. 4.12 (229.9)
Siquidem Adamnan, presbyter et abbas monachorum, qui erant in insula Hii, 5.15 (315.16)
Venit ergo ad insulam Lindisfarnensem, ibique monachorum famulatui se contradens, 5.19 (323.2)
Inque locis istis monachorum examina crebra Colligit, 5.19 (330.22)
monachos. monachos timentes Dominum 1.23 (42.21)
et monachos inibi, quos de utraque natione collectos adduxerat, collocauit. 4.4 (213.15)
monachos, quibusque speciali rectoris iure praeerat, necdum ad uiam statuti melioris reducere ualebat. 5.21 (345.8)
Ecgberct Hienses monachos ad catholicum pascha et ecclesiasticam correxit tonsuram. 5.24 (356.11)
monachum. misit continuo Romam Laurentium presbyterum et Petrum monachum, 1.27 (48.8)
Cumque monachum quendam de uicino uirginum monasterio, nomine Andream, pontifici offerret, 4.1 (202.15)
monachus. Monachus ipse episcopus Aedan, utpote de insula, quae uocatur Hii, destinatus, 3.3 (132.26)
qui non episcopus, sed presbyter extitit et monachus; 3.4 (134.15)
ubicumque clericus aliqui aut monachus adueniret, 3.26 (191.6)
Erat ipso tempore Romae monachus Hadriano notus, nomine Theodorus, 4.1 (202.23)
Erat autem idem Ouini monachus magni meriti, 4.3 (207.28)
Erat autem ibi monachus quidam de natione Scottorum, 4.13 (231.1)
Aidan, . . . cum monachis illuc et ipse monachus adueniens monachicam in eo conuersationem instituit; 4.27 (270.27)
qui de milite factus fuerat monachus; 5.10 (301.5)
in uicinia cellae illius habitabat quidam monachus, nomine Haemgils, 5.12 (309.22)
qui cum successore eius Aldhelmo multo tempore adhuc diaconus siue monachus fuit, 5.18 (320.15)
uenit Romam, ibique adtonsus, pontificatum habente Constantino, ac monachus factus, 5.19 (322.1)
Aedilred, . . . monachus factus Coenredo regnum dedit. 5.24 (356.1)

MONASTERALIS, e. **monasteriales.** qui ad sedem apostolicam ritus ecclesiastici siue monasteriales seruarentur, 5.19 (323.14)
monasterialibus. Hadrianus, . . . monasterialibus simul et ecclesiasticis disciplinis institutus, 4.1 (202.9)
Berctuald, . . . ecclesiasticis simul ac monasterialibus disciplinis summe instructus, 5.8 (295.22)
monasterialibus. plures . . . satagunt magis, accepta tonsura, monasterialibus adscribere uotis, 5.23 (351.21)

MONASTERIOLVM. monasteriolum. Dicul, habens monasteriolum permodicum in loco, qui uocatur Bosanhamm, 4.13 (231.2)

MONASTERIVM. monasteri. qua hora etiam eam monasterii [monasteri] partem, . . . eadem plaga tangeret, uar. 4.7 (219.19)
presbyterum et abbatem monasterii [monasteri] uar. 4.22 (250.17)
Sed illa post non multum tempus facti monasterii [monasteri] secessit ad ciuitatem Calcariam, uar. 4.23 (253.24)
Erat enim . . . in extremis monasterii [monasteri] locis seorsum posita, uar. 4.23 (258.21)
Bercthun, diaconus quondam eius, nunc autem abbas monasterii [monasteri], uar. 5.2 (283.4)
monasteria. Ex quo utroque monasterio plurima exinde monasteria . . . propagata sunt, 3.4 (134.7)
III: 'Vt, quaeque monasteria Deo consecrata sunt, nulli episcoporum liceat ea in aliquo inquietare, 4.5 (216.6)
monasteria. donabantur munere regio possessiones et territoria ad instituenda monasteria, 3.3 (132.21)
multi de Brittania monachicae conuersationis gratia Francorum uel Galliarum monasteria adire solebant; 3.8 (142.18)
et Osuiu, . . . possessiones et territoria Deo ad construenda monasteria dederit. 3.24 (177.12)
simul et XII possessiones praediorum ad construenda monasteria donaret; 3.24 (177.30)
Sed et diebus dominicis ad ecclesiam siue ad monasteria certatim, . . . confluebant; 3.26 (191.13)
ut nemo territoria ac possessiones ad construenda monasteria, . . . acciperet. 3.26 (191.22)
Vt Colman episcopus, relicta Brittania, duo monasteria in Scottia, . . . fecerit. 4.4 (213.1)
duo praeclara monasteria, unum sibi, alterum sorori suae Aedilburgae construxerat, 4.6 (218.27)
cum Aedilred . . . ecclesias ac monasteria sine respectu pietatis uel diuini timoris fedaret, 4.12 (228.9)
Distant autem inter se monasteria haec XIII ferme milibus passuum. 4.23 (258.8)
eosque, ubicumque poterat, amicis per monasteria commendans, 4.26 (267.23)
Dei enim uoluntatis est, ut ad Columbae monasteria magis docenda pergat." ' 5.9 (297.13)
dic illi, quia, uelit nolit, debet ad monasteria Columbae uenire, 5.9 (297.31)
plures per illas regiones ecclesias, sed et monasteria nonnulla construxit. 5.11 (303.13)
monasterii. a fratribus monasterii, quod ab ipsis conditum Læstingaeu cognominatur, Praef. (7.14)
quia tua fraternitas monasterii regulis erudita, 1.27 (48.28)
Augustinus episcopus in monasterii regula edoctus, 1.32 (68.30)
Primus autem eiusdem monasterii abbas Petrus presbyter fuit, 1.33 (70.25)

unde et praefatam insulam ab eis in possessionem monasterii faciendi accepit. 3.4 (133.28)
prae merito uirtutum eiusdem monasterii Brigensis est abbatissa constituta. 3.8 (142.25)
multi de fratribus eiusdem monasterii, qui aliis erant in aedibus, ... psallentium audisse referebant, 3.8 (143.21)
fratres monasterii illius, qui pridie abnuerant, diligenter ipsi petere coeperunt, 3.11 (148.23)
At illa aperiens ianuam monasterii, exiuit ipsa 3.11 (149.27)
curauit locum monasterii, quem a praefato rege Sigbercto acceperat, uelocissime construere, 3.19 (164.10)
Superest adhuc frater quidam senior monasterii nostri, 3.19 (167.15)
cupiens se ab omnibus saeculi huius et ipsius quoque monasterii negotiis alienare, 3.19 (167.32)
reliquit monasterii et animarum curam fratri suo Fullano, 3.19 (167.32)
qui de monasterii probatione diuturna ad heremiticam peruenerat uitam. 3.19 (168.4)
Adda autem erat frater Vttan presbyteri inlustris, et abbatis monasterii, 3.21 (170.21)
idem episcopus Cedd locum monasterii construendi ab Oidilualdo rege accipiens 3.23 (174.21)
antistes elegit sibi locum monasterii construendi 3.23 (175.12)
Studens autem uir Domini acceptum monasterii locum primo ... sorde purgare, 3.23 (175.21)
Studens autem uir Domini ... sic in eo monasterii fundamenta iacere, 3.23 (175.23)
Qui cum annis multis ... huius quoque monasterii statutis propositis curam gereret, 3.23 (176.10)
Quem uidelicet locum paulo ante eis, ... in possessionem monasterii dederat. 3.25 (183.3)
Erat autem presbyter uocabulo Ceadda, ... et abbas monasterii illius, quod uocatur Laestingaeu. 3.28 (195.2)
Sexuulfum, qui erat constructor et abbas monasterii, quod dicitur Medeshamstedi, 4.6 (218.8)
Quae suscepto monasterii regimine, 4.6 (219.5)
Cum tempestas saepe dictae cladis ... partem monasterii huius illam, qua uiri tenebantur, inuasisset, 4.7 (219.17)
qua hora etiam eam monasterii partem, ... eadem plaga tangeret, 4.7 (219.19)
splendor emissae lucis, ... in meridianum monasterii, hoc est ad occidentem oratorii, secessit, 4.7 (220.9)
Vt ad cymiterium eiusdem monasterii orans caeca lucem receperit. 4.10 (224.5)
et a fidelissimis eiusdem monasterii fratribus sibi relatum asserere solebat, 4.14 (233.4)
Celebrent ergo missas per cuncta monasterii oratoria huius, 4.14 (235.2)
ipsi essent ministri Domini ... ad tuitionem nostri monasterii missi ab ipso de caelis.' 4.14 (235.22)
decreta firmabat ... Iohannes archicantator ecclesiae sancti apostoli Petri, et abbas monasterii beati Martini, 4.18 (241.1)
Ceolfrido, qui post ipsum eiusdem monasterii abbas fuit, 4.18 (241.9)
accepit ab eo, in munimentum libertatis monasterii, quod fecerat, epistulam priuilegii 4.18 (241.12)
ritumque canendi ac legendi uiua uoce praefati monasterii cantores edocendo, 4.18 (241.22)
Non solum autem idem Iohannes ipsius monasterii fratres docebat, 4.18 (241.27)
Habebat enim germanum fratrem, ... presbyterum et abbatem monasterii in ciuitate, 4.22 (250.17)
Hild, abbatissa monasterii, quod dicitur Strenaeshalc, ... transiuit 4.23 (252.17)
Sed illa post non multum tempus facti monasterii secessit ad ciuitatem Calcariam, 4.23 (253.24)
Praelata autem regimini monasterii illius famula Christi Hild, 4.23 (253.27)
Erat enim haec ipsa hora ... in extremis monasterii locis seorsum posita, 4.23 (258.21)
'Sed quia tua fraternitas,' inquit, 'monasterii regulis erudita seorsum fieri non debet a clericis suis, 4.27 (270.31)
Harum particulam reliquiarum eo tempore habebat penes se quidam de presbyteris eiusdem monasterii nomine Thruidred, 4.32 (280.9)
Thruidred, qui nunc ipsius monasterii abbas est. 4.32 (280.10)
Bercthun, diaconus quondam eius, nunc autem abbas monasterii, 5.2 (283.4)
cum esset idem Boisil praepositus monasterii Mailrosensis 5.9 (297.2)
Erat autem Columba primus doctor fidei Christianae transmontanis Pictis ad aquilonem, primusque fundator monasterii, 5.9 (297.16)
et corpus eius in ultimis est monasterii locis humatum, 5.14 (314.26)
Aldhelm, cum adhuc esset presbyter et abbas monasterii, quod 'Maildufi urbem' nuncupant, 5.18 (320.30)
consecratusque est eis primus antistes Eadberct, qui erat abbas monasterii ... Vilfridi 5.18 (321.20)
et tribus annis ecclesiam sublimiter regens, dehinc ad monasterii sui, ... curam secessit, 5.19 (326.5)
misit legatarios ad ... Ceolfridum, abbatem monasterii beatorum apostolorum Petri et Pauli, 5.21 (332.26)
digessi Baeda ... presbyter monasterii beatorum apostolorum Petri et Pauli, 5.24 (357.4)
Qui natus in territorio eiusdem monasterii, 5.24 (357.6)
cunctumque ex eo tempus uitae in eiusdem monasterii habitatione peragens, 5.24 (357.10)
Historiam abbatum monasterii huius, ... Benedicti, Ceolfridi, et Huaetbercti in libellis duobus. 5.24 (359.12)

monasteriis. et monasteriis quoque periculum inminere praeuidens, 3.19 (168.9)
ita ut ne ecclesiis quidem aut monasteriis manus parceret hostilis. 4.26 (266.18)

monasteriis. et omnium Pictorum monasteriis non paruo tempore arcem tenebat, 3.3 (132.29)
Nam eo tempore necdum multis in regione Anglorum monasteriis constructis, 3.8 (142.17)
uerum de omnibus pene eiusdem prouinciae monasteriis ad audiendum eum, ... confluebant. 4.18 (241.29)
Vt Hiienses monachi cum subiectis sibi monasteriis canonicum praedicante Ecgbercto celebrare pascha coeperint. 5.22 (346.14)
monachi Scotticae nationis cum his, quae sibi erant subdita, monasteriis ad ritum paschae ... perducti sunt. 5.22 (346.18)

monasterio. Quo tempore eidem monasterio Segeni abbas et presbyter praefuit. 3.5 (135.20)
postulauit a rege Osuio, ut donaret ibi locum monasterio construendo 3.24 (180.1)
inuenit locum in Hibernia insula aptum monasterio construendo, 4.4 (213.23)
ad ultimam senectutem, eidem monasterio strenuissime, ... praefuit. 4.10 (224.8)
corpusque eius ... propter amorem sancti Martini, cuius monasterio praeerat, Turonis delatum ... est. 4.18 (242.21)
Cum ergo aliquot annos huic monasterio regularis uitae institutioni multum intenta praeesset, 4.23 (254.1)
Verum illa cum multis annis huic monasterio praeesset, 4.23 (256.12)
cucurrit ad uirginem, quae tunc monasterio abbatissae uice praefuit, 4.23 (257.21)
Qui cum monasterio propinquarent, et aedificia illius sublimiter erecta aspicerent, 4.25 (264.16)
Praeerat quidem tunc eidem monasterio regia uirgo Aelbfled, 4.26 (267.31)
Cudberct eidem monasterio factus propositus, plures ... regularem instituebat ad uitam. 4.27 (269.11)
Nec solum ipsi monasterio regularis uitae monita, simul et exempla praebebat, 4.27 (269.13)
qui tunc quidem in clero illius conuersatus, nunc monasterio, ... abbatis iure praeest. 5.6 (289.9)
ut eius rogatu monasterio supra memorato inditus, ac monachica sit tonsura coronatus, 5.12 (310.1)
monasterio tempore illo religiosae ac modestae uitae abbas et presbyter Ediluald praeerat, 5.12 (310.5)
suoque monasterio catholicam temporis paschalis obseruantiam instantissime praedicaret, 5.15 (316.8)
eiusque consilio ac suffragiis praefato fuerat monasterio sociatus, 5.19 (323.19)
Albinus discipulus eius, qui monasterio ipsius in regimine successit, 5.20 (331.8)

monasterio. Incipit autem duorum ferme milium spatio a monasterio Aebbercurnig 1.12 (26.24)
et dum primo de monasterio abstractus, 2.1 (74.34)
quosdam fratrum ex monasterio suo, ... coepit obseruantiae regularis habere; 2.1 (75.5)
uenerunt, ... uiri doctissimi, maxime de nobilissimo eorum monasterio, 2.2 (82.21)
Erant autem plurimi eorum de monasterio Bancor, 2.2 (84.9)
in monasterio beatissimi apostolorum principis ecclesiam sanctae Dei genetricis fecit, 2.6 (93.23)
atque in ecclesia et monasterio sancti apostoli Petri ... sepultus est 2.7 (93.29)
sepultusque est ... in ... monasterio et ecclesia beatissimi apostolorum principis, 2.7 (95.5)
et seruatur adhuc in monasterio reuerentissimi abbatis et presbyteri Thryduulfi, 2.14 (115.21)

ordinatus est in eodem monasterio ab Agilbercto episcopo Geuissorum, 5.19 (325.23)
Defunctus est autem in monasterio suo, 5.19 (330.2)
Hadrianus . . . defunctus est, et in monasterio suo in ecclesia beatae Dei genetricis sepultus; 5.20 (331.2)
cum fuisset presbyter in monasterio, quod uocatur Briudun. 5.23 (350.3)
monasterium. cum in VII portiones esset cum praepositis sibi rectoribus monasterium diuisum, 2.2 (84.12)
cuius monasterium in cunctis pene septentrionalium Scottorum, . . . arcem tenebat, 3.3 (132.27)
in quibus omnibus idem monasterium insulanum, . . . principatum teneret. 3.4 (134.9)
Est monasterium nobile in prouincia Lindissi, 3.11 (148.6)
ubi postmodum, castigandi huius facinoris gratia, monasterium constructum est; 3.14 (155.25)
Erat . . . monasterium siluarum et maris uicinitate amoenum, 3.19 (164.12)
Quod uidelicet monasterium usque hodie ab Anglis tenetur incolis. 4.4 (214.1)
propter angustiam loci, in quo monasterium constructum est, 4.10 (224.12)
quod uidelicet monasterium factum erat non multo ante a religiosa Christi famula Heiu, 4.23 (253.19)
priusquam monasterium Coludanae urbis esset incendio consumtum. 4.25 (262.21)
His temporibus monasterium uirginum, . . . flammis absumtum est. 4.25 (262.23)
monasterium. et monasterium beati Petri apostoli fecerit; 1.33 (70.8)
Fecit autem et monasterium non longe ab ipsa ciuitate 1.33 (70.17)
Nam mutato repente habitu saeculari monasterium petiit, 2.1 (74.5)
pontificali functus officio domum suam monasterium facere curauit; 2.1 (74.33)
Fecerat autem, priusquam Brittaniam ueniret, monasterium . . . in Hibernia, 3.4 (134.3)
uidisse se albatorum cateruam hominum idem monasterium intrare; 3.8 (143.14)
audisse referebant, . . . sonitum quasi plurimae multitudinis monasterium ingredientis; 3.8 (143.24)
incumbente uespera, in monasterium praefatum, noluerunt ea, . . . libenter excipere; 3.11 (148.11)
Peartaneu, a quo non longe et illa monasterium habebat. 3.11 (149.10)
ut ad ultimum, . . . intraret monasterium, 3.18 (162.27)
Vt Furseus apud Orientales Anglos monasterium fecerit; 3.19 (163.20)
Procedente tempore et ipse sibi monasterium, . . . construxit; 3.19 (164.24)
ibique praedicans uerbum, ut diximus, monasterium nobile construxit. 3.19 (167.30)
reliquit monasterii [monasterium] et animarum curam fratri suo Fullano, uar. 3.19 (167.32)
monasterium construxit in loco Latineaco nominato, 3.19 (168.12)
postulauit eum possessionem terrae aliquam a se ad construendum monasterium accipere, 3.23 (175.1)
ut accepta nuper loca ad faciendum monasterium uel ecclesiam, prius orationibus . . . consecrent. 3.23 (175.33)
expleto studio ieiuniorum et orationis, fecit ibi monasterium, 3.23 (176.6)
casu contigit, ut ad ipsum monasterium tempore mortalitatis adueniens, . . . obiret. 3.23 (176.12)
Dedit autem episcopus regendum post se monasterium fratri suo Ceadda, 3.23 (176.18)
Intrauit autem praefata regis Osuiu filia Deo dedicanda monasterium, 3.24 (179.1)
in loco, qui dicitur Streanæshalch, ibi monasterium construxit; 3.24 (179.5)
unde ei etiam donauerat monasterium XL familiarum 3.25 (182.35)
Qui statim ut ad illum uenit, dedit ei monasterium beati Petri apostoli, 4.1 (204.5)
cui etiam rex Vulfheri donauit terram L familiarum ad construendum monasterium 4.3 (207.5)
ut . . . ueniret ad monasterium eiusdem reuerentissimi patris, 4.3 (208.7)
Non enim ad otium, ut quidam, sed ad laborem se monasterium intrare signabat. 4.3 (208.10)
In hanc ergo perueniens, construxit monasterium, 4.4 (213.14)
emitque partem eius non grandem, ad constituendum ibi monasterium, 4.4 (213.26)
'Vt ipsi monachi non migrent de loco ad locum, hoc est de monasterio ad monasterium, 4.5 (216.10)
Depositus uero Vynfrid rediit ad monasterium suum, quod dicitur Adbaruae, 4.6 (218.10)
si ad monasterium delata uirginum sanctimonialium, ad reliquias sanctorum peteret, 4.10 (224.28)
Perducta namque a puellis suis ad monasterium, 4.10 (225.2)
fundauit ibi monasterium, ac regulari uita instituit, 4.13 (232.15)
Quae cum praefatum quoque monasterium, . . . nutu diuinae dispensationis attingeret; 4.14 (233.9)
Cyniberct, habens non longe ab inde monasterium 4.16 (237.27)
Cum enim idem Benedictus construxisset monasterium Brittaniae 4.18 (241.5)
quo concedente et possessionem terrae largiente, ipsum monasterium fecerat. 4.18 (241.16)
intrauit monasterium Aebbæ abbatissae, 4.19 (243.29)
De qua ferunt, quia, ex quo monasterium petiit, numquam lineis, . . . uti uoluerit; 4.19 (244.6)
gratias agentes rettulerunt ad monasterium. 4.19 (245.7)
ubi monasterium habere desiderauit memorata Christi famula, 4.19 (246.32)
quem ad monasterium suum deferens, honorifice sepeliuit, 4.22 (250.22)
contigit eam suscipere etiam construendum siue ordinandum monasterium in loco, qui uocatur Streaneshalch, 4.23 (254.4)
Nam eisdem, quibus prius monasterium, etiam hoc disciplinis uitae regularis instituit; 4.23 (254.6)
susceptumque in monasterium cum omnibus suis fratrum cohorti adsociauit, 4.24 (260.27)
mox ut intrauerunt monasterium, matri congregationis, uocabulo Aebbæ, curauit indicare. 4.25 (264.23)
Siquidem modo totum hoc monasterium ex ordine perlustrans, singulorum casas ac lectos inspexi, 4.25 (265.8)
Intrauit autem primo monasterium Mailros, 4.27 (269.1)
Duobus autem annis in episcopatu peractis repetiit insulam ac monasterium suum, 4.29 (274.4)
uenerit ipse tempore quodam ad monasterium uirginum 5.3 (285.8)
Rennuit episcopus dicens se ad monasterium, quod proxime erat, debere reuerti. 5.4 (287.9)
secessit ad monasterium praefatum, ibique uitam in Deo digna conuersatione conpleuit. 5.6 (292.7)
ad monasterium Mailros, quod Tuidi fluminis circumflexu maxima ex parte clauditur, peruenit; 5.12 (304.20)
corpusque eius loculo inditum, perlatum est in monasterium ipsius, 5.19 (322.21)
donauit . . . non multo post monasterium XXX familiarum in loco, qui uocatur Inhrypum; 5.19 (325.14)
quem uidelicet locum dederat pridem ad construendum inibi monasterium 5.19 (325.16)
ministerio fratrum perlatus in primum suum monasterium, quod uocatur Inhrypum, 5.19 (330.5)
qui cum . . . nostrum quoque monasterium uidere uoluisset, 5.21 (344.9)
Columba . . . in insula Hii monasterium fecit. 5.24 (353.10)
MONASTICVS, a, um. **monasticae.** multi de Brittania monachicae [monasticae] conuersationis gratia . . . monasteria adire solebant; uar. 3.8 (142.17)
diligenter ea, quae monasticae castitatis ac pietatis erant, et discere curabat et agere. 5.19 (323.3)
monasticae. Et quidam quidem mox se monasticae conuersationi fideliter mancipauerunt, 3.27 (192.13)
monasticam. monasticam saeculari uitam praetulit. 5.19 (322.29)
monasticis. curam non modicam lectionibus sacris simul et monasticis exhibebat disciplinis, 3.19 (164.21)
MONEO. monebat. Nam suo praedocta exemplo, monebat omnes 4.23 (256.21)
monendo. et in ecclesiae corpore monendo et persuadendo, 1.27 (53.18)
monent. ipsos potius monent arma corripere, 1.12 (27.12)
monente. expectamus adhuc monente euangelio in ipsa ebdomada tertia tempus diei dominicae, 5.21 (340.32)
monuerit. Vt Augustinus Brettonum episcopos pro pace catholica, . . . monuerit; 2.2 (81.8)
Vt Laurentius . . . Scottos unitatem sanctae ecclesiae maxime in pascha obseruando sequi monuerit, 2.4 (86.24)
Vt coniugem ipsius, per epistulam, salutis illius sedulam agere curam monuerit. 2.11 (104.7)
monuit. et in ecclesiam conuocatas orationibus ac psalmis pro anima matris operam dare monuit. 4.23 (257.29)
MONILE. monile. extemplo se repperire sub ueste sua monile pretiosissimum; 4.23 (256.4)

moniliorum. in quo iuuenculam me memini superuacua moniliorum pondera portare; 4.19 (246.9)
MONIMENTVM, *see* **MONVMENTVM.**
MONITVM. monita. quo mox condito dant fortia segni populo monita, 1.12 (27.26)
non minimum ad suscipienda uel intellegenda doctrinae monita salutaris sensum iuuit illius. 2.12 (107.4)
num ei obtemperare, et monita eius salutaria suscipere consentis?' 2.12 (109.18)
quos utique credo, . . . sic eius monita fuisse secuturos, 3.25 (188.6)
Nec solum ipsi monasterio regularis uitae monita, simul et exempla praebebat, 4.27 (269.14)
qui, . . . annis singulis eum uisitare, et monita ab eo perpetuae salutis audire solebat. 4.29 (274.15)
sicut facta uel monita cupis sequi, 5.21 (345.1)
monitis. ac monitis cauit, quae regula patrum Sedulus instituit; 5.19 (330.23)
monitis. Atque animas monitis texit ab hoste sacris. 2.1 (79.16)
cuius edoctus monitis caelestia sperare didicerat. 4.11 (227.18)
mater uirgo, et exemplis uitae caelestis esse coepit et monitis. 4.19 (244.5)
MONS. mons. redire praecepit a loco, qui uocatur Vilfaræsdun, id est mons Vilfari, 3.14 (155.13)
monte. quod in Sina monte Dominus ad populum locuturus 1.27 (59.6)
montem. montem cum turbis reuerentissimus Dei confessor ascendit; 1.7 (20.26)
montes. australes Picti, qui intra eosdem montes habent sedes, 3.4 (133.12)
montibus. de ipsis montibus, speluncis, ac saltibus continue rebellabant; 1.14 (29.20)
nonnulli de miserandis reliquiis in montibus conprehensi, 1.15 (32.29)
pauperem uitam in montibus, siluis, uel rupibus . . . agebant. 1.15 (33.2)
uallem circumdatam mediis montibus intuetur. 1.20 (39.1)
antistes elegit sibi locum monasterii construendi in montibus arduis ac remotis, 3.23 (175.13)
praedicare in uiculis, qui in arduis asperisque montibus procul positi aliis horrori erant ad uisendum, 4.27 (270.6)
montis. ut in arduo montis cacumine martyr aquam, . . . peteret, 1.7 (21.5)
usque ad annum obsessionis Badonici montis, 1.16 (33.18)
montium. et elatum clamorem repercusso aere montium 1.20 (39.9)
eis quae arduis atque horrentibus montium iugis ab australibus eorum sunt regionibus sequestratae. 3.4 (133.10)
introductus est, simulantibus fugam hostibus, in angustias inaccessorum montium, 4.26 (267.1)
MONS OLIVARVM, *the Mount of Olives.*
mons Oliuarum. Mons Oliuarum altitudine monti Sion par est, 5.17 (318.26)
MONS SION, *Mount Sion.*
monti Sion. Mons Oliuarum altitudine monti Sion par est, 5.17 (318.26)
MONSTRO. monstramus. 'Hic autem, quem uobis sequendum monstramus, computus paschae decennouenali circulo continetur; 5.21 (341.7)
monstrando. bona quoque opera eorum imitationi monstrando, 1.27 (53.11)
et boni operis exempla monstrando aedifica; 1.32 (68.10)
monstrantur. quae hactenus in ecclesia Cantiae conseruata monstrantur. 2.20 (126.11)
monstraret. locum, in quo requietura, et diem resurrectionis essent expectatura, monstraret. 4.7 (220.15)
monstras. et non potius eius, . . . etiam nunc habitum te, quantum potes, diligere monstras?'' 5.21 (344.19)
monstratum. Vt . . . ubi corpora sanctimonialium feminarum poni deberent, caelesti sit luce monstratum. 4.7 (219.10)
monstratur. quos copulatio carnalis affectus unum quodam modo corpus exhibuisse monstratur, 2.11 (105.27)
monstrauerunt. monstrauerunt mihi etiam uulnus incisurae, quod feceram, curatum; 4.19 (245.32)
monstrauit. Quod ipsum etiam facto monstrauit; 4.3 (208.11)
MONTANI. montanis. demoratus in montanis, plebem rusticam uerbo praedicationis simul et opere uirtutis ad caelestia uocaret. 4.27 (270.12)
MONVMENTVM (MONI-). monimentis. monimentis litterarum, . . . cognouerat; Praef. (6.12)
monumenti. Cuius personam, uitam, aetatem, et obitum, epitaphium quoque monumenti ipsius . . . pandit; 5.8 (295.5)
In huius ergo monumenti Aquilonali parte sepulchrum Domini in eadem petra excisum, . . . eminet; 5.16 (318.13)
Lapis, qui ad ostium monumenti positus erat, nunc fissus est; 5.16 (318.18)
cuius pars minor quadratum altare ante ostium nihilominus eiusdem monumenti stat; 5.16 (318.19)
Color autem eiusdem monumenti et sepulchri albo et rubicundo permixtus uidetur. 5.16 (318.21)
monumentis. De situ etiam Chebron et monumentis patrum ita scribit:— 5.17 (319.13)
Mamre collis mille passibus a monumentis his ad Boream, 5.17 (319.23)
monumento. cuius nec corpus in monumento corrumpi potuerit. 4.19 (243.2)
et iubente pontifice epitaphium in eius monumento scriptum, 5.7 (293.2)
monumentum. placuitque . . . ut lapis, quo monumentum tegebatur, amoueretur, 3.8 (143.34)
Huius in medio monumentum Domini rotundum petra excisum est, 5.16 (318.7)
monumentum. hactenus in orientalibus Cantiae partibus monumentum habet 1.15 (31.32)
MORA. mora. Quid mora? 1.26 (47.7)
mora. 'Nomen tuum quaero, quod sine mora mihi insinua.' 1.7 (19.20)
interueniente paululum mora, 1.27 (55.4)
mora. non mora, omnis se lues hereseos cuiusque, . . . infudit. 1.8 (22.18)
nec mora pestis secuta est; 1.13 (29.8)
nec mora, frugum copia, . . . secutum sit. 1.14 (29.13)
Non mora ergo, . . . grandescere populus coepit aduenarum, 1.15 (32.4)
nec mora, adherentem lateri suo capsulam 1.18 (36.13)
Nec mora, Augustinum, . . . domum remittunt, 1.23 (42.29)
Nec mora, congrua quaesitui responsa recepit; 1.27 (48.12)
Nec mora, inluminatur caecus, 2.2 (82.12)
Nec mora, uentus, . . . contra meridiem reflexus, 2.7 (94.27)
Nec mora, utrumque rex Brettonum Ceadualla . . . peremit. 3.1 (127.23)
Nec mora, quiescente dolore cessabat ab insanis membrorum motibus, 3.9 (146.5)
Nec mora, melius habere coepit, 3.13 (153.31)
Nec mora, Deo dilectus antistes Eadberct morbo correptus est acerbo, 4.30 (277.18)
Nec mora, dum feruens equus quoddam itineris concauum ualentiore impetu transiliret, lapsus decidi, 5.6 (290.11)
Nec mora, exemtum tenebris in auras me serenae lucis eduxit; 5.12 (307.7)
nec mora, gressum retorquens ipsa me, qua uenimus, uia reduxit. 5.12 (308.5)
Nec mora, quae dixerat, regia auctoritate perfecit. 5.21 (346.4)
MORBVS. morbi. Morbi diffugiunt, ydros et ater abit. 4.20 (248.24)
morbo. Ibique apud Eboracum oppidum morbo obiit. 1.5 (17.4)
infidelium corda naturali ac superstitioso morbo purgata, 2.8 (96.7)
inuenit puellam ibi neptem patris familias longo paralysis morbo grauatam; 3.9 (146.15)
correpti sunt ambo morbo eiusdem mortalitatis, et grauissime adflicti; 3.27 (192.29)
quaedam ex eisdem ancellis Dei, cum praefato tacta morbo, . . . coepit subito . . . clamare 4.8 (221.8)
tacta est repente grauissimo corporis morbo, 4.9 (222.7)
et siue periclitantes hoc morbo a praesenti morte liberaret, 4.14 (233.17)
Deo dilectus antistes Eadberct morbo correptus est acerbo, 4.30 (277.18)
Cumque morbo ingrauescente, denuo ad eum uisitandum ac docendum rex intraret, 5.13 (311.26)
morbus. Crescebat morbus paulatim, 4.31 (278.15)

"et ob hoc," inquit, "missus sum, ut te a morte reuocem; 5.19 (329.12)
ipsa, in qua per resurrectionem Christi liberatus est a morte aeterna populus omnis Dei. 5.21 (336.24)
mortem. Cumque ad mortem duceretur, 1.7 (20.4)
Gratianus . . . post mortem Valentis sex annis imperium tenuit, 1.9 (23.4)
mortem quoque, quae pene cunctis poena est, . . . amaret. 2.1 (74.11)
At uero post mortem Aedilbercti, . . . magno tenellis ibi adhuc ecclesiae crementis detrimento fuit. 2.5 (90.24)
qui pro paruulis Christi, . . . adflictiones, ipsam postremo mortem, mortem autem crucis, . . . pertuli?' 2.6 (92.28)
ut si ferri uulnus minus ad mortem regis sufficeret, peste iuuaretur ueneni. 2.9 (99.4)
quae cuius esset uirtutis, magis post mortem claruit. 3.8 (144.8)
Post cuius mortem, . . . intermissum est hoc aedificium annis VII, 3.8 (144.14)
quae deuotio mentis fuerit, etiam post mortem uirtutum miraculis claruit. 3.9 (145.14)
nec dubito me post mortem corporis statim ad perpetuam animae mortem rapiendum, 3.13 (153.4)
nec dubito me post mortem corporis statim ad perpetuam animae mortem rapiendum, 3.13 (153.5)
cuius excellentia fidei . . . etiam post mortem, uirtutum frequentium operatione claruerit; 3.13 (153.19)
Cumque . . . mortem sibi omnes inminere, et iamiamque adesse uiderent, 3.15 (158.15)
cui etiam caro post mortem incorrupta testimonium perhibuerit. 3.19 (163.21)
quid erga salutem eorum, qui ad mortem poeniterent, esset agendum, 3.19 (167.4)
Coepta sunt haec biennio ante mortem Pendan regis. 3.21 (170.33)
ut et ipse sic mortem euaderet aeternam, 3.23 (177.7)
quae per mortem carnis uiuos ecclesiae lapides de terrenis sedibus ad aedificium caeleste transferret. 4.3 (207.20)
ne ad mortem ueniens tanto adfectus dolore aliquid indignum suae personae uel ore proferret, 4.11 (226.9)
usque ad mortem Ecgfridi regis, . . . officium episcopatus et uerbo exercebat et opere. 4.13 (232.18)
'Noli timere, fili, mortem, pro qua sollicitus es; 4.14 (234.8)
Moxque illi instante carnifice mortem laeti subiere temporalem, 4.16 (238.6)
dolorem omnem ac mortem perpetua salute ac uita mutauit. 4.19 (245.22)
inter uerba exhortationis laeta mortem uidit, 4.23 (256.31)
quanta in gloria uir Domini Cudberct post mortem uiueret, 4.30 (276.8)
cuius ante mortem uita sublimis crebris etiam miraculorum patebat indiciis, 4.30 (276.9)
ut . . . neque aliud quam mortem sperare ualeremus. 5.1 (281.22)
accipies et ipse post mortem locum mansionis 5.12 (309.5)
Vt econtra alter ad mortem ueniens oblatum sibi a daemonibus codicem suorum uiderit peccatorum. 5.13 (311.1)
Beatus protomartyr Stephanus passurus mortem pro ueritate, uidit caelos apertos, 5.14 (314.30)
et ubi erat futurus ipse post mortem, ibi oculos mentis ante mortem, quo laetior occumberet, misit. 5.14 (314.32)
ubi erat futurus ipse post mortem, ibi oculos mentis ante mortem, quo laetior occumberet, misit. 5.14 (314.33)
in qua etiam sepultus spem nobis post mortem beatae quietis tribuit, 5.21 (338.21)
quia per mortem sui uiuificatoris ecclesia facta est, 5.21 (343.7)
In primam partem Samuelis, id est usque ad mortem Saulis, libros III. 5.24 (357.29)
morti. festinauit ei, ubi ad locum destinatum morti uenerat, occurrere, 1.7 (20.19)
si moriturus sum, ille me magis quam ignobilior quisque morti tradat. 2.12 (108.13)
quin uniuersos atrocitate ferina morti per tormenta contraderet, 2.20 (125.12)
Qui cum se morti proximum uideret, 3.13 (152.27)
erepta morti ac doloribus uirgo, laudes Domino Saluatori . . . referebat.' 5.3 (286.24)
et uidit eum mestis omnibus iam morti proximum, 5.5 (288.15)
mortis. nec timore mortis hi, qui supererant, . . . reuocari poterant. 1.14 (30.12)
si mortis periculo urguetur, 1.27 (54.32)
de mortis hora suspecti, 1.32 (69.22)
per horum manus ultionem essent mortis passuri. 2.2 (83.31)
Nec mirandum in loco mortis illius infirmos sanari, 3.9 (145.23)
Vt in Hibernia sit quidam per reliquias eius a mortis articulo reuocatus. 3.13 (152.5)
"quia iamiamque crescente corporis molestis ad articulum subeundae mortis conpellor; 3.13 (153.3)
Hunc cum dies mortis egredi e corpore cogeret, 3.17 (159.25)
quin intercessionibus, ut dixi, sui patris, . . . sit ab articulo mortis retentus, 3.23 (177.7)
Non autem mirum, si diem mortis uel potius diem Domini laetus aspexit, 4.3 (210.8)
cum . . . diem sibi mortis inminere sensisset, 4.11 (226.8)
quia dies sibi mortis, uel uitae magis illius, quae sola uita dicenda est, iam adpropiaret introitus; 4.29 (274.5)
quippe quem ab ipso, ut ita dicam, mortis limite reuocans, 5.6 (289.15)
et ibi usque ad diem mortis in tanta mentis et corporis contritione durauit, 5.12 (304.23)
qui . . . in ipso tandem mortis articulo ad paenitentiam confugiunt, 5.12 (308.14)
priusquam subito mortis superuentu tempus omne paenitendi et emendandi perderet. 5.13 (311.11)
ne exprobrarent sibi sodales, quod timore mortis faceret ea, quae sospes facere noluerat; 5.13 (311.22)
ne inprouiso mortis articulo praeuenti, inpaenitentes perirent. 5.13 (313.7)
per resurrectionis suae triumphum cunctas mortis tenebras superauit; 5.21 (340.15)
MORTALIS, e. **mortali.** omne, quod in hac mortali carne patimur ex infirmitate naturae, 1.27 (55.30)
mortalibus. ut utroque tempore mala mortalibus inminere signarent. 5.23 (349.10)
MORTALITAS. mortalitas. multas Brittaniae prouincias mortalitas saeua corripiebat. 4.14 (233.8)
mortalitate. et omnes socii ipsorum uel mortalitate de saeculo rapti, uel per alia essent loca dispersi, 3.27 (192.27)
coeperunt . . . adorare simulacra, quasi per haec possent a mortalitate defendi. 3.30 (199.20)
mortalitatis. 'Tempore,' inquit, 'mortalitatis, . . . percussus est eiusdem clade pestis inter alios scolasticus 3.13 (152.22)
ad ipsum monasterium tempore mortalitatis adueniens, 3.23 (176.12)
correpti sunt ambo morbo eiusdem mortalitatis, et grauissime adflicti; 3.27 (192.29)
Vt Orientales Saxones tempore mortalitatis ad idolatriam reuersi, 3.30 (199.7)
Quae uidelicet prouincia cum praefatae mortalitatis clade premeretur, 3.30 (199.13)
et aliqui etiam tempore mortalitatis, neglectis fidei sacramentis, . . . ad erratica idolatriae medicamina concurrebant; 4.27 (269.18)
MORTVVS. mortuis. ut ne sepeliendis quidem mortuis uiui sufficerent; 1.14 (30.11)
mortuis. de quo a mortuis suscitato dicit ipse discipulis: 2.1 (76.5)
memor, quia Dominus prima sabbati resurrexit a mortuis, 3.25 (185.25)
Vt quidam in prouincia Nordanhymbrorum a mortuis resurgens multa et tremenda et desideranda, . . . narrauerit. 5.12 (303.24)
tertia post immolationem suae passionis die resurgens a mortuis, 5.21 (340.5)
mortuo. qui cum die illo et nocte sequenti inter cadauera occisorum similis mortuo iaceret, 4.22 (249.27)
et ego, ut dixi, simillimus mortuo fierem. 5.6 (290.21)
inuenerunt corpus . . . integrum et flexibilibus artuum conpagibus multo dormienti quam mortuo similius; 4.30 (276.21)
mortuorum. ossa illius, quae more mortuorum consumto iam et in puluerem redacto corpore reliquo sicca inuenienda putabant; 4.30 (276.12)
mortuos. uenturus est in nubibus, in potestate magna et maiestate, ad iudicandos uiuos et mortuos. 4.3 (211.7)
mortuum. gaudere super mortuum non est permissus; 1.7 (21.13)
MORYNI, *see* **MORIANI.**
MOS. more. et more maligni spiritus, 1.17 (35.13)
more suo cum cruce sancta . . . hanc laetaniam . . . modularentur: 1.25 (46.22)

Dum nos sedes apostolica more suo, . . . ad praedicandum gentibus paganis dirigeret, ... 2.4 (87.28)
ut fidem cultumque suae religionis . . . more Christiano seruaret. 2.9 (98.7)
Namque diem paschae dominicum more suae gentis, . . . obseruare solebat. 3.3 (131.18)
eo quod ibi ecclesiam de lapide, insolito Brettonibus more fecerit. 3.4 (133.23)
et consueto equorum more, quasi post lassitudinem in diuersum latus uicissim sese uoluere, . . . 3.9 (146.7)
quam tamen more Scottorum non de lapide, sed de robore secto totam conposuit, ... 3.25 (181.6)
ut hanc eadem ipsa die more Aegyptiorum xv^am^ lunam ad uesperam esse fateretur. 3.25 (187.19)
non equitando, sed apostolorum more pedibus incedendo peragrare. 3.28 (195.21)
ne quid ille contrarium ueritati fidei, Grecorum more, in ecclesiam, cui praeesset, introduceret. . . 4.1 (203.3)
habuerat enim tonsuram more orientalium sancti apostoli Pauli. 4.1 (203.6)
Putta; maxime autem modulandi in ecclesia more Romanorum, . . . peritum. 4.2 (206.9)
atque omnes communicare more solito praecepit; 4.14 (235.27)
Vnde uisitantibus se ex more fratribus hordeum iussit adferri, ... 4.28 (272.3)
uenit ex more, cupiens salutaribus eius exhortationibus ad superna desideria magis magisque accendi. 4.29 (274.17)
ossa illius, quae more mortuorum consumto iam et in puluerem redacto corpore reliquo sicca inuenienda putabant; 4.30 (276.12)
capillis, quam more reliquiarum rogantibus amicis dare, uel ostendere in signum miraculi possent. . 4.32 (280.6)
catholicoque illos atque apostolico more celebrationem, . . . agere perdocuit. 5.22 (347.2)

morem. ut ministerium baptizandi, . . . iuxta morem sanctae Romanae et apostolicae ecclesiae conpleatis; 2.2 (83.18)
antequam cognosceremus, credentes, quod iuxta morem uniuersalis ecclesiae ingrederentur, . . . 2.4 (87.32)
ita ut in morem antiquorum Samaritanorum et Christo seruire uideretur et diis, ... 2.15 (116.6)
magister ecclesiasticae cantionis iuxta morem Romanorum siue Cantuariorum multis coepit existere; 2.20 (126.30)
ob crebrum morem orandi, . . . supinas super genua sua manus habere solitus sit. 3.12 (151.23)
eisque pedagogos ac magistros iuxta morem Cantuariorum praebente. 3.18 (162.23)
ieiunium ad uesperam usque iuxta morem protelans, ... 3.23 (175.28)
quod Scotti dominicum paschae diem contra uniuersalis ecclesiae morem celebrarent. 3.25 (181.17)
etsi pascha contra morem eorum, qui ipsum miserant, facere non potuit, ... 3.25 (182.8)
opera tamen fidei, . . . iuxta morem omnibus sanctis consuetum, diligenter exsequi curauit. . . . 3.25 (182.10)
iussit rex et Agilberctum proferre in medium morem suae obseruationis, ... 3.25 (184.11)
habens iuxta morem prouinciae illius coronam tonsurae ecclesiasticae, ... 3.26 (189.27)
paschae diem, . . . secus morem canonicum a xiiii^a^ usque ad xx^am^ lunam celebrant. 3.28 (195.13)
Vilfrido, qui . . . catholicum uiuendi morem ecclesiis Anglorum tradere didicit. 4.2 (205.18)
placuit conuenire nos iuxta morem canonum uenerabilium, ... 4.5 (215.1)
et imitari morem sacrae scripturae, cuius historiae carmina plurima indita, ... 4.20 (247.6)
nec uoluit nocte illa iuxta morem cum clericis suis manere, ... 5.6 (290.30)
ne contra uniuersalem ecclesiae morem uel in obseruantia paschali, uel in aliis quibusque decretis . . uiuere praesumeret, ... 5.15 (315.21)
qui iuxta morem Romanorum ecclesiam de lapide in gente ipsius facerent, ... 5.21 (333.4)
se quoque ipsum . . . morem sanctae Romanae et apostolicae ecclesiae semper imitaturum, ... 5.21 (333.7)
sic etiam morem habitus te imitari condeceat." 5.21 (345.1)

mores. subditorum mores ex magna uitae munditia, ... 1.32 (68.8)
Inest autem animo, . . . uitiosos mores corrigere, ... 3.13 (153.10)
semper eorum uitam, mores, et disciplinam sequi non desisto.' 3.25 (187.9)
si . . . mores sermonesque tuos in rectitudine ac simplicitate seruare studueris, ... 5.12 (309.3)

moribus. cetera, quae agitis, quamuis moribus nostris contraria, aequanimiter cuncta tolerabimus.' 2.2 (83.21)

moribus. ut bonis moribus uiuant, ... 1.27 (49.9)
et quae sunt Creatoris nostri iussioni contraria, ab episcoporum moribus conpescat. 1.27 (53.8)
Praua autem in coniugatorum moribus consuetudo surrexit, ... 1.27 (55.8)
atque officium suum fide ac moribus exsequentes, ... 1.29 (64.18)
sed non se posse absque suorum consensu ac licentia priscis abdicare moribus. 2.2 (82.17)
adeo tamen erat animo ac moribus barbarus, ... 2.20 (125.10)
Erat autem rex Osuini . . . et affatu iucundus, et moribus ciuilis, ... 3.14 (155.30)
quem cum Oidiluald, . . . uirum sanctum et sapientem, probumque moribus uideret, ... 3.23 (174.29)
et religiosis moribus iuxta ritus Lindisfarnensium, ubi educatus erat, instituit. 3.23 (176.7)
uirum sanctum, modestum moribus, scripturarum lectione sufficienter instructum, ... 3.28 (194.27)
eisdemque actibus ac moribus iuxta exemplum eius ac fratris sui Ceddi suos instituere curauit auditores. 3.28 (195.23)
Theodorus, . . . probus moribus, et aetate uenerandus, ... 4.1 (202.26)
fratres, . . . elegerunt ex suo numero uirum modestum moribus, ... 5.11 (302.7)
atque aetatem moribus transiens, ita se modeste et circumspecte in omnibus gereret, ... 5.19 (322.26)
dedit hoc illi, quem melioribus inbutum disciplinis ac moribus uidit. 5.19 (325.21)
miramque in moribus ac uerbis prudentiam, humilitatem, religionem ostenderet, ... 5.21 (344.10)
Brettones, quamuis . . . moribusque inprobis inpugnent; 5.23 (351.13)

moris. Quippe cum usque hodie moris sit Brettonum, ... 2.20 (125.17)
Et quia moris erat eidem reuerentissimo antistiti opus euangelii . . . ambulando . . . perficere, . . 4.3 (206.23)
Erat quippe moris eo tempore populis Anglorum, ... 4.27 (269.27)

morum. earumque uel maxime, quae uel aetate prouectae, uel probitate erant morum insigniores. . . 3.8 (143.9)

mos. Mos autem sedis apostolicae est ordinatis episcopis praecepta tradere, ... 1.27 (48.23)
Qui uidelicet mos adeo increbruit, ... 3.9 (145.21)

MOSAICVS, a, um, *Mosaic, of Moses.*

Mosaicae. cum scita legis Mosaicae iuxta litteram seruaret, ... 3.25 (185.4)
Iohannes enim ad legis Mosaicae decreta tempus paschale custodiens, nil de prima sabbati curabat; 3.25 (186.18)

MOSES, *Moses.*

Mosen. "dixerit Dominus ad Mosen et Aaron: 5.21 (334.15)

Mosi. e quibus duae in lege Mosi diuinitus statutae, ... 5.21 (334.3)
Item, Capitula lectionum in Pentateucum Mosi, Iosue, Iudicum; 5.24 (358.13)

MOTVS. motibus. augentes externas domesticis motibus clades, ... 1.12 (28.11)
quiescente dolore cessabat ab insanis membrorum motibus, ... 3.9 (146.6)
subito a diabolo arreptus, . . . spumare, et diuersis motibus coepit membra torquere. 3.11 (149.24)
cuius regni et principia et processus tot ac tantis redundauere rerum aduersantium motibus, . . . 5.23 (349.25)

motu. non solum membrorum ceterorum, sed et linguae motu caruit. 4.9 (223.15)
ne . . . aliquid indignum suae personae uel ore proferret, uel aliorum motu gereret membrorum. . . 4.11 (226.11)

motum. et mox uelut emoriens sensum penitus motumque omnem perdidi. 5.6 (290.13)

motus. tempestates, bella, fames, pestilentiae, terrae motus per loca; 1.32 (69.17)

motus. eiusque barbaros motus, ... 2.1 (78.14)
et motus eius insanos conprimere conati nequaquam ualebant, ... 3.11 (149.31)

MOVEO. mota. Vt quaestio sit mota de tempore paschae aduersus eos, qui de Scottia uenerant. . . 3.25 (181.1)

mota. Mota ergo ibi quaestione de pascha, uel tonsura, ... 3.25 (183.13)

motae. nisi a te moti [motae] fuerint, ... uar. 2.10 (102.24)

moti. nisi a te moti fuerint, ... 2.10 (102.24)

motus. Vnde motus eius profectibus Aedan rex Scottorum, ... 1.34 (71.21)

mouearis. nec de loco mouearis, donec hora recessionis febrium transierit. 3.12 (151.6)
mouere. ut ne unum quidem mouere ipsa membrum ualeret. 4.9 (223.1)
moueri. quibus increpatis moueri se fidei praesumtione non passus est. 1.19 (37.17)
Et quia moueri non poteram, tetenderunt ibidem papilionem, in quo iacerem. 5.6 (290.21)
mouet. Mouet enim aera Dominus, ... 4.3 (210.32)
mouit. Itaque expeditionem in Brittaniam mouit, ... 1.3 (15.8)
Vnde merito mouit haec quaestio sensus et corda multorum, ... 3.25 (182.21)
Mouet [Mouit] enim aera Dominus, ... uar. 4.3 (210.32)
MOX. mox ut, proximante terris nauigio, odore aeris illius adtacti fuerint, ... 1.1 (12.31)
et mox effectum piae postulationis consecutus est; 1.4 (16.9)
mox se sanctus Albanus pro hospite ac magistro suo, . . . militibus exhibuit, ... 1.7 (18.26)
1.7 (19.3); 1.7 (21.21); 1.9 (23.19); 1.11 (24.17); 1.11 (24.30); 1.12 (26.8); 1.12 (26.30); 1.12 (27.25); 1.27 (57.9); 2.1 (74.18); 2.1 (80.32); 2.2 (83.12); 2.3 (86.4); 2.5 (91.6); 2.6 (92.12); 2.6 (93.1); 2.7 (94.30); 2.9 (99.12); 2.9 (99.15); 2.12 (110.14); 2.13 (112.13); 2.13 (112.16); 2.13 (113.16); 2.14 (114.7); 2.15 (116.23); 3.2 (129.18); 3.3 (131.5); 3.5 (135.27); 3.6 (138.19); 3.8 (143.24); 3.11 (150.18); 3.13 (152.28); 3.17 (160.9); 3.17 (160.26); 3.18 (162.19); 3.22 (173.22); 3.22 (174.2); 3.23 (177.2); 3.26 (190.25); 3.26 (191.15); 3.27 (192.13); 3.28 (195.17); 3.29 (196.2); 3.30 (199.8); 4.1 (201.4); 4.2 (204.16); 4.2 (206.4); 4.3 (211.11); 4.3 (212.21); 4.8 (221.4); 4.13 (231.31); 4.14 (234.29); 4.15 (236.13); 4.16 (238.5); 4.19 (245.2); 4.19 (246.18); 4.22 (250.14); 4.23 (253.28); 4.23 (258.19); 4.24 (260.12); 4.24 (260.25); 4.25 (264.23); 4.28 (272.8); 4.29 (275.4); 4.29 (275.13); 4.30 (276.24); 4.31 (279.8); 5.1 (282.18); 5.3 (285.16); 5.3 (285.22); 5.6 (290.12); 5.6 (291.9); 5.6 (291.26); 5.7 (292.19); 5.11 (301.20); 5.11 (303.5); 5.12 (304.16); 5.12 (307.5); 5.12 (307.17); 5.12 (308.32); 5.13 (312.28); 5.15 (316.30); 5.19 (325.12); 5.19 (328.9); 5.19 (329.30); 5.23 (349.19).
MVIGÉO, *see* **MAGÉO.**
MVLIEBRIS, e. **muliebri.** ut ne sexui quidem muliebri, uel innocuae paruulorum parceret aetati, . . . 2.20 (125.10)
MVLIER. mulier. Si pregnans mulier debeat baptizari? 1.27 (53.25)
Mulier etenim pregnans cur non debeat baptizari, ... 1.27 (54.7)
Cum uero enixa fuerit mulier, ... 1.27 (54.20)
Quae tamen mulier, . . . prohiberi ecclesiam intrare non debet, ... 1.27 (55.18)
Nouimus namque, quod mulier, quae fluxum patiebatur sanguinis, ... 1.27 (55.22)
quod munda mente mulier ex natura patitur, ... 1.27 (57.12)
etiam si mulier una cum recens nato paruulo uellet totam perambulare insulam 2.16 (118.6)
Quod ut factum est, surrexit statim mulier sana, ... 5.4 (287.24)
mulierem. Si itaque enixam mulierem prohibemus ecclesiam intrare, ... 1.27 (54.29)
Baptizare autem uel enixam mulierem, uel hoc quod genuerit, ... 1.27 (54.31)
siquis uir ad menstruatam mulierem accedat. 1.27 (55.18)
'Saluabitur uir infidelis per mulierem fidelem.' 2.11 (106.5)
mulieres. ut mulieres filios, quos gignunt, nutrire contemnant, ... 1.27 (55.8)
quanto magis mulieres, . . . custodire in se munditiam carnis debent, ... 1.27 (59.11)
mulieri. ut mixtus uir mulieri, et lauari aqua debeat, ... 1.27 (57.17)
Quia mulieri uir miscetur, ... 1.27 (57.19)
Miserat autem episcopus mulieri, quae infirma iacebat, de aqua benedicta, ... 5.4 (287.18)
mulieribus. eosque aliis mulieribus ad nutriendum tradant, ... 1.27 (55.9)
cur non concedatur cunctis mulieribus, ... 1.27 (56.7)
Menstrua enim consuetudo mulieribus non aliqua culpa est, ... 1.27 (56.16)
mulieribus mixti non essent: 1.27 (59.10)
mulieribus. prius eundem populum abstinere a mulieribus praecipit. 1.27 (59.7)
ut si a mulieribus mundi essent, ... 1.27 (59.15)
nisi prius mundos eos Dauid a mulieribus fateretur. 1.27 (59.17)
MVLTA. multa. sed debita solummodo multa pecuniae regi ultori daretur. 4.21 (249.15)
MVLTIFARIVS, a, um. **multifario.** ecclesiae suae, . . . aedificium multifario decore ac mirificis ampliauit operibus. 5.20 (331.17)
in qua resurrectionis suae gloriam Dominus multifario piae reuelationis gaudio discipulis patefecit. 5.21 (336.27)
MVLTIMODVS, a, um. **multimoda.** quae nobis multimoda relatione per praesentium portitores laudabiliter insinuata est, ... 2.17 (119.26)
MVLTIPLEX, icis. **multiplica.** zelum rectitudinis tuae in eorum conuersione multiplica, ... 1.32 (68.7)
multiplicem. ut fructum fidei creditorumque tibi beneficiorum Redemtori tuo multiplicem resignares. . 2.11 (106.8)
quin potius fructum in ea multiplicem credentium populorum pius agri spiritalis cultor inuenit. . . 2.15 (116.31)
multiplices. et post multiplices militiae caelestis agones ad praemia remunerationis supernae tota mente suspirans. 5.11 (303.21)
multiplici. Conposita itaque insula securitate multiplici, ... 1.20 (39.22)
MVLTIPLICITER. et in omni mundo adnuntiata uestri operis multipliciter referat fructum. 2.17 (119.5)
Tobiam . . . consecrauit, uirum Latina, Greca, et Saxonica lingua atque eruditione multipliciter instructum. 5.8 (296.2)
MVLTIPLICIVS. ut in spiritalis operis studio ex remuneratione ualeant multiplicius insudare. . . . 1.29 (63.21)
MVLTIPLICO. multiplicant. clamorem repercusso aere montium conclusa multiplicant; 1.20 (39.10)
quanto se in mente nostra gaudia de gentis uestrae perfecta conuersione multiplicant. 1.32 (69.28)
multiplicatis. ei, quod signare possetis multiplicatis generationibus, ... 2.8 (95.31)
multiplicatis. quae nuper, multiplicatis fidelium plebibus, in sedem pontificatus addita ipsum primum habet antistitem. 5.23 (351.3)
multiplicauit. misit sagittas suas, et dissipauit eos, fulgora multiplicauit, et conturbauit eos?" . . . 4.3 (210.31)
MVLTITVDO. multitudine. ut, exclusa multitudine daemonum, multitudo ibi sanctorum memoriam haberet. 2.4 (88.33)
multitudinem. uiditque ibi non paruam hominum multitudinem utriusque sexus, ... 1.7 (20.7)
magnam eorum multitudinem sternens, ... 1.12 (26.10)
quae in breui tantam eius multitudinem strauit, ... 1.14 (30.10)
pestilentiae lues, . . . magnam hominum multitudinem strauit. 3.27 (192.4)
multitudinis. audisse referebant, . . . sonitum quasi plurimae multitudinis monasterium ingredientis; . 3.8 (143.24)
multitudo. inmensa hostium multitudo consederat, ... 1.2 (14.14)
multitudo excepit sacerdotes, ... 1.17 (34.30)
Illic plane inmensa multitudo . . . conuenerat, ... 1.17 (35.20)
At multitudo omnis desperatione perterrita obuiam currit incendio. 1.19 (37.18)
Nam maxima exercitus multitudo undam lauacri salutaris expetiit, ... 1.20 (38.19)
aderat ferox hostium multitudo, ... 1.20 (39.3)
occurrit inscia multitudo, ... 1.21 (40.18)
multitudo ibi sanctorum memoriam haberet. 2.4 (88.33)
quia multitudo pauperum undecumque adueniens maxima per plateas sederet, ... 3.6 (138.17)
Cumque . . . sine ulla quietis intercapedine innumerabilis spirituum deformium multitudo torqueretur, 5.12 (30[illegible].[illegible]1)
immolabitque eum uniuersa multitudo filiorum Israel ad uesperam." 5.21 (334.21)
MVLTO. multati. Et cum dicerent, 'Pax et securitas,' extemplo praefatae ultionis sunt poena multati. 4.25 (265.34)
MVLTO. 1.14 (30.14); 1.15 (30.25); 1.21 (41.16); 1.22 (42.8); 3.7 (140.9); 3.9 (146.12); 3.14 (157.12); 3.19 (168.13); 3.21 (171.10); 3.24 (178.19); 3.25 (187.32); 3.26 (190.14); 4.1 (202.1); 4.7 (220.8); 4.9 (223.7); 4.11 (226.16);

4.13 (230.14); 4.14 (235.30); 4.18 (242.3); 4.18 (242.18); 4.19 (245.29); 4.23 (253.20); 4.30 (276.6); 4.30 (276.20); 4.30 (277.20); 5.6 (291.28); 5.11 (302.17); 5.11 (303.14); 5.12 (304.19); 5,12 (307.30); 5.13 (312.31); 5.19 (321.29); 5.19 (325.13); 5.19 (325.27); 5.21 (344.28); 5.22 (346.16); 5.23 (349.15).

MVLTVM. 1.1 (10.3); 1.1 (12.26); 1.7 (20.21); 2.6 (93.4); 2.6 (93.7); 2.7 (94.26); 2.9 (98.25); 2.12 (109.30); 2.12 (110.16); 2.13 (113.18); 2.20 (125.30); 3.3 (132.8); 3.9 (145.20); 3.11 (148.8); 3.11 (150.3); 3.12 (151.17); 3.14 (156.14); 3.14 (157.1); 3.14 (157.2); 3.17 (161.12); 3.17 (161.30); 3.19 (166.16); 3.19 (167.16); 3.23 (175.4); 3.24 (180.15); 3.25 (186.35); 3.25 (188.2); 3.26 (190.12); 3.27 (194.5); 4.3 (206.27); 4.3 (209.22); 4.9 (222.8); 4.9 (223.19); 4.11 (225.16); uar. 4.11 (225.22); 4.13 (230.20); 4.13 (232.2); 4.14 (234.4); 4.17 (238.27); 4.18 (242.8); 4.18 (242.24); 4.19 (243.26); 4.19 (246.5); 4.21 (249.7); 4.23 (254.2); 4.23 (257.22); 4.24 (261.11); 4.25 (263.3); 4.25 (265.1); 4.26 (266.28); 4.28 (272.28); 4.29 (275.23); 4.30 (277.19); 5.1 (281.23); 5.1 (282.19); 5.3 (285.25); 5.3 (286.14); 5.4 (286.28); 5.5 (288.11); 5.5 (288.21); 5.5 (288.28); 5.12 (304.9); 5.12 (304.13); 5.12 (306.14); 5.12 (309.9); 5.13 (311.18); 5.14 (314.4); 5.14 (314.13); uar. 5.15 (316.31); 5.18 (321.13); 5.19 (325.4); 5.19 (325.33); 5.21 (345.25); 5.23 (349.5)

MVLTVS, a, um. **multa.** 5.10 (301.13).
multa. 1.27 (58.7); 1.32 (69.14); 2.1 (79.30); 3.9 (145.26); 3.9 (146.18); 3.19 (164.24); 3.27 (193.25); 5.18 (320.17).
multa. 1.27 (56.31); 2.3 (85.27); 2.9 (100.14); 2.18 (121.14); 3.8 (143.1); 3.17 (161.25); 3.22 (172.10); 3.27 (193.29); 3.30 (199.28); 4.13 (230.4); 4.17 (239.30); 4.23 (252.18); uar. 4.23 (254.7); 4.24 (261.7); 5.12 (303.24); 5.12 (303.30); 5.12 (304.25); 5.15 (316.24); 5.19 (324.26); 5.19 (326.14); 5.20 (332.11).
multae. 2.11 (104.17); 3.15 (157.24); 4.5 (217.26); 4.31 (278.6); 5.3 (285.6); 5.12 (304.31).
multae. 1.11 (24.23); 5.23 (351.29).
multam. 1.29 (63.3); 2.12 (107.26); 2.16 (117.23); 3.22 (172.28); 4.23 (254.7).
multarum. 1.15 (32.2).
multas. 2.6 (92.17); 3.25 (187.30); 4.14 (233.7); 4.19 (243.16); 5.15 (316.22); 5.21 (345.5).
multi. 1.27 (51.17); 2.1 (79.30); 2.13 (111.26); 3.2 (129.15); 3.8 (142.17); 3.8 (143.20); 3.9 (145.19); 3.10 (147.26); 3.11 (149.15); 3.16 (158.29); 3.21 (170.24); 3.24 (179.11); 3.27 (192.9); 4.14 (233.11); 4.14 (235.35); 4.18 (241.31); 4.19 (245.12); 4.19 (245.19); 4.22 (252.3); 4.27 (269.17); 4.28 (272.24).
multis. 2.1 (75.19); 2.20 (126.30); 3.19 (165.15); 3.23 (177.3); 4.23 (256.10); 4.25 (265.4); 4.26 (267.27); 5.9 (297.17); 5.12 (310.33); 5.15 (316.18); 5.15 (316.31); 5.18 (320.20); 5.21 (345.22).
multis. 2.12 (108.17); 3.7 (140.26); 3.7 (141.5); 3.7 (141.30); 3.19 (167.24); 3.23 (176.9); 3.25 (187.28); 4.7 (219.14); 4.9 (222.1); 4.9 (222.25); 4.9 (222.32); 4.10 (224.7); 4.11 (225.22); 4.18 (241.26); 4.23 (256.12); 4.24 (260.16); 4.28 (272.10); 4.28 (272.19); 5.1 (281.6); 5.5 (288.30); 5.6 (289.14).
multis. 1.1 (11.24); 1.13 (29.9); 1.27 (49.28); 3.7 (139.31); 3.19 (168.25); 4.30 (277.14).
multis. 1.5 (16.17); 1.10 (24.4); 2.2 (83.14); 2.4 (87.16); 3.8 (142.16); 3.25 (185.5); 5.10 (299.11); 5.15 (317.4); 5.19 (330.24).
multo. 5.3 (286.3).
multo. 1.1 (9.5); 1.21 (39.31); 1.21 (41.7); 2.2 (84.31); 2.5 (92.4); 2.6 (92.20); 2.9 (98.29); 2.12 (107.19); 2.15 (116.17); 2.20 (125.13); 2.20 (126.23); 3.2 (129.29); 3.4 (133.13); 3.9 (145.29); 3.13 (153.32); 3.14 (157.9); 3.18 (162.29); 3.19 (165.20); 3.21 (170.17); 3.23 (176.34); 3.27 (192.24); 3.27 (193.27); 4.1 (203.18); 4.6 (218.3); 4.21 (249.17); 4.23 (255.8); 4.25 (264.13); 5.10 (299.16); 5.18 (320.15); 5.22 (346.25).
multorum. 1.17 (35.17); 1.32 (69.33); 2.1 (74.22); 2.1 (74.31); 2.3 (85.10); 3.25 (182.22); 4.22 (249.23); 4.24 (259.2); 5.6 (289.26).
multorum. 1.26 (47.20).
multos. 1.12 (25.24); 1.14 (29.17); 1.14 (29.21); 1.30 (65.16); 3.5 (136.30); 3.7 (140.3); 3.11 (149.30); 3.17 (161.5); 3.19 (163.30); 3.25 (181.21); 4.6 (218.7); 4.6 (218.21); 4.27 (270.15); 4.32 (280.4); 5.8 (295.31); 5.9 (298.17); 5.10 (298.27); 5.10 (299.13); 5.11 (302.18); 5.11 (303.12); 5.12 (308.18); 5.14 (315.6); 5.18 (321.2); uar.5.21 (345.5); 5.24 (359.1).
multum. 4.25 (263.28); 5.21 (336.29).
multum. 3.19 (165.12); 3.25 (182.32); 4.12 (228.24); 4.23 (253.24).
multus. 4.20 (248.3); 4.20 (248.4).

MVNDANVS, a, um. **mundanis.** magis in ecclesiasticis quam in mundanis rebus erat industrius; . . . 4.12 (228.19)
MVNDIALIS, e. **mundialibus.** merito uentis flammisque mundialibus praeualere, ... 2.7 (95.1)
MVNDISSIMVS, a, um. **mundissima.** delectatus uita mundissima sanctorum, ... 1.26 (47.18)
MVNDITIA. **munditia.** tanta prouisione est munditia corporis requisita, ... 1.27 (59.9)
munditia. subditorum mores ex magna uitae munditia, ... 1.32 (68.8)
munditiam. custodire in se munditiam carnis debent, ... 1.27 (59.12)
MVNDO. **mundatus.** sui tamen est sanguinis lauacro mundatus, ... 1.7 (21.19)
MVNDVS. **mundi.** Et quia prope sub ipso septentrionali uertice mundi iacet, ... 1.1 (10.30)
cuncta huius mundi uelut aliena spernendo, ... 1.26 (47.2)
praesentis mundi iam terminus iuxta est, ... 1.32 (69.11)
Adpropinquante autem eodem mundi termino, ... 1.32 (69.13)
'Ecce ego uobiscum sum omnibus diebus usque ad consummationem mundi.' 2.8 (95.24)
Nil enim huius mundi quaerere, nil amare curabat. 3.5 (135.25)
praesentis mundi tenebras transiens supernam migrauit ad lucem, ... 3.8 (143.19)
alterum cupiditatis, cum mundi diuitias amori caelestium praeponimus; 3.19 (165.25)
et ipse ab omnibus mundi rebus liber in anchoretica conuersatione uitam finire disposuit. . . . 3.19 (168.1)
sed adeo se mundi rebus exuit, ... 4.3 (208.5)
Femina uirgo parit mundi deuota parentem, ... 4.20 (247.19)
Canebat autem de creatione mundi, et origine humani generis, ... 4.24 (260.34)
cum esset et ipse contemtu mundi ac doctrinae scientia insignis, ... 5.9 (298.16)
cum suis paucissimis et in extremo mundi angulo positis uiuere praesumeret, ... 5.15 (315.23)
Quod si de philosophia mundi uere intellegere, ... 5.21 (333.25)
de statu huius mundi merito diligere potuit homo huius mundi; 5.21 (333.26,27)
agni inmaculati, qui abstulit peccata mundi; 5.21 (336.19)
etsi uera lux tenebras mundi moriendo ac resurgendo numquam uicisset, ... 5.21 (340.26)
sed redemtionem totius mundi, quae in antiqui Dei populi liberatione praefigurata, ... 5.21 (341.2)
proque huius perceptione et aduersa se mundi et prospera contemnere designent. 5.21 (343.23)
mundo. ac mundo spem resurrectionis contulit, ... 3.25 (185.25)
uel potius mundo seruire non possent. 4.11 (225.29)
deinde luna plenum suae lucis orbem mundo praesentet; 5.21 (340.13)
mundo. Certe enim dum coniugia in mundo celebrantur, ... 1.27 (52.21)
et in omni mundo adnuntiata uestri operis multipliciter referat fructum. 2.17 (119.5)
Qua plaga praefatus Domini sacerdos Tuda raptus est de mundo, ... 3.27 (192.6)
ueniret hora ipsius, ut transiret ex hoc mundo ad Dominum, ... 4.3 (207.24)
cum uir ille de mundo transiret, ... 4.3 (211.31)
quo ceteros exterminio raptari e mundo contingeret. 4.7 (219.24)
cum et ipsa mater congregationis illius e mundo transiret. 4.9 (221.28)
Cum autem et ipsa mater pia Deo deuotae congregationis Aedilburga esset rapienda de mundo, . . 4.9 (221.30)
seu raptos e mundo a perpetua animae damnatione seruaret. 4.14 (233.18)
quod nemo praeter ipsum tempore illo ex eodem est monasterio raptus de mundo. 4.14 (235.35)
et numerum quoque eorum, qui de suo monasterio hac essent de mundo rapiendi, . . . intimauerit. 4.19 (244.20)
Tertia autem die prioribus adgrauata doloribus, et rapta confestim de mundo, ... 4.19 (245.21)

inuentum est, eadem hora transitum eius illis ostensum esse per uisionem, qua illam referebant exisse de mundo. 4.23 (258.4)
nec multo post successor episcopatus eius de mundo transierit. 4.30 (276.6)
quanto magis ciuibus patriae caelestis in hoc mundo peregrinantibus optandum est, 5.21 (333.28)
quo plus in mundo quique ualent, 5.21 (333.29)
si . . . pascha, id est transitum, de hoc mundo ad Patrem, cum illo facere curamus. 5.21 (340.9)
quod uenerabilis uir non solum in pascha transiuit de hoc mundo ad Patrem; 5.22 (348.2)
mundo. Femina uirgo parit mundi [mundo] deuota parentem, uar. 4.20 (247.19)
mundum. iussus est ab angelis, qui eum ducebant, respicere, in mundum. 3.19 (165.17)
audiuit hos esse ignes, qui mundum succendentes essent consumturi. 3.19 (165.22)
Nec tamen hodie clarescente per mundum euangelio necesse est, . . . fidelibus uel circumcidi, 3.25 (185.17)
Petrus et Paulus, qui ut duo luminaria caeli inluminant mundum, 3.29 (197.29)
et pura intentione supernae retributionis mundum derelinquens, 4.3 (207.29)
ut uel tunc diuino se seruitio pariter manciparent, cum amplius pariter mundum amplecti, 4.11 (225.29)
ita etiam tranquilla morte mundum relinquens ad eius uisionem ueniret, 4.24 (262.14)
in qua Dominus suo mundum sanguine a peccatorum tenebris liberauit, 5.21 (338.19)
uel sub quo iudice mundum uicerint, diligenter adnotare studui. 5.24 (359.20)
mundus. cum ipsum sapientissime uixisse omnis mundus nouerit.' 3.25 (185.2)
dixit quidam saecularium scriptorum, quia felicissimo mundus statu ageretur, 5.21 (333.23)
MVNDVS, a, um. **munda.** quod munda mente mulier ex natura patitur, 1.27 (57.12)
munda. et ecce omnia munda sunt uobis.' 1.27 (49.17)
'Omnia munda mundis, 1.27 (57.7)
mundi. ut si a mulieribus mundi essent, 1.27 (59.15)
mundis. 'Omnia munda mundis, 1.27 (57.8)
mundo. sacra mundo corde atque ore conficiunt. 1.8 (22.13)
mundos. nisi prius mundos eos Dauid a mulieribus fateretur. 1.27 (59.16)
mundum. coinquinatis autem et infidelibus nihil est mundum.' 1.27 (57.8)
ipse cuncta, . . . rememorando secum, et quasi mundum animal ruminando, in carmen dulcissimum conuertebat, 4.24 (260.31)
mundus. sperans, quia mox baptizatus, carne solutus ad aeterna gaudia iam mundus transiret; 5.7 (292.20)
MVNERO. muneraret. et ereptos de potestate nequitiae diabolicae prauitatis caelestibus praemiis muneraret. 2.10 (103.22)
MVNICEPS. municeps. apud Brittanias Gratianus municeps tyrannus creatur, 1.11 (24.25)
MVNICIPIVM. municipio. dum se in oppido municipio temerarie obsedisset, 3.1 (128.3)
MVNIFICENTIA. munificentia. in splendore gloriae sempiternae cohabitare, eius opitulante munificentia ualeatis. 2.10 (103.31)
illud etiam clementer conlata suae pietatis munificentia tribuit, 2.18 (120.27)
MVNIMEN. munimine. quae extrinsecus ecclesiae pro munimine erat adposita, 3.17 (160.6)
ut crebro uexilli huius munimine a malignorum spirituum defendatur incursibus; 5.21 (343.9)
MVNIMENTVM. munimentum. et haec eadem destina in munimentum est parietis, . . . forinsecus adposita. 3.17 (160.27)
accepit ab eo, in munimentum libertatis monasterii, quod fecerat, epistulam priuilegii 4.18 (241.12)
MVNIO. muniens. Sicque se caelesti muniens uiatico, uitae alterius ingressui parauit; 4.24 (262.5)
munito. superueniente cum paruo exercitu, sed fide Christi munito, 3.1 (128.19)
munitum. obtentu insuper siluarum munitum, 1.2 (14.28)
munitus. Horum ergo consortio non solum a terrenis est munitus incursibus, 2.1 (75.13)
muniuntur. uallum uero, quo ad repellendam uim hostium castra muniuntur, 1.5 (16.25)
muniuit. postquam obitum suum dominici corporis et sanguinis perceptione muniuit, 4.3 (210.5)
MVNITIO. munitio. ubi aquarum munitio deerat, 1.12 (26.20)
MVNITISSIMVS, a, um. **munitissima.** ubi est ciuitas Brettonum munitissima 1.1 (13.15)
MVNVS. munera. pretiosa ibidem munera conditurus; 1.18 (36.27)
quae Redemtoris nostri misericordia suis famulis dignatur bonorum munera praerogare, 2.18 (120.26)
Itaque qui haec obtulit munera, de hac subtractus est luce, 3.29 (198.11)
Munera nos Christi, bella Maro resonet. 4.20 (247.12)
Munera laeta capis, festiuis fulgida taedis, 4.20 (248.29)
Ecce uenit sponsus, munera laeta capis. 4.20 (248.30)
quae cum ille et munera gratanter acciperet, 4.30 (277.4)
munere. Quod equidem in uestrae gloriae sensibus caelesti conlatum munere mystica regenerationis uestrae purgatio patenter innuit. 2.11 (104.22)
donabantur munere regio possessiones et territoria ad instituenda monasteria, 3.3 (132.20)
'Vt episcopi atque clerici peregrini contenti sint hospitalitatis munere oblato; 4.5 (216.19)
Ipse autem excepto cantandi uel legendi munere, et aliud in mandatis ab apostolico papa acceperat, 4.18 (241.32)
muneribus. Qui uel minis fractus, uel corruptus muneribus, cessit deprecanti, 2.12 (107.30)
Scriptor quoque ipse multis ab ea muneribus donatus patriam remissus est. 5.15 (317.4)
muneris. ut indulti muneris praemia non cum reatitudine, . . . repraesentes. 2.8 (96.34)
munus. Qui cum sedens ad mensam non haberet ad manum, ubi oblatum sibi munus reponeret, 3.2 (130.26)
MVNVSCVLVM. munuscula. Munuscula a uestra celsitudine beato principi apostolorum directa . . . suscepimus, 3.29 (198.7)
munusculum. quod tale munusculum de terra Anglorum mereretur accipere. 5.21 (345.28)
MVRVM, *see* **AD MVRVM.**
MVRVS. muri. qui haud longe ab illis ad borealem extremamque muri illius partem pausat. 5.17 (319.21)
muri. sed et plurimi eiusdem urbis muri cum LVII turribus conruerunt; 1.13 (29.9)
muris. quae et ipsa muris turribus, portis, ac seris erant instructa firmissimis. 1.1 (10.28)
ignaui propugnatores miserrime de muris tracti solo adlidebantur. 1.12 (28.4)
muro. non muro, ut quidam aestimant, sed uallo distinguendam putauit. 1.5 (16.22)
flumen, quod muro et harena, . . . diuidebatur; 1.7 (20.5)
relictis ciuitatibus ac muro fugiunt, 1.12 (28.5)
humili sine turribus muro per extrema plani uerticis instructo; 5.16 (317.14)
ubi sepulchra patriarcharum quadrato muro circumdantur, capitibus uersis ad Aquilonem; 5.17 (319.18)
muros. clauso uidelicet intra muros Aquileiae, 1.9 (23.20)
Qui cum uentis ferentibus globos ignis ac fumum supra muros urbis exaltari conspiceret, 3.16 (159.16)
et mox inuenerunt iuxta muros ciuitatis locellum 4.19 (245.3)
distinctis porticibus in hoc ipsum intra muros eiusdem ecclesiae, 5.20 (331.22)
murum. qui secundo uenientes murum trans insulam fecerint; 1.12 (25.16)
hortata est instruere inter duo maria trans insulam murum, 1.12 (26.12)
At insulani murum, . . . cespitibus construentes, 1.12 (26.15)
murum a mari ad mare recto tramite inter urbes, 1.12 (27.17)
quem uidelicet murum hactenus famosum atque conspicuum, 1.12 (27.20)
aquilonalem extremamque insulae partem pro indigenis ad murum usque capessunt. 1.12 (27.34)
Est autem locus iuxta murum illum ad aquilonem, 3.2 (129.26)
Est enim iuxta murum, quo olim Romani Brittaniam insulam praecinxere, 3.22 (172.17)

uidi ante nos murum permaximum, 5.12 (307.9)
Coepi autem mirari, quare ad murum accederemus, 5.12 (307.12)
Cum ergo peruenissemus ad murum, 5.12 (307.14)
murus. Murus etenim de lapidibus, uallum uero, . . . fit de cespitibus, 1.5 (16.24)
e terra uelut murus exstruitur altus supra terram, 1.5 (16.26)
MVSCVLA. musculae. in quibus sunt et musculae, 1.1 (10.8)
MVSCVS. musco. obtulit ei aliquid de ueteri musco, quo superficies ligni erat obsita. 3.2 (130.24)
MVTO. mutandi. 'Non est mihi modo tempus uitam mutandi, 5.14 (314.23)
mutantes. quatinus cor mutantes, aliud de sacrificio amitterent, aliud retinerent; 1.30 (65.33)
mutare. quam suam mutare consuetudinem uolebant, 3.25 (183.5)
sicque paulatim omnis eorum prouincia ueterem cogeretur noua mutare culturam. 5.10 (300.16)
mutari. nulla prorsus humana licet auctoritate mutari; 5.21 (334.2)
mutati. Quo dicto statim mutati ab urbe uenti in eos, qui accenderant, 3.16 (159.19)
mutato. Nam mutato repente habitu saeculari monasterium petiit, 2.1 (74.4)
mutatum. quia mutatum est cor regis, 2.12 (110.3)
mutatus. Siquidem Adamnan, . . . mutatus mente est; 5.15 (315.24)
mutauit. post dies XII et ipsa educta ex carne temporales adflictiones aeterna mercede mutauit. 4.9 (223.9)
dolorem omnem ac mortem perpetua salute ac uita mutauit. 4.19 (245.2[illegible]
MVTVS, a, um. **mutum.** Vt episcopus Iohannes mutum benedicendo curauerit. 5.2 (282.30)
mutus. Erat autem in uilla non longe posita quidam adulescens mutus, 5.2 (283.21)
qui ante fuerat deformis, pauper, et mutus. 5.2 (284.28)
MVTVVS, a, um. **mutua.** latrocinio ac rapacitate mutua temperabant, 1.12 (28.10)
MYSTERIVM. mysteria. uel, si sacerdos sit, sacra mysteria celebrare? 1.27 (59.23)
Nynia . . . qui erat Romae regulariter fidem et mysteria ueritatis edoctus; 3.4 (133.17)
mysterii. quia sancti mysterii gratia, . . . cum magna discretione prouidenda est; 1.27 (54.35)
percipiendo ex religiosae uitae consuetudine eiusdem mysterii amore rapiuntur, 1.27 (56.26)
ne ipsa inaestimabilis mysterii magnitudine grauentur? 1.27 (59.13)
non tamen usque ad prohibitionem percipiendi sancti mysterii 1.27 (60.12)
a perceptione sacri mysterii prohibere non debet; 1.27 (60.17)
ab immolatione sacri mysterii abstinere, 1.27 (60.18)
mysteriis. in sacrosanctis celebrandis mysteriis utendi licentiam imperauimus; 2.8 (96.24)
Anno DCLIII, Middilangli sub principe Peada fidei mysteriis sunt inbuti. 5.24 (354.11)
mysterio. In illo quippe mysterio, . . . ualde stultum est, 1.27 (54.17)
Quod tamen sciendum est, quia in mysterio accipitur. 1.27 (54.24)
seu de sumendo dominici corporis sanguinisque mysterio, 1.27 (58.26)
mysteriorum. talis in mysteriorum celebratione maximorum a sanctarum quidem scripturarum doctrina discordat; 5.21 (340.[illegible]2)
mysterium. infundens sensibus eius, quantum sit praeclarum, quod credendo suscepisti, mysterium, 2.11 (105.33)
mysterium. uel etiam ad mysterium communionis sacrae accedere? 1.27 (54.1)
ne dum adhuc tempus ad praebendum redemtionis mysterium quaeritur, 1.27 (55.3)
Sanctae autem communionis mysterium . . . percipere non debet prohiberi. 1.27 (56.8)
etiam sacrae communionis mysterium ualet accipere, 1.27 (59.19)
aut exhiberi mysterium . . . ipsa necessitas conpellit. 1.27 (60.14)
aperiens corda gentium ad suscipiendum praedicationis uestrae singulare mysterium. 2.8 (95.27)
difficulter posse sublimitatem animi regalis ad . . . suscipiendum mysterium uiuificae crucis inclinari, 2.12 (107.7)
praepararent omnes ecclesiae per orbem, . . . panem et uinum in mysterium carnis et sanguinis agni inmaculati, 5.21 (336.18)
MYSTICVS, a, um. **mystica.** mystica regenerationis uestrae purgatio patenter innuit. 2.11 (104.22)
mystica. ut librum beati Iob . . . mystica interpretatione discuteret; 2.1 (75.17)
mystica. Esset ut exemplum, mystica uerba loquens. 2.1 (79.18)
templumque uerendum Aspexit Petri mystica dona gerens. 5.7 (293.26)
mysticam. 'Quod si mysticam quoque uos in his rationem audire delectat, primo mense anni, 5.21 (339.31)

N

NAITON (*d.* 732), *King of the Picts.*
Naiton. Eo tempore Naiton rex Pictorum, . . . abrenuntiauit errori, 5.21 (332.15)
Naitano. 'Domino excellentissimo et gloriosissimo regi Naitano, Ceolfrid abbas in Domino salutem. 5.21 (333.14)
Naitano. Haec epistula cum praesente rege Naitano multisque uiris doctioribus esset lecta, 5.21 (345.22)
NAM. 1.1 (12.11); 1.1 (12.23); 1.1 (12.30); 1.3 (15.30); 1.6 (18.1); 1.20 (38.18); 1.25 (45.20); 1.27 (51.2); 1.27 (52.9); 1.27 (52.18); 1.27 (54.9); 1.27 (54.24); 1.27 (54.27); 1.27 (56.31); 1.27 (58.32); 1.27 (60.15); 1.27 (60.[illegible]); 1.30 (65.26); 2.1 (73.17); 2.1 (74.4); 2.1 (75.4); 2.1 (75.16); 2.1 (77.15); 2.1 (79.24); 2.1 (80.14); 2.4 (8[illegible]5); 2.5 (89.13); 2.5 (90.34); 2.5 (92.6); 2.12 (110.13); 2.15 (116.3); 2.19 (123.28); 2.19 (123.33); 2.19 (124.7); 3.1 (127.8); 3.2 (129.15); uar. 3.2 (130.9); 3.3 (132.25); 3.5 (137.13); 3.6 (138.25); 3.7 (140.15); 3.8 (142.16); 3.11 (148.20); 3.12 (151.27); 3.14 (155.19); uar. 3.14 (156.23); 3.16 (158.29); 3.19 (165.34); 3.19 (166.30); 3.22 (174.4); 3.23 (175.4); 3.23 (176.34); 3.24 (178.4); 3.24 (179.15); 3.24 (179.29); 3.25 (182.30); 3.26 (189.14); 3.26 (190.26); 3.26 (191.17); 3.29 (198.18); 3.30 (199.15); 4.2 (204.18); 4.3 (208.11); 4.3 (210.2); 4.5 (217.27); 4.8 (221.14); 4.8 (221.20); 4.9 (222.25); 4.9 (223.8); 4.9 (224.2); 4.10 (225.6); 4.11 (226.28); 4.11 (227.9); 4.13 (231.25); 4.13 (232.17); 4.18 (242.1); 4.18 (242.22); 4.19 (243.23); 4.21 (249.7); 4.22 (250.14); 4.23 (252.24); 4.23 (253.8); 4.23 (253.29); 4.23 (254.5); 4.23 (256.21); 4.24 (259.25); 4.24 (261.16); 4.25 (265.13); 4.26 (267.11); 4.27 (269.17); 4.27 (270.21); 4.30 (277.5); 4.32 (280.4); 5.2 (283.21); 5.3 (285.31); 5.6 (289.17); 5.6 (292.4); 5.7 (293.28); 5.9 (298.17); 5.10 (299.20); 5.10 (300.8); 5.10 (300.28); 5.11 (303.14); 5.12 (308.30); 5.16 (318.11); 5.18 (321.9); 5.19 (321.29); 5.20 (331.35); 5.21 (333.22); 5.21 (337.18); 5.21 (338.13).
NAMQVE. 1.7 (21.13); 1.14 (30.16); 1.21 (40.4); 1.27 (55.22); 1.27 (55.32); 2.5 (91.13); 2.8 (96.9); 2.11 (104.29); 2.11 (105.19); 3.3 (131.15); 3.3 (131.18); 3.4 (133.11); 3.9 (145.15); 3.26 (190.12); 4.3 (207.19); 4.3 (209.13); 4.3 (210.11); 4.4 (214.2); 4.10 (225.1); 4.13 (231.27); 4.18 (242.7); 4.23 (253.3); 4.23 (255.30); 4.24 (259.6); 4.25 (263.1); 4.26 (268.10); 4.28 (273.15); 4.29 (274.24); 5.6 (289.30); 5.6 (290.14); 5.6 (291.16); 5.8 (295.14); uar. 5.10 (299.20); 5.10 (301.8); 5.12 (303.27); uar. 5.12 (307.21); 5.12 (309.7); 5.12 (310.27); 5.17 (318.31); 5.19 (325.1); 5.20 (331.18); 5.21 (333.19); 5.21 (337.29); 5.21 (344.27); 5.21 (346.5).
NANCISCOR. nanciscendam. Nobilitatem . . . totam ad nanciscendam supernae gloriam dignitatis . . . conuertit. 2.1 (74.2)
NARIS. nares. nares habent, et non odorabunt; 2.10 (102.16)
naribus. et de ore ac naribus ignem putidum efflantes angebant; 5.12 (306.25)
NARRO. narrabat. Narrabat autem hoc modo, quod uiderat: 5.12 (304.27)
Narrabat autem uisiones suas etiam regi Aldfrido, 5.12 (309.30)
narrandam. Hanc historiam, . . . simpliciter ob salutem legentium siue audientium narrandam esse putaui. 5.13 ([illegible]13.25)

narrant. quod aeuo praecedente aliquoties factum fideles historiae narrant; 4.19 (243.21)
narranti. dignus, cui fidem narranti audientes accommodarent. 4.3 (207.32)
narrantur. Et multa quidem in loco illo uel de puluere loci illius facta uirtutum miracula narrantur; 3.9 (145.27)
narrare. sed haec nos ad alia tendentes, suis narrare permittimus. 3.8 (143.30)
audierit de mirandis, quae . . . in illa prouincia gesta fuerint, narrare. 3.13 (152.15)
qui narrare solet dixisse sibi quendam multum ueracem ac religiosum hominem, 3.19 (167.15)
Coepitque narrare, quia apparuerit sibi quidam uir Dei, qui eodem anno fuerat defunctus, 4.8 (221.22)
quod famulus Christi Heribald in se ipso ab eo factum solet narrare miraculum, 5.6 (289.7)
infernus, de cuius tormentis intolerabilibus narrari [narrare] saepius audiui. uar. 5.12 (305.16)
coepit narrare, quia uideret inferos apertos, 5.14 (314.14)
narrari. solent opera uirtutum et signa miraculorum usque hodie narrari. 3.8 (143.3)
quod hic fortasse esset infernus, de cuius tormentis intolerabilibus narrari saepius audiui. 5.12 (305.16)
narrarunt. Hanc mihi historiam etiam quidam eorum, qui ab ipso uiro, in quo facta est, audiere, narrarunt; 4.22 (252.11)
narrassent. Quod cum nuntii certi narrassent regi Ecgbercto, esse scilicet episcopum, 4.1 (203.23)
narrasset. Quae cum omnia uocato ad se presbytero puer uerba narrasset, 4.14 (235.12)
narratur. 'Contra Augustinum narratur serpere quidam 1.10 (24.10)
Bancornaburg, cui tempore illo Dinoot abbas praefuisse narratur, 2.2 (82.23)
narrauerint. quem remissa mox scripta papae apostolici ibidem obisse narrauerint. 3.29 (196.3)
narrauerit. hoc ipsa, qua factum est, hora his, . . . famulis Christi manifeste narrauerit, 4.23 (258.16)
Vt quidam . . . a mortuis resurgens multa et tremenda et desideranda, quae uiderat, narrauerit. 5.12 (303.25)
narrauimus. qui etiam praescius sui obitus extitisse ex his, quae narrauimus, uidetur. 4.24 (262.20)
cum esset idem Boisil praepositus monasterii Mailrosensis sub abbate Eata, ut supra narrauimus, 5.9 (297.3)
narrauit. De huius fide prouinciae narrauit mihi presbyter . . . uocabulo Deda, 2.16 (117.19)
Cuius ordinem miraculi . . . presbyter, Cynimund uocabulo, narrauit, 3.15 (158.24)
quod mihi unus e fratribus, . . . ipse narrauit, uidelicet Gudfrid, 5.1 (281.11)
Narrauit idem Bercthun et aliud de praefato antistite miraculum: 5.3 (285.2)
Aliud quoque non multum huic dissimile miraculum de praefato antistite narrauit idem abbas, 5.4 (286.29)
et multa memoratu digna, quae uiderat, narrauit; 5.12 (303.30)
Quod ubi patri suo narrauit, iam enim mater obierat, 5.19 (322.30)
narro. unum eius narro miraculum, 5.1 (281.9)
NASCOR. nascentem. nascentem ibi nouam heresim de statu nostrae resurrectionis, 2.1 (75.26)
contra nascentem heresim nouam laborare contendit, 2.1 (76.9)
nascentes. Nam ceteri homines cum peccato originali nascentes 2.19 (124.8)
nascentis. quae initio nascentis ecclesiae fuit patribus nostris; 1.27 (48.31)
Nondum enim oratoria uel baptisteria in ipso exordio nascentis ibi ecclesiae poterant aedificari. 2.14 (115.14)
hanc debet conuersationem instituere, quae initio nascentis ecclesiae fuit patribus nostris; 4.27 (270.34)
nascerentur. id est fructus bonorum operum ibi nascerentur, 3.23 (175.18)
nasci. tunc peccatum incipit nasci; 1.27 (61.14)
ut nil umquam capillorum ei in superiore parte capitis nasci ualeret, 5.2 (283.26)
nascitur. quibus ita plerumque inlusio nascitur, 1.27 (60.20)
nata. grauior de obseruatione paschae, necnon et de aliis ecclesiasticae uitae disciplinis controuersia nata est. 3.25 (182.21)
iuuante benedictione ac precibus antistitis, nata est . . . uenusta species capillorum, 5.2 (284.25)
nata. Cumque idem rex, . . . gratias ageret diis suis pro nata sibi filia, 2.9 (99.21)
nati. qui ambo ei exuli nati sunt de Quoenburga 2.14 (114.22)
qui Latinam Grecamque linguam aeque ut propriam, in qua nati sunt, norunt. 4.2 (205.3)
nato. etiam si mulier una cum recens nato paruulo uellet totam perambulare insulam 2.16 (118.6)
natum. a delicto se natum gemebat; 1.27 (58.4)
natum. qua natum est, nullo modo prohibetur; 1.27 (54.34)
natus. legitimo coniugio natus fuerat, qui dicebat: 1.27 (58.1)
ut numquam in insulam, in qua natus est, id est Brittaniam, rediret; 3.27 (193.11)
Theodorus, natus Tarso Ciliciae, 4.1 (202.24)
supra locum, ubi Dominus natus specialius traditur, sanctae Mariae grandem gestat ecclesiam. 5.16 (317.18)
Qui natus in territorio eiusdem monasterii, 5.24 (357.6)
NASVS. naso. quod esset uir longae staturae, . . . naso adunco pertenui, 2.16 (117.28)
NATALICIVS, a, um. **natalicii.** die dedicationis, uel natalicii sanctorum martyrum, 1.30 (65.18)
nataliciis. Martyrologium de nataliciis sanctorum martyrum diebus; 5.24 (359.17)
natalicius. coepit annuatim eiusdem regis ac militis Christi natalicius dies missarum celebratione uenerari. 4.14 (236.6)
NATALIS. natale. Cuius modum continentiae etiam XL diebus ante natale Domini, . . . obseruare curabat. 3.27 (194.13)
in hoc XL ante dominicum natale dies . . . transigere solebat; 4.30 (276.28)
natalis. Cuius uidelicet natalis ibi solet in magna gloria celebrari die Nonarum Iuliarum. 3.8 (144.24)
natalis. Ordinatus est autem in ecclesia sanctae martyris Ceciliae, die natalis eius, 5.11 (303.3)
NATIO. natio. in prouincia Occidentalium Saxonum Iutarum natio nominatur, 1.15 (31.18)
hoc est ea natio Anglorum, quae ad Aquilonalem Humbre fluminis plagam habitabat, 2.9 (97.7)
et omnis natio Pictorum illo adhuc tempore pascha dominicum celebrabat, 3.3 (131.22)
sed et uirorum de sua natione [natio] sanctorum, uar. 3.19 (166.13)
Pictorum quoque natio tempore hoc et foedus pacis cum gente habet Anglorum, 5.23 (351.5)
natione. Erat autem natione Romanus, 2.1 (73.19)
praedicante eis uerbum Nynia episcopo . . . sanctissimo uiro de natione Brettonum, 3.4 (133.16)
tunc ueniente ad eos . . . Ecgbercto, de natione Anglorum, 3.4 (134.31)
uenit in prouinciam de Hibernia pontifex quidam nomine Agilberctus, natione quidem Gallus, 3.7 (140.20)
Eodem tempore uenit alius quidam de natione Brettonum, ut ferunt, 3.10 (146.26)
caelestium agminum uisio; sed et uirorum de sua natione sanctorum, 3.19 (166.13)
quorum ultimus natione Scottus, ceteri fuere de Anglis. 3.21 (170.19)
Nec prohibuit Penda rex, quin etiam in sua, hoc est Merciorum, natione uerbum, . . . praedicaretur. 3.21 (170.28)
Suscepitque pro illo episcopatum Ceollach, et ipse de natione Scottorum, 3.21 (171.10)
succedente . . . Trumheri, . . . natione quidem Anglorum, 3.21 (171.14)
tertius Trumheri, de natione quidem Anglorum, sed edoctus et ordinatus a Scottis, 3.24 (179.26)
Ronan, natione quidem Scottus, sed in Galliae uel Italiae partibus . . . edoctus. 3.25 (181.19)
quos primo episcopatus sui tempore de natione Anglorum erudiendos in Christo accepit. 3.26 (190.11)
Vt Ecgberct, uir sanctus de natione Anglorum, monachicam in Hibernia uitam duxerit. 3.27 (191.26)
Hadrianus, uir natione Afir, sacris litteris diligenter inbutus, 4.1 (202.8)
et monachos inibi, quos de utraque natione collectos adduxerat, collocauit. 4.4 (213.15)
Erat autem ibi monachus quidam de natione Scottorum, 4.13 (231.1)
Erat tunc temporis in eodem monasterio puerulus quidam de natione Saxonum, 4.14 (233.21)
Horum secuti exempla duo quidam presbyteri de natione Anglorum, . . . uenerunt ad prouinciam 5.10 (299.16)
Sed hunc ubi peregrinum atque oriundum de natione Anglorum cognouere carnifices, 5.19 (325.6)
in quantum dumtaxat tam longe a Romanorum loquella et natione segregati hunc ediscere potuissent. 5.21 (333.10)
nationem. tertiam Scottorum nationem in Pictorum parte recepit; 1.1 (12.19)
nationes. Quamuis de hac re diuersae hominum nationes diuersa sentiant, 1.27 (57.25)

nationes. Denique omnes nationes et prouincias Brittaniae, . . . in dicione accepit. 3.6 (138.4)
quacumque Christi ecclesia diffusa est, per diuersas nationes et linguas, 3.25 (184.27)
quarum in Germania plurimas nouerat esse nationes, 5.9 (296.13)
nationi. si nationi Anglorum noluissent uiam uitae praedicare, 2.2 (83.29)
misit eum ad praedicandum uerbum uitae praefatae nationi Anglorum. 2.15 (116.29)
Ecgfrid . . . uastauit misere gentem innoxiam, et nationi Anglorum semper amicissimam, 4.26 (266.17)
nationibus. nationibus Scottorum siue Pictorum, exemplo uiuendi, . . . multum profuit. 3.27 (194.2)
dum et fortissimos Christianosque habentes reges cunctis barbaris nationibus essent terrori, 4.2 (205.6)
nationis. ad quos haec eadem historia peruenire potuerit nostrae nationis, Praef. (8.10)
monachi Scotticae nationis . . . ad ritum paschae ac tonsurae canonicum Domino procurante perducti sunt. 5.22 (346.17)
NATIVITAS. natiuitatem. 'In principium Genesis, usque ad natiuitatem Isaac et eiectionem Ismahelis, libros IIII. 5.24 (357.25)
natiuitatis. Quae in eodem libro de loco dominicae natiuitatis, passionis, et resurrectionis commemorauerit. 5.16 (317.8)
Scripsit ergo de loco dominicae natiuitatis in hunc modum:— 5.16 (317.10)
cuius exterior pars natiuitatis dominicae fuisse dicitur locus; 5.16 (317.16)
ut tam notas ac familiares sibi eas quam natiuitatis suae loquellam haberet. 5.23 (348.28)
NATVRA. natura. Sed tamen quod natura ipsa ita uitiata est, 1.27 (56.17)
humana natura cognoscat. 1.27 (56.20)
si forte uel natura soli illius, uel uoluntas esset superni largitoris, 4.28 (272.4)
natura. Hic natura saeuus, multis semper bellis lacessitus, 1.5 (16.17)
in modum aequoris natura conplanat, 1.7 (20.32)
quod munda mente mulier ex natura patitur, 1.27 (57.13)
cum esset uir natura sagacissimus, 2.9 (100.13)
De natura rerum, et de temporibus libros singulos; 5.24 (359.24)
naturae. quia ei naturae superfluitas in culpam non ualet reputari; 1.27 (55.20)
omne, quod in hac mortali carne patimur ex infirmitate naturae, 1.27 (55.31)
algere, lassescere ex infirmitate naturae est. 1.27 (55.33)
quae naturae suae uitio infirmantur? 1.27 (56.7)
aliquando ex naturae superfluitate uel infirmitate, . . . contingit. 1.27 (60.4)
Et quidem cum ex naturae superfluitate uel infirmitate euenerit, 1.27 (60.6)
sed palpabile per ueritatem naturae; 2.1 (76.4)
erat namque homo simplicis ingenii, ac moderatae naturae: 5.12 (310.28)
naturae. Quod ergo naturae humanae ex omnipotentis Dei dono seruatum est, 1.27 (54.15)
naturam. Qui uidelicet fluuius, . . . reuersus est ad naturam. 1.7 (21.9)
NATVRALIS, e. naturale. in cuius orientali angulo quasi quoddam naturale semiantrum est, 5.16 (317.15)
naturali. infidelium corda naturali ac superstitioso morbo purgata, 2.8 (96.7)
naturalis. inter quas erat . . . filia naturalis eiusdem regis Aedilberg; 3.8 (142.24)
ut . . . Latinam uero non minus quam Anglorum, quae sibi naturalis est, nouerit. 5.20 (331.11)
NATVRALITER. uidelicet quae naturaliter accedit. 1.27 (56.17)
NATVS. nate. 'Vis,' inquit, 'mi nate, doceam te, quomodo cureris ab huius molestia langoris? 3.12 (151.2)
NATVS. natu. His similia et ceteri maiores natu ac regis consiliarii diuinitus admoniti prosequebantur. 2.13 (112.21)
Erat autem praefatus rex Reduald natu nobilis, 2.15 (116.13)
Osuald, . . . misit ad maiores natu Scottorum, 3.3 (131.9)
Nam et nobilis natu erat, hoc est filia nepotis Eduini regis, 4.23 (252.25)
NAVFRAGIVM. naufragia. et ueluti naufragia Scyllae fugientes, in Charybdi uoraginem submergendi decidunt. 5.21 (338.12)
NAVTA. nautae. et quidem inprimis furentibus undis pelagi, temtabant nautae anchoris . . . nauem retinere, 3.15 (158.12)
nautarum. cedebant ministeria uicta nautarum; 1.17 (34.16)
nautis. Vt episcopus Aidan nautis et tempestatem futuram praedixerit, 3.15 (157.19)
NAVICVLA. nauiculam. Cumque euadentes ad terram, nauiculam quoque nostram ab undis exportaremus, 5.1 (282.17)
NAVIGATIO. nauigationem. Quibus tranquillam nauigationem et merita propria . . . parauerunt, 1.20 (39.24)
NAVIGIVM. nauigio. Ad hanc ergo usque peruenientes nauigio Picti, 1.1 (12.1)
proximante terris nauigio, 1.1 (12.32)
tranquillo nauigio Brittanias petit. 1.21 (40.8)
Paulinus . . . rediit Cantiam nauigio, 2.20 (125.29)
sed nauigio cum uirgine redire disponebat, 3.15 (157.29)
patriamque nauigio reuertens, ui tempestatis in occidentalia Brittaniae litora delatus est; 5.15 (316.23)
nauigium. ferebatur nauigium oratione, non uiribus; 1.17 (34.17)
et iam nauigium superfusis fluctibus mergebatur. 1.17 (34.20)
NAVIGO. nauigans. Vt Germanus episcopus cum Lupo Brittaniam nauigans, 1.17 (33.22)
nauigantibus. praeparatis omnibus, quae nauigantibus esse necessaria uidebantur, 5.9 (296.29)
nauigauit. dimissis ordinate omnibus nauigauit Galliam, 3.19 (168.10)
cum conualescere coepisset, nauigauit Brittaniam. 4.1 (203.31)
tandem rex ipse praefatus, una cum . . . religiosis ac potentibus uiris insulam nauigauit. 4.28 (272.22)
Nauigauit Hiberniam, 5.15 (316.1)
NAVIS. nauem. 'Scio,' inquiens, 'quia, ubi nauem ascenderitis, tempestas uobis, . . . superueniet; 3.15 (158.5)
temtabant nautae anchoris in mare missis nauem retinere, 3.15 (158.13)
Cumque uerrentibus undique et inplere incipientibus nauem fluctibus, . . . uiderent, 3.15 (158.15)
unus de sociis eius, uocabulo Victberct, . . . ascendit nauem, 5.9 (298.19)
ubi nauem conscendit, flante Fauonio pulsus est Fresiam, 5.19 (326.11)
naues. naues . . . tempestate correptae uel conlisae 1.2 (14.6)
quo naues eorum habebantur, 1.12 (27.27)
naues. ac DC^{tas} naues utriusque commodi fieri imperauit; 1.2 (14.3)
naui. Cumque iam naui inposuissent, quae tanti itineris necessitas poscebat, 5.9 (298.5)
naui. qui ascensa naui, ipsa enim regio Elge undique est aquis ac paludibus circumdata, 4.19 (244.32)
perditis nonnulla ex parte his, quae in naui erant, rebus, 5.9 (298.9)
nauibus. longis nauibus non multis Oceanum ingressam, 1.1 (11.24)
et nauibus honerariis atque actuariis . . . praeparatis, 1.2 (13.26)
mox aduecti nauibus inrumpunt terminos, 1.12 (26.30)
Brittaniam tribus longis nauibus aduehitur, 1.15 (30.31)
nauis. secundis flatibus nauis tuta uolabat. 1.17 (34.11)
NAVITER. Benedictus coeptum iter nauiter Romam usque conpleuit. 5.19 (324.3)
NE, *omitted.*
-NE. 'Verene, Colmane, haec illi Petro dicta sunt a Domino?' 3.25 (188.21)
NEAPOLIS, *Naples.*
Neapoli. in monasterio Niridano, quod est non longe a Neapoli Campaniae, 4.1 (202.7)
NEBVLOSVS, a, um. **nebulosa.** pascha nostrum, in quo immolatus est Christus, nebulosa caligine refutantes, 2.19 (123.17)
NEC, *omitted.*

NECDVM. 1.7 (18.23); 2.3 (86.4); 2.8 (96.28); 3.8 (142.16); 3.28 (195.7); 4.16 (237.5); 4.23 (255.17); 5.3 (286.17); 5.11 (302.13); 5.18 (320.6); 5.19 (323.6); 5.21 (345.9); 5.23 (349.26).
NECESSARIVS, a, um. **necessaria.** Sed est in eadem inlusione ualde necessaria discretio, 1.27 (60.2)
et necessaria est magna discretio, 1.27 (61.8)
quia multum necessaria sibi esset uita ipsius; 5.5 (288.11)
necessaria. quae uictui sunt uestro necessaria, 1.25 (46.15)
ea tantum, quae uictui necessaria uidebantur, 1.26 (47.3)
quae ad cultum erant ac ministerium ecclesiae necessaria, 1.29 (63.8)
et ex eodem libro x capitula, . . . quia maxime nobis necessaria sciebam, illis coram ostendi, 4.5 (215.29)
praeparatis omnibus, quae nauigantibus esse necessaria uidebantur, 5.9 (296.29)
necessaria. et eis necessaria ministrari, donec uideret, quid eis faceret, iussit. 1.25 (45.18)
necessariae. de eis, quae necessariae uidebantur, 1.27 (48.10)
necessarias. simul et necessarias in diuersis speciebus possessiones conferret. 1.26 (47.32)
Cum . . . mansionem angustam circumuallante aggere et domus in ea necessarias, . construxisset, 4.28 (271.21)
necessariis. de necessariis ecclesiae causis utillimum conposuit, 2.1 (77.2)
necessariis. simul et necessariis eius responsa petens acceperit. 1.27 (48.2)
necessariis. de necessariis ecclesiae Anglorum cum apostolico papa Bonifatio tractaturus. 2.4 (88.14)
placuit conuenire nos . . . tractaturos de necessariis ecclesiae negotiis. 4.5 (215.2)
necessarium. neque hos quisquam, nisi ad usum necessarium, contingere . . . auderet, 2.16 (118.12)
NECESSE. necesse. quem necesse est, ut sacerdotali studio sanctitas uestra adiuuare, 1.24 (44.9)
unde necesse est, ut quidam damnis, 1.27 (50.4)
Vnde necesse est, 1.27 (50.34)
nobis tamen eis necesse est honorum beneficia tribuere, 1.29 (63.20)
necesse est, ut a cultu daemonum in obsequio ueri Dei debeant commutari; 1.30 (65.11)
Haec igitur dilectionem tuam praedicto fratri necesse est dicere, 1.30 (66.2)
unde necesse est, ut de eodem dono caelesti et timendo gaudeas, et gaudendo pertimescas. 1.31 (66.16)
ne sit necesse ad Romanam usque ciuitatem . . . pro ordinando archiepiscopo semper fatigari. 2.18 (120.20)
(quomodo simulacra, . . . repudiare omnes, qui ad fidem ueniunt, necesse est), 3.25 (185.9)
Nec tamen hodie clarescente per mundum euangelio necesse est, . . . fidelibus uel circumcidi, 3.25 (185.18)
neque . . . uel pecunias colligi, uel domus praeuideri necesse fuit, 3.26 (190.28)
quia nimirum sanctum esse uirum conperiit, atque equo uehi, quo esset necesse, conpulit. 4.3 (206.30)
si necesse esset pueros interfici, 4.16 (238.1)
'Noui,' inquit, 'multum mihi esse necesse uigiliis salutaribus insistere, 4.25 (265.1)
necesse habet in ianuam inferni non sponte damnatus introduci. 5.14 (314.11)
Vnde et omnia, quae necesse habebat, habundanter ipsi cum sociis suis, . . . donabat; 5.19 (324.6)
ita omnibus annis idem primus lunae mensis eodem necesse est ordine seruari, 5.21 (339.24)
artioribus se necesse habent pro Domino continentiae frenis astringere, 5.21 (343.14)
NECESSITAS. necesitas. quae tanti itineris necessitas [necesitas] poscebat, uar. 5.9 (298.6)
necessitas. quos eadem necessitas in castra contraxerat; 1.20 (38.9)
quatinus nulla sit necessitas, 1.27 (52.13)
aut exhiberi mysterium . . . ipsa necessitas conpellit. 1.27 (60.15)
nisi si maior forte necessitas conpulisset, 3.5 (136.1)
uel si alia quaelibet necessitas insisteret, uiam peragere posset. 3.14 (156.10)
Cumque iam naui inposuissent, quae tanti itineris necessitas poscebat, 5.9 (298.6)
antistes misit eum Romam, . . . cunctis simul, quae necessitas poscebat itineris, largiter subministratis; 5.19 (324.17)
necessitate. restituendae reipuplicae necessitate 1.9 (23.9)
uno in loco infirmitatis necessitate teneretur, 1.19 (37.11)
Augustinus, iusta necessitate conpulsus, flectit genua 2.2 (82.7)
quia nulla ratione conueniat tanto regi amicum suum optimum in necessitate positum auro uendere, 2.12 (110.8)
alter Eadfrid necessitate cogente ad Pendam regem transfugit, 2.20 (124.27)
ut in tanta rerum necessitate suis cultoribus caelesti succurreret auxilio. 3.2 (128.29)
ad ultimum necessitate cogente promisit se ei innumera . . . ornamenta regia 3.24 (177.16)
Quae quidem illi districtio uitae artioris, primo ex necessitate emendandae suae prauitatis obuenerat, 4.25 (263.7)
qui praefixos in lege terminos, nulla cogente necessitate, uel anticipare uel transcendere praesumunt. 5.21 (337.28)
necessitatem. cuius necessitatem ipsa debilitas etiam sine precibus adlegabat; 1.21 (40.24)
raro praeter maiora sollemnia, uel artiorem necessitatem, plus quam semel per diem manducauerit; 4.19 (244.13)
sed proce dente tempore necessitatem in consuetudinem uerterat. 4.25 (263.9)
tolerabatur tamen ab eis longanimiter ob necessitatem operum ipsius exteriorum; 5.14 (314.3)
necessitati. haec in scripturam sanctam meae meorumque necessitati . . . adnotare, . . . curaui: 5.24 (357.21)
necessitatibus. ut non solum mediocres quique in necessitatibus suis, . . . ab ea consilium quaererent, 4.23 (254.14)
necessitatis. Namque sine ratione necessitatis alicuius anticipant illi tempus in lege praescriptum, 5.21 (337.29)
NECNON. Necnon pro Pelagiana heresi, . . . admonere curauit; 2.19 (122.26)
Merciorum genti necnon et ceteris australium prouinciarum populis praefuit; 3.24 (180.7)
grauior de obseruatione paschae, necnon et de aliis ecclesiasticae uitae disciplinis controuersia nata est. 3.25 (182.19)
NEEMIA, *Nehemiah.*
Neemiam. In Ezram et Neemiam libros III. 5.24 (358.9)
In Isaiam prophetam, Ezram quoque et Neemiam. 5.24 (358.18)
NEFANDVS, a, um. **nefanda.** alium de militibus, . . . sica nefanda peremit. 2.9 (99.17)
uerum et a clade infanda [nefanda] temporalis interitus eripuit. uar. 4.13 (231.10)
nefandae. ceteras nefandae militiae copias non sine magno exercitus sui damno deleuit. 2.2 (84.23)
nefandi. peruenit ad aures nefandi principis 1.7 (18.22)
nefando. huic nefando coniugio dicuntur admixti, 1.27 (51.18)
NEFARIE. Sed idem Peada proximo uere multum nefarie peremtus est, 3.24 (180.16)
NEFARIVS, a, um. **nefariae.** neque uersutiam nefariae persuasionis refutare 1.17 (33.29)
NEGLEGENTER. 'Quare tam neglegenter ac tepide dixisti Ecgbercto, quae tibi dicenda praecepi? 5.9 (297.29)
NEGLEGENTIA. neglegentia. hostes ad incursandos fines artifici neglegentia permitteret; 1.6 (17.18)
tantum pro interna suimet neglegentia displicens. 5.13 (311.9)
ea, quae quondam cognita longo usu uel neglegentia inueterare coeperunt, 5.20 (331.34)
neglegentias. priusquam uel praeteritas neglegentias, . . . perfectius ex tempore castigaret, 3.27 (193.6)
NEGLEGO. neglectis. et aliqui etiam tempore mortalitatis, neglectis fidei sacramentis, . . . ad erratica idolatriae medicamina concurrebant; 4.27 (269.19)
neglegitis. quem uos neglegitis audire pro Deo? 1.32 (69.3)
NEGO. negabant. uictosque se eorum meritis et imperio non negabant. 1.17 (35.3)
negabantur. cui per siccitatem cruris usus uestigii negabatur [negabantur]. uar. 1.21 (40.17)
negabatur. cui per siccitatem cruris usus uestigii negabatur. 1.21 (40.17)
negare. neque negare potuit opus, 2.1 (75.18)
negaret. cui non est dictum, ut Christum negaret, 1.27 (51.13)
si non obstinatus coniugis animus diuortium negaret, 4.11 (225.22)
negaui. 'Si negaui,' inquit, 'quod uolebant, pauperibus, 2.1 (77.32)
negauit. At ille primo negauit, otiosum dicens esse, quod desiderabant; 5.6 (289.25)
nego. Vnde et illos Dei famulos ac Deo dilectos esse non nego, 3.25 (187.34)

NEGOTIATIO. negotiationis. dum creditorum uobis talentorum fidelissimae negotiationis officiis uberem fructum inpendens ei, . . . praeparauit. 2.8 (95.30)
NEGOTIVM. negotia. saecularium hominum negotia patitur, 2.1 (74.20)
negotiis. ut ad ultimum, relictis regni negotiis, . . . intraret monasterium, 3.18 (162.25)
cupiens se ab omnibus saeculi huius et ipsius quoque monasterii negotiis alienare, 3.19 (167.32)
placuit conuenire nos . . . tractaturos de necessariis ecclesiae negotiis. 4.5 (215.2)
negotio. At ille suscepto negotio abiit, 4.24 (260.23)
negotiorum. ne opus religiosum negotiorum regalium causa intermitteretur, 3.23 (176.2)
negotium. alia perplura, quae tanti operis negotium quaerebat, uel ibi discere uel inde accipere cupiebat. 5.11 (302.1)
negotium. hoc negotium reuerentissimo abbati Iohanni Brittaniam destinato iniunxit. 4.18 (242.13)
NEMO. neminem. et neminem ex omnibus praeter te erga sanitatem animae suae occupatum repperi; 4.25 (265.9)
nemo. nemo propter hiemem aut faena secet aestate, 1.1 (12.28)
Nemo enim in tribunis, . . . plures eorum terras, . . . habitabiles fecit. 1.34 (71.14)
nemo in regibus plures eorum terras, . . . habitabiles fecit. 1.34 (71.15)
quod nemo Anglorum ante eum, 2.9 (97.12)
nemo synodalia paschalis obseruantiae decreta porrexerat; 3.4 (134.22)
ut nemo territoria ac possessiones ad construenda monasteria, . . . acciperet. 3.26 (191.21)
cuius talem fuisse constat uitam, ut nemo, qui eam nouerit, dubitare debeat, 4.9 (222.27)
quod nemo praeter ipsum tempore illo ex eodem est monasterio raptus de mundo. 4.14 (235.33)
nemo gradum ministerii ac sedis episcopalis ante Danihelem, . . . accepit. 4.16 (238.11)
NEMVS. nemore. Est mansio quaedam secretior, nemore raro et uallo circumdata, 5.2 (283.7)
NEMVS, *see* **AD NEMVS.**
NEPOS. nepos. Saberct nepos Aedilbercti ex sorore Ricula 2.3 (85.13)
Erat autem nepos Aeduini regis ex sorore Acha, 3.6 (139.2)
nepotem. misit pro se illo presbyterum Leutherium nepotem suum, 3.7 (141.24)
nepotis. Nam et nobilis natu erat, hoc est filia nepotis Eduini regis, uocabulo Hererici; 4.23 (252.25)
NEPTIS. neptem. inuenit puellam ibi neptem patris familias longo paralysis morbo grauatam; 3.9 (146.14)
NEQVAQVAM. 1.7 (19.13); 1.27 (50.24); 2.1 (78.17); 2.5 (91.22); 3.11 (147.30); 3.11 (150.1); 3.12 (151.9); 3.17 (161.10); 3.25 (181.23); 4.9 (223.23); 4.22 (249.23); 4.24 (261.24); 4.28 (272.20); 5.6 (290.1); 5.19 (328.17).
NEQVE, *omitted.*
NEQVEO. nequeat. Et cum caro delectare sine animo nequeat, 1.27 (61.20)
nequeo. quatinus etsi uobiscum laborare nequeo, 1.23 (43.20)
nequeunt. Referri nequeunt, quae Christus operabatur in famulo, 1.19 (37.29)
nequibat. illum ab huius praesumtione ministerii, quod regulariter inplere nequibat, omnimodis cessare praecepi." 5.6 (291.20)
nequierat. alia multa, quae in patria nequiuerat [nequierat], uar. 5.19 (324.27)
nequiit. dum respondere nequiit, 1.17 (35.33)
nequirem. ut cum longius subeuntibus eis, fletum hominum et risum daemoniorum clare discernere nequirem, 5.12 (306.21)
nequiret. ut toto illo tempore episcopum proprium habere nequiret; 4.15 (236.21)
nequiuerant. quos terreni principes edomare ferro nequiuerant, 2.1 (78.14)
nequiuerat. quod firma fortium manus multum laborando nequiuerat. 2.7 (94.27)
alia multa, quae in patria nequiuerat, ecclesiasticis disciplinis accommoda, . . . percepit; 5.19 (324.27)
Romam ueniens multa illic, quae in patria nequiuerat, ecclesiae sanctae institutis utilia didicit. 5.20 (332.11)
nequiuerit. Vt apposta ecclesiae, . . . flammis absumi nequiuerit; 3.17 (159.24)
[proprium episcopum habere nequiuerit.] uar. 4.13 (230.2)
nequiuit. eo quod praedicta porticus plura capere nequiuit. 2.3 (86.10)
NEQVISSIMVS, a, um. nequissimi. surgentesque duo nequissimi spiritus, habentes in manibus uomeres, percusserunt me, 5.13 (312.25)
nequissimum. et in Efeso primo ducentorum contra nequissimum Nestorium et eiusdem dogmata; 4.17 (240.6)
NEQVITIA. nequitiae. et ereptos de potestate nequitiae diabolicae prauitatis caelestibus praemiis muneraret. 2.10 (103.21)
nequitiam. qui se grauari per nequitiam prauae uoluntatis uidet. 1.27 (57.23)
NERO (37–68 A.D.), *Roman Emperor.*
Nero. Succedens autem Claudio in imperium Nero, 1.3 (15.28)
Neronem. Vespasianus, qui post Neronem imperauit, 1.3 (15.21)
decimo post Neronem loco praeceperunt; 1.6 (17.28)
NERVVS. nerui. nerui officia receperunt, 1.21 (40.31)
neruis. Erat enim arescentibus neruis contracto poplite, 1.21 (40.16)
NESCIO. nesciat. "Obsecro, sancte frater, qui ad coronam te uitae, quae terminum nesciat, tendere credis, 5.21 (344.13)
nesciebam. et causam, quam nesciebam, diligentissime inuestigabam. 2.1 (77.30)
nesciem. hanc animum nescientem [nesciem] uar. 1.27 (60.7)
nesciens. hanc animum nescientem [animus nesciens] uar. 1.27 (60.7)
quia, quod cogitauit sciens, hoc pertulit nesciens. 1.27 (61.1)
nescientem. quia hanc animum nescientem pertulisse magis dolendum est, quam fecisse. 1.27 (60.7)
nescientibus. freneticus quidam, . . . deuenit ibi uespere, nescientibus siue non curantibus loci custodibus, 4.3 (212.11)
nescio. cum euigilaret, sensit nescio quid frigidi suo lateri adiacere, 3.2 (130.29)
At ille respondens: 'Nescio,' inquit, 'cantare; 4.24 (259.25)
statim nescio quo ordine fuimus in summitate eius. 5.12 (307.14)
sed inter haec nescio quo ordine repente me inter homines uiuere cerno.' 5.12 (309.14)
nescire. 'Ne me aestimes tuae mestitiae et insomniorum, et forinsecae et solitariae sessionis causam nescire; 2.12 (108.31)
nescit. qui in igne positus nescit ardere. 1.27 (58.28)
'Si paganus,' inquit, 'nescit accipere nostra donaria, offeramus . . . Domino 3.24 (177.25)
nescitis. 'Vigilate itaque, quia nescitis diem neque horam.' 3.19 (164.8)
NESCIVS, a, um. nescia. cum successisset aetas tempestatis illius nescia, 1.22 (41.29)
nescius. hanc animum nescientem [animus nescius] uar. 1.27 (60.7)
quid ageret, quoue pedem uerteret, nescius. 2.12 (108.19)
NESTORIVS, *Patriarch of Constantinople, 428–431.*
Nestorium. et in Efeso primo ducentorum contra nequissimum Nestorium et eiusdem dogmata; 4.17 (240.7)
et in Calcedone DC[rum] et XXX contra Eutychen, et Nestorium, et eorum dogmata; 4.17 (240.8)
NEVTER, tra, trum. neutro. tamen et diuina sibi et humana prorsus resistente uirtute, in neutro cupitum possunt obtinere propositum; 5.23 (351.14)
NEVE. neue contra paschales computos, . . . aliud pascha celebrarent. 2.19 (122.18)
NEX. nece. non habens scutum ad manum, quo regem a nece defenderet, 2.9 (99.12)
misit nuntios, qui Redualdo pecuniam multam pro nece eius offerrent; 2.12 (107.27)
rex ipse impia nece occisus, opus idem successori suo Osualdo perficiendum reliquit. 2.14 (114.15)
unde et fames acerbissima plebem inuadens impia nece prostrauit. 4.13 (231.13)
necem. uniuersos, quos in necem suam conspirasse didicerat, aut occidit, 2.9 (100.3)
necis. Aeanfled . . . ob castigationem necis eius iniustae, postulauit a rege Osuio, 3.24 (179.31)
NEXVS. nexibus. ut credentes, a diabolicae captiuitatis nexibus, . . . absoluti, 2.10 (102.7)

NICAEA, *Nicea.*
Nicaea. qui in Nicaea congregati fuerunt CCCX et VIII contra Arrium impiissimum et eiusdem dogmata; 4.17 (240.3)
NICENVS, a, um, *Nicene.*
Nicena. et in Nicena synodo detecta atque damnata, ... 1.8 (22.28)
quod in Nicena synodo probatum est, ... 2.19 (122.25)
Niceno. Et hoc esse uerum pascha, . . . Niceno concilio non statutum nouiter, sed confirmatum est, . 3.25 (186.12)
NIDD, *the Nidd, Yorkshire.*
Nidd. ut, . . . mox synodo facta iuxta fluuium Nidd, . . . in praesulatum sit suae receptus ecclesiae. 5.19 (329.31)
NIGER, gra, grum. **nigro.** quod esset uir longae staturae, . . . nigro capillo, ... 2.16 (117.27)
NIGERGEMMEVS, a, um. **nigergemmeus.** est autem nigrogemmeus [nigergemmeus], et ardens igni admotus, ... uar. 1.1 (10.24)
NIGER HEVVALD, *see* **HEVVALD NIGER.**
NIGERRIMVS, a, um. **nigerrimo.** ita ut pene totus orbis solis quasi nigerrimo et horrendo scuto uideretur esse coopertus. . . . . Cont. (361.8)
NIGREDO. nigredine. dehinc nigredine subsequente ad lucem propriam reuersa. . . . . Cont. (361.12)
NIGROGEMMEVS, a, um. **nigrogemmeus.** est autem nigrogemmeus, et ardens igni admotus, ... 1.1 (10.24)
NIHIL. 1.3 (15.28); 1.7 (20.30); 1.7 (20.30); 1.7 (20.31); 1.12 (26.17); 1.19 (37.30); 1.27 (50.16); 1.27 (57.8); 1.27 (60.24); 1.30 (65.2); 2.1 (74.28); 2.4 (88.4); 2.10 (102.26); 2.10 (103.12); 2.13 (111.23); 2.13 (112.27); 2.20 (125.18); 3.1 (128.20); 3.2 (131.1); 3.5 (137.4); 3.13 (152.26); 3.25 (185.13); 3.25 (188.25); 4.1 (204.2); 4.7 (219.25); 4.17 (240.18); 4.23 (254.12); 5.3 (286.5); 5.12 (305.24); 5.21 (336.10).
NIHILOMINVS. Praef. (5.14); 1.8 (22.29); 2.10 (103.15); 2.13 (111.26); 3.6 (138.8); 4.18 (242.28); 5.6 (290.10); 5.9 (298.3); 5.16 (318.19); 5.17 (319.3).
NIHILVM. nihilo. iam nos pro nihilo contemnet.' 2.2 (83.26)
cum infirmiores spoliare et eis fraudem facere pro nihilo ducimus. 3.19 (165.29)
aut agnitum et a tota Christi ecclesia custoditum pro nihilo contemnitis. 3.25 (187.17)
et, cum ibidem diutius flexis genibus oraret, nihilo tardius meruit exaudiri. 4.10 (225.5)
NIL. 1.8 (22.20); 2.1 (78.10); 2.1 (79.11); 2.2 (82.5); 2.2 (83.22); 2.9 (98.2); 2.12 (108.10); 2.12 (108.11); 2.14 (115.3); 2.20 (125.27); 3.5 (135.25); 3.5 (137.6); 3.7 (141.23); 3.10 (147.18); 3.11 (150.4); 3.17 (160.1); 3.17 (161.26); 3.22 (173.19); 3.25 (182.27); 3.25 (185.22); 3.25 (186.18); 3.26 (190.24); 3.26 (191.2); 4.11 (226.4); 4.12 (228.17); 4.22 (250.30); 4.22 (251.7); 4.24 (259.9); 4.24 (259.13); 4.25 (263.4); 4.26 (267.7); 4.28 (272.1); 4.32 (280.28); 5.2 (283.25); 5.21 (336.9); 5.23 (351.9).
NIMBVS. nimbus. At si procella fortior aut nimbus perurgeret, ... 4.3 (210.24)
NIMIETAS. nimietate. ipsaque iacens in lecto prae nimietate doloris iam moritura uideretur. . . . 5.3 (285.19)
nimietatem. quibus conpletis statuerunt ob nimietatem laboris, huius structuram ecclesiae . . . relinquere, 3.8 (144.16)
NIMIRVM. 1.1 (11.4); 1.7 (20.20); 1.7 (21.17); 3.2 (129.23); 3.3 (132.12); 3.17 (161.30); 3.22 (174.12); 3.25 (182.25); 3.29 (198.31); 4.3 (206.29); 4.14 (235.35); 4.23 (256.7); 4.27 (270.2); 4.27 (270.25); 5.2 (284.20); 5.12 (309.10); 5.21 (337.13); 5.21 (338.15); 5.21 (339.15).
NIMIVM. quod ille nimium suis parcere soleret inimicis, ... 3.22 (173.21)
ne forte nimium conturbareris; 4.25 (265.26)
unum latus flammis feruentibus nimium terribile, ... 5.12 (305.2)
et haec erant nimium pauca et modica. 5.13 (312.7)
Iactatus nimium per tempora longa periclis, ... 5.19 (330.25)
NIMIVS, a, um. **nimia.** mox ira succensus nimia, ... 1.7 (19.4)
nimio. His auditis, iudex nimio furore commotus, ... 1.7 (19.31)
cuius equus . . . augescente dolore nimio, in terram coepit ruere. 3.9 (145.33)
Statimque exsurgens, nimio timore perterrita, cucurrit ad uirginem, ... 4.23 (257.19)
Quod ubi uidere fratres, nimio mox timore perculsi, festinarunt referre antistiti, ... 4.30 (276.24)
nimius. At ille, quem nimius reae conscientiae tenebat dolor, ... 4.25 (263.21)
NINEVITAE, *the Ninevites.*
Nineuitarum. qua correcti per ieiunia, fletus, et preces iram a se, instar Nineuitarum, iusti Iudicis auerterent. 4.25 (262.30)
NIRIDANVM, *Niridanum, near Naples.*
Niridano. Erat autem in monasterio Niridano, quod est non longe a Neapoli Campaniae, abbas Hadrianus, 4.1 (202.6)
NISI. 1.9 (23.12); 1.15 (32.12); 1.27 (52.9); 1.27 (55.14); 1.27 (56.2); 1.27 (57.14); 1.27 (57.21); 1.27 (58.14); 1.27 (59.16); 1.27 (59.27); 1.27 (59.33); 1.31 (67.4); 2.1 (74.9); 2.10 (102.24); 2.16 (118.12); 2.17 (119.10); 2.19 (124.5); 2.20 (125.27); 3.5 (136.1); 3.10 (147.4); 3.13 (153.14); 3.21 (170.2); 3.22 (173.20); 3.23 (175.28); 3.25 (185.13); 3.26 (190.29); 3.26 (191.22); 4.5 (216.10); 4.5 (216.32); 4.5 (217.2); 4.11 (227.8); 4.13 (231.29); uar. 4.19 (244.14).
NITEO. nitet. Aedilthryda nitet nostra quoque egregia. 4.20 (248.6)
quia uestis et ipsa sepulchro Inuiolata nitet: Xriste, tui est operis, ... 4.20 (248.22)
NITIDVS, a, um. **nitidum.** 'Quare non et nobis porrigis panem nitidum, quem et patri nostro Saba,' . . . 'dabas, ... 2.5 (91.12)
nitidus. nam et sermone nitidus, et scripturarum, ut dixi, tam liberalium quam ecclesiasticarum erat eruditione mirandus. 5.18 (321.9)
NITOR. nisus. inlato igne conburere urbem nisus est. 3.16 (159.9)
nitentes. et XIIII^a luna cum Hebreis celebrare nitentes. 2.19 (123.18)
nititur. is, qui summum locum ascendere nititur, ... 1.30 (65.28)
NIVEVS, a, um. **niueis.** quadam nocte candentem niueis uestibus uidit sibi adesse personam, . . . 1.19 (37.31)
NIX. niuium. furentibus autem foris per omnia turbinibus hiemalium pluuiarum uel niuium, ... 2.13 (112.11)
alterum furenti grandine ac frigore niuium omnia perflante atque uerrente non minus intolerabile praeferebat. 5.12 (305.3)
nix. raro ibi nix plus quam triduana remaneat; 1.1 (12.27)
NOBILIOR, ius. **nobilior.** Erat carnis origine nobilis, sed culmine mentis nobilior. 2.7 (94.12)
Erat autem uir iste de nobilissimo genere Scottorum, sed longe animo quam carne nobilior. . . . 3.19 (164.19)
nobilior. erat femina . . . et ad saeculi huius dignitatem nobilis, et in amore futuri saeculi nobilior; 4.9 (222.32)
Nobilior Domino est, orta patre eximio. 4.20 (248.8)
NOBILIS, e. **nobile.** Est monasterium nobile in prouincia Lindissi, ... 3.11 (148.6)
nobile. genus a proauis non solum nobile, sed et religiosum ducens. 2.1 (73.20)
Fecerat autem, . . . monasterium nobile in Hibernia, ... 3.4 (134.4)
ibique praedicans uerbum, ut diximus, monasterium nobile construxit. 3.19 (167.30)
nobilem. uirum utique industrium ac nobilem in Christo et in ecclesia, ... 2.16 (118.1)
nobiles. Baptizatus et Yffi filius Osfridi, sed et alii nobiles ac regii uiri non pauci. 2.14 (114.29)
quod . . . Anna ac nobiles quique augustioribus aedificiis ac donariis adornarunt. 3.19 (164.16)
et multi alii nobiles in ecclesia sancti apostoli Petri sepulti sunt. 3.24 (179.11)
quod . . . nobiles, ignobiles, laici, clerici, uiri ac feminae certatim facere consuerunt. 5.7 (294.12)
plures in gente Nordanhymbrorum, tam nobiles, quam priuati, . . . satagunt magis, . . . monasterialibus adscribere uotis, ... 5.23 (351.19)
nobili. Tilmon, uiro inlustri, et ad saeculum quoque nobili, qui de milite factus fuerat monachus; . . . 5.10 (301.4)
nobili. positum in monasterio nobili, sed ipsum ignobiliter uiuentem. 5.14 (313.30)
nobilibus. Erat autem rex Osuini . . . et manu omnibus, id est nobilibus simul atque ignobilibus, largus; 3.14 (155.31)
nobilibus. accepit rex Aeduini cum cunctis gentis suae nobilibus ac plebe perplurima fidem et lauacrum 2.14 (113.28)

Erant inter hos duo iuuenes magnae indolis de nobilibus Anglorum, 3.27 (192.20)
quia non erat de paupere uulgo, ut dixerat, sed de nobilibus. 4.22 (251.5)
superuenit illo alius adulescens, nomine Biscop, . . . de nobilibus Anglorum, 5.19 (323.31)
Cum ergo causa exigente synodus eadem coram nobilibus et frequentia populi, . . . legeretur, 5.19 (327.27)
nobilis. Erat carnis origine nobilis, sed culmine mentis nobilior. 2.7 (94.12)
Erat autem praefatus rex Redauld natu nobilis, 2.15 (116.13)
nobilis. quaedam erat femina sanctimonialis, et ad saeculi huius dignitatem nobilis, 4.9 (222.31)
Nam et nobilis natu erat, hoc est filia nepotis Eduini regis, 4.23 (252.25)
nobilium. cum magna nobilium iuuentute apud Scottos siue Pictos exulabant, 3.1 (127.13)
multique cotidie, et nobilium, et infirmorum, . . . fidei sunt fonte abluti. 3.21 (170.25)
Erant ibidem eo tempore multi nobilium simul et mediocrium de gente Anglorum, 3.27 (192.9)
NOBILISSIME. quae ille suscepta XXIIII annis et aliquot mensibus nobilissime tenuit. 3.8 (142.6)
multo ecclesiam tempore nobilissime rexit. 3.27 (192.25)
XXXIII primos in saeculari habitu nobilissime conuersata conpleuit, 4.23 (252.23)
Erat enim uir bonus, et saepiens, et scientia scripturarum nobilissime instructus. 5.15 (315.28)
Coinred, qui regno Merciorum nobilissime tempore aliquanto praefuerat, 5.19 (321.28)
NOBILISSIMVS, a, um. **nobilissima.** in monasterio, quod . . . constructum est ab abbatissa nobilissima uocabulo Fara, 3.8 (142.15)
nobilissima. nam duo sub eo nobilissima oppida illic capta atque subuersa sunt. 1.3 (15.31)
nobilissimam. amplissimam ibi ac nobilissimam bibliothecam fecit, 5.20 (331.25)
nobilissimi. et undique ad eius ministerium de cunctis prope prouinciis uiri etiam nobilissimi concurrerent. 3.14 (156.3)
His temporibus reges Anglorum nobilissimi, . . . hunc antistitem ordinandum Romam miserunt; 3.29 (196.4)
nobilissimis. siquidem ipsi XXX legiones ducibus nobilissimis instructas in bello habuere, 3.24 (178.1)
nobilissimis. Erat et ciuitatibus quondam XX et VIII nobilissimis insignita, 1.1 (10.27)
nobilissimo. uenerunt, . . . uiri doctissimi, maxime de nobilissimo eorum monasterio, 2.2 (82.21)
Erat autem uir iste de nobilissimo genere Scottorum, 3.19 (164.18)
NOBILITAS. **nobilitatem.** ipse nobilitatem religionis non minore quam parentes . . . exercuit. 2.1 (73.23)
Nobilitatem uero illam, quam ad saeculum uidebatur habere, 2.1 (74.1)
NOBILITER. strenuissime fundamenta ecclesiae, quae nobiliter iacta uidit, augmentare, 2.4 (87.5)
destructumque regni statum, quamuis intra fines angustiores, nobiliter recuperauit. 4.26 (268.5)
uir religione et prudentia insignis, sacris quoque litteris nobiliter instructus. 5.23 (350.9)
NOBILIVS. et totidem sequentes nobilius in monachica uita Domino consecrauit. 4.23 (252.24)
Coinred, . . . nobilius multo regni sceptra reliquit. 5.19 (321.29)
NOCEO. **noceat.** 'Verum, etsi profiteri nobis liberum est, quia tonsurae discrimen non noceat, 5.21 (342.20)
nocebunt. leti nil iura nocebunt, 2.1 (79.11)
nocerent. et, ne sibi suisque nocerent, obtinere poterat. 2.7 (95.2)
NOCTV. **noctu.** quem dum orationibus continuis ac uigiliis die noctuque studere conspiceret, 1.7 (18.16)
ubi trementi corde stupida die noctuque marcebat. 1.12 (28.2)
ante paucos annos, dum incautius forte noctu in glacie incederet, 3.2 (130.13)
et ubi sanescere coepit, noctu eum, ne aufugeret, uinciri praecepit. 4.22 (250.13)
Qui ait: 'Nuper occupatus noctu uigiliis et psalmis, uidi . . . quendam 4.25 (264.27)
magisque in officina sua die noctuque residere, . . . consuerat. 5.14 (314.6)
introitum habens a latere meridiano, ubi die noctuque XII lampades ardent, 5.16 (318.16)
NOCTVRNVS, a, um. **nocturna.** Sed et unus ex eis in uisione nocturna apparuit cuidam de sociis suis, 5.10 (301.2)
nocturnae. 'Bene facis,' inquit, 'qui tempore isto nocturnae quietis non somno indulgere, 4.25 (264.32)
nocturnas. hora, qua fratres ad dicendas Domino laudes nocturnas excitari deberent. 4.24 (262.7)
nocturni. neque aliquid ex eo tempore nocturni timoris aut uexationis ab antiquo hoste pertulit. 3.11 (150.24)
nocturnis. qui solebat nocturnis saepius horis repente ab inmundo spiritu grauissime uexari. 3.11 (149.20)
nocturno. utpote nocturno sole non longe sub terris ad orientem . . . redeunte; 1.1 (11.1)
NOLO. **nolebant.** id est qui pascha catholicum et tonsuram coronae . . . recipere nolebant, 3.26 (189.15)
quam . . . grauiorem cum eis, qui eum ad ueritatem sequi nolebant, cogeretur habere discordiam. 5.15 (316.15)
Sicut econtra Brettones, qui nolebant Anglis eam, quam habebant, fidei Christianae notitiam pandere, 5.22 (347.10)
nolente. Illo nolente ac contradicente, inuitum monasterio eruentes duxerunt in certamen, 3.18 (163.5)
nolentibus. ut etiam nolentibus ac contradicentibus paganis antistitem suae posset ecclesiae reddere. 2.6 (93.19)
noli. 'Noli timere, fili, mortem, pro qua sollicitus es; 4.14 (234.7)
'Surge,' inquit, 'frater mi, et noli plorare, 4.29 (275.6)
Quam ille consolatus: 'Noli,' inquit, 'timere, 5.12 (304.10)
'Noli,' inquit, 'ita loqui, uide ut sanum sapias.' 5.13 (311.30)
nolit. dic illi, quia, uelit nolit, debet ad monasteria Columbae uenire, 5.9 (297.31)
nolite. 'Nolite gaudere super hoc, 1.31 (66.25)
'Nolite repellere, quem ante suscepistis; 3.19 (166.29)
nolle. palam se iussis illius parere nolle pronuntiabat. 1.7 (19.15)
nollent. si pacem cum fratribus accipere nollent, 2.2 (83.28)
nolo. quia hic est ostiarius ille, cui ego contradicere nolo; 3.25 (188.31)
noluerat. Siquidem non solum fidem Christi recipere noluerat, 2.5 (90.27)
quoniam anno praecedente noluerat audire reuerentissimum patrem Ecgberctum, 4.26 (267.6)
ne exprobrarent sibi sodales, quod timore mortis faceret ea, quae sospes facere noluerat; 5.13 (311.23)
noluerit. Quod si semel susceptus noluerit inuitatus redire, 4.5 (216.16)
noluerunt. Mellitum uero Lundonienses episcopum recipere noluerunt, 2.6 (93.17)
in monasterium praefatum, noluerunt ea, qui erant in monasterio, libenter excipere; 3.11 (148.12)
noluissent. si nationi Anglorum noluissent uiam uitae praedicare, 2.2 (83.30)
noluisset. Et quamuis eos audire noluisset, 5.14 (314.2)
noluisti. 'quia noluisti te continere a domu perditi et damnati illius, tu in ipsa domu mori habes.' 3.22 (174.8)
noluit. omnipotens Deus humanum genus pro culpa sua funditus extinguere noluit, 1.27 (54.12)
'si modo nobis adsurgere noluit, 2.2 (83.25)
nolumus. nolumus molesti esse uobis; 1.25 (46.13)
At illi: 'Nolumus,' inquiunt, 'fontem illum intrare, 2.5 (91.19)
nolunt. dum se continere nolunt, 1.27 (55.12)
NOMEN. **nomen.** cui quondam Albion nomen fuit, 1.1 (9.2)
ne nomen Romanae prouinciae, . . . exterarum gentium inprobitate obrutum uilesceret. 1.12 (27.3)
alium de militibus, cui nomen erat Fordheri, sica nefanda peremit. 2.9 (99.16)
pepererat regina filiam regi, cui nomen Æanfled. 2.9 (99.19)
praefectumque Lindocolinae ciuitatis, cui nomen erat Blaecca, . . . conuertit 2.16 (117.9)
secessit ad regem Orientalium Anglorum, cui nomen erat Anna; 3.7 (140.14)
ut nomen et memoria apostatarum de catalogo regum Christianorum prorsus aboleri deberet, 3.9 (145.4)
ecclesiae, quam in uilla sua, cui nomen est Perrona, faciebat, 3.19 (168.16)
et perduxit eum ad portum, cui nomen est Quentauic; 4.1 (203.29)
ordinauit uirum . . . cui nomen erat Putta; 4.2 (206.8)
apparuit uisio miranda cuidam de sororibus, cui nomen erat Torctgyd, 4.9 (221.31)
At ipse partem, quam accepit, commendauit cuidam de clericis suis, cui nomen Bernuini, 4.16 (237.14)

Habebat enim germanum fratrem, cui nomen erat Tunna, 4.22 (250.16)
cucurrit ad uirginem, quae tunc monasterio abbatissae uice praefuit, cui nomen erat Frigyd, 4.23 (257.21)
(hoc enim erat nomen uirginis), 5.3 (286.10)
et nomen eorum uiuet in generationes et generationes.' 5.8 (294.28)
Sed et unus ex eis in uisione nocturna apparuit cuidam de sociis suis, cui nomen erat Tilmon, 5.10 (301.3)
(hoc enim erat uiro nomen), 5.12 (310.25)

nomen. Brettones solum, a quibus nomen accepit, 1.1 (11.19)
filioque suo Brittanici nomen inposuit. 1.3 (15.16)
'Nomen tuum quaero, quod sine mora mihi insinua.' 1.7 (19.20)
occisis in eadem parentibus regium nomen et insigne ferentibus. 1.16 (33.14)
cuius nomen atque cognitionem dilatiaueris in terra. 1.32 (68.11)
uestrae quoque gloriae nomen etiam posteris gloriosius reddet, 1.32 (68.12)
ut antiquorum principum nomen suis uir ille laudibus uinceret, 1.32 (68.20)
Quod habet nomen ipsa prouincia, de qua isti sunt adlati?' 2.1 (80.16)
At ille adludens ad nomen ait: 2.1 (80.21)
at uero Caedualla, quamuis nomen et professionem haberet Christiani, 2.20 (125.8)
quod certo utique praesagio futurorum antiquitus nomen accepit; 3.2 (129.22)
ac nomen Christi, cui contradixerant, confiteri gauderent, 3.30 (200.4)
Eodem ferme tempore, quo ipsa prouincia nomen Christi susceperat, 4.14 (233.6)
unde et a copia anguillarum, quae in eisdem paludibus capiuntur, nomen accepit; 4.19 (246.32)
sed ab ineunte adulescentia monachicum et nomen adsumsit, et habitum. 4.27 (268.30)
et nomen presbyteri, a quo me baptizatum noueram, dixi. 5.6 (291.13)
Cui etiam tempore baptismatis papa memoratus Petri nomen inposuerat, 5.7 (292.29)
Barbaricam rabiem, nomen et inde suum Conuersus conuertit ouans; 5.7 (293.16)
cuius etiam nomen, si hoc aliquid prodesset, dicere possem; 5.14 (313.29)

nomina. sed potius gaudete, quia nomina uestra scripta sunt in caelo.' 1.31 (66.26)
quia nomina uestra scripta sunt in caelo.' 1.31 (67.1)
nomina omnium in caelo tenentur adscripta. 1.31 (67.2)
quorum haec sunt nomina, Bosa, Aetla, Oftfor, Iohannes, et Vilfrid. 4.23 (254.24)

nomina. Addidit episcopus nomina litterarum: 'Dicito A'; 5.2 (284.7)
Cumque singula litterarum nomina dicente episcopo responderet, 5.2 (284.9)

nomine. [In nomine Sanctae Trinitatis,] uar. Praef. (5.1)
monumentum habet suo nomine insigne. 1.15 (31.33)
et adsumto in nomine sanctae Trinitatis leui aquae spargine 1.17 (34.24)
cum episcopo, quem ei adiutorem fidei dederant, nomine Liudhardo, 1.25 (45.25)
'Domine, in nomine tuo etiam daemonia nobis subiecta sunt,' 1.31 (66.24)
et eam in nomine sancti Saluatoris Dei . . . sacrauit, 1.33 (70.14)
habentes defensorem nomine Brocmailum, 2.2 (84.16)
Aedilbergae filia Aedilberci regis, quae alio nomine Tatae uocabatur. 2.9 (97.24)
Eumer, missus a rege Occidentalium Saxonum nomine Cuichelmo, 2.9 (99.1)
Verum Eorpuald . . . occisus est a uiro gentili nomine Ricberto; 2.15 (116.18)
Iohannes diaconus et in Dei nomine electus; 2.19 (123.6)
cuius nomine uicus, in quo maxime solebat habitare, . . . usque hodie cognominatur. 2.20 (126.25)
Porro regnum Berniciorum, . . . suscepit filius Aedilfridi, . . . nomine Eanfrid. 3.1 (127.11)
Quidam . . . nomine Bothelm qui nunc usque superest, . . . brachium contriuit, 3.2 (130.11)
uenit de Hibernia presbyter et abbas habitu et uita monachi insignis, nomine Columba 3.4 (133.8)
sancti Martini episcopi nomine et ecclesia insignem, 3.4 (133.18)
uenit in prouinciam de Hibernia pontifex quidam nomine Agilberctus, 3.7 (140.20)
Est monasterium nobile in prouincia Lindissi, nomine Beardaneu, 3.11 (148.7)
diuertitque ipse cum uno tantum milite sibi fidissimo, nomine Tondheri, 3.14 (155.16)
Presbyter quidam, nomine Vtta, . . . cum mitteretur Cantiam 3.15 (157.23)
superuenit de Hibernia uir sanctus nomine Furseus, 3.19 (163.24)
Qui cum esset iuuenis optimus, ac regis nomine ac persona dignissimus, 3.21 (169.26)
persuasus maxime ad percipiendam fidem a filio regis Osuiu, nomine Alchfrido, 3.21 (170.8)
Erat in his acerrimus ueri paschae defensor nomine Ronan, 3.25 (181.19)
habens secum de Cantia presbyterum catholicae obseruationis, nomine Romanum. 3.25 (182.1)
Habebat autem secum ipse presbyterum nomine Agathonem. 3.25 (183.13)
quod in nomine eius prophetauerint, 3.25 (187.29)
adsumserunt . . . presbyterum nomine Vighardum, de clero Deusdedit episcopi, 3.29 (196.12)
Cumque monachum quendam de uicino uirginum monasterio, nomine Andream, pontifici offerret, 4.1 (202.16)
Erat ipso tempore Romae monachus Hadriano notus, nomine Theodorus, 4.1 (202.24)
praecipio tibi in nomine Domini, ne hoc cuiquam ante meum obitum dicas. 4.3 (209.30)
In nomine Domini Dei et Saluatoris nostri Iesu Christi, 4.5 (214.29)
Erat in eodem monasterio puer trium circiter non amplius annorum, Aesica nomine, 4.8 (220.25)
proprio eam nomine quasi praesentem alloquens, 4.8 (221.1)
Successit autem Aedilburgi in officio abbatissae deuota Deo famula, nomine Hildilid, 4.10 (224.7)
praeerat regno Orientalium Saxonum, . . . uir multum Deo deuotus, nomine Sebbi, cuius supra meminimus. 4.11 (225.17)
Porro regina, nomine Eabae, in sua, id est Huicciorum prouincia fuerat baptizata. 4.13 (230.24)
partem, quam accepit, commendauit cuidam de clericis suis, . . . dans illi presbyterum nomine Hiddila, 4.16 (237.15)
In nomine Domini nostri Iesu Christi Saluatoris, 4.17 (239.5)
Accepit autem rex Ecgfrid coniugem nomine Aedilthrydam, 4.19 (243.3)
Habebat . . . fratrem, . . . abbatem monasterii in ciuitate, quae hactenus ab eius nomine Tunnacaestir cognominatur; 4.22 (250.18)
Erat in ipso monasterio quaedam sanctimonialis femina, nomine Begu, 4.23 (257.5)
adstitit ei quidam per somnium, eumque salutans, ac suo appellans nomine: 4.24 (259.23)
Erat enim presbyter uitae uenerabilis nomine Hereberct, 4.29 (274.11)
Erat in eodem monasterio frater quidam, nomine Badudegn, 4.31 (278.2)
Harum particulam reliquiarum eo tempore habebat penes se quidam de presbyteris eiusdem monasterii nomine Thruidred, 4.32 (280.10)
ac dicta super me oratione, uocauit me nomine meo, 5.6 (290.34)
Qui uidelicet Columba nunc a nonnullis conposito a cella et Columba nomine Columcelli uocatur. 5.9 (297.19)
Ordinatus est . . . inposito sibi a papa memorato nomine Clementis; 5.11 (303.4)
in uicinia cellae illius habitabat quidam monachus, nomine Haemgils, 5.12 (309.22)
superuenit illo alius adulescens, nomine Biscop, 5.19 (323.30)
et eximio sacrauit nomine Petri, 5.19 (330.11)

nomini. "Sit gloria nomini Domini." 4.19 (245.28)

nominis. Constantinus . . . propter solam spem nominis sine merito uirtutis eligitur; 1.11 (24.26)
est enim iuxta fluuium nominis illius. 1.12 (26.2)
Nec enim omnipotens Deus aut sui nominis sacramentum, . . . deseruit, 2.8 (95.21)
quatinus sui nominis agnitionem diuerso modo gentibus innotescens, 2.11 (104.18)

Siquidem totam illam prouinciam, iuxta sui nominis sacramentum, . . . liberatam, 2.15 (116.33)
qui uos in praesenti saeculo ex omni errore absolutos ad agnitionem sui nominis est dignatus perducere, 2.17 (119.18)
et Christiani erat nominis ignarus; 2.20 (125.8)
Ceterum tota prouincia Australium Saxonum diuini nominis et fidei erat ignara. 4.13 (230.28)
ut beatissimo apostolorum principi, . . . etiam nominis ipsius consortio iungeretur; 5.7 (292.31)
NOMINO. nominandus. cum omni honorificentia nominandus famulus Christi et sacerdos Ecgberct, . . . proposuit animo pluribus prodesse; 5.9 (296.7)
cum uenisset . . . Deo amabilis, et cum omni honorificentia nominandus pater ac sacerdos, Ecgberct, 5.22 (346.23)
nominant. intrauit monasterium . . . positum in loco, quem Coludi urbem nominant, 4.19 (243.31)
nominat. non amixtionem coniugum iniquitatem nominat, 1.27 (58.6)
nominato. monasterium construxit in loco Latineaco nominato, 3.19 (168.13)
nominatur. in prouincia Occidentalium Saxonum Iutarum natio nominatur, 1.15 (31.19)
qui lingua Scottorum Magéo nominatur; 4.4 (213.24)
praepositis sacrosanctis euangeliis, in loco, qui Saxonico uocabulo Haethfelth nominatur, 4.17 (239.16)
interior Praesepe Domini nominatur. 5.16 (317.17)
NOMISMA. nomisma. ut aureum illud nomisma, quod eo de Cantia uenerat, secum adsumerent. 3.8 (143.17)
NON, *omitted.*
NONAE, *the Nones.*
Nonarum. sepultus est die quarto Nonarum Februariarum; 2.7 (93.30)
Cuius uidelicet natalis ibi solet in magna gloria celebrari die Nonarum Iuliarum. 3.8 (144.25)
Obiit autem Ceadda sexto die Nonarum Martiarum, 4.3 (212.4)
Passi sunt autem praefati sacerdotes et famuli Christi v^{o}. Nonarum Octobrium die. 5.10 (300.25)
Nonas. non multo post, id est pridie Nonas Maias, etiam ipse migrauit ad Dominum; 4.30 (277.21)
NONAGINTA. XC. cum esset ipse annorum xc, migrauit ad regna caelestia. 3.27 (193.31)
NONAGINTA QVINQVE. XC et V. successor eius Cyrillus seriem xc et v annorum in quinque decennouenalibus circulis conprehendit; 5.21 (341.19)
NONDVM. nondum enim erat ipse pontifex factus, 2.1 (80.24)
Nondum enim oratoria uel baptisteria in ipso exordio nascentis ibi ecclesiae poterant aedificari. 2.14 (115.13)
proposuit . . . uerbum Dei aliquibus earum, quae nondum audierant, gentibus euangelizando committere; 5.9 (296.11)
NONGENTI SEXAGINTA. nongentarum LX. nongentarum LX familiarum mensuram iuxta aestimationem Anglorum, . . . tenet. 2.9 (97.18)
NONNISI. nonnisi uirgam tantum habere in manu uoluit: 3.18 (163.10)
fiebat, ut dominica paschae dies nonnisi a xv^{a} luna usque ad xxi^{am} seruaretur. 3.25 (186.3)
quod uos non facitis, qui nonnisi prima sabbati pascha celebratis. 3.25 (186.19)
NONNVLLVS, a, um. nonnulla. 4.26 (267.13); 5.15 (315.13).
nonnulla. Praef. (7.1); 5.9 (298.8); 5.23 (351.16).
nonnulla. 3.4 (134.16); 4.14 (232.29).
nonnulla. Praef. (7.5); 3.29 (197.31); 5.11 (303.14); 5.18 (321.8).
nonnullas. Praef. (6.18).
nonnulli. 1.15 (32.28); 1.26 (47.8).
nonnullis. 4.29 (274.7).
nonnullis. 4.19 (246.16); 5.9 (297.19).
nonnullis. 4.23 (258.20).
nonnullo. 2.5 (89.29).
NONNVMQVAM. praedas tamen nonnumquam exinde et contritiones de Brettonum 1.14 (29.26)
Vnde nonnumquam contigisse fertur illis temporibus, 3.25 (182.2)
sed etiam reges ac principes nonnumquam ab ea consilium quaererent, et inuenirent. 4.23 (254.15)
Vnde nonnumquam in conuiuio, cum esset laetitiae causa decretum, 4.24 (259.14)
ut . . . saepe ebdomade integra, aliquando duabus uel tribus, nonnumquam etiam mense pleno domum non rediret; 4.27 (270.11)
sed et in mensis primi nonnumquam inuentione falluntur. 5.21 (338.31)
NONVS, a, um. nona. Nam die dehinc tertio, conpleta hora nona, . . . emisit spiritum. 4.11 (226.29)
nonam. consuetudinem fecerunt . . . IIII^{a} et VI^{a} sabbati ieiunium ad nonam usque horam protelare. 3.5 (136.21)
nono. Venit autem Brittaniam Columba, regnante Pictis Bridio . . . nono anno regni eius, 3.4 (133.25)
Quod factum est die XIII^{a} Kalendarum Septembrium, anno regni eius nono, 3.14 (155.23)
synodum, quae facta est in urbe Roma . . . imperante Constantino piissimo anno nono, 4.17 (240.16)
Anno regni Ecgfridi nono, . . . occisus est Aelfuini frater regis Ecgfridi, 4.21 (249.3)
Victred filius Ecgberecti, . . . defunctus est nono die Kalendarum Maiarum; 5.23 (348.17)
nonus. Anno eodem Tatuini consecratus archiepiscopus nonus Doruuernensis ecclesiae, 5.24 (356.17)
VIIII. VIIII. Interrogatio Augustini: 1.27 (59.21)
VIIII. VIIII capitulum in commune tractatum est: 4.5 (216.29)
NONVSDECIMVS, a, um. nonamdecimam. Namque diem nonamdecimam September habebat, 5.8 (295.14)
nono decimo. Nono decimo autem uitae meae anno diaconatum, tricesimo gradum presbyteratus, . . . suscepi. 5.24 (357.15)
NORDANHYMBRI, *the Northumbrians.*
Nordanhymbrorum. nec non et Orientalium Anglorum atque Nordanhymbrorum, Praef. (6.34)
Quae autem in Nordanhymbrorum prouincia, . . . in ecclesia sint acta, Praef. (7.23)
tota Nordanhymbrorum progenies, . . . sunt orti. 1.15 (31.26)
Vt Aedilfrid rex Nordanhymbrorum Scottorum gentes proelio conterens 1.34 (71.7)
His temporibus regno Nordanhymbrorum praefuit rex . . . Aedilfrid, 1.34 (71.9)
quintus Aeduini rex Nordanhymbrorum gentis, 2.5 (89.20)
sextus Osuald et ipse Nordanhymbrorum rex Christianissimus, hisdem finibus regnum tenuit; 2.5 (89.26)
Quo tempore etiam gens Nordanhymbrorum, . . . uerbum fidei . . . suscepit. 2.9 (97.6)
quae baptizata est . . . prima de gente Nordanhymbrorum, 2.9 (99.32)
Tantus autem fertur tunc fuisse . . . desiderium lauacri salutaris genti Nordanhymbrorum, 2.14 (114.31)
ubi gentem Nordanhymbrorum cum suo rege ad fidem confessionemque Christi, . . . conuersam esse didicit, 2.17 (118.26)
Quo tempore maxima est facta strages in ecclesia uel gente Nordanhymbrorum, 2.20 (125.4)
Turbatis itaque rebus Nordanhymbrorum huius articulo cladis, 2.20 (125.26)
nam in has duas prouincias gens Nordanhymbrorum antiquitus diuisa erat, 3.1 (127.8)
prouincias Nordanhymbrorum, . . . quasi tyrannus saeuiens disperderet, 3.1 (128.5)
contigit . . . sanctissimum ac uictoriosissimum regem Nordanhymbrorum Osualdum adfuisse, 3.7 (139.24)
Regnauit autem Osuald christianissimus rex Nordanhymbrorum VIIII annos, 3.9 (144.29)
exercitus Penda duce Nordanhymbrorum regiones impia clade longe lateque deuastans 3.16 (158.30)
uenitque ad regem Nordanhymbrorum Osuiu, 3.21 (169.28)
cum frequenter ad eum in prouinciam Nordanhymbrorum ueniret, 3.22 (171.24)
Solebat . . . saepius etiam suam, id est Nordanhymbrorum, prouinciam exhortandi gratia reuisere: 3.23 (174.26)
Cum ergo episcopum defunctum ac sepultum in prouincia Nordanhymbrorum audirent fratres, 3.23 (176.25)
Venerat eo tempore Agilberctus . . . ad prouinciam Nordanhymbrorum, et apud eos aliquandiu demorabatur; 3.25 (183.10)
suscepit pro illo pontificatum Nordanhymbrorum famulus Christi Tuda, 3.26 (189.25)

ut quoniam gens illa, quam nouerat scientiam diuinae cognitionis . . . populis Anglorum communicare curauit; . . . 5.22 (347.5)
nouere. Qui, . . . quantum ab eis, qui illum nouere, didicimus, . . . 3.17 (161.26)
hic ab omnibus, qui nouere, dignus episcopatu iudicatus est. . . . 4.1 (202.17)
quae . . . ab his, qui nouere, descripta habentur a multis; . . . 4.7 (219.13)
sicut et praefatus antistes Vilfrid, et multi alii, qui nouere, testantur; . . . 4.19 (245.12)
omnes, qui nouere, facillime potuerunt aduertere. . . . 4.25 (262.28)
nouerit. cum ipsum sapientissime uixisse omnis mundus nouerit.' . . . 3.25 (185.2)
responsurus sit Dominus, quia numquam eos nouerit. . . . 3.25 (187.31)
nouerit se ab omni officio sacerdotali et nostra societate separatum. . . . 4.5 (217.17)
ut nemo, qui eam nouerit, dubitare debeat, quin ei exeunti de hac uita caelestis patriae patuerit ingressus. 4.9 (222.28)
ut . . . Latinam uero non minus quam Anglorum, quae sibi naturalis est, nouerit. . . . 5.20 (331.12)
nouerunt. de quo plura uirtutum miracula, qui eum familiariter nouerunt, dicere solent, . . . 5.2 (283.2)
noui. Verum noui non hoc esse meriti mei, . . . 3.13 (153.12)
in quantum noui uel ualeo, . . . 3.25 (188.31)
At ego: 'Noui,' inquit, 'multum mihi esse necesse uigiliis salutaribus insistere, . . . 4.25 (264.33)
noui namque eum, et quia cum esset presbyter ordinatus, . . . 5.6 (291.16)
Noui autem ipse fratrem, quem utinam non nossem, . . . 5.14 (313.28)
'Et quidem et antea noui,' inquit, 'quia haec erat uera paschae celebratio, . . . 5.21 (345.29)
nouimus. Nouimus insulam . . . contra ortum solis, . . . 1.1 (12.5)
de hisdem patribus, . . . nouimus scriptum, . . . 1.27 (49.6)
Nouimus namque, quod mulier, quae fluxum patiebatur sanguinis, . . . 1.27 (55.22)
quia nec opus illo nos habere nouimus, . . . 2.5 (91.21)
nouit. Nouit fraternitas tua Romanae ecclesiae consuetudinem, . . . 1.27 (49.22)
offeramus ei, qui nouit, Domino Deo nostro.' . . . 3.24 (177.26)

NOSTER, tra, trum. **noster.** 1.27 (51.14); 1.32 (68.29); 2.10 (101.6); 3.25 (188.16); 4.5 (215.6); 4.5 (215.8); 4.17 (239.17); 5.13 (312.22).
nostra. 1.32 (69.25); 2.11 (104.24); 2.11 (106.16); 4.20 (248.6); 5.21 (335.33).
nostra. 1.1 (12.6); 1.32 (69.27); 2.1 (73.9); 2.5 (91.27); 2.15 (116.11); 2.17 (119.32); 2.18 (120.23); uar. 2.18 (121.20); 3.14 (156.34); 4.5 (215.17); 4.5 (217.15); 4.5 (217.17); 4.19 (243.19); 5.1 (282.12).
nostra. 1.24 (44.6); 2.16 (118.1); 2.17 (119.12); 3.24 (177.26); 4.20 (248.5); 5.21 (341.21).
nostrae. Praef. (5.10); Praef. (8.10); 1.7 (19.11); 1.24 (44.17); 1.30 (64.28); 1.30 (65.1); 2.1 (75.27); 2.1 (79.28); 2.12 (109.25); 2.18 (121.26); 3.2 (129.10); 3.15 (158.24); 4.5 (217.12); 4.5 (217.15); 4.23 (256.13); 5.1 (282.22); 5.21 (339.34); 5.21 (339.35); 5.21 (340.19); 5.21 (341.5); 5.24 (359.15).
nostrae. Praef. (6.22); 1.27 (48.13); 2.1 (81.5); 2.2 (83.14); 3.13 (152.20); 3.17 (162.10); 3.29 (198.19); 4.7 (219.14); 4.22 (252.13); 4.25 (266.5); 5.15 (317.6).
nostram. 2.1 (73.7); 2.1 (73.13); 2.1 (78.5); 2.11 (105.13); 2.18 (121.20); 5.1 (282.17); 5.12 (309.29); 5.21 (345.19).
nostrarum. 3.29 (198.14); 5.14 (315.8); 5.21 (345.4).
nostras. 5.13 (313.11).
nostri. 1.23 (43.5); 1.23 (43.25); 1.24 (44.22); 1.25 (46.23); 1.27 (53.8); uar. 1.28 (62.30); uar. 1.30 (66.7); 1.33 (70.15); 2.2 (82.8); 2.8 (96.9); 2.10 (101.27); 2.11 (104.15); 2.11 (104.30); 2.11 (105.17); 2.18 (120.25); 4.5 (214.29); 4.5 (215.16); 4.9 (222.8); 4.14 (235.21); 4.17 (239.5); 5.1 (282.12).
nostri. 1.27 (54.9); 3.25 (184.5); 4.5 (215.10); 4.5 (215.24).
nostri. 3.5 (136.8); 3.19 (167.15); 4.3 (211.12); 4.14 (235.21); 5.21 (340.34); 5.21 (343.6).
nostris. 1.27 (48.32); 2.2 (83.21); 4.27 (270.35).
nostris. 1.32 (69.17); 2.18 (122.4); 4.17 (239.6).
nostris. 5.17 (319.29).
nostris. 1.32 (69.22); 5.21 (341.24).
nostro. 1.31 (67.12); 1.32 (68.17); 2.5 (91.13); 2.17 (119.10); 3.24 (177.27).
nostro. 1.23 (43.24); 1.24 (44.21); 1.28 (62.29); 1.29 (64.15); 1.29 (64.22); 1.30 (66.6); 1.32 (70.5).
nostro. 4.25 (266.3); 5.4 (287.1).
nostrorum. 2.13 (111.26); 2.18 (121.20); uar. 4.5 (217.8).
nostrorum. 5.21 (343.17).
nostros. 1.32 (69.18); 2.1 (78.32); 4.3 (209.14).
nostrum. 1.30 (65.4); 2.1 (73.10); 2.17 (120.3); 3.25 (184.33); 3.25 (187.3); 3.29 (198.27); 4.17 (240.17).
nostrum. 2.1 (76.2); 5.21 (337.15).
nostrum. 2.1 (75.30); 2.19 (123.16); 5.1 (282.8); 5.21 (336.5); 5.21 (340.3); 5.21 (344.9).

NOTARIVS. **notario.** Quam sententiam definitionis nostrae Titillo notario scribendam dictaui. . . . 4.5 (217.12)

NOTHELMVS (*d.* 739), *tenth Archbishop of Canterbury.*
Nothelmi. ipsius Nothelmi uiua uoce referenda, transmisit. . . . Praef. (6.16)
Nothelmo. Nothelmo, ut diximus, perferente, . . . Praef. (6.31)
Nothelmum. per religiosum Lundoniensis ecclesiae presbyterum Nothelmum, . . . transmisit. . . . Praef. (6.15)
Nothelmus. Qui uidelicet Nothelmus postea Romam ueniens, . . . Praef. (6.17)

NOTITIA. **notitia.** sed certiori notitia medicus Cynifrid, . . . 4.19 (245.12)
notitiam. historiam memoratam in notitiam tibi simul et eis, . . . Praef. (5.19)
cui gloriae caelestis suo labore et industria notitiam prouenisse gaudebat. . . . 1.32 (67.22)
et huius quoque rei notitiam ad perfectum percipere meruerunt, . . . 3.4 (135.12)
per cuius notitiam maxime ad diligendum noscendumque episcopum peruenit. . . . 3.23 (175.10)
et ob id maiorem huius itineris peragendi notitiam haberet, . . . 4.1 (202.32)
Brettones, qui nolebant Anglis eam, quam habebant, fidei Christianae notitiam pandere, . . . 5.22 (347.11)

NOTIVS. ut, quanta esset uiri sublimitas, legentibus notius existeret. . . . 3.19 (168.28)

NOTO. **notandum.** Inter quae notandum, quod ea, . . . Praef. (7.28)
notantes. eumque notantes superbiae, cunctis, quae dicebat, contradicere laborabant. . . . 2.2 (83.12)
notaueram. et ex eodem libro x capitula, quae per loca notaueram, . . . illis coram ostendi, . . . 4.5 (215.29)

NOVEM. **nouem.** quae appellatur Farne, et ab eadem ecclesia nouem ferme milibus passuum in Oceano procul abest, . . . 4.27 (268.25)
VIIII. longissima dies siue nox xv, breuissima VIIII conpleat horas. . . . 1.1 (11.10)
Regnauit autem Osuald christianissimus rex Nordanhymbrorum VIIII annos, . . . 3.9 (144.30)
et rexit ecclesiam annos VIIII, menses IIII et duos dies; . . . 3.20 (169.18)
sedem regni reliquit, quam ille susceptam per VIIII annos tenuit. . . . 4.1 (201.11)
tacta est . . . morbo, et per annos VIIII pia Redemtoris nostri prouisione multum fatigata; . . . 4.9 (222.7)
cum post Ecgberctum fratrem suum, qui VIIII annis regnauerat, ipse XII annis regnasset, . . . 4.26 (268.8)

NOVEMBRIS, e, *of November.*
Nouembres. Virginis alma caro est tumulata bis octo Nouembres, . . . 4.20 (248.19)
Nouembrium. Haec inter Iustus archiepiscopus ad caelestia regna subleuatus quarto Iduum Nouembrium die, . . . 2.18 (120.9)

NOVERCA. **nouerca.** Cum nouerca autem miscere graue est facinus, . . . 1.27 (51.3)
nouercae. qui turpitudinem nouercae, . . . reuelare praesumserit, . . . 1.27 (51.7)
nouercis. et nouercis et cognatis si liceat copulari coniugio? . . . 1.27 (50.28)

NOVILISSIMVS, a, um. **nouilissimis.** siquidem ipsi xxx legiones ducibus nobilissimis [nouilissimis] instructas in bello habuere, . . . uar. 3.24 (178.1)

NOVISSIMVS, a, um. **nouissima.** et tunc nouissima omnium, lotis prius suo suarumque ministrarum obsequio ceteris, 4.19 (244.10)
nouissimorum. in tantum nouissimorum suorum in omnibus operibus suis memor, 4.3 (210.14)
nouissimum. haec ad praecedentis anni nouissimum pertinet mensem, 5.21 (339.9)
NOVITAS. nouitate. tanta miraculorum caelestium nouitate perculsus, 1.7 (21.21)
uestimenta omnia, . . . non solum intemerata, uerum etiam prisca nouitate et claritudine miranda parebant. 4.30 (276.23)
NOVITER. Et hoc esse uerum pascha, . . . Niceno concilio non statutum nouiter, sed confirmatum est, 3.25 (186.12)
NOVVS, a, um. **noua.** quae adhuc ad fidem noua est, 1.27 (49.27)
Et quia noua Anglorum ecclesia ad omnipotentis Dei gratiam . . . perducta est, 1.29 (63.22)
Vnde si haec noua doctrina certius aliquid attulit, 2.13 (112.19)
Sponsa hymno exultas et noua dulcisono. 4.20 (248.32)
noua. Adquirens fidei agmina gente noua. 2.1 (79.20)
inuolutum nouo amictu corpus, nouaque in theca reconditum, supra pauimentum sanctuarii posuerunt. 4.30 (277.16)
sicque paulatim omnis eorum prouincia ueterem cogeretur noua mutare culturam. 5.10 (300.15)
Ibi ergo hiemem cum noua Dei plebe feliciter exigens, sic Romam ueniendi iter repetiit; 5.19 (326.19)
quam ipse uelut noua quadam relucente gratia ecclesiasticae societatis et pacis Christo consecrauerat; 5.22 (347.22)
noua. sed quia noua sunt et incerta, 1.25 (46.8)
Vnde restat, ut si ea, quae nunc nobis noua praedicantur, meliora esse et fortiora, . . . perspexeris, 2.13 (111.32)
Sed et linteamina omnia, quibus inuolutum erat corpus, integra apparuerunt, et ita noua, 4.19 (246.3)
noua. Et noua dulcisono modularis carmina plectro, 4.20 (248.31)
'Noua,' inquit, 'indumenta corpori pro his, quae tulistis, circumdate, 4.30 (277.7)
nouae. Alma nouae scandens felix consortia uitae, 5.8 (295.16)
nouae. Denique non solum nouae, quae de Anglis erat collecta, ecclesiae curam gerebat, 2.4 (87.9)
nouam. nascentem ibi nouam heresim de statu nostrae resurrectionis, 2.1 (75.27)
contra nascentem heresim nouam laborare contendit, 2.1 (76.9)
repperimus quosdam prouinciae uestrae contra orthodoxam fidem, nouam ex ueteri heresim renouare conantes, 2.19 (123.15)
quia, . . . auerterent illum a diis suis, et ad nouam Christianae fidei religionem transferrent, 5.10 (300.13)
noui. insulae noui semper aliquid audire gaudenti, 1.8 (22.19)
uel noui testamenti sacramenta in commemorationem suae passionis ecclesiae celebranda tradidit. 3.25 (186.27)
nouis. Lauerunt igitur uirgines corpus, et nouis indutum uestibus intulerunt in ecclesiam, 4.19 (246.20)
nouo. et quasi nouo se discipulatui beatissimi apostolorum principis Petri subditam, . . . gaudebat. 5.21 (346.10)
nouo. placuit eidem abbatissae leuari ossa eius, et in locello nouo posita in ecclesiam transferri; 4.19 (244.30)
in nouo recondita loculo in eodem quidem loco, sed supra pauimentum dignae uenerationis gratia locarent. 4.30 (276.14)
et inuolutum nouo amictu corpus, nouaque in theca reconditum, supra pauimentum sanctuarii posuerunt. 4.30 (277.16)
nouo. in testamento nouo non tam, quod exterius agitur, . . . adtenditur, 1.27 (56.29)
nouorum. primo mense anni, qui etiam mensis nouorum dictus est, pascha facere iubemur; 5.21 (339.32)
nouum. Quo in loco nouum conponit exercitum ipse dux agminis. 1.20 (39.2)
uti nouum Christi populum coacerueet, 3.29 (198.28)
non eis nouum uoluit ordinare episcopum; 4.3 (206.17)
nouum. quod uidelicet lac pridie nouum in fiala ponere solebat, 3.27 (194.9)
Item, Capitula lectionum in totum nouum testamentum, excepto euangelio. 5.24 (358.28)
nouus. qualis sibi . . . nouus diuinitatis, qui praedicabatur, cultus uideretur. 2.13 (111.18)
priusquam hoc sacrae crucis uexillum nouus militiae ductor, . . . statueret. 3.2 (130.7)
NOX. nocte. caelum diemque nubium nocte subducunt; 1.17 (34.15)
quadam nocte candentem niueis uestibus uidit sibi adesse personam, 1.19 (37.31)
omni nocte supra sepulchrum eius lux caelestis apparuit, 1.33 (70.29)
iussit ipsa sibi nocte in ecclesia beatorum apostolorum Petri et Pauli, . . . stratum parari; 2.6 (92.15)
Eadem autem nocte sacrosancta dominici paschae pepererat regina filiam regi, 2.9 (99.18)
uidit subito intempesta nocte silentio adpropinquantem sibi hominem . . . incogniti; 2.12 (108.21)
Ipsa autem nocte, in cuius ultima parte, . . . supernam migrauit ad lucem, 3.8 (143.18)
Addunt et alia, quae ipsa nocte in monasterio eodem diuinitus fuerint ostensa miracula; 3.8 (143.29)
Vt super reliquias eius lux caelestis tota nocte steterit, 3.11 (147.28)
Vnde factum est, ut ipsa nocte reliquiae adlatae foris permanerent, 3.11 (148.16)
Nam tota ea nocte columna lucis a carro illo ad caelum usque porrecta, . . . stabat. 3.11 (148.20)
diceret, quod et ipsa lucem nocte illa supra reliquias eius ad caelum usque altam uidisset, 3.11 (149.12)
quia in omni septimana diem cum nocte ieiunus transiret. 3.27 (193.15)
Ipse Edilhun proxima nocte defunctus est; 3.27 (193.25)
subiectos suos meditatur die ac nocte ad fidem catholicam . . . conuerti. 3.29 (197.1)
et ibi tota nocte requiescens, mane sanato sensu egressus, 4.3 (212.12)
Cum enim nocte quadam, expletis matutinae laudis psalmodiis, 4.7 (219.28)
Haec ergo quadam nocte incipiente crepusculo, egressa de cubiculo, 4.9 (222.12)
transacta una die et nocte, . . . ad aeternae gaudia salutis intrauit. 4.9 (224.2)
dum aliquandiu caecitatis huius nocte clausa maneret, 4.10 (224.27)
qui cum die illo et nocte sequenti inter cadauera occisorum similis mortuo iaceret, 4.22 (249.26)
Qua uidelicet nocte Dominus omnipotens obitum ipsius . . . manifesta uisione reuelare dignatus est. 4.23 (257.1)
Ferunt autem, quod eadem nocte, in ipso quoque monasterio, . . . obitus illius in uisione apparuerit, 4.23 (258.10)
iumentorum, quorum ei custodia nocte illa erat delegata, 4.24 (259.21)
uespere incumbente, nocte qua de saeculo erat exiturus, 4.24 (261.22)
Crescebat morbus paulatim, et nocte superueniente grauior effectus est, 4.31 (278.16)
neque ultra cessauit tota die illa et nocte sequente, . . . loqui aliquid, 5.2 (284.13)
ferorque domum a sociis, ac tacitus tota nocte perduro. 5.6 (290.26)
nec uoluit nocte illa iuxta morem cum clericis suis manere, 5.6 (290.30)
uenit . . . ad eum unus de fratribus, . . . referens ei uisionem, quae sibi eadem nocte apparuisset: 5.9 (297.4)
dicens, quia et ea nocte sibi post expletos matutinos Boisil per uisum apparuerit, 5.9 (297.27)
facta est nocte quadam tam saeua tempestas, 5.9 (298.7)
radius lucis permaximus, atque ad caelum usque altus, omni nocte supra locum fulgebat illum, 5.10 (300.33)
Et cum progrederemur 'sola sub nocte per umbras,' 5.12 (305.26)
pendente desuper in trocleis magna lampade, totaque die et nocte lucente. 5.17 (319.6)
ut uidelicet primo sol longiorem nocte faciat diem, 5.21 (340.12)
noctem. quid ad eum pertineret, utrum ipse intus an foris noctem transigeret. 2.12 (108.28)
noctem illam quietissimam duxit; 3.11 (150.23)
et post noctem ablata superficie crassiore, ipse residuum cum modico, ut diximus, pane bibebat. 3.27 (194.10)
coepit subito circa mediam noctem clamare his, quae sibi ministrabant, 4.8 (221.9)
etiam si totam noctem stando in precibus peragere, . . . iubeas 4.25 (263.26)
uerum solus in oratione persistens noctem ducebat peruigilem, 5.6 (290.31)
noctes. lucidas aestate noctes habet; 1.1 (10.31)
plurimae longitudinis habet dies aestate, sicut et noctes contra in bruma, 1.1 (11.4)
plurimae item breuitatis noctes aestate, et dies habet in bruma, 1.1 (11.6)

saepe autem noctes integras peruigil in oratione transigeret. 4.25 (263.5)
ut non amplius tota sacra sollemnitas, quam vii tantummodo noctes cum totidem diebus conprehendat; 5.21 (335.32)
nocti. et luminare minus, ut praeesset nocti''; 5.21 (339.17)
noctibus. Excubabat diebus ac noctibus ante tugurium pauperis uulgus 1.19 (37.26)
Quod dum tribus diebus et totidem noctibus ageretur, ... 4.9 (223.16)
Sic delatus in Maeldum ciuitatem Galliae iiii diebus ac noctibus quasi mortuus iacebat, ... 5.19 (328.25)
noctis. ita ut medio saepe tempore noctis 1.1 (10.32)
et multo illum tempore secretae noctis flagellis artioribus afficiens sciscitabatur 2.6 (92.21)
erat enim prima hora noctis, ... 2.12 (108.3)
At medio noctis tempore, cum euigilaret, ... 3.2 (130.28)
Quod cum residuo noctis tempore diligenter agerent, ... 4.23 (257.30)
et iam mediae noctis tempus esset transcensum, ... 4.24 (261.28)
qui . . . primo tempore noctis defunctus est; 5.12 (304.5)
Cum enim a uespera diei xiii^{ae} uigilias sanctae noctis celebrare incipiunt, ... 5.21 (337.33)
''luminare maius in inchoationem diei, et luminare minus in inchoationem noctis.'' 5.21 (339.19)
uel certe una diei, altera noctis praecurrebat exortum, ... 5.23 (349.9)
nox. longissima dies siue nox xv, . . . conpleat horas. 1.1 (11.9)
obsecro, ne amplius quam haec solummodo proxima nox intersit.' 4.9 (223.29)
et quod ipsa sit nox xv^{ae} lunae, ... 5.21 (334.28)
Ipsa est enim eadem nox, in qua de Aegypto per sanguinem agni Israelitica plebs erepta est; . . . 5.21 (336.22)
NOXIVS, a, um. **noxium.** deuitando quod noxium est ac peruersum, ... Praef. (5.15)
noxius. 'Iusseruntque me,' inquit, 'incidere tumorem illum, ut efflueret noxius umor, qui inerat; . . 4.19 (245.17)
NVBES. nubibus. quando ipse caelis ac terris ardentibus uenturus est in nubibus, ... 4.3 (211.6)
nubium. caelum diemque nubium nocte subducunt; 1.17 (34.15)
NVDITAS. nuditate. quae sola nuditate uerborum diu inaniter et aures occupauit, ... 1.17 (35.27)
NVDVS, a, um. **nuda.** gaudentes uel nuda corpora eripuisse discrimini; 1.20 (39.14)
nudos. eos, quos defendere debuerat, inermes ac nudos ferientibus gladiis reliquit. 2.2 (84.29)
NVLLATENVS. quia uoluntas ipsa esse sine culpa nullatenus potest. 1.27 (57.32)
nullatenus ualetis panem uitae percipere.' 2.5 (91.18)
ipsam tamen ledere nullatenus sinebatur. 3.17 (160.34)
Cumque rex perfidus nullatenus precibus illius assensum praeberet, ... 3.24 (177.20)
sine quibus conuersatio ciuilis esse nullatenus poterat. 3.26 (190.23)
'Si nullatenus hodie fieri potest, obsecro, ne sit longum spatium in medio.' 4.9 (223.24)
Sane nullatenus praetereundum arbitror miraculum sanitatis, ... 4.10 (224.20)
nullatenus propter ingenii tarditatem potuit cathecizandi uel baptizandi ministerium discere, . . . 5.6 (291.17)
NVLLVS, a, um. **nulla.** 1.1 (10.14); 1.14 (29.29); 1.27 (52.13); 1.27 (61.11); 2.2 (84.12); 2.10 (100.29); 2.18 (121.30); 3.2 (130.4); 3.10 (147.3); 4.13 (231.12); 4.13 (231.29); 4.28 (271.25); 5.21 (338.29).
nulla. 1.6 (17.16); 2.12 (110.7); 5.19 (327.18); 5.21 (334.1); 5.21 (337.28).
nulla. 2.1 (74.8).
nullam. 1.27 (52.30); 2.10 (102.27); 3.5 (136.24); 5.1 (282.4); 5.12 (307.12); 5.21 (338.1); 5.21 (342.26); 5.21 (342.31).
nulli. 4.5 (216.7); 4.5 (216.19); 4.5 (216.32); 4.5 (217.5); 4.7 (220.11).
nullius. 1.24 (44.4); 4.21 (249.14).
nullo. 1.1 (10.13); 1.12 (27.9); 1.15 (32.22); 1.27 (54.34); 1.29 (64.5); 1.32 (69.12); 1.32 (69.20); 2.7 (94.16); 2.16 (118.7); 3.11 (149.25); 4.27 (270.2).
nullo. 1.27 (54.25).
nullum. 1.12 (26.16); 1.26 (47.25); 4.19 (243.18).
nullum. 1.1 (12.29); 3.2 (130.4); 3.2 (130.5); 4.5 (217.8); 4.23 (256.2); 5.21 (337.21).
nullus. 1.1 (12.30); 1.27 (48.32); 2.1 (76.12); 2.13 (111.24); 3.7 (139.13); 3.25 (188.3); 4.5 (216.3); 4.5 (216.13); 4.5 (216.26); 4.5 (217.1); 4.13 (231.6); 4.20 (248.33); 4.20 (248.34); 4.22 (250.25); 4.23 (254.11); 4.24 (259.6); 4.27 (269.34); 4.27 (270.35); 5.7 (293.22); 5.21 (337.22).
NVM. num ei obtemperare, et monita eius salutaria suscipere consentis?' 2.12 (109.17)
Numquid [Num] tibi carior est ille filius equae, quam ille filius Dei?' . . . . uar. 3.14 (156.23)
num praeferri potuit beatissimo apostolorum principi, ... 3.25 (188.16)
NVMERI, *the Book of Numbers.*
Numerorum. sicut in libro Numerorum apertissime scribitur: 5.21 (335.9)
NVMERO. numerari. et in electorum tuorum iubeas grege numerari.' 2.1 (78.34)
NVMERVS. numero. ut et ipse, . . . Christianorum numero copuletur; 2.11 (105.18)
horum numero duos addidit antistites, ... 4.12 (229.22)
posset eorum numero sociari, de quibus ait psalmus: 5.13 (313.21)
numero. Excubabat . . . ante tugurium pauperis uulgus sine numero; 1.19 (37.27)
Sed et omelias euangelii numero xl conposuit, ... 2.1 (76.20)
nec coram uobis adsurgere uoluerit, cum sitis numero plures, ... 2.2 (83.9)
et crescente numero fidelium, ... 2.20 (126.28)
donec conpleto unde lx annorum numero, ... 3.24 (179.8)
'Vt plures episcopi crescente numero fidelium augerentur'; 4.5 (216.30)
indicauit nobis abbatissa, quia quaedam de numero uirginum, . . . langore teneretur; 5.3 (285.12)
Qui cum illo aduenissent, erant autem numero xii, ... 5.10 (299.6)
fratres, qui erant in Fresia uerbi ministerio mancipati, elegerunt ex suo numero uirum 5.11 (302.6)
alios quoque illis in regionibus ipse constituit antistites ex eorum numero fratrum, ... 5.11 (303.16)
numerum. iuxta numerum librorum, quibus lex diuina scripta est, ... 1.1 (11.11)
et non paruum numerum militum, . . . disperdidit. 1.2 (14.1)
et numerum quoque eorum, qui de suo monasterio hac essent de mundo rapiendi, . . . intimauerit. . 4.19 (244.19)
quem se numerum annorum fuisse habiturum ipse iamdudum somni reuelatione edoctus, suis praedicere solebat. 5.8 (294.21)
Porro dies xiiii^{a} extra hunc numerum separatim sub paschae titulo praenotatur, ... 5.21 (335.16)
quia nimirum haec ad numerum pertinet illarum vii dierum, ... 5.21 (337.13)
numerus. Bancor, in quo tantus fertur fuisse numerus monachorum, ... 2.2 (84.10)
NVMQVAM. 1.14 (29.18); 1.22 (42.4); 2.10 (103.10); 2.12 (108.6); 3.5 (136.22); 3.6 (138.23); 3.14 (156.32); 3.14 (157.9); 3.25 (187.31); 3.26 (190.28); 3.27 (193.10); 4.14 (235.15); 4.19 (244.6); 4.23 (256.19); 4.24 (259.31); 5.2 (284.16); 5.8 (295.4); 5.12 (308.23); 5.12 (310.18); 5.21 (334.11); 5.21 (337.15); 5.21 (338.7); 5.21 (340.27); 5.21 (342.21); 5.22 (348.3).
NVMQVID. Numquid non habuimus equos uiliores plurimos, ... 3.14 (156.19)
Numquid tibi carior est ille filius equae, quam ille filius Dei?' 3.14 (156.23)
His contra Colmanus: 'Numquid,' ait, 'Anatolius . . . legi uel euangelio contraria sapuit, ... 3.25 (186.34)
Numquid reuerentissimum patrem nostrum Columbam . . . diuinis paginis contraria . . . egisse credendum est? 3.25 (187.3)
numquid uniuersali, quae per orbem est, ecclesiae Christi eorum est paucitas uno . . . praeferenda? 3.25 (188.12)
NVNC. Praef. (5.5); Praef. (6.21); Praef. (7.5); 1.1 (9.12); 1.7 (21.26); 1.15 (31.20); 1.16 (33.17); 1.32 (68.22); 1.32 (69.24); 2.1 (74.18); 2.1 (78.17); 2.12 (108.13); 2.12 (109.25); 2.13 (111.31); 2.13 (112.29); 2.13 (113.7); 3.2 (130.12); 3.4 (133.20); 3.4 (135.9); 3.11 (148.1); 3.17 (162.11); 3.23 (176.7); 3.29 (198.2); 4.4 (214.2); 4.6 (218.18); 4.8 (221.14); 4.16 (238.12); 4.19 (246.12); 4.22 (250.33); 4.22 (251.11); 4.23 (254.31); 4.24 (259.32);

4.25 (265.14); 4.26 (267.8); 4.31 (278.4); 4.32 (280.10); 5.2 (283.4); 5.6 (289.9); 5.8 (295.10); 5.9 (296.14); 5.9 (297.18); 5.9 (297.30); 5.12 (306.2); 5.12 (306.2); 5.12 (308.2); 5.12 (309.1); 5.12 (310.6); 5.16 (318.18); 5.17 (319.15); 5.21 (342.5); 5.21 (344.18); 5.21 (345.12); 5.23 (350.29).

NVNCVPO. nuncupant. Aldhelm, cum adhuc esset presbyter et abbas monasterii, quod 'Maildufi urbem' nuncupant, 5.18 (320.30)
nuncupantur. unde hactenus a uicina gente Brettonum corrupte Garmani nuncupantur. 5.9 (296.16)
nuncupatur. atque in hanc insulam, quae Brittania nuncupatur, contigit introisse; 2.4 (87.31)
occisus est, . . . in loco, qui lingua Anglorum nuncupatur Maserfelth, 3.9 (145.10)
Intrauit . . . Osuiu filia Deo dedicanda monasterium, quod nuncupatur Heruteu, 3.24 (179.1)
quae . . . sermone Scottico Inisboufinde, id est insula uitulae albae, nuncupatur. 4.4 (213.13)
in loco, qui nuncupatur In Berecingum, 4.6 (219.2)
in monasterio, quod iuxta ostium aquilonale fluminis Genladae positum, Racuulfe nuncupatur; 5.8 (295.20)
NVNTIO. nuntiabant. Nuntiabant enim sinistri spiritus, 1.17 (34.32)
Germanum uenire inuitis uaticinationibus nuntiabant; 1.21 (40.11)
nuntiantes. qui ad nos gloriosi filii nostri Audubaldi regis laudabilem conuersionem nuntiantes peruenerunt, 2.11 (104.30)
nuntiantibus. quatinus sollicitudo nostra, . . . uobis nuntiantibus releuetur, 2.11 (106.18)
nuntiare. quod ipsa ei tempus suae transmigrationis proximum nuntiare uenisset. 4.9 (224.1)
nuntiarent. uenerunt primo diluculo fratres, qui eius obitum nuntiarent, a loco, ubi defuncta est. 4.23 (257.32)
nuntiatum. Quod ubi domi nuntiatum est, 1.15 (31.5)
nuntiatur. Institutio uel forma castitatis hostibus nuntiatur, 1.20 (38.25)
nuntiatur ex eadem insula Pelagianam peruersitatem . . . dilatari; 1.21 (39.31)
nuntiauit. et pulsans ad ostium nuntiauit abbatissae. 3.11 (149.26)
nuntiauit matrem illarum omnium Hild abbatissam iam migrasse de saeculo, 4.23 (257.23)
NVNTIVM. nunti. intrauitque quasi nuntium [nunti] domini sui referens; uar. 2.9 (99.7)
nuntiis. prosperis quantocius nuntiis releuetis, 2.11 (106.15)
nuntium. ac nuntium ferre optimum, 1.25 (45.14)
intrauitque quasi nuntium domini sui referens; 2.9 (99.7)
NVNTIVS. nuntii. in occursu sanctorum sine ulla manifesti nuntii relatione properaret, 1.21 (40.13)
nuntii. Quae cum Aeduino uerba nuntii referrent, 2.9 (98.2)
Quod cum nuntii certi narrassent regi Ecgbercto, esse scilicet episcopum, 4.1 (203.23)
nuntiis. nec solum exulem nuntiis hostilibus non tradidit, 2.12 (110.12)
nuntiis. Nam mox redeuntibus domum nuntiis, exercitum . . . colligit 2.12 (110.14)
nuntios. misit nuntios, qui Redualdo pecuniam multam pro nece eius offerrent; 2.12 (107.26)
NVPER. Praef. (5.4); 1.27 (48.30); 2.1 (79.29); 3.2 (130.1); 3.23 (175.32); 3.27 (193.29); 4.2 (205.7); 4.3 (212.10); 4.14 (233.1); 4.14 (233.13); 4.14 (233.21); 4.18 (241.2); 4.23 (258.22); 4.25 (264.27); 4.26 (266.29); 4.27 (270.33); 4.30 (277.28); 4.32 (279.18); 4.32 (279.20); 5.3 (285.14); 5.10 (299.8); 5.14 (315.5); 5.19 (328.6); 5.23 (351.2).
NVPERRIME. et nuperrime temporibus illis hanc apud eos heresim exortam, 2.19 (123.19)
quam nuperrime rex Ecgfrid, superato in bello et fugato Vulfhere, obtinuerat, 4.12 (229.11)
NVPTA. nupta. Aspice, nupta Deo, quae sit tibi gloria terris; 4.20 (248.27)
Quae maneat caelis, aspice, nupta Deo. 4.20 (248.28)
NVPTIAE. nuptias. ad conplexum et nuptias sponsi caelestis uirgo beata intraret 3.24 (179.8)
NVSQVAM. quae tyrannorum temeritate abducta nusquam ultra domum rediit, 1.12 (25.21)
et me relicto nusquam conparuerunt.' 3.11 (150.21)
NVTRIMENTVM. nutrimentum. in delectatione fit nutrimentum, 1.27 (61.16)
NVTRIO. nutriendos. misit in Galliam nutriendos regi Daegberecto, 2.20 (126.4)
nutriendum. eosque aliis mulieribus ad nutriendum tradant, 1.27 (55.10)
quae filios suos ex praua consuetudine aliis ad nutriendum tradunt, 1.27 (55.13)
nutrire. ut mulieres filios, quos gignunt, nutrire contemnant, 1.27 (55.9)
Iob, . . . probauit utique, quia tempore felicitatis capillos nutrire consuerat. 5.21 (342.11)
nutriri. qui propter infantilem adhuc aetatem in uirginum Deo dedicatarum solebat cella nutriri, ibique meditari. 4.8 (220.27)
nutritam. in qua se meminit nutritam. 1.27 (49.23)
nutritus. in clero sanctissimi ac Deo dilecti Bosa Eboracensis episcopi nutritus atque eruditus est; 5.20 (332.7)
NVTRITOR. nutritor. apparuit magister quondam meus, et nutritor amantissimus Boisil, 5.9 (297.7)
NVTRIX. nutrix. in quo ipsa Deo deuotarum mater ac nutrix posset existere feminarum. 4.6 (219.4)
NVTVS. nutu. qui antea superno nutu correptus, 1.7 (21.16)
quod Domini nutu dispositum esse constat, 1.14 (30.21)
ut ipse . . . omnem inimici zizaniam ex omni uestra insula cum diuino nutu eradicet. 3.29 (198.7)
Quae cum praefatum quoque monasterium, . . . nutu diuinae dispensationis attingeret; 4.14 (233.10)
NYNIAS, Saint (*d.* 432?), *Ninian, or Ninias, a British bishop, trained at Rome, who converted the southern Picts.*
Nynia. praedicante eis uerbum Nynia episcopo . . . de natione Brettonum, 3.4 (133.15)

O

O. 'O frater Ecgbercte, o quid fecisti? 3.27 (193.20)
'O frater Ecgbercte, o quid fecisti? 3.27 (193.21)
"O quam magnum uae facis mihi sic equitando!" 5.6 (290.9)
O quam grandi distantia diuisit Deus inter lucem et tenebras! 5.14 (314.28)
OB. Praef. (5.20); 1.6 (17.19); 1.12 (26.4); 1.12 (27.11); 1.12 (27.14); 1.12 (27.18); 1.17 (34.2); 2.5 (89.2); uar. 2.11 (105.11); 2.16 (118.10); 3.2 (129.27); 3.8 (143.16); 3.8 (144.16); 3.12 (151.23); 3.13 (152.29); 3.14 (155.32); 3.15 (157.24); 3.15 (157.26); 3.22 (173.20); 3.22 (174.12); 3.24 (179.30); 4.1 (202.31); 4.16 (238.10); 4.23 (255.25); 4.25 (264.10); 4.25 (266.3); 5.10 (298.31); 5.12 (310.12); 5.13 (313.10); 5.13 (313.24); 5.14 (314.2); 5.18 (320.16); 5.19 (329.11); 5.21 (343.1); 5.24 (352.3).
OBDO. obdidere. siluis sese abdidere [obdidere], uar. 1.2 (14.22)
OBDORMIO. obdormiens. subito quasi leuiter obdormiens, sine ullo sensu doloris emisit spiritum. 4.11 (226.30)
modicumque obdormiens ita cum silentio uitam finiuit. 4.24 (262.11)
obdormisset. cum . . . ad quiescendum membra posuisset, atque obdormisset, 2.6 (92.19)
obdormiuit. At illa posita in loco obdormiuit parumper; 3.9 (146.20)
obdormuit. At illa posita in loco obdormiuit [obdormuit] parumper; uar. 3.9 (146.20)
OBEDIENTIA. obedientiam. ad suscipiendam uocem praedicatorum suam distulerit obedientiam exhibere. 2.11 (105.9)
OBEO. obierat. Vt apposta ecclesiae, cui idem adcumbens obierat, . . . flammis absumi nequiuerit; 3.17 (159.23)
quo anno rex Cantuariorum Ecgberct mense Iulio obierat, 4.5 (217.22)
Quod ubi patri suo narrauit, iam enim mater obierat, 5.19 (322.31)

obiit. Ibique apud Eboracum oppidum morbo obiit. 1.5 (17.4)
Constantius, . . . in Brittania morte obiit. 1.8 (22.23)
ibidem senex ac plenus dierum obiit. 3.7 (141.4)
Obiit autem septimo decimo episcopatus sui anno, 3.17 (160.7)
uicus quoque ille, in quo antistes obiit, una cum ecclesia memorata flammis absumeretur. 3.17 (160.22)
sola illa destina, cui incumbens obiit, . . . absumi non potuit. 3.17 (160.24)
Deusdedit VIus ecclesiae Doruuernensis episcopus obiit pridie Iduum Iuliarum; 4.1 (201.8)
Obiit autem Ceadda sexto die Nonarum Martiarum, 4.3 (212.4)
in ipso quoque monasterio, ubi praefata Dei famula obiit, 4.23 (258.11)
Obiit autem pater reuerentissimus in insula Farne, 4.29 (275.22)
Talia dicens, sine uiatico salutis obiit, 5.14 (314.25)
Anno DCV, Gregorius obiit. 5.24 (353.24)
Anno DCXL, Eadbald rex Cantuariorum obiit. 5.24 (354.3)
Anno DCLXX, Osuiu rex Nordanhymbrorum obiit. 5.24 (354.20)
Anno DCLXXIII, Ecgberct rex Cantuariorum obiit; 5.24 (354.21)
Quo anno Hild abbatissa in Streanæshalæ obiit. 5.24 (355.9)
Anno eodem Hlotheri rex Cantuariorum obiit. 5.24 (355.12)
Anno DCXC, Theodorus archiepiscopus obiit. 5.24 (355.15)
Anno DCCXXV, Victred rex Cantuariorum obiit. 5.24 (356.13)
Anno DCCXXXI, Berctuald archiepiscopus obiit. 5.24 (356.16)
obiret. casu contigit, ut . . . tactus ibidem infirmitate corporis obiret. 3.23 (176.13)
obisse. quem remissa mox scripta papae apostolici ibidem obisse narrauerint. 3.29 (196.3)
OBITVS. obitu. De obitu beati papae Gregorii. 2.1 (73.1)
Vt idem Mellitum ac Iustum episcopos fecerit; et de obitu ipsius. 2.3 (85.3)
et de obitu ipsius. 3.23 (174.23)
et de uita et obitu et sepultura eius. 4.3 (206.13)
Conuenit autem reuelationi . . . de obitu huius antistitis etiam sermo reuerentissimi patris Ecgbercti, 4.3 (211.16)
De uita et obitu Hildae abbatissae. 4.23 (252.14)
et de uita uel obitu Vilfridi episcopi. 5.19 (321.26)
obitum. post obitum uero tuum ita episcopis, quos ordinauerit, praesit, 1.29 (64.4)
obitum proxime suum, quem reuelatione didicerat, non celauit esse futurum. 3.8 (143.10)
in quam obseruantiam imitandam omnes beati Iohannis successores in Asia post obitum eius, . . . conuersa est. 3.25 (186.9)
praecipio tibi in nomine Domini, ne hoc cuiquam ante meum obitum dicas. 4.3 (209.31)
postquam obitum suum dominici corporis et sanguinis perceptione muniuit, 4.3 (210.4)
Cum . . . Torctgyd tres adhuc annos post obitum dominae in hac uita teneretur, 4.9 (223.11)
Dominus omnipotens obitum ipsius in alio longius posito monasterio, . . . manifesta uisione reuelare dignatus est. 4.23 (257.1)
uenerunt primo diluculo fratres, qui eius obitum nuntiarent, a loco, ubi defuncta est. 4.23 (257.31)
easque ad orandum pro anima eius, etiam priusquam cetera congregatio eius obitum cognouisset, excitauerit. 4.23 (258.18)
Verum post obitum ipsius abbatissae redierunt ad pristinas sordes, immo sceleratiora fecerunt. 4.25 (265.31)
Vt idem iam episcopus obitum suum proxime futurum Heriberecto anchoritae praedixerit. 4.29 (274.1)
Cuius personam, uitam, aetatem, et obitum, epitaphium quoque monumenti ipsius . . . pandit; 5.8 (295.5)
Anno post obitum praefati patris proximo, id est quinto Osredi regis, . . . Hadrianus . . . defunctus est, 5.20 (330.31)
omnem in eius obsequio usque ad obitum illius expleuit aetatem; 5.20 (332.10)
obitus. qualis etiam ipsorum patrum uita uel obitus extiterit, Praef. (7.13)
obitus illius in uisione apparuerit, 4.23 (258.13)
obitus. Deinde subiunxit diem sui obitus iam proxime instare. 4.3 (209.12)
qui etiam praescius sui obitus extitisse ex his, quae narrauimus, uidetur. 4.24 (262.19)
usque ad diem obitus sui, uitam duxit in pace. 5.19 (330.1)
OBIECTIO. obiectiones. ita ut ad singulas uerborum obiectiones errare se, 1.17 (35.33)
OBLATIO. oblationem. alia, . . . per intercessionem fraternam, et oblationem hostiae salutaris caelitus sibi fuisse donata intellexit. 4.22 (252.2)
oblationi. ut absque purgatione sacrosancta quis oblationi sacrosanctae communicaret, 2.5 (91.24)
oblationibus. quae fidelium oblationibus accedunt altario; 1.27 (48.16)
oblationis. plurimaque psalmorum laude celebrata, uictimam pro eo mane sacrae oblationis offerre. 3.2 (129.34)
et infirmanti puero de eodem sacrificio dominicae oblationis particulam deferri mandauit. 4.14 (235.28)
accensi sunt . . . ad offerendas Deo uictimas sacrae oblationis, 4.22 (252.6)
OBLIGO. obligans. uotoque se obligans: 3.24 (177.25)
uoto se obligans, quamuis necdum regeneratus, ut ferunt, in Christo, 4.16 (237.4)
OBLITTERO. oblitteratis. oblitteratis per omnia erroneis LXXX et IIII annorum circulis. 5.21 (346.8)
OBLIVISCOR. oblitus. 'An mei,' inquit, 'oblitus es exempli, 2.6 (92.25)
oblitus hoc alicubi deponere, permisit suo in sinu permanere. 3.2 (130.27)
OBNIXE. ne tamen obnixe petenti nil ferret auxilii, 3.7 (141.23)
quique nouerant eam religiosi, . . . sedulo eam uisitare, obnixe amare, diligenter erudire solebant. 4.23 (253.32)
OBNIXIVS. iam clauso codice procideret in faciem, atque obnixius orationi incumberet. 4.3 (210.23)
At ille obnixius precibus instans, uouit etiam se elimosynas pauperibus daturum, 5.4 (287.10)
OBNVBILO. obnubilauit. bona aliqua fecit, quae tamen uniuersa praue agendo iuuenis obnubilauit. 5.13 (313.18)
OBOEDIENTIA. oboedientia. sed in ea permaneant oboedientia, quam tempore suae conuersionis promiserunt.' 4.5 (216.11)
oboedientiae. sed oboedientiae causa iussus subire hoc, quamuis indignus, consensi.' 4.2 (205.27)
uerum eis, quae tonsura maiores sunt, uirtutibus, humilitatis et oboedientiae, non mediocriter insignitus; 5.19 (323.7)
OBOEDIO. oboedire. dicens contemnendos esse eos et miseros, qui Deo suo, . . . oboedire contemnerent. 3.21 (170.32)
huius cupio in omnibus oboedire statutis; 3.25 (189.1)
oboedite. in omnibus humiliter oboedite; 1.23 (43.15)
OBP-, *see* **OPP-**.
OBREPO. obrepsisset. ac leuis mihi somnus obrepsisset, 5.9 (297.6)
OBRVO. obruti. nihilque intellegentiae habentes, ipsaque insensibilitate obruti, 2.10 (102.27)
obrutum. exterarum gentium inprobitate obrutum uilesceret. 1.12 (27.5)
OBSCVRIOR, ius. **obscuriores.** quae uidebantur obscuriores, 2.1 (76.30)
obscurioribus. sicut ipse quoque tempore eodem nonnullis, sed uerbis obscurioribus, . . . solita sibi simplicitate pandebat; 4.29 (274.8)
obscurioris. trium patriarcharum candidis, Adam obscurioris et uilioris operis, 5.17 (319.20)
OBSCVRITAS. obscuritate. ille, qui et obscuritate tenebrosae faciei, et primatu sedis maior esse uidebatur eorum, 5.13 (312.12)
obscuritatibus. magnis inuolutum obscuritatibus mystica interpretatione discuteret; 2.1 (75.17)
OBSCVRO. obscurari. uidi subito ante nos obscurari incipere loca, 5.12 (305.22)
OBSCVRVS, a, um. **obscura.** ut uestra illa lucerna mihi omnimodis esse uideatur obscura.' 4.8 (221.17)
obscuris. Quis caput obscuris contectum utcumque cauernis 1.10 (24.12)

obscurorum. Interea ascenderunt quidam spirituum obscurorum de abysso illa flammiuoma, 5.12 (306.23)
obscurus. in cuius conparatione sol meridianus uideri posset obscurus, 4.7 (220.7)
OBSECRO. obsecrans. obsecrans, ut per eius mandatum Christianus efficeretur; 1.4 (16.8)
obsecrans eos et contestans unitatem pacis et catholicae obseruationis cum ea, . . . tenere; 2.4 (87.21)
tandem uenit ad Redualdum obsecrans, ut uitam suam . . . seruaret; 2.12 (107.20)
obsecrans eum pro se suisque, qui tantum iter erant adgressuri, Domino supplicare. 3.15 (158.2)
Addidit autem uir etiam lacrimas precibus, diligenter obsecrans, ut intraret oraturus pro illo, 5.5 (288.10)
Porro ipse diligentius obsecrans, ut et mihi certandi cum illis copia daretur, 5.6 (289.29)
obsecrans sedulo, ut, cum patriam reuerteretur, per se iter facere meminisset. 5.19 (324.18)
obsecrans. At illa instantius obsecrans pro filia, quam oppido diligebat, 5.3 (285.31)
obsecrant. genuflectunt omnes, adiurant per Dominum, lacrimas fundunt, obsecrant; 4.28 (272.25)
obsecrantibus. et factas ab eis iniurias mox obsecrantibus placida mente dimitteret. 3.22 (173.22)
obsecrare. uisum est fratribus triduanum ieiunium agere, et diuinam suppliciter obsecrare clementiam, 4.14 (233.16)
obsecremus. 'Obsecremus Deum, . . . ut ipse nobis insinuare caelestibus signis dignetur, 2.2 (81.29)
obsecro. Lectoremque suppliciter obsecro, ut, Praef. (8.4)
Obsecro, quid pati debeat, 1.27 (49.33)
'Loquatur, obsecro, uice mea discipulus meus Vilfrid presbyter, 3.25 (184.13)
'Obsecro,' inquit, 'pater; licet aliquid interrogare?' 4.3 (209.24)
'Obsecro,' inquit, 'ut dicas, quod erat canticum illud laetantium, 4.3 (209.25)
'Si nullatenus hodie fieri potest, obsecro, ne sit longum spatium in medio.' 4.9 (223.25)
obsecro, ne amplius quam haec solummodo proxima nox intersit.' 4.9 (223.28)
'Obsecro,' inquit, 'per Dominum, ne me deseras, 4.29 (274.27)
"Obsecro, sancte frater, qui ad coronam te uitae, quae terminum nesciat, tendere credis, 5.21 (344.12)
OBSECVNDO. obsecundare. et si deinceps uoluntati eius, quam per me tibi praedicat, obsecundare uolueris, 2.12 (111.5)
OBSEQVIVM. obsequio. iudex sine obsequio in ciuitate substiterat. 1.7 (20.12)
ut a cultu daemonum in obsequio ueri Dei debeant commutari; 1.30 (65.12)
et tunc nouissima omnium, lotis prius suo suarumque ministrarum obsequio ceteris, 4.19 (244.11)
omnem in eius obsequio usque ad obitum illius expleuit aetatem; 5.20 (332.9)
obsequium. ad obsequium beatissimi confessoris ac martyris uocabatur, 1.7 (20.8)
ut omnes agnoscerent etiam torrentem martyri obsequium detulisse; 1.7 (21.4)
OBSEQVOR. obsequentum. Ibi ergo perlatus obsequentum manibus episcopus coepit orando periculum infirmus abigere, 2.7 (94.24)
OBSERO. obsita. obtulit ei aliquid de ueteri musco, quo superficies ligni erat obsita. 3.2 (130.24)
OBSERVANTIA. obseruantia. Permansit autem huiusmodi obseruantia paschalis apud eos tempore non pauco, 3.4 (134.26)
obseruantia. aestimans se in hac obseruantia sancti ac laude digni patris Anatolii scripta secutam. 3.3 (131.23)
eidem monasterio strenuissime, et in obseruantia disciplinae regularis, . . . praefuit. 4.10 (224.9)
Ordinatus est autem post haec Eadberct uir . . . praeceptorum caelestium obseruantia, . . . insignis; 4.29 (275.33)
ne contra uniuersalem ecclesiae morem uel in obseruantia paschali, uel in aliis quibusque decretis . . . uiuere praesumeret, 5.15 (315.22)
'Cuius obseruantiae [obseruantia] catholica ratione patefacta, patet e contrario error inrationabilis eorum, uar. 5.21 (337.26)
obseruantiae. in tutamentum coepit obseruantiae regularis habere; 2.1 (75.7)
Exposita autem ratione paschalis obseruantiae, 2.19 (123.23)
nemo synodalia paschalis obseruantiae decreta porrexerat; 3.4 (134.23)
Haec autem dissonantia paschalis obseruantiae uiuente Aidano patienter ab omnibus tolerabatur, 3.25 (182.6)
rationabile et ecclesiasticum paschalis obseruantiae tempus Domino donante suscepit. 5.15 (315.14)
'Cuius obseruantiae catholica ratione patefacta, patet e contrario error inrationabilis eorum, 5.21 (337.26)
obseruantiam. quia nimirum ob causam pietatis, quia propter obseruantiam mandatorum Christi contigit. 3.22 (174.12)
nec subito ualentibus apostolis omnem legis obseruantiam, quae a Deo instituta est, abdicare 3.25 (185.6)
in quam obseruantiam imitandam omnes beati Iohannis successores . . . et omnis . . . ecclesia conuersa est. 3.25 (186.8)
Neque illis multum obesse reor talem paschae obseruantiam, 3.25 (188.2)
suoque monasterio catholicam temporis paschalis obseruantiam instantissime praedicaret, 5.15 (316.9)
'Catholicam sancti paschae obseruantiam, quam a nobis, rex Deo deuote, religioso studio quaesisti, 5.21 (333.16)
gentis eiusdem turbas ad catholicam temporis paschalis obseruantiam sua praedicatione correxit; 5.21 (345.6)
inter obseruantiam disciplinae regularis, . . . semper aut discere, aut docere, aut scribere dulce habui. 5.24 (357.11)
OBSERVATIO. obseruatione. quos in obseruatione sancti paschae errasse conpererat, 2.19 (122.13)
aestimans se in hac obseruantia [obseruatione] sancti . . . patris Anatolii scripta secutam. uar. 3.3 (131.23)
inbuebantur . . . paruuli Anglorum . . . studiis et obseruatione disciplinae regularis. 3.3 (132.23)
quod de obseruatione paschae minus perfecte sapiebat; 3.17 (161.11)
quaestio facta est frequens et magna de obseruatione paschae, 3.25 (181.15)
grauior de obseruatione paschae, . . . controuersia nata est. 3.25 (182.19)
Vnde constat uos, Colmane, . . . neque legi, neque euangelio in obseruatione uestri paschae congruere. 3.25 (186.16)
Cedd, . . . ad suam sedem rediit, utpote agnita obseruatione catholici paschae. 3.26 (189.18)
Naiton . . . admonitus ecclesiasticarum frequenti meditatione scripturarum, abrenuntiauit errori, quo eatenus in obseruatione paschae . . . tenebatur, 5.21 (332.18)
quod ita in obseruatione paschali mentio fit diei XIIII^{ae}, 5.21 (334.23)
obseruationi. cum in utroque Hildae abbatissae monasterio lectioni et obseruationi scripturarum operam dedisset, 4.23 (254.32)
obseruationis. obsecrans eos et contestans unitatem pacis et catholicae obseruationis cum ea, . . . tenere; 2.4 (87.22)
habens secum de Cantia presbyterum catholicae obseruationis, nomine Romanum. 3.25 (182.1)
iussit rex et Agilberctum proferre in medium morem suae obseruationis, 3.25 (184.11)
et ipse perplura catholicae obseruationis moderamina ecclesiis Anglorum sua doctrina contulit. 3.28 (195.26)
OBSERVO. obserbabantur. exteriora opera obseruantur [obserbabantur], uar. 1.27 (56.28)
obserbantur. exteriora opera obseruantur [obserbantur], uar. 1.27 (56.28)
obseruabant. sed a XIIII usque ad XX lunam obseruabant; 2.2 (81.19)
obseruabat. Quod autem pascha non suo tempore obseruabat, 3.17 (161.32)
Obseruabat autem Iacob diaconus . . . uerum et catholicum pascha 3.25 (181.26)
Obseruabat et regina Eanfled cum suis, iuxta quod in Cantia fieri uiderat, 3.25 (181.29)
semper ex eo tempore, iuxta condictum eius memoratum, continentiae modum obseruabat; 4.25 (264.9)
obseruanda. cum ad obseruanda Oceani litora, . . . positus, 1.6 (17.13)
ac Brittaniam rediens secum Anglorum ecclesiis mandanda atque obseruanda deferret, 2.4 (88.23)
diligenter ea, . . . eo quo pontificem decebat, animo, coepit obseruanda docere. 4.5 (214.27)
ad haec obseruanda secum eos quoque, qui sibi commissi sunt, exemplis simul et auctoritate instituant? 5.21 (333.31)
quae cuncta ex lege obseruanda accepimus, 5.21 (340.31)
obseruandi. sed in tantum modo rationem huius temporis obseruandi cognosco, 5.21 (345.31)
obseruando. Scottos unitatem sanctae ecclesiae maxime in pascha obseruando sequi monuerit, 2.4 (86.24)
obseruandum. a XIIII^{a} luna usque ad XX^{am} dominicae resurrectionis diem obseruandum esse putarent; 2.4 (87.19)

obseruandum. in qua obseruandum pascha a xiiii^{a} luna primi mensis ad uesperam usque ad xxi^{am} . . . praeceptum est; 3.25 (186.5)
obseruandum. mittebantur ad transcribendum, discendum, obseruandum, . . . circuli paschae decennouenales, 5.21 (346.6)
obseruans. et catholicam temporis paschalis regulam obseruans; 3.26 (189.29)
obseruantes. pietatis et castitatis opera diligenter obseruantes. 3.4 (134.25)
obseruantur. in testamento ueteri exteriora opera obseruantur, 1.27 (56.28)
quae conscripta Anglorum sermone hactenus habentur, et obseruantur ab ea. 2.5 (90.13)
obseruare. diem paschae dominicum more suae gentis, . . . a xiiii^{a} luna usque ad xx^{am} obseruare solebat. 3.3 (131.20)
iamdudum ad admonitionem apostolicae sedis antistitis, pascha canonico ritu obseruare didicerunt. 3.3 (131.29)
Cuius modum continentiae etiam xl diebus ante natale Domini, . . . semper obseruare curabat. 3.27 (194.14)
sed biduanum uel triduanum sat est obseruare ieiunium. 4.25 (263.30)
plurimos . . . ad unitatem reduxit catholicam, ac legitimum paschae tempus obseruare perdocuit. 5.15 (316.6)
qui pascha non suo tempore obseruare praesumerent; 5.21 (332.32)
Post aequinoctium ueris plenilunium mensis praecipimur obseruare paschalis; 5.21 (340.11)
quia hoc obseruare tempus paschae cum uniuersa mea gente perpetuo uolo; 5.21 (345.34)
obseruari. simul et ieiunium xl dierum obseruari principali auctoritate praecepit. 3.8 (142.8)
obseruatis. qui a xiiii^{a} usque ad xx^{am} lunam diem dominicum paschae obseruatis; 3.25 (186.23)
OBSES. obses. Ecgfrid eo tempore in prouincia Merciorum apud reginam Cynuise obses tenebatur; 3.24 (178.6)
obsidibus. Trinouantum firmissima ciuitas . . . datis xl obsidibus, Caesari sese dedit. 1.2 (14.24)
OBSESSIO. obsessionis. usque ad annum obsessionis Badonici montis, 1.16 (33.18)
OBSIDEO. obsedisset. dum se in oppido municipio temerarie obsedisset, 3.1 (128.3)
obsedit. domumque hanc et exterius obsedit, et intus maxima ex parte residens impleuit. 5.13 (312.10)
obsessis. qui imperio sacerdotum dum ab obsessis corporibus detruduntur, 1.17 (34.33)
ad abigendos ex obsessis corporibus daemones gratiae salutaris haberet effectum. 3.11 (149.1)
Contigit autem tactu indumentorum eorundem et daemonia ab obsessis effugata corporibus, . . . esse 4.19 (246.14)
OBSIDIO. obsidione. quia neque armis neque obsidione capere poterat, 3.16 (159.2)
OBSISTO. obsistente. anniuersarias praedas trans maria nullo obsistente cogere solebant. 1.12 (27.9)
obsistere. quibus cum nullo aquarum iniectu posset aliquis obsistere, 2.7 (94.17)
obsisteret. si non ualetudo corporis obsisteret, 3.27 (193.13)
obsisterit. si non ualetudo corporis obsisteret [obsisterit], uar. 3.27 (193.13)
obsistunt. interualla, quae inter nos ac uos obsistunt, 2.18 (121.29)
OBSORBEO. obserbendi. aut fluctibus obsorbendi [obserbendi] deciderent. uar. 4.13 (231.17)
obsorbendi. pariter omnes aut ruina perituri, aut fluctibus obsorbendi deciderent. 4.13 (231.17)
obsoruendi. aut fluctibus obsorbendi [obsoruendi] deciderent. uar. 4.13 (231.17)
OBSTINATIO. obstinationis. praeter hos tantum et obstinationis eorum conplices, . . . contra totum orbem stulto labore pugnant.' 3.25 (184.28)
OBSTINATVS, a, um. **obstinatus.** si non obstinatus coniugis animus diuortium negaret, 4.11 (225.21)
OBSTO. obstitit. Verum pondus corporeae infirmitatis, ne episcopus fieri posset, obstitit. 4.1 (202.19)
OBSTRINGO. obstricti. Quanta autem reatitudinis culpa teneantur obstricti hi, 2.10 (102.10)
OBSVM. obesse. Neque illis multum obesse reor talem paschae obseruantiam, 3.25 (188.2)
OBTEGO. obtectus. Erat namque illo in loco lapis terrae aequalis obtectus cespite tenui, 5.6 (290.15)
obtexit. totamque prope insulae pereuntis superficiem obtexit. 1.15 (32.24)
OBTEMPERANTER. obtemperanter illum audite; 2.2 (83.7)
monebat omnes et in salute accepta corporis Domino obtemperanter seruiendum, 4.23 (256.23)
OBTEMPERO. obtemperant. hunc tempore belli ducem omnes sequuntur, huic obtemperant; 5.10 (300.2)
obtemperantes. Qui cum iussis pontificalibus obtemperantes 1.23 (42.23)
obtemperantibus. qui sibi obtemperantibus aeterna in caelis gaudia, . . . promitteret. 1.25 (45.15)
obtemperare. et tamen si in tribus his mihi obtemperare uultis, 2.2 (83.16)
num ei obtemperare, et monita eius salutaria suscipere consentis?' 2.12 (109.17)
obtemperaret. Quod cum frequenti uoce repeteret, nec tamen ei aliquis obtemperaret, ad extremum intulit: 4.8 (221.12)
obtemperat. Quorum petitioni festinus obtemperat. 1.21 (40.3)
OBTENTVS. obtentu. obtentu insuper siluarum munitum, 1.2 (14.28)
obtentum. ut nulla possit ecclesiarum uestrarum iactura per cuiuslibet occasionis obtentum quoquo modo prouenire; 2.18 (121.31)
OBTINEO. obtenta. triumphant uictoria fide obtenta, non uiribus. 1.20 (39.20)
obtenuerat. ut causam Dei, quam prius obtinuerat [obtenuerat], tutaretur. uar. 1.21 (40.3)
obtinenti. et nil certi firmiter obtinenti 1.8 (22.20)
obtinere. et, ne sibi suisque nocerent, obtinere poterat. 2.7 (95.2)
tamen et diuina sibi et humana prorsus resistente uirtute, in neutro cupitum possunt obtinere propositum; 5.23 (351.15)
Brittanias bello pulsauit, et uicit, nec tamen ibi regnum potuit obtinere. 5.24 (352.8)
obtineret. qui a beato Gregorio humili supplicatu obtineret, 1.23 (42.32)
obtinet. cuius sedem episcopatus, . . . iam nunc Anglorum gens obtinet. 3.4 (133.20)
obtinuerat. ut causam Dei, quam prius obtinuerat, tutaretur. 1.21 (40.3)
quam nuperrime rex Ecgfrid, superato in bello et fugato Vulfhere, obtinuerat, 4.12 (229.12)
obtinuerit. quod ipse precibus suis apud illum obtinuerit, ut regina sospes . . . procrearet. 2.9 (99.23)
obtinuit. quartus Reduald rex Orientalium Anglorum, . . . obtinuit; 2.5 (89.19)
Hunc offerens Hadrianus pontifici, ut episcopus ordinaretur, obtinuit; 4.1 (202.28)
tandem obtinuit, ut ad languentem intraret. 5.3 (286.2)
OBTVTVS. obtutibus. non ultra nos in hoc saeculo carnis obtutibus inuicem aspiciemus. 4.29 (274.24)
OBVENIO. obuenerat. Quae quidem illi districtio uitae artioris, primo ex necessitate emendandae suae prauitatis obuenerat, 4.25 (263.8)
OBVIAM. At multitudo omnis desperatione perterrita obuiam currit incendio. 1.19 (37.18)
iussit se obuiam saeuientibus et huc illucque uolantibus ignium globis efferri. 2.7 (94.21)
OBVIO. obuiauit. Qui cum abisset, obuiauit ei antistes. 3.22 (174.2)
OBVIVS, a, um. **obuia.** et quasi maturam segetem obuia quaeque metunt, 1.12 (26.31)
OCCASIO. occasio. Huic autem genti occasio fuit percipiendae fidei, 2.9 (97.21)
occasione. Germani pedem lapsus occasione contriuit, 1.19 (37.8)
'At nunc ex occasione curae pastoralis saecularium hominum negotia patitur, 2.1 (74.19)
nihil eum monachicae perfectionis perdidisse occasione curae pastoralis, 2.1 (74.29)
hortamur, ut nos reperta portitoris occasione de his, 2.11 (106.12)
occasionem. occasionem dubitandi subtraham, Praef. (6.2)
quaerentesque occasionem diuortii, 1.15 (32.11)
Quo utroque scelere occasionem dedit ad priorem uomitum reuertendi his, 2.5 (90.30)
sed etiam plurimis longe manentibus, . . . occasionem salutis et correctionis ministrauit. 4.23 (255.29)
occasionis. ut nulla possit ecclesiarum uestrarum iactura per cuiuslibet occasionis obtentum quoquo modo prouenire; 2.18 (121.31)
OCCASVS. occassum. Huius quoque ad occasum [occassum] ecclesiae, . . . xii columnis sustentatur, uar. 5.16 (317.33)
occasu. Dehinc ab occasu Golgothana uidetur ecclesia, 5.16 (317.27)
ab occasu habens introitum, pendente desuper in trocleis magna lampade, 5.17 (319.5)

OCCIDVI SAXONES, *see* **SAXONES OCCIDVI.**
OCCIDVVS, a, um. **occiduis.** in his occiduis partibus ad praedicandum gentibus paganis dirigeret, 2.4 (87.29)
OCCISIO. occisione. interemerunt; Album quidem Heuualdum ueloci occisione gladii, 5.10 (300.18)
occisionem. post occisionem fratris Eanfridi, 3.1 (128.17)
Aidan non plus quam xii° post occisionem regis, . . . die, . . . a Domino praemia recepit. 3.14 (157.16)
Idem autem rex Osuiu tribus annis post occisionem Pendan regis, . . . populis praefuit; 3.24 (180.6)
OCCVBO. occubuit. deuenit in illud loci, ubi rex memorabilis occubuit. 3.9 (146.5)
OCCVLO. occulendos. cum delati in locum, qui uocatur Ad Lapidem, occulendos se a facie regis uictoris credidissent, 4.16 (237.24)
occulerant. qui se tempore discriminis siluis ac desertis abditisue speluncis occulerant, 1.8 (22.9)
OCCVLTVM. occulto. mirumque in modum, quid anima in occulto passa sit, caro palam praemonstrabat. 3.19 (167.8)
OCCVLTVS, a, um. **occultum.** leuato in regem Vulfhere filio eiusdem Pendan adulescente, quem occultum seruauerant, 3.24 (180.21)
occultus. per diuersa occultus loca uel regna . . . profugus uagaretur, 2.12 (107.19)
uenit ad regem, qui tunc eisdem in partibus occultus curabatur a uulneribus, 4.16 (237.29)
OCCVMBO. occumbens. ecclesiae, cui idem adcumbens [occumbens] obierat, uar. 3.17 (159.23)
occumbere. secutus est Vilfrid . . . desiderans cum eo, tametsi ipso multum prohibente, pariter occumbere. 5.19 (325.5)
occumberet. ubi erat futurus ipse post mortem, ibi oculos mentis ante mortem, quo laetior occumberet, misit. 5.14 (314.33)
OCCVPO. occupabat. et ita fluminis ipsius occupabat pontem, 1.7 (20.10)
occupati. Praedicatoris igitur uestri domini mei apostolicae memoriae Gregorii frequenter lectione occupati, 2.17 (119.21)
occupatum. et neminem ex omnibus praeter te erga sanitatem animae suae occupatum repperi; 4.25 (265.10)
occupatus. bellis cum Blaedla et Attila regibus Hunorum erat occupatus; 1.13 (29.2)
Qui ait: 'Nuper occupatus noctu uigiliis et psalmis, uidi . . . quendam 4.25 (264.27)
cum menses aliquot ibi studiis occupatus felicibus exegisset, 5.19 (324.29)
occupauerant. nam austrina Brettones occupauerant. 1.1 (12.12)
occupauerunt. nam austrina Brettones occupauerant [occupauerunt]. uar. 1.1 (12.12)
occupauit. purpuram sumsit, ac Brittanias occupauit; 1.6 (17.20)
quae sola nuditate uerborum diu inaniter et aures occupauit, 1.17 (35.27)
OCCVRRO. occurrente. et occurrente sibi illo in Lindocolino, 2.18 (120.11)
occurrentem. eumque sibi occurrentem cum exercitu multum inpari . . . occidit 2.12 (110.16)
occurrerant. ciuilium bellorum, quae ei grauissima occurrerant, 1.5 (16.19)
occurrere. festinauit ei, ubi ad locum destinatum morti uenerat, occurrere, 1.7 (20.19)
occurrerent. Cuncta, . . . mox pauperibus, qui occurrerent, erogare gaudebat. 3.5 (135.27)
occurreret. Cui cum . . . pauper quidam occurreret elimosynam petens, 3.14 (156.12)
occurrit. Tum subito occurrit pergentibus inimica uis daemonum, 1.17 (34.12)
occurrit inscia multitudo, 1.21 (40.18)
quibus Osuiu rex cum Alchfrido filio, . . . Christo duce confisus, occurrit. 3.24 (178.4)
occurrunt. bini aestus oceani, . . . sibimet inuicem cotidie conpugnantes occurrunt ultra ostium fluminis Homelea, 4.16 (238.19)
OCCVRSVS. occursu. in occursu sanctorum sine ulla manifesti nuntii relatione properaret, 1.21 (40.13)
OCEANVS. oceani. Brittania Oceani insula, 1.1 (9.2)
cum ad obseruanda Oceani litora, . . . positus, 1.6 (17.13)
Sed et in litore oceani ad meridiem, 1.12 (27.27)
cum quibus de duabus ultimis oceani insulis, . . . pugnant.' 3.25 (184.30)
in quo uidelicet pelago bini aestus oceani, . . . sibimet inuicem cotidie conpugnantes occurrunt 4.16 (238.17)
Audito etenim fragore procellarum ac feruentis oceani exierat uidere, quid nobis accideret; 5.1 (282.9)
quando et lumen lunae, et reuma oceani in cremento est. 5.3 (285.29)
oceano. A tergo autem, unde Oceano infinito patet, 1.1 (9.15)
oceano. Orcadas etiam insulas ultra Brittaniam in oceano positas, 1.3 (15.14)
bini aestus oceani, qui circum Brittaniam ex infinito oceano septentrionali erumpunt, 4.16 (238.18)
quae appellatur Farne, et ab eadem ecclesia nouem ferme milibus passuum in Oceano procul abest, 4.27 (268.26)
oceanum. longis nauibus non multis Oceanum ingressam, 1.1 (11.25)
et hac quasi uia pestilentiae trans oceanum patefacta, 1.8 (22.18)
intrant oceanum 1.17 (34.9)
sed etiam trans oceanum longe radios salutiferae lucis spargens, 3.13 (152.8)
finitoque conflictu in oceanum refusi, unde uenerant, redeunt. 4.16 (238.22)
non multo postquam oceanum transiit, arreptus infirmitate ac defunctus est; 4.18 (242.19)
oceanus. iam substratus sanctorum pedibus seruit oceanus, 2.1 (78.13)
OCIVS. cui ardens inerat deuotio mentis ad martyrium ocius peruenire, 1.7 (20.14)
suggero, rex, ut templa et altaria, quae sine fructu utilitatis sacrauimus, ocius anathemati et igni contradamus.' 2.13 (112.33)
ubi paululum reficiebatur, adcelerauit ocius ad legendum cum suis, 3.5 (136.16)
et internis peccatorum uinculis, quibus grauabatur, ocius desiderabat absolui: 4.25 (263.23)
quod hi, . . . ocius Domino uindice poenas sui reatus luerent. 4.26 (266.24)
credens suum oculum capillis uiri Dei, quibus adtactus erat, ocius esse sanandum. 4.32 (280.23)
'Postulat Quoenburg' (hoc enim erat nomen uirginis), 'ut ocius regrediaris ad eam.' 5.3 (286.10)
qui paulatim crescens, et ad me ocius festinans, ubi adpropinquauit, 5.12 (307.1)
OCTA, *grandfather of Ethelbert, King of Kent.*
Octa. Irminrici, cuius pater Octa, cuius pater Oeric cognomento Oisc, 2.5 (90.19)
OCTAVVS, a, um. **octauo.** quo pascha dominicum octauo Kalendarum Maiarum die celebrabatur, 5.22 (347.25)
VIII. cuius anno imperii viii Palladius ad Scottos . . . mittitur 1.13 (28.20)
et ipse Mellitus inter eos adsedit anno viii imperii Focatis principis, 2.4 (88.18)
die viii Kalendarum Maiarum. 2.7 (95.7)
dclxxviii, qui est annus imperii regis Ecgfridi viii., 4.12 (228.28)
Hlotheri Cantuariorum rex, . . . mortuus erat viii. Idus Februarias. 4.26 (268.9)
VIII. viii. Interrogatio Augustini: 1.27 (53.25)
VIII. viii: 'Vt nullus episcoporum se praeferat alteri per ambitionem; 4.5 (216.26)
VIII[a]. anno x° regni eius, sub die xv Kalendas Octobres, indictione viii[a]; 4.17 (239.8)
synodum, quae facta est in urbe Roma in tempore Martini . . . indictione viii[a], imperante Constantino 4.17 (240.15)
OCTIES. ut circuitus eius quadragies octies lxxv milia conpleat. 1.1 (9.8)
OCTINGENTI, ae, a. **DCCC.** per milia passuum dccc in Boream longa, 1.1 (9.5)
OCTO. octo. Virginis alma caro est tumulata bis octo Nouembres, 4.20 (248.19)
In occidentali eiusdem ecclesiae parte fenestrae octo, 5.17 (319.7)
cui succedens in imperium filius suus Osred, puer octo circiter annorum, regnauit annis xi. 5.18 (320.7)
Quis enim non uideat, a xiiii[a] usque ad xxi[am] non vii solummodo, sed octo potius esse dies, 5.21 (335.26)
VIII. viii pedes latum, et xii altum, 1.12 (27.23)
in qua secretius cum paucis, id est vii siue viii, fratribus, . . . orare ac legere solebat. 4.3 (207.13)
xii lampades ardent, iiii intra sepulchrum, viii supra in margine dextro. 5.16 (318.17)

OCTOBRIS, e, *of October.*
Octobres. anno x° regni eius, sub die xv Kalendas Octobres, indictione VIII^a^; 4.17 (239.8)
Octobrium. occisus est Æduini die IIII Iduum Octobrium, 2.20 (124.23)
Paulinus, . . . transiuit ad Dominum sexto Iduum Octobrium die; 3.14 (154.17)
Honorius, . . . ex hac luce migrauit . . . pridie Kalendarum Octobrium; 3.20 (169.12)
Passi sunt autem praefati sacerdotes et famuli Christi v°. Nonarum Octobrium die. 5.10 (300.26)
OCTOGINTA. octoginta. et nauibus . . . circiter octoginta praeparatis, 1.2 (13.27)
LXXX. Susceperunt autem Hiienses monachi . . . ritus uiuendi catholicos sub abbate Duunchado, post annos circiter LXXX, 5.22 (347.19)
OCTOGINTA QVATTVOR. LXXX et IIII. oblitteratis per omnia erroneis LXXX et IIII annorum circulis. 5.21 (346.8)
LXXXIIII. quae computatio LXXXIIII annorum circulo continetur. 2.2 (81.20)
OCTOGINTA SEPTEM. LXXXVII. Aedilualch donauit reuerentissimo antistiti Vilfrido terram LXXXVII familiarum, 4.13 (232.7)
OCVLVS. oculi. namque oculi eius in terram . . . deciderunt. 1.7 (21.13)
ad ipsum ora et oculi conuersi, 3.5 (137.20)
oculi. Vt alter ad reliquias eius nuper fuerit ab oculi langore curatus. 4.32 (279.18)
Erat in eo quidam adulescens, cui tumor deformis palpebram oculi fedauerat; 4.32 (279.25)
oculis. eamque in conspectu omnium puellae oculis adplicauit, 1.18 (36.16)
Deum potius intellegendum maiestate inconprehensibilem, humanis oculis inuisibilem, 3.22 (172.2)
oculis. mox de hieme in hiemem regrediens, tuis oculis elabitur. 2.13 (112.17)
prae oculis affectum doctrinae ipsius, quem pro uestris animabus libenter exercuit, habetote; 2.17 (119.21)
fertur eleuatis ad caelum oculis manibusque cum lacrimis dixisse: 3.16 (159.17)
comes quidam, cuius uxor ingruente oculis caligine subita, tantum . . . grauata est, 4.10 (224.23)
mox doloris siue caliginis incommodum ab oculis amouerent. 4.19 (246.19)
apertisque, ut sibi uidebatur, oculis, aspexit, . . . lucem omnia repleuisse; 4.23 (257.12)
atque oculis flammantibus, et de ore ac naribus ignem putidum efflantes angebant; 5.12 (306.24)
sed pessimam mihi scientiam certus prae oculis habeo.' 5.13 (311.32)
Qui si . . . bene faciendo a Dei oculis abscondere curasset, 5.13 (313.20)
apertisque oculis uidit circa se choros psallentium simul et flentium fratrum; 5.19 (328.29)
oculo. qui cum per dies crescens oculo interitum minaretur, 4.32 (279.26)
neque inminens oculo exitium humana manus curare ualeret, 4.32 (280.1)
oculorum. adlatus est quidam de genere Anglorum, oculorum luce priuatus; 2.2 (82.4)
oculos. et dirigens ad caelum oculos, 1.7 (20.15)
cum non sit ante omnipotentis Dei oculos culpa 1.27 (54.8)
et oculos uiduae exspectare feci. 2.1 (77.33)
'Oculos habent, et non uident; 2.10 (102.15)
At ille oculos in inferiora deflectens, 3.19 (165.17)
ut aperires oculos caecorum, et educeres de conclusione uinctum, 3.29 (197.19)
subito uisione spiritali recreata, os et oculos aperuit; 4.9 (223.17)
loculum, in quo primo sepulta est, nonnullis oculos dolentibus saluti fuisse perhibent; 4.19 (246.17)
At ego aperiens oculos aio: "Etiam; tu es antistes meus amatus." 5.6 (291.2)
Qui cum undiqueuersum hostibus et caecitate tenebrarum conclusus, huc illucque oculos circumferrem, 5.12 (306.30)
et ubi erat futurus ipse post mortem, ibi oculos mentis ante mortem, quo laetioro ccumberet, misit. 5.14 (314.33)
oculum. in ira suum oculum turbatum dolebat; 1.27 (58.15)
credens suum oculum capillis uiri Dei, quibus adtactus erat, ocius esse sanandum. 4.32 (280.22)
repente contingens oculum ita sanum cum palpebra inuenit, 4.32 (280.27)
oculus. 'Turbatus est prae ira oculus meus.' 1.27 (58.13)
et oculus uidens testimonium reddebat mihi, 2.1 (77.23)
Oculus fui caeco, et pes claudo. 2.1 (77.28)
contigit et ipsum adulescentem, cui oculus languebat, in eadem tunc ecclesia adesse. 4.32 (280.14)
ODIVM. odia. in hunc quasi Brittaniae subuersorem omnium odia . . . contorquerentur. 1.14 (30.3)
odiis. ueteranis eum odiis etiam mortuum insequebantur. 3.11 (148.15)
odio. Quin potuis odio habebat, et dispiciebat eos, 3.21 (170.29)
Brettones, quamuis et maxima ex parte domestico sibi odio gentem Anglorum, 5.23 (351.11)
odium. et odium ueritatis, amorque mendacii, 1.14 (30.1)
ODOR. odor. fames et aerum pestifer odor plura hominum milia iumentorumque deleuit. 1.13 (29.11)
ut is, . . . iam permodicus mihi odor uideretur; 5.12 (308.1)
odore. odore aeris illius adtacti fuerint, intereunt; 1.1 (12.32)
ubi sonum cantilenae dulcis cum odore suauitatis ac splendore lucis audisti. 5.12 (308.34)
odoris. quanta saepe flagrantia mirandi apparuerit odoris, 4.10 (224.17)
ut omnem mox fetorem tenebrosi fornacis, . . . effugaret admirandi huius suauitas odoris. 5.12 (307.19)
sed et odoris flagrantia miri tanta de loco effundebatur, 5.12 (307.32)
ODORO. odorabunt. nares habent, et non odorabunt; 2.10 (102.17)
OERIC, *surnamed Oisc, son of Hengist.*
Oeric. Irminrici, cuius pater Octa, cuius pater Oeric cognomento Oisc, 2.5 (90.19)
OFFA (*fl.* 709), *son of Sighere, King of the East Saxons; possibly reigned for a short time.*
Offa. Vt Coinred Merciorum et Offa Orientalium Saxonum rex in monachico habitu Romae uitam finierint; 5.19 (321.25)
Venit autem cum illo et filius Sigheri . . . uocabulo Offa, iuuenis amantissimae aetatis 5.19 (322.7)
OFFENDO. offendere. cum animos proximorum etiam in superuacuis rebus offendere non formidamus; 3.19 (165.27)
offendunt. quae Deum offendunt, et ad iracundiam prouocant, 1.28 (62.23)
offensus. unde offensus grauiter Agilberctus, quod haec ipso inconsulto ageret rex, 3.7 (141.1)
offensus a Vynfrido Merciorum episcopo per meritum cuiusdam inoboedientiae, 4.6 (218.3)
OFFERO. oblata. mox infirmitatis ablata [oblata] molestia, uar. 4.3 (212.22)
oblata. quod oblata sibi perpetuae salutis consilia spreuerant. 2.2 (85.1)
oblato. 'Vt episcopi atque clerici peregrini contenti sint hospitalitatis munere oblato; 4.5 (216.19)
Cumque oblato poculo biberemus ambo, 5.3 (286.14)
oblatum. Vt econtra alter ad mortem ueniens oblatum sibi a daemonibus codicem suorum uiderit peccatorum. 5.13 (311.1)
oblatum. Qui cum sedens ad mensam non haberet ad manum, ubi oblatum sibi munus reponeret, 3.2 (130.26)
oblatus. qui cum oblatus Brettonum sacerdotibus 2.2 (82.5)
obtulerit. quicumque his sacrificia simulacris obtulerit, 1.7 (19.29)
obtuli. et astulam roboris praefati inmittens obtuli egro potandum. 3.13 (153.31)
obtulit. huius ecclesiae dona multa, sicut et Doruuernensis, obtulit; 2.3 (85.28)
obtulit ei aliquid de ueteri musco, quo superficies ligni erat obsita. 3.2 (130.23)
Itaque qui haec obtulit munera, de hac subtractus est luce, 3.29 (198.11)
obtulit poculum episcopo ac nobis; 5.4 (287.26)
offeramus. 'Si paganus,' inquit, 'nescit accipere nostra donaria, offeramus ei, qui nouit, 3.24 (177.26)
offerat. quia iugum Christi et ipse portet, et uobis portandum offerat; 2.2 (83.1)
offerebant. et cotidie sacrificium Deo uictimae salutaris offerebant, 5.10 (300.10)
offerebat. insuper offerebat, ut, si uellet, partem Galliarum . . . illi regendam committeret, 5.19 (324.8)
offerenda. sine ulla dilatione offerenda; 1.27 (55.2)

offerendas. accensi sunt . . . ad elimosynas faciendas, uel ad offerendas Deo uictimas sacrae oblationis, 4.22 (252.5)
offerens. filiam x annorum caecam curandam sacerdotibus offerens, 1.18 (36.8)
Elafius pedibus aduoluitur sacerdotum, offerens filium, 1.21 (40.23)
Misit secundo, misit tertio, et copiosiora argenti dona offerens, 2.12 (107.29)
Hunc offerens Hadrianus pontifici, ut episcopus ordinaretur, obtinuit; 4.1 (202.27)
offerent. qui Redualdo pecuniam multam pro nece eius offerent [offerent]; uar. 2.12 (107.27)
ut pro ipso etiam, . . . consistentes ibi monachi Domino preces offerrent [offerent]. uar. 4.4 (213.29)
offerrent [offerent] haec Domino uar. 5.21 (336.20)
offerente. offerente etiam ei episcopo, ut in sua familia manendi locum acciperet, 5.2 (284.29)
offerre. aris adsistere, ac daemonibus hostias offerre. 1.7 (19.3)
quod se ille ultro pro hospite, quem susceperat, militibus offerre, 1.7 (19.5)
essent animalia, quae offerre consueuerant, 1.30 (65.34)
Quod enim Deo nostro aliud offerre ualebimus, 2.17 (119.10)
plurimaque psalmorum laude celebrata, uictimam pro eo mane sacrae oblationis offerre. 3.2 (129.34)
Nec tamen hodie . . . necesse est, immo nec licitum . . . hostias Deo uictimarum offerre carnalium. 3.25 (185.19)
offerrent. misit nuntios, qui Redualdo pecuniam multam pro nece eius offerrent; 2.12 (107.27)
ut pro ipso etiam, . . . consistentes ibi monachi Domino preces offerrent. 4.4 (213.29)
offerrent haec Domino in spem futurae suae redemtionis. 5.21 (336.20)
offerres. Vt Domino offerres plurima lucra gregis. 2.1 (79.22)
offerret. Vouit ergo, quia, . . . filiam suam Domino sacra uirginitate dicandam offerret, 3.24 (177.29)
Cumque monachum quendam de uicino uirginum monasterio, nomine Andream, pontifici offerret, 4.1 (202.17)
ut hanc Vilfrido episcopo, . . . utendam pro Domino offerret. 4.16 (237.9)
Denique cum sacrificium Deo uictimae salutaris offerret, 4.28 (273.28)
offerri. quam illi aduersariis offerri praeceperunt; 1.18 (36.8)
animae redemtione cotidie Domino preces offerri deberent. 3.14 (155.28)
Quod autem codices diuersos per bonos siue malos spiritus sibi uidit offerri, 5.13 (313.9)
in qua super altare pro defunctis honoratis sacrificium solet offerri, 5.16 (317.32)
OFFICINA. officina. magisque in officina sua die noctuque residere, . . . consuerat. 5.14 (314.6)
OFFICIVM. officia. nerui officia receperunt, 1.21 (40.31)
His ergo praemissis, paternae uobis dilectionis exhibentes officia, hortamur, 2.11 (106.12)
officii. officii testimonium relinquens, 1.7 (21.8)
conpletis in pace diebus officii sui, 2.3 (86.21)
officiis. dum creditorum uobis talentorum fidelissimae negotiationis officiis uberem fructum inpendens ei, . . . praeparauit. 2.8 (95.30)
officiis. Christianisque officiis uacare cognosce.' 1.7 (19.19)
Licet summae diuinitatis potentia humanae locutionis officiis explanari non ualeat, 2.10 (100.27)
Vnde paternis officiis uestrae gloriosae Christianitati nostram commonitionem non distulimus conferendam; 2.11 (105.13)
officio. xxxvi diebus ibidem cum eis cathecizandi et baptizandi officio deditus moraretur; 2.14 (115.2)
prouinciis Merciorum et Mediterraneorum Anglorum et Lindisfarorum episcopatus officio praeesset; 4.3 (212.27)
quod uir esset multae pietatis ac religionis, iniunctoque sibi officio supernae tantum mercedis gratia subditus. 4.31 (278.7)
officio. pontificali functus officio domum suam monasterium facere curauit; 2.1 (74.33)
mox ut ipse pontificatus officio functus est, 2.1 (80.32)
cum apud Orientales Saxones episcopatus officio fungeretur, 3.23 (174.25)
secundus Cellach, qui relicto episcopatus officio uiuens ad Scottiam rediit, 3.24 (179.24)
'Si me,' inquit, 'nosti episcopatum non rite suscepisse, libenter ab officio discedo; 4.2 (205.26)
et diaconatus officio sub eo non pauco tempore fungebatur. 4.3 (212.31)
nouerit se ab omni officis sacerdotali et nostra societate separatum. 4.5 (217.17)
quae ita multis iam annio omni corporis fuerat officio destituta, 4.9 (222.33)
Successit autem Aedilburgi in officio abbatissae deuota Deo famula, nomine Hildilid, 4.10 (224.6)
gaudens nimirum uti officio pedum, quo tanto erat tempore destitutus. 5.2 (284.21)
ita ut, deficiente penitus omni membrorum officio, iamiamque moriturus esse uideretur; 5.5 (288.7)
Fuit autem temporibus Coenredi, . . . uir in laico habitu atque officio militari positus; 5.13 (311.7)
officium. atque officium suum fide ac moribus exsequentes, 1.29 (64.18)
nullique eorum liceat ullum officium sacerdotale, absque permissu episcopi, . . . agere.' 4.5 (216.20)
Successit autem Aedilburgi in officio [officium] abbatissae deuota Deo famula, uar. 4.10 (224.6)
merito omnibus honorabilis, officium episcopatus et uerbo exercebat et opere. 4.13 (232.19)
qui ecclesiasticum gradum, hoc est altaris officium, apte subirent, 4.23 (254.20)
ut officium episcopatus per se inplere non posset; 4.23 (255.10)
atque ad suscipiendum episcopatus officium collum submittere conpellitur; 4.28 (272.29)
acceptum presbyteratus officium condignis gradu ipse consecrabat actibus. 5.1 (281.7)
quo defuncto, Eolla suscepit officium pontificatus. 5.18 (321.22)
Post quem episcopatus officium Alduulf, Berctualdo archiepiscopo consecrante, suscepit. 5.23 (349.2)
OFTFOR (*d.* 693?), *Bishop of Worcester.*
Oftfor. quorum haec sunt nomina, Bosa, Aetla, Oftfor, Iohannes, et Vilfrid. 4.23 (254.24)
OIDDI (*fl.* 681), *one of Wilfrid's priests.*
Oiddi. uerum presbyteri Eappa, et Padda, et Burghelm, et Oiddi ceteram plebem, . . . baptizabant. 4.13 (230.23)
OIDILVALD (*fl.* 655), *sub-king of Deira.*
Oidiluald. quem cum Oidiluald, filius Osualdi regis, . . . uirum sanctum et sapientem, . . . uideret, 3.23 (174.27)
filius autem Osualdi regis Oidiluald, qui eis auxilio esse debuerat, in parte erat aduersariorum, 3.24 (178.7)
Oidiluald o. inpugnatus . . . a fratruo, id est fratris sui, qui ante eum regnauit, filio Oidilualdo. 3.14 (154.12)
idem episcopus Cedd locum monasterii construendi ab Oidilualdo rege accipiens 3.23 (174.21)
OIDILVALD (*d.* 699), *a priest and monk of Ripon.*
Oidiluald. Vt Oidiluald successor Cudbercti in anachoretica uita, . . . tempestatem orando sedauerit. 5.1 (281.1)
Successit autem uiro Domini Cudbercto in exercenda uita solitaria, . . . uir uenerabilis Oidiluald, 5.1 (281.5)
Oidilualdo. 'Veni, . . . ad insulam Farne, loqui desiderans cum reuerentissimo patre Oidilualdo; 5.1 (281.17)
Oidilualdum. uidimus in ipsa insula Farne egressum de latibulis suis amantissimum Deo patrem Oidilualdum 5.1 (282.7)
OISC, *son of Hengist.*
Oisc. Irminrici, cuius pater Octa, cuius pater Oeric cognomento Oisc, 2.5 (90.19)
Oisc. Hengist, qui cum filio suo Oisc inuitatus a Vurtigerno Brittaniam primus intrauit, 2.5 (90.21)
OISCINGAS, *patronymic of the kings of Kent.*
Oiscingas. Oisc, a quo reges Cantuariorum solent Oiscingas cognominare. 2.5 (90.20)
OLEVM. oleo. adsumta ampulla misit de oleo in pontum, 3.15 (158.18)
oleum. et oleum sanctum, quo hanc sedarent, dederit. 3.15 (157.19)
dedit etiam oleum sanctificatum: 3.15 (158.4)
sed tu memento, ut hoc oleum, quod tibi do, mittas in mare; 3.15 (158.7)
OLIM. fidem, quam olim exsufflauerat, recuperauerit, Praef. (7.12)
iam olim reddens, 1.7 (20.34)
qui olim huc a beato Gregorio Romanae urbis pontifice directus, 2.3 (86.17)

'Iam olim intellexeram nihil esse, quod colebamus; 2.13 (112.26)
quos olim sacerdotii gradu non ignobiliter potitos, 3.19 (166.13)
fidem, quam olim, expulso Mellito antistite, abiecerant, 3.22 (171.20)
quo olim Romani Brittaniam insulam praecinxere, 3.22 (172.17)
quam et olim iam, si non obstinatus coniugis animus diuortium negaret, relicto regno subisset. 4.11 (225.21)
e quibus aliqua in libro uitae illius olim memoriae mandauimus. 4.30 (277.27)

OLIVA. olibis. exceptis uitibus et oliuis [olibis], rarae ferax arboris, frumenti quoque et hordei fertilis. uar. 5.17 (318.27)
oliuis. exceptis uitibus et oliuis, rarae ferax arboris, frumenti quoque et hordei fertilis. 5.17 (318.27)

OLIVARVM, *see* **MONS OLIVARVM.**

OMELIA. omelias. Sed et omelias euangelii numero XL conposuit, 2.1 (76.20)
per omelias XX et duas, . . . demonstrauit. 2.1 (76.30)

OMELIAE, *Bede's Homilies.*
Omeliarum. Omeliarum euangelii libros II. 5.24 (358.21)

OMITTO. omiserunt. Verum quia gratia caritatis feruere non omiserunt, 3.4 (135.11)
omisit. coeptumque ministerium nobis omnibus propinandi usque ad prandium conpletum non omisit; 5.4 (287.28)

OMNIMODIS. orthodoxae fidei omnimodis esse contrarium. 2.1 (76.1)
promisit se nil omnimodis contrarium Christianae fidei, . . . esse facturum; 2.9 (98.2)
ut uestra illa lucerna mihi omnimodis esse uideatur obscura.' 4.8 (221.16)
'Si omnimodis ita definitum est, neque hanc sententiam licet inmutari, 4.9 (223.27)
Attulit autem eidem et summam pecuniae non paruam pauperibus erogandam, nil omnimodis sibi reseruans; 4.11 (226.4)
illum ab huius praesumtione ministerii, . . . omnimodis cessare praecepi." 5.6 (291.20)
ut nil omnimodis de tempore paschae legalis praeoccupandum, nihil minuendum esse decerneret. 5.21 (336.9)
ut parum mihi omnimodis uidear de his antea intellexisse. 5.21 (345.32)

OMNIMODO. omnimodo haec inlusio non est timenda; 1.27 (60.6)
peccatum omnimodo perpetratum non est; 1.27 (61.12)
sollicita intentione et adsiduis orationibus seruare omnimodo festinetis; 2.17 (119.16)

OMNINO. 1.3 (15.28); 1.27 (50.15); 1.27 (59.16); 2.13 (111.23); 2.19 (123.26); 2.19 (124.5); 3.13 (152.26); 4.12 (228.17); 4.14 (235.14); 4.28 (271.25); 4.28 (272.1); 5.21 (333.22); 5.21 (338.1).

OMNIPOTENS. omnipotens. Omnipotens Deus sua uos gratia protegat, 1.23 (43.17)
omnipotens Deus humanum genus pro culpa sua funditus extinguere noluit, 1.27 (54.11)
Cum ergo Deus omnipotens uos ad . . . Augustinum episcopum perduxerit, 1.30 (65.3)
omnipotens Deus per dilectionem tuam . . . miracula ostendit; 1.31 (66.14)
omnipotens Deus bonos quosque ad populorum regimina perducit, 1.32 (67.26)
omnipotens Deus hunc pro uobis exorantem celerius exaudit. 1.32 (68.34)
quando eum omnipotens Deus poterit audire pro uobis, 1.32 (69.2)
Omnipotens itaque Deus in uobis gratiam suam, quam coepit, perficiat, 1.32 (69.31)
sed omnipotens Deus ut, qualis meriti uir fuerit, demonstraret, 1.33 (70.28)
Nec enim omnipotens Deus aut sui nominis sacramentum, . . . deseruit, 2.8 (95.20)
quippe quos Deus omnipotens ex primi hominis, quem plasmauit, cognatione, . . . pullulare constituit. 2.10 (103.15)
Qua uidelicet nocte Dominus omnipotens obitum ipsius . . . manifesta uisione reuelare dignatus est. 4.23 (257.1)
dehinc terram custos humani generis omnipotens creauit.' 4.24 (260.5)
omnipotente. quia illud ab omnipotente Deo pollutum esse in opere ostenditur, 1.27 (57.5)
Cum certum sit pro omnipotente Deo laborantibus . . . reseruari; 1.29 (63.18)
in eo, quod pro omnipotente Deo loquitur, 1.32 (68.33)
omnipotentem. credatis in Deum Patrem omnipotentem, eiusque Filium Iesum Christum, et Spiritum Sanctum, 2.10 (102.5)
credentes, . . . in Deum Patrem omnipotentem, 2.10 (103.25)
et Deum omnipotentem, uiuum, ac uerum in commune deprecemur, 3.2 (129.7)
Deum potius intellegendum maiestate inconprehensibilem, . . . omnipotentem, aeternum, 3.22 (172.3)
omnipotenti. quod plus omnipotenti Deo possit placere, 1.27 (49.25)
uel pro eius custodia omnipotenti Deo preces pariter fundant? 1.27 (52.27)
omnipotenti Deo Domino nostro Iesu Christo secum subdidit, 1.32 (68.17)
et uos omnipotenti Deo inreprehensibiles repraesentet. 2.17 (119.24)
Quia et gens uestra Christo omnipotenti Deo credidit secundum diuinorum prophetarum uoces, 3.29 (197.4)
omnipotentis. cum non sit ante omnipotentis Dei oculos culpa 1.27 (54.8)
Quod ergo naturae humanae ex omnipotentis Dei dono seruatum est, 1.27 (54.15)
mulieres, quae corpus Domini omnipotentis accipiunt, 1.27 (59.11)
ad omnipotentis Dei gratiam eodem Domino largiente, 1.29 (63.22)
de peccatis propriis ante omnipotentis Dei terribile examen securior fiat. 1.32 (68.27)
sicut in scriptura sacra ex uerbis Domini omnipotentis agnoscimus, 1.32 (69.10)

OMNIS, e. **omne.** uar. 1.33 (70.29).
omne. 1.27 (49.14); 1.27 (55.30); 1.27 (61.3).
omne. 2.3 (86.12); 4.28 (272.7); 5.13 (311.12).
omnem. 1.2 (14.2); 3.25 (184.25); 4.7 (220.19); 4.19 (245.22); 5.6 (290.13); 5.12 (307.17).
omnem. 1.12 (27.33); 2.8 (96.18); 3.25 (185.6); 3.29 (196.15); 3.29 (198.6); 4.11 (226.17); 4.28 (272.7); 5.12 (304.16); 5.20 (332.9); 5.24 (357.10).
omnes. 1.7 (21.3); 1.17 (34.21); 1.27 (51.30); 1.31 (67.2); 2.2 (84.13); 2.5 (91.32); 2.5 (92.7); 2.10 (102.14); 2.13 (111.14); 2.18 (121.12); 3.2 (129.6); 3.2 (129.11); 3.5 (136.9); 3.11 (150.12); 3.11 (150.19); 3.15 (158.15); 3.16 (159.21); 3.22 (172.7); 3.23 (176.22); 3.23 (176.31); 3.24 (178.13); 3.24 (180.29); 3.25 (183.30); 3.25 (184.4); 3.25 (185.16); 3.25 (185.32); 3.25 (186.8); 3.27 (192.27); 3.28 (195.29); 4.1 (202.1); 4.5 (215.17); 4.5 (215.24); 4.5 (216.1); 4.5 (216.27); 4.13 (231.17); 4.14 (234.18); 4.14 (235.8); 4.17 (239.20); 4.17 (240.25); 4.22 (251.12); 4.23 (255.25); 4.24 (259.15); 4.24 (261.34); 4.24 (262.1); 4.25 (262.27); 4.25 (265.11); 4.27 (270.1); 4.28 (272.24); 5.10 (300.2); 5.10 (300.3); 5.12 (307.2); 5.12 (308.17); 5.12 (308.29); 5.19 (328.16); 5.21 (342.4); 5.21 (346.9).
omnes. Praef. (6.5); Praef. (8.9); Praef. (8.17); 1.1 (11.26); 1.12 (27.8); 1.25 (46.16); 1.27 (53.22); 1.29 (64.14); 2.9 (97.13); 2.12 (109.7); 2.12 (109.8); 3.7 (139.18); 3.25 (185.8); 3.27 (192.16); 3.29 (196.30); 3.29 (199.1); 4.3 (209.8); 4.4 (213.4); 4.5 (215.26); 4.13 (232.23); 4.13 (232.25); 4.14 (235.26); 4.16 (237.2); 4.23 (254.23); 4.23 (256.6); 4.23 (256.22); 4.24 (262.4); 5.10 (300.24); 5.12 (304.6); 5.15 (316.4); 5.17 (319.12); 5.21 (332.19); 5.21 (337.17); 5.21 (346.3); 5.24 (359.18).
omnes. 3.24 (178.32); 3.29 (198.32); 4.16 (238.8); 5.21 (336.16); 5.23 (350.24).
omnes. 2.12 (108.14); 3.6 (138.4); 3.24 (178.19); 3.29 (198.18); 4.2 (205.12); 4.7 (220.4); 4.13 (232.21); 5.21 (341.14); 5.21 (342.24).
omni. 1.12 (25.18); 1.23 (43.11); 1.27 (51.2); 1.34 (71.27); 2.6 (93.8); 2.10 (102.1); 2.17 (119.5); 2.17 (119.17); 3.2 (129.31); 5.12 (307.20).
omni. 1.1 (10.17).
omni. 1.23 (43.11); 1.25 (46.10); 1.25 (46.25); 1.33 (70.29); 2.4 (88.31); 2.20 (125.6); 3.26 (191.20); 3.27 (193.15); 3.29 (198.6); 4.9 (222.2); 4.23 (256.1); 4.24 (262.1); 5.9 (296.6); 5.10 (300.33); 5.15 (316.20); 5.16 (317.12); 5.19 (327.3); 5.21 (344.1); 5.22 (346.23).
omni. 1.27 (48.24); 2.1 (77.5); 3.19 (167.6); 4.5 (217.17); 4.9 (222.33); 5.5 (288.6); 5.12 (308.31).
omnia. 1.1 (12.33); 1.27 (49.2); 1.27 (49.16); 1.27 (57.7); 1.32 (69.17); 1.32 (69.18); 3.29 (198.31); 4.10 (224.14); 4.19 (246.1); 4.23 (254.12); 4.27 (271.2); 4.30 (276.21); 5.9 (298.10); 5.12 (308.9); 5.21 (341.28).

omnia. Praef. (6.6); Praef. (6.10); 1.12 (26.31); 1.23 (43.16); 1.26 (47.4); 1.26 (47.16); 1.27 (52.17); 1.27 (54.1); 1.30 (65.26); 1.30 (66.3); 2.2 (83.32); 2.10 (101.10); 2.12 (109.4); 2.13 (112.10); 2.15 (116.21); 3.5 (137.24); 3.9 (146.9); 3.11 (150.11); 3.22 (172.28); 3.26 (191.23); 3.30 (200.1); 4.2 (204.20); 4.3 (207.30); 4.4 (213.22); 4.14 (235.11); 4.19 (243.6); 4.22 (250.21); 4.23 (253.28); 4.23 (257.13); 4.28 (271.18); 4.28 (273.19); 5.1 (282.14); 5.6 (289.12); 5.12 (305.3); 5.12 (305.22); 5.12 (305.34); 5.12 (306.5); 5.13 (312.5); 5.13 (312.17); 5.19 (324.6); 5.21 (333.30); 5.21 (338.3); 5.21 (343.20); 5.21 (346.8); 5.22 (347.13).
omnibus. 1.14 (30.19); 1.32 (67.27); 2.2 (82.2); 3.1 (128.10); 3.2 (130.3); 3.5 (135.24); 3.13 (153.34); 3.14 (155.2); 3.14 (155.21); 3.14 (155.31); 3.15 (157.24); 3.19 (166.16); 3.19 (167.10); 3.19 (167.25); 3.22 (173.30); 3.25 (182.10); 4.5 (215.25); 4.5 (216.23); 4.13 (232.19); 4.16 (237.15); 4.23 (254.11); 4.28 (273.21); 5.4 (287.27); 5.12 (309.17).
omnibus. 1.25 (46.5); 1.27 (49.10); 1.27 (50.23); 1.31 (67.5); 1.34 (71.11); 2.2 (82.13); 2.8 (95.23); 2.9 (98.5); 2.13 (111.17); 2.16 (117.14); 3.1 (128.4); 3.14 (156.1); 3.21 (170.12); 3.25 (181.28); 3.25 (182.7); 3.25 (182.12); 3.25 (183.32); 3.25 (184.22); 3.25 (184.24); 3.26 (191.7); 3.30 (199.22); 4.1 (202.17); 4.2 (204.18); 4.4 (213.30); 4.4 (214.4); 4.5 (215.19); 4.5 (215.31); 4.18 (242.16); 4.18 (242.29); 4.23 (256.30); 4.24 (260.19); 4.24 (260.28); 4.25 (265.10); 4.29 (276.1); 5.5 (288.15); 5.19 (329.2); 5.21 (333.7); 5.21 (339.23); 5.21 (341.16).
omnibus. 1.1 (11.16); 2.3 (85.14); 2.10 (101.6); 3.25 (182.34).
omnibus. 1.2 (14.28); 1.6 (17.29); 2.1 (74.8); 2.8 (96.28); 3.19 (168.1); 3.25 (184.9); 3.29 (197.23); 4.7 (219.27); 4.12 (228.14).
omnibus. 3.11 (148.22).
omnibus. 1.21 (41.9); 1.23 (43.15); 1.24 (44.17); 2.1 (77.7); 2.6 (93.10); 2.12 (109.19); 2.12 (110.10); 2.13 (111.28); 2.13 (113.20); 2.17 (120.3); 3.3 (132.7); 3.4 (134.8); 3.17 (161.26); 3.19 (165.6); 3.19 (165.24); 3.19 (167.26); 3.19 (167.31); 3.19 (168.10); 3.25 (189.1); 3.29 (197.25); 3.29 (197.27); 3.29 (197.33); 3.29 (199.1); 4.3 (208.5); 4.3 (210.14); 4.6 (219.5); 4.18 (241.28); 4.23 (253.4); 5.2 (284.11); 5.9 (296.29); 5.11 (302.3); 5.19 (322.27); 5.21 (345.15).
omnis. 1.34 (71.25); 2.1 (77.10); 3.25 (185.2); 5.3 (286.18); 5.21 (336.25).
omnis. 1.1 (10.9); 1.12 (25.22).
omnis. 1.8 (22.18); 1.12 (28.12); 1.19 (37.18); 1.27 (54.18); 3.3 (131.22); 3.4 (134.12); 3.25 (186.10); 4.2 (204.22); 4.19 (245.24); 5.10 (300.15); 5.21 (343.7).
omnis. 4.17 (239.21); 5.24 (360.5).
omnium. 1.5 (16.20); 1.14 (30.3); 1.17 (34.4); 1.18 (36.15); 1.18 (36.18); 1.18 (36.22); 1.18 (36.24); 1.19 (37.15); 1.20 (39.9); 1.21 (40.2); 1.21 (40.25); 1.21 (40.31); 1.21 (41.1); 1.21 (41.3); uar. 1.23 (42.28); 1.27 (49.15); 1.27 (54.28); 1.31 (67.3); 1.33 (70.21); 2.3 (86.7); 2.4 (88.30); 2.4 (88.32); 2.5 (89.12); 2.8 (96.17); 2.10 (101.22); 2.11 (106.17); 2.13 (113.7); 3.3 (132.28); 3.5 (136.12); 3.5 (137.19); 3.8 (143.9); 3.8 (144.10); 3.9 (145.3); 3.22 (173.16); 4.2 (205.7); 4.3 (206.21); 4.13 (231.22); 4.13 (232.2); 4.17 (239.1); 4.23 (255.12); 4.27 (269.3); 4.28 (272.17); 5.8 (294.25); 5.11 (302.30); 5.19 (327.17); 5.21 (339.3); 5.21 (345.19).
omnium. 1.1 (11.30); 3.14 (155.1); 4.19 (244.10); 4.23 (257.24); 4.29 (276.2).
omnium. 1.14 (29.31); 1.30 (65.23); 2.10 (101.19); 2.11 (106.20); 3.29 (197.24); 4.24 (260.3); 5.10 (300.19).

ONERARIVS, a, um. **honerariis.** et nauibus honerariis atque actuariis . . . praeparatis, 1.2 (13.27)
ONERO. **onerati.** 'Venite ad me omnes, qui laboratis et onerati estis, 2.18 (121.12)
OPERA. **operam.** siue per operam reminisceris deliquisse, 1.31 (67.12)
construendis ornandisque auro uel argento ecclesiis operam dabant, 2.1 (77.17)
ut ad dilatandam Christianam fidem incessabiliter non desistat operam commodare; 2.11 (105.6)
id est, aut legendis scripturis, aut psalmis discendis operam dare. 3.5 (136.11)
et scripturis legendis operam daret, 3.23 (176.35)
alii magis circueundo per cellas magistrorum, lectioni operam dare gaudebant; 3.27 (192.15)
humilitati, continentiae, lectioni operam dare; 3.28 (195.19)
et episcopus solus in oratorio loci lectioni uel orationi operam daret, 4.3 (208.19)
cum in utroque Hildae abbatissae monasterio lectioni et obseruationi scripturarum operam dedisset, 4.23 (254.33)
et in ecclesiam conuocatas orationibus ac psalmis pro anima matris operam dare monuit. 4.23 (257.29)
uirgines . . . texendis subtilioribus indumentis operam dant, 4.25 (265.18)
atque orationibus ac lectioni quietus operam dare consueuerat. 5.2 (283.14)
Vbi cum . . . diligenter his, quae inspiciebat, discendis operam daret, 5.19 (323.29)
Dedit namque operam, quod et hodie facit, 5.20 (331.18)
quotiens ipsi rerum domini discendae, docendae, custodiendae ueritati operam inpendunt. 5.21 (333.21)
omnem meditandis scripturis operam dedi; 5.24 (357.11)
OPERARIVS. **operarios.** sibi esse messem, sed operarios paucos, 1.29 (63.4)
OPERATIO. **operatio.** et frequentium operatio uirtutum celebrari non desinit. 1.7 (21.31)
huius fides et operatio Deo deuota atque omnibus sequenda credatur.' 2.2 (82.2)
operatione. et a Deo operatione miraculorum suffultus, 2.3 (86.18)
cuius excellentia fidei et uirtutis, . . . uirtutum frequentium operatione claruerit; 3.13 (153.20)
Ordinatus est autem post haec Eadberct uir . . . maxime elimosynarum operatione insignis; 4.29 (275.33)
operationem. contra eos maxime, qui unam in Christo operationem et uoluntatem praedicabant, 4.18 (242.4)
qui unam in Domino Saluatore uoluntatem atque operationem dogmatizabant, 5.19 (326.26)
operationis. et continuis piae operationis exemplis prouehere curauit. 2.4 (87.8)
OPERCVLVM. **operculo.** inuenerunt . . . locellum de marmore albo pulcherrime factum, operculo quoque similis lapidis aptissime tectum. 4.19 (245.4)
OPERIO. **operiens.** ibique aliquandiu remoratus, et ea loca operiens, sic uidentibus cunctis ad caeli se alta subduxit; 4.7 (220.10)
OPEROR. **operabatur.** Referri nequeunt, quae Christus operabatur in famulo, 1.19 (37.29)
ipse foris, quae opus esse uidebantur, operabatur. 4.3 (208.16)
operando. libentius, quae audire et intellegere poterant, operando sequerentur. 4.27 (269.31)
operante. quae operante Domino exterius facis, 1.31 (67.7)
ubi merita illius multis saepe constat Deo operante claruisse uirtutibus. 3.19 (168.25)
operari. quae per uos . . . in conuersatione coniugis uestri summissaeque uobis gentis dignatus fuerit operari, 2.11 (106.15)
In quo utroque loco, ad indicium uirtutis illius, solente crebra sanitatum miracula operari. 4.3 (212.9)
operata. Quae enim in . . . Audubaldi regis gentibusque . . . inlustratione, clementia Redemtoris fuerit operata, 2.10 (101.29)
OPIMVS, a, um. **opima.** Opima frugibus atque arboribus insula, 1.1 (9.17)
opimo. dum opimo esset uallatus exercitu, 3.18 (163.9)
OPINIO. **opinio.** et innocentem falsa opinio non affligat. 1.28 (62.26)
Nec silentio praetereunda opinio, 2.1 (79.25)
dum opimo [opinio] esset uallatus exercitu, uar. 3.18 (163.9)
opinione. raptim opinione, praedicatione, uirtutibus impleuerunt; 1.17 (35.5)
et tanto in opinione praecessores suos, quanto . . . superaret. 1.32 (68.21)
opinionem. Haec iuxta opinionem, . . . historiae nostrae ecclesiasticae inserere oportunum duximus. 2.1 (81.4)
OPINOR. **opinabatur.** per quam eos opinabatur prius 1.7 (21.23)
opinantur. ut quidam falso opinantur, 3.17 (162.6)
OPITVLOR. **opitulante.** in splendore gloriae sempiternae cohabitare, eius opitulante munificentia ualeatis. 2.10 (103.30)
factum est, opitulante gratia diuina, ut multos in breui ab idolatria ad fidem conuerterent Christi. 5.10 (299.13)
OPOBALSAMVM. **opobalsami.** ut cunctis, . . . fratribus ac sororibus, quasi opobalsami cellaria esse uiderentur aperta. 3.8 (144.3)

OPORTET. oportebat. Oportebat namque inpleri somnium, quod mater eius Bregusuid in infantia eius uidit. 4.23 (255.30)
oportere. Quod ita fieri oportere illa nimirum ratio cogit, 5.21 (339.14)
oporteret. quod oporteret eos, qui uni Deo seruirent, unam uiuendi regulam tenere, 3.25 (183.28)
si se tali molestia diutius castigari diuina prouidente gratia oporteret, 4.31 (278.25)
oportet. summo studio, dilectissimi filii, oportet, 1.23 (43.8)
Quae omnia rudi Anglorum genti oportet haberi conperta. 1.27 (54.2)
Oportet itaque legitimam carnis copulam, 1.27 (58.20)
'Alleluia, laudem Dei Creatoris illis in partibus oportet cantari.' 2.1 (80.22)
Vnde oportet uos, . . . execrandam diabolicae uersutiae supplantationem, . . . a cordibus uestris abicere, 2.10 (103.3)
quia dominicum paschae diem a xv^{a} luna usque ad xxi^{am}, . . . oportet inquiri. 2.19 (122.26)
Quamobrem oportet uestram celsitudinem, . . . in omnibus piam regulam sequi 3.29 (197.24)
Propter quod,' inquit, 'oportet nos admonitioni eius caelesti, . . . respondere; 4.3 (211.8)
quod te tamen referente oportet ad illum uenire. 5.9 (297.11)
oportet autem eum ad rectum haec tramitem reuocare.' 5.9 (297.32)
a xv^{a} die mensis primi usque ad xxi^{am} eiusdem mensis diem conpletam computari oportet. 5.21 (335.16)
ita etiam oportet eos, qui uel monachi uotum, uel gradum clericatus habentes, 5.21 (343.13)
OPORTVNE. qui oportune laetus, gratia decentissima, 1.7 (20.27)
quatinus diuinae inspirationis inbuta subsidiis, inportune et oportune agendum non differas, 2.11 (105.16)
OPORTVNITAS. oportunitas. Rex ipse, cum oportunitas exegisset, cum v tantum aut vi ministris ueniebat, 3.26 (190.30)
ubi oportunitas adridebat temporis, 5.2 (283.11)
oportunitate. ordinationes episcoporum, exigente oportunitate, Domini praeueniente misericordia, celebrare; 2.8 (96.26)
OPORTVNIVS. Quis sane pro Vighardo reppertus ac dedicatus sit antistes, libro sequente oportunius dicetur. 3.29 (199.6)
OPORTVNVS, a, um. **oportuna.** ceteris eius sociis pro causa oportuna ad ecclesiam reuersis. 4.3 (207.27)
oportunis. Itaque Theodorus perlustrans uniuersa, ordinabat locis oportunis episcopos, 4.2 (205.21)
oportuno. et residens solus in loco oportuno, coepit sedulus cogitare de actibus suis, 3.27 (193.3)
oportunos. atque oportunos aliquot dies uentos expectarent, 5.9 (298.6)
oportunum. et dum uentum oportunum cerneret, 3.16 (159.8)
oportunum. arbitrans oportunum, 1.18 (36.27)
Videtur oportunum huic historiae etiam hymnum uirginitatis inserere, 4.20 (247.2)
oportunum. si hoc oportunum esse non uideret. 1.7 (21.7)
Haec . . . historiae nostrae ecclesiasticae inserere oportunum duximus. 2.1 (81.5)
cupiens pro Domino, ubicumque sibi oportunum inueniret, peregrinam ducere uitam. 3.19 (163.26)
OPPIDO. At illa instantius obsecrans pro filia, quam oppido diligebat, 5.3 (285.31)
OPPIDVM. oppida. nam duo sub eo nobilissima oppida illic capta atque subuersa sunt. 1.3 (15.31)
oppida. oppida, rura, casas, uicos, castella propter euangelizandum, . . . peragrare. 3.28 (195.19)
oppido. Seuerus, genere Afer Tripolitanus ab oppido Lepti, 1.5 (16.15)
dum se in oppido municipio temerarie obsedisset, 3.1 (128.2)
oppidum. Caesar oppidum Cassobellauni . . . cepit. 1.2 (14.27)
Ibique apud Eboracum oppidum morbo obiit. 1.5 (17.4)
OPPIDVM VILTORVM, *Utrecht.*
Oppidum Viltorum. quod antiquo gentium illarum uerbo Viltaburg, id est Oppidum Viltorum, lingua autem Gallica Traiectum uocatur; 5.11 (303.9)
OPPONO (OBP-). obponendum. excitant seniorem elementis furentibus obponendum; 1.17 (34.22)
OPPRESSIO (OBP-). obpressionem. [propter aceruam hostium obpressionem proprium episcopum habere nequiuerit.] uar. 4.13 (230.2)
OPPRIMO (OBP-). obpressit. quem Asclipiodotus praefectus praetorio obpressit, 1.6 (17.24)
obprimit. fluctus saeuientes obprimit, 1.17 (34.25)
OPPROBRIVM (OBP-). obprobria. ut se etiam inrisiones et obprobria pro illo libenter ac promte omnia sufferre ipso etiam frontispicio doceant; 5.21 (343.19)
OPS. opem. infirmis et pauperibus consulere, elimosynas dare, opem ferre non cessabat. 3.9 (145.25)
si infirmis fratribus opem suae exhortationis tribueret; 4.28 (273.23)
opes. Culmen, opes, subolem, pollentia regna, triumphos, Exuuias, proceres, moenia, castra, lares; 5.7 (293.7)
OPTABILIS, e. **optabilia.** quae de uestri uestrorumque omnium animae salute optabilia desideranter exspectat, 2.11 (106.17)
OPTIMATES. optimates. seruabant utcumque reges, sacerdotes, priuati, et optimates 1.22 (41.27)
optimatibus. Nam et ipse rex et plurimi de plebe siue optimatibus, . . . coeperunt fana, . . . restaurare, 3.30 (199.16)
optimatum. Cuius suasioni uerbisque prudentibus alius optimatum regis tribuens assensum, 2.13 (112.3)
ita ut exsurgens de medio optimatum suorum consessu, genua flecteret in terram, 5.21 (345.26)
OPTIME. Quia nimirum Osuiu a Scottis edoctus ac baptizatus, illorum etiam lingua optime inbutus, 3.25 (182.27)
'Optime omnibus placet, quaeque definierunt sanctorum canones patrum, nos . . . seruare.' 4.5 (215.25)
quod utrumque regularibus disciplinis optime instituerat; 4.6 (218.29)
neque enim possunt carmina, quamuis optime conposita, ex alia in aliam linguam ad uerbum . . . transferri. 4.24 (260.8)
quod praesens optime cognoui, 5.6 (289.11)
OPTIMVS, a, um. **optima.** ibique in optima uitam conuersatione finiuit. 4.6 (218.11)
optima. ea, quae uos uera et optima credebatis, 1.25 (46.12)
optimae. Successor . . . factus est Anna filius Eni de regio genere, uir optimus, atque optimae genitor sobolis, 3.18 (163.15)
optimam. margaritam omnis quidem coloris optimam inueniunt, 1.1 (10.9)
optimo. et mane rediens, optimo carmine, quod iubebatur, conpositum reddidit. 4.24 (260.24)
optimum. gignit et lapidem gagatem plurimum optimumque; 1.1 (10.23)
ammonens, quia nulla ratione conueniat tanto regi amicum suum optimum . . . auro uendere, 2.12 (110.8)
Donauerat equum optimum antistiti Aidano, 3.14 (156.8)
(fidebam namque equo, quem mihi ipse optimum donauerat), 5.6 (290.1)
optimum. ac nuntium ferre optimum, 1.25 (45.14)
optimus. Successor . . . factus est Anna filius Eni de regio genere, uir optimus, atque optimae genitor sobolis, 3.18 (163.15)
Qui cum esset iuuenis optimus, ac regis nomine ac persona dignissimus, 3.21 (169.26)
OPTIO. optione. quia illi postmodum data sibi optione magis loco cedere, . . . uolebant, 3.25 (183.4)
Verum quia illi postmodum optione data maluerunt loco cedere, 5.19 (325.17)
OPTO. optamus. Festinet igitur, quaesumus, uestra celsitudo, ut optamus, totam suam insulam Deo Christo dicare. 3.29 (198.25)
Nimirum enim quaerit et inpetrabit, et ei omnes suae insulae, ut optamus, subdentur. 3.29 (198.33)
optandum. quanto magis ciuibus patriae caelestis in hoc mundo peregrinantibus optandum est, 5.21 (333.28)
optati. optati littoris quiete potiuntur. 1.17 (34.29)
OPVLENTIVS. inlustrationemque diuinae propitiationis in uobis diffusam opulentius agnoscentes, 2.11 (106.19)
OPVS, opera. in testamento ueteri exteriora opera obseruantur, 1.27 (56.28)

solent opera uirtutum et signa miraculorum usque hodie narrari. 3.8 (143.2)
quantum eius pia opera coram Deo flagrant et uernant. 3.29 (198.23)
Sed ne aliquid horum perficeret, superna illa oracula simul et opera restiterunt. 5.9 (296.26)

opera. bona quoque opera eorum imitationi monstrando, 1.27 (53.11)
siue per operam [opera] reminisceris deliquisse, uar. 1.31 (67.12)
illam prouinciam, . . . ad fidem et opera iustitiae, ac perpetuae felicitatis dona perduxit, 2.15 (116.34)
pietatis et castitatis opera diligenter obseruantes. 3.4 (134.25)
dispiciebat eos, quos fide Christi inbutos opera fidei non habere deprehendit, 3.21 (170.30)
opera tamen fidei, pietatis, et dilectionis, . . . diligenter exsequi curauit. 3.25 (182.9)
cuius anima per bona, quae fecisset, opera, quasi per funes aureos leuanda esset ad caelos; 4.9 (222.23)
Hild, . . . post multa, quae fecit in terris, opera caelestia, . . . transiuit 4.23 (252.19)

opere. quia illud ab omnipotente Deo pollutum esse in opere ostenditur, 1.27 (57.5)
sed uoluntas dominatur in opere commixtionis, 1.27 (58.29)
pro adiuuando in opere Dei Augustino, 1.28 (62.3)
quanto in bono opere superaret. 1.32 (68.21)
ecclesiam, quam inibi antiquo Romanorum fidelium opere factam fuisse didicerat, 1.33 (70.13)
quam ibidem ipse de ligno, . . . citato opere construxit. 2.14 (114.5)
ut fide et opere, in timore Dei et caritate, uestra adquisitio . . . amplius extendatur; 2.18 (121.7)
facta citato opere cruce, ac fouea praeparata, 3.2 (129.1)
totoque ad Deum corde et opere conuersus, 3.13 (153.34)
ea, quae ad fidem ac ueritatem pertinent, et uerbo cunctos docebat, et opere. 3.26 (190.4)
Quod quidem ita, ut dictum ei erat, opere conpletum est. 4.3 (210.1)
officium episcopatus et uerbo exercebat et opere. 4.13 (232.20)
Aedilthrydam, filiam Anna . . . uiri bene religiosi, ac per omnia mente et opere egregii; 4.19 (243.6)
plebem rusticam uerbo praedicationis simul et opere uirtutis ad caelestia uocaret. 4.27 (270.13)
'Si mihi diuina gratia in loco illo donauerit, ut de opere manuum mearum uiuere queam, 4.28 (271.12)
id est inito opere apostolico, uerbum Dei aliquibus . . . committere; 5.9 (296.10)
Nam quicumque in omni uerbo, et opere, et cogitatione perfecti sunt, 5.12 (308.31)
scelera, non solum quae opere uel uerbo, sed etiam quae tenuissima cogitatione peccaui, 5.13 (312.17)
quem in exemplum Sedulii geminato opere, et uersibus exametris, et prosa conposuit. 5.18 (321.6)
librum uitae et passionis sancti Felicis confessoris de metrico Paulini opere in prosam transtuli; 5.24 (359.6)

operi. immo indulta desuper operi uestro perfectio indicauit. 2.8 (95.19)
nam quo minus sufficiebat meditationi scripturarum, eo amplius operi manuum studium inpendebat. 4.3 (208.12)

operibus. qui diuinae bonitatis operibus inuidus aemulusque consistit, 2.10 (103.5)
hoc, quod in baptismo abrenuntiare nos Satanae et omnibus operibus eius promisimus, 3.19 (165.24)

operibus. comitantibus uirtutum operibus, suam defertur ad urbem. 1.21 (41.15)
bonis auctore Deo operibus praeditus, 1.32 (68.31)
piis et Deo placitis iugiter operibus enitescat, 2.11 (105.2)
Scripsi autem haec de persona et operibus uiri praefati; 3.17 (161.9)
sed cuncta pro suis uiribus operibus explere curabat. 3.17 (161.29)
uel in bonis se operibus habundantius exerceret. 3.27 (193.8)
et ea, quae in scripturis agenda didicerat, operibus solerter exsequentem, 3.28 (194.29)
Quis non exultet et gaudeat in his piis operibus? 3.29 (197.4)
quae uos uestrosque omnes in omnibus bonis operibus auxiliari dignetur, 3.29 (199.1)
et suum quoque exitum, . . . uigiliis, orationibus, bonis operibus praeuenire meminerint.' 4.3 (209.19)
in tantum nouissimorum suorum in omnibus operibus suis memor, 4.3 (210.15)
tantum operibus iustitiae se exercere faciebat, 4.23 (254.18)
quia et tibi et multis opus est peccata sua bonis operibus redimere, 4.25 (265.4)
Nam et multi fidem, quam habebant, iniquis profanabant operibus; 4.27 (269.18)
Qui susceptum episcopatus gradum ad imitationem beatorum apostolorum uirtutum ornabat operibus. 4.28 (273.14)
in quo recipiuntur animae eorum, qui in bonis quidem operibus de corpore exeunt; 5.12 (308.27)
ecclesiae suae, . . . aedificium multifario decore ac mirificis ampliauit operibus. 5.20 (331.18)
si fide et operibus unitati catholicae fauerint; 5.21 (344.5)

operis. ecclesia est mirandi operis atque eius martyrio condigna extructa. 1.7 (21.29)
utpote nullum tanti operis artificem habentes, 1.12 (26.16)
cuius operis ibidem facti, 1.12 (26.21)
sed per affectum boni operis frumenta dominica uitiorum suorum paleis expolia, 1.27 (53.17)
ut in spiritalis operis studio ex remuneratione ualeant multiplicius insudare. 1.29 (63.20)
et boni operis exempla monstrando aedifica; 1.32 (68.9)
consummati operis uobis merces a retributore omnium bonorum Domino tribuatur, 2.8 (96.17)
In qua uidelicet ciuitate et ecclesiam operis egregii de lapide fecit; 2.16 (117.11)
et in omni mundo adnuntiata uestri operis multipliciter referat fructum. 2.17 (119.5)
uenit Romam cum cooperatore ac socio eiusdem operis Ceolfrido, 4.18 (241.8)
denique ibidem adiutores itineris et iniuncti operis accepit. 4.18 (242.27)
Xriste, tui est operis, quia uestis et ipsa sepulchro Inuiolata nitet: 4.20 (248.21)
Xriste, tui est operis. 4.20 (248.22)
alia perplura, quae tanti operis negotium quaerebat, uel ibi discere uel inde accipere cupiebat. 5.11 (302.1)
trium patriarcharum candidis, Adam obscurioris et uilioris operis, 5.17 (319.20)
Recapitulatio chronica totius operis; et de persona auctoris. 5.24 (352.1)

operum. Nam mercedem operum iam sine fine tenes. 2.1 (79.24)
atque ad elimosynas operumque bonorum exsecutionem, et uerbis excitaret et factis. 3.5 (136.6)
tamen iuxta merita operum singulos examinat; 3.19 (166.1)
id est fructus bonorum operum ibi nascerentur, 3.23 (175.18)
cuius uita non sibi solummodo, sed multis bene uiuere uolentibus exempla operum lucis praebuit. 4.23 (256.10)
ut admoneremus lectorem operum Domini, quam terribilis in consiliis super filios hominum; 4.25 (266.6)
Cudberct . . . et scientiam ab eo scripturarum, et bonorum operum sumsit exempla. 4.27 (269.9)
tolerabatur tamen ab eis longanimiter ob necessitatem operum ipsius exteriorum; 5.14 (314.3)

opus. ut hoc opus adgredi auderem, Praef. (7.2)
memoratum opus adgredi coepissent, 1.23 (42.24)
in opus eos uerbi, diuino confisos auxilio, proficisci suadet. 1.23 (43.2)
ut opus bonum, quod auxiliante Domino coepistis, impleatis. 1.23 (43.8)
Augustinus cum famulis Christi, . . . rediit in opus uerbi, peruenitque Brittaniam. 1.25 (44.29)
quod diuidebatur singulis, prout cuique opus erat. 1.27 (49.7)
neque negare potuit opus, 2.1 (75.18)
Quod uidelicet opus in regia quidem urbe apocrisiarius inchoauit, 2.1 (75.24)
Ad cuius pietatis et iustitiae opus pertinet etiam hoc, 2.1 (78.4)
se ipsum paratum esse in hoc opus Domino cooperante perficiendum, 2.1 (80.27)
perfecit opus diu desideratum; 2.1 (81.1)
quia nec opus illo nos habere nouimus, 2.5 (91.20)
rex ipse impia nece occisus, opus idem successori suo Osualdo perficiendum reliquit. 2.14 (114.15)
Hoc erat cotidianum opus illius et omnium, 3.5 (136.12)

catholicos per omnem Brittaniam ecclesiis Anglorum ordinare posset antistites. 3.29 (196.15)
non eis nouum uoluit ordinare episcopum; 4.3 (206.17)
mox hoc regulari uita per omnia, prout a doctis uiris discere poterat, ordinare curabat; 4.23 (253.29)
ordinaretur. nepotem suum, qui ei, si uellet, ordinaretur episcopus; 3.7 (141.25)
qui Eburacensis ecclesiae ordinaretur episcopus. 3.28 (194.30)
qui petens indutias, si forte alium, qui episcopus ordinaretur, ex tempore posset inuenire. 4.1 (202.22)
Hunc offerens Hadrianus pontifici, ut episcopus ordinaretur, obtinuit; 4.1 (202.28)
elegerunt . . . Suidberctum, qui eis ordinaretur antistes, 5.11 (302.8)
postulans, ut eidem Fresonum genti archiepiscopus ordinaretur. 5.11 (302.33)
ordinari. an debeat sine aliorum episcoporum praesentia episcopus ordinari? 1.27 (52.6)
petentibus hunc ecclesiae Anglorum archiepiscopum ordinari; 4.1 (201.17)
dictum est, quia talis animi uirum, episcopum magis quam regem ordinari deceret. 4.11 (225.24)
sed, priusquam ordinari posset, morte inmatura praereptus est. 4.23 (255.22)
episcopum, ut diximus, fecerat ordinari Lindisfarnensium ecclesiae . . . Cudberctum, 4.27 (268.22)
donec eligeretur, qui pro Cudbercto antistes ordinari deberet. 4.29 (275.30)
episcopum sibi rogauit ordinari, cum esset annorum circiter xxx, 5.19 (325.30)
ordinati. qui uel in prouectu ordinati episcopi gaudeant, 1.27 (52.26)
ordinati. fuerint episcopi in propinquis sibi locis ordinati, 1.27 (52.17)
qui per Eburacae episcopum fuerint ordinati, 1.29 (64.14)
Vilfrid . . . Ceadda . . . in prouinciam Nordanhymbrorum sint ordinati episcopi. 3.28 (194.17)
Ordinati sunt autem Eadhaed, Bosa, et Eata Eboraci ab archiepiscopo Theodoro; 4.12 (229.20)
Vt uiri uenerabiles Suidberct in Brittaniis, Vilbrord Romae sint in Fresiam ordinati episcopi. 5.11 (301.18)
ordinatis. Mos autem sedis apostolicae est ordinatis episcopis praecepta tradere, 1.27 (48.23)
ordinato. succedente . . . Trumheri, . . . natione quidem Anglorum, sed a Scottis ordinato episcopo. 3.21 (171.15)
ordinato in episcopatum Eboracensis ecclesiae Vilfrido presbytero suo, 5.6 (292.5)
ordinatum. subintroduxit . . . episcopum, uocabulo Vini, et ipsum in Gallia ordinatum; 3.7 (140.30)
ordinatum. est digno Dei iudicio post culpam ordinatum. 1.27 (55.32)
ordinatur. et iuxta quod dispositum fuerat, ordinatur episcopus uir Deo dilectus Paulinus, 2.9 (98.12)
Theodorus archiepiscopus ordinatus [ordinatur], uar. 4.1 (201.2)
Cum quibus et Eadhaed . . , ordinatur episcopus. 4.12 (229.13)
Paulinus a Iusto archiepiscopo ordinatur genti Nordanhymbrorum antistes. 5.24 (353.27)
Anno DCLXVIII, Theodorus ordinatur episcopus. 5.24 (354.18)
ordinaturus. de uita monachorum et quiete ordinaturus, 2.4 (88.17)
quem ordinaturus uenit illuc Ithamar, antistes ecclesiae Hrofensis. 3.20 (169.15)
ordinatus. et tunc Treuiris ordinatus episcopus, 1.21 (40.6)
Augustinus . . . archiepiscopus genti Anglorum ordinatus est; 1.27 (48.6)
qui prius fuerit ordinatus; 1.29 (64.8)
ad ministerium altaris ordinatus, 2.1 (75.1)
Ordinatus est autem Paulinus episcopus a Iusto archiepiscopo, 2.9 (98.17)
de Burgundiorum partibus, ubi ortus et ordinatus est, 2.15 (116.26)
Ordinatus est autem die VII^mo^ Kalendarum Aprilium, 3.20 (169.16)
factus est Diuma . . . episcopus . . . Merciorum, ordinatus a Finano episcopo. 3.21 (171.4)
tertius Trumheri, de natione quidem Anglorum, sed edoctus et ordinatus a Scottis, 3.24 (179.27)
Finan pro illo gradum episcopatus a Scottis ordinatus ac missus acceperat. 3.25 (181.4)
Cedd, iamdudum ordinatus a Scottis, ut supra docuimus, 3.25 (183.24)
Tuda, qui erat apud Scottos austrinos eruditus, atque ordinatus episcopus, 3.26 (189.27)
Non enim erat tunc ullus, excepto illo Vine, in tota Brittania canonice ordinatus episcopus. 3.28 (195.16)
Theodorus archiepiscopus ordinatus, et cum Hadriano abbate sit Brittaniam missus. 4.1 (201.2)
Qui subdiaconus ordinatus IIII exspectauit menses, 4.1 (203.4)
Qui ordinatus est a Vitaliano papa anno dominicae incarnationis DCLXVIII, 4.1 (203.7)
de secundo breuiter intimandum, quod in episcopatum Dorciccaestræ fuerit ordinatus; 4.23 (254.28)
secundus Eboracensis ecclesiae sit ordinatus episcopus. 4.23 (254.30)
per Vilfridum . . . qui tunc temporis Mediterraneorum Anglorum episcopatum gerebat, ordinatus est; 4.23 (255.15)
quod archiepiscopus Theodorus iam defunctus erat, et necdum alius pro eo ordinatus episcopus. 4.23 (255.17)
Cudbercto, qui nuper fuerat ordinatus episcopus, 4.26 (266.29)
Eata reuerso ad sedem ecclesiae Hagustaldensis, cui regendae primo fuerat ordinatus, 4.28 (273.11)
Ordinatus est autem post haec Eadberct uir scientia scripturarum diuinarum . . . insignis; 4.29 (275.31)
noui namque eum, et quia cum esset presbyter ordinatus, 5.6 (291.17)
ordinatus autem anno sequente tertio die Kalendarum Iuliarum dominica 5.8 (295.27)
Ordinatus est autem in ecclesia sanctae martyris Ceciliae, 5.11 (303.2)
ad iussionem praefati regis presbyter ordinatus est 5.19 (325.23)
ordinauerat. Laurentius, quem ipse idcirco adhuc uiuens ordinauerat, 2.4 (86.27)
ordinauerit. post obitum uero tuum ita episcopis, quos ordinauerit, praesit, 1.29 (64.5)
non solum eos episcopos, quos ordinauerit, neque hos tantummodo, 1.29 (64.13)
ordinauit. Augustinus . . . ordinauit duos episcopos, Mellitum uidelicet et Iustum; 2.3 (85.5)
Iustum uero in ipsa Cantia Augustinus episcopum ordinauit 2.3 (85.21)
In cuius locum Honorius archiepiscopus ordinauit Ithamar, 3.14 (154.21)
Honorius loco eius ordinauit Thomam diaconum eius 3.20 (169.5)
presbyteros et diaconos ordinauit, 3.22 (173.4)
ordinauit uirum magis ecclesiasticis disciplinis institutum, 4.2 (206.5)
In cuius locum ordinauit Theodorus Vynfridum, 4.3 (212.24)
et in loco eius ordinauit episcopum Sexuulfum, 4.6 (218.7)
inter plurimos, quos ordinauit, etiam Tobiam uirum doctissimum Hrofensi ecclesiae fecerit antistitem. 5.8 (294.15)
qui inter multos, quos ordinauit antistites, . . . Tobiam . . . consecrauit, 5.8 (295.31)
quem Brittaniam destinatum ad petitionem eorum ordinauit reuerentissimus Vilfrid episcopus, 5.11 (302.9)
ordines. ita ut per loca singula XII episcopos ordines, 1.29 (63.25)
ordinet. ipse quoque XII episcopos ordinet, 1.29 (64.1)
ORDO. ordine. Hoc etenim ordine septentrionalis Scottorum prouincia, . . . illo adhuc tempore pascha dominicum celebrabat, 3.3 (131.21)
cuius iuri . . . ipsi etiam episcopi ordine inusitato debeant esse subiecti, 3.4 (134.13)
Quae cuncta, ut praedixerat antistes, ex ordine conpleta sunt; 3.15 (158.11)
hoc . . . uno ac non diuerso temporis ordine geri conperimus; 3.25 (184.28)
Hoc ergo ordine, postquam omnes Brittaniarum prouinciae fidem Christi susceperant, 4.16 (238.8)
ad suum fratrem perueniens, replicauit ex ordine cuncta, 4.22 (251.30)
Siquidem modo totum hoc monasterium ex ordine perlustrans, singulorum casas ac lectos inspexi, 4.25 (265.8)
statim nescio quo ordine fuimus in summitate eius. 5.12 (307.15)
sed inter haec nescio quo ordine repente me inter homines uiuere cerno.' 5.12 (309.14)
cuius magisterio IIII euangeliorum libros ex ordine didicit, 5.19 (324.25)
nec non et quattuor auro Scribi euangelii praecepit in ordine libros; 5.19 (330.16)
sicque diem paschae ordine peruerso, et aliquando in secunda ebdomada totam conpleant, 5.21 (338.6)
ita omnibus annis idem primus lunae mensis eodem necesse est ordine seruari, 5.21 (339.24)
"Eleuatus est sol, et luna stetit in ordine suo." 5.21 (340.20)

orta. Quo etiam anno orta inter ipsum regem Ecgfridum et reuerentissimum antistitem Vilfridum dissensione, 4.12 (229.1)
orti. ceterique Anglorum populi sunt orti. 1.15 (31.29)
ortus. de Burgundiorum partibus, ubi ortus et ordinatus est, 2.15 (116.26)
quia de alia prouincia ortus fuerat, et super eos regnum acceperat, 3.11 (148.14)
ORIVNDVS, a, um. **oriundum.** ordinauit Ithamar, oriundum quidem de gente Cantuariorum, 3.14 (154.22)
Sed hunc ubi peregrinum atque oriundum de natione Anglorum cognouere carnifices, 5.19 (325.6)
oriundus. consecrauit pro eo Damianum, qui de genere Australium Saxonum erat oriundus. 3.20 (169.20)
ORNAMENTVM. ornamenta. et uestimenta altarium, ornamenta quoque ecclesiarum, 1.29 (63.9)
promisit se ei innumera et maiora, quam credi potest, ornamenta regia 3.24 (177.17)
ornamentis. immo fidem suam, quae omnibus ornamentis pretiosior est, amore pecuniae perdere.' 2.12 (110.10)
ORNATVRA. ornatura. id est camisia cum ornatura in auro una, 2.10 (104.3)
ORNATVS. ornatum. quae ad ornatum domus Dei pertinent, 5.20 (331.27)
ORNO. ornabat. Qui susceptum episcopatus gradum ad imitationem beatorum apostolorum uirtutum ornabat operibus. 4.28 (273.14)
ornandis. alii . . . pontifices construendis ornandisque auro . . . operam dabant, 2.1 (77.16)
ornans. acceptumque sacerdotii gradum condignis ornans actibus, 3.27 (193.28)
ornatum. 'Hominem . . . in omnibus ornatum antistitem, . . . minime ualuimus nunc repperire 3.29 (198.1)
ornatum. Summum uero culmen auro ornatum auream magnam gestat crucem. 5.16 (318.12)
ornatus. ita postmodum et ceteris uirtutibus ornatus apparuit. 3.5 (137.27)
ORO. orabat. ideoque pro eis, quasi pro suae gentis aduenis, supplex orabat ad Dominum; 4.14 (235.7)
orandi. Horum ergo plurimi ad memoratam aciem, . . . cum aliis orandi causa conuenerant, 2.2 (84.16)
ob crebrum morem orandi, . . . supinas super genua sua manus habere solitus sit. 3.12 (151.23)
hoc in Gallia, quas discendi uel orandi studio pertransiuimus, 3.25 (184.23)
orando. et incendia domorum orando restinxerit, 1.19 (37.5)
Vt Mellitus episcopus flammas ardentis suae ciuitatis orando restinxerit. 2.7 (93.26)
episcopus coepit orando periculum infirmus abigere, 2.7 (94.25)
Vt idem admotum ab hostibus urbi regiae ignem orando amouerit. 3.16 (158.27)
Vt idem in uita anchoretica et fontem de arente terra orando produxerit, 4.28 (271.3)
Vt Oidiluald . . . laborantibus in mari fratribus, tempestatem orando sedauerit. 5.1 (281.2)
Vt puellam languentem orando sanauerit. 5.3 (285.1)
Vt item puerum comitis orando a morte reuocauerit. 5.5 (288.1)
Vt clericum suum cadendo contritum, aeque orando ac benedicendo a morte reuocauerit. 5.6 (289.4)
orandum. de his, qui ad orandum uenerant, 2.2 (84.25)
adcelerauit ocius ad legendum cum suis, siue ad orandum egredi. 3.5 (136.17)
accensi sunt in fide ac deuotione pietatis ad orandum, 4.22 (252.5)
easque ad orandum pro anima eius, . . . excitauerit. 4.23 (258.17)
domunculae, quae ad orandum uel legendum factae erant, 4.25 (265.13)
cum uerbis benedictionis, rediit ad orandum; 5.6 (291.7)
quam ad psallendum atque orandum in ecclesia, . . . concurrere consuerat. 5.14 (314.7)
orans. Vt ad cymiterium eiusdem monasterii orans caeca lucem receperit. 4.10 (224.5)
orantium. postulauit se illo adferri, et in modum orantium ad illud adclinari. 4.9 (223.4)
orare. in qua regina, . . . orare consuerat. 1.26 (47.13)
orare, missas facere, praedicare, et baptizare coeperunt; 1.26 (47.14)
in qua secretius cum paucis, id est VII siue VIII, fratribus, . . . orare ac legere solebat. 4.3 (207.14)
neque aliquis pro eo uel missas facere, uel psalmos cantare, uel saltim orare praesumebat. 5.14 (314.28)
oraret. et, cum ibidem diutius flexis genibus oraret, nihilo tardius meruit exaudiri. 4.10 (225.5)
orassent. qui cum suum caput eidem loculo adponentes orassent, 4.19 (246.18)
oraturus. diligenter obsecrans, ut intraret oraturus pro illo, 5.5 (288.11)
orauit. orauit pro animabus exercitus sui. 3.12 (151.29)
ORTHODOXE. Hos itaque sequentes, nos pie atque orthodoxe, iuxta diuinitus inspiratam doctrinam eorum professi credimus 4.17 (239.23)
ORTHODOXVS, a, um. **orthodaxam.** repperimus quosdam . . . contra orthodoxam [orthodaxam] fidem, . . . heresim renouare conantes, uar. 2.19 (123.15)
orthodoxa. dum regem et Creatorem uestrum orthodoxa praedicatione edocti Deum uenerando creditis, 2.17 (119.7)
orthodoxae. quod scintillam orthodoxae religionis in uestri dignatus est confessione succendere; 2.11 (104.24)
orthodoxae. orthodoxae fidei omnimodis esse contrarium. 2.1 (76.1)
orthodoxam. repperimus quosdam prouinciae uestrae contra orthodoxam fidem, nouam ex ueteri heresim renouare conantes, 2.19 (123.15)
pariter tractantes, fidem rectam et orthodoxam exposuimus; 4.17 (239.17)
orthodoxi. sanctus Augustinus, sicut et ceteri patres orthodoxi, 1.10 (24.3)
ORTHOGRAPHIA. orthographia. Librum de orthographia, alfabeti ordine distinctum. 5.24 (359.26)
ORTO. ortandi. Cum uero non amor ortandi subolis, 1.27 (58.29)
ORTVS. ortu. ab ortu solis usque ad occasum, humanum genus, . . . ueneratur et colit; 2.10 (101.18)
"Eleuatus est sol [in ortu suo], uar. 5.21 (340.20)
ortum. Nouimus insulam aliam esse . . . contra ortum solis, 1.1 (12.6)
ex tempore matutinae synaxeos, usque ad ortum diei, in ecclesia precibus intenta persteterit. 4.19 (244.16)
Incedebamus autem tacentes, ut uidebatur mihi, contra ortum solis solstitialem; 5.12 (304.30)
qui mox conuersus ad dextrum iter, quasi contra ortum solis brumalem me ducere coepit. 5.12 (307.6)
Itaque post aequinoctialem solis exortum [ortum], ? uar. 5.21 (340.29)
OS. ora. hos pro diuina formidine sacerdotum ora simplicibus uerbis ligant, 2.1 (78.15)
ad ipsum ora et oculi conuersi, 3.5 (137.20)
ora. 'Conticuere omnes, intentique ora tenebant,' 3.11 (150.12)
ore. sacra mundo corde atque ore conficiunt. 1.8 (22.13)
oratio uno ore et clamore profunditur; 1.17 (34.26)
sed quae exeunt de ore, illa sunt, quae coinquinant hominem.' 1.27 (57.2)
et cum simulatam legationem ore astuto uolueret, 2.9 (99.8)
saepe diu solus residens ore quidem tacito, 2.9 (100.13)
cuius equus . . . spumas ex ore demittere, . . . coepit 3.9 (145.32)
illasque uisiones ex ipsius ore audierit; 3.19 (167.18)
et flexa ceruice uel manu signari, uel ore illius se benedici gaudebant; 3.26 (191.10)
ne ad mortem ueniens . . . aliquid indignum suae personae uel ore proferret, 4.11 (226.10)
et anathematizamus corde et ore, quos anathematizarunt, 4.17 (240.19)
iussit ad se intrare pauperem, ingresso linguam proferre ex ore, ac sibi ostendere iussit; 5.2 (283.32)
atque oculis flammantibus, et de ore ac naribus ignem putidum efflantes angebant; 5.12 (306.25)
oris. Nosti enim, quia ad tui oris imperium semper uiuere studui, 4.29 (275.1)
os. Porro puteus ille flammiuomus ac putidus, quem uidisti, ipsum est os gehennae, 5.12 (308.22)
os. 'Non quod intrat in os, coinquinat hominem; 1.27 (57.1)
ita ut ne ad os quidem adducere ipsum brachium ullatenus dolore arcente ualeret. 3.2 (130.15)
subito uisione spiritali recreata, os et oculos aperuit; 4.9 (223.17)
quam signatam reuocare in os, et loqui illum praecepit: 5.2 (284.2)

OS. **ossa.** cum ossa eius inuenta, atque ad ecclesiam, in qua nunc seruantur, translata sunt. 3.11 (148.1)
Cumque uenisset carrum, in quo eadem ossa ducebantur, 3.11 (148.10)
Ossa igitur illius translata et condita sunt in monasterio, 3.12 (151.32)
illo ossa eius translata, . . . sunt. 3.17 (160.14)
in eandem sunt eius ossa translata. 4.3 (212.8)
Cui cum . . . placuisset, ut ossa famulorum famularumque Christi, . . . tollerentur, 4.10 (224.13)
Cumque post tot annos eleuanda essent ossa de sepulchro, 4.19 (245.23)
ossa. quia spiritus carnem et ossa non habet, 2.1 (76.7)
statuerunt . . . ossa uero abbatissae illo de loco eleuata, in aliam ecclesiam, . . . transferre. 3.8 (144.17)
in quo desiderabat honoranda patrui sui ossa recondere. 3.11 (148.9)
Lota igitur ossa intulerunt in thecam, 3.11 (148.26)
ipsamque aquam, in qua lauerant ossa, in angulo sacrarii fuderunt. 3.11 (148.31)
placuit eidem abbatissae leuari ossa eius, 4.19 (244.29)
ipsa autem abbatissa intus cum paucis ossa elatura et dilutura intrasset, 4.19 (245.26)
inmisit in animo fratrum, ut tollerent ossa illius, 4.30 (276.11)
ossibus. in tantum ea, quam praediximus, infirmitate decocta est, ut uix ossibus hereret; 4.9 (223.13)
ossuum. Abiens autem domum Colman adsumsit secum partem ossuum reuerentissimi patris Aidani; 3.26 (190.16)
OSFRID (*d.* 633), *son of King Edwin of Northumbria.*
Osfrid. in quibus erant Osfrid et Eadfrid filii regis Aeduini, 2.14 (114.21)
In quo etiam bello ante illum unus filius eius Osfrid iuuenis bellicosus cecidit, 2.20 (124.26)
Osfridi. Baptizatus et Yffi filius Osfridi, sed et alii nobiles ac regii uiri non pauci. 2.14 (114.28)
habens secum . . . et Yffi filium Osfridi filii eius, 2.20 (126.2)
OSRED (*d.* 716), *King of Northumbria after Aldfrid.*
Osred. cui succedens in imperium filius suus Osred, puer octo circiter annorum, regnauit annis XI. 5.18 (320.7)
Anno DCCXVI, Osred rex Nordanhymbrorum interfectus, 5.24 (356.9)
Osredi. Anno autem imperii Osredi IIIº, Coinred, . . . nobilius multo regni sceptra reliquit. 5.19 (321.27)
Anno post obitum praefati patris proximo, id est quinto Osredi regis, . . . Hadrianus . . . defunctus est, 5.20 (330.32)
Osredo. ut, regnante Osredo filio eius, . . . in praesulatum sit suae receptus ecclesiae. 5.19 (329.30)
quo Osredo occiso Coenred gubernacula regni Nordanhymbrorum suscepit, 5.22 (346.21)
OSRIC (*d.* 634), *King of Deira.*
Osric. suscepit pro illo regnum Deirorum, . . . filius patrui eius Aelfrici, uocabulo Osric, 3.1 (127.6)
Osrici. Osuini, de stirpe regis Aeduini, hoc est filium Osrici, de quo supra rettulimus, 3.14 (154.26)
Osricum. Et primo quidem proxima aestate Osricum, . . . cum toto exercitu deleuit. 3.1 (128.2)
OSRIC (*fl.* 679?), *sub-king of the Hwiccas.*
Osric. diuertit ad prouinciam Huicciorum, cui tunc rex Osric praefuit; 4.23 (255.6)
OSRIC (*d.* 729), *King of Northumbria.*
Osric. VIIª Iduum Maiarum die, Osric rex Nordanhymbrorum uita decessit, 5.23 (349.20)
Osric mortuus est. 5.24 (356.15)
Osrici. qui erat annus septimus Osrici regis Nordanhymbrorum, 5.23 (348.15)
OSTENDO. **ostendam.** et quamdiu paenitentiae insistere tibi plenius ostendam.' 4.25 (263.33)
ostendenda. et siue per amicos angelos in fine nobis ostendenda, siue per hostes. 5.13 (313.13)
ostendens. Chebron quondam ciuitas et metropolis regni Dauid, nunc ruinis tantum, quid tunc fuerit, ostendens. 5.17 (319.16)
ostendere. 'Si . . . etiam consilium tibi tuae salutis ac uitae melius atque utilius, . . . ostendere potuerit, 2.12 (109.17)
denique usque hodie locum sedis illius solitariae in eadem insula solent ostendere. 3.16 (159.14)
Curabat . . . omnibus opus uirtutum et exemplis ostendere, et praedicare sermonibus. 3.19 (167.11)
ostendere posse se dixit alium, 4.1 (202.13)
partem de capillis, quam . . . ostendere in signum miraculi possent. 4.32 (280.7)
linguam proferre ex ore, ac sibi ostendere iussit; 5.2 (283.32)
neque ultra cessauit . . . arcana suae cogitationis ac uoluntatis, . . . aliis ostendere; 5.2 (284.16)
ostenderet. quae uirtutum earumdem sit claritas, ostenderet. 2.1 (76.28)
quamdiu nullus aduenerat, qui eis instituti perfectioris decreta, quae sequerentur, ostenderet; 3.25 (188.4)
insuper et, qua die esset hanc uitam terminaturus, ostenderet. 4.11 (226.20)
miramque in moribus ac uerbis prudentiam, humilitatem, religionem ostenderet, 5.21 (344.11)
ostenderit. et, quemcumque sors ostenderit, hunc tempore belli ducem omnes sequuntur, huic obtemperant; 5.10 (300.1)
ostendi. miracula in eodem loco solent ad utilitatem eorum, qui fideliter quaerunt, ostendi. 2.16 (117.16)
et ex eodem libro x capitula, . . . illis coram ostendi, 4.5 (215.30)
ostendit. quam studiose erga saluationem nostrae gentis inuigilauerit, ostendit, 1.30 (64.29)
in gentem, quam eligi uoluit, magna miracula ostendit; 1.31 (66.16)
et, retecto uestimento, quantis esset uerberibus laceratus, ostendit. 2.6 (93.3)
quid ibi sanitatis Domino largiente consequeretur, ostendit. 4.3 (212.15)
quod intrinsecus ferramentorum uestigia usque in praesens ostendit. 5.16 (318.10)
Certa suae genti ostendit moderamina ritus; 5.19 (330.21)
ostenditur. quia illud ab omnipotente Deo pollutum esse in opere ostenditur, 1.27 (57.6)
Qua in re unum ibi ostenditur ipsa mens rea, 1.27 (60.22)
Ostenditur autem locus ille quondam idolorum non longe ab Eburaco ad orientem, 2.13 (113.20)
Ostenditur autem usque hodie, et in magna ueneratione habetur locus ille, 3.2 (128.26)
ostensa. Addunt et alia, quae ipsa nocte in monasterio eodem diuinitus fuerint ostensa miracula; 3.8 (143.29)
Quae sint ostensa caelitus signa, 4.9 (221.27)
quae alia sint signa ostensa, in ipso libro, de quo haec excerpsimus, quisque legerit, inueniet. 4.10 (224.18)
nonnulla caelestis gratiae dona specialiter ostensa fuisse perhibentur; 4.14 (232.30)
ostensam. Vt Aeduini per uisionem quondam sibi exuli ostensam sit ad credendum prouocatus. 2.12 (106.28)
ostensum. inuentum est, eadem hora transitum eius illis ostensum esse per uisionem, 4.23 (258.3)
ostensum. quod uel quale esset oraculum regi quondam caelitus ostensum. 2.12 (107.12)
quid uirtutis ac miraculi caelestis fuerit ostensum, 3.11 (147.31)
ostensum. intellexit uel in somnio, uel in uisione mentis ostensum sibi esse, quod uiderat. 4.23 (257.18)
OSTENSIO. **ostensio.** Sed miraculi caelestis ostensio, quam reuerenter eae suscipiendae . . . essent, patefecit. 3.11 (148.19)
ostensione. quae uera esse miraculorum quoque multorum ostensione firmauerant, 1.26 (47.20)
sed etiam caelestium ostensione signorum gentem . . . perducebant. 2.1 (78.25)
OSTENTO. **ostentare.** cupiens utilem reipuplicae ostentare principem, 1.3 (15.6)
OSTHRYD (*d.* 697), *Queen of Mercia; wife of Ethelred, son of Penda.*
Osthryd. Nam et sororem eius, quae dicebatur Osthryd, rex Aedilred habebat uxorem. 4.21 (249.8)
Anno DCXCVII, Osthryd regina a suis, id est Merciorum, primatibus interemta. 5.24 (355.16)
Osthrydae. Factum est autem hoc per industriam reginae Merciorum Osthrydae, 3.11 (148.3)
OSTIARIVS. **ostiarius.** 'Et ego uobis dico, quia hic est ostiarius ille, cui ego contradicere nolo; 3.25 (188.30)
OSTIVM. **ostio.** Nec multo post clamauerunt me intus, reserato ostio papilionis; 4.19 (245.29)
ostiorum. quod ingressi per rimas ostiorum uel fenestrarum radii lucis, 4.7 (220.19)
ostium. qui cum per unum ostium ingrediens, mox per aliud exierit. 2.13 (112.13)
et pulsans ad ostium nuntiauit abbatissae. 3.11 (149.26)
bini aestus oceani, . . . sibimet inuicem cotidie conpugnantes occurrunt ultra ostium fluminis Homelea, 4.16 (238.20)

Cum enim idem Benedictus construxisset monasterium . . . iuxta ostium fluminis Viuri, 4.18 (241.7)
nunc monasterio, quod est iuxta ostium Tini fluminis, abbatis iure praeest. 5.6 (289.9)
in monasterio, quod iuxta ostium aquilonale fluminis Genladae positum, Racuulfe nuncupatur; 5.8 (295.19)
Lapis, qui ad ostium monumenti positus erat, nunc fissus est; 5.16 (318.18)
cuius pars minor quadratum altare ante ostium nihilominus eiusdem monumenti stat; 5.16 (318.19)
quod est ad ostium Viuri amnis, et iuxta amnem Tinam, 5.21 (332.27)
OSTRVM. ostro. Atque auro ac Tyrio deuotus uestiit ostro. 5.19 (330.13)
OSVALD, Saint (605?–642), *King of Northumbria, 634–642.*
Osuald. sextus Osuald et ipse Nordanhymbrorum rex Christianissimus, hisdem finibus regnum tenuit; 2.5 (89.26)
quam ipse coepit, sed successor eius Osuald perfecit, ut supra docuimus, 2.20 (125.23)
et regnum porro Osuald christianissimus rex utrumque restaurauerit. 3.1 (127.2)
ubi uenturus ad hanc pugnam Osuald signum sanctae crucis erexit, 3.2 (128.28)
aduenientes omni anno pridie quam postea idem rex Osuald occisus est, 3.2 (129.32)
Idem ergo Osuald, . . . misit ad maiores natu Scottorum, 3.3 (131.5)
illis Anglorum prouinciis, quibus regnauit Osuald, 3.3 (132.16)
cum de prouincia Scottorum rex Osuald postulasset antistitem, 3.5 (137.1)
Huius igitur antistitis doctrina rex Osuald cum ea, cui praeerat, gente Anglorum institutus, 3.6 (137.30)
Vt in loco, in quo occisus est rex Osuald, crebra sanitatum miracula facta; 3.9 (144.26)
Regnauit autem Osuald christianissimus rex Nordanhymbrorum VIIII annos, 3.9 (144.29)
'Deus miserere animabus, dixit Osuald cadens in terram.' 3.12 (151.31)
quia fuerit in gente uestra rex mirandae sanctitatis, uocabulo Osuald, 3.13 (153.18)
Anno DCXLII, Osuald rex occisus. 5.24 (354.4)
Osualdi. quos postea mater metu Eadbaldi et Osualdi regum misit in Galliam 2.20 (126.3)
idem annus sequentis regis, id est Osualdi, uiri Deo dilecti, regno adsignaretur; 3.1 (128.16)
De religione ac pietate miranda Osualdi regis. 3.6 (137.29)
ubi regis Osualdi sanguis fuerat effusus. 3.10 (147.24)
et accedens ad sepulchrum Osualdi, ibi reside, 3.12 (151.4)
quem cum Oidiluald, filius Osualdi regis, . . . uirum sanctum et sapientem, . . . uideret, 3.23 (174.28)
filius autem Osualdi regis Oidiluald, . . . in parte erat aduersariorum, 3.24 (178.6)
quod diuina uobis misericordia per intercessionem religiosi ac Deo dilecti regis Osualdi, . . . conferre dignata est. 4.14 (234.24)
Celebrent ergo missas . . . in memoriam praefati regis Osualdi, 4.14 (235.5)
Osualdo. opus idem successori suo Osualdo perficiendum reliquit. 2.14 (114.15)
Osualdo. Eadfrid . . . regnante Osualdo, contra fidem iuris iurandi peremtus est. 2.20 (125.1)
sermone de Osualdo exorto, diceret, 3.11 (149.12)
Translato ergo ad caelestia regna Osualdo, 3.14 (154.6)
Osualdum. contigit . . . sanctissimum ac uictoriosissimum regem Nordanhymbrorum Osualdum adfuisse, 3.7 (139.24)
et inuenit eadem ipsa die Osualdum regem fuisse peremtum; 4.14 (235.24)
OSVINI (*d.* 651), *the last King of Deira.*
Osuini. cum uideret se Osuini cum illo, qui plures habebat auxiliarios, non posse bello confligere, 3.14 (155.8)
Erat autem rex Osuini et aspectu uenustus, 3.14 (155.29)
Ipse est locus, ubi occisus est rex Osuini, ut supra meminimus. 3.24 (179.29)
Anno DCLI, Osuini rex occisus, et Aidan episcopus defunctus est. 5.24 (354.8)
Osuini. de humilitate mirabili regis Osuini, qui ab Osuiu crudeli caede peremtus est. 3.14 (154.4)
Osuini. Habuit autem Osuiu . . . consortem regiae dignitatis, uocabulo Osuini, 3.14 (154.25)
OSVIV, OSVIO (612?–670), *King of Northumbria, 651–670.*
Osuio. cum mitteretur Cantiam ob adducendam inde coniugem regi Osuio, 3.15 (157.27)
Domino excellenti filio Osuio regi Saxonum Vitalianus episcopus, seruus seruorum Dei. 3.29 (196.20)
Osuio. Aeanfled . . . postulauit a rege Osuio, ut donaret ibi locum monasterio construendo 3.24 (179.31)
missus est Romam ab ipso simul et a rege Nordanhymbrorum Osuio, 4.1 (201.14)
sed postulauit a rege Osuio, ut illis episcopus Ceadda daretur, 4.3 (206.18)
consecratus est in episcopatum Eboraci, iubente rege Osuio, Ceadda uir sanctus, 5.19 (326.3)
Osuiu. septimus Osuiu frater eius, . . . Pictorum quoque atque Scottorum gentes, . . . perdomuit, 2.5 (89.28)
Quo post annum deueniens cum exercitu successor regni eius Osuiu abstulit ea, 3.12 (152.2)
suscepit regni terrestris sedem pro eo frater eius Osuiu, 3.14 (154.7)
Habuit autem Osuiu primis regni sui temporibus consortem regiae dignitatis, 3.14 (154.24)
nam ab eodem comite proditum eum Osuiu . . . interfecit. 3.14 (155.20)
Ipso autem occiso, cum Osuiu rex Christianus regnum eius acciperet, 3.21 (170.34)
Haec et huiusmodi multa cum rex Osuiu regi Sigbercto . . . inculcaret, 3.22 (172.10)
et Osuiu, pro adepta uictoria, possessiones et territoria Deo ad construenda monasteria dederit. 3.24 (177.11)
His temporibus rex Osuiu, . . . promisit se ei innumera . . . ornamenta regia 3.24 (177.13)
quibus Osuiu rex cum Alchfrido filio, . . . occurrit. 3.24 (178.2)
Tum rex Osuiu, iuxta quod Domino uouerat, . . . dedit filiam suam . . . consecrandam; 3.24 (178.21)
In quo monasterio et ipsa, et pater eius Osuiu, . . . sepulti sunt. 3.24 (179.10)
Hoc autem bellum rex Osuiu in regione Loidis . . . confecit. 3.24 (179.13)
Idem autem rex Osuiu tribus annis post occisionem Pendan regis, . . . populis praefuit; 3.24 (180.6)
Quia nimirum Osuiu a Scottis edoctus ac baptizatus, 3.25 (182.26)
Primusque rex Osuiu praemissa praefatione, 3.25 (183.27)
imitatus industriam filii rex Osuiu misit Cantiam uirum sanctum, 3.28 (194.27)
Osuiu prouinciae Nordanhymbrorum, et Ecgberct Cantuariorum, habito inter se consilio, 3.29 (196.4)
intellexerat enim ueraciter Osuiu, . . . quia Romana esset catholica et apostolica ecclesia, 3.29 (196.8)
quousque rex Osuiu imperium protendere poterat. 4.3 (206.23)
Osuiu rex Nordanhymbrorum pressus est infirmitate, 4.5 (214.13)
Anno DCLXX, Osuiu rex Nordanhymbrorum obiit. 5.24 (354.19)
Osuiu. Osthrydae, quae erat filia fratris eius, id est Osuiu, 3.11 (148.4)
persuasus maxime ad percipiendam fidem a filio regis Osuiu, nomine Alchfrido, 3.21 (170.8)
Orientales Saxones fidem, . . . instantia regis Osuiu receperunt. 3.22 (171.21)
Erat enim rex eiusdem gentis Sigberct, . . . amicus eiusdem Osuiu regis, 3.22 (171.23)
Intrauit autem praefata regis Osuiu filia Deo dedicanda monasterium, 3.24 (179.1)
Peruenit et ad ipsas principum aures, Osuiu uidelicet regis, et filii eius Alchfridi. 3.25 (182.24)
qui fuit annus Osuiu regis XXII^us^, 3.26 (189.20)
De morte Osuiu et Ecgbercti regum, 4.5 (214.9)
Successit autem Ecgfrido in regnum Aldfrid, . . . qui frater eius et filius Osuiu regis esse dicebatur; 4.26 (268.3)
cum consilio atque consensu patris sui Osuiu, episcopum sibi rogauit ordinari, 5.19 (325.29)
Osuiu. et huiusmodi litterae regi Osuiu Brittaniam remissae: 3.29 (196.19)
Osuiu. uenitque ad regem Nordanhymbrorum Osuiu, postulans filiam eius Alchfiedam 3.21 (169.28)
rebellarunt aduersus regem Osuiu duces gentis Merciorum, 3.24 (180.19)
Osuiu. de humilitate mirabili regis Osuini, qui ab Osuiu crudeli caede peremtus est. 3.14 (154.4)
postulans ab Osuiu rege, ut aliquos sibi doctores daret, 3.22 (172.22)
quod aiunt Colmanum abiturum petisse et inpetrasse a rege Osuiu, 3.26 (190.9)
OTIOSVS, a, um. **otiosum.** At ille primo negauit, otiosum dicens esse, quod desiderabant; 5.6 (289.25)

otiosus. et uictoriae concessae otiosus spectator efficitur. 1.20 (39.17)
OTIVM. otium. Non enim ad otium, ut quidam, sed ad laborem se monasterium intrare signabat. 4.3 (208.9)
OVINI (*fl.* 672), *a monk of Lastingham.*
Ouini. contigit . . . ut in praefata mansione forte ipse cum uno tantum fratre, cui uocabulum erat Ouini, commoraretur, 4.3 (207.26)
Erat autem idem Ouini monachus magni meriti, 4.3 (207.28)
OVIS. oues. uel cui pastorum oues Christi in medio luporum positas fugiens ipse dimitteret.' 2.6 (92.23)
Candidus inter oues Christi sociabilis ibit; 5.7 (293.27)
OVO. ouans. nomen et inde suum Conuersus conuertit ouans; 5.7 (293.17)
ouans. Virgo triumphat ouans, zelus in hoste furit. 4.20 (248.26)
OVVM. ouum. unum ouum gallinaceum cum paruo lacte aqua mixto percipiebat. 3.23 (175.29)

P

PACO. pacatis. pacatis alterutrum regibus ac populis, 4.21 (249.13)
PACTVM. pactum. ut pactum, quod cum tanto rege inii, ipse primus irritum faciam, 2.12 (108.9)
PADDA (*fl.* 681), *one of Wilfrid's priests.*
Padda. uerum presbyteri Eappa, et Padda, et Burghelm, et Oiddi ceteram plebem, . . . baptizabant. 4.13 (230.22)
PÆGNALAECH, *?Finchale, near Durham.*
Pægnalaech. et in monasterio, quod uocatur Pægnalaech, honorifice sepultus. 3.27 (192.6)
PAENINSVLA. paeninsula. qualis locus a Latinis paeninsula, a Grecis solet cherronesos uocari. 4.13 (232.13)
PAENITENTIA. paenitentiae. totum se lacrimis paenitentiae, uigiliis sanctis, et continentiae mancipauit; 4.25 (264.3)
qui eius interitum cognoscentes differre tempus paenitentiae, dum uacat, timerent, 5.13 (313.6)
paenitentiae. et quamdiu paenitentiae insistere tibi plenius ostendam.' 4.25 (263.32)
paenitentiam. qui . . . in ipso tandem mortis articulo ad paenitentiam confugiunt, 5.12 (308.15)
quia confessionem et paenitentiam uel in morte habuerunt, 5.12 (308.16)
seseque tempore sequente paenitentiam acturum esse promittebat. 5.13 (311.15)
hortabatur, ut uel tunc, antequam moreretur, paenitentiam ageret commissorum. 5.13 (311.19)
et non multo post defunctus, paenitentiam, . . . in aeternum sine fructu poenis subditus facit. 5.13 (313.1)
ut uel tunc positus adhuc in corpore, paenitentiam faceret. 5.14 (314.21)
PAENITEO. paenitendi. Quibus dictis, et descripta illi mensura paenitendi, abiit sacerdos, 4.25 (263.34)
priusquam subito mortis superuentu tempus omne paenitendi et emendandi perderet. 5.13 (311.12)
paenitens. Quo dum perueniret, quamuis multum renitens [paenitens], unanima cunctorum uoluntate superatur, uar. 4.28 (272.28)
PAENITVDO. paenitudinem. multos ad agendam et non differendam scelerum suorum paenitudinem prouocauit. 5.14 (315.7)
PAGANISSIMVS, a, um. **paganissimos.** cum omnes ibidem paganissimos inueniret, 3.7 (139.18)
PAGANVS. pagani. Dictum est, quod essent pagani. 2.1 (80.7)
tres suos filios, qui pagani perdurauerant, regni temporalis heredes reliquit, 2.5 (91.4)
fecit basilicam, quam postmodum pagani, . . . cum tota eadem uilla succenderunt; 2.14 (115.17)
Denique fertur, quia tricies maiorem pagani habuerint exercitum; 3.24 (177.32)
Inito ergo certamine fugati sunt et caesi pagani, 3.24 (178.12)
paganis. neque in aliquo eis magis communicare quam paganis. 2.20 (125.20)
paganis. ut etiam nolentibus ac contradicentibus paganis antistitem suae posset ecclesiae reddere. 2.6 (93.20)
et aliquos, . . . de paganis ad fidei gratiam praedicando conuerteret. 2.9 (98.28)
in loco, ubi pro patria dimicans a paganis interfectus est, 3.9 (145.15)
de ligno, in quo caput eius occisi a paganis infixum est; 3.13 (153.24)
et cunctus eorum, insistentibus paganis, caesus siue dispersus exercitus. 3.18 (163.12)
Nam cum peremta eorum corpora amni, ut diximus, a paganis essent iniecta, 5.10 (300.29)
et hoc etiam paganis, qui eos occiderant, intuentibus. 5.10 (301.1)
pagano. responsum est non esse licitum Christianam uirginem pagano in coniugem dari, 2.9 (97.28)
pagano. maxime quod unus ex ducibus, a quibus acta est, paganus, alter, quia barbarus erat pagano saeuior. 2.20 (125.6)
paganorum. accensus manibus paganorum ignis, 1.15 (32.15)
eamque et comites eius, ne paganorum possent societate pollui, . . . confirmaret. 2.9 (98.14)
Nam et suam gentem ab hostili paganorum depopulatione liberauit, 3.24 (179.16)
paganus. Qui uidelicet Albanus, paganus adhuc, 1.7 (18.12)
maxime quod unus ex ducibus, a quibus acta est, paganus, alter, quia barbarus erat pagano saeuior. 2.20 (125.5)
'Si paganus,' inquit, 'nescit accipere nostra donaria, offeramus . . . Domino 3.24 (177.25)
PAGANVS, a, um. **pagana.** occisus est, . . . ab eadem pagana gente paganoque rege Merciorum, 3.9 (145.8)
inpugnatus uidelicet et ab ea, . . . pagana gente Merciorum, 3.14 (154.10)
paganis. et eo adhuc tempore paganis cultibus seruiebat; 4.13 (230.11)
sunt alii perplures hisdem in partibus populi paganis adhuc ritibus seruientes, 5.9 (296.18)
paganis. an paganis adhuc erroribus essent inplicati. 2.1 (80.6)
paganis. in his occiduis partibus ad praedicandum gentibus paganis dirigeret, 2.4 (87.30)
pagano. occisus est, . . . ab eadem pagana gente paganoque rege Merciorum, 3.9 (145.8)
qui et ipse postea ab eodem pagano Merciorum duce, . . . occisus est. 3.18 (163.17)
PAGINA. paginis. Columbam . . . diuinis paginis contraria sapuisse uel egisse credendum est? 3.25 (187.5)
PALAM. palam se iussis illius parere nolle pronuntiabat. 1.7 (19.14)
coeperunt illi mox idolatriae, . . . palam seruire, 2.5 (91.7)
praebuit palam adsensum euangelizanti beato Paulino rex, 2.13 (113.1)
mirumque in modum, quid anima in occulto passa sit, caro palam praemonstrabat. 3.19 (167.9)
numerum quoque eorum, qui . . . hac essent de mundo rapiendi, palam cunctis praesentibusi ntimauerit. 4.19 (244.20)
omnes palam, quae gesserant, confitendo proferrent, 4.27 (270.1)
ut palam daretur intellegi, quia modica illa, quae prouenerat, intercapedo quietis, ad uiri Dei preces . . . donata est.' 5.1 (282.20)
uersibus heroicis xxx et IIII palam ac lucide cunctis illo aduenientibus pandit; 5.8 (295.6)
Vnde palam profiteor uobisque, qui adsidetis, praesentibus protestor, 5.21 (345.33)
PALATIVM. palatio. in terreno conuersatus palatio propositum 2.1 (75.3)
palatium. residensque mestus ante palatium, 2.12 (108.17)
PALEA. paleis. sed per affectum boni operis frumenta dominica uitiorum suorum paleis expolia, 1.27 (53.17)
PALLADIVS (*fl.* 431), *archdeacon and missionary sent to Ireland by Pope Celestine.*
Palladius. cuius tempore Palladius ad Scottos in Christum credentes missus est, 1.13 (28.14)
Palladius ad Scottos . . . primus mittitur episcopus. 1.13 (28.20)
Anno CCCCXXX, Palladius ad Scottos in Christum credentes . . . mittitur 5.24 (352.24)
PALLEO. pallente. rubuisse martyrum aedem, persecutore pallente. 1.18 (37.2)
PALLESCO. pallescere. nulla ualet pluuiarum iniuria pallescere; 1.1 (10.14)
PALLIVM. pallia. et duo pallia utrorumque metropolitanorum, . . . direximus, 2.17 (119.29)
Pro qua etiam re singula uestrae dilectioni pallia pro eadem ordinatione celebranda direximus, 2.18 (121.25)

Romamque iturus, et coram apostolico papa causam dicturus, 5.19 (326.11)
praesente Agathone papa et pluribus episcopis, . . . absque crimine accusatus fuisse, . . . inuentus est. 5.19 (326.21)
considentibus episcopis pluribus cum apostolico papa Iohanne, 5.19 (327.17)
scriptumque a praefato papa regibus Anglorum Aedilredo et Aldfrido, 5.19 (327.20)
Cum ergo causa exigente synodus eadem . . . iubente apostolico papa, diebus aliquot legeretur, 5.19 (327.28)
a beatae memoriae papa Agathone probatus est contra fas a suo episcopatu repulsus; 5.19 (328.11)
Lectis autem epistulis, quas ab apostolico papa aduexerat, 5.19 (329.23)
qui est annus XL^{mus} primus, ex quo a Vitaliano papa directus est cum Theodoro; 5.20 (331.4)
Palladius ad Scottos in Christum credentes a Caelestino papa primus mittitur episcopus. 5.24 (352.25)

papae. a discipulis beati papae Gregorii gesta fuere, Praef. (6.12)
nonnullas ibi beati Gregorii papae . . . epistulas, Praef. (6.18)
per discipulos beati papae Gregorii, Praef. (6.29)
Hucusque responsiones beati papae Gregorii 1.28 (62.5)
De obitu beati papae Gregorii. 2.1 (73.1)
Habet haec in medio pene sui altare in honore beati papae Gregorii dedicatum, 2.3 (86.12)
Exemplar epistulae beatissimi et apostolici papae urbis Romanae ecclesiae Bonifatii . . . Æduino 2.10 (100.21)
Exemplar epistulae beatissimi et apostolici Bonifatii papae . . . directae Aedilbergae reginae 2.11 (104.11)
positum est in porticu sancti papae Gregorii, 2.20 (125.24)
Birino episcopo, qui cum consilio papae Honorii uenerat Brittaniam, 3.7 (139.11)
quem remissa mox scripta papae apostolici ibidem obisse narrauerint. 3.29 (196.2)
quem a discipulis beati papae Gregorii didicerat, 4.2 (206.10)
synodum, quae facta est in urbe Roma in tempore Martini papae beatissimi, 4.17 (240.15)
qui nuper uenerat a Roma per iussionem papae Agathonis, 4.18 (241.3)
Nam et synodum beati papae Martini, . . . secum ueniens adtulit; 4.18 (242.2)
gradum archiepiscopatus Honorius, unus ex discipulis beati papae Gregorii, . . . seruabat. 5.19 (323.26)
Bonifatii uidelicet archidiaconi, qui etiam consiliarius erat apostolici papae; 5.19 (324.24)
Iuuit autem causam absolutionis eius lectio synodi beatae memoriae papae Agathonis, 5.19 (327.24)
Bonifatius consiliarius apostolici papae, et alii perplures, . . . dicebant ipsum esse episcopum, 5.19 (328.4)
qui eum temporibus Agathonis papae ibi uiderant 5.19 (328.5)
qui a successoribus discipulorum beati papae Gregorii in Cantia fuerat cantandi sonos edoctus, 5.20 (331.29)

papae. Gregorio papae, quae sint Brittaniae gesta mandarit, 1.27 (48.1)
si tamen apostolico papae, hoc ut fieret, placeret. 2.1 (80.28)
missis pariter apostolico papae donariis, 4.1 (201.18)
postquam itineris sui causam praefato papae apostolico patefecit, 4.1 (201.21)

papam. missis ad Eleutherum papam litteris, 1.4 (16.1)
Scripta, quae perlatores ad sanctae memoriae Seuerinum papam adduxerunt, 2.19 (123.11)
eo quod Romanus praesul illius ad Honorium papam a Iusto archiepiscopo legatarius missus 2.20 (126.14)

PAPILIO. papilione. Cumque post tot annos eleuanda essent ossa de sepulchro, et extento desuper papilione, 4.19 (245.24)
papilionem. Et quia moueri non poteram, tetenderunt ibidem papilionem, in quo iacerem. 5.6 (290.22)
papilionis. Nec multo post clamauerunt me intus, reserato ostio papilionis; 4.19 (245.30)

PAR. par. Mons Oliuarum altitudine monti Sion par est, 5.17 (318.26)
pares. quos pares meritis receperat caelum, 1.18 (36.28)
pari. Haec autem plaga Hiberniam quoque insulam pari clade premebat. 3.27 (192.8)
inuenimus nos undiqueuersum pari tempestate praeclusos, 5.1 (282.4)
Qui pari ductus deuotione mentis, reliquit uxorem, 5.19 (322.9)
pari. post quem Dionysius Exiguus totidem alios ex ordine pari schemate subnexuit, 5.21 (341.21)

PARABOLAE, *the Book of Proverbs.*
Parabolas. In Parabolas, Ecclesiasten, et Cantica canticorum; 5.24 (358.17)

PARADISVS. paradiso. Nam cum primi parentes nostri in paradiso deliquissent, 1.27 (54.9)

PARALITICVS, a, um. **paralitica.** ac deinde puella sit paralitica curata. 3.9 (144.28)

PARALYSIS. paralysi. Vt quidam ad tumbam eius sit a paralysi sanatus. 4.31 (278.1)
paralysis. inuenit puellam ibi neptem patris familias longo paralysis morbo grauatam; 3.9 (146.15)
sensit dimidiam corporis sui partem a capite usque ad pedes paralysis langore depressam, 4.31 (278.14)

PARCO. parcere. quod ille nimium suis parcere soleret inimicis, 3.22 (173.21)
parceret. ut ne sexui quidem muliebri, uel innocuae paruulorum parceret aetati, 2.20 (125.11)
ita ut ne ecclesiis quidem aut monasteriis manus parceret hostilis. 4.26 (266.19)
pepercere. pepercere illi, neque eum trucidare cum suo uoluere pontifice. 5.19 (325.7)

PARENS. parentem. Femina uirgo parit mundi deuota parentem, 4.20 (247.19)
parentes. Exultant parentes, 1.18 (36.17)
Nam cum primi parentes nostri in paradiso deliquissent, 1.27 (54.9)
ipse nobilitatem religionis non minore quam parentes . . . exercuit. 2.1 (73.24)
parenti. Cuius filia Earcongotæ, ut condigna parenti suboles, magnarum fuit uirgo uirtutum, 3.8 (142.12)
parentibus. 'Albanus,' inquit, 'a parentibus uocor, 1.7 (19.21)
occisis in eadem parentibus regium nomen et insigne ferentibus. 1.16 (33.14)
iungunt cum parentibus preces, 1.18 (36.10)
quam ea condicione a parentibus acceperat, 1.25 (45.23)
consilium . . . melius atque utilius, quam aliquis de tuis parentibus aut cognatis umquam audiuit, 2.12 (109.16)
parentis. qui sub imperio sui parentis, . . . fidei et castimoniae iura susceperant. 2.5 (90.31)
parentum. inmutauit piis ac sedulis exhortationibus inueteratam illam traditionem parentum eorum, 5.22 (346.30)

PAREO. parebant. uestimenta omnia, . . . prisca nouitate et claritudine miranda parebant. 4.30 (276.23)
parere. palam se iussis illius parere nolle pronuntiabat. 1.7 (19.15)
dones etiam benignus aliquando ad te fontem omnis sapientiae peruenire, et parere semper ante faciem tuam. 5.24 (360.6)
parerent. ut . . . pro aperto et hiante uulnere, . . . tenuissima tunc cicatricis uestigia parerent. 4.19 (246.1)

PARIES. pariete. Est autem locus . . . in modum domunculi facta coopertus, habente foramen in pariete, 4.3 (212.17)
parietes. parietes hactenus stare uidentur, 2.16 (117.13)
parietes. plumbi lamminis eam totam, hoc est et tectum, et ipsos quoque parietes eius, cooperire curauit. 3.25 (181.13)
inter parietes singulos latum habens spatium uiae, 5.16 (318.2)
Haec bis quaternas portas, id est introitus, per tres e regione parietes habet, 5.16 (318.5)
parieti. ita ut ipsum tentorium parieti hereret ecclesiae. 3.17 (160.5)
parietibus. cincta parietibus, XII columnis sustentatur, 5.16 (318.2)
parietis. Sed priusquam altitudo parietis esset consummata, 2.14 (114.14)
adpendens linteolum cum puluere, quem adtulerat, in una posta parietis. 3.10 (147.13)
et haec eadem destina in munimentum est parietis, . . . forinsecus adposita. 3.17 (160.27)
quae tria altaria in tribus locis parietis medii continet, 5.16 (318.3)
parietum. aduexit illo plurimam congeriem trabium, tignorum, parietum, uirgeorum, 3.16 (159.5)

PARILIS, e. **parili.** quorum tamen intus conscientia in parili uirtutum sibi gratia concordabat. 5.21 (342.17)

PARIO. paries. 'In doloribus paries.' 1.27 (54.29)
parit. Femina uirgo parit mundi deuota parentem, 4.20 (247.19)
Porta Maria Dei, femina uirgo parit. 4.20 (247.20)
partus. Christus Iesus, qui sine peccato est conceptus et partus. 2.19 (124.7)

peperat. pepererat [peperat] regina filiam regi, ... uar. 2.9 (99.19)
pepererat. Eadem autem nocte sacrosancta dominici paschae pepererat regina filiam regi, ... 2.9 (99.19)
peperit. et in delictis peperit me mater mea.' 1.27 (58.2)
et in peccatis peperit me mater mea.' 2.19 (124.11)
PARISIACVS, a, um, *of Paris.*
Parisiacae. et accepto episcopatu Parisiacae ciuitatis, ibidem senex ac plenus dierum obiit. 3.7 (141.3)
qui, relicta Brittania, Parisiacae ciuitatis factus erat episcopus; 3.28 (194.22)
eodem Agilbercto tunc episcopatum agente Parisiacae ciuitatis; 5.19 (325.31)
PARISII, *the people of Paris.*
Parisiorum. Qua accepta Theodorus profectus est ad Agilberctum Parisiorum episcopum, ... 4.1 (203.17)
PARITER. ferro pariter et flammis absumebantur; 1.15 (32.26)
uel pro eius custodia omnipotenti Deo preces pariter fundant? 1.27 (52.27)
Anglorum pariter et Brettonum populis praefuit, ... 2.5 (89.23)
2.5 (92.7); 2.7 (94.31); 2.13 (111.14); 3.7 (141.17); 3.17 (160.30); 3.17 (161.23); 3.22 (174.4); 3.27 (193.21); 4.1 (201.18); 4.1 (202.10); 4.1 (203.11); 4.5 (214.25); 4.11 (225.28); 4.11 (225.29); 4.13 (231.16); 4.17 (239.16); 4.18 (240.29); 4.27 (270.7); 4.29 (275.14); 5.19 (325.5); 5.21 (342.1).
PARO. **parare.** pars maior exercitus arma capere et bellum parare temtaret, ... 1.20 (38.29)
parari. iussit . . . in ecclesia . . . stratum parari; 2.6 (92.16)
uocatisque fratribus, parari prandium, missas fieri, . . . praecepit; 4.14 (235.25)
parastis. et sic reponite in arca, quam parastis. 4.30 (277.9)
paratis. et paratis ad rapiendum me daemonibus in inferni claustra pertrahar.' 5.13 (312.29)
paratum. se ipsum paratum esse in hoc opus Domino cooperante perficiendum, ... 2.1 (80.27)
paratum. et paratum ad patiendum aduersa quaeque, ... 1.26 (47.5)
paratus. sed paratus esto, quia post quadriennium reuertens uisitabo te; 5.19 (329.16)
parauerunt. intercessio beati martyris Albani parauerunt, ... 1.20 (39.26)
parauit. Sicque se caelesti muniens uiatico, uitae alterius ingressui parauit; 4.24 (262.6)
aliaque huiusmodi, quae ad ornatum domus Dei pertinent, studiosissime parauit. 5.20 (331.27)
PARROCHIA. **parrochia.** nullique eorum liceat ullum officium sacerdotale, absque permissu episcopi, in cuius parrochia esse cognoscitur, agere.' 4.5 (216.21)
et si propter inimicitias memorati regis in patria siue parrochia sua recipi non potuit, ... 4.13 (230.6)
parrochiae. quia episcopatu propriae ciuitatis ac parrochiae teneretur adstrictus, ... 3.7 (141.22)
parrochiam. Secundum: 'Vt nullus episcoporum parrochiam alterius inuadat, ... 4.5 (216.3)
quae eatenus ad ciuitatis Ventanae, cui tunc Danihel praeerat, parrochiam pertinebat, ... 5.18 (321.17)
parrochias. diuidensque in duas parrochias prouinciam, ... 3.7 (140.31)
Quo defuncto, episcopatus prouinciae illius in duas parrochias diuisus est. 5.18 (320.25)
PARS. **pars.** recens de lauacro pars maior exercitus arma capere . . . temtaret, ... 1.20 (38.29)
iamque ciuitatis esset pars uastata non minima, ... 2.7 (94.18)
coniugem uestram, quae uestri corporis pars esse dinoscitur, ... 2.10 (101.33)
quod pars corporis uestri ab agnitione summae et indiuiduae Trinitatis remansit extranea. . . . 2.11 (105.11)
Brettonum quoque pars nonnulla libertatem receperunt; 4.26 (267.13)
Quo tempore plurima pars Scottorum in Hibernia, . . . ecclesiasticum paschalis obseruantiae tempus . . . suscepit. 5.15 (315.12)
cuius exterior pars natiuitatis dominicae fuisse dicitur locus; 5.16 (317.16)
cuius pars minor quadratum altare ante ostium nihilominus eiusdem monumenti stat; 5.16 (318.18)
non est tibi pars neque sors in sermone hoc." 5.21 (343.1)
parte. nonnulla mihi ex parte prodiderunt. Praef. (7.1)
tertiam Scottorum nationem in Pictorum parte recepit; 1.1 (12.20)
ereptam praedonibus praedam nulla ex parte restituendo dominis, ... 1.6 (17.16)
Exin Brittania in parte Brettonum, . . . praedae tantum patuit, ... 1.12 (25.18)
sed quia a parte Brettonum erant remotae, ... 1.12 (25.27)
Picti in extrema parte insulae . . . quieuerunt, ... 1.14 (29.25)
et in orientali parte insulae, . . . locum manendi, . . . suscipit. 1.15 (30.31)
gentes, . . . maxima ex parte perdomuit, ac tributarias fecit. 2.5 (90.2)
Ipsa autem nocte, in cuius ultima parte, . . . supernam migrauit ad lucem, ... 3.8 (143.19)
et his urbem in magna altitudine circumdedit a parte, quae terrae est contigua, ... 3.16 (159.7)
filius autem Osualdi regis Oidiluald, qui eis auxilio esse debuerat, in parte erat aduersariorum, . . . 3.24 (178.7)
qui etiam gentem Pictorum maxima ex parte regno Anglorum subiecit. 3.24 (180.9)
Iacobus et Romanus in horum parte erant; 3.25 (183.22)
Hild abbatissa cum suis in parte Scottorum, ... 3.25 (183.23)
Sigheri cum sua parte populi, . . . ad apostasiam conuersus est. 3.30 (199.14)
Quod ubi rex Vulfheri conperit, fidem uidelicet prouinciae ex parte profanatam, ... 3.30 (199.25)
adeo ut a parte capitis etiam ceruical posset interponi; 4.11 (227.14)
a parte uero pedum mensura IIII digitorum in sarcofago corpus excederet. 4.11 (227.15)
et cum maxima parte copiarum, quas secum adduxerat, extinctus 4.26 (267.2)
sentit, . . . quasi magnam latamque manum caput sibi in parte, qua dolebat, tetigisse, ... 4.31 (279.4)
ut nil umquam capillorum ei in superiore parte capitis nasci ualeret, ... 5.2 (283.25)
perditis nonnulla ex parte his, quae in naui erant, rebus, ... 5.9 (298.8)
ad monasterium Mailros, quod Tuidi fluminis circumflexu maxima ex parte clauditur, peruenit; . . 5.12 (304.21)
domumque hanc et exterius obsedit, et intus maxima ex parte residens impleuit. 5.13 (312.11)
Bethleem ciuitas Dauid in dorso sita est angusto ex omni parte uallibus circumdato, ... 5.16 (317.12)
'Ingressis a septentrionali parte urbem Hierosolymam, ... 5.16 (317.22)
In huius ergo monumenti Aquilonali parte sepulchrum Domini in eadem petra excisum, . . . eminet; 5.16 (318.13)
In occidentali eiusdem ecclesiae parte fenestrae octo, ... 5.17 (319.7)
in cuius aquilonali parte quercus Abrahae duorum hominum altitudinis truncus ecclesia circumdata est. 5.17 (319.25)
et pro omni aquilonali parte Brittaniae et Hiberniae, . . . catholicam fidem confessus est, ... 5.19 (327.3)
probatum est accusatores eius non nulla in parte falsas contra eum machinasse calumnias; 5.19 (327.18)
ut Grecam quidem linguam non parua ex parte, . . . nouerit. 5.20 (331.10)
excepto, quod etiam ipse in his non parua ex parte esset inbutus. 5.21 (333.3)
ipsius passionis signum cum illo in uertice, summa uidelicet corporis nostri parte gestamus. . . . 5.21 (343.6)
Brettones, quamuis et maxima ex parte domestico sibi odio gentem Anglorum, ... 5.23 (351.11)
quippe qui quamuis ex parte sui sint iuris, nonnulla tamen ex parte Anglorum sunt seruitio mancipati. 5.23 (351.16)
partem. Et cum plurimam insulae partem, . . . possedissent, ... 1.1 (11.22)
nam lingua eorum daal partem significat. 1.1 (12.24)
ad cuius uidelicet sinus partem septentrionalem Scotti, . . . aduenientes 1.1 (13.16)
plurimam classis partem, . . . disperdidit. 1.2 (14.1)
intra paucissimos dies plurimam insulae partem in deditionem recepit. 1.3 (15.12)
Vt Seuerus receptam Brittaniae partem uallo a cetera distinxerit. 1.5 (16.13)
receptam partem insulae a ceteris indomitis gentibus, . . . uallo distinguendam putauit. 1.5 (16.22)
omnem aquilonalem extremamque insulae partem . . . capessunt. 1.12 (27.34)
Primam quoque et ultimam Ezechielis prophetae partem, . . . demonstrauit. 2.1 (76.29)
rogauit, ut aliquam sibi partem de illo ligno uenerabili rediens adferret, ... 3.2 (130.19)
ille, qui ceteram Transhumbranae gentis partem ab Aquilone, . . . regebat, ... 3.14 (155.4)

Tetenderunt ergo ei egrotanti tentorium ad occidentalem ecclesiae partem, 3.17 (160.4)
cognato suo Ecgrice commendatis, qui et antea partem eiusdem regni tenebat, intraret monasterium, 3.18 (162.26)
Abiens autem domum Colman adsumsit secum partem ossuum reuerentissimi patris Aidani; 3.26 (190.16)
partem uero in ecclesia, cui praeerat, reliquit, 3.26 (190.17)
per quod solent hi, . . . manum suam inmittere, ac partem pulueris inde adsumere; 4.3 (212.19)
emitque partem eius non grandem, ad constituendum ibi monasterium, 4.4 (213.25)
Cum tempestas saepe dictae cladis late cuncta depopulans, etiam partem monasterii . . . inuasisset, 4.7 (219.16)
qua hora etiam eam monasterii partem, . . . eadem plaga tangeret, 4.7 (219.20)
in meridianum [meridianam] monasterii [partem], . . . secessit, uar. 4.7 (220.9)
quia, si cepisset insulam, quartam partem eius simul et praedae Domino daret. 4.16 (237.6)
At ipse partem, quam accepit, commendauit cuidam de clericis suis, 4.16 (237.13)
ita ut . . . decimam . . . uestimentorum partem pauperibus daret. 4.29 (276.4)
Adtulerunt autem ei et partem indumentorum, quae corpus sanctum ambierant, 4.30 (277.3)
sensit dimidiam corporis sui partem a capite usque ad pedes paralysis langore depressam, 4.31 (278.13)
sentit, . . . manum . . . corporis sui partem, paulatim fugiente dolore, . . . pertransisse. 4.31 (279.6)
tulerunt partem de capillis, 4.32 (280.6)
qui haud longe ab illis ad borealem extremamque muri illius partem pausat. 5.17 (319.21)
offerebat, ut, si uellet, partem Galliarum non minimam illi regendam committeret, 5.19 (324.9)
ut numquam pascha nostrum a septimana mensis primi tertia in utramuis partem declinet; 5.21 (337.16)
Claudius . . . plurimam insulae partem in deditionem recepit, 5.24 (352.11)
In primam partem Samuelis, id est usque ad mortem Saulis, libros III. 5.24 (357.29)
In Isaiam, Danihelem, XII prophetas, et partem Hieremiae, distinctiones capitulorum ex tractatu beati Hieronimi excerptas. 5.24 (358.6)

partes. adstabant partes dispari condicione dissimiles; 1.17 (35.22)
partes. sole nimirum tunc Lybicas in partes secedente, 1.1 (11.5)
australes sibi partes illius uindicarunt. 1.1 (11.21)
habitare per septentrionales insulae partes coeperunt, 1.1 (12.11)
ceterum ulteriores Brittaniae partes, . . . iure dominandi possidebant. 1.11 (25.13)
et cum trepidi partes suas pene inpares iudicarent, 1.20 (38.10)
Discessere . . . Mellitus et Iustus, atque ad partes Galliae secessere, 2.5 (92.2)
cum diuersas in partes se torqueret, 3.9 (146.3)
Germaniae simul et Hiberniae partes attigit. 3.13 (152.10)
eo quod iam bis partes Galliarum diuersis ex causis adisset, 4.1 (202.30)
nec Victberct illas deueniens in partes quicquam proficiebat, 5.10 (299.2)
atque ad eum audiendum saepissime, cum illas in partes deuenisset, accederet. 5.12 (310.4)
Qui cum Brittaniam remeans in Galliarum partes deuenisset, 5.19 (328.20)

partibus. maximis Europae partibus, multo interuallo aduersa. 1.1 (9.4)
partibus. sibi quoque in partibus illius sedes petisse, 1.1 (11.28)
in orientalibus suis partibus mari sex milium, 1.3 (15.26)
ut Saxonum gentem de transmarinis partibus in auxilium uocarent; 1.14 (30.20)
hactenus in orientalibus Cantiae partibus monumentum habet 1.15 (31.32)
Ibi conueniens ex diuersis partibus 1.17 (34.30)
'Alleluia, laudem Dei Creatoris illis in partibus oportet cantari.' 2.1 (80.22)
in his occiduis partibus ad praedicandum gentibus paganis dirigeret, 2.4 (87.29)
qui de Burgundiorum partibus, . . . cum uenisset ad Honorium archiepiscopum, 2.15 (116.26)
gentes Scottorum, quae in australibus Hiberniae insulae partibus morabantur, 3.3 (131.27)
in intimis ultra Anglorum partibus, . . . sanctae fidei semina esse sparsurum. 3.7 (139.13)
Oidiluald, . . . qui in Derorum partibus regnum habebat, 3.23 (174.28)
Ronan, . . . in Galliae uel Italiae partibus regulam ecclesiasticae ueritatis edoctus. 3.25 (181.20)
Quo adhuc in transmarinis partibus propter ordinationem demorante, 3.28 (194.25)
Nam ipse illis in partibus annos v, . . . officium episcopatus et uerbo exercebat et opere. 4.13 (232.18)
uenit ad regem, qui tunc eisdem in partibus occultus curabatur a uulneribus, 4.16 (237.29)
sunt alii perplures hisdem in partibus populi paganis adhuc ritibus seruientes, 5.9 (296.18)
Quo adhuc in transmarinis partibus demorante, consecratus est in episcopatum Eboraci, 5.19 (326.1)

partis. Cedd, . . . qui et interpres in eo concilio uigilantissimus utriusque partis extitit. 3.25 (183.26)
mox audita ac diiudicata causa et controuersia utriusque partis, 5.19 (328.10)
ut, . . . post aliquantum utriusque partis conflictum, . . . in praesulatum sit suae receptus ecclesiae. 5.19 (329.32)

PARSIMONIA. parsimoniae. Quantae autem parsimoniae, cuius continentiae fuerit ipse cum prodecessoribus suis, 3.26 (190.19)

PARTICEPS. particeps. et catholicae pacis ac ueritatis cum uniuersali ecclesia particeps existere gaudet. 5.23 (351.7)
participem. aeterni secum regni in caelis faciet esse participem.' 2.12 (111.7)
participem. aeternae libertatis fecit esse participem; 2.1 (78.7)
quorum participem, mox ubi regnare coepit, totam suam prouinciam facere curauit. 2.15 (116.23)
participes. potestis etiam panis sancti, cui ille participabat, esse participes; 2.5 (91.17)
aeternae uitae possitis esse participes. 2.10 (102.9)
ita et de poenis eius participes esse debetis. 3.19 (166.31)
participes. ut regni sui uos ipse faciat esse participes, 1.32 (69.7)

PARTICIPO. participabat. potestis etiam panis sancti, cui ille participabat, esse participes; 2.5 (91.17)

PARTICVLA. particulam. utque alia de corpore egressura, iam particulam futurae lucis aspexerit. 4.8 (220.22)
ut ne minimam quidem lucis alicuius posset particulam uidere. 4.10 (224.26)
et infirmanti puero de eodem sacrificio dominicae oblationis particulam deferri mandauit. 4.14 (235.28)
Harum particulam reliquiarum eo tempore habebat penes se quidam de presbyteris 4.32 (280.8)

PARTIM. partim ex scriptis uel traditione priorum, . . . conperimus. Praef. (7.17)
partim reuerentissimi abbatis Esi relatione conperimus. Praef. (7.18)
partim ex eis, . . . adsumsi, Praef. (7.31)
partim uero ea, . . . sollerter adicere curaui. Praef. (8.1)

PARTIO. partione. quibus aequa partione diuisis, XXXIII primos in saeculari habitu nobilissime conuersata conpleuit, 4.23 (252.22)

PARTVS. partus. quippe quia et sine partus causa, 1.27 (55.15)

PARVM. quem uidens, ut ignotum et inopinatum, non parum expauit. 2.12 (108.24)
'Parum,' inquit, 'est, ut mihi sis seruus ad suscitandas tribus Iacob, et feces Israel conuertendas. 3.29 (197.9)
Dixit, et, sicut antea, parum silens, ita sermonem conclusit: 4.9 (223.26)
cum parum consedissent, ac de supernis iudiciis trepidi aliqua confabulari coepissent, 5.19 (329.3)
ut parum mihi omnimodis uidear de his antea intellexisse. 5.21 (345.32)

PARVMPER. Brittaniae cessatum quidem est parumper ab externis, 1.22 (41.21)
At illa posita in loco obdormiuit parumper; 3.9 (146.20)
Et hoc dicto parumper reticuit, 4.9 (223.20)

PARVISSIMVS, a, um. paruissimo. sed tamen paruissimo spatio serenitatis ad momentum excurso, 2.13 (112.15)

PARVITAS. paruitas. beatissimi autem apostolorum principis, quantum mea paruitas sufficit, uestigia sequi desidero." 5.21 (344.23)

PARVVLA. paruulae. et curationem paruulae a sacerdotibus deprecantur; 1.18 (36.10)

PARVVLVS. paruuli. inbuebantur praeceptoribus Scottis paruuli Anglorum una cum maioribus studiis 3.3 (132.22)

paruulis. qui pro paruulis Christi, . . . uincula, . . . pertuli?' 2.6 (92.25)
paruulo. etiam si mulier una cum recens nato paruulo uellet totam perambulare insulam 2.16 (118.6)
paruulorum. ut ne sexui quidem muliebri, uel innocuae paruulorum parceret aetati, 2.20 (125.11)
PARVVS, *cognomen of Sigberct (fl. 626), King of Essex.*
Paruum. qui post Sigberctum cognomento Paruum regnauit, 3.22 (171.23)
PARVVS, a, um. **parua.** sicut etiam lux illa . . . tenuissima prorsus uidebatur, et parua. 5.12 (308.3)
parua. Vilfridumque episcopum ducem sibi itineris fieri, promissa non parua pecuniarum donatione, rogaret. 4.5 (214.19)
congregata synodo non parua sub praesentia regis Ecgfridi 4.28 (272.14)
ut Grecam quidem linguam non parua ex parte, . . . nouerit. 5.20 (331.10)
excepto, quod etiam ipse in his non parua ex parte esset inbutus. 5.21 (333.3)
parua. Parua autem exenia transmisi, quae uobis parua non erunt, 1.32 (69.29)
parua. Parua autem exenia transmisi, quae uobis parua non erunt, 1.32 (69.29)
paruam. uiditque ibi non paruam hominum multitudinem utriusque sexus, 1.7 (20.6)
Deinde secessit ad insulam quandam paruam, 4.4 (213.11)
Attulit autem eidem et summam pecuniae non paruam pauperibus erogandam, 4.11 (226.3)
paruo. superueniente cum paruo exercitu, sed fide Christi munito, 3.1 (128.18)
paruo. qui totam eius gentem a paruo usque ad magnum delere atque exterminare decreuerat, 3.24 (177.22)
paruo. et omnium Pictorum monasteriis non paruo tempore arcem tenebat, 3.3 (132.29)
sed tunc legendarum gratia scripturarum in Hibernia non paruo tempore demoratus, 3.7 (140.21)
Cui cum paruo interiecto tempore pauper quidam occurreret elimosynam petens, 3.14 (156.11)
unum ouum gallinaceum cum paruo lacte aqua mixto percipiebat. 3.23 (175.29)
ut ibi quoque sepeliretur, ubi non paruo tempore pro domino militaret. 4.29 (275.24)
paruum. et non paruum numerum militum, . . . disperdidit. 1.2 (14.1)
paruum. 'Parum [Paruum],' inquit, 'est, ut mihi sis seruus uar. 3.29 (197.9)
paruum. Dixit, et, sicut antea, parum [paruum] silens, ita sermonem conclusit: uar. 4.9 (223.26)
Hunc ergo adduci praecepit episcopus, et ei in conseptis eiusdem mansionis paruum tugurium fieri, 5.2 (283.28)
PARVVS SIGBERCT, *see* **SIGBERCT PARVVS.**
PASCHA. pasca. quo pascha [pasca] dominicum octauo Kalendarum Maiarum die celebrabatur, uar. 5.22 (347.25)
pasca. pascha [pasca] facere iubemur; uar. 5.21 (339.33)
pascha. ut bis in anno uno pascha celebraretur, 3.25 (182.3)
Praecepit enim lex, ut pascha primo mense anni . . . fieri deberet; 5.21 (334.5)
ut non tamen in ipsa die xiiii^{a} pascha fieri praecipiatur; 5.21 (334.24)
et quae proprie pascha siue phase dicitur; 5.21 (335.8)
'Postquam uero pascha nostrum immolatus est Christus, 5.21 (336.5)
In quacumque enim harum inuenta fuerit, merito in ea pascha celebrabitur; 5.21 (337.13)
Itaque fit, ut numquam pascha nostrum a septimana mensis primi tertia in utramuis partem declinet; 5.21 (337.15)
tertio tempore saeculi cum gratia uenit ipse, qui pascha nostrum immolaretur Christus; 5.21 (340.3)
quo pascha dominicum octauo Kalendarum Maiarum die celebrabatur, 5.22 (347.25)
uerum etiam cum eo die pascha celebraretur, quo numquam prius in eis locis celebrari solebat. 5.22 (348.3)
pascha. ut pascha suo tempore celebretis; 2.2 (83.17)
Scottos unitatem sanctae ecclesiae maxime in pascha obseruando sequi monuerit, 2.4 (86.24)
neue contra . . . decreta synodalium totius orbis pontificum aliud pascha celebrarent. 2.19 (122.19)
pascha nostrum, in quo immolatus est Christus, nebulosa caligine refutantes, 2.19 (123.16)
et omnis natio Pictorum illo adhuc tempore pascha dominicum celebrabat, 3.3 (131.22)
iamdudum ad admonitionem apostolicae sedis antistitis, pascha canonico ritu obseruare didicerunt. 3.3 (131.28)
Quod autem pascha non suo tempore obseruabat, 3.17 (161.31)
Obseruabat autem Iacob diaconus . . . uerum et catholicum pascha cum omnibus, 3.25 (181.28)
et cum rex pascha dominicum solutis ieiuniis faceret, 3.25 (182.3)
etsi pascha contra morem eorum, qui ipsum miserant, facere non potuit, 3.25 (182.8)
Tum Colmanus: 'Pascha,' inquit, 'hoc, . . . a maioribus meis accepi, 3.25 (184.2)
'Pascha, quod facimus,' inquit, 'uidimus Romae, . . . celebrari; 3.25 (184.20)
ita pascha faciendum intellexit, 3.25 (185.26)
in ipsa uespera pascha dominicum celebrare incipiebat, 3.25 (185.31)
in qua obseruandum pascha a xiiii^{a} luna primi mensis ad uesperam usque ad xxi^{am} . . . praeceptum est; 3.25 (186.5)
Et hoc esse uerum pascha, . . . Niceno concilio non statutum nouiter, sed confirmatum est, 3.25 (186.11)
quod uos non facitis, qui nonnisi prima sabbati pascha celebratis. 3.25 (186.20)
ita ut xiii^{a} luna ad uesperam saepius pascha incipiatis, 3.25 (186.24)
sed in xiiii^{a} uel uetus pascha manducauit ad uesperam, 3.25 (186.27)
qui a xiiii^{a} usque ad xx^{am} pascha celebrandum scripsit? 3.25 (187.2)
qui eodem modo pascha fecerunt, 3.25 (187.5)
quod aliquoties pascha manifestissime ante plenilunium, id est in xiii^{a} luna, facitis. 3.25 (187.23)
id est qui pascha catholicum et tonsuram coronae . . . recipere nolebant, 3.26 (189.13)
oportet . . . regulam sequi perenniter principis apostolorum, siue in pascha celebrandum, 3.29 (197.27)
Vt plurimae Scottorum ecclesiae, instante Adamnano, catholicum pascha susceperint; 5.15 (315.10)
quo uel pascha non suo tempore celebrant, 5.18 (320.32)
quam pascha catholicum, ceterosque ritus canonicos . . . recipere, 5.19 (325.18)
qui pascha non suo tempore obseruare praesumerent; 5.21 (332.32)
ubi liberandus de Aegypto populus Israel primum pascha facere iubetur, 5.21 (334.14)
quanquam sacramentorum genere discreto, sicut una eademque fide, pascha celebrare possemus. 5.21 (337.5)
Et cum xxi^{a} die mensis pascha dominicum celebrare refugiunt, 5.21 (338.2)
qui a xvi^{a} die mensis saepedicti usque ad xxii^{am} pascha celebrandum magis autumant, 5.21 (338.9)
a uespera diei xv^{ae} pascha incipiendum doceant; 5.21 (338.14)
utpote qui ab illius diei uespera pascha incipiunt, 5.21 (338.26)
et antiquos pascha celebrare solitos, . . . noscendum est. 5.21 (339.12)
primo mense anni, qui etiam mensis nouorum dictus est, pascha facere iubemur; 5.21 (339.33)
si . . . pascha, id est transitum, de hoc mundo ad Patrem, cum illo facere curamus. 5.21 (340.9)
Vt Hiienses monachi . . . canonicum praedicante Ecgbercto celebrare pascha coeperint. 5.22 (346.15)
Brettones, quamuis . . . totius catholicae ecclesiae statum pascha minus recto, 5.23 (351.12)
pascha. Vt . . . Honorius et post Iohannes litteras genti Scottorum pro pascha simul et pro Pelagiana heresi miserit. 2.19 (122.11)
Vnde ab omnibus, etiam his, qui de pascha aliter sentiebant, merito diligebatur; 3.25 (182.12)
Mota ergo ibi quaestione de pascha, uel tonsura, 3.25 (183.14)
Ille enim in pascha suo regulam utique ueritatis sequens, 3.25 (187.14)
Ille sic in pascha dominico xiiii^{am} lunam conputauit, 3.25 (187.17)
Et post nonnulla, quibus de celebrando per orbem totum uno uero pascha loquitur: 3.29 (197.32)
Qui cum celebrato in Hibernia canonico pascha, ad suam insulam reuertisset, 5.15 (316.7)
simul et epistulam de catholico pascha uel de tonsura miserit. 5.21 (332.14)
illam in pascha diem adsignent primam, 5.21 (338.28)
'Verum his de pascha succincte, ut petisti, strictimque commemoratis, 5.21 (341.35)
quod uenerabilis uir non solum in pascha transiuit de hoc mundo ad Patrem; 5.22 (348.1)

donec illum in pascha diem suos auditores, quem semper antea uitabant, suscipere . . . uideret . . . 5.22 (348.8)
peracto pascha, hoc est vii^{a} Iduum Maiarum die, Osric rex Nordanhymbrorum uita decessit. . . 5.23 (349.19)
Anno dcxxvii, Eduini rex baptizatus cum sua gente in pascha. 5.24 (353.32)
Ecgberct Hienses monachos ad catholicum pascha et ecclesiasticam correxit tonsuram. 5.24 (356.12)
paschae. Non enim paschae diem dominicum suo tempore, . . . obseruabant; 2.2 (81.18)
maxime quod paschae sollemnitatem non suo tempore celebrarent, ... 2.4 (87.16)
Peruenit autem ad regem primo die paschae iuxta amnem Deruuentionem, ... 2.9 (99.5)
Eadem autem nocte sacrosancta dominici paschae pepererat regina filiam regi, ... 2.9 (99.18)
Baptizatus est autem Eburaci die sancto paschae pridie Iduum Aprilium 2.14 (114.2)
quos in obseruatione sancti paschae errasse conpererat, ... 2.19 (122.13)
quia dominicum paschae diem a xv^{a} luna usque ad xxi^{am}, . . . oportet inquiri. 2.19 (122.24)
Namque diem paschae dominicum more suae gentis, . . . obseruare solebat. 3.3 (131.18)
correcti sunt per eum, et ad uerum canonicumque paschae diem translati; 3.4 (135.2)
cum die sancto paschae cum praefato episcopo consedisset ad prandium, ... 3.6 (138.11)
quod de obseruatione paschae minus perfecte sapiebat; 3.17 (161.11)
In quo tamen hoc adprobo, quia in celebratione sui paschae non aliud corde tenebat, ... 3.17 (162.1)
Vt quaestio sit mota de tempore paschae aduersus eos, qui de Scottia uenerant. 3.25 (181.1)
quaestio facta est frequens et magna de obseruatione paschae, ... 3.25 (181.15)
quod Scotti dominicum paschae diem contra uniuersalis ecclesiae morem celebrarent. 3.25 (181.17)
Erat in his acerrimus ueri paschae defensor nomine Ronan, ... 3.25 (181.18)
grauior de obseruatione paschae, . . . controuersia nata est. 3.25 (182.19)
et praecedente sabbato, uespere, sacrosancta paschae sollemnia inchoabat; 3.25 (186.1)
sicque fiebat, ut dominica paschae dies nonnisi a xv^{a} luna usque ad xxi^{am} seruaretur. 3.25 (186.2)
Vnde constat uos, . . . neque legi, neque euangelio in obseruatione uestri paschae congruere. . . . 3.25 (186.17)
Iohannes enim ad legis Mosaicae decreta tempus paschale [paschae] custodiens, ... uar. 3.25 (186.18)
Petrus a xv^{a} luna usque ad xxi^{am} diem paschae dominicum celebrabat; 3.25 (186.21)
qui a xiiii^{a} usque ad xx^{am} lunam diem dominicum paschae obseruatis; 3.25 (186.23)
Item lunam xxi^{am}, . . . a celebratione uestri paschae funditus eliminatis; 3.25 (186.31)
Sic item xx^{am} die dominico paschae adnotauit, ... 3.25 (187.20)
Neque illis multum obesse reor talem paschae obseruantiam, ... 3.25 (188.2)
Cedd, . . . ad suam sedem rediit, utpote agnita obseruatione catholici paschae. 3.26 (189.18)
qui dominicum paschae diem, . . . a xiiii^{a} usque ad xx^{am} lunam celebrant. 3.28 (195.13)
ritum celebrandi paschae canonicum, per omnia comitante et cooperante Hadriano disseminabat. . . 4.2 (204.20)
'Vt sanctum diem paschae in commune omnes seruemus 4.5 (215.32)
praeter inminentibus sollemniis maioribus, uerbi gratia paschae, pentecostes, epifaniae, ... 4.19 (244.9)
et praedicans eis, ac modesta exhortatione declarans legitimum paschae tempus, ... 5.15 (316.3)
plurimos . . . ad unitatem reduxit catholicam, ac legitimum paschae tempus obseruare perdocuit. . 5.15 (316.6)
multosque . . . ad catholicam dominici paschae celebrationem huius lectione perduxit. 5.18 (321.4)
computum paschae rationabilem, et alia multa, . . . ecclesiasticis disciplinis accommoda, . . . percepit; 5.19 (324.26)
abrenuntiauit errori, quo eatenus in obseruatione paschae cum sua gente tenebatur, ... 5.21 (332.18)
'Catholicam sancti paschae obseruantiam, quam a nobis, rex Deo deuote, religioso studio quaesisti, 5.21 (333.16)
quibus paschae celebrandi tempus nobis praefinitum, nulla prorsus humana licet auctoritate mutari; 5.21 (334.1)
Porro dies xiiii^{a} extra hunc numerum separatim sub paschae titulo praenotatur, ... 5.21 (335.17)
ut nil omnimodis de tempore paschae legalis praeoccupandum, nihil minuendum esse decerneret. . 5.21 (336.10)
quod non recte dominicum paschae diem, . . . tertia primi mensis ebdomada celebremus.' 5.21 (337.23)
qui dominicum paschae diem a xiiii^{a} mensis primi usque ad xx^{am} putant lunam esse seruandum. . 5.21 (337.31)
claret, quod illam in exordio sui paschae diem statuunt, ... 5.21 (337.34)
sicque diem paschae ordine peruerso, et aliquando in secunda ebdomada totam conpleant, . . . 5.21 (338.6)
cum in xxii^{a} die mensis paschae diem statuunt dominicum, ... 5.21 (338.24)
legitimos utique terminos paschae aperta transgressione uiolant, ... 5.21 (338.25)
et sic demum uotiua paschae nostri festa celebramus, ... 5.21 (340.33)
'Hic autem, . . . computus paschae decennouenali circulo continetur; 5.21 (341.8)
ipsos uobis circulos paschae catholicos abundare probastis. 5.21 (341.33)
maxime cum numquam patribus catholicis sicut de paschae uel fidei diuersitate conflictus, . . . 5.21 (342.22)
'quia haec erat uera paschae celebratio, ... 5.21 (345.30)
quia hoc obseruare tempus paschae cum uniuersa mea gente perpetuo uolo; 5.21 (346.1)
mittebantur ad transcribendum, . . . per uniuersas Pictorum prouincias circuli paschae decennouenales, 5.21 (346.7)
monachi Scotticae nationis . . . ad ritum paschae ac tonsurae canonicum . . . perducti sunt. . . . 5.22 (346.18)
Ecgberct, ut supra commemorauimus, ipso die paschae migrauit ad Dominum; 5.23 (349.18)
paschae. ideoque paschae celebrando habilis non est. 5.21 (339.9)

PASCHALIS, e. **paschale.** Iohannes enim ad legis Mosaicae decreta tempus paschale custodiens, . . . 3.25 (186.18)
qua tempus paschale primo mense anni et tertia eius ebdomada celebrandum esse diximus. . . . 5.21 (336.1)
paschales. neue contra paschales computos, . . . aliud pascha celebrarent. 2.19 (122.18)
qui . . . possint in quotlibet spatia temporum paschales protendere circulos, ... 5.21 (341.27)
paschali. emensa sollemnitate paschali, ... 1.20 (38.28)
ordinatio decreta, . . . in ipsa sollemnitate paschali conpleta est 4.28 (273.2)
ne contra uniuersalem ecclesiae morem uel in obseruantia paschali, uel in aliis quibusque decretis . . . uiuere praesumeret, ... 5.15 (315.22)
quod ita in obseruatione paschali mentio fit diei xiiii^{ae}, ... 5.21 (334.23)
paschali. quam redeunte tempore paschali, grauiorem cum eis, . . . cogeretur habere discordiam. . . 5.15 (316.14)
paschalia. et in ea nos annuatim paschalia eiusdem resurrectionis uoluit festa celebrare; 5.21 (340.6)
paschalibus. ita hanc apostolica traditio festis paschalibus inseruit, ... 5.21 (336.9)
et ideo festis paschalibus inhabilem memorata ratio probat. 5.21 (339.29)
paschalis. Cuius computum paschalis Theophilus Alexandriae praesul . . . conposuit. 5.21 (341.16)
paschalis. Paschalis qui etiam sollemnia tempora cursus Catholici ad iustum correxit dogma canonis, 5.19 (330.18)
Post aequinoctium ueris plenilunium mensis praecipimur obseruare paschalis; 5.21 (340.11)
paschalis. Permansit autem huiusmodi obseruantia paschalis apud eos tempore non pauco, ... 3.4 (134.27)
paschalis. Exposita autem ratione paschalis obseruantiae, ... 2.19 (123.23)
nemo synodalia paschalis obseruantiae decreta porrexerat; 3.4 (134.22)
consuetudinem fecerunt per totum annum, excepta remissione quinquagesimae paschalis, ... 3.5 (136.20)
Haec autem dissonantia paschalis obseruantiae uiuente Aidano patienter ab omnibus tolerabatur, . . 3.25 (182.6)
rationabile et ecclesiasticum paschalis obseruantiae tempus Domino donante suscepit. 5.15 (315.14)
'Qui ergo plenitudinem lunae paschalis ante aequinoctium prouenire posse contenderit, ... 5.21 (340.21)
paschalis. Peada . . . peremtus est, proditione, ut dicunt, coniugis suae in ipso tempore festi paschalis. 3.24 (180.17)
Iohannes . . . xiiii^{a} die mensis primi ad uesperam incipiebat celebrationem festi paschalis, . . . 3.25 (185.22)
et catholicam temporis paschalis regulam obseruans; 3.26 (189.29)
baptizatus est die sancto sabbati paschalis 5.7 (292.24)
suoque monasterio catholicam temporis paschalis obseruantiam instantissime praedicaret, ... 5.15 (316.9)
atque in ea temporis paschalis initium tenere debeamus. 5.21 (334.9)
numquam in adnotatione festi paschalis errabit. 5.21 (334.12)
quod ita dies xiiii^{a} uesperam suam in festi paschalis initium prorogat, ... 5.21 (335.30)

primam paschalis festi diem celebrarent. . . . 5.21 (336.26)
de ratione tantum temporis paschalis instrui quaerentes, . . . 5.21 (341.32)
gentis eiusdem turbas ad catholicam temporis paschalis obseruantiam sua praedicatione correxit; . 5.21 (345.6)
Gaudebant ergo fratres de agnitione certa et catholica temporis paschalis; . . . 5.22 (348.5)
paschalium. et praecedente congrua lectionum orationum, caerimoniarum paschalium sollemnitate, 5.21 (336.20)
PASSER. passerum. adueniens unus passerum domum citissime peruolauerit; . . . 2.13 (112.12)
PASSIM. 1.8 (22.12); 1.15 (32.25); 1.17 (35.8); 1.20 (39.13); 4.5 (216.14); 4.7 (219.18); 4.14 (233.14). 5.12 (309.17)
PASSIO. passio. Passio sancti Albani et sociorum eius, . . . 1.7 (18.5)
passione. Canebat . . . de incarnatione dominica, passione, resurrectione, et ascensione in caelum, 4.24 (261.4)
formam quoque coronae, quam ipse in passione spineam portauit in capite, . . . 5.21 (343.16)
passionem. id est, redemtionem generis humani per passionem, resurrectionem, ascensionem . . . Iesu Christi. . . . 3.17 (162.4)
idcirco et nos, qui per eandem passionem saluari desideramus, ipsius passionis signum . . . gestamus. 5.21 (343.4)
passionis. uel noui testamenti sacramenta in commemorationem suae passionis ecclesiae celebranda tradidit. . . . 3.25 (186.28)
et dies passionis uel inuentionis eorum congrua illis in locis ueneratione celebratus. . . . 5.10 (301.9)
Quae in eodem libro de loco dominicae natiuitatis, passionis, et resurrectionis commemorauerit. . . 5.16 (317.8)
Scripsit item hoc modo de loco passionis ac resurrectionis illius:— . . . 5.16 (317.20)
historias passionis eorum, una cum ceteris ecclesiasticis uoluminibus, summa industria congregans, 5.20 (331.23)
tertia in euangelio per effectum dominicae passionis et resurrectionis adiuncta est. . . . 5.21 (334.4)
quia tertia post immolationem suae passionis die resurgens a mortuis, . . . 5.21 (340.5)
sed quia Petrus in memoriam dominicae passionis ita adtonsus est, . . . 5.21 (343.3)
et nos, qui per eandem passionem saluari desideramus, ipsius passionis signum . . . gestamus. . . 5.21 (343.5)
librum uitae et passionis sancti Felicis confessoris de metrico Paulini opere in prosam transtuli; . . 5.24 (359.4)
librum uitae et passionis sancti Anastasii, male de Greco translatum, . . . ad sensum correxi; . . 5.24 (359.6)
PASSVS. passibus. quingentis fere passibus ab harena situs est, . . . 1.7 (20.28)
gradibus uel passibus, non autem saltibus eleuatur. . . . 1.30 (65.28)
ab occidente in orientem mille passibus longa, . . . 5.16 (317.13)
Mamre collis mille passibus a monumentis his ad Boream, . . . 5.17 (319.23)
passuum. per milia passuum DCCC in Boream longa, . . . 1.1 (9.5)
quae habet ab oriente in occasum XXX circiter milia passuum, . . . 1.3 (15.25)
Fecerunt autem eum . . . per milia passuum plurima; . . . 1.12 (26.19)
Distat autem a Doruuerni milibus passuum ferme XXIIII ad occidentem, . . . 2.3 (85.24)
et est a uico Cataractone X ferme milibus passuum contra solstitialem occasum secretus; . . . 3.14 (155.14)
Aidan in insula Farne, quae duobus ferme milibus passuum ab urbe procul abest, morabatur. . . 3.16 (159.11)
Est enim iuxta murum, . . . XII milibus passuum a mari orientali secreta. . . . 3.22 (172.18)
Distant autem inter se monasteria haec XIII ferme milibus passuum. . . . 4.23 (258.9)
quae appellatur Farne, et ab eadem ecclesia nouem ferme milibus passuum in Oceano procul abest, . 4.27 (268.26)
ut haec contra impetum fluuii decurrentis, per XL fere milia passuum, . . . transferrentur. . . . 5.10 (300.30)
PASTOR. pastor. Hic labor, hoc studium, haec tibi cura, hoc pastor agebas, . . . 2.1 (79.21)
pastore. ne, . . . status ecclesiae tam rudis uel ad horam pastore destitutus uacillare inciperet. . . 2.4 (86.29)
pastorem. Quo in tempore Hrofensis ecclesia pastorem minime habebat, . . . 2.20 (126.12)
pastores. sed etiam ipse grex Domini eiusque pastores egerunt; . . . 1.14 (30.6)
ut in ordinatione episcopi pastores quoque alii, . . . 1.27 (52.14)
pastoribus. cum ceteris sanctae ecclesiae pastoribus resurrecturus in gloria, . . . 2.1 (79.7)
pastoris. In quo et exemplum sequebatur primi pastoris ecclesiae, . . . 2.4 (86.30)
Dona, Iesu, ut grex pastoris calle sequatur. . . . 5.19 (330.28)
pastorum. uel cui pastorum oues Christi in medio luporum positas fugiens ipse dimitteret.' . . . 2.6 (92.23)
PASTORALIS, *the Regulae Pastoralis Liber of Gregory the Great.*
Pastoralis. librum conposuit egregium, qui uocatur Pastoralis, . . . 2.1 (76.15)
PASTORALIS, e. **pastoralem.** quem sibi per curam pastoralem incurrisse uidebatur, . . . 2.1 (74.15)
populis pastoralem inpendere sollicitudinem curabat. . . . 2.4 (87.12)
pastoralis. 'At nunc ex occasione curae pastoralis saecularium hominum negotia patitur, . . . 2.1 (74.19)
nihil eum monachicae perfectionis perdidisse occasione curae pastoralis, . . . 2.1 (74.30)
PATEFACIO. patefacere. tuo desiderio, iuxta quod ab apostolica sede didicimus, patefacere satagimus. 5.21 (333.19)
patefaceret. cum ei mente prophetica cuncta, quae eum essent superuentura, patefaceret, . . . 4.28 (272.32)
Qui haec audiens denuo praecepit fratri, ne haec cui patefaceret. . . . 5.9 (298.2)
patefacerit. quae eum essent superuentura, patefaceret [patefacerit], . . . uar. 4.28 (272.32)
patefacta. et hac quasi uia pestilentiae trans oceanum patefacta, . . . 1.8 (22.18)
'Cuius obseruantiae catholica ratione patefacta, patet e contrario error inrationabilis eorum, . . . 5.21 (337.26)
patefactam. Sed uir Dei ubi ad patefactam usque inter flammas ianuam peruenit, . . . 3.19 (166.22)
patefactis. Quibus patefactis ac diffamatis longe lateque miraculis, . . . 3.10 (147.25)
patefactum. Sed uir Dei ubi ad patefactam [patefactum] usque inter flammas ianuam peruenit, . uar. 3.19 (166.22)
patefecerit. quae eum essent superuentura, patefaceret [patefecerit], . . . uar. 4.28 (272.32)
patefecit. Pastoralis, in quo manifesta luce patefecit, . . . 2.1 (76.15)
miraculi caelestis ostensio, quam reuerenter eae suscipiendae . . . essent, patefecit. . . . 3.11 (148.20)
postquam itineris sui causam praefato papae apostolico patefecit, . . . 4.1 (202.1)
in qua resurrectionis suae gloriam Dominus multifario piae reuelationis gaudio discipulis patefecit. 5.21 (336.28)
PATENTER. uobis patenter insinuet, quam nihil erat, quod eatenus colebatis; . . . 2.10 (103.12)
mystica regenerationis uestrae purgatio patenter innuit. . . . 2.11 (104.22)
qui patenter intellexerant, quia, . . . opera tamen fidei, . . . diligenter exsequi curauit. . . . 3.25 (182.8)
sicut Exodi sequentia patenter edocent; . . . 5.21 (335.18)
PATEO. patebat. cuius ante mortem uita sublimis crebris etiam miraculorum patebat indiciis, . . . 4.30 (276.10)
patente. in cuius medio ultima Domini uestigia, caelo desuper patente, ubi ascendit, uisuntur. . . . 5.17 (319.1)
patentibus. uidit, quasi funibus auro clarioribus in superna tolleretur, donec caelis patentibus introducta, 4.9 (222.19)
patere. in quo solo didicerat generi humano patere uitae caelestis introitum; . . . 5.7 (292.18)
pateretur. et cum debilitati suae nihil remedii pateretur adhiberi, . . . 1.19 (37.31)
cum acerbas atque intolerabiles pateretur inruptiones saepe dicti regis Merciorum, . . . 3.24 (177.14)
patet. A tergo autem, unde Oceano infinito patet, . . . 1.1 (9.15)
patet animo reatus suus; . . . 1.27 (60.27)
'Cuius obseruantiae catholica ratione patefacta, patet e contrario error inrationabilis eorum, . . . 5.21 (337.26)
patet profecto, quod illam per omnia diem a sua sollemnitate secernunt, . . . 5.21 (338.3)
Ioseph . . . patet profecto, quia tempore seruitutis intonsis in carcere crinibus manere solebat. . . 5.21 (342.14)
patuerit. quin ei exeunti de hac uita caelestis patriae patuerit ingressus. . . . 4.9 (222.29)
patuit. Exin Brittania in parte Brettonum, . . . praedae tantum patuit, . . . 1.12 (25.22)
coepitque me interrogare, diuino, ut mox patuit, admonitus instinctu, . . . 5.6 (291.9)
sed miserabiliter, ut post patuit, daemonica fraude seductus. . . . 5.13 (311.24)
PATER. Patre. glorificantes Deum Patrem sine initio, et Filium eius unigenitum ex Patre generatum ante saecula, . . . 4.17 (240.21)
glorificantes . . . Spiritum Sanctum procedentem ex Patre et Filio inenarrabiliter, . . . 4.17 (240.22)
Patrem. Augustinus, . . . flectit genua sua ad Patrem Domini nostri Iesu Christi, . . . 2.2 (82.8)

Deum Patrem, et Filium, et Spiritum Sanctum, . . . humanum genus, . . . ueneratur et colit; 2.10 (101.17)
credatis in Deum Patrem omnipotentem, eiusque Filium Iesum Christum, et Spiritum Sanctum, 2.10 (102.5)
credentes, . . . in Deum Patrem omnipotentem, 2.10 (103.25)
confitemur secundum sanctos patres, proprie et ueraciter Patrem et Filium et Spiritum Sanctum 4.17 (239.25)
glorificantes Deum Patrem sine initio, 4.17 (240.20)
si . . . pascha, id est transitum, de hoc mundo ad Patrem, cum illo facere curamus. 5.21 (340.9)
quod uenerabilis uir non solum in pascha transiuit de hoc mundo ad Patrem; 5.22 (348.2)
Patris. [Patris scilicet et Filii et Spiritus Sancti,] uar. Praef (5.1)
cognitionem unius Dei, Patris, et Filii, et Spiritus Sancti, 1.32 (68.22)
qui habitare facit unanimes in domu Patris sui, 2.2 (81.30)
'Nunc laudare debemus . . . potentiam Creatoris et consilium illius, facta Patris gloriae. 4.24 (260.2)
PATER. pater. Victgilsi, cuius pater Vitta, 1.15 (32.1)
misit post eos beatus pater Gregorius litteras memoratu dignas, 1.30 (64.27)
uenerabilis pater Gregorius . . . contra nascentem heresim nouam laborare contendit, 2.1 (76.8)
Pater eram pauperum, 2.1 (77.29)
sanctus pater Augustinus hunc laboriosi ac longi certaminis finem fecit, 2.2 (81.27)
Defunctus est autem Deo dilectus pater Augustinus, 2.3 (86.1)
Irminrici, cuius pater Octa, cuius pater Oeric cognomento Oisc, 2.5 (90.19)
Cuius pater Hengist, qui cum filio suo Oisc . . . Brittaniam primus intrauit, 2.5 (90.21)
'Si uultis ablui fonte illo salutari, quo pater uester ablutus est, 2.5 (91.16)
Et quidem pater eius Reduald iamdudum in Cantia sacramentis Christianae fidei inbutus est, 2.15 (116.1)
filius Tytili, cuius pater fuit Vuffa, 2.15 (116.14)
reuerentissimus pater Paulinus, . . . transiuit ad Dominum 3.14 (154.14)
erat enim multum misericors, . . . ac uelut pater miserorum. 3.14 (156.15)
In quo monasterio et ipsa, et pater eius Osuiu, . . . sepulti sunt. 3.24 (179.9)
In quo monasterio . . . mater eius Aeanfled, et pater matris eius Aeduini, . . . sepulti sunt. 3.24 (179.10)
Veneruntque illo reges ambo, pater scilicet et filius; 3.25 (183.19)
'Obsecro,' inquit, 'pater; licet aliquid interrogare?' 4.3 (209.24)
Nam et ipsum locum tunc idem reuerentissimus pater abbatis iure regebat. 4.27 (270.21)
quomodo et prius beatus pater Augustinus in Cantia fecisse noscitur, 4.27 (270.28)
Obiit autem pater reuerentissimus in insula Farne, 4.29 (275.22)
ut ipse pater Fonte renascentis, quem Christi gratia purgans Protinus albatum uexit in arce poli. 5.7 (293.18)
Erat ergo pater familias in regione Nordanhymbrorum, 5.12 (304.1)
reuerentissimus pater Hadrianus abbas, . . . defunctus est, 5.20 (330.32)
cum uenisset . . . cum omni honorificentia nominandus pater ac sacerdos, Ecgberct, 5.22 (346.24)
Sicque certus de illorum correctione reuerentissimus pater exsultauit, 5.22 (348.11)
patre. de sanctissimo patre et antistite Cudbercto, Praef. (7.29)
nouercae, quae una caro cum patre fuit, 1.27 (51.8)
Erat autem natione Romanus, a patre Gordiano, 2.1 (73.19)
At tunc ueniente ad eos reuerentissimo et sanctissimo patre et sacerdote Ecgbercto, 3.4 (134.31)
Eanfledam, quae occiso patre illuc fuerat adducta; 3.15 (157.28)
praelatus est a patre regno gentis illius; 3.21 (169.27)
De patre autem uestro Columba et sequacibus eius, . . . possem respondere; 3.25 (187.24)
Orta patre eximio, regali et stemmate clara, 4.20 (248.7)
Nobilior Domino est, orta patre eximio. 4.20 (248.8)
'Veni, . . . ad insulam Farne, loqui desiderans cum reuerentissimo patre Oidilualdo; 5.1 (281.17)
patrem. Numquid reuerentissimum patrem nostrum Columbam . . . diuinis paginis contraria . . . egisse credendum est? 3.25 (187.3)
quoniam anno praecedente noluerat audire reuerentissimum patrem Ecgberctum, 4.26 (267.6)
uidimus in ipsa insula Farne egressum de latibulis suis amantissimum Deo patrem Oidilualdum 5.1 (282.7)
flectebat genua sua ad patrem Domini nostri Iesu Christi pro nostra uita et salute precaturus. 5.1 (282.11)
patres. sanctus Augustinus, sicut et ceteri patres orthodoxi, 1.10 (24.3)
sicut boni patres carnalibus filiis solent, 1.27 (50.10)
quod omnes patres nostri, uiri Deo dilecti, eodem modo celebrasse noscuntur. 3.25 (184.5)
Etsi enim patres tui sancti fuerunt, 3.25 (188.12)
Quem statuere patres, dubioque errore remoto, Certa suae genti ostendit moderamina ritus; 5.19 (330.20)
patres. et confitemur secundum sanctos patres, proprie et ueraciter Patrem et Filium et Spiritum Sanctum trinitatem 4.17 (239.25)
patri. patri in regnum successerit; 1.8 (22.26)
patri filius restituitur. 1.21 (40.32)
Reuerentissimo et sanctissimo fratri [patri] Etherio uar. 1.24 (44.1)
'Quare non et nobis porrigis panem nitidum, quem et patri nostro Saba,' . . . 'dabas, 2.5 (91.12)
Non enim tanta erat ei, quanta patri ipsius regni potestas, 2.6 (93.18)
Quod ubi patri suo narrauit, iam enim mater obierat, 5.19 (322.30)
patribus. quae initio nascentis ecclesiae fuit patribus nostris; 1.27 (48.32)
hanc debet conuersationem instituere, quae initio nascentis ecclesiae fuit patribus nostris; 4.27 (270.35)
maxime cum numquam patribus catholicis sicut de paschae uel fidei diuersitate conflictus, 5.21 (342.22)
patribus. de hisdem patribus, . . . nouimus scriptum, 1.27 (49.5)
sepultusque est cum patribus suis in saepe dicto monasterio 2.7 (95.5)
Sed absit, ut hoc de patribus uestris dicam, 3.25 (187.32)
ut, quaeque decreta ac definita sunt a sanctis ac probabilibus patribus, . . . seruentur. 4.5 (215.18)
interrogaui . . . si consentirent ea, quae a patribus canonice sunt antiquitus decreta, custodire. 4.5 (215.23)
patris. cum consilio praefati Albini reuerentissimi patris Praef. (6.23)
qui erat discipulus beatissimi patris Lupi 1.21 (40.5)
Roboratus ergo confirmatione beati patris Gregorii, 1.25 (44.27)
iuxta quod iussa sancti patris Gregorii acceperant, 1.27 (48.5)
'Turpitudinem patris tui non reuelabis.' 1.27 (51.5)
Neque enim patris turpitudinem filius reuelare potest. 1.27 (51.5)
profecto patris turpitudinem reuelauit. 1.27 (51.8)
ita ut uxorem patris haberet. 2.5 (90.29)
aestimans se in hac obseruantia sancti ac laude digni patris Anatolii scripta secutam. 3.3 (131.24)
inuenit puellam ibi neptem patris familias longo paralysis morbo grauatam; 3.9 (146.14)
Aliud eiusdem patris memorabile miraculum ferunt multi, qui nosse potuerunt. 3.16 (158.28)
cupientes ad corpus sui patris, aut uiuere, si sic Deo placeret, 3.23 (176.29)
defuncti sunt, excepto uno puerulo, quem orationibus patris sui a morte constat esse seruatum. 3.23 (176.33)
quin intercessionibus, ut dixi, sui patris, . . . sit ab articulo mortis retentus, 3.23 (177.5)
Colman adsumsit secum partem ossuum reuerentissimi patris Aidani; 3.26 (190.17)
ut . . . ueniret ad monasterium eiusdem reuerentissimi patris, quod uocatur Laestingaeu. 4.3 (208.8)
Conuenit autem reuelationi . . . de obitu huius antistitis etiam sermo reuerentissimi patris Ecgbercti, 4.3 (211.17)
nam et ipsa indumenta quasi patris adhuc corpori circumdata miro deosculabatur affectu, 4.30 (277.6)
cuius corpus in sepulchro benedicti patris Cudbercti ponentes, adposuerunt desuper arcam, 4.30 (277.22)
arcam, in qua incorrupta eiusdem patris membra locauerant. 4.30 (277.24)

patriam. Decretumque est . . . quia satius esset, ut omnes patriam redeuntes, libera ibi mente Domino deseruirent, 2.5 (91.32)
Sicque uictor in patriam reuersus, 2.9 (100.5)
Qui ut, mortuo rege inimico, patriam sunt redire permissi, 3.1 (127.17)
redierit patriam, atque in conuentu seniorum rettulerit, 3.5 (137.5)
et patriam reuersus, ubi regno potitus est, 3.18 (162.18)
eisdemque contra patriam et patruum suum pugnaturis ductor exstiterat, 3.24 (178.8)
Reuerso autem patriam Colmano, 3.26 (189.24)
et bene instructus patriam rediit, 3.27 (192.23)
Scotti omnes, qui inter Anglos morabantur, aut his manus darent, aut suam redirent ad patriam. 3.28 (195.30)
eum instructum ad uestram dirigemus patriam, 3.29 (198.5)
Sed illo postmodum patriam reuerso, 4.3 (211.21)
Verum ille patriam reuertens, 4.18 (242.18)
Qui post haec patriam reuersus, atque ad suum fratrem perueniens, replicauit ex ordine cuncta, 4.22 (251.29)
quo facilius perpetuam in caelis patriam posset mereri. 4.23 (253.7)
deinde ab Aidano episcopo patriam reuocata accepit locum 4.23 (253.14)
patriamque nauigio reuertens, ui tempestatis in occidentalia Brittaniae litora delatus est; 5.15 (316.23)
Scriptor quoque ipse multis ab ea muneribus donatus patriam remissus est. 5.15 (317.4)
reliquit uxorem, agros, cognatos, et patriam propter Christum, 5.19 (322.11)
obsecrans sedulo, ut, cum patriam reuerteretur, per se iter facere meminisset. 5.19 (324.19)
sed ad integrum culpis accusationum absolutum patriam cum honore reuerti. 5.19 (328.19)
patriam uero perueniens, maximam possessionum tuarum, quae tibi ablatae sunt, portionem recipies, 5.19 (329.17)
PATRIARCHA. patriarcha. quod benedicens filium patriarcha in personam Saulis dicebat, 1.34 (71.18)
patriarchae. qui longius ab eis locis, in quibus patriarchae uel apostoli erant, secreti, . . . norunt. 5.15 (316.32)
patriarcharum. Quae item de loco ascensionis dominicae et sepulchris patriarcharum. 5.17 (318.23)
ubi sepulchra patriarcharum quadrato muro circumdantur, capitibus uersis ad Aquilonem; 5.17 (319.17)
trium patriarcharum candidis, Adam obscurioris et uilioris operis, 5.17 (319.20)
ut superiora, id est patriarcharum, tempora respiciamus, 5.21 (342.8)
PATRICIVS. patricii. Valentinianus ab Aetii patricii, quem occiderat, satellitibus interimitur, 1.21 (41.16)
patricio. a rege Francorum Hloduio uel patricio Ercunualdo honorifice susceptus, 3.19 (168.11)
patricius. Aetius uir inlustris, qui et patricius fuit, 1.13 (28.23)
Cuius corpus idem Ercunualdus patricius accipiens, 3.19 (168.15)
PATRIMONIOLVM. patrimonioli. quem ad gubernationem patrimonioli ecclesiae nostrae transmisimus, 1.24 (44.16)
PATRO. patrarunt. Erant autem duo germani fratres, qui hoc facinus patrarunt; 3.22 (173.18)
patrata. unum e pluribus, quae ad hanc crucem patrata sunt, uirtutis 3.2 (130.10)
In hoc etenim monasterio plura uirtutum sunt signa patrata, 4.7 (219.12)
quod in loco, quo defunctus est, . . . multa sanitatum sint patrata miracula, 5.18 (320.17)
patratae. In cuius loco orationis innumerae uirtutes sanitatum noscuntur esse patratae, 3.2 (129.14)
patratum. Quod ita per omnia, ut praedixerat, diuino agente iudicio patratum est. 2.2 (83.32)
quod mihi unus e fratribus, propter quos et in quibus patratum est, ipse narrauit, 5.1 (281.11)
PATROCINIVM. patrocinio. eiusque tutandam patrocinio gens correcta gaudebat. 5.21 (346.12)
patrocinio. laetabantur de patrocinio pergentis ad Dominum patris, 5.22 (348.6)
PATRONVS. patronum. quem apud Deum habere patronum quaeris, 5.21 (344.31)
PATRVVS. patrui. suscepit pro illo regnum Deirorum, . . . filius patrui eius Aelfrici, uocabulo Osric, 3.1 (127.5)
in quo desiderabat honoranda patrui sui ossa recondere. 3.11 (148.9)
patruo. antea cum patruo Valente et cum Valentiniano fratre regnaret. 1.9 (23.5)
patruum. eisdemque contra patriam et patruum suum pugnaturis ductor exstiterat, 3.24 (178.9)
PAVCISSIMVS, a, um. paucissimae. ubi abeuntibus eis, excepta ecclesia, paucissimae domus repertae sunt, 3.26 (190.22)
paucissimi. sed hoc tamen paucissimi faciunt. 4.25 (265.7)
paucissimis. cum suis paucissimis et in extremo mundi angulo positis uiuere praesumeret, 5.15 (315.23)
paucissimo. et sic cum paucissimo exercitu se certamini dedit. 3.24 (177.30)
paucissimos. intra paucissimos dies plurimam insulae partem in deditionem recepit. 1.3 (15.12)
PAVCITAS. paucitas. Paucitas enim sacerdotum cogebat unum antistitem duobus populis praefici. 3.21 (171.4)
numquid uniuersali, . . . ecclesiae Christi eorum est paucitas uno de angulo extremae insulae praeferenda? 3.25 (188.13)
paucitatem. sollerter exhortans, ne paucitatem suam . . . sapientiorem . . . aestimarent; 2.19 (122.15)
PAVCVS, a, um. pauca. et haec erant nimium pauca et modica. 5.13 (312.7)
pauca. quia super pauca fuisti fidelis, super multa te constituam; 2.18 (121.13)
a quibus non pauca, quae uel ipsi, uel omnibus, qui audire uellent, multum salubria essent, audiuit. 3.19 (166.15)
per cuius relationem ad nostram quoque agnitionem peruenere, quae de his pauca perstrinximus. 5.12 (309.30)
paucam. Qui cum pauco sub tempore non paucam Domino plebem adquisisset, 3.21 (171.6)
pauci. Baptizatus et Yffi filius Osfridi, sed et alii nobiles ac regii uiri non pauci. 2.14 (114.29)
paucis. Pelagianam peruersitatem iterato paucis auctoribus dilatari; 1.21 (39.32)
sed cum paucis uictus aufugit. 1.34 (71.23)
et paucis cum fratribus per Brettones in prouinciam Anglorum deuenit, 3.19 (167.28)
in qua secretius cum paucis, id est VII siue VIII, fratribus, . . . orare ac legere solebat. 4.3 (207.13)
aliquantulum loci accolae paucis diebus timere, . . . coeperunt. 4.25 (265.29)
ibique cum paucis suorum in monachica districtione uitam non sibi solummodo, sed et multis utilem, . . . duxit; 4.26 (267.25)
in qua uir Dei saepius, . . . et maxime in quadragesima, manere cum paucis, . . . consueuerat. 5.2 (283.13)
paucis. ipsa autem abbatissa intus cum paucis ossa elatura et dilutura intrasset, 4.19 (245.26)
paucis. sed ne memoria quidem, praeter in paucis et ualde paucis ulla appareret. 1.22 (42.1)
Haec nunc, gloriose fili, paucis locutus sum, 1.32 (69.24)
ut in praecedente libro paucis diximus, 4.1 (201.14)
missis pariter apostolico papae donariis, et aureis atque argenteis uasis non paucis. 4.1 (201.19)
De cuius statu uitae, ut ad priora repedantes, paucis, quae sunt gesta, memoremus, 5.19 (322.24)
paucis. Bella Maro resonet, nos pacis [paucis] dona canamus; uar. 4.20 (247.11)
pauco. Permansit autem huiusmodi obseruantia paschalis apud eos tempore non pauco, 3.4 (134.27)
Sicque prouincia Occidentalium Saxonum tempore non pauco absque praesule fuit. 3.7 (141.11)
quia tempore non pauco inter studia diuinae lectionis, uitiorum potius inplicamentis, 3.13 (153.7)
ac tempore non pauco in episcopatu permansit. 3.17 (160.18)
Qui cum pauco sub tempore non paucam Domino plebem adquisisset, 3.21 (171.6)
Cumque tempore non pauco in praefata prouincia, . . . uitae caelestis institutio cotidianum sumeret augmentum, 3.22 (173.13)
Tunc cessante non pauco tempore episcopatu, 4.1 (201.12)
et diaconatus officio sub eo non pauco tempore fungebatur. 4.3 (212.31)
qui eadem tactus infirmitate, non pauco tempore recubans in lectulo iacebat. 4.14 (233.22)
Erat in eodem monasterio frater quidam, . . . tempore non pauco hospitum ministerio deseruiens, 4.31 (278.3)
Cumque tempore non pauco frater praefatus tali incommodo laboraret, 4.32 (279.30)
paucorum. intellegunt culpam esse paucorum, 1.21 (40.21)
paucos. Ante paucos sane aduentus eorum annos 1.17 (33.24)
sibi esse messem, sed operarios paucos, 1.29 (63.4)

ante paucos annos, dum incautius forte noctu in glacie incederet, 3.2 (130.12)
At post dies paucos rursum uenit ad eum praefatus frater, 5.9 (297.26)
PAVLATIM. ac salutaribus eius exhortationibus paulatim edoctus, 1.7 (18.19)
coeperunt et illi paulatim uires animosque resumere, 1.16 (33.8)
donec paulatim enutriti uerbo Dei, 3.5 (137.17)
ut paulatim ablata exinde terra fossam ad mensuram staturae uirilis altam reddiderit. 3.9 (145.21)
Crescentes uero paulatim ignes usque ad inuicem sese extenderunt, 3.19 (165.29)
ac deinde paulatim eam sibi adpropiare, donec ad tectum usque oratorii, . . . perueniret; 4.3 (208.24)
Crescebat morbus paulatim, 4.31 (278.16)
sentit, . . . manum . . . corporis sui partem, paulatim fugiente dolore, . . . pertransisse. 4.31 (279.6)
sicque paulatim omnis eorum prouincia ueterem cogeretur noua mutare culturam. 5.10 (300.14)
'At cum me hoc spectaculo tam horrendo perterritum paulatim in ulteriora produceret, 5.12 (305.21)
qui paulatim crescens, et ad me ocius festinans, ubi adpropinquauit, 5.12 (306.33)
animaduertit paulatim adulescens animi sagacis, minime perfectam esse uirtutis uiam, 5.19 (323.11)
PAVLINVS (*d.* 644), *first Archbishop of York; converted the Northumbrians to Christianity.*
Paulini. qui etiam effigiem eiusdem Paulini referre esset solitus, 2.16 (117.26)
Osric, qui ad praedicationem Paulini fidei erat sacramentis inbutus. 3.1 (127.7)
Iacob diaconus quondam, ut supra docuimus, uenerabilis archiepiscopi Paulini, 3.25 (181.28)
ad praedicationem beatae memoriae Paulini primi Nordanhymbrorum episcopi, fidem . . . suscepit, 4.23 (252.27)
Paulino. eandem filiam suam Christo consecrandam Paulino episcopo adsignauit; 2.9 (99.30)
praebuit palam adsensum euangelizanti beato Paulino rex, 2.13 (113.1)
In qua etiam ciuitate ipsi doctori atque antistiti suo Paulino sedem episcopatus donauit. 2.14 (114.7)
qui etiam Paulino pallium miserit. 2.17 (118.23)
misit eidem Paulino pallium; 2.17 (118.28)
et duo pallia utrorumque metropolitanorum, id est Honorio et Paulino, direximus, 2.17 (119.30)
Paulino. uerbum fidei praedicante Paulino, cuius supra meminimus, suscepit. 2.9 (97.9)
Cumque idem rex, praesente Paulino episcopo, gratias ageret diis suis 2.9 (99.20)
et ab ipso uenerabili uiro Paulino rationem fidei ediscere, 2.9 (100.10)
Cum ergo praedicante uerbum Dei Paulino rex credere differret, 2.12 (110.24)
Et adnuente Paulino, fecit, ut dixerat. 2.13 (111.15)
curauit, docente eodem Paulino, . . . fabricare basilicam, 2.14 (114.9)
baptizatum se fuisse die media a Paulino episcopo, 2.16 (117.22)
ad fidem confessionemque Christi, Paulino euangelizante, conuersam esse 2.17 (118.27)
Vt, defuncto Paulino, Ithamar pro eo Hrofensis ecclesiae praesulatum susceperit; 3.14 (154.3)
Paulinum. Adiecit autem Coifi, quia uellet ipsum Paulinum diligentius audire de Deo, 2.13 (112.23)
qui ordinandus uenit ad Paulinum, 2.18 (120.11)
misit papa Gregorius pallium Brittaniam Augustino . . . et plures uerbi ministros, in quibus et Paulinum. 5.24 (353.20)
Paulinus. primi et praecipui erant Mellitus, Iustus, Paulinus, Rufinianus; 1.29 (63.6)
et ut ueniens ad euangelizandum ei Paulinus primo filiam eius . . . fidei . . . inbuerit. 2.9 (97.4)
et iuxta quod dispositum fuerat, ordinatur episcopus uir Deo dilectus Paulinus, 2.9 (98.13)
Ordinatus est autem Paulinus episcopus a Iusto archiepiscopo, 2.9 (98.17)
Cum ergo uideret Paulinus difficulter posse sublimitatem animi regalis ad humilitatem . . . inclinari, 2.12 (107.5)
et ubi Paulinus baptizauerit. 2.14 (113.25)
Paulinus autem ex eo tempore sex annis continuis, . . . uerbum Dei, . . . praedicabat; 2.14 (114.16)
quodam tempore Paulinus ueniens cum rege et regina in uillam regiam, 2.14 (114.31)
Vt Paulinus in prouincia Lindissi praedicauerit, 2.16 (117.4)
Praedicabat autem Paulinus uerbum etiam prouinciae Lindissi, 2.16 (117.6)
In qua ecclesia Paulinus, transeunte ad Christum Iusto, Honorium pro eo consecrauit episcopum, 2.16 (117.16)
Vt occiso Aeduine Paulinus Cantiam rediens Hrofensis ecclesiae praesulatum susceperit. 2.20 (124.12)
Paulinus adsumta secum regina Aedilberge, . . . rediit Cantiam nauigio, 2.20 (125.28)
ac per hoc curam illius praefatus Paulinus . . . suscepit ac tenuit, 2.20 (126.16)
reuerentissimus pater Paulinus, . . . transiuit ad Dominum 3.14 (154.14)
Anno DCXXV, Paulinus a Iusto archiepiscopo ordinatur genti Nordanhymbrorum antistes. 5.24 (353.27)
Eduine rege peremto, Paulinus Cantiam rediit. 5.24 (354.1)
Anno DCXLIIII, Paulinus, quondam Eboraci, . . . antistes ciuitatis, migrauit ad Dominum. 5.24 (354.5)
PAVLINVS, *Bishop of Nola, 409-431.*
Paulini. librum uitae et passionis sancti Felicis confessoris de metrico Paulini opere in prosam transtuli; 5.24 (359.5)
PAVLISPER. in tantum paulisper condensatae sunt, ut nihil praeter ipsas aspicerem, 5.12 (305.23)
PAVLO. Et cum paulo districtius agitur, 1.27 (50.7)
Atque paulo post subiecit exponens: 1.27 (57.3)
Et paulo post: 2.1 (77.32)
Quem uidelicet locum paulo ante eis, qui Scottos sequebantur, in possessionem monasterii dederat. 3.25 (183.2)
Et paulo post: 4.17 (240.13)
In quam uidelicet prouinciam paulo ante, . . . uir strenuissimus . . . electus et antistes; 4.23 (255.18)
'Paulo ante,' inquit, 'intrauerunt domum hanc duo pulcherrimi iuuenes, 5.13 (312.1)
Et paulo post: 5.21 (334.20)
PAVLVLVM. interueniente paululum mora, 1.27 (55.4)
et ab ingressu ecclesiae paululum reuerenter abstinere. 1.27 (57.28)
quod esset uir longae staturae, paululum incuruus, nigro capillo, 2.16 (117.27)
ubi paululum reficiebatur, 3.5 (136.16)
Et cum paululum quiesceret, 3.27 (193.19)
Et post paululum: 3.29 (197.9)
tunc paululum reuiuisco, 5.6 (290.25)
PAVLVM. paulum. Et post paululum [paulum]: 'Parum,' inquit, uar. 3.29 (197.9)
PAVLVS, Saint, *St. Paul the Apostle.*
Pauli. et specialiter beati Pauli ad Timotheum epistulae, 1.27 (48.21)
ecclesiam beatorum apostolorum Petri et Pauli a fundamentis construxit, 1.33 (70.19)
ut in ecclesiis . . . Petri et Pauli super corpora eorum missae celebrarentur. 2.1 (78.29)
fecit rex Aedilberct in ciuitate Lundonia ecclesiam sancti Pauli apostoli, 2.3 (85.19)
et positum corpus eius foras iuxta ecclesiam beatorum apostolorum Petri et Pauli, 2.3 (86.3)
intro ecclesiam beatorum apostolorum Petri et Pauli sepultus, 2.5 (90.7)
iussit ipsa sibi nocte in ecclesia beatorum apostolorum Petri et Pauli, . . . stratum parari; 2.6 (92.15)
atque in ecclesia beatorum apostolorum Petri et Pauli positus est. 3.7 (140.5)
beneficia sanctorum, hoc est reliquias beatorum apostolorum Petri et Pauli, 3.29 (198.15)
coniugi uestrae, . . . direximus . . . crucem clauem auream habentem de sacratissimis uinculis beatorum Petri et Pauli apostolorum; 3.29 (198.21)
habuerat enim tonsuram more orientalium sancti apostoli Pauli. 4.1 (203.7)
misit legatarios ad . . . Ceolfridum, abbatem monasterii beatorum apostolorum Petri et Pauli, 5.21 (332.27)
Sepultus uero est in porticu sancti Pauli apostoli, 5.23 (348.29)
digessi Baeda . . . presbyter monasterii beatorum apostolorum Petri et Pauli, 5.24 (357.5)
Paulo. Hinc quod eidem Paulo Iacobus ait: 3.25 (185.14)
Paulus. Vnde Paulus quoque apostolus dicit: 1.27 (57.7)

Nam cum Paulus apostolus diceret: 1.27 (58.33)
Romae, ubi beati apostoli Petrus et Paulus uixere, docuere, passi sunt, 3.25 (184.21)
Hinc est enim, quod Paulus Timotheum circumcidit, 3.25 (185.11)
in omnibus, quae tradiderunt sancti apostoli Petrus et Paulus, 3.29 (197.28)
dicebantque, quod unus eorum Petrus, alius uocaretur Paulus; 4.14 (235.20)

PAVLVS, *a martyr.*
Pauli. beneficia sanctorum, hoc est reliquias . . . Laurentii, Iohannis, et Pauli, et Gregorii, 3.29 (198.16)

PAVPER. pauper. Cui cum . . . pauper quidam occurreret elimosynam petens, 3.14 (156.12)
sed pauper spiritu magis propter regnum caelorum manere desiderans. 4.11 (226.5)
qui ante fuerat deformis, pauper, et mutus. 5.2 (284.28)
paupere. quia non erat de paupere uulgo, ut dixerat, sed de nobilibus. 4.22 (251.5)
paupere. habens . . . in eo fratres v siue vi, in humili et paupere uita Domino famulantes. 4.13 (231.5)
pauperem. quod liberassem pauperem uociferantem, et pupillum, 2.1 (77.24)
rusticum se potius et pauperem, atque uxoreo uinculo conligatum fuisse respondit; 4.22 (250.8)
iussit suis quaerere pauperem aliquem maiore infirmitate uel inopia grauatum, 5.2 (283.16)
iussit ad se intrare pauperem, ingresso linguam proferre ex ore, ac sibi ostendere iussit; 5.2 (283.31)
pauperem. pauperem uitam in montibus, . . . agebant. 1.15 (33.1)
pauperes. quatinus ubicumque aliquos uel diuites uel pauperes incedens aspexisset, 3.5 (136.3)
pariter et infirmos consolandi, ac pauperes recreandi uel defendendi clementiam. 3.17 (161.23)
pauperi. ille praecepit equum, . . . pauperi dari; 3.14 (156.14)
'Quid uoluisti, domine antistes, equum regium, . . . pauperi dare? 3.14 (156.19)
pauperibus. alia clero, tertia pauperibus, quarta ecclesiis reparandis. 1.27 (48.27)
sedulus hoc dispergere ac dare pauperibus curabat, 2.1 (77.20)
'Si negaui,' inquit, 'quod uolebant, pauperibus, 2.1 (77.33)
Cuncta, . . . mox pauperibus, qui occurrerent, erogare gaudebat. 3.5 (135.27)
pauperibus et peregrinis semper humilis, benignus, et largus fuit. 3.6 (138.9)
Qui mox dapes sibimet adpositas deferri pauperibus, 3.6 (138.20)
qui semper, dum uiueret, infirmis et pauperibus consulere, . . . non cessabat. 3.9 (145.24)
Siquid enim pecuniae a diuitibus accipiebant, mox pauperibus dabant. 3.26 (190.26)
Attulit autem eidem et summam pecuniae non paruam pauperibus erogandam, 4.11 (226.4)
c pauperibus dederunt, centum his, a quibus retia acceperant, 4.13 (231.33)
ita ut . . . decimam . . . uestimentorum partem pauperibus daret. 4.29 (276.4)
uouit etiam se elimosynas pauperibus daturum, 5.4 (287.11)
tertiam sibi ipse retentans, statim pauperibus distribuit. 5.12 (304.19)
pauperis. Excubabat . . . ante tugurium pauperis uulgus sine numero; 1.19 (37.26)
pauperum. Pater eram pauperum, 2.1 (77.29)
ea . . . uel in usus pauperum, ut diximus, dispergebat, 3.5 (136.27)
quia multitudo pauperum undecumque adueniens maxima per plateas sederet, 3.6 (138.17)
erat enim multum misericors, et cultor pauperum, 3.14 (156.15)
Numquid non habuimus equos uiliores . . . quae ad pauperum dona sufficerent, 3.14 (156.20)

PAVPERCVLVS, a, um. **pauperculae.** Ad hunc pauperculae Brettonum reliquiae mittunt epistulam, 1.13 (28.24)

PAVPERTAS. paupertate. et paupertate pariter ac rusticitate sua doctorum arcebant accessum. 4.27 (270.7)
paupertatis. inter plura continentiae, humilitatis, doctrinae, orationum, uoluntariae paupertatis, . . . merita, 4.3 (210.12)

PAVSO. pausans. Haec tunc in dormitorio sororum pausans, audiuit subito in aere notum campanae sonum, 4.23 (257.8)
pausantes. Cumque somno excussa uideret ceteras pausantes circa se sorores, 4.23 (257.17)
pausare. uidit manifeste quasi corpus hominis, . . . elatum uidelicet de domo, in qua sorores pausare solebant. 4.9 (222.15)
pausat. Hic sacer in tumba pausat cum corpore praesul, 5.8 (295.9)
qui haud longe ab illis ad borealem extremamque muri illius partem pausat. 5.17 (319.22)

PAVEFACIO. pauefacere. quarum lux corda intuentium cum quadam alacritate et conpunctione pauefacere dicitur. 5.17 (319.9)

PAVEO. pauentibus. tantum pauentibus fiduciae contulerunt, 1.20 (38.12)
pauere. Aut hunc fruge sua aequorei pauere Britanni, 1.10 (24.14)
timere coepit et pauere, 3.13 (152.28)
quarum lux corda intuentium cum quadam alacritate et conpunctione pauefacere [pauere facere] dicitur. uar. 5.17 (319.9)

PAVIDVS, a, um. **pauida.** uxor tantum, quae amplius amabat, quamuis multum tremens et pauida, remansit. 5.12 (304.9)
pauidus. Et cum diutius ibi pauidus consisterem, 5.12 (306.6)

PAVIMENTVM. pauimenti. quia de puluere pauimenti, in quo aqua lauacri illius effusa est, multi iam sanati essent infirmi. 3.11 (149.14)
pauimento. iussit fratres in eiusdem habitaculi pauimento foueam facere; 4.28 (271.24)
sepulchrum Domini . . . longitudinis vii pedum, trium mensura palmarum pauimento altius eminet; 5.16 (318.15)
pauimentum. in nouo recondita loculo in eodem quidem loco, sed supra pauimentum dignae uenerationis gratia locarent. 4.30 (276.15)
inuolutum nouo amictu corpus, nouaque in theca reconditum, supra pauimentum sanctuarii posuerunt. 4.30 (277.17)

PAX. pace. susceptamque fidem Brittani . . . quieta in pace seruabant. 1.4 (16.12)
ut hi pro patriae pace et salute contra aduersarios militarent, 1.15 (31.11)
pro pace Armoricanae gentis supplicaturus 1.21 (41.11)
'Diesque nostros in tua pace disponas, 2.1 (78.32)
Vt Augustinus Brettonum episcopos pro pace catholica, . . . monuerit; 2.2 (81.7)
pace catholica secum habita 2.2 (81.16)
conpletis in pace diebus officii sui, 2.3 (86.21)
ibidem in pace uitam finiuit. 2.15 (117.3)
recuperata postmodum pace in prouincia, 2.20 (126.28)
supplicandumque pro pace gentis eius aeterna, . . . locus facultasque suppeteret. 3.24 (178.27)
ibidem in pace uitam finiuit, 4.12 (228.17)
de seruanda eas inuicem, immo cum omnibus pace euangelica ammoneret; 4.23 (256.30)
quia 'corpora ipsorum in pace sepulta sunt, 5.8 (294.28)
atque in pace tranquilla uitam terminabis".' 5.19 (329.19)
usque ad diem obitus sui, uitam duxit in pace. 5.19 (330.1)
Qua adridente pace ac serenitate temporum, 5.23 (351.18)
pacem. ecclesia in Brittaniis aliquantulam, . . . pacem habuerit. 1.8 (22.6)
si pacem cum fratribus accipere nollent, 2.2 (83.28)
prouinciae, . . . in unam sunt pacem, et uelut unum conpaginatae in populum. 3.6 (139.1)
Sed nec cum eo ille, . . . habere pacem potuit; 3.14 (155.5)
Vt Theodorus episcopus inter Ecgfridum et Aedilredum reges pacem fecerit. 4.21 (249.2)
Gratia te Regis aeterni . . . ad nostram omnium pacem custodiat incolumem, 5.21 (345.20)
paci. uel alia perplura ecclesiasticae castitati et paci contraria gerunt, 5.18 (321.2)
pacis. obsecrans eos et contestans unitatem pacis et catholicae obseruationis cum ea, . . . tenere; 2.4 (87.21)

pecuniarum. quae sibi a diuitibus donaria pecuniarum largiebantur, 3.5 (136.27)
Nil pecuniarum absque pecoribus habebant. 3.26 (190.24)
Vilfridumque episcopum ducem sibi itineris fieri, promissa non parua pecuniarum donatione, rogaret. 4.5 (214.19)
pecunias. neque . . . uel pecunias colligi, uel domus praeuideri necesse fuit, 3.26 (190.27)
adeo ut Ecgfridus promiserit se ei terras ac pecunias multas esse donaturum, 4.19 (243.16)
PECVS. pecoribus. et alendis apta pecoribus ac iumentis; 1.1 (10.1)
atque huius gustum siue aspersionem multis sanitatem egrotis et hominibus et pecoribus conferre; 5.18 (320.21)
pecoribus. Nil pecuniarum absque pecoribus habebant. 3.26 (190.24)
pecorum. usque hodie sanitates infirmorum et hominum et pecorum celebrari non desinunt. 3.9 (145.17)
PECVS. pecudes. eisque languentes homines aut pecudes potauerint, 3.2 (129.18)
PEDAGOGVS. pedagogos. eisque pedagogos ac magistros iuxta morem Cantuariorum praebente. 3.18 (162.22)
PEIOR, ius. **peiora.** habuit posteriora peiora prioribus; 2.15 (116.6)
PEIVS. librum . . . male de Greco translatum, et peius a quodam inperito emendatum, prout potui, ad sensum correxi; 5.24 (359.7)
PELAGIANVS, a, um, *Pelagian; of Pelagius.*
Pelagiana. heresis Pelagiana per Agricolam inlata, 1.17 (33.25)
Pelagiana. Vt . . . Honorius et post Iohannes litteras genti Scottorum pro pascha simul et pro Pelagiana heresi miserit. 2.19 (122.11)
Necnon pro Pelagiana heresi, . . . admonere curauit; 2.19 (122.26)
Pelagianae. renascentibus uirgultis Pelagianae pestis, 1.21 (39.28)
quod uirus Pelagianae hereseos apud uos denuo reuiuescit; 2.19 (123.25)
Pelagianam. nuntiatur ex eadem insula Pelagianam peruersitatem . . . dilatari; 1.21 (39.32)
Pelagiani. Seueriani episcopi Pelagiani filium, 1.17 (33.26)
Pelagianis. ita de Pelagianis in eadem epistula subdunt: 2.19 (123.24)
Pelagianorum. et postmodum Pelagianorum tempestatem diuina uirtute sedauerit. 1.17 (33.23)
PELAGIVS (370?–420?), *founder of the heresy called Pelagianism.*
Pelagius. Pelagius Bretto contra gratiam Dei superba bella susceperit. 1.10 (23.22)
Cuius temporibus Pelagius Bretto . . . uenena suae perfidiae longe lateque dispersit, 1.10 (23.27)
inde Pelagius auctor, hinc Christus. 1.17 (35.24)
PELAGVS. pelagi. decursisque breui spatiis pelagi, 1.17 (34.29)
et quidem inprimis furentibus undis pelagi, temtabant nautae anchoris . . . nauem retinere, 3.15 (158.12)
in remotiore ab ecclesia loco refluis undique pelagi fluctibus cincto, solitarius manebat. 4.30 (276.26)
pelago. interposito pelago latitudinis trium milium, 4.16 (238.15)
in quo uidelicet pelago bini aestus oceani, . . . sibimet inuicem cotidie conpugnantes occurrunt 4.16 (238.17)
Cumque diu multum cum uento pelagoque frustra certantes, tandem post terga respiceremus, 5.1 (281.23)
pelagus. quod per terras Iutorum, quae ad regionem Geuissorum pertinent, praefatum pelagus intrat; 4.16 (238.22)
PELASGVS, a, um, *Greek.*
Pelasga. Quem nunc Theodorum lingua Pelasga uocat. 5.8 (295.10)
PELLO. pepulerant. cum Pictis, quos longius iam bellando pepulerant, 1.15 (32.9)
pepulerint. barbaros suis e finibus pepulerint; 1.14 (29.12)
pulerit. tandem ad memoriam reduxit, quod eum pridem perfidia regno pulerit, 3.7 (141.15)
pulsus. pulsus est et Vini ab eodem rege de episcopatu; 3.7 (141.6)
pulsus est idem antistes a sede sui episcopatus, 4.12 (229.2)
Pulsus est autem ab episcopatu suo Vilfrid, 4.13 (230.3)
Vilfrid episcopus, qui tum forte patria pulsus in Merciorum regionibus exulabat. 5.11 (302.10)
Qui deinde regnante Ecgfrido, pulsus est episcopatu, 5.19 (326.8)
ubi nauem conscendit, flante Fauonio pulsus est Fresiam, 5.19 (326.12)
ab eodem ipso rege et plurimis episcopis praesulatu pulsus est; 5.19 (327.14)
Vilfrid episcopus a sede sua pulsus est ab Ecgfrido rege; 5.24 (355.3)
PENDA (577?–655), *King of Mercia; foe of Christianity.*
Penda. Siquidem Penda cum omni Merciorum gente idolis deditus, 2.20 (125.6)
'Vide, Domine, quanta mala facit Penda.' 3.16 (159.18)
Penda Merciorum rex cum hostili exercitu haec in loca perueniens, 3.17 (160.19)
Nec prohibuit Penda rex, quin etiam in sua, . . . natione uerbum, . . . praedicaretur. 3.21 (170.27)
Anno DCLV, Penda periit, et Mercii sunt facti Christiani. 5.24 (354.12)
Penda. auxilium praebente illi Penda uiro strenuissimo de regio genere Merciorum, 2.20 (124.18)
hostilis Merciorum exercitus Penda duce . . . peruenit ad urbem usque regiam, 3.16 (158.30)
contigit gentem Merciorum duce rege Penda aduersus Orientales Anglos in bellum procedere, 3.18 (163.1)
Vt prouincia Merciorum, occiso rege Penda, fidem Christi susceperit; 3.24 (177.10)
Pendam. alter Eadfrid necessitate cogente ad Pendam regem transfugit, 2.20 (124.28)
Pendan. Repudiata enim sorore Pendan regis Merciorum, quam duxerat, aliam accepit uxorem; 3.7 (140.11)
Middilangli, . . . sub principe Peada filio Pendan regis fidem et sacramenta ueritatis perceperunt. 3.21 (169.24)
habens sororem ipsius coniugem, uocabulo Cyniburgam, filiam Pendan regis. 3.21 (170.10)
Coepta sunt haec biennio ante mortem Pendan regis. 3.21 (170.33)
Idem autem rex Osuiu tribus annis post occisionem Pendan regis, . . . populis praefuit; 3.24 (180.6)
Quo tempore donauit praefato Peada filio regis Pendan, 3.24 (180.11)
Conpletis autem tribus annis post interfectionem Pendan regis, 3.24 (180.18)
leuato in regem Vulfhere filio eiusdem Pendan adulescente, 3.24 (180.21)
PENDEO. pendebat. posta solummodo, in qua puluis ille inclusus pendebat, tuta ab ignibus et intacta remansit. 3.10 (147.21)
pendente. pendente magna desuper aerea rota cum lampadibus. 5.16 (317.29)
ab occasu habens introitum, pendente desuper in trocleis magna lampade, 5.17 (319.5)
pendentes. totidemque e regione lampades in funibus pendentes usque Hierosolymam per uitrum fulgent; 5.17 (319.8)
penderent. et omnium uota ad nuper audita caelestis regni gaudia penderent, 4.2 (205.8)
PENE. 1.1 (12.33); 1.2 (14.2); 1.2 (14.15); 1.3 (15.30); 1.5 (16.20); 1.7 (20.11); 1.9 (23.7); 1.13 (29.5); 1.20 (38.10); 1.34 (71.25); 2.1 (74.11); 2.1 (77.5); 2.3 (86.11); 2.5 (89.28); 3.3 (132.28); 3.11 (148.22); 3.24 (178.13); 4.1 (202.1); 4.18 (241.28); 5.13 (312.15); 5.15 (316.4); 5.24 (353.4); Cont. (361.7).
PENES. confessorem Christi, . . . penes Albanum latere. 1.7 (18.23)
precorque, si aliquid reliquiarum illius penes te habes, adferas mihi, 3.13 (153.21)
Harum particulam reliquiarum eo tempore habebat penes se quidam de presbyteris 4.32 (280.9)
PENETRABILIS, e. **penetrabilibus.** et discussis penetralibus [penetrabilibus] cordis nostri, uar. 4.3 (211.12)
PENETRALIA. penetralibus. et discussis penetralibus cordis nostri, 4.3 (211.12)
PENITVS. ne penitus misera patria deleretur, 1.12 (27.3)
ita ut, deficiente penitus omni membrorum officio, iamiamque moriturus esse uideretur; 5.5 (288.6)
et mox uelut emoriens sensum penitus motumque omnem perdidi. 5.6 (290.13)
PENNA. pennis. sol iustitiae, in cuius pennis est sanitas, id est Dominus Iesus, 5.21 (340.14)
PENNELTVN, *the English name for the beginning of the Roman wall; see* **PEANFAHEL.**
Penneltun. lingua autem Anglorum Penneltun appellatur; 1.12 (26.26)
PENSO. pensandum. Vigilanti uero mente pensandum est, 1.27 (59.5)
Sed pensandum est, ipsa cogitatio utrum suggestione an delectatione, 1.27 (61.1)
pensare. Hoc tua fraternitas ex persona furis pensare potest, 1.27 (50.2)
et quanta consideratione propriam cotidie debeant fragilitatem pensare. 2.1 (76.19)

pensaret. dum sollicitus pensaret, 2.1 (77.10)
pensari. quae subtiliter pensari debet, 1.27 (60.2)
PENTA, *the Pant River, or Blackwater, Essex.*
Pentæ. quorum prior locus est in ripa Pentæ amnis, secundus in ripa Tamensis. 3.22 (173.8)
PENTATEVCVS, *the Pentateuch.*
Pentateucum. Item, Capitula lectionum in Pentateucum Mosi, Iosue, Iudicum; 5.24 (358.13)
PENTECOSTE. pentecostes. quae baptizata est die sancto pentecostes 2.9 (99.31)
Cuius modum continentiae . . . post peracta sollemnia pentecostes, hoc est L^{mae}, semper obseruare curabat. 3.27 (194.14)
praeter inminentibus sollemniis maioribus, uerbi gratia paschae, pentecostes, epifaniae, 4.19 (244.9)
Eanfled, filia Aeduini regis, baptizata cum XII in sabbato pentecostes. 5.24 (353.30)
PER, *omitted.*
PERAGO. peracta. Nec tamen statim ordinatio decreta, sed peracta hieme, . . . conpleta est 4.28 (273.1)
missa peracta, ualidi flaminis procella desursum uenire consueuit, 5.17 (319.11)
peracta. Cuius modum continentiae . . . totidem quoque post peracta sollemnia pentecostes, . . . obseruare curabat. 3.27 (194.13)
peractis. Duobus autem annis in episcopatu peractis repetiit insulam ac monasterium suum, 4.29 (274.3)
peracto. peracto ieiunio triduano, cum aliis orandi causa conuenerant, 2.2 (84.15)
Rursumque peracto tempore aliquanto, euenit 3.17 (160.28)
contigit, eum die quadam de monasterio illo longius egressum, . . . peracto itinere redire. 4.25 (264.15)
peracto autem bello, rursum aequalis potentiae omnes fiunt satrapae. 5.10 (300.2)
peracto pascha, hoc est VI^{a} Iduum Maiarum die, Osric rex Nordanhymbrorum uita decessit, 5.23 (349.19)
peragendi. et ob id maiorem huius itineris peragendi notitiam haberet, 4.1 (202.32)
peragens. cunctumque ex eo tempus uitae in eiusdem monasterii habitatione peragens, 5.24 (357.10)
peragere. uel si alia quaelibet necessitas insisteret, uiam peragere posset. 3.14 (156.11)
etiam si totam noctem stando in precibus peragere, si integram septimanam iubeas abstinendo transigere.' 4.25 (263.27)
peragite. quae inchoastis, Deo auctore peragite; 1.23 (43.12)
quaeque uos ammonet, . . . deuote peragite, 1.32 (68.32)
PERAGRO. peragrante. Vt Theodoro cuncta peragrante, Anglorum ecclesiae cum catholica ueritate, . . . coeperint . . . inbui; 4.2 (204.10)
peragrare. in quo ille, . . . uiam peragere [peragrare] posset. uar. 3.14 (156.11)
non equitando, sed apostolorum more pedibus incedendo peragrare. 3.28 (195.22)
Solebat autem ea maxime loca peragrare, illis praedicare in uiculis, 4.27 (270.5)
peragrata. Moxque peragrata insula tota, quaquauersum Anglorum gentes morabantur, 4.2 (204.17)
PERAMBVLO. perambulantes. Vbi cum omnia perambulantes multam Domino ecclesiam congregassent, 3.22 (172.28)
perambulare. etiam si mulier una cum recens nato paruulo uellet totam perambulare insulam 2.16 (118.7)
PERCELLO. perculit. tantoque eas stupore perculit, ut etiam canticum, quod canebant, tremefactae intermitterent. 4.7 (220.4)
perculsi. perculsi timore inerti, 1.23 (42.25)
nimio mox timore perculsi, festinarunt referre antistiti, quae inuenerant. 4.30 (276.24)
perculsos. omnes, qui corpori flentes adsederant, timore inmenso perculsos in fugam conuertit; 5.12 (304.7)
perculsus. tanta miraculorum caelestium nouitate perculsus, 1.7 (21.21)
PERCEPTIO. perceptione. a perceptione sacri mysterii prohibere non debet; 1.27 (60.16)
postquam obitum suum dominici corporis et sanguinis perceptione muniuit, 4.3 (210.5)
proque huius perceptione et aduersa se mundi et prospera contemnere designent. 5.21 (343.23)
PERCIPIO. perceperint. uel quorum tempore regum gratiam euangelii perceperint, Praef. (7.1)
eo quod illis praedicantibus fidem Christi perceperint. 3.3 (133.2)
perceperit. sed si perceperit, non iudicanda. 1.27 (56.11)
Quando gens Pictorum fidem Christi perceperit. 3.4 (133.3)
perceperunt. ex quo tempore fidem Christi perceperunt, Praef. (7.24)
Middilangli, . . . sub principe Peada filio Pendan regis fidem et sacramenta ueritatis perceperunt. 3.21 (169.25)
percepisset. Veniensque mane ad uilicum, qui sibi praeerat, quid doni percepisset, indicauit, 4.24 (260.15)
percepisti. pro cuius conuersione etiam faciendorum signorum dona percepisti. 1.31 (67.11)
ecce regnum, quod desiderasti, ipso largiente percepisti. 2.12 (110.34)
percepistis. uos, qui spiritum uiuentem a Domino percepistis, 2.10 (103.14)
percepit. gens Anglorum fidem Christi percepit, Praef. (6.25)
quod sedis apostolicae humanitate percepit, 2.8 (96.30)
qui dudum in Gallia, . . . lauacrum baptismi percepit, 3.18 (162.18)
alia multa, . . . ecclesiasticis disciplinis accommoda, eodem magistro tradente percepit; 5.19 (324.28)
percepta. quem nos priuare auctoritate percepta minime debemus. 1.27 (52.33)
atque illi percepta eius benedictione iam multum tristes exissent, 4.3 (209.21)
Sicque de percepta laetatus sospitate, . . . domum reuersus est. 5.2 (284.29)
perceptam. Sebbi, magna fidem perceptam cum suis omnibus deuotione seruauit, 3.30 (199.21)
perceptis. Quia enim perceptis caelestibus uerbis, 2.1 (78.18)
percepto. percepto uiatico sacrosanctae communionis, 4.23 (256.27)
percepturi. quia omnes, qui uoluntatem eius, . . . discerent et facerent, aeterna ab illo praemia essent percepturi. 3.22 (172.9)
percipere. post quot dies hoc liceat sacri baptismatis sacramenta percipere? 1.27 (53.29)
aut sacrae communionis sacramenta percipere? 1.27 (53.33)
communionis mysterium in eisdem diebus percipere non debet prohiberi. 1.27 (56.9)
Si autem ex ueneratione magna percipere non praesumit, 1.27 (56.10)
nullatenus ualetis panem uitae percipere.' 2.5 (91.19)
non statim et inconsulte sacramenta fidei Christianae percipere uoluit; 2.9 (100.6)
et huius quoque rei notitiam ad perfectum percipere meruerunt, 3.4 (135.12)
perciperent. qui uerba Dei perciperent, 1.27 (59.10)
perciperet. nil curationis uel sanationis horum ministerio perciperet, 2.2 (82.6)
ita ut nil umquam cibi uel potus, excepta die dominica et quinta sabbati, perciperet, 4.25 (263.5)
perciperit. sed si perceperit [perciperit], uar. 1.27 (56.11)
Quando gens Pictorum fidem Christi perceperit [perciperit]. uar. 3.4 (133.3)
percipiant. et bene uiuendi formam percipiant, 1.29 (64.17)
percipiat. atque honoris pallium ab hac sancta et apostolica, . . . sede percipiat. 1.29 (63.29)
percipiebat. unum ouum gallinaceum cum paruo lacte aqua mixto percipiebat. 3.23 (175.30)
percipienda. Quale consilium idem cum primatibus suis de percipienda fide Christi habuerit; 2.13 (111.8)
percipienda. Hild, . . . ad percipienda praemia uitae caelestis de terris ablata transiuit 4.23 (252.19)
percipiendae. Huic autem genti occasio fuit percipiendae fidei, 2.9 (97.21)
nam saepius ante illum percipiendae elimosynae gratia uenire consueuerat, 5.2 (283.22)
percipiendam. persuasus maxime ad percipiendam fidem a filio regis Osuiu, 3.21 (170.8)
percipiendi. non tamen usque ad prohibitionem percipiendi sancti mysterii 1.27 (60.12)
percipiendo. percipiendo ex religiosae uitae consuetudine eiusdem mysterii amore rapiuntur, 1.27 (56.25)
percipiendum. ecclesia . . . quam ibidem ipse de ligno, cum cathecizaretur, atque ad percipiendum baptisma inbueretur, . . . construxit. 2.14 (114.5)

percipiens. Percipiensque alacer rediuiuae praemia uitae, Barbaricam rabiem, 5.7 (293.15)
percipisti. faciendorum signorum dona percepisti [percipisti]. uar. 1.31 (67.11)
ecce regnum, quod desiderasti, ipso largiente percepisti [percipisti]. uar. 2.12 (110.34)
percipistis. qui spiritum uiuentem a Domino percepistis [percipistis], uar. 2.10 (103.14)
percipit. Percipit inde decus reginae, et sceptra sub astris, 4.20 (248.9)
Plus super astra manens, percipit inde decus. 4.20 (248.10)
percipiunt. Orientales Saxones fidem Christi percipiunt sub rege Sabercto antistite Mellito. 5.24 (353.22)
PERCLAREO. perclareat. ut profecto sacrae scripturae testimonium per te expletum indubitanter perclareat: 2.11 (106.4)
PERCREBRESCO. percrebruisse. rumorem sanctitatis illius in ea quoque insula longe lateque iam percrebruisse ferebat; 3.13 (152.18)
PERCVRRO. percurrit. eligit expeditos, circumiecta percurrit, 1.20 (38.31)
per tota infirmitatis spatia medicabilis dextera percurrit, 1.21 (40.29)
PERCVTIO. percussa. Percussa etenim febribus acri coepit ardore fatigari, 4.23 (256.16)
percusserunt. surgentesque duo nequissimi spiritus, habentes in manibus uomeres, percusserunt me, 5.13 (312.26)
percussis. quibusdam a serpente percussis, 1.1 (13.2)
in qua percussis Aegyptiis Israel est a longa seruitute redemtus. 5.21 (334.28)
percussurus. ipse carnifex, qui eum percussurus erat, 1.7 (20.18)
percussus. percussus est eiusdem clade pestis inter alios scolasticus quidam de genere Scottorum, 3.13 (152.23)
Percussus enim langore, atque ad extrema perductus, uocauit fratres, 5.14 (314.12)
percutere. martyre, quem percutere iubebatur, 1.7 (20.23)
percuti. ut cum martyre, uel pro martyre, . . . ipse potius mereretur percuti. 1.7 (20.23)
solliciti, ne umquam percuti mereamur, agamus.' 4.3 (211.14)
percutit. nec adhuc tamen percutit, mox inploremus eius misericordiam, 4.3 (211.11)
PERDITIO. perditione. sed uiuentibus, qui haec cognouissent, causam salutis sua perditione relinqueret. 5.14 (315.4)
perditionem. ne forte nos . . . ad perpetuam perditionem districtius examinans tollat. 4.25 (266.11)
"Pecunia tua tecum sit in perditionem, 5.21 (342.34)
perditionis. eorum, quos colunt, exempla perditionis insinuant; 2.10 (102.12)
'in quorum uicinia,' inquit, 'heu misero mihi locum despicio aeternae perditionis esse praeparatum.' 5.14 (314.19)
PERDO. perdendum. ac se priscis idolatriae sordibus polluendum perdendumque restituit. 3.1 (127.22)
perdere. immo fidem suam, quae omnibus ornamentis pretiosior est, amore pecuniae perdere.' 2.12 (110.11)
perderet. cum cuncta, quae poterat, ferro flammaque perderet, 3.17 (160.21)
contigit, ut multo plures aqua fugientes, quam bellantes perderet ensis. 3.24 (178.20)
priusquam subito mortis superuentu tempus omne paenitendi et emendandi perderet. 5.13 (311.13)
perdiderunt. inmortalitatem, . . . recto Dei iudicio perdiderunt. 1.27 (54.11)
perdidi. dumque intueor illud, quod perdidi, fit hoc grauius, quod porto.' 2.1 (74.25)
et mox uelut emoriens sensum penitus motumque omnem perdidi. 5.6 (290.14)
perdidisse. nos credere decet nihil eum monachicae perfectionis perdidisse 2.1 (74.29)
perdidit. sacramenta regni caelestis, . . . anathematizando prodidit [perdidit], uar. 3.1 (127.21)
et non multo post etiam regni terrestris potentiam perdidit. 3.7 (140.10)
perditam. repente uenit in mentem, quia, . . . perditam posset recipere lucem. 4.10 (224.29)
perditas. sed et perditas dudum uires recepisse sentiens, 5.4 (287.25)
perditi. 'quia noluisti te continere a domu perditi et damnati illius, tu in ipsa domu mori habes.' 3.22 (174.8)
perditis. nec, licet auctoribus perditis, excitatum ad scelera uulgus potuit recorrigi, 2.5 (92.8)
perditis. Aedilheri, . . . perditis militibus siue auxiliis interemtus est. 3.24 (178.16)
perditis. perditis nonnulla ex parte his, quae in naui erant, rebus, 5.9 (298.8)
PERDOCEO. perdocuit. per xxx et v libros expositionis miranda ratione perdocuit. 2.1 (75.23)
plurimos . . . ad unitatem reduxit catholicam, ac legitimum paschae tempus obseruare perdocuit. 5.15 (316.6)
celebrationem, ut diximus, praecipuae sollemnitatis sub figura coronae perpetis agere perdocuit. 5.22 (347.4)
PERDOMO. perdomuit. gentes, . . . maxima ex parte perdomuit, ac tributarias fecit. 2.5 (90.2)
PERDVCO. perducebant. gentem Anglorum ad agnitionem ueritatis perducebant. 2.1 (78.27)
perducendum. Accepit et praefatum Iohannem abbatem Brittaniam perducendum; 4.18 (241.18)
perducendus. es . . . liberandus a morte, et ad uisionem Domini Christi, cui fideliter seruisti, perducendus in caelum; 4.14 (234.22)
perducere. qui uos . . . ad agnitionem sui nominis est dignatus perducere, 2.17 (119.18)
curauit suos, . . . ad eum, . . . ueritatis callem perducere, 5.15 (316.1)
perduceret. his tamen condicionibus interpositis, ut ipse eum perduceret Brittaniam, 4.1 (202.30)
utque illum secum Romam perduceret, iussit. 5.19 (323.34)
perducit. omnipotens Deus bonos quosque ad populorum regimina perducit, 1.32 (67.27)
perducta. quae auctore Deo nuper adhuc ad fidem perducta est, 1.27 (48.30)
et te laborante perducta est, 1.29 (63.23)
cum . . . ad extrema esset perducta, coepit subito circa mediam noctem clamare his, 4.8 (221.8)
Perducta namque a puellis suis ad monasterium, 4.10 (225.1)
in ecclesia Anglorum, quae nuper auctore Deo ad fidem perducta est, 4.27 (270.33)
perducti. monachi . . . ad ritum paschae ac tonsurae canonicum Domino procurante perducti sunt. 5.22 (346.19)
perductum. Sed cum opus idem ad medium ferme esset perductum, 3.8 (144.12)
perducturi. nos enim te hodierna die ad caelestia sumus regna perducturi. 4.14 (234.9)
perductus. atque ad iudicem uinctus perductus est. 1.7 (18.29)
atque ad abbatissam perductus, iussus est, . . . indicare somnium, 4.24 (260.15)
qui infirmitate corporis tactus, et hac crescente per dies, ad extrema perductus, 5.12 (304.4)
Quo cum perductus essem, repente ductor meus disparuit, 5.12 (305.29)
Percussus enim langore, atque ad extrema perductus, uocauit fratres, 5.14 (314.13)
perduxerit. ad reuerentissimum uirum fratrem nostrum Augustinum episcopum perduxerit, 1.30 (65.5)
eius animum ad uerae conuersionis et indubitatae fidei credulitatem fraternitas uestra perduxerit. 2.8 (96.12)
perduxit. Aedilberctum regem ac gentem illius ab idolorum cultu ad Christi fidem perduxit, 2.3 (86.20)
illam prouinciam, . . . ad fidem et opera iustitiae, ac perpetuae felicitatis dona perduxit, 2.15 (116.35)
et perduxit eum ad portum, cui nomen est Quentauic; 4.1 (203.28)
ac multos eorum praedicando ad uiam ueritatis perduxit. 5.11 (302.19)
multosque . . . ad catholicam dominici paschae celebrationem huius lectione perduxit. 5.18 (321.5)
et se suosque omnes ad catholicum dominicae resurrectionis tempus celebrandum perduxit. 5.21 (332.21)
PERDVRO. perdurare. et ecclesias Anglorum, quibus praeerat, ab huiusmodi labe inmunes perdurare desiderans, 4.17 (238.29)
perduraret. ut . . . fides intemerata perduraret. 1.21 (41.8)
perdurasse. fanum rex . . . usque ad suum tempus perdurasse, et se in pueritia uidisse testabatur. 2.15 (116.12)
perdurauerant. tres suos filios, qui pagani perdurauerant, regni temporalis heredes reliquit, 2.5 (91.4)
perdurent. contigit, ut hactenus incorruptae perdurent. 3.6 (138.27)
perdures. 'Multum est, ut tota septimana absque alimento corporis perdures; 4.25 (263.29)
perduro. ferorque domum a sociis, ac tacitus tota nocte perduro. 5.6 (290.26)
PEREDO. perederet. cum . . . ipsa eius foramina ingrediens, quibus aedificio erat adfixa, perederet, 3.17 (160.33)
PEREGRINATIO. peregrinationem. ne . . . tam incertam peregrinationem adire deberent. 1.23 (43.1)
peregrinationis. Tum reuersus ad dilectae locum peregrinationis, solito in silentio uacare Domino coepit; 5.9 (298.23)

PEREGRINOR. **peregrinandi.** et ipsa proposito peregrinandi annum totum in praefata prouincia retenta est; . . . 4.23 (253.12)
peregrinantibus. quanto magis ciuibus patriae caelestis in hoc mundo peregrinantibus optandum est, . 5.21 (333.28)
peregrinari. cupiens in uicinia sanctorum locorum ad tempus peregrinari in terris, . . . 5.7 (294.10)
perigrinantibus. quanto magis ciuibus patriae caelestis in hoc mundo peregrinantibus [perigrinantibus] optandum est, . . . uar. 5.21 (333.28)
PEREGRINVS, a, um. **peregrina.** quae utraque cum esset peregrina, . . . 3.8 (142.25)
peregrinam. Sed et in Hibernia cum presbyter adhuc peregrinam pro aeterna patria duceret uitam, . 3.13 (152.16)
cupiens pro Domino, . . . peregrinam ducere uitam. . . . 3.19 (163.27)
desiderans . . . in monasterio Cale peregrinam pro Domino uitam ducere, . . . 4.23 (253.6)
Ecgberct, quem in Hibernia insula peregrinam ducere uitam pro adipiscenda in caelis patria retulimus, 5.9 (296.8)
peregrini. quia de longe huc peregrini uenistis, . . . 1.25 (46.11)
'Vt episcopi atque clerici peregrini contenti sint hospitalitatis munere oblato; . . . 4.5 (216.18)
iratus est ualde, quod ad se uenire uolentes peregrini non permitterentur; . . . 5.10 (300.22)
peregrinis. pauperibus et peregrinis semper humilis, benignus, et largus fuit. . . . 3.6 (138.9)
peregrinum. Sed hunc ubi peregrinum atque oriundum de natione Anglorum cognouere carnifices, . . 5.19 (325.5)
peregrinus. Vouit etiam uotum, quia adeo peregrinus uiuere uellet, . . . 3.27 (193.10)
Sed illo postmodum patriam reuerso, ipse peregrinus pro Domino usque ad finem uitae permansit. . 4.3 (211.22)
(nam multos annos in Hibernia peregrinus anchoreticam in magna perfectione uitam egerat), . . 5.9 (298.17)
ille gratias agens pietati, quam erga eum, cum esset peregrinus, habere dignaretur, . . . 5.19 (324.13)
PEREMO, PERIMO. **peremit.** alium de militibus, . . . sica nefanda peremit. . . . 2.9 (99.17)
utrumque rex Brettonum Ceadualla impia manu, sed iusta ultione peremit. . . . 3.1 (128.1)
ingrauescentibus causis dissensionum, miserrima hunc caede peremit. . . . 3.14 (155.7)
peremta. Nam cum peremta eorum corpora amni, ut diximus, a paganis essent iniecta, . . . 5.10 (300.28)
peremto. uerum etiam eidem peremto in regni gloriam successit. . . . 2.12 (110.23)
peremto. Eduine rege peremto, Paulinus Cantiam rediit. . . . 5.24 (354.1)
peremtum. et inuenit eadem ipsa die Osualdum regem fuisse peremtum; . . . 4.14 (235.25)
qui cum eum in pugna peremtum audiret, . . . 4.22 (250.19)
peremtus. Theodbald . . . cum omni illo, quem ipse ducebat, exercitu peremtus est. . . . 1.34 (71.28)
Eadfrid . . . regnante Osualdo, contra fidem iuris iurandi peremtus est. . . . 2.20 (125.1)
a quo et prodecessor eius Aeduini peremtus fuerat, . . . 3.9 (145.9)
Osuini, qui ab Osuiu crudeli caede peremtus est. . . . 3.14 (154.5)
Sed idem Peada proximo uere multum nefarie peremtus est, . . . 3.24 (180.16)
perimendum. nec tuis te hostibus perimendum tradat.' . . . 2.12 (109.3)
iamiamque uideret se esse perimendum, . . . 3.12 (151.28)
PERENNIS, e. **perenne.** Christianae pietatis, quae ad regnum perenne ducit, . . . 4.14 (234.27)
perennem. dicens, quod adueniente diluculo perennem esset exitura ad lucem. . . . 4.8 (221.24)
perennia. qui ubi regna perennia petens tres suos filios, . . . regni temporalis heredes reliquit, . . . 2.5 (91.4)
perennis. ante pedes eius fons perennis exortus est, . . . 1.7 (21.3)
perennis. 'Si uis perennis uitae felicitate perfrui, . . . 1.7 (19.24)
potest diuina pietas . . . ingressu te uitae perennis dignum reddere." . . . 3.13 (153.27)
perennium. qui . . . spe gaudiorum perennium delectati, profectum pietatis ex eius uerbis haurire uolebant. . . . 5.12 (309.19)
PERENNITER. oportet uestram celsitudinem, . . . piam regulam sequi perenniter principis apostolorum, 3.29 (197.26)
PEREO. **pereuntis.** totamque prope insulae pereuntis superficiem obtexit. . . . 1.15 (32.23)
peribit. Quicumque comederit fermentum, peribit anima illa de Israel, a die primo usque ad diem septimum," . . . 5.21 (335.1)
perierunt. ex quibus XL perierunt, . . . 1.2 (14.8)
periit. Quae cum uir eius Hereric exularet sub rege Brettonum Cerdice, ubi et ueneno periit, . . . 4.23 (255.33)
Anno DCLV, Penda periit, et Mercii sunt facti Christiani. . . . 5.24 (354.12)
perire. gemebant perire sibi populos euadentes; . . . 1.17 (35.14)
perirent. ne inprouiso mortis articulo praeuenti, inpaenitentes perirent. . . . 5.13 (313.8)
periret. quo miserabilius ipse desperata salute periret, . . . 5.14 (315.3)
perituræ. fugerunt foras nil ardenti domui et iamiamque perituræ prodesse ualentes. . . . 3.10 (147.19)
perituri. Benedictio perituri super me ueniebat, . . . 2.1 (77.25)
perituri. pariter omnes aut ruina perituri, aut fluctibus obsorbendi deciderent. . . . 4.13 (231.17)
PERFECTE. euangelizante antistite, qui Anglorum linguam perfecte non nouerat, . . . 3.3 (132.10)
quod de obseruatione paschae minus perfecte sapiebat; . . . 3.17 (161.11)
sed non adhuc animum perfecte a iuuenilibus cohibens inlecebris, . . . 5.6 (289.19)
"Si ab hoc," inquit, "sacerdote baptizatus es, non es perfecte baptizatus; . . . 5.6 (291.15)
PERFECTIO. **perfectio.** in delectatione fit nutrimentum, in consensu perfectio. . . . 1.27 (61.17)
immo indulta desuper operi uestro perfectio indicauit. . . . 2.8 (95.20)
perfectione. eratque . . . longaeua uitae perfectione eximius, . . . 3.4 (135.1)
Duxit autem uitam in magna . . . continentiae, simplicitatis, et iustitiae perfectione. . . . 3.27 (194.1)
iuxta exempla patrum antiquorum, in magna uitae perfectione administrare curauit; . . . 4.3 (207.3)
(nam multos annos in Hibernia peregrinus anchoreticam in magna perfectione uitam egerat), . . 5.9 (298.18)
perfectionis. in quo tanta perfectionis gratia coepit conuersari, . . . 2.1 (74.5)
nos credere decet nihil eum monachicae perfectionis perdidisse . . . 2.1 (74.29)
tria uerba maximae perfectionis plena superadiecit: . . . 2.1 (78.31)
non tamen sunt tantae perfectionis, ut in regnum caelorum statim mereantur introduci; . . . 5.12 (308.28)
PERFECTIOR, ius. **perfectiora.** ad capienda perfectiora, et ad facienda sublimiora Dei praecepta sufficerent.' . . . 3.5 (137.18)
tandem perfectiora desiderans, uenit Cantiam . . . 4.23 (254.33)
perfectioris. quamdiu nullus aduenerat, qui eis instituti perfectioris decreta, . . . ostenderet; . . . 3.25 (188.4)
PERFECTIVS. priusquam uel praeteritas neglegentias, . . . perfectius ex tempore castigaret, . . . 3.27 (193.7)
PERFECTVS. **perfectum.** et huius quoque rei notitiam ad perfectum percipere meruerunt, . . . 3.4 (135.12)
PERFERO. **perferendum.** datumque illi exemplar eius Romam perferendum. . . . 4.18 (242.17)
perferente. Nothelmo, ut diximus, perferente, . . . Praef. (6.31)
perferre. eo quod haberent aliquid legationis et causae utilis, quod deberent ad illum perferre. . . . 5.10 (299.30)
perfert. Eulalia et perfert, ignibus usta feris. . . . 4.20 (247.26)
perlata. opinio, quae de beato Gregorio traditione maiorum ad nos usque perlata est; . . . 2.1 (79.26)
perlatum. nihilominus exemplum catholicae fidei Anglorum Romam perlatum est, . . . 4.18 (242.29)
corpusque eius loculo inditum, perlatum est in monasterium ipsius, . . . 5.19 (322.21)
perlatus. Ibi ergo perlatus obsequentum manibus episcopus coepit orando periculum infirmus abigere, . 2.7 (94.24)
et ministerio fratrum perlatus in primum suum monasterium, . . . 5.19 (330.4)
pertuli. qui . . . adflictiones, . . . ab infidelibus et inimicis Christi ipse cum Christo coronandus pertuli? 2.6 (92.30)
pertulisse. quia hanc animum nescientem pertulisse magis dolendum est, quam fecisse. . . . 1.27 (60.8)
pertulit. quia, quod cogitauit sciens, hoc pertulit nesciens. . . . 1.27 (60.28)
neque aliquid ex eo tempore nocturni timoris aut uexationis ab antiquo hoste pertulit. . . . 3.11 (150.25)
signum incendii, quod in anima pertulit, . . . portauit; . . . 3.19 (167.7)
quae quondam ipsam adfixo Domini corpore crucem pertulit, . . . 5.16 (317.28)

pertullisse. hanc animum nescientem pertulisse [pertullisse] uar. 1.27 (60.8)
pertullit. hoc pertulit [pertullit] nesciens. uar. 1.27 (60.28)
PERFICIO. perfecit. bellum Aedilfrid . . . regni . . . sui, . . . anno xi, perfecit; 1.34 (72.1)
perfecit opus diu desideratum; 2.1 (81.1)
quam ipse coepit, sed successor eius Osuald perfecit, ut supra docuimus, 2.20 (125.23)
Nec mora, quae dixerat, regia auctoritate perfecit. 5.21 (346.5)
perfecta. iuxta ecclesiam beatorum apostolorum Petri et Pauli, . . . quia necdum fuerat perfecta nec dedicata. 2.3 (86.4)
statuerunt . . . ossa uero abbatissae . . . in aliam ecclesiam, quae esset perfecta ac dedicata, transferre. 3.8 (144.19)
et ea, quae minus perfecta repperit, his quoque iuuantibus corrigebat. 4.2 (205.21)
perfecta. quanto se in mente nostra gaudia de gentis uestrae perfecta conuersione multiplicant. 1.32 (69.28)
et abdicata minus perfecta institutione, 3.25 (189.6)
perfectam. animaduertit . . . minime perfectam esse uirtutis uiam, quae tradebatur a Scottis, 5.19 (323.12)
qui . . . perfectam se habere posse iustitiam dogmatizare praesumunt. 5.21 (340.27)
ipsa quoque postmodum per gentem Anglorum in eis, quae minus habuerat, ad perfectam uiuendi normam perueniret. 5.22 (347.9)
perfecti. Nam quicumque in omni uerbo, et opere, et cogitatione perfecti sunt, 5.12 (308.32)
perfecto. animas ad supernae ciuitatis gaudia perfecto agone miserunt. 1.7 (22.4)
perficere. Quod dum perficere non posset, 2.1 (80.29)
moris erat . . . opus euangelii magis ambulando per loca, quam equitando perficere, 4.3 (206.25)
nec tamen perficere, quod conabatur, posset, 5.15 (316.10)
eumque id, quod mente disposuerat, perficere suadebant. 5.19 (323.17)
perficeret. illa ne hoc perficeret, morte praerepta est, 3.8 (144.12)
Sed ne aliquid horum perficeret, superna illa oracula simul et opera restiterunt. 5.9 (296.25)
Quod ut facilius et maiore auctoritate perficeret, 5.21 (332.22)
perficeretur. Cuius ut uirtus, iuxta apostolorum, in infirmitate perficeretur, 4.9 (222.6)
ut, iuxta exemplum apostoli, uirtus eius in infirmitate perficeretur. 4.23 (256.16)
perfici. tunc peccatum cognoscitur perfici. 1.27 (61.15)
in qua hoc lex consummari et perfici debere decreuit, 5.21 (338.27)
perficiant. et ea, quae senserint, non sibimet discrepando perficiant. 1.29 (64.11)
perficiat. Omnipotens itaque Deus in uobis gratiam suam, quam coepit, perficiat, 1.32 (69.32)
perficiendum. se ipsum paratum esse in hoc opus Domino cooperante perficiendum, 2.1 (80.28)
opus idem successori suo Osualdo perficiendum reliquit. 2.14 (114.15)
perficiunt. basilicas sanctorum martyrum fundant, construunt, perficiunt, 1.8 (22.11)
PERFIDIA. perfidia. Conuincitur uanitas, perfidia confutatur; 1.17 (35.32)
tandem ad memoriam reduxit, quod eum pridem perfidia regno pulerit, 3.7 (141.15)
perfidiae. nihilominus exitiabile perfidiae suae uirus, 1.8 (22.29)
uenena suae perfidiae longe lateque dispersit, 1.10 (23.28)
quam in perfidiae sordibus inter idola uiuere cupientes. 3.30 (200.6)
et ipsi non multo post in eadem prouincia dignas suae perfidiae poenas luebant. 5.23 (349.16)
perfidiam. simoniacam tamen perfidiam tota mente detestor ac respuo; 5.21 (344.21)
PERFIDVS, a, um. **perfidae.** maximam gentis perfidae stragem dedit. 2.2 (84.4)
perfidi. ut etiam temporalis interitus ultione sentirent perfidi, 2.2 (85.1)
perfido. Nec supernae flagella districtionis perfido regi castigando et corrigendo defuere; 2.5 (90.33)
perfido. et ipsam gentem Merciorum . . . desecto capite perfido, ad fidei Christianae gratiam conuertit. 3.24 (179.18)
perfidorum. cum perfidorum principum mandata aduersum Christianos saeuirent, 1.7 (18.12)
ablata de medio regum perfidorum memoria, 3.1 (128.15)
perfidus. Cumque rex perfidus nullatenus precibus illius assensum praeberet, 3.24 (177.20)
PERFLO. perflante. alterum furenti grandine ac frigore niuium omnia perflante atque uerrente non minus intolerabile praeferebat. 5.12 (305.3)
PERFRVOR. perfruatur. et metropolitani honore perfruatur; 1.29 (64.1)
perfrui. 'Si uis perennis uitae felicitate perfrui, 1.7 (19.24)
meruit uisione perfrui, in qua admonitus est coepto uerbi ministerio sedulus insistere, 3.19 (164.4)
PERFVNDO. perfuderat. Tanta autem lux cuncta ea loca perfuderat, 5.12 (307.20)
perfundat. qui in eodem loco usque hodie copiosa fluenti sui dona profundat [perfundat]. uar. 5.10 (301.16)
perfusa. flectuque ac lacrimis multum perfusa, . . . nuntiauit matrem . . . migrasse de saeculo, 4.23 (257.22)
luna sanguineo rubore perfusa, Cont. (361.10)
perfussus. nec multo post plene curatus uitali etiam unda perfusus [perfussus] sum.' uar. 5.6 (291.28)
perfusus. nec multo post plene curatus uitali etiam unda perfusus sum.' 5.6 (291.28)
PERGO. pergat. Dei enim uoluntatis est, ut ad Columbae monasteria magis docenda pergat." ' 5.9 (297.14)
pergebat. et ascendens emissarium regis, pergebat ad idola. 2.13 (113.14)
pergendi. quousque Ebrinus maior domus regiae copiam pergendi, quoquo uellent, tribuit eis. 4.1 (203.15)
pergens. et ascendens emissarium regis, pergebat [pergens] ad idola. uar. 2.13 (113.14)
et pergens itinere suo peruenit ad uicum quendam uespere, 3.10 (147.8)
Etiam si in itinere pergens inueniretur, 3.26 (191.8)
pergentem. ut Augustinum Brittaniam pergentem benigne susciperet, 1.24 (43.30)
pergenti. Exemplar epistulae, quam Mellito abbati Brittaniam pergenti misit. 1.30 (64.25)
pergentibus. Tum subito occurrit pergentibus inimica uis daemonum, 1.17 (34.12)
pergentis. laetabantur de patrocinio pergentis ad Dominum patris, 5.22 (348.6)
pergit. dum ipse in hostem cum exercitu pergit, 1.2 (14.6)
Caeduald rex Occidentalium Saxonum Romam de Brittania pergit. 5.24 (355.14)
Coenred rex Merciorum, postquam v annos regnauit, Romam pergit. 5.24 (356.6)
perrexit. Hadrianus perrexit primum ad Emme Senonum, 4.1 (203.19)
PERGRANDIS, e. **pergrandem.** argenteam modo pergrandem sustinens crucem, 5.16 (317.29)
pergrandis. qui, in insula stagni illius pergrandis, . . . uitam ducens solitariam, annis singulis eum uisitare, . . . solebat. 4.29 (274.13)
PERHIBEO. perhibebat. Quam uidelicet reuelationem huiusmodi esse perhibebat: 3.8 (143.13)
qui se hoc ab ipso Vtta presbytero, . . . audisse perhibebat. 3.15 (158.26)
qui se haec ab ipso audisse perhibebat, 3.27 (192.32)
perhibent. contigit gentem Pictorum de Scythia, ut perhibent, . . . Hiberniam peruenisse, 1.1 (11.24)
Quod cum esset statutum, uenerunt, ut perhibent, vii Brettonum episcopi 2.2 (82.19)
multo ante tempore, ut perhibent, . . . fidem ueritatis acceperant, 3.4 (133.13)
At illi, ut perhibent, tractatum magnum in concilio, . . . habere coeperunt; 3.5 (137.9)
loculum, in quo primo sepulta est, nonnullis oculos dolentibus saluti fuisse perhibent; 4.19 (246.17)
perhibentur. Duces fuisse perhibentur eorum primi duo fratres Hengist et Horsa; 1.15 (31.29)
nonnulla caelestis gratiae dona specialiter ostensa fuisse perhibentur; 4.14 (232.30)
perhibet. Hoc autem miraculum memoratus abbas . . . ab his, qui praesentes fuere, sibi perhibet esse relatum. 5.5 (289.2)
Cuius doctrinae simul et Theodori inter alia testimonium perhibet, 5.20 (331.7)
perhibetis. et regulam ac praecepta caelestibus signis confirmata sequi perhibetis, 3.25 (187.27)
perhibetur. inter prouincias Iutarum et Saxonum perhibetur, 1.15 (31.25)

perniciosissimi. quatinus amoto torpore perniciosissimi cultus, . . . 2.11 (106.1)
PERNICITAS. pernicitas. uix sufficere pedum pernicitas credebatur. . . . 1.20 (39.13)
PERORO. perorante. Haec perorante Vilfrido, dixit rex: . . . 3.25 (188.21)
PERPARVVS, a, um. **perparuum.** Osuiu . . . perparuum, ut dixi, habens exercitum, . . . 3.24 (178.3)
illi perparuum, isti enormem; . . . 5.13 (313.15)
PERPAVCVS, a, um. **perpaucis.** ubi aeque anno uno monachicam cum perpaucis sociis uitam agebat. . 4.23 (253.16)
PERPENDO. perpendat. ut ipse in praesenti illic positus perpendat, . . . 1.30 (66.3)
perpende. Perpende autem, frater carissime, . . . 1.27 (55.29)
perpendo. Perpendo itaque, quid tolero, perpendo, quid amisi; . . . 2.1 (74.24)
PERPES. perpeti. perpeti stabilitate confirmet, . . . 2.18 (121.5)
perpetis. celebrationem, ut diximus, praecipuae sollemnitatis sub figura coronae perpetis agere perdocuit. 5.22 (347.3)
PERPETIOR. perpessus. quia . . . episcopus ab apostolo Christi tanta esset tormenta plagasque perpessus, 2.6 (93.7)
PERPETRO. perpetrant. qui habentes subsidia furtum perpetrant, . . . 1.27 (50.3)
perpetrare. ne tale aliquid audeant perpetrare. . . . 1.27 (51.31)
perpetratum. peccatum omnimodo perpetratum non est; . . . 1.27 (61.12)
perpetrauerint. Siqui autem perpetrauerint, . . . 1.27 (51.32)
perpetrauerunt. Siqui autem perpetrauerint [perpetrauerunt], . . . uar. 1.27 (51.32)
perpetrauit. homo, qui culpam sponte perpetrauit, . . . 1.27 (56.21)
PERPETVO. quia hoc obseruare tempus paschae cum uniuersa mea gente perpetuo uolo; . . . 5.21 (346.1)
PERPETVVM. perpetuum. regnante in perpetuum ac gubernante suam ecclesiam eodem Domino Iesu Christo, . . . 4.5 (214.30)
PERPETVVS, a, um. **perpetua.** Vt Edilthryd regina uirgo perpetua permanserit, . . . 4.19 (243.1)
perpetua. hos quoque unitas fidei etiam post huius uitae transitum in perpetua societate conseruet. . 2.11 (105.29)
dedit filiam suam Aelffledam, . . . perpetua ei uirginitate consecrandam; . . . 3.24 (178.24)
seu raptos e mundo a perpetua animae damnatione seruaret. . . . 4.14 (233.19)
perpetua tamen mansit uirginitatis integritate gloriosa; . . . 4.19 (243.11)
dolorem omnem ac mortem perpetua salute ac uita mutauit. . . . 4.19 (245.22)
perpetua. Aidan . . . de saeculo ablatus, perpetua laborum suorum a Domino praemia recepit. . . . 3.14 (157.17)
perpetuae. quod oblata sibi perpetuae salutis consilia spreuerant. . . . 2.2 (85.1)
illam prouinciam, . . . ad fidem et opera iustitiae, ac perpetuae felicitatis dona perduxit, . . . 2.15 (116.35)
et ipsa Deo dilectam perpetuae uirginitatis gloriam in magna corporis continentia seruauit; . . . 3.8 (144.6)
sed erga curam perpetuae suae saluationis nihil omnino studii et industriae gerens. . . . 3.13 (152.26)
non solum eam ab erumna perpetuae damnationis, . . . eripuit. . . . 4.13 (231.9)
qui, . . . monita ab eo perpetuae salutis audire solebat. . . . 4.29 (274.16)
ita etiam una atque indissimili sede perpetuae beatitudinis meruisset recipi. . . . 4.29 (275.21)
qui in praesenti quidem uita a deceptis hominibus putabantur digni perpetuae gloria coronae; . . . 5.21 (343.33)
perpetuam. nec dubito me post mortem corporis statim ad perpetuam animae mortem rapiendum, . 3.13 (153.5)
per quam se ad uitam animae perpetuam non dubitabant esse transituros. . . . 4.16 (238.7)
quo facilius perpetuam in caelis patriam posset mereri. . . . 4.23 (253.7)
ut, . . . tunc isti introitum eius in perpetuam animarum uitam cognoscerent. . . . 4.23 (258.7)
ne forte nos . . . ad perpetuam perditionem districtius examinans tollat. . . . 4.25 (266.11)
perpetuis. etiam a perpetuis malorum tormentis te liberans, . . . 2.12 (111.5)
perpetuo. "Et custodietis diem istum in generationes uestras ritu perpetuo. . . . 5.21 (335.21)
perpetuo. sed et cotidie a nobis perpetuo anathemate sepulta damnatur; . . . 2.19 (123.31)
in cuius regno perpetuo exsultet terra, . . . 5.23 (351.27)
perpetuo. seu raptos e mundo a perpetua [perpetuo] animae damnatione seruaret. . . . uar. 4.14 (233.19)
perpetuum. Caedualla, . . . relicto imperio propter Dominum regnumque perpetuum, uenit Romam; . 5.7 (292.15)
PERPLVRES, a. **perplura.** simul et dona in diuersis speciebus perplura; . . . 1.32 (67.20)
Attulit quoque secum uasa pretiosa Aeduini regis perplura, . . . 2.20 (126.8)
et ipse perplura catholicae obseruationis moderamina ecclesiis Anglorum sua doctrina contulit. . . 3.28 (195.26)
sed et alia perplura de beneficiis et iudiciis diuinis, . . . ad . . . solertiam bonae actionis excitare curabat. 4.24 (261.8)
alia perplura, quae tanti operis negotium quaerebat, uel ibi discere uel inde accipere cupiebat. . . 5.11 (302.1)
uel alia perplura ecclesiasticae castitati et paci contraria gerunt, . . . 5.18 (321.1)
perplures. aliique utriusque sexus diuersis in locis perplures, . . . 1.7 (22.2)
sunt alii perplures hisdem in partibus populi paganis adhuc ritibus seruientes, . . . 5.9 (296.18)
Bonifatius consiliarius apostolici papae, et alii perplures, . . . dicebant ipsum esse episcopum, . . . 5.19 (328.5)
perplurium. ubi constructo monasterio uirginum Deo deuotarum perplurium . . . 4.19 (244.4)
PERPLVRIMVS, a, um. **perplurima.** accepit rex Aeduini cum cunctis gentis suae nobilibus ac plebe perplurima fidem et lauacrum . . . 2.14 (113.28)
PERPVLCHER, chra, chrum. **perpulchrum.** protulitque unus libellum perpulchrum, sed uehementer modicum, . . . 5.13 (312.4)
PERQVIRO. perquirentes. et perquirentes subtilius, inuenerunt, quia de illo loco adsumptus erat puluis, 3.10 (147.22)
perquirere. crebrius in conuentu sororum perquirere coepit, quo loci in monasterio corpora sua poni, 4.7 (219.22)
perquirite. una cum eo residentes subtili cuncta inuestigatione perquirite, . . . 1.28 (62.22)
perquisisset. cumque de glorioso coniuge uestro paterna caritas sollicite perquisisset, . . . 2.11 (105.7)
PERRONA, *Péronne.*
Perrona. ecclesiae, quam in uilla sua, cui nomen est Perrona, faciebat, . . . 3.19 (168.17)
PERSCRVTOR. perscrutato. perscrutato eiusdem sanctae ecclesiae Romanae scrinio, . . . Praef. (6.19)
PERSECVTIO. persecutio. quae persecutio omnibus fere ante actis diuturnior atque inmanior fuit; . . 1.6 (17.29)
persecutione. cessari mox a persecutione praecepit, . . . 1.7 (21.21)
hac cessante persecutione, . . . 1.8 (22.5)
persecutionis. At ubi turbo persecutionis quieuit, . . . 1.8 (22.7)
PERSECVTOR. persecutore. Dum ergo is ex persecutore factus esset collega ueritatis et fidei, . . . 1.7 (20.24)
rubuisse martyrum aedem, persecutore pallente. . . . 1.18 (37.2)
persecutores. clericum quendam persecutores fugientem hospitio recepit; . . . 1.7 (18.14)
persecutoribus. qui se ultro persecutoribus fidei Christianum esse prodiderat, . . . 1.7 (19.12)
persecutoris. ut uitam suam a tanti persecutoris insidiis tutando seruaret; . . . 2.12 (107.21)
PERSENTIO. persensit. uel a cultu Christianae religionis reuocari non posse persensit, . . . 1.7 (20.3)
PERSEQVOR. persecutus. et ut Christianos persecutus sit. . . . 1.6 (17.7)
persequente. Cum persequente illum Aedilfrido, qui ante eum regnauit, . . . 2.12 (107.17)
persequuntur. profecto et ipsi, quamuis arma non ferant, contra nos pugnant, qui aduersis nos inprecationibus persequuntur.' . . . 2.2 (84.22)
PERSEVERO. perseueraret. Cumque ita sine cibo et potu, sine uoce et auditu, quatriduo perseueraret, 5.19 (328.27)
perseuerauerit. 'Qui perseuerauerit usque in finem, hic saluus erit.' . . . 2.8 (96.5)
PERSISTO. persistens. uerum solus in oratione persistens noctem ducebat peruigilem, . . . 5.6 (290.31)
usque ad diem in oratione persistens, mox omnem, quam possederat, substantiam in tres diuisit portiones, . . . 5.12 (304.16)
persistens. et ita in amore Redemtoris sui inmutilata deuotione persistens inuigilet, . . . 2.11 (105.5)
tum regina cum suis persistens adhuc in ieiunio diem palmarum celebraret. . . . 3.25 (182.5)
persistere. ut in fide ueritatis, quam acceperant, persistere semper ac proficere curarent. . . . 2.17 (118.30)
persistentes. iugiter persistentes laudabili patientia redemtionem gentis illius exspectastis, . . . 2.8 (96.2)

nisi ut in bonis actibus persistentes, . . . eum colere, . . . festinemus? 2.17 (119.11)
PERSOLVO. persoluto. ministerio persoluto, deuotione conpleta, 1.7 (21.8)
PERSONA. persona. et ut regia uiri sancti persona memoriam haberet aeternam, 3.11 (148.29)
Profecto enim dum huiusmodi apta reppertaque persona fuerit, 3.29 (198.4)
persona. Hoc tua fraternitas ex persona furis pensare potest, 1.27 (50.1)
Scripsi autem haec de persona et operibus uiri praefati; 3.17 (161.9)
Qui cum esset iuuenis optimus, ac regis nomine ac persona dignissimus, 3.21 (169.26)
Recapitulatio chronica totius operis; et de persona auctoris. 5.24 (352.1)
personae. ne ad mortem ueniens tanto adfectus dolore aliquid indignum suae personae uel ore proferret, 4.11 (226.10)
personae. quod uni personae infirmanti conceditur, 1.27 (56.6)
personam. niueis uestibus uidit sibi adesse personam, 1.19 (38.1)
quod benedicens filium patriarcha in personam Saulis dicebat, 1.34 (71.18)
Cuius personam, uitam, aetatem, et obitum, epitaphium quoque monumenti ipsius . . . pandit; 5.8 (295.4)
personas. qua discretione singulas quasque audientium instruere personas, 2.1 (76.18)
personis. hoc est unum Deum in tribus subsistentiis, uel personis consubstantialibus, 4.17 (239.28)
PERSPICIO. perspexeris. si ea, . . . meliora esse et fortiora, habita examinatione perspexeris, 2.13 (112.1)
perspexisse. ut ego mihi uideor perspexisse, 1.25 (46.12)
perspicio. nam uere dico uobis, quia domum hanc tanta luce inpletam esse perspicio, 4.8 (221.16)
PERSTO. perstantes. alii perstantes in patria trepidi 1.15 (33.1)
persteterit. quia a tempore matutinae laudis saepius ad diem usque in orationibus persteterit, 3.12 (151.22)
ex tempore matutinae synaxeos, usque ad ortum diei, in ecclesia precibus intenta persteterit. 4.19 (244.16)
PERSTRINGO. perstringenda. e quibus hic aliqua breuiter perstringenda esse putaui. 5.12 (303.31)
perstrinximus. per cuius relationem ad nostram quoque agnitionem peruenere, quae de his pauca perstrinximus. 5.12 (309.30)
PERSVADEO. persuadendi. Porro Cudbercto tanta erat dicendi peritia, tantus amor persuadendi, quae coeperat, tale uultus angelici lumen, 4.27 (269.33)
persuadendo. et in ecclesiae corpore monendo et persuadendo, 1.27 (53.18)
persuadere. si reginae posset persuadere eius uti conubio, 4.19 (243.17)
persuaderet. Earpualdo filio Redualdi, persuaderet, . . . fidem et sacramenta Christi . . . suscipere. 2.15 (115.26)
persuasus. persuasus maxime ad percipiendam fidem a filio regis Osuiu, 3.21 (170.7)
PERSVASIO. persuasione. ut indocti doceantur, infirmi persuasione roborentur, 1.27 (53.23)
persuasionis. neque uersutiam nefariae persuasionis refutare 1.17 (33.29)
Latebant abditi sinistrae persuasionis auctores, 1.17 (35.13)
PERTAEDET. pertaesus. rex, qui Saxonum tantum linguam nouerat, pertaesus barbarae loquellae, 3.7 (140.28)
PERTENVIS, e. pertenui. quod esset uir longae staturae, . . . naso adunco pertenui, 2.16 (117.28)
halitu tantum pertenui, quia uiueret, demonstrans. 5.19 (328.25)
PERTERREO. perterrita. At multitudo omnis desperatione perterrita obuiam currit incendio. 1.19 (37.18)
Statimque exsurgens, nimio timore perterrita, cucurrit ad uirginem, 4.23 (257.20)
perterriti. qui uel tormentorum metu perterriti, . . . profectum pietatis ex eius uerbis haurire uolebant. 5.12 (309.19)
perterritum. Ibi Gratianum Augustum subita incursione perterritum, 1.9 (23.15)
'At cum me hoc spectaculo tam horrendo perterritum paulatim in ulteriora produceret, 5.12 (305.20)
PERTIMESCO. pertimescas. et timendo gaudeas, et gaudendo pertimescas. 1.31 (66.17)
pertimescas uero, ne inter signa, quae fiunt, infirmus animus . . . se eleuet, 1.31 (66.19)
pertimescens. Cumque adpropinquassent, pertimescens ille dicit angelo: 3.19 (165.32)
pertimuit. Quod uidens episcopus, multum pertimuit, ac statim exsurgens leuauit eum, 3.14 (157.1)
PERTINEO. pertinebant. Haec et alia quamplura, quae ad caritatem pertinebant, . . . prosecutus sum. 4.5 (215.20)
Et post multa huiusmodi, quae ad rectae fidei confessionem pertinebant, 4.17 (239.31)
pertinebat. emitque partem eius non grandem, . . . a comite, ad cuius possessionem pertinebat; 4.4 (213.27)
quae eatenus ad ciuitatis Ventanae, cui tunc Danihel praeerat, parrochiam pertinebat, 5.18 (321.17)
pertinens. Qui locus, ad prouinciam Berniciorum pertinens, uulgo uocatur Ad Candidam Casam, 3.4 (133.21)
pertinent. ea, quae ad fidem ac ueritatem pertinent, et uerbo cunctos docebat, et opere. 3.26 (190.3)
monasterio . . . in earum, quae ad communes usus pertinent, rerum prouidentia praefuit. 4.10 (224.10)
quod per terras Iutorum, quae ad regionem Geuissorum pertinent, praefatum pelagus intrat; 4.16 (238.21)
sed ea tantummodo, quae ad religionem pertinent, religiosam eius linguam decebant. 4.24 (259.11)
aliaque huiusmodi, quae ad ornatum domus Dei pertinent, studiosissime parauit. 5.20 (331.27)
pertinerent. qui tamen et ipsi ad curam episcopi familiariter pertinerent. 4.27 (270.25)
pertineret. quid ad eum pertineret, utrum ipse intus an foris noctem transigeret. 2.12 (108.28)
pertinet. 'Quid ad te pertinet, qua sim stirpe genitus? 1.7 (19.17)
Ad cuius pietatis et iustitiae opus pertinet etiam hoc, 2.1 (78.4)
quae uidelicet insula ad ius quidem Brittaniae pertinet, 3.3 (132.31)
ad cuius uicina pertinet locus ille, ubi sonum cantilenae . . . audisti. 5.12 (308.33)
quia nimirum haec ad numerum pertinet illarum VII dierum, 5.21 (337.14)
haec ad praecedentis anni nouissimum pertinet mensem, 5.21 (339.9)
Episcopatus Vectae insulae ad Danihelem pertinet episcopum Ventae ciuitatis. 5.23 (350.20)
PERTINGO. pertingant. ad caelestia, cum Dominus uoluerit, regna pertingant. 1.29 (64.19)
pertingebant. qui ad nostra usque tempora pertingebant. 5.21 (341.22)
pertingens. pertingens usque ad mare, 2.16 (117.8)
pertingere. quamuis ad se inuicem pertingere non possint. 1.12 (25.30)
pertingit. quae post Cantuarios ad austrum et ad occidentem usque ad Occidentales Saxones pertingit, 4.13 (230.10)
PERTRAHO. pertrahar. et paratis ad rapiendum me daemonibus in inferni claustra pertrahar.' 5.13 (312.30)
pertrahi. ad simulacra daemonum, . . . eum iussit pertrahi: 1.7 (19.6)
pertrahunt. donec ipsum quoque lacrimis plenum dulcibus extrahunt latebris, atque ad synodum pertrahunt. 4.28 (272.27)
pertrahuntur. animae per exteriora miracula ad interiorem gratiam pertrahuntur; 1.31 (66.19)
PERTRANSEO. pertransisse. sentit, . . . manum . . . corporis sui partem, paulatim fugiente dolore, ac sanitate subsequente, ad pedes usque pertransisse. 4.31 (279.7)
pertransiuimus. hoc in Gallia, quas discendi uel orandi studio pertransiuimus, ab omnibus agi conspeximus; 3.25 (184.23)
PERTVRBATIO. perturbationis. Auxit autem procellam huiusce perturbationis etiam mors Sabercti regis Orientalium Saxonum, 2.5 (91.2)
PERTVRBO. perturbamus. et tranquillitatem in nobis animi perturbamus; 1.27 (58.10)
perturbatur. quod in eo animus perturbatur. 1.27 (58.12)
perturbetis. Vos itaque, . . . nullo modo uestrum animum perturbetis; 1.32 (69.20)
PERVRGEO. perurgeret. At si procella fortior aut nimbus perurgeret, 4.3 (210.24)
PERVADO. peruaserat. ut omnem mox fetorem tenebrosi fornacis, qui me peruaserat, effugaret admirandi huius suauitas odoris. 5.12 (307.18)
PERVAGOR. peruagatus. multo tempore totas eorum prouincias debacchando peruagatus, 2.20 (125.14)
longe lateque omnia peruagatus, et populum et regem praefatum ad uiam iustitiae reduxit; 3.30 (200.1)
et multa diu loca peruagatus, Romam adiit, Brittaniam rediit; 4.13 (230.4)
PERVENIO. peruenerat. fama ad eum Christianae religionis peruenerat, 1.25 (45.21)
quaquauersum imperium regis Æduini peruenerat, 2.16 (118.4)

qui de monasterii probatione diuturna ad heremiticam peruenerat uitam. 3.19 (168.4)
peruenere. per cuius relationem ad nostram quoque agnitionem peruenere, quae de his pauca perstrinximus. 5.12 (309.30)
perueneris. sed ubi ad ceruicem considerando perueneris, 5.21 (343.29)
peruenerit. uel prouincia Merciorum ad fidem Christi, quam non nouerat, peruenerit, Praef. (7.11)
peruenerunt. qui ad nos gloriosi filii nostri Audubaldi regis laudabilem conuersionem nuntiantes peruenerunt, 2.11 (104.30)
ubi ad loca sancta Romam peruenerunt, 5.19 (322.14)
perueniebat. omnibus, ubicumque perueniebat, clementiam pii Conditoris . . . praedicabat.' 3.13 (153.34)
perueniens. ac deinde ad sanctum Albanum perueniens, 1.18 (36.4)
Sed Brittaniam perueniens, ac primum Geuissorum gentem ingrediens, 3.7 (139.17)
Penda Merciorum rex cum hostili exercitu haec in loca perueniens, 3.17 (160.20)
Verum Vighard Romam perueniens, . . . morte praereptus est, 3.29 (196.17)
In hanc ergo perueniens, construxit monasterium, 4.4 (213.14)
ad suum fratrem perueniens, replicauit ex ordine cuncta, 4.22 (251.30)
ut ad ecclesiam, quoque modo posset, perueniens, intraret ad tumbam . . . Cudbercti, 4.31 (278.20)
Etenim illo perueniens, pontificatum agente Sergio, baptizatus est 5.7 (292.22)
Fresiam perueniens, duobus annis continuis genti illi . . . uerbum salutis praedicabat, 5.9 (298.19)
ac post multa ad memoratum Christi famulum Adamnanum perueniens, 5.15 (316.25)
patriam uero perueniens, maximam possessionum tuarum, quae tibi ablatae sunt, portionem recipies, 5.19 (329.18)
peruenientes. Ad hanc ergo usque peruenientes nauigio Picti, 1.1 (12.1)
Verum illi Cantiam peruenientes, 3.28 (195.6)
peruenire. ad quos haec eadem historia peruenire potuerit Praef. (8.9)
cui ardens inerat deuotio mentis ad martyrium ocius peruenire, 1.7 (20.14)
contigit . . . Cedd . . . peruenire ad ecclesiam Lindisfaronensem 3.22 (172.30)
atque haec, usquedum ad eius uisionem peruenire meruit, intemerata seruauit. 4.23 (252.29)
desiderans . . . Galliam peruenire, atque in monasterio Cale peregrinam pro Domino uitam ducere, 4.23 (253.5)
dones etiam benignus aliquando ad te fontem omnis sapientiae peruenire, 5.24 (360.6)
perueniremus. 'Cumque reuersi perueniremus ad mansiones illas laetas spirituum candidatorum, dixit mihi: 5.12 (308.7)
peruenirent. si peruenirent ad satrapam, et loquerentur cum illo, 5.10 (300.12)
perueniret. ut ubi res ueniret [perueniret] in dubium, uar. 1.1 (12.14)
si temporis illius erumnis exemtus ad regni fastigia perueniret. 2.12 (107.16)
sed etiam eum, ut in regnum perueniret, adiuuit. 2.12 (110.13)
presbyteros et diaconos, usquedum archiepiscopus ad sedem suam perueniret, ordinabat. 4.2 (206.3)
donec ad tectum usque oratorii, in quo erat episcopus, perueniret; 4.3 (208.25)
Quo dum perueniret, quamuis multum renitens, unanima cunctorum uoluntate superatur, 4.28 (272.27)
per gentem Anglorum in eis, quae minus habuerat, ad perfectam uiuendi normam perueniret. 5.22 (347.9)
peruenisse. extra fines omnes Brittaniae Hiberniam peruenisse, 1.1 (11.26)
ubicumque ea peruenisse contingeret, 5.10 (300.34)
peruenissemus. Cum ergo peruenissemus ad murum, 5.12 (307.14)
peruenissent. Qui cum ad tugurium martyris peruenissent, 1.7 (18.26)
Qui cum pariter per mare ad Massiliam, ac deinde per terram Arhelas peruenissent, 4.1 (203.12)
Qui cum Lugdunum peruenissent, 5.19 (324.1)
peruenisset. Qui cum ad prouinciam Orientalium peruenisset Anglorum, 3.19 (163.28)
peruenit. quamuis magno aequore interiacente peruenit. 1.1 (11.34)
peruenit ad aures nefandi principis 1.7 (18.21)
peruenit ad flumen, quod muro et harena, . . . diuidebatur; 1.7 (20.4)
Augustinus cum famulis Christi, . . . rediit in opus uerbi, peruenitque Brittaniam. 1.25 (44.29)
Peruenit autem ad regem primo die paschae iuxta amnem Deruuentionem, 2.9 (99.5)
et pergens itinere suo peruenit ad uicum quendam uespere, 3.10 (147.9)
hostilis Merciorum exercitus . . . peruenit ad urbem usque regiam, 3.16 (158.32)
Sed uir Dei ubi ad patefactam usque inter flammas ianuam peruenit, 3.19 (166.23)
per cuius notitiam maxime ad diligendum noscendumque episcopum peruenit. 3.23 (175.11)
Peruenit et ad ipsas principum aures, Osuiu uidelicet regis, et filii eius Alchfridi. 3.25 (182.24)
Qui ubi Romam peruenit, 4.1 (201.19)
Qui statim ut ad illum uenit [peruenit], uar. 4.1 (204.4)
Peruenit autem Theodorus ad ecclesiam suam secundo postquam consecratus est anno, 4.2 (204.13)
ubi ad extrema peruenit, clamauit tertio unam de consecratis Christo uirginibus, 4.8 (220.28)
ad quos felix industriae ac uirtutis eius rumor peruenit, 4.23 (255.29)
VII° ergo suae infirmitatis anno, . . . ad diem peruenit ultimum, 4.23 (256.26)
Cudberct . . . ad anchoriticae quoque contemplationis, quae diximus, silentia secreta peruenit. 4.28 (271.7)
et maximo cum labore baculo innitens domum peruenit. 4.31 (278.15)
ad monasterium Mailros, quod Tuidi fluminis circumflexu maxima ex parte clauditur, peruenit; 5.12 (304.21)
Vt autem sonitus idem clarior redditus ad me usque peruenit, 5.12 (306.12)
ad uisionem beatorum apostolorum in caelis diu desideratam peruenit. 5.19 (322.16)
peruenit ad amicitiam uiri sanctissimi ac doctissimi, Bonifatii 5.19 (324.22)
perueniunt. omnes in die iudicii ad regnum caelorum perueniunt. 5.12 (308.18)
mox de corpore egressi ad regnum caeleste perueniunt; 5.12 (308.33)
moxque ut ad se inuicem perueniunt, moriar, 5.13 (312.29)
PERVERSITAS. **peruersitate.** Conpressa itaque peruersitate damnabili, 1.18 (36.21)
peruersitatem. nuntiatur . . . Pelagianam peruersitatem iterato paucis auctoribus dilatari; 1.21 (39.32)
PERVERSVS, a, um. **peruersi.** peruersi auctoritate corrigantur. 1.27 (53.24)
peruersis. Romanam rempuplicam a peruersis idolorum cultibus reuocans 1.32 (68.16)
nam rediens domum ab uxore sua et quibusdam peruersis doctoribus seductus est, 2.15 (116.4)
peruerso. sicque diem paschae ordine peruerso, et aliquando in secunda ebdomada totam conpleant, 5.21 (338.6)
peruersum. deuitando quod noxium est ac peruersum, Praef. (5.15)
peruersum. cum neque suscipere dogma peruersum . . . uellent, 1.17 (33.28)
PERVIGIL. **peruigil.** quare . . . solus ipse mestus in lapide peruigil sederet. 2.12 (108.27)
saepe autem noctes integras peruigil in oratione transigeret. 4.25 (263.6)
peruigilem. uerum solus in oratione persistens noctem ducebat peruigilem, 5.6 (290.32)
PERVOLO. **peruolans.** atque ad caelestia semper amanda, petenda, et quaerenda peruolans. 2.7 (94.11)
peruolantes. sinistri spiritus peruolantes totam insulam 1.21 (40.10)
peruolauerit. aduenìens unus passerum domum citissime peruolauerit; 2.13 (112.12)
PES. **pede.** percusserunt me, unus in capite et alius in pede: 5.13 (312.26)
pedem. Germani pedem lapsus occasione contriuit, 1.19 (37.8)
quid ageret, quoue pedem uerteret, nescius. 2.12 (108.18)
pedes. incluso meatu, ante pedes eius fons perennis exortus est, 1.7 (21.2)
VIII pedes latum, et XII altum, 1.12 (27.23)
pedes habent, et non ambulabunt; 2.10 (102.17)
Qui cum tremens ad pedes eius procidere uellet, 2.12 (110.30)

festinusque accedens ante pedes episcopi conruit, 3.14 (156.31)
ceceditque ante pedes eius, ueniam reatus postulans. 3.22 (174.3)
aliquoties equo sedens, sed saepius pedes incedens, circumpositas ueniebat ad uillas, 4.27 (269.25)
sensit dimidiam corporis sui partem a capite usque ad pedes paralysis langore depressam, 4.31 (278.13)
sentit, . . . manum . . . corporis sui partem, paulatim fugiente dolore, ac sanitate subsequente, ad pedes usque pertransisse. 4.31 (279.7)
et resederunt circa me, unus ad caput, et unus ad pedes; 5.13 (312.3)
pedibus. pedibus eius aduoluitur, 1.7 (20.21)
Cum subito Elafius pedibus aduoluitur sacerdotum, 1.21 (40.23)
iam substratus sanctorum pedibus seruit oceanus, 2.1 (78.13)
pedibus. et cum his, qui se adduxerant, sana pedibus incedendo reuersa est. 3.9 (146.24)
certe dispectui habita foras proicerentur, et pedibus conculcata in terram uerterentur. 3.22 (171.30)
non equitando, sed apostolorum more pedibus incedendo peragrare. 3.28 (195.21)
pedum. uix sufficere pedum pernicitas credebatur. 1.20 (39.13)
Discurrere per cuncta et urbana et rustica loca, non equorum dorso, sed pedum incessu uectus, 3.5 (135.29)
ipsa libero pedum incessu domum laeta reuersa est; 4.10 (225.9)
a parte uero pedum mensura IIII digitorum in sarcofago corpus excederet. 4.11 (227.15)
gaudens nimirum uti officio pedum, quo tanto erat tempore destitutus. 5.2 (284.21)
sepulchrum Domini . . . longitudinis VII pedum, trium mensura palmarum pauimento altius eminet; 5.16 (318.14)
pes. Oculus fui caeco, et pes claudo. 2.1 (77.28)
PESSIMVS, a, um. **pessimam.** 'Non,' inquit, 'insanio, sed pessimam mihi scientiam certus prae oculis habeo.' 5.13 (311.31)
PESTIFER, era, erum. **pestifer.** fames et aerum pestifer odor plura hominum milia iumentorumque deleuit. 1.13 (29.10)
PESTILENTIA. pestilentia. luxuria, pestilentia, et exterminium gentis secutum sit. 1.14 (29.13)
pestilentiae [pestilentia] lues, . . . hominum multitudinem strauit. uar. 3.27 (191.30)
et pestilentia uenit; 5.24 (354.16)
pestilentia. omnes pene qui cum eo aduenerant socii, pestilentia superueniente deleti sunt. 4.1 (202.2)
Hic praefata pestilentia tactus, . . . clamauit tertio 4.8 (220.28)
pestilentiae. tempestates, bella, fames, pestilentiae, terrae motus per loca; 1.32 (69.16)
omnes ibidem superueniente praefatae pestilentiae clade defuncti sunt, 3.23 (176.32)
quo etiam anno subita pestilentiae lues, . . . multitudinem strauit. 3.27 (191.30)
Anno memorato praefatae eclypsis et mox sequentis pestilentiae, 4.1 (201.5)
pestilentiae. et hac quasi uia pestilentiae trans oceanum patefacta, 1.8 (22.17)
pestilentiam. quia per prophetiae spiritum, et pestilentiam, qua ipsa esset moritura, praedixerit, 4.19 (244.18)
PESTIS. peste. fidem Brittaniarum feda peste commaculauerat. 1.17 (33.26)
ut si ferri uulnus minus ad mortem regis sufficeret, peste iuuaretur ueneni. 2.9 (99.4)
qui in tantum erant ab omni auaritiae peste castigati, 3.26 (191.20)
pestis. nec mora pestis secuta est; 1.13 (29.8)
homines acerba pestis corripuit, 1.14 (30.9)
percussus est eiusdem clade pestis inter alios scolasticus quidam de genere Scottorum, 3.13 (152.24)
pestis. renascentibus uirgultis Pelagianae pestis, 1.21 (39.28)
PETITIO. petitionem. Et tam iuxta uestram petitionem, . . . auctoritatem tribuimus, 2.18 (121.19)
quem Brittaniam destinatum ad petitionem eorum ordinauit reuerentissimus Vilfrid episcopus, 5.11 (302.9)
petitioni. Quorum petitioni festinus obtemperat. 1.21 (40.3)
PETITVM. petita. Didicerat enim per uisionem et quid ille petisset, et quia petita inpetrasset. 3.27 (193.24)
PETO. petamus. Et dum adsiderem illi, dixit: 'Vis petamus bibere?' 5.3 (286.13)
petebant. alii transmarinas regiones dolentes petebant; 1.15 (32.33)
promittens se mittere eos ad satrapam, qui super se erat, ut petebant, aliquot diebus secum retinuit. 5.10 (300.5)
petebantur. desiderantes quidem genti, quam petebantur, saluti esse, 3.5 (137.11)
petebat. rex locum sedis episcopalis in insula Lindisfarnensi, ubi ipse petebat, tribuit. 3.3 (132.2)
Neque aliter, quod petebat, inpetrare potuit, 3.21 (170.2)
Incubuit precibus antistes, statimque edoctus in spiritu inpetrasse se, quod petebat a Domino: 4.29 (275.5)
petebatur. qui libenter eum excipiens, promisit se, quae petebatur, esse facturum. 2.12 (107.23)
Ceolfrid misit architectos, quos petebatur, 5.21 (333.12)
petenda. atque ad caelestia semper amanda, petenda, et quaerenda peruolans. 2.7 (94.11)
petens. simul et necessariis eius responsa petens acceperit. 1.27 (48.2)
qui ubi regna perennia petens tres suos filios, . . . regni temporalis heredes reliquit, 2.5 (91.4)
petens, ut sibi mitteretur antistes, 3.3 (131.11)
Cui cum . . . pauper quidam occurreret elimosynam petens, 3.14 (156.12)
Hunc ergo solus petens, 3.19 (168.5)
qui petens indutias, si forte alium, qui episcopus ordinaretur, ex tempore posset inuenire. 4.1 (202.21)
petens. petens, ut lucernam, quae inibi accensa erat, extinguerent. 4.8 (221.10)
petentes. Itaque petentes Brittaniam Picti, 1.1 (12.10)
petenti. ne tamen obnixe petenti nil ferret auxilii, 3.7 (141.23)
petentibus. petentibus hunc ecclesiae Anglorum archiepiscopum ordinari; 4.1 (201.16)
petere. fratres monasterii illius, qui pridie abnuerant, diligenter ipsi petere coeperunt, 3.11 (148.24)
peterent. Cumque uxores Picti non habentes peterent a Scottis, 1.1 (12.13)
At cum idem globi ignium sine intermissione modo alta peterent, 5.12 (305.33)
peteret. ut in arduo montis cacumine martyr aquam, . . . peteret, 1.7 (21.6)
Huius consortium cum primo ipse missis procis a fratre eius Aeodbaldo, . . . peteret; 2.9 (97.27)
cum mortuo Iarumanno sibi quoque suisque a Theodoro episcopum dari peteret, 4.3 (206.16)
si ad monasterium delata uirginum sanctimonialium, ad reliquias sanctorum peteret, 4.10 (224.29)
Cudberct, priusquam insulam Farne peteret, 4.30 (277.2)
petierant. esse scilicet episcopum, quem petierant a Romano antistite in regno Francorum, 4.1 (203.24)
petierat. etsi pontifex concedere illi, quod petierat, uoluit, 2.1 (80.30)
Quod ita, ut petierat, inpletum est, anno ab incarnatione Domini DCXCVI. 5.11 (303.1)
petierit. Vt Lucius Brittanorum rex, . . . Christianum se fieri petierit. 1.4 (16.2)
petierunt. petierunt in ea sibi quoque sedes et habitationem donari. 1.1 (12.2)
sacerdotes beatum Albanum martyrem, . . . petierunt, 1.18 (36.24)
sanctorum antistitum auxilium petierunt; 1.20 (38.11)
Neque umquam prorsus, ex quo Brittaniam petierunt Angli, feliciora fuere tempora; 4.2 (205.4)
petieruntque ab eo, ut transmitterentur ad satrapam, qui super eum erat, 5.10 (299.27)
petiit. tranquillo nauigio Brittanias petit [petiit]. uar. 1.21 (40.9)
Nam mutato repente habitu saeculari monasterium petiit, 2.1 (74.5)
Neque aliquanto tardius, quod petiit, inpetrauit; 3.3 (131.14)
Verum nos de transitu tantum illius, quo caelestia regna petiit, aliquid breuiter dicere sufficiat. 3.8 (143.4)
At illa petiit sibi portionem pulueris salutiferi dari; 3.11 (149.16)
sui regni sedem repetiit [petiit], uar. 3.22 (172.21)
petiit presbyterum suum Cynibillum, . . . pia coepta conplere. 3.23 (176.3)
petiitque et accepit ab eo, . . . epistulam priuilegii 4.18 (241.11)

pietatis. exemplum fidei ac pietatis illius coepit aemulari, 1.7 (18.17)
pro benignitate suae pietatis fecunditatem ei subolis reseruauit. 1.27 (54.14)
ut per eos omnibus, ... dona suae pietatis inpendat. 1.32 (67.28)
Ad cuius pietatis et iustitiae opus pertinet etiam hoc, 2.1 (78.4)
Ad hoc enim misericordiam dominicae pietatis consecuta es, 2.11 (106.6)
illud etiam clementer conlata suae pietatis munificentia tribuit, 2.18 (120.27)
accepit ... Aedanum summae mansuetudinis, et pietatis, ac moderaminis uirum, 3.3 (131.16)
pietatis et castitatis opera diligenter obseruantes. 3.4 (134.25)
pontifex, qui adsidebat, delectatus tali facto pietatis, adprehendit dexteram eius, 3.6 (138.22)
Osuini, ... uirum eximiae pietatis et religionis; 3.14 (154.27)
quia nimirum ob causam pietatis, quia propter obseruantiam mandatorum Christi contigit. 3.22 (174.12)
respexit ille ad diuinae auxilium pietatis, 3.24 (177.24)
opera tamen fidei, pietatis, et dilectionis, ... diligenter exsequi curauit. 3.25 (182.10)
cum Aedilred ... ecclesias ac monasteria sine respectu pietatis uel diuini timoris fedaret, 4.12 (228.10)
qui ... regni temporalis auctoritate et Christianae pietatis, ... praefuit, 4.14 (234.26)
accensi sunt in fide ac deuotione pietatis ad orandum, 4.22 (252.4)
et quidem multam ibi quoque iustitiae, pietatis, et castimoniae, ... custodiam docuit; 4.23 (254.8)
Hild, quam omnes, qui nouerant, ob insigne pietatis et gratiae matrem uocare consuerant, 4.23 (255.25)
Sed non defuit puniendis admonitio diuinae pietatis, 4.25 (262.29)
inuocantes diuinae auxilium pietatis, caelitus se uindicari continuis diu inprecationibus postulabant. 4.26 (266.21)
illa, ut credibile est, dispensatione dominicae pietatis, 4.29 (275.16)
quod uir esset multae pietatis ac religionis, 4.31 (278.6)
contigit eum subito diuinae pietatis gratia per sanctissimi patris Cudbercti reliquias sanari. 4.32 (280.2)
qui ... spe gaudiorum perennium delectati, profectum pietatis ex eius uerbis haurire uolebant. 5.12 (309.20)
diligenter ea, quae monasticae castitatis ac pietatis erant, et discere curabat et agere. 5.19 (323.3)
Hanc Domino qui aulam ductus pietatis amore Fecit, 5.19 (330.10)
Ioseph et ipse castitatis, humilitatis, pietatis, ceterarumque uirtutum exsecutor ... patet 5.21 (342.12)
Quod mira diuinae constat factum dispensatione pietatis, 5.22 (347.5)

PIGMENTVM. pigmentorum. curabant medici hunc adpositis pigmentorum fomentis emollire, nec ualebant. 4.32 (279.27)

PIGNVS. pignus. in pignus promissionis inplendae, 2.9 (99.28)

PIISSIMVS, a, um. **piissimam.** quas relegentes cognouimus eius piissimam deuotionem, 3.29 (196.23)
piissimis. imperantibus dominis nostris [piissimis] Augustis, uar. 2.18 (122.4)
imperantibus dominis piissimis nostris Ecgfrido rege Hymbronensium, ... et Aedilredo 4.17 (239.6)
piissimis. Salutantes ergo illum uerbis piissimis apostoli dicebant: 4.14 (234.7)
piissimo. Mauricio Tiberio piissimo Augusto anno XIIII, 1.23 (43.24)
imperante domino nostro Mauricio Tiberio piissimo Augusto, anno XIIII, 1.24 (44.21)
Mauricio Tiberio piissimo Augusto anno XIX, 1.28 (62.29)
Mauricio Tiberio piissimo Augusto anno XVIIII, 1.29 (64.22)
Mauricio Tiberio piissimo Augusto anno XIX, 1.30 (66.6)
Mauricio Tiberio piissimo Augusto anno XVIIII, 1.32 (70.5)
iuuante etiam piissimo imperatore Tiberio Constantino, 2.1 (76.11)
synodum, quae facta est in urbe Roma ... imperante Constantino piissimo anno nono, 4.17 (240.16)
qui uixit annos plus minus XXX, imperante domno Iustiniano piissimo Augusto, 5.7 (294.2)
piissimus. Constantinus quondam piissimus imperator 1.32 (68.15)

PILAGVS. pilagi. decursisque breui spatiis pelagi [pilagi], uar. 1.17 (34.29)

PIPPIN (*d.* 714), *Mayor of the Palace of Austrasia, and actual ruler of the Franks.*
Pippin. Denique gloriosissimus dux Francorum Pippin, ubi haec conperiit, misit, 5.10 (301.12)
misit Pippin fauente omnium consensu uirum uenerabilem Vilbrordum Romam, 5.11 (302.30)
Donauit autem ei Pippin locum cathedrae episcopalis in castello suo inlustri, 5.11 (303.7)
Pippinum. diuertentes ad Pippinum ducem Francorum, gratanter ab illo suscepti sunt; 5.10 (299.6)
ipse antistes cum quibusdam Pippinum petiit, 5.11 (302.22)

PISCIS. pisces. mox cepere pisces diuersi generis CCC. 4.13 (231.32)
piscibus. Namque mare et flumina eorum piscibus abundabant; 4.13 (231.28)
piscium. nec uinearum expers, piscium uolucrumque, 1.1 (13.7)

PISCOR. piscandi. sed piscandi peritia genti nulla nisi ad anguillas tantum inerat. 4.13 (231.28)
piscando. docuit eos piscando uictum quaerere. 4.13 (231.26)

PISCOSVS, a, um. **piscosis.** fluuiis quoque multum piscosis 1.1 (10.3)

PISSIMVS, a, um. **pissimo.** Mauricio Tiberio piissimo [pissimo] Augusto, uar. 1.24 (44.21)

PIVS, a, um. **pia.** Cum autem et ipsa mater pia Deo deuotae congregationis Aedilburga esset rapienda de mundo, 4.9 (221.29)
pia. qui simplicitate rustica, sed intentione pia Deum dilexerunt. 3.25 (188.1)
tacta est ... morbo, et per annos VIIII pia Redemtoris nostri prouisione multum fatigata; 4.9 (222.7)
prosternens se ad corpus uiri Dei, pia intentione ... Dominum sibi propitium fieri precabatur; 4.31 (278.28)
pia. quae pia, quae religiosa, quae recta sunt, elige; 1.27 (49.30)
quantum eius pia opera coram Deo flagrant et uernant. 3.29 (198.23)
pia. petiit presbyterum suum Cynibillum, ... pia coepta conplere. 3.23 (176.4)
piae. apud omnes fructum piae intercessionis inueniam. Praef. (8.17)
et mox effectum piae postulationis consecutus est; 1.4 (16.9)
et continuis piae operationis exemplis prouehere curauit. 2.4 (87.7)
et usquedum praemia piae deuotionis accipiat, existere non desistit; 5.20 (332.5)
in qua resurrectionis suae gloriam Dominus multifario piae reuelationis gaudio discipulis patefecit. 5.21 (336.28)
piam. oportet uestram celsitudinem, ... piam regulam sequi perenniter principis apostolorum, 3.29 (197.26)
pii. omnibus, ... clementiam pii Conditoris et fidelis eius famuli gloriam praedicabat.' 3.13 (154.1)
multumque renitentem, studio et amore pii laboris, ipse eum manu sua leuauit in equum; 4.3 (206.27)
rogauit, ut apud misericordiam pii Conditoris inpetraret, 4.9 (223.6)
piis. Erat enim religiosis actibus, crebris precibus, piis elimosynarum fructibus plurimum intentus; 4.11 (225.18)
piis. qui piis ceruicibus impias intulit manus, 1.7 (21.12)
piis. Cum omne, quod superest, in causis piis ac religiosis erogandum est, 1.27 (49.15)
inmutauit piis ac sedulis exhortationibus inueteratam illam traditionem 5.22 (346.28)
piis. piis et Deo placitis iugiter operibus enitescat, 2.11 (105.1)
Quis non exultet et gaudeat in his piis operibus? 3.29 (197.4)
pio. placuit pio prouisori salutis nostrae sanctam eius animam longa etiam infirmitate carnis examinari, 4.23 (256.13)
Quos tamen ille pio libenter mancipatus labori, tanta doctrinae solertis excolebat industria, 4.27 (270.8)
pio. multisque ad Dominum pio eius labore populis aduocatis, 3.7 (140.1)
ad cuius sacratissimum corpus a finibus terrae pio ductus amore uenerat, 5.7 (292.30)
pio. de cuius pio studio cognoscentes, tantum cuncta sedes apostolica una nobiscum laetatur, 3.29 (198.22)
pius. religiosus ac pius auditor siue lector Praef. (5.14)
quin potius fructum in ea multiplicem credentium populorum pius agri spiritalis cultor inuenit. 2.15 (116.31)

PLACEO. placens. sed quantum pro industria exteriori regi placens, 5.13 (311.8)
placere. quod plus omnipotenti Deo possit placere, 1.27 (49.26)

placeret. si tamen apostolico papae, hoc ut fieret, placeret. 2.1 (80.29)
cupientes ad corpus sui patris, aut uiuere, si sic Deo placeret, 3.23 (176.29)
placet. Sed mihi placet ut, 1.27 (49.24)
'Optime omnibus placet, quaeque definierunt sanctorum canones patrum, nos ... seruare.' 4.5 (215.25)
placuisse. quia nimirum haec Deo placuisse non ambigo. 3.17 (161.31)
Quod dum sibi placuisse Eadbercto antistiti suo referrent, 4.30 (276.16)
placuisset. Cui cum ... placuisset, ut ossa famulorum famularumque Christi, ... tollerentur, 4.10 (224.12)
placuit. placuitque omnibus cum suo rege Vurtigerno, 1.14 (30.19)
Vnde cunctis placuit regum tempora computantibus, 3.1 (128.14)
placuitque post diem tertium, ut lapis, quo monumentum tegebatur, amoueretur, 3.8 (143.33)
placuit conuenire nos iuxta morem canonum uenerabilium, 4.5 (214.31)
placuit omnibus in commune, ut Kalendis Augustis ... semel in anno congregemur.' 4.5 (216.23)
placuit, ut, quaeque definita sunt, unusquisque nostrum manus propriae subscriptione confirmaret. 4.5 (217.9)
placuit eidem abbatissae leuari ossa eius, 4.19 (244.29)
placuit pio prouisori salutis nostrae sanctam eius animam longa etiam infirmitate carnis examinari, 4.23 (256.13)
placuit, ut Eata reuerso ad sedem ecclesiae Hagustaldensis, ... Cudberct ecclesiae Lindisfarnensis gubernacula susciperet. 4.28 (273.9)
Haec de opusculis excerpta ... nostris ad utilitatem legentium historiis indere placuit. 5.17 (319.30)
placuit hoc inter cetera eiusdem synodi gestis inseri, 5.19 (326.30)
Verum ea, ... ob memoriam conseruandam breuiter recapitulari placuit. 5.24 (352.4)
PLACIDIA (*d.* 450 *or* 451), *daughter of Theodosius the Great, and mother of Valentinian III.*
Placidia. a Valentiniano et Placidia matre ipsius summa reuerentia susceptus, 1.21 (41.12)
PLACIDISSIMVS, a, um. **placidissimam.** Respondebant omnes placidissimam se mentem ad illum, et ab omni ira remotam habere, 4.24 (262.1)
PLACIDVS, a, um. **placida.** et factas ab eis iniurias mox obsecrantibus placida mente dimitteret. 3.22 (173.23)
patienter dolorem ac placida mente sustineret inlatum. 4.31 (278.25)
placidam. eumque uicissim rogabant placidam erga ipsos mentem habere. 4.24 (262.2)
Qui confestim respondit: 'Placidam ego mentem, filioli, erga omnes Dei famulos gero.' 4.24 (262.4)
placidum. interrogauit, si omnes placidum erga se animum, et sine querela controuersiae ac rancoris haberent. 4.24 (261.34)
placidum. ut eorum semper exemplo, ... ad orationis placidum litus, 2.1 (75.9)
PLACITVS, a, um. **placitam.** Licet apud sacerdotes habentes Deo placitam caritatem 1.24 (44.3)
ut per nostrae praeceptionis auctoritatem possitis Deo placitam ordinationem efficere; 2.18 (121.27)
placitis. piis et Deo placitis iugiter operibus enitescat, 2.11 (105.2)
PLACO. placatum. promittens se multum illi esse placatum, 3.14 (157.2)
placatus. postulans, ut sibi placatus esset, 3.14 (156.31)
placauit. Et cum orationem conpleret, simul tumida aequora placauit; 5.1 (282.14)
PLAGA. plaga. Haec autem plaga Hiberniam quoque insulam pari clade premebat. 3.27 (192.7)
qua hora etiam eam monasterii partem, .. eadem plaga tangeret, 4.7 (219.21)
quod in diebus tuis haec plaga non superueniet.' 4.25 (265.27)
plaga. Qua plaga praefatus Domini sacerdos Tuda raptus est de mundo, 3.27 (192.5)
plagam. quasi missam a Deo conditore plagam per incantationes uel fylacteria ... cohibere ualerent. 4.27 (269.21)
plagas. inquirens, quis tanto uiro tales ausus esset plagas infligere; 2.6 (93.5)
quia ... episcopus ab apostolo Christi tanta esset tormenta plagasque perpessus, 2.6 (93.7)
PLAGA. plagam. fecisse commemorauimus, ad plagam meridianam, 1.11 (25.10)
Est autem ad orientalem Cantiae plagam Tanatos insula 1.25 (45.4)
quae ad Borealem Humbrae fluminis plagam inhabitat, 2.5 (89.21)
natio Anglorum, quae ad Aquilonalem Humbre fluminis plagam habitabat, 2.9 (97.8)
eumque ... occidit in finibus gentis Merciorum ad orientalem plagam amnis, qui uocatur Idlæ; 2.12 (110.19)
quae ad occidentalem plagam ab Hibernia procul secreta, 4.4 (213.11)
accepit locum unius familiae ad septentrionalem plagam Viuri fluminis, 4.23 (253.15)
plagas. nocturno sole ... ad orientem boreales per plagas redeunte; 1.1 (11.2)
donatione Pictorum, qui illas Brittaniae plagas incolunt, 3.3 (132.33)
Pictorum, qui septentrionales Brittaniae plagas inhabitant, 5.21 (332.16)
plagis. pestilentiae lues, depopulatis prius australibus Brittaniae plagis, ... multitudinem strauit. 3.27 (192.2)
PLANE. Illic plane inmensa multitudo ... conuenerat, 1.17 (35.20)
PLANITIA. planitiæ. neque ullus alter in tota illa campi planitie [planitiæ] lapis inueniri poterat; uar. 5.6 (290.16)
PLANITIES. planitie. neque ullus alter in tota illa campi planitie lapis inueniri poterat; 5.6 (290.16)
planitiem. Mamre collis ... herbosus ualde et floridus, campestrem habens in uertice planitiem; 5.17 (319.24)
PLANVS, a, um. **plana.** ut, ... secundi nos uenti ad terram usque per plana maris terga comitarentur. 5.1 (282.16)
planam. contigit die quadam nos iter agentes cum illo deuenisse in uiam planam et amplam, 5.6 (289.21)
plani. humili sine turribus muro per extrema plani uerticis instructo; 5.16 (317.14)
plano. uitam ... Cudbercti, et prius heroico metro et postmodum plano sermone, descripsi. 5.24 (359.10)
PLASMO. plasmatum. hominem ad imaginem et similitudinem suam ex limo terrae plasmatum constituit, 2.10 (101.13)
plasmauit. quippe quos Deus omnipotens ex primi hominis, quem plasmauit, cognatione, ... pullulare constituit. 2.10 (103.16)
PLATEA. platea. sacrificium solet offerri, positis interim in platea corporibus. 5.16 (317.33)
platearum. primum de locis sanctis pro condicione platearum diuertendum est ad ecclesiam Constantinianam, 5.16 (317.23)
plateas. nec non et incedente illo ubilibet per plateas, ... tufam, ... ante eum ferri solebat. 2.16 (118.19)
quia multitudo pauperum undecumque adueniens maxima per plateas sederet, 3.6 (138.18)
PLEBS. plebe. accepit rex Aeduini cum cunctis gentis suae nobilibus ac plebe perplurima fidem et lauacrum 2.14 (113.28)
Nam et ipse rex et plurimi de plebe siue optimatibus, ... coeperunt fana, ... restaurare, 3.30 (199.16)
Ibi ergo hiemem cum noua Dei plebe feliciter exigens, sic Romam ueniendi iter repetiit; 5.19 (326.19)
plebem. Praedicatio deinde ad plebem de praeuaricationis emendatione conuertitur, 1.21 (41.3)
Sed non tamen diuina pietas plebem suam, ... deseruit, 1.22 (42.7)
nil aliud ageret, quam ... plebem Christi uerbo salutis instruere, 2.14 (115.5)
Qui cum pauco sub tempore non paucam Domino plebem adquisisset, 3.21 (171.7)
uerum presbyteri Eappa, et Padda, et Burghelm, et Oiddi ceteram plebem, ... baptizabant. 4.13 (230.23)
unde et fames acerbissima plebem inuadens impia nece prostrauit. 4.13 (231.13)
demoratus in montanis, plebem rusticam uerbo praedicationis simul et opere uirtutis ad caelestia uocaret. 4.27 (270.12)
Commissam namque sibi plebem, et orationibus protegebat adsiduis, 4.28 (273.15)
plebibus. quae nuper, multiplicatis fidelium plebibus, in sedem pontificatus addita ipsum primum habet antistitem. 5.23 (351.3)
plebis. sed contentus sit gubernatione creditae sibi plebis.' 4.5 (216.5)
plebs. Ipsa est enim eadem nox, in qua de Aegypto per sanguinem agni Israelitica plebs erepta est; 5.21 (336.23)
PLECTO. plecti. capite eum plecti iussit. 1.7 (20.3)
PLECTRVM. plectro. Et noua dulcisono modularis carmina plectro, 4.20 (248.31)
PLENE. Aedanum ... habentemque zelum Dei, quamuis non plene secundum scientiam. 3.3 (131.17)
quia nimirum tam longo exilii sui tempore linguam Scottorum iam plene didicerat. 3.3 (132.13)

nec multo post plene curatus uitali etiam unda perfusus sum.' 5.6 (291.28)
PLENILVNIVM. plenilunium. At si uno saltim die plenilunium tempus aequinoctii praecesserit, 5.21 (339.27)
plenilunium. quod aliquoties pascha manifestissime ante plenilunium, id est in XIII[a] luna, facitis. 3.25 (187.24)
Quae uero post aequinoctium, uel in ipso aequinoctio suum plenilunium habet, 5.21 (339.11)
ut non ante aequinoctium, sed uel ipso aequinoctii die, ... uel eo transcenso plenilunium habere debeat. 5.21 (339.26)
Post aequinoctium ueris plenilunium mensis praecipimur obseruare paschalis; 5.21 (340.10)
post plenilunium primi mensis hunc ex ordine subsequens, 5.21 (340.29)
PLENISSIMVS, a, um. **plenissimam.** non solum suppositarum ei gentium plenissimam salutem, ... credimus subsequendam; 2.8 (96.14)
PLENITVDO. plenitudinem. ad adnuntiandam uobis plenitudinem fidei Christianae sacerdotalem curauimus sollicitudinem prorogare, 2.10 (101.3)
'Qui ergo plenitudinem lunae paschalis ante aequinoctium prouenire posse contenderit, 5.21 (340.21)
PLENIVS. ac plenius ex tempore meditandum Praef. (5.6)
plenius ex uicinitate locorum uestram gloriam conicimus cognouisse. 2.10 (101.29)
sed potius commissi uobis populi deuotionem plenius propagare. 2.18 (122.1)
De quo plenius in sequentibus suo loco dicendum est. 3.4 (135.14)
De quibus omnibus siqui plenius scire uult 3.19 (165.6)
et quamdiu paenitentiae insistere tibi plenius ostendam.' 4.25 (263.33)
PLENVS, a, um. **plena.** Quod dum facerent, ad fidem et preces famuli Dei, alio die aqua plena inuenta est, 4.28 (271.27)
Quaecumque ergo luna ante aequinoctium plena est, 5.21 (339.7)
deinde luna, sole ad uesperam occidente, et ipsa plena a medio secuta est orientis; 5.21 (339.22)
plena. tria uerba maximae perfectionis plena superadiecit: 2.1 (78.32)
cerno omnia, quae ascendebant, fastigia flammarum plena esse spiritibus hominum, 5.12 (305.34)
plenam. hanc accipere debere tonsuram, quam plenam esse rationis audimus, omnes, ... clericos decerno.' 5.21 (346.2)
plenas. Iohannes, ... litteras eis magna auctoritate atque eruditione plenas direxit; 2.19 (122.23)
pleno. ut ... nonnumquam etiam mense pleno domum non rediret; 4.27 (270.11)
plenum. donec ipsum quoque lacrimis plenum dulcibus extrahunt latebris, 4.28 (272.26)
deinde luna plenum suae lucis orbem mundo praesentet; 5.21 (340.12)
plenum. Vtrumque autem erat animabus hominum plenum, 5.12 (305.5)
plenus. ac deinde Germanus plenus Spiritu Sancto inuocat Trinitatem; 1.18 (36.12)
et ipse senex ac plenus dierum, iuxta scripturas, patrum uiam secutus est. 2.20 (126.31)
et accepto episcopatu Parisiacae ciuitatis, ibidem senex ac plenus dierum obiit. 3.7 (141.4)
Theodorus beatae memoriae archiepiscopus, senex et plenus dierum, ... defunctus est; 5.8 (294.20)
Vtrumque autem erat animabus hominum plenum [plenus], uar. 5.12 (305.5)
Et ecce ibi campus erat ... tantaque flagrantia uernantium flosculorum plenus, 5.12 (307.17)
PLERVMQVE. quibus ita plerumque inlusio nascitur, 1.27 (60.20)
quod plerumque solent caritatis causa inuitari, 1.28 (62.13)
PLERVSQVE, aque, umque. **plerisque.** ut plerisque in locis, ubi fontes lucidos ... conspexit, ... aereos caucos suspendi iuberet, 2.16 (118.9)
sed et in plerisque locis aliis, coepit annuatim eiusdem regis ... natalicius dies ... uenerari. 4.14 (236.4)
PLORO. plorare. 'Surge,' inquit, 'frater mi, et noli plorare, 4.29 (275.6)
PLVMBVM. plumbi. Quae etiam uenis metallorum, aeris, ferri, et plumbi, et argenti, fecunda, 1.1 (10.22)
Eadberct ablata harundine, plumbi lamminis eam totam, ... cooperire curauit. 3.25 (181.11)
plumbo. et circumfusae plumbo 1.2 (14.19)
PLVRIMVM. ita in meridiem se trans illius fines plurimum protendens, 1.1 (11.32)
Erat enim religiosis actibus, crebris precibus, piis elimosynarum fructibus plurimum intentus; 4.11 (225.19)
PLVRIMVS, a, um. **plurima.** Brittaniam tum plurima confessionis Deo deuotae gloria sublimauit. 1.6 (18.3)
Quo tempore plurima pars Scottorum in Hibernia, ... ecclesiasticum paschalis obseruantiae tempus ... suscepit. 5.15 (315.12)
plurima. plurimaque psalmorum laude celebrata, uictimam pro eo mane sacrae oblationis offerre. 3.2 (129.33)
plurima. Ex quo utroque monasterio plurima exinde monasteria ... propagata sunt, 3.4 (134.6)
plurima. Fecerunt autem eum ... per milia passuum plurima; 1.12 (26.19)
Vt Domino offerres plurima lucra gregis. 2.1 (79.22)
Sed et alia plurima unitati ecclesiasticae contraria faciebant. 2.2 (81.21)
Inter plurima, quae Redemtoris nostri misericordia suis famulis dignatur bonorum munera praerogare, 2.18 (120.25)
et imitari morem sacrae scripturae, cuius historiae carmina plurima indita, 4.20 (247.7)
plurimae. unde etiam plurimae longitudinis habet dies aestate, 1.1 (11.3)
plurimae item breuitatis noctes aestate, et dies habet in bruma, 1.1 (11.6)
audisse referebant, ... sonitum quasi plurimae multitudinis monasterium ingredientis; 3.8 (143.23)
plurimae. Erantque in hoc campo ... sedesque plurimae agminum laetantium. 5.12 (307.23)
Vt plurimae Scottorum ecclesiae, instante Adamnano, catholicum pascha susceperint; 5.15 (315.10)
plurimam. Et cum plurimam insulae partem, ... possedissent, 1.1 (11.22)
plurimam classis partem, ... disperdidit. 1.2 (13.29)
intra paucissimos dies plurimam insulae partem in deditionem recepit. 1.3 (15.12)
aduexit illo plurimam congeriem trabium, tignorum, parietum, 3.16 (159.5)
Claudius secundus Romanorum Brittanias adiens, plurimam insulae partem in deditionem recepit, 5.24 (352.10)
plurimas. quarum in Germania plurimas nouerat esse nationes, 5.9 (296.12)
plurimi. sed et plurimi eiusdem urbis muri cum LVII turribus conruerunt; 1.13 (29.8)
Erant autem plurimi eorum de monasterio Bancor, 2.2 (84.9)
Horum ergo plurimi ad memoratam aciem, ... cum aliis orandi causa conuenerant, 2.2 (84.14)
cum plurimi fuerint in eis, quorum sanctitati caelestia signa, ... praebuerunt; 3.25 (187.6)
Nam et ipse rex et plurimi de plebe siue optimatibus, ... coeperunt fana, ... restaurare, 3.30 (199.16)
ut ... uiderentur ibidem, qui ecclesiasticum gradum, ... apte subirent, plurimi posse repperiri. 4.23 (254.20)
plurimis. sed etiam plurimis longe manentibus, ... occasionem salutis et correctionis ministrauit. 4.23 (255.27)
cuius uisiones ac uerba, non autem et conuersatio, plurimis, sed non sibimet ipsi, profuit. 5.13 (311.5)
plurimis. conuenientibus plurimis episcopis in uico regio, qui uocatur In Conpendio. 3.28 (194.24)
plurimis de ecclesia eiusdem reuerentissimi antistitis de carne subtractis, 4.3 (207.22)
discedentibus inde ob desolationem plurimis incolarum, in nostro monasterio ... defunctus est. 4.25 (266.3)
sed et a pluribus [plurimis], qui erant eruditiores, esset solerter admonitus, uar. 5.15 (315.20)
Sed post V annos denuo accusatus, ab eodem ipso rege et plurimis episcopis praesulatu pulsus est; 5.19 (327.14)
plurimis. Canebat ... de aliis plurimis sacrae scripturae historiis, 4.24 (261.2)
plurimo. Ini, ... simili prouinciam illam adflictione plurimo annorum tempore mancipauit. 4.15 (236.19)
discedentibus inde ob desolationem plurimis incolarum, in nostro monasterio plurimo tempore conuersatus, ... est. 4.25 (266.4)
in monachica districtione uitam ... plurimo annorum tempore duxit; 4.26 (267.27)
plurimorum. in plurimorum corde fidelium spiritalis gratiam lucis accenderet. 2.2 (82.11)
ita ut Christi euangelium plurimorum adnuntiatione in omnibus gentibus, ... dilatetur. 2.8 (96.27)
collecto uenerabilium sacerdotum doctorumque plurimorum coetu, 4.17 (238.30)
plurimorum. reuersus est ad insulam Hii, ubi plurimorum caput et arcem Scotti habuere coenobiorum; 3.21 (171.11)

plurimos. nec non et codices plurimos. 1.29 (63.12)
Numquid non habuimus equos uiliores plurimos, uel alias species, ... 3.14 (156.20)
quem ante annos plurimos in laudem ac praeconium eiusdem reginae . . . conposuimus; 4.20 (247.3)
ubi inter plurimos gentis Anglorum, uel interemtos gladio, uel seruitio addictos, . . . Trumuini, . . . recessit 4.26 (267.15)
inter plurimos, quos ordinauit, etiam Tobiam uirum doctissimum Hrofensi ecclesiae fecerit antistitem. 5.8 (294.15)
Non enim habent regem idem Antiqui Saxones, sed satrapas plurimos suae genti praepositos, . . 5.10 (299.31)
plurimos eorum, et pene omnes, qui ab Hiensium dominio erant liberi, ab errore auito correctos, . 5.15 (316.3)
immo confidenter profiteor plurimos ex eis sanctos ac Deo dignos extitisse, ... 5.21 (344.6)
plurimum. gignit et lapidem gagatem plurimum optimumque; 1.1 (10.23)
PLVS. plura. 1.12 (28.4); 2.12 (110.11); 2.13 (112.34).
plura. 4.7 (219.11).
plura. 1.13 (29.11); 2.3 (86.10); 3.19 (167.3); 4.3 (209.21); 4.3 (210.11); 4.24 (260.12); 4.30 (277.14); 5.2 (283.1); 5.17 (319.30).
plures. 1.26 (47.21); 2.2 (82.20); 2.2 (83.9); 3.3 (132.14); 3.17 (161.8); 4.5 (216.30); 4.11 (226.13); 5.7 (294.11); 5.21 (341.24); 5.23 (351.18).
plures. 1.20 (39.15); 1.23 (42.21); 1.29 (63.1); 1.29 (63.5); 3.14 (155.8); 3.24 (178.20); 4.20 (247.23); 4.27 (268.27); 4.27 (269.11); 4.28 (271.8); 5.24 (353.19).
plures. 1.34 (71.15); 5.11 (303.13).
pluribus. 5.9 (296.10).
pluribus. 2.2 (82.18); 3.4 (133.19); 4.5 (214.24); 5.15 (315.20); 5.19 (326.21); 5.19 (327.17).
pluribus. 3.2 (130.9).
PLVS (*adv.*). 1.1 (12.27); 1.6 (17.14); 1.27 (49.25); 1.32 (69.26); 1.34 (71.11); 3.6 (138.2); 3.14 (157.15); 3.27 (194.7); 4.19 (243.18); 4.19 (244.13); 4.20 (248.10); 4.28 (273.8); 5.7 (294.1); 5.21 (333.29); 5.24 (353.16).
PLVVIA. pluuia. tribus annis ante aduentum eius in prouinciam nulla illis in locis pluuia ceciderat, . 4.13 (231.12)
Verum ipso die, quo baptisma fidei gens suscepit illa, descendit pluuia serena, ... 4.13 (231.19)
pluuiarum. nulla ualet pluuiarum iniuria pallescere; 1.1 (10.14)
furentibus autem foris per omnia turbinibus hiemalium pluuiarum uel niuium, ... 2.13 (112.11)
qui tunc prae inundantia pluuiarum late alueum suum immo omnes ripas suas transierat, . . . 3.24 (178.18)
POCVLVM. poculis. Qui dum sese alterutrum caelestis uitae poculis debriarent, ... 4.29 (274.20)
poculo. Cumque oblato poculo biberemus ambo, ... 5.3 (286.15)
poculum. obtulit poculum episcopo ac nobis; 5.4 (287.26)
misit puer ad dominum suum, rogans sibi poculum uini mittere, ... 5.5 (288.20)
PODAGRA. podagra. Erat autem Mellitus corporis quidem infirmitate, id est podagra, grauatus, . . 2.7 (94.8)
POEMA. poemata. Et quidem et alii post illum in gente Anglorum religiosa poemata facere temtabant; 4.24 (259.5)
poematis. Vnde nil umquam friuoli et superuacui poematis facere potuit, ... 4.24 (259.10)
POENA. poena. mortem quoque, quae pene cunctis poena est, . . . amaret. 2.1 (74.11)
nec poena eius in te arderet.' 3.19 (167.2)
poena. Et cum dicerent, 'Pax et securitas,' extemplo praefatae ultionis sunt poena multati. . . . 4.25 (265.34)
datum est illi ex poena peccati illius, ne nunc eos, . . . audiret. 4.26 (267.8)
non solum omni spe coronae priuati, sed aeterna insuper sunt poena damnati. 5.21 (344.2)
poenae. Item de terrore futuri iudicii, et horrore poenae gehennalis, . . . carmina faciebat; 4.24 (261.6)
poenam. ut contemtor diuum meritam blasphemiae suae poenam lueret, ... 1.7 (19.9)
ipsam ei poenam suam in culpam deputamus. 1.27 (54.30)
ita solutus corpore ardebit per debitam poenam.' 3.19 (166.5)
Nam et antistes cum uenisset in prouinciam, tantamque ibi famis poenam uideret, ... 4.13 (231.26)
'Idemque poenam erroris sui in semet ipsos recipientes, ... 5.21 (338.23)
poenarum. Vt item alius moriturus deputatum sibi apud inferos locum poenarum uiderit. 5.14 (313.27)
poenas. aeternas inferni poenas pro mercede recipiet.' 1.7 (19.30)
quod hi, . . . ocius Domino uindice poenas sui reatus luerent. 4.26 (266.25)
et ipsi non multo post in eadem prouincia dignas suae perfidiae poenas luebant. 5.23 (349.16)
poenis. paenitentiam, . . . in aeternum sine fructu poenis subditus facit. 5.13 (313.3)
poenis. ita et de poenis eius participes esse debetis.' 3.19 (166.31)
ibi anima mea per intercessiones eius solueretur a poenis.' 4.22 (251.1)
POENITENTIA. poenitentiae. et confessa dignis, ut imperabat, poenitentiae fructibus abstergerent. 4.27 (270.3)
POENITEO. poeniterent. quid erga salutem eorum, qui ad mortem poeniterent, esset agendum, . . 3.19 (167.4)
POETICVS, a, um. **poeticis.** hoc ipse post pusillum uerbis poeticis maxima suauitate et conpunctione conpositis, . . . proferret. 4.24 (258.31)
POLLENTIA. pollentia. Culmen, opes, subolem, pollentia regna, triumphos, Exuuias, proceres, moenia, castra, lares; 5.7 (293.7)
POLLEX. pollice. atque infracto pollice capitis quoque iunctura solueretur; 5.6 (290.20)
POLLICEOR. polliceretur. Nec distulit Æduini, quin continuo polliceretur in omnibus se secuturum doctrinam illius, ... 2.12 (109.19)
pollicetur. qui se nobiscum usque in finem saeculi manere pollicetur. 4.19 (243.22)
pollicitam. sed fidem potius pollicitam seruare disponit; 2.12 (110.4)
POLLVO. polluendum. ac se priscis idolatriae sordibus polluendum perdendumque restituit. 3.1 (127.22)
pollui. ne paganorum possent societate pollui, ... 2.9 (98.14)
polluit. ubi pontifex ipse, inspirante Deo uero, polluit ac destruxit eas, quas ipse sacrauerat, aras. . 2.13 (113.24)
polluta. ut etiam sine uoluntatis studio uideatur esse polluta, ... 1.27 (56.19)
pollutae. quod ex pollutae cogitationis radice generatur. 1.27 (57.6)
pollutum. Hunc quidem testamentum ueteris legis, . . . pollutum dicit, ... 1.27 (59.26)
pollutum. quia illud ab omnipotente Deo pollutum esse in opere ostenditur, ... 1.27 (57.5)
pollutus. sed et fornicatione pollutus est tali, qualem nec inter gentes auditam apostolus testatur, . 2.5 (90.28)
POLVS. poli. ut ipse pater Fonte renascentis, quem Christi gratia purgans Protinus albatum uexit in arce poli. 5.7 (293.20)
Ciuibus angelicis iunctus in arce poli. 5.8 (295.17)
polo. Tota sacrata polo celsis ubi floruit actis, ... 4.20 (248.17)
Reddidit atque animam tota sacrata polo. 4.20 (248.18)
POMVM. pomorum. ut . . . decimam non solum quadrupedum, uerum etiam frugum omnium, atque pomorum, nec non et uestimentorum partem pauperibus daret. 4.29 (276.3)
PONDVS. pondera. in quo iuuenculam me memini superuacua moniliorum pondera portare; 4.19 (246.9)
pondere. nullo peccati pondere grauatur; 1.27 (54.25)
ponderis. proferens codicem horrendae uisionis, et magnitudinis enormis, et ponderis pene inportabilis, 5.13 (312.14)
pondus. Verum pondus corporeae infirmitatis, ne episcopus fieri posset, obstitit. 4.1 (202.18)
pondus. quia merito in collo pondus langoris porto, ... 4.19 (246.7)
PONO. ponant. et numquam in ebdomadae tertiae die septima ponant; 5.21 (338.8)
ponantur. altaria construantur, reliquiae ponantur. 1.30 (65.10)
ponentes. cuius corpus in sepulchro benedicti patris Cudbercti ponentes, adposuerunt desuper arcam, 4.30 (277.23)
ponere. Quarum etiam textum litterarum in nostra hac historia ponere commodum duximus. . . . 2.18 (120.23)
e quibus tria memoriae causa ponere satis sit. 3.15 (157.23)
quod et nos in hac historia ponere multis commodum duximus. 3.19 (165.15)

Ad coniugem quoque illius Aedilbergam huiusmodi litteras idem pontifex misit: 2.11 (104.9)
et ut pontifex eius suas aras profanauerit. 2.13 (111.9)
ubi pontifex ipse, inspirante Deo uero, polluit ac destruxit eas, quas ipse sacrauerat, aras. . . . 2.13 (113.23)
Misit . . . Honorius [Romanae sedis pontifex] litteras etiam genti Scottorum, ... uar. 2.19 (122.12)
Quo uiso pontifex, qui adsidebat, . . . adprehendit dexteram eius, ... 3.6 (138.22)
uenit in prouinciam de Hibernia pontifex quidam nomine Agilberctus, ... 3.7 (140.19)
reuerentissimus pontifex longe lateque uerbum fidei praedicans, ... 5.11 (303.11)
quod postmodum Vilbrord, reuerentissimus Christi pontifex, in magna deuotione conpleuit, . . . 5.19 (326.17)
iussit pontifex ceteros ad horam egredi, ... 5.19 (329.4)
pontifice. a pontifice Romanae ecclesiae Celestino 1.13 (28.21)
qui olim huc a beato Gregorio Romanae urbis pontifice directus, ... 2.3 (86.18)
susceperunt scripta exhortatoria a pontifice Romanae et apostolicae sedis Bonifatio, ... 2.7 (94.5)
data sibi ordinandi episcopos auctoritate a pontifice Bonifatio, ... 2.8 (95.13)
litteras a pontifice sedis apostolicae Bonifatio accepit, ... 2.10 (100.18)
Cumque a praefato pontifice sacrorum suorum quaereret, ... 2.13 (113.3)
intellexitque, quod etiam tunc destituta pontifice prouincia recte pariter diuino fuerit destituta praesidio. 3.7 (141.17)
atque ad dexteram altaris iuxta uenerationem tanto pontifice dignam condita sunt. 3.17 (160.15)
et iubente pontifice epitaphium in eius monumento scriptum, ... 5.7 (293.2)
pepercere illi, neque eum trucidare cum suo uoluere pontifice. 5.19 (325.8)
Quibus auditis dicebant omnes una cum ipso pontifice, uirum . . . nequaquam damnari debere, . . 5.19 (328.16)
pontificem. Accedensque ad pontificem Romanae et apostolicae sedis, ... 2.1 (80.23)
Cumque uiderent pontificem, . . . eucharistiam populo dare, ... 2.5 (91.9)
Non enim licuerat pontificem sacrorum uel arma ferre, uel praeter in equa equitare. 2.13 (113.12)
accepit namque pontificem Aedanum 3.3 (131.15)
rogauit eum, accepta ibi sede episcopali, suae gentis manere pontificem; 3.7 (140.25)
inuenerunt . . . necdum alium pro eo constitutum fuisse pontificem. 3.28 (195.8)
diligenter ea, . . . eo quo pontificem decebat, animo, coepit obseruanda docere. 4.5 (214.26)
ut quod eatenus per Alexandriae pontificem singulis annis per omnes ecclesias mandari consuerat, 5.21 (341.13)
pontifices. Triumphant pontifices hostibus fusis sine sanguine; 1.20 (39.19)
reditum moliuntur pontifices. 1.20 (39.24)
alii . . . pontifices construendis ornandisque auro . . . operam dabant, ... 2.1 (77.16)
pontifici. qui beato pontifici Gregorio . . . referrent; 1.27 (48.8)
Cumque monachum quendam de uicino uirginum monasterio, nomine Andream, pontifici offerret, 4.1 (202.17)
Hunc offerens Hadrianus pontifici, ut episcopus ordinaretur, obtinuit; 4.1 (202.28)
et iuxta honorem tanto pontifici congruum in ecclesia beati apostoli Petri sepultum. 5.19 (322.22)
pontificibus. idolatris magis pontificibus seruire gaudentes. 2.6 (93.17)
pontificis. permissu eius, qui nunc ipsi ecclesiae praeest Gregorii pontificis, ... Praef. (6.21)
Pontificis summi hoc clauduntur membra sepulchro, ... 2.1 (79.13)
Sicque conpletum est praesagium sancti pontificis Augustini, ... 2.2 (84.30)
Vnde et iussu eiusdem pontificis per Asterium . . . in episcopatus consecratus est gradum. . . . 3.7 (139.15)
et tradidissent Iohanni archiepiscopo ciuitatis illius scripta commendaticia Vitaliani pontificis, . 4.1 (203.14)
egitque abba Iohannes, ut iussionem acceperat pontificis, ... 4.18 (241.21)
pontificum. aliorum pontificum epistulas, ... Praef. (6.19)
Cui primus pontificum ipsius Coifi continuo respondit: 2.13 (111.20)
neue contra . . . decreta synodalium totius orbis pontificum aliud pascha celebrarent. 2.19 (122.19)
Princeps pontificum, felix summusque sacerdos Limpida discipulis dogmata disseruit. 5.8 (295.11)
PONTIFICALIS, e. **pontificali.** Iratus autem tetigit regem iacentem uirga, . . . et pontificali auctoritate protestatus: 3.22 (174.7)
pontificali. maxime quia et pontificali functus officio . . . facere curauit; 2.1 (74.33)
et cum X ac VII annos eidem prouinciae pontificali regimine praeesset, ... 2.15 (117.2)
pontificalibus. Qui cum iussis pontificalibus obtemperantes 1.23 (42.23)
PONTIFICATVS. pontificatu. Vt, defuncto Honorio, pontificatu sit functus Deusdedit; 3.20 (169.1)
pontificatui. cum Eleuther uir sanctus pontificatui Romanae ecclesiae praeesset, ... 1.4 (16.6)
pontificatum. Gregorius, . . . pontificatum Romanae et apostolicae sedis sortitus 1.23 (42.16)
cum primum in toto orbe gereret pontificatum, ... 2.1 (73.12)
Cui statim successit in pontificatum Iustus, ... 2.8 (95.10)
cum adhuc esset electus in pontificatum, ... 2.19 (122.21)
suscepit pro illo pontificatum Nordanhymbrorum famulus Christi Tuda, ... 3.26 (189.25)
Venerat autem de Scottia, tenente adhuc pontificatum Colmano, ... 3.26 (190.2)
Etenim illo perueniens, pontificatum agente Sergio, baptizatus est 5.7 (292.23)
ad limina beatorum apostolorum Gregorio pontificatum tenente profectus est, ... 5.7 (294.8)
Romam, cuius adhuc pontificatum Sergius habebat, ... 5.11 (302.32)
Quo defuncto, pontificatum pro eo suscepit Fortheri, ... 5.18 (321.11)
Nam uenit Romam, ibique adtonsus, pontificatum habente Constantino, ... 5.19 (321.30)
pontificatus. post consulatum [pontificatus] eiusdem . . . . uar. 1.28 (62.30)
pontificatus. mox ut ipse pontificatus officio functus est, ... 2.1 (80.32)
quo defuncto, Eolla suscepit officium pontificatus. 5.18 (321.22)
in sedem pontificatus addita ipsum primum habet antistitem. 5.23 (351.3)
PONTIFICO. pontificante. imperante domno Iustiniano piissimo Augusto, anno eius consulatus IIII, pontificante . . . Sergio 5.7 (294.2)
PONTVS. pontum. adsumta ampulla misit de oleo in pontum, ... 3.15 (158.18)
POPLES. poplite. Erat enim arescentibus neruis contracto poplite, ... 1.21 (40.16)
poplitem. adtrectat poplitem debilitate curuatum, ... 1.21 (40.28)
POPVLVS. populi. iustas de sceleribus populi Dei ultiones expetiit, ... 1.15 (32.16)
et multam populi turbam in fluuio Treenta, ... 2.16 (117.23)
sed potius commissi uobis populi deuotionem plenius propagare. 2.18 (122.1)
Hoc autem bellum rex Osuiu . . . XVII[a] die Kalendarum Decembrium cum magna utriusque populi utilitate confecit. 3.24 (179.15)
'Dedi te in foedus populi, ut suscitares terram, ... 3.29 (197.14)
'Ego Dominus . . . adprehendi manum tuam, et seruaui, et dedi te in foedus populi, ... 3.29 (197.19)
Sigheri cum sua parte populi, . . . ad apostasiam conuersus est. 3.30 (199.14)
Cum ergo causa exigente synodus eadem coram nobilibus et frequentia populi, . . . legeretur, . . 5.19 (327.28)
quae in antiqui Dei populi liberatione praefigurata, in Christi autem resurrectione conpleta est, . 5.21 (341.2)
populi. ceterique Anglorum populi sunt orti. 1.15 (31.29)
certatim populi ad gratiam baptismatis conuolarent. 1.20 (38.18)
Inplentur populi stupore miraculi, ... 1.21 (41.1)
quo meridiani et septentrionales Anglorum populi dirimuntur, ... 1.25 (45.2)
confluebant ad audiendum uerbum populi gaudentes, ... 3.3 (132.20)
'Audite insulae, et adtendite populi de longe.' 3.29 (197.9)
sunt alii perplures hisdem in partibus populi paganis adhuc ritibus seruientes, ... 5.9 (296.18)

populis. regibus ac populis sibimet subiectis festinet infundere, . . . 1.32 (68.23)
populis pastoralem inpendere sollicitudinem curabat. . . . 2.4 (87.12)
Anglorum pariter et Brettonum populis praefuit, . . . 2.5 (89.23)
subiectisque populis idola colendi liberam dare licentiam. . . . 2.5 (91.8)
regendisque eorum populis praeerat; . . . 3.3 (132.30)
Paucitas enim sacerdotum cogebat unum antistitem duobus populis praefici. . . . 3.21 (171.5)
Merciorum genti necnon et ceteris australium prouinciarum populis praefuit; . . . 3.24 (180.8)
Erat quippe moris eo tempore populis Anglorum, . . . 4.27 (269.28)
monasterii, quod in Hii insula multis diu Scottorum Pictorumque populis uenerabile mansit. . . . 5.9 (297.17)
quam nouerat scientiam diuinae cognitionis libenter ac sine inuidia populis Anglorum communicare curauit; . . . 5.22 (347.7)
et eis populis, qui ultra amnem Sabrinam ad occidentem habitant, Valchstod episcopus; . . . 5.23 (350.16)
populis. Aduenerant autem de tribus Germaniae populis fortioribus, . . . 1.15 (31.14)
praesules cum populis sine ullo respectu honoris, . . . absumebantur; . . . 1.15 (32.26)
Christianam fidem in populis tibi subditis extendere festina, . . . 1.32 (68.5)
seque cum subiectis populis tota ad eum mente conuertit. . . . 1.32 (68.18)
multisque ad Dominum pio eius labore populis aduocatis, . . . 3.7 (140.1)
pacatis alterutrum regibus ac populis, . . . 4.21 (249.14)
credentibus iam populis Anglorum, et in regula fidei catholicae per omnia instructis, . . . 5.22 (347.12)
populo. quo mox condito dant fortia segni populo monita, . . . 1.12 (27.25)
deinde et populo Dei, . . . gressum recuperarit fidei. . . . 1.21 (39.29)
Lex autem ueteri populo praecepit, . . . 1.27 (57.16)
Sic Israelitico populo in Aegypto Dominus se quidem innotuit; . . . 1.30 (65.29)
Cumque uiderent pontificem, . . . eucharistiam populo dare, . . . 2.5 (91.10)
et populo adhuc dare in ecclesia non desistis?' . . . 2.5 (91.14)
populo. quam in populo, quem subuerterant, pudorem taciturnitatis incurrere, . . . 1.17 (35.18)
fides feruet in populo, . . . 1.20 (38.23)
nec libenter a populo audiretur, . . . 3.5 (137.5)
Quo honorifice a populo et a rege suscepto, . . . 3.7 (141.27)
congaudente uniuerso populo, uitae caelestis institutio cotidianum sumeret augmentum, . . . 3.22 (173.14)
qui ambo cum suo populo Christiani fuere. . . . 4.13 (230.27)
uno semper eodemque tempore cum antiquo Dei populo, . . . pascha celebrare possemus. . . . 5.21 (337.3)
populorum. uiros ad recuperandam tendere populorum salutem inuiderent; . . . 1.17 (34.13)
omnipotens Deus bonos quosque ad populorum regimina perducit, . . . 1.32 (67.26)
metropolis Lundonia ciuitas est, . . . et ipsa multorum emporium populorum terra marique uenientium; 2.3 (85.11)
quin potius fructum in ea multiplicem credentium populorum pius agri spiritalis cultor inuenit. . 2.15 (116.31)
'In die illa radix Iesse, qui stat in signum populorum, ipsum gentes deprecabuntur.' . . . 3.29 (197.7)
populos. gemebant perire sibi populos euadentes; . . . 1.17 (35.14)
Cumque materies belli acrioris . . . inter reges populosque feroces uideretur exorta, . . . 4.21 (249.10)
populum. Recognoscunt populum in ea, qua reliquerat, credulitate durantem; . . . 1.21 (40.20)
quod in Sina monte Dominus ad populum locuturus . . . 1.27 (59.6)
quatinus eius oratio et regnum uestrum populumque augeat, . . . 2.17 (119.23)
prouinciae, . . . in unam sunt pacem, et uelut unum conpaginatae in populum. . . . 3.6 (139.2)
uti nouum Christi populum coaceruet, . . . 3.29 (198.28)
et populum et regem praefatum ad uiam iustitiae reduxit; . . . 3.30 (200.1)
populus. grandescere populus coepit aduenarum, . . . 1.15 (32.5)
aderat populus expectator, futurus et iudex, . . . 1.17 (35.21)
populus arbiter uix manus continet, . . . 1.17 (36.1)
miraculum populus contremescit; . . . 1.18 (36.17)
Quod tamen aliter populus spiritalis intellegens . . . 1.27 (59.28)
ubi liberandus de Aegypto populus Israel primum pascha facere iubetur, . . . 5.21 (334.14)
in quarum prima eductus est populus Domini ex Aegypto, . . . 5.21 (335.13)
ipsa, in qua per resurrectionem Christi liberatus est a morte aeterna populus omnis Dei. . . . 5.21 (336.24)
ita ut xv^ae^, in qua populus Dei ab Aegyptia seruitute redemtus est, . . . uix uesperam tangant. . . . 5.21 (338.18)
PORRIGO. porrecta. Nam tota ea nocte columna lucis a carro illo ad caelum usque porrecta, . . . stabat. 3.11 (148.21)
porrexerat. nemo synodalia paschalis obseruantiae decreta porrexerat; . . . 3.4 (134.23)
porrexisti. et non eis iuxta apostolicam disciplinam primo lac doctrinae mollioris porrexisti, . . . 3.5 (137.17)
porrexit. Porrexit autem librum hunc Adamnan Aldfrido regi, . . . 5.15 (317.1)
porrigis. 'Quare non et nobis porrigis panem nitidum, quem et patri nostro Saba,' . . . 'dabas, . . . 2.5 (91.12)
PORRO. Praef. (7.15); 1.15 (31.22); 1.21 (41.10); 1.34 (72.2); 3.1 (127.2); 3.1 (127.7); 3.3 (131.26); 3.12 (151.33); 3.14 (156.26); 3.25 (182.28); 3.26 (190.4); 3.30 (199.20); 4.13 (230.24); 4.27 (269.32); 5.6 (289.29); 5.9 (296.4); 5.12 (308.20); 5.21 (335.16); 5.23 (350.11).
PORTA. porta. Porta Maria Dei, femina uirgo parit. . . . 4.20 (247.20)
portae. et portae inferi non praeualebunt aduersus eam, et tibi dabo claues regni caelorum"?' . . . 3.25 (188.18)
et portae inferni non praeualebunt aduersus eam; . . . 5.21 (342.29)
portas. Haec bis quaternas portas, id est introitus, per tres e regione parietes habet, . . . 5.16 (318.5)
portis. quae et ipsa muris turribus, portis, ac seris erant instructa firmissimis. . . . 1.1 (10.28)
PORTICVS. porticibus. distinctis porticibus in hoc ipsum intra muros eiusdem ecclesiae, . . . 5.20 (331.21)
portico. atque in porticu [portico] sancti Martini . . . sepultus, . . . uar. 2.5 (90.6)
porticu. et in porticu illius aquilonali decenter sepultum est; . . . 2.3 (86.5)
atque in porticu sancti Martini intro ecclesiam beatorum apostolorum Petri et Pauli sepultus, . 2.5 (90.6)
positum est in porticu sancti papae Gregorii, . . . 2.20 (125.24)
seruauit in porticu quodam ecclesiae, . . . 3.19 (168.15)
et corpus ipsum de porticu ablatum prope altare esset recondendum, . . . 3.19 (168.19)
sepultus est in porticu sancti Petri in monasterio suo, . . . 5.6 (292.1)
Sepultus uero est in porticu sancti Pauli apostoli, . . . 5.23 (348.29)
porticus. eo quod praedicta porticus plura capere nequiuit. . . . 2.3 (86.10)
ecclesia rotunda grandis, ternas per circuitum cameratas habet porticus desuper tectas. . . . 5.17 (318.31)
PORTIO. portio. nulla harum portio minus quam ccc^tos^ homines haberet, . . . 2.2 (84.12)
portionem. At illa petiit sibi portionem pulueris salutiferi dari; . . . 3.11 (149.16)
Qui cum . . . aperuisset thecam reliquiarum, ut portionem earum roganti amico praestaret, . . . 4.32 (280.12)
Cumque presbyter portionem, quantam uoluit, amico dedisset, . . . 4.32 (280.15)
maximam possessionum tuarum, quae tibi ablatae sunt, portionem recipies, . . . 5.19 (329.19)
portiones. quantae debeant fieri portiones . . . 1.27 (48.17)
quattuor debeant fieri portiones; . . . 1.27 (48.25)
portiones. cum in VII portiones esset cum praepositis sibi rectoribus monasterium diuisum, . . . 2.2 (84.11)
mox omnem, quam possederat, substantiam in tres diuisit portiones, . . . 5.12 (304.17)
portionibus. Communi autem uita uiuentibus iam de faciendis portionibus, . . . quid erit loquendum? 1.27 (49.12)
PORTITOR. portitores. quae nobis multimoda relatione per praesentium portitores laudabiliter insinuata est, . . . 2.17 (119.27)
portitoris. hortamur, ut nos reperta portitoris occasione de his, . . . 2.11 (106.12)

PORTIVNCVLA. portiunculam. Tunc dedit ei abbatissa portiunculam de puluere illo, ... 3.11 (150.22)
PORTO. portabant. Portabant autem facem ignis contra Aquilonem, ... 5.23 (349.11)
portabat. 'Mox ut uirgo haec cum capsella, quam portabat, adpropinquauit atrio 3.11 (150.18)
portando. ut saepe malum, quod aduersatur, portando et dissimulando conpescat. 1.27 (51.29)
portandum. quia iugum Christi et ipse portet, et uobis portandum offerat; 2.2 (83.1)
portare. etiam sine actuali peccato existentes, portare noscuntur, secundum prophetam dicentem: . . 2.19 (124.9)
in quo iuuenculam me memini superuacua moniliorum pondera portare; 4.19 (246.9)
signum sanctae crucis eius in fronte portare consueuit 5.21 (343.9)
portaret. ut spinas ac tribulos peccatorum nostrorum portaret, id est exportaret et auferret a nobis, . 5.21 (343.17)
portaretur. ut neque equo uehi posset, sed manibus ministrorum portaretur in grabato. 5.19 (328.23)
portas. quid contrario tuae fidei habitu terminatam in capite coronae imaginem portas? 5.21 (344.15)
portat. atque ita portat et dissimulat, ... 1.27 (51.28)
reatum culpae portet [portat] inuitus. . . . . . uar. 1.27 (56.21)
quia portat in ramo umorem uitii, quem traxit ex radice. 1.27 (58.4)
captiuus ex delectatione, quam portat inuitus. 1.27 (62.2)
portaturus. massam pulueris secum portaturus abstulit, ... 1.18 (37.1)
portauit. signum incendii, . . . uisibile cunctis in humero maxillaque portauit; 3.19 (167.8)
formam quoque coronae, quam ipse in passione spineam portauit in capite, ... 5.21 (343.16)
portet. Et homo, . . . reatum culpae portet inuitus. 1.27 (56.21)
credibile est, quia iugum Christi et ipse portet, ... 2.2 (82.33)
porto. fit hoc grauius, quod porto.' 2.1 (74.26)
quia merito in collo pondus langoris porto, ... 4.19 (246.8)
PORTVS. portum. et perduxit eum ad portum, cui nomen est Quentauic; 4.1 (203.28)
PORTVS, *see* **RVTVBI PORTVS.**
POSCO. poscebat. ea, quae totius anni circulus in celebratione dierum festorum poscebat, ... 4.18 (241.24)
Cumque iam naui inposuisset, quae tanti itineris necessitas poscebat, ... 5.9 (298.6)
antistes misit eum Romam, . . . cunctis simul, quae necessitas poscebat itineris, largiter subministratis; 5.19 (324.17)
POSSESSIO. possessio. unde data est episcopo possessio terrae ccc^{arum} familiarum. 4.16 (237.12)
possessione. Quae post biennium conparata possessione x familiarum in loco, ... 3.24 (179.4)
sufficiensque esset in possessione hominum propriorum; 4.1 (202.33)
et accepta ab eo possessione ecclesiae cuiusdam et agelli non grandis, ... 4.12 (228.15)
Et quoniam illi rex cum praefata loci possessione omnes, qui ibidem erant, . . . donauit, . . 4.13 (232.21)
possessionem. unde et praefatam insulam ab eis in possessionem monasterii faciendi accepit. . . . 3.4 (133.28)
postulauit eum possessionem terrae aliquam . . . accipere, ... 3.23 (174.30)
Quem uidelicet locum paulo ante eis, . . . in possessionem monasterii dederat. 3.25 (183.3)
emitque partem eius non grandem, . . . a comite, ad cuius possessionem pertinebat; 4.4 (213.26)
quo concedente et possessionem terrae largiente, ipsum monasterium fecerat. 4.18 (241.15)
possessiones. donabantur munere regio possessiones et territoria ad instituenda monasteria, . . 3.3 (132.21)
Singulae uero possessiones x erant familiarum, id est simul omnes cxx. 3.24 (178.31)
possessiones. simul et necessarias in diuersis speciebus possessiones conferret. 1.26 (47.33)
sed et territoria ac possessiones in usum eorum, . . . adiecit. 2.3 (85.29)
et Osuiu, . . . possessiones et territoria Deo ad construenda monasteria dederit. 3.24 (177.11)
simul et xii possessiones praediorum ad construenda monasteria donaret; 3.24 (177.29)
ut nemo territoria ac possessiones ad construenda monasteria, . . . acciperet. 3.26 (191.21)
possessionis. utpote nil propriae possessionis, excepta ecclesia sua et adiacentibus agellis habens. . 3.17 (160.2)
Nam et Picti terram possessionis suae, quam tenuerunt Angli; 4.26 (267.12)
possessionum. maximam possessionum tuarum, quae tibi ablatae sunt, portionem recipies, . . . 5.19 (329.18)
POSSESSIVNCVLA. possessiunculis. unde a mansionibus ac possessiunculis suis eiecti, . . . 1.12 (28.9)
donatis insuper xii possessiunculis terrarum, ... 3.24 (178.25)
E quibus uidelicet possessiunculis sex in prouincia Derorum, sex in Berniciorum dedit. 3.24 (178.29)
neque aliquis de hoc monasterio siue adiacentibus ei possessiunculis hac clade ultra moriturus est; 4.14 (234.17)
POSSIDEO. possedebant. in quibus nullus eorum ex his, quae possidebant [possedebant], aliquid suum esse dicebat, ... uar. 4.27 (271.1)
possederat. mox omnem, quam possederat, substantiam in tres diuisit portiones, ... 5.12 (304.16)
possedissent. Et cum plurimam insulae partem, incipientes ab Austro, possedissent, ... 1.1 (11.23)
possidebant. ceterum ulteriores Brittaniae partes, . . . iure dominandi possidebant. 1.11 (25.14)
nullus eorum ex his, quae possidebant, aliquid suum esse dicebat, ... 1.27 (49.1)
in quibus nullus eorum ex his, quae possidebant, aliquid suum esse dicebat, sed erant eis omnia communia.' 4.27 (271.1)
possidendum. quamuis illum eis equum non dares, quem tibi specialiter possidendum elegi?' . . . 3.14 (156.22)
possident. et quae possident, ipsis seruant, quos irati insequi uidentur. 1.27 (50.13)
constructo monasterio, quod hactenus heredes possident eius, ... 5.11 (302.26)
possidere. Et quamuis maledici regnum Dei possidere non possint, ... 4.26 (266.23)
possideres. 'Dedi te in foedus populi, ut suscitares terram, et possideres hereditates dissipatas, . 3.29 (197.15)
possideret. prouincias Nordanhymbrorum, non ut rex uictor possideret, ... 3.1 (128.6)
ut, . . . quae gratia uirtutis possideret, sua sanatione demonstraret. 4.10 (225.11)
possideri. quoniam donum Dei existimasti per pecuniam possideri; 5.21 (342.35)
possidet. 'quod tam lucidi uultus homines tenebrarum auctor possidet, ... 2.1 (80.10)
POSSVM. posse. 1.7 (20.3); 1.7 (21.23); 1.12 (27.12); 1.27 (50.33); 1.27 (54.19); 2.2 (82.16); 2.5 (91.23); 2.12 (107.5); 2.18 (121.18); 2.19 (124.1); 3.1 (128.20); 3.7 (141.21); 3.14 (155.9); 3.18 (163.8); 3.22 (171.26); 3.22 (171.28); 4.1 (202.13); 4.14 (235.17); 4.23 (254.20); 4.25 (263.14); 5.12 (310.15); 5.21 (340.22); 5.21 (340.25); 5.21 (340.27).
possem. 3.25 (187.27); 5.9 (297.8); 5.14 (313.30).
possemus. 5.1 (282.3); 5.21 (337.5).
possent. 1.12 (27.15); 1.33 (70.22); 2.9 (98.14); 3.30 (199.19); 4.4 (213.17); 4.11 (225.30); 4.11 (227.6); 4.19 (244.32); 4.32 (280.7); 5.2 (283.18); 5.10 (299.19); 5.12 (305.7).
posset. 1.7 (20.11); 1.12 (26.13); 2.1 (77.22); 2.1 (80.29); 2.6 (93.20); 2.7 (94.17); 2.9 (98.9); 2.9 (98.27); 2.12 (109.4); 3.2 (130.21); 3.8 (142.10); 3.14 (156.11); 3.22 (173.29); 3.24 (177.24); 3.29 (196.16); 3.29 (196.18); 4.1 (202.19); 4.1 (202.22); 4.1 (203.5); 4.6 (219.4); 4.7 (220.7); 4.10 (224.26); 4.10 (224.30); 4.11 (227.14); 4.13 (232.8); 4.19 (243.17); 4.19 (245.19); 4.22 (250.4); 4.22 (250.20); 4.22 (250.25); 4.22 (250.28); 4.22 (250.29); 4.22 (251.20); 4.23 (253.4); 4.23 (253.7); 4.23 (255.11); 4.23 (255.22); 4.24 (260.22); 4.24 (261.18); 4.25 (263.16); 4.28 (272.13); 4.28 (272.20); 4.31 (278.20); 5.3 (285.18); 5.4 (287.4); 5.5 (288.22); 5.9 (296.22); 5.10 (301.6); 5.13 (313.20); 5.15 (316.11); 5.19 (324.32); 5.19 (328.22); 5.21 (332.31); 5.21 (337.1); 5.21 (341.16).
possetis. 2.8 (95.31).
possim. uar. 3.25 (187.27).
possint. 1.12 (25.31); 2.7 (94.14); 4.26 (266.23); 5.21 (341.26).
possit. 1.27 (49.26); 1.27 (53.21); 1.27 (53.27); 1.27 (53.30); 1.27 (53.34); 2.18 (121.30); 4.3 (212.3); uar. 4.11 (227.14); 5.21 (339.1).
possitis. 1.24 (44.12); uar. 2.8 (95.31); 2.10 (102.8); 2.18 (121.27).
possum. 1.25 (46.9); 2.12 (108.8); 5.3 (285.29); 5.6 (291.4).

possumus. 1.1 (12.4); 1.27 (52.20); 2.1 (73.10); 2.2 (82.29); 2.10 (103.2).
possunt. 1.7 (19.27); 1.27 (49.4); 2.10 (102.20); 4.24 (260.8); 5.23 (351.15).
poteram. Praef. (7.28); 4.24 (259.27); 5.6 (290.22); 5.12 (305.12).
poterant. Praef. (7.27); 1.12 (27.8); 1.14 (30.14); 1.26 (47.1); 2.14 (115.14); 3.4 (134.25); 3.22 (173.11); 4.27 (269.31); 5.21 (345.24).
poterat. 1.7 (19.33); 1.7 (21.5); 1.34 (71.17); 2.1 (76.24); 2.7 (95.2); 3.11 (150.2); 3.16 (159.3); 3.17 (160.21); 3.25 (181.29); 3.26 (190.24); 4.3 (206.23); 4.23 (253.29); 4.24 (260.30); 4.26 (267.22); 5.2 (283.23); 5.6 (290.16); 5.9 (298.25).
poteris. 1.27 (53.10); 2.5 (91.26).
poterit. 1.27 (54.16); 1.32 (69.3); 1.32 (69.12); 2.11 (105.21); 5.21 (337.22).
poterunt. 2.10 (102.25).
potes. 1.27 (52.9); 1.27 (53.15); 5.3 (286.14); 5.6 (291.3); 5.13 (311.29); 5.21 (344.18).
potest. 1.27 (50.2); 1.27 (51.6); 1.27 (57.19); 1.27 (57.31); 1.27 (57.33); 1.27 (59.1); 2.19 (124.5); 3.2 (129.21); 3.13 (153.25); 3.24 (177.17); 3.25 (184.18); 4.9 (223.25); 5.7 (293.22); 5.8 (294.27); 5.16 (318.8).
potestis. 1.25 (46.17); 2.5 (91.16).
potuere. 2.1 (80.31); 5.8 (295.4).
potuerit. Praef. (8.10); 2.12 (109.17); 4.19 (243.2).
potuerunt. 3.16 (158.29); 3.22 (173.20); 4.14 (236.1); 4.25 (262.28).
potui. Praef. (8.2); 5.6 (290.2); 5.6 (290.5); 5.12 (306.16); 5.24 (357.3); 5.24 (359.8); 5.24 (359.18).
potuisse. 1.1 (11.29); 2.1 (77.5); 4.19 (243.19); 4.22 (251.19).
potuissent. 4.1 (203.22); 5.21 (333.10).
potuisset. 3.5 (137.7); 3.11 (149.25); 4.1 (204.9).
potuisti. 1.27 (49.28); 1.27 (54.5).
potuit. 1.27 (55.26); 2.1 (75.18); 2.1 (77.15); 2.5 (92.8); 2.10 (103.11); 3.14 (155.5); 3.17 (160.25); 3.21 (170.2); 3.25 (181.24); 3.25 (182.9); 3.25 (188.16); 4.9 (222.20); 4.13 (230.6); 4.13 (230.7); 4.19 (243.24); 4.22 (250.1) 4.22 (250.14); 4.22 (251.17); 4.24 (259.6); 4.24 (259.10); 5.2 (284.14); 5.2 (284.16); uar. 5.6 (290.5); 5.6 (291.17); 5.17 (318.33); 5.21 (333.26); 5.24 (352.8).

POST (*adv.*). 1.14 (30.14); 1.15 (30.25); 1.21 (41.16); 1.27 (57.3); 2.1 (77.32); 2.19 (122.10); 3.7 (140.9); 3.9 (146.12); 3.14 (157.12); 3.19 (168.13); 3.21 (171.10); 3.26 (190.14); 4.1 (202.1); 4.3 (211.23); 4.7 (220.8); 4.11 (226.16); 4.11 (226.20); 4.14 (235.30); 4.17 (240.13); 4.19 (245.29); 4.30 (276.6); 4.30 (277.20); 5.6 (291.28); 5.11 (302.17); 5.11 (302.19); 5.11 (303.14); 5.12 (304.19); 5.13 (311.24); 5.13 (312.31); 5.19 (325.14); 5.19 (325.27); 5.21 (334.20); 5.22 (346.16); 5.23 (349.15).

POST (*prep.*). 1.1 (11.30); 1.1 (12.18); 1.3 (15.10); 1.3 (15.21); 1.6 (17.25); 1.6 (17.28); 1.9 (23.4); 1.11 (25.7); 1.13 (28.18); 1.14 (29.24); 1.18 (36.18); 1.19 (38.3); 1.21 (41.10); 1.23 (43.25); 1.24 (44.22); 1.25 (45.27); 1.27 (53.26); 1.27 (53.28); 1.27 (53.29); 1.27 (54.20); 1.27 (55.23); 1.27 (55.32); 1.27 (57.26); 1.27 (59.17); 1.27 (59.21); 1.28 (62.29); 1.29 (64.4); 1.29 (64.23); 1.30 (64.26); 1.30 (65.1); 1.30 (66.7); 1.32 (69.18); 1.32 (69.33); 1.32 (70.6); 2.1 (74.20); 2.2 (83.34); 2.5 (89.7); 2.5 (90.5); 2.5 (90.24); 2.6 (92.17); 2.6 (93.14); 2.7 (93.31); 2.7 (94.6); 2.11 (105.28); 2.18 (122.4); 3.1 (128.17); 3.4 (133.5); 3.4 (134.1); 3.7 (140.3); 3.7 (141.5); 3.8 (143.33); 3.8 (144.8); 3.8 (144.14); 3.9 (145.14); 3.9 (145.29); 3.9 (146.7); 3.11 (148.4); 3.11 (149.22); 3.11 (150.14); 3.12 (152.1); 3.13 (153.4); 3.13 (153.19); 3.14 (157.15); 3.17 (160.19); 3.18 (162.14); 3.19 (163.21); 3.19 (168.18); 3.19 (168.21); 3.20 (169.4); 3.20 (169.6); 3.22 (171.22); 3.23 (176.18); 3.23 (176.34); 3.24 (178.15); 3.24 (179.3); 3.24 (180.6); 3.24 (180.18); 3.25 (182.17); 3.25 (185.33); 3.25 (186.9); 3.26 (191.23); 3.27 (193.28); 3.27 (194.10); 3.27 (194.13); uar. 3.28 (194.25); 3.29 (197.9); 3.29 (197.14); 3.29 (197.31); 3.30 (199.10); 4.1 (204.3); 4.3 (209.28); 4.3 (209.34); 4.5 (216.1); 4.5 (217.27); 4.6 (218.3); 4.6 (218.6); 4.9 (223.8); 4.9 (223.11); 4.11 (227.11); 4.12 (228.23); 4.12 (229.21); 4.13 (230.9); 4.15 (236.18); 4.16 (236.26); 4.17 (239.30); 4.18 (241.8); 4.19 (243.9); 4.19 (244.1); 4.19 (244.22); 4.19 (245.23); 4.22 (251.29); 4.23 (252.15); 4.23 (252.18); 4.23 (253.18); 4.23 (253.24); 4.24 (258.31); 4.24 (259.4); 4.25 (263.31); 4.25 (265.31); 4.26 (266.26); 4.26 (268.7); 4.26 (268.13); 4.29 (275.31); 4.30 (276.5); 4.30 (276.8); 4.32 (280.4); 5.1 (282.1); 5.1 (282.27); 5.3 (285.4); 5.3 (286.7); 5.5 (288.19); 5.5 (288.30); 5.6 (290.8); 5.6 (291.7); 5.8 (294.17); 5.9 (297.26); 5.9 (297.27); 5.11 (303.6); 5.11 (303.16); 5.11 (303.21); 5.12 (306.8); 5.12 (309.5); 5.13 (311.6); 5.14 (314.32); 5.15 (316.24); 5.19 (322.18); 5.19 (327.8); 5.19 (327.11); 5.19 (327.13); 5.19 (329.17); 5.19 (329.31); 5.20 (330.31); 5.21 (332.29); 5.21 (338.21); 5.21 (339.10); 5.21 (340.4); 5.21 (340.10); 5.21 (340.28); 5.21 (340.29); 5.21 (340.30); 5.21 (341.20); 5.21 (345.16); 5.22 (347.19); 5.23 (348.20); 5.23 (349.2); 5.24 (359.1).

POSTA. posta. posta solummodo, in qua puluis ille inclusus pendebat, . . . intacta remansit. 3.10 (147.20)
posta. adpendens linteolum cum puluere, quem adtulerat, in una posta parietis. 3.10 (147.13)

POSTEA. Praef. (6.17); 1.6 (17.22); 1.7 (21.27); 1.15 (31.31); 2.1 (74.6); 2.20 (125.21); 2.20 (126.2); 3.2 (129.31); 3.18 (163.17); 3.23 (176.19); 3.27 (193.27); 3.28 (195.4); 4.1 (203.20); 4.3 (208.20); 4.15 (236.15); 4.23 (254.22); 4.25 (266.2); 4.27 (269.4); 4.31 (279.3); 4.31 (279.14); 5.1 (281.12); uar. 5.12 (310.9); 5.21 (345.5).

POSTERI. posteris. famam suae malitiae posteris diuturnam relinquens, ... 1.14 (29.16)
uestrae quoque gloriae nomen etiam posteris gloriosius reddet, ... 1.32 (68.13)
ad exemplum uiuendi posteris collegit; 2.1 (76.24)

POSTERIOR, ius. **posterior.** Quae res quem sit habitura finem, posterior aetas uidebit. 5.23 (351.23)
posteriora. habuit posteriora peiora prioribus; 2.15 (116.5)
posteriores. pro qua reges posteriores fecere sibi uillam in regione, quae uocatur Loidis. . . . 2.14 (115.18)

POSTERITAS. posteritatis. ea, . . . ad instructionem posteritatis litteris mandare studuimus. . . . Praef. (8.8)

POSTERVS, a, um. **posterum.** semper in posterum a synodo propria debeat consecrari, ... 1.29 (63.27)
Sit uero inter Lundoniae et Eburacae ciuitatis episcopos in posterum 1.29 (64.7)

POSTMODVM. Sed haec postmodum. 1.16 (33.21)
et postmodum Pelagianorum tempestatem diuina uirtute sedauerit. 1.17 (33.23)
Sed haec postmodum. 2.5 (90.3)
fecit basilicam, quam postmodum pagani, . . . cum tota eadem uilla succenderunt; 2.14 (115.16)
et ab eo postmodum, . . . contra fidem iuris iurandi peremtus est. 2.20 (124.28)
recuperata postmodum pace in prouincia, ... 2.20 (126.28)
redemtos postmodum suos discipulos fecit, ... 3.5 (136.30)
sicut prius moderamine discretionis, ita postmodum et ceteris uirtutibus ornatus apparuit. . . . 3.5 (137.27)
ubi postmodum, castigandi huius facinoris gratia, monasterium constructum est; 3.14 (155.24)
Qui postmodum in corpore restitutus, ... 3.19 (167.5)
et mox fonte lauacri salutaris ablutus, etiam postmodum ad ordinem presbyterii promotus est, . . . 3.23 (177.2)
quia illi postmodum data sibi optione magis loco cedere, . . . uolebant, ... 3.25 (183.4)
Sed illo postmodum patriam reuerso, ... 4.3 (211.21)
sed postmodum constructa ibidem ecclesia beatissimi apostolorum principis Petri, ... 4.3 (212.6)
uerbis obscurioribus, quae tamen postmodum manifeste intellegerentur, ... 4.29 (274.8)
Verum quia illi postmodum optione data maluerunt loco cedere, ... 5.19 (325.17)
quod postmodum Vilbrord, reuerentissimus Christi pontifex, in magna deuotione conpleuit, . . . 5.19 (326.16)
ipsa quoque postmodum per gentem Anglorum in eis, . . . ad perfectam uiuendi normam perueniret. 5.22 (347.8)
uitam . . . Cudbercti, et prius heroico metro et postmodum plano sermone, descripsi. 5.24 (359.10)

POSTPONO. postponitis. Si enim, quod absit, uerba eius postponitis, ... 1.32 (69.2)

POSTQVAM. uar. Praef. (6.17); 1.2 (14.30); 1.27 (53.26); 2.1 (73.3); 2.7 (95.3); 2.12 (107.23); 2.12 (110.5); 2.15 (116.17); 3.20 (169.9); 4.1 (201.21); 4.2 (204.14); 4.3 (210.4); 4.16 (236.27); 4.16 (238.8); 4.18 (242.18); 4.23 (255.2); 4.27 (269.10); 4.29 (274.22); 5.11 (302.29); 5.19 (330.26); 5.21 (336.5); 5.24 (354.25); 5.24 (355.20); 5.24 (356.5).

POSTREMO. qui pro paruulis Christi, . . . adflictiones, ipsam postremo mortem, . . . pertuli?' 2.6 (92.28)
POSTVLATIO. postulationis. et mox effectum piae postulationis consecutus est; 1.4 (16.9)
POSTVLO. postulabant. Vnde postulabant, ut secundo synodus pluribus aduenientibus fieret. 2.2 (82.17)
caelitus se uindicari continuis diu inprecationibus postulabant. 4.26 (266.22)
postulandae. Eanfridum inconsulte ad se cum XII lectis militibus postulandae pacis gratia uenientem, . . . damnauit. 3.1 (128.9)
postulans. Vt idem rex postulans de gente Scottorum antistitem acceperit Aidanum, 3.3 (131.3)
postulans, ut sibi placatus esset, 3.14 (156.31)
uenitque ad regem Nordanhymbrorum Osuiu, postulans filiam eius Alchfledam 3.21 (169.28)
postulans ab Osuiu rege, ut aliquos sibi doctores daret, 3.22 (172.21)
ceceditque ante pedes eius, ueniam reatus postulans. 3.22 (174.4)
misit Pippin . . . Vilbrordum Romam, . . . postulans, ut eidem Fresonum genti archiepiscopus ordinaretur. 5.11 (302.32)
postulans, ut exhortatorias sibi litteras mitteret, 5.21 (332.30)
postulans. multitudo pauperum undecumque adueniens . . . postulans aliquid elimosynae a rege. 3.6 (138.18)
Quae multum diu regem postulans, ut saeculi curas relinquere, . . . permitteretur; 4.19 (243.26)
misit eum Cantiam ad regem Erconberctum, . . . postulans, ut eum honorifice Romam transmitteret. 5.19 (323.23)
postulante. Dumque rex, iubente ac postulante episcopo, laetitiam reciperet, 3.14 (157.4)
postulantes. multitudo pauperum . . . postulans [postulantes] aliquid elimosynae a rege. uar. 3.6 (138.18)
postulare. adsiduis non desistimus precibus postulare. 2.11 (106.10)
coeperuntque iuuenes, . . . maxime laici, postulare episcopum, ut . . . equos suos inuicem probare liceret. 5.6 (289.23)
postulasset. cum de prouincia Scottorum rex Osuald postulasset antistitem, 3.5 (137.1)
postulasti. Verumtamen scito, quia, quae postulasti, accipies.' 3.27 (193.23)
postulat. et ait: 'Postulat Quoenburg' (hoc enim erat nomen uirginis), 'ut ocius regrediaris ad eam.' 5.3 (286.9)
postulata. postulata aqua, ipsa lauit faciem, crines conposuit, 3.9 (146.22)
postulata. Scripta, . . . reciproca responsa ad ea, quae postulata fuerant, siluerunt. 2.19 (123.12)
postulatum. cum postulatum conplesset ministerium, 5.5 (288.3)
postulatus. cum postulatum [postulatus] conplesset ministerium, uar. 5.5 (288.3)
postulauit. postulauit eum possessionem terrae aliquam . . . accipere, 3.23 (174.30)
postulauit a rege, ut sibi . . . facultatem ac licentiam ibidem orationis causa demorandi concederet. 3.23 (175.24)
Aeanfled . . . postulauit a rege Osuio, ut donaret ibi locum monasterio construendo 3.24 (179.31)
sed postulauit a rege Osuio, ut illis episcopus Ceadda daretur, 4.3 (206.17)
postulauit se illo adferri, et in modum orantium ad illud adclinari. 4.9 (223.3)
postulauitque ab eo, ut, . . . prius eos liceret fidei Christianae sacramentis inbui. 4.16 (238.1)
'Postulat [Postulauit] Quoenburg' (hoc enim erat nomen uirginis), 'ut ocius regrediaris uar. 5.3 (286.9)
POTATIO. potationum. domunculae, . . . nunc in comessationum, potationum, fabulationum, et ceterarum sunt inlecebrarum cubilia conuersae, 4.25 (265.14)
POTENS. potens. Et si sanctus erat, ac potens uirtutibus ille Columba uester, 3.25 (188.15)
potentes. auctoritatem sacerdote dignam, redarguendi superbos ac potentes, 3.17 (161.23)
potentibus. Nullam potentibus saeculi pecuniam, . . . umquam dare solebat, 3.5 (136.24)
potentibus. nisi a potestatibus [potentibus] saeculi coactus, uar. 3.26 (191.22)
tandem rex ipse praefatus, una cum . . . religiosis ac potentibus uiris insulam nauigauit. 4.28 (272.22)
potentium. neque ad susceptionem potentium saeculi, uel pecunias colligi, uel domus praeuideri necesse fuit, 3.26 (190.27)
POTENTIA. potentia. Sed ut Dei potentia manifestior appareret, 1.19 (37.19)
Licet summae diuinitatis potentia humanae locutionis officiis explanari non ualeat, 2.10 (100.26)
quae per uos superna potentia mirabiliter in conuersatione coniugis uestri . . . fuerit operari, 2.11 (106.13)
potentia. maiore potentia cunctis, qui Brittaniam incolunt, . . . praefuit, 2.5 (89.22)
a diabolicae captiuitatis nexibus, sanctae et indiuiduae Trinitatis cooperante potentia, absoluti, 2.10 (102.8)
Saluatoris nostri Domini Iesu Christi cooperante potentia, 2.11 (105.17)
potentiae. subtile quidem sit per effectum spiritalis potentiae, 2.1 (76.4)
peracto autem bello, rursum aequalis potentiae omnes fiunt satrapae. 5.10 (300.3)
potentiam. et non multo post etiam regni terrestris potentiam perdidit. 3.7 (140.10)
'Nunc laudare debemus auctorem regni caelestis, potentiam Creatoris et consilium illius, 4.24 (260.1)
ut post acceptam temporalis regni potentiam ipse beatissimus apostolorum princeps caelestis . . . pandat introitum. 5.21 (345.16)
POTENTISSIMVS, a, um. **potentissimo.** Venit autem Brittaniam Columba, regnante Pictis Bridio filio Meilochon, rege potentissimo, 3.4 (133.25)
potentissimus. Erat eo tempore rex Aedilberct in Cantia potentissimus, 1.25 (44.30)
POTENTIVS. ut exhortatorias sibi litteras mitteret, quibus potentius confutare posset eos, 5.21 (332.31)
POTESTAS. potestas. Non enim tanta erat ei, quanta patri ipsius regni potestas, 2.6 (93.19)
Cui uidelicet regi, . . . potestas etiam terreni creuerat imperii; 2.9 (97.11)
potestate. nostram, id est Anglorum, gentem de potestate Satanae . . . conuertit, 2.1 (73.7)
Saberct . . . regnabat, quamuis sub potestate positus eiusdem Aedilbercti, 2.3 (85.14)
et ereptos de potestate nequitiae diabolicae prauitatis caelestibus praemiis muneraret. 2.10 (103.21)
'Quod si . . . promittat, ita ut . . . omnes, qui ante te reges in gente Anglorum fuerant, potestate transcendas?' 2.12 (109.9)
uenturus est in nubibus, in potestate magna et maiestate, ad iudicandos uiuos et mortuos. 4.3 (211.6)
et ab hac potestate de certis incertisque rebus absolutus, 5.19 (327.1)
et ab hac potestate de certis incertisque rebus absolutus,' 5.19 (327.32)
potestatem. is, qui superest, consors eiusdem gradus habeat potestatem alterum ordinandi . . . sacerdotem; 2.18 (120.18)
potestates. cui etiam summitates imperii rerumque potestates submissae sunt, 2.10 (101.21)
potestatibus. ut nemo territoria . . . nisi a potestatibus saeculi coactus, acciperet. 3.26 (191.22)
potestatis. Tum subito quidam tribuniciae potestatis . . . procedit in medium, 1.18 (36.6)
'Habetis,' inquit, 'uos proferre aliquid tantae potestatis uestro Columbae datum?' 3.25 (188.24)
potestatum. quia tempestates potestatum aeriarum . . . repellere consuerat, 2.7 (94.33)
POTIOR. potiti. iuxta meritum suae fidei uictoria potiti sunt. 3.2 (129.12)
potitos. quos olim sacerdotii gradu non ignobiliter potitos, fama iam uulgante, conpererat; 3.19 (166.14)
potitus. Bassianus, . . . regno potitus est. 1.5 (17.6)
Laurentius archiepiscopi gradu potitus 2.4 (87.4)
et patriam reuersus, ubi regno potitus est, 3.18 (162.19)
Postquam ergo Caedualla regno potitus est Geuissorum, 4.16 (236.27)
potiuntur. optati littoris quiete potiuntur. 1.17 (34.30)
POTIOR, ius. **potiora.** et ad augmentum ecclesiae suae potiora per uos suscitet incrementa; 2.18 (121.6)
potiorem. immo potiorem tunc sumsisse profectum de labore conuersionis multorum, 2.1 (74.30)
POTIVS. quin potius omnia pene, quae de eadem insula sunt, contra uenenum ualent. 1.1 (12.33)
ipse potius mereretur percuti. 1.7 (20.23)
ipsos potius monent arma corripere, 1.12 (27.12)
1.14 (29.19); 1.23 (42.26); 1.25 (46.14); 1.31 (66.26); 2.1 (74.14); 2.2 (81.25); 2.9 (98.4); 2.9 (98.21); 2.12 (108.11);

2.12 (110.4); 2.13 (111.30); 2.15 (116.30); 2.18 (121.32); 3.5 (136.26); 3.7 (139.19); 3.13 (153.7); 3.14 (155.5); 3.21 (170.29); 3.22 (172.1); 3.25 (181.24); 3.25 (183.31); 3.25 (186.5); 4.3 (210.8); 4.11 (225.29); 4.22 (250.8); 4.28 (272.6); 5.6 (290.17); 5.19 (324.34); 5.21 (335.26); 5.21 (336.11); 5.21 (339.28); 5.21 (344.17).

POTO. potandum. et astulam roboris praefati inmittens obtuli egro potandum. 3.13 (153.31)
potauerint. eisque languentes homines aut pecudes potauerint, siue asperserint, ... 3.2 (129.18)
POTVS. potu. Cumque ita sine cibo et potu, sine uoce et auditu, quatriduo perseueraret, ... 5.19 (328.27)
potui. et ipsam rasuram aquae inmissam ac potui datam, ... 1.1 (13.4)
potum. Et quid est aliud . . . contra sitim potum, ... 1.27 (55.34)
potus. ita ut nil umquam cibi uel potus, excepta die dominica et quinta sabbati, perciperet, . . . 4.25 (263.4)
PRAE. prae. 'Turbatus est prae ira oculus meus.' 1.27 (58.13)
neque hos quisquam, . . . contingere prae magnitudine uel timoris eius auderet, ... 2.16 (118.13)
prae oculis affectum doctrinae ipsius, . . . habetote; 2.17 (119.21)
prae merito uirtutum eiusdem monasterii Brigensis est abbatissa constituta. 3.8 (142.25)
qui tunc prae inundantia pluuiarum late alueum suum immo omnes ripas suas transierat, ... 3.24 (178.18)
Sed illo post non multum temporis prae inopia rerum ab episcopatu decedente, ... 4.12 (228.24)
ipsaque iacens in lecto prae nimietate doloris iam moritura uideretur. 5.3 (285.19)
Nam cum prae maiore senectute minus episcopatui administrando sufficeret, ... 5.6 (292.4)
sed pessimam mihi scientiam certus prae oculis habeo.' 5.13 (311.32)
quam lex maiore prae ceteris festiuitate memorabilem saepenumero commendat; 5.21 (338.4)
Aegyptiorum, qui prae ceteris doctoribus calculandi palmam tenent, ... 5.21 (339.4)
PRAEBEO. praebebant. uerbis quoque horum exhortatoriis diligenter auditum praebebant. . . . 3.26 (191.11)
praebebat. qui etiam uiuente Aedilbercto eidem suae genti ducatum praebebat, ... 2.5 (89.19)
Nec solum ipsi monasterio regularis uitae monita, simul et exempla praebebat, ... 4.27 (269.14)
mox copiosa seges exorta desideratam proprii laboris uiro Dei refectionem praebebat. 4.28 (272.9)
praebemus. et iuxta uestra desideria praebemus [praebemus]. . . . . uar. 2.17 (120.4)
praebendum. ne dum adhuc tempus ad praebendum redemtionis mysterium quaeritur, ... 1.27 (55.3)
praebent. praebent instituendorum exemplaria armorum. 1.12 (27.26)
praebente. auxilium praebente illi Penda uiro strenuissimo de regio genere Merciorum, ... 2.20 (124.18)
eisque pedagogos ac magistros iuxta morem Cantuariorum praebente. 3.18 (162.23)
praebere. et sua ei solacia praebere festinet. 1.24 (44.11)
neque increpationibus Augustini ac sociorum eius adsensum praebere uoluissent, ... 2.2 (81.25)
et magisterium gratuitum praebere curabant. 3.27 (192.18)
praeberemus. ut in omnibus deuotioni uestrae nostrum concursum, et iuxta uestra desideria praeberemus. 2.17 (120.4)
praeberet. Cumque rex perfidus nullatenus precibus illius assensum praeberet, ... 3.24 (177.21)
Et cum ne adhuc quidem talia loquenti quisquam responderet, uel adsensum praeberet, iterum dixit: 4.8 (221.18)
praebuerunt. beatissimi sacerdotes praebuerunt aduersariis copiam disputandi, ... 1.17 (35.26)
et uirtutum quae fecerunt miracula testimonium praebuerunt; 3.25 (187.8)
praebuit. praebuit palam adsensum euangelizanti beato Paulino rex, ... 2.13 (112.34)
et ipsa recte uiuendo, et subiectis regulariter ac pie consulendo praebuit; 4.6 (219.7)
cuius uita non sibi solummodo, sed multis bene uiuere uolentibus exempla operum lucis praebuit. . 4.23 (256.11)
PRAECEDO. praecedebat. Respondit cogitationi meae ductor, qui me praecedebat: 5.12 (305.17)
Vna quippe solem praecedebat, mane orientem; 5.23 (349.6)
praecedente. ut in praecedente libro paucis diximus, ... 4.1 (201.14)
quoniam anno praecedente noluerat audire reuerentissimum patrem Ecgberctum, ... 4.26 (267.6)
praecedente. et praecedente congrua lectionum orationum, caerimoniarum paschalium sollemnitate, 5.21 (336.19)
praecedente. et praecedente sabbato, uespere, sacrosancta paschae sollemnia inchoabat; . . . 3.25 (186.1)
quod aeuo praecedente aliquoties factum fideles historiae narrant; 4.19 (243.20)
praecedentem. Tunc uidit unum de tribus angelis, . . . praecedentem ignes flammae diuidere, . . . 3.19 (166.7)
praecedentis. haec ad praecedentis anni nouissimum pertinet mensem, ... 5.21 (339.8)
praecedentium. instituta quoque disciplinae regularis, quae . . . in patrum precedentium factis siue dictis inuenissent, ... 4.3 (209.10)
praecesserant. egressae . . . ad sepulchra fratrum, qui eas ex hac luce praecesserant, ... 4.7 (220.2)
praecesserit. quid autem sequatur, quidue praecesserit, prorsus ignoramus. 2.13 (112.19)
At si uno saltim die plenilunium tempus aequinoctii praecesserit, ... 5.21 (339.27)
praecesserunt. qui in uia iam coniugii praecesserunt, ... 1.27 (52.22)
praecessisset. ultra Anglorum partibus, quo nullus doctor praecessisset, ... 3.7 (139.13)
PRAECELLENTISSIMVS, a, um. praecellentissimo. Domino gloriosissimo atque praecellentissimo filio Aedilbercto regi 1.32 (67.24)
Domino excellentissimo atque praecellentissimo filio Æduino regi Anglorum Honorius . . . 2.17 (118.33)
PRAECEPS. praeceps. in quo nihil repente arduum, nihil praeceps, nihil abruptum, ... 1.7 (20.31)
praecipites. plures etiam timore praecipites flumen, . . . deuorauit. 1.20 (39.15)
PRAECEPTIO. praeceptione. testamenti ueteris praeceptione didicisti, ... 1.27 (54.21)
uobis per praesentem nostram praeceptionem [praesenti nostra praeceptione], ... uar. 2.18 (121.20)
praeceptionem. petitionem, quam filiorum nostrorum regum uobis per praesentem nostram praeceptionem, ... 2.18 (121.20)
praeceptionis. quae cuncta solo uerbo praeceptionis suae condidit et creauit, caelum uidelicet et terram, 2.10 (101.9)
atque seruato termino praeceptionis, aeternitatis subsistentia praemuniret. 2.10 (101.15)
ut per nostrae praeceptionis auctoritatem possitis Deo placitam ordinationem efficere; 2.18 (121.26)
PRAECEPTOR. praeceptoribus. inbuebantur praeceptoribus Scottis paruuli Anglorum . . . studiis et obseruatione disciplinae regularis. 3.3 (132.22)
praeceptorum. duritiam cordis ipsius religiosa diuinorum praeceptorum insinuatione mollire summopere dematura; 2.11 (105.31)
Ordinatus est autem post haec Eadberct uir . . . praeceptorum caelestium obseruantia, . . . insignis; 4.29 (275.32)
PRAECEPTVM. praecepta. Mos autem sedis apostolicae est ordinatis episcopis praecepta tradere, . 1.27 (48.24)
suscipiendo fidem eius, et praecepta seruando, qui te . . . temporalis regni honore sublimauit; . 2.12 (111.2)
et ad facienda sublimiora Dei praecepta sufficerent.' 3.5 (137.19)
quod euangelica praecepta deuoto corde seruaret. 3.22 (173.24)
ut secundum consuetudinem ac praecepta legis XIIII^am^ lunam primi mensis, . . . exspectaret; . . . 3.25 (185.27)
et regulam ac praecepta caelestibus signis confirmata sequi perhibetis, ... 3.25 (187.26)
praecepti. At ipse memor praecepti eius, simul et promissi sui, ... 4.25 (264.2)
praeceptis. diuinis se studuit mancipare praeceptis. 2.6 (93.22)
praeceptum. Contemsit autem rex praeceptum, ... 3.22 (173.32)
Quin potius statuit, ut expectaretur iuxta praeceptum legis idem primus anni mensis, ... 5.21 (336.12)
PRAECESSOR. praecessor. ut tantus praecessor talem haberet de sua consanguinitate et religionis heredem et regni. 3.6 (139.3)
praecessores. et tanto in opinione praecessores suos, quanto . . . superaret. 1.32 (68.21)
PRAECIDO. praecisas. Porro caput et manus cum brachiis a corpore praecisas iussit rex, . . . suspendi. 3.12 (151.34)
PRAECINGO. praecinxere. quo Romani . . . totam a mari ad mare praecinxere Brittaniam, ut supra docuimus. 3.2 (129.28)
Est enim iuxta murum, quo olim Romani Brittaniam insulam praecinxere, ... 3.22 (172.18)
praecinxit. qui Brittaniam uallo a mari usque ad mare praecinxit. 5.24 (352.19)

PRAECIPIO. praeceperat. Praeceperat enim Theodoro abeunti domnus apostolicus, ut in diocesi sua prouideret, 4.1 (204.6)
praeceperit. Vt rex Cantuariorum Earconberct idola destrui praeceperit; 3.8 (142.1)
praeceperunt. decimo post Neronem loco praeceperunt; 1.6 (17.28)
quam illi aduersariis offerri praeceperunt; 1.18 (36.8)
praecepi. illum ab huius praesumtione ministerii, . . . omnimodis cessare praecepi.'' 5.6 (291.21)
'Quare tam neglegenter ac tepide dixisti Ecgbercto, quae tibi dicenda praecepi? 5.9 (297.30)
praecepit. caedi sanctum Dei confessorem a tortoribus praecepit, 1.7 (19.32)
cessari mox a persecutione praecepit, 1.7 (21.21)
Lex autem ueteri populo praecepit, 1.27 (57.16)
eosque ad suas ecclesias libere instituendas redire praecepit; 2.6 (93.14)
quod Saluator noster omnibus praecepit gentibus praedicari, 2.10 (101.6)
sed et discum confringi, atque eisdem minutatim diuidi praecepit. 3.6 (138.21)
simul et ieiunium XL dierum obseruari principali auctoritate praecepit. 3.8 (142.9)
ac singulos domum redire praecepit a loco, qui uocatur Vilfaræsdun, 3.14 (155.12)
desiliens ille praecepit equum, . . . pauperi dari; 3.14 (156.13)
omnibus, . . . praecepit, ne domum eius intrarent, neque de cibis illius acciperent. 3.22 (173.30)
partem uero in ecclesia, cui praeerat, reliquit, et in secretario eius condi praecepit. 3.26 (190.18)
et sonitum manu faciens, ut saepius consueuerat, siqui foris esset, ad se intrare praecepit. 4.3 (209.4)
atque omnes communicare more solito praecepit; 4.14 (235.27)
et ubi sanescere coepit, noctu eum, ne aufugeret, uinciri praecepit. 4.22 (250.13)
Hunc ergo adduci praecipit [praecepit] episcopus, uar. 5.2 (283.27)
quam signatam reuocare in os, et loqui illum praecepit: 5.2 (284.3)
praecepit eum sententias longiores dicere, 5.2 (284.12)
praecepit medico etiam sanandae scabredini capitis eius curam adhibere. 5.2 (284.22)
Audiens autem uerba uisionis Ecgberct, praecepit fratri, qui retulerat, ne cuiquam haec alteri referret, 5.9 (297.21)
Qui haec audiens denuo praecepit fratri, ne haec cui patefaceret. 5.9 (298.2)
nec non et quattuor auro Scribi euangelii praecepit in ordine libros; 5.19 (330.16)
Praecepit enim lex, ut pascha primo mense anni . . . fieri deberet; 5.21 (334.4)
praeceptum. obseruandum pascha a XIIII[a] luna primi mensis . . . ad XXI[um] lunam eiusdem mensis ad uesperam praeceptum est; 3.25 (186.7)
praeciperat. Praeceperat [Praeciperat] enim Theodoro abeunti domnus apostolicus, uar. 4.1 (204.6)
praeciperet. ut eis in suo sacrificio animalia immolare praeciperet; 1.30 (65.32)
ut ipsum in concilio, . . . quasi uirum incorruptae fidei, et animi probi residere praeciperet.' 5.19 (328.15)
praecipi. ipse illum ab huius praesumtione ministerii, . . . omnimodis cessare praecepi [praecipi].'' uar. 5.6 (291.21)
praecipiatur. ut non tamen in ipsa die XIIII[a] pascha fieri praecipiatur; 5.21 (334.25)
praecipiens. praecipiens, ut gustandam illi daret, 5.4 (287.21)
praecipiente. praecipiente beato papa Gregorio, 1.25 (45.12)
praecipientes. praecipientes eum, si posset, hunc in modulationem carminis transferre. 4.24 (260.21)
praecipimur. tertia eiusdem mensis septimana facere praecipimur; 5.21 (340.1)
Post aequinoctium ueris plenilunium mensis praecipimur obseruare paschalis; 5.21 (340.11)
praecipio. praecipio tibi in nomine Domini, ne hoc cuiquam ante meum obitum dicas. 4.3 (209.30)
praecipit. prius eundem populum abstinere a mulieribus praecipit. 1.27 (59.7)
eosque ad suas ecclesias libere instituendas redire praecepit [praecipit]; uar. 2.6 (93.14)
Hunc ergo adduci praecipit episcopus, 5.2 (283.27)
nec non et quattuor auro Scribi euangelii praecepit [praecipit] in ordine libros; uar. 5.19 (330.16)
praecoepit. nec non et quattuor auro Scribi euangelii praecepit [praecoepit] in ordine libros; uar. 5.19 (330.16)
PRAECIPITIVM. praecipitium. homines inedia macerati procederent ad praecipitium aliquod siue ripam maris, 4.13 (231.15)
PRAECIPVE. Denique hortatu praecipue ipsius Albini, ut hoc opus adgredi auderem, prouocatus sum. Praef. (7.2)
et quidem praecipue issicio abundat, et anguilla. 1.1 (10.4)
crudelitas praecipue, et odium ueritatis, amorque mendacii, 1.14 (30.1)
fit communis omnium dolor, praecipue sacerdotum, 1.21 (40.25)
et praecipue illorum, qui maiores esse uidebantur, 4.25 (262.26)
quam lex primitus et praecipue commendat, 5.21 (338.16)
praecipuae [praecipue] sollemnitatis sub figura coronae perpetis agere perdocuit. uar. 5.22 (347.2)
PRAECIPVVS, a, um. **praecipua.** quae adhuc ad fidem noua est, institutione praecipua, 1.27 (49.27)
praecipuae. celebrationem, ut diximus, praecipuae sollemnitatis sub figura coronae perpetis agere perdocuit. 5.22 (347.2)
praecipui. primi et praecipui erant Mellitus, Iustus, Paulinus, Rufinianus; 1.29 (63.6)
praecipuum. intendens cuius rei similitudine tam praecipuum indumentum humeris tuis baiulandum susceperis. 2.8 (96.31)
praecipuus. Gregorius, uir doctrina et actione praecipuus, 1.23 (42.16)
Vnde et ille caelestis exercitus praecipuus miles gemebat dicens: 1.27 (61.25)
PRAECLARIOR, ius. **praeclarior.** ut omni splendore diei siue solis meridiani radiis uideretur esse praeclarior. 5.12 (307.21)
PRAECLARVS, a, um. **praeclara.** ac fontibus praeclara copiosis, 1.1 (10.4)
praeclara. duo praeclara monasteria, unum sibi, alterum sorori suae Aedilburgae construxerat, 4.6 (218.27)
praeclari. IIII . . . germani fratres, . . . omnes sacerdotes Domini fuere praeclari, 3.23 (176.23)
Respondit: 'Praeclari omnino habitus, . . . erant 4.14 (235.14)
praeclaris. Siquidem electis sociis . . . actione simul et eruditione praeclaris, 5.9 (296.28)
praeclaros. Dicebatque ad illos, qui mihi adsederant, uiros albatos et praeclaros: 5.13 (312.20)
praeclarum. infundens sensibus eius, quantum sit praeclarum, quod credendo suscepisti, mysterium, 2.11 (105.32)
praeclarus. Adstitit enim mihi quidam candido praeclarus habitu, 5.19 (329.10)
PRAECLVDO. praeclusos. inuenimus nos undiqueuersum pari tempestate praeclusos, 5.1 (282.4)
PRAECO. praeco. ac uerus summae lucis praeco ab omnibus praedicatur Augustinus. 2.2 (82.13)
praeconem. reges, qui praeconem a se ueritatis expulerant, 2.5 (92.4)
praecones. multo digniores genti memoratae praecones ueritatis, 1.22 (42.8)
PRAECONIVM. praeconium. quem ante annos plurimos in laudem ac praeconium eiusdem reginae . . . conposuimus; 4.20 (247.4)
PRAECVRRO. praecurebat. altera noctis praecurrebat [praecurebat] exortum, uar. 5.23 (349.9)
praecurrebat. uel certe una diei, altera noctis praecurrebat exortum, 5.23 (349.9)
PRAEDA. praedae. quia, si cepisset insulam, quartam partem eius simul et praedae Domino daret. 4.16 (237.6)
praedae. Exin Brittania in parte Brettonum, . . . praedae tantum patuit, 1.12 (25.21)
praedam. ereptam praedonibus praedam nulla ex parte restituendo dominis, 1.6 (17.16)
mane comedet praedam et uespere diuidet spolia.' 1.34 (71.20)
et de dentibus illius auferebam praedam.' 2.1 (77.31)
quartam [et praedam] partem eius simul et praedae Domino daret. uar. 4.16 (237.6)
praedas. anniuersarias praedas trans maria nullo obsistente cogere solebant. 1.12 (27.9)
inimicis, qui per multos annos praedas in terra agebant, 1.14 (29.22)

praedas tamen nonnumquam exinde et contritiones de Brettonum gente 1.14 (29.25)
magnas antiquo hosti praedas docendo et baptizando eripuit; 2.20 (126.24)

PRAEDECESSOR. praedecessor. in quo etiam uenerabilis praedecessor eius Cudberct, priusquam insulam Farne peteret, . . . militabat. 4.30 (277.1)
praedecessori. Berctuald, . . . uir et ipse scientia scripturarum inbutus, . . . tametsi praedecessori suo minime conparandus; 5.8 (295.23)
praedecessorum. ab antiquis praedecessorum meorum temporibus 1.27 (52.31)

PRAEDICATIO. praedicatio. Praedicatio deinde ad plebem de praeuaricationis emendatione conuertitur, 1.21 (41.2)
Hoc enim eis concedit sancta praedicatio, 1.27 (58.31)
praedicatione. raptim opinione, praedicatione, uirtutibus impleuerunt; 1.17 (35.5)
quia discipuli cum gaudio a praedicatione redeuntes, 1.31 (66.23)
non sola praedicatione uerborum, . . . ad agnitionem ueritatis perducebant. 2.1 (78.24)
Nunc autem aperte profiteor, quia in hac praedicatione ueritas claret illa, 2.13 (112.30)
dum regem et Creatorem uestrum orthodoxa praedicatione edocti Deum uenerando creditis, 2.17 (119.7)
ut uestram dilectionem in praedicatione euangelii elaborantem et fructificantem, 2.18 (121.3)
At ille audita praedicatione ueritatis, . . . se Christianum fieri uelle confessus est, 3.21 (170.4)
gentis eiusdem turbas ad catholicam temporis paschalis obseruantiam sua praedicatione correxit; 5.21 (345.7)
praedicationem. sed ipse praedicationem ut fructificaret, 2.1 (81.2)
consulentes, an ad praedicationem Augustini suas deserere traditiones deberent. 2.2 (82.26)
Osric, qui ad praedicationem Paulini fidei erat sacramentis inbutus. 3.1 (127.6)
Sed prouincialium nullus eorum uel uitam aemulari, uel praedicationem curabat audire. 4.13 (231.6)
cum quo etiam rege, ad praedicationem beatae memoriae Paulini . . . sacramenta Christi suscepit, 4.23 (252.26)
ex quo ad praedicationem gentis Anglorum Aidanum miserant antistitem. 5.22 (347.19)
praedicationibus. ut cotidianis praedicationibus instituti, 1.20 (38.17)
praedicationis. aperiens corda gentium ad suscipiendum praedicationis uestrae singulare mysterium. 2.8 (95.26)
salutem, immo quoque uicinarum, uestrae praedicationis ministerio credimus subsequendam; 2.8 (96.15)
plebem rusticam uerbo praedicationis simul et opere uirtutis ad caelestia uocaret. 4.27 (270.13)

PRAEDICATOR. praedicatore. sed de non recepto, quem miserant, praedicatore dolentes. 3.5 (137.12)
praedicatores. quod nostram gentem per praedicatores, . . . aeternae libertatis fecit esse participem; 2.1 (78.5)
alios quidem praedicatores mittens, 2.1 (81.1)
praedicatoribus. dum ipse praedicatoribus euangelii fideliter repromisit: 2.8 (95.22)
praedicatoris. Praedicatoris igitur uestri domini mei apostolicae memoriae Gregorii frequenter lectione occupati, 2.17 (119.19)
praedicatorum. Suscipite uerba praedicatorum, et euangelium Dei, 2.10 (103.23)
ad suscipiendam uocem praedicatorum suam distulerit obedientiam exhibere. 2.11 (105.9)

PRAEDICO. praedicabant. uel etiam moriendum pro ea, quam praedicabant, 1.26 (47.6)
praedicabant uerbum, et libenter auditi sunt, 3.21 (170.24)
contra eos maxime, qui unam in Christo operationem et uoluntatem praedicabant, 4.18 (242.4)
praedicabat. gentibus primae Germaniae uerbum praedicabat, 1.21 (40.7)
quia uellet ipsum Paulinum diligentius audire de Deo, quem praedicabat, uerbum facientem. 2.13 (112.24)
Paulinus . . . uerbum Dei, adnuente ac fauente ipso, in ea prouincia praedicabat; 2.14 (114.19)
Praedicabat autem Paulinus uerbum etiam prouinciae Lindissi, 2.16 (117.6)
omnibus, . . . clementiam pii Conditoris et fidelis eius famuli gloriam praedicabat.' 3.13 (154.2)
quia in celebratione sui paschae non aliud corde tenebat, uenerabatur, et praedicabat, quam quod nos; 3.17 (162.2)
circumpositas ueniebat ad uillas, et uiam ueritatis praedicabat errantibus; 4.27 (269.26)
duobus annis continuis genti illi ac regi eius Rathbedo uerbum salutis praedicabat, 5.9 (298.21)
praedicabat eis Christum, 5.19 (326.13)
praedicabatur. uerum etiam per triuia, per rura praedicabatur; 1.17 (35.7)
qualis sibi . . . nouus diuinitatis, qui praedicabatur, cultus uideretur. 2.13 (111.19)
praedicandi. licentiam quoque praedicandi non abstulit. 1.25 (46.21)
maiorem praedicandi per omnia, 1.26 (47.16)
coniunxitque se regi, sponte ministerium praedicandi assumens. 3.7 (140.23)
neque alia . . . clericis uicos adeundi, quam praedicandi, baptizandi, infirmos uisitandi, . . . causa fuit; 3.26 (191.18)
mox ut conperiit Vilbrord datam sibi a principe licentiam ibidem praedicandi, 5.11 (301.21)
praedicando. uerbum fidei praedicando committerent. 1.22 (42.6)
fidei uestrae religionis praedicando societis.' 1.25 (46.17)
uerbum uitae, quibus poterant, praedicando, 1.26 (47.1)
et aliquos, . . . de paganis ad fidei gratiam praedicando conuerteret. 2.9 (98.28)
si forte aliquos ibidem praedicando Christo adquirere possent. 5.10 (299.18)
ac multos eorum praedicando ad uiam ueritatis perduxit. 5.11 (302.18)
praedicandum. Augustinum cum monachis ad praedicandum genti Anglorum mittens, 1.23 (42.10)
Mellitum quidem ad praedicandum prouinciae Orientalium Saxonum, 2.3 (85.7)
in his occiduis partibus ad praedicandum gentibus paganis dirigeret, 2.4 (87.29)
ex quo Augustinus cum sociis ad praedicandum genti Anglorum missus est, 2.5 (89.5)
qui mox Mellitum et Iustum ad praedicandum reuocauerit. 2.6 (92.12)
misit eum ad praedicandum uerbum uitae praefatae nationi Anglorum. 2.15 (116.28)
Nam monachi erant maxime, qui ad praedicandum uenerant. 3.3 (132.25)
sicque illum ordinantes ad praedicandum miserunt. 3.5 (137.25)
atque inde ad praedicandum circumquaque exire consueuerat; 3.17 (159.29)
unde erat ad praedicandum uerbum Anglorum genti destinatus. 4.4 (213.9)
Vt Ecgberct uir sanctus ad praedicandum in Germaniam uenire uoluerit, nec ualuerit; 5.9 (296.3)
Siquidem electis sociis strenuissimis et ad praedicandum uerbum idoneis, 5.9 (296.27)
quia nec ipse ad praedicandum gentibus uenire permittebatur, 5.10 (298.30)
illo eos ad praedicandum misit; 5.10 (299.9)
In quibus omnibus cum sui uoti compos esset effectus, ad praedicandum rediit. 5.11 (302.3)
qui uel secum, uel post se illo ad praedicandum uenerant; 5.11 (303.17)
praedicans. cum aliquandiu genti Anglorum praedicans nihil proficeret, 3.5 (137.4)
ibique praedicans uerbum, ut diximus, monasterium nobile construxit. 3.19 (167.29)
ibique uerbum fidei praedicans, . . . multo tempore mansit. 4.23 (255.6)
Vt Vilbrord in Fresia praedicans multos ad Christum conuerterit; 5.10 (298.27)
reuerentissimus pontifex longe lateque uerbum fidei praedicans, 5.11 (303.12)
et praedicans eis, ac modesta exhortatione declarans legitimum paschae tempus, 5.15 (316.2)
praedicante. Vbi uero et haec prouincia uerbum ueritatis praedicante Mellito accepit, 2.3 (85.17)
uerbum fidei praedicante Paulino, cuius supra meminimus, suscepit. 2.9 (97.9)
Cum ergo praedicante uerbum Dei Paulino rex credere differret, 2.12 (110.24)
praedicante eis uerbum Nynia episcopo . . . de natione Brettonum, 3.4 (133.14)
Vt prouincia Occidentalium Saxonum uerbum Dei, praedicante Birino, susceperit; 3.7 (139.6)
fidem Christi suscepit, praedicante illis uerbum Birino episcopo, 3.7 (139.10)
Vt Orientales Saxones fidem, . . . sub rege Sigbercto, praedicante Ceddo, receperint. 3.22 (171.18)
et libentius eo praedicante caelestia sperare coeperunt, 4.13 (232.3)

Vt Hiienses monachi cum subiectis sibi monasteriis canonicum praedicante Ecgbercto celebrare pascha coeperint. 5.22 (346.14)
praedicanti. Cum ergo praedicante [praedicanti] uerbum Dei Paulino rex credere differret, uar. 2.12 (110.24)
praedicantibus. ne qui praedicantibus quicquam molestiae inferret; 5.10 (299.10)
praedicantibus. iamdudum monachis Scottorum tradita, eo quod illis praedicantibus fidem Christi perceperint. 3.3 (133.1)
praedicantur. Vnde restat, ut si ea, quae nunc nobis noua praedicantur, meliora esse et fortiora, . . . perspexeris, 2.13 (111.32)
praedicare. praedicare uerbum Dei genti Anglorum. 1.23 (42.22)
orare, missas facere, praedicare, et baptizare coeperunt; 1.26 (47.15)
si nationi Anglorum noluissent uiam uitae praedicare, 2.2 (83.30)
magna deuotione uerbum fidei praedicare et credentibus gratiam baptismi, . . . ministrare. 3.3 (132.16)
utilius esse ratus est ibi potius uerbum praedicare, 3.7 (139.19)
quam ultra progrediens eos, quibus praedicare deberet, inquirere. 3.7 (139.20)
Curabat . . . omnibus opus uirtutum et exemplis ostendere, et praedicare sermonibus. 3.19 (167.11)
misit praedicare uerbum genti Orientalium Saxonum. 3.22 (172.26)
Solebat autem ea maxime loca peragrare, illis praedicare in uiculis, 4.27 (270.5)
quem se numerum annorum fuisse habiturum ipse . . . suis praedicere [praedicare] solebat. uar. 5.8 (294.23)
praedicarent. Cumque ad iussionem regis residentes uerbum ei uitae . . . praedicarent, 1.25 (46.6)
praedicaret. se ueram esse uiam iustitiae, quam praedicaret Augustinus; 2.2 (82.15)
At uero Petrus cum Romae praedicaret, 3.25 (185.24)
ut dum in gente, cui praedicaret, destructis idolis ecclesias institueret, 5.11 (301.26)
suoque monasterio catholicam temporis paschalis obseruantiam instantissime praedicaret, 5.15 (316.10)
praedicaretur. Nec prohibuit Penda . . . in sua, . . . natione uerbum, siqui uellent audire, praedicaretur. 3.21 (170.29)
praedicari. quod Saluator noster omnibus praecepit gentibus praedicari, 2.10 (101.6)
quod hoc fortasse esset regnum caelorum, de quo praedicari saepius audiui. 5.12 (307.26)
praedicarit. in insula Tanato regi Cantuariorum praedicarit; 1.25 (44.25)
praedicat. et praedicat, ut uoci suae uno clamore respondeant; 1.20 (39.5)
et si deinceps uoluntati eius, quam per me tibi praedicat, obsecundare uolueris, 2.12 (111.5)
praedicata. quae per beatum Petrum Romae praedicata, per Marcum euangelistam . . . confirmata est, 5.21 (337.7)
praedicata. quae in Actibus Apostolorum per prophetam Agabum praedicta [praedicata] esse memoratur. uar. 1.3 (15.20)
praedicatur. ac uerus summae lucis praeco ab omnibus praedicatur Augustinus. 2.2 (82.13)
'Tu uide, rex, quale sit hoc, quod nobis modo praedicatur; 2.13 (111.21)
praedicaturus. Cantiam praedicaturus intrauerit. 1.25 (44.25)
uenit . . . Columba Brittaniam, praedicaturus uerbum Dei prouinciis septentrionalium Pictorum, 3.4 (133.8)
post annos circiter XXX et duos, ex quo ipse Brittaniam praedicaturus adiit. 3.4 (134.2)
praedicauerit. Vt Paulinus in prouincia Lindissi praedicauerit, 2.16 (117.4)
praedicauerunt. sicut praedicauerunt hi, quos memorauimus supra, sancti apostoli, et prophetae, et doctores. 4.17 (240.23)
praedicetis. ut genti Anglorum una nobiscum uerbum Domini praedicetis; 2.2 (83.20)
PRAEDICO. praedicere. quem se numerum annorum fuisse habiturum ipse . . . suis praedicere solebat. 5.8 (294.23)
praedicta. eo quod praedicta porticus plura capere nequiuit. 2.3 (86.10)
praedicta. quae in Actibus Apostolorum per prophetam Agabum praedicta esse memoratur. 1.3 (15.20)
praedicto. Haec igitur dilectionem tuam praedicto fratri necesse est dicere, 1.30 (66.2)
praedicto. cum praedicto Arelatense episcopo agatur, 1.27 (53.20)
praedictum. et statim, ut praedictum erat, suo quieuit a feruore. 3.15 (158.18)
praedixerat. quos uenturos etiam uaticinatio aduersa praedixerat. 1.17 (34.32)
Quod ita per omnia, ut praedixerat, diuino agente iudicio patratum est. 2.2 (83.32)
Quae cuncta, ut praedixerat antistes, ex ordine conpleta sunt; 3.15 (158.10)
antistitem quoque eum futurum esse praedixerat. 4.28 (272.33)
praedixerit. 'is, qui tibi tanta taliaque dona ueraciter aduentura praedixerit, 2.12 (109.14)
Vt episcopus Aidan nautis et tempestatem futuram praedixerit, 3.15 (157.19)
ut uir Dei et per prophetiae spiritum tempestatem praedixerit futuram, 3.15 (158.20)
quia per prophetiae spiritum, et pestilentiam, qua ipsa esset moritura, praedixerit, 4.19 (244.18)
Vt idem iam episcopus obitum suum proxime futurum Heribercto anchoritae praedixerit. 4.29 (274.2)
praedixi. ita ut quinta solum sabbati et dominica, sicut praedixi, reficeret, 4.25 (264.5)
praediximus. regina, quam Christianam fuisse praediximus, 1.26 (47.13)
nam secunda, quam praediximus, a se omni modo debet abstinere. 1.27 (51.2)
reprimendae, sicut praediximus, non sunt. 1.27 (56.27)
ubi in regia ciuitate sedem episcopalem, ut praediximus, accepit, 1.33 (70.11)
in tantum ea, quam praediximus, infirmitate decocta est, 4.9 (223.12)
quae quondam ipso . . . in eodem concilio inter episcopos residente, ut praediximus, acta est. 5.19 (327.26)
praedixisse. Quibus uir Domini Augustinus fertur minitans praedixisse, 2.2 (83.27)
PRAEDICTVM. praedictum. In qua tamen eius morte innoxia, iuxta praedictum uiri Dei, uera est eius culpa punita. 3.22 (173.26)
PRAEDITVS, a, um. **praediti.** At illi non daemonica, sed diuina uirtute praediti, 1.25 (45.33)
et credentibus gratiam baptismi, quicumque sacerdotali erant gradu praediti, ministrare. 3.3 (132.18)
praeditus. bonis auctore Deo operibus praeditus, 1.32 (68.31)
PRAEDIVM. praediorum. simul et XII possessiones praediorum ad construenda monasteria donaret; 3.24 (177.29)
PRAEDOCEO. praedocta. Nam suo praedocta exemplo, monebat omnes 4.23 (256.21)
PRAEDO. praedonibus. multos eorum coegit uictas infestis praedonibus dare manus, 1.14 (29.18)
ereptam praedonibus praedam nulla ex parte restituendo dominis, 1.6 (17.15)
PRAEFATIO, *Preface to Bede's Historia Ecclesiastica Gentis Anglorum.*
Praefatio. [Incipit Praefatio.] uar. Praef. (5.1)
PRAEFATIO. praefatione. Primusque rex Osuiu praemissa praefatione, 3.25 (183.27)
PRAEFATVS, a, um. **praefata.** Brettones fames sua praefata magis magisque adficiens, 1.14 (29.15)
iter faciens iuxta ipsum locum, in quo praefata erat pugna conpleta; 3.10 (147.1)
Denique tempore sequente, cum praefata regina in eodem monasterio moraretur, 3.11 (149.3)
Intrauit autem praefata regis Osuiu filia Deo dedicanda monasterium, 3.24 (178.32)
Cum uero praefata Christi famula Torctgyd tres adhuc annos . . . in hac uita teneretur, 4.9 (223.10)
Non solum ergo praefata Christi ancella et abbatissa Hild, . . . uitae exemplo praesentibus extitit; 4.23 (255.24)
in ipso quoque monasterio, ubi praefata Dei famula obiit, 4.23 (258.11)
praefata. Siquidem ubi Scottorum in praefata ipsorum patria, . . . professionem minus ecclesiasticam . . . esse cognouit, 2.4 (87.14)
cum praefata uirgine ad regem Aeduinum quasi comes copulae carnalis aduenit. 2.9 (98.20)
Itaque euangelizante illo in praefata prouincia, 3.7 (139.21)
Cumque tempore non pauco in praefata prouincia, . . . uitae caelestis institutio cotidianum sumeret augmentum, 3.22 (173.13)
Qui cum annis multis et in praefata prouincia episcopatum administraret, 3.23 (176.9)
'Anatolius uir sanctus, et in praefata historia ecclesiastica multum laudatus, 3.25 (186.35)

contigit die quadam, ut in praefata mansione forte ipse . . . commoraretur, 4.3 (207.25)
Denique cum episcopo in praefata mansione pro suae reuerentia deuotionis inter fratres habitus, 4.3 (208.13)
Anglos ibidem locauit, relictis in praefata insula Scottis. 4.4 (213.31)
Bisi . . . qui in praefata synodo fuisse perhibetur, 4.5 (217.25)
Hic praefata pestilentia tactus, . . . clamauit tertio 4.8 (220.27)
quaedam ex eisdem ancellis Dei, cum praefato [praefata] tacta morbo, uar. 4.8 (221.7)
Qui cum ingrauescente praefata egritudine, diem sibi mortis inminere sensisset, 4.11 (226.7)
Et quoniam illi rex cum praefata loci possessione omnes, qui ibidem erant, . . . donauit, 4.13 (232.21)
et ipsa proposito peregrinandi annum totum in praefata prouincia retenta est; 4.23 (253.12)
Mansit autem uir Domini Ecgberct annos XIII in praefata insula, 5.22 (347.22)
praefatae. Exemplar autem praefatae epistulae hoc est: 1.32 (67.23)
omnes ibidem superueniente praefatae pestilentiae clade defuncti sunt, 3.23 (176.32)
Quae uidelicet prouincia cum praefatae mortalitatis clade premeretur, 3.30 (199.13)
Anno memorato praefatae eclypsis et mox sequentis pestilentiae, 4.1 (201.4)
Vnde accito ad se praefato [praefatae] urbis . . . episcopo, uar. 4.11 (226.12)
uidit animam praefatae Dei famulae in ipsa luce, . . . ad caelum ferri. 4.23 (257.14)
Et cum dicerent, 'Pax et securitas,' extemplo praefatae ultionis sunt poena multati. 4.25 (265.33)
praefatae. qui solus forte Romanae gentis praefatae tempestati superfuerat, 1.16 (33.13)
misit eum ad praedicandum uerbum uitae praefatae nationi Anglorum. 2.15 (116.29)
praefatam. unde et praefatam insulam ab eis in possessionem monasterii faciendi accepit. 3.4 (133.27)
praefati. cum consilio praefati Albini reuerentissimi patris Praef. (6.23)
filii praefati regis Aedilfridi, . . . apud Scottos siue Pictos exulabant, 3.1 (127.12)
Scripsi autem haec de persona et operibus uiri praefati; 3.17 (161.9)
Conuenit autem reuelationi et relationi praefati fratris . . . sermo reuerentissimi patris Ecgberecti, 4.3 (211.15)
Celebrent ergo missas . . . in memoriam praefati regis Osualdi, 4.14 (235.4)
ordinatio decreta, . . . completa est Eboraci sub praesentia praefati regis Ecgfridi, 4.28 (273.3)
Haec de opusculis excerpta praefati scriptoris ad sensum quidem uerborum illius, . . . historiis indere placuit. 5.17 (319.27)
Quo in tempore, ad iussionem praefati regis presbyter ordinatus est 5.19 (325.22)
Anno post obitum praefati patris proximo, id est quinto Osredi regis, . . . Hadrianus . . . defunctus est, 5.20 (330.31)
praefati. Passi sunt autem praefati sacerdotes et famuli Christi v°. Nonarum Octobrium die. 5.10 (300.25)
uenere Brittaniam praefati doctores, 5.24 (353.15)
praefati. Lundonia ciuitas . . . super ripam praefati fluminis posita, 2.3 (85.10)
et astulam roboris praefati inmittens obtuli egro potandum. 3.13 (153.30)
ritumque canendi ac legendi uiua uoce praefati monasterii cantores edocendo, 4.18 (241.22)
praefati. misit eum ad praedicandum uerbum uitae praefatae [praefati] nationi Anglorum. uar. 2.15 (116.29)
praefatis. sed hoc confestim a praefatis hostibus interrupto, 1.12 (25.17)
misit cum praefatis legatariis suis 1.29 (63.4)
Abeuntibus autem praefatis legatariis, 1.30 (64.26)
factus est Diuma unus ex praefatis IIII sacerdotibus episcopus Mediterraneorum Anglorum 3.21 (171.2)
praefato. Cumque praefato igni maximo adpropiarent, 3.19 (166.20)
ut donaret ibi locum monasterio construendo praefato Dei famulo Trumheræ, 3.24 (180.1)
Quo tempore donauit praefato Peada filio regis Pendan, 3.24 (180.10)
postquam itineris sui causam praefato papae apostolico patefecit, 4.1 (201.21)
Sed illo post modicum temporis, ex quo eam accepit, defuncto, data est regi praefato; 4.19 (243.10)
eiusque consilio ac suffragiis praefato fuerat monasterio sociatus, 5.19 (323.19)
praefato. Saxonum gens, inuitata a rege praefato, 1.15 (30.30)
Cumque a praefato pontifice sacrorum suorum quaereret, 2.13 (113.3)
cum die sancto paschae cum praefato episcopo consedisset ad prandium, 3.6 (138.12)
nam ab eodem comite proditum eum Osuiu cum praefato ipsius milite per praefectum suum . . . interfecit. 3.14 (155.20)
Haec in praefato antistite multum conplector et amo, 3.17 (161.29)
susceptus est honorifice a rege praefato, 3.19 (163.29)
curauit locum monasterii, quem a praefato rege Sigbercto acceperat, uelocissime construere, 3.19 (164.10)
qui in praefata [praefato] synodo fuisse perhibetur, uar. 4.5 (217.25)
quaedam ex eisdem ancellis Dei, cum praefato tacta morbo, . . . coepit subito . . . clamare 4.8 (221.7)
Vnde accito ad se praefato urbis Lundoniae, in qua tunc ipse manebat, episcopo, 4.11 (226.12)
accepto uelamine sanctimonialis habitus a praefato antistite Vilfrido. 4.19 (244.1)
cum praefato tumore ac dolore maxillae siue colli premeretur, 4.19 (246.4)
Multique haec a praefato uiro audientes, accensi sunt . . . ad orandum, 4.22 (252.3)
Narrauit idem Bercthun et aliud de praefato antistite miraculum: 5.3 (285.2)
Aliud quoque non multum huic dissimile miraculum de praefato antistite narrauit idem abbas, 5.4 (286.29)
scriptumque a praefato papa regibus Anglorum Aedilredo et Aldfrido, 5.19 (327.20)
praefato. qui etiam Vilfridum rogatu Alchfridi in praefato suo monasterio presbyterum fecit. 3.25 (183.11)
atque in praefato religiosissimi abbatis Benedicti monasterio transscribendam commodauit. 4.18 (242.5)
In praefato autem proelio, quo occisus est rex Aelfuini, memorabile quiddam factum esse constat, 4.22 (249.21)
praefatorum. sed in insula Lindisfarnensi iuxta praefatorum corpora episcoporum . . . sepultus est. 5.1 (282.25)
praefatos. coniugi uestrae, . . . direximus per praefatos gerulos crucem 3.29 (198.19)
praefatum. et populum et regem praefatum ad uiam iustitiae reduxit; 3.30 (200.2)
Accepit et praefatum Iohannem abbatem Brittaniam perducendum; 4.18 (241.17)
ante praefatum uirum Dei Boselum, uir . . . Tatfrid, . . . electus est antistes; 4.23 (255.19)
praefatum. qui ad praefatum ituri concilium 2.2 (82.23)
in monasterium praefatum, noluerunt ea, qui erant in monasterio, libenter excipere; 3.11 (148.11)
Quae cum praefatum quoque monasterium, . . . nutu diuinae dispensationis attingeret; 4.14 (233.8)
quod per terras Iutorum, quae ad regionem Geuissorum pertinent, praefatum pelagus intrat; 4.16 (238.21)
secessit ad monasterium praefatum, ibique uitam . . . conpleuit. 5.6 (292.7)
praefatus. Cumque praefatus clericus aliquot diebus apud eum hospitaretur, 1.7 (18.20)
quod praefatus rex eius cognatione iunctus est regibus Cantuariorum, 2.9 (97.22)
uenit ad eum praefatus amicus illius, 2.12 (109.33)
Erat autem praefatus rex Reduald natu nobilis, 2.15 (116.13)
Cui etiam praefatus papa Honorius misit pallium et litteras, 2.18 (120.13)
ac per hoc curam illius praefatus Paulinus . . . suscepit ac tenuit, 2.20 (126.16)
Quo etiam tempore rex praefatus ipsius gentis, . . . tandem ad memoriam reduxit, 3.7 (141.12)
repente uenit in mentem abbatissae puluis ille praefatus; 3.11 (150.6)
Qua plaga praefatus Domini sacerdos Tuda raptus est de mundo, 3.27 (192.5)
et ab illo est uir praefatus consecratus antistes, 3.28 (195.10)
sicut et praefatus antistes Vilfrid, et multi alii, qui nouere, testantur; 4.19 (245.11)
propter quod omnium iudicio praefatus uir in episcopatum pro eo electus, ac . . . ordinatus est; 4.23 (255.12)
tandem rex ipse praefatus, una cum sanctissimo antistite Trumuine, . . . insulam nauigauit. 4.28 (272.21)
Cumque tempore non pauco frater praefatus tali incommodo laboraret, 4.32 (279.31)

ad quos uenire praefatus Christi miles circumnauigata Brittania disposuit, 5.9 (296.19)
At post dies paucos rursum uenit ad eum praefatus frater, 5.9 (297.26)
De loco quoque ascensionis dominicae praefatus auctor hoc modo refert: 5.17 (318.24)
PRAEFECTVS. praefectum. praefectumque Lindocolinae ciuitatis, cui nomen erat Blaecca, . . . conuertit 2.16 (117.8)
nam ab eodem comite proditum eum Osuiu cum praefato ipsius milite per praefectum suum . . . interfecit. 3.14 (155.21)
misit illo continuo Raedfridum praefectum suum ad adducendum eum; 4.1 (203.26)
praefectus. quem Asclipiodotus praefectus praetorio obpressit, 1.6 (17.24)
Anno DCCXI, Berctfrid praefectus cum Pictis pugnauit. 5.24 (356.7)
PRAEFERO. praeferat. VIII: 'Vt nullus episcoporum se praeferat alteri per ambitionem; 4.5 (216.26)
praeferebat. alterum furenti grandine ac frigore niuium omnia perflante atque uerrente non minus intolerabile praeferebat. 5.12 (305.4)
praeferenda. ecclesiae Christi eorum est paucitas uno de angulo extremae insulae praeferenda? 3.25 (188.14)
praeferendam. huius doctrinam omnibus Scottorum traditionibus iure praeferendam sciebat; 3.25 (182.34)
praeferens. uitam priuatam et monachicam cunctis regni diuitiis et honoribus praeferens, 4.11 (225.20)
praeferens. matutinis horis oriebatur, excelsam radiantis flammae quasi columnam praeferens. 4.12 (228.31)
praeferre. oportet eos, . . . formam quoque coronae, . . . suo quemque in capite per tonsuram praeferre; 5.21 (343.19)
Quae in frontis quidem superficie coronae uidetur speciem praeferre; 5.21 (343.28)
praeferrent. sed suas potius traditiones uniuersis, . . . ecclesiis praeferrent, 2.2 (81.27)
praeferret. ita ut ea, . . . suae suorumque consuetudini libentissime praeferret. 5.15 (315.26)
praeferri. num praeferri potuit beatissimo apostolorum principi, 3.25 (188.16)
praelata. Praelata autem regimini monasterii illius famula Christi Hild, 4.23 (253.27)
praelati. omnibus, quibus praelati fuerint, 1.32 (67.27)
praelatus. et conuersis iam dudum ad fidem ueritatis esset praelatus ecclesiis, 2.1 (73.13)
praelatus est a patre regno gentis illius; 3.21 (169.27)
praetulit. monasticam saeculari uitam praetulit. 5.19 (322.30)
PRAEFICIO. praefecit. eis, quibus te regendis diuina praefecit auctoritas, Praef. (5.20)
Orientisque et Thraciae simul praefecit imperio. 1.9 (23.10)
Eadhaedum de Lindissi reuersum, . . . Hrypensi ecclesiae praefecit. 4.12 (229.28)
cum gente, cui te Rex regum et Dominus dominorum praefecit, 5.21 (345.15)
praefici. Paucitas enim sacerdotum cogebat unum antistitem duobus populis praefici. 3.21 (171.5)
sed quoniam ipse plus Lindisfarnensi ecclesiae, in qua conuersatus fuerat, dilexit praefici, 4.28 (273.9)
PRAEFIGO. praefiguntur. supra quam sudes de lignis fortissimis praefiguntur. 1.5 (17.1)
praefixit. Sicut ergo prius sol a medio procedens orientis, aequinoctium uernale suo praefixit exortu; 5.21 (339.21)
praefixos. qui praefixos in lege terminos, nulla cogente necessitate, uel anticipare uel transcendere praesumunt. 5.21 (337.27)
PRAEFIGVRO. praefigurata. quae in antiqui Dei populi liberatione praefigurata, in Christi autem resurrectione conpleta est, 5.21 (341.3)
PRAEFINIO. praefinitam. cum ei iuxta praefinitam sententiam etiam ecclesiam licuerit intrare. 1.27 (59.19)
praefinitum. quibus paschae celebrandi tempus nobis praefinitum, nulla prorsus humana licet auctoritate mutari; 5.21 (334.1)
PRAEFOR. praefati. de hisdem patribus, de quibus praefati sumus, 1.27 (49.6)
sub eodem intellectu accipiet, quo praefati sumus; 1.27 (59.29)
erat in uilla regia non longe ab urbe, de qua praefati sumus. 3.17 (159.27)
quoniam de prouincia eorundem Orientalium Anglorum ipsa, ut praefati sumus, carnis originem duxerat. 4.19 (246.35)
praefatus. ubi archiepiscopi Cantiae sepeliri, ut praefatus sum, solent. 4.1 (204.6)
praefatus, a, um (*p. a.*), *see* **PRAEFATVS,** a, um.
PRAEFVLGEO. praefulgebat. in quibus eximius Vilbrord presbyteri gradu et merito praefulgebat. 5.10 (299.5)
PRAELATIO. praelatio. quia eius dispositione omnium praelatio regnorum conceditur. 2.10 (101.22)
PRAELOCVTIO. praelocutionem. Cumque explessem praelocutionem, interrogaui unumquemque eorum per ordinem, si consentirent 4.5 (215.21)
PRAEMINEO. praeminens. Haemgils, presbyteratus etiam, quem bonis actibus adaequabat, gradu praeminens, 5.12 (309.23)
PRAEMITTO. praemisa. Primusque rex Osuiu praemissa [praemisa] praefatione, uar. 3.25 (183.27)
praemisis. His ergo praemissis [praemisis], uar. 2.11 (106.11)
praemissa. Primusque rex Osuiu praemissa praefatione, 3.25 (183.27)
praemissae. quae praemissae adiuncta cohorti inuincibilem fecit exercitum. 1.15 (31.8)
praemissis. Qui cum multis legatariis ac litteris ad se praemissis nequaquam suo monasterio posset erui, 4.28 (272.19)
praemissis. His ergo praemissis, paternae uobis dilectionis exhibentes officia, hortamur, 2.11 (106.11)
praemittentes. haec uobis pro aeterna caritate exhortationis uerba praemittentes, 2.18 (121.16)
praemittuntur. quia idcirco haec signa de fine saeculi praemittuntur, 1.32 (69.21)
PRAEMIVM. praemia. ineffabilia aeterni regni praemia reseruari; 1.29 (63.19)
ut indulti muneris praemia non cum reatitudine, . . . repraesentes. 2.8 (96.34)
Aidan . . . de saeculo ablatus, perpetua laborum suorum a Domino praemia recepit. 3.14 (157.18)
quia omnes, qui uoluntatem eius, . . . discerent et facerent, aeterna ab illo praemia essent percepturi. 3.22 (172.9)
qui me ad caelestia, quae semper amabam, ac desiderabam, praemia uocare uenerunt, 4.3 (209.33)
Hild, . . . ad percipienda praemia uitae caelestis de terris ablata transiuit 4.23 (252.19)
Percipiensque alacer rediuiuae praemia uitae, 5.7 (293.15)
et post multiplices militiae caelestis agones ad praemia remunerationis supernae tota mente suspirans. 5.11 (303.22)
et usquedum praemia piae deuotionis accipiat, existere non desistit; 5.20 (332.5)
praemii. eique tantam praemii praerogatiuam indulsit, 2.10 (101.14)
praemiis. et ereptos de potestate nequitiae diabolicae prauitatis caelestibus praemiis muneraret. 2.10 (103.22)
praemiis. iam causa diuini amoris delectatus praemiis indefessus agebat. 4.25 (264.12)
praemio. Magno enim praemio fastigiorum uestrorum delectabilem cursum bonitatis suae suffragiis inlustrauit, 2.8 (95.27)
coniugem uestram, . . . aeternitatis praemio per sacri baptismatis regenerationem inluminatam agnouimus. 2.10 (101.33)
praemium. mortem . . . ut ingressum uitae, et laboris sui praemium amaret. 2.1 (74.12)
quantumue sit admirabile, quod renata praemium consequi meruisti. 2.11 (105.34)
PRAEMONEO. praemonitus. de qua oraculo fuerat praemonitus; 5.10 (299.1)
PRAEMONSTRO. praemonstrabat. mirumque in modum, quid anima in occulto passa sit, caro palam praemonstrabat. 3.19 (167.9)
ea, quae agenda docebat, ipse prius agendo praemonstrabat. 4.28 (273.18)
Ecce uterque uir Dei diuersum ab altero uultus habitum foris praemonstrabat, 5.21 (342.16)
praemonstraret. ut ibi quoque fratribus custodiam disciplinae regularis . . . propria actione praemonstraret. 4.27 (270.20)
PRAEMVNIO. praemuniret. atque seruato termino praeceptionis, aeternitatis subsistentia praemuniret. 2.10 (101.16)
PRAENOTO. praenotatur. Porro dies XIIII[a] extra hunc numerum separatim sub paschae titulo praenotatur, 5.21 (335.17)
PRAEOCCVPO. praeoccupando. quo praeoccupando faciem Domini in confessione propitium eum inuenire merearis.' 4.25 (263.19)

praeoccupandum. ut nil omnimodis de tempore paschae legalis praeoccupandum, nihil minuendum esse decerneret. 5.21 (336.10)
praeoccupetur. ne morte praeoccupetur, quod genuerit, 1.27 (53.28)
PRAEORDINO. praeordinati. credebantque et baptizabantur quotquot erant praeordinati ad uitam aeternam, 2.14 (114.20)
PRAEPARO. praeparando. nec tamen a praeparando itinere, quo ad gentes docendas iret, cessare uolebat. 5.9 (297.24)
praepararent. id est praepararent omnes ecclesiae per orbem, . . . panem et uinum 5.21 (336.16)
praepararet. Rogauit ergo ministrum suum . . . ut in ea sibi locum quiescendi praepararet; 4.24 (261.23)
pareparata. loco huic et habitatoribus . . . uindicta . . . praeparata est.' 4.25 (265.23)
pareparata. facta citato opere cruce, ac fouea praeparata, 3.2 (129.1)
quod dum praeparata terra tempore congruo seminaret, 4.28 (271.31)
praeparati. et uenturo Iudici in bonis actibus inueniamur esse praeparati. 1.32 (69.24)
praeparatis. casualibus laqueis praeparatis, 1.19 (37.8)
praeparatis. et nauibus . . . circiter octoginta praeparatis, 1.2 (13.27)
praeparatis. Praeparatis ergo fundamentis in gyro prioris oratorii per quadrum coepit aedificare basilicam. 2.14 (114.11)
praeparatis omnibus, quae nauigantibus esse necessaria uidebantur, 5.9 (296.28)
praeparatum. locum despicio aeternae perditionis esse praeparatum.' 5.14 (314.19)
praeparatum. sarcofagum inuentum est, ac si ei specialiter praeparatum fuisset; 4.19 (246.25)
praeparatus. cui etiam loculus iam tunc erat praeparatus, 5.5 (288.8)
praeparauerant. Lota igitur ossa intulerunt in thecam, quam in hoc praeparauerant, 3.11 (148.27)
et his, quae Angli praeparauerant, communiter uti desiderarent; 4.4 (213.20)
Cuius corpori tumulando praeparauerant sarcofagum lapideum; 4.11 (226.32)
praeparauit. dum creditorum uobis talentorum fidelissimae negotiationis officiis uberem fructum inpendens ei, . . . praeparauit. 2.8 (95.31)
praeparet. et caelestis patriae uobis praeparet mansionem. 2.17 (119.19)
PRAEPONO. praeponeret. ut eum cunctis praeponeret, 2.10 (101.15)
praeponimus. alterum cupiditatis, cum mundi diuitias amori caelestium praeponimus; 3.19 (165.26)
praeposita. cui uestra gloria idcirco est praeposita, 1.32 (68.2)
praepositis. cum in VII portiones esset cum praepositis sibi rectoribus monasterium diuisum, 2.2 (84.11)
praepositis. praepositis sacrosanctis euangeliis, in loco, qui Saxonico uocabulo Haethfelth nominatur, 4.17 (239.14)
praepositos. Non enim habent regem idem Antiqui Saxones, sed satrapas plurimos suae genti praepositos, 5.10 (299.31)
praepositus. Porro fratribus, . . . praepositus est abbatis iure uir reuerentissimus ac mansuetissimus Eata, 3.26 (190.5)
PRAEPOSITVS. praeposito. Remeanti autem Augustino praeposito uestro, 1.23 (43.14)
praepositus. cum esset idem Boisil praepositus monasterii Mailrosensis 5.9 (297.1)
PRAERIPIO. praerepta. illa ne hoc perficeret, morte praerepta est, 3.8 (144.13)
praereptus. priusquam consecrari in episcopatum posset, morte praereptus est, 3.29 (196.18)
sed, priusquam ordinari posset, morte inmatura praereptus est. 4.23 (255.22)
Sed ne hoc fieri posset, antistes crudeli morte praereptus est, 5.19 (324.33)
PRAEROGATIVA. praerogatiuam. eique tantam praemii praerogatiuam indulsit, 2.10 (101.14)
PRAEROGO. praerogare. quae Redemtoris nostri misericordia suis famulis dignatur bonorum munera praerogare, 2.18 (120.26)
PRAERVMO. praerumentes. qui uictoriam quasi de inermi exercitu praesumentes [praerumentes], uar. 1.20 (38.26)
PRAESAGIVM. praesagia. Nec multo post dira antistitis praesagia tristi regis funere, . . . impleta sunt. 3.14 (157.13)
praesagio. quod certo utique praesagio futurorum antiquitus nomen accepit; 3.2 (129.22)
At illa merito turbata de tali praesagio uocauit ad se uirum, 4.25 (264.25)
praesagium. Sicque conpletum est praesagium sancti pontificis Augustini, 2.2 (84.30)
PRAESAGVS, a, um. **praesagae.** quasi orienti simul et occidenti dirae cladis praesagae; 5.23 (349.8)
PRAESCIO. praesciuit. diuina pietas plebem suam, quam praesciuit, deseruit, 1.22 (42.7)
PRAESCIVS, a, um. **praescius.** qui etiam praescius sui obitus extitisse ex his, quae narrauimus, uidetur. 4.24 (262.19)
PRAESCRIBO. praescriptum. Namque sine ratione necessitatis alicuius anticipant illi tempus in lege praescriptum, 5.21 (337.30)
PRAESENS. praesens. quod praesens optime cognoui, 5.6 (289.11)
praesens. 'Talis,' inquiens, 'mihi uidetur, rex, uita hominum praesens in terris, 2.13 (112.6)
praesens. ex quo tempore fidem Christi preceperunt, usque ad praesens Praef. (7.24)
sed de hac re ad praesens siluimus. 4.5 (216.31)
quod intrinsecus ferramentorum uestigia usque in praesens ostendit. 5.16 (318.10)
praesente. Cumque idem rex, praesente Paulino episcopo, gratias ageret diis suis 2.9 (99.20)
baptizatum se fuisse die media a Paulino episcopo, praesente rege Æduino, 2.16 (117.23)
promittens quidem se illo praesente in intimis ultra Anglorum partibus, . . . sanctae fidei semina esse sparsurum. 3.7 (139.12)
et cum familiares domus illius de acerba puellae infirmitate ipso praesente quererentur, 3.9 (146.17)
sperantes . . . minus praesente duce quondam strenuissimo et eximio posse fugam meditari. 3.18 (163.7)
Aedilualch, . . . baptizatus in prouincia Merciorum, praesente ac suggerente rege Vulfhere 4.13 (230.15)
Hoc autem miraculum memoratus abbas non se praesente factum, . . . perhibet esse 5.5 (289.1)
praesente Agathone papa et pluribus episcopis, . . . absque crimine accusatus fuisse, . . . inuentus est. 5.19 (326.20)
quae quondam ipso praesente in urbe atque in eodem concilio . . . acta est. 5.19 (327.25)
ipso praesente in urbe atque [eo praesente] in eodem concilio inter episcopos residente, uar. 5.19 (327.25)
Haec epistula cum praesente rege Naitono multisque uiris doctioribus esset lecta, 5.21 (345.22)
et synodus facta est ad Herutforda, praesente Ecgfrido rege, 5.24 (354.22)
praesentem. petitionem, quam filiorum nostrorum regum uobis per praesentem nostram praeceptionem, 2.18 (121.20)
proprio eam nomine quasi praesentem alloquens, 4.8 (221.1)
praesentes. neque ultra cessauit . . . ut ferunt, qui praesentes fuere, loqui aliquid, 5.2 (284.14)
Hoc autem miraculum memoratus abbas . . . ab his, qui praesentes fuere, sibi perhibet esse relatum. 5.5 (289.2)
praesenti. Vnde praesenti stilo gloriosos uos adhortandos cum omni affectu intimae caritatis curauimus; 2.10 (102.1)
et siue periclitantes hoc morbo a praesenti morte liberaret, 4.14 (233.18)
praesenti. e quibus unum, . . . miraculum praesenti nostrae historiae inserendum credidimus. 3.13 (152.20)
praesenti. uobis per praesentem nostram praeceptionem [praesenti nostra praeceptione], uar. 2.18 (121.20)
qui in praesenti quidem uita a deceptis hominibus putabantur digni perpetuae gloria coronae; 5.21 (343.32)
praesenti. Haec in praesenti, . . . quinque gentium linguis, 1.1 (11.11)
ut ipse in praesenti illic positus perpendat, 1.30 (66.2)
qui uos in praesenti saeculo ex omni errore absolutos ad agnitionem sui nominis est dignatus perducere, 2.17 (119.17)
hunc primum . . . accepit praesulem, II Ediluini, III Eadgarum, IIII Cyniberctum, quem in praesenti habet. 4.12 (229.15)
hoc tantum in praesenti commemorare satis sit, 4.28 (271.10)
Qui sit in praesenti status gentis Anglorum uel Brittaniae totius. 5.23 (348.13)
Itaque in praesenti ecclesiis Cantuariorum Tatuini et Alduulf episcopi praesunt. 5.23 (350.10)
praesentia. quantum haec agendo profecerit, adhuc praesentia tempora declarant. 2.4 (88.11)
praesentia. Exinde autem usque ad tempora praesentia, Praef. (6.28)
praesentibus. numerum quoque eorum, qui . . . hac essent de mundo rapiendi, palam cunctis praesentibus intimauerit. 4.19 (244.20)

Hild, . . . in suo monasterio uitae exemplo praesentibus extitit; 4.23 (255.27)
Vnde palam profiteor uobisque, qui adsidetis, praesentibus protestor, 5.21 (345.34)
praesentibus. iussus est, multis doctioribus uiris praesentibus, indicare somnium, 4.24 (260.16)
ueniensque Romam, cum praesentibus accusatoribus acciperet locum se defendendi, 5.19 (327.15)
praesentibus. quo malis praesentibus durius deprimebatur, 2.1 (77.11)
praesentis. praesentis mundi iam terminus iuxta est, 1.32 (69.11)
praesentis mundi tenebras transiens supernam migrauit ad lucem, 3.8 (143.19)
praesentis. et praesentis solum serenitatis statum experta, 1.22 (41.29)
praesentium. insinuantes latorem praesentium Augustinum seruum Dei, 1.24 (44.7)
Pallium praeterea per latorem praesentium fraternitati tuae, . . . direximus, 2.8 (96.22)
quae nobis multimoda relatione per praesentium portitores laudabiliter insinuata est, 2.17 (119.27)
ut nullus praesentium latebras ei sui cordis celare praesumeret; 4.27 (269.34)
PRAESENTIA. praesentia. quos religiosiores reddebat praesentia sacerdotum, 1.20 (38.16)
quorum praesentia ualde est utilis, 1.27 (52.14)
praesentia. an debeat sine aliorum episcoporum praesentia episcopus ordinari? 1.27 (52.5)
ut cum tuae sanctitatis praesentia in Galliis, 1.27 (53.6)
cuius praesentia cum essem exterritus, dixit mihi, ne timerem; 4.25 (264.29)
congregata synodo non parua sub praesentia regis Ecgfridi 4.28 (272.14)
ordinatio decreta, . . . conpleta est Eboraci sub praesentia praefati regis Ecgfridi, 4.28 (273.3)
PRAESENTIALITER. qui praesentialiter uiderunt, et audierunt sermones eius, 4.17 (239.18)
PRAESENTO. praesentet. deinde luna plenum suae lucis orbem mundo praesentet; 5.21 (340.13)
PRAESEPE DOMINI, *the Cradle of the Lord.*
Praesepe. interior Praesepe Domini nominatur. 5.16 (317.16)
PRAESIDEO. praesideat. ut . . . inter delectationem et consensum iudex sui animus praesideat. 1.27 (61.10)
praesidebat. et de synodo facta ad locum Herutforda, cui praesidebat archiepiscopus Theodorus. 4.5 (214.10)
congregata synodo . . . cui beatae memoriae Theodorus archiepiscopus praesidebat, 4.28 (272.17)
praesidente. De synodo facta in campo Hæthfelda, praesidente archiepiscopo Theodoro. 4.17 (238.24)
praesidente Theodoro, gratia Dei archiepiscopo Brittaniae insulae et ciuitatis Doruuernis; 4.17 (239.11)
et synodus facta est ad Herutforda, . . . praesidente archiepiscopo Theodoro, 5.24 (354.23)
synodus facta in campo Hæthfeltha . . . praesidente archiepiscopo Theodoro; 5.24 (355.7)
PRAESIDIVM. praesidii. cum nil alicubi praesidii nisi in fuga esse uideretur, 2.20 (125.27)
praesidio. qui arcendis hostibus posset esse praesidio; 1.12 (26.13)
praesidio. ut, . . . ibi praesidio ualli fines suos ab hostium inruptione defenderent. 1.12 (26.20)
et conterrito armorum praesidio, 1.20 (38.23)
Quod equidem, suffragante praesidio benignitatis ipsius, ut explere ualeas, 2.11 (106.9)
quod etiam tunc destituta pontifice prouincia recte pariter diuino fuerit destituta praesidio. 3.7 (141.18)
praesidium. ubi quaerendum esset praesidium 1.14 (30.17)
PRAESTO. praestare. uolens scilicet tuitionem eis, quos et quorum doctrinam susceperat, praestare. 2.5 (90.17)
cui in eo facultatem quiescendi Dominus totius beatitudinis auctor atque largitor praestare dignabitur.' 4.30 (277.13)
praestarentur. subiectae uobis genti superna beneficia praestarentur. 1.32 (68.3)
praestaret. Qui cum . . . aperuisset thecam reliquiarum, ut portionem earum roganti amico praestaret, 4.32 (280.13)
praestat. Hibernia . . . et salubritate ac serenitate aerum multum Brittaniae praestat, 1.1 (12.26)
Mons Oliuarum altitudine monti Sion par est, sed latitudine et longitudine praestat; 5.17 (318.27)
praestatur. quia ipsi hoc praestatur, qui corrigitur, 1.27 (50.8)
PRAESTRVO. praestruxerat. sub aqua uadum acutissimis sudibus praestruxerat; 1.2 (14.16)
PRAESVL. praesul. eo quod Romanus praesul illius ad Honorium papam a Iusto archiepiscopo legatarius missus 2.20 (126.13)
Eadhaedum, qui postea regnante Ecgfrido, Hrypensis ecclesiae praesul factus est. 3.28 (195.5)
Hic sacer in tumba pausat cum corpore praesul, 5.8 (295.9)
Vilfridus hic magnus requiescit corpore praesul, 5.19 (330.9)
Cuius computum paschalis Theophilus Alexandriae praesul . . . conposuit. 5.21 (341.17)
Anno post quem proximo Tobias Hrofensis ecclesiae praesul defunctus est, 5.23 (348.21)
Eleuther Romae praesul factus xv annos ecclesiam gloriosissime rexit, 5.24 (352.14)
praesule. Sicque prouincia Occidentalium Saxonum tempore non pauco absque praesule fuit. 3.7 (141.11)
tandem superni regni amore conpunctus reliquit, eodem adhuc praesule ecclesiam gubernante; 4.12 (228.4)
etiam Gebmundo Hrofensis ecclesiae praesule defuncto, Tobiam pro illo consecrauit, 5.8 (295.32)
praesulem. Et hunc primum eadem prouincia proprium accepit praesulem, 4.12 (229.14)
praesules. praesules cum populis sine ullo respectu honoris, . . . absumebantur; 1.15 (32.25)
praesulibus. a quibus praesulibus, . . . gratiam euangelii perceperint, Praef. (6.34)
praesulis. neque alicubi ueniens absque commendaticiis litteris sui praesulis suscipiatur. 4.5 (216.15)
PRAESVLATVS. praesulatu. ab eodem ipso rege et plurimis episcopis praesulatu pulsus est; 5.19 (327.14)
praesulatum. Quo tempore praesulatum sedis apostolicae Honorius Bonifatii successor habebat, 2.17 (118.24)
et Honorius pro illo est in praesulatum electus; 2.18 (120.10)
Vt occiso Aeduine Paulinus Cantiam rediens Hrofensis ecclesiae praesulatum susceperit. 2.20 (124.13)
Vt, defuncto Paulino, Ithamar pro eo Hrofensis ecclesiae praesulatum susceperit; 3.14 (154.3)
Iohannes uir sanctus Hagustaldensis ecclesiae praesulatum suscepit; 5.2 (282.32)
ut, . . . tandem cunctis fauentibus in praesulatum sit suae receptus ecclesiae. 5.19 (329.32)
prouinciae Nordanhymbrorum, . . . IIII nunc episcopi praesulatum tenent; 5.23 (350.29)
praesulatus. tantum profectus spiritalis tempore praesulatus illius Anglorum ecclesiae, . . . ceperunt. 5.8 (295.3)
PRAESVM. praeerat. Aeodbaldo, qui tunc regno Cantuariorum praeerat, 2.9 (97.26)
ac pro salute illius simul et gentis, cui praeerat, et uerbo exhortationis apud homines, . . . ageret; 2.12 (107.8)
regendisque eorum populis praeerat; 3.3 (132.30)
Huius igitur antistitis doctrina rex Osuald cum ea, cui praeerat, gente Anglorum institutus, 3.6 (137.31)
nisi fidem Christi ac baptisma cum gente, cui praeerat, acciperet. 3.21 (170.3)
quod beatus euangelista Iohannes, . . . cum omnibus, quibus praeerat, ecclesiis celebrasse legitur.' 3.25 (184.9)
partem uero in ecclesia, cui praeerat, reliquit, 3.26 (190.17)
cuius sedi apostolicae tempore illo Vitalianus praeerat, 4.1 (201.20)
Eo tempore praeerat regno Orientalium Saxonum, . . . Sebbi, 4.11 (225.15)
qui quondam ipsorum genti praeerat, 4.14 (235.5)
et ecclesias Anglorum, quibus praeerat, ab huiusmodi labe inmunes perdurare desiderans, 4.17 (238.28)
corpusque eius . . . propter amorem sancti Martini, cuius monasterio praeerat, Turonis delatum . . . est. 4.18 (242.21)
Veniensque mane ad uilicum, qui sibi praeerat, quid doni percepisset, indicauit, 4.24 (260.14)
Praeerat quidem tunc eidem monasterio regia uirgo Aelbfled, 4.26 (267.30)
cuius sedi apostolicae tunc Sergius papa praeerat, 5.11 (301.22)
monasterio tempore illo religiosae ac modestae uitae abbas et presbyter Ediluald praeerat, 5.12 (310.6)
quae eatenus ad ciuitatis Ventanae, cui tunc Danihel praeerat, parrochiam pertinebat, 5.18 (321.17)
monachos, quibusque speciali rectoris iure praeerat, 5.21 (345.9)
praeesse. desiderans totam, cui praeesse coepit, gentem fidei Christianae gratia inbui, 3.3 (131.6)
praeessent. et duo in locum eius substituti episcopi, qui Nordanhymbrorum genti praeessent; 4.12 (229.5)
praeesset. cum Eleuther uir sanctus pontificatui Romanae ecclesiae praeesset, 1.4 (16.7)
et cum x ac VII annos eidem prouinciae pontificali regimine praeesset, 2.15 (117.2)

Aeduini cum x et vii annis genti Anglorum simul et Brettonum gloriosissime praeesset, 2.20 (124.15)
ne quid ille contrarium ueritati fidei, Grecorum more, in ecclesiam, cui praeesset, introduceret. 4.1 (203.3)
prouinciis Merciorum et Mediterraneorum Anglorum et Lindisfarorum episcopatus officio praeesset; 4.3 (212.27)
Cum ergo aliquot annos huic monasterio regularis uitae institutioni multum intenta praeesset, 4.23 (254.2)
Verum illa cum multis annis huic monasterio praeesset, 4.23 (256.13)
cum genti suae duobus annis strenuissime praeesset, 5.7 (292.14)
luminare maius, ut praeesset diei; 5.21 (339.17)
et luminare minus, ut praeesset nocti"; 5.21 (339.17)
praeest. permissu eius, qui nunc ipsi ecclesiae praeest Gregorii pontificis, Praef. (6.21)
nunc monasterio, quod est iuxta ostium Tini fluminis, abbatis iure praeest. 5.6 (289.10)
prouinciae Lindisfarorum Cyniberct episcopus praeest. 5.23 (350.19)
prouinciae Nordanhymbrorum, cui rex Ceoluulf praeest, iiii nunc episcopi praesulatum tenent; 5.23 (350.29)
praefuerat. et Iustus quidem ad ciuitatem Hrofi, cui praefuerat, rediit; 2.6 (93.15)
Coinred, qui regno Merciorum nobilissime tempore aliquanto praefuerat, 5.19 (321.28)
praefuere. prouinciae Orientalium Saxonum post Suidhelmum, de quo supra diximus, praefuere reges Sigheri et Sebbi, 3.30 (199.10)
praefuerunt. Orientalibus Saxonibus, quibus eo tempore praefuerunt Sebbi et Sigheri, 4.6 (218.14)
praefuisse. Bancornaburg, cui tempore illo Dinoot abbas praefuisse narratur, 2.2 (82.23)
praefuit. His temporibus regno Nordanhymbrorum praefuit rex fortissimus... Aedilfrid, 1.34 (71.9)
Anglorum pariter et Brettonum populis praefuit, 2.5 (89.23)
Bonifatio, qui post Deusdedit ecclesiae praefuit, 2.7 (94.6)
qui et ipse ex eo tempore gentis eiusdem regno annis xx et ii bus uaria sorte praefuit; 2.20 (124.21)
Quo tempore eidem monasterio Segeni abbas et presbyter praefuit. 3.5 (135.21)
multis annis eidem genti sacerdotali iure praefuit. 3.7 (140.27)
et ipse amabilis omnibus praefuit. 3.14 (155.2)
regno Orientalium Anglorum, ... Sigberct frater eius praefuit, 3.18 (162.16)
monasterium, quod nuncupatur Heruteu, ... cui tunc Hild abbatissa praefuit. 3.24 (179.3)
Merciorum genti necnon et ceteris australium prouinciarum populis praefuit; 3.24 (180.8)
Praefuit autem rex idem genti Merciorum annis x et vii, 3.24 (180.25)
cui tunc Hild abbatissa Deo deuota femina praefuit, 3.25 (183.17)
Eo tempore prouinciae Merciorum rex Vulfheri praefuit, 4.3 (206.15)
monasterio ... in earum, quae ad communes usus pertinent, rerum prouidentia praefuit. 4.10 (224.11)
monasterium, cui tunc regendo religiosissimus Christi sacerdos, uocabulo Eappa, praefuit, 4.14 (233.10)
qui ... regni temporalis auctoritate et Christianae pietatis, ... deuotione sublimiter praefuit, 4.14 (234.27)
diuertit ad prouinciam Huicciorum, cui tunc rex Osric praefuit; 4.23 (255.6)
cucurrit ad uirginem, quae tunc monasterio abbatissae uice praefuit, cui nomen erat Frigyd, 4.23 (257.21)
cui tunc uir religiosus Suidberct abbatis iure praefuit. 4.32 (279.24)
qui etiam postea fratribus eiusdem ecclesiae Lindisfarnensis, ... abbatis iure praefuit. 5.1 (281.14)
Aldfridi regis, qui post fratrem suum Ecgfridum genti Nordanhymbrorum x et viiii annis praefuit. 5.1 (282.29)
Vetadun, cui tunc Heriburg abbatissa praefuit. 5.3 (285.9)
Vna data Daniheli, ... altera Aldhelmo, cui annis iiii strenuissime praefuit; 5.18 (320.27)
cui ipse post Benedictum, de quo supra diximus, gloriosissime praefuit; 5.21 (332.30)
Aedilred, postquam xxxi annos Merciorum genti praefuit, ... Coenredo regnum dedit. 5.24 (356.1)
praesit. post obitum uero tuum ita episcopis, quos ordinauerit, praesit, 1.29 (64.5)
praesunt. Itaque in praesenti ecclesiis Cantuariorum Tatuini et Alduulf episcopi praesunt. 5.23 (350.11)
PRAESVMO. praesumant. et si in menstrua consuetudine ad sacramentum ... accedere non praesumant, 1.27 (56.24)
praesumebant. nec tamen me ullatenus contingere, tametsi terrere praesumebant. 5.12 (306.28)
praesumebat. neque aliquis pro eo uel missas facere, uel psalmos cantare, uel saltim orare praesumebat. 5.14 (314.28)
praesumentes. qui uictoriam quasi de inermi exercitu praesumentes, 1.20 (38.26)
praesumerent. qui pascha non suo tempore obseruare praesumerent; 5.21 (332.32)
praesumeret. ut nullus praesentium latebras ei sui cordis celare praesumeret; 4.27 (269.34)
cum suis paucissimis et in extremo mundi angulo positis uiuere praesumeret, 5.15 (315.24)
praesumit. Si autem ex ueneratione magna percipere non praesumit, 1.27 (56.10)
praesumpsit. Si autem ex ueneratione magna percipere non praesumit [praesumpsit], uar. 1.27 (56.10)
praesumserit. qui turpitudinem nouercae, ... reuelare praesumserit, 1.27 (51.8)
praesumsisset. ac discrimini dare praesumsisset, 1.7 (19.5)
praesumsit. Si igitur bene praesumsit, 1.27 (56.4)
sedentemque ad tumbam sancti infirmitas tangere nequaquam praesumsit; 3.12 (151.10)
praesumunt. ad extremum, ... praesumunt inire conflictum. 1.17 (35.15)
qui praefixos in lege terminos, nulla cogente necessitate, uel anticipare uel transcendere praesumunt. 5.21 (337.29)
qui ... perfectam se habere posse iustitiam dogmatizare praesumunt. 5.21 (340.28)
PRAESVMTIO. praesumtio. hinc diuina fides, inde humana praesumtio; 1.17 (35.24)
praesumtione. quibus increpatis moueri se fidei praesumtione non passus est. 1.19 (37.17)
ne ... infirmus animus in sui praesumtione se eleuet, 1.31 (66.20)
eo de aeterna certius praesumtione respirabat. 2.1 (77.12)
propter quod et ipse illum ab huius praesumtione ministerii, ... omnimodis cessare praecepi." 5.6 (291.19)
PRAETENDO. praetendunt. ipsi adhuc inueterati et claudicantes a semitis suis, et capita sine corona praetendunt, 5.22 (347.15)
PRAETER. 1.1 (10.27); 1.22 (42.1); 2.3 (86.8); 2.5 (89.23); 2.13 (113.13); 3.25 (184.28); 3.27 (193.12); 4.13 (232.11); 4.14 (234.20); 4.14 (235.33); 4.19 (244.8); 4.19 (244.12); 4.25 (265.10); 5.12 (305.24).
PRAETEREA. Praef. (8.9); 1.24 (44.15); 1.29 (63.2); 1.32 (69.9); 2.8 (96.22); 2.10 (104.1); 2.11 (106.23).
PRAETEREO. praetereunda. Nec silentio praetereunda opinio, 2.1 (79.25)
praetereundum. Inter quae nequaquam silentio praetereundum reor, 3.11 (147.30)
Sane nullatenus praetereundum arbitror miraculum sanitatis, 4.10 (224.20)
Vbi silentio praetereundum non esse reor, 4.16 (237.17)
quod nequaquam silentio praetereundum arbitror, 4.22 (249.23)
Nec silentio praetereundum, quod ante triennium per reliquias eius factum, 4.32 (279.19)
Neque hoc praetereundum silentio, 5.6 (289.6)
praeteritas. priusquam uel praeteritas neglegentias, ... perfectius ex tempore castigaret, 3.27 (193.6)
praeteriti. non hanc primo mensi anni incipientis, sed ultimo potius praeteriti lunam esse adscribendam; 5.21 (339.28)
PRAETERFLVO. praeterfluit. in fluuio Sualua, qui uicum Cataractam praeterfluit. 2.14 (115.13)
PRAETERMITTO. praetermittebat. numquam ipsa . . commissum sibi gregem et puplice et priuatim docere praetermittebat. 4.23 (256.21)
praetermittere. nil ex omnibus, quae in euangelicis ... litteris ... cognouerat, praetermittere, sed cuncta pro suis uiribus operibus explere curabat. 3.17 (161.28)
praetermitti. ne praetermitti possit hoc, quod antiqua patrum institutio inuenit. 1.27 (53.21)
PRAETORIVM. praetorio. quem Asclipiodotus praefectus praetorio obpressit, 1.6 (17.24)
PRAEVALEO. praeualebunt. et portae inferi non praeualebunt aduersus eam, et tibi dabo claues regni caelorum"?' 3.25 (188.19)
et portae inferni non praeualebunt aduersus eam; 5.21 (342.30)
praeualere. merito uentis flammisque mundialibus praeualere, 2.7 (95.1)

praeuales. 'quod tantam frigoris asperitatem ulla ratione tolerare praeuales.' 5.12 (310.26)
PRAEVARICATIO. praeuaricationis. Praedicatio deinde ad plebem de praeuaricationis emendatione conuertitur, 1.21 (41.3)
Nam ceteri homines cum peccato originali nascentes testimonium praeuaricationis Adae, 2.19 (124.8)
PRAEVARICO. praeuaricem. ne fidem mei promissi praeuaricer [praeuaricem].' uar. 4.22 (251.14)
PRAEVARICOR. praeuaricer. nec te tamen occidam, ne fidem mei promissi praeuaricer.' 4.22 (251.14)
PRAEVENIO. praeueniente. ordinationes episcoporum, exigente oportunitate, Domini praeueniente misericordia, celebrare: 2.8 (96.26)
XIIII diebus praeueniente corporea infirmitate pressus est, 4.24 (261.17)
concordat autem eis, qui sine praeueniente gratia Christi se saluari posse confidunt; 5.21 (340.24)
praeuenire. et suum quoque exitum, . . . uigiliis, orationibus, bonis operibus praeuenire meminerint.' 4.3 (209.19)
praeuenti. ne inprouiso mortis articulo praeuenti, inpaenitentes perirent. 5.13 (313.8)
PRAEVIDEO. praeuidemus. haec . . . gratuito animo adtribuere ulla sine dilatione praeuidemus; 2.17 (119.28)
praeuidens. et monasteriis quoque periculum inminere praeuidens, 3.19 (168.9)
praeuiderat. locum secretae mansionis, quam praeuiderat abbas, intrauit; 5.12 (304.23)
praeuideri. neque . . . uel pecunias colligi, uel domus praeuideri necesse fuit, 3.26 (190.28)
PRANDEO. prandendum. Quibus dictis intrabant ad prandendum. 3.14 (156.25)
rogauit comes eum ad prandendum in domum suam ingredi. 5.4 (287.8)
pransurus. dum ille domum comitis pransurus, ac benedictionem daturus intraret, 5.4 (287.15)
PRANDIVM. prandium. cum die sancto paschae cum praefato episcopo consedisset ad prandium, 3.6 (138.12)
dicebat episcopo, cum forte ingressuri essent ad prandium: 3.14 (156.17)
parari prandium, missas fieri, . . . praecepit; 4.14 (235.26)
coeptumque ministerium nobis omnibus propinandi usque ad prandium conpletum non omisit; 5.4 (287.27)
PRASINVS, a, um. **prasini.** omnis quidem coloris . . . id est rubicundi, et purpurei, et iacintini, et prasini, 1.1 (10.10)
PRAVE. ut praue agere metuat, 2.1 (78.21)
bona aliqua fecit, quae tamen uniuersa praue agendo iuuenis obnubilauit. 5.13 (313.18)
PRAVITAS. prauitatis. omniumque sententia prauitatis auctores, . . . sacerdotibus adducuntur 1.21 (41.4)
et ereptos de potestate nequitiae diabolicae prauitatis caelestibus praemiis muneraret. 2.10 (103.21)
Quae quidem illi districtio uitae artioris, primo ex necessitate emendandae suae prauitatis obuenerat, 4.25 (263.8)
PRAVVS, a, um. **praua.** Praua autem in coniugatorum moribus consuetudo surrexit, 1.27 (55.7)
praua. quae filios suos ex praua consuetudine aliis ad nutriendum tradunt, 1.27 (55.13)
prauae. qui se grauari per nequitiam prauae uoluntatis uidet. 1.27 (57.23)
prauis. seu mala commemoret de prauis, Praef. (5.14)
prauorum. prauorum mentes ad sanctitatis studia reforma; 1.27 (53.12)
PREBYTER. prebyter. Quo tempore eidem monasterio Segeni abbas et presbyter [prebyter] praefuit. uar. 3.5 (135.20)
PRECOR. precabatur. atque intimo ex corde Deum precabatur, ne adhuc mori deberet, 3.27 (193.5)
pia intentione per eius auxilium Dominum sibi propitium fieri precabatur; 4.31 (279.2)
precamur. salutantes uestram excellentiam, diuinam precamur iugiter clementiam, 3.29 (198.34)
precantes. et unanimo consensu auxilium caeleste precantes, 1.16 (33.10)
precaturus. flectebat genua sua ad patrem Domini nostri Iesu Christi pro nostra uita et salute precaturus. 5.1 (282.13)
precor. Praeterea omnes, . . . suppliciter precor, ut Praef. (8.11)
precorque, si aliquid reliquiarum illius penes te habes, adferas mihi, 3.13 (153.20)
PREDECESSOR. predecessorem. iuxta prodecessorem [predecessorem] suum Augustinum sepultus est uar. 2.7 (93.29)
PREGNANS. pregnans. Si pregnans mulier debeat baptizari? 1.27 (53.25)
Mulier etenim pregnans cur non debeat baptizari, 1.27 (54.7)
PREMO. premat. ut surgentem cordis gloriam memoria reatus premat. 1.31 (67.14)
premebant. discessere omnes, qui me premebant, spiritus maligni, 3.11 (150.20)
premebat. Haec autem plaga Hiberniam quoque insulam pari clade premebat. 3.27 (192.8)
premebatur. nam crebra mentis uesania, et spiritus inmundi inuasione premebatur. 2.5 (91.1)
unum de pueris eius, qui acerrima egritudine premebatur, 5.5 (288.5)
premeretur. Quae uidelicet prouincia cum praefatae mortalitatis clade premeretur, 3.30 (199.13)
cum praefato tumore ac dolore maxillae siue colli premeretur, 4.19 (246.5)
pressa. eodemque tactu totam illam, quae langore pressa fuerat, corporis sui partem, . . . pertransisse. 4.31 (279.6)
pressis. quare . . . ceteris quiescentibus, et alto sopore pressis, solus ipse mestus in lapide peruigil sederet. 2.12 (108.26)
pressus. Osuiu rex Nordanhymbrorum pressus est infirmitate, 4.5 (214.13)
XIIII diebus praeueniente corporea infirmitate pressus est, 4.24 (261.17)
et ea crescente adeo pressus, ut neque equo uehi posset, 5.19 (328.22)
PRESBYTER. presbyter. Baeda Famulus Christi et Presbyter Praef. (5.2)
de quo presbyter Fortunatus in Laude uirginum, . . . ait: 1.7 (18.8)
Primus autem eiusdem monasterii abbas Petrus presbyter fuit, 1.33 (70.26)
narrauit mihi presbyter et abbas quidam uir ueracissimus de monasterio Peartaneu, 2.16 (117.19)
uenit de Hibernia presbyter et abbas . . . Columba 3.4 (133.7)
qui non episcopus, sed presbyter extitit et monachus; 3.4 (134.15)
Quo tempore eidem monasterio Segeni abbas et presbyter praefuit. 3.5 (135.20)
dicebat presbyter exorcismos, 3.11 (150.1)
Sed et in Hibernia cum presbyter adhuc peregrinam pro aeterna patria duceret uitam, 3.13 (152.16)
Quem dum presbyter suus lingua patria, . . . quare lacrimaretur, interrogasset: 3.14 (157.6)
Presbyter quidam, nomine Vtta, . . . cum mitteretur Cantiam 3.15 (157.23)
tandem presbyter reminiscens uerba antistitis, . . . misit de oleo in pontum, 3.15 (158.16)
Cuius ordinem miraculi . . . fidelissimus mihi nostrae ecclesiae presbyter, . . . narrauit, 3.15 (158.24)
qui ipsi ac familiae ipsius uerbum et sacramenta fidei, erat enim presbyter, ministrare solebat, 3.23 (175.9)
'Loquatur, obsecro, uice mea discipulus meus Vilfrid presbyter, 3.25 (184.14)
sicut mihi referebat quidam ueracissimus et uenerandae canitiei presbyter, 3.27 (192.31)
Erat autem presbyter uocabulo Ceadda, 3.28 (194.31)
Vt Vighard presbyter ordinandus in archiepiscopum Romam de Brittania sit missus; 3.29 (196.1)
iuxta quod mihi presbyter, qui comes itineris illi et cooperator uerbi extiterat, referebat, 3.30 (199.28)
missus est Romam . . . Vighard presbyter, 4.1 (201.15)
Credidit ergo uerbis pueri presbyter, 4.14 (235.23)
Quod cum audisset abbas quidam et presbyter uocabulo Cyniberct, 4.16 (237.26)
Erat enim presbyter uitae uenerabilis nomine Hereberct, 4.29 (274.11)
Cumque presbyter portionem, quantam uoluit, amico dedisset, 4.32 (280.15)
ipse narrauit, uidelicet Gudfrid, uenerabilis Christi famulus et presbyter, 5.1 (281.12)
noui namque eum, et quia cum esset presbyter ordinatus, 5.6 (291.16)
in quibus eximius Vilbrord presbyteri [presbyter] gradu et merito praefulgebat. uar. 5.10 (299.4)
monasterio tempore illo religiosae ac modestae uitae abbas et presbyter Ediluald praeerat, 5.12 (310.6)
Siquidem Adamnan, presbyter et abbas monachorum, qui erant in insula Hii, 5.15 (315.15)
Denique Aldhelm, cum adhuc esset presbyter et abbas monasterii, . . . scripsit, 5.18 (320.29)
ad iussionem praefati regis presbyter ordinatus est 5.19 (325.22)
ac modicum suspirans interrogauit, ubi esset Acca presbyter; 5.19 (328.32)
Suscepit uero pro Vilfrido episcopatum Hagustaldensis ecclesiae Acca presbyter eius, 5.20 (331.14)

cum fuisset presbyter in monasterio, quod uocatur Briudun. 5.23 (350.3)
Anno DLXV, Columba presbyter de Scottia uenit Brittaniam, 5.24 (353.9)
digessi Baeda . . . presbyter monasterii beatorum apostolorum Petri et Pauli, 5.24 (357.4)
presbyteri. et seruatur adhuc in monasterio reuerentissimi abbatis et presbyteri Thryduulfi, 2.14 (115.22)
Adda autem erat frater Vttan presbyteri inlustris, 3.21 (170.20)
et nomen presbyteri, a quo me baptizatum noueram, dixi. 5.6 (291.13)
in quibus eximius Vilbrord presbyteri gradu et merito praefulgebat. 5.10 (299.4)
presbyteri. Erant autem presbyteri, Cedd, et Adda, et Betti, et Diuma, 3.21 (170.18)
uerum presbyteri Eappa, et Padda, et Burghelm, et Oiddi ceteram plebem, . . . baptizabant. 4.13 (230.22)
Horum secuti exempla duo quidam presbyteri de natione Anglorum, . . . uenerunt ad prouinciam 5.10 (299.15)
presbyteris. Cromano, Ernianoque, Laistrano, Scellano, et Segeno presbyteris; 2.19 (123.3)
reliquit monasterii et animarum curam fratri suo Fullano, et presbyteris Gobbano et Dicullo, 3.19 (167.33)
presbyteris. Et acceptis IIII presbyteris, . . . multo cum gaudio reuersus est. 3.21 (170.15)
Veneruntque . . . episcopi, Colman cum clericis . . . Agilberctus cum Agathone et Vilfrido presbyteris. 3.25 (183.21)
Harum particulam reliquiarum eo tempore habebat penes se quidam de presbyteris 4.32 (280.9)
esbytero. in quo per omne sabbatum a presbytero loci illius agendae eorum sollemniter celebrantur. 2.3 (86.13)
et sic data oratione a presbytero, noctem illam quietissimam duxit; 3.11 (150.23)
qui se hoc ab ipso Vtta presbytero, in quo et per quem conpletum est, audisse perhibebat. 3.15 (158.25)
dato illi socio altero quodam presbytero, 3.22 (172.26)
Quae cum omnia uocato ad se presbytero puer uerba narrasset, 4.14 (235.11)
ut ueniente in uillam clerico uel presbytero, cuncti . . . confluerent; 4.27 (269.29)
ordinato in episcopatum Eboracensis ecclesiae Vilfrido presbytero suo, 5.6 (292.6)
presbyteros. presbyteros et diaconos ordinauit, 3.22 (173.4)
et quoniam ante Theodorum rediit, ipse etiam in Cantia presbyteros et diaconos, . . . ordinabat. 4.2 (206.2)
presbyterum. per religiosum Lundoniensis ecclesiae presbyterum Nothelmum, Praef. (6.15)
Candidum praeterea presbyterum, . . . commendamus. 1.24 (44.15)
misit continuo Romam Laurentium presbyterum et Petrum monachum, 1.27 (48.7)
Habere autem solet ipsa insula rectorem semper abbatem presbyterum, 3.4 (134.12)
misit pro se illo presbyterum Leutherium nepotem suum, 3.7 (141.24)
et euocans presbyterum, rogauit secum uenire ad patientem. 3.11 (149.29)
petiit presbyterum suum Cynibillum, . . . pia coepta conplere. 3.23 (176.3)
habens secum de Cantia presbyterum 3.25 (181.31)
qui etiam Vilfridum rogatu Alchfridi in praefato suo monasterio presbyterum fecit. 3.25 (183.12)
Habebat autem secum ipse presbyterum nomine Agathonem. 3.25 (183.13)
Interea rex Alchfrid misit Vilfridum presbyterum ad regem Galliarum, 3.28 (194.18)
Misitque cum eo rex presbyterum suum uocabulo Eadhaedum, 3.28 (195.3)
adsumserunt . . . presbyterum nomine Vighardum, de clero Deusdedit episcopi, 3.29 (196.11)
Clama ergo ad te presbyterum Eappan, 4.14 (234.14)
partem, quam accepit, commendauit cuidam de clericis suis, . . . dans illi presbyterum nomine Hiddila, 4.16 (237.15)
Habebat enim germanum fratrem, . . . presbyterum et abbatem monasterii in ciuitate, 4.22 (250.17)
'Sed habeo fratrem,' inquit, 'presbyterum in mea prouincia, 4.22 (250.31)
et ad Accan presbyterum ita loqui exorsus est: 5.19 (329.5)

PRESBYTERATVS. presbyteratus. acceptum presbyteratus officium condignis gradu ipse consecrabat actibus. 5.1 (281.7)
Haemgils, presbyteratus etiam, quem bonis actibus adaequabat, gradu praeminens, 5.12 (309.22)
Nono decimo autem uitae meae anno diaconatum, tricesimo gradum presbyteratus, . . . suscepi. 5.24 (357.16)
Ex quo tempore accepti presbyteratus usque ad annum aetatis meae LVIIII, . . . curaui: 5.24 (357.19)

PRESBYTERIVM. presbyterii. etiam postmodum ad ordinem presbyterii promotus est, 3.23 (177.3)
in quibus eximius Vilbrord presbyteri [presbyterii] gradu et merito praefulgebat. uar. 5.10 (299.4)

PRETIOSIOR, ius. **pretiosior.** immo fidem suam, quae omnibus ornamentis pretiosior est, amore pecuniae perdere.' 2.12 (110.10)

PRETIOSISSIMVS, a, um. **pretiosissimum.** extemplo se repperire sub ueste sua monile pretiosissimum; 4.23 (256.4)

PRETIOSVS, a, um. **pretiosa.** pretiosa ibidem munera conditurus; 1.18 (36.26)
Attulit quoque secum uasa pretiosa Aeduini regis perplura, 2.20 (126.8)
pretiosi. quod pretiosi sanguinis sui effusione a uinculis diabolicae captiuitatis eripuit, 2.11 (104.16)
pretioso. Haec spelunca tota interius pretioso marmore tecta supra locum, . . . sanctae Mariae grandem gestat ecclesiam. 5.16 (317.17)

PRETIVM. pretio. multos, quos pretio dato redemerat, 3.5 (136.30)
emit pretio ab eo sedem Lundoniae ciuitatis, 3.7 (141.8)
uictum eis cotidianum sine pretio, . . . et magisterium gratuitum praebere curabant. 3.27 (192.17)
pretium. promisit se ei . . . ornamenta regia uel donaria in pretium pacis largiturum, 3.24 (177.18)
petiitque et accepit ab eo pretium suae redemtionis, 4.22 (251.27)

PREX. preces. ad beatissimum uirum preces sacerdotum omnium deferuntur, 1.21 (40.1)
Multos autem preces uiuentium, et elimosynae, et ieiunia, et maxime celebratio missarum, . . . adiuuant. 5.12 (308.18)
preces. Qui cum promta deuotione preces . . . suscepissent, 1.17 (34.8)
iungunt cum parentibus preces, 1.18 (36.10)
uel pro eius custodia omnipotenti Deo preces pariter fundant? 1.27 (52.27)
et per cuius preces fuerit curatus, 2.2 (82.1)
post multas preces ac lacrimas ad Dominum pro statu ecclesiae fusas 2.6 (92.17)
Nec mirandum preces regis illius iam cum Domino regnantis multum ualere apud eum, 3.12 (151.16)
animae redemtione cotidie Domino preces offerri deberent. 3.14 (155.28)
ut pro ipso etiam, . . . consistentes ibi monachi Domino preces offerrent. 4.4 (213.29)
quia Dominus exaudiuit preces uestras, et deuotionem ac ieiunia propitius aspexit; 4.14 (234.15)
qua correcti per ieiunia, fletus, et preces iram a se, instar Nineuitarum, iusti Iudicis auerterent. 4.25 (262.30)
Quod dum facerent, ad fidem et preces famuli Dei, alio die aqua inuenta est, 4.28 (271.27)
atque inter preces uelut in soporem solutus, sentit, . . . quasi magnam latamque manum caput sibi . . . tetigisse, 4.31 (279.2)
quia modica illa, . . . intercapedo quietis, ad uiri Dei preces nostrae euasionis gratia caelitus donata est.' 5.1 (282.22)
precibus. neque precibus, neque hortamentis, neque increpationibus Augustini . . . adsensum praebere uoluissent, 2.2 (81.23)
Brocmailum, qui eos intentos precibus a barbarorum gladiis protegeret. 2.2 (84.17)
qui precibus eius adnuens, multis annis eidem genti sacerdotali iure praefuit. 3.7 (140.26)
Quarum se omnium precibus humiliter commendans, 3.8 (143.10)
Cumque rex perfidus nullatenus precibus illius assensum praeberet, 3.24 (177.21)
ex tempore matutinae synaxeos, usque ad ortum diei, in ecclesia precibus intenta persteterit. 4.19 (244.16)
Incubuit precibus antistes, statimque edoctus in spiritu inpetrasse se, quod petebat a Domino: 4.29 (275.4)
Attamen tandem eorum precibus uictus assensum dedit, 4.29 (275.25)
Addidit autem uir etiam lacrimas precibus, diligenter obsecrans, ut intraret oraturus pro illo, 5.5 (288.10)
quamdiu sustinere posse uidebatur, psalmis uel precibus insistere, fixusque manere, 5.12 (310.15)
Cuius religiosis uotis ac precibus fauens reuerentissimus abba Ceolfrid misit architectos, 5.21 (333.11)
precibus. lacrimosis precibus auxilia flagitabant, 1.12 (26.5)

cuius necessitatem ipsa debilitas etiam sine precibus adlegabat; 1.21 (40.24)
suis exhortationibus ac precibus adiuuans. 2.1 (81.3)
regique adstruere, quod ipse precibus suis apud illum obtinuerit, 2.9 (99.23)
adsiduis non desistimus precibus postulare. 2.11 (106.10)
Studens autem uir Domini . . . locum primo precibus ac ieiuniis a pristina flagitiorum sorde purgare, 3.23 (175.22)
Cumque finitis lacrimis, precibus, et uotis domum rediret, 3.27 (193.16)
dicite fratribus, ut et meum exitum Domino precibus commendent, 4.3 (209.17)
Erat enim religiosis actibus, crebris precibus, piis elimosynarum fructibus plurimum intentus; 4.11 (225.18)
etiam si totam noctem stando in precibus peragere, . . . iubeas 4.25 (263.27)
iuuante benedictione ac precibus antistitis, nata est . . . uenusta species capillorum, 5.2 (284.24)
At ille obnixius precibus instans, uouit etiam se elimosynas pauperibus daturum, 5.4 (287.10)
in precibus, ieiuniis, et elimosynis usque ad diem permansit ultimum; 5.19 (322.2)
PRIDEM. Quo tempore curatus a uulnere sibi pridem inflicto, 2.9 (100.1)
Paulinus adsumta secum regina Aedilberge, quam pridem adduxerat, 2.20 (125.29)
tandem ad memoriam reduxit, quod eum pridem perfidia regno pulerit, 3.7 (141.15)
quem uidelicet locum dederat pridem ad construendum inibi monasterium 5.19 (325.15)
PRIDIE. Baptizatus est autem Eburaci die sancto paschae pridie Iduum Aprilium 2.14 (114.3)
3.2 (129.31); 3.11 (148.24); 3.14 (157.16); 3.17 (160.8); 3.20 (169.11); 3.27 (194.9); 4.1 (201.8); 4.30 (277.21); 5.8 (295.30).
PRIMAEVVS, a, um. **primaeuo.** Nam cum primaeuo adulescentiae tempore in clero illius degerem, 5.6 (289.17)
PRIMARIVS. primario. quam gens Anglorum a primario quondam illius, . . . Hrofæscæstræ cognominat. 2.3 (85.22)
PRIMATVS. primatibus. qui plus omnibus Anglorum primatibus gentem uastauit Brettonum; 1.34 (71.11)
et cum suis primatibus, quos sapientiores nouerat, curauit conferre, 2.9 (100.10)
Quale consilium idem cum primatibus suis de percipienda fide Christi habuerit; 2.13 (111.8)
Osthryd regina a suis, id est Merciorum, primatibus interemta. 5.24 (355.17)
primatu. ille, qui et obscuritate tenebrosae faciei, et primatu sedis maior esse uidebatur eorum, 5.13 (312.12)
primatum. VII episcopis, in quibus beatae memoriae Theodorus primatum tenebat. 4.28 (273.5)
PRIMICERIVS. primicerius. item Iohannes primicerius et seruans locum sanctae sedis apostolicae, 2.19 (123.7)
PRIMITIAE. primitias. quod in primitias eorum, . . . duo regii pueri . . . speciali sunt Dei gratia coronati. 4.16 (237.18)
PRIMITIVVS, a, um. **primitiuae.** Vt idem in Cantia primitiuae ecclesiae et doctrinam sit imitatus, et uitam, 1.26 (46.29)
coeperunt apostolicam primitiuae ecclesiae uitam imitari; 1.26 (46.32)
ita ut in exemplum primitiuae ecclesiae nullus ibi diues, nullus esset egens, 4.23 (254.10)
PRIMITVS. In quibus primitus posuit, qualiter id emendare deberet, 2.5 (90.13)
quam lex primitus et praecipue commendat, 5.21 (338.16)
PRIMO. gens Anglorum, primo quidem aduersarios longius eiecerit; 1.15 (30.24)
et primo maris, . . . sedauerit. 1.17 (33.22)
Vt . . . Augustinus primo in insula Tanato regi Cantuariorum praedicarit; 1.25 (44.24)
primo conuenire, psallere, orare, . . . coeperunt; 1.26 (47.14)
et dum primo de monasterio abstractus, 2.1 (74.34)
uenerunt primo ad quendam uirum sanctum ac prudentem, 2.2 (82.24)
Discessere itaque primo Mellitus et Iustus, 2.5 (92.2)
primo uim sui furoris a lesione locorum, quae contra erant, abstraxit, 2.7 (94.29)
Paulinus primo filiam eius cum aliis fidei Christianae sacramentis inbuerit. 2.9 (97.5)
Huius consortium cum primo ipse missis procis a fratre eius Aeodbaldo, . . . peteret; 2.9 (97.25)
Verum primo diligentius ex tempore, et ab ipso uenerabili uiro Paulino rationem fidei ediscere, 2.9 (100.8)
Vt primo idem Honorius et post Iohannes litteras genti Scottorum . . . miserit. 2.19 (122.10)
Et primo quidem proxima aestate Osricum, . . . cum toto exercitu deleuit. 3.1 (128.1)
missus fuerit primo alius austerioris animi uir, 3.5 (137.2)
et non eis iuxta apostolicam disciplinam primo lac doctrinae mollioris porrexisti, 3.5 (137.16)
utque ibi primo iumentum cuiusdam uiantis ac deinde puella sit paralitica curata. 3.9 (144.27)
Studens autem uir Domini . . . locum primo precibus ac ieiuniis a pristina flagitiorum sorde purgare, 3.23 (175.22)
Qui primo quidem foris sepultus est; 3.23 (176.13)
in quo memorata regis filia primo discipula uitae regularis, . . . extitit, 3.24 (179.6)
iussit primo dicere episcopum suum 3.25 (183.33)
quos primo episcopatus sui tempore de natione Anglorum erudiendos in Christo accepit. 3.26 (190.10)
uocem ab Euroaustro, id est ab alto brumalis exortus, primo se audisse dicebat, 4.3 (208.23)
Qui cum uenissent, primo admonuit eos, 4.3 (209.7)
et sepultus est primo quidem iuxta ecclesiam sanctae Mariae; 4.3 (212.5)
Et relictis in ecclesia sua fratribus aliquot, primo uenit ad insulam Hii, 4.4 (213.8)
et in Efeso primo ducentorum contra nequissimum Nestorium et eiusdem dogmata; 4.17 (240.6)
Sed et loculum, in quo primo sepulta est, nonnullis oculos dolentibus saluti fuisse perhibent; 4.19 (246.16)
qui primo filiis hominum caelum pro culmine tecti, . . . creauit.' 4.24 (260.4)
Quae quidem illi districtio uitae artioris, primo ex necessitate emendandae suae prauitatis obuenerat, 4.25 (263.7)
Intrauit autem primo monasterium Mailros, 4.27 (269.1)
Electus est autem primo in episcopatum Hagustaldensis ecclesiae pro Tunbereto, 4.28 (273.6)
Eata reuerso ad sedem ecclesiae Hagustaldensis, cui regendae primo fuerat ordinatus, 4.28 (273.11)
At ille primo negauit, otiosum dicens esse, quod desiderabant; 5.6 (289.25)
ut uidelicet primo sol longiorem nocte faciat diem, 5.21 (340.11)
quia primo quidem sol iustitiae, . . . per resurrectionis suae triumphum cunctas mortis tenebras superauit; 5.21 (340.13)
PRIMORDIA. primordia. de quo Deruuentionis fluuii primordia erumpunt, 4.29 (274.14)
primordia. de qua prouincia ille generis prosapiam et primordia regni habuerat, 3.1 (127.5)
PRIMVM. ubi acerba primum pugna fatigatus, 1.2 (13.28)
et tum primum inimicis, . . . strages dare coeperunt. 1.14 (29.21)
Picti in extrema parte insulae tunc primum . . . quieuerunt, 1.14 (29.25)
Et primum quidem annonas sibi eos affluentius ministrare cogunt, 1.15 (32.10)
cum primum in toto orbe gereret pontificatum, 2.1 (73.11)
Itaque in hos primum arma uerti iubet, 2.2 (84.22)
praefectumque Lindocolinae ciuitatis, . . . primum cum domu sua conuertit ad Dominum. 2.16 (117.10)
Et primum quidem blasphemiae stultiloquium est dicere esse hominem sine peccato; 2.19 (124.3)
Sed Brittaniam perueniens, ac primum Geuissorum gentem ingrediens, 3.7 (139.17)
Scriptum est enim: 'Quaerite primum regnum Dei et iustitiam eius, 3.29 (198.30)
Hadrianus perrexit primum ad Emme Senonum, 4.1 (203.19)
Sed primum expectare habes, donec missae celebrentur, 4.14 (234.10)
primum de locis sanctis pro condicione platearum diuertendum est ad ecclesiam Constantinianam, 5.16 (317.22)
PRIMVS, a, um. **prima.** quae baptizata est . . . prima de gente Nordanhymbrorum, 2.9 (99.31)
erat enim prima hora noctis, 2.12 (108.2)
Lindissi, quae est prima ad meridianam Humbre fluminis ripam, 2.16 (117.7)
resurrectionem dominicam, quae prima sabbati facta est, prima sabbati semper esse celebrandam; 3.4 (135.7)
quando eadem prima sabbati, . . . ueniret, minime didicerant. 3.4 (135.9)

et hac exorta, si dominica dies, quae tunc prima sabbati uocabatur, erat mane uentura, 3.25 (185.30)
Heiu, quae prima feminarum fertur in prouincia Nordanhymbrorum propositum . . . suscepisse. 4.23 (253.21)
quae apud antiquos una uel prima sabbati siue sabbatorum uocatur, 5.21 (336.7)
Ipsa prima dies azymorum, de qua multum distincte in Leuitico scriptum est: 5.21 (336.28)
prima. memor, quia Dominus prima sabbati resurrexit a mortuis, 3.25 (185.24)
Iohannes enim . . . nil de prima sabbati curabat; 3.25 (186.19)
quod uos non facitis, qui nonnisi prima sabbati pascha celebratis. 3.25 (186.20)
Conuenimus autem die xx^{o}iiii^{o} mensis Septembris, indictione prima, 4.5 (215.3)
Qui quidem a prima aetate pueritiae studio religiosae uitae semper ardebat, 4.27 (268.28)
animaduertendum est, quod in prima aetate bona aliqua fecit, 5.13 (313.17)
in quarum prima eductus est populus Domini ex Aegypto, 5.21 (335.13)
eclypsis solis facta est xiiii. Kalendas Martias, ab hora prima usque ad tertiam. 5.24 (353.2)
primae. gentibus primae Germaniae uerbum praedicabat, 1.21 (40.7)
primae. Vnde et ipsi primae matri omnium dicitur: 1.27 (54.28)
primam. Vt Brettones primam de gente Anglorum uictoriam . . . sumserint. 1.16 (33.4)
quia et primam culpam serpens suggessit, 1.27 (61.6)
Primam quoque et ultimam Ezechielis prophetae partem, . . . demonstrauit. 2.1 (76.28)
primam paschalis festi diem celebrarent. 5.21 (336.26)
illam in pascha diem adsignent primam, 5.21 (338.28)
illam in pascha diem adsignent primam, . . . id est quartae primam septimanae. 5.21 (338.29)
In primam partem Samuelis, id est usque ad mortem Saulis, libros iii. 5.24 (357.29)
primi. quibus ex culpa primi hominis factum est, 1.27 (56.15)
sancti Augustini primi Anglorum gentis episcopi 2.1 (76.33)
In quo et exemplum sequebatur primi pastoris ecclesiae, 2.4 (86.30)
quippe quos Deus omnipotens ex primi hominis, quem plasmauit, cognatione, . . . pullulare constituit. 2.10 (103.16)
iuxta exemplum primi doctoris illius, qui non episcopus, sed presbyter extitit et monachus; 3.4 (134.14)
Iohannes . . . xiiii^{a} die mensis primi ad uesperam incipiebat celebrationem festi paschalis, 3.25 (185.21)
xiiii^{am} lunam primi mensis, . . . exspectaret; 3.25 (185.27)
obseruandum pascha a xiiii^{a} luna primi mensis ad uesperam usque ad xxi^{am} . . . praeceptum est; 3.25 (186.6)
'Vt sanctum diem paschae . . . seruemus dominica post xiiii^{am} lunam mensis primi.' 4.5 (216.2)
ad praedicationem beatae memoriae Paulini primi Nordanhymbrorum episcopi, fidem . . . suscepit, 4.23 (252.27)
Quibus item uerbis tota tertia septimana eiusdem primi mensis decernitur sollemnis esse debere. 5.21 (334.31)
"Profecti igitur de Ramesse xv^{a} die mensis primi, altera die phase, filii Israel in manu excelsa." 5.21 (335.11)
a xv^{a} die mensis primi usque ad xxi^{am} eiusdem mensis diem conpletam computari oportet. 5.21 (335.15)
'Si ergo fieri posset, ut semper in diem xv^{um} primi mensis, . . . dominica dies incurreret, 5.21 (337.1)
ut numquam pascha nostrum a septimana mensis primi tertia in utramuis partem declinet; 5.21 (337.16)
quod non recte dominicum paschae diem, . . . tertia primi mensis ebdomada celebremus.' 5.21 (337.24)
qui dominicum paschae diem a xiiii^{a} mensis primi usque ad xx^{am} putant lunam esse seruandum. 5.21 (337.31)
Nam cum a luna xvi^{a} primi mensis oriente, id est a uespera diei xv^{ae} pascha incipiendum doceant; 5.21 (338.14)
non solum in definitione et computo lunaris aetatis, sed et in mensis primi . . . inuentione falluntur. 5.21 (338.31)
in hac absque ulla dubietate, quia primi mensis est, . . . celebrare debere noscendum est. 5.21 (339.12)
post plenilunium primi mensis hunc ex ordine subsequens, 5.21 (340.29)
primi. Duces fuisse perhibentur eorum primi duo fratres Hengist et Horsa; 1.15 (31.30)
Nam cum primi parentes nostri in paradiso deliquissent, 1.27 (54.9)
primi et praecipui erant Mellitus, Iustus, Paulinus, Rufinianus; 1.29 (63.5)
Discessere itaque primo [primi] Mellitus et Iustus, uar. 2.5 (92.2)
quorum primi albati adhuc rapti sunt de hac uita, 2.14 (114.26)
Vt primi successores Æduini regis et fidem suae gentis prodiderint, 3.1 (127.1)
quorum primi sunt hi: 5.8 (295.8)
primis. In primis autem haec insula Brettones solum, . . . incolas habuit; 1.1 (11.18)
Habuit autem Osuiu primis regni sui temporibus consortem regiae dignitatis, 3.14 (154.24)
Primis sane temporibus aduentus eorum in Fresiam, 5.11 (301.19)
primo. primo mense anni, qui etiam mensis nouorum dictus est, pascha facere iubemur; 5.21 (339.32)
primo. Caesaris equitatus primo congressu a Brittanis uictus, 1.2 (14.9)
Primo in loco . . . praebuerunt aduersariis copiam disputandi, 1.17 (35.25)
et de primo eius abbate Petro. 1.33 (70.9)
porro anno Focatis, qui tum Romani regni apicem tenebat, primo. 1.34 (72.3)
Peruenit autem ad regem primo die paschae iuxta amnem Deruuentionem, 2.9 (99.5)
sed reuocato domum Vilfrido primo suo antistite, 4.15 (236.22)
De primo supra diximus, quod Eboraci fuerit consecratus antistes; 4.23. (254.25)
qui electus est quidem in episcopatum . . . die primo mensis Iulii, 5.8 (295.26)
ut pascha primo mensi anni et tertia eiusdem mensis septimana, . . . fieri deberet; 5.21 (334.5)
"In die primo non erit fermentum in domibus uestris. 5.21 (334.34)
Quicumque comederit fermentum, peribit anima illa de Israel, a die primo usque ad diem septimum," 5.21 (335.2)
Primo mense, xiiii^{a} die mensis comedetis azyma usque ad diem xxi^{am} eiusdem mensis ad uesperam. 5.21 (335.22)
qua tempus paschale primo mense anni et tertia eius ebdomada celebrandum esse diximus. 5.21 (336.1)
"Mense primo, xiiii^{a} die mensis ad uesperam phase Domini est, 5.21 (336.30)
ut adueniente primo mense, adueniente in eo uespera diei xiiii^{ae}, expectetur etiam dies dominica, 5.21 (337.9)
non hanc primo mensi anni incipientis, sed ultimo potius praeteriti lunam esse adscribendam; 5.21 (339.28)
quis, rogo, fidelium non statim cum ipsa magia primo detestetur et merito exsufflet aspectu? 5.21 (343.26)
primo. quibus iterum in Brittaniam primo uere transuectus, 1.2 (14.5)
uenerunt primo diluculo fratres, qui eius obitum nuntiarent, a loco, ubi defuncta est. 4.23 (257.31)
Et mane primo ingressus ad me, ac dicta super me oratione, uocauit me nomine meo, 5.6 (290.33)
uenit die quadam mane primo ad eum unus de fratribus, 5.9 (296.30)
qui . . . primo tempore noctis defunctus est; 5.12 (304.4)
primos. episcopus, . . . gaudente rege, primos prouinciae duces ac milites sacrosancto fonte abluebat; 4.13 (230.21)
quibus aequa partione diuisis, xxxiii primos in saeculari habitu nobilissime conuersata conpleuit, 4.23 (252.22)
primum. Brocmail ad primum hostium aduentum cum suis terga uertens, 2.2 (84.27)
habuitque primum episcopum Trumheri, 3.24 (180.27)
Et hunc primum eadem prouincia proprium accepit praesulem, 4.12 (229.13)
'Primum ergo diem azymorum appellat eum, in quo exercitum eorum esset educturus de Aegypto. 5.21 (335.5)
in sedem pontificatus addita ipsum primum habet antistitem. 5.23 (351.4)
primum. Primum capitulum: 4.5 (215.32)
primum. ministerio fratrum perlatus in primum suum monasterium, quod uocatur Inhrypum, 5.19 (330.4)
ubi liberandus de Aegypto populus Israel primum pascha facere iubetur, 5.21 (334.14)
primus. Vt Brittaniam primus Romanorum Gaius Iulius adierit. 1.2 (13.18)
Palladius ad Scottos . . primus mittitur episcopus. 1.13 (28.21)
Elafius quidam, regionis illius primus, 1.21 (40.12)
Primus autem eiusdem monasterii abbas Petrus presbyter fuit, 1.33 (70.25)
'Hic requiescit domnus Augustinus Doruuernensis archiepiscopus primus, 2.3 (86.17)
sed primus omnium caeli regna conscendit. 2.5 (89.12)

Nam primus imperium huiusmodi Aelli rex Australium Saxonum; 2.5 (89.13)
Hengist, qui cum filio suo Oisc inuitatus a Vurtigerno Brittaniam primus intrauit, 2.5 (90.22)
ut pactum, quod cum tanto rege inii, ipse primus irritum faciam, 2.12 (108.10)
Cui primus pontificum ipsius Coifi continuo respondit: 2.13 (111.20)
quis aras et fana idolorum cum septis, . . . primus profanare deberet; 2.13 (113.5)
accepit primus eorum, quem diximus, Eanfrid regnum Berniciorum. 3.1 (127.17)
Hic primus regum Anglorum in toto regno suo idola relinqui ac destrui, . . . praecepit. 3.8 (142.7)
Primus autem in prouincia Merciorum, . . . factus est episcopus Diuma, 3.24 (179.20)
Primusque rex Osuiu praemissa praefatione, 3.25 (183.27)
Isque primus erat in archiepiscopis, cui omnis Anglorum ecclesia manus dare consentiret. 4.2 (204.22)
primusque, excepto Iacobo, . . . cantandi magister Nordanhymbrorum ecclesiis . . . Stephanus fuit, 4.2 (205.13)
Vilfrido, qui primus inter episcopos, . . . catholicum uiuendi morem . . . tradere didicit. 4.2 (205.17)
eratque primus ministrorum, et princeps domus eius. 4.3 (208.2)
Siquidem primus Birinus, secundus Agilberctus, tertius exstitit Vini. 4.12 (227.23)
de ultimis infra dicendum est, quod eorum primus Hagustaldensis, . . . eccelsiae sit ordinatus episcopus. 4.23 (254.29)
Aidan, qui primus eius loci episcopus fuit, 4.27 (270.26)
Erat autem Columba primus doctor fidei Christianae transmontanis Pictis ad aquilonem, 5.9 (297.14)
Erat autem Columba primus doctor fidei Christianae transmontanis Pictis ad aquilonem, primusque fundator monasterii, 5.9 (297.16)
consecratusque est eis primus antistes Eadberct, 5.18 (321.19)
ipse primus ibi opus euangelicum coepit. 5.19 (326.17)
Mensis iste uobis principium mensium primus erit in mensibus anni. 5.21 (334.16)
ut expectaretur iuxta praeceptum legis idem primus anni mensis, 5.21 (336.12)
Dies primus erit celeberrimus, sanctusque." 5.21 (336.33)
possit inueniri, qui mensis iuxta computum lunae primus anni, qui esse debeat ultimus. 5.21 (339.2)
ita omnibus annis idem primus lunae mensis eodem necesse est ordine seruari, 5.21 (339.23)
Gaius Iulius Caesar primus Romanorum Brittanias bello pulsauit, 5.24 (352.6)
Palladius ad Scottos in Christum credentes a Caelestino papa primus mittitur episcopus. 5.24 (352.25)

I. I. Interrogatio beati Augustini 1.27 (48.14)

PRINCEPS. princeps. apparuit ei beatissimus apostolorum princeps, 2.6 (92.20)
eratque primus ministrorum, et princeps domus eius. 4.3 (208.2)
quam et alter ante illum uir habuerat uxorem, princeps uidelicet Australium Gyruiorum 4.19 (243.7)
Princeps pontificum, felix summusque sacerdos Limpida discipulis dogmata disseruit. 5.8 (295.11)
ut . . . beatissimus apostolorum princeps caelestis quoque regni tibi tuisque . . . pandat introitum. 5.21 (345.17)
principe. qui inpetrauit a Focate principe donari ecclesiae Christi templum Romae, 2.4 (88.28)
Middilangli, . . . sub principe Peada filio Pendan regis fidem et sacramenta ueritatis perceperunt. 3.21 (169.24)
Venientes ergo in prouinciam memorati sacerdotes cum principe, 3.21 (170.23)
mox ut conperiit Vilbrord datam sibi a principe licentiam ibidem praedicandi, 5.11 (301.20)
Anno DCLIII, Middilangli sub principe Peada fidei mysteriis sunt inbuti. 5.24 (354.10)
principem. cupiens utilem reipuplicae ostentare principem, 1.3 (15.6)
principes. quos terreni principes edomare ferro nequiuerant, 2.1 (78.14)
'Reges uidebunt, et consurgent principes, et adorabunt.' 3.29 (197.13)
cui diuina dispositione subito beatissimi apostolorum principes dignati sunt apparere. 4.14 (234.3)
sed etiam reges ac principes nonnumquam ab ea consilium quaererent, et inuenirent. 4.23 (254.15)
principi. et beato Petro apostolorum principi uberes merito gratias exsoluamus. 2.11 (106.21)
num praeferri potuit beatissimo apostolorum principi, 3.25 (188.17)
Munuscula a uestra celsitudine beato principi apostolorum directa . . . suscepimus, 3.29 (198.7)
ut beatissimo apostolorum principi, . . . etiam nominis ipsius consortio iungeretur; 5.7 (292.29)
principibus. Vtta, . . . ob id omnibus, etiam ipsis principibus saeculi honorabilis, 3.15 (157.25)
principibus. Verum adhuc cum amicis principibus et consiliariis suis sese de hoc conlaturum esse dicebat, 2.13 (111.12)
et eiectis principibus regis non proprii, fines suos fortiter simul et libertatem receperunt; 3.24 (180.22)
principis. fidem Brittani usque in tempora Diocletiani principis . . . in pace seruabant. 1.4 (16.11)
peruenit ad aures nefandi principis 1.7 (18.22)
At sanctus Albanus, . . . nequaquam minas principis metuit; 1.7 (19.13)
anno XIIII eiusdem principis, 1.23 (42.19)
hoc est beatissimi apostolorum principis Petri, 2.4 (87.1)
et ipse Mellitus inter eos adsedit anno VIII imperii Focatis principis, 2.4 (88.19)
in monasterio beatissimi apostolorum principis ecclesiam sanctae Dei genetricis fecit, 2.6 (93.24)
sepultusque est . . . in . . . monasterio et ecclesia beatissimi apostolorum principis, 2.7 (95.6)
Praeterea benedictionem protectoris uestri beati Petri apostolorum principis uobis direximus, 2.10 (104.2)
Praeterea benedictionem protectoris uestri beati Petri apostolorum principis uobis direximus, 2.11 (106.24)
uice beati Petri apostolorum principis, auctoritatem tribuimus, 2.18 (121.21)
atque in honorem beatissimi apostolorum principis dedicata, 3.17 (160.13)
oportet uestram celsitudinem, . . . piam regulam sequi perenniter principis apostolorum, 3.29 (197.26)
sed postmodum constructa ibidem ecclesia beatissimi apostolorum principis Petri, 4.3 (212.7)
Cum . . . Benedictus construxisset monasterium Brittaniae in honorem beatissimi apostolorum principis, 4.18 (241.6)
promittens hanc in honorem beati apostolorum principis dedicandam; 5.21 (333.6)
beatissimi autem apostolorum principis, quantum mea paruitas sufficit, uestigia sequi desidero." 5.21 (344.23)
et quasi nouo se discipulatui beatissimi apostolorum principis Petri subditam, . . . gaudebat. 5.21 (346.11)
principum. cum perfidorum principum mandata aduersum Christianos saeuirent, 1.7 (18.13)
ut antiquorum principum nomen suis uir ille laudibus uinceret, 1.32 (68.19)
Peruenit et ad ipsas principum aures, Osuiu uidelicet regis, et filii eius Alchfridi. 3.25 (182.24)

PRINCIPALIS, e. **principali.** simul et ieiunium XL dierum obseruari principali auctoritate praecepit. 3.8 (142.9)

PRINCIPALITER. quod haec principaliter Petro dicta, 3.25 (188.27)

PRINCIPATVS. principatum. in quibus omnibus idem monasterium insulanum, . . . principatum teneret. 3.4 (134.10)

PRINCIPIVM. principia. cuius regni et principia et processus tot ac tantis redundauere rerum aduersantium motibus, 5.23 (349.24)
principio. A principio itaque uoluminis huius Praef. (6.24)
Quo epistulae principio manifeste declaratur, 2.19 (123.19)
Cuius regni principio defuncto Eata episcopo, 5.2 (282.31)
Huius regni principio antistes Occidentalium Saxonum Haeddi caelestem migrauit ad uitam. 5.18 (320.8)
sicut in principio factum est, 5.21 (339.25)
principium. epistulam, cuius hoc principium est: 1.13 (28.25)
cuius uidelicet epistulae principium hoc est: 2.4 (87.24)
cuius epistulae principium est: 2.19 (122.29)
Mensis iste uobis principium mensium primus erit in mensibus anni. 5.21 (334.16)
principium. 'Canta,' inquit, 'principium creaturarum.' 4.24 (259.29)
'In principium Genesis, usque ad natiuitatem Isaac et eiectionem Ismahelis, libros IIII. 5.24 (357.25)

PRIOR, ius. **prior.** et mox prior in Brittania, secundus in Gallia sint interemti. 1.11 (24.17)
ut ipse prior habeatur, 1.29 (64.8)
'Procurate,' inquit, 'ut ipse prior cum suis ad locum synodi adueniat, 2.2 (83.5)

quorum prior episcopus in Lindissi prouincia, secundus erat abbas . . . 3.11 (149.7)
quorum prior locus est in ripa Pentæ amnis, secundus in ripa Tamensis. . . . 3.22 (173.8)
quorum prior frater fuit Ediluini, uiri aeque Deo dilecti, . . . 3.27 (192.21)
quorum prior postea ab eodem Caedualla, cum esset rex Geuissorum, occisus est, . . . 4.15 (236.15)
prior. quarum prior, quae ad austrum est, . . . nongentarum LX familiarum . . . spatium tenet. . . . 2.9 (97.17)
priora. De cuius statu uitae, ut ad priora repedantes, paucis, quae sunt gesta, memoremus, . . . 5.19 (322.24)
priorem. Quo utroque scelere occasionem dedit ad priorem uomitum reuertendi his, . . . 2.5 (90.30)
priorem. quia per coniunctionem priorem caro fratris fuerit facta. . . . 1.27 (51.10)
priores. Verum priores inimici, . . . mox aduecti nauibus . . . 1.12 (26.29)
prioribus. Tertia autem die prioribus adgrauata doloribus, . . . 4.19 (245.20)
prioribus. adcelerantur strages cunctis crudeliores prioribus. . . . 1.12 (28.7)
prioribus. habuit posteriora peiora prioribus; . . . 2.15 (116.6)
prioris. Praeparatis ergo fundamentis in gyro prioris oratorii per quadrum coepit aedificare basilicam. 2.14 (114.12)
priorum. noscendis priorum gestis siue dictis, . . . Praef. (5.10)
priorum maxime scriptis . . . didicimus. . . . Praef. (6.26)
ex scriptis uel traditione priorum, . . . Praef. (7.17)
de uita priorum patrum sermonem facerent, . . . 4.3 (211.26)
PRISCILLA, *Priscilla* (*Acts of the Apostles 18*).
Priscilla. Hinc est enim, . . . quod cum Aquila et Priscilla caput Chorinti totondit; . . . 3.25 (185.12)
PRISCVS, a, um. **prisca.** Sicque abiecta prisca superstitione, exsufflata idolatria, . . . 4.13 (231.21)
uestimenta omnia, . . . non solum intemerata, uerum etiam prisca nouitate et claritudine miranda parebant. . . . 4.30 (276.23)
priscis. et priscis earum incolis. . . . 1.1 (9.1)
sed non se posse absque suorum consensu ac licentia priscis abdicare moribus. . . . 2.2 (82.17)
priscis. ac se priscis idolatriae sordibus polluendum perdendumque restituit. . . . 3.1 (127.21)
priscis. enumeratis animi sui uirtutibus priscis, . . . 2.1 (74.18)
priscum. et ea, . . . huius doctrina priscum renouarentur in statum. . . . 5.20 (331.34)
PRISTINVS, a, um. **pristina.** Studens autem uir Domini acceptum monasterii locum . . . a pristina flagitiorum sorde purgare, . . . 3.23 (175.22)
sed omnes, . . . resurrecturi a langore, pristina sunt sospitate recuperandi, . . . 4.14 (234.19)
pristinam. fugatis doloribus, recepit pristinam sanitatem, . . . 1.19 (38.4)
pristinas. Verum post obitum ipsius abbatissae redierunt ad pristinas sordes, immo sceleratiora fecerunt. 4.25 (265.31)
etsi necdum uires pristinas recepi, . . . 5.3 (286.18)
PRIVS. Praef. (5.5); Praef. (7.31); 1.7 (21.23); 1.12 (27.8); 1.21 (39.29); 1.21 (40.2); 1.27 (57.21); 1.27 (59.6); 1.27 (59.16); 1.27 (59.33); 1.28 (62.19); 1.29 (64.8); 2.14 (114.11); 3.5 (137.26); 3.7 (139.27); 3.19 (166.21); 3.23 (175.16); 3.23 (175.18); 3.23 (175.33); 3.25 (182.30); 3.27 (192.1); 4.16 (238.2); 4.19 (244.10); 4.23 (254.6); 4.23 (257.33); 4.27 (270.28); 4.28 (273.18); 4.29 (275.15); 5.12 (307.31); 5.13 (313.14); 5.21 (339.20); 5.21 (341.30); 5.22 (348.3); 5.24 (359.10).
PRIVSQVAM. aut uir suae coniugi permixtus, priusquam lauetur aqua, si ecclesiam possit intrare? . . 1.27 (53.33)
Sed priusquam altitudo parietis esset consummata, . . . 2.14 (114.13)
priusquam hoc sacrae crucis uexillum nouus militiae ductor, . . . statueret. . . . 3.2 (130.6)
Fecerat autem, priusquam Brittaniam ueniret, monasterium . . . 3.4 (134.3)
priusquam uel praeteritas neglegentias, . . . perfectius ex tempore castigaret, . . . 3.27 (193.6)
priusquam consecrari in episcopatum posset, morte praereptus est, . . . 3.29 (196.17)
Hic sane priusquam episcopus factus esset, . . . 4.6 (218.26)
Nam exsurgens ab oratione, priusquam exiret de loco, petitae lucis gratiam recepit; . . . 4.10 (225.6)
sed, priusquam ordinari posset, morte inmatura praereptus est. . . . 4.23 (255.22)
easque ad orandum pro anima eius, etiam priusquam cetera congregatio eius obitum cognouisset, excitauerit. . . . 4.23 (258.17)
priusquam monasterium Coludanae urbis esset incendio consumtum. . . . 4.25 (262.21)
in quo etiam uenerabilis praedecessor eius Cudberct, priusquam insulam Farne peteret, . . . militabat. 4.30 (277.1)
priusquam subito mortis superuentu tempus omne paenitendi et emendandi perderet. . . . 5.13 (311.11)
PRIVATIM. numquam ipsa . . . commissum sibi gregem et puplice et priuatim docere praetermittebat. 4.23 (256.20)
PRIVATVS, a, um. **priuata.** In priuata enim et temporali laetitia mentem posuerant, . . . 1.31 (66.27)
sed de priuata ad communem, de temporali ad aeternam laetitiam reuocantur, . . . 1.31 (66.29)
priuata. Ruebant aedificia puplica simul et priuata, . . . 1.15 (32.24)
priuata. aedificia puplica uel priuata, in proximo est, ut ignis absumens in cinerem conuertat.' . . 4.25 (264.21)
priuatam. uitam priuatam et monachicam cunctis regni diuitiis et honoribus praeferens, . . . 4.11 (225.19)
priuati. seruabant utcumque reges, sacerdotes, priuati, et optimates . . . 1.22 (41.27)
plures . . . tam nobiles, quam priuati, se suosque liberos, depositis armis, satagunt magis, . . . monasterialibus adscribere uotis, . . . 5.23 (351.19)
priuato. sumtu puplico priuatoque, . . . 1.12 (27.22)
priuato. sed de priuata [priuato] ad communem, . . . uar. 1.31 (66.29)
PRIVILEGIVM. **priuilegii.** accepit ab eo, . . . epistulam priuilegii ex auctoritate apostolica firmatam; . 4.18 (241.13)
priuilegiis. quae rursus pro ecclesiarum uestrarum priuilegiis congruere posse conspicimus, . . . 2.18 (121.17)
PRIVO. **priuandi.** Non . . . sacri corporis ac sanguinis Domini communione priuandi sunt, . . . 1.27 (51.24)
corporis et sanguinis Domini communione priuandi sunt; . . . 1.27 (51.33)
priuare. quem nos priuare auctoritate percepta minime debemus. . . . 1.27 (52.33)
priuati. non solum omni spe coronae priuati, sed aeterna insuper sunt poena damnati. . . . 5.21 (344.1)
priuaturum. sperans se regem Aeduinum regno simul et uita priuaturum; . . . 2.9 (99.2)
priuatus. adlatus est quidam de genere Anglorum, oculorum luce priuatus; . . . 2.2 (82.5)
ideoque bello petitus, ac regno priuatus ab illo, . . . 3.7 (140.12)
priuetur. iustum non est, ut ingressu ecclesiae priuetur. . . . 1.27 (55.22)
PRO, *omitted.*
PROAVVS. **proauis.** genus a proauis non solum nobile, sed et religiosum ducens. . . . 2.1 (73.20)
PROBABILIS, e. **probabilibus.** ut, quaeque decreta ac definita sunt a sanctis ac probabilibus patribus, . . . seruentur.' . . . 4.5 (215.18)
probabilium. et generaliter omnes sancti et uniuersales synodi, et omnis probabilium catholicae ecclesiae doctorum chorus. . . . 4.17 (239.21)
PROBATIO. **probatione.** qui de monasterii probatione diuturna ad heremiticam peruenerat uitam. . . 3.19 (168.4)
PROBITAS. **probitate.** earumque uel maxime, quae uel aetate prouectae, uel probitate erant morum insigniores. . . . 3.8 (143.9)
PROBO. **probabatur.** qui gratia discretionis, quae uirtutum mater est, ante omnia probabatur inbutus; 3.5 (137.24)
probamus. ut etiam ipsi horologica inspectione probamus. . . . 5.21 (339.6)
probandum. et prius ad legendum ac probandum transmisi, . . . Praef. (5.5)
probante. ad ministerium, quod sollicitus exhibere solebat, quasi flagello probante castigatior, rediit. 4.31 (279.12)
probantur. quomodo ea, . . . Dei mandata probantur fuisse secuti. . . . 3.25 (188.8)
probare. Dixerunt: 'Et unde hoc possumus probare?' . . . 2.2 (82.29)
ut uno probare sat erit exemplo. . . . 3.14 (156.6)
ut cursu maiore equos suos inuicem probare liceret. . . . 5.6 (289.24)
probaretur. ut uniuersorum iudicio, quid uel unde esset, quod referebat, probaretur. . . . 4.24 (260.18)

probari. ubi nuper uenientes ad conuersationem feminae solebant probari, 4.23 (258.23)
probastis. ipsos uobis circulos paschae catholicos abundare probastis. 5.21 (341.34)
probat. Cuius regulam distinctionis uos ignorasse probat, 3.25 (187.23)
et ideo festis paschalibus inhabilem memorata ratio probat. 5.21 (339.30)
probata. Cuius ueritas uisionis cita circa exortum diei puellae morte probata est. 4.8 (221.26)
probati. et astulam roboris praefati [probati] inmittens obtuli egro potandum. uar. 3.13 (153.30)
probatum. quod in Nicena synodo probatum est, 2.19 (122.25)
omnium iudicio probatum est accusatores eius . . . contra eum machinasse calumnias; 5.19 (327.18)
probatur. qui gratia discretionis, quae uirtutum mater est, ante omnia probabatur [probatur] inbutus; uar. 3.5 (137.24)
non sit qui reserat, auerso illo, qui claues tenere probatur.' 3.25 (189.3)
unde uera esse probatur nostra definitio, 5.21 (335.33)
probatus. a beatae memoriae papa Agathone probatus est contra fas a suo episcopatu repulsus; 5.19 (328.11)
probaui. sicut in libro, quem de temporibus conposui, manifestissime probaui; 3.17 (161.13)
probauit. sicut euidentius rerum exitus probauit. 1.14 (30.23)
probauit hoc dogma . . . fidei . . . esse contrarium. 2.1 (75.33)
suaque morte probauit uera fuisse uerba, 4.14 (235.31)
Iob, . . . dum . . . caput totondit, probauit utique, quia tempore felicitatis capillos nutrire consuerat. 5.21 (342.10)
qui quidem quantum conspectis ecclesiarum nostrarum statutis profecisset, probauit, 5.21 (345.4)
PROBVS, a, um. probi. ut ipsum in concilio, . . . quasi uirum incorruptae fidei, et animi probi residere praeciperet.' 5.19 (328.15)
probum. quem cum Oidiluald, . . . uirum sanctum et sapientem, probumque moribus uideret, 3.23 (174.29)
probus. Maximus uir quidem strenuus et probus, 1.9 (23.11)
Theodorus, . . . probus moribus, et aetate uenerandus, 4.1 (202.26)
PROCEDO. procedens. Sicut ergo prius sol a medio procedens orientis, aequinoctium uernale suo praefixit exortu; 5.21 (339.20)
procedente. Procedente autem tempore, 1.1 (12.18)
Procedente tempore et ipse sibi monasterium, . . . construxit; 3.19 (164.24)
tempore autem procedente, in eodem monasterio ecclesia est . . . facta, 3.23 (176.14)
sed procedente tempore necessitatem in consuetudinem uerterat. 4.25 (263.8)
procedentem. glorificantes . . . Spiritum Sanctum procedentem ex Patre et Filio inenarrabiliter, 4.17 (240.22)
procedentes. alii fame confecti procedentes 1.15 (32.30)
'Cumque procedentes transissemus et has beatorum mansiones spirituum, 5.12 (307.29)
procedere. contigit gentem Merciorum duce rege Penda aduersus Orientales Anglos in bellum procedere, 3.18 (163.2)
procederent. homines inedia macerati procederent ad praecipitium aliquod siue ripam maris, 4.13 (231.15)
procederet. iam clauso codice procideret [procederet] in faciem, uar. 4.3 (210.22)
procedit. quidam tribuniciae potestatis cum coniuge procedit in medium, 1.18 (36.7)
Madidus baptismate procedit exercitus, 1.20 (38.22)
procedunt. Procedunt conspicui diuitiis, ueste fulgentes, 1.17 (35.15)
processerit. uidet enim, a qua radice inquinatio illa processerit, 1.27 (60.28)
PROCELLA. procella. At si procella fortior aut nimbus perurgeret, 4.3 (210.23)
missa peracta, ualidi flaminis procella desursum uenire consueuit, 5.17 (319.11)
procellam. Auxit autem procellam huiusce perturbationis etiam mors Saberct regis Orientalium Saxonum, 2.5 (91.2)
procellarum. Audito etenim fragore procellarum ac feruentis oceani exierat uidere, quid nobis accideret; 5.1 (282.9)
procellas. concitant procellas, 1.17 (34.14)
PROCER. proceres. Culmen, opes, subolem, pollentia regna, triumphos, Exuuias, proceres, moenia, castra, lares; 5.7 (293.8)
PROCESSVS. processu. et in processu epistulae ita suas calamitates explicant: 1.13 (28.26)
processus. cuius regni et principia et processus tot ac tantis redundauere rerum aduersantium motibus, 5.23 (349.24)
PROCIDO. procidere. Qui cum tremens ad pedes eius procidere uellet, 2.12 (110.31)
procideret. iam clauso codice procideret in faciem, atque obnixius orationi incumberet. 4.3 (210.22)
PROCLAMO. proclamare. repente audiuimus abbatissam intus uoce clara proclamare: 4.19 (245.28)
proclamauerit. elata in altum uoce cuncto exercitui proclamauerit: 3.2 (129.6)
PROCREO. procrearet. ut regina sospes et absque dolore graui sobolem procrearet. 2.9 (99.24)
PROCVL. non procul a nostra contra ortum solis, 1.1 (12.6)
ad haec procul dubio minor redit. 2.1 (74.23)
Aidan in insula Farne, quae duobus ferme milibus passuum ab urbe procul abest, morabatur. 3.16 (159.11)
quae ad occidentalem plagam ab Hibernia procul secreta, 4.4 (213.12)
uenerunt ad ciuitatulam quandam desolatam, non procul inde sitam, 4.19 (245.1)
quae appellatur Farne, et ab eadem ecclesia nouem ferme milibus passuum in Oceano procul abest, 4.27 (268.26)
in uiculis, qui in arduis asperisque montibus procul positi aliis horrori erant ad uisendum, 4.27 (270.6)
PROCVRO. procurante. monachi . . . ad ritum paschae ac tonsurae canonicum Domino procurante perducti sunt. 5.22 (346.19)
procurate. 'Procurate,' inquit, 'ut ipse prior cum suis ad locum synodi adueniat, 2.2 (83.4)
confringendos diminuendosque summopere procurate. 2.10 (103.9)
procuratum. Pulchraque rerum concordia procuratum est diuinitus, 4.23 (258.5)
PROCVRRO. procurrit. Quia uero dies septimanae non aequali cum luna tramite procurrit, 5.21 (337.6)
PROCVS. procis. Huius consortium cum primo ipse missis procis a fratre eius Aeodbaldo, . . . peteret; 2.9 (97.25)
PRODECESSOR. prodecessor. a quo et prodecessor eius Aeduini peremtus fuerat, 3.9 (145.9)
qui . . . ab eodem pagano Merciorum duce, a quo et prodecessores [prodecessor] eius, occisus est. uar. 3.18 (163.18)
in quo etiam uenerabilis praedecessor [prodecessor] eius Cudberct, . . . militabat. uar. 4.30 (277.1)
prodecessorem. iuxta prodecessorem suum Augustinum sepultus est 2.7 (93.29)
prodecessores. qui . . . ab eodem pagano Merciorum duce, a quo et prodecessores eius, occisus est. 3.18 (163.18)
qui, sicut prodecessores eius, prouinciis . . . episcopatus officio praeesset; 4.3 (212.25)
prodecessoribus. Quantae autem parsimoniae, cuius continentiae fuerit ipse cum prodecessoribus suis, 3.26 (190.20)
prodecessorum. ab antiquis praedecessorum [prodecessorum] meorum temporibus uar. 1.27 (52.31)
PRODEO. prodeunte. in caeli faciem prodeunte, agnus immolari iubeatur; 5.21 (334.27)
PRODITIO. proditione. Peada . . . peremtus est, proditione, ut dicunt, coniugis suae in ipso tempore festi paschalis. 3.24 (180.16)
PRODO. prodebat. solutus est in lacrimas uir Dei, et tristitiam cordis uultu indice prodebat. 4.25 (264.19)
proderet. promittens se nil ei mali facturum pro eo, si simpliciter sibi, quis fuisset, proderet. 4.22 (251.8)
prodiderat. qui se ultro persecutoribus fidei Christianum esse prodiderat, 1.7 (19.13)
prodiderint. Vt primi successores Æduini regis et fidem suae gentis prodiderint, 3.1 (127.1)
prodiderunt. nonnulla mihi ex parte prodiderunt. Praef. (7.1)
Vt primi successores Æduini regis et fidem suae gentis prodiderint [prodiderunt], uar. 3.1 (127.1)
prodidit. sacramenta regni caelestis, quibus initiatus erat, anathematizando prodidit, 3.1 (127.21)
proditi. proditi sunt, atque occidi iussi. 4.16 (237.24)
sed Domino donante proditi iam tunc et uicti sunt. 4.18 (242.9)
proditum. nam ab eodem comite proditum eum Osuiu . . . interfecit. 3.14 (155.20)
PRODVCO. produceret. 'At cum me hoc spectaculo tam horrendo perterritum paulatim in ulteriora produceret, 5.12 (305.21)

producti. monachi . . . ad ritum paschae ac tonsurae canonicum Domino procurante perducti [producti] sunt. uar. 5.22 (346.19)
produxerit. Vt idem in uita anchoretica et fontem de arente terra orando produxerit, 4.28 (271.3)
PROELIOR. proelianti. a uulneribus, quae ei inflicta fuerant proelianti in insula Vecta; 4.16 (237.30)
PROELIVM. proelia. Dona superna loquar, miserae non proelia Troiae; 4.20 (247.15)
proelii. Germanus ducem se proelii profitetur, 1.20 (38.30)
proeliis. Vbi magnis grauibusque proeliis saepe gestis 1.5 (16.21)
proelio. Secundo proelio cum magno suorum discrimine 1.2 (14.11)
sine ullo proelio ac sanguine 1.3 (15.11)
Vt Aedilfrid rex Nordanhymbrorum Scottorum gentes proelio conterens 1.34 (71.7)
et conserto graui proelio in campo, qui uocatur Haethfelth, 2.20 (124.21)
occisus est, commisso graui proelio, 3.9 (145.8)
conserto graui proelio inter ipsum et Aedilredum regem Merciorum 4.21 (249.3)
In praefato autem proelio, quo occisus est rex Aelfuini, memorabile quiddam factum esse constat, 4.22 (249.21)
proelium. et uictores prouocantes ad proelium, 1.16 (33.16)
Neque . . . in proelium uenire audebat. 1.34 (72.5)
Nam egressi contra gentem Geuissorum in proelium, 2.5 (92.6)
rogauerunt Sigberctum ad confirmandum militem secum uenire in proelium. 3.18 (163.4)
PROFANO. profanabant. Nam et multi fidem, quam habebant, iniquis profanabant operibus; 4.27 (269.18)
profanare. quis aras et fana idolorum cum septis, . . . primus profanare deberet; 2.13 (113.5)
Nec distulit ille, mox ut adpropiabat ad fanum, profanare illud, 2.13 (113.17)
profanarentur. ne fides et sacramenta caelestis regis consortio profanarentur regis, 2.9 (97.29)
profanatam. Quod ubi rex Vulfheri conperit, fidem uidelicet prouinciae ex parte profanatam, 3.30 (199.25)
profanauerit. et ut pontifex eius suas aras profanauerit. 2.13 (111.9)
PROFECTIO. profectioni. subtraxit se illi profectioni, et remanere domi passus est. 5.9 (298.13)
PROFECTIOR, ius. profectioris. usque ad tempora prouectioris [profectioris] aetatis constitutus, nil carminum aliquando didicerat. uar. 4.24 (259.13)
PROFECTO. profecto patris turpitudinem reuelauit. 1.27 (51.8)
iste profecto siue de ingressu ecclesiae, . . . suo est iudicio relinquendus; 1.27 (58.25)
profecto et ipsi, quamuis arma non ferant, contra nos pugnant, 2.2 (84.20)
cum profecto gloriosam coniugem uestram, . . . inluminatam agnouimus. 2.10 (101.32)
dum profecto meliores uos, . . . eorum constructioni nihilominus existatis; 2.10 (103.13)
ut profecto sacrae scripturae testimonium per te expletum indubitanter perclareat: 2.11 (106.3)
Profecto enim dum huiusmodi apta reppertaque persona fuerit, 3.29 (198.3)
beneficia sanctorum, . . . eis fecimus dari, uestrae excellentiae profecto omnes contradendas. 3.29 (198.18)
Profecto enim habet protectorem, 3.29 (198.26)
uidebimus profecto, quod ita dies XIIII[a] uesperam suam in festi paschalis initium prorogat, 5.21 (335.29)
patet profecto, quod illam per omnia diem a sua sollemnitate secernunt, 5.21 (338.3)
Ioseph . . . patet profecto, quia tempore seruitutis intonsis in carcere crinibus manere solebat. 5.21 (342.14)
PROFECTVS. profectibus. Vnde motus eius profectibus Aedan rex Scottorum, 1.34 (71.21)
profectu. qui uel in prouectu [profectu] ordinati episcopi gaudeant, uar. 1.27 (52.26)
profectum. plus in perniciem quam in profectum reipuplicae ageret, 1.6 (17.15)
non profectum iactando uirtutum, 2.1 (74.13)
immo potiorem tunc sumsisse profectum de labore conuersionis multorum, 2.1 (74.30)
atque ad profectum debiti culminis, . . . prouehere curauit. 2.4 (87.6)
qui . . . spe gaudiorum perennium delectati, profectum pietatis ex eius uerbis haurire uolebant. 5.12 (309.20)
profectus. et multum ex illo, ut reor, profectus spiritalis accipiet. 3.19 (165.12)
tantum profectus spiritalis tempore praesulatus illius Anglorum ecclesiae, . . . ceperunt. 5.8 (295.2)
PROFERO. profere. 'Habetis,' inquit, 'uos proferre [profere] aliquid uar. 3.25 (188.24)
proferenda. sine ulla dilatione offerenda [proferenda]; uar. 1.27 (55.2)
proferens. proferens codicem horrendae uisionis, et magnitudinis enormis, 5.13 (312.13)
proferetur. quae de semet ipsa proferetur secreta humanis mentibus inspiratione clementer infundit; 2.10 (101.2)
proferre. ita ut apostolicum illum de eo liceat nobis proferre sermonem: 2.1 (73.15)
iussit rex Agilberctum proferre in medium morem suae obseruationis, 3.25 (184.11)
'Habetis,' inquit, 'uos proferre aliquid tantae potestatis uestro Columbae datum?' 3.25 (188.24)
iussit ad se intrare pauperem, ingresso linguam proferre ex ore, ac sibi ostendere iussit; 5.2 (283.32)
de quibus apostolicum illum licet proferre sermonem, 5.22 (346.31)
proferrent. omnes palam, quae gesserant, confitendo proferrent, 4.27 (270.1)
proferret. ne ad mortem ueniens . . . aliquid indignum suae personae uel ore proferret, 4.11 (226.10)
hoc ipse . . . uerbis poeticis maxima suauitate et conpunctione conpositis, in sua, id est Anglorum, lingua proferret. 4.24 (259.2)
profert. Albanum egregium fecunda Britania profert. 1.7 (18.11)
profertur. quae de semet ipsa proferetur [profertur] secreta humanis mentibus inspiratione clementer infundit; uar. 2.10 (101.2)
prolatum. Cumque corpus sacrae uirginis ac sponsae Christi aperto sepulchro esset prolatum in lucem, 4.19 (245.9)
protulerunt. Quod uero prius candidum codicem protulerunt angeli, 5.13 (313.15)
protuli. Quibus statim protuli eundem librum canonum, 4.5 (215.27)
protulit. protulitque unus libellum perpulchrum, sed uehementer modicum, 5.13 (312.4)
PROFESSIO. professionis. Sed ipse professionis suae non inmemor, . . . nonnisi uirgam tantum habere in manu uoluit: 3.18 (163.9)
uirgines . . . contemta reuerentia suae professionis, . . . texendis subtilioribus indumentis operam dant, 4.25 (265.17)
professionem. uitam ac professionem minus ecclesiasticam in multis esse cognouit, 2.4 (87.15)
at uero Caedualla, quamuis nomen et professionem haberet Christiani, 2.20 (125.9)
PROFICIO. profecerit. Sed quantum haec agendo profecerit, 2.4 (88.11)
profecisset. sed quia nec ipse aliquid profecisset, rursum in Hiberniam, unde uenerat, redierit. 5.9 (296.5)
qui quidem quantum conspectis ecclesiarum nostrarum statutis profecisset, probauit, 5.21 (345.4)
profecit. neque aliquid profecit. 2.12 (107.27)
proficere. ut in fide ueritatis, quam acceperant, persistere semper ac proficere curarent. 2.17 (118.31)
Sed nec ipse, quamuis multum laborans, proficere aliquid ualebat. 3.11 (150.4)
ut neque uelo neque remigio quicquam proficere, . . . ualeremus. 5.1 (281.22)
proficerent. et uestris, ut proficerent, meritis eorum est saluatio propinata, 2.8 (96.3)
proficeret. cum aliquandiu genti Anglorum praedicans nihil proficeret, 3.5 (137.4)
cogitans, quod futurum erat, quia ad medellam infirmantium idem puluis proficeret; 3.10 (147.8)
proficiebant. neque hoc agentes aliquid proficiebant. 3.15 (158.13)
nec tamen, protegentibus eum angelis, quicquam proficiebant. 3.19 (165.5)
proficiebat. nec Victberct illas deueniens in partes quicquam proficiebat, 5.10 (299.2)
PROFICISCOR. profecti. "Profecti igitur de Ramesse XV[a] die mensis primi, altera die phase, filii Israel in manu excelsa." 5.21 (335.10)
profectus. Inde ad flumen Tamensim profectus. 1.2 (14.13)
ac sexto, quam profectus erat, mense Romam rediit, 1.3 (15.15)
Constantius comes in Galliam cum exercitu profectus, 1.11 (25.1)

Qua accepta Theodorus profectus est ad Agilberctum Parisiorum episcopum, ... 4.1 (203.16)
ad limina beatorum apostolorum Gregorio pontificatum tenente profectus est, ... 5.7 (294.8)
proficisci. in opus eos uerbi, diuino confisos auxilio, proficisci suadet. 1.23 (43.3)
PROFICVVS, a, um. **proficuum.** quod nequaquam silentio praetereundum arbitror, sed multorum saluti, si referatur, fore proficuum. 4.22 (249.24)
PROFITEOR. professa. ubi fidem suae sanationis integram se habere professa est, ... 4.10 (225.4)
professi. nos . . . iuxta diuinitus inspiratam doctrinam eorum professi credimus consonanter, ... 4.17 (239.24)
profiteor. ego autem tibi uerissime, quod certum didici, profiteor, ... 2.13 (111.23)
Nunc autem aperte profiteor, quia in hac praedicatione ueritas claret illa, ... 2.13 (112.29)
immo confidenter profiteor plurimos ex eis sanctos ac Deo dignos extitisse, ... 5.21 (344.6)
Vnde palam profiteor uobisque, qui adsidetis, praesentibus protestor, ... 5.21 (345.33)
profiteri. 'Verum, etsi profiteri nobis liberum est, quia tonsurae discrimen non noceat, ... 5.21 (342.19)
profitetur. Germanus ducem se proelii profitetur, ... 1.20 (38.30)
PROFOR. profari. qui ne unum quidem sermonem umquam profari poterat; 5.2 (283.23)
PROFVGVS, a, um. **profugus.** per diuersa . . . regna multo annorum tempore profugus uagaretur, . . 2.12 (107.19)
PROFVNDITAS. profunditatis. deuenimus ad uallem multae latitudinis ac profunditatis, infinitae autem longitudinis; 5.12 (304.32)
PROFVNDO. profuderunt. torrentes eloquii sui cum apostolicis et euangelicis imbribus profuderunt; . 1.17 (35.29)
profundat. qui in eodem loco usque hodie copiosa fluenti sui dona profundat. 5.10 (301.16)
profunditur. oratio uno ore et clamore profunditur; 1.17 (34.26)
confestim benedictio et sermonis diuini doctrina profunditur. 1.21 (40.19)
profusis. non eleuata in altum uoce, sed profusis ex imo pectore lacrimis, Domino sua uota commendabat. 4.28 (273.29)
PROFVNDVM. profunda. nunc retractis ignium uaporibus relaberentur in profunda. 5.12 (306.3)
profundis. quia uideret inferos apertos, et Satanan demersum in profundis tartari, ... 5.14 (314.15)
profundo. nunc retractis ignium uaporibus relaberentur in profunda [profundo]. . . . . . . uar. 5.12 (306.3)
profundum. inmobiliter erant in profundum fluminis infixae. 1.2 (14.19)
PROFVSIO. profusionem. coepit e contra episcopus tristis usque ad lacrimarum profusionem effici. . . 3.14 (157.6)
PROFVSIOR, ius. **profusior.** nisi profusior alimentorum copia daretur, ... 1.15 (32.12)
PROGENIA. progeniae. quae sunt ab illis longa progenie [progeniae] generatae? . . . . . . uar. 1.27 (50.22)
PROGENIES. progenie. quae sunt ab illis longa progenie generatae? 1.27 (50.22)
progenies. tota Nordanhymbrorum progenies, . . . sunt orti. 1.15 (31.27)
PROGENITOR. progenitores. ita ut non solum omnes tuos progenitores, . . . potestate transcendas?' . 2.12 (109.7)
progenitoribus. non solum incognita progenitoribus suis regna caelorum sperare didicit; 3.6 (138.1)
PROGIGNO. progeniti. Baptizati sunt . . . et alii liberi eius de Aedilberga regina progeniti, ... 2.14 (114.25)
PROGREDIOR. progrederemur. Et cum progrederemur 'sola sub nocte per umbras,' 5.12 (305.26)
progrediens. quam ultra progrediens eos, quibus praedicare deberet, inquirere. 3.7 (139.20)
progressi. qui duce Reuda de Hibernia progressi, ... 1.1 (12.20)
progressi in puplicum fideles Christi, ... 1.8 (22.7)
et sic incipiente diluculo in hostem progressi, ... 3.2 (129.12)
PROHIBEO. prohibeat. Nam cum multa lex uelut inmunda manducare prohibeat, ... 1.27 (56.32)
prohibebat. Nam cum multa lex uelut inmunda manducare prohibeat [prohibebat], ... uar. 1.27 (56.32)
prohibemus. nec prohibemus, quin omnes, quos potestis, fidei uestrae religionis praedicando societis.' 1.25 (46.16)
Si itaque enixam mulierem prohibemus ecclesiam intrare, ... 1.27 (54.29)
prohibente. nullo prohibente, ... 1.15 (32.22)
sed, prohibente licet illo, ludentibus me miscui, ... 5.6 (290.6)
secutus est Vilfrid . . . desiderans cum eo, tametsi ipso multum prohibente, pariter occumbere. . . 5.19 (325.4)
prohibentibus. cum temere exercitum . . . duxisset, multum prohibentibus amicis, et maxime beatae memoriae Cudbercto, ... 4.26 (266.28)
prohibentur. uiris suis misceri prohibentur; 1.27 (55.16)
prohibere. qua ratione poterit a sacri baptismatis gratia prohibere? 1.27 (54.17)
a perceptione sacri mysterii prohibere non debet; 1.27 (60.17)
quod cum episcopus prohibere et corrigere non posset, ... 3.22 (173.29)
prohiberi. qua ratione poterit a sacri baptismatis gratia prohibere [prohiberi]? . . . . . . uar. 1.27 (54.17)
prohiberi ecclesiam intrare non debet, ... 1.27 (55.19)
communionis mysterium in eisdem diebus percipere non debet prohiberi. 1.27 (56.9)
quia a nobis prohiberi non debet accipere, ... 1.27 (58.27)
prohibet. Et sacra lex prohibet cognationis turpitudinem reuelare. 1.27 (50.33)
prohibetur. qua natum est, nullo modo prohibetur; 1.27 (54.34)
prohibito. Quo adhuc superstite, sed grauissima infirmitate ab administrando episcopatu prohibito, . 4.5 (217.31)
prohibitum. Cum cognata quoque miscere prohibitum est, ... 1.27 (51.9)
prohibuerunt. Et quidem, ut dixi, prohibuerunt amici, ne hoc bellum iniret; 4.26 (267.4)
prohibuisset. si non infirmitas grauior prohibuisset, ... 4.19 (244.15)
prohibuit. Nec prohibuit Penda rex, quin etiam in sua, . . . natione uerbum, . . . praedicaretur. 3.21 (170.27)
Sed mira res et non nisi caelitus facta, ne aliquid horum fieri deberet, prohibuit. 4.11 (227.9)
PROHIBITIO. prohibitionem. non tamen usque ad prohibitionem percipiendi sancti mysterii . . . 1.27 (60.11)
PROICIO. proicerentur. certe dispectui habita foras proicerentur, et pedibus conculcata in terram uerterentur. 3.22 (171.30)
qui instar fauillarum cum fumo ascendentium, nunc ad sublimiora proicerentur, ... 5.12 (306.2)
proiciunt. Passim fugiunt, arma proiciunt, ... 1.20 (39.14)
proiecerunt. quos interemtos in Rheno proiecerunt. 5.10 (300.20)
proiecto. proiectoque ense, quem strictum tenuerat, ... 1.7 (20.20)
PROLATIO. prolatione. nam in prolis prolatione gemitus. 1.27 (54.27)
PROLES. prolis. nam in prolis prolatione gemitus 1.27 (54.27)
ut causa prolis sit, non uoluntatis; 1.27 (58.21)
PROLIXIOR, ius. **prolixior.** mittitur confestim illo classis prolixior, ... 1.15 (31.7)
prolixioribus. exceptis dumtaxat prolixioribus diuersorum promontoriorum tractibus, ... 1.1 (9.7)
PROLIXVS, a, um. **prolixa.** ne sit necesse . . . per tam prolixa terrarum et maris spatia pro ordinando archiepiscopo semper fatigari. 2.18 (120.20)
prolixam. alius barbam habebat prolixam; 4.14 (235.18)
PROLOCVTIO. prolocutionem. Cumque explessem praelocutionem [prolocutionem], ... uar. 4.5 (215.21)
PROMEREO. promeremus. ea, quae promeremus, didicimus. . . . . Praef. (6.27)
promeruisse. Quem regnum Christi promeruisse uides. 5.7 (293.30)
promeruit. Benedicta igitur gens, quae talem sapientissimum et Dei cultorem promeruit habere regem; 3.29 (196.29)
PROMINEO. promineat. dum mihi nunc pro auro et margaritis, de collo rubor tumoris ardorque promineat.' 4.19 (246.13)
PROMISCVVS, a, um. **promiscuum.** sonum tamen adhuc promiscuum in auribus haberem. 5.12 (306.21)
PROMISSIO. promissione. At ille audita . . . promissione regni caelestis, . . . se Christianum fieri uelle confessus est, ... 3.21 (170.4)
promissionis. in pignus promissionis inplendae, ... 2.9 (99.28)
PROMISSVM. promisi. At ipse memor praecepti eius, simul et promissi [promisi] sui, ... uar. 4.25 (264.3)
promisum. iuxta promissum [promisum] apostoli dicentis: . . . . uar. 3.4 (135.13)
promissa. 'Pulchra sunt quidem uerba et promissa, ... 1.25 (46.7)

promissa. ut ipsa uos dominici eloquii promissa in futuro respiciant, 2.18 (121.10)
promissi. nec te tamen occidam, ne fidem mei promissi praeuaricer.' 4.22 (251.14)
At ipse memor praecepti eius, simul et promissi sui, 4.25 (264.3)
Cuius promissi et prophetiae ueritatem sequens rerum astruxit euentus; 4.29 (275.9)
promissis. delectatus . . . promissis eorum suauissimis, 1.26 (47.19)
promissum. iuxta promissum apostoli dicentis: 3.4 (135.13)
PROMITTO. promiserat. ut promiserat, cum administratione uictus temporalis 1.25 (46.20)
ex quo se Christo seruiturum esse promiserat. 2.9 (100.8)
quod in oraculo sibi exhibito se facturum promiserat, 2.12 (107.15)
petiitque et accepit ab eo pretium suae redemtionis, ac suo domino pro se, ut promiserat, misit. 4.22 (251.28)
promiserit. adeo ut Ecgfridus promiserit se ei terras ac pecunias multas esse donaturum, 4.19 (243.16)
promiserunt. et post dies VII se redituros, ac me secum adducturos esse promiserunt.' 4.3 (209.35)
sed in ea permaneant oboedientia, quam tempore suae conuersionis promiserunt.' 4.5 (216.12)
promisimus. cum hoc, quod in baptismo . . . promisimus, minime inplemus; 3.19 (165.24)
promisisset. quid erga eum agere rex promisisset, edocuit, 2.12 (108.4)
promisisti. Memento, ut tertium, quod promisisti, facere ne differas, 2.12 (111.1)
promisit. promisit se nil omnimodis contrarium Christianae fidei, . . . esse facturum; 2.9 (98.2)
promisit se, abrenuntiatis idolis, Christo seruiturum, 2.9 (99.25)
qui libenter eum excipiens, promisit se, quae petebatur, esse facturum. 2.12 (107.22)
et siue occidere se Aeduinum, seu legatariis tradere promisit. 2.12 (107.32)
promisit se ei innumera et maiora, quam credi potest, ornamenta regia 3.24 (177.16)
promissa. Vilfridumque episcopum ducem sibi itineris fieri, promissa non parua pecuniarum donatione, rogaret. 4.5 (214.19)
promissum. qui promissum maturantes aduentum, 1.20 (38.12)
promissum. hoc per dies ingrauescente, septimo, ut promissum ei fuerat, die, . . . aeterna gaudia petiuit. 4.3 (210.3)
promissus. quia ante legem et sub lege promissus, tertio tempore saeculi cum gratia uenit ipse, 5.21 (340.2)
promittat. 'Quod si etiam regem te futurum exstinctis hostibus in ueritate promittat, 2.12 (109.7)
promittebant. subiectionemque continuam, . . . promittebant. 1.12 (26.7)
promittebat. seseque tempore sequente paenitentiam acturum esse promittebat. 5.13 (311.15)
promittens. promittens quidem se illo praesente in intimis ultra Anglorum partibus, . . . sanctae fidei semina esse sparsurum. 3.7 (139.12)
promittens se multum illi esse placatum, 3.14 (157.2)
promittens se nil ei mali facturum pro eo, si simpliciter sibi, quis fuisset, proderet. 4.22 (251.7)
Rogaui et ego una cum illo, promittens etiam me elimosynas in alimoniam inopum dare, 5.4 (287.14)
promittens se mittere eos ad satrapam, qui super se erat, 5.10 (300.4)
promittens hanc in honorem beati apsotolorum principis dedicandam; 5.21 (333.5)
promittentes. haec nobis pro aeterna caritate exhortationis uerba praemittentes [promittentes], uar. 2.18 (121.16)
promittere. At Aeduini constantior interrogando factus, non dubitauit promittere, 2.12 (109.11)
promitteret. et regnum sine fine . . . futurum sine ulla dubietate promitteret. 1.25 (45.17)
Quod dum episcopus libentissime se facturum promitteret, 4.11 (226.15)
promittis. et ea, quae nunc promittis, adimplere ne differas.' 2.12 (109.25)
promittitur. Itaque promittitur uirgo, atque Æduino mittitur, 2.9 (98.11)
PROMONTORIVM. promontoriorum. exceptis dumtaxat prolixioribus diuersorum promontoriorum tractibus, 1.1 (9.7)
PROMOVEO. promotus. etiam postmodum ad ordinem presbyterii promotus est, 3.23 (177.3)
PROMPTVS (PROMT-), a, um. **promptus.** Corausius quidam, genere quidem infimus, sed consilio et manu promptus, 1.6 (17.13)
promta. Itaque regionis uniuersitas in eorum sententiam promta transierat. 1.17 (35.12)
promta. Qui cum promta deuotione preces . . . suscepissent, 1.17 (34.8)
promtus. factusque est iuuenis limpidus uultu et loquella promtus, 5.2 (284.27)
PROMTE. ut se etiam inrisiones et obprobria pro illo libenter ac promte omnia sufferre ipso etiam frontispicio doceant; 5.21 (343.20)
PROMTIOR, ius. **promtiores.** ut promtiores ad suffragandum possitis existere, 1.24 (44.11)
PROMTISSIME. promtissime ac libentissime tuo desiderio, . . . patefacere satagimus. 5.21 (333.17)
PROMTVS. promtu. et quicumque lectionibus sacris cuperent erudiri, haberent in promtu magistros, qui docerent. 4.2 (205.9)
ut . . . haberet in promtu reliquias sanctorum, quas ibi introduceret; 5.11 (301.27)
PRONVNTIO. pronuntiabat. palam se iussis illius parere nolle pronuntiabat. 1.7 (19.15)
pronuntiabit. palam se iussis illius parere nolle pronuntiabat [pronuntiabit]. uar. 1.7 (19.15)
PRONVS, a, um. **pronus.** ita ut corruens in terram, et aliquandiu pronus iacens, uix tandem resurgeret. 4.31 (278.11)
PROORDINO. proordinati. quotquot erant praeordinati [proordinati] ad uitam aeternam, uar. 2.14 (114.20)
PROPAGO. propaganda. afflictione corporis propaganda; 1.19 (37.10)
propagare. sed potius commissi uobis populi deuotionem plenius propagare. 2.18 (122.1)
propagata. monasteria per discipulos eius et in Brittania et in Hibernia propagata sunt, 3.4 (134.8)
PROPAGO. propaginibus. quos Deus . . . deductis per saecula innumerabilibus propaginibus, pullulare constituit. 2.10 (103.17)
PROPALO. propalant. ac ueluti uictricia signa passim propalant, 1.8 (22.12)
propalari. historiam memoratam . . . latius propalari desideras. Praef. (5.21)
PROPE. 1.1 (10.30); 1.15 (32.23); 1.26 (47.10); 3.14 (156.3); 3.19 (168.19); 3.24 (178.17); 4.4 (213.22); 4.24 (261.20); 4.24 (262.6); 5.19 (328.17).
PROPELLO. propulit. Tollere humo miserum propulit anguiculum? 1.10 (24.13)
PROPEMODVM. propemodum. in Brittania inuitus propemodum ab exercitu imperator creatus, 1.9 (23.13)
PROPERO. properandum. quibus sit uiis ad ingressum regni illius properandum. 2.2 (81.32)
properaret. in occursu sanctorum sine ulla manifesti nuntii relatione properaret, 1.21 (40.14)
PROPHETA. propheta. Quem uidelicet ordinem nostrae salutis propheta contemplatus aiebat: 5.21 (340.19)
prophetae. Primam quoque et ultimam Ezechielis prophetae partem, . . . demonstrauit. 2.1 (76.29)
prophetae. sicut praedicauerunt hi, quos memorauimus supra, sancti apostoli, et prophetae, et doctores. 4.17 (240.24)
prophetam. quae in Actibus Apostolorum per prophetam Agabum praedicta esse memoratur. 1.3 (15.19)
etiam sine actuali peccato existentes, portare noscuntur, secundum prophetam dicentem: 2.19 (124.10)
In Isaiam prophetam, Ezram quoque et Neemiam. 5.24 (358.18)
prophetarum. Quia et gens uestra Christo omnipotenti Deo credidit secundum diuinorum prophetarum uoces, 3.29 (197.5)
prophetas. In Isaiam, Danihelem, XII prophetas, et partem Hieremiae, distinctiones capitulorum ex tractatu beati Hieronimi excerptas. 5.24 (358.6)
PROPHETIA. prophetiae. ut uir Dei et per prophetiae spiritum tempestatem praedixerit futuram, 3.15 (158.20)
Sunt etiam, qui dicant, quia prophetiae spiritum, et pestilentiam, . . . praedixerit, 4.19 (244.17)
Cuius promissi et prophetiae ueritatem sequens rerum astruxit euentus; 4.29 (275.9)
prophetiam. ut, iuxta prophetiam Isaiae, 'in cubilibus, . . . oriretur uiror calami et iunci,' 3.23 (175.16)
PROPHETICVS, a, um. **prophetica.** cum ei mente prophetica cuncta, quae eum essent superuentura, patefaceret, 4.28 (272.31)
prophetici. cui tempore illo propositus Boisil magnarum uirtutum et prophetici spiritus sacerdos fuit. 4.27 (269.7)

propheticis. quae in propheticis, euangelicis, et apostolicis litteris discere poterant, 3.4 (134.24)
nil ex omnibus, quae in euangelicis uel apostolicis siue propheticis litteris facienda cognouerat, 3.17 (161.27)
propheticum. Tum ipse quasi propheticum illud dicens, quia 'propter me est tempestas haec,' 5.9 (298.12)
PROPHETO. prophetatum. Ecce, excellentissime fili, quam luce clarius est, . . . de omnibus prophetatum gentibus, 3.29 (197.23)
prophetauerint. quod in nomine eius prophetauerint, 3.25 (187.29)
prophetauerunt. quod in nomine eius prophetauerint [prophetauerunt], uar. 3.25 (187.29)
PROPINO. propinandi. coeptumque ministerium nobis omnibus propinandi usque ad prandium conpletum non omisit; 5.4 (287.27)
propinata. et uestris, ut proficerent, meritis eorum est saluatio propinata, dicente Domino: 2.8 (96.4)
propinauit. Redemptoris nostri benignitas humano generi, . . . propinauit remedia; 2.11 (104.18)
propinentur. salutis uestrae remedia propinentur. 2.10 (101.7)
PROPINQVA. propinqua. Nam regina Aeanfled propinqua illius, . . . postulauit a rege Osuio, 3.24 (179.30)
secessit ad prouinciam Orientalium Anglorum, erat namque propinqua regis illius, 4.23 (253.3)
propinqua. et de filia eius Ercongota et propinqua Aedilbergae, sacratis Deo uirginibus. 3.8 (142.2)
PROPINQVO. propinquante. Nam propinquante hora sui decessus, XIIII diebus praeueniente corporea infirmitate pressus est, 4.24 (261.16)
propinquarent. Qui cum monasterio propinquarent, et aedificia illius sublimiter erecta aspicerent, 4.25 (264.16)
PROPINQVVS. propinquis. Vsque ad quotam generationem fideles debeant cum propinquis sibi coniugio copulari? 1.27 (50.27)
propinquorum. contigit ipsum regem . . . propinquorum suorum manu interfici. 3.22 (173.17)
cum essem annorum septem, cura propinquorum datus sum educandus reuerentissimo abbati Benedicto, 5.24 (357.7)
propinquus. quia propinquus et ipse erat regis occisi; 3.24 (180.2)
PROPINQVVS, a, um. **propinquis.** fuerint episcopi in propinquis sibi locis ordinati, 1.27 (52.16)
PROPIOR, ius. **propior.** siquis eorum mitior et ueritati aliquatenus propior uideretur, 1.14 (30.2)
PROPITIATIO. propitiationis. inlustrationemque diuinae propitiationis in uobis diffusam opulentius agnoscentes, 2.11 (106.19)
PROPITIO. propitiari. nisi . . . per auxilium eorum, qui illi fideliter seruierunt, propitiari dignatus fuerit. 3.13 (153.16)
et eam generi humano propitiari rogaret. 4.3 (210.21)
PROPITIVS, a, um. **propitium.** quo praeoccupando faciem Domini in confessione propitium eum inuenire merearis.' 4.25 (263.20)
pia intentione per eius auxilium Dominum sibi propitium fieri precabatur; 4.31 (279.1)
propitius. quia Dominus exaudiuit preces uestras, et deuotionem ac ieiunia propitius aspexit; 4.14 (234.16)
Teque deprecor, bone Iesu, ut cui propitius donasti uerba tuae scientiae dulciter haurire, 5.24 (360.3)
PROPONO. proponere. addidit et syllabas ac uerba dicenda illi proponere. 5.2 (284.10)
proposuerat. atque ad hospitium, quo proposuerat, accessit; 3.9 (146.13)
meditationi rerum ecclesiasticarum, ut animo proposuerat, cotidiana mancipatus instantia, 5.19 (324.21)
proposuit. in transgressores dignas et conpetentes punitiones proposuit. 3.8 (142.11)
Ecgberct, . . . proposuit animo pluribus prodesse; 5.9 (296.9)
Dic ergo illi, quia non ualet iter, quod proposuit, inplere; 5.9 (297.12)
proposuitque animo uenire Romam, 5.19 (323.13)
PROPOSITIO. propositionis. panes propositionis acciperent, 1.27 (59.15)
PROPOSITVM. propositi. deinde ad Vilfridum episcopum spe melioris propositi aduenięns, 5.20 (332.9)
proposito. cuius aemulata exemplum, et ipsa proposito peregrinandi annum totum in praefata prouincia retenta est; 4.23 (253.12)
quae delectata bono adulescentis proposito, misit eum Cantiam ad regem Erconberctum, 5.19 (323.22)
propositum. in terreno conuersatus palatio propositum 2.1 (75.4)
Heiu, quae prima feminarum fertur in prouincia Nordanhymbrorum propositum uestemque . . . suscepisse. 4.23 (253.22)
saecularem illum habitum relinquere, et monachicum suscipere propositum docuit, 4.24 (260.27)
Quod cum fratribus referret, laudauerunt eius propositum, 5.19 (323.16)
respondit propositum se magis alterius conuersationis habere, 5.19 (324.13)
tamen et diuina sibi et humana prorsus resistente uirtute, in neutro cupitum possunt obtinere propositum; 5.23 (351.15)
PROPOSITVS. propositi. ut ibi quoque fratribus custodiam disciplinae regularis et auctoritate propositi intimaret 4.27 (270.19)
propositis. Qui cum annis multis . . . huius quoque monasterii statutis propositis curam gereret, 3.23 (176.11)
propositus. Porro fratribus, . . . praepositus [propositus] est uar. 3.26 (190.5)
cui tempore illo propositus Boisil magnarum uirtutum et prophetici spiritus sacerdos fuit. 4.27 (269.6)
Cudberct eidem monasterio factus propositus, plures . . . regularem instituębat ad uitam. 4.27 (269.11)
PROPRIE. Haec autem proprie patria Scottorum est; 1.1 (13.9)
confitemur secundum sanctos patres, proprie et ueraciter Patrem et Filium et Spiritum Sanctum 4.17 (239.25)
et quae proprie pascha siue phase dicitur; 5.21 (335.8)
PROPRIVS, a, um. **propria.** Vir autem cum propria coniuge dormiens, 1.27 (57.14)
semper in posterum a synodo propria debeat consecrari, 1.29 (63.27)
quam de propriae [propria] quondam quiete conuersationis habuerat; uar. 2.1 (74.31)
dicentium posse sine peccato hominem existere ex propria uoluntate, 2.19 (124.2)
ut ibi quoque fratribus custodiam disciplinae regularis . . . propria actione praemonstraret. 4.27 (270.20)
propria. Quibus tranquillam nauigationem et merita propria . . . parauerunt, 1.20 (39.25)
propriae. post amixtionem propriae coniugis, et lauacri purificationem quaerere, 1.27 (57.27)
quam de propriae quondam quiete conuersationis habuerat; 2.1 (74.31)
quia episcopatu propriae ciuitatis ac parrochiae teneretur adstrictus, 3.7 (141.22)
utpote nil propriae possessionis, excepta ecclesia sua et adiacentibus agellis habens. 3.17 (160.1)
placuit, ut, quaeque definita sunt, unusquisque nostrum manus propriae subscriptione confirmaret. 4.5 (217.11)
propriae. sed ita permaneat, aut propriae reconcilietur coniugi.' 4.5 (217.6)
propriam. extra auctoritatem propriam . . . iudicare non poteris; 1.27 (53.9)
et quanta consideratione propriam cotidie debeant fragilitatem pensare. 2.1 (76.19)
qui Latinam Grecamque linguam aeque ut propriam, in qua nati sunt, norunt. 4.2 (205.3)
nullus coniugem propriam, nisi, ut sanctum euangelium docet, fornicationis causa, relinquat. 4.5 (217.2)
Quod si quisquam propriam expulerit coniugem legitimo sibi matrimonio coniunctam, 4.5 (217.3)
Haec epistula cum . . . esset lecta, . . . in linguam eius propriam interpretata, 5.21 (345.24)
dehinc nigredine subsequente ad lucem propriam reuersa. Cont. (361.12)
proprii. et eiectis principibus regis non proprii, fines suos fortiter simul et libertatem receperunt; 3.24 (180.22)
'Vt ipsi monachi non migrent de loco ad locum, . . . nisi per dimissionem proprii abbatis; 4.5 (216.11)
mox copiosa seges exorta desideratam proprii laboris uiro Dei refectionem praebebat. 4.28 (272.9)
propriis. de peccatis propriis ante omnipotentis Dei terribile examen securior fiat. 1.32 (68.27)
proprio. eis sacrificiorum usus, . . . in culto proprio reseruauit, 1.30 (65.31)
in magna continentia et sinceritate proprio labore manuum uiuant. 4.4 (214.8)
proprio. clamauit tertio unam de consecratis Christo uirginibus, proprio eam nomine . . . alloquens, 4.8 (220.29)
propriorum. sufficiensque esset in possessione hominum propriorum; 4.1 (202.33)
proprios. Vilfrid, Nordanhymbrorum gentis episcopus, per proprios legatarios adfuit. 4.5 (215.9)

proprium. equum regium, quem te conueniebat proprium habere, 3.14 (156.18)
'Vt nullus clericorum relinquens proprium episcopum, passim quolibet discurrat, 4.5 (216.13)
Et hunc primum eadem prouincia proprium accepit praesulem, 4.12 (229.14)
[propter aceruam hostium obpressionem proprium episcopum habere nequiuerit.] uar. 4.13 (230.2)
ut toto illo tempore episcopum proprium habere nequiret; 4.15 (236.20)
ut prouincia Australium Saxonum, ... proprium haberet epsicopum; 5.18 (321.18)
proprium. omnibus essent omnia communia, cum nihil cuiusquam esse uideretur proprium. 4.23 (254.13)
proprius. miscebatur sermo proprius cum diuino, 1.17 (35.30)
PROPTER. 1.1 (12.28); 1.3 (15.8); 1.11 (24.26); 1.24 (44.14); 1.25 (46.3); 1.27 (48.26); 1.32 (67.26); uar. 2.17 (120.1); 3.1 (128.11); 3.1 (128.13); 3.17 (162.8); 3.17 (162.10); 3.19 (166.32); 3.19 (166.33); 3.19 (167.13); 3.19 (167.21); 3.22 (172.31); 3.22 (174.12); 3.25 (182.30); 3.28 (194.25); 3.28 (195.20); 3.29 (196.24); 4.3 (209.16); 4.3 (211.7); 4.5 (215.15); 4.8 (220.25); 4.10 (224.11); 4.11 (226.5); 4.13 (230.2); 4.13 (230.5); 4.18 (240.27); 4.18 (242.20); 4.22 (250.9); 4.22 (250.29); 4.23 (255.11); 4.25 (265.25); 5.1 (281.10); 5.6 (291.17); 5.6 (291.18); 5.7 (292.14); 5.9 (298.12); 5.17 (318.32); 5.18 (320.19); 5.18 (320.21); 5.19 (322.11); 5.19 (323.8).
PROPVGNATOR. propugnatores. ignaui propugnatores miserrime de muris tracti solo adlidebantur. 1.12 (28.3)
PROROGO. prorogare. ad adnuntiandam uobis plenitudinem fidei Christianae sacerdotalem curauimus sollicitudinem prorogare, 2.10 (101.5)
prorogat. quod ita dies XIIII[a] uesperam suam in festi paschalis initium prorogat, 5.21 (335.31)
PRORSVS. utpote omnis bellici usus prorsus ignara; 1.12 (25.22)
qui ueri Dei cultus esset prorsus ignarus. 2.9 (98.1)
quid autem sequatur, quidue praecesserit, prorsus ignoramus. 2.13 (112.19)
ac pulcherrimo prorsus et Deo digno consortio, 3.7 (139.26)
ut nomen et memoria apostatarum de catalogo regum Christianorum prorsus aboleri deberet, 3.9 (145.5)
Neque umquam prorsus, ex quo Brittaniam petierunt Angli, feliciora fuere tempora; 4.2 (205.4)
sed omnes prorsus, et uiri et feminae, aut somno torpent inerti, aut ad peccata uigilant. 4.25 (265.11)
Erat autem locus et aquae prorsus et frugis et arboris inops, 4.28 (271.15)
ut nihil prorsus in cubito flexionis haberet; 5.3 (286.5)
in conparatione eius, quae nunc apparuit, lucis, tenuissima prorsus uidebatur, et parua. 5.12 (308.3)
nulla prorsus humana licet auctoritate mutari; 5.21 (334.1)
a sua prorsus sollemnitate secludunt; 5.21 (338.17)
tamen et diuina sibi et humana prorsus resistente uirtute, 5.23 (351.14)
PROSA. prosa. quem in exemplum Sedulii geminato opere, et uersibus exametris, et prosa conposuit. 5.18 (321.7)
prosam. librum uitae et passionis sancti Felicis confessoris de metrico Paulini opere in prosam transtuli; 5.24 (359.6)
PROSAPIA. prosapia. Ida regnare coepit, a quo regalis Nordanhymbrorum prosapia originem tenet, 5.24 (353.7)
prosapia. magis de feminea regum prosapia ... regem sibi eligerent; 1.1 (12.15)
prosapiam. de qua prouincia ille generis prosapiam et primordia regni habuerat, 3.1 (127.5)
PROSCRIPTIO. proscriptionibus. incendiis ecclesiarum, proscriptionibus innocentum, caedibus martyrum 1.6 (18.1)
PROSEQVOR. prosecutum. 'Neque uero me haec ita prosecutum aestimes, 5.21 (344.3)
prosecutus. unitatemque ecclesiae conseruandam, prosecutus sum. 4.5 (215.21)
prosequebantur. His similia et ceteri maiores natu ac regis consiliarii diuinitus admoniti prosequebantur. 2.13 (112.22)
prosequetur. et statim quiescentibus uentis, serenitas maris uos laeta prosequetur, 3.15 (158.9)
prosequuntur. Neque aliquanto segnius minas effectibus prosequuntur. 1.15 (32.14)
PROSILIO. prosiliebant. prosiliebant miserae in medium rigoris infesti; 5.12 (305.8)
PROSPECTVS. prospectum. turres per interualla ad prospectum maris conlocant, 1.12 (27.29)
PROSPER (*fl.* 463), *Prosper of Aquitaine; opposed Pelagianism.*
Prosper. Quod pulchre uersibus heroicis Prosper rethor insinuat, 1.10 (24.8)
PROSPERITAS. prosperitate. beati sacerdotes ea, qua uenerant, prosperitate redierunt. 1.21 (41.10)
quia nihil de prosperitate uestri itineris audisse nos contigit. 1.30 (65.2)
PROSPERO. prosperantur. magisque prosperantur in omnibus, quae agenda uel adquirenda disponunt. 2.13 (111.28)
prosperatum. Qui ubi prosperatum ei opus euangelii conperit, 3.22 (172.32)
Vnde intellegentes a Domino suum iter esse prosperatum, 4.19 (245.6)
PROSPERVS, a, um. **prospera.** Iesum Christum, qui ei cuncta prospera inpertiet, 3.29 (198.28)
Sed et alia, quae periclitanti ei commoda contigissent et prospera, 4.22 (252.1)
proque huius perceptione et aduersa se mundi et prospera contemnere designent. 5.21 (343.23)
prosperis. prosperis quantocius nuntiis releuetis, 2.11 (106.15)
PROSTERNO. prosternens. rediit ipse solus, qui carmen caeleste audierat, et prosternens se in terram: 4.3 (209.23)
prosternens se ad corpus uiri Dei, pia intentione ... Dominum sibi propitium fieri precabatur; 4.31 (278.28)
prosternere. uenire consueuit, et omnes, qui in ecclesia adfuerint, terrae prosternere. 5.17 (319.12)
prosternitur. hostile agmen terrore prosternitur, 1.20 (39.10)
prostrauit. unde et fames acerbissima plebem inuadens impia nece prostrauit. 4.13 (231.13)
PROSVM. prodesse. atque ... rettulerit, quia nil prodesse docendo genti, ad quam missus erat, potuisset, 3.5 (137.6)
fugerunt foras nil ardenti domui et iamiamque periturae prodesse ualentes. 3.10 (147.19)
Ecgberct, ... proposuit animo pluribus prodesse; 5.9 (296.10)
et quoniam externis prodesse ad fidem non poterat, 5.9 (298.24)
suis amplius ex uirtutum exemplis prodesse curabat. 5.9 (298.25)
prodesset. cuius etiam nomen, si hoc aliquid prodesset, dicere possem; 5.14 (313.29)
profuere. Eodem tempore ... praefuere [profuere] reges Sigheri et Sebbi, uar. 3.30 (199.10)
non pro se ista, cui non profuere, sed pro aliis uiderit, 5.13 (313.5)
profuit. genti suae ... pietate largiendi de his, quae a diuitibus acceperat, multum profuit. 3.27 (194.6)
cuius uisiones ac uerba, non autem et conuersatio, plurimis, sed non sibimet ipsi, profuit. 5.13 (311.5)
profuturum. scientes hoc uestris animabus per omnia profuturum, 1.23 (43.16)
PROTECTOR. protectorem. Profecto enim habet protectorem, 3.29 (198.26)
protectoris. Praeterea benedictionem protectoris uestri beati Petri apostolorum principis uobis direximus, 2.10 (104.1)
Praeterea benedictionem protectoris uestri beati Petri apostolorum principis uobis direximus, 2.11 (106.23)
PROTEGO. protectum. altare ad orientem habens angusto culmine protectum, 5.17 (318.33)
protegat. Omnipotens Deus sua uos gratia protegat, 1.23 (43.18)
protegebat. plebem, et orationibus protegebat adsiduis, et admonitionibus saluberrimis ad caelestia uocabat. 4.28 (273.15)
protegente. et quia dextera Domini protegente, ad ueram et apostolicam fidem sit conuersus, 3.29 (196.25)
protegentibus. nec tamen, protegentibus eum angelis, quicquam proficiebant. 3.19 (165.4)
protegerent. qui eos intentos precibus a barbarorum gladiis protegeret [protegerent]. uar. 2.2 (84.18)
protegeret. Brocmailum, qui eos intentos precibus a barbarorum gladiis protegeret. 2.2 (84.18)
PROTELO. protelans. ieiunium ad uesperam usque iuxta morem protelans, 3.23 (175.28)
protelare. consuetudinem fecerunt ... IIII[a] et VI[a] sabbati ieiunium ad nonam usque horam protelare. 3.5 (136.21)
PROTENDO. protendens. ita in meridiem se trans illius fines plurimum protendens, 1.1 (11.33)
protendere. quousque rex Osuiu imperium protendere poterat. 4.3 (206.23)
qui ... possint in quotlibet spatia temporum paschales protendere circulos, 5.21 (341.27)
protendit. utrumque enim caput protendit in mare. 1.25 (45.9)
PROTERO. protritis. protritis Francis, transito Hreno, 1.11 (24.23)
PROTESTOR. protestantur. protestantur, ... se cuncta insulae loca rupto foedere uastaturos. 1.15 (32.11)
protestatus. Iratus autem tetigit regem iacentem uirga, ... et pontificali auctoritate protestatus: 3.22 (174.7)

quod aditurus insulam protestatus est fratribus, dicens: 4.28 (271.11)
protestetur. uniuersalis gentium confessio, suscepto Christianae sacramento fidei, protestetur. 2.8 (96.21)
protestor. Vnde palam profiteor uobisque, qui adsidetis, praesentibus protestor, 5.21 (345.34)
PROTINVS. talibus protinus totam uim ueneni grassantis, 1.1 (13.4)
protinus audierunt: 'Nolite gaudere super hoc, 1.31 (66.25)
ut ipse pater Fonte renascentis, quem Christi gratia purgans Protinus albatum uexit in arce poli. 5.7 (293.20)
protinus adiunctum est: 5.21 (335.20)
PROTOMARTYR. protomartyr. Beatus protomartyr Stephanus passurus mortem pro ueritate, uidit caelos apertos, 5.14 (314.29)
protomartyris. Sepultum est autem corpus uenerabile uirginis . . . in ecclesia beati protomartyris Stephani; 3.8 (143.32)
PROTRAHO. protracto. et hoc post quinque annos sui episcopatus de hac uita subtracto [protracto], uar. 3.20 (169.7)
PROVT. 1.27 (49.7); 4.22 (250.1); 4.23 (253.28); 5.12 (305.12); 5.24 (357.1); 5.24 (359.8).
PROVECTIOR, ius. **prouectioris.** usque ad tempora prouectioris aetatis constitutus, nil carminum aliquando didicerat. 4.24 (259.13)
PROVECTVS. prouectu. qui uel in prouectu ordinati episcopi gaudeant, 1.27 (52.26)
prouectum. quam in profectum [prouectum] reipuplicae ageret, uar. 1.6 (17.15)
PROVEHO. prouectae. earumque uel maxime, quae uel aetate prouectae, uel probitate erant morum insigniores. 3.8 (143.8)
prouehere. et continuis piae operationis exemplis prouehere curauit. 2.4 (87.8)
proueheret. qui se tot ac tantis calamitatibus ereptum, ad regni apicem proueheret. 2.12 (109.21)
prouexit. redemtos . . . discipulos fecit, atque ad sacerdotalem usque gradum erudiendo atque instituendo prouexit. 3.5 (136.32)
PROVENIO. prouenerat. quia modica illa, quae prouenerat, intercapedo quietis, ad uiri Dei preces . . . donata est.' 5.1 (282.21)
prouenire. ut nulla possit ecclesiarum uestrarum iactura per cuiuslibet occasionis obtentum quoquo modo prouenire; 2.18 (121.32)
Aequinoctium . . . XII Kalendarum Aprilium die prouenire consueuit, 5.21 (339.5)
'Qui ergo plenitudinem lunae paschalis ante aequinoctium prouenire posse contenderit, 5.21 (340.22)
proueniret. nil curans, utrum haec sabbato, an alia qualibet feria proueniret. 3.25 (185.23)
prouenisse. cui gloriae caelestis suo labore et industria notitiam prouenisse gaudebat. 1.32 (67.22)
prouenissent. replicauit ex ordine cuncta, quae sibi aduersa, quaeue in aduersis solacia prouenissent; 4.22 (251.31)
prouenit. Quod et ita iuxta uotum benedictionis eius prouenit. 3.6 (138.25)
PROVENTVS. prouentu. et situ amplior, et frugum prouentu atque ubertate felicior, 2.9 (97.18)
PROVERBIA SALOMONIS, *Proverbs of Solomon.*
Prouerbia Salomonis. In Prouerbia Salomonis libros III. 5.24 (358.4)
PROVERBIVM. prouerbii. Vulgatum est autem, et in consuetudinem prouerbii uersum, quod etiam inter uerba orationis uitam finierit. 3.12 (151.26)
prouerbio. sicut usque hodie in prouerbio dicitur, 2.16 (118.5)
Vnde dicunt in prouerbio: 3.12 (151.30)
PROVIDENTIA. prouidentia. monasterio . . . in earum, quae ad communes usus pertinent, rerum prouidentia praefuit. 4.10 (224.11)
prouidentiae. multae prouidentiae, quibus saluaretur, propinauit remedia; 2.11 (104.17)
PROVIDEO. prouidenda. cum magna discretione prouidenda est; 1.27 (55.1)
prouidendum. De eorum quoque stipendio cogitandum atque prouidendum est, 1.27 (49.8)
prouidente. si se tali molestia diutius castigari diuina prouidente gratia oporteret, 4.31 (278.24)
prouideret. Praeceperat enim Theodoro abeunti domnus apostolicus, ut in diocesi sua prouideret, 4.1 (204.8)
PROVINCIA. prouincia. uel prouincia Merciorum ad fidem Chrisit, . . . peruenerit, Praef. (7.10)
uel prouincia Orientalium Saxonum fidem, . . . recuperauerit, Praef. (7.11)
Hunc Elafium prouincia tota subsequitur; 1.21 (40.17)
Quod habet nomen ipsa prouincia, de qua isti sunt adlati?' 2.1 (80.16)
Vbi uero et haec prouincia uerbum ueritatis praedicante Mellito accepit, 2.3 (85.17)
Vt prouincia Orientalium Anglorum fidem Christi susceperit. 2.15 (115.23)
et exinde tribus annis prouincia in errore uersata est, 2.15 (116.19)
Hoc etenim ordine septentrionalis Scottorum prouincia, . . . illo adhuc tempore pascha dominicum celebrabat, 3.3 (131.21)
cuius iuri et omnis prouincia, et ipsi etiam episcopi ordine inusitato debeant esse subiecti, 3.4 (134.12)
Vt prouincia Occidentalium Saxonum uerbum Dei, praedicante Birino, susceperit; 3.7 (139.6)
Sicque prouincia Occidentalium Saxonum tempore non pauco absque praesule fuit. 3.7 (141.10)
quod etiam tunc destituta pontifice prouincia recte pariter diuino fuerit destituta praesidio. 3.7 (141.17)
Vt prouincia Mediterraneorum Anglorum sub rege Peada christiana sit facta. 3.21 (169.21)
Vt prouincia Merciorum, occiso rege Penda, fidem Christi susceperit; 3.24 (177.10)
Quae uidelicet prouincia cum praefatae mortalitatis clade premeretur, 3.30 (199.12)
ex quo usque hodie prouincia illa duos habere solet episcopos. 4.5 (217.32)
Et hunc primum eadem prouincia proprium accepit praesulem, 4.12 (229.14)
Ceterum tota prouincia Australium Saxonum diuini nominis et fidei erat ignara. 4.13 (230.28)
Eodem ferme tempore, quo ipsa prouincia nomen Christi susceperat, 4.14 (233.6)
quorum prior postea ab eodem Caedualla, . . . occisus est, et prouincia grauiore seruitio subacta. 4.15 (236.17)
sicque paulatim omnis eorum prouincia ueterem cogeretur noua mutare culturam. 5.10 (300.15)
ut prouincia Australium Saxonum, . . . proprium haberet episcopum; 5.18 (321.15)
Prouincia Australium Saxonum iam aliquot annis absque episcopo manens ministerium . . . quaerit. 5.23 (350.21)
prouincia. quae in ipsa Cantuariorum prouincia, . . . gesta fuere, Praef. (6.10)
Porro in prouincia Orientalium Anglorum, Praef. (7.16)
in prouincia Lindissi, quae sint gesta Praef. (7.19)
Quae autem in Nordanhymbrorum prouincia, . . . in ecclesia sint acta, Praef. (7.23)
in prouincia Occidentalium Saxonum Iutarum natio nominatur, 1.15 (31.18)
non poteris iam in nostra prouincia demorari.' 2.5 (91.27)
At postquam Aedilfrid in hac eum prouincia apparuisse, 2.12 (107.24)
hac ipsa hora educam te de hac prouincia, et ea in loca introducam, 2.12 (108.5)
Paulinus . . . uerbum Dei, adnuente ac fauente ipso, in ea prouincia praedicabat; 2.14 (114.19)
Haec quidem in prouincia Berniciorum; 2.14 (115.10)
sed et in prouincia Deirorum, . . . baptizabat in fluuio Sualua, 2.14 (115.11)
fidem et sacramenta Christi cum sua prouincia suscipere. 2.15 (116.1)
Vt Paulinus in prouincia Lindissi praedicauerit, 2.16 (117.4)
recuperata postmodum pace in prouincia, 2.20 (126.28)
de qua prouincia ille generis prosapiam et primordia regni habuerat, 3.1 (127.4)
filius Aedilfridi, qui de illa prouincia generis et regni originem duxerat, 3.1 (127.10)
cum de prouincia Scottorum rex Osuald postulasset antistitem, 3.5 (136.33)
Itaque euangelizante illo in praefata prouincia, 3.7 (139.21)
Est monasterium nobile in prouincia Lindissi, 3.11 (148.6)
quia de alia prouincia ortus fuerat, et super eos regnum acceperat, 3.11 (148.14)

quorum prior episcopus in Lindissi prouincia, secundus erat abbas in monasterio, ... 3.11 (149.8)
audierit de mirandis, quae . . . in illa prouincia gesta fuerint, narrare. 3.13 (152.15)
quod ipsum Furseum uiderit in prouincia Orientalium Anglorum, ... 3.19 (167.17)
Honorius loco eius ordinauit Thomam diaconum eius de prouincia Gyruiorum; 3.20 (169.6)
Berctgilsum, cognomine Bonifatium, de prouincia Cantuariorum, loco eius substituit. 3.20 (169.8)
in praefata prouincia, gaudente rege, . . . uitae caelestis institutio cotidianum sumeret augmentum, 3.22 (173.13)
qui baptizatus est ab ipso Cedde in prouincia Orientalium Anglorum, ... 3.22 (174.16)
Qui cum annis multis et in praefata prouincia episcopatum administraret, ... 3.23 (176.9)
Cum ergo episcopum defunctum ac sepultum in prouincia Nordanhymbrorum audirent fratres, . . . 3.23 (176.25)
fratres, qui in monasterio eius erant in prouincia Orientalium Saxonum, ... 3.23 (176.27)
Ecgfrid eo tempore in prouincia Merciorum apud reginam Cynuise obses tenebatur; 3.24 (178.5)
E quibus uidelicet possessiunculis sex in prouincia Derorum, sex in Berniciorum dedit. 3.24 (178.30)
Primus autem in prouincia Merciorum, . . . factus est episcopus Diuma, ... 3.24 (179.20)
episcopatus autem Scottorum, quem gesserunt in prouincia Anglorum, ... 3.26 (189.21)
atque episcopus in prouincia Lindissi factus, ... 3.27 (192.24)
Adbaruae, id est Ad Nemus, in prouincia Lindissi, ... 4.3 (207.6)
Qui cum in illa prouincia duobus annis ac dimidio ecclesiam gloriosissime rexisset, ... 4.3 (207.15)
Venerat enim cum regina Aedilthryde de prouincia Orientalium Anglorum, ... 4.3 (208.1)
Hygbald, qui erat abbas in prouincia Lindissi, ... 4.3 (211.25)
qui de prouincia Anglorum ibidem collecti, ... 4.4 (214.5)
sorori autem in Orientalium Saxonum prouincia, ... 4.6 (219.2)
Aedilualch, non multo ante baptizatus in prouincia Merciorum, ... 4.13 (230.14)
Porro regina, nomine Eabae, in sua, id est Huicciorum prouincia fuerat baptizata. 4.13 (230.25)
siue de illis, qui de eadem prouincia Saxonum nuper ad fidem fuerant uocati, ... 4.14 (233.13)
Est autem Elge in prouincia Orientalium Anglorum regio familiarum circiter sexcentarum, ... 4.19 (246.28)
quoniam de prouincia eorundem Orientalium Anglorum ipsa, ut praefati sumus, carnis originem duxerat. 4.19 (246.34)
'Sed habeo fratrem,' inquit, 'presbyterum in mea prouincia, ... 4.22 (250.31)
et ipsa proposito peregrinandi annum totum in praefata prouincia retenta est; 4.23 (253.13)
Heiu, quae prima feminarum fertur in prouincia Nordanhymbrorum propositum uestemque . . . suscepisse. 4.23 (253.21)
Vt quidam in prouincia Nordanhymbrorum a mortuis resurgens multa et tremenda et desideranda, . . . narrauerit. 5.12 (303.24)
At contra fuit quidam in prouincia Merciorum, ... 5.13 (311.3)
Factum est hoc nuper in prouincia Berniciorum; 5.14 (315.5)
aliquandiu in ea prouincia moratus uideret ritus ecclesiae canonicos; 5.15 (315.19)
Vilfrid . . . diem clausit extremum in prouincia, quae uocatur Inundalum; 5.19 (322.19)
quod habebat in prouincia Vndalum sub regimine Cudualdi abbatis; 5.19 (330.3)
et ipsi non multo post in eadem prouincia dignas suae perfidiae poenas luebant. 5.23 (349.16)
factus est archiepiscopus, uocabulo Tatuini, de prouincia Merciorum, cum fuisset presbyter . . . 5.23 (350.2)
prouinciae. de historia ecclesiastica prouinciae ipsius, ... Praef. (7.6)
ne nomen Romanae prouinciae, . . . exterarum gentium inprobitate obrutum uilesceret. 1.12 (27.3)
Rex prouinciae illius quomodo appellatur?' 2.1 (80.19)
Augustinus . . . conuocauit . . . episcopos siue doctores proximae Brettonum prouinciae 2.2 (81.12)
Quod uidelicet fanum rex eiusdem prouinciae Alduulf, . . . usque ad suum tempus perdurasse, . . . testabatur. 2.15 (116.10)
De huius fide prouinciae narrauit mihi presbyter . . . uocabulo Deda, ... 2.16 (117.19)
repperimus quosdam prouinciae uestrae contra . . . fidem, nouam ex ueteri heresim renouare conantes, 2.19 (123.14)
columna lucis a carro illo . . . omnibus pene eiusdem Lindissæ prouinciae locis conspicua stabat. 3.11 (148.22)
quod deinde rex prouinciae illius Anna ac nobiles quique augustioribus aedificiis ac donariis adornarunt. 3.19 (164.15)
habens iuxta morem prouinciae illius coronam tonsurae ecclesiasticae, ... 3.26 (189.27)
Osuiu prouinciae Nordanhymbrorum, et Ecgberct Cantuariorum, habito inter se consilio, ... 3.29 (196.5)
Quod ubi rex Vulfheri conperit, fidem uidelicet prouinciae ex parte profanatam, ... 3.30 (199.25)
ubi usque hodie sequentium quoque prouinciae illius episcoporum sedes est. 4.3 (207.10)
Adfuerunt et . . . Putta, . . . Leutherius, . . . Vynfrid, episcopus prouinciae Merciorum. 4.5 (215.13)
Vt rex eiusdem prouinciae Sebbi in monachicha uitam conuersatione finierit. 4.11 (225.13)
episcopus, . . . gaudente rege, primos prouinciae duces ac milites sacrosancto fonte abluebat; . . 4.13 (230.21)
qui deinceps regnum prouinciae tenuerunt; 4.15 (236.14)
ac suae prouinciae homines pro his substituere contendit, ... 4.16 (237.3)
uerum de omnibus pene eiusdem prouinciae monasteriis ad audiendum eum, . . . confluebant. . . . 4.18 (241.28)
Quo tempore antistes prouinciae illius, uocabulo Bosel, tanta erat corporis infirmitate depressus, . 4.23 (255.9)
hominesque prouinciae illius solitos ablatum inde puluerem propter languentes in aquam mittere, . 5.18 (320.18)
Quo defuncto, episcopatus prouinciae illius in duas parrochias diuisus est. 5.18 (320.24)
accipiente Vilfrido episcopatum totius Nordanhymbrorum prouinciae. 5.19 (326.7)
iussit et Vilfridum, . . . dicere fidem suam, simul et prouinciae siue insulae, de qua uenerat. . . 5.19 (326.29)
prouinciae Nordanhymbrorum, cui rex Ceoluulf praeest, IIII nunc episcopi praesulatum tenent; . . 5.23 (350.28)
prouinciae. Mellitum quidem ad praedicandum prouinciae Orientalium Saxonum, ... 2.3 (85.7)
et cum X ac VII annos eidem prouinciae pontificali regimine praeesset, ... 2.15 (117.2)
Praedicabat autem Paulinus uerbum etiam prouinciae Lindissi, ... 2.16 (117.6)
qui prouinciae Derorum septem annis in maxima omnium rerum affluentia, . . . praefuit. 3.14 (155.1)
Eodem tempore prouinciae Orientalium Saxonum . . . praefuere reges Sigheri et Sebbi, ... 3.30 (199.9)
Vt Ceadda, de quo supra dictum est, prouinciae Merciorum sit episcopus datus, ... 4.3 (206.12)
Eo tempore prouinciae Merciorum rex Vulfheri praefuit, ... 4.3 (206.14)
occisus est Aelfuini frater regis Ecgfridi, . . . utrique prouinciae multum amabilis. 4.21 (249.7)
Porro prouinciae Orientalium Saxonum Inguald episcopus; 5.23 (350.11)
prouinciae Orientalium Anglorum Aldberct et Hadulac episcopi; 5.23 (350.12)
prouinciae Occidentalium Saxonum Danihel et Fortheri episcopi; 5.23 (350.13)
prouinciae Merciorum Alduini episcopus; 5.23 (350.15)
prouinciae Huicciorum Vilfrid episcopus; 5.23 (350.17)
prouinciae Lindisfarorum Cyniberct episcopus praeest. 5.23 (350.18)
prouinciae. prouinciae Orientalium simul et Occidentalium Saxonum, ... Praef. (6.32)
omnes Brittaniae fines, qua uel ipsorum uel Brettonum prouinciae habitabant, ... 2.9 (97.14)
Huius industria regis Derorum et Berniciorum prouinciae, . . . in unam sunt pacem, ... 3.6 (138.33)
Hoc ergo ordine, postquam omnes Brittaniarum prouinciae fidem Christi susceperant, ... 4.16 (238.9)
hae omnes prouinciae ceteraeque australes ad confinium usque Hymbrae . . . Aedilbaldo subiectae sunt. 5.23 (350.24)
prouinciam. ut fraternitas tua ad Galliarum prouinciam transeat, ... 1.27 (53.2)
Cumque in prouinciam uenisset, laborauit multum, ... 2.9 (98.25)
uenit in prouinciam quidam sicarius uocabulo Eumer, ... 2.9 (98.33)
quorum participem, mox ubi regnare coepit, totam suam prouinciam facere curauit. 2.15 (116.24)
Siquidem totam illam prouinciam, . . . a longa iniquitate atque infelicitate liberatam, ... 2.15 (116.32)
Qui locus, ad prouinciam Berniciorum pertinens, uulgo uocatur Ad Candidam Casam, ... 3.4 (133.21)
ad prouinciam Anglorum instituendam in Christo, missus est Aedan, ... 3.5 (135.18)

uenit in prouinciam de Hibernia pontifex quidam nomine Agilberctus, 3.7 (140.19)
rex, . . . subintroduxit in prouinciam alium suae linguae episcopum, 3.7 (140.29)
diuidensque in duas parrochias prouinciam, 3.7 (140.31)
ille, qui ceteram Transhumbranae gentis partem ab Aquilone, id est Berniciorum prouinciam, regebat, 3.14 (155.4)
Qui cum ad prouinciam Orientalium peruenisset Anglorum, 3.19 (163.28)
et paucis cum fratribus per Brettones in prouinciam Anglorum deuenit, 3.19 (167.28)
Dein turbatam incursione gentilium prouinciam uidens, 3.19 (168.8)
Venientes ergo in prouinciam memorati sacerdotes 3.21 (170.23)
cum frequenter ad eum in prouinciam Nordanhymbrorum ueniret, 3.22 (171.24)
At ille mittens ad prouinciam Mediterraneorum Anglorum clamauit ad se uirum Dei Cedd, 3.22 (172.24)
Qui accepto gradu episcopatus rediit ad prouinciam, 3.22 (173.2)
Solebat . . . saepius etiam suam, id est Nordanhymbrorum, prouinciam exhortandi gratia reuisere: 3.23 (174.26)
Venerat eo tempore Agilberctus . . . ad prouinciam Nordanhymbrorum, et apud eos aliquandiu demorabatur; 3.25 (183.9)
pestilentiae lues, . . . Nordanhymbrorum quoque prouinciam corripiens, 3.27 (192.2)
Vilfrid . . . Ceadda . . . in prouinciam Nordanhymbrorum sint ordinati episcopi. 3.28 (194.17)
Vnde deuerterunt ad prouinciam Occidentalium Saxonum, ubi erat Vini episcopus; 3.28 (195.9)
misit ad corrigendum errorem, reuocandamque ad fidem ueritatis prouinciam Iaruman episcopum, 3.30 (199.26)
Bosa uidelicet, qui Derorum, et Eata, qui Berniciorum prouinciam gubernaret; 4.12 (229.6)
Cum quibus et Eadhaed in prouinciam Lindisfarorum, . . . ordinatur episcopus. 4.12 (229.11)
duos addidit antistites, Tunberctum ad ecclesiam Hagustaldensem, . . . et Trumuini ad prouinciam Pictorum, 4.12 (229.25)
eo quod Aedilred prouinciam recepisset, 4.12 (229.27)
Vt Vilfrid episcopus prouinciam Australium Saxonum ad Christum conuerterit. 4.13 (230.1)
siquidem diuertens ad prouinciam Australium Saxonum, 4.13 (230.8)
illi . . . donauit, . . . Meanuarorum prouinciam in gente Occidentalium Saxonum. 4.13 (230.19)
Siquidem tribus annis ante aduentum eius in prouinciam nulla illis in locis pluuia ceciderat, 4.13 (231.11)
Nam et antistes cum uenisset in prouinciam, 4.13 (231.25)
ac prouinciam illam saeua caede ac depopulatione attriuit; 4.15 (236.12)
Ini, . . . simili prouinciam illam adflictione plurimo annorum tempore mancipauit. 4.15 (236.18)
fuga lapsi sunt de insula, et in proximam Iutorum prouinciam translati; 4.16 (237.22)
secessit ad prouinciam Orientalium Anglorum, 4.23 (253.2)
et inde cum rediens Brittaniam adisset, diuertit ad prouinciam Huicciorum, 4.23 (255.5)
In quam uidelicet prouinciam paulo ante, hoc est ante praefatum uirum Dei Boselum, uir . . . Tatfrid, . . . electus est antistes; 4.23 (255.18)
cum temere exercitum ad uastandam Pictorum prouinciam duxisset, 4.26 (266.27)
duo quidam presbyteri de natione Anglorum, . . . uenerunt ad prouinciam Antiquorum Saxonum, 5.10 (299.17)
Qui uenientes in prouinciam intrauerunt hospitium cuiusdam uilici, 5.10 (299.26)
reuersus Brittaniam prouinciam Australium Saxonum ab idolatriae ritibus . . . conuertit. 5.19 (327.8)

prouinciarum. de cuius stirpe multarum prouinciarum regium genus originem duxit. 1.15 (32.2)
quam pro tantarum prouinciarum spatiis, quae inter nos et uos esse noscuntur, 2.17 (120.1)
et ipsam gentem Merciorum finitimarumque prouinciarum, desecto capite perfido, . . . conuertit. 3.24 (179.17)
Merciorum genti necnon et ceteris australium prouinciarum populis praefuit; 3.24 (180.7)
unde et expulsus de Lindissi, in illarum prouinciarum regimine permansit. 4.12 (229.19)

prouincias. inter prouincias Iutarum et Saxonum perhibetur, 1.15 (31.24)
qui per omnes Brittaniae prouincias tot annorum temporumque curriculis . . . uitabam insidias?' 2.12 (108.14)
equitantem inter ciuitates siue uillas aut prouincias suas cum ministris, 2.16 (118.17)
multo tempore totas eorum prouincias debacchando peruagatus, 2.20 (125.13)
nam in has duas prouincias gens Nordanhymbrorum antiquitus diuisa erat, 3.1 (127.8)
prouincias Nordanhymbrorum, . . . quasi tyrannus saeuiens disperderet, 3.1 (128.5)
Denique omnes nationes et prouincias Brittaniae, . . . in dicione accepit. 3.6 (138.4)
dummodo ille . . . prouincias regni eius usque ad internicionem uastare desineret. 3.24 (177.19)
in cuius signum adoptionis duas illi prouincias donauit, 4.13 (230.17)
multas Brittaniae prouincias mortalitas saeua corripiebat. 4.14 (233.7)
mittebantur ad transcribendum, . . . per uniuersas Pictorum prouincias circuli paschae decennouenales, 5.21 (346.7)

prouinciis. cunctis australibus eorum prouinciis, . . . imperauit; 2.5 (89.10)
Exin coepere plures per dies de Scottorum regione uenire Brittaniam atque illis Anglorum prouinciis, 3.3 (132.15)
uenit . . . Columba Brittaniam, praedicaturus uerbum Dei prouinciis septentrionalium Pictorum, 3.4 (133.9)
prouinciis Merciorum et Mediterraneorum Anglorum et Lindisfarorum episcopatus officio praeesset; 4.3 (212.26)

prouinciis. et in suis quique prouinciis Praef. (8.13)
qui de singulis prouinciis siue locis sublimioribus, Praef. (8.15)
et undique ad eius ministerium de cunctis prope prouinciis uiri etiam nobilissimi concurrerent. 3.14 (156.3)
sicut in aliis prouinciis, ita etiam in Brittania qualis esset status ecclesiae, 4.18 (242.11)

PROVINCIALIS. prouinciales. Responsum est, quod Deiri uocarentur idem prouinciales. 2.1 (80.17)
prouincialium. Sed prouincialium nullus eorum uel uitam aemulari, uel praedicationem curabat audire. 4.13 (231.5)

PROVISIO. prouisione. tanta prouisione est munditia corporis requisita, 1.27 (59.9)
tacta est . . . morbo, et per annos VIIII pia Redemtoris nostri prouisione multum fatigata; 4.9 (222.8)
euenit, uel potius diuina prouisione ad puniendam inoboedientiae meae culpam, 5.6 (290.17)
prouisionis. accepit ipsa cum omnibus certissimum supernae prouisionis responsum. 4.7 (219.27)
Mira autem diuinae dispensatio prouisionis erat, 5.22 (347.33)

PROVISOR. prouisori. placuit pio prouisori salutis nostrae sanctam eius animam longa etiam infirmitate carnis examinari, 4.23 (256.13)

PROVOCO. prouocant. quae Deum offendunt, et ad iracundiam prouocant, 1.28 (62.24)
prouocantes. et uictores prouocantes ad proelium, 1.16 (33.16)
prouocatus. Denique hortatu praecipue ipsius Albini, . . . prouocatus sum. Praef. (7.3)
Vt Aeduini per uisionem quondam sibi exuli ostensam sit ad credendum prouocatus. 2.12 (106.29)
prouocauit. multos ad agendam et non differendam scelerum suorum paenitudinem prouocauit. 5.14 (315.7)

PROVOLVO. prouolutus. Qui haec audiens prouolutus est eius uestigiis, 4.29 (274.26)

PROXIME. proxime. obitum proxime suum, quem reuelatione didicerat, non celauit esse futurum. 3.8 (143.10)
Deinde subiunxit diem sui obitus iam proxime instare. 4.3 (209.13)
Vt idem iam episcopus obitum suum proxime futurum Heribercto anchoritae praedixerit. 4.29 (274.1)
Rennuit episcopus dicens se ad monasterium, quod proxime erat, debere reuerti. 5.4 (287.10)

PROXIMO. proximante. proximante terris nauigio, 1.1 (12.31)

PROXIMVM. proximo. Erat quippe in proximo comes quidam, 4.10 (224.23)
Perducta namque a puellis suis ad monasterium, quia in proximo erat, 4.10 (225.2)
Erat autem in proximo casa, 4.24 (261.19)

PROXIMVS. proximorum. cum animos proximorum etiam in superuacuis rebus offendere non formidamus; 3.19 (165.26)
proximum. sciens, quia, qui dixit: 'Diliges Dominum Deum tuum,' dixit et: 'Diliges proximum.' 4.28 (273.25)
quibus pura in Deum fides, et caritas in proximum sincera est; 5.21 (342.21)

PROXIMVS, a, um. proxima. obsecro, ne amplius quam haec solummodo proxima nox intersit.' 4.9 (223.29)
proxima. simul et proxima illi Australium Saxonum, Praef. (7.6)

Et primo quidem proxima aestate Osricum, . . . cum toto exercitu deleuit. 3.1 (128.2)
Ipse Edilhun proxima nocte defunctus est; 3.27 (193.25)
proximae. Augustinus . . . conuocauit . . . episcopos siue doctores proximae Brettonum prouinciae . 2.2 (81.12)
proximam. Vectam insulam, Brittaniae proximam a meridie, ... 1.3 (15.23)
Scottorum, qui Hiberniam insulam Brittaniae proximam incolunt, ... 2.4 (87.12)
fuga lapsi sunt de insula, et in proximam Iutorum prouinciam translati; 4.16 (237.22)
proximas. proximas quasque ciuitates agrosque depopulans, ... 1.15 (32.20)
proximo. quamuis anno ante hunc proximo Blaedla . . . sit interemtus 1.13 (29.3)
Siquidem anno post hunc proximo idem rex, . . . introductus est, . . . in angustias inaccessorum montium, ... 4.26 (266.26)
Anno autem post hunc, . . . proximo, id est DCXC incarnationis dominicae, ... 5.8 (294.18)
Anno post obitum praefati patris proximo, id est quinto Osredi regis, . . . Hadrianus . . . defunctus est, 5.20 (330.31)
Anno post quem proximo Tobias Hrofensis ecclesiae praesul defunctus est, ... 5.23 (348.20)
proximo. interposito mari a Gessoriaco Morynorum gentis litore proximo, ... 1.1 (9.13)
Sed idem Peada proximo uere multum nefarie peremtus est, ... 3.24 (180.15)
Sin autem dominica non proximo mane post lunam XIIII^am^, . . . esset uentura, ... 3.25 (185.33)
proximo. scio . . quae uentura tibi in proximo mala formidas. 2.12 (108.33)
aedificia puplica uel priuata, in proximo est, ut ignis absumens in cinerem conuertat.' . . . 4.25 (264.21)
proximum. Qui cum se morti proximum uideret, ... 3.13 (152.27)
et uidit eum mestis omnibus iam morti proximum, ... 5.5 (288.15)
proximum. cuius proximum litus transmeantibus aperit ciuitas, ... 1.1 (9.10)
quod ipsa ei tempus suae transmigrationis proximum nuntiare uenisset. 4.9 (224.1)
proximus. unde in Brittaniam proximus et breuissimus transitus est; 1.2 (13.26)
atque instructam in fluuio Gleni, qui proximus erat, lauacro remissionis abluere. 2.14 (115.6)
PRVDENS. prudentem. uenerunt primo ad quendam uirum sanctum ac prudentem, ... 2.2 (82.25)
prudentibus. si tamen examinata a prudentibus sanctior ac Deo dignior posset inueniri. . . . 2.9 (98.9)
prudentibus. Cuius suasioni uerbisque prudentibus alius optimatum regis tribuens assensum, . . . 2.13 (112.3)
PRVDENTIA. prudentia. Multum namque eundem episcopum Colmanum rex pro insita illi prudentia diligebat. 3.26 (190.13)
Delectabatur enim antistes prudentia uerborum iuuenis, ... 5.19 (324.4)
uir religione et prudentia insignis, sacris quoque litteris nobiliter instructus. 5.23 (350.8)
prudentiae. Tantae autem erat ipsa prudentiae, ... 4.23 (254.13)
prudentiam. miramque in moribus ac uerbis prudentiam, humilitatem, religionem ostenderet, . . . 5.21 (344.10)
Namque prudentiam tuam facillime diiudicare reor, ... 5.21 (344.27)
'Sed et tuam nunc prudentiam, rex, admoneo, ... 5.21 (345.12)
PRVMPTVS, a, um. **prumptus.** Corausius quidam, genere quidem infimus, sed consilio et manu promptus [prumptus], ... uar. 1.6 (17.13)
PSALLO. psallendum. quam ad psallendum atque orandum in ecclesia, . . . concurrere consuerat. . . 5.14 (314.7)
psallens. omnis congregatio, hinc fratrum, inde sororum, psallens circumstaret; 4.19 (245.25)
psallentium. multi . . . iam manifeste se concentus angelorum psallentium audisse referebant, . . . 3.8 (143.22)
uidit circa se choros psallentium simul et flentium fratrum; 5.19 (328.30)
psallere. primo conuenire, psallere, orare, . . . coeperunt; 1.26 (47.14)
PSALMISTA. psalmistam. unde de eis per psalmistam dicitur: 2.10 (102.13)
PSALMODIA. psalmodiam. quia praeter sollemnem canonici temporis psalmodiam, . . . cotidie psalterium . . . decantaret; 3.27 (193.12)
psalmodiis. Cum enim nocte quadam, expletis matutinae laudis psalmodiis, ... 4.7 (219.29)
PSALMVS. psalmis. id est, aut legendis scripturis, aut psalmis discendis operam dare. 3.5 (136.11)
sollicitus orationibus ac psalmis, donec serenitas aeris rediret, fixa mente uacaret. 4.3 (210.26)
et in ecclesiam conuocatas orationibus ac psalmis pro anima matris operam dare monuit. . . . 4.23 (257.29)
et ideo ieiuniis, psalmis, et orationibus, quantum uales, insiste, ... 4.25 (263.18)
(nam et psalmis semper atque orationibus uacabant, ... 5.10 (300.8)
quamdiu sustinere posse uidebatur, psalmis uel precibus insistere, fixusque manere, ... 5.12 (310.15)
psalmis. et canendis psalmis inuigilent, ... 1.27 (49.10)
'Nuper occupatus noctu uigiliis et psalmis, uidi . . . quendam 4.25 (264.28)
psalmorum. plurimaque psalmorum laude celebrata, uictimam pro eo mane sacrae oblationis offerre. . 3.2 (129.33)
psalmos. neque aliquis pro eo uel missas facere, uel psalmos cantare, uel saltim orare praesumebat. . 5.14 (314.27)
didicit citissime psalmos, et aliquot codices; 5.19 (323.5)
psalmus. posset eorum numero sociari, de quibus ait psalmus: 5.13 (313.21)
PSALTERIVM. psalterium. cotidie psalterium totum in memoriam diuinae laudis decantaret; . . . 3.27 (193.13)
PVBL-, *see* **PVPL-.**
PVCH (*fl.* 705?), *a thegn whose wife was miraculously healed by John of Beverley.*
Puch. 'Villa erat comitis cuiusdam, qui uocabatur Puch, ... 5.4 (286.30)
PVDOR. pudorem. quam in populo, quem subuerterant, pudorem taciturnitatis incurrere, ... 1.17 (35.18)
PVELLA. puella. ac deinde puella sit paralitica curata. 3.9 (144.27)
Interrogans autem ille, quando flebotomata esset puella, ... 5.3 (285.24)
puellae. eamque in conspectu omnium puellae oculis adplicauit, ... 1.18 (36.15)
et cum familiares domus illius de acerba puellae infirmitate ipso praesente quererentur, . . . 3.9 (146.16)
Cuius ueritas uisionis cita circa exortum diei puellae morte probata est. 4.8 (221.25)
puellae. Et quid ego possum puellae, si moritura est, facere?' 5.3 (285.30)
puellam. quo dum adueniret, inuenit puellam . . . paralysis morbo grauatam; 3.9 (146.14)
Vt puellam languentem orando sanauerit. 5.3 (285.1)
puellis. Perducta namque a puellis suis ad monasterium, ... 4.10 (225.2)
PVER. puer. Erat in eodem monasterio puer trium circiter non amplius annorum, ... 4.8 (220.24)
Erat enim puer multum simplicis ac mansueti animi, ... 4.14 (234.4)
Quae cum omnia uocato ad se presbytero puer uerba narrasset, ... 4.14 (235.11)
Quibus ita gestis, non multo post eadem ipsa die puer defunctus est, ... 4.14 (235.31)
misit puer ad dominum suum, rogans sibi poculum uini mittere, ... 5.5 (288.20)
cui succedens in imperium filius suus Osred, puer octo circiter annorum, regnauit annis XI. . . 5.18 (320.7)
cum esset puer bonae indolis, ... 5.19 (322.25)
pueri. Credidit ergo uerbis pueri presbyter, ... 4.14 (235.23)
pueri. instituit scolam, in qua pueri litteris erudirentur; 3.18 (162.21)
cuius regii duo pueri statim post acceptum baptisma sint interemti. 4.16 (236.25)
duo regii pueri fratres uidelicet Arualdi regis insulae, speciali sunt Dei gratia coronati. . . . 4.16 (237.19)
pueris. et iuxta honorem uel regiis pueris uel innocentibus Christi congruum in ecclesia sepulti sunt. 2.20 (126.6)
pueris. Hinc etiam ad Dauid de pueris suis per sacerdotem dicitur, ... 1.27 (59.14)
eo quod esset idem Eata unus de XII pueris Aidani, ... 3.26 (190.10)
rogatus est ab eodem comite intrare ad unum de pueris eius, ... 5.5 (288.5)
puero. et infirmanti puero de eodem sacrificio dominicae oblationis particulam deferri mandauit. . . 4.14 (235.27)
puero. ille, in quo tunc puero factum erat hoc miraculum sanitatis. 3.12 (151.15)
pueros. ac uidisse inter alia pueros uenales positos candidi corporis, ... 2.1 (79.32)
si necesse esset pueros interfici, ... 4.16 (238.1)

puerum. contigit forte ipsum puerum hora ferme secunda diei in loco, in quo eger iacebat, solum inueniri; 4.14 (234.1)
Vt item puerum comitis orando a morte reuocauerit. 5.5 (288.1)
PVERITIA. pueritia. fanum rex . . . usque ad suum tempus perdurasse, et se in pueritia uidisse testabatur. 2.15 (116.12)
neglegentias, quas in pueritia siue infantia commiserat, 3.27 (193.7)
utpote qui a pueritia in clero sanctissimi ac Deo dilecti Bosa Eboracensis episcopi nutritus . . . est; 5.20 (332.6)
pueritiae. Ab ipso tempore pueritiae suae curam non modicam lectionibus sacris . . . exhibebat 3.19 (164.20)
Qui quidem a prima aetate pueritiae studio religiosae uitae semper ardebat, 4.27 (268.28)
Qui si e contrario errores pueritiae corrigere in adulescentia, . . . curasset, 5.13 (313.19)
PVERVLVS. puerulo. omnes ibidem . . . defuncti sunt, excepto uno puerulo, 3.23 (176.33)
puerulus. Vt ad tumbam eius sit puerulus a febre curatus. 3.12 (150.26)
Sequente dehinc tempore fuit in eodem monasterio puerulus quidam, 3.12 (150.28)
Vt in eodem monasterio puerulus moriens uirginem, quae se erat secutura, clamauerit; 4.8 (220.21)
Erat tunc temporis in eodem monasterio puerulus quidam de natione Saxonum, 4.14 (233.20)
PVGNA. pugna. iter faciens iuxta ipsum locum, in quo praefata erat pugna conpleta; 3.10 (147.1)
pugna. ubi acerba primum pugna fatigatus, 1.2 (13.28)
Caesar oppidum Cassobellauni . . . tandem graui pugna cepit. 1.2 (14.29)
Vt idem episcopi Brettonibus in pugna auxilium caeleste tulerint, 1.20 (38.6)
In qua etiam pugna Theodbald frater Aedilfridi . . . peremtus est. 1.34 (71.26)
Exstinctos in ea pugna ferunt de his, . . . uiros circiter mille CC^tos, 2.2 (84.25)
ut non solum in pugna ante illum uexilla gestarentur, 2.16 (118.15)
At interfecto in pugna Æduino, 3.1 (127.3)
Nam cum interfecto illo in pugna, manus cum brachio a cetero essent corpore resectae, contigit, 3.6 (138.26)
qui cum eum in pugna peremtum audiret, 4.22 (250.19)
quia omnes fratres et cognati mei in illa sunt pugna interemti; 4.22 (251.13)
Vulneratus namque est in pugna Australium Saxonum, 4.26 (268.10)
pugnae. quamuis ipso tempore pugnandi sese pugnae subtraxerat, 3.24 (178.10)
pugnam. ubi uenturus ad hanc pugnam Osuald signum sanctae crucis erexit, 3.2 (128.27)
PVGNO. pugnabant. pugnabant contra inuicem, qui hostem euaserant, ciues. 1.22 (41.24)
pugnabat. Si autem captiuus erat, minime pugnabat; sed et pugnabat; 1.27 (61.28)
et pugnabat igitur legi mentis, 1.27 (61.29)
Si autem pugnabat, captiuus non erat. 1.27 (61.31)
pugnandi. quamuis ipso tempore pugnandi sese pugnae subtraxerat, 3.24 (178.10)
pugnant. profecto et ipsi, quamuis arma non ferant, contra nos pugnant, 2.2 (84.21)
praeter hos . . . contra totum orbem stulto labore pugnant.' 3.25 (184.31)
pugnanti. si uitam sibi et uictoriam donaret pugnanti aduersus regem, a quo homicida ille, . . . missus est; 2.9 (99.27)
pugnantium. et qui cateruas pugnantium infidelis nequaquam metueret, 2.1 (78.16)
pugnatum. Et quia prope fluuium Vinuaed pugnatum est, 3.24 (178.17)
Anno DCIII, pugnatum ad Degsastanæ. 5.24 (353.21)
pugnatura. quasi pro patria pugnatura, 1.15 (31.2)
pugnaturis. eisdemque contra patriam et patruum suum pugnaturis ductor exstiterat, 3.24 (178.9)
pugnaturus. de ligno crucis, quod idem rex contra barbaros pugnaturus erexerat, 3.2 (128.23)
crucis uexillum . . . contra hostem inmanissimum pugnaturus statueret. 3.2 (130.8)
pugnauit. Berctfrid praefectus cum Pictis pugnauit. 5.24 (356.8)
PVLCHER, chra, chrum. **pulchra.** Pulchraque rerum concordia procuratum est diuinitus, 4.23 (258.4)
pulchra. 'Pulchra sunt quidem uerba et promissa, 1.25 (46.7)
pulchram. et post tam pulchram quietis suae speciem terreni actus puluere fedatur. 2.1 (74.20)
pulchro. unde et pulchro uitam suam fine conclusit. 4.24 (261.14)
PVLCHERRIME. mox inuenerunt iuxta muros ciuitatis locellum de marmore albo pulcherrime factum, 4.19 (245.3)
factusque est iuuenis limpidus uultu et loquella promtus, capillis pulcherrime crispis, 5.2 (284.27)
PVLCHERRIMVS, a, um. **pulcherrimam.** in quo pulcherrimam hanc iuuentutem iucundari ac fulgere conspicis, 5.12 (308.24)
pulcherrimi. et uultus erant laetissimi ac pulcherrimi, 4.14 (235.15)
'intrauerunt domum hanc duo pulcherrimi iuuenes, 5.13 (312.2)
pulcherrimo. Vbi pulcherrimo saepe spectaculo contigit, 3.3 (132.9)
ac pulcherrimo prorsus et Deo digno consortio, . . . ipsum . . . accepit in filium. 3.7 (139.26)
pulcherrimus. cuius rubor pulcherrimus nullo umquam solis ardore, 1.1 (10.13)
PVLCHRE. Quod pulchre uersibus heroicis Prosper rethor insinuat, 1.10 (24.8)
PVLLVLO. pullulare. quos Deus . . . deductis per saecula innumerabilibus propaginibus, pullulare constituit. 2.10 (103.17)
pullulat. uestra adquisitio decessorumque uestrorum, quae per domini Gregorii exordia pullulat, 2.18 (121.9)
PVLSO. pulsans. cucurrit minister, et pulsans ad ostium nuntiauit abbatissae. 3.11 (149.26)
pulsauit. Gaius Iulius Caesar primus Romanorum Brittanias bello pulsauit, 5.24 (352.7)
PVLVIS. puluere. et post tam pulchram quietis suae speciem terreni actus puluere fedatur. 2.1 (74.21)
donec adgesto a militibus puluere terrae figeretur; 3.2 (129.4)
Et multa quidem in loco illo uel de puluere loci illius facta uirtutum miracula narrantur; 3.9 (145.26)
Tulit itaque de puluere terrae illius secum inligans in linteo, 3.10 (147.6)
adpendens linteolum cum puluere, quem adtulerat, in una posta parietis. 3.10 (147.12)
adiecit regina, quia de puluere pauimenti, in quo aqua lauacri illius effusa est, multi iam sanati essent infirmi. 3.11 (149.14)
Tunc dedit ei abbatissa portiunculam de puluere illo, 3.11 (150.22)
puluerem. Vnde contigit, ut puluerem ipsum, . . . multi auferentes . . . multum commodi adferrent. 3.9 (145.18)
ossa illius, quae . . . in puluerem redacto corpore reliquo sicca inuenienda putabant; 4.30 (276.12)
hominesque prouinciae illius solitos ablatum inde puluerem propter languentes in aquam mittere, 5.18 (320.19)
pulueris. massam pulueris secum portaturus abstulit, 1.18 (37.1)
At illa petiit sibi portionem pulueris salutiferi dari; 3.11 (149.16)
per quod solent hi, . . . manum suam inmittere, ac partem pulueris inde adsumere; 4.3 (212.19)
propter quod frequenti ablatione pulueris sacri fossa sit ibidem facta non minima. 5.18 (320.22)
puluis. Vt puluis loci illius contra ignem ualuerit. 3.10 (146.25)
cogitans, quod futurum erat, quia ad medellam infirmantium idem puluis proficeret; 3.10 (147.8)
posta solummodo, in qua puluis ille inclusus pendebat, . . . intacta remansit. 3.10 (147.21)
inuenerunt, quia de illo loco adsumptus erat puluis, 3.10 (147.24)
repente uenit in mentem abbatissae puluis ille praefatus; 3.11 (150.6)
PVNGO. pungentis. mox interposuit corpus suum ante ictum pungentis; 2.9 (99.13)
PVNIO. puniatur. ut subtili sententia puniatur. 1.27 (56.31)
puniendam. euenit, uel potius diuina prouisione ad puniendam inoboedientiae meae culpam, 5.6 (290.17)
puniendis. Sed non defuit puniendis admonitio diuinae pietatis, 4.25 (262.29)
puniendum. et se pro illo puniendum a districto Iudice timebat. 4.25 (263.12)
puniente. sed hi conscientia puniente deterriti, 1.18 (36.9)
punita. iuxta praedictum uiri Dei, uera est eius culpa punita. 3.22 (173.26)
PVNITIO. punitiones. in transgressores dignas et conpetentes punitiones proposuit. 3.8 (142.11)
PVPILLVS. pupillum. quod liberassem pauperem uociferantem, et pupillum, 2.1 (77.25)

pupillus. et non comedit pupillus ex ea. 2.1 (78.1)
PVPLICE. numquam ipsa . . . commissum sibi gregem et puplice et priuatim docere praetermittebat. 4.23 (256.20)
PVPLICVM. puplicum. progressi in puplicum fideles Christi, 1.8 (22.8)
PVPLICVS, a, um. **puplica.** Ruebant aedificia puplica simul et priuata, 1.15 (32.24)
puplica. aedificia puplica uel priuata, in proximo est, ut ignis absumens in cinerem conuertat.' 4.25 (264.21)
puplico. sumtu puplico priuatoque, 1.12 (27.21)
Statim namque iussu puplico mittebantur ad transcribendum, . . . circuli paschae decennouenales, 5.21 (346.5)
puplicos. ubi fontes lucidos iuxta puplicos uiarum transitus conspexit, 2.16 (118.10)
puplicus. quorum Geta hostis puplicus iudicatus interiit, 1.5 (17.5)
PVRGATIO. purgatio. mystica regenerationis uestrae purgatio patenter innuit. 2.11 (104.22)
purgatione. ut absque purgatione sacrosancta quis oblationi sacrosanctae communicaret, 2.5 (91.23)
purgationis. nisi purgationis tempus transierit, 1.27 (55.14)
PVRGO. purgans. ut ipse pater Fonte renascentis, quem Christi gratia purgans Protinus albatum uexit in arce poli. 5.7 (293.19)
purgare. Studens autem uir Domini acceptum monasterii locum . . . a pristina flagitiorum sorde purgare, 3.23 (175.23)
purgata. infidelium corda naturali ac superstitioso morbo purgata, 2.8 (96.8)
PVRIFICATIO. purificationem. post amixtionem propriae coniugis, et lauacri purificationem quaerere, 1.27 (57.27)
PVRITAS. puritate. atque animis omnium fidei puritate conpositis, 1.18 (36.22)
PVRPVRA. purpura. Theodosium . . . apud Syrmium purpura induit, 1.9 (23.9)
uexillum eius super tumbam auro et purpura conpositum adposuerunt, 3.11 (148.30)
purpuram. purpuram sumsit, ac Brittanias occupauit; 1.6 (17.19)
PVRPVREVS, a, um. **purpurei.** omnis quidem coloris . . . id est et rubicundi, et purpurei, 1.1 (10.10)
PVRVS, a, um. **pura.** quibus pura in Deum fides, et caritas in proximum sincera est; 5.21 (342.20)
pura. et pura intentione supernae retributionis mundum derelinquens, 4.3 (207.29)
quomodo simplici ac pura mente tranquillaque deuotione Domino seruierat, 4.24 (262.13)
PVSILLVM. pusillum. Et post pusillum: 'Dedi te in foedus populi, 3.29 (197.14)
hoc ipse post pusillum uerbis poeticis maxima suauitate et conpunctione conpositis, . . . proferret. 4.24 (258.31)
et post pusillum me reuisens, inuenit sedentem, et iam loqui ualentem; 5.6 (291.7)
PVTEO. putet. Nec putet in tumulo uirginis alma caro. 4.20 (248.20)
PVTEVS. puteo. apparent . . . flammarum tetrarum globi, ascendentes quasi de puteo magno, 5.12 (305.28)
puteus. Porro puteus ille flammiuomus ac putidus, quem uidisti, ipsum est os gehennae, 5.12 (308.21)
PVTIDVS, a, um. **putidum.** et de ore ac naribus ignem putidum efflantes angebant; 5.12 (306.25)
putidus. Porro puteus ille flammiuomus ac putidus, quem uidisti, ipsum est os gehennae, 5.12 (308.21)
PVTO. putabant. aliquid commodi adlaturum putabant, 1.12 (27.17)
quia nimirum haec eadem illum latere nullo modo putabant; 4.27 (270.3)
ossa illius, quae . . . in puluerem redacto corpore reliquo sicca inuenienda putabant; 4.30 (276.13)
putabantur. qui in praesenti quidem uita a deceptis hominibus putabantur digni perpetuae gloria coronae; 5.21 (343.32)
putabas. decurtatam eam, quam te uidere putabas, inuenies coronam; 5.21 (343.30)
putans. et scio, quia ille me interfectum putans pro me missas crebras facit; 4.22 (250.32)
putant. qui dominicum paschae diem a xiiii^{a} mensis primi usque ad xx^{am} putant lunam esse seruandum. 5.21 (337.32)
putaremus. Sed ne putaremus easdem vii dies a xiiii^{a} usque ad xx^{am} esse computandas, 5.21 (334.32)
putarent. a xiiii^{a} luna usque ad xx^{am} dominicae resurrectionis diem obseruandum esse putarent; 2.4 (87.19)
ita ut multi putarent, quia sanari posset a langore. 4.19 (245.19)
putas. non enim hic infernus est ille, quem putas." 5.12 (305.19)
putaui. e quibus hic aliqua breuiter perstringenda esse putaui. 5.12 (303.31)
Hanc historiam, . . . simpliciter ob salutem legentium siue audientium narrandam esse putaui. 5.13 (313.25)
putauimus. sed cognoscentes Brettones, Scottos meliores putauimus. 2.4 (88.1)
putauit. non muro, . . . sed uallo distinguendam putauit. 1.5 (16.23)
inuentumque alium illi per omnia simillimum, putauit ipsum esse; 4.22 (250.21)
PVTTA, *Bishop of Rochester, 669 676?; a teacher of church-singing.*
Putta. et ut Putta pro Damiano Hrofensis ecclesiae sit factus antistes. 4.2 (204.11)
ordinauit uirum . . . cui nomen erat Putta; 4.2 (206.8)
Adfuerunt et . . . Putta, episcopus castelli Cantuariorum, quod dicitur Hrofescæstir, Leutherius, 4.5 (215.10)
Vt . . . episcopatum Hrofensis ecclesiae pro Putta Cuichelm, . . . acceperit; 4.12 (227.20)
ciuitatem quoque Hrofi, in qua erat Putta episcopus, . . . communi clade absumsit. 4.12 (228.11)

Q

QVA. omnes Brittaniae fines, qua uel ipsorum uel Brettonum prouinciae habitabant, 2.9 (97.13)
QVADRAGESIMA. quadragesima. in qua uir Dei saepius, . . . et maxime in quadragesima, manere cum paucis, . . . consueuerat. 5.2 (283.12)
Cumque tempore quodam, incipiente quadragesima, ibidem mansurus adueniret, 5.2 (283.15)
quadragesimae. Aderant etiam quadragesimae uenerabiles dies, 1.20 (38.15)
In hoc etenim semper quadragesimae tempus agere, . . . solebat; 4.30 (276.27)
Cumque una quadragesimae esset impleta septimana, 5.2 (283.30)
XL. Aderant etiam quadragesimae [xl] uenerabiles dies, uar. 1.20 (38.15)
XL^{ma}. ut semper in xl^{ma} non plus quam semel in die reficeret, 3.27 (194.7)
XL^{mae}. ut sibi totum xl^{mae} tempus, quod instabat, facultatem . . . ibidem orationis causa demorandi concederet. 3.23 (175.24)
Cumque x dies xl^{mae} restarent, 3.23 (175.34)
QVADRAGESIMVS, a, um. **XL.** Gratianus xl ab Augusto . . . sex annis imperium tenuit, 1.9 (23.4)
XL. extinctus anno aetatis suae xl., regni autem xv., 4.26 (267.3)
QVADRAGESIMVS PRIMVS, a, um. **XL^{mus} primus.** qui est annus xl^{mus} primus, ex quo a Vitaliano papa directus est cum Theodoro; 5.20 (331.4)
QVADRAGESIMVS QVARTVS, a, um. **X.LIIII.** Honorio . . . loco ab Augusto x.liiii, 1.11 (24.20)
XL^{mo} et IIII°. xl^{mo} circiter et iiii^{o} anno aduentus eorum in Brittaniam. 1.16 (33.20)
QVADRAGESIMVS QVINTVS, a, um. **XLV.** xlv ab Augusto regnum suscipiens, 1.13 (28.18)
QVADRAGESIMVS SEXTVS, a, um. **XLVI.** annus ab incarnatione Domini xlvi; 1.3 (15.18)
Marcianus cum Valentiniano xlvi ab Augusto regnum adeptus, 1.15 (30.28)
XLVI. Anno ac incarnatione Domini xlvi, Claudius secundus Romanorum Brittanias adiens, 5.24 (352.9)
QVADRAGESIMVS TERTIVS, a, um. **XLIII.** Arcadius . . . xliii ab Augusto regnum suscipiens, 1.10 (23.25)
QVADRAGIES. ut circuitus eius quadragies octies lxxv milia conpleat. 1.1 (9.8)
QVADRAGINTA. XL. ex quibus xl perierunt. 1.2 (14.8)
Trinouantum firmissima ciuitas . . . datis xl obsidibus, Caesari sese dedit. 1.2 (14.24)
Augustinus, et socii eius, uiri, ut ferunt, ferme xl. 1.25 (45.11)
Sed et omelias euangelii numero xl conposuit, 2.1 (76.20)

Vnde merito mouit haec quaestio sensus et corda multorum, . . . 3.25 (182.21)
dispositum est, ut . . . synodus fieri, et haec quaestio terminari deberet. . . . 3.25 (183.18)
(nam et de hoc quaestio non minima erat) . . . 3.26 (189.14)
Facta est autem haec quaestio anno dominicae incarnationis DCLXIIII°, . . . 3.26 (189.19)
quaestione. Mota ergo ibi quaestione de pascha, uel tonsura, . . . 3.25 (183.14)
quaestionem. in quaestionem ueniat intuentibus, . . . 1.1 (10.32)
quaestionibus. quaestionibus eius consulta flagitans. . . . 1.27 (48.11)
quaestionis. Quibus reseratis, ne diu tantae quaestionis caligo indiscussa remaneret, . . . 2.19 (123.13)
quaestionum. Item, in Regum librum XXX quaestionum. . . . 5.24 (358.3)
QVALIS, e. **quale.** quod uel quale esset oraculum regi quondam caelitus ostensum. . . . 2.12 (107.11)
'Tu uide, rex, quale sit hoc, quod nobis modo praedicatur; . . . 2.13 (111.21)
quale. Quale consilium idem cum primatibus suis de percipienda fide Christi habuerit; . . . 2.13 (111.8)
quale. quale cum te residente ad caenam cum ducibus ac ministris tuis tempore brumali, . . . 2.13 (112.7)
qualem. sed et fornicatione pollutus est tali, qualem nec inter gentes auditam apostolus testatur, . 2.5 (90.28)
quales. interrogauit eum sollicitus, quales essent habitu uel specie uiri, . . . 4.14 (235.12)
quales. quales ad ecclesiae regimen adsumi, . . . 2.1 (76.16)
et uultus erant laetissimi ac pulcherrimi, quales numquam ante uideram, . . . 4.14 (235.15)
qualia. audiuit ab eo repetita interrogatione, quae et qualia essent, quae exutus corpore uideret; . . 5.12 (309.28)
qualibus. an forte litteras solutorias, de qualibus fabulae ferunt, apud se haberet, . . . 4.22 (250.28)
qualis. qualisque illis doctoribus fuerit habitus ecclesiae. . . . 3.26 (189.9)
qualis locus a Latinis paeninsula, a Grecis solet cherronesos uocari. . . . 4.13 (232.12)
sicut in aliis prouinciis, ita etiam in Brittania qualis esset status ecclesiae, . . . 4.18 (242.11)
qualis. qualis etiam ipsorum patrum uita uel obitus extiterit, . . . Praef. (7.12)
qualis per iudicium facta sit, . . . 1.27 (56.19)
sciscitabatur singillatim ab omnibus, qualis sibi doctrina haec eatenus inaudita, . . . uideretur. . . 2.13 (111.17)
Qualis uisio cuidam uiro Dei apparuerit, . . . 4.25 (262.21)
Cuius ut meritum, uel uita qualis fuerit, certius clarescat, . . . 5.1 (281.8)
qualis. qualis meriti uir fuerit, . . . 1.33 (70.29)
QVALISCVMQVE, qualecumque. **qualiscumque.** Verum qualiscumque fuerit ipse, nos hoc de illo certum tenemus, . . . 3.4 (134.17)
QVALITAS. qualitas. Neque enim brucosa, sed herbosa et florida soli illius est qualitas; . . . 5.17 (318.29)
qualitate. et de qualitate regni Aeduini. . . . 2.16 (117.4)
qualitatem. Aqua enim, . . . feruidam qualitatem recipit, . . . 1.1 (10.19)
QVALITER. Qualiter uero . . . prouincia Merciorum ad fidem Christi, . . . peruenerit, . . . Praef. (7.8)
De episcopis, qualiter cum suis clericis conuersentur, . . . 1.27 (48.15)
et qualiter episcopus agere in ecclesia debeat? . . . 1.27 (48.17)
qualiter in domo Dei conuersari debuisset. . . . 1.27 (48.22)
qualiter ualeat corrigi. . . . 1.27 (50.2)
Qualiter debemus cum Galliarum atque Brittaniarum episcopis agere? . . . 1.27 (52.28)
qualiter, siqua sunt in episcopis uitia, corrigantur. . . . 1.27 (53.3)
qualiter fraterna caritas colenda sit, . . . 1.28 (62.18)
insinuat, qualiter episcopos in Brittania constituere debuisset; . . . 1.29 (63.13)
qualiter omnia debeat dispensare. . . . 1.30 (66.3)
qualiter ad Christi et ecclesiae sacramenta referendus, . . . 2.1 (75.20)
qualiter ipsi rectores uiuere, . . . 2.1 (76.16)
In quibus primitus posuit, qualiter id emendare deberet, . . . 2.5 (90.13)
Nam qualiter ipsa quoque execranda heresis damnata est, latere uos non debet; . . . 2.19 (123.28)
QVAM. Praef. (8.4); 1.1 (12.15); 1.1 (12.27); 1.3 (15.14); 1.6 (17.15); 1.7 (19.8); 1.10 (24.7); 1.12 (26.15); 1.12 (27.14); 1.17 (35.18); 1.23 (42.26); 1.23 (43.6); 1.27 (56.29); 1.30 (64.28); 2.1 (73.24); 2.1 (74.31); 2.1 (78.10); 2.2 (84.12); 2.4 (87.34); 2.5 (91.33); 2.8 (95.17, *bis*); 2.10 (103.12); 2.12 (108.12); 2.12 (109.16); 2.13 (111.25); 2.13 (111.27); 2.13 (113.8); 2.14 (115.4); 2.17 (120.1); 2.20 (125.19); 3.1 (128.12); 3.4 (135.5); 3.5 (135.24); 3.6 (138.2); 3.7 (139.19); 3.13 (153.8); 3.14 (156.24); 3.14 (157.15); 3.17 (162.3); 3.19 (164.19); 3.23 (175.14); 3.24 (177.17); 3.24 (178.20); 3.25 (182.27); 3.25 (183.5); 3.25 (184.17); 3.25 (187.33); 3.26 (191.18); 3.27 (194.7); 3.27 (194.8); 3.29 (197.22); 3.30 (200.6); 4.2 (206.7); 4.3 (206.25); 4.9 (223.29); 4.11 (225.24); 4.11 (226.13); 4.12 (228.19); 4.19 (244.13); 4.19 (244.24); 4.24 (262.6); 4.25 (266.7); 4.30 (276.21); 4.30 (277.11); 5.1 (281.22); 5.6 (290.9); 5.12 (307.31); 5.14 (314.6); 5.14 (314.28); 5.15 (316.14); 5.18 (320.11); 5.18 (321.10); 5.19 (325.18); 5.20 (331.11); 5.21 (335.32); 5.21 (338.32); 5.23 (351.19); 5.23 (351.21).
QVAMDIV. quamdiu nullus aduenerat, qui eis instituti perfectioris decreta, . . . ostenderet; . . . 3.25 (188.3)
'Accendite ergo lucernam illam, quamdiu uultis; . . . 4.8 (221.19)
et quamdiu paenitentiae insistere tibi plenius ostendam.' . . . 4.25 (263.32)
sicque ibidem quamdiu sustinere posse uidebatur, . . . 5.12 (310.15)
omnia, quae necesse habebat, habundanter ipsi cum sociis suis, quamdiu secum erant, donabat; . . . 5.19 (324.7)
QVAMLIBET. Erat autem praefatus rex Reduald natu nobilis, quamlibet actu ignobilis, . . . 2.15 (116.13)
QVAMOBREM. Quamobrem oportet uestram celsitudinem, . . . piam regulam sequi . . . 3.29 (197.24)
Quamobrem collecta pro hoc in Brittania synodo, . . . 4.18 (242.14)
QVAMPLVRES, a. **quamplura.** Haec et alia quamplura, quae ad caritatem pertinebant, . . . prosecutus sum. . . . 4.5 (215.19)
QVAMVIS. 1.1 (11.34); 1.9 (23.5); 1.12 (25.30); 1.13 (29.2); 1.27 (57.24); 2.2 (83.21); 2.2 (84.20); 2.2 (84.31); 2.3 (85.13); 2.9 (98.29); 2.9 (100.7); 2.20 (125.8); 3.3 (131.17); 3.11 (150.3); 3.14 (156.9); 3.14 (156.21); 3.15 (158.21); 3.24 (178.9); 3.29 (196.8); 3.30 (199.11); 4.2 (205.28); 4.5 (215.4); 4.12 (228.11); 4.16 (237.4); 4.24 (260.8); 4.26 (266.22); 4.26 (268.5); 4.28 (272.27); 5.12 (304.8); 5.14 (314.1); 5.23 (351.10); 5.23 (351.15).
QVANDO. 1.16 (33.19); 1.27 (52.9); 1.27 (57.19); 1.31 (67.11); 1.32 (69.2); 2.18 (121.22); 3.4 (133.3); 3.4 (135.8). 4.3 (211.5); 4.22 (251.21); 4.23 (258.2); 4.32 (280.4); 5.3 (285.23); 5.3 (285.28).
QVANDOQVE. quandoque in ipso cum ceteris sanctae ecclesiae pastoribus resurrecturus in gloria, . . . 2.1 (79.6)
QVANQVAM. quanquam sacramentorum genere discreto, sicut una eademque fide, pascha celebrare possemus. . . . 5.21 (337.4)
QVANTO. 1.27 (59.10); 1.32 (68.21, 25); 1.32 (69.27); 2.2 (83.25); 2.13 (112.28); 5.21 (333.27).
QVANTOCIVS. prosperis quantocius nuntiis releuetis, . . . 2.11 (106.15)
QVANTVM (*subst.*). 1.27 (53.29); 2.1 (76.30); 3.14 (156.33); 3.17 (161.25); 3.22 (173.11); 3.25 (188.31); 4.11 (227.2); 5.21 (333.9).
QVANTVM (*adv.*). 2.4 (88.11); 2.6 (93.10); 2.11 (105.32, 33); 3.29 (198.23); 4.25 (263.19); 4.26 (266.19); 5.2 (284.14); 5.6 (289.10); 5.8 (295.3); 5.13 (311.8); 5.21 (344.18, 23); 5.21 (345.3).
QVANTVS, a, um. **quanta.** 1.31 (67.9); 2.6 (93.18); 2.10 (100.29); 3.9 (145.13); 3.19 (168.27); 4.10 (224.16); 4.10 (225.10).
quanta. 2.1 (76.18); 2.8 (96.10); 2.10 (102.10); 3.19 (165.6); 4.30 (276.8).
quanta. 3.16 (159.18).
quantae. 3.26 (190.19).
quantae. 1.27 (48.17).
quantam. 4.32 (280.15).
quantas. 1.14 (29.29).
quantis. 2.6 (93.3).

quantum. 1.27(53.26).
quantus. 1.28(62.12).
QVAPROPTER. quapropter et captiuus erat, et pugnabat igitur legi mentis, . . . 1.27 (61.29)
Quapropter dico tibi, quia modo quidem ab infirmitate hac sanaberis; . . . 5.19 (329.15)
QVAQVAVERSVM. quaquauersum imperium regis Æduini peruenerat, . . . 2.16 (118.3)
Moxque peragrata insula tota, quaquauersum Anglorum gentes morabantur, . . . 4.2 (204.17)
QVAQVE. uariis herbarum floribus depictus, immo usque quaque uestitus; . . . 1.7 (20.30)
QVARE. 'Quare non et nobis porrigis panem nitidum, quem et patri nostro Saba,' . . . 'dabas, . . . 2.5 (91.11)
quare gregem, quem sibi ipse crediderat, relinqueret, . . . 2.6 (92.22)
quare illa hora, ceteris quiescentibus, . . . solus ipse mestus in lapide peruigil sederet. . . . 2.12 (108.25)
scio enim certissime qui es, et quare meres, . . . 2.12 (108.32)
Quem dum presbyter suus lingua patria, . . . quare lacrimaretur, interrogasset: . . . 3.14 (157.7)
qui cum interrogarentur, quare hoc facerent, . . . 3.22 (173.19)
'Mirum quare stultum appellare uelitis laborem nostrum, . . . 3.25 (184.32)
Cumque interrogaretur a suis, quare hoc faceret, respondebat: . . . 4.3 (210.28)
Quare factum est, ut toto illo tempore episcopum proprium habere nequiret; . . . 4.15 (236.20)
interrogare coepit, quare ligari non posset, . . . 4.22 (250.27)
Quod intuens comes, quare faceret, inquisiuit. . . . 4.25 (264.19)
Dixit autem abbatissa: 'Et quare non citius hoc conpertum mihi reuelare uoluisti?' . . . 4.25 (265.24)
'Quare tam neglegenter ac tepide dixisti Ecgbercto, quae tibi dicenda praecepi? . . . 5.9 (297.28)
Coepi autem mirari, quare ad murum accederemus, . . . 5.12 (307.11)
QVARTVS, a, um. **quarta.** alia clero, tertia pauperibus, quarta ecclesiis reparandis. . . . 1.27 (48.27)
tertia uel quarta generatio fidelium licenter sibi iungi debeat; . . . 1.27 (51.1)
quarta. et ut cognouit, quia in luna quarta, dixit: . . . 5.3 (285.24)
quartam. quia, si cepisset insulam, quartam partem eius simul et praedae Domino daret. . . . 4.16 (237.6)
quartae. illam in pascha diem adsignent primam, . . . id est quartae primam septimanae. . . . 5.21 (338.29)
quarto. Hoc autem bellum quarto imperii sui anno conpleuit, . . . 1.3 (15.16)
die quarto Iduum Martiarum, . . . 2.1 (79.5)
sepultus est die quarto Nonarum Februariarum; . . . 2.7 (93.30)
Haec inter Iustus archiepiscopus ad caelestia regna subleuatus quarto Iduum Nouembrium die, . . . 2.18 (120.9)
quartum. quartum impietatis, cum infirmiores spoliare et eis fraudem facere pro nihilo ducimus. . . . 3.19 (165.28)
habuitque primum episcopum Trumheri, . . . secundum Iaruman, tertium Ceaddan, quartum Vynfridum. . . . 3.24 (180.28)
quartus. Claudius imperator ab Augusto quartus, . . . 1.3 (15.5)
Hic est Bonifatius, quartus a beato Gregorio Romanae urbis episcopo, . . . 2.4 (88.26)
quartus Reduald rex Orientalium Anglorum, . . . obtinuit; . . . 2.5 (89.17)
Quartus Occidentalium Saxonum antistes Leutherius fuit. . . . 4.12 (227.22)
IIII. hunc primum . . . accepit praesulem, ii Ediluini, iii Eadgarum, iiii Cyniberctum, . . . 4.12 (229.15)
IIII. Data die iii [iiii] Iduum Iunii, . . . uar 2.18 (122.3)
occisus est Æduini die iiii Iduum Octobrium, . . . 2.20 (124.22)
imperante domno Iustiniano piissimo Augusto, anno eius consulatus iiii, pontificante . . . Sergio . 5.7 (294.2)
IIII. iiii. Interrogatio Augustini: . . . 1.27 (50.20)
IIII. anno xviii, indictione iiii.' . . . 1.28 (62.30)
anno xviii, indictione iiii. . . . 1.29 (64.24)
anno xviii, indictione iiii. . . . 1.30 (66.8)
anno xviii, indictione iiii. . . . 1.32 (70.7)
IIII. iiii: 'Vt ipsi monachi non migrent de loco ad locum, . . . 4.5 (216.9)
IIII^{a}. consuetudinem fecerunt . . . iiii^{a} et vi^{a} sabbati ieiunium ad nonam usque horam protelare. . . 3.5 (136.20)
'Multum insipienter et indocte fecistis in luna iiii^{a} flebotomando. . . . 5.3 (285.25)
IIII°. Anno autem imperii Osredi iiii^{o}, Coinred, . . . nobilius multo regni sceptra reliquit. . . . 5.19 (321.27)
QVARTVS DECIMVS, a, um. **XIIII.** Marcus Antoninus Verus xiiii ab Augusto . . . 1.4 (16.4)
XIIII. anno xiiii eiusdem principis, . . . 1.23 (42.19)
Mauricio Tiberio piissimo Augusto anno xiiii, . . . 1.23 (43.25)
imperante domino nostro Mauricio Tiberio piissimo Augusto, anno xiiii, . . . 1.24 (44.22)
eclypsis solis facta est xiiii. Kalendas Martias, . . . 5.24 (353.1)
XIIII. post consulatum eiusdem domini nostri anno xiii, indictione xiiii. . . . 1.23 (43.26)
anno xiii, indictione xiiii. . . . 1.24 (44.23)
sed a xiiii usque ad xx lunam obseruabant; . . . 2.2 (81.19)
XIIII^{a}. Porro dies xiiii^{a} extra hunc numerum separatim sub paschae titulo praenotatur, . . . 5.21 (335.16)
Quis enim non uideat, . . . octo potius esse dies, si et ipsa xiiii^{a} adnumeretur? . . . 5.21 (335.26)
uidebimus profecto, quod ita dies xiiii^{a} uesperam suam in festi paschalis initium prorogat, . . . 5.21 (335.30)
ut . . . expectaretur xiiii^{a} dies illius, expectaretur uespera eiusdem. . . . 5.21 (336.13)
Quaecumque ergo luna ante aequinoctium plena est, xiiii^{a} uidelicet uel xv^{a} existens, . . . 5.21 (339.8)
XIIII^{a}. a xiiii^{a} luna usque ad xx^{am} dominicae resurrectionis diem obseruandum esse putarent; . . . 2.4 (87.18)
et xiiii^{a} luna cum Hebreis celebrare nitentes. . . . 2.19 (123.17)
diem paschae dominicum more suae gentis, . . . a xiiii^{a} luna usque ad xx^{am} obseruare solebat. . . . 3.3 (131.20)
non semper in luna xiiii^{a} cum Iudaeis, . . . celebrabant. . . . 3.4 (135.3)
Vnde et hanc non, . . . xiiii^{a} luna in qualibet feria cum Iudaeis, sed die dominica semper agebat, . . . 3.17 (162.6)
sed die dominica semper agebat, a luna xiiii^{a} usque ad xx^{am}; . . . 3.17 (162.8)
Iohannes . . . xiiii^{a} die mensis primi ad uesperam incipiebat celebrationem festi paschalis, . . . 3.25 (185.20)
in qua obseruandum pascha a xiiii^{a} luna primi mensis ad uesperam usque ad xxi^{am} . . . praeceptum est; 3.25 (186.6)
quod uos non facitis, qui a xiiii^{a} usque ad xx^{am} lunam diem dominicum paschae obseruatis; . . . 3.25 (186.22)
neque auctor ac dator euangelii Dominus in ea, sed in xiiii^{a} uel uetus pascha manducauit ad uesperam, 3.25 (186.26)
qui a xiiii^{a} usque ad xx^{am} pascha celebrandum scripsit? . . . 3.25 (187.2)
paschae diem, . . . secus morem canonicum a xiiii^{a} usque ad xx^{am} lunam celebrant. . . . 3.28 (195.14)
ut non tamen in ipsa die xiiii^{a} pascha fieri praecipiatur; . . . 5.21 (334.24)
Sed ne putaremus easdem vii dies a xiiii^{a} usque ad xx^{am} esse computandas, . . . 5.21 (334.32)
Constat autem, quia non xiiii^{a} die, in cuius uespera agnus est immolatus, . . . 5.21 (335.7)
Primo mense, xiiii^{a} die mensis comedetis azyma usque ad diem xxi^{am} eiusdem mensis ad uesperam. 5.21 (335.22)
Quis enim non uideat, a xiiii^{a} usuqe ad xxi^{am} non vii solummodo, sed octo potius esse dies, . . . 5.21 (335.25)
"Mense primo, xiiii^{a} die mensis ad uesperam phase Domini est, . . . 5.21 (336.30)
qui dominicum paschae diem a xiiii^{a} mensis primi usque ad xx^{am} putant lunam esse seruandum. . 5.21 (337.31)
XIIII^{ae}. quod ita in obseruatione paschali mentio fit diei xiiii^{ae}, . . . 5.21 (334.24)
sed adueniente tandem uespera diei xiiii^{ae}, id est xv^{a} luna, . . . 5.21 (334.26)
Sin autem, . . . a uespera diei xiiii^{ae} usque ad uesperam xxi^{ae} computauerimus, . . . 5.21 (335.28)
quod a uespera xiiii^{ae} diei incipit, et in uespera xxi^{ae} conpletur. . . . 5.21 (336.3)
ut adueniente primo mense, adueniente in eo uespera diei xiiii^{ae}, expectetur etiam dies dominica, . 5.21 (337.10)
iam deinde congesta in ordinem serie lunae xiiii^{ae} facillime posset ab omnibus sciri. . . . 5.21 (341.15)
XIIII^{am}. xiiii^{am} lunam primi mensis, . . . exspectaret; . . . 3.25 (185.27)
Sin autem dominica non proximo mane post lunam xiiii^{am}, . . . esset uentura, . . . 3.25 (185.34)
Ille sic in pascha dominico xiiii^{am} lunam conputauit, . . . 3.25 (187.18)

'Vt sanctum diem paschae . . . seruemus dominica post xiiii^{am} lunam mensis primi.' 4.5 (216.1)
"Et seruabitis eum usque ad xiiii^{am} diem mensis huius; 5.21 (334.20)
nimirum constat, quia xiiii^{am} diem mensis eiusdem, . . . a sua prorsus sollemnitate secludunt; . . 5.21 (338.15)
id est post conpletam diem eiusdem mensis xiiii^{am}, ... 5.21 (340.31)
XIIII^{um}. ubi xiiii^{um} aetatis contigit annum, monasticam saeculari uitam praetulit. 5.19 (322.29)

QVASI. 1.8 (22.17); 1.12 (26.31); 1.14 (30.3); 1.15 (31.1); 1.17 (34.19); 1.20 (38.25); 1.26 (47.27); 1.27 (49.31); 1.27 (53.19); 1.27 (59.30); 1.27 (59.33); 2.1 (75.9); 2.4 (88.29); 2.9 (98.20); 2.9 (99.7); 2.12 (110.31); 3.1 (128.6); 3.4 (133.29); 3.8 (143.23); 3.8 (144.3); 3.9 (146.7); 3.9 (146.8); 3.11 (150.10); 3.17 (161.13); 3.19 (165.8); 3.19 (165.18); 3.19 (167.22); 3.22 (172.11); 3.30 (199.19); 4.3 (208.29); 4.3 (208.32); 4.3 (211.10); 4.8 (221.1); 4.9 (222.13); 4.9 (222.18); 4.9 (222.23); 4.9 (223.5); 4.9 (223.21); 4.9 (223.22); 4.10 (225.9); 4.11 (226.29); 4.11 (227.3); 4.12 (228.31); 4.13 (232.12); 4.14 (235.6); 4.19 (245.31); 4.23 (256.1); 4.24 (260.31); 4.25 (264.30); 4.27 (269.20); 4.30 (276.19); 4.30 (277.6); 4.31 (279.3); 4.31 (279.12); 5.5 (288.29); 5.6 (290.24); 5.6 (290.34); 5.9 (298.12); 5.12 (305.6); 5.12 (305.28); 5.12 (306.10); 5.12 (306.32); 5.12 (307.6); 5.12 (307.34); 5.16 (317.15); 5.19 (322.28); 5.19 (328.14); 5.19 (328.25); 5.19 (328.28); 5.21 (344.3); 5.21 (346.10); 5.23 (349.8); 5.23 (349.12); Cont. (361.8); Cont. (361.11).

QVATENVS. quatenus in monasterio suo cursum canendi annuum, . . . edoceret; 4.18 (241.18)

QVATERNI, ae, a. **quaternas.** Haec bis quaternas portas, id est introitus, per tres e regione parietes habet, ... 5.16 (318.5)

QVATINVS. 1.23 (43.19); 1.27 (52.13); 1.29 (63.26); 1.29 (64.16); 1.30 (65.32); 2.8 (96.16); 2.10 (102.2); 2.10 (103.24); 2.11 (104.18); 2.11 (105.15); 2.11 (106.1); 2.11 (106.16); 2.17 (119.22); 3.5 (136.2); 3.29 (196.14); 4.29 (275.18); 5.20 (331.31).

QVATRIDVVM. **quatriduo.** Cumque ita sine cibo et potu, sine uoce et auditu, quatriduo perseueraret, 5.19 (328.27)

QVATTVOR. **quattuor.** ut omni stipendio, quod accedit, quattuor debeant fieri portiones; 1.27 (48.25)
sine adgregatis tribus uel quattuor episcopis 1.27 (52.18)
Vidit et quattuor ignes in aere non multo ab inuicem spatio distantes. 3.19 (165.19)
nec non et quattuor auro Scribi euangelii praecepit in ordine libros; 5.19 (330.15)
IIII. Libros etiam Dialogorum iiii fecit, ... 2.1 (76.22)
Erat autem eo loci, . . . martyrium beatorum iiii Coronatorum. 2.7 (94.24)
quae in iiii linguas, id est Brettonum, Pictorum, Scottorum, et Anglorum, diuisae sunt, ... 3.6 (138.5)
Sed et post annos iiii, . . . translatum est; 3.19 (168.21)
et rexit ecclesiam annos viiii, menses iiii et duos dies; 3.20 (169.18)
Et acceptis iiii presbyteris, . . . multo cum gaudio reuersus est. 3.21 (170.15)
factus est Diuma unus ex praefatis iiii sacerdotibus episcopus Mediterraneorum Anglorum . . 3.21 (171.2)
iiii siquidem hi, quos diximus, germani fratres, . . . omnes sacerdotes Domini fuere praeclari, . . 3.23 (176.20)
Qui subdiaconus ordinatus iiii exspectauit menses, ... 4.1 (203.4)
a parte uero pedum mensura iiii digitorum in sarcofago corpus excederet. 4.11 (227.15)
Haec bis quaternas portas, . . . habet, e quibus iiii ad Vulturnum, et iiii ad Eurum spectant. . . 5.16 (318.6)
xii lampades ardent, iiii intra sepulchrum, viii supra in margine dextro. 5.16 (318.16)
Vna data Daniheli, . . . altera Aldhelmo, cui annis iiii strenuissime praefuit; 5.18 (320.26)
cuius magisterio iiii euangeliorum libros ex ordine didicit, ... 5.19 (324.25)
Sic delatus in Maeldum ciuitatem Galliae iiii diebus ac noctibus quasi mortuus iacebat, . . . 5.19 (328.24)
Sicque iiii annis, . . . uitam duxit in pace. 5.19 (329.33)
prouinciae Nordanhymbrorum, cui rex Ceoluulf praeest, iiii nunc episcopi praesulatum tenent; . . 5.23 (350.29)
'In principium Genesis, usque ad natiuitatem Isaac et eiectionem Ismahelis, libros iiii. . . . 5.24 (357.26)
In primam partem Samuelis, . . . libros iii [iiii]. . . . . uar. 5.24 (357.30)
In euangelium Marci libros iiii. 5.24 (358.19)

QVATTVORDECIM. **XIIII.** xiiii diebus praeueniente corporea infirmitate pressus est, ... 4.24 (261.16)
ac mox remissus ad sedem episcopatus sui, id est post dies xiiii, ex quo in urbem uenerat. . . 5.11 (303.6)
qui sedit annos xxxvii, menses vi, dies xiiii; 5.23 (350.1)

-QVE, *omitted.*

QVENTAVIC, *Etaples.*
Quentauic. et perduxit eum ad portum, cui nomen est Quentauic; 4.1 (203.29)

QVEO. **queam.** 'Si mihi diuina gratia in loco illo donauerit, ut de opere manuum mearum uiuere queam, 4.28 (271.13)
queo. 'Nequaquam hoc laeta ferre queo.' 4.9 (223.23)
quiuerunt. Neque haec tamen agentes quicquam ab illo auxilii impetrare quiuerunt, ... 1.13 (28.31)

QVERCVS. **quercus.** in cuius aquilonali parte quercus Abrahae duorum hominum altitudinis truncus ecclesia circumdata est. 5.17 (319.25)

QVERELA. **querela.** interrogauit, si omnes placidum erga se animum, et sine querela controuersiae ac rancoris haberent. 4.24 (261.34)

QVEROR. **querebatur.** et inter egra tremens suspiria, flebili uoce talia mecum querebatur: . . . 3.13 (153.1)
quererentur. et cum familiares domus illius de acerba puellae infirmitate ipso praesente quererentur, 3.9 14 (6.17)

QVI, quae, quod, *omitted.*

QVIA, *omitted.*

QVICVMQVE, quaecumque, quodcumque. **quacumque.** 3.25 (184.25); 5.21 (337.12).
quaecumque. 5.21 (339.7).
quaecumque. 1.7 (19.9).
quaecumque. 4.23 (253.5); 5.24 (358.22).
quemcumque. 5.10 (300.1).
quicumque. 1.7 (19.28); 5.12 (308.22); 5.21 (334.34).
quicumque. 3.3 (132.17); 4.2 (205.8); 5.12 (308.31).

QVIDAM, quaedam, quoddam. **cuidam.** 4.16 (237.13); 4.22 (251.16); 4.25 (262.21); 5.10 (301.2).
cuidam. 4.9 (221.31); 4.23 (258.11).
cuiusdam. 3.9 (144.27); 4.22 (249.19); 5.4 (286.30); 5.10 (299.27).
cuiusdam. 4.6 (218.4); 4.12 (228.16).
quadam. 1.19 (37.31); 2.1 (79.29); 2.12 (110.28); 2.18 (120.28); 3.2 (130.17); 3.12 (150.29); 3.19 (164.3); uar. 3.19 (168.16); uar. 3.22 (172.29); 4.3 (207.25); 4.3 (208.17); 4.7 (219.28); 4.9 (222.11); 4.25 (264.14); 4.31 (278.8); 4.32 (280.11); 5.6 (289.20); 5.9 (296.30); 5.9 (298.7); 5.11 (302.24); 5.17 (319.9); 5.22 (347.22).
quaedam. 1.27 (50.29); 3.11 (149.5); 4.8 (221.7); 4.9 (222.30); 4.23 (257.5); 5.2 (283.7); 5.3 (285.12); 5.12 (306.17).
quaedam. 1.1 (10.20); 1.27 (51.26, 27, 28); 4.30 (277.28).
quandam. 4.4 (213.11); 4.19 (244.34).
quendam. 1.7 (18.14); 2.2 (82.24); 2.16 (117.21); 3.10 (147.9); 3.19 (167.16); 4.1 (202.15); 4.24 (260.20); 4.25 (264.28).
quibusdam. 4.19 (243.13); 4.29 (274.9).
quibusdam. 1.1 (13.2); 2.15 (116.4); 5.11 (302.22); 5.13 (313.4);
quibusdam. 1.1 (10.1).
quidam. 1.6 (17.12); 1.10 (24.10); 1.18 (36.6); 1.21 (40.12); 2.2 (82.4); 2.9 (98.33); 2.12 (108.1); 2.16 (117.20); 3.2 (128.24); 3.2 (130.10); 3.7 (140.19); 3.9 (145.30); 3.10 (146.26); 3.11 (149.19); 3.12 (150.28); 3.12 (151.1); 3.13 (152.5, 24); 3.14 (156.12); 3.15 (157.23); 3.19 (167.15); 3.27 (192.30); 4.3 (210.15); 4.3 (212.10); 4.7 (220.16); 4.8 (221.22); 4.10 (224.23); 4.13 (231.1); 4.14 (233.21); 4.16 (237.26); 4.24 (258.27); 4.24 (259.22); 4.31 (278.1, 2); 4.32 (279.24); 4.32 (280.9); 5.2 (283.20); 5.3 (286.8); 5.12 (303.24, 28); 5.12 (306.16, 17); 5.12 (309.22); 5.13 (311.3); 5.19 (329.9); 5.21 (333.22).

quidam. 1.1 (9.14); 1.5 (16.23); 1.27 (50.3); 1.27 (50.5, *ter*); 1.27 (50.6); 2.1 (77.16); 3.4 (135.4); 3.17 (162.6); 3.27 (192.13); 4.3 (208.9); 4.22 (252.10); 4.32 (279.28); 5.10 (299.15); 5.12 (306.22); 5.14 (314.9).
quiddam. 4.22 (249.22).
quodam. 2.11 (105.27); uar. 3.12 (150.29); 3.19 (168.16); 3.22 (172.26); 5.24 (359.8).
quodam. 2.1 (74.16); 2.7 (94.14); 2.14 (114.31); 3.6 (138.11); 3.19 (164.13); 3.22 (172.29); 4.24 (259.19); 5.2 (283.14); 5.3 (285.7).
quoddam. 5.16 (317.15).
quoddam. 5.6 (290.11).
quosdam. 2.1 (75.4); 2.1 (77.3); 2.19 (123.14); 2.19 (123.21); 4.19 (244.30).

QVIDEM. 1.1 (10.4); 1.1 (10.9); 1.1 (11.31); 1.5 (16.18); 1.6 (17.12); 1.9 (23.11); 1.14 (30.11); 1.14 (30.12); 1.15 (30.24); 1.15 (32.10); 1.22 (41.21); 1.22 (42.1); 1.23 (42.27); 1.25 (46.7); 1.27 (52.7); 1.27 (56.2); 1.27 (59.25); 1.27 (60.5); 1.29 (63.3); 1.30 (65.30); 2.1 (74.27); 2.1 (75.24); 2.1 (76.3); 2.1 (77.8); 2.1 (77.14); 2.1 (81.1); 2.2 (82.14); 2.2 (83.14); 2.3 (85.6); 2.5 (89.9); 2.6 (93.15); 2.7 (94.8); 2.9 (100.14); 2.12 (106.30); 2.12 (108.7); 2.12 (109.30); 2.13 (111.10); 2.13 (112.9); 2.13 (112.14); 2.14 (115.10); 2.15 (116.1); 2.17 (119.33); 2.19 (124.3); 2.20 (125.10); 3.1 (128.2); 3.2 (130.15); 3.3 (132.31); 3.4 (134.20); 3.4 (135.4); 3.5 (137.10); 3.7 (139.12); 3.7 (140.20); 3.8 (143.1); 3.9 (145.26); 3.12 (152.2); 3.13 (152.25); 3.13 (153.23); 3.14 (154.15); 3.14 (154.22); 3.14 (156.26); 3.15 (157.29); 3.15 (158.11); 3.17 (160.31); 3.19 (166.21); uar. 3.19 (167.15); 3.21 (171.14); 3.23 (175.28); 3.23 (176.14) 3.24 (179.26); 3.25 (181.19); 3.25 (181.22); 3.26 (189.29); 3.27 (192.13); 4.3 (210.1); 4.3 (212.5); 4.5 (215.4); 4.6 (218.29); 4.8 (221.17); 4.9 (223.1); 4.10 (224.25); 4.11 (227.4); 4.14 (235.17); 4.22 (251.11); 4.23 (254.7); 4.24 (259.4); 4.25 (263.6); 4.26 (266.18); 4.26 (267.4); 4.26 (267.20); 4.26 (267.30); 4.27 (268.28); 4.28 (272.2); 4.30 (276.14); 5.2 (283.23); 5.6 (289.8); 5.6 (289.18); 5.8 (295.24); 5.9 (296.4); 5.10 (300.17); 5.11 (302.12); 5.12 (308.26); 5.13 (311.23); 5.14 (313.31); 5.17 (319.28); 5.19 (323.6); 5.19 (325.2); 5.19 (329.16); 5.20 (331.10); 5.21 (340.13); 5.21 (340.23); 5.21 (341.9); 5.21 (342.3) 5.21 (343.27); 5.21 (343.32); 5.21 (345.3); 5.21 (345.29).

QVIES. quiete. optati littoris quiete potiuntur. . . . 1.17 (34.29)
quam de propriae quondam quiete conuersationis habuerat; . . . 2.1 (74.32)
de uita monachorum et quiete ordinaturus, . . . 2.4 (88.17)
quietem. membra in quietem omnia conposuit. . . . 3.11 (150.11)
et ipse quoque lectulum conscendens, coepit in quietem membra laxare. . . . 3.27 (193.18)
quieti. et sopitis ac relictis curarum anxietatibus, quieti membra simul et animum conpone, . . . 2.12 (110.2)
quietis. et post tam pulchram quietis suae speciem terreni actus puluere fedatur. . . . 2.1 (74.20)
'Bene facis,' inquit, 'qui tempore isto nocturnae quietis non somno indulgere, . . . 4.25 (264.32)
quia modica illa, quae prouenerat, intercapedo quietis, ad uiri Dei preces . . . donata est.' . . . 5.1 (282.21)
Cumque . . . sine ulla quietis intercapedine innumerabilis spirituum deformium multitudo torqueretur, 5.12 (305.12)
in qua etiam sepultus spem nobis post mortem beatae quietis tribuit, . . . 5.21 (338.21)

QVIESCO. quiescebant. egressus est tempore matutino de cubiculo, in quo infirmi quiescebant, . . . 3.27 (193.2)
quiescendi. Rogauit ergo ministrum suum . . . ut in ea sibi locum quiescendi praepararet; . . . 4.24 (261.23)
et quam beatus est, cui in eo facultatem quiescendi Dominus . . . praestare dignabitur.' . . . 4.30 (277.12)
quiescendo. ac mox funditus quiescendo, . . . conpescuit. . . . 2.7 (94.30)
quiescendum. ad quiescendum membra posuisset, atque obdormisset, . . . 2.6 (92.18)
quiescente. quiescente dolore cessabat ab insanis membrorum motibus, . . . 3.9 (146.5)
quiescentibus. quare illa hora, ceteris quiescentibus, . . . solus ipse mestus in lapide peruigil sederet. 2.12 (108.25
et statim quiescentibus uentis, serenitas maris uos laeta prosequetur, . . . 3.15 (158.8)
quiescentibus. quiescentibus ad tempus exteris, . . . 1.22 (41.19)
quiesceret. Et cum paululum quiesceret, expergefactus sodalis respexit eum, et ait: . . . 3.27 (193.19)
quieuerunt. Picti . . . tunc primum et deinceps quieuerunt, . . . 1.14 (29.25)
quieuit. At ubi turbo persecutionis quieuit, . . . 1.8 (22.7)
et statim, ut praedictum erat, suo quieuit a feruore. . . . 3.15 (158.19)

QVIETISSIMVS, a, um. **quietissimam.** noctem illam quietissimam duxit; . . . 3.11 (150.23)

QVIETVS, a, um. **quieta.** fidem Brittani . . . inuiolatam integramque quieta in pace seruabant. . . . 1.4 (16.12)
quietam. Ceadda . . . qui tunc in monasterio suo, quod est in Læstingae, quietam uitam agebat, . . . 4.3 (206.20)
quieti. coegerat enim eos inminens hiems, ut, ubicumque potuissent, quieti manerent. . . . 4.1 (203.22)
quietos. quietosque eos suorum desideriis felix carina restituit. . . . 1.20 (39.26)
quietus. ibi reside, et quietus manens adhere tumbae. . . . 3.12 (151.5)
atque orationibus ac lectioni quietus operam dare consueuerat. . . . 5.2 (283.13)
ad uesperam usque quietus et quasi mortuus permanens, tunc paululum reuiuisco, . . . 5.6 (290.24)

QVILIBET, quaelibet, quodlibet. **cuiuslibet.** ut nulla possit ecclesiarum uestrarum iactura per cuiuslibet occasionis obtentum quoque modo prouenire; . . . 2.18 (121.31)
quaelibet. uel si alia quaelibet necessitas insisteret, uiam peragere posset. . . . 3.14 (156.10)
quaelibet. uel in uasa quaelibet humani usus formarentur, . . . 3.22 (171.29)
quasi missam a Deo conditore plagam per . . . fylacteria uel alia quaelibet daemonicae artis arcana cohibere ualerent. . . . 4.27 (269.22)
qualibet. seu in qualibet ecclesia aliquid inuenisti, . . . 1.27 (49.25)
Vnde et hanc non, . . . xiiii^{a} luna in qualibet feria cum Iudaeis, sed die dominica semper agebat, . 3.17 (162.7)
nil curans, utrum haec sabbato, an alia qualibet feria proueniret. . . . 3.25 (185.23)
dominica . . alia qualibet luna usque ad xxi^{am} esset uentura, . . . 3.25 (185.34)
quemlibet. Quomodo enim iuuandi quemlibet possunt habere uirtutem hi, . . . 2.10 (102.20)
quilibet. Cuius ordinem miraculi non quilibet dubius relator, . . . narrauit, . . . 3.15 (158.23)
quislibet. uel corpus Domini quislibet accipere ualeat; . . . 1.27 (59.22)
quodlibet. non uno quodlibet auctore, sed fideli innumerorum testium, . . . Praef. (7.25)
quolibet. nec sensibilitatem a suis factoribus potuit quolibet modo suscipere, . . . 2.10 (103.11)
quolibet. uel alio quolibet incommodo fessos, . . . 4.6 (218.21)

QVIN. 1.1 (12.33); 1.7 (19.28); 1.12 (27.15); 1.13 (29.6); 1.14 (29.18); 1.22 (42.7); 1.25 (46.14); 1.25 (46.16); 1.26 (47.30); 2.9 (97.15); 2.9 (98.4); 2.12 (107.13); 2.12 (108.11); 2.12 (109.11); 2.12 (109.19); 2.15 (116.30); 2.20 (125.11); 3.12 (151.10); 3.14 (155.5); 3.17 (161.6); 3.21 (170.27); 3.21 (170.29); 3.23 (177.5); 3.25 (181.24); 4.7 (220.12); 4.9 (222.21); 4.9 (222.28); 4.10 (224.30); 4.22 (250.26); 4.32 (280.1); 5.19 (330.14); 5.21 (336.11).

QVINDECIES. Quindecies ternos postquam egit episcopus annos, . . . 5.19 (330.26)

QVINDECIM. XV. longissima dies siue nox xv, . . . conpleat horas. . . . 1.1 (11.9)
Eleuther Romae praesul factus xv annos ecclesiam gloriosissime rexit, . . . 5.24 (352.14)

QVINGENTESIMVS DVODEQVADRAGESIMVS, a, um. **DXXXVIII.** Anno dxxxviii, eclypsis solis facta est . . . 5.24 (353.1)

QVINGENTESIMVS NONAGESIMVS SEPTIMVS, a, um. **DXCVII.** Anno dxcvii, uenere Brittaniam praefati doctores, . . . 5.24 (353.15)

QVINGENTESIMVS NONAGESIMVS SEXTVS, a, um. **DXCVI.** Anno dxcvi, Gregorius papa misit Brittaniam Augustinum cum monachis, . . . 5.24 (353.12)

QVINGENTESIMVS OCTOGESIMVS SECVNDVS, a, um. **DLXXXII.** anno ab incarnatione Domini dlxxxii . . . 1.23 (42.13)

QVINGENTESIMVS QVADRAGESIMVS, a, um. **DXL.** Anno dxl, eclypsis solis facta . . . 5.24 (353.3)

QVINGENTESIMVS QVADRAGESIMVS SEPTIMVS, a, um. **DXLVII.** Anno dxlvii, Ida regnare coepit, 5.24 (353.6)

QVINGENTESIMVS SEXAGESIMVS QVINTVS, a, um. **DLXV.** Anno dlxv, Columba presbyter de Scottia uenit Brittaniam, . . . 5.24 (353.9)
D°LX°V°. Siquidem anno incarnationis dominicae d°lx°v°, . . . 3.4 (133.4)

QVINGENTI. quingentis. quingentis fere passibus ab harena situs est, . . . 1.7 (20.28)

QVINGENTI TRIGINTA DVO, ae, o. **quingentos et XXX duos.** etiamsi ad quingentos usque et XXX duos uoluerint annos; . . . 5.21 (341.27)
QVINQVAGESIMA. **quinquagesimae.** consuetudinem fecerunt per totum annum, excepta remissione quinquagesimae paschalis, . . . 3.5 (136.20)
L^{mae}. Cuius modum continentiae . . . post peracta sollemnia pentecostes, hoc est L^{mae}, semper obseruare curabat. . . . 3.27 (194.14)
QVINQVAGESIMVS QVARTVS, a, um. **LIIII.** Mauricius ab Augusto LIIII imperium suscipiens . . 1.23 (42.14)
QVINQVAGINTA. **L.** traiectu milium L, siue, . . . stadiorum CCCCL. . . . 1.1 (9.14)
et solum L fuga esse lapsos. . . . 2.2 (84.26)
cui etiam rex Vulfheri donauit terram L familiarum ad construendum monasterium . . . 4.3 (207.4)
Denique ferunt, quia saepe XL simul aut L homines inedia macerati procederent ad praecipitium . 4.13 (231.14)
QVINQVAGINTA SEPTEM. **LVII.** sed et plurimi eiusdem urbis muri cum LVII turribus conruerunt; . 1.13 (29.9)
QVINQVAGINTA SEX. **L et VI.** post regnum temporale, quod L et VI annis gloriosissime tenuerat, . . 2.5 (89.7)
QVINQVE. **quinque.** Haec in praesenti, . . . quinque gentium linguis, . . . 1.1 (11.12)
Et hic ergo postquam annis quinque rexit ecclesiam, . . . 2.7 (95.3)
Neque enim magna est, sed quasi familiarum quinque, . . . 3.4 (133.29)
et hoc post quinque annos sui episcopatus de hac uita subtracto, . . . 3.20 (169.6)
Suscipimus sanctas et uniuersales quinque synodos beatorum et Deo acceptabilium patrum; . . . 4.17 (240.1)
quae quinque animas hominum merentes heiulantesque, . . . trahebat in tenebras; . . . 5.12 (306.13)
successor eius Cyrillus seriem XC et V annorum in quinque decennouenalibus circulis conprehendit; 5.21 (341.19)
V. Rex ipse, . . . cum V tantum aut VI ministris ueniebat, . . . 3.26 (190.31)
habens monasteriolum permodicum . . . et in eo fratres V siue VI, . . . 4.13 (231.4)
Nam ipse illis in partibus annos V, . . . officium episcopatus et uerbo exercebat et opere. . . . 4.13 (232.18)
Denique V ex eodem monasterio postea episcopos uidimus, . . . 4.23 (254.22)
Sed post V annos denuo accusatus, ab eodem ipso rege et plurimis episcopis praesulatu pulsus est; 5.19 (327.13)
Coenred rex Merciorum, postquam V annos regnauit, Romam pergit. . . . 5.24 (356.6)
Historiam ecclesiasticam nostrae insulae ac gentis in libris V. . . . 5.24 (359.16)
QVINQVE MILIA. **quinque milium.** Australium Merciorum, qui sunt, ut dicunt, familiarum quinque milium, . . . 3.24 (180.13)
QVINTVS, a, um. **quinta.** ita ut nil umquam cibi uel potus, excepta die dominica et quinta sabbati, perciperet. . . . 4.25 (263.5)
ita ut quinta solum sabbati et dominica, sicut praedixi, reficeret, . . . 4.25 (264.5)
quinta demum inlucescente die, quasi de graui experrectus somno, exsurgens resedit; . . . 5.19 (328.28)
quinto. occisus est, . . . die quinto mensis Augusti. . . . 3.9 (145.11)
Anno post obitum praefati patris proximo, id est quinto Osredi regis, . . . Hadrianus . . . defunctus est, 5.20 (330.32)
quinto. et iterum in Constantinopoli quinto congregati sunt concilio . . . 4.17 (240.9)
quintus. quintus Aeduini rex Nordanhymbrorum gentis, . . . 2.5 (89.19)
quintus ab Augustino Doruuernensis ecclesiae consecratus est antistes. . . . 2.18 (120.12)
V. Et ita una cum Hadriano VI. [v.] Kalendas Iunias Brittaniam missus est. . . . uar. 4.1 (203.10)
Berctuald . . . defunctus est die [v.] Iduum Ianuariarum; . . . uar. 5.23 (349.30)
V. v. Interrogatio Augustini: . . . 1.27 (50.26)
V. v: 'Vt nullus clericorum relinquens proprium episcopum, passim quolibet discurrat, . . . 4.5 (216.13)
V^{o}. Passi sunt autem praefati sacerdotes et famuli Christi V^{o}. Nonarum Octobrium die. . . . 5.10 (300.25)
QVINTVS DECIMVS, a, um. **XV.** Aedilbaldo rege Merciorum XV. agente annum inperii. . . . 5.24 (356.19)
XV. Data die XV. Kalendarum Iuliarum, . . . 1.30 (66.5)
Qui defunctus die XV Kalendarum Martiarum Ecgfridum filium regni heredem reliquit; . . . 4.5 (214.20)
anno X^{o} regni eius, sub die XV Kalendas Octobres, indictione VIII^{a}; . . . 4.17 (239.7)
Hild, . . . transiuit die XV. Kalendarum Decembrium, . . . 4.23 (252.20)
extinctus anno aetatis suae XL., regni autem XV., . . . 4.26 (267.3)
XV^{a}. Quaecumque ergo luna ante aequinoctium plena est, XIIII^{a} uidelicet uel XV^{a} existens, . . . 5.21 (339.8)
XV^{a}. quia dominicum paschae diem a XV^{a} luna usque ad XXI^{am}, . . . oportet inquiri. . . . 2.19 (122.24)
fiebat, ut dominica paschae dies nonnisi a XV^{a} luna usque ad XXI^{am} seruaretur. . . . 3.25 (186.3)
Petrus a XV^{a} luna usque ad XXI^{am} diem paschae dominicum celebrabat; . . . 3.25 (186.20)
ut pascha primo mense anni et tertia eiusdem mensis septimana, id est a XV^{a} die usque ad XXI^{am}, fieri deberet; . . . 5.21 (334.6)
sed adueniente tandem uespera diei XIIII^{ae}, id est XV^{a} luna, . . . 5.21 (334.26)
sed XV^{a} sunt educti ex Aegypto, . . . 5.21 (335.9)
"Profecti igitur de Ramesse XV^{a} die mensis primi, altera die phase, filii Israel in manu excelsa." . 5.21 (335.11)
a XV^{a} die mensis primi usque ad XXI^{am} eiusdem mensis diem conpletam computari oportet. . . . 5.21 (335.14)
et XV^{a} die mensis huius sollemnitas azymorum Domini est. . . . 5.21 (336.31)
ut . . . expectetur etiam dies dominica, a XV^{a} usque ad XXI^{am} diem eiusdem mensis. . . . 5.21 (337.11)
XV^{ae}. et quod ipsa sit nox XV^{ae} lunae, . . . 5.21 (334.28)
a uespera diei XV^{ae} pascha incipiendum doceant; . . . 5.21 (338.14)
ita ut XV^{ae}, in qua populus Dei ab Aegypti seruitute redemtus est, . . . uix uesperam tangant. . . . 5.21 (338.18)
XV^{am}. ut hanc eadem ipsa die more Aegyptiorum XV^{am} lunam ad uesperam esse fateretur. . . . 3.25 (187.19)
ut semper in diem XV^{um} primi mensis, id est in lunam XV^{am} dominica dies incurreret, . . . 5.21 (337.2)
XV^{um}. 'Si ergo fieri posset, ut semper in diem XV^{um} primi mensis, . . . dominica dies incurreret, . 5.21 (337.1)
QVIPPE. 1.27 (54.17); 1.27 (55.15); 1.27 (56.11); 1.27 (58.12); 1.27 (61.5); 2.10 (100.27); 2.10 (101.19); 2.10 (103.15); 2.20 (125.17); 4.2 (205.26); 4.10 (224.22); 4.27 (269.27); 4.28 (273.19); 5.6 (289.15); 5.18 (320.10); 5.23 (349.6); 5.23 (351.15).
QVIPPIAM. et cum neque ibi quippiam requiei inuenire ualerent, . . . 5.12 (305.9)
QVIS, quid, *omitted.*
QVISPIAM, quaepiam, quodpiam. **quopiam.** Quae ne facile a quopiam posset contemni, . . . 3.8 (142.10)
QVISQVAM, quaequam, quicquam. **cuiquam.** praecipio tibi in nomine Domini, ne hoc cuiquam ante meum obitum dicas. . . . 4.3 (209.31)
ne cuiquam haec alteri referret, . . . 5.9 (297.21)
cuiusquam. omnibus essent omnia communia, cum nihil cuiusquam esse uideretur proprium. . . . 4.23 (254.12)
quicquam. Neque haec tamen agentes quicquam ab illo auxilii impetrare quiuerunt, . . . 1.13 (28.30)
nec tamen, protegentibus eum angelis, quicquam proficiebant. . . . 3.19 (165.5)
nulli episcoporum liceat ea in aliquo inquietare, nec quicquam de eorum rebus uiolenter abstrahere.' 4.5 (216.7)
ut neque uelo neque remigio quicquam proficere, . . . ualeremus. . . . 5.1 (281.21)
nec Victberct illas deueniens in partes quicquam proficiebat, . . . 5.10 (299.2)
ne qui praedicantibus quicquam molestiae inferret; . . . 5.10 (299.10)
quisquam. neque ante Iulium Caesarem, neque post eum quisquam . . . 1.3 (15.10)
Neque ex eo tempore quisquam regum Scottorum . . . in proelium uenire audebat. . . . 1.34 (72.3)
neque hos quisquam, nisi ad usum necessarium, contingere . . . auderet, . . . 2.16 (118.12)
Quod si quisquam propriam expulerit coniugem legitimo sibi matrimonio coniunctam, . . . 4.5 (217.3)
Et cum ne adhuc quidem talia loquenti quisquam responderet, . . . 4.8 (221.18)
QVISQVE, quaeque, quodque. **cuique.** 1.1 (10.18); 1.27 (49.7).
cuiusque. 5.21 (344.29).
cuiusque. 1.8 (22.19).
quaeque. 5.23 (350.25)

quaeque. 1.29 (64.9); 2.4 (88.20); 4.5 (215.17); 4.5 (216.6); 4.5 (217.10).
quaeque. 1.12 (26.31); 1.26 (47.5) 1.32 (68.31); 2.7 (94.10); 3.11 (150.2); 4.5 (215.25); 4.32 (280.25); 5.7 (293.9); 5.11 (301.30); 5.15 (316.28).
quamque. 2.1 (78.8).
quasque. 2.1 (76.17); 1.15 (32.20).
quemque. 5.21 (343.18).
quibusque. 1.27 (49.30).
quibusque. 5.15 (315.22).
quique. Praef. (8.13); 1.22 (41.27); 1.27 (52.22); 3.5 (136.18); 3.19 (164.16); 3.25 (189.4); 4.5 (215.14); 4.23 (253.30); 4.23 (254.14); 5.21 (333.29).
quisque. 2.12 (108.13); 3.3 (131.25); 3.19 (168.29); 4.10 (224.19); 4.31 (279.16).
quosque. 1.32 (67.26).
QVISQVIS, quaeque, quodquod. **quicquid.** quicquid a uobis fuerit in eius admonitione conpletum. 1.23 (43.16)
Quicquid uero ex auctoritate agendum est, ... 1.27 (53.19)
quicquid in ea uitii sordidantis inter uirtutes per ignorantiam uel incuriam resedisset, ... 4.9 (222.8)
quicquid. quicquid custodire temtauerat turba, consumitur; 1.19 (37.19)
Et quicquid de faciendis signis acceperis, ... 1.31 (67.14)
Quicquid pecuniae habuerat, sedulus hoc dispergere . . . curabat, ... 2.1 (77.19)
Implebatque actu, quicquid sermone docebat, ... 2.1 (79.17)
quicquid ex diuinis litteris per interpretes disceret, ... 4.24 (258.29)
quicquid mihi inposueris agendum, . . . totum facile feram, ... 4.25 (263.24)
'Memento, frater Heriberct, ut modo, quicquid opus habes, me interroges mecumque loquaris; . . . 4.29 (274.21)
quicquid ignorantia uel fragilitate deliqui, aeque ad tuae uoluntatis examen mox emendare curaui.' 4.29 (275.2)
quisquis. Quisquis igitur contra hanc sententiam, . . . quoquo modo uenire, . . . nouerit se . . . separatum. 4.5 (217.13)
Quam uidelicet regulam triformem quisquis rite custodierit, ... 5.21 (334.11)
quoquo. ut nulla possit . . . iactura . . . quoquo modo prouenire; 2.18 (121.32)
quoquo modo uenire, ... 4.5 (217.16)
ad ecclesiam, quoquo modo posset, perueniens, ... 4.31 (278.19)
QVOADVSQVE. quoadusque, qui gignitur, ablactatur. 1.27 (55.7)
QVOD (*conj.*), *omitted.*
QVOENBVRG (*fl.* 616?), *first wife of Edwin of Northumbria.*
Quoenburga. qui ambo ei exuli nati sunt de Quoenburga filia Cearli regis Merciorum. 2.14 (114.22)
QVOENBVRG (*fl.* 705), *daughter of Heriburg, Abbess of Wotton; healed by the prayers of John of Beverley.*
Quoenburg. et ait: 'Postulat Quoenburg' (hoc enim erat nomen uirginis), 'ut ocius regrediaris ad eam.' 5.3 (286.9)
QVOLIBET. 4.5 (216.14); 5.11 (302.21).
QVOMODO. 1.27 (50.16); uar. 1.32 (69.2); 2.1 (75.20); 2.1 (80.20); 2.4 (87.14); 2.10 (102.19); 2.11 (105.20); uar. 2.18 (121.32); 3.11 (150.17); 3.12 (151.2); 3.25 (185.7); 3.25 (185.32); 3.25 (188.7); 4.23 (258.1); 4.24 (260.2); 4.24 (262.12); 4.27 (270.28); 5.20 (332.1).
QVONDAM. 1.1 (9.2); 1.1 (10.26); 1.12 (27.19); 1.15 (32.17); 1.32 (68.15); 1.34 (71.12); 2.1 (73.22); 2.1 (74.32); 2.1 (78.12); 2.3 (85.23); 2.12 (106.28); 2.12 (107.1); 2.12 (107.12); 2.13 (113.21); 3.2 (129.26); 3.6 (138.28); 3.12 (151.18); 3.14 (154.15); 3.16 (159.1); 3.18 (163.8); 3.25 (181.27); 4.14 (234.24); 4.14 (235.5); 4.20 (248.25); 4.22 (251.26); 5.2 (283.4); 5.9 (296.31); 5.9 (297.6); 5.16 (317.28); 5.17 (319.15); 5.19 (327.24); 5.19 (329.24); 5.20 (331.33); 5.24 (354.5).
QVONIAM. 1.25 (46.27); 1.28 (62.18); 2.20 (126.27); 4.1 (203.32); 4.2 (206.1); 4.13 (232.20); 4.19 (246.33); 4.26 (267.5); 4.28 (273.8); 5.9 (298.24); 5.21 (342.34); 5.22 (346.26); 5.22 (347.5).
QVOQVE. Praef. (5.18); 1.1 (10.3); 1.1 (11.28); 1.1 (12.2); 1.3 (15.3); 1.6 (17.17); 1.13 (29.10); 1.15 (32.6); 1.18 (36.29); 1.23 (42.11); 1.25 (46.13, 21); 1.26 (47.20); 1.27 (49.7); 1.27 (51.9); 1.27 (52.14, 23); 1.27 (53.11); 1.27 (57.7); 1.29 (63.9, 32); 1.29 (64.2); 1.32 (67.20); 1.32 (68.12); 1.32 (69.26); 2.1 (74.11); 2.1 (76.14, 28); 2.1 (77.1); 2.1 (78.19, 23); 2.1 (80.2); 2.4 (88.21); 2.5 (90.1); 2.8 (96.14); 2.10 (101.6, 25); 2.11 (104.8); 2.11 (105.28); 2.19 (123.25, 28); 2.20 (126.7, 20); 3.4 (135.11, 14); 3.13 (152.18); 3.14 (154.10); 3.17 (160.22); 3.19 (166.18); 3.19 (167.27, 32); 3.19 (168.9); 3.20 (169.9); 3.23 (176.10); 3.23 (177.8); 3.25 (181.12); 3.25 (182.14); 3.26 (191.11); 3.27 (192.2, 8, 17); 3.27 (193.17); 3.27 (194.13); 3.28 (195.25); 4.2 (204.11); 4.2 (205.22, 34); 4.3 (206.15); 4.3 (207.10); 4.3 (209.6, 9, 15, 18); 4.5 (215.26); 4.9 (222.30); 4.12 (228.11); 4.14 (233.9); 4.14 (235.9); 4.17 (239.31); 4.19 (244.19); 4.19 (245.4); 4.19 (246.25); 4.20 (248.5, 6, 14); 4.23 (254.8); 4.23 (258.10); 4.24 (262.17); 4.25 (265.16); 4.26 (267.13); 4.27 (270.18); 4.28 (271.6); 4.28 (272.26, 33); 4.28 (273.22); 4.29 (274.7); 4.29 (275.23); 5.1 (282.17); 5.3 (286.23); 5.4 (286.28); 5.5 (288.26); 5.6 (290.20); 5.7 (293.1, 4); 5.8 (295.5); 5.10 (299.9); 5.10 (301.4); 5.11 (303.14); 5.12 (306.26); 5.12 (309.29); 5.15 (316.21); 5.15 (317.4); 5.16 (317.33); 5.17 (318.24, 28); 5.17 (319.22); 5.19 (327.10); 5.20 (331.28); 5.20 (332.3); 5.21 (333.7, 32); 5.21 (339.31); 5.21 (340.7); 5.21 (342.1); 5.21 (343.11, 15); 5.21 (344.9); 5.21 (345.10, 17); 5.22 (346.16); 5.22 (347.7); uar. 5.22 (347.24); 5.23 (348.26); 5.23 (350.9); 5.23 (351.5); 5.24 (352.11); 5.24 (358.18).
QVOQVO. Ebrinus . . . copiam pergendi, quoquo uellent, tribuit eis. 4.1 (203.15)
QVOT. post quot dies hoc liceat sacri baptismatis sacramenta percipere? 1.27 (53.28)
post quot dies debeat ecclesiam intrare, ... 1.27 (54.20)
"Vides, frater, quot milia sunt in Iudaeis, qui crediderunt; 3.25 (185.15)
QVOTIENS. quotiens ipsi rerum domini discendae, docendae, custodiendae ueritati operam inpendunt. 5.21 (333.20)
QVOTIES. 2.18 (120.28); 4.3 (207.14); 4.3 (211.9); 4.10 (224.16).
QVOTIESCVMQVE. uirgines . . . quotiescumque uacant, texendis subtilioribus indumentis operam dant, 4.25 (265.17)
QVOTLIBET. qui . . . facillime possint in quotlibet spatia temporum paschales protendere circulos, . 5.21 (341.26)
QVOTQVOT. credebantque et baptizabantur quotquot erant praeordinati ad uitam aeternam, ... 2.14 (114.20)
QVOTVS, a, um. **quotam.** Vsque ad quotam generationem fideles debeant cum propinquis sibi coniugio copulari? 1.27 (50.26)
QVOVSQVE. quousque Ebrinus . . . copiam pergendi, quoquo uellent, tribuit eis. 4.1 (203.14)
quousque rex Osuiu imperium protendere poterat. 4.3 (206.22)

R

RABIES. **rabiem.** Barbaricam rabiem, nomen et inde suum Conuersus conuertit ouans; 5.7 (293.16)
RACVVLFE, *Reculver.*
Racuulfe. in monasterio, quod iuxta ostium aquilonale fluminis Genladae positum, Racuulfe nuncupatur; 5.8 (295.20)
RADIO. **radiante.** Quin etiam sublime crucis, radiante metallo, Hic posuit tropaeum, ... 5.19 (330.14)
radianti. Splendificumque iubar radianti carperet haustu, ... 5.7 (293.13)
radiantis. matutinis horis oriebatur, excelsam radiantis flammae quasi columnam praeferens. . . . 4.12 (228.31)
radiasse. quod eo loci corpora eorum posset inuenire, ubi lucem de caelo terris radiasse conspiceret. 5.10 (301.7)
RADIVS. **radii.** quod ingressi per rimas ostiorum uel fenestrarum radii lucis, ... 4.7 (220.19)
radiis. ut omni splendore diei siue solis meridiani radiis uideretur esse praeclarior. 5.12 (307.21)

radio. sed etiam trans oceanum longe radios [radio] salutiferae lucis spargens, uar. 3.13 (152.8)
radios. sed etiam trans oceanum longe radios salutiferae lucis spargens, 3.13 (152.8)
radius. Cuius radius lucis tantus extitit, 4.7 (220.16)
Sed et radius lucis permaximus, atque ad caelum usque altus, . . . fulgebat 5.10 (300.32)
RADIX. radice. quod ex pollutae cogitationis radice generatur. 1.27 (57.6)
quia portat in ramo umorem uitii, quem traxit ex radice. 1.27 (58.5)
uidet enim, a qua radice inquinatio illa processerit, 1.27 (60.27)
radix. 'In die illa radix Iesse, qui stat in signum populorum, ipsum gentes deprecabuntur.' 3.29 (197.6)
RADO. rasa. rasa folia codicum, qui de Hibernia fuerant, 1.1 (13.2)
RAEDFRID (*fl.* 669), *prefect of Egbert of Kent; sent to France to conduct Theodore to England.*
Raedfridum. misit illo continuo Raedfridum praefectum suum ad adducendum eum; 4.1 (203.26)
RÆGENHERI (*d.* 617), *son of Redwald of East Anglia.*
Rægenheri. in quo certamine et filius Redualdi, uocabulo Rægenheri, occisus est. 2.12 (110.20)
RAMESSES, *Rameses of Egypt.*
Ramesse. "Profecti igitur de Ramesse xv^{a} die mensis primi, altera die phase, filii Israel in manu excelsa." 5.21 (335.10)
RAMVS. ramis. de ramis arborum faciant, 1.30 (65.20)
ramo. quia portat in ramo umorem uitii, quem traxit ex radice. 1.27 (58.4)
RANCOR. rancoris. interrogauit, si omnes placidum erga se animum, et sine querela controuersiae ac rancoris haberent. 4.24 (261.35)
RAPACITAS. rapacitate. latrocinio ac rapacitate mutua temperabant, 1.12 (28.10)
RAPAX. rapax. 'Beniamin lupus rapax, 1.34 (71.19)
RAPIDISSIMVS, a, um. rapidissimo. quod muro et harena, ubi feriendus erat, meatu rapidissimo diuidebatur; 1.7 (20.5)
RAPIO. rapere. aufugerunt omnes, qui me forcipibus rapere quaerebant spiritus infesti. 5.12 (307.2)
raperentur. et passim cotidie raperentur ad Dominum; 4.7 (219.18)
multique . . . passim de hac uita raperentur; 4.14 (233.14)
raperetur. ne mox mortuus ob merita scelerum ad inferni claustra raperetur, 3.13 (152.29)
ut uir unitatis ac pacis studiosissimus ante ad uitam raperetur aeternam, 5.15 (316.14)
rapienda. Cum autem et ipsa mater pia Deo deuotae congregationis Aedilburga esset rapienda de mundo, 4.9 (221.30)
rapiendi. et numerum quoque eorum, qui de suo monasterio hac essent de mundo rapiendi, . . . intimauerit. 4.19 (244.20)
rapiendum. nec dubito me post mortem corporis statim ad perpetuam animae mortem rapiendum, 3.13 (153.5)
Vnde animaduerto illum citius ex hac uita rapiendum; 3.14 (157.11)
et paratis ad rapiendum me daemonibus in inferni claustra pertrahar.' 5.13 (312.29)
rapitur. Cum uero ultra modum appetitus gulae in sumendis alimentis rapitur, 1.27 (60.9)
rapiuntur. percipiendo ex religiosae uitae consuetudine eiusdem mysterii amore rapiuntur, 1.27 (56.26)
rapta. Rapta est autem ad Dominum in medio suorum, 4.19 (244.21)
Tertia autem die prioribus adgrauata doloribus, et rapta confestim de mundo, 4.19 (245.21)
rapti. quorum primi albati adhuc rapti sunt de hac uita, 2.14 (114.27)
omnes socii ipsorum uel mortalitate de saeculo rapti, uel per alia essent loca dispersi, 3.27 (192.27)
raptos. seu raptos e mundo a perpetua animae damnatione seruaret. 4.14 (233.18)
raptum. inuenient illum hac, ut diximus, die raptum esse de saeculo. 4.14 (235.1)
raptus. Siquis uero suam coniugem non cupidine uoluptatis raptus, . . . utitur, 1.27 (58.23)
ubi correptus infirmitate, . . . raptus est e corpore; 3.19 (164.27)
Qua plaga praefatus Domini sacerdos Tuda raptus est de mundo, 3.27 (192.5)
quod nemo praeter ipsum tempore illo ex eodem est monasterio raptus de mundo. 4.14 (235.34)
Carmina casta mihi, fedae non raptus Helenae; 4.20 (247.13)
rapuerunt. Itaque rapuerunt eos subito, et interemerunt; 5.10 (300.16)
RAPTIM. raptim opinione, praedicatione, uirtutibus impleuerunt; 1.17 (35.5)
RAPTO. raptari. quo ceteros exterminio raptari e mundo contingeret. 4.7 (219.24)
RARO. raro ibi nix plus quam triduana remaneat; 1.1 (12.27)
Et si forte euenisset, quod tamen raro euenit, ut ad regis conuiuium uocaretur, 3.5 (136.14)
iiii . . . germani fratres, . . . quod raro inuenitur, omnes sacerdotes Domini fuere praeclari, 3.23 (176.22)
raroque in calidis balneis, . . . lauari uoluerit; 4.19 (244.7)
raro praeter maiora sollemnia, . . . plus quam semel per diem manducauerit; 4.19 (244.12)
RARVS, a, um. rarae. exceptis uitibus et oliuis, rarae ferax arboris, frumenti quoque et hordei fertilis. 5.17 (318.27)
raro. Est mansio quaedam secretior, nemore raro et uallo circumdata, 5.2 (283.7)
RASVRA. rasuram. et ipsam rasuram aquae inmissam ac potui datam, 1.1 (13.3)
RATHBED (*d.* 719), *King of Frisia.*
Rathbedo. duobus annis continuis genti illi ac regi eius Rathbedo uerbum salutis praedicabat, 5.9 (298.20)
Rathbedo. et quia nuper citeriorem Fresiam expulso inde Rathbedo rege ceperat, 5.10 (299.8)
RATHMELSIGI, *unidentified; possibly Melfont, or Mellifont, County Louth, Ireland.*
Rathmelsigi. cum essent in monasterio, quod lingua Scottorum Rathmelsigi appellatur, 3.27 (192.26)
RATIO. ratio. Quod ita fieri oportere illa nimirum ratio cogit, 5.21 (339.15)
et ideo festis paschalibus inhabilem memorata ratio probat. 5.21 (339.30)
ratione. qua ratione poterit a sacri baptismatis gratia prohibere? 1.27 (54.16)
ut ei ex ratione contradicat, ne consentiat; 1.27 (61.22)
per xxx et v libros expositionis miranda ratione perdocuit. 2.1 (75.23)
et ratione ueritatis, . . . probauit hoc dogma . . . fidei . . . esse contrarium. 2.1 (75.32)
ammonens, quia nulla ratione conueniat tanto regi amicum suum . . . auro uendere, 2.12 (110.7)
Exposita autem ratione paschalis obseruantiae, 2.19 (123.23)
sed ipse ordinationem eius denuo catholica ratione consummauit. 4.2 (205.31)
'quod tantam frigoris asperitatem ulla ratione tolerare praeuales.' 5.12 (310.26)
simul et de tonsurae modo uel ratione, qua clericos insigniri deceret; 5.21 (333.1)
'Cuius obseruantiae catholica ratione patefacta, patet e contrario error inrationabilis eorum, 5.21 (337.26)
Namque sine ratione necessitatis alicuius anticipant illi tempus in lege praescriptum, 5.21 (337.29)
de ratione tantum temporis paschalis instrui quaerentes, 5.21 (341.32)
de ratione bissexti una; 5.24 (359.2)
rationem. et ab ipso uenerabili uiro Paulino rationem fidei ediscere, 2.9 (100.10)
'Quod si mysticam quoque uos in his rationem audire delectat, primo mense anni, 5.21 (339.31)
sed in tantum modo rationem huius temporis obseruandi cognosco, 5.21 (345.31)
rationis. ita ut mens extra rationis regulam omnino nihil faciat. 1.27 (50.15)
hanc accipere debere tonsuram, quam plenam esse rationis audimus, omnes, . . . clericos decerno.' 5.21 (346.3)
RATIONABILIS, e. rationabile. nonnulla etiam de Brettonibus in Brittania, rationabile et ecclesiasticum paschalis obseruantiae tempus . . . suscepit. 5.15 (315.13)
rationabilem. computum paschae rationabilem, et alia multa, . . . ecclesiasticis disciplinis accommoda, . . . percepit; 5.19 (324.26)
RAVENNA, *Ravenna.*
Rauennam. Porro Germanus post haec ad Rauennam . . . aduenit, 1.21 (41.11)
REA. rea. Qua in re unum ibi ostenditur ipsa mens rea, 1.27 (60.23)
reae. At ille, quem nimius reae conscientiae tenebat dolor, 4.25 (263.21)
REATITVDO. reatitudine. ut indulti muneris praemia non cum reatitudine, . . . repraesentes. 2.8 (96.34)

reatitudinis. Quanta autem reatitudinis culpa teneantur obstricti hi, 2.10 (102.10)
REATVS. reatu. ut sic absoluar reatu superuacuae leuitatis; 4.19 (246.11)
reatum. Et homo, . . . reatum culpae portet inuitus. 1.27 (56.21)
et tamen molesta, qua turbatum se aliquem reatum incurrisse aestimabat. 1.27 (58.19)
habet exinde animus aliquem reatum, 1.27 (60.11)
Accedens ergo ad sacerdotem, . . . confessus est reatum suum, 4.25 (263.15)
quod causa diuini timoris semel ob reatum conpunctus coeperat, 4.25 (264.11)
reatus. patet animo reatus suus; 1.27 (60.27)
reatus. ut surgentem cordis gloriam memoria reatus premat. 1.31 (67.14)
ceceditque ante pedes eius, ueniam reatus postulans. 3.22 (174.4)
quod hi, . . . ocius Domino uindice poenas sui reatus luerent. 4.26 (266.25)
REBELLIS. rebellem. 'Quia rebellem,' inquiens, 'ac sacrilegum celare 1.7 (19.7)
rebelles. quam inter rebelles fidei barbaros sine fructu residerent. 2.5 (91.33)
REBELLO. rebellabant. de ipsis montibus, speluncis, ac saltibus continue rebellabant; 1.14 (29.21)
rebellarunt. rebellarunt aduersus regem Osuiu duces gentis Merciorum, 3.24 (180.18)
rebellauit. rebellauit aduersus eum Caedualla rex Brettonum, 2.20 (124.17)
REBOR. rebantur. non semper in luna XIIII^{a} cum Iudaeis, ut quidam rebantur, sed in die quidem dominica, . . . celebrabant. 3.4 (135.4)
rebar. quem antea degustans quasi maximum rebar, 5.12 (307.34)
RECAPITVLATIO. recapitulatio. Recapitulatio chronica totius operis; et de persona auctoris. 5.24 (352.1)
RECAPITVLO. recapitulari. Verum ea, . . . ob memoriam conseruandam breuiter recapitulari placuit. 5.24 (352.3)
RECEDO. recedente. Qui uidelicet locus accedente ac recedente reumate, bis cotidie . . . circumluitur undis, 3.3 (132.3)
recederet. ut tam longe ab urbe secederet [recederet], uar. 2.1 (80.31)
recessere. siquidem ad aduentum eius spiritus recessere maligni. 4.28 (271.19)
recesserit. et nisi prius ignis temtationis reciderit [recesserit], uar. 1.27 (59.33)
recessit. atque ab ea statim sua infirmitas recessit. 1.27 (55.25)
Trumuini, . . . recessit cum suis, qui erant in monasterio Aebbercurnig, 4.26 (267.19)
RECENS. recens. recens de lauacro pars maior exercitus arma capere . . . temtaret, 1.20 (38.28)
recente. recente adhuc memoria calamitatis et cladis 1.22 (41.25)
RECENS. etiam si mulier una cum recens nato paruulo uellet totam perambulare insulam 2.16 (118.6)
RECEPTACVLVM. receptacula. atque idcirco umorum receptacula grauantur, 1.27 (60.10)
RECEPTVS. receptui. constructa domuncula cultiore receptui corporis eiusdem, 3.19 (168.22)
RECESSIO. recessionis. nec de loco mouearis, donec hora recessionis febrium transierit. 3.12 (151.7)
RECIDO. reciderit. et nisi prius ignis temtationis reciderit, 1.27 (59.33)
RECIPIO. receperant. dispersi sunt quolibet hi, qui uerbum receperant; 5.11 (302.21)
receperat. quos pares meritis receperat caelum, 1.18 (36.29)
receperint. Vt Orientales Saxones fidem, . . . praedicante Ceddo, receperint. 3.22 (171.18)
receperit. si eadem ciuitas cum finitimis locis uerbum Dei receperit, 1.29 (63.32)
Vt ad cymiterium eiusdem monasterii orans caeca lucem receperit. 4.10 (224.5)
receperunt. nerui officia receperunt, 1.21 (40.31)
Orientales Saxones fidem, . . . instantia regis Osuiu receperunt. 3.22 (171.21)
fines suos fortiter simul et libertatem receperunt; 3.24 (180.23)
Brettonum quoque pars nonnulla libertatem receperunt; 4.26 (267.14)
Receperunt codicem, neque aliquid mihi dicebant. 5.13 (312.7)
recepi. recepi enim sensum animi mei.' 3.11 (150.16)
etsi necdum uires pristinas recepi, 5.3 (286.18)
ut eum in episcopatum suum, eo quod iniuste fuerit condemnatus, facerent recipi [recepi]. uar. 5.19 (327.22)
recepisse. sed et perditas dudum uires recepisse sentiens, 5.4 (287.25)
recepisset. eo quod Aedilred prouinciam recepisset, 4.12 (229.28)
recepit. tertiam Scottorum nationem in Pictorum parte recepit; 1.1 (12.20)
plurimam insulae partem in deditionem recepit. 1.3 (15.13)
Brittaniamque post x annos recepit. 1.6 (17.25)
clericum quendam persecutores fugientem hospitio recepit; 1.7 (18.15)
fugatis doloribus, recepit pristinam sanitatem, 1.19 (38.4)
Nec mora, congrua quaesitui responsa recepit; 1.27 (48.12)
uniuersos, quos in necem suam conspirasse didicerat, aut occidit, aut in deditionem recepit. 2.9 (100.5)
Aidan . . . de saeculo ablatus, perpetua laborum suorum a Domino praemia recepit. 3.14 (157.18)
Nam exsurgens ab oratione, priusquam exiret de loco, petitae lucis gratiam recepit; 4.10 (225.7)
sedem suam et episcopatum ipso rege inuitante recepit. 5.19 (327.13)
Claudius . . . plurimam insulae partem in deditionem recepit, 5.24 (352.11)
recepta. et sanitate simul ac uirtute recepta ministrabat eis.' 5.4 (287.31)
receptam. Vt Seuerus receptam Brittaniae partem uallo a cetera distinxerit. 1.5 (16.13)
receptam partem insulae a ceteris indomitis gentibus, . . . uallo distinguendam putauit. 1.5 (16.21)
recepto. sed de non recepto, quem miserant, praedicatore dolentes. 3.5 (137.11)
tandem recepto spiritu reuixit, 4.22 (249.27)
receptus. cum . . . Vilfrid post longum exilium in episcopatum esset Hagustaldensis ecclesiae receptus, 5.3 (285.5)
ut, . . . tandem cunctis fauentibus in praesulatum sit suae receptus ecclesiae. 5.19 (329.33)
recipere. quin potius benigno uos hospitio recipere, 1.25 (46.15)
Siquidem non solum fidem Christi recipere noluerat, 2.5 (90.27)
Mellitum uero Lundonienses episcopum recipere noluerunt, 2.6 (93.17)
id est qui pascha catholicum et tonsuram coronae . . . recipere nolebant, 3.26 (189.15)
repente uenit in mentem, quia, . . . perditam posset recipere lucem. 4.10 (224.30)
ubi suos homines, qui exules uagabantur, recipere posset, 4.13 (232.8)
ritus canonicos iuxta Romanae et apostolicae ecclesiae consuetudinem recipere, 5.19 (325.20)
reciperet. coepit expectare horam, qua aut melioratum reciperet iumentum, aut relinqueret mortuum. 3.9 (146.1)
Dumque rex, iubente ac postulante episcopo, laetitiam reciperet, 3.14 (157.4)
reciperit. uerbum Dei receperit [reciperit], uar. 1.29 (63.32)
recipi. cuius uos fidem in regno uestro recipi facitis et custodiri. 1.32 (69.7)
recepi [recipi] enim sensum animi mei.' uar. 3.11 (150.16)
et si propter inimicitias memorati regis in patria siue parrochia sua recipi non potuit, 4.13 (230.6)
ita etiam una atque indissimili sede perpetuae beatitudinis meruisset recipi. 4.29 (275.21)
etsi necdum uires pristinas recepi [recipi], uar. 5.3 (286.18)
quo familiarius a sanctis recipi mereretur in caelis; 5.7 (294.10)
ut eum in episcopatum suum, eo quod iniuste fuerit condemnatus, facerent recipi. 5.19 (327.22)
recipiantur. ipse est, in quo recipiuntur [recipiantur] animae eorum, uar. 5.12 (308.26)
recipiat. Sed absit, ut ecclesia cum augmento recipiat, 1.27 (50.18)
et post longa tempora in caelestis uos patriae congregatione recipiat. 1.32 (70.1)
recipientes. 'Idemque poenam erroris sui in semet ipsos recipientes, 5.21 (338.23)
recipies. maximam possessionum tuarum, quae tibi ablatae sunt, portionem recipies, 5.19 (329.19)
recipiet. aeternas inferni poenas pro mercede recipiet.' 1.7 (19.30)
recipisse. sed et perditas dudum uires recepisse [recipisse] sentiens, uar. 5.4 (287.25)

recipit. Aqua enim, . . . feruidam qualitatem recipit, 1.1 (10.20)
recipitur. 'Omnis filius, qui recipitur, flagellatur'; 2.1 (77.11)
recipiuntur. in quo recipiuntur animae eorum, qui in bonis quidem operibus de corpore exeunt; 5.12 (308.26)
RECIPROCVS, a, um. **reciproca.** Scripta, . . . reciproca responsa ad ea, quae postulata fuerant, siluerunt. 2.19 (123.12)
RECISVRA. recisurae. quorum recisurae uel igni absumerentur, 3.22 (171.28)
RECLINO. reclinauit. Et signans se signo sanctae crucis reclinauit caput ad ceruical, 4.24 (262.10)
RECOGNOSCO. recognoscunt. Recognoscunt populum in ea, qua reliquerat, credulitate durantem; 1.21 (40.20)
RECONCILIO. reconcilietur. sed ita permaneat, aut propriae reconcilietur coniugi.' 4.5 (217.6)
RECONDO. recondendum. et corpus ipsum de porticu ablatum prope altare esset recondendum, 3.19 (168.19)
recondere. in quo desiderabat honoranda patrui sui ossa recondere. 3.11 (148.9)
recondidit. Quo facto, reliquias, ut iussus erat, sua in theca recondidit, 4.32 (280.21)
recondita. Inuenta namque eorum corpora iuxta honorem martyribus condignum recondita sunt, 5.10 (301.9)
recondita. in nouo recondita loculo in eodem quidem loco, sed supra pauimentum dignae uenerationis gratia locarent. 4.30 (276.14)
reconditum. ecclesia est . . . facta, et in illa corpus ipsius ad dexteram altaris reconditum. 3.23 (176.17)
reconditum. inuolutum nouo amictu corpus, nouaque in theca reconditum, supra pauimentum sanctuarii posuerunt. 4.30 (277.17)
RECORDATIO. recordationis. uenit Cantiam ad archiepiscopum beatae recordationis Theodorum; 4.23 (255.1)
RECORDOR. recordans. et repente inter calefaciendum recordans uerbum, quod dixerat illi antistes, 3.14 (156.28)
RECORRIGO. recorrigi. nec, licet auctoribus perditis, excitatum ad scelera uulgus potuit recorrigi, 2.5 (92.9)
RECREO. recreandi. pariter et infirmos consolandi, ac pauperes recreandi uel defendendi clementiam. 3.17 (161.24)
recreata. subito uisione spiritali recreata, os et oculos aperuit; 4.9 (223.17)
recreati. ibique ad doctrinam Scottorum cathecizati, et baptismatis sunt gratia recreati. 3.1 (127.16)
RECTE. recte sentiant, 1.29 (64.10)
quatinus ex lingua et uita tuae sanctitatis et recte credendi, 1.29 (64.17)
quem recte nostrum appellare possumus et debemus apostolum. 2.1 (73.10)
quod etiam tunc destituta pontifice prouincia recte pariter diuino fuerit destituta praesidio. 3.7 (141.17)
si Christianus esse recte uoluerit, nulli alteri copuletur; 4.5 (217.5)
et ipsa recte uiuendo, et subiectis regulariter ac pie consulendo praebuit; 4.6 (219.6)
de quo una cum consortibus eiusdem sui gradus recte ac ueraciter dici potest, 5.8 (294.27)
debet ad monasteria Columbae uenire, quia aratra eorum non recte incedunt; 5.9 (297.32)
quod non recte dominicum paschae diem, . . . tertia primi mensis ebdomada celebremus.' 5.21 (337.23)
RECTITVDO. rectitudine. si . . . mores sermonesque tuos in rectitudine ac simplicitate seruare studueris, 5.12 (309.4)
rectitudinis. zelum rectitudinis tuae in eorum conuersione multiplica, 1.32 (68.6)
RECTIVS. a Brettonibus autem rectius Carlegion appellatur, 2.2 (84.3)
RECTO. Brettones, quamuis . . . totius catholicae ecclesiae statum pascha minus recto, 5.23 (351.12)
RECTOR. rectorem. Habere autem solet ipsa insula rectorem semper abbatem presbyterum, 3.4 (134.11)
non enim digna est haec gens talem habere rectorem.' 3.14 (157.12)
rectores. qualiter ipsi rectores uiuere, 2.1 (76.17)
rectori. quibusque speciali rectoris [rectori] iure praeerat, uar. 5.21 (345.8)
rectoribus. cum in VII portiones esset cum praepositis sibi rectoribus monasterium diuisum, 2.2 (84.11)
rectoris. monachos, quibusque speciali rectoris iure praeerat, necdum ad uiam statuti melioris reducere ualebat. 5.21 (345.8)
rectorum. Scottorum [rectorum] gentes proelio conterens uar. 1.34 (71.7)
RECTVS, a, um. **recta.** recta ab oriente in occasum linea, 1.12 (27.23)
de sua recta consideratione laudandae sunt; 1.27 (56.24)
recta. quae pi: ıuae religiosa, quae recta sunt, elige; 1.27 (49.31)
rectae. Et posı multa huiusmodi, quae ad rectae fidei confessionem pertinebant, 4.17 (239.30)
rectam. pariter tractantes, fidem rectam et orthodoxam exposuimus; 4.17 (239.16)
recto. murum a mari ad mare recto tramite inter urbes, 1.12 (27.17)
tametsi altero latere a recto ueritatis tramite diuertunt, 5.21 (338.11)
recto. inmortalitatem, quam acceperant, recto Dei iudicio perdiderunt. 1.27 (54.10)
retecto [recto] uestimento, uar. 2.6 (93.2)
rectum. rectum uiuendi ordinem, ritum celebrandi paschae canonicum, . . . disseminabat. 4.2 (204.19)
oportet autem eum ad rectum haec tramitem reuocare.' 5.9 (298.1)
rectum. et cum rectum sit, 1.27 (58.10)
RECVBO. recubans. non pauco tempore recubans in lectulo iacebat. 4.14 (233.23)
RECVMBO. recumbere. apostoli, qui super pectus Domini recumbere dignus fuit, 3.25 (184.34)
RECVPERO. recuperandam. uiros ad recuperandam tendere populorum salutem inuiderent; 1.17 (34.13)
recuperandi. sed omnes, . . . resurrecturi a langore, pristina sunt sospitate recuperandi, 4.14 (234.20)
recuperarit. gressum recuperarit fidei. 1.21 (39.20)
recuperata. recuperata postmodum pace in prouincia, 2.20 (126.27)
recuperauerit. uel prouincia Orientalium Saxonum fidem, . . . recuperauerit, Praef. (7.12)
recuperauit. Augustinus, . . . recuperauit in ea, regio fultus adminiculo, ecclesiam, 1.33 (70.11)
destructumque regni statum, quamuis intra fines angustiores, nobiliter recuperauit. 4.26 (268.5)
RECVRRO. recurrunt. omnia, quae ad . . . mensis et septimanae consequentiam spectant, eodem, quo prius, ordine recurrunt. 5.21 (341.30)
RECVSO. recusauit. sanctum Dei confessorem ferire recusauit; 1.7 (21.17)
REDARGVO. redarguendi. auctoritatem sacerdote dignam, redarguendi superbos ac potentes, 3.17 (161.22)
REDDO. reddebat. quos religiosiores reddebat praesentia sacerdotum, 1.20 (38.16)
et oculus uidens testimonium reddebat mihi, 2.1 (77.24)
reddens. dignum uidelicet eum, . . . iam olim reddens, 1.7 (20.34)
reddere. sacrilegum celare quam militibus reddere maluisti, 1.7 (19.8)
quae furtu de ecclesiis abstulerint, reddere debeant. 1.27 (50.17)
Reddere quod ualeas uiuificante Deo. 2.1 (79.10)
ut etiam nolentibus ac contradicentibus paganis antistitem suae posset ecclesiae reddere. 2.6 (93.20)
eique uota nostra reddere festinemus? 2.17 (119.12)
potest diuina pietas . . . ingressu te uitae perennis dignum reddere." 3.13 (153.27)
reddet. uestrae quoque gloriae nomen etiam posteris gloriosius reddet, 1.32 (68.13)
reddiderit. ut paulatim ablata exinde terra fossam ad mensuram staturae uirilis altam reddiderit. 3.9 (145.22)
reddidisse. cui iam et responsum reddidisse me arbitror. 1.27 (54.4)
reddidit. acerbiorem castigando et apertum ueritatis aduersarium reddidit. 3.25 (181.26)
et ipse instructos eos uerbo ueritatis, . . . de ingressu regni aeterni certos reddidit. 4.16 (238.5)
Reddidit atque animam tota sacrata polo. 4.20 (248.18)
et mane rediens, optimo carmine, quod iubebatur, conpositum reddidit. 4.24 (260.24)
redditi. ualde sumus suspensi redditi, 1.30 (65.2)
reddito. ut, die reddito, itineris laborem subiret intrepidus. 1.19 (38.4)
redditur. bis renudato littore contiguus terrae redditur; 3.3 (132.5)
redditus. Vt autem sonitus idem clarior redditus ad me usque peruenit, 5.12 (306.11)
redduntur. 'Sacrificia haec, quae a uobis redduntur daemonibus, 1.7 (19.26)
REDEMTIO. redemtione. qui pro uestra redemtione Filium suum unigenitum misit, 2.10 (103.19)
animae redemtione cotidie Domino preces offerri deberent. 3.14 (155.27)

subiectos suos meditatur . . . ad fidem catholicam atque apostolicam pro suae animae redemtione conuerti. 3.29 (197.2)
redemtionem. redemtionem gentis illius exspectastis, 2.8 (96.3)
ea . . . ad redemtionem eorum, qui iniuste fuerant uenditi, dispensabat. 3.5 (136.28)
id est, redemtionem generis humani per passionem, resurrectionem, ascensionem . . . Iesu Christi. 3.17 (162.3)
quia sacrificium salutare ad redemtionem ualeret et animae et corporis sempiternam. 4.22 (252.8)
sed redemtionem totius mundi, quae in antiqui Dei populi liberatione praefigurata, 5.21 (341.1)
redemtionis. ne dum adhuc tempus ad praebendum redemtionis mysterium quaeritur, 1.27 (55.3)
redemtionem [redemtionis] generis humani uar. 3.17 (162.3)
petiitque et accepit ab eo pretium suae redemtionis, 4.22 (251.27)
offerrent haec Domino in spem futurae suae redemtionis. 5.21 (336.21)
REDEMTOR. Redemptoris. Redemptoris nostri benignitas humano generi, . . . propinauit remedia; 2.11 (104.15)
redemtorem. habet protectorem, humani generis redemtorem Dominum nostrum Iesum Christum, 3.29 (198.27)
Redemtori. ut fructum fidei creditorumque tibi beneficiorum Redemtori tuo multiplicem resignares. 2.11 (106.7)
Redemtoris. Quae enim in . . . Audubaldi regis gentibusque . . . inlustratione, clementia Redemtoris fuerit operata, 2.10 (101.28)
et ita in amore Redemtoris sui inmutilata deuotione persistens inuigilet, 2.11 (105.4)
Inter plurima, quae Redemtoris nostri misericordia suis famulis dignatur bonorum munera praerogare, 2.18 (120.25)
'Rogo,' inquam, 'dilectissimi fratres, propter timorem et amorem Redemtoris nostri, 4.5 (215.16)
tacta est . . . morbo, et per annos VIIII pia Redemtoris nostri prouisione multum fatigata; 4.9 (222.7)
REDEO. redeamus. ut ad superiora redeamus, 3.19 (167.24)
redeunt. redeunt confestim ipsi, 1.12 (27.32)
Vnde dum redeunt, . . . inimicus, . . . Germani pedem lapsus occasione contriuit, 1.19 (37.7)
finitoque conflictu in oceanum refusi, unde uenerant, redeunt. 4.16 (238.23)
redeunte. nocturno sole . . . ad orientem boreales per plagas redeunte; 1.1 (11.2)
ita ut die redeunte uix ipse per se exsurgere aut incedere ualeret. 4.31 (278.17)
redeunte. redeunte temporum Christianorum serenitate, 1.7 (21.27)
redeunte. quam redeunte tempore paschali, grauiorem cum eis, . . . cogeretur habere discordiam. 5.15 (316.14)
redeuntes. quia discipuli cum gaudio a praedicatione redeuntes, 1.31 (66.23)
Decretumque est . . . quia satius esset, ut omnes patriam redeuntes, libera ibi mente Domino deseruirent, 2.5 (91.32)
redeuntibus. Nam mox redeuntibus domum nuntiis, exercitum . . . colligit 2.12 (110.14)
redeuntium. quod erat canticum . . . uenientium de caelis super oratorium hoc, et post tempus redeuntium ad caelos?' 4.3 (209.28)
redibunt. mox infirmitatis ablata molestia, cupitae sospitatis gaudia redibunt. 4.3 (212.23)
rediens. ac Brittaniam rediens secum Anglorum ecclesiis mandanda atque obseruanda deferret. 2.4 (88.22)
nam rediens domum ab uxore sua et quibusdam peruersis doctoribus seductus est, 2.15 (116.3)
Vt occiso Aeduine Paulinus Cantiam rediens Hrofensis ecclesiae praesulatum susceperit. 2.20 (124.12)
rogauit, ut aliquam sibi partem de illo ligno uenerabili rediens adferret, 3.2 (130.20)
Romamque rediens referret. 4.18 (242.1)
et inde cum rediens Brittaniam adisset, diuertit ad prouinciam Huicciorum, 4.23 (255.4)
et mane rediens, optimo carmine, quod iubebatur, conpositum reddidit. 4.24 (260.23)
donec post modicum tempus rediens ad te, quid facere debeas, . . . ostendam.' 4.25 (263.32)
. rediens domum, repentina medio itinere molestia tactus est, 4.31 (278.10)
rediere. Quibus ita gestis, et ipsi sacerdotes doctoresque eorum domum rediere laetantes. 3.30 (200.8)
redierit. cum magno exercitu Galliam redierit. 1.9 (23.2)
redierit patriam, atque in conuentu seniorum rettulerit, 3.5 (137.5)
Vt Colman uictus domum redierit; 3.26 (189.8)
sed quia nec ipse aliquid profecisset, rursum in Hiberniam, unde uenerat, redierit. 5.9 (296.5)
redierunt. beati sacerdotes ea, qua uenerant, prosperitate redierunt. 1.21 (41.10)
Verum post obitum ipsius abbatissae redierunt ad pristinas sordes, immo sceleratiora fecerunt. 4.25 (265.31)
rediit. ac sexto, quam profectus erat, mense Romam rediit, 1.3 (15.15)
nusquam ultra domum rediit, 1.12 (25.21)
Augustinus cum famulis Christi, . . . rediit in opus uerbi, peruenitque Brittaniam. 1.25 (44.29)
et Iustus quidem ad ciuitatem Hrofi, cui praefuerat, rediit; 2.6 (93.16)
Paulinus . . . rediit Cantiam nauigio, 2.20 (125.29)
unde offensus grauiter Agilberctus, . . . rediit Galliam, 3.7 (141.3)
et accipiens inligatum panno condidit in capsella, et rediit. 3.11 (149.18)
Qui accepto gradu episcopatus rediit ad prouinciam, 3.22 (173.2)
secundus Cellach, qui relicto episcopatus officio uiuens ad Scottiam rediit, 3.24 (179.25)
Finitoque conflictu, ac soluta contione, Agilberctus domum rediit. 3.26 (189.11)
Cedd, relictis Scottorum uestigiis, ad suam sedem rediit, 3.26 (189.17)
et bene instructus patriam rediit, 3.27 (192.23)
et quoniam ante Theodorum rediit, ipse etiam in Cantia presbyteros et diaconos, . . . ordinabat. 4.2 (206.2)
rediit ipse solus, qui carmen caeleste audierat, et prosternens se in terram: 4.3 (209.22)
Depositus uero Vynfrid rediit ad monasterium suum, 4.6 (218.10)
et multa diu loca peruagatus, Romam adiit, Brittaniam rediit; 4.13 (230.5)
refloruit terra, rediit uiridantibus aruis annus laetus et frugifer. 4.13 (231.20)
quod commissum, ubi ad cor suum rediit, grauissime exhorruit, 4.25 (263.11)
neque ultra ad eum iuxta suum condictum rediit. 4.25 (264.2)
ad ministerium, quod sollicitus exhibere solebat, quasi flagello probante castigatior, rediit. 4.31 (279.12)
tempestas rediit, et toto illo die multum furere non cessauit; 5.1 (282.19)
cum uerbis benedictionis, rediit ad orandum; 5.6 (291.7)
In quibus omnibus cum sui uoti compos esset effectus, ad praedicandum rediit. 5.11 (302.4)
rediit ad Dalfinum in Galliam, 5.19 (324.29)
Eduine rege peremto, Paulinus Cantiam rediit. 5.24 (354.2)
redire. redire domum potius, quam barbaram, . . . gentem, . . . adire cogitabant, 1.23 (42.25)
quam ab his, . . . cogitatione retrorsum redire, 1.23 (43.7)
eosque ad suas ecclesias libere instituendas redire praecepit; 2.6 (93.13)
Qui ut, mortuo rege inimico, patriam sunt redire permissi, 3.1 (127.17)
summissa illum satisfactione deprecans ad episcopatum suae gentis redire. 3.7 (141.20)
ac singulos domum redire praecepit a loco, qui uocatur Vilfaræsdun, id est mons Vilfari, 3.14 (155.12)
sed nauigio cum uirgine redire disponebat, 3.15 (158.1)
contigit tempore quodam eundem Cedd redire domum, 3.22 (172.30)
et adsumta secum anima eius, ad caelestia regna redire.' 4.3 (211.33)
Quod si semel susceptus noluerit inuitatus redire, 4.5 (216.16)
contigit, eum die quadam de monasterio illo longius egressum, . . . peracto itinere redire. 4.25 (264.16)
rediremus. cumque allocutione eius refecti, et benedictione petita domum rediremus, 5.1 (281.18)
redirent. et cum angelicis spiritibus ipsi quoque ad caelos redirent, 3.19 (166.18)
Scotti omnes, qui inter Anglos morabantur, aut his manus darent, aut suam redirent ad patriam. 3.28 (195.30)
at uero hieme succedente redirent, 4.4 (213.20)

rediret. dummodo ille domum rediret, 3.24 (177.18)
ut numquam in insulam, in qua natus est, id est Brittaniam, rediret; 3.27 (193.11)
Cumque finitis lacrimis, precibus, et uotis domum rediret, 3.27 (193.17)
sollicitus orationibus ac psalmis, donec serenitas aeris rediret, fixa mente uacaret. 4.3 (210.27)
ut rediret, uel pecuniam illi pro se mitteret, 4.22 (251.23)
ut . . . nonnumquam etiam mense pleno domum non rediret; 4.27 (270.12)
redisset. Qui cum domum redisset, curauit suos, qui erant in Hii, 5.15 (315.29)
redit. rediit [redit] in opus uerbi, uar. 1.25 (44.29)
ad haec procul dubio minor redit. 2.1 (74.24)
redituros. et post dies VII se redituros, ac me secum adducturos esse promiserunt.' 4.3 (209.34)
REDHIBEO. redhibitos. quae excitata in tumultum propter non redhibitos transfugas uidebatur; 1.3 (15.8)
REDIGO. redacto. ossa illius, quae . . . in puluerem redacto corpore reliquo sicca inuenienda putabant; 4.30 (276.13)
REDIMO. redemerat. multos, quos pretio dato redemerat, 3.5 (136.30)
redemtos. redemtos postmodum suos discipulos fecit, 3.5 (136.30)
redemtum. suscepto signo sanctae crucis, per quod humanum genus redemtum est, 2.10 (103.4)
redemtus. in qua percussis Aegyptiis Israel est a longa seruitute redemtus. 5.21 (334.29)
in qua populus Dei ab Aegyptia seruitute redemtus est, 5.21 (338.19)
redimatur. inueniri non ualeat, qui redimatur. 1.27 (55.5)
redimendi. donauit ei facultatem sese redimendi, si posset. 4.22 (251.20)
redimere. quia et tibi et multis opus est peccata sua bonis operibus redimere, 4.25 (265.5)
REDITVS. reditum. reditum moliuntur pontifices. 1.20 (39.23)
reditus. cognita Scotti Pictique reditus denegatione, 1.12 (27.32)
REDIVIVVS, a, um. **rediuiuae.** Percipiensque alacer rediuiuae praemia uitae, Barbaricam rabiem, 5.7 (293.15)
REDVCO. reducere. monachos, . . . necdum ad uiam statuti melioris reducere ualebat. 5.21 (345.10)
reducto. reducto ad mentem tremendo illo tempore, quando ipse caelis ac terris ardentibus uenturus est in nubibus, 4.3 (211.4)
reductus. Qui reductus in corpore, et die tertia rursum eductus, 3.19 (164.33)
reduxit. tandem ad memoriam reduxit, quod eum pridem perfidia regno pulerit, 3.7 (141.14)
quia uestimentum eius morientis acceperit, ad memoriam reduxit. 3.19 (166.27)
et populum et regem praefatum ad uiam iustitiae reduxit; 3.30 (200.2)
quippe quem . . . ad uiam uitae sua oratione ac benedictione reduxit. 5.6 (289.17)
nec mora, gressum retorquens ipsa me, qua uenimus, uia reduxit. 5.12 (308.6)
plurimos . . . ad unitatem reduxit catholicam, 5.15 (316.5)
REDVNDO. redundauere. cuius regni et principia et processus tot ac tantis redundauere rerum aduersantium motibus, 5.23 (349.24)
REDVALD (*d. 627?*), *King of East Anglia; fourth Bretwalda; placed Edwin on throne of Northumbria.*
Reduald. quartus Reduald rex Orientalium Anglorum, . . . obtinuit; 2.5 (89.17)
ubi numquam te uel Reduald, uel Aedilfrid inuenire ualeant.' 2.12 (108.6)
Et quidem pater eius Reduald iamdudum in Cantia sacramentis Christianae fidei inbutus est, 2.15 (116.2)
Erat autem praefatus rex Reduald natu nobilis, 2.15 (116.13)
Redualdi. in quo certamine et filius Redualdi, uocabulo Rægenheri, occisus est. 2.12 (110.20)
ut etiam regi Orientalium Anglorum, Earpualdo filio Redualdi, persuaderet, 2.15 (115.26)
regno . . . post Erpualdum Redualdi successorem, Sigberct frater eius praefuit, 3.18 (162.15)
qui dudum in Gallia, dum inimicitias Redualdi fugiens exularet, lauacrum baptismi percepit, 3.18 (162.17)
Redualdo. misit nuntios, qui Redualdo pecuniam multam pro nece eius offerrent; 2.12 (107.26)
et Redualdo suadeat, ut nec ipse tibi aliquid mali faciat, 2.12 (109.2)
Redualdum. illi quondam exulanti apud Redualdum regem Anglorum 2.12 (107.2)
tandem uenit ad Redualdum obsecrans, ut uitam suam . . . seruaret; 2.12 (107.20)
REFECTIO. refectionem. mox copiosa seges exorta desideratam proprii laboris uiro Dei refectionem praebebat. 4.28 (272.9)
REFERCIO. refertus. positusque esset in mensa coram eo discus argenteus regalibus epulis refertus, 3.6 (138.14)
REFERO. referam. ut unum uirtutis eius, unde cetera intellegi possint, testimonium referam, 2.7 (94.14)
referant. et donatori omnium de satietate sua gratias referant; 1.30 (65.24)
referat. Siue enim historia de bonis bona referat, Praef. (5.12)
et in omni mundo adnuntiata uestri operis multipliciter referat fructum. 2.17 (119.6)
referatur. quod nequaquam silentio praetereundum arbitror, sed multorum saluti, si referatur, fore proficuum. 4.22 (249.24)
referebant. multi . . . iam manifeste se concentus angelorum psallentium audisse referebant, 3.8 (143.23)
inuentum est, eadem hora transitum eius illis ostensum esse per uisionem, qua illam referebant exisse de mundo. 4.23 (258.4)
referebat. Quod ita esse gestum, qui referebat mihi, frater inde adueniens adiecit, 3.12 (151.12)
sicut mihi referebat quidam ueracissimus et uenerandae canitiei presbyter, 3.27 (192.30)
iuxta quod mihi presbyter, qui comes itineris illi et cooperator uerbi extiterat, referebat, 3.30 (199.30)
audiuit repente, ut postea referebat, uocem suauissimam 4.3 (208.20)
Vidit enim, ut post ipse referebat, tres ad se uenisse uiros claro indutos habitu; 4.11 (226.20)
sicut mihimet sciscitanti, . . . beatae memoriae Vilfrid episcopus referebat, 4.19 (243.14)
ut uniuersorum iudicio, quid uel unde esset, quod referebat, probaretur. 4.24 (260.18)
Quae mihi cuncta sic esse facta reuerentissimus meus conpresbyter Aedgils referebat, 4.25 (266.1)
laudes Domino Saluatori una cum ceteris, qui ibi erant, seruis illius referebat.' 5.3 (286.26)
referenda. ipsius Nothelmi uiua uoce referenda, transmisit. Praef. (6.16)
referendus. qualiter ad Christi et ecclesiae sacramenta referendus, 2.1 (75.21)
referens. intrauitque quasi nuntium domini sui referens; 2.9 (99.7)
Osuiu, . . . pro conlata sibi uictoria gratias Deo referens dedit filiam suam . . . consecrandam; 3.24 (178.22)
pro sua sanitate Domino gratias denuo referens, quid erga se actum esset, fratribus indicauit; 4.31 (279.9)
uenit . . . ad eum unus de fratribus, . . . referens ei uisionem, quae sibi eadem nocte apparuisset: 5.9 (297.3)
referent. Quae cum Aeduino uerba nuntii referrent [referent], uar. 2.9 (98.2)
referente. cognouitque, referente eo, illis maxime temporibus sua fuisse uincula soluta, 4.22 (251.32)
quod te tamen referente oportet ad illum uenire. 5.9 (297.11)
referentibus. Didicimus namque referentibus his, 2.11 (104.29)
referre. honorem referre incipiens caedi sanctorum, 1.7 (21.22)
sed deflendo potius defectum, . . . referre consuerat. 2.1 (74.15)
qui etiam effigiem eiusdem Paulini referre esset solitus, 2.16 (117.26)
sed nos duo tantum, quae a maioribus audiuimus, referre satis duximus. 3.9 (145.28)
Acca solet referre, quia, . . . crebro eum audierit de mirandis, 3.13 (152.11)
Referre autem erat solitus, 3.19 (164.30)
sicut mihi frater quidam de his, qui me in scripturis erudiebant, . . . referre solebat, 4.3 (210.18)
quod mihi reuerentissimus antistes Acca sepius referre, . . . solebat, 4.14 (233.3)
qui referre erat solitus, quod illa infirmata habuerit tumorem maximum sub maxilla; 4.19 (245.14)
nimio mox timore perculsi, festinarunt referre antistiti, quae inuenerant. 4.30 (276.25)
sentit, ut ipse postea referre erat solitus, quasi magnam latamque manum caput sibi . . . tetigisse, 4.31 (279.3)
Erat enim, ut referre est solitus, tunc hora circiter secunda diei. 4.32 (280.24)
non omnibus passim desidiosis ac uitae suae incuriosis referre uolebat, 5.12 (309.18)

referre est solitus, quod in loco, quo defunctus est, . . . sanitatum sint patrata miracula, ... 5.18 (320.16)
referrent. ac se episcopum factum esse referrent; 1.27 (48.10)
Quae cum Aeduino uerba nuntii referrent, ... 2.9 (98.2)
tres angeli, de quibus diximus, qui eum ad corpus referrent. 3.19 (166.20)
Quod dum sibi placuisse Eadbercto antistiti suo referrent, ... 4.30 (276.16)
referret. referret mane, quod . . . omnem diurni luminis uiderentur superare fulgorem. 4.7 (220.18)
Romamque rediens referret. 4.18 (242.1)
Ecgberct, praecepit fratri, qui retulerat, ne cuiquam haec alteri referret, ... 5.9 (297.22)
Quod cum fratribus referret, laudauerunt eius propositum, ... 5.19 (323.15)
referri. Referri nequeunt, quae Christus operabatur in famulo, ... 1.19 (37.29)
Ex quo tempore spes coepit et uirtus regni Anglorum 'fluere ac retro sublapsa referri.' 4.26 (267.11)
refert. quod ad ipsum cymiterium Deo dicatae congregationis factum idem libellus refert. 4.10 (224.22)
De loco quoque ascensionis dominicae praefatus auctor hoc modo refert: 5.17 (318.25)
relatum. Hoc cum regi esset relatum, ... 3.14 (156.16)
relatum. et a fidelissimis eiusdem monasterii fratribus sibi relatum asserere solebat, ... 4.14 (233.4)
Hoc autem miraculum memoratus abbas . . . ab his, qui praesentes fuere, sibi perhibet esse relatum. 5.5 (289.3)
relatus. ut ad insulam Lindisfarnensium relatus, in ecclesia deponeretur. 4.29 (275.26)
rettulerit. atque in conuentu seniorum rettulerit, quia nil prodesse docendo genti, . . . potuisset, . . . 3.5 (137.6)
rettulerunt. gratias agentes rettulerunt ad monasterium. 4.19 (245.6)
rettulimus. Osuini, de stirpe regis Aeduini, hoc est filium Osrici, de quo supra rettulimus, ... 3.14 (154.27)
Hild, abbatissa monasterii, quod dicitur Strenaeshalc, ut supra rettulimus, . . . transiuit 4.23 (252.18)
rettulit. e quibus unum, quod inter alia rettulit, miraculum . . . nostrae historiae inserendum credidimus. 3.13 (152.19)
retulerat. Ecgberct, praecepit fratri, qui retulerat, ne cuiquam haec alteri referret, ... 5.9 (297.21)
retulimus. Hengist, qui cum filio suo Oisc . . . Brittaniam primus intrauit, ut supra retulimus. . . . 2.5 (90.23)
Ecgberct, quem in Hibernia insula peregrinam ducere uitam pro adipiscenda in caelis patria retulimus, 5.9 (296.9)
retulisse. retulisse sibi quendam seniorem, baptizatum se fuisse die media a Paulino episcopo, . . . 2.16 (117.21)
retullisse. retulisse [retullisse] sibi quendam seniorem, ... uar. 2.16 (117.21)
REFERSVS, a, um. **refersus.** Tum reuersus [refersus] ad dilectae locum peregrinationis, ... uar. 5.9 (298.22)
REFICIO. refecti. cumque allocutione eius refecti, et benedictione petita domum rediremus, ... 5.1 (281.17)
reficeret. ut semper in XL^ma^ non plus quam semel in die reficeret, ... 3.27 (194.7)
ita ut quinta solum sabbati et dominica, sicut praedixi, reficeret, ... 4.25 (264.6)
refici. sed tamen pane illo refici uolumus.' 2.5 (91.21)
Quod si forte eos ibi refici contingeret, ... 3.26 (191.1)
reficiam. 'Venite ad me omnes, qui laboratis et onerati estis, et ego reficiam uos;' 2.18 (121.12)
reficiant. et ita soluto ieiunio corpus quoque suis reficiant alimentis.' 4.14 (235.10)
reficiebatur. ubi paululum reficiebatur, adcelerauit ocius ad legendum cum suis, ... 3.5 (136.16)
reficiendi. ad ecclesiam siue ad monasteria certatim, non reficiendi corporis, sed audiendi sermonis Dei gratia confluebant; 3.26 (191.13)
reficiendum. intrauimus ad reficiendum. 5.4 (287.17)
REFLECTO. reflexus. Nec mora, uentus, . . . contra meridiem reflexus, ... 2.7 (94.28)
REFLORESCO. refloruit. refloruit terra, rediit uiridantibus aruis annus laetus et frugifer. 4.13 (231.20)
REFLVVS, a, um. **refluis.** in remotiore ab ecclesia loco refluis undique pelagi fluctibus cincto, solitarius manebat. 4.30 (276.26)
REFORMO. reforma. prauorum mentes ad sanctitatis studia reforma; 1.27 (53.12)
REFOVEO. refoueat. ut et ipsum consolationis suae bono refoueat, ... 1.28 (62.17)
REFRENO. refrenatur. eiusdem diuinitatis terrore refrenatur, ... 2.1 (78.21)
REFRIGERIVM. refrigerium. ibi ob refrigerium uiantium, . . . aereos caucos suspendi iuberet, ... 2.16 (118.10)
REFVGIO. refugiens. Valentinianus in orientem refugiens, ... 1.9 (23.18)
refugis. cuiusque horrendam faciem uidere refugis, ... 5.21 (344.29)
refugiunt. Et cum XXI^a^ die mensis pascha dominicum celebrare refugiunt, ... 5.21 (338.3)
REFVLGEO. refulgere. quod, dum attentius consideraret, tanti fulgore luminis refulgere uidebatur, . 4.23 (256.6)
REFVNDO. refusi. finitoque conflictu in oceanum refusi, unde uenerant, redeunt. 4.16 (238.22)
REFVTO. refutantes. pascha nostrum, in quo immolatus est Christus, nebulosa caligine refutantes, . . . 2.19 (123.17)
refutare. neque uersutiam nefariae persuasionis refutare 1.17 (33.30)
REGALIS, e. **regali.** Orta patre eximio, regali et stemmate clara, ... 4.20 (248.7)
regalibus. positusque esset in mensa coram eo discus argenteus regalibus epulis refertus, ... 3.6 (138.13)
regalis. Cum ergo uideret Paulinus difficulter posse sublimitatem animi regalis ad humilitatem . . . inclinari, ... 2.12 (107.6)
timere coepit homo animi regalis, ... 4.11 (226.9)
regalis. Deruuentionem, ubi tunc erat uilla regalis, ... 2.9 (99.6)
Ida regnare coepit, a quo regalis Nordanhymbrorum prosapia originem tenet, ... 5.24 (353.6)
regalium. ne opus religiosum negotiorum regalium causa intermitteretur, ... 3.23 (176.2)
REGALITER. regaliter. ille praecepit equum, ita ut erat stratus regaliter, pauperi dari; 3.14 (156.13)
REGENERATIO. regenerationem. aeternitatis praemio per sacri baptismatis regenerationem inluminatam agnouimus. 2.10 (101.34)
regenerationis. mystica regenerationis uestrae purgatio patenter innuit. 2.11 (104.22)
accepit rex Aeduini . . . fidem et lauacrum sanctae regenerationis anno regni sui XI, ... 2.14 (113.29)
REGENERO. regeneratum. tandem didicit se aqua baptismatis non esse regeneratum, ... 3.23 (177.1)
regeneratus. uoto se obligans, quamuis necdum regeneratus, ut ferunt, in Christo, ... 4.16 (237.5)
REGIMEN. regimen. quales ad ecclesiae regimen adsumi, ... 2.1 (76.16)
regimina. omnipotens Deus bonos quosque ad populorum regimina perducit, ... 1.32 (67.27)
regimine. et cum X ac VII annos eidem prouinciae pontificali regimine praeesset, ... 2.15 (117.2)
Quae suscepto monasterii regimine, ... 4.6 (219.5)
unde et expulsus de Lindissi, in illarum prouinciarum regimine permansit. 4.12 (229.19)
quod habebat in prouincia Vndalum sub regimine Cudualdi abbatis; 5.19 (330.3)
Albinus discipulus eius, qui monasterio ipsius in regimine successit, ... 5.20 (331.8)
regimini. Praelata autem regimini monasterii illius famula Christi Hild, ... 4.23 (253.27)
REGINA. regina. in qua regina, . . . orare consuerat. 1.26 (47.12)
ubi et Berctæ regina condita est. 2.5 (90.8)
Eadem autem nocte sacrosancta dominici paschae pepererat regina filiam regi, ... 2.9 (99.19)
ut regina sospes et absque dolore graui sobolem procrearet. 2.9 (99.24)
quod eadem regina cum uiro suo Aedilredo multum diligebat, ... 3.11 (148.7)
adiecit regina, quia de puluere pauimenti, in quo aqua lauacri illius effusa est, multi iam sanati essent infirmi. 3.11 (149.14)
Nam regina Aeanfled propinqua illius, . . . postulauit a rege Osuio, ... 3.24 (179.30)
Obseruabat et regina Eanfled cum suis, iuxta quod in Cantia fieri uiderat, ... 3.25 (181.30)
tum regina cum suis persistens adhuc in ieiunio diem palmarum celebraret. 3.25 (182.4)
Porro regina, nomine Eabae, in sua, id est Huicciorum prouincia fuerat baptizata. 4.13 (230.24)
Vt Edilthryd regina uirgo perpetua permanserit, ... 4.19 (243.1)
Namque Baldhild regina missis militibus episcopum iussit interfici; 5.19 (325.1)
Anno DCXCVII, Osthryd regina a suis, id est Merciorum, primatibus interemta. 5.24 (355.16)

regium. 'Quid uoluisti, domine antistes, equum regium, . . . pauperi dare? 3.14 (156.18)
regium. de cuius stirpe multarum prouinciarum regium genus originem duxit. 1.15 (32.3)
regium. occisis in eadem parentibus regium nomen et insigne ferentibus. 1.16 (33.14)
regius. Et cum regius iuuenis solus adhuc ibidem sederet, 2.12 (109.29)
Berctred dux regius Nordanhymbrorum a Pictis interfectus. 5.24 (355.18)
REGMEN. regmine. quod habebat in prouincia Vndalum sub regimine [regmine] Cudualdi abbatis; uar. 5.19 (330.3)
REGNO. regnabat. Saberct . . . regnabat, quamuis sub potestate positus eiusdem Aedilbercti, 2.3 (85.13)
Ini, qui post Caeduallan regnauit [regnabat], uar. 4.15 (236.18)
regnabit. postquam v annos regnauit [regnabit], uar. 5.24 (356.6)
regnante. regnante Gratiano, 1.9 (23.1)
Arcadio regnante, 1.10 (23.22)
regnante Honorio, 1.11 (24.16)
regnante Theodosio minore, 1.13 (28.14)
defunctus est vii Kalendas Iunias, eodem rege regnante.' 2.3 (86.22)
Hoc enim regnante rege beatus archiepiscopus Laurentius regnum caeleste conscendit, 2.7 (93.27)
Aeodbaldo regnante migrauit ad caelos, 2.7 (95.4)
Eadfrid . . . regnante Osualdo, contra fidem iuris iurandi peremtus est. 2.20 (125.1)
Venit autem Brittaniam Columba, regnante Pictis Bridio filio Meilochon, 3.4 (133.24)
gens Occidentalium Saxonum, . . . regnante Cynigilso fidem Christi suscepit, 3.7 (139.9)
Eadhaedum, qui postea regnante Ecgfrido, Hrypensis ecclesiae praesul factus est. 3.28 (195.4)
regnante in perpetuum ac gubernante suam ecclesiam eodem Domino Iesu Christo, 4.5 (214.30)
Cumque mortuus esset Coinualch, quo regnante idem Leutherius episcopus factus est, 4.12 (227.25)
Qui deinde regnante Ecgfrido, pulsus est episcopatu, 5.19 (326.8)
ut, regnante Osredo filio eius, . . . in praesulatum sit suae receptus ecclesiae. 5.19 (329.30)
regnantem. Gratia te Regis aeterni longiori tempore regnantem ad nostram omnium pacem custodiat incolumem, 5.21 (345.19)
regnantibus. ipsisque regnantibus defunctus est ille, et episcopatu functus Haeddi pro eo, 4.12 (227.27)
qui electus est quidem in episcopatum . . . regnantibus in Cantia Victredo et Suæbhardo; 5.8 (295.26)
regnantis. Nec mirandum preces regis illius iam cum Domino regnantis multum ualere apud eum, 3.12 (151.17)
regnare. ex quo tempore Romani in Brittania regnare cessarunt, 1.11 (25.7)
quorum participem, mox ubi regnare coepit, totam suam prouinciam facere curauit. 2.15 (116.24)
utpote ubi nuper expulsa diaboli tyrannide Christus iam regnare coeperat; 4.14 (233.2)
ex quo tempore Romani in Brittania regnare cessarunt. 5.24 (352.23)
Anno dxlvii, Ida regnare coepit, 5.24 (353.6)
regnarent. si uel reges philosopharentur, uel regnarent philosophi. 5.21 (333.24)
regnaret. antea cum patruo Valente et cum Valentiniano fratre regnaret. 1.9 (23.6)
regnasset. cum post Ecgberctum fratrem suum, qui viiii annis regnauerat, ipse xii annis regnasset, 4.26 (268.9)
regnat. sperans, sicut in sua gente regnat, ita et cum Christo de futuro conregnare. 3.29 (196.27)
regnauerat. qui ante eum regnauerat, 3.1 (127.13)
Sponsa dicata Deo bis sex regnauerat annis, 4.20 (248.15)
cum post Ecgberctum fratrem suum, qui viiii annis regnauerat, ipse xii annis regnasset, 4.26 (268.8)
successorem fore Ceoluulfum decreuisset, fratrem illius, qui ante se regnauerat, Coenredi regis, 5.23 (349.23)
Vulfheri rex Merciorum, postquam xvii annos regnauerat, defunctus, 5.24 (354.26)
regnauit. Cum persequente illum Aedilfrido, qui ante eum regnauit, 2.12 (107.18)
Siquidem tempore toto, quo regnauit Æduini, 3.1 (127.12)
illis Anglorum prouinciis, quibus regnauit Osuald, 3.3 (132.16)
Regnauit autem Osuald christianissimus rex Nordanhymbrorum viiii annos, 3.9 (144.29)
inpugnatus . . . a fratruo, id est fratris sui, qui ante eum regnauit, filio Oidiluualdo. 3.14 (154.12)
qui post Sigberctum cognomento Paruum regnauit, 3.22 (171.23)
Aedilheri, frater Anna . . . qui post eum regnauit, auctor ipse belli, . . . interemtus est. 3.24 (178.15)
Sighardo, qui post illum cum fratre Suefredo regnauit, 4.11 (227.11)
Sed et Ini, qui post Caeduallan regnauit, simili prouinciam illam adflictione . . . mancipauit. 4.15 (236.18)
Ac post eum idem Edric anno uno ac dimidio regnauit; 4.26 (268.13)
Fuit autem temporibus Coenredi, qui post Aedilredum regnauit, uir in laico habitu . . . positus; 5.13 (311.6)
cui succedens in imperium filius suus Osred, puer octo circiter annorum, regnauit annis xi. 5.18 (320.7)
secundo anno Aldfridi, qui post Ecgfridum regnauit, sedem suam et episcopatum . . . recepit. 5.19 (327.12)
Seuerus imperator factus xvii annis regnauit, 5.24 (352.18)
Coenred rex Merciorum, postquam v annos regnauit, Romam pergit. 5.24 (356.6)
regnetis. ut cum Christo in futuro regnetis saeculo. 3.29 (199.2)
REGNVM. regna. ad caelestia, cum Dominus uoluerit, regna pertingant. 1.29 (64.19)
quamuis ipso iam multo ante tempore ad caelestia regna sublato, 2.2 (84.32)
sed primus omnium caeli regna conscendit. 2.5 (89.13)
qui ubi regna perennia petens tres suos filios, . . . regni temporalis heredes reliquit, 2.5 (91.4)
per diuersa . . . regna multo annorum tempore profugus uagaretur, 2.12 (107.19)
Haec inter Iustus archiepiscopus ad caelestia regna subleuatus quarto Iduum Nouembrium die, 2.18 (120.8)
usque dum et ipse suo tempore ad caelestia regna cum gloriosi fructu laboris ascendit. 2.20 (126.18)
non solum incognita progenitoribus suis regna caelorum sperare didicit; 3.6 (138.1)
sed et regna terrarum plus quam ulli maiorum suorum, . . . consecutus est. 3.6 (138.2)
Verum nos de transitu tantum illius, quo caelestia regna petiit, aliquid breuiter dicere sufficiat. 3.8 (143.4)
Translato ergo ad caelestia regna Osualdo, 3.14 (154.6)
cum esset ipse annorum xc, migrauit ad regna caelestia. 3.27 (193.31)
et adsumta secum anima eius, ad caelestia regna redire.' 4.3 (211.33)
nos enim te hodierna die ad caelestia sumus regna perducturi. 4.14 (234.9)
Cuius foedera pacis multo exinde tempore inter eosdem reges eorumque regna durarunt. 4.21 (249.18)
et sic caelestia regna conscendens, sepultus est, 5.6 (292.1)
Culmen, opes, subolem, pollentia regna, triumphos, Exuuias, proceres, moenia, castra, lares; 5.7 (293.7)
Transiit, et gaudens caelestia regna petiuit. 5.19 (330.27)
regni. Vnde inter alia Romani regni detrimenta innumera, 1.3 (15.29)
ac regni caelestis dignus factus ingressu. 1.7 (21.19)
Anno autem regni eius xxiii, 1.13 (28.22)
Cuius anno regni x Gregorius, . . . apostolicae sedis sortitus 1.23 (42.15)
quasi conciues sibi regni caelestis, amplecteretur. 1.26 (47.27)
ineffabilia aeterni regni praemia reseruari; 1.29 (63.19)
ut regni sui uos ipse faciat esse participes, 1.32 (69.6)
regni autem sui, . . . anno xi, 1.34 (71.29)
porro anno Focatis, qui tum Romani regni apicem tenebat, primo. 1.34 (72.2)
atque ad aeternam regni caelestis sedem translatus. 2.1 (73.6)
quibus sit uiis ad ingressum regni illius properandum. 2.2 (81.32)
Aedilberct rex . . . aeterna caelestis regni gaudia subiit; 2.5 (89.8)
cum filius eius Eadbald regni gubernacula suscepisset, 2.5 (90.25)
tres suos filios, qui pagani perdurauerant, regni temporalis heredes reliquit, 2.5 (91.5)

Non enim tanta erat ei, quanta patri ipsius regni potestas, 2.6 (93.19)
in auspicium suscipiendae fidei et regni caelestis, 2.9 (97.11)
si temporis illius erumnis exemtus ad regni fastigia perueniret. 2.12 (107.15)
qui se tot ac tantis calamitatibus ereptum, ad regni apicem proueheret. 2.12 (109.21)
uerum etiam eidem peremto in regni gloriam successit. 2.12 (110.23)
qui te et a temporalibus aduersis eripiens, temporalis regni honore sublimauit; 2.12 (111.3)
aeterni secum regni in caelis faciet esse participem.' 2.12 (111.6)
accepit rex Aeduini . . . fidem et lauacrum sanctae regenerationis anno regni sui XI, 2.14 (113.29)
et de qualitate regni Aeduini. 2.16 (117.5)
de qua prouincia ille generis prosapiam et primordia regni habuerat, 3.1 (127.5)
filius Aedilfridi, qui de illa prouincia generis et regni originem duxerat, 3.1 (127.10)
ut terreni regni infulas sortitus est, 3.1 (127.19)
sacramenta regni caelestis, quibus initiatus erat, anathematizando prodidit, 3.1 (127.20)
Venit autem Brittaniam Columba, regnante Pictis Bridio . . . nono anno regni eius, 3.4 (133.26)
Quo regni culmine sublimatus, 3.6 (138.8)
ut tantus praecessor talem haberet de sua consanguinitate et religionis heredem et regni. 3.6 (139.5)
qui et fidem ac sacramenta regni caelestis suscipere rennuit, 3.7 (140.8)
et non multo post etiam regni terrestris potentiam perdidit. 3.7 (140.10)
grauissimis regni sui damnis saepissime ab hostibus adflictus, 3.7 (141.13)
Eadbald . . . Earconbercto filio regni gubernacula reliquit; 3.8 (142.5)
qui post illum regni apicem tenebat, ut in sequentibus dicemus. 3.11 (148.4)
qui temporalis regni quondam gubernacula tenens, 3.12 (151.18)
Quo post annum deueniens cum exercitu successor regni eius Osuiu abstulit ea, 3.12 (152.2)
suscepit regni terrestris sedem pro eo frater eius Osuiu, 3.14 (154.7)
Habuit autem Osuiu primis regni sui temporibus consortem regiae dignitatis, 3.14 (154.24)
Quod factum est die XIII^{a} Kalendarum Septembrium, anno regni eius nono, 3.14 (155.23)
Tantumque rex ille caelestis regni amator factus est, 3.18 (162.24)
ut ad ultimum, relictis regni negotiis, . . . intraret monasterium, 3.18 (162.25)
cognato suo Ecgrice commendatis, qui et antea partem eiusdem regni tenebat, intraret monasterium, 3.18 (162.27)
Successor autem regni eorum factus est Anna 3.18 (163.14)
Verum dum adhuc Sigberct regni infulas teneret, 3.19 (163.23)
At ille audita . . . promissione regni caelestis, . . . se Christianum fieri uelle confessus est, 3.21 (170.4)
Igitur rex Sigberct aeterni regni iam ciuis effectus, temporalis sui regni sedem repetiit, 3.22 (172.20)
Igitur rex Sigberct . . . temporalis sui regni sedem repetiit, 3.22 (172.21)
dummodo ille . . . prouincias regni eius usque ad internicionem uastare desineret. 3.24 (177.19)
Hoc autem bellum rex Osuiu . . . tertio decimo regni sui anno, XVII^{a} die Kalendarum Decembrium . . . confecit. 3.24 (179.13)
et tibi dabo claues regni caelorum"?' 3.25 (188.20)
et ei claues regni caelorum sint datae a Domino?' 3.25 (188.28)
me adueniente ad fores regni caelorum, 3.25 (189.2)
Porro socius eius et coheres regni eiusdem, Sebbi, magna fidem . . . deuotione seruauit, 3.30 (199.21)
Ecgbercto filio sedem regni reliquit, 4.1 (201.10)
et omnium uota ad nuper audita caelestis regni gaudia penderent, 4.2 (205.8)
in quibus cunctis Vulfheri, qui adhuc supererat, sceptrum regni tenebat. 4.3 (212.29)
Qui defunctus die XV Kalendarum Martiarum Ecgfridum filium regni heredem reliquit; 4.5 (214.21)
cuius anno regni III°, Theodorus cogit concilium episcoporum, 4.5 (214.22)
uitam priuatam et monachicam cunctis regni diuitiis et honoribus praeferens, 4.11 (225.20)
Cumque annos XXX in regno miles regni caelestis exegisset, 4.11 (225.25)
tandem superni regni amore conpunctus reliquit, 4.12 (228.3)
qui quondam genti Nordanhymbrorum et regni temporalis . . . praefuit, 4.14 (234.25)
et ipse instructos eos uerbo ueritatis, . . . de ingressu regni aeterni certos reddidit. 4.16 (238.4)
anno X^{o} regni eius, sub die XV Kalendas Octobres, indictione VIII^{a}; 4.17 (239.7)
et Aedilredo rege Mercinensium, anno sexto regni eius; 4.17 (239.9)
et Alduulfo rege Estranglorum, anno XVII° regni eius; 4.17 (239.10)
et Hlothario rege Cantuariorum, regni eius anno VII°; 4.17 (239.11)
Anno regni Ecgfridi nono, . . . occisus est Aelfuini frater regis Ecgfridi, 4.21 (249.3)
'Nunc laudare debemus auctorem regni caelestis, 4.24 (260.1)
Item de . . . dulcedine regni caelestis multa carmina faciebat; 4.24 (261.7)
extinctus anno aetatis suae XL., regni autem XV., 4.26 (267.3)
Ex quo tempore spes coepit et uirtus regni Anglorum 'fluere ac retro sublapsa referri.' 4.26 (267.10)
destructumque regni statum, quamuis intra fines angustiores, nobiliter recuperauit. 4.26 (268.4)
Cuius regni principio defuncto Eata episcopo, 5.2 (282.31)
Anno autem regni Aldfridi tertio, Caedualla, rex Occidentalium Saxonum, . . . uenit Romam; 5.7 (292.12)
ad uisionem Christi, et gaudia regni caelestis intrabunt. 5.12 (308.30)
Chebron quondam ciuitas et metropolis regni Dauid, nunc ruinis tantum, quid tunc fuerit, ostendens. 5.17 (319.15)
Aldfrid, rex Nordanhymbrorum, defunctus est, anno regni sui XX° necdum inpleto; 5.18 (320.5)
Huius regni principio antistes Occidentalium Saxonum Haeddi caelestem migrauit ad uitam. 5.18 (320.8)
Coinred, . . . nobilius multo regni sceptra reliquit. 5.19 (321.29)
Offa, iuuenis . . . suae genti ad tenenda seruandaque regni sceptra exoptatissimus. 5.19 (322.9)
et tibi dabo claues regni caelorum"; 5.21 (342.30)
ut post acceptam temporalis regni potentiam ipse beatissimus apostolorum princeps caelestis . . . pandat troitum. 5.21 (345.16)
ut . . . apostolorum princeps caelestis quoque regni tibi tuisque cum ceteris electis libens pandat introitum. 5.21 (345.17)
quo Osredo occiso Coenred gubernacula regni Nordanhymbrorum suscepit, 5.22 (346.21)
et regni, quod per XXXIIII semis annos tenebat, filios tres, . . . reliquit heredes. 5.23 (348.18)
cum ipse regni, quod XI annis gubernabat, successorem fore Ceoluulfum decreuisset, 5.23 (349.21)
cuius regni et principia et processus tot ac tantis redundauere rerum aduersantium motibus, 5.23 (349.23)

regno. His temporibus regno Nordanhymbrorum praefuit rex . . . Aedilfrid, 1.34 (71.9)
Aeodbaldo, qui tunc regno Cantuariorum praeerat, 2.9 (97.26)
e quibus sex etiam ipse, . . . Christi regno militauit, 2.20 (124.16)
qui et ipse ex eo tempore gentis eiusdem regno annis XX et II^{bus} uaria sorte praefuit; 2.20 (124.20)
idem annus sequentis regis, id est Osualdi, uiri Deo dilecti, regno adsignaretur; 3.1 (128.17)
neque aliquis regno eorum annus adnotari. 3.9 (145.6)
His temporibus regno Orientalium Anglorum, . . . Sigberct frater eius praefuit, 3.18 (162.14)
praelatus est a patre regno gentis illius; 3.21 (169.27)
qui etiam gentem Pictorum maxima ex parte regno Anglorum subiecit. 3.24 (180.9)
Eo tempore praeerat regno Orientalium Saxonum, . . . Sebbi, 4.11 (225.15)
solutus a carne, et beatorum est regno sociatus in caelis. 5.7 (292.27)
Coinred, qui regno Merciorum nobilissime . . . praefuerat, nobilius multo regni sceptra reliquit. 5.19 (321.28)

regno. Bassianus, . . . regno potitus est. 1.5 (17.6)

cuius uos fidem in regno uestro recipi facitis et custodiri. 1.32 (69.7)
ut cum Christiana fides in regno uestro excreuerit, 1.32 (69.25)
Et expulerunt eum, ac de suo regno cum suis abire iusserunt. 2.5 (91.28)
sperans se regem Aeduinum regno simul et uita priuaturum; 2.9 (99.2)
Tantum uero in regno excellentiae habuit, 2.16 (118.14)
ecclesiam Christi in regno suo multum diligenter aedificare ac dilatare curauit. 3.3 (132.7)
ideoque bello petitus, ac regno priuatus ab illo, 3.7 (140.12)
tandem ad memoriam reduxit, quod eum pridem perfidia regno pulerit, 3.7 (141.15)
Hic primus regum Anglorum in toto regno suo idola relinqui ac destrui, . . . praecepit. 3.8 (142.7)
magis pro aeterno regno semper laborare ac deprecari solebat. 3.12 (151.19)
et patriam reuersus, ubi regno potitus est, 3.18 (162.19)
atque accepta tonsura pro aeterno magis regno militare curaret. 3.18 (162.28)
Christo uero regi pro sempiterno in caelis regno seruire gaudebant. 3.24 (180.25)
esse scilicet episcopum, quem petierant a Romano antistite in regno Francorum, 4.1 (203.25)
quam et olim iam, si non obstinatus coniugis animus diuortium negaret, relicto regno subisset. 4.11 (225.22)
Cumque annos XXX in regno miles regni caelestis exegisset, 4.11 (225.25)
Postquam ergo Caedualla regno potitus est Geuissorum, 4.16 (236.27)
donec legitimus rex Victred, id est filius Ecgbercti, confortatus in regno, 4.26 (268.17)
et ipse relicto regno ac iuuenioribus commendato, ad limina beatorum apostolorum . . . profectus est, 5.7 (294.6)
hanc accipere debere tonsuram, . . . omnes, qui in meo regno sunt, clericos decerno.' 5.21 (346.3)
in cuius regno perpetuo exsultet terra, 5.23 (351.27)
Ida regnare coepit, a quo regalis Nordanhymbrorum prosapia originem tenet, et XII annis in regno permansit. 5.24 (353.8)

regnorum. quia eius dispositione omnium praelatio regnorum conceditur. 2.10 (101.22)

regnum. cum quo simul Hesperium concidit regnum. 1.21 (41.18)
et sanctorum regnum uenturum est, 1.32 (69.12)
cogitare coepi, quod hoc fortasse esset regnum caelorum, 5.12 (307.25)
"Non," inquiens, "non hoc est regnum caelorum, quod autumas." 5.12 (307.28)

regnum. Marcus Antoninus Verus . . . regnum cum Aurelio Commodo fratre suscepit; 1.4 (16.4)
patri in regnum successerit; 1.8 (22.27)
Arcadius . . . regnum suscipiens, 1.10 (23.26)
XLV ab Augusto regnum suscipiens, 1.13 (28.18)
Marcianus cum Valentiniano XLVI ab Augusto regnum adeptus, 1.15 (30.29)
et regnum sine fine . . . promitteret. 1.25 (45.16)
Aedilberct . . . post regnum temporale, . . . aeterna caelestis regni gaudia subiit; 2.5 (89.7)
sextus Osuald et ipse Nordanhymbrorum rex Christianissimus, hisdem finibus regnum tenuit; 2.5 (89.27)
aequalibus pene terminis regnum nonnullo tempore cohercens, 2.5 (89.29)
beatus archiepiscopus Laurentius regnum caeleste conscendit, 2.7 (93.28)
sed etiam eum, ut in regnum perueniret, adiuuit. 2.12 (110.13)
ecce regnum, quod desiderasti, ipso largiente percepisti. 2.12 (110.33)
donec accepit regnum frater eiusdem Eorpualdi Sigberct, 2.15 (116.20)
quatinus eius oratio et regnum uestrum populumque augeat, 2.17 (119.23)
et regnum porro Osuald christianissimus rex utrumque restaurauerit. 3.1 (127.2)
suscepit pro illo regnum Deirorum, . . . filius patrui eius Aelfrici, uocabulo Osric, 3.1 (127.4)
Porro regnum Berniciorum, . . . suscepit filius Aedilfridi, 3.1 (127.7)
accepit primus eorum, quem diximus, Eanfrid regnum Berniciorum. 3.1 (127.18)
mox ubi regnum suscepit, 3.3 (131.5)
successit in regnum filius eius Coinualch, 3.7 (140.7)
Cum uero restitutus esset in regnum Coinualch, 3.7 (140.18)
fides agnita Christi in regnum reuocauerit; 3.7 (141.16)
quia de alia prouincia ortus fuerat, et super eos regnum acceperat, 3.11 (148.14)
cum Osuiu rex Christianus regnum eius acciperet, 3.21 (170.34)
Successit autem Sigbercto in regnum Suidhelm, 3.22 (174.14)
Oildiluald, . . . qui in Derorum partibus regnum habebat, 3.23 (174.28)
donauit praefato Peada filio regis Pendan, . . . regnum Australium Merciorum, 3.24 (180.11)
qui unum omnes in caelis regnum expectarent; 3.25 (183.31)
Scriptum est enim: 'Quaerite primum regnum Dei et iustitiam eius, 3.29 (198.30)
suspicabatur eum habere aliquam legationem imperatoris ad Brittaniae reges aduersus regnum, 4.1 (204.1)
Ecgberct mense Iulio obierat, succedente in regnum fratre Hlothere, 4.5 (217.22)
et illum, qui se uocauit, ad regnum caeleste secuta est. 4.8 (221.6)
sed pauper spiritu magis propter regnum caelorum manere desiderans. 4.11 (226.5)
acceperunt subreguli regnum gentis, et diuisum inter se tenuerunt annis circiter X; 4.12 (227.26)
Christianae pietatis, quae ad regnum perenne ducit, 4.14 (234.26)
qui deinceps regnum prouinciae tenuerunt; 4.15 (236.14)
Et quamuis maledici regnum Dei possidere non possint, 4.26 (266.22)
Successit autem Ecgfrido in regnum Aldfrid, uir in scripturis doctissimus, 4.26 (268.2)
quo defuncto, regnum illud aliquod temporis spatium reges dubii uel externi disperdiderunt; 4.26 (268.14)
spiritus eorum . . . coniuncti sunt, atque angelico ministerio pariter ad regnum caeleste translati. 4.29 (275.14)
Caedualla, . . . relicto imperio propter Dominum regnumque perpetuum, uenit Romam; 5.7 (292.15)
Quem regnum Christi promeruisse uides. 5.7 (293.30)
Abeunte autem Romam Caedualla, successit in regnum Ini de stirpe regia; 5.7 (294.5)
mox de corpore egressi ad regnum caeleste perueniunt; 5.12 (308.32)
omnes in die iudicii ad regnum caelorum perueniunt. 5.12 (308.17)
non tamen sunt tantae perfectionis, ut in regnum caelorum statim mereantur introduci; 5.12 (308.28)
succedente in regnum Ceolredo filio Aedilredi, 5.19 (322.3)
qui ante ipsum Coinredum idem regnum tenebat. 5.19 (322.5)
Brittanias bello pulsauit, et uicit, nec tamen ibi regnum potuit obtinere. 5.24 (352.7)
Aedilred, . . . monachus factus Coenredo regnum dedit. 5.24 (356.2)
Ceoluulf rex captus, et adtonsus, et remissus in regnum; Cont. (361.2)

REGO. regebant. cuius continentiae fuerit ipse . . . testabatur etiam locus ille, quem regebant, 3.26 (190.21)

regebat. Constantius, qui uiuente Diocletiano Galliam Hispaniamque regebat, 1.8 (22.22)
Iustus autem adhuc superstes Hrofensem regebat ecclesiam. 2.7 (94.3)
cuius doctrina ac ministerio gens, quam regebat, Anglorum, dominicae fidei et dona disceret, 3.3 (131.12)
ille, qui . . . Berniciorum prouinciam, regebat, 3.14 (155.5)
Mailros, quod . . . abbas Eata, uir omnium mansuetissimus ac simplicissimus, regebat, 4.27 (269.3)
Nam et ipsum locum tunc idem reuerentissimus pater abbatis iure regebat. 4.27 (270.22)

regendae. Eata reuerso ad sedem ecclesiae Hagustaldensis, cui regendae primo fuerat ordinatus, 4.28 (273.10)

regendam. offerebat, ut, si uellet, partem Galliarum non minimam illi regendam committeret, 5.19 (324.9)

regendi. Sed, adueniente illuc episcopo, maximum regendi auxilium, . . . inuenit. 4.26 (267.33)

regendis. eis, quibus te regendis diuina praefecit auctoritas, Praef. (5.19)
regendisque eorum populis praeerat; 3.3 (132.30)

regendo. monasterium, cui tunc regendo religiosissimus Christi sacerdos, uocabulo Eappa, praefuit, 4.14 (233.9)
regendum. Dedit autem episcopus regendum post se monasterium fratri suo Ceadda, 3.23 (176.18)
regens. Tuda, . . . uir quidem bonus ac religiosus, sed permodico tempore ecclesiam regens. 3.26 (190.1)
et tribus annis ecclesiam sublimiter regens, dehinc ad monasterii sui, . . . curam secessit, 5.19 (326.5)
regeret. qui caelum et terram et humanum genus creasset, regeret, et iudicaturus esset orbem in aequitate; 3.22 (172.4)
regit. Vna data Daniheli, quam usque hodie regit; 5.18 (320.26)
rexisset. Qui cum in illa prouincia duobus annis ac dimidio ecclesiam gloriosissime rexisset, 4.3 (207.16)
rexit. fortissime quidem rempuplicam, sed laboriosissime rexit. 1.5 (16.18)
Gregorius, . . . rexit annos XIII, menses VI, et dies X. 1.23 (42.17)
sedem Romanae et apostolicae ecclesiae . . . gloriosissime rexit, 2.1 (73.5)
Rexit autem ecclesiam temporibus imperatorum Mauricii et Focatis. 2.1 (79.1)
Et hic ergo postquam annis quinque rexit ecclesiam, 2.7 (95.3)
et rexit ecclesiam annos VIIII, menses IIII et duos dies; 3.20 (169.17)
multo ecclesiam tempore nobilissime rexit. 3.27 (192.25)
Eleuther Romae praesul factus XV annos ecclesiam gloriosissime rexit, 5.24 (352.15)

REGREDIOR. regrediaris. 'Postulat Quoenburg' (hoc enim erat nomen uirginis), 'ut ocius regrediaris ad eam.' 5.3 (286.10)
regrediens. mox de hieme in hiemem regrediens, tuis oculis elabitur. 2.13 (112.16)
regressus. Regressus in Galliam, legiones in hiberna dimisit, 1.2 (14.2)
Colman . . . Scottiam regressus est, tractaturus cum suis, quid de his facere deberet. 3.26 (189.15)
Suidberct . . . de Brittania regressus, non multo post ad gentem Boructuarorum secessit, 5.11 (302.17)

REGVLA. regula. ac monitis cauit, quae regula patrum Sedulus instituit; 5.19 (330.23)
regula. et sub ecclesiastica regula sunt tenendi, 1.27 (49.9)
Augustinus episcopus in monasterii regula edoctus, 1.32 (68.30)
ad exemplum uenerabilium patrum sub regula et abbate canonico in magna continentia . . . uiuant. 4.4 (214.7)
credentibus iam populis Anglorum, et in regula fidei catholicae per omnia instructis, 5.22 (347.12)
regulae. 'Tres sunt ergo regulae sacris inditae litteris, 5.21 (333.34)
regulam. ita ut mens extra rationis regulam omnino nihil faciat. 1.27 (50.15)
sectantemque magistri et capitis sui sancti Gregorii regulam, 2.18 (121.4)
Ronan, . . . in Galliae uel Italiae partibus regulam ecclesiasticae ueritatis edoctus. 3.25 (181.20)
quod oporteret eos, qui uni Deo seruirent, unam uiuendi regulam tenere, 3.25 (183.29)
Ille enim in pascha suo regulam utique ueritatis sequens, 3.25 (187.14)
Cuius regulam distinctionis uos ignorasse probat, 3.25 (187.22)
quorum sanctitatem uos imitari, et regulam ac praecepta caelestibus signis confirmata sequi perhibetis, 3.25 (187.26)
et catholicam temporis paschalis regulam obseruans; 3.26 (189.29)
oportet uestram celsitudinem, . . . piam regulam sequi perenniter principis apostolorum, 3.29 (197.26)
Quam uidelicet regulam triformem quisquis rite custodierit, 5.21 (334.10)
regulas. qui catholicas ecclesiae regulas sequi semper, et amare didicerat. 5.19 (325.10)
regulis. quia tua fraternitas monasterii regulis erudita, 1.27 (48.28)
'Sed quia tua fraternitas,' inquit, 'monasterii regulis erudita seorsum fieri non debet a clericis suis, 4.27 (270.31)
in ecclesiasticae quoque institutionis regulis solertissimus exstiterat; 5.20 (332.4)

REGVLARIS, e. regularem. Cudberct . . . plures et auctoritate magistri, et exemplo suae actionis regularem instituebat ad uitam. 4.27 (269.12)
regulari. quia reliquit successores magna continentia ac diuino amore regularique institutione insignes; 3.4 (134.19)
fundauit ibi monasterium, ac regulari uita instituit, 4.13 (232.15)
mox hoc regulari uita per omnia, prout a doctis uiris discere poterat, ordinare curabat; 4.23 (253.28)
regularibus. Heresuid, . . . regularibus subdita disciplinis, ipso tempore coronam expectabat aeternam; 4.23 (253.9)
Erat enim uir multum religiosus, et regularibus disciplinis humiliter subditus; 4.24 (261.12)
regularibus. curauit locum monasterii, . . . uelocissime construere, ac regularibus instituere disciplinis. 3.19 (164.11)
quod utrumque regularibus disciplinis optime instituerat; 4.6 (218.28)
regularis. in tutamentum coepit obseruantiae regularis habere; 2.1 (75.7)
inbuebantur . . . paruuli Anglorum . . . studiis et obseruatione disciplinae regularis. 3.3 (132.24)
disciplinam uitae regularis, . . . custodiri docuit. 3.22 (173.10)
a quibus normam disciplinae regularis didicerat, 3.23 (175.32)
in quo memorata regis filia primo discipula uitae regularis, deinde etiam magistra extitit, 3.24 (179.6)
in quo usque hodie instituta ab ipso regularis uitae uestigia permanent. 4.3 (207.7)
instituta quoque disciplinae regularis, . . . indefessa instantia sequerentur. 4.3 (209.9)
et adiutrix disciplinae regularis eidem matri existere, minores docendo uel castigando curabat. 4.9 (222.4)
eidem monasterio strenuissime, et in obseruantia disciplinae regularis, . . . praefuit. 4.10 (224.9)
Cum ergo aliquot annos huic monasterio regularis uitae institutioni multum intenta praeesset, 4.23 (254.1)
Nam eisdem, quibus prius monasterium, etiam hoc disciplinis uitae regularis instituit; 4.23 (254.7)
Nec solum ipsi monasterio regularis uitae monita, simul et exempla praebebat, 4.27 (269.13)
ut ibi quoque fratribus custodiam disciplinae regularis et auctoritate propositi intimaret 4.27 (270.19)
inter obseruantiam disciplinae regularis, . . . semper aut discere, aut docere, aut scribere dulce habui. 5.24 (357.12)

REGVLARITER. ut quaeque erant regulariter decreta, 2.4 (88.20)
Nynia . . . qui erat Romae regulariter fidem et mysteria ueritatis edoctus; 3.4 (133.16)
et ipsa recte uiuendo, et subiectis regulariter ac pie consulendo praebuit; 4.6 (219.7)
donec regulariter institutae in societatem congregationis susciperentur. 4.23 (258.23)
illum ab huius praesumtione ministerii, quod regulariter inplere nequibat, omnimodis cessare praecepi." 5.6 (291.20)

REGVM LIBER, *the Book of Kings.*
Regum libros. In libros Regum et Verba dierum; 5.24 (358.15)
Regum librum. Item, in Regum librum XXX quaestionum. 5.24 (358.3)

REICIO. reiecit. Quem angelus sanctus statim adprehendens in ignem reiecit. 3.19 (166.29)

RELABOR. relaberentur. nunc retractis ignium uaporibus relaberentur in profunda. 5.12 (306.3)

RELATIO. relatione. partim reuerentissimi abbatis Esi relatione conperimus. Praef. (7.18)
in occursu sanctorum sine ulla manifesti nuntii relatione properaret, 1.21 (40.13)
quae nobis multimoda relatione per praesentium portitores laudabiliter insinuata est, 2.17 (119.27)
relationem. per cuius relationem ad nostram quoque agnitionem peruenere, quae de his pauca perstrinximus. 5.12 (309.29)
relationi. Conuenit autem reuelationi et relationi praefati fratris . . . sermo reuerentissimi patris Ecgbercti, 4.3 (211.15)

RELATOR. relator. Cuius ordinem miraculi non quilibet dubius relator, . . . narrauit, 3.15 (158.23)

RELEGO. relegentes. quas relegentes cognouimus eius piissimam deuotionem, 3.29 (196.23)

RELEVO. releuetis. prosperis quantocius nuntiis releuetis, 2.11 (106.15)
releuetur. quatinus sollicitudo nostra, . . . uobis nuntiantibus releuetur, 2.11 (106.18)

RELIGIO. religio. quid sibi esset faciendum, quae religio seruanda tractabat. 2.9 (100.15)
quid agendum sibi esset, quae religio sequenda, 2.12 (110.27)
quia nihil omnino uirtutis habet, nihil utilitatis religio illa, 2.13 (111.24)
religione. De religione ac pietate miranda Osualdi regis. 3.6 (137.29)
religione simul et industria gentem suam ab extranea inuasione liberaret. 4.26 (268.17)
uir religione et prudentia insignis, sacris quoque litteris nobiliter instructus. 5.23 (350.8)
religionem. Neque abnegauit se etiam eandem subiturum esse religionem; 2.9 (98.8)

fidem religionemque Anglorum pro nihil habere, ... 2.20 (125.18)
sed ea tantummodo, quae ad religionem pertinent, religiosam eius linguam decebant. 4.24 (259.11)
quia, . . . auerterent illum a diis suis, et ad nouam Christianae fidei religionem transferrent, . . . 5.10 (300.14)
quos iamdudum ad exemplum . . . apostolicae ecclesiae suam religionem instituisse cognouit. . . . 5.21 (332.24)
miramque in moribus ac uerbis prudentiam, humilitatem, religionem ostenderet, ... 5.21 (344.11)
religioni. Sed nec religioni Christianae, quae apud eos exorta erat, aliquid inpendebat honoris. . . . 2.20 (125.15)
quia carmina religioni et pietati apta facere solebat; 4.24 (258.28)
religionis. si a cultu nostrae religionis discedere temtas.' 1.7 (19.11)
sed si ueritatem religionis audire desideras, ... 1.7 (19.18)
uel a cultu Christianae religionis reuocari non posse persensit, ... 1.7 (20.2)
fama ad eum Christianae religionis peruenerat, ... 1.25 (45.20)
ut ritum fidei ac religionis suae . . . seruare licentiam haberet. 1.25 (45.24)
nec prohibemus, quin omnes, quos potestis, fidei uestrae religionis praedicando societis.' 1.25 (46.17)
excepto dumtaxat hoc, quod diuinae erat religionis ignarus. 1.34 (71.14)
ipse nobilitatem religionis non minore quam parentes . . . exercuit. 2.1 (73.24)
cultumque suae religionis cum omnibus, qui secum uenissent, uiris siue feminis, . . . seruaret. . . 2.9 (98.5)
quod scintillam orthodoxae religionis in uestri dignatus est confessione succendere; 2.11 (104.24)
ut tantus praecessor talem haberet de sua consanguinitate et religionis heredem et regni. 3.6 (139.4)
Osuini, . . . uirum eximiae pietatis et religionis; 3.14 (154.27)
Vnde et in magna erat ueneratione tempore illo religionis habitus; 3.26 (191.5)
Bisi . . . ipse erat successor Bonifatii, . . . uir multae sanctitatis et religionis. 4.5 (217.27)
et per eius benedictionem habitum religionis, quem diu desiderabat, accepit. 4.11 (226.2)
quod uir esset multae pietatis ac religionis, ... 4.31 (278.7)
et legentes quoque uel audientes exemplum facti ad studium religionis accenderet. 5.7 (293.5)
quorum uterque pietate religionis inbutus, . . . erat 5.10 (299.24)
Qui cum cogniti essent a barbaris, quod essent alterius religionis, ... 5.10 (300.8)
ut uir tantae eruditionis ac religionis sibi specialiter indiuiduo comitatu sacerdos esset, ... 5.19 (325.25)
RELIGIOSE. Qui quidem a prima aetate pueritiae studio religiosae [religiose] uitae semper ardebat, . uar. 4.27 (268.29)
RELIGIOSIOR, ius. **religiosiores.** quos religiosiores reddebat praesentia sacerdotum, ... 1.20 (38.16)
RELIGIOSISSIMVS, a, um. **religiosissima.** religiosissima Christi famula Hild, . . . transiuit 4.23 (252.16)
religiosissimi. atque in praefato religiosissimi abbatis Benedicti monasterio transscribendam commodauit. 4.18 (242.6)
religiosissimus. monasterium, cui tunc regendo religiosissimus Christi sacerdos, uocabulo Eappa, praefuit, 4.14 (233.9)
RELIGIOSVS, a, um. **religiosa.** religiosissima [religiosa] Christi famula Hild, . . . transiuit . . . . uar. 4.23 (252.16)
religiosa. duritiam cordis ipsius religiosa diuinorum praeceptorum insinuatione mollire 2.11 (105.30)
monasterium factum erat non multo ante a religiosa Christi famula Heiu, ... 4.23 (253.20)
religiosa. quae pia, quae religiosa, quae recta sunt, elige; 1.27 (49.30)
religiosa. Et quidem et alii post illum in gente Anglorum religiosa poemata facere temtabant; . . . 4.24 (259.5)
religiosae. percipiendo ex religiosae uitae consuetudine eiusdem mysterii amore rapiuntur, ... 1.27 (56.26)
Qui quidem a prima aetate pueritiae studio religiosae uitae semper ardebat, ... 4.27 (268.29)
Cudberct crescentibus meritis religiosae intentionis, ... 4.28 (271.5)
monasterio tempore illo religiosae ac modestae uitae abbas et presbyter Ediluald praeerat, . . . 5.12 (310.5)
religiosam. sed ea tantummodo, quae ad religionem pertinent, religiosam eius linguam decebant. . . 4.24 (259.11)
Erat ergo pater familias . . . religiosam cum domu sua gerens uitam; 5.12 (304.2)
religiosi. De uita uel morte religiosi regis Sigbercti. 3.18 (162.13)
Sed credendum est, quia talis mors uiri religiosi non solum talem culpam diluerit, ... 3.22 (174.10)
quod diuina uobis misericordia per intercessionem religiosi ac Deo dilecti regis Osualdi, . . . conferre dignata est. 4.14 (234.24)
Aedilthrydam, filiam Anna . . . uiri bene religiosi, ac per omnia mente et opere egregii; 4.19 (243.5)
religiosi. religiosi uiri nullius commendatione indigeant; 1.24 (44.4)
tempore illo religiosi quique uiri ac feminae consuetudinem fecerunt per totum annum, ... 3.5 (136.18)
quique nouerant eam religiosi, pro insita ei sapientia et amore diuini famulatus, sedulo eam uisitare, . . . solebant. 4.23 (253.30)
religiosis. Erat enim religiosis actibus, crebris precibus, piis elimosynarum fructibus plurimum intentus; 4.11 (225.18)
religiosis. et religiosis moribus iuxta ritus Lindisfarnensium, ubi educatus erat, instituit. 3.23 (176.7)
tandem rex ipse praefatus, una cum . . . religiosis ac potentibus uiris insulam nauigauit. 4.28 (272.22)
religiosis. Cum omne, quod superest, in causis piis ac religiosis erogandum est, ... 1.27 (49.15)
religiosis. Cuius religiosis uotis ac precibus fauens reuerentissimus abba Ceolfrid misit architectos, . 5.21 (333.11)
religiosis. et religiosis conuiuiis sollemnitatem celebrent; 1.30 (65.21)
religioso. Vt religioso abbati Hadriano Albinus, Vilfrido in episcopatum Acca successerit. 5.20 (330.29)
religioso. succedente . . . Trumheri, uiro religioso et monachica uita instituto, ... 3.21 (171.13)
religioso. 'Catholicam . . . paschae obseruantiam, quam a nobis, rex Deo deuote, religioso studio quaesisti, 5.21 (333.17)
religiosorum. per ministerium Ceddi et Ceadda religiosorum Christi sacerdotum, ... Praef. (7.9)
religiosum. per religiosum Lundoniensis ecclesiae presbyterum Nothelmum, ... Praef. (6.14)
qui narrare solet dixisse sibi quendam multum ueracem ac religiosum hominem, ... 3.19 (167.16)
religiosum. ne opus religiosum negotiorum regalium causa intermitteretur, ... 3.23 (176.2)
religiosum. genus a proauis non solum nobile, sed et religiosum ducens. 2.1 (73.20)
religiosus. religiosus ac pius auditor siue lector . . . . Praef. (5.14)
et caelestis palmae gaudia miles religiosus amplectitur. 1.20 (39.19)
Sigberct frater eius praefuit, homo bonus ac religiosus; 3.18 (162.16)
Tuda, . . . uir quidem bonus ac religiosus, ... 3.26 (189.30)
erat enim religiosus et bonus uir, ... 3.30 (199.30)
Erat enim religiosis [religiosus] actibus, . . . piis elimosynarum fructibus plurimum intentus; . . uar. 4.11 (225.18)
Erat enim uir multum religiosus, et regularibus disciplinis humiliter subditus; 4.24 (261.12)
cui tunc uir religiosus Suidberct abbatis iure praefuit. 4.32 (279.23)
RELINQVO. relicta. relicta insula patria, uel diuinae lectionis, uel continentioris uitae gratia illo secesserant. 3.27 (192.11)
qui, relicta Brittania, Parisiacae ciuitatis factus erat episcopus; 3.28 (194.21)
Vt Colman episcopus, relicta Brittania, duo monasteria in Scottia, . . . fecerit. 4.4 (213.1)
et relicta domu conuiuii egressus esset ad stabula iumentorum, ... 4.24 (259.19)
respondit propositum se . . . patria relicta, Romam iter agere coepisse. 5.19 (324.15)
relictis. Et relictis in ecclesia sua fratribus aliquot, primo uenit ad insulam Hii, ... 4.4 (213.8)
Anglos ibidem locauit, relictis in praefata insula Scottis. 4.4 (213.31)
relictis. relictis idolatriae tenebris, ... 1.7 (18.19)
relictis ciuitatibus ac muro fugiunt, ... 1.12 (28.5)
et sopitis ac relictis curarum anxietatibus, quieti membra simul et animum conpone, ... 2.12 (110.1)
relictis idolorum superstitionibus, fidem . . . suscipere. 2.15 (115.26)
relictis. relictis eis, quae tanto tempore cum omni Anglorum gente seruaui. 1.25 (46.9)
ut ad ultimum, relictis regni negotiis, . . . intraret monasterium, ... 3.18 (162.25)
relictis omnibus, quae habere uidebatur, ab ipsa quoque insula patria discessit; 3.19 (167.26)
Cedd, relictis Scottorum uestigiis, ad suam sedem rediit, ... 3.26 (189.16)
Sigheri . . . relictis Christianae fidei sacramentis, ad apostasiam conuersus est. 3.30 (199.14)

adeo ut relictis siue destructis fanis arisque, quas fecerant, aperirent ecclesias, 3.30 (200.2)
ut relictis omnibus, quae habebat, simplici tantum habitu indutus, . . . ueniret ad monasterium 4.3 (208.5)
relicto. relicto gentilitatis ritu, 1.26 (47.22)
relicto errore idolatriae, fidem ueritatis acceperant, 3.4 (133.13)
et me relicto nusquam conparuerunt.' 3.11 (150.20)
relicto episcopatu, reuersus est ad insulam Hii, 3.21 (171.10)
Quae cum, relicto habitu saeculari, illi soli seruire decreuisset, 4.23 (253.1)
relicto. secundus Cellach, qui relicto episcopatus officio uiuens ad Scottiam rediit, 3.24 (179.24)
Scotti . . . relicto monasterio per nota sibi loca dispersi uagarentur, 4.4 (213.18)
quam et olim iam, si non obstinatus coniugis animus diuortium negaret, relicto regno subisset. 4.11 (225.22)
Caedualla, . . . cum genti suae duobus annis strenuissime praeesset, relicto imperio propter Dominum . . . uenit Romam; 5.7 (292.14)
et ipse relicto regno ac iuuenioribus commendato, ad limina beatorum apostolorum . . . profectus est, 5.7 (294.6)
relicturus. Cum uero et Laurentius Mellitum Iustumque secuturus ac Brittaniam esset relicturus, 2.6 (92.14)
relinquat. nullus coniugem propriam, nisi, . . . fornicationis causa, relinquat. 4.5 (217.3)
relinquendus. suo est iudicio relinquendus; 1.27 (58.27)
relinquens. officii testimonium relinquens, 1.7 (21.9)
Colmanus, . . . relinquens Brittaniam, tulit secum omnes, . . . Scottos; 4.4 (213.4)
V: 'Vt nullus clericorum relinquens proprium episcopum, passim quolibet discurrat, 4.5 (216.13)
ita etiam tranquilla morte mundum relinquens ad eius uisionem ueniret, 4.24 (262.14)
relinquens. famam suae malitiae posteris diuturnam relinquens, 1.14 (29.17)
relinquere. statuerunt ob nimietatem laboris, huius structuram ecclesiae funditus relinquere, 3.8 (144.17)
Quae multum diu regem postulans, ut saeculi curas relinquere, . . . permitteretur; 4.19 (243.27)
saecularem illum habitum relinquere, et monachicum suscipere propositum docuit, 4.24 (260.26)
relinqueret. quare gregem, quem sibi ipse crediderat, relinqueret, 2.6 (92.23)
coepit expectare horam, qua aut melioratum reciperet iumentum, aut relinqueret mortuum. 3.9 (146.2)
quae perditis nonnulla ex parte his, . . . rebus, ipsam in latus iacentem inter undas relinqueret; 5.9 (298.10)
Ammonebat ergo illum sedulo, ut confiteretur, et emendaret, ac relinqueret scelera sua, 5.13 (311.11)
sed uiuentibus, qui haec cognouissent, causam salutis sua perditione relinqueret. 5.14 (315.4)
relinqui. Hic primus regum Anglorum in toto regno suo idola relinqui ac destrui, . . . praecepit. 3.8 (142.7)
reliquerat. aquam, quam in fluuio non reliquerat, 1.7 (21.6)
Recognoscunt populum in ea, qua reliquerat, credulitate durantem; 1.21 (40.20)
Reliquerat autem in ecclesia sua Eburaci Iacobum diaconum, 2.20 (126.21)
reliquere. Eodem sane anno, quo hi Brittaniam reliquere, 5.19 (322.17)
reliquit. Reliquit duos filios, Bassianum et Getam; 1.5 (17.4)
Hic Constantinum filium . . . imperatorem Galliarum reliquit. 1.8 (22.25)
eos, quos defendere debuerat, inermes ac nudos ferientibus gladiis reliquit. 2.2 (84.29)
tres suos filios, qui pagani perdurauerant, regni temporalis heredes reliquit, 2.5 (91.5)
opus idem successori suo Osualdo perficiendum reliquit. 2.14 (114.16)
In qua ecclesia moriens pallium quoque, . . . reliquit. 2.20 (126.20)
quia reliquit successores magna continentia ac diuino amore regularique institutione insignes; 3.4 (134.18)
Vnde inter alia uiuendi documenta saluberrimum abstinentiae uel continentiae clericis exemplum reliquit; 3.5 (135.23)
Eadbald . . . Earconbercto filio regni gubernacula reliquit; 3.8 (142.5)
reliquit monasterii et animarum curam fratri suo Fullano, 3.19 (167.32)
partem uero in ecclesia, cui praeerat, reliquit, et in secretario eius condi praecepit. 3.26 (190.18)
Ecgbercto filio sedem regni reliquit, 4.1 (201.10)
Qui defunctus die xv Kalendarum Martiarum Ecgfridum filium regni heredem reliquit; 4.5 (214.21)
tandem superni regni amore conpunctus reliquit, 4.12 (228.4)
ac me solum in medio tenebrarum et horridae uisionis reliquit. 5.12 (305.31)
Coinred, . . . nobilius multo regni sceptra reliquit. 5.19 (321.29)
Qui pari ductus deuotione mentis, reliquit uxorem, 5.19 (322.10)
et regni, . . . filios tres, Aedilberctum, Eadberctum, et Alricum, reliquit heredes. 5.23 (348.20)
Vulfheri rex Merciorum, . . . defunctus, Aedilredo fratri reliquit imperium. 5.24 (354.27)
RELIQVIAE. reliquiae. Ad hunc pauperculae Brettonum reliquiae mittunt epistulam, 1.13 (28.25)
altaria construantur, reliquiae ponuntur. 1.30 (65.10)
quorum illic reliquiae ponuntur, 1.30 (65.19)
Vnde factum est, ut ipsa nocte reliquiae adlatae foris permanerent, 3.11 (148.16)
ut apud se eaedem sanctae ac Deo dilectae reliquiae conderentur. 3.11 (148.26)
reliquiarum. precorque, si aliquid reliquiarum illius penes te habes, adferas mihi, 3.13 (153.21)
capillis, quam more reliquiarum rogantibus amicis dare, uel ostendere in signum miraculi possent. 4.32 (280.6)
Harum particulam reliquiarum eo tempore habebat penes se quidam de presbyteris 4.32 (280.8)
Qui cum . . . aperuisset thecam reliquiarum, ut portionem earum roganti amico praestaret, 4.32 (280.12)
reliquias. reliquias ibidem et ipsius acceperit, 1.18 (36.4)
martyrum . . . reliquias habens, 1.18 (36.25)
sanctorum etiam apostolorum ac martyrum reliquias, 1.29 (63.11)
Vt super reliquias eius lux calestis tota nocte steterit, 3.11 (147.28)
diceret, quod et ipsa lucem nocte illa supra reliquias eius ad caelum usque altam uidisset, 3.11 (149.13)
Vt in Hibernia sit quidam per reliquias eius a mortis articulo reuocatus. 3.13 (152.5)
de mirandis, quae ad reliquias eiusdem reuerentissimi regis in illa prouincia gesta fuerint, 3.13 (152.14)
beneficia sanctorum, hoc est reliquias beatorum apostolorum Petri et Pauli, 3.29 (198.15)
si ad monasterium delata uirginum sanctimonalium, ad reliquias sanctorum peteret, 4.10 (224.29)
Vt alter ad reliquias eius nuper fuerit ab oculi langore curatus. 4.32 (279.18)
Nec silentio praetereundum, quod ante triennium per reliquias eius factum, 4.32 (279.20)
contigit eum subito diuinae pietatis gratia per sanctissimi patris Cudbercti reliquias sanari. 4.32 (280.3)
Quo facto, reliquias, ut iussus erat, sua in theca recondidit, 4.32 (280.21)
simul et reliquias beatorum apostolorum ac martyrum Christi ab eo se sperans accipere, 5.11 (301.24)
ut . . . haberet in promtu reliquias sanctorum, quas ibi introduceret; 5.11 (301.27)
reliquiis. nonnulli de miserandis reliquiis in montibus conprehensi, 1.15 (32.29)
capsulam cum sanctorum reliquiis collo aulsam 1.18 (36.14)
adquisitis undecumque reliquiis beatorum apostolorum et martyrum Christi, 5.20 (331.19)
RELIQVVM. reliquo. ossa illius, quae . . . in puluerem redacto corpore reliquo sicca inuenienda putabant; 4.30 (276.13)
reliquorum. qui aliquid rerum . . . uel reliquorum ordinum furto auferret; 2.5 (90.15)
RELVCEO. relucente. quam ipse uelut noua quadam relucente gratia ecclesiasticae societatis et pacis Christo consecrauerat; 5.22 (347.23)
RELVCTOR. reluctans. ipse tamen animus carnis uoluptatibus reluctans, 1.27 (61.21)
REMANEO. remaneat. raro ibi nix plus quam triduana remaneat; 1.1 (12.27)
remanebit. Scio autem certissime, quia non diu uacuus remanebit locus ille, 4.30 (277.10)
remanente. remanente Eata ad Lindisfarnensem, 4.12 (229.24)
remanere. fratribus, qui in Lindisfarnensi ecclesia, Scottis abeuntibus, remanere maluerunt, 3.26 (190.5)
subtraxit se illi profectioni, et remanere domi passus est. 5.9 (298.13)

remaneret. ne diu tantae quaestionis caligo indiscussa remaneret, 2.19 (123.14)
remanserit. si a uestrae fidei splendore, . . . ille remanserit alienus? 2.11 (105.22)
remanserunt. remanserunt cum beato Furseo tres angeli, 3.19 (166.18)
remansit. Attila . . . reipuplicae remansit hostis, 1.13 (29.5)
quod pars corporis uestri ab agnitione summae et indiuiduae Trinitatis remansit extranea. 2.11 (105.12)
Abeunte igitur amico, remansit Aeduini solus foris, 2.12 (108.16)
posta solummodo, . . . tuta ab ignibus et intacta remansit. 3.10 (147.22)
Nec dubium remansit cogitanti de uisione, 4.9 (222.21)
uxor tantum, quae amplius amabat, quamuis multum tremens et pauida, remansit. 5.12 (304.9)
REMEDIVM. remedia. salutis uestrae remedia propinentur. 2.10 (101.7)
remedia. Redemptoris nostri benignitas humano generi, . . . propinauit remedia; 2.11 (104.18)
plures sibi suisque langorum remedia conquisiere. 3.17 (161.8)
multi, . . . ad salutaria ieiuniorum remedia subeunda sunt mirabiliter accensi; 4.14 (236.2)
remedii. et cum debilitati suae nihil remedii pateretur adhiberi, 1.19 (37.31)
remedium. quaesiuit Colmanus huic dissensioni remedium, 4.4 (213.22)
REMEMOROR. rememorando. At ipse cuncta, quae audiendo discere poterat, rememorando secum, . . . in carmen dulcissimum conuertebat, 4.24 (260.30)
REMEO. remeans. Qui cum Brittaniam remeans in Galliarum partes deuenisset, 5.19 (328.20)
remeanti. Remeanti autem Augustino praeposito uestro, 1.23 (43.13)
remeantibus. Quibus ad sua remeantibus, 1.12 (27.31)
REMIGIVM. remigio. ut neque uelo neque remigio quicquam proficere, . . . ualeremus. 5.1 (281.21)
REMINISCOR. reminiscens. tandem presbyter reminiscens uerba antistitis, . . . misit de oleo in pontum, 3.15 (158.16)
reminisceris. siue per operam reminisceris deliquisse, 1.31 (67.12)
REMISSIO. remissione. consuetudinem fecerunt per totum annum, excepta remissione quinquagesimae paschalis, 3.5 (136.20)
remissionem. quia salutari fonte in remissionem peccatorum essem ablutus; 5.6 (291.12)
remissionis. atque instructam in fluuio Gleni, . . . lauacro remissionis abluere. 2.14 (115.7)
REMISSIOR, ius. **remissioris.** Seruiebat autem multum ebrietati, et ceteris uitae remissioris inlecebris; 5.14 (314.5)
REMITTO. remisit. Remisit ergo exercitum, quem congregauerat, 3.14 (155.11)
remissa. quem remissa mox scripta papae apostolici ibidem obisse narrauerint. 3.29 (196.2)
remissae. et huiusmodi litteras regi Osuiu Brittaniam remissae: 3.29 (196.19)
'Beati, quorum remissae sunt iniquitates, et quorum tecta sunt peccata.' 5.13 (313.22)
remissus. ac mox remissus ad sedem episcopatus sui, id est post dies xiiii, ex quo in urbem uenerat. 5.11 (303.5)
Scriptor quoque ipse multis ab ea muneribus donatus patriam remissus est. 5.15 (317.5)
Ceoluulf rex captus, et adtonsus, et remissus in regnum; Cont. (361.2)
remittet. ac cupito itinere domum remittet.' 3.15 (158.9)
remittunt. Nec mora, Augustinum, . . . domum remittunt, 1.23 (42.31)
REMOROR. remoratus. ibique aliquandiu remoratus, et ea loca operiens, sic uidentibus cunctis ad caeli se alta subduxit; 4.7 (220.10)
REMOTIOR, ius. **remotiore.** Qui tum forte in remotiore ab ecclesia loco refluis undique pelagi fluctibus cincto, solitarius manebat. 4.30 (276.26)
remotiorem. Fecerat uero sibi mansionem non longe ab ecclesia remotiorem; 4.3 (207.12)
REMOTVS, a, um. **remotae.** sed quia a parte Brettonum erant remotae, 1.12 (25.27)
remotam. insulam extra orbem tam longe remotam, 1.8 (22.16)
Respondebant omnes placidissimam se mentem ad illum, et ab omni ira remotam habere, 4.24 (262.2)
remotis. antistes elegit sibi locum monasterii construendi in montibus arduis ac remotis, 3.23 (175.13)
REMOVEO. remoto. Quem statuere patres, dubioque errore remoto, Certa suae genti ostendit moderamina ritus; 5.19 (330.20)
REMVNERATIO. remuneratione. ut in spiritalis operis studio ex remuneratione ualeant multiplicius insudare. 1.29 (63.21)
remunerationis. hanc mihi suae remunerationis uicem rependant, Praef. (8.14)
et post multiplices militiae caelestis agones ad praemia remunerationis supernae tota mente suspirans. 5.11 (303.22)
RENASCOR. renascentibus. renascentibus uirgultis Pelagianae pestis, 1.21 (39.28)
renascentis. ut ipse pater Fonte renascentis, quem Christi gratia purgans Protinus albatum uexit in arce poli. 5.7 (293.19)
renascimur. ministerium baptizandi, quo Deo renascimur, 2.2 (83.18)
renata. quantumue sit admirabile, quod renata praemium consequi meruisti. 2.11 (105.34)
renati. per aquam et Spiritum Sanctum renati ei, cui credideritis, 2.10 (103.29)
RENDILI, *eponym of Rendlesham, Suffolk.*
Rendili. qui baptizatus est . . . in uico regio, qui dicitur Rendlæsham, id est mansio Rendili; 3.22 (174.17)
RENDLÆSHAM, *Rendlesham, Suffolk.*
Rendlæsham. qui baptizatus est . . . in uico regio, qui dicitur Rendlæsham. 3.22 (174.17)
RENITOR. renitens. Quo dum perueniret, quamuis multum renitens, unanima cunctorum uoluntate superatur, 4.28 (272.28)
renitentem. multumque renitentem, studio et amore pii laboris, ipse eum manu sua leuauit in equum; 4.3 (206.27)
RENOVO. renouant. renouant ecclesias ad solum usque destructas, 1.8 (22.9)
renouare. nouam ex ueteri heresim renouare conantes, 2.19 (123.15)
renouarentur. et ea, . . . huius doctrina priscum renouarentur in statum. 5.20 (331.35)
renouato. renouato ad amorem caelestium spiritu mentis nostrae, 5.21 (339.33)
RENVDO. renudato. bis renudato littore contiguus terrae redditur; 3.3 (132.5)
RENVO. rennuit. qui et fidem ac sacramenta regni caelestis suscipere rennuit, 3.7 (140.9)
Rennuit episcopus dicens se ad monasterium, quod proxime erat, debere reuerti. 5.4 (287.9)
REOR. ratus. utilius esse ratus est ibi potius uerbum praedicare, 3.7 (139.19)
ratus est utilius tunc demissa intentione bellandi, seruare se ad tempora meliora. 3.14 (155.9)
reor. Inter quae nequaquam silentio praetereundum reor, 3.11 (147.30)
et multum ex illo, ut reor, profectus spiritalis accipiet. 3.19 (165.12)
Neque illis multum obesse reor talem paschae obseruantiam, 3.25 (188.2)
Vbi silentio praetereundum non esse reor, 4.16 (237.17)
noctem ducebat peruigilem, pro mea, ut reor, sospitate supernae pietati supplicans. 5.6 (290.32)
De cuius scriptis aliqua decerpere, ac nostrae huic historiae inserere commodum fore legentibus reor. 5.15 (317.7)
Namque prudentiam tuam facillime diiudicare reor, 5.21 (344.28)
REPARO. reparandis. alia clero, tertia pauperibus, quarta ecclesiis reparandis. 1.27 (48.27)
reparata. ceterae cum magna difficultate reparatae [reparata] sunt. uar. 1.2 (14.8)
reparatae. ceterae cum magna difficultate reparatae sunt. 1.2 (14.8)
REPEDO. repedabat. et egressus ad suam domum repedabat. 4.24 (259.18)
repedantes. De cuius statu uitae, ut ad priora repedantes, paucis, quae sunt gesta, memoremus, 5.19 (322.24)
REPELLO. repellebant. At insulani et, quantum ualuere, armis arma repellebant, 4.26 (266.20)
repellenda. pro Pelagiana heresi, . . . cauenda ac repellenda, in eadem illos epistula admonere curauit; 2.19 (122.27)
repellendam. uallum uero, quo ad repellendam uim hostium castra muniuntur, 1.5 (16.25)
repellendas. ad euitandas uel repellendas . . . gentium aquilonalium inruptiones; 1.14 (30.17)
repellere. a sua suorumque lesione crebris orationibus uel exhortationibus repellere consuerat, 2.7 (94.34)

'Nolite repellere, quem ante suscepistis; 3.19 (166.29)
repellit. repellit mare ad barbaros; 1.13 (28.28)
repellunt. 'Repellunt barbari ad mare, 1.13 (28.27)
repulsus. a beatae memoriae papa Agathone probatus est contra fas a suo episcopatu repulsus; 5.19 (328.12)
REPENDO. rependant. hanc mihi suae remunerationis uicem rependant, Praef. (8.14)
REPENSATIO. repensatione. Hocque etiam illa uobis repensatione conlatum est, 2.8 (96.1)
REPENTE. in quo nihil repente arduum, 1.7 (20.30)
Nam mutato repente habitu saeculari monasterium petiit, 2.1 (74.4)
exsurrexit repente, et, euaginata sub ueste sica, impetum fecit in regem. 2.9 (99.9)
Et his dictis, ut ferunt, repente disparuit, 2.12 (109.27)
repente conruens, brachium contriuit, 3.2 (130.13)
repente uolutando deuenit in illud loci, ubi rex memorabilis occubuit. 3.9 (146.3)
Quod cum repente conuiuae terrore confusi conspicerent, 3.10 (147.17)
qui solebat nocturnis saepius horis repente ab inmundo spiritu grauissime uexari. 3.11 (149.20)
repente uenit in mentem abbatissae puluis ille praefatus; 3.11 (150.5)
et repente inter calefaciendum recordans uerbum, quod dixerat illi antistes, 3.14 (156.28)
audiuit repente, ut postea referebat, uocem suauissimam 4.3 (208.20)
si forte legente eo uel aliud quid agente, repente flatus uenti maior adsurgeret, 4.3 (210.19)
tacta est repente grauissimo corporis morbo, 4.9 (222.6)
repente uenit in mentem, quia, . . . perditam posset recipere lucem. 4.10 (224.27)
repente audiuimus abbatissam intus uoce clara proclamare: 4.19 (245.27)
repente contingens oculum ita sanum cum palpebra inuenit, 4.32 (280.27)
sed diluculo reuiuiscens, ac repente residens, 5.12 (304.6)
Quo cum perductus essem, repente ductor meus disparuit, 5.12 (305.30)
cum nos intraturos sperarem, repente ductor substitit; 5.12 (308.4)
sed inter haec nescio quo ordine repente me inter homines uiuere cerno.' 5.12 (309.14)
REPENTINVS, a, um. **repentina.** ne forte nos . . . repentina eius ira corripiat, 4.25 (266.9)
repentina. rediens domum, repentina medio itinere molestia tactus est, 4.31 (278.10)
tactus est infirmitate repentina, 5.19 (328.21)
repentini. et cum esset in studio, tacta est infirmitate repentini doloris, 5.3 (285.15)
repentinis. repentinis bellorum tumultibus undique circumuentus 1.2 (14.31)
repentinus. repentinis [repentinus] bellorum tumultibus undique circumuentus uar. 1.2 (14.31)
REPERCVTIO. repercusso. et elatum clamorem repercusso aere montium 1.20 (39.9)
REPERIO. reperierunt. Nam quando fratres sui corpus ipsius . . . incorruptum reppererunt [reperierunt], uar. 4.32 (280.5)
reperta. hortamur, ut nos reperta portitoris occasione de his, 2.11 (106.12)
reperta. Hanc Constantinus imperator, eo quod ibi crux Domini . . . reperta sit, magnifico et regio cultu construxit. 5.16 (317.26)
repertae. ubi abeuntibus eis, excepta ecclesia, paucissimae domus repertae sunt, 3.26 (190.22)
reppererent. Nam quando fratres sui corpus ipsius . . . incorruptum reppererunt [reppererent], uar. 4.32 (280.5)
reppererit. siqua in his, . . . aliter quam se ueritas habet, posita reppererit, Praef. (8.5)
reppererunt. Nam quando fratres sui corpus ipsius post multos sepulturae annos incorruptum reppererunt, 4.32 (280.5)
repperi. a fratribus ecclesiae Lindisfarnensis scripta repperi, Praef. (7.32)
et neminem ex omnibus praeter te erga sanitatem animae suae occupatum repperi; 4.25 (265.11)
Quod dum facerem, repperi illam ingrediens uultu hilariorem, 5.3 (286.11)
in quo omnia, quae umquam bona feceram, intuens scripta repperi, 5.13 (312.6)
repperimus. repperimus, quanta sacri eloquii eruditione eius animum . . . perduxerit. 2.8 (96.10)
repperimus quosdam prouinciae uestrae contra . . . fidem, nouam ex ueteri heresim renouare conantes, 2.19 (123.14)
inter omnes tamen, quas uel in ecclesia, uel in uniuerso hominum genere repperimus tonsuras, 5.21 (342.25)
repperire. eos deos, . . . colentes sequimini, iudicio discreto repperire non possumus. 2.10 (103.1)
antistitem, . . . minime ualuimus nunc repperire pro longinquitate itineris. 3.29 (198.2)
extemplo se repperire sub ueste sua monile pretiosissimum; 4.23 (256.4)
repperiret. siqua in his, . . . aliter quam se ueritas habet, posita reppererit [repperiret], uar. Praef. (8.5)
repperiri. ut . . . uiderentur ibidem, qui ecclesiasticum gradum, . . . apte subirent, plurimi posse repperiri. 4.23 (254.21)
repperit. ita sanum brachium manumque repperit, ac si nihil umquam tanti langoris habuisset. 3.2 (131.1)
et ea, quae minus perfecta repperit, his quoque iuuantibus corrigebat. 4.2 (205.22)
omniumque unianimem in fide catholica repperit consensum; 4.17 (239.1)
repperitur. cuius in lege mentio nulla usquam repperitur, 5.21 (338.29)
repperta. Profecto enim dum huiusmodi apta reppertaque persona fuerit, 3.29 (198.3)
reppertum. Vt corpus illius post XI annos sepulturae sit corruptionis inmune reppertum; 4.30 (276.5)
reppertus. Quis sane pro Vighardo reppertus ac dedicatus sit antistes, libro sequente oportunius dicetur. 3.29 (199.5)
REPETO. repetere. si forte uel ipsam, de qua egressi eramus, insulam aliquo conamine repetere possemus, 5.1 (282.3)
repeterent. cum idem globi ignium . . . modo alta peterent, modo ima baratri repeterent, 5.12 (305.33)
repeteret. Quod cum frequenti uoce repeteret, 4.8 (221.11)
repetiit. Igitur rex Sigberct . . . temporalis sui regni sedem repetiit, 3.22 (172.21)
Duobis autem annis in episcopatu peractis repetiit insulam ac monasterium suum, 4.29 (274.3)
sic Romam ueniendi iter repetiit; 5.19 (326.20)
repetita. audiuit ab eo repetita interrogatione, quae et qualia essent, quae exutus corpore uideret; 5.12 (309.27)
repetitam. alleluiam tertio repetitam sacerdotes exclamabant. 1.20 (39.8)
REPLEO. replebat. fetor inconparabilis cum eisdem uaporibus ebulliens omnia illa tenebrarum loca replebat. 5.12 (306.5)
repleri. uidi subito ante nos obscurari incipere loca, et tenebris omnia repleri. 5.12 (305.23)
repletus. Tum iudex repletus iracundia dixit: 1.7 (19.23)
sacrae scripturae scientia repletus, 1.32 (68.30)
repleuisse. aspexit, detecto domus culmine, fusam desuper lucem omnia repleuisse; 4.23 (257.13)
repleuit. ecclesiam suam, quae saepe lunae uocabulo designatur, internae gratiae luce repleuit. 5.21 (340.18)
REPLICO. replicauerint. quanta fraudis solertia daemones . . . ipsas etiam cogitationes quasi in libro descriptas replicauerint; 3.19 (165.9)
replicauerunt. et ipsas etiam cogitationes quasi in libro descriptas replicauerint [replicauerunt]; uar. 3.19 (165.9)
replicauit. ad suum fratrem perueniens, replicauit ex ordine cuncta, 4.22 (251.30)
REPONO. reponeret. Qui cum sedens ad mensam non haberet ad manum, ubi oblatum sibi munus reponeret, 3.2 (130.26)
residuum dedit adulescenti, ut suo in loco reponeret. 4.32 (280.17)
reponeretur. ut lapis, . . . amoueretur, et altius ipso in loco reponeretur; 3.8 (144.1)
reponite. et sic reponite in arca, quam parastis. 4.30 (277.8)
REPRAESENTO. repraesentat. quoties per fraternos affatus unianimam dilectionem quadam contemplatione alternis aspectibus repraesentat. 2.18 (120.29)
repraesentes. sed cum commodis animarum ante tribunal summi et uenturi Iudicis repraesentes. 2.8 (97.2)
repraesentet. et uos omnipotenti Deo inreprehensibiles repraesentet. 2.17 (119.24)
REPREHENDO. reprehendamus. 'Absit,' inquit, 'ut Iohannem stultitiae reprehendamus, 3.25 (185.3)
REPRIMO. reprimendae. reprimendae, sicut praediximus, non sunt. 1.27 (56.27)

REPROBO. reprobandum. Quod ne cui contemnendum et reprobandum esse uideatur, 3.25 (184.6)
reprobantur. ut quidam rebantur [reprobantur], uar. 3.4 (135.4)
REPROMISSIO. repromissionis. Canebat . . . de egressu Israel ex Aegypto, et ingressu in terram repromissionis, 4.24 (261.2)
et lustrata omni terra repromissionis, Damascum quoque, . . . adierat; 5.15 (316.21)
REPROMITTO. repromisit. coronam uitae, quam repromisit Deus diligentibus se. 1.7 (21.11)
dum ipse praedicatoribus euangelii fideliter repromisit: 2.8 (95.22)
ut coronam uitae aeternae, quam repromisit Deus diligentibus se, se semper expectare, . . . designent. 5.21 (343.22)
REPTACÆSTIR, *Richborough.*
Reptacæstir. ciuitas, quae dicitur Rutubi portus, a gente Anglorum nunc corrupte Reptacæstir uocata, 1.1 (9.12)
REPTILE. reptile. nullum ibi reptile uideri soleat, 1.1 (12.29)
REPVDIO. repudiare. (quomodo simulacra, . . . repudiare omnes, qui ad fidem ueniunt, necesse est), 3.25 (185.8)
repudiata. Repudiata enim sorore Pendan regis Merciorum, quam duxerat, aliam accepit uxorem; 3.7 (140.10)
REPVGNATOR. repugnatore. quasi repugnatore cessante, 1.17 (34.19)
REPVGNO. repugnabat. cui lex, quae in membris est, repugnabat. 1.27 (61.30)
repugnantem. legem in membris meis repugnantem legi mentis meae et captiuum 1.27 (61.26)
REPVTO. reputari. quia ei naturae superfluitas in culpam non ualet reputari; 1.27 (55.20)
reputatur. ei in inmunditiam reputetur [reputatur]? uar. 1.27 (57.13)
reputetur. cur, . . . ei in inmunditiam reputetur? 1.27 (57.13)
REQVIES. requiei. et cum neque ibi quippiam requiei inuenire ualerent, 5.12 (305.9)
requiem. Et quid est aliud . . . contra lassitudinem requiem quaerere, 1.27 (56.2)
REQVIESCO. requiescens. et ibi tota nocte requiescens, mane sanato sensu egressus, 4.3 (212.13)
requiescit. 'Hic requiescit domnus Augustinus Doruuernensis archiepiscopus primus, 2.3 (86.15)
ubi ipse etiam corpore una cum pluribus sanctis requiescit, 3.4 (133.20)
monasterium insulanum, in quo ipse requiescit corpore, 3.4 (134.9)
Vilfridus hic magnus requiescit corpore praesul, 5.19 (330.9)
requietura. etiam corporibus earum locum, in quo requietura, . . . monstraret. 4.7 (220.14)
requietus. dein modicum requietus, leuauit se, et coepit abire, 4.22 (250.2)
REQVIRO. requirat. Plura uoluminis illius, . . . epitomate requirat. 5.17 (319.33)
requirens. admotaque manu requirere [requirens] quid esset, uar. 3.2 (130.30)
requirere. admotaque manu requirere quid esset 3.2 (130.30)
coeperunt alterutrum requirere, quis esset ille Vilfridus episcopus. 5.19 (328.3)
requisita. tanta prouisione est munditia corporis requisita, 1.27 (59.9)
requisitam. Hoc non ambigo fraternitatem tuam esse requisitam, 1.27 (54.4)
requisiuit. inposuit dexteram capiti eius et, an hoc signum agnosceret, requisiuit. 2.12 (110.30)
ac statim egressus requisiuit in annale suo, 4.14 (235.23)
RES. re. nihil omnino in re militari ausus est. 1.3 (15.29)
re autem uera hanc expugnatura, 1.15 (31.2)
qui hac in re ex inopia delinquunt; 1.27 (50.4)
Pro qua re etiam Iohannes Baptista capite truncatus est, 1.27 (51.11)
Non tamen pro hac re sacri corporis ac sanguinis Domini communione priuandi sunt, 1.27 (51.23)
Quamuis de hac re diuersae hominum nationes diuersa sentiant, 1.27 (57.24)
ex qua re accedat menti dormientis; 1.27 (60.3)
Qua in re unum ibi ostenditur ipsa mens rea, 1.27 (60.22)
debet eis etiam hac de re aliqua sollemnitas immutari; 1.30 (65.17)
Qua ex re de longanimitate clementiae caelestis certam adsumentes fiduciam, 2.8 (96.12)
ex qua re non solum gloriosi coniugis uestri, . . . intellegentiam in amore sui facilius inflammaret. 2.11 (104.26)
Qua ex re non modica nobis amaritudo congesta est, 2.11 (105.10)
Pro qua etiam re singula uestrae dilectioni pallia pro eadem ordinatione celebranda direximus, 2.18 (121.25)
Nec ab re est unum e pluribus, . . . uirtutis miraculum enarrare. 3.2 (130.9)
Re uera autem angelorum fuere spiritus, 4.3 (209.32)
sed de hac re ad praesens siluimus. 4.5 (216.31)
quod re uera ita contigit. 4.9 (222.24)
rebus. Non enim pro locis res, sed pro bonis rebus loca amanda sunt. 1.27 (49.29)
et baptizatus ecclesiae rebus, quantum ualuit, in omnibus consulere ac fauere curauit. 2.6 (93.10)
rebus. omnibusque rebus confertissimum 1.2 (14.28)
quod de terrenis rebus uidetur amittere, 1.27 (50.18)
Nam in ipsis rebus spiritalibus, 1.27 (52.19)
exemplum trahere a rebus etiam carnalibus possumus. 1.27 (52.20)
ut rebus omnibus, quae uoluuntur, emineret, 2.1 (74.8)
Turbatis itaque rebus Nordanhymbrorum huius articulo cladis, 2.20 (125.26)
cum animos proximorum etiam in superuacuis rebus offendere non formidamus; 3.19 (165.27)
et ipse ab omnibus mundi rebus liber in anchoretica conuersatione uitam finire disposuit. 3.19 (168.1)
Mota ergo ibi quaestione de pascha, uel tonsura, uel aliis rebus ecclesiasticis, 3.25 (183.15)
ordinauit uirum . . . uitae simplicitate contentum, quam in saeculi rebus strenuum, 4.2 (206.8)
sed adeo se mundi rebus exuit, 4.3 (208.5)
nulli episcoporum liceat ea in aliquo inquietare, nec quicquam de eorum rebus uiolenter abstrahere.' 4.5 (216.8)
Quod ille ubi conperiit, ecclesiam uidelicet suam rebus ablatis omnibus depopulatam, 4.12 (228.13)
magis in ecclesiasticis quam in mundanis rebus erat industrius; 4.12 (228.19)
perditis nonnulla ex parte his, . . . rebus, ipsam in latus iacentem inter undas relinqueret; 5.9 (298.9)
ambo et in rebus ecclesiasticis, et in scientia scripturarum sufficienter instructi. 5.18 (320.27)
gradum archiepiscopatus Honorius, . . . uir in rebus ecclesiasticis sublimiter institutus seruabat. 5.19 (323.26)
et ab hac potestate de certis incertisque rebus absolutus, 5.19 (327.1)
et ab hac potestate de certis incertisque rebus absolutus,' 5.19 (327.32)
rei. intendens cuius rei similitudine tam praecipuum indumentum humeris tuis baiulandum susceperis. 2.8 (96.31)
et huius quoque rei notitiam ad perfectum percipere meruerunt, 3.4 (135.11)
rem. quam ob rem a Maximiano iussus occidi 1.6 (17.19)
et diligentius ab eo rem, uel unde hoc ipse nosset, inquirebat. 4.25 (264.26)
Ipse autem tacitus rem considerans, ueram esse timebat; 5.9 (297.23)
rerum. sicut euidentius rerum exitus probauit. 1.14 (30.23)
qui aliquid rerum uel ecclesiae, uel episcopi, . . . furto auferret; 2.5 (90.14)
ibi rerum finem exspectare disponentes. 2.5 (92.3)
cui etiam summitates imperii rerumque potestates submissae sunt, 2.10 (101.21)
ut in tanta rerum necessitate suis cultoribus caelesti succurreret auxilio. 3.2 (128.29)
qui prouinciae Derorum septem annis in maxima omnium rerum affluentia, . . . praefuit. 3.14 (155.2)
monasterio . . . in earum, quae ad communes usus pertinent, rerum prouidentia praefuit. 4.10 (224.10)
Sed illo post non multum temporis prae inopia rerum ab episcopatu decedente, 4.12 (228.24)
monebat omnes . . . in aduersis rerum siue infirmitatibus membrorum fideliter Domino esse gratias semper agendas. 4.23 (256.23)
Pulchraque rerum concordia procuratum est diuinitus, 4.23 (258.4)
cum cessant a laboribus rerum temporalium, 4.25 (265.5)

Cuius promissi et prophetiae ueritatem sequens rerum astruxit euentus; 4.29 (275.9)
orationibus ac meditationi rerum ecclesiasticarum, . . . cotidiana mancipatus instantia, 5.19 (324.21)
quotiens ipsi rerum domini discendae, docendae, custodiendae ueritati operam inpendunt. 5.21 (333.20)
cuius regni et principia et processus tot ac tantis redundauere rerum aduersantium motibus, 5.23 (349.24)
De natura rerum, et de temporibus libros singulos; 5.24 (359.24)
res. ut ubi res ueniret in dubium, 1.1 (12.14)
quia res exigit, 1.24 (44.14)
quem res exitum haberet, solliciti exspectantes 3.11 (150.13)
Sed mira res et non nisi caelitus facta, ne aliquid horum fieri deberet, prohibuit. 4.11 (227.8)
Quae res quem sit habitura finem, posterior aetas uidebit. 5.23 (351.22)
res. Non enim pro locis res, sed pro bonis rebus loca amanda sunt. 1.27 (49.29)
RESECO. resecatae. manus cum brachio a cetero essent corpore resectae [resecatae], uar. 3.6 (138.27)
resectae. manus cum brachio a cetero essent corpore resectae, 3.6 (138.27)
RESERO. reserabit. in culto proprio reseruauit [reserabit], uar. 1.30 (65.31)
reserat. non sit qui reserat, auerso illo, qui claues tenere probatur.' 3.25 (189.2)
reseratis. quia tamen eius humanitas ad insinuationem sui reseratis cordis ianuis, 2.10 (101.1)
reseratis. Quibus reseratis, ne diu tantae quaestionis caligo indiscussa remaneret, 2.19 (123.13)
reserato. reserato hospitio sancti uiri, 1.19 (37.21)
Nec multo post clamauerunt me intus, reserato ostio papilionis; 4.19 (245.29)
reseret. non sit qui reserat [reseret], auerso illo, qui claues tenere probatur.' uar. 3.25 (189.2)
RESERVO. reseruans. Attulit autem eidem et summam pecuniae non paruam pauperibus erogandam, nil omnimodis sibi reseruans; 4.11 (226.4)
reseruantur. ut dum eis aliqua exterius gaudia reseruantur, 1.30 (65.25)
reseruari. ineffabilia aeterni regni praemia reseruari; 1.29 (63.19)
reseruate. quaeque uos ammonet, . . . studiose in memoria reseruate; 1.32 (68.33)
reseruato. reserato [reseruato] hospitio sancti uiri, uar. 1.19 (37.21)
reseruatus. et Vilfrid ad suae potius, hoc est Anglorum, gentis episcopatum reseruatus. 5.19 (325.1)
reseruauit. pro benignitate suae pietatis fecunditatem ei subolis reseruauit. 1.27 (54.15)
eis sacrificiorum usus, . . . in culto proprio reseruauit, 1.30 (65.31)
RESIDEO. resederunt. et resederunt circa me, unus ad caput, et unus ad pedes; 5.13 (312.3)
resedissemus. Cumque in unum conuenientes iuxta ordinem quique suum resedissemus: 4.5 (215.14)
resedisset. quicquid in ea uitii sordidantis inter uirtutes per ignorantiam uel incuriam resedisset, 4.9 (222.10)
resedit. resedit et ipse cum eis ad conuiuium, 3.10 (147.11)
Et post aliquantum horae spatium resedit qui uexabatur, 3.11 (150.14)
quasi de graui experrectus somno, exsurgens resedit; 5.19 (328.29)
reside. ibi reside, et quietus manens adhere tumbae. 3.12 (151.5)
residebat. Et episcopus quidem residebat in suo loco. 3.14 (156.26)
Residebat, uescebatur, bibebat, laetabatur, quasi unus e conuiuis agebat; 5.5 (288.28)
residens. et residens sub diuo, 1.25 (45.27)
saepe diu solus residens ore quidem tacito, 2.9 (100.13)
residensque mestus ante palatium, 2.12 (108.17)
dum modo ille residens ad epulas tristitiam deponeret. 3.14 (157.3)
et residens solus in loco oportuno, coepit sedulus cogitare de actibus suis, 3.27 (193.2)
quorum unus residens ante lectulum eius, . . . dixit, 4.11 (226.22)
ac residens, sua uulnera, prout potuit, ipse alligauit; 4.22 (250.1)
sed diluculo reuiuiscens, ac repente residens, 5.12 (304.6)
domumque hanc et exterius obsedit, et intus maxima ex parte residens impleuit. 5.13 (312.11)
residente. quale cum te residente ad caenam cum ducibus ac ministris tuis tempore brumali, 2.13 (112.7)
quae quondam ipso . . . in eodem concilio inter episcopos residente, ut praediximus, acta est. 5.19 (327.26)
residentes. Cumque ad iussionem regis residentes uerbum et uitae . . . praedicarent, 1.25 (46.5)
una cum eo residentes subtili cuncta inuestigatione perquirite, 1.28 (62.22)
residerant. et resederunt [residerant] circa me, uar. 5.13 (312.3)
residere. magisque in officina sua die noctuque residere, . . . consuerat. 5.14 (314.6)
ut ipsum in concilio, . . . quasi uirum incorruptae fidei, et animi probi residere praeciperet.' 5.19 (328.15)
residerent. quam inter rebelles fidei barbaros sine fructu residerent. 2.5 (92.1)
RESIDVVS, a, um. **residuo.** Quod cum residuo noctis tempore diligenter agerent, 4.23 (257.30)
residuum. et post noctem ablata superficie crassiore, ipse residuum cum modico, ut diximus, pane bibebat. 3.27 (194.11)
residuum dedit adulescenti, ut suo in loco reponeret. 4.32 (280.16)
RESIGNO. resignares. ut fructum fidei creditorumque tibi beneficiorum Redemtori tuo multiplicem resignares. 2.11 (106.8)
RESILIO. resiliebant. resiliebant rursus urendae in medium flammarum inextinguibilium. 5.12 (305.10)
RESISTO. resistente. tamen et diuina sibi et humana prorsus resistente uirtute, in neutro cupitum possunt obtinere propositum; 5.23 (351.14)
resistere. illis copiis, quibus nihil resistere posse iactabat, 3.1 (128.20)
RESOLVTIO. resolutionis. ad ultimum, cum tempus iam resolutionis eius instaret, 4.9 (223.14)
Certus sum namque, quia tempus meae resolutionis instat, 4.29 (274.25)
RESOLVO. resolutus. lassitudine ac sopore resolutus est. 1.17 (34.18)
RESONO. resonando. suauiusque resonando doctores suos uicissim auditores sui faciebat. 4.24 (260.32)
resonare. iam dudum in diuinis laudibus Hebreum coepit alleluia resonare. 2.1 (78.12)
quod aperte eos inter alia resonare audiret: 3.19 (164.31)
resonet. Bella Maro resonet, nos pacis dona canamus; 4.20 (247.11)
Munera nos Christi, bella Maro resonet. 4.20 (247.12)
RESPECTVS. respectu. omnium odia telaque sine respectu contorquerentur. 1.14 (30.4)
praesules cum populis sine ullo respectu honoris, . . . absumebantur; 1.15 (32.26)
cum Aedilred . . . ecclesias ac monasteria sine respectu pietatis uel diuini timoris fedaret, 4.12 (228.10)
RESPICIO. respectus. subito diuina gratia respectus, 1.7 (18.17)
respexit. respexit ille ad diuinae auxilium pietatis, 3.24 (177.23)
expergefactus sodalis respexit eum, et ait: 3.27 (193.20)
respicere. iussus est ab angelis, qui eum ducebant, respicere, in mundum. 3.19 (165.17)
respiceremus. Cumque diu multum cum uento pelagoque frustra certantes, tandem post terga respiceremus, 5.1 (282.1)
respiciamus. ut superiora, id est patriarcharum, tempora respiciamus, 5.21 (342.8)
respiciant. ut ipsa uos dominici eloquii promissa in futuro respiciant, 2.18 (121.10)
RESPIRO. respirabat. eo de aeterna certius praesumtione respirabat. 2.1 (77.13)
RESPLENDEO. resplendeat. ut longe lateque resplendeat, 2.17 (119.4)
RESPONDEO. respondeant. et praedicat, ut uoci suae uno clamore respondeant; 1.20 (39.6)
respondebant. Respondebant Scotti, quia non ambos eos caperet insula, 1.1 (12.3)
neque illum pro archiepiscopo habituros esse respondebant; 2.2 (83.24)
Respondebant: 'Quid opus est eucharistia? 4.24 (261.29)
Respondebant omnes placidissimam se mentem ad illum, . . . habere, 4.24 (261.35)
Respondebant: 'Non longe est.' 4.24 (262.8)

respondebat. Qui respondebat: 'Si homo Dei est, sequimini illum.' 2.2 (82.28)
Quibus ille respondebat: 'Si uultis ablui fonte illo salutari, 2.5 (91.15)
rex suscipere quidem se fidem, quam docebat, et uelle et debere respondebat. 2.13 (111.11)
Nec moratus ille integram se in hoc habere fidem respondebat. 3.13 (153.29)
Cumque interrogaretur a suis, quare hoc faceret, respondebat: 4.3 (210.28)
Respondebat ille simpliciter, erat namque homo simplicis ingenii, . . . 'Frigidiora ego uidi.' 5.12 (310.26)
Respondebat: 'Austeriora ego uidi.' 5.12 (310.30)
Respondebat ille desperans: 'Non est mihi modo tempus uitam mutandi, 5.14 (314.22)
respondens. Qui respondens ait: 2.12 (108.29)
Qui indignum se tanto gradui respondens, 4.1 (202.13)
respondens ipse uoce humillima: 4.2 (205.24)
At ille respondens: 'Nescio,' inquit, 'cantare; 4.24 (259.25)
respondentes. Ad quod omnes consacerdotes nostri respondentes dixerunt: 4.5 (215.25)
respondentes. At illae respondentes dixerunt se prius eadem cognouisse; 4.23 (257.32)
respondere. dum respondere nequiit, 1.17 (35.33)
nil aliud respondere potuerunt, nisi ob hoc se iratos fuisse et inimicos regi, 3.22 (173.20)
De patre autem uestro Columba . . . possem respondere; 3.25 (187.28)
'oportet nos admonitioni eius caelesti, debito cum timore et amore respondere; 4.3 (211.9)
responderet. huic tali pro mercede beneficii daturum esse responderet, adiecit ille: 2.12 (109.5)
quin ei, qui tanta sibi beneficia donaret, dignis ipse gratiarum actionibus responderet. 2.12 (109.12)
Et cum ne adhuc quidem talia loquenti quisquam responderet, 4.8 (221.18)
Cumque singula litterarum nomina dicente episcopo responderet, 5.2 (284.9)
Et cum in omnibus consequenter responderet, 5.2 (284.11)
responderunt. multis sententiarum catholicarum milibus responderunt, 1.10 (24.4)
Responderunt: 'Etiam,' utrique. 3.25 (188.28)
Responderunt: "Verum dicitis: accipite et in cumulum damnationis uestrae ducite." 5.13 (312.22)
respondet. Respondet ille: 'Si uocem carminis audisti, 4.3 (209.28)
respondi. At ego respondi: "Habeo quidem de ligno, 3.13 (153.23)
Cui ego absque ulla me hoc dubietate scire respondi, 5.6 (291.12)
Respondi ego: "Non." 5.12 (308.9)
respondisse. respondisse, quod ob hoc illo fuerint destinati, 3.8 (143.16)
respondit. Albanus respondit: 'Quid ad te pertinet, 1.7 (19.16)
Albanus respondit: 1.7 (19.25)
respondit ille dicens: 1.25 (46.6)
Respondit Gregorius papa urbis Romae: 1.27 (48.19)
Respondit Gregorius papa: 1.27 (49.22)
Respondit Gregorius: 1.27 (50.1)
Respondit Gregorius: 1.27 (50.23)
Respondit Gregorius: 1.27 (50.29)
Respondit Gregorius: 1.27 (52.7)
Respondit Gregorius: 1.27 (52.30)
Respondit Gregorius: 1.27 (54.3)
Respondit Gregorius: 1.27 (59.25)
Cui primus pontificum ipsius Coifi continuo respondit: 2.13 (111.20)
ille respondit: 'Ego. 2.13 (113.6)
Respondit Agilberctus: 'Loquatur, obsecro, . . . Vilfrid 3.25 (184.13)
Cui haec dicenti respondit Colmanus: 3.25 (184.32)
Respondit: 'Praeclari omnino habitus, . . . erant 4.14 (235.13)
rusticum se potius et pauperem, atque uxoreo uinculo conligatum fuisse respondit; 4.22 (250.9)
At ille respondit nil se talium artium nosse; 4.22 (250.30)
Quod dum ille faceret, ministrum se regis fuisse manifestans, respondit: 4.22 (251.10)
Qui confestim respondit: 'Placidam ego mentem, filioli, erga omnes Dei famulos gero.' 4.24 (262.3)
Qui respondit: 'Timui propter reuerentiam tuam, ne forte nimium conturbareris; 4.25 (265.25)
Respondit cogitationi meae ductor, qui me praecedebat: 5.12 (305.16)
Respondit ille cogitatui meo: 5.12 (307.26)
At ille respondit, non se tunc uelle confiteri peccata sua, 5.13 (311.20)
respondit propositum se magis alterius conuersationis habere, 5.19 (324.13)
Respondit ille: "Scias pro certo, 5.21 (344.19)
responsum. Responsum est, quod Angli uocarentur. 2.1 (80.13)
Responsum est, quod Deiri uocarentur idem prouinciales. 2.1 (80.17)
Responsum est, quod Aelli diceretur. 2.1 (80.20)
responsum est non esse licitum Christianam uirginem pagano in coniugem dari, 2.9 (97.27)
responsurus. responsurus sit Dominus, quia numquam eos nouerit. 3.25 (187.30)
RESPONSIO. responsione. quia mea apud te uolueris responsione firmari. 1.27 (54.6)
responsiones. Hucusque responsiones beati papae Gregorii 1.28 (62.5)
responsionum. Excepto libello responsionum, 2.1 (76.31)
RESPONSVM. responsa. simul et necessariis eius responsa petens acceperit. 1.27 (48.2)
Nec mora, congrua quaesitui responsa recepit; 1.27 (48.12)
Scripta, . . . reciproca responsa ad ea, quae postulata fuerant, siluerunt. 2.19 (123.12)
'Et ego per singula tua responsa cognoueram, quia rusticus non eras, 4.22 (251.10)
responso. Quo accepto responso, confestim is, . . . inposuit dexteram suam capiti eius dicens: 2.12 (109.22)
Quo accepto responso, statim ipse coepit cantare 4.24 (259.30)
responsi. At ille audiens humilitatem responsi eius, 4.2 (205.29)
Cumque nihil certi responsi, tametsi saepius inquirens, a sororibus accepisset, 4.7 (219.25)
responsum. cui iam et responsum reddidisse me arbitror 1.27 (54.4)
accepit ipsa cum omnibus certissimum supernae prouisionis responsum. 4.7 (219.27)
reticuit, quasi responsum eius, quem uidebat et cui loquebatur, expectans. 4.9 (223.21)
"Ad hoc," inquit, "ueni, ut responsum Domini Saluatoris Egbercto adferam, 5.9 (297.10)
RESPVO. respuo. simoniacam tamen perfidiam tota mente detestor ac respuo; 5.21 (344.22)
RESPVPLICA. reipuplicae. plus in perniciem quam in profectum reipuplicae ageret, 1.6 (17.15)
Qui cum adflictum et pene conlapsum reipuplicae statum uideret, 1.9 (23.7)
restituendae reipuplicae necessitate 1.9 (23.8)
reipuplicae. cupiens utilem reipuplicae ostentare principem, 1.3 (15.5)
detrimento magis reipuplicae fuit; 1.11 (24.29)
Attila tamen ipse adeo intolerabilis reipuplicae remansit hostis, 1.13 (29.4)
rempuplicam. fortissime quidem rempuplicam, sed laboriosissime rexit. 1.5 (16.18)
Romanam rempuplicam a peruersis idolorum cultibus reuocans 1.32 (68.16)
repuplica. Quaedam terrena lex in Romana repuplica permittit, 1.27 (50.30)
RESTAVRO. restaurandi. et ecclesias fabricandi uel restaurandi licentiam acciperent. 1.26 (47.17)
restaurando. ibidem in pace uitam finiuit, nil omnino de restaurando episcopatu suo agens; 4.12 (228.17)
restaurare. coeperunt fana, quae derelicta erant, restaurare, et adorare simulacra, 3.30 (199.19)

restaurata. Quo clarescente miraculo, mox ibidem ecclesia restaurata, . . . est . . . 3.17 (160.26)
restaurato. nil omnino de restaurando [restaurato] episcopatu suo agens; . . . uar. 4.12 (228.17)
restaurauerat. et regnum porro Osuald christianissimus rex utrumque restaurauerit [restaurauerat]. . uar. 3.1 (127.2)
restaurauerit. et regnum porro Osuald christianissimus rex utrumque restaurauerit. . . . 3.1 (127.2)
restaurauit. et regnum porro Osuald christianissimus rex utrumque restaurauerit [restaurauit]. . uar. 3.1 (127.2)
RESTINGVO. restingui. quod nec tanto corporis potuit dolore restingui. . . . 2.1 (77.15)
restinxerit. et incendia domorum orando restinxerit, . . . 1.19 (37.6)
Vt Mellitus episcopus flammas ardentis suae ciuitatis orando restinxerit. . . . 2.7 (93.26)
RESTITVO. restituendae. restituendae reipuplicae necessitate . . . 1.9 (23.8)
restituendo. ereptam praedonibus praedam nulla ex parte restituendo dominis, . . . 1.6 (17.16)
restitueret. deprecans, ut uisum caeco, quem amiserat, restitueret, . . . 2.2 (82.9)
restituit. quietosque eos suorum desideriis felix carina restituit. . . . 1.20 (39.27)
ac se priscis idolatriae sordibus polluendum perdendumque restituit. . . . 3.1 (127.22)
restituitur. patri filius restituitur. . . . 1.21 (40.32)
restitutus. mox etiam imperio restitutus est; . . . 1.9 (23.19)
Cum uero restitutus esset in regnum Coinualch, . . . 3.7 (140.18)
Qui postmodum in corpore restitutus, . . . 3.19 (167.5)
restituuntur. mox sanitati restituuntur. . . . 3.2 (129.19)
RESTO. restare. inuenimus . . . nullamque spem nobis in nobis restare salutis. . . . 5.1 (282.5)
restarent. Cumque X dies XL^{mae} restarent, . . . 3.23 (176.1)
restat. Restat itaque, frater carissime, . . . 1.31 (67.7)
Vnde restat, ut si ea, quae nunc nobis noua praedicantur, meliora esse et fortiora, . . . perspexeris, 2.13 (111.31)
restiterit. siqui restiterit, nobis auxiliariis utimini.' . . . 1.1 (12.9)
restiterunt. Sed ne aliquid horum perficeret, superna illa oracula simul et opera restiterunt. . . . 5.9 (296.26)
RESTRINGO. restringeretur. quasi anchorae fune restringeretur, . . . 2.1 (75.9)
restringi. quod nec tanto corporis potuit dolore restingui [restringi]. . . . uar. 2.1 (77.15)
RESVMO. resumere. coeperunt et illi paulatim uires animosque resumere, . . . 1.16 (33.8)
RESVRGO. resurgendo. etsi uera lux tenebras mundi moriendo ac resurgendo numquam uicisset, . . . 5.21 (340.26)
resurgens. Resurgens autem sensit dimidiam corporis sui partem a capite usque ad pedes paralysis langore depressam, . . . 4.31 (278.12)
Vt quidam . . . a mortuis resurgens multa et tremenda et desideranda, quae uiderat, narrauerit. . 5.12 (303.24)
tertia post immolationem suae passionis die resurgens a mortuis, . . . 5.21 (340.5)
resurgeret. ita ut corruens in terram, et aliquandiu pronus iacens, uix tandem resurgeret. . . . 4.31 (278.12)
respondit, non se tunc uelle confiteri peccata sua, sed cum ab infirmitate resurgeret; . . . 5.13 (311.21)
resurrecturi. sed omnes, . . . resurrecturi a langore, pristina sunt sospitate recuperandi, . . . 4.14 (234.19)
resurrecturus. cum ceteris sanctae ecclesiae pastoribus resurrecturus in gloria, . . . 2.1 (79.7)
resurrexit. memor, quia Dominus prima sabbati resurrexit a mortuis, . . . 3.25 (185.25)
quidam aliquandiu mortuus ad uitam resurrexit corporis, . . . 5.12 (303.29)
RESVRRECTIO. resurrectione. Canebat . . . de incarnatione dominica, passione, resurrectione, et ascensione in caelum, . . . 4.24 (261.4)
quae in antiqui Dei populi liberatione praefigurata, in Christi autem resurrectione conpleta est, . . 5.21 (341.3)
resurrectionem. Sciebant enim, . . . resurrectionem dominicam, . . . prima sabbati semper esse celebrandam; . . . 3.4 (135.6)
id est, redemtionem generis humani per passionem, resurrectionem, ascensionem . . . Iesu Christi. . 3.17 (162.4)
ipsa, in qua per resurrectionem Christi liberatus est a morte aeterna populus omnis Dei. . . . 5.21 (336.23)
resurrectionis. et ecclesia ad diem resurrectionis dominicae . . . conponitur, . . . 1.20 (38.20)
nascentem ibi nouam heresim de statu nostrae resurrectionis, . . . 2.1 (75.27)
dogmatizabat corpus nostrum in illa resurrectionis gloria inpalpabile, . . . 2.1 (75.30)
exemplo dominicae resurrectionis, probauit hoc dogma . . . fidei . . . esse contrarium. . . . 2.1 (75.33)
a XIIII^{a} luna usque ad XX^{am} dominicae resurrectionis diem obseruandum esse putarent; . . . 2.4 (87.19)
propter fidem uidelicet dominicae resurrectionis, . . . 3.17 (162.9)
propterque spem nostrae resurrectionis, . . . 3.17 (162.10)
ille audita . . . speque resurrectionis ac futurae inmortalitatis, libenter se Christianum fieri uelle confessus est, . . . 3.21 (170.5)
ac mundo spem resurrectionis contulit, . . . 3.25 (185.25)
magis cum fide resurrectionis in illo mori, . . . 3.30 (200.5)
locum, in quo requietura, et diem resurrectionis essent expectatura, monstraret. . . . 4.7 (220.15)
Quae in eodem libro de loco dominicae natiuitatis, passionis, et resurrectionis commemorauerit. . . 5.16 (317.8)
Scripsit item hoc modo de loco passionis ac resurrectionis illius:— . . . 5.16 (317.20)
Huius quoque ad occasum ecclesiae, Anastasis, hoc est resurrectionis dominicae rotunda ecclesia, 5.16 (318.1)
et se suosque omnes ad catholicum dominicae resurrectionis tempus celebrandum perduxit. . . . 5.21 (332.20)
tertia in euangelio per effectum dominicae passionis et resurrectionis adiuncta est. . . . 5.21 (334.4)
diemque nobis dominicam, . . . gaudio suae resurrectionis fecit esse sollemnem; . . . 5.21 (336.7)
in qua resurrectionis suae gloriam Dominus multifario piae reuelationis gaudio discipulis patefecit. 5.21 (336.27)
sacramenta dominicae resurrectionis et ereptionis nostrae celebrare debemus, . . . 5.21 (339.35)
et in ea nos annuatim paschalia eiusdem resurrectionis uoluit festa celebrare; . . . 5.21 (340.6)
per resurrectionis suae triumphum cunctas mortis tenebras superauit; . . . 5.21 (340.15)
utque resurrectionis etiam nostrae, quam eadem die dominica futuram credimus, spe nos certissima gaudere signemus. . . . 5.21 (341.4)
cum missarum sollemnia in memoriam eiusdem dominicae resurrectionis celebrasset, . . . 5.22 (347.27)
RESVSCITATOR. resuscitator. ut nullus exinde sit inuentus, qui eius resuscitator existeret. . . . 2.1 (76.12)
RESVSCITO. resuscitarint. Vt defunctis Aedilbercto et Sabercto regibus successores eorum idolatriam resuscitarint, . . . 2.5 (89.2)
RETE. retia. C pauperibus dederunt, centum his, a quibus retia acceperant, . . . 4.13 (232.1)
retibus. Collectis ergo undecumque retibus anguillaribus, homines antistitis miserunt in mare, . . . 4.13 (231.30)
RETEGO. retecto. et, retecto uestimento, quantis esset uerberibus laceratus, ostendit. . . . 2.6 (93.2)
RETENTO. retentans. tertiam sibi ipse retentans, statim pauperibus distribuit. . . . 5.12 (304.18)
RETHOR. rethor. Quod pulchre uersibus heroicis Prosper rethor insinuat, . . . 1.10 (24.9)
RETICEO. reticebat. Numquam diuitibus honoris siue timoris gratia, siqua delinquissent, reticebat; 3.5 (136.23)
reticuit. Et hoc dicto parumper reticuit, . . . 4.9 (223.21)
RETINEO. retenta. et ipsa proposito peregrinandi annum totum in praefata prouincia retenta est; . . 4.23 (253.13)
retenti. retenti sunt ab eo, quousque Ebrinus maior domus regiae copiam pergendi, quoquo uellent, tribuit eis. . . . 4.1 (203.14)
retentis. quibus sibi per VII annos fortissime uindicatis ac retentis, . . . 1.6 (17.21)
retentus. ut etiam retentus corpore ipsa iam carnis claustra contemplatione transiret, . . . 2.1 (74.9)
quin intercessionibus, ut dixi, sui patris, . . . sit ab articulo mortis retentus, . . . 3.23 (177.7)
quia nec ipse ad praedicandum gentibus uenire permittebatur, retentus ob aliam sanctae ecclesiae utilitatem, . . . 5.10 (298.31)
Vilfrid a Dalfino ciuitatis episcopo ibi retentus est, . . . 5.19 (324.2)
retinere. temtabant nautae anchoris in mare missis nauem retinere, . . . 3.15 (158.13)
retinerent. quatinus cor mutantes, aliud de sacrificio amitterent, aliud retinerent; . . . 1.30 (65.33)

retinuit. Hadrianum autem Ebrinus retinuit, 4.1 (203.32)
Exsurgens autem a somno, cuncta, quae dormiens cantauerat, memoriter retinuit, 4.24 (260.12)
promittens se mittere eos ad satrapam, qui super se erat, ut petebant, aliquot diebus secum retinuit. 5.10 (300.6)
RETORQVEO. retorquens. nec mora, gressum retorquens ipsa me, qua uenimus, uia reduxit. 5.12 (308.5)
retorserunt. flammarum incendia retorserunt, 3.16 (159.20)
RETRAHO. retractis. nunc retractis ignium uaporibus relaberentur in profunda. 5.12 (306.3)
RETRANSMITTO. retransmitto. ad transscribendum ac . . . meditandum retransmitto; Praef. (5.7)
RETRIBVTIO. retributionis. laborem magnum maior aeternae retributionis gloria sequitur. 1.23 (43.13)
simul in gaudio retributionis inueniar, 1.23 (43.20)
et pura intentione supernae retributionis mundum derelinquens, 4.3 (207.29)
RETRIBVTOR. retributore. consummati operis uobis merces a retributore omnium bonorum Domino tribuatur, 2.8 (96.17)
retributorem. ut illum retributorem inuenias in caelo, 1.32 (68.10)
RETRO. quantas nulla retro aetas meminit, 1.14 (29.29)
Ex quo tempore spes coepit et uirtus regni Anglorum 'fluere ac retro sublapsa referri.' 4.26 (267.11)
apparuit retro uia, qua ueneram, quasi fulgor stellae micantis inter tenebras, 5.12 (306.32)
RETRORSVM. quam ab his, . . . cogitatione retrorsum redire, 1.23 (43.7)
REVDA, *legendary leader of the Scots who were supposed to have migrated to Britain, c. 200* A. D.
Reuda. qui duce Reuda de Hibernia progressi, 1.1 (12.20)
REVMA. reuma. quando et lumen lunae, et reuma oceani in cremento est. 5.3 (285.29)
reumate. Qui uidelicet locus accedente ac recedente reumate, bis cotidie . . . circumluitur undis, 3.3 (132.4)
REVS. reum. reum se quasi usque ad uesperum cognoscat. 1.27 (59.33)
REVELATIO. reuelatione. obitum proxime suum, quem reuelatione didicerat, non celauit esse futurum. 3.8 (143.11)
se numerum annorum fuisse habiturum ipse iamdudum somni reuelatione edoctus, 5.8 (294.22)
reuelationem. Quam uidelicet reuelationem huiusmodi esse perhibebat: 3.8 (143.12)
reuelationi. Conuenit autem reuelationi et relationi praefati fratris . . . sermo reuerentissimi patris Ecgbercti, 4.3 (211.15)
reuelationis. in qua resurrectionis suae gloriam Dominus multifario piae reuelationis gaudio discipulis patefecit. 5.21 (336.28)
REVELLO. reuelli. iussit reuelli sepulchrum, 1.18 (36.26)
REVELO. reuelabat. quibusdam autem hoc idem etiam manifeste reuelabat. 4.29 (274.10)
reuelabis. 'Turpitudinem patris tui non reuelabis.' 1.27 (51.5)
reuelabit. 'Et siquid aliter sapitis, et hoc quoque uobis Deus reuelabit.' 3.4 (135.14)
reuelamini. ut . . . diceres his, qui uincti sunt: "Exite," et his, qui in tenebris: "Reuelamini." ' 3.29 (197.16)
reuelare. Et sacra lex prohibet cognationis turpitudinem reuelare. 1.27 (50.34)
Neque enim patris turpitudinem filius reuelare potest. 1.27 (51.6)
qui turpitudinem nouercae, . . . reuelare praesumserit, 1.27 (51.8)
oraculum caeleste, quod illi . . . pietas diuina reuelare dignata est, 2.12 (107.2)
Dominus omnipotens obitum ipsius . . . manifesta uisione reuelare dignatus est. 4.23 (257.4)
'Et quare non citius hoc conpertum mihi reuelare uoluisti?' 4.25 (265.24)
reuelaret. dignusque per omnia, cui Dominus specialiter sua reuelaret arcana, 4.3 (207.31)
reuelatum. et a fidelissimis eiusdem monasterii fratribus sibi relatum [reuelatum] asserere solebat, uar. 4.14 (233.4)
reuelauit. profecto patris turpitudinem reuelauit. 1.27 (51.9)
postquam enim cogitationem suam, . . . reginae in secreto reuelauit, 2.12 (110.6)
'Et siquid aliter sapitis, et hoc quoque uobis Deus reuelabit [reuelauit].' uar. 3.4 (135.14)
reueletis. quantocius nuntiis releuetis [reueletis], uar. 2.11 (106.15)
reueletur. uobis nuntiantibus releuetur [reueletur], uar. 2.11 (106.18)
REVERENTER. et ab ingressu ecclesiae paululum reuerenter abstinere. 1.27 (57.28)
quam reuerenter eae suscipiendae a cunctis fidelibus essent, patefecit. 3.11 (148.19)
REVERENTIA. reuerentia. a Valentiniano et Placidia matre ipsius summa reuerentia susceptus, 1.21 (41.13)
in magna reuerentia sanctitatis tam Brettones quam Scottos uenerati sumus; 2.4 (87.33)
Denique cum episcopo in praefata mansione pro suae reuerentia deuotionis inter fratres habitus, 4.3 (208.14)
uirgines . . . contemta reuerentia suae professionis, . . . texendis subtilioribus indumentis operam dant, 4.25 (265.17)
reuerentiam. Qui respondit: 'Timui propter reuerentiam tuam, ne forte nimium conturbareris; 4.25 (265.25)
REVERENTISSIMVS, a, um. **reuerentissime.** Deus te incolumem custodiat, reuerentissime frater. 1.24 (44.18)
Deus te incolumem custodiat, reuerentissime frater. 1.28 (62.27)
Deus te incolumem custodiat, reuerentissime frater. 1.29 (64.20)
reuerentissimi. cum consilio praefati Albini reuerentissimi patris Praef. (6.23)
partim reuerentissimi abbatis Esi relatione conperimus. Praef. (7.18)
uel litteris reuerentissimi antistitis Cynibercti . . . didicimus. Praef. (7.21)
ad consulta reuerentissimi antistitis Augustini. 1.28 (62.6)
et seruatur adhuc in monasterio reuerentissimi abbatis et presbyteri Thryduulfi, 2.14 (115.21)
de mirandis, quae ad reliquias eiusdem reuerentissimi regis in illa prouincia gesta fuerint, 3.13 (152.14)
Colman adsumsit secum partem ossuum reuerentissimi patris Aidani; 3.26 (190.16)
Erat autem presbyter uocabulo Ceadda, frater reuerentissimi antistitis Ceddi, . . . abbas 3.28 (195.1)
plurimis de ecclesia eiusdem reuerentissimi antistitis de carne subtractis, 4.3 (207.22)
ut . . . ueniret ad monasterium eiusdem reuerentissimi patris, 4.3 (208.8)
Conuenit autem reuelationi . . . de obitu huius antistitis etiam sermo reuerentissimi patris Ecgbercti, 4.3 (211.16)
interuenit mentio reuerentissimi antistitis Ceadda, 4.3 (211.28)
ut ad ecclesiam, . . . perueniens, intraret ad tumbam reuerentissimi patris Cudbercti, 4.31 (278.20)
utrumque per ministerium reuerentissimi episcopi Iohannis, iubente Ceolfrido abbate, suscepi. 5.24 (357.17)
reuerentissimo. Reuerentissimo et sanctissimo fratri Etherio 1.24 (44.1)
'Reuerentissimo et sanctissimo fratri Vergilio coepiscopo 1.28 (62.10)
'Reuerentissimo et sanctissimo fratri Augustino coepiscopo 1.29 (63.16)
Et quia moris erat eidem reuerentissimo antistiti opus euangelii . . . ambulando . . . perficere, 4.3 (206.24)
Aediluualch donauit reuerentissimo antistiti Vilfrido terram 4.13 (232.6)
hoc negotium reuerentissimo abbati Iohanni Brittaniam destinato iniunxit. 4.18 (242.13)
datus sum educandus reuerentissimo abbati Benedicto, ac deinde Ceolfrido; 5.24 (357.8)
reuerentissimo. praedicante eis uerbum Nynia episcopo reuerentissimo et sanctissimo uiro 3.4 (133.15)
At tunc ueniente ad eos reuerentissimo et sanctissimo patre et sacerdote Ecgbercto, 3.4 (134.30)
cantandi magister . . . Stephanus fuit, inuitatus de Cantia a reuerentissimo uiro Vilfrido, 4.2 (205.16)
qui nuper uenerat a Roma . . . duce reuerentissimo abbate Biscopo cognomine Benedicto, 4.18 (241.3)
quomodo . . . Augustinus in Cantia fecisse noscitur, scribente ei reuerentissimo papa Gregorio, 4.27 (270.30)
'Veni, . . . ad insulam Farne, loqui desiderans cum reuerentissimo patre Oidiluualdo; 5.1 (281.16)
reuerentissimum. ad reuerentissimum uirum fratrem nostrum Augustinum episcopum perduxerit, 1.30 (65.4)
Numquid reuerentissimum patrem nostrum Columbam . . . diuinis paginis contraria . . . egisse credendum est? 3.25 (187.3)
orta inter ipsum regem Ecgfridum et reuerentissimum antistitem Vilfridum dissensione, 4.12 (229.2)
quoniam anno praecedente noluerat audire reuerentissimum patrem Ecgberctum, 4.26 (267.6)
reuerentissimus. Albinus abba reuerentissimus, Praef. (6.6)
Danihel reuerentissimus Occidentalium Saxonum episcopus, Praef. (7.4)

montem cum turbis reuerentissimus Dei confessor ascendit; 1.7 (20.26)
Reuerentissimus frater noster Augustinus episcopus 1.32 (68.29)
Et cum idem papa reuerentissimus cogeret synodum episcoporum Italiae, 2.4 (88.16)
Denique reuerentissimus antistes Acca solet referre, 3.13 (152.10)
reuerentissimus pater Paulinus, . . . transiuit ad Dominum 3.14 (154.14)
Quo tempore reuerentissimus antistes Aidan in insula Farne, . . . morabatur. 3.16 (159.9)
quam tempore sequente reuerentissimus archiepiscopus Theodorus . . . dedicauit. 3.25 (181.9)
Porro fratribus, . . . praepositus est abbatis iure uir reuerentissimus ac mansuetissimus Eata, 3.26 (190.6)
et consacerdos ac frater noster, reuerentissimus Bisi, Orientalium Anglorum episcopus; 4.5 (215.6)
quod mihi reuerentissimus antistes Acca sepius referre, . . . solebat, 4.14 (233.2)
Quae mihi cuncta sic esse facta reuerentissimus meus conpresbyter Aedgils referebat, 4.25 (265.35)
etiam reuerentissimus uir Domini Trumini, qui in eos episcopatum acceperat, recessit cum suis, 4.26 (267.17)
transtulit eum reuerentissimus abbas ipsius Eata ad insulam Lindisfarnensium, 4.27 (270.17)
Nam et ipsum locum tunc idem reuerentissimus pater abbatis iure regebat. 4.27 (270.21)
Obiit autem pater reuerentissimus in insula Farne, 4.29 (275.22)
qui eum familiariter nouerunt, dicere solent, et maxime uir reuerentissimus ac ueracissimus Bercthun, 5.2 (283.3)
quia cum reuerentissimus uir Vilfrid . . . in episcopatum esset Hagustaldensis ecclesiae receptus, 5.3 (285.3)
quem Brittaniam destinatum ad petitionem eorum ordinauit reuerentissimus Vilfrid episcopus, 5.11 (302.9)
in quo aedificata ecclesia, reuerentissimus pontifex longe lateque uerbum fidei praedicans, 5.11 (303.11)
Denique reuerentissimus antistes Pecthelm, . . . referre est solitus, 5.18 (320.12)
quod postmodum Vilbrord, reuerentissimus Christi pontifex, in magna deuotione conpleuit, 5.19 (326.16)
reuerentissimus pater Hadrianus abbas, . . . defunctus est, 5.20 (330.32)
Cuius religiosis uotis ac precibus fauens reuerentissimus abba Ceolfrid misit architectos, 5.21 (333.11)
Sicque certus de illorum correctione reuerentissimus pater exsultauit, 5.22 (348.11)

REVERTO, REVERTOR. reuersa. sicque domum cum triumpho magno reuersa est. 1.12 (26.14)
et cum his, qui se adduxerant, sana pedibus incedendo reuersa est. 3.9 (146.24)
ipsa libero pedum incessu domum laeta reuersa est; 4.10 (225.9)
dehinc nigredine subsequente ad lucem propriam reuersa. Cont. (361.13)
reuersi. sicque domum reuersi sint. 1.20 (38.7)
qui post annum, ex quo abierunt, reuersi sunt; 2.6 (93.14)
Vt Orientales Saxones tempore mortalitatis ad idolatriam reuersi, 3.30 (199.7)
'Cumque reuersi perueniremus ad mansiones illas laetas spirituum candidatorum, dixit mihi: 5.12 (308.7)
reuersis. ceteris eius sociis pro causa oportuna ad ecclesiam reuersis. 4.3 (207.28)
reuerso. Reuerso autem patriam Colmano, 3.26 (189.24)
Sed illo postmodum patriam reuerso, 4.3 (211.21)
placuit, ut Eata reuerso ad sedem ecclesiae Hagustaldensis, . . . Cudberct ecclesiae Lindisfarnensis gubernacula susciperet. 4.28 (273.10)
necdum Berctualdo successore eius, qui trans mare ordinandus ierat, ad sedem episcopatus sui reuerso. 5.11 (302.15)
reuersum. Eadhaedum de Lindissi reuersum, . . . Hrypensi ecclesiae praefecit. 4.12 (229.27)
reuersuri. ualedicunt sociis tanquam ultra non reuersuri. 1.12 (27.30)
post non longum tempus reuersuri; 1.14 (29.24)
reuersus. reuersusque nobis . . . adtulit. Praef. (6.22)
Exin Caesar a Brittanis reuersus in Galliam, 1.2 (14.30)
Qui uidelicet fluuius, . . . reuersus est ad naturam. 1.7 (21.9)
At ubi hostilis exercitus . . . domum reuersus est, 1.16 (33.7)
Germanus cum Seuero Brittaniam reuersus, 1.21 (39.29)
reuersusque Brittaniam 1.27 (48.6)
Sicque uictor in patriam reuersus, 2.9 (100.5)
et reuersus ad uesperam, . . . obtulit ei aliquid de ueteri musco, 3.2 (130.22)
et patriam reuersus, ubi regno potitus est, 3.18 (162.18)
multo cum gaudio reuersus est. 3.21 (170.17)
relicto episcopatu, reuersus est ad insulam Hii, 3.21 (171.11)
quo et Colman episcopus unanima catholicorum intentione superatus ad suos reuersus est, 4.1 (201.7)
Qui post haec patriam reuersus, atque ad suum fratrem perueniens, replicauit ex ordine cuncta, 4.22 (251.29)
offerente etiam ei episcopo, ut in sua familia manendi locum acciperet, magis domum reuersus est. 5.2 (284.31)
Tum reuersus ad dilectae locum peregrinationis, solito in silentio uacare Domino coepit; 5.9 (298.22)
reuersus Brittaniam prouinciam Australium Saxonum ab idolatriae ritibus . . . conuertit. 5.19 (327.8)
cum reuersus ad Scottiam, multas postea gentis eiusdem turbas . . . correxit; 5.21 (345.5)
et Colman cum Scottis ad suos reuersus est; 5.24 (354.16)
reuertar. sin alias, ad uos citissime Deo uolente reuertar.' 4.28 (271.14)
reuertendi. Quo utroque scelere occasionem dedit ad priorem uomitum reuertendi his, 2.5 (90.31)
reuertens. Verum ille patriam reuertens, 4.18 (242.18)
rogatusque multum a fratribus, ut Romam reuertens, illo itinere ueniret, 4.18 (242.24)
patriamque nauigio reuertens, ui tempestatis in occidentalia Brittaniae litora delatus est; 5.15 (316.23)
sed paratus esto, quia post quadriennium reuertens uisitabo te; 5.19 (329.17)
reuertentes. Propter quod reuertentes ad ecclesiam dicite fratribus, 4.3 (209.16)
reuerterentur. 'At cum saepius huc atque illuc, spectante me et episcopo, concitatis in cursum equis reuerterentur; 5.6 (290.4)
reuerteretur. obsecrans sedulo, ut, cum patriam reuerteretur, per se iter facere meminisset. 5.19 (324.19)
reuerti. et ipsa, qua uenerat, uia ad caelos usque cum ineffabili dulcedine reuerti. 4.3 (208.31)
Rennuit episcopus dicens se ad monasterium, quod proxime erat, debere reuerti. 5.4 (287.10)
quia nunc ad corpus reuerti, et rursum inter homines uiuere debes, 5.12 (309.2)
Haec mihi cum dixisset, multum detestatus sum reuerti ad corpus, 5.12 (309.10)
sed ad integrum culpis accusationum absolutum patriam cum honore reuerti. 5.19 (328.19)
reuertisset. Qui cum celebrato in Hibernia canonico pascha, ad suam insulam reuertisset, 5.15 (316.8)
reuertuntur. Reuertuntur ergo inpudentes grassatores Hiberni domus, 1.14 (29.23)
uenti e contrario ad itineris ministeria reuertuntur, 1.17 (34.28)

REVISO. reuisens. et post pusillum me reuisens, inuenit sedentem, et iam loqui ualentem; 5.6 (291.8)
reuisere. Solebat . . . saepius etiam suam, . . . prouinciam exhortandi gratia reuisere: 3.23 (174.27)

REVIVISCO (-ESCO). reuiuescens. sed diluculo reuiuiscens [reuiuescens], uar. 5.12 (304.5)
reuiuescere. Pelagiana heresi, quam apud eos reuiuescere didicerat, 2.19 (122.27)
reuiuescit. quod uirus Pelagianae hereseos apud uos denuo reuiuescit; 2.19 (123.26)
reuiuiscens. sed diluculo reuiuiscens, ac repente residens, 5.12 (304.5)
reuiuisco. ad uesperam usque quietus et quasi mortuus permanens, tunc paulolum reuiuisco, 5.6 (290.25)
reuixit. tandem recepto spiritu reuixit, 4.22 (250.1)

REVOCO. reuocandam. misit ad corrigendum errorem, reuocandamque ad fidem ueritatis prouinciam Iaruman episcopum, 3.30 (199.26)
reuocans. Romanam rempuplicam a peruersis idolorum cultibus reuocans 1.32 (68.16)
quippe quem ab ipso, ut ita dicam, mortis limite reuocans, 5.6 (289.16)
reuerentissimus pontifex longe lateque uerbum fidei praedicans, multosque ab errore reuocans, 5.11 (303.12)
reuocantur. sed de priuata ad communem, de temporali ad aeternam laetitiam reuocantur, 1.31 (66.30)

reuocare. ne nunc eos, qui ipsum ab interitu reuocare cupiebant, audiret. 4.26 (267.9)
quam signatam reuocare in os, et loqui illum praecepit: 5.2 (284.2)
oportet autem eum ad rectum haec tramitem reuocare.' 5.9 (298.1)
reuocaret. ut corda eorum in memoriam futuri iudicii reuocet [reuocaret], uar. 4.3 (211.3)
reuocari. uel a cultu Christianae religionis reuocari non posse persensit, 1.7 (20.2)
a morte animae, qua peccando sternebantur, reuocari poterant. 1.14 (30.14)
atque ad simplicitatem fidei et caritatis, quae est in Christo, reuocari. 2.5 (92.10)
reuocata. deinde ab Aidano episcopo patriam reuocata accepit locum unius familiae 4.23 (253.14)
reuocato. sed reuocato domum Vilfrido primo suo antistite, 4.15 (236.21)
reuocatus. Vt in Hibernia sit quidam per reliquias eius a mortis articulo reuocatus. 3.13 (152.6)
reuocauerit. qui mox Mellitum et Iustum ad praedicandum reuocauerit. 2.6 (92.12)
fides agnita Christi in regnum reuocauerit; 3.7 (141.16)
Vt item puerum comitis orando a morte reuocauerit. 5.5 (288.1)
Vt clericum suum cadendo contritum, aeque orando ac benedicendo a morte reuocauerit. 5.6 (289.5)
reuocauit. qui mox Mellitum et Iustum ad praedicandum reuocauerit [reuocauit]. uar. 2.6 (92.12)
Misit etiam Galliam, et reuocauit Mellitum ac Iustum, 2.6 (93.12)
reuocauit eum illa ab intentione, 2.12 (110.6)
reuocem. "et ob hoc," inquit, "missus sum, ut te a morte reuocem; 5.19 (329.12)
reuoces. semper haec ad memoriam reuoces, 1.31 (67.13)
reuocet. ut corda eorum in memoriam futuri iudicii reuocet, 4.3 (211.3)
REVOVEO. **reuoueat.** ut et ipsum consolationis suae bono refoueat [reuoueat], 1.28 (62.17)
REX. **Regis.** Gratia te Regis aeterni longiori tempore regnantem ad nostram omnium pacem custodiat incolumem, 5.21 (345.19)
Rex. ut ea, . . . una cum gente, cui te Rex regum et Dominus dominorum praefecit, in omnibus seruare contendas. 5.21 (345.14)
REX. **rege.** placuitque omnibus cum suo rege Vurtigerno, 1.14 (30.19)
Saxonum gens, inuitata a rege praefato, 1.15 (30.30)
iubente eodem rege, 1.15 (31.1)
rege ad fidem conuerso, 1.26 (47.15)
defunctus est VII Kalendas Iunias, eodem rege regnante.' 2.3 (86.22)
Hoc enim regnante rege beatus archiepiscopus Laurentius regnum caeleste conscendit, 2.7 (93.27)
gens Nordanhymbrorum, . . . cum rege suo Aeduino uerbum fidei . . . suscepit. 2.9 (97.8)
Eumer, missus a rege Occidentalium Saxonum nomine Cuichelmo, 2.9 (98.34)
ut pactum, quod cum tanto rege inii, ipse primus irritum faciam, 2.12 (108.9)
Quod cum iubente rege faceret, 2.13 (112.25)
quodam tempore Paulinus ueniens cum rege et regina in uillam regiam, 2.14 (114.32)
in prouincia Deirorum, ubi saepius manere cum rege solebat, 2.14 (115.11)
baptizatum se fuisse die media a Paulino episcopo, praesente rege Æduino, 2.16 (117.23)
ubi gentem Nordanhymbrorum cum suo rege ad fidem confessionemque Christi, . . . conuersam esse didicit, 2.17 (118.26)
atque ab Honorio archipiescopo et rege Eadbaldo multum honorifice susceptus est. 2.20 (125.30)
Qui ut, mortuo rege inimico, patriam sunt redire permissi, 3.1 (127.16)
Venit autem Brittaniam Columba, regnante Pictis Bridio filio Meilochon, rege potentissimo, 3.4 (133.25)
multitudo pauperum undecumque adueniens . . . postulans aliquid elimosynae a rege. 3.6 (138.19)
Defuncto autem et rege, successit in regnum filius eius Coinualch, 3.7 (140.7)
pulsus est et Vini ab eodem rege de episacopatu; 3.7 (141.6)
Quo honorifice a populo et a rege suscepto, 3.7 (141.27)
occisus est, . . . ab eadem pagana gente paganoque rege Merciorum, 3.9 (145.8)
contigit gentem Merciorum duce rege Penda aduersus Orientales Anglos in bellum procedere, 3.18 (163.1)
occisusque est una cum rege Ecgrice, 3.18 (163.11)
susceptus est honorifice a rege praefato, 3.19 (163.29)
locum monasterii, quem a praefato rege Sigbercto acceperat, 3.19 (164.10)
a rege Francorum Hloduio uel patricio Ercunualdo honorifice susceptus, 3.19 (168.11)
Vt prouincia Mediterraneorum Anglorum sub rege Peada christiana sit facta. 3.21 (169.21)
Vt Orientales Saxones fidem, . . . sub rege Sigbercto, praedicante Ceddo, receperint. 3.22 (171.17)
postulans ab Osuiu rege, ut aliquos sibi doctores daret, 3.22 (172.22)
in praefata prouincia, gaudente rege, . . . uitae caelestis institutio cotidianum sumeret augmentum, 3.22 (173.14)
Vt . . . Cedd locum monasterii . . . ab Oidilualdo rege accipiens orationibus et ieiuniis Domino consecrauerit; 3.23 (174.22)
postulauit a rege, ut sibi . . . facultatem ac licentiam ibidem orationis causa demorandi concederet. 3.23 (175.24)
Vt prouincia Merciorum, occiso rege Penda, fidem Christi susceperit; 3.24 (177.10)
Aeanfled . . . postulauit a rege Osuio, ut donaret ibi locum monasterio construendo 3.24 (179.31)
sicque cum suo rege liberi, Christo uero regi pro sempiterno in caelis regno seruire gaudebant. 3.24 (180.24)
Omnes hi per ordinem sibimet succedentes sub rege Vulfhere, 3.24 (180.30)
Tum Vilfrid, iubente rege, ut diceret, ita exorsus est: 3.25 (184.19)
Haec dicente rege, fauerunt adsidentes quique siue adstantes maiores una cum mediocribus, 3.25 (189.4)
quod aiunt Colmanum abiturum petisse et inpetrasse a rege Osuiu, 3.26 (190.9)
missus est Romam ab ipso simul et a rege Nordanhymbrorum Osuio, 4.1 (201.13)
sed postulauit a rege Osuio, ut illis episcopus Ceadda daretur, 4.3 (206.18)
Aedilualch, . . . baptizatus in prouincia Merciorum, praesente ac suggerente rege Vulfhere 4.13 (230.15)
episcopus, . . . gaudente rege, primos prouinciae duces ac milites sacrosancto fonte abluebat; 4.13 (230.20)
imperantibus dominis piissimis nostris Ecgfrido rege Hymbronensium, . . . et Aedilredo 4.17 (239.6)
et Aedilredo rege Mercinensium, anno sexto regni eius; 4.17 (239.8)
et Alduulfo rege Estranglorum, anno XVII° regni eius; 4.17 (239.9)
et Hlothario rege Cantuariorum, regni eius anno VII°; 4.17 (239.11)
cum quo etiam rege, ad praedicationem beatae memoriae Paulini . . . sacramenta Christi suscepit, 4.23 (252.26)
ac iubente Aedilredo rege per Vilfridum beatae memoriae antistitem, . . . ordinatus est; 4.23 (255.13)
Quae cum uir eius Hereric exularet sub rege Brettonum Cerdice, ubi et ueneno periit, 4.23 (255.32)
et quia nuper citeriorem Fresiam expulso inde Rathbedo rege ceperat, 5.10 (299.8)
desiderante rege, ut uir tantae eruditionis ac religionis sibi . . . sacerdos esset, 5.19 (325.25)
consecratus est in episcopatum Eboraci, iubente rege Osuio, Ceadda uir sanctus, 5.19 (326.3)
pulsus est Fresiam, et honorifice susceptus a barbaris ac rege illorum Aldgilso, 5.19 (326.13)
sedem suam et episcopatum ipso rege inuitante recepit. 5.19 (327.12)
Sed post V annos denuo accusatus, ab eodem ipso rege et plurimis episcopis praesulatu pulsus est; 5.19 (327.14)
Haec epistula cum praesente rege Naitono multisque uiris doctioribus esset lecta, 5.21 (345.22)
Orientales Saxones fidem Christi percipiunt sub rege Sabercto antistite Mellito. 5.24 (353.23)
Anno DCXXXIII, Eduine rege peremto, Paulinus Cantiam rediit. 5.24 (354.1)
et synodus facta est ad Herutforda, praesente Ecgfrido rege, 5.24 (354.23)
Vilfrid episcopus a sede sua pulsus est ab Ecgfrido rege; 5.24 (355.3)
Aedilbaldo rege Merciorum XV. agente annum inperii. 5.24 (356.18)
regem. magis de feminea regum prosapia . . . regem sibi eligerent; 1.1 (12.16)

inruptionis, quae per Halaricum regem Gothorum facta est, 1.11 (24.21)
temporalibus quoque honoribus regem glorificare satagens, 1.32 (67.21)
Aedilberctum regem ac gentem illius ab idolorum cultu ad Christi fidem perduxit, 2.3 (86.19)
Vt . . . Laurentius Aeodbaldum regem ad Christum conuerterit, 2.6 (92.11)
famulus Christi Laurentius mox mane facto uenit ad regem, 2.6 (93.2)
cum praefata uirgine ad regem Aeduinum quasi comes copulae carnalis aduenit. 2.9 (98.20)
sperans se regem Aeduinum regno simul et uita priuaturum; 2.9 (99.1)
Peruenit autem ad regem primo die paschae iuxta amnem Deruuentionem, 2.9 (99.5)
euaginata sub ueste sica, impetum fecit in regem. 2.9 (99.10)
non habens scutum ad manum, quo regem a nece defenderet, 2.9 (99.11)
ut per corpus militis occisi etiam regem uulneraret. 2.9 (99.14)
si uitam sibi et uictoriam donaret pugnanti aduersus regem, a quo homicida ille, . . . missus est; 2.9 (99.27)
Vt papa Bonifatius eundem regem missis litteris sit hortatus ad fidem. 2.10 (100.17)
illi quondam exulanti apud Redualdum regem Anglorum 2.12 (107.2)
Nec exinde distulit, quin continuo regem ammoneret explere uotum, 2.12 (107.13)
et apud regem illius familiariter cum sociis habitare cognouit, 2.12 (107.25)
'Quod si etiam regem te futurum exstinctis hostibus in ueritate promittat, 2.12 (109.6)
rogauit sibi regem arma dare et equum emissarium, 2.13 (113.10)
dum regem et Creatorem uestrum orthodoxa praedicatione edocti Deum uenerando creditis, 2.17 (119.7)
in quibus decernit hoc ipsum, quod in epistula ad Aeduinum regem missa decreuerat; 2.18 (120.15)
alter Eadfrid necessitate cogente ad Pendam regem transfugit, 2.20 (124.28)
contigit . . . sanctissimum ac uictoriosissimum regem Nordanhymbrorum Osualdum adfuisse, 3.7 (139.24)
secessit ad regem Orientalium Anglorum, 3.7 (140.13)
qui secedens ad regem Merciorum uocabulo Vulfheri, 3.7 (141.7)
numquam enim ante haec uidi humilem regem. 3.14 (157.10)
uenitque ad regem Nordanhymbrorum Osuiu, 3.21 (169.28)
contigit ipsum regem instigante omnium bonorum inimico, propinquorum suorum manu interfici. 3.22 (173.16)
Iratus autem tetigit regem iacentem uirga, 3.22 (174.6)
uenit qui clamaret eum ad regem. 3.23 (176.1)
rebellarunt aduersus regem Osuiu duces gentis Merciorum, 3.24 (180.19)
leuato in regem Vulfhere filio eiusdem Pendan adulescente, 3.24 (180.20)
Interea rex Alchfrid misit Vilfridum presbyterum ad regem Galliarum, 3.28 (194.19)
Benedicta igitur gens, quae talem sapientissimum et Dei cultorem promeruit habere regem; 3.29 (196.29)
et populum et regem praefatum ad uiam iustitiae reduxit; 3.30 (200.1)
dictum est, quia talis animi uirum, episcopum magis quam regem ordinari deceret. 4.11 (225.24)
Quo etiam anno orta inter ipsum regem Ecgfridum et reuerentissimum antistitem Vilfridum dissensione, 4.12 (229.1)
et inuenit eadem ipsa die Osualdum regem fuisse peremtum; 4.14 (235.25)
Caedualla, . . . cum exularet a patria sua, interfecit regem Aedilualch, 4.15 (236.11)
uenit ad regem, qui tunc eiusdem in partibus occultus curabatur a uulneribus, 4.16 (237.28)
iuxta quod Ecgfridum regem uoluisse ac licentiam dedisse nouerat, 4.18 (241.14)
Quae multum diu regem postulans, ut saeculi curas relinquere, . . . permitteretur; 4.19 (243.26)
conserto graui proelio inter ipsum et Aedilredum regem Merciorum 4.21 (249.4)
uenit Cantiam ad regem Hlotheri, qui erat filius sororis Aedilthrydae reginae, 4.22 (251.24)
Non enim habent regem idem Antiqui Saxones, 5.10 (299.30)
cum legationis gratia missus a sua gente, uenisset ad Aldfridum, regem Anglorum, 5.15 (315.18)
misit eum Cantiam ad regem Erconberctum, qui erat filius auunculi sui, 5.19 (323.22)
Aedilred accitum ad se Coinredum, quem pro se regem fecerat, amicum episcopo fieri petiit, 5.19 (329.2)
qui cum legatus suae gentis ad Aldfridum regem missus, 5.21 (344.9)

reges. seruabant utcumque reges, sacerdotes, priuati, 1.22 (41.26)
Oisc, a quo reges Cantuariorum solent Oiscingas cognominare. 2.5 (90.20)
Sed non multo tempore reges, . . . daemonicis cultibus inpune seruiebant. 2.5 (92.4)
omnes, qui ante te reges in gente Anglorum fuerant, potestate transcendas?' 2.12 (109.8)
pro qua reges posteriores fecere sibi uillam in regione, quae uocatur Loidis. 2.14 (115.18)
Donauerunt autem ambo reges eidem episcopo ciuitatem, 3.7 (139.29)
Veneruntque illo reges ambo, pater scilicet et filius; 3.25 (183.19)
His temporibus reges Anglorum nobilissimi, . . . hunc antistitem ordinandum Romam miserunt; 3.29 (196.4)
'Reges uidebunt, et consurgent principes, et adorabunt.' 3.29 (197.13)
prouinciae Orientalium Saxonum post Suidhelmum, . . . praefuere reges Sigheri et Sebbi, 3.30 (199.11)
sed etiam reges ac principes nonnumquam ab ea consilium quaererent, et inuenirent. 4.23 (254.15)
quo defuncto, regnum illud aliquod temporis spatium reges dubii uel externi disperdiderunt; 4.26 (268.15)
si uel reges philosopharentur, uel regnarent philosophi. 5.21 (333.24)

reges. ut et antiquos gentis suae reges laudibus ac meritis transeat, 1.32 (68.24)
a quo reges Orientalium Anglorum Vuffingas appellant. 2.15 (116.15)
sic enim uos reges esse cognoscitis, 2.17 (119.6)
quoniam suspicabatur eum habere aliquam legationem imperatoris ad Brittaniae reges 4.1 (203.33)
dum et fortissimos Christianosque habentes reges cunctis barbaris nationibus essent terrori, 4.2 (205.6)
Vt Theodorus episcopus inter Ecgfridum et Aedilredum reges pacem fecerit. 4.21 (249.1)
Cumque materies belli acrioris . . . inter reges populosque feroces uideretur exorta, 4.21 (249.10)
Cuius foedera pacis multo exinde tempore inter eosdem reges eorumque regna durarunt. 4.21 (249.17)

regi. Gloriosissimo Regi Ceoluulfo Praef. (5.1)
in insula Tanato regi Cantuariorum praedicarit; 1.25 (44.24)
Vt Ædilbercto regi litteras et dona miserit. 1.32 (67.17)
Misit . . . Gregorius eodem tempore etiam regi Aedilbercto epistulam, 1.32 (67.19)
Aedilbercto regi Anglorum Gregorius episcopus. 1.32 (67.25)
ita ut Sauli quondam regi Israeliticae gentis conparandus uideretur, 1.34 (71.12)
cum epistulis, quas idem pontifex . . . similiter et Aedilbercto regi atque genti Anglorum direxit. 2.4 (88.25)
Nec supernae flagella districtionis perfido regi castigando et corrigendo defuere; 2.5 (90.34)
Cui uidelicet regi, . . . potestas etiam terreni creuerat imperii; 2.9 (97.10)
Quod cum uideret Lilla minister regi amicissimus, 2.9 (99.10)
Eadem autem nocte sacrosancta dominici paschae pepererat regina filiam regi, 2.9 (99.19)
regique adstruere, quod ipse precibus suis apud illum obtinuerit, 2.9 (99.22)
Exemplar epistulae . . . Bonifatii directae uiro glorioso Æduino regi Anglorum. 2.10 (100.23)
Viro glorioso Aeduino regi Anglorum, Bonifatius 2.10 (100.24)
quod uel quale esset oraculum regi quondam caelitus ostensum, 2.12 (107.12)
ammonens, quia nulla ratione conueniat tanto regi amicum suum optimum . . . auro uendere, 2.12 (110.8)
ut etiam regi Orientalium Anglorum, . . . persuaderet, 2.15 (115.25)
misit et regi Æduino litteras exhortatorias, 2.17 (118.28)
Æduino regi Anglorum Honorius episcopus seruus seruorum Dei salutem. 2.17 (119.1)
misit in Galliam nutriendos regi Daegberecto, qui erat amicus illius, 2.20 (126.4)
intrasse subito ministrum ipsius, . . . et indicasse regi, 3.6 (138.17)
coniunxitque se regi, sponte ministerium praedicandi assumens. 3.7 (140.22)

Hoc cum regi esset relatum, 3.14 (156.16)
cum mitteretur Cantiam ob adducendam inde coniugem regi Osuio, 3.15 (157.26)
Haec et huiusmodi multa cum rex Osuiu regi Sigbercto . . . inculcaret, 3.22 (172.10)
nisi ob hoc se iratos fuisse et inimicos regi, 3.22 (173.21)
Christo uero regi pro sempiterno in caelis regno seruire gaudebant. 3.24 (180.24)
et huiusmodi litterae regi Osuiu Brittaniam remissae: 3.29 (196.19)
Domino excellenti filio Osuio regi Saxonum Vitalianus episcopus, seruus seruorum Dei. 3.29 (196.20)
praefuere reges Sigheri et Sebbi, quamuis ipsi regi Merciorum Vulfheræ subiecti. 3.30 (199.11)
Quod cum nuntii certi narrassent regi Ecgbercto, esse scilicet episcopum, quem petierant 4.1 (203.23)
cuius regii [regi] duo pueri . . . sint interemti. uar. 4.16 (236.25)
Sed illo post modicum temporis, ex quo eam accepit, defuncto, data est regi praefato; 4.19 (243.10)
regem postulans, ut . . . in monasterio, tantum uero regi Christo seruire permitteretur; 4.19 (243.27)
sed debita solummodo multa pecuniae regi ultori daretur. 4.21 (249.16)
duobus annis continuis genti illi ac regi eius Rathbedo uerbum salutis praedicabat, 5.9 (298.20)
Narrabat autem uisiones suas etiam regi Aldfrido, 5.12 (309.31)
sed quantum pro industria exteriori regi placens, 5.13 (311.8)
Porrexit autem librum hunc Adamnan Aldfrido regi, 5.15 (317.2)
Vt Ceolfrid abbas regi Pictorum architectos ecclesiae, . . . miserit. 5.21 (332.13)
'Domino excellentissimo et gloriosissimo regi Naitano, Ceolfrid abbas in Domino salutem. 5.21 (333.14)
hae omnes prouinciae . . . Merciorum regi Aedilbaldo subiectae sunt. 5.23 (350.26)

regibus. regibus ac populis sibimet subiectis festinet infundere, 1.32 (68.23)
quod praefatus rex eius cognatione iunctus est regibus Cantuariorum, 2.9 (97.22)
scriptumque a praefato papa regibus Anglorum Aedilredo et Aldfrido, 5.19 (327.20)

regibus. uel sub quibus regibus gesta sint, Praef. (6.30)
bellis cum Blaedla et Attila regibus Hunorum erat occupatus; 1.13 (29.1)
nemo in regibus plures eorum terras, . . . habitabiles fecit. 1.34 (71.15)
Vt defunctis Aedilbercto et Sabercto regibus successores eorum idolatriam resuscitarint, 2.5 (89.1)
qui tertius quidem in regibus gentis Anglorum cunctis australibus eorum prouinciis, . . . imperauit; 2.5 (89.9)
Cuncta, quae sibi a regibus uel diuitibus saeculi donabantur, 3.5 (135.26)
pacatis alterutrum regibus ac populis, 4.21 (249.14)
prouinciae ceteraeque australes ad confinium usque Humbrae cum suis quaeque regibus . . . Aedilbaldo subiectae sunt. 5.23 (350.26)

regis. Cumque ad iussionem regis residentes uerbum ei uitae . . . praedicarent, 1.25 (46.5)
cum . . . imagine magni regis Domini nostri Iesu Christi 1.25 (46.23)
atque in urbe regis sedem episcopatus acceperit. 1.26 (46.30)
Interea Augustinus adiutorio usus Aedilberchti regis conuocauit . . . episcopos . . . Brettonum 2.2 (81.10)
Auxit autem procellam huiusce perturbationis etiam mors Sabercti regis Orientalium Saxonum, 2.5 (91.3)
Susceptis namque apicibus filii nostri Adulualdi regis, 2.8 (96.9)
De imperio regis Aeduini, 2.9 (97.4)
accepta in coniugem Aedilbergae filia Aedilbercti regis, 2.9 (97.24)
ne fides et sacramenta caelestis regis consortio profanarentur regis, 2.9 (97.29)
ut si ferri uulnus minus ad mortem regis sufficeret, peste iuuaretur ueneni. 2.9 (99.4)
Quae enim in . . . Audubaldi regis gentibusque ei subpositis inlustratione, clementia Redemtoris fuerit operata, 2.10 (101.27)
Exemplar epistulae . . . Bonifatii . . . directae Aedilbergae reginae Aeduini regis. 2.11 (104.12)
qui ad nos gloriosi filii nostri Audubaldi regis laudabilem conuersionem nuntiantes peruenerunt, 2.11 (104.30)
Haec quidem memoratus papa Bonifatius de salute regis Aeduini ac gentis ipsius litteris agebat. 2.12 (106.31)
quia mutatum est cor regis, 2.12 (110.3)
non tantum regis sibi infesti insidias uitauit, 2.12 (110.22)
Cuius suasioni uerbisque prudentibus alius optimatum regis tribuens assensum, 2.13 (112.4)
His similia et ceteri maiores natu ac regis consiliarii diuinitus admoniti prosequebantur. 2.13 (112.21)
et ascendens emissarium regis, pergebat ad idola. 2.13 (113.14)
sex annis continuis, id est ad finem usque imperii regis illius, 2.14 (114.18)
in quibus erant Osfrid et Eadfrid filii regis Aeduini, 2.14 (114.21)
qui ambo ei exuli nati sunt de Quoenburga filia Cearli regis Merciorum. 2.14 (114.23)
quaquauersum imperium regis Æduini peruenerat, 2.16 (118.4)
Adlatum est autem caput Aeduini regis Eburacum, 2.20 (125.20)
Venit autem illuc duce Basso milite regis Æduini fortissimo, 2.20 (125.32)
Attulit quoque secum uasa pretiosa Aeduini regis perplura, 2.20 (126.8)
curam illius praefatus Paulinus inuitatione Honorii antistitis et Eadbaldi regis suscepit 2.20 (126.17)
Vt primi successores Æduini regis et fidem suae gentis prodiderint, 3.1 (127.1)
filii praefati regis Aedilfridi, . . . apud Scottos siue Pictos exulabant, 3.1 (127.12)
Infaustus ille annus, . . . permanet, . . . propter uesanam Brettonici regis tryannidem. 3.1 (128.13)
idem annus sequentis regis, . . . regno adsignaretur; 3.1 (128.16)
uirtutes sanitatum noscuntur esse patratae, ad indicium uidelicet ac memoriam fidei regis. 3.2 (129.15)
Et si forte euenisset, . . . ut ad regis conuiuium uocaretur, 3.5 (136.14)
De religione ac pietate miranda Osualdi regis. 3.6 (137.29)
Huius industria regis Derorum et Berniciorum prouinciae, . . . in unam sunt pacem, 3.6 (138.32)
Erat autem nepos Aeduini regis ex sorore Acha, 3.6 (139.2)
Repudiata enim sorore Pendan regis Merciorum, quam duxerat, aliam accepit uxorem; 3.7 (140.11)
inter quas erat Saethryd, filia uxoris Annae regis Orientalium Anglorum, 3.8 (142.22)
inter quas erat . . . filia naturalis eiusdem regis Aedilberg; 3.8 (142.24)
Cuius regis filia maior Sexburg, . . . habuit filiam Earcongotam, 3.8 (142.26)
Cuius regis filia maior Sexburg, uxor Earconberchti regis Cantuariorum, habuit filiam Earcongotam, 3.8 (142.27)
quem et feralis impietas regis Brettonum, et apostasia demens regum Anglorum detestabilem fecerat. 3.9 (145.1)
ubi regis Osualdi sanguis fuerat effusus. 3.10 (147.24)
Nec mirandum preces regis illius iam cum Domino regnantis multum ualere apud eum, 3.12 (151.17)
de mirandis, quae ad reliquias eiusdem reuerentissimi regis in illa prouincia gesta fuerint, 3.13 (152.15)
et de humilitate mirabili regis Osuini, 3.14 (154.4)
Habuit autem Osuiu . . . consortem regiae dignitatis, uocabulo Osuini, de stirpe regis Aeduini, 3.14 (154.26)
in quo pro utriusque regis, et occisi uidelicet, et eius, qui occidere iussit, . . . preces offerri deberent. 3.14 (155.26)
Nec multo post dira antistitis praesagia tristi regis funere, . . . impleta sunt. 3.14 (157.13)
Aidan non plus quam XII° post occisionem regis, . . . die, . . . a Domino praemia recepit. 3.14 (157.16)
coniugem regi Osuio, filiam uidelicet Æduini regis Eanfledam, 3.15 (157.27)
quod ipsum et in aliis uillis regiis [regis] facere solebat, uar. 3.17 (160.1)
De uita uel morte religiosi regis Sigberchti. 3.18 (162.13)
Middilangli, . . . sub principe Peada filio Pendan regis fidem et sacramenta ueritatis perceperunt. 3.21 (169.24)
Qui cum esset iuuenis optimus, ac regis nomine ac persona dignissimus, 3.21 (169.26)
persuasus maxime ad percipiendam fidem a filio regis Osuiu, 3.21 (170.8)
habens sororem ipsius coniugem, uocabulo Cyniburgam, filiam Pendan regis. 3.21 (170.11)
Baptizatus est . . . in uico regis inlustri, qui uocatur Ad Murum. 3.21 (170.14)

Coepta sunt haec biennio ante mortem Pendan regis. 3.21 (170.33)
Quod temporibus Vulfheri regis, de quo in sequentibus dicemus, factum est. 3.21 (171.16)
Orientales Saxones fidem, quam olim, . . . abiecerant, instantia regis Osuiu receperunt. 3.22 (171.21)
Erat enim rex eiusdem gentis Sigberct, . . . amicus eiusdem Osuiu regis, 3.22 (171.23)
Talis erat culpa regis, pro qua occideretur, 3.22 (173.23)
suscepitque eum . . . Aediluald rex . . . Orientalium Anglorum, frater Anna regis eorundem. 3.22 (174.20)
quem cum Oidiluald, filius Osualdi regis, . . . uirum sanctum et sapientem, . . . uideret, 3.23 (174.28)
Fauens ergo uotis regis antistes elegit sibi locum monasterii construendi 3.23 (175.12)
cum acerbas atque intolerabiles pateretur inruptiones saepe dicti regis Merciorum, 3.24 (177.14)
filius autem Osualdi regis Oidiluald, . . . in parte erat aduersariorum, 3.24 (178.7)
in quibus Aedilheri, frater Anna regis Orientalium Anglorum, . . . interemtus est. 3.24 (178.14)
Intrauit autem praefata regis Osuiu filia Deo dedicanda monasterium, 3.24 (178.32)
in quo memorata regis filia primo discipula uitae regularis, . . . extitit, 3.24 (179.6)
quia propinquus et ipse erat regis occisi; 3.24 (180.2)
orationes assiduae pro utriusque regis, id est et occisi, et eius, qui occidere iussit, . . . fierent. 3.24 (180.4)
Idem autem rex Osuiu tribus annis post occisionem Pendan regis, . . . populis praefuit; 3.24 (180.6)
Quo tempore donauit praefato Peada filio regis Pendan, 3.24 (180.10)
Conpletis autem tribus annis post interfectionem Pendan regis, 3.24 (180.18)
et eiectis principibus regis non proprii, fines suos fortiter simul et libertatem receperunt; 3.24 (180.22)
Peruenit et ad ipsas principum aures, Osuiu uidelicet regis, et filii eius Alchfridi. 3.25 (182.25)
Venerat eo tempore Agilberctus . . . amicus Alchfridi regis et Vilfridi abbatis, 3.25 (183.9)
qui fuit annus Osuiu regis XXII^{us}, 3.26 (189.20)
Nam subito adstante episcopo, et filio regis eiusdem ac monachi Sighardo, 4.11 (227.10)
DCLXXVIII, qui est annus imperii regis Ecgfridi VIII., 4.12 (228.28)
et si propter inimicitias memorati regis in patria siue parrochia sua recipi non potuit, 4.13 (230.5)
usque ad mortem Ecgfridi regis, . . . officium episcopatus et uerbo exercebat et opere. 4.13 (232.19)
quod diuina uobis misericordia per intercessionem religiosi ac Deo dilecti regis Osualdi, . . . conferre dignata est. 4.14 (234.24)
Celebrent ergo missas . . . in memoriam praefati regis Osualdi, 4.14 (235.5)
coepit annuatim eiusdem regis ac militis Christi natalicius dies missarum celebratione uenerari. 4.14 (236.5)
sed mox expulsus est a ducibus regis, Bercthuno et Andhuno, 4.15 (236.13)
duo regii pueri fratres uidelicet Arualdi regis insulae, speciali sunt Dei gratia coronati. 4.16 (237.19)
cum delati in locum, qui uocatur Ad Lapidem, occulendos se a facie regis uictoris credidissent, 4.16 (237.24)
Accepit autem rex Ecgfrid . . . Aedilthrydam, filiam Anna regis Orientalium Anglorum, 4.19 (243.4)
intrauit monasterium Aebbæ abbatissae, quae erat amita regis Ecgfridi, 4.19 (243.30)
Regis ut aetherei matrem iam credo sequaris, 4.20 (248.13)
Tu quoque sis mater regis ut aetherei. 4.20 (248.14)
occisus est Aelfuini frater regis Ecgfridi, 4.21 (249.5)
nullius anima hominis pro interfecto regis fratre, 4.21 (249.15)
inuentus est, . . . et ad dominum ipsorum, comitem uidelicet Aedilredi regis, adductus. 4.22 (250.6)
Quod dum ille faceret, ministrum se regis fuisse manifestans, respondit: 4.22 (251.9)
Nam et nobilis natu erat, hoc est filia nepotis Eduini regis, uocabulo Hererici; 4.23 (252.25)
secessit ad prouinciam Orientalium Anglorum, erat namque propinqua regis illius, 4.23 (253.3)
Heresuid, mater Alduulfi regis Orientalium Anglorum, . . . coronam expectabat aeternam; 4.23 (253.9)
Successit autem Ecgfrido in regnum Aldfrid, . . . qui frater eius et filius Osuiu regis esse dicebatur; 4.26 (268.4)
congregata synodo non parua sub praesentia regis Ecgfridi 4.28 (272.14)
ordinatio decreta, . . . conpleta est Eboraci sub praesentia praefati regis Ecgfridi, 4.28 (273.3)
Gesta uero sunt haec temporibus Aldfridi regis, 5.1 (282.27)
Mira fides regis, clementia maxima Christi, 5.7 (293.21)
Venit autem cum illo et filius Sigheri regis Orientalium Saxonum, cuius supra meminimus, 5.19 (322.6)
At ille Brittaniam ueniens, coniunctus est amicitiis Alchfridi regis, 5.19 (325.10)
ad iussionem praefati regis presbyter ordinatus est 5.19 (325.22)
Anno post obitum praefati patris proximo, id est quinto Osredi regis, . . . Hadrianus . . . defunctus est, 5.20 (330.32)
qui erat annus septimus Osrici regis Nordanhymbrorum, 5.23 (348.15)
successorem fore Ceoluulfum decreuisset, fratrem illius, qui ante se regnauerat, Coenredi regis, 5.23 (349.23)
Eanfled, filia Aeduini regis, baptizata cum XII in sabbato pentecostes. 5.24 (353.29)

regum. uel quorum tempore regum gratiam euangelii perceperint, Praef. (6.35)
magis de feminea regum prosapia . . . regem sibi eligerent; 1.1 (12.15)
simul et regum Cantiae poni corpora possent. 1.33 (70.22)
Neque ex eo tempore quisquam regum Scottorum . . . in proelium uenire audebat. 1.34 (72.3)
Haec uilla tempore sequentium regum deserta, 2.14 (115.8)
petitionem, quam filiorum nostrorum regum uobis per praesentem nostram praeceptionem, 2.18 (121.20)
quos postea mater metu Eadbaldi et Osualdi regum misit in Galliam 2.20 (126.3)
Infaustus ille annus, . . . permanet, tam propter apostasiam regum Anglorum, 3.1 (128.11)
Vnde cunctis placuit regum tempora computantibus, 3.1 (128.14)
ablata de medio regum perfidorum memoria, 3.1 (128.15)
Hic primus regum Anglorum in toto regno suo idola relinqui ac destrui, . . . praecepit. 3.8 (142.7)
et apostasia demens regum Anglorum detestabilem fecerat. 3.9 (145.2)
ut nomen et memoria apostatarum de catalogo regum Christianorum prorsus aboleri deberet, 3.9 (145.5)
De morte Osuiu et Ecgbercti regum, et de synodo facta ad locum Herutforda, 4.5 (214.9)
De morte Ecgfridi et Hlotheri regum. 4.26 (266.13)
ut ea, . . . una cum gente, cui te Rex regum et Dominus dominorum praefecit, in omnibus seruare contendas. 5.21 (345.14)

rex. libentissime tibi desideranti, rex, . . . transmisi, Praef. (5.4)
Vt Lucius Brittanorum rex, . . . Christianum se fieri petierit. 1.4 (16.1)
misit ad eum Lucius Brittaniarum rex epistolam, 1.4 (16.7)
Erat eo tempore rex Aedilberct in Cantia potentissimus, 1.25 (44.30)
Post dies ergo uenit ad insulam rex, 1.25 (45.27)
Quorum fidei et conuersioni ita congratulatus esse rex perhibetur, 1.26 (47.25)
Vt Aedilfrid rex Nordanhymbrorum Scottorum gentes proelio conterens 1.34 (71.7)
His temporibus regno Nordanhymbrorum praefuit rex fortissimus . . . Aedilfrid, 1.34 (71.10)
Vnde motus eius profectibus Aedan rex Scottorum, 1.34 (71.21)
Rex prouinciae illius quomodo appellatur?' 2.1 (80.19)
rex Anglorum fortissimus Aedilfrid . . . maximam gentis perfidae stragem dedit. 2.2 (83.34)
Quorum causam aduentus cum intellexisset rex Ædilfrid, ait: 2.2 (84.19)
fecit rex Aedilberct in ciuitate Lundonia ecclesiam sancti Pauli apostoli, 2.3 (85.18)
in qua rex Aedilberct ecclesiam beati Andreae apostoli fecit, 2.3 (85.25)
Aedilberct rex Cantuariorum post regnum temporale, . . . caelestis regni gaudia subiit; 2.5 (89.6)
Nam primus imperium huiusmodi Aelli rex Australium Saxonum; 2.5 (89.14)
secundus Calein rex Occidentalium Saxonum, 2.5 (89.14)
tertius, ut diximus, Aedilberct rex Cantuariorum; 2.5 (89.16)
quartus Reduald rex Orientalium Anglorum, . . . obtinuit; 2.5 (89.17)

quintus Aeduini rex Nordanhymbrorum gentis,	2.5 (89.19)
sextus Osuald et ipse Nordanhymbrorum rex Christianissimus, hisdem finibus regnum tenuit;	2.5 (89.27)
Defunctus uero est rex Aedilberct die xxiiii mensis Februarii	2.5 (90.4)
quod praefatus rex eius cognatione iunctus est regibus Cantuariorum,	2.9 (97.22)
Cumque idem rex, praesente Paulino episcopo, gratias ageret diis suis	2.9 (99.20)
Cuius uerbis delectatus rex,	2.9 (99.25)
rex collecto exercitu uenit aduersus gentem Occidentalium Saxonum,	2.9 (100.2)
quid erga eum agere rex promisisset, edocuit,	2.12 (108.4)
Fecit rex, ut dictum est;	2.12 (110.11)
Cum ergo praedicante uerbum Dei Paulino rex credere differret,	2.12 (110.24)
Quibus auditis, rex suscipere quidem se fidem, quam docebat, et uelle et debere respondebat.	2.13 (111.10)
'Tu uide, rex, quale sit hoc, quod nobis modo praedicatur;	2.13 (111.21)
'Talis,' inquiens, 'mihi uidetur, rex, uita hominum praesens in terris,	2.13 (112.5)
Vnde suggero, rex, ut templa et altaria, quae sine fructu utilitatis sacrauimus, . . . contradamus.'	2.13 (112.32)
praebuit palam adsensum euangelizanti beato Paulino rex,	2.13 (113.1)
Igitur accepit rex Aeduini cum cunctis gentis suae . . . fidem	2.14 (113.27)
rex ipse impia nece occisus, opus idem successori suo Osualdo perficiendum reliquit.	2.14 (114.14)
pagani, a quibus Aeduini rex occisus est,	2.14 (115.17)
Quod uidelicet fanum rex eiusdem prouinciae Alduulf, . . . usque ad suum tempus perdurasse, . . . testabatur.	2.15 (116.10)
Erat autem praefatus rex Reduald natu nobilis,	2.15 (116.13)
Tantum rex idem utilitati suae gentis consuluit,	2.16 (118.8)
rebellauit aduersus eum Caedualla rex Brettonum,	2.20 (124.17)
et regnum porro Osuald christianissimus rex utrumque restaurauerit.	3.1 (127.2)
Qui uterque rex, . . . sacramenta regni caelestis, . . . prodidit,	3.1 (127.19)
Nec mora, utrumque rex Brettonum Ceadualla . . . peremit.	3.1 (127.23)
prouincias Nordanhymbrorum, non ut rex uictor possideret,	3.1 (128.6)
de ligno crucis, quod idem rex contra barbaros pugnaturus erexerat,	3.2 (128.23)
aduenientes omni anno pridie quam postea idem rex Osuald occisus est,	3.2 (129.32)
Vt idem rex postulans de gente Scottorum antistitem acceperit Aidanum,	3.3 (131.3)
rex locum sedis episcopalis in insula Lindisfarnensi, . . . tribuit.	3.3 (132.1)
ipse rex suis ducibus ac ministris interpres uerbi existeret caelestis;	3.3 (132.11)
quibus regnauit [rex] Osuald,	uar. 3.3 (132.16)
cum de prouincia Scottorum rex Osuald postulasset antistitem,	3.5 (137.1)
Huius igitur antistitis doctrina rex Osuald cum ea, cui praeerat, gente Anglorum institutus,	3.6 (137.30)
cum rex ipse cathecizatus, fonte baptisma cum sua gente ablueretur,	3.7 (139.22)
Nam et ipse, apud quem exulabat, rex erat uir bonus,	3.7 (140.16)
Cuius eruditionem atque industriam uidens rex,	3.7 (140.24)
Tandem rex, . . . subintroduxit in prouinciam alium suae linguae episcopum,	3.7 (140.27)
unde offensus grauiter Agilberctus, quod haec ipso inconsulto ageret rex,	3.7 (141.3)
Quo etiam tempore rex praefatus ipsius gentis, . . . tandem ad memoriam reduxit,	3.7 (141.12)
Vt rex Cantuariorum Earconberct idola destrui praeceperit;	3.8 (142.1)
Eadbald rex Cantuariorum transiens ex hac uita,	3.8 (142.3)
Vt in loco, in quo occisus est rex Osuald, crebra sanitatum miracula facta;	3.9 (144.26)
Regnauit autem Osuald christianissimus rex Nordanhymbrorum viiii annos,	3.9 (144.29)
deuenit in illud loci, ubi rex memorabilis occubuit.	3.9 (146.4)
caput et manus cum brachiis . . . iussit rex, qui occiderat, in stipitibus suspendi.	3.12 (151.34)
quia fuerit in gente uestra rex mirandae sanctitatis,	3.13 (153.18)
quod rex Aedilberct a fundamentis in eadem Hrofi ciuitate construxit.	3.14 (154.19)
Erat autem rex Osuini et aspectu uenustus,	3.14 (155.29)
'Quid loqueris,' inquit, 'rex?	3.14 (156.23)
Porro rex, uenerat enim de uenatu, coepit consistens ad focum calefieri cum ministris;	3.14 (156.26)
Dumque rex, iubente ac postulante episcopo, laetitiam reciperet,	3.14 (157.4)
lingua patria, quam rex et domestici non nouerant,	3.14 (157.7)
'Scio,' inquit, 'quia non multo tempore uicturus est rex;	3.14 (157.9)
Penda Merciorum rex cum hostili exercitu haec in loca perueniens,	3.17 (160.19)
Tantumque rex ille caelestis regni amator factus est,	3.18 (162.24)
quod deinde rex prouinciae illius Anna ac nobiles quique augustioribus aedificiis ac donariis adornarunt.	3.19 (164.15)
Nec prohibuit Penda rex, quin etiam in sua, . . . natione uerbum, . . . praedicaretur.	3.21 (170.27)
cum Osuiu rex Christianus regnum eius acciperet,	3.21 (170.34)
Erat enim rex eiusdem gentis Sigberct,	3.22 (171.21)
Haec et huiusmodi multa cum rex Osuiu regi Sigbercto . . . inculcaret,	3.22 (172.10)
Igitur rex Sigberct aeterni regni iam ciuis effectus, temporalis sui regni sedem repetiit,	3.22 (172.20)
Contemsit autem rex praeceptum,	3.22 (173.32)
At rex intuens eum, mox tremefactus desiluit equo,	3.22 (174.2)
suscepitque eum ascendentem de fonte sancto Aediluald rex . . . Orientalium Anglorum,	3.22 (174.18)
in quo ipse rex et frequentius ad deprecandum Dominum uerbumque audiendum aduenire, . . . deberet.	3.23 (175.2)
Habuerat autem idem rex secum fratrem germanum eiusdem episcopi,	3.23 (175.6)
His temporibus rex Osuiu, . . . promisit se ei innumera . . . ornamenta regia	3.24 (177.13)
Cumque rex perfidus nullatenus precibus illius assensum praeberet,	3.24 (177.20)
quibus Osuiu rex cum Alchfrido filio, . . . occurrit.	3.24 (178.2)
Tum rex Osuiu, iuxta quod Domino uouerat, . . dedit filiam suam . . . consecrandam;	3.24 (178.21)
Hoc autem bellum rex Osuiu in regione Loidis . . . confecit.	3.24 (179.12)
Ipse est locus, ubi occisus est rex Osuini, ut supra meminimus.	3.24 (179.29)
Idem autem rex Osuiu tribus annis post occisionem Pendan regis, . . . populis praefuit;	3.24 (180.5)
Praefuit autem rex idem genti Merciorum annis x et vii,	3.24 (180.26)
et cum rex pascha dominicum solutis ieiuniis faceret,	3.25 (182.3)
Primusque rex Osuiu praemissa praefatione,	3.25 (183.27)
iussit rex et Agilberctum proferre in medium morem suae obseruationis,	3.25 (184.10)
Haec perorante Vilfrido, dixit rex:	3.25 (188.21)
Qui ait: 'Vere, rex.'	3.25 (188.23)
Rursum rex: 'Si utrique uestrum,' inquit, 'in hoc sine ulla controuersia consentiunt,	3.25 (188.25)
Multum namque eundem episcopum Colmanum rex pro insita illi prudentia diligebat.	3.26 (190.13)
Rex ipse, cum oportunitas exegisset, cum v tantum aut vi ministris ueniebat,	3.26 (190.30)
Interea rex Alchfrid misit Vilfridum presbyterum ad regem Galliarum,	3.28 (194.18)
imitatus industriam filii rex Osuiu misit Cantiam uirum sanctum,	3.28 (194.26)
Misitque cum eo rex presbyterum suum uocabulo Eadheadum,	3.28 (195.3)
Nam et ipse rex et plurimi de plebe siue optimatibus, . . . coeperunt fana, . . . restaurare,	3.30 (199.15)
Quod ubi rex Vulfheri conperit,	3.30 (199.24)
sed et Erconberct rex Cantuariorum eodem mense ac die defunctus,	4.1 (201.9)
Eo tempore prouinciae Merciorum rex Vulfheri praefuit,	4.3 (206.14)
quousque rex Osuiu imperium protendere poterat.	4.3 (206.22)

cui etiam rex Vulfheri donauit terram L familiarum ad construendum monasterium 4.3 (207.3)
Osuiu rex Nordanhymbrorum pressus est infirmitate, 4.5 (214.13)
quo anno rex Cantuariorum Ecgberct mense Iulio obierat, 4.5 (217.21)
Vt rex eiusdem prouinciae Sebbi in monachicha uitam conuersatione finierit. 4.11 (225.13)
cum Aedilred rex Merciorum, adducto maligno exercitu, Cantiam uastaret 4.12 (228.8)
quam nuperrime rex Ecgfrid, superato in bello et fugato Vulfhere, obtinuerat, 4.12 (229.11)
Erat autem rex gentis ipsius Aedilualch, 4.13 (230.13)
Quo tempore rex Aedilualch donauit reuerentissimo antistiti Vilfrido terram 4.13 (232.6)
Et quoniam illi rex cum praefata loci possessione omnes, qui ibidem erant, . . . donauit, 4.13 (232.21)
Hac etenim die idem rex ab infidelibus in bello corporaliter extinctus, 4.14 (234.28)
quorum prior postea ab eodem Caedualla, cum esset rex Geuissorum, occisus est, 4.15 (236.16)
Concessit rex, 4.16 (238.3)
Accepit autem rex Ecgfrid coniugem nomine Aedilthrydam, 4.19 (243.3)
quam habuerat in coniugem Earconberct rex Cantuariorum. 4.19 (244.28)
Nam et sororem eius, quae dicebatur Osthryd, rex Aedilred habebat uxorem. 4.21 (249.8)
In praefato autem proelio, quo occisus est rex Aelfuini, memorabile quiddam factum esse constat, 4.22 (249.21)
diuertit ad prouinciam Huicciorum, cui tunc rex Osric praefuit; 4.23 (255.6)
Ecgfrid rex Nordanhymbrorum, . . . uastauit misere gentem innoxiam, 4.26 (266.15)
Siquidem anno post hunc proximo idem rex, . . . introductus est, . . . in angustias inaccessorum montium, 4.26 (266.26)
Hlotheri Cantuariorum rex, . . . mortuus erat VIII. Idus Februarias. 4.26 (268.7)
donec legitimus rex Victred, id est filius Ecgbercti, confortatus in regno, 4.26 (268.16)
anno, quo finem uitae accepit rex Ecgfrid, 4.27 (268.21)
tandem rex ipse praefatus, una cum sanctissimo antistite Trumuine, . . . insulam nauigauit. 4.28 (272.20)
Vt Caedualla rex Occidentalium Saxonum baptizandus Romam uenerit; 5.7 (292.9)
Caedualla, rex Occidentalium Saxonum, . . . uenit Romam; 5.7 (292.12)
Vt Petrum, sedemque Petri rex cerneret hospes, 5.7 (293.11)
Hic depositus est Caedual, qui et Petrus, rex Saxonum, sub die XII Kalendarum Maiarum, indictione II; 5.7 (293.31)
Ad quem ingressus rex, diligebat enim eum multum, 5.13 (311.17)
Cumque morbo ingrauescente, denuo ad eum uisitandum ac docendum rex intraret, 5.13 (311.27)
Anno . . . DCCV Aldfrid, rex Nordanhymbrorum, defunctus est, 5.18 (320.4)
Vt Coinred Merciorum et Offa Orientalium Saxonum rex in monachico habitu Romae uitam finierint; 5.19 (321.25)
Huius ergo comitatui rex sociauit Vilfridum, 5.19 (323.33)
Berctuald archiepiscopus, et Aedilred quondam rex, tunc autem abbas, libentissime fauerunt; 5.19 (329.25)
Sed Aldfrid Nordanhymbrorum rex eum suscipere contemsit, 5.19 (329.28)
Eo tempore Naiton rex Pictorum, . . . abrenuntiauit errori, 5.21 (332.15)
'Catholicam sancti paschae obseruantiam, quam a nobis, rex Deo deuote, religioso studio quaesisti, 5.21 (333.17)
'Sed et tuam nunc prudentiam, rex, admoneo, 5.21 (345.12)
Victred filius Ecgberecti, rex Cantuariorum, defunctus est 5.23 (348.16)
Osric rex Nordanhymbrorum uita decessit, 5.23 (349.20)
prouinciae Nordanhymbrorum, cui rex Ceoluulf praeest, IIII nunc episcopi praesulatum tenent; 5.23 (350.28)
cui litteras rex Brittaniae Lucius mittens, ut Christianus efficeretur, petiit et inpetrauit. 5.24 (352.15)
Anno DCXVI, Aedilberct rex Cantuariorum defunctus est. 5.24 (353.25)
Anno DCXXVII, Eduini rex baptizatus cum sua gente in pascha. 5.24 (353.31)
Anno DCXL, Eadbald rex Cantuariorum obiit. 5.24 (354.3)
Anno DCXLII, Osuald rex occisus. 5.24 (354.4)
Anno DCLI, Osuini rex occisus, et Aidan episcopus defunctus est. 5.24 (354.8)
Anno DCLV, Penda [rex Merciorum] periit [occisus est], uar. 5.24 (354.12)
Earconberct rex Cantuariorum defunctus, et Colman cum Scottis ad suos reuersus est; 5.24 (354.14)
Anno DCLXX, Osuiu rex Nordanhymbrorum obiit. 5.24 (354.19)
Anno DCLXXIII, Ecgberct rex Cantuariorum obiit; 5.24 (354.21)
Anno DCLXXV, Vulfheri rex Merciorum, postquam XVII annos regnauerat, defunctus, 5.24 (354.25)
Anno DCLXXXV, Ecgfrid rex Nordanhymbrorum occisus est. 5.24 (355.10)
Anno eodem Hlotheri rex Cantuariorum obiit. 5.24 (355.11)
Anno DCLXXXVIII, Caeduald rex Occidentalium Saxonum Romam de Brittania pergit. 5.24 (355.13)
Anno DCCV, Aldfrid rex Nordanhymbrorum defunctus est. 5.24 (356.3)
Anno DCCVIII, Coenred rex Merciorum, postquam V annos regnauit, Romam pergit. 5.24 (356.5)
Anno DCCXVI, Osred rex Nordanhymbrorum interfectus, 5.24 (356.9)
et rex Merciorum Ceolred defunctus; 5.24 (356.10)
Anno DCCXXV, Victred rex Cantuariorum obiit. 5.24 (356.13)
Anno DCCXXXI, Ceoluulf rex captus, Cont. (361.1)

RHENVS, *the Rhine; see* **HRENVS**.
Rheno. quos interemtos in Rheno proiecerunt. 5.10 (300.20)
Rhenum. corpora condidit cum multa gloria in ecclesia Coloniae ciuitatis iuxta Rhenum. 5.10 (301.14)

RHYTHMVS. rhythmo. Librum hymnorum diuerso metro siue rhythmo. 5.24 (359.22)

RICBERCT (*fl.* 627?), *a pagan who slew Earpwald of East Anglia.*
Ricberto. Verum Eorpuald . . . occisus est a uiro gentili nomine Ricbercto; 2.15 (116.18)

RICVLA, *sister of Ethelbert of Kent, and mother of Sabert of Essex.*
Ricula. Saberct nepos Aedilbercti ex sorore Ricula 2.3 (85.13)

RIDEO. ridet. Laeta ridet gladios ferro robustior Agnes, 4.20 (248.1)
Caecilia infestos laeta ridet gladios. 4.20 (248.2)

RIGIDVS, a, um. **rigidis.** "Vallis illa, quam aspexisti flammis feruentibus et frigoribus horrenda rigidis, 5.12 (308.11)

RIGOR. rigoris. prosiliebant miserae in medium rigoris infesti; 5.12 (305.8)

RIMA. rimas. quod ingressi per rimas ostiorum uel fenestrarum radii lucis, 4.7 (220.19)

RIPA. ripa. In huius ulteriore ripa . . . hostium multitudo consederat, 1.2 (14.13)
quorum prior locus est in ripa Pentæ amnis, secundus in ripa Tamensis. 3.22 (173.8)
quorum prior locus est in ripa Pentæ amnis, secundus in ripa Tamensis. 3.22 (173.9)
Intrauit . . . monasterium Mailros, quod in ripa Tuidi fluminis positum tunc abbas Eata, . . . regebat, 4.27 (269.2)
ripam. ripamque fluminis . . . acutissimis sudibus praestruxerat; 1.2 (14.14)
Lundonia ciuitas . . . super ripam praefati fluminis posita, 2.3 (85.10)
Lindissi, quae est prima ad meridianam Humbre fluminis ripam, 2.16 (117.8)
homines inedia macerati procederent ad praecipitium aliquod siue ripam maris, 4.13 (231.16)
Et quia locus ipse super ripam fluminis erat situs, 5.12 (310.12)
ripas. qui tunc prae inundantia pluuiarum late alueum suum immo omnes ripas suas transierat, 3.24 (178.19)
quod ingressi per rimas [ripas] ostiorum uel fenestrarum radii lucis, uar. 4.7 (220.19)

RISVS. risum. ut cum longius subeuntibus eis, fletum hominum et risum daemoniorum clare discernere nequirem, 5.12 (306.20)

RITE. Quibus rite gestis, cupiens se ab omnibus saeculi . . . negotiis alienare, 3.19 (167.30)
In quibus et Ceadda episcopum cum argueret non fuisse rite consecratum, 4.2 (205.23)
'Si me,' inquit, 'nosti episcopatum non rite suscepisse, 4.2 (205.25)
Quam uidelicet regulam triformem quisquis rite custodierit, 5.21 (334.11)

RITVS. ritibus. sunt alii perplures hisdem in partibus populi paganis adhuc ritibus seruientes, 5.9 (296.19)

ritibus. prouinciam Australium Saxonum ab idolatriae ritibus ad Christi fidem conuertit. 5.19 (327.9)
ritu. relicto gentilitatis ritu, ... 1.26 (47.23)
iamdudum ad admonitionem apostolicae sedis antistitis, pascha canonico ritu obseruare didicerunt. 3.3 (131.28)
"Et custodietis diem istum in generationes uestras ritu perpetuo. 5.21 (335.21)
ritum. ut ritum fidei ac religionis suae . . . seruare licentiam haberet. 1.25 (45.23)
ritum celebrandi paschae canonicum, per omnia comitante et cooperante Hadriano disseminabat. . 4.2 (204.20)
et ordinem uidelicet, ritumque canendi ac legendi uiua uoce . . . edocendo, ... 4.18 (241.21)
monachi Scotticae nationis cum his, quae sibi erant subdita, monasteriis ad ritum paschae . . . perducti sunt. 5.22 (346.18)
ritus. qui esset ritus et unde originem ducens ille, quem ipse sequeretur. 3.25 (184.1)
ritus. Certa suae genti ostendit moderamina ritus; 5.19 (330.21)
ritus. qui ad sedem apostolicam ritus ecclesiastici siue monasteriales seruarentur, ... 5.19 (323.14)
ritus. et religiosis moribus iuxta ritus Lindisfarnensium, ubi educatus erat, instituit. 3.23 (176.8)
aliquandiu in ea prouincia moratus uideret ritus ecclesiae canonicos; 5.15 (315.19)
quam pascha catholicum, ceterosque ritus canonicos . . . recipere, ... 5.19 (325.19)
Susceperunt autem Hiienses monachi docente Ecgbercto ritus uiuendi catholicos 5.22 (347.18)
RIVVS DENISI, *the Rowley Water, Northumberland.*
riuus Denisi. in loco, qui lingua Anglorum Denisesburna, id est riuus Denisi, uocatur. 3.1 (128.22)
ROBOR. robore. quam tamen . . . de robore secto totam conposuit, atque harundine texit; 3.25 (181.7)
roboris. et astulam roboris praefati inmittens obtuli egro potandum. 3.13 (153.30)
roborum. quod a copia roborum Dearmach lingua Scottorum, hoc est campus roborum, cognominatur. 3.4 (134.4)
quod a copia roborum Dearmach lingua Scottorum, hoc est campus roborum, cognominatur. . . 3.4 (134.5)
ROBORO. roboraret. mentem . . . cotidie per studiosae lectionis roboraret alloquium. 2.1 (75.12)
roboratus. Roboratus ergo confirmatione beati patris Gregorii, ... 1.25 (44.27)
roborentur. ut indocti doceantur, infirmi persuasione roborentur, ... 1.27 (53.24)
ROBVR AVGVSTINI, *Augustine's Oak; possibly Aust, on the Severn, opposite Chepstow.*
robur Augustini. lingua Anglorum Augustinaes Ác, id est robur Augustini, ... 2.2 (81.13)
ROBVSTIOR, ius. **robustior.** Laeta ridet gladios ferro robustior Agnes, ... 4.20 (248.1)
ROGATVS. rogatu. rogatu Petri diaconi sui, ... 2.1 (76.22)
qui etiam Vilfridum rogatu Alchfridi in praefato suo monasterio presbyterum fecit. 3.25 (183.11)
ut eius rogatu monasterio supra memorato inditus, ac monachica sit tonsura coronatus, ... 5.12 (310.1)
ROGO. rogabant. eumque uicissim rogabant placidam erga ipsos mentem habere. 4.24 (262.2)
rogabat. Nam et ita, ut rogabat, transacta una die et nocte, . . . ad aeternae gaudia salutis intrauit. 4.9 (224.2)
rogabatur. et ubicumque rogabatur, ad docenda ecclesiae carmina diuertens. 4.12 (228.21)
rogans. misit puer ad dominum suum, rogans sibi poculum uini mittere, ... 5.5 (288.20)
roganti. Qui cum . . . aperuisset thecam reliquiarum, ut portionem earum roganti amico praestaret, . 4.32 (280.12)
rogantibus. capillis, quam more reliquiarum rogantibus amicis dare, uel ostendere in signum miraculi possent. 4.32 (280.6)
rogare. Nec tamen aliquid ductorem meum rogare audebam; 5.12 (309.13)
rogaret. et eam generi humano propitiari rogaret. 4.3 (210.21)
Vilfridumque episcopum ducem sibi itineris fieri, promissa non parua pecuniarum donatione, rogaret. 4.5 (214.20)
qui miratus, cur hoc rogaret, . . . fecit tamen, quod dixerat. 4.24 (261.24)
ibique genibus flexis supplex supernam pietatem rogaret, ... 4.31 (278.22)
rogatus. Fecit ille, ut rogatus est, ... 3.2 (130.22)
et rogatus a comite, intrauit epulaturus domum eius. 3.22 (173.32)
rogatusque multum a fratribus, ut Romam reuertens, illo itinere ueniret, ... 4.18 (242.24)
rogatus est ab eodem comite intrare ad unum de pueris eius, ... 5.5 (288.4)
rogauerunt. rogauerunt Theodorum, . . . ipsum sibi antistitem consecrari; 3.7 (141.27)
rogauerunt Sigberctum ad confirmandum militem secum uenire in proelium. 3.18 (163.3)
rogaui. et, ut haec diligentius ab omnibus susciperentur, rogaui. 4.5 (215.31)
Rogaui et ego una cum illo, promittens etiam me elimosynas in alimoniam inopum dare, ... 5.4 (287.13)
rogauimus. sed gaudio gaude, quia, quod rogauimus, superna nobis clementia donauit.' 4.29 (275.7)
rogauit. sanctus Albanus dari sibi a Deo aquam rogauit, ... 1.7 (21.2)
rogauit, ut genti Anglorum in Brittaniam aliquos uerbi ministros, . . . mitteret; 2.1 (80.24)
rogauit sibi regem arma dare et equum emissarium, ... 2.13 (113.10)
rogauit, ut aliquam sibi partem de illo ligno uenerabili rediens adferret, ... 3.2 (130.19)
rogauit eum, accepta ibi sede episcopali, suae gentis manere pontificem; 3.7 (140.24)
et euocans presbyterum, rogauit secum uenire ad patientem. 3.11 (149.29)
rogauit, ut apud misericordiam pii Conditoris inpetraret, ... 4.9 (223.5)
rogauit, ne plures eo moriente quam ipse episcopus et duo sui ministri adessent. 4.11 (226.13)
Rogauit ergo ministrum suum uespere incumbente, . . . ut in ea sibi locum quiescendi praepararet; . 4.24 (261.21)
Sed et ferramenta sibi ruralia cum frumento adferri rogauit, ... 4.28 (271.31)
Rogauit ergo episcopum abbatissa, ut intrare ad eam, ac benedicere illam dignaretur, ... 5.3 (285.20)
rogauit comes eum ad prandendum in domum suam ingredi. 5.4 (287.7)
cum consilio atque consensu patris sui Osuiu, episcopum sibi rogauit ordinari, ... 5.19 (325.30)
roges. rogesque supernam pietatem, ut, . . . ad eius uidendam gratiam simul transeamus ad caelos. . . 4.29 (274.29)
rogo. 'Rogo,' inquam, 'dilectissimi fratres, . . . ut in commune omnes pro nostra fide tractemus; . . 4.5 (215.15)
quis, rogo, fidelium non statim cum ipsa magia primo detestetur et merito exsufflet aspectu? . . 5.21 (343.25)
ROGVS. rogus. nam etsi terribilis iste ac grandis esse rogus uidetur, ... 3.19 (166.1)
ROMA, *Rome.*
Roma. Fracta est autem Roma a Gothis 1.11 (25.5)
Anno CCCCVIIII, Roma a Gothis fracta, ... 5.24 (352.22)
Roma. mandauit se uenisse de Roma, ... 1.25 (45.14)
synodum, quae facta est in urbe Roma in tempore Martini papae beatissimi, ... 4.17 (240.14)
qui nuper uenerat a Roma per iussionem papae Agathonis, ... 4.18 (241.2)
Romae. ante biennium Romanae [Romae] inruptionis, ... uar. 1.11 (24.20)
pontificatum Romanae [Romae] et apostolicae sedis sortitus . . . . uar. 1.23 (42.16)
Respondit Gregorius papa urbis Romae: 1.27 (48.19)
Exemplar epistulae . . . Bonifatii papae urbis Romae directae Aedilbergae reginae 2.11 (104.11)
Romae. Romae autem iam pontifex factus expleuit. 2.1 (75.25)
fundata Romae ecclesia Christi, ... 2.4 (87.2)
qui inpetrauit a Focate principe donari ecclesiae Christi templum Romae, ... 2.4 (88.29)
Nynia . . . qui erat Romae regulariter fidem et mysteria ueritatis edoctus; 3.4 (133.16)
'Pascha, quod facimus,' inquit, 'uidimus Romae, . . . celebrari; 3.25 (184.20)
At uero Petrus cum Romae praedicaret, ... 3.25 (185.24)
Erat ipso tempore Romae monachus Hadriano notus, nomine Theodorus, ... 4.1 (202.23)
quatenus . . . cursum canendi annuum, sicut ad sanctum Petrum Romae agebatur, edoceret; . . 4.18 (241.19)
synodum . . . centum quinque episcoporum consensu non multo ante Romae celebratam, . . . 4.18 (242.3)
Anno autem post hunc, quo Caedualla Romae defunctus est, ... 5.8 (294.17)
Vt uiri uenerabiles Suidberct in Brittaniis, Vilbrord Romae sint in Fresiam ordinati episcopi. . . 5.11 (301.17)
Vt Coinred Merciorum et Offa Orientalium Saxonum rex in monachico habitu Romae uitam finierint; 5.19 (321.26)
cum synodum congregaret Romae CXXV episcoporum, ... 5.19 (326.25)

quae per beatum Petrum Romae praedicata, per Marcum . . . confirmata est, 5.21 (337.7)
iam seruari in ecclesia coepit, maxime Romae et Aegypti, 5.21 (341.10)
Eleuther Romae praesul factus xv annos ecclesiam gloriosissime rexit, 5.24 (352.14)
Romam. Nothelmus postea Romam ueniens, Praef. (6.18)
ac sexto, quam profectus erat, mense Romam rediit, 1.3 (15.15)
Ob harum ergo infestationem gentium Brettones legatos Romam . . . mittentes, 1.12 (26.5)
unde rursum mittuntur Romam legati, 1.12 (27.2)
misit continuo Romam Laurentium presbyterum et Petrum monachum, 1.27 (48.7)
et ut Mellitus Romam uenerit. 2.4 (86.24)
His temporibus uenit Mellitus Lundoniae episcopus Romam, 2.4 (88.14)
ne sit necesse ad Romanam [Romam] usque ciuitatem . . . semper fatigari. uar. 2.18 (120.20)
Acca . . . cum Romam uadens, 3.13 (152.11)
(nam et Romam prius propter doctrinam ecclesiasticam adierat, 3.25 (182.30)
Vt Vighard presbyter ordinandus in archiepiscopum Romam de Brittania sit missus; 3.29 (196.1)
et hunc antistitem ordinandum Romam miserunt; 3.29 (196.13)
Verum Vighard Romam perueniens, . . . morte praereptus est, 3.29 (196.17)
Vt defuncto Deusdedit, Vighard ad suscipiendum episcopatum Romam sit missus; 4.1 (201.1)
missus est Romam ab ipso simul et a rege Nordanhymbrorum Osuio, 4.1 (201.13)
Qui ubi Romam peruenit, 4.1 (201.19)
ut, si ab infirmitate saluaretur, etiam Romam uenire, . . . disponeret, 4.5 (214.17)
ac Romam abiens, ibi uitam finiuit, 4.12 (228.5)
et multa diu loca peruagatus, Romam adiit, Brittaniam rediit; 4.13 (230.4)
uenit Romam cum cooperatore ac socio eiusdem operis Ceolfrido, 4.18 (241.7)
Romamque rediens referret. 4.18 (242.1)
datumque illi exemplar eius Romam perferendum. 4.18 (242.17)
rogatusque multum a fratribus, ut Romam reuertens, illo itinere ueniret, 4.18 (242.24)
nihilominus exemplum catholicae fidei Anglorum Romam perlatum est, 4.18 (242.29)
etiam Romam adire curauit, 4.23 (255.3)
Vt Caedualla rex Occidentalium Saxonum baptizandus Romam uenerit; 5.7 (292.9)
Caedualla, . . . relicto imperio propter Dominum regnumque perpetuum, uenit Romam; 5.7 (292.15)
Abeunte autem Romam Caedualla, successit in regnum Ini de stirpe regia; 5.7 (294.4)
uel, si hoc fieri non posset, Romam uenire . . . cogitauit. 5.9 (296.22)
accelerauit uenire Romam, 5.11 (301.21)
misit Pippin fauente omnium consensu uirum uenerabilem Vilbrordum Romam, 5.11 (302.31)
Nam uenit Romam, ibique adtonsus, pontificatum habente Constantino, 5.19 (321.30)
ubi ad loca sancta Romam peruenerunt, 5.19 (322.14)
proposuitque animo uenire Romam, 5.19 (323.13)
misit eum Cantiam ad regem Erconberctum, . . . postulans, ut eum honorifice Romam transmitteret. 5.19 (323.24)
superuenit illo alius adulescens, . . . cupiens et ipse Romam uenire; 5.19 (323.32)
utque illum secum Romam perduceret, iussit. 5.19 (323.34)
Benedictus coeptum iter nauiter Romam usque conpleuit. 5.19 (324.3)
respondit propositum se . . . patria relicta, Romam iter agere coepisse. 5.19 (324.15)
Quibus auditis antistes misit eum Romam, dato duce itineris, 5.19 (324.16)
Veniens uero Romam, 5.19 (324.20)
Romamque iturus, et coram apostolico papa causam dicturus, 5.19 (326.10)
sic Romam ueniendi iter repetiit; 5.19 (326.19)
ueniensque Romam, cum praesentibus accusatoribus acciperet locum se defendendi, 5.19 (327.15)
dicebant ipsum esse episcopum, qui nuper Romam . . . iudicandus aduenerit: 5.19 (328.7)
Romam ueniens multa illic, quae in patria nequiuerat, ecclesiae sanctae institutis utilia didicit. 5.20 (332.11)
Caeduald rex Occidentalium Saxonum Romam de Brittania pergit. 5.24 (355.14)
Coenred rex Merciorum, postquam v annos regnauit, Romam pergit. 5.24 (356.6)

ROMANI, *the Romans.*
Romani. ex quo tempore Romani in Brittania regnare cessarunt, 1.11 (25.6)
Tum Romani denuntiauere Brettonibus 1.12 (27.10)
antiquitus facta, dum adhuc Romani Brittaniam incolerent, 1.26 (47.12)
illud genus uexilli, quod Romani tufam, Angli appellant thuuf, ante eum ferri solebat. 2.16 (118.20)
quo Romani quondam ob arcendos barbarorum impetus totam a mari ad mare praecinxere Brittaniam, 3.2 (129.26)
Est enim iuxta murum, quo olim Romani Brittaniam insulam praecinxere, 3.22 (172.17)
ex quo tempore Romani in Brittania regnare cessarunt. 5.24 (352.23)
Romanis. Verum eadem Brittania Romanis . . . inaccessa atque incognita fuit; 1.2 (13.19)
Vectam quoque insulam Romanis subdiderit. 1.3 (15.3)
Romanis. Quod ubi a Romanis deprehensum ac uitatum est, 1.2 (14.20)
Romanorum. Vt Brittaniam primus Romanorum Gaius Iulius adierit. 1.2 (13.18)
urbes aliae conplures in foedus Romanorum uenerunt. 1.2 (14.26)
Vt eandem secundus Romanorum Claudius adiens, 1.3 (15.1)
Vectam insulam, . . . Romanorum dicioni subiugauit; 1.3 (15.23)
Romanorum auxilia quaesierint, 1.12 (25.15)
Romanorum tamen semper ab antiquioribus usus fuit, 1.27 (57.26)
ecclesiam, quam inibi antiquo Romanorum fidelium opere factam fuisse didicerat, 1.33 (70.13)
decreta illi iudiciorum, iuxta exempla Romanorum, . . . constituit; 2.5 (90.11)
magister ecclesiasticae cantionis iuxta morem Romanorum siue Cantuariorum multis coepit existere; 2.20 (126.30)
Putta; maxime autem modulandi in ecclesia more Romanorum, . . . peritum. 4.2 (206.9)
qui iuxta morem Romanorum ecclesiam de lapide in gente ipsius facerent, 5.21 (333.4)
in quantum dumtaxat tam longe a Romanorum loquella et natione segregati hunc ediscere potuissent. 5.21 (333.9)
Gaius Iulius Caesar primus Romanorum Brittanias bello pulsauit, 5.24 (352.6)
Claudius secundus Romanorum Brittanias adiens, plurimam insulae partem in deditionem recepit, 5.24 (352.10)
Romanos. unde crebris eruptionibus Romanos grauiter ac saepe lacerabant. 1.2 (14.22)

ROMANVS (*fl.* 624), *Bishop of Rochester after Justus.*
Romanum. Illi autem ecclesiae Romanum pro se consecrauit episcopum, 2.8 (95.12)
Romanus. eo quod Romanus praesul illius ad Honorium papam a Iusto archiepiscopo legatarius missus 2.20 (126.13)

ROMANVS (*fl.* 664), *a Kentish priest in attendance on Queen Eanfled of Northumbria.*
Romanum. habens secum de Cantia presbyterum catholicae obseruationis, nomine Romanum. 3.25 (182.1)
Romanus. Iacobus et Romanus in horum parte erant; 3.25 (183.22)

ROMANVS, a, um, *Roman, of Rome.*
Romana. intellexerat . . . Osuiu, quamuis educatus a Scottis, quia Romana esset catholica et apostolica ecclesia, 3.29 (196.8)
Romana. et altera consuetudo missarum in sancta Romana ecclesia, . . . tenetur? 1.27 (49.20)
siue in Romana, siue in Galliarum, seu in qualibet ecclesia aliquid inuenisti, 1.27 (49.24)
Quaedam terrena lex in Romana repuplica permittit, 1.27 (50.29)
Romanae. perscrutato eiusdem sanctae ecclesiae Romanae scrinio, Praef. (6.20)
cum Eleuther uir sanctus pontificatui Romanae ecclesiae praeesset, 1.4 (16.6)
ante biennium Romanae inruptionis, 1.11 (24.20)

ne nomen Romanae prouinciae, . . . exterarum gentium inprobitate obrutum uilesceret. 1.12 (27.3)
a pontifice Romanae ecclesiae Celestino 1.13 (28.21)
qui solus forte Romanae gentis praefatae tempestati superfuerat, 1.16 (33.12)
Gregorius, . . . pontificatum Romanae et apostolicae sedis sortitus 1.23 (42.16)
Nouit fraternitas tua Romanae ecclesiae consuetudinem, 1.27 (49.22)
postquam sedem Romanae et apostolicae ecclesiae XIII annos, . . . rexit, 2.1 (73.3)
Accedensque ad pontificem Romanae et apostolicae sedis, 2.1 (80.23)
ut ministerium baptizandi, . . . iuxta morem sanctae Romanae et apostolicae ecclesiae conpleatis; 2.2 (83.19)
qui olim huc a beato Gregorio Romanae urbis pontifice directus, 2.3 (86.17)
Bonifatius, quartus a beato Gregorio Romanae urbis episcopo, 2.4 (88.27)
susceperunt scripta exhortatoria a pontifice Romanae et apostolicae sedis Bonifatio, 2.7 (94.5)
Exemplar epistulae . . . papae urbis Romanae ecclesiae Bonifatii directae . . . Æduino 2.10 (100.22)
Misit . . . Honorius [Romanae sedis pontifex] litteras etiam genti Scottorum, uar. 2.19 (122.12)
Qui in tantum eo tempore tenebatur amore Romanae et apostolicae institutionis, 4.5 (214.15)
ritus canonicos iuxta Romanae et apostolicae ecclesiae consuetudinem recipere, 5.19 (325.19)
quos iamdudum ad exemplum sanctae Romanae . . . ecclesiae suam religionem instituisse cognouit. 5.21 (332.23)
se quoque ipsum . . . morem sanctae Romanae et apostolicae ecclesiae semper imitaturum, 5.21 (333.8)
Romanae. Eleuther Romae [Romanae] praesul factus uar. 5.24 (352.14)
Romanam. Romanam rempuplicam a peruersis idolorum cultibus reuocans 1.32 (68.16)
ne sit necesse ad Romanam usque ciuitatem . . . pro ordinando archiepiscopo semper fatigari. 2.18 (120.20)
Romani. non tamen ciues Romani, ut tam longe ab urbe secederet, potuere permittere; 2.1 (80.31)
Romani. Vnde inter alia Romani regni detrimenta innumera, 1.3 (15.29)
porro anno Focatis, qui tum Romani regni apicem tenebat, primo. 1.34 (72.2)
quo tempore gubernaculum Romani imperii post Iustinianum Iustinus minor accepit, 3.4 (133.5)
Romano. duce Ambrosio, Romano homine, 1.16 (33.5)
pallium quoque, quod a Romano papa acceperat, 2.20 (126.20)
esse scilicet episcopum, quem petierant a Romano antistite in regno Francorum, 4.1 (203.25)
Romano. Orcadas etiam insulas Romano adiecerit imperio; 1.3 (15.2)
Orcadas etiam insulas . . . Romano adiecit imperio, 1.3 (15.14)
Claudius . . . Orcadas quoque insulas Romano adiecit imperio. 5.24 (352.12)
Romanum. ut Romanum militem abisse conspexerant, 1.12 (26.29)
Romanus. Erat autem natione Romanus, 2.1 (73.19)
in quo adfuit Iohannes abba Romanus. 5.24 (355.8)
ROMVLEVS, a, um, *Romulean, Roman.*
Romuleam. Per uarias gentes, per freta, perque uias, Vrbem Romuleam uidit, 5.7 (293.25)
RONAN (*fl.* 664), *a Scot who celebrated Easter at the Roman time.*
Ronan. Erat in his acerrimus ueri paschae defensor nomine Ronan, 3.25 (181.19)
ROTA. rota. Haec circa aerea rota iacet, usque ad ceruicem alta, 5.17 (319.4)
rota. pendente magna desuper aerea rota cum lampadibus. 5.16 (317.30)
ROTVNDVS, a, um. **rotunda.** Huius quoque ad occasum ecclesiae, Anastasis, hoc est resurrectionis dominicae rotunda ecclesia, 5.16 (318.1)
ecclesia rotunda grandis, ternas per circuitum cameratas habet porticus desuper tectas. 5.17 (318.30)
rotundum. Huius in medio monumentum Domini rotundum petra excisum est, 5.16 (318.7)
RVBESCO. rubuisse. rubuisse martyrum aedem, 1.18 (37.2)
RVBICVNDVS, a, um. **rubicundi.** omnis quidem coloris . . . id est et rubicundi, 1.1 (10.10)
rubicundo. Color autem eiusdem monumenti et sepulchri albo et rubicundo permixtus uidetur. 5.16 (318.22)
RVBOR. rubor. cuius rubor pulcherrimus nullo umquam solis ardore, 1.1 (10.13)
dum mihi nunc pro auro et margaritis, de collo rubor tumoris ardorque promineat.' 4.19 (246.12)
rubore. luna sanguineo rubore perfusa, Cont. (361.10).
RVDIS, e. **rudes.** disciplinam uitae regularis, in quantum rudes adhuc capere poterant, custodiri docuit. 3.22 (173.11)
rudi. Quae omnia rudi Anglorum genti oportet haberi conperta. 1.27 (54.2)
rudis. ne, . . . status ecclesiae tam rudis uel ad horam pastore destitutus uacillare inciperet. 2.4 (86.28)
RVDVS. ruderibus. discussis penetralibus cordis nostri, atque expurgatis uitiorum ruderibus, 4.3 (211.13)
RVFINIANVS (*d.* 626?), *third Abbot of St. Augustine's Monastery.*
Rufinianus. primi et praecipui erant Mellitus, Iustus, Paulinus, Rufinianus; 1.29 (63.6)
RVGINI, *a Germanic tribe, probably the Rugii of Tacitus, inhabiting the shores of the Baltic.*
Rugini. Sunt autem Fresones, Rugini, Danai, Hunni, Antiqui Saxones, Boructuari; 5.9 (296.17)
RVINA. ruina. pariter omnes aut ruina perituri, aut fluctibus obsorbendi deciderent. 4.13 (331.17)
ruinis. Chebron quondam ciuitas et metropolis regni Dauid, nunc ruinis tantum, quid tunc fuerit, ostendens. 5.17 (319.15)
RVMINOR. ruminando. ipse cuncta, . . . rememorando secum, et quasi mundum animal ruminando, in carmem dulcissimum conuertebat, 4.24 (260.31)
RVMOR. rumor. ad quos felix industriae ac uirtutis eius rumor peruenit, 4.23 (255.29)
rumorem. rumorem sanctitatis illius in ea quoque insula longe lateque iam percrebruisse ferebat; 3.13 (152.17)
RVMPO. rupto. se cuncta insulae loca rupto foedere uastaturos. 1.15 (32.13)
RVO. ruebant. Ruebant aedificia puplica simul et priuata, 1.15 (32.24)
ruendo. Vomebam autem sanguinem, eo quod et interanea essent ruendo conuulsa. 5.6 (290.27)
ruens. ut hunc capite ac manu, quam capite ruens subposueram, tangerem, 5.6 (290.19)
ruere. cuius equus . . . in terram coepit ruere. 3.9 (145.33)
RVPES. rupes. et super se non solum rupes circumdatas, . . . contremescunt, 1.20 (39.11)
rupibus. pauperem uitam in montibus, siluis, uel rupibus arduis . . . agebant. 1.15 (33.2)
rupis. in qua etiam rupis apparet illa, 5.16 (317.27)
RVRALIS, e. **ruralia.** Sed et ferramenta sibi ruralia cum frumento adferri rogauit, 4.28 (271.30)
RVRSVM. 1.12 (27.1); 1.12 (27.5); 3.17 (160.28); 3.19 (165.1); 3.25 (188.25); 3.29 (197.12); 3.29 (197.17); 4.1 (202.20); uar. 4.9 (222.17); 4.9 (223.22); 4.9 (223.24); 4.24 (259.27); 5.9 (296.5); 5.9 (297.26); 5.10 (300.3); 5.12 (305.29); 5.12 (309.2); 5.21 (338.8).
RVRSVS. 1.21 (40.1); 2.1 (80.5); 2.1 (80.11); 2.2 (83.3); 2.18 (121.17); 4.24 (261.32); 5.12 (305.10).
RVS. rura. uerum etiam per triuia, per rura praedicabatur; 1.17 (35.7)
oppida, rura, casas, uicos, castella propter euangelizandum, . . . peragrare. 3.28 (195.20)
RVSTICITAS. rusticitate. et paupertate pariter ac rusticitate sua doctorum arcebant accessum. 4.27 (270.7)
RVSTICVS, a, um. **rustica.** qui simplicitate rustica, sed intentione pia Deum dilexerunt. 3.25 (188.1)
rustica. Discurrere per cuncta et urbana et rustica loca, non equorum dorso, 3.5 (135.29)
rusticam. plebem rusticam uerbo praedicationis simul et opere uirtutis ad caelestia uocaret. 4.27 (270.12)
rustici. sed ut barbari et rustici, quando eadem prima sabbati, . . . ueniret, minime didicerant. 3.4 (135.8)
rusticum. rusticum se potius et pauperem, atque uxoreo uinculo conligatum fuisse respondit; 4.22 (250.8)
rusticus. Et ego per singula tua responsa cognoueram, quia rusticus non eras, 4.22 (251.11)
RVTILIVS, a, um. **rutilo.** Ac thecam e rutilo his condignam condidit auro; 5.19 (330.17)
RVTVBI PORTVS, *Richborough; see* **REPTACÆSTIR.**
Rutubi portus. ciuitas, quae dicitur Rutubi portus, . . . nunc corrupte Reptacæstir uocata, 1.1 (9.11)

S

SABA (*d.* 616?), *Sabert, first Christian King of Essex; see* **SABERCT.**
Saba. 'Quare non et nobis porrigis panem nitidum, quem et patri nostro Saba,' . . . 'dabas, 2.5 (91.13)
SABBATVM. sabbati. resurrectionem dominicam, quae prima sabbati facta est, prima sabbati semper esse celebrandam; 3.4 (135.7)
quando eadem prima sabbati, . . . ueniret, minime didicerant. 3.4 (135.9)
consuetudinem fecerunt . . . IIII^{a} et VI^{a} sabbati ieiunium ad nonam usque horam protelare. 3.5 (136.21)
propter fidem uidelicet dominicae resurrectionis, quam una sabbati factam, 3.17 (162.10)
eadem una sabbati, quae nunc dominica dies dicitur, 3.17 (162.11)
memor, quia Dominus prima sabbati resurrexit a mortuis, 3.25 (185.24)
dominica dies, quae tunc prima sabbati uocabatur, 3.25 (185.30)
Iohannes enim . . . nil de prima sabbati curabat; 3.25 (186.19)
quod uos non facitis, qui nonnisi prima sabbati pascha celebratis. 3.25 (186.20)
ita ut nil umquam cibi uel potus, excepta die dominica et quinta sabbati, perciperet, 4.25 (263.5)
ita ut quinta solum sabbati et dominica, sicut praedixi, reficeret, 4.25 (264.5)
baptizatus est die sancto sabbati paschalis 5.7 (292.24)
quae apud antiquos una uel prima sabbati siue sabbatorum uocatur, 5.21 (336.7)
sabbato. nil curans, utrum haec sabbato, an alia qualibet feria proueniret. 3.25 (185.22)
et praecedente sabbato, uespere, sacrosancta paschae sollemnia inchoabat; 3.25 (186.1)
Eanfled, filia Aeduini regis, baptizata cum XII in sabbato pentecostes. 5.24 (353.30)
sabbatorum. quae apud antiquos una uel prima sabbati siue sabbatorum uocatur, 5.21 (336.7)
sabbatum. in quo per omne sabbatum a presbytero loci illius agendae eorum sollemniter celebrantur. 2.3 (86.12)
Et cum haec dies in sabbatum forte inciderit, 5.21 (336.14)
SABERCT (*d.* 616?), *first Christian King of Essex: see* **SABA.**
Saberct. in qua uidelicet gente tunc temporis Saberct . . . regnabat, 2.3 (85.12)
Sabercti. Auxit autem procellam huiusce perturbationis etiam mors Sabercti regis Orientalium Saxonum, 2.5 (91.3)
Saberctō. Vt defunctis Aedilbercto et Sabercto regibus successores eorum idolatriam resuscitarint, 2.5 (89.1)
Orientales Saxones fidem Christi percipiunt sub rege Sabercto antistite Mellito. 5.24 (353.23)
SABRINA, *the Severn.*
Sabrinam. et eis populis, qui ultra amnem Sabrinam ad occidentem habitant, Valchstod episcopus; 5.23 (350.16)
SACCVS. sacco. ita ut pene totus orbis solis quasi nigerrimo et horrendo scuto [sacco] uideretur esse coopertus. uar. Cont. (361.8)
SACER, cra, crum. **sacer.** Hic sacer in tumba pausat cum corpore praesul, 5.8 (295.9)
sacra. Sacra scriptura testatur, 1.27 (48.19)
Et sacra lex prohibet cognationis turpitudinem reuelare. 1.27 (50.33)
ita ut morte lex sacra feriat, 1.27 (55.17)
Eufemia sacras [sacra] kasta feras superat. uar. 4.20 (247.28)
ut non amplius tota sacra sollemnitas, quam VII tantummodo noctes cum totidem diebus conprehendat; 5.21 (335.31)
sacra. sicut in scriptura sacra ex uerbis Domini omnipotentis agnoscimus, 1.32 (69.10)
Vouit ergo, quia, . . . filiam suam Domino sacra uirginitate dicandam offerret, 3.24 (177.28)
sacra. uel, si sacerdos sit, sacra mysteria celebrare? 1.27 (59.23)
ecclesiae necessaria, uasa uidelicet sacra, 1.29 (63.8)
habentes secum uascula sacra et tabulam altaris uice dedicatam), 5.10 (300.11)
sacrae. aut sacrae communionis sacramenta percipere? 1.27 (53.32)
uel etiam ad mysterium communionis sacrae accedere? 1.27 (54.1)
etiam sacrae communionis mysterium ualet accipere, 1.27 (59.18)
sacrae scripturae scientia repletus, 1.32 (68.30)
ut profecto sacrae scripturae testimonium per te expletum indubitanter perclareat: 2.11 (106.3)
plurimaque psalmorum laude celebrata, uictimam pro eo mane sacrae oblationis offerre. 3.2 (129.34)
priusquam hoc sacrae crucis uexillum nouus militiae ductor, . . . statueret. 3.2 (130.6)
Cumque corpus sacrae uirginis ac sponsae Christi aperto sepulchro esset prolatum in lucem, 4.19 (245.8)
uidique eleuatum de tumulo, et positum in lectulo corpus sacrae Deo uirginis 4.19 (245.31)
et imitari morem sacrae scripturae, cuius historiae carmina plurima indita, 4.20 (247.6)
Ydros et ater abit sacrae pro uestis honore, 4.20 (248.23)
accensi sunt . . . ad offerendas Deo uictimas sacrae oblationis, 4.22 (252.6)
Exponebantque illi quendam sacrae historiae siue doctrinae sermonem, 4.24 (260.21)
iussitque illum seriem sacrae historiae doceri. 4.24 (260.29)
Canebat . . . de aliis plurimis sacrae scripturae historiis, 4.24 (261.3)
sacrarum. sed Niger Heuuald magis sacrarum litterarum erat scientia institutus. 5.10 (299.25)
sacras. Eufemia sacras kasta feras superat. 4.20 (247.28)
sacri. a sacri loci ingressu abstinendum est; 1.27 (57.31)
propter quod frequenti ablatione pulueris sacri fossa sit ibidem facta non minima. 5.18 (320.22)
sacri. Non tamen pro hac re sacri corporis ac sanguinis Domini communione priuandi sunt, 1.27 (51.23)
post quot dies hoc liceat sacri baptismatis sacramenta percipere? 1.27 (53.28)
qua ratione poterit a sacri baptismatis gratia prohibere? 1.27 (54.16)
a perceptione sacri mysterii prohibere non debet; 1.27 (60.17)
ab immolatione sacri mysterii abstinere, 1.27 (60.18)
repperimus, quanta sacri eloquii eruditione eius animum . . . perduxerit. 2.8 (96.10)
coniugem uestram, . . . aeternitatis praemio per sacri baptismatis regenerationem inluminatam agnouimus. 2.10 (101.33)
sacris. curam non modicam lectionibus sacris . . . exhibebat 3.19 (164.20)
ubi postquam aliquandiu lectionibus sacris uacauit, 4.23 (255.2)
'Tres sunt ergo regulae sacris inditae litteris, 5.21 (333.34)
sacris. si audita decreta sedis apostolicae, . . . et haec litteris sacris confirmata sequi contemnitis, 3.25 (188.10)
Hadrianus, uir natione Afir, sacris litteris diligenter inbutus, 4.1 (202.8)
Et quia litteris sacris simul et saecularibus, ut diximus, abundanter ambo erant instructi, 4.2 (204.24)
et quicumque lectionibus sacris cuperent erudiri, haberent in promtu magistros, qui docerent. 4.2 (205.9)
uir religione et prudentia insignis, sacris quoque litteris nobiliter instructus. 5.23 (350.9)
sacris. nequaquam enim in sacris eloquiis inuenitur, 1.27 (50.24)
Atque animas monitis texit ab hoste sacris. 2.1 (79.16)
sacrorum. et arithimeticae ecclesiasticae disciplinam inter sacrorum apicum uolumina suis auditoribus contraderent. 4.2 (204.29)
sacros. Siqui uero sunt clerici extra sacros ordines constituti, 1.27 (49.3)
sacrum. qua per sacrum ministerium homo Deo coniungitur, 1.27 (52.24)
SACERDOS. sacerdos. uel, si sacerdos sit, sacra mysteria celebrare? 1.27 (59.23)
(pro eo, quod sacerdos alius in loco deest) 1.27 (60.14)
Qua plaga praefatus Domini sacerdos Tuda raptus est de mundo, 3.27 (192.5)
monasterium, cui tunc regendo religiosissimus Christi sacerdos, uocabulo Eappa, praefuit, 4.14 (233.10)
Quibus dictis, et descripta illi mensura paenitendi, abiit sacerdos, 4.25 (263.34)
cui tempore illo propositus Boisil magnarum uirtutum et prophetici spiritus sacerdos fuit. 4.27 (269.7)

Hic sacer [sacerdos] in tumba pausat cum corpore praesul, ... uar. 5.8 (295.9)
Princeps pontificum, felix summusque sacerdos Limpida discipulis dogmata disseruit. 5.8 (295.11)
sacerdos Ecgberct, . . . proposuit animo pluribus prodesse; 5.9 (296.7)
ut uir tantae eruditionis ac religionis sibi specialiter indiuiduo comitatu sacerdos esset, ... 5.19 (325.26)
ex quibus est Adamnan, abbas et sacerdos Columbiensium egregius, ... 5.21 (344.7)
cum uenisset . . . cum omni honorificentia nominandus pater ac sacerdos, Ecgberct, ... 5.22 (346.24)
sacerdote. At tunc ueniente ad eos reuerentissimo et sanctissimo patre et sacerdote Ecgbercto, . . . 3.4 (134.31)
auctoritatem sacerdote dignam, ... 3.17 (161.22)
"Si ab hoc," inquit, "sacerdote baptizatus es, non es perfecte baptizatus; 5.6 (291.15)
sacerdotem. Hinc etiam ad Dauid de pueris suis per sacerdotem dicitur, ... 1.27 (59.14)
consors eiusdem gradus habeat potestatem alterum ordinandi in loco eius, qui transierat, sacerdotem; 2.18 (120.19)
Tum ait Aedan, nam et ipse concilio intererat, ad eum, de quo agebatur, sacerdotem: 3.5 (137.14)
Accedens ergo ad sacerdotem, . . . confessus est reatum suum, ... 4.25 (263.13)
Cumque sacerdotem suum Hiberniam secessisse, ibique defunctum esse audisset, ... 4.25 (264.7)
sacerdotes. passim sacerdotes inter altaria trucidabantur, ... 1.15 (32.25)
atque omnium iudicio electi sunt apostolici sacerdotes 1.17 (34.5)
Brittaniarum insulam apostolici sacerdotes . . . uirtutibus impleuerunt; 1.17 (35.4)
beatissimi sacerdotes praebuerunt aduersariis copiam disputandi, ... 1.17 (35.25)
sacerdotes beatum Albanum martyrem, . . . petierunt, ... 1.18 (36.23)
alleluiam tertio repetitam sacerdotes exclamabant. 1.20 (39.8)
ueniunt sacerdotes, ... 1.21 (40.18)
beati sacerdotes ea, qua uenerant, prosperitate redierunt. 1.21 (41.9)
seruabant utcumque reges, sacerdotes, priuati, et optimates 1.22 (41.26)
Venientes ergo in prouinciam memorati sacerdotes cum principe, ... 3.21 (170.23)
IIII . . . germani fratres, . . . omnes sacerdotes Domini fuere praeclari, ... 3.23 (176.22)
Quibus ita gestis, et ipsi sacerdotes doctoresque eorum domum rediere laetantes. 3.30 (200.7)
Passi sunt autem praefati sacerdotes et famuli Christi v°. Nonarum Octobrium die. 5.10 (300.25)
sacerdotes. multitudo excepit sacerdotes, ... 1.17 (34.31)
Licet apud sacerdotes habentes Deo placitam caritatem 1.24 (44.3)
sed etiam omnes Brittaniae sacerdotes habeat 1.29 (64.15)
Cumque bellum acturus uideret sacerdotes eorum, ... 2.2 (84.5)
sacerdotibus. filiam x annorum caecam curandam sacerdotibus offerens, ... 1.18 (36.8)
sacerdotibus adducuntur ad mediterranea deferendi, ... 1.21 (41.5)
qui cum oblatus Brettonum sacerdotibus 2.2 (82.5)
Misit idem Laurentius . . . etiam Brettonum sacerdotibus litteras 2.4 (88.9)
Nam neque alia ipsis sacerdotibus aut clericis uicos adeundi, . . . causa fuit; 3.26 (191.17)
sacerdotibus. et curationem paruulae a sacerdotibus deprecantur; 1.18 (36.10)
cultumque suae religionis cum . . . uiris siue feminis, sacerdotibus seu ministris, . . . seruaret. . . . 2.9 (98.6)
quae a nobis pro uestris sacerdotibus ordinanda sperastis, ... 2.17 (119.25)
factus est Diuma unus ex praefatis IIII sacerdotibus episcopus Mediterraneorum Anglorum . . . 3.21 (171.2)
sacerdotis. uenit . . . discipulus quondam in Brittania et minister Deo dilecti sacerdotis Boisili . . 5.9 (297.1)
sacerdotum. Ceddi et Ceadda religiosorum Christi sacerdotum, ... Praef. (7.9)
qui imperio sacerdotum dum ab obsessis corporibus detruduntur, ... 1.17 (34.33)
ut sacerdotum doctrinam sitientibus desideriis sectarentur. 1.18 (36.19)
quos religiosiores reddebat praesentia sacerdotum, ... 1.20 (38.16)
ad beatissimum uirum preces sacerdotum omnium deferuntur, ... 1.21 (40.1)
Cum subito Elafius pedibus aduoluitur sacerdotum, ... 1.21 (40.23)
fit communis omnium dolor, praecipue sacerdotum, ... 1.21 (40.25)
siquas fortasse fraternitati uestrae sacerdotum uel aliorum culpas intulerit, ... 1.28 (62.21)
hos pro diuina formidine sacerdotum ora simplicibus uerbis ligant, ... 2.1 (78.15)
Paucitas enim sacerdotum cogebat unum antistitem duobus populis praefici. 3.21 (171.4)
et siquis sacerdotum in uicum forte deueniret, ... 3.26 (191.14)
collecto uenerabilium sacerdotum doctorumque plurimorum coetu, ... 4.17 (238.30)
De tabernaculo et uasis eius, ac uestibus sacerdotum, libros III. 5.24 (357.27)
SACERDOTALIS, e. sacerdotale. nullique eorum liceat ullum officium sacerdotale, absque permissu episcopi, . . . agere.' 4.5 (216.20)
sacerdotalem. redemtos . . . discipulos fecit, atque ad sacerdotalem usque gradum erudiendo atque instituendo prouexit. 3.5 (136.31)
sacerdotalem. ad adnuntiandam uobis plenitudinem fidei Christianae sacerdotalem curauimus sollicitudinem prorogare, ... 2.10 (101.4)
sacerdotali. et credentibus gratiam baptismi, quicumque sacerdotali erant gradu praediti, ministrare. 3.3 (132.18)
sacerdotali. quem necesse est, ut sacerdotali studio sanctitas uestra adiuuare, ... 1.24 (44.10)
multis annis eidem genti sacerdotali iure praefuit. 3.7 (140.26)
nouerit se ab omni officio sacerdotali et nostra societate separatum. 4.5 (217.17)
sacerdotalia. et sacerdotalia uel clericilia indumenta, ... 1.29 (63.10)
sacerdotalis. quaeue successio sacerdotalis extiterit, ... Praef. (7.20)
SACERDOTIVM. sacerdotii. auctoritatem sacerdote [sacerdotii] dignam, ... uar. 3.17 (161.22)
quos olim sacerdotii gradu non ignobiliter potitos, fama iam uulgante, conpererat; 3.19 (166.13)
et duo ex eis etiam summi sacerdotii gradu functi sunt. 3.23 (176.24)
acceptumque sacerdotii gradum condignis ornans actibus, ... 3.27 (193.28)
SACRAMENTVM. sacramenta. ne fides et sacramenta caelestis regis consortio profanarentur regis, . . 2.9 (97.28)
sacramenta. post quot dies hoc liceat sacri baptismatis sacramenta percipere? 1.27 (53.29)
aut sacrae communionis sacramenta percipere? 1.27 (53.32)
qualiter ad Christi et ecclesiae sacramenta referendus, ... 2.1 (75.21)
non statim et inconsulte sacramenta fidei Christianae percipere uoluit; 2.9 (100.6)
fidem et sacramenta Christi cum sua prouincia suscipere. 2.15 (115.27)
sacramenta regni caelestis, quibus initiatus erat, anathematizando prodidit, ... 3.1 (127.19)
inter quos exulans ipse baptismatis sacramenta cum his, qui secum erant, militibus consecutus erat; 3.3 (131.10)
gens, . . . dominicae fidei et dona disceret, et susciperet sacramenta. 3.3 (131.13)
qui et fidem ac sacramenta regni caelestis suscipere rennuit, ... 3.7 (140.8)
Middilangli, . . . sub principe Peada filio Pendan regis fidem et sacramenta ueritatis perceperunt. . 3.21 (169.25)
qui ipsi ac familiae ipsius uerbum et sacramenta fidei, . . . ministrare solebat, ... 3.23 (175.9)
uel noui testamenti sacramenta in commemorationem suae passionis ecclesiae celebranda tradidit. 3.25 (186.28)
sinceraque deuotione sacramenta fidei, quae susceperat, seruans. 4.14 (234.6)
ad praedicationem . . . Paulini . . . fidem et sacramenta Christi suscepit, ... 4.23 (252.28)
sacramenta dominicae resurrectionis et ereptionis nostrae celebrare debemus, ... 5.21 (339.34)
sacramenti. nisi contra sacramenti fidem per tyrannidem emersisset, ... 1.9 (23.12)
sacramentis. Paulinus primo filiam eius cum aliis fidei Christianae sacramentis inbuerit. 2.9 (97.5)
Et quidem pater eius Reduald iamdudum in Cantia sacramentis Christianae fidei inbutus est, . . . 2.15 (116.2)
cum exularet in Gallia, fidei sacramentis inbutus est, ... 2.15 (116.23)
Osric, qui ad praedicationem Paulini fidei erat sacramentis inbutus. 3.1 (127.7)
tam propter apostasiam regum Anglorum, qua se fidei sacramentis exuerant, ... 3.1 (128.12)

Sigheri . . . relictis Christianae fidei sacramentis, ad apostasiam conuersus est. 3.30 (199.14)
postulauitque ab eo, ut, . . . prius eos liceret fidei Christianae sacramentis inbui. 4.16 (238.2)
neglectis fidei sacramentis, quibus erant inbuti, ad erratica idolatriae medicamina concurrebant; 4.27 (269.19)
sacramento. uniuersalis gentium confessio, suscepto Christianae sacramento fidei, protestetur. 2.8 (96.20)
Creatorem suum suscepto Christianae fidei agnoscerent sacramento. 2.11 (104.20)
Christianae fidei suscepto mirabili sacramento, 2.11 (105.1)
sacramentorum. cotidiana et exhortatione, et sacramentorum caelestium celebratione confirmaret. 2.9 (98.15)
quod oporteret eos, . . . nec discrepare in celebratione sacramentorum caelestium, 3.25 (183.29)
quanquam sacramentorum genere discreto, sicut una eademque fide, pascha celebrare possemus. 5.21 (337.4)
sacramentum. et si in menstrua consuetudine ad sacramentum . . . accedere non praesumant, 1.27 (56.23)
Nec enim omnipotens Deus aut sui nominis sacramentum, . . . deseruit, 2.8 (95.21)
Siquidem totam illam prouinciam, iuxta sui nominis sacramentum, . . . liberatam, 2.15 (116.33)
uel ad fidei suscipiendae sacramentum, si infideles essent, inuitaret; 3.5 (136.4)
SACRARIVM. sacrarii. ipsamque aquam, in qua lauerant ossa, in angulo sacrarii fuderunt. 3.11 (148.32)
SACRATIO. sacrationem. sacratiorem [sacrationem] et cunctis honorabiliorem omnibus locum fecere. uar. 3.2 (130.2)
SACRATIOR, ius. **sacratiorem.** nuper ibidem ecclesia constructa, sacratiorem et cunctis honorabiliorem omnibus locum fecere. 3.2 (130.2)
SACRATISSIMVS, a, um. **sacratissimis.** coniugi uestrae, . . . direximus . . . crucem clauem auream habentem de sacratissimis uinculis beatorum Petri et Pauli 3.29 (198.20)
sacratissimum. ad cuius sacratissimum corpus a finibus terrae pio ductus amore uenerat, 5.7 (292.30)
SACRIFICIVM. sacrificia. 'Sacrificia haec, . . . nec auxiliari subiectis possunt, 1.7 (19.26)
iam sacrificia ipsa non essent. 1.30 (66.1)
sacrificia. quicumque his sacrificia simulacris obtulerit, 1.7 (19.29)
sacrificiis. communicent omnes sacrificiis caelestibus, 4.14 (235.8)
sacrificio. Et quia boues solent in sacrificio daemonum multos occidere, 1.30 (65.16)
ut eis in suo sacrificio animalia immolare praeciperet; 1.30 (65.32)
quatinus cor mutantes, aliud de sacrificio amitterent, aliud retinerent; 1.30 (65.33)
et infirmanti puero de eodem sacrificio dominicae oblationis particulam deferri mandauit. 4.14 (235.28)
sacrificiorum. sed tamen eis sacrificiorum usus, . . . in culto proprio reseruauit, 1.30 (65.30)
sacrificium. intellexerunt enim, quia sacrificium salutare ad redemtionem ualeret et animae et corporis sempitenam. 4.22 (252.8)
sacrificium. et altare haberet ad sacrificium Christi, et arulam ad uictimas daemoniorum. 2.15 (116.9)
Denique cum sacrificium Deo uictimae salutaris offerret, 4.28 (273.28)
et cotidie sacrificium Deo uictimae salutaris offerebant, 5.10 (300.9)
in qua surper altare pro defunctis honoratis sacrificium solet offerri, 5.16 (317.32)
SACRIFICO. sacrificare. diis magnis sacrificare ne differas,' 1.7 (19.25)
SACRILEGVS. sacrilegum. sacrilegum celare quam militibus reddere maluisti, 1.7 (19.7)
SACRO. sacrata. Tota sacrata polo celsis ubi floruit actis, 4.20 (248.17)
Reddidit atque animam tota sacrata polo. 4.20 (248.18)
sacratis et de filia eius Ercongota et propinqua Aedilbergae, sacratis Deo uirginibus. 3.8 (142.2)
sacratus. locus ille, qui tanta miraculi caelestis gratia sacratus est; 4.30 (277.11)
sacrauerat. polluit ac destruxit eas, quas ipse sacrauerat, aras. 2.13 (113.24)
sacrauimus. suggero, rex, ut templa et altaria, quae sine fructu utilitatis sacrauimus, ocius anathemati et igni contradamus.' 2.13 (112.33)
sacrauit. et eam in nomine . . . Domini nostri Iesu Christi sacrauit, 1.33 (70.15)
et eximio sacrauit nomine Petri, 5.19 (330.11)
SACROSANCTVS, a, um. **sacrosancta.** ut absque purgatione sacrosancta quis oblationi sacrosanctae communicaret, 2.5 (91.23)
Eadem autem nocte sacrosancta dominici paschae pepererat regina filiam regi, 2.9 (99.18)
sacrosancta. et praecedente sabbato, uespere, sacrosancta paschae sollemnia inchoabat; 3.25 (186.1)
sacrosanctae. multi de ipso ligno sacrosanctae crucis astulas excidere solent, 3.2 (129.16)
percepto uiatico sacrosanctae communionis, 4.23 (256.27)
sacrosanctae. ut absque purgatione sacrosancta quis oblationi sacrosanctae communicaret, 2.5 (91.24)
sacrosanctis. in sacrosanctis celebrandis mysteriis utendi licentiam imperauimus; 2.8 (96.24)
praepositis sacrosanctis euangeliis, in loco, qui Saxonico uocabulo Haethfelth nominatur, 4.17 (239.15)
sacrosancto. episcopus, . . . primos prouinciae duces ac milites sacrosancto fonte albuebat; 4.13 (230.21)
SARCVM. sacra. sacra mundo corde atque ore conficiunt. 1.8 (22.12)
sca ourm. Cumque a praefato pontifice sacrorum suorum quaereret, 2.13 (113.3)
Non enim licuerat pontificem sacrorum uel arma ferre, uel praeter in equa equitare. 2.13 (113.12)
SAECVLARIS, e. **saecularem.** abbatissa amplexata gratiam Dei in uiro, saecularem illum habitum relinquere, . . . docuit, 4.24 (260.26)
saeculares. non solum haec saeculares uiri, 1.14 (30.5)
saeculari. Nam mutato repente habitu saeculari monasterium petiit, 2.1 (74.4)
quibus aequa partione diuisis, XXXIII primos in saeculari habitu nobilissime conuersata conpleuit, 4.23 (252.22)
Quae cum, relicto habitu saeculari, illi soli seruire decreuisset, 4.23 (253.1)
Siquidem in habitu saeculari usque ad tempora prouectioris aetatis constitutus, nil carminum aliquando didicerat. 4.24 (259.12)
saeculari. monasticam saeculari uitam praetulit. 5.19 (322.30)
saeculari. Theodorus, . . . uir et saeculari et diuina litteratura, et Grece instructus et Latine, 4.1 (202.25)
saecularibus. Et quia litteris sacris simul et saecularibus, ut diximus, abundanter ambo erant instructi, 4.2 (204.24)
saecularium. saecularium hominum negotia patitur, 2.1 (74.19)
multorum saepe [saecularium] animi ad . . . appetitum sunt uitae caelestis accensi. uar. 4.24 (259.2)
dixit quidam saecularium scriptorum, quia felisissimo mundus statu ageretur, 5.21 (333.22)
saecularium. cum incessabili causarum saecularium inpulsu fluctuaret, 2.1 (75.10)
SAECVLVM. saecula. quos Deus . . . deductis per saecula innumerabilibus propaginibus, pullulare constituit. 2.10 (103.17)
glorificantes Deum Patrem sine initio, et Filium eius unigenitum ex Patre generatum ante saecula, 4.17 (240.21)
Alma Deus Trinitas, quae saecula cuncta gubernas, 4.20 (247.9)
in quo et memoria deuotionis ipsius fixa per saecula maneret, 5.7 (293.4)
saeculi. quia idcirco haec signa de fine saeculi praemittuntur, 1.32 (69.21)
concussamque saeculi actibus mentem . . . roboraret alloquium. 2.1 (75.11)
ut iustitia eius maneret in saeculum saeculi, 2.1 (77.21)
'Deus saeculi huius excaecauit mentes infidelium, 2.9 (98.30)
Cuncta, quae sibi a regibus uel diuitibus saeculi donabantur, 3.5 (135.27)
Nullam potentibus saeculi pecuniam, . . . umquam dare solebat, 3.5 (136.24)
Vtta, . . . ob id omnibus, etiam ipsis principibus saeculi honorabilis, 3.15 (157.25)
cupiens se ab omnibus saeculi huius et ipsius quoque monasterii negotiis alienare, 3.19 (167.31)
neque ad susceptionem potentium saeculi, uel pecunias colligi, uel domus praeuideri necesse fuit, 3.26 (190.27)
ut nemo territoria . . . nisi a potestatibus saeculi coactus, acciperet. 3.26 (191.22)
ordinauit uirum . . . uitae simplicitate contentum, quam in saeculi rebus strenuum, 4.2 (206.7)
quaedam erat femina sanctimonialis, et ad saeculi huius dignitatem nobilis, 4.9 (222.31)
erat femina . . . et ad saeculi huius dignitatem nobilis, et in amore futuri saeculi nobilior; 4.9 (222.32)

qui se nobiscum usque in finem saeculi manere pollicetur. 4.19 (243.22)
Quae multum diu regem postulans, ut saeculi curas relinquere, . . . permitteretur; 4.19 (243.26)
multorum saepe [saeculi] animi ad . . . appetitum sunt uitae caelestis accensi. uar. 4.24 (259.2)
Cuius carminibus multorum saepe animi ad contemtum saeculi, et appetitum sunt uitae caelestis accensi. 4.24 (259.3)
Nec multo post saeculi curis absolutus ad monasterium Mailros, . . . peruenit; 5.12 (304.19)
tertio tempore saeculi cum gratia uenit ipse, 5.21 (340.3)
quarum de sex aetatibus saeculi una est; 5.24 (358.31)
saeculo. Tota enim fuit tunc sollicitudo doctoribus illis Deo seruiendi, non saeculo; 3.26 (191.4)
Qui cum crescente fidei feruore saeculo abrenuntiare disponeret, 4.3 (208.3)
saeculo. qui uos in praesenti saeculo ex omni errore absolutos ad agnitionem sui nominis est dignatus perducere, 2.17 (119.17)
dum quis eorum de hoc saeculo ad auctorem suum fuerit arcessitus, 2.17 (119.31)
Aidan . . . de saeculo ablatus, perpetua laborum suorum a Domino praemia recepit. 3.14 (157.17)
et omnes socii ipsorum uel mortalitate de saeculo rapti, uel per alia essent loca dispersi, 3.27 (192.27)
inuenerunt archiepiscopum Deusdedit iam migrasse de saeculo, 3.28 (195.7)
ut cum Christo in futuro regnetis saeculo. 3.29 (199.3)
'Namque hospes,' inquit, . . . ad me quoque hodie uenire, meque de saeculo euocare dignatus est. 4.3 (209.15)
inuenient illum hac, ut diximus, die raptum esse de saeculo. 4.14 (235.2)
accensi sunt . . . ad offerendas Deo uictimas sacrae oblationis, pro ereptione suorum, qui de saeculo migrauerant; 4.22 (252.7)
quo ad orationes excitari uel conuocari solebant, cum quis eorum de saeculo fuisset euocatus; 4.23 (257.11)
nuntiauit matrem illarum omnium Hild abbatissam iam migrasse de saeculo, 4.23 (257.24)
uespere incumbente, nocte qua de saeculo erat exiturus, 4.24 (261.22)
non ultra nos in hoc saeculo carnis obtutibus inuicem aspiciemus. 4.29 (274.23)
contigit eum ante expletum anni circulum migrasse de saeculo. 5.15 (316.12)
ut in hac uita centuplum acciperet, et in saeculo uenturo uitam aeternam. 5.19 (322.13)
saeculum. Nobilitatem uero illam, quam ad saeculum uidebatur habere, 2.1 (74.2)
ut iustitia eius maneret in saeculum saeculi, 2.1 (77.21)
Tilmon, uiro inlustri, et ad saeculum quoque nobili, qui de milite factus fuerat monachus; 5.10 (301.4)
SAEPE. uar. 1.1 (10.5); 1.1 (10.8); 1.1 (10.31); 1.1 (12.7); 1.1 (12.30); 1.2 (14.23); 1.5 (16.21); 1.11 (24.28); 1.27 (51.29); 1.27 (56.13); 1.27 (58.9); 1.27 (61.17); 2.5 (91.22); 2.7 (95.5); 2.9 (100.13); 3.3 (132.9); 3.19 (168.25); 3.22 (172.11); 3.24 (177.14); 4.7 (219.15); 4.10 (224.17); 4.11 (225.23); 4.13 (231.14); 4.24 (259.2); 4.25 (263.5); 4.27 (270.10); 5.21 (340.17).
SAEPEDICTVS, a, um. **saepedicti.** qui a XVI^{a} die mensis saepedicti usque ad XXII^{am} pascha celebrandum magis autumant, 5.21 (338.9)
saepedicto. ipse in saepedicto famulorum famularumque Dei monasterio, . . . locum mansionis elegit; 4.26 (267.23)
SAEPENVMERO. quam lex maiore prae ceteris festiuitate memorabilem saepenumero commendat; 5.21 (338.5)
SAEPISSIME. Capiuntur autem saepissime et uituli marini, 1.1 (10.5)
grauissimis regni sui damnis saepissime ab hostibus adflictus, 3.7 (141.13)
atque ad eum audiendum saepissime, cum illas in partes deuenisset, accederet. 5.12 (310.3)
SAEPIVS. apud supernam clementiam saepius interuenire Praef. (8.12)
Et quoniam saepius euenit, 1.28 (62.19)
quatinus credentes, sicut saepius dictum est, in Deum 2.10 (103.24)
in prouincia Deirorum, ubi saepius manere cum rege solebat, 2.14 (115.11)
diem paschae dominicum more suae gentis, cuius saepius mentionem fecimus, . . . obseruare solebat. 3.3 (131.19)
qui solebat nocturnis saepius horis repente ab inmundo spiritu grauissime uexari. 3.11 (149.20)
quia a tempore matutinae laudis saepius ad diem usque in orationibus persteterit, 3.12 (151.22)
Illo enim saepius secretae orationis et silentii causa secedere consuerat; 3.16 (159.12)
saepius ibidem diuerti ac manere, . . . consueuerat; 3.17 (159.28)
Solebat . . . saepius etiam suam, id est Nordanhymbrorum, prouinciam exhortandi gratia reuisere: 3.23 (174.25)
ita ut XIII^{a} luna ad uesperam saepius pascha incipiatis, 3.25 (186.24)
Ceadda, frater reuerentissimi antistitis Ceddi, cuius saepius meminimus, 3.28 (195.1)
paschae diem, ut saepius dictum est, secus morem canonicum . . . celebrant. 3.28 (195.13)
et sonitum manu faciens, ut saepius consueuerat, siqui foris esset, ad se intrare praecepit. 4.3 (209.3)
Cumque nihil certi responsi, tametsi saepius inquirens, a sororibus accepisset, 4.7 (219.26)
Anna regis Orientalium Anglorum, cuius saepius mentionem fecimus, 4.19 (243.5)
aliquoties equo sedens, sed saepius pedes incedens, circumpositas ueniebat ad uillas, 4.27 (269.24)
in qua uir Dei saepius, . . . atque orationibus ac lectioni quietus operam dare consueuerat. 5.2 (283.11)
nam saepius ante illum percipiendae elimosynae gratia uenire consueuerat, 5.2 (283.21)
'At cum saepius huc atque illuc, spectante me et episcopo, concitatis in cursum equis reuerterentur; 5.6 (290.3)
quod hic fortasse esset infernus, de cuius tormentis intolerabilibus narrari saepius audiui. 5.12 (305.16)
quod hoc fortasse esset regnum caelorum, de quo praedicari saepius audiui. 5.12 (307.26)
Hic saepius ad eundem uirum ingrediens, audiuit 5.12 (309.26)
solebat . . . saepius in eo supermeantibus undis inmergi; 5.12 (310.13)
Ecgberct, cuius superius memoriam saepius fecimus, 5.22 (346.25)
SÆRA. **særis.** quae et ipsa muris turribus, portis, ac seris [særis] erant instructa firmissimis. uar. 1.1 (10.28)
SAETHRYD (*fl.* 654?), *Abbess of Faremoûtier-en-Brie; step-daughter of King Anna of East Anglia.*
Saethryd. inter quas erat Saethryd, filia uxoris Annae regis Orientalium Anglorum, 3.8 (142.22)
SAEVIO. **saeuiens.** prouincias Nordanhymbrorum, . . . quasi tyrannus saeuiens disperderet, 3.1 (128.6)
saeuiens. ne forte nos . . . temporalibus damnis iuste saeuiens affligat, 4.25 (266.10)
saeuientes. fluctus saeuientes obprimit, 1.17 (34.25)
saeuientibus. iussit se obuiam saeuientibus et huc illucque uolantibus ignium globis efferri. 2.7 (94.21)
saeuientibus. Vnde merito loco huic et habitatoribus eius grauis de caelo uindicta flammis saeuientibus praeparata est.' 4.25 (265.23)
saeuirent. cum perfidorum principum mandata aduersum Christianos saeuirent, 1.7 (18.14)
totas per Gallias saeuirent, 1.11 (24.24)
SAEVIOR, ius. **saeuior.** maxime quod unus ex ducibus, a quibus acta est, paganus, alter, quia barbarus erat pagano saeuior. 2.20 (125.6)
SAEVITIA. **saeuitia.** ut, cessante per omnia saeuitia tempestatis, secundi nos uenti ad terram . . . comitarentur. 5.1 (282.14)
SAEVVS, a, um. **saeua.** multas Brittaniae prouincias mortalitas saeua corripiebat. 4.14 (233.8)
facta est nocte quadam tam saeua tempestas, 5.9 (298.8)
saeua. ac prouinciam illam saeua caede ac depopulatione attriuit; 4.15 (236.12)
saeuis. duabus gentibus transmarinis uehementer saeuis, 1.12 (25.24)
saeuus. Hic natura saeuus, multis semper bellis lacessitus, 1.5 (16.17)
SÆXVVLF, *see* **SEXVVLF.**
SAGACISSIMVS, a, um. **sagacissimus.** cum esset uir natura sagacissimus, 2.9 (100.13)
SAGACITAS. **sagacitas.** ut haec nulla ingenii sagacitas, quanta sit, conprehendere disserereque sufficiat; 2.10 (100.29)
SAGAX. **sagaci.** coepitque sagaci animo conicere, 3.10 (147.3)
sagacis. animaduertit paulatim adulescens animi sagacis, minime perfectam esse uirtutis uiam, 5.19 (323.11)
sagacis. Quo ille uiso, ut uir sagacis ingenii, intellexit aliquid mirae sanctitatis huic loco, . . . inesse; 3.9 (146.10)

SAGITTA. sagittas. misit sagittas suas, et dissipauit eos, 4.3 (210.30)
SAGVM. saga. Hic cum quadam die lenas siue saga, quibus in hospitale utebatur, in mari lauasset, 4.31 (278.9)
SALINAE. salinarum. Habet fontes salinarum, 1.1 (10.15)
SALOMON, *see* **PROVERBIA SALOMONIS.**
SALTIM. saltim. neque aliquis pro eo uel missas facere, uel psalmos cantare, uel saltim orare praesumebat. 5.14 (314.28)
Nam etsi saltim unum ex eis, hoc est ipsum septimum adprehenderit, 5.21 (337.18)
At si uno saltim die plenilunium tempus aequinoctii praecesserit, 5.21 (339.27)
SALTVS. saltibus. gradibus uel passibus, non autem saltibus eleuatur. 1.30 (65.28)
SALTVS. saltibus. de ipsis montibus, speluncis, ac saltibus continue rebellabant; 1.14 (29.20)
SALVBERRIMVS, a, um. saluberrimis. plebem, et orationibus protegebat adsiduis, et admonitionibus saluberrimis ad caelestia uocabat. 4.28 (273.16)
saluberrimum. Vnde inter alia uiuendi documenta saluberrimum abstinentiae uel continentiae clericis exemplum reliquit; 3.5 (135.21)
SALVBRIS, e. salubre. 'sed possumus,' inquiunt, 'salubre uobis dare consilium, 1.1 (12.4)
Verum Brittanni, . . . inueniunt salubre consilium, 1.17 (34.1)
salubrem. salubremque tactum sanitas festina subsequitur. 1.21 (40.29)
salubri. quid erga salutem eorum, . . . esset agendum, salubri sermone docuit. 3.19 (167.4)
At ille salubri instinctu admonitus, cum accepisset capillos sancti capitis, adposuit palpebrae languenti, 4.32 (280.17)
salubria. a quibus non pauca, quae uel ipsi, uel omnibus, qui audire uellent, multum salubria essent, audiuit. 3.19 (166.16)
SALVBRITAS. salubritate. Hibernia . . . et salubritate ac serenitate aerum multum Brittaniae praestat, 1.1 (12.25)
SALVS. salus. ut sis salus mea usque ad extremum terrae.' 3.29 (197.12)
salute. ut hi pro patriae pace et salute contra aduersarios militarent, 1.15 (31.12)
salute aeterna, Domino supplicabant. 1.25 (46.3)
pro quorum tibi salute collata sunt. 1.31 (67.16)
quae de uestri uestrorumque omnium animae salute optabilia desideranter exspectat, 2.11 (106.17)
Haec quidem memoratus papa Bonifatius de salute regis Aeduini ac gentis ipsius litteris agebat. 2.12 (106.30)
ac pro salute illius simul et gentis, cui praeerat, et uerbo exhortationis apud homines, . . . ageret; 2.12 (107.8)
scit enim ipse, quia iusta pro salute gentis nostrae bella suscepimus.' 3.2 (129.10)
uigilias pro salute animae eius facere, 3.2 (129.32)
orationes assiduae pro utriusque regis, . . . salute aeterna fierent. 3.24 (180.5)
dolorem omnem ac mortem perpetua salute ac uita mutauit. 4.19 (245.22)
monebat omnes et in salute accepta corporis Domino obtemperanter seruiendum, 4.23 (256.22)
flectebat genua sua ad patrem Domini nostri Iesu Christi pro nostra uita et salute precaturus. 5.1 (282.12)
in eadem, quam acceperat, salute permansit. 5.5 (288.31)
quo miserabilius ipse desperata salute periret, 5.14 (315.3)
salutem. uiros ad recuperandam tendere populorum salutem inuiderent; 1.17 (34.14)
tam sedulam erga salutem nostrae gentis curam gesserit. 2.1 (79.28)
non solum suppositarum ei gentium plenissimam salutem, . . . credimus subsequendam; 2.8 (96.14)
Æduino regi Anglorum Honorius episcopus seruus seruorum Dei salutem. 2.17 (119.2)
credere se dicens, quia per hoc, donante Domino, salutem posset consequi. 3.2 (130.21)
Et plura locutus, quid erga salutem eorum, . . . esset agendum, salubri sermone docuit. 3.19 (167.3)
Hanc historiam, . . . simpliciter ob salutem legentium siue audientium narrandam esse putaui. 5.13 (313.24)
'Domino excellentissimo et gloriosissimo regi Naitano, Ceolfrid abbas in Domino salutem. 5.21 (333.15)
saluti. cuius fidei et saluti congaudens, 2.1 (78.7)
desiderantes quidem genti, quam petebantur, saluti esse, 3.5 (137.11)
loculum, in quo primo sepulta est, nonnullis oculos dolentibus saluti fuisse perhibent; 4.19 (246.17)
quod nequaquam silentio pretereundum arbitror, sed multorum saluti, si referatur, fore proficuum. 4.22 (249.24)
multisque et uerbo et conuersatione saluti fuit. 5.12 (310.34)
salutis. ob generalis curam salutis Praef. (5.21)
Didicerat enim a doctoribus auctoribusque suae salutis 1.26 (47.29)
quod oblata sibi perpetuae salutis consilia spreuerant. 2.2 (85.1)
ut audiuit, quia suae causa salutis episcopus ab apostolo . . . esset tormenta . . . perpessus, 2.6 (93.6)
salutis uestrae remedia propinentur. 2.10 (101.7)
Vt coniugem ipsius, per epistulam, salutis illius sedulam agere curam monuerit. 2.11 (104.6)
etiam consilium tibi tuae salutis ac uitae melius atque utilius, . . . ostendere potuerit, 2.12 (109.15)
claret illa, quae nobis uitae, salutis, et beatitudinis aeternae dona ualet tribuere. 2.13 (112.31)
nil aliud ageret, quam . . . plebem Christi uerbo salutis instruere, 2.14 (115.5)
Cumque nil salutis furenti superesse uideretur, 3.11 (150.4)
et aliis quoque fratribus ministerium uitae ac salutis docendo exhiberet. 3.23 (177.9)
soluta carnis simul et infirmitatis uinculis ad aeternae gaudia salutis intrauit. 4.9 (224.4)
huic uerbum fidei et lauacrum salutis ministrabat. 4.13 (230.13)
sed etiam plurimis longe manentibus, . . . occasionem salutis et correctionis ministrauit. 4.23 (255.29)
placuit pio prouisori salutis nostrae sanctam eius animam longa etiam infirmitate carnis examinari, 4.23 (256.13)
a quo sibi sperabat iter salutis posse demonstrari, 4.25 (263.14)
qui, . . . monita ab eo perpetuae salutis audire solebat. 4.29 (274.16)
inuenimus . . . nullamque spem nobis in nobis restare salutis. 5.1 (282.5)
duobus annis continuis genti illi ac regi eius Rathbedo uerbum salutis praedicabat, 5.9 (298.21)
Verum ille, frequenter licet admonitus, spernebat uerba salutis, 5.13 (311.14)
non enim mihi aliquid utilitatis aut salutis potes ultra conferre.' 5.13 (311.29)
Talia dicens, sine uiatico salutis obiit, 5.14 (314.25)
sed uiuentibus, qui haec cognouissent, causam salutis sua perditione relinqueret. 5.14 (315.4)
Quem uidelicet ordinem nostrae salutis propheta contemplatus aiebat: 5.21 (340.19)
SALVTARIS, e. salutare. intellexerunt enim, quia sacrificium salutare ad redemtionem ualeret et animae et corporis sempiternam. 4.22 (252.8)
salutari. Quibus ille respondebat: 'Si uultis ablui fonte illo salutari, 2.5 (91.16)
doctores daret, qui gentem suam ad fidem Christi conuerterent, ac fonte salutari abluerent. 3.22 (172.23)
quia salutari fonte in remissionem peccatorum essem ablutus; 5.6 (291.12)
salutaria. num ei obtemperare, et monita eius salutaria suscipere consentis?' 2.12 (109.18)
multi, . . . ad salutaria ieiuniorum remedia subeunda sunt mirabiliter accensi; 4.14 (236.2)
illaque lingua, quae tot salutaria uerba in laudem Conditoris conposuerat, 4.24 (262.16)
salutaribus. 'Noui,' inquit, 'multum mihi esse necesse uigiliis salutaribus insistere, 4.25 (265.1)
salutaribus. ac salutaribus eius exhortationibus paulatim edoctus, 1.7 (18.18)
uenit ex more, cupiens salutaribus eius exhortationibus ad superna desideria magis magisque accendi. 4.29 (274.18)
salutaribus. eumque coeptis insistere salutaribus iussit. 5.19 (323.1)
salutaris. non minimum ad suscipienda uel intellegenda doctrinae monita salutaris sensum iuuit illius. 2.12 (107.4)
difficulter posse sublimitatem animi regalis ad humilitatem uiae salutaris, . . . inclinari, 2.12 (107.6)
ad abigendos ex obsessis corporibus daemones gratiae salutaris haberet effectum. 3.11 (149.2)
scientiae salutaris cotidie flumina inrigandis eorum cordibus emanabant; 4.2 (204.26)
alia, . . . per intercessionem fraternam, et oblationem hostiae salutaris caelitus sibi fuisse donata intellexit. 4.22 (252.2)
Denique cum sacrificium Deo uictimae salutaris offerret, 4.28 (273.28)

et cotidie sacrificium Deo uictimae salutaris offerebant, . . . 5.10 (300.10)
salutaris. Nam maxima exercitus multitudo undam lauacri salutaris expetiit, . . . 1.20 (38.19)
Tantus autem fertur tunc fuisse . . . desiderium lauacri salutaris genti Nordanhymbrorum, . . . 2.14 (114.30)
et mox fonte lauacri salutaris ablutus, etiam postmodum ad ordinem presbyterii promotus est, . . 3.23 (177.2)
SALVTIFER, fera, ferum. **salutifera.** humanum genus, . . . salutifera confessione fide ueneratur et colit; 2.10 (101.19)
Theodorus . . . diuino functus auxilio, salutifera exhortatione coeptum . . . extinguit incendium; . 4.21 (249.12)
salutiferae. sed etiam trans oceanum longe radios salutiferae lucis spargens, . . . 3.13 (152.8)
salutiferi. At illa petiit sibi portionem pulueris salutiferi dari; . . . 3.11 (149.16)
SALVTO. salutandam. uenit ad salutandam eam abbatissa quaedam uenerabilis, . . . 3.11 (149.4)
salutans. uenit ad eum praefatus amicus illius, laetoque uultu salutans eum: . . . 2.12 (109.33)
adstitit ei quidam per somnium, eumque salutans, . . . 4.24 (259.23)
salutantes. Paterno itaque affectu salutantes uestram excellentiam, . . . 3.29 (198.33)
Salutantes ergo illum uerbis piissimis apostoli dicebant: . . . 4.14 (234.6)
salutauit. At ille accedens salutauit eum, et interrogauit, . . . 2.12 (108.24)
et egressus inde intrauit, ac salutauit episcopum et conuiuas, . . . 5.5 (288.25)
SALVATIO. saluatio. et uestris, ut proficerent, meritis eorum est saluatio propinata, . . . 2.8 (96.4)
saluationem. quam studiose erga saluationem nostrae gentis inuigilauerit, . . . 1.30 (64.28)
saluationis. sed erga curam perpetuae suae saluationis nihil omnino studii et industriae gerens. . . 3.13 (152.26)
SALVATOR, *the Saviour.*
Saluator. quod Saluator noster omnibus praecepit gentibus praedicari, . . . 2.10 (101.5)
Saluatore. qui unam in Domino Saluatore uoluntatem atque operationem dogmatizabant, . . . 5.19 (326.26)
Saluatori. laudes Domino Saluatori una cum ceteris, qui ibi erant, seruis illius referebat.' . . . 5.3 (286.25)
Saluatoris. et imaginem Domini Saluatoris in tabula depictam, . . . 1.25 (46.1)
Vt Augustinus ecclesiam Saluatoris instaurauerit, . . . 1.33 (70.8)
et eam in nomine sancti Saluatoris Dei . . . sacrauit, . . . 1.33 (70.14)
ut . . . sui consequerentur misericordiam Saluatoris. . . . 2.8 (96.8)
Saluatoris nostri Domini Iesu Christi cooperante potentia, . . . 2.11 (105.16)
In nomine Domini Dei et Saluatoris nostri Iesu Christi, . . . 4.5 (214.29)
et ipsi essent ministri Domini et Saluatoris nostri Iesu Christi, . . . 4.14 (235.21)
et ipse instructos eos, . . . ac fonte Saluatoris ablutos, de ingressu regni aeterni certos reddidit. . . 4.16 (238.4)
In nomine Domini nostri Iesu Christi Saluatoris, . . . 4.17 (239.5)
laudes Domino Saluatori [Domini Saluatoris] . . . referebat.' . . . uar. 5.3 (286.25)
"ueni, ut responsum Domini Saluatoris Ecgbercto adferam, . . . 5.9 (297.10)
a peccatorum suorum sordibus fonte Saluatoris abluit; . . . 5.19 (326.15)
qui per eandem passionem saluari [saluatoris] desideramus, . . . uar. 5.21 (343.5)
SALVO. saluabitur. 'Saluabitur uir infidelis per mulierem fidelem.' . . . 2.11 (106.5)
saluandam. 'Non,' inquit, 'propter auaritiam, sed propter saluandam eius animam suscepit'; . . . 3.19 (166.33)
saluarer. si forte alicunde quid auxilii, quo saluarer, adueniret, . . . 5.12 (306.31)
saluaretur. multae prouidentiae, quibus saluaretur, propinauit remedia; . . . 2.11 (104.17)
ut, si ab infirmitate saluaretur, etiam Romam uenire, . . . disponeret, . . . 4.5 (214.16)
saluari. qui omnibus, qui saluari uellent, uerbum ac lauacrum uitae ministraret. . . . 4.16 (237.16)
qui sine praeueniente gratia Christi se saluari posse confidunt; . . . 5.21 (340.25)
idcirco et nos, qui per eandem passionem saluari desideramus, ipsius passionis signum . . . gestamus. 5.21 (343.5)
saluata. saluata sunt tamen omnia, quae erant Ecgbercti et sociorum eius. . . . 5.9 (298.10)
saluati. Saluati ergo estis spe patientiae et tolerantiae uirtute, . . . 2.8 (96.6)
qui de eadem insula credendo saluati sunt, . . . 4.16 (237.18)
saluauit. quos omnes ut baptizando a seruitute daemonica saluauit, . . . 4.13 (232.26)
SALVVS, a, um. **saluus.** 'Qui perseuerauerit usque in finem, hic saluus erit.' . . . 2.8 (96.5)
quicquid mihi inposueris agendum, dummodo saluus fiam in die Domini, totum facile feram, . . . 4.25 (263.25)
SAMARITANI, *the Samaritans.*
Samaritanorum. ita ut in morem antiquorum Samaritanorum et Christo seruire uideretur et diis, . . 2.15 (116.6)
SAMVEL, *the Book of Samuel.*
Samuelis. In primam partem Samuelis, id est usque ad mortem Saulis, libros III. . . . 5.24 (357.29)
SANATIO. sanatione. ut, . . . quae gratia uirtutis possideret, sua sanatione demonstraret. . . . 4.10 (225.12)
sanationis. nil curationis uel sanationis horum ministerio perciperet, . . . 2.2 (82.6)
ubi fidem suae sanationis integram se habere professa est, . . . 4.10 (225.3)
SANCTIFICO. sanctificatum. dedit etiam oleum sanctificatum: . . . 3.15 (158.4)
SANCTIMONIALIS, e. **sanctimonalium.** si ad monasterium delata uirginum sanctimonalium, ad reliquias sanctorum peteret, . . . 4.10 (224.29)
sanctimonialis. accepto uelamine sanctimonialis habitus a praefato antistite Vilfrido. . . . 4.19 (243.31)
quae prima feminarum fertur . . . propositum uestemque sanctimonialis habitus, . . . suscepisse. . 4.23 (253.22)
sanctimonialis. In eodem quoque monasterio quaedam erat femina sanctimonialis, . . . 4.9 (222.31)
Erat in ipso monasterio quaedam sanctimonialis femina, nomine Begu, . . . 4.23 (257.5)
sanctimonialium. exiuit ipsa cum una sanctimonialium feminarum ad locum uirorum, . . . 3.11 (149.28)
ubi corpora sanctimonialium feminarum poni deberent, caelesti sit luce monstratum. . . . 4.7 (219.9)
SANCTIO. sanctione. multis annis episcopatum Geuissorum ex synodica sanctione solus sedulo moderamine gessit. . . . 3.7 (141.31)
SANCTIOR, ius. **sanctior.** nisi quia ibidem sanctior cetero exercitu uir aliquis fuisset interfectus. . . 3.10 (147.5)
"Dies autem," inquiens, "septimus erit celebrior et sanctior, . . . 5.21 (337.21)
sanctior. si tamen examinata a prudentibus sanctior ac Deo dignior posset inueniri. . . . 2.9 (98.9)
SANCTISSIMVS, a, um. **sanctissima.** cuius uidelicet uiri, . . . uita et conuersatio fertur fuisse sanctissima, 4.6 (218.18)
sanctissimi. contigit eum subito diuinae pietatis gratia per sanctissimi patris Cudbercti reliquias sanari. 4.32 (280.3)
peruenit ad amicitiam uiri sanctissimi ac doctissimi, Bonifatii uidelicet archidiaconi, . . . 5.19 (324.22)
utpote qui a pueritia in clero sanctissimi ac Deo dilecti Bosa Eboracensis episcopi nutritus . . . est; 5.20 (332.6)
sanctissimis. Dilectissimis et sanctissimis Tomiano, Columbano, Cromano, Dinnao, et Baithano episcopis; 2.19 (123.1)
sanctissimo. Reuerentissimo et sanctissimo fratri Etherio . . . 1.24 (44.1)
'Reuerentissimo et sanctissimo fratri Vergilio coepiscopo . . . 1.28 (62.10)
'Reuerentissimo et sanctissimo fratri Augustino coepiscopo . . . 1.29 (63.16)
sanctissimo. de sanctissimo patre et antistite Cudbercto, . . . Praef. (7.29)
praedicante eis uerbum Nynia episcopo reuerentissimo et sanctissimo uiro . . . 3.4 (133.15)
At tunc ueniente ad eos reuerentissimo et sanctissimo patre et sacerdote Ecgbercto, . . . 3.4 (134.30)
tandem rex ipse praefatus, una cum sanctissimo antistite Trumuine, . . . insulam nauigauit. . . 4.28 (272.21)
sanctissimum. contigit tunc temporis sanctissimum ac uictoriosissimum regem Nordanhymbrorum Osualdum adfuisse, . . . 3.7 (139.23)
apud sanctissimum Fresonum gentis archiepiscopum Vilbrordum cum suo antistite Vilfrido moraretur, 3.13 (152.11)
'Constat,' inquit, 'Anatolium uirum sanctissimum, doctissimum, ac laude esse dignissimum; . . . 3.25 (187.12)
sanctissimus. Cum ergo ueniret ad eum . . . uir sanctissimus et continentissimus, uocabulo Hygbald, 4.3 (211.24)
SANCTITAS. sanctitas. quem necesse est, ut sacerdotali studio sanctitas uestra adiuuare, . . . 1.24 (44.10)
sanctitate. et de uisionibus uel sanctitate eius, . . . 3.19 (163.21)
sanctitatem. quorum sanctitatem uos imitari, et regulam ac praecepta caelestibus signis confirmata sequi perhibetis, . . . 3.25 (187.26)
sanctitati. cum plurimi fuerint in eis, quorum sanctitati caelestia signa, . . . praebuerunt; . . . 3.25 (187.7)

sanctitatis. adiuncto sibi Seuero, totius sanctitatis uiro, 1.21 (40.4)
ut cum tuae sanctitatis praesentia in Galliis, 1.27 (53.6)
prauorum mentes ad sanctitatis studia reforma; 1.27 (53.12)
quatinus ex lingua et uita tuae sanctitatis et recte credendi, 1.29 (64.16)
in magna reuerentia sanctitatis tam Brettones quam Scottos uenerati sumus; 2.4 (87.33)
intellexit aliquid mirae sanctitatis huic loco, . . . inesse; 3.9 (146.11)
rumorem sanctitatis illius in ea quoque insula longe lateque iam percrebruisse ferebat; 3.13 (152.17)
quia fuerit in gente uestra rex mirandae sanctitatis, uocabulo Osuald, 3.13 (153.18)
Bisi . . . ipse erat successor Bonifatii, . . . uir multae sanctitatis et religionis. 4.5 (217.27)
episcopos uidimus, et hos omnes singularis meriti ac sanctitatis uiros, 4.23 (254.23)
defuncto Bosa uiro multae sanctitatis et humilitatis, 5.3 (285.6)
quod in loco, quo defunctus est, ob meritum sanctitatis eius multa sanitatum sint patrata miracula, 5.18 (320.17)
laetentur insulae multae, et confiteantur memoriae sanctitatis eius. 5.23 (351.30)

SANCTVARIVM. sanctuarii. inuolutum nouo amictu corpus, nouaque in theca reconditum, supra pauimentum sanctuarii posuerunt. 4.30 (277.17)

SANCTVS. sancti. sedentemque ad tumbam sancti infirmitas tangere nequaquam praesumsit; 3.12 (151.9)
sancti. 'Ibunt sancti de uirtute in uirtutem'; 3.19 (164.31)
sanctis. ubi ipse etiam corpore una cum pluribus sanctis requiescit, 3.4 (133.20)
quo familiarius a sanctis recipi mereretur in caelis; 5.7 (294.10)
sanctorum. honorem referre incipiens caedi sanctorum, 1.7 (21.22)
capsulam cum sanctorum reliquiis collo auulsam 1.18 (36.14)
ut membra sanctorum ex diuersis regionibus collecta, 1.18 (36.28)
et sanctorum regnum uenturum est, 1.32 (69.11)
Aedan rex Scottorum [sanctorum], uar. 1.34 (71.21)
uirtutes sanctorum, . . . ad exemplum uiuendi posteris collegit; 2.1 (76.23)
ita etiam descriptis sanctorum miraculis, . . . ostenderet. 2.1 (76.27)
iam substratus sanctorum pedibus seruit oceanus, 2.1 (78.13)
multitudo ibi sanctorum memoriam haberet. 2.4 (88.33)
et beneficia sanctorum, . . . eis fecimus dari, 3.29 (198.14)
beneficia sanctorum, hoc est reliquias . . . sanctorum martyrum Laurentii, Iohannis, et Pauli, 3.29 (198.16)
si ad monasterium delata uirginum sanctimonalium, ad reliquias sanctorum peteret, 4.10 (224.29)
ut . . . haberet in promtu reliquias sanctorum, quae ibi introduceret; 5.11 (301.28)
Item de historiis sanctorum: 5.24 (359.4)
sanctos. ut, quanta sanctos Christi lux in caelis, quae gratia uirtutis possideret, sua sanatione demonstraret. 4.10 (225.11)

SANCTVS, a, um. sancta. In hoc enim tempore sancta ecclesia quaedam per feruorem corrigit, 1.27 (51.26)
Hoc enim eis concedit sancta praedicatio, 1.27 (58.31)
soluta ab ergastulo corporis anima sancta, 4.3 (210.6)
haec quoque sancta synodus suis litteris addit: 4.17 (239.31)
hoc est de figuris modisque locutionum, quibus scriptura sancta contexta est.' 5.24 (360.1)
sancta. more suo cum cruce sancta . . . hanc laetaniam . . . modularentur: 1.25 (46.23)
et de domo sancta tua, 1.25 (46.27)
et altera consuetudo missarum in sancta Romana ecclesia, . . . tenetur? 1.27 (49.20)
atque honoris pallium ab hac sancta et apostolica, . . . sede percipiat. 1.29 (63.28)
rex erat uir bonus, et bona ac sancta sobole felix, ut in sequentibus docebimus. 3.7 (140.16)
quam . . . ueraciter futuram cum sancta ecclesia credebat. 3.17 (162.12)
sancta. ut, . . . etiam Romam uenire, ibique ad loca sancta uitam finire disponeret, 4.5 (214.17)
ubi ad loca sancta Romam peruenerunt, 5.19 (322.14)
uasa sancta, et luminaria, aliaque huiusmodi, . . . studiosissime parauit. 5.20 (331.26)
sanctae. [In nomine Sanctae Trinitatis,] uar. Praef. (5.1)
audiendis scripturae sanctae uerbis Praef. (5.8)
perscrutato eiusdem sanctae ecclesiae Romanae scrinio, Praef. (6.20)
et iussa sanctae ecclesiae suscepissent, 1.17 (34.9)
et adsumto in nomine sanctae Trinitatis leui aquae spargine 1.17 (34.24)
unitati se sanctae Christi ecclesiae credendo sociare. 1.26 (47.23)
Sanctae autem communionis mysterium . . . percipere non debet prohiberi. 1.27 (56.8)
cum ceteris sanctae ecclesiae pastoribus resurrecturus in gloria, 2.1 (79.7)
ut ministerium baptizandi, . . . iuxta morem sanctae Romanae et apostolicae ecclesiae conpleatis; 2.2 (83.18)
Scottos unitatem sanctae ecclesiae maxime in pascha obseruando sequi monuerit, 2.4 (86.23)
et crebra uoce sanctae exhortationis, . . . prouehere curauit. 2.4 (87.7)
fecit ecclesiam sanctae Dei genetricis atque omnium martyrum Christi; 2.4 (88.31)
in monasterio beatissimi apostolorum principis ecclesiam sanctae Dei genetricis fecit, 2.6 (93.24)
sanctae et indiuiduae Trinitatis cooperante potentia, 2.10 (102.7)
suscepto signo sanctae crucis, 2.10 (103.3)
accepit rex Aeduini . . . fidem et lauacrum sanctae regenerationis anno regni sui XI, 2.14 (113.28)
Hilarus archipresbyter et seruans locum sanctae sedis apostolicae, 2.19 (123.5)
item Iohannes primicerius et seruans locum sanctae sedis apostolicae, 2.19 (123.7)
Scripta, quae perlatores ad sanctae memoriae Seuerinum papam adduxerunt, 2.19 (123.10)
Osuald signum sanctae crucis erexit, 3.2 (128.28)
cum . . . audiret unum de fratribus ad locum eiusdem sanctae crucis ascendere disposuisse, 3.2 (130.18)
promittens . . . sanctae fidei semina esse sparsurum. 3.7 (139.14)
adsumserunt cum electione et consensu sanctae ecclesiae gentis Anglorum, uirum bonum 3.29 (196.10)
et sepultus est primo quidem iuxta ecclesiam sanctae Mariae; 4.3 (212.5)
Diuina nos gratia in unitate sanctae suae ecclesiae uiuentes custodiat incolumes. 4.5 (217.18)
Et signans se signo sanctae crucis reclinauit caput ad ceruical, 4.24 (262.10)
et adprehendens eum de mento, signum sanctae crucis linguae eius inpressit, 5.2 (284.1)
quia nec ipse ad praedicandum gentibus uenire permittebatur, retentus ob aliam sanctae ecclesiae utilitatem, 5.10 (298.31)
Ordinatus est autem in ecclesia sanctae martyris Ceciliae, 5.11 (303.3)
supra locum, ubi Dominus natus specialius traditur, sanctae Mariae grandem gestat ecclesiam. 5.16 (317.18)
Romam ueniens multa illic, quae in patria nequiuerat, ecclesiae sanctae institutis utilia didicit. 5.20 (332.12)
quos iamdudum ad exemplum sanctae Romanae . . . ecclesiae suam religionem instituisse cognouit. 5.21 (332.23)
se quoque ipsum . . . morem sanctae Romanae et apostolicae ecclesiae semper imitaturum, 5.21 (333.7)
Cum enim a uespera diei XIII^{ae} uigilias sanctae noctis celebrare incipiunt, 5.21 (337.33)
signum sanctae crucis eius in fronte portare consueuit 5.21 (343.8)
sanctae. Scimus namque caelitus sanctae ecclesiae donatum, 5.21 (333.20)
sanctae. ut apud se eaedem sanctae ac Deo dilectae reliquiae conderentur. 3.11 (148.25)
sanctam. quae sanctam illam animam carnis uinculis absolutam 3.8 (143.26)
placuit pio prouisori salutis nostrae sanctam eius animam longa etiam infirmitate carnis examinari, 4.23 (256.13)
haec in scripturam sanctam meae meorumque necessitati . . . adnotare, . . . curaui: 5.24 (357.21)
sanctarum. Anglorum ecclesiae cum catholica ueritate, litterarum quoque sanctarum coeperint studiis inbui; 4.2 (204.11)

talis in mysteriorum celebratione maximorum a sanctarum quidem scripturarum doctrina discordat;	5.21 (340.23)
sanctas. Suscipimus sanctas et uniuersales quinque synodos beatorum et Deo acceptabilium patrum;	4.17 (240.1)
sancte. "Obsecro, sancte frater, qui ad coronam te uitae, quae terminum nesciat, tendere credis,	5.21 (344.12)
sancti. Passio sancti Albani et sociorum eius,	1.7 (18.5)
reserato hospitio sancti uiri,	1.19 (37.21)
ecclesia in honorem sancti Martini antiquitus facta,	1.26 (47.11)
iuxta quod iussa sancti patris Gregorii acceperant,	1.27 (48.5)
et eam in nomine sancti Saluatoris Dei . . . sacrauit,	1.33 (70.14)
libello responsionum, quem ad interrogationes sancti Augustini . . . scripsit,	2.1 (76.32)
Sicque conpletum est praesagium sancti pontificis Augustini,	2.2 (84.30)
fecit rex Aedilberct in ciuitate Lundonia ecclesiam sancti Pauli apostoli,	2.3 (85.19)
atque in porticu sancti Martini intro ecclesiam beatorum apostolorum Petri et Pauli sepultus,	2.5 (90.6)
potestis etiam panis sancti, cui ille participabat, esse participes;	2.5 (91.17)
atque in ecclesia et monasterio sancti apostoli Petri . . . sepultus est	2.7 (93.29)
sectantemque magistri et capitis sui sancti Gregorii regulam,	2.18 (121.4)
positum est in porticu sancti papae Gregorii,	2.20 (125.24)
aestimans se in hac obseruantia sancti ac laude digni patris Anatolii scripta secutam.	3.3 (131.24)
sancti Martini episcopi nomine et ecclesia insignem,	3.4 (133.18)
loculo inclusae argenteo in ecclesia sancti Petri seruantur,	3.6 (138.30)
et ut regia uiri sancti persona memoriam haberet aeternam,	3.11 (148.29)
et multi alii nobiles in ecclesia sancti apostoli Petri sepulti sunt.	3.24 (179.11)
habuerat enim tonsuram more orientalium sancti apostoli Pauli.	4.1 (203.6)
decreta firmabat uir uenerabilis Iohannes archicantator ecclesiae sancti apostoli Petri,	4.18 (241.1)
corpusque eius ab amicis propter amorem sancti Martini, . . . Turonis delatum . . . est.	4.18 (242.20)
habens clymeterium sancti Michahelis archangeli,	5.2 (283.10)
sepultus est in porticu sancti Petri in monasterio suo,	5.6 (292.2)
sepultusque est in ecclesia sancti Petri,	5.8 (294.24)
Sepultus uero est in porticu sancti Pauli apostoli,	5.23 (348.29)
quam intro ecclesiam sancti Andreae sibi ipse in locum sepulchri fecerat.	5.23 (349.1)
In apostolum quaecumque in opusculis sancti Augustini exposita inueni, cuncta per ordinem transcribere curaui.	5.24 (358.22)
In Apocalypsin sancti Iohannis libros III.	5.24 (358.27)
librum uitae et passionis sancti Felicis confessoris de metrico Paulini opere in prosam transtuli;	5.24 (359.5)
librum uitae et passionis sancti Anastasii, male de Greco translatum, . . . ad sensum correxi;	5.24 (359.7)
uitam sancti patris monachi simul et antistitis Cudbercti, . . . descripsi.	5.24 (359.9)
sancti. Etsi enim patres tui sancti fuerunt,	3.25 (188.12)
in omnibus, quae tradiderunt sancti apostoli Petrus et Paulus,	3.29 (197.28)
et generaliter omnes sancti et uniuersales synodi, et omnis probabilium catholicae ecclesiae doctorum chorus.	4.17 (239.21)
sicut praedicauerunt hi, quos memorauimus supra, sancti apostoli, et prophetae, et doctores.	4.17 (240.24)
sancti. quia sancti mysterii gratia, . . . cum magna discretione prouidenda est;	1.27 (54.34)
non tamen usque ad prohibitionem percipiendi sancti mysterii	1.27 (60.12)
quos in obseruatione sancti paschae errasse conpererat,	2.19 (122.13)
cum accepisset capillos sancti capitis, adposuit palpebrae languenti,	4.32 (280.18)
'Catholicam sancti paschae obseruantiam, quam a nobis, rex Deo deuote, religioso studio quaesisti,	5.21 (333.16)
sanctis. opera tamen fidei, . . . iuxta morem omnibus sanctis consuetum, diligenter exsequi curauit.	3.25 (182.11)
sanctis. quae ab angelis sanctis, quae a uiris iustis sibi inter angelos apparentibus laeta uel tristia cognouerit),	3.19 (165.9)
ut, quaeque decreta ac definita sunt a sanctis ac probabilibus patribus, . . . seruentur.'	4.5 (215.18)
sanctis. totum se lacrimis paenitentiae, uigiliis sanctis, et continentiae mancipauit;	4.25 (264.4)
sanctis. Fortheri, . . . uir et ipse in scripturis sanctis multum eruditus.	5.18 (321.13)
Acca cantator erat peritissimus, quomodo etiam in litteris sanctis doctissimus,	5.20 (332.2)
sanctis. utque idem librum de locis sanctis scripserit.	5.15 (315.11)
Scripsit idem uir de locis sanctis librum legentibus multis utillimum;	5.15 (316.17)
quaeque ille se in locis sanctis memoratu digna uidisse testabatur,	5.15 (316.29)
primum de locis sanctis pro condicione platearum diuertendum est ad ecclesiam Constantinianam,	5.16 (317.23)
sancto. quae baptizata est die sancto pentecostes	2.9 (99.31)
Baptizatus est autem Eburaci die sancto paschae pridie Iduum Aprilium	2.14 (114.2)
cum die sancto paschae cum praefato episcopo consedisset ad prandium,	3.6 (138.11)
suscepitque eum ascendentem de fonte sancto Aediluald rex . . . Orientalium Anglorum,	3.22 (174.18)
pontificatum agente Sergio, baptizatus est die sancto sabbati paschalis	5.7 (292.24)
sancto. et sancto martyrio consummatus,	1.27 (51.12)
sanctorum. basilicas sanctorum martyrum fundant,	1.8 (22.10)
sanctorum antistitum auxilium petierunt;	1.20 (38.11)
in occursu sanctorum sine ulla manifesti nuntii relatione properaret,	1.21 (40.13)
delectatus uita mundissima sanctorum,	1.26 (47.19)
sanctorum etiam apostolorum ac martyrum reliquias,	1.29 (63.10)
die dedicationis, uel natalicii sanctorum martyrum,	1.30 (65.18)
ut in ecclesiis sanctorum apostolorum . . . missae celebrarentur.	2.1 (78.29)
Aedilhild, soror uirorum sanctorum Aediluini et Alduini,	3.11 (149.6)
caelestium agminum uisio; sed et uirorum de sua natione sanctorum,	3.19 (166.13)
'Optime omnibus placet, quaeque definierunt sanctorum canones patrum, nos . . . seruare.'	4.5 (215.26)
atque sanctorum patrum tradidit symbolum,	4.17 (239.19)
Martyrologium de nataliciis sanctorum martyrum diebus;	5.24 (359.17)
sanctorum. cupiens in uicinia sanctorum locorum ad tempus peregrinari in terris,	5.7 (294.9)
qui locorum gratia sanctorum uenerat Hierosolymam,	5.15 (316.20)
ubi doctus in scripturis, sanctorumque locorum gnarus esse conpertus est,	5.15 (316.26)
sanctos. quod maxime sanctos decet,	3.19 (164.22)
quos ipse sanctos esse non dubitans,	3.25 (187.9)
et ut sanctos decebat, de uita priorum patrum sermonem facerent,	4.3 (211.26)
et confitemur secundum sanctos patres, proprie et ueraciter Patrem et Filium et Spiritum Sanctum trinitatem	4.17 (239.25)
temtauit adhuc in opus uerbi mittere uiros sanctos et industrios,	5.10 (299.3)
immo confidenter profiteor plurimos ex eis sanctos ac Deo dignos extitisse,	5.21 (344.6)
sanctum. caedi sanctum Dei confessorem a tortoribus praecepit,	1.7 (19.32)
sanctum Dei confessorem ferire recusauit;	1.7 (21.16)
ac deinde ad sanctum Albanum perueniens,	1.18 (36.3)
animaduertentes uicini, qui uidebant, sanctum fuisse uirum,	1.33 (71.2)
uenerunt primo ad quendam uirum sanctum ac prudentem,	2.2 (82.25)
Iacobum diaconum, uirum utique ecclesiasticum et sanctum,	2.20 (126.22)
etsi sanctum eum nouerant,	3.11 (148.13)

quem cum Oidiluald, . . . uirum sanctum et sapientem, probumque moribus uideret, 3.23 (174.29)
imitatus industriam filii rex Osuiu misit Cantiam uirum sanctum, 3.28 (194.27)
quia nimirum sanctum esse uirum conperiit, 4.3 (206.29)
'Vt sanctum diem paschae in commune omnes seruemus 4.5 (215.32)
quatenus . . . cursum canendi annuum, sicut ad sanctum Petrum Romae agebatur, edoceret; 4.18 (241.19)
episcopum, ut diximus, fecerat ordinari . . . uirum sanctum et uenerabilem Cudberctum, 4.27 (268.23)
sanctum. nullus coniugem propriam, nisi, ut sanctum euangelium docet, fornicationis causa, relinquat. 4.5 (217.2)
sanctum. et oleum sanctum, quo hanc sedarent, dederit. 3.15 (157.20)
Adtulerunt autem ei et partem indumentorum, quae corpus sanctum ambierant, 4.30 (277.4)
sanctus. ut sanctus Basilius dicit, 1.1 (10.19)
cum Eleuther uir sanctus pontificatui Romanae ecclesiae praeesset, 1.4 (16.6)
Siquidem in ea passus est sanctus Albanus, 1.7 (18.7)
mox se sanctus Albanus pro hospite ac magistro suo, . . . militibus exhibuit, 1.7 (18.26)
At sanctus Albanus, . . . nequaquam minas principis metuit; 1.7 (19.11)
Igitur sanctus Albanus, . . . accessit ad torrentem, 1.7 (20.13)
In huius ergo uertice sanctus Albanus dari sibi a Deo aquam rogauit, 1.7 (21.1)
quibus sanctus Augustinus, . . . responderunt, 1.10 (24.3)
Vt sanctus papa Gregorius Augustinum . . . mittens, 1.23 (42.10)
Haec quidem sanctus uir ex magnae humilitatis intentione dicebat; 2.1 (74.27)
quia sanctus Augustinus et socii eius non sola praedicatione uerborum, . . . perducebant. 2.1 (78.24)
sanctus pater Augustinus hunc laboriosi ac longi certaminis finem fecit, 2.2 (81.27)
superuenit de Hibernia uir sanctus nomine Furseus, 3.19 (163.24)
Quem angelus sanctus statim adprehendens in ignem reiecit. 3.19 (166.28)
'Numquid,' ait, 'Anatolius uir sanctus, . . . legi uel euangelio contraria sapuit, 3.25 (186.35)
Et si sanctus erat, ac potens uirtutibus ille Columba uester, 3.25 (188.14)
Vt Ecgberct, uir sanctus de natione Anglorum, monachicam in Hibernia uitam duxerit. 3.27 (191.26)
Iohannes uir sanctus Hagustaldensis ecclesiae praesulatum suscepit; 5.2 (282.32)
Vt Ecgberct uir sanctus ad praedicandum in Germaniam uenire uoluerit, nec ualuerit; 5.9 (296.3)
consecratus est in episcopatum Eboraci, iubente rege Osuio, Ceadda uir sanctus, 5.19 (326.3)
Dies primus erit celeberrimus, sanctusque." 5.21 (336.33)
Quo anno sanctus uir Domini Ecgberct, . . . migrauit ad Dominum 5.23 (349.17)
sanctus Ecgberct transiit, 5.24 (356.14)
SANCTVS SPIRITVS, *see* **SPIRITVS SANCTVS.**
SANE. Ante paucos sane aduentus eorum annos 1.17 (33.24)
Quis sane pro Vighardo reppertus ac dedicatus sit antistes, libro sequente oportunius dicetur. 3.29 (199.5)
Hic sane priusquam episcopus factus esset, 4.6 (218.26)
Sane nullatenus praetereundum arbitror miraculum sanitatis, 4.10 (224.20)
Primis sane temporibus aduentus eorum in Fresiam, 5.11 (301.19)
Eodem sane anno, quo hi Brittaniam reliquere, 5.19 (322.17)
SANESCO. sanescere. et ubi sanescere coepit, noctu eum, ne aufugeret, uinciri praecepit. 4.22 (250.12)
SANGVINEVS, a, um. **sanguineo.** Anno DCCXXXIIII, luna sanguineo rubore perfusa, Cont. (361.10)
SANGVIS. sanguine. sine ullo proelio ac sanguine 1.3 (15.11)
Triumphant pontifices hostibus fusis sine sanguine; 1.20 (39.20)
in qua Dominus suo mundum sanguine a peccatorum tenebris liberauit, 5.21 (338.19)
sanguinem. qui eodem tempore pro Domino sanguinem fuderunt. 1.7 (18.6)
uidelicet et pro Christo sanguinem fudit. 1.27 (51.16)
Vomebam autem sanguinem, eo quod et interanea essent ruendo conuulsa. 5.6 (290.27)
Ipsa est enim eadem nox, in qua de Aegypto per sanguinem agni Israelitica plebs erepta est; 5.21 (336.22)
sanguinis. sui tamen est sanguinis lauacro mundatus, 1.7 (21.18)
Non . . . sacri corporis ac sanguinis Domini communione priuandi sunt, 1.27 (51.23)
corporis et sanguinis Domini communione priuandi sunt; 1.27 (51.32)
mulier, quae fluxum patiebatur sanguinis, 1.27 (55.23)
Si ergo in fluxu sanguinis posita 1.27 (55.25)
quae menstruam sanguinis patitur, 1.27 (55.27)
Feminae itaque et menstruus sui sanguinis fluxus egritudo est. 1.27 (56.4)
ad sacramentum dominici corporis et sanguinis accedere 1.27 (56.24)
seu de sumendo dominici corporis sanguinisque mysterio, 1.27 (58.26)
quod pretiosi sanguinis sui effusione a uinculis diabolicae captiuitatis eripuit, 2.11 (104.16)
postquam obitum suum dominici corporis et sanguinis perceptione muniuit, 4.3 (210.4)
uiatico dominici corporis ac sanguinis accepto, . . . ad aeterna in caelis gaudia subleueris. 4.14 (234.11)
praepararent . . . panem et uinum in mysterium carnis et sanguinis agni inmaculati, 5.21 (336.18)
sanguis. ubi beati martyris effusus erat sanguis, 1.18 (36.31)
ubi regis Osualdi sanguis fuerat effusus. 3.10 (147.24)
SANISSIMVS, a, um. **sanissimus.** Quo facto, mox euigilans sanissimus surrexit, 4.31 (279.8)
SANITAS. sanitas. salubremque tactum sanitas festina subsequitur. 1.21 (40.30)
sol iustitiae, in cuius pennis est sanitas, id est Dominus Iesus, 5.21 (340.14)
sanitate. sentit, . . . manum . . . corporis sui partem, paulatim fugiente dolore, ac sanitate subsequente, ad pedes usque pertransisse. 4.31 (279.7)
ac pro sua sanitate Domino gratias denuo referens, quid erga se actum esset, fratribus indicauit; 4.31 (279.9)
nata est cum sanitate cutis uenusta species capillorum, 5.2 (284.25)
et sanitate simul ac uirtute recepta ministrabat eis.' 5.4 (287.30)
sanitatem. fugatis doloribus, recepit pristinam sanitatem, 1.19 (38.4)
et neminem ex omnibus praeter te erga sanitatem animae suae occupatum repperi; 4.25 (265.10)
atque huius gustum siue aspersionem multis sanitatem egrotis et hominibus et pecoribus conferre; 5.18 (320.20)
sanitates. usque hodie sanitates infirmorum et hominum et pecorum celebrari non desinunt. 3.9 (145.16)
sanitati. mox sanitati restituuntur. 3.2 (129.19)
Cuius sanitati congaudens episcopus praecepit medico etiam sanandae scabredini capitis eius curam adhibere. 5.2 (284.22)
sanitatis. ille, in quo tunc puero factum erat hoc miraculum sanitatis. 3.12 (151.16)
Constatque multos ex eo tempore gratiam sanitatis in eodem loco consecutos; 3.17 (161.6)
quid ibi sanitatis Domino largiente consequeretur, ostendit. 4.3 (212.14)
Sane nullatenus praetereundum arbitror miraculum sanitatis, 4.10 (224.21)
sanitatum. In quo etiam loco signa sanitatum aliquoties facta meritis amborum testimonium ferunt, 4.30 (277.25)
quod in loco, quo defunctus est, . . . multa sanitatum sint patrata miracula, 5.18 (320.17)
aliqua sanitatum miracula in eodem loco solent . . . ostendi. 2.16 (117.14)
inter innumera sanitatum miracula, quidam a dolentis brachii sit langore curatus. 3.2 (128.24)
In cuius loco orationis innumerae uirtutes sanitatum noscuntur esse patratae, 3.2 (129.13)
Vt in loco, in quo occisus est rex Osuald, crebra sanitatum miracula facta; 3.9 (144.26)
et sanitatum ibi gratiam capere sibi suisque coeperunt. 3.10 (147.27)
In quo utroque loco, ad indicium uirtutis illius, solent crebra sanitatum miracula operari. 4.3 (212.9)
SANO. sanaberis. Quapropter dico tibi, quia modo quidem ab infirmitate hac sanaberis; 5.19 (329.16)

sanandae. praecepit medico etiam sanandae scabredini capitis eius curam adhibere. 5.2 (284.23)
sanandum. credens suum oculum capillis uiri Dei, quibus adtactus erat, ocius esse sanandum. . . . 4.32 (280.23)
sanare. feretrum . . . multos febricitantes, uel alio quolibet incommodo fessos, sanare non desistit. . 4.6 (218.22)
sanari. Nec mirandum in loco mortis illius infirmos sanari, ... 3.9 (145.24)
ita ut multi putarent, quia sanari posset a langore. 4.19 (245.19)
contigit eum subito diuinae pietatis gratia per sanctissimi patris Cudbercti reliquias sanari. . . . 4.32 (280.3)
sanatam. et ubi euigilauit, sanatam se ab illa corporis dissolutione sentiens, ... 3.9 (146.21)
sanati. quia de puluere pauimenti, in quo aqua lauacri illius effusa est, multi iam sanati essent infirmi. 3.11 (149.15)
sanato. mane sanato sensu egressus, ... 4.3 (212.13)
sanatus. Vt quidam ad tumbam eius sit a paralysi sanatus. 4.31 (278.1)
sanauerit. Vt puellam languentem orando sanauerit. 5.3 (285.1)
SANVS, a, um. sana. et cum his, qui se adduxerant, sana pedibus incedendo reuersa est. 3.9 (146.24)
Quod et factum est, surrexit statim mulier sana, ... 5.4 (287.24)
sanis. sed mentis gressibus sanis alacriter terrena quaeque transiliens, ... 2.7 (94.9)
sanum. statimque exsurgens quasi sanum per omnia, ... 3.9 (146.8)
'Modo,' inquit, 'sanum sapio, ... 3.11 (150.15)
repente contingens oculum ita sanum cum palpebra inuenit, ... 4.32 (280.27)
'Noli,' inquit, 'ita loqui, uide ut sanum sapias.' 5.13 (311.31)
sanum. ita sanum brachium manumque repperit, ac si nihil umquam tanti langoris habuisset. . . . 3.2 (131.1)
SAPIENS. sapiens. Erat enim uir bonus, et sapiens, et scientia scripturarum nobilissime instructus. . 5.15 (315.27)
sapientem. quem cum Oidiluald, . . . uirum sanctum et sapientem, probumque moribus uideret, . . 3.23 (174.29)
sapientibus. Habito enim cum sapientibus consilio, ... 2.13 (111.16)
sapientium. decreta illi iudiciorum, . . . cum consilio sapientium constituit; 2.5 (90.11)
SAPIENTER. ut sapienter et mature disponantur, ... 1.27 (52.19)
SAPIENTIA. sapientia. pro insita ei sapientia et amore diuini famulatus, sedulo eam uisitare, . . . solebant. 4.23 (253.31)
sapientiae. dones etiam benignus aliquando ad te fontem omnis sapientiae peruenire, ... 5.24 (360.5)
sapientiam. Quis enim ea, . . . nunc ad exemplum omnium aptius quam ipse per sapientiam mihi a Deo uero donatam destruam?' 2.13 (113.8)
SAPIENTIOR, ius. sapientiorem. ne paucitatem suam in extremis terrae finibus constitutam, sapientiorem antiquis . . . ecclesiis aestimarent; 2.19 (122.16)
sapientiores. et cum suis primatibus, quos sapientiores nouerat, curauit conferre, ... 2.9 (100.11)
SAPIENTISSIME. cum ipsum sapientissime uixisse omnis mundus nouerit.' 3.25 (185.1)
SAPIENTISSIMVS, a, um. sapientissimum. Benedicta igitur gens, quae talem sapientissimum et Dei cultorem promeruit habere regem; 3.29 (196.28)
SAPIO. sapias. 'Noli,' inquit, 'ita loqui, uide ut sanum sapias.' 5.13 (311.31)
sapiebat. quod de obseruatione paschae minus perfecte sapiebat; 3.17 (161.11)
sapimus. quia unum ambo sapimus cum ceteris, qui hic adsident, ecclesiasticae traditionis cultoribus; 3.25 (184.15)
sapio. 'Modo,' inquit, 'sanum sapio, ... 3.11 (150.15)
sapitis. 'Et siquid aliter sapitis, et hoc quoque uobis Deus reuelabit.' 3.4 (135.13)
sapuisse. Columbam . . . diuinis paginis contraria sapuisse uel egisse credendum est? 3.25 (187.5)
sapuit. 'Numquid,' ait, 'Anatolius . . . legi uel euangelio contraria sapuit, ... 3.25 (187.1)
SARANVS (*fl.* 640), *Saran Ua Critain, an Irish ecclesiastic.*
Sarano. Sarano ceterisque doctoribus seu abbatibus Scottis, ... 2.19 (123.4)
SARCOFAGVM. sarcofagi. addiderunt longitudini sarcofagi quasi duorum mensuram digitorum. . . 4.11 (227.3)
sarcofago. inuenerunt hoc mensura palmi longius esse sarcofago. 4.11 (227.1)
a parte uero pedum mensura IIII digitorum in sarcofago corpus excederet. 4.11 (227.16)
atque in eo, quod adlatum erat, sarcofago posuerunt, ... 4.19 (246.22)
sarcofagum. inuentum est sarcofagum illud congruae longitudinis ad mensuram corporis, ... 4.11 (227.12)
ita aptum corpori uirginis sarcofagum inuentum est, ... 4.19 (246.24)
sarcofagum. Cuius corpori tumulando praeparauerant sarcofagum lapideum; 4.11 (226.32)
SARRACENI, *the Saracens.*
Sarracenorum. Quo tempore grauissima Sarracenorum lues Gallias misera caede uastabat, ... 5.23 (349.14)
SAT. ut uno probare sat erit exemplo. 3.14 (156.6)
sed biduanum uel triduanum sat est obseruare ieiunium. 4.25 (263.30)
SATAGO. satagebat. et ipsa semper in omni humilitate ac sinceritate Deo seruire satagebat, ... 4.9 (222.3)
satagens. temporalibus quoque honoribus regem glorificare satagens, ... 1.32 (67.21)
satagimus. tuo desiderio, iuxta quod ab apostolica sede didicimus, patefacere satagimus. 5.21 (333.19)
satagit. quibus eos in unitate catholica confirmare satagit. 2.4 (88.10)
satagunt. plures . . . depositis armis, satagunt magis, accepta tonsura, monasterialibus adscribere uotis, 5.23 (351.20)
SATANAS, *Satan.*
Satanae. gentem de potestate Satanae ad fidem Christi . . . conuertit, ... 2.1 (73.8)
Satanae. hoc, quod in baptismo abrenuntiare nos Satanae et omnibus operibus eius promisimus, . . 3.19 (165.23)
siquos forte ex illis ereptos Satanae ad Christum transferre ualeret; 5.9 (296.21)
Satanan. quia uideret inferos apertos, et Satanan demersum in profundis tartari, ... 5.14 (314.15)
SATELLES. satelibus. Valentinianus ab Aetii patricii, . . . satellitibus [satelibus] interimitur, . . . uar. 1.21 (41.17)
satellitibus. Valentinianus ab Aetii patricii, quem occiderat, satellitibus intermitur, ... 1.21 (41.17)
iussit uni ex satellitibus suis mihi ad legendum deferre. 5.13 (312.15)
SATIETAS. satietate. et donatori omnium de satietate sua gratias referant; 1.30 (65.23)
SATIS. satisque studium tuae sinceritatis amplector, ... Praef. (5.7)
Sunt et cocleae satis superque abundantes, ... 1.1 (10.11)
sed nos duo tantum, quae a maioribus audiuimus, referre satis duximus. 3.9 (145.28)
e quibus tria memoriae causa ponere satis sit. 3.15 (157.23)
Sed de his satis dictum. 3.26 (191.25)
hoc tantum in praesenti commemorare satis sit, ... 4.28 (271.10)
quia periculosa sit satis illius temporis flebotomia, ... 5.3 (285.27)
SATISFACTIO. satisfactio. sit gratia, non satisfactio uitiorum. 1.27 (58.22)
satisfactione. summissa illum satisfactione deprecans ad episcopatum suae gentis redire. 3.7 (141.19)
SATIVS. satius. Decretumque est . . . quia satius esset, ut omnes patriam redeuntes, libera ibi mente Domino deseruirent, ... 2.5 (91.32)
SATRAPA. satrapa. Quod cum satrapa ille, quem uidere uolebant, audisset, iratus est ualde, ... 5.10 (300.21)
satrapae. peracto autem bello, rursum aequalis potentiae omnes fiunt satrapae. 5.10 (300.4)
satrapam. petieruntque ab eo, ut transmitterentur ad satrapam, qui super eum erat, ... 5.10 (299.28)
promittens se mittere eos ad satrapam, qui super se erat, ... 5.10 (300.5)
si peruenirent ad satrapam, et loquerentur cum illo, ... 5.10 (300.12)
satrapas. Non enim habent regem idem Antiqui Saxones, sed satrapas plurimos suae genti praepositos, 5.10 (299.31)
SAVL, *King of Israel.*
Sauli. ita ut Sauli quondam regi Israeliticae gentis conparandus uideretur, ... 1.34 (71.12)
Saulis. quod benedicens filium patriarcha in personam Saulis dicebat, ... 1.34 (71.19)
In primam partem Samuelis, id est usque ad mortem Saulis, libros III. 5.24 (357.30)
SAXONES, *the Saxons.*
Saxones. litora, quae tunc Franci et Saxones infestabant, ... 1.6 (17.14)

Vnde deuerterunt ad prouinciam Occidentalium [Orientalium] Saxonum, uar. 3.28 (195.9)
Eodem tempore prouinciae Orientalium Saxonum . . . praefuere reges Sigheri et Sebbi, 3.30 (199.9)
sorori autem in Orientalium Saxonum prouincia, 4.6 (219.2)
praeerat regno Orientalium Saxonum, ut idem etiam libellus docet, . . . Sebbi, 4.11 (225.15)
Vt Coinred Merciorum et Offa Orientalium Saxonum rex in monachico habitu Romae uitam finierint; 5.19 (321.25)
Venit autem cum illo et filius Sigheri regis Orientalium Saxonum, cuius supra meminimus, 5.19 (322.6)
Porro prouinciae Orientalium Saxonum Inguald episcopus; 5.23 (350.12)

SAXONICVS, a, um, *Saxon.*
Saxonica. Tobiam . . . consecrauit, uirum Latina, Greca, et Saxonica lingua atque eruditione multipliciter instructum. 5.8 (296.1)
Saxonico. praepositis sacrosanctis euangeliis, in loco, qui Saxonico uocabulo Haethfelth nominatur. 4.17 (239.15)

SAXOSVS, a, um. **saxosa.** erat autem tellus durissima et saxosa, 4.28 (271.25)

SCABIES. scabiem. sed et scabiem tantam ac furfures habebat in capite, 5.2 (283.24)

SCABIOSVS, a, um. **scabiosum.** Vt episcopus Iohannes mutum [et scabiosum] benedicendo curauerit. uar. 5.2 (282.30)

SCABREDO. scabredini. praecepit medico etiam sanandae scabredini capitis eius curam adhibere. 5.2 (284.23)

SCANDALVM. scandalum. ut nullum deinceps ab aliquo nostrum oriatur contentionis scandalum, aut alia pro aliis diuulgarentur, 4.5 (217.9)
scandalum. uidelicet ne scandalum facerent eis, qui inter gentes erant Iudaeis. 3.25 (185.9)
ad nihil uidelicet utile, nisi ad scandalum uitandum Iudaeorum. 3.25 (185.13)

SCANDO. scandens. Alma nouae scandens felix consortia uitae, 5.8 (295.16)

SCELERATIOR, ius. **sceleratiora.** Verum post obitum ipsius abbatissae redierunt ad pristinas sordes, immo sceleratiora fecerunt. 4.25 (265.32)

SCELLANVS (*fl.* 640), *Irish priest.*
Scellano. Cromano, Ernianoque, Laistrano, Scellano, et Segeno presbyteris; 2.19 (123.3)

SCELVS. scelera. nec, licet auctoribus perditis, excitatum ad scelera uulgus potuit recorrigi, 2.5 (92.8)
qui differentes confiteri et emendare scelera, quae fecerunt, . . . ad paenitentiam confugiunt, 5.12 (308.13)
Ammonebat ergo illum sedulo, ut confiteretur, et emendaret, ac relinqueret scelera sua, 5.13 (311.11)
Quem cum legissem, inueni omnia scelera, 5.13 (312.17)
scelere. Quo utroque scelere occasionem dedit ad priorem uomitum reuertendi his, 2.5 (90.30)
sceleribus. iustas de sceleribus populi Dei ultiones expetiit, 1.15 (32.16)
sceleris. acrior gentem peccatricem ultio diri sceleris secuta est. 1.14 (30.15)
Siquidem in adulescentia sua sceleris aliquid commiserat, 4.25 (263.10)
scelerum. omnium lues scelerum comitari adcelerauit; 1.14 (29.31)
Qui inter alia inenarrabilium scelerum facta, . . . hoc addebant, 1.22 (42.2)
ne mox mortuus ob merita scelerum ad inferni claustra raperetur, 3.13 (152.29)
in quibus cunctis homines ab amore scelerum abstrahere, . . . curabat. 4.24 (261.9)
multos ad agendam et non differendam scelerum suorum paenitudinem prouocauit. 5.14 (315.7)

SCEPTRVM. sceptra. Percipit inde decus reginae, et sceptra sub astris, 4.20 (248.9)
Coinred, . . . nobilius multo regni sceptra reliquit. 5.19 (321.29)
Offa, iuuenis . . . suae genti ad tenenda seruandaque regni sceptra exoptatissimus. 5.19 (322.9)
sceptrorum. Conmutasse magis sceptrorum insignia credas, 5.7 (293.29)
sceptrum. in quibus cunctis Vulfheri, qui adhuc supererat, sceptrum regni tenebat. 4.3 (212.29)

SCHEMA. schemate. post quem Dionysius Exiguus totidem alios ex ordine pari schemate subnexuit, 5.21 (341.21)
schematibus. et huic adiectum alium de schematibus siue tropis libellum, 5.24 (359.28)

SCIENTIA. scientia. sacrae scripturae scientia repletus, 1.32 (68.30)
Ordinatus est autem post haec Eadberct uir scientia scripturarum diuinarum . . . insignis; 4.29 (275.31)
Berctuald, . . . uir et ipse scientia scripturarum inbutus, 5.8 (295.21)
cum esset et ipse contemtu mundi ac doctrinae scientia insignis, 5.9 (298.16)
sed Niger Heuuald magis sacrarum litterarum erat scientia institutus. 5.10 (299.25)
Erat enim uir bonus, et sapiens, et scientia scripturarum nobilissime instructus. 5.15 (315.27)
ambo et in rebus ecclesiasticis, et in scientia scripturarum sufficienter instructi. 5.18 (320.28)
scientiae. scientiae salutaris cotidie flumina inrigandis eorum cordibus emanabant; 4.2 (204.26)
cui propitius donasti uerba tuae scientiae dulciter haurire, 5.24 (360.4)
scientiam. summae ueritatis et uerae sublimitatis scientiam scrutatur, 1.1 (11.14)
Aedanum . . . habentemque zelum Dei, quamuis non plene secundum scientiam. 3.3 (131.18)
Huius discipulatui Cudbercti humiliter subditus, et scientiam ab eo scripturarum, . . . sumsit 4.27 (269.8)
sed pessimam mihi scientiam certus prae oculis habeo.' 5.13 (311.32)
quod aemulationem Dei habebant, sed non secundum scientiam; 5.22 (347.1)
ut quoniam gens illa, quam nouerat scientiam diuinae cognitionis . . . populis Anglorum communicare curauit; 5.22 (347.6)

SCILICET. uar. Praef. (5.1); 1.23 (43.21); 2.5 (90.16); 2.18 (120.16); 3.25 (183.19); 4.1 (203.24).

SCINTILLA. scintilla. quod scintillam [scintilla] orthodoxae religionis in uestri dignatus est confessione succendere; uar. 2.11 (104.24)
scintillam. quod scintillam orthodoxae religionis in uestri dignatus est confessione succendere; 2.11 (104.24)
scintillis. contigit uolantibus in altum scintillis culmen domus, 3.10 (147.15)

SCIO. sciam. quam te audire ac silentio tegere uolo, donec sciam, quid de me fieri uelit Deus. 5.19 (329.8)
scias. Respondit ille: "Scias pro certo, 5.21 (344.19)
sciebam. et ex eodem libro x capitula, . . . quia maxime nobis necessaria sciebam, illis coram ostendi, 4.5 (215.30)
sciebant. Sciebant enim, ut Christiani, resurrectionem dominicam, . . . prima sabbati semper esse celebrandam; 3.4 (135.5)
sciebat. huius doctrinam omnibus Scottorum traditionibus iure praeferendam sciebat; 3.25 (182.35)
quia sciebat illam nullum uirorum plus illo diligere. 4.19 (243.18)
sciendo. qui non metuunt sciendo peccare. 1.27 (52.1)
sciendum. Quod tamen sciendum est, quia in mysterio accipitur. 1.27 (54.23)
sciens. quia, quod cogitauit sciens, hoc pertulit nesciens. 1.27 (60.28)
sciens, quia, qui dixit: 'Diliges Dominum Deum tuum,' dixit et: 'Diliges proximum.' 4.28 (273.24)
scientes. scientes, quod laborem magnum . . . gloria sequitur. 1.23 (43.12)
scientes hoc uestris animabus per omnia profuturum, 1.23 (43.15)
scientes quod, ea cognita, . . . quia res exigit, commodetis. 1.24 (44.13)
scientes, quia famulus Christi est, 2.2 (83.6)
Petri, cuius traditioni scientes contradicitis, 3.25 (186.15)
"Quid hic sedetis, scientes certissime, quia noster est iste?" 5.13 (312.21)
scimus. Scimus namque caelitus sanctae ecclesiae donatum, 5.21 (333.19)
Et quidem scimus, quia neque apostoli omnes uno eodemque sunt modo adtonsi, 5.21 (342.3)
scio. Scio, frater carissime, quia . . . Deus per dilectionem tuam . . . miracula ostendit; 1.31 (66.14)
scio enim certissime qui es, 2.12 (108.31)
'Scio,' inquit, 'quia non multo tempore uicturus est rex; 3.14 (157.8)
'Scio,' inquiens, 'quia, ubi nauem ascenderitis, tempestas uobis, . . . superueniet; 3.15 (158.5)
Verumtamen scito [scio], quia, uqae postulasti, accipies.' uar. 3.27 (193.22)
'Scio hominem in hac insula adhuc in carne manentem, 4.3 (211.29)
'Scio, quod me haec insana mente loqui arbitramini; 4.8 (221.13)

'Scio certissime, quia merito in collo pondus langoris porto, 4.19 (246.7)
et scio, quia ille me interfectum putans pro me missas crebras facit; 4.22 (250.32)
Scio autem certissime, quia non diu uacuus remanebit locus ille, 4.30 (277.9)
scire. qui haec scire uel meminisse poterant, Praef. (7.26)
Praeterea scire uestram gloriam uolumus, 1.32 (69.9)
De quibus omnibus siqui plenius scire uult 3.19 (165.6)
Cui ego absque ulla me hoc dubietate scire respondi, 5.6 (291.12)
Plura uoluminis illius, siqui scire delectat, . . . epitomate requirat. 5.17 (319.31)
uel ex traditione maiorum, uel ex mea ipse cognitione scire potui, 5.24 (357.3)
sciri. iam deinde congesta in ordinem serie lunae XIIII^{ae} facillime posset ab omnibus sciri. 5.21 (341.16)
ut, quid de his scribi debeat, quemue habitura sint finem singula, necdum sciri ualeat. 5.23 (349.26)
scis. "Scis, quae sint ista omnia, quae uidisti?" 5.12 (308.8)
scit. scit enim ipse, quia iusta pro salute gentis nostrae bella suscepimus.' 3.2 (129.9)
scito. Verumtamen scito, quia, quae postulasti, accipies.' 3.27 (193.22)
scitote. attamen scitote, quia non est mea; nam mea lux, incipiente aurora, mihi aduentura est.' 4.8 (221.20)
SCISCITOR. sciscitabantur. At illi sedulo sciscitabantur, quomodo hoc contigisset. 3.11 (150.17)
sciscitabatur. sciscitabatur, qui essent hi, quidue acturi illo conuenissent. 2.2 (84.7)
flagellis artioribus afficiens sciscitabatur apostolica districtione, 2.6 (92.21)
At ille uicissim sciscitabatur, 2.12 (108.27)
sciscitabatur singillatim ab omnibus, qualis sibi doctrina haec eatenus inaudita, . . . uideretur. 2.13 (111.17)
sciscitanti. sicut mihimet sciscitanti, cum hoc, an ita esset, quibusdam uenisset in dubium, . . . referebat, 4.19 (243.12)
SCITVM. scita. cum scita legis Mosaicae iuxta litteram seruaret, 3.25 (185.4)
SCOLA. scolam. instituit scolam, in qua pueri litteris erudirentur; 3.18 (162.20)
SCOLASTICVS. scolasticus. percussus est eiusdem clade pestis inter alios scolasticus quidam de genere Scottorum, 3.13 (152.24)
SCOTTI, *the Irish, whether living in Ireland or in northern Britain.*
Scotti. Respondebant Scotti, quia non ambos eos caperet insula, 1.1 (12.3)
Scotti, quos diximus, aduenientes sibi locum patriae fecerunt. 1.1 (13.16)
cognita Scotti Pictique reditus denegatione, 1.12 (27.31)
Hii, ubi plurimorum caput et arcem Scotti habuere coenobiorum; 3.21 (171.12)
quod Scotti dominicum paschae diem contra uniuersalis ecclesiae morem celebrarent. 3.25 (181.16)
quos omnes Scotti libentissime suscipientes, 3.27 (192.16)
ut, crescente per dies institutione catholica, Scotti omnes, . . . suam redirent ad patriam. 3.28 (195.28)
eo quod Scotti tempore aestatis, . . . dispersi uagarentur, 4.4 (213.17)
et Scotti, qui erant in Brittania; 4.26 (267.12)
Scotti, qui Brittaniam incolunt, suis contenti finibus nil . . . insidiarum moliuntur 5.23 (351.8)
Scottis. Sarano ceterisque doctoribus seu abbatibus Scottis, 2.19 (123.4)
Vt Colman episcopus, relicta Brittania, duo monasteria in Scottia, unum Scottis, . . . fecerit. 4.4 (213.2)
Scottis. Cumque uxores Picti non habentes peterent a Scottis, 1.1 (12.13)
Vt Brettones a Scottis uastati Pictisque, 1.12 (25.15)
inbuebantur praeceptoribus Scottis paruuli Anglorum . . . studiis et obseruatione disciplinae regularis. 3.3 (132.22)
succedente . . . Trumheri, . . . natione quidem Anglorum, sed a Scottis ordinato episcopo. 3.21 (171.15)
tertius Trumheri, de natione quidem Anglorum, sed edoctus et ordinatus a Scottis, 3.24 (179.27)
Finan pro illo gradum episcopatus a Scottis ordinatus ac missus acceperat. 3.25 (181.4)
Quia nimirum Osuiu a Scottis edoctus ac baptizatus, 3.25 (182.26)
Cedd, iamdudum ordinatus a Scottis, ut supra docuimus, 3.25 (183.24)
fratribus, qui in Lindisfarnensi ecclesia, Scottis abeuntibus, remanere maluerunt, 3.26 (190.5)
intellexerat . . . Osuiu, quamuis educatus a Scottis, quia Romana esset catholica et apostolica ecclesia, 3.29 (196.8)
Anglos ibidem locauit, relictis in praefata insula Scottis. 4.4 (213.31)
animaduertit . . . minime perfectam esse uirtutis uiam, quae tradebatur a Scottis, 5.19 (323.12)
et Colman cum Scottis ad suos reuersus est; 5.24 (354.15)
Scottorum. quinque gentium linguis, . . . Anglorum uidelicet, Brettonum, Scottorum, Pictorum et Latinorum, 1.1 (11.15)
atque inuenta ibi gente Scottorum, 1.1 (11.28)
tertiam Scottorum nationem in Pictorum parte recepit; 1.1 (12.19)
Haec autem proprie patria Scottorum est; 1.1 (13.9)
duabus gentibus . . . Scottorum a circio, Pictorum ab aquilone, 1.12 (25.24)
Vt Aedilfrid rex Nordanhymbrorum Scottorum gentes proelio conterens 1.34 (71.7)
Unde motus eius profectibus Aedan rex Scottorum, 1.34 (71.21)
Neque . . . quisquam regum Scottorum in Brittania aduersus gentem Anglorum . . . uenire audebat. 1.34 (72.4)
nec non et Scottorum, qui Hiberniam insulam Brittaniae proximam incolunt, 2.4 (87.11)
Siquidem ubi Scottorum in praefata ipsorum patria, . . . professionem minus ecclesiasticam . . . esse cognouit, 2.4 (87.13)
Pictorum quoque atque Scottorum gentes, . . . maxima ex parte perdomuit, 2.5 (90.1)
Vt primo idem Honorius et post Iohannes litteras genti Scottorum . . . miserit. 2.19 (122.10)
Misit idem papa Honorius litteras etiam genti Scottorum, 2.19 (122.13)
ibique ad doctrinam Scottorum cathecizati, et baptismatis sunt gratia recreati. 3.1 (127.15)
Vt idem rex postulans de gente Scottorum antistitem acceperit Aidanum, 3.3 (131.3)
Osuald, . . . misit ad maiores natu Scottorum, 3.3 (131.9)
Hoc etenim ordine septentrionalis Scottorum prouincia, . . . illo adhuc tempore pascha dominicum celebrabat, 3.3 (131.21)
gentes Scottorum, quae in australibus Hiberniae insulae partibus morabantur, . . . pascha canonico ritu obseruare didicerunt. 3.3 (131.26)
quia nimirum tam longo exilii sui tempore linguam Scottorum iam plene didicerat. 3.3 (132.13)
Exin coepere plures per dies de Scottorum regione uenire Brittaniam 3.3 (132.14)
cuius monasterium in cunctis pene septentrionalium Scottorum, . . . arcem tenebat, 3.3 (132.28)
iamdudum monachis Scottorum tradita, eo quod illis praedicantibus fidem Christi perceperint. 3.3 (133.1)
quod a copia roborum Dearmach lingua Scottorum, . . . cognominatur. 3.4 (134.5)
cum de prouincia Scottorum rex Osuald postulasset antistitem, 3.5 (136.33)
quae in IIII linguas, id est Brettonum, Pictorum, Scottorum, et Anglorum, diuisae sunt, 3.6 (138.6)
percussus est eiusdem clade pestis inter alios scolasticus quidam de genere Scottorum, 3.13 (152.25)
Finan, et ipse illo ab Hii Scottorum insula ac monasterio destinatus, 3.17 (160.17)
Erat autem uir iste de nobilissimo genere Scottorum, sed longe animo quam carne nobilior. 3.19 (164.18)
Suscepitque pro illo episcopatum Ceollach, et ipse de natione Scottorum, 3.21 (171.10)
Primus . . . Diuma, . . . secundus Cellach, . . . uterque de genere Scottorum; 3.24 (179.25)
quam tamen more Scottorum non de lapide, sed de robore secto totam conposuit, 3.25 (181.7)
huius doctrinam omnibus Scottorum traditionibus iure praeferendam sciebat; 3.25 (182.34)
Hild abbatissa cum suis in parte Scottorum, 3.25 (183.23)
Cedd, relictis Scottorum uestigiis, ad suam sedem rediit, 3.26 (189.17)
qui fuit annus Osuiu regis XXII^{us}, episcopatus autem Scottorum, . . . annus XXX^{us}; 3.26 (189.21
cum essent in monasterio, quod lingua Scottorum Rathmelsigi appellatur, 3.27 (192.26)

nationibus Scottorum siue Pictorum, exemplo uiuendi, . . . multum profuit. 3.27 (194.3)
qui lingua Scottorum Magéo nominatur; 4.4 (213.24)
Erat autem ibi monachus quidam de natione Scottorum, ... 4.13 (231.1)
Erat namque in eodem monasterio uir de genere Scottorum, Adamnanus uocabulo, ... 4.25 (263.2)
monasterii, quod in Hii insula multis diu Scottorum Pictorumque populis uenerabile mansit. . . 5.9 (297.17)
Vt plurimae Scottorum ecclesiae, instante Adamnano, catholicum pascha susceperint; 5.15 (315.10)
pars Scottorum in Hibernia, . . . ecclesiasticum paschalis obseruantiae tempus . . . suscepit. . . . 5.15 (315.12)
detecta et eliminata, ut et supra docuimus, Scottorum secta, ... 5.19 (325.28)
insulis [que] quae ab Anglorum, et Brettonum, nec non Scottorum et Pictorum gentibus incoluntur, 5.19 (327.5)
Scottos. cuius tempore Palladius ad Scottos in Christum credentes missus est, ... 1.13 (28.14)
Palladius ad Scottos . . . primus mittitur episcopus. 1.13 (28.20)
Vt Laurentius cum coepiscopis suis Scottos . . . monuerit, ... 2.4 (86.23)
in magna reuerentia sanctitatis tam Brettones quam Scottos uenerati sumus; 2.4 (87.34)
sed cognoscentes Brettones, Scottos meliores putauimus. 2.4 (88.1)
filii . . . Aedilfridi, . . . cum magna nobilium iuuentute apud Scottos siue Pictos exulabant, ... 3.1 (127.14)
Quem uidelicet locum paulo ante eis, qui Scottos sequebantur, in possessionem monasterii dederat. 3.25 (183.2)
Tuda, qui erat apud Scottos austrinos eruditus, ... 3.26 (189.26)
Colmanus, . . . tulit secum omnes, quos in Lindisfarnensium insula congregauerat Scottos; . . . 4.4 (213.5)
locum dederat pridem ad construendum inibi monasterium his, qui Scottos sequebantur. 5.19 (325.16)
Anno ccccxxx, Palladius ad Scottos in Christum credentes . . . mittitur 5.24 (352.24)

SCOTTIA, *Ireland* (*not modern Scotland*).
Scottia. multis annis in Scottia uerbum Dei omnibus adnuntians, ... 3.19 (167.25)
Vt quaestio sit mota de tempore paschae aduersus eos, qui de Scottia uenerant. 3.25 (181.1)
cum Colmanus in episcopatum succederet, et ipse missus a Scottia, ... 3.25 (182.19)
Veneruntque . . . episcopi, Colman cum clericis suis de Scottia, Agilberctus cum Agathone . . . 3.25 (183.20)
Venerat autem de Scottia, tenente adhuc pontificatum Colmano, ... 3.26 (190.1)
Vt Colman episcopus, relicta Brittania, duo monasteria in Scottia, unum Scottis, . . . fecerit. . . 4.4 (213.1)
Interea Colmanus, qui de Scottia erat episcopus, relinquens Brittaniam, tulit secum omnes, . . . Scottos; 4.4 (213.3)
Columba presbyter de Scottia uenit Brittaniam, ... 5.24 (353.9)
Scottiam. Dominis carissimis fratribus episcopis uel abbatibus per uniuersam Scottiam 2.4 (87.26)
secundus Cellach, qui relicto episcopatus officio uiuens ad Scottiam rediit, ... 3.24 (179.25)
Colman . . . Scottiam regressus est, tractaturus cum suis, quid de his facere deberet. 3.26 (189.15)
ne Scottiam nil se ledentem inpugnaret, ... 4.26 (267.7)
cum reuersus ad Scottiam, multas postea gentis eiusdem turbas . . . correxit; 5.21 (345.5)

SCOTTICVS, a, um, *Irish.*
Scotticae. monachi Scotticae nationis . . . ad ritum paschae ac tonsurae canonicum Domino procurante perducti sunt. 5.22 (346.17)
Scottico. sermone Scottico Inisboufinde, id est insula uitulae albae, nuncupatur. 4.4 (213.12)

SCOTTVS, *an Irishman.*
Scottus. quorum ultimus natione Scottus, ceteri fuere de Anglis. 3.21 (170.19)
Ronan, natione quidem Scottus, sed in Galliae uel Italiae partibus . . . edoctus. 3.25 (181.19)

SCRIBO. scribendam. Quam sententiam definitionis nostrae Titillo notario scribendam dictaui. . . . 4.5 (217.12)
scribendi. quia tamen aptum scribendi se tempus ingessit, ... 1.24 (44.5)
scribens. ita scribens: 1.30 (64.29)
scribente. quomodo . . . Augustinus in Cantia fecisse noscitur, scribente ei reuerentissimo papa Gregorio, 4.27 (270.29)
scibere. semper aut discere, aut docere, aut scribere dulce habui. 5.24 (357.13)
scribi. nec non et quattuor auro Scribi euangelii praecepit in ordine libros; 5.19 (330.16)
ut, quid de his scribi debeat, quemue habitura sint finem singula, necdum sciri ualeat. 5.23 (349.25)
scribit. Scribit autem Eutropius, quod Constantinus in Brittania creatus imperator, ... 1.8 (22.25)
ut eorum semper exemplo, sicut ipse scribit, ad orationis placidum litus, ... 2.1 (75.8)
sicut beatus papa Gregorius de quibusdam scribit, ... 5.13 (313.4)
De situ etiam Chebron et monumentis patrum ita scribit: 5.17 (319.14)
scribitur. sicut in libro Numerorum apertissime scribitur: 5.21 (335.10)
scripsere. traiectu milium L, siue, ut quidam scripsere, stadiorum CCCCL. 1.1 (9.14)
scripserit. utque idem librum de locis sanctis scripserit. 5.15 (315.11)
scripsi. Vt autem in his, quae scripsi, ... Praef. (6.1)
Scripsi autem haec de persona et operibus uiri praefati; 3.17 (161.9)
scripsimus. siqua in his, quae scripsimus, aliter quam se ueritas habet, posita reppererit, . . . Praef. (8.4)
scripsit. libello responsionum, quem ad interrogationes . . . Augustini . . . episcopi scripsit, ... 2.1 (76.33)
scripsit cum coepiscopis suis exhortatoriam ad eos epistulam, ... 2.4 (87.20)
qui a XIIII^{a} usque ad XX^{am} pascha celebrandum scripsit? 3.25 (187.2)
Scripsit idem uir de locis sanctis librum legentibus multis utillimum; 5.15 (316.17)
Scripsit ergo de loco dominicae natiuitatis in hunc modum: 5.16 (317.10)
Scripsit item hoc modo de loco passionis ac resurrectionis illius: 5.16 (317.20)
Aldhelm, . . . scripsit, iubente synodo suae gentis, librum egregium aduersus errorem Brettonum, 5.18 (320.30)
Scripsit et de uirginitate librum eximium, ... 5.18 (321.5)
Scripsit et alia nonnulla, utpote uir undecumque doctissimus; 5.18 (321.7)
et hoc de illo supra epitaphium scriptum [scripsit]: . . . . uar. 5.19 (330.8)
scripta. iuxta numerum librorum, quibus lex diuina scripta est, ... 1.1 (11.12)
scripta. Actum in mense et indictione supra scripta. 4.5 (217.13)
scripta. sed potius gaudete, quia nomina uestra scripta sunt in caelo.' 1.31 (66.27)
quia nomina uestra scripta sunt in caelo.' 1.31 (67.1)
scripta. a fratribus ecclesiae Lindisfarnensis scripta repperi, ... Praef. (7.32)
in quo omnia, quae umquam bona feceram, intuens scripta repperi, ... 5.13 (312.6)
scriptas. misit illi et litteras scriptas in hunc modum: 5.21 (333.13)
scriptum. quia et in lege scriptum est: 1.27 (51.4)
Sed quia scriptum est: 'Erunt duo in carne una,' 1.27 (51.6)
quia scriptum est in lege: 1.27 (53.13)
scriptumque in tumba ipsius epitaphium huiusmodi: 2.1 (79.8)
Scriptum uero est in tumba eiusdem Augustini epitaphium huiusmodi: 2.3 (86.14)
quatinus, sicut scriptum est, consummati operis uobis merces . . . tribuatur, ... 2.8 (96.16)
Scriptum namque est: 'Erunt duo in carne una.' 2.11 (105.19)
sicut scriptum est in Isaia: 3.29 (197.6)
Scriptum est enim: 'Quaerite primum regnum Dei et iustitiam eius, ... 3.29 (198.30)
et iubente pontifice epitaphium in eius monumento scriptum, ... 5.7 (293.3)
Scriptum est ergo hoc modo: 5.7 (293.6)
placuit hoc inter cetera eiusdem synodi gestis inseri, scriptumque est hoc modo: 5.19 (326.31)
scriptumque a praefato papa regibus Anglorum Aedilredo et Aldfrido, ... 5.19 (327.19)
uentum est ad locum, ubi scriptum erat: 5.19 (327.29)
et hoc de illo supra epitaphium scriptum: 5.19 (330.8)
scriptum est in Exodo, ubi liberandus de Aegypto populus Israel primum pascha facere iubetur, . . . 5.21 (334.13)

Ipsa prima dies azymorum, de qua multum distincte in Leuitico scriptum est: 5.21 (336.30)
quia in Genesi scriptum est, 5.21 (339.15)
scriptum. de hisdem patribus, . . . nouimus scriptum, 1.27 (49.6)
SCRINIVM. scrinio. perscrutato eiusdem sanctae ecclesiae Romanae scrinio, Praef. (6.20)
SCRIPTIO. scriptione. et cum subscriptione [scriptione] sua corroborauit.' uar. 5.19 (327.7)
SCRIPTOR. scriptor. Scriptor, quem dudum liuor adurit edax. 1.10 (24.11)
Scriptor quoque ipse multis ab ea muneribus donatus patriam remissus est. 5.15 (317.3)
scriptoris. Haec de opusculis excerpta praefati scriptoris ad sensum quidem uerborum illius, . . . historiis indere placuit. 5.17 (319.27)
scriptorum. antistitem, secundum uestrorum scriptorum tenorem, minime ualuimus nunc repperire 3.29 (198.1)
dixit quidam saecularium scriptorum, quia felisissimo mundus statu ageretur, 5.21 (333.23)
SCRIPTVM. scripta. Scripta, quae perlatores ad sanctae memoriae Seuerinum papam adduxerunt, 2.19 (123.10)
de cuius uita et uerbis nonnulla a discipulis eius feruntur scripta haberi. 3.4 (134.17)
quem remissa mox scripta papae apostolici ibidem obisse narrauerint. 3.29 (196.2)
scripta. fraternitati uestrae nostra mittere scripta curauimus; 1.24 (44.6)
susceperunt scripta exhortatoria a . . . Bonifatio, 2.7 (94.5)
aestimans se in hac obseruantia sancti ac laude digni patris Anatolii scripta secutam. 3.3 (131.24)
et tradidissent Iohanni archiepiscopo ciuitatis illius scripta commendaticia Vitaliani pontificis, 4.1 (203.13)
scriptis. ex priorum maxime scriptis . . . didicimus. Praef. (6.26)
ex scriptis uel traditione priorum, Praef. (7.17)
De cuius scriptis aliqua decerpere, ac nostrae huic historiae inserere commodum fore legentibus reor. 5.15 (317.5)
et de scriptis eiusdem Aldhelmi. 5.18 (320.2)
SCRIPTVRA. scriptura. Sacra scriptura testatur, 1.27 (48.19)
quem tam excellenter scriptura commendat: 5.21 (337.20)
hoc est de figuris modisque locutionum, quibus scriptura sancta contexta est.' 5.24 (360.1)
scriptura. sicut in scriptura sacra ex uerbis Domini omnipotentis agnoscimus, 1.32 (69.10)
quia scriptura teste: 2.1 (77.10)
scripturae. audiendis scripturae sanctae uerbis Praef. (5.8)
sacrae scripturae scientia repletus, 1.32 (68.30)
ut profecto sacrae scripturae testimonium per te expletum indubitanter perclareat: 2.11 (106.3)
et imitari morem sacrae scripturae, cuius historiae carmina plurima indita, 4.20 (247.7)
Canebat . . . de aliis plurimis sacrae scripturae historiis, 4.24 (261.3)
ut diligentius explorata scripturae ueritas docet, 5.21 (335.27)
scripturam. haec in scripturam sanctam meae meorumque necessitate . . . adnotare, . . . curaui: 5.24 (357.20)
scripturarum. quae meditatione scripturarum ceteris omnibus est facta communis. 1.1 (11.16)
sed tunc legendarum gratia scripturarum in Hibernia non paruo tempore demoratus, 3.7 (140.21)
uirum sanctum, modestum moribus, scripturarum lectione sufficienter instructum, 3.28 (194.28)
nam quo minus sufficiebat meditationi scripturarum, eo amplius operi manuum studium inpendebat. 4.3 (208.12)
et meditatione diuinarum scripturarum uitam sedulus agebat. 4.3 (211.20)
Tantum lectioni diuinarum scripturarum suos uacare subditos, . . . faciebat, 4.23 (254.17)
cum in utroque Hildae abbatissae monasterio lectioni et obseruationi scripturarum operam dedisset, 4.23 (254.32)
Huius discipulatui Cudberct humiliter subditus, et scientiam ab eo scripturarum, . . . sumsit 4.27 (269.8)
Ordinatus est autem post haec Eadberct uir scientia scripturarum diuinarum . . . insignis; 4.29 (275.32)
Berctuald, . . . uir et ipse scientia scripturarum inbutus, 5.8 (295.21)
Erat enim uir bonus, et sapiens, et scientia scripturarum nobilissime instructus. 5.15 (315.27)
ambo et in rebus ecclesiasticis, et in scientia scripturarum sufficienter instructi. 5.18 (320.28)
nam et sermone nitidus, et scripturarum, ut dixi, tam liberalium quam ecclesiasticarum erat eruditione mirandus. 5.18 (321.9)
quod Albinus discipulus eius, . . . in tantum studiis scripturarum institutus est, 5.20 (331.9)
Naiton . . . admonitus ecclesiasticarum frequenti meditatione scripturarum, abrenuntiauit errori, 5.21 (332.17)
talis in mysteriorum celebratione maximorum a sanctarum quidem scripturarum doctrina discordat; 5.21 (340.23)
scripturas. et ipse senex ac plenus dierum, iuxta scripturas, patrum uiam secutus est. 2.20 (126.32)
scripturis. id est, aut legendis scripturis, aut psalmis discendis operam dare. 3.5 (136.11)
et scripturis legendis operam daret, 3.23 (176.35)
omnem meditandis scripturis operam dedi; 5.24 (357.11)
scripturis. Ecgbercto, . . . qui in Hibernia diutius exulauerat pro Christo, eratque et doctissimus in scripturis, 3.4 (134.33)
et ea, quae in scripturis agenda didicerat, operibus solerter exsequentem, 3.28 (194.29)
sicut mihi frater quidam de his, qui me in scripturis erudiebant, 4.3 (210.16)
Successit autem Ecgfrido in regnum Aldfrid, uir in scripturis doctissimus, 4.26 (268.3)
ubi doctus in scripturis, sanctorumque locorum gnarus esse conpertus est, 5.15 (316.26)
Fortheri, . . . uir et ipse in scripturis sanctis multum eruditus. 5.18 (321.13)
SCRVPVLVS. scrupulo. coepitque me interrogare, . . . an me esse baptizatum absque scrupulo nossem. 5.6 (291.11)
SCRVTOR. scrutaretur. quid haec essent, solerti animo scrutaretur, 4.3 (209.1)
scrutari. quae religio sequenda, sedulus secum ipse scrutari consuesset, 2.12 (110.28)
scrutatur. summae ueritatis et uerae sublimitatis scientiam scrutatur, 1.1 (11.14)
scrutetur. summae ueritatis et uerae sublimitatis scientiam scrutatur [scrutetur], uar. 1.1 (11.14)
SCVTVM. scuto. ita ut pene totus orbis solis quasi nigerrimo et horrendo scuto uideretur esse coopertus. Cont. (361.8)
scutum. non habens scutum ad manum, quo regem a nece defenderet, 2.9 (99.11)
SCYLLA, *the rock between Italy and Sicily.*
Scyllae. et ueluti naufragia Scyllae fugientes, in Charybdi uoraginem submergendi decidunt. 5.21 (338.12)
SCYTHIA, *Scythia, the Scandinavian peninsula.*
Scythia contigit gentem Pictorum de Scythia, . . . Hiberniam peruenisse, 1.1 (11.24)
SEBBI (*d.* 695), *King of Essex in conjunction with his nephew Sigheri.*
Sebbi. prouinciae Orientalium Saxonum post Suidhelmum, . . . praefuere reges Sigheri et Sebbi, 3.30 (199.11)
coheres regni eiusdem, Sebbi, magna fidem perceptam cum suis omnibus deuotione seruauit, 3.30 (199.21)
Orientalibus Saxonibus, quibus eo tempore praefuerunt Sebbi et Sigheri, 4.6 (218.14)
Vt rex eiusdem prouinciae Sebbi in monachicha uitam conuersatione finierit. 4.11 (225.13)
praeerat regno Orientalium Saxonum, . . . uir multum Deo deuotus, nomine Sebbi, cuius supra meminimus. 4.11 (225.17)
SECEDO. secedens. qui secedens ad regem Merciorum uocabulo Vulfheri, 3.7 (141.7)
secedente. sole nimirum tunc Lybicas in partes secedente, 1.1 (11.5)
Sed illo . . . ad alia loca secedente, Gebmundum pro eo substituit antistitem. 4.12 (228.25)
secedere. Illo enim saepius secretae orationis et silentii causa secedere consuerat; 3.16 (159.13)
secederet. non tamen ciues Romani, ut tam longe ab urbe secederet, potuere permittere; 2.1 (80.31)
secesserant. uel continentioris uitae gratia illo secesserant. 3.27 (192.12)
secessere. Discessere . . . Mellitus et Iustus, atque ad partes Galliae secessere, 2.5 (92.3)
secessi. nam et ideo de conuiuio egressus huc secessi, quia cantare non poteram.' 4.24 (259.26)
secessisse. Cumque sacerdotem suum Hiberniam secessisse, ibique defunctum esse audisset, 4.25 (264.7)
secessit. secessit ad regem Orientalium Anglorum, 3.7 (140.13)
Deinde secessit ad insulam quandam paruam, 4.4 (213.10)

splendor emissae lucis, . . . in meridianum monasterii, hoc est ad occidentem oratorii, secessit, . . 4.7 (220.9)
secessit ad prouinciam Orientalium Anglorum, . . . 4.23 (253.2)
Sed illa post non multum tempus facti monasterii secessit ad ciuitatem Calcariam, . . . 4.23 (253.24)
et ingruente causa subita secessit Hiberniam, . . . 4.25 (263.35)
secessit ad monasterium praefatum, ibique uitam in Deo digna conuersatione conpleuit. . . . 5.6 (292.6)
Suidberct . . . de Brittania regressus, non multo post ad gentem Boructuarorum secessit, . . . 5.11 (302.18)
dehinc ad monasterii sui, quod est in Læstingæi, curam secessit, . . . 5.19 (326.6)

SECERNO. secernebat. qui antiquitus gentem Brettonum a Pictis secernebat, . . . 1.1 (13.13)
secernit. quam a continenti terra secernit fluuius Vantsumu, . . . 1.25 (45.7)
secernunt. patet profecto, quod illam per omnia diem a sua sollemnitate secernunt, . . . 5.21 (338.4)
secreta. Est enim iuxta murum, . . . xii milibus passuum a mari orientali secreta. . . . 3.22 (172.19)
quae ad occidentalem plagam ab Hibernia procul secreta, . . . 4.4 (213.12)
eam monasterii partem, qua ancellarum Dei caterua a uirorum erat secreta contubernio, . . . 4.7 (219.21)
secreti. qui longius ab eis locis, . . . secreti, ea tantum de his, quae lectione didicerint, norunt. . . . 5.15 (316.33)
secretus. et est a uico Cataractone x ferme milibus passuum contra solstitialem occasum secretus; . 3.14 (155.15)

SECLVDO. secludunt. nimirum constat, quia xiiii^{am} diem mensis eiusdem, . . . a sua prorsus sollemnitate secludunt; . . . 5.21 (338.17)

SECO. secet. nemo propter hiemem aut faena secet aestate, . . . 1.1 (12.28)
secto. quam tamen . . . de robore secto totam conposuit, atque harundine texit; . . . 3.25 (181.7)

SECRETARIVM. secretario. sepultusque est in secretario beati apostoli Andreae, . . . 3.14 (154.18)
partem uero in ecclesia, cui praeerat, reliquit, et in secretario eius condi praecepit. . . . 3.26 (190.18)
secretarium. in ecclesia beati Petri apostoli, ante secretarium, . . . 2.1 (79.5)

SECRETIOR, ius. secretior. Est mansio quaedam secretior, nemore raro et uallo circumdata, . . . 5.2 (283.7)
secretiorem. Accepit autem in eodem monasterio locum mansionis secretiorem, . . . 5.12 (310.10)

SECRETIVS. in qua secretius cum paucis, id est vii siue viii, fratribus, . . . orare ac legere solebat. . . 4.3 (207.13)

SECRETO. Denique tempore quodam secreto, . . . 2.1 (74.16)
Tunc secreto aduocans eum comes, interrogauit eum intentius, unde esset, . . . 4.22 (251.6)

SECRETVM. secreto. postquam enim cogitationem suam, . . . reginae in secreto reuelauit, . . . 2.12 (110.6)

SECRETVS, a, um. **secreta.** quae de semet ipsa proferetur secreta humanis mentibus inspiratione clementer infundit; . . . 2.10 (101.2)
Cudberct . . . ad anchoriticae quoque contemplationis, quae diximus, silentia secreta peruenit. . . 4.28 (271.7)
secretae. et multo illum tempore secretae noctis flagellis artioribus afficiens sciscitabatur . . . 2.6 (92.20)
Illo enim saepius secretae orationis et silentii causa secedere consuerat; . . . 3.16 (159.12)
locum secretae mansionis, quam praeuiderat abbas, intrauit; . . . 5.12 (304.22)
secretus. in quo etiam uenerabilis praedecessor eius Cudberct, . . . aliquandiu secretus Domino militabat. 4.30 (277.2)

SECTA. secta. detecta et eliminata, ut et supra docuimus, Scottorum secta, . . . 5.19 (325.28)
sectam. Colman uidens spretam suam doctrinam, sectamque esse dispectam, . . . 3.26 (189.12)

SECTOR. sectamur. in quo tanti apostoli, . . . exempla sectamur; . . . 3.25 (185.1)
sectantem. sectantemque magistri et capitis sui sancti Gregorii regulam, . . . 2.18 (121.4)
sectarentur. ut sacerdotum doctrinam sitientibus desideriis sectarentur. . . . 1.18 (36.20)
sectari. Vnde constat uos, Colmane, neque Iohannis, ut autumatis, exempla sectari, . . . 3.25 (186.15)

SECVLVM. seculi. 'Ecco ego uobiscum sum omnibus diebus usque ad consummationem mundi [seculi].' uar. 2.8 (95.24)

SECVNDO. qui secundo uenientes murum trans insulam fecerint; . . . 1.12 (25.16)
Vnde postulabant, ut secundo synodus pluribus aduenientibus fieret. . . . 2.2 (82.18)
Misit secundo, misit tertio, et copiosiora argenti dona offerens, . . . 2.12 (107.28)

SECVNDVM. 1.26 (47.4); 1.27 (59.2); uar. 2.4 (88.22); 2.19 (124.9); 3.3 (131.17); 3.25 (185.20); 3.25 (185.26); 3.29 (197.5); 3.29 (198.1); 4.17 (239.24); 5.22 (347.1).

SECVNDVS, a, um. **secunda.** nam secunda, quam praediximus, a se omni modo debet abstinere. . . 1.27 (51.2)
secunda trecentarum et ultra spatium tenet. . . . 2.9 (97.20)
Cum ergo secunda memorati ieiunii ac supplicationum dies ageretur, . . . 4.14 (233.23)
Erat enim, ut referre est solitus, tunc hora circiter secunda diei. . . . 4.32 (280.25)
secunda. ipsum prius secunda generatione Deo dedicatum sibi accepit in filium. . . . 3.7 (139.27)
ut nec secunda die, nec tertia, neque umquam exinde eum auderet contingere. . . . 3.12 (151.11)
contigit forte ipsum puerum hora ferme secunda diei in loco, in quo eger iacebat, solum inueniri; . 4.14 (234.1)
sicque diem paschae ordine peruerso, et aliquando in secunda ebdomada totam conpleant, . . . 5.21 (338.6)
secundi. ut, . . . secundi nos uenti ad terram usque per plana maris terga comitarentur. . . . 5.1 (282.15)
secundis. secundis flatibus nauis tuta uolabat. . . . 1.17 (34.11)
secundo. Secundo autem eiusdem Focatis anno transiens ex hac uita, . . . 2.1 (79.2)
Cuius anno secundo, hoc est ab incarnatione dominica anno dcxliiii, . . . 3.14 (154.13)
Peruenit autem Theodorus ad ecclesiam suam secundo postquam consecratus est anno, . . . 4.2 (204.14)
de secundo breuiter intimandum, quod in episcopatum Dorciccaestræ fuerit ordinatus; . . . 4.23 (254.26)
uixit . . . pontificante apostolico uiro domno Sergio papa anno secundo. . . . 5.7 (294.3)
secundo anno Aldfridi, qui post Ecgfridum regnauit, sedem suam et episcopatum . . . recepit. . . 5.19 (327.11)
secundo. Secundo proelio cum magno suorum discrimine . . . 1.2 (14.11)
secundum. habuitque primum episcopum Trumheri, . . . secundum Iaruman, tertium Ceaddan, quartum Vynfridum. . . . 3.24 (180.28)
secundum. Secundum: 'Vt nullus episcoporum parrochiam alterius inuadat, . . . 4.5 (216.3)
secundus. Vt eandem secundus Romanorum Claudius adiens, . . . 1.3 (15.1)
et mox prior in Brittania, secundus in Gallia sint interemti. . . . 1.11 (24.17)
secundus Caelin rex Occidentalium Saxonum, . . . 2.5 (89.14)
quorum prior episcopus in Lindissi prouincia, secundus erat abbas in monasterio, . . . 3.11 (149.8)
quorum prior locus est in ripa Pentæ amnis, secundus in ripa Tamensis. . . . 3.22 (173.9)
secundus Cellach, qui relicto episcopatus officio uiuens ad Scottiam rediit, . . . 3.24 (179.23)
Anno . . . dclxx^{mo}, qui est annus secundus ex quo Brittaniam uenit Theodorus, . . . 4.5 (214.12)
Siquidem primus Birinus, secundus Agilberctus, tertius exstitit Vini. . . . 4.12 (227.23)
quod eorum primus Hagustaldensis, secundus Eboracensis ecclesiae sit ordinatus episcopus. . . . 4.23 (254.29)
Claudius secundus Romanorum Brittanias adiens, plurimam insulae partem in deditionem recepit, . 5.24 (352.9)
II. Et hunc primum . . . accepit praesulem, ii Ediluini, iii Eadgarum, . . . 4.12 (229.14)
II. Deusdedit . . . obiit pridie [ii] Iduum Iuliarum; . . . uar. 4.1 (201.8)
luna sanguineo rubore perfusa, quasi hora integra ii. Kal. Febr. circa galli cantum, . . . Cont. (361.11)
II. ii. Interrogatio Augustini: . . . 1.27 (49.18)
II. Hic depositus est Caedual, . . . sub die xii Kalendarum Maiarum, indictione ii; . . . 5.7 (293.32)

SECVRIS. securim. simplici tantum habitu indutus, et securim atque asciam in manu ferens, ueniret ad monasterium . . . 4.3 (208.6)

SECVRIOR, ius. **securior.** de peccatis propriis ante omnipotentis Dei terribile examen securior fiat. . 1.32 (68.27)

SECVRITAS. securitas. Et cum dicerent, 'Pax et securitas,' extemplo praefatae ultionis sunt poena multati. 4.25 (265.33)
securitate. Conposita itaque insula securitate multiplici, . . . 1.20 (39.22)

SECVRVS, a, um. **securis.** securisque hostibus, . . . 1.20 (39.6)

SECVS. paschae diem, ut saepius dictum est, secus morem canonicum . . . celebrant. . . . 3.28 (195.13)

SED, *omitted.*

SEDECIM. sedecim. Et cum sedecim annis esset sepulta, . . . 4.19 (244.28)

XVI. conpletis annis episcopatus sui xvii [xvi] . . . uar. 3.17 (159.26)
SEDEO. sedens. Qui cum sedens ad mensam non haberet ad manum, ubi oblatum sibi munus reponeret, . 3.2 (130.25)
contigit, ut quidam equo sedens iter iuxta locum ageret illum; . . . 3.9 (145.30)
siue gratias agendi Domino semper ubicumque sedens, . . . 3.12 (151.24)
cum sedens in tenui ueste uir ita inter dicendum, . . . quasi in mediae aestatis caumate sudauerit. 3.19 (167.20)
aliquoties equo sedens, sed saepius pedes incedens, circumpositas ueniebat ad uillas, . . . 4.27 (269.24)
sedentem. sedentemque ad tumbam sancti infirmitas tangere nequaquam praesumsit; . . . 3.12 (151.8)
et post pusillum me reuisens, inuenit sedentem, et iam loqui ualentem; . . . 5.6 (291.8)
sedentes. ut . . . educeres de conclusione uinctum, de domo carceris sedentes in tenebris.' . . . 3.29 (197.21)
sedentibus. sedentibus iam ad mensam fratribus, obtulit ei aliquid de ueteri musco, . . . 3.2 (130.23)
una cum eo sedentibus ceteris episcopis Brittaniae insulae uiris uenerabilibus, . . . 4.17 (239.13)
sederat. sederat enim et ipse in equo. . . . 3.22 (174.5)
sedere. adulescentem beatus Germanus sedere conpulit, . . . 1.21 (40.27)
Iusserunt eum sedere secum ad epulas, . . . 5.5 (288.27)
sederent. Cumque post haec sederent ad mensam, . . . 5.5 (288.19)
sederet. Factumque est, ut uenientibus illis sederet Augustinus in sella. . . . 2.2 (83.11)
quare . . . solus ipse mestus in lapide peruigil sederet. . . . 2.12 (108.27)
Et cum regius iuuenis solus adhuc ibidem sederet, . . . 2.12 (109.29)
et per aliquod tempus, . . . horis conpetentibus solitarius sederet, . . . 2.12 (110.26)
quia multitudo pauperum undecumque adueniens maxima per plateas sederet, . . . 3.6 (138.18)
sederunt. et resederunt [sederunt] circa me, . . . uar. 5.13 (312.3)
sedetis. "Quid hic sedetis, scientes certissime, quia noster est iste?" . . . 5.13 (312.21)
sedit. et sedit in sede sua pridie Kalendarum Septembrium dominica; . . . 5.8 (295.29)
qui sedit annos xxxvii, . . . 5.23 (349.30)
SEDES. sede. atque honoris pallium ab hac sancta et apostolica, . . . sede percipiat. . . . 1.29 (63.29)
Constantinopolim apocrisiarius ab apostolica sede directus est, . . . 2.1 (75.2)
rogauit eum, accepta ibi sede episcopali, suae gentis manere pontificem; . . . 3.7 (140.25)
ego quidem Theodorus, . . . ab apostolica sede destinatus Doruuernensis ecclesiae episcopus, . . . 4.5 (215.5)
pulsus est idem antistes a sede sui episcopatus, . . . 4.12 (229.3)
ita etiam una atque indissimili sede perpetuae beatitudinis meruisset recipi. . . . 4.29 (275.20)
et sedit in sede sua pridie Kalendarum Septembrium dominica; . . . 5.8 (295.29)
et cum aliis cxxv coepiscopis in synodo in iudicii sede constitutus, . . . 5.19 (327.3)
qui nuper Romam accusatus a suis, atque ab apostolica sede iudicandus aduenerit: . . . 5.19 (328.7)
tuo desiderio, iuxta quod ab apostolica sede didicimus, patefacere satagimus. . . . 5.21 (333.18)
Vilfrid episcopus a sede sua pulsus est ab Ecgfrido rege; . . . 5.24 (355.3)
Acca episcopus de sua sede fugatus. . . . Cont. (361.2)
sedem. atque in urbe regis sedem episcopatus acceperit. . . . 1.26 (46.30)
ubi in regia ciuitate sedem episcopalem, ut praediximus, accepit, . . . 1.33 (70.10)
postquam sedem Romanae et apostolicae ecclesiae xiii annos, . . . rexit, . . . 2.1 (73.3)
atque ad aeternam regni caelestis sedem translatus. . . . 2.1 (73.6)
Mellitus, qui erat Lundoniae episcopus, sedem Doruuernensis ecclesiae . . . suscepit. . . . 2.7 (94.1)
In qua etiam ciuitate . . . Paulino sedem episcopatus donauit. . . . 2.14 (114.7)
accepitque sedem episcopatus in ciuitate Domnoc; . . . 2.15 (116.35)
eidemque in insula Lindisfarnensi sedem episcopatus donauerit. . . . 3.3 (131.4)
cuius sedem episcopatus, . . . iam nunc Anglorum gens obtinet. . . . 3.4 (133.17)
Donauerunt . . . episcopo ciuitatem, . . . ad faciendum inibi sedem episcopalem; . . . 3.7 (139.30)
huic in ciuitate Venta, . . . sedem episcopatus tribuit; . . . 3.7 (141.1)
emit pretio ab eo sedem Lundoniae ciuitatis, . . . 3.7 (141.8)
suscepit regni terrestris sedem pro eo frater eius Osuiu, . . . 3.14 (154.7)
Igitur rex Sigberct . . . temporalis sui regni sedem repetiit, . . . 3.22 (172.21)
Cedd, relictis Scottorum uestigiis, ad suam sedem rediit, . . . 3.26 (189.17)
Ecgbercto filio sedem regni reliquit, . . . 4.1 (201.10)
presbyteros et diaconos, usquedum archiepiscopus ad sedem suam perueniret, ordinabat. . . . 4.2 (206.3)
Habuit autem sedem episcopalem in loco, qui uocatur Lyccidfelth, . . . 4.3 (207.8)
Eata reuerso ad sedem ecclesiae Hagustaldensis, . . . 4.28 (273.10)
Vt Petrum, sedemque Petri rex cerneret hospes, . . . 5.7 (293.11)
necdum Berctualdo successore eius, qui trans mare ordinandus ierat, ad sedem episcopatus sui reuerso. 5.11 (302.14)
ac mox remissus ad sedem episcopatus sui, id est post dies xiiii, ex quo in urbem uenerat. . . . 5.11 (303.5)
ut prouincia Australium Saxonum, quae eatenus ad ciuitatis Ventanae, . . . parrochiam pertinebat, et ipsa sedem episcopalem, ac proprium haberet episcopum; . . . 5.18 (321.17)
qui ad sedem apostolicam ritus ecclesiastici siue monasteriales seruarentur, . . . 5.19 (323.13)
'Vilfridus . . . apostolicam sedem de sua causa appellans, . . . 5.19 (326.33)
secundo anno Aldfridi, qui post Ecgfridum regnauit, sedem suam et episcopatum . . . recepit. 5.19 (327.12)
'Vilfridus . . . apostolicam sedem de sua causa appellans, . . . 5.19 (327.31)
in sedem pontificatus addita ipsum primum habet antistitem. . . . 5.23 (351.3)
sedes. Dum nos sedes apostolica more suo, . . . ad praedicandum gentibus paganis dirigeret, . . . 2.4 (87.28)
cuius sedes aeterna non in uili et caduco metallo, sed in caelis esset credenda; . . . 3.22 (172.5)
de cuius pio studio cognoscentes, tantum cuncta sedes apostolica una nobiscum laetatur, . . . 3.29 (198.22)
ubi usque hodie sequentium quoque prouinciae illius episcoporum sedes est. . . . 4.3 (207.11)
sedes. Erantque in hoc campo . . . sedesque plurimae agminum laetantium. . . . 5.12 (307.23)
sedes. sibi quoque in partibus illius sedes petisse, . . . 1.1 (11.28)
petierunt in ea sibi quoque sedes et habitationem donari. . . . 1.1 (12.2)
uel amicitia uel ferro sibimet inter eos sedes, . . . uindicarunt; . . . 1.1 (12.21)
australes Picti, qui intra eosdem montes habent sedes, . . . 3.4 (133.13)
sedi. Qui in insula Lindisfarnensi fecit ecclesiam episcopali sedi congruam; . . . 3.25 (181.6)
cuius sedi apostolicae tempore illo Vitalianus praeerat, . . . 4.1 (201.20)
cuius sedi apostolicae tunc Sergius papa praeerat, . . . 5.11 (301.22)
sedibus. quae per mortem carnis uiuos ecclesiae lapides de terrenis sedibus ad aedificium caeleste transferret. . . . 4.3 (207.21)
sedis. Gregorius, . . . pontificatum Romanae et apostolicae sedis sortitus . . . 1.23 (42.17)
locum sedis eorum gradui congruum . . . donaret, . . . 1.26 (47.31)
Mos autem sedis apostolicae est ordinatis episcopis praecepta tradere, . . . 1.27 (48.23)
Felix eiusdem apostolicae sedis quondam episcopus, . . . 2.1 (73.21)
Accedensque ad pontificem Romanae et apostolicae sedis, . . . 2.1 (80.24)
in qua locum sedis episcopalis, et ipse, et successores eius haberent. . . . 2.3 (85.19)
susceperunt scripta exhortatoria a pontifice Romanae et apostolicae sedis Bonifatio, . . . 2.7 (94.6)
quod sedis apostolicae humanitate percepit, . . . 2.8 (96.30)
litteras a pontifice sedis apostolicae Bonifatio accepit, . . . 2.10 (100.19)
Quo tempore praesulatum sedis apostolicae Honorius Bonifatii successor habebat, . . . 2.17 (118.24)
Misit . . . Honorius [Romanae sedis pontifex] litteras etiam genti Scottorum, . . . uar. 2.19 (122.12)
Hilarus archipresbyter et seruans locum sanctae sedis apostolicae, . . . 2.19 (123.5)

item Iohannes primicerius et seruans locum sanctae sedis apostolicae, 2.19 (123.7)
et Iohannes seruus Dei, consiliarius eiusdem apostolicae sedis. 2.19 (123.9)
iamdudum ad admonitionem apostolicae sedis antistitis, pascha canonico ritu obseruare didicerunt. 3.3 (131.28)
rex locum sedis episcopalis in insula Lindisfarnensi, . . . tribuit. 3.3 (132.1)
denique usque hodie locum sedis illius solitariae in eadem insula solent ostendere. 3.16 (159.14)
si audita decreta sedis apostolicae, . . . sequi contemnitis, 3.25 (188.9)
nemo gradum ministerii ac sedis episcopalis ante Danihelem, . . . accepit. 4.16 (238.11)
De Iohanne cantatore sedis apostolicae, 4.18 (240.27)
ille, qui et obscuritate tenebrosae faciei, et primatu sedis maior esse uidebatur eorum, 5.13 (312.12)
SEDO. sedando. et quaeque poterat, pro sedando miseri furore agebat. 3.11 (150.2)
sedarent. et oleum sanctum, quo hanc sedarent, dederit. 3.15 (157.20)
sedasse. totum inflati corporis absumsisse ac sedasse tumorem. 1.1 (13.6)
sedauerit. et postmodum Pelagianorum tempestatem diuina uirtute sedauerit. 1.17 (33.23)
Vt Oidiluald . . . laborantibus in mari fratribus, tempestatem orando sedauerit. 5.1 (281.2)
SEDVCO. seductus. nam rediens domum ab uxore sua et quibusdam peruersis doctoribus seductus est, 2.15 (116.4)
sed miserabiliter, ut post patuit, daemonica fraude seductus. 5.13 (311.25)
SEDVLIVS, *a Latin Christian poet of the fifth century.*
Sedulii. quem in exemplum Sedulii geminato opere, et uersibus exametris, et prosa conposuit. 5.18 (321.6)
SEDVLO. At illi sedulo sciscitabantur, quomodo hoc contigisset. 3.11 (150.16)
quique nouerant eam religiosi, . . . sedulo eam uisitare, obnixe amare, diligenter erudire solebant. 4.23 (253.31)
'Noui,' inquit, 'multum mihi esse necesse . . . pro meis erratibus sedulo Dominum deprecari.' 4.25 (265.2)
Ammonebat ergo illum sedulo, ut confiteretur, 5.13 (311.10)
Corripiebatur quidem sedulo a fratribus ac maioribus loci, 5.14 (313.31)
obsecrans sedulo, ut, cum patriam reuerteretur, per se iter facere meminisset. 5.19 (324.18)
SEDVLVS, a, um. **sedula.** sed multum sollicitus, ac mente sedula cogitans, 2.12 (109.31)
sedulae. deuotioni sedulae monachorum locus facultasque suppeteret. 3.24 (178.28)
sedulam. tam sedulam erga salutem nostrae gentis curam gesserit. 2.1 (79.27)
Vt coniugem ipsius, per epistulam, salutis illius sedulam agere curam monuerit. 2.11 (104.6)
sedulis. inmutauit piis ac sedulis exhortationibus inueteratam illam traditionem parentum eorum, 5.22 (346.29)
sedulo. multis annis episcopatum Geuissorum ex synodica sanctione solus sedulo moderamine gessit. 3.7 (141.31)
sedulus. aurem sedulus accommodas, Praef. (5.9)
sedulus hoc dispergere ac dare pauperibus curabat, 2.1 (77.19)
quae religio sequenda, sedulus secum ipse scrutari consuesset, 2.12 (110.27)
admonitus est coepto uerbi ministerio sedulus insistere, 3.19 (164.5)
coepit sedulus cogitare de actibus suis, 3.27 (193.3)
quaesiuit sedulus, quem ecclesiis Anglorum archiepiscopum mitteret. 4.1 (202.5)
monachicam in orationibus et continentia, et meditatione diuinarum scripturarum uitam sedulus agebat. 4.3 (211.20)
cuius essent fidei singuli, sedulus inquirebat, 4.17 (238.31)
Quod dum multo tempore sedulus exsequeretur, 4.25 (264.13)
ac monitis cauit, quae regula patrum Sedulus instituit; 5.19 (330.24)
SEGENI, *Abbot of Iona, 623–652.*
Segeni. Quo tempore eidem monasterio Segeni abbas et presbyter praefuit. 3.5 (135.20)
SEGENVS, *an Irish priest, probably the Segini identified above.*
Segeno. Cromano, Ernianoque, Laistrano, Scellano, et Segeno presbyteris; 2.19 (123.3)
SEGES. seges. ut illius frugis ibi potius seges oriretur. 4.28 (272.6)
mox copiosa seges exorta desideratam proprii laboris uiro Dei refectionem praebebat. 4.28 (272.8)
segete. Falcem enim iudicii mittere non potes in ea segete, 1.27 (53.16)
segetem. et quasi maturam segetem obuia quaeque metunt, 1.12 (26.31)
et segetem de labore manuum ultra tempus serendi acceperit. 4.28 (271.4)
segitem. et segetem [segitem] de labore manuum ultra tempus serendi acceperit. uar. 4.28 (271.4)
SEGNIS, e. **segni.** quo mox condito dant fortia segni populo monita, 1.12 (27.25)
segnis. Statuitur ad haec in edito arcis acies segnis, 1.12 (28.1)
SEGNITER. Qui cum crescente fidei feruore saeculo abrenuntiare disponeret, non hoc segniter fecit; 4.3 (208.4)
quod opus sibi iniunctum non segniter inpleuit. 4.23 (254.5)
SEGNITIA. segnitia. simul et insulae fertilitas, ac segnitia Brettonum; 1.15 (31.6)
segnitia. In tantum autem uita illius a nostri temporis segnitia distabat, 3.5 (136.8)
SEGNIVS. Neque aliquanto segnius minas effectibus prosequuntur. 1.15 (32.14)
SEGREGO. segregat. Nullus ab altithroni comitatu segregat agni, 4.20 (248.33)
segregati. in quantum dumtaxat tam longe a Romanorum loquella et natione segregati hunc ediscere potuissent. 5.21 (333.10)
SELÆSEV, *Selsey, Sussex.*
Selæseu. Aedilualch donauit . . . Vilfrido terram LXXXVII familiarum, . . . uocabulo Selæseu 4.13 (232.9)
qui erat abbas monasterii beatae memoriae Vilfridi episcopi, quod dicitur Selæseu; 5.18 (321.21)
SELLA. sella. Factumque est, ut uenientibus illis sederet Augustinus in sella. 2.2 (83.11)
SEMEL. ut semper in XL[ma] non plus quam semel in die reficeret, 3.27 (194.7)
Quod si semel susceptus noluerit inuitatus redire, 4.5 (216.16)
ut Kalendis Augustis in loco, qui appellatur Clofeshoch, semel in anno congregemur.' 4.5 (216.25)
raro praeter maiora sollemnia, uel artiorem necessitatem, plus quam semel per diem manducauerit; 4.19 (244.13)
quod causa diuini timoris semel ob reatum conpunctus coeperat, 4.25 (264.10)
in quo quicumque semel inciderit, numquam inde liberabitur in aeuum. 5.12 (308.22)
SEMEN. semen. In suggestione igitur peccati semen est, 1.27 (61.16)
semina. promittens . . . sanctae fidei semina esse sparsurum. 3.7 (139.14)
SEMIANTRVM. semiantrum. in cuius orientali angulo quasi quoddam naturale semiantrum est, 5.16 (317.15)
SEMIFRANGO. semifractarum. Cumque tempore hiemali defluentibus circa eum semifractarum crustis glacierum, 5.12 (310.21)
SEMINO. seminaret. quod dum praeparata terra tempore congruo seminaret, 4.28 (272.1)
seminat. hoc, quod malignus spiritus seminat in cogitatione, 1.27 (61.18)
SEMIS. et regni, quod per XXXIIII semis annos tenebat, filios tres, . . . reliquit heredes. 5.23 (348.18)
SEMITA. semitis. ipsi adhuc inueterati et claudicantes a semitis suis, et capita sine corona praetendunt, 5.22 (347.14)
SEMPER. 1.5 (16.17); 1.7 (19.23); 1.8 (22.19); 1.15 (33.2); 1.27 (57.26); 1.29 (63.27); 1.31 (67.8); 1.31 (67.13); 2.1 (75.8); 2.1 (79.14); 2.7 (94.10); 2.16 (118.18); 2.17 (118.31); 2.18 (120.22); 3.4 (134.11); 3.4 (135.3); 3.4 (135.7); 3.6 (138.9); 3.9 (145.24); 3.12 (151.19); 3.12 (151.24); 3.17 (162.8); 3.19 (167.10); 3.25 (185.29); 3.25 (187.9); 3.27 (194.6); 3.27 (194.14); 4.3 (209.33); 4.3 (210.9); 4.9 (222.2); 4.19 (244.14); 4.23 (256.25); 4.25 (264.8); 4.26 (266.17); 4.27 (268.29); 4.28 (273.27); 4.29 (275.2); 4.30 (276.27); 5.2 (283.19); 5.10 (300.8); 5.19 (324.11); 5.19 (325.11); 5.19 (329.14); 5.21 (333.8); 5.21 (337.1); 5.21 (337.3); 5.21 (338.34); 5.21 (343.22); 5.22 (348.9); 5.24 (357.13); 5.24 (360.6).
SEMPITERNVS, a, um. **sempiterna.** mox ad sempiterna animarum gaudia adsumtus in caelum, et electorum est sociatus agminibus. 4.14 (234.29)
sempiternae. in splendore gloriae sempiternae cohabitare, eius opitulante munificentia ualeatis. 2.10 (103.30)
sempiternam. quia sacrificium salutare ad redemtionem ualeret et animae et corporis sempiternam. 4.22 (252.9)
sempiterno. Christo uero regi pro sempiterno in caelis regno seruire gaudebant. 3.24 (180.25)

SENECTVS. senectute. Nam cum prae maiore senectute minus episcopatui administrando sufficeret, 5.6 (292.4)
senectutem. ad ultimam senectutem, eidem monasterio strenuissime, . . . praefuit. 4.10 (224.8)
SENEX. senex. et ipse senex ac plenus dierum, iuxta scripturas, patrum uiam secutus est. 2.20 (126.31)
et accepto episcopatu Parisiacae ciuitatis, ibidem senex ac plenus dierum obiit. 3.7 (141.4)
Theodorus beatae memoriae archiepiscopus, senex et plenus dierum, . . . defunctus est; 5.8 (294.20)
SENILIS, e. **senile.** corpus senile inter cotidiana ieiunia domabat, 5.12 (310.32)
SENIOR, ius. **senior.** Superest adhuc frater quidam senior monasterii nostri, 3.19 (167.15)
ut quidam de fratribus senior, . . . referret 4.7 (220.17)
seniorem. excitant seniorem elementis furentibus obponendum; 1.17 (34.22)
retulisse sibi quendam seniorem, baptizatum se fuisse die media a Paulino episcopo, 2.16 (117.22)
senioribus. propter quod et a senioribus et coaetaneis suis iusto colebatur affectu. 5.19 (323.8)
seniorum. seniorum traditione cognouerat; Praef. (6.13)
atque in conuentu seniorum rettulerit, quia nil prodesse docendo genti, . . . potuisset, 3.5 (137.6)
SENONES, *Sens.*
Senonum. Hadrianus perrexit primum ad Emme Senonum, et postea ad Faronem Meldorum episcopos, 4.1 (203.20)
SENSIBILITAS. sensibilitatem. nec sensibilitatem a suis factoribus potuit quolibet modo suscipere, 2.10 (103.11)
SENSVS. sensibus. ut perinde Christi euangelium, . . . uestris quoque sensibus inserentes, 2.10 (101.7)
infundens sensibus eius, quantum sit praeclarum, quod credendo suscepisti, mysterium, 2.11 (105.32)
sensibus. fugatis daemoniorum sensibus, 2.10 (103.27)
Quod equidem in uestrae gloriae sensibus caelesti conlatum 2.11 (104.21)
sensu. quo sensu unicuique fidelium sit aptandus, 2.1 (75.22)
mane sanato sensu egressus, 4.3 (212.13)
subito quasi leuiter obdormiens, sine ullo sensu doloris emisit spiritum. 4.11 (226.30)
sensum. oraculum caeleste, . . . non minimum ad suscipienda uel intellegenda doctrinae monita salutaris sensum iuuit illius. 2.12 (107.4)
recepi enim sensum animi mei.' 3.11 (150.16)
et mox uelut emoriens sensum penitus motumque omnem perdidi. 5.6 (290.13)
Haec de opusculis excerpta praefati scriptoris ad sensum quidem uerborum illius, . . . historiis indere placuit. 5.17 (319.27)
librum . . . male de Greco translatum, et peius a quodam inperito emendatum, prout potui, ad sensum correxi; 5.24 (359.8)
sensus. coepit cantare . . . uersus, quos numquam audierat, quorum iste est sensus: 4.24 (259.32)
Hic est sensus, non autem ordo ipse uerborum, 4.24 (260.6)
sensus. siue etiam ad formam sensus et interpretationis eorum superadicere curaui: 5.24 (357.23)
sensus. Vnde merito mouit haec quaestio sensus et corda multorum, 3.25 (182.21)
SENTENTIA. sententia. omniumque sententia prauitatis auctores, . . . sacerdotibus adducuntur 1.21 (41.4)
ut subtili sententia puniatur. 1.27 (56.31)
sententiam. Itaque regionis uniuersitas in eorum sententiam promta transierat. 1.17 (35.12)
cum ei iuxta praefinitam sententiam etiam ecclesiam licuerit intrare. 1.27 (59.19)
Quam sententiam definitionis nostrae Titillo notario scribendam dictaui. 4.5 (217.11)
Quisquis igitur contra hanc sententiam, . . . quoquo modo uenire, . . . nouerit se . . . separatum. 4.5 (217.14)
'Si omnimodis ita definitum est, neque hanc sententiam licet inmutari, 4.9 (223.28)
sed pessimam mihi scientiam [sententiam] certus prae oculis habeo.' uar. 5.13 (311.32)
Aequinoctium autem iuxta sententiam omnium Orientalium . . . XII Kalendarum Aprilium die prouenire consueuit, 5.21 (339.3)
sententiarum. multis sententiarum catholicarum milibus responderunt, 1.10 (24.4)
sententias. praecepit eum sententias longiores dicere, 5.2 (284.12)
SENTIO. senserint. et ea, quae senserint, non sibimet discrepando perficiant. 1.29 (64.11)
sensisset. cum . . . diem sibi mortis inminere sensisset, 4.11 (226.8)
sensit. cum euigilaret, sensit nescio quid frigidi suo lateri adiacere, 3.2 (130.29)
Resurgens autem sensit dimidiam corporis sui partem a capite usque ad pedes paralysis langore depressam, 4.31 (278.12)
sentiant. Quamuis de hac re diuersae hominum nationes diuersa sentiant, 1.27 (57.25)
recte sentiant, 1.29 (64.10)
sentiebat. Vnde ab omnibus, etiam his, qui de pascha aliter sentiebant, merito diligebatur; 3.25 (182.13)
sentiens. sanatam se ab illa corporis dissolutione sentiens, 3.9 (146.22)
sed et perditas dudum uires recepisse sentiens, 5.4 (287.25)
sentimus. ille melius . . . lingua Anglorum, quam ego per interpretem, potest explanare, quae sentimus.' 3.25 (184.18)
sentire. quod ipse dicere et sentire potuisti, 1.27 (54.5)
si et illi eadem cum illo sentire uellent, 2.13 (111.14)
sentirem. factumque est, ut exsufflante illo in faciem meam, confestim me melius habere sentirem. 5.6 (291.23)
sentirent. ut etiam temporalis interitus ultione sentirent perfidi, 2.2 (85.1)
sentit. sentit, ut ipse postea referre erat solitus, quasi magnam latamque manum caput sibi . . . tetigisse, 4.31 (279.3)
SEORSVM. seorsum fieri non debet a clericis suis in ecclesia Anglorum, 1.27 (48.28)
seorsum in tutiore loco consistere, 2.2 (84.7)
et locus quoque capitis seorsum fabrefactus ad mensuram capitis illius aptissime figuratus apparuit. 4.19 (246.26)
Erat enim haec ipsa hora . . . in extremis monasterii locis seorsum posita, 4.23 (258.21)
'Sed quia tua fraternitas,' inquit, 'monasterii regulis erudita seorsum fieri non debet a clericis suis, 4.27 (270.32)
SEPARATIM. Porro dies XIIII[a] extra hunc numerum separatim sub paschae titulo praenotatur, 5.21 (335.17)
SEPARO. separare. quod aptius multo sit, eius, . . . habitum uultus a tuo uultu Deo iam dicato separare; 5.21 (344.30)
separata. id est unius ferme miliarii et dimidii spatio interfluente Tino amne separata, 5.2 (283.10)
'Villa erat . . . non longe a monasterio nostro, id est duum ferme milium spatio separata; 5.4 (287.2)
separatum. nouerit se ab omni officio sacerdotali et nostra societate separatum. 4.5 (217.18)
SEPELIO. sepeliendis. ut ne sepeliendis quidem mortuis uiui sufficerent; 1.14 (30.11)
sepeliendus. positumque loculum iuxta eum, in quo sepeliendus poni deberet; 5.5 (288.16)
sepeliretur. ut ibi quoque sepeliretur, ubi non paruo tempore pro domino militaret. 4.29 (275.23)
sepeliri. in quo ipse rex et frequentius ad deprecandum . . . aduenire, et defunctus sepeliri deberet. 3.23 (175.3)
cupientes ad corpus sui patris, aut uiuere, . . . aut morientes ibi sepeliri. 3.23 (176.30)
monasterium beati Petri apostoli, ubi archiepiscopi Cantiae sepeliri, . . . solent. 4.1 (204.6)
sepeliuit. quem ad monasterium suum deferens, honorifice sepeliuit, 4.22 (250.23)
sepelliri. coepit facere in monasterio suo ecclesiam . . . in qua suum corpus sepelliri cupiebat. 3.8 (144.11)
sepulta. sed et cotidie a nobis perpetuo anathemate sepulta damnatur; 2.19 (123.31)
signum diuini miraculi, quo eiusdem feminae sepulta caro corrumpi non potuit, 4.19 (243.24)
non alibi quam in medio eorum, iuxta ordinem, quo transierat, ligneo in locello sepulta. 4.19 (244.25)
Et cum sedecim annis esset sepulta, 4.19 (244.28)
ut . . . pro aperto et hiante uulnere, cum quo sepulta erat, tenuissima tunc cicatricis uestigia parerent. 4.19 (245.35)
Sed et loculum, in quo primo sepulta est, nonnullis oculos dolentibus saluti fuisse perhibent; 4.19 (246.16)
sepulta. quia 'corpora ipsorum in pace sepulta sunt, 5.8 (294.28)
sepulti. rapti sunt de hac uita, et Eburaci in ecclesia sepulti. 2.14 (114.28)
in ecclesia sepulti sunt. 2.20 (126.7)
et multi alii nobiles in ecclesia sancti apostoli Petri sepulti sunt. 3.24 (179.12)

Romae, ubi beati apostoli Petrus et Paulus uixere, docuere, passi sunt, et sepulti, ... 3.25 (184.22)
sepultum. Cum ergo episcopum defunctum ac sepultum in prouincia Nordanhymbrorum audirent fratres, 3.23 (176.25)
sepultum. et in porticu illius aquilonali decenter sepultum est; 2.3 (86.6)
Sepultum est autem corpus uenerabile uirginis . . . in ecclesia beati protomartyris Stephani; . . . 3.8 (143.31)
atque in cymiterio fratrum sepultum est. 3.17 (160.11)
corpusque eius . . . Turonis delatum atque honorifice sepultum est. 4.18 (242.22)
et iuxta honorem tanto pontifici congruum in ecclesia beati apostoli Petri sepultum. 5.19 (322.23)
sepultus. uirum, qui ibi esset sepultus, ... 1.33 (71.3)
Sepultus uero est corpore in ecclesia beati Petri apostoli, ... 2.1 (79.4)
in porticu sancti Martini intro ecclesiam beatorum apostolorum Petri et Pauli sepultus, ... 2.5 (90.7)
iuxta prodecessorem suum Augustinum sepultus est 2.7 (93.30)
sepultusque est cum patribus suis in saepe dicto monasterio 2.7 (95.4)
quam successores eius usque hodie tenent, ubi et ipse sepultus est, ... 3.4 (133.31)
migrauit ad Dominum, sepultusque est in eadem ciuitate, ... 3.7 (140.2)
sepultusque est in secretario beati apostoli Andreae, ... 3.14 (154.18)
Qui primo quidem foris sepultus est; 3.23 (176.14)
Diuma, . . . qui apud Mediterraneos Anglos defunctus ac sepultus est; 3.24 (179.23)
et in monasterio, quod uocatur Pægnalaech, honorifice sepultus. 3.27 (192.7)
Lyccidfelth, in quo et defunctus ac sepultus est; 4.3 (207.9)
et sepultus est primo quidem iuxta ecclesiam sanctae Mariae; 4.3 (212.5)
corpusque . . . Turonis delatum atque honorifice sepultum [sepultus] est. . . . . . . uar. 4.18 (242.22)
in ecclesia beati apostoli Petri sepultus est. 5.1 (282.26)
sepultus est in porticu sancti Petri in monasterio suo, ... 5.6 (292.1)
qui in eius quoque ecclesia sepultus est; 5.7 (293.1)
sepultusque est in ecclesia sancti Petri, ... 5.8 (294.24)
Hadrianus . . . defunctus est, et in monasterio suo in ecclesia beatae Dei genetricis sepultus; . . 5.20 (331.3)
in qua etiam sepultus spem nobis post mortem beatae quietis tribuit, ... 5.21 (338.20)
Sepultus uero est in porticu sancti Pauli apostoli, ... 5.23 (348.28)

SEPERO. seperare. quod aptius multo sit, eius, . . . habitum uultus a tuo uultu Deo iam dicato separare [seperare]; . . . . uar. 5.21 (344.30)
seperata. id est unius ferme miliarii et dimidii spatio interfluente Tino amne separata [seperata], . uar. 5.2 (283.10)
non longe a monasterio nostro, id est duum ferme milium spatio separata [seperata]; . . . . uar. 5.4 (287.2)
seperatum. nouerit se ab omni officio sacerdotali et nostra societate separatum [seperatum]. . . uar. 4.5 (217.18)

SEPERATIM. Porro dies xiiii[a] extra hunc numerum separatim [seperatim] sub paschae titulo praenotatur, ... uar. 5.21 (335.17)

SEPISSIME. A tertia autem hora, quando missae fieri solebant, sepissime uincula soluebantur. . . . 4.22 (251.22)

SEPIVS. quod mihi reuerentissimus antistes Acca sepius referre, . . . solebat, ... 4.14 (233.3)
abbas fuit, quod et ante sepius facere consueuerat, ... 4.18 (241.10)
et pro absolutione animae eius sepius missas facere curauit. 4.22 (250.24)

SEPTEM. septem. qui prouinciae Derorum septem annis in maxima omnium rerum affluentia, . . . praefuit. 3.14 (155.1)
et rexit ecclesiam annos viiii, menses iiii [septem] et duos dies; . . . . uar. 3.20 (169.18)
cum essem annorum septem, cura propinquorum datus sum educandus reuerentissimo abbati Benedicto, 5.24 (357.7)
VII. quibus sibi per vii annos fortissime uindicatis ac retentis, ... 1.6 (17.21)
regnum adeptus, vii annis tenuit. 1.15 (30.29)
uenerunt, . . . vii Brettonum episcopi et plures uiri doctissimi, ... 2.2 (82.20)
cum in vii portiones esset cum praepositis sibi rectoribus monasterium diuisum, ... 2.2 (84.11)
intermissum est hoc aedificium annis vii, ... 3.8 (144.15)
in qua secretius cum paucis, id est vii siue viii, fratribus, . . . orare ac legere solebat. . . . 4.3 (207.13)
'Vade cito ad ecclesiam, et hos vii fratres huc uenire facito; 4.3 (209.5)
et post dies vii se redituros, ac me secum adducturos esse promiserunt.' 4.3 (209.34)
quod ipse annos xi et menses vii tenuit. 4.5 (217.23)
Rapta est . . . post annos vii, ex quo abbatissae gradum susceperat; 4.19 (244.22)
conuenientibus ad consecrationem eius vii episcopis, ... 4.28 (273.4)
portas, id est introitus, per tres [vii] e regione parietes habet, ... uar. 5.16 (318.5)
sepulchrum Domini . . . longitudinis vii pedum, trium mensura palmarum pauimento altius eminet; 5.16 (318.14)
"vii," inquit, "diebus azyma comedetis." 5.21 (334.29)
Sed ne putaremus easdem vii dies a xiiii[a] usque ad xx[am] esse computandas, ... 5.21 (334.32)
vii ergo dies azymorum, . . . ab initio, ut diximus, tertiae septimanae, . . . computari oportet. . 5.21 (335.12)
vii diebus fermentatum non inuenietur in domibus uestris." 5.21 (335.23)
Quis enim non uideat, a xiiii[a] usque ad xxi[am] non vii solummodo, sed octo potius esse dies, . . 5.21 (335.26)
ut non amplius tota sacra sollemnitas, quam vii tantummodo noctes cum totidem diebus conprehendat; 5.21 (335.32)
vii diebus azyma comedetis. 5.21 (336.32)
quia nimirum haec ad numerum pertinet illarum vii dierum, ... 5.21 (337.14)
sed uel totam eam, id est omnes vii legalium azymorum dies, uel certe aliquos de illis teneat. . . 5.21 (337.17)
Marcianus cum Valentiniano imperium suscipiens, vii annis tenuit, ... 5.24 (352.27)
In Cantica canticorum libros vii. 5.24 (358.5)
In Epistulas vii catholicas libros singulos. 5.24 (358.26)

SEPTEMBER, *September, of September.*
September. Namque diem nonamdecimam September habebat, ... 5.8 (295.14)
Septembres. Aidan non plus quam xii[o] post occisionem regis, quem amabat, die, id est pridie Kalendas Septembres, . . . praemia recepit. 3.14 (157.17)
Septembris. Conuenimus autem die xx[o]iiii[o] mensis Septembris, indictione prima, ... 4.5 (215.3)
Septembris. eclypsis facta est solis xviiii, Kal. Sep. circa horam diei tertiam, ... Cont. (361.7)
Septembrium. Quod factum est die xiii[a] Kalendarum Septembrium, anno regni eius nono, . . . 3.14 (155.23)
Obiit autem . . . pridie Kalendarum Septembrium. 3.17 (160.9)
et sedit in sede sua pridie Kalendarum Septembrium dominica; 5.8 (295.30)
luna sanguineo rubore perfusa, quasi hora integra ii. Kal. Febr. [Sept.] circa galli cantum, . . . uar.Cont. (361.11)

SEPTEM MILIA. VII milium. ab Aquilonaribus Merciis, quorum terra est familiarum vii milium. . . 3.24 (180.14)
habens terram familiarum vii milium, ... 4.13 (230.11)

SEPTENDECIM. XVII. conpletis annis episcopatus sui xvii erat in uilla regia 3.17 (159.26)
Seuerus imperator factus xvii annis regnauit, ... 5.24 (352.18)
Vulfheri rex Merciorum, postquam xvii annos regnauerat, defunctus, ... 5.24 (354.26)
X ac VII. et cum x ac vii annos eidem prouinciae pontificali regimine praeesset, ... 2.15 (117.1)
X et VII. Seuerus, . . . xvii ab Augusto imperium adeptus x et vii annis tenuit. 1.5 (16.16)
At uero Aeduini cum x et vii annis genti Anglorum . . . praeesset, ... 2.20 (124.14)
defuncto Felice Orientalium Anglorum episcopo post x et vii annos accepti episcopatus, ... 3.20 (169.4)
Praefuit autem rex idem genti Merciorum annis x et vii, ... 3.24 (180.26)
siquidem Aidan x et vii annis, Finan decem, Colman tribus episcopatum tenuere. 3.26 (189.22)
Nam Bonifatio post x et vii episcopatus sui annos defuncto, ... 4.5 (217.27)

SEPTENTRIO. septentrionem. Brittania . . . inter septentrionem et occidentem locata est, ... 1.1 (9.3)

SEPTENTRIONALIA, septentrionalia. protendens, usque contra Hispaniae septentrionalia, ... 1.1 (11.33)

SEPTENTRIONALIS, e. **septentrionale.** Et quia prope sub ipso septentrionali [septentrionale] uertice mundi iacet, . . . uar. 1.1 (10.30)
septentrionalem. ad cuius uidelicet sinus partem septentrionalem Scotti, . . . aduenientes . . . 1.1 (13.16)
accepit locum unius familiae ad septentrionalem plagam Viuri fluminis, . . . 4.23 (253.15)
septentrionales. quo meridiani et septentrionales Anglorum populi dirimuntur, . . . 1.25 (45.2)
septentrionales. gentes, quae septentrionales Brittaniae fines tenent, . . . 2.5 (90.1)
septentrionales. eiusque septentrionales oras intrasse, . . . 1.1 (11.27)
habitare per septentrionales insulae partes coeperunt, . . . 1.1 (12.11)
Naiton rex Pictorum, qui septentrionales Brittaniae plagas inhabitant, . . . abrenuntiauit errori, . . . 5.21 (332.15)
septentrionali. Et quia prope sub ipso septentrionali uertice mundi iacet, . . . 1.1 (10.30)
bini aestus oceani, qui circum Brittaniam ex infinito oceano septentrionali erumpunt, . . . 4.16 (238.18)
septentrionali. 'Ingressis a septentrionali parte urbem Hierosolymam, . . . 5.16 (317.22)
septentrionalis. Hoc etenim ordine septentrionalis Scottorum prouincia, . . . illo adhuc tempore pascha dominicum celebrabat, . . . 3.3 (131.21)
septentrionalium. cuius monasterium in cunctis pene septentrionalium Scottorum, . . . arcem tenebat, 3.3 (132.28)
uenit . . . Columba Brittaniam, praedicaturus uerbum Dei prouinciis septentrionalium Pictorum, . . 3.4 (133.9)
SEPTIMANA. septimana. Cumque una quadragesimae esset impleta septimana, . . . 5.2 (283.30)
Quibus item uerbis tota tertia septimana eiusdem primi mensis decernitur sollemnis esse debere. . 5.21 (334.31)
septimana. quia in omni septimana diem cum nocte ieiunus transiret. . . . 3.27 (193.15)
Qui dixit: 'Multum est, ut tota septimana absque alimento corporis perdures; . . . 4.25 (263.29)
ut pascha primo mense anni et tertia eiusdem mensis septimana, id est a XV^{a} die usque ad XXI^{am}, fieri deberet; . . . 5.21 (334.6)
ut in ipsa tertia septimana diem dominicam expectare, . . . debeamus. . . . 5.21 (334.8)
Itaque fit, ut numquam pascha nostrum a septimana mensis primi tertia in utramuis partem declinet; 5.21 (337.15)
tertia eiusdem mensis septimana facere praecipimur; . . . 5.21 (340.1)
septimanae. ceteris septimanae diebus ieiunus permaneret. . . . 4.25 (264.6)
XV^{a} luna, quae initium tertiae septimanae faciat, . . . 5.21 (334.26)
ab initio, ut diximus, tertiae septimanae, . . . computari oportet. . . . 5.21 (335.14)
Quia uero dies septimanae non aequali cum luna tramite procurrit, . . . 5.21 (337.5)
illam in pascha diem adsignent primam, . . . id est quartae primam septimanae. . . . 5.21 (338.30)
omnia, quae ad solis et lunae, mensis et septimanae consequentiam spectant, . . . recurrunt. . . . 5.21 (341.29)
septimanam. etiam si totam noctem stando in precibus peragere, si integram septimanam iubeas abstinendo transigere.' . . . 4.25 (263.27)
septimanis. ita ut tribus septimanis non posset de cubiculo, in quo iacebat, foras efferri. . . . 5.4 (287.4)
apparebantque mense Ianuario, et duabus ferme septimanis permanebant. . . . 5.23 (349.13)
SEPTIMVS, a, um. **septima.** Erat autem hora diei circiter septima, . . . 5.6 (290.23)
septima. et numquam in ebdomadae tertiae die septima ponant; . . . 5.21 (338.8)
septimo. hoc per dies ingrauescente, septimo, ut promissum ei fuerat, die, . . . aeterna gaudia petiuit. . 4.3 (210.3)
septimum. Quicumque comederit fermentum, peribit anima illa de Israel, a die primo usque ad diem septimum," . . . 5.21 (335.2)
Nam etsi saltim unum ex eis, hoc est ipsum septimum adprehenderit, . . . 5.21 (337.19)
septimus. septimus Osuiu frater eius, . . . Pictorum quoque atque Scottorum gentes, . . . perdomuit, . 2.5 (89.28)
"Dies autem," inquiens, "septimus erit celebrior et sanctior, . . . 5.21 (337.21)
qui erat annus septimus Osrici regis Nordanhymbrorum, . . . 5.23 (348.15)
VII. defunctus est VII Kalendas Iunias, eodem rege regnante.' . . . 2.3 (86.21)
Qui ordinatus est . . . anno dominicae incarnationis DCLXVIII, sub die VII. Kalendarum Aprilium, dominica. . . . 4.1 (203.8)
VII. VII. Interrogatio Augustini: . . . 1.27 (52.28)
VII. id est filio eius anno III, indictione VII, . . . 2.18 (122.8)
VII. VII. 'Vt bis in anno synodus congregetur. . . . 4.5 (216.22)
VII^{a}. peracto pascha, hoc est VII^{a} Iduum Maiarum die, Osric rex Nordanhymbrorum uita decessit, . . 5.23 (349.19)
VII^{mo}. Ordinatus est autem die VII^{mo} Kalendarum Aprilium, . . . 3.20 (169.17)
VII°. et Hlothario rege Cantuariorum, regni eius anno VII°; . . . 4.17 (239.11)
VII° ergo suae infirmitatis anno, . . . ad diem peruenit ultimum, . . . 4.23 (256.25)
SEPTIMVS DECIMVS, a, um. **septimo decimo.** Obiit autem septimo decimo episcopatus sui anno, . . 3.17 (160.8)
XVII. Seuerus, . . . XVII ab Augusto imperium adeptus . . . 1.5 (16.15)
XVII^{a}. Hoc autem bellum rex Osuiu . . . tertio decimo regni sui anno, XVII^{a} die Kalendarum Decembrium . . . confecit. . . . 3.24 (179.14)
Sin autem dominica . . . XVI^{a} aut XVII^{a} aut alia qualibet luna usque ad XXI^{am} esset uentura, . . . 3.25 (185.34)
XVII°. et Alduulfo rege Estranglorum, anno XVII° regni eius; . . . 4.17 (239.10)
SEPTINGENTESIMVS DVODETRICESIMVS, a, um. **DCCXXVIII.** annoque dominicae incarnationis DCCXXVIIII [DCCXXVIII.], . . . uar. 5.22 (347.25)
SEPTINGENTESIMVS NONAGESIMVS OCTAVVS, a, um. **DCCXCVIII.** Anno autem ab Vrbe condita DCCXCVIII . . . 1.3 (15.4)
SEPTINGENTESIMVS NONAGESIMVS SEPTIMVS, a, um. **DCCXCVII.** Anno autem ab Vrbe condita DCCXCVIII [DCCXCVII] . . . uar. 1.3 (15.4)
SEPTINGENTESIMVS NONVS, a, um. **DCCVIIII.** Anno DCCVIIII, Coenred rex Merciorum, postquam V annos regnauit, Romam pergit. . . . 5.24 (356.5)
SEPTINGENTESIMVS QVARTVS, a, um. **DCCIIII.** Anno DCCIIII, Aedilred, postquam XXXI annos Merciorum genti praefuit, . . . Coenredo regnum dedit. . . . 5.24 (355.20)
SEPTINGENTESIMVS QVINTVS, a, um. **DCCV.** Anno dominicae incarnationis DCCV Aldfrid, rex Nordanhymbrorum, defunctus est, . . . 5.18 (320.4)
Anno DCCV, Aldfrid rex Nordanhymbrorum defunctus est. . . . 5.24 (356.3)
SEPTINGENTESIMVS QVINTVS DECIMVS, a, um. **DCCXV.** hoc est usque ad annum dominicae incarnationis DCCXV . . . 3.4 (134.28)
SEPTINGENTESIMVS SEXTVS DECIMVS, a, um. **DCCXVI.** anno ab incarnatione Domini DCCXVI, . 5.22 (346.20)
Anno DCCXVI, Osred rex Nordanhymbrorum interfectus, . . . 5.24 (356.9)
SEPTINGENTESIMVS TERTIVS, a, um. **DCCIII.** Anno DCCIIII [DCCIII], Aedilred, . . . Coenredo regnum dedit. . . . uar. 5.24 (355.20)
SEPTINGENTESIMVS TERTIVS DECIMVS, a, um. **DCCXIII.** Anno DCCXVI [DCCXIII], Osred rex Nordanhymbrorum interfectus, . . . uar. 5.24 (356.9)
SEPTINGENTESIMVS TRICESIMVS PRIMVS, a, um. **DCCXXXI.** Anno dominicae incarnationis DCCXXXI, . . . 5.23 (349.28)
Hic est . . . status Brittaniae, . . . dominicae autem incarnationis anno DCCXXXI; . . . 5.23 (351.27)
Anno DCCXXXI, Berctuald archiepiscopus obiit. . . . 5.24 (356.16)
Anno DCCXXXI, Ceoluulf rex captus, . . . Cont. (361.1)
SEPTINGENTESIMVS TRICESIMVS QVARTVS, a, um. **DCCXXXIIII.** Anno DCCXXXIIII, luna sanguineo rubore perfusa, . . . Cont. (361.10)
SEPTINGENTESIMVS TRICESIMVS SECVNDVS, a, um. **DCCXXXII.** Anno DCCXXXII, Ecgberct pro Vilfrido Eboraci episcopus factus. . . . Cont. (361.4)
SEPTINGENTESIMVS TRICESIMVS TERTIVS, a, um. **DCCXXXIII.** Anno DCCXXXIII, eclypsis facta est solis . . . Cont. (361.6)

DCCXXXIII°. Anno DCCXXXIIII [DCCXXXIII°], luna sanguineo rubore perfusa, uar. Cont. (361.10)

SEPTINGENTESIMVS VNDECIMVS, a, um. **DCCXI.** Anno DCCXI, Berctfrid praefectus cum Pictis pugnauit. 5.24 (356.7)

SEPTINGENTESIMVS VNDETRICESIMVS, a, um. **DCCXXVIIII.** Annoque dominicae incarnationis DCCXXVIIII, 5.22 (347.25)

Anno dominicae incarnationis DCCXXVIIII apparuerunt cometae duae 5.23 (349.4)

Anno DCCXXVIIII, cometae apparuerunt, 5.24 (356.14)

DCCXXVIIII°. nuper, id est anno dominicae incarnationis DCCXXVIIII°, . . . migrauit ad regna caelestia. 3.27 (193.30)

SEPTINGENTESIMVS VICESIMVS PRIMVS, a, um. **DCC°XXI°.** sepultus est . . . anno ab incarnatione dominica DCC°XXI°. 5.6 (292.3)

SEPTINGENTESIMVS VICESIMVS QVINTVS, a, um. **DCCXXV.** Anno dominicae incarnationis DCCXXV, 5.23 (348.14)

Anno DCCXXV, Victred rex Cantuariorum obiit. 5.24 (356.13)

SEPTINGENTESIMVS VICESIMVS SECVNDVS, a, um. **DCCXXII.** Anno DCCXXV [DCCXXII], Victred rex Cantuariorum obiit. uar. 5.24 (356.13)

SEPTVAGINTA QVINQVE. LXXV. ut circuitus eius quadragies octies LXXV milia conpleat. 1.1 (9.9)

SEPTVAGINTA SEPTEM. LXXVII. cum esset annorum LXXVII, post annos circiter XXX et duos, ex quo ipse Brittaniam . . . adiit. 3.4 (134.1)

SEPTVAGINTA SEX. LXXVI. cum esset annorum LXXVII [LXXVI], uar. 3.4 (134.1)

SEPTVM. septis. quis aras et fana idolorum cum septis, quibus erant circumdata, primus profanare deberet; 2.13 (113.5)

iussit sociis destruere ac succendere fanum cum omnibus septis suis. 2.13 (113.20)

septum. sceptrum [septum] regni tenebat. uar. 4.3 (212.29)

SEPVLCHRVM. sepulchra. ubi sepulchra patriarcharum quadrato muro circumdantur, capitibus uersis ad Aquilonem; 5.17 (319.17)

sepulchra. egressae de oratorio famulae Christi, ad sepulchra fratrum, qui eas ex hac luce praecesserant, 4.7 (220.1)

sepulchri. sepulchri quoque unius teneret hospitium. 1.18 (36.29)

Est autem locus idem sepulchri tumba lignea in modum domunculi facta coopertus, 4.3 (212.16)

Color autem eiusdem monumenti et sepulchri albo et rubicundo permixtus uidetur. 5.16 (318.22)

quam intro ecclesiam sancti Andreae sibi ipse in locum sepulchri fecerat. 5.23 (349.1)

sepulchris. Quae item de loco ascensionis dominicae et sepulchris patriarcharum. 5.17 (318.23)

sepulchro. Pontificis summi hoc clauduntur membra sepulchro, 2.1 (79.13)

Cumque corpus sacrae uirginis ac sponsae Christi aperto sepulchro esset prolatum in lucem, 4.19 (245.9)

Cumque post tot annos eleuanda essent ossa de sepulchro, 4.19 (245.23)

Xriste, tui est operis, quia uestis et ipsa sepulchro inuiolata nitet: 4.20 (248.21)

cuius corpus in sepulchro benedicti patris Cudbercti ponentes, adposuerunt desuper arcam, 4.30 (277.22)

sepulchrum. sepulchrum Domini in eadem petra excisum, . . . eminet; 5.16 (318.13)

sepulchrum. iussit reuelli sepulchrum, 1.18 (36.26)

supra sepulchrum eius lux caelestis apparuit, 1.33 (71.1)

Et aperientes sepulchrum eius, 3.8 (144.20)

et accedens ad sepulchrum Osualdi, ibi reside, 3.12 (151.4)

Fecerunt autem ita, et aperientes sepulchrum, inuenerunt corpus totum, 4.30 (276.19)

XII lampades ardent, IIII intra sepulchrum, VIII supra in margine dextro. 5.16 (318.17)

SEPVLTVRA. sepultura. et de uita et obitu et sepultura eius. 4.3 (206.13)

sepulturae. Vt corpus illius post XI annos sepulturae sit corruptionis inmune reppertum; 4.30 (276.5)

transactis sepulturae eius annis XI, inmisit in animo fratrum, ut tollerent ossa illius, 4.30 (276.10)

Nam quando fratres sui corpus ipsius post multos sepulturae annos incorruptum reppererunt, 4.32 (280.5)

sepulturae. qui crudeliter interemtos sepulturae traderet. 1.15 (32.28)

et ab incolis loci ignobili traditus sepulturae; 1.33 (70.28)

Haec ubi corpus abbatissae uenerabilis in ecclesiam delatum, donec sepulturae daretur, cognouit, 4.9 (223.3)

SEQVAX. sequacibus. De patre autem uestro Columba et sequacibus eius, . . . possem respondere; 3.25 (187.25)

sequacium. uidit damnationem diaboli et sequacium eius; 5.14 (315.1)

SEQVENS. sequens. Cuius promissi et prophetiae ueritatem sequens rerum astruxit euentus; 4.29 (275.9)

sequente. Anno autem sequente uenit in prouinciam quidam sicarius uocabulo Eumer, 2.9 (98.33)

Quis sane pro Vighardo reppertus ac dedicatus sit antistes, libro sequente oportunius dicetur. 3.29 (199.6)

Anno post hunc sequente, hoc est anno dominicae incarnationis DCLXXX, 4.23 (252.15)

ordinatus autem anno sequente tertio die Kalendarum Iuliarum dominica 5.8 (295.27)

sequente. sequente dominica iussit ad se intrare pauperem, 5.2 (283.31)

neque ultra cessauit tota die illa et nocte sequente, quantum uigilare potuit, ut ferunt, . . . loqui 5.2 (284.13)

sequente. Baptizati sunt tempore sequente et alii liberi eius de Aedilberga regina progeniti, 2.14 (114.24)

Denique tempore sequente, cum praefata regina in eodem monasterio moraretur, 3.11 (149.3)

Sequente dehinc tempore fuit in eodem monasterio puerulus quidam, 3.12 (150.27)

quam tempore sequente reuerentissimus archiepiscopus Theodorus . . . dedicauit. 3.25 (181.8)

qui et ipse aeuo sequente Hiberniam gratia legendi adiit, 3.27 (192.22)

uerum presbyteri . . . ceteram plebem, uel tunc uel tempore sequente baptizabant. 4.13 (230.24)

seseque tempore sequente paenitentiam acturum esse promittebat. 5.13 (311.14)

sequentes. et totidem sequentes nobilius in monachica uita Domino consecrauit. 4.23 (252.23)

sequenti. qui cum die illo et nocte sequenti inter cadauera occisorum similis mortuo iaceret, 4.22 (249.26)

sequentibus. ut in sequentibus suo loco dicemus. 2.16 (117.18)

De quo plenius in sequentibus suo loco dicendum est. 3.4 (135.15)

rex erat uir bonus, et bona ac sancta sobole felix, ut in sequentibus docebimus. 3.7 (140.17)

regni apicem tenebat, ut in sequentibus dicemus. 3.11 (148.5)

de quibus in sequentibus suo tempore dicendum est; 3.18 (163.16)

cum Osuiu rex Christianus regnum eius acciperet, ut in sequentibus dicemus, 3.21 (171.1)

Quod temporibus Vulfheri regis, de quo in sequentibus dicemus, factum est. 3.21 (171.16)

Ceadda, qui postea episcopus factus est, ut in sequentibus dicemus. 3.23 (176.20)

Sebbi, . . . magna, ut in sequentibus dicemus, uitam fidelem felicitate conpleuit. 3.30 (199.22)

ac Romam abiens, ibi uitam finiuit, ut in sequentibus latius dicendum est. 4.12 (228.6)

Pecthelm, de quo in sequentibus suo loco dicendum est, 5.18 (320.13)

sequentis. idem annus sequentis regis, . . . regno adsignaretur; 3.1 (128.16)

sequentis. Anno memorato praefatae eclypsis et mox sequentis pestilentiae, 4.1 (201.4)

sequentium. in qua etiam sequentium archiepiscoporum omnium sunt corpora tumulata 2.3 (86.6)

Haec uilla tempore sequentium regum deserta, 2.14 (115.7)

ubi usque hodie sequentium quoque prouinciae illius episcoporum sedes est. 4.3 (207.10)

sequentium. quae et ad memoriam aedificationemque sequentium ab his, qui nouere, descripta habentur 4.7 (219.13)

et hunc synodalibus litteris ad instructionem memoriamque sequentium commendare curauit, 4.17 (239.3)

SEQVENTIA. sequentia. sicut Exodi sequentia patenter edocent; 5.21 (335.18)

SEQVESTRO. sequestrantur. prouinciis, quae Humbrae fluuio et contiguis ei terminis sequestrantur a borealibus, 2.5 (89.11)

sequestratae. eis quae arduis . . . montium iugis ab australibus eorum sunt regionibus sequestratae. 3.4 (133.11)

SEQVOR. secuta. nec mora pestis secuta est; 1.13 (29.8)

acrior gentem peccatricem ultio diri sceleris secuta est. 1.14 (30.15)

quaeue illos spernentes ultio secuta sit. 2.2 (81.9)
et illum, qui se uocauit, ad regnum caeleste secuta est. 4.8 (221.6)
fuga quoque tumoris horrendi secuta est; 5.3 (286.24)
deinde luna, sole ad uesperam occidente, et ipsa plena a medio secuta est orientis; 5.21 (339.22)
secutae. Quod exemplum secutae, 1.2 (14.25)
secutam. aestimans se in hac obseruantia sancti ac laude digni patris Anatolii scripta secutam. 3.3 (131.24)
secuti. qui eum gratia germanae caritatis ad regiam urbem secuti sunt, 2.1 (75.6)
quomodo ea, . . . Dei mandata probantur fuisse secuti. 3.25 (188.8)
Horum secuti exempla duo quidam presbyteri de natione Anglorum, . . . uenerunt ad prouinciam 5.10 (299.15)
secutum. et exterminium gentis secutum sit. 1.14 (29.13)
secutura. Vt in eodem monasterio puerulus moriens uirginem, quae se erat secutura, clamauerit; 4.8 (220.21)
secuturos. quos utique credo, . . . sic eius monita fuisse secuturos, 3.25 (188.6)
secuturum. Nec distulit Æduini, quin continuo polliceretur in omnibus se secuturum doctrinam illius, 2.12 (109.20)
secuturus. Cum uero et Laurentius Mellitum Iustumque secuturus ac Brittaniam esset relicturus, 2.6 (92.13)
secutus. et ipse senex ac plenus dierum, iuxta scripturas, patrum uiam secutus est. 2.20 (126.32)
quem ad locum quidem, quo decollandus erat, secutus est Vilfrid clericus illius, 5.19 (325.3)
sequaris. Regis ut aetherei matrem iam credo sequaris, 4.20 (248.13)
sequatur. si nulla peccati delectatio sequatur, 1.27 (61.12)
quid autem sequatur, quidue praecesserit, prorsus ignoramus. 2.13 (112.18)
Dona, Iesu, ut grex pastoris calle sequatur. 5.19 (330.28)
sequebantur. et adsertiones molestissimas lectionum testimonia sequebantur. 1.17 (35.31)
Quem uidelicet locum paulo ante eis, qui Scottos sequebantur, in possessionem monasterii dederat. 3.25 (183.3)
locum dederat pridem ad construendum inibi monasterium his, qui Scottos sequebantur. 5.19 (325.17)
sequebatur. In quo et exemplum sequebatur primi pastoris ecclesiae, 2.4 (86.30)
altera uespere sequebatur occidentem, 5.23 (349.7)
sequenda. insinuare caelestibus signis dignetur, quae sequenda traditio, 2.2 (81.31)
huius fides et operatio Deo deuota atque omnibus sequenda credatur.' 2.2 (82.2)
quid agendum sibi esset, quae religio sequenda, 2.12 (110.27)
Vnde si haec noua doctrina certius aliquid attulit, merito esse sequenda uidetur.' 2.13 (112.20)
sequendam. et hanc ab omnibus communiter esse sequendam; 3.25 (183.33)
nullam magis sequendam nobis amplectendamque iure dixerim ea, 5.21 (342.26)
sequendum. 'Hic autem, quem uobis sequendum monstramus, computus paschae decennouenali circulo continetur; 5.21 (341.7)
sequens. Ille enim in pascha suo regulam utique ueritatis sequens, 3.25 (187.15)
sequentes. Hos itaque sequentes, nos pie atque orthodoxe, iuxta diuinitus inspiratam doctrinam eorum professi credimus 4.17 (239.22)
sequentes. in tempore quidem summae festiuitatis dubios circulos sequentes, 3.4 (134.21)
sequerentur. quamdiu nullus aduenerat, qui eis instituti perfectioris decreta, quae sequerentur, ostenderet; 3.25 (188.4)
instituta quoque disciplinae regularis, . . . indefessa instantia sequerentur. 4.3 (209.12)
libentius, quae audire et intellegere poterant, operando sequerentur. 4.27 (269.31)
sequeretur. uel suae gentis auctoritate ne agnitum sequeretur deuictus, 3.17 (161.34)
qui esset ritus et unde originem ducens ille, quem ipse sequeretur. 3.25 (184.2)
unde initium haberet, uel qua hunc auctoritate sequeretur. 3.25 (184.13)
sequi. Vt Laurentius . . . Scottos unitatem sanctae ecclesiae maxime in pascha obseruando sequi monuerit, 2.4 (86.24)
semper eorum uitam, mores, et disciplinam sequi non desisto.' 3.25 (187.10)
et regulam ac praecepta caelestibus signis confirmata sequi perhibetis, 3.25 (187.27)
si audita decreta sedis apostolicae, . . . confirmata sequi contemnitis, 3.25 (188.10)
adsumtis his, qui se sequi uoluerunt, 3.26 (189.12)
oportet uestram celsitudinem, . . . piam regulam sequi perenniter principis apostolorum, 3.29 (197.26)
quam . . . grauiorem cum eis, qui eum ad ueritatem sequi nolebant, cogeretur habere discordiam. 5.15 (316.15)
qui catholicas ecclesiae regulas sequi semper, et amare didicerat. 5.19 (325.10)
beatissimi autem apostolorum principis, quantum mea paruitas sufficit, uestigia sequi desidero." 5.21 (344.23)
sicut facta uel monita cupis sequi, 5.21 (345.1)
sequimini. Qui respondebat: 'Si homo Dei est, sequimini illum.' 2.2 (82.28)
eos deos, . . . colentes sequimini, iudicio discreto repperire non possumus. 2.10 (103.1)
sequitur. Sequitur una uox omnium, 1.20 (39.8)
laborem magnum maior aeternae retributionis gloria sequitur. 1.23 (43.13)
sed in ea, quae hanc sequitur uitam, non solum omni spe coronae priuati, 5.21 (344.1)
sequuntur. Sequuntur aduersus ipsum accusationes malignorum, defensiones spirituum bonorum, 3.19 (166.10)
hunc tempore belli ducem omnes sequuntur, huic obtemperant; 5.10 (300.2)
SERA. **seris.** quae et ipsa muris turribus, portis, ac seris erant instructa firmissimis. 1.1 (10.28)
SERENITAS. **serenitas.** et statim quiescentibus uentis, serenitas maris uos laeta prosequetur, 3.15 (158.8)
sollicitus orationibus ac psalmis, donec serenitas aeris rediret, fixa mente uacaret. 4.3 (210.26)
positis nobis in medio mari, interrupta est serenitas, qua uehebamur, 5.1 (281.19)
serenitate. Hibernia . . . et salubritate ac serenitate aerum multum Brittaniae praestat, 1.1 (12.26)
redeunte temporum Christianorum serenitate, 1.7 (21.28)
Qua adridente pace ac serenitate temporum, 5.23 (351.18)
serenitatis. et praesentis solum serenitatis statum experta, 1.22 (41.29)
sed tamen paruissimo spatio serenitatis ad momentum excurso, 2.13 (112.15)
SERENVS, a, um. **serena.** tranquillitas serena subsequitur, 1.17 (34.27)
descendit pluuia serena, sed copiosa, 4.13 (231.19)
serenae. exemtum tenebris in auras me serenae lucis eduxit; 5.12 (307.8)
SERGIVS I, *Pope, 687–701.*
Sergio. pontificatum agente Sergio, baptizatus est die sancto sabbati paschalis 5.7 (292.23)
uixit . . . pontificante apostolico uiro domno Sergio papa anno secundo. 5.7 (294.3)
Sergius. Petrumque uocari Sergius antistes iussit, 5.7 (293.18)
cuius sedi apostolicae tunc Sergius papa praeerat, 5.11 (301.22)
Romam, cuius adhuc pontificatum Sergius habebat, 5.11 (302.32)
SERIES. **serie.** iam deinde congesta in ordinem serie lunae XIIII[ae] facillime posset ab omnibus sciri. 5.21 (341.15)
seriem. iussitque illum seriem sacrae historiae doceri. 4.24 (260.29)
successor eius Cyrillus seriem XC et V annorum in quinque decennouenalibus circulis conprehendit; 5.21 (341.19)
SERMO. **sermo.** diuinusque per eos sermo cotidie . . . praedicabatur; 1.17 (35.6)
miscebatur sermo proprius cum diuino, 1.17 (35.30)
constat, quia non est de Deo, neque nobis eius sermo curandus.' 2.2 (83.3)
Conuenit autem reuelationi . . . de obitu huius antistitis etiam sermo reuerentissimi patris Ecgbercti, 4.3 (211.16)
sermone. in loco, qui sermone Pictorum Peanfahel, . . . appellatur; 1.12 (26.25)
quae historicus eorum Gildus flebili sermone describit, 1.22 (42.3)
Implebatque actu, quicquid sermone docebat, 2.1 (79.17)
quae conscripta Anglorum sermone hactenus habentur, 2.5 (90.12)
sermone de Osualdo exorto, diceret, 3.11 (149.11)
quid erga salutem eorum, . . . esset agendum, salubri sermone docuit. 3.19 (167.5)

SERMO SERVO

sermone Scottico Inisboufinde, id est insula uitulae albae, nuncupatur. 4.4 (213.12)
eo maxime uictus sermone, quod famulus Domini Boisil, . . . praedixerat. 4.28 (272.30)
et egrediens dixit solito consolantium sermone: 5.5 (288.18)
nam et sermone nitidus, et scripturarum, ut dixi, tam liberalium quam ecclesiasticarum erat eruditione mirandus. 5.18 (321.9)
non est tibi pars neque sors in sermone hoc." 5.21 (343.1)
uitam . . . Cudbercti, et prius heroico metro et postmodum plano sermone, descripsi. 5.24 (359.11)
sermonem. latiorem in nostra historia ecclesiastica facere sermonem, ... 2.1 (73.9)
ita ut apostolicum illum do eo liceat nobis proferre sermonem: 2.1 (73.15)
de uita priorum patrum sermonem facerent, ... 4.3 (211.27)
Dixit, et, sicut antea, parum silens, ita sermonem conclusit: 4.9 (223.27)
Exponebantque illi quendam sacrae historiae siue doctrinae sermonem, ... 4.24 (260.21)
qui ne unum quidem sermonem umquam profari poterat; 5.2 (283.23)
de quibus apostolicum illum licet proferre sermonem, ... 5.22 (346.31)
sermones. qui praesentialiter uiderunt, et audierunt sermones eius, ... 4.17 (239.19)
si . . . mores sermonesque tuos in rectitudine ac simplicitate seruare studueris, ... 5.12 (309.3)
sermonibus. exclamauit auditis eius sermonibus dicens: 2.13 (112.26)
Curabat . . . omnibus opus uirtutum et exemplis ostendere, et praedicare sermonibus. 3.19 (167.11)
animaduerterunt, . . . ex uultu et habitu et sermonibus eius, quia non erat de paupere uulgo, . . 4.22 (251.4)
Haec . . . sed breuioribus strictisque conprehensa sermonibus, nostris ad utilitatem legentium historiis indere placuit. 5.17 (319.29)
sermonis. confestim benedictio et sermonis diuini doctrina profunditur. 1.21 (40.19)
multos et exemplo uirtutis, et incitamento sermonis, uel incredulos ad Christum conuertit, . . . 3.19 (163.31)
ad ecclesiam . . . audiendi sermonis Dei gratia confluebant; 3.26 (191.14)
SERO. serendi. et segetem de labore manuum ultra tempus serendi acceperit. 4.28 (271.4)
Quod dum sibi adlatum ultra omne tempus serendi, . . . eodem in agro sereret, ... 4.28 (272.7)
sereret. Quod dum sibi adlatum . . . ultra omnem spem fructificandi eodem in agro sereret, . . 4.28 (272.8)
SERPENS. serpens. nullus uiuere serpens ualeat; 1.1 (12.30)
quia et primam culpam serpens suggessit, ... 1.27 (61.6)
serpente. quibusdam a serpente percussis, ... 1.1 (13.2)
serpentes. nam saepe illo de Brittania adlati serpentes, ... 1.1 (12.31)
serpentes. incensus serpentes fugat, ... 1.1 (10.25)
SERPO. serpere. 'Contra Augustinum narratur serpere quidam 1.10 (24.10)
SERRA. serris. quae et ipsa muris turribus, portis, ac seris [serris] erant instructa firmissimis. . . uar. 1.1 (10.28)
SERVILIS, e. **seruile.** nullumque seruile opus fiet in eo"; 5.21 (337.22)
SERVIO. seruiebant. reges, . . . daemonicis cultibus inpune seruiebant. 2.5 (92.5)
seruiebat. et Christo seruire uideretur et diis, quibus antea seruiebat; 2.15 (116.8)
et eo adhuc tempore paganis cultibus seruiebat; 4.13 (230.12)
quae XXX et amplius annos dedicata Domino uirginitate, in monachica conuersatione seruiebat. . . 4.23 (257.7)
Seruiebat autem multum ebrietati, et ceteris uitae remissioris inlecebris; 5.14 (314.4)
seruiendi. Tota enim fuit tunc sollicitudo doctoribus illis Deo seruiendi, non saeculo; 3.26 (191.3)
seruiendo. orationibus uidelicet assiduis, uigiliis ac ieiuniis seruiendo, ... 1.26 (46.33)
seruiendum. monebat omnes et in salute accepta corporis Domino obtemperanter seruiendum, . . 4.23 (256.23)
seruiens. quod eatenus abominandis idolis seruiens, ... 2.11 (105.8)
sed in illa solum ecclesia Deo seruiens, ... 4.12 (228.20)
seruiens. Earcongotæ, . . . seruiens Domino in monasterio, ... 3.8 (142.13)
seruientes. sunt alii perplures hisdem in partibus populi paganis adhuc ritibus seruientes, . . . 5.9 (296.19)
seruientes. ne forte nos tempore aliquo carnis inlecebris seruientes, . . . repentina eius ira corripiat, . 4.25 (266.8)
seruierat. quomodo simplici ac pura mente tranquillaque deuotione Domino seruierat, ... 4.24 (262.13)
seruierunt. nisi . . . per auxilium eorum, qui illi fideliter seruierunt, propitiari dignatus fuerit. . . . 3.13 (153.16)
seruire. coeperunt illi mox idolatriae, . . . palam seruire, ... 2.5 (91.7)
idolatris magis pontificibus seruire gaudentes. 2.6 (93.17)
me potius iuuare uellent, qui illis inpensius seruire curaui. 2.13 (111.31)
ita ut in morem antiquorum Samaritanorum et Christo seruire uideretur et diis, ... 2.15 (116.7)
uitiorum potius inplicamentis, quam diuinis solebam seruire mandatis. 3.13 (153.8)
Christo uero regi pro sempiterno in caelis regno seruire gaudebant. 3.24 (180.25)
et ipsa semper in omni humilitate ac sinceritate Deo seruire satagebat, ... 4.9 (222.3)
uel potius mundo seruire non possent. 4.11 (225.29)
regem postulans, ut . . . in monasterio, tantum uero regi Christo seruire permitteretur; 4.19 (243.28)
Quae cum, relicto habitu saeculari, illi soli seruire decreuisset, ... 4.23 (253.1)
seruirent. qui illo in loco Domino seruirent. 3.23 (175.6)
quod oporteret eos, qui uni Deo seruirent, unam uiuendi regulam tenere, ... 3.25 (183.28)
seruiret. Cum ergo multis ibidem annis Deo solitarius seruiret, ... 4.28 (272.10)
In quo uidelicet monasterio cum aliquot annos Deo seruiret, ... 5.19 (323.10)
seruisti. es . . . liberandus a morte, et ad uisionem Domini Christi, cui fideliter seruisti, perducendus . 4.14 (234.22)
seruit. iam substratus sanctorum pedibus seruit oceanus, ... 2.1 (78.13)
seruiturum. promisit se, abrenuntiatis idolis, Christo seruiturum, ... 2.9 (99.26)
ex quo se Christo seruiturum esse promiserat. 2.9 (100.8)
seruiuimus. ut, cui simul in terris seruiuimus, ad eius uidendam gratiam simul transeamus ad caelos. . 4.29 (274.30)
seruiuit. quamuis nec idolis ultra seruiuit, ... 2.9 (100.7)
SERVITIVM. seruitio. ammonuitque coniugem, ut uel tunc diuino se seruitio pariter manciparent, . 4.11 (225.28)
inter plurimos gentis Anglorum, uel interemtos gladio, uel seruitio addictos, . . . Trumuini, . . . recessit 4.26 (267.16)
quippe qui quamuis ex parte sui sint iuris, nonnulla tamen ex parte Anglorum sunt seruitio mancipati. 5.23 (351.17)
seruitio. prior postea ab eodem Caedualla, . . . occisus est, et prouincia grauiore seruitio subacta. . . 4.15 (236.17)
Ioseph . . . cum seruitio absoluendus adtonsus esse legitur, ... 5.21 (342.13)
seruitium. pro accipiendis alimentorum subsidiis aeternum subituri seruitium, ... 1.15 (32.32)
seruitium Christi uoluntarium, non coacticium esse debere. 1.26 (47.29)
SERVITVS. seruitute. quos omnes ut baptizando a seruitute daemonica saluauit, ... 4.13 (232.25)
in qua percussis Aegyptiis Israel est a longa seruitute redemtus. 5.21 (334.29)
in qua populus Dei ab Aegyptia seruitute redemtus est, ... 5.21 (338.18)
seruitutis. etiam libertate donando humanae iugo seruitutis absoluit. 4.13 (232.27)
ut indicemus nos non cum antiquis excussum Aegyptiae seruitutis iugum uenerari, ... 5.21 (341.1)
quia tempore seruitutis intonsis in carcere crinibus manere solebat. 5.21 (342.14)
SERVO. seruabant. susceptamque fidem Brittani . . . quieta in pace seruabant. 1.4 (16.12)
seruabant utcumque reges, sacerdotes, priuati, ... 1.22 (41.26)
seruabat. tabernaculum, quod habitator inclusus seruabat, ... 1.19 (37.24)
episcopatum ecclesiae illius anno uno seruabat uenerabilis antistes Vilfrid, ... 4.29 (275.28)
gradum archiepiscopatus Honorius, . . . uir in rebus ecclesiasticis sublimiter institutus seruabat. . . 5.19 (323.27)
seruabitis. "Et seruabitis eum usque ad XIIII^am^ diem mensis huius; 5.21 (334.20)
seruanda. quid sibi esset faciendum, quae religio seruanda tractabat. 2.9 (100.16)
seruanda. de seruanda eas inuicem, immo cum omnibus pace euangelica ammoneret; 4.23 (256.29)

seruanda. Anglorum ecclesiis mandanda atque obseruanda [seruanda] deferret, uar. 2.4 (88.23)
Offa, iuuenis . . . suae genti ad tenenda seruandaque regni sceptra exoptatissimus. 5.19 (322.9)
seruando. suscipiendo fidem eius, et praecepta seruando, qui te . . . temporalis regni honore sublimauit; 2.12 (111.2)
seruandum. qui dominicum paschae diem a XIIII^{a} mensis primi usque ad XX^{am} putant lunam esse seruandum. 5.21 (337.32)
seruans. Hilarus archipresbyter et seruans locum sanctae sedis apostolicae, 2.19 (123.5)
item Iohannes primicerius et seruans locum sanctae sedis apostolicae, 2.19 (123.7)
sinceraque deuotione sacramenta fidei, quae susceperat, seruans. 4.14 (234.6)
seruant. et quae possident, ipsis seruant, quos irati insequi uidentur. 1.27 (50.13)
seruantur. loculo inclusae argenteo in ecclesia sancti Petri seruantur, 3.6 (138.30)
cum ossa eius inuenta, atque ad ecclesiam, in qua nunc seruantur, translata sunt. 3.11 (148.2)
seruare. ut ritum fidei . . . inuiolatum seruare licentiam haberet. 1.25 (45.25)
intemerata mentis sinceritate seruare, 2.8 (96.31)
sed fidem potius pollicitam seruare disponit; 2.12 (110.4)
sollicita intentione et adsiduis orationibus seruare omnimodo festinetis; 2.17 (119.16)
ratus est utilius tunc demissa intentione bellandi, seruare se ad tempora meliora. 3.14 (155.10)
'Optime omnibus placet, quaeque definierunt . . . nos quoque omnes alacri animo libentissime seruare.' 4.5 (215.27)
si . . . mores sermonesque tuos in rectitudine ac simplicitate seruare studueris, 5.12 (309.4)
ut ea, . . . in omnibus seruare contendas. 5.21 (345.15)
seruarent. ut uirtutem dilectionis et pacis ad inuicem et ad omnes fideles seruarent; 4.3 (209.8)
seruarentur. qui ad sedem apostolicam ritus ecclesiastici siue monasteriales seruarentur, 5.19 (323.14)
seruaret. ut fidem cultumque suae religionis . . . more Christiano seruaret. 2.9 (98.7)
ut uitam suam a tanti persecutoris insidiis tutando seruaret; 2.12 (107.22)
quod euangelica praecepta deuoto corde seruaret. 3.22 (173.25)
cum scita legis Mosaicae iuxta litteram seruaret, 3.25 (185.4)
seu raptos e mundo a perpetua animae damnatione seruaret. 4.14 (233.19)
seruaretur. fiebat, ut dominica paschae dies nonnisi a XV^{a} luna usque ad XXI^{am} seruaretur. 3.25 (186.3)
seruari. ut meminerimus facta et cogitationes nostras . . . ad examen summi Iudicis cuncta seruari; 5.13 (313.12)
ita omnibus annis idem primus lunae mensis eodem necesse est ordine seruari, 5.21 (339.24)
qui dudum quidem, hoc est ipsis apostolorum temporibus, iam seruari in ecclesia coepit, 5.21 (341.9)
seruat. qui nunc episcopalem Lindisfarnensis ecclesiae cathedram condignis gradu actibus seruat. 5.12 (310.8)
eandemque adhuc speciem ueluti inpressis signata uestigiis seruat. 5.17 (319.4)
seruata. Quae consuetudo per omnia aliquanto post haec tempore in ecclesiis Nordanhymbrorum seruata est. 3.26 (191.24)
seruata. quae hactenus in eodem monasterio seruata, et a multis iam sunt circumquaque transscripta. 4.18 (241.25)
seruatis. cuius uos honorem quaeritis et seruatis in gentibus. 1.32 (68.14)
seruato. in qua apparebat, cruore seruato, 1.18 (37.2)
atque seruato termino praeceptionis, aeternitatis subsistentia praemuniret. 2.10 (101.15)
seruatum. defuncti sunt, excepto uno pueruIo, quem orationibus patris sui a morte constat esse seruatum. 3.23 (176.34)
seruatum. Quod ergo naturae humanae ex omnipotentis Dei dono seruatum est, 1.27 (54.16)
feretrum eius caballarium, . . . seruatum a discipulis eius, . . . sanare non desistit. 4.6 (218.20)
seruatum. quod usque hodie apud Pictos constat esse seruatum. 1.1 (12.17)
seruatur. et seruatur adhuc in monasterio reuerentissimi abbatis et presbyteri Thryduulfi, 2.14 (115.21)
seruatus. gratulabatur ille, quod eatenus in carne seruatus est, 5.22 (348.8)
seruauerant. leuato in regem Vulfhere filio eiusdem Pendan adulescente, quem occultum seruauerant, 3.24 (180.22)
seruaui. relictis eis, quae tanto tempore cum omni Anglorum gente seruaui. 1.25 (46.10)
'Ego Dominus . . . adprehendi manum tuam, et seruaui, et dedi te in foedus populi, 3.29 (197.18)
seruauit. et ipsa Deo dilectam perpetuae uirginitatis gloriam in magna corporis continentia seruauit; 3.8 (144.7)
seruauit in porticu quodam ecclesiae, 3.19 (168.15)
Sebbi, magna fidem perceptam cum suis omnibus deuotione seruauit, 3.30 (199.22)
atque haec, usquedum ad eius uisionem peruenire meruit, intemerata seruauit. 4.23 (252.30)
seruemus. 'Vt sanctum diem paschae in commune omnes seruemus dominica post XIIII^{am} lunam mensis primi.' 4.5 (216.1)
seruentur. ut, quaeque decreta ac definita sunt . . . incorrupte ab omnibus nobis seruentur.' 4.5 (215.19)
seruetis. sed quid uobis cum illo, cum nec eius decreta seruetis? 3.25 (187.13)
SERVVS. **serue.** 'Euge, serue bone et fidelis; 2.18 (121.13)
serui. Laurentius, Mellitus, et Iustus episcopi, serui seruorum Dei. 2.4 (87.27)
seruis. Gregorius seruus seruorum Dei seruis Domini nostri. 1.23 (43.5)
seruis. Augustinum . . . cum aliis seruis Dei, 1.24 (44.8)
laudes Domino Saluatori una cum ceteris, qui ibi erant, seruis illius referebat.' 5.3 (286.26)
seruorum. Gregorius seruus seruorum Dei seruis Domini nostri. 1.23 (43.5)
Gregorius seruus seruorum Dei. 1.24 (44.2)
Gregorius seruus seruorum Dei. 1.28 (62.11)
Gregorius seruus seruorum Dei. 1.29 (63.17)
Gregorius seruus seruorum Dei. 1.30 (64.31)
Laurentius, Mellitus, et Iustus episcopi, serui seruorum Dei. 2.4 (87.27)
Viro glorioso Aeduino . . . Bonifatius episcopus seruus seruorum Dei. 2.10 (100.25)
Dominae gloriosae filiae Aedilbergae reginae, Bonifatius episcopus seruus seruorum Dei. 2.11 (104.14)
Æduino regi Anglorum Honorius episcopus seruus seruorum Dei salutem. 2.17 (119.1)
Domino excellenti filio Osuio regi Saxonum Vitalianus episcopus, seruus seruorum Dei. 3.29 (196.21)
seruos. inter quos, seruos et ancillas ducentos quinquaginta; 4.13 (232.24)
seruum. misit seruum Dei Augustinum . . . praedicare uerbum Dei 1.23 (42.20)
insinuantes latorem praesentium Augustinum seruum Dei, 1.24 (44.7)
seruus. Gregorius seruus seruorum Dei seruis Domini nostri. 1.23 (43.5)
Gregorius seruus seruorum Dei. 1.24 (44.2)
In hac ergo adplicuit seruus Domini Augustinus, 1.25 (45.10)
Gregorius seruus seruorum Dei. 1.28 (62.11)
Gregorius seruus seruorum Dei. 1.29 (63.17)
Gregorius seruus seruorum Dei. 1.30 (64.30)
Viro glorioso Aeduino . . . Bonifatius episcopus seruus seruorum Dei. 2.10 (100.25)
Dominae gloriosae filiae Aedilbergae reginae, Bonifatius episcopus seruus seruorum Dei. 2.11 (104.14)
Æduino regi Anglorum Honorius episcopus seruus seruorum Dei salutem. 2.17 (119.1)
et Iohannes seruus Dei, consiliarius eiusdem apostolicae sedis. 2.19 (123.8)
Domino excellenti filio Osuio regi Saxonum Vitalianus episcopus, seruus seruorum Dei. 3.29 (196.21)
'Parum,' inquit, 'est, ut mihi sis seruus ad suscitandas tribus Iacob, et feces Israel conuertendas. 3.29 (197.10)
SESCENTESIMVS DVODENONAGESIMVS, a, um. DCLXXXVIII. Anno DCLXXXVIII, Caeduald rex Occidentalium Saxonum Romam de Brittania pergit. 5.24 (355.13)
SESCENTESIMVS DVODEOCTOGESIMVS, a, um. DCLXXVIII. Anno dominicae incarnationis DCLXXVIII, . . . apparuit . . . cometa; 4.12 (228.27)
Anno DCLXXVIII, cometa apparuit; 5.24 (355.2)
SESCENTESIMVS DVODESEPTVAGESIMVS, a, um. DCLXVIII. Qui ordinatus est a Vitaliano papa anno dominicae incarnationis DCLXVIII, 4.1 (203.8)

Anno DCLXVIII, Theodorus ordinatur episcopus. 5.24 (354.18)
Anno DCLXX [DCLXVIII], Osuiu rex Nordanhymbrorum obiit. . . . . uar. 5.24 (354.19)
SESCENTESIMVS NONAGESIMVS, a, um. DCXC. Anno autem post hunc, . . . proximo, id est DCXC incarnationis dominicae, ... 5.8 (294.18)
Anno DCXC, Theodorus archiepiscopus obiit. 5.24 (355.15)
SESCENTESIMVS NONAGESIMVS OCTAVVS, a, um. DCXCVIII. Anno DCXCVIII, Berctred dux regius Nordanhymbrorum a Pictis interfectus. 5.24 (355.18)
SESCENTESIMVS NONAGESIMVS SECVNDVS, a, um. DCXC secundo. qui electus est quidem in episcopatum anno dominicae incarnationis DCXC secundo, ... 5.8 (295.25)
SESCENTESIMVS NONAGESIMVS SEPTIMVS, a, um. DCXCVII. Anno DCXCVII, Osthryd regina a suis, id est Merciorum, primatibus interemta. 5.24 (355.16)
SESCENTESIMVS NONAGESIMVS SEXTVS, a, um. DCXCVI. Quod ita, ut petierat, inpletum est, anno ab incarnatione Domini DCXCVI. 5.11 (303.2)
SESCENTESIMVS NONAGESIMVS TERTIVS, a, um. DCXCIII. anno ab Vrbe condita DCXCIII, . . 1.2 (13.21)
SESCENTESIMVS OCTOGESIMVS, a, um. DCLXXX. Anno post hunc sequente, hoc est anno dominicae incarnationis DCLXXX, ... 4.23 (252.16)
Anno DCLXXX, synodus facta in campo Haethfeltha 5.24 (355.6)
SESCENTESIMVS OCTOGESIMVS QVARTVS, a, um. DCLXXXIIII. Anno dominicae incarnationis DCLXXXIIII. Ecgfrid . . . uastauit misere gentem innoxiam, ... 4.26 (266.14)
SESCENTESIMVS OCTOGESIMVS QVINTVS, a, um. DCLXXXV. Quo uidelicet anno, qui est ab incarnatione dominica DCLXXXV., ... 4.26 (268.7)
Anno DCLXXXV, Ecgfrid rex Nordanhymbrorum occisus est. 5.24 (355.10)
SESCENTESIMVS PRIMVS, a, um. DCI. Anno DCI, misit papa Gregorius pallium Brittaniam Augustino 5.24 (353.18)
SESCENTESIMVS QVADRAGESIMVS, a, um. DCXL. Anno dominicae incarnationis DCXL, . . . 3.8 (142.3)
Anno DCXL, Eadbald rex Cantuariorum obiit. 5.24 (354.3)
SESCENTESIMVS QVADRAGESIMVS QVARTVS, a, um. DCXLIIII. Cuius anno secundo, hoc est ab incarnatione dominica anno DCXLIIII, ... 3.14 (154.14)
Anno DCXLIIII, Paulinus, quondam Eboraci, . . . antistes ciuitatis, migrauit ad Dominum. . . . 5.24 (354.5)
SESCENTESIMVS QVADRAGESIMVS SECVNDVS, a, um. DCXLII. Anno DCXLII, Osuald rex occisus. 5.24 (354.4)
SESCENTESIMVS QVADRAGESIMVS SEPTIMVS, a, um. DCXLVII. hoc est ab incarnatione dominica anno DCXLIIII [DCXLVII], ... uar. 3.14 (154.14)
SESCENTESIMVS QVARTVS, a, um. DCIIII. Anno DCIIII, Orientales Saxones fidem Christi percipiunt sub rege Sabercto antistite Mellito. 5.24 (353.22)
DCIIII^{mo}. Anno dominicae incarnationis DCIIII^{mo}, ... 2.3 (85.4)
SESCENTESIMVS QVINQVAGESIMVS PRIMVS, a, um. DCLI. Anno DCLI, Osuini rex occisus, et Aidan episcopus defunctus est. 5.24 (354.8)
SESCENTESIMVS QVINQVAGESIMVS QVINTVS, a, um. DCLV. Anno DCLV, Penda periit, et Mercii sunt facti Christiani. 5.24 (354.12)
SESCENTESIMVS QVINQVAGESIMVS SEXTVS, a, um. DCLVI. Anno DCLIII [DCLVI], Middilangli . . . fidei mysteriis sunt inbuti. . . . . uar. 5.24 (354.10)
SESCENTESIMVS QVINQVAGESIMVS TERTIVS, a, um. DCLIII. Honorius, . . . ex hac luce migrauit anno ab incarnatione Domini DCLIII, ... 3.20 (169.11)
Anno DCLIII, Middilangli sub principe Peada fidei mysteriis sunt inbuti. 5.24 (354.10)
SESCENTESIMVS QVINTVS, a, um. DCV. His temporibus, id est anno dominicae incarnationis DCV, . 2.1 (73.3)
Anno DCV, Gregorius obiit. 5.24 (353.24)
SESCENTESIMVS SEPTVAGESIMVS, a, um. DCLXX. Anno DCLXX, Osuiu rex Nordanhymbrorum obiit. 5.24 (354.19)
DCLXX^{mo}. Anno dominicae incarnationis DCLXX^{mo}, . . . Osuiu rex . . . pressus est infirmitate, ... 4.5 (214.11)
SESCENTESIMVS SEPTVAGESIMVS QVINTVS, a, um. DCLXXV. Anno DCLXXV, Vulfheri rex Merciorum, postquam XVII annos regnauerat, defunctus, ... 5.24 (354.25)
SESCENTESIMVS SEPTVAGESIMVS SEXTVS, a, um. DCLXXVI. Anno autem dominicae incarnationis DCLXXVI, cum Aedilred rex merciorum, . . . Cantiam uastaret 4.12 (228.7)
Anno DCLXXVI, Aedilred uastauit Cantiam. 5.24 (355.1)
SESCENTESIMVS SEPTVAGESIMVS TERTIVS, a, um. DCLXXIII. Anno DCLXXIII, Ecgberct rex Cantuariorum obiit; 5.24 (354.21)
DCLXX tertio. Facta est autem haec synodus anno ab incarnatione Domini DCLXX tertio, ... 4.5 (217.21)
SESCENTESIMVS SEXAGESIMVS QVARTVS, a, um. DCLXIIII. Anno DCLXIIII, eclypsis facta; . . 5.24 (354.14)
DCLXIIII^{o}. Facta est autem haec quaestio anno dominicae incarnationis DCLXIIII^{o}, ... 3.26 (189.19)
Eodem autem anno dominicae incarnationis DCLXIIII^{o}, facta erat eclipsis solis 3.27 (191.29)
SESCENTESIMVS SEXTVS DECIMVS, a, um. DCXVI. Anno ab incarnatione dominica DCXVI, . . 2.5 (89.4)
Anno DCXVI, Aedilberct rex Cantuariorum defunctus est. 5.24 (353.25)
SESCENTESIMVS TERTIVS, a, um. DCIII. bellum Aedilfrid anno ab incarnatione Domini DCIII, . . . perfecit; 1.34 (71.29)
Anno DCIII, pugnatum ad Degsastanæ. 5.24 (353.21)
SESCENTESIMVS TRICESIMVS QVARTVS, a, um. DCXXXIIII. id est anno dominicae incarnationis DCXXXIIII. 2.18 (122.9)
SESCENTESIMVS TRICESIMVS TERTIVS, a, um. DCXXXIII. occisus est Æduini . . . anno dominicae incarnationis DCXXXIII, ... 2.20 (124.23)
Anno DCXXXIII, Eduine rege peremto, Paulinus Cantiam rediit. 5.24 (354.1)
SESCENTESIMVS VNDENONAGESIMVS, a, um. DCLXXXVIIII. baptizatus est die sancto sabbati paschalis anno ab incarnatione Domini DCLXXXVIIII; 5.7 (292.25)
SESCENTESIMVS VNDEOCTOGESIMVS, a, um. DCLXXVIIII. Anno DCLXXVIIII, Ælfuini occisus. . 5.24 (355.5)
SESCENTESIMVS VNDEVICESIMVS, a, um. DCXVIIII. anno incarnationis dominicae DCXVIIII. . . 2.7 (94.7)
SESCENTESIMVS VICESIMVS QVARTVS, a, um. DCXXIIII. anno ab incarnatione Domini DCXXIIII, 2.7 (95.7)
qui est annus dominicae incarnationis DCXXVII [DCXXIIII], ... ? uar. 2.14 (113.30)
SESCENTESIMVS VICESIMVS QVINTVS, a, um. DCXXV. anno ab incarnatione Domini DCXXV; . . 2.9 (98.19)
Anno DCXXV, Paulinus a Iusto archiepiscopo ordinatur genti Nordanhymbrorum antistes. 5.24 (353.27)
SESCENTESIMVS VICESIMVS SEPTIMVS, a, um. DCXXVII. anno regni sui XI, qui est annus dominicae incarnationis DCXXVII, ... 2.14 (113.30)
Anno DCXXVII, Eduini rex baptizatus cum sua gente in pascha. 5.24 (353.31)
SESCENTESIMVS VICESIMVS SEXTVS, a, um. DCXXVI. Anno DCXXVI, Eanfled, filia Aeduini regis, baptizata cum XII in sabbato pentecostes. 5.24 (353.29)
SESCENTI, ae, a. DC^{tas}. ac DC^{tas} naues utriusque commodi fieri imperauit; 1.2 (14.3)
DC^{rum}. id est magnitudinis . . . familiarum DC^{rum}, ... 1.25 (45.6)
SESCENTI TRIGINTA. DC^{rum} et XXX. et in Calcedone DC^{rum} et XXX contra Eutychen, et Nestorium, et eorum dogmata; 4.17 (240.8)
SESSIO. sessionis. 'Ne me aestimes tuae mestitiae et insomniorum, et forinsecae et solitariae sessionis causam nescire; 2.12 (108.31)
SEV. Praef. (5.13); 1.27 (49.24); 1.27 (50.30); 1.27 (58.25); 1.31 (67.12); 2.9 (98.6); 2.11 (105.3); 2.12 (107.32); 2.19 (123.4); 3.5 (136.10); 4.14 (233.18); uar. 4.14 (234.17).
SEVERIANVS, *a Pelagian bishop.*
Seueriani. Seueriani episcopi Pelagiani filium, ... 1.17 (33.25)

SEVERINVS (*d.* 640 , *Pope.*
Seuerino. Iohannes, qui successori eiusdem Honorii Seuerino successit, ... 2.19 (122.21)
Seuerinum. Scripta, quae perlatores ad sanctae memoriae Seuerinum papam adduxerunt, ... 2.19 (123.10)
SEVERVS (146–211), *Roman Emperor, 193–211.*
Seuerum. uallum, quod Seuerum trans insulam fecisse commemorauimus, ... 1.11 (25.9)
Seuerus. Vt Seuerus receptam Brittaniae partem uallo a cetera distinxerit. 1.5 (16.13)
Seuerus, genere Afer Tripolitanus ab oppido Lepti, ... 1.5 (16.14)
Seuerus magnam fossam . . . a mari ad mare duxit. 1.5 (17.1)
ubi et Seuerus quondam uallum fecerat, ... 1.12 (27.19)
Seuerus imperator factus XVII annis regnauit, ... 5.24 (352.17)
SEVERVS (*d.* 455?), *Bishop of Trèves.*
Seuero. Germanus cum Seuero Brittaniam reuersus, ... 1.21 (39.28)
adiuncto sibi Seuero, totius sanctitatis uiro, ... 1.21 (40.4)
SEX. sex. hoc est sex solummodo aequinoctialium horarum; 1.1 (11.7)
in orientalibus suis partibus mari sex milium, ... 1.3 (15.26)
Gratianus . . . post mortem Valentis sex annis imperium tenuit, ... 1.9 (23.4)
Paulinus autem ex eo tempore sex annis continuis, . . . uerbum Dei, . . . praedicabat; 2.14 (114.17)
e quibus sex etiam ipse, ut diximus, Christi regno militauit, ... 2.20 (124.16)
et cessante episcopatu per annum et sex menses, ... 3.20 (169.12)
E quibus uidelicet possessiunculis sex in prouincia Derorum, sex in Berniciorum dedit. 3.24 (178.30)
Sponsa dicata Deo bis sex regnauerat annis, ... 4.20 (248.15)
et per sex continuos annos eadem molestia laborare non cessabat; 4.23 (256.17)
quarum de sex aetatibus saeculi una est; 5.24 (358.31)
VI. Gregorius, . . . rexit annos XIII, menses VI, et dies X. 1.23 (42.18)
XIII annos, menses VI, et dies X gloriosissime rexit, ... 2.1 (73.4)
Rex ipse, . . . cum V tantum aut VI ministris ueniebat, ... 3.26 (190.31)
habens monasteriolum permodicum . . . et in eo fratres V siue VI, ... 4.13 (231.4)
qui sedit annos XXXVII, menses VI, dies XIIII; 5.23 (350.1)
In Cantica canticorum libros VII [VI]. . . . . uar. 5.24 (358.5)
In euangelium Lucae libros VI. 5.24 (358.20)
SEXAGESIMVS, a, um. **sexagesimo.** Anno igitur ante incarnationem dominicam sexagesimo Gaius Iulius Caesar . . . Brittanias bello pulsauit, ... 5.24 (352.5)
LX^{mo}. ante uero incarnationis dominicae tempus anno LX^{mo}, ... 1.2 (13.22)
SEXAGINTA. LX. donec conpleto unde LX annorum numero, ... 3.24 (179.7)
SEXAGINTA SEX. LX et VI. Theodorus, . . . uir . . . aetate uenerandus, id est annos habens aetatis LX et VI. 4.1 (202.27)
LXVI. pro femina autem diebus LXVI debeat abstinere. 1.27 (54.23)
SEXBALD, *father of Suidhelm, King of Essex.*
Sexbaldi. Successit autem Sigbercto in regnum Suidhelm, filius Sexbaldi, ... 3.22 (174.15)
SEXBVRG, Saint (*d.* 699?), *Queen of Kent, and second Abbess of Ely.*
Sexburg. Cuius regis filia maior Sexburg, uxor Earconbercti regis Cantuariorum, habuit filiam Earcongotam, ... 3.8 (142.27)
Cui successit in ministerium abbatissae soror eius Sexburg, ... 4.19 (244.27)
SEXCENTI, ae, a. **sexcentarum.** Est autem Elge in prouincia Orientalium Anglorum regio familiarum circiter sexcentarum, ... 4.19 (246.29)
SEXTVS, a, um. **sexta.** inminente hora ipsius diei sexta, repente contingens oculum ita sanum cum palpebra inuenit, ... 4.32 (280.27)
sexto. ac sexto, quam profectus erat, mense Romam rediit, ... 1.3 (15.14)
Paulinus, . . . transiuit ad Dominum sexto Iduum Octobrium die; 3.14 (154.16)
Obiit autem Ceadda sexto die Nonarum Martiarum, ... 4.3 (212.4)
et Aedilredo rege Mercinensium, anno sexto regni eius; 4.17 (239.9)
sextus. sextus Osuald et ipse Nordanhymbrorum rex Christianissimus, hisdem finibus regnum tenuit; . 2.5 (89.26)
electus est archiepiscopus cathedrae Doruuernensis sextus Deusdedit 3.20 (169.14)
VI. Et ita una cum Hadriano VI. Kalendas Iunias Brittaniam missus est. 4.1 (203.10)
Peruenit autem Theodorus ad ecclesiam suam . . . sub die VI. Kalendarum Iuniarum, dominica, . . . 4.2 (204.14)
VI. VI. Interrogatio Augustini: 1.27 (52.3)
VI. VI: 'Vt episcopi atque clerici peregrini contenti sint hospitalitatis munere oblato; 4.5 (216.18)
VI^{a}. consuetudinem fecerunt . . . IIII^{a} et VI^{a} sabbati ieiunium ad nonam usque horam protelare. . . 3.5 (136.21)
VI°. anno imperii Marciani VI°, ... 1.21 (41.18)
VI^{us}. Deusdedit VI^{us} ecclesiae Doruuernensis episcopus obiit pridie Iduum Iuliarum; 4.1 (201.7)
SEXTVS DECIMVS, a, um. **XVI^{a}.** Sin autem dominica . . . XVI^{a} aut XVII^{a} aut alia qualibet luna usque ad XXI^{am} esset uentura, ... 3.25 (185.34)
qui a XVI^{a} die mensis saepedicti usque ad XXII^{am} pascha celebrandum magis autumant, ... 5.21 (338.9)
Nam cum a luna XVI^{a} primi mensis oriente, id est a uespera diei XV^{ae} pascha incipiendum doceant; . 5.21 (338.13)
SEXVS. sexui. omni aetati et sexui . . . accommodos. 1.1 (10.17)
ut ne sexui quidem muliebri, uel innocuae paruulorum parceret aetati, ... 2.20 (125.10)
sexus. uiditque ibi non paruam hominum multitudinem utriusque sexus, ... 1.7 (20.7)
aliique utriusque sexus diuersis in locis perplures, ... 1.7 (22.1)
SEXVVLF (*d.* 691?), *founder and Abbot of Medeshamstead (Peterborough); Bishop of Mercia.*
Sæxuulf. Vt deposito Vynfrido, Sæxuulf episcopatum eius acceperit, ... 4.6 (218.1)
Sexuulfum. et in loco eius ordinauit episcopum Sexuulfum, ... 4.6 (218.7)
diuertit ad Sexuulfum Merciorum antistitem, ... 4.12 (228.14)
Habebat enim ante Eadhaedum antistitem Sexuulfum, ... 4.12 (229.17)
SI. 1.1 (12.8); 1.7 (19.10); 1.7 (19.17); 1.7 (19.24); 1.7 (21.6); 1.12 (27.14); 1.15 (32.32); 1.23 (42.30); 1.27 (50.20); 1.27 (50.28); 1.27 (52.3); 1.27 (53.1); 1.27 (53.4); 1.27 (53.25); 1.27 (53.31); 1.27 (53.34); 1.27 (54.18); 1.27 (54.24); 1.27 (54.29); 1.27 (54.32); 1.27 (55.25); 1.27 (56.4); 1.27 (56.9); 1.27 (56.10); 1.27 (56.23); 1.27 (57.11); 1.27 (59.7); 1.27 (59.14); 1.27 (59.21); 1.27 (59.23); 1.27 (60.15); 1.27 (60.18); 1.27 (61.11); 1.27 (61.14); uar. 1.27 (61.16); 1.27 (61.28); 1.27 (61.30); 1.28 (62.14); 1.29 (63.31); 1.29 (64.2); 1.30 (65.10); 1.31 (67.11); 1.32 (68.33); 1.32 (69.1); 2.1 (77.32); 2.1 (77.33); 2.1 (80.28); 2.2 (82.28); 2.2 (82.32); 2.2 (83.5); 2.2 (83.16); 2.2 (83.24); 2.2 (83.25); 2.2 (83.28); 2.2 (83.29); 2.2 (84.19); 2.5 (91.15); 2.5 (91.25); 2.9 (98.8); 2.9 (98.27); 2.9 (99.3); 2.9 (99.26); 2.11 (105.21); 2.12 (107.15); 2.12 (107.29); 2.12 (108.4); 2.12 (108.12); 2.12 (109.6); 2.12 (109.13); 2.12 (111.4); 2.13 (111.13); 2.13 (111.29); 2.13 (111.31); 2.13 (112.19); 2.16 (118.6); 3.2 (131.1); 3.5 (136.1); 3.5 (136.4); 3.5 (136.5); 3.5 (136.13); 3.7 (141.25); 3.13 (153.9); 3.13 (153.20); 3.13 (153.22); 3.13 (153.24); 3.14 (156.10); 3.19 (167.1); 3.19 (168.20); 3.23 (176.29); 3.24 (177.25); 3.24 (177.27); 3.25 (185.29); 3.25 (188.8); 3.25 (188.14); 3.25 (188.16); 3.25 (188.25); 3.26 (190.32); 3.26 (191.8); 3.27 (193.13); 4.1 (202.21); 4.2 (205.24); 4.3 (209.29); 4.3 (210.8); 4.3 (210.18); 4.3 (210.21); 4.3 (210.23); 4.5 (214.16); 4.5 (215.23); 4.5 (216.16); 4.5 (217.3); 4.5 (217.5); 4.9 (223.24); 4.9 (223.27); 4.10 (224.28); 4.11 (225.21); 4.11 (227.6); 4.13 (230.5); 4.16 (237.5); 4.16 (238.1); 4.19 (243.17); 4.19 (244.14); 4.19 (245.10); 4.19 (246.25); 4.22 (249.24); 4.22 (250.20); 4.22 (250.33); 4.22 (251.8); 4.22 (251.20); 4.24 (260.22); 4.24 (261.29); 4.24 (261.33); 4.25 (263.26); 4.25 (263.27); 4.28 (271.11); 4.28 (272.4); 4.28 (273.23); 4.31 (278.23); 4.31 (278.24); 4.32 (280.28); 5.1 (282.1); 5.3 (285.30); 5.3 (286.14); 5.5 (288.12); 5.6 (289.27); 5.6 (291.1); 5.6 (291.5); 5.6 (291.14); 5.9 (296.22); 5.10 (299.18);

5.10 (300.12); 5.12 (306.31); 5.12 (309.3); 5.13 (313.18); 5.14 (313.29); 5.19 (324.8); 5.21 (333.23); 5.21 (333.25); 5.21 (334.12); 5.21 (335.26); 5.21 (337.1); 5.21 (339.26); 5.21 (339.31); 5.21 (340.8); 5.21 (344.4); 5.21 (344.15); 5.21 (344.26); 5.21 (345.10).

SIBE. Commissam namque sibi [sibe] plebem, et orationibus protegebat adsiduis, uar. 4.28 (273.15)

SIC. 1.12 (26.13); 1.15 (32.19); 1.20 (38.6); 1.25 (44.25); 1.27 (50.9); 1.30 (65.29); 1.32 (68.15); 2.2 (84.23); 2.2 (84.29); 2.5 (91.13); 2.9 (98.19); 2.9 (100.5); 2.12 (110.21); 2.17 (119.6); 3.2 (129.11); 3.5 (137.25); uar. 3.7 (139.25); 3.7 (141.10); 3.11 (150.22); 3.15 (158.19); 3.23 (175.23); 3.23 (176.29); 3.23 (177.7); 3.24 (177.30); 3.24 (180.24); 3.25 (186.2); 3.25 (186.31); 3.25 (187.17); 3.25 (187.20); 3.25 (188.6); 3.29 (197.29); 4.7 (220.10); 4.8 (221.2); 4.9 (223.18); 4.11 (227.4); uar. 4.13 (230.5); 4.13 (231.21); 4.14 (234.12); 4.19 (246.11); 4.24 (262.5); 4.24 (262.12); 4.25 (265.35); 4.30 (277.8); 5.2 (283.18); 5.2 (284.28); 5.6 (290.9); 5.6 (291.30); 5.10 (299.20); 5.10 (300.14); 5.12 (308.15); 5.12 (310.14); 5.12 (310.31); 5.13 (312.31); 5.19 (326.19); 5.19 (328.23); 5.19 (329.33); 5.21 (338.6); 5.21 (340.16); 5.21 (340.33); 5.21 (345.1); 5.21 (345.15); 5.22 (348.10).

SICA. sica. euaginata sub ueste sica, impetum fecit in regem. 2.9 (99.9)
alium de militibus, . . . sica nefanda peremit. 2.9 (99.17)
sicam. qui habebat sicam bicipitem toxicatam; 2.9 (99.3)

SICARIVS. sicarius. uenit in prouinciam quidam sicarius uocabulo Eumer, 2.9 (98.34)

SICCITAS. siccitatem. cui per siccitatem cruris usus uestigii negabatur. 1.21 (40.16)

SICCO. siccarentur. donec ex suo corpore calefierent et siccarentur. 5.12 (310.20)
siccato. illico siccato alueo, 1.7 (20.15)

SICCVS, a, um. **sicca.** ossa illius, quae . . . in puluerem redacto corpore reliquo sicca inuenienda putabant; 4.30 (276.13)

SICVBI. coepit abire, sicubi amicos, qui sui curam agerent, posset inuenire. 4.22 (250.3)

SICVT. 1.1 (11.4); 1.1 (11.31); 1.10 (24.3); 1.12 (28.7); 1.14 (30.22); 1.19 (37.9); 1.27 (50.10); 1.27 (51.33); 1.27 (54.35); 1.27 (56.27); 1.27 (56.27); 1.27 (58.9); 1.27 (59.26); 1.28 (62.16); 1.32 (69.9); 2.1 (74.6); 2.1 (75.8); 2.1 (76.7); 2.1 (76.25); 2.1 (77.27); 2.3 (85.28); 2.4 (87.28); 2.8 (96.16); 2.9 (97.15); 2.9 (98.29); 2.10 (103.24); 2.16 (118.5); 3.5 (137.26); 3.17 (161.12); 3.19 (164.26); 3.19 (166.3); 3.19 (166.21); 3.19 (166.30); 3.19 (167.10); 3.25 (185.28); 3.27 (192.30); 3.29 (196.26); 3.29 (197.6); 4.3 (210.15); 4.3 (212.25); 4.6 (218.18); 4.9 (223.26); 4.12 (228.18); 4.17 (239.17); 4.17 (240.17); 4.17 (240.23); 4.18 (241.19); 4.18 (242.10); 4.19 (243.12); 4.19 (245.11); 4.25 (264.5); 4.29 (274.6); 4.29 (275.19); 4.31 (279.15); 5.10 (299.20); 5.12 (308.1); 5.13 (313.3); 5.13 (313.23); 5.21 (335.9); 5.21 (335.17); 5.21 (337.4); 5.21 (339.18); 5.21 (339.20); 5.21 (339.25); 5.21 (342.5); 5.21 (342.22); 5.21 (343.7); 5.21 (345.1); 5.22 (347.10); 5.24 (358.2); uar. Cont. (361.8).

SIGBERCT (*d.* 637?), *King of East Anglia; established a school for boys.*
Sigberct. donec accepit regnum frater eiusdem Eorpualdi Sigberct, 2.15 (116.20)
regno Orientalium Anglorum, . . . Sigberct frater eius praefuit, 3.18 (162.15)
Verum dum adhuc Sigberct regni infulas teneret, 3.19 (163.23)
Sigbercti. De uita uel morte religiosi regis Sigbercti. 3.18 (162.13)
Sigbercto. locum monasterii, quem a praefato rege Sigbercto acceperat, 3.19 (164.10)
Sigberctum. rogauerunt Sigberctum ad confirmandum militem secum uenire in proelium. 3.18 (163.3)

SIGBERCT (*fl.* 626), *Sigberct the Little, King of Essex.*
Sigberctum. qui post Sigberctum cognomento Paruum regnauit, 3.22 (171.22)

SIGBERCT (*fl.* 653), *King of Essex after Sigberct the Little.*
Sigberct. Erat enim rex eiusdem gentis Sigberct, 3.22 (171.22)
Igitur rex Sigberct aeterni regni iam ciuis effectus, temporalis sui regni sedem repetiit, 3.22 (172.20)
Sigbercto. Haec . . . cum rex Osuiu regi Sigbercto amicali et quasi fraterno consilio saepe inculcaret, 3.22 (172.10)
Successit autem Sigbercto in regnum Suidhelm, 3.22 (174.14)
Sigbercto. Vt Orientales Saxones fidem, . . . sub rege Sigbercto, praedicante Ceddo, receperint. 3.22 (171.18)

SIGHARD (*fl.* 695), *King of Essex; son of Sebbi.*
Sighardo. Nam subito adstante episcopo, et filio regis eiusdem ac monachi Sighardo, 4.11 (227.11)

SIGHERI (*fl.* 665), *King of Essex; son of Sigberct the Little.*
Sigheri. prouinciae Orientalium Saxonum post Suidhelmum, . . . praefuere reges Sigheri et Sebbi, 3.30 (199.11)
Sigheri cum sua parte populi, . . . ad apostasiam conuersus est. 3.30 (199.13)
Orientalibus Saxonibus, quibus eo tempore praefuerunt Sebbi et Sigheri, quorum supra meminimus, 4.6 (218.14)
Sigheri. Venit autem cum illo et filius Sigheri regis Orientalium Saxonum, 5.19 (322.6)

SIGNACVLVM. signaculum. nam signaculum apostolatus eius nos sumus in Domino. 2.1 (73.17)

SIGNIFER. signifer. semper antecedere signifer consuesset; 2.16 (118.18)

SIGNIFER, fera, ferum. **signifer.** Tum subito Germanus signifer uniuersos admonet, 1.20 (39.5)

SIGNIFICO. significans. significans nimirum, quod ibidem caeleste erigendum tropaeum, 3.2 (129.23)
significat. nam lingua eorum daal partem significat. 1.1 (12.24)
Alcluith, quod lingua eorum significat petram Cluith; 1.12 (26.1)
litteras, in quibus significat se ei pallium direxisse, 1.29 (63.12)
congregata synodo . . . in loco, qui dicitur Adtuifyrdi, quod significat 'ad duplex uadum,' 4.28 (272.16)

SIGNO. signabat. Non enim ad otium, ut quidam, sed ad laborem se monasterium intrare signabat. 4.3 (208.10)
signando. signando sese, et spiritum suum in manus eius commendando 4.24 (262.17)
signans. Et signans se signo sanctae crucis reclinauit caput ad ceruical, 4.24 (262.10)
signando [signans] sese, et spirituum suum in manus eius commendando clauderet; uar. 4.24 (262.17)
signare. ei, quod signare possetis multiplicatis generationibus, 2.8 (95.31)
signarent. ut utroque tempore mala mortalibus inminere signarent. 5.23 (349.10)
signari. et flexa ceruice uel manu signari, uel ore illius se benedici gaudebant; 3.26 (191.10)
signata. eandemque adhuc speciem ueluti inpressis signata uestigiis seruat. 5.17 (319.3)
signatam. quam signatam reuocare in os, et loqui illum praecepit: 5.2 (284.2)
signemus. utque resurrectionis etiam nostrae, . . . spe nos certissima gaudere signemus. 5.21 (341.6)

SIGNVM. signa. quia idcirco haec signa de fine saeculi praemittuntur, 1.32 (69.21)
solent opera uirtutum et signa miraculorum usque hodie narrari. 3.8 (143.2)
in eis, quorum sanctitati caelestia signa, . . . praebuerunt; 3.25 (187.7)
sicut etiam nunc caelestium signa uirtutum indicio sunt. 4.6 (218.18)
In hoc etenim monasterio plura uirtutum sunt signa patrata, 4.7 (219.11)
Quae sint ostensa caelitus signa, 4.9 (221.27)
quae alia sint signa ostensa, in ipso libro, de quo haec excerpsimus, quisque legerit, inueniet. 4.10 (224.18)
In quo etiam loco signa sanitatum aliquoties facta meritis amborum testimonium ferunt, 4.30 (277.25)
signa. ac ueluti uictricia signa passim propalant, 1.8 (22.12)
pertimescas uero, ne inter signa, quae fiunt, infirmus animus . . . se eleuet, 1.31 (66.20)
signis. Et quicquid de faciendis signis acceperis, 1.31 (67.15)
'Obsecremus Deum, . . . ut ipse nobis insinuare caelestibus signis dignetur, 2.2 (81.31)
Qui cuius meriti fuerit, etiam miraculorum signis internus arbiter edocuit, 3.15 (157.21)
et regulam ac praecepta caelestibus signis confirmata sequi perhibetis, 3.25 (187.27)
Cum ergo uenerabilis Domini famulus . . . magnis uirtutum signis effulgeret, 4.27 (270.16)
signo. suscepto signo sanctae crucis, 2.10 (103.3)
et posito ibi signo, non multo post ascendit equum, 3.9 (146.12)
Et signans se signo sanctae crucis reclinauit caput ad ceruical, 4.24 (262.10)
signorum. pro cuius conuersione etiam faciendorum signorum dona percepisti. 1.31 (67.11)
sed etiam caelestium ostensione signorum gentem . . . perducebant. 2.1 (78.26)
signum. 'Cum hoc ergo tibi signum aduenerit, 2.12 (109.24)
Nec inmerito, quia nullum, ut conperimus, fidei Christianae signum, . . . erectum est, 3.2 (130.4)

signum diuini miraculi, quo eiusdem feminae sepulta caro corrumpi non potuit, indicio est, ... 4.19 (243.23)
signum. inposuit dexteram capiti eius et, an hoc signum agnosceret, requisiuit. 2.12 (110.29)
Osuald signum sanctae crucis erexit, ... 3.2 (128.28)
omni uitae suae tempore signum incendii, . . . portauit; 3.19 (167.6)
'In die illa radix Iesse, qui stat in signum populorum, ipsum gentes deprecabuntur.' 3.29 (197.7)
in cuius signum adoptionis duas illi prouincias donauit, ... 4.13 (230.17)
partem de capillis, quam . . . ostendere in signum miraculi possent. 4.32 (280.7)
et adprehendens eum de mento, signum sanctae crucis linguae eius inpressit, ... 5.2 (284.1)
ipsius passionis signum cum illo in uertice, summa uidelicet corporis nostri parte gestamus. . . . 5.21 (343.5)
signum sanctae crucis eius in fronte portare consueuit 5.21 (343.8)
SILENTIVM. silentia. Cudberct . . . ad anchoriticae quoque contemplationis, quae diximus, silentia secreta peruenit. 4.28 (271.7)
silentii. Illo enim saepius secretae orationis et silentii causa secedere consuerat; 3.16 (159.12)
silentio. ne uiderentur se ipsi silentio damnauisse. 1.17 (35.19)
Nec silentio praetereunda opinio, ... 2.1 (79.25)
uidit subito intempesta nocte silentio adpropinquantem sibi hominem . . . incogniti; 2.12 (108.21)
Inter quae nequaquam silentio praetereundum reor, ... 3.11 (147.30)
Vbi silentio praetereundum non esse reor, ... 4.16 (237.17)
quod nequaquam silentio praetereundum arbitror, ... 4.22 (249.23)
modicumque obdormiens ita cum silentio uitam finiuit. 4.24 (262.11)
Nec silentio praetereundum, quod ante triennium per reliquias eius factum, ... 4.32 (279.19)
Neque hoc praetereundum silentio, ... 5.6 (289.6)
Tum reuersus ad dilectae locum peregrinationis, solito in silentio uacare Domino coepit; 5.9 (298.23)
quam te audire ac silentio tegere uolo, donec sciam, quid de me fieri uelit Deus. 5.19 (329.8)
SILEO. silens. Rursumque modicum silens, tertio dixit: 4.9 (223.24)
Dixit, et, sicut antea, parum silens, ita sermonem conclusit: 4.9 (223.26)
silente. silente lectore coeperunt alterutrum requirere, quis esset ille Vilfridus episcopus. 5.19 (328.2)
sileret. ut multa illum, . . . uel horrenda uel desideranda uidisse, etiamsi lingua sileret, uita loqueretur. . 5.12 (304.26)
siluerat. mox eadem, quae nostri gratia modicum siluerat, tempestas rediit, ... 5.1 (282.19)
siluerunt. Scripta, . . . reciproca responsa ad ea, quae postulata fuerant, siluerunt. 2.19 (123.12)
siluimus. sed de hac re ad praesens siluimus. 4.5 (216.31)
SILVA. silua. in monasterio . . . Thryduulfi, quod est in silua Elmete. 2.14 (115.22)
siluarum. obtentu insuper siluarum munitum, ... 1.2 (14.28)
Erat . . . monasterium siluarum et maris uicinitate amoenum, ... 3.19 (164.12)
siluis. siluis sese abdidere, ... 1.2 (14.21)
qui se tempore discriminis siluis ac desertis abditisue speluncis occulerant, ... 1.8 (22.9)
pauperem uitam in montibus, siluis, uel rupibus . . . agebant. 1.15 (33.2)
Dicul, habens monasteriolum permodicum in loco, qui uocatur Bosanhamm, siluis et mari circumdatum, 4.13 (231.3)
SILVA DERORVM, *see* **IN SILVA DERORVM.**
SIMILIOR, ius. similius. inuenerunt corpus . . . integrum et flexibilibus artuum conpagibus multo dormienti quam mortuo similius; 4.30 (276.21)
SIMILIS, e. simile. His temporibus miraculum memorabile et antiquorum simile in Brittania factum est. 5.12 (303.27)
simile. uidique eleuatum de tumulo, . . . corpus sacrae Deo uirginis quasi dormientis simile. . . . 4.19 (245.32)
similem. repperi illam ingrediens uultu hilariorem, et uelut sospiti similem. 5.3 (286.12)
similes. similes ergo efficiuntur his, qui spem suae confidentiae ponunt in eis.' 2.10 (102.18)
simili. Eanfridum . . . simili sorte damnauit. 3.1 (128.9)
Ini, . . . simili prouinciam illam adflictione plurimo annorum tempore mancipauit. 4.15 (236.18)
similia. His similia et ceteri maiores natu ac regis consiliarii diuinitus admoniti prosequebantur. . . . 2.13 (112.21)
Quo haec et his similia dicente, ... 3.25 (184.10)
similibus. propter uictum militibus adferendum in expeditionem se cum sui similibus uenisse testatus est. 4.22 (250.11)
similis. qui cum die illo et nocte sequenti inter cadauera occisorum similis mortuo iaceret, ... 4.22 (249.27)
et multum merens ac damnato similis coepit narrare, ... 5.14 (314.14)
similis. inuenerunt . . . locellum de marmore albo pulcherrime factum, operculo quoque similis lapidis aptissime tectum. 4.19 (245.4)
SIMILITER. cum epistulis, quas idem pontifex . . . similiter et Aedilbercto regi atque genti Anglorum direxit. 2.4 (88.25)
SIMILITVDO. similitudine. intendens cuius rei similitudine tam praecipuum indumentum humeris tuis baiulandum susceperis. 2.8 (96.31)
similitudinem. hominem ad imaginem et similitudinem suam ex limo terrae plasmatum constituit, . . 2.10 (101.13)
quibus uidelicet artificium humanum adcommodans eis inanimatam membrorum similitudinem contulisti; 2.10 (102.24)
Est autem Elge in prouincia Orientalium Anglorum . . . in similitudinem insulae uel paludibus, ut diximus, circumdata uel aquis; 4.19 (246.29)
in similitudinem illius diu claudi, qui curatus ab apostolis Petro et Iohanne, exiliens stetit, . . 5.2 (284.17)
SIMILLIMVS, a, um. simillimum. inuentumque alium illi per omnia simillimum, putauit ipsum esse; . 4.22 (250.21)
simillimus. et ego, ut dixi, simillimus mortuo fierem. 5.6 (290.21)
SIMMACHVS (*fl.* 431), *Roman consul.*
Simmacho. Aetius . . . tertium cum Simmacho gessit consulatum. 1.13 (28.23)
SIMON, *Simon the Magician.*
Simonem. Ceterum tonsuram eam, quam magum ferunt habuisse Simonem, ... 5.21 (343.25)
Simonis. "Scias pro certo, frater mi dilecte, quia etsi Simonis tonsuram ex consuetudine patria habeam, 5.21 (344.20)
SIMONIACVS, a, um. simoniacae. cur [simoniacae], quem ille anathematizauit, tonsurae imaginem imitaris? . . . . uar. 5.21 (344.16)
simoniacam. simoniacam tamen perfidiam tota mente detestor ac respuo; 5.21 (344.21)
simoniacis. ut merito talem simoniacis et non Christianis habitum conuenire cognoscas; 5.21 (343.30)
simonicam. simoniacam [simonicam] tamen perfidiam tota mente detestor ac respuo; . . . . uar. 5.21 (344.21)
SIMPLEX. simplici. simplici tantum et cotidiano fratrum cibo contenti, nil ultra quaerebant. . . . 3.26 (191.1)
ut relictis omnibus, quae habebat, simplici tantum habitu indutus, . . . ueniret ad monasterium . . 4.3 (208.6)
simplici. quomodo simplici ac pura mente tranquillaque deuotione Domino seruierat, ... 4.24 (262.12)
Verum quia de uita illius . . . et uersibus heroicis, et simplici oratione conscripsimus, ... 4.28 (271.9)
simplicibus. hos pro diuina formidine sacerdotum ora simplicibus uerbis ligant, ... 2.1 (78.15)
simplicis. Erat enim puer multum simplicis ac mansueti animi, ... 4.14 (234.5)
simplicis. erat namque homo simplicis ingenii, ac moderatae naturae: 5.12 (310.27)
SIMPLICISSIMVS, a, um. simplicissimus. Mailros, quod . . . abbas Eata, uir omnium mansuetissimus ac simplicissimus, regebat, ... 4.27 (269.3)
SIMPLICITAS. simplicitate. qui simplicitate rustica, sed intentione pia Deum dilexerunt. 3.25 (188.1)
ordinauit uirum . . . uitae simplicitate contentum, ... 4.2 (206.7)
uerbis obscurioribus, . . . solita sibi simplicitate pandebat; 4.29 (274.9)
si . . . mores sermonesque tuos in rectitudine ac simplicitate seruare studueris, ... 5.12 (309.4)
simplicitatem. mirantes simplicitatem innocentis uitae, ... 1.26 (47.8)
atque ad simplicitatem fidei et caritatis, quae est in Christo, reuocari. 2.5 (92.9)
simplicitatis. Duxit autem uitam in magna . . continentiae, simplicitatis, et iustitiae perfectione. . 3.27 (194.1)

SIMPLICITER. simpliciter fidem historiae, quam legebam, accommodans, Praef. (7.33)
simpliciter ea, . . . ad instructionem posteritatis litteris mandare studuimus. Praef. (8.6)
sed quasi uerax historicus, simpliciter ea, quae de illo siue per illum sunt gesta, describens, 3.17 (161.14)
promittens se nil ei mali facturum pro eo, si simpliciter sibi, quis fuisset, proderet. 4.22 (251.8)
Respondebat ille simpliciter, erat namque homo simplicis ingenii, . . . 'Frigidiora ego uidi.' 5.12 (310.27)
Hanc historiam, . . simpliciter ob salutem legentium siue audientium narrandam esse putaui. 5.13 (313.24)
SIMVL. Praef. (5.19); Praef. (6.19); Praef. (6.32); Praef. (7.6); 1.9 (23.10); 1.15 (31.5); 1.15 (32.24); 1.21 (41.18); 1.22 (41.20); 1.23 (43.20); 1.25 (46.2); 1.26 (47.32); 1.27 (48.2); 1.27 (48.10); 1.29 (63.13); 1.30 (65.26); 1.32 (67.19); 1.33 (70.22); 2.4 (87.3); 2.6 (92.30); 2.9 (99.2); 2.12 (107.8); 2.12 (110.2); 2.16 (117.28); 2.19 (122.11); 2.20 (124.15); 3.8 (142.8); 3.13 (152.9); 3.14 (155.31); 3.17 (161.19); 3.17 (161.20); 3.19 (164.21); 3.21 (171.3); 3.24 (177.29); 3.24 (178.32); 3.24 (179.20); 3.24 (180.23); 3.27 (192.9); 4.1 (201.13); 4.1 (202.9); 4.2 (204.24); 4.3 (207.1); 4.3 (209.6); 4.9 (224.3); 4.12 (229.18); 4.13 (231.14); 4.14 (234.12); 4.14 (235.27); 4.16 (237.6); 4.23 (255.7); 4.25 (264.3); 4.26 (268.1); 4.26 (268.17); 4.27 (269.14); 4.27 (270.13); 4.29 (274.29); 4.29 (274.30); 4.29 (275.32); 5.1 (282.13); 5.4 (287.30); 5.6 (290.7); 5.7 (292.19); 5.8 (295.22); 5.9 (296.26); 5.9 (296.28); 5.11 (301.24); 5.12 (306.9); 5.12 (309.11); 5.19 (324.17); 5.19 (326.29); 5.19 (328.30); 5.20 (331.6); 5.21 (332.13); 5.21 (333.1); 5.21 (333.33); 5.23 (349.8); 5.24 (359.9).
SIMVLACRVM. **simulacra.** ad simulacra daemonum, quibus adsistebat, eum iussit pertrahi: 1.7 (19.6)
(quomodo simulacra, quae a daemonibus inuenta sunt, repudiare omnes, . . . necesse est), 3.25 (185.7)
coeperunt . . . adorare simulacra, quasi per haec possent a mortalitate defendi. 3.30 (199.19)
simulacris. quicumque his sacrificia simulacris obtulerit, 1.7 (19.29)
simulacrum. Pantheon uocabatur . . . quasi simulacrum esset omnium deorum; 2.4 (88.30)
SIMVLO. **simulantibus.** introductus est, simulantibus fugam hostibus, in angustias inaccessorum montium, 4.26 (266.30)
simulatam. et cum simulatam legationem ore astuto uolueret, 2.9 (99.8)
SIN. 1.27 (60.25); 2.2 (83.1); 2.2 (83.7); 2.5 (91.17); 3.25 (185.32); 4.28 (271.14); 5.21 (335.27).
SINA MONS, *Mount Sinai.*
Sina. quod in Sina monte Dominus ad populum locuturus 1.27 (59.5)
SINCERITAS. **sinceritate.** intemerata mentis sinceritate seruare, 2.8 (96.31)
atques a sinceritate fidei deprauatus habuit posteriora peiora prioribus; 2.15 (116.5)
haec pro fidei uestrae sinceritate, . . . adtribuere . . . praeuidemus; 2.17 (119.26)
ad exemplum uenerabilium patrum . . . in magna continentia et sinceritate proprio labore manuum uiuant. 4.4 (214.8)
et ipsa semper in omni humilitate ac sinceritate Deo seruire satagebat, 4.9 (222.3)
sinceritatis. satisque studium tuae sinceritatis amplector, Praef. (5.7)
SINCERVS, a, um. **sincera.** quibus pura in Deum fides, et caritas in proximum sincera est; 5.21 (342.21)
sincera. sinceraque deuotione sacramenta fidei, quae susceperat, seruans. 4.14 (234.5)
sinceram. eique, quod humana ualet condicio, mentis uestrae sinceram deuotionem exsoluitis. 2.17 (119.9)
SINDON. **sindone.** uidit manifeste quasi corpus hominis, . . . sindone inuolutum in sublime ferri, 4.9 (222.14)
SINE. 1.3 (15.11); 1.7 (19.20); 1.7 (20.8); 1.7 (20.12); 1.11 (24.27); 1.14 (30.4); 1.15 (32.26); 1.19 (37.27); 1.20 (39.20); 1.21 (40.13); 1.21 (40.24); 1.25 (45.16); 1.25 (45.16); 1.27 (52.5); 1.27 (52.9); 1.27 (52.17); 1.27 (55.2); 1.27 (55.15); 1.27 (56.13); 1.27 (56.14); 1.27 (56.18); 1.27 (57.30); 1.27 (57.32); 1.27 (61.20); 2.1 (79.24); 2.2 (84.24); 2.5 (92.1); 2.13 (112.33); 2.17 (119.28); 2.19 (124.2); 2.19 (124.4); 2.19 (124.6); 2.19 (124.8); 3.19 (168.23); 3.25 (188.26); 3.26 (190.23); 3.27 (192.17); 4.11 (226.25); 4.11 (226.30); 4.12 (228.9); 4.17 (240.20); 4.24 (260.9); 4.24 (261.34); 5.12 (305.12); 5.12 (305.32); 5.13 (313.2); 5.14 (314.25); 5.16 (317.14); 5.19 (328.26); 5.19 (328.27); 5.21 (337.29); 5.21 (340.24); 5.22 (347.6); 5.22 (347.14); 5.22 (347.15); 5.22 (347.32).
SINGILLATIM. sciscitabatur singillatim ab omnibus, qualis sibi doctrina haec eatenus inaudita, . . . uideretur. 2.13 (111.17)
SINGVLARIS, e. **singulare.** aperiens corda gentium ad suscipiendum praedicationis uestrae singulare mysterium. 2.8 (95.27)
singulari. monasticam saeculari [singulari] uitam praetulit. uar. 5.19 (322.30)
singularis. erat enim fabrili arte singularis. 5.14 (314.4)
singularis. hoc sibi gloriae singularis desiderans adipisci, 5.7 (292.16)
singularis. episcopos uidimus, et hos omnes singularis meriti ac sanctitatis uiros, 4.23 (254.23)
SINGVLI, ae, a. **singula.** et haec singula singulis tecta lapidibus instar basilicae dolatis; 5.17 (319.19)
ut, quid de his scribi debeat, quemue habitura sint finem singula, necdum sciri ualeat. 5.23 (349.26)
singula. ita ut per loca singula XII episcopos ordines, 1.29 (63.25)
'Et ego per singula tua responsa cognoueram, quia rusticus non eras, 4.22 (251.10)
Cumque singula litterarum nomina dicente episcopo responderet, 5.2 (284.9)
quibusque ibidem depositis, consequenter in eorum honorem, . . . singula quaeque loca dedicaret. 5.11 (301.30)
Pro qua etiam re singula uestrae dilectioni pallia pro eadem ordinatione celebranda direximus, 2.18 (121.25)
singulae. quod singulae earum ad modum humani femoris grossae, 1.2 (14.17)
Singulae uero possessiones X erant familiarum, id est simul omnes CXX. 3.24 (178.31)
singulas. ita ut ad singulas uerborum obiectiones errare se, 1.17 (35.32)
Si debeant duo germani fratres singulas sorores accipere, 1.27 (50.21)
qua discretione singulas quasque audientium instruere personas, 2.1 (76.17)
singuli. cuius essent fidei singuli, sedulus inquirebat, 4.17 (238.31)
singulis. quod diuidebatur singulis, prout cuique opus erat. 1.27 (49.7)
singulis. qui, . . . annis singulis eum uisitare, et monita ab eo perpetuae salutis audire solebat. 4.29 (274.15)
et haec singula singulis tecta lapidibus instar basilicae dolatis; 5.17 (319.19)
ut quod eatenus per Alexandriae pontificem singulis annis per omnes ecclesias mandari consuerat, 5.21 (341.14)
singulis. qui de singulis prouinciis siue locis sublimioribus, Praef. (8.15)
Ex singulis ergo quibusque ecclesiis, . . . elige; 1.27 (49.30)
singulis. Verum si de his singulis enucleatius ac latius audire desideras, 5.21 (334.12)
singulorum. singulorum casas ac lectos inspexi, 4.25 (265.9)
singulos. ac singulos domum redire praecepit a loco, qui uocatur Vilfarædun, id est mons Vilfari, 3.14 (155.12)
tamen iuxta merita operum singulos examinat; 3.19 (166.2)
inter parietes singulos latum habens spatium uiae, 5.16 (318.2)
In die ascensionis dominicae per annos singulos, missa peracta, ualidi flaminis procella desursum uenire consueuit, 5.17 (319.10)
In Epistulas VII catholicas libros singulos. 5.24 (358.26)
De natura rerum, et de temporibus libros singulos; 5.24 (359.24)
SINISTER, tra, trum. **sinistrae.** Latebant abditi sinistrae persuasionis auctores, 1.17 (35.12)
sinistri. Nuntiabant enim sinistri spiritus, 1.17 (34.32)
sinistri spiritus peruolantes totam insulam 1.21 (40.10)
SINO. **sinebatur.** ipsam tamen ledere nullatenus sinebatur. 3.17 (160.34)
sita. ad occidentem quidem Brittaniae sita; 1.1 (11.31)
Sita est autem haec insula contra medium Australium Saxonum et Geuissorum, 4.16 (238.14)
quae ad leuam nobis sita, 5.12 (305.1)
Bethleem ciuitas Dauid in dorso sita est angusto ex omni parte uallibus circumdato, 5.16 (317.12)
sitae. Meuanias Brettonum insulas, quae inter Hiberniam et Brittaniam sitae sunt, 2.5 (89.25)
sitam. uenerunt ad ciuitatulam quandam desolatam, non procul inde sitam, 4.19 (245.1)
situm. oppidum Cassobellauni inter duas paludes situm, 1.2 (14.27)
situs. quingentis fere passibus ab harena situs est, 1.7 (20.28)

de hac subtractus est luce, situsque ad limina apostolorum, ... 3.29 (198.11)
Et quia locus ipse super ripam fluminis erat situs, ... 5.12 (310.12)
SINVS. **sinibus.** duobus sinibus maris interiacentibus, ... 1.12 (25.28)
sinu. quo a Gallico sinu Brittanias usque tenditur, ... 1.17 (34.10)
qui legatus Galliam missus demersus est in sinu maris, ... 1.33 (70.27)
oblitus hoc alicubi deponere, permisit suo in sinu permanere. 3.2 (130.28)
sinum. misit hoc in sinum sibi. 3.2 (130.26)
sinus. Est autem sinus maris permaximus, ... 1.1 (13.12)
sinus. ad cuius uidelicet sinus partem septentrionalem Scotti, . . . aduenientes 1.1 (13.16)
sinus. Fecerunt autem eum inter duo freta uel sinus,. . . maris, ... 1.12 (26.18)
SINVS FARI, *Whitby; see* **STREANÆSHALCH.**
sinus Fari. Strenæshalc, quod interpretatur sinus Fari, ... 3.25 (183.16)
SION MONS, *see* **MONS SION.**
SION, *Sion.*
Sion. 'Videbitur Deus deorum in Sion.' 3.19 (164.33)
SIQVIDEM. 1.7 (18.7); 1.15 (32.14); 1.23 (42.13); 1.34 (71.24); 2.1 (75.29); 2.2 (83.34); 2.4 (87.13); 2.5 (90.26); 2.15 (116.32); 2.20 (125.6); 3.1 (127.11); 3.4 (133.4); 3.9 (145.2); 3.14 (155.7); 3.23 (176.20); 3.24 (178.1); 3.26 (189.22); 4.12 (227.23); 4.13 (230.7); 4.13 (231.10); 4.16 (237.20); 4.24 (259.12); 4.25 (263.10); 4.25 (265.7); 4.26 (266.25); 4.27 (270.22); 4.28 (271.18); 5.9 (296.26); 5.15 (315.15); 5.21 (332.25); 5.22 (346.20).
SIQVIS (SIQVI), siqua, siquid. **siqua.** 1.27 (53.3).
siqua. Praef. (8.4); 1.32 (69.19); 3.5 (136.23).
siquas. 1.28 (62.20).
siqui. 1.1 (12.9); 2.12 (109.1); 3.19 (165.6); 3.25 (188.5); 4.3 (209.3); 5.17 (319.31).
siqui. 1.27 (49.3); 1.27 (51.32); 3.21 (170.28).
siquid. 1.25 (45.31); 3.4 (135.13); 3.26 (190.25); 4.29 (275.17).
siquid. uar. 1.27 (49.34).
siquis. 1.14 (30.2); 1.27 (49.34); 1.27 (55.17); 1.27 (58.23); 3.26 (191.14).
siquo. 4.23 (253.4).
siquos. 3.5 (136.25); 5.9 (296.20).
SITIO. **sitiebat.** ut caelum tantum ex ea, cuius introitum sitiebat, aspicere posset), ... 4.28 (272.13)
sitientibus. ut sacerdotum doctrinam sitientibus desideriis sectarentur. 1.18 (36.19)
sitire. Esurire namque, sitire, aestuare, . . . ex infirmitate naturae est. 1.27 (55.32)
sitiret. misit puer ad dominum suum, rogans sibi poculum uini mittere, quia sitiret. 5.5 (288.21)
SITIS. **sitim.** Et quid est aliud . . . contra sitim potum, ... 1.27 (55.34)
SITVS. **situ.** De situ Brittaniae uel Hiberniae, ... 1.1 (9.1)
quarum prior, . . . et situ amplior, et frugum prouentu atque ubertate felicior, ... 2.9 (97.17)
De situ etiam Chebron et monumentis patrum ita scribit:— 5.17 (319.13)
ita ut pene totus orbis solis quasi nigerrimo et horrendo scuto [situ] uideretur esse coopertus. . uar. Cont. (361.8)
SIVE. Praef. (5.10); Praef. (5.12); Praef. (5.15); Praef. (6.2); Praef. (6.15); Praef. (6.16); Praef. (6.29); Praef. (8.10); Praef. (8.15); 1.1 (9.14); 1.1 (11.9); 1.7 (21.27); 1.15 (30.30); 1.18 (36.5); 1.21 (39.30); 1.22 (42.4); 1.27 (49.24); 1.27 (50.30); 1.27 (58.25); 1.31 (67.12); 2.2 (81.11); 2.9 (98.6); 2.12 (107.31); 2.16 (118.17); 2.19 (122.16); 2.20 (126.30); 3.1 (127.14); 3.2 (129.18); 3.5 (136.9); 3.5 (136.17); 3.5 (136.22); 3.12 (151.23); 3.17 (161.14); 3.17 (161.27); uar. 3.17 (161.27); 3.18 (163.12); 3.24 (178.16); 3.25 (189.4); 3.26 (191.12); 3.27 (193.7); 3.27 (194.3); 3.29 (197.27); 3.30 (199.16); 3.30 (199.17); 3.30 (200.3); 4.3 (207.13); 4.3 (209.11); 4.3 (212.12); 4.3 (212.21); 4.12 (229.8); 4.13 (230.6); 4.13 (231.4); 4.13 (231.16); 4.14 (233.11); 4.14 (233.12); 4.14 (233.17); 4.14 (234.17); 4.14 (235.3); 4.14 (235.4); 4.19 (245.11); 4.19 (246.5); 4.19 (246.19); 4.23 (254.3); 4.23 (256.23); 4.24 (260.21); 4.27 (269.4); 4.31 (278.9); 5.12 (307.20); 5.12 (310.23); 5.13 (313.9); 5.13 (313.13); 5.13 (313.14); 5.13 (313.24); 5.18 (320.11); 5.18 (320.15); 5.18 (320.20); 5.19 (323.14); 5.19 (326.29); 5.21 (335.8); 5.21 (336.7); 5.24 (357.22); 5.24 (359.22); 5.24 (359.23); 5.24 (359.28).
SOBOLES, *see* **SVBOLES.**
SOBRIETAS. **sobrietatis.** Sobrietatis amor multus in orbe uiget. 4.20 (248.4)
SOBRIVS, a, um. **sobria.** Multus in orbe uiget per sobria corda triumphus, ... 4.20 (248.3)
SOCIABILIS, e. **sociabilis.** Candidus inter oues Christi sociabilis ibit; 5.7 (293.27)
SOCIETAS. **societate.** ne paganorum possent societate pollui, ... 2.9 (98.14)
hos quoque unitas fidei etiam post huius uitae transitum in perpetua societate conseruet. 2.11 (105.29)
nouerit se ab omni officio sacerdotali et nostra societate separatum. 4.5 (217.18)
et sollemnia Christi sine ecclesiae Christi societate uenerantur. 5.22 (347.16)
societatem. adsumtis in societatem ordinationis duobus de Brettonum gente episcopis, ... 3.28 (195.11)
donec regulariter institutae in societatem congregationis susciperentur. 4.23 (258.23)
societatis. ut perinde intemerato societatis foedere iura teneas maritalis consortii. 2.11 (105.18)
quam ipse uelut noua quadam relucente gratia ecclesiasticae societatis et pacis Christo consecrauerat; . . 5.22 (347.23)
SOCIO. **sociare.** unitati se sanctae Christi ecclesiae credendo sociare. 1.26 (47.24)
sociari. posset eorum numero sociari, de quibus ait psalmus: 5.13 (313.21)
sociatis. Quibus depositis honorifice atque sociatis, ... 1.18 (36.30)
sociatis. fidei uestrae religionis praedicando societis [sociatis].' . . . . uar. 1.25 (46.18)
sociatus. mox ad sempiterna animarum gaudia adsumtus in caelum, et electorum est sociatus agminibus. 4.14 (234.31)
solutus a carne, et beatorum est regno sociatus in caelis. 5.7 (292.27)
eiusque consilio ac suffragiis praefato fuerat monasterio sociatus, ... 5.19 (323.20)
sociauit. Huius ergo comitatui rex sociauit Vilfridum, ... 5.19 (323.33)
societis. fidei uestrae religionis praedicando societis.' 1.25 (46.18)
SOCIVS. **socii.** tandem fraude Allecti socii sui interfectus est. 1.6 (17.22)
socii. Augustinus, et socii eius, uiri, ut ferunt, ferme XL. 1.25 (45.11)
quia sanctus Augustinus et socii eius non sola praedicatione uerborum, . . . perducebant. 2.1 (78.24)
Tu autem et socii tui, . . . absque dubietate peccatis. 3.25 (188.8)
et omnes socii ipsorum uel mortalitate de saeculo rapti, uel per alia essent loca dispersi, ... 3.27 (192.27)
omnes pene qui cum eo aduenerant socii, pestilentia superueniente deleti sunt. 4.1 (202.2)
et ut socii eius Heuualdi sint martyrium passi. 5.10 (298.28)
ut haec contra impetum fluuii decurrentis, . . . ad ea usque loca, ubi illorum erant socii, transferrentur. 5.10 (300.31)
sociis. quia et hoc sociis, quos derelinquere cogebantur, ... 1.12 (27.16)
ualedicunt sociis tanquam ultra non reuersuri. 1.12 (27.30)
iussit sociis destruere ac succendere fanum cum omnibus septis suis. 2.13 (113.19)
sociis. iussit Augustinum cum sociis ad suum ibidem aduenire colloquium. 1.25 (45.28)
qui est annus XXI, ex quo Augustinus cum sociis ad praedicandum . . . missus est, ... 2.5 (89.5)
et apud regem illius familiariter cum sociis habitare cognouit, ... 2.12 (107.25)
ceteris eius sociis pro causa oportuna ad ecclesiam reuersis. 4.3 (207.27)
digressis ad ecclesiam sociis, ut dicere coeperam, ... 4.3 (208.18)
ubi aeque anno uno monachicam cum perpaucis sociis uitam agebat. 4.23 (253.16)
ferorque domum a sociis, ac tacitus tota nocte perduro. 5.6 (290.26)
Siquidem electis sociis strenuissimis et ad praedicandum uerbum idoneis, ... 5.9 (296.26)
At uero unus de sociis eius, uocabulo Victberct, . . . ascendit nauem, ... 5.9 (298.15)
Sed et unus ex eis in uisione nocturna apparuit cuidam de sociis suis, ... 5.10 (301.3)
omnia, quae necesse habebat, habundanter ipsi cum sociis suis, quamdiu secum erant, donabat; . . 5.19 (324.7)

socio. dato illi socio altero quodam presbytero, 3.22 (172.26)
uenit Romam cum cooperatore ac socio eiusdem operis Ceolfrido, 4.18 (241.8)
sociorum. in Brittanias defectu pene omnium sociorum trahitur. 1.5 (16.20)
Passio sancti Albani et sociorum eius, 1.7 (18.5)
ceteros sociorum finibus expulit; 1.12 (26.10)
neque increpationibus Augustini ac sociorum eius adsensum praebere uoluissent, 2.2 (81.24)
saluata sunt tamen omnia, quae erant Ecgbercti et sociorum eius. 5.9 (298.11)
socios. in socios arma uerterit. 1.15 (30.25)
in socios arma uertere incipiunt. 1.15 (32.9)
socis. unus ex eis in uisione nocturna apparuit cuidam de sociis [socis] suis, uar. 5.10 (301.3)
omnia, . . . ipsi cum sociis [socis] suis, . . . donabat; uar. 5.19 (324.7)
socium. Maximianumque cognomento Herculium socium creauit imperii. 1.6 (17.11)
socius. in socios [socius] arma uertere incipiunt. uar. 1.15 (32.9)
Porro socius eius et coheres regni eiusdem, Sebbi, magna fidem . . . deuotione seruauit, 3.30 (199.20)
SOCRVS. socrum. imitata socrum beati Petri, quae . . . ad tactum manus dominicae surrexit, 5.4 (287.28)
SODALIS. sodalem. Cumque . . . domum rediret, inuenit sodalem dormientem; 3.27 (193.17)
sodales. ne exprobrarent sibi sodales, quod timore mortis faceret ea, 5.13 (311.22)
sodalis. Et cum paululum quiesceret, expergefactus sodalis respexit eum, et ait: 3.27 (193.20)
sodalis. 'Obsecro,' inquit, 'per Dominum, ne me deseras, sed tui memor sis fidissimi sodalis, 4.29 (274.29)
SOL. sol. in cuius conparatione sol meridianus uideri posset obscurus, 4.7 (220.7)
Sicut ergo prius sol a medio procedens orientis, aequinoctium uernale suo praefixit exortu; 5.21 (339.20)
ut uidelicet primo sol longiorem nocte faciat diem, 5.21 (340.12)
quia primo quidem sol iustitiae, . . . per resurrectionis suae triumphum cunctas mortis tenebras superauit; 5.21 (340.13)
"Eleuatus est sol, et luna stetit in ordine suo." 5.21 (340.20)
sole. utpote nocturno sole non longe sub terris ad orientem . . . redeunte; 1.1 (11.1)
sole nimirum tunc Lybicas in partes secedente, 1.1 (11.4)
uidit manifeste quasi corpus hominis, quod esset sole clarius, sindone inuolutum in sublime ferri, 4.9 (222.14)
deinde luna, sole ad uesperam occidente, et ipsa plena a medio secuta est orientis; 5.21 (339.21)
solem. apparuerunt cometae duae circa solem, 5.23 (349.5)
Vna quippe solem praecedebat, mane orientem; 5.23 (349.6)
solis. cuius rubor pulcherrimus nullo umquam solis ardore, 1.1 (10.13)
Nouimus insulam aliam esse . . . contra ortum solis, 1.1 (12.6)
et ante solis occasum ecclesiam non intrare; 1.27 (57.17)
ab ortu solis usque ad occasum, humanum genus, . . . ueneratur et colit; 2.10 (101.18)
facta erat eclipsis solis die tertio mensis Maii, 3.27 (191.29)
Incedebamus autem tacentes, ut uidebatur mihi, contra ortum solis solstitialem; 5.12 (304.30)
qui mox conuersus ad dextrum iter, quasi contra ortum solis brumalem me ducere coepit. 5.12 (307.6)
ut omni splendore diei siue solis meridiani radiis uideretur esse praeclarior. 5.12 (307.21)
Itaque post aequinoctialem solis exortum, 5.21 (340.28)
quibus expletis, omnia, quae ad solis et lunae, mensis et septimanae consequentiam spectant, . . . recurrunt. 5.21 (341.29)
Anno DXXXVIII, eclypsis solis facta est 5.24 (353.1)
Anno DXL, eclypsis solis facta 5.24 (353.3)
eclypsis facta est solis XVIIII, Kal. Sep. circa horam diei tertiam, Cont. (361.6)
ita ut pene totus orbis solis quasi nigerrimo et horrendo scuto uideretur esse coopertus. Cont. (361.8)
SOLACIO. solaciandum. tota uos propter Deum deuotione ad solaciandum, 1.24 (44.14)
SOLACIVM. solacia. et sua ei solacia praebere festinet. 1.24 (44.11)
replicauit ex ordine cuncta, quae sibi aduersa, quaeue in aduersis solacia prouenissent; 4.22 (251.31)
solacio. regio totius cibi sustentaculo, excepto uenandi solacio, uacuaretur. 1.12 (28.13)
solacium. simul et suae uitae solacium deuota Deo doctrix inuenit. 4.26 (268.1)
SOLEMSTITIALIS, e. **solemstitialem.** et est a uico Cataractone X ferme milibus passuum contra solstitialem [solemstitialem] occasum secretus; uar. 3.14 (155.15)
SOLEO. soleat. nullum ibi reptile uideri soleat, 1.1 (12.30)
solebam. uitiorum potius inplicamentis, quam diuinis solebam seruire mandatis. 3.13 (153.8)
solebant. anniuersarias praedas trans maria nullo obsistente cogere solebant. 1.12 (27.9)
qui omnes de labore manuum suarum uiuere solebant. 2.2 (84.14)
multi de Brittania monachicae conuersationis gratia Francorum uel Galliarum monasteria adire solebant; 3.8 (142.19)
uidit manifeste quasi corpus hominis, . . . elatum uidelicet de domo, in qua sorores pausare solebant. 4.9 (222.16)
A tertia autem hora, quando missae fieri solebant, sepissime uincula soluebantur. 4.22 (251.21)
quique nouerant eam religiosi, . . . sedulo eam uisitare, obnixe amare, diligenter erudire solebant. 4.23 (253.32)
quo ad orationes excitari uel conuocari solebant, cum quis eorum de saeculo fuisset euocatus; 4.23 (257.10)
ubi nuper uenientes ad conuersationem feminae solebant probari, 4.23 (258.23)
casa, in qua infirmiores et qui prope morituri esse uidebantur, induci solebant. 4.24 (261.21)
solebat. sacrificiorum usus, quae diabolo solebat exhibere, 1.30 (65.31)
sicut ipse postea flendo solebat adtestari, 2.1 (74.6)
qui apud eos anachoreticam ducere uitam solebat, 2.2 (82.26)
in prouincia Deirorum, ubi saepius manere cum rege solebat, 2.14 (115.12)
illud genus uexilli, quod Romani tufam, Angli appellant thuuf, ante eum ferri solebat. 2.16 (118.21)
cuius nomine uicus, in quo maxime solebat habitare, . . . usque hodie cognominatur. 2.20 (126.25)
diem paschae dominicum more suae gentis, . . . a XIIII^{a} luna usque ad XX^{am} obseruare solebat. 3.3 (131.20)
Discurrere . . . non equorum dorso, sed pedum incessu uectus, . . . solebat; 3.5 (136.2)
Nullam potentibus saeculi pecuniam, . . . umquam dare solebat, 3.5 (136.26)
qui solebat nocturnis saepius horis repente ab inmundo spiritu grauissime uexari. 3.11 (149.20)
magis pro aeterno regno semper laborare ac deprecari solebat. 3.12 (151.20)
quod ipsum et in aliis uillis regiis facere solebat, 3.17 (160.15)
solebat eum hortari ad intellegendum deos esse non posse, 3.22 (171.24)
Solebat autem idem uir Domini, . . . prouinciam exhortandi gratia reuisere: 3.23 (174.2)
qui ipsi ac familiae ipsius uerbum et sacramenta fidei, . . . ministrare solebat, 3.23 (175.10)
quod uidelicet lac pridie nouum in fiala ponere solebat, 3.27 (194.10)
in qua secretius cum paucis, id est VII siue VIII, fratribus, . . . orare ac legere solebat. 4.3 (207.15)
qui fratres nostros uisitare solebat, 4.3 (209.14)
sicut mihi frater quidam de his, qui me in scripturis erudiebant, . . . referre solebat, 4.3 (210.18)
eius caballarium, quo infirmus uehi solebat, 4.6 (218.20)
qui propter infantilem adhuc aetatem in uirginum Deo dedicatarum solebat cella nutriri, 4.8 (220.27)
et a fidelissimis eiusdem monasterii fratribus sibi relatum asserere solebat, 4.14 (233.5)
quia carmina religioni et pietati apta facere solebat; 4.24 (258.29)
Solebat autem ea maxime loca peragrare, 4.27 (270.4)
et episcopus cum clero, et abbas solebat manere cum monachis; 4.27 (270.23)
qui, . . . monita ab eo perpetuae salutis audire solebat. 4.29 (274.16)
XL ante dominicum natale dies in magna . . . deuotione transigere solebat; 4.30 (276.30)
ad ministerium, quod sollicitus exhibere solebat, quasi flagello probante castigatior, rediit. 4.31 (279.12)

sic enim semper facere solebat. 5.2 (283.19)
quem se numerum annorum fuisse habiturum ipse . . . suis praedicere solebat. 5.8 (294.23)
solebat hoc creber ob magnum castigandi corporis affectum ingredi, 5.12 (310.12)
quia tempore seruitutis intonsis in carcere crinibus manere solebat. 5.21 (342.15)
uerum etiam cum eo die pascha celebraretur, quo numquam prius in eis locis celebrari solebat. 5.22 (348.4)
solemus. quam saepe lucidioribus diebus de longe aspicere solemus. 1.1 (12.8)
quomodo et nos omnes hodie facere solemus. 3.25 (185.32)
solent. sicut boni patres carnalibus filiis solent, 1.27 (50.10)
quod plerumque solent caritatis causa inuitari, 1.28 (62.13)
Et quia boues solent in sacrificio daemonum multos occidere, 1.30 (65.16)
Oisc, a quo reges Cantuariorum solent Oiscingas cognominare. 2.5 (90.20)
miracula in eodem loco solent ad utilitatem eorum, qui fideliter quaerunt, ostendi. 2.16 (117.15)
multi de ipso ligno sacrosanctae crucis astulas excidere solent, 3.2 (129.16)
multa quidem ab incolis loci illius solent opera uirtutum . . . narrari. 3.8 (143.2)
denique usque hodie locum sedis illius solitariae in eadem insula solent ostendere. 3.16 (159.14)
ubi archiepiscopi Cantiae sepeliri, ut praefatus sum, solent. 4.1 (204.6)
In quo utroque loco, ad indicium uirtutis illius, solent crebra sanitatum miracula operari. 4.3 (212.9)
per quod solent hi, qui causa deuotionis illo adueniunt, manum suam inmittere, 4.3 (212.18)
astulae de illo abscissae, atque ad infirmos adlatae citam illis solent adferre medellam. 4.6 (218.25)
de quo plura uirtutum miracula, qui eum familiariter nouerunt, dicere solent, 5.2 (283.2)
Vnde accidit illi, quod solent dicere quidam, quia, . . . necesse habet in ianuam inferni non sponte damnatus introduci. 5.14 (314.9)
soleo. 'Pascha,' inquit, 'hoc, quod agere soleo, a maioribus meis accepi, 3.25 (184.3)
soleret. ut nulla nisi caelestia cogitare soleret, 2.1 (74.9)
quod ille nimium suis parcere soleret inimicis, 3.22 (173.21)
solet. sed quo uetustior, eo solet esse uenustior. 1.1 (10.15)
inlusionem, quae per somnium solet accedere, 1.27 (59.22)
Habere autem solet ipsa insula rectorem semper abbatem presbyterum, 3.4 (134.11)
Cuius uidelicet natalis ibi solet in magna gloria celebrari die Nonarum Iuliarum. 3.8 (144.24)
Acca solet referre, quia, . . . crebro eum audierit de mirandis, 3.13 (152.11)
qui narrare solet dixisse sibi quendam multum ueracem ac religiosum hominem, 3.19 (167.15)
quod ille nimium suis parcere soleret [solet] inimicis, uar. 3.22 (173.21)
ex quo usque hodie prouincia illa duos habere solet episcopos. 4.5 (217.33)
qualis locus a Latinis paeninsula, a Grecis solet cherronesos uocari. 4.13 (232.13)
Et, quod maxime doctores iuuare solet, ea, quae agenda docebat, ipse prius agendo praemonstrabat. 4.28 (273.17)
quod famulus Christi Heribald in se ipso ab eo factum solet narrare miraculum, 5.6 (289.7)
in qua super altare pro defunctis honoratis sacrificium solet offerri, 5.16 (317.32)
solita. multum delectata sit hoc genere infirmitatis, ac solita dicere: 4.19 (246.6)
solitos. hominesque prouinciae illius solitos ablatum inde puluerem propter languentes in aquam mittere, 5.18 (320.18)
et antiquos pascha celebrare solitos, . . . noscendum est. 5.21 (339.13)
solitus. qui etiam effigiem eiusdem Paulini referre esset solitus, 2.16 (117.26)
supinas super genua sua manus habere solitus sit. 3.12 (151.25)
in quo ille, quamuis ambulare solitus, uel amnium fluenta transire, . . . posset. 3.14 (156.9)
Referre autem erat solitus, 3.19 (164.30)
qui referre erat solitus, quod illa infirmata habuerit tumorem maximum sub maxilla; 4.19 (245.14)
sentit, ut ipse postea referre erat solitus, quasi magnam latamque manum caput sibi . . . tetigisse, 4.31 (279.3)
Erat enim, ut referre est solitus, tunc hora circiter secunda diei. 4.32 (280.24)
referre est solitus, quod in loco, quo defunctus est, . . . sanitatum sint patrata miracula, 5.18 (320.16)
SOLERS. **solerti.** quid haec essent, solerti animo scrutaretur, 4.3 (209.1)
solertis. tanta doctrinae solertis excolebat industria, 4.27 (270.9)
SOLERTER (SOLL-). **solerter.** et ea, quae in scripturis agenda didicerat, operibus solerter exsequentem, 3.28 (194.29)
sed et a pluribus, qui erant eruditiores, esset solerter admonitus, 5.15 (315.20)
sollerter. partim uero ea, . . . sollerter adicere curaui. Praef. (8.3)
sollerter exhortans, ne paucitatem suam . . . sapientiorem . . . aestimarent; 2.19 (122.14)
SOLERTIA. **solertia.** (id est, quanta fraudis solertia daemones et actus eius, . . . replicauerint; 3.19 (165.7)
Qui multa agens solertia, . . . erat enim religiosus et bonus uir, 3.30 (199.28)
solertiam. solertiam lectionis et uigiliarum, 3.17 (161.21)
homines . . . ad dilectionem uero et solertiam bonae actionis excitare curabat. 4.24 (261.10)
SOLERTIOR, ius. **solertiorem.** uel ad solertiorem ueritatis inquisitionem accendit, 3.25 (181.22)
SOLERTISSIME. Verum cum solertissime illum quaesierit, 4.23 (256.3)
Erat . . . orationum deuotioni solertissime intentus, affabilis omnibus, 4.28 (273.20)
SOLERTISSIMVS, a, um. **solertissimus.** in ecclesiasticae quoque institutionis regulis solertissimus exstiterat; 5.20 (332.4)
SOLITARIVS, a, um. **solitaria.** Successit autem uiro Domini Cudbercto in exercenda uita solitaria, . . . Oidiluald, 5.1 (281.4)
solitariae. 'Ne me aestimes tuae mestitiae et insomniorum, et forinsecae et solitariae sessionis causam nescire; 2.12 (108.31)
denique usque hodie locum sedis illius solitariae in eadem insula solent ostendere. 3.16 (159.14)
solitariam. Cudberctum, qui . . . uitam solitariam per annos plures in magna corporis et mentis continentia duxerat. 4.27 (268.26)
qui, . . . uitam ducens solitariam, annis singulis eum uisitare, . . . solebat. 4.29 (274.15)
solitarius. et per aliquod tempus, . . . horis conpetentibus solitarius sederet, 2.12 (110.26)
Cum ergo multis ibidem annis Deo solitarius seruiret, 4.28 (272.10)
in remotiore ab ecclesia loco refluis undique pelagi fluctibus cincto, solitarius manebat. 4.30 (276.27)
et in Hibernia insula solitarius ultimam uitae aetatem pane cibario et frigida aqua sustentat. 5.12 (309.25)
SOLITVM. **solito.** et solito confidentiores facti, 1.12 (27.32)
SOLITVS, a, um. **solita.** uerbis obscurioribus, . . . solita sibi simplicitate pandebat; 4.29 (274.9)
solitas. solitas Domino laudes decantarent, 4.7 (220.2)
solito. atque omnes communicare more solito praecepit; 4.14 (235.27)
et egrediens dixit solito consolantium sermone: 5.5 (288.18)
solito. Tum reuersus ad dilectae locum peregrinationis, solito in silentio uacare Domino coepit; 5.9 (298.23)
solitum. et solitum sibi opus euangelizandi exsequens, 3.19 (163.29)
SOLLEMNIA. **sollemnia.** illis maxime temporibus . . . quibus pro se missarum fuerant celebrata sollemnia. 4.22 (251.34)
sollemnia. uel missarum sollemnia celebrandi; 1.27 (60.12)
usum tibi pallii in ea ad sola missarum sollemnia agenda concedimus, 1.29 (63.24)
et praecedente sabbato, uespere, sacrosancta paschae sollemnia inchoabat; 3.25 (186.1)
Cuius modum continentiae . . . totidem quoque post peracta sollemnia pentecostes, . . . obseruare curabat. 3.27 (194.14)
raro praeter maiora sollemnia, . . . plus quam semel per diem manducauerit; 4.19 (244.12)
Paschalis qui etiam sollemnia tempora cursus Catholici ad iustum correxit dogma canonis, 5.19 (330.18)
quia nos quoque ita solum ueraciter eius sollemnia celebramus, 5.21 (340.8)

et sollemnia Christi sine ecclesiae Christi societate uenerantur. 5.22 (347.15)
cum missarum sollemnia in memoriam eiusdem dominicae resurrectionis celebrasset, 5.22 (347.27)
sollemniis. celebratis in ecclesia missarum sollemniis, 2.5 (91.10)
raroque in calidis balneis, praeter inminentibus sollemniis maioribus, . . . lauari uoluerit; 4.19 (244.8)
sollemnis. praeter inminentibus sollemniis [sollemnis] maioribus, uar. 4.19 (244.8)
SOLLEMNIS, e. **sollemnem.** quia praeter sollemnem canonici temporis psalmodiam, . . . cotidie psalterium . . . decantaret; 3.27 (193.12)
diemque nobis dominicam, . . . gaudio suae resurrectionis fecit esse sollemnem; 5.21 (336.8)
sollemnis. Quibus item uerbis tota tertia septimana eiusdem primi mensis decernitur sollemnis esse debere. 5.21 (334.31)
SOLLEMNITAS. sollemnitas. debet eis etiam hac de re aliqua sollemnitas immutari; 1.30 (65.17)
ut non amplius tota sacra sollemnitas, quam VII tantummodo noctes cum totidem diebus conprehendat; 5.21 (335.31)
et XV^a^ die mensis huius sollemnitas azymorum Domini est. 5.21 (336.31)
sollemnitate. emensa sollemnitate paschali, 1.20 (38.28)
ordinatio decreta, . . . in ipsa sollemnitate paschali conpleta est 4.28 (273.2)
et praecedente congrua lectionum orationum, caerimoniarum paschalium sollemnitate, 5.21 (336.20)
patet profecto, quod illam per omnia diem a sua sollemnitate secernunt, 5.21 (338.4)
nimirum constat, quia XIIII^am^ diem mensis eiusdem, . . . a sua prorsus sollemnitate secludunt; 5.21 (338.17)
sollemnitatem. et religiosis conuiuiis sollemnitatem celebrent; 1.30 (65.21)
maxime quod paschae sollemnitatem non suo tempore celebrarent, 2.4 (87.17)
sollemnitatis. celebrationem, ut diximus, praecipuae sollemnitatis sub figura coronae perpetis agere perdocuit. 5.22 (347.3)
sollemnite. quod illam per omnia diem a sua sollemnitate [sollemnite] secernunt, uar. 5.21 (338.4)
SOLLEMNITER. in quo per omne sabbatum a presbytero loci illius agendae eorum sollemniter celebrantur. 2.3 (86.13)
SOLLERTIVS. ipse sollertius ad exsequenda ea, . . . accenditur. Praef. (5.16)
SOLLICITATIO. sollicitatione. expulsaque a uobis sollicitatione uenenosi et deceptibilis hostis, 2.10 (103.28)
SOLLICITE. quod plus omnipotenti Deo possit placere, sollicite eligas, 1.27 (49.26)
cumque de glorioso coniuge uestro paterna caritas sollicite perquisisset, 2.11 (105.7)
SOLLICITVDO. sollicitudo. quatinus sollicitudo nostra, . . . uobis nuntiantibus releuetur, 2.11 (106.16)
Tota enim fuit tunc sollicitudo doctoribus illis Deo seruiendi, 3.26 (191.3)
sollicitudinem. populis pastoralem inpendere sollicitudinem curabat. 2.4 (87.13)
ad adnuntiandam uobis plenitudinem fidei Christianae sacerdotalem curauimus sollicitudinem prorogare, 2.10 (101.4)
sollicitudinis. quae omnem ei anxietatem memoratae sollicitudinis auferret, 4.11 (226.18)
SOLLICITVS, a, um. **sollicita.** sollicita mater congregationis, . . . crebrius in conuentu sororum perquirere coepit, 4.7 (219.18)
cui uidelicet luci dum sollicita intenderet, 4.23 (257.14)
sollicita. sollicita intentione adtenditur, 1.27 (56.30)
eam, quam accepisti diuinitus gratiam, sollicita mente custodi, 1.32 (68.5)
sollicita intentione et adsiduis orationibus seruare omnimodo festinetis; 2.17 (119.15)
solliciti. ut de animabus nostris debeamus esse solliciti, 1.32 (69.22)
quem res exitum haberet, solliciti exspectantes. 3.11 (150.13)
solliciti, ne umquam percuti mereamur, agamus.' 4.3 (211.13)
sollicitos. districtos ac sollicitos exhibete, 1.28 (62.24)
sollicitus. ad imitandum bonum auditor sollicitus instigatur; Praef. (5.13)
dum sollicitus pensaret, 2.1 (77.9)
sed multum sollicitus, ac mente sedula cogitans, 2.12 (109.31)
Qui cum die quadam sollicitus horam accessionis exspectaret, 3.12 (150.29)
cuncta, quae agenda didicerat, sollicitus agere curabat. 3.19 (164.23)
At ille dum sollicitus in ea, quae audiebat, animum intenderet, 4.3 (208.27)
quem semper, usquedum ueniret, sollicitus expectare curauit. 4.3 (210.9)
tunc ueniens ad ecclesiam sollicitus orationibus ac psalmis, . . . fixa mente uacaret. 4.3 (210.26)
'Noli timere, fili, mortem, pro qua sollicitus es; 4.14 (234.8)
interrogauit eum sollicitus, quales essent habitu uel specie uiri, 4.14 (235.12)
cunctisque congaudentibus, ad ministerium, quod sollicitus exhibere solebat, . . . rediit. 4.31 (279.11)
SOLSTITIALIS, e. **solstitialem.** et est a uico Cataractone X ferme milibus passuum contra solstitialem occasum secretus; 3.14 (155.15)
Incedebamus autem tacentes, ut uidebatur mihi, contra ortum solis solstitialem; 5.12 (304.30)
SOLVM. soli. si forte uel natura soli illius, uel uoluntas esset superni largitoris, 4.28 (272.4)
herbosa et florida soli illius est qualitas; 5.17 (318.29)
solo. ignaui propugnatores miserrime de muris tracti solo adlidebantur. 1.12 (28.4)
solum. renouant ecclesias ad solum usque destructas, 1.8 (22.10)
SOLVM (*adv.*). Praef. (5.8); 1.1 (10.21); 1.1 (11.18); 1.1 (12.13); 1.8 (22.30); 1.14 (30.4); 1.17 (35.6); 1.20 (39.11); 1.22 (41.29); 1.29 (64.12); 2.1 (73.20); 2.1 (75.13); 2.2 (84.26); 2.4 (87.9); 2.4 (88.6); 2.5 (90.27); 2.8 (95.18); 2.8 (96.13); 2.11 (104.26); 2.12 (109.7); 2.12 (110.12); 2.16 (118.15); 2.19 (123.30); 3.5 (136.25); 3.6 (137.31); 3.13 (152.7); 3.19 (165.1); 3.22 (174.10); 3.25 (182.13); 3.29 (196.29); 3.29 (197.22); 4.6 (218.22); 4.9 (223.14); 4.12 (228.20); 4.13 (231.9); 4.14 (236.4); 4.18 (241.27); 4.19 (244.6); 4.23 (254.14); 4.23 (255.24); 4.25 (264.5); 4.27 (269.13); 4.29 (276.2); 4.30 (276.22); 5.4 (287.24); 5.13 (312.17); 5.21 (338.30); 5.21 (340.7); 5.21 (344.1); 5.22 (348.1); 5.24 (359.18).
SOLVMMODO. 1.1 (11.7); 1.27 (58.24); 3.10 (147.20); 3.19 (167.12); 3.26 (190.22); 4.9 (223.29); 4.10 (225.10); 4.21 (249.15); 4.23 (256.9); 4.26 (267.27); 5.12 (309.18); 5.21 (335.26).
SOLVMMODVM. posta solummodo [solummodum], . . . tuta ab ignibus et intacta remansit. uar. 3.10 (147.20)
SOLVS, a, um. **sola.** 1.17 (35.26); 3.17 (160.24); 4.29 (274.6).
sola. 1.27 (55.10); 2.1 (78.24); 5.12 (305.26).
sola. 1.29 (63.24).
solam. 1.11 (24.26).
soli. 1.6 (17.16); 4.23 (253.1).
solo. 5.7 (292.18).
solo. 2.10 (101.8).
solum. 4.14 (234.2); 4.14 (234.20); 5.12 (305.30).
solum. 3.25 (186.11).
solus. 1.16 (33.12); 1.27 (52.8); 2.1 (78.1); 2.9 (100.13); 2.12 (108.16); 2.12 (108.26); 2.12 (109.29); 3.7 (141.31); 3.19 (168.5); 3.27 (193.2); 4.3 (208.18); 4.3 (209.22); 5.6 (290.31).
SOLVTORIVS, a, um. **solutorias.** an forte litteras solutorias, de qualibus fabulae ferunt, apud se haberet, 4.22 (250.28)
SOLVENTE, *the Solent, which divides the Isle of Wight from the mainland.*
Soluente. interposito pelago latitudinis trium milium, quod uocatur Soluente; 4.16 (238.16)
SOLVO. soluta. soluta ab ergastulo corporis anima sancta, 4.3 (210.5)
soluta carnis simul et infirmitatis uinculis ad aeternae gaudia salutis intrauit. 4.9 (224.3)
soluta. Finitoque conflictu, ac soluta contione, Agilberctus domum rediit. 3.26 (189.10)
soluta. Vt uincula cuiusdam captiui, cum pro eo missae cantarentur, soluta sint. 4.22 (249.20)

nam mox, ut abiere, qui uinxerant, eadem eius sunt uincula soluta. 4.22 (250.15)
soluta. cognouitque, referente eo, illis maxime temporibus sua fuisse uincula soluta, 4.22 (251.33)
solutis. et cum rex pascha dominicum solutis ieiuniis faceret, 3.25 (182.4)
soluto. et ita soluto ieiunio corpus quoque suis reficiant alimentis.' 4.14 (235.9)
Dixit ille statim, soluto uinculo linguae, quod iussus erat. 5.2 (284.6)
solutus. ita solutus corpore ardebit per debitam poenam.' 3.19 (166.4)
solutus est in lacrimas uir Dei, et tristitiam cordis uultu indice prodebat. 4.25 (264.17)
atque inter preces uelut in soporem solutus, sentit, ... quasi magnam latamque manum caput sibi ... tetigisse, 4.31 (279.2)
sperans, quia mox baptizatus, carne solutus ad aeterna gaudia iam mundus transiret; 5.7 (292.20)
xii°. Kalendarum Maiarum die solutus a carne, et beatorum est regno sociatus in caelis. 5.7 (292.26)
soluebantur. A tertia autem hora, quando missae fieri solebant, sepissime uincula soluebantur. 4.22 (251.22)
soluere. quaecumque illi debebantur supplicia, tu soluere habes, 1.7 (19.10)
dummodo ille dignaretur eo die domum suam ingrediens ieiunium soluere. 5.4 (287.13)
soluerentur. non aliam ob causam, quam si ipsi inertia soluerentur, 1.12 (27.14)
solueretur. ut nullus eum posset uincire, quin continuo solueretur. 4.22 (250.26)
ibi anima mea per intercessiones eius solueretur a poenis.' 4.22 (251.1)
atque infracto pollice capitis quoque iunctura solueretur; 5.6 (290.20)
soluit. Neque haec euangelica et apostolica traditio legem soluit, 3.25 (186.5)
Quod ita soluit, ut hanc Vilfrido episcopo, ... utendam pro Domino offerret. 4.16 (237.7)
SOMNIVM. somnii. iamdudum somni [somnii] reuelatione edoctus, uar. 5.8 (294.22)
somnio. intellexit uel in somnio, uel in uisione mentis ostensum sibi esse, quod uiderat. 4.23 (257.18)
somnium. Quod nimirum somnium ueraciter in filia eius, de qua loquimur, expletum est; 4.23 (256.8)
somnium. inlusionem, quae per somnium solet accedere, 1.27 (59.22)
quia quasi per somnium inluditur, 1.27 (59.30)
Oportebat namque inpleri somnium, quod mater eius Bregusuid in infantia eius uidit. 4.23 (255.30)
uidit per somnium, quasi subito sublatum eum quaesierit 4.23 (255.33)
adstitit ei quidam per somnium, eumque salutans, 4.24 (259.23)
iussus est, multis doctioribus uiris praesentibus, indicare somnium, 4.24 (260.17)
SOMNVS. somni. quem se numerum annorum fuisse habiturum ipse iamdudum somni reuelatione edoctus, suis praedicere solebat. 5.8 (294.22)
somno. 'Bene facis,' inquit, 'qui tempore isto nocturnae quietis non somno indulgere, 4.25 (264.32)
somno. etiam in somno corporis positus, 1.27 (60.21)
Cumque somno excussa uideret ceteras pausantes circa se sorores, 4.23 (257.16)
Exsurgens autem a somno, cuncta, quae dormiens cantauerat, memoriter retinuit, 4.24 (260.11)
sed omnes prorsus, et uiri et feminae, aut somno torpent inerti, aut ad peccata uigilant. 4.25 (265.12)
et quasi de somno graui excitatum interrogauit, si nossem, quis esset, qui loqueretur ad me. 5.6 (291.1)
quasi de graui experrectus somno, exsurgens resedit; 5.19 (328.29)
somnum. conticuit ille subito, et quasi in somnum laxatus deposuit caput, 3.11 (150.10)
somnus. ac leuis mihi somnus obrepsisset, 5.9 (297.6)
SONITVS. sonitum. audisse referebant, ... sonitum quasi plurimae multitudinis monasterium ingredientis; 3.8 (143.23)
et sonitum manu faciens, ut saepius consueuerat, siqui foris esset, ad se intrare praecepit. 4.3 (209.2)
audio subitum post terga sonitum inmanissimi fletus ac miserrimi, 5.12 (306.8)
sonitus. Vt autem sonitus idem clarior redditus ad me usque peruenit, 5.12 (306.11)
SONO. sonare. coepit alleluia resonare [sonare]. uar. 2.1 (78.12)
SONVS. sonos. Sed et sonos cantandi in ecclesia, ... ab hoc tempore per omnes Anglorum ecclesias discere coeperunt; 4.2 (205.11)
qui a successoribus discipulorum beati papae Gregorii in Cantia fuerat cantandi sonos edoctus, 5.20 (331.30)
sonum. 'per omnem terram exisse sonum eorum, et in fines orbis terrae uerba ipsorum,' 2.8 (96.18)
audiuit subito in aere notum campanae sonum, 4.23 (257.9)
sonum tamen adhuc promiscuum in auribus haberem. 5.12 (306.21)
ubi sonum cantilenae dulcis cum odore suauitatis ac splendore lucis audisti. 5.12 (308.34)
SOPIO. sopitis. flammis pariter sopitis atque exstinctis, 2.7 (94.31)
et sopitis ac relictis curarum anxietatibus, quieti membra simul et animum conpone, 2.12 (110.1)
sopiuerit. et per uirtutem eiusdem spiritus hanc exortam, quamuis corporaliter absens, sopiuerit. 3.15 (158.22)
SOPOR. sopore. lassitudine ac sopore resolutus est. 1.17 (34.18)
quare ... ceteris quiescentibus, et alto sopore pressis, solus ipse mestus in lapide peruigil sederet. 2.12 (108.26)
soporem. atque inter preces uelut in soporem solutus, sentit, ... quasi magnam latamque manum caput sibi ... tetigisse, 4.31 (279.2)
sopori. uir Dei, dum membra sopori dedisset, uidit uisionem consolatoriam, 4.11 (226.16)
ibique hora conpetenti membra dedisset sopori, 4.24 (259.22)
SORDES. sorde. multique cotidie, ... abrenuntiata sorde idolatriae, fidei sunt fonte abluti. 3.21 (170.26)
Studens autem uir Domini acceptum monasterii locum ... a pristina flagitiorum sorde purgare, 3.23 (175.23)
sordes. Verum post obitum ipsius abbatissae redierunt ad pristinas sordes, immo sceleratiora fecerunt. 4.25 (265.32)
sordibus. ac se priscis idolatriae sordibus polluendum perdendumque restituit. 3.1 (127.21)
quam in perfidiae sordibus inter idola uiuere cupientes. 3.30 (200.6)
et multa eorum milia uerbo ueritatis instituens, a peccatorum suorum sordibus fonte Saluatoris abluit; 5.19 (326.15)
SORDIDO. sordidantis. quicquid in ea uitii sordidantis inter uirtutes per ignorantiam uel incuriam resedisset, 4.9 (222.9)
SOROR. soror. ut siue frater et soror, ... misceantur. 1.27 (50.30)
Aedilhild, soror uirorum sanctorum Aediluini et Alduini, 3.11 (149.6)
Cui successit in ministerium abbatissae soror eius Sexburg, 4.19 (244.26)
Nam et in eodem monasterio soror ipsius Heresuid, ... coronam expectabat aeternam; 4.23 (253.8)
sorore. Saberct nepos Aedilbercti ex sorore Ricula 2.3 (85.13)
Erat autem nepos Aeduini regis ex sorore Acha, 3.6 (139.2)
Repudiata enim sorore Pendan regis Merciorum, quam duxerat, aliam accepit uxorem; 3.7 (140.11)
sororem. habens sororem ipsius coniugem, uocabulo Cyniburgam, 3.21 (170.9)
Nam et sororem eius, quae dicebatur Osthyrd, rex Aedilred habebat uxorem. 4.21 (249.7)
sorores. uidit manifeste quasi corpus hominis, ... elatum uidelicet de domo, in qua sorores pausare solebant. 4.9 (222.15)
sorores. Si debeant duo germani fratres singulas sorores accipere, 1.27 (50.21)
Cumque somno excussa uideret ceteras pausantes circa se sorores, 4.23 (257.17)
Quod cum illa audisset, suscitauit cunctas sorores, 4.23 (257.28)
sorori. duo praeclara monasteria, unum sibi, alterum sorori suae Aedilburgae construxerat, 4.6 (218.27)
sorori autem in Orientalium Saxonum prouincia, 4.6 (219.1)
sororibus. ut cunctis, qui adstabant, fratribus ac sororibus, quasi opobalsami cellaria esse uiderentur aperta. 3.8 (144.3)
Cumque nihil certi responsi, tametsi saepius inquirens, a sororibus accepisset, 4.7 (219.26)
apparuit uisio miranda cuidam de sororibus, cui nomen erat Torctgyd, 4.9 (221.31)
sororis. cui nomen Bernuini, et erat filius sororis eius, 4.16 (237.14)
uenit Cantiam ad regem Hlotheri, qui erat filius sororis Aedilthrydae reginae, 4.22 (251.24)

sororum. uel duarum sororum filius et filia misceantur. 1.27 (50.31)
sollicita mater congregationis, . . . crebrius in conuentu sororum perquirere coepit, 4.7 (219.22)
omnis congregatio, hinc fratrum, inde sororum, psallens circumstaret; 4.19 (245.25)
Haec tunc in dormitorio sororum pausans, audiuit subito in aere notum campanae sonum, 4.23 (257.8)
SORS. sors. et, quemcumque sors ostenderit, hunc tempore belli ducem omnes sequuntur, huic obtemperant; 5.10 (300.1)
non est tibi pars neque sors in sermone hoc." 5.21 (343.1)
sorte. quas in duobus codicibus aequa sorte distinxit. 2.1 (76.21)
qui et ipse ex eo tempore gentis eiusdem regno annis xx et II^{bus} uaria sorte praefuit; 2.20 (124.21)
Eanfridum . . . simili sorte damnauit. 3.1 (128.9)
sortes. qui ingruente belli articulo mittunt aequaliter sortes, 5.10 (299.32)
sortibus. de quo una cum consortibus [sortibus] eiusdem sui gradus recte ac ueraciter dici potest, uar. 5.8 (294.26)
SORTIOR. sortiri. qui se continere non possunt, sortiri uxores debent, 1.27 (49.4)
sortitus. Gregorius, . . . pontificatum Romanae et apostolicae sedis sortitus 1.23 (42.17)
ut terreni regni infulas sortitus est, 3.1 (127.19)
SOSPES. sospes. neque enim mori adhuc habes, qui tam hilariter nobiscum uelut sospes loqueris.' 4.24 (261.31)
Sospes enim ueniens supremo ex orbe Britanni, 5.7 (293.23)
ne exprobrarent sibi sodales, quod timore mortis faceret ea, quae sospes facere noluerat; 5.13 (311.22)
sospes. ut regina sospes et absque dolore graui sobolem procrearet. 2.9 (99.24)
sospiti. repperi illam ingrediens uultu hilariorem, et uelut sospiti similem. 5.3 (286.12)
SOSPITAS. sospitate. sed omnes, . . . resurrecturi a langore, pristina sunt sospitate recuperandi, 4.14 (234.20)
Sicque de percepta laetatus sospitate, . . . domum reuersus est. 5.2 (284.29)
Iusserunt eum sedere secum ad epulas, multum gaudentes de sospitate illius. 5.5 (288.28)
noctem ducebat peruigilem, pro mea, ut reor, sospitate supernae pietati supplicans. 5.6 (290.32)
sospitatis. mox infirmitatis ablata molestia, cupitae sospitatis gaudia redibunt. 4.3 (212.22)
SPARGO. spargens. sed etiam trans oceanum longe radios salutiferae lucis spargens, 3.13 (152.9)
sparserat. uentus, qui a meridie flans urbi incendia sparserat, 2.7 (94.28)
sparserit. Cumque se pro condescensione multorum ad exteriora sparserit, 2.1 (74.22)
sparsurum. promittens . . . sanctae fidei semina esse sparsurum. 3.7 (139.14)
SPARGO. spargine. et adsumto in nomine sanctae Trinitatis leui aquae spargine 1.17 (34.24)
SPATIVM. spatia. per tota infirmitatis spatia medicabilis dextera percurrit, 1.21 (40.29)
quam pro tantarum prouinciarum spatiis [spatia], . . . sumus inuitati concedere, uar. 2.17 (120.1)
ne sit necesse . . . per tam prolixa terrarum et maris spatia pro ordinando archiepiscopo semper fatigari. 2.18 (120.21)
si mihi pietas superna aliqua uiuendi spatia donauerit, 3.13 (153.10)
potest diuina pietas per tanti meritum uiri et huius uitae spatia longiora concedere, 3.13 (153.26)
qui . . . facillime possint in quotlibet spatia temporum paschales protendere circulos, 5.21 (341.26)
spatiis. decursisque breui spatiis pelagi, 1.17 (34.29)
quam pro tantarum prouinciarum spatiis, quae inter nos et uos esse noscuntur, 2.17 (120.1)
spatio. qui ab occidente in terras longo spatio erumpit, 1.1 (13.14)
Incipit autem duorum ferme milium spatio a monasterio Aebbercurnig 1.12 (26.24)
sed tamen paruissimo spatio serenitatis ad momentum excurso, 2.13 (112.15)
quam pro tantarum prouinciarum spatiis [spatio], . . . sumus inuitati concedere, uar. 2.17 (120.1)
Vidit et quattuor ignes in aere non multo ab inuicem spatio distantes. 3.19 (165.20)
audiuit denuo, transacto quasi dimidiae horae spatio, ascendere . . . idem laetitiae canticum, 4.3 (208.29)
id est unius ferme miliarii et dimidii spatio interfluente Tino amne separata, 5.2 (283.9)
'Villa erat . . . non longe a monasterio nostro, id est duum ferme milium spatio separata; 5.4 (287.2)
spatium. 'Si nullatenus hodie fieri potest, obsecro, ne sit longum spatium in medio.' 4.9 (223.25)
spatium. secunda trecentarum et ultra spatium tenet. 2.9 (97.20)
(non enim dederat illi spatium, quo totum suum congregaret atque adunaret exercitum), 2.12 (110.17)
et uidit unius loci spatium cetero campo uiridius ac uenustius; 3.10 (147.2)
Et post aliquantum horae spatium resedit qui uexabatur, 3.11 (150.14)
quo defuncto, regnum illud aliquod temporis spatium reges dubii uel externi disperdiderunt; 4.26 (268.15)
inter parietes singulos latum habens spatium uiae, 5.16 (318.3)
SPECIALIS, e. speciali. eo quod me speciali diligeret affectu; 5.6 (290.29)
speciali. duo regii pueri fratres uidelicet Aruualdi regis insulae, speciali sunt Dei gratia coronati. 4.16 (237.20)
speciali. monachos, quibusque speciali rectoris iure praeerat, necdum ad uiam statuti melioris reducere ualebat. 5.21 (345.8)
specialis. inter . . . specialis benedictionis glorias etiam maxima fuisse fertur humilitas, 3.14 (156.5)
SPECIALITER. et specialiter beati Pauli ad Timotheum epistulae, 1.27 (48.21)
Quod specialiter iniuncto uobis ministerio, eius clementia demonstrauit, 2.8 (95.24)
quamuis illum eis equum non dares, quem tibi specialiter possidendum elegi?' 3.14 (156.22)
euangelista Iohannes, discipulus specialiter Domino dilectus, 3.25 (184.8)
dignusque per omnia, cui Dominus specialiter sua reuelaret arcana, 4.3 (207.31)
nonnulla caelestis gratiae dona specialiter ostensa fuisse perhibentur; 4.14 (232.30)
ita aptum corpori uirginis sarcofagum inuentum est, ac si ei specialiter praeparatum fuisset; 4.19 (246.25)
In huius monasterio abbatissae fuit frater quidam diuina gratia specialiter insignis, 4.24 (258.28)
ut uir tantae eruditionis ac religionis sibi specialiter indiuiduo comitatu sacerdos esset, 5.19 (325.26)
SPECIALIVS. supra locum, ubi Dominus natus specialius traditur, sanctae Mariae grandem gestat ecclesiam. 5.16 (317.18)
SPECIES. specie. pro insita sibi specie uenustatis, 1.7 (20.33)
interrogauit eum sollicitus, quales essent habitu uel specie uiri, 4.14 (235.13)
ut pro diuersa capillorum specie unus Niger Heuuald, alter Albus Heuuald diceretur; 5.10 (299.22)
ut nihil praeter ipsas aspicerem, excepta dumtaxat specie et ueste eius, qui me ducebat. 5.12 (305.25)
speciebus. simul et necessarias in diuersis speciebus possessiones conferret. 1.26 (47.33)
simul et dona in diuersis speciebus perplura; 1.32 (67.20)
speciem. et post tam pulchram quietis suae speciem terreni actus puluere fedatur. 2.1 (74.21)
eandemque adhuc speciem ueluti inpressis signata uestigiis seruat. 5.17 (319.3)
Quae in frontis quidem superficie coronae uidetur speciem praeferre; 5.21 (343.28)
species. quo trahente leuaretur sursum haec, quam contemplabatur species corporis gloriosi, 4.9 (222.17)
nata est cum sanitate cutis uenusta species capillorum, 5.2 (284.26)
species. Numquid non habuimus equos uiliores plurimos, uel alias species, 3.14 (156.20)
SPECTACVLVM. spectaculo. Vbi pulcherrimo saepe spectaculo contigit, 3.3 (132.9)
'At cum me hoc spectaculo tam horrendo perterritum paulatim in ulteriora produceret, 5.12 (305.20)
SPECTATOR. spectator. et uictoriae concessae otiosus spectator efficitur. 1.20 (39.17)
SPECTO. spectant. Haec bis quaternas portas, . . . habet, e quibus IIII ad Vulturnum, et IIII ad Eurum spectant. 5.16 (318.6)
omnia, quae ad . . . mensis et septimanae consequentiam spectant, eodem, quo prius, ordine recurrunt. 5.21 (341.30)
spectante. 'At cum saepius huc atque illuc, spectante me et episcopo, concitatis in cursum equis reuerterentur; 5.6 (290.3)
SPECVLVM. speculum. id est speculum argenteum, et pectinem eboreum inauratum; 2.11 (106.24)
SPELVNCA. spelunca. Haec spelunca tota interius pretioso marmore tecta supra locum, . . . sanctae Mariae grandem gestat ecclesiam. 5.16 (317.17)

speluncam. Vno ad orientem stadio speluncam duplicem in ualle habet, 5.17 (319.17)
speluncis. qui se tempore discriminis siluis ac desertis abditisue speluncis occulerant, 1.8 (22.9)
de ipsis montibus, speluncis, ac saltibus continue rebellabant; 1.14 (29.20)
SPERNO. spernatur. et ipse spernatur a uobis.' 2.2 (83.9)
spernebat. Verum ille, frequenter licet admonitus, spernebat uerba salutis, 5.13 (311.14)
spernendo. cuncta huius mundi uelut aliena spernendo, 1.26 (47.2)
spernentes. quaeue illos spernentes ultio secuta sit. 2.2 (81.8)
spretam. Colman uidens spretam suam doctrinam, sectamque esse dispectam, 3.26 (189.11)
spretis. spretisque fanorum fatuitatibus, et auguriorum deceptabilibus blandimentis, 2.10 (102.3)
spreuerant. quod oblata sibi perpetuae salutis consilia spreuerant. 2.2 (85.2)
spreuerit. sin autem uos spreuerit, nec coram uobis adsurgere uoluerit, 2.2 (83.8)
SPERO. sperabam. Sperabam, quia pariter ad uitam aeternam intraremus. 3.27 (193.21)
sperabat. a quo sibi sperabat iter salutis posse demonstrari, 4.25 (263.14)
sperabatur. e regione, qua hostium sperabatur aduentus, 1.20 (39.1)
sperans. sperans se regem Aeduinum regno simul et uita priuaturum; 2.9 (99.1)
sperans, sicut in sua gente regnat, ita et cum Christo de futuro conregnare. 3.29 (196.26)
simul etiam sperans, quia mox baptizatus, carne solutus ad aeterna gaudia iam mundus transiret, 5.7 (292.19)
simul et reliquias beatorum apostolorum ac martyrum Christi ab eo se sperans accipere, 5.11 (301.25)
sperantes. sperantes minus animos militum trepidare, 3.18 (163.6)
sperare. non solum incognita progenitoribus suis regna caelorum sperare didicit; 3.6 (138.1)
cuius edoctus monitis caelestia sperare didicerat. 4.11 (227.18)
eo praedicante caelestia sperare coeperunt, cuius ministerio temporalia bona sumserunt. 4.13 (232.4)
ut . . . neque aliud quam mortem sperare ualeremus. 5.1 (281.22)
sperarem. In cuius amoenitatem loci cum nos intraturos sperarem, 5.12 (308.4)
sperastis. quae a nobis pro uestris sacerdotibus ordinanda sperastis, 2.17 (119.25)
SPES. spe. Saluati ergo estis spe patientiae et tolerantiae uirtute, 2.8 (96.6)
Eius ergo mirabile donum et in uobis certa spe, caelesti longanimitate conferri confidimus; 2.10 (101.31)
ille audita . . . speque resurrectionis ac futurae inmortalitatis, libenter se Christianum fieri uelle confessus est, 3.21 (170.5)
qui . . . spe gaudiorum perennium delectati, profectum pietatis ex eius uerbis haurire uolebant. 5.12 (309.19)
deinde ad Vilfridum episcopum spe melioris propositi adueniens, 5.20 (332.8)
utque resurrectionis etiam nostrae, quam eadem die dominica futuram credimus, spe nos certissima gaudere signemus. 5.21 (341.5)
sicut una fide, spe, et caritate in Deum consentit, 5.21 (342.5)
sed in ea, quae hanc sequitur uitam, non solum omni spe coronae priuati, 5.21 (344.1)
spem. Constantinus . . . propter solam spem nominis sine merito uirtutis eligitur; 1.11 (24.26)
similes ergo efficiuntur his, qui spem suae confidentiae ponunt in eis.' 2.10 (102.19)
propterque spem nostrae resurrectionis, 3.17 (162.10)
ac mundo spem resurrectionis contulit, 3.25 (185.25)
Quod dum sibi adlatum . . . ultra omnem spem fructificandi eodem in agro sereret, 4.28 (272.7)
inuenimus . . . nullamque spem nobis in nobis restare salutis. 5.1 (282.4)
offerrent haec Domino in spem futurae suae redemtionis. 5.21 (336.21)
in qua etiam sepultus spem nobis post mortem beatae quietis tribuit, 5.21 (338.20)
si per fidem, spem et caritatem pascha, . . . cum illo facere curamus. 5.21 (340.8)
spes. Ex quo tempore spes coepit et uirtus regni Anglorum 'fluere ac retro sublapsa referri.' 4.26 (267.10)
cui nulla omnino spes uenae fontanae uideretur inesse. 4.28 (271.25)
SPICA. spicarum. nil omnino, non dico spicarum, sed ne herbae quidem ex eo germinare usque ad aestatis tempora contigit. 4.28 (272.1)
spicas. sed manu spicas conterere et manducare.' 1.27 (53.14)
SPINA. spinas. ut spinas ac tribulos peccatorum nostrorum portaret, 5.21 (343.16)
SPINEA. spineam. formam quoque coronae, quam ipse in passione spineam portauit in capite, 5.21 (343.16)
SPIRITALIS, e. **spiritali.** Nam et coniugi uestrae, nostrae spiritali filiae, direximus per praefatos gerulos crucem 3.29 (198.19)
spiritali. Cur non ergo et in hac spiritali ordinatione, . . . tales conueniant, 1.27 (52.24)
subito uisione spiritali recreata, os et oculos aperuit; 4.9 (223.17)
spiritalibus. Nam in ipsis rebus spiritalibus, 1.27 (52.19)
spiritalis. Quod tamen aliter populus spiritalis intellegens 1.27 (59.28)
spiritalis. quin potius fructum in ea multiplicem credentium populorum pius agri spiritalis cultor inuenit. 2.15 (116.31)
et multum ex illo, ut reor, profectus spiritalis accipiet. 3.19 (165.12)
tantum profectus spiritalis tempore praesulatus illius Anglorum ecclesiae, . . . ceperunt. 5.8 (295.2)
spiritalis. sed accinctus armis militiae spiritalis, 1.7 (19.14)
subtile quidem sit per effectum spiritalis potentiae, 2.1 (76.4)
in plurimorum corde fidelium spiritalis gratiam lucis accenderet. 2.2 (82.11)
Erat enim presbyter . . . iamdudum uiro Dei spiritalis amicitiae foedere copulatus; 4.29 (274.12)
spiritalis. ut a Gallicanis antistitibus auxilium belli spiritalis inquirant. 1.17 (34.2)
ut in spiritalis operis studio ex remuneratione ualeant multiplicius insudare. 1.29 (63.20)
SPIRITALITER. quod tamen intellegi spiritaliter potest. 1.27 (57.19)
SPIRITVS. spiritibus. et cum angelicis spiritibus ipsi quoque ad caelos redirent, 3.19 (166.18)
cerno omnia, quae ascendebant, fastigia flammarum plena esse spiritibus hominum, 5.12 (306.1)
spiritu. tandem, ut uerisimile uidetur, didicit in spiritu, 2.12 (107.11)
qui solebat nocturnis saepius horis repente ab inmundo spiritu grauissime uexari. 3.11 (149.21)
sed pauper spiritu magis propter regnum caelorum manere desiderans. 4.11 (226.5)
tandem recepto spiritu reuixit, 4.22 (250.1)
Incubuit precibus antistes, statimque edoctus in spiritu inpetrasse se, quod petebat a Domino: 4.29 (275.5)
renouato ad amorem caelestium spiritu mentis nostrae, 5.21 (339.34)
spiritum. delectatio per carnem, consensus per spiritum; 1.27 (61.6)
quae numquam uiuentem spiritum habuit, 2.10 (103.10)
uos, qui spiritum uiuentem a Domino percepistis, 2.10 (103.13)
qui in uobis uitae insufflauit spiritum, 2.10 (103.19)
ut intellegeret non hominem esse, qui sibi apparuisset, sed spiritum. 2.12 (109.28)
ut uir Dei et per prophetiae spiritum tempestatem praedixerit futuram, 3.15 (158.20)
ut adclinis destinae, . . . spiritum uitae exhalaret ultimum. 3.17 (160.7)
subito quasi leuiter obdormiens, sine ullo sensu doloris emisit spiritum. 4.11 (226.31)
Sunt etiam, qui dicant, quia per prophetiae spiritum, et pestilentiam, . . . praedixerit, 4.19 (244.17)
signando sese, et spiritum suum in manus eius commendando 4.24 (262.18)
spiritus. Adam uero uelut spiritus consensit; 1.27 (61.7)
Cum enim malignus spiritus peccatum suggerit in mente, 1.27 (61.11)
hoc, quod malignus spiritus seminat in cogitatione, 1.27 (61.18)
quia spiritus carnem et ossa non habet, 2.1 (76.7)
Spiritus astra petit, 2.1 (79.11)
Cum carnis claustra spiritus egreditur. 5.8 (295.15)

spiritus. et more maligni spiritus, 1.17 (35.13)
nam crebra mentis uesania, et spiritus inmundi inuasione premebatur. 2.5 (91.1)
ut uir Dei et per prophetiae spiritum [spiritus] tempestatem praedixerit futuram, uar. 3.15 (158.20)
et per uirtutem eiusdem spiritus hanc exortam, . . . sopiuerit. 3.15 (158.21)
cui tempore illo propositus Boisil magnarum uirtutum et prophetici spiritus sacerdos fuit. 4.27 (269.7)
spiritus. Nuntiabant enim sinistri spiritus, 1.17 (34.32)
sinistri spiritus peruolantes totam insulam 1.21 (40.10)
discessere omnes, qui me premebant, spiritus maligni, 3.11 (150.20)
arripientes inmundi spiritus unum de eis, quos in ignibus torrebant, iactauerunt in eum, 3.19 (166.24)
Re uera autem angelorum fuere spiritus, 4.3 (209.32)
siquidem ad aduentum eius spiritus recessere maligni. 4.28 (271.19)
egredientes e corpore spiritus eorum mox beata inuicem uisione coniuncti sunt, 4.29 (275.12)
Trahentes autem eos maligni spiritus descenderunt in medium baratri illius ardentis; 5.12 (306.18)
aufugerunt omnes, qui me forcipibus rapere quaerebant spiritus infesti. 5.12 (307.3)
surgentesque duo nequissimi spiritus, habentes in manibus uomeres, percusserunt me, 5.13 (312.25)
spiritus. Quod autem codices diuersos per bonos siue malos spiritus sibi uidit offerri, 5.13 (313.9)
spirituum. uidit . . . et maxima malignorum spirituum certamina, 3.19 (165.2)
Sequuntur aduersus ipsum accusationes malignorum, defensiones spirituum bonorum, 3.19 (166.11)
Erat autem locus . . . spirituum malignorum frequentia humanae habitationi minus accommodus; 4.28 (271.16)
sine ulla quietis intercapedine innumerabilis spirituum deformium multitudo torqueretur, 5.12 (305.13)
considero turbam malignorum spirituum, 5.12 (306.12)
Interea ascenderunt quidam spirituum obscurorum de abysso illa flammiuoma, 5.12 (306.23)
'Cumque procedentes transissemus et has beatorum mansiones spirituum, 5.12 (307.30)
'Cumque reuersi perueniremus ad mansiones illas laetas spirituum candidatorum, 5.12 (308.8)
accipies et ipse post mortem locum mansionis inter haec, . . . agmina laetabunda spirituum beatorum. 5.12 (309.6)
Tum subito superuenit exercitus malignorum et horridorum uultu spirituum, 5.13 (312.10)
ut crebro uexilli huius munimine a malignorum spirituum defendatur incursibus; 5.21 (343.10)
SPIRITVS. Spiritu. sic ascendens in caelos, misso desuper Spiritu, 5.21 (340.16)
SPIRITVS SANCTVS. Spiritu Sancto. ac deinde Germanus plenus Spiritu Sancto inuocat Trinitatem; 1.18 (36.13)
Spiritum Sanctum. Deum Patrem, et Filium, et Spiritum Sanctum, . . . humanum genus, . . . ueneratur et colit; 2.10 (101.17)
credatis in Deum Patrem omnipotentem, eiusque Filium Iesum Christum, et Spiritum Sanctum, 2.10 (102.6)
credentes, . . . in . . . Spiritum Sanctum, et inseparabilem Trinitatem; 2.10 (103.26)
per aquam et Spiritum Sanctum renati ei, cui credideritis, 2.10 (103.29)
confitemur secundum sanctos patres, proprie et ueraciter Patrem et Filium et Spiritum Sanctum trinitatem 4.17 (239.26)
glorificantes . . . Spiritum Sanctum procedentem Patre et Filio inenarrabiliter, 4.17 (240.22)
Spiritus Sancti. [Patris scilicet et Filii et Spiritus Sancti,] uar. Praef. (5.1)
cognitionem unius Dei, Patris, et Filii, et Spiritus Sancti, 1.32 (68.23)
et Sancti Spiritus unitate dispensans, 2.10 (101.12)
Sancti Spiritus feruore in sui quoque agnitione mirabiliter est dignata succendere. 2.10 (101.25)
Frigiditatem cordis ipsius Sancti Spiritus adnuntiatione succende; 2.11 (105.35)
Canebat . . . de Spiritus Sancti aduentu, 4.24 (261.5)
ea, quam habebat ille, cui gratiam Spiritus Sancti conparare uolenti dicit idem Petrus: 5.21 (342.33)
SPLENDIFICVS, a, um. **splendificum.** Splendificumque iubar radianti carperet haustu, 5.7 (293.13)
SPLENDOR. splendor. Ipse autem splendor emissae lucis, . . . in meridianum monasterii, . . . secessit, 4.7 (220.6)
splendore. in splendore gloriae sempiternae cohabitare, eius opitulante munificentia ualeatis. 2.10 (103.30)
si a uestrae fidei splendore, . . . ille remanserit alienus? 2.11 (105.22)
quod anima eius, . . . cum magno lucis splendore esset egressura de corpore; 4.11 (226.25)
ut omni splendore diei siue solis meridiani radiis uideretur esse praeclarior. 5.12 (307.20)
ubi sonum cantilenae dulcis cum odore suauitatis ac splendore lucis audisti. 5.12 (309.1)
splendoris. ut omnes Brittaniae fines illius gratia splendoris inpleret. 4.23 (256.7)
SPOLIO. spoliare. cum infirmiores spoliare et eis fraudem facere pro nihilo ducimus. 3.19 (165.28)
spoliata. tota floridae iuuentutis alacritate spoliata, 1.12 (25.20)
SPOLIVM. spolia. Spolia colliguntur exposita, 1.20 (39.18)
spolia. mane comedet praedam et uespere diuidet spolia.' 1.34 (71.20)
SPONSA. sponsa. Sponsa dicata Deo bis sex regnauerat annis, 4.20 (248.15)
Inque monasterio est sponsa dicata Deo. 4.20 (248.16)
Sponsa hymno exultas et noua dulcisono. 4.20 (248.32)
sponsae. Sepultum est autem corpus uenerabile uirginis et sponsae Christi in ecclesia beati . . . Stephani; 3.8 (143.32)
Cumque corpus sacrae uirginis ac sponsae Christi aperto sepulchro esset prolatum in lucem, 4.19 (245.8)
quem ante annos plurimos in laudem ac praeconium eiusdem reginae ac sponsae Christi, . . . conposuimus; 4.20 (247.4)
eiusdem reginae ac sponsae Christi, et ideo ueraciter reginae, quia sponsae Christi, 4.20 (247.5)
sponsarum. quibus aut se ipsas ad uicem sponsarum in periculum sui status adornent, 4.25 (265.19)
SPONSVS. sponsi. ad conplexum et nuptias sponsi caelestis uirgo beata intraret. 3.24 (179.8)
sponso. uni uero sponso uirginem castam exhiberet Christo. 2.9 (98.24)
sed et filias suas eisdem erudiendas, ac sponso caelesti copulandas mittebant; 3.8 (142.20)
Quid petis, alma, uirum, sponso iam dedita summo? 4.20 (248.11)
sponsus. Sponsus adest Christus; quid petis, alma, uirum? 4.20 (248.12)
Ecce uenit sponsus, munera laeta capis. 4.20 (248.30)
SPONTE. homo, qui culpam sponte perpetrauit, 1.27 (56.21)
Quantus sit affectus uenientibus sponte fratribus inpendendus, 1.28 (62.12)
coniunxitque se regi, sponte ministerium praedicandi assumens. 3.7 (140.22)
qui non uult ecclesiae ianuam sponte humiliatus ingredi, 5.14 (314.10)
necesse habet in ianuam inferni non sponte damnatus introduci. 5.14 (314.11)
SPVMA. spumas. cuius equus . . . spumas ex ore demittere, . . . coepit 3.9 (145.32)
SPVMO. spumare. subito a diabolo arreptus, . . . spumare, et diuersis motibus coepit membra torquere. 3.11 (149.23)
SPVRCITIA. spurcitia. in quo ipse, eliminata omni spurcitia, fecit ecclesiam 2.4 (88.31)
STABILITAS. stabilitate. perpeti stabilitate confirmet, 2.18 (121.5)
STABVLVM. stabula. aut stabula fabricet iumentis; 1.1 (12.29)
et relicta domu conuiuii egressus esset ad stabula iumentorum, 4.24 (259.20)
STADIVM. stadio. Vno ad orientem stadio speluncam duplicem in ualle habet, 5.17 (319.16)
stadiorum. traiectu milium L, siue, ut quidam scripsere, stadiorum CCCCL. 1.1 (9.14)
qui est latitudinis circiter trium stadiorum, 1.25 (45.8)
STAGNVM. stagni. qui, in insula stagni illius pergrandis, . . . uitam ducens solitariam, annis singulis eum uisitare, . . . solebat. 4.29 (274.13)
STAMEN. stamine. et stramine [stamine] subtracto coepit expectare horam, uar. 3.9 (145.34)
STANFORD, *?Stamford, Lincolnshire; possibly Stamford on the Yorkshire Derwent.*
Stanford. mox donauit terram X familiarum in loco, qui dicitur Stanford, 5.19 (325.13)
STATIM. Vnde statim iussit milites eum diligentius inquirere. 1.7 (18.24)
statimque, incluso meatu, ante pedes eius fons perennis exortus est, 1.7 (21.2)

quos statim euacuatos tenebris lumen ueritatis impleuit. 1.18 (36.16)
statimque adulescentem beatus Germanus sedere conpulit, 1.21 (40.27)
atque ab ea statim sua infirmitas recessit. 1.27 (55.24)
1.27 (57.16); 1.27 (59.1); 2.8 (95.10); 2.9 (100.5); 2.13 (113.9); 3.9 (146.8); 3.11 (150.6); 3.13 (153.4); 3.14 (156.22); 3.14 (157.1); 3.15 (158.8); 3.15 (158.18); 3.16 (159.19); 3.19 (166.28); 4.1 (204.4); 4.4 (213.29); 4.5 (215.27); 4.14 (235.23); 4.16 (236.26); 4.23 (257.19); 4.24 (259.30); 4.28 (273.1); 4.29 (275.4); 5.2 (284.6); 5.3 (286.17); 5.4 (287.24); 5.5 (288.13); 5.12 (304.14); 5.12 (304.18); 5.12 (307.14); 5.12 (308.28); 5.13 (311.27); 5.13 (312.24); 5.19 (328.32); 5.21 (343.26); 5.21 (346.5).

STATVO. statuere. Quem statuere patres, dubioque errore remoto, Certa suae genti ostendit moderamina ritus; 5.19 (330.20)
statueret. crucis uexillum . . . contra hostem inmanissimum pugnaturus statueret. 3.2 (130.8)
statuerunt. quibus conpletis statuerunt ob nimietatem laboris, huius structuram ecclesiae . . . relinquere, 3.8 (144.16)
statui. ac fouea praeparata, in qua statui deberet, 3.2 (129.2)
statuit. ibidem sibi habitationem statuit et cunctis successoribus suis. 1.33 (70.16)
Quin potius statuit, ut expectaretur iuxta praeceptum legis idem primus anni mensis, 5.21 (336.11)
in ipsa, quam lex statuit, tertia primi mensis ebdomada celebremus.' 5.21 (337.24)
statuitur. Statuitur ad haec in edito arcis acies segnis, 1.12 (27.34)
statutae. e quibus duae in lege Mosi diuinitus statutae, 5.21 (334.3)
statutis. Qui cum annis multis . . . huius quoque monasterii statutis propositis curam gereret, 3.23 (176.11)
statutum. Quod cum esset statutum, uenerunt, ut perhibent, VII Brettonum episcopi 2.2 (82.19)
Et hoc esse uerum pascha, . . . Niceno concilio non statutum nouiter, sed confirmatum est, 3.25 (185.12)
Quibus episcopatum administrantibus statutum est synodali decreto, 5.18 (321.14)
statuunt. ad nihil utilem statuunt. 1.12 (26.17)
quod illam in exordio sui paschae diem statuunt, 5.21 (338.1)
cum in XXII[a] die mensis paschae diem statuunt dominicum, 5.21 (338.24)

STATVRA. statura. Erat autem rex Osuini et aspectu uenustus, et statura sublimis, 3.14 (155.30)
staturae. quod esset uir longae staturae, 2.16 (117.27)
ut paulatim ablata exinde terra fossam ad mensuram staturae uirilis altam reddiderit. 3.9 (145.22)

STATVS. statu. nascentem ibi nouam heresim de statu nostrae resurrectionis, 2.1 (75.27)
post multas preces ac lacrimas ad Dominum pro statu ecclesiae fusas 2.6 (92.18)
habito inter se consilio, quid de statu ecclesiae Anglorum esset agendum, 3.29 (196.6)
stantibus . . . comitibus, et interrogantibus de statu eis, quem languentem uisitare uenerant, 4.11 (226.23)
De cuius statu uitae, ut ad priora repedantes, paucis, quae sunt gesta, memoremus, 5.19 (322.24)
dixit quidam saecularium scriptorum, quia felicissimi mundus statu ageretur, 5.21 (333.23)
de statu huius mundi merito diligere potuit homo huius mundi; 5.21 (333.26)
statum. Qui cum adflictum et pene conlapsum reipuplicae statum uideret, 1.9 (23.7)
et praesentis solum serenitatis statum experta, 1.22 (41.29)
destructumque regni statum, quamuis intra fines angustiores, nobiliter recuperauit. 4.26 (268.4)
et ea, . . . huius doctrina priscum renouarentur in statum. 5.20 (331.35)
Brettones, quamuis, . . . totius catholicae ecclesiae statum pascha minus recto, 5.23 (351.12)
status. ne, se defuncto, status ecclesiae . . . uacillare inciperet. 2.4 (86.28)
sicut in aliis prouinciis, ita etiam in Brittania qualis esset status ecclesiae, 4.18 (242.11)
Qui sit in praesenti status gentis Anglorum uel Brittaniae totius. 5.23 (348.13)
Hic est inpraesentiarum uniuersae status Brittaniae, 5.23 (351.24)
status. Hibernia autem et latitudine sui status, . . . Brittaniae praestat, 1.1 (12.25)
quibus aut se ipsas ad uicem sponsarum in periculum sui status adornent, 4.25 (265.20)

STATVTVM. statuta. una cum eis, qui canonica patrum statuta et diligerent, et nossent, magistris ecclesiae pluribus. 4.5 (214.23)
statuti. monachos, . . . necdum ad uiam statuti melioris reducere ualebat. 5.21 (345.9)
statutis. huius cupio in omnibus oboedire statutis; 3.25 (189.1)
statutis. qui quidem quantum conspectis ecclesiarum nostrarum statutis profecisset, probauit, 5.21 (345.4)

STELLA. stella. apparuit mense Augusto stella, quae dicitur cometa; 4.12 (228.29)
stellae. apparuit retro uia, qua ueneram, quasi fulgor stellae micantis inter tenebras, 5.12 (306.32)
stellae. et apparuerunt stellae pene hora dimidia ab hora diei tertia. 5.24 (353.4)

STEMMA. stemmate. Orta patre eximio, regali et stemmate clara, 4.20 (248.7)

STEPHANVS, Saint, *a deacon stoned to death by the people of Jerusalem: the first martyr.*
Stephani. Sepultum est autem corpus uenerabile uirginis . . . in ecclesia beati protomartyris Stephani; 3.8 (143.33)
aliis uestibus indutum transtulerunt illud in ecclesiam beati Stephani martyris. 3.8 (144.23)
Stephanus. Beatus protomartyr Stephanus passurus mortem pro ueritate, uidit caelos apertos, 5.14 (314.30)

STEPHANVS, *surname of Eddius (fl. 669), a monk of Ripon who wrote a biography of Wilfrid: see* **AEDDI.**
Stephanus. cantandi magister Nordanhymbrorum ecclesiis Aeddi cognomento Stephanus fuit, 4.2 (205.16)

STERNO. sternebantur. a morte animae, qua peccando sternebantur, reuocari poterant. 1.14 (30.13)
sternens. magnam eorum multitudinem sternens, 1.12 (26.10)
stratus. ille praecepit equum, ita ut erat stratus regaliter, pauperi dari; 3.14 (156.13)
strauit. quae in breui tantam eius multitudinem strauit, 1.14 (30.10)
pestilentiae lues, . . . magnam hominum multitudinem strauit. 3.27 (192.4)

STILVS. stilo. Vnde praesenti stilo gloriosos uos adhortandos cum omni affectu intimae caritatis curauimus; 2.10 (102.1)

STIMVLO. stimulantibus. ad eum habitaculum, . . . flabris stimulantibus ferebatur. 1.19 (37.14)

STIPENDIVM. stipendia. illi militantibus debita stipendia conferrent. 1.15 (31.13)
et stipendia sua exterius accipere; 1.27 (49.5)
stipendio. ut omni stipendio, quod accedit, quattuor debeant fieri portiones; 1.27 (48.24)
De eorum quoque stipendio cogitandum atque prouidendum est, 1.27 (49.8)

STIPES. stipitibus. erectis stipitibus, aereos caucos suspendi iuberet, 2.16 (118.11)
caput et manus cum brachiis . . . iussit rex, qui occiderat, in stipitibus suspendi. 3.12 (151.34)

STIPS. stipem. in quo manens cotidianam ab eis stipem acciperet. 5.2 (283.29)

STIRPS. stirpe. 'Quid ad te pertinet, qua sim stirpe genitus? 1.7 (19.17)
de cuius stirpe multarum prouinciarum regium genus originem duxit. 1.15 (32.2)
Habuit autem Osuiu . . . consortem regiae dignitatis, uocabulo Osuini, de stirpe regis Aeduini, 3.14 (154.25)
Abeunte autem Romam Caedualla, successit in regnum Ini de stirpe regia; 5.7 (294.5)

STO. stabat. columna lucis a carro . . . omnibus pene eiusdem Lindissæ prouinciae locis conspicua stabat. 3.11 (148.23)
standi. quo haberet locum standi siue inmergendi in fluuio, 5.12 (310.23)
stando. etiam si totam noctem stando in precibus peragere, . . . iubeas 4.25 (263.27)
stans. cuius culmen intrinsecus stans homo manu contingere potest, 5.16 (318.8)
stantem. uidit gloriam Dei et Iesum stantem a dextris Dei; 5.14 (314.31)
stantes. naues in anchoris stantes 1.2 (14.6)
stantibus. stantibus his, qui secum aduenerant, comitibus, 4.11 (226.22)
stare. parietes hactenus stare uidentur, 2.16 (117.13)
tantum in circuitu horridi crines stare uidebantur. 5.2 (283.26)
stat. 'In die illa radix Iesse, qui stat in signum populorum, ipsum gentes deprecabuntur.' 3.29 (197.7)
cuius pars minor quadratum altare ante ostium nihilominus eiusdem monumenti stat; 5.16 (318.19)
steterit. Vt super reliquias eius lux caelestis tota nocte steterit, 3.11 (147.28)

stetit. in similitudinem illius diu claudi, qui curatus ab apostolis Petro et Iohanne, exiliens stetit, . . . 5.2 (284.18)
"Eleuatus est sol, et luna stetit in ordine suo." . . . 5.21 (340.20)
STOMACHVS. stomachi. fracta stomachi uirtute lassescebat, . . . 2.1 (77.7)
STRAGES. strage. 'mortalitatis, quae Brittaniam Hiberniamque lata strage uastauit, . . . 3.13 (152.23)
stragem. maximam gentis perfidae stragem dedit. . . . 2.2 (84.4)
strages. Quo tempore maxima est facta strages in ecclesia . . . 2.20 (125.3)
strages. adcelerantur strages cunctis crudeliores prioribus. . . . 1.12 (28.6)
strages. magnas hostium strages dedit, . . . 1.12 (27.7)
tum primum inimicis, . . . strages dare coeperunt. . . . 1.14 (29.22)
quando non minimas eisdem hostibus strages dabant, . . . 1.16 (33.19)
STRAGICVS, a, um. stragica. ac stragica caede omnes indigenas exterminare, . . . contendit, . . . 4.16 (237.2)
stragicas. ac stragica caede [stragicas caedes] omnes indigenas exterminare, . . . contendit, . . . uar. 4.16 (237.2)
stragisa. ac stragica [stragisa] caede omnes indigenas exterminare, . . . contendit, . . . uar. 4.16 (237.2)
STRAMEN. stramine. Desiluit eques, et stramine subtracto coepit expectare horam, . . . 3.9 (145.34)
STRATA. stratae. et stratae ibidem factae usque hodie testantur; . . . 1.11 (25.11)
STRATVM. stratum. iussit . . . in ecclesia . . . stratum parari; . . . 2.6 (92.16)
STREANÆSHALCH, *Whitby.*
Streanæshalæ. Quo anno Hild abbatissa in Streanæshalæ obiit. . . . 5.24 (355.9)
Streanæshalch. Quae post biennium conparata possessione x familiarum in loco, qui dicitur Streanæshalch, 3.24 (179.4)
ipse in saepedicto . . . monasterio, quod uocatur Streanæshalch, locum mansionis elegit; . 4.26 (267.24)
Streaneshalch. contigit eam suscipere etiam construendum . . . monasterium in loco, qui uocatur Streaneshalch, . . . 4.23 (254.4)
Strenæshalc. dispositum est, ut in monasterio, quod dicitur Strenæshalc, . . . synodus fieri, . . . 3.25 (183.16)
Strenaeshalc. Hild, abbatissa monasterii, quod dicitur Strenaeshalc, ut supra rettulimus, . . . transiuit 4.23 (252.17)
STRENVISSIME. strenuissime fundamenta ecclesiae, quae nobiliter iacta uidit, augmentare, . . . 2.4 (87.4)
eidem monasterio strenuissime, et in obseruantia disciplinae regularis, . . . praefuit. . . . 4.10 (224.9)
cum genti suae duobus annis strenuissime praeesset, . . . 5.7 (292.14)
Vna data Daniheli, . . . altera Aldhelmo, cui annis IIII strenuissime praefuit; . . . 5.18 (320.27)
STRENVISSIMVS, a, um. strenuissimis. Siquidem electis sociis strenuissimis et ad praedicandum uerbum idoneis, . . . 5.9 (296.27)
strenuissimo. auxilium praebente illi Penda uiro strenuissimo de regio genere Merciorum, . . . 2.20 (124.18)
sperantes . . . minus praesente duce quondam strenuissimo et eximio posse fugam meditari. . . . 3.18 (163.8)
strenuissimus. Caedualla, iuuenis strenuissimus de regio genere Geuissorum, . . . 4.15 (236.10)
uir strenuissimus ac doctissimus atque excellentis ingenii uocabulo Tatfird, . . . electus est antistes; 4.23 (255.19)
Acca presbyter eius, uir et ipse strenuissimus, et coram Deo et hominibus magnificus; . . . 5.20 (331.14)
STRENVVS, a, um. strenuum. ordinauit uirum . . . uitae simplicitate contentum, quam in saeculi rebus strenuum, . . . 4.2 (206.8)
strenuus. Maximus uir quidem strenuus et probus, . . . 1.9 (23.11)
STRICTIM. siqui scire delectat, uel in ipso illo uolumine, uel in eo, quod de illo dudum strictim excerpsimus, 5.17 (319.32)
'Verum his de pascha succincte, ut petisti, strictimque commemoratis, . . . 5.21 (341.35)
STRICTVS, a, um. strictis. Haec de opusculis excerpta . . . sed breuioribus strictisque conprehensa sermonibus, . . . historiis indere placuit. . . . 5.17 (319.28)
STRINGO. strictum. proiectoque ense, quem strictum tenuerat, . . . 1.7 (20.21)
stringite. Tota igitur mente cum eo uos in feruore fidei stringite, . . . 1.32 (69.5)
STRVCTVRA. structuram. statuerunt ob nimietatem laboris, huius structuram ecclesiae funditus relinquere, . . . 3.8 (144.17)
STRVO. struere. Vidit autem et daemones per ignem uolantes incendia bellorum contra iustos struere. 3.19 (166.10)
STVDEO. stude. Talemque te Domini inplorata clementia exhibendum stude, . . . 2.8 (96.33)
studeat. Studeat ergo tua fraternitas hoc, . . . 2.8 (96.29)
studens. Studens autem uir Domini acceptum monasterii locum . . . sorde purgare, . . . 3.23 (175.21)
studere. quem dum orationibus continuis ac uigiliis die noctuque studere conspiceret, . . . 1.7 (18.16)
studiui. quia ad tui oris imperium semper uiuere studui [studiui], . . . uar. 4.29 (275.2)
studueris. si . . . mores sermonesque tuos in rectitudine ac simplicitate seruare studueris, . . . 5.12 (309.4)
studui. Nosti enim, quia ad tui oris imperium semper uiuere studui, . . . 4.29 (275.2)
uel sub quo iudice mundum uicerint, diligenter adnotare studui. . . . 5.24 (359.21)
studuimus. ea, . . . ad instructionem posteritatis litteris mandare studuimus. Praef. (8.8)
studuit. in quibus eum erudire studuit, . . . 1.27 (48.22)
diuinis se studuit mancipare praeceptis. . . . 2.6 (93.22)
STVDIOSE. quam studiose erga saluationem memoria nostrae gentis inuigilauerit, . . . 1.30 (64.28)
quaeque uos ammonet, . . . studiose in memoria reseruate; . . . 1.32 (68.32)
et tam libenter tamque studiose ab illo auditus est, . . . 5.12 (310.1)
STVDIOSIOR, ius. studiosior. quanto studiosius [studiosior] in eo cultu ueritatem quaerebam, . . . uar. 2.13 (112.28)
STVDIOSISSIME. aliaque huiusmodi, quae ad ornatum domus Dei pertinent, studiosissime parauit. 5.20 (331.27)
STVDIOSISSIMVS, a, um. studiosissimus. ut uir unitatis ac pacis studiosissimus ante ad uitam raperetur aeternam, . . . 5.15 (316.13)
STVDIOSIVS. Nullus enim tuorum studiosius quam ego culturae deorum nostrorum se subdidit; . . . 2.13 (111.25)
quanto studiosius in eo cultu ueritatem quaerebam, tanto minus inueniebam. . . . 2.13 (112.28)
STVDIOSSE. quam studiose [studiosse] erga . . . inuigilauerit, . . . uar. 1.30 (64.28)
STVDIOSVS, a, um. studiosae. cotidie per studiosae lectionis roboraret alloquium. . . . 2.1 (75.12)
STVDIVM. studia. prauorum mentes ad sanctitatis studia reforma; . . . 1.27 (53.12)
quia tempore non pauco inter studia diuinae lectionis, uitiorum potius inplicamentis, . . . 3.13 (153.7)
studii. sed erga curam perpetuae suae saluationis nihil omnino studii et industriae gerens. . . . 3.13 (152.27)
studiis. Cuius studiis gloriosissime fauit Felix episcopus, . . . 2.15 (116.25)
monasterium, in quo liberius caelestibus studiis uacaret, construxit; . . . 3.19 (164.25)
Nam cum . . . in clero illius degerem, legendi quidem canendique studiis traditus, . . . 5.6 (289.18)
studiis. Pallium . . . fraternitati tuae, benignitatis studiis inuitati, direximus, . . . 2.8 (96.23)
inbuebantur . . . paruuli Anglorum . . . studiis et obseruatione disciplinae regularis. . . . 3.3 (132.23)
Anglorum ecclesiae cum catholica ueritate, litterarum quoque sanctarum coeperint studiis inbui; 4.2 (204.11)
qui utrique monachicae conuersationis erant studiis inbuti. . . . 4.4 (213.7)
cum menses aliquot ibi studiis occupatus felicibus exegisset, . . . 5.19 (324.29)
quod Albinus discipulus eius, . . . in tantum studiis scripturarum institutus est, . . . 5.20 (331.9)
plures . . . satagunt magis, accepta tonsura, monasterialibus adscribere uotis, quam bellicis exercere studiis. . . . 5.23 (351.22)
studio. summo studio, dilectissimi filii, oportet, . . . 1.23 (43.8)
de cuius certi sumus studio, . . . 1.24 (44.8)
quem necesse est, ut sacerdotali studio sanctitas uestra adiuuare, . . . 1.24 (44.10)
ut etiam sine uoluntatis studio uideatur esse polluta, . . . 1.27 (56.18)
ut in spiritalis operis studio ex remuneratione ualeant multiplicius insudare. . . . 1.29 (63.21)
scolasticus quidam de genere Scottorum, doctus quidem uir studio litterarum, . . . 3.13 (152.25)
expleto studio ieiuniorum et orationis, fecit ibi monasterium, . . . 3.23 (176.5)
in quibus ablato studio militiae terrestris, ad exercendam militiam caelestem, . . . locus . . . suppeteret. 3.24 (178.26)

hoc in Gallia, quas discendi uel orandi studio pertransiuimus, 3.25 (184.23)
de cuius pio studio cognoscentes, tantum cuncta sedes apostolica una nobiscum laetatur, 3.29 (198.22)
multumque renitentem, studio et amore pii laboris, ipse eum manu sua leuauit in equum; 4.3 (206.27)
Qui quidem a prima aetate pueritiae studio religiosae uitae semper ardebat, 4.27 (268.28)
et cum esset in studio, tacta est infirmitate repentini doloris, 5.3 (285.15)
'Catholicam . . . obseruantiam, quam a nobis, rex Deo deuote, religioso studio quaesisti, 5.21 (333.17)
studium. Hic labor, hoc studium, haec tibi cura, hoc pastor agebas, 2.1 (79.21)
nam quo minus sufficiebat meditationi scripturarum, eo amplius operi manuum studium inpendebat. 4.3 (208.13)
studium. satisque studium tuae sinceritatis amplector, Praef. (5.7)
et certandi cum hostibus studium subire, 1.12 (27.13)
studium uidelicet pacis et caritatis, 3.17 (161.17)
et legentes quoque uel audientes exemplum facti ad studium religionis accenderet. 5.7 (293.5)
STVLTILOQVIVM. stultiloquium. Et primum quidem blasphemiae stultiloquium est dicere esse hominem sine peccato; 2.19 (124.4)
STVLTITIA. stultitia. dicebant, ut uulgo fertur, ad eum barbara inflati stultitia: 2.5 (91.11)
stultitiae. 'Absit,' inquit, 'ut Iohannem stultitiae reprehendamus, 3.25 (185.3)
stultitiam. ea, quae per stultitiam colui, 2.13 (113.7)
STVLTVS, a, um. **stultae.** uulgus circumpositum longe lateque a uita stultae consuetudinis . . . conuertere curabat 4.27 (269.15)
stulto. praeter hos . . . contra totum orbem stulto labore pugnant.' 3.25 (184.31)
stultum. 'Mirum quare stultum appellare uelitis laborem nostrum, 3.25 (184.33)
stultum. In illo quippe mysterio, . . . ualde stultum est, si 1.27 (54.18)
STVPEO. stupet. multos stupet gemitque per annos. 1.12 (25.25)
STVPIDVS, a, um. **stupida.** ubi trementi corde stupida die noctuque marcebat. 1.12 (28.2)
STVPOR. stupor. Quod ubi lectum est, stupor adprehendit audientes; 5.19 (328.1)
stupore. Inplentur populi stupore miraculi, 1.21 (41.1)
tantoque eas stupore perculit, ut etiam canticum, quod canebant, tremefactae intermitterent. 4.7 (220.4)
SVADEO. suadeat. et Redualdo suadeat, ut nec ipse tibi aliquid mali faciat, 2.12 (109.2)
suadebant. eumque id, quod mente disposuerat, perficere suadebant. 5.19 (323.17)
suadendo. sed suadendo, blandiendo, . . . reforma; 1.27 (53.10)
suadere. coepitque eis fraterna admonitione suadere, 2.2 (81.16)
suadet. in opus eos uerbi, diuino confisos auxilio, proficisci suadet. 1.23 (43.3)
suaserat. Fecit, ut ille suaserat; 3.12 (151.8)
SVÆBHARD (*fl.* 692), *King of Kent with Wictred.*
Suæbhardo. qui electus est quidem in episcopatum . . . regnantibus in Cantia Victredo et Suæbhardo; 5.8 (295.27)
SVALVA, *the Swale, Yorkshire.*
Sualua. sed et in prouincia Deirorum, ubi saepius manere cum rege solebat, baptizabat in fluuio Sualua, 2.14 (115.12)
SVASIO. suasio. post quam diem ita ex animis omnium suasio iniqua deleta est, 1.18 (36.18)
suasioni. Cuius suasioni uerbisque prudentibus alius optimatum regis tribuens assensum, 2.13 (112.3)
SVAVIS, e. **suauia.** Quis enim audiens haec suauia non laetetur? 3.29 (197.3)
SVAVISSIMVS, a, um. **suauissimam.** audiuit repente, . . . uocem suauissimam cantantium atque laetantium 4.3 (208.20)
suauissimis. delectatus . . . promissis eorum suauissimis, 1.26 (47.19)
suauissimus. Qui quoniam et doctor suauissimus, et eorum, quae agenda docebat, erat executor deuotissimus, 5.22 (346.26)
SVAVITAS. suauitas. ut omnem mox fetorem tenebrosi fornacis, . . . effugaret admirandi huius suauitas odoris. 5.12 (307.19)
suauitate. hoc ipse post pusillum uerbis poeticis maxima suauitate et conpunctione conpositis, . . . proferret. 4.24 (258.31)
sum reuerti ad corpus, delectatus nimirum suauitate ac decore loci illius, quem intuebar, 5.12 (309.10)
suauitatis. quod dum fieret, tantae flagrantia suauitatis ab imis ebulliuit, 3.8 (144.2)
propter magnitudinem memorati timoris uel suauitatis, . . . sudauerit. 3.19 (167.22)
ubi sonum cantilenae dulcis cum odore suauitatis ac splendore lucis audisti. 5.12 (308.34)
SVAVIVS. suauiusque resonando doctores suos uicissim auditores sui faciebat. 4.24 (260.32)
SVB. Praef. (6.30); 1.1 (10.30); 1.1 (11.2); 1.2 (14.15); 1.3 (15.31); 1.25 (45.27); 1.27 (49.8); 1.27 (59.29); 2.3 (85.14); 2.5 (90.31); 2.9 (97.14); 2.9 (98.18); 2.9 (99.9); 3.21 (169.21); 3.21 (169.24); 3.21 (171.6); 3.22 (171.17); 3.24 (180.30); 4.1 (203.8); 4.1 (203.21); 4.2 (204.14); 4.3 (212.31); 4.4 (214.7); 4.17 (239.7); 4.19 (245.15); 4.20 (248.9); 4.23 (255.32); 4.23 (256.4); 4.28 (272.14); 4.28 (273.3); 5.7 (293.31); 5.9 (297.2); 5.12 (305.26); 5.16 (318.21); 5.19 (330.3); 5.21 (335.17); 5.21 (340.2); 5.22 (347.3); 5.22 (347.18); 5.24 (353.23); 5.24 (354.10); 5.24 (359.19).
SVBDIACONVS. subdiaconus. Qui subdiaconus ordinatus IIII exspectauit menses, 4.1 (203.4)
SVBDO. subdendum. ac infernalibus subdendum esse tormentis; 3.13 (153.6)
subdentes. facinoribus sua colla, . . . subdentes. 1.14 (30.8)
subdentur. Nimirum enim quaerit et inpetrabit, et ei omnes suae insulae, ut optamus, subdentur. 3.29 (198.33)
subdi. quanto magis, si ei subdi coeperimus, iam nos pro nihilo contemnet.' 2.2 (83.25)
totius creaturae suae dilatandi subdi etiam in extremitate terrae positarum gentium corda frigida, 2.10 (101.24)
subdiderit. Vectam quoque insulam Romanis subdiderit. 1.3 (15.3)
subdidit. omnipotenti Deo Domino nostro Iesu Christo secum subdidit, 1.32 (68.18)
Nullus enim tuorum studiosius quam ego culturae deorum nostrorum se subdidit; 2.13 (111.26)
Cuius suasioni uerbisque prudentibus alius optimatum regis tribuens assensum, continuo subdidit: 2.13 (112.4)
subdita. Heresuid, . . . regularibus subdita disciplinis, ipso tempore coronam expectabat aeternam; 4.23 (253.10)
subdita. monachi Scotticae nationis cum his, quae sibi erant subdita, monasteriis ad ritum paschae . . . perducti sunt. 5.22 (346.18)
subditam. ubi Dominus per creaturam subditam hominibus loquebatur, 1.27 (59.8)
et quasi nouo se discipulatui beatissimi apostolorum principis Petri subditam, . . . gaudebat. 5.21 (346.12)
subditi. curauit suos, qui erant in Hii, quiue eidem erant subditi monasterio, 5.15 (315.30)
multosque eorum, qui Occidentalibus Saxonibus subditi erant Brettones, 5.18 (321.3)
subditis. Christianam fidem in populis tibi subditis extendere festina, 1.32 (68.6)
subditorum. subditorum mores ex magna uitae munditia, 1.32 (68.8)
subditos. Tantum lectioni diuinarum scripturarum suos uacare subditos, . . . faciebat, 4.23 (254.17)
subditus. in tantum erat timori Domini subditus, 4.3 (210.13)
Erat enim uir multum religiosus, et regularibus disciplinis humiliter subditus; 4.24 (261.12)
Huius discipulatui Cudberct humiliter subditus, et scientiam ab eo scripturarum, . . . sumsit 4.27 (269.8)
quod uir esset multae pietatis ac religionis, iniunctoque sibi officio supernae tantum mercedis gratia subditus. 4.31 (278.8)
paenitentiam, . . . in aeternum sine fructu poenis subditus facit. 5.13 (313.3)
subdunt. ita de Pelagianis in eadem epistula subdunt: 2.19 (123.24)
SVBDVCO. subducunt. caelum diemque nubium nocte subducunt; 1.17 (34.15)
subduxit. sic uidentibus cunctis ad caeli se alta subduxit; 4.7 (220.11)
SVBEO. subeunda. multi, . . . ad salutaria ieiuniorum remedia subeunda sunt mirabiliter accensi; 4.14 (236.3)
subeundae. "quia iamiamque crescente corporis molestia ad articulum subeundae mortis conpellor; 3.13 (153.3)

subeuntibus. factumque est, ut cum longius subeuntibus eis, fletum hominum . . . discernere nequirem, 5.12 (306.19)
subiere. Moxque illi instante carnifice mortem laeti subiere temporalem, 4.16 (238.6)
subiit. Aedilberct rex . . . aeterna caelestis regni gaudia subiit; 2.5 (89.9)
subire. et certandi cum hostibus studium subire, 1.12 (27.13)
discrimenque certaminis subire maluerunt, 1.17 (35.17)
sed oboedientiae causa iussus subire hoc, quamuis indignus, consensi.' 4.2 (205.28)
subirent. qui ecclesiasticum gradum, hoc est altaris officium, apte subirent, 4.23 (254.20)
sibiret. itineris laborem subiret intrepidus. 1.19 (38.5)
subisset. quam et olim iam, si non obstinatus coniugis animus diuortium negaret, relicto regno subisset. 4.11 (225.22)
subituri. pro accipiendis alimentorum subsidiis aeternum subituri seruitium, 1.15 (32.32)
subiturum. Neque abnegauit se etiam eandem subiturum esse religionem; 2.9 (98.8)
SVBICIO. subiecit. Atque paulo post subiecit exponens: 1.27 (57.3)
nec non et Meuanias Brettonum insulas, . . . Anglorum subiecit imperio; 2.5 (89.26)
qui etiam gentem Pictorum maxima ex parte regno Anglorum subiecit. 3.24 (180.9)
Sed ne putaremus easdem VII dies a XIIII^{a} usque ad XX^{am} esse computandas, continuo subiecit: 5.21 (334.33)
subiecta. prouinciam Pictorum, quae tunc temporis Anglorum erat imperio subiecta, 4.12 (229.26)
subiecta. 'Domine, in nomine tuo etiam daemonia nobis subiecta sunt,' 1.31 (66.25)
subiectae. subiectae uobis genti superna beneficia praestarentur. 1.32 (68.3)
subiectae. hae omnes prouinciae . . . Merciorum regi Aedilbaldo subiectae sunt. 5.23 (350.26)
subiecti. cuius iuri . . . ipsi etiam episcopi ordine inusitato debeant esse subiecti, 3.4 (134.14)
praefuere reges Sigheri et Sebbi, quamuis ipsi regi Merciorum Vulfheræ subiecti. 3.30 (199.12)
subiectis. regibus ac populis sibimet subiectis festinet infundere, 1.32 (68.23)
subiectisque populis idola colendi liberam dare licentiam. 2.5 (91.7)
subiectis. seque cum subiectis populis tota ad eum mente conuertit. 1.32 (68.18)
subiectis. Vt Hiienses monachi cum subiectis sibi monasteriis canonicum praedicante Ecgbercto celebrare pascha coeperint. 5.22 (346.14)
subiectos. Deo Domino nostro Iesu Christo auctore subiectos; 1.29 (64.16)
SVBIGO. subacta. prior postea ab eodem Caedualla, . . . occisus est, et prouincia grauiore seruitio subacta. 4.15 (236.17)
SVBINTRODVCO. subintroduxit. rex, . . . subintroduxit in prouinciam alium suae linguae episcopum, uocabulo Vini, 3.7 (140.29)
SVBITANEVS, a, um. **subitaneis.** contigit uolantibus in altum scintillis culmen domus, . . . subitaneis flammis impleri. 3.10 (147.16)
SVBITO. subito. subito diuina gratia respectus, 1.7 (18.16)
subito duabus gentibus transmarinis . . . multos stupet 1.12 (25.23)
subito corruptae mentis homines acerba pestis corripuit, 1.14 (30.9)
Tum subito inito ad tempus foedere cum Pictis, 1.15 (32.7)
Tum subito occurrit pergentibus inimica uis daemonum, 1.17 (34.12)
Tum subito quidam tribuniciae potestatis . . . procedit in medium, 1.18 (36.6)
Tum subito Germanus signifer uniuersos admonet, 1.20 (39.5)
Cum subito Elafius pedibus aduoluitur sacerdotum, 1.21 (40.22)
uidit subito intempesta nocte silentio adpropinquantem sibi hominem . . . incogniti; 2.12 (108.21)
Osricum, . . . erumpens subito cum suis omnibus inparatum cum toto exercitu deleuit. 3.1 (128.3)
intrasse subito ministrum ipsius, 3.6 (138.15)
cuius equus subito lassescere, . . . coepit 3.9 (145.31)
subito a diabolo arreptus, clamare, . . . coepit 3.11 (149.22)
conticuit ille subito, et quasi in somnum laxatus deposuit caput, 3.11 (150.10)
nec subito ualentibus apostolis omnem legis obseruantiam, quae a Deo instituta est, abdicare 3.25 (185.5)
ecce subito lux emissa caelitus, ueluti linteum magnum, uenit super omnes, 4.7 (220.3)
coepit subito circa mediam noctem clamare his, quae sibi ministrabant, 4.8 (221.9)
subito uisione spiritali recreata, os et oculos aperuit; 4.9 (223.16)
ingruente oculis caligine subita [subito], uar. 4.10 (224.24)
subito quasi leuiter obdormiens, sine ullo sensu doloris emisit spiritum. 4.11 (226.29)
Nam subito adstante episcopo, et filio regis 4.11 (227.9)
cui diuina dispositione subito beatissimi apostolorum principes dignati sunt apparere. 4.14 (234.3)
quasi subito sublatum eum quaesierit cum omni diligentia, 4.23 (256.1)
audiuit subito in aere notum campanae sonum, 4.23 (257.9)
uidi adstantem mihi subito quendam incogniti uultus; 4.25 (264.28)
contigit eum subito diuinae pietatis gratia per sanctissimi patris Cudbercti reliquias sanari. 4.32 (280.2)
ecce subito, positis nobis in medio mari, interrupta est serenitas, 5.1 (281.18)
Itaque rapuerunt eos subito, et interemerunt; 5.10 (300.16)
uidi subito ante nos obscurari incipere loca, 5.12 (305.21)
Et cum progrederemur . . . ecce subito apparent ante nos crebri flammarum tetrarum globi, 5.12 (305.27)
priusquam subito mortis superuentu tempus omne paenitendi et emendandi perderet. 5.13 (311.11)
Tum subito superuenit exercitus malignorum et horridorum uultu spirituum, 5.13 (312.8)
SVBITVS, a, um. **subita.** quo etiam anno subita pestilentiae lues, . . . multitudinem strauit. 3.27 (191.30)
subita. Ibi Gratianum Augustum subita incursione perterritum, 1.9 (23.15)
cuius uxor ingruente oculis caligine subita, tantum per dies eadem molestia crebrescente grauata est, 4.10 (224.24)
et ingruente causa subita secessit Hiberniam, 4.25 (263.35)
subitum. audio subitum post terga sonitum inmanissimi fletus ac miserrimi, 5.12 (306.8)
SVBIACEO. subiaceant. qui tuae subiaceant dicioni, 1.29 (63.26)
subiaceat. ut Lundoniensis episcopi nullo modo dicioni subiaceat. 1.29 (64.6)
subiacebit. et susceptor, et is, qui susceptus est, excommunicationi subiacebit.' 4.5 (216.17)
subiacere. quem tamen tuae fraternitatis uolumus dispositioni subiacere; 1.29 (64.4)
subiacerent. ipsi episcopo Geuissorum, id est Occidentalium Saxonum, qui essent in Venta ciuitate, subiacerent. 4.15 (236.24)
SVBIECTIO. subiectionem. subiectionemque continuam, . . . promittebant. 1.12 (26.6)
subiectionis. in quam tamen ob erumnam externae subiectionis nemo gradum ministerii . . . accepit. 4.16 (238.11)
SVBIECTVS. subiectis. nec auxiliari subiectis possunt, 1.7 (19.27)
et ipsa recte uiuendo, et subiectis regulariter ac pie consulendo praebuit; 4.6 (219.6)
subiectis. et quanto in subiectis suis etiam aliena peccata deterserit, 1.32 (68.25)
subiectos. sed etiam omnes subiectos suos meditatur . . . conuerti. 3.29 (196.30)
SVBIVGO. subiugatis. exterminatis uel subiugatis indigenis, 1.34 (71.16)
subiugauit. Vectam insulam, . . . Romanorum dicioni subiugauit; 1.3 (15.24)
Quin et Meuanias insulas, . . . imperio subiugauit Anglorum; 2.9 (97.16)
SVBIVNGO. subiungere. statim subiungere curauit: 1.27 (59.1)
subiungit. Atque mox eiusdem causam coinquinationis adnuntians subiungit: 1.27 (57.10)
subiunxit. mox dolendo subiunxit: 2.1 (74.18)
Deinde subiunxit diem sui obitus iam proxime instare. 4.3 (209.12)
Rursumque, quasi leuiter indignata, subiunxit: 4.9 (223.23)
SVBLABOR. sublapsa. Ex quo tempore spes coepit et uirtus regni Anglorum 'fluere ac retro sublapsa referri.' 4.26 (267.11)

SVBLEVO. subleuatus. Haec inter Iustus archiepiscopus ad caelestia regna subleuatus quarto Iduum Nouembrium die, 2.18 (120.9)
subleueris. ad aeterna in caelis gaudia subleueris. 4.14 (234.13)
SVBLIME. sublime. uidit manifeste quasi corpus hominis, . . . sindone inuolutum in sublime ferri, 4.9 (222.14)
SVBLIMIOR, ius. **sublimiora.** et ad facienda sublimiora Dei praecepta sufficerent.' 3.5 (137.18)
qui instar fauillarum cum fumo ascendentium, nunc ad sublimiora proicerentur, 5.12 (306.2)
sublimioribus. qui de singulis prouinciis siue locis sublimioribus, Praef. (8.15)
SVBLIMIS, e. **sublime.** Quin etiam sublime crucis, radiante metallo, Hic posuit tropaeum, 5.19 (330.14)
sublimis. Erat autem rex Osuini et aspectu uenustus, et statura sublimis, 3.14 (155.30)
sublimis. cuius ante mortem uita sublimis crebris etiam miraculorum patebat indiciis, 4.30 (276.9)
SVBLIMITAS. sublimitas. ut, quanta esset uiri sublimitas, legentibus notius existeret. 3.19 (168.27)
sublimitatem. Cum ergo uideret Paulinus difficulter posse sublimitatem animi regalis ad humilitatem . . . inclinari, 2.12 (107.5)
sublimitatis. summae ueritatis et uerae sublimitatis scientiam scrutatur, 1.1 (11.13)
SVBLIMITER. qui . . . regni temporalis auctoritate et Christianae pietatis, . . . deuotione sublimiter praefuit, 4.14 (234.27)
Qui cum monasterio propinquarent, et aedificia illius sublimiter erecta aspicerent, 4.25 (264.17)
gradum archiepiscopatus Honorius, . . . uir in rebus ecclesiasticis sublimiter institutus seruabat. 5.19 (323.27)
et tribus annis ecclesiam sublimiter regens, dehinc ad monasterii sui, . . . curam secessit, 5.19 (326.4)
SVBLIMO. sublimatum. sublimatum subtile quidem sit 2.1 (76.3)
sublimatus. Quo regni culmine sublimatus, 3.6 (138.8)
sublimauit. Brittaniam tum plurima confessionis Deo deuotae gloria sublimauit. 1.6 (18.4)
qui te et a temporalibus aduersis eripiens, temporalis regni honore sublimauit; 2.12 (111.3)
SVBMERGO. submergendi. in Charybdi uoraginem submergendi decidunt. 5.21 (338.13)
submerserint. simul et maioribus flagitiis submerserint. 1.22 (41.20)
SVBMINISTRO. subministratis. antistes misit eum Romam, . . . cunctis simul, quae necessitas poscebat itineris, largiter subministratis; 5.19 (324.18)
SVBMITTO (SVMM-). submissae. cui etiam summitates imperii rerumque potestates submissae sunt, 2.10 (101.21)
submittere. atque ad suscipiendum episcopatus officium collum submittere conpellitur; 4.28 (272.30)
summissae. quae per uos . . . in conuersatione coniugis uestri summissaeque uobis gentis dignatus fuerit operari, 2.11 (106.14)
SVBNECTO. subnexuit. post quem Dionysius Exiguus totidem alios ex ordine pari schemate subnexuit, 5.21 (341.21)
SVBOLES (SOB-). sobole. rex erat uir bonus, et bona ac sancta sobole felix, ut in sequentibus docebimus. 3.7 (140.16)
sobolem. ex tali coniugio sobolem non posse succrescere. 1.27 (50.33)
ut regina sospes et absque dolore graui sobolem procrearet. 2.9 (99.24)
sobolis. Successor . . . factus est Anna . . . uir optimus, atque optimae genitor sobolis, 3.18 (163.16)
subolem. Culmen, opes, subolem, pollentia regna, triumphos, Exuuias, proceres, moenia, castra, lares; 5.7 (293.7)
suboles. Cuius filia Earcongotæ, ut condigna parenti suboles, magnarum fuit uirgo uirtutum, 3.8 (142.12)
subolis. pro benignitate suae pietatis fecunditatem ei subolis reseruauit. 1.27 (54.14)
Cum uero non amor ortandi subolis, 1.27 (58.29)
SVBPONO (SVPP-). subpositae. immo totius gentis subpositae uobis intellegentiam in amore sui facilius inflammaret. 2.11 (104.27)
subpositi. Non solum autem subpositi eidem feretro, uel adpositi curantur egroti, 4.6 (218.23)
subpositis. Quae enim in . . . Audubaldi regis gentibusque ei subpositis inlustratione, clementia Redemtoris fuerit operata, 2.10 (101.28)
subpositorum. hi, qui ex corruptibili materia inferiorum etiam subpositorumque tibi manibus construuntur; 2.10 (102.21)
subposueram. ut hunc capite ac manu, quam capite ruens subposueram, tangerem, 5.6 (290.19)
suppositarum. non solum suppositarum ei gentium plenissimam salutem, . . . credimus subsequendam; 2.8 (96.14)
SVBREGVLVS. subreguli. acceperunt subreguli regnum gentis, et diuisum inter se tenuerunt annis circiter x; 4.12 (227.26)
subregulis. Cuius episcopatus tempore deuictis atque amotis subregulis, Caedualla suscepit imperium, 4.12 (228.1)
SVBROGO. subrogare. in loco ipsius alter episcopum ex hac nostra auctoritate debeat subrogare. 2.17 (119.33)
SVBSCRIBO. subscribens. sua quoque auctoritate subscribens confirmaret, 2.4 (88.21)
subscribimus. Et nos omnes subscribimus, qui cum Theodoro archiepiscopo fidem catholicam exposuimus. 4.17 (240.25)
subscripsimus. Et nos omnes subscribimus [subscripsimus], uar. 4.17 (240.25)
SVBSCRIPTIO (SVSC-). subscriptione. placuit, ut, quaeque definita sunt, unusquisque nostrum manus propriae subscriptione confirmaret. 4.5 (217.11)
hanc sententiam, . . . nostra etiam consensione ac subscriptione manus nostrae confirmatam, 4.5 (217.15)
ueram et catholicam fidem confessus est, et cum subscriptione sua corroborauit.' 5.19 (327.7)
suscriptione. et cum subscriptione [suscriptione] sua corroborauit.' uar. 5.19 (327.7)
SVBSEQVOR. subsequendam. salutem, immo quoque uicinarum, uestrae praedicationis ministerio credimus subsequendam; 2.8 (96.15)
subsequens. post plenilunium primi mensis hunc hunc ex ordine subsequens, 5.21 (340.30)
subsequente. sentit, . . . manum . . . corporis sui partem, paulatim fugiente dolore, ac sanitate subsequente, ad pedes usque pertransisse. 4.31 (279.7)
dehinc nigredine subsequente ad lucem propriam reuersa. Cont. (361.12)
subsequentis. in subsequentis quoque copulae gaudio misceantur. 1.27 (52.23)
Anno memorato praefatae eclypsis et mox sequentis [subsequentis] pestilentiae, uar. 4.1 (201.4)
subsequentur. sed post nostros dies omnia subsequentur. 1.32 (69.18)
subsequitur. tranquillitas serena subsequitur, 1.17 (34.27)
Hunc Elafium prouincia tota subsequitur; 1.21 (40.18)
salubremque tactum sanitas festina subsequitur. 1.21 (40.30)
SVBSIDIVM. subsidia. qui habentes subsidia furtum perpetrant, 1.27 (50.3)
subsidiis. pro accipiendis alimentorum subsidiis aeternum subituri seruitium, 1.15 (32.31)
quatinus diuinae inspirationis inbuta subsidiis, inportune et oportune agendum non differas, 2.11 (105.15)
SVBSISTENTIA. subsistentia. atque seruato termino praeceptionis, aeternitatis subsistentia praemuniret. 2.10 (101.16)
subsistentiis. hoc est unum Deum in tribus subsistentiis, uel personis consubstantialibus, 4.17 (239.28)
subsistentis. hoc est unum Deum in tribus subsistentiis [subsistentis], uar. 4.17 (239.28)
SVBSISTO. subsisterent. dispositis ordinibus, quibus subsisterent, coaeterni Verbi sui consilio, . . . dispensans, 2.10 (101.11)
substiterat. iudex sine obsequio in ciuitate substiterat. 1.7 (20.12)
substitit. cum nos intraturos sperarem, repente ductor substitit; 5.12 (308.5)
SVBSTANTIA. substantiam. mox omnem, quam possederat, substantiam in tres diuisit portiones, 5.12 (304.16)
substantiis. hoc est unum Deum in tribus subsistentiis [substantiis], uar. 4.17 (239.28)
SVBSTERNO. substratus. iam substratus sanctorum pedibus seruit oceanus, 2.1 (78.12)
SVBSTITVO. substituere. ac suae prouinciae homines pro his substituere contendit, 4.16 (237.4)
substituit. Berctgilsum, cognomine Bonifatium, de prouincia Cantuariorum, loco eius substituit. 3.20 (169.9)
Gebmundum pro eo substituit antistitem. 4.12 (228.26)
substituti. et duo in locum eius substituti episcopi, 4.12 (229.4)
substitutus. et idem Iohannes, defuncto Bosa . . . episcopus pro eo Eboraci substitutus, 5.3 (285.7)

SVBSVBIVNGO. subsubiunxit. Rursumque, quasi leuiter indignata, subiunxit [subsubiunxit]: uar. 4.9 (223.23)
SVBSVM. subesset. Tonsuram quoque, si tantum sibi auctoritatis subesset, emendare meminisset. 5.21 (345.11)
SVBTERSVM. subteressent. animo illius labentia cuncta subteressent, 2.1 (74.7)
SVBTILIOR, ius. subtilioribus. uirgines . . . texendis subtilioribus indumentis operam dant, 4.25 (265.18)
subtilius. uentis aereque subtilius esse futurum; 2.1 (75.31)
SVBTILIS, e. subtile. sublimatum subtile quidem sit 2.1 (76.3)
subtili. ut subtili sententia puniatur. 1.27 (56.31)
una cum eo residentes subtili cuncta inuestigatione perquirite, 1.28 (62.22)
SVBTILITER. Cui etiam, . . . causam uobis iniunximus subtiliter indicare; 1.24 (44.13)
quae subtiliter pensari debet, 1.27 (60.2)
semper te interius subtiliter iudices 1.31 (67.8)
ac subtiliter intellegas et temet ipsum quis sis, 1.31 (67.9)
SVBTILIVS. et perquirentes subtilius, inuenerunt, quia de illo loco adsumptus erat puluis, 3.10 (147.23)
SVBTRAHO. substracto. et stramine subtracto [substracto] coepit expectare horam, uar. 3.9 (145.34)
substrato. et stramine subtracto [substrato] coepit expectare horam, uar. 3.9 (145.34)
subtracta. quo uocitata est die de hac luce subtracta, 4.8 (221.5)
subtracto. et hoc post quinque annos sui episcopatus de hac uita subtracto, 3.20 (169.7)
Ipso autem ante aliquot annos ex hac luce subtracto, episcopatus usque hodie cessauit. 5.18 (321.23)
subtracto. Desiluit eques, et stramine subtracto coepit expectare horam, 3.9 (145.34)
subtractis. plurimis de ecclesia eiusdem reuerentissimi antistitis de carne subtractis, 4.3 (207.23)
subtractus. Itaque qui haec obtulit munera, de hac subtractus est luce, 3.29 (198.11)
subtraham. occasionem dubitandi subtraham, Praef. (6.3)
subtrahentes. nihil addentes uel subtrahentes; 4.17 (240.18)
subtraxerat. quamuis ipso tempore pugnandi sese pugnae subtraxerat, 3.24 (178.10)
subtraxit. subtraxit se illi profectioni, et remanere domi passus est. 5.9 (298.13)
SVBTVS. uidit quasi uallem tenebrosam subtus se in imo positam. 3.19 (165.18)
SVBVENIO. subueniat. et ipse tota mente subueniat, 1.27 (53.7)
SVBVERSOR. subuersorem. in hunc quasi Brittaniae subuersorem omnium odia . . . contorquerentur. 1.14 (30.3)
SVBVERTO. subuersa. nam duo sub eo nobilissima oppida illic capta atque subuersa sunt. 1.3 (15.31)
cuncta ueritatis ac iustitiae moderamina concussa ac subuersa sunt, 1.22 (41.30)
subuerterant. quam in populo, quem subuerterant, pudorem taciturnitatis incurrere, 1.17 (35.18)
SVCCEDO. succedens. Succedens autem Claudio in imperium Nero, 1.3 (15.28)
cui succedens in imperium filius suus Osred, 5.18 (320.6)
succedente. succedente illi in episcopatum Trumheri, 3.21 (171.12)
Egberct mense Iulio obierat, succedente in regnum fratre Hlothere, 4.5 (217.22)
succedente in regnum Ceolredo filio Aedilredi, 5.19 (322.3)
succedente. at uero hieme succedente redirent, 4.4 (213.19)
succedentes. Omnes hi per ordinem sibimet succedentes sub rege Vulfhere, 3.24 (180.30)
succederet. cum Colmanus in episcopatum succederet, 3.25 (182.18)
succesit. qui Iusto in episcopatum Doruuernensis ecclesiae successit [succesit], uar. 2.18 (120.6)
successerat. Erat autem Vynfrid de clero eius, cui ipse successerat, antistitis, 4.3 (212.30)
qui Erconualdo successerat; 4.11 (226.1)
qui erat annus septimus Osrici regis Nordanhymbrorum, qui Coenredo successerat, 5.23 (348.16)
successerit. patri in regnum successerit; 1.8 (22.27)
Vt religioso abbati Hadriano Albinus, Vilfrido in episcopatum Acca successerit. 5.20 (330.30)
successisset. cum successisset aetas tempestatis illius nescia, 1.22 (41.28)
successit. Successit Augustino in episcopatum Laurentius, 2.4 (86.26)
Cui statim successit in pontificatum Iustus, 2.8 (95.10)
uerum etiam eidem peremto in regni gloriam successit. 2.12 (110.23)
Honorius, qui Iusto in episcopatum Doruuernensis ecclesiae successit, 2.18 (120.6)
Iohannes, qui successori eiusdem Honorii Seuerino successit, 2.19 (122.21)
Defuncto autem et rege, successit in regnum filius eius Coinualch, 3.7 (140.7)
Successit uero ei in episcopatum Finan, 3.17 (160.16)
Successit autem Sigbercto in regnum Suidhelm, 3.22 (174.14)
Successit autem Aedilburgi in officio abbatissae deuota Deo famula, nomine Hildilid, 4.10 (224.6)
Cui successit in ministerium abbatissae soror eius Sexburg, 4.19 (244.26)
Successit autem Ecgfrido in regnum Aldfrid, uir in scripturis doctissimus, 4.26 (268.2)
Successit autem uiro Domini Cudbercto in exercenda uita solitaria, . . . Oidiluald, 5.1 (281.3)
Abeunte autem Romam Caedualla, successit in regnum Ini de stirpe regia; 5.7 (294.4)
Successit autem Theodoro in episcopatum Berctuald, 5.8 (295.18)
Albinus discipulus eius, qui monasterio ipsius in regimine successit, 5.20 (331.8)
SVCCENDO. succendat. diuinae fidei calor eius intellegentiam tuarum adhortationum frequentatione succendat, 2.11 (106.3)
succende. Frigiditatem cordis ipsius Sancti Spiritus adnuntiatione succende; 2.11 (106.1)
succendentes. audiuit hos esse ignes, qui mundum succendentes essent consumturi. 3.19 (165.22)
succendere. Sancti Spiritus feruore in sui quoque agnitione mirabiliter est dignata succendere. 2.10 (101.26)
quod scintillam orthodoxae religionis in uestri dignatus est confessione succendere; 2.11 (104.25)
iussit sociis destruere ac succendere fanum cum omnibus septis suis. 2.13 (113.19)
succenderunt. fecit basilicam, quam postmodum pagani, . . . cum tota eadem uilla succenderunt; 2.14 (115.18)
succensa. Ita Christianitatis uestrae integritas circa sui conditoris cultum fidei est ardore succensa, 2.17 (119.4)
succensus. mox ira succensus nimia, 1.7 (19.3)
non illius inpar, qui quondam a Chaldaeis succensus, 1.15 (32.18)
ad caelestis exercitia uitae magis magisque succensus. 2.1 (75.15)
SVCCESSIO. successio. quaeue successio sacerdotalis extiterit, Praef. (7.20)
SVCCESSOR. successor. sed successor eius Laurentius consecrauit. 1.33 (70.23)
praesulatum sedis apostolicae Honorius Bonifatii successor habebat, 2.17 (118.25)
ecclesiam . . . quam ipse coepit, sed successor eius Osuald perfecit, 2.20 (125.22)
Quo post annum deueniens cum exercitu successor regni eius Osuiu abstulit ea, 3.12 (152.2)
Successor autem regni eorum factus est Anna 3.18 (163.14)
Iaruman episcopum, qui successor erat Trumheri. 3.30 (199.27)
Bisi . . . ipse erat successor Bonifatii, cuius supra meminimus, 4.5 (217.26)
nec multo post successor episcopatus eius de mundo transierit. 4.30 (276.6)
Vt Oidiluald successor Cudbercti in anachoretica uita, . . . tempestatem orando sedauerit. 5.1 (281.1)
sed et successor eius Ini eadem beatorum apostolorum limina deuotus adierit. 5.7 (292.10)
successor eius Cyrillus seriem xc et v annorum in quinque decennouenalibus circulis conprehendit; 5.21 (341.18)
successore. necdum Berctualdo successore eius, qui trans mare ordinandus ierat, ad sedem episcopatus sui reuerso. 5.11 (302.13)
qui cum successore eius Aldhelmo multo tempore adhuc diaconus siue monachus fuit, 5.18 (320.14)
successorem. Epistulam uero, . . . ad Vergilium Aetherii successorem dederat; 1.28 (62.8)
Clementem sibi adiutorem euangelizandi, simul et successorem consecrasse perhibetur. 2.4 (87.3)
quem successorem fuisse Deusdedit supra meminimus; 2.8 (95.14)

regno . . . post Erpualdum Redualdi successorem, Sigberct frater eius praefuit, ... 3.18 (162.15)
cum ipse regni, quod XI annis gubernabat, successorem fore Ceoluulfum decreuisset, ... 5.23 (349.22)
successores. in qua locum sedis episcopalis, et ipse, et successores eius haberent. 2.3 (85.20)
Vt defunctis Aedilbercto et Sabercto regibus successores eorum idolatriam resuscitarint, ... 2.5 (89.1)
Vt primi successores Æduini regis et fidem suae gentis prodiderint, ... 3.1 (127.1)
quam successores eius usque hodie tenent, ubi et ipse sepultus est, ... 3.4 (133.30)
in quam obseruantiam imitandam omnes beati Iohannis successores in Asia . . . conuersa est. . . . 3.25 (186.9)
successores. per discipulos beati papae Gregorii, siue successores eorum, ... Praef. (6.29)
quia reliquit successores magna continentia ac diuino amore regularique institutione insignes; . . 3.4 (134.18)
Columbam et successores eius uiros Deo dilectos, . . . diuinis paginis contraria . . . egisse credendum est? 3.25 (187.4)
quod usque hodie successores eius tenere noscuntur. 4.13 (232.17)
successori. Vt Bonifatius papa Iusto successori eius pallium et epistulam miserit. 2.8 (95.9)
rex ipse impia nece occisus, opus idem successori suo Osualdo perficiendum reliquit. 2.14 (114.15)
Iohannes, qui successori eiusdem Honorii Seuerino successit, ... 2.19 (122.20)
successoribus. ibidem sibi habitationem statuit et cunctus successoribus suis. 1.33 (70.16)
successoribus. et de successoribus eius Agilbercto et Leutherio. 3.7 (139.7)
qui a successoribus discipulorum beati papae Gregorii in Cantia fuerat cantandi sonos edoctus, . . 5.20 (331.29)
SVCCINTE. 'Verum his de pascha succincte, ut petisti, strictimque commemoratis, ... 5.21 (341.35)
SVCCRESCO. **succrescere.** ex tali coniugio sobolem non posse succrescere. 1.27 (50.33)
SVCCVRRO. **succurrendum.** qui illic ad succurrendum fidei mitti deberent; 1.17 (34.4)
succurreret. ut in tanta rerum necessitate suis cultoribus caelesti succurreret auxilio. 3.2 (128.30)
SVCINVM. **sucinum.** adtritu calefactus adplicita detinet, aeque ut sucinum. 1.1 (10.26)
SVCVS. **sucum.** Ariditas sucum, nerui officia receperunt, ... 1.21 (40.31)
SVDERGEONA REGIO, *Surrey.*
Sudergeona regione. sibi quidem in regione Sudergeona, iuxta fluuium Tamensem, ... 4.6 (218.30)
SVDIS. **sudes.** cespites, supra quam sudes de lignis fortissimis praefiguntur. 1.5 (16.28)
sudibus. sub aqua uadum acutissimis sudibus praestruxerat; 1.2 (14.15)
sudium. uestigia sudium ibidem usque hodie uisuntur, ... 1.2 (14.16)
SVDO. **sudauerit.** quasi in mediae aestatis caumate sudauerit. 3.19 (167.23)
SVEFRED (*fl.* 704), *King of Essex with Sighard; son of Sebbi.*
Suefredo. Sighardo, qui post illum cum fratre Suefredo regnauit, ... 4.11 (227.11)
SVETVM. **suetis.** cum in suetis menstruis detinentur, ... 1.27 (55.16)
SVEVI, *the Suevi.*
Sueuorum. gentes Halanorum, Sueuorum, Vandalorum, ... 1.11 (24.22)
SVFFERO. **sufferre.** ut se etiam inrisiones et obprobria pro illo libenter ac promte omnia sufferre ipso etiam frontispicio doceant; 5.21 (343.20)
SVFFICIENTER. sicut libellus de uita eius conscriptus sufficienter edocet, ... 3.19 (164.27)
uirum sanctum, modestum moribus, scripturarum lectione sufficienter instructum, ... 3.28 (194.28)
Verum quia de uita illius et uirtutibus ante annos plures sufficienter . . . conscripsimus, ... 4.28 (271.8)
ambo et in rebus ecclesiasticis, et in scientia scripturarum sufficienter instructi. 5.18 (320.28)
SVFFICIENTIVS. Quae cuncta in libello eius sufficientius, . . . quisque legerit, inueniet. . . . 3.19 (168.28)
SVFFICIO. **sufficere.** uix sufficere pedum pernicitas credebatur. 1.20 (39.13)
sufficerent. ut ne sepeliendis quidem mortuis uiui sufficerent; 1.14 (30.11)
neque . . . refutare uerbis certando sufficerent, ... 1.17 (33.30)
et ad facienda sublimiora Dei praecepta sufficerent.' 3.5 (137.19)
Numquid non habuimus equos uiliores . . . quae ad pauperum dona sufficerent, ... 3.14 (156.21)
sufficeret. ut si ferri uulnus minus ad mortem regis sufficeret, peste iuuaretur ueneni. 2.9 (99.4)
Nam cum prae maiore senectute minus episcopatui administrando sufficeret, ... 5.6 (292.5)
sufficiat. ut haec nulla ingenii sagacitas, quanta sit, conprendere disserereque sufficiat; 2.10 (100.30)
Verum nos de transitu tantum illius, quo caelestia regna petiit, aliquid breuiter dicere sufficiat. . 3.8 (143.5)
sufficiebat. nam quo minus sufficiebat meditationi scripturarum, eo amplius operi manuum studium inpendebat. 4.3 (208.11)
sufficiens. sufficiensque esset in possessione hominum propriorum; 4.1 (202.32)
sufficientem. quae usque ad hanc diem sufficientem cunctis illo aduenientibus gratiae suae caelestis copiam ministrat. 4.28 (271.28)
sufficit. beatissimi autem apostolorum principis, quantum mea paruitas sufficit, uestigia sequi desidero." 5.21 (344.23)
SVFFRAGIVM. **suffragiis.** Magno enim praemio fastigiorum uestrorum delectabilem cursum bonitatis suae suffragiis inlustrauit, ... 2.8 (95.28)
quia notus erat ei, eiusque consilio ac suffragiis praefato fuerat monasterio sociatus, ... 5.19 (323.19)
SVFFRAGOR. **suffragandum.** ut promtiores ad suffragandum possitis existere, ... 1.24 (44.12)
suffragante. Quod equidem, suffragante praesidio benignitatis ipsius, ut explere ualeas, ... 2.11 (106.8)
SVFFVLCIO. **suffultus.** et a Deo operatione miraculorum suffultus, ... 2.3 (86.19)
SVGESTIO. **sugestionem.** ut inter suggestionem [sugestionem] atque delectationem, . . . iudex sui animus praesideat. . . . . uar. 1.27 (61.8)
SVGGERO. **suggerente.** Aediluulch, . . . baptizatus in prouincia Merciorum, praesente ac suggerente rege Vulfhere 4.13 (230.15)
suggeris. non tamen hoc facere possum, quod suggeris, ... 2.12 (108.9)
suggerit. Cum enim malignus spiritus peccatum suggerit in mente, ... 1.27 (61.11)
suggero. Vnde suggero, rex, ut templa et altaria, quae sine fructu utilitatis sacrauimus, . . . contradamus.' 2.13 (112.32)
suggesserat. quia suggesserat ei multam quidem sibi esse messem, ... 1.29 (63.3)
suggessit. quia et primam culpam serpens suggessit, ... 1.27 (61.6)
SVGGESTIO. **suggestio.** Suggestio quippe fit per diabolum, ... 1.27 (61.4)
suggestione. Sed pensandum est, ipsa cogitatio utrum suggestione an delectatione, ... 1.27 (61.1)
uidelicet suggestione, delectatione, consensu. 1.27 (61.4)
In suggestione igitur peccati semen est, ... 1.27 (61.15)
suggestionem. ut inter suggestionem atque delectationem, . . . iudex sui animus praesideat. . . . 1.27 (61.8)
SVI, *omitted.*
SVIDBERCT (*d.* 713), *apostle of the Frisians.*
Suidberct. Vt uiri uenerabiles Suidberct in Brittaniis, Vilbrord Romae sint in Fresiam ordinati episcopi. 5.11 (301.17)
Qui uidelicet Suidberct accepto episcopatu, . . . ad gentem Boructuarorum secessit, ... 5.11 (302.16)
Suidberctum. fratres, . . . elegerunt ex suo numero uirum modestum moribus, et mansuetum corde, Suidberctum, ... 5.11 (302.7)
SVIDBERCT (*fl.* 728), *Abbot of Dacre.*
Suidberct. cui tunc uir religiosus Suidberct abbatis iure praefuit. 4.32 (279.23)
SVIDHELM (*fl.* 653), *King of Essex after Sigberct the Good; son of Sexbald.*
Suidhelm. Successit autem Sigbercto in regnum Suidhelm, filius Sexbaldi, ... 3.22 (174.14)
Suidhelmum. prouinciae Orientalium Saxonum post Suidhelmum, de quo supra diximus, praefuere reges Sigheri et Sebbi, ... 3.30 (199.10)
SVM (*forms not given below are omitted*).
essem. 3.13 (152.30); 4.22 (250.33); 4.25 (264.29); 5.6 (291.13); 5.12 (305.30); 5.24 (357.7).
essemus. 5.3 (285.11).

essent. 1.12 (25.26); 1.15 (32.7); 1.27 (51.18); 1.27 (59.10); 1.27 (59.15); 1.30 (65.34); 1.30 (66.1); 2.1 (80.3); 2.1 (80.5); 2.1 (80.6); 2.1 (80.7); 2.2 (83.31); 2.2 (84.8); 2.5 (91.22); 3.5 (136.5); 3.5 (137.7); 3.6 (138.14); 3.6 (138.26); 3.11 (148.20); 3.11 (149.15); 3.14 (156.17); 3.19 (165.21); 3.19 (165.22); 3.19 (166.16); 3.22 (171.27); 3.22 (172.9); 3.27 (192.25); 3.27 (192.28); 4.2 (205.7); 4.2 (205.18); 4.3 (209.1); 4.7 (220.15); 4.14 (235.12); 4.14 (235.20); 4.15 (236.23); 4.17 (238.31); 4.19 (244.12); 4.19 (244.20); 4.19 (245.23); 4.23 (254.11); 4.28 (272.32); 5.6 (290.27); 5.10 (300.7); 5.10 (300.7); 5.10 (300.29); 5.11 (301.30); 5.12 (309.28).

esset. 1.7 (20.24); 1.7 (20.25); 1.14 (30.17); 1.33 (71.3); 1.33 (71.4); 2.1 (73.13); 2.1 (75.26); 2.1 (77.25); 2.1 (79.18); 2.1 (80.12); 2.2 (82.19); 2.2 (84.11); 2.4 (88.30); 2.5 (91.30); 2.5 (91.32); 2.6 (92.14); 2.6 (93.3); 2.6 (93.5); 2.6 (93.6); 2.7 (94.18); 2.9 (98.1); 2.9 (100.12); 2.9 (100.15); 2.12 (107.11); 2.12 (109.31); 2.12 (110.27); 2.14 (114.14); 2.16 (117.26); 2.19 (122.21); 2.20 (124.24); 3.2 (130.30); 3.4 (134.1); 3.5 (137.10); 3.6 (138.13); 3.7 (140.18); 3.8 (142.25); 3.8 (143.25); 3.8 (144.7); 3.8 (144.8); 3.8 (144.12); 3.8 (144.19); 3.9 (146.18); 3.10 (147.3); 3.11 (149.19); 3.14 (156.16); 3.14 (156.32); 3.17 (160.12); 3.18 (163.10); 3.19 (164.7); 3.19 (165.16); 3.19 (167.4); 3.19 (168.18); 3.19 (168.19); 3.19 (168.27); 3.21 (169.25); 3.22 (172.5); 3.22 (172.6); 3.24 (180.11); 3.25 (181.24); 3.25 (183.32); 3.25 (184.1); 3.25 (185.35); 3.26 (190.9); 3.27 (193.31); 3.29 (196.7); 3.29 (196.8); 3.29 (198.13); 4.1 (202.33); 4.3 (206.30); 4.3 (209.3); 4.6 (218.26); 4.7 (220.12); 4.7 (220.13); 4.8 (221.8); 4.8 (221.24); 4.9 (221.30); 4.9 (222.14); 4.9 (222.22); 4.9 (222.24); 4.11 (226.19); 4.11 (226.26); 4.11 (226.27); 4.12 (227.24); 4.15 (236.16); 4.16 (238.1); 4.18 (241.34); 4.18 (242.11); 4.19 (243.13); 4.19 (244.18); 4.19 (244.28); 4.19 (245.9); 4.22 (250.7); 4.22 (251.7); 4.23 (252.21); 4.23 (254.11); 4.24 (259.15); 4.24 (259.20); 4.24 (260.18); 4.24 (261.28); 4.24 (262.6); 4.25 (262.22); 4.28 (272.5); 4.29 (275.27); 4.31 (278.6); 4.31 (278.23); 4.31 (279.10); 5.2 (283.30); 5.3 (285.4); 5.3 (285.14); 5.3 (285.23); 5.4 (287.7); 5.5 (288.11); 5.6 (291.2); 5.6 (291.16); 5.9 (297.1); 5.9 (297.22); 5.9 (298.16); 5.11 (302.3); 5.12 (305.15); 5.12 (307.25); 5.15 (315.20); 5.18 (320.29); 5.19 (322.25); 5.19 (324.12); 5.19 (325.26); 5.19 (325.30); 5.19 (326.30); 5.19 (328.3); 5.19 (328.31); 5.21 (333.3); 5.21 (335.6); 5.21 (335.18); 5.21 (345.23).

fore. quod nequaquam silentio praetereundum arbitror, sed multorum saluti, si referatur, fore proficuum. 4.22 (249.24)
De cuius scriptis aliqua decerpere, ac nostrae huic historiae inserere commodum fore legentibus reor. 5.15 (317.6)
cum ipse regni, quod XI annis gubernabat, successorem fore Ceoluulfum decreuisset, 5.23 (349.22)

forent. bellum ab hostibus forent accepturi; 2.2 (83.29)
caelestia usque hodie forent miracula celebranda. 3.2 (129.25)

fuissent. 2.1 (79.30).

fuisset. 3.10 (147.5); 3.19 (168.20); 4.19 (245.10); 4.19 (246.25); 4.22 (251.8); 4.23 (257.11); 5.4 (287.29); 5.23 (350.3).

futura. sed incerta eiusdem exitus esset hora futura, dicente Domino: 3.19 (164.7)

futurae. ille audita . . . speque resurrectionis ac futurae inmortalitatis, libenter se Christianum fieri uelle confessus est, 3.21 (170.5)
utque alia de corpore egressura, iam particulam futurae lucis aspexerit. 4.8 (220.23)
offerrent haec Domino in spem futurae suae redemtionis. 5.21 (336.21)

futuram. Vt episcopus Aidan nautis et tempestatem futuram praedixerit, 3.15 (157.19)
ut uir Dei et per prophetiae spiritum tempestatem praedixerit futuram, 3.15 (158.20)
quam . . . ueraciter futuram cum sancta ecclesia credebat. 3.17 (162.12)
diligentes hanc uitam, et futuram non quaerentes, . . . coeperunt fana, . . . restaurare, 3.30 (199.17)
utque resurrectionis etiam nostrae, quam eadem die dominica futuram credimus, spe nos certissima gaudere signemus. 5.21 (341.5)

futuri. ut corda eorum in memoriam futuri iudicii reuocet, 4.3 (211.3)
erat femina . . . ad saeculi huius dignitatem nobilis, et in amore futuri saeculi nobilior; 4.9 (222.32)
Item de terrore futuri iudicii, et horrore poenae gehennalis, . . . carmina faciebat; 4.24 (261.6)

futuro. ut ipsa uos dominici eloquii promissa in futuro respiciant, 2.18 (121.10)
sperans, sicut in sua gente regnat, ita et cum Christo de futuro conregnare. 3.29 (196.27)
ut cum Christo in futuro regnetis saeculo. 3.29 (199.2)

futurorum. quod certo utique praesagio futurorum antiquitus nomen accepit; 3.2 (129.22)

futurum. 'Quod si etiam regem te futurum exstinctis hostibus in ueritate promittat, 2.12 (109.6)
obitum proxime suum, quem reuelatione didicerat, non celauit esse futurum. 3.8 (143.12)
promittens se nil ei mali facturum [futurum] pro eo, uar. 4.22 (251.7)
antistitem quoque eum futurum esse praedixerat. 4.28 (272.33)
Vt idem iam episcopus obitum suum proxime futurum Heriberto anchoritae praedixerit. 4.29 (274.1)

futurum. cogitans, quod futurum erat, quia ad medellam infirmantium idem pulius proficeret; 3.10 (147.7)

futurum. et regnum sine fine . . . futurum sine ulla dubietate promitteret. 1.25 (45.16)
quod sibi fraternus amor multis utile futurum inponebat. 2.1 (75.19)
dogmatizabat corpus nostrum . . . uentis aereque subtilius esse futurum; 2.1 (75.32)

futurus. aderat populus expectator, futurus et iudex, 1.17 (35.22)
et ubi erat futurus ipse post mortem, ibi oculos mentis ante mortem, quo laetior occumberet, misit. 5.14 (314.32)

sim. 1.7 (19.17).

sint. Praef. (6.30); Praef. (7.19); Praef. (7.25); 1.11 (24.17); 1.12 (25.17); 1.20 (38.7); 1.27 (48.1); 2.1 (77.14); 3.11 (147.28); 3.25 (188.28); 3.28 (194.17); 3.29 (197.23); 3.30 (199.8); 4.5 (216.18); 4.9 (221.27); 4.10 (224.18); 4.16 (236.26); 4.22 (249.20); 5.10 (298.28); 5.11 (301.17); 5.12 (308.9); uar. 5.12 (308.12); 5.18 (320.17); 5.21 (341.24); 5.23 (349.26); 5.23 (351.16).

sis. 1.31 (67.9); 3.29 (197.10); 3.29 (197.12); 4.20 (248.14); 4.29 (274.28).

sit. 1.5 (16.27); 1.6 (17.7); 1.13 (29.3); 1.14 (29.14); 1.19 (37.6); 1.26 (46.29); 1.27 (49.18); 1.27 (52.13); 1.27 (54.8); 1.27 (56.20); 1.27 (58.11); 1.27 (58.21); 1.27 (58.22); 1.27 (59.23); 1.28 (62.12); 1.28 (62.18); 1.29 (63.18); 1.29 (64.6); 1.31 (66.9); 1.31 (67.10); 2.1 (75.22); 2.1 (76.3); 2.1 (76.12); 2.1 (76.26); 2.1 (76.28); 2.2 (81.9); 2.2 (81.31); 2.10 (100.17); 2.10 (100.29); 2.11 (105.32); 2.11 (105.33); 2.12 (106.28); 2.12 (109.1); 2.13 (111.21); 2.14 (113.25); 2.18 (120.20); 2.20 (125.17); 3.2 (128.24); 3.3 (131.25); 3.9 (144.28); 3.12 (150.26); 3.12 (151.25); 3.13 (152.5); 3.15 (157.23); 3.19 (167.9); 3.20 (169.1); 3.21 (169.22); 3.23 (177.6); 3.25 (181.1); 3.25 (187.30); 3.25 (189.2); 3.26 (189.8); 3.29 (196.2); 3.29 (196.26); 3.29 (199.5); 4.1 (201.2); 4.1 (201.3); 4.2 (204.12); 4.3 (206.12); 4.3 (212.3); 4.5 (216.4); 4.6 (218.2); 4.7 (219.10); 4.9 (223.25); 4.19 (245.28); 4.19 (246.6); 4.20 (248.27); 4.23 (254.30); 4.24 (258.25); 4.24 (260.3); 4.27 (268.19); 4.28 (271.10); 4.30 (276.5); 4.31 (278.1); 5.3 (285.27); 5.6 (289.13); 5.12 (310.2); 5.16 (317.26); 5.18 (320.22); 5.19 (329.33); 5.21 (334.28); 5.21 (342.34); 5.21 (344.24); 5.21 (344.28); 5.23 (348.13); 5.23 (351.22).

sitis. 2.2 (83.9).

SVMME. Berctuald, . . . ecclesiasticis simul ac monasterialibus disciplinis summe instructus, 5.8 (295.23)

SVMMISSVS, a, um. **summissa.** summissa illum satisfactione deprecans ad episcopatum suae gentis redire. 3.7 (141.19)

SVMMITAS. summitate. statim nescio quo ordine fuimus in summitate eius. 5.12 (307.15)

summitatem. Nam extrinsecus usque ad culminis summitatem totum marmore tectum est. 5.16 (318.11)

summitates. cui etiam summitates imperii rerumque potestates submissae sunt, 2.10 (101.20)

SVMMOPERE. confringendos diminuendosque summopere procurate. 2.10 (103.8)
duritiam cordis ipsius religiosa diuinorum praeceptorum insinuatione mollire summopere dematura; 2.11 (105.31)

SVMMVS, a, um. **summa.** a Valentiniano et Placidia matre ipsius summa reuerentia susceptus, 1.21 (41.13)
in cuius summo [summa] uertice, ubi Dominus ad caelos ascendit, uar. 5.17 (318.29)
historias passionis eorum, una cum ceteris ecclesiasticis uoluminibus, summa industria congregans, 5.20 (331.24)
ipsius passionis signum cum illo in uertice, summa uidelicet corporis nostri parte gestamus. 5.21 (343.6)

summae. summae ueritatis et uerae sublimitatis scientiam scrutatur, 1.1 (11.13)
Constantius, . . . uir summae mansuetudinis et ciuilitatis, 1.8 (22.22)

ac uerus summae lucis praeco ab omnibus praedicatur Augustinus. 2.2 (82.13)
Licet summae diuinitatis potentia humanae locutionis officiis explanari non ualeat, 2.10 (100.26)
quod pars corporis uestri ab agnitione summae et indiuiduae Trinitatis remansit extranea. 2.11 (105.12)
accepit . . . Aedanum summae mansuetudinis, et pietatis, ac moderaminis uirum, 3.3 (131.15)
in tempore quidem summae festiuitatis dubios circulos sequentes, 3.4 (134.20)
ut dixi, in celebratione summae festiuitatis neque Iohanni, neque Petro, . . . concordatis.' 3.25 (186.32)
ac gaudium summae festiuitatis, . . . cum Domino et apostolis, . . . conpleuit, 5.22 (347.29)
summam. Attulit autem eidem et summam pecuniae non paruam pauperibus erogandam, 4.11 (226.3)
summi. Pontificis summi hoc clauduntur membra sepulchro, 2.1 (79.13)
sed cum commodis animarum ante tribunal summi et uenturi Iudicis repraesentes. 2.8 (97.1)
ut meminerimus facta et cogitationes nostras . . . ad examen summi Iudicis cuncta seruari; 5.13 (313.12)
summi. et duo ex eis etiam summi sacerdotii gradu functi sunt. 3.23 (176.23)
summis. et summis conatibus duritiam cordis ipsius religiosa diuinorum praeceptorum insinuatione mollire 2.11 (105.30)
summo. Quid petis, alma, uirum, sponso iam dedita summo? 4.20 (248.11)
summo. in cuius summo uertice, ubi Dominus ad caelos ascendit, 5.17 (318.29)
summo. summo studio, dilectissimi filii, oportet, 1.23 (43.7)
summorum. confundi atque turbari a summorum contemplatione cogebatur. 1.27 (58.17)
summum. is, qui summum locum ascendere nititur, 1.30 (65.27)
summum. Summum uero culmen auro ornatum auream magnam gestat crucem. 5.16 (318.12)
summus. Princeps pontificum, felix summusque sacerdos Limpida discipulis dogmata disseruit. 5.8 (295.11)
SVMO. sumendis. Cum uero ultra modum appetitus gulae in sumendis alimentis rapitur, 1.27 (60.9)
sumendo. seu de sumendo dominici corporis sanguinisque mysterio, 1.27 (58.25)
sumere. sed nec in eodem hospitio, quo uescebamur, sumere uoluit. 2.4 (88.7)
sumeret. uitae caelestis institutio cotidianum sumeret augmentum, 3.22 (173.15)
Cuius fonte meras sumeret almus aquas, 5.7 (293.12)
sumsere. cum hostibus, . . . uictoriam sumsere Saxones. 1.15 (31.4)
sumserint. Vt Brettones primam de gente Anglorum uictoriam . . . sumserint. 1.16 (33.5)
sumserunt. cuius ministerio temporalia bona sumserunt. 4.13 (232.5)
sumsisse. immo potiorem tunc sumsisse profectum de labore conuersionis multorum, 2.1 (74.30)
sumsit. purpuram sumsit, ac Brittanias occupauit; 1.6 (17.20)
Cudberct . . . et scientiam ab eo scripturarum, et bonorum operum sumsit exempla. 4.27 (269.9)
sumtum. Suscipe, terra, tuo corpus de corpore sumtum, 2.1 (79.9)
SVMTVS. sumto. sumtu [sumto] puplico priuatoque, uar. 1.12 (27.21)
sumtu. sumtu puplico priuatoque, 1.12 (27.21)
SVPER. 1.1 (10.11); 1.7 (21.12); 1.20 (39.11); 1.31 (66.11); 1.31 (66.26); 2.1 (77.26); 2.1 (78.29); 2.2 (82.30); 2.3 (85.10); 2.18 (121.13); 2.18 (121.14); 3.11 (147.28); 3.11 (148.14); 3.11 (148.30); 3.12 (151.24); 3.25 (184.34); 3.25 (188.18); 4.3 (209.27); 4.7 (220.4); 4.20 (248.10); 4.25 (266.7); 5.3 (286.6); 5.6 (290.34); 5.10 (299.28); 5.10 (300.5); 5.12 (310.12); 5.16 (317.31); 5.21 (333.30); 5.21 (342.28).
SVPERADICIO. superadicere. in hac historia quaedam, quae nos nuper audisse contigit, superadicere commodum duximus. 4.30 (277.28)
siue etiam ad formam sensus et interpretationis eorum superadicere curaui: 5.24 (357.23)
superadiecere. quaedam, quae nos nuper audisse contigit, superadicere [superadiecere] commodum duximus. uar. 4.30 (277.28)
superadiecit. tria uerba maximae perfectionis plena superadiecit: 2.1 (78.32)
SVPERBIA. superbia. hinc pietas, inde superbia: 1.17 (35.24)
superbiae. eumque notantes superbiae, cunctis, quae dicebat, contradicere laborabant. 2.2 (83.12)
animum irae et auaritiae uictorem, superbiae simul et uanae gloriae contemtorem; 3.17 (161.19)
superbiam. ut superbiam eorum dissipet, et conturbet audaciam, 4.3 (211.3)
SVPERBVS, a, um. superba. Pelagius Bretto contra gratiam Dei superba bella susceperit. 1.10 (23.22)
superbo. ut nos ab hoste superbo ac feroce sua miseratione defendat; 3.2 (129.8)
superbos. auctoritatem sacerdote dignam, redarguendi superbos ac potentes, 3.17 (161.22)
superbum. Nam quis non execretur superbum eorum conamen et impium, 2.19 (124.1)
superbus. sin autem inmitis ac superbus est, 2.2 (83.1)
SVPERFICIES. superficie. et post noctem ablata superficie crassiore, ipse residuum cum modico, ut diximus, pane bibebat. 3.27 (194.10)
Quae in frontis quidem superficie coronae uidetur speciem praeferre; 5.21 (343.27)
superficiem. totamque prope insulae pereuntis superficiem obtexit. 1.15 (32.23)
superficies. obtulit ei aliquid de ueteri musco, quo superficies ligni erat obsita. 3.2 (130.24)
SVPERFLVITAS. superfluitas. quia ei naturae superfluitas in culpam non ualet reputari; 1.27 (55.20)
superfluitate. aliquando ex naturae superfluitate uel infirmitate, . . . contingit. 1.27 (60.4)
Et quidem cum ex naturae superfluitate uel infirmitate euenerit, 1.27 (60.6)
SVPERFLVVS, a, um. superflua. quanta fraudis solertia daemones et actus eius, et uerba superflua, . . . replicauerint; 3.19 (165.7)
SVPERFVNDO. superfusis. et iam nauigium superfusis fluctibus mergebatur. 1.17 (34.20)
SVPERIOR, ius. superiora. ut ad superiora redeamus, 3.19 (167.24)
ut superiora, id est patriarcharum, tempora respiciamus, 5.21 (342.8)
superiore. ut nil umquam capillorum ei in superiore parte capitis nasci ualeret, 5.2 (283.25)
superiori. sicut in superiori capitulo iam diximus, 1.27 (59.26)
SVPERIVS. in hanc, quam superius memorauimus, insulam, . . . uenientem 2.4 (88.2)
Theodorus profectus est ad Agilberctum Parisiorum episcopum, de quo superius diximus, 4.1 (203.18)
excepto Iacobo, de quo supra [superius] diximus, uar. 4.2 (205.14)
cuius saepius [superius] mentionem fecimus, uar. 4.19 (243.5)
Ecgberct, cuius superius memoriam saepius fecimus, 5.22 (346.24)
SVPERMEO. supermeantibus. solebat . . . saepius in eo supermeantibus undis inmergi; 5.12 (310.14)
SVPERNVS, a, um. superna. Incolumem excellentiam uestram gratia superna custodiat, 1.32 (70.2)
quae per uos superna potentia mirabiliter in conuersatione coniugis uestri . . . fuerit operari, 2.11 (106.13)
Incolumem excellentiam uestram gratia superna custodiat. 2.17 (120.5)
si mihi pietas superna aliqua uiuendi spatia donauerit, 3.13 (153.9)
Incolumem excellentiam uestram gratia superna custodiat.' 3.29 (199.3)
et credo, quod ideo me superna pietas dolore colli uoluit grauari, 4.19 (246.10)
sed gaudio gaude, quia, quod rogauimus, superna nobis clementia donauit.' 4.29 (275.7)
superna. ob id superna dispensatione factum est, 5.13 (313.10)
superna. subiectae uobis genti superna beneficia praestarentur. 1.32 (68.3)
Corpore nam tumulum, mente superna tenet. 5.7 (293.28)
Sed ne aliquid horum perficeret, superna illa oracula simul et opera restiterunt. 5.9 (296.25)
superna. uidit, quasi funibus auro clarioribus in superna tolleretur, 4.9 (222.19)
mox ad sempiterna [superna] animarum gaudia adsumtus in caelum, uar. 4.14 (234.29)
Dona superna loquar, miserae non proelia Troiae; 4.20 (247.15)
Terra quibus gaudet, dona superna loquar. 4.20 (247.16)
uenit ex more, cupiens salutaribus eius exhortationibus ad superna desideria magis magisque accendi. 4.29 (274.18)

supernae. animas ad supernae ciuitatis gaudia perfecto agone miserunt. 1.7 (22.3)
Pelagius Bretto contra auxilium gratiae supernae 1.10 (23.27)
Nobilitatem . . . totam ad nanciscendam supernae gloriam dignitatis . . . conuertit. 2.1 (74.3)
Nec supernae flagella districtionis perfido regi castigando et corrigendo defuere; 2.5 (90.33)
Supernae igitur maiestatis clementia, . . . hominem . . . constituit, 2.10 (101.8)
et pura intentione supernae retributionis mundum derelinquens, 4.3 (207.29)
accepit ipsa cum omnibus certissimum supernae prouisionis responsum. 4.7 (219.27)
quod uir esset multae pietatis ac religionis, iniunctoque sibi officio supernae tantum mercedis gratia subditus. 4.31 (278.7)
ad praemia remunerationis supernae tota mente suspirans. 5.11 (303.22)
supernae. noctem ducebat peruigilem, pro mea, ut reor, sospitate supernae pietati supplicans. 5.6 (290.32)
monasterii huius, in quo supernae pietati deseruire gaudeo, 5.24 (359.12)
supernam. apud supernam clementiam saepius interuenire Praef. (8.12)
praesentis mundi tenebras transiens supernam migrauit ad lucem, 3.8 (143.20)
rogesque supernam pietatem, ut, . . . ad eius uidendam gratiam simul transeamus ad caelos. 4.29 (274.29)
ibique genibus flexis supplex supernam pietatem rogaret, 4.31 (278.22)
superni. si forte uel natura soli illius, uel uoluntas esset superni largitoris, 4.28 (272.5)
superni. tandem superni regni amore conpunctus reliquit, 4.12 (228.3)
supernis. cum parum consedissent, ac de supernis iudiciis trepidi aliqua confabulari coepissent, 5.19 (329.3)
superno. qui antea superno nutu correptus, 1.7 (21.16)
superno. adfuit superno dispensante iudicio tempus, 4.3 (207.17)
supernorum. nuntiauit matrem . . . ad aeternae limina lucis et supernorum consortia ciuium ascendisse. 4.23 (257.26)
SVPERO. superando. eum superando deciperent. 1.25 (45.32)
superare. omnem diurni luminis uiderentur superare fulgorem. 4.7 (220.20)
superaret. quanto et in bono opere superaret. 1.32 (68.21)
superari. At ubi iudex illum tormentis superari, . . . persensit, 1.7 (20.2)
superat. Kasta feras superat mentis pro culmine Tecla, 4.20 (247.27)
Eufemia sacras kasta feras superat. 4.20 (247.28)
superatis. superatisque hostibus uel inuisibilibus, 1.20 (39.22)
superato. quam nuperrime rex Ecgfrid, superato in bello et fugato Vulfhere, obtinuerat, 4.12 (229.12)
superatur. Quo dum perueniret, quamuis multum renitens, unanima cunctorum uoluntate superatur, 4.28 (272.28)
superatus. quo et Colman episcopus unanima catholicorum intentione superatus ad suos reuersus est, 4.1 (201.6)
et ipse lasciuo superatus animo non me potui cohibere, 5.6 (290.5)
superauit. Esuriem dapibus superauit, frigora ueste, 2.1 (79.15)
per resurrectionis suae triumphum cunctas mortis tenebras superauit; 5.21 (340.16)
SVPERSEDEO. supersedimus. Ideo autem circulos eosdem temporum instantium uobis mittere supersedimus, 5.21 (341.31)
supersedit. paenitentiam, quam ad breue tempus cum fructu ueniae facere supersedit, 5.13 (313.2)
SVPERSTES. superstes. Iustus autem adhuc superstes Hrofensem regebat ecclesiam. 2.7 (94.2)
is, qui superstes fuerit, alterum in loco defuncti debeat episcopum ordinare. 2.18 (121.23)
superstite. Quo adhuc superstite, sed grauissima infirmitate ab administrando episcopatu prohibito, 4.5 (217.29)
SVPERSTITIO. superstitione. abiecta superstitione uanitatis, 2.13 (113.9)
Sicque abiecta prisca superstitione, exsufflata idolatria, 4.13 (231.21)
superstitionem. hi, qui idolatriarum perniciosissimam superstitionem colentes amplectuntur, 2.10 (102.11)
superstitionibus. relictis idolorum superstitionibus, fidem . . . suscipere. 2.15 (115.27)
superstitionis. ut a uestris mentibus huiusmodi uenenatum superstitionis facinus auferatur. 2.19 (123.27)
SVPERSTITIOSVS, a, um. **superstitioso.** infidelium corda naturali ac superstitioso morbo purgata, 2.8 (96.7)
SVPERSVM. supererant. nec timore mortis hi, qui supererant, . . . reuocari poterant. 1.14 (30.13)
supererat. in quibus cunctis Vulfheri, qui adhuc supererat, sceptrum regni tenebat. 4.3 (212.28)
superesse. Cumque nil salutis furenti superesse uideretur, 3.11 (150.5)
superesset. quod . . . superesset in eodem monasterio iam iuuenis ille, 3.12 (151.14)
superest. qui nunc usque superest, Praef. (7.5)
Cum omne, quod superest, in causis piis ac religiosis erogandum est, 1.27 (49.14)
'Quod superest, date elemosinam, 1.27 (49.16)
is, qui superest, consors eiusdem gradus habeat potestatem alterum ordinandi . . . sacerdotem; 2.18 (120.17)
Quidam . . . nomine Bothelm qui nunc usque superest, . . . brachium contriuit, 3.2 (130.12)
uenit . . . abbatissa quaedam uenerabilis, quae usque hodie superest, uocabulo Aedilhild, 3.11 (149.6)
Superest adhuc frater quidam senior monasterii nostri, 3.19 (167.14)
Erat in eodem monasterio frater . . . tempore non pauco hospitum ministerio deseruiens, qui nunc usque superest, 4.31 (278.4)
Ipse autem Vilbrord, cognomento Clemens, adhuc superest, 5.11 (303.19)
qui adhuc superest, et in Hibernia insula solitarius ultimam uitae aetatem . . . sustentat. 5.12 (309.24)
Quo defuncto, pontificatum pro eo suscepit Fortheri, qui usque hodie superest; 5.18 (321.12)
superfuerat. qui solus forte Romanae gentis praefatae tempestati superfuerat, 1.16 (33.13)
superfuit. Sed Aldfrid Nordanhymbrorum rex eum suscipere contemsit, nec longo tempore superfuit; 5.19 (329.29)
supersunt. Indicio est, quod . . . supersunt de eorum discipulis, qui Latinam Grecamque linguam aeque ut propriam, . . . norunt. 4.2 (205.1)
SVPERVACVVS, a, um. **superuacua.** in quo iuuenculam me memini superuacua moniliorum pondera portare; 4.19 (246.8)
superuacuae. ut sic absoluar reatu superuacuae leuitatis; 4.19 (246.11)
superuacui. Vnde nil umquam friuoli et superuacui poematis facere potuit, 4.24 (259.10)
superuacuis. cum animos proximorum etiam in superuacuis rebus offendere non formidamus; 3.19 (165.27)
SVPERVENIO. superueniens. Interea superueniens cum exercitu Caedualla, . . . interfecit regem Aedilualch, 4.15 (236.9)
Vilfrido episcopo, qui tunc forte de gente sua superueniens aderat, 4.16 (237.8)
superueniente. superueniente cum paruo exercitu, sed fide Christi munito, 3.1 (128.18)
superueniente. omnes ibidem superueniente praefatae pestilentiae clade defuncti sunt, 3.23 (176.31)
omnes pene qui cum eo aduenerant socii, pestilentia superueniente deleti sunt. 4.1 (202.2)
Crescebat morbus paulatim, et nocte superueniente grauior effectus est, 4.31 (278.16)
superuenientibus. testimonium habens ab uniuersis fratribus, cunctisque superuenientibus hospitibus, 4.31 (278.5)
superueniet. ubi nauem ascenderitis, tempestas uobis, et uentus contrarius superueniet; 3.15 (158.6)
quod in diebus tuis haec plaga non superueniet.' 4.25 (265.28)
superuenire. 'Si uocem carminis audisti, et caelestes superuenire coetus cognouisti, 4.3 (209.29)
superuenit. superuenit de Hibernia uir sanctus nomine Furseus, 3.19 (163.24)
Superuenit namque clades diuinitus missa, 4.3 (207.19)
Tum subito superuenit exercitus malignorum et horridorum uultu spirituum, 5.13 (312.9)
superuenit illo alius adulescens, nomine Biscop, 5.19 (323.29)
superuentura. cum ei mente prophetica cuncta, quae eum essent superuentura, patefaceret, 4.28 (272.32)
SVPERVENTVS. superuentu. ne superuentu suo, . . . eum superando deciperent. 1.25 (45.30)
priusquam subito mortis superuentu tempus omne paenitendi et emendandi perderet. 5.13 (311.12)
SVPINVS, a, um. **supinas.** supinas super genua sua manus habere solitus sit. 3.12 (151.24)

SVPPETO. suppeteret. deuotioni sedulae monachorum locus facultasque suppeteret. 3.24 (178.29)
SVPPLANTATIO. supplantationem. execrandam diabolicae uersutiae supplantationem, . . . a cordibus uestris abicere, 2.10 (103.5)
SVPPLEO. suppleret. ut, siquid minus haberet meriti a beato Cudbercto, suppleret hoc castigans longae egritudinis dolor; 4.29 (275.17)
SVPPLEX. supplex. ideoque pro eis, quasi pro suae gentis aduenis, supplex orabat ad Dominum; 4.14 (235.6)
ibique genibus flexis supplex supernam pietatem rogaret, 4.31 (278.22)
supplicibus. eumque uotis supplicibus exoramus, 2.18 (121.2)
SVPPLICATIO. supplicationum. Cum ergo secunda memorati ieiunii ac supplicationum dies ageretur, 4.14 (233.24)
SVPPLICATVS. supplicatu. qui a beato Gregorio humili supplicatu obtineret, 1.23 (42.31)
SVPPLICITER. Lectoremque suppliciter obsecro, Praef. (8.3)
Praeterea omnes, . . . suppliciter precor, Praef. (8.11)
uisum est fratribus triduanum ieiunium agere, et diuinam suppliciter obsecrare clementiam, 4.14 (233.15)
SVPPLICIVM. supplicia. quaecumque illi debebantur supplicia, 1.7 (19.10)
suppliciorum. Album quidem Heuualdum ueloci occisione gladii, Nigellum autem longo suppliciorum cruciatu, 5.10 (300.18)
SVPPLICO. supplicabant. salute aeterna, Domino supplicabant. 1.25 (46.4)
supplicandum. optandum est, et totis animi uiribus supplicandum, 5.21 (333.29)
supplicandum. supplicandumque pro pace gentis eius aeterna, . . . locus facultasque suppeteret. 3.24 (178.27)
supplicans. noctem ducebat peruigilem, pro mea, ut reor, sospitate supernae pietati supplicans. 5.6 (290.33)
supplicantium. nec supplicantium sibi desideria uel uota conplere. 1.7 (19.27)
supplicare. obsecrans eum pro se suisque, . . . Domino supplicare. 3.15 (158.3)
ubi intrantes genu flectere, ac misericordiae caelesti supplicare deberent. 3.17 (161.4)
supplicaturus. pro pace Armoricanae gentis supplicaturus 1.21 (41.11)
SVPRA. 1.5 (16.27); 1.5 (16.28); 1.12 (25.32); 1.33 (71.1); 2.1 (76.33); 2.3 (85.15); 2.3 (86.3); 2.4 (87.18); 2.5 (90.22); 2.8 (95.14); 2.9 (97.9); 2.9 (97.15); uar. 2.18 (121.14); 2.19 (122.14); 2.20 (125.23); 3.2 (129.28); 3.8 (142.23); 3.9 (145.3); 3.11 (148.18); 3.11 (149.13); 3.14 (154.26); 3.14 (157.14); 3.16 (159.16); 3.21 (170.22); 3.22 (172.15); 3.24 (179.22); 3.24 (179.29); 3.24 (180.27); 3.25 (181.27); 3.25 (183.8); 3.25 (183.25); 3.28 (194.21); 3.30 (199.10); 4.2 (205.14); 4.3 (206.12); 4.3 (211.17); 4.5 (217.13); 4.5 (217.26); 4.6 (218.14); 4.11 (225.17); 4.12 (228.18); 4.17 (240.24); 4.18 (241.4); 4.22 (251.25); 4.23 (252.18); 4.23 (254.25); 4.25 (262.24); 4.26 (267.32); 4.27 (269.5); 4.27 (270.30); 4.30 (276.14); 4.30 (277.17); 5.9 (297.3); 5.10 (300.33); 5.12 (310.2); 5.16 (317.18); 5.16 (318.17); 5.19 (322.6); 5.19 (323.32); 5.19 (325.24); 5.19 (325.28); 5.19 (326.3); 5.19 (326.9); 5.19 (328.1); 5.19 (330.7); 5.21 (332.29); 5.21 (341.10); 5.23 (348.22); 5.23 (349.17).
SVPREMVS, a, um. **supremo.** Sospes enim ueniens supremo ex orbe Britanni, 5.7 (293.23)
SVRGO. surge. 'Surge,' inquit, 'intra, 2.12 (110.1)
Surge, ingredere ecclesiam, 3.12 (151.3)
'Surge,' inquit, 'frater mi, et noli plorare, 4.29 (275.6)
surgebat. ille, ubi adpropinquare sibi citharam cernebat, surgebat a media caena, 4.24 (259.17)
surgens. Statimque surgens, abiit ad uillulae oratorium, 5.12 (304.14)
surgentem. ut surgentem cordis gloriam memoria reatus premat. 1.31 (67.13)
surgentes. surgentesque duo nequissimi spiritus, habentes in manibus uomeres, percusserunt me, 5.13 (312.24)
surrexi. 'Noli,' inquit, 'timere, quia iam uere surrexi a morte, qua tenebar, 5.12 (304.11)
surrexit. Praua autem in coniugatorum moribus consuetudo surrexit, 1.27 (55.8)
Quo facto, mox euigilans sanissimus surrexit, 4.31 (279.8)
Quod ut factum est, surrexit statim mulier sana, 5.4 (287.23)
quae cum febrium fuisset ardoribus fatigata, ad tactum manus dominicae surrexit, 5.4 (287.30)
quem ut bibit, surrexit continuo, 5.5 (288.23)
SVRSVM. quo trahente leuaretur sursum haec, quam contemplabatur species corporis gloriosi, 4.9 (222.17)
SVSCEPTIO. susceptione. epistulam pro eorum susceptione miserit. 1.24 (43.27)
susceptionem. una uidelicet episcopo et familiae propter hospitalitatem atque susceptionem, 1.27 (48.26)
neque ad susceptionem potentium saeculi, uel pecunias colligi, uel domus praeuideri necesse fuit, 3.26 (190.26)
SVSCEPTOR. susceptor. et susceptor, et is, qui susceptus est, excommunicationi subiacebit.' 4.5 (216.17)
SVSCIPIO. susceperant. qui . . . fidei et castimoniae iura susceperant. 2.5 (90.33)
postquam omnes Brittaniarum prouinciae fidem Christi susceperant, 4.16 (238.9)
susceperat. quod se ille ultro pro hospite, quem susceperat, militibus offerre, 1.7 (19.4)
uolens scilicet tuitionem eis, quos et quorum doctrinam susceperat, praestare. 2.5 (90.17)
Gregorii, a cuius ipse discipulis uerbum uitae susceperat. 2.20 (125.25)
a quo etiam tonsurae ecclesiasticae coronam susceperat), 3.25 (182.33)
Eodem ferme tempore, quo ipsa prouincia nomen Christi susceperat, 4.14 (233.7)
sinceraque deuotione sacramenta fidei, quae susceperat, seruans. 4.14 (234.6)
Rapta est . . . post annos VII, ex quo abbatissae gradum susceperat; 4.19 (244.23)
curauit suos, . . . ad eum, quem cognouerat, quemque ipse toto ex corde susceperat, ueritatis callem perducere, 5.15 (315.31)
susceperint. Vt plurimae Scottorum ecclesiae, instante Adamnano, catholicum pascha susceperint; 5.15 (315.11)
susceperis. intendens cuius rei similitudine tam praecipuum indumentum humeris tuis baiulandum susceperis. 2.8 (96.32)
susceperit. Pelagius Bretto contra gratiam Dei superba bella susceperit. 1.10 (23.23)
Vt prouincia Orientalium Anglorum fidem Christi susceperit. 2.15 (115.23)
Vt occiso Aeduine Paulinus Cantiam rediens Hrofensis ecclesiae praesulatum susceperit. 2.20 (124.13)
et susciperet [susceperit] sacramenta. uar. 3.3 (131.13)
Vt prouincia Occidentalium Saxonum uerbum Dei, praedicante Birino, susceperit; 3.7 (139.7)
Vt, defuncto Paulino, Ithamar pro eo Hrofensis ecclesiae praesulatum susceperit; 3.14 (154.4)
Vt prouincia Merciorum, occiso rege Penda, fidem Christi susceperit; 3.24 (177.10)
Vt Vecta insula christianos incolas susceperit, 4.16 (236.25)
Vt Theodoro defuncto archiepiscopatus gradum Berctuald susceperit; 5.8 (294.14)
susceperunt. Susceperunt ergo, qui aduenerant, . . . locum habitationis 1.15 (31.9)
bellum aduersum Brettones iunctis uiribus susceperunt, 1.20 (38.9)
susceperunt scripta exhortatoria a . . . Bonifatio, 2.7 (94.4)
omnes Brittaniarum prouinciae fidem Christi susceperant [susceperunt], uar. 4.16 (238.9)
anathematizamus corde et ore, quos anathematizarunt, et quos susceperunt, suscipimus; 4.17 (240.19)
Susceperunt autem Hiienses monachi docente Ecgbercto ritus uiuendi catholicos 5.22 (347.17)
suscepi. utrumque per ministerium reuerentissimi episcopi Iohannis, iubente Ceolfrido abbate, suscepi. 5.24 (357.18)
suscepimus. scit enim ipse, quia iusta pro salute gentis nostrae bella suscepimus.' 3.2 (129.10)
Desiderabiles litteras excellentiae uestrae suscepimus; 3.29 (196.22)
Munuscula . . . beato principi apostolorum directa pro aeterna eius memoria suscepimus, 3.29 (198.8)
Suscipimus [Suscepimus] sanctas et uniuersales quinque synodos uar. 4.17 (240.1)
Et synodum, quae facta est in urbe Roma . . suscipimus [suscepimus]. uar. 4.17 (240.16)
et quos susceperunt, suscipimus [suscepimus]; uar. 4.17 (240.20)
dominicum paschae diem, quem de euangelio suscepimus, 5.21 (337.24)
suscepisse. gentem Anglorum fidem Christi suscepisse, 1.27 (48.9)
eumque de lauacro exeuntem suscepisse, 3.7 (139.25)

SVSCIPIO

'Si me,' inquit, 'nosti episcopatum non rite suscepisse, 4.2 (205.25)
fertur . . . propositum uestemque sanctimonialis habitus, consecrante Aidano episcopo, suscepisse. 4.23 (253.23)
suscepissent. et iussa sanctae ecclesiae suscepissent, 1.17 (34.9)
suscepisset. cum filius eius Eadbald regni gubernacula suscepisset, 2.5 (90.25)
solum esca, siquos hospitio suscepisset, . . . dare solebat, 3.5 (136.25)
suscepisti. infundens sensibus eius, quantum sit praeclarum, quod credendo suscepisti, mysterium, 2.11 (105.33)
suscepistis. 'Nolite repellere, quem ante suscepistis; 3.19 (166.30)
nam sicut bona eius peccatoris suscepistis, 3.19 (166.31)
suscepit. Marcus Antoninus Verus . . . regnum cum Aurelio Commodo fratre suscepit; 1.4 (16.5)
locum manendi, . . . suscipit [suscepit]. uar. 1.15 (31.3)
abdicato conubio non legitimo, suscepit fidem Christi, 2.6 (93.9)
Mellitus, . . . sedem Doruuernensis ecclesiae tertius ab Augustino suscepit. 2.7 (94.2)
uerbum fidei praedicante Paulino, cuius supra meminimus, suscepit. 2.9 (97.10)
ac per hoc curam illius praefatus Paulinus . . . suscepit ac tenuit, 2.20 (126.17)
suscepit pro illo regnum Deirorum, . . . filius patrui eius Aelfrici, uocabulo Osric, 3.1 (127.3)
Porro regnum Berniciorum, . . . suscepit filius Aedilfridi, . . . nomine Eanfrid. 3.1 (127.9)
mox ubi regnum suscepit, 3.3 (131.5)
gens Occidentalium Saxonum, . . . regnante Cynigilso fidem Christi suscepit, 3.7 (139.10)
apud quem triennio exulans fidem cognouit ac suscepit ueritatis. 3.7 (140.15)
ipsa terra, quae lauacrum uenerabile suscepit, 3.11 (148.33)
suscepit regni terrestris sedem pro eo frater eius Osuiu, 3.14 (154.6)
'Non,' inquit, 'propter auaritiam, sed propter saluandam eius animam suscepit'; 3.19 (166.33)
Suscepitque pro illo episcopatum Ceollach, 3.21 (171.8)
suscepitque eum ascendentem de fonte sancto Aediluald rex 3.22 (174.17)
suscepit pro illo pontificatum Nordanhymbrorum famulus Christi Tuda, 3.26 (189.24)
Cuius episcopatus tempore deuictis atque amotis subregulis, Caedualla suscepit imperium, 4.12 (228.2)
Verum ipso die, quo baptisma fidei gens suscepit illa, descendit pluuia serena, 4.13 (231.19)
suscepit et insula Vecta, 4.16 (238.9)
ad praedicationem . . . Paulini . . . fidem et sacramenta Christi suscepit, 4.23 (252.28)
Iohannes uir sanctus Hagustaldensis ecclesiae praesulatum suscepit; 5.2 (283.1)
Suscepit ergo eos uilicus, 5.10 (300.4)
ecclesiasticum paschalis obseruantiae tempus Domino donante suscepit. 5.15 (315.15)
Quo defuncto, pontificatum pro eo suscepit Fortheri, qui usque hodie superest; 5.18 (321.11)
quo defuncto, Eolla suscepit officium pontificatus. 5.18 (321.21)
Suscepit uero pro Vilfrido episcopatum Hagustaldensis ecclesiae Acca presbyter eius, 5.20 (331.13)
quo Osredo occiso Coenred gubernacula regni Nordanhymbrorum suscepit, 5.22 (346.22)
Post quem episcopatus officium Alduulf, Berctualdo archiepiscopo consecrante, suscepit. 5.23 (349.3)
suscepta. cum a uobis ex beati Petri apostoli fuerint benedictione suscepta. 1.32 (69.31)
suscepta. quae ille suscepta XXIIII annis et aliquot mensibus nobilissime tenuit. 3.8 (142.5)
susceptam. susceptamque fidem Brittani . . . quieta in pace seruabant. 1.4 (16.10)
sedem regni reliquit, quam ille susceptam per VIIII annos tenuit. 4.1 (201.11)
suscepti. Qui libenter a suis fratribus et conmilitonibus suscepti, 3.23 (176.31)
'Vbi cum uenissemus,' inquit, 'et magno uniuersorum gaudio suscepti essemus, 5.3 (285.11)
diuertentes ad Pippinum ducem Francorum, gratanter ab illo suscepti sunt; 5.10 (299.7)
susceptis. Susceptis namque apicibus filii nostri Adulualdi regis, 2.8 (96.9)
suscepto. Quo honorifice a populo et a rege suscepto, 3.7 (141.27)
suscepto. uniuersalis gentium confessio, suscepto Christianae sacramento fidei, protestetur. 2.8 (96.20)
suscepto signo sanctae crucis, 2.10 (103.3)
Creatorem suum suscepto Christianae fidei agnoscerent sacramento. 2.11 (104.19)
Christianae fidei suscepto mirabili sacramento, 2.11 (105.1)
Quae suscepto monasterii regimine, 4.6 (219.5)
At ille suscepto negotio abiit, 4.24 (260.23)
susceptum. Susceptum itaque episcopatum gentis Merciorum simul et Lindisfarorum Ceadda, 4.3 (206.30)
susceptumque in monasterium cum omnibus suis fratrum cohorti adsociauit, 4.24 (260.27)
Qui susceptum episcopatus gradum ad imitationem beatorum apostolorum uirtutum ornabat operibus. 4.28 (273.13)
susceptum. atque ab apostolico papa omnibusque, qui audiere uel legere, gratantissime susceptum. 4.18 (242.30)
susceptura. quin ipsa lux, quae animas famularum Christi esset ductura uel susceptura in caelis, . . . monstraret. 4.7 (220.13)
susceptus. a Theodosio paterna pietate susceptus, 1.9 (23.19)
a Valentiniano et Placidia matre ipsius summa reuerentia susceptus, 1.21 (41.13)
atque ab Honorio archiepiscopo et rege Eadbaldo multum honorifice susceptus est. 2.20 (125.31)
et susceptus a dominis domus, resedit 3.10 (147.11)
Qui cum benigne susceptus post caenam in lecto membra posuisset, 3.11 (149.21)
susceptus est honorifice a rege praefato, 3.19 (163.28)
a rege Francorum Hloduio uel patricio Ercunualdo honorifice susceptus, 3.19 (168.12)
et ab eo benigne susceptus, et multo tempore habitus est. 4.1 (203.18)
Quod si semel susceptus noluerit inuitatus redire, 4.5 (216.16)
et susceptor, et is, qui susceptus est, excommunicationi subiacebit.' 4.5 (216.17)
a quo etiam egressus de fonte, loco filii susceptus est; 4.13 (230.16)
atque honorifice a beatae memoriae papa Agathone susceptus est; 4.18 (241.11)
libentissime est ab illo susceptus, libentius auditus; 5.15 (316.28)
pulsus est Fresiam, et honorifice susceptus a barbaris ac rege illorum Aldgilso, 5.19 (326.12)
honorifice ab eis et multo cum gaudio susceptus est. 5.22 (346.26)
suscipe. Suscipe, terra, tuo corpus de corpore sumtum, 2.1 (79.9)
susciperat. a cuius ipse discipulis uerbum uitae susceperat [susciperat]. uar. 2.20 (125.25)
quemque ipse toto ex corde susceperat [susciperat], uar. 5.15 (315.31)
suscipere. cum neque suscipere dogma peruersum . . . uellent, 1.17 (33.27)
nec sensibilitatem a suis factoribus potuit quolibet modo suscipere, 2.10 (103.12)
num ei obtemperare, et monita eius salutaria suscipere consentis?' 2.12 (109.18)
Quibus auditis, rex suscipere quidem se fidem, quam docebat, et uelle et debere respondebat. 2.13 (111.10)
absque ullo cunctamine suscipere illa festinemus.' 2.13 (112.2)
et, abrenuntiata idolatria, fidem se Christi suscipere confessus est. 2.13 (113.2)
fidem et sacramenta Christi cum sua prouincia suscipere. 2.15 (116.1)
qui et fidem ac sacramenta regni caelestis suscipere rennuit, 3.7 (140.9)
contigit eam suscipere etiam construendum siue ordinandum monasterium in loco, 4.23 (254.3)
saecularem illum habitum relinquere, et monachicum suscipere propositum docuit, 4.24 (260.27)
multisque eos, qui fidem suscipere uellent, beneficiis adtollens; 5.10 (299.12)
Sed Aldfrid Nordanhymbrorum rex eum suscipere contemsit, 5.19 (329.29)
donec illum in pascha diem suos auditores, . . . suscipere ac secum agere uideret. 5.22 (348.10)
susciperent. ut . . . communem euangelizandi gentibus pro Domino laborem susciperent. 2.2 (81.18)
susciperentur. si ab Anglis susciperentur, 1.23 (42.30)

et, ut haec diligentius ab omnibus susciperentur, rogaui. 4.5 (215.31)
donec regulariter institutae in societatem congregationis susciperentur. 4.23 (258.24)
susciperet. ut Augustinum Brittaniam pergentem benigne susciperet, 1.24 (43.30)
gens, . . . dominicae fidei et dona disceret, et susciperet sacramenta. 3.3 (131.13)
placuit, ut . . . Cudberct ecclesiae Lindisfarnensis gubernacula susciperet. 4.28 (273.12)
susciperit. Vt prouincia Orientalium Anglorum fidem Christi susceperit [susciperit]. uar. 2.15 (115.23)
suscipiat. ita illum dilectio uestra, sicut decet, affectuose dulciterque suscipiat, 1.28 (62.16)
quod petimus, ut eo benignitatis animo gloria uestra suscipiat, 2.10 (104.4)
quod petimus, ut eo benignitatis animo gloria uestra suscipiat, 2.11 (106.26)
suscipiatur. neque alicubi ueniens absque commendaticiis litteris sui praesulis suscipiatur. 4.5 (216.15)
suscipiebatur. nam et libentissime ab omnibus suscipiebatur, atque audiebatur, 4.2 (204.18)
suscipienda. oraculum caeleste, . . . non minimum ad suscipienda uel intellegenda doctrinae monita salutaris sensum iuuit illius. 2.12 (107.3)
suscipiendae. in auspicium suscipiendae fidei et regni caelestis, 2.9 (97.11)
uel ad fidei suscipiendae sacramentum, si infideles essent, inuitaret; 3.5 (136.4)
suscipiendae. quam reuerenter eae suscipiendae a cunctis fidelibus essent, patefecit. 3.11 (148.19)
suscipiendam. ad suscipiendam uocem praedicatorum suam distulerit obedientiam exhibere. 2.11 (105.9)
suscipiendo. suscipiendo fidem eius, et praecepta seruando, qui te . . . temporalis regni honore sublimauit; 2.12 (111.1)
suscipiendorum. ministrum ipsius, cui suscipiendorum inopum erat cura delegata, 3.6 (138.16)
suscipiendum. Vt defuncto Deusdedit, Vighard ad suscipiendum episcopatum Romam sit missus; 4.1 (201.1)
cuius magis ad suscipiendum episcopatum et eruditio conueniret, et aetas. 4.1 (202.14)
Et rursum Hadrianus ad suscipiendum episcopatum actus est; 4.1 (202.20)
suscipiendum. aperiens corda gentium ad suscipiendum praedicationis uestrae singulare mysterium. 2.8 (95.26)
difficulter posse sublimitatem animi regalis ad . . . suscipiendum mysterium uiuificae crucis inclinari, 2.12 (107.7)
atque ad suscipiendum episcopatus officium collum submittere conpellitur; 4.28 (272.29)
suscipiens. Arcadius . . . regnum suscipiens, 1.10 (23.26)
XLV ab Augusto regnum suscipiens, 1.13 (28.19)
Mauricius ab Augusto LIIII imperium suscipiens 1.23 (42.14)
At ille suscipiens eum, curam uulneribus egit; 4.22 (250.11)
Marcianus cum Valentiniano imperium suscipiens, VII annis tenuit, 5.24 (352.27)
suscipientes. quos omnes Scotti libentissime suscipientes, 3.27 (192.16)
suscipimus. Suscipimus sanctas et uniuersales quinque synodos beatorum et Deo acceptabilium patrum; 4.17 (240.1)
Et synodum, quae facta est in urbe Roma . . . suscipimus. 4.17 (240.16)
anathematizamus corde et ore, quos anathematizarunt, et quos susceperunt, suscipimus; 4.17 (240.20)
quem de euangelio suscepimus [suscipimus], uar. 5.21 (337.24)
suscipit. locum manendi, . . . suscipit. 1.15 (31.3)
pontificatum pro eo suscepit [suscipit] Fortheri, uar. 5.18 (321.11)
Eolla suscepit [suscipit] officium pontificatus. uar. 5.18 (321.21)
suscipite. Suscipite uerba praedicatorum, et euangelium Dei, 2.10 (103.23)
suscipiunt. uictoriam ipsi Deo fauente suscipiunt. 1.16 (33.17)
SVSCITO. suscitandas. 'Parum,' inquit, 'est, ut mihi sis seruus ad suscitandas tribus Iacob, 3.29 (197.10)
suscitantur. ne, quorum arma conbusta sunt, apud uos eorum cineres suscitentur [suscitantur]. uar. 2.19 (123.33)
suscitares. 'Dedi te in foedus populi, ut suscitares terram, 3.29 (197.14)
suscitato. de quo a mortuis suscitato dicit ipse discipulis: 2.1 (76.6)
suscitauit. Quod cum illa audisset, suscitauit cunctas sorores, 4.23 (257.27)
suscitentur. ne, quorum arma conbusta sunt, apud uos eorum cineres suscitentur. 2.19 (123.33)
suscitet. et ad augmentum ecclesiae suae potiora per uos suscitet incrementa; 2.18 (121.6)
de caelo intonat, ut terrigenas ad timendum se suscitet, 4.3 (211.2)
SVSPENDO. suspendere. non ualet nisi tranquilla mens in contemplationis se lucem suspendere, 1.27 (58.15)
suspendi. aereos caucos suspendi iuberet, 2.16 (118.11)
caput et manus cum brachiis . . . iussit rex, qui occiderat, in stipitibus suspendi. 3.12 (152.1)
suspensi. ualde sumus suspensi redditi, 1.30 (65.2)
suspensus. erat gratia conpunctionis semper ad caelestia suspensus. 4.28 (273.27)
SVSPICIO. suspecta. pauperem uitam . . . suspecta semper mente agebant. 1.15 (33.2)
suspecti. de mortis hora suspecti, 1.32 (69.23)
suspecti sunt habiti, 5.10 (300.11)
suspicerent. Qui cum monasterio propinquarent, et aedificia illius sublimiter erecta aspicerent [suspicerent], uar. 4.25 (264.17)
suspiceris. "Non hoc," inquiens, "suspiceris; non enim hic infernus est ille, quem putas." 5.12 (305.18)
SVSPICIO. suspicionem. accendens suspicionem, quia ipsos quoque hostes . . . permitteret; 1.6 (17.17)
SVSPICOR. suspicabatur. quoniam suspicabatur eum habere aliquam legationem imperatoris ad Brittaniae reges 4.1 (203.32)
SVSPIRIVM. suspiria. intimo ex corde longa trahens suspiria: 2.1 (80.8)
et inter egra tremens suspiria, flebili uoce talia mecum querebatur: 3.13 (153.1)
suspiria longa trahens, nuntiauit matrem illarum omnium Hild abbatissam iam migrasse de saeculo, 4.23 (257.23)
SVSPIRO. suspirans. resedit qui uexabatur, et grauiter suspirans: 3.11 (150.15)
et post multiplices militiae caelestis agones ad praemia remunerationis supernae tota mente suspirans. 5.11 (303.23)
ac modicum suspirans interrogauit, ubi esset Acca presbyter; 5.19 (328.31)
SVSTENTACVLVM. sustentaculo. donec omnis regio totius cibi sustentaculo, . . . uacaretur. 1.12 (28.12)
SVSTENTO. sustentans. et inbecilles artus baculo sustentans intrauit ecclesiam; 4.31 (278.27)
sustentat. in Hibernia insula solitarius ultimam uitae aetatem pane cibario et frigida aqua sustentat. 5.12 (309.26)
sustentatur. cincta parietibus, XII columnis sustentatur, 5.16 (318.2)
SVSTINEO. sustinens. argenteam modo pergrandem sustinens crucem, 5.16 (317.29)
sustinent. uentorum furores uela non sustinent; 1.17 (34.16)
sustinere. sicque ibidem quamdiu sustinere posse uidebatur, 5.12 (310.15)
sustineret. patienter dolorem ac placida menta sustineret inlatum. 4.31 (278.26)
SVVS, a, um, *omitted.*
SYLLABA. syllabas. addidit et syllabas ac uerba dicenda illi proponere. 5.2 (284.10)
SYMBOLVS. symbolum. atque sanctorum patrum tradidit symbolum, 4.17 (239.20)
SYNAXIS. synaxeos. ex tempore matutinae synaxeos, usque ad ortum diei, in ecclesia precibus intenta persteterit. 4.19 (244.15)
SYNODALIS, e. **synodali.** Quibus episcopatum administrantibus statutum est synodali decreto, 5.18 (321.15)
synodalia. nemo synodalia paschalis obseruantiae decreta porrexerat; 3.4 (134.22)
synodalibus. et hunc synodalibus litteris ad instructionem memoriamque sequentium commendare curauit, 4.17 (239.2)
synodalium. neue contra . . . decreta synodalium totius orbis pontificum aliud pascha celebrarent. 2.19 (122.19)
SYNODICVS, a, um. **synodica.** multis annis episcopatum Geuissorum ex synodica sanctione solus sedulo moderamine gessit. 3.7 (141.31)
synodicae. Cuius synodicae actionis huiusmodi textus est: 4.5 (214.27)
synodico. libello quoque synodico, 2.1 (77.1)

SYNODVS. synoda. et de synodo [synoda] facta ad locum Herutforda, uar. 4.5 (214.9)
De synodo [synoda] facta in campo Hæthfelda, uar. 4.17 (238.24)
synodi. 'Procurate,' inquit, 'ut ipse prior cum suis ad locum synodi adueniat, 2.2 (83.5)
placuit hoc inter cetera eiusdem synodi gestis inseri, 5.19 (326.31)
Iuuit autem causam absolutionis eius lectio synodi beatae memoriae papae Agathonis, 5.19 (327.23)
synodi. et generaliter omnes sancti et uniuersales synodi, et omnis probabilium catholicae ecclesiae doctorum chorus. 4.17 (239.21)
synodo. Intererat huic synodo, pariterque catholicae fidei decreta firmabat uir uenerabilis 4.18 (240.29)
synodo. et in Nicena synodo detecta atque damnata, 1.8 (22.28)
Quam ob causam collecta magna synodo 1.17 (34.3)
semper in posterum a synodo propria debeat consecrari, 1.29 (63.27)
quod in Nicena synodo probatum est, 2.19 (122.25)
De morte Osuiu et Ecgberecti regum, et de synodo facta ad locum Herutforda, 4.5 (214.9)
Bisi . . . qui in praefata synodo fuisse perhibetur, 4.5 (217.25)
De synodo facta in campo Hæthfelda, praesidente archiepiscopo Theodoro. 4.17 (238.24)
Quamobrem collecta pro hoc in Brittania synodo, 4.18 (242.15)
congregata synodo non parua sub praesentia regis Ecgfridi 4.28 (272.14)
Aldhelm, . . . scripsit, iubente synodo suae gentis, librum egregium aduersus errorem Brettonum, 5.18 (320.31)
et cum aliis CXXV coepiscopis in synodo in iudicii sede constitutus, 5.19 (327.2)
ut, . . . mox synodo facta iuxta fluuium Nidd, . . . in praesulatum sit suae receptus ecclesiae. 5.19 (329.30)
synodos. Suscipimus sanctas et uniuersales quinque synodos beatorum et Deo acceptabilium patrum; 4.17 (240.1)
synodum. Et cum idem papa reuerentissimus cogeret synodum episcoporum Italiae, 2.4 (88.16)
Et synodum, quae facta est in urbe Roma . . . suscipimus. 4.17 (240.14)
Nam et synodum beati papae Martini, . . . secum ueniens adtulit; 4.18 (242.1)
donec ipsum quoque lacrimis plenum dulcibus extrahunt latebris, atque ad synodum pertrahunt. 4.28 (272.27)
cum synodum congregaret Romae CXXV episcoporum, 5.19 (326.24)
synodus. Vnde postulabant, ut secundo synodus pluribus aduenientibus fieret. 2.2 (82.18)
dispositum est, ut . . . synodus fieri, et haec quaestio terminari deberet. 3.25 (183.18)
'Vt bis in anno synodus congregetur. 4.5 (216.22)
Facta est autem haec synodus anno ab incarnatione Domini DCLXX tertio, 4.5 (217.20)
haec quoque sancta synodus suis litteris addit: 4.17 (239.31)
Cum ergo causa exigente synodus eadem . . . diebus aliquot legeretur, 5.19 (327.27)
et synodus facta est ad Herutforda, 5.24 (354.22)
Anno DCLXXX, synodus facta in campo Haethfeltha 5.24 (355.6)
SYRIA, *Syria.*
Syriam. fames grauissima per Syriam facta est, 1.3 (15.18)
SYRMIVM, *Syrmium, Pannonia.*
Syrmium. Theodosium . . . apud Syrmium purpura induit, 1.9 (23.9)

T

TABERNACVLVM. tabernacula. tabernacula sibi circa easdem ecclesias, 1.30 (65.19)
tabernaculi. et uelox est depositio tabernaculi mei.' 4.29 (274.26)
tabernaculo. De tabernaculo et uasis eius, ac uestibus sacerdotum, libros III. 5.24 (357.27)
tabernaculum. inter globos flammantis incendii incolume tabernaculum, 1.19 (37.23)
TABVLA. tabula. et imaginem Domini Saluatoris in tabula depictam, 1.25 (46.2)
tabulam. habentes secum uascula sacra et tabulam altaris uice dedicatam), 5.10 (300.11)
TACEO. tacentes. Incedebamus autem tacentes, ut uidebatur mihi, contra ortum solis solstitialem; 5.12 (304.29)
tacitis. Cumque diu tacitis mentis angoribus, et caeco carperetur igni, 2.12 (108.20)
tacito. saepe diu solus residens ore quidem tacito, 2.9 (100.14)
tacitus. ferorque domum a sociis, ac tacitus tota nocte perduro. 5.6 (290.26)
Ipse autem tacitus rem considerans, ueram esse timebat; 5.9 (297.23)
TACITVRNITAS. taciturnitatis. quam in populo, quem subuerterant, pudorem taciturnitatis incurrere, 1.17 (35.19)
TACTVS. tactu. Contigit autem tactu indumentorum eorundem et daemonia ab obsessis effugata corporibus, . . . esse 4.19 (246.13)
eodemque tactu totam illam, quae langore pressa fuerat, corporis sui partem, . . . pertransisse. 4.31 (279.5)
tactum. salubremque tactum sanitas festina subsequitur. 1.21 (40.30)
quia crederet eam ad benedictionem uel tactum illius mox melius habituram. 5.3 (285.22)
quae cum febrium fuisset ardoribus fatigata, ad tactum manus dominicae surrexit, 5.4 (287.29)
TAEDA. taedis. Munera laeta capis, festiuis fulgida taedis, 4.20 (248.29)
TALENTVM. talentorum. dum creditorum uobis talentorum fidelissimae negotiationis officiis uberem fructum inpendens ei, . . . praeparauit. 2.8 (95.29)
TALIS, e. **tale.** 4.27 (269.33).
tale. 1.27 (51.31); 4.1 (204.2); 4.3 (208.17); 5.21 (345.28).
talem. 2.8 (96.33); 3.6 (139.3); 3.14 (157.12); 3.29 (196.28); 5.21 (343.30).
talem. 3.22 (174.10); 3.25 (188.2); 4.9 (222.27).
tales. 1.27 (52.25); 4.18 (242.7).
tales. 1.17 (34.13); 2.1 (80.15); 5.14 (315.2).
tales. 2.6 (93.4).
tali. 2.12 (109.4).
tali. 2.5 (90.28); 4.31 (278.24).
tali. 1.27 (50.32); 3.6 (138.22); 4.25 (264.25); 4.32 (279.31).
talia. 2.12 (109.14); 3.13 (153.1); 4.8 (221.17); 5.14 (314.25).
talibus. 1.1 (13.4).
talis. 2.1 (80.5); 5.21 (340.22).
talis. 4.11 (225.23).
talis. 2.13 (112.5); 3.22 (173.23); 3.22 (174.10).
talium. 4.22 (250.30).
TAM. 1.8 (22.16); 1.12 (26.15); 1.12 (27.4); 1.12 (27.11); 1.14 (30.18); 1.14 (30.18); 1.23 (42.32); 1.23 (43.1); 1.27 (56.29); 2.1 (74.20); 2.1 (79.27); 2.1 (80.9); 2.1 (80.31); 2.4 (86.28); 2.4 (87.33); 2.5 (91.26); 2.8 (96.31); 2.17 (119.33); 2.18 (120.20); 2.18 (121.19); 3.1 (128.11); 3.3 (132.12); 4.9 (223.7); 4.24 (261.31); 5.1 (281.20); 5.9 (297.29); 5.9 (298.8); 5.12 (305.20); 5.12 (309.32); 5.12 (310.29); 5.18 (321.9); 5.21 (333.9); 5.21 (337.20); 5.23 (348.27); 5.23 (351.19).
TAMEN. 1.7 (21.18); 1.10 (24.5); 1.13 (28.30); 1.13 (29.4); 1.14 (29.26); 1.15 (32.32); 1.17 (36.1); 1.20 (38.27); 1.22 (42.6); 1.24 (44.4); 1.26 (47.25); 1.27 (50.11); 1.27 (51.22); 1.27 (54.13); 1.27 (54.23); 1.27 (55.18); 1.27 (56.17); 1.27 (56.32); 1.27 (57.18); 1.27 (57.26); 1.27 (58.5); 1.27 (58.8); 1.27 (58.11); 1.27 (58.19);

1.27 (58.32); 1.27 (59.28); 1.27 (60.11); 1.27 (60.19); 1.27 (60.23); 1.27 (60.24); 1.27 (61.19); 1.27 (61.20); 1.27 (61.23); 1.29 (63.19); 1.29 (64.3); 1.30 (65.30); 1.30 (65.35); 1.31 (67.2); 1.32 (69.17); 1.33 (70.23); 2.1 (73.16); 2.1 (75.3); 2.1 (77.8); 2.1 (80.28); 2.1 (80.30); 2.2 (83.16); 2.5 (91.21); 2.9 (98.8); 2.10 (100.30); 2.12 (108.8); 2.13 (112.15); 2.20 (125.9); 3.4 (135.2); 3.4 (135.5); 3.5 (136.14); 3.7 (141.23); 3.11 (148.13); 3.17 (160.34); 3.17 (162.1); 3.19 (165.4); 3.19 (165.14); 3.19 (166.1); 3.22 (173.25); 3.25 (181.6); 3.25 (181.23); 3.25 (182.10); 3.25 (185.17); 4.1 (202.29); 4.3 (211.11); 4.3 (212.2); 4.8 (221.12); uar. 4.13 (230.2); 4.13 (230.6); 4.16 (238.10); 4.19 (243.11); 4.22 (250.14); 4.22 (251.13); 4.24 (261.18); 4.24 (261.25); 4.24 (261.32); 4.25 (262.25); 4.25 (265.7); 4.25 (265.26); 4.26 (266.23); 4.27 (270.8); 4.27 (270.24); 4.28 (272.33); 4.29 (274.8); 5.3 (286.18); 5.6 (289.27); 5.9 (297.11); 5.9 (297.24); 5.9 (298.10); 5.10 (299.21); 5.12 (304.12); 5.12 (306.21); 5.12 (306.27); 5.12 (308.16); 5.12 (308.27); 5.12 (308.29); 5.12 (309.12); 5.13 (313.17); 5.14 (314.2); 5.15 (316.10); 5.21 (334.24); 5.21 (342.17); 5.21 (342.24); 5.21 (344.21); 5.21 (344.25); 5.23 (351.13); 5.23 (351.16); 5.24 (352.7).

TAMENSIS, *the Thames.*
Tamense. prouinciae Orientalium Saxonum, qui Tamense fluuio dirimuntur a Cantia, ... 2.3 (85.8)
Tamensem. sibi quidem in regione Sudergeona, iuxta fluuium Tamensem, in loco, qui uocatur Cerotaesei, 4.6 (218.30)
Tamensim. Inde ad flumen Tamensim profectus. 1.2 (14.12)
Tamensis. quorum prior locus est in ripa Pentæ amnis, secundus in ripa Tamensis, ... 3.22 (173.9)

TAMETSI. 4.7 (219.25); 5.3 (286.21); 5.8 (295.23); 5.9 (298.3); 5.12 (306.28); 5.19 (325.4); 5.21 (338.11); 5.21 (345.7).

TAMQVAM (TAN-). tamquam. sed tamquam lapis in uno loco posita, ... 2.10 (102.25)
gaudenter ab omnibus tamquam Dei famulus exciperetur. 3.26 (191.7)
tanquam. ualedicunt sociis tanquam ultra non reuersuri. 1.12 (27.30)

TANATOS, *Thanet, the island to the east of Kent.*
Tanato. in insula Tanato regi Cantuariorum praedicarit; 1.25 (44.24)
Tanatos. Est autem ad orientalem Cantiae plagam Tanatos insula non modica, ... 1.25 (45.4)

TANDEM. Caesar oppidum Cassobellauni . . . tandem graui pugna cepit. 1.2 (14.29)
tandem fraude Allecti socii sui interfectus est. 1.6 (17.21)
tandem Augustinus . . . flectit genua sua ad Patrem Domini 2.2 (82.7)
tandem, ut uerisimile uidetur, didicit in spiritu, ... 2.12 (107.10)
tandem uenit ad Redualdum 2.12 (107.20)
tandem Eanfridum . . . simili sorte damnauit. 3.1 (128.7)
Tandem rex, . . . subintroduxit in prouinciam alium suae linguae episcopum, ... 3.7 (140.27)
tandem ad memoriam reduxit, quod eum pridem perfidia regno pulerit, ... 3.7 (141.14)
tandem presbyter reminiscens uerba antistitis, . . . misit de oleo in pontum, ... 3.15 (158.16)
tandem iuuante amicorum consensu credidit, ... 3.22 (172.12)
tandem didicit se aqua baptismatis non esse regeneratum, ... 3.23 (176.35)
et, cum duobus annis hoc tenuisset, tandem superni regni amore conpunctus reliquit, ... 4.12 (228.3)
tandem recepto spiritu reuixit, ... 4.22 (249.27)
tandem perfectiora desiderans, uenit Cantiam 4.23 (254.33)
tandem rex ipse praefatus, . . . insulam nauigauit. 4.28 (272.20)
Attamen tandem eorum precibus uictus assensum dedit, ... 4.29 (275.25)
ita ut corruens in terram, et aliquandiu pronus iacens, uix tandem resurgeret. 4.31 (278.12)
Cumque diu multum cum uento pelagoque frustra certantes, tandem post terga respiceremus, . . 5.1 (282.1)
tandem obtinuit, ut ad languentem intraret. 5.3 (286.1)
qui . . . in ipso tandem mortis articulo ad paenitentiam confugiunt, ... 5.12 (308.14)
tandem cunctis fauentibus in praesulatum sit suae receptus ecclesiae. 5.19 (329.32)
sed adueniente tandem uespera diei VIIII^{ae}, ... 5.21 (334.25)

TANGO. tacta. quaedam ex eisdem ancellis Dei, cum praefato tacta morbo, . . . coepit subito . . . clamare 4.8 (221.8)
tacta est repente grauissimo corporis morbo, ... 4.9 (222.6)
et cum esset in studio, tacta est infirmitate repentini doloris, ... 5.3 (285.15)
tactus. casu contigit, ut . . . tactus ibidem infirmitate corporis obiret. 3.23 (176.13)
Nam confestim langore corporis tactus est, ... 4.3 (210.2)
Hic praefata pestilentia tactus, . . . clamauit tertio 4.8 (220.28)
qui eadem tactus infirmitate, non pauco tempore recubans in lectulo iacebat. 4.14 (233.22)
rediens domum, repentina medio itinere molestia tactus est, ... 4.31 (278.10)
qui infirmitate corporis tactus, et hac crescente per dies, ad extrema perductus, ... 5.12 (304.3)
Haec inter tactus infirmitate, decidit in lectum, atque acri coepit dolore torqueri. 5.13 (311.16)
tactus est infirmitate repentina, ... 5.19 (328.21)
tangant. ita ut XV^{ae}, . . . uix uesperam tangant. 5.21 (338.22)
tangere. laudabiliter potuit Domini uestimentum tangere, ... 1.27 (55.26)
sedentemque ad tumbam sancti infirmitas tangere nequaquam praesumsit; 3.12 (151.9)
Sed ne tunc quidem eandem tangere flamma destinam ualebat; 3.17 (160.31)
tangerem. ut hunc capite ac manu, quam capite ruens subposueram, tangerem, ... 5.6 (290.19)
tangeret. qua hora etiam eam monasterii partem, . . . eadem plaga tangeret, ... 4.7 (219.21)
tangitur. Ipso quidem tempore, quo intus est, hiemis tempestate non tangitur, ... 2.13 (112.15)
tetigisse. sentit, . . quasi magnam latamque manum caput sibi in parte, qua dolebat, tetigisse, . . 4.31 (279.5)
tetigit. post tergum Domini humiliter ueniens uestimenti eius fimbriam tetigit, ... 1.27 (55.24)
quae uestimentum Domini in langore posita tetigit, ... 1.27 (56.5)
Iratus autem tetigit regem iacentem uirga, ... 3.22 (174.6)

TANTVM (*subst.*). **tanto.** 1.32 (68.20, 26); 1.32 (69.26); 2.13 (112.29).
tantum. 5.21 (345.10).
tantum. 2.15 (115.24); 2.16 (118.14); 5.8 (295.2).
tantum. 1.20 (38.17); 1.21 (40.12); 2.1 (76.9); 3.5 (136.8); 3.12 (151.10); 3.26 (191.20); 4.3 (210.13, 14); 4.5 (214.15); 4.9 (223.12); 5.3 (286.4); 5.12 (305.23); 5.20 (331.9); 5.21 (345.31).

TANTVM (*adv.*). 1.2 (13.24); 1.12 (25.21); 1.20 (38.12); 1.25 (45.8); 1.26 (47.2); 2.5 (89.24); 2.8 (96.24); 2.12 (110.22); 2.16 (118.8); 3.4 (134.23); 3.7 (140.27); 3.8 (143.4); 3.9 (145.27); 3.11 (148.17); 3.14 (155.16); 3.18 (162.24); 3.18 (163.10); 3.25 (184.28); 3.26 (190.29, 31); 3.26 (191.1); 3.29 (198.22); 4.2 (205.12); 4.3 (207.26); 4.3 (208.6); 4.10 (224.24); 4.13 (231.29); 4.19 (243.27); 4.23 (254.16, 18); 4.28 (271.10); 4.28 (272.12); 4.31 (278.7); 5.2 (283.26); 5.6 (291.25); 5.12 (304.8); 5.13 (311.8); 5.15 (316.33); 5.17 (319.16); 5.19 (328.25); 5.21 (338.33); 5.21 (341.32); 5.21 (343.2).

TANTVMMODO. sed tantummodo credentes artiori dilectione, ... 1.26 (47.26)
non solum eos episcopos, quos ordinauerit, neque hos tantummodo, ... 1.29 (64.13)
omnium sunt corpora tumulata praeter duorum tantummodo, id est Theodori et Berctualdi, ... 2.3 (86.8)
sed ea tantummodo, quae ad religionem pertinent, religiosam eius linguam decebant. 4.24 (259.10)
ut non amplius tota sacra sollemnitas, quam VII tantummodo noctes cum totidem diebus conprehendat; 5.21 (335.32)

TANTVS, a, um. **tanta.** 2.1 (80.10); 2.6 (93.18); 2.16 (118.3); 4.27 (269.32); 4.28 (272.11); 5.1 (281.20); 5.12 (307.19); 5.12 (307.33); 5.21 (341.23).
tanta. 1.7 (21.20); 1.27 (59.9); 2.1 (74.5); 2.1 (76.10); 2.9 (99.13); 3.2 (128.29); 4.8 (221.15); 4.23 (255.10); 4.27 (270.9); 4.30 (277.10); 5.12 (304.24); 5.12 (307.16).
tanta. 2.1 (77.4); 2.6 (93.6); 2.12 (109.11); 2.12 (109.13).
tantae. 2.19 (123.13); 3.8 (144.1); 3.25 (188.24); 4.23 (254.13); 5.12 (308.27); 5.19 (325.25); 5.19 (328.16).
tantam. 1.14 (30.10); 2.10 (101.14); 4.13 (231.26); 5.2 (283.24); 5.12 (310.25).
tantarum. 2.17 (120.1),

tanti. 2.12 (107.21); 3.2 (131.2); 3.13 (153.25); 3.25 (184.34); 5.9 (298.21); 5.19 (328.12).
tanti. 1.12 (26.16); 4.14 (235.16); 4.21 (249.12); 4.23 (256.5); 5.9 (298.6); 5.11 (302.1).
tantis. 4.9 (223.6); 5.23 (349.24).
tantis. 2.12 (109.20).
tantis. 1.14 (29.28).
tanto. 1.33 (71.5); 2.6 (93.4); 2.12 (110.8); 4.1 (202.12); 5.19 (322.22).
tanto. 2.1 (77.15); 2.12 (108.9); 3.17 (160.15); 4.7 (220.4); 4.11 (226.9); 5.19 (324.31).
tanto. 1.25 (46.9); 5.2 (284.21).
tantos. 1.17 (34.13).
tantum. 3.15 (158.2).
tantus. 2.2 (84.10); 2.14 (114.29); 3.6 (139.3); 4.3 (212.2); 4.7 (220.16); 4.27 (269.32).
TARDE. Cumque hoc tarde ac difficulter inpetraremus, 5.4 (287.16)
TARDITAS. tarditatem. nullatenus propter ingenii tarditatem potuit cathecizandi uel baptizandi ministerium discere, 5.6 (291.17)
TARDIVS. Neque aliquanto tardius, quod petiit, inpetrauit; 3.3 (131.14)
Nec multo tardius exaudita est; 4.9 (223.7)
et, cum ibidem diutius flexis genibus oraret, nihilo tardius meruit exaudiri. 4.10 (225.5)
TARSVS, *Tarsus (now Tersoos), the capital of Cilicia.*
Tarso. Theodorus, natus Tarso Ciliciae, 4.1 (202.24)
TARTARVS. tartara. uidit aperta tartara, uidit damnationem diaboli, et sequacium eius; 5.14 (314.35)
tartari. quia uideret inferos apertos, et Satanan demersum in profundis tartari, 5.14 (314.16)
TATA, *familiar name of Ethelberg, daughter of Ethelbert.*
Tatae. Aedilbergae filia Aedilbercti regis, quae alio nomine Tatae uocabatur. 2.9 (97.24)
TATFRID (*fl.* 680), *Bishop-elect of the Hwiccas.*
Tatfrid. uir . . . excellentis ingenii uocabulo Tatfrid, de eiusdem abbatissae monasterio electus est antistes; 4.23 (255.20)
TATVINI (*d.* 734), *Archbishop of Canterbury, 731–734.*
Tatuini. factus est archiepiscopus, uocabulo Tatuini, de prouincia Merciorum, cum fuisset presbyter 5.23 (350.2)
Itaque in praesenti ecclesiis Cantuariorum Tatuini et Alduulf episcopi praesunt. 5.23 (350.10)
Anno eodem Tatuini consecratus archiepiscopus nonus Doruuernensis ecclesiae, 5.24 (356.17)
TECLA, *first virgin-martyr; disciple of St. Paul.*
Tecla. Kasta feras superat mentis pro culmine Tecla, 4.20 (247.27)
TECTVM. tecti. aduexit illo plurimam congeriem trabium, tignorum, parietum, uirgeorum, et tecti fenei, 3.16 (159.6)
qui primo filiis hominum caelum pro culmine tecti, . . . creauit.' 4.24 (260.5)
tecto. cuius tecto uel longa incuria, uel hostili manu deiecto, 2.16 (117.12)
audiuit denuo, . . . ascendere de tecto eiusdem oratorii idem laetitiae canticum, 4.3 (208.29)
tectum. plumbi lamminis eam totam, hoc est et tectum, et ipsos quoque parietes eius, cooperire curauit 3.25 (181.12)
donec ad tectum usque oratorii, in quo erat episcopus, perueniret; 4.3 (208.25)
TEGO. tecta. Haec spelunca tota interius pretioso marmore tecta supra locum, . . . gestat ecclesiam. 5.16 (317.18)
tecta. 'Beati, quorum remissae sunt iniquitates, et quorum tecta sunt peccata.' 5.13 (313.22)
et haec singula singulis tecta lapidibus instar basilicae dolatis; 5.17 (319.19)
tectas. ecclesia rotunda grandis, ternas per circuitum cameratas habet porticus desuper tectas. 5.17 (318.31)
tectum. inuenerunt . . . locellum de marmore albo pulcherrime factum, operculo quoque similis lapidis aptissime tectum. 4.19 (245.5)
tectum. quod erat uirgis contextum, ac foeno tectum, 3.10 (147.16)
Nam extrinsecus usque ad culminis summitatem totum marmore tectum est. 5.16 (318.12)
tegebantur. domibus, quae illic palustri harundine tegebantur, 1.19 (37.13)
tegebatur. placuitque . . . ut lapis, quo monumentum tegebatur, amoueretur, 3.8 (143.34)
tegere. quam te audire ac silentio tegere uolo, donec sciam, quid de me fieri uelit Deus. 5.19 (329.8)
tegi. Interior namque propter dominici corporis meatum camerari et tegi non potuit; 5.17 (318.32)
texit. Atque animas monitis texit ab hoste sacris. 2.1 (79.16)
quam tamen . . . de robore secto totam conposuit, atque harundine texit; 3.25 (181.8)
TELLVS. tellus. erat autem tellus durissima et saxosa, 4.28 (271.24)
TELVM. tela. At contra non cessant uncinata hostium tela; 1.12 (28.3)
omnium odia telaque sine respectu contorquerentur. 1.14 (30.4)
TEMERARIE. dum se in oppido municipio temerarie obsedisset, 3.1 (128.3)
TEMERE. cum temere exercitum ad uastandam Pictorum prouinciam duxisset, 4.26 (266.26)
TEMERITAS. temeritate. quae tyrannorum temeritate abducta 1.12 (25.20)
TEMPERO. temperabant. lactrocinio ac rapacitate mutua temperabant, 1.12 (28.10)
TEMPESTAS. tempestas. tempestas excitata conualuit, 1.17 (34.19)
ubi nauem ascenderitis, tempestas uobis, et uentus contrarius superueniet; 3.15 (158.6)
Cum tempestas saepe dictae cladis late cuncta depopulans, etiam partem monasterii . . . inuasisset, 4.7 (219.15)
tempestas rediit, et toto illo die multum furere non cessauit; 5.1 (282.19)
facta est nocte quadam tam saeua tempestas, 5.9 (298.8)
Tum ipse quasi propheticum illud dicens, quia 'propter me est tempestas haec,' 5.9 (298.13)
tempestate. deinde aduersa tempestate correptus, 1.2 (13.29)
naues . . . tempestate correptae uel conlisae 1.2 (14.6)
Passi sunt ea tempestate Aaron et Iulius Legionum urbis ciues, 1.7 (21.33)
Qua tempestate Maximus . . . in Galliam transiit. 1.9 (23.10)
Ipso quidem tempore, quo intus est, hiemis tempestate non tangitur, 2.13 (112.14)
inuenimus nos undiqueuersum pari tempestate praeclusos, 5.1 (282.4)
tempestatem. et postmodum Pelagianorum tempestatem diuina uirtute sedauerit. 1.17 (33.23)
Vt episcopus Aidan nautis et tempestatem futuram praedixerit, 3.15 (157.19)
ut uir Dei et per prophetiae spiritum tempestatem praedixerit futuram, 3.15 (158.20)
Vt Oidiluald . . . laborantibus in mari fratribus, tempestatem orando sedauerit. 5.1 (281.2)
tempestates. et contra ordinationem temporum tempestates, 1.32 (69.16)
tempestates. quia tempestates potestatum aeriarum . . . repellere consuerat, 2.7 (94.33)
tempestati. qui solus forte Romanae gentis praefatae tempestati superfuerat, 1.16 (33.13)
tempestatis. et tempestatis ordinem, et pericula, quae intulerant, fatebantur, 1.17 (35.1)
cum successisset aetas tempestatis illius nescia, 1.22 (41.28)
et tanta ingruit tamque fera tempestatis hiems, 5.1 (281.20)
ut, cessante per omnia saeuitia tempestatis, secundi nos uenti ad terram . . . comitarentur. 5.1 (282.15)
quae uicissim huc inde uidebantur quasi tempestatis impetu iactari. 5.12 (305.6)
ui tempestatis in occidentalia Brittaniae litora delatus est; 5.15 (316.23)
TEMPLVM. templa. Vnde suggero, rex, ut templa et altaria, quae sine fructu utilitatis sacrauimus, . . . contradamus.' 2.13 (112.32)
templi. De aedificatione templi, allegoricae expositionis, sicut et cetera, libros II. 5.24 (358.1)
templo. Hinc est enim, . . . quod hostias in templo immolauit, 3.25 (185.11)
templum. qui inpetrauit a Focate principe donari ecclesiae Christi templum Romae, 2.4 (88.28)
et intrauit cum illis in templum, ambulans, et exiliens, et laudans Dominum; 5.2 (284.19)
templumque uerendum Aspexit Petri mystica dona gerens. 5.7 (293.25)

TEMPORALIS, e. **temporale.** Aedilberct . . . post regnum temporale, . . . aeterna caelestis regni gaudia subiit; 2.5 (89.7)
temporalem. et sic terminans temporalem uitam, intrauit aeternam. 4.8 (221.2)
quasi ad hoc solummodo lucem amitteret temporalem, 4.10 (225.10)
Moxque illi instante carnifice mortem laeti subiere temporalem, 4.16 (238.6)
temporales. post dies XII et ipsa educta ex carne temporales adflictiones aeterna mercede mutauit. 4.9 (223.9)
temporali. In priuata enim et temporali laetitia mentem posuerant, 1.31 (66.27)
sed de priuata ad communem, de temporali ad aeternam laetitiam reuocantur, 1.31 (66.29)
temporalia. cuius ministerio temporalia bona sumserunt. 4.13 (232.4)
temporalibus. temporalibus quoque honoribus regem glorificare satagens, 1.32 (67.20)
temporalibus. qui te et a temporalibus aduersis eripiens, temporalis regni honore sublimauit; 2.12 (111.2)
ne forte nos . . . temporalibus damnis iuste saeuiens affligat, 4.25 (266.10)
temporalis. cum administratione uictus temporalis 1.25 (46.21)
ut etiam temporalis interitus ultione sentirent perfidi, 2.2 (84.32)
uerum et a clade infanda temporalis interitus eripuit. 4.13 (231.10)
temporalis. tres suos filios, qui pagani perdurauerant, regni temporalis heredes reliquit, 2.5 (91.5)
qui te et a temporalibus aduersis eripiens, temporalis regni honore sublimauit; 2.12 (111.3)
qui temporalis regni quondam gubernacula tenens, 3.12 (151.18)
Igitur rex Sigberct . . . temporalis sui regni sedem repetiit, 3.22 (172.21)
qui quondam genti Nordanhymbrorum et regni temporalis auctoritate et Christianae pietatis, . . . praefuit, 4.14 (234.25)
Sic enim fit, ut post acceptam temporalis regni potentiam . . . apostolorum princeps caelestis . . . pandat introitum. 5.21 (345.16)
temporalium. opus est . . . cum cessant a laboribus rerum temporalium, tunc pro appetitu aeternorum bonorum liberius laborare; 4.25 (265.5)

TEMPVS. tempora. quantum haec agendo profecerit, adhuc praesentia tempora declarant. 2.4 (88.11)
Neque umquam prorsus, ex quo Brittaniam petierunt Angli, feliciora fuere tempora; 4.2 (205.5)
tempora. Exinde autem usque ad tempora praesentia, Praef. (6.27)
fidem Brittani usque in tempora Diocletiani . . . in pace seruabant. 1.4 (16.11)
usque ad tempora Arrianae uesaniae, 1.8 (22.6)
Mansitque . . . pax usque ad tempora Arrianae uesaniae, 1.8 (22.15)
aures occupauit, et tempora; 1.17 (35.28)
et post longa tempora in caelestis uos patriae congregatione recipiat. 1.32 (70.1)
qui ad nostra usque tempora permansit. 2.16 (118.2)
Vnde cunctis placuit regum tempora computantibus, 3.1 (128.14)
ratus est utilius tunc demissa intentione bellandi, seruare se ad tempora meliora. 3.14 (155.11)
Nostra quoque egregia iam tempora uirgo beauit; 4.20 (248.5)
Siquidem in habitu saeculari usque ad tempora prouectioris aetatis constitutus, nil carminum aliquando didicerat. 4.24 (259.13)
sed ne herbae quidem ex eo germinare usque ad aestatis tempora contigit. 4.28 (272.2)
uita solitaria, quam in insula Farne ante episcopatus sui tempora gerebat, 5.1 (281.5)
Paschalis qui etiam sollemnia tempora cursus Catholici ad iustum correxit dogma canonis, 5.19 (330.18)
multisque domique forisque Iactatus nimium per tempora longa periclis, 5.19 (330.25)
qui ad nostra usque tempora pertingebant. 5.21 (341.22)
ut superiora, id est patriarcharum, tempora respiciamus, 5.21 (342.8)
tempore. ac plenius ex tempore meditandum Praef. (5.6)
uel quorum tempore regum gratiam euangelii perceperint, Praef. (6.35)
ex quo tempore fidem Christi perceperunt, Praef. (7.23)
ita ut medio saepe tempore noctis 1.1 (10.32)
Procedente autem tempore, 1.1 (12.18)
Quorum tempore Carausius quidam, 1.6 (17.11)
qui eodem tempore pro Domino sanguinem fuderunt. 1.7 (18.5)
qui se tempore discriminis siluis ac desertis abditisue speluncis occulerant, 1.8 (22.8)
ex quo tempore Romani in Brittania regnare cessarunt, 1.11 (25.6)
legio, quae inopinata tempore autumni adueniens, 1.12 (27.6)
cuius tempore Palladius ad Scottos in Christum credentes missus est, 1.13 (28.14)
eo tempore bellis cum Blaedla et Attila regibus Hunorum erat occupatus; 1.13 (29.1)
et ab eo tempore usque hodie manere desertus 1.15 (31.24)
Vtebantur eo tempore duce Ambrosio Aureliano, 1.16 (33.11)
Et ex eo tempore nunc ciues, nunc hostes uincebant, 1.16 (33.17)
Nec multo interposito tempore 1.21 (39.31)
Factumque est, ut in illis locis multo ex eo tempore fides intemerata perduraret. 1.21 (41.7)
Erat eo tempore rex Aedilberct in Cantia potentissimus, 1.25 (44.30)
relictis eis, quae tanto tempore cum omni Anglorum gente seruaui. 1.25 (46.10)
In hoc enim tempore sancta ecclesia quaedam per feruorem corrigit, 1.27 (51.26)
Quo in tempore misit etiam Augustino epistulam super miraculis, 1.31 (66.10)
Misit . . . Gregorius eodem tempore etiam regi Aedilbercto epistulam, 1.32 (67.18)
Neque ex eo tempore quisquam regum Scottorum . . . in proelium uenire audebat. 1.34 (72.3)
Denique tempore quodam secreto, 2.1 (74.16)
quod omni pene iuuentutis suae tempore, 2.1 (77.5)
Non enim paschae diem dominicum suo tempore, . . . obseruabant; 2.2 (81.19)
Bancornaburg, cui tempore illo Dinoot abbas praefuisse narratur, 2.2 (82.22)
ut pascha suo tempore celebretis; 2.2 (83.17)
quamuis ipso iam multo ante tempore ad caelestia regna sublato, 2.2 (84.31)
maxime quod paschae sollemnitatem non suo tempore celebrarent, 2.4 (87.17)
aequalibus pene terminis regnum nonnullo tempore cohercens, 2.5 (89.29)
Sed non multo tempore reges, . . . daemonicis cultibus inpune seruiebant. 2.5 (92.4)
et multo illum tempore secretae noctis flagellis artioribus afficiens sciscitabatur 2.6 (92.20)
tempore quodam ciuitas Doruuernensis . . . coepit flammis consumi; 2.7 (94.14)
Quo tempore etiam gens Nordanhymbrorum, . . . uerbum fidei . . . suscepit. 2.9 (97.6)
quamuis multo tempore illo laborante in uerbo: 2.9 (98.29)
Quo tempore curatus a uulnere sibi pridem inflicto, 2.9 (100.1)
Verum primo diligentius ex tempore, et ab ipso uenerabili uiro Paulino rationem fidei ediscere, 2.9 (100.9)
Quo tempore exhortatorias ad fidem litteras a pontifice sedis apostolicae Bonifatio accepit. 2.10 (100.18)
per diuersa . . . regna multo annorum tempore profugus uagaretur, 2.12 (107.19)
quale cum te residente ad caenam cum ducibus ac ministris tuis tempore brumali, 2.13 (112.8)
Ipso quidem tempore, quo intus est, hiemis tempestate non tangitur, 2.13 (112.14)
Paulinus autem ex eo tempore sex annis continuis . . . uerbum Dei, . . . praedicabat; 2.14 (114.16)
Baptizati sunt tempore sequente et alii liberi eius de Aedilberga regina progeniti, 2.14 (114.24)
quodam tempore Paulinus ueniens cum rege et regina in uillam regiam, 2.14 (114.31)
Haec uilla tempore sequentium regum deserta, 2.14 (115.7)

Cum ergo ueniret ad eum longo post tempore . . . uir sanctissimus 4.3 (211.23)
et diaconatus officio sub eo non pauco tempore fungebatur. 4.3 (212.31)
eo quod Scotti tempore aestatis, . . . dispersi uagarentur, 4.4 (213.17)
Qui in tantum eo tempore tenebatur amore Romanae et apostolicae institutionis, 4.5 (214.15)
sed in ea permaneant oboedientia, quam tempore suae conuersionis promiserunt.' 4.5 (216.12)
Non multo post haec elapso tempore, . . . Theodorus archiepiscopus deposuit eum 4.6 (218.3)
Orientalibus Saxonibus, quibus eo tempore praefuerunt Sebbi et Sigheri, 4.6 (218.13)
Eo tempore praeerat regno Orientalium Saxonum, . . . Sebbi, 4.11 (225.15)
Cuius episcopatus tempore deuictis atque amotis subregulis, Caedualla suscepit imperium, 4.12 (228.1)
ciuitatem . . . in qua erat Putta episcopus, quamius eo tempore absens, communi clade absumsit. 4.12 (228.12)
et eo adhuc tempore paganis cultibus seruiebat; 4.13 (230.11)
uerum presbyteri . . . ceteram plebem, uel tunc uel tempore sequente baptizabant. 4.13 (230.24)
Quo tempore rex Aedilualch donauit reuerentissimo antistiti Vilfrido terram 4.13 (232.6)
Eodem ferme tempore, quo ipsa prounicia nomen Christi susceperat, 4.14 (233.6)
non pauco tempore recubans in lectulo iacebat. 4.14 (233.22)
quod nemo praeter ipsum tempore illo ex eodem est monasterio raptus de mundo. 4.14 (235.34)
ex eo tempore non solum in eodem monasterio, sed et in plerisque locis aliis, coepit . . . uenerari. 4.14 (236.3)
Ini, . . . simili prouinciam illam adflictione plurimo annorum tempore mancipauit. 4.15 (236.19)
Quare factum est, ut toto illo tempore episcopum proprium habere nequiret; 4.15 (236.20)
et iterum in Constantinopoli quinto congregati sunt concilio in tempore Iustiniani minoris 4.17 (240.10)
synodum, quae facta est in urbe Roma in tempore Martini papae beatissimi, 4.17 (240.14)
Tales namque eo tempore fidem Constantinopolitanae ecclesiae multum conturbauerunt; 4.18 (242.7)
ex tempore matutinae synaxeos, usque ad ortum diei, in ecclesia precibus intenta persteterit. 4.19 (244.15)
Cuius foedera pacis multo exinde tempore inter eosdem reges eorumque regna durarunt. 4.21 (249.17)
Dumque aliquanto tempore apud comitem teneretur, 4.22 (251.2)
in eodem monasterio soror ipsius Heresuid, . . . ipso tempore coronam expectabat aeternam; 4.23 (253.10)
etiam Romam adire curauit, quod eo tempore magnae uirtutis aestimabatur; 4.23 (255.3)
exemplum uiuendi sese uidentibus atque audientibus exhibens, multo tempore mansit. 4.23 (255.8)
Quo tempore antistes prouinciae illius, uocabulo Bosel, tanta erat corporis infirmitate depressus, 4.23 (255.9)
in quo toto tempore numquam ipsa uel conditori suo gratias agere, . . . praetermittebat. 4.23 (256.18)
Quod cum residuo noctis tempore diligenter agerent, 4.23 (257.30)
Quod dum tempore quodam faceret, 4.24 (259.19)
infirmitate pressus est, adeo tamen moderate, ut et loqui toto eo tempore posset, et ingredi. 4.24 (261.18)
sed procedente tempore necessitatem in consuetudinem uerterat. 4.25 (263.9)
semper ex eo tempore, iuxta condictum eius memoratum, continentiae modum obseruabat; 4.25 (264.8)
Quod dum multo tempore sedulus exsequeretur, 4.25 (264.13)
'Bene facis,' inquit, 'qui tempore isto nocturnae quietis non somno indulgere, 4.25 (264.31)
in nostro monasterio plurimo tempore conuersatus, ibidemque defunctus est. 4.25 (266.4)
ne forte nos tempore aliquo carnis inlecebris seruientes, . . . repentina eius ira corripiat, 4.25 (266.8)
Ex quo tempore spes coepit et uirtus regni Anglorum 'fluere ac retro sublapsa referri.' 4.26 (267.10)
in monachica districtione uitam . . . plurimo annorum tempore duxit; 4.26 (267.28)
cui tempore illo propositus Boisil magnarum uirtutum et prophetici spiritus sacerdos fuit. 4.27 (269.6)
et aliqui etiam tempore mortalitatis, neglectis fidei sacramentis, . . . ad erratica idolatriae medicamina concurrebant; 4.27 (269.18)
quod ipsum etiam Boisil suo tempore facere consueuerat. 4.27 (269.27)
Erat quippe moris eo tempore populis Anglorum, 4.27 (269.28)
quod dum praeparata terra tempore congruo seminaret, 4.28 (271.31)
sicut ipse quoque tempore eodem nonnullis, sed uerbis obscurioribus, . . . solita sibi simplicitate pandebat; 4.29 (274.7)
sicut uno eodemque tempore cum eo de corpore egredi, 4.29 (275.19)
ut ibi quoque sepeliretur, ubi non paruo tempore pro domino militaret. 4.29 (275.24)
Erat in eodem monasterio frater quidam, . . . tempore non pauco hospitum ministerio deseruiens, 4.31 (278.3)
Cumque tempore non pauco frater praefatus tali incommodo laboraret, 4.32 (279.30)
Harum particulam reliquiarum eo tempore habebat penes se quidam de presbyteris 4.32 (280.8)
Cumque tempore quodam, incipiente quadragesima, ibidem mansurus adueniret, 5.2 (283.14)
gaudens nimirum uti officio pedum, quo tanto erat tempore destitutus. 5.2 (284.21)
uenerit ipse tempore quodam ad monasterium uirginum 5.3 (285.7)
Contigit autem eo tempore uirum Dei illo ad dedicandam ecclesiam ab eodem comite uocari. 5.4 (287.5)
Alio item tempore uocatus ad dedicandam ecclesiam comitis uocabulo Addi, 5.5 (288.2)
Nam cum primaeuo adulescentiae tempore in clero illius degerem, 5.6 (289.17)
Cui etiam tempore baptismatis papa memoratus Petri nomen inposuerat, 5.7 (292.28)
tantum profectus spiritalis tempore praesulatus illius Anglorum ecclesiae, . . . ceperunt. 5.8 (295.2)
Eo tempore uenerabilis et cum omni honorificentia nominandus . . . Ecgberct, . . . proposuit animo pluribus prodesse; 5.9 (296.6)
qui in Hibernia multo tempore pro aeterna patria exulauerant, 5.10 (299.16)
hunc tempore belli ducem omnes sequuntur, huic obtemperant; 5.10 (300.1)
Quo tempore fratres, . . . elegerunt ex suo numero uirum modestum moribus, 5.11 (302.5)
Non enim eo tempore habebat episcopum Cantia, 5.11 (302.12)
Sed expugnatis non longo post tempore Boructuaris a gente Antiquorum Saxonum, 5.11 (302.20)
qui . . . primo tempore noctis defunctus est; 5.12 (304.5)
non tamen ea mihi, qua ante consueram, conuersatione, sed multum dissimili ex hoc tempore uiuendum est.' 5.12 (304.14)
monasterio tempore illo religiosae ac modestae uitae abbas et presbyter Ediluald praeerat, 5.12 (310.5)
Cumque tempore hiemali defluentibus circa eum semifractarum crustis glacierum, 5.12 (310.20)
seseque tempore sequente paenitentiam acturum esse promittebat. 5.13 (311.14)
Quo tempore plurima pars Scottorum in Hibernia, . . . ecclesiasticum paschalis obseruantiae . . . suscepit. 5.15 (315.12)
quam redeunte tempore paschali, grauiorem cum eis, . . . cogeretur habere discordiam. 5.15 (316.14)
qui cum successore eius Aldhelmo multo tempore adhuc diaconus siue monachus fuit, 5.18 (320.15)
quo uel pascha non suo tempore celebrant, 5.18 (320.32)
Coinred, qui regno Merciorum nobilissime tempore aliquanto praefuerat, 5.19 (321.28)
Quo tempore ibi gradum archiepiscopatus Honorius, . . . seruabat. 5.19 (323.24)
Quo in tempore, ad iussionem praefati regis presbyter ordinatus est 5.19 (325.22)
Quo in tempore idem papa Agatho, cum synodym congregaret . . . uocari iussit et Vilfridum, 5.19 (326.24)
Sed Aldfrid Nordanhymbrorum rex eum suscipere contemsit, nec longo tempore superfuit; 5.19 (329.29)
Eo tempore Naiton rex Pictorum, . . . abrenuntiauit errori, 5.21 (332.15)
qui pascha non suo tempore obseruare praesumerent; 5.21 (332.32)
ut nil omnimodis de tempore paschae legalis praeoccupandum, nihil minuendum esse decerneret. 5.21 (336.9)
uno semper eodemque tempore cum antiquo Dei populo, . . . pascha celebrare possemus. 5.21 (337.3)
tertio tempore saeculi cum gratia uenit ipse, 5.21 (340.2)
Iob, . . . probauit utique, quia tempore felicitatis capillos nutrire consuerat. 5.21 (342.10)

Ioseph . . . patet profecto, quia tempore seruitutis intonsis in carcere crinibus manere solebat. 5.21 (342.14)
Gratia te Regis aeterni longiori tempore regnantem ad nostram omnium pacem custodiat incolumem, 5.21 (345.19)
ut utroque tempore mala mortalibus inminere signarent. 5.23 (349.10)
Quo tempore grauissima Sarracenorum lues Gallias misera caede uastabat, 5.23 (349.14)
Pictorum quoque natio tempore hoc et foedus pacis cum gente habet Anglorum, 5.23 (351.5)
ex quo tempore Romani in Brittania regnare cessarunt. 5.24 (352.23)
quorum tempore Angli a Brettonibus accersiti Brittaniam adierunt. 5.24 (352.27)
Ex quo tempore accepti presbyteratus usque ad annum aetatis meae LVIIII, . . . curaui: 5.24 (357.19)

temporibus. quorum temporibus cum Eleuther uir sanctus pontificatui Romanae ecclesiae praeesset, 1.4 (16.5)
His temporibus Constantius, . . . in Brittania morte obiit. 1.8 (22.21)
cuius temporibus Arriana heresis exorta, 1.8 (22.27)
Cuius temporibus Pelagius Bretto . . . uenena suae perfidiae longe lateque dispersit, 1.10 (23.26)
cuius tempore [temporibus] Palladius ad Scottos . . . missus est, uar. 1.13 (28.14)
hisdem temporibus fames Constantinopolim inuasit; 1.13 (29.7)
ab antiquis praedecessorum meorum temporibus 1.27 (52.32)
His temporibus regno Nordanhymbrorum praefuit rex . . . Aedilfrid, 1.34 (71.9)
His temporibus, id est anno dominicae incarnationis DCV, 2.1 (73.2)
Rexit autem ecclesiam temporibus inperatorum Mauricii et Focatis. 2.1 (79.1)
His temporibus uenit Mellitus Lundoniae episcopus Romam, 2.4 (88.13)
et nuperrime temporibus illis hanc apud eos heresim exortam, 2.19 (123.20)
Habuit autem Osuiu primis regni sui temporibus consortem regiae dignitatis, 3.14 (154.24)
sicut in libro, quem de temporibus conposui, manifestissime probaui; 3.17 (161.12)
His temporibus regno Orientalium Anglorum, . . . Sigberct frater eius praefuit, 3.18 (162.14)
His temporibus Middilangli, id est Mediterranei Angli, . . . fidem . . . perceperunt. 3.21 (169.23)
Quod temporibus Vulfheri regis, de quo in sequentibus dicemus, factum est. 3.21 (171.15)
His temporibus rex Osuiu, . . . promisit se ei innumera . . . ornamenta regia 3.24 (177.13)
His temporibus quaestio facta est frequens et magna de obseruatione paschae, 3.25 (181.14)
Vnde nonnumquam contiggisse fertur illis temporibus, 3.25 (182.2)
His temporibus reges Anglorum nobilissimi, . . . hunc antistitem ordinandum Romam miserunt; 3.29 (196.4)
His temporibus audiens Theodorus fidem ecclesiae Constantinopoli . . . esse turbatam, 4.17 (238.26)
cognouitque, referente eo, illis maxime temporibus sua fuisse uincula soluta, 4.22 (251.32)
His temporibus monasterium uirginum, . . . flammis absumtum est. 4.25 (262.23)
Siquidem a temporibus ibidem antiquis, et episcopus cum clero, et abbas solebat manere cum monachis; 4.27 (270.22)
Gesta uero sunt haec temporibus Aldfridi regis, 5.1 (282.27)
quod his temporibus plures de gente Anglorum, . . . uiri ac feminae certatim facere consuerunt. 5.7 (294.11)
Primis sane temporibus aduentus eorum in Fresiam, 5.11 (301.19)
His temporibus miraculum memorabile et antiquorum simile in Brittania factum est. 5.12 (303.26)
Fuit autem temporibus Coenredi, qui post Aedilredum regnauit, uir . . . positus; 5.13 (311.6)
qui eum temporibus Agathonis papae ibi uiderant 5.19 (328.5)
qui dudum quidem, hoc est ipsis apostolorum temporibus, iam seruari in ecclesia coepit, 5.21 (341.9)
De natura rerum, et de temporibus libros singulos; 5.24 (359.24)
item de temporibus librum I maiorem. 5.24 (359.25)

temporis. aut post quantum temporis huic uir suus possit in carnis copulatione coniungi? 1.27 (53.30)
in qua uidelicet gente tunc temporis Saberct . . . regnabat, 2.3 (85.12)
si temporis illius erumnis exemtus ad regni fastigia perueniret. 2.12 (107.15)
memento huius temporis ac loquellae nostrae, 2.12 (109.25)
ad conparationem eius, quod nobis incertum est, temporis, 2.13 (112.7)
In tantum autem uita illius a nostri temporis segnitia distabat, 3.5 (136.8)
contigit tunc temporis sanctissimum ac uictoriosissimum regem Nordanhymbrorum Osualdum adfuisse, 3.7 (139.23)
et apud Dalfinum archiepiscopum Galliarum Lugdoni multum temporis egerat, 3.25 (182.32)
hoc . . . uno ac non diuerso temporis ordine geri conperimus; 3.25 (184.27)
et catholicam temporis paschalis regulam obseruans; 3.26 (189.29)
quia praeter sollemnem canonici temporis psalmodiam, . . . cotidie psalterium . . . decantarat; 3.27 (193.12)
Sed illo post non multum temporis prae inopia rerum ab episcopatu decedente, 4.12 (228.24)
prouinciam Pictorum, quae tunc temporis Anglorum erat imperio subiecta. 4.12 (229.25)
Erat tunc temporis in eodem monasterio puerulus quidam de natione Saxonum, 4.14 (233.20)
Sed illo post modicum temporis, ex quo eam accepit, defuncto, data est regi praefato; 4.19 (243.9)
per Vilfridum beatae memoriae antistitem, qui tunc temporis Mediterraneorum Anglorum episcopatum gerebat, ordinatus est; 4.23 (255.14)
quo defuncto, regnum illud aliquod temporis spatium reges dubii uel externi disperdiderunt; 4.26 (268.14)
ubi oportunitas adridebat temporis, 5.2 (283.12)
quia periculosa sit satis illius temporis flebotomia, 5.3 (285.28)
suoque monasterio catholicam temporis paschalis obseruantiam instantissime praedicaret, 5.15 (316.9)
atque in ea temporis paschalis initium tenere debeamus. 5.21 (334.9)
de ratione tantum temporis paschalis instrui quaerentes, 5.21 (341.32)
gentis eiusdem turbas ad catholicam temporis paschalis obseruantiam sua praedicatione correxit; 5.21 (345.6)
sed in tantum modo rationem huius temporis obseruandi cognosco, 5.21 (345.31)
Gaudebant ergo fratres de agnitione certa et catholica temporis paschalis; 5.22 (348.5)

temporum. redeunte temporum Christianorum serenitate, 1.7 (21.28)
et contra ordinationem temporum tempestates, 1.32 (69.16)
qui per omnes Brittaniae prouincias tot annorum temporumque curriculis uagabundus hostium uitabam insidias?' 2.12 (108.14)
qui . . . facillime possint in quotlibet spatia temporum paschales protendere circulos, 5.21 (341.26)
Ideo autem circulos eosdem temporum instantium uobis mittere supersedimus, 5.21 (341.31)
Qua adridente pace ac serenitate temporum, 5.23 (351.18)
ea, quae temporum distinctione latius digesta sunt, 5.24 (352.2)

tempus. tempus, quo gens Anglorum fidem Christi percepit, Praef. (6.25)
ante uero incarnationis dominicae tempus anno LX^{mo}, 1.2 (13.22)
post non longum tempus reuersuri; 1.14 (29.24)
Tum subito inito ad tempus foedere cum Pictis, 1.15 (32.8)
quiescentibus ad tempus exteris, 1.22 (41.19)
quia tamen aptum scribendi se tempus ingessit, 1.24 (44.5)
aut postquam genuerit, post quantum tempus possit ecclesiam intrare? 1.27 (53.27)
ne dum adhuc tempus ad praebendum redemtionis mysterium quaeritur, 1.27 (55.3)
nisi purgationis tempus transierit, 1.27 (55.14)
et per aliquod tempus, ut diximus, horis conpetentibus solitarius sederet, 2.12 (110.25)
fanum rex eiusdem prouinciae Alduulf, qui nostra aetate fuit, usque ad suum tempus perdurasse, . . . testabatur. 2.15 (116.11)
Qui ubi tempus accepit, 3.5 (137.26)
uel canonicum eius tempus ignorans, 3.17 (161.32)
adiciens, quia tempus hiemis fuerit acerrimum et glacie constrictum, 3.19 (167.19)

ut sibi totum XL^{mae} tempus, quod instabat, facultatem . . . ibidem orationis causa demorandi concederet. 3.23 (175.24)
Iohannes enim ad legis Mosaicae decreta tempus paschale custodiens, 3.25 (186.18)
adfuit superno dispensante iudicio tempus, 4.3 (207.17)
'Tempus mittendi lapides, et tempus colligendi.' 4.3 (207.18)
quod erat canticum . . . uenientium de caelis super oratorium hoc, et post tempus redeuntium ad caelos?' 4.3 (209.28)
sed omnes agnoscant tempus et ordinem consecrationis suae.' 4.5 (216.27)
ad ultimum, cum tempus iam resolutionis eius instaret, 4.9 (223.14)
Ex quo intellexere, quod ipsa ei tempus suae transmigrationis proximum nuntiare uenisset. 4.9 (223.32)
Sed illa post non multum tempus facti monasterii secessit ad ciuitatem Calcariam, 4.23 (253.24)
et iam mediae noctis tempus esset transcensum, 4.24 (261.28)
Hoc facito, donec post modicum tempus rediens ad te, quid facere debeas, . . . ostendam.' 4.25 (263.31)
et segetem de labore manuum ultra tempus serendi acceperit. 4.28 (271.4)
Quod dum sibi adlatum ultra omne tempus serendi, . . . eodem in agro sereret, 4.28 (272.7)
Certus sum namque, quia tempus meae resolutionis instat, 4.29 (274.25)
In hoc etenim semper quadragesimae tempus agere, . . . solebat; 4.30 (276.28)
cupiens in uicinia sanctorum locorum ad tempus peregrinari in terris, 5.7 (294.9)
Namque ego, cum ad tempus abscessissem a te, ad hoc feci, 5.12 (309.7)
priusquam subito mortis superuentu tempus omne paenitendi et emendandi perderet. 5.13 (311.12)
paenitentiam, quam ad breue tempus cum fructu ueniae facere supersedit, 5.13 (313.1)
qui eius interitum cognoscentes differre tempus paenitentiae, dum uacat, timerent, 5.13 (313.6)
Respondebat ille desperans: 'Non est mihi modo tempus uitam mutandi, 5.14 (314.23)
ecclesiasticum paschalis obseruantiae tempus Domino donante suscepit. 5.15 (315.14)
et praedicans eis, ac modesta exhortatione declarans legitimum paschae tempus, 5.15 (316.3)
plurimos . . . ad unitatem reduxit catholicam, ac legitimum paschae tempus obseruare perdocuit, 5.15 (316.6)
et se suosque omnes ad catholicum dominicae resurrectionis tempus celebrandum perduxit. 5.21 (332.20)
quibus paschae celebrandi tempus nobis praefinitum, nulla prorsus humana licet auctoritate mutari; 5.21 (334.1)
qua tempus paschale primo mense anni et tertia eius ebdomada celebrandum esse diximus. 5.21 (336.1)
Namque sine ratione necessitatis alicuius anticipant illi tempus in lege praescriptum, 5.21 (337.30)
At si uno saltim die plenilunium tempus aequinoctii praecesserit, 5.21 (339.27)
expectamus adhuc monente euangelio in ipsa ebdomada tertia tempus diei dominicae, 5.21 (340.33)
Cuius computum paschalis Theophilus . . . in centum annorum tempus Theodosio imperatori conposuit. 5.21 (341.17)
quia hoc obseruare tempus paschae cum uniuersa mea gente perpetuo uolo; 5.21 (346.1)
cunctumque ex eo tempus uitae in eiusdem monasterii habitatione peragens, 5.24 (357.9)

TEMTATIO. temtationis. et nisi prius ignis temtationis reciderit, 1.27 (59.33)
TEMTO. temtabant. et quidem inprimis furentibus undis pelagi, temtabant nautae anchoris . . . nauem retinere, 3.15 (158.12)
Et quidem et alii post illum in gente Anglorum religiosa poemata facere temtabant; 4.24 (259.5)
temtaret. pars maior exercitus arma capere et bellum parare temtaret, 1.20 (38.29)
temtas. si a cultu nostrae religionis discedere temtas.' 1.7 (19.11)
temtatur. qui temtatus [temtatur] inmunditia, uar. 1.27 (59.30)
temtatus. qui temtatus inmunditia, 1.27 (59.30)
temtauerat. quicquid custodire temtauerat turba, consumitur; 1.19 (37.20)
temtauerit. Quisquis igitur contra hanc sententiam, . . . quoquo modo uenire, eamque infringere temtauerit, 4.5 (217.17)
temtauit. nihilominus temtauit iter dispositum cum fratribus memoratis incipere. 5.9 (298.4)
temtauit adhuc in opus uerbi mittere uiros sanctos et industrios, 5.10 (299.2)

TENDO. tendens. et tendens contra occidentem terminatur iuxta urbem Alcluith. 1.12 (26.27)
tendentes. sed haec nos ad alia tendentes, suis narrare permittimus. 3.8 (143.30)
tendere. uiros ad recuperandam tendere populorum salutem inuiderent; 1.17 (34.13)
"Obsecro, sancte frater, qui ad coronam te uitae, quae terminum nesciat, tendere credis, 5.21 (344.13)
tenditur. quo a Gallico sinu Brittanias usque tenditur, 1.17 (34.11)
tetenderat. usque Humbrae fluminis maximi, . . . fines imperii tetenderat. 1.25 (45.3)
tetenderunt. Tetenderunt ergo ei egrotanti tentorium ad occidentalem ecclesiae partem, 3.17 (160.3)
Et quia moueri non poteram, tetenderunt ibidem papilionem, in quo iacerem. 5.6 (290.22)

TENEBRAE. tenebrarum. 'quod tam lucidi uultus homines tenebrarum auctor possidet, 2.1 (80.9)
ac me solum in medio tenebrarum et horridae uisionis reliquit. 5.12 (305.31)
fetor inconparabilis cum eisdem uaporibus ebulliens omnia illa tenebrarum loca replebat. 5.12 (306.5)
Qui cum undiqueuersum hostibus et caecitate tenebrarum conclusus, huc illucque oculos circumferrem, 5.12 (306.29)
tenebras. praesentis mundi tenebras transiens supernam migrauit ad lucem, 3.8 (143.19)
quae quinque animas hominum merentes heiulantesque, . . . medias illas trahebat in tenebras; 5.12 (306.15)
apparuit retro uia, qua ueneram, quasi fulgor stellae micantis inter tenebras, 5.12 (306.33)
O quam grandi distantia diuisit Deus inter lucem et tenebras! 5.14 (314.29)
per resurrectionis suae triumphum cunctas mortis tenebras superauit; 5.21 (340.15)
etsi uera lux tenebras mundi moriendo ac resurgendo numquam uicisset, 5.21 (340.26)
tenebris. relictis idolatriae tenebris, 1.7 (18.19)
quos statim euacuatos tenebris lumen ueritatis impleuit. 1.18 (36.16)
interpositis detestabilis erroris tenebris, 2.11 (105.22)
ut . . . diceres his, qui uincti sunt: "Exite," et his, qui in tenebris: "Reuelamini." ' 3.29 (197.16)
ut . . . educeres de conclusione uinctum, de domo carceris sedentes in tenebris.' 3.29 (197.21)
uidi subito ante nos obscurari incipere loca, et tenebris omnia repleri. 5.12 (305.22)
Nec mora, exemtum tenebris in auras me serenae lucis eduxit; 5.12 (307.7)
ut omnem mox fetorem tenebrosi [tenebris] fornacis, . . . effugaret uar. 5.12 (307.18)
in qua Dominus suo mundum sanguine a peccatorum tenebris liberauit, 5.21 (338.20)

TENEBROSVS, a, um. tenebrosae. ut omnem mox fetorem tenebrosi [tenebrosae] fornacis, effugaret uar. 5.12 (307.18)
ille, qui et obscuritate tenebrosae faciei, et primatu sedis maior esse uidebatur eorum, 5.13 (312.12)
At contra, faber iste tenebrosae mentis et actionis, inminente morte, uidit aperta tartara, 5.14 (314.34)
tenebrosam. uidit quasi uallem tenebrosam subtus se in imo positam. 3.19 (165.18)
tenebrosi. ut omnem mox fetorem tenebrosi fornacis, . . . effugaret admirandi huius suauitas odoris. 5.12 (307.18)

TENELLVS, a, um. tenellis. magno tenellis ibi adhuc ecclesiae crementis detrimento fuit. 2.5 (90.25)

TENEO. teneantur. Quanta autem reatitudinis culpa teneantur obstricti hi, 2.10 (102.10)
teneas. ut perinde intemerato societatis foedere iura teneas maritalis consortii. 2.11 (105.19)
teneat. sed uel totam eam, id est omnes VII legalium azymorum dies, uel certe aliquos de illis teneat. 5.21 (337.18)
tenebant. 'Conticuere omnes, intentique ora tenebant,' 3.11 (150.12)
forcipibus quoque igneis, quos tenebant in manibus, minitabantur me conprehendere, 5.12 (306.26)
tenebantur. Cum tempestas saepe dictae cladis . . . partem monasterii huius illam, qua uiri tenebantur, inuasisset, 4.7 (219.17)
tenebar. quia iam uere surrexi a morte, qua tenebar, 5.12 (304.11)
tenebat. porro anno Focatis, qui tum Romani regni apicem tenebat, primo. 1.34 (72.3)
iniecta in eo lancea, quam tenebat; 2.13 (113.18)
et omnium Pictorum monasteriis non paruo tempore arcem tenebat, 3.3 (132.29)

qui post illum regni apicem tenebat, ut in sequentibus dicemus. 3.11 (148.5)
quia in celebratione sui paschae non aliud corde tenebat, uenerabatur, et praedicabat, 3.17 (162.2)
cognato suo Ecgrice commendatis, qui et antea partem eiusdem regni tenebat, intraret monasterium, 3.18 (162.27)
Iratus autem tetigit regem iacentem uirga, quam tenebat manu, 3.22 (174.6)
in quibus cunctis Vulfheri, qui adhuc supererat, sceptrum regni tenebat. 4.3 (212.29)
Interea comes, qui eum tenebat, mirari et interrogare coepit, 4.22 (250.27)
At ille, quem nimius reae conscientiae tenebat dolor, 4.25 (263.22)
VII episcopis, in quibus beatae memoriae Theodorus primatum tenebat. 4.28 (273.5)
qui ante ipsum Coinredum idem regnum tenebat. 5.19 (322.5)
et regni, quod per XXXIIII semis annos tenebat, filios tres, . . . reliquit heredes. 5.23 (348.19)
tenebatur. Ecgfrid eo tempore in prouincia Merciorum apud reginam Cynuise obses tenebatur; 3.24 (178.6)
Qui in tantum eo tempore tenebatur amore Romanae et apostolicae institutionis, 4.5 (214.15)
abrenuntiauit errori, quo eatenus in obseruatione paschae cum sua gente tenebatur, 5.21 (332.19)
tenemus. Verum qualiscumque fuerit ipse, nos hoc de illo certum tenemus, 3.4 (134.18)
tenenda. Haec ergo caritas in mente tenenda est, 1.27 (50.14)
tenenda. Offa, iuuenis . . . suae genti ad tenenda seruandaque regni sceptra exoptatissimus. 5.19 (322.8)
tenendi. et sub ecclesiastica regula sunt tenendi, 1.27 (49.9)
tenens. qui temporalis regni quondam gubernacula tenens, 3.12 (151.19)
tenent. gentes, quae septentrionales Brittaniae fines tenent, 2.5 (90.2)
quam successores eius usque hodie tenent, ubi et ipse sepultus est, 3.4 (133.31)
Aegyptiorum, qui prae ceteris doctoribus calculandi palmam tenent, 5.21 (339.5)
prouinciae Nordanhymbrorum, . . . IIII nunc episcopi praesulatum tenent; 5.23 (350.30)
tenente. tenente imperium Honorio Augusto, 1.11 (24.18)
Venerat autem de Scottia, tenente adhuc pontificatum Colmano, 3.26 (190.1)
ad limina beatorum apostolorum Gregorio pontificatum tenente profectus est, 5.7 (294.8)
tenentur. nomina omnium in caelo tenentur adscripta. 1.31 (67.3)
tenere. Sic enim nos fidelibus tenere disciplinam debemus, 1.27 (50.9)
et catholicae obseruationis cum ea, . . . ecclesia Christi tenere; 2.4 (87.23)
qui uexatum tenere, . . . nequaquam ualebant, 3.11 (149.31)
quod oporteret eos, qui uni Deo seruirent, unam uiuendi regulam tenere, 3.25 (183.29)
non sit qui reserat, auerso illo, qui claues tenere probatur.' 3.25 (189.3)
quod usque hodie successores eius tenere noscuntur. 4.13 (232.17)
'Mirum, quod tam austeram tenere continentiam uelis.' 5.12 (310.29)
atque in ea temporis paschalis initium tenere debeamus. 5.21 (334.10)
teneret. sepulchri quoque unius teneret hospitium. 1.18 (36.29)
atque utraque manu erectam tenuerit [teneret], uar. 3.2 (129.4)
in quibus omnibus idem monasterium insulanum, . . . principatum teneret. 3.4 (134.10)
Verum dum adhuc Sigberct regni infulas teneret, 3.19 (163.23)
teneretur. uno in loco infirmitatis necessitate teneretur, 1.19 (37.11)
quia episcopatu propriae ciuitatis ac parrochiae teneretur adstrictus, 3.7 (141.22)
Cum . . . Torctgyd tres adhuc annos post obitum dominae in hac uita teneretur, 4.9 (223.11)
Dumque aliquanto tempore apud comitem teneretur, 4.22 (251.2)
quia quaedam de numero uirginum, . . . grauissimo langore teneretur; 5.3 (285.13)
teneri. Cumque a nullo uel teneri uel ligari potuisset, 3.11 (149.25)
tenes. Nam mercedem operum iam sine fine tenes. 2.1 (79.24)
tenet. Victuarii, hoc est ea gens, quae Vectam tenet insulam, 1.15 (31.17)
secunda trecentarum et ultra spatium tenet. 2.9 (97.20)
Corpore nam tumulum, mente superna tenet. 5.7 (293.28)
Ida regnare coepit, a quo regalis Nordanhymbrorum prosapia originem tenet, 5.24 (353.7)
tenetis. si quae eius esse nostis, etiam in facie tenetis. 5.21 (344.27)
tenetur. atque altera in Galliarum tenetur? 1.27 (49.21)
si menstrua consuetudine tenetur, 1.27 (53.31)
Quod uidelicet monasterium usque hodie ab Anglis tenetur incolis. 4.4 (214.1)
tenuerat. proiectoque ense, quem strictum tenuerat, 1.7 (20.21)
post regnum temporale, quod L et VI annis gloriosissime tenuerat, 2.5 (89.8)
tenuere. siquidem Aidan X et VII annis, Finan decem, Colman tribus episcopatum tenuere. 3.26 (189.23)
tenuerit. ac foueae inposuerit, atque utraque manu erectam tenuerit, 3.2 (129.4)
tenuerunt. acceperunt subreguli regnum gentis, et diuisum inter se tenuerunt annis circiter X; 4.12 (227.27)
qui deinceps regnum prouinciae tenuerunt; 4.15 (236.15)
Nam et Picti terram possessionis suae, quam tenuerunt Angli; 4.26 (267.12)
tenui. cum sedens in tenui ueste uir ita inter dicendum, . . . quasi in mediae aestatis caumate sudauerit. 3.19 (167.20)
Erat namque illo in loco lapis terrae aequalis obtectus cespite tenui, 5.6 (290.15)
tenuimus. nihil utilitatis religio illa, quam hucusque tenuimus. 2.13 (111.24)
tenuisset. et, cum duobus annis hoc tenuisset, tandem superni regni amore conpunctus reliquit, 4.12 (228.3)
qui cum XXXVII annis imperium tenuisset gentis illius, 5.7 (294.6)
tenuit. Seuerus, . . . XVII ab Augusto imperium adeptus X et VII annis tenuit. 1.5 (16.16)
insulam per triennium tenuit; 1.6 (17.23)
Gratianus . . . post mortem Valentis sex annis imperium tenuit, 1.9 (23.5)
Arcadius . . . regnum suscipiens, tenuit annos XIII. 1.10 (23.26)
regnum suscipiens, XX et VI annis tenuit; 1.13 (28.19)
regnum adeptus, VII annis tenuit. 1.15 (30.29)
Mauricius . . . imperium suscipiens XX et I annis tenuit. 1.23 (42.15)
regni autem sui, quod XX et IIII annis tenuit, 1.34 (72.1)
sextus Osuald et ipse Nordanhymbrorum rex Christianissimus hisdem finibus regnum tenuit; 2.5 (89.28)
ac per hoc curam illius praefatus Paulinus . . . suscepit ac tenuit, 2.20 (126.17)
quae ille suscepta XXIIII annis et aliquot mensibus nobilissime tenuit. 3.8 (142.6)
et per annos XXVIII laboriosissime tenuit, 3.14 (154.9)
qui X et VIIII annos, menses duos, dies XXI episcopatum tenuit; 3.14 (154.18)
sedem regni reliquit, quam ille susceptam per VIIII annos tenuit. 4.1 (201.11)
quod ipse annos XI et menses VII tenuit. 4.5 (217.24)
Cantatorem quoque egregium, . . . ad se suosque instituendos accersiit, ac per annos XII tenuit; 5.20 (331.31)
Marcianus cum Valentiniano imperium suscipiens, VII annis tenuit, 5.24 (352.27)
TENOR. tenor. non solum epistulae a uobis directae tenor, . . . indicauit. 2.8 (95.19)
tenorem. antistitem, secundum uestrorum scriptorum tenorem, minime ualuimus nunc repperire 3.29 (198.1)
TENTORIVM. tentorio. tentorio tantum maiore supra carrum, in quo inerant, extenso. 3.11 (148.17)
tentorium. ita ut ipsum tentorium parieti hereret ecclesiae. 3.17 (160.4)
tentorium. Tetenderunt ergo ei egrotanti tentorium ad occidentalem ecclesiae partem, 3.17 (160.3)
TENVISSIMVS, a, um. tenuissima. sicut etiam lux illa . . . tenuissima prorsus uidebatur, et parua. 5.12 (308.3)
tenuissima. scelera, non solum quae opere uel uerbo, sed etiam quae tenuissima cogitatione peccaui, 5.13 (312.18)
tenuissima. ut . . . pro aperto et hiante uulnere, cum quo sepulta erat, tenuissima tunc cicatricis uestigia parerent. 4.19 (245.35)
tenuissimum. non aliud quam panem ac lac tenuissimum, et hoc cum mensura gustaret; 3.27 (194.8)

TEPIDE. 'Quare tam neglegenter ac tepide dixisti Ecgbercto, quae tibi dicenda praecepi? 5.9 (297.29)

TEPIDVS, a, um. **tepidus.** Qui si forte in disciplinae uigore tepidus existat, 1.27 (53.4)

TER. 'Aetio ter consuli gemitus Brittanorum;' 1.13 (28.26)

TERGVM. terga. Brocmail ad primum hostium aduentum cum suis terga uertens, 2.2 (84.28)

Cumque diu multum cum uento pelagoque frustra certantes, tandem post terga respiceremus, 5.1 (282.1)

ut, . . . secundi nos uenti ad terram usque per plana maris terga comitarentur. 5.1 (282.16)

audio subitum post terga sonitum inmanissimi fletus ac miserrimi, 5.12 (306.8)

tergo. A tergo autem, . . . Orcadas insulas habet. 1.1 (9.15)

tergum. post tergum Domini humiliter ueniens uestimenti eius fimbriam tetigit, 1.27 (55.23)

Quod dum agerem, audiui illum post tergum mihi cum gemitu dicentem: 5.6 (290.8)

TERMINO. terminabis. atque in pace tranquilla uitam terminabis".' 5.19 (329.20)

terminans. et sic terminans temporalem uitam, intrauit aeternam. 4.8 (221.2)

terminari. quod nullo umquam poterit fine terminari. 1.32 (69.13)

dispositum est, ut . . . synodus fieri, et haec quaestio terminari deberet. 3.25 (183.18)

terminatum. quid contrario tuae fidei habitu terminatam in capite coronae imaginem portas? 5.21 (344.14)

terminatur. et tendens contra occidentem terminatur iuxta urbem Alcluith. 1.12 (26.27)

terminaturus. insuper et, qua die esset hanc uitam terminaturus, ostenderet. 4.11 (226.19)

TERMINVS. terminis. prouinciis, quae Humbrae fluuio et contiguis ei terminis sequestrantur a borealibus, 2.5 (89.11)

aequalibus pene terminis regnum nonnullo tempore cohercens, 2.5 (89.29)

termino. Quibus termino adpropinquantibus, tanta hodie calculatorum exuberat copia, 5.21 (341.22)

termino. Adpropinquante autem eodem mundi termino, 1.32 (69.13)

atque seruato termino praeceptionis, aeternitatis subsistentia praemuniret. 2.10 (101.15)

terminos. mox aduecti nauibus inrumpunt terminos, 1.12 (26.30)

qui praefixos in lege terminos, nulla cogente necessitate, uel anticipare uel transcendere praesumunt. 5.21 (337.28)

legitimos utique terminos paschae aperta transgressione uiolant, 5.21 (338.25)

terminum. Aedilbercti, qui omnibus, ut supra dictum est, usque ad terminum Humbrae fluminis Anglorum gentibus imperabat. 2.3 (85.15)

eiusque episcopus usque ad uitae suae terminum mansit. 3.7 (141.9)

"Obsecro, sancte frater, qui ad coronam te uitae, quae terminum nesciat, tendere credis, 5.21 (344.13)

terminus. praesentis mundi iam terminus iuxta est, 1.32 (69.11)

cuius neque longitudini hinc uel inde, neque altitudini ullus esse terminus uideretur. 5.12 (307.11)

TERNI, ae, a. **ternas.** ecclesia rotunda grandis, ternas per circuitum cameratas habet porticus desuper tectas. 5.17 (318.30)

ternos. Quindecies ternos postquam egit episcopus annos, 5.19 (330.26)

TERRA. terra. Ex quo tempore factum est, ut ipsa terra, . . . haberet effectum. 3.11 (148.33)

ab Aquilonaribus Merciis, quorum terra est familiarum VII milium. 3.24 (180.14)

refloruit terra, rediit uiridantibus aruis annus laetus et frugifer. 4.13 (231.20)

Terra quibus gaudet, dona superna loquar. 4.20 (247.16)

Quae cum cotidie a credentibus terra tollatur, 5.17 (319.2)

in cuius regno perpetuo exsultet terra, 5.23 (351.28)

terra. sed et auium ferax terra marique generis diuersi; 1.1 (10.2)

e terra uelut murus exstruitur altus supra terram, 1.5 (16.26)

inimicis, qui per multos annos praedas in terra agebant, 1.14 (29.22)

quam a continenti terra secernit fluuius Vantsumu, 1.25 (45.6)

cuius nomen atque cognitionem dilataueris in terra. 1.32 (68.12)

siqua ex his euenire in terra uestra cognoscitis, 1.32 (69.19)

interrogauit, ut aiunt, de qua regione uel terra essent adlati. 2.1 (80.3)

metropolis Lundonia ciuitas est, . . . et ipsa multorum emporium populorum terra marique uenientium; 2.3 (85.11)

ut paulatim ablata exinde terra fossam ad mensuram staturae uirilis altam reddiderit. 3.9 (145.22)

inter plurimos gentis Anglorum, . . . seruitio addictos, uel de terra Pictorum fuga lapsos, 4.26 (267.17)

Vt idem in uita anchoretica et fontem de arente terra orando produxerit, 4.28 (271.3)

quod dum praeparata terra tempore congruo seminaret, 4.28 (271.31)

et lustrata omni terra repromissionis, Damascum quoque, . . . adierat; 5.15 (316.21)

"In eadem enim ipsa die educam exercitum uestrum de terra Aegypti." 5.21 (335.4)

"In eadem enim ipsa die educam exercitum uestrum de terra Aegypti;" 5.21 (335.20)

quod tale munusculum de terra Anglorum mereretur accipere. 5.21 (345.28)

terra. Suscipe, terra, tuo corpus de corpore sumtum, 2.1 (79.9)

terrae. tempestates, bella, fames, pestilentiae, terrae motus per loca; 1.32 (69.17)

'per omnem terram exisse sonum eorum, et in fines orbis terrae uerba ipsorum,' 2.8 (96.19)

hominem ad imaginem et similitudinem suam ex limo terrae plasmatum constituit, 2.10 (101.13)

totius creaturae suae dilatandi subdi etiam in extremitate terrae positarum gentium corda frigida, 2.10 (101.24)

ne paucitatem suam in extremis terrae finibus constitutam, sapientiorem . . . aestimarent; 2.19 (122.15)

donec adgesto a militibus puluere terrae figeretur; 3.2 (129.4)

Tulit itaque de puluere terrae illius secum inligans in linteo, 3.10 (147.6)

postulauit eum possessionem terrae aliquam . . . accipere, 3.23 (174.30)

ut sis salus mea usque ad extremum terrae.' 3.29 (197.12)

unde data est episcopo possessio terrae CCC^{arum} familiarum. 4.16 (237.12)

quo concedente et possessionem terrae largiente, ipsum monasterium fecerat. 4.18 (241.16)

ad cuius sacratissimum corpus a finibus terrae pio ductus amore uenerat, 5.7 (292.30)

terrae. bis renudato littore contiguus terrae redditur; 3.3 (132.5)

et his urbem in magna altitudine circumdedit a parte, quae terrae est contigua, 3.16 (159.7)

Erat namque illo in loco lapis terrae aequalis obtectus cespite tenui, 5.6 (290.14)

terrae. uenire consueuit, et omnes, qui in ecclesia adfuerint, terrae prosternere. 5.17 (319.12)

terram. e terra uelut murus exstruitur altus supra terram, 1.5 (16.27)

namque oculi eius in terram . . . deciderunt. 1.7 (21.14)

et uere 'per omnem terram exisse sonum eorum, 2.8 (96.18)

condidit et creauit, caelum uidelicet et terram, 2.10 (101.10)

sed et regna terrarum . . . ab eodem uno Deo, qui fecit caelum et terram, consecutus est. 3.6 (138.3)

ubi corpus eius in terram conruit, 3.9 (145.18)

cuius equus subito lassescere, consistere, caput in terram declinare, . . . coepit 3.9 (145.32)

cuius equus . . . in terram coepit ruere. 3.9 (145.33)

'Deus miserere animabus, dixit Osuald cadens in terram.' 3.12 (151.31)

et pedibus conculcata in terram uerterentur. 3.22 (172.1)

qui caelum et terram et humanum genus creasset, 3.22 (172.4)

'Dedi te in foedus populi, ut suscitares terram, 3.29 (197.15)

Qui cum pariter per mare ad Massiliam, ac deinde per terram Arhelas peruenissent, 4.1 (203.12)

cui etiam rex Vulfheri donauit terram L familiarum ad construendum monasterium 4.3 (207.4)

rediit ipse solus, qui carmen caeleste audierat, et prosternens se in terram: 4.3 (209.23)

habens terram familiarum VII milium, 4.13 (230.10)

Aedilualch donauit reuerentissimo antistiti Vilfrido terram LXXXVII familiarum, 4.13 (232.7)

dehinc terram custos humani generis omnipotens creauit.' 4.24 (260.5)

Canebat . . . de egressu Israel ex Aegypto, et ingressu in terram repromissionis, 4.24 (261.2)

Nam et Picti terram possessionis suae, quam tenuerunt Angli; 4.26 (267.11)

ita ut corruens in terram, et aliquandiu pronus iacens, uix tandem resurgeret. 4.31 (278.11)
ut, . . . secundi nos uenti ad terram usque per plana maris terga comitarentur. 5.1 (282.15)
Cumque euadentes ad terram, nauiculam quoque nostram ab undis exportaremus, 5.1 (282.17)
inde egrediens ad terram, numquam ipsa uestimenta uda atque algida deponere curabat, 5.12 (310.18)
mox donauit terram x familiarum in loco, qui dicitur Stanford, 5.19 (325.12)
ita ut . . . genua flecteret in terram, Deo gratias agens, 5.21 (345.27)
terrarum. sicut in uniuerso orbe terrarum, . . . ad praedicandum gentibus paganis dirigeret, 2.4 (87.29)
ne sit necesse . . . per tam prolixa terrarum et maris spatia pro ordinando archiepiscopo semper fatigari. 2.18 (120.21)
longa terrarum marisque interualla, . . . ad haec nos condescendere coegerunt, 2.18 (121.28)
sed et regna terrarum plus quam ulli maiorum suorum, . . . consecutus est. 3.6 (138.2)
donatis insuper XII possessiunculis terrarum, 3.24 (178.25)
terras. qui ab occidente in terras longo spatio erumpit, 1.1 (13.14)
Brittaniae terras longe lateque inrumpit, 1.12 (25.29)
nemo in regibus plures eorum terras, . . . habitabiles fecit. 1.34 (71.15)
audiuit repente, . . . uocem suauissimam cantantium atque laetantium de caelo ad terras usque descendere; 4.3 (208.21)
uel etiam corusci ac tonitrua terras et aera terrerent, 4.3 (210.25)
quod per terras Iutorum, quae ad regionem Geuissorum pertinent, praefatum pelagus intrat; 4.16 (238.20)
adeo ut Ecgfridus promiserit se ei terras ac pecunias multas esse donaturum, 4.19 (243.16)
in uicinia freti, quod Anglorum terras Pictorumque disterminat; 4.26 (267.21)
terris. proximante terris nauigio, 1.1 (12.32)
quod eo loci corpora eorum posset inuenire, ubi lucem de caelo terris radiasse conspiceret. 5.10 (301.6)
terris. utpote nocturno sole non longe sub terris ad orientem . . . redeunte; 1.1 (11.2)
'Talis,' inquiens, 'mihi uidetur, rex, uita hominum praesens in terris, 2.13 (112.6)
quando ipse caelis ac terris ardentibus uenturus est in nubibus, 4.3 (211.5)
Aspice, nupta Deo, quae sit tibi gloria terris; 4.20 (248.27)
Hild, . . . post multa, quae fecit in terris, opera caelestia, . . . transiuit 4.23 (252.18)
Hild, . . . ad percipienda praemia uitae caelestis de terris ablata transiuit 4.23 (252.20)
ut, cui simul in terris seruiuimus, ad eius uidendam gratiam simul transeamus ad caelos. 4.29 (274.30)
cupiens in uicinia sanctorum locorum ad tempus peregrinari in terris, 5.7 (294.10)
TERRENA. terrena. sed mentis gressibus sanis alacriter terrena quaeque transiliens, 2.7 (94.9)
TERRENVS, a, um. **terrena.** Quaedam terrena lex in Romana repuplica permittit, 1.27 (50.29)
terreni. et post tam pulchram quietis suae speciem terreni actus puluere fedatur. 2.1 (74.21)
terreni. quos terreni principes edomare ferro nequiuerant, 2.1 (78.14)
terreni. Cui uidelicet regi, . . . potestas etiam terreni creuerat imperii; 2.9 (97.12)
ut terreni regni infulas sortitus est, 3.1 (127.19)
terrenis. Horum ergo consortio non solum a terrenis est munitus incursibus, 2.1 (75.13)
terrenis. quod de terrenis rebus uidetur amittere, 1.27 (50.18)
quae per mortem carnis uiuos ecclesiae lapides de terrenis sedibus ad aedificium caeleste transferret. 4.3 (207.21)
terreno. in terreno conuersatus palatio propositum 2.1 (75.3)
TERREO. terrendo. exhortando, terrendo, blandiendo, corrigendo, 1.32 (68.9)
terrere. nec tamen me ullatenus contingere, tametsi terrere praesumebant. 5.12 (306.28)
terrerent. uel etiam corusci ac tonitrua terras et aera terrerent, 4.3 (210.25)
territi. ita ut aliquot laesi, omnes territi, inpugnare ultra urbem cessarent, 3.16 (159.21)
TERRESTRIS, e. **terrestri.** qui terrestri quidem itinere illo uenire, . . . disponebat, 3.15 (157.28)
terrestris. in quibus ablato studio militiae terrestris, ad exercendam militiam caelestem, . . . locus . . . suppeteret. 3.24 (178.26)
terrestris. et non multo post etiam regni terrestris potentiam perdidit. 3.7 (140.10)
suscepit regni terrestris sedem pro eo frater eius Osuiu, 3.14 (154.7)
TERRIBILIS, e. **terribile.** de peccatis propriis ante omnipotentis Dei terribile examen securior fiat. 1.32 (68.27)
unum latus flammis feruentibus nimium terribile, 5.12 (305.2)
terribilis. quod esset uir . . . uenerabilis simul et terribilis aspectu. 2.16 (117.29)
nam etsi terribilis iste ac grandis esse rogus uidetur, 3.19 (165.34)
ut admoneremus lectorem operum Domini, quam terribilis in consiliis super filios hominum; 4.25 (266.7)
TERRIGENAE. terrigenas. de caelo intonat, ut terrigenas ad timendum se suscitet, 4.3 (211.1)
TERRITORIVM. territoria. donabantur munere regio possessiones et territoria ad instituenda monasteria, 3.3 (132.21)
territoria. sed et territoria ac possessiones in usum eorum, . . . adiecit. 2.3 (85.28)
et Osuiu, . . . possessiones et territoria Deo ad construenda monasteria dederit. 3.24 (177.11)
ut nemo territoria ac possessiones ad construenda monasteria, . . . acciperet. 3.26 (191.21)
territorio. Qui natus in territorio eiusdem monasterii, 5.24 (357.6)
TERROR. terrore. hostile agmen terrore prosternitur, 1.20 (39.10)
eiusdem diuinitatis terrore refrenatur, 2.1 (78.21)
Quod cum repente conuiuae terrore confusi conspicerent, 3.10 (147.17)
Item de terrore futuri iudicii, et horrore poenae gehennalis, . . . carmina faciebat; 4.24 (261.6)
terrorem. apparuerunt cometae duae circa solem, multum intuentibus terrorem incutientes. 5.23 (349.6)
terrores. uidelicet immutationes aeris, terroresque de caelo, 1.32 (69.15)
terrori. ut ipsis quoque, qui eos aduocauerant, indigenis essent terrori. 1.15 (32.7)
dum et fortissimos Christianosque habentes reges cunctis barbaris nationibus essent terrori, 4.2 (205.7)
TERTIO. tertium [tertio] cum Simmacho gessit consulatum. uar. 1.13 (28.23)
alleluiam tertio repetitam sacerdotes exclamabant. 1.20 (39.8)
Misit secundo, misit tertio, et copiosiora argenti dona offerens, 2.12 (107.28)
Tum ille tertio: 'Si autem,' inquit, 2.12 (109.13)
Vnde tertio aedificata ibi ecclesia, 3.17 (160.34)
clamauit tertio unam de consecratis Christo uirginibus, 4.8 (220.29)
Rursumque modicum silens, tertio dixit: 4.9 (223.24)
TERTIVS, a, um. **tertia.** alia clero, tertia pauperibus, quarta ecclesiis reparandis. 1.27 (48.27)
tertia uel quarta generatio fidelium licenter sibi iungi debeat; 1.27 (51.1)
tertia in euangelio per effectum dominicae passionis et resurrectionis adiuncta est. 5.21 (334.3)
Quibus item uerbis tota tertia septimana eiusdem primi mensis decernitur sollemnis esse debere. 5.21 (334.30)
Veraciter enim tertia agitur ebdomada, 5.21 (336.2)
tertia. ut nec secunda die, nec tertia, neque umquam exinde eum auderet contingere. 3.12 (151.11)
Qui reductus in corpore, et die tertia rursum eductus, 3.19 (164.33)
Tertia autem die prioribus adgrauata doloribus, 4.19 (245.20)
A tertia autem hora, quando missae fieri solebant, sepissime uincula soluebantur. 4.22 (251.21)
ut pascha primo mense anni et tertia eiusdem mensis septimana, . . . fieri deberet; 5.21 (334.5)
ut in ipsa tertia septimana diem dominicam expectare, . . . debeamus. 5.21 (334.8)
qua tempus paschale primo mense anni et tertia eius ebdomada celebrandum esse diximus. 5.21 (336.1)
ut numquam pascha nostrum a septimana mensis primi tertia in utramuis partem declinet; 5.21 (337.16)
quod non recte dominicum paschae diem, . . . tertia primi mensis ebdomada celebremus.' 5.21 (337.24)
tertia eiusdem mensis septimana facere praecipimur; 5.21 (340.1)
quia tertia post immolationem suae passionis die resurgens a mortuis, 5.21 (340.4)
expectamus adhuc monente euangelio in ipsa ebdomada tertia tempus diei dominicae, 5.21 (340.33)

et apparuerunt stellae pene hora dimidia ab hora diei tertia. 5.24 (353.5)
tertiae. xv^{a} luna, quae initium tertiae septimanae faciat, 5.21 (334.26)
ab initio, ut diximus, tertiae septimanae, . . . computari oportet. 5.21 (335.14)
et numquam in ebdomadae tertiae die septima ponant; 5.21 (338.8)
tertiam. tertiam Scottorum nationem in Pictorum parte recepit; 1.1 (12.19)
tertiam in Brittania Brettonibus et Pictis gentem addiderunt. 1.1 (13.10)
tertiam sibi ipse retentans, statim pauperibus distribuit. 5.12 (304.18)
eclypsis solis facta est xiiii. Kalendas Martias, ab hora prima usque ad tertiam. 5.24 (353.2)
eclypsis facta est solis xviiii, Kal. Sep. circa horam diei tertiam, Cont. (361.7)
tertio. indictione xiii^{a}, tertio die Kalendarum Martiarum; 2.4 (88.19)
facta erat eclipsis solis die tertio mensis Maii, 3.27 (191.29)
Nam die dehinc tertio, conplete hora nona, . . . emisit spiritum. 4.11 (226.29)
Anno autem regni Aldfridi tertio, Caedualla, rex Occidentalium Saxonum, . . . uenit Romam; 5.7 (292.12)
ordinatus autem anno sequente tertio die Kalendarum Iuliarum dominica 5.8 (295.27)
tertio. tertio tempore saeculi cum gratia uenit ipse, 5.21 (340.2)
tertium. Aetius . . . tertium cum Simmacho gessit consulatum. 1.13 (28.23)
placuitque post diem tertium, ut lapis, quo monumentum tegebatur, amoueretur, 3.8 (143.33)
tertium dissensionis, cum animos proximorum etiam in superuacuis rebus offendere non formidamus; 3.19 (165.26)
habuitque primum episcopum Trumheri, . . . secundum Iaruman, tertium Ceaddan, quartum Vynfridum. 3.24 (180.28)
sed et tertium exinde diem, quo esset moriturus, insinuauit. 4.11 (226.26)
tertium. Memento, ut tertium, quod promisisti, facere ne differas, 2.12 (110.34)
tertius. qui tertius quidem in regibus gentis Anglorum cunctis australibus eorum prouinciis, . . . imperauit; 2.5 (89.9)
tertius, ut diximus, Aedilberct rex Cantuariorum; 2.5 (89.16)
Mellitus, . . . sedem Doruuernensis ecclesiae tertius ab Augustino suscepit. 2.7 (94.1)
tertius Trumheri, de natione quidem Anglorum, sed edoctus et ordinatus a Scottis, 3.24 (179.26)
Siquidem primus Birinus, secundus Agilberctus, tertius exstitit Vini. 4.12 (227.24)
III. Et hunc primum . . . accepit praesulem, ii Ediluini, iii Eadgarum, 4.12 (229.15)
III. Data die iii Iduum Iunii, 2.18 (122.3)
sed et Heraclio felicissimo Caesare id est filio eius anno iii, 2.18 (122.7)
III. iii. Interrogatio Augustini: 1.27 (49.33)
III. iii: 'Vt, quaeque monasteria Deo consecrata sunt, nulli episcoporum liceat ea in aliquo inquietare, 4.5 (216.6)
III°. et consulatus eius anno iii^{o}; 2.18 (122.6)
cuius anno regni iii^{o}, Theodorus cogit concilium episcoporum, 4.5 (214.22)
TERTIVS DECIMVS, a, um. **tertio decimo.** Hoc autem bellum rex Osuiu in regione Loidis tertio decimo regni sui anno, . . . confecit. 3.24 (179.13)
XIII. post consulatum eiusdem domini nostri anno xiii, 1.23 (43.25)
post consulatum eiusdem domini nostri anno xiii, 1.24 (44.22)
extinctus anno aetatis suae xl., regni autem xv., die xiii. Kalendarum Iuniarum. 4.26 (267.3)
XIII. indictione xiiii [xiii]. uar. 1.23 (43.26)
XIII^{a}. indictione xiii^{a}, tertio die Kalendarum Martiarum; 2.4 (88.19)
Quod factum est die xiii^{a} Kalendarum Septembrium, anno regni eius nono, 3.14 (155.22)
ita ut xiii^{a} luna ad uesperam saepius pascha incipiatis, 3.25 (186.24)
quod aliquoties pascha manifestissime ante plenilunium, id est in xiii^{a} luna, facitis. 3.25 (187.24)
XIII^{ae}. Cum enim a uespera diei xiii^{ae} uigilias sanctae noctis celebrare incipiunt, 5.21 (337.33)
XIII°. et uno eodemque die, hoc est xiii^{o} Kalendarum Aprilium, egredientes e corpore . . . uisione coniuncti sunt, 4.29 (275.12)
TESTAMENTVM. testamenti. testamenti ueteris praeceptione didicisti, 1.27 (54.21)
uel noui testamenti sacramenta in commemorationem suae passionis ecclesiae celebranda tradidit. 3.25 (186.27)
testamento. in testamento ueteri exteriora opera obseruantur, 1.27 (56.28)
in testamento nouo non tam, quod exterius agitur, . . . adtenditur, 1.27 (56.29)
testamentum. Hunc quidem testamentum ueteris legis, . . . pollutum dicit, 1.27 (59.25)
testamentum. Item, Capitula lectionum in totum nouum testamentum, excepto euangelio. 5.24 (358.28)
TESTIMONIVM. testimonia. et adsertiones molestissimas lectionum testimonia sequebantur. 1.17 (35.31)
testimonium. ut profecto sacrae scripturae testimonium per te expletum indubitanter perclareat: 2.11 (106.4)
Cuius doctrinae simul et Theodori inter alia testimonium perhibet, 5.20 (331.7)
testimonium. officii testimonium relinquens, 1.7 (21.8)
et oculus uidens testimonium reddebat mihi, 2.1 (77.23)
ut unum uirtutis eius, unde cetera intellegi possint, testimonium referam, 2.7 (94.14)
Nam ceteri homines cum peccato originali nascentes testimonium praeuaricationis Adae, 2.19 (124.8)
cui etiam caro post mortem incorrupta testimonium perhibuerit. 3.19 (163.22)
et uirtutum quae fecerunt miracula testimonium praebuerunt; 3.25 (187.8)
Sed et hoc eius uerbis testimonium perhibuit, 4.14 (235.33)
In quo etiam loco signa sanitatum aliquoties facta meritis amborum testimonium ferunt, 4.30 (277.25)
testimonium habens ab uniuersis fratribus, 4.31 (278.4)
TESTIS. teste. quia scriptura teste: 2.1 (77.10)
testem. Vilfrid episcopus referebat, dicens se testem integritatis eius esse certissimum; 4.19 (243.14)
Sed et cuius meriti apud internum testem habitus sit, 5.6 (289.13)
testes. qui in ordinatione episcopi testes adsistant? 1.27 (52.11)
testium. non uno quolibet auctore, sed fideli innumerorum testium, . . . adsertione Praef. (7.26)
TESTOR. testabatur. fanum rex . . . usque ad suum tempus perdurasse, et se in pueritia uidisse testabatur. 2.15 (116.12)
cuius continentiae fuerit ipse . . . testabatur etiam locus ille, quem regebant, 3.26 (190.20)
quaeque ille se in locis sanctis memoratu digna uidisse testabatur, 5.15 (316.29)
testantur. et stratae ibidem factae usque hodie testantur; 1.11 (25.12)
sicut et praefatus antistes Vilfrid, et multi alii, qui nouere, testantur; 4.19 (245.12)
testatur. iudicium tamen clamore testatur. 1.17 (36.2)
Sacra scriptura testatur, 1.27 (48.20)
sed et fornicatione pollutus est tali, qualem nec inter gentes auditam apostolus testatur, 2.5 (90.29)
testatus. propter uictum militibus adferendum in expeditionem se cum sui similibus uenisse testatus est. 4.22 (250.11)
TETER, tra, trum. **tetrarum.** Et cum progrederemur . . . ecce subito apparent ante nos crebri flammarum tetrarum globi, 5.12 (305.28)
TETRICVS, a, um. **tetricis.** manifestissime in eo tetricis esse descripta litteris. 5.13 (312.19)
TEXO. texendis. uirgines . . . quotiescumque uacant, texendis subtilioribus indumentis operam dant, 4.25 (265.18)
TEXTVS. textum. Quarum etiam textum litterarum in nostra hac historia ponere commodum duximus. 2.18 (120.22)
textus. Misit . . . pontifex ad Etherium . . . litteras, quarum iste est textus: 1.24 (43.31)
quarum litterarum iste est textus: 1.29 (63.15)
Cuius synodicae actionis huiusmodi textus est: 4.5 (214.28)
THECA. theca. inuolutum nouo amictu corpus, nouaque in theca reconditum, supra pauimentum sanctuarii posuerunt. 4.30 (277.17)
Quo facto, reliquias, ut iussus erat, sua in theca recondidit, 4.32 (280.21)
thecam. Lota igitur ossa intulerunt in thecam, quam in hoc praeparauerant, 3.11 (148.27)
Qui cum . . . aperuisset thecam reliquiarum, ut portionem earum roganti amico praestaret, 4.32 (280.12)

Ac thecam e rutilo his condignam condidit auro; 5.19 (330.17)
THEODBALD (*d.* 603), *brother of Ethelfrid, King of Northumbria.*
Theodbald. In qua etiam pugna Theodbald frater Aedilfridi . . . peremtus est. 1.34 (71.26)
THEODORETVS (390?–457?), *Bishop of Cyrus.*
Theodoreti. in Constantinopoli quinto congregati sunt concilio . . . contra Theodorum, et Theodoreti et Iba epistulas, ... 4.17 (240.11)
THEODORVS (*d.* 428), *Bishop of Mopsuestia.*
Theodorum. in Constantinopoli quinto congregati sunt concilio . . . contra Theodorum, et Theodoreti et Iba epistulas, ... 4.17 (240.10)
THEODORVS (602?–690), *Archbishop of Canterbury, 668–690; native of Tarsus in Cilicia; educated at Athens; excellent scholar in Greek and Latin; with Hadrian founded an influential school in Canterbury.*
Theodori. archiepiscoporum omnium sunt corpora tumulata praeter duorum tantummodo, id est Theodori et Berctualdi, ... 2.3 (86.8)
Hadrianus abbas, cooperator in uerbo Dei Theodori beatae memoriae episcopi, defunctus est, . . . 5.20 (331.1)
Cuius doctrinae simul et Theodori inter alia testimonium perhibet, ... 5.20 (331.6)
Erat enim discipulus beatae memoriae magistrorum Theodori archiepiscopi, et abbatis Hadriani; . 5.23 (348.23)
Theodoro. Praeceperat enim Theodoro abeunti domnus apostolicus, ut in diocesi sua prouideret, . . . 4.1 (204.7)
Successit autem Theodoro in episcopatum Berctuald, ... 5.8 (295.18)
Theodoro. a beatae memoriae Theodoro archiepiscopo et Hadriano abbate, ... Praef. (6.8)
Vt Theodoro cuncta peragrante, Anglorum ecclesiae cum catholica ueritate, . . . coeperint . . . inbui; . 4.2 (204.10)
cum mortuo Iarumanno sibi quoque suisque a Theodoro episcopum dari peteret, ... 4.3 (206.16)
episcopus ipse pro eo, Theodoro ordinante, factus est. 4.5 (217.29)
et episcopatu functus Haeddi pro eo, consecratus a Theodoro in ciuitate Lundonia. 4.12 (227.29)
Ordinati sunt autem Eadhaed, Bosa, et Eata Eboraci ab archiepiscopo Theodoro; 4.12 (229.21)
De synodo facta in campo Hæthfelda, praesidente archiepiscopo Theodoro. 4.17 (238.25)
praesidente Theodoro, gratia Dei archiepiscopo Brittaniae insulae et ciuitatis Doruuernis; . . . 4.17 (239.12)
Et nos omnes subscribimus, qui cum Theodoro archiepiscopo fidem catholicam exposuimus. . . . 4.17 (240.25)
Vt Theodoro defuncto archiepiscopatus gradum Berctuald susceperit; 5.8 (294.14)
Non enim eo tempore habebat episcopum Cantia, defuncto quidem Theodoro, ... 5.11 (302.13)
qui est annus XL^{mus} primus, ex quo a Vitaliano papa directus est cum Theodoro; 5.20 (331.5)
et synodus facta est ad Herutforda, . . . praesidente archiepiscopo Theodoro, ... 5.24 (354.23)
synodus facta in campo Haethfeltha . . . praesidente archiepiscopo Theodoro; 5.24 (355.8)
Theodorum. rogauerunt Theodorum, . . . ipsum sibi antistitem consecrari; 3.7 (141.28)
quo cum uenisset, adsumsit Theodorum cum Ebrini licentia, ... 4.1 (203.27)
absoluit eum, et post Theodorum ire permisit. 4.1 (204.3)
et quoniam ante Theodorum rediit, ipse etiam in Cantia presbyteros et diaconos, . . . ordinabat. . 4.2 (206.1)
uenit Cantiam ad archiepiscopum beatae recordationis Theodorum; 4.23 (255.1)
Memini enim beatae memoriae Theodorum archiepiscopum dicere, ... 5.3 (285.26)
Quem nunc Theodorum lingua Pelasga uocat. 5.8 (295.10)
Theodorus. quam . . . reuerentissimus archiepiscopus Theodorus in honore beati apostoli Petri dedicauit. 3.25 (181.9)
sed illo ibidem defuncto, Theodorus archiepiscopus ordinatus, et cum Hadriano abbate sit Brittaniam missus. 4.1 (201.2)
Erat ipso tempore Romae monachus Hadriano notus, nomine Theodorus, natus Tarso Ciliciae, . . 4.1 (202.24)
Qua accepta Theodorus profectus est ad Agilberctum Parisiorum episcopum, ... 4.1 (203.16)
Peruenit autem Theodorus ad ecclesiam suam secundo postquam consecratus est anno, ... 4.2 (204.13)
Itaque Theodorus perlustrans uniuersa, ordinabat locis oportunis episcopos, ... 4.2 (205.20)
iussit eum Theodorus, ubicumque longius iter instaret, equitare, ... 4.3 (206.26)
In cuius locum ordinauit Theodorus Vynfridum, ... 4.3 (212.24)
et de synodo facta ad locum Herutforda, cui praesidebat archiepiscopus Theodorus. 4.5 (214.10)
Anno . . . DCLXX^{mo}, qui est annus secundus ex quo Brittaniam uenit Theodorus, ... 4.5 (214.12)
cuius anno regni III°, Theodorus cogit concilium episcoporum, ... 4.5 (214.22)
ego quidem Theodorus, quamuis indignus, ab apostolica sede destinatus Doruuernensis ecclesiae episcopus, ... 4.5 (215.4)
Theodorus archiepiscopus deposuit eum de episcopatu 4.6 (218.5)
Pro quo Theodorus in ciuitate Hrofi Cuichelmum consecrauit episcopum. 4.12 (228.22)
His temporibus audiens Theodorus fidem ecclesiae Constantinopoli . . . esse turbatam, ... 4.17 (238.26)
Vt Theodorus episcopus inter Ecgfridum et Aedilredum reges pacem fecerit. 4.21 (249.1)
Theodorus Deo dilectus antistes, . . . coeptum tanti periculi funditus extinguit incendium; . . . 4.21 (249.11)
pro eo, quod archiepiscopus Theodorus iam defunctus erat, ... 4.23 (255.16)
congregata synodo . . . cui beatae memoriae Theodorus archiepiscopus praesidebat, ... 4.28 (272.17)
VII episcopis, in quibus beatae memoriae Theodorus primatum tenebat. 4.28 (273.5)
Theodorus beatae memoriae archiepiscopus, senex et plenus dierum, . . . defunctus est; . . . 5.8 (294.19)
Anno DCLXVIII, Theodorus ordinatur episcopus. 5.24 (354.18)
Anno DCXC, Theodorus archiepiscopus obiit. 5.24 (355.15)
THEODOSIVS I (346?–395), *Roman Emperor.*
Theodosii. Arcadius filius Theodosii . . . regnum suscipiens, ... 1.10 (23.25)
Honorio Augusto, filio Theodosii minoris, ... 1.11 (24.19)
Theodosio. filio Theodosii [Theodosio] minoris, ... uar. 1.11 (24.19)
Cuius computum paschalis Theophilus . . . in centum annorum tempus Theodosio imperatori conposuit. 5.21 (341.18)
Theodosio. a Theodosio paterna pietate susceptus, ... 1.9 (23.18)
Theodosium. Theodosium Hispanum uirum . . . apud Syrmium purpura induit, ... 1.9 (23.8)
THEODOSIVS II (401–450), *Emperor of the East.*
Theodosio. regnante Theodosio minore, ... 1.13 (28.14)
Theodosius. Theodosius iunior post Honorium XLV ab Augusto regnum suscipiens, ... 1.13 (28.17)
THEOPHILVS, *Archbishop of Alexandria, 385–412.*
Theophilus. Cuius computum paschalis Theophilus Alexandriae praesul . . . conposuit. 5.21 (341.16)
THOMAS (*d.* 652?), *Bishop of East Anglia; the second native English bishop.*
Thomam. Honorius loco eius ordinauit Thomam diaconum eius 3.20 (169.5)
THRACIA, *Thrace.*
Thraciae. Orientisque et Thraciae simul praefecit imperio. 1.9 (23.10)
THRVIDRED (*fl.* 731), *Abbot of Dacre.*
Thruidred. Harum particulam reliquiarum eo tempore habebat penes se quidam de presbyteris eiusdem monasterii nomine Thruidred, ... 4.32 (280.10)
THRYDVVLF (*fl.* 731), *abbot of a monastery in Elmet Wood.*
Thryduulfi. et seruatur adhuc in monasterio reuerentissimi abbatis et presbyteri Thryduulfi, . . . 2.14 (115.22)
THVVF. thuf. illud genus uexilli, quod Romani tufam, Angli appellant thuuf [thuf], ... uar. 2.16 (118.20)
thuuf. illud genus uexilli, quod Romani tufam, Angli appellant thuuf, ante eum ferri solebat. . . . 2.16 (118.20)
TIBERIVS CONSTANTINVS, *Tiberius II, Emperor of the East, 578–582.*
Tiberio Constantino. iuuante etiam piissimo imperatore Tiberio Constantino, ... 2.1 (76.11)
TIBERIVS, *see* **MAVRICIVS TIBERIVS.**
TIGNVM. tignorum. aduexit illo plurimam congeriem trabium, tignorum, parietum, uirgeorum, . . . 3.16 (159.5)

TILABVRG, *Tilbury, on the Thames.*
Tilaburg. adiuuarent, maxime in ciuitate, . . quae Tilaburg cognominatur; 3.22 (173.7)
TILMON (*fl.* 690), *a monk, once a thegn, who learned in a vision of the death of the two Hewalds.*
Tilmon. Sed et unus ex eis in uisione nocturna apparuit cuidam de sociis suis, cui nomen erat Tilmon, 5.10 (301.3)
TIMEO. timeant. Tremendum Dei iudicium timeant, 1.27 (51.21)
timebant. Nuntiabant enim sinistri spiritus, quod timebant, 1.17 (34.33)
timebat. et se pro illo puniendum a districto Iudice timebat. 4.25 (263.13)
Ipse autem tacitus rem considerans, ueram esse timebat; 5.9 (297.23)
timebatur. quia et inde barbarorum inruptio timebatur, 1.12 (27.28)
timenda. omnimodo haec inlusio non est timenda; 1.27 (60.7)
timendo. et timendo gaudeas, et gaudendo pertimescas. 1.31 (66.17)
timendum. de caelo intonat, ut terrigenas ad timendum se suscitet, 4.3 (211.2)
timens. quin in tantum timens aufugit, 3.12 (151.10)
timentes. monachos timentes Dominum 1.23 (42.21)
timentium. timentium, ne forte accepto Christianitatis uocabulo, in uacuum currerent 3.25 (182.22)
timere. timere coepit et pauere, 3.13 (152.28)
timere coepit homo animi regalis, 4.11 (226.8)
'Noli timere, fili, mortem, pro qua sollicitus es; 4.14 (234.8)
aliquantulum loci accolae paucis diebus timere, . . . coeperunt. 4.25 (265.29)
'Noli,' inquit, 'timere, quia iam uere surrexi a morte, qua tenebar, 5.12 (304.10)
timerem. cuius praesentia cum essem exterritus, dixit mihi, ne timerem; 4.25 (264.30)
timerent. qui eius interitum cognoscentes differre tempus paenitentiae, dum uacat, timerent, 5.13 (313.7)
timet. iam nunc fidelis humilium linguas timet. 2.1 (78.18)
timui. Qui respondit: 'Timui propter reuerentiam tuam, ne forte nimium conturbareris; 4.25 (265.25)
timuisti. 'hostium manus, quos timuisti, Domino donante euasisti; 2.12 (110.32)
timuit. A quo interrogatus, qui esset, timuit se militem fuisse confiteri; 4.22 (250.7)
TIMOR. timore. nec timore mortis hi, qui supererant, . . . reuocari poterant. 1.14 (30.12)
plures etiam timore praecipites flumen, . . . deuorauit. 1.20 (39.15)
perculsi timore inerti, 1.23 (42.25)
qui . . . uel fauore uel timore regio, fidei et castimoniae iura susceperant. 2.5 (90.32)
ut fide et opere, in timore Dei et caritate, uestra adquisitio . . . amplius extendatur; 2.18 (121.7)
'oportet nos admonitioni eius caelesti, debito cum timore et amore respondere; 4.3 (211.9)
Statimque exsurgens, nimio timore perterrita, cucurrit ad uirginem, 4.23 (257.20)
nimio mox timore perculsi, festinarunt referre antistiti, quae inuenerant. 4.30 (276.24)
omnes, qui corpori flentes adsederant, timore inmenso perculsos in fugam conuertit; 5.12 (304.7)
ne exprobrarent sibi sodales, quod timore mortis faceret ea, 5.13 (311.22)
timorem. 'Rogo,' inquam, 'dilectissimi fratres, propter timorem et amorem Redemtoris nostri, 4.5 (215.16)
timori. in tantum erat timori Domini subditus, 4.3 (210.13)
timoris. neque hos quisquam, . . . contingere prae magnitudine uel timoris eius auderet, 2.16 (118.13)
Numquam diuitibus honoris siue timoris gratia, siqua delinquissent, reticebat; 3.5 (136.22)
neque aliquid ex eo tempore nocturni timoris aut uexationis ab antiquo hoste pertulit. 3.11 (150.24)
propter magnitudinem memorati timoris uel suauitatis, . . . sudauerit. 3.19 (167.22)
cum Aedilred . . . ecclesias ac monasteria sine respectu pietatis uel diuini timoris fedaret, 4.12 (228.10)
quod causa diuini timoris semel ob reatum conpunctus coeperat, 4.25 (264.10)
TIMOTHEVS, *disciple and companion of St. Paul.*
Timotheum. et specialiter beati Pauli ad Timotheum epistulae, 1.27 (48.21)
Hinc est enim, quod Paulus Timotheum circumcidit, 3.25 (185.11)
TINA, TINVS, *the Tyne.*
Tinam. quod est ad ostium Viuri amnis, et iuxta amnem Tinam, 5.21 (332.28)
Tini. nunc monasterio, quod est iuxta ostium Tini fluminis, abbatis iure praeest. 5.6 (289.9)
Tino. id est unius ferme miliarii et dimidii spatio interfluente Tino amne separata, 5.2 (283.10)
TINCTVRA. tinctura. quibus tinctura coccinei coloris conficitur, 1.1 (10.12)
TIOVVLFINGACÆSTIR, *probably Littleborough, on the Trent.*
Tiouulfingacæstir. iuxta ciuitatem, quae lingua Anglorum Tiouulfingacæstir uocatur; 2.16 (117.25)
TITILLVS (*fl.* 673), *the notary of Archbishop Theodore.*
Titillo. Quam sententiam definitionis nostrae Titillo notario scribendam dictaui. 4.5 (217.12)
TITVLVS. titulo. Porro dies XIIII[a] extra hunc numerum separatim sub paschae titulo praenotatur, 5.21 (335.17)
TOBIAS (*d.* 726), *Bishop of Rochester; educated by Theodore and Hadrian.*
Tobiae. In librum beati patris Tobiae explanationis allegoricae de Christo et ecclesia librum I. 5.24 (358.11)
Tobiam. inter plurimos, quos ordinauit, etiam Tobiam uirum doctissimum Hrofensi ecclesiae fecerit antistitem. 5.8 (294.15)
etiam Gebmundo Hrofensis ecclesiae praesule defuncto, Tobiam pro illo consecrauit, 5.8 (295.32)
Tobias. Anno post quem proximo Tobias Hrofensis ecclesiae praesul defunctus est, 5.23 (348.21)
TOLERANTIA. tolerantiae. Saluati ergo estis spe patientiae et tolerantiae uirtute, 2.8 (96.6)
TOLERO. tolerabatur. Haec autem dissonantia paschalis obseruantiae uiuente Aidano patienter ab omnibus tolerabatur, 3.25 (182.7)
tolerabatur tamen ab eis longanimiter ob necessitatem operum ipsius exteriorum; 5.14 (314.2)
tolerabimus. cetera, quae agitis, . . . aequanimiter cuncta tolerabimus.' 2.2 (83.22)
toleramus. cetera, quae agitis, . . . aequanimiter cuncta tolerabimus [toleramus].' uar. 2.2 (83.22)
toleranda. culpa aliquatenus toleranda est, 1.27 (51.34)
tolerare. Cum enim uim feruoris inmensi tolerare non possent, 5.12 (305.7)
'quod tantam frigoris asperitatem ulla ratione tolerare praeuales.' 5.12 (310.26)
tolerat. quaedam per mansuetudinem tolerat, 1.27 (51.27)
tolero. Perpendo itaque, quid tolero, perpendo, quid amisi; 2.1 (74.24)
TOLLO. sublato. quamuis ipso iam multo ante tempore ad caelestia regna sublato, 2.2 (84.32)
Interea Aidano episcopo de hac uita sublato, 3.25 (181.3)
sublatum. quasi subito sublatum eum quaesierit cum omni diligentia, 4.23 (256.1)
sublatus. Haec inter Iustus archiepiscopus ad caelestia regna subleuatus [sublatus] uar. 2.18 (120.9)
Aidan . . . de saeculo ablatus [sublatus], perpetua laborum suorum a Domino praemia recepit. uar. 3.14 (157.17)
tollat. ne forte nos . . . ad perpetuam perditionem districtius examinans tollat. 4.25 (266.12)
x[a] die mensis huius tollat unusquisque agnum per familias et domus suas." 5.21 (334.18)
tollatur. Quae cum cotidie a credentibus terra tollatur, nihilominus manet, 5.17 (319.2)
tollere. Tollere humo miserum propulit anguiculum? 1.10 (24.13)
tollerent. inmisit in animo fratrum, ut tollerent ossa illius, 4.30 (276.11)
tollerentur. ut ossa . . . tollerentur, et transferrentur omnia in ecclesiam beatae Dei genetricis, 4.10 (224.14)
tolleret. tolleret unusquisque agnum per familias et domus suas, 5.21 (336.14)
tolleretur. uidit, quasi funibus auro clarioribus in superna tolleretur, 4.9 (222.19)
tollite. 'Dominus,' inquit, 'ait: "Tollite iugum meum super uos, 2.2 (82.30)
tollitur. et unde foras in honorem tollitur, 1.31 (66.21)
TOMIANVS (*d.* 660×661), *Tomene, Abbot and Bishop of Armagh.*
Tomiano. Dilectissimis et sanctissimis Tomiano, Columbano, Cromano, Dinnao, et Baithano episcopis; 2.19 (123.1)

TONDBERCT (*d* 655), *a prince of the Southern Gyrwas; first husband of Ethelthryth, who later became Queen of Northumbria.*
Tondberct. quam . . . uir habuerat uxorem, princeps uidelicet Australium Gyruiorum, uocabulo Tondberct. . . . 4.19 (243.8)
TONDHERE (*d.* 651), *Oswin's thegn, killed with his master by Oswy's orders.*
Tondheri. diuertitque ipse cum uno tantum milite sibi fidissimo, nomine Tondheri, . . . 3.14 (155.16)
TONDEO. tondi. donec illi coma cresceret, quo in coronam tondi posset; . . . 4.1 (203.5)
totondit. Hinc est enim, . . . quod cum Aquila et Priscilla caput Chorinti totondit; . . . 3.25 (185.13)
Iob, . . . dum . . . caput totondit, probauit utique, quia tempore felicitatis capillos nutrire consuerat. . 5.21 (342.10)
TONITRVVM. tonitrua. uel etiam corusci ac tonitrua terras et aera terrerent, . . . 4.3 (210.25)
TONO. tonantis. Gaudet amica cohors de uirgine matre tonantis; . . . 4.20 (247.21)
TONSVRA. tonsura. atque accepta tonsura pro aeterno magis regno militare curaret. . . . 3.18 (162.28)
Mota ergo ibi quaestione de pascha, uel tonsura, uel aliis rebus ecclesiasticis, . . . 3.25 (183.14)
acceptaque tonsura, locum secretae mansionis, quam praeuiderat abbas, intrauit; . . . 5.12 (304.22)
ut eius rogatu monasterio supra memorato inditus, ac monachica sit tonsura coronatus, . . . 5.12 (310.2)
necdum quidem adtonsus, uerum eis, quae tonsura maiores sunt, . . . non mediocriter insignitus; . . 5.19 (323.6)
simul et epistulam de catholico pascha uel de tonsura miserit. . . . 5.21 (332.14)
plures . . . satagunt magis, accepta tonsura, monasterialibus adscribere uotis, . . . 5.23 (351.21)
tonsurae. a quo etiam tonsurae ecclesiasticae coronam susceperat), . . . 3.25 (182.33)
habens iuxta morem prouinciae illius coronam tonsurae ecclesiasticae, . . . 3.26 (189.28)
simul et de tonsurae modo uel ratione, qua clericos insigni deceret; . . . 5.21 (333.1)
neque . . . una atque indissimili totum per orbem tonsurae sibi forma congruit. . . . 5.21 (342.7)
'Verum, etsi profiteri nobis liberum est, quia tonsurae discrimen non noceat, . . . 5.21 (342.19)
ita etiam de tonsurae differentia legatur aliqua fuisse controuersia; . . . 5.21 (342.23)
si beati Petri consortium quaeris, cur eius, quem ille anathematizauit, tonsurae imaginem imitaris? . 5.21 (344.16)
monachi Scotticae nationis . . . ad ritum paschae ac tonsurae canonicum . . . perducti sunt. . . . 5.22 (346.18)
tonsuram. id est qui pascha catholicum et tonsuram coronae . . . recipere nolebant, . . . 3.26 (189.13)
habuerat enim tonsuram more orientalium sancti apostoli Pauli. . . . 4.1 (203.6)
tonsuram quoque, de qua pariter uobis litteras fieri uoluisti, hortor, ut . . . congruam habere curetis. . 5.21 (342.1)
oportet eos, . . . formam quoque coronae, . . . suo quemque in capite per tonsuram praeferre; . . 5.21 (343.19)
Ceterum tonsuram eam, quam magum ferunt habuisse Simonem, . . . 5.21 (343.24)
quasi eos, qui hanc tonsuram habent, condemnandos iudicem, . . . 5.21 (344.4)
quia etsi Simonis tonsuram ex consuetudine patria habeam, . . . 5.21 (344.20)
Tonsuram quoque, si tantum sibi auctoritatis subesset, emendare meminisset. . . . 5.21 (345.10)
hanc accipere debere tonsuram, quam plenam esse rationis audimus, omnes, . . . clericos decerno.' . 5.21 (346.2)
Ecgberct Hienses monachos ad catholicum pascha et ecclesiasticam correxit tonsuram. . . . 5.24 (356.12)
tonsuras. inter omnes tamen, quas uel in ecclesia, uel in uniuerso hominum genere repperimus tonsuras, . 5.21 (342.25)
TORCTGYD (*fl.* 675?), *a nun of Barking; saw the body of Ethelburg carried to Heaven.*
Torctgyd. apparuit uisio miranda cuidam de sororibus, cui nomen erat Torctgyd, . . . 4.9 (222.1)
Cum . . . Torctgyd tres adhuc annos post obitum dominae in hac uita teneretur, . . . 4.9 (223.10)
TORMENTVM. tormenta. ne pro carnali dilectione tormenta aeterni cruciatus incurrant. . . . 1.27 (51.22)
quia . . . episcopus ab apostolo Christi tanta esset tormenta plagasque perpessus, . . . 2.6 (93.7)
quin uniuersos atrocitate ferina morti per tormenta contraderet, . . . 2.20 (125.12)
tormentis. At ubi iudex illum tormentis superari, . . . persensit, . . . 1.7 (20.1)
ac infernalibus subdendum esse tormentis; . . . 3.13 (153.6)
tormentis. Qui cum tormentis afficeretur acerrimis, . . . 1.7 (19.34)
etiam a perpetuis malorum tormentis te liberans, . . . 2.12 (111.6)
quod hic fortasse esset infernus, de cuius tormentis intolerabilibus narrari saepius audiui. . . . 5.12 (305.15)
tormento. qui uidelicet modo cum magno tormento inrepunt in interiora corporis mei, . . . 5.13 (312.27)
tormentorum. qui uel tormentorum metu perterriti, . . . profectum pietatis ex eius uerbis haurire uolebant. 5.12 (309.18)
TORPEO. torpent. sed omnes prorsus, et uiri et feminae, aut somno torpent inerti, aut ad peccata uigilant. 4.25 (265.12)
TORPOR. torpore. quatinus amoto torpore perniciosissimi cultus, . . . 2.11 (106.1)
TORQVEO. torquebatur. in cuius interioribus daemoniosus torquebatur, . . . 3.11 (150.9)
torquere. subito a diabolo arreptus, . . . spumare, et diuersis motibus coepit membra torquere. . . 3.11 (149.24)
torqueret. cum diuersas in partes se torqueret, . . . 3.9 (146.3)
torqueretur. Cumque . . . sine ulla quietis intercapedine innumerabilis spirituum deformium multitudo torqueretur, . . . 5.12 (305.14)
torqueri. Haec inter tactus infirmitate, decidit in lectum, atque acri coepit dolore torqueri. . . . 5.13 (311.17)
torti. qui diuersis cruciatibus torti, . . . 1.7 (22.2)
TORRENS. torrentem. Igitur sanctus Albanus, . . . accessit ad torrentem, . . . 1.7 (20.15)
ut omnes agnoscerent etiam torrentem martyri obsequium detulisse; . . . 1.7 (21.4)
torrentes. deinde antistites uenerandi torrentes eloquii . . . profuderunt; . . . 1.17 (35.28)
TORREO. torrebant. arripientes inmundi spiritus unum de eis, quos in ignibus torrebant, iactauerunt in eum, . . . 3.19 (166.24)
TORTOR. tortoribus. caedi sanctum Dei confessorem a tortoribus praecepit, . . . 1.7 (19.32)
TOT. tot eum ac tanta condere uolumina potuisse, . . . 2.1 (77.4)
qui per omnes Brittaniae prouincias tot annorum temporumque curriculis . . . uitabam insidias?' . 2.12 (108.14)
qui se tot ac tantis calamitatibus ereptum, ad regni apicem proueheret. . . . 2.12 (109.20)
Cumque post tot annos eleuanda essent ossa de sepulchro, . . . 4.19 (245.23)
illaque lingua, quae tot salutaria uerba in laudem Conditoris conposuerat, . . . 4.24 (262.15)
cuius regni et principia et processus tot ac tantis redundauere rerum aduersantium motibus, . . . 5.23 (349.24)
TOTIDEM. Cuius modum continentiae . . . totidem quoque post peracta sollemnia pentecostes, . . . obseruare curabat. . . . 3.27 (194.13)
Quod dum tribus diebus et totidem noctibus ageretur, . . . 4.9 (223.16)
et totidem sequentes nobilius in monachica uita Domino consecrauit. . . . 4.23 (252.23)
totidemque e regione lampades in funibus pendentes usque Hierosolymam per uitrum fulgent; . . 5.17 (319.7)
ut non amplius tota sacra sollemnitas, quam VII tantummodo noctes cum totidem diebus conprehendat; 5.21 (335.32)
post quem Dionysius Exiguus totidem alios ex ordine pari schemate subnexuit, . . . 5.21 (341.20)
TOTVS, a, um. **tota.** 1.15 (31.26); 1.21 (40.18); 3.26 (191.2, 4); 4.13 (230.28); 4.16 (237.2); 4.20 (248.17); 4.20 (248.18); 5.16 (317.17); 5.21 (334.30); 5.21 (335.31).
tota. 1.12 (25.19); 1.24 (44.13); 1.27 (53.7); 1.32 (68.18); 1.32 (69.4); 2.14 (115.17); 3.2 (130.5); 3.11 (147.28); 3.11 (148.20); 3.19 (166.6); 3.25 (187.16); 3.28 (195.15); 4.2 (204.17); 4.3 (212.12); 4.24 (261.1); 4.25 (263.29); 5.2 (284.13); 5.6 (290.15, 26); 5.11 (303.22); 5.17 (319.6); 5.21 (344.21).
tota. 1.21 (40.29).
totae. 5.19 (322.8).
totam. 1.1 (13.4); 1.13 (29.5); 1.15 (32.23); 1.21 (40.10); 2.1 (74.2); 2.15 (116.24); 2.15 (116.32); 2.16 (118.7); 2.19 (123.21); 3.2 (129.27); 3.3 (131.6); 3.13 (153.11); 3.24 (177.21); 3.25 (181.7); 3.25 (181.12); 3.29 (198.25); 4.25 (263.26); 4.31 (279.5); 5.21 (337.17); 5.21 (338.7).
totas. 1.11 (24.24); 2.20 (125.13).
totis. 3.25 (184.31); 5.21 (333.28).
totis. 2.1 (78.21).

TRANQVILLVS, a, um. **tranquilla.** non ualet nisi tranquilla mens in contemplationis se lucem suspendere, 1.27 (58.14)
tranquilla. quomodo simplici ac pura mente tranquillaque deuotione Domino seruierat, 4.24 (262.13)
ita etiam tranquilla morte mundum relinquens ad eius uisionem ueniret, 4.24 (262.14)
atque in pace tranquilla uitam terminabis".' 5.19 (329.20)
tranquillam. Quibus tranquillam nauigationem et merita propria . . . parauerunt, 1.20 (39.24)
tranquillo. tranquillo nauigio Brittanias petit. 1.21 (40.8)
TRANS. 1.1 (11.32); 1.8 (22.18); 1.11 (25.10); 1.12 (25.16); 1.12 (26.12); 1.12 (27.8); 1.12 (27.9); 3.13 (152.8); 5.11 (302.14).
TRANSCENDO. **transcendas.** 'Quod si . . . promittat, ita ut . . . omnes, qui ante te reges in gente Anglorum fuerant, potestate transcendas?' 2.12 (109.9)
transcendere. qui praefixos in lege terminos, nulla cogente necessitate, uel anticipare uel transcendere praesumunt. 5.21 (337.29)
transcenso. ut non ante aequinoctium, sed uel ipso aequinoctii die, . . . uel eo transcenso plenilunium habere debeat. 5.21 (339.26)
transcensum. et iam mediae noctis tempus esset transcensum, 4.24 (261.28)
TRANSCRIBO (TRANSS-). **transcibendum.** mittebantur ad transcribendum, discendum, obseruandum, . . . circuli paschae decennouenales, 5.21 (346.6)
transscribendam. atque in praefato religiosissimi abbatis Benedicti monasterio transscribendam commodauit. 4.18 (242.6)
transscribendum. et nunc ad transscribendum . . . retransmitto; Praef. (5.6)
transscribere. In apostolum quaecumque in opusculis sancti Augustini exposita inueni, cuncta per ordinem transscribere curaui. 5.24 (358.23)
transscripta. quae hactenus in eodem monasterio seruata, et a multis iam sunt circumquaque transscripta. 4.18 (241.26)
TRANSCVRRO. **transcurrit.** cum per certa quaedam metalla transcurrit, 1.1 (10.20)
TRANSEO. **transeamus.** ut, . . . ad eius uidendam gratiam simul transeamus ad caelos. 4.29 (275.1)
transeat. ut fraternitas tua ad Galliarum prouinciam transeat, 1.27 (53.2)
ut et antiquos gentis suae reges laudibus ac meritis transeat, 1.32 (68.25)
transeunt. quasi maturam segetem obuia quaeque metunt, calcant, transeunt; 1.12 (27.1)
transeunte. In qua ecclesia Paulinus, transeunte ad Christum Iusto, Honorium pro eo consecrauit episcopum, 2.16 (117.16)
transiens. 'Per alienam messem transiens falcem mittere non debet, 1.27 (53.13)
Secundo autem eiusdem Focatis anno transiens ex hac uita, 2.1 (79.3)
Eadbald rex Cantuariorum transiens ex hac uita, 3.8 (142.4)
atque aetatem moribus transiens, ita se modeste et circumspecte in omnibus gereret, 5.19 (322.26)
transiens. praesentis mundi tenebras transiens supernam migrauit ad lucem, 3.8 (143.20)
transierant. plures . . . flumen, quod transierant, deuorauit. 1.20 (39.16)
transierat. Itaque regionis uniuersitas in eorum sententiam promta transierat. 1.17 (35.12)
consors eiusdem gradus habeat potestatem alterum ordinandi in loco eius, qui transierat, sacerdotem; 2.18 (120.19)
qui tunc prae inundantia pluuiarum late alueum suum immo omnes ripas suas transierat, 3.24 (178.19)
non alibi quam in medio eorum, iuxta ordinem, quo transierat, ligneo in locello sepulta. 4.19 (244.25)
transierit. nisi purgationis tempus transierit, 1.27 (55.14)
cum Doruuernensis uel Eburacensis antistes de hac uita transierit, 2.18 (120.17)
nec de loco mouearis, donec hora recessionis febrium transierit. 3.12 (151.7)
qui tunc . . . omnes ripas suas transierat [transierit], uar. 3.24 (178.19)
nec multo post successor episcopatus eius de mundo transierit. 4.30 (276.6)
transiit. Maximus . . . in Galliam transiit. 1.9 (23.14)
qui continuo, ut inuasit imperium, in Gallias transiit. 1.11 (24.28)
non multo postquam oceanum transiit, arreptus infirmitate ac defunctus est; 4.18 (242.19)
Transiit, et gaudens caelestia regna petiuit. 5.19 (330.27)
Maximus in Brittania creatus imperator, in Galliam transiit, et Gratianum interfecit. 5.24 (352.21)
sanctus Ecgberct transiit, 5.24 (356.15)
transire. ut intra uesperam transire uix posset. 1.7 (20.11)
atque in Italiam transire meditantem, 1.9 (23.16)
in quo ille, . . . uel amnium fluenta transire, . . . posset. 3.14 (156.10)
transiret. ut etiam retentus corpore ipsa iam carnis claustra contemplatione transiret, 2.1 (74.10)
quia in omni septimana diem cum nocte ieiunus transiret. 3.27 (193.15)
ueniret hora ipsius, ut transiret ex hoc mundo ad Dominum, 4.3 (207.24)
cum uir ille de mundo transiret, 4.3 (211.31)
cum et ipsa mater congregationis illius e mundo transiret. 4.9 (221.28)
sperans, quia mox baptizatus, carne solutus ad aeterna gaudia iam mundus transiret; 5.7 (292.21)
transissemus. 'Cumque procedentes transissemus et has beatorum mansiones spirituum, 5.12 (307.29)
transito. protritis Francis, transito Hreno, 1.11 (24.23)
transituros. per quam se ad uitam animae perpetuam non dubitabant esse transituros. 4.16 (238.7)
transiuit. Paulinus, . . . transiuit ad Dominum sexto Iduum Octobrium die; 3.14 (154.16)
Hild, . . . transiuit die xv. Kalendarum Decembrium, 4.23 (252.20)
immo, ut uerbis Domini loquar, de morte transiuit ad uitam. 4.23 (256.32)
quod uenerabilis uir non solum in pascha transiuit de hoc munda ad Patrem; 5.22 (348.1)
TRANSFERO. **transferentur.** ut . . . ad ea usque loca, ubi illorum erant socii, transferrentur [transferentur]. uar. 5.10 (300.31)
transferre. statuerunt . . . ossa uero abbatissae . . . in aliam ecclesiam, quae esset perfecta ac dedicata, transferre. 3.8 (144.19)
ad imperium diuinae uoluntatis totam ex integro mentem uitamque transferre. 3.13 (153.12)
ad ea, quae meliora cognouerant, sese transferre festinabant. 3.25 (189.7)
praecipientes eum, si posset, hunc in modulationem carminis transferre. 4.24 (260.22)
siquos forte ex illis ereptos Satanae ad Christum transferre ualeret; 5.9 (296.21)
transferrent. quia, . . . auerterent illum a diis suis, et ad nouam Christianae fidei religionem transferrent, 5.10 (300.14)
transferrentur. ut ossa . . . tollerentur, et transferrentur omnia in ecclesiam beatae Dei genetricis, 4.10 (224.14)
ut haec contra impetum fluuii decurrentis, . . . ad ea usque loca, ubi illorum erant socii, transferrentur. 5.10 (300.31)
transferret. quae per mortem carnis uiuos ecclesiae lapides de terrenis sedibus ad aedificium caeleste transferret. 4.3 (207.21)
transferri. placuit eidem abbatissae leuari ossa eius, et in locello nouo posita in ecclesiam transferri; 4.19 (244.30)
neque enim possunt carmina, . . . ex alia in aliam linguam ad uerbum sine detrimento sui decoris ac dignitatis transferri. 4.24 (260.10)
translata. cum ossa eius inuenta, atque ad ecclesiam, in qua nunc seruantur, translata sunt. 3.11 (148.2)
Ossa igitur illius translata et condita sunt in monasterio, 3.12 (151.32)
illo ossa eius translata, . . . sunt. 3.17 (160.14)
in eandem sunt eius ossa translata. 4.3 (212.8)
translati. correcti sunt per eum, et ad uerum canonicumque paschae diem translati; 3.4 (135.2)
fuga lapsi sunt de insula, et in proximam Iutorum prouinciam translati; 4.16 (237.22)

spiritus eorum . . . coniuncti sunt, atque angelico ministerio pariter ad regnum caeleste translati. . 4.29 (275.14)
translato. Translato ergo ad caelestia regna Osualdo, . . . 3.14 (154.6)
translatum. librum uitae et passionis sancti Anastasii, male de Greco translatum, . . . ad sensum correxi; 5.24 (359.7)
translatum. Cuius corpus mox inde translatum ad insulam Lindisfarnensium, . . . est. . . 3.17 (160.10)
adhuc sine macula corruptionis inuentum, ibidem digno cum honore translatum est; . . 3.19 (168.24)
translatus. atque ad aeternam regni caelestis sedem translatus. . . . 2.1 (73.6)
translatus inde in Ventam ciuitatem, . . . 3.7 (140.4)
transtulerunt. aliis uestibus indutum transtulerunt illud in ecclesiam beati Stephani . . . 3.8 (144.23)
transtuli. librum uitae et passionis sancti Felicis confessoris de metrico Paulini opere in prosam transtuli; 5.24 (359.6)
transtulit. transtulit eum reuerentissimus abbas ipsius Eata ad insulam Lindisfarnensium, . . . 4.27 (270.17)
TRANSFVGA. transfugas. quae excitata in tumultum propter non redhibitos transfugas uidebatur; . . 1.3 (15.9)
TRANSFVGIO. transfugit. alter Eadfrid necessitate cogente ad Pendam regem transfugit, . . . 2.20 (124.28)
TRANSGRESSIO. transgressione. legitimos utique terminos paschae aperta transgressione uiolant, . . 5.21 (338.25)
TRANSGRESSOR. transgressores. in transgressores dignas et conpetentes punitiones proposuit. . . 3.8 (142.10)
TRANSHVMBRANVS, a, um, *Northumbrian.*
Transhumbranae. ille, qui ceteram Transhumbranae gentis partem ab Aquilone, . . . regebat, . . . 3.14 (155.3)
TRANSIGO. transacta. Nam et ita, ut rogabat, transacta una die et nocte, . . . ad aeternae gaudia salutis intrauit. . . . 4.9 (224.2)
transactis. Non multis autem annis post abscessum eius a Brittania transactis, pulsus est et Vini . . 3.7 (141.6)
transactis sepulturae eius annis XI, inmisit in animo fratrum, ut tollerent ossa illius, . . . 4.30 (276.10)
transacto. Transacto autem tempore aliquanto, . . . uenit illic quidam hospes, . . . 3.11 (149.18)
audiuit denuo, transacto quasi dimidiae horae spatio, ascendere . . . idem laetitiae canticum, . . 4.3 (208.28)
transigere. si integram septimanam iubeas abstinendo transigere.' . . . 4.25 (263.28)
XL ante dominicum natale dies in magna . . . deuotione transigere solebat; . . . 4.30 (276.30)
transigeret. quid ad eum pertineret, utrum ipse intus an foris noctem transigeret. . . . 2.12 (108.29)
saepe autem noctes integras peruigil in oratione transigeret. . . . 4.25 (263.6)
TRANSILIO. transiliens. sed mentis gressibus sanis alacriter terrena quaeque transiliens, . . . 2.7 (94.10)
transiliret. dum feruens equus quoddam itineris concauum ualentiore impetu transiliret, . . . 5.6 (290.12)
transiliuit. expauescens flamma transiliuit, . . . 1.19 (37.22)
TRANSITVS. transitu. Verum nos de transitu tantum illius, quo caelestia regna petiit, aliquid breuiter dicere sufficiat. . . . 3.8 (143.4)
transitum. hos quoque unitas fidei etiam post huius uitae transitum in perpetua societate conseruet. 2.11 (105.28)
inuentum est, eadem hora transitum eius illis ostensum esse per uisionem, . . . 4.23 (258.2)
si . . . pascha, id est transitum, de hoc mundo ad Patrem, cum illo facere curamus. . . 5.21 (340.9)
transitus. unde in Brittaniam proximus et breuissimus transitus est; . . . 1.2 (13.26)
transitus. ubi fontes lucidos iuxta puplicos uiarum transitus conspexit, . . . 2.16 (118.10)
TRANSMARINVS, a, um. **transmarinas.** Transmarinas autem dicimus has gentes, . . . 1.12 (25.25)
alii transmarinas regiones dolentes petebant; . . . 1.15 (32.33)
transmarinis. duabus gentibus transmarinis uehementer saeuis, . . . 1.12 (25.23)
ut Saxonum gentem de transmarinis partibus in auxilium uocarent; . . . 1.14 (30.20)
Quo adhuc in transmarinis partibus propter ordinationem demorante, . . . 3.28 (194.25)
Quo adhuc in transmarinis partibus demorante, consecratus est in episcopatum Eboraci, . . . 5.19 (326.1)
TRANSMEABILIS, e. **transmeabilis.** et duobus tantum in locis est transmeabilis; . . . 1.25 (45.8)
TRANSMEO. transmeantibus. cuius proximum litus transmeantibus aperit ciuitas, . . . 1.1 (9.10)
TRANSMIGRATIO. transmigrationis. quod ipsa ei tempus suae transmigrationis proximum nuntiare uenisset. . . . 4.9 (224.1)
TRANSMIRINVS, a, um. **transmirinis.** Quo adhuc in transmarinis [transmirinis] partibus propter ordinationem demorante, . . . uar. 3.28 (194.25)
TRANSMITTO. transmisi. et prius ad legendum ac probandum transmisi, . . . Praef. (5.5)
Parua autem exenia transmisi, . . . 1.32 (69.29)
transmisimus. quem ad gubernationem patrimonioli ecclesiae nostrae transmisimus, . . . 1.24 (44.17)
transmisit. ipsius Nothelmi uiua uoce referenda, transmisit. . . . Praef. (6.17)
transmitterentur. petieruntque ab eo, ut transmitterentur ad satrapam, qui super eum erat, . . . 5.10 (299.27)
transmitteret. misit eum Cantiam ad regem Erconberctum, . . . postulans, ut eum honorifice Romam transmitteret. . . . 5.19 (323.24)
TRANSMONTANVS, a, um. **transmontanis.** Erat autem Columba primus doctor fidei Christianae transmontanis Pictis ad aquilonem, . . . 5.9 (297.15)
TRANSVEHO. transuectus. quibus iterum in Brittaniam primo uere transuectus, . . . 1.2 (14.5)
transuectus in insulam est, . . . 1.3 (15.9)
transuehitur. in Brittaniam transuehitur, . . . 1.2 (13.28)
TREANTA, TREENTA, *the Trent.*
Treanta. conserto graui proelio inter ipsum et Aedilredum regem Merciorum iuxta fluuium Treanta, 4.21 (249.5)
Treanta. Australium Merciorum, . . . discreti fluuio Treanta, ab Aquilonaribus Merciis, . . . 3.24 (180.13)
Treenta. et multam populi turbam in fluuio Treenta, . . . 2.16 (117.24)
TRECASENA, *Troyes.*
Trecasenae. electi sunt . . . Germanus Autissidorensis et Lupus Trecasenae ciuitatis episcopi, . . . 1.17 (34.6)
TRECASENI, *Troyes.*
Trecasenorum. qui erat discipulus beatissimi patris Lupi Trecasenorum episcopi, . . . 1.21 (40.5)
TRECENTESIMVS NONAGESIMVS QVARTVS, a, um. **CCCXCIIII.** Anno ab incarnatione Domini CCCXCIIII . . . 1.10 (23.24)
TRECENTESIMVS OCTOGESIMVS VNVS, a, um. **CCCLXXXI.** Anno CCCLXXXI, Maximus in Brittania creatus imperator, in Galliam transiit, . . . 5.24 (352.20)
TRECENTESIMVS SEPTVAGESIMVS SEPTIMVS, a, um. **CCCLXXVII.** Anno ab incarnatione Domini CCCLXXVII, . . . 1.9 (23.3)
TRECENTI, ae, a. **trecentarum.** secunda trecentarum et ultra spatium tenet. . . . 2.9 (97.20)
CCC. mox cepere pisces diuersi generis CCC. . . . 4.13 (231.32)
CCCarum. unde data est episcopo possessio terrae CCCarum familiarum. . . . 4.16 (237.12)
CCCtos. nulla harum portio minus quam CCCtos homines haberet, . . . 2.2 (84.13)
TRECENTI DVODEVIGINTI. CCCX et VIII. qui in Nicaea congregati fuerunt CCCX et VIII contra Arrium impiissimum et eiusdem dogmata; . . . 4.17 (240.3)
TRECENTI QVINQVAGINTA. CCCL. traiectu milium L, siue, ut quidam scripsere, stadiorum CCCCL [CCCL]. . . . uar. 1.1 (9.14)
TREDECIM. XIII. Arcadius . . . regnum suscipiens, tenuit annos XIII. . . . 1.10 (23.26)
Gregorius, . . . rexit annos XIII, menses VI, et dies X. . . . 1.23 (42.17)
et apostolicae ecclesiae XIII annos, menses VI, et dies X gloriosissime rexit, . . . 2.1 (73.4)
Distant autem inter se monasteria haec XIII ferme milibus passuum. . . . 4.23 (258.8)
Mansit autem uir Domini Ecgberct annos XIII in praefata insula, . . . 5.22 (347.22)
TREMEFACIO. tremefactae. ut etiam canticum, quod canebant, tremefactae intermitterent. . . . 4.7 (220.5)
tremefactus. At rex intuens eum, mox tremefactus desiluit equo, . . . 3.22 (174.3)
TREMO. tremenda. 'Visio mihi modo tremenda apparuit, . . . 5.19 (329.7)
tremenda. Vt quidam . . . a mortuis resurgens multa et tremenda et desideranda, quae uiderat, narrauerit. . . . 5.12 (303.25)

tremendo. reducto ad mentem tremendo illo tempore, quando ipse caelis ac terris ardentibus uenturus est in nubibus, 4.3 (211.4)
tremendum. Tremendum Dei iudicium timeant, 1.27 (51.20)
tremens. Qui cum tremens ad pedes eius procidere uellet, 2.12 (110.30)
et inter egra tremens suspiria, flebili uoce talia mecum querebatur: 3.13 (153.1)
tremens. uxor tantum, quae amplius amabat, quamuis multum tremens et pauida, remansit. 5.12 (304.9)
tremente. multis cum lacrimis et magna conpunctione antistes lingua etiam tremente conpleuit, 4.30 (277.15)
trementi. ubi trementi corde stupida die noctuque marcebat. 1.12 (28.1)
TREPIDATIO. trepidationi. trepidationique iniectae uix sufficere pedum pernicitas credebatur. 1.20 (39.12)
TREPIDO. trepidare. sperantes minus animos militum trepidare, 3.18 (163.7)
TREPIDVS, a, um. **trepidi.** alii perstantes in patria trepidi 1.15 (33.1)
et cum trepidi partes suas pene inpares iudicarent, 1.20 (38.10)
cum parum consedissent, ac de supernis iudiciis trepidi aliqua confabulari coepissent, 5.19 (329.4)
TRES, tria. **tres.** remanserunt cum beato Furseo tres angeli, 3.19 (166.19)
tres. tres suos filios, qui pagani perdurauerant, regni temporalis heredes reliquit, 2.5 (91.4)
Cum . . . Torctgyd tres adhuc annos post obitum dominae in hac uita teneretur, 4.9 (223.10)
Vidit enim, ut post ipse referebat, tres ad se uenisse uiros claro indutos habitu; 4.11 (226.20)
qui etiam post tres abscessionis Vilfridi annos, horum numero duos addidit antistites, 4.12 (229.21)
Haec bis quaternas portas, id est introitus, per tres e regione parietes habet, 5.16 (318.5)
et regni, quod per XXXIIII semis annos tenebat, filios tres, . . . reliquit heredes. 5.23 (348.19)
tres. 'Tres sunt ergo regulae sacris inditae litteris, 5.21 (333.34)
tres. mox omnem, quam possederat, substantiam in tres diuisit portiones, 5.12 (304.17)
tria. in ipsa missarum celebratione tria uerba . . . superadiecit: 2.1 (78.31)
e quibus tria memoriae causa ponere satis sit. 3.15 (157.22)
quae tria altaria in tribus locis parietis medii continet, 5.16 (318.3)
tribus. Aduenerant autem de tribus Germaniae populis fortioribus, 1.15 (31.14)
sine adgregatis tribus uel quattuor episcopis 1.27 (52.18)
Tribus enim modis impletur omne peccatum, 1.27 (61.3)
et exinde tribus annis prouincia in errore uersata est, 2.15 (116.19)
Tunc uidit unum de tribus angelis, 3.19 (166.5)
Idem autem rex Osuiu tribus annis post occisionem Pendan regis, . . . populis praefuit; 3.24 (180.6)
Conpletis autem tribus annis post interfectionem Pendan regis, 3.24 (180.18)
siquidem Aidan X et VII annis, Finan decem, Colman tribus episcopatum tenuere. 3.26 (189.23)
Quod dum tribus diebus et totidem noctibus ageretur, 4.9 (223.16)
et tribus mensibus permanens, matutinis horis oriebatur, 4.12 (228.29)
Siquidem tribus annis ante aduentum eius in prouinciam nulla illis in locis pluuia ceciderat, 4.13 (231.11)
tribus cincta parietibus, XII columnis sustentatur, 5.16 (318.1)
quae tria altaria in tribus locis parietis medii continet, 5.16 (318.3)
et tribus annis ecclesiam sublimiter regens, dehinc ad monasterii sui, . . . curam secessit, 5.19 (326.4)
tribus. Brittaniam tribus longis nauibus aduehitur, 1.15 (30.31)
ut . . . saepe ebdomade integra, aliquando duabus uel tribus, nonnumquam etiam mense pleno domum non rediret; 4.27 (270.11)
ita ut tribus septimanis non posset de cubiculo, in quo iacebat, foras efferri. 5.4 (287.4)
tribus. et tamen si in tribus his mihi obtemperare uultis, 2.2 (83.16)
hoc est unum Deum in tribus subsistentiis, 4.17 (239.27)
trium. in occidentalibus trium, 1.3 (15.27)
Erat in eodem monasterio puer trium circiter non amplius annorum, 4.8 (220.24)
interposito pelago latitudinis trium milium, 4.16 (238.16)
trium patriarcharum candidis, Adam obscurioris et uilioris operis, 5.17 (319.19)
trium. sepulchrum Domini . . . longitudinis VII pedum, trium mensura palmarum pauimento altius eminet; 5.16 (318.15)
Trium quoque feminarum uiliores et minores memoriae cernuntur. 5.17 (319.22)
trium. qui est latitudinis circiter trium stadiorum, 1.25 (45.8)
III. et fecit in ea annos XX et unum, menses III, dies XXVI. 4.2 (204.16)
et III annos apud eum commoratus, adtonsus est ab eo, 5.19 (324.30)
'In principium Genesis, . . . libros IIII [III]. uar. 5.24 (357.26)
De tabernaculo et uasis eius, ac uestibus sacerdotum, libros III. 5.24 (357.28)
In primam partem Samuelis, id est usque ad mortem Saulis, libros III. 5.24 (357.30)
In Prouerbia Salomonis libros III. 5.24 (358.4)
In Ezram et Neemiam libros III. 5.24 (358.9)
In Epistulas VII catholicas libros singulos [III]. uar. 5.24 (358.26)
In Apocalypsin sancti Iohannis libros III. 5.24 (358.27)
TREVIRI, *Trèves.*
Treuiris. et tunc Treuiris ordinatus episcopus, 1.21 (40.6)
TRIBVLATIO. tribulationis. ut, . . . totum hoc caminus diutinae tribulationis excoqueret. 4.9 (222.11)
tribulationum. Iob, exemplar patientiae, dum ingruente tribulationum articulo caput totondit, 5.21 (342.9)
TRIBVLVS. tribulos. ut spinas ac tribulos peccatorum nostrorum portaret, 5.21 (343.17)
TRIBVNAL. tribunal. sed cum commodis animarum ante tribunal summi et uenturi Iudicis repraesentes. 2.8 (97.1)
TRIBVNICIVS, a, um. **tribunicae.** quidam tribuniciae [tribunicae] potestatis uar. 1.18 (36.6)
tribuniciae. Tum subito quidam tribuniciae potestatis . . . procedit in medium, 1.18 (36.6)
tribunitiae. quidam tribuniciae [tribunitiae] potestatis uar. 1.18 (36.6)
TRIBVNVS. tribuni. Vt idem filiam tribuni caecam inluminauerit, 1.18 (36.3)
tribunis. Nemo enim in tribunis, . . . plures eorum terras, . . . habitabiles fecit. 1.34 (71.15)
tribunus. ibique Labienus tribunus occisus est. 1.2 (14.10)
TRIBVO. tribuas. quid uel quantum de pecunia nostra filiis Dei tribuas.' 3.14 (156.34)
tribuatur. consummati operis uobis merces a retributore omnium bonorum Domino tribuatur, 2.8 (96.18)
tribuens. Cuius suasioni uerbisque prudentibus alius optimatum regis tribuens assensum, 2.13 (112.4)
tribuere. non his possum adsensum tribuere, 1.25 (46.9)
nobis tamen eis necesse est honorum beneficia tribuere, 1.29 (63.20)
pallium tribuere Domino fauente disponimus, 1.29 (64.2)
claret illa, quae nobis uitae, salutis, et beatitudinis aeternae dona ualet tribuere. 2.13 (112.32)
tribueret. si infirmis fratribus opem suae exhortationis tribueret; 4.28 (273.24)
tribuimus. In Galliarum episcopis nullam tibi auctoritatem tribuimus; 1.27 (52.31)
uice beati Petri apostolorum principis, auctoritatem tribuimus, 2.18 (121.22)
tribuit. uirtute, quam uobis diuinitas tribuit, 1.32 (69.6)
illud etiam clementer conlata suae pietatis munificentia tribuit, 2.18 (120.27)
rex locum sedis episcopalis in insula Lindisfarnensi, ubi ipse petebat, tribuit. 3.3 (132.3)
huic in ciuitate Venta, . . . sedem episcopatus tribuit; 3.7 (141.1)
quousque Ebrinus maior domus regiae copiam pergendi, quoquo uellent, tribuit eis. 4.1 (203.16)
in qua etiam sepultus spem nobis post mortem beatae quietis tribuit, 5.21 (338.21)
TRIBVS. tribus. 'Parum,' inquit, 'est, ut mihi sis seruus ad suscitandas tribus Iacob, 3.29 (197.10)
TRIBVTARIVS, a, um. **tributarias.** aut tributarias genti Anglorum, aut habitabiles fecit. 1.34 (71.16)
gentes, . . . maxima ex parte perdomuit, ac tributarias fecit. 2.5 (90.3)

TRICESIMVS, a, um. **tricesimo.** Nono decimo autem uitae meae anno diaconatum, tricesimo gradum presbyteratus, . . . suscepi. 5.24 (357.16)
XXX[us]. episcopatus autem Scottorum, . . . annus xxx[us]; 3.26 (189.22)
TRICESIMVS SEXTVS, a, um. **tricesimum et sextum.** utpote tricesimum et sextum in episcopatu habens annum, 5.11 (303.20)
TRICESIMVS TERTIVS, a, um. **XXXIII.** Diocletianus xxxiii ab Augusto imperator ab exercitu electus 1.6 (17.9)
TRICIES. Denique fertur, quia tricies maiorem pagani habuerint exercitum; 3.24 (177.32)
TRIDVANVS, a, um. **triduana.** raro ibi nix plus quam triduana remaneat; 1.1 (12.27)
triduano. peracto ieiunio triduano, cum aliis orandi causa conuenerant, 2.2 (84.15)
triduanum. uisum est fratribus triduanum ieiunium agere, 4.14 (233.15)
sed biduanum uel triduanum sat est obseruare ieiunium. 4.25 (263.30)
TRIENNIVM. triennio. apud quem triennio exulans fidem cognouit ac suscepit ueritatis. 3.7 (140.14)
triennium. insulam per triennium tenuit; 1.6 (17.23)
Nec silentio praetereundum, quod ante triennium per reliquias eius factum, 4.32 (279.19)
TRIFARIAM. Quibus trifariam diuisis, c pauperibus dederunt, 4.13 (231.32)
TRIFORMIS, e. **triformem.** Quam uidelicet regulam triformem quisquis rite custodierit, 5.21 (334.10)
TRIGINTA. XXX. quae habet ab oriente in occasum xxx circiter milia passuum, 1.3 (15.24)
Osuiu, iuuenis xxx circiter annorum, 3.14 (154.8)
uenerunt illo de suo monasterio homines circiter xxx, 3.23 (176.28)
siquidem ipsi xxx legiones ducibus nobilissimis instructas in bello habuere, 3.24 (178.1)
duces regii xxx, qui ad auxilium uenerant, pene omnes interfecti; 3.24 (178.13)
tulit . . . et de gente Anglorum uiros circiter xxx, 4.4 (213.6)
Cumque annos xxx in regno miles regni caelestis exegisset, 4.11 (225.25)
quae xxx et amplius annos dedicata Domino uirginitate, in monachica conuersatione seruiebat. 4.23 (257.6)
qui uixit annos plus minus xxx, imperante domno Iustiniano piissimo Augusto, 5.7 (294.1)
donauit . . . non multo post monasterium xxx familiarum in loco, qui uocatur Inhrypum; 5.19 (325.14)
episcopum sibi rogauit ordinari, cum esset annorum circiter xxx, 5.19 (325.30)
Aedilred, postquam xxxi [xxx] annos Merciorum genti praefuit, . . . Coenredo regnum dedit. uar. 5.24 (355.20)
Item, in Regum librum xxx quaestionum. 5.24 (358.3)
TRIGINTA DVO, ae, o. **XXX et duos.** post annos circiter xxx et duos, ex quo ipse Brittaniam praedicaturus adiit. 3.4 (134.1)
TRIGINTA QVATTVOR. XXX et IIII. post annos circiter xxx et duos [xxx et iiii], uar. 3.4 (134.1)
Cuius personam, . . . epitaphium quoque monumenti ipsius uersibus heroicis xxx et iiii . . . pandit; 5.8 (295.6)
XXXIIII. qui cum xxxvii [xxxiiii] annis imperium tenuisset gentis illius, uar. 5.7 (294.5)
et regni, quod per xxxiiii semis annos tenebat, filios tres, . . . reliquit heredes. 5.23 (348.18)
TRIGINTA QVINQVE. XXX et V. per xxx et v libros expositionis miranda ratione perdocuit. 2.1 (75.22)
TRIGINTA SEPTEM. XXXVII. qui cum xxxvii annis imperium tenuisset gentis illius, 5.7 (294.5)
qui sedit annos xxxvii, 5.23 (349.30)
TRIGINTA SEX. XXXVI. xxxvi diebus ibidem cum eis cathecizandi et baptizandi officio deditus moraretur; 2.14 (115.1)
TRIGINTA TRES, tria. **XXXIII.** ut pro masculo diebus xxxiii, . . . debeat abstinere. 1.27 (54.22)
quibus aequa partione diuisis, xxxiii primos in saeculari habitu nobilissime conuersata conpleuit, 4.23 (252.22)
Mansit autem in episcopatu annis xxxiii, 5.6 (291.30)
TRIGINTA VNVS, a, um. **XXXI.** Anno dcciiii, Aedilred, postquam xxxi annos Merciorum genti praefuit, . . . Coenredo regnum dedit. 5.24 (355.20)
TRINITAS, *the Trinity.*
Trinitas. Deum Patrem, et Filium, et Spiritum Sanctum, quod est indiuidua Trinitas, 2.10 (101.18)
Alma Deus Trinitas, quae saecula cuncta gubernas, 4.20 (247.9)
Adnue iam coeptis, alma Deus Trinitas. 4.20 (247.10)
Trinitate. confitemur . . . trinitatem in unitate consubstantialem et unitatem in trinitate, 4.17 (239.27)
Trinitatem. ac deinde Germanus . . . inuocat Trinitatem; 1.18 (36.13)
credentes, . . . in . . . Spiritum Sanctum, et inseparabilem Trinitatem; 2.10 (103.27)
confitemur . . . trinitatem in unitate consubstantialem et unitatem in trinitate, 4.17 (239.26)
Trinitatis. [In nomine Sanctae Trinitatis,] uar. Praef. (5.1)
et adsumto in nomine sanctae Trinitatis leui aquae spargine 1.17 (34.24)
sanctae et indiuiduae Trinitatis cooperante potentia, 2.10 (102.7)
quod pars corporis uestri ab agnitione summae et indiuiduae Trinitatis remansit extranea. 2.11 (105.12)
TRINOVANTES, *a British tribe inhabiting what is now Essex and part of Middlesex.*
Trinouantum. Trinouantum firmissima ciuitas . . . Caesari sese dedit. 1.2 (14.23)
TRIPOLITANVS, *a Tripolitan.*
Tripolitanus. Seuerus, genere Afer Tripolitanus ab oppido Lepti, 1.5 (16.15)
TRISTIS, e. **tristes.** atque illi percepta eius benedictione iam multum tristes exissent, 4.3 (209.22)
tristi. Nec multo post dira antistitis praesagia tristi regis funere, . . . impleta sunt. 3.14 (157.13)
tristia. quae a uiris iustis sibi inter angelos apparentibus laeta uel tristia cognouerit), 3.19 (165.10)
tristis. coepit e contra episcopus tristis usque ad lacrimarum profusionem effici. 3.14 (157.5)
TRISTITIA. tristitiam. dum modo ille residens ad epulas tristitiam deponeret. 3.14 (157.3)
solutus est in lacrimas uir Dei, et tristitiam cordis uultu indice prodebat. 4.25 (264.18)
TRIVMPHO. triumphant. Triumphant pontifices hostibus fusis sine sanguine; 1.20 (39.19)
triumphant uictoria fide obtenta, non uiribus. 1.20 (39.20)
triumphat. Virgo triumphat ouans, zelus in hoste furit. 4.20 (248.26)
TRIVMPHVS. triumphis. Hisque Dei consul factus laetare triumphis; 2.1 (79.23)
triumpho. sicque domum cum triumpho magno reuersa est. 1.12 (26.14)
triumphos. Culmen, opes, subolem, pollentia regna, triumphos, Exuuias, proceres, moenia, castra, lares; 5.7 (293.7)
triumphum. per resurrectionis suae triumphum cunctas mortis tenebras superauit; 5.21 (340.15)
triumphus. Multus in orbe uiget per sobria corda triumphus, 4.20 (248.3)
TRIVIVM. triuia. uerum etiam per triuia, per rura praedicabatur; 1.17 (35.7)
TROCLEA. trocleis. ab occasu habens introitum, pendente desuper in trocleis magna lampade, 5.17 (319.5)
TROIA, *Troy.*
Troiae. Dona superna loquar, miserae non proelia Troiae; 4.20 (247.15)
TROPAEVM. tropaeum. significans nimirum, quod ibidem caeleste erigendum tropaeum, caelestis inchoanda uictoria, 3.2 (129.24)
Quin etiam sublime crucis, radiante metallo, Hic posuit tropaeum 5.19 (330.15)
TROPVS. tropis. et huic adiectum alium de schematibus siue tropis libellum, 5.24 (359.28)
TRVCIDO. trucidabantur. passim sacerdotes inter altaria trucidabantur, 1.15 (32.25)
trucidare. pepercere illi, neque eum trucidare cum suo uoluere pontifice. 5.19 (325.7)
trucidarentur. si tamen non continuo trucidarentur; 1.15 (32.33)
TRVMBERCT (*fl.* 680), *pupil of Ceadda, and later one of Bede's teachers.*
Trumberct. frater . . . qui . . . erat in monasterio ac magisterio illius educatus, uocabulo Trumberct, 4.3 (210.17)
TRVMHERI (*d.* 662), *Abbot of Gilling, Bishop of the Middle Angles and Mercians.*
Trumheræ. ut donaret ibi locum monasterio construendo praefato Dei famulo Trumheræ, 3.24 (180.2)
Trumheri. tertius Trumheri, de natione quidem Anglorum, sed edoctus et ordinatus a Scottis, 3.24 (179.26)

Trumheri. Iaruman episcopum, qui successor erat Trumheri. 3.30 (199.27)
Trumheri. habuitque primum episcopum Trumheri, de quo supra diximus, ... 3.24 (180.27)
Trumheri. succedente illi in episcopatum Trumheri, ... 3.21 (171.13)
TRVMVINI (*fl.* 686), *Bishop of the Picts subject to the English.*
Trumuine. tandem rex ipse praefatus, una cum sanctissimo antistite Trumuine, . . . insulam nauigauit. 4.28 (272.21)
Trumuini. uir Domini Trumuini, qui in eos episcopatum acceperat, recessit cum suis, ... 4.26 (267.18)
Trumuini. duos addidit antistites, Tunberctum ad ecclesiam Hagustaldensem, . . . et Trumuini ad prouinciam Pictorum, ... 4.12 (229.25)
TRVNCO. truncatus. Pro qua re etiam Iohannes Baptista capite truncatus est, ... 1.27 (51.11)
TRVNCVS. truncus. quercus Abrahae duorum hominum altitudinis truncus ecclesia circumdata est. . 5.17 (319.26)
TV. te. 3.13 (153.21).
te. Praef. (5.19); 1.7 (19.17); 1.24 (44.18); 1.25 (46.25); 1.27 (48.20); 1.27 (54.6); 1.28 (62.26); 1.29 (63.30); 1.29 (64.19); 1.30 (66.4); 1.31 (67.8, 11); 2.8 (96.33); 2.8 (97.3); 2.11 (106.4); 2.12 (108.5, 6); 2.12 (109.1, 3, 6, 8); 2.12 (111.2, 6); 2.18 (121.14); 2.18 (122.1); 3.12 (151.2, 8); 3.13 (153.27); 3.14 (156.18); 3.22 (174.8); 3.29 (197.11, 14, 17, 18); 4.14 (234.9, 13, 20); 4.22 (251.13); 4.25 (263.32); 4.25 (265.10); 5.19 (329.7, 11, 17); 5.21 (343.29); 5.21 (344.13, 18); 5.21 (345.2, 14, 18); 5.24 (360.3, 5).
te. 1.29 (63.23); 1.30 (65.1); 2.10 (102.24); 2.13 (111.27); 2.13 (112.7); 3.19 (165.34); 3.19 (167.1, 3); 5.9 (297.11); 5.12 (309.8); 5.21 (342.34).
temet. 1.31 (67.9).
tibi. Praef. (5.4); Praef. (5.19); 1.27 (52.31); 1.29 (63.24); 1.31 (67.15); 1.31 (67.16); 1.32 (68.5); 2.1 (79.21); 2.8 (96.25); 2.10 (102.22); 2.11 (106.7); 2.12 (108.32); 2.12 (109.2); 2.12 (109.13); 2.12 (109.15); 2.12 (109.24); 2.12 (110.3); 2.12 (110.5); 2.12 (111.5); 2.13 (111.22); uar. 3.13 (153.26); 3.14 (156.22); 3.14 (156.24); 3.15 (158.7); 3.22 (174.7); 3.25 (188.19); 4.3 (209.30); 4.20 (248.27); 4.25 (263.33); 4.25 (265.4); 5.9 (297.29); 5.19 (329.12); 5.19 (329.15); 5.19 (329.19); 5.21 (342.30); 5.21 (343.1); 5.21 (345.17).
tu. Praef. (5.18); 1.7 (19.10); 1.27 (52.8); 2.13 (111.21); 3.15 (158.7); 3.22 (174.9); 3.25 (188.8); 3.25 (188.17); 4.3 (209.6); 4.20 (248.14); 5.6 (291.3); 5.9 (297.8); 5.12 (309.1); 5.21 (342.28).
uestri. 2.11 (104.25); 2.11 (106.16).
uestrum. 3.25 (188.26).
uobis. 1.1 (12.4, 8); 1.23 (43.14); 1.24 (44.12); 1.25 (46.14); 1.27 (49.17); 1.32 (68.2, 3); 1.32 (69.5, 29); 2.2 (83.1, 5, 8); 2.8 (95.25, 29); 2.8 (96.1, 17); 2.10 (101.3); 2.10 (103.8, 12, 24); 2.10 (104.2); 2.11 (104.27); 2.11 (105.21); 2.11 (106.11, 14, 24); 2.17 (119.19); 2.18 (121.16, 20, 28); 2.18 (122.1); 3.4 (135.14); 3.15 (158.6); 3.25 (187.13); 3.25 (188.30); 3.29 (198.31); 4.8 (221.15); 4.14 (234.23); 5.21 (334.16); 5.21 (341.7, 31, 33); 5.21 (342.1); 5.21 (345.33).
uobis. 1.7 (19.26); 1.23 (43.16); 1.23 (43.19); 1.32 (69.1, 3, 30, 31); 2.2 (83.9); 2.8 (95.19); 2.8 (95.23); 2.10 (101.31); 2.10 (103.19, 28); 2.11 (106.18, 19); 2.18 (121.22); 3.29 (197.22).
uos. 1.25 (46.12); 1.32 (68.13, 33); 1.32 (69.3, 7, 19); 2.10 (102.29); 2.10 (103.13); 3.25 (186.19, 22); 3.25 (187.16, 26); 3.25 (188.23); 3.29 (199.1).
uos. 1.23 (43.9, 18, 21); 1.24 (44.13); 1.25 (46.14); 1.28 (62.15, 23); 1.30 (65.4); 1.32 (68.31); 1.32 (69.4, 6, 26); 1.32 (70.1); 2.2 (82.31); 2.2 (83.8); 2.10 (102.1); 2.10 (103.3, 18, 20); 2.11 (106.13); 2.17 (119.6, 13, 14, 16, 23); 2.17 (120.2); 2.18 (121.6, 10 (*bis*), 12, 29); 2.19 (123.26, 29, 32); 3.15 (158.9); 3.25 (186.13); 3.25 (187.22); 4.28 (271.14); 5.21 (339.31).
TVDA (*d.* 664), *Bishop of Lindisfarne after Colman.*
Tuda. et Tuda pro illo episcopatu sit functus; 3.26 (189.8)
suscepit pro illo pontificatum Nordanhymbrorum famulus Christi Tuda, ... 3.26 (189.26)
Qua plaga praefatus Domini sacerdos Tuda raptus est de mundo, ... 3.27 (192.5)
Tuda. Vt defuncto Tuda, Vilfrid in Gallia, Ceadda . . . sint ordinati episcopi. 3.28 (194.16)
TVFA. tufam. illud genus uexilli, quod Romani tufam, Angli appellant thuuf, ante eum ferri solebat. . . 2.16 (118.20)
TVGVRIVM. tugurium. Qui cum ad tugurium martyris peruenissent, ... 1.7 (18.25)
Excubabat . . . ante tugurium pauperis uulgus sine numero; 1.19 (37.26)
Hunc ergo adduci praecipit episcopus, et ei in conseptis eiusdem mansionis paruum tugurium fieri, . 5.2 (283.28)
TVIDI, *the Tweed.*
Tuidi. Intrauit . . . monasterium Mailros, quod in ripa Tuidi fluminis positum tunc abbas Eata, . . . regebat, ... 4.27 (269.2)
ad monasterium Mailros, quod Tuidi fluminis circumflexu maxima ex parte clauditur, peruenit; . . 5.12 (304.20)
TVITIO. tuitionem. uolens scilicet tuitionem eis, quos et quorum doctrinam susceperat, praestare. . 2.5 (90.16)
ipsi essent ministri Domini . . . ad tuitionem nostri monasterii missi ab ipso de caelis.' 4.14 (235.21)
TVM. 1.6 (18.3); 1.7 (19.15); 1.7 (19.23); 1.7 (21.15); 1.7 (21.20); 1.12 (27.10); 1.14 (29.21); 1.15 (32.7); 1.17 (34.11); 1.17 (34.19); 1.17 (34.21); 1.18 (36.6); 1.20 (39.5); uar. 1.21 (40.22); 1.34 (72.2); 2.2 (82.14); 2.12 (109.12); 3.5 (137.12); 3.13 (153.30); 3.24 (178.21); 3.25 (182.4); 3.25 (184.2); 3.25 (184.18); 4.6 (218.13); 4.30 (276.25); 5.9 (298.11); 5.9 (298.22); 5.11 (302.10); 5.13 (312.8); 5.19 (328.4).
TVMBA. tumba. Est autem locus idem sepulchri tumba lignea in modum domunculi facta coopertus, . . 4.3 (212.16)
tumba. scriptumque in tumba ipsius epitaphium huiusmodi: 2.1 (79.8)
Scriptum uero est in tumba eiusdem Augustini epitaphium huiusmodi: 2.3 (86.14)
Hic sacer in tumba pausat cum corpore praesul, ... 5.8 (295.9)
tumbae. ibi reside, et quietus manens adhere tumbae. 3.12 (151.5)
tumbam. uexillum eius super tumbam auro et purpura conpositum adposuerunt, ... 3.11 (148.30)
Vt ad tumbam eius sit puerulus a febre curatus. 3.12 (150.26)
sedentemque ad tumbam sancti infirmitas tangere nequaquam praesumsit; 3.12 (151.9)
Vt quidam ad tumbam eius sit a paralysi sanatus. 4.31 (278.1)
ut ad ecclesiam, . . . perueniens, intraret ad tumbam reuerentissimi patris Cudbercti, . . . 4.31 (278.20)
tumbo. scriptumque in tumba [tumbo] ipsius epitaphium huiusmodi: . . . . uar. 2.1 (79.8)
Scriptum uero est in tumba [tumbo] eiusdem Augustini epitaphium huiusmodi: . . . . . uar. 2.3 (86.14)
TVMEO. tumet. Aut hic Campano gramine corda tumet.' 1.10 (24.15)
TVMIDVS, a, um. **tumida.** Et cum orationem conpleret, simul tumida aequora placauit; 5.1 (282.13)
tumidus. Ecce quondam tumidus, iam substratus sanctorum pedibus seruit oceanus, ... 2.1 (78.12)
TVMOLVS. tumolo. qui et morienti illi, et eleuatae de tumulo [tumolo] adfuit; . . . . . uar. 4.19 (245.14)
TVMOR. tumor. Erat in eo quidam adulescens, cui tumor deformis palpebram oculi fedauerat; . . . 4.32 (279.25)
tametsi tumor adhuc brachii manere uidetur.' 5.3 (286.21)
tumore. cum praefato tumore ac dolore maxillae siue colli premeretur, ... 4.19 (246.5)
tumorem. totum inflati corporis absumsisse ac sedasse tumorem. 1.1 (13.6)
qui referre erat solitus, quod illa infirmata habuerit tumorem maximum sub maxilla; 4.19 (245.15)
'Iusseruntque me,' inquit, 'incidere tumorem illum, ut efflueret noxius umor, qui inerat; 4.19 (245.16)
aliquandiu tumorem illum infestum horum adpositione conprimere ac mollire curabat. 4.32 (280.19)
ac uersum in tumorem adeo, ut uix duabus manibus circumplecti posset, ... 5.3 (285.17)
tumoris. dum mihi nunc pro auro et margaritis, de collo rubor tumoris ardorque promineat.' . . . 4.19 (246.12)
ac si nil umquam in eo deformitatis ac tumoris apparuisset. 4.32 (280.29)
continuo fugatum dolorem membrorum fuga quoque tumoris horrendi secuta est; 5.3 (286.23)
TVMVLO. tumulandi. Vnde facta difficultate tumulandi, cogitabant aut aliud quaerere loculum, . . . 4.11 (227.5)
tumulando. Cuius corpori tumulando praeparauerant sarcofagum lapideum; 4.11 (226.32)
tumulata. Virginis alma caro est tumulata bis octo Nouembres, ... 4.20 (248.19)

tumulata. in qua etiam sequentium archiepiscoporum omnium sunt corpora tumulata . . . 2.3 (86.8)
ut ossa famulorum famularumque Christi, quae ibidem fuerant tumulata, tollerentur, . . . 4.10 (224.14)
TVMVLTVS. tumultibus. repentinis bellorum tumultibus undique circumuentus . . . 1.2 (14.31)
tumultu. in ipso tumultu etiam alium de militibus, . . . sica nefanda peremit. . . . 2.9 (99.16)
tumultum. quae excitata in tumultum propter non redhibitos transfugas uidebatur; . . . 1.3 (15.8)
tumultus. Cum . . . tumultus inruentium turbarum non facile ferret, . . . 3.19 (167.25)
TVMVLVS. tumulo. medicus Cynifrid, qui et morienti illi, et eleuatae de tumulo adfuit; . . . 4.19 (245.14)
uidique eleuatum de tumulo, et positum in lectulo corpus . . . 4.19 (245.30)
Nec putet in tumulo uirginis alma caro. . . . 4.20 (248.20)
tumulum. Corpore nam tumulum, mente superna tenet. . . . 5.7 (293.28)
TVNBERCT (*fl.* 684), *Abbot of Gilling and Bishop of Hexham.*
Tunbercto. Electus est autem primo in episcopatum Hagustaldensis ecclesiae pro Tunbercto, . . . 4.28 (273.7)
Tunberctum. duos addidit antistites, Tunberctum ad ecclesiam Hagustaldensem, . . . et Trumuini . 4.12 (229.23)
TVNC. 1.1 (11.4); 1.6 (17.13); 1.14 (29.25); 1.15 (30.29); 1.21 (40.6); 1.24 (43.28); 1.27 (59.17); uar. 1.27 (60.24); 1.27 (61.13); 1.27 (61.14); 2.1 (74.30); 2.3 (85.12); 2.9 (97.26); 2.9 (99.6); 2.14 (114.30); 2.14 (115.15); 3.4 (134.30); 3.7 (139.23); 3.7 (140.20); 3.7 (141.16); 3.7 (141.28); 3.11 (150.21); 3.12 (151.7); 3.12 (151.15); 3.14 (154.15); 3.14 (155.10); 3.17 (160.31); 3.19 (166.5); 3.23 (175.28); 3.24 (178.18); uar. 3.24 (178.21); 3.24 (179.2); 3.25 (183.17); uar. 3.25 (184.2); 3.25 (185.30); 3.25 (188.5); 3.26 (191.3); 3.28 (195.15); 4.1 (201.11); 4.1 (204.1); 4.3 (206.19); 4.3 (210.25); 4.11 (225.27); 4.11 (226.12); 4.12 (227.21); 4.12 (229.25); 4.13 (230.23); 4.14 (232.29); 4.14 (233.9); 4.14 (233.20); 4.16 (237.8); 4.16 (237.29); 4.18 (242.9); 4.19 (244.10); 4.19 (245.35); 4.22 (251.5); 4.23 (255.6); 4.23 (255.14); 4.23 (257.8); 4.23 (257.20); 4.23 (258.6); 4.25 (265.6); 4.25 (266.1); 4.26 (267.30); 4.27 (269.2); 4.27 (270.21); 4.32 (279.23); 4.32 (280.14); 4.32 (280.24); 5.3 (285.9); 5.5 (288.8); 5.6 (289.8); 5.6 (290.25); 5.11 (301.22); 5.13 (311.18); 5.13 (311.20); 5.13 (312.11); 5.14 (314.21); 5.17 (319.16); 5.18 (321.16); 5.19 (325.31); 5.19 (329.25); 5.21 (345.3); 5.24 (354.6).
TVNNA (*fl.* 679), *Abbot of Tunnacaestir.*
Tunna. Habebat enim germanum fratrem, cui nomen erat Tunna, . . . 4.22 (250.17)
TVNNACAESTIR, *unidentified; Towcester, Doncaster, and Littleborough on the Trent have been suggested, but unconvincingly.*
Tunnacaestir. Habebat . . . fratrem, . . . in ciuitate, quae hactenus ab eius nomine Tunnacaestir cognominatur; . . . 4.22 (250.18)
TVRBA. turba. innumera hominum eodem die ad Dominum turba conuersa est. . . . 1.18 (37.4)
quicquid custodire temtauerat turba, consumitur; . . . 1.19 (37.20)
Exultat turba miraculo, . . . 1.19 (37.24)
turba. adstante episcopo, . . . et turba hominum non modica, . . . 4.11 (227.12)
turbam. et multam populi turbam in fluuio Treenta, . . . 2.16 (117.24)
considero turbam malignorum spirituum, . . . 5.12 (306.12)
turbarum. Cum . . . tumultus inruentium turbarum non facile ferret, . . . 3.19 (167.26)
turbas. gentis eiusdem turbas ad catholicam temporis paschalis obseruantiam sua praedicatione correxit; 5.21 (345.6)
turbis. montem cum turbis reuerentissimus Dei confessor ascendit; . . . 1.7 (20.26)
TVRBO. turbari. confundi atque turbari a summorum contemplatione cogebatur. . . . 1.27 (58.17)
turbata. At illa merito turbata de tali praesagio uocauit ad se uirum, . . . 4.25 (264.25)
turbatam. Dein turbatam incursione gentilium prouinciam uidens, . . . 3.19 (168.8)
audiens Theodorus fidem ecclesiae Constantinopoli per heresim Eutychetis multum esse turbatam, . 4.17 (238.28)
turbati. Tum beatus Lupus omnesque turbati excitant seniorem . . . 1.17 (34.21)
turbatis. Turbatis itaque rebus Nordanhymbrorum huius articulo cladis, . . . 2.20 (125.26)
turbatum. in ira suum oculum turbatum dolebat; . . . 1.27 (58.16)
et tamen molesta, qua turbatum se aliquem reatum incurrisse aestimabat. . . . 1.27 (58.19)
turbatus. 'Turbatus est prae ira oculus meus.' . . . 1.27 (58.13)
TVRBO. turbinibus. furentibus autem foris per omnia turbinibus hiemalium pluuiarum uel niuium, . 2.13 (112.10)
turbo. At ubi turbo persecutionis quieuit, . . . 1.8 (22.7)
TVRONI, *Tours.*
Turonis. corpusque eius . . . Turonis delatum atque honorifice sepultum est. . . . 4.18 (242.21)
TVRPIS, e. **turpi.** si tamen dormientis mentem turpi imaginatione non concusserit. . . . 1.27 (60.19)
Sin uero ex turpi cogitatione uigilantis oritur inlusio dormientis, . . . 1.27 (60.26)
turpibus. animus, . . . turpibus imaginationibus non fedetur. . . . 1.27 (60.21)
turpis. turpibus [turpis] imaginationibus non fedetur. . . . uar. 1.27 (60.21)
turpos. turpibus [turpos] imaginationibus non fedetur. . . . uar. 1.27 (60.21)
TVRPITVDO. turpitudinem. Et sacra lex prohibet cognationis turpitudinem reuelare. . . . 1.27 (50.34)
'Turpitudinem patris tui non reuelabis.' . . . 1.27 (51.4)
Neque enim patris turpitudinem filius reuelare potest. . . . 1.27 (51.5)
qui turpitudinem nouercae, . . . reuelare praesumserit, . . . 1.27 (51.7)
profecto patris turpitudinem reuelauit. . . . 1.27 (51.8)
TVRRIS. turres. turres per interualla ad prospectum maris conlocant, . . . 1.12 (27.29)
turribus. quae et ipsa muris turribus, portis, ac seris erant instructa firmissimis. . . . 1.1 (10.28)
crebris insuper turribus conmunitum, . . . 1.5 (17.2)
sed et plurimi eiusdem urbis muri cum LVII turribus conruerunt; . . . 1.13 (29.9)
humili sine turribus muro per extrema plani uerticis instructo; . . . 5.16 (317.14)
TVTAMENTVM. tutamentum. in tutamentum coepit obseruantiae regularis habere; . . . 2.1 (75.6)
TVTIOR, ius. **tutiore.** seorsum in tutiore loco consistere, . . . 2.2 (84.7)
TVTIVS. et hoc esse tutius communi consilio decernebant. . . . 1.23 (42.28)
TVTOR. tutandam. eiusque tutandam patrocinio gens correcta gaudebat. . . . 5.21 (346.12)
tutando. ut uitam suam a tanti persecutoris insidiis tutando seruaret; . . . 2.12 (107.22)
tutaretur. ut causam Dei, quam prius obtinuerat, tutaretur. . . . 1.21 (40.3)
TVTVS, a, um. **tuta.** secundis flatibus nauis tuta uolabat. . . . 1.17 (34.11)
posta solummodo, in qua puluis ille inclusus pendebat, tuta ab ignibus et intacta remansit. . . . 3.10 (147.21)
tuto. euentumque discriminis tuto in loco exspectabat. . . . 3.24 (178.11)
TVVS, a, um. **tua.** 1.25 (46.26); 1.27 (48.28); 1.27 (49.22); 1.27 (50.1); 1.27 (53.1); 1.29 (64.12); 2.8 (96.29); 4.27 (270.31); 5.21 (342.34).
tua. 1.25 (46.26, 27); 2.1 (78.32).
tua. 4.22 (251.10).
tuae. Praef. (5.7); 1.27 (53.5, 6); 1.29 (64.3, 16); 1.32 (68.6); 2.12 (108.30); 2.12 (109.15); 4.29 (275.3); 5.24 (360.4).
tuae. 1.27 (53.22); 1.29 (63.26); 2.8 (96.23); 2.12 (108.8); 5.21 (344.14).
tuam. 1.27 (52.11); 1.27 (54.4); 1.30 (66.1); 1.31 (66.15); 3.29 (197.18); 4.25 (265.26); 5.21 (344.27); 5.21 (345.12); 5.24 (360.6).
tuarum. 2.11 (106.2); 5.19 (329.18).
tui. 1.27 (51.5); 2.18 (121.15); 4.29 (274.28).
tui. 3.25 (188.8); 3.25 (188.12).
tui. 4.20 (248.21); 4.20 (248.22); 4.29 (275.1).
tuis. 2.12 (109.3); 5.21 (345.17).
tuis. 2.8 (96.32); 2.12 (109.16); 2.13 (112.8); 2.13 (112.17); 4.25 (265.27).
tuo. 2.11 (106.8).

tuo. 5.21 (344.30).
tuo. 5.21 (333.18).
tuo. 1.31 (66.24); 2.1 (79.9).
tuorum. 2.1 (78.34); 2.13 (111.25); 5.19 (329.13).
tuorum. uar. 2.11 (106.2).
tuos. 2.12 (109.7); 5.12 (309.3); 5.12 (309.4).
tuum. 1.29 (64.4); 4.28 (273.25); uar. 4.28 (273.25).
tuum. 1.7 (19.20).
tuus. 1.25 (46.26); 4.9 (223.20).
TYRANNIA. tyranniam. propter uesanam Brettonici regis tyrannidem [tyranniam]. uar. 3.1 (128.13)
TYRANNIS. tyrannide. utpote ubi nuper expulsa diaboli tyrannide Christus iam regnare coeperat; 4.14 (233.1)
tyrannidem. Infaustus ille annus . . . permanet, . . . propter uesanam Brettonici regis tyrannidem. 3.1 (128.13)
nisi contra sacramenti fidem per tyrannidem emersisset, 1.9 (23.12)
TYRANNVS. tyranni. Gratianus et Constantinus in Brittania tyranni creati; 1.11 (24.16)
tyranno. capto atque occiso ab eis Maximo tyranno. 1.9 (23.21)
tyrannorum. quae tyrannorum temeritate abducta 1.12 (25.20)
tyrannus. prouincias Nordanhymbrorum, . . . quasi tyrannus saeuiens disperderet, 3.1 (128.6)
Gratianus municeps tyrannus creatur, et occiditur. 1.11 (24.25)
TYRIVS, a, um. *Tyrian.*
Tyrio. Atque auro ac Tyrio deuotus uestiit ostro. 5.19 (330.13)
TYTILVS, *father of Redwald, King of East Anglia.*
Tytili. Erat autem praefatus rex Reduald natu nobilis, . . . filius Tytili, 2.15 (116.14)

V (*uocal.*)

VBER. uberem. dum creditorum uobis talentorum fidelissimae negotiationis officiis uberem fructum inpendens ei, . . . praeparauit. 2.8 (95.30)
uberes. et beato Petro apostolorum principi uberes merito gratias exsoluamus. 2.11 (106.21)
VBERTAS. ubertate. et situ amplior, et frugum prouentu atque ubertate felicior, 2.9 (97.18)
VBERTIM. Vbi ubertim indicatum est, 1.27 (57.4)
VBI. 1.1 (12.14); 1.1 (13.14); 1.2 (13.28); 1.2 (14.20); 1.5 (16.21); 1.7 (20.1); 1.7 (20.5); 1.7 (20.18); 1.7 (21.27); 1.8 (22.7); 1.12 (26.8); 1.12 (26.19); 1.12 (27.19); 1.12 (28.1); 1.14 (29.19); 1.14 (30.16); 1.15 (31.5); 1.16 (33.6); 1.18 (36.24); 1.18 (36.31); 1.26 (46.31); 1.26 (47.18); 1.27 (56.12); 1.27 (57.4); 1.27 (59.7); 1.33 (70.10); 2.3 (85.16); 2.4 (87.13); 2.5 (90.7); 2.5 (91.3); 2.7 (94.20); 2.7 (94.22); 2.9 (99.6); 2.12 (107.32); 2.12 (108.6); 2.13 (113.23); 2.14 (113.25); 2.14 (115.11); 2.14 (115.15); 2.15 (116.23); 2.15 (116.26); 2.16 (118.9); 2.17 (118.25); 3.2 (128.27); 3.2 (130.25); 3.3 (131.5); 3.3 (132.2); 3.3 (132.8); 3.4 (133.19); 3.4 (133.31); 3.5 (136.16); 3.5 (137.26); 3.7 (139.31); 3.8 (144.13); 3.9 (145.15); 3.9 (145.18); 3.9 (146.4); 3.9 (146.18); 3.9 (146.21); 3.10 (147.24); 3.11 (149.30); 3.14 (155.24); 3.15 (158.5); 3.17 (161.3); 3.18 (162.18); 3.19 (164.3); 3.19 (164.26); 3.19 (166.22); 3.19 (168.24); 3.21 (171.11); 3.22 (172.27); 3.22 (172.31); 3.23 (175.18); 3.23 (176.8); 3.24 (179.28); 3.25 (184.20); 3.26 (190.21); 3.28 (195.9); 3.30 (199.24); 4.1 (201.19); 4.1 (203.29); 4.1 (204.5); 4.2 (206.4); 4.3 (207.10); 4.7 (219.9); 4.8 (220.28); 4.9 (223.2); 4.10 (225.3); 4.12 (228.13); 4.13 (232.7); 4.14 (233.1); 4.16 (237.17); 4.16 (237.23); 4.19 (243.28); 4.19 (244.3); 4.19 (246.22); 4.19 (246.32); 4.20 (248.17); 4.22 (250.12); 4.23 (253.15); 4.23 (255.2); 4.23 (255.33); 4.23 (257.32); 4.23 (258.11); 4.23 (258.22); 4.24 (259.16); 4.25 (263.11); 4.26 (267.15); 4.26 (267.28); 4.29 (275.24); 4.30 (276.24); 4.30 (277.14); 5.1 (282.5); 5.2 (283.11); 5.3 (285.10); 5.3 (286.19); 5.10 (300.31); 5.10 (301.6); 5.10 (301.12); 5.12 (307.1); 5.12 (308.34); 5.12 (310.10); 5.14 (314.32); uar. 5.14 (314.33); 5.15 (316.26); 5.16 (317.18); 5.16 (318.16); 5.17 (318.29); 5.17 (319.1); 5.17 (319.17); 5.19 (322.14); 5.19 (322.29); 5.19 (322.30); 5.19 (323.27); 5.19 (325.5); 5.19 (326.11); 5.19 (326.20); 5.19 (327.29); 5.19 (328.1); 5.19 (328.31); 5.21 (334.13); 5.21 (335.18); 5.21 (339.13); 5.21 (343.28).
VBICVMQVE. quatinus ubicumque aliquos uel diuites uel pauperes incedens aspexisset, 3.5 (136.2)
qui cum eo erant, ubicumque locorum deuenissent. 3.5 (136.13)
gratias agendi Domino semper ubicumque sedens, 3.12 (151.24)
ubicumque perueniebat, 3.13 (153.34)
ubicumque sibi oportunum inueniret, 3.19 (163.26)
ubicumque clericus aliqui aut monachus adueniret, 3.26 (191.6)
ut, ubicumque potuissent, quieti manerent. 4.1 (203.22)
ubicumque longius iter instaret, 4.3 (206.26)
et ubicumque rogabatur, ad docenda ecclesiae carmina diuertens. 4.12 (228.21)
eosque, ubicumque poterat, amicis per monasteria commendans, 4.26 (267.22)
ubicumque maximum ei dolorem inesse didicisset, 5.4 (287.22)
ubicumque ea peruenisse contingeret, 5.10 (300.34)
VBILIBET. nec non et incedente illo ubilibet per plateas, . . . tufam, . . . ante eum ferri solebat. 2.16 (118.19)
VBIQVE. bellum ubique et uictoriam undecumque quaesiuit. 1.3 (15.6)
Qui innumeris semper uiuit ubique bonis. 2.1 (79.14)
Ex quo uiuificus fulgor ubique fluit. 5.7 (293.14)
VDVS, a, um. **uda.** numquam ipsa uestimenta uda atque algida deponere curabat, 5.12 (310.19)
VLCISCOR. ulcisci. ne in eis illa ulcisci uideantur, 1.27 (51.24)
VLLATENVS (-TINVS). ullatenus. cum neque suscipere dogma peruersum . . . ullatenus uellent, 1.17 (33.29)
ita ut ne ad os quidem adducere ipsum brachium ullatenus dolore arcente ualeret. 3.2 (130.16)
nec tamen me ullatenus contingere, tametsi terrere praesumebant. 5.12 (306.28)
ullatinus. sed nec ab illo, nec cum illuc duceretur, ullatinus potuit alligari. 4.22 (251.17)
VLLVS, a, um. **ulla.** 1.22 (42.1).
ulla. 1.21 (40.13); 1.25 (45.17); 1.27 (55.2); 2.17 (119.28); 3.25 (188.11, 26); 5.6 (291.11); 5.12 (305.12); 5.12 (310.26); 5.21 (339.12).
ullam. 3.25 (186.25).
ulli. 3.6 (138.2).
ullo. 1.15 (32.26); 4.11 (226.25, 30).
ullo. 1.3 (15.11); 2.13 (112.1).
ullum. 4.5 (216.19).
ullus. 3.28 (195.15); 5.6 (290.15); 5.12 (307.10).
VLTANVS (*d.* 680?), *Abbot of Fosse and Péronne; brother of Fursa.*
Vltanum. Habuit alterum fratrem uocabulo Vltanum, 3.19 (168.3)
VLTERIOR, ius. **ulteriore.** In huius ulteriore ripa . . . hostium multitudo consederat, 1.2 (14.13)
ulteriores. ceterum ulteriores Brittaniae partes, . . . iure dominandi possidebant. 1.11 (25.12)
VLTERIORA. ulteriora. 'At cum me hoc spectaculo tam horrendo perterritum paulatim in ulteriora produceret, 5.12 (305.21)
VLTIMVM. ultimum. ad ultimum furore commoti aiebant: 2.5 (91.24)
ut ad ultimum, relictis regni negotiis, . . . intraret monasterium, 3.18 (162.25)
ad ultimum necessitate cogente promisit se ei innumera . . . ornamenta regia 3.24 (177.15)
ad ultimum, cum tempus iam resolutionis eius instaret, 4.9 (223.13)
sed ad ultimum multorum unanima intentione deuictus: "Facite," inquit, "si uultis, 5.6 (289.26)

VLTIMVS, a, um. **ultima.** Ipsa autem nocte, in cuius ultima parte, . . . supernam migrauit ad lucem, 3.8 (143.18)
ultima. in cuius medio ultima Domini uestigia, caelo desuper patente, ubi ascendit, uisuntur. 5.17 (319.1)
ultima. illaque lingua, . . . ultima quoque uerba in laudem ipsius, . . . clauderet; 4.24 (262.17)
ultimam. Primam quoque et ultimam Ezechielis prophetae partem, . . . demonstrauit. 2.1 (76.28)
ad ultimam senectutem, eidem monasterio strenuissime, . . . praefuit. 4.10 (224.8)
et in Hibernia insula solitarius ultimam uitae aetatem pane cibario et frigida aqua sustentat. 5.12 (309.25)
ultimi. Vltimi autem hi: 5.8 (295.13)
ultimis. de ultimis infra dicendum est, quod eorum primus Hagustaldensis, . . . ecclesiae sit ordinatus episcopus. 4.23 (254.28)
ultimis. cum quibus de duabus ultimis oceani insulis, . . . pugnant.' 3.25 (184.30)
ultimis. et corpus eius in ultimis est monasterii locis humatum, 5.14 (314.26)
ultimo. non hanc primo mensi anni incipientis, sed ultimo potius praeteriti lunam esse adscribendam; 5.21 (339.28)
ultimum. ut adclinis destinae, . . . spiritum uitae exhalaret ultimum. 3.17 (160.7)
ac non multo post infirmitate correptus diem clausit ultimum. 3.19 (168.14)
VII° ergo suae infirmitatis anno, . . . ad diem peruenit ultimum, 4.23 (256.27)
ibique diem clausit ultimum. 5.11 (302.28)
in precibus, ieiuniis, et elimosynis usque ad diem permansit ultimum; 5.19 (322.3)
ultimus. quorum ultimus natione Scottus, ceteri fuere de Anglis. 3.21 (170.19)
possit inueniri, qui mensis iuxta computum lunae primus anni, qui esse debeat ultimus. 5.21 (339.2)

VLTIO. ultio. acrior gentem peccatricem ultio diri sceleris secuta est. 1.14 (30.15)
quaeue illos spernentes ultio secuta sit. 2.2 (81.8)
ultione. ut etiam temporalis interitus ultione sentirent perfidi, 2.2 (84.32)
utrumque rex Brettonum Ceadualla impia manu, sed iusta ultione peremit. 3.1 (128.1)
ultionem. Vltionem suam innocens exercitus intuetur, 1.20 (39.16)
per horum manus ultionem essent mortis passuri. 2.2 (83.31)
ultiones. iustas de sceleribus populi Dei ultiones expetiit, 1.15 (32.16)
ultionis. Et cum dicerent, 'Pax et securitas,' extemplo praefatae ultionis sunt poena multati. 4.25 (265.33)

VLTOR. ultori. sed debita solummodo multa pecuniae regi ultori daretur. 4.21 (249.16)

VLTRA. 1.3 (15.13); 1.11 (25.13); 1.12 (25.21); 1.12 (27.10, 30); 1.19 (37.22); 1.27 (60.9); 2.9 (97.20); 2.9 (100.7); 2.13 (113.22); 3.4 (134.22); 3.7 (139.12, 19); 3.16 (159.21); 3.26 (191.2); 4.14 (234.17); 4.16 (238.19); 4.25 (264.1); 4.28 (271.4); 4.28 (272.6, 7); 4.29 (274.23); 4.29 (275.11); 5.2 (284.13); 5.13 (311.29); 5.23 (350.16).

VLTRIX. ultricibus. quia uideret . . . Caiphanque cum ceteris, . . . iuxta eum flammis ultricibus contraditum: 5.14 (314.17)

VLTRO. quod se ille ultro pro hospite, . . . militibus offerre, 1.7 (19.4)
qui se ultro persecutoribus fidei Christianum esse prodiderat, 1.7 (19.12)

VMBRA. umbras. Et cum progrederemur 'sola sub nocte per umbras,' 5.12 (305.26)

VMERVS, *see* **HVMERVS.**

VMOR. umor. 'Iusseruntque me,' inquit, 'incidere tumorem illum, ut efflueret noxius umor, qui inerat; 4.19 (245.17)
umorem. quia portat in ramo umorem uitii, quem traxit ex radice. 1.27 (58.4)
umorum. atque idcirco umorum receptacula grauantur, 1.27 (60.10)

VMQVAM. 1.1 (10.13); 1.32 (69.12); 2.12 (109.16); 3.2 (131.2); 3.5 (136.25); 3.12 (151.11); 4.2 (205.4); 4.2 (205.27); 4.3 (211.13); 4.24 (259.9); 4.25 (263.4); 4.32 (280.28); 5.2 (283.23); 5.2 (283.25); 5.13 (312.6).

VNA. 1.7 (21.14); 1.25 (46.5); 1.28 (62.21); 2.2 (83.20); 2.4 (88.23); 3.3 (132.23); 3.4 (133.19); 3.17 (160.22); 3.18 (163.11); 3.25 (189.5); 3.29 (198.23); 4.1 (203.9); 4.5 (214.23); 4.17 (239.13); 4.24 (261.26); 4.26 (267.31); 4.28 (272.21); 5.3 (286.25); 5.4 (287.13); 5.8 (294.26); 5.19 (328.16); 5.20 (331.23); 5.21 (345.14).

VNANIMIS, e. **unanimes.** qui habitare facit unanimes in domu Patris sui, 2.2 (81.29)

VNANIMITER. pro Christi zelo agenda disponant unanimiter; 1.29 (64.10)

VNANIMVS, a, um. **unanima.** quo et Colman episcopus unanima catholicorum intentione superatus ad suos reuersus est, 4.1 (201.5)
Quo dum perueniret, quamuis multum renitens, unanima cunctorum uoluntate superatur, 4.28 (272.28)
sed ad ultimum multorum unanima intentione deuictus: "Facite," inquit, "si uultis, 5.6 (289.26)
unanimo. et unanimo consensu auxilium caeleste precantes, 1.16 (33.9)
unanimo omnium consensu firmatum est, ut nomen et memoria apostatarum . . . aboleri deberet, 3.9 (145.3)
contigit, ut . . . unanimo omnium consensu ad episcopatum ecclesiae Lindisfarnensis eligeretur. 4.28 (272.17)

VNCINATVS, a, um. **uncinata.** At contra non cessant uncinata hostium tela; 1.12 (28.3)

VNDA. unda. omnes fide Christi institutos, unda baptismatis abluit; 4.13 (232.23)
nec multo post plene curatus uitali etiam unda perfusus sum.' 5.6 (291.28)
undam. uidit undam suis cessisse ac uiam dedisse uestigiis. 1.7 (20.16)
Nam maxima exercitus multitudo undam lauacri salutaris expetiit, 1.20 (38.19)
undas. quae perditis nonnulla ex parte his, . . . rebus, ipsam in latus iacentem inter undas relinqueret; 5.9 (298.10)
undis. bis cotidie instar insulae maris circumluitur undis, 3.3 (132.5)
et quidem inprimis furentibus undis pelagi, temtabant nautae anchoris . . . nauem retinere, 3.15 (158.12)
Cumque euadentes ad terram, nauiculam quoque nostram ab undis exportaremus, 5.1 (282.17)
solebat . . . saepius in eo supermeantibus undis inmergi; 5.12 (310.14)

VNDALVM, *see* **IN VNDALVM.**

VNDE. 1.1 (9.15); 1.1 (11.3); 1.2 (13.25); 1.2 (14.22); 1.3 (15.29); 1.7 (18.24); 1.11 (24.30); 1.12 (27.1); 1.12 (28.8); 1.14 (30.14); 1.19 (37.7); 1.27 (50.4); 1.27 (50.34); 1.27 (54.28); 1.27 (56.14); 1.27 (57.7); 1.27 (61.24); 1.31 (66.16); 1.31 (66.21); 1.32 (68.19); 1.33 (71.3); 1.34 (71.21); 2.2 (82.17); 2.2 (82.29); 2.2 (83.3); 2.7 (94.13); 2.10 (102.1); 2.10 (102.13); 2.10 (103.3); 2.11 (105.12); 2.11 (105.24); 2.12 (109.32); 2.13 (111.31); 2.13 (112.19); 2.13 (112.32); 3.1 (128.13); 3.4 (133.27); 3.5 (135.21); 3.7 (139.14); 3.7 (141.1); 3.8 (143.24); 3.9 (145.17); 3.11 (148.16); 3.11 (148.23); 3.12 (151.29); 3.14 (155.32); 3.14 (157.10); 3.17 (160.5); 3.17 (160.34); 3.17 (162.6); 3.24 (179.7); 3.25 (182.1); 3.25 (182.12); 3.25 (182.21); 3.25 (182.35); 3.25 (184.1); 3.25 (184.12); 3.25 (186.13); 3.25 (187.33); 3.26 (191.4); 3.27 (194.2); 3.28 (195.8); 3.28 (195.27); 4.4 (213.9); 4.11 (225.22); 4.11 (226.11); 4.11 (227.4); 4.12 (229.18); 4.13 (231.12); 4.13 (232.11); 4.16 (237.11); 4.16 (238.23); 4.18 (242.10); 4.19 (245.5); 4.19 (246.31); 4.22 (251.7); 4.22 (252.11); 4.24 (259.9); 4.24 (259.14); 4.24 (260.18); 4.24 (260.25); 4.24 (261.14); 4.25 (263.35); 4.25 (264.26); 4.25 (265.21); 4.28 (272.3); 5.9 (296.5); 5.9 (296.15); 5.10 (299.12); 5.14 (314.9); 5.19 (324.6); 5.19 (325.11); 5.19 (329.29); 5.21 (335.33); 5.21 (345.33); 5.23 (348.24).

VNDECIM. XI. quae baptizata est . . . cum XI aliis de familia eius. 2.9 (99.32)
quod ipse annos XI et menses VII tenuit. 4.5 (217.23)
Vt corpus illius post XI annos sepulturae sit corruptionis inmune reppertum; 4.30 (276.5)
transactis sepulturae eius annis XI, inmisit in animo fratrum, ut tollerent ossa illius, 4.30 (276.11)
cui succedens in imperium filius suus Osred, puer octo circiter annorum, regnauit annis XI. 5.18 (320.8)
cum quo et alii XI episcopi ad dedicationem antistitis conuenientes, 5.19 (325.32)
cum ipse regni, quod XI annis gubernabat, successorem fore Ceoluulfum decreuisset, 5.23 (349.21)

VNDECIMVS, a, um. **XI.** regni autem sui, quod XX et IIII annis tenuit, anno XI, 1.34 (72.1)
accepit rex Aeduini . . . fidem et lauacrum . . . anno regni sui XI, 2.14 (113.29)

VNDECVMQVE. bellum ubique et uictoriam undecumque quaesiuit. 1.3 (15.6)
quia multitudo pauperum undecumque adueniens maxima per plateas sederet, 3.6 (138.17)
Collectis ergo undecumque retibus anguillaribus, 4.13 (231.30)
Narrabat autem uisiones suas etiam regi Aldfrido, uiro undecumque doctissimo; 5.12 (309.32)
Scripsit et alia nonnulla, utpote uir undecumque doctissimus; 5.18 (321.8)

adquisitis undecumque reliquiis beatorum apostolorum et martyrum Christi, ... 5.20 (331.19)
VNDEQVADRAGESIMVS, a, um. **XXXIX.** ex quo autem Brittaniam uenit, XXXIX. 5.20 (331.6)
VNDESEXAGESIMVS, a, um. **LVIIII.** Ex quo tempore accepti presbyteratus usque ad annum aetatis meae LVIIII, . . . curaui: 5.24 (357.20)
VNDEVICESIMVS, a, um. **XIX.** Mauricio Tiberio piissimo Augusto anno XIX, ... 1.28 (62.29)
Mauricio Tiberio piissimo Augusto anno XIX, ... 1.30 (66.6)
XVIIII. Mauricio Tiberio piissimo Augusto anno XVIIII, ... 1.29 (64.22)
Mauricio Tiberio piissimo Augusto anno XVIIII, ... 1.32 (70.5)
eclypsis facta est solis XVIIII, Kal. Sep. circa horam diei tertiam, ... Cont. (361.6)
VNDEVIGINTI. X et nouem. quam ille susceptam per VIIII [x et nouem] annos tenuit. . . . . . uar. 4.1 (201.11)
X et VIIII. qui x et VIIII annos, menses duos, dies XXI episcopatum tenuit; 3.14 (154.17)
circulum x et VIIII annorum posuit, ... 3.25 (187.15)
Aldfridi regis, qui post fratrem suum Ecgfridum genti Nordanhymbrorum x et VIIII annis praefuit. 5.1 (282.28)
VNDIQVE. 1.2 (14.31); 2.9 (99.15); 3.14 (156.2); 3.15 (158.14); 4.13 (232.10); 4.19 (244.33); 4.30 (276.26).
VNDIQVEVERSVM. inuenimus nos undiqueuersum pari tempestate praeclusos, ... 5.1 (282.3)
Qui cum undiqueuersum hostibus et caecitate tenebrarum conclusus, huc illucque oculos circumferrem, 5.12 (306.29)
VNIANIMIS, e. **unianimem.** omniumque unianimem in fide catholica repperit consensum; 4.17 (239.1)
VNIANIMVS, a, um. **unianimam.** quoties per fraternos affatus unianimam dilectionem quadam contemplatione alternis aspectibus repraesentat. 2.18 (120.28)
VNIGENITVS, a, um. **unigenitum.** qui pro uestra redemtione Filium suum unigenitum misit, . . . 2.10 (103.20)
glorificantes Deum Patrem sine initio, et Filium eius unigenitum ex Patre generatum 4.17 (240.21)
VNITAS. unitas. Quomodo ergo unitas uobis coniunctionis inesse dici poterit, ... 2.11 (105.20)
hos quoque unitas fidei etiam post huius uitae transitum in perpetua societate conseruet. . . . 2.11 (105.28)
unitate. quibus eos in unitate catholica confirmare satagit. 2.4 (88.10)
et Sancti Spiritus unitate dispensans, ... 2.10 (101.12)
Diuina nos gratia in unitate sanctae suae ecclesiae uiuentes custodiat incolumes. 4.5 (217.18)
confitemur . . . trinitatem in unitate consubstantialem et unitatem in trinitate, ... 4.17 (239.26)
unitatem. Scottos unitatem sanctae ecclesiae maxime in pascha obseruando sequi monuerit, . . . 2.4 (86.23)
obsecrans eos et contestans unitatem pacis et catholicae obseruationis cum ea, . . . tenere; . . . 2.4 (87.21)
unitatemque ecclesiae conseruandam, prosecutus sum. 4.5 (215.20)
confitemur . . . trinitatem in unitate consubstantialem et unitatem in trinitate, ... 4.17 (239.27)
plurimos . . . ad unitatem reduxit catholicam, ... 5.15 (316.5)
unitati. unitati se sanctae Christi ecclesiae credendo sociare. 1.26 (47.23)
Sed et alia plurima unitati ecclesiasticae contraria faciebant. 2.2 (81.21)
Quibus pariter congregatis, diligenter ea, quae unitati pacis ecclesiasticae congruerent, . . . coepit obseruanda docere. 4.5 (214.25)
si fide et operibus unitati catholicae fauerint; 5.21 (344.5)
quae unitati catholicae et apostolicae ecclesiae concinnant, ... 5.21 (345.13)
unitatis. ut uir unitatis ac pacis studiosissimus ante ad uitam raperetur aeternam, ... 5.15 (316.13)
quod cum fratribus, quos ad unitatis gratiam conuerterat, inchoauit, ... 5.22 (347.30)
VNIVERSALIS, e. **uniuersalem.** ne contra uniuersalem ecclesiae morem uel in obseruantia paschali, uel in aliis quibusque decretis . . . uiuere praesumeret, ... 5.15 (315.21)
uniuersales. et generaliter omnes sancti et uniuersales synodi, et omnis probabilium catholicae ecclesiae doctorum chorus. 4.17 (239.21)
uniuersales. Suscipimus sanctas et uniuersales quinque synodos beatorum et Deo acceptabilium patrum; 4.17 (240.1)
uniuersali. numquid uniuersali, quae per orbem est, ecclesiae Christi eorum est paucitas uno . . . praeferenda? 3.25 (188.12)
uniuersali. et catholicae pacis ac ueritatis cum uniuersali ecclesia particeps existere gaudet. . . 5.23 (351.7)
uniuersalis. uniuersalis gentium confessio, suscepto Christianae sacramento fidei, protestetur. . . . 2.8 (96.19)
uniuersalis. 'in multis quidem nostrae consuetudini, immo uniuersalis ecclesiae contraria geritis; . 2.2 (83.15)
antequam cognosceremus, credentes, quod iuxta morem uniuersalis ecclesiae ingrederentur, . . . 2.4 (87.32)
quod Scotti dominicum paschae diem contra uniuersalis ecclesiae morem celebrarent. 3.25 (181.17)
si audita decreta sedis apostolicae, immo uniuersalis ecclesiae, . . . sequi contemnitis, ... 3.25 (188.9)
VNIVERSI. uniuersis. libenter auditus ab uniuersis, inmutauit . . . inueteratam illam traditionem . . 5.22 (346.28)
uniuersorum. ut uniuersorum iudicio, quid uel unde esset, quod referebat, probaretur. 4.24 (260.17)
'Vbi cum uenissemus,' inquit, 'et magno uniuersorum gaudio suscepti essemus, ... 5.3 (285.10)
uniuersorum iudicio absque crimine accusatus fuisse, et episcopatu esse dignus inuentus est. . . 5.19 (326.21)
uniuersos. collegam commonet, hortatur uniuersos, ... 1.17 (34.25)
Tum subito Germanus signifer uniuersos admonet, ... 1.20 (39.5)
bello inito uniuersos, quos in necem suam conspirasse didicerat, aut occidit, ... 2.9 (100.3)
quin uniuersos atrocitate ferina morti per tormenta contraderet, ... 2.20 (125.12)
VNIVERSITAS. uniuersitas. Itaque regionis uniuersitas in eorum sententiam promta transierat. . . 1.17 (35.11)
VNIVERSVM. uniuersa. Deum uerum ac uiuum, qui uniuersa creauit, ... 1.7 (19.22)
Itaque Theodorus perlustrans uniuersa, ordinabat locis oportunis episcopos, ... 4.2 (205.20)
VNIVERSVS, a, um. **uniuersa.** immolabitque eum uniuersa multitudo filiorum Israel ad uesperam." 5.21 (334.21)
uniuersa. quia hoc obseruare tempus paschae cum uniuersa mea gente perpetuo uolo; 5.21 (346.1)
uniuersa. et per eos generaliter uniuersa, ... 1.29 (63.7)
bona aliqua fecit, quae tamen uniuersa praue agendo iuuenis obnubilauit. 5.13 (313.17)
uniuersae. Hic est inpraesentiarum uniuersae status Brittaniae, ... 5.23 (351.24)
uniuersam. Dominis carissimis fratribus episcopis uel abbatibus per uniuersam Scottiam 2.4 (87.26)
uniuersas. mittebantur ad transcribendum, . . . per uniuersas Pictorum prouincias circuli paschae decennouenales, ... 5.21 (346.7)
uniuersis. Baptizatus est . . . cum omnibus, qui secum uenerant, comitibus ac militibus, eorumque famulis uniuersis 3.21 (170.14)
testimonium habens ab uniuersis fratribus, ... 4.31 (278.5)
uniuersis. sed suas potius traditiones uniuersis, . . . ecclesiis praeferrent, ... 2.2 (81.25)
uniuersis. militaribus copiis uniuersis, . . . spoliata, ... 1.12 (25.19)
uniuerso. cum epistulis, quas idem pontifex . . . Laurentio et clero uniuerso, . . . direxit. . . . 2.4 (88.25)
uniuerso. sicut in uniuerso orbe terrarum, . . . ad praedicandum gentibus paganis dirigeret, . . . 2.4 (87.28)
congaudente uniuerso populo, uitae caelestis institutio cotidianum sumeret augmentum, ... 3.22 (173.14)
uniuerso. inter omnes tamen, quas uel in ecclesia, uel in uniuerso hominum genere repperimus tonsuras, 5.21 (342.25)
uniuersos. Nec solum inclyti fama uiri Brittaniae fines lustrauit uniuersos, ... 3.13 (152.8)
uniuersum. Loquimini ad uniuersum coetum filiorum Israel et dicite eis: 5.21 (334.17)
VNVS, a, um. **una.** Sequitur una uox omnium, ... 1.20 (39.8)
una uidelicet episcopo et familiae propter hospitalitatem atque susceptionem, ... 1.27 (48.25)
Cum una sit fides, sunt ecclesiarum diuersae consuetudines, ... 1.27 (49.18)
id est camisia cum ornatura in auro una, et lena Anciriana una; 2.10 (104.3)
etiam si mulier una cum recens nato paruulo uellet totam perambulare insulam 2.16 (118.6)
Cumque una quadragesimae esset impleta septimana, ... 5.2 (283.30)
Vna data Daniheli, quam usque hodie regit; 5.18 (320.25)
quae apud antiquos una uel prima sabbati siue sabbatorum uocatur, ... 5.21 (336.6)
Vna quippe solem praecedebat, mane orientem; 5.23 (349.6)

uel certe una diei, altera noctis praecurrebat exortum, 5.23 (349.9)
quarum de sex aetatibus saeculi una est; 5.24 (358.31)
de mansionibus filiorum Israel una; una de eo, quod ait Isaias: 'Et claudentur ibi in carcerem, 5.24 (358.32)
de ratione bissexti una; 5.24 (359.2)
de aequinoctio iuxta Anatolium una. 5.24 (359.3)
una. 'Erunt duo in carne una,' 1.27 (51.7)
Scriptum namque est: 'Erunt duo in carne una.' 2.11 (105.20)
adpendens linteolum cum puluere, quem adtulerat, in una posta parietis. 3.10 (147.13)
exiuit ipsa cum una sanctimonialium feminarum ad locum uirorum, 3.11 (149.27)
propter fidem uidelicet dominicae resurrectionis, quam una sabbati factam, 3.17 (162.9)
eadem una sabbati, quae nunc dominica dies dicitur, 3.17 (162.11)
Nam et ita, ut rogabat, transacta una die et nocte, . . . ad aeternae gaudia salutis intrauit. 4.9 (224.2)
ita etiam una atque indissimili sede perpetuae beatitudinis meruisset recipi. 4.29 (275.20)
quanquam sacramentorum genere discreto, sicut una eademque fide, pascha celebrare possemus. 5.21 (337.4)
sicut una fide, spe, et caritate in Deum consentit, 5.21 (342.5)
neque . . . una atque indissimili totum per orbem tonsurae sibi forma congruit. 5.21 (342.6)
unam. unam eandemque summae ueritatis et uerae sublimitatis scientiam scrutatur, 1.1 (11.12)
prouinciae, . . . in unam sunt pacem, et uelut unum conpaginatae in populum. 3.6 (139.1)
quod oporteret eos, qui uni Deo seruirent, unam uiuendi regulam tenere, 3.25 (183.28)
clamauit tertio unam de consecratis Christo uirginibus, 4.8 (220.29)
contra eos maxime, qui unam in Christo operationem et uoluntatem praedicabant, 4.18 (242.4)
e quibus unam coniugi, alteram filiis tradidit, 5.12 (304.17)
qui unam in Domino Saluatore uoluntatem atque operationem dogmatizabant, 5.19 (326.26)
praepararent omnes ecclesiae per orbem, quae unam catholicam faciunt, panem et uinum 5.21 (336.17)
uni. uni uero sponso uirginem castam exhiberet Christo. 2.9 (98.23)
quod oporteret eos, qui uni Deo seruirent, unam uiuendi regulam tenere, 3.25 (183.28)
iussit uni ex satellitibus suis mihi ad legendum deferre. 5.13 (312.15)
uni. quod uni personae infirmanti conceditur, 1.27 (56.6)
unius. uestra gloria cognitionem unius Dei, . . . subiectis festinet infundere, 1.32 (68.22)
et per inluminationem unius hominis corporalem, . . . gratiam lucis accenderet. 2.2 (82.10)
et uidit unius loci spatium cetero campo uiridius ac uenustius; 3.10 (147.1)
Aelffledam, quae uixdum unius anni aetatem inpleuerat, 3.24 (178.23)
unius. accepit locum unius familiae ad septentrionalem plagam Viuri fluminis, 4.23 (253.14)
Erant autem unius ambo, sicut deuotionis, sic etiam uocabuli; 5.10 (299.19)
unius. sepulchri quoque unius teneret hospitium. 1.18 (36.29)
id est unius ferme miliarii et dimidii spatio interfluente Tino amne separata, 5.2 (283.9)
uno. in ecclesia sint acta, non uno quolibet auctore, Praef. (7.25)
uno in loco infirmitatis necessitate teneretur, 1.19 (37.10)
et praedicat, ut uoci suae uno clamore respondeant; 1.20 (39.6)
sed tamquam lapis in uno loco posita, 2.10 (102.25)
intrabat cum uno clerico aut duobus; 3.5 (136.15)
sed et regna terrarum . . . ab eodem uno Deo, qui fecit caelum et terram, consecutus est. 3.6 (138.3)
diuertitque ipse cum uno tantum milite sibi fidissimo, 3.14 (155.16)
omnes ibidem . . . defuncti sunt, excepto uno puerulo, 3.23 (176.32)
ut bis in anno uno pascha celebraretur, 3.25 (182.3)
hoc . . . uno ac non diuerso temporis ordine geri conperimus; 3.25 (184.27)
ecclesiae Christi eorum est paucitas uno de angulo extremae insulae praeferenda? 3.25 (188.13)
contigit die quadam, ut in praefata mansione forte ipse cum uno tantum fratre, . . . commoraretur, 4.3 (207.25)
ut ossa . . . transferrentur omnia in ecclesiam beatae Dei genetricis, unoque conderentur in loco; 4.10 (224.15)
donante uno eodemque Domino, qui se nobiscum usque in finem saeculi manere pollicetur. 4.19 (243.21)
ubi aeque anno uno monachicam cum perpaucis sociis uitam agebat. 4.23 (253.16)
eum die quadam de monasterio illo longius egressum, comitante secum uno de fratribus, peracto itinere redire. 4.25 (264.15)
Ac post eum idem Edric anno uno ac dimidio regnauit; 4.26 (268.13)
unanimo [uno animo] omnium consensu ad episcopatum . . . eligeretur. uar. 4.28 (272.17)
et uno eodemque die, hoc est XIII° Kalendarum Aprilium, egredientes e corpore . . . uisione coniuncti sunt, 4.29 (275.11)
episcopatum ecclesiae illius anno uno seruabat uenerabilis antistes Vilfrid, 4.29 (275.28)
At si uno saltim die plenilunium tempus aequinoctii praecesserit, 5.21 (339.26)
Et quidem scimus, quia neque apostoli omnes uno eodemque sunt modo adtonsi, 5.21 (342.4)
uno. oratio uno ore et clamore profunditur; 1.17 (34.26)
ut uno probare sat erit exemplo. 3.14 (156.6)
Et post nonnulla, quibus de celebrando per orbem totum uno uero pascha loquitur: 3.29 (197.32)
sicut uno eodemque tempore cum eo de corpore egredi, 4.29 (275.19)
Vno ad orientem stadio speluncam duplicem in ualle habet, 5.17 (319.16)
uno semper eodemque tempore cum antiquo Dei populo, . . . pascha celebrare possemus. 5.21 (337.3)
unum. ut quando unum ex uobis diuina ad se iusserit gratia euocari, 2.18 (121.22)
Qui cum die quadam mane audiret unum de fratribus ad locum . . . sanctae crucis ascendere disposuisse, 3.2 (130.17)
prouinciae, . . . in unam sunt pacem, et uelut unum conpaginatae in populum. 3.6 (139.1)
Tunc uidit unum de tribus angelis, 3.19 (166.5)
arripientes inmundi spiritus unum de eis, quos in ignibus torrebant, iactauerunt in eum, 3.19 (166.24)
Paucitas enim sacerdotum cogebat unum antistitem duobus populis praefici. 3.21 (171.5)
hoc est unum Deum in tribus subsistentiis, 4.17 (239.27)
qui ne unum quidem sermonem umquam profari poterat; 5.2 (283.23)
Miserat autem episcopus mulieri, . . . de aqua benedicta, . . . per unum de his, qui mecum uenerant, fratribus; 5.4 (287.20)
rogatus est ab eodem comite intrare ad unum de pueris eius, 5.5 (288.5)
Nam etsi saltim unum ex eis, hoc est ipsum septimum adprehenderit, 5.21 (337.19)
unum. In quibus tamen unum est, quod et nos in hac historia ponere multis commodum duximus. 3.19 (165.14)
Vnum mendacii, cum hoc, quod in baptismo . . . promisimus, minime inplemus; 3.19 (165.22)
unum latus flammis feruentibus nimium terribile, 5.12 (305.1)
unum. ut unum uirtutis eius, unde cetera intellegi possint, testimonium referam, 2.7 (94.13)
quos copulatio carnalis affectus unum quodam modo corpus exhibuisse monstratur, 2.11 (105.27)
qui cum per unum ostium ingrediens, mox per aliud exierit. 2.13 (112.13)
Nec ab re est unum e pluribus, . . . uirtutis miraculum enarrare. 3.2 (130.9)
e quibus unum, quod inter alia rettulit, miraculum . . . nostrae historiae inserendum credidimus. 3.13 (152.19)
panis permodicum, et unum ouum gallinaceum cum paruo lacte aqua mixto percipiebat. 3.23 (175.29)
qui unum omnes in caelis regnum expectarent; 3.25 (183.30)
Vt Colman episcopus, relicta Brittania, duo monasteria in Scottia, unum Scottis, . . . fecerit. 4.4 (213.1)
duo praeclara monasteria, unum sibi, alterum sorori suae Aedilburgae construxerat, 4.6 (218.27)

ut ne unum quidem mouere ipsa membrum ualeret. 4.9 (223.1)
e quibus unum, . . . memoriae mandare commodum duximus. 4.14 (233.2)
in hac historia quaedam, quae [unum quod] nos nuper audisse contigit, uar. 4.30 (277.28)
unum eius narro miraculum, 5.1 (281.9)
unum. Qua in re unum ibi ostenditur ipsa mens rea, 1.27 (60.22)
quia unum ambo sapimus cum ceteris, qui hic adsident, ecclesiasticae traditionis cultoribus; 3.25 (184.15)
mox congregati in unum uicani uerbum uitae ab illo expetere curabant. 3.26 (191.16)
Cumque in unum conuenientes iuxta ordinem quique suum resedissemus: 4.5 (215.14)
unus. quorum unus ab orientali mari, . . . Brittaniae terras longe lateque inrumpit, 1.12 (25.28)
adueniens unus passerum domum citissime peruolauerit; 2.13 (112.11)
nisi unus mediator Dei et hominum homo Christus Iesus, qui sine peccato est conceptus et partus. 2.19 (124.5)
In quo etiam bello ante illum unus filius eius Osfrid iuuenis bellicosus cecidit, 2.20 (124.26)
maxime quod unus ex ducibus, a quibus acta est, paganus, alter, quia barbarus erat pagano saeuior. 2.20 (125.4)
factus est Diuma unus ex praefatis iiii sacerdotibus episcopus Mediterraneorum Anglorum 3.21 (171.2)
Habuerat enim unus ex his, qui eum occiderunt, comitibus inlicitum coniugium; 3.22 (173.27)
eo quod esset idem Eata unus de xii pueris Aidani, 3.26 (190.9)
quorum unus residens ante lectulum eius, . . . dixit, 4.11 (226.21)
Vnus quidem adtonsus erat, 4.14 (235.17)
dicebantque, quod unus eorum Petrus, alius uocaretur Paulus; 4.14 (235.19)
quod mihi unus e fratribus, propter quos et in quibus patratum est, ipse narrauit, 5.1 (281.10)
Residebat, uescebatur, bibebat, laetabatur, quasi unus e conuiuis agebat; 5.5 (288.29)
uenit die quadam mane primo ad eum unus de fratribus, 5.9 (296.30)
At uero unus de sociis eius, uocabulo Victberct, . . . ascendit nauem, 5.9 (298.15)
ut pro diuersa capillorum specie unus Niger Heuuald, alter Albus Heuuald diceretur; 5.10 (299.22)
Sed et unus ex eis in uisione nocturna apparuit cuidam de sociis suis, 5.10 (301.2)
et resederunt circa me, unus ad caput, et unus ad pedes; 5.13 (312.3)
protulitque unus libellum perpulchrum, sed uehementer modicum, 5.13 (312.4)
percusserunt me, unus in capite et alius in pede: 5.13 (312.26)
ut merito a maioribus quasi unus ex ipsis amaretur, 5.19 (322.28)
gradum archiepiscopatus Honorius, unus ex discipulis beati papae Gregorii, . . . seruabat. 5.19 (323.25)
I. In Canticum Habacum librum i. 5.24 (358.10)
In librum beati patris Tobiae explanationis allegoricae de Christo et ecclesia librum i. 5.24 (358.12)
item de temporibus librum i maiorem. 5.24 (359.25)
VNVSQVISQVE. unicuique. quo sensu unicuique fidelium sit aptandus, 2.1 (75.22)
uniuscuiusque. quia uniuscuiusque cupiditas in hoc igni ardebit. 3.19 (166.2)
unumquemque. interrogaui unumquemque eorum per ordinem, si consentirent ea, . . . custodire. 4.5 (215.22)
unusquisque. placuit, ut, quaeque definita sunt, unusquisque nostrum manus propriae subscriptione confirmaret. 4.5 (217.10)
x[a] die mensis huius tollat unusquisque agnum per familias et domus suas." 5.21 (334.19)
tolleret unusquisque agnum per familias et domus suas, 5.21 (336.14)
VRBANVS, a, um. **urbana.** Discurrere per cuncta et urbana et rustica loca, non equorum dorso, 3.5 (135.29)
VRBS, *Rome.*
Vrbe. anno ab Vrbe condita dcxciii, 1.2 (13.21)
Anno autem ab Vrbe condita dcccxcviii 1.3 (15.4)
VRBS. urbe. atque in urbe regis sedem episcopatus acceperit. 1.26 (46.30)
Quod uidelicet opus in regia quidem urbe apocrisiarius inchoauit, 2.1 (75.24)
Qui cum adhuc esset regia in urbe positus, 2.1 (75.26)
non tamen ciues Romani, ut tam longe ab urbe secederet, potuere permittere; 2.1 (80.31)
Denique in urbe regia, . . . loculo inclusae argenteo in ecclesia sancti Petri seruantur, 3.6 (138.28)
Aidan in insula Farne, quae duobus ferme milibus passuum ab urbe procul abest, morabatur. 3.16 (159.11)
Quo dicto statim mutati ab urbe uenti in eos, qui accenderant, 3.16 (159.19)
erat in uilla regia non longe ab urbe, de qua praefati sumus. 3.17 (159.27)
Et synodum, quae facta est in urbe Roma . . . suscipimus. 4.17 (240.14)
quae quondam ipso praesente in urbe atque in eodem concilio . . . acta est. 5.19 (327.25)
urbem. Orientalis habet in medio sui urbem Giudi, 1.12 (25.31)
occidentalis supra se, . . . habet urbem Alcluith, 1.12 (26.1)
et tendens contra occidentem terminatur iuxta urbem Alcluith. 1.12 (26.28)
Cuius corpus honorifico agmine, . . . suam defertur ad urbem. 1.21 (41.15)
qui eum gratia germanae caritatis ad regiam urbem secuti sunt, 2.1 (75.6)
hostilis Merciorum exercitus . . . peruenit ad urbem usque regiam, 3.16 (158.32)
et his urbem in magna altitudine circumdedit a parte, quae terrae est contigua, 3.16 (159.6)
inlato igne conburere urbem nisus est. 3.16 (159.9)
ita ut aliquot laesi, omnes territi, inpugnare ultra urbem cessarent, 3.16 (159.21)
intrauit monasterium . . . positum in loco, quem Coludi urbem nominant, 4.19 (243.31)
Per uarias gentes, per freta, perque uias, Vrbem Romuleam uidit, 5.7 (293.25)
ac mox remissus ad sedem episcopatus sui, id est post dies xiiii, ex quo in urbem uenerat. 5.11 (303.6)
'Ingressis a septentrionali parte urbem Hierosolymam, 5.16 (317.22)
urbes. urbes aliae conplures in foedus Romanorum uenerunt. 1.2 (14.25)
urbes. murum a mari ad mare recto tramite inter urbes, 1.12 (27.18)
urbi. uentus, qui a meridie flans urbi incendia sparserat, 2.7 (94.28)
Vt idem admotum ab hostibus urbi regiae ignem orando amouerit. 3.16 (158.27)
urbis. sed et plurimi eiusdem urbis muri cum lvii turribus conruerunt; 1.13 (29.9)
Respondit Gregorius papa urbis Romae: 1.27 (48.19)
Siquidem Eutycius eiusdem urbis episcopus dogmatizabat 2.1 (75.29)
qui olim huc a beato Gregorio Romanae urbis pontifice directus, 2.3 (86.17)
Bonifatius, quartus a beato Gregorio Romanae urbis episcopo, 2.4 (88.27)
Exemplar epistulae beatissimi et apostolici papae urbis Romanae ecclesiae Bonifatii . . . Æduino 2.10 (100.22)
Exemplar epistulae . . . Bonifatii papae urbis Romae directae Aedilbergae reginae 2.11 (104.11)
discissisque uiculis, quos in uicinia urbis inuenit, 3.16 (159.4)
Qui cum uentis ferentibus globos ignis ac fumum supra muros urbis exaltari conspiceret, 3.16 (159.16)
Vnde accito ad se praefato urbis Lundoniae, in qua tunc ipse manebat, episcopo, 4.11 (226.12)
priusquam monasterium Coludanae urbis esset incendio consumtum. 4.25 (262.22)
urbs. quod lingua Anglorum Cnobheresburg, id est urbs Cnobheri, uocatur; 3.19 (164.14)
VRBS COLVDI, *see* **COLVDI VRBS.**
VRBS LEGIONVM, *see* **LEGIONVM VRBS.**
VRBS MAILDVFI, *see* **MAILDVFI VRBS.**
VRGVEO. urguetur. si mortis periculo urguetur, 1.27 (54.32)
VRO. urendae. resiliebant rursus urendae in medium flammarum inextinguibilium. 5.12 (305.10)
usta. Ignibus usta feris, uirgo non cessit Agathe, 4.20 (247.25)
Eulalia et perfert, ignibus usta feris. 4.20 (247.26)
VSPIAM. nullumque eius uspiam uestigium apparuerit. 4.23 (256.2)

VSQVAM. cuius in lege mentio nulla usquam repperitur, 5.21 (338.29)
VSQVE. Praef. (6.24); Praef. (6.27); Praef. (7.5); Praef. (7.24); 1.1 (11.33); 1.1 (12.1); 1.1 (12.16); 1.1 (12.23); 1.1 (13.15); 1.2 (13.19); 1.2 (14.16); 1.4 (16.10); 1.7 (20.29); 1.7 (21.30); 1.8 (22.5); 1.8 (22.10); 1.8 (22.14); 1.11 (25.12); 1.12 (26.22); 1.12 (27.24); 1.12 (27.34); 1.15 (31.17); 1.15 (31.24); 1.15 (32.22); 1.16 (33.10); 1.16 (33.18); 1.17 (34.9); 1.17 (34.10); 1.25 (45.1); 1.27 (50.26); 1.27 (59.27); 1.27 (60.1); 1.27 (60.11); 1.34 (72.5); 2.1 (79.26); 2.2 (81.12); 2.2 (81.19); 2.3 (85.15); 2.4 (87.18); 2.8 (95.23); 2.8 (96.5); 2.10 (101.18); 2.14 (114.17); 2.14 (115.3); 2.15 (116.11); 2.16 (117.8); 2.16 (118.2); 2.16 (118.5); 2.18 (120.20); 2.19 (122.25); 2.20 (125.17); 2.20 (126.17); 2.20 (126.26); 3.1 (128.11); 3.2 (128.26); 3.2 (129.15); 3.2 (129.24); 3.2 (130.12); 3.3 (131.20); 3.4 (133.31); 3.4 (134.28); 3.5 (136.21); 3.5 (136.32); 3.7 (141.9); 3.8 (143.3); 3.9 (145.16); 3.11 (148.21); 3.11 (149.5); 3.11 (149.13); 3.12 (151.22); 3.14 (157.5); 3.16 (158.32); 3.16 (159.13); 3.17 (162.8); 3.19 (164.28); 3.19 (165.30); 3.19 (166.22); 3.23 (175.27); 3.24 (177.19); 3.24 (177.22); 3.25 (185.35); 3.25 (186.3); 3.25 (186.6); 3.25 (186.21); 3.25 (186.22); 3.25 (187.2); 3.28 (195.14); 3.29 (197.12); 4.2 (205.1); 4.3 (207.6); 4.3 (207.10); 4.3 (208.22); 4.3 (208.25); 4.3 (208.31); 4.3 (211.22); 4.4 (214.1); 4.5 (217.32); 4.6 (218.19); 4.10 (224.8); 4.13 (230.9); 4.13 (232.16); 4.13 (232.18); 4.19 (243.22); 4.19 (244.15); 4.19 (246.22); 4.24 (259.12); 4.28 (271.28); 4.28 (272.2); 4.31 (278.4); 4.31 (278.13); 4.31 (279.7); 5.1 (282.15); 5.4 (287.27); 5.6 (290.24); 5.10 (300.31); 5.10 (300.33); 5.10 (301.16); 5.12 (304.15); 5.12 (304.23); 5.12 (306.11); 5.12 (310.17); 5.12 (310.31); 5.16 (318.10); 5.16 (318.11); 5.17 (319.4); 5.17 (319.8); 5.18 (320.26); 5.18 (321.12); 5.18 (321.23); 5.19 (322.2); 5.19 (324.3); 5.19 (330.1); 5.20 (332.9); 5.21 (334.6); 5.21 (334.20); 5.21 (334.33); 5.21 (335.2); 5.21 (335.15); 5.21 (335.22); 5.21 (335.25); 5.21 (335.28); 5.21 (337.11); 5.21 (337.32); 5.21 (338.9); 5.21 (341.22); 5.21 (341.27); 5.23 (350.25); 5.24 (352.19); 5.24 (353.2); 5.24 (357.19); 5.24 (357.25); 5.24 (357.29).
VSQVEDVM. presbyteros et diaconos, usquedum archiepiscopus da sedem suam perueniret, ordinabat. 2.4 (206.3)
quem semper, usquedum ueniret, sollicitus expectare curauit. 4.3 (210.9)
atque haec, usquedum ad eius uisionem peruenire meruit, intemerata seruauit. 4.23 (252.29)
et usquedum praemia piae deuotionis accipiat, existere non desistit; 5.20 (332.4)
usquedum ait: "In eadem enim ipsa die educam exercitum uestrum de terra Aegypti." 5.21 (335.2)
VSQVEQVAQVE. ne usque ad internicionem usquequaque delerentur. 1.16 (33.11)
VSVS. usu. ea, quae quondam cognita longo usu uel neglegentia inueterare coeperunt, 5.20 (331.33)
usum. usum tibi pallii in ea ad sola missarum sollemnia agenda concedimus, 1.29 (63.23)
sed et territoria ac possessiones in usum eorum, . . . adiecit. 2.3 (85.29)
neque hos quisquam, nisi ad usum necessarium, contingere . . . auderet, 2.16 (118.12)
usus. cui per siccitatem cruris usus uestigii negabatur. 1.21 (40.17)
Romanorum tamen semper ab antiquioribus usus fuit, 1.27 (57.26)
usus. utpote omnis bellici usus prorsus ignara; 1.12 (25.22)
uel in uasa quaelibet humani usus formarentur, 3.22 (171.29)
usus. sed tamen eis sacrificiorum usus, . . . in culto proprio reseruauit, 1.30 (65.30)
ea . . . uel in usus pauperum, ut diximus, dispergebat, 3.5 (136.27)
monasterio . . . in earum, quae ad communes usus pertinent, rerum prouidentia praefuit. 4.10 (224.10)
centum in suos usus habebant. 4.13 (232.1)
VT, *omitted.*
VTCVMQVE. Quis caput obscuris contectum utcumque cauernis 1.10 (24.12)
seruabant utcumque reges, sacerdotes, priuati, 1.22 (41.26)
VTERQVE, utraque, utrumque. **uterque.** 3.1 (127.19); 3.24 (179.25); 5.10 (299.21); 5.10 (299.24); uar. 5.12 (305.4); 5.21 (342.15).
utraque. 3.8 (142.24).
utraque. 3.2 (129.3); 3.19 (166.6); 4.4 (213.15).
utrique. 3.25 (188.26, 29); 4.4 (213.6); 5.21 (338.30).
utrique. 4.21 (249.6).
utriusque. 1.7 (20.7); 1.7 (22.1); 3.14 (155.26); 3.24 (179.15); 3.24 (180.4).
utriusque. 2.3 (85.27); 3.25 (183.26); 5.19 (328.10); 5.19 (329.31).
utriusque. 1.2 (14.3).
utroque. 4.3 (212.8).
utroque. 2.5 (90.30); 3.4 (134.6); 3.19 (166.7); 4.23 (254.31); 5.23 (349.10).
utrorumque. 2.17 (119.29); 4.27 (269.23).
utrumque. 3.1 (127.23); 5.24 (357.16).
utrumque. 1.25 (45.9); 4.11 (226.28); 5.7 (292.21); 5.12 (305.4).
utrumque. 3.1 (127.2); 4.6 (218.28).
VTERVS. utero. et de utero matris meae egressa est mecum.' 2.1 (78.3)
VTERVIS, utrauis, utrumuis. **utramuis.** ut numquam pascha nostrum a septimana mensis primi tertia in utramuis partem declinet; 5.21 (337.16)
VTI. uti nouum Christi populum coaceruet, 3.29 (198.28)
VTILIOR, ius. **utilius.** utilius esse ratus est ibi potius uerbum praedicare, 3.7 (139.18)
ratus est utilius tunc demissa intentione bellandi, seruare se ad tempora meliora. 3.14 (155.10)
utilius. etiam consilium tibi tuae salutis ac uitae melius atque utilius, . . . ostendere potuerit, 2.12 (109.15)
VTILIS, e. **utile.** ut uel ab huiuscemodi langore, si hoc sibi utile esset, liberaretur; 4.31 (278.23)
utile. quod sibi fraternus amor multis utile futurum inponebat. 2.1 (75.19)
ad nihil uidelicet utile, nisi ad scandalum uitandum Iudaeorum. 3.25 (185.13)
Fecitque opus, ut dixi, multis utile, et maxime illis, qui longius ab eis locis, . . . norunt. 5.15 (316.31)
utilem. cupiens utilem reipuplicae ostentare principem, 1.3 (15.5)
murum, . . . ad nihil utilem statuunt. 1.12 (26.17)
utilem. in monachica districtione uitam non sibi solummodo, sed et multis utilem, . . . duxit; 4.26 (267.27)
utilia. Romam ueniens multa illic, quae in patria nequiuerat, ecclesiae sanctae institutis utilia didicit. 5.20 (332.12)
utilis. multisque in ecclesia utilis fuit; 3.23 (177.4)
utilis. quorum praesentia ualde est utilis, 1.27 (52.15)
utilis. eo quod haberent aliquid legationis et causae utilis, quod deberent ad illum perferre. 5.10 (299.29)
VTILITAS. utilitate. Augustinum . . . illic nos pro utilitate animarum auxiliante Domino direxisse; 1.24 (44.8)
Hoc autem bellum rex Osuiu . . . cum magna utriusque populi utilitate confecit. 3.24 (179.15)
utilitatem. miracula in eodem loco solent ad utilitatem eorum, qui fideliter quaerunt, ostendi. 2.16 (117.15)
atque ad utilitatem legentium memoriae commendans; 3.17 (161.16)
quia nec ipse ad praedicandum gentibus uenire permittebatur, retentus ob aliam sanctae ecclesiae utilitatem, 5.10 (298.31)
Haec . . . sed breuioribus strictisque conprehensa sermonibus, nostris ad utilitatem legentium historiis indere placuit. 5.17 (319.29)
utilitati. Tantum rex idem utilitati suae gentis consuluit, 2.16 (118.8)
utilitatis. quia nihil omnino uirtutis habet, nihil utilitatis religio illa, 2.13 (111.23)
suggero, rex, ut templa et altaria, quae sine fructu utilitatis sacrauimus, . . . contradamus.' 2.13 (112.33)
non enim mihi aliquid utilitatis aut salutis potes ultra conferre.' 5.13 (311.29)
VTILLIMVS, a, um. **utillima.** et synodus facta est ad Herutforda, . . . utillima, x capitulorum. 5.24 (354.23)
utillimum. libello . . . quem . . . de necessariis ecclesiae causis utillimum conposuit, 2.1 (77.2)
Scripsit idem uir de locis sanctis librum legentibus multis utillimum; 5.15 (316.18)
utillimum. Quo affectus incommodo, concepit utillimum mente consilium, 4.31 (278.19)
VTINAM. Noui autem ipse fratrem, quem utinam non nossem, 5.14 (313.28)

Quod utinam exhinc etiam nostrarum lectionelitterarum fiat! 5.14 (315.8)
VTIQVE. Iacobum diaconum, uirum utique industrium ac nobilem in Christo et in ecclesia, ... 2.16 (117.30)
Reliquerat autem in ecclesia sua Eburaci Iacobum diaconum, uirum utique ecclesiasticum et sanctum, 2.20 (126.22)
quod certo utique praesagio futurorum antiquitus nomen accepit; 3.2 (129.22)
3.17 (160.32); 3.25 (187.14); 3.25 (188.5); 5.15 (316.12); 5.21 (338.10); 5.21 (338.25); 5.21 (342.10).
VTOR. **usus.** uetere usus augurio, ... 1.25 (45.30)
Interea Augustinus adiutorio usus Aedilbercti regis conuocauit . . . episcopos . . . Brettonum . . . 2.2 (81.10)
utebantur. Vtebantur eo tempore duce Ambrosio Aureliano, ... 1.16 (33.11)
utebatur. Hic cum quadam die lenas siue saga, quibus in hospitale utebatur, in mari lauasset, . . . 4.31 (278.9)
utendam. ut hanc Vilfrido episcopo, . . . utendam pro Domino offerret. 4.16 (237.9)
utendi. in sacrosanctis celebrandis mysteriis utendi licentiam imperauimus; 2.8 (96.24)
utens. utens cooperatore Iuliano de Campania, ... 1.10 (24.1)
uteretur. cuius consortio cum XII annis uteretur, ... 4.19 (243.11)
uti. et his, quae Angli praeparauerant, communiter uti desiderarent; 4.4 (213.21)
si reginae posset persuadere eius uti conubio, ... 4.19 (243.17)
quia, . . . numquam lineis, sed solum laneis uestimentis uti uoluerit; 4.19 (244.7)
gaudens nimirum uti officio pedum, quo tanto erat tempore destitutus. 5.2 (284.20)
utimini. siqui restiterit, nobis auxiliariis utimini.' 1.1 (12.10)
utitur. sed solummodo creandorum liberorum gratia utitur, ... 1.27 (58.24)
VTPOTE. utpote nocturno sole non longe sub terris ad orientem boreales per plagas redeunte; . . . 1.1 (11.1)
utpote omnis bellici usus prorsus ignara; 1.12 (25.22)
utpote nullum tanti operis artificem habentes, ... 1.12 (26.16)
utpote qui grauissimis eo tempore bellis cum Blaedla et Attila regibus Hunorum erat occupatus; . . 1.13 (28.31)
utpote qui et uxorem habebat Christianam 1.25 (45.21)
3.3 (132.26); 3.4 (134.21); 3.17 (160.1); 3.26 (189.17); 3.29 (197.25); 4.14 (232.30); 5.9 (296.28); 5.11 (303.20); 5.12 (306.6); 5.18 (321.8); 5.20 (332.6); 5.21 (338.26).
VTRVM. 1.1 (10.32); 1.27 (61.1); 2.1 (80.5); 2.12 (108.28); 3.25 (185.22); 4.3 (212.1).
VTTA (*fl.* 653), *Abbot of Gateshead.*
Vtta. Presbyter quidam, nomine Vtta, . . . cum mitteretur Cantiam 3.15 (157.23)
Vtta. qui se hoc ab ipso Vtta presbytero, in quo et per quem conpletum est, audisse perhibebat. . . 3.15 (158.25)
Vttan. Adda autem erat frater Vttan presbyteri inlustris, ... 3.21 (170.20)
VXOR. **uxor.** Cuius regis filia maior Sexburg, uxor Earconbercti regis Cantuariorum, habuit filiam Earcongotam, ... 3.8 (142.27)
comes quidam, cuius uxor ingruente oculis caligine subita, tantum . . . grauata est, . . . 4.10 (224.23)
uxor tantum, quae amplius amabat, quamuis multum tremens et pauida, remansit. 5.12 (304.8)
nam rediens domum ab uxore sua et quibusdam peruersis doctoribus seductus est, ... 2.15 (116.4)
uxorem. uxorem habebat Christianam de gente Francorum regia, ... 1.25 (45.21)
'Qui se continere non potest, habeat uxorem suam,' 1.27 (59.1)
ita ut uxorem patris haberet. 2.5 (90.29)
Repudiata enim sorore Pendan regis Merciorum, quam duxerat, aliam accepit uxorem; 3.7 (140.12)
quam et alter ante illum uir habuerat uxorem, ... 4.19 (243.7)
Nam et sororem eius, quae dicebatur Osthryd, rex Aedilred habebat uxorem. 4.21 (249.9)
Qui pari ductus deuotione mentis, reliquit uxorem, ... 5.19 (322.10)
uxores. uxores Picti non habentes 1.1 (12.12)
qui se continere non possunt, sortiri uxores debent, ... 1.27 (49.4)
uxoris. inter quas erat Saethryd, filia uxoris Annae regis Orientalium Anglorum, ... 3.8 (142.22)
VXOREVS, a, um. **uxoreo.** rusticum se potius et pauperem, atque uxoreo uinculo conligatum fuisse respondit; 4.22 (250.9)

V (*cons.*)

VACILLO. **uacillare.** ne, . . . status ecclesiae tam rudis uel ad horam pastore destitutus uacillare inciperet. 2.4 (86.29)
VACO. **uacabant.** cum illi intus lectioni uacabant, ipse foris, quae opus esse uidebantur, operabatur. . 4.3 (208.15)
(nam et psalmis semper atque orationibus uacabant, ... 5.10 (300.9)
uacabat. hic autem totus erga animarum lucra uacabat. 2.1 (77.18)
quoties a labore et ministerio uerbi uacabat, ... 4.3 (207.14)
uacant. uirgines . . . quotiescumque uacant, texendis subtilioribus indumentis operam dant, . . . 4.25 (265.17)
uacare. Christianisque officiis uacare cognosce.' 1.7 (19.19)
Tantum lectioni diuinarum scripturarum suos uacare subditos, . . . faciebat, ... 4.23 (254.17)
Tum reuersus ad dilectae locum peregrinationis, solito in silentio uacare Domino coepit; 5.9 (298.23)
uacarent. Cumque diutius epulis atque ebrietati uacarent, ... 3.10 (147.14)
uacaret. monasterium, in quo liberius caelestibus studiis uacaret, construxit; 3.19 (164.25)
sollicitus orationibus ac psalmis, donec serenitas aeris rediret, fixa mente uacaret. 4.3 (210.27)
ubi liberius continuis in orationibus famulatui sui conditoris uacaret. 5.12 (310.11)
uacarunt. indumenta, . . . etiam ipsa a gratia curandi non uacarunt, ... 4.31 (279.15)
uacat. qui eius interitum cognoscentes differe tempus paenitentiae, dum uacat, timerent, ... 5.13 (313.7)
uacauit. ubi postquam aliquandiu lectionibus sacris uacauit, ... 4.23 (255.3)
VACVVM. **uacuum.** ne forte accepto Christianitatis uocabulo, in uacuum currerent aut cucurrissent. . 3.25 (182.23)
VACVO. **uacuaretur.** donec omnis regio totius cibi sustentaculo, . . . uacuaretur. 1.12 (28.13)
VACVVS, a, um. **uacuam.** tantaque gratia frontispicii mentem ab interna gratia uacuam gestat,' . . . 2.1 (80.11)
uacuus. Scio autem certissime, quia non diu uacuus remanebit locus ille, ... 4.30 (277.10)
VADO. **uade.** 'Vade cito ad ecclesiam, et hos VII fratres huc uenire facito; 4.3 (209.5)
At nunc uade et dic illi, quia, uelit nolit, debet ad monasteria Columbae uenire, ... 5.9 (297.30)
uadens. Acca . . . cum Romam uadens, ... 3.13 (152.11)
VADVM. **uadum.** habens non longe ab inde monasterium in loco, qui uocatur Hreutford, id est uadum harundinis, ... 4.16 (237.28)
uadum. sub aqua uadum acutissimis sudibus praestruxerat; 1.2 (14.15)
congregata synodo . . . in loco, qui dicitur Adtuifyrdi, quod significat 'ad duplex uadum,' . . . 4.28 (272.16)
VAE. **uae.** "O quam magnum uae facis mihi sic equitando!" 5.6 (290.9)
VAECLINGACÆSTIR, *St. Alban's; see* **VERLAMACÆSTIR, VEROLAMIVM.**
Vaeclingacæstir. Verolamium, quae nunc a gente Anglorum Verlamacæstir siue Vaeclingacæstir appellatur, ... 1.7 (21.27)
VAGABVNDVS, a, um. **uagabundus.** qui . . . tot annorum temporumque curriculis uagabundus hostium uitabam insidias?' 2.12 (108.15)
uagafundus. uagabundus [uagafundus] hostium uitabam insidias?' . . . . . ? uar. 2.12 (108.15)
uagapundus. uagabundus [uagapundus] hostium uitabam insidias?' . . . . . ? uar. 2.12 (108.15)
VAGOR. **uagabantur.** ubi suos homines, qui exules uagabantur, recipere posset, ... 4.13 (232.8)
uagarentur. eo quod Scotti . . . relicto monasterio per nota sibi loca dispersi uagarentur, . . . 4.4 (213.19)
uagaretur. per diuersa . . . regna multo annorum tempore profugus uagaretur, ... 2.12 (107.20)

VALCHSTOD (*fl.* 731), *Bishop of Hereford.*
Valchstod. et eis populis, qui ultra amnem Sabrinam ad occidentem habitant, Valchstod episcopus; 5.23 (350.17)
VALDE. sed ne memoria quidem, praeter in paucis et ualde paucis ulla appareret. 1.22 (42.1)
quorum praesentia ualde est utilis, 1.27 (52.15)
In illo quippe mysterio, . . . ualde stultum est, si 1.27 (54.18)
Sed est in eadem inlusione ualde necessaria discretio, 1.27 (60.2)
ualde sumus suspensi redditi, 1.30 (65.2)
Qua uisa uirtute mirati sunt ualde; 3.10 (147.22)
pro quo ualde sumus contristati, cum hic esset defunctus. 3.29 (198.12)
iratus est ualde, quod ad se uenire uolentes peregrini non permitterentur; 5.10 (300.22)
Mamre collis . . . herbosus ualde et floridus, campestrem habens in uertice planitiem; 5.17 (319.24)
VALDHERI (*fl.* 704), *Bishop of London.*
Valdheri. uenit ad antistitem Lundoniae ciuitatis, uocabulo Valdheri, 4.11 (225.31)
VALEDICO. ualedicunt. ualedicunt sociis tanquam ultra non reuersuri. 1.12 (27.30)
VALENS (328?–378), *Roman Emperor.*
Valente. antea cum patruo Valente et cum Valentiniano fratre regnaret. 1.9 (23.6)
Valentis. Gratianus . . . post mortem Valentis sex annis imperium tenuit, 1.9 (23.4)
VALENTINIANVS II (371?–392), *Emperor of the West with Gratian.*
Valentiniano. antea cum patruo Valente et cum Valentiniano fratre regnaret. 1.9 (23.6)
Valentinianum. fratremque eius Valentinianum Augustum Italia expulit. 1.9 (23.17)
Valentinianus. Valentinianus in orientem refugiens, 1.9 (23.17)
VALENTINIANVS III (419–455), *Emperor of the West.*
Valentiniano. Marcianus cum Valentiniano XLVI ab Augusto regnum adeptus, 1.15 (30.28)
a Valentiniano et Placidia matre ipsius summa reuerentia susceptus, 1.21 (41.12)
Anno CCCCXLVIIII, Marcianus cum Valentiniano imperium suscipiens, 5.24 (352.26)
Valentinianus. Valentinianus ab Aetii patricii, quem occiderat, satellitibus interimitur, 1.21 (41.16)
VALENTIOR, ius. **ualentiore.** dum feruens equus quoddam itineris concauum ualentiore impetu transiliret, 5.6 (290.12)
VALEO. ualeant. ut episcopi non facile ualeant conuenire, 1.27 (52.4)
alii, qui implere ministerium ualeant, 1.27 (60.16)
ut in spiritalis operis studio ex remuneratione ualeant multiplicius insudare. 1.29 (63.21)
ad interiora gaudia consentire facilius ualeant. 1.30 (65.25)
ubi numquam te uel Redauld, uel Aedilfrid inuenire ualeant.' 2.12 (108.7)
ualeas. Reddere quod ualeas uiuificante Deo. 2.1 (79.10)
Quod equidem, suffragante praesidio benignitatis ipsius, ut explere ualeas, 2.11 (106.9)
ualeat. nullus uiuere serpens ualeat; 1.1 (12.30)
qualiter ualeat corrigi. 1.27 (50.2)
inueniri non ualeat, qui redimatur. 1.27 (55.4)
uel corpus Domini quislibet accipere ualeat; 1.27 (59.23)
Licet summae diuinitatis potentia humanae locutionis officiis explanari non ualeat, 2.10 (100.27)
claret illa, quae nobis uitae, salutis, et beatitudinis aeternae dona ualet [ualeat] tribuere. uar. 2.13 (112.32)
Quae disputatio maior est, quam epistula hac uel ualeat conprehendi, uel debeat. 5.21 (338.33)
ut, quid de his scribi debeat, quemue habitura sint finem singula, necdum sciri ualeat. 5.23 (349.27)
ualeatis. dare consilium, quid agere ualeatis. 1.1 (12.5)
in splendore gloriae sempiternae cohabitare, eius opitulante munificentia ualeatis. 2.10 (103.31)
ualebant. nec eorum tamen dementiam corrigere ualebant; 1.10 (24.5)
et motus eius insanos conprimere conati nequaquam ualebant, 3.11 (150.1)
Dolantes ergo lapidem in quantum ualebant, 4.11 (227.2)
curabant medici hunc adpositis pigmentorum fomentis emollire, nec ualebant. 4.32 (279.28)
ualebat. Sed nec ipse, quamuis multum laborans, proficere aliquid ualebat. 3.11 (150.4)
Sed ne tunc quidem eandem tangere flamma destinam ualebat; 3.17 (160.32)
monachos, . . . necdum ad uiam statuti melioris reducere ualebat. 5.21 (345.10)
ualebimus. Quod enim Deo nostro aliud offerre ualebimus, 2.17 (119.10)
ualemus. Qui rursus aiebant: 'Et unde uel hoc dinoscere ualemus?' 2.2 (83.4)
ualent. quae de eadem insula sunt, contra uenenum ualent. 1.1 (13.1)
quo plus in mundo quique ualent, 5.21 (333.30)
ualentem. et post pusillum me reuisens, inuenit sedentem, et iam loqui ualentem; 5.6 (291.8)
uidens eum melius habentem, ac loqui iam ualentem, flexis genibus gratias egit Deo 5.19 (329.1)
ualentes. fugerunt foras nil ardenti domui et iamiamque periturae prodesse ualentes. 3.10 (147.19)
ualentibus. nec subito ualentibus apostolis omnem legis obseruantiam, quae a Deo instituta est, abdicare 3.25 (185.5)
ualeo. in quantum noui uel ualeo, 3.25 (188.31)
ualere. Nec mirandum preces regis illius iam cum Domino regnantis multum ualere apud eum, 3.12 (151.17)
ualeremus. ut . . . neque aliud quam mortem sperare ualeremus. 5.1 (281.22)
ualerent. Si autem dii aliquid ualerent, me potius iuuare uellent, 2.13 (111.30)
quasi missam a Deo conditore plagam per . . . daemonicae artis arcana cohibere ualerent. 4.27 (269.22)
et cum neque ibi quippiam requiei inuenire ualerent, 5.12 (305.9)
ualeret. nullo se ledente ualeret. 2.16 (118.8)
ita ut ne ad os quidem adducere ipsum brachium ullatenus dolore arcente ualeret. 3.2 (130.17)
ut ne unum quidem mouere ipsa membrum ualeret. 4.9 (223.1)
quia sacrificium salutare ad redemtionem ualeret et animae et corporis sempiternam. 4.22 (252.8)
ita ut die redeunte uix ipse per se exsurgere aut incedere ualeret. 4.31 (278.18)
neque inminens oculo exitium humana manus curare ualeret, 4.32 (280.1)
ut nil umquam capillorum ei in superiore parte capitis nasci ualeret, 5.2 (283.26)
siquos forte ex illis ereptos Satanae ad Christum transferre ualeret; 5.9 (296.22)
uales. et ideo ieiuniis, psalmis, et orationibus, quantum uales, insiste, 4.25 (263.19)
ualet. nulla ualet pluuiarum iniuria pallescere; 1.1 (10.14)
quia ei naturae superfluitas in culpam non ualet reputari; 1.27 (55.20)
non ualet nisi tranquilla mens in contemplationis se lucem suspendere, 1.27 (58.14)
etiam sacrae communionis mysterium ualet accipere, 1.27 (59.19)
claret illa, quae nobis uitae, salutis, et beatitudinis aeternae dona ualet tribuere. 2.13 (112.32)
eique, quod humana ualet condicio, mentis uestrae sinceram deuotionem exsoluitis. 2.17 (119.8)
Dic ergo illi, quia non ualet iter, quod proposuit, inplere; 5.9 (297.12)
ualetis. habitabilem uobis facere ualetis; 1.1 (12.9)
nullatenus ualetis panem uitae percipere.' 2.5 (91.18)
ualuere. At insulani et, quantum ualuere, armis arma repellebant, 4.26 (266.19)
ualuerit. Vt puluis loci illius contra ignem ualuerit. 3.10 (146.25)
Vt Ecgberct uir sanctus ad praedicandum in Germaniam uenire uoluerit, nec ualuerit; 5.9 (296.4)
ualuimus. antistitem, . . . minime ualuimus nunc repperire pro longinquitate itineris. 3.29 (198.2)
ualuit. et baptizatus ecclesiae rebus, quantum ualuit, in omnibus consulere ac fauere curauit. 2.6 (93.10)
curauit suos, . . . ad eum, . . . ueritatis callem perducere, nec ualuit. 5.15 (316.1)
VALETVDO. ualetudo. si non ualetudo corporis obsisteret, 3.27 (193.13)

VALIDVS, a, um. **ualidi.** missa peracta, ualidi flaminis procella desursum uenire consueuit, 5.17 (319.11)
VALLIS. ualle. Vno ad orientem stadio speluncam duplicem in ualle habet, 5.17 (319.17)
uallem. uallem circumdatam mediis montibus intuetur. 1.20 (39.1)
uidit quasi uallem tenebrosam subtus se in imo positam. 3.19 (165.18)
cumque ambularemus, deuenimus ad uallem multae latitudinis ac profunditatis, 5.12 (304.31)
uallibus. Bethleem ciuitas Dauid in dorso sita est angusto ex omni parte uallibus circumdato, 5.16 (317.13)
uallis. Et ait: "Vallis illa, quam aspexisti flammis feruentibus et frigoribus horrenda rigidis, ipse est locus, 5.12 (308.10)
VALLO. uallata. (tanta autem erat altitudo aggeris, quo mansio eius erat uallata, 4.28 (272.12)
uallatus. dum opimo esset uallatus exercitu, 3.18 (163.10)
VALLVM. ualli. ut, . . . ibi praesidio ualli fines suos ab hostium inruptione defenderent. 1.12 (26.20)
id est ualli latissimi et altissimi, 1.12 (26.22)
uallo. Vt Seuerus receptam Brittaniae partem uallo a cetera distinxerit. 1.5 (16.13)
non muro, . . . sed uallo distinguendam putauit. 1.5 (16.23)
Est mansio quaedam secretior, nemore raro et uallo circumdata, 5.2 (283.7)
qui Brittaniam uallo a mari usque ad mare praecinxit. 5.24 (352.19)
uallum. Murus etenim de lapidibus, uallum uero, . . . fit de cespitibus, 1.5 (16.24)
uallum. Seuerus magnam fossam firmissimumque uallum, . . . a mari ad mare duxit. 1.5 (17.2)
Habitabant autem intra uallum, 1.11 (25.9)
ubi et Seuerus quondam uallum fecerat, 1.12 (27.19)
VANDALI, *the Vandals.*
Vandalorum. gentes Halanorum, Sueuorum, Vandalorum, 1.11 (24.22)
VANITAS. uanitas. Conuincitur uanitas, perfidia confutatur; 1.17 (35.32)
uanitatis. abiecta superstitione uanitatis, 2.13 (113.9)
VANTSVMV, *the Wantsum, which separates Thanet from Kent.*
Vantsumu. quam a continenti terra secernit fluuius Vantsumu, 1.25 (45.7)
VANVM. uanis. et lucra de uanis quaerere. 1.27 (50.19)
VANVS, a, um. **uanae.** animum irae et auaritiae uictorem, superbiae simul et uanae gloriae contemtorem; 3.17 (161.19)
VAPOR. uaporibus. nunc retractis ignium uaporibus relaberentur in profunda. 5.12 (306.3)
fetor inconparabilis cum eisdem uaporibus ebulliens omnia illa tenebrarum loca replebat. 5.12 (306.4)
VARIVS, a, um. **uaria.** qui et ipse ex eo tempore gentis eiusdem regno annis xx et ii^{bus} uaria sorte praefuit; 2.20 (124.20)
uarias. Per uarias gentes, per freta, perque uias, Vrbem Romuleam uidit, 5.7 (293.24)
uariis. uariis herbarum floribus depictus, 1.7 (20.29)
uariorum. exceptis uariorum generibus concyliorum; 1.1 (10.7)
VAS. uasa. ecclesiae necessaria, uasa uidelicet sacra, 1.29 (63.8)
Attulit quoque secum uasa pretiosa Aeduini regis perplura, 2.20 (126.7)
uel in uasa quaelibet humani usus formarentur, 3.22 (171.29)
uasa sancta, et luminaria, aliaque huiusmodi, . . . studiosissime parauit. 5.20 (331.26)
uasis. missis pariter apostolico papae donariis, et aureis atque argenteis uasis non paucis. 4.1 (201.19)
De tabernaculo et uasis eius, ac uestibus sacerdotum, libros iii. 5.24 (357.27)
VASCVLVM. uascula. habentes secum uascula sacra et tabulam altaris uice dedicatam), 5.10 (300.10)
VASTATIO. uastatione. Cessante autem uastatione hostili, 1.14 (29.28)
VASTO. uastabat. Quo tempore grauissima Sarracenorum lues Gallias misera caede uastabat, 5.23 (349.15)
uastandam. cum temere exercitum ad uastandam Pictorum prouinciam duxisset, 4.26 (266.27)
uastare. dummodo ille . . . prouincias regni eius usque ad internicionem uastare desineret. 3.24 (177.20)
uastaret. cum Aedilred rex Merciorum, . . . Cantiam uastaret et ecclesias ac monasteria . . . fedaret, 4.12 (228.9)
uastari. Maximianus Herculius in occidente uastari ecclesias, affligi, 1.6 (17.27)
uastata. iamque ciuitatis esset pars uastata non minima, 2.7 (94.18)
uastati. Vt Brettones a Scottis uastati Pictisque, 1.12 (25.15)
uastaturos. se cuncta insulae loca rupto foedere uastaturos. 1.15 (32.13)
uastauit. gentem uastauit Brettonum; 1.34 (71.11)
'mortalitatis, quae Brittaniam Hiberniamque lata strage uastauit, 3.13 (152.23)
Ecgfrid . . . misso Hiberniam cum exercitu duce Bercto, uastauit misere gentem innoxiam, 4.26 (266.16)
Anno dclxxvi, Aedilred uastauit Cantiam. 5.24 (355.1)
VATICINATIO. uaticinatio. quos uenturos etiam uaticinatio aduersa praedixerat. 1.17 (34.31)
uaticinationibus. Germanum uenire inuitis uaticinationibus nuntiabant; 1.21 (40.11)
-VE. Praef. (7.20); 1.8 (22.9); 2.2 (81.8); 2.2 (84.8); 2.11 (105.33); 2.12 (108.18); 2.13 (112.18); 4.22 (251.31); uar. 5.7 (294.1); 5.15 (315.30); 5.23 (349.26).
VECTA, *Isle of Wight.*
Vecta. Vt Vecta insula christianos incolas susceperit, 4.16 (236.25)
suscepit et insula Vecta, 4.16 (238.10)
Vecta. a uulneribus, quae ei inflicta fuerant proelianti in insula Vecta; 4.16 (238.1)
Vectae. nec non et Vectae insulae litteris mandata declarauit. Praef. (7.7)
Episcopatus Vectae insulae ad Danihelem pertinet episcopum Ventae ciuitatis. 5.23 (350.19)
Vectae. Vectae quoque insulae uerbi ministros destinauit; 5.19 (327.10)
Vectam. Vectam quoque insulam Romanis subdiderit. 1.3 (15.3)
etiam Vectam insulam, . . . Romanorum dicioni subiugauit; 1.3 (15.22)
Victuarii, hoc est ea gens, quae Vectam tenet insulam, 1.15 (31.17)
posita contra ipsam insulam Vectam. 1.15 (31.19)
duas illi prouincias donauit, Vectam uidelicet insulam, et Meanuarorum prouinciam 4.13 (230.18)
cepit et insulam Vectam, quae eatenus erat tota idolatriae dedita, 4.16 (237.1)
VECTA, *son of Woden.*
Vecta. Vitta, cuius pater Vecta, 1.15 (32.1)
VEHEMENTER. duabus gentibus transmarinis uehementer saeuis 1.12 (25.23)
sed ligatum se uehementer ingemiscat. 1.27 (61.24)
protulitque unus libellum perpulchrum, sed uehementer modicum, 5.13 (312.4)
VEGETVS, a, um. **uegetus.** 'Adulescentior,' inquit, 'sum aetate, et uegetus corpore; 4.25 (263.24)
VEHO. uectus. Discurrere . . . non equorum dorso, sed pedum incessu uectus, . . . solebat; 3.5 (136.1)
uehebamur. positis nobis in medio mari, interrupta est serenitas, qua uehebamur, 5.1 (281.20)
uehi. quia nimirum sanctum esse uirum conperiit, atque equo uehi, quo esset necesse, conpulit. 4.3 (206.30)
eius caballarium, quo infirmus uehi solebat, 4.6 (218.20)
ut neque equo uehi posset, sed manibus ministrorum portaretur in grabato. 5.19 (328.22)
uexit. ut ipse pater Fonte renascentis, quem Christi gratia purgans Protinus albatum uexit in arce poli. 5.7 (293.20)
VEL. Praef. (6.1); Praef. (6.1); Praef. (6.11); Praef. (6.12); Praef. (6.13); Praef. (6.30); Praef. (6.35); Praef. (7.9); Praef. (7.11); Praef. (7.13); Praef. (7.17); Praef. (7.20); Praef. (7.21); Praef. (7.26); Praef. (7.30); Praef. (7.30); 1.1 (9.1); 1.1 (12.9); 1.1 (12.21); 1.1 (12.21); 1.2 (14.6); 1.2 (14.7); 1.7 (19.16); 1.7 (19.28); 1.7 (20.2); 1.7 (20.22); 1.11 (25.13); 1.12 (26.18); 1.14 (30.17); 1.15 (33.2); 1.17 (34.17); 1.20 (38.24); 1.20 (39.14); 1.20 (39.23); 1.20 (39.23); 1.26 (47.6); 1.26 (47.17); 1.27 (48.16); 1.27 (49.12); 1.27 (50.31); 1.27 (51.1); 1.27 (52.18); 1.27 (52.26); 1.27 (53.34); 1.27 (54.31); 1.27 (54.32); 1.27 (54.33); 1.27 (57.33); 1.27 (59.22); 1.27 (59.23); 1.27 (60.4); 1.27 (60.6); 1.27 (60.12); 1.27 (60.23); 1.27 (61.2); 1.28 (62.21); 1.29 (63.10); 1.30 (65.18); 1.30 (65.28); 1.31 (67.15); 1.33 (71.4); 1.34 (71.16); 2.1 (76.24); 2.1 (77.17); 2.1 (80.3); 2.2 (82.6); 2.2 (83.3); 2.4 (86.28); 2.4 (87.25); uar. 2.5 (89.12); 2.5 (90.14); 2.5 (90.15); 2.5 (90.32); 2.6 (92.23); 2.7 (94.34)

2.9 (97.13); 2.12 (107.3); 2.12 (107.11); 2.12 (107.19); 2.12 (107.30); 2.12 (108.6); 2.12 (109.32); 2.13 (111.29); 2.13 (112.11); 2.13 (113.12); 2.14 (115.13); 2.16 (117.12); 2.16 (118.13); 2.16 (118.14); 2.18 (120.16); 2.20 (124.24); 2.20 (124.25); 2.20 (125.4); 2.20 (125.11); 2.20 (126.5); 2.20 (126.6); 3.5 (135.22); 3.5 (135.26); 3.5 (136.2); 3.5 (136.4); 3.5 (136.5); 3.5 (136.27); 3.5 (136.28); 3.8 (142.18); 3.8 (143.8); 3.8 (143.8); 3.9 (145.26); 3.11 (149.25); 3.13 (153.13); 3.14 (156.9); 3.14 (156.10); 3.14 (156.20); 3.14 (156.33); uar. 3.17 (161.10); 3.17 (161.24); 3.17 (161.27); 3.17 (161.32); 3.17 (161.33); 3.18 (162.13); 3.19 (163.21); 3.19 (163.31); 3.19 (164.1); 3.19 (165.10); 3.19 (166.15); 3.19 (167.22); 3.19 (168.11); 3.22 (171.27); 3.22 (171.28); 3.22 (171.29); 3.23 (175.19); 3.23 (175.33); 3.24 (177.17); 3.25 (181.16); 3.25 (181.20); 3.25 (181.22); 3.25 (183.14); 3.25 (184.12); 3.25 (184.23); 3.25 (185.18); 3.25 (185.19); 3.25 (186.26); 3.25 (186.27); 3.25 (187.1); 3.25 (187.5); 3.25 (188.31); 3.26 (190.27); 3.26 (191.9); 3.26 (191.10); 3.27 (192.11); 3.27 (192.12); 3.27 (192.27); 3.27 (192.28); 3.27 (193.6); 3.27 (193.8); 4.1 (204.2); 4.3 (208.19); 4.3 (209.9); 4.3 (209.10); 4.3 (210.8); 4.3 (210.18); 4.3 (210.24); 4.4 (213.22); 4.6 (218.21); 4.6 (218.23); 4.7 (220.13); 4.7 (220.19); 4.8 (221.18); 4.9 (222.4); 4.9 (222.10); 4.11 (225.27); 4.11 (225.29); 4.11 (226.10); 4.12 (228.10); 4.13 (230.23); 4.13 (231.6); 4.14 (235.13); 4.17 (239.28); 4.17 (240.18); 4.18 (241.32); 4.18 (242.30); 4.19 (244.13); 4.19 (246.30); 4.19 (246.30); 4.22 (251.23); 4.22 (252.5); uar. 4.23 (255.31); 4.23 (256.19); 4.23 (257.10); 4.23 (257.18); 4.23 (258.1); 4.24 (260.18); 4.25 (263.4); 4.25 (263.30); 4.25 (264.21); 4.25 (264.26); 4.25 (265.13); 4.25 (266.10); 4.25 (266.11); 4.26 (267.16); 4.26 (267.17); 4.26 (268.15); 4.27 (268.20); 4.27 (269.21); 4.27 (269.29); 4.27 (270.11); 4.28 (272.4); 4.29 (274.5); 4.29 (275.2); 4.31 (278.22); 4.31 (278.23); 4.31 (279.14); 4.32 (280.7); 5.1 (281.8); 5.1 (282.2); 5.2 (283.17); 5.3 (285.22); 5.6 (290.17); 5.6 (291.18); 5.7 (293.4); 5.9 (296.13); 5.9 (296.22); 5.10 (301.9); 5.11 (302.2); 5.11 (303.16); 5.12 (304.25); 5.12 (307.10); 5.12 (307.12); 5.12 (307.13); 5.12 (308.16); 5.12 (309.18); 5.12 (309.19); 5.12 (310.15); 5.13 (311.18); 5.13 (312.17); 5.14 (314.21); 5.14 (314.27); 5.15 (315.21); 5.15 (315.22); 5.15 (316.32); 5.17 (319.31); 5.17 (319.32); 5.18 (320.32); 5.18 (321.1); 5.19 (321.26); 5.20 (331.33); 5.21 (332.14); 5.21 (333.1); 5.21 (333.24); 5.21 (336.6); 5.21 (337.17); 5.21 (337.18); 5.21 (337.28); 5.21 (338.33); 5.21 (338.33); 5.21 (339.8); 5.21 (339.10); 5.21 (339.18); 5.21 (339.25); 5.21 (339.26); 5.21 (342.22); 5.21 (342.24); 5.21 (342.25); 5.21 (343.13); 5.21 (345.1); 5.23 (348.13); 5.23 (348.25); 5.23 (349.9); 5.24 (357.1); 5.24 (357.2); 5.24 (359.19).

VELAMEN. uelamine. accepto uelamine sanctimonialis habitus a praefato antistite Vilfrido. 4.19 (243.31)
VELLO. uelis. Sed dicito mihi, quid mercedis dare uelis ei, 2.12 (109.1)
'Mirum, quod tam austeram tenere continentiam uelis.' 5.12 (310.30)
uelit. At nunc uade et dic illi, quia, uelit nolit, debet ad monasteria Columbae uenire, 5.9 (297.31)
donec sciam, quid de me fieri uelit Deus. 5.19 (329.9)
uelitis. 'Mirum quare stultum appellare uelitis laborem nostrum, 3.25 (184.33)
uelle. rex suscipere quidem se fidem, quam docebat, et uelle et debere respondebat. 2.13 (111.11)
libenter se Christianum fieri uelle confessus est, 3.21 (170.6)
At ille respondit, non se tunc uelle confiteri peccata sua, 5.13 (311.20)
uellent. cum neque suscipere dogma peruersum . . . ullatenus uellent, 1.17 (33.29)
si et illi eadem cum illo sentire uellent, 2.13 (111.14)
Si autem dii aliquid ualerent, me potius iuuare uellent, 2.13 (111.30)
hosque a se interrogatos, quid quaererent, aut quid ibi uellent, 3.8 (143.15)
a quibus non pauca, quae uel ipsi, uel omnibus, qui audire uellent, multum salubria essent, audiuit. 3.19 (166.16)
Nec prohibuit Penda . . . in sua, . . . natione uerbum, siqui uellent audire, praedicaretur. 3.21 (170.28)
excommunicauit eum atque omnibus, qui se audire uellent, praecepit, ne domum eius intrarent, 3.22 (173.30)
quousque Ebrinus maior domus regiae copiam pergendi, quoquo uellent, tribuit eis. 4.1 (203.16)
et cymiterium fieri uellent, cum eas eodem, quo ceteros exterminio raptari e mundo contingeret. 4.7 (219.23)
qui omnibus, qui saluari uellent, uerbum ac lauacrum uitae ministraret. 4.16 (237.16)
multisque eos, qui fidem suscipere uellent, beneficiis adtollens; 5.10 (299.12)
uellet. Qui cum tremens ad pedes eius procidere uellet, leuauit eum, 2.12 (110.31)
Adiecit autem Coifi, quia uellet ipsum Paulinum diligentius audire de Deo, 2.13 (112.23)
etiam si mulier una cum recens nato paruulo uellet totam perambulare insulam 2.16 (118.6)
neque hos quisquam, . . . contingere prae magnitudine uel timoris eius auderet, uel amoris uellet. 2.16 (118.14)
nepotem suum, qui ei, si uellet, ordinaretur episcopus; 3.7 (141.25)
Vouit etiam uotum, quia adeo peregrinus uiuere uellet, 3.27 (193.10)
insuper offerebat, ut, si uellet, partem Galliarum . . . illi regendam committeret, 5.19 (324.8)
VELOCISSIME. uelocissime. curauit locum monasterii, . . . uelocissime construere, 3.19 (164.11)
VELOX. ueloci. interemerunt; Album quidem Heuualdum ueloci occisione gladii, 5.10 (300.17)
uelox. et uelox est depositio tabernaculi mei.' 4.29 (274.25)
VELVM. uela. uentorum furores uela non sustinent; 1.17 (34.15)
uelo. ut neque uelo neque remigio quicquam proficere, . . . ualeremus. 5.1 (281.21)
VELVT. 1.5 (16.26); 1.26 (47.2); 1.27 (56.31); 1.27 (61.7); 3.6 (139.1); 3.14 (156.15); 4.24 (261.31); 4.31 (279.2); 5.3 (286.12); 5.3 (286.19); 5.6 (290.13); 5.22 (347.22).
VELVTI. 1.8 (22.11); 4.7 (220.3); 5.17 (319.3); 5.21 (338.12).
VENA. uenae. cui nulla omnino spes uenae fontanae uideretur inesse. 4.28 (271.25)
VENALIS, e. uenales. ac uidisse inter alia pueros uenales positos candidi corporis, 2.1 (79.32)
uenalia. multa uenalia in forum fuissent conlata, 2.1 (79.30)
VENATVS. uenatu. sed et ceruorum caprearumque uenatu insignis. 1.1 (13.8)
Porro rex, uenerat enim de uenatu, coepit consistens ad focum calefieri cum ministris; 3.14 (156.27)
VENDO. uendere. quia nulla ratione conueniat tanto regi amicum suum optimum in necessitate positum auro uendere, 2.12 (110.9)
uendidit. Vt ergo conualuit, uendidit eum Lundoniam Freso cuidam; 4.22 (251.15)
uenditi. ea . . . ad redemtionem eorum, qui iniuste fuerant uenditi, dispensabat. 3.5 (136.29)
VENENO. uenenatum. quod omnino hortamur, ut a uestris mentibus huiusmodi uenenatum superstitionis facinus auferatur. 2.19 (123.27)
VENENOSVS, a, um. uenenosi. expulsaque a uobis sollicitatione uenenosi et deceptibilis hostis, 2.10 (103.28)
VENENVM. uenena. uenena suae perfidiae longe lateque dispersit, 1.10 (23.28)
ueneni. talibus protinus totam uim ueneni grassantis, 1.1 (13.5)
ut si ferri uulnus minus ad mortem regis sufficeret, peste iuuaretur ueneni. 2.9 (99.4)
ueneno. ueneno sui infecit erroris; 1.8 (22.17)
Quae cum uir eius Hereric exularet sub rege Brettonum Cerdice, ubi et ueneno periit, 4.23 (255.33)
uenenum. quae de eadem insula sunt, contra uenenum ualent. 1.1 (13.1)
VENERABILIS, e. uenerabile. Sepultum est autem corpus uenerabile uirginis . . . in ecclesia beati protomartyris Stephani; 3.8 (143.31)
monasterii, quod in Hii insula multis diu Scottorum Pictorumque populis uenerabile mansit. 5.9 (297.18)
uenerabile. ipsa terra, quae lauacrum uenerabile suscepit, 3.11 (148.33)
uenerabilem. episcopum, . . . fecerat ordinari Lindisfarnensium ecclesiae uirum sanctum et uenerabilem Cudberctum, 4.27 (268.23)
misit Pippin fauente omnium consensu uirum uenerabilem Vilbrordum Romam, 5.11 (302.31)
Siquidem misit legatarios ad uirum uenerabilem Ceolfridum, 5.21 (332.25)
uenerabiles. Aderant etiam quadragesimae uenerabiles dies, 1.20 (38.15)
Vt uiri uenerabiles Suidberct in Brittaniis, Vilbrord Romae sint in Fresiam ordinati episcopi. 5.11 (301.17)
uenerabili. et ab ipso uenerabili uiro Paulino rationem fidei ediscere, 2.9 (100.9)
Hanc historiam, sicut a uenerabili antistite Pecthelmo didici, 5.13 (313.23)
uenerabili. rogauit, ut aliquam sibi partem de illo ligno uenerabili rediens adferret, 3.2 (130.20)

uenerabilibus. uiris uenerabilibus atque eruditissimis, Praef. (6.9)
una cum eo sedentibus ceteris episcopis Brittaniae insulae uiris uenerabilibus, 4.17 (239.14)
Consecratus est autem . . . a uiris uenerabilibus Danihele Ventano, et Ingualdo Lundoniensi, 5.23 (350.5)
uenerabilis. uenerabilis pater Gregorius . . . contra nascentem heresim nouam laborare contendit, 2.1 (76.8)
quod esset uir . . . uenerabilis simul et terribilis aspectu. 2.16 (117.28)
in parte Scottorum, in qua erat etiam uenerabilis episcopus Cedd, 3.25 (183.23)
pariterque catholicae fidei decreta firmabat uir uenerabilis Iohannes archicantator 4.18 (240.30)
Cum ergo uenerabilis Domini famulus multos in Mailronensi monasterio degens annos 4.27 (270.15)
episcopatum ecclesiae illius anno uno seruabat uenerabilis antistes Vilfrid, 4.29 (275.28)
in quo etiam uenerabilis praedecessor eius Cudberct, . . . aliquandiu secretus Domino militabat. 4.30 (276.30)
Successit autem uiro Domini Cudbercto in exercenda uita solitaria, . . . uir uenerabilis Oidiluald, 5.1 (281.5)
ipse narrauit, uidelicet Gudfrid, uenerabilis Christi famulus et presbyter, 5.1 (281.11)
Eo tempore uenerabilis et cum omni honorificentia nominandus . . . Ecgberct, . . . proposuit animo pluribus prodesse; 5.9 (296.6)
Vt uiri uenerabiles [uir uenerabilis] Suidberct in Brittaniis, Vilbrord Romae sint in Fresiam ordinati eposcopi. uar. 5.11 (301.17)
Ipse autem Vilbrord, cognomento Clemens, adhuc superest, longa iam uenerabilis aetate, 5.11 (303.19)
quod uenerabilis uir non solum in pascha transiuit de hoc mundo ad Patrem; 5.22 (348.1)
uenerabilis. Iacob diaconus quondam, ut supra docuimus, uenerabilis archiepiscopi Paulini, 3.25 (181.27)
uenerabilis. uenit ad salutandam eam abbatissa quaedam uenerabilis, 3.11 (149.5)
uenerabilis. Haec ubi corpus abbatissae uenerabilis in ecclesiam delatum, . . . cognouit, 4.9 (223.2)
Erat enim presbyter uitae uenerabilis nomine Hereberct, 4.29 (274.11)
uenerabilium. ad exemplum uenerabilium patrum sub regula et abbate canonico in magna continentia . . . uiuant. 4.4 (214.6)
placuit conuenire nos iuxta morem canonum uenerabilium, 4.5 (215.1)
collecto uenerabilium sacerdotum doctorumque plurimorum coetu, 4.17 (238.30)
ex opusculis uenerabilium patrum breuiter adnotare, . . . curaui: 5.24 (357.22)
VENERATIO. ueneratione. Si autem ex ueneratione magna percipere non praesumit, 1.27 (56.9)
Ostenditur autem usque hodie, et in magna ueneratione habetur locus ille, 3.2 (128.26)
Vnde et in magna erat ueneratione tempore illo religionis habitus; 3.26 (191.5)
in eo, . . . sarcofago posuerunt, ubi usque hodie in magna ueneratione habetur. 4.19 (246.23)
et dies passionis uel inuentionis eorum congrua illis in locis ueneratione celebratus. 5.10 (301.10)
uenerationem. atque ad dexteram altaris iuxta uenerationem tanto pontifice dignam condita sunt. 3.17 (160.15)
ut . . . in uenerationem illorum poneret altaria, 5.20 (331.20)
uenerationi. Honorio Cantuariorum, et Felice Orientalium Anglorum, uenerationi habitus est, 3.25 (182.15)
uenerationis. in nouo recondita loculo in eodem quidem loco, sed supra pauimentum dignae uenerationis gratia locarent. 4.30 (276.15)
VENEROR. uenerabatur. quod eadem regina cum uiro suo Aedilredo multum diligebat, uenerabatur, excolebat, 3.11 (148.8)
quia in celebratione sui paschae non aliud corde tenebat, uenerabatur, et praedicabat, quam quod nos; 3.17 (162.2)
uenerandae. sicut mihi referebat quidam ueracissimus et uenerandae canitiei presbyter, 3.27 (192.31)
En Deus altus adit uenerandae uirginis aluum, 4.20 (247.17)
uenerandi. deinde antistites uenerandi torrentes eloquii . . . profuderunt; 1.17 (35.28)
uenerando. dum regem et Creatorem uestrum orthodoxa praedicatione edocti Deum uenerando creditis, 2.17 (119.8)
uenerandum. templumque uerendum [uenerandum] Aspexit Petri mystica dona gerens. uar. 5.7 (293.25)
uenerandus. Misit etiam tunc isdem uenerandus pontifex 1.24 (43.28)
Theodorus, . . . uir . . . aetate uenerandus, id est annos habens aetatis LX et VI. 4.1 (202.26)
uenerantur. ac digno a cunctis honore uenerantur. 3.6 (138.31)
et sollemnia Christi sine ecclesiae Christi societate uenerantur. 5.22 (347.16)
ueneraretur. ut merito a maioribus quasi unus ex ipsis amaretur, ueneraretur, amplecteretur, 5.19 (322.28)
uenerari. coepit annuatim eiusdem regis . . . natalicius dies missarum celebratione uenerari. 4.14 (236.6)
ut indicemus nos non cum antiquis excussum Aegyptiae seruitutis iugum uenerari, 5.21 (341.1)
uenerati. in magna reuerentia sanctitatis tam Brettones quam Scottos uenerati sumus; 2.4 (87.34)
ueneratur. humanum genus, . . . salutifera confessione fide ueneratur et colit; 2.10 (101.20)
VENIA. uenia. nisi forte misero mihi et indigno uenia, . . . propitiari dignatus fuerit. 3.13 (153.15)
ueniae. paenitentiam, quam ad breue tempus cum fructu ueniae facere supersedit. 5.13 (313.2)
ueniam. ceceditque ante pedes eius, ueniam reatus postulans. 3.22 (174.4)
VENIO. ueneram. apparuit retro uia, qua ueneram, quasi fulgor stellae micantis inter tenebras, 5.12 (306.32)
uenerant. rasa folia codicum, qui de Hibernia fuerant [uenerant], uar. 1.1 (13.3)
qui ab aquilone ad aciem uenerant, 1.15 (31.4)
beati sacerdotes ea, qua uenerant, prosperitate redierunt. 1.21 (41.10)
propter quos et ad quos uenerant, 1.25 (46.3)
de his, qui ad orandum uenerant, 2.2 (84.26)
laborauit multum, ut et eos, qui secum uenerant, ne a fide deficerent, Domino adiuuante contineret, 2.9 (98.26)
Nam monachi erant maxime, qui ad praedicandum uenerant. 3.3 (132.26)
Baptizatus est . . . cum omnibus, qui secum uenerant, comitibus ac militibus, 3.21 (170.13)
duces regii XXX, qui ad auxilium uenerant, pene omnes interfecti; 3.24 (178.13)
Vt quaestio sit mota de tempore paschae aduersus eos, qui de Scottia uenerant. 3.25 (181.2)
stantibus his, qui secum aduenerant [uenerant], uar. 4.11 (226.23)
stantibus . . . comitibus, et interrogantibus de statu eius, quem languentem uisitare uenerant, 4.11 (226.24)
siue de his, qui cum antistite illo uenerant, 4.14 (233.12)
finitoque conflictu in oceanum refusi, unde uenerant, redeunt. 4.16 (238.23)
Miserat autem episcopus mulieri, . . . de aqua benedicta, . . . per unum de his, qui mecum uenerant, fratribus; 5.4 (287.20)
qui uel secum, uel post se illo ad praedicandum uenerant; 5.11 (303.17)
uenerat. festinauit ei, ubi ad locum destinatum morti uenerat, occurrere, 1.7 (20.19)
Birino episcopo, qui cum consilio papae Honorii uenerat Brittaniam, 3.7 (139.11)
ut aureum illud nomisma, quod eo de Cantia uenerat, secum adsumerent. 3.8 (143.17)
Porro rex, uenerat enim de uenatu, coepit consistens ad focum calefieri cum ministris; 3.14 (156.26)
sui patris, ad cuius corpus dilectionis ipsius gratia uenerat, 3.23 (177.6)
Venerat eo tempore Agilberctus Occidentalium Saxonum episcopus, 3.25 (183.7)
Venerat autem de Scottia, tenente adhuc pontificatum Colmano, 3.26 (190.1)
Venerat enim cum regina Aedilthryde de prouincia Orientalium Anglorum, 4.3 (207.32)
et ipsa, qua uenerat, uia ad caelos usque cum ineffabili dulcedine reuerti. 4.3 (208.30)
qui nuper uenerat a Roma per iussionem papae Agathonis, 4.18 (241.2)
ad cuius sacratissimum corpus a finibus terrae pio ductus amore uenerat, 5.7 (292.31)
sed quia nec ipse aliquid profecisset, rursum in Hiberniam, unde uenerat, redierit. 5.9 (296.5)
ac mox remissus ad sedem episcopatus sui, id est post dies XIIII, ex quo in urbem uenerat. 5.11 (303.6)
qui locorum gratia sanctorum uenerat Hierosolymam, 5.15 (316.20)
iussit et Vilfridum, . . . dicere fidem suam, simul et prouinciae siue insulae, de qua uenerat. 5.19 (326.29)
uenere. uenere Orientales Saxones, Meridiani Saxones, Occidui Saxones. 1.15 (31.21)

Anno DXCVII, uenere Brittaniam praefati doctores, 5.24 (353.15)
uenerit. et ut Mellitus Romam uenerit. 2.4 (86.25)
De Iohanne cantatore sedis apostolicae, qui propter docendum Brittaniam uenerit. 4.18 (240.28)
uenerit ipse tempore quodam ad monasterium uirginum 5.3 (285.7)
Vt Caedualla rex Occidentalium Saxonum baptizandus Romam uenerit; 5.7 (292.9)
ab apostolica sede iudicandus aduenerit [uenerit]: uar. 5.19 (328.8)
uenerunt. urbes aliae conplures in foedus Romanorum uenerunt. 1.2 (14.26)
Quod cum esset statutum, uenerunt, ut perhibent, VII Brettonum episcopi 2.2 (82.19)
uenerunt primo ad quendam uirum sanctum ac prudentem, 2.2 (82.24)
uenerunt illo de suo monasterio homines circiter XXX, 3.23 (176.27)
Veneruntque illo reges ambo, pater scilicet et filius; 3.25 (183.19)
qui me ad caelestia, quae semper amabam, ac desiderabam, praemia uocare uenerunt, 4.3 (209.34)
uenerunt ad ciuitatulam quandam desolatam, 4.19 (244.34)
uenerunt primo diluculo fratres, qui eius obitum nuntiarent, a loco, ubi defuncta est. 4.23 (257.31)
duo quidam presbyteri de natione Anglorum, . . . uenerunt ad prouinciam Antiquorum Saxonum, 5.10 (299.17)
ueni. 'Veni,' inquit, 'cum duobus fratribus aliis ad insulam Farne, 5.1 (281.15)
"Ad hoc," inquit, "ueni, ut responsum Domini Saluatoris Ecgbercto adferam, 5.9 (297.9)
ueniat. in quaestionem ueniat intuentibus, 1.1 (10.32)
ueniebant. ueniebant crucem pro uexillo ferentes argenteam, 1.25 (45.33)
qui numquam ad ecclesiam nisi orationis tantum et audiendi uerbi Dei causa ueniebant. 3.26 (190.30)
Erat . . . affabilis omnibus, qui ad se consolationis gratia ueniebant; 4.28 (273.22)
ueniebat. Benedictio perituri super me ueniebat, 2.1 (77.26)
Rex ipse, . . . cum V tantum aut VI ministris ueniebat, 3.26 (190.31)
circumpositas ueniebat ad uillas, et uiam ueritatis praedicabat errantibus; 4.27 (269.25)
ueniendi. sic Romam ueniendi iter repetiit; 5.19 (326.19)
ueniens. Nothelmus postea Romam ueniens, Praef. (6.18)
Vt ueniens Brittaniam Augustinus 1.25 (44.24)
Nam Daganus episcopus ad nos ueniens, 2.4 (88.5)
et ut ueniens ad euangelizandum et Paulinus primo filiam eius . . . fidei . . . inbuerit. 2.9 (97.4)
quodam tempore Paulinus ueniens cum rege et regina in uillam regiam, 2.14 (114.32)
Cum ergo ueniens illo loqueretur cum regina, 3.11 (149.10)
Quo post annum deueniens [ueniens] cum exercitu uar. 3.12 (152.1)
Veniens quoque Brittaniam Vilfrid iam episcopus factus 3.28 (195.24)
At ipse ueniens mox in ciuitate Hrofi, ubi . . . episcopatus iam diu cessauerat, 4.2 (206.4)
tunc ueniens ad ecclesiam sollicitus orationibus ac psalmis, . . . fixa mente uacaret. 4.3 (210.25)
neque alicubi ueniens absque commendaticiis litteris sui praesulis suscipiatur. 4.5 (216.14)
ne ad mortem ueniens tanto adfectus dolore aliquid indignum suae personae uel ore proferret, 4.11 (226.9)
Nam et synodum beati papae Martini, . . . secum ueniens adtulit; 4.18 (242.5)
Veniensque mane ad uilicum, qui sibi praeerat, quid doni percepisset, indicauit, 4.24 (260.14)
Sospes enim ueniens supremo ex orbe Britanni, 5.7 (293.23)
Vt econtra alter ad mortem ueniens oblatum sibi a daemonibus codicem suorum uiderit peccatorum. 5.13 (311.1)
At ille confestim ueniens ad reginam Eanfledam, 5.19 (323.18)
Veniens uero Romam, 5.19 (324.20)
At ille Brittaniam ueniens, coniunctus est amicitiis Alchfridi regis, 5.19 (325.9)
ueniensque Romam, cum praesentibus accusatoribus acciperet locum se defendendi, 5.19 (327.15)
Roman ueniens multa illic, quae in patria nequiuerat, ecclesiae sanctae institutis utilia didicit. 5.20 (332.11)
ueniens. post tergum Domini humiliter ueniens uestimenti eius fimbriam testigit, 1.27 (55.24)
ueniente. At tunc ueniente ad eos reuerentissimo et sanctissimo patre et sacerdote Ecgbercto, 3.4 (134.30)
ut ueniente in uillam clerico uel presbytero, cuncti ad eius imperium uerbum audituri confluerent; 4.27 (269.28)
uenientem. et Columbanum abbatem in Gallis uenientem nihil discrepare a Brettonibus . . . didicimus. 2.4 (88.3)
Eanfridum inconsulte ad se cum . . . militibus postulandae pacis gratia uenientem, . . . damnauit. 3.1 (128.9)
uenientes. qui secundo uenientes murum trans insulam fecerint; 1.12 (25.16)
ad fidem uenientes admonendi sunt, 1.27 (51.19)
qui ad praefatum ituri concilium [illud concilium uenientes] uar. 2.2 (82.24)
Vbi cum uenientes uiderent multos adfuisse, 3.11 (149.30)
Venientes ergo in prouinciam memorati sacerdotes 3.21 (170.22)
ubi nuper uenientes ad conuersationem feminae solebant probari, 4.23 (258.22)
Qui uenientes in prouinciam intrauerunt hospitium cuiusdam uilici, 5.10 (299.26)
uenienti. Venienti igitur ad se episcopo, 3.3 (132.1)
uenientibus. Quantus sit affectus uenientibus sponte fratribus inpendendus, 1.28 (62.12)
uenientibus. Factumque est, ut uenientibus illis sederet Augustinus in sella. 2.2 (83.10)
uenientium. et ipsa multorum emporium populorum terra marique uenientium; 2.3 (85.11)
quod erat canticum illud laetantium, quod audiui, uenientium de caelis super oratorium 4.3 (209.27)
uenimus. nec mora, gressum retorquens ipsa me, qua uenimus, uia reduxit. 5.12 (308.6)
uenire. Germanum uenire inuitis uaticinationibus nuntiabant; 1.21 (40.11)
si communem fratrem Augustinum episcopum ad uos uenire contigerit, 1.28 (62.15)
Neque . . . in proelium uenire audebat. 1.34 (72.5)
ac totis desideriis ad aeternitatis gratiam uenire concupiscat.' 2.1 (78.22)
Exin coepere plures per dies de Scottorum regione uenire Brittaniam 3.3 (132.14)
At ille se excusans, et uenire non posse contestans, 3.7 (141.21)
et euocans presbyterum, rogauit secum uenire ad patientem. 3.11 (149.29)
qui terrestri quidem itinere illo uenire, . . . disponebat, 3.15 (157.29)
rogauerunt Sigberctum ad confirmandum militem secum uenire in proelium. 3.18 (163.4)
Hunc ad se accitum papa iussit episcopatu accepto Brittaniam uenire. 4.1 (202.12)
'Vade cito ad ecclesiam, et hos VII fratres huc uenire facito; 4.3 (209.5)
'Namque hospes,' inquit, . . . ad me quoque hodie uenire, meque de saeculo euocare dignatus est. 4.3 (209.15)
ut, . . . etiam Romam uenire, ibique ad loca sancta uitam finire disponeret, 4.5 (214.17)
Quisquis igitur contra hanc sententiam, . . . quoquo modo uenire, eamque infringere temtauerit, 4.5 (217.16)
nam saepius ante illum percipiendae elimosynae gratia uenire consueuerat, 5.2 (283.22)
Vt Ecgberct uir sanctus ad praedicandum in Germaniam uenire uoluerit, nec ualuerit; 5.9 (296.3)
ad quos uenire praefatus Christi miles circumnauigata Brittania disposuit, 5.9 (296.19)
uel, si hoc fieri non posset, Romam uenire . . . cogitauit. 5.9 (296.22)
quod te tamen referente oportet ad illum uenire. 5.9 (297.11)
dic illi, quia, uelit nolit, debet ad monasteria Columbae uenire, 5.9 (297.31)
quia nec ipse ad praedicandum gentibus uenire permittebatur, 5.10 (298.30)
iratus est ualde, quod ad se uenire uolentes peregrini non permitterentur; 5.10 (300.22)
accelerauit uenire Romam, 5.11 (301.21)
missa peracta, ualidi flaminis procella desursum uenire consueuit, 5.17 (319.11)
proposuitque animo uenire Romam, 5.19 (323.13)
superuenit illo alius adulescens, . . . cupiens et ipse Romam uenire; 5.19 (323.32)
uenirent. martyrum, qui de toto orbe ad Dominum uenirent, 1.7 (18.10)

qui ad confirmandam fidem gratiae caelestis Brittanias uenirent. 1.17 (34.8)
ueniret. ut ubi res ueniret in dubium, 1.1 (12.14)
ut ueniret contra improbos malum, 1.14 (30.22)
Paulinus, qui cum illa ueniret, 2.9 (98.13)
quis esset ille, uel unde ueniret, qui haec sibi loqueretur, 2.12 (109.32)
quem ascendens ad idola destruenda ueniret. 2.13 (113.11)
Fecerat autem, priusquam Brittaniam ueniret, monasterium . . . in Hibernia, 3.4 (134.3)
quando eadem prima sabbati, . . . ueniret, minime didicerant. 3.4 (135.10)
cum frequenter ad eum in prouinciam Nordanhymbrorum ueniret, 3.22 (171.25)
ueniret hora ipsius, ut transiret ex hoc mundo ad Dominum, 4.3 (207.23)
ut . . . ueniret ad monasterium eiusdem reuerentissimi patris, 4.3 (208.7)
quem semper, usquedum ueniret, sollicitus expectare curauit. 4.3 (210.9)
Cum ergo ueniret ad eum longo post tempore . . . uir sanctissimus 4.3 (211.23)
rogatusque multum a fratribus, ut Romam reuertens, illo itinere ueniret, 4.18 (242.25)
ita etiam tranquilla morte mundum relinquens ad eius uisionem ueniret, 4.24 (262.15)
uenisse. mandauit se uenisse de Roma, 1.25 (45.14)
Vidit enim, ut post ipse referebat, tres ad se uenisse uiros claro indutos habitu; 4.11 (226.21)
propter uictum militibus adferendum in expeditionem se cum sui similibus uenisse testatus est. 4.22 (250.11)
uenissemus. 'Vbi cum uenissemus,' inquit, 'et magno uniuersorum gaudio suscepti essemus, 5.3 (285.10)
uenissent. cultumque suae religionis cum omnibus, qui secum uenissent, uiris siue feminis, . . . seruaret. 2.9 (98.6)
uenisset. Cumque in prouinciam uenisset, laborauit multum, 2.9 (98.25)
cum uenisset ad Honorium archiepiscopum, 2.15 (116.27)
Cumque uenisset carrum, in quo eadem ossa ducebantur, 3.11 (148.10)
quo cum uenisset, adsumsit Theodorum cum Ebrini licentia, 4.1 (203.27)
Qui cum uenissent, primo admonuit eos, 4.3 (209.6)
quod ipsa ei tempus suae transmigrationis proximum nuntiare uenisset. 4.9 (224.1)
Nam et antistes cum uenisset in prouinciam, 4.13 (231.25)
sicut mihimet sciscitanti, cum hoc, an ita esset, quibusdam uenisset in dubium, 4.19 (243.13)
cum legationis gratia missus a sua gente, uenisset ad Aldfridum, regem Anglorum, 5.15 (315.17)
cum uenisset ad eos de Hibernia Deo amabilis, . . . Ecgberct, 5.22 (346.22)
uenisti. 'Gratus mihi est multum aduentus tuus, et bene uenisti.' 4.9 (223.20)
'Quid uis modo? quid huc uenisti? 5.13 (311.28)
uenistis. quia de longe huc peregrini uenistis, 1.25 (46.11)
uenit. uenit ad Morianos, 1.2 (13.25)
Post dies ergo uenit ad insulam rex, 1.25 (45.27)
Interea uir Domini Augustinus uenit Arelas, 1.27 (48.3)
quia saepe sine culpa agitur, quod uenit ex culpa; 1.27 (56.13)
ex culpa uenit uitium, 1.27 (56.19)
uenit contra eum cum inmenso ac forti exercitu; 1.34 (71.22)
His temporibus uenit Mellitus Lundoniae episcopus Romam, 2.4 (88.13)
Qui expulsus inde uenit Cantiam, 2.5 (91.29)
famulus Christi Laurentius mox mane facto uenit ad regem, 2.6 (93.2)
Anno autem sequente uenit in prouinciam quidam sicarius uocabulo Eumer, 2.9 (98.33)
rex collecto exercitu uenit aduersus gentem Occidentalium Saxonum, 2.9 (100.2)
tandem uenit ad Redualdum obsecrans, ut uitam suam . . . seruaret; 2.12 (107.20)
uenit ad eum praefatus amicus illius, 2.12 (109.32)
qui ordinandus uenit ad Paulinum, 2.18 (120.11)
Venit autem illuc duce Basso milite regis Æduini fortissimo, 2.20 (125.31)
uenit de Hibernia presbyter et abbas . . . Columba 3.4 (133.6)
Venit autem Brittaniam Columba, 3.4 (133.24)
uenit in prouinciam de Hibernia pontifex quidam nomine Agilberctus, 3.7 (140.19)
Eodem tempore uenit alius quidam de natione Brettonum, ut ferunt, 3.10 (146.26)
uenit ad salutandam eam abbatissa quaedam uenerabilis, 3.11 (149.4)
cum esset in suo monasterio, uenit illic quidam hospes, 3.11 (149.19)
repente uenit in mentem abbatissae puluis ille praefatus; 3.11 (150.5)
quem ordinaturus uenit illuc Ithamar, antistes ecclesiae Hrofensis. 3.20 (169.15)
uenitque ad regem Nordanhymbrorum Osuiu, 3.21 (169.27)
uenit qui clamaret eum ad regem. 3.23 (176.1)
Qui statim ut ad illum uenit, dedit ei monasterium beati Petri apostoli, 4.1 (204.4)
primo uenit ad insulam Hii, 4.4 (213.8)
Anno . . . DCLXX^{mo}, qui est annus secundus ex quo Brittaniam uenit Theodorus, 4.5 (214.12)
ecce subito lux emissa caelitus, ueluti linteum magnum, uenit super omnes, 4.7 (220.4)
repente uenit in mentem, quia, . . . perditam posset recipere lucem. 4.10 (224.27)
Quod dum egre inpetraret ab ea, uenit ad antistitem Lundoniae ciuitatis, 4.11 (225.30)
uenit ad regem, qui tunc eisdem in partibus occultus curabatur a uulneribus, 4.16 (237.28)
uenit Romam cum cooperatore ac socio eiusdem operis Ceolfrido, 4.18 (241.7)
Ecce uenit sponsus, munera laeta capis. 4.20 (248.30)
uenit quaerere, si forte corpus eius inuenire posset, 4.22 (250.20)
uenit Cantiam ad regem Hlotheri, qui erat filius sororis Aedilthrydae reginae, 4.22 (251.24)
tandem perfectiora desiderans, uenit Cantiam 4.23 (254.33)
uenit ex more, cupiens salutaribus eius exhortationibus ad superna desideria magis magisque accendi. 4.29 (274.17)
Caedualla, . . . relicto imperio propter Dominum regnumque perpetuum, uenit Romam; 5.7 (292.15)
uenit die quadam mane primo ad eum unus de fratribus, 5.9 (296.30)
At post dies paucos rursum uenit ad eum praefatus frater, 5.9 (297.26)
Nam uenit Romam, ibique adtonsus, pontificatum habente Constantino, 5.19 (321.30)
Venit autem cum illo et filius Sigheri regis Orientalium Saxonum, 5.19 (322.5)
Venit ergo ad insulam Lindisfarnensem, 5.19 (323.1)
coeptoque itinere Brittaniam uenit. 5.19 (329.22)
ex quo autem Brittaniam uenit, XXXIX. 5.20 (331.5)
tertio tempore saeculi cum gratia uenit ipse, 5.21 (340.3)
Columba presbyter de Scottia uenit Brittaniam, 5.24 (353.9)
et pestilentia uenit; 5.24 (354.16)
uenite. 'Venite ad me omnes, qui laboratis et onerati estis, 2.18 (121.11)
ueniunt. ueniunt sacerdotes, 1.21 (40.18)
Omnes autem, qui ad fidem ueniunt, 1.27 (51.31)
Nam quando de Galliis episcopi ueniunt, 1.27 (52.10)
(quomodo simulacra, . . . repudiare omnes, qui ad fidem ueniunt, necesse est), 3.25 (185.8)
uentum. uentum est ad locum, ubi scriptum erat: 5.19 (327.29)
uentura. Sin autem dominica . . . XVI^{a} aut XVII^{a} aut alia qualibet luna usque ad XXI^{am} esset uentura, exspectabat eam, 3.25 (185.35)

Vulgatum est autem, et in consuetudinem prouerbii uersum, quod etiam inter uerba orationis uitam finierit. 3.12 (151.27)
tandem presbyter reminiscens uerba antistitis, . . . misit de oleo in pontum, 3.15 (158.17)
quanta fraudis solertia daemones et actus eius, et uerba superflua, . . . replicauerint; 3.19 (165.7)
Qui cum uerba finissent, 3.19 (166.17)
Quae cum omnia uocato ad se presbytero puer uerba narrasset, 4.14 (235.11)
probauit uera fuisse uerba, quae ab apostolis Christi audierat. 4.14 (235.32)
inter uerba exhortationis laeta mortem uidit, 4.23 (256.31)
et eis mox plura in eundem modum uerba Deo digni carminis adiunxit. 4.24 (260.12)
lingua, quae tot salutaria uerba in laudem Conditoris conposuerat, 4.24 (262.16)
illaque lingua, . . . ultima quoque uerba in laudem ipsius, . . . clauderet; 4.24 (262.17)
addidit et syllabas ac uerba dicenda illi proponere. 5.2 (284.10)
Audiens autem uerba uisionis Ecgberct, 5.9 (297.20)
cuius uisiones ac uerba, non autem et conuersatio, plurimis, sed non sibimet ipsi, profuit. 5.13 (311.4)
Verum ille, frequenter licet admonitus, spernebat uerba salutis, 5.13 (311.14)
Teque deprecor, bone Iesu, ut cui propitius donasti uerba tuae scientiae dulciter haurire, 5.24 (360.4)
uerbi. in opus eos uerbi, diuino confisos auxilio, proficisci suadet. 1.23 (43.2)
Augustinus cum famulis Christi, . . . rediit in opus uerbi, peruenitque Brittaniam. 1.25 (44.29)
Vt idem Augustino pallium et epistulam et plures uerbi ministros miserit. 1.29 (63.1)
misit . . . plures cooperatores ac uerbi ministros; 1.29 (63.5)
rogauit, ut genti Anglorum in Brittaniam aliquos uerbi ministros, . . . mitteret; 2.1 (80.25)
ipse rex suis ducibus ac ministris interpres uerbi existeret caelestis; 3.3 (132.11)
admonitus est coepto uerbi ministerio sedulus insistere, 3.19 (164.4)
qui numquam ad ecclesiam nisi orationis tantum et audiendi uerbi Dei causa ueniebant. 3.26 (190.29)
presbyter, qui comes itineris illi et cooperator uerbi extiterat, 3.30 (199.29)
quoties a labore et ministerio uerbi uacabat, 4.3 (207.14)
praeter inminentibus sollemniis maioribus, uerbi gratia paschae, pentecostes, epifaniae, 4.19 (244.9)
temtauit adhuc in opus uerbi mittere uiros sanctos et industrios, 5.10 (299.3)
fratres, qui erant in Fresia uerbi ministerio mancipati, 5.11 (302.5)
Vectae quoque insulae uerbi ministros destinauit; 5.19 (327.10)
misit papa Gregorius pallium Brittaniam Augustino . . . et plures uerbi ministros, in quibus et Paulinum. 5.24 (353.19)
uerbis. audiendis scripturae sanctae uerbis Praef. (5.9)
Cuius suasioni uerbisque prudentibus alius optimatum regis tribuens assensum, 2.13 (112.3)
uerbis quoque horum exhortatoriis diligenter auditum praebebant. 3.26 (191.10)
Credidit ergo uerbis pueri presbyter, 4.14 (235.23)
Sed et hoc eius uerbis testimonium perhibuit, 4.14 (235.33)
uerbis. quam uerbis non poterat, 1.7 (19.33)
neque . . . refutare uerbis certando sufficerent, 1.17 (33.30)
In quibus tamen uerbis non amixtionem coniugum iniquitatem nominat, 1.27 (58.5)
his uerbis hortatur: 1.31 (66.13)
sicut in scriptura sacra ex uerbis Domini omnipotentis agnoscimus, 1.32 (69.10)
ut uerbis ipsius loquar, 2.1 (77.6)
hos pro diuina formidine sacerdotum ora simplicibus uerbis ligant, 2.1 (78.16)
Quia enim perceptis caelestibus uerbis, 2.1 (78.19)
Quibus uerbis beatus Gregorius hoc quoque declarat, 2.1 (78.23)
Cuius uerbis delectatus rex, 2.9 (99.25)
de cuius uita et uerbis nonnulla a discipulis eius feruntur scripta haberi. 3.4 (134.16)
atque ad elimosynas operumque bonorum exsecutionem, et uerbis excitaret et factis. 3.5 (136.7)
Salutantes ergo illum uerbis piissimis apostoli dicebant: 4.14 (234.7)
immo, ut uerbis Domini loquar, de morte transiuit ad uitam. 4.23 (256.32)
hoc ipse post pusillum uerbis poeticis maxima sauitate et conpunctione conpositis, . . . proferret. 4.24 (258.31)
sicut ipse quoque tempore eodem nonnullis, sed uerbis obscurioribus, . . . solita sibi simplicitate pandebat; 4.29 (274.7)
cum uerbis benedictionis, rediit ad orandum; 5.6 (291.6)
qui . . . spe gaudiorum perennium delectati, profectum pietatis ex eius uerbis haurire uolebant. 5.12 (309.20)
Quibus uerbis manifestissime constat, 5.21 (334.22)
Quibus item uerbis tota tertia septimana eiusdem primi mensis decernitur sollemnis esse debere. 5.21 (334.30)
miramque in moribus ac uerbis prudentiam, humilitatem, religionem ostenderet, 5.21 (344.10)
uerbo. quamuis multo tempore illo laborante in uerbo: 2.9 (98.30)
quae cuncta solo uerbo praeceptionis suae condidit et creauit, caelum uidelicet et terram, 2.10 (101.9)
et uerbo exhortationis apud homines, . . . ageret; 2.12 (107.8)
et apud diuinam pietatem uerbo deprecationis ageret; 2.12 (107.10)
nil aliud ageret, quam . . . plebem Christi uerbo salutis instruere, 2.14 (115.5)
gentemque illam uerbo et exemplo ad fidem Christi conuertit; 3.4 (133.26)
donec paulatim enutriti uerbo Dei, 3.5 (137.17)
superuenit de Hibernia . . . Furseus, uerbo et actibus clarus, 3.19 (163.25)
qui se in uerbo fidei et ministerio baptizandi adiuuarent, 3.22 (173.5)
ea, quae ad fidem ac ueritatem pertinent, et uerbo cunctos docebat, et opere. 3.26 (190.3)
officium episcopatus et uerbo exercebat et opere. 4.13 (232.20)
et ipse instructos eos uerbo ueritatis, . . . de ingressu regni aeterni certos reddidit. 4.16 (238.3)
plebem rusticam uerbo praedicationis simul et opere uirtutis ad caelestia uocaret. 4.27 (270.13)
quod antiquo gentium illarum uerbo Viltaburg, . . . uocatur; 5.11 (303.9)
Nam quicumque in omni uerbo, et opere, et cogitatione perfecti sunt, 5.12 (308.31)
multisque et uerbo et conuersatione saluti fuit. 5.12 (310.33)
scelera, non solum quae opere uel uerbo, sed etiam quae tenuissima cogitatione peccaui, 5.13 (312.17)
et multa eorum milia uerbo ueritatis instituens, a peccatorum suorum sordibus fonte Saluatoris abluit; 5.19 (326.14)
Hadrianus abbas, cooperator in uerbo Dei Theodori beatae memoriae episcopi, defunctus est, 5.20 (331.1)
uerborum. quae sola nuditate uerborum diu inaniter et aures occupauit, 1.17 (35.27)
ita ut ad singulas uerborum obiectiones errare se, 1.17 (35.32)
non sola praedicatione uerborum, . . . ad agnitionem ueritatis perducebant. 2.1 (78.25)
Hic est sensus, non autem ordo ipse uerborum, 4.24 (260.6)
Haec de opusculis excerpta praefati scriptoris ad sensum quidem uerborum illius, . . . historiis indere placuit. 5.17 (319.28)
Delectabatur enim antistes prudentia uerborum iuuenis, gratia uenusti uultus, 5.19 (324.4)
uerbum. Nec prohibuit Penda rex, quin etiam in sua, hoc est Merciorum, natione uerbum, . . . praedicaretur. 3.21 (170.28)
dicito gae,' quod est lingua Anglorum uerbum adfirmandi et consentiendi, id est, etiam. 5.2 (284.4)
uerbum. gentibus primae Germaniae uerbum praedicabat, 1.21 (40.7)
uerbum fidei praedicando committerent. 1.22 (42.5)
praedicare uerbum Dei genti Anglorum. 1.23 (42.22)
Cumque ad iussionem regis residentes uerbum ei uitae . . . praedicarent, 1.25 (46.5)

quod re uera ita contigit. 4.9 (222.24)
uera. ea, quae uos uera et optima credebatis, 1.25 (46.12)
quae uera esse miraculorum quoque multorum ostensione firmauerant, 1.26 (47.20)
suaque morte probauit uera fuisse uerba, 4.14 (235.31)
uerae. summae ueritatis et uerae sublimitatis scientiam scrutatur, 1.1 (11.13)
quanta sacri eloquii eruditione eius animum ad uerae conuersionis . . . credulitatem . . . perduxerit. 2.8 (96.11)
ueram. migrauit ad ueram, quae in caelis est, uitam. 2.1 (79.3)
Tum Brettones confitentur quidem intellexisse se ueram esse uiam iustitiae, 2.2 (82.15)
et quia dextera Domini protegente, ad ueram et apostolicam fidem sit conuersus, 3.29 (196.25)
Ipse autem tacitus rem considerans, ueram esse timebat; 5.9 (297.23)
ueram et catholicam fidem confessus est, 5.19 (327.6)
ueri. ut a cultu daemonum in obsequio ueri Dei debeant commutari; 1.30 (65.12)
qui ueri Dei cultus esset prorsus ignarus. 2.9 (98.1)
multumque gauisus de agnitione ueri Dei cultus, 2.13 (113.18)
ueri. Erat in his acerrimus ueri paschae defensor nomine Ronan, 3.25 (181.18)
ueris. ueris imaginibus in cogitatione inquinatur; 1.27 (59.31)
uero. uni uero sponso uirginem castam exhiberet Christo. 2.9 (98.23)
Christo uero regi pro sempiterno in caelis regno seruire gaudebant. 3.24 (180.24)
regem postulans, ut . . . in monasterio, tantum uero regi Christo seruire permitteretur; 4.19 (243.27)
uero. et regnum sine fine cum Deo uiuo et uero futurum . . . promitteret. 1.25 (45.16)
Quis enim ea, . . . nunc ad exemplum omnium aptius quam ipse per sapientiam mihi a Deo uero donatam destruam?' 2.13 (113.8)
ubi pontifex ipse, inspirante Deo uero, polluit ac destruxit eas, quas ipse sacrauerat, aras. 2.13 (113.23)
uero. Et post nonnulla, quibus de celebrando per orbem totum uno uero pascha loquitur: 3.29 (197.32)
uerum. et Deum uerum ac uiuum, . . . adoro semper, 1.7 (19.22)
et Deum uerum cognoscens ac adorans, 1.30 (65.14)
et Deum omnipotentem, uiuum, ac uerum in commune deprecemur, 3.2 (129.7)
correcti sunt per eum, et ad uerum canonicumque paschae diem translati; 3.4 (135.1)
uerum. Quod an uerum sit, peritus quisque facillime cognoscit. 3.3 (131.25)
dum tamen hoc, quod tantus uir dixit, quia uerum sit, esse non possit incertum. 4.3 (212.3)
uerum. Obseruabat autem Iacob diaconus . . . uerum et catholicum pascha cum omnibus, 3.25 (181.28)
Et hoc esse uerum pascha, . . . Niceno concilio non statutum nouiter, sed confirmatum est, 3.25 (186.11)
uerus. ac uerus summae lucis praeco ab omnibus praedicatur Augustinus. 2.2 (82.12)
intellegentes eum, qui uerus est Deus, et interioribus se bonis et exterioribus caelesti gratia ditasse. 4.13 (231.23)
VESANIA. uesania. correpta eorum uesania magis augescere contradicendo, 1.10 (24.6)
uesania. nam crebra mentis uesania, et spiritus inmundi inuasione premebatur. 2.5 (91.1)
uesaniae. usque ad tempora Arrianae uesaniae, 1.8 (22.6)
Mansitque haec . . . pax usque ad tempora Arrianae uesaniae, 1.8 (22.15)
uesaniam. propter uesanam [uesaniam] Brettonici regis tyrannidem. uar. 3.1 (128.13)
et in Constantinopoli CL contra uesaniam Macedonii et Eudoxii et eorum dogmata; 4.17 (240.5)
VESANVS, a, um. **uesanam.** Infaustus ille annus, . . . permanet, . . . propter uesanam Brettonici regis tyrannidem. 3.1 (128.13)
VESCOR. uescebamur. sed nec in eodem hospitio, quo uescebamur, sumere uoluit. 2.4 (88.7)
uescebatur. Residebat, uescebatur, bibebat, laetabatur, quasi unus e conuiuis agebat; 5.5 (288.29)
VESPASIANVS (9–79), *Roman Emperor.*
Vespasianus. sed et Vespasianus ab eo missus 1.3 (15.2)
Ab eodem Claudio Vespasianus, qui post Neronem imperauit, in Brittaniam missus, 1.3 (15.21)
VESPER. uespere. mane comedet praedam et uespere diuidet spolia.' 1.34 (71.20)
et pergens itinere suo peruenit ad uicum quendam uespere, 3.10 (147.9)
et praecedente sabbato, uespere, sacrosancta paschae sollemnia inchoabat; 3.25 (186.1)
freneticus quidam, . . . deuenit ibi uespere, nescientibus siue non curantibus loci custodibus, 4.3 (212.11)
Rogauit ergo ministrum suum uespere incumbente, . . . ut in ea sibi locum quiescendi praepararet; 4.24 (261.21)
altera uespere sequebatur occidentem, 5.23 (349.7)
uesperum. et nisi lotum aqua ei usque ad uesperum intrare ecclesiam non concedit. 1.27 (59.27)
reum se quasi usque ad uesperum cognoscat. 1.27 (60.1)
VESPERA. uespera. ut . . . expectaretur xiiii^{a} dies illius, expectaretur uespera eiusdem. 5.21 (336.13)
uespera. incumbente uespera, in monasterium praefatum, noluerunt ea, . . . libenter excipere; 3.11 (148.11)
et a uespera usque ad galli cantum corpore exutus, 3.19 (164.28)
in ipsa uespera pascha dominicum celebrare incipiebat, 3.25 (185.31)
sed adueniente tandem uespera diei xiiii^{ae}, 5.21 (334.25)
Constat autem, quia non xiiii^{a} die, in cuius uespera agnus est immolatus, 5.21 (335.7)
Sin autem, . . . a uespera diei xiiii^{ae} usque ad uesperam xxi^{ae} computauerimus, 5.21 (335.28)
quod a uespera xiiii^{ae} diei incipit, et in uespera xxi^{ae} conpletur. 5.21 (336.3)
quod a uespera xiiii^{ae} diei incipit, et in uespera xxi^{ae} conpletur. 5.21 (336.4)
ut adueniente primo mense, adueniente in eo uespera diei xiiii^{ae}, expectetur etiam dies dominica, 5.21 (337.10)
Cum enim a uespera diei xiii^{ae} uigilias sanctae noctis celebrare incipiunt, 5.21 (337.33)
Nam cum a luna xvi^{a} primi mensis oriente, id est a uespera diei xv^{ae} pascha incipiendum doceant; 5.21 (338.14)
utpote qui ab illius diei uespera pascha incipiunt, 5.21 (338.26)
uesperam. ut intra uesperam transire uix posset. 1.7 (20.10)
a mane usque ad uesperam nil aliud ageret, 2.14 (115.3)
et reuersus ad uesperam, . . . obtulit ei aliquid de ueteri musco, 3.2 (130.22)
ieiunium ad uesperam usque iuxta morem protelans, 3.23 (175.27)
Iohannes . . . xiiii^{a} die mensis primi ad uesperam incipiebat celebrationem festi paschalis, 3.25 (185.21)
xiiii^{am} lunam primi mensis, . . . orientem ad uesperam semper exspectaret; 3.25 (185.28)
obseruandum pascha a xiiii^{a} luna primi mensis ad uesperam usque ad xxi^{am} lunam . . . praeceptum est; 3.25 (186.6)
obseruandum pascha a xiiii^{a} luna primi mensis . . . ad xxi^{am} lunam eiusdem mensis ad uesperam praeceptum est; 3.25 (186.7)
ita ut xiii^{a} luna ad uesperam saepius pascha incipiatis, 3.25 (186.24)
sed in xiiii^{a} uel uetus pascha manducauit ad uesperam, 3.25 (186.27)
ut hanc eadem ipsa die more Aegyptiorum xv^{am} lunam ad uesperam esse fateretur. 3.25 (187.19)
ad uesperam usque quietus et quasi mortuus permanens, tunc paululum reuiuisco, 5.6 (290.24)
immolabitque eum uniuersa multitudo filiorum Israel ad uesperam." 5.21 (334.22)
xiiii^{a} die mensis comedetis azyma usque ad diem xxi^{am} eiusdem mensis ad uesperam. 5.21 (335.23)
Sin autem, . . . a uespera diei xiiii^{ae} usque ad uesperam xxi^{ae} computauerimus, 5.21 (335.29)
quod ita dies xiiii^{a} uesperam suam in festi paschalis initium prorogat, 5.21 (335.30)
tolleret unusquisque agnum per familias et domus suas, et immolaret eum ad uesperam, 5.21 (336.16)
"Mense primo, xiiii^{a} die mensis ad uesperam phase Domini est, 5.21 (336.30)
ita ut xv^{ae}, . . . uesperam tangant. 5.21 (338.21)
deinde luna, sole ad uesperam occidente, et ipsa plena a medio secuta est orientis; 5.21 (339.22)

VESPERTINVS, a, um. **uespertinum.** utrum crepusculum adhuc permaneat uespertinum, ... 1.1 (10.33)
VESTER, tra, trum. **uester.** 2.5 (91.16); 3.25 (188.15).
uestra. 1.24 (44.10); 1.28 (62.16); 1.32 (68.1, 22); 2.8 (95.18); 2.8 (96.12); 2.10 (104.4); 2.11 (104.31); 2.11 (106.26); 2.18 (121.7); 3.29 (197.4); 3.29 (198.24); 4.8 (221.16).
uestra. 1.32 (69.19); 2.10 (103.19); 3.13 (153.18); 3.29 (198.6, 7).
uestra. 1.31 (66.26); 1.31 (67.1).
uestra. 2.17 (120.4).
uestrae. 1.25 (46.17); 1.32 (68.12); 1.32 (69.27); 2.8 (95.26); 2.8 (96.15); 2.10 (101.7); 2.11 (104.21, 22); 2.11 (105.21); 2.17 (119.3, 9, 33); 2.19 (123.14); 3.29 (196.22); 5.13 (312.23).
uestrae. 1.24 (44.5, 17); 1.28 (62.21); 2.11 (105.13); 2.17 (119.26); 2.17 (120.3); 2.18 (121.25); 3.29 (198.17, 19).
uestram. 1.32 (69.9); 1.32 (69.32); 1.32 (70.2); 2.10 (101.29); 2.10 (101.32); 2.17 (120.5); 2.18 (121.2); 2.18 (121.19); 3.29 (197.24); 3.29 (198.4); 3.29 (198.34); 3.29 (199.3).
uestrarum. uar. 2.8 (95.27); 2.18 (121.17); 2.18 (121.31).
uestras. 4.14 (234.15); 5.6 (291.5); 5.21 (335.21).
uestri. 2.8 (95.21); 2.10 (104.1); 2.11 (104.26); 2.11 (106.14, 23); 2.17 (119.19).
uestri. 1.23 (43.18); 1.30 (65.3); 2.10 (101.32); 2.11 (105.11); 2.17 (119.5); 3.25 (186.17, 31).
uestris. 2.10 (101.6); 3.29 (198.14).
uestris. 2.17 (119.25); 3.25 (187.32); 4.14 (234.18).
uestris. 1.23 (43.16).
uestris. 2.17 (119.22); 2.19 (123.27); 5.21 (334.34); 5.21 (335.24).
uestris. 2.8 (96.3); 2.10 (103.6).
uestro. 1.23 (43.14); 1.25 (46.15); 3.25 (188.24).
uestro. 2.11 (105.7); 3.25 (187.25).
uestro. 2.8 (95.20).
uestro. 1.32 (69.7, 25).
uestrorum. 2.11 (106.16); 2.18 (121.8); 3.29 (198.1).
uestrorum. 2.8 (95.28).
uestros. 3.29 (199.1).
uestrum. 1.32 (69.20); 2.17 (119.7); 5.21 (335.3, 19).
uestrum. 2.17 (119.23); uar. 5.21 (336.5).
VESTIGIVM. uestigia. uestigia sudium ibidem usque hodie uisuntur, ... 1.2 (14.16)
in quo usque hodie instituta ab ipso regularis uitae uestigia permanent. 4.3 (207.7)
ut . . . pro aperto et hiante uulnere, . . . tenuissima tunc cicatricis uestigia parerent. 4.19 (246.1)
in cuius medio ultima Domini uestigia, caelo desuper patente, ubi ascendit, uisuntur. 5.17 (319.1)
uestigia. certissima uestigia cernere licet. 1.12 (26.23)
quod intrinsecus ferramentorum uestigia usque in praesens ostendit. 5.16 (318.10)
beatissimi autem apostolorum principis, quantum mea paruitas sufficit, uestigia sequi desidero." . 5.21 (344.23)
uestigiam. nullumque eius uspiam uestigium [uestigiam] apparuerit. . . . . uar. 4.23 (256.2)
uestigii. cui per siccitatem cruris usus uestigii negabatur. 1.21 (40.17)
uestigiis. uidit undam suis cessisse ac uiam dedisse uestigiis. 1.7 (20.16)
uestigiis. eumque consistere firmis uestigiis imperabat. 1.19 (38.3)
Cedd, relictis Scottorum uestigiis, ad suam sedem rediit, ... 3.26 (189.17)
Qui haec audiens prouolutus est eius uestigiis, ... 4.29 (274.27)
eandemque adhuc speciem ueluti inpressis signata uestigiis seruat. 5.17 (319.4)
uestigiorum. fastigiorum [uestigiorum] uestrorum delectabilem cursum . . . . uar. 2.8 (95.27)
uestigium. ut earum non dicam uestigium, sed ne memoria quidem, . . . appareret. 1.22 (41.31)
nullumque eius uspiam uestigium apparuerit. 4.23 (256.2)
VESTIMENTVM. uestimenta. sed et uestimenta omnia, quibus indutum erat, non solum intemerata, uerum etiam prisca nouitate . . . parebant. 4.30 (276.21)
uestimenta. et uestimenta altarium, ornamenta quoque ecclesiarum, ... 1.29 (63.9)
inde egrediens ad terram, numquam ipsa uestimenta uda atque algida deponere curabat, . . . 5.12 (310.18)
uestimenti. post tergum Domini humiliter ueniens uestimenti eius fimbriam tetigit, ... 1.27 (55.24)
uestimentis. quia, . . . numquam lineis, sed solum laneis uestimentis uti uoluerit; 4.19 (244.7)
ueterno infirmitatis discusso, induit se ipse uestimentis suis; 5.5 (288.24)
uestimento. et uestiui me, sicut uestimento et diademate, iudicio meo. 2.1 (77.27)
et, retecto uestimento, quantis esset uerberibus laceratus, ostendit. 2.6 (93.2)
uestimentorum. ut . . . decimam non solum quadrupedum, uerum etiam frugum omnium, atque pomorum, nec non et uestimentorum partem pauperibus daret. 4.29 (276.3)
uestimentum. laudabiliter potuit Domini uestimentum tangere, ... 1.27 (55.26)
quae uestimentum Domini in langore posita tetigit, ... 1.27 (56.5)
quia uestimentum eius morientis acceperit, ad memoriam reduxit. 3.19 (166.26)
VESTIO. uestiebatur. ipsius habitu, id est caracalla, qua uestiebatur, indutus, ... 1.7 (18.27)
uestierant. indumenta, quibus Deo dicatum corpus Cudbercti, uel uiuum antea, uel postea defunctum uestierant, ... 4.31 (279.14)
uestiit. Atque auro ac Tyrio deuotus uestiit ostro. 5.19 (330.13)
uestitus. uariis herbarum floribus depictus, immo usque quaque uestitus; 1.7 (20.30)
uestiui. et uestiui me, sicut uestimento et diademate, iudicio meo. 2.1 (77.27)
uestiuit. Iustitia indutus sum, et uestiui [uestiuit] me, ... uar. 2.1 (77.27)
VESTIS. ueste. Procedunt conspicui diuitiis, ueste fulgentes, ... 1.17 (35.16)
Esuriem dapibus superauit, frigora ueste, ... 2.1 (79.15)
euaginata sub ueste sica, impetum fecit in regem. 2.9 (99.9)
cum sedens in tenui ueste uir ita inter dicendum, . . . quasi in mediae aestatis caumate sudauerit. . 3.19 (167.20)
extemplo se repperire sub ueste sua monile pretiosissimum; 4.23 (256.4)
ut nihil praeter ipsas aspicerem, excepta dumtaxat specie et ueste eius, qui me ducebat. 5.12 (305.25)
uestem. Et quid est aliud . . . contra frigus uestem, . . . quaerere, ... 1.27 (56.1)
quae prima feminarum fertur . . . propositum uestemque sanctimonialis habitus, . . . suscepisse. . . 4.23 (253.22)
uestibus. niueis uestibus uidit sibi adesse personam, ... 1.19 (38.1)
et ita denuo lotum, atque aliis uestibus indutum transtulerunt illud in ecclesiam 3.8 (144.22)
Lauerunt igitur uirgines corpus, et nouis indutum uestibus intulerunt in ecclesiam, ... 4.19 (246.21)
De tabernaculo et uasis eius, ac uestibus sacerdotum, libros III 5.24 (357.27)
uestis. Xriste, tui est operis, quia uestis et ipsa sepulchro Inuiolata nitet; 4.20 (248.21)
uestis. Ydros et ater abit sacrae pro uestis honore, ... 4.20 (248.23)
VETADVN, *Watton, East Riding of Yorkshire.*
Vetadun. uenerit ipse tempore quodam ad monasterium uirginum in loco, qui uocatur Vetadun, . . . 5.3 (285.9)
VETERANVS, a, um. **ueteranis.** ueteranis eum odiis etiam mortuum insequebantur. 3.11 (148.15)
VETERNVS. ueterno. ueterno infirmitatis discusso, induit se ipse uestimentis suis; 5.5 (288.23)
VETITVM. uetitis. Et ego audiens, nihilominus coeptis institi uetitis. 5.6 (290.10)
VETO. uetabant. alii hoc fieri metu maioris periculi uetabant. 4.32 (279.30)
VETVS. uetere. uetere usus augurio, ... 1.25 (45.30)
ueterem. sicque paulatim omnis eorum prouincia ueterem cogeretur noua mutare culturam. . . . 5.10 (300.15)
ueteri. Lex autem ueteri populo praecepit, ... 1.27 (57.16)

ueteri. obtulit ei aliquid de ueteri musco, quo superficies ligni erat obsita. 3.2 (130.24)
ueteri. nouam ex ueteri heresim renouare conantes, 2.19 (123.15)
ueteri. in testamento ueteri exteriora opera obseruantur, 1.27 (56.28)
ueteribus. qui mandatis memoriae ueteribus illis Aegyptiorum argumentis, facillime possint . . . proten lere circulos, 5.21 (341.25)
ueteris. Hunc quidem testamentum ueteris legis, . . . pollutum dicit, 1.27 (59.25)
ueteris. testamenti ueteris praeceptione didicisti, 1.27 (54.21)
ueteris. mandatis memoriae ueteribus [ueteris] illis Aegyptiorum argumentis, uar. 5.21 (341.25)
ueterum. sed et ueterum Brittaniae incolarum, . . . populis pastoralem inpendere sollicitudinem curabat. 2.4 (87.10)
uetus. neque auctor ac dator euangelii Dominus in ea, sed in XIIII^{a} uel uetus pascha manducauit ad uesperam, 3.25 (186.27)
VETVSTIOR, ius. **uetustior.** sed quo uetustior, eo solet esse uenustior. 1.1 (10.15)
VEXATIO. uexationis. neque aliquid ex eo tempore nocturni timoris aut uexationis ab antiquo hoste pertulit. 3.11 (150.24)
VEXILLVM. uexilla. ut non solum in pugna ante illum uexilla gestarentur, 2.16 (118.16)
uexilli. illud genus uexilli, quod Romani tufam, Angli appellant thuuf, ante eum ferri solebat. 2.16 (118.20)
ut crebo uexilli huius munimine a malignorum spirituum defendatur incursibus; 5.21 (343.9)
uexillo. ueniebant crucem pro uexillo ferentes argenteam, 1.25 (45.33)
uexillum. priusquam hoc sacrae crucis uexillum nouus militiae ductor, . . . statueret. 3.2 (130.6)
uexillum eius super tumbam auro et purpura conpositum adposuerunt, 3.11 (148.29)
VEXO. uexabatur. Et post aliquantum horae spatium resedit qui uexabatur, 3.11 (150.14)
uexari. qui solebat nocturnis saepius horis repente ab inmundo spiritu grauissime uexari. 3.11 (149.21)
uexatum. At ipsum diu graui dolore uexatum, cum diuersas in partes se torqueret, 3.9 (146.3)
qui uexatum tenere, . . . nequaquam ualebant, 3.11 (149.31)
uexatus. fuit in eodem monasterio puerulus quidam, longo febrium incommodo grauiter uexatus. 3.12 (150.29)
VIA. uia. Cui uitae alterius mors magis ipsa uia est. 2.1 (79.12)
uia. et hac quasi uia pestilentiae trans oceanum patefacta, 1.8 (22.17)
qui in uia iam coniugii praecesserunt, 1.27 (52.22)
et ipsa, qua uenerat, uia ad caelos usque cum ineffabili dulcedine reuerti. 4.3 (208.31)
apparuit retro uia, qua ueneram, quasi fulgor stellae micantis inter tenebras, 5.12 (306.32)
nec mora, gressum retorquens ipsa me, qua uenimus, uia reduxit. 5.12 (308.6)
uiae. difficulter posse sublimitatem animi regalis ad humilitatem uiae salutaris, . . . inclinari, 2.12 (107.6)
inter parietes singulos latum habens spatium uiae, 5.16 (318.3)
uiam. uidit undam suis cessisse ac uiam dedisse uestigiis. 1.7 (20.16)
et deprauati uiam correctionis agnoscerent. 1.17 (35.8)
Tum Brettones confitentur quidem intellexisse se ueram esse uiam iustitiae, 2.2 (82.15)
si nationi Anglorum noluissent uiam uitae praedicare, 2.2 (83.30)
et ipse senex ac plenus dierum, iuxta scripturas, patrum uiam secutus est. 2.20 (126.32)
uel si alia quaelibet necessitas insisteret, uiam peragere posset. 3.14 (156.11)
cum omnibus, quos ad correctiorem uiam erudire poterat. 3.25 (181.29)
et populum et regem praefatum ad uiam iustitiae reduxit; 3.30 (200.2)
circumpositas ueniebat ad uillas, et uiam ueritatis praedicabat errantibus; 4.27 (269.25)
quippe quem . . . ad uiam uitae sua oratione ac benedictione reduxit. 5.6 (289.16)
contigit die quadam nos iter agentes cum illo deuenisse in uiam planam et amplam, 5.6 (289.21)
ac multos eorum praedicando ad uiam ueritatis perduxit. 5.11 (302.18)
animaduertit . . . minime perfectam esse uirtutis uiam, quae tradebatur a Scottis, 5.19 (323.12)
monachos, . . . necdum ad uiam statuti melioris reducere ualebat. 5.21 (345.9)
uiarum. ubi fontes lucidos iuxta puplicos uiarum transitus conspexit, 2.16 (118.10)
uias. Per uarias gentes, per freta, perque uias, Vrbem Romuleam uidit, 5.7 (293.24)
uiis. quibus sit uiis ad ingressum regni illius properandum. 2.2 (81.31)
VIANS. uiantis. utque ibi primo iumentum cuiusdam uiantis ac deinde puella sit paralitica curata. 3.9 (144.27)
uiantium. ibi ob refrigerium uiantium, . . . aeros caucos suspendi iuberet, 2.16 (118.11)
VIATICVM. uiatico. ac uiatico dominici corporis ac sanguinis accepto, . . . ad aeterna in caelis gaudia subleueris. 4.14 (234.11)
percepto uiatico sacrosanctae communionis, 4.23 (256.27)
Sicque se caelesti muniens uiatico, uitae alterius ingressui parauit; 4.24 (262.5)
Talia dicens, sine uiatico salutis obiit, 5.14 (314.25)
VICANVS. uicani. intrauitque in domum, in qua uicani caenantes epulabantur; 3.10 (147.10)
mox congregati in unum uicani uerbum uitae ab illo expetere curabant. 3.26 (191.16)
uicanos. et mittens occidit uicanos illos omnes, 5.10 (300.23)
VICESIMVS, a, um. **XX.** sed a XIIII usque ad XX lunam obseruabant; 2.2 (81.19)
XX^{am}. a XIIII^{a} luna usque ad XX^{am} dominicae resurrectionis diem obseruandum esse putarent; 2.4 (87.18)
diem paschae dominicum more suae gentis, . . . a XIIII^{a} luna usque ad XX^{am} obseruare solebat. 3.3 (131.20)
sed die dominica semper agebat, a luna XIIII^{a} usque ad XX^{am}; 3.17 (162.8)
quod uos non facitis, qui a XIIII^{a} usque ad XX^{am} lunam diem dominicum paschae obseruatis; 3.25 (186.23)
qui a XIIII^{a} usque ad XX^{am} pascha celebrandum scripsit? 3.25 (187.2)
Sic item XX^{am} die dominico paschae adnotauit, 3.25 (187.20)
paschae diem, . . . secus morem canonicum a XIIII^{a} usque ad XX^{am} lunam celebrant. 3.28 (195.14)
Sed ne putaremus easdem VII dies a XIIII^{a} usque ad XX^{am} esse computandas, continuo subiecit: 5.21 (334.33)
qui dominicum paschae diem a XIIII^{a} mensis primi usque ad XX^{am} putant lunam esse seruandum. 5.21 (337.32)
XX°. Aldfrid, rex Nordanhymbrorum, defunctus est, anno regni sui XX° necdum inpleto; 5.18 (320.5)
VICESIMVS PRIMVS, a, um. **XXI.** qui est annus XXI, ex quo Augustinus cum sociis ad praedicandum . . . missus est, 2.5 (89.5)
XXI^{a}. Et cum XXI^{a} die mensis pascha dominicum celebrare refugiunt, 5.21 (338.2)
XXI^{ae}. Sin autem, . . . a uespera diei XIIII^{ae} usque ad uesperam XXI^{ae} computauerimus, 5.21 (335.29)
quod a uespera XIIII^{ae} diei incipit, et in uespera XXI^{ae} conpletur. 5.21 (336.4)
XXI^{am}. quia dominicum paschae diem a XV^{a} luna usque ad XXI^{am}, . . . oportet inquiri. 2.19 (122.25)
Sin autem dominica . . . XVI^{a} aut XVII^{a} aut alia qualibet luna usque ad XXI^{am} esset uentura, exspectabat eam, 3.25 (185.35)
fiebat, ut dominica paschae dies nonnisi a XV^{a} luna usque ad XXI^{am} seruaretur. 3.25 (186.3)
obseruandum pascha a XIIII^{a} luna primi mensis ad uesperam usque ad XXI^{am} lunam . . . praeceptum est; 3.25 (186.7)
Petrus a XV^{a} luna usque ad XXI^{am} diem paschae dominicum celebrabat; 3.25 (186.21)
Item lunam XXI^{am}, . . . a celebratione uestri paschae funditus eliminatis; 3.25 (186.29)
ut hanc declinata eadem die esse XXI^{am} crederet. 3.25 (187.21)
ut pascha . . . a XV^{a} die usque ad XXI^{am}, fieri deberet; 5.21 (334.7)
a XV^{a} die mensis primi usque ad XXI^{am} eiusdem mensis diem conpletam computari oportet. 5.21 (335.15)
XIIII^{a} die mensis comedetis azyma usque ad diem XXI^{am} eiusdem mensis ad uesperam. 5.21 (335.23)
Quis enim non uideat, a XIIII^{a} usque ad XXI^{am} non VII solummodo, sed octo potius esse dies, 5.21 (335.25)
ut . . . expectetur etiam dies dominica, a XV^{a} usque ad XXI^{am} diem eiusdem mensis. 5.21 (337.11)
VICESIMVS QVARTVS, a, um. **XXIIII.** Defunctus uero est rex Aedilberct die XXIIII mensis Februarii 2.5 (90.4)
XX°IIII°. imperantibus dominis nostris Augustis, Heraclio anno XX°IIII°, 2.18 (122.4)

Conuenimus autem die x x^{o}IIII° mensis Septembris, ... 4.5 (215.3)
VICESIMVS SECVNDVS, a, um. **XXII^{a}.** cum in XXII^{a} die mensis paschae diem statuunt dominicum, . 5.21 (338.24)
XXII^{am}. qui a XVI^{a} die mensis saepedicti usque ad XXII^{am} pascha celebrandum magis autumant, . . . 5.21 (338.9)
XXII^{us}. qui fuit annus Osuiu regis XXII^{us}, ... 3.26 (189.20)
VICESIMVS TERTIVS, a, um. **uicesimo tertio.** atque Constantino filio ipsius anno uicesimo tertio, . 2.18 (122.6)
XXIII. Anno autem regni eius XXIII, ... 1.13 (28.22)
XX°III°. post consulatum eiusdem anno XX°III°, ... 2.18 (122.5)
VICINIA. uicinia. clamauitque me, cum essem in uicinia positus, ... 3.13 (152.30)
discissisque uiculis, quos in uicinia urbis inuenit, ... 3.16 (159.4)
posito quidem in regione Anglorum, sed in uicinia freti, quod Anglorum terras Pictorumque disterminat; 4.26 (267.21)
cupiens in uicinia sanctorum locorum ad tempus peregrinari in terris, ... 5.7 (294.9)
Denique in uicinia cellae illius habitabat quidam monachus, ... 5.12 (309.21)
'in quorum uicinia,' inquit, 'heu misero mihi locum despicio aeternae perditionis esse praeparatum.' . 5.14 (314.18)
uicinia. ad cuius uicina [uicinia] pertinet locus ille, ... uar. 5.12 (308.33)
VICINITAS. uicinitate. plenius ex uicinitate locorum uestram gloriam conicimus cognouisse. 2.10 (101.29)
Erat . . . monasterium siluarum et maris uicinitate amoenum, ... 3.19 (164.13)
VICINVM. uicina. ad cuius uicina pertinet locus ille, ubi sonum cantilenae . . . audisti. 5.12 (308.33)
clamauitque me, cum essem in uicinia [uicina] positus, ... uar. 3.13 (152.30)
cupiens in uicinia [uicina] sanctorum locorum ad tempus peregrinari in terris, ... uar. 5.7 (294.9)
in uicinia [uicina] cellae illius habitabat quidam monachus, ... uar. 5.12 (309.21)
VICINVS. uicini. animaduertentes uicini, qui uidebant, sanctum fuisse uirum, ... 1.33 (71.2)
intrauitque in domum, in qua uicani [uicini] caenantes epulabantur; . . . . uar. 3.10 (147.10)
uicinis. Et constructo statim monasterio, iuuante etiam comite ac uicinis omnibus, ... 4.4 (213.30)
VICINVS, a, um. **uicina.** in uicina, qua manebat, casula exarsit incendium; 1.19 (37.11)
unde hactenus a uicina gente Brettonum corrupte Garmani nuncupantur. 5.9 (296.15)
uicinarum. non solum suppositarum ei gentium plenissimam salutem, immo quoque uicinarum, . . . 2.8 (96.15)
uicino. Cumque monachum quendam de uicino uirginum monasterio, nomine Andream, pontifici offerret, 4.1 (202.16)
VICIS. uice. uice beati Petri apostolorum principis, auctoritatem tribuimus, ... 2.18 (121.21)
'Loquatur, obsecro, uice mea discipulus meus Vilfrid presbyter, ... 3.25 (184.14)
cucurrit ad uirginem, quae tunc monasterio abbatissae uice praefuit, ... 4.23 (257.21)
habentes secum uascula sacra et tabulam altaris uice dedicatam), ... 5.10 (300.11)
uicem. hanc mihi suae remunerationis uicem rependant, ... Praef. (8.14)
quibus aut se ipsas ad uicem sponsarum in periculum sui status adornent, ... 4.25 (265.19)
VICISSIM. At ille uicissim sciscitabatur, ... 2.12 (108.27)
quasi post lassitudinem in diuersum latus uicissim sese uoluere, ... 3.9 (146.7)
suauiusque resonando doctores suos uicissim auditores sui faciebat. 4.24 (260.33)
Cumque ibidem positi uicissim aliqua gaudente animo, una cum eis, . . . loquerentur ac iocarentur, . 4.24 (261.26)
eumque uicissim rogabant placidam erga ipsos mentem habere. 4.24 (262.2)
quae uicissim huc inde uidebantur quasi tempestatis impetu iactari. 5.12 (305.5)
VICISSITVDO. uicissitudine. Cumque hac infelici uicissitudine longe lateque, . . . multitudo torqueretur, 5.12 (305.11)
VICTBERCT (*fl.* 688?), *a companion of Egbert in Ireland; unsuccessfully tried to convert the Frisians.*
Victberct. porro Victberct aduenerit quidem, ... 5.9 (296.4)
At uero unus de sociis eius, uocabulo Victberct, . . . ascendit nauem, ... 5.9 (298.15)
nec Victberct illas deueniens in partes quicquam proficiebat, ... 5.10 (299.1)
VICTGILS, *son of Vitta; father of Hengist and Horsa.*
Victgilsi. Erant autem filii Victgilsi, ... 1.15 (31.33)
VICTIMA. uictimae. Denique cum sacrificium Deo uictimae salutaris offerret, ... 4.28 (273.28)
et cotidie sacrificium Deo uictimae salutaris offerebant, ... 5.10 (300.9)
uictimam. plurimaque psalmorum laude celebrata, uictimam pro eo mane sacrae oblationis offerre. . 3.2 (129.34)
uictimarum. Nec tamen hodie . . . necesse est, immo nec licitum . . . hostias Deo uictimarum offerre carnalium. 3.25 (185.19)
uictimas. et altare haberet ad sacrificium Christi, et arulam ad uictimas daemoniorum. 2.15 (116.9)
accensi sunt . . . ad elimosynas faciendas, uel ad offerendas Deo uictimas sacrae oblationis, . . . 4.22 (252.6)
VICTOR. uictor. Victor ergo ciuilium bellorum, ... 1.5 (16.18)
Sicque uictor in patriam reuersus, ... 2.9 (100.5)
prouincias Nordanhymbrorum, non ut rex uictor possideret, ... 3.1 (128.6)
Vouit ergo, quia, si uictor existeret, filiam suam Domino sacra uirginitate dicandam offerret, . . . 3.24 (177.27)
uictore. hic agente impio uictore, ... 1.15 (32.20)
uictorem. animum irae et auaritiae uictorem, superbiae simul et uanae gloriae contemtorem; . . . 3.17 (161.19)
uictores. et uictores prouocantes ad proelium, ... 1.16 (33.15)
uictoris. cum delati in locum, qui uocatur Ad Lapidem, occulendos se a facie regis uictoris credidissent, . 4.16 (237.24)
VICTORIA. uictoria. significans nimirum, quod ibidem . . . caelestis inchoanda uictoria, ... 3.2 (129.24)
uictoria. triumphant uictoria fide obtenta, non uiribus. 1.20 (39.20)
iuxta meritum suae fidei uictoria potiti sunt. 3.2 (129.12)
et Osuiu, pro adepta uictoria, possessiones et territoria Deo ad construenda monasteria dederit. . 3.24 (177.11)
Osuiu, . . . pro conlata sibi uictoria gratias Deo referens dedit filiam suam . . . consecrandam; . . 3.24 (178.22)
uictoriae. et uictoriae concessae otiosus spectator efficitur. 1.20 (39.17)
uictoriam. bellum ubique et uictoriam undecumque quaesiuit. 1.3 (15.6)
cum hostibus, . . . uictoriam sumsere Saxones. 1.15 (31.4)
Vt Brettones primam de gente Anglorum uictoriam . . . sumserint. 1.16 (33.4)
uictoriam ipsi Deo fauente suscipiunt. 1.16 (33.16)
qui uictoriam quasi de inermi exercitu praesumentes, ... 1.20 (38.25)
si uitam sibi et uictoriam donaret pugnanti aduersus regem, ... 2.9 (99.26)
VICTORIOSISSIMVS, a, um. **uictoriosissimum.** contigit . . . sanctissimum ac uictoriosissimum regem Nordanhymbrorum Osualdum adfuisse, ... 3.7 (139.24)
VICTRED (*d.* 725), *King of Kent.*
Victred. donec legitimus rex Victred, id est filius Ecgbercti, confortatus in regno, ... 4.26 (268.16)
Victred filius Ecgbercti, rex Cantuariorum, defunctus est 5.23 (348.16)
Anno DCCXXV, Victred rex Cantuariorum obiit. 5.24 (356.13)
Victredo. qui electus est quidem in episcopatum . . . regnantibus in Cantia Victredo et Suæbhardo; . 5.8 (295.26)
VICTRIX. uictricia. ac ueluti uictricia signa passim propalant, ... 1.8 (22.11)
VICTVARII, *the inhabitants of the Isle of Wight.*
Victuarii. De Iutarum origine sunt Cantuarii et Victuarii, ... 1.15 (31.16)
VICTVS. uictui. quae uictui sunt uestro necessaria, ... 1.25 (46.15)
ea tantum, quae uictui necessaria uidebantur. 1.26 (47.3)
uictum. uictum eis cotidianum sine pretio, . . . et magisterium gratuitum praebere curabant. . . . 3.27 (192.16)
docuit eos piscando uictum quaerere. 4.13 (231.27)
et propter uictum militibus adferendum in expeditionem se cum sui similibus uenisse testatus est. . 4.22 (250.10)
uictus. cum administratione uictus temporalis 1.25 (46.20)
VICVLVS. uiculis. nil aliud ageret, quam confluentem eo de cunctis uiculis ac locis plebem . . . instruere, 2.14 (115.4)
discissisque uiculis, quos in uicinia urbis inuenit, ... 3.16 (159.4)

Solebat autem ea maxime loca peragrare, illis praedicare in uiculis, 4.27 (270.5)

VICVS. uico. et est a uico Cataractone x ferme milibus passuum contra solstitialem occasum secretus; 3.14 (155.14)
Baptizatus est . . . in uico regis inlustri, qui uocatur Ad Murum. 3.21 (170.14)
qui baptizatus est . . . in uico regio, qui dicitur Rendlæsham, 3.22 (174.16)
conuenientibus plurimis episcopis in uico regio, qui uocatur in Conpendio. 3.28 (194.24)
uicos. Nam neque alia ipsis sacerdotibus aut clericis uicos adeundi, . . . causa fuit; 3.26 (191.17)
oppida, rura, casas, uicos, castella propter euangelizandum, . . . peragrare. 3.28 (195.20)
uicum. in fluuio Sualua, qui uicum Cataractam praeterfluit. 2.14 (115.12)
et pergens itinere suo peruenit ad uicum quendam uespere, 3.10 (147.9)
euenit per culpam incuriae uicum eundem et ipsam pariter ecclesiam ignibus consumi. 3.17 (160.29)
et siquis sacerdotum in uicum forte deueniret, 3.26 (191.15)
et mittens occidit uicanos illos omnes, uicumque incendio consumsit. 5.10 (300.24)
uicus. cuius nomine uicus, in quo maxime solebat habitare, . . . usque hodie cognominatur. 2.20 (126.25)
uicus quoque ille, in quo antistes obiit, una cum ecclesia memorata flammis absumeretur. 3.17 (160.21)

VIDELICET. Praef. (6.17); 1.1 (11.14); 1.1 (12.22); 1.1 (13.16); 1.7 (18.12); 1.7 (20.33); 1.7 (21.7); 1.7 (21.30); 1.9 (23.19); 1.12 (27.20); 1.23 (43.3); 1.26 (46.33); 1.27 (48.25); 1.27 (51.16); 1.27 (55.10); 1.27 (56.16); 1.27 (58.7); 1.27 (61.4); 1.29 (63.8); 1.30 (65.6); 1.31 (66.18); 1.32 (69.14); 1.34 (71.28); 2.1 (74.11); 2.1 (75.7); 2.1 (75.24); 2.1 (79.27); 2.3 (85.6); 2.3 (85.12); 2.4 (87.23); 2.8 (96.23); 2.9 (97.10); 2.10 (101.9); 2.10 (102.22); 2.11 (105.26); 2.13 (112.27); 2.15 (116.10); 2.16 (117.11); 2.17 (118.31); 3.2 (129.14); 3.2 (129.29); 3.3 (132.3); 3.3 (132.30); 3.8 (143.12); 3.8 (144.24); 3.9 (145.21); 3.14 (154.9); 3.14 (155.26); 3.15 (157.27); 3.17 (161.17); 3.17 (162.9); 3.24 (178.29); 3.24 (180.3); 3.25 (182.25); 3.25 (183.2); 3.25 (185.9); 3.25 (185.13); 3.27 (194.9); 3.30 (199.12); 3.30 (199.24); 4.3 (208.22); 4.4 (214.1); 4.6 (218.16); 4.9 (222.8); 4.9 (222.15); 4.12 (228.13); 4.12 (229.5); 4.13 (230.18); 4.16 (237.19); 4.16 (238.17); 4.17 (239.4); 4.18 (241.21); 4.19 (243.7); 4.22 (250.6); 4.23 (253.19); 4.23 (255.18); 4.23 (257.1); 4.23 (257.13); 4.26 (268.6); 5.1 (281.11); 5.9 (297.18); 5.11 (302.16); 5.12 (306.15); 5.12 (310.4); 5.13 (312.27); 5.19 (323.10); 5.19 (324.23); 5.19 (325.15); 5.19 (329.26); 5.21 (334.10); 5.21 (339.8); 5.21 (340.11); 5.21 (340.18); 5.21 (343.6).

VIDEO. uide. 'Tu uide, rex, quale sit hoc, quod nobis modo praedicatur; 2.13 (111.21)
Vide, ne exeas inde, nec de loco mouearis, 3.12 (151.5)
'Vide, Domine, quanta mala facit Penda.' 3.16 (159.18)
'Noli,' inquit, 'ita loqui, uide ut sanum sapias.' 5.13 (311.30)
uideantur. ne in eis illa ulcisci uideantur, 1.27 (51.24)
atque alia custodire uideantur, 1.27 (57.25)
uidear. ut parum mihi omnimodis uidear de his antea intellexisse. 5.21 (345.32)
uideat. Quis enim non uideat, a xiiii^{a} usque ad xxi^{am} non vii solummodo, sed octo potius esse dies, 5.21 (335.25)
uideatur. quod huic capitulo contradicere uideatur. 1.27 (50.25)
si donum gratiae contradicere posse uideatur. 1.27 (54.19)
ut etiam sine uoluntatis studio uideatur esse polluta, 1.27 (56.18)
Quod ne cui contemnendum et reprobandum esse uideatur, 3.25 (184.7)
ut uestra illa lucerna mihi omnimodis esse uideatur obscura.' 4.8 (221.17)
fortiter quidem, ut sibi uidebatur [uideatur], locutus, uar. 5.13 (311.23)
uidebam. delectatus nimirum suauitate ac decore loci illius, quem intuebar, simul et consortio eorum, quos in illo uidebam. 5.12 (309.12)
uidebant. animaduertentes uicini, qui uidebant, sanctum fuisse uirum, 1.33 (71.2)
Cumque . . . dicerent, qui uidebant: 5.12 (310.24)
uidebantur. quae memoria digna uidebantur, Praef. (6.14)
ea tantum, quae uictui necessaria uidebantur, 1.26 (47.3)
de eis, quae necessariae uidebantur, 1.27 (48.11)
quae uidebantur obscuriores, 2.1 (76.29)
idolatriae, quam, uiuente eo, aliquantulum intermisisse uidebantur, 2.5 (91.7)
Qui ad docendam baptizandamque gentem illius et eruditione et uita uidebatur idonei, 3.21 (170.17)
in quibus latronum magis latibula, . . . quam habitacula fuisse uidebantur hominum; 3.23 (175.15)
ipse foris, quae opus esse uidebantur, operabatur. 4.3 (208.16)
casa, in qua infirmiores et qui prope morituri esse uidebantur, induci solebant. 4.24 (261.20)
Quod tamen a malitia inhabitantium in eo, et praecipue illorum, qui maiores esse uidebantur, contigisse, 4.25 (262.27)
tantum in circuitu horridi crines stare uidebantur. 5.2 (283.27)
praeparatis omnibus, quae nauigantibus esse necessaria uidebantur, 5.9 (296.29)
quae uicissim huc inde uidebantur quasi tempestatis impetu iactari. 5.12 (305.6)
uidebat. reticuit, quasi responsum eius, quem uidebat et cui loquebatur, expectans. 4.9 (223.21)
uidebatur. quae excitata in tumultum propter non redhibitos transfugas uidebatur; 1.3 (15.9)
Nobilitatem uero illam, quam ad saeculum uidebatur habere, 2.1 (74.2)
quem sibi per curam pastoralem incurrisse uidebatur, 2.1 (74.15)
relictis omnibus, quae habere uidebatur, ab ipsa quoque insula patria discessit; 3.19 (167.27)
quod dum facerem, uidebatur illa per biduum aliquanto leuius habere; 4.19 (245.18)
quod, dum attentius consideraret, tanti fulgore luminis refulgere uidebatur, 4.23 (256.6)
apertisque, ut sibi uidebatur, oculis, aspexit, . . . lucem omnia repleuisse; 4.23 (257.11)
qui miratus, cur hoc rogaret, qui nequaquam adhuc moriturus esse uidebatur, 4.24 (261.25)
Incedebamus autem tacentes, ut uidebatur mihi, contra ortum solis solstitialem; 5.12 (304.29)
sicut etiam lux illa . . . tenuissima prorsus uidebatur, et parua. 5.12 (308.3)
sicque ibidem quamdiu sustinere posse uidebatur, 5.12 (310.15)
fortiter quidem, ut sibi uidebatur, locutus, 5.13 (311.23)
ille, qui et obscuritate tenebrosae faciei, et primatu sedis maior esse uidebatur eorum, 5.13 (312.13)
uidebimus. uidebimus profecto, quod ita dies xiiii^{a} uesperam suam in festi paschalis initium prorogat, 5.21 (335.29)
uidebit. Quae res quem sit habitura finem, posterior aetas uidebit. 5.23 (351.23)
uidebitur. 'Videbitur Deus deorum in Sion.' 3.19 (164.32)
uidebunt. 'Oculos habent, et non uident [uidebunt]; uar. 2.10 (102.15)
'Reges uidebunt, et consurgent principes, et adorabunt.' 3.29 (197.13)
uidenda. Romam uenire ad uidenda atque adoranda beatorum apostolorum ac martyrum Christi limina cogitauit. 5.9 (296.23)
uidendam. ut, . . . ad eius uidendam gratiam simul transeamus ad caelos. 4.29 (274.30)
uidens. et oculus uidens testimonium reddebat mihi, 2.1 (77.23)
quem uidens, ut ignotum et inopinatum, non parum expauit. 2.12 (108.23)
Cuius eruditionem atque industriam uidens rex, 3.7 (140.24)
Quod uidens episcopus, multum pertimuit, 3.14 (156.34)
Dein turbatam incursione gentilium prouinciam uidens, 3.19 (168.8)
Colman uidens spretam suam doctrinam, sectamque esse dispectam, 3.26 (189.11)
et uidens eum melius habentem, . . . gratias egit Deo 5.19 (328.32)
uident. 'Oculos habent, et non uident; 2.10 (102.15)
uidentes. Quod illi uidentes mox in iram conuersi sunt, 2.2 (83.11)
uidentibus. exemplum uiuendi sese uidentibus atque audientibus exhibens, multo tempore mansit. 4.23 (255.7)
uidentibus. sic uidentibus cunctis ad caeli se alta subduxit; 4.7 (220.11)
uidentur. et quae possident, ipsis seruant, quos irati insequi uidentur. 1.27 (50.13)

parietes hactenus stare uidentur, 2.16 (117.13)
uideo. 'Video aliam legem in membris meis 1.27 (61.25)
uideor. ut ego mihi uideor perspexisse, 1.25 (46.12)
uideram. et uultus erant laetissimi ac pulcherrimi, quales numquam ante uideram, 4.14 (235.16)
uiderant. qui eum temporibus Agathonis papae ibi uiderant 5.19 (328.6)
uiderat. Obseruabat et regina Eanfled cum suis, iuxta quod in Cantia fieri uiderat, 3.25 (181.31)
intellexit uel in somnio, uel in uisione mentis ostensum sibi esse, quod uiderat. 4.23 (257.19)
Vt quidam . . . a mortuis resurgens multa et tremenda et desideranda, quae uiderat, narrauerit. 5.12 (303.25)
et multa memoratu digna, quae uiderat, narrauit; 5.12 (303.30)
Narrabat autem hoc modo, quod uiderat: 5.12 (304.27)
Haec et alia, quae uiderat, idem uir Domini, non omnibus . . . referre uolebat, 5.12 (309.16)
ea, quae uiderat et audierat in ecclesiis Anglorum, 5.15 (315.25)
uidere. et uestri laboris fructum in aeterna me patria uidere concedat; 1.23 (43.19)
ut ne minimam quidem lucis alicuius posset particulam uidere. 4.10 (224.26)
Quod ubi uidere fratres, nimio mox timore perculsi, festinarunt referre antistiti, 4.30 (276.24)
Audito etenim fragore procellarum ac feruentis oceani exierat uidere, quid nobis accideret; 5.1 (282.9)
Quod cum satrapa ille, quem uidere uolebant, audisset, iratus est ualde, 5.10 (300.21)
proposuitque . . . qui ad sedem apostolicam ritus ecclesiastici siue monasteriales seruarentur, uidere. 5.19 (323.15)
decurtatam eam, quam te uidere putabas, inuenies coronam; 5.21 (343.29)
qui cum . . . nostrum quoque monasterium uidere uoluisset, 5.21 (344.10)
cuiusque horrendam faciem uidere refugis, 5.21 (344.29)
uiderent. Cumque uiderent pontificem, . . . eucharistiam populo dare, 2.5 (91.9)
Vbi cum uenientes uiderent multos adfuisse, 3.11 (149.30)
Cumque . . . mortem sibi omnes inminere, et iamiamque adesse uiderent, 3.15 (158.16)
cum illi exitum eius de hac uita uiderent, 4.23 (258.6)
uiderentur. ne uiderentur se ipsi silentio damnauisse. 1.17 (35.19)
ut cunctis, . . . fratribus ac sororibus, quasi opobalsami cellaria esse uiderentur aperta. 3.8 (144.4)
omnem diurni luminis uiderentur superare fulgorem. 4.7 (220.20)
ut ipso die uiderentur castis eius membris esse circumdata.' 4.19 (246.3)
ut facillime uiderentur ibidem, qui ecclesiasticum gradum, . . . apte subirent, plurimi posse repperiri. 4.23 (254.19)
uideret. si hoc oportunum esse non uideret. 1.7 (21.7)
Qui cum adflictum et pene conlapsum reipuplicae statum uideret, 1.9 (23.7)
et eis necessaria ministrari, donec uideret, quid eis faceret, iussit. 1.25 (45.19)
Cumque bellum acturus uideret sacerdotes eorum, 2.2 (84.5)
Quod cum uideret Lilla minister regi amicissimus, 2.9 (99.10)
Cum ergo uideret Paulinus difficulter posse sublimitatem animi regalis ad humilitatem . . . inclinari, 2.12 (107.5)
iamiamque uideret se esse perimendum, 3.12 (151.28)
Qui cum se morti proximum uideret, 3.13 (152.28)
cum uideret se Osuini cum illo, qui plures habebat auxiliarios, non posse bello confligere, 3.14 (155.8)
quem cum Oidiluald, . . . uirum sanctum et sapientem, probumque moribus uideret, 3.23 (174.30)
Nam et antistes cum uenisset in prouinciam, tantamque ibi famis poenam uideret, 4.13 (231.26)
Cumque somno excussa uideret ceteras pausantes circa se sorores, 4.23 (257.17)
audiuit ab eo repetita interrogatione, quae et qualia essent, quae exutus corpore uideret; 5.12 (309.28)
coepit narrare, quia uideret inferos apertos, 5.14 (314.14)
aliquandiu in ea prouincia moratus uideret ritus ecclesiae canonicos; 5.15 (315.19)
donec illum in pascha diem suos auditores, . . . suscipere ac secum agere uideret. 5.22 (348.10)
ut uideret diem Domini; 5.22 (348.12)
uideretur. siquis eorum mitior et ueritati aliquatenus propior uideretur, 1.14 (30.2)
quae manu extensa iacentem uideretur adtollere, 1.19 (38.2)
ita ut Sauli qoundam regi Israeliticae gentis conparandus uideretur, 1.34 (71.13)
qualis sibi . . . nouus diuinitatis, qui praedicabatur, cultus uideretur. 2.13 (111.19)
ita ut in morem antiquorum samaritanorum et Christo seruire uideretur et diis, 2.15 (116.7)
cum nil alicubi praesidii nisi in fuga esse uideretur, 2.20 (125.28)
Cumque nil salutis furenti superesse uideretur, 3.11 (150.5)
Cumque materies belli acrioris . . . inter reges populosque feroces uideretur exorta, 4.21 (249.10)
omnibus essent omnia communia, cum nihil cuiusquam esse uideretur proprium. 4.23 (254.12)
cui nulla omnino spes uenae fontanae uideretur inesse. 4.28 (271.26)
ipsaque iacens in lecto prae nimietate doloris iam moritura uideretur. 5.3 (285.19)
tametsi tumor adhuc brachii manere uidetur [uideretur].' uar. 5.3 (286.21)
ita ut, deficiente penitus omni membrorum officio, iamiamque moriturus esse uideretur; 5.5 (288.7)
cuius neque longitudini hinc uel inde, neque altitudini ullus esse terminus uideretur. 5.12 (307.11)
ut omni splendore diei siue solis meridiani radiis uideretur esse praeclarior. 5.12 (307.21)
ut is, . . . iam permodicus mihi odor uideretur; 5.12 (308.1)
ita ut pene totus orbis solis quasi nigerrimo et horrendo scuto uideretur esse coopertus. Cont. (361.8)
uideri. nullum ibi reptile uideri soleat, 1.1 (12.29)
in cuius conparatione sol meridianus uideri posset obscurus, 4.7 (220.7)
amplius ab illa uideri non potuit. 4.9 (222.20)
uiderim. cum ipse uiderim iudicium meum iam esse conpletum.' 5.14 (314.23)
uiderit. donec uideret [uiderit], quid eis faceret, uar. 1.25 (45.19)
cum . . . uideret [uiderit] se esse perimendum, uar. 3.12 (151.28)
quod ipsum Furseum uiderit in prouincia Orientalium Anglorum, 3.19 (167.17)
Vt econtra alter ad mortem ueniens oblatum sibi a daemonibus codicem suorum uiderit peccatorum. 5.13 (311.2)
non pro se ista, cui non profuere, sed pro aliis uiderit, 5.13 (313.5)
Vt item alius moriturus deputatum sibi apud inferos locum poenarum uiderit. 5.14 (313.27)
uiderunt. uiderunt lucem caelitus emissam fuisse permaximam, 3.8 (143.25)
qui praesentialiter uiderunt, et audierunt sermones eius, 4.17 (239.19)
quia et digredientes ab inuicem non se ultra corporaliter uiderunt, 4.29 (275.11)
qui eum temporibus Agathonis papae ibi uiderant [uiderunt] uar. 5.19 (328.6)
uides. "Vides," inquit, "quia iamiamque crescente corporis molestia ad articulum subeundae mortis conpellor; 3.13 (153.2)
"Vides, frater, quot milia sunt in Iudaeis, qui crediderunt; 3.25 (185.15)
Quem regnum Christi promeruisse uides. 5.7 (293.30)
uidet. qui se grauari per nequitiam praue uolnutatis uidet. 1.27 (57.24)
uidet enim, a qua radice inquinatio illa processerit, 1.27 (60.27)
ut dum gens ipsa eadem fana sua non uidet destrui, 1.30 (65.13)
uidete. 'Palpate et uidete, 2.1 (76.6)
uidetis. carnem et ossa non habet, sicut me uidetis habere.' 2.1 (76.7)
uidetur. et uidetur inspectantibus, 1.2 (14.17)
quod de terrenis rebus uidetur amittere, 1.27 (50.18)
quae alteri uidetur esse commissa; 1.27 (53.16)
quod uidelicet ex sola causa incontinentiae uidetur inuentum; 1.27 (55.11)

tandem, ut uerisimile uidetur, didicit in spiritu, 2.12 (107.11)
'Talis,' inquiens, 'mihi uidetur, rex, uita hominum praesens in terris, 2.13 (112.5)
Vnde si haec noua doctrina certius aliquid attulit, merito esse sequenda uidetur.' 2.13 (112.21)
'Videtur mihi, frater, quia durior iusto indoctis auditoribus fuisti, 3.5 (137.14)
nam etsi terribilis iste ac grandis esse rogus uidetur, 3.19 (166.1)
Videtur oportunum huic historiae etiam hymnum uirginitatis inserere, 4.20 (247.2)
qui etiam praescius sui obitus extitisse ex his, quae narrauimus, uidetur. 4.24 (262.20)
tametsi tumor adhuc brachii manere uidetur.' 5.3 (286.21)
Dehinc ab occasu Golgothana uidetur ecclesia, 5.16 (317.27)
Color autem eiusdem monumenti et sepulchri albo et rubicundo permixtus uidetur. 5.16 (318.22)
Quae in frontis quidem superficie coronae uidetur speciem praeferre; 5.21 (343.28)
ita ut pene totus orbis solis quasi nigerrimo et horrendo scuto uideretur [uidetur] esse coopertus. uar. Cont. (361.8)
uidi. numquam enim ante haec uidi humilem regem. 3.14 (157.10)
uidique eleuatum de tumulo, et positum in lectulo corpus 4.19 (245.30)
uidi adstantem mihi subito quendam incogniti uultus; 4.25 (264.28)
uidi subito ante nos obscurari incipere loca, 5.12 (305.21)
uidi ante nos murum permaximum, 5.12 (307.9)
'Frigidiora ego uidi.' 5.12 (310.28)
Respondebat: 'Austeriora ego uidi.' 5.12 (310.31)
uidimus. Denique uidimus, quibusdam a serpente percussis, 1.1 (13.1)
'Pascha, quod facimus,' inquit, 'uidimus Romae, . . . celebrari; 3.25 (184.20)
Denique v ex eodem monasterio postea episcopos uidimus, 4.23 (254.23)
uidimus in ipsa insula Farne egressum de latibulis suis . . . Oidilualdum 5.1 (282.6)
uidisse. nihil meminit uidisse, 1.27 (60.24)
ac uidisse inter alia pueros uenales positos candidi corporis, 2.1 (79.32)
fanum rex . . . usque ad suum tempus perdurasse, et se in pueritia uidisse testabatur. 2.15 (116.12)
uidisse se albatorum cateruam hominum idem monasterium intrare; 3.8 (143.13)
ut multa illum, . . . uel horrenda uel desideranda uidisse, etiamsi lingua sileret, uita loqueretur. 5.12 (304.26)
quaeque ille se in locis sanctis memoratu digna uidisse testabatur, 5.15 (316.29)
uidissent. instituta quoque disciplinae regularis, quae uel ab ipso didicissent, et in ipso uidissent, 4.3 (209.10)
uidisset. Cumque uidisset Albanum, 1.7 (19.3)
Quod cum inter alios etiam ipse carnifex, . . . uidisset, festinauit 1.7 (20.18)
diceret, quod et ipsa lucem nocte illa supra reliquias eius ad caelum usque altam uidisset, 3.11 (149.13)
cumque uidisset, qui emerat, uinculis eum non potuisse cohiberi, 4.22 (251.19)
uidisti. "Scis, quae sint ista omnia, quae uidisti?" 5.12 (308.9)
Porro puteus ille flammiuomus ac putidus, quem uidisti, ipsum est os gehennae, 5.12 (308.21)
uidit. uiditque ibi non paruam hominum multitudinem utriusque sexus, 1.7 (20.6)
uidit undam suis cessisse ac uiam dedisse uestigiis. 1.7 (20.16)
niueis uestibus uidit sibi adesse personam, 1.19 (38.1)
strenuissime fundamenta ecclesiae, quae nobiliter iacta uidit, augmentare, 2.4 (87.6)
uidit subito intempesta nocte silentio adpropinquantem sibi hominem . . . incogniti; 2.12 (108.21)
et uidit unius loci spatium cetero campo uiridius ac uenustius; 3.10 (147.1)
ea, quae in Galliis bene disposita uidit, 3.18 (162.20)
uidit non solum maiora beatorum gaudia, 3.19 (165.1)
uidit quasi uallem tenebrosam subtus se in imo positam. 3.19 (165.18)
Vidit et quattuor ignes in aere non multo ab inuicem spatio distantes. 3.19 (165.19)
Tunc uidit unum de tribus angelis, 3.19 (166.5)
Vidit autem et daemones per ignem uolantes incendia bellorum contra iustos struere. 3.19 (166.9)
uidit animam Ceddi fratris ipsius cum agmine angelorum descendere de caelo, 4.3 (211.31)
uidit manifeste quasi corpus hominis, quod esset sole clarius, sindone inuolutum in sublime ferri, 4.9 (222.13)
uidit, quasi funibus auro clarioribus in superna tolleretur, 4.9 (222.18)
uir Dei, dum membra sopori dedisset, uidit uisionem consolatoriam, 4.11 (226.17)
Vidit enim, ut post ipse referebat, tres ad se uenisse uiros claro indutos habitu; 4.11 (226.20)
Oportebat namque inpleri somnium, quod mater eius Bregusuid in infantia eius uidit. 4.23 (255.31)
uidit per somnium, quasi subito sublatum eum quaesierit 4.23 (255.33)
inter uerba exhortationis laeta mortem uidit, 4.23 (256.31)
uidit animam praefatae Dei famulae in ipsa luce, . . . ad caelum ferri. 4.23 (257.14)
Cumque somno excussa uideret [uidit] ceteras pausantes circa se sorores, uar. 4.23 (257.17)
Intrauit ergo illo episcopus, et uidit eum 5.5 (288.14)
Per uarias gentes, per freta, perque uias, Vrbem Romuleam uidit, 5.7 (293.25)
Vt autem uidit uir Domini Ecgberct, 5.10 (298.29)
Quod autem codices diuersos per bonos siue malos spiritus sibi uidit offerri, 5.13 (313.9)
Beatus protomartyr Stephanus passurus mortem pro ueritate, uidit caelos apertos, 5.14 (314.30)
uidit gloriam Dei et Iesum stantem a dextris Dei; 5.14 (314.31)
uidit aperta tartara, uidit damnationem diaboli, et sequacium eius; 5.14 (314.35)
uidit etiam suum infelix inter tales carcerem, 5.14 (315.1)
dedit hoc illi, quem melioribus inbutum disciplinis ac moribus uidit. 5.19 (325.21)
apertisque oculis uidit circa se choros psallentium simul et flentium fratrum; 5.19 (328.29)
uidit et gauisus est. 5.22 (348.12)
uisa. Qua uisa uirtute mirati sunt ualde; 3.10 (147.22)
uiso. Quo uiso pontifex, qui adsidebat, . . . adprehendit dexteram eius, 3.6 (138.21)
Quo ille uiso, ut uir sagacis ingenii, intellexit aliquid mirae sanctitatis huic loco, . . . inesse; 3.9 (146.10)
uisum. Vnde multis uisum et saepe dictum est, 4.11 (225.23)
uisum est fratribus triduanum ieiunium agere, 4.14 (233.14)
Visumque est omnibus caelestem ei a Domino concessam esse gratiam. 4.24 (260.19)
VIDILICET. quia uidelicet [uidilicet], quanto studiosius in eo cultu ueritatem quaerebam, uar. 2.13 (112.27)
VIDVA. uiduae. et cor uiduae consolatus sum. 2.1 (77.26)
et oculos uiduae exspectare feci. 2.1 (77.33)
VIENNA, *Vienne, in Gaul.*
Viennam. Constantemque . . . Gerontius comes suus apud Viennam interfecit. 1.11 (25.4)
VIGEO. uiget. Multus in orbe uiget per sobria corda triumphus, 4.20 (248.3)
Sobrietatis amor multus in orbe uiget. 4.20 (248.4)
VIGHARD *(d. 667), a Kentish priest, nominated Archbishop of Canterbury; died in Rome before his consecration.*
Vighard. Vt Vighard presbyter ordinandus in archiepiscopum Romam de Brittania sit missus; 3.29 (196.1)
Verum Vighard Romam perueniens, . . . morte praereptus est, 3.29 (196.17)
Vt defuncto Deusdedit, Vighard ad suscipiendum episcopatum Romam sit missus; 4.1 (201.1)
missus est Romam . . . Vighard presbyter, 4.1 (201.15)
Vighardo. Quis sane pro Vighardo reppertus ac dedicatus sit antistes, libro sequente oportunius dicetur. 3.29 (199.5)
Vighardum. adsumserunt . . . presbyterum nomine Vighardum, de clero Deusdedit episcopi, 3.29 (196.12)
VIGILANS. uigilanti. Vigilanti uero mente pensandum est, 1.27 (59.5)
uigilantis. Sin uero ex turpi cogitatione uigilantis oritur inlusio dormientis, 1.27 (60.26)

VIGILANTER. curam uigilanter impendis. . . . Praef. (5.11)
Quam deuote quamque etiam uigilanter pro Christi euangelio elaborauerit uestra fraternitas, . . 2.8 (95.17)
VIGILANTISSIME. Quod ipsum tu quoque uigilantissime deprehendens, . . . Praef. (5.18)
VIGILANTISSIMVS, a, um. **uigilantissimus.** Cedd, . . . qui et interpres in eo concilio uigilantissimus utriusque partis extitit. . . . 3.25 (183.25)
VIGILIA. uigiliarum. solertiam lectionis et uigiliarum, . . . 3.17 (161.21)
uigilias. uigilias pro salute animae eius facere, . . . 3.2 (129.32)
Cum enim a uespera diei xiii^{ae} uigilias sanctae noctis celebrare incipiunt, . . . 5.21 (337.33)
uigiliis. orationibus uidelicet assiduis, uigiliis ac ieiuniis seruiendo, . . . 1.26 (46.33)
admonitus est . . . uigiliisque consuetis et orationibus indefessus incumbere; . . . 3.19 (164.5)
totum se lacrimis paenitentiae, uigiliis sanctis, et continentiae mancipauit; . . . 4.25 (264.4)
sed uigiliis et orationibus insistere maluisti.' . . . 4.25 (264.32)
'Noui,' inquit, 'multum mihi esse necesse uigiliis salutaribus insistere, . . . 4.25 (265.1)
uigiliis. quem dum orationibus continuis ac uigiliis die noctuque studere conspiceret, . . . 1.7 (18.16)
tamen in uigiliis corporis meminit in ingluuiem cecidisse. . . . 1.27 (60.25)
et suum quoque exitum, . . . uigiliis, orationibus, bonis operibus praeuenire meminerint.' . . . 4.3 (209.19)
'Nuper occupatus noctu uigiliis et psalmis, uidi . . . quendam . . . 4.25 (264.27)
VIGILO. uigilant. sed omnes prorsus, et uiri et feminae, aut somno torpent inerti, aut ad peccata uigilant. 4.25 (265.12)
uigilare. neque ultra cessauit tota die illa et nocte sequente, quantum uigilare potuit, ut ferunt, . . . loqui 5.2 (284.14)
uigilate. 'Vigilate itaque, quia nescitis diem neque horam.' . . . 3.19 (164.8)
VIGINTI. XX. Diocletianus . . . imperator ab exercitu electus annis xx fuit, . . . 1.6 (17.10)
VIGINTI DVO, ae, o. **XXII.** Mansit autem in episcopatu annis xxii, . . . 5.8 (294.24)
XX et duas. per omelias xx et duas, . . . demonstrauit. . . . 2.1 (76.30)
XX et II^{bus}. qui et ipse ex eo tempore gentis eiusdem regno annis xx et ii^{bus} uaria sorte praefuit; . . 2.20 (124.20)
VIGINTI QVATTVOR. XX et IIII. regni autem sui, quod xx et iiii annis tenuit, . . . 1.34 (72.1)
XXIIII. Distat autem a Doruuerni milibus passuum ferme xxiiii ad occidentem, . . . 2.3 (85.25)
quae ille suscepta xxiiii annis et aliquot mensibus nobilissime tenuit. . . . 3.8 (142.5)
VIGINTI SEPTEM. XXVII. Quod dum post dies xxvii esset factum, . . . 3.19 (168.18)
VIGINTI SEX. XX et VI. regnum suscipiens, xx et vi annis tenuit; . . . 1.13 (28.19)
XXVI. et fecit in ea annos xx et unum, menses iii, dies xxvi. . . . 4.2 (204.16)
VIGINTI VNVS, a, um. **XX et unum.** post xx et unum annos acceptae fidei, . . . 2.5 (90.5)
et fecit in ea annos xx et unum, menses iii, dies xxvi. . . . 4.2 (204.16)
XXI. qui x et viiii annos, menses duos, dies xxi episcopatum tenuit; . . . 3.14 (154.18)
XX et I. Mauricius . . . imperium suscipiens xx et i annis tenuit. . . . 1.23 (42.14)
VIGOR. uigore. Qui si forte in disciplinae uigore tepidus existat, . . . 1.27 (53.4)
VILBRORD, Saint (657?–738?), *Archbishop of the Frisians, whom he converted; a Northumbrian by birth; given the name Clemens at the time of his consecration as archbishop.*
Clemens. Ipse autem Vilbrord, cognomento Clemens, adhuc superest, . . . 5.11 (303.19)
Clementis. Ordinatus est . . . inposito sibi a papa memorato nomine Clementis; . . . 5.11 (303.4)
Vilbrord. Vt Vilbrord in Fresia praedicans multos ad Christum conuerterit; . . . 5.10 (298.27)
in quibus eximius Vilbrord presbyteri gradu et merito praefulgebat. . . . 5.10 (299.4)
Vt uiri uenerabiles Suidberct in Brittaniis, Vilbrord Romae sint in Fresiam ordinati episcopi. . . . 5.11 (301.17)
mox ut conperiit Vilbrord datam sibi a principe licentiam ibidem praedicandi, . . . 5.11 (301.20)
Ipse autem Vilbrord, cognomento Clemens, adhuc superest, . . . 5.11 (303.18)
quod postmodum Vilbrord, reuerentissimus Christi pontifex, in magna deuotione conpleuit, . . . 5.19 (326.16)
Vilbrordum. apud . . . Fresonum gentis archiepiscopum Vilbrordum cum suo antistite Vilfrido moraretur, 3.13 (152.12)
misit Pippin fauente omnium consensu uirum uenerabilem Vilbrordum Romam, . . . 5.11 (302.31)
VILESCO. uilesceret. exterarum gentium inprobitate obrutum uilesceret. . . . 1.12 (27.5)
VILFARÆSDVN, *probably Gariston, near Catterick, in the North Riding of Yorkshire.*
Vilfaræsdun. redire praecepit a loco, qui uocatur Vilfaræsdun, id est mons Vilfari, 3.14 (155.13)
VILFARI MONS, *Gariston; see* **VILFARÆSDUN.**
redire pracepit a loco, qui uocatur Vilfaræsdun, id est mons Vilfari, . . . 3.14 (155.13)
VILFRID, Saint (634-709), *Bishop of York; several times driven from his see, but restored; at death had bishopric of Hexham and monastery of Ripon.*
Vilfrid. 'Loquatur, obsecro, uice mea discipulus meus Vilfrid presbyter, . . . 3.25 (184.14)
Tum Vilfrid, iubente rege, ut diceret, ita exorsus est: . . . 3.25 (184.19)
Vt defuncto Tuda, Vilfrid in Gallia, . . . sint ordinati episcopi. . . . 3.28 (194.16)
Veniens quoque Brittaniam Vilfrid iam episcopus factus . . . 3.28 (195.25)
Vilfrid quoque de Brittania Galliam ordinandus est missus; . . . 4.2 (205.34)
quibus etiam frater et consacerdos noster Vilfrid, . . . per proprios legatarios adfuit. . . . 4.5 (215.8)
Vt Vilfrid episcopus prouinciam Australium Saxonum ad Christum conuerterit. . . . 4.13 (230.1)
Pulsus est autem ab episcopatu suo Vilfrid, . . . 4.13 (230.3)
Euangelizans autem genti episcopus Vilfrid, . . . 4.13 (231.8)
Hunc ergo locum cum accepisset episcopus Vilfrid, . . . 4.13 (232.14)
sicut mihimet sciscitanti, . . . beatae memoriae Vilfrid episcopus referebat, . . . 4.19 (243.14)
sicut et praefatus antistes Vilfrid, et multi alii, qui nouere, testantur; . . . 4.19 (245.11)
episcopatum ecclesiae illius anno uno seruabat uenerabilis antistes Vilfrid, . . . 4.29 (275.29)
quia cum reuerentissimus uir Vilfrid . . . in episcopatum esset Hagustaldensis ecclesiae receptus, . 5.3 (285.3)
quem Brittaniam destinatum ad petitionem eorum ordinauit reuerentissimus Vilfrid episcopus, . . 5.11 (302.10)
antistes eximius Vilfrid post xl et v annos accepti episcopatus diem clausit extremum . . . 5.19 (322.18)
Vilfrid a Dalfino ciuitatis episcopo ibi retentus est, . . . 5.19 (324.1)
et Vilfrid ad suae potius, hoc est Anglorum, gentis episcopatum reseruatus. . . . 5.19 (324.33)
quem ad locum quidem, quo decollandus erat, secutus est Vilfrid clericus illius, . . . 5.19 (325.3)
et Ceadda ac Vilfrid Nordanhymbrorum ordinantur episcopi. . . . 5.24 (354.17)
Vilfrid episcopus a sede sua pulsus est ab Ecgfrido rege; . . . 5.24 (355.2)
Vilfridi. Venerat eo tempore Agilberctus . . . amicus Alchfridi regis et Vilfridi abbatis, . . . 3.25 (183.9)
qui etiam post tres abscessionis Vilfridi annos, horum numero duos addidit antistites, . . . 4.12 (229.22)
Eadberct, qui erat abbas monasterii beatae memoriae Vilfridi episcopi, . . . 5.18 (321.20)
et de uita uel obitu Vilfridi episcopi. . . . 5.19 (321.26)
Vilfrido. Aediluualch donauit reuerentissimo antistiti Vilfrido terram lxxxvii familiarum, . . . 4.13 (232.7)
Quod ita soluit, ut hanc Vilfrido episcopo, . . . utendam pro Domino offerret. . . . 4.16 (237.7)
Vt religioso abbati Hadriano Albinus, Vilfrido in episcopatum Acca successerit. . . . 5.20 (330.29)
Vilfrido. apud . . . Vilbrordum cum suo antistite Vilfrido moraretur, . . . 3.13 (152.13)
Veneruntque . . . episcopi, Colman cum clericis . . . Agilberctus cum Agathone et Vilfrido presbyteris. 3.25 (183.21)
Haec perorante Vilfrido, dixit rex: . . . 3.25 (188.21)
cantandi magister . . . Stephanus fuit, inuitatus de Cantia a reuerentissimo uiro Vilfrido, . . . 4.2 (205.17)
Vilfrido administrante episcopatum Eboracensis ecclesiae, . . . 4.3 (206.20)
sed reuocato domum Vilfrido primo suo antistite, . . . 4.15 (236.21)
accepto uelamine sanctimonialis habitus a praefato antistite Vilfrido. . . . 4.19 (244.1)
accipente Vilfrido episcopatum totius Nordanhymbrorum prouinciae. . . . 5.19 (326.6)
Suscepit uero pro Vilfrido episcopatum Hagustaldensis ecclesiae Acca presbyter eius, . . . 5.20 (331.13)

Vilfridum. porro Alchfrid magistrum habens eruditionis Christianae Vilfridum 3.25 (182.29)
qui etiam Vilfridum rogatu Alchfridi in praefato suo monasterio presbyterum fecit. 3.25 (183.11)
Interea rex Alchfrid misit Vilfridum presbyterum ad regem Galliarum, 3.28 (194.18)
Vilfridumque episcopum ducem sibi itineris fieri, ... rogaret. 4.5 (214.18)
orta inter ipsum regem Ecgfridum et reuerentissimum antistitem Vilfridum dissensione, 4.12 (229.2)
ac iubente Aedilredo rege per Vilfridum beatae memoriae antistitem, ... ordinatus est; 4.23 (255.13)
Huius ergo comitatui rex sociauit Vilfridum, 5.19 (323.33)
Agatho, ... uocari iussit et Vilfridum, 5.19 (326.27)
deinde ad Vilfridum episcopum spe melioris propositi adueniens, 5.20 (332.8)
Vilfridus. At Vilfridus: 'Absit,' inquit, 'ut Iohannem stultitiae reprehendamus, 3.25 (185.2)
At Vilfridus: 'Constat,' inquit, 'Anatolium uirum sanctissimum, 3.25 (187.11)
'Vilfridus Deo amabilis episcopus Eboracae ciuitatis, apostolicam sedem de sua causa appellans, 5.19 (326.32)
'Vilfridus Deo amabilis episcopus Eboracae ciuitatis, apostolicam sedem de sua causa appellans, 5.19 (327.30)
coeperunt alterutrum requirere, quis esset ille Vilfridus episcopus. 5.19 (328.3)
Vilfridus hic magnus requiescit corpore praesul, 5.19 (330.9)
VILFRID II (*d.* 745), *Bishop of York after John; succeeded by Egbert, 732.*
Vilfrid. quorum haec sunt nomina, Bosa, Aetla, Oftfor, Iohannes, et Vilfrid. 4.23 (254.25)
IIII nunc episcopi praesulatum tenent; Vilfrid in Eburacensi ecclesia, 5.23 (350.30)
Vilfrido. ordinato in episcopatum Eboracensis ecclesiae Vilfrido presbytero suo, 5.6 (292.6)
Anno DCCXXXII, Ecgberct pro Vilfrido Eboraci episcopus factus. Cont. (361.4)
VILFRID (*fl.* 731), *Bishop of the Hwiccas.*
Vilfrid. prouinciae Huicciorum Vilfrid episcopus; 5.23 (350.18)
VILICVS. **uilici.** Qui uenientes in prouinciam intrauerunt hospitium cuiusdam uilici, 5.10 (299.27)
uilicum. Veniensque mane ad uilicum, qui sibi praeerat, quid doni percepisset, indicauit, 4.24 (260.14)
uilicus. Suscepit ergo eos uilicus, 5.10 (300.4)
VILIOR, ius. **uiliores.** Numquid non habuimus equos uiliores plurimos, uel alias species, 3.14 (156.19)
uiliores. Trium quoque feminarum uiliores et minores memoriae cernuntur. 5.17 (319.22)
uilioris. trium patriarcharum candidis, Adam obscurioris et uilioris operis, 5.17 (319.20)
VILIS, e. **uili.** cuius sedes aeterna non in uili et caduco metallo, sed in caelis esset credenda; 3.22 (172.6)
VILLA. **uilla.** Deruuentionem, ubi tunc erat uilla regalis, 2.9 (99.6)
Haec uilla tempore sequentium regum deserta, 2.14 (115.7)
Attamen in Campodono, ubi tunc etiam uilla regia erat, fecit basilicam, 2.14 (115.16)
'Villa erat comitis cuiusdam, qui uocabatur Puch, 5.4 (286.30)
uilla. fecit basilicam, quam postmodum pagani, ... cum tota eadem uilla succenderunt; 2.14 (115.18)
erat in uilla regia non longe ab urbe, de qua praefati sumus. 3.17 (159.26)
ecclesiae, quam in uilla sua, cui nomen est Perrona, faciebat, 3.19 (168.16)
baptizatus est ... in uilla regia, cuius supra meminimus, 3.22 (172.15)
Erat autem in uilla non longe posita quidam adulescens mutus, 5.2 (283.20)
uillam. quodam tempore Paulinus ueniens cum rege et regina in uillam regiam, 2.14 (114.32)
pro qua reges posteriores fecere sibi uillam in regione, quae uocatur Loidis. 2.14 (115.19)
ut ueniente in uillam clerico uel presbytero, cuncti ad eius imperium uerbum audituri confluerent; 4.27 (269.28)
uillas. equitantem inter ciuitates siue uillas aut prouincias suas cum ministris, 2.16 (118.17)
circumpositas ueniebat ad uillas, et uiam ueritatis praedicabat errantibus; 4.27 (269.25)
uillis. quod ipsum et in aliis uillis regiis facere solebat, 3.17 (160.1)
VILLVLA. **uillulae.** Statimque surgens, abiit ad uillulae oratorium, 5.12 (304.15)
VILTABVRG, *Utrecht; see* **TRAIECTVM.**
Viltaburg. quod antiquo gentium illarum uerbo Viltaburg, id est Oppidum Viltorum, lingua autem Gallica Traiectum uocatur; 5.11 (303.9)
VINCIO. **uincerant.** nam mox, ut abiere, qui uinxerant [uincerant], uar. 4.22 (250.14)
uincierant. nam mox, ut abiere, qui uinxerant [uincierant], uar. 4.22 (250.14)
uincire. ut nullus eum posset uincire, quin continuo solueretur. 4.22 (250.25)
uinciri. et ubi sanescere coepit, noctu eum, ne aufugeret, uinciri praecepit. 4.22 (250.13)
Nec tamen uinciri potuit; 4.22 (250.14)
uincti. 'Dedi te in foedus populi, ut ... diceres his, qui uincti sunt: "Exite," 3.29 (197.16)
uinctus. atque ad iudicem uinctus perductus est. 1.7 (18.29)
uinxerant. nam mox, ut abiere, qui uinxerant, eadem euis sunt uincula soluta. 4.22 (250.14)
VINCO. **uicerat.** Zelus in hoste furit, quondam qui uicerat Euam; 4.20 (248.25)
uicerint. uel sub quo iudice mundum uicerint, diligenter adnotare studui. 5.24 (359.20)
uicisset. etsi uera lux tenebras mundi moriendo ac resurgendo numquam uicisset, 5.21 (340.27)
uicit. Brittanias bello pulsauit, et uicit, nec tamen ibi regnum potuit obtinere. 5.24 (352.7)
uicta. cedebant ministeria uicta nautarum; 1.17 (34.16)
uictam. et uictam se diuinis uirtutibus gratulatur. 1.19 (37.25)
uictas. multos eorum coegit uictas infestis praedonibus dare manus, 1.14 (29.17)
uicti. sed Domino donante proditi iam tunc et uicti sunt. 4.18 (242.10)
uictos. uictos Brittanos in fugam uertit. 1.2 (14.11)
uictosque se eorum meritis et imperio non negabant. 1.17 (35.2)
uictus. Caesaris equitatus primo congressu a Brittanis uictus, 1.2 (14.10)
sed cum paucis uictus aufugit. 1.34 (71.23)
Vt Colman uictus domum redierit; 3.26 (189.8)
eo maxime uictus sermone, quod famulus Domini Boisil, ... praedixerat. 4.28 (272.30)
Attamen tandem eorum precibus uictus assensum dedit, 4.29 (275.25)
uincebant. Et ex eo tempore nunc ciues, nunc hostes uincebant, 1.16 (33.18)
uinceret. ut antiquorum principum nomen suis uir ille laudibus uinceret, 1.32 (68.20)
VINCTVS. **uinctum.** ut ... educeres de conclusione uinctum, de domo carceris sedentes in tenebris.' 3.29 (197.20)
VINCVLVM. **uincula.** Vt uincula cuiusdam captiui, cum pro eo missae cantarentur, soluta sint. 4.22 (249.19)
nam mox, ut abiere, qui uinxerant, eadem eius sunt uincula soluta. 4.22 (250.15)
A tertia autem hora, quando missae fieri solebant, sepissime uincula soluebantur. 4.22 (251.22)
uincula. qui pro paruulis Christi, ... uincula, uerbera, carceres, adflictiones, ... pertuli?' 2.6 (92.27)
cognouitque, referente eo, illis maxime temporibus sua fuisse uincula soluta, 4.22 (251.33)
uinculo. rusticum se potius et pauperem, atque uxoreo uinculo conligatum fuisse respondit; 4.22 (250.9)
Dixit ille statim, soluto uinculo linguae, quod iussus erat. 5.2 (284.6)
uinculorum. Verum cum alia atque alia uinculorum ei genera hostes inponerent, 4.22 (251.18)
uinculis. quod pretiosi sanguinis sui effusione a uinculis diabolicae captiuitatis eripuit, 2.11 (104.16)
quae ... animam carnis uinculis absolutam ad aeterna patriae caelestis gaudia ducebat. 3.8 (143.27)
coniugi uestrae, ... dreximus ... crucem clauem auream habentem de sacratissimis uinculis beatorum Petri et Pauli 3.29 (198.21)
soluta carnis simul et infirmitatis uinculis ad aeternae gaudia salutis intrauit. 4.9 (224.3)
cumque uidisset, qui emerat, uinculis eum non potuisse cohiberi, 4.22 (251.19)
et internis peccatorum uinculis, quibus grauabatur, ocius desiderabat absolui: 4.25 (263.22)
VINDEX. **uindice.** quod hi, ... ocius Domino uindice poenas sui reatus luerent. 4.26 (266.25)
VINDICO. **uindicando.** nulla ex parte restituendo dominis, sed sibi soli uindicando; 1.6 (17.17)

uindicari. inuocantes diuinae auxilium pietatis, caelitus se uindicari continuis diu inprecationibus postulabant. 4.26 (266.21)
uindicarunt. australes sibi partes illius uindicarunt. 1.1 (11.21)
uel amicitia uel ferro sibimet inter eos sedes, quas hactenus habent, uindicarunt; 1.1 (12.22)
uindicatis. quibus sibi per VII annos fortissime uindicatis ac retentis, 1.6 (17.21)
VINDICTA. uindicta. ut ad aliorum emendationem et uindicta culpabilem feriat, 1.28 (62.25)
Vnde merito loco huic et habitatoribus eius grauis de caelo uindicta flammis saeuientibus praeparata est.' 4.25 (265.22)
VINEA. uinearum. nec uinearum expers, piscium uolucrumque, 1.1 (13.7)
uineas. uineas etiam quibusdam in locis germinans; 1.1 (10.1)
VINI (*d.* 675), *Bishop of Winchester and later of London; expelled from Winchester, he purchased the bishopric of London from Wulfhere.*
Vine. Non enim erat tunc ullus, excepto illo Vine, in tota Brittania canonice ordinatus episcopus. 3.28 (195.15)
Vini. pulsus est et Vini ab eodem rege de episcopatu; 3.7 (141.6)
Vnde deuerterunt ad prouinciam Occidentalium Saxonum, ubi erat Vini episcopus; 3.28 (195.10)
Siquidem primus Birinus, secundus Agilberctus, tertius exstitit Vini. 4.12 (227.24)
Vini. subintroduxit . . . episcopum, uocabulo Vini, 3.7 (140.30)
VINTANCÆSTIR, *Winchester; see* **VENTA.**
Vintancæstir. in ciuitate Venta, quae a gente Saxonum Vintancæstir appellatur, 3.7 (140.32)
VINVM. uini. misit puer ad dominum suum, rogans sibi poculum uini mittere, 5.5 (288.21)
misit ei calicem uini benedictum ab episcopo; 5.5 (288.22)
uinum. praepararent omnes ecclesiae per orbem, . . . panem et uinum in mysterium carnis et sanguinis agni inmaculati, 5.21 (336.17)
VINVAED, *not certainly identified; probably the Went, a tributary of the Don, Yorkshire.*
Vinuaed. Et quia prope fluuium Vinuaed pugnatum est, 3.24 (178.17)
VIOLENTER. nec quicquam de eorum rebus uiolenter abstrahere.' 4.5 (216.8)
VIOLENTIOR, ius. **uiolentior.** Si autem uiolentior aura insisteret, 4.3 (210.21)
VIOLO. uiolant. legitimos utique terminos paschae aperta transgressione uiolant, 5.21 (338.26)
VIR. uir. uir per omnia doctissimus, Praef. (6.6)
cum Eleuther uir sanctus pontificatui Romanae ecclesiae praeesset, 1.4 (16.6)
Constantius, . . . uir summae mansuetudinis et ciuilitatis, 1.8 (22.22)
Maximus uir quidem strenuus et probus, 1.9 (23.11)
Aetius uir inlustris, . . . tertium cum Simmacho gessit consulatum. 1.13 (28.22)
Gregorius, uir doctrina et actione praecipuus, pontificatum Romanae . . . sortitus 1.23 (42.15)
Interea uir Domini Augustinus uenit Arelas, 1.27 (48.3)
aut post quantum temporis huic uir suus possit in carnis copulatione coniungi? 1.27 (53.30)
aut uir suae coniugi permixtus, 1.27 (53.33)
Ad eius uero concubitum uir suus accedere non debet, 1.27 (55.6)
siquis uir ad menstruatam mulierem accedat. 1.27 (55.17)
Vir autem cum propria coniuge dormiens, 1.27 (57.14)
ut mixtus uir mulieri, et lauari aqua debeat, 1.27 (57.17)
Quia mulieri uir miscetur, 1.27 (57.19)
Tunc autem uir, qui post amixtionem coniugis lotus aqua fuerit, 1.27 (59.17)
ut antiquorum principum nomen suis uir ille laudibus uinceret, 1.32 (68.20)
ut, qualis meriti uir fuerit, demonstraret, 1.33 (70.29)
Felix . . . uir magnae gloriae in Christo et ecclesia, 2.1 (73.22)
Haec quidem sanctus uir ex magnae humilitatis intentione dicebat; 2.1 (74.27)
Quibus uir Domini Augustinus fertur minitans praedixisse, 2.2 (83.27)
Et quia uir Dei igne diuinae caritatis fortiter ardebat, 2.7 (94.32)
et iuxta quod dispositum fuerat, ordinatur episcopus uir Deo dilectus Paulinus, 2.9 (98.13)
cum esset uir natura sagacissimus, 2.9 (100.13)
'Saluabitur uir infidelis per mulierem fidelem.' 2.11 (106.5)
ingrediens ad eum quadam die uir Dei, 2.12 (110.28)
Sigberct, uir per omnia Christianissimus ac doctissimus, 2.15 (116.21)
narrauit mihi presbyter et abbas quidam uir ueracissimus de monasterio Peartaneu, 2.16 (117.20)
quod esset uir longae staturae, 2.16 (117.27)
missus fuerit primo alius austerioris animi uir, 3.5 (137.3)
Nam et ipse, apud quem exulabat, rex erat uir bonus, 3.7 (140.16)
Quo ille uiso, ut uir sagacis ingenii, intellexit aliquid mirae sanctitatis huic loco, . . . inesse; 3.9 (146.10)
nisi quia ibidem sanctior cetero exercitu uir aliquis fuisset interfectus. 3.10 (147.5)
scolasticus quidam de genere Scottorum, doctus quidem uir studio litterarum, 3.13 (152.25)
Vtta, multae grauitatis ac ueritatis uir, 3.15 (157.24)
Sicque factum est, ut uir Dei et per prophetiae spiritum tempestatem praedixerit futuram, 3.15 (158.19)
Successor . . . factus est Anna filius Eni de regio genere, uir optimus, 3.18 (163.15)
superuenit de Hibernia uir sanctus nomine Furseus, 3.19 (163.24)
Erat autem uir iste de nobilissimo genere Scottorum, 3.19 (164.18)
Sed uir Dei ubi ad patefactam usque inter flammas ianuam peruenit, 3.19 (166.22)
cum sedens in tenui ueste uir ita inter dicendum, . . . quasi in mediae aestatis caumate sudauerit. 3.19 (167.21)
Solebat autem idem uir Domini, . . . prouinciam exhortandi gratia reuisere: 3.23 (174.24)
Studens autem uir Domini acceptum monasterii locum . . . sorde purgare, 3.23 (175.21)
'Numquid,' ait, 'Anatolius uir sanctus, . . . legi uel euangelio contraria sapuit, 3.25 (186.35)
Tuda, . . . uir quidem bonus ac religiosus, 3.26 (189.29)
Porro fratribus, . . . praepositus est abbatis iure uir reuerentissimus ac mansuetissimus Eata, 3.26 (190.6)
Vt Ecgberct, uir sanctus de natione Anglorum, monachicam in Hibernia uitam duxerit. 3.27 (191.26)
et ab illo est uir praefatus consecratus antistes, 3.28 (195.10)
erat enim religiosus et bonus uir, 3.30 (199.30)
Vighard presbyter, uir in ecclesiasticis disciplinis doctissimus, de genere Anglorum, 4.1 (201.15)
Erat autem in monasterio Niridano, . . . abbas Hadrianus, uir natione Afir, 4.1 (202.8)
Theodorus, . . . uir et saeculari et diuina litteratura, et Grece instructus et Latine, 4.1 (202.24)
Cum ergo ueniret ad eum . . . uir sanctissimus et continentissimus, uocabulo Hygbald, 4.3 (211.24)
cum uir ille de mundo transiret, 4.3 (211.30)
dum tamen hoc, quod tantus uir dixit, quia uerum sit, esse non possit incertum. 4.3 (212.2)
Bisi . . . ipse erat successor Bonifatii, . . . uir multae sanctitatis et religionis. 4.5 (217.26)
Coepitque narrare, quia apparuerit sibi quidam uir Dei, qui eodem anno fuerat defunctus, 4.8 (221.22)
praeerat regno Orientalium Saxonum, . . . uir multum Deo deuotus, nomine Sebbi, 4.11 (225.16)
non multo post idem uir Dei, . . . uidit uisionem consolatoriam, 4.11 (226.16)
pariterque catholicae fidei decreta firmabat uir uenerabilis Iohannes archicantator 4.18 (240.30)
quam et alter ante illum uir habuerat uxorem, 4.19 (243.7)
propter quod omnium iudicio praefatus uir in episcopatum pro eo electus, ac . . . ordinatus est; 4.23 (255.12)
ante praefatum uirum Dei Boselum, uir strenuissimus . . . Tatfrid, . . . electus est antistes; 4.23 (255.19)
Quae cum uir eius Hereric exularet sub rege Brettonum Cerdice, 4.23 (255.32)

Erat enim uir multum religiosus, et regularibus disciplinis humiliter subditus; 4.24 (261.11)
Erat namque in eodem monasterio uir de genere Scottorum, 4.25 (263.1)
solutus est in lacrimas uir Dei, et tristitiam cordis uultu indice prodebat. 4.25 (264.18)
etiam reuerentissimus uir Domini Trumuini, qui in eos episcopatum acceperat, recessit cum suis, 4.26 (267.18)
Successit autem Ecgfrido in regnum Aldfrid, uir in scripturis doctissimus, 4.26 (268.2)
Vt uir Domini Cudberct sit episcopus factus; 4.27 (268.19)
Mailros, quod . . . abbas Eata, uir omnium mansuetissimus ac simplicissimus, regebat, 4.27 (269.2)
Ordinatus est autem post haec Eadberct uir scientia scripturarum diuinarum . . . insignis; 4.29 (275.31)
quanta in gloria uir Domini Cudberct post mortem uiueret, 4.30 (276.8)
quod uir esset multae pietatis ac religionis, 4.31 (278.6)
cui tunc uir religiosus Suidberct abbatis iure praefuit. 4.32 (279.23)
Successit autem uiro Domini Cudbercto in exercenda uita solitaria, . . . uir uenerabilis Oidiluald, 5.1 (281.5)
Mansit autem idem uir Dei in insula Farne XII annis, 5.1 (282.23)
Iohannes uir sanctus Hagustaldensis ecclesiae praesulatum suscepit; 5.2 (282.32)
qui eum familiariter nouerunt, dicere solent, et maxime uir reuerentissimus ac ueracissimus Bercthun, 5.2 (283.3)
in qua uir Dei saepius, . . . atque orationibus ac lectioni quietus operam dare consueuerat. 5.2 (283.11)
quia cum reuerentissimus uir Vilfrid . . . in episcopatum esset Hagustaldensis ecclesiae receptus, 5.3 (285.3)
Addidit autem uir etiam lacrimas precibus, 5.5 (288.9)
Berctuald, . . . uir et ipse scientia scripturarum inbutus, 5.8 (295.21)
Vt Ecgberct uir sanctus ad praedicandum in Germaniam uenire uoluerit, nec ualuerit; 5.9 (296.3)
Vt autem uidit uir Domini Ecgberct, 5.10 (298.29)
Vt uiri uenerabiles [uir uenerabilis] Suidberct in Brittaniis, Vilbrord Romae sint in Fresiam ordinati episcopi. uar. 5.11 (301.17)
Haec et alia, quae uiderat, idem uir Domini, non omnibus . . . referre uolebat, 5.12 (309.16)
Fuit autem temporibus Coenredi, qui post Aedilredum regnauit, uir in laico habitu . . . positus; 5.13 (311.7)
Erat enim uir bonus, et sapiens, et scientia scripturarum nobilissime instructus. 5.15 (315.27)
ut uir unitatis ac pacis studiosissimus ante ad uitam raperetur aeternam, 5.15 (316.13)
Scripsit idem uir de locis sanctis librum legentibus multis utillimum; 5.15 (316.17)
Bonus quippe erat uir, ac iustus, 5.18 (320.10)
Scripsit et alia nonnulla, utpote uir undecumque doctissimus; 5.18 (321.8)
Fortheri, . . . uir et ipse in scripturis sanctis multum eruditus. 5.18 (321.12)
gradum archiepiscopatus Honorius, . . . uir in rebus ecclesiasticis sublimiter institutus seruabat. 5.19 (323.26)
desiderante rege, ut uir tantae eruditionis ac religionis sibi . . . sacerdos esset, 5.19 (325.25)
consecratus est in episcopatum Eboraci, iubente rege Osuio, Ceadda uir sanctus, 5.19 (326.3)
Acca presbyter eius, uir et ipse strenuissimus, et coram Deo et hominibus magnificus; 5.20 (331.14)
Ecce uterque uir Dei diuersum ab altero uultus habitum foris praemonstrabat, 5.21 (342.15)
Mansit autem uir Domini Ecgberct annos XIII in praefata insula, 5.22 (347.21)
quod uenerabilis uir non solum in pascha transiuit de hoc mundo ad Patrem; 5.22 (348.1)
Tobias . . . defunctus est, uir, ut supra meminimus, doctissimus. 5.23 (348.21)
Quo anno sanctus uir Domini Ecgberct, . . . migrauit ad Dominum; 5.23 (349.17)
uir religione et prudentia insignis, sacris quoque litteris nobiliter instructus. 5.23 (350.8)
uir Domini Ecgberct Hienses monachos ad catholicum pascha et ecclesiasticam correxit tonsuram. 5.24 (356.11)

uiri. reserato hospitio sancti uiri, 1.19 (37.21)
idem annus sequentis regis, id est Osualdi, uiri Deo dilecti, regno adsignaretur; 3.1 (128.16)
et ut regia uiri sancti persona memoriam haberet aeternam, 3.11 (148.28)
Nec solum inclyti fama uiri Brittaniae fines lustrauit uniuersos, 3.13 (152.7)
potest diuina pietas per tanti meritum uiri et huius uitae spatia longiora concedere, 3.13 (153.26)
Scripsi autem haec de persona et operibus uiri praefati; 3.17 (161.9)
Si enim huius uiri in peccatis suis mortui pecuniam non accepisses, 3.19 (167.1)
ut, quanta esset uiri sublimitas, legentibus notius existeret. 3.19 (168.27)
iuxta praedictum uiri Dei, uera est eius culpa punita. 3.22 (173.26)
Sed credendum est, quia talis mors uiri religiosi non solum talem culpam diluerit, 3.22 (174.10)
quorum prior frater fuit Ediluini, uiri aeque Deo dilecti, 3.27 (192.21)
cuius uidelicet uiri, et in episcopatu, et ante episcopatum, uita et conuersatio fertur fuisse sanctissima, 4.6 (218.16)
Aedilthrydam, filiam Anna . . . uiri bene religiosi, ac per omnia mente et opere egregii; 4.19 (243.5)
quia uirili [a uiri] contactu incorrupta durauerit. uar. 4.19 (243.25)
sed ad uotum uiri Dei habitabilis per omnia factus est, 4.28 (271.17)
prosternens se ad corpus uiri Dei, pia intentione . . . Dominum sibi propitium fieri precabatur; 4.31 (278.28)
credens suum oculum capillis uiri Dei, quibus adtactus erat, ocius esse sanandum. 4.32 (280.22)
quia modica illa, quae prouenerat, intercapedo quietis, ad uiri Dei preces . . . donata est.' 5.1 (282.21)
peruenit ad amicitiam uiri sanctissimi ac doctissimi, Bonifatii 5.19 (324.22)
quia modica illa, quae prouenerat, intercapedo quietis, ad uiri Dei preces . . . donata est.' 5.1 (282.21)

uiri. non solum haec saeculares uiri, 1.14 (30.5)
religiosi uiri nullius commendatione indigeant; 1.24 (44.4)
Augustinus, et socii eius, uiri, ut ferunt, ferme XL. 1.25 (45.11)
uenerunt, . . . VII Brettonum episcopi et plures uiri doctissimi, 2.2 (82.20)
Baptizatus et Yffi filius Osfridi, sed et alii nobiles ac regii uiri non pauci. 2.14 (114.29)
tempore illo religiosi quique uiri ac feminae consuetudinem fecerunt per totum annum, 3.5 (136.18)
et undique ad eius ministerium de cunctis prope prouinciis uiri etiam nobilissimi concurrerent. 3.14 (156.3)
quod omnes patres nostri, uiri Deo dilecti, eodem modo celebrasse noscuntur. 3.25 (184.5)
Cum tempestas saepe dictae cladis . . . partem monasterii huius illam, qua uiri tenebantur, inuasisset, 4.7 (219.17)
interrogauit eum sollicitus, quales essent habitu uel specie uiri, 4.14 (235.13)
sed omnes prorsus, et uiri et feminae, aut somno torpent inerti, aut ad peccata uigilant. 4.25 (265.11)
quod . . . nobiles, ignobiles, laici, clerici, uiri ac feminae certatim facere consuerunt. 5.7 (294.12)
Vt uiri uenerabiles Suidberct in Brittaniis, Vilbrord Romae sint in Fresiam ordinati episcopi. 5.11 (301.17)

uiris. uiris suis non debent admisceri; 1.27 (55.14)
uiris suis misceri prohibentur; 1.27 (55.16)

uiris. uiris uenerabilibus atque eruditissimis, Praef. (6.9)
cultumque suae religionis cum omnibus, qui secum uenissent, uiris siue feminis, . . . seruaret. 2.9 (98.6)
quae ab angelis sanctis, quae a uiris iustis sibi inter angelos apparentibus laeta uel tristia cognouerit), 3.19 (165.9)
una cum eo sedentibus ceteris episcopis Brittaniae insulae uiris uenerabilibus, 4.17 (239.14)
inuentus est, et captus a uiris hostilis exercitus, 4.22 (250.5)
mox hoc regulari uita per omnia, prout a doctis uiris discere poterat, ordinare curabat; 4.23 (253.29)
iussus est, multis doctioribus uiris praesentibus, indicare somnium, 4.24 (260.16)
tandem rex ipse praefatus, una cum . . . religiosis ac potentibus uiris insulam nauigauit. 4.28 (272.22)
Haec epistula cum praesente rege Naitono multisque uiris doctioribus esset lecta, 5.21 (345.23)
Consecratus est autem . . . a uiris uenerabilibus Danihele Ventano, et Inguualdo Lundoniensi, 5.23 (350.5)

uiro. iuxta honorem tanto uiro congruum in ecclesia posuerunt. 1.33 (71.5)
inquirens, quis tanto uiro tales ausus esset plagas infligere; 2.6 (93.4)
uni uero [uiro] sponso uirginem castam exhiberet Christo. uar. 2.9 (98.23)
Exemplar epistulae . . . Bonifatii directae uiro glorioso Æduino regi Anglorum. 2.10 (100.22)

Viro glorioso Aeduino regi Anglorum, Bonifatius 2.10 (100.24)
Qualis uisio cuidam uiro Dei apparuerit, 4.25 (262.21)
mox copiosa seges exorta desideratam proprii laboris uiro Dei refectionem praebebat. 4.28 (272.9)
Erat enim presbyter . . . iamdudum uiro Dei spiritalis amicitiae foedere copulatus; 4.29 (274.12)
Successit autem uiro Domini Cudbercto in exercenda uita solitaria, . . . Oidiluald, 5.1 (281.3)
Tilmon, uiro inlustri, et ad saeculum quoque nobili, qui de milite factus fuerat monachus; 5.10 (301.3)
Narrabat autem uisiones suas etiam regi Aldfrido, uiro undecumque doctissimo; 5.12 (309.31)
(hoc enim erat uiro nomen), 5.12 (310.25)
uiro. duce Ambrosio Aureliano, uiro modesto, 1.16 (33.12)
adiuncto sibi Seuero, totius sanctitatis uiro, 1.21 (40.5)
et ab ipso uenerabili uiro Paulino rationem fidei ediscere, 2.9 (100.9)
Verum Eorpuald . . . occisus est a uiro gentili nomine Ricbercto; 2.15 (116.18)
auxilium praebente illi Penda uiro strenuissimo de regio genere Merciorum, 2.20 (124.18)
praedicante eis uerbum Nynia episcopo . . . sanctissimo uiro de natione Brettonum, 3.4 (133.16)
quod eadem regina cum uiro suo Aedilredo multum diligebat, 3.11 (148.7)
succedente . . . Trumheri, uiro religioso et monachica uita instituto, 3.21 (171.13)
cantandi magister . . . Stephanus fuit, inuitatus de Cantia a reuerentissimo uiro Vilfrido, 4.2 (205.17)
Multique haec a praefato uiro audientes, accensi sunt . . . ad orandum, 4.22 (252.3)
Hanc mihi historiam etiam quidam eorum, qui ab ipso uiro, in quo facta est, audiere, narrarunt; 4.22 (252.11)
abbatissa amplexata gratiam Dei in uiro, saecularem illum habitum relinquere, . . . docuit, 4.24 (260.25)
defuncto Bosa uiro multae sanctitatis et humilitatis, 5.3 (285.6)
uixit . . . pontificante apostolico uiro domno Sergio papa anno secundo. 5.7 (294.3)
uirorum. et maxime nostrae gentis uirorum inlustrium, Praef. (5.11)
uel aliorum fidelium uirorum uiua uoce didicimus. Praef. (7.22)
certissima fidelium uirorum adtestatione Praef. (8.2)
Aedilhild, soror uirorum sanctorum Aediluini et Alduini, 3.11 (149.6)
exiuit ipsa cum una sanctimonialium feminarum ad locum uirorum, 3.11 (149.28)
caelestium agminum uisio; sed et uirorum de sua natione sanctorum, 3.19 (166.13)
eam monasterii partem, qua ancellarum Dei caterua a uirorum erat secreta contubernio, 4.7 (219.20)
quia sciebat illam nullum uirorum plus illo diligere. 4.19 (243.18)
aut externorum sibi uirorum amicitiam conparent. 4.25 (265.20)
uiros. uiros ad recuperandam tendere populorum salutem inuiderent; 1.17 (34.13)
Extinctos in ea pugna ferunt . . . uiros circiter mille cc^tos^, 2.2 (84.26)
Columbam et successores eius uiros Deo dilectos, . . . diuinis paginis contraria . . . egisse credendum est? 3.25 (187.4)
tulit . . . et de gente Anglorum uiros circiter XXX, 4.4 (213.6)
Vidit enim, ut post ipse referebat, tres ad se uenisse uiros claro indutos habitu; 4.11 (226.21)
episcopos uidimus, et hos omnes singularis meriti ac sanctitatis uiros, 4.23 (254.24)
temtauit adhuc in opus uerbi mittere uiros sanctos et industrios, 5.10 (299.3)
Dicebatque ad illos, qui mihi adsederant, uiros albatos et praeclaros: 5.13 (312.20)
uirum. Theodosium Hispanum uirum . . . apud Syrmium purpura induit, 1.9 (23.8)
ad beatissimum uirum preces sacerdotum omnium deferuntur, 1.21 (40.1)
ad reuerentissimum uirum fratrem nostrum Augustinum episcopum perduxerit, 1.30 (65.4)
animaduertentes uicini, qui uidebant, sanctum fuisse uirum, 1.33 (71.3)
uenerunt primo ad quendam uirum sanctum ac prudentem, 2.2 (82.24)
Habuit autem secum . . . Iacobum diaconum, uirum utique industrium ac nobilem 2.16 (117.30)
Iacobum diaconum, uirum utique ecclesiasticum et sanctum, 2.20 (126.22)
accepit . . . Aedanum summae mansuetudinis, et pietatis, ac moderaminis uirum, 3.3 (131.16)
Osuini, . . . uirum eximiae pietatis et religionis; 3.14 (154.27)
clamauit ad se uirum Dei Cedd, 3.22 (172.25)
quem cum Oidiluald, . . . uirum sanctum et sapientem, probumque moribus uideret, 3.23 (174.29)
Habuerat . . . rex secum fratrem germanum eiusdem episcopi, uocabulo Caelin, uirum aeque Deo deuotum, 3.23 (175.8)
porro Alchfrid magistrum habens eruditionis Christianae Vilfridum uirum doctissimum 3.25 (182.29)
'Constant,' inquit, 'Anatolium uirum sanctissimum, doctissimum, ac laude esse dignissimum; 3.25 (187.11)
imitatus industriam filii rex Osuiu misit Cantiam uirum sanctum, 3.28 (194.27)
adsumserunt cum electione et consensu sanctae ecclesiae gentis Anglorum, uirum bonum et aptum episcopatu, 3.29 (196.11)
ordinauit uirum magis ecclesiasticis disciplinis institutum, 4.2 (206.6)
quia nimirum sanctum esse uirum conperiit, 4.3 (206.29)
In cuius locum ordinauit Theodorus Vynfridum, uirum bonum ac modestum, 4.3 (212.25)
dictum est, quia talis animi uirum, episcopum magis quam regem ordinari deceret. 4.11 (225.23)
Quid petis, alma, uirum, sponso iam dedita summo? 4.20 (248.11)
Sponsus adest Christus; quid petis, alma, uirum? 4.20 (248.12)
In quam uidelicet prouinciam paulo ante, hoc est ante praefatum uirum Dei Boselum, uir . . . Tatfrid, . . . electus est antistes; 4.23 (255.19)
At illa merito turbata de tali praesagio uocauit ad se uirum, 4.25 (264.25)
episcopum, ut diximus, fecerat ordinari . . . uirum sanctum et uenerabilem Cudberctum, 4.27 (268.23)
Contigit autem eo tempore uirum Dei illo ad dedicandam ecclesiam ab eodem comite uocari. 5.4 (287.6)
etiam Tobiam uirum doctissimum Hrofensi ecclesiae fecerit antistitem. 5.8 (294.15)
Tobiam . . . consecrauit, uirum Latina, Greca, et Saxonica lingua atque eruditione multipliciter instructum. 5.8 (296.1)
fratres, . . . elegerunt ex suo numero uirum modestum moribus, 5.11 (302.6)
misit Pippin fauente omnium consensu uirum uenerabilem Vilbrordum Romam, 5.11 (302.31)
Hic saepius ad eundem uirum ingrediens, audiuit 5.12 (309.26)
ut ipsum in concilio, . . . quasi uirum incorruptae fidei, et animi probi residere praeceperet.' 5.19 (328.14)
dicebant omnes . . . uirum tantae auctoritatis, qui per XL prope annos episcopatu fungebatur, nequaquam damnari debere, 5.19 (328.16)
Siquidem misit legatarios ad uirum uenerabilem Ceolfridum, 5.21 (332.25)
VIRECTVM. **uirecta.** uirecta herbarum auidius carpere coepit. 3.9 (146.9)
VIRGA. **uirga.** Iratus autem tetigit regem iacentem uirga, 3.22 (174.6)
uirgam. nonnisi uirgam tantum habere in manu uoluit: 3.18 (163.10)
uirgis. quod erat uirgis contextum, ac foeno tectum, 3.10 (147.16)
VIRGEVS, a, um. **uirgeorum.** aduexit illo plurimam congeriem trabium, tignorum, parietum, uirgeorum, et tecti fenei, 3.16 (159.6)
VIRGINEVS, a, um. **uirgineos.** Virgineos flores huius honor genuit. 4.20 (247.24)
VIRGINITAS. **uirginitate.** Vouit ergo, quia, . . . filiam suam Domino sacra uirginitate dicandam offerret, 3.24 (177.28)
dedit filiam suam Aelffledam, . . . perpetua ei uiriginitate consecrandam; 3.24 (178.24)
Virginitate micans gaudet amica cohors. 4.20 (247.22)
quae XXX et amplius annos dedicata Domino uirginitate, in monachica conuersatione seruiebat. 4.23 (257.7)
Scripsit et de uirginitate librum eximium, 5.18 (321.5)
uirginitatis. et ipsa Deo dilectam perpetuae uirginitatis gloriam in magna corporis continentia seruauit; 3.8 (144.6)

perpetua tamen mansit uirginitatis integritate gloriosa; 4.19 (243.11)
Videtur oportunum huic historiae etiam hymnum uirginitatis inserere, 4.20 (247.3)

VIRGINVM, *see* **LAVS VIRGINVM.**

VIRGO. uirgine. cum praefata uirgine ad regem Aeduinum quasi comes copulae carnalis aduenit. 2.9 (98.20)
sed nauigio cum uirgine redire disponebat, 3.15 (157.29)
Gaudet amica cohors de uirgine matre tonantis; 4.20 (247.21)
uirginem. responsum est non esse licitum Christianam uirginem pagano in coniugem dari, 2.9 (97.28)
uni uero sponso uirginem castam exhiberet Christo. 2.9 (98.24)
etiamsi uirginem non acciperet; 3.21 (170.7)
Vt in eodem monasterio puerulus moriens uirginem, quae se erat secutura, clamauerit; 4.8 (220.21)
Statimque exsurgens, nimio timore perterrita, cucurrit ad uirginem, 4.23 (257.20)
Intrauit ergo me secum adsumto ad uirginem, 5.3 (286.3)
ac filiam fratris sui uirginem illi coniugem daret, 5.19 (324.10)
uirgines. Lauerunt igitur uirgines corpus, 4.19 (246.20)
uirgines quoque Deo dicatae, . . . texendis subtilioribus indumentis operam dant, 4.25 (265.16)
uirginibus. et de filia eius Ercongota et propinqua Aedilbergae, sacratis Deo uirginibus. 3.8 (142.2)
clamauit tertio unam de consecratis Christo uirginibus, proprio eam nomine . . . alloquens, 4.8 (220.29)
uirginis. Huius autem uirginis Deo dicatae multa quidem . . . solent opera uirtutum . . . narrari. 3.8 (143.1)
Sepultum est autem corpus uenerabile uirginis et sponsae Christi in ecclesia beati . . . Stephani; 3.8 (143.32)
Cumque corpus sacrae uirginis ac sponsae Christi aperto sepulchro esset prolatum in lucem, 4.19 (245.8)
uidique eleuatum de tumulo, et positum in lectulo corpus sacrae Deo uirginis 4.19 (245.31)
ita aptum corpori uirginis sarcofagum inuentum est, 4.19 (246.24)
En Deus altus adit uenerandae uirginis aluum, 4.20 (247.17)
Virginis alma caro est tumulata bis octo Nouembres, 4.20 (248.19)
Nec putet in tumulo uirginis alma caro. 4.20 (248.20)
(hoc enim erat nomen uirginis), 5.3 (286.10)
donauit enim tibi Dominus uitam per . . . intercessionem beatae suae genetricis semperque uirginis Mariae. 5.19 (329.15)
uirginum. Cumque monachum quendam de uicino uirginum monasterio, nomine Andream, pontifici offerret, 4.1 (202.16)
qui propter infantilem adhuc aetatem in uirginum Deo dedicatarum solebat cella nutriri, 4.8 (220.26)
si ad monasterium delata uirginum sanctimonalium, ad reliquias sanctorum peteret, 4.10 (224.28)
ubi constructo monasterio uirginum Deo deuotarum perplurium 4.19 (244.3)
cuidam uirginum Deo deuotarum, . . . obitus illius in uisione apparuerit, 4.23 (258.12)
His temporibus monasterium uirginum, . . . flammis absumtum est. 4.25 (262.23)
uenerit ipse tempore quodam ad monasterium uirginum in loco, qui uocatur Vetadun, 5.3 (285.8)
quia quaedam de numero uirginum, quae erat filia ipsius carnalis, grauissimo langore teneretur; 5.3 (285.12)
uirgo. promisit se nil omnimodis contrarium Christianae fidei, quam uirgo colebat, esse facturum; 2.9 (98.3)
Itaque promittitur uirgo, atque Æduino mittitur, 2.9 (98.11)
Cuius filia Earcongotæ, ut condigna parenti suboles, magnarum fuit uirgo uirtutum, 3.8 (142.13)
'Mox ut uirgo haec cum capsella, quam portabat, adpropinquauit atrio 3.11 (150.18)
ad conplexum et nuptias sponsi caelestis uirgo beata intraret. 3.24 (179.8)
At uirgo illa, quam moriens uocabat, mox in loco, quo erat, . . . illum, . . . secuta est. 4.8 (221.3)
Vt Edilthryd regina uirgo perpetua permanserit, 4.19 (243.1)
mater uirgo, et exemplis uitae caelestis esse coepit et monitis. 4.19 (244.4)
Femina uirgo parit mundi deuota parentem, 4.20 (247.19)
Porta Maria Dei, femina uirgo parit. 4.20 (247.20)
Ignibus usta feris, uirgo non cessit Agathe, 4.20 (247.25)
Nostra quoque egregia iam tempora uirgo beauit; 4.20 (248.5)
Virgo triumphat ouans, zelus in hoste furit. 4.20 (248.26)
Praeerat quidem tunc eidem monasterio regia uirgo Aelbfled, una cum matre Eanflede, 4.26 (267.31)
erepta morti ac doloribus uirgo, laudes Domino Saluatori . . . referebat.' 5.3 (286.24)

VIRGVLTVM. uirgultis. renascentibus uirgultis Pelagianae pestis, 1.21 (39.28)

VIRIDIOR, ius. uiridius. et uidit unius loci spatium cetero campo uiridius ac uenustius; 3.10 (147.2)

VIRIDITAS. uiriditatis. quod nulla esset alia causa insolitae illo in loco uiriditatis, 3.10 (147.4)

VIRIDO. uiridantibus. rediit uiridantibus aruis annus laetus et frugifer. 4.13 (231.20)

VIRILIS, e. uirili. signum diuini miraculi, . . . indicio est, quia uirili contactu incorrupta durauerit. 4.19 (243.25)
uirilis. ut paulatim ablata exinde terra fossam ad mensuram staturae uirilis altam reddiderit. 3.9 (145.22)

VIROR. uiror. 'in cubilibus, . . . orietur uiror calami et iunci,' 3.23 (175.17)

VIRTVS. uirtus. uirtus ei diuinae cognitionis infunditur, 2.1 (78.19)
Cuius ut uirtus, iuxta apostolum, in infirmitate perficeretur, 4.9 (222.5)
ut, iuxta exemplum apostoli, uirtus eius in infirmitate perficeretur. 4.23 (256.15)
Ex quo tempore spes coepit et uirtus regni Anglorum 'fluere ac retro sublapsa referri.' 4.26 (267.10)
Quaeque patrum uirtus, et quae congesserat ipse Caedual armipotens, liquit amore Dei; 5.7 (293.9)
uirtute. et postmodum Pelagianorum tempestatem diuina uirtute sedauerit. 1.17 (33.23)
At illi non daemonica, sed diuina uirtute praediti, 1.25 (45.33)
atque adnisum illius uirtute, . . . adiuuate, 1.32 (69.5)
et cognati uirtute deuotionis exercuit. 2.1 (73.24)
fracta stomachi uirtute lassescebat, 2.1 (77.8)
Saluati ergo estis spe patientiae et tolerantiae uirtute, 2.8 (96.6)
Qua uisa uirtute mirati sunt ualde; 3.10 (147.22)
'Ibunt sancti de uirtute in uirtutem'; 3.19 (164.32)
Erat quippe ante omnia diuinae caritatis igne feruidus, patientiae uirtute modestus, 4.28 (273.20)
et sanitate simul ac uirtute recepta ministrabat eis.' 5.4 (287.30)
tamen et diuina sibi et humana prorsus resistente uirtute, in neutro cupitum possunt obtinere propositum; 5.23 (351.14)
uirtutem. Quomodo enim iuuandi quemlibet possunt habere uirtutem hi, 2.10 (102.20)
et per uirtutem eiusdem spiritus hanc exortam, . . . sopiuerit. 3.15 (158.21)
'Ibunt sancti de uirtute in uirtutem'; 3.19 (164.32)
ut uirtutem dilectionis et pacis ad inuicem et ad omnes fideles seruarent; 4.3 (209.7)
uirtutes. et auctoritas per conscientiam, doctrina per litteras, uirtutes ex meritis. 1.17 (35.11)
In cuius loco orationis innumerae uirtutes sanitatum noscuntur esse patratae, 3.2 (129.13)
uirtutes. Referri nequeunt, . . . qui uirtutes faciebat infirmus; 1.19 (37.30)
uirtutes sanctorum, . . . ad exemplum uiuendi posteris collegit; 2.1 (76.23)
Cuius inter ceteras uirtutis [uirtutes] et modestiae, . . . glorias uar. 3.14 (156.4)
et daemonia eiecerint, et uirtutes multas fecerint, 3.25 (187.30)
quicquid in ea uitii sordidantis inter uirtutes per ignorantiam uel incuriam resedisset, 4.9 (222.9)
uirtutibus. quibus sit uirtutibus insudandum, edocuit, 2.1 (76.26)
uirtutibus. raptim opinione, praedicatione, uirtutibus impleuerunt; 1.17 (35.5)
et uictam se diuinis uirtutibus gratulatur. 1.19 (37.25)
ne de uirtutibus suis gloriaretur, 1.31 (66.9)

enumeratis animi sui uirtutibus priscis, 2.1 (74.18)
ita postmodum et ceteris uirtutibus ornatus apparuit. 3.5 (137.27)
Furseus, uerbo et actibus clarus, sed et egregiis insignis uirtutibus, 3.19 (163.25)
ubi merita illius multis saepe constat Deo operante claruisse uirtutibus. 3.19 (168.25)
Et si sanctus erat, ac potens uirtutibus ille Columba uester, 3.25 (188.15)
Verum quia de uita illius et uirtutibus ante annos plures sufficienter . . . conscripsimus, 4.28 (271.8)
uerum eis, quae tonsura maiores sunt, uirtutibus, humilitatis et oboedientiae, non mediocriter insignitus; 5.19 (323.7)
uirtutis. Constantinus . . . propter solam spem nominis sine merito uirtutis eligitur; 1.11 (24.27)
ut unum uirtutis eius, unde cetera intellegi possint, testimonium referam, 2.7 (94.13)
quia nihil omnino uirtutis habet, nihil utilitatis religio illa, 2.13 (111.23)
Nec ab re est unum e pluribus, . . . uirtutis miraculum enarrare. 3.2 (130.10)
quae cuius esset uirtutis, magis post mortem claruit. 3.8 (144.8)
quid uirtutis ac miraculi caelestis fuerit ostensum, 3.11 (147.31)
cuius excellentia fidei et uirtutis, . . . uirtutum frequentium operatione claruerit; 3.13 (153.19)
uirtutis et modestiae, et, ut ita dicam, specialis benedictionis glorias . . . fuisse fertur humilitas, 3.14 (156.4)
multos et exemplo uirtutis, et incitamento sermonis, uel incredulos ad Christum conuertit, 3.19 (163.30)
In quo utroque loco, ad indicium uirtutis illius, solent crebra sanitatum miracula operari. 4.3 (212.9)
quanta sanctos Christi lux in caelis, quae gratia uirtutis possideret, 4.10 (225.11)
etiam Roman adire curauit, quod eo tempore magnae uirtutis aestimabatur; 4.23 (255.4)
ad quos felix industriae ac uirtutis eius rumor peruenit, 4.23 (255.28)
plebem rusticam uerbo praedicationis simul et opere uirtutis ad caelestia uocaret. 4.27 (270.13)
animaduertit . . . minime perfectam esse uirtutis uiam, quae tradebatur a Scottis, 5.19 (323.12)
uirtutum. et frequentium operatio uirtutum celebrari non desinit. 1.7 (21.31)
comitantibus uirtutum operibus, suam defertur ad urbem. 1.21 (41.15)
non profectum iactando uirtutum, 2.1 (74.13)
quae uirtutum earumdem sit claritas, ostenderet. 2.1 (76.27)
qui gratia discretionis, quae uirtutum mater est, ante omnia probabatur inbutus; 3.5 (137.24)
Cuius filia Earcongotæ, ut condigna parenti suboles, magnarum fuit uirgo uirtutum, 3.8 (142.13)
prae merito uirtutum eiusdem monasterii Brigensis est abbatissa constituta. 3.8 (142.25)
solent opera uirtutum et signa miraculorum usque hodie narrari. 3.8 (143.2)
quae deuotio mentis fuerit, etiam post mortem uirtutum miraculis claruit. 3.9 (145.14)
Et multa quidem in loco illo uel de puluere loci illius facta uirtutum miracula narrantur; 3.9 (145.27)
cuius excellentia fidei . . . etiam post mortem, uirtutum frequentium operatione claruerit; 3.13 (153.19)
Curabat . . . omnibus opus uirtutum et exemplis ostendere, 3.19 (167.11)
et uirtutum quae fecerunt miracula testimonium praebuerunt; 3.25 (187.7)
post multa uirtutum bona, ut ipse desiderabat, . . . migrauit ad regna caelestia. 3.27 (193.29)
inter plura continentiae, humilitatis, . . . uoluntariae paupertatis, et ceterarum uirtutum merita, 4.3 (210.13)
sicut etiam nunc caelestium signa uirtutum indicio sunt. 4.6 (218.19)
In hoc etenim monasterio plura uirtutum sunt signa patrata, 4.7 (219.11)
pietatis, et castimoniae, ceterarumque uirtutum, sed maxime pacis et caritatis custodiam docuit; 4.23 (254.9)
cui tempore illo propositus Boisil magnarum uirtutum et prophetici spiritus sacerdos fuit. 4.27 (269.6)
Cum ergo uenerabilis Domini famulus . . . magnis uirtutum signis effulgeret, 4.27 (270.16)
Qui susceptum episcopatus gradum ad imitationem beatorum apostolorum uirtutum ornabat operibus. 4.28 (273.14)
sicut in uolumine uitae et uirtutum eius quisque legerit, inueniet. 4.31 (279.16)
de quo plura uirtutum miracula, qui eum familiariter nouerunt, dicere solent, 5.2 (283.1)
suis amplius ex uirtutum exemplis prodesse curabat. 5.9 (298.25)
episcopalem uitam siue doctrinam magis insito sibi uirtutum amore quam lectionibus institutus exercebat. 5.18 (320.11)
Ioseph et ipse castitatis, humilitatis, pietatis, ceterarumque uirtutum exsecutor . . . patet 5.21 (342.12)
quorum tamen intus conscientia in parili uirtutum sibi gratia concordabat. 5.21 (342.17)
VIRVS. uirus. nihilominus exitiabile perfidiae suae uirus, 1.8 (22.29)
quod uirus Pelagianae hereseos apud uos denuo reuiuescit; 2.19 (123.25)
VIS. ui. sed tanta ui hostis ferrum infixit, 2.9 (99.13)
ui tempestatis in occidentalia Brittaniae litora delatus est; 5.15 (316.23)
uim. talibus protinus totam uim ueneni grassantis, 1.1 (13.4)
uallum uero, quo ad repellendam uim hostium castra muniuntur, 1.5 (16.25)
primo uim sui furoris a lesione locorum, quae contra erant, abstraxit, 2.7 (94.29)
Cum enim uim feruoris inmensi tolerare non possent, 5.12 (305.7)
uires. coeperunt et illi paulatim uires animosque resumere, 1.16 (33.8)
Hoc ergo duce uires capessunt Brettones, 1.16 (33.15)
etsi necdum uires pristinas recepi, 5.3 (286.18)
sed et perditas dudum uires recepisse sentiens, 5.4 (287.25)
uiribus. optandum est, et totis animi uiribus supplicandum, 5.21 (333.29)
uiribus. ferebatur nauigium oratione, non uiribus; 1.17 (34.17)
bellum aduersum Brettones iunctis uiribus susceperunt, 1.20 (38.9)
triumphant uictoria fide obtenta, non uiribus. 1.20 (39.21)
nil ex omnibus, quae in euangelicis . . . litteris . . . cognouerat, praetermittere, sed cuncta pro suis uiribus operibus explere curabat. 3.17 (161.28)
uis. Tum subito occurrit pergentibus inimica uis daemonum, 1.17 (34.12)
Cuius quanta fides [uis] in Deum, quae deuotio mentis fuerit, uar. 3.9 (145.13)
VISCVS. uiscerum. crebris uiscerum doloribus cruciabatur, 2.1 (77.6)
VISIBILIS, e. uisibile. signum incendii, . . . uisibile cunctis in humero maxillaque portauit; 3.19 (167.7)
superatisque hostibus uel inuisibilibus [uisibilibus], uar. 1.20 (39.23)
VISIO. uisio. Sequuntur . . . copiosior caelestium agminum uisio; 3.19 (166.12)
apparuit uisio miranda cuidam de sororibus, 4.9 (221.31)
Qualis uisio cuidam uiro Dei apparuerit, 4.25 (262.21)
ne forte inlusoria esset uisio. 5.9 (297.22)
'Visio mihi modo tremenda apparuit, 5.19 (329.7)
uisione. angelica meruit uisione perfrui, 3.19 (164.4)
Qua uisione confirmatus, curauit locum monasterii, . . . uelocissime construere, 3.19 (164.9)
qui sibi in tota utraque uisione ductores adfuerunt, 3.19 (166.6)
Nec dubium remansit cogitanti de uisione, 4.9 (222.21)
subito uisione spiritali recreata, os et oculos aperuit; 4.9 (223.17)
Quod ita utrumque, ut ex uisione didicit, conpletum est. 4.11 (226.28)
Ex qua nimirum uisione multi, . . . sunt mirabiliter accensi; 4.14 (235.35)
Dominus omnipotens obitum ipsius . . . manifesta uisione reuelare dignatus est. 4.23 (257.4)
intellexit uel in somnio, uel in uisione mentis ostensum sibi esse, quod uiderat. 4.23 (257.18)
obitus illius in uisione apparuerit, 4.23 (258.13)
Qua diuulgata uisione, aliquantulum loci accolae paucis diebus timere, . . . coeperunt. 4.25 (265.28)
egredientes e corpore spiritus eorum mox beata inuicem uisione coniuncti sunt, 4.29 (275.13)

tametsi certus est factus de uisione, 5.9 (298.3)
Sed et unus ex eis in uisione nocturna apparuit cuidam de sociis suis, 5.10 (301.2)
uisionem. et ipse per uisionem a suo sit langore curatus. 1.19 (37.6)
Vt Aeduini per uisionem quondam sibi exuli ostensam sit ad credendum prouocatus. 2.12 (106.28)
Didicerat enim per uisionem et quid ille petisset, et quia petita inpetrasset. 3.27 (193.23)
aspectansque in caelum, sic ad eam, quam intuebatur, uisionem coepit loqui: 4.9 (223.19)
uir Dei, dum membra sopori dedisset, uidit uisionem consolatoriam, 4.11 (226.17)
es . . . liberandus a morte, et ad uisionem Domini Christi, cui fideliter seruisti, perducendus 4.14 (234.21)
atque haec, usquedum ad eius uisionem peruenire meruit, intemerata seruauit. 4.23 (252.29)
inuentum est, eadem hora transitum eius illis ostensum esse per uisionem, 4.23 (258.3)
ita etiam tranquilla morte mundum relinquens ad eius uisionem ueniret, 4.24 (262.15)
uenit . . . ad eum unus de fratribus, . . . referens ei uisionem, quae sibi eadem nocte apparuisset: 5.9 (297.3)
qui tamen omnes in die iudicii ad uisionem Christi, et gaudia regni caelestis intrabunt. 5.12 (308.29)
ad uisionem beatorum apostolorum in caelis diu desideratam peruenit. 5.19 (322.15)
uisiones. cuius uisiones ac uerba, non autem et conuersatio, plurimis, sed non sibimet ipsi, profuit. 5.13 (311.4)
uisiones. illasque uisiones ex ipsius ore audierit; 3.19 (167.18)
Narrabat autem uisiones suas etiam regi Aldfrido, 5.12 (309.31)
uisionibus. et de uisionibus uel sanctitate eius, 3.19 (163.20)
uisionis. Cuis ueritas uisionis cita circa exortum diei puellae morte probata est. 4.8 (221.25)
Audiens autem uerba uisionis Ecgberct, 5.9 (297.20)
ac me solum in medio tenebrarum et horridae uisionis reliquit. 5.12 (305.31)
proferens codicem horrendae uisionis, et magnitudinis enormis, et ponderis pene inportabilis, 5.13 (312.14)
uisionum. Ordinem autem uisionum suarum illis solummodo, . . . exponere uolebat. 3.19 (167.12)
VISITATIO. uisitationis. Cum ergo ueniret ad eum . . . gratia uisitationis de Brittania uir sanctissimus 4.3 (211.24)
VISITO. uisitabantur. 'Et claudentur ibi in carcerem, et post dies multos uisitabantur;' 5.24 (359.1)
uisitabo. sed paratus esto, quia post quadriennium reuertens uisitabo te; 5.19 (329.17)
uisitandum. Cumque morbo ingrauescente, denuo ad eum uisitandum ac docendum rex intraret, 5.13 (311.26)
uisitandi. uicos adeundi, . . . infirmos uisitandi, et, ut breuiter dicam, animas curandi causa fuit; 3.26 (191.18)
indicauit ei desiderium sibi inesse beatorum apostolorum limina uisitandi; 5.19 (323.21)
uisitantibus. Vnde uisitantibus se ex more fratribus hordeum iussit adferri, 4.28 (272.3)
uisitare. qui fratres nostros uisitare solebat, 4.3 (209.14)
stantibus . . . comitibus, et interrogantibus de statu eius, quem languentem uisitare uenerant, 4.11 (226.24)
quique nouerant eam religiosi, . . sedulo eam uisitare, obnixe amare, diligenter erudire solebant. 4.23 (253.32)
qui, . . . annis singulis eum uisitare, et monita ab eo perpetuae salutis audire solebat. 4.29 (274.15)
VISO. uisendum. in uiculis, qui in arduis asperisque montibus procul positi aliis horrori erant ad uisendum, 4.27 (270.6)
uisuntur. uestigia sudium ibidem usque hodie uisuntur, 1.2 (14.17)
in cuius medio ultima Domini uestigia, caelo desuper patente, ubi ascendit, uisuntur. 5.17 (319.2)
VISVS. uisum. deprecans, ut uisum caeco, quem amiserat, restitueret, 2.2 (82.9)
Vbi autem longius uisum leuauimus, 5.1 (282.6)
quia et ea nocte sibi post expletos matutinos Boisil per uisum apparuerit, 5.9 (297.28)
VITA. uita. qualis etiam ipsorum patrum uita uel obitus extiterit, Praef. (7.13)
si uita comes fuerit, 1.29 (64.2)
'Talis,' inquiens, 'mihi uidetur, rex, uita hominum praesens in terris, 2.13 (112.5)
Ita haec uita hominum ad modicum apparet; 2.13 (112.17)
In tantum autem uita illius a nostri temporis segnitia distabat, 3.5 (136.8)
cuius uidelicet uiri, . . . uita et conuersatio fertur fuisse sanctissima, 4.6 (218.17)
cuius uita non sibi solummodo, sed multis bene uiuere uolentibus exempla operum lucis praebuit. 4.23 (256.9)
quia dies sibi mortis, uel uitae magis illius, quae sola uita dicenda est, iam adpropiaret introitus; 4.29 (274.6)
cuius ante mortem uita sublimis crebris etiam miraculorum patebat indiciis, 4.30 (276.9)
Cuius ut meritum, uel uita qualis fuerit, certius clarescat, 5.1 (281.8)
quia multum necessaria sibi esset uita ipsius; 5.5 (288.12)
ut multa illum, . . . uel horrenda uel desideranda uidisse, etiamsi lingua sileret, uita loqueretur. 5.12 (304.26)
uita. delectatus uita mundissima sanctorum, 1.26 (47.18)
Communi autem uita uiuentibus iam de faciendis portionibus, . . . quid erit loquendum? 1.27 (49.12)
quatinus ex lingua et uita tuae sanctitatis et recte credendi, 1.29 (64.16)
Secundo autem eiusdem Focatis anno transiens ex hac uita, 2.1 (79.3)
de uita monachorum et quiete ordinaturus, 2.4 (88.17)
sperans se regem Aeduinum regno simul et uita priuaturum; 2.9 (99.2)
quorum primi albati adhuc rapti sunt de hac uita, 2.14 (114.27)
cum Doruuernensis uel Eburacensis antistes de hac uita transierit, 2.18 (120.17)
uenit de Hibernia presbyter et abbas habitu et uita monachi insignis, 3.4 (133.7)
de cuius uita et uerbis nonnulla a discipulis eius feruntur scripta haberi. 3.4 (134.16)
De uita Aidani episcopi. 3.5 (135.16)
Eadbald rex Cantuariorum transiens ex hac uita, 3.8 (142.4)
ordinauit Ithamar, . . . de gente Cantuariorum, sed uita et eruditione antecessoribus suis aequandum. 3.14 (154.23)
Vnde animaduerto illum citius ex hac uita rapiendum; 3.14 (157.11)
et de interna uita eius. 3.17 (159.24)
De uita uel morte religiosi regis Sigbercti. 3.18 (162.13)
sicut libellus de uita eius conscriptus sufficienter edocet, 3.19 (164.26)
et hoc post quinque annos sui episcopatus de hac uita subtracto, 3.20 (169.7)
qui ad docendam baptizandamque gentem illius et eruditione et uita uidebantur idonei, 3.21 (170.16)
succedente . . . Trumheri, uiro religioso et monachica uita instituto, 3.21 (171.14)
Interea Aidano episcopo de hac uita sublato, 3.25 (181.3)
et de uita et obitu et sepultura eius. 4.3 (206.13)
et ut sanctos decebat, de uita priorum patrum sermonem facerent, 4.3 (211.26)
quin ei exeunti de hac uita caelestis patriae patuerit ingressus. 4.9 (222.28)
Cum . . . Torctgyd tres adhuc annos post obitum dominae in hac uita teneretur, 4.9 (223.11)
habens . . . in eo fratres v siue vi, in humili et paupere uita Domino famulantes. 4.13 (231.5)
fundauit ibi monasterium, ac regulari uita instituit, 4.13 (232.15)
multique . . . passim de hac uita raperentur; 4.14 (233.14)
dolorem omnem ac mortem perpetua salute ac uita mutauit. 4.19 (245.22)
et si nunc in alia uita essem, 4.22 (250.33)
De uita et obitu Hildae abbatissae. 4.23 (252.14)
et totidem sequentes nobilius in monachica uita Domino consecrauit. 4.23 (252.24)
mox hoc regulari uita per omnia, prout a doctis uiris discere poterat, ordinare curabat; 4.23 (253.28)
cum illi exitum eius de hac uita uiderent, 4.23 (258.6)
in ecclesia beati Petri apostoli iuxta honorem et uita et gradu eius condignum conditus est. 4.26 (267.29)
utque in monachica adhuc uita positus uixerit uel docuerit. 4.27 (268.20)
uulgus circumpositum longe lateque a uita stultae consuetudinis . . . conuertere curabat 4.27 (269.15)
Vt idem in uita anchoretica et fontem de arente terra orando produxerit, 4.28 (271.3)
Verum quia de uita illius et uirtutubus ante annos plures sufficienter . . . conscripsimus, 4.28 (271.8)

Vt Oidiluald successor Cudbercti in anachoretica uita, . . . tempestatem orando sedauerit. 5.1 (281.1)
Successit autem uiro Domini Cudbercto in exercenda uita solitaria, . . . Oidiluald, 5.1 (281.4)
flectebat genua sua ad patrem Domini nostri Iesu Christi pro nostra uita et salute precaturus. 5.1 (282.12)
et de uita uel obitu Vilfridi episcopi. 5.19 (321.26)
ut in hac uita centuplum acciperet, et in saeculo uenturo uitam aeternam. 5.19 (322.12)
qui in praesenti quidem uita a deceptis hominibus putabantur digni perpetuae gloria coronae; 5.21 (343.32)
Osric rex Nordanhymbrorum uita decessit, 5.23 (349.20)
uitae. 'Si uis perennis uitae felicitate perfrui, 1.7 (19.24)
martyr fortissimus ibidem accepit coronam uitae, 1.7 (21.11)
Cumque ad iussionem regis residentes uerbum ei uitae . . . praedicarent, 1.25 (46.5)
uerbum uitae, quibus poterant, praedicando, 1.26 (47.1)
mirantes simplicitatem innocentis uitae, 1.26 (47.9)
percipiendo ex religiosae uitae consuetudine eiusdem mysterii amore rapiuntur, 1.27 (56.26)
subditorum mores ex magna uitae munditia, 1.32 (68.8)
mortem . . . ut ingressum uitae, et laboris sui praemium amaret. 2.1 (74.12)
non tamen . . . propositum uitae caelestis intermisit. 2.1 (75.4)
uerum etiam ad caelestis exercitia uitae magis magisque succensus. 2.1 (75.14)
Cui uitae alterius mors magis ipsa uia est. 2.1 (79.12)
si nationi Anglorum noluissent uiam uitae praedicare, 2.2 (83.30)
sin autem lauacrum uitae contemnitis, 2.5 (91.18)
nullatenus ualetis panem uitae percipere.' 2.5 (91.19)
aeternae uitae possitis esse participes. 2.10 (102.8)
qui in uobis uitae insufflauit spiritum, 2.10 (103.19)
hos quoque unitas fidei etiam post huius uitae transitum in perpetua societate conseruet. 2.11 (105.28)
etiam consilium tibi tuae salutis ac uitae melius atque utilius, . . . ostendere potuerit, 2.12 (109.15)
ut, . . . omnes pariter in fonte uitae Christo consecrarentur. 2.13 (111.14)
claret illa, quae nobis uitae, salutis, et beatitudinis aeternae dona ualet tribuere. 2.13 (112.31)
misit eum ad praedicandum uerbum uitae praefatae nationi Anglorum. 2.15 (116.29)
Gregorii, a cuius ipse discipulis uerbum uitae susceperat. 2.20 (125.25)
eratque . . . et longaeua uitae perfectione eximius, 3.4 (134.33)
eiusque episcopus usque ad uitae suae terminum mansit. 3.7 (141.9)
potest diuina pietas per tanti meritum uiri et huius uitae spatia longiora concedere, 3.13 (153.26)
potest diuina pietas . . . ingressu te uitae perennis dignum reddere." 3.13 (153.27)
ut adclinis destinae, . . . spiritum uitae exhalaret ultimum. 3.17 (160.7)
legat ipsum, de quo dixi, libellum uitae eius, 3.19 (165.11)
omni uitae suae tempore signum incendii, . . . portauit; 3.19 (167.6)
disciplinam uitae regularis, . . . custodiri docuit. 3.22 (173.10)
uitae caelestis institutio cotidianum sumeret augmentum, 3.22 (173.14)
et aliis quoque fratribus ministerium uitae ac salutis docendo exhiberet. 3.23 (177.8)
in quo memorata regis filia primo discipula uitae regularis, . . . extitit, 3.24 (179.6)
grauior de obseruatione paschae, necnon et de aliis ecclesiasticae uitae disciplinis controuersia nata est. 3.25 (182.20)
mox congregati in unum uicani uerbum uitae ab illo expetere curabant. 3.26 (191.16)
uel continentioris uitae gratia illo secesserant. 3.27 (192.12)
ordinauit uirum . . . uitae simplicitate contentum, 4.2 (206.7)
iuxta exempla patrum antiquorum, in magna uitae perfectione administrare curauit; 4.3 (207.3)
in quo usque hodie instituta ab ipso regularis uitae uestigia permanent. 4.3 (207.7)
ipse peregrinus pro Domino usque ad finem uitae permansit. 4.3 (211.22)
qui omnibus, qui saluari uellent, uerbum ac lauacrum uitae ministraret. 4.16 (237.16)
mater uirgo, et exemplis uitae caelestis esse coepit et monitis. 4.19 (244.4)
Hild, . . . ad percipienda praemia uitae caelestis de terris ablata transiuit 4.23 (252.19)
Cum ergo aliquot annos huic monasterio regularis uitae institutioni multum intenta praeesset, 4.23 (254.2)
Nam eisdem, quibus prius monasterium, etiam hoc disciplinis uitae regularis instituit; 4.23 (254.7)
Hild, . . . in suo monasterio uitae exemplo praesentibus extitit; 4.23 (255.27)
Cuius carminibus multorum saepe animi ad contemtum saeculi, et appetitum sunt uitae caelestis accensi. 4.24 (259.3)
Sicque se caelesti muniens uiatico, uitae alterius ingressui parauit; 4.24 (262.5)
Quae quidem illi districtio uitae artioris, primo ex necessitate emendandae suae prauitatis obuenerat, 4.25 (263.7)
simul et suae uitae solacium deuota Deo doctrix inuenit. 4.26 (268.1)
anno, quo finem uitae accepit rex Ecgfrid, 4.27 (268.21)
Qui quidem a prima aetate pueritiae studio religiosae uitae semper ardebat, 4.27 (268.29)
Nec solum ipsi monasterio regularis uitae monita, simul et exempla praebebat, 4.27 (269.14)
quia dies sibi mortis, uel uitae magis illius, quae sola uita dicenda est, iam adpropiaret introitus; 4.29 (274.5)
Erat enim presbyter uitae uenerabilis nomine Hereberct, 4.29 (274.11)
Qui dum sese alterutrum caelestis uitae poculis debriarent, 4.29 (274.20)
e quibus aliqua in libro uitae illius olim memoriae mandauimus. 4.30 (277.26)
sicut in uolumine uitae et uirtutum eius quisque legerit, inueniet. 4.31 (279.16)
quippe quem . . . ad uiam uitae sua oratione ac benedictione reduxit. 5.6 (289.16)
in quo solo didicerat generi humano patere uitae caelestis introitum; 5.7 (292.18)
Percipiensque alacer rediuiuae praemia uitae, 5.7 (293.15)
Alma nouae scandens felix consortia uitae, 5.8 (295.16)
non omnibus passim desidiosis ac uitae suae incuriosis referre uolebat, 5.12 (309.17)
et in Hibernia insula solitarius ultimam uitae aetatem pane cibario et frigida aqua sustentat. 5.12 (309.25)
monasterio tempore illo religiosae ac modestae uitae abbas et presbyter Ediluald praeerat, 5.12 (310.5)
Seruiebat autem multum ebrietati, et ceteris uitae remissioris inlecebris; 5.14 (314.5)
quam ad . . . audiendumque cum fratribus uerbum uitae concurrere consuerat. 5.14 (314.8)
De cuius statu uitae, ut ad priora repedantes, paucis, quae sunt gesta, memoremus, 5.19 (322.24)
ut coronam uitae aeternae, quam repromisit Deus diligentibus se, se semper expectare, . . . designent. 5.21 (343.21)
"Obsecro, sancte frater, qui ad coronam te uitae, quae terminum nesciat, tendere credis, 5.21 (344.13)
cunctumque ex eo tempus uitae in eiusdem monasterii habitatione peragens, 5.24 (357.9)
Nono decimo autem uitae meae anno diaconatum, tricesimo gradum presbyteratus, . . . suscepi. 5.24 (357.15)
librum uitae et passionis sancti Felicis confessoris de metrico Paulini opere in prosam transtuli; 5.24 (359.4)
librum uitae et passionis sancti Anastasii, male de Greco translatum, . . . ad sensum correxi; 5.24 (359.6)
uitam. pauperem uitam in montibus, . . . agebant. 1.15 (33.1)
Vt idem in Cantia primitiuae ecclesiae et doctrinam sit imitatus, et uitam, 1.26 (46.29)
coeperunt apostolicam primitiuae ecclesiae uitam imitari; 1.26 (46.32)
atque uitam uestram et hic per multorum annorum curricula extendat, 1.32 (69.32)
migrauit ad ueram, quae in caelis est, uitam. 2.1 (79.4)
qui apud eos anachoreticam ducere uitam solebat, 2.2 (82.26)
quomodo et Brettonum in ipsa Brittania, uitam ac professionem minus ecclesiasticam in multis esse cognouit, 2.4 (87.15)
si uitam sibi et uictoriam donaret pugnanti aduersus regem, 2.9 (99.26)
ut uitam suam a tanti persecutoris insidiis tutando seruaret; 2.12 (107.21)

credebantque et baptizabantur quotquot erant praeordinati ad uitam aeternam, 2.14 (114.20)
ibidem in pace uitam finiuit. 2.15 (117.3)
Vulgatum est autem, . . . quod etiam inter uerba orationis uitam finierit. 3.12 (151.27)
pro aeterna patria duceret uitam, 3.13 (152.17)
ad imperium diuinae uoluntatis totam ex integro mentem uitamque transferre. 3.13 (153.12)
cupiens pro Domino, . . . peregrinam ducere uitam. 3.19 (163.27)
ipse ab omnibus mundi rebus liber in anchoretica conuersatione uitam finire disposuit. 3.19 (168.2)
qui de monasterii probatione diuturna ad heremiticam peruenerat uitam. 3.19 (168.5)
dedit eum illi, qui dignam loco et doctrinam haberet, et uitam. 3.25 (183.7)
semper eorum uitam, mores, et disciplinam sequi non desisto.' 3.25 (187.9)
Vt Ecgberct, uir sanctus de natione Anglorum, monachicam in Hibernia uitam duxerit. 3.27 (191.27)
Sperabam, quia pariter ad uitam aeternam intraremus. 3.27 (193.21)
Duxit autem uitam in magna humilitatis, . . . perfectione. 3.27 (193.32)
amorem, quem habet propter beatam uitam; 3.29 (196.25)
diligentes hanc uitam, et futuram non quaerentes, . . . coeperunt fana, . . . restaurare, 3.30 (199.17)
Sebbi, . . . magna, ut in sequentibus dicemus, uitam fidelem felicitate conpleuit. 3.30 (199.23)
Ceadda . . . qui tunc in monasterio suo, quod est in Læstingae, quietam uitam agebat, 4.3 (206.20)
monachicam in orationibus et continentia, et meditatione diuinarum scripturarum uitam sedulus agebat. 4.3 (211.20)
ut, . . . etiam Romam uenire, ibique ad loca sancta uitam finire disponeret, 4.5 (214.17)
ibique in optima uitam conuersatione finiuit. 4.6 (218.11)
et sic terminans temporalem uitam, intrauit aeternam. 4.8 (221.2)
cuius talem fuisse constat uitam, ut nemo, qui eam nouerit, dubitare debeat, 4.9 (222.27)
Vt rex eiusdem prouinciae Sebbi in monachicha uitam conuersatione finierit. 4.11 (225.13)
uitam priuatam et monachicam cunctis regni diuitiis et honoribus praeferens, 4.11 (225.19)
insuper et, qua die esset hanc uitam terminaturus, ostenderet. 4.11 (226.19)
ac Romam abiens, ibi uitam finiuit, 4.12 (228.5)
ibidem in pace uitam finiuit, 4.12 (228.17)
Sed prouncialium nullus eorum uel uitam aemulari, uel praedicationem curabat audire. 4.13 (231.6)
per quam se ad uitam animae perpetuam non dubitabant esse transituros. 4.16 (238.7)
desiderans . . . in monasterio Cale peregrinam pro Domino uitam ducere, 4.23 (253.6)
ubi aeque anno uno monachicam cum perpaucis sociis uitam agebat. 4.23 (253.16)
immo, ut uerbis Domini loquar, de morte transiuit ad uitam. 4.23 (256.33)
ut, . . . tunc isti introitum eius in perpetuam animarum uitam cognoscerent. 4.23 (258.7)
unde et pulchro uitam suam fine conclusit. 4.24 (261.14)
modicumque obdormiens ita cum silentio uitam finiuit. 4.24 (262.12)
Adamnanus . . . ducens uitam in continentia et orationibus multum Deo deuotam, 4.25 (263.2)
in monachica districtione uitam non sibi solummodo, sed et multis utilem, . . . duxit; 4.26 (267.26)
Cudberctum, qui . . . uitam solitariam per annos plures in magna corporis et mentis continentia duxerat. 4.27 (268.26)
Cudberct . . .plures et auctoritate magistri, et exemplo suae actionis regularem instituebat ad uitam. 4.27 (269.13)
qui, . . . uitam ducens solitariam, annis singulis eum uisitare, . . . solebat. 4.29 (274.14)
'Vitam,' inquit, 'illius, . . . per omnia episcopo dignam esse conperi. 5.6 (289.10)
ibique uitam in Deo digna conuersatione conpleuit. 5.6 (292.7)
Cuius personam, uitam, aetatem, et obitum, epitaphium quoque monumenti ipsius . . . pandit; 5.8 (295.5)
Ecgberct, quem in Hibernia insula peregrinam ducere uitam pro adipiscenda in caelis patria retulimus, 5.9 (296.8)
(nam multos annos in Hibernia peregrinus anchoreticam in magna perfectione uitam egerat), 5.9 (298.18)
aliquandiu continentissimam gessit uitam, 5.11 (302.27)
quidam aliquandiu mortuus ad uitam resurrexit corporis, 5.12 (303.29)
Erat ergo pater familias in regione . . . religiosam cum domu sua gerens uitam; 5.12 (304.3)
atque ad castigatiorem uitam conuerti ammonebatur. 5.14 (314.1)
'Non est mihi modo tempus uitam mutandi, 5.14 (314.23)
ut uir unitatis ac pacis studiosissimus ante ad uitam raperetur aeternam, 5.15 (316.13)
Huius regni principio antistes Occidentalium Saxonum Haeddi caelestem migrauit ad uitam. 5.18 (320.9)
episcopalem uitam siue doctrinam magis insito sibi uirtutum amore quam lectionibus institutus exercebat. 5.18 (320.10)
Vt Coinred Merciorum et Offa Orientalium Saxonum rex in monachico habitu Romae uitam finierint; 5.19 (321.26)
ut in hac uita centuplum acciperet, et in saeculo uenturo uitam aeternam. 5.19 (322.13)
Et ipse ergo, . . . adtonsus, et in monachico uitam habitu conplens, 5.19 (322.15)
monasticam saeculari uitam praetulit. 5.19 (322.30)
donauit enim tibi Dominus uitam per orationes ac lacrimas discipulorum ac fratrum tuorum, 5.19 (329.12)
atque in pace tranquilla uitam terminabis".' 5.19 (329.20)
usque ad diem obitus sui, uitam duxit in pace. 5.19 (330.1)
sed in ea, quae hanc sequitur uitam, non solum omni spe coronae priuati, 5.21 (344.1)
uitam sancti patris monachi simul et antistitis Cudbercti, . . . descripsi. 5.24 (359.9)

VITALIANVS (*d.* 672), *Pope, 657?-672.*
Vitaliani. et tradidissent Iohanni archiepiscopo ciuitatis illius scripta commendaticia Vitaliani pontificis, 4.1 (203.14)
Vitaliano. Qui ordinatus est a Vitaliano papa anno dominicae incarnationis DCLXVIII, 4.1 (203.7)
qui est annus XL^{mus} primus, ex quo a Vitaliano papa directus est cum Theodoro; 5.20 (331.4)
Vitalianus. Domino excellenti filio Osuio regi Saxonum Vitalianus episcopus, seruus seruorum Dei. 3.29 (196.20)
cuius sedi apostolicae tempore illo Vitalianus praeerat, 4.1 (201.20)

VITALIS, e. uitali. nec multo post plene curatus uitali etiam unda perfusus sum.' 5.6 (291.28)

VITIO. uitiata. Sed tamen quod natura ipsa ita uitiata est, 1.27 (56.18)

VITIOSVS, a, um. uitiosos. Inest autem animo, . . . uitiosos mores corrigere, 3.13 (153.10)

VITIS. uitibus. exceptis uitibus et oliuis, rarae ferax arboris, frumenti quoque et hordei fertilis. 5.17 (318.27)

VITIVM. uitia. qualiter, siqua sunt in episcopis uitia, corrigantur. 1.27 (53.3)
uitia. Contra uitia quippe delinquentium iratus fuerat, 1.27 (58.12)
uitii. quia portat in ramo umorem uitii, quem traxit ex radice. 1.27 (58.5)
quicquid in ea uitii sordidantis inter uirtutes per ignorantiam uel incuriam resedisset, 4.9 (222.9)
uitiis. doceatur se quoque carnem suam cum uitiis et concupiscentiis crucifigere debere; 5.21 (343.12)
uitio. quae naturae suae uitio infirmantur? 1.27 (56.7)
uitiorum. sed per affectum boni operis frumenta dominica uitiorum suorum paleis expolia, 1.27 (53.17)
sit gratia, non satisfactio uitiorum. 1.27 (58.22)
quia tempore non pauco inter studia diuinae lectionis, uitiorum potius inplicamentis, 3.13 (153.7)
discussis penetralibus cordis nostri, atque expurgatis uitiorum ruderibus, 4.3 (211.13)
uitium. ex culpa uenit uitium, 1.27 (56.19)
uitium. Et laudabilis ergo est ira contra uitium, 1.27 (58.18)

VITO. uitabam. qui . . . tot annorum temporumque curriculis uagabundus hostium uitabam insidias?' 2.12 (108.15)
uitabant. donec illum in pascha diem suos auditores, quem semper antea uitabant, suscipere . . . uideret. 5.22 (348.9)
uitandum. ad nihil uidelicet utile, nisi ad scandalum uitandum Iudaeorum. 3.25 (185.14)
uitatum. Quod ubi a Romanis deprehensum ac uitatum est, 1.2 (14.21)
uitauit. non tantum regis sibi infesti insidias uitauit, 2.12 (110.22)

VITRVM. **uitrum.** totidemque e regione lampades in funibus pendentes usque Hierosolymam per uitrum fulgent; . . . 5.17 (319.8)
VITTA, *grandfather of Hengist and Horsa.*
Vitta. Victgilsi, cuius pater Vitta, . . . 1.15 (32.1)
VITVLAE ALBAE INSVLA, *Inisboffin, off the coast of Mayo; see* **INISBOVFINDE.**
uitulae albae insula. sermone Scottico Inisboufinde, id est insula uitulae albae, nuncupatur. . . . 4.4 (213.13)
VITVLI MARINI INSVLA, *Selsey, Sussex; see* **SELÆSEV.**
uituli marini insula. Selæseu quod dicitur Latine insula uituli marini. . . . 4.13 (232.9)
VITVLVS MARINVS. **uituli marini.** Capiuntur autem saepissime et uituli marini, . . . 1.1 (10.6)
VIVRAEMVDA, *Wearmouth.*
Viuraemuda. presbyter monasterii beatorum apostolorum Petri et Pauli, quod est ad Viuraemuda, et Ingyruum. . . . 5.24 (357.5)
VIVRI, *the Wear River.*
Viuri. Cum enim idem Benedictus construxisset monasterium . . . iuxta ostium fluminis Viuri, . . . 4.18 (241.7)
accepit locum unius familiae ad septentrionalem plagam Viuri fluminis, . . . 4.23 (253.15)
quod est ad ostium Viuri amnis, et iuxta amnem Tinam, . . . 5.21 (332.27)
VIVAX. **uiuacis.** Vbi cum aliquandiu . . . adulescens animi uiuacis diligenter his, quae inspiciebat, discendis operam daret, . . . 5.19 (323.28)
VIVIFICATOR. **uiuificatoris.** quia per mortem sui uiuificatoris ecclesia facta est, . . . 5.21 (343.7)
VIVIFICO. **uiuificante.** Reddere quod ualeas uiuificante Deo. . . . 2.1 (79.10)
VIVIFICVS, a, um. **uiuificae.** difficulter posse sublimitatem animi regalis ad . . . suscipiendum mysterium uiuificae crucis inclinari, . . . 2.12 (107.7)
uiuificus. Ex quo uiuificus fulgor ubique fluit. . . . 5.7 (293.14)
VIVO. **uicturus.** 'Scio,' inquit, 'quia non multo tempore uicturus est rex; . . . 3.14 (157.9)
uiuant. ut bonis moribus uiuant, . . . 1.27 (49.9)
in magna continentia et sinceritate proprio labore manuum uiuant. . . . 4.4 (214.8)
uiuebat. quod non aliter, quam uiuebat cum suius, ipse docebat. . . . 3.5 (135.24)
uiuendi. et bene uiuendi formam percipiant, . . . 1.29 (64.17)
ad exemplum uiuendi posteris collegit; . . . 2.1 (76.24)
Vnde inter alia uiuendi documenta saluberrimum abstinentiae uel continentiae clericis exemplum reliquit; . . . 3.5 (135.21)
si mihi pietas superna aliqua uiuendi spatia donauerit, . . . 3.13 (153.10)
ut indutias uiuendi uel accipiam, . . . 3.13 (153.13)
quod oporteret eos, qui uni Deo seruirent, unam uiuendi regulam tenere, . . . 3.25 (183.28)
genti suae . . . exemplo uiuendi, et instantia docendi, . . . multum profuit. . . . 3.27 (194.3)
rectum uiuendi ordinem, ritum celebrandi paschae canonicum, . . . disseminabat. . . . 4.2 (204.19)
Vilfrido, qui . . . catholicum uiuendi morem ecclesiis Anglorum tradere didicit. . . . 4.2 (205.18)
exemplum uiuendi sese uidentibus atque audientibus exhibens, multo tempore mansit. . . . 4.23 (255.7)
ipsa quoque postmodum per gentem Anglorum in eis, quae minus habuerat, ad perfectam uiuendi norman perueniret. . . . 5.22 (347.9)
Susceperunt autem Hiienses monachi docente Ecgbercto ritus uiuendi catholicos sub abbate Duunchado, 5.22 (347.18)
uiuendo. et ipsa recte uiuendo, et subiectis regulariter ac pie consulendo praebuit; . . . 4.6 (219.6)
uiuendo. secundum ea, quae docebant, ipsi per omnia uiuendo, . . . 1.26 (47.5)
uiuendum. non tamen ea mihi, qua ante consueram, conuersatione, sed multum dissimili ex hoc tempore uiuendum est.' . . . 5.12 (304.14)
uiuens. Laurentius, quem ipse idcirco adhuc uiuens ordinauerat, . . . 2.4 (86.27)
secundus Cellach, qui relicto episcopatus officio uiuens ad Scottiam rediit, . . . 3.24 (179.24)
conualuit, ac multo postea tempore uiuens, . . . 3.27 (193.27)
et multis post haec annis uiuens, in eadem, quam acceperat, salute permansit. . . . 5.5 (288.30)
uiuente. Constantius, qui uiuente Diocletiano Galliam Hispaniamque regebat, . . . 1.8 (22.21)
qui etiam uiuente Aedilbercto eidem suae genti ducatum praebebat, . . . 2.5 (89.18)
idolatriae, quam, uiuente eo, aliquantulum intermisisse uidebantur, . . . 2.5 (91.6)
qui, uiuente adhuc fratre, cum exularet in Gallia, fidei sacramentis inbutus est, . . . 2.15 (116.22)
Haec autem dissonantia paschalis obseruantiae uiuente Aidano patienter ab omnibus tolerabatur, . 3.25 (182.7)
uiuentem. quae numquam uiuentem spiritum habuit, . . . 2.10 (103.10)
uos, qui spiritum uiuentem a Domino percepistis, . . . 2.10 (103.14)
Quod dum fieret, quasi uiuentem adlocuta, rogauit, . . . 4.9 (223.5)
positum in monasterio nobili, sed ipsum ignobiliter uiuentem. . . . 5.14 (313.31)
uiuentes. Diuina nos gratia in unitate sanctae suae ecclesiae uiuentes custodiat incolumes. . . . 4.5 (217.19)
uiuentibus. Communi autem uita uiuentibus iam de faciendis portionibus, . . . quid erit loquendum? . 1.27 (49.12)
sicut uiuentibus atque discernentibus cum magna discretione prouidenda est; . . . 1.27 (54.35)
sed uiuentibus, qui haec cognouissent, causam salutis sua perditione relinqueret. . . . 5.14 (315.3)
uiuentium. Namque ad excitationem uiuentium de morte animae, quidam aliquandiu mortuus ad uitam resurrexit corporis, . . . 5.12 (303.28)
Multos autem preces uiuentium, et elimosynae, et ieiunia, et maxime celebratio missarum, . . . adiuuant. 5.12 (308.18)
uiuere. nullus uiuere serpens ualeat; . . . 1.1 (12.30)
qualiter ipsi rectores uiuere, . . . 2.1 (76.17)
qui omnes de labore manuum suarum uiuere solebant. . . . 2.2 (84.14)
ubi prius uel bestiae commorari, uel homines bestialiter uiuere consuerant. . . . 3.23 (175.19)
cupientes ad corpus sui patris, aut uiuere, si sic Deo placeret, . . . 3.23 (176.29)
Vouit etiam uotum, quia adeo peregrinus uiuere uellet, . . . 3.27 (193.10)
quam in perfidiae sordibus inter idola uiuere cupientes. . . . 3.30 (200.7)
cuius uita non sibi solummodo, sed multis bene uiuere uolentibus exempla operum lucis praebuit. . 4.23 (256.10)
'Si mihi diuina gratia in loco illo donauerit, ut de opere manuum mearum uiuere queam, . . . 4.28 (271.13)
Nosti enim, quia ad tui oris imperium semper uiuere studui, . . . 4.29 (275.2)
"Potes," inquit, "uiuere?" . . . 5.6 (291.4)
et apud homines sum iterum uiuere permissus; . . . 5.12 (304.12)
quia nunc ad corpus reuerti, et rursum inter homines uiuere debes, . . . 5.12 (309.2)
sed inter haec nescio quo ordine repente me inter homines uiuere cerno.' . . . 5.12 (309.14)
cum suis paucissimis et in extremo mundi angulo positis uiuere praesumeret, . . . 5.15 (315.24)
cum quo in aeternum beatus uiuere cupis, . . . 5.21 (344.18)
uiueret. qui semper, dum uiueret, infirmis et pauperibus consulere, . . . non cessabat. . . . 3.9 (145.24)
Nam cum multo post haec tempore uiueret, . . . 3.23 (176.35)
quanta in gloria uir Domini Cudberct post mortem uiueret, . . . 4.30 (276.9)
inuenerunt corpus totum, quasi adhuc uiueret, . . . 4.30 (276.19)
quasi mortuus iacebat, halitu tantum pertenui, quia uiueret, demonstrans. . . . 5.19 (328.26)
uiuet. et nomen eorum uiuet in generationes et generationes.' . . . 5.8 (295.1)
uiuit. Qui innumeris semper uiuit ubique bonis. . . . 2.1 (79.14)
uiuunt. in magna continentia et sinceritate proprio labore manuum uiuant [uiuunt]. . . . uar. 4.4 (214.8)
uixere. Romae, ubi beati apostoli Petrus et Paulus uixere, docuere, passi sunt, . . . 3.25 (184.21)
uixerit. utque in monachica adhuc uita positus uixerit uel docuerit. . . . 4.27 (268.20)

uixisse. cum ipsum sapientissime uixisse omnis mundus nouerit.' . . . 3.25 (185.2)
uixit. et conualescens ab infirmitate, multo deinceps tempore uixit; . . . 3.13 (153.33)
in cotidianis manuum uixit laboribus. . . . 3.19 (168.7)
qui uixit annos plus minus xxx, . . . 5.7 (293.32)
VIVVS, a, um. **uiua.** ipsius Nothelmi uiua uoce referenda, transmisit. . . . Praef. (6.16)
uel aliorum fidelium uirorum uiua uoce didicimus. . . . Praef. (7.22)
ut ipse et uiua uoce, et per diuina oracula omnem inimici zizaniam . . . eradicet. . . . 3.29 (198.5)
ritumque canendi ac legendi uiua uoce praefati monasterii cantores edocendo, . . . 4.18 (241.22)
uiui. ut ne sepeliendis quidem mortuius uiui sufficerent; . . . 1.14 (30.11)
uiuo. et regnum sine fine cum Deo uiuo et uero futurum . . . promitteret. . . . 1.25 (45.16)
uiuos. quae per mortem carnis uiuos ecclesiae lapides de terrenis sedibus ad aedificium caeleste transferret. 4.3 (207.20)
uenturus est in nubibus, in potestate magna et maiestate, ad iudicandos uiuos et mortuos. . . . 4.3 (211.7)
uiuum. et Deum uerum ac uiuum, . . . adoro semper, . . . 1.7 (19.22)
et Deum omnipotentem, uiuum, ac uerum in commune deprecemur, . . . 3.2 (129.7)
cor omnium et caro omnium exultauerunt in Deum uiuum; . . . 4.13 (231.23)
uiuum. indumenta, quibus Deo dicatum corpus Cudbercti, uel uiuum antea, uel postea defunctum uestierant, . . . 4.31 (279.14)
uiuum. praepararent omnes ecclesiae . . . panem et uinum [uiuum] . . . uar. 5.21 (336.17)
VIX. ut intra uesperam transire uix posset. . . . 1.7 (20.11)
populus arbiter uix manus continet, . . . 1.17 (36.1)
trepidationique iniectae uix sufficere pedum pernicitas credebatur. . . . 1.20 (39.12)
in tantum ea, quam praediximus, infirmitate decocta est, ut uix ossibus hereret; . . . 4.9 (223.13)
ubi uix aliquando inpetrauit, intrauit monasterium Aebbæ abbatissae, . . . 4.19 (243.28)
ita ut corruens in terram, et aliquandiu pronus iacens, uix tandem resurgeret. . . . 4.31 (278.12)
ita ut die redeunte uix ipse per se exsurgere aut incedere ualeret. . . . 4.31 (278.17)
ac uersum in tumorem adeo, ut uix duabus manibus circumplecti posset, . . . 5.3 (285.17)
ita ut xv^{ae}, . . . uix uesperam tangant. . . . 5.21 (338.21)
VIXDVM. Aelfledam, quae uixdum unius anni aetatem inpleuerat, . . . 3.24 (178.23)
VIXVS, a, um. **uixa.** fixa [uixa] mente uacaret. . . . uar. 4.3 (210.27)
VOCABVLVM. uocabuli. Erant autem unius ambo, sicut deuotionis, sic etiam uocabuli; . . . 5.10 (299.20)
uocablo. uxorem habebat Christianam . . . uocabulo Bercta; . . . 1.25 (45.22)
uenit in prouinciam quidam sicarius uocabulo Eumer, . . . 2.9 (98.34)
in quo certamine et filius Redualdi, uocabulo Rægenheri, occisus est. . . . 2.12 (110.20)
narrauit mihi presbyter et abbas . . . de monasterio Peartaneu, uocabulo Deda, . . . 2.16 (117.21)
suscepit pro illo regnum Deirorum, . . . filius patrui eius Aelfrici, uocabulo Osric, . . . 3.1 (127.6)
urbe regia, quae a regina quondam uocabulo Bebba cognominatur, . . . 3.6 (138.28)
subintroduxit . . . episcopum, uocabulo Vini, . . . 3.7 (140.30)
qui secedens ad regem Merciorum uocabulo Vulfheri, . . . 3.7 (141.7)
in monasterio, quod . . . constructum est ab abbatissa nobilissima uocabulo Fara, . . . 3.8 (142.15)
uenit . . . abbatissa quaedam uenerabilis, quae usque hodie superest, uocabulo Aedilhild, . . . 3.11 (149.6)
quia fuerit in gente uestra rex mirandae sanctitatis, uocabulo Osuald, . . . 3.13 (153.18)
Habuit autem Osuiu . . . consortem regiae dignitatis, uocabulo Osuini, . . . 3.14 (154.25)
Cuius ordinem miraculi . . . presbyter, Cynimund uocabulo, narrauit, . . . 3.15 (158.24)
quae ex Bebbae quondam reginae uocabulo cognominatur, . . . 3.16 (159.1)
Habuit alterum fratrem uocabulo Vltanum, . . . 3.19 (168.3)
habens sororem ipsius coniugem, uocabulo Cyniburgam, . . . 3.21 (170.10)
Habuerat . . . rex secum fratrem germanum eiusdem episcopi, uocabulo Caelin, uirum aeque Deo deuotum, . . . 3.23 (175.7)
ne forte accepto Christianitatis uocabulo, in uacuum currerent aut cucurrissent. . . . 3.25 (182.23)
Erat autem presbyter uocabulo Ceadda, . . . 3.28 (194.31)
Misitque cum eo rex presbyterum suum uocabulo Eadhaedum, qui . . . Hrypensis ecclesiae praesul factus est. . . . 3.28 (195.4)
frater . . . qui . . . erat in monasterio ac magisterio illius educatus, uocabulo Trumberct, . . . 4.3 (210.17)
Cum ergo ueniret ad eum . . . uir sanctissimus et continentissimus, uocabulo Hygbald, . . . 4.3 (211.25)
uenit ad antistitem Lundoniae ciuitatis, uocabulo Valdheri, . . . 4.11 (225.31)
Erat autem ibi monachus quidam de natione Scottorum, uocabulo Dicul, habens monasteriolum . 4.13 (231.2)
Aediluualch donauit . . . Vilfrido terram LXXXVII familiarum, . . . uocabulo Selæseu . . . 4.13 (232.9)
monasterium, cui tunc regendo religiosissimus Christi sacerdos, uocabulo Eappa, praefuit, . . . 4.14 (233.10)
Quod cum audisset abbas quidam et presbyter uocabulo Cyniberct, . . . 4.16 (237.26)
praepositis sacrosanctis euangeliis, in loco, qui Saxonico uocabulo Haethfelth nominatur, . . . 4.17 (239.15)
quam . . . uir habuerat uxorem, princeps uidelicet Australium Gyruiorum uocabulo Tondberct. . 4.19 (243.8)
Occisus est ibi inter alios de militia eius iuuenis, uocabulo Imma; . . . 4.22 (249.25)
Nam et nobilis natu erat, hoc est filia nepotis Eduine regis, uocabulo Hererici; . . . 4.23 (252.26)
antistes prouinciae illius, uocabulo Bosel, tanta erat corporis infirmitate depressus, . . . 4.23 (255.9)
uir . . . excellentis ingenii uocabulo Tatfrid, de eiusdem abbatissae monasterio electus est antistes; . 4.23 (255.20)
Erat namque in eodem monasterio uir de genere Scottorum, Adamnanus uocabulo, . . . 4.25 (263.2)
matri congregationis, uocabulo Aebbæ, curauit indicare. . . . 4.25 (264.24)
Alio item tempore uocatus ad dedicandam ecclesiam comitis uocabulo Addi, . . . 5.5 (288.3)
At uero unus de sociis eius, uocabulo Victberct, . . . ascendit nauem, . . . 5.9 (298.15)
Venit autem cum illo et filius Sigheri . . . uocabulo Offa, iuuenis amantissimae aetatis . . . 5.19 (322.7)
Cantatorem quoque egregium, uocabulo Maban, . . . ad se suosque instituendos accersiit, . . . 5.20 (331.28)
ecclesiam suam, quae saepe lunae uocabulo designatur, internae gratiae luce repleuit. . . . 5.21 (340.17)
pro quo anno eodem factus est archiepiscopus, uocabulo Tatuini, . . . 5.23 (350.2)
uocabulum. interrogauit, quod esset uocabulum gentis illius. . . . 2.1 (80.12)
contigit . . . ut in praefata mansione forte ipse cum uno tantum fratre, cui uocabulum erat Ouini, commoraretur, . . . 4.3 (207.26)
VOCATIO. uocationis. Inminente ergo die suae uocationis, . . . 3.8 (143.6)
Sicque usque ad diem suae uocationis infatigabili caelestium bonorum desiderio corpus . . . domabat, . 5.12 (310.31)
VOCIFEROR. uociferantem. quod liberassem pauperem uociferantem, et pupillum, . . . 2.1 (77.24)
VOCITO. uocitata. quo uocitata est die de hac luce subtracta, . . . 4.8 (221.5)
VOCO. uocabantur. gens Occidentalium Saxonum, qui antiquitus Geuissae uocabantur, . . . 3.7 (139.9)
uocabat. At uirgo illa, quam moriens uocabat, mox in loco, quo erat, . . . illum, . . . secuta est. . . 4.8 (221.3)
plebem, et orationibus protegebat adsiduis, et admonitionibus saluberrimis ad caelestia uocabat. . 4.28 (273.16)
uocabatur. ad obsequium beatissimi confessoris ac martyris uocabatur, . . . 1.7 (20.9)
templum Romae, quod Pantheon uocabatur ab antiquis, . . . 2.4 (88.29)
Caelin rex Occidentalium Saxonum, qui lingua ipsorum Ceaulin uocabatur; . . . 2.5 (89.16)
Aedilbergae filia Aedilbercti regis, quae alio nomine Tatae uocabatur. . . . 2.9 (97.24)
in uillam regiam, quae uocatur [uocabatur] Adgefrin, . . . uar. 2.14 (115.1)
fecere sibi uillam in regione, quae uocatur [uocabatur] Loidis. . . . uar. 2.14 (115.19)
dominica dies, quae tunc prima sabbati uocabatur, . . . 3.25 (185.30)
'Villa erat comitis cuiusdam, qui uocabatur Puch, . . . 5.4 (286.30)

uocantur. a quo uidelicet duce usque hodie Dalreudini uocantur, 1.1 (12.23)
Occidentalium Saxonum, qui antiquitus Geuissae uocabantur [uocantur], uar. 3.7 (139.9)
uocare. quod uos diuina misericordia ad suam gratiam uocare dignata est, 2.17 (119.15)
qui me ad caelestia, quae semper amabam, ac desiderabam, praemia uocare uenerunt, 4.3 (209.34)
Hild, quam omnes, qui nouerant, ob insigne pietatis et gratiae matrem uocare consuerant, 4.23 (255.26)
uocarent. ut Saxonum gentem de transmarinis partibus in auxilium uocarent; 1.14 (30.21)
uocarentur. Responsum est, quod Angli uocarentur. 2.1 (80.13)
Responsum est, quod Deiri uocarentur idem prouinciales. 2.1 (80.17)
uocaret. plebem rusticam uerbo praedicationis simul et opere uirtutis ad caelestia uocaret. 4.27 (270.14)
uocaretur. Et si forte euenisset, . . . ut ad regis conuiuium uocaretur, 3.5 (136.15)
dicebantque, quod unus eorum Petrus, alius uocaretur Paulus; 4.14 (235.20)
uocari. qualis locus a Latinis paeninsula, a Grecis solet cherronesos uocari. 4.13 (232.13)
Contigit autem eo tempore uirum Dei illo ad dedicandam ecclesiam ab eodem comite uocari. 5.4 (287.7)
Petrumque uocari Sergius antistes iussit. 5.7 (293.17)
Agatho, . . . uocari iussit et Vilfridum, 5.19 (326.27)
hanc dominicam uocari, et in eā nos annuatim paschalia eiusdem resurrectionis uoluit festa celebrare; 5.21 (340.5)
uocat. Quem nunc Theodorum lingua Pelasga uocat. 5.8 (295.10)
uocata. nunc corrupte Reptacæstir uocata, 1.1 (9.12)
quo uocitata [uocata] est die de hac luce subtracta, uar. 4.8 (221.5)
uocati. 'Deiri; de ira eruti, et ad misericordiam Christi uocati. 2.1 (80.19)
siue de illis, qui de eadem prouincia Saxonum nuper ad fidem fuerant uocati, 4.14 (233.14)
uocatis. uocatis ad se in ministerium ordinationis aliis duobus episcopis. 3.22 (172.33)
uocatisque fratribus, parari prandium, missas fieri, . . . praecepit; 4.14 (235.25)
uocato. Quae cum omnia uocato ad se presbytero puer uerba narrasset, 4.14 (235.11)
uocatur. ciuitas Brettonum munitissima . . . quae uocatur Alcluith; 1.1 (13.15)
in sinu maris, qui uocatur Amfleat, 1.33 (70.27)
librum conposuit egregium, qui uocatur Pastoralis, 2.1 (76.15)
monasterio, quod uocatur lingua Anglorum Bancornaburg, 2.2 (82.21)
eumque . . . occidit in finibus gentis Merciorum ad orientalem plagam amnis, qui uocatur Idlæ; 2.12 (110.19)
locus . . . non longe ab Eburaco ad orientem, ultra amnem Doruuentionem, et uocatur hodie Godmunddingaham, 2.13 (113.22)
in uillam regiam, quae uocatur Adgefrin, 2.14 (115.1)
et alia pro illa est facta in loco, qui uocatur Maelmin. 2.14 (115.9)
pro qua reges posteriores fecere sibi uillam in regione, quae uocatur Loidis. 2.14 (115.19)
iuxta ciuitatem, quae lingua Anglorum Tiouulfingacæstir uocatur; 2.16 (117.25)
et conserto graui proelio in campo, qui uocatur Haethfelth, 2.20 (124.22)
in loco, qui lingua Anglorum Denisesburna, id est riuus Denisi, uocatur. 3.1 (128.22)
Vocatur locus ille lingua Anglorum Hefenfelth, 3.2 (129.20)
Monachus ipse episcopus Aedan, utpote de insula, quae uocatur Hii, destinatus, 3.3 (132.27)
Qui locus, ad prouinciam Berniciorum pertinens, uulgo uocatur Ad Candidam Casam, 3.4 (133.22)
Donauerunt . . . episcopo ciuitatem, quae uocatur Dorcic, 3.7 (139.30)
secundus erat abbas in monasterio, quod uocatur Peartaneu, 3.11 (149.9)
ac singulos domum redire praecepit a loco, qui uocatur Vilfaræsdun, 3.14 (155.13)
quod lingua Anglorum Cnobheresburg, id est urbs Cnobheri, uocatur; 3.19 (164.15)
Baptizatus est . . . in uico regis inlustri, qui uocatur Ad Murum. 3.21 (170.14)
Adda autem erat frater Vttan . . . abbatis monasterii, quod uocatur Ad Caprae Caput, cuius supra meminimus. 3.21 (170.21)
defunctus est apud Mediterraneos Anglos in regione, quae uocatur Infeppingum. 3.21 (171.8)
fecit ibi monasterium, quod nunc Laestingaeu uocatur, 3.23 (176.7)
in monasterio, quod dicitur [uocatur] Mailros; uar. 3.26 (190.7)
et in monasterio, quod uocatur Pægnalaech, honorifice sepultus. 3.27 (192.6)
conuenientibus plurimis episcopis in uico regio, qui uocatur In Conpendio. 3.28 (194.24)
Erat autem presbyter uocabulo Ceadda, . . . et abbas monasterii illius, quod uocatur Laestingaeu. 3.28 (195.2)
Habuit autem sedem episcopalem in loco, qui uocatur Lyccidfelth, 4.3 (207.8)
ut . . . ueniret ad monasterium eiusdem reuerentissimi patris, quod uocatur Laestingaeu. 4.3 (208.8)
Ipsum namque est, quod nunc grande de modico effectum, Muigéo consuete uocatur, 4.4 (214.3)
in loco, qui uocatur Cerotaesei, id est Ceroti insula; 4.6 (219.1)
Dicul, habens monasteriolum permodicum in loco, qui uocatur Bosanhamm, 4.13 (231.3)
cum delati in locum, qui uocatur Ad Lapidem, occulendos se a facie regis uictoris credidissent, 4.16 (237.23)
habens non longe ab inde monasterium in loco, qui uocatur Hreutford, id est uadum harundinis, 4.16 (237.27)
interposito pelago latitudinis trium milium, quod uocatur Soluente; 4.16 (238.16)
Post annum uero ipsa facta est abbatissa in regione, quae uocatur Elge; 4.19 (244.2)
uenerunt ad ciuitatulam quandam desolatam, . . . quae lingua Anglorum Grantacaestir uocatur; 4.19 (245.2)
Post haec facta est abbatissa in monasterio, quod uocatur Heruteu; 4.23 (253.19)
quae a gente Anglorum Kælcacaestir appellatur [uocatur], uar. 4.23 (253.26)
contigit eam suscipere etiam construendum . . . monasterium in loco, qui uocatur Streaneshalch, 4.23 (254.4)
ipse in saepedicto . . . monasterio, quod uocatur Streanæshalch, locum mansionis elegit; 4.26 (267.24)
Berethun, . . . abbas monasterii, quod uocatur Inderauuda, id est In silua Derorum; 5.2 (283.5)
ueneritt ipse tempore quodam ad monasterium uirginum in loco, qui uocatur Vetadun, 5.3 (285.8)
'Villa erat comitis cuiusdam, qui uocabatur [uocatur] Puch, uar. 5.4 (286.30)
Qui uidelicet Columba nunc a nonnullis conposito a cella et Columba nomine Columcelli uocatur. 5.9 (297.20)
dedit ei locum mansionis in insula quadam Hreni, quae lingua eorum uocatur In litore; 5.11 (302.25)
quod antiquo gentium illarum uerbo Viltaburg, id est Oppidum Viltorum, lingua autem Gallica Traiectum uocatur; 5.11 (303.10)
Erat ergo pater familias in regione Nordanhymbrorum, quae uocatur Incuneningum, 5.12 (304.2)
Vilfrid . . . diem clausit extremum in prouincia, quae uocatur Inundalum; 5.19 (322.20)
donauit . . . non multo post monasterium xxx familiarum in loco, qui uocatur Inhrypum; 5.19 (325.14)
ministerio fratrum perlatus in primum suum monasterium, quod uocatur Inhrypum, 5.19 (330.5)
quod est ad ostium Viuri amnis, et iuxta amnem Tinam, in loco, qui uocatur Ingyruum, 5.21 (332.28)
quae apud antiquos una uel prima sabbati siue sabbatorum uocatur, 5.21 (336.7)
cum fuisset presbyter in monasterio, quod uocatur Briudun. 5.23 (350.4)
Acca in Hagustaldensi, Pecthelm in ea, quae Candida Casa uocatur, 5.23 (351.2)
uocatus. Erat tunc temporis in eodem monasterio puerulus . . . nuper uocatus ad fidem, 4.14 (233.21)
Alio item tempore uocatus ad dedicandam ecclesiam comitis uocabulo Addi, 5.5 (288.2)
qui statim uocatus intrauit, 5.19 (328.32)
uocaui. 'Ego Dominus uocaui te in iustitia, 3.29 (197.17)
uocauit. et illum, qui se uocauit, ad regnum caeleste secuta est. 4.8 (221.6)
At illa merito turbata de tali praesagio uocauit ad se uirum, 4.25 (264.25)
ac dicta super me oratione, uocauit me nomine meo, 5.6 (290.34)
Vocauit autem medicum, et dissolutam mihi emicranii iuncturam conponere atque alligare iussit. 5.6 (291.24)
Percussus enim langore, atque ad extrema perductus, uocauit fratres, 5.14 (314.13)

uocor. 'Albanus,' inquit, 'a parentibus uocor, 1.7 (19.22)
VODEN, *the first name in the Saxon royal pedigrees.*
Voden. Vecta, cuius pater Voden, 1.15 (32.2)
VOLO. uis. 'Si uis perennis uitae felicitate perfrui, 1.7 (19.24)
'Si non uis adsentire nobis in tam facili causa, quam petimus, 2.5 (91.25)
'Si ergo uis, hac ipsa hora educam te de hac prouincia, 2.12 (108.5)
'Vis,' inquit, 'mi nate, doceam te, quomodo cureris ab huius molestia langoris? 3.12 (151.2)
'Interroga,' inquit, 'quod uis.' 4.3 (209.25)
Et dum adsiderem illi, dixit: 'Vis petamus bibere?' 5.3 (286.13)
'Quid uis modo? quid huc uenisti? 5.13 (311.28)
uolebant. 'Si negaui,' inquit, 'quod uolebant, pauperibus, 2.1 (77.32)
quam suam mutare consuetudinem uolebant, 3.25 (183.5)
aduersum uero illos, qui aliter facere uolebant, zelo magni feruoris accensus; 4.24 (261.13)
Quod cum satrapa ille, quem uidere uolebant, audisset, 5.10 (300.21)
qui . . . spe gaudiorum perennium delectati, profectum pietatis ex eius uerbis haurire uolebant. 5.12 (309.21)
uolebat. Ordinem autem uisionum suarum illis solummodo, . . . exponere uolebat. 3.19 (167.14)
nec tamen a praeparando itinere, quo ad gentes docendas iret, cessare uolebat. 5.9 (297.25)
non omnibus passim desidiosis ac uitae suae incuriosis referre uolebat, 5.12 (309.18)
uolens. uolens scilicet tuitionem eis, quos et quorum doctrinam susceperat, praestare. 2.5 (90.16)
admotaque manu [uolens] requirere quid esset, uar. 3.2 (130.30)
Vnde uolens Agatho papa, . . . in Brittania qualis esset status ecclesiae, . . . ediscere, 4.18 (242.10)
uolens. Volens autem latius demonstrare diuina dispensatio, 4.30 (276.7)
uolente. sin alias, ad uos citissime Deo uolente reuertar.' 4.28 (271.14)
uolentes. unde mox egressi dignoscere [uolentes] quid esset, uar. 3.8 (143.25)
iratus est ualde, quod ad se uenire uolentes peregrini non permitterentur; 5.10 (300.22)
uolenti. cui gratiam Spiritus Sancti conparare uolenti dicit idem Petrus: 5.21 (342.33)
uolentibus. cuius uita non sibi solummodo, sed multis bene uiuere uolentibus exempla operum lucis praebuit. 4.23 (256.10)
uolo. quia laborare scilicet uolo. 1.23 (43.21)
At ego: 'Volo,' inquam, 'et multum delector, si potes.' 5.3 (286.13)
quam te audire ac silentio tegere uolo, donec sciam, quid de me fieri uelit Deus. 5.19 (329.8)
quia hoc obseruare tempus paschae cum uniuersa mea gente perpetuo uolo; 5.21 (346.2)
uoluere. pepercere illi, neque eum trucidare cum suo uoluere pontifice. 5.19 (325.7)
uolueris. quia mea apud te uolueris responsione firmari. 1.27 (54.6)
et si deinceps uoluntati eius, quam per me tibi praedicat, obsecundare uolueris, 2.12 (111.5)
uoluerit. ad caelestia, cum Dominus uoluerit, regna pertingant. 1.29 (64.19)
sin autem uos spreuerit, nec coram uobis adsurgere uoluerit, 2.2 (83.8)
si forte mihi Dominus per eius meritum misereri uoluerit." 3.13 (153.23)
si Christianus esse recte uoluerit, nulli alteri copuletur; 4.5 (217.5)
quia, . . . numquam lineis, sed solum laneis uestimentis uti uoluerit; 4.19 (244.7)
raroque in calidis balneis, . . . lauari uoluerit; 4.19 (244.10)
"Possum," inquam, "per orationes uestras, si uoluerit Dominus." 5.6 (291.5)
Vt Ecgberct uir sanctus ad praedicandum in Germaniam uenire uoluerit, nec ualuerit; 5.9 (296.3)
uoluerunt. adsumtis his, qui se sequi uoluerunt, 3.26 (189.13)
uoluisse. iuxta quod Ecgfridum regem uoluisse ac licentiam dedisse nouerat, 4.18 (241.14)
uoluissent. neque increpationibus Augustini ac sociorum eius adsensum praebere uoluissent, 2.2 (81.25)
uoluisset. si ille ei manum inponere, atque eum benedicere uoluisset, 5.5 (288.13)
qui cum . . . nostrum quoque monasterium uidere uoluisset, 5.21 (344.10)
uoluisti. 'Quid uoluisti, domine antistes, equum regium, . . . pauperi dare? 3.14 (156.17)
'Et quare non citius hoc conpertum mihi reuelare uoluisti?' 4.25 (265.25)
tonsuram quoque, de qua pariter uobis litteras fieri uoluisti, hortor, ut . . . congruam habere curetis. 5.21 (342.2)
uoluit. quam fauendo ueritati uoluit emundari. 1.10 (24.7)
in gentem, quam eligi uoluit, magna miracula ostendit; 1.31 (66.15)
etsi pontifex concedere illi, quod petierat, uoluit, 2.1 (80.30)
sed nec in eodem hospitio, quo uescebamur, sumere uoluit. 2.4 (88.7)
non statim et inconsulte sacramenta fidei Christianae percipere uoluit; 2.9 (100.7)
nonnisi uirgam tantum habere in manu uoluit: 3.18 (163.11)
non eis nouum uoluit ordinare episcopum; 4.3 (206.17)
quod ideo me superna pietas dolore colli uoluit grauari, 4.19 (246.10)
Cumque presbyter portionem, quantam uoluit, amico dedisset, 4.32 (280.15)
nec uoluit nocte illa iuxta morem cum clericis suis manere, 5.6 (290.30)
et in ea nos annuatim paschalia eiusdem resurrectionis uoluit festa celebrare; 5.21 (340.7)
uolumus. Sed fraternitatem tuam ita uolumus episcopos ordinare, 1.27 (52.11)
Ad Eburacam uero ciuitatem te uolumus episcopum mittere, 1.29 (63.30)
quem tamen tuae fraternitatis uolumus dispositioni subiacere; 1.29 (64.3)
Praeterea scire uestram gloriam uolumus, 1.32 (69.9)
sed tamen pane illo refici uolumus.' 2.5 (91.21)
uult. De quibus omnibus siqui plenius scire uult 3.19 (165.6)
qui non uult ecclesiae ianuam sponte humiliatus ingredi, 5.14 (314.10)
uultis. Hanc adire si uultis, 1.1 (12.8)
et tamen si in tribus his mihi obtemperare uultis, 2.2 (83.16)
Quibus ille respondebat: 'Si uultis ablui fonte illo salutari, 2.5 (91.15)
'Accendite ergo lucernam illam, quamdiu uultis; 4.8 (221.20)
"Facite," inquit, "si uultis, ita tamen, ut Herebald ab illo se certamine funditus abstineat." 5.6 (289.27)
VOLO. uolabat. secundis flatibus nauis tuta uolabat. 1.17 (34.11)
uolantes. Vidit autem et daemones per ignem uolantes incendia bellorum contra iustos struere. 3.19 (166.9)
uolantibus. iussit se obuiam saeuientibus et huc illucque uolantibus ignium globis efferri. 2.7 (94.21)
uolantibus. contigit uolantibus in altum scintillis culmen domus, 3.10 (147.15)
VOLVCRIS. uolucrum. nec uinearum expers, piscium uolucrumque, 1.1 (13.7)
VOLVMEN. uolumina. tot eum ac tanta condere uolumina potuisse, 2.1 (77.4)
et arithimeticae ecclesiasticae disciplinam inter sacrorum apicum uolumina suis auditoribus contraderent. 4.2 (204.29)
uolumine. uel in hoc uolumine, . . . conscripsi, Praef. (7.30)
sicut in uolumine uitae et uirtutum eius quisque legerit, inueniet. 4.31 (279.16)
siqui scire delectat, uel in ipso illo uolumine, uel in eo, quod de illo dudum strictim excerpsimus, 5.17 (319.31)
uoluminibus. historias passionis eorum, una cum ceteris ecclesiasticis uoluminibus, summa industria congregans, 5.20 (331.24)
uoluminis. A principio itaque uoluminis huius Praef. (6.24)
Plura uoluminis illius, siqui scire delectat, . . . epitomate requirat. 5.17 (319.30)
VOLVNTARIVS, a, um. uoluntariae. inter plura continentiae, humilitatis, doctrinae, orationum, uoluntariae paupertatis, . . . merita, 4.3 (210.12)

VVFFINGAS, *patronymic of the kings of East Anglia, from Vuffa.*
Vuffingas. a quo reges Orientalium Anglorum Vuffingas appellant. 2.15 (116.15)
VVLFHERE (*d.* 675), *King of Mercia; second son of Penda.*
Vulferæ. praefuere reges Sigheri et Sebbi, quamuis ipsi regi Merciorum Vulferæ subiecti. 3.30 (199.12)
Vulfhere. leuato in regem Vulfhere filio eiusdem Pendan adulescente, 3.24 (180.20)
hi . . . succedentes sub rege Vulfhere, gentis Merciorum episcopatu sunt functi. 3.24 (180.30)
quam nuperrime rex Ecgfrid, superato in bello et fugato Vulfhere, obtinuerat, 4.12 (229.12)
Aedilualch, . . . baptizatus in prouincia Merciorum, praesente ac suggerente rege Vulfhere 4.13 (230.15)
Vulfheri. Quod ubi rex Vulfheri conperit, 3.30 (199.24)
Eo tempore prouinciae Merciorum rex Vulfheri praefuit, 4.3 (206.14)
cui etiam rex Vulfheri donauit terram L familiarum ad construendum monasterium 4.3 (207.4)
in quibus cunctis Vulfheri, qui adhuc supererat, sceptrum regni tenebat. 4.3 (212.28)
Anno DCLXXV, Vulfheri rex Merciorum, postquam XVII annos regnauerat, defunctus, 5.24 (354.25)
Vulfheri. Quod temporibus Vulfheri regis, de quo in sequentibus dicemus, factum est. 3.21 (171.15)
Vulfheri. qui secedens ad regem Merciorum uocabulo Vulfheri, 3.7 (141.8)
VVLGO. uulgante. quae fama uulgante collegimus, Praef. (8.7)
quos olim sacerdotii gradu non ignobiliter potitos, fama iam uulgante, conpererat; 3.19 (166.14)
uulgatum. Vulgatum est autem, et in consuetudinem prouerbii uersum, quod etiam inter uerba orationis uitam finierit. 3.12 (151.25)
VVLGO. dicebant, ut uulgo fertur, ad eum barbara inflati stultitia: 2.5 (91.11)
Qui locus, ad prouinciam Berniciorum pertinens, uulgo uocatur Ad Candidam Casam, 3.4 (133.22)
VVLGVS. uulgi. audio . . . cachinnum crepitantem quasi uulgi indocti captis hostibus insultantis. 5.12 (306.10)
uulgo. quia non erat de paupere uulgo, ut dixerat, sed de nobilibus. 4.22 (251.5)
uulgus. Excubabat . . . ante tugurium pauperis uulgus sine numero; 1.19 (37.27)
nec, licet auctoribus perditis, excitatum ad scelera uulgus potuit recorrigi, 2.5 (92.8)
Quod aspiciens uulgus, aestimabat eum insanire. 2.13 (113.15)
uulgus. sed et uulgus circumpositum longe lateque . . . ad caelestium gaudiorum conuertere curabat amorem. 4.27 (269.15)
VVLNERO. uulneraret. ut per corpus militis occisi etiam regem uulneraret. 2.9 (99.14)
uulneratum. quo mox increscente, magis grauatum est brachium illud uulneratum, 5.3 (285.17)
uulneratus. Vulneratus namque est in pugna Australium Saxonum, 4.26 (268.10)
uulnerauerat. regem, a quo homicida ille, qui eum uulnerauerat, missus est; 2.9 (99.28)
VVLNVS. uulnera. ac residens, sua uulnera, prout potuit, ipse alligauit; 4.22 (250.1)
uulnere. Quo tempore curatus a uulnere sibi pridem inflicto, 2.9 (100.1)
pro aperto et hiante uulnere, . . . tenuissima tunc cicatricis uestigia parerent. 4.19 (245.35)
uulneribus. At ille suscipiens eum, curam uulneribus egit; 4.22 (250.12)
uulneribus. uenit ad regem, qui tunc eisdem in partibus occultus curabatur a uulneribus, 4.16 (237.30)
uulnus. ut si ferri uulnus minus ad mortem regis sufficeret, peste iuuaretur ueneni. 2.9 (99.3)
'Grande uulnus grandioris curam medellae desiderat; 4.25 (263.17)
uulnus. monstrauerunt mihi etiam uulnus incisurae, quod feceram, curatum; 4.19 (245.33)
VVLTVRNVS, *the south-east.*
Vulturnum. Haec bis quaternas portas, . . . habet, e quibus IIII ad Vulturnum, et IIII ad Eurum spectant. 5.16 (318.6)
VVLTVS. uultu. uenit ad eum praefatus amicus illius, laetoque uultu salutans eum: 2.12 (109.33)
animaduerterunt, . . . ex uultu et habitu et sermonibus eius, quia non erat de paupere uulgo, 4.22 (251.4)
solutus est in lacrimas uir Dei, et tristitiam cordis uultu indice prodebat. 4.25 (264.18)
factusque est iuuenis limpidus uultu et loquella promtus, 5.2 (284.27)
Quod dum facerem, repperi illam ingrediens uultu hilariorem, 5.3 (286.11)
Tum subito superuenit exercitus malignorum et horridorum uultu spirituum, 5.13 (312.9)
quod aptius multo sit, eius, . . . habitum uultus a tuo uultu Deo iam dicato separare; 5.21 (344.30)
uultum. quod aptius multo sit, eius, . . . habitum uultus [uultum] a tuo uultu Deo iam dicato separare; uar. 5.21 (344.30)
uultus. candidi corporis, ac uenusti uultus, capillorum quoque forma egregia. 2.1 (80.1)
'Quod tam lucidi uultus homines tenebrarum auctor possidet, 2.1 (80.9)
uidit subito . . . adpropinquantem sibi hominem uultus habitusque incogniti; 2.12 (108.22)
ut ob regiam eius et animi, et uultus, et meritorum dignitatem ab omnibus diligeretur, 3.14 (156.1)
Sed et discooperto uultus indumento, monstrauerunt mihi etiam uulnus incisurae, 4.19 (245.32)
uidi adstantem mihi subito quendam incogniti uultus; 4.25 (264.29)
Porro Cudbercto tanta erat dicendi peritia, tantus amor persuadendi, quae coeperat, tale uultus angelici lumen, 4.27 (269.33)
Delectabatur enim antistes prudentia uerborum iuuenis, gratia uenusti uultus, 5.19 (324.5)
Ecce uterque uir Dei diuersum ab altero uultus habitum foris praemonstrabat, 5.21 (342.16)
quod aptius multo sit, eius, . . . habitum uultus a tuo uultu Deo iam dicato separare; 5.21 (344.30)
uultus. et uultus erant laetissimi ac pulcherrimi, 4.14 (235.14)
VVRTIGERN (*fl.* 449), *Vortigern, King of the Britons, who invited the Jutes under Hengist and Horsa into England.*
Vurtigerno. placuitque omnibus cum suo rege Vurtigerno, 1.14 (30.20)
Hengist, qui cum filio suo Oisc inuitatus a Vurtigerno Brittaniam primus intrauit, 2.5 (90.22)
VVSCFREA (*fl.* 633), *son of King Edwin of Northumbria by Ethelberg; died in infancy.*
Vuscfrea. alii liberi eius de Aedilberga regina progeniti, Aedilhun et Aedilthryd filia, et alter filius Vuscfrea, 2.14 (114.26)
Vuscfrean. habens secum Eanfledam filiam, et Vuscfrean filium Æduini, 2.20 (126.1)
VYNFRID (*fl.* 678), *Bishop of Mercia under Wulfhere; deposed by Theodore, 675.*
Vynfrid. Erat autem Vynfrid de clero eius, cui ipse successerat, antistitis, 4.3 (212.29)
Adfuerunt et . . . Putta, . . . Leutherius, . . . Vynfrid, episcopus prouinciae Merciorum. 4.5 (215.13)
Depositus uero Vynfrid rediit ad monasterium suum, 4.6 (218.10)
Vynfrido. Vt deposito Vynfrido, Sæxuulf episcopatum eius acceperit, 4.6 (218.1)
offensus a Vynfrido Merciorum episcopo per meritum cuiusdam inoboedientiae, 4.6 (218.4)
Vynfridum. habuitque primum episcopum Trumheri, . . . secundum Iaruman, tertium Ceaddan, quartum Vynfridum. 3.24 (180.29)
In cuius locum ordinauit Theodorus Vynfridum, 4.3 (212.24)

X

XRISTVS, *Christ.*
Xriste. Xriste, tui est operis, quia uestis et ipsa sepulchro Inuiolata nitet: 4.20 (248.21)
Xriste, tui est operis. 4.20 (248.22)

Y

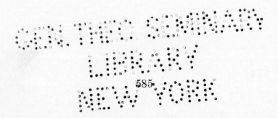

Z